2019

CLT saraiva

E CONSTITUIÇÃO FEDERAL

ATUALIZE SEU CÓDIGO GRATUITAMENTE
http://legislacao.saraivajur.com.br
Esta edição poderá ser atualizada, semanalmente, pela Internet até 31 de outubro de 2019.

52.ª edição
Atualizada

2019

CLT saraiva

E CONSTITUIÇÃO FEDERAL

Decreto-lei n. 5.452, de 1.º-5-1943, acompanhado do Código de Processo Civil e de dispositivos do Código Civil, Legislação Complementar, Súmulas, Orientações Jurisprudenciais, Precedentes Normativos, Enunciados das Jornadas de Direito Material e Processual do Trabalho, das Jornadas de Direito Processual Civil e Índices.

saraiva jur

saraiva EDUCAÇÃO | saraiva jur

Av. das Nações Unidas, 7221, 1º andar, Setor B
Pinheiros – São Paulo – SP – CEP 05425-902

SAC | 0800-0117875
De 2ª a 6ª, das 8h às 18h
www.editorasaraiva.com.br/contato

Direção executiva Flávia Alves Bravin
Direção editorial Renata Pascual Müller
Gerência editorial Roberto Navarro
Gerência de produção Ana Paula Santos Matos

Edição Livia Céspedes (coord.)
Fabiana Dias da Rocha (editora)
Kim Vieira A. da Silva (editor)
Maria Cecília Coutinho Martins (editora)
Daniel Dantas G. de Oliveira
Nathalia Amaral de Carvalho

Produção editorial Daniele Debora de Souza

Arte e digital Mônica Landi (coord.)
Claudirene de Moura Santos Silva
Fernanda Matajs
Guilherme H. M. Salvador
Tiago Dela Rosa
Verônica Pivisan Reis

Planejamento e processos Clarissa Boraschi Maria (coord.)
Juliana Bojczuk Fermino
Kelli Priscila Pinto
Marília Cordeiro

Fernando Penteado (coord.)
Mônica Gonçalves Dias
Tatiana dos Santos Romão

Novos projetos Melissa Rodriguez Arnal da Silva Leite
Projeto gráfico Claudirene de Moura S. Silva
Mônica Landi
Diagramação NSM Soluções Gráficas Ltda.
Marcelo Brandão
Revisão Amélia Kassis Ward
Lígia Alves
Capa Aero Comunicação

Produção gráfica Marli Rampim
Sergio Luiz Pereira Lopes
Impressão e acabamento EGB Editora Gráfica Bernardi Ltda.

ISBN 978-85-536-0429-6

DADOS INTERNACIONAIS DE CATALOGAÇÃO NA PUBLICAÇÃO (CIP)
ANGÉLICA ILACQUA CRB-8/7057

Brasil
[Leis, etc.]
CLT Saraiva e Constituição Federal / obra coletiva de autoria da Editora Saraiva com a colaboração de Livia Céspedes e Fabiana Dias da Rocha. – 52. ed. atual. – São Paulo : Saraiva Educação, 2019.

1. Brasil - Constituição (1988) 2. Trabalho - Leis e legislação - Brasil I. Título. II. Céspedes, Livia. III. Rocha, Fabiana Dias da.

18-1422 CDU 342.4(81) "1988"
34:331(81)(094)

Índices para catálogo sistemático:

1. Brasil : Constituição de 1988 342.4(81)"1988"
2. Brasil : Leis trabalhistas 34:331(81)(094)
3. Consolidação das Leis do Trabalho : Brasil : Direito do trabalho 34:331(81)(094)

Data de fechamento da edição: 1º-2-2019

Dúvidas? Acesse www.editorasaraiva.com.br/direito

CL 605422 CAE 630839

52.ª edição
Atualizada

2019

CLT saraiva
E CONSTITUIÇÃO FEDERAL

Obra coletiva de autoria da Editora Saraiva
com a colaboração de
Livia Céspedes e Fabiana Dias da Rocha.

INDICADOR GERAL

NOTA DOS ORGANIZADORES

ATUALIZE SEU CÓDIGO

Este serviço permite a atualização de sua obra através do site http://legislacao.saraivajur.com.br, de maneira rápida e prática.

Se você já tem cadastro no site, basta digitar seu e-mail e senha para fazer o login. Em seguida acesse a área "atualize seu código" . Se ainda não tem cadastro no site, clique em "Cadastre-se" e siga as instruções.

Você terá disponíveis as atualizações ocorridas. Para isso, basta clicar no *link Atualize seu Código*, localizado ao lado da imagem da capa da obra em questão.

As atualizações serão disponibilizadas *online* e para *download* semanalmente, até 31 de outubro de 2019.

O serviço fica disponível no site entre os meses de fevereiro e dezembro do ano corrente.

CLT (REFORMA TRABALHISTA)

O Decreto-lei n. 5.452, de 1.º-5-1943, Consolidação das Leis do Trabalho, publicado em 9-8-1943, sofreu uma profunda alteração (Reforma Trabalhista) pela **Lei n. 13.467, de 13-7-2017**, publicada em 14-7-2017, em vigor 120 dias após sua publicação, ou seja, em 11-11-2017.

A Editora Saraiva, ciente da repercussão que uma mudança desse molde traz e com o objetivo de proporcionar a melhor experiência de conhecimento e estudo, preparou a edição desta obra totalmente atualizada com a Lei n. 13.467, de 13-7-2017 (alterações nos diplomas modificados, notas, índices sistemático e remissivo).

CONSTITUIÇÃO FEDERAL E EMENDAS CONSTITUCIONAIS

É parte integrante desta obra o texto completo da Constituição Federal, atualizado até a Emenda Constitucional n. 99, de 14 de dezembro de 2017.

Apresentamos na íntegra o texto das Emendas Constitucionais que dispõem sobre matéria trabalhista. As alterações das demais Emendas Constitucionais já foram processadas no texto da Constituição Federal.

DEPÓSITOS RECURSAIS

O Ato n. 329, de 17-7-2018, do TST, estabelece os valores alusivos aos limites de depósito recursal de que trata o art. 899 da CLT, a partir de 1.º-8-2018, reajustados pela variação acumulada do INPC/IBGE, no período de julho de 2017 a junho de 2018, a saber:

- R$ 9.513,16 (nove mil, quinhentos e treze reais e dezesseis centavos), no caso de interposição de Recurso Ordinário;
- R$ 19.026,32 (dezenove mil e vinte e seis reais e trinta e dois centavos), no caso de interposição de Recurso de Revista, Embargos e Recurso Extraordinário;
- R$ 19.026,32 (dezenove mil e vinte e seis reais e trinta e dois centavos), no caso de interposição de Recurso em Ação Rescisória.

DESTAQUES

→ dispositivos incluídos e/ou alterados em 2018 e 2019. Em virtude da relevância da Reforma Trabalhista (Lei n. 13.467, de 13-7-2017), mantivemos em destaque, nesta edição, as alterações por ela processadas.

→ dispositivos da CLT que tiveram a sua eficácia prejudicada por norma superveniente. Todos os artigos marcados com este símbolo possuem notas remissivas para a norma posterior que os prejudica. Alguns artigos tiveram apenas parte de seu texto prejudicado. Para determinados dispositivos, apesar de mencionarem as extintas Juntas de Conciliação e Julgamento, não foi dado destaque, porque seu texto, com as devidas adaptações de nomenclatura, continua vigente.

ENUNCIADOS

Constam neste volume os Enunciados das Jornadas de Direito Material e Processual do Trabalho e das Jornadas de Direito Processual Civil.

Os Enunciados são o resultado de debates entre juristas, professores, especialistas e magistrados sobre a melhor interpretação acerca de pontos controvertidos do Direito do Trabalho. Representam uma orientação, um referencial, para os estudiosos, podendo embasar sentenças, pareceres e peças processuais. São, portanto, balizadores, mas não têm força de súmula, produto de reiteradas decisões dos tribunais no mesmo sentido.

Em virtude de eventual proibição do uso de enunciados em concursos, inserimos um recuo na parte destinada a eles, para a utilização de grampeador sem prejuízo do conteúdo da obra.

EXPOSIÇÃO DE MOTIVOS

Consta neste volume a Exposição de Motivos da CLT.

Em virtude de eventual proibição do uso de exposição de motivos em concursos, inserimos nesta edição um recuo na parte destinada a ela, para a utilização de grampeador sem prejuízo do conteúdo da obra.

FERIADOS

1.° DE JANEIRO (Lei n. 662, de 6-4-1949).
21 DE ABRIL (Lei n. 662, de 6-4-1949).
1.° DE MAIO (Decreto n. 4.859, de 26-9-1924, Lei n. 662, de 6-4-1949, e Lei n. 7.466, de 23-4-1986).
7 DE SETEMBRO (Lei n. 662, de 6-4-1949).
12 DE OUTUBRO (Lei n. 6.802, de 30-6-1980).
2 DE NOVEMBRO (Lei n. 662, de 6-4-1949).
15 DE NOVEMBRO (Lei n. 662, de 6-4-1949).
25 DE DEZEMBRO (Lei n. 662, de 6-4-1949).

OUTRAS DATAS

Data magna do Estado (Lei n. 9.093, de 12-9-1995).
Dia do Professor (Decreto n. 52.682, de 14-10-1963).
Eleições (Lei n. 4.737, de 15-7-1965, art. 380).
Sexta-feira da Paixão (Lei n. 9.093, de 12-9-1995).
Tradição local (Decreto-lei n. 6.459, de 2-5-1944, e Lei n. 9.093, de 12-9-1995).

MINISTÉRIOS

Mantivemos a redação original no texto da CLT e da Legislação Complementar, com a denominação dos Ministérios vigente à época da norma.

MULTAS

Os valores das multas contidas nos dispositivos da Consolidação das Leis do Trabalho passaram por inúmeras alterações ao longo dos anos. Dessa forma, preferimos manter seu texto original e elaborar um histórico para que o consulente possa conferir os valores com exatidão.

Histórico:

a) A Lei n. 6.205, de 29 de abril de 1975, proibiu a utilização do salário mínimo como medida de valor. Surgiu então, o coeficiente de atualização monetária nos termos do art. 2.° da citada Lei, que poderia ter como base fator de reajustamento salarial disposto na Lei n. 6.147, de 29 de novembro de 1974, ou a variação das Obrigações do Tesouro Nacional – OTN.

b) O Decreto n. 75.704, de 8 de maio de 1975, alterado pelo Decreto n. 77.511, de 29 de abril de 1976, fixou coeficiente de atualização monetária previsto no art. 2.° da Lei n. 6.205, de 29 de abril de 1975.

c) A Lei n. 6.986, de 13 de abril de 1982, em seu art. 7.°, elevou em dez vezes o valor das multas por infração aos preceitos da Consolidação das Leis do Trabalho.

d) A Lei n. 7.784, de 28 de junho de 1989, estabelece, em seu art. 2.°, que todas as penalidades previstas em Obrigações do Tesouro Nacional – OTN fossem convertidas em Bônus do Tesouro Nacional – BTN.

e) A Lei n. 7.855, de 24 de outubro de 1989, em seu art. 2.°, triplicou o valor das multas administrativas decorrentes da violação das normas trabalhistas previstas na Consolidação das Leis do Trabalho e determinou que fossem expressas em BTN.

f) A Lei n. 8.177, de 1.° de março de 1991, em seu art. 3.°, extinguiu o BTN e determinou sua conversão para Cruzeiros.

g) A Lei n. 8.383, de 30 de dezembro de 1991, instituiu a Unidade Fiscal de Referência – UFIR como medida de valor e parâmetro de atualização monetária de tributos e de valores expressos em Cruzeiros na legislação tributária federal, bem como os relativos a multas e penalidades de qualquer natureza.

h) A Portaria n. 290, de 11 de abril de 1997, estabeleceu valores em UFIR para as multas administrativas previstas na legislação trabalhista.

i) A Lei n. 9.872, de 23 de novembro de 1999, em seu art. 9.°, concedeu anistia das multas já aplicadas, por infração à legislação trabalhista, de valor consolidado igual ou inferior a R$ 1.000,00 (mil reais).

j) A Lei n. 10.522, de 19 de julho de 2002, em seu art. 29, § 3.°, extinguiu a UFIR, estabelecendo a reconversão dos créditos para o Real, para os fins de débitos de qualquer natureza com a Fazenda Nacional.

NORMAS ALTERADORAS

Normas alteradoras são aquelas que não possuem texto próprio, mas apenas alteram outros diplomas, ou **cujo texto não é relevante para a obra**. Para facilitar a consulta, já processamos as alterações no texto da norma alterada.

→ Índice Cronológico da Legislação Alteradora:

- dos textos da **CLT**, dos **Códigos** e da **Constituição Federal**: elenca todas as normas alteradoras constantes nos respectivos Códigos ou Constituição Federal;
- dos textos da **Legislação complementar**: relaciona todas as normas alteradoras de 2018 e 2019.

NOTAS

As notas foram selecionadas de acordo com seu grau de importância, e estão separadas em fundamentais (grafadas com ••) e acessórias (grafadas com •).

PODER JUDICIÁRIO

– Os *Tribunais de Apelação*, a partir da promulgação da Constituição Federal de 1946, passaram a denominar-se *Tribunais de Justiça*.

– O *Tribunal Federal de Recursos* foi extinto pela Constituição Federal de 1988, nos termos do art. 27 do ADCT.

– Com o advento da Emenda Constitucional n. 24, de 9 de dezembro de 1999, que modificou os arts. 111, 112, 113, 115 e 116 e revogou o art. 117 da Constituição Federal, deixaram de existir as **Juntas de Conciliação e Julgamento**, abolindo-se, assim, a figura do **Juiz Classista** na Justiça do Trabalho.

Em seu lugar estabeleceu-se a jurisdição singular de juiz togado, que a exercerá nas **Varas do Trabalho**. Nas comarcas onde não forem instituídas, será exercida pelos juízes que a lei determinar.

– A Emenda Constitucional n. 45, de 8 de dezembro de 2004, altera o art. 112, estabelecendo que a lei criará varas da Justiça do Trabalho, podendo, nas comarcas não abrangidas por sua jurisdição, atribuí-la aos juízes de direito, com recursos para o respectivo Tribunal Regional do Trabalho. Os *Tribunais de Alçada* foram extintos pela mesma Emenda Constitucional, passando os seus membros a integrar os Tribunais de Justiça dos respectivos Estados.

SALÁRIO MÍNIMO

O salário mínimo é um direito social do trabalhador, urbano ou rural, que deve ser capaz de atender suas necessidades básicas e de sua família com moradia, alimentação, educação, saúde, lazer, vestuário, higiene, transporte e previdência social (art. 7.°, IV, da CF).

Foi estabelecido no Brasil, em 1936, por meio da Lei n. 185, de 14-1-1936, e pelo Decreto-lei n. 399, de 30-4-1938 (regulamento), que instituem e regulamentam, respectivamente, as Comissões de Salário Mínimo.

O Decreto-lei n. 2.162, de 1.°-5-1940, foi a primeira norma a estabelecer um valor fixo para o salário mínimo, determinado por regiões, 22 no total (20 Estados e 2 territórios – Acre e Distrito Federal), as quais ainda eram divididas em sub-regiões, num total de 50.

De acordo com a tabela anexa ao mencionado Decreto-lei, havia no Brasil 14 valores distintos para o salário mínimo em 1940, os quais deveriam vigorar por três anos.

Nessa fase o objetivo do salário mínimo era atender somente às necessidades básicas do próprio trabalhador.

Em julho de 1943 ocorreu o primeiro reajuste do salário mínimo no país. Outro aconteceu em dezembro do mesmo ano. Esses dois aumentos possibilitaram um crescimento do valor de compra do salário mínimo, e aproximaram os 14 valores distintos, uma vez que os maiores valores tiveram os menores ajustes.

O cálculo passou a considerar também a família do trabalhador na Constituição Federal de 1946 (art. 157, I).

Após esses aumentos o salário mínimo no Brasil passou 8 anos sem ter qualquer tipo de reajuste, período no qual sofreu uma queda real considerável.

Somente em 1951 o então Presidente Getúlio Vargas assinou um Decreto-lei reajustando novamente esses valores. Nessa época o salário mínimo passou a ser regularmente atualizado, o que possibilitou novamente aumento do poder de compra. Também nesse período os valores entre as diversas regiões foram afastando-se.

A partir de 1962, com o aumento novamente da inflação, o salário mínimo voltou a perder força.

Em 1964, após o golpe dos militares, a política de reajuste foi alterada. A ideia era manter o salário médio, sendo que eventuais reajustes somente aconteceriam se houvesse aumento da produtividade do País e com base na inflação prevista para o período, o que ocasionou forte queda do valor real do salário mínimo no Brasil.

Em 1968 passou a ser realizado o cálculo da diferença entre a inflação prevista e a inflação real no período, mas nada foi feito em relação aos valores perdidos entre 1965 e 1968.

Nesse período a diferença entre os salários por regiões também diminuiu. Essa política durou até 1974.

Em 1979 os ajustes passaram a ser semestrais. Entre os anos de 1982 e 1990 a inflação no Brasil foi crescendo progressivamente, o que fez com que o salário mínimo perdesse valor.

A unificação do salário mínimo no Brasil ocorreu em 1984 e foi consolidada na Constituição Federal de 1988.

Após a implementação do Plano Real, em 1994, e a consequente estabilização da inflação, o salário mínimo voltou a crescer no Brasil.

A partir de 2007 passou a ser corrigido anualmente, com base na inflação do ano anterior.

Atualmente o salário mínimo no Brasil é de R$ 998,00 (novecentos e noventa e oito reais), por força do Decreto n. 9.661, de 1º-1-2019.

Veja sua evolução histórica no Brasil (*):

Diploma	DOU	Vigência	Moeda Vigente	Valor
Decreto n. 2.162, de 1.º-5-1940	4-5-1940	8-7-1940	Mil Reis	240$000
Decreto n. 5.670, de 15-7-1943	17-7-1943	17-7-1943	Cruzeiro (Cr$)	300,00
Decreto n. 5.977, de 10-11-1943	22-11-1943	1.º-12-1943	Cruzeiro (Cr$)	380,00
Decreto n. 30.342, de 24-12-1951	26-12-1951	1.º-1-1952	Cruzeiro (Cr$)	1.200,00
Decreto n. 35.450, de 1.º-5-1954	4-5-1954	4-7-1954	Cruzeiro (Cr$)	2.400,00
Decreto n. 39.604-A, de 14-7-1956	16-7-1956	1.º-8-1956	Cruzeiro (Cr$)	3.800,00
Decreto n. 45.106-A, de 24-12-1958	27-12-1958	1.º-1-1959	Cruzeiro (Cr$)	6.000,00
Decreto n. 49.119-A, de 15-10-1960	18-10-1960	18-10-1960	Cruzeiro (Cr$)	9.600,00
Decreto n. 51.336, de 13-10-1961	13-10-1961	16-10-1961	Cruzeiro (Cr$)	13.440,00
Decreto n. 51.613, de 3-12-1962	4-12-1962	1.º-1-1963	Cruzeiro (Cr$)	21.000,00
Decreto n. 53.578, de 21-2-1964	21-2-1964	24-2-1964	Cruzeiro (Cr$)	42.000,00
Decreto n. 55.803, de 26-2-1965	26-2-1965	1.º-3-1965	Cruzeiro (Cr$)	66.000,00
Decreto n. 57.900, de 2-3-1966	3-3-1966	1.º-3-1966	Cruzeiro (Cr$)	84.000,00
Decreto n. 60.231, de 16-2-1967	17-2-1967	1.º-3-1967	Cruzeiro Novo (NCr$)	105,00
Decreto n. 62.461, de 25-3-1968	26-3-1968	26-3-1968	Cruzeiro Novo (NCr$)	129,60
Decreto n. 64.442, de 1.º-5-1969	2-5-1969	1.º-5-1969	Cruzeiro Novo (NCr$)	156,00
Decreto n. 66.523, de 30-4-1970	30-4-1970	1.º-5-1970	Cruzeiro Novo (NCr$)	187,20
Decreto n. 68.576, de 1.º-5-1971	3-5-1971	1.º-5-1971	Cruzeiro (Cr$)	225,60
Decreto n. 70.465, de 24-4-1972	28-4-1972	1.º-5-1972	Cruzeiro (Cr$)	268,80
Decreto n. 72.148, de 30-4-1973	30-4-1973	1.º-5-1973	Cruzeiro (Cr$)	312,00
Decreto n. 73.995, de 29-4-1974	30-4-1974	1.º-5-1974	Cruzeiro (Cr$)	376,80
Decreto n. 75.045, de 5-12-1974	8-12-1974	1.º-12-1974	Cruzeiro (Cr$)	415,20
Decreto n. 75.679, de 29-4-1975	30-4-1975	1.º-5-1975	Cruzeiro (Cr$)	532,80
Decreto n. 77.510, de 29-4-1976	29-4-1976	1.º-5-1976	Cruzeiro (Cr$)	768,00

(*) Dados do Ministério do Trabalho (www.mte.gov.br).

Diploma	DOU	Vigência	Moeda Vigente	Valor
Decreto n. 79.610, de 28-4-1977	29-4-1977	1.º-5-1977	Cruzeiro (Cr$)	1.106,40
Decreto n. 81.615, de 28-4-1978	29-4-1978	1.º-5-1978	Cruzeiro (Cr$)	1.560,00
Decreto n. 83.375, de 30-4-1979	30-4-1979	1.º-5-1979	Cruzeiro (Cr$)	2.268,00
Decreto n. 84.135, de 31-10-1979	31-10-1979	1.º-11-1979	Cruzeiro (Cr$)	2.932,80
Decreto n. 84.674, de 30-4-1980	2-5-1980	1.º-5-1980	Cruzeiro (Cr$)	4.149,60
Decreto n. 85.310, de 31-10-1980	31-10-1980	1.º-11-1980	Cruzeiro (Cr$)	5.788,80
Decreto n. 85.950, de 29-4-1981	30-4-1981	1.º-5-1981	Cruzeiro (Cr$)	8.464,80
Decreto n. 86.514, de 29-10-1981	30-10-1981	1.º-11-1981	Cruzeiro (Cr$)	11.928,00
Decreto n. 87.139, de 29-4-1982	30-4-1982	1.º-5-1982	Cruzeiro (Cr$)	16.608,00
Decreto n. 87.743, de 29-10-1982	1.º-11-1982	1.º-11-1982	Cruzeiro (Cr$)	23.568,00
Decreto n. 88.267, de 30-4-1983	2-5-1983	1.º-5-1983	Cruzeiro (Cr$)	34.776,00
Decreto n. 88.930, de 31-10-1983	1.º-11-1983	1.º-11-1983	Cruzeiro (Cr$)	57.120,00
Decreto n. 89.589, de 26-4-1984	27-4-1984	1.º-5-1984	Cruzeiro (Cr$)	97.176,00
Decreto n. 90.381, de 29-10-1984	30-10-1984	1.º-11-1984	Cruzeiro (Cr$)	166.560,00
Decreto n. 91.213, de 30-4-1985	2-5-1985	1.º-5-1985	Cruzeiro (Cr$)	333.120,00
Decreto n. 91.861, de 1.º-11-1985	1.º-11-1985	1.º-11-1985	Cruzeiro (Cr$)	600.000,00
Decreto-lei n. 2.284, de 10-3-1986	11-3-1986	1.º-3-1986	Cruzado (Cz$)	804,00
Port. n. 3.019, de 3-2-1987	5-2-1987	1.º-1-1987	Cruzado (Cz$)	964,80
Decreto n. 94.062, de 27-2-1987	4-3-1987	1.º-3-1987	Cruzado (Cz$)	1.368,00
Port. n. 3.149, de 18-5-1987	19-5-1987	1.º-5-1987	Cruzado (Cz$)	1.641,60
Port. n. 3.175, de 12-6-1987	17-6-1987	1.º-6-1987	Cruzado (Cz$)	1.969,92
Decreto-lei n. 2.351, de 7-8-1987	10-8-1987	10-8-1987	Cruzado (Cz$)	1.970,00
Decreto n. 94.815, de 1.º-9-1987	2-9-1987	1.º-9-1987	Cruzado (Cz$)	2.400,00
Decreto n. 94.989, de 30-9-1987	1.º-10-1987	1.º-10-1987	Cruzado (Cz$)	2.640,00
Decreto n. 95.092, de 29-10-1987	30-10-1987	1.º-11-1987	Cruzado (Cz$)	3.000,00
Decreto n. 95.307, de 30-11-1987	1.º-12-1987	1.º-12-1987	Cruzado (Cz$)	3.600,00
Decreto n. 95.579, de 29-12-1987	30-12-1987	1.º-1-1988	Cruzado (Cz$)	4.500,00
Decreto n. 95.686, de 29-1-1988	1.º-2-1988	1.º-2-1988	Cruzado (Cz$)	5.280,00
Decreto n. 95.758, de 29-2-1988	1.º-3-1988	1.º-3-1988	Cruzado (Cz$)	6.240,00
Decreto n. 95.884, de 29-3-1988	30-3-1988	1.º-4-1988	Cruzado (Cz$)	7.260,00
Decreto n. 95.987, de 28-4-1988	29-4-1988	1.º-5-1988	Cruzado (Cz$)	8.712,00
Decreto n. 96.107, de 31-5-1988	1.º-6-1988	1.º-6-1988	Cruzado (Cz$)	10.368,00
Decreto n. 96.235, de 29-6-1988	1.º-7-1988	1.º-7-1988	Cruzado (Cz$)	12.444,00
Decreto n. 96.442, de 29-7-1988	30-7-1988	1.º-8-1988	Cruzado (Cz$)	15.552,00
Decreto n. 96.625, de 31-8-1988	1.º-9-1988	1.º-9-1988	Cruzado (Cz$)	18.960,00
Decreto n. 96.857, de 29-9-1988	30-9-1988	1.º-10-1988	Cruzado (Cz$)	23.700,00
Decreto n. 97.024, de 31-10-1988	1.º-11-1988	1.º-11-1988	Cruzado (Cz$)	30.800,00
Decreto n. 97.151, de 30-11-1988	1.º-12-1988	1.º-12-1988	Cruzado (Cz$)	40.425,00
Decreto n. 97.335, de 22-12-1988	23-12-1988	1.º-1-1989	Cruzado (Cz$)	54.374,00
Decreto n. 97.453, de 15-1-1989	19-1-1989	1.º-2-1989	Cruzado Novo (NCz$)	63,90
Decreto n. 97.696, de 27-4-1989	28-4-1989	1.º-5-1989	Cruzado Novo (NCz$)	81,40

Diploma	DOU	Vigência	Moeda Vigente	Valor
Lei n. 7.789, de 3-7-1989	4-7-1989	1.º-6-1989	Cruzado Novo (NCz$)	120,00
Decreto n. 97.915, de 6-7-1989	7-7-1989	1.º-7-1989	Cruzado Novo (NCz$)	149,80
Decreto n. 98.003, de 31-7-1989	1.º-8-1989	1.º-8-1989	Cruzado Novo (NCz$)	192,88
Decreto n. 98.108, de 31-8-1989	1.º-9-1989	1.º-9-1989	Cruzado Novo (NCz$)	249,48
Decreto n. 98.211, de 29-9-1989	2-10-1989	1.º-10-1989	Cruzado Novo (NCz$)	381,73
Decreto n. 98.346, de 30-10-1989	31-10-1989	1.º-11-1989	Cruzado Novo (NCz$)	557,33
Decreto n. 98.456, de 1.º-12-1989	4-12-1989	1.º-12-1989	Cruzado Novo (NCz$)	788,18
Decreto n. 98.783, de 28-12-1989	29-12-1989	1.º-1-1990	Cruzado Novo (NCz$)	1.283,95
Decreto n. 98.900, de 31-1-1990	1.º-2-1990	1.º-2-1990	Cruzado Novo (NCz$)	2.004,37
Decreto n. 98.985, de 28-2-1990	1.º-3-1990	1.º-3-1990	Cruzado Novo (NCz$)	3.674,06
Port. n. 3.143, de 23-4-1990	24-4-1990	1.º-4-1990	Cruzeiro (Cr$)	3.674,06
Port. n. 3.352, de 22-5-1990	23-5-1990	1.º-5-1990	Cruzeiro (Cr$)	3.674,06
Port. n. 3.387, de 1.º-6-1990	4-6-1990	1.º-6-1990	Cruzeiro (Cr$)	3.857,76
Port. n. 3.501, de 13-7-1990	16-7-1990	1.º-7-1990	Cruzeiro (Cr$)	4.904,76
Port. n. 3.557, de 13-8-1990	14-8-1990	1.º-8-1990	Cruzeiro (Cr$)	5.203,46
Port. n. 3.588, de 31-8-1990	31-8-1990	1º-9-1990	Cruzeiro (Cr$)	6.056,31
Port. n. 3.628, de 28-9-1990	1.º-10-1990	1.º-10-1990	Cruzeiro (Cr$)	6.425,14
Port. n. 3.719, de 31-10-1990	1.º-11-1990	1.º-11-1990	Cruzeiro (Cr$)	8.329,55
Port. n. 3.787, de 30-11-1990	3-12-1990	1.º-12-1990	Cruzeiro (Cr$)	8.836,82
Port. n. 3.828, de 28-12-1990	31-12-1990	1.º-1-1991	Cruzeiro (Cr$)	12.325,60
MP n. 295, de 31-1-1991	1.º-2-1991	1.º-2-1991	Cruzeiro (Cr$)	15.895,46
Lei n. 8.178, de 1.º-3-1991	4-3-1991	1.º-3-1991	Cruzeiro (Cr$)	17.000,00
Lei n. 8.222, de 5-9-1991	6-9-1991	1.º-9-1991	Cruzeiro (Cr$)	42.000,00
Port. n. 42, de 20-1-1992	21-1-1992	1.º-1-1992	Cruzeiro (Cr$)	96.037,33
Lei n. 8.419, de 7-5-1992	8-5-1992	1.º-5-1992	Cruzeiro (Cr$)	230.000,00
Port. n. 601, de 28-8-1992	31-8-1992	1.º-9-1992	Cruzeiro (Cr$)	522.186,94
Lei n. 8.542, de 23-12-1992	24-12-1992	1.º-1-1993	Cruzeiro (Cr$)	1.250.700,00
Port. Interm. n. 4, de 1.º-3-1993	2-3-1993	1.º-3-1993	Cruzeiro (Cr$)	1.709.400,00
Port. Interm. n. 7, de 3-5-1993	4-5-1993	1.º-5-1993	Cruzeiro (Cr$)	3.303.300,00
Port. Interm. n. 11, de 1.º-7-1993	2-7-1993	1.º-7-1993	Cruzeiro (Cr$)	4.639.800,00
Port. Interm. n. 12, de 2-8-1993	3-8-1993	1.º-8-1993	Cruzeiro Real (CR$)	5.534,00
Port. Interm. n. 14, de 1.º-9-1993	2-9-1993	1.º-9-1993	Cruzeiro Real (CR$)	9.606,00
Port. Interm. n. 15, de 1.º-10-1993	4-10-1993	1.º-10-1993	Cruzeiro Real (CR$)	12.024,00
Port. Interm. n. 17, de 29-10-1993	3-11-1993	1.º-11-1993	Cruzeiro Real (CR$)	15.021,00
Port. Interm. n. 19, de 1.º-12-1993	2-12-1993	1.º-12-1993	Cruzeiro Real (CR$)	18.760,00
Port. Interm. n. 20, de 30-12-1993	31-12-1993	1.º-1-1994	Cruzeiro Real (CR$)	32.882,00
Port. Interm. n. 2, de 1.º-2-1994	2-2-1994	1.º-2-1994	Cruzeiro Real (CR$)	42.829,00
Port. Interm. n. 4, de 2-3-1994	2-3-1994	1.º-3-1994	URV	64,79
Lei n. 8.880, de 27-5-1994	28-5-1994	1.º-7-1994	Real (R$)	64,79
MP n. 598, de 31-8-1994	1.º-9-1994	1.º-9-1994	Real (R$)	70,00
MP n. 637, de 29-9-1994	30-9-1994	1.º-9-1994	Real (R$)	70,00

Diploma	DOU	Vigência	Moeda Vigente	Valor
MP n. 679, de 27-10-1994	28-10-1994	1.º-9-1994	Real (R$)	70,00
Lei n. 9.032, de 28-4-1995	29-4-1995	1.º-5-1995	Real (R$)	100,00
MP n. 1.415, de 29-4-1996	29-4-1996	1.º-5-1996	Real (R$)	112,00
MP n. 1.572, de 29-4-1997	30-4-1997	1.º-5-1997	Real (R$)	120,00
MP n. 1.656, de 29-4-1998	30-4-1998	1.º-5-1998	Real (R$)	130, 00
MP n. 1.824, de 30-4-1999	1.º-5-1999	1.º-5-1999	Real (R$)	136,00
MP n. 2.019, de 23-3-2000	24-3-2000	3-4-2000	Real (R$)	151,00
MP n. 2.142, de 29-3-2001	30-3-2001	1.º-4-2001	Real (R$)	180,00
MP n. 35, de 27-3-2002	28-3-2002	1.º-4-2002	Real (R$)	200,00
MP n. 116, de 2-4-2003	3-4-2003	1.º-4-2003	Real (R$)	240,00
MP n. 182, de 29-4-2004	30-4-2004	1.º-5-2004	Real (R$)	260,00
MP n. 248, de 20-4-2005	22-4-2005	1.º-5-2005	Real (R$)	300,00
MP n. 288, de 30-3-2006	31-3-2006	1.º-4-2006	Real (R$)	350,00
MP n. 362, de 29-3-2007	30-3-2007	1.º-4-2007	Real (R$)	380,00
MP n. 421, de 29-2-2008	29-2-2008	1.º-3-2008	Real (R$)	415,00
MP n. 456, de 30-1-2009	30-1-2009	1.º-2-2009	Real (R$)	465,00
MP n. 474, de 23-12-2009	24-12-2009	1.º-1-2010	Real (R$)	510,00
MP n. 516, de 30-12-2010	31-1-2010	1.º-1-2011	Real (R$)	540,00
Lei n. 12.382, de 25-2-2011	28-2-2011	1.º-3-2011	Real (R$)	545,00
Decreto n. 7.872, de 26-12-2012	26-12-2012 (ed. extra)	1.º-1-2013	Real (R$)	678,00
Decreto n. 8.166, de 23-12-2013	24-12-2013	1.º-1-2014	Real (R$)	724,00
Decreto n. 8.381, de 29-12-2014	30-12-2014	1.º-1-2015	Real (R$)	788,00
Decreto n. 8.618, de 29-12-2015	30-12-2015	1.º-1-2016	Real (R$)	880,00
Decreto n. 8.948, de 29-12-2016	30-12-2016	1.º-1-2017	Real (R$)	937,00
Decreto n. 9.255, de 29-12-2017	29-12-2017 (ed. extra)	1.º-1-2018	Real (R$)	954,00
Decreto n. 9.661, de 1º-1-2019	1º-1-2019	1º-1-2019	Real (R$)	998,00

SIGLAS

– OTN (Obrigações do Tesouro Nacional)

A Lei n. 7.730, de 31 de janeiro de 1989, extinguiu a OTN Fiscal e a OTN de que trata o art. 6.º do Decreto-lei n. 2.284, de 10 de março de 1986.

A Lei n. 7.784, de 28 de junho de 1989, diz em seu art. 2.º que "todas as penalidades previstas na legislação em vigor em quantidades de Obrigações do Tesouro Nacional – OTN serão convertidas para Bônus do Tesouro Nacional – BTN, à razão de 1 para 6,92".

Com a Lei n. 8.177, de 1.º de março de 1991, ficaram extintos, a partir de 1.º de fevereiro de 1991, o BTN (Bônus do Tesouro Nacional), de que trata o art. 5.º da Lei n. 7.777, de 19 de junho de 1989, e o MVR (Maior Valor de Referência). A mesma Lei n. 8.177/91 criou a TR (Taxa Referencial) e a TRD (Taxa Referencial Diária), que são divulgadas pelo Banco Central do Brasil. A Lei n. 8.660, de 28 de maio de 1993, estabeleceu novos critérios para a fixação da Taxa Referencial – TR e extinguiu a Taxa Referencial Diária – TRD.

A Lei n. 9.365, de 16 de dezembro de 1996, institui a Taxa de Juros de Longo Prazo – TJLP.

SÚMULAS

Constam neste volume todas as Súmulas do TST, assim como todas as Orientações Jurisprudenciais e todos os Precedentes Normativos do TST.

Em relação às Súmulas do STF, do STJ e dos Juizados Especiais Federais, foram selecionadas apenas as que tratam de matéria trabalhista.

Sendo assim, a inexistência de súmulas nesta obra não significa que elas tenham sido revogadas ou estejam prejudicadas.

Foram disponibilizadas todas as Súmulas Vinculantes, tendo em vista seu interesse constitucional.

TEXTOS PARCIAIS

Alguns diplomas deixam de constar integralmente. Nosso propósito foi o de criar espaço para normas mais utilizadas no dia a dia dos profissionais e acadêmicos. A obra mais ampla atenderá aqueles que, ao longo de tantos anos, vêm prestigiando nossos Códigos.

VALORES

São originais todos os valores citados na legislação constante deste Código.

Como muitos valores não comportavam transformação, em face das inúmeras modificações impostas à nossa moeda, entendemos que esta seria a melhor das medidas. Para conhecimento de nossos consulentes, este o histórico de nossa moeda:

a) O Decreto-lei n. 4.791, de 5 de outubro de 1942, instituiu o CRUZEIRO como unidade monetária brasileira, denominada CENTAVO a sua centésima parte. O cruzeiro passava a corresponder a mil-réis.

b) A Lei n. 4.511, de 1.º de dezembro de 1964, manteve o CRUZEIRO, mas determinou a extinção do CENTAVO.

c) O Decreto-lei n. 1, de 13 de novembro de 1965, instituiu o CRUZEIRO NOVO, correspondendo o cruzeiro até então vigente a um milésimo do cruzeiro novo, restabelecido o centavo. Sua vigência foi fixada para a partir de 13 de fevereiro de 1967, conforme Resolução n. 47, de 8 de fevereiro de 1967, do Banco Central da República do Brasil.

d) A Resolução n. 144, de 31 de março de 1970, do Banco Central do Brasil, determinou que a unidade do sistema monetário brasileiro passasse a denominar-se CRUZEIRO.

e) A Lei n. 7.214, de 15 de agosto de 1984, extinguiu o CENTAVO.

f) O Decreto-lei n. 2.284, de 10 de março de 1986, criou o CRUZADO, em substituição ao CRUZEIRO, correspondendo o cruzeiro a um milésimo do cruzado.

g) A Lei n. 7.730, de 31 de janeiro de 1989, instituiu o CRUZADO NOVO em substituição ao CRUZADO e manteve o CENTAVO. O cruzado novo correspondeu a um mil cruzados.

h) Por determinação da Lei n. 8.024, de 12 de abril de 1990, a moeda nacional passou a denominar-se CRUZEIRO, sem outra modificação, mantido o centavo e correspondendo o cruzeiro a um cruzado novo.

i) A Lei n. 8.697, de 27 de agosto de 1993, alterou a moeda nacional, estabelecendo a denominação CRUZEIRO REAL para a unidade do sistema monetário brasileiro. A unidade equivalia a um mil cruzeiros e sua centésima parte denominava-se CENTAVO.

j) A Lei n. 8.880, de 27 de maio de 1994, dispondo sobre o Programa de Estabilização Econômica e o Sistema Monetário Nacional, instituiu a UNIDADE REAL DE VALOR – URV.

k) A unidade do Sistema Monetário Nacional, por determinação da Lei n. 9.069, de 29 de junho de 1995 (art. 1.º), passou a ser o REAL. As importâncias em dinheiro serão grafadas precedidas do símbolo R$ (art. 1.º, § 1.º). A centésima parte do REAL, denominada "centavo", será escrita sob a forma decimal, precedida da vírgula que segue a unidade (art. 1.º, § 2.º).

Organizadores

ABREVIATURAS

ADC(s) – Ação(ões) Declaratória(s) de Constitucionalidade
ADCT – Ato das Disposições Constitucionais Transitórias
ADI(s) – Ação(ões) Direta(s) de Inconstitucionalidade
ADPF – Arguição de Descumprimento de Preceito Fundamental
AGU – Advocacia-Geral da União
APPA – Administração dos Portos de Paranaguá e Antonina
BTN – Bônus do Tesouro Nacional
CADE – Conselho Administrativo de Defesa Econômica
CBA – Código Brasileiro de Aeronáutica (Lei n. 7.565, de 19-12-1986)
CC – Código Civil (Lei n. 10.406, de 10-1-2002)
c/c – combinado com
CCom – Código Comercial (Lei n. 556, de 25-6-1850)
CDC – Código de Proteção e Defesa do Consumidor (Lei n. 8.078, de 11-9-1990)
CE – Código Eleitoral (Lei n. 4.737, de 15-7-1965)
CETRAN – Conselhos Estaduais de Trânsito
CF – Constituição Federal
CGSIM – Comitê para Gestão da Rede Nacional para a Simplificação do Registro e da Legalização de Empresas e Negócios
CGSN – Comitê Gestor do Simples Nacional
CJF – Conselho da Justiça Federal
CLT – Consolidação das Leis do Trabalho (Decreto-lei n. 5.452, de 1.º-5-1943)
CNAP – Cadastro Nacional de Aprendizagem Profissional
CNDT – Certidão Negativa de Débitos Trabalhistas
CNDU – Conselho Nacional de Desenvolvimento Urbano
CNJ – Conselho Nacional de Justiça
CNMP – Conselho Nacional do Ministério Público
CNPCP – Conselho Nacional de Política Criminal e Penitenciária
COAF – Conselho de Controle de Atividades Financeiras
CONAMA – Conselho Nacional do Meio Ambiente
CONANDA – Conselho Nacional dos Direitos da Criança e do Adolescente
CONASP – Conselho Nacional de Segurança Pública
CONTRADIFE – Conselho de Trânsito do Distrito Federal
CONTRAN – Conselho Nacional de Trânsito
CP – Código Penal (Decreto-lei n. 2.848, de 7-12-1940)
CPC – Código de Processo Civil (Lei n. 13.105, de 16-3-2015)
CPP – Código de Processo Penal (Decreto-lei n. 3.689, de 3-10-1941)
CRPS – Conselho de Recursos da Previdência Social
CTB – Código de Trânsito Brasileiro (Lei n. 9.503, de 23-9-1997)

CTN – Código Tributário Nacional (Lei n. 5.172, de 25-10-1966)
CTPS – Carteira de Trabalho e Previdência Social
CVM – Comissão de Valores Mobiliários
DJE – Diário da Justiça Eletrônico
DJU – Diário da Justiça da União
DNRC – Departamento Nacional de Registro do Comércio
DOU – Diário Oficial da União
DPU – Defensoria Pública da União
EAOAB – Estatuto da Advocacia e da Ordem dos Advogados do Brasil (Lei n. 8.906, de 4-7-1994)
EC – Emenda Constitucional
ECA – Estatuto da Criança e do Adolescente (Lei n. 8.069, de 13-7-1990)
EIRELI – Empresa Individual de Responsabilidade Limitada
FCDF – Fundo Constitucional do Distrito Federal
FGTS – Fundo de Garantia do Tempo de Serviço
INSS – Instituto Nacional do Seguro Social
JARI – Juntas Administrativas de Recursos de Infrações
JEFs – Juizados Especiais Federais
LCP – Lei das Contravenções Penais (Decreto-lei n. 3.688, de 3-10-1941)
LDA – Lei de Direitos Autorais (Lei n. 9.610, de 19-2-1998)
LEF – Lei de Execução Fiscal (Lei n. 6.830, de 22-9-1980)
LEP – Lei de Execução Penal (Lei n. 7.210, de 11-7-1984)
LINDB – Lei de Introdução às Normas do Direito Brasileiro (Decreto-lei n. 4.657, de 4-9-1942)
LOM – Lei Orgânica da Magistratura (Lei Complementar n. 35, de 14-3-1979)
LPI – Lei de Propriedade Industrial (Lei n. 9.279, de 14-5-1996)
LRP – Lei de Registros Públicos (Lei n. 6.015, de 31-12-1973)
LSA – Lei de Sociedades Anônimas (Lei n. 6.404, de 15-12-1976)
MTE – Ministério do Trabalho e Emprego
MVR – Maior Valor de Referência
OIT – Organização Internacional do Trabalho
OJ(s) – Orientação(ões) Jurisprudencial(ais)
OTN – Obrigações do Tesouro Nacional
PGFN – Procuradoria-Geral da Fazenda Nacional
PIA – Plano Individual de Atendimento
PNATRE – Programa Nacional para os Trabalhadores Rurais Empregados
PNC – Plano Nacional de Cultura
PRONAC – Programa Nacional de Apoio à Cultura
PRONAICA – Programa Nacional de Atenção Integral à Criança e ao Adolescente
PRONASCI – Programa Nacional de Segurança Pública com Cidadania
RENACH – Registro Nacional de Carteiras de Habilitação
RENAVAM – Registro Nacional de Veículos Automotores
s. – seguinte(s)
SDI-1 – Subseção 1 da Seção Especializada em Dissídios Individuais
SDI-2 – Subseção 2 da Seção Especializada em Dissídios Individuais
SDC – Seção Especializada em Dissídios Coletivos
SENAR – Serviço Nacional de Aprendizes Rural
SINAMOB – Sistema Nacional de Mobilização
SINASE – Sistema Nacional de Atendimento Socioeducativo

SINE – Sistema Nacional de Emprego
SINESP – Sistema Nacional de Informações de Segurança Pública, Prisionais e sobre Drogas
SNDC – Sistema Nacional de Defesa do Consumidor
SNIIC – Sistema Nacional de Informação e Indicadores Culturais
SRFB – Secretaria da Receita Federal do Brasil
STF – Supremo Tribunal Federal
STJ – Superior Tribunal de Justiça
STM – Superior Tribunal Militar
SUDAM – Superintendência de Desenvolvimento da Amazônia
SUDECO – Superintendência de Desenvolvimento do Centro-Oeste
SUDENE – Superintendência de Desenvolvimento do Nordeste
SUFRAMA – Superintendência da Zona Franca de Manaus
TCU – Tribunal de Contas da União
TFR – Tribunal Federal de Recursos
TJLP – Taxa de Juros de Longo Prazo
TR – Taxa Referencial
TRD – Taxa Referencial Diária
TRF – Tribunal Regional Federal
TSE – Tribunal Superior Eleitoral
TST – Tribunal Superior do Trabalho
UFIR – Unidade Fiscal de Referência
URV – Unidade Real de Valor

ÍNDICE CRONOLÓGICO DA LEGISLAÇÃO

LEIS

LEIS COMPLEMENTARES

MEDIDAS PROVISÓRIAS

PORTARIAS

REGIMENTO INTERNO DO TST

RESOLUÇÃO

RESOLUÇÃO ADMINISTRATIVA

ÍNDICE CRONOLÓGICO DA LEGISLAÇÃO ALTERADORA DA CLT E DA LEGISLAÇÃO COMPLEMENTAR

I – DO TEXTO DA CLT:

DECRETO-LEI N. 5.922, DE 25 DE OUTUBRO DE 1943
Altera o art. 330.

DECRETO-LEI N. 6.110, DE 16 DE DEZEMBRO DE 1943
Altera o art. 486.

LEI N. 2.244, DE 23 DE JUNHO DE 1954
Altera os arts. 662, 663, 685, 690, 693, 696, 708, 774, 879, 883 e 884.

LEI N. 2.693, DE 23 DE DEZEMBRO DE 1955
Altera os arts. 524, 538 e 857.

LEI N. 2.924, DE 21 DE OUTUBRO DE 1956
Altera o art. 300.

LEI N. 3.265, DE 22 DE SETEMBRO DE 1957
Altera o art. 534.

LEI N. 3.440, DE 27 DE AGOSTO DE 1958
Altera o art. 682.

LEI N. 3.488, DE 12 DE DEZEMBRO DE 1958
Altera o art. 226.

LEI N. 4.589, DE 11 DE DEZEMBRO DE 1964
Altera o art. 610 e revoga os arts. 595, 596 e 597.

LEI N. 4.824, DE 5 DE NOVEMBRO DE 1965
Altera o art. 475.

LEI N. 4.825, DE 5 DE NOVEMBRO DE 1965
Altera o art. 483.

DECRETO-LEI N. 3, DE 27 DE JANEIRO DE 1966
Altera os arts. 472, 482 e 528.

DECRETO-LEI N. 229, DE 28 DE FEVEREIRO DE 1967
Altera os arts. 26, 29, 31 a 33, 36, 37, 39, 47, 49, 51, 53 a 56, 70, 78, 224, 362, 389, 393, 402, 405 a 408, 413, 434, 435, 438, 441, 443, 445, 457, 458, 462, 473, 478, 513, 529, 530, 532, 543, 544, 553, 573, 576, 611 a 619, 621 a 625, 628 a 630, 635 a 637, 640, 654, 661, 662 e 709.

Revoga os arts. 45, 46, 121, 127, 128, 398, 567 a 569 e 655.

LEI N. 5.442, DE 24 DE MAIO DE 1968
Altera os arts. 650, 670, 672, 678 a 680, 684, 721 e 899.

Revoga os arts. 675, 682, I, 684, § 2.°, e 709, III.

LEI N. 5.562, DE 12 DE DEZEMBRO DE 1968
Altera o art. 510.

DECRETO-LEI N. 424, DE 21 DE JANEIRO DE 1969
Altera os arts. 616 e 867.

DECRETO-LEI N. 506, DE 18 DE MARÇO DE 1969
Altera o art. 576.

DECRETO-LEI N. 507, DE 18 DE MARÇO DE 1969
Altera o art. 530.

DECRETO-LEI N. 757, DE 12 DE AGOSTO DE 1969
Altera o art. 473.

DECRETO-LEI N. 771, DE 19 DE AGOSTO DE 1969
Altera os arts. 515 e 538.

DECRETO-LEI N. 925, DE 10 DE OUTUBRO DE 1969
Altera os arts. 526, 545, 552, 553, 558, 576 e 606.

Revoga o art. 563.

DECRETO-LEI N. 926, DE 10 DE OUTUBRO DE 1969
Altera os arts. 13, 14, 15, 17, 20, 21, 30 e 52.

Revoga os arts. 21, §§ 1.° e 2.°, 22, 23 e 24.

DECRETO-LEI N. 972, DE 17 DE OUTUBRO DE 1969
Revoga os arts. 310 e 314.

LEI N. 5.657, DE 4 DE JUNHO DE 1971
Altera o art. 662.

LEI N. 5.683, DE 21 DE JULHO DE 1971
Altera o art. 369.

LEI N. 5.686, DE 3 DE AGOSTO DE 1971
Altera os arts. 13, 14 e 21.

LEI N. 5.798, DE 31 DE AGOSTO DE 1972
Altera o art. 461.

LEI N. 5.839, DE 5 DE DEZEMBRO DE 1972
Altera o art. 674.

LEI N. 6.087, DE 16 DE JULHO DE 1974
Altera o art. 654.

LEI N. 6.090, DE 16 DE JULHO DE 1974
Altera o art. 654.

LEI N. 6.181, DE 11 DE DEZEMBRO DE 1974
Altera o art. 600.

LEI N. 6.200, DE 16 DE ABRIL DE 1975
Altera o art. 514.

LEI N. 6.203, DE 17 DE ABRIL DE 1975
Altera os arts. 469 e 470.

LEI N. 6.204, DE 29 DE ABRIL DE 1975
Altera o art. 453.

LEI N. 6.289, DE 11 DE DEZEMBRO DE 1975
Altera o art. 697.

LEI N. 6.320, DE 5 DE ABRIL DE 1976
Altera o art. 681 e revoga seu parágrafo único.

LEI N. 6.386, DE 9 DE DEZEMBRO DE 1976
Altera os arts. 549 a 551, 580 a 586, 588 a 592 e 608.

LEI N. 6.449, DE 14 DE OUTUBRO DE 1977
Altera o art. 449.

LEI N. 6.514, DE 22 DE DEZEMBRO DE 1977
Revoga os arts. 202 a 223.

LEI N. 6.533, DE 24 DE MAIO DE 1978
Revoga os arts. 35, 480, § 2.°, 507, parágrafo único, e 509.

LEI N. 6.598, DE 1.° DE DEZEMBRO DE 1978
Altera o art. 778.

LEI N. 6.637, DE 8 DE MAIO DE 1979
Altera o art. 225.

LEI N. 6.651, DE 23 DE MAIO DE 1979
Altera o art. 353.

LEI N. 6.667, DE 3 DE JULHO DE 1979
Altera o art. 843.

LEI N. 7.033, DE 5 DE OUTUBRO DE 1982
Revoga o § 3.° do art. 899 e o art. 902.

LEI N. 7.047, DE 1.° DE DEZEMBRO DE 1982
Altera o art. 580.

LEI N. 7.093, DE 25 DE ABRIL DE 1983
Altera o art. 488.

LEI N. 7.108, DE 5 DE JULHO DE 1983
Altera o art. 487.

LEI N. 7.121, DE 8 DE SETEMBRO DE 1983
Altera o art. 709.

LEI N. 7.223, DE 2 DE OUTUBRO DE 1984
Altera o art. 543.

LEI N. 7.305, DE 2 DE ABRIL DE 1985
Altera o art. 881.

LEI N. 7.414, DE 9 DE DEZEMBRO DE 1985
Altera o art. 135.

LEI N. 7.430, DE 17 DE DEZEMBRO DE 1985
Altera o art. 224.

LEI N. 7.449, DE 20 DE DEZEMBRO DE 1985
Altera o art. 566.

LEI N. 7.494, DE 17 DE JUNHO DE 1986
Altera o art. 643.

LEI N. 7.543, DE 2 DE OUTUBRO DE 1986
Altera o art. 543.

LEI N. 7.701, DE 21 DE DEZEMBRO DE 1988
Altera o art. 896.

LEI N. 7.855, DE 24 DE OUTUBRO DE 1989
Altera os arts. 29, 41, 74, 153, 168, 317, 459 e 477.
Revoga os arts. 18, 19, 27, 28, 43, 44, 324, 374, 375, 378, 379, 380, 387, 418 e 446.

LEI N. 8.260, DE 12 DE DEZEMBRO DE 1991
Altera o art. 16.

LEI N. 8.432, DE 11 DE JUNHO DE 1992
Altera os arts. 656, 879 e 897.

LEI N. 8.630, DE 25 DE FEVEREIRO DE 1993
Revoga os arts. 254 a 292 e 544, VIII.

LEI N. 8.638, DE 31 DE MARÇO DE 1993
Altera o art. 901.

LEI N. 8.726, DE 5 DE NOVEMBRO DE 1993
Altera o art. 131.

LEI N. 8.860, DE 24 DE MARÇO DE 1994
Altera o art. 458.

LEI N. 8.865, DE 29 DE MARÇO DE 1994
Revoga os incisos VI e VIII do art. 530.

LEI N. 8.921, DE 25 DE JULHO DE 1994
Altera o art. 131.

LEI N. 8.949, DE 9 DE DEZEMBRO DE 1994
Altera o art. 442.

LEI N. 8.966, DE 27 DE DEZEMBRO DE 1994
Altera o art. 62.

LEI N. 9.013, DE 30 DE MARÇO DE 1995
Altera o art. 322.

LEI N. 9.016, DE 30 DE MARÇO DE 1995
Altera o art. 133.

LEI N. 9.022, DE 5 DE ABRIL DE 1995
Altera os arts. 846 a 848.

LEI N. 9.270, DE 17 DE ABRIL DE 1996
Altera o art. 659.

LEI N. 9.471, DE 14 DE JULHO DE 1997
Altera o art. 473.

LEI N. 9.528, DE 10 DE DEZEMBRO DE 1997
Altera os arts. 144, 453, 464 e 465.

LEI N. 9.601, DE 21 DE JANEIRO DE 1998
Altera o art. 59.

LEI N. 9.658, DE 5 DE JUNHO DE 1998
Altera o art. 11.

LEI N. 9.756, DE 17 DE DEZEMBRO DE 1998
Altera os arts. 896 e 897.

LEI N. 9.799, DE 26 DE MAIO DE 1999
Acrescenta os arts. 373-A, 390-A, 390-B, 390-C, 390-D, 390-E, 401-A e 401-B.
Altera o art. 392.

LEI N. 9.842, DE 7 DE OUTUBRO DE 1999
Revoga os arts. 723, 724 e 725.

LEI N. 9.851, DE 27 DE OUTUBRO DE 1999
Altera o art. 651.

LEI N. 9.853, DE 27 DE OUTUBRO DE 1999
Altera o art. 473.

LEI N. 9.957, DE 12 DE JANEIRO DE 2000
Acrescenta os arts. 852-A a 852-I e 897-A.
Altera os arts. 895 e 896.

LEI N. 9.958, DE 12 DE JANEIRO DE 2000
Acrescenta os arts. 625-A a 625-H e 877-A.
Altera o art. 876.

LEI N. 10.035, DE 25 DE OUTUBRO DE 2000
Acrescenta os arts. 878-A e 889-A.
Altera os arts. 831, 832, 879, 884 e 897.

LEI N. 10.097, DE 19 DE DEZEMBRO DE 2000
Altera os arts. 402, 403, 428, 429, 430 e 433.
Revoga o art. 80, as alíneas *a* e *b* do parágrafo único do art. 403, o § 1.° do art. 405, as alíneas *a* a *c* do art. 431, o § 2.° do art. 432, as alíneas *a* e *b* e parágrafo único do art. 433, e os arts. 436 e 437.

LEI N. 10.218, DE 11 DE ABRIL DE 2001
Altera o art. 487.

LEI N. 10.243, DE 19 DE JUNHO DE 2001
Altera os arts. 58 e 458.
Revoga o art. 42.

LEI N. 10.244, DE 27 DE JUNHO DE 2001
Revoga o art. 376.

MEDIDA PROVISÓRIA N. 2.164-41, DE 24 DE AGOSTO DE 2001
Acrescenta os arts. 58-A, 476-A, 627-A e altera os arts. 59, 628, 643 e 652.

MEDIDA PROVISÓRIA N. 2.180-35, DE 24 DE AGOSTO DE 2001
Altera os arts. 467, 836 e 884.

LEI N. 10.270, DE 29 DE AGOSTO DE 2001
Altera o art. 29.

MEDIDA PROVISÓRIA N. 2.226, DE 4 DE SETEMBRO DE 2001
Acrescenta o art. 896-A.

LEI N. 10.272, DE 5 DE SETEMBRO DE 2001
Altera o art. 467.

LEI N. 10.288, DE 20 DE SETEMBRO DE 2001
Altera o art. 793.

LEI N. 10.421, DE 15 DE ABRIL DE 2002
Altera o art. 392 e acresce o art. 392-A.

LEI N. 10.537, DE 27 DE AGOSTO DE 2002
Altera os arts. 789 e 790, e acrescenta os arts. 789-A, 789-B e 790-A.

LEI N. 11.180, DE 23 DE SETEMBRO DE 2005
Altera os arts. 428 e 433.

LEI N. 11.295, DE 9 DE MAIO DE 2006
Altera o art. 526.

LEI N. 11.304, DE 11 DE MAIO DE 2006
Altera o art. 473.

LEI N. 11.457, DE 16 DE MARÇO DE 2007
Altera os arts. 832, 879, 880 e 889-A.

LEI N. 11.495, DE 22 DE JUNHO DE 2007
Altera o art. 836.

LEI N. 11.496, DE 22 DE JUNHO DE 2007
Altera o art. 894.

LEI N. 11.644, DE 10 DE MARÇO DE 2008
Acrescenta o art. 442-A.

LEI N. 11.648, DE 31 DE MARÇO DE 2008
Altera os arts. 589, 590, 591 e 593.

LEI N. 11.788, DE 25 DE SETEMBRO DE 2008
Altera o art. 428.

LEI N. 11.925, DE 17 DE ABRIL DE 2009
Altera os arts. 830 e 895.

LEI N. 12.010, DE 3 DE AGOSTO DE 2009
Revoga os §§ 1.° a 3.° do art. 392-A.

LEI N. 12.275, DE 29 DE JUNHO DE 2010
Altera os arts. 897 e 899.

LEI N. 12.347, DE 10 DE DEZEMBRO DE 2010
Revoga o art. 508.

LEI N. 12.405, DE 16 DE MAIO DE 2011
Altera o art. 879.

LEI N. 12.437, DE 6 DE JULHO DE 2011
Altera o art. 791.

LEI N. 12.440, DE 7 DE JULHO DE 2011
Acrescenta o art. 642-A.

LEI N. 12.551, DE 15 DE DEZEMBRO DE 2011
Altera o art. 6.º.

LEI N. 12.594, DE 18 DE JANEIRO DE 2012
Altera o art. 429.

LEI N. 12.619, DE 30 DE ABRIL DE 2012
Acrescenta os arts. 235-B, 235-C e 235-E.

LEI N. 12.740, DE 8 DE DEZEMBRO DE 2012
Altera o art. 193.

LEI N. 12.761, DE 27 DE DEZEMBRO DE 2012
Altera o art. 458.

LEI N. 12.873, DE 24 DE OUTUBRO DE 2013
Altera o art. 392-A e acrescenta os arts. 392-B e 392-C.

LEI N. 12.997, DE 18 DE JUNHO DE 2014
Altera o art. 193.

LEI N. 13.015, DE 21 DE JULHO DE 2014
Acrescenta os arts. 896-B e 896-C.

Altera os arts. 894, 896, 897-A e 899.

LEI N. 13.103, DE 2 DE MARÇO DE 2015
Altera os arts. 71, 168, 235-A a 235-G.

Revoga o art. 235-H.

LEI N. 13.146, DE 6 DE JULHO DE 2015
Altera os arts. 428 e 433.

LEI N. 13.154, DE 30 DE JULHO DE 2015
Altera o art. 235-C.

LEI N. 13.257, DE 8 DE MARÇO DE 2016
Altera o art. 473.

LEI N. 13.415, DE 16 DE FEVEREIRO DE 2017
Altera o art. 318.

LEI N. 13.419, DE 13 DE MARÇO DE 2017
Altera o art. 457.

LEI N. 13.420, DE 13 DE MARÇO DE 2017
Altera os arts. 428, 429, 430 e 431.

LEI N. 13.467, DE 13 DE JULHO DE 2017
Acrescenta os arts. 10-A, 11-A, 47-A, 59-A, 59-B, 75-A, 75-B, 75-C, 75-D, 75-E, 223-A, 223-B, 223-C, 223-D, 223-E, 223-F, 223-G, 442-B, 448-A, 452-A, 456-A, 477-A, 477-B, 484-A, 507-A, 507-B, 510-A, 510-B, 510-C, 510-D, 611-A, 611-B, 791-A, 793-A, 793-B, 793-C, 793-D e 883-A, 855-A, 855-B, 855-C, 855-D e 855-E.

Altera os arts. 2.º, 4.º, 8.º, 11, 47, 58, 58-A, 59, 60, 61, 62, 71, 134, 394-A, 396, 443, 444, 457, 458, 461, 468, 477, 482, 545, 578, 579, 582, 583, 587, 602, 614, 620, 634, 652, 702, 775, 789, 790, 790-B, 800, 818, 840, 841, 843, 844, 847, 876, 878, 879, 882, 884, 896, 896-A e 899.

Revoga os incisos I e II do art. 11, § 3.º do art. 58, § 4.º do art. 59, § 2.º do art. 134, § 3.º do art. 143, parágrafo único do art. 372, §§ 1.º, 3.º e 7.º do art. 477, parágrafo único do art. 878, §§ 3.º, 4.º, 5.º e 6.º do art. 896, § 5.º do art. 899 e os arts. 84, 86, 130-A, 384, 601, 604 e 792.

LEI N. 13.509, DE 22 DE NOVEMBRO DE 2017
Altera os arts. 391-A, 392-A e 396.

LEI N. 13.545, DE 19 DE DEZEMBRO DE 2017
Acrescenta o art. 775-A.

LEI N. 13.660, DE 8 DE MAIO DE 2018
Altera o art. 819.

LEI N. 13.767, DE 18 DE DEZEMBRO DE 2018
Altera o art. 473.

II – DO CÓDIGO DE PROCESSO CIVIL:

LEI N. 13.256, DE 4 DE FEVEREIRO DE 2016
Altera os arts. 12, 153, 521, 537, 966, 988, 1.029, 1.030, 1.035, 1.036, 1.037, 1.038, 1.041, 1.042 e 1.043.

Revoga o art. 945, o § 2.º do art. 1.029, o inciso II do § 3.º e o § 10 do art. 1.035, os §§ 2.º e 5.º do art. 1.037, os incisos I a III e o § 1.º do art. 1.042 e os incisos II e IV e o § 5.º do art. 1.043.

LEI N. 13.363, DE 25 DE NOVEMBRO DE 2016
Altera o art. 313.

LEI N. 13.793, DE 3 DE JANEIRO DE 2019
Altera o art. 107.

III – DO CÓDIGO CIVIL:

LEI N. 10.825, DE 22 DE DEZEMBRO DE 2003
Altera o art. 44.

LEI N. 11.107, DE 6 DE ABRIL DE 2005
Altera o art. 41.

LEI N. 11.127, DE 28 DE JUNHO DE 2005
Altera os arts. 54, 57, 59 e 60 e revoga o parágrafo único do art. 57.

LEI N. 11.280, DE 16 DE FEVEREIRO DE 2006
Revoga o art. 194.

LEI N. 12.010, DE 3 DE AGOSTO DE 2009
Revoga o inciso III do art. 10.

LEI N. 12.441, DE 11 DE JULHO DE 2011
Altera o art. 44.

LEI N. 13.105, DE 16 DE MARÇO DE 2015
Altera o art. 274.

Revoga os arts. 227, 229 e 230.

LEI N. 13.146, DE 6 DE JULHO DE 2015
Altera os arts. 3.º, 4.º e 228.

LEI N. 13.176, DE 21 DE OUTUBRO DE 2015
Acrescenta o inciso IX ao art. 964.

IV – DA LEGISLAÇÃO COMPLEMENTAR (alterações de 2018 e 2019):

LEI N. 13.590, DE 4 DE JANEIRO DE 2018

Altera o art. 5.º da Lei n. 8.036/90.

LEI N. 13.606, DE 9 DE JANEIRO DE 2018

Altera o art. 168-A do Decreto-lei n. 2.848/40.

Altera o art. 25 da Lei n. 8.212/91.

DECRETO N. 9.345, DE 16 DE ABRIL DE 2018

Altera os arts. 35 e 36 do Decreto n. 99.684/90.

LEI N. 13.654, DE 23 DE ABRIL DE 2018

Acrescenta o art. 2.º-A à Lei n. 7.102/83.

LEI N. 13.676, DE 11 DE JUNHO DE 2018

Altera o art. 16 da Lei n. 12.016/09.

LEI N. 13.677, DE 13 DE JUNHO DE 2018

Altera o art. 4.º da Lei Complementar n. 26/75.

Revoga o parágrafo único do art. 2.º da Lei Complementar n. 26/75.

LEI N. 13.711, DE 24 DE AGOSTO DE 2018

Altera o art. 17 da Lei n. 13.103/15.

DECRETO N. 9.494, DE 6 DE SETEMBRO DE 2018

Altera os arts. 11, 56 e 57 do Decreto n. 3.298/99.

DECRETO N. 9.508, DE 24 DE SETEMBRO DE 2018

Revoga os arts. 37 a 43 do Decreto n. 3.298/99.

DECRETO N. 9.513, DE 27 DE SETEMBRO DE 2018

Altera o item 26 do Anexo ao Decreto n. 27.048/49.

LEI N. 13.725, DE 4 DE OUTUBRO DE 2018

Altera o art. 22 da Lei n. 8.906/94.

Revoga o art. 16 da Lei n. 5.584/70.

MEDIDA PROVISÓRIA N. 859, DE 26 DE NOVEMBRO DE 2018

Acrescenta os arts. 6.º-A, 9.º-A, 9.º-B e 9.º-C à Lei n. 8.036/90.

Altera o art. 6.º da Lei n. 8.036/90.

LEI N. 13.756, DE 12 DE DEZEMBRO DE 2018

Altera o art. 26 da Lei n. 8.212/91.

Altera o art. 82-B da Lei n. 9.615/98.

MEDIDA PROVISÓRIA N. 866, DE 20 DE DEZEMBRO DE 2018

Altera o art. 10 da Lei n. 7.783/89.

LEI N. 13.778, DE 26 DE DEZEMBRO DE 2018

Altera o art. 9.º da Lei n. 8.036/90.

LEI N. 13.793, DE 3 DE JANEIRO DE 2019

Altera o art. 11 da Lei n. 11.419/06.

LEI N. 13.805, DE 10 DE JANEIRO DE 2019

Altera o art. 27 da Lei n. 8.036/90.

MEDIDA PROVISÓRIA N. 871, DE 18 DE JANEIRO DE 2019

Acrescenta os arts. 71-D e 124-A a 124-D à Lei n. 8.213/91.

Altera o art. 69 da Lei n. 8.212/91.

Altera os arts. 16, 17, 25, 26, 27-A, 38-A, 38-B, 55, 59, 71, 76, 80, 96, 103, 106 e 115 da Lei n. 8.213/91.

Revoga o parágrafo único do art. 38-B, o parágrafo único do art. 59, o § 5.º do art. 60, o art. 79, o inciso I do § 1.º do art. 101 e o inciso III do *caput* do art. 106 da Lei n. 8.213/91.

CONSTITUIÇÃO FEDERAL

ÍNDICE SISTEMÁTICO DA CONSTITUIÇÃO FEDERAL

TÍTULO VII

DA ORDEM ECONÔMICA E FINANCEIRA

TÍTULO VIII

DA ORDEM SOCIAL

TÍTULO IX

DAS DISPOSIÇÕES CONSTITUCIONAIS GERAIS

ATO DAS DISPOSIÇÕES CONSTITUCIONAIS TRANSITÓRIAS

CONSTITUIÇÃO DA REPÚBLICA FEDERATIVA DO BRASIL (*)

Preâmbulo

Nós, representantes do povo brasileiro, reunidos em Assembleia Nacional Constituinte para instituir um Estado Democrático, destinado a assegurar o exercício dos direitos sociais e individuais, a liberdade, a segurança, o bem-estar, o desenvolvimento, a igualdade e a justiça como valores supremos de uma sociedade fraterna, pluralista e sem preconceitos, fundada na harmonia social e comprometida, na ordem interna e internacional, com a solução pacífica das controvérsias, promulgamos, sob a proteção de Deus, a seguinte CONSTITUIÇÃO DA REPÚBLICA FEDERATIVA DO BRASIL.

TÍTULO I
DOS PRINCÍPIOS FUNDAMENTAIS

Art. 1.º **A República Federativa do Brasil, formada pela união indissolúvel dos Estados e Municípios e do Distrito Federal, constitui-se em Estado Democrático de Direito e tem como fundamentos:**

- *Vide* arts. 18, *caput,* e 60, § 4.º, I e II, da CF.

I – a soberania;

- *Vide* arts. 20, VI, 21, I e II, 49, II, 84, VII, VIII e XIX, da CF.

II – a cidadania;

- A Lei n. 9.265, de 12-2-1996, estabelece a gratuidade dos atos necessários ao exercício da cidadania.

III – a dignidade da pessoa humana;

- *Vide* art. 5.º da CF.
- A Lei n. 11.340, de 7-8-2006, cria mecanismos para coibir a violência doméstica e familiar contra a mulher.

IV – os valores sociais do trabalho e da livre-iniciativa;

- *Vide* arts. 6.º a 11 da CF.

V – o pluralismo político.

- *Vide* art. 17 da CF.
- A Lei n. 9.096, de 19-9-1995, dispõe sobre os partidos políticos.
- *Vide* Enunciado n. 13 da 1.ª Jornada de Direito do Trabalho.

Parágrafo único. **Todo o poder emana do povo, que o exerce por meio de representantes eleitos ou diretamente, nos termos desta Constituição.**

- *Vide* arts. 14 e 60, § 4.º, III, da CF.
- A Lei n. 9.709, de 18-11-1998, estabelece em seu art. 1.º que a soberania popular é exercida por sufrágio universal e pelo voto direto e secreto, com igual valor para todos.

Art. 2.º **São Poderes da União, independentes e harmônicos entre si, o Legislativo, o Executivo e o Judiciário.**

- *Vide* art. 60, § 4.º, III, da CF.

Art. 3.º **Constituem objetivos fundamentais da República Federativa do Brasil:**

I – construir uma sociedade livre, justa e solidária;

II – garantir o desenvolvimento nacional;

III – erradicar a pobreza e a marginalização e reduzir as desigualdades sociais e regionais;

- *Vide* art. 23, X, da CF.
- *Vide* arts. 79 a 82 do ADCT.
- Fundo de Combate e Erradicação da Pobreza: Lei Complementar n. 111, de 6-7-2001.
- O Decreto n. 7.492, de 2-6-2011, institui o Plano Brasil sem Miséria, com a finalidade de superar a situação de extrema pobreza da população em todo o território nacional.

IV – promover o bem de todos, sem preconceitos de origem, raça, sexo, cor, idade e quaisquer outras formas de discriminação.

- Crimes resultantes de preconceito de raça ou de cor: Lei n. 7.716, de 5-1-1989, e Lei n. 9.459, de 13-5-1997.
- O Decreto n. 6.872, de 4-6-2009, aprova o Plano Nacional de Promoção da Igualdade Racial – PLANAPIR, e institui o seu Comitê de Articulação e Monitoramento.
- Estatuto da Igualdade Racial: *vide* Lei n. 12.288, de 20-7-2010.

Art. 4.º **A República Federativa do Brasil rege-se nas suas relações internacionais pelos seguintes princípios:**

- *Vide* arts. 21, I e 84, VII e VIII, da CF.

(*) Publicada no *DOU* n. 191-A, de 5-10-1988.

I – independência nacional;

- *Vide* arts. 78 e 91, § 1.º, IV, da CF.

II – prevalência dos direitos humanos;

- O Decreto n. 678, de 6-11-1992, promulgou a Convenção Americana sobre Direitos Humanos – Pacto de São José da Costa Rica.

III – autodeterminação dos povos;

IV – não intervenção;

V – igualdade entre os Estados;

VI – defesa da paz;

VII – solução pacífica dos conflitos;

VIII – repúdio ao terrorismo e ao racismo;

- *Vide* art. 5.º, XLII e XLIII, da CF.
- A Lei n. 7.716, de 5-1-1989, define os crimes resultantes de preconceito de raça ou de cor.
- O Decreto n. 5.639, de 26-12-2005, promulga a Convenção Interamericana contra o Terrorismo.
- Estatuto da Igualdade Racial: *vide* Lei n. 12.288, de 20-7-2010.

IX – cooperação entre os povos para o progresso da humanidade;

X – concessão de asilo político.

- O Decreto n. 55.929, de 14-4-1965, promulgou a Convenção sobre Asilo Territorial.
- A Lei n. 9.474, de 22-7-1997, estabelece o Estatuto dos Refugiados.

Parágrafo único. A República Federativa do Brasil buscará a integração econômica, política, social e cultural dos povos da América Latina, visando à formação de uma comunidade latino-americana de nações.

- O Decreto n. 350, de 21-11-1991, promulgou o Tratado de Assunção, que estabeleceu o Mercado Comum entre Brasil, Paraguai, Argentina e Uruguai – MERCOSUL.

TÍTULO II
DOS DIREITOS E GARANTIAS FUNDAMENTAIS

CAPÍTULO I
DOS DIREITOS E DEVERES INDIVIDUAIS E COLETIVOS

Art. 5.º Todos são iguais perante a lei, sem distinção de qualquer natureza, garantindo-se aos brasileiros e aos estrangeiros residentes no País a inviolabilidade do direito à vida, à liberdade, à igualdade, à segurança e à propriedade, nos termos seguintes:

- *Vide* Súmula 683 do STF.
- *Vide* art. 60, § 4.º, IV, da CF.
- Estrangeiro: Lei n. 13.445, de 24-5-2017 (Lei de Migração).

I – homens e mulheres são iguais em direitos e obrigações, nos termos desta Constituição;

- *Vide* arts. 143, § 2.º, e 226, § 5.º, da CF.
- *Vide* arts. 372 e s. da CLT, que dispõem sobre a duração, condições do trabalho e a discriminação contra a mulher.
- A Lei n. 9.029, de 13-4-1995, proíbe a exigência de atestados de gravidez e esterilização, e outras práticas discriminatórias, para efeitos admissionais ou de permanência da relação jurídica de trabalho.
- Convenção sobre a eliminação de todas as formas de discriminação contra a mulher: Decreto n. 4.377, de 13-9-2002.

II – ninguém será obrigado a fazer ou deixar de fazer alguma coisa senão em virtude de lei;

- *Vide* Súmula Vinculante 44.
- *Vide* Súmula 686 do STF.
- *Vide* Súmula 128 do TST.
- *Vide* OJ 97 da SDI-2.

III – ninguém será submetido a tortura nem a tratamento desumano ou degradante;

- Convenção contra a tortura e outros tratamentos ou penas cruéis, desumanos ou degradantes: Decreto n. 40, de 15-2-1991.
- A Lei n. 9.455, de 7-4-1997, define os crimes de tortura.

IV – é livre a manifestação do pensamento, sendo vedado o anonimato;

- *Vide* arts. 220 e s. da CF.

V – é assegurado o direito de resposta, proporcional ao agravo, além da indenização por dano material, moral ou à imagem;

•• A Lei n. 13.188, de 11-11-2015, dispõe sobre o direito de resposta ou retificação do ofendido em matéria divulgada, publicada ou transmitida por veículo de comunicação social.

VI – é inviolável a liberdade de consciência e de crença, sendo assegurado o livre exercício dos cultos religiosos e garantida, na forma da lei, a proteção aos locais de culto e a suas liturgias;

- Crimes contra o sentimento religioso e contra o respeito aos mortos: arts. 208 a 212 do CP.

VII – é assegurada, nos termos da lei, a prestação de assistência religiosa nas entidades civis e militares de internação coletiva;

- A Lei n. 6.923, de 29-6-1981, dispõe sobre o serviço de Assistência Religiosa nas Forças Armadas.
- A Lei n. 9.982, de 14-7-2000, dispõe sobre a prestação de assistência religiosa nas entidades hospitalares públicas e privadas, bem como nos estabelecimentos prisionais civis e militares.

VIII – ninguém será privado de direitos por motivo de crença religiosa ou de convicção filosófica ou política, salvo se as invocar para eximir-se de obrigação legal a todos imposta e recusar-se a cumprir prestação alternativa, fixada em lei;

- *Vide* art. 143 da CF.

IX – é livre a expressão da atividade intelectual, artística, científica e de comunicação, independentemente de censura ou licença;

- LDA: Lei n. 5.988, de 14-12-1973, e Lei n. 9.610, de 19-2-1998.
- Lei de Proteção de Cultivares: Lei n. 9.456, de 25-4-1997, e Decreto n. 2.366, de 5-11-1997.
- Lei de Proteção da Propriedade Intelectual de Programa de Computador e sua comercialização no País: Lei n. 9.609, de 19-2-1998, e Decreto n. 2.556, de 20-4-1998.

X – são invioláveis a intimidade, a vida privada, a honra e a imagem das pessoas, assegurado o direito a indenização pelo dano material ou moral decorrente de sua violação;

•• A Lei n. 13.188, de 11-11-2015, dispõe sobre o direito de resposta ou retificação do ofendido em matéria divulgada por meio de comunicação social.

- *Vide* art. 114, VI, da CF.

XI – a casa é asilo inviolável do indivíduo, ninguém nela podendo penetrar sem consentimento do morador, salvo em caso de flagrante delito ou desastre, ou para prestar socorro, ou, durante o dia, por determinação judicial;

- Violação de domicílio no CP: art. 150, §§ 1.º a 5.º.
- Do tempo e do lugar dos atos processuais no CPC: arts. 212 a 216.

XII – é inviolável o sigilo da correspondência e das comunicações telegráficas, de dados e das comunicações telefônicas, salvo, no último caso, por ordem judicial, nas hipóteses e na forma que a lei estabelecer para fins de investigação criminal ou instrução processual penal;

- *Vide* arts. 136, § 1.º, *b* e *c*, e 139, III, da CF.
- A Lei n. 9.296, de 24-7-1996, regulamenta este inciso no tocante às comunicações telefônicas (Lei da Escuta Telefônica).
- Violação de correspondência no CP: arts. 151 e 152.
- Serviços postais: Lei n. 6.538, de 22-6-1978.

XIII – **é livre o exercício de qualquer trabalho, ofício ou profissão, atendidas as qualificações profissionais que a lei estabelecer;**

- *Vide* art. 170 da CF.

XIV – **é assegurado a todos o acesso à informação e resguardado o sigilo da fonte, quando necessário ao exercício profissional;**

- O art. 154 do CP dispõe sobre violação do segredo profissional.

XV – **é livre a locomoção no território nacional em tempo de paz, podendo qualquer pessoa, nos termos da lei, nele entrar, permanecer ou dele sair com seus bens;**

XVI – **todos podem reunir-se pacificamente, sem armas, em locais abertos ao público, independentemente de autorização, desde que não frustrem outra reunião anteriormente convocada para o mesmo local, sendo apenas exigido prévio aviso à autoridade competente;**

XVII – **é plena a liberdade de associação para fins lícitos, vedada a de caráter paramilitar;**

XVIII – **a criação de associações e, na forma da lei, a de cooperativas independem de autorização, sendo vedada a interferência estatal em seu funcionamento;**

- A Lei n. 5.764, de 16-12-1971, dispõe sobre o regime jurídico das cooperativas.
- A Lei n. 9.867, de 10-11-1999, dispõe sobre a criação e o funcionamento de Cooperativas Sociais, visando à integração social dos cidadãos.

XIX – **as associações só poderão ser compulsoriamente dissolvidas ou ter suas atividades suspensas por decisão judicial, exigindo-se, no primeiro caso, o trânsito em julgado;**

XX – **ninguém poderá ser compelido a associar-se ou a permanecer associado;**

XXI – **as entidades associativas, quando expressamente autorizadas, têm legitimidade para representar seus filiados judicial ou extrajudicialmente;**

- A Lei n. 7.347, de 24-7-1985, disciplina a ação civil pública.
- *Vide* Súmula 686 do STF.

XXII – **é garantido o direito de propriedade;**

- Propriedade no CC (Lei n. 10.406, de 10-1-2002): arts. 1.228 a 1.368.

XXIII – **a propriedade atenderá a sua função social;**

- *Vide* arts. 156, § 1.º, 170, III, 182, § 2.º, e 186 da CF.
- A Lei n. 4.504, de 30-11-1964, estabelece o Estatuto da Terra.

XXIV – **a lei estabelecerá o procedimento para desapropriação por necessidade ou utilidade pública, ou por interesse social, mediante justa e prévia indenização em dinheiro, ressalvados os casos previstos nesta Constituição;**

- Desapropriação: Decreto-lei n. 3.365, de 21-6-1941, Lei n. 4.132, de 10-9-1962, Lei n. 6.602, de 7-12-1978, Decreto-lei n. 1.075, de 22-1-1970, Lei n. 8.629, de 25-2-1993, Lei Complementar n. 76, de 6-7-1993, Lei n. 9.785, de 29-1-1999, e Lei n. 10.406, de 10-1-2002, art. 1.228, § 3.º.
- *Vide* Súmula 629 do STF.

XXV – **no caso de iminente perigo público, a autoridade competente poderá usar de propriedade particular, assegurada ao proprietário indenização ulterior, se houver dano;**

XXVI – **a pequena propriedade rural, assim definida em lei, desde que trabalhada pela família, não será objeto de penhora para pagamento de débitos decorrentes de sua atividade produtiva, dispondo a lei sobre os meios de financiar o seu desenvolvimento;**

- Estatuto da Terra: Lei n. 4.504, de 30-11-1964.
- O art. 4.º da Lei n. 8.629, de 25-2-1993, dispõe sobre a pequena propriedade rural.

XXVII – **aos autores pertence o direito exclusivo de utilização, publicação ou reprodução de suas obras, transmissível aos herdeiros pelo tempo que a lei fixar;**

- LDA: Lei n. 5.988, de 14-12-1973, e Lei n. 9.610, de 19-2-1998.
- Lei de Proteção de Cultivares: Lei n. 9.456, de 25-4-1997, e Decreto n. 2.366, de 5-11-1997.
- Lei de Proteção da Propriedade Intelectual do Programa de Computador e sua comercialização no país: Lei n. 9.609, de 19-2-1998, e Decreto n. 2.556, de 20-4-1998.

XXVIII – **são assegurados, nos termos da lei:**

a) **a proteção às participações individuais em obras coletivas e à reprodução da imagem e voz humanas, inclusive nas atividades desportivas;**

b) **o direito de fiscalização do aproveitamento econômico das obras que criarem ou de que participarem aos criadores, aos intérpretes e às respectivas representações sindicais e associativas;**

XXIX – **a lei assegurará aos autores de inventos industriais privilégio temporário para sua utilização, bem como proteção às criações industriais, à propriedade das marcas, aos nomes de empresas e a outros signos distintivos, tendo em vista o interesse social e o desenvolvimento tecnológico e econômico do País;**

- Propriedade Industrial: Lei n. 9.279, de 14-5-1996, e Decreto n. 2.553, de 16-4-1998.

XXX – **é garantido o direito de herança;**

- CC: direito das sucessões: arts. 1.784 e s.; aceitação e renúncia da herança: arts. 1.804 e s.; e herança jacente: arts. 1.819 e s.
- Direitos dos companheiros a alimentos e à sucessão: Lei n. 8.971, de 29-12-1994, e CC, art. 1.790.

XXXI – **a sucessão de bens de estrangeiros situados no País será regulada pela lei brasileira em benefício do cônjuge ou dos filhos brasileiros, sempre que não lhes seja mais favorável a lei pessoal do *de cujus*;**

- LINDB (Decreto-lei n. 4.657, de 4-9-1942): art. 10, §§ 1.º e 2.º.

XXXII – **o Estado promoverá, na forma da lei, a defesa do consumidor;**

- Prevenção e repressão às infrações contra a ordem econômica: Lei n. 12.529, de 30-11-2011.
- A Lei n. 8.078, de 11-9-1990, dispõe sobre a proteção do consumidor (CDC), e o Decreto n. 2.181, de 20-3-1997, dispõe sobre a organização do SNDC, e estabelece normas gerais de aplicação das sanções administrativas previstas na Lei n. 8.078, de 1990.
- As Portarias n. 4, de 13-3-1998, n. 3, de 19-3-1999, n. 3, de 15-3-2001, e n. 5, de 27-8-2002, da Secretaria de Direito Econômico, divulgam as cláusulas contratuais consideradas abusivas.

XXXIII – **todos têm direito a receber dos órgãos públicos informações de seu interesse particular, ou de interesse coletivo ou geral, que serão prestadas no prazo da lei, sob pena de responsabilidade, ressalvadas aquelas cujo sigilo seja imprescindível à segurança da sociedade e do Estado;**

•• A Lei n. 12.527, de 18-11-2011, regula o acesso a informações previsto neste inciso.

• *Vide* incisos LXXII e LXXVII deste artigo.

XXXIV – são a todos assegurados, independentemente do pagamento de taxas:

a) o direito de petição aos Poderes Públicos em defesa de direitos ou contra ilegalidade ou abuso de poder;

• *Vide* Súmula Vinculante 21.

b) a obtenção de certidões em repartições públicas, para defesa de direitos e esclarecimento de situações de interesse pessoal;

• A Lei n. 9.051, de 18-5-1995, dispõe sobre a expedição de certidões para a defesa de direitos e esclarecimentos de situações.

XXXV – a lei não excluirá da apreciação do Poder Judiciário lesão ou ameaça a direito;

XXXVI – a lei não prejudicará o direito adquirido, o ato jurídico perfeito e a coisa julgada;

• *Vide* Súmulas 654, 678 e 684 do STF.

• LINDB (Decreto-lei n. 4.657, de 4-9-1942): art. 6.º.

• *Vide* OJs 4, 34 e 157 da SDI-2.

XXXVII – não haverá juízo ou tribunal de exceção;

XXXVIII – é reconhecida a instituição do júri, com a organização que lhe der a lei, assegurados:

• Do processo dos crimes da competência do júri: arts. 406 e s. do CPP.

• A Lei n. 11.697, de 13-6-2008, dispõe sobre a Organização Judiciária do Distrito Federal e dos Territórios. Sobre o Tribunal do Júri: arts. 18 a 24.

a) a plenitude de defesa;

b) o sigilo das votações;

c) a soberania dos veredictos;

d) a competência para o julgamento dos crimes dolosos contra a vida;

• *Vide* Súmula Vinculante 45.

XXXIX – não há crime sem lei anterior que o defina, nem pena sem prévia cominação legal;

• CP: art. 1.º.

XL – a lei penal não retroagirá, salvo para beneficiar o réu;

• CP: art. 2.º, parágrafo único.

XLI – a lei punirá qualquer discriminação atentatória dos direitos e liberdades fundamentais;

• Crimes resultantes de preconceito de raça ou de cor: Lei n. 7.716, de 5-1-1989, e Lei n. 9.459, de 13-5-1997.

• A Lei n. 8.081, de 21-9-1990, estabelece os crimes e as penas aplicáveis aos atos discriminatórios ou de preconceito de raça, cor, religião, etnia ou procedência nacional, praticados pelos meios de comunicação ou por publicação de qualquer natureza.

XLII – a prática do racismo constitui crime inafiançável e imprescritível, sujeito à pena de reclusão, nos termos da lei;

• Estatuto da Igualdade Racial: Lei n. 12.288, de 20-7-2010.

XLIII – a lei considerará crimes inafiançáveis e insuscetíveis de graça ou anistia a prática da tortura, o tráfico ilícito de entorpecentes e drogas afins, o terrorismo e os definidos como crimes hediondos, por eles respondendo os mandantes, os executores e os que, podendo evitá-los, se omitirem;

•• Inciso XLIII regulamentado pela Lei n. 13.260, de 16-3-2016.

• A Lei n. 8.072, de 25-7-1990, dispõe sobre os crimes hediondos, nos termos deste inciso.

• A Lei n. 9.455, de 7-4-1997, define os crimes de tortura.

• O Decreto n. 5.639, de 26-12-2005, promulga a Convenção Interamericana contra o Terrorismo.

• Drogas: Lei n. 11.343, de 23-8-2006.

XLIV – constitui crime inafiançável e imprescritível a ação de grupos armados, civis ou militares, contra a ordem constitucional e o Estado Democrático;

• Organização criminosa: Lei n. 12.850, de 2-8-2013.

• O Decreto n. 5.015, de 12-3-2004, promulga a Convenção das Nações Unidas contra o Crime Organizado Transnacional.

XLV – nenhuma pena passará da pessoa do condenado, podendo a obrigação de reparar o dano e a decretação do perdimento de bens ser, nos termos da lei, estendidas aos sucessores e contra eles executadas, até o limite do valor do patrimônio transferido;

• Das penas no CP: arts. 32 e s.

• CC: arts. 932 e 935.

XLVI – a lei regulará a individualização da pena e adotará, entre outras, as seguintes:

• Das penas no CP: arts. 32 e s.

a) privação ou restrição da liberdade;

• CP: arts. 33 e s.

b) perda de bens;

• CP: art. 43, II.

c) multa;

• CP: art. 49.

d) prestação social alternativa;

• CP: arts. 44 e 46.

e) suspensão ou interdição de direitos;

• CP: art. 47.

XLVII – não haverá penas:

• Das penas no CP: arts. 32 e s.

a) de morte, salvo em caso de guerra declarada, nos termos do art. 84, XIX;

• O CP Militar (Decreto-lei n. 1.001, de 21-10-1969) dispõe sobre pena de morte nos arts. 55 a 57.

b) de caráter perpétuo;

c) de trabalhos forçados;

d) de banimento;

e) cruéis;

XLVIII – a pena será cumprida em estabelecimentos distintos, de acordo com a natureza do delito, a idade e o sexo do apenado;

• Das penas no CP: arts. 32 e s.

• Dos estabelecimentos penais: Lei n. 7.210, de 11-7-1984, arts. 82 a 104. A Lei n. 10.792, de 1.º-12-2003, altera a LEP, instituindo o regime disciplinar diferenciado e facultando à União, aos Estados, ao Distrito Federal e aos Territórios, a construção de Penitenciárias destinadas aos presos sujeitos a este regime.

XLIX – é assegurado aos presos o respeito à integridade física e moral;

• CP: art. 38.

• Transporte de presos: Lei n. 8.653, de 10-5-1993.

• LEP: Lei n. 7.210, de 11-7-1984, art. 40.

• *Vide* Súmula Vinculante 11.

L – às presidiárias serão asseguradas condições para que possam permanecer com seus filhos durante o período de amamentação;

• Da penitenciária de mulheres: Lei n. 7.210, de 11-7-1984, art. 89.

• A Lei n. 11.942, de 28-5-2009, altera a LEP (Lei n. 7.210, de 11-7-1984), para assegurar às mães presas e aos recém-nascidos condições mínimas de assistência.

LI – nenhum brasileiro será extraditado, salvo o naturalizado, em caso de crime comum, praticado antes da naturalização, ou de comprovado envolvimento em tráfico ilícito de entorpecentes e drogas afins, na forma da lei;

- *Vide* art. 12, II, da CF.

LII – não será concedida extradição de estrangeiro por crime político ou de opinião;

- Extradição: arts. 81 a 99 da Lei n. 13.445, de 24-5-2017.
- O Decreto n. 98.961, de 15-2-1990, dispõe sobre a expulsão do estrangeiro condenado por tráfico de entorpecente e drogas afins.

LIII – ninguém será processado nem sentenciado senão pela autoridade competente;

LIV – ninguém será privado da liberdade ou de seus bens sem o devido processo legal;

- *Vide* OJ 97 da SDI-2.

LV – aos litigantes, em processo judicial ou administrativo, e aos acusados em geral são assegurados o contraditório e ampla defesa, com os meios e recursos a ela inerentes;

- *Vide* Súmula Vinculante 21.
- *Vide* Súmula 128 do TST.
- *Vide* OJ 97 da SDI-2.

LVI – são inadmissíveis, no processo, as provas obtidas por meios ilícitos;

- Das provas no CPP: arts. 155 e s. Das provas no CPC: arts. 369 e s.

LVII – ninguém será considerado culpado até o trânsito em julgado de sentença penal condenatória;

LVIII – o civilmente identificado não será submetido a identificação criminal, salvo nas hipóteses previstas em lei;

- •• Inciso LVIII regulamentado pela Lei n. 12.037, de 1.º-10-2009.

LIX – será admitida ação privada nos crimes de ação pública, se esta não for intentada no prazo legal;

- Da ação penal privada subsidiária da pública: art. 100, § 3.º, do CP, e art. 29 do CPP.

LX – a lei só poderá restringir a publicidade dos atos processuais quando a defesa da intimidade ou o interesse social o exigirem;

- Do sigilo no inquérito policial: CPP, art. 20.
- Segredo de justiça: CPC, art. 189.
- Sistema de transmissão de dados para a prática de atos processuais: Lei n. 9.800, de 26-5-1999.

LXI – ninguém será preso senão em flagrante delito ou por ordem escrita e fundamentada de autoridade judiciária competente, salvo nos casos de transgressão militar ou crime propriamente militar, definidos em lei;

- *Vide* inciso LVII deste artigo.
- O Decreto-lei n. 1.001, de 21-10-1969, estabelece o CP Militar.

LXII – a prisão de qualquer pessoa e o local onde se encontre serão comunicados imediatamente ao juiz competente e à família do preso ou à pessoa por ele indicada;

LXIII – o preso será informado de seus direitos, entre os quais o de permanecer calado, sendo-lhe assegurada a assistência da família e de advogado;

- *Vide* art. 136, § 3.º, IV, da CF.
- *Vide* Súmula Vinculante 14.

LXIV – o preso tem direito à identificação dos responsáveis por sua prisão ou por seu interrogatório policial;

LXV – a prisão ilegal será imediatamente relaxada pela autoridade judiciária;

LXVI – ninguém será levado à prisão ou nela mantido, quando a lei admitir a liberdade provisória, com ou sem fiança;

LXVII – não haverá prisão civil por dívida, salvo a do responsável pelo inadimplemento voluntário e inescusável de obrigação alimentícia e a do depositário infiel;

- •• O Decreto n. 592, de 6-7-1992 (Pacto Internacional sobre Direitos Civis e Políticos), dispõe em seu art. 11 que "ninguém poderá ser preso apenas por não poder cumprir com uma obrigação contratual".
- •• O Decreto n. 678, de 6-11-1992 (Pacto de São José da Costa Rica), dispõe em seu art. 7.º, item 7, que "ninguém deve ser detido por dívida, exceto no caso de inadimplemento de obrigação alimentar".
- •• Pensão alimentícia: art. 19 da Lei n. 5.478, de 25-7-1968.
- •• *Vide* Súmula Vinculante 25.
- Alienação fiduciária: Decreto-lei n. 911, de 1.º-10-1969, e Lei n. 9.514, de 20-11-1997.

LXVIII – conceder-se-á *habeas corpus* sempre que alguém sofrer ou se achar ameaçado de sofrer violência ou coação em sua liberdade de locomoção, por ilegalidade ou abuso de poder;

- *Vide* art. 142, § 2.º, da CF.
- *Habeas corpus* e seu processo: arts. 647 e s. do CPP.

LXIX – conceder-se-á mandado de segurança para proteger direito líquido e certo, não amparado por *habeas corpus* ou *habeas data*, quando o responsável pela ilegalidade ou abuso de poder for autoridade pública ou agente de pessoa jurídica no exercício de atribuições do Poder Público;

- Mandado de segurança: Lei n. 12.016, de 7-8-2009.

LXX – o mandado de segurança coletivo pode ser impetrado por:

- Mandado de segurança coletivo: Lei n. 12.016, de 7-8-2009.
- *Vide* Súmula 630 do STF.

a) partido político com representação no Congresso Nacional;

b) organização sindical, entidade de classe ou associação legalmente constituída e em funcionamento há pelo menos um ano, em defesa dos interesses de seus membros ou associados;

- *Vide* Súmula 629 do STF.

LXXI – conceder-se-á mandado de injunção sempre que a falta de norma regulamentadora torne inviável o exercício dos direitos e liberdades constitucionais e das prerrogativas inerentes à nacionalidade, à soberania e à cidadania;

- •• *Vide* Lei n. 13.300, de 23-6-2016, que disciplina o processo e o julgamento dos mandados de injunção individual e coletivo.

LXXII – conceder-se-á *habeas data*:

- *Habeas data*: Lei n. 9.507, de 12-11-1997.

a) para assegurar o conhecimento de informações relativas à pessoa do impetrante, constantes de registros ou bancos de dados de entidades governamentais ou de caráter público;

b) para a retificação de dados, quando não se prefira fazê-lo por processo sigiloso, judicial ou administrativo;

LXXIII – qualquer cidadão é parte legítima para propor ação popular que vise a anular ato lesivo ao patrimônio público ou de entidade de que o Estado participe, à moralidade administrativa, ao meio ambiente e ao patrimônio histórico e cultural, ficando o autor, salvo comprovada má-fé, isento de custas judiciais e do ônus da sucumbência;

• Lei de Ação Popular: Lei n. 4.717, de 29-6-1965.

LXXIV – o Estado prestará assistência jurídica integral e gratuita aos que comprovarem insuficiência de recursos;

• Assistência judiciária: Lei n. 1.060, de 5-2-1950.

• Defensoria Pública: Lei Complementar n. 80, de 12-1-1994.

LXXV – o Estado indenizará o condenado por erro judiciário, assim como o que ficar preso além do tempo fixado na sentença;

LXXVI – são gratuitos para os reconhecidamente pobres, na forma da lei:

• Lei n. 6.015, de 31-12-1973, art. 30 e parágrafos.

• Gratuidade dos atos necessários ao exercício da cidadania: Lei n. 9.265, de 12-2-1996, e Lei n. 9.534, de 10-12-1997.

a) o registro civil de nascimento;

• Do nascimento na LRP (Lei n. 6.015, de 31-12-1973): arts. 46 e 50 a 66.

b) a certidão de óbito;

• Do óbito na LRP (Lei n. 6.015, de 31-12-1973): arts. 77 a 88.

LXXVII – são gratuitas as ações de *habeas corpus* e *habeas data*, e, na forma da lei, os atos necessários ao exercício da cidadania;

•• Inciso LXXVII regulamentado pela Lei n. 9.265, de 12-2-1996.

LXXVIII – a todos, no âmbito judicial e administrativo, são assegurados a razoável duração do processo e os meios que garantam a celeridade de sua tramitação.

•• Inciso LXXVIII acrescentado pela Emenda Constitucional n. 45, de 8-12-2004.

§ 1.º As normas definidoras dos direitos e garantias fundamentais têm aplicação imediata.

§ 2.º Os direitos e garantias expressos nesta Constituição não excluem outros decorrentes do regime e dos princípios por ela adotados, ou dos tratados internacionais em que a República Federativa do Brasil seja parte.

§ 3.º Os tratados e convenções internacionais sobre direitos humanos que forem aprovados, em cada Casa do Congresso Nacional, em dois turnos, por três quintos dos votos dos respectivos membros, serão equivalentes às emendas constitucionais.

•• § 3.º acrescentado pela Emenda Constitucional n. 45, de 8-12-2004.

§ 4.º O Brasil se submete à jurisdição de Tribunal Penal Internacional a cuja criação tenha manifestado adesão.

•• § 4.º acrescentado pela Emenda Constitucional n. 45, de 8-12-2004.

• O Decreto n. 4.388, de 25-9-2002, dispõe sobre o Tribunal Penal Internacional.

CAPÍTULO II
DOS DIREITOS SOCIAIS

Art. 6.º São direitos sociais a educação, a saúde, a alimentação, o trabalho, a moradia, o transporte, o lazer, a segurança, a previdência social, a proteção à maternidade e à infância, a assistência aos desamparados, na forma desta Constituição.

•• Artigo com redação determinada pela Emenda Constitucional n. 90, de 15-9-2015.

• A Lei n. 10.216, de 6-4-2001, dispõe sobre a proteção e os direitos das pessoas portadoras de transtornos mentais e redireciona o modelo assistencial em saúde mental.

Art. 7.º São direitos dos trabalhadores urbanos e rurais, além de outros que visem à melhoria de sua condição social:

• A Lei n. 9.799, de 26-5-1999, insere na CLT regras de acesso da mulher ao mercado de trabalho.

I – relação de emprego protegida contra despedida arbitrária ou sem justa causa, nos termos de lei complementar, que preverá indenização compensatória, dentre outros direitos;

• *Vide* Enunciado n. 2 da 1.ª Jornada de Direito do Trabalho.

II – seguro-desemprego, em caso de desemprego involuntário;

• Dispõem ainda sobre a matéria: Lei n. 8.019, de 11-4-1990, e Lei Complementar n. 150, de 1.º-6-2015.

III – fundo de garantia do tempo de serviço;

• FGTS: Lei n. 8.036, de 11-5-1990 (disposições), regulamentada pelo Decreto n. 99.684, de 8-11-1990, Lei n. 8.844, de 20-1-1994 (fiscalização, apuração e cobrança judicial das contribuições e multas), e Lei Complementar n. 150, de 1.º-6-2015.

IV – salário mínimo, fixado em lei, nacionalmente unificado, capaz de atender a suas necessidades vitais básicas e às de sua família com moradia, alimentação, educação, saúde, lazer, vestuário, higiene, transporte e previdência social, com reajustes periódicos que lhe preservem o poder aquisitivo, sendo vedada sua vinculação para qualquer fim;

•• O Decreto n. 9.661, de 1.º-1-2019, estabelece que, a partir de 1.º-1-2019, o salário mínimo será de R$ 998,00 (novecentos e noventa e oito reais).

• A Lei n. 6.205, de 29-4-1975, estabelece a descaracterização do salário mínimo como fator de correção monetária.

• *Vide* Súmulas Vinculantes 4, 15 e 16.

• *Vide* Súmula 201 do STJ.

• *Vide* OJ 71 da SDI-2.

V – piso salarial proporcional à extensão e à complexidade do trabalho;

• A Lei Complementar n. 103, de 14-7-2000, autoriza os Estados e o Distrito Federal a instituir o piso salarial a que se refere este inciso.

VI – irredutibilidade do salário, salvo o disposto em convenção ou acordo coletivo;

• *Vide* Súmula 391 do TST.

• *Vide* OJs 325 e 396 da SDI-1.

VII – garantia de salário, nunca inferior ao mínimo, para os que percebem remuneração variável;

VIII – décimo terceiro salário com base na remuneração integral ou no valor da aposentadoria;

• Décimo terceiro salário: Lei n. 4.090, de 13-7-1962; Lei n. 4.749, de 12-8-1965; Decreto n. 57.155, de 3-11-1965, e Decreto n. 63.912, de 26-12-1968.

IX – remuneração do trabalho noturno superior à do diurno;

• Trabalho noturno na CLT: art. 73 e §§ 1.º a 5.º.

• *Vide* OJ 127 da SDI-1.

X – proteção do salário na forma da lei, constituindo crime sua retenção dolosa;

XI – participação nos lucros, ou resultados, desvinculada da remuneração, e, excepcionalmente, participação na gestão da empresa, conforme definido em lei;

•• Regulamento: Lei n. 10.101, de 19-12-2000.

•• A Lei n. 12.353, de 28-12-2010, dispõe sobre a participação dos empregados nos conselhos de administração das empresas públicas e sociedades de economia mista, e demais empresas em que a União detenha a maioria do capital social com direito a voto.

• *Vide* OJ 390 da SDI-1.

XII – salário-família pago em razão do dependente do trabalhador de baixa renda nos termos da lei;

•• Inciso XII com redação determinada pela Emenda Constitucional n. 20, de 15-12-1998.
• Salário-família: Lei n. 4.266, de 3-10-1963, Decreto n. 53.153, de 10-12-1963, Lei n. 8.213, de 24-7-1991, e Decreto n. 3.048, de 6-5-1999.

XIII – **duração do trabalho normal não superior a oito horas diárias e quarenta e quatro semanais, facultada a compensação de horários e a redução da jornada, mediante acordo ou convenção coletiva de trabalho;**

• Duração do trabalho na CLT: arts. 57 e s. e 224 e s.
• Jornada de trabalho na CLT: arts. 58 e s.
• *Vide* OJs 323 e 393 da SDI-1.

XIV – **jornada de seis horas para o trabalho realizado em turnos ininterruptos de revezamento, salvo negociação coletiva;**

• *Vide* Súmula 675 do STF.
• *Vide* Súmula 360 do TST.
• *Vide* OJs 274 e 395 da SDI-1.
• A Portaria n. 412, de 20-9-2007, do MTE, considera ilícita a alteração da jornada e do horário de trabalho dos empregados que trabalhem em regime de turnos ininterruptos de revezamento, salvo mediante convenção ou acordo coletivo de trabalho, sob pena de aplicação da multa estabelecida no art. 510 da CLT.

XV – **repouso semanal remunerado, preferencialmente aos domingos;**

• Repouso semanal: Lei n. 605, de 5-1-1949; Decreto n. 27.048, de 12-8-1949, e art. 67 da CLT.
• *Vide* OJ 410 da SDI-1.

XVI – **remuneração do serviço extraordinário superior, no mínimo, em cinquenta por cento à do normal;**

• Remuneração do serviço extraordinário na CLT: arts. 61, 142 e 227.
• A Lei n. 10.244, de 27-6-2001, revogando o art. 376 da CLT, passa a permitir a realização de horas extras por mulheres.
• *Vide* OJs 206 e 415 da SDI-1.

XVII – **gozo de férias anuais remuneradas com, pelo menos, um terço a mais do que o salário normal;**

• Férias na CLT: arts. 129 e s.
• *Vide* Súmula 386 do STJ.
• *Vide* Súmula 328 do TST.

XVIII – **licença à gestante, sem prejuízo do emprego e do salário, com a duração de cento e vinte dias;**

•• A Lei n. 11.770, de 9-9-2008, regulamentada pelo Decreto n. 7.052, de 23-12-2009, institui o Programa Empresa Cidadã, que faculta a prorrogação por 60 dias da licença-maternidade, prevista neste inciso.
• *Vide* art. 10, II, *b*, do ADCT.
• Salário-maternidade: arts. 71 a 73 da Lei n. 8.213, de 24-7-1991, regulamentada pelo Decreto n. 3.048, de 6-5-1999, arts. 93 a 103.
• *Vide* OJ 44 da SDI-1.

XIX – **licença-paternidade, nos termos fixados em lei;**

•• *Vide* art. 10, § 1.º, do ADCT.
•• *Vide* Lei n. 11.770, de 9-9-2008 (Programa Empresa Cidadã), alterada pela Lei n. 13.257, de 8-3-2016, que faculta a prorrogação por 15 dias da licença-paternidade, mediante concessão de incentivo fiscal.

XX – **proteção do mercado de trabalho da mulher, mediante incentivos específicos, nos termos da lei;**

• Proteção ao trabalho da mulher na CLT: arts. 372 e s.
• Convenção sobre a eliminação de todas as formas de discriminação contra a mulher: Decreto n. 4.377, de 13-9-2002.
• *Vide* art. 39 do Estatuto da Igualdade Racial (Lei n. 12.288, de 20-7-2010).

XXI – **aviso prévio proporcional ao tempo de serviço, sendo no mínimo de trinta dias, nos termos da lei;**

•• *Vide* Lei n. 12.506, de 11-10-2011, que dispõe sobre aviso prévio.
• Aviso prévio na CLT: arts. 487 e s.

XXII – **redução dos riscos inerentes ao trabalho, por meio de normas de saúde, higiene e segurança;**

• Segurança e medicina do trabalho: arts. 154 e s. da CLT.
• *Vide* Súmula 437 do TST.

XXIII – **adicional de remuneração para as atividades penosas, insalubres ou perigosas, na forma da lei;**

• Atividades insalubres e perigosas na CLT: arts. 189 e s.
• *Vide* Súmula Vinculante 4.

XXIV – **aposentadoria;**

• A Lei n. 8.213, de 24-7-1991, nos arts. 42 e s., trata de aposentadoria.

XXV – **assistência gratuita aos filhos e dependentes desde o nascimento até 5 (cinco) anos de idade em creches e pré-escolas;**

•• Inciso XXV com redação determinada pela Emenda Constitucional n. 53, de 19-12-2006.

XXVI – **reconhecimento das convenções e acordos coletivos de trabalho;**

• Convenções coletivas de trabalho na CLT: arts. 611 e s.
• *Vide* OJ 346 da SDI-1 e OJ 34 da SDC.

XXVII – **proteção em face da automação, na forma da lei;**

XXVIII – **seguro contra acidentes de trabalho, a cargo do empregador, sem excluir a indenização a que este está obrigado, quando incorrer em dolo ou culpa;**

• Acidente do trabalho: Lei n. 6.338, de 7-6-1976; Lei n. 8.212, de 24-7-1991; Lei n. 8.213, de 24-7-1991; e Decreto n. 3.048, de 6-5-1999.

XXIX – **ação, quanto aos créditos resultantes das relações de trabalho, com prazo prescricional de cinco anos para os trabalhadores urbanos e rurais, até o limite de dois anos após a extinção do contrato de trabalho;**

•• Inciso XXIX com redação determinada pela Emenda Constitucional n. 28, de 25-5-2000.
• *Vide* Súmula 409 do TST.
• *Vide* OJs 399 e 417 da SDI-1.

***a*) e *b*) (*Revogadas pela Emenda Constitucional n. 28, de 25-5-2000.*)**

XXX – **proibição de diferença de salários, de exercício de funções e de critério de admissão por motivo de sexo, idade, cor ou estado civil;**

• *Vide* Súmula 683 do STF.
• *Vide* OJs 25 e 26 da SDC.
• *Vide* arts. 3.º e 4.º da Lei n. 7.716, de 5-1-1989 (crimes de preconceito de raça ou de cor).
• Convenção sobre a eliminação de todas as formas de discriminação contra a mulher: Decreto n. 4.377, de 13-9-2002.
• *Vide* arts. 38 a 42 do Estatuto da Igualdade Racial (Lei n. 12.288, de 20-7-2010).

XXXI – **proibição de qualquer discriminação no tocante a salário e critérios de admissão do trabalhador portador de deficiência;**

• O Decreto n. 3.298, de 20-12-1999, consolida as normas de proteção à pessoa portadora de deficiência.

XXXII – **proibição de distinção entre trabalho manual, técnico e intelectual ou entre os profissionais respectivos;**

• *Vide* Súmula 84 do TST.

XXXIII – **proibição de trabalho noturno, perigoso ou insalubre a menores de 18 (dezoito) e de qualquer trabalho a menores de 16 (dezesseis) anos, salvo na condição de aprendiz, a partir de 14 (quatorze) anos;**

•• Inciso XXXIII com redação determinada pela Emenda Constitucional n. 20, de 15-12-1998.

• Proteção ao trabalho do menor na CLT: arts. 402 e s.
• Do direito à profissionalização e à proteção do trabalho: arts. 60 a 69 da Lei n. 8.069, de 13-7-1990 (ECA).
• *Vide* Enunciado n. 18 da 1.ª Jornada de Direito do Trabalho.

XXXIV – igualdade de direitos entre o trabalhador com vínculo empregatício permanente e o trabalhador avulso.

Parágrafo único. São assegurados à categoria dos trabalhadores domésticos os direitos previstos nos incisos IV, VI, VII, VIII, X, XIII, XV, XVI, XVII, XVIII, XIX, XXI, XXII, XXIV, XXVI, XXX, XXXI e XXXIII e, atendidas as condições estabelecidas em lei e observada a simplificação do cumprimento das obrigações tributárias, principais e acessórias, decorrentes da relação de trabalho e suas peculiaridades, os previstos nos incisos I, II, III, IX, XII, XXV e XXVIII, bem como a sua integração à previdência social.

•• Parágrafo único com redação determinada pela Emenda Constitucional n. 72, de 2-4-2013.
• Empregado doméstico: Lei n. 7.195, de 12-6-1984, e Lei Complementar n. 150, de 1.º-6-2015.
• Salário-maternidade: arts. 93 a 103 do Decreto n. 3.048, de 6-5-1999.

Art. 8.º É livre a associação profissional ou sindical, observado o seguinte:

• Organização sindical na CLT: arts. 511 e s.
• *Vide* Súmula 4 do STJ.
• *Vide* Enunciado n. 3 da 1.ª Jornada de Direito do Trabalho.
• *Vide* Convenção n. 98 da OIT, sobre o direito de sindicalização.

I – a lei não poderá exigir autorização do Estado para a fundação de sindicato, ressalvado o registro no órgão competente, vedadas ao Poder Público a interferência e a intervenção na organização sindical;

• *Vide* Súmula 677 do STF.

II – é vedada a criação de mais de uma organização sindical, em qualquer grau, representativa de categoria profissional ou econômica, na mesma base territorial, que será definida pelos trabalhadores ou empregadores interessados, não podendo ser inferior à área de um Município;

• *Vide* Súmula 677 do STF.
• *Vide* Enunciado n. 5 da 1.ª Jornada de Direito do Trabalho.

III – ao sindicato cabe a defesa dos direitos e interesses coletivos ou individuais da categoria, inclusive em questões judiciais ou administrativas;

• A Lei n. 8.073, de 30-7-1990, dispõe que as entidades sindicais poderão atuar como substitutos processuais dos integrantes da categoria.

IV – a assembleia geral fixará a contribuição que, em se tratando de categoria profissional, será descontada em folha, para custeio do sistema confederativo da representação sindical respectiva, independentemente da contribuição prevista em lei;

•• *Vide* Súmula 666 do STF.
• *Vide* Súmula Vinculante 40.

V – ninguém será obrigado a filiar-se ou a manter-se filiado a sindicato;

• Atentado contra a liberdade de associação: art. 199 do CP.
• O Precedente Normativo n. 119, de 13-8-1998, do TST, dispõe sobre contribuições sindicais.
• *Vide* OJ 20 da SDC.

VI – é obrigatória a participação dos sindicatos nas negociações coletivas de trabalho;

VII – o aposentado filiado tem direito a votar e ser votado nas organizações sindicais;

VIII – é vedada a dispensa do empregado sindicalizado a partir do registro da candidatura a cargo de direção ou representação sindical e, se eleito, ainda que suplente, até um ano após o final do mandato, salvo se cometer falta grave nos termos da lei.

• *Vide* OJs 365 e 369 da SDI-1.

Parágrafo único. As disposições deste artigo aplicam-se à organização de sindicatos rurais e de colônias de pescadores, atendidas as condições que a lei estabelecer.

•• Parágrafo único regulamentado pela Lei n. 11.699, de 13-6-2008.

Art. 9.º É assegurado o direito de greve, competindo aos trabalhadores decidir sobre a oportunidade de exercê-lo e sobre os interesses que devam por meio dele defender.

• Greve: Lei n. 7.783, de 28-6-1989.
• *Vide* arts. 37, VII, 114, II, e 142, § 3.º, IV, da CF.

§ 1.º A lei definirá os serviços ou atividades essenciais e disporá sobre o atendimento das necessidades inadiáveis da comunidade.

§ 2.º Os abusos cometidos sujeitam os responsáveis às penas da lei.

Art. 10. É assegurada a participação dos trabalhadores e empregadores nos colegiados dos órgãos públicos em que seus interesses profissionais ou previdenciários sejam objeto de discussão e deliberação.

Art. 11. Nas empresas de mais de duzentos empregados, é assegurada a eleição de um representante destes com a finalidade exclusiva de promover-lhes o entendimento direto com os empregadores.

CAPÍTULO III
DA NACIONALIDADE

• O Decreto n. 4.246, de 22-5-2002, promulga a Convenção sobre o Estatuto dos Apátridas.

Art. 12. São brasileiros:

I – natos:

a) os nascidos na República Federativa do Brasil, ainda que de pais estrangeiros, desde que estes não estejam a serviço de seu país;

b) os nascidos no estrangeiro, de pai brasileiro ou mãe brasileira, desde que qualquer deles esteja a serviço da República Federativa do Brasil;

c) os nascidos no estrangeiro de pai brasileiro ou de mãe brasileira, desde que sejam registrados em repartição brasileira competente ou venham a residir na República Federativa do Brasil e optem, em qualquer tempo, depois de atingida a maioridade, pela nacionalidade brasileira;

•• Alínea *c* com redação determinada pela Emenda Constitucional n. 54, de 20-9-2007.

II – naturalizados:

• Naturalização: Lei n. 13.445, de 24-5-2017 (Lei de Migração).

a) os que, na forma da lei, adquiram a nacionalidade brasileira, exigidas aos originários de países de língua portuguesa apenas residência por um ano ininterrupto e idoneidade moral;

b) os estrangeiros de qualquer nacionalidade residentes na República Federativa do Brasil há mais de quinze anos ininterruptos e sem condenação penal, desde que requeiram a nacionalidade brasileira.

•• Alínea *b* com redação determinada pela Emenda Constitucional de Revisão n. 3, de 7-6-1994.

§ 1.º Aos portugueses com residência permanente no País, se houver reciprocidade em favor de brasileiros, serão atribuídos os direitos inerentes ao brasileiro, salvo os casos previstos nesta Constituição.

•• § 1.º com redação determinada pela Emenda Constitucional de Revisão n. 3, de 7-6-1994.

§ 2.º A lei não poderá estabelecer distinção entre brasileiros natos e naturalizados, salvo nos casos previstos nesta Constituição.

§ 3.º São privativos de brasileiro nato os cargos:

I – de Presidente e Vice-Presidente da República;

II – de Presidente da Câmara dos Deputados;

III – de Presidente do Senado Federal;

IV – de Ministro do Supremo Tribunal Federal;

V – da carreira diplomática;

VI – de oficial das Forças Armadas;

• A Lei Complementar n. 97, de 9-6-1999, dispõe sobre as normas gerais para a organização, o preparo e o emprego das Forças Armadas.

VII – de Ministro de Estado da Defesa.

•• Inciso VII acrescentado pela Emenda Constitucional n. 23, de 2-9-1999.

§ 4.º Será declarada a perda da nacionalidade do brasileiro que:

•• O Decreto n. 3.453, de 9-5-2000, delega competência ao Ministro de Estado da Justiça para declarar a perda e a reaquisição da nacionalidade brasileira, na forma deste artigo.

I – tiver cancelada sua naturalização, por sentença judicial, em virtude de atividade nociva ao interesse nacional;

II – adquirir outra nacionalidade, salvo nos casos:

•• Inciso II, *caput*, acrescentado pela Emenda Constitucional de Revisão n. 3, de 7-6-1994.

a) de reconhecimento de nacionalidade originária pela lei estrangeira;

•• Alínea *a* acrescentada pela Emenda Constitucional de Revisão n. 3, de 7-6-1994.

b) de imposição de naturalização, pela norma estrangeira, ao brasileiro residente em Estado estrangeiro, como condição para permanência em seu território ou para o exercício de direitos civis.

•• Alínea *b* acrescentada pela Emenda Constitucional de Revisão n. 3, de 7-6-1994.

Art. 13. A língua portuguesa é o idioma oficial da República Federativa do Brasil.

• O Decreto n. 6.583, de 29-9-2008, promulga o Acordo Ortográfico da Língua Portuguesa.

§ 1.º São símbolos da República Federativa do Brasil a bandeira, o hino, as armas e o selo nacionais.

• Apresentação e forma dos símbolos nacionais: Lei n. 5.700, de 1.º-9-1971.

§ 2.º Os Estados, o Distrito Federal e os Municípios poderão ter símbolos próprios.

CAPÍTULO IV
DOS DIREITOS POLÍTICOS

Art. 14. A soberania popular será exercida pelo sufrágio universal e pelo voto direto e secreto, com valor igual para todos, e, nos termos da lei, mediante:

I – plebiscito;

•• Regulamento: Lei n. 9.709, de 18-11-1998.

II – referendo;

•• Regulamento: Lei n. 9.709, de 18-11-1998.

III – iniciativa popular.

•• Regulamento: Lei n. 9.709, de 18-11-1998.

§ 1.º O alistamento eleitoral e o voto são:

• Alistamento no CE (Lei n. 4.737, de 15-7-1965): arts. 42 e s.

I – obrigatórios para os maiores de dezoito anos;

II – facultativos para:

a) os analfabetos;

b) os maiores de setenta anos;

c) os maiores de dezesseis e menores de dezoito anos.

§ 2.º Não podem alistar-se como eleitores os estrangeiros e, durante o período do serviço militar obrigatório, os conscritos.

§ 3.º São condições de elegibilidade, na forma da lei:

I – a nacionalidade brasileira;

II – o pleno exercício dos direitos políticos;

III – o alistamento eleitoral;

IV – o domicílio eleitoral na circunscrição;

V – a filiação partidária;

•• Regulamento: Lei n. 9.096, de 19-9-1995.

VI – a idade mínima de:

a) trinta e cinco anos para Presidente e Vice-Presidente da República e Senador;

b) trinta anos para Governador e Vice-Governador de Estado e do Distrito Federal;

c) vinte e um anos para Deputado Federal, Deputado Estadual ou Distrital, Prefeito, Vice-Prefeito e juiz de paz;

• Responsabilidade dos Prefeitos: Decreto-lei n. 201, de 27-2-1967.

d) dezoito anos para Vereador.

• Responsabilidade dos Vereadores: Decreto-lei n. 201, de 27-2-1967.

§ 4.º São inelegíveis os inalistáveis e os analfabetos.

§ 5.º O Presidente da República, os Governadores de Estado e do Distrito Federal, os Prefeitos e quem os houver sucedido ou substituído no curso dos mandatos poderão ser reeleitos para um único período subsequente.

•• § 5.º com redação determinada pela Emenda Constitucional n. 16, de 4-6-1997.

§ 6.º Para concorrerem a outros cargos, o Presidente da República, os Governadores de Estado e do Distrito Federal e os Prefeitos devem renunciar aos respectivos mandatos até seis meses antes do pleito.

§ 7.º São inelegíveis, no território de jurisdição do titular, o cônjuge e os parentes consanguíneos ou afins, até o segundo grau ou por adoção, do Presidente da República, de Governador de Estado ou Território, do Distrito Federal, de

Prefeito ou de quem os haja substituído dentro dos seis meses anteriores ao pleito, salvo se já titular de mandato eletivo e candidato à reeleição.

§ 8.º O militar alistável é elegível, atendidas as seguintes condições:

I – se contar menos de dez anos de serviço, deverá afastar-se da atividade;

II – se contar mais de dez anos de serviço, será agregado pela autoridade superior e, se eleito, passará automaticamente, no ato da diplomação, para a inatividade.

• *Vide* art. 42.

§ 9.º Lei complementar estabelecerá outros casos de inelegibilidade e os prazos de sua cessação, a fim de proteger a probidade administrativa, a moralidade para o exercício do mandato, considerada a vida pregressa do candidato, e a normalidade e legitimidade das eleições contra a influência do poder econômico ou o abuso do exercício de função, cargo ou emprego na administração direta ou indireta.

•• § 9.º com redação determinada pela Emenda Constitucional de Revisão n. 4, de 7-6-1994.

• Casos de inelegibilidade: Lei Complementar n. 64, de 18-5-1990.

§ 10. O mandato eletivo poderá ser impugnado ante a Justiça Eleitoral no prazo de quinze dias contados da diplomação, instruída a ação com provas de abuso do poder econômico, corrupção ou fraude.

§ 11. A ação de impugnação de mandato tramitará em segredo de justiça, respondendo o autor, na forma da lei, se temerária ou de manifesta má-fé.

Art. 15. É vedada a cassação de direitos políticos, cuja perda ou suspensão só se dará nos casos de:

• Lei Orgânica dos Partidos Políticos: Lei n. 9.096, de 19-9-1995.

I – cancelamento da naturalização por sentença transitada em julgado;

II – incapacidade civil absoluta;

III – condenação criminal transitada em julgado, enquanto durarem seus efeitos;

IV – recusa de cumprir obrigação a todos imposta ou prestação alternativa, nos termos do art. 5.º, VIII;

V – improbidade administrativa, nos termos do art. 37, § 4.º.

Art. 16. A lei que alterar o processo eleitoral entrará em vigor na data de sua publicação, não se aplicando à eleição que ocorra até 1 (um) ano da data de sua vigência.

•• Artigo com redação determinada pela Emenda Constitucional n. 4, de 14-9-1993.

CAPÍTULO V
DOS PARTIDOS POLÍTICOS

Art. 17. É livre a criação, fusão, incorporação e extinção de partidos políticos, resguardados a soberania nacional, o regime democrático, o pluripartidarismo, os direitos fundamentais da pessoa humana e observados os seguintes preceitos:

•• A Lei n. 9.096, de 19-9-1995, regulamenta este artigo.

I – caráter nacional;

II – proibição de recebimento de recursos financeiros de entidade ou governo estrangeiros ou de subordinação a estes;

III – prestação de contas à Justiça Eleitoral;

IV – funcionamento parlamentar de acordo com a lei.

§ 1.º É assegurada aos partidos políticos autonomia para definir sua estrutura interna e estabelecer regras sobre escolha, formação e duração de seus órgãos permanentes e provisórios e sobre sua organização e funcionamento e para adotar os critérios de escolha e o regime de suas coligações nas eleições majoritárias, vedada a sua celebração nas eleições proporcionais, sem obrigatoriedade de vinculação entre as candidaturas em âmbito nacional, estadual, distrital ou municipal, devendo seus estatutos estabelecer normas de disciplina e fidelidade partidária.

•• § 1.º com redação determinada pela Emenda Constitucional n. 97, de 4-10-2017.

•• *Vide* Emenda Constitucional n. 97, de 5-10-2017.

§ 2.º Os partidos políticos, após adquirirem personalidade jurídica, na forma da lei civil, registrarão seus estatutos no Tribunal Superior Eleitoral.

§ 3.º Somente terão direito a recursos do fundo partidário e acesso gratuito ao rádio e à televisão, na forma da lei, os partidos políticos que alternativamente:

•• § 3.º com redação determinada pela Emenda Constitucional n. 97, de 4-10-2017.

•• *Vide* Emenda Constitucional n. 97, de 5-10-2017.

I – obtiverem, nas eleições para a Câmara dos Deputados, no mínimo, 3% (três por cento) dos votos válidos, distribuídos em pelo menos um terço das unidades da Federação, com um mínimo de 2% (dois por cento) dos votos válidos em cada uma delas; ou

•• Inciso I acrescentado pela Emenda Constitucional n. 97, de 4-10-2017.

II – tiverem elegido pelo menos quinze Deputados Federais distribuídos em pelo menos um terço das unidades da Federação.

•• Inciso II acrescentado pela Emenda Constitucional n. 97, de 4-10-2017.

§ 4.º É vedada a utilização pelos partidos políticos de organização paramilitar.

§ 5.º Ao eleito por partido que não preencher os requisitos previstos no § 3.º deste artigo é assegurado o mandato e facultada a filiação, sem perda do mandato, a outro partido que os tenha atingido, não sendo essa filiação considerada para fins de distribuição dos recursos do fundo partidário e de acesso gratuito ao tempo de rádio e de televisão.

•• § 5.º acrescentado pela Emenda Constitucional n. 97, de 4-10-2017.

•• *Vide* Emenda Constitucional n. 97, de 5-10-2017.

TÍTULO III
DA ORGANIZAÇÃO DO ESTADO

CAPÍTULO I
DA ORGANIZAÇÃO POLÍTICO-ADMINISTRATIVA

Art. 18. A organização político-administrativa da República Federativa do Brasil compreende a União, os Estados, o Distrito Federal e os Municípios, todos autônomos, nos termos desta Constituição.

§ 1.º Brasília é a Capital Federal.

§ 2.º Os Territórios Federais integram a União, e sua criação, transformação em Estado ou reintegração ao Estado de origem serão reguladas em lei complementar.

§ 3.º Os Estados podem incorporar-se entre si, subdividir-se ou desmembrar-se para se anexarem a outros, ou formarem novos Estados ou Territórios Federais, mediante aprovação da população diretamente interessada, através de plebiscito, e do Congresso Nacional, por lei complementar.

§ 4.º A criação, a incorporação, a fusão e o desmembramento de Municípios far-se-ão por lei estadual, dentro do período determinado por lei complementar federal, e dependerão de consulta prévia, mediante plebiscito, às populações dos Municípios envolvidos, após divulgação dos Estudos de Viabilidade Municipal, apresentados e publicados na forma da lei.

•• § 4.º com redação determinada pela Emenda Constitucional n. 15, de 12-9-1996.

• A Lei n. 10.521, de 18-7-2002, assegura a instalação de Municípios criados por Lei Estadual.

Art. 19. É vedado à União, aos Estados, ao Distrito Federal e aos Municípios:

I – estabelecer cultos religiosos ou igrejas, subvencioná-los, embaraçar-lhes o funcionamento ou manter com eles ou seus representantes relações de dependência ou aliança, ressalvada, na forma da lei, a colaboração de interesse público;

II – recusar fé aos documentos públicos;

III – criar distinções entre brasileiros ou preferências entre si.

CAPÍTULO II
DA UNIÃO

Art. 20. São bens da União:

• Bens imóveis da União: Decreto-lei n. 9.760, de 5-9-1946, e Lei n. 9.636, de 15-5-1998.

• Bens públicos: Lei n. 10.406, de 10-1-2002 (CC), art. 99.

I – os que atualmente lhe pertencem e os que lhe vierem a ser atribuídos;

II – as terras devolutas indispensáveis à defesa das fronteiras, das fortificações e construções militares, das vias federais de comunicação e à preservação ambiental, definidas em lei;

• A Lei n. 6.383, de 7-12-1976, dispõe sobre o processo discriminatório de terras devolutas da União.

• A Lei n. 6.938, de 31-8-1981, dispõe sobre a Política Nacional do Meio Ambiente, seus fins e mecanismos de formulação e aplicação.

III – os lagos, rios e quaisquer correntes de água em terrenos de seu domínio, ou que banhem mais de um Estado, sirvam de limites com outros países, ou se estendam a território estrangeiro ou dele provenham, bem como os terrenos marginais e as praias fluviais;

• Política Marítima Nacional (PMN): Decreto n. 1.265, de 11-10-1994.

IV – as ilhas fluviais e lacustres nas zonas limítrofes com outros países; as praias marítimas; as ilhas oceânicas e as costeiras, excluídas, destas, as que contenham a sede de Municípios, exceto aquelas áreas afetadas ao serviço público e a unidade ambiental federal, e as referidas no art. 26, II;

•• Inciso IV com redação determinada pela Emenda Constitucional n. 46, de 5-5-2005.

• Política Marítima Nacional (PMN): Decreto n. 1.265, de 11-10-1994.

V – os recursos naturais da plataforma continental e da zona econômica exclusiva;

• A Lei n. 8.617, de 4-1-1993, dispõe sobre o mar territorial, a zona contígua, a zona econômica exclusiva e a plataforma continental brasileira.

• Política Marítima Nacional (PMN): Decreto n. 1.265, de 11-10-1994.

VI – o mar territorial;

VII – os terrenos de marinha e seus acrescidos;

VIII – os potenciais de energia hidráulica;

IX – os recursos minerais, inclusive os do subsolo;

X – as cavidades naturais subterrâneas e os sítios arqueológicos e pré-históricos;

XI – as terras tradicionalmente ocupadas pelos índios.

§ 1.º É assegurada, nos termos da lei, aos Estados, ao Distrito Federal e aos Municípios, bem como a órgãos da administração direta da União, participação no resultado da exploração de petróleo ou gás natural, de recursos hídricos para fins de geração de energia elétrica e de outros recursos minerais no respectivo território, plataforma continental, mar territorial ou zona econômica exclusiva, ou compensação financeira por essa exploração.

•• *Vide* art. 107, § 6.º, I, do ADCT.

• A Lei n. 7.990, de 28-12-1989, institui, para os Estados, Distrito Federal e Municípios, compensação financeira pelo resultado da exploração de petróleo ou gás natural, de recursos hídricos para fins de geração de energia elétrica, de recursos minerais em seus respectivos territórios, plataforma continental, mar territorial ou zona econômica exclusiva.

• A Lei n. 8.001, de 13-3-1990, define os percentuais da distribuição da compensação financeira de que trata a Lei n. 7.990, de 28-12-1989.

• A Lei n. 9.427, de 26-12-1996, institui a Agência Nacional de Energia Elétrica – ANEEL, e disciplina o regime de concessões de serviços públicos de energia elétrica.

• A Lei n. 9.478, de 6-8-1997, dispõe sobre a Política Energética Nacional, as atividades relativas ao monopólio do petróleo, institui o Conselho Nacional de Política Energética e a Agência Nacional do Petróleo.

• A Lei n. 9.984, de 17-7-2000, dispõe sobre a Agência Nacional de Águas – ANA.

• *Vide* art. 198, § 2.º, I, da CF.

§ 2.º A faixa de até cento e cinquenta quilômetros de largura, ao longo das fronteiras terrestres, designada como faixa de fronteira, é considerada fundamental para defesa do território nacional, e sua ocupação e utilização serão reguladas em lei.

Art. 21. Compete à União:

I – manter relações com Estados estrangeiros e participar de organizações internacionais;

II – declarar a guerra e celebrar a paz;

III – assegurar a defesa nacional;

• O Decreto n. 6.703, de 18-12-2008, aprova a Estratégia Nacional de Defesa.

IV – permitir, nos casos previstos em lei complementar, que forças estrangeiras transitem pelo território nacional ou nele permaneçam temporariamente;

•• Regulamento: Lei Complementar n. 90, de 1.º-10-1997.

V – decretar o estado de sítio, o estado de defesa e a intervenção federal;

VI – autorizar e fiscalizar a produção e o comércio de material bélico;

VII – emitir moeda;

VIII – administrar as reservas cambiais do País e fiscalizar as operações de natureza financeira, especialmente as de

crédito, câmbio e capitalização, bem como as de seguros e de previdência privada;

- A Lei n. 4.595, de 31-12-1964, dispõe sobre a política e as instituições monetárias, bancárias e creditícias e cria o Conselho Monetário Nacional.
- A Lei n. 4.728, de 14-7-1965, disciplina o mercado de capitais e estabelece medidas para o seu desenvolvimento.
- O Decreto-lei n. 73, de 21-11-1966, regulamentado pelo Decreto n. 60.459, de 13-3-1967, dispõe sobre o sistema nacional de seguros privados e regula as operações de seguros e resseguros.
- A Lei Complementar n. 108, de 29-5-2001, dispõe sobre a relação entre a União, os Estados, o Distrito Federal e os Municípios, suas autarquias, fundações, sociedades de economia mista e outras entidades públicas e suas respectivas entidades fechadas de previdência complementar, e dá outras providências.
- A Lei Complementar n. 109, de 29-5-2001, dispõe sobre o regime de previdência complementar e dá outras providências.

IX – elaborar e executar planos nacionais e regionais de ordenação do território e de desenvolvimento econômico e social;

X – manter o serviço postal e o correio aéreo nacional;

- Serviço postal: Lei n. 6.538, de 22-6-1978.

XI – explorar, diretamente ou mediante autorização, concessão ou permissão, os serviços de telecomunicações, nos termos da lei, que disporá sobre a organização dos serviços, a criação de um órgão regulador e outros aspectos institucionais;

•• Inciso XI com redação determinada pela Emenda Constitucional n. 8, de 15-8-1995.

- *Vide* art. 2.º da Emenda Constitucional n. 8, de 15-8-1995.
- Sobre concessão para exploração de serviços públicos de telecomunicações, trata a Lei n. 9.472, de 16-7-1997.
- Concessões e permissões de serviços públicos: Lei n. 8.987, de 13-2-1995.
- Serviços de Telecomunicações, organização e órgão regulador: Lei n. 9.295, de 19-7-1996.
- O Decreto n. 3.896, de 23-8-2001, dispõe sobre a regência dos serviços de telecomunicações, e dá outras providências.

XII – explorar, diretamente ou mediante autorização, concessão ou permissão:

***a*) os serviços de radiodifusão sonora e de sons e imagens;**

•• Alínea *a* com redação determinada pela Emenda Constitucional n. 8, de 15-8-1995.

- Código Brasileiro de Telecomunicações: Lei n. 4.117, de 27-8-1962, e Lei n. 9.472, de 16-7-1997.
- A Lei n. 9.612, de 19-2-1998, institui o Serviço de Radiodifusão Comunitária, e o Decreto n. 2.615, de 3-6-1998, aprova seu regulamento.

***b*) os serviços e instalações de energia elétrica e o aproveitamento energético dos cursos de água, em articulação com os Estados onde se situam os potenciais hidroenergéticos;**

- A Lei n. 9.427, de 26-12-1996, institui a Agência Nacional de Energia Elétrica – ANEEL, e disciplina o regime de concessões de serviços públicos de energia elétrica.
- A Lei n. 9.648, de 27-5-1998, regulamentada pelo Decreto n. 2.655, de 2-7-1998, autoriza o Poder Executivo a promover a reestruturação da Centrais Elétricas Brasileiras – ELETROBRAS e de suas subsidiárias.

c) a navegação aérea, aeroespacial e a infraestrutura aeroportuária;

- CBA: Lei n. 7.565, de 19-12-1986.
- A Lei n. 12.379, de 6-1-2011, dispõe sobre o Sistema Nacional de Viação – SNV, que é composto pelo Subsistema Aeroviário Federal.

***d*) os serviços de transporte ferroviário e aquaviário entre portos brasileiros e fronteiras nacionais, ou que transponham os limites de Estado ou Território;**

- A Lei n. 9.432, de 8-1-1997, dispõe sobre a ordenação do transporte aquaviário.
- A Lei n. 12.379, de 6-1-2011, dispõe sobre o Sistema Nacional de Viação – SNV, que é composto pelos Subsistemas Ferroviário e Aquaviários Federais.

***e*) os serviços de transporte rodoviário interestadual e internacional de passageiros;**

- A Lei n. 12.379, de 6-1-2011, dispõe sobre o Sistema Nacional de Viação – SNV, que é composto pelo Subsistema Rodoviário Federal.

***f*) os portos marítimos, fluviais e lacustres;**

- Política Marítima Nacional (PMN): Decreto n. 1.265, de 11-10-1994.

XIII – organizar e manter o Poder Judiciário, o Ministério Público do Distrito Federal e dos Territórios e a Defensoria Pública dos Territórios;

•• Inciso XIII com redação determinada pela Emenda Constitucional n. 69, de 29-3-2012.

XIV – organizar e manter a polícia civil, a polícia militar e o corpo de bombeiros militar do Distrito Federal, bem como prestar assistência financeira ao Distrito Federal para a execução de serviços públicos, por meio de fundo próprio;

•• Inciso XIV com redação determinada pela Emenda Constitucional n. 19, de 4-6-1998.

•• *Vide* art. 107, § 6.º, I, do ADCT.

•• A Lei n. 10.633, de 27-12-2002, institui o FCDF, para atender o disposto neste inciso.

- *Vide* art. 25 da Emenda Constitucional n. 19, de 4-6-1998.
- *Vide* Súmula Vinculante 39.

XV – organizar e manter os serviços oficiais de estatística, geografia, geologia e cartografia de âmbito nacional;

XVI – exercer a classificação, para efeito indicativo, de diversões públicas e de programas de rádio e televisão;

•• A Portaria n. 1.189, de 3-8-2018, do Ministério da Justiça, regulamenta o processo de classificação indicativa.

XVII – conceder anistia;

XVIII – planejar e promover a defesa permanente contra as calamidades públicas, especialmente as secas e as inundações;

- A Lei n. 12.787, de 11-1-2013, dispõe sobre a Política Nacional de Irrigação.

XIX – instituir sistema nacional de gerenciamento de recursos hídricos e definir critérios de outorga de direitos de seu uso;

•• Regulamento: Lei n. 9.433, de 8-1-1997.

XX – instituir diretrizes para o desenvolvimento urbano, inclusive habitação, saneamento básico e transportes urbanos;

- A Lei n. 11.445, de 5-1-2007, estabelece diretrizes nacionais para o saneamento básico.

XXI – estabelecer princípios e diretrizes para o sistema nacional de viação;

- A Lei n. 12.379, de 6-1-2011, dispõe sobre o Sistema Nacional de Viação – SNV.

XXII – executar os serviços de polícia marítima, aeroportuária e de fronteiras;

•• Inciso XXII com redação determinada pela Emenda Constitucional n. 19, de 4-6-1998.

XXIII – explorar os serviços e instalações nucleares de qualquer natureza e exercer monopólio estatal sobre a pesquisa, a lavra, o enriquecimento e reprocessamento, a industrialização e o comércio de minérios nucleares e seus derivados, atendidos os seguintes princípios e condições:

- O Decreto-lei n. 1.982, de 28-12-1982, dispõe sobre o exercício das atividades nucleares incluídas no monopólio da União e o controle do desenvolvimento de pesquisas no campo da energia nuclear.

• O Decreto n. 911, de 3-9-1993, promulga a Convenção de Viena sobre responsabilidade civil por danos nucleares, de 21-5-1963.

• A Lei n. 10.308, de 20-11-2001, estabelece normas para o destino final dos rejeitos radioativos produzidos em território nacional, incluídos a seleção de locais, a construção, o licenciamento, a operação, a fiscalização, os custos, a indenização, a responsabilidade civil e as garantias referentes aos depósitos radioativos.

***a*) toda atividade nuclear em território nacional somente será admitida para fins pacíficos e mediante aprovação do Congresso Nacional;**

***b*) sob regime de permissão, são autorizadas a comercialização e a utilização de radioisótopos para a pesquisa e usos médicos, agrícolas e industriais;**

•• Alínea *b* com redação determinada pela Emenda Constitucional n. 49, de 8-2-2006.

***c*) sob regime de permissão, são autorizadas a produção, comercialização e utilização de radioisótopos de meia-vida igual ou inferior a duas horas;**

•• Alínea *c* acrescentada pela Emenda Constitucional n. 49, de 8-2-2006.

***d*) a responsabilidade civil por danos nucleares independe da existência de culpa;**

•• Primitiva alínea *c* renumerada pela Emenda Constitucional n. 49, de 8-2-2006.

• Responsabilidade civil por danos nucleares e responsabilidade criminal por atos relacionados com atividades nucleares: Lei n. 6.453, de 17-10-1977.

XXIV – organizar, manter e executar a inspeção do trabalho;

XXV – estabelecer as áreas e as condições para o exercício da atividade de garimpagem, em forma associativa.

• A Lei n. 7.805, de 18-7-1989, regulamentada pelo Decreto n. 98.812, de 9-1-1990, disciplina o regime de permissão de lavra garimpeira.

Art. 22. **Compete privativamente à União legislar sobre:**

I – direito civil, comercial, penal, processual, eleitoral, agrário, marítimo, aeronáutico, espacial e do trabalho;

• *Vide* Súmula Vinculante 46.

• CC: Lei n. 10.406, de 10-1-2002, CCom: Lei n. 556, de 25-6-1850, e Lei n. 10.406, de 10-1-2002 (Direito de Empresa), CP: Decreto-lei n. 2.848, de 7-12-1940, CPC: Lei n. 13.105, de 16-3-2015, CPP: Decreto-lei n. 3.689, de 3-10-1941, CE: Lei n. 4.737, de 15-7-1965, CBA: Lei n. 7.565, de 19-12-1986, e CLT: Decreto-lei n. 5.452, de 1.º-5-1943.

II – desapropriação;

• Desapropriação: Decreto-lei n. 3.365, de 21-6-1941, Lei n. 4.132, de 10-9-1962, Lei n. 6.602, de 7-12-1978, Decreto-lei n. 1.075, de 22-1-1970, Lei Complementar n. 76, de 6-7-1993, Lei n. 9.785, de 29-1-1999, e Lei n. 10.406, de 10-1-2002, art. 1.228, § 3.º.

III – requisições civis e militares, em caso de iminente perigo e em tempo de guerra;

IV – águas, energia, informática, telecomunicações e radiodifusão;

• Código Brasileiro de Telecomunicações: Lei n. 4.117, de 27-8-1962.

• Organização dos Serviços de Telecomunicações: Lei n. 9.472, de 16-7-1997.

V – serviço postal;

• Serviço Postal: Lei n. 6.538, de 22-6-1978.

VI – sistema monetário e de medidas, títulos e garantias dos metais;

• Real: Lei n. 9.069, de 29-6-1995, e Lei n. 10.192, de 14-2-2001.

VII – política de crédito, câmbio, seguros e transferência de valores;

• *Vide* Súmula Vinculante 32.

VIII – comércio exterior e interestadual;

IX – diretrizes da política nacional de transportes;

• Conselho Nacional de Integração de Políticas de Transportes: Lei n. 10.233, de 5-6-2001, e Decretos ns. 4.122 e 4.130, de 13-2-2002.

X – regime dos portos, navegação lacustre, fluvial, marítima, aérea e aeroespacial;

• A Lei n. 12.815, de 5-6-2003, dispõe sobre a exploração direta e indireta pela União de portos e instalações portuárias e sobre as atividades desempenhadas pelos operadores portuários.

• Política Marítima Nacional (PMN): Decreto n. 1.265, de 11-10-1994.

XI – trânsito e transporte;

• Código de Trânsito Brasileiro: Lei n. 9.503, de 23-9-1997.

XII – jazidas, minas, outros recursos minerais e metalurgia;

• Código de Mineração: Decreto-lei n. 227, de 28-2-1967.

XIII – nacionalidade, cidadania e naturalização;

• *Vide* art. 12 da CF.

• Situação jurídica do estrangeiro no Brasil: Lei n. 13.445, de 24-5-2017 (Lei de Migração).

XIV – populações indígenas;

• Estatuto do Índio: Lei n. 6.001, de 19-12-1973.

XV – emigração e imigração, entrada, extradição e expulsão de estrangeiros;

• Lei de Migração: Lei n. 13.445, de 24-5-2017.

• O Decreto n. 840, de 22-6-1993, dispõe sobre a organização e o funcionamento do Conselho Nacional de Imigração.

• Estatuto dos Refugiados de 1951 (implementação): Lei n. 9.474, de 22-7-1997.

XVI – organização do sistema nacional de emprego e condições para o exercício de profissões;

•• A Lei n. 13.667, de 17-5-2018, dispõe sobre o Sistema Nacional de Emprego (SINE).

XVII – organização judiciária, do Ministério Público do Distrito Federal e dos Territórios e da Defensoria Pública dos Territórios, bem como organização administrativa destes;

•• Inciso XVII com redação determinada pela Emenda Constitucional n. 69, de 29-3-2012.

• Organização, atribuições e Estatuto do Ministério Público da União: Lei Complementar n. 75, de 20-5-1993.

• Organização da DPU, do Distrito Federal e dos Territórios, com normas gerais para os Estados: Lei Complementar n. 80, de 12-1-1994.

XVIII – sistema estatístico, sistema cartográfico e de geologia nacionais;

XIX – sistemas de poupança, captação e garantia da poupança popular;

• Regras para a remuneração das cadernetas de poupança: Lei n. 8.177, de 1.º-3-1991, Lei n. 9.069, de 29-6-1995, e Lei n. 10.192, de 14-2-2001.

XX – sistemas de consórcios e sorteios;

•• Sistema de consórcio: Lei n. 11.795, de 8-10-2008.

• *Vide* Súmula Vinculante 2.

XXI – normas gerais de organização, efetivos, material bélico, garantias, convocação e mobilização das polícias militares e corpos de bombeiros militares;

XXII – competência da polícia federal e das polícias rodoviária e ferroviária federais;

• Policial Rodoviário Federal: Lei n. 9.654, de 2-6-1998.

XXIII – seguridade social;

• Lei Orgânica da Seguridade Social: Lei n. 8.212, de 24-7-1991, regulamentada pelo Decreto n. 3.048, de 6-5-1999.

XXIV – diretrizes e bases da educação nacional;

• Lei de Diretrizes e Bases da Educação Nacional: Lei n. 9.394, de 20-12-1996.

XXV – registros públicos;

• LRP: Lei n. 6.015, de 31-12-1973.

XXVI – atividades nucleares de qualquer natureza;

XXVII – normas gerais de licitação e contratação, em todas as modalidades, para as administrações públicas diretas, autárquicas e fundacionais da União, Estados, Distrito Federal e Municípios, obedecido o disposto no art. 37, XXI, e para as empresas públicas e sociedades de economia mista, nos termos do art. 173, § 1.º, III;

•• Inciso XXVII com redação determinada pela Emenda Constitucional n. 19, de 4-6-1998.

• Estatuto Jurídico das Licitações e Contratos: Lei n. 8.666, de 21-6-1993.

• A Lei n. 10.520, de 17-7-2002, institui modalidade de licitação denominada pregão, para aquisição de bens e serviços comuns. Regulamento: Decreto n. 3.555, de 8-8-2000.

XXVIII – defesa territorial, defesa aeroespacial, defesa marítima, defesa civil e mobilização nacional;

• Sistema Nacional de Defesa Civil – SINDEC: Decreto n. 7.257, de 4-8-2010.

XXIX – propaganda comercial.

• Código de Proteção ao Consumidor: Lei n. 8.078, de 11-9-1990.

Parágrafo único. Lei complementar poderá autorizar os Estados a legislar sobre questões específicas das matérias relacionadas neste artigo.

Art. 23. É competência comum da União, dos Estados, do Distrito Federal e dos Municípios:

I – zelar pela guarda da Constituição, das leis e das instituições democráticas e conservar o patrimônio público;

II – cuidar da saúde e assistência pública, da proteção e garantia das pessoas portadoras de deficiência;

• A Lei n. 13.146, de 6-7-2015, institui o Estatuto da Pessoa com Deficiência.

• Da proteção à pessoa portadora de deficiência: Lei n. 7.853, de 24-10-1989, regulamentada pelo Decreto n. 3.298, de 20-12-1999.

III – proteger os documentos, as obras e outros bens de valor histórico, artístico e cultural, os monumentos, as paisagens naturais notáveis e os sítios arqueológicos;

•• *Vide* nota ao parágrafo único deste artigo.

• O Decreto-lei n. 25, de 30-11-1937, organiza a proteção do patrimônio histórico e artístico nacional.

IV – impedir a evasão, a destruição e a descaracterização de obras de arte e de outros bens de valor histórico, artístico ou cultural;

V – proporcionar os meios de acesso à cultura, à educação, à ciência, à tecnologia, à pesquisa e à inovação;

•• Inciso V com redação determinada pela Emenda Constitucional n. 85, de 26-2-2015.

• *Vide* art. 212 da CF.

VI – proteger o meio ambiente e combater a poluição em qualquer de suas formas;

•• *Vide* nota ao parágrafo único deste artigo.

• Política nacional do meio ambiente, seus fins e mecanismos de formulação e aplicação: Lei n. 6.938, de 31-8-1981.

• Sanções penais e administrativas derivadas de condutas e atividades lesivas ao meio ambiente: Lei n. 9.605, de 12-2-1998. O Decreto n. 6.514, de 22-7-2008, dispõe sobre as infrações e sanções administrativas ao meio ambiente e estabelece o processo administrativo federal para apuração destas infrações.

VII – preservar as florestas, a fauna e a flora;

•• *Vide* nota ao parágrafo único deste artigo.

• Código de Caça: Lei n. 5.197, de 3-1-1967.

• Código de Pesca: Decreto-lei n. 221, de 28-2-1967.

• Código Florestal brasileiro: Lei n. 12.651, de 25-5-2012.

VIII – fomentar a produção agropecuária e organizar o abastecimento alimentar;

IX – promover programas de construção de moradias e a melhoria das condições habitacionais e de saneamento básico;

• A Lei n. 11.445, de 5-1-2007, estabelece diretrizes nacionais para o Saneamento Básico.

X – combater as causas da pobreza e os fatores de marginalização, promovendo a integração social dos setores desfavorecidos;

• A Lei Complementar n. 111, de 6-7-2001, dispõe sobre o Fundo de Combate e Erradicação da Pobreza, na forma prevista nos arts. 79, 80 e 81 do ADCT.

XI – registrar, acompanhar e fiscalizar as concessões de direitos de pesquisa e exploração de recursos hídricos e minerais em seus territórios;

• A Lei n. 9.433, de 8-1-1997, institui a Política Nacional de Recursos Hídricos, e cria o Sistema Nacional de Gerenciamento de Recursos Hídricos.

XII – estabelecer e implantar política de educação para a segurança do trânsito.

• A Lei n. 9.503, de 23-9-1997, institui o Código de Trânsito Brasileiro.

Parágrafo único. Leis complementares fixarão normas para a cooperação entre a União e os Estados, o Distrito Federal e os Municípios, tendo em vista o equilíbrio do desenvolvimento e do bem-estar em âmbito nacional.

•• Parágrafo único com redação determinada pela Emenda Constitucional n. 53, de 19-12-2006.

•• A Lei Complementar n. 140, de 8-12-2011, fixa normas, nos termos deste parágrafo único e dos incisos III, VI e VII do *caput* deste artigo, para a cooperação entre a União, os Estados, o Distrito Federal e os Municípios nas ações administrativas decorrentes do exercício da competência comum relativas à proteção das paisagens naturais notáveis, à proteção do meio ambiente, ao combate à poluição em qualquer de suas formas e à preservação das florestas, da fauna e da flora.

Art. 24. Compete à União, aos Estados e ao Distrito Federal legislar concorrentemente sobre:

I – direito tributário, financeiro, penitenciário, econômico e urbanístico;

• CTN: Lei n. 5.172, de 25-10-1966. Normas gerais de Direito Financeiro: Lei n. 4.320, de 17-3-1964. LEP: Lei n. 7.210, de 11-7-1984. LEF: Lei n. 6.830, de 22-9-1980.

II – orçamento;

III – juntas comerciais;

• Registro do Comércio e Juntas Comerciais: Lei n. 8.934, de 18-11-1994, e Decreto n. 1.800, de 30-1-1996.

IV – custas dos serviços forenses;

• A Lei n. 9.289, de 4-7-1996, dispõe sobre custas devidas na Justiça Federal.

• *Vide* Súmula 178 do STJ.

V – produção e consumo;

VI – florestas, caça, pesca, fauna, conservação da natureza, defesa do solo e dos recursos naturais, proteção do meio ambiente e controle da poluição;

• Código de Caça: Lei n. 5.197, de 3-1-1967. Código de Pesca: Decreto-lei n. 221, de 28-2-1967. Código Florestal brasileiro: Lei n. 12.651, de 25-5-2012.

• Lei de Crimes Ambientais: Lei n. 9.605, de 12-2-1998.

• O Decreto n. 6.514, de 22-7-2008, dispõe sobre as infrações e sanções administrativas ao meio ambiente, e estabelece processo administrativo para apuração destas infrações.

• A Lei n. 11.959, de 29-6-2009, dispõe sobre a Política Nacional de Desenvolvimento Sustentável da Aquicultura e da Pesca, e regula as atividades pesqueiras.

VII – proteção ao patrimônio histórico, cultural, artístico, turístico e paisagístico;

VIII – responsabilidade por dano ao meio ambiente, ao consumidor, a bens e direitos de valor artístico, estético, histórico, turístico e paisagístico;

• Lei de Crimes Ambientais: Lei n. 9.605, de 12-2-1998.

• Ação civil pública de responsabilidade por danos causados ao meio ambiente, ao consumidor, a bens e direitos de valor artístico, estético, histórico, turístico e paisagístico: Lei n. 7.347, de 24-7-1985, e Decreto n. 1.306, de 9-11-1994.

• Ministério Público: Lei n. 8.625, de 12-2-1993, e Lei Complementar n. 75, de 20-5-1993.

• SNDC: Decreto n. 2.181, de 20-3-1997.

IX – educação, cultura, ensino, desporto, ciência, tecnologia, pesquisa, desenvolvimento e inovação;

•• Inciso IX com redação determinada pela Emenda Constitucional n. 85, de 26-2-2015.

• Normas gerais sobre desportos: Lei n. 9.615, de 24-3-1998.

• Diretrizes e Bases da Educação Nacional (*Lei Darcy Ribeiro*): Lei n. 9.394, de 20-12-1996.

X – criação, funcionamento e processo do juizado de pequenas causas;

• Juizados Especiais Cíveis e Criminais no âmbito da Justiça Estadual: Lei n. 9.099, de 26-9-1995.

• Juizados Especiais Cíveis e Criminais no âmbito da Justiça Federal: Lei n. 10.259, de 12-7-2001.

• Juizados de Violência Doméstica e Familiar contra a Mulher: Lei n. 11.340, de 7-8-2006.

XI – procedimentos em matéria processual;

XII – previdência social, proteção e defesa da saúde;

• Proteção e defesa da saúde: Leis n. 8.080, de 19-9-1990, e n. 8.142, de 28-12-1990.

• Planos de Benefícios da Previdência Social: Lei n. 8.213, de 24-7-1991, regulamentada pelo Decreto n. 3.048, de 6-5-1999.

XIII – assistência jurídica e defensoria pública;

• Assistência judiciária: Lei n. 1.060, de 5-2-1950.

• Defensoria Pública: Lei Complementar n. 80, de 12-1-1994.

XIV – proteção e integração social das pessoas portadoras de deficiência;

•• A Lei n. 13.146, de 6-7-2015, institui o Estatuto da Pessoa com Deficiência.

• A Lei n. 7.853, de 24-10-1989, regulamentada pelo Decreto n. 3.298, de 20-12-1999, dispõe sobre o apoio às pessoas portadoras de deficiência.

XV – proteção à infância e à juventude;

• ECA: Lei n. 8.069, de 13-7-1990.

• A Lei n. 13.257, de 8-3-2016, dispõe sobre as políticas públicas para a primeira infância.

XVI – organização, garantias, direitos e deveres das polícias civis.

§ 1.º No âmbito da legislação concorrente, a competência da União limitar-se-á a estabelecer normas gerais.

§ 2.º A competência da União para legislar sobre normas gerais não exclui a competência suplementar dos Estados.

§ 3.º Inexistindo lei federal sobre normas gerais, os Estados exercerão a competência legislativa plena, para atender a suas peculiaridades.

§ 4.º A superveniência de lei federal sobre normas gerais suspende a eficácia da lei estadual, no que lhe for contrário.

CAPÍTULO III
DOS ESTADOS FEDERADOS

Art. 25. Os Estados organizam-se e regem-se pelas Constituições e leis que adotarem, observados os princípios desta Constituição.

• *Vide* Súmula 681 do STF.

§ 1.º São reservadas aos Estados as competências que não lhes sejam vedadas por esta Constituição.

§ 2.º Cabe aos Estados explorar diretamente, ou mediante concessão, os serviços locais de gás canalizado, na forma da lei, vedada a edição de medida provisória para a sua regulamentação.

•• § 2.º com redação determinada pela Emenda Constitucional n. 5, de 15-8-1995.

§ 3.º Os Estados poderão, mediante lei complementar, instituir regiões metropolitanas, aglomerações urbanas e microrregiões, constituídas por agrupamentos de Municípios limítrofes, para integrar a organização, o planejamento e a execução de funções públicas de interesse comum.

Art. 26. Incluem-se entre os bens dos Estados:

I – as águas superficiais ou subterrâneas, fluentes, emergentes e em depósito, ressalvadas, neste caso, na forma da lei, as decorrentes de obras da União;

II – as áreas, nas ilhas oceânicas e costeiras, que estiverem no seu domínio, excluídas aquelas sob domínio da União, Municípios ou terceiros;

III – as ilhas fluviais e lacustres não pertencentes à União;

IV – as terras devolutas não compreendidas entre as da União.

Art. 27. O número de Deputados à Assembleia Legislativa corresponderá ao triplo da representação do Estado na Câmara dos Deputados e, atingido o número de trinta e seis, será acrescido de tantos quantos forem os Deputados Federais acima de doze.

§ 1.º Será de quatro anos o mandato dos Deputados Estaduais, aplicando-se-lhes as regras desta Constituição sobre sistema eleitoral, inviolabilidade, imunidades, remuneração, perda de mandato, licença, impedimentos e incorporação às Forças Armadas.

§ 2.º O subsídio dos Deputados Estaduais será fixado por lei de iniciativa da Assembleia Legislativa, na razão de, no máximo, 75% (setenta e cinco por cento) daquele estabelecido, em espécie, para os Deputados Federais, observado o que dispõem os arts. 39, § 4.º, 57, § 7.º, 150, II, 153, III, e 153, § 2.º, I.

•• § 2.º com redação determinada pela Emenda Constitucional n. 19, de 4-6-1998.

§ 3.º Compete às Assembleias Legislativas dispor sobre seu regimento interno, polícia e serviços administrativos de sua secretaria, e prover os respectivos cargos.

§ 4.º A lei disporá sobre a iniciativa popular no processo legislativo estadual.

Art. 28. A eleição do Governador e do Vice-governador de Estado, para mandato de 4 (quatro) anos, realizar-se-á no primeiro domingo de outubro, em primeiro turno, e no último domingo de outubro, em segundo turno, se houver, do ano anterior ao do término do mandato de seus antecessores, e a posse ocorrerá em primeiro de janeiro do ano subsequente, observado, quanto ao mais, o disposto no art. 77.

•• *Caput* com redação determinada pela Emenda Constitucional n. 16, de 4-6-1997.

• Normas para as eleições: Lei n. 9.504, de 30-9-1997.

§ 1.º Perderá o mandato o Governador que assumir outro cargo ou função na administração pública direta ou indireta, ressalvada a posse em virtude de concurso público e observado o disposto no art. 38, I, IV e V.

•• Anterior parágrafo único transformado em § 1.º pela Emenda Constitucional n. 19, de 4-6-1998.

§ 2.º Os subsídios do Governador, do Vice-Governador e dos Secretários de Estado serão fixados por lei de iniciativa da Assembleia Legislativa, observado o que dispõem os arts. 37, XI, 39, § 4.º, 150, II, 153, III, e 153, § 2.º, I.

•• § 2.º acrescentado pela Emenda Constitucional n. 19, de 4-6-1998.

CAPÍTULO IV
DOS MUNICÍPIOS

Art. 29. O Município reger-se-á por lei orgânica, votada em dois turnos, com o interstício mínimo de dez dias, e aprovada por dois terços dos membros da Câmara Municipal, que a promulgará, atendidos os princípios estabelecidos nesta Constituição, na Constituição do respectivo Estado e os seguintes preceitos:

I – eleição do Prefeito, do Vice-Prefeito e dos Vereadores, para mandato de quatro anos, mediante pleito direto e simultâneo realizado em todo o País;

• Normas para as eleições: Lei n. 9.504, de 30-9-1997.

II – eleição do Prefeito e do Vice-Prefeito realizada no primeiro domingo de outubro do ano anterior ao término do mandato dos que devam suceder, aplicadas as regras do art. 77 no caso de Municípios com mais de duzentos mil eleitores;

•• Inciso II com redação determinada pela Emenda Constitucional n. 16, de 4-6-1997.

III – posse do Prefeito e do Vice-Prefeito no dia 1.º de janeiro do ano subsequente ao da eleição;

IV – para a composição das Câmaras Municipais, será observado o limite máximo de:

•• Inciso IV, *caput*, com redação determinada pela Emenda Constitucional n. 58, de 23-9-2009.

•• O STF, na ADI n. 4.307, de 11-4-2013 (*DOU* de 29-10-2013), declarou a inconstitucionalidade do inciso I do art. 3.º da Emenda Constitucional n. 58, de 23-9-2009, que determinava que as alterações feitas neste art. 29 produziriam efeitos a partir do processo eleitoral de 2008.

a) 9 (nove) Vereadores, nos Municípios de até 15.000 (quinze mil) habitantes;

•• Alínea *a* com redação determinada pela Emenda Constitucional n. 58, de 23-9-2009.

b) 11 (onze) Vereadores, nos Municípios de mais de 15.000 (quinze mil) habitantes e de até 30.000 (trinta mil) habitantes;

•• Alínea *b* com redação determinada pela Emenda Constitucional n. 58, de 23-9-2009.

c) 13 (treze) Vereadores, nos Municípios com mais de 30.000 (trinta mil) habitantes e de até 50.000 (cinquenta mil) habitantes;

•• Alínea *c* com redação determinada pela Emenda Constitucional n. 58, de 23-9-2009.

d) 15 (quinze) Vereadores, nos Municípios de mais de 50.000 (cinquenta mil) habitantes e de até 80.000 (oitenta mil) habitantes;

•• Alínea *d* acrescentada pela Emenda Constitucional n. 58, de 23-9-2009.

e) 17 (dezessete) Vereadores, nos Municípios de mais de 80.000 (oitenta mil) habitantes e de até 120.000 (cento e vinte mil) habitantes;

•• Alínea *e* acrescentada pela Emenda Constitucional n. 58, de 23-9-2009.

f) 19 (dezenove) Vereadores, nos Municípios de mais de 120.000 (cento e vinte mil) habitantes e de até 160.000 (cento e sessenta mil) habitantes;

•• Alínea *f* acrescentada pela Emenda Constitucional n. 58, de 23-9-2009.

g) 21 (vinte e um) Vereadores, nos Municípios de mais de 160.000 (cento e sessenta mil) habitantes e de até 300.000 (trezentos mil) habitantes;

•• Alínea *g* acrescentada pela Emenda Constitucional n. 58, de 23-9-2009.

h) 23 (vinte e três) Vereadores, nos Municípios de mais de 300.000 (trezentos mil) habitantes e de até 450.000 (quatrocentos e cinquenta mil) habitantes;

•• Alínea *h* acrescentada pela Emenda Constitucional n. 58, de 23-9-2009.

i) 25 (vinte e cinco) Vereadores, nos Municípios de mais de 450.000 (quatrocentos e cinquenta mil) habitantes e de até 600.000 (seiscentos mil) habitantes;

•• Alínea *i* acrescentada pela Emenda Constitucional n. 58, de 23-9-2009.

j) 27 (vinte e sete) Vereadores, nos Municípios de mais de 600.000 (seiscentos mil) habitantes e de até 750.000 (setecentos e cinquenta mil) habitantes;

•• Alínea *j* acrescentada pela Emenda Constitucional n. 58, de 23-9-2009.

k) 29 (vinte e nove) Vereadores, nos Municípios de mais de 750.000 (setecentos e cinquenta mil) habitantes e de até 900.000 (novecentos mil) habitantes;

•• Alínea *k* acrescentada pela Emenda Constitucional n. 58, de 23-9-2009.

l) 31 (trinta e um) Vereadores, nos Municípios de mais de 900.000 (novecentos mil) habitantes e de até 1.050.000 (um milhão e cinquenta mil) habitantes;

•• Alínea *l* acrescentada pela Emenda Constitucional n. 58, de 23-9-2009.

m) 33 (trinta e três) Vereadores, nos Municípios de mais de 1.050.000 (um milhão e cinquenta mil) habitantes e de até 1.200.000 (um milhão e duzentos mil) habitantes;

•• Alínea *m* acrescentada pela Emenda Constitucional n. 58, de 23-9-2009.

n) 35 (trinta e cinco) Vereadores, nos Municípios de mais de 1.200.000 (um milhão e duzentos mil) habitantes e de até 1.350.000 (um milhão e trezentos e cinquenta mil) habitantes;

•• Alínea *n* acrescentada pela Emenda Constitucional n. 58, de 23-9-2009.

o) 37 (trinta e sete) Vereadores, nos Municípios de 1.350.000 (um milhão e trezentos e cinquenta mil) habitantes e de até 1.500.000 (um milhão e quinhentos mil) habitantes;

•• Alínea *o* acrescentada pela Emenda Constitucional n. 58, de 23-9-2009.

p) 39 (trinta e nove) Vereadores, nos Municípios de mais de 1.500.000 (um milhão e quinhentos mil) habitantes e de até 1.800.000 (um milhão e oitocentos mil) habitantes;

•• Alínea *p* acrescentada pela Emenda Constitucional n. 58, de 23-9-2009.

q) 41 (quarenta e um) Vereadores, nos Municípios de mais de 1.800.000 (um milhão e oitocentos mil) habitantes e de até 2.400.000 (dois milhões e quatrocentos mil) habitantes;

•• Alínea *q* acrescentada pela Emenda Constitucional n. 58, de 23-9-2009.

r) 43 (quarenta e três) Vereadores, nos Municípios de mais de 2.400.000 (dois milhões e quatrocentos mil) habitantes e de até 3.000.000 (três milhões) de habitantes;

•• Alínea *r* acrescentada pela Emenda Constitucional n. 58, de 23-9-2009.

s) 45 (quarenta e cinco) Vereadores, nos Municípios de mais de 3.000.000 (três milhões) de habitantes e de até 4.000.000 (quatro milhões) de habitantes;

•• Alínea *s* acrescentada pela Emenda Constitucional n. 58, de 23-9-2009.

***t*) 47 (quarenta e sete) Vereadores, nos Municípios de mais de 4.000.000 (quatro milhões) de habitantes e de até 5.000.000 (cinco milhões) de habitantes;**

•• Alínea *t* acrescentada pela Emenda Constitucional n. 58, de 23-9-2009.

***u*) 49 (quarenta e nove) Vereadores, nos Municípios de mais de 5.000.000 (cinco milhões) de habitantes e de até 6.000.000 (seis milhões) de habitantes;**

•• Alínea *u* acrescentada pela Emenda Constitucional n. 58, de 23-9-2009.

***v*) 51 (cinquenta e um) Vereadores, nos Municípios de mais de 6.000.000 (seis milhões) de habitantes e de até 7.000.000 (sete milhões) de habitantes;**

•• Alínea *v* acrescentada pela Emenda Constitucional n. 58, de 23-9-2009.

***w*) 53 (cinquenta e três) Vereadores, nos Municípios de mais de 7.000.000 (sete milhões) de habitantes e de até 8.000.000 (oito milhões) de habitantes; e**

•• Alínea *w* acrescentada pela Emenda Constitucional n. 58, de 23-9-2009.

***x*) 55 (cinquenta e cinco) Vereadores, nos Municípios de mais de 8.000.000 (oito milhões) de habitantes;**

•• Alínea *x* acrescentada pela Emenda Constitucional n. 58, de 23-9-2009.

V – subsídios do Prefeito, do Vice-Prefeito e dos Secretários Municipais fixados por lei de iniciativa da Câmara Municipal, observado o que dispõem os arts. 37, XI, 39, § 4.º, 150, II, 153, III, e 153, § 2.º, I;

•• Inciso V com redação determinada pela Emenda Constitucional n. 19, de 4-6-1998.

VI – o subsídio dos Vereadores será fixado pelas respectivas Câmaras Municipais em cada legislatura para a subsequente, observado o que dispõe esta Constituição, observados os critérios estabelecidos na respectiva Lei Orgânica e os seguintes limites máximos:

•• Inciso VI, *caput*, com redação determinada pela Emenda Constitucional n. 25, de 14-2-2000.

***a*) em Municípios de até 10.000 (dez mil) habitantes, o subsídio máximo dos Vereadores corresponderá a 20% (vinte por cento) do subsídio dos Deputados Estaduais;**

•• Alínea *a* acrescentada pela Emenda Constitucional n. 25, de 14-2-2000.

***b*) em Municípios de 10.001 (dez mil e um) a 50.000 (cinquenta mil) habitantes, o subsídio máximo dos Vereadores corresponderá a 30% (trinta por cento) do subsídio dos Deputados Estaduais;**

•• Alínea *b* acrescentada pela Emenda Constitucional n. 25, de 14-2-2000.

***c*) em Municípios de 50.001 (cinquenta mil e um) a 100.000 (cem mil) habitantes, o subsídio máximo dos Vereadores corresponderá a 40% (quarenta por cento) do subsídio dos Deputados Estaduais;**

•• Alínea *c* acrescentada pela Emenda Constitucional n. 25, de 14-2-2000.

***d*) em Municípios de 100.001 (cem mil e um) a 300.000 (trezentos mil) habitantes, o subsídio máximo dos Vereadores corresponderá a 50% (cinquenta por cento) do subsídio dos Deputados Estaduais;**

•• Alínea *d* acrescentada pela Emenda Constitucional n. 25, de 14-2-2000.

***e*) em Municípios de 300.001 (trezentos mil e um) a 500.000 (quinhentos mil) habitantes, o subsídio máximo dos Vereadores corresponderá a 60% (sessenta por cento) do subsídio dos Deputados Estaduais;**

•• Alínea *e* acrescentada pela Emenda Constitucional n. 25, de 14-2-2000.

***f*) em Municípios de mais de 500.000 (quinhentos mil) habitantes, o subsídio máximo dos Vereadores corresponderá a 75% (setenta e cinco por cento) do subsídio dos Deputados Estaduais;**

•• Alínea *f* acrescentada pela Emenda Constitucional n. 25, de 14-2-2000.

VII – o total da despesa com a remuneração dos Vereadores não poderá ultrapassar o montante de 5% (cinco por cento) da receita do município;

•• Inciso VII acrescentado pela Emenda Constitucional n. 1, de 31-3-1992.

VIII – inviolabilidade dos Vereadores por suas opiniões, palavras e votos no exercício do mandato e na circunscrição do Município;

•• Inciso renumerado pela Emenda Constitucional n. 1, de 31-3-1992.

IX – proibições e incompatibilidades, no exercício da vereança, similares, no que couber, ao disposto nesta Constituição para os membros do Congresso Nacional e, na Constituição do respectivo Estado, para os membros da Assembleia Legislativa;

•• Inciso renumerado pela Emenda Constitucional n. 1, de 31-3-1992.

X – julgamento do Prefeito perante o Tribunal de Justiça;

•• Inciso renumerado pela Emenda Constitucional n. 1, de 31-3-1992.

• Responsabilidade de prefeitos e vereadores: Decreto-lei n. 201, de 27-2-1967.

XI – organização das funções legislativas e fiscalizadoras da Câmara Municipal;

•• Inciso renumerado pela Emenda Constitucional n. 1, de 31-3-1992.

XII – cooperação das associações representativas no planejamento municipal;

•• Inciso renumerado pela Emenda Constitucional n. 1, de 31-3-1992.

XIII – iniciativa popular de projetos de lei de interesse específico do Município, da cidade ou de bairros, através de manifestação de, pelo menos, cinco por cento do eleitorado;

•• Inciso renumerado pela Emenda Constitucional n. 1, de 31-3-1992.

XIV – perda do mandato do Prefeito, nos termos do art. 28, parágrafo único.

•• Inciso renumerado pela Emenda Constitucional n. 1, de 31-3-1992.

•• De acordo com a Emenda Constitucional n. 19, de 4-6-1998, a referência é ao art. 28, § 1.º.

Art. 29-A. **O total da despesa do Poder Legislativo Municipal, incluídos os subsídios dos Vereadores e excluídos os gastos com inativos, não poderá ultrapassar os seguintes percentuais, relativos ao somatório da receita tributária e das transferências previstas no § 5.º do art. 153 e nos arts. 158 e 159, efetivamente realizado no exercício anterior:**

•• *Caput* acrescentado pela Emenda Constitucional n. 25, de 14-2-2000.

I – 7% (sete por cento) para Municípios com população de até 100.000 (cem mil) habitantes;

•• Inciso I com redação determinada pela Emenda Constitucional n. 58, de 23-9-2009.

•• Sobre produção de efeitos deste inciso, *vide* nota ao inciso IV do art. 29 desta CF.

II – 6% (seis por cento) para Municípios com população entre 100.000 (cem mil) e 300.000 (trezentos mil) habitantes;

•• Inciso II com redação determinada pela Emenda Constitucional n. 58, de 23-9-2009.

•• Sobre produção de efeitos deste inciso, *vide* nota ao inciso IV do art. 29 desta CF.

III – 5% (cinco por cento) para Municípios com população entre 300.001 (trezentos mil e um) e 500.000 (quinhentos mil) habitantes;

•• Inciso III com redação determinada pela Emenda Constitucional n. 58, de 23-9-2009.

•• Sobre produção de efeitos deste inciso, *vide* nota ao inciso IV do art. 29 desta CF.

IV – 4,5% (quatro inteiros e cinco décimos por cento) para Municípios com população entre 500.001 (quinhentos mil e um) e 3.000.000 (três milhões) de habitantes;

•• Inciso IV com redação determinada pela Emenda Constitucional n. 58, de 23-9-2009.

•• Sobre produção de efeitos deste inciso, *vide* nota ao inciso IV do art. 29 desta CF.

V – 4% (quatro por cento) para Municípios com população entre 3.000.001 (três milhões e um) e 8.000.000 (oito milhões) de habitantes;

•• Inciso V acrescentado pela Emenda Constitucional n. 58, de 23-9-2009.

•• Sobre produção de efeitos deste inciso, *vide* nota ao inciso IV do art. 29 desta CF.

VI – 3,5% (três inteiros e cinco décimos por cento) para Municípios com população acima de 8.000.001 (oito milhões e um) habitantes.

•• Inciso VI acrescentado pela Emenda Constitucional n. 58, de 23-9-2009.

•• Sobre produção de efeitos deste inciso, *vide* nota ao inciso IV do art. 29 desta CF.

§ 1.º A Câmara Municipal não gastará mais de 70% (setenta por cento) de sua receita com folha de pagamento, incluído o gasto com o subsídio de seus Vereadores.

•• § 1.º acrescentado pela Emenda Constitucional n. 25, de 14-2-2000.

§ 2.º Constitui crime de responsabilidade do Prefeito Municipal:

•• § 2.º, *caput*, acrescentado pela Emenda Constitucional n. 25, de 14-2-2000.

I – efetuar repasse que supere os limites definidos neste artigo;

•• Inciso I acrescentado pela Emenda Constitucional n. 25, de 14-2-2000.

II – não enviar o repasse até o dia 20 (vinte) de cada mês; ou

•• Inciso II acrescentado pela Emenda Constitucional n. 25, de 14-2-2000.

III – enviá-lo a menor em relação à proporção fixada na Lei Orçamentária.

•• Inciso III acrescentado pela Emenda Constitucional n. 25, de 14-2-2000.

• A Lei Complementar n. 101, de 4-5-2000, dispõe sobre a responsabilidade fiscal. A Lei n. 10.028, de 19-10-2000, estabelece os crimes contra as finanças públicas.

§ 3.º Constitui crime de responsabilidade do Presidente da Câmara Municipal o desrespeito ao § 1.º deste artigo.

•• § 3.º acrescentado pela Emenda Constitucional n. 25, de 14-2-2000.

Art. 30. Compete aos Municípios:

I – legislar sobre assuntos de interesse local;

• *Vide* Súmulas Vinculantes 38 e 42.

II – suplementar a legislação federal e a estadual no que couber;

III – instituir e arrecadar os tributos de sua competência, bem como aplicar suas rendas, sem prejuízo da obrigatoriedade de prestar contas e publicar balancetes nos prazos fixados em lei;

IV – criar, organizar e suprimir distritos, observada a legislação estadual;

V – organizar e prestar, diretamente ou sob regime de concessão ou permissão, os serviços públicos de interesse local, incluído o de transporte coletivo, que tem caráter essencial;

• *Vide* art. 175 da CF.

VI – manter, com a cooperação técnica e financeira da União e do Estado, programas de educação infantil e de ensino fundamental;

•• Inciso VI com redação determinada pela Emenda Constitucional n. 53, de 19-12-2006.

VII – prestar, com a cooperação técnica e financeira da União e do Estado, serviços de atendimento à saúde da população;

VIII – promover, no que couber, adequado ordenamento territorial, mediante planejamento e controle do uso, do parcelamento e da ocupação do solo urbano;

IX – promover a proteção do patrimônio histórico-cultural local, observada a legislação e a ação fiscalizadora federal e estadual.

Art. 31. A fiscalização do Município será exercida pelo Poder Legislativo Municipal, mediante controle externo, e pelos sistemas de controle interno do Poder Executivo Municipal, na forma da lei.

§ 1.º O controle externo da Câmara Municipal será exercido com o auxílio dos Tribunais de Contas dos Estados ou do Município ou dos Conselhos ou Tribunais de Contas dos Municípios, onde houver.

§ 2.º O parecer prévio, emitido pelo órgão competente sobre as contas que o Prefeito deve anualmente prestar, só deixará de prevalecer por decisão de dois terços dos membros da Câmara Municipal.

§ 3.º As contas dos Municípios ficarão, durante 60 (sessenta) dias, anualmente, à disposição de qualquer contribuinte, para exame e apreciação, o qual poderá questionar-lhes a legitimidade, nos termos da lei.

§ 4.º É vedada a criação de Tribunais, Conselhos ou órgãos de Contas Municipais.

CAPÍTULO V
DO DISTRITO FEDERAL E DOS TERRITÓRIOS

SEÇÃO I
Do Distrito Federal

Art. 32. O Distrito Federal, vedada sua divisão em Municípios, reger-se-á por lei orgânica, votada em dois turnos com interstício mínimo de dez dias, e aprovada por dois terços da Câmara Legislativa, que a promulgará, atendidos os princípios estabelecidos nesta Constituição.

§ 1.º Ao Distrito Federal são atribuídas as competências legislativas reservadas aos Estados e Municípios.

§ 2.º A eleição do Governador e do Vice-Governador, observadas as regras do art. 77, e dos Deputados Distritais coincidirá com a dos Governadores e Deputados Estaduais, para mandato de igual duração.

§ 3.º Aos Deputados Distritais e à Câmara Legislativa aplica-se o disposto no art. 27.

§ 4.º Lei federal disporá sobre a utilização, pelo Governo do Distrito Federal, das polícias civil e militar e do corpo de bombeiros militar.

SEÇÃO II
Dos Territórios

Art. 33. A lei disporá sobre a organização administrativa e judiciária dos Territórios.

§ 1.º Os Territórios poderão ser divididos em Municípios, aos quais se aplicará, no que couber, o disposto no Capítulo IV deste Título.

§ 2.º As contas do Governo do Território serão submetidas ao Congresso Nacional, com parecer prévio do Tribunal de Contas da União.

§ 3.º Nos Territórios Federais com mais de cem mil habitantes, além do Governador nomeado na forma desta Constituição, haverá órgãos judiciários de primeira e segunda instância, membros do Ministério Público e defensores públicos federais; a lei disporá sobre as eleições para a Câmara Territorial e sua competência deliberativa.

CAPÍTULO VI
DA INTERVENÇÃO

Art. 34. A União não intervirá nos Estados nem no Distrito Federal, exceto para:

I – manter a integridade nacional;

II – repelir invasão estrangeira ou de uma unidade da Federação em outra;

III – pôr termo a grave comprometimento da ordem pública;

IV – garantir o livre exercício de qualquer dos Poderes nas unidades da Federação;

V – reorganizar as finanças da unidade da Federação que:

a) suspender o pagamento da dívida fundada por mais de dois anos consecutivos, salvo motivo de força maior;

b) deixar de entregar aos Municípios receitas tributárias fixadas nesta Constituição, dentro dos prazos estabelecidos em lei;

VI – prover a execução de lei federal, ordem ou decisão judicial;

VII – assegurar a observância dos seguintes princípios constitucionais:

a) forma republicana, sistema representativo e regime democrático;

b) direitos da pessoa humana;

c) autonomia municipal;

d) prestação de contas da administração pública, direta e indireta;

e) aplicação do mínimo exigido da receita resultante de impostos estaduais, compreendida a proveniente de transferências, na manutenção e desenvolvimento do ensino e nas ações e serviços públicos de saúde.

•• Alínea e com redação determinada pela Emenda Constitucional n. 29, de 13-9-2000.

• *Vide* art. 212 da CF.

Art. 35. O Estado não intervirá em seus Municípios, nem a União nos Municípios localizados em Território Federal, exceto quando:

I – deixar de ser paga, sem motivo de força maior, por dois anos consecutivos, a dívida fundada;

II – não forem prestadas contas devidas, na forma da lei;

III – não tiver sido aplicado o mínimo exigido da receita municipal na manutenção e desenvolvimento do ensino e nas ações e serviços públicos de saúde;

•• Inciso III com redação determinada pela Emenda Constitucional n. 29, de 13-9-2000.

• *Vide* art. 212 da CF.

IV – o Tribunal de Justiça der provimento a representação para assegurar a observância de princípios indicados na Constituição Estadual, ou para prover a execução de lei, de ordem ou de decisão judicial.

Art. 36. A decretação da intervenção dependerá:

I – no caso do art. 34, IV, de solicitação do Poder Legislativo ou do Poder Executivo coacto ou impedido, ou de requisição do Supremo Tribunal Federal, se a coação for exercida contra o Poder Judiciário;

II – no caso de desobediência a ordem ou decisão judiciária, de requisição do Supremo Tribunal Federal, do Superior Tribunal de Justiça ou do Tribunal Superior Eleitoral;

III – de provimento, pelo Supremo Tribunal Federal, de representação do Procurador-Geral da República, na hipótese do art. 34, VII, e no caso de recusa à execução de lei federal;

•• Inciso III com redação determinada pela Emenda Constitucional n. 45, de 8-12-2004.

•• Inciso III regulamentado pela Lei n. 12.562, de 23-12-2011.

IV – (*Revogado pela Emenda Constitucional n. 45, de 8-12-2004.*)

§ 1.º O decreto de intervenção, que especificará a amplitude, o prazo e as condições de execução e que, se couber, nomeará o interventor, será submetido à apreciação do Congresso Nacional ou da Assembleia Legislativa do Estado, no prazo de vinte e quatro horas.

§ 2.º Se não estiver funcionando o Congresso Nacional ou a Assembleia Legislativa, far-se-á convocação extraordinária, no mesmo prazo de vinte e quatro horas.

§ 3.º Nos casos do art. 34, VI e VII, ou do art. 35, IV, dispensada a apreciação pelo Congresso Nacional ou pela Assembleia Legislativa, o decreto limitar-se-á a suspender a execução do ato impugnado, se essa medida bastar ao restabelecimento da normalidade.

§ 4.º Cessados os motivos da intervenção, as autoridades afastadas de seus cargos a estes voltarão, salvo impedimento legal.

CAPÍTULO VII
DA ADMINISTRAÇÃO PÚBLICA

• Regime jurídico dos servidores públicos civis da União, das Autarquias e das Fundações Públicas Federais: Lei n. 8.112, de 11-12-1990.

• A Lei n. 9.784, de 29-1-1999, regula o processo administrativo no âmbito da Administração Pública Federal.

SEÇÃO I
Disposições Gerais

Art. 37. A administração pública direta e indireta de qualquer dos Poderes da União, dos Estados, do Distrito Federal e dos Municípios obedecerá aos princípios de legalidade,

impessoalidade, moralidade, publicidade e eficiência e, também, ao seguinte:

•• *Caput* com redação determinada pela Emenda Constitucional n. 19, de 4-6-1998.

• *Vide* Súmula Vinculante 13.

• *Vide* OJ 135 da SDI-2.

I – os cargos, empregos e funções públicas são acessíveis aos brasileiros que preencham os requisitos estabelecidos em lei, assim como aos estrangeiros, na forma da lei;

•• Inciso I com redação determinada pela Emenda Constitucional n. 19, de 4-6-1998.

• *Vide* Súmula Vinculante 44.

• *Vide* Súmula 686 do STF.

• A Lei n. 8.730, de 10-11-1993, estabelece a obrigatoriedade da declaração de bens e rendas para o exercício de cargos, empregos e funções nos Poderes Executivo, Legislativo e Judiciário.

II – a investidura em cargo ou emprego público depende de aprovação prévia em concurso público de provas ou de provas e títulos, de acordo com a natureza e a complexidade do cargo ou emprego, na forma prevista em lei, ressalvadas as nomeações para cargo em comissão declarado em lei de livre nomeação e exoneração;

•• Inciso II com redação determinada pela Emenda Constitucional n. 19, de 4-6-1998.

• *Vide* Súmula Vinculante 43.

• *Vide* Súmula 685 do STF.

• *Vide* Súmulas 331, 363 e 430 do TST.

• *Vide* OJs 335 e 366 da SDI-1 e OJ 10 da SDI-2.

III – o prazo de validade do concurso público será de até dois anos, prorrogável uma vez, por igual período;

•• Disposição igual na Lei n. 8.112, de 11-12-1990, art. 12.

IV – durante o prazo improrrogável previsto no edital de convocação, aquele aprovado em concurso público de provas ou de provas e títulos será convocado com prioridade sobre novos concursados para assumir cargo ou emprego, na carreira;

V – as funções de confiança, exercidas exclusivamente por servidores ocupantes de cargo efetivo, e os cargos em comissão, a serem preenchidos por servidores de carreira nos casos, condições e percentuais mínimos previstos em lei, destinam-se apenas às atribuições de direção, chefia e assessoramento;

•• Inciso V com redação determinada pela Emenda Constitucional n. 19, de 4-6-1998.

VI – é garantido ao servidor público civil o direito à livre associação sindical;

VII – o direito de greve será exercido nos termos e nos limites definidos em lei específica;

•• Inciso VII com redação determinada pela Emenda Constitucional n. 19, de 4-6-1998.

•• *Vide* Lei n. 7.783, de 28-6-1989, que dispõe sobre o exercício do direito de greve.

• Paralisações dos serviços públicos federais: Decreto n. 1.480, de 3-5-1995.

VIII – a lei reservará percentual dos cargos e empregos públicos para as pessoas portadoras de deficiência e definirá os critérios de sua admissão;

•• A Lei n. 13.146, de 6-7-2015, institui o Estatuto da Pessoa com Deficiência.

• *Vide* Súmula 377 do STJ.

IX – a lei estabelecerá os casos de contratação por tempo determinado para atender a necessidade temporária de excepcional interesse público;

• A Lei n. 8.745, de 9-12-1993, dispõe sobre a contratação por tempo determinado para atender a necessidade temporária de excepcional interesse público.

X – a remuneração dos servidores públicos e o subsídio de que trata o § 4.º do art. 39 somente poderão ser fixados ou alterados por lei específica, observada a iniciativa privativa em cada caso, assegurada revisão geral anual, sempre na mesma data e sem distinção de índices;

•• Inciso X com redação determinada pela Emenda Constitucional n. 19, de 4-6-1998.

•• A Lei n. 10.331, de 18-12-2001, regulamenta este inciso.

•• *Vide* Súmula Vinculante 37.

XI – a remuneração e o subsídio dos ocupantes de cargos, funções e empregos públicos da administração direta, autárquica e fundacional, dos membros de qualquer dos Poderes da União, dos Estados, do Distrito Federal e dos Municípios, dos detentores de mandato eletivo e dos demais agentes políticos e os proventos, pensões ou outra espécie remuneratória, percebidos cumulativamente ou não, incluídas as vantagens pessoais ou de qualquer outra natureza, não poderão exceder o subsídio mensal, em espécie, dos Ministros do Supremo Tribunal Federal, aplicando-se como limite, nos Municípios, o subsídio do Prefeito, e nos Estados e no Distrito Federal, o subsídio mensal do Governador no âmbito do Poder Executivo, o subsídio dos Deputados Estaduais e Distritais no âmbito do Poder Legislativo e o subsídio dos Desembargadores do Tribunal de Justiça, limitado a noventa inteiros e vinte e cinco centésimos por cento do subsídio mensal, em espécie, dos Ministros do Supremo Tribunal Federal, no âmbito do Poder Judiciário, aplicável este limite aos membros do Ministério Público, aos Procuradores e aos Defensores Públicos;

•• Inciso XI com redação determinada pela Emenda Constitucional n. 41, de 19-12-2003.

•• Inciso XI regulamentado pela Lei n. 8.448, de 21-7-1992.

•• O STF, em liminar concedida em 28-2-2007, na ADI n. 3.854-1 (*DOU* de 8-3-2007), exclui "a submissão dos membros da magistratura estadual ao subteto de remuneração", de que trata este inciso.

•• A Lei n. 13.753, de 26-11-2018, dispõe sobre o subsídio do Procurador-Geral da República.

• *Vide* art. 8.º da Emenda Constitucional n. 41, de 19-12-2003, que dispõe sobre a fixação do valor do subsídio de que trata este inciso.

• *Vide* §§ 11 e 12 deste artigo e art. 4.º da Emenda Constitucional n. 47, de 5-7-2005.

• *Vide* OJ 339 da SDI-1.

XII – os vencimentos dos cargos do Poder Legislativo e do Poder Judiciário não poderão ser superiores aos pagos pelo Poder Executivo;

• A Lei n. 8.852, de 4-2-1994, dispõe sobre a aplicação deste inciso.

XIII – é vedada a vinculação ou equiparação de quaisquer espécies remuneratórias para o efeito de remuneração de pessoal do serviço público;

•• Inciso XIII com redação determinada pela Emenda Constitucional n. 19, de 4-6-1998.

•• *Vide* OJs 297 e 353 da SDI-1 e OJ 26 da SDI-2.

• *Vide* Súmula Vinculante 42.

XIV – os acréscimos pecuniários percebidos por servidor público não serão computados nem acumulados para fim de concessão de acréscimos ulteriores;

•• Inciso XIV com redação determinada pela Emenda Constitucional n. 19, de 4-6-1998.

XV – o subsídio e os vencimentos dos ocupantes de cargos e empregos públicos são irredutíveis, ressalvado o disposto nos incisos XI e XIV deste artigo e nos arts. 39, § 4.º, 150, II, 153, III, e 153, § 2.º, I;

•• Inciso XV com redação determinada pela Emenda Constitucional n. 19, de 4-6-1998.

XVI – é vedada a acumulação remunerada de cargos públicos, exceto, quando houver compatibilidade de horários, observado em qualquer caso o disposto no inciso XI:

•• Inciso XVI, *caput*, com redação determinada pela Emenda Constitucional n. 19, de 4-6-1998.

***a*)** a de dois cargos de professor;

•• Alínea *a* com redação determinada pela Emenda Constitucional n. 19, de 4-6-1998.

***b*)** a de um cargo de professor com outro, técnico ou científico;

•• Alínea *b* com redação determinada pela Emenda Constitucional n. 19, de 4-6-1998.

c) a de dois cargos ou empregos privativos de profissionais de saúde, com profissões regulamentadas;

•• Alínea *c* com redação determinada pela Emenda Constitucional n. 34, de 13-12-2001.

XVII – a proibição de acumular estende-se a empregos e funções e abrange autarquias, fundações, empresas públicas, sociedades de economia mista, suas subsidiárias, e sociedades controladas, direta ou indiretamente, pelo poder público;

•• Inciso XVII com redação determinada pela Emenda Constitucional n. 19, de 4-6-1998.

XVIII – a administração fazendária e seus servidores fiscais terão, dentro de suas áreas de competência e jurisdição, precedência sobre os demais setores administrativos, na forma da lei;

XIX – somente por lei específica poderá ser criada autarquia e autorizada a instituição de empresa pública, de sociedade de economia mista e de fundação, cabendo à lei complementar, neste último caso, definir as áreas de sua atuação;

•• Inciso XIX com redação determinada pela Emenda Constitucional n. 19, de 4-6-1998.

XX – depende de autorização legislativa, em cada caso, a criação de subsidiárias das entidades mencionadas no inciso anterior, assim como a participação de qualquer delas em empresa privada;

XXI – ressalvados os casos especificados na legislação, as obras, serviços, compras e alienações serão contratados mediante processo de licitação pública que assegure igualdade de condições a todos os concorrentes, com cláusulas que estabeleçam obrigações de pagamento, mantidas as condições efetivas da proposta, nos termos da lei, o qual somente permitirá as exigências de qualificação técnica e econômica indispensáveis à garantia do cumprimento das obrigações;

•• Regulamento: Lei n. 8.666, de 21-6-1993.

• A Lei n. 10.520, de 17-7-2002, institui modalidade de licitação denominada pregão, para aquisição de bens e serviços comuns, e dá outras providências. Regulamento: Decreto n. 3.555, de 8-8-2000.

XXII – as administrações tributárias da União, dos Estados, do Distrito Federal e dos Municípios, atividades essenciais ao funcionamento do Estado, exercidas por servidores de carreiras específicas, terão recursos prioritários para a realização de suas atividades e atuarão de forma integrada, inclusive com o compartilhamento de cadastros e de informações fiscais, na forma da lei ou convênio.

•• Inciso XXII acrescentado pela Emenda Constitucional n. 42, de 19-12-2003.

§ 1.º A publicidade dos atos, programas, obras, serviços e campanhas dos órgãos públicos deverá ter caráter educativo, informativo ou de orientação social, dela não podendo constar nomes, símbolos ou imagens que caracterizem promoção pessoal de autoridades ou servidores públicos.

• *Vide* art. 224 da CF.

• Publicidade na Administração Pública Federal: Decreto n. 6.555, de 8-9-2008.

§ 2.º A não observância do disposto nos incisos II e III implicará a nulidade do ato e a punição da autoridade responsável, nos termos da lei.

• *Vide* Súmula 363 do TST.

• *Vide* OJ 335 da SDI-1 e OJ 10 da SDI-2.

§ 3.º A lei disciplinará as formas de participação do usuário na administração pública direta e indireta, regulando especialmente:

•• § 3.º, *caput*, com redação determinada pela Emenda Constitucional n. 19, de 4-6-1998.

I – as reclamações relativas à prestação dos serviços públicos em geral, asseguradas a manutenção de serviço de atendimento ao usuário e a avaliação periódica, externa e interna, da qualidade dos serviços;

•• Inciso I acrescentado pela Emenda Constitucional n. 19, de 4-6-1998.

II – o acesso dos usuários a registros administrativos e a informações sobre atos de governo, observado o disposto no art. 5.º, X e XXXIII;

•• Inciso II acrescentado pela Emenda Constitucional n. 19, de 4-6-1998.

•• A Lei n. 12.527, de 18-11-2011, regula o acesso a informações previsto neste inciso.

III – a disciplina da representação contra o exercício negligente ou abusivo de cargo, emprego ou função na administração pública.

•• Inciso III acrescentado pela Emenda Constitucional n. 19, de 4-6-1998.

§ 4.º Os atos de improbidade administrativa importarão a suspensão dos direitos políticos, a perda da função pública, a indisponibilidade dos bens e o ressarcimento ao erário, na forma e gradação previstas em lei, sem prejuízo da ação penal cabível.

• Os arts. 312 e s. do CP dispõem sobre os crimes praticados por funcionário público contra a administração em geral.

• A Lei n. 8.026, de 12-4-1990, dispõe sobre a aplicação da pena de demissão a funcionário público.

• A Lei n. 8.027, de 12-4-1990, dispõe sobre normas de conduta dos servidores públicos civis da União, autarquias e fundações públicas.

• Improbidade administrativa: Lei n. 8.429, de 2-6-1992.

• O Decreto n. 4.410, de 7-10-2002, promulga a Convenção Interamericana contra a Corrupção.

§ 5.º A lei estabelecerá os prazos de prescrição para ilícitos praticados por qualquer agente, servidor ou não, que causem prejuízos ao erário, ressalvadas as respectivas ações de ressarcimento.

§ 6.º As pessoas jurídicas de direito público e as de direito privado prestadoras de serviços públicos responderão pelos danos que seus agentes, nessa qualidade, causarem a terceiros, assegurado o direito de regresso contra o responsável nos casos de dolo ou culpa.

• *Vide* Enunciado n. 40 da 1.ª Jornada de Direito do Trabalho.

§ 7.º A lei disporá sobre os requisitos e as restrições ao ocupante de cargo ou emprego da administração direta e indireta que possibilite o acesso a informações privilegiadas.

•• § 7.º acrescentado pela Emenda Constitucional n. 19, de 4-6-1998.

§ 8.º A autonomia gerencial, orçamentária e financeira dos órgãos e entidades da administração direta e indireta poderá ser ampliada mediante contrato, a ser firmado entre seus administradores e o poder público, que tenha por objeto a fixação de metas de desempenho para o órgão ou entidade, cabendo à lei dispor sobre:

•• § 8.º, *caput*, acrescentado pela Emenda Constitucional n. 19, de 4-6-1998.

I – o prazo de duração do contrato;

•• Inciso I acrescentado pela Emenda Constitucional n. 19, de 4-6-1998.

II – os controles e critérios de avaliação de desempenho, direitos, obrigações e responsabilidade dos dirigentes;

•• Inciso II acrescentado pela Emenda Constitucional n. 19, de 4-6-1998.

III – a remuneração do pessoal.

•• Inciso III acrescentado pela Emenda Constitucional n. 19, de 4-6-1998.

§ 9.º O disposto no inciso XI aplica-se às empresas públicas e às sociedades de economia mista, e suas subsidiárias, que receberem recursos da União, dos Estados, do Distrito Federal ou dos Municípios para pagamento de despesas de pessoal ou de custeio em geral.

•• § 9.º acrescentado pela Emenda Constitucional n. 19, de 4-6-1998.

§ 10. É vedada a percepção simultânea de proventos de aposentadoria decorrentes do art. 40 ou dos arts. 42 e 142 com a remuneração de cargo, emprego ou função pública, ressalvados os cargos acumuláveis na forma desta Constituição, os cargos eletivos e os cargos em comissão declarados em lei de livre nomeação e exoneração.

•• § 10 acrescentado pela Emenda Constitucional n. 20, de 15-12-1998.

• *Vide* art. 11 da Emenda Constitucional n. 20, de 15-12-1998.

§ 11. Não serão computadas, para efeito dos limites remuneratórios de que trata o inciso XI do *caput* deste artigo, as parcelas de caráter indenizatório previstas em lei.

•• § 11 acrescentado pela Emenda Constitucional n. 47, de 5-7-2005, em vigor na data de sua publicação, com efeitos retroativos à data de vigência da Emenda Constitucional n. 41, de 19-12-2003 (*DOU* de 31-12-2003).

§ 12. Para os fins do disposto no inciso XI do *caput* deste artigo, fica facultado aos Estados e ao Distrito Federal fixar, em seu âmbito, mediante emenda às respectivas Constituições e Lei Orgânica, como limite único, o subsídio mensal dos Desembargadores do respectivo Tribunal de Justiça, limitado a noventa inteiros e vinte e cinco centésimos por cento do subsídio mensal dos Ministros do Supremo Tribunal Federal, não se aplicando o disposto neste parágrafo aos subsídios dos Deputados Estaduais e Distritais e dos Vereadores.

•• § 12 acrescentado pela Emenda Constitucional n. 47, de 5-7-2005, em vigor na data de sua publicação, com efeitos retroativos à data de vigência da Emenda Constitucional n. 41, de 19-12-2003 (*DOU* de 31-12-2003).

•• O STF, em liminar concedida em 28-2-2007, na ADI n. 3.854-1 (*DOU* de 8-3-2007), exclui "a submissão dos membros da magistratura estadual ao subteto de remuneração", de que trata este parágrafo.

Art. 38. Ao servidor público da administração direta, autárquica e fundacional, no exercício de mandato eletivo, aplicam-se as seguintes disposições:

•• *Caput* com redação determinada pela Emenda Constitucional n. 19, de 4-6-1998.

I – tratando-se de mandato eletivo federal, estadual ou distrital, ficará afastado de seu cargo, emprego ou função;

II – investido no mandato de Prefeito, será afastado do cargo, emprego ou função, sendo-lhe facultado optar pela sua remuneração;

III – investido no mandato de Vereador, havendo compatibilidade de horários, perceberá as vantagens de seu cargo, emprego ou função, sem prejuízo da remuneração do cargo eletivo, e, não havendo compatibilidade, será aplicada a norma do inciso anterior;

IV – em qualquer caso que exija o afastamento para o exercício de mandato eletivo, seu tempo de serviço será contado para todos os efeitos legais, exceto para promoção por merecimento;

V – para efeito de benefício previdenciário, no caso de afastamento, os valores serão determinados como se no exercício estivesse.

SEÇÃO II
Dos Servidores Públicos

•• Seção II com denominação determinada pela Emenda Constitucional n. 18, de 5-2-1998.

• Regime jurídico dos servidores públicos civis da União, das Autarquias e das Fundações Públicas Federais: Lei n. 8.112, de 11-12-1990.

• A Lei n. 8.026, de 12-4-1990, dispõe sobre a aplicação de pena de demissão a funcionário público.

• A Lei n. 8.027, de 12-4-1990, dispõe sobre normas de conduta dos servidores públicos civis da União, das Autarquias e das Fundações Públicas.

Art. 39. A União, os Estados, o Distrito Federal e os Municípios instituirão conselho de política de administração e remuneração de pessoal, integrado por servidores designados pelos respectivos Poderes.

•• *Caput* com redação determinada pela Emenda Constitucional n. 19, de 4-6-1998.

•• O STF, em liminar parcialmente concedida em 2-8-2007, na ADI n. 2.135-4 (*DOU* de 14-8-2007), suspende a eficácia do *caput* deste artigo. Com a decisão volta a vigorar a redação anterior: "A União, os Estados, o Distrito Federal e os Municípios instituirão, no âmbito de sua competência, regime jurídico único e planos de carreira para os servidores da administração pública direta, das autarquias e das fundações públicas".

• *Vide* Súmula Vinculante 4.

• *Vide* Súmula 97 do STJ.

§ 1.º A fixação dos padrões de vencimento e dos demais componentes do sistema remuneratório observará:

•• § 1.º, *caput*, com redação determinada pela Emenda Constitucional n. 19, de 4-6-1998.

•• § 1.º regulamentado pela Lei n. 8.448, de 21-7-1992.

•• A Lei n. 8.852, de 4-2-1994, dispõe sobre a aplicação deste parágrafo.

• *Vide* OJ 26 da SDI-2.

I – a natureza, o grau de responsabilidade e a complexidade dos cargos componentes de cada carreira;

•• Inciso I acrescentado pela Emenda Constitucional n. 19, de 4-6-1998.

II – os requisitos para a investidura;

•• Inciso II acrescentado pela Emenda Constitucional n. 19, de 4-6-1998.

III – as peculiaridades dos cargos.

•• Inciso III acrescentado pela Emenda Constitucional n. 19, de 4-6-1998.

§ 2.º A União, os Estados e o Distrito Federal manterão escolas de governo para a formação e o aperfeiçoamento dos servidores públicos, constituindo-se a participação nos cursos um dos requisitos para a promoção na carreira, facultada, para isso, a celebração de convênios ou contratos entre os entes federados.

•• § 2.º com redação determinada pela Emenda Constitucional n. 19, de 4-6-1998.

§ 3.º Aplica-se aos servidores ocupantes de cargo público o disposto no art. 7.º, IV, VII, VIII, IX, XII, XIII, XV, XVI, XVII, XVIII, XIX, XX, XXII e XXX, podendo a lei estabelecer requisitos diferenciados de admissão quando a natureza do cargo o exigir.

•• § 3.º acrescentado pela Emenda Constitucional n. 19, de 4-6-1998.

• *Vide* Súmula Vinculante 16.

• *Vide* Súmula 683 do STF.

§ 4.º O membro de Poder, o detentor de mandato eletivo, os Ministros de Estado e os Secretários Estaduais e Municipais serão remunerados exclusivamente por subsídio fixado em parcela única, vedado o acréscimo de qualquer gratificação, adicional, abono, prêmio, verba de representação ou outra espécie remuneratória, obedecido, em qualquer caso, o disposto no art. 37, X e XI.

•• § 4.º acrescentado pela Emenda Constitucional n. 19, de 4-6-1998.

§ 5.º Lei da União, dos Estados, do Distrito Federal e dos Municípios poderá estabelecer a relação entre a maior e a menor remuneração dos servidores públicos, obedecido, em qualquer caso, o disposto no art. 37, XI.

•• § 5.º acrescentado pela Emenda Constitucional n. 19, de 4-6-1998.

§ 6.º Os Poderes Executivo, Legislativo e Judiciário publicarão anualmente os valores do subsídio e da remuneração dos cargos e empregos públicos.

•• § 6.º acrescentado pela Emenda Constitucional n. 19, de 4-6-1998.

§ 7.º Lei da União, dos Estados, do Distrito Federal e dos Municípios disciplinará a aplicação de recursos orçamentários provenientes da economia com despesas correntes em cada órgão, autarquia e fundação, para aplicação no desenvolvimento de programas de qualidade e produtividade, treinamento e desenvolvimento, modernização, reaparelhamento e racionalização do serviço público, inclusive sob a forma de adicional ou prêmio de produtividade.

•• § 7.º acrescentado pela Emenda Constitucional n. 19, de 4-6-1998.

§ 8.º A remuneração dos servidores públicos organizados em carreira poderá ser fixada nos termos do § 4.º.

•• § 8.º acrescentado pela Emenda Constitucional n. 19, de 4-6-1998.

Art. 40. Aos servidores titulares de cargos efetivos da União, dos Estados, do Distrito Federal e dos Municípios, incluídas suas autarquias e fundações, é assegurado regime de previdência de caráter contributivo e solidário, mediante contribuição do respectivo ente público, dos servidores ativos e inativos e dos pensionistas, observados critérios que preservem o equilíbrio financeiro e atuarial e o disposto neste artigo.

•• *Caput* com redação determinada pela Emenda Constitucional n. 41, de 19-12-2003.

• *Vide* art. 3.º da Emenda Constitucional n. 47, de 5-7-2005.

§ 1.º Os servidores abrangidos pelo regime de previdência de que trata este artigo serão aposentados, calculados os seus proventos a partir dos valores fixados na forma dos §§ 3.º e 17:

•• § 1.º, *caput*, com redação determinada pela Emenda Constitucional n. 41, de 19-12-2003.

I – por invalidez permanente, sendo os proventos proporcionais ao tempo de contribuição, exceto se decorrente de acidente em serviço, moléstia profissional ou doença grave, contagiosa ou incurável, na forma da lei;

•• Inciso I com redação determinada pela Emenda Constitucional n. 41, de 19-12-2003.

•• *Vide* art. 6.º-A da Emenda Constitucional n. 41, de 19-12-2003.

II – compulsoriamente, com proventos proporcionais ao tempo de contribuição, aos 70 (setenta) anos de idade, ou aos 75 (setenta e cinco) anos de idade, na forma de lei complementar;

•• Inciso II com redação determinada pela Emenda Constitucional n. 88, de 7-5-2015.

•• *Vide* art. 100 do ADCT.

•• A Lei Complementar n. 152, de 3-12-2015, dispõe sobre a aposentadoria compulsória por idade, com proventos proporcionais nos termos deste inciso.

III – voluntariamente, desde que cumprido tempo mínimo de dez anos de efetivo exercício no serviço público e cinco anos no cargo efetivo em que se dará a aposentadoria, observadas as seguintes condições:

•• Inciso III, *caput*, acrescentado pela Emenda Constitucional n. 20, de 15-12-1998.

• *Vide* art. 2.º da Emenda Constitucional n. 41, de 19-12-2003, que dispõe sobre a aposentadoria voluntária.

a) sessenta anos de idade e trinta e cinco de contribuição, se homem, e cinquenta e cinco anos de idade e trinta de contribuição, se mulher;

•• Alínea *a* acrescentada pela Emenda Constitucional n. 20, de 15-12-1998.

b) sessenta e cinco anos de idade, se homem, e sessenta anos de idade, se mulher, com proventos proporcionais ao tempo de contribuição.

•• Alínea *b* acrescentada pela Emenda Constitucional n. 20, de 15-12-1998.

§ 2.º Os proventos de aposentadoria e as pensões, por ocasião de sua concessão, não poderão exceder a remuneração do respectivo servidor, no cargo efetivo em que se deu a aposentadoria ou que serviu de referência para a concessão da pensão.

•• § 2.º com redação determinada pela Emenda Constitucional n. 20, de 15-12-1998.

§ 3.º Para o cálculo dos proventos de aposentadoria, por ocasião da sua concessão, serão consideradas as remunerações utilizadas como base para as contribuições do servidor aos regimes de previdência de que tratam este artigo e o art. 201, na forma da lei.

•• § 3.º com redação determinada pela Emenda Constitucional n. 41, de 19-12-2003.

• A Lei n. 10.887, de 18-6-2004, dispõe sobre o cálculo dos proventos de aposentadoria dos servidores titulares de cargo efetivo de qualquer dos poderes, previsto neste parágrafo.

§ 4.º É vedada a adoção de requisitos e critérios diferenciados para a concessão de aposentadoria aos abrangidos pelo regime de que trata este artigo, ressalvados, nos termos definidos em leis complementares, os casos de servidores:

•• § 4.º, *caput*, com redação determinada pela Emenda Constitucional n. 47, de 5-7-2005, em vigor na data de sua publicação, com efeitos retroativos à data de vigência da Emenda Constitucional n. 41, de 19-12-2003 (*DOU* de 31-12-2003).

• *Vide* Súmula Vinculante 55.

• *Vide* Súmula 680 do STF.

I – portadores de deficiência;

•• Inciso I acrescentado pela Emenda Constitucional n. 47, de 5-7-2005, em vigor na data de sua publicação, com efeitos retroativos à data de vigência da Emenda Constitucional n. 41, de 19-12-2003 (*DOU* de 31-12-2003).

II – que exerçam atividades de risco;

•• Inciso II acrescentado pela Emenda Constitucional n. 47, de 5-7-2005, em vigor na data de sua publicação, com efeitos retroativos à data de vigência da Emenda Constitucional n. 41, de 19-12-2003 (*DOU* de 31-12-2003).

III – cujas atividades sejam exercidas sob condições especiais que prejudiquem a saúde ou a integridade física.

•• Inciso III acrescentado pela Emenda Constitucional n. 47, de 5-7-2005, em vigor na data de sua publicação, com efeitos retroativos à data de vigência da Emenda Constitucional n. 41, de 19-12-2003 (*DOU* de 31-12-2003).

§ 5.º Os requisitos de idade e de tempo de contribuição serão reduzidos em 5 (cinco) anos, em relação ao disposto no § 1.º, III, *a*, para o professor que comprove exclusivamente tempo de efetivo exercício das funções de magistério na educação infantil e no ensino fundamental e médio.

•• § 5.º com redação determinada pela Emenda Constitucional n. 20, de 15-12-1998.

• *Vide* art. 2.º, § 1.º, e art. 6.º, *caput*, da Emenda Constitucional n. 41, de 19-12-2003.

• *Vide* Súmula 726 do STF.

§ 6.º Ressalvadas as aposentadorias decorrentes dos cargos acumuláveis na forma desta Constituição, é vedada a percepção de mais de uma aposentadoria à conta do regime de previdência previsto neste artigo.

•• § 6.º com redação determinada pela Emenda Constitucional n. 20, de 15-12-1998.

§ 7.º Lei disporá sobre a concessão do benefício de pensão por morte, que será igual:

•• § 7.º, *caput*, com redação determinada pela Emenda Constitucional n. 41, de 19-12-2003.

I – ao valor da totalidade dos proventos do servidor falecido, até o limite máximo estabelecido para os benefícios do regime geral de previdência social de que trata o art. 201, acrescido de setenta por cento da parcela excedente a este limite, caso aposentado à data do óbito; ou

•• Inciso I acrescentado pela Emenda Constitucional n. 41, de 19-12-2003.

II – ao valor da totalidade da remuneração do servidor no cargo efetivo em que se deu o falecimento, até o limite máximo estabelecido para os benefícios do regime geral de previdência social de que trata o art. 201, acrescido de setenta por cento da parcela excedente a este limite, caso em atividade na data do óbito.

•• Inciso II acrescentado pela Emenda Constitucional n. 41, de 19-12-2003.

§ 8.º É assegurado o reajustamento dos benefícios para preservar-lhes, em caráter permanente, o valor real, conforme critérios estabelecidos em lei.

•• § 8.º com redação determinada pela Emenda Constitucional n. 41, de 19-12-2003.

§ 9.º O tempo de contribuição federal, estadual ou municipal será contado para efeito de aposentadoria e o tempo de serviço correspondente para efeito de disponibilidade.

•• § 9.º acrescentado pela Emenda Constitucional n. 20, de 15-12-1998.

§ 10. A lei não poderá estabelecer qualquer forma de contagem de tempo de contribuição fictício.

•• § 10 acrescentado pela Emenda Constitucional n. 20, de 15-12-1998.

• *Vide* art. 4.º da Emenda Constitucional n. 20, de 15-12-1998.

§ 11. Aplica-se o limite fixado no art. 37, XI, à soma total dos proventos de inatividade, inclusive quando decorrentes da acumulação de cargos ou empregos públicos, bem como de outras atividades sujeitas a contribuição para o regime geral de previdência social, e ao montante resultante da adição de proventos de inatividade com remuneração de cargo acumulável na forma desta Constituição, cargo em comissão declarado em lei de livre nomeação e exoneração, e de cargo eletivo.

•• § 11 acrescentado pela Emenda Constitucional n. 20, de 15-12-1998.

§ 12. Além do disposto neste artigo, o regime de previdência dos servidores públicos titulares de cargo efetivo observará, no que couber, os requisitos e critérios fixados para o regime geral de previdência social.

•• § 12 acrescentado pela Emenda Constitucional n. 20, de 15-12-1998.

§ 13. Ao servidor ocupante, exclusivamente, de cargo em comissão declarado em lei de livre nomeação e exoneração bem como de outro cargo temporário ou de emprego público, aplica-se o regime geral de previdência social.

•• § 13 acrescentado pela Emenda Constitucional n. 20, de 15-12-1998.

§ 14. A União, os Estados, o Distrito Federal e os Municípios, desde que instituam regime de previdência complementar para os seus respectivos servidores titulares de cargo efetivo, poderão fixar, para o valor das aposentadorias e pensões a serem concedidas pelo regime de que trata este artigo, o limite máximo estabelecido para os benefícios do regime geral de previdência social de que trata o art. 201.

•• § 14 acrescentado pela Emenda Constitucional n. 20, de 15-12-1998.

•• A Lei n. 12.618, de 30-4-2012, institui o regime de previdência complementar para os servidores públicos federais titulares de cargo efetivo a que se refere este parágrafo.

• Previdência Complementar: Leis Complementares ns. 108, de 29-5-2001, e 109, de 29-5-2001.

§ 15. O regime de previdência complementar de que trata o § 14 será instituído por lei de iniciativa do respectivo Poder Executivo, observado o disposto no art. 202 e seus parágrafos, no que couber, por intermédio de entidades fechadas de previdência complementar, de natureza pública, que oferecerão aos respectivos participantes planos de benefícios somente na modalidade de contribuição definida.

•• § 15 com redação determinada pela Emenda Constitucional n. 41, de 19-12-2003.

•• A Lei n. 12.618, de 30-4-2012, institui o regime de previdência complementar para os servidores públicos federais titulares de cargo efetivo a que se refere este parágrafo.

§ 16. Somente mediante sua prévia e expressa opção, o disposto nos §§ 14 e 15 poderá ser aplicado ao servidor que tiver ingressado no serviço público até a data da publicação do ato de instituição do correspondente regime de previdência complementar.

•• § 16 acrescentado pela Emenda Constitucional n. 20, de 15-12-1998.

•• A Lei n. 12.618, de 30-4-2012, institui o regime de previdência complementar para os servidores públicos federais titulares de cargo efetivo a que se refere este parágrafo.

§ 17. Todos os valores de remuneração considerados para o cálculo do benefício previsto no § 3.º serão devidamente atualizados, na forma da lei.

•• § 17 acrescentado pela Emenda Constitucional n. 41, de 19-12-2003.

• *Vide* art. 2.º da Emenda Constitucional n. 41, de 19-12-2003.

§ 18. Incidirá contribuição sobre os proventos de aposentadorias e pensões concedidas pelo regime de que trata este artigo que superem o limite máximo estabelecido para os benefícios do regime geral de previdência social de que trata o art. 201, com percentual igual ao estabelecido para os servidores titulares de cargos efetivos.

•• § 18 acrescentado pela Emenda Constitucional n. 41, de 19-12-2003.

§ 19. O servidor de que trata este artigo que tenha completado as exigências para aposentadoria voluntária estabelecidas no § 1.º, III, *a*, e que opte por permanecer em atividade fará jus a um abono de permanência equivalente ao valor da sua contribuição previdenciária até completar as exigências para aposentadoria compulsória contidas no § 1.º, II.

•• § 19 acrescentado pela Emenda Constitucional n. 41, de 19-12-2003.

§ 20. Fica vedada a existência de mais de um regime próprio de previdência social para os servidores titulares de cargos efetivos, e de mais de uma unidade gestora do respectivo regime em cada ente estatal, ressalvado o disposto no art. 142, § 3.º, X.

•• § 20 acrescentado pela Emenda Constitucional n. 41, de 19-12-2003.

§ 21. A contribuição prevista no § 18 deste artigo incidirá apenas sobre as parcelas de proventos de aposentadoria e de pensão que superem o dobro do limite máximo estabelecido para os benefícios do regime geral de previdência social de que trata o art. 201 desta Constituição, quando o beneficiário, na forma da lei, for portador de doença incapacitante.

•• § 21 acrescentado pela Emenda Constitucional n. 47, de 5-7-2005, em vigor na data de sua publicação, com efeitos retroativos à data de vigência da Emenda Constitucional n. 41, de 19-12-2003 (*DOU* de 31-12-2003).

Art. 41. São estáveis após 3 (três) anos de efetivo exercício os servidores nomeados para cargo de provimento efetivo em virtude de concurso público.

•• *Caput* com redação determinada pela Emenda Constitucional n. 19, de 4-6-1998.

• *Vide* Súmula 390 do TST.

§ 1.º O servidor público estável só perderá o cargo:

•• § 1.º, *caput*, com redação determinada pela Emenda Constitucional n. 19, de 4-6-1998.

I – em virtude de sentença judicial transitada em julgado;

•• Inciso I acrescentado pela Emenda Constitucional n. 19, de 4-6-1998.

II – mediante processo administrativo em que lhe seja assegurada ampla defesa;

•• Inciso II acrescentado pela Emenda Constitucional n. 19, de 4-6-1998.

III – mediante procedimento de avaliação periódica de desempenho, na forma de lei complementar, assegurada ampla defesa.

•• Inciso III acrescentado pela Emenda Constitucional n. 19, de 4-6-1998.

•• *Vide* arts. 198, § 6.º, e 247.

§ 2.º Invalidada por sentença judicial a demissão do servidor estável, será ele reintegrado, e o eventual ocupante da vaga, se estável, reconduzido ao cargo de origem, sem direito a indenização, aproveitado em outro cargo ou posto em disponibilidade com remuneração proporcional ao tempo de serviço.

•• § 2.º com redação determinada pela Emenda Constitucional n. 19, de 4-6-1998.

§ 3.º Extinto o cargo ou declarada sua desnecessidade, o servidor estável ficará em disponibilidade, com remuneração proporcional ao tempo de serviço, até seu adequado aproveitamento em outro cargo.

•• § 3.º com redação determinada pela Emenda Constitucional n. 19, de 4-6-1998.

§ 4.º Como condição para a aquisição da estabilidade, é obrigatória a avaliação especial de desempenho por comissão instituída para essa finalidade.

•• § 4.º acrescentado pela Emenda Constitucional n. 19, de 4-6-1998.

• *Vide* art. 28 da Emenda Constitucional n. 19, de 4-6-1998.

SEÇÃO III
Dos Militares dos Estados, do Distrito Federal e dos Territórios

•• Seção III com denominação determinada pela Emenda Constitucional n. 18, de 5-2-1998.

Art. 42. Os membros das Polícias Militares e Corpos de Bombeiros Militares, instituições organizadas com base na hierarquia e disciplina, são militares dos Estados, do Distrito Federal e dos Territórios.

•• *Caput* com redação determinada pela Emenda Constitucional n. 18, de 5-2-1998.

• *Vide* art. 89 do ADCT.

§ 1.º Aplicam-se aos militares dos Estados, do Distrito Federal e dos Territórios, além do que vier a ser fixado em lei, as disposições do art. 14, § 8.º; do art. 40, § 9.º; e do art. 142, §§ 2.º e 3.º, cabendo a lei estadual específica dispor sobre as matérias do art. 142, § 3.º, X, sendo as patentes dos oficiais conferidas pelos respectivos governadores.

•• § 1.º com redação determinada pela Emenda Constitucional n. 20, de 15-12-1998.

• *Vide* Súmula Vinculante 4.

§ 2.º Aos pensionistas dos militares dos Estados, do Distrito Federal e dos Territórios aplica-se o que for fixado em lei específica do respectivo ente estatal.

•• § 2.º com redação determinada pela Emenda Constitucional n. 41, de 19-12-2003.

SEÇÃO IV
Das Regiões

Art. 43. Para efeitos administrativos, a União poderá articular sua ação em um mesmo complexo geoeconômico e social, visando a seu desenvolvimento e à redução das desigualdades regionais.

§ 1.º Lei complementar disporá sobre:

I – as condições para integração de regiões em desenvolvimento;

II – a composição dos organismos regionais que executarão, na forma da lei, os planos regionais, integrantes dos planos nacionais de desenvolvimento econômico e social, aprovados juntamente com estes.

• Agência de Desenvolvimento da Amazônia – ADA: Medida Provisória n. 2.157-5, de 24-8-2001, regulamentada pelo Decreto n. 4.254, de 31-5-2002.

• Agência de Desenvolvimento do Nordeste – ADENE: Medida Provisória n. 2.156-5, de 24-8-2001.

• A Lei Complementar n. 129, de 8-1-2009, institui, na forma deste artigo, a Superintendência do Desenvolvimento do Centro-Oeste – SUDECO e estabelece sua missão institucional, natureza jurídica, objetivos, área de atuação e instrumentos de ação.

• A Lei Complementar n. 134, de 14-1-2010, dispõe sobre a composição do Conselho de Administração da SUFRAMA.

§ 2.º Os incentivos regionais compreenderão, além de outros, na forma da lei:

I – igualdade de tarifas, fretes, seguros e outros itens de custos e preços de responsabilidade do Poder Público;

II – juros favorecidos para financiamento de atividades prioritárias;

III – isenções, reduções ou diferimento temporário de tributos federais devidos por pessoas físicas ou jurídicas;

IV – prioridade para o aproveitamento econômico e social dos rios e das massas de água represadas ou represáveis nas regiões de baixa renda, sujeitas a secas periódicas.

§ 3.º Nas áreas a que se refere o § 2.º, IV, a União incentivará a recuperação de terras áridas e cooperará com os pequenos e médios proprietários rurais para o estabelecimento, em suas glebas, de fontes de água e de pequena irrigação.

TÍTULO IV
DA ORGANIZAÇÃO DOS PODERES

CAPÍTULO I
DO PODER LEGISLATIVO

SEÇÃO I
Do Congresso Nacional

Art. 44. O Poder Legislativo é exercido pelo Congresso Nacional, que se compõe da Câmara dos Deputados e do Senado Federal.

Parágrafo único. Cada legislatura terá a duração de quatro anos.

Art. 45. A Câmara dos Deputados compõe-se de representantes do povo, eleitos, pelo sistema proporcional, em cada Estado, em cada Território e no Distrito Federal.

§ 1.º O número total de deputados, bem como a representação por Estado e pelo Distrito Federal, será estabelecido por lei complementar, proporcionalmente à população, procedendo-se aos ajustes necessários, no ano anterior às eleições, para que nenhuma daquelas unidades da Federação tenha menos de oito ou mais de setenta Deputados.

• A Lei Complementar n. 78, de 30-12-1993, fixa o número de deputados.

§ 2.º Cada Território elegerá quatro Deputados.

Art. 46. O Senado Federal compõe-se de representantes dos Estados e do Distrito Federal, eleitos segundo o princípio majoritário.

§ 1.º Cada Estado e o Distrito Federal elegerão três Senadores, com mandato de oito anos.

§ 2.º A representação de cada Estado e do Distrito Federal será renovada de quatro em quatro anos, alternadamente, por um e dois terços.

§ 3.º Cada Senador será eleito com dois suplentes.

Art. 47. Salvo disposição constitucional em contrário, as deliberações de cada Casa e de suas Comissões serão tomadas por maioria dos votos, presente a maioria absoluta de seus membros.

SEÇÃO II
Das Atribuições do Congresso Nacional

Art. 48. Cabe ao Congresso Nacional, com a sanção do Presidente da República, não exigida esta para o especificado nos arts. 49, 51 e 52, dispor sobre todas as matérias de competência da União, especialmente sobre:

I – sistema tributário, arrecadação e distribuição de rendas;

II – plano plurianual, diretrizes orçamentárias, orçamento anual, operações de crédito, dívida pública e emissões de curso forçado;

III – fixação e modificação do efetivo das Forças Armadas;

IV – planos e programas nacionais, regionais e setoriais de desenvolvimento;

V – limites do território nacional, espaço aéreo e marítimo e bens do domínio da União;

VI – incorporação, subdivisão ou desmembramento de áreas de Territórios ou Estados, ouvidas as respectivas Assembleias Legislativas;

VII – transferência temporária da sede do Governo Federal;

VIII – concessão de anistia;

IX – organização administrativa, judiciária, do Ministério Público e da Defensoria Pública da União e dos Territórios e organização judiciária e do Ministério Público do Distrito Federal;

•• Inciso IX com redação determinada pela Emenda Constitucional n. 69, de 29-3-2012.

X – criação, transformação e extinção de cargos, empregos e funções públicas, observado o que estabelece o art. 84, VI, *b*;

•• Inciso X com redação determinada pela Emenda Constitucional n. 32, de 11-9-2001.

XI – criação e extinção de Ministérios e órgãos da administração pública;

•• Inciso XI com redação determinada pela Emenda Constitucional n. 32, de 11-9-2001.

XII – telecomunicações e radiodifusão;

• Código Brasileiro de Telecomunicações: Lei n. 4.117, de 27-8-1962.

• Organização dos Serviços de Telecomunicações: Lei n. 9.472, de 16-7-1997.

• Serviço de Radiodifusão Comunitária: Lei n. 9.612, de 19-2-1998.

XIII – matéria financeira, cambial e monetária, instituições financeiras e suas operações;

XIV – moeda, seus limites de emissão, e montante da dívida mobiliária federal;

XV – fixação do subsídio dos Ministros do Supremo Tribunal Federal, observado o que dispõem os arts. 39, § 4.º; 150, II; 153, III; e 153, § 2.º, I.

•• Inciso XV com redação determinada pela Emenda Constitucional n. 41, de 19-12-2003.

• Remuneração da Magistratura da União: Lei n. 10.474, de 27-6-2002.

• A Lei n. 13.752, de 26-11-2018, dispõe sobre a atualização dos valores do subsídio de Ministro do STF.

Art. 49. É da competência exclusiva do Congresso Nacional:

I – resolver definitivamente sobre tratados, acordos ou atos internacionais que acarretem encargos ou compromissos gravosos ao patrimônio nacional;

II – autorizar o Presidente da República a declarar guerra, a celebrar a paz, a permitir que forças estrangeiras transitem pelo território nacional ou nele permaneçam temporariamente, ressalvados os casos previstos em lei complementar;

III – autorizar o Presidente e o Vice-Presidente da República a se ausentarem do País, quando a ausência exceder a quinze dias;

IV – aprovar o estado de defesa e a intervenção federal, autorizar o estado de sítio, ou suspender qualquer uma dessas medidas;

V – sustar os atos normativos do Poder Executivo que exorbitem do poder regulamentar ou dos limites de delegação legislativa;

VI – mudar temporariamente sua sede;

VII – fixar idêntico subsídio para os Deputados Federais e os Senadores, observado o que dispõem os arts. 37, XI, 39, § 4.º, 150, II, 153, III, e 153, § 2.º, I;

•• Inciso VII com redação determinada pela Emenda Constitucional n. 19, de 4-6-1998.

VIII – fixar os subsídios do Presidente e do Vice-Presidente da República e dos Ministros de Estado, observado o que dispõem os arts. 37, XI, 39, § 4.º, 150, II, 153, III, e 153, § 2.º, I;

•• Inciso VIII com redação determinada pela Emenda Constitucional n. 19, de 4-6-1998.

IX – julgar anualmente as contas prestadas pelo Presidente da República e apreciar os relatórios sobre a execução dos planos de governo;

X – fiscalizar e controlar, diretamente, ou por qualquer de suas Casas, os atos do Poder Executivo, incluídos os da administração indireta;

XI – zelar pela preservação de sua competência legislativa em face da atribuição normativa dos outros Poderes;

XII – apreciar os atos de concessão e renovação de concessão de emissoras de rádio e televisão;

XIII – escolher dois terços dos membros do Tribunal de Contas da União;

• O Decreto Legislativo n. 6, de 22-4-1993, regulamenta a escolha de Ministros do TCU pelo Congresso Nacional.

XIV – aprovar iniciativas do Poder Executivo referentes a atividades nucleares;

XV – autorizar referendo e convocar plebiscito;

XVI – autorizar, em terras indígenas, a exploração e o aproveitamento de recursos hídricos e a pesquisa e lavra de riquezas minerais;

XVII – aprovar, previamente, a alienação ou concessão de terras públicas com área superior a dois mil e quinhentos hectares.

Art. 50. A Câmara dos Deputados e o Senado Federal, ou qualquer de suas Comissões, poderão convocar Ministro de Estado ou quaisquer titulares de órgãos diretamente subordinados à Presidência da República para prestarem, pessoalmente, informações sobre assunto previamente determinado, importando em crime de responsabilidade a ausência sem justificação adequada.

•• *Caput* com redação determinada pela Emenda Constitucional de Revisão n. 2, de 7-6-1994.

§ 1.º Os Ministros de Estado poderão comparecer ao Senado Federal, à Câmara dos Deputados, ou a qualquer de suas Comissões, por sua iniciativa e mediante entendimentos com a Mesa respectiva, para expor assunto de relevância de seu Ministério.

§ 2.º As Mesas da Câmara dos Deputados e do Senado Federal poderão encaminhar pedidos escritos de informação a Ministros de Estado ou a qualquer das pessoas referidas no *caput* deste artigo, importando em crime de responsabilidade a recusa, ou o não atendimento, no prazo de trinta dias, bem como a prestação de informações falsas.

•• § 2.º com redação determinada pela Emenda Constitucional de Revisão n. 2, de 7-6-1994.

• A Portaria n. 44, de 6-3-2013, do Ministério dos Transportes, dispõe sobre o procedimento para atendimento dos pedidos de informação oriundos das Mesas da Câmara dos Deputados e do Senado Federal, previsto neste § 2.º.

SEÇÃO III

Da Câmara dos Deputados

Art. 51. Compete privativamente à Câmara dos Deputados:

I – autorizar, por dois terços de seus membros, a instauração de processo contra o Presidente e o Vice-Presidente da República e os Ministros de Estado;

II – proceder à tomada de contas do Presidente da República, quando não apresentadas ao Congresso Nacional dentro de sessenta dias após a abertura da sessão legislativa;

III – elaborar seu regimento interno;

IV – dispor sobre sua organização, funcionamento, polícia, criação, transformação ou extinção dos cargos, empregos e funções de seus serviços, e a iniciativa de lei para fixação da respectiva remuneração, observados os parâmetros estabelecidos na lei de diretrizes orçamentárias;

•• Inciso IV com redação determinada pela Emenda Constitucional n. 19, de 4-6-1998.

•• *Vide* art. 107, § 2.º, do ADCT.

V – eleger membros do Conselho da República, nos termos do art. 89, VII.

SEÇÃO IV

Do Senado Federal

Art. 52. Compete privativamente ao Senado Federal:

I – processar e julgar o Presidente e o Vice-Presidente da República nos crimes de responsabilidade, bem como os Ministros de Estado e os Comandantes da Marinha, do Exército e da Aeronáutica nos crimes da mesma natureza conexos com aqueles;

•• Inciso I com redação determinada pela Emenda Constitucional n. 23, de 2-9-1999.

• A Lei n. 1.079, de 10-4-1950, define os crimes de responsabilidade e regula o respectivo processo de julgamento.

II – processar e julgar os Ministros do Supremo Tribunal Federal, os membros do Conselho Nacional de Justiça e do Conselho Nacional do Ministério Público, o Procurador-Geral da República e o Advogado-Geral da União nos crimes de responsabilidade;

•• Inciso II com redação determinada pela Emenda Constitucional n. 45, de 8-12-2004.

III – aprovar previamente, por voto secreto, após arguição pública, a escolha de:

a) magistrados, nos casos estabelecidos nesta Constituição;

b) Ministros do Tribunal de Contas da União indicados pelo Presidente da República;

c) Governador de Território;

d) presidente e diretores do banco central;

e) Procurador-Geral da República;

f) titulares de outros cargos que a lei determinar;

IV – aprovar previamente, por voto secreto, após arguição em sessão secreta, a escolha dos chefes de missão diplomática de caráter permanente;

V – autorizar operações externas de natureza financeira, de interesse da União, dos Estados, do Distrito Federal, dos Territórios e dos Municípios;

•• A Resolução do Senado Federal n. 48, de 21-12-2007, dispõe sobre as operações externas de natureza financeira, de que trata este artigo.

VI – fixar, por proposta do Presidente da República, limites globais para o montante da dívida consolidada da União, dos Estados, do Distrito Federal e dos Municípios;

VII – dispor sobre limites globais e condições para as operações de crédito externo e interno da União, dos Estados, do Distrito Federal e dos Municípios, de suas autarquias e demais entidades controladas pelo Poder Público federal;

VIII – dispor sobre limites e condições para a concessão de garantia da União em operações de crédito externo e interno;

IX – estabelecer limites globais e condições para o montante da dívida mobiliária dos Estados, do Distrito Federal e dos Municípios;

X – suspender a execução, no todo ou em parte, de lei declarada inconstitucional por decisão definitiva do Supremo Tribunal Federal;

XI – aprovar, por maioria absoluta e por voto secreto, a exoneração, de ofício, do Procurador-Geral da República antes do término de seu mandato;

XII – elaborar seu regimento interno;

XIII – dispor sobre sua organização, funcionamento, polícia, criação, transformação ou extinção dos cargos, empregos e funções de seus serviços, e a iniciativa de lei para fixação da respectiva remuneração, observados os parâmetros estabelecidos na lei de diretrizes orçamentárias;

•• Inciso XIII com redação determinada pela Emenda Constitucional n. 19, de 4-6-1998.

•• *Vide* art. 107, § 2.º, do ADCT.

XIV – eleger membros do Conselho da República, nos termos do art. 89, VII;

XV – avaliar periodicamente a funcionalidade do Sistema Tributário Nacional, em sua estrutura e seus componentes, e o desempenho das administrações tributárias da União, dos Estados e do Distrito Federal e dos Municípios.

•• Inciso XV acrescentado pela Emenda Constitucional n. 42, de 19-12-2003.

Parágrafo único. Nos casos previstos nos incisos I e II, funcionará como Presidente o do Supremo Tribunal Federal, limitando-se a condenação, que somente será proferida por dois terços dos votos do Senado Federal, à perda do cargo, com inabilitação, por oito anos, para o exercício de função pública, sem prejuízo das demais sanções judiciais cabíveis.

SEÇÃO V
Dos Deputados e dos Senadores

• Eleição: Lei n. 9.504, de 30-9-1997.

Art. 53. Os Deputados e Senadores são invioláveis, civil e penalmente, por quaisquer de suas opiniões, palavras e votos.

•• *Caput* com redação determinada pela Emenda Constitucional n. 35, de 20-12-2001.

§ 1.º Os Deputados e Senadores, desde a expedição do diploma, serão submetidos a julgamento perante o Supremo Tribunal Federal.

•• § 1.º com redação determinada pela Emenda Constitucional n. 35, de 20-12-2001.

§ 2.º Desde a expedição do diploma, os membros do Congresso Nacional não poderão ser presos, salvo em flagrante de crime inafiançável. Nesse caso, os autos serão remetidos dentro de vinte e quatro horas à Casa respectiva, para que, pelo voto da maioria de seus membros, resolva sobre a prisão.

•• § 2.º com redação determinada pela Emenda Constitucional n. 35, de 20-12-2001.

§ 3.º Recebida a denúncia contra o Senador ou Deputado, por crime ocorrido após a diplomação, o Supremo Tribunal Federal dará ciência à Casa respectiva, que, por iniciativa de partido político nela representado e pelo voto da maioria de seus membros, poderá, até a decisão final, sustar o andamento da ação.

•• § 3.º com redação determinada pela Emenda Constitucional n. 35, de 20-12-2001.

§ 4.º O pedido de sustação será apreciado pela Casa respectiva no prazo improrrogável de quarenta e cinco dias do seu recebimento pela Mesa Diretora.

•• § 4.º com redação determinada pela Emenda Constitucional n. 35, de 20-12-2001.

§ 5.º A sustação do processo suspende a prescrição, enquanto durar o mandato.

•• § 5.º com redação determinada pela Emenda Constitucional n. 35, de 20-12-2001.

§ 6.º Os Deputados e Senadores não serão obrigados a testemunhar sobre informações recebidas ou prestadas em razão do exercício do mandato, nem sobre as pessoas que lhes confiaram ou deles receberam informações.

•• § 6.º com redação determinada pela Emenda Constitucional n. 35, de 20-12-2001.

§ 7.º A incorporação às Forças Armadas de Deputados e Senadores, embora militares e ainda que em tempo de guerra, dependerá de prévia licença da Casa respectiva.

•• § 7.º com redação determinada pela Emenda Constitucional n. 35, de 20-12-2001.

§ 8.º As imunidades de Deputados ou Senadores subsistirão durante o estado de sítio, só podendo ser suspensas mediante o voto de dois terços dos membros da Casa respectiva, nos casos de atos praticados fora do recinto do Congresso Nacional, que sejam incompatíveis com a execução da medida.

•• § 8.º acrescentado pela Emenda Constitucional n. 35, de 20-12-2001.

Art. 54. Os Deputados e Senadores não poderão:

I – desde a expedição do diploma:

a) firmar ou manter contrato com pessoa jurídica de direito público, autarquia, empresa pública, sociedade de economia mista ou empresa concessionária de serviço público, salvo quando o contrato obedecer a cláusulas uniformes;

b) aceitar ou exercer cargo, função ou emprego remunerado, inclusive os de que sejam demissíveis *ad nutum*, nas entidades constantes da alínea anterior;

II – desde a posse:

a) ser proprietários, controladores ou diretores de empresa que goze de favor decorrente de contrato com pessoa jurídica de direito público, ou nela exercer função remunerada;

b) ocupar cargo ou função de que sejam demissíveis *ad nutum*, nas entidades referidas no inciso I, *a*;

c) patrocinar causa em que seja interessada qualquer das entidades a que se refere o inciso I, *a*;

d) ser titulares de mais de um cargo ou mandato público eletivo.

Art. 55. Perderá o mandato o Deputado ou Senador:

I – que infringir qualquer das proibições estabelecidas no artigo anterior;

II – cujo procedimento for declarado incompatível com o decoro parlamentar;

III – que deixar de comparecer, em cada sessão legislativa, à terça parte das sessões ordinárias da Casa a que pertencer, salvo licença ou missão por esta autorizada;

IV – que perder ou tiver suspensos os direitos políticos;

V – quando o decretar a Justiça Eleitoral, nos casos previstos nesta Constituição;

VI – que sofrer condenação criminal em sentença transitada em julgado.

§ 1.º É incompatível com o decoro parlamentar, além dos casos definidos no regimento interno, o abuso das prerrogativas asseguradas a membro do Congresso Nacional ou a percepção de vantagens indevidas.

§ 2.º Nos casos dos incisos I, II e VI, a perda do mandato será decidida pela Câmara dos Deputados ou pelo Senado Federal, por maioria absoluta, mediante provocação da respectiva Mesa ou de partido político representado no Congresso Nacional, assegurada ampla defesa.

•• § 2.º com redação determinada pela Emenda Constitucional n. 76, de 28-11-2013.

§ 3.º Nos casos previstos nos incisos III a V, a perda será declarada pela Mesa da Casa respectiva, de ofício ou mediante provocação de qualquer de seus membros, ou de partido político representado no Congresso Nacional, assegurada ampla defesa.

§ 4.º A renúncia de parlamentar submetido a processo que vise ou possa levar à perda do mandato, nos termos deste artigo, terá seus efeitos suspensos até as deliberações finais de que tratam os §§ 2.º e 3.º.

•• § 4.º acrescentado pela Emenda Constitucional de Revisão n. 6, de 7-6-1994.

Art. 56. Não perderá o mandato o Deputado ou Senador:

I – investido no cargo de Ministro de Estado, Governador de Território, Secretário de Estado, do Distrito Federal, de Território, de Prefeitura de Capital ou chefe de missão diplomática temporária;

II – licenciado pela respectiva Casa por motivo de doença, ou para tratar, sem remuneração, de interesse particular, desde que, neste caso, o afastamento não ultrapasse cento e vinte dias por sessão legislativa.

§ 1.º O suplente será convocado nos casos de vaga, de investidura em funções previstas neste artigo ou de licença superior a cento e vinte dias.

§ 2.º Ocorrendo vaga e não havendo suplente, far-se-á eleição para preenchê-la se faltarem mais de quinze meses para o término do mandato.

§ 3.º Na hipótese do inciso I, o Deputado ou Senador poderá optar pela remuneração do mandato.

SEÇÃO VI
Das Reuniões

Art. 57. O Congresso Nacional reunir-se-á, anualmente, na Capital Federal, de 2 de fevereiro a 17 de julho e de 1.º de agosto a 22 de dezembro.

•• *Caput* com redação determinada pela Emenda Constitucional n. 50, de 14-2-2006.

§ 1.º As reuniões marcadas para essas datas serão transferidas para o primeiro dia útil subsequente, quando recaírem em sábados, domingos ou feriados.

§ 2.º A sessão legislativa não será interrompida sem a aprovação do projeto de lei de diretrizes orçamentárias.

§ 3.º Além de outros casos previstos nesta Constituição, a Câmara dos Deputados e o Senado Federal reunir-se-ão em sessão conjunta para:

I – inaugurar a sessão legislativa;

II – elaborar o regimento comum e regular a criação de serviços comuns às duas Casas;

III – receber o compromisso do Presidente e do Vice-Presidente da República;

IV – conhecer do veto e sobre ele deliberar.

§ 4.º Cada uma das Casas reunir-se-á em sessões preparatórias, a partir de 1.º de fevereiro, no primeiro ano da legislatura, para a posse de seus membros e eleição das respectivas Mesas, para mandato de 2 (dois) anos, vedada a recondução para o mesmo cargo na eleição imediatamente subsequente.

•• § 4.º com redação determinada pela Emenda Constitucional n. 50, de 14-2-2006.

§ 5.º A Mesa do Congresso Nacional será presidida pelo Presidente do Senado Federal, e os demais cargos serão exercidos, alternadamente, pelos ocupantes de cargos equivalentes na Câmara dos Deputados e no Senado Federal.

§ 6.º A convocação extraordinária do Congresso Nacional far-se-á:

I – pelo Presidente do Senado Federal, em caso de decretação de estado de defesa ou de intervenção federal, de pedido de autorização para a decretação de estado de sítio e para o compromisso e a posse do Presidente e do Vice-Presidente da República;

II – pelo Presidente da República, pelos Presidentes da Câmara dos Deputados e do Senado Federal ou a requerimento da maioria dos membros de ambas as Casas, em caso de urgência ou interesse público relevante, em todas as hipóteses deste inciso com a aprovação da maioria absoluta de cada uma das Casas do Congresso Nacional.

•• Inciso II com redação determinada pela Emenda Constitucional n. 50, de 14-2-2006.

§ 7.º Na sessão legislativa extraordinária, o Congresso Nacional somente deliberará sobre a matéria para a qual foi convocado, ressalvada a hipótese do § 8.º deste artigo, vedado o pagamento de parcela indenizatória, em razão da convocação.

•• § 7.º com redação determinada pela Emenda Constitucional n. 50, de 14-2-2006.

§ 8.º Havendo medidas provisórias em vigor na data de convocação extraordinária do Congresso Nacional, serão elas automaticamente incluídas na pauta da convocação.

•• § 8.º acrescentado pela Emenda Constitucional n. 32, de 11-9-2001.

SEÇÃO VII
Das Comissões

Art. 58. O Congresso Nacional e suas Casas terão comissões permanentes e temporárias, constituídas na forma e com as atribuições previstas no respectivo regimento ou no ato de que resultar sua criação.

§ 1.º Na constituição das Mesas e de cada Comissão, é assegurada, tanto quanto possível, a representação proporcional dos partidos ou dos blocos parlamentares que participam da respectiva Casa.

§ 2.º Às comissões, em razão da matéria de sua competência, cabe:

I – discutir e votar projeto de lei que dispensar, na forma do regimento, a competência do Plenário, salvo se houver recurso de um décimo dos membros da Casa;

II – realizar audiências públicas com entidades da sociedade civil;

III – convocar Ministros de Estado para prestar informações sobre assuntos inerentes a suas atribuições;

IV – receber petições, reclamações, representações ou queixas de qualquer pessoa contra atos ou omissões das autoridades ou entidades públicas;

V – solicitar depoimento de qualquer autoridade ou cidadão;

VI – apreciar programas de obras, planos nacionais, regionais e setoriais de desenvolvimento e sobre eles emitir parecer.

§ 3.º As comissões parlamentares de inquérito, que terão poderes de investigação próprios das autoridades judiciais, além de outros previstos nos regimentos das respectivas Casas, serão criadas pela Câmara dos Deputados e pelo Senado Federal, em conjunto ou separadamente, mediante requerimento de um terço de seus membros, para a apuração de fato determinado e por prazo certo, sendo suas conclusões, se for o caso, encaminhadas ao Ministério Público, para que promova a responsabilidade civil ou criminal dos infratores.

• A Lei n. 1.579, de 18-3-1952, dispõe sobre as Comissões Parlamentares de Inquérito.

• A Lei n. 10.001, de 4-9-2000, dispõe sobre a prioridade nos procedimentos a serem adotados pelo Ministério Público e por outros órgãos a respeito das conclusões das Comissões Parlamentares de Inquérito.

§ 4.º Durante o recesso, haverá uma Comissão representativa do Congresso Nacional, eleita por suas Casas na última sessão ordinária do período legislativo, com atribuições definidas no regimento comum, cuja composição reproduzirá, quanto possível, a proporcionalidade da representação partidária.

SEÇÃO VIII
Do Processo Legislativo

SUBSEÇÃO I
Disposição geral

Art. 59. O processo legislativo compreende a elaboração de:

•• *Vide* art. 114 do ADCT.

I – emendas à Constituição;

II – leis complementares;

III – leis ordinárias;

IV – leis delegadas;

V – medidas provisórias;

• *Vide* art. 73 do ADCT.

VI – decretos legislativos;

VII – resoluções.

Parágrafo único. Lei complementar disporá sobre a elaboração, redação, alteração e consolidação das leis.

• A Lei Complementar n. 95, de 26-2-1998, regulamentada pelo Decreto n. 4.176, de 28-3-2002, dispõe sobre a elaboração, a redação, a alteração e a consolidação das leis, conforme determina este parágrafo único, e estabelece normas para a consolidação dos atos normativos.

SUBSEÇÃO II
Da emenda à Constituição

Art. 60. A Constituição poderá ser emendada mediante proposta:

I – de um terço, no mínimo, dos membros da Câmara dos Deputados ou do Senado Federal;

II – do Presidente da República;

III – de mais da metade das Assembleias Legislativas das unidades da Federação, manifestando-se, cada uma delas, pela maioria relativa de seus membros.

§ 1.º A Constituição não poderá ser emendada na vigência de intervenção federal, de estado de defesa ou de estado de sítio.

§ 2.º A proposta será discutida e votada em cada Casa do Congresso Nacional, em dois turnos, considerando-se aprovada se obtiver, em ambos, três quintos dos votos dos respectivos membros.

§ 3.º A emenda à Constituição será promulgada pelas Mesas da Câmara dos Deputados e do Senado Federal, com o respectivo número de ordem.

§ 4.º Não será objeto de deliberação a proposta de emenda tendente a abolir:

I – a forma federativa de Estado;

II – o voto direto, secreto, universal e periódico;

III – a separação dos Poderes;

IV – os direitos e garantias individuais.

§ 5.º A matéria constante de proposta de emenda rejeitada ou havida por prejudicada não pode ser objeto de nova proposta na mesma sessão legislativa.

SUBSEÇÃO III
Das leis

Art. 61. A iniciativa das leis complementares e ordinárias cabe a qualquer membro ou Comissão da Câmara dos Deputados, do Senado Federal ou do Congresso Nacional, ao Presidente da República, ao Supremo Tribunal Federal, aos Tribunais Superiores, ao Procurador-Geral da República e aos cidadãos, na forma e nos casos previstos nesta Constituição.

§ 1.º São de iniciativa privativa do Presidente da República as leis que:

I – fixem ou modifiquem os efetivos das Forças Armadas;

II – disponham sobre:

a) criação de cargos, funções ou empregos públicos na administração direta e autárquica ou aumento de sua remuneração;

• *Vide* Súmulas 679 e 681 do STF.

b) organização administrativa e judiciária, matéria tributária e orçamentária, serviços públicos e pessoal da administração dos Territórios;

c) servidores públicos da União e Territórios, seu regime jurídico, provimento de cargos, estabilidade e aposentadoria;

•• Alínea *c* com redação determinada pela Emenda Constitucional n. 18, de 5-2-1998.

d) organização do Ministério Público e da Defensoria Pública da União, bem como normas gerais para a organização do Ministério Público e da Defensoria Pública dos Estados, do Distrito Federal e dos Territórios;

e) criação e extinção de Ministérios e órgãos da administração pública, observado o disposto no art. 84, VI;

•• Alínea *e* com redação determinada pela Emenda Constitucional n. 32, de 11-9-2001.

f) militares das Forças Armadas, seu regime jurídico, provimento de cargos, promoções, estabilidade, remuneração, reforma e transferência para a reserva.

•• Alínea *f* acrescentada pela Emenda Constitucional n. 18, de 5-2-1998.

§ 2.º A iniciativa popular pode ser exercida pela apresentação à Câmara dos Deputados de projeto de lei subscrito por, no mínimo, um por cento do eleitorado nacional, distribuído pelo menos por cinco Estados, com não menos de três décimos por cento dos eleitores de cada um deles.

Art. 62. Em caso de relevância e urgência, o Presidente da República poderá adotar medidas provisórias, com força de lei, devendo submetê-las de imediato ao Congresso Nacional.

•• *Caput* com redação determinada pela Emenda Constitucional n. 32, de 11-9-2001.

• *Vide* art. 2.º da Emenda Constitucional n. 32, de 11-9-2001.

§ 1.º É vedada a edição de medidas provisórias sobre matéria:

•• § 1.º, *caput*, acrescentado pela Emenda Constitucional n. 32, de 11-9-2001.

I – relativa a:

•• Inciso I, *caput*, acrescentado pela Emenda Constitucional n. 32, de 11-9-2001.

a) nacionalidade, cidadania, direitos políticos, partidos políticos e direito eleitoral;

•• Alínea *a* acrescentada pela Emenda Constitucional n. 32, de 11-9-2001.

b) direito penal, processual penal e processual civil;

•• Alínea *b* acrescentada pela Emenda Constitucional n. 32, de 11-9-2001.

c) organização do Poder Judiciário e do Ministério Público, a carreira e a garantia de seus membros;

•• Alínea *c* acrescentada pela Emenda Constitucional n. 32, de 11-9-2001.

d) planos plurianuais, diretrizes orçamentárias, orçamento e créditos adicionais e suplementares, ressalvado o previsto no art. 167, § 3.º;

•• Alínea *d* acrescentada pela Emenda Constitucional n. 32, de 11-9-2001.

II – que vise a detenção ou sequestro de bens, de poupança popular ou qualquer outro ativo financeiro;

•• Inciso II acrescentado pela Emenda Constitucional n. 32, de 11-9-2001.

III – reservada a lei complementar;

•• Inciso III acrescentado pela Emenda Constitucional n. 32, de 11-9-2001.

IV – já disciplinada em projeto de lei aprovado pelo Congresso Nacional e pendente de sanção ou veto do Presidente da República.

•• Inciso IV acrescentado pela Emenda Constitucional n. 32, de 11-9-2001.

§ 2.º Medida provisória que implique instituição ou majoração de impostos, exceto os previstos nos arts. 153, I, II, IV, V, e 154, II, só produzirá efeitos no exercício financeiro seguinte se houver sido convertida em lei até o último dia daquele em que foi editada.

•• § 2.º acrescentado pela Emenda Constitucional n. 32, de 11-9-2001.

§ 3.º As medidas provisórias, ressalvado o disposto nos §§ 11 e 12 perderão eficácia, desde a edição, se não forem convertidas em lei no prazo de sessenta dias, prorrogável, nos termos do § 7.º, uma vez por igual período, devendo o Congresso Nacional disciplinar, por decreto legislativo, as relações jurídicas delas decorrentes.

•• § 3.º acrescentado pela Emenda Constitucional n. 32, de 11-9-2001.

• *Vide* Súmula Vinculante 55.

§ 4.º O prazo a que se refere o § 3.º contar-se-á da publicação da medida provisória, suspendendo-se durante os períodos de recesso do Congresso Nacional.

•• § 4.º acrescentado pela Emenda Constitucional n. 32, de 11-9-2001.

§ 5.º A deliberação de cada uma das Casas do Congresso Nacional sobre o mérito das medidas provisórias dependerá de juízo prévio sobre o atendimento de seus pressupostos constitucionais.

•• § 5.º acrescentado pela Emenda Constitucional n. 32, de 11-9-2001.

§ 6.º Se a medida provisória não for apreciada em até quarenta e cinco dias contados de sua publicação, entrará em regime de urgência, subsequentemente, em cada uma das Casas do Congresso Nacional, ficando sobrestadas, até que se ultime a votação, todas as demais deliberações legislativas da Casa em que estiver tramitando.

•• § 6.º acrescentado pela Emenda Constitucional n. 32, de 11-9-2001.

§ 7.º Prorrogar-se-á uma única vez por igual período a vigência de medida provisória que, no prazo de sessenta dias, contado de sua publicação, não tiver a sua votação encerrada nas duas Casas do Congresso Nacional.

•• § 7.º acrescentado pela Emenda Constitucional n. 32, de 11-9-2001.

§ 8.º As medidas provisórias terão sua votação iniciada na Câmara dos Deputados.

•• § 8.º acrescentado pela Emenda Constitucional n. 32, de 11-9-2001.

§ 9.º Caberá à comissão mista de Deputados e Senadores examinar as medidas provisórias e sobre elas emitir parecer, antes de serem apreciadas, em sessão separada, pelo plenário de cada uma das Casas do Congresso Nacional.

•• § 9.º acrescentado pela Emenda Constitucional n. 32, de 11-9-2001.

§ 10. É vedada a reedição, na mesma sessão legislativa, de medida provisória que tenha sido rejeitada ou que tenha perdido sua eficácia por decurso de prazo.

•• § 10 acrescentado pela Emenda Constitucional n. 32, de 11-9-2001.

§ 11. Não editado o decreto legislativo a que se refere o § 3.º até sessenta dias após a rejeição ou perda de eficácia de medida provisória, as relações jurídicas constituídas e decorrentes de atos praticados durante sua vigência conservar-se-ão por ela regidas.

•• § 11 acrescentado pela Emenda Constitucional n. 32, de 11-9-2001.

§ 12. Aprovado projeto de lei de conversão alterando o texto original da medida provisória, esta manter-se-á integralmente em vigor até que seja sancionado ou vetado o projeto.

•• § 12 acrescentado pela Emenda Constitucional n. 32, de 11-9-2001.

Art. 63. Não será admitido aumento da despesa prevista:

I – nos projetos de iniciativa exclusiva do Presidente da República, ressalvado o disposto no art. 166, §§ 3.º e 4.º;

II – nos projetos sobre organização dos serviços administrativos da Câmara dos Deputados, do Senado Federal, dos Tribunais Federais e do Ministério Público.

Art. 64. A discussão e votação dos projetos de lei de iniciativa do Presidente da República, do Supremo Tribunal Federal e dos Tribunais Superiores terão início na Câmara dos Deputados.

§ 1.º O Presidente da República poderá solicitar urgência para apreciação de projetos de sua iniciativa.

§ 2.º Se, no caso do § 1.º, a Câmara dos Deputados e o Senado Federal não se manifestarem sobre a proposição, cada qual sucessivamente, em até quarenta e cinco dias, sobrestar-se-ão todas as demais deliberações legislativas da respectiva Casa, com exceção das que tenham prazo constitucional determinado, até que se ultime a votação.

•• § 2.º com redação determinada pela Emenda Constitucional n. 32, de 11-9-2001.

§ 3.º A apreciação das emendas do Senado Federal pela Câmara dos Deputados far-se-á no prazo de dez dias, observado quanto ao mais o disposto no parágrafo anterior.

§ 4.º Os prazos do § 2.º não correm nos períodos de recesso do Congresso Nacional, nem se aplicam aos projetos de código.

Art. 65. O projeto de lei aprovado por uma Casa será revisto pela outra, em um só turno de discussão e votação, e enviado à sanção ou promulgação, se a Casa revisora o aprovar, ou arquivado, se o rejeitar.

Parágrafo único. Sendo o projeto emendado, voltará à Casa iniciadora.

Art. 66. A Casa na qual tenha sido concluída a votação enviará o projeto de lei ao Presidente da República, que, aquiescendo, o sancionará.

§ 1.º Se o Presidente da República considerar o projeto, no todo ou em parte, inconstitucional ou contrário ao interesse público, vetá-lo-á total ou parcialmente, no prazo de quinze dias úteis, contados da data do recebimento, e comunicará, dentro de quarenta e oito horas, ao Presidente do Senado Federal os motivos do veto.

§ 2.º O veto parcial somente abrangerá texto integral de artigo, de parágrafo, de inciso ou de alínea.

§ 3.º Decorrido o prazo de quinze dias, o silêncio do Presidente da República importará sanção.

§ 4.º O veto será apreciado em sessão conjunta, dentro de trinta dias a contar de seu recebimento, só podendo ser rejeitado pelo voto da maioria absoluta dos Deputados e Senadores.

•• § 4.º com redação determinada pela Emenda Constitucional n. 76, de 28-11-2013.

§ 5.º Se o veto não for mantido, será o projeto enviado, para promulgação, ao Presidente da República.

§ 6.º Esgotado sem deliberação o prazo estabelecido no § 4.º, o veto será colocado na ordem do dia da sessão imediata, sobrestadas as demais proposições, até sua votação final.

•• § 6.º com redação determinada pela Emenda Constitucional n. 32, de 11-9-2001.

§ 7.º Se a lei não for promulgada dentro de quarenta e oito horas pelo Presidente da República, nos casos dos §§ 3.º e 5.º, o Presidente do Senado a promulgará, e, se este não o fizer em igual prazo, caberá ao Vice-Presidente do Senado fazê-lo.

Art. 67. A matéria constante de projeto de lei rejeitado somente poderá constituir objeto de novo projeto, na mesma sessão legislativa, mediante proposta da maioria absoluta dos membros de qualquer das Casas do Congresso Nacional.

Art. 68. As leis delegadas serão elaboradas pelo Presidente da República, que deverá solicitar a delegação ao Congresso Nacional.

§ 1.º Não serão objeto de delegação os atos de competência exclusiva do Congresso Nacional, os de competência privativa da Câmara dos Deputados ou do Senado Federal, a matéria reservada à lei complementar, nem a legislação sobre:

I – organização do Poder Judiciário e do Ministério Público, a carreira e a garantia de seus membros;

II – nacionalidade, cidadania, direitos individuais, políticos e eleitorais;

III – planos plurianuais, diretrizes orçamentárias e orçamentos.

§ 2.º A delegação ao Presidente da República terá a forma de resolução do Congresso Nacional, que especificará seu conteúdo e os termos de seu exercício.

§ 3.º Se a resolução determinar a apreciação do projeto pelo Congresso Nacional, este a fará em votação única, vedada qualquer emenda.

Art. 69. As leis complementares serão aprovadas por maioria absoluta.

SEÇÃO IX

Da Fiscalização Contábil, Financeira e Orçamentária

- O Decreto n. 3.590, de 6-9-2000, estabelece o Sistema de Administração Financeira Federal.
- O Decreto n. 3.591, de 6-9-2000, dispõe sobre o Sistema de Controle Interno do Poder Executivo Federal.
- O Decreto n. 6.976, de 7-10-2009, disciplina o Sistema de Contabilidade Federal.

Art. 70. A fiscalização contábil, financeira, orçamentária, operacional e patrimonial da União e das entidades da administração direta e indireta, quanto à legalidade, legitimidade, economicidade, aplicação das subvenções e renúncia de receitas, será exercida pelo Congresso Nacional, mediante controle externo, e pelo sistema de controle interno de cada Poder.

Parágrafo único. Prestará contas qualquer pessoa física ou jurídica, pública ou privada, que utilize, arrecade, guarde, gerencie ou administre dinheiros, bens e valores públicos ou pelos quais a União responda, ou que, em nome desta, assuma obrigações de natureza pecuniária.

•• Parágrafo único com redação determinada pela Emenda Constitucional n. 19, de 4-6-1998.

Art. 71. O controle externo, a cargo do Congresso Nacional, será exercido com o auxílio do Tribunal de Contas da União, ao qual compete:

- A Lei n. 8.443, de 16-7-1992, dispõe sobre a Lei Orgânica do TCU.

I – apreciar as contas prestadas anualmente pelo Presidente da República, mediante parecer prévio que deverá ser elaborado em sessenta dias a contar de seu recebimento;

II – julgar as contas dos administradores e demais responsáveis por dinheiros, bens e valores públicos da administração direta e indireta, incluídas as fundações e sociedades instituídas e mantidas pelo Poder Público federal, e as contas daqueles que derem causa a perda, extravio ou outra irregularidade de que resulte prejuízo ao erário público;

III – apreciar, para fins de registro, a legalidade dos atos de admissão de pessoal, a qualquer título, na administração direta e indireta, incluídas as fundações instituídas e mantidas pelo Poder Público, excetuadas as nomeações para cargo de provimento em comissão, bem como a das concessões de aposentadorias, reformas e pensões, ressalvadas as melhorias posteriores que não alterem o fundamento legal do ato concessório;

- *Vide* Súmula Vinculante 3.

IV – realizar, por iniciativa própria, da Câmara dos Deputados, do Senado Federal, de Comissão técnica ou de inquérito, inspeções e auditorias de natureza contábil, financeira, orçamentária, operacional e patrimonial, nas unidades administrativas dos Poderes Legislativo, Executivo e Judiciário, e demais entidades referidas no inciso II;

V – fiscalizar as contas nacionais das empresas supranacionais de cujo capital social a União participe, de forma direta ou indireta, nos termos do tratado constitutivo;

VI – fiscalizar a aplicação de quaisquer recursos repassados pela União mediante convênio, acordo, ajuste ou outros instrumentos congêneres, a Estado, ao Distrito Federal ou a Município;

VII – prestar as informações solicitadas pelo Congresso Nacional, por qualquer de suas Casas, ou por qualquer das respectivas Comissões, sobre a fiscalização contábil, financeira, orçamentária, operacional e patrimonial e sobre resultados de auditorias e inspeções realizadas;

VIII – aplicar aos responsáveis, em caso de ilegalidade de despesa ou irregularidade de contas, as sanções previstas em lei, que estabelecerá, entre outras cominações, multa proporcional ao dano causado ao erário;

IX – assinar prazo para que o órgão ou entidade adote as providências necessárias ao exato cumprimento da lei, se verificada ilegalidade;

X – sustar, se não atendido, a execução do ato impugnado, comunicando a decisão à Câmara dos Deputados e ao Senado Federal;

XI – representar ao Poder competente sobre irregularidades ou abusos apurados.

§ 1.º No caso de contrato, o ato de sustação será adotado diretamente pelo Congresso Nacional, que solicitará, de imediato, ao Poder Executivo as medidas cabíveis.

§ 2.º Se o Congresso Nacional ou o Poder Executivo, no prazo de noventa dias, não efetivar as medidas previstas no parágrafo anterior, o Tribunal decidirá a respeito.

§ 3.º As decisões do Tribunal de que resulte imputação de débito ou multa terão eficácia de título executivo.

§ 4.º O Tribunal encaminhará ao Congresso Nacional, trimestral e anualmente, relatório de suas atividades.

Art. 72. A Comissão mista permanente a que se refere o art. 166, § 1.º, diante de indícios de despesas não autorizadas, ainda que sob a forma de investimentos não programados ou de subsídios não aprovados, poderá solicitar à autoridade governamental responsável que, no prazo de cinco dias, preste os esclarecimentos necessários.

- *Vide* art. 16, § 2.º, do ADCT.

§ 1.º Não prestados os esclarecimentos, ou considerados estes insuficientes, a Comissão solicitará ao Tribunal pronunciamento conclusivo sobre a matéria, no prazo de trinta dias.

§ 2.º Entendendo o Tribunal irregular a despesa, a Comissão, se julgar que o gasto possa causar dano irreparável ou grave lesão à economia pública, proporá ao Congresso Nacional sua sustação.

Art. 73. O Tribunal de Contas da União, integrado por nove Ministros, tem sede no Distrito Federal, quadro próprio de pessoal e jurisdição em todo o território nacional, exercendo, no que couber, as atribuições previstas no art. 96.

• A Lei n. 8.443, de 16-7-1992, dispõe sobre a Lei Orgânica do TCU.

§ 1.º Os Ministros do Tribunal de Contas da União serão nomeados dentre brasileiros que satisfaçam os seguintes requisitos:

I – mais de trinta e cinco e menos de sessenta e cinco anos de idade;

II – idoneidade moral e reputação ilibada;

III – notórios conhecimentos jurídicos, contábeis, econômicos e financeiros ou de administração pública;

IV – mais de dez anos de exercício de função ou de efetiva atividade profissional que exija os conhecimentos mencionados no inciso anterior.

• Escolha de Ministros do TCU: Decreto Legislativo n. 6, de 22-4-1993.

§ 2.º Os Ministros do Tribunal de Contas da União serão escolhidos:

I – um terço pelo Presidente da República, com aprovação do Senado Federal, sendo dois alternadamente dentre auditores e membros do Ministério Público junto ao Tribunal, indicados em lista tríplice pelo Tribunal, segundo os critérios de antiguidade e merecimento;

II – dois terços pelo Congresso Nacional.

§ 3.º Os Ministros do Tribunal de Contas da União terão as mesmas garantias, prerrogativas, impedimentos, vencimentos e vantagens dos Ministros do Superior Tribunal de Justiça, aplicando-se-lhes, quanto à aposentadoria e pensão, as normas constantes do art. 40.

•• § 3.º com redação determinada pela Emenda Constitucional n. 20, de 15-12-1998.

§ 4.º O auditor, quando em substituição a Ministro, terá as mesmas garantias e impedimentos do titular e, quando no exercício das demais atribuições da judicatura, as de juiz de Tribunal Regional Federal.

Art. 74. Os Poderes Legislativo, Executivo e Judiciário manterão, de forma integrada, sistema de controle interno com a finalidade de:

I – avaliar o cumprimento das metas previstas no plano plurianual, a execução dos programas de governo e dos orçamentos da União;

II – comprovar a legalidade e avaliar os resultados, quanto à eficácia e eficiência, da gestão orçamentária, financeira e patrimonial nos órgãos e entidades da administração federal, bem como da aplicação de recursos públicos por entidades de direito privado;

III – exercer o controle das operações de crédito, avais e garantias, bem como dos direitos e haveres da União;

IV – apoiar o controle externo no exercício de sua missão institucional.

§ 1.º Os responsáveis pelo controle interno, ao tomarem conhecimento de qualquer irregularidade ou ilegalidade, dela darão ciência ao Tribunal de Contas da União, sob pena de responsabilidade solidária.

§ 2.º Qualquer cidadão, partido político, associação ou sindicato é parte legítima para, na forma da lei, denunciar irregularidades ou ilegalidades perante o Tribunal de Contas da União.

Art. 75. As normas estabelecidas nesta seção aplicam-se, no que couber, à organização, composição e fiscalização dos Tribunais de Contas dos Estados e do Distrito Federal, bem como dos Tribunais e Conselhos de Contas dos Municípios.

• *Vide* art. 31, § 4.º, da CF.

Parágrafo único. As Constituições estaduais disporão sobre os Tribunais de Contas respectivos, que serão integrados por sete Conselheiros.

CAPÍTULO II
DO PODER EXECUTIVO

SEÇÃO I
Do Presidente e do Vice-Presidente da República

• Organização da Presidência da República: Decreto n. 4.118, de 7-2-2002.

Art. 76. O Poder Executivo é exercido pelo Presidente da República, auxiliado pelos Ministros de Estado.

Art. 77. A eleição do Presidente e do Vice-Presidente da República realizar-se-á, simultaneamente, no primeiro domingo de outubro, em primeiro turno, e no último domingo de outubro, em segundo turno, se houver, do ano anterior ao do término do mandato presidencial vigente.

•• *Caput* com redação determinada pela Emenda Constitucional n. 16, de 4-6-1997.

• Normas para as eleições: Lei n. 9.504, de 30-9-1997.

§ 1.º A eleição do Presidente da República importará a do Vice-Presidente com ele registrado.

§ 2.º Será considerado eleito Presidente o candidato que, registrado por partido político, obtiver a maioria absoluta de votos, não computados os em branco e os nulos.

§ 3.º Se nenhum candidato alcançar maioria absoluta na primeira votação, far-se-á nova eleição em até vinte dias após a proclamação do resultado, concorrendo os dois candidatos mais votados e considerando-se eleito aquele que obtiver a maioria dos votos válidos.

§ 4.º Se, antes de realizado o segundo turno, ocorrer morte, desistência ou impedimento legal de candidato, convocar-se-á, dentre os remanescentes, o de maior votação.

§ 5.º Se, na hipótese dos parágrafos anteriores, remanescer, em segundo lugar, mais de um candidato com a mesma votação, qualificar-se-á o mais idoso.

Art. 78. O Presidente e o Vice-Presidente da República tomarão posse em sessão do Congresso Nacional, prestando o compromisso de manter, defender e cumprir a Constituição, observar as leis, promover o bem geral do povo brasileiro, sustentar a união, a integridade e a independência do Brasil.

Parágrafo único. Se, decorridos dez dias da data fixada para a posse, o Presidente ou o Vice-Presidente, salvo motivo de força maior, não tiver assumido o cargo, este será declarado vago.

Art. 79. Substituirá o Presidente, no caso de impedimento, e suceder-lhe-á, no de vaga, o Vice-Presidente.

Parágrafo único. O Vice-Presidente da República, além de outras atribuições que lhe forem conferidas por lei complementar, auxiliará o Presidente, sempre que por ele convocado para missões especiais.

Art. 80. Em caso de impedimento do Presidente e do Vice-Presidente, ou vacância dos respectivos cargos, serão sucessivamente chamados ao exercício da Presidência o Presidente da Câmara dos Deputados, o do Senado Federal e o do Supremo Tribunal Federal.

Art. 81. Vagando os cargos de Presidente e Vice-Presidente da República, far-se-á eleição noventa dias depois de aberta a última vaga.

§ 1.º Ocorrendo a vacância nos últimos dois anos do período presidencial, a eleição para ambos os cargos será feita trinta dias depois da última vaga, pelo Congresso Nacional, na forma da lei.

§ 2.º Em qualquer dos casos, os eleitos deverão completar o período de seus antecessores.

Art. 82. O mandato do Presidente da República é de 4 (quatro) anos e terá início em primeiro de janeiro do ano seguinte ao da sua eleição.

•• Artigo com redação determinada pela Emenda Constitucional n. 16, de 4-6-1997.

Art. 83. O Presidente e o Vice-Presidente da República não poderão, sem licença do Congresso Nacional, ausentar-se do País por período superior a quinze dias, sob pena de perda do cargo.

SEÇÃO II

Das Atribuições do Presidente da República

Art. 84. Compete privativamente ao Presidente da República:

I – nomear e exonerar os Ministros de Estado;

II – exercer, com o auxílio dos Ministros de Estado, a direção superior da administração federal;

III – iniciar o processo legislativo, na forma e nos casos previstos nesta Constituição;

IV – sancionar, promulgar e fazer publicar as leis, bem como expedir decretos e regulamentos para sua fiel execução;

V – vetar projetos de lei, total ou parcialmente;

VI – dispor, mediante decreto, sobre:

•• Inciso VI, *caput*, com redação determinada pela Emenda Constitucional n. 32, de 11-9-2001.

• *Vide* art. 61, § 1.º, II, *e*, da CF.

a) organização e funcionamento da administração federal, quando não implicar aumento de despesa nem criação ou extinção de órgãos públicos;

•• Alínea *a* acrescentada pela Emenda Constitucional n. 32, de 11-9-2001.

b) extinção de funções ou cargos públicos, quando vagos;

•• Alínea *b* acrescentada pela Emenda Constitucional n. 32, de 11-9-2001.

• *Vide* art. 48, X, da CF.

VII – manter relações com Estados estrangeiros e acreditar seus representantes diplomáticos;

VIII – celebrar tratados, convenções e atos internacionais, sujeitos a referendo do Congresso Nacional;

IX – decretar o estado de defesa e o estado de sítio;

X – decretar e executar a intervenção federal;

XI – remeter mensagem e plano de governo ao Congresso Nacional por ocasião da abertura da sessão legislativa, expondo a situação do País e solicitando as providências que julgar necessárias;

XII – conceder indulto e comutar penas, com audiência, se necessário, dos órgãos instituídos em lei;

XIII – exercer o comando supremo das Forças Armadas, nomear os Comandantes da Marinha, do Exército e da Aeronáutica, promover seus oficiais-generais e nomeá-los para os cargos que lhes são privativos;

•• Inciso XIII com redação determinada pela Emenda Constitucional n. 23, de 2-9-1999.

• A Lei Complementar n. 97, de 9-6-1999, dispõe sobre as normas gerais para a organização, o preparo e o emprego das Forças Armadas.

XIV – nomear, após aprovação pelo Senado Federal, os Ministros do Supremo Tribunal Federal e dos Tribunais Superiores, os Governadores de Territórios, o Procurador-Geral da República, o presidente e os diretores do banco central e outros servidores, quando determinado em lei;

XV – nomear, observado o disposto no art. 73, os Ministros do Tribunal de Contas da União;

XVI – nomear os magistrados, nos casos previstos nesta Constituição, e o Advogado-Geral da União;

XVII – nomear membros do Conselho da República, nos termos do art. 89, VII;

XVIII – convocar e presidir o Conselho da República e o Conselho de Defesa Nacional;

XIX – declarar guerra, no caso de agressão estrangeira, autorizado pelo Congresso Nacional ou referendado por ele, quando ocorrida no intervalo das sessões legislativas, e, nas mesmas condições, decretar, total ou parcialmente, a mobilização nacional;

XX – celebrar a paz, autorizado ou com o referendo do Congresso Nacional;

XXI – conferir condecorações e distinções honoríficas;

XXII – permitir, nos casos previstos em lei complementar, que forças estrangeiras transitem pelo território nacional ou nele permaneçam temporariamente;

•• Regulamento: Lei Complementar n. 90, de 1.º-10-1997.

XXIII – enviar ao Congresso Nacional o plano plurianual, o projeto de lei de diretrizes orçamentárias e as propostas de orçamento previstos nesta Constituição;

XXIV – prestar, anualmente, ao Congresso Nacional, dentro de sessenta dias após a abertura da sessão legislativa, as contas referentes ao exercício anterior;

XXV – prover e extinguir os cargos públicos federais, na forma da lei;

XXVI – editar medidas provisórias com força de lei, nos termos do art. 62;

XXVII – exercer outras atribuições previstas nesta Constituição.

Parágrafo único. O Presidente da República poderá delegar as atribuições mencionadas nos incisos VI, XII e XXV, primeira parte, aos Ministros de Estado, ao Procurador-Geral da República ou ao Advogado-Geral da União, que observarão os limites traçados nas respectivas delegações.

SEÇÃO III

Da Responsabilidade do Presidente da República

Art. 85. São crimes de responsabilidade os atos do Presidente da República que atentem contra a Constituição Federal e, especialmente, contra:

- A Lei n. 1.079, de 10-4-1950, define os crimes de responsabilidade e regula o respectivo processo de julgamento.
- A Lei n. 8.429, de 2-6-1992, dispõe sobre as sanções aplicáveis aos agentes públicos nos casos de enriquecimento ilícito no exercício de mandato, cargo, emprego ou função na administração pública direta, indireta ou fundacional e dá outras providências.

I – a existência da União;

II – o livre exercício do Poder Legislativo, do Poder Judiciário, do Ministério Público e dos Poderes constitucionais das unidades da Federação;

III – o exercício dos direitos políticos, individuais e sociais;

IV – a segurança interna do País;

- A Lei Complementar n. 90, de 1.º-10-1997, determina os casos em que forças estrangeiras possam transitar pelo território nacional ou nele permanecer temporariamente.

V – a probidade na administração;

VI – a lei orçamentária;

VII – o cumprimento das leis e das decisões judiciais.

Parágrafo único. Esses crimes serão definidos em lei especial, que estabelecerá as normas de processo e julgamento.

- *Vide* Súmula Vinculante 46.

Art. 86. Admitida a acusação contra o Presidente da República, por dois terços da Câmara dos Deputados, será ele submetido a julgamento perante o Supremo Tribunal Federal, nas infrações penais comuns, ou perante o Senado Federal, nos crimes de responsabilidade.

§ 1.º O Presidente ficará suspenso de suas funções:

I – nas infrações penais comuns, se recebida a denúncia ou queixa-crime pelo Supremo Tribunal Federal;

II – nos crimes de responsabilidade, após a instauração do processo pelo Senado Federal.

§ 2.º Se, decorrido o prazo de cento e oitenta dias, o julgamento não estiver concluído, cessará o afastamento do Presidente, sem prejuízo do regular prosseguimento do processo.

§ 3.º Enquanto não sobrevier sentença condenatória, nas infrações comuns, o Presidente da República não estará sujeito a prisão.

§ 4.º O Presidente da República, na vigência de seu mandato, não pode ser responsabilizado por atos estranhos ao exercício de suas funções.

SEÇÃO IV

Dos Ministros de Estado

- Organização dos Ministérios: Decreto n. 4.118, de 7-2-2002.

Art. 87. Os Ministros de Estado serão escolhidos dentre brasileiros maiores de vinte e um anos e no exercício dos direitos políticos.

Parágrafo único. Compete ao Ministro de Estado, além de outras atribuições estabelecidas nesta Constituição e na lei:

I – exercer a orientação, coordenação e supervisão dos órgãos e entidades da administração federal na área de sua competência e referendar os atos e decretos assinados pelo Presidente da República;

II – expedir instruções para a execução das leis, decretos e regulamentos;

III – apresentar ao Presidente da República relatório anual de sua gestão no Ministério;

IV – praticar os atos pertinentes às atribuições que lhe forem outorgadas ou delegadas pelo Presidente da República.

Art. 88. A lei disporá sobre a criação e extinção de Ministérios e órgãos da administração pública.

•• Artigo com redação determinada pela Emenda Constitucional n. 32, de 11-9-2001.

SEÇÃO V

Do Conselho da República e do Conselho de Defesa Nacional

SUBSEÇÃO I

Do Conselho da República

- A Lei n. 8.041, de 5-6-1990, dispõe sobre a organização e o funcionamento do Conselho da República.
- O Decreto n. 4.118, de 7-2-2002, em seu art. 14, dispõe sobre o Conselho da República.

Art. 89. O Conselho da República é órgão superior de consulta do Presidente da República, e dele participam:

I – o Vice-Presidente da República;

II – o Presidente da Câmara dos Deputados;

III – o Presidente do Senado Federal;

IV – os líderes da maioria e da minoria na Câmara dos Deputados;

V – os líderes da maioria e da minoria no Senado Federal;

- *Vide* arts. 51, V, 52, XIV e 84, XIV, da CF.

VI – o Ministro da Justiça;

VII – seis cidadãos brasileiros natos, com mais de trinta e cinco anos de idade, sendo dois nomeados pelo Presidente da República, dois eleitos pelo Senado Federal e dois eleitos pela Câmara dos Deputados, todos com mandato de três anos, vedada a recondução.

Art. 90. Compete ao Conselho da República pronunciar-se sobre:

I – intervenção federal, estado de defesa e estado de sítio;

II – as questões relevantes para a estabilidade das instituições democráticas.

§ 1.º O Presidente da República poderá convocar Ministro de Estado para participar da reunião do Conselho, quando constar da pauta questão relacionada com o respectivo Ministério.

§ 2.º A lei regulará a organização e o funcionamento do Conselho da República.

SUBSEÇÃO II

Do Conselho de Defesa Nacional

• Organização e funcionamento do Conselho de Defesa Nacional: Lei n. 8.183, de 11-4-1991.

• Regulamento do Conselho de Defesa Nacional: Decreto n. 893, de 12-8-1993.

Art. 91. O Conselho de Defesa Nacional é órgão de consulta do Presidente da República nos assuntos relacionados com a soberania nacional e a defesa do Estado democrático, e dele participam como membros natos:

I – o Vice-Presidente da República;

II – o Presidente da Câmara dos Deputados;

III – o Presidente do Senado Federal;

IV – o Ministro da Justiça;

V – o Ministro de Estado da Defesa;

•• Inciso V com redação determinada pela Emenda Constitucional n. 23, de 2-9-1999.

VI – o Ministro das Relações Exteriores;

VII – o Ministro do Planejamento;

VIII – os Comandantes da Marinha, do Exército e da Aeronáutica.

•• Inciso VIII acrescentado pela Emenda Constitucional n. 23, de 2-9-1999.

§ 1.º Compete ao Conselho de Defesa Nacional:

I – opinar nas hipóteses de declaração de guerra e de celebração da paz, nos termos desta Constituição;

II – opinar sobre a decretação do estado de defesa, do estado de sítio e da intervenção federal;

III – propor os critérios e condições de utilização de áreas indispensáveis à segurança do território nacional e opinar sobre seu efetivo uso, especialmente na faixa de fronteira e nas relacionadas com a preservação e a exploração dos recursos naturais de qualquer tipo;

IV – estudar, propor e acompanhar o desenvolvimento de iniciativas necessárias a garantir a independência nacional e a defesa do Estado democrático.

§ 2.º A lei regulará a organização e o funcionamento do Conselho de Defesa Nacional.

CAPÍTULO III

DO PODER JUDICIÁRIO

SEÇÃO I

Disposições Gerais

Art. 92. São órgãos do Poder Judiciário:

I – o Supremo Tribunal Federal;

I-A – o Conselho Nacional de Justiça;

•• Inciso I-A acrescentado pela Emenda Constitucional n. 45, de 8-12-2004.

• *Vide* art. 5.º da Emenda Constitucional n. 45, de 8-12-2004.

II – o Superior Tribunal de Justiça;

II-A – o Tribunal Superior do Trabalho;

•• Inciso II-A acrescentado pela Emenda Constitucional n. 92, de 12-7-2016.

III – os Tribunais Regionais Federais e Juízes Federais;

IV – os Tribunais e Juízes do Trabalho;

V – os Tribunais e Juízes Eleitorais;

VI – os Tribunais e Juízes Militares;

VII – os Tribunais e Juízes dos Estados e do Distrito Federal e Territórios.

§ 1.º O Supremo Tribunal Federal, o Conselho Nacional de Justiça e os Tribunais Superiores têm sede na Capital Federal.

•• § 1.º acrescentado pela Emenda Constitucional n. 45, de 8-12-2004.

§ 2.º O Supremo Tribunal Federal e os Tribunais Superiores têm jurisdição em todo o território nacional.

•• § 2.º acrescentado pela Emenda Constitucional n. 45, de 8-12-2004.

Art. 93. Lei complementar, de iniciativa do Supremo Tribunal Federal, disporá sobre o Estatuto da Magistratura, observados os seguintes princípios:

• A Lei Complementar n. 35, de 14-3-1979, promulgada sob a vigência da ordem constitucional anterior, disporá sobre a Magistratura Nacional até o advento da norma prevista no *caput* deste artigo.

I – ingresso na carreira, cujo cargo inicial será o de juiz substituto, mediante concurso público de provas e títulos, com a participação da Ordem dos Advogados do Brasil em todas as fases, exigindo-se do bacharel em direito, no mínimo, três anos de atividade jurídica e obedecendo-se, nas nomeações, à ordem de classificação;

•• Inciso I com redação determinada pela Emenda Constitucional n. 45, de 8-12-2004.

II – promoção de entrância para entrância, alternadamente, por antiguidade e merecimento, atendidas as seguintes normas:

a) é obrigatória a promoção do juiz que figure por três vezes consecutivas ou cinco alternadas em lista de merecimento;

b) a promoção por merecimento pressupõe dois anos de exercício na respectiva entrância e integrar o juiz a primeira quinta parte da lista de antiguidade desta, salvo se não houver com tais requisitos quem aceite o lugar vago;

c) aferição do merecimento conforme o desempenho e pelos critérios objetivos de produtividade e presteza no exercício da jurisdição e pela frequência e aproveitamento em cursos oficiais ou reconhecidos de aperfeiçoamento;

•• Alínea *c* com redação determinada pela Emenda Constitucional n. 45, de 8-12-2004.

d) na apuração de antiguidade, o tribunal somente poderá recusar o juiz mais antigo pelo voto fundamentado de dois terços de seus membros, conforme procedimento próprio, e assegurada ampla defesa, repetindo-se a votação até fixar-se a indicação;

•• Alínea *d* com redação determinada pela Emenda Constitucional n. 45, de 8-12-2004.

e) não será promovido o juiz que, injustificadamente, retiver autos em seu poder além do prazo legal, não podendo devolvê-los ao cartório sem o devido despacho ou decisão;

•• Alínea *e* acrescentada pela Emenda Constitucional n. 45, de 8-12-2004.

III – o acesso aos tribunais de segundo grau far-se-á por antiguidade e merecimento, alternadamente, apurados na última ou única entrância;

•• Inciso III com redação determinada pela Emenda Constitucional n. 45, de 8-12-2004.

IV – previsão de cursos oficiais de preparação, aperfeiçoamento e promoção de magistrados, constituindo etapa obrigatória do processo de vitaliciamento a participação em curso oficial ou reconhecido por escola nacional de formação e aperfeiçoamento de magistrados;

•• Inciso IV com redação determinada pela Emenda Constitucional n. 45, de 8-12-2004.

V – o subsídio dos Ministros dos Tribunais Superiores corresponderá a 95% (noventa e cinco por cento) do subsídio mensal fixado para os Ministros do Supremo Tribunal Federal e os subsídios dos demais magistrados serão fixados em lei e escalonados, em nível federal e estadual, conforme as respectivas categorias da estrutura judiciária nacional, não podendo a diferença entre uma e outra ser superior a 10% (dez por cento) ou inferior a 5% (cinco por cento), nem exceder a 95% (noventa e cinco por cento) do subsídio mensal dos Ministros dos Tribunais Superiores, obedecido, em qualquer caso, o disposto nos arts. 37, XI, e 39, § 4.º;

•• Inciso V com redação determinada pela Emenda Constitucional n. 19, de 4-6-1998.

• A Lei n. 9.655, de 2-6-1998, altera o percentual de diferença entre a remuneração dos cargos de Ministros do STJ e dos Juízes da Justiça Federal de Primeiro e Segundo Graus.

VI – a aposentadoria dos magistrados e a pensão de seus dependentes observarão o disposto no art. 40;

•• Inciso VI com redação determinada pela Emenda Constitucional n. 20, de 15-12-1998.

VII – o juiz titular residirá na respectiva comarca, salvo autorização do tribunal;

•• Inciso VII com redação determinada pela Emenda Constitucional n. 45, de 8-12-2004.

VIII – o ato de remoção, disponibilidade e aposentadoria do magistrado, por interesse público, fundar-se-á em decisão por voto da maioria absoluta do respectivo tribunal ou do Conselho Nacional de Justiça, assegurada ampla defesa;

•• Inciso VIII com redação determinada pela Emenda Constitucional n. 45, de 8-12-2004.

VIII-A – a remoção a pedido ou a permuta de magistrados de comarca de igual entrância atenderá, no que couber, ao disposto nas alíneas *a*, *b*, *c* e *e* do inciso II;

•• Inciso VIII-A acrescentado pela Emenda Constitucional n. 45, de 8-12-2004.

IX – todos os julgamentos dos órgãos do Poder Judiciário serão públicos, e fundamentadas todas as decisões, sob pena de nulidade, podendo a lei limitar a presença, em determinados atos, às próprias partes e a seus advogados, ou somente a estes, em casos nos quais a preservação do direito à intimidade do interessado no sigilo não prejudique o interesse público à informação;

•• Inciso IX com redação determinada pela Emenda Constitucional n. 45, de 8-12-2004.

• *Vide* Súmula 459 do TST.

X – as decisões administrativas dos tribunais serão motivadas e em sessão pública, sendo as disciplinares tomadas pelo voto da maioria absoluta de seus membros;

•• Inciso X com redação determinada pela Emenda Constitucional n. 45, de 8-12-2004.

XI – nos tribunais com número superior a vinte e cinco julgadores, poderá ser constituído órgão especial, com o mínimo de onze e o máximo de vinte e cinco membros, para o exercício das atribuições administrativas e jurisdicionais delegadas da competência do tribunal pleno, provendo-se metade das vagas por antiguidade e a outra metade por eleição pelo tribunal pleno;

•• Inciso XI com redação determinada pela Emenda Constitucional n. 45, de 8-12-2004.

XII – a atividade jurisdicional será ininterrupta, sendo vedado férias coletivas nos juízos e tribunais de segundo grau, funcionando, nos dias em que não houver expediente forense normal, juízes em plantão permanente;

•• Inciso XII acrescentado pela Emenda Constitucional n. 45, de 8-12-2004.

XIII – o número de juízes na unidade jurisdicional será proporcional à efetiva demanda judicial e à respectiva população;

•• Inciso XIII acrescentado pela Emenda Constitucional n. 45, de 8-12-2004.

XIV – os servidores receberão delegação para a prática de atos de administração e atos de mero expediente sem caráter decisório;

•• Inciso XIV acrescentado pela Emenda Constitucional n. 45, de 8-12-2004.

XV – a distribuição de processos será imediata, em todos os graus de jurisdição.

•• Inciso XV acrescentado pela Emenda Constitucional n. 45, de 8-12-2004.

Art. 94. Um quinto dos lugares dos Tribunais Regionais Federais, dos Tribunais dos Estados, e do Distrito Federal e Territórios será composto de membros, do Ministério Público, com mais de dez anos de carreira, e de advogados de notório saber jurídico e de reputação ilibada, com mais de dez anos de efetiva atividade profissional, indicados em lista sêxtupla pelos órgãos de representação das respectivas classes.

Parágrafo único. Recebidas as indicações, o tribunal formará lista tríplice, enviando-a ao Poder Executivo, que, nos vinte dias subsequentes, escolherá um de seus integrantes para nomeação.

Art. 95. Os juízes gozam das seguintes garantias:

I – vitaliciedade, que, no primeiro grau, só será adquirida após dois anos de exercício, dependendo a perda do cargo, nesse período, de deliberação do tribunal a que o juiz estiver vinculado, e, nos demais casos, de sentença judicial transitada em julgado;

II – inamovibilidade, salvo por motivo de interesse público, na forma do art. 93, VIII;

III – irredutibilidade de subsídio, ressalvado o disposto nos arts. 37, X e XI, 39, § 4.º, 150, II, 153, III, e 153, § 2.º, I.

•• Inciso III com redação determinada pela Emenda Constitucional n. 19, de 4-6-1998.

Parágrafo único. Aos juízes é vedado:

I – exercer, ainda que em disponibilidade, outro cargo ou função, salvo uma de magistério;

II – receber, a qualquer título ou pretexto, custas ou participação em processo;

III – dedicar-se à atividade político-partidária;

IV – receber, a qualquer título ou pretexto, auxílios ou contribuições de pessoas físicas, entidades públicas ou privadas, ressalvadas as exceções previstas em lei;

•• Inciso IV acrescentado pela Emenda Constitucional n. 45, de 8-12-2004.

V – exercer a advocacia no juízo ou tribunal do qual se afastou, antes de decorridos três anos do afastamento do cargo por aposentadoria ou exoneração.

•• Inciso V acrescentado pela Emenda Constitucional n. 45, de 8-12-2004.

Art. 96. Compete privativamente:

I – aos tribunais:

a) eleger seus órgãos diretivos e elaborar seus regimentos internos, com observância das normas de processo e das garantias processuais das partes, dispondo sobre a competência e o funcionamento dos respectivos órgãos jurisdicionais e administrativos;

b) organizar suas secretarias e serviços auxiliares e os dos juízos que lhes forem vinculados, velando pelo exercício da atividade correicional respectiva;

c) prover, na forma prevista nesta Constituição, os cargos de juiz de carreira da respectiva jurisdição;

d) propor a criação de novas varas judiciárias;

e) prover, por concurso público de provas, ou de provas e títulos, obedecido o disposto no art. 169, parágrafo único, os cargos necessários à administração da Justiça, exceto os de confiança assim definidos em lei;

•• De acordo com alteração processada pela Emenda Constitucional n. 19, de 4-6-1998, a referência passa a ser ao art. 169, § 1.º.

f) conceder licença, férias e outros afastamentos a seus membros e aos juízes e servidores que lhes forem imediatamente vinculados;

II – ao Supremo Tribunal Federal, aos Tribunais Superiores e aos Tribunais de Justiça propor ao Poder Legislativo respectivo, observado o disposto no art. 169:

a) a alteração do número de membros dos tribunais inferiores;

b) a criação e a extinção de cargos e a remuneração dos seus serviços auxiliares e dos juízos que lhes forem vinculados, bem como a fixação do subsídio de seus membros e dos juízes, inclusive dos tribunais inferiores, onde houver;

•• Alínea *b* com redação determinada pela Emenda Constitucional n. 41, de 19-12-2003.

• Reestruturação das carreiras dos servidores do Poder Judiciário da União: Lei n. 10.475, de 27-6-2002.

c) a criação ou extinção dos tribunais inferiores;

d) a alteração da organização e da divisão judiciárias;

III – aos Tribunais de Justiça julgar os juízes estaduais e do Distrito Federal e Territórios, bem como os membros do Ministério Público, nos crimes comuns e de responsabilidade, ressalvada a competência da Justiça Eleitoral.

Art. 97. Somente pelo voto da maioria absoluta de seus membros ou dos membros do respectivo órgão especial poderão os tribunais declarar a inconstitucionalidade de lei ou ato normativo do Poder Público.

• *Vide* Súmula Vinculante 10.

Art. 98. A União, no Distrito Federal e nos Territórios, e os Estados criarão:

I – juizados especiais, providos por juízes togados, ou togados e leigos, competentes para a conciliação, o julgamento e a execução de causas cíveis de menor complexidade e infrações penais de menor potencial ofensivo, mediante os procedimentos oral e sumariíssimo, permitidos, nas hipóteses previstas em lei, a transação e o julgamento de recursos por turmas de juízes de primeiro grau;

• Juizados Especiais Cíveis e Criminais: Lei n. 9.099, de 26-9-1995.

• Juizados de Violência Doméstica e Familiar contra a Mulher: Lei n. 11.340, de 7-8-2006.

II – justiça de paz, remunerada, composta de cidadãos eleitos pelo voto direto, universal e secreto, com mandato de quatro anos e competência para, na forma da lei, celebrar casamentos, verificar, de ofício ou em face de impugnação apresentada, o processo de habilitação e exercer atribuições conciliatórias, sem caráter jurisdicional, além de outras previstas na legislação.

§ 1.º Lei federal disporá sobre a criação de juizados especiais no âmbito da Justiça Federal.

•• Anterior parágrafo único transformado em § 1.º pela Emenda Constitucional n. 45, de 8-12-2004.

• A Lei n. 10.259, de 12-7-2001, dispõe sobre a instituição dos Juizados Especiais Cíveis e Criminais no âmbito da Justiça Federal.

§ 2.º As custas e emolumentos serão destinados exclusivamente ao custeio dos serviços afetos às atividades específicas da Justiça.

•• § 2.º acrescentado pela Emenda Constitucional n. 45, de 8-12-2004.

Art. 99. Ao Poder Judiciário é assegurada autonomia administrativa e financeira.

§ 1.º Os tribunais elaborarão suas propostas orçamentárias dentro dos limites estipulados conjuntamente com os demais Poderes na lei de diretrizes orçamentárias.

•• *Vide* art. 107, § 2.º, do ADCT.

§ 2.º O encaminhamento da proposta, ouvidos os outros tribunais interessados, compete:

I – no âmbito da União, aos Presidentes do Supremo Tribunal Federal e dos Tribunais Superiores, com a aprovação dos respectivos tribunais;

II – no âmbito dos Estados e no do Distrito Federal e Territórios, aos Presidentes dos Tribunais de Justiça, com a aprovação dos respectivos tribunais.

§ 3.º Se os órgãos referidos no § 2.º não encaminharem as respectivas propostas orçamentárias dentro do prazo estabelecido na lei de diretrizes orçamentárias, o Poder Executivo considerará, para fins de consolidação da proposta orçamentária anual, os valores aprovados na lei orçamentária vigente, ajustados de acordo com os limites estipulados na forma do § 1.º deste artigo.

•• § 3.º acrescentado pela Emenda Constitucional n. 45, de 8-12-2004.

§ 4.º Se as propostas orçamentárias de que trata este artigo forem encaminhadas em desacordo com os limites estipulados na forma do § 1.º, o Poder Executivo procederá aos ajustes necessários para fins de consolidação da proposta orçamentária anual.

•• § 4.º acrescentado pela Emenda Constitucional n. 45, de 8-12-2004.

§ 5.º Durante a execução orçamentária do exercício, não poderá haver a realização de despesas ou a assunção de obrigações que extrapolem os limites estabelecidos na lei de diretrizes orçamentárias, exceto se previamente autorizadas, mediante a abertura de créditos suplementares ou especiais.

•• § 5.º acrescentado pela Emenda Constitucional n. 45, de 8-12-2004.

Art. 100. Os pagamentos devidos pelas Fazendas Públicas Federal, Estaduais, Distrital e Municipais, em virtude de sentença judiciária, far-se-ão exclusivamente na ordem cronológica de apresentação dos precatórios e à conta dos créditos respectivos, proibida a designação de casos ou de pessoas nas dotações orçamentárias e nos créditos adicionais abertos para este fim.

•• *Caput* com redação determinada pela Emenda Constitucional n. 62, de 9-12-2009.

•• *Vide* art. 4.º da Emenda Constitucional n. 62, de 9-12-2009.

• *Vide* OJ 343 da SDI-1.

• A Resolução n. 115, de 29-6-2010, do CNJ, dispõe sobre a gestão de precatórios no âmbito do Poder Judiciário.

§ 1.º Os débitos de natureza alimentícia compreendem aqueles decorrentes de salários, vencimentos, proventos, pensões e suas complementações, benefícios previdenciários e indenizações por morte ou por invalidez, fundadas em responsabilidade civil, em virtude de sentença judicial transitada em julgado, e serão pagos com preferência sobre todos os demais débitos, exceto sobre aqueles referidos no § 2.º deste artigo.

•• § 1.º com redação determinada pela Emenda Constitucional n. 62, de 9-12-2009.

•• *Vide* Súmula Vinculante 47.

§ 2.º Os débitos de natureza alimentícia cujos titulares, originários ou por sucessão hereditária, tenham 60 (sessenta) anos de idade, ou sejam portadores de doença grave, ou pessoas com deficiência, assim definidos na forma da lei, serão pagos com preferência sobre todos os demais débitos, até o valor equivalente ao triplo fixado em lei para os fins do disposto no § 3.º deste artigo, admitido o fracionamento para essa finalidade, sendo que o restante será pago na ordem cronológica de apresentação do precatório.

•• § 2.º com redação determinada pela Emenda Constitucional n. 94, de 15-12-2016.

•• *Vide* art. 97, § 17, do ADCT.

• *Vide* OJ 3 do Tribunal Pleno.

§ 3.º O disposto no *caput* deste artigo relativamente à expedição de precatórios não se aplica aos pagamentos de obrigações definidas em leis como de pequeno valor que as Fazendas referidas devam fazer em virtude de sentença judicial transitada em julgado.

•• § 3.º com redação determinada pela Emenda Constitucional n. 62, de 9-12-2009.

• *Vide* OJs 1 e 9 do Tribunal Pleno.

§ 4.º Para os fins do disposto no § 3.º, poderão ser fixados, por leis próprias, valores distintos às entidades de direito público, segundo as diferentes capacidades econômicas, sendo o mínimo igual ao valor do maior benefício do regime geral de previdência social.

•• § 4.º com redação determinada pela Emenda Constitucional n. 62, de 9-12-2009.

•• *Vide* art. 97, § 12, do ADCT.

§ 5.º É obrigatória a inclusão, no orçamento das entidades de direito público, de verba necessária ao pagamento de seus débitos, oriundos de sentenças transitadas em julgado, constantes de precatórios judiciários apresentados até 1.º de julho, fazendo-se o pagamento até o final do exercício seguinte, quando terão seus valores atualizados monetariamente.

•• § 5.º com redação determinada pela Emenda Constitucional n. 62, de 9-12-2009.

§ 6.º As dotações orçamentárias e os créditos abertos serão consignados diretamente ao Poder Judiciário, cabendo ao Presidente do Tribunal que proferir a decisão exequenda determinar o pagamento integral e autorizar, a requerimento do credor e exclusivamente para os casos de preterimento de seu direito de precedência ou de não alocação orçamentária do valor necessário à satisfação do seu débito, o sequestro da quantia respectiva.

•• § 6.º com redação determinada pela Emenda Constitucional n. 62, de 9-12-2009.

§ 7.º O Presidente do Tribunal competente que, por ato comissivo ou omissivo, retardar ou tentar frustrar a liquidação regular de precatórios incorrerá em crime de responsabilidade e responderá, também, perante o Conselho Nacional de Justiça.

•• § 7.º acrescentado pela Emenda Constitucional n. 62, de 9-12-2009.

§ 8.º É vedada a expedição de precatórios complementares ou suplementares de valor pago, bem como o fracionamento, repartição ou quebra do valor da execução para fins de enquadramento de parcela do total ao que dispõe o § 3.º deste artigo.

•• § 8.º acrescentado pela Emenda Constitucional n. 62, de 9-12-2009.

§ 9.º No momento da expedição dos precatórios, independentemente de regulamentação, deles deverá ser abatido, a título de compensação, valor correspondente aos débitos líquidos e certos, inscritos ou não em dívida ativa e constituídos contra o credor original pela Fazenda Pública devedora, incluídas parcelas vincendas de parcelamentos, ressalvados aqueles cuja execução esteja suspensa em virtude de contestação administrativa ou judicial.

•• § 9.º acrescentado pela Emenda Constitucional n. 62, de 9-12-2009.

•• O STF, no julgamento da ADI n. 4.425, de 14-3-2013 (*DJE* de 19-12-2013), julgou procedente a ação para declarar a inconstitucionalidade deste parágrafo.

•• A compensação de débitos perante a Fazenda Pública Federal, com créditos provenientes de precatórios, na forma prevista neste parágrafo, observará o disposto na Lei n. 12.431, de 24-6-2011.

§ 10. Antes da expedição dos precatórios, o Tribunal solicitará à Fazenda Pública devedora, para resposta em até 30 (trinta) dias, sob pena de perda do direito de abatimento, informação sobre os débitos que preencham as condições estabelecidas no § 9.º, para os fins nele previstos.

•• § 10 acrescentado pela Emenda Constitucional n. 62, de 9-12-2009.

•• O STF, no julgamento da ADI n. 4.425, de 14-3-2013 (*DJE* de 19-12-2013), julgou procedente a ação para declarar a inconstitucionalidade deste parágrafo.

•• A compensação de débitos perante a Fazenda Pública Federal, com créditos provenientes de precatórios, na forma prevista neste parágrafo, observará o disposto na Lei n. 12.431, de 24-6-2011.

§ 11. É facultada ao credor, conforme estabelecido em lei da entidade federativa devedora, a entrega de créditos em precatórios para compra de imóveis públicos do respectivo ente federado.

•• § 11 acrescentado pela Emenda Constitucional n. 62, de 9-12-2009.

§ 12. A partir da promulgação desta Emenda Constitucional, a atualização de valores de requisitórios, após sua expedição, até o efetivo pagamento, independentemente de sua natureza, será feita pelo índice oficial de remuneração básica da caderneta de poupança, e, para fins de compensação da mora, incidirão juros simples no mesmo percentual de juros incidentes sobre a caderneta de poupança, ficando excluída a incidência de juros compensatórios.

•• § 12 acrescentado pela Emenda Constitucional n. 62, de 9-12-2009.

•• O STF, no julgamento da ADI n. 4.425, de 14-3-2013 (*DJE* de 19-12-2013), julgou procedente a ação para declarar a inconstitucionalidade das expressões "índice oficial de remuneração básica da caderneta de poupança" e "independentemente de sua natureza", contidas na redação deste parágrafo.

• A Orientação Normativa n. 2, de 18-12-2009, do CJF, estabelece regra de transição para os procedimentos administrativos atinentes ao cumprimento nesse parágrafo.

§ 13. O credor poderá ceder, total ou parcialmente, seus créditos em precatórios a terceiros, independentemente da concordância do devedor, não se aplicando ao cessionário o disposto nos § § 2.º e 3.º.

•• § 13 acrescentado pela Emenda Constitucional n. 62, de 9-12-2009.

§ 14. A cessão de precatórios somente produzirá efeitos após comunicação, por meio de petição protocolizada, ao tribunal de origem e à entidade devedora.

•• § 14 acrescentado pela Emenda Constitucional n. 62, de 9-12-2009.

§ 15. Sem prejuízo do disposto neste artigo, lei complementar a esta Constituição Federal poderá estabelecer regime especial para pagamento de crédito de precatórios de Estados, Distrito Federal e Municípios, dispondo sobre vinculações à receita corrente líquida e forma e prazo de liquidação.

•• § 15 acrescentado pela Emenda Constitucional n. 62, de 9-12-2009.

•• O STF, no julgamento da ADI n. 4.425, de 14-3-2013 (*DJE* de 19-12-2013), julgou procedente a ação para declarar a inconstitucionalidade deste parágrafo.

•• *Vide* art. 97 do ADCT.

•• *Vide* arts. 97 e 101 a 105 do ADCT.

§ 16. A seu critério exclusivo e na forma de lei, a União poderá assumir débitos, oriundos de precatórios, de Estados, Distrito Federal e Municípios, refinanciando-os diretamente.

•• § 16 acrescentado pela Emenda Constitucional n. 62, de 9-12-2009.

§ 17. A União, os Estados, o Distrito Federal e os Municípios aferirão mensalmente, em base anual, o comprometimento de suas respectivas receitas correntes líquidas com o pagamento de precatórios e obrigações de pequeno valor.

•• § 17 acrescentado pela Emenda Constitucional n. 94, de 15-12-2016.

§ 18. Entende-se como receita corrente líquida, para os fins de que trata o § 17, o somatório das receitas tributárias, patrimoniais, industriais, agropecuárias, de contribuições e de serviços, de transferências correntes e outras receitas correntes, incluindo as oriundas do § 1.º do art. 20 da Constituição Federal, verificado no período compreendido pelo segundo mês imediatamente anterior ao de referência e os 11 (onze) meses precedentes, excluídas as duplicidades, e deduzidas:

•• § 18, *caput* e incisos, acrescentado pela Emenda Constitucional n. 94, de 15-12-2016.

I – na União, as parcelas entregues aos Estados, ao Distrito Federal e aos Municípios por determinação constitucional;

II – nos Estados, as parcelas entregues aos Municípios por determinação constitucional;

III – na União, nos Estados, no Distrito Federal e nos Municípios, a contribuição dos servidores para custeio de seu sistema de previdência e assistência social e as receitas provenientes da compensação financeira referida no § 9.º do art. 201 da Constituição Federal.

§ 19. Caso o montante total de débitos decorrentes de condenações judiciais em precatórios e obrigações de pequeno valor, em período de 12 (doze) meses, ultrapasse a média do comprometimento percentual da receita corrente líquida nos 5 (cinco) anos imediatamente anteriores, a parcela que exceder esse percentual poderá ser financiada, excetuada dos limites de endividamento de que tratam os incisos VI e VII do art. 52 da Constituição Federal e de quaisquer outros limites de endividamento previstos, não se aplicando a esse financiamento a vedação de vinculação de receita prevista no inciso IV do art. 167 da Constituição Federal.

•• § 19 acrescentado pela Emenda Constitucional n. 94, de 15-12-2016.

§ 20. Caso haja precatório com valor superior a 15% (quinze por cento) do montante dos precatórios apresentados nos termos do § 5.º deste artigo, 15% (quinze por cento) do valor deste precatório serão pagos até o final do exercício seguinte e o restante em parcelas iguais nos cinco exercícios subsequentes, acrescidas de juros de mora e correção monetária, ou mediante acordos diretos, perante Juízos Auxiliares de Conciliação de Precatórios, com redução máxima de 40% (quarenta por cento) do valor do crédito atualizado, desde que em relação ao crédito não penda recurso ou defesa judicial e que sejam observados os requisitos definidos na regulamentação editada pelo ente federado.

•• § 20 acrescentado pela Emenda Constitucional n. 94, de 15-12-2016.

SEÇÃO II
Do Supremo Tribunal Federal

Art. 101. O Supremo Tribunal Federal compõe-se de onze Ministros, escolhidos dentre cidadãos com mais de trinta e cinco e menos de sessenta e cinco anos de idade, de notável saber jurídico e reputação ilibada.

Parágrafo único. Os Ministros do Supremo Tribunal Federal serão nomeados pelo Presidente da República, depois de aprovada a escolha pela maioria absoluta do Senado Federal.

Art. 102. Compete ao Supremo Tribunal Federal, precipuamente, a guarda da Constituição, cabendo-lhe:

I – processar e julgar, originariamente:

a) a ação direta de inconstitucionalidade de lei ou ato normativo federal ou estadual e a ação declaratória de constitucionalidade de lei ou ato normativo federal;

•• Alínea *a* com redação determinada pela Emenda Constitucional n. 3, de 17-3-1993.

• O Decreto n. 2.346, de 10-10-1997, consolida as normas de procedimentos a serem observadas pela administração pública federal em razão de decisões judiciais.

• A Lei n. 9.868, de 10-11-1999, dispõe sobre o processo e julgamento na ADI e ADC perante o STF.

b) nas infrações penais comuns, o Presidente da República, o Vice-Presidente, os membros do Congresso Nacional, seus próprios Ministros e o Procurador-Geral da República;

c) nas infrações penais comuns e nos crimes de responsabilidade, os Ministros de Estado e os Comandantes da Marinha, do Exército e da Aeronáutica, ressalvado o disposto no art. 52, I, os membros dos Tribunais Superiores, os do Tribunal de Contas da União e os chefes de missão diplomática de caráter permanente;

•• Alínea *c* com redação determinada pela Emenda Constitucional n. 23, de 2-9-1999.

• A Lei n. 1.079, de 10-4-1950, define os crimes de responsabilidade e regula o respectivo processo de julgamento.

d) o *habeas corpus*, sendo paciente qualquer das pessoas referidas nas alíneas anteriores; o mandado de segurança e o *habeas data* contra atos do Presidente da República, das Mesas da Câmara dos Deputados e do Senado Federal, do Tribunal de Contas da União, do Procurador-Geral da República e do próprio Supremo Tribunal Federal;

e) o litígio entre Estado estrangeiro ou organismo internacional e a União, o Estado, o Distrito Federal ou o Território;

f) as causas e os conflitos entre a União e os Estados, a União e o Distrito Federal, ou entre uns e outros, inclusive as respectivas entidades da administração indireta;

g) a extradição solicitada por Estado estrangeiro;

h) (*Revogada pela Emenda Constitucional n. 45, de 8-12-2004.*)

i) o *habeas corpus*, quando o coator for Tribunal Superior ou quando o coator ou o paciente for autoridade ou funcionário cujos atos estejam sujeitos diretamente à jurisdição do Supremo Tribunal Federal, ou se trate de crime sujeito à mesma jurisdição em uma única instância;

•• Alínea *i* com redação determinada pela Emenda Constitucional n. 22, de 18-3-1999.

j) a revisão criminal e a ação rescisória de seus julgados;

• Da revisão criminal: arts. 621 e s. do CPP.

• Da ação rescisória: arts. 966 e s. do CPC.

l) a reclamação para a preservação de sua competência e garantia da autoridade de suas decisões;

m) a execução de sentença nas causas de sua competência originária, facultada a delegação de atribuições para a prática de atos processuais;

n) a ação em que todos os membros da magistratura sejam direta ou indiretamente interessados, e aquela em que mais da metade dos membros do tribunal de origem estejam impedidos ou sejam direta ou indiretamente interessados;

o) os conflitos de competência entre o Superior Tribunal de Justiça e quaisquer tribunais, entre Tribunais Superiores, ou entre estes e qualquer outro tribunal;

• *Vide* arts. 105, I, *d*, 108, I, *e*, e 114, V.

p) o pedido de medida cautelar das ações diretas de inconstitucionalidade;

q) o mandado de injunção, quando a elaboração da norma regulamentadora for atribuição do Presidente da República, do Congresso Nacional, da Câmara dos Deputados, do Senado Federal, das Mesas de uma dessas Casas Legislativas, do Tribunal de Contas da União, de um dos Tribunais Superiores, ou do próprio Supremo Tribunal Federal;

r) as ações contra o Conselho Nacional de Justiça e contra o Conselho Nacional do Ministério Público;

•• Alínea *r* acrescentada pela Emenda Constitucional n. 45, de 8-12-2004.

II – julgar, em recurso ordinário:

a) o *habeas corpus*, o mandado de segurança, o *habeas data* e o mandado de injunção decididos em única instância pelos Tribunais Superiores, se denegatória a decisão;

b) o crime político;

III – julgar, mediante recurso extraordinário, as causas decididas em única ou última instância, quando a decisão recorrida:

a) contrariar dispositivo desta Constituição;

b) declarar a inconstitucionalidade de tratado ou lei federal;

c) julgar válida lei ou ato de governo local contestado em face desta Constituição;

d) julgar válida lei local contestada em face de lei federal.

•• Alínea *d* acrescentada pela Emenda Constitucional n. 45, de 8-12-2004.

§ 1.º A arguição de descumprimento de preceito fundamental, decorrente desta Constituição, será apreciada pelo Supremo Tribunal Federal, na forma da lei.

•• § 1.º com redação determinada pela Emenda Constitucional n. 3, de 17-3-1993.

•• A Lei n. 9.882, de 3-12-1999, dispõe sobre o processo e julgamento da arguição de descumprimento de preceito fundamental, de que trata este parágrafo.

§ 2.º As decisões definitivas de mérito, proferidas pelo Supremo Tribunal Federal, nas ações diretas de inconstitucionalidade e nas ações declaratórias de constitucionalidade produzirão eficácia contra todos e efeito vinculante, relativamente aos demais órgãos do Poder Judiciário e à administração pública direta e indireta, nas esferas federal, estadual e municipal.

•• § 2.º com redação determinada pela Emenda Constitucional n. 45, de 8-12-2004.

§ 3.º No recurso extraordinário o recorrente deverá demonstrar a repercussão geral das questões constitucionais discutidas no caso, nos termos da lei, a fim de que o Tribunal examine a admissão do recurso, somente podendo recusá-lo pela manifestação de dois terços de seus membros.

•• § 3.º acrescentado pela Emenda Constitucional n. 45, de 8-12-2004.

•• § 3.º regulamentado pela Lei n. 11.418, de 19-12-2006.

Art. 103. Podem propor a ação direta de inconstitucionalidade e a ação declaratória de constitucionalidade:

•• *Caput* com redação determinada pela Emenda Constitucional n. 45, de 8-12-2004.

I – o Presidente da República;

II – a Mesa do Senado Federal;

III – a Mesa da Câmara dos Deputados;

• *Vide* Súmula 640 do STF.

IV – a Mesa de Assembleia Legislativa ou da Câmara Legislativa do Distrito Federal;

•• Inciso IV com redação determinada pela Emenda Constitucional n. 45, de 8-12-2004.

V – o Governador de Estado ou do Distrito Federal;

•• Inciso V com redação determinada pela Emenda Constitucional n. 45, de 8-12-2004.

VI – o Procurador-Geral da República;

VII – o Conselho Federal da Ordem dos Advogados do Brasil;

VIII – partido político com representação no Congresso Nacional;

IX – confederação sindical ou entidade de classe de âmbito nacional.

§ 1.º O Procurador-Geral da República deverá ser previamente ouvido nas ações de inconstitucionalidade e em todos os processos de competência do Supremo Tribunal Federal.

§ 2.º Declarada a inconstitucionalidade por omissão de medida para tornar efetiva norma constitucional, será dada ciência ao Poder competente para a adoção das providências necessárias e, em se tratando de órgão administrativo, para fazê-lo em trinta dias.

§ 3.º Quando o Supremo Tribunal Federal apreciar a inconstitucionalidade, em tese, de norma legal ou ato normativo, citará, previamente, o Advogado-Geral da União, que defenderá o ato ou texto impugnado.

§ 4.º *(Revogado pela Emenda Constitucional n. 45, de 8-12-2004.)*

Art. 103-A. O Supremo Tribunal Federal poderá, de ofício ou por provocação, mediante decisão de dois terços dos seus membros, após reiteradas decisões sobre matéria constitucional, aprovar súmula que, a partir de sua publicação na imprensa oficial, terá efeito vinculante em relação aos demais órgãos do Poder Judiciário e à administração pública direta e indireta, nas esferas federal, estadual e municipal, bem como proceder à sua revisão ou cancelamento, na forma estabelecida em lei.

•• *Caput* acrescentado pela Emenda Constitucional n. 45, de 8-12-2004.

•• Artigo regulamentado pela Lei n. 11.417, de 19-12-2006.

§ 1.º A súmula terá por objetivo a validade, a interpretação e a eficácia de normas determinadas, acerca das quais haja controvérsia atual entre órgãos judiciários ou entre esses e a administração pública que acarrete grave insegurança jurídica e relevante multiplicação de processos sobre questão idêntica.

•• § 1.º acrescentado pela Emenda Constitucional n. 45, de 8-12-2004.

§ 2.º Sem prejuízo do que vier a ser estabelecido em lei, a aprovação, revisão ou cancelamento de súmula poderá ser provocada por aqueles que podem propor a ação direta de inconstitucionalidade.

•• § 2.º acrescentado pela Emenda Constitucional n. 45, de 8-12-2004.

§ 3.º Do ato administrativo ou decisão judicial que contrariar a súmula aplicável ou que indevidamente a aplicar, caberá reclamação ao Supremo Tribunal Federal que, julgando-a procedente, anulará o ato administrativo ou cassará a decisão judicial reclamada, e determinará que outra seja proferida com ou sem a aplicação da súmula, conforme o caso.

•• § 3.º acrescentado pela Emenda Constitucional n. 45, de 8-12-2004.

Art. 103-B. O Conselho Nacional de Justiça compõe-se de 15 (quinze) membros com mandato de 2 (dois) anos, admitida 1 (uma) recondução, sendo:

•• *Caput* com redação determinada pela Emenda Constitucional n. 61, de 11-11-2009.

• A Resolução n. 67, de 3-3-2009, aprova o Regimento Interno do CNJ.

I – O Presidente do Supremo Tribunal Federal;

•• Inciso I com redação determinada pela Emenda Constitucional n. 61, de 11-11-2009.

II – um Ministro do Superior Tribunal de Justiça, indicado pelo respectivo tribunal;

•• Inciso II acrescentado pela Emenda Constitucional n. 45, de 8-12-2004.

III – um Ministro do Tribunal Superior do Trabalho, indicado pelo respectivo tribunal;

•• Inciso III acrescentado pela Emenda Constitucional n. 45, de 8-12-2004.

IV – um desembargador de Tribunal de Justiça, indicado pelo Supremo Tribunal Federal;

•• Inciso IV acrescentado pela Emenda Constitucional n. 45, de 8-12-2004.

V – um juiz estadual, indicado pelo Supremo Tribunal Federal;

•• Inciso V acrescentado pela Emenda Constitucional n. 45, de 8-12-2004.

VI – um juiz de Tribunal Regional Federal, indicado pelo Superior Tribunal de Justiça;

•• Inciso VI acrescentado pela Emenda Constitucional n. 45, de 8-12-2004.

VII – um juiz federal, indicado pelo Superior Tribunal de Justiça;

•• Inciso VII acrescentado pela Emenda Constitucional n. 45, de 8-12-2004.

VIII – um juiz de Tribunal Regional do Trabalho, indicado pelo Tribunal Superior do Trabalho;

•• Inciso VIII acrescentado pela Emenda Constitucional n. 45, de 8-12-2004.

IX – um juiz do trabalho, indicado pelo Tribunal Superior do Trabalho;

•• Inciso IX acrescentado pela Emenda Constitucional n. 45, de 8-12-2004.

X – um membro do Ministério Público da União, indicado pelo Procurador-Geral da República;

•• Inciso X acrescentado pela Emenda Constitucional n. 45, de 8-12-2004.

XI – um membro do Ministério Público estadual, escolhido pelo Procurador-Geral da República dentre os nomes indicados pelo órgão competente de cada instituição estadual;

•• Inciso XI acrescentado pela Emenda Constitucional n. 45, de 8-12-2004.

XII – dois advogados, indicados pelo Conselho Federal da Ordem dos Advogados do Brasil;

•• Inciso XII acrescentado pela Emenda Constitucional n. 45, de 8-12-2004.

XIII – dois cidadãos, de notável saber jurídico e reputação ilibada, indicados um pela Câmara dos Deputados e outro pelo Senado Federal.

•• Inciso XIII acrescentado pela Emenda Constitucional n. 45, de 8-12-2004.

§ 1.º O Conselho será presidido pelo Presidente do Supremo Tribunal Federal e, nas suas ausências e impedimentos, pelo Vice-Presidente do Supremo Tribunal Federal.

•• § 1.º com redação determinada pela Emenda Constitucional n. 61, de 11-11-2009.

§ 2.º Os demais membros do Conselho serão nomeados pelo Presidente da República, depois de aprovada a escolha pela maioria absoluta do Senado Federal.

•• § 2.º com redação determinada pela Emenda Constitucional n. 61, de 11-11-2009.

§ 3.º Não efetuadas, no prazo legal, as indicações previstas neste artigo, caberá a escolha ao Supremo Tribunal Federal.

•• § 3.º acrescentado pela Emenda Constitucional n. 45, de 8-12-2004.

§ 4.º Compete ao Conselho o controle da atuação administrativa e financeira do Poder Judiciário e do cumprimento dos deveres funcionais dos juízes, cabendo-lhe, além de outras atribuições que lhe forem conferidas pelo Estatuto da Magistratura:

•• § 4.º, *caput*, acrescentado pela Emenda Constitucional n. 45, de 8-12-2004.

I – zelar pela autonomia do Poder Judiciário e pelo cumprimento do Estatuto da Magistratura, podendo expedir atos regulamentares, no âmbito de sua competência, ou recomendar providências;

•• Inciso I acrescentado pela Emenda Constitucional n. 45, de 8-12-2004.

II – zelar pela observância do art. 37 e apreciar, de ofício ou mediante provocação, a legalidade dos atos administrativos praticados por membros ou órgãos do Poder Judiciário, podendo desconstituí-los, revê-los ou fixar prazo para que se adotem as providências necessárias ao exato cumprimento da lei, sem prejuízo da competência do Tribunal de Contas da União;

•• Inciso II acrescentado pela Emenda Constitucional n. 45, de 8-12-2004.

III – receber e conhecer das reclamações contra membros ou órgãos do Poder Judiciário, inclusive contra seus serviços auxiliares, serventias e órgãos prestadores de serviços notariais e de registro que atuem por delegação do poder público ou oficializados, sem prejuízo da competência disciplinar e correicional dos tribunais, podendo avocar processos disciplinares em curso e determinar a remoção, a disponibilidade ou a aposentadoria com subsídios ou proventos proporcionais ao tempo de serviço e aplicar outras sanções administrativas, assegurada ampla defesa;

•• Inciso III acrescentado pela Emenda Constitucional n. 45, de 8-12-2004.

IV – representar ao Ministério Público, no caso de crime contra a administração pública ou de abuso de autoridade;

•• Inciso IV acrescentado pela Emenda Constitucional n. 45, de 8-12-2004.

V – rever, de ofício ou mediante provocação, os processos disciplinares de juízes e membros de tribunais julgados há menos de um ano;

•• Inciso V acrescentado pela Emenda Constitucional n. 45, de 8-12-2004.

VI – elaborar semestralmente relatório estatístico sobre processos e sentenças prolatadas, por unidade da Federação, nos diferentes órgãos do Poder Judiciário;

•• Inciso VI acrescentado pela Emenda Constitucional n. 45, de 8-12-2004.

VII – elaborar relatório anual, propondo as providências que julgar necessárias, sobre a situação do Poder Judiciário no País e as atividades do Conselho, o qual deve integrar mensagem do Presidente do Supremo Tribunal Federal a ser remetida ao Congresso Nacional, por ocasião da abertura da sessão legislativa.

•• Inciso VII acrescentado pela Emenda Constitucional n. 45, de 8-12-2004.

§ 5.º O Ministro do Superior Tribunal de Justiça exercerá a função de Ministro-Corregedor e ficará excluído da distribuição de processos no Tribunal, competindo-lhe, além das atribuições que lhe forem conferidas pelo Estatuto da Magistratura, as seguintes:

•• § 5.º, *caput*, acrescentado pela Emenda Constitucional n. 45, de 8-12-2004.

I – receber as reclamações e denúncias, de qualquer interessado, relativas aos magistrados e aos serviços judiciários;

•• Inciso I acrescentado pela Emenda Constitucional n. 45, de 8-12-2004.

II – exercer funções executivas do Conselho, de inspeção e de correição geral;

•• Inciso II acrescentado pela Emenda Constitucional n. 45, de 8-12-2004.

III – requisitar e designar magistrados, delegando-lhes atribuições, e requisitar servidores de juízos ou tribunais, inclusive nos Estados, Distrito Federal e Territórios.

•• Inciso III acrescentado pela Emenda Constitucional n. 45, de 8-12-2004.

§ 6.º Junto ao Conselho oficiarão o Procurador-Geral da República e o Presidente do Conselho Federal da Ordem dos Advogados do Brasil.

•• § 6.º acrescentado pela Emenda Constitucional n. 45, de 8-12-2004.

§ 7.º A União, inclusive no Distrito Federal e nos Territórios, criará ouvidorias de justiça, competentes para receber reclamações e denúncias de qualquer interessado contra membros ou órgãos do Poder Judiciário, ou contra seus serviços auxiliares, representando diretamente ao Conselho Nacional de Justiça.

•• § 7.º acrescentado pela Emenda Constitucional n. 45, de 8-12-2004.

SEÇÃO III

Do Superior Tribunal de Justiça

• A Lei n. 8.038, de 28-5-1990, institui normas procedimentais, para processos que especifica, perante o STJ e o STF.

Art. 104. O Superior Tribunal de Justiça compõe-se de, no mínimo, trinta e três Ministros.

Parágrafo único. Os Ministros do Superior Tribunal de Justiça serão nomeados pelo Presidente da República, dentre brasileiros com mais de trinta e cinco e menos de sessenta e cinco anos, de notável saber jurídico e reputação ilibada, depois de aprovada a escolha pela maioria absoluta do Senado Federal, sendo:

•• Parágrafo único, *caput*, com redação determinada pela Emenda Constitucional n. 45, de 8-12-2004.

I – um terço dentre juízes dos Tribunais Regionais Federais e um terço dentre desembargadores dos Tribunais de Justiça, indicados em lista tríplice elaborada pelo próprio Tribunal;

II – um terço, em partes iguais, dentre advogados e membros do Ministério Público Federal, Estadual, do Distrito Federal e Territórios, alternadamente, indicados na forma do art. 94.

Art. 105. Compete ao Superior Tribunal de Justiça:

I – processar e julgar, originariamente:

a) nos crimes comuns, os Governadores dos Estados e do Distrito Federal, e, nestes e nos de responsabilidade, os desembargadores dos Tribunais de Justiça dos Estados e do Distrito Federal, os membros dos Tribunais de Contas dos Estados e do Distrito Federal, os dos Tribunais Regionais Federais, dos Tribunais Regionais Eleitorais e do Trabalho, os membros dos Conselhos ou Tribunais de Contas dos Municípios e os do Ministério Público da União que oficiem perante tribunais;

b) os mandados de segurança e os *habeas data* contra ato de Ministro de Estado, dos Comandantes da Marinha, do Exército e da Aeronáutica ou do próprio Tribunal;

•• Alínea *b* com redação determinada pela Emenda Constitucional n. 23, de 2-9-1999.

c) os *habeas corpus*, quando o coator ou paciente for qualquer das pessoas mencionadas na alínea *a*, ou quando o coator for tribunal sujeito à sua jurisdição, Ministro de Estado ou Comandante da Marinha, do Exército ou da Aeronáutica, ressalvada a competência da Justiça Eleitoral;

•• Alínea *c* com redação determinada pela Emenda Constitucional n. 23, de 2-9-1999.

d) os conflitos de competência entre quaisquer tribunais, ressalvado o disposto no art. 102, I, *o*, bem como entre tribunal e juízes a ele não vinculados e entre juízes vinculados a tribunais diversos;

e) as revisões criminais e as ações rescisórias de seus julgados;

• Da revisão criminal: arts. 621 e s. do CPP.

• Da ação rescisória: arts. 966 e s. do CPC.

f) a reclamação para a preservação de sua competência e garantia da autoridade de suas decisões;

g) os conflitos de atribuições entre autoridades administrativas e judiciárias da União, ou entre autoridades judiciárias de um Estado e administrativas de outro ou do Distrito Federal, ou entre as deste e da União;

h) o mandado de injunção, quando a elaboração da norma regulamentadora for atribuição de órgão, entidade ou autoridade federal, da administração direta ou indireta, excetuados os casos de competência do Supremo Tribunal Federal e dos órgãos da Justiça Militar, da Justiça Eleitoral, da Justiça do Trabalho e da Justiça Federal;

i) a homologação de sentenças estrangeiras e a concessão de *exequatur* às cartas rogatórias;

•• Alínea *i* acrescentada pela Emenda Constitucional n. 45, de 8-12-2004.

II – julgar, em recurso ordinário:

a) os *habeas corpus* decididos em única ou última instância pelos Tribunais Regionais Federais ou pelos tribunais dos Estados, do Distrito Federal e Territórios, quando a decisão for denegatória;

b) os mandados de segurança decididos em única instância pelos Tribunais Regionais Federais ou pelos tribunais dos Estados, do Distrito Federal e Territórios, quando denegatória a decisão;

c) as causas em que forem partes Estado estrangeiro ou organismo internacional, de um lado, e, do outro, Município ou pessoa residente ou domiciliada no País;

III – julgar, em recurso especial, as causas decididas, em única ou última instância, pelos Tribunais Regionais Federais ou pelos tribunais dos Estados, do Distrito Federal e Territórios, quando a decisão recorrida:

a) contrariar tratado ou lei federal, ou negar-lhes vigência;

• *Vide* Súmula 518 do STJ.

b) julgar válido ato de governo local contestado em face de lei federal;

•• Alínea *b* com redação determinada pela Emenda Constitucional n. 45, de 8-12-2004.

c) der a lei federal interpretação divergente da que lhe haja atribuído outro tribunal.

Parágrafo único. Funcionarão junto ao Superior Tribunal de Justiça:

•• Parágrafo único, *caput*, com redação determinada pela Emenda Constitucional n. 45, de 8-12-2004.

I – a Escola Nacional de Formação e Aperfeiçoamento de Magistrados, cabendo-lhe, dentre outras funções, regulamentar os cursos oficiais para o ingresso e promoção na carreira;

•• Inciso I acrescentado pela Emenda Constitucional n. 45, de 8-12-2004.

II – o Conselho da Justiça Federal, cabendo-lhe exercer, na forma da lei, a supervisão administrativa e orçamentária da Justiça Federal de primeiro e segundo graus, como órgão central do sistema e com poderes correicionais, cujas decisões terão caráter vinculante.

•• Inciso II acrescentado pela Emenda Constitucional n. 45, de 8-12-2004.

SEÇÃO IV
Dos Tribunais Regionais Federais e dos Juízes Federais

Art. 106. São órgãos da Justiça Federal:

I – os Tribunais Regionais Federais;

II – os Juízes Federais.

Art. 107. Os Tribunais Regionais Federais compõem-se de, no mínimo, sete juízes, recrutados, quando possível, na respectiva região e nomeados pelo Presidente da República dentre brasileiros com mais de trinta e menos de sessenta e cinco anos, sendo:

I – um quinto dentre advogados com mais de dez anos de efetiva atividade profissional e membros do Ministério Público Federal com mais de dez anos de carreira;

II – os demais, mediante promoção de juízes federais com mais de cinco anos de exercício, por antiguidade e merecimento, alternadamente.

§ 1.º A lei disciplinará a remoção ou a permuta de juízes dos Tribunais Regionais Federais e determinará sua jurisdição e sede.

•• Primitivo parágrafo único transformado em § 1.º pela Emenda Constitucional n. 45, de 8-12-2004.

§ 2.º Os Tribunais Regionais Federais instalarão a justiça itinerante, com a realização de audiências e demais funções da atividade jurisdicional, nos limites territoriais da respectiva jurisdição, servindo-se de equipamentos públicos e comunitários.

•• § 2.º acrescentado pela Emenda Constitucional n. 45, de 8-12-2004.

§ 3.º Os Tribunais Regionais Federais poderão funcionar descentralizadamente, constituindo Câmaras regionais, a fim de assegurar o pleno acesso do jurisdicionado à justiça em todas as fases do processo.

•• § 3.º acrescentado pela Emenda Constitucional n. 45, de 8-12-2004.

Art. 108. Compete aos Tribunais Regionais Federais:

I – processar e julgar, originariamente:

a) os juízes federais da área de sua jurisdição, incluídos os da Justiça Militar e da Justiça do Trabalho, nos crimes comuns e de responsabilidade, e os membros do Ministério Público da União, ressalvada a competência da Justiça Eleitoral;

b) as revisões criminais e as ações rescisórias de julgados seus ou dos juízes federais da região;

• Da revisão criminal: arts. 621 e s. do CPP.

• Da ação rescisória: arts. 966 e s. do CPC.

c) os mandados de segurança e os *habeas data* contra ato do próprio Tribunal ou de juiz federal;

d) os *habeas corpus*, quando a autoridade coatora for juiz federal;

e) os conflitos de competência entre juízes federais vinculados ao Tribunal;

II – julgar, em grau de recurso, as causas decididas pelos juízes federais e pelos juízes estaduais no exercício da competência federal da área de sua jurisdição.

• *Vide* Súmula 55 do STJ.

Art. 109. Aos juízes federais compete processar e julgar:

I – as causas em que a União, entidade autárquica ou empresa pública federal forem interessadas na condição de autoras, rés, assistentes ou oponentes, exceto as de falência, as de acidentes de trabalho e as sujeitas à Justiça Eleitoral e à Justiça do Trabalho;

• *Vide* Súmulas Vinculantes 22 e 27.

• *Vide* Súmulas 235 e 501 do STF, e Súmulas 15, 32 e 82 do STJ.

II – as causas entre Estado estrangeiro ou organismo internacional e Município ou pessoa domiciliada ou residente no País;

III – as causas fundadas em tratado ou contrato da União com Estado estrangeiro ou organismo internacional;

IV – os crimes políticos e as infrações penais praticadas em detrimento de bens, serviços ou interesse da União ou de suas entidades autárquicas ou empresas públicas, excluídas as contravenções e ressalvada a competência da Justiça Militar e da Justiça Eleitoral;

• *Vide* Súmulas 62 e 165 do STJ.

V – os crimes previstos em tratado ou convenção internacional, quando, iniciada a execução no País, o resultado tenha ou devesse ter ocorrido no estrangeiro, ou reciprocamente;

V-A – as causas relativas a direitos humanos a que se refere o § 5.º deste artigo;

•• Inciso V-A acrescentado pela Emenda Constitucional n. 45, de 8-12-2004.

VI – os crimes contra a organização do trabalho e, nos casos determinados por lei, contra o sistema financeiro e a ordem econômico-financeira;

• Dos crimes contra a organização do trabalho: arts. 197 a 207 do CP.

• Dos crimes contra o sistema financeiro: Lei n. 7.492, de 16-6-1986.

• Dos crimes contra a ordem econômica: Leis n. 8.137, de 27-12-1990, e n. 8.176, de 8-2-1991.

VII – os *habeas corpus*, em matéria criminal de sua competência ou quando o constrangimento provier de autoridade cujos atos não estejam diretamente sujeitos a outra jurisdição;

VIII – os mandados de segurança e os *habeas data* contra ato de autoridade federal, excetuados os casos de competência dos tribunais federais;

• Mandado de Segurança: Lei n. 12.016, de 7-8-2009.

• *Habeas data*: Lei n. 9.507, de 12-11-1997.

IX – os crimes cometidos a bordo de navios ou aeronaves, ressalvada a competência da Justiça Militar;

X – os crimes de ingresso ou permanência irregular de estrangeiro, a execução de carta rogatória, após o *exequatur*, e de sentença estrangeira, após a homologação, as causas referentes à nacionalidade, inclusive a respectiva opção, e à naturalização;

XI – a disputa sobre direitos indígenas.

§ 1.º As causas em que a União for autora serão aforadas na seção judiciária onde tiver domicílio a outra parte.

§ 2.º As causas intentadas contra a União poderão ser aforadas na seção judiciária em que for domiciliado o autor, naquela onde houver ocorrido o ato ou fato que deu origem à demanda ou onde esteja situada a coisa, ou ainda, no Distrito Federal.

§ 3.º Serão processadas e julgadas na justiça estadual, no foro do domicílio dos segurados ou beneficiários, as causas em que forem parte instituição de previdência social e segurado, sempre que a comarca não seja sede de vara do juízo federal, e, se verificada essa condição, a lei poderá permitir que outras causas sejam também processadas e julgadas pela justiça estadual.

• *Vide* Súmula 32 do STJ.

§ 4.º Na hipótese do parágrafo anterior, o recurso cabível será sempre para o Tribunal Regional Federal na área de jurisdição do juiz de primeiro grau.

• *Vide* Súmula 32 do STJ.

§ 5.º Nas hipóteses de grave violação de direitos humanos, o Procurador-Geral da República, com a finalidade de assegurar o cumprimento de obrigações decorrentes de tratados internacionais de direitos humanos dos quais o Brasil seja parte, poderá suscitar, perante o Superior Tribunal de Justiça, em qualquer fase do inquérito ou processo, incidente de deslocamento de competência para a Justiça Federal.

•• § 5.º acrescentado pela Emenda Constitucional n. 45, de 8-12-2004.

Art. 110. Cada Estado, bem como o Distrito Federal, constituirá uma seção judiciária que terá por sede a respectiva Capital, e varas localizadas segundo o estabelecido em lei.

Parágrafo único. Nos Territórios Federais, a jurisdição e as atribuições cometidas aos juízes federais caberão aos juízes da justiça local, na forma da lei.

SEÇÃO V
Do Tribunal Superior do Trabalho, dos Tribunais Regionais do Trabalho e dos Juízes do Trabalho

•• Seção V com denominação determinada pela Emenda Constitucional n. 92, de 12-7-2016.

Art. 111. São órgãos da Justiça do Trabalho:

I – o Tribunal Superior do Trabalho;

II – os Tribunais Regionais do Trabalho;

III – Juízes do Trabalho.

•• Inciso III com redação determinada pela Emenda Constitucional n. 24, de 9-12-1999.

§ 1.º (*Revogado pela Emenda Constitucional n. 45, de 8-12-2004.*)

§ 2.º (*Revogado pela Emenda Constitucional n. 45, de 8-12-2004.*)

§ 3.º (*Revogado pela Emenda Constitucional n. 45, de 8-12-2004.*)

Art. 111-A. O Tribunal Superior do Trabalho compor-se-á de vinte e sete Ministros, escolhidos dentre brasileiros com mais de trinta e cinco anos e menos de sessenta e cinco anos, de notável saber jurídico e reputação ilibada, nomeados pelo Presidente da República após aprovação pela maioria absoluta do Senado Federal, sendo:

•• *Caput* com redação determinada pela Emenda Constitucional n. 92, de 12-7-2016.

I – um quinto dentre advogados com mais de dez anos de efetiva atividade profissional e membros do Ministério Público do Trabalho com mais de dez anos de efetivo exercício, observado o disposto no art. 94;

•• Inciso I acrescentado pela Emenda Constitucional n. 45, de 8-12-2004.

II – os demais dentre juízes dos Tribunais Regionais do Trabalho, oriundos da magistratura da carreira, indicados pelo próprio Tribunal Superior.

•• Inciso II acrescentado pela Emenda Constitucional n. 45, de 8-12-2004.

§ 1.º A lei disporá sobre a competência do Tribunal Superior do Trabalho.

•• § 1.º acrescentado pela Emenda Constitucional n. 45, de 8-12-2004.

§ 2.º Funcionarão junto ao Tribunal Superior do Trabalho:

•• § 2.º, *caput*, acrescentado pela Emenda Constitucional n. 45, de 8-12-2004.

I – a Escola Nacional de Formação e Aperfeiçoamento de Magistrados do Trabalho, cabendo-lhe, dentre outras funções, regulamentar os cursos oficiais para o ingresso e promoção na carreira;

•• Inciso I acrescentado pela Emenda Constitucional n. 45, de 8-12-2004.

II – o Conselho Superior da Justiça do Trabalho, cabendo-lhe exercer, na forma da lei, a supervisão administrativa, orçamentária, financeira e patrimonial da Justiça do Trabalho de primeiro e segundo graus, como órgão central do sistema, cujas decisões terão efeito vinculante.

•• Inciso II acrescentado pela Emenda Constitucional n. 45, de 8-12-2004.

• *Vide* art. 6.º da Emenda Constitucional n. 45, de 8-12-2004.

• A Resolução n. 20, de 23-5-2006, dispõe sobre a estrutura do Conselho Superior da Justiça do Trabalho.

• A Resolução Administrativa n. 1.407, de 7-6-2010, do TST, aprova o Regimento Interno do Conselho Superior da Justiça do Trabalho.

§ 3.º Compete ao Tribunal Superior do Trabalho processar e julgar, originariamente, a reclamação para a preservação de sua competência e garantia da autoridade de suas decisões.

•• § 3.º acrescentado pela Emenda Constitucional n. 92, de 12-7-2016.

Art. 112. A lei criará varas da Justiça do Trabalho, podendo, nas comarcas não abrangidas por sua jurisdição, atribuí-la aos juízes de direito, com recurso para o respectivo Tribunal Regional do Trabalho.

•• Artigo com redação determinada pela Emenda Constitucional n. 45, de 8-12-2004.

Art. 113. A lei disporá sobre a constituição, investidura, jurisdição, competência, garantias e condições de exercício dos órgãos da Justiça do Trabalho.

•• Artigo com redação determinada pela Emenda Constitucional n. 24, de 9-12-1999.

Art. 114. Compete à Justiça do Trabalho processar e julgar:

•• *Caput* com redação determinada pela Emenda Constitucional n. 45, de 8-12-2004.

• *Vide* Súmulas 349 e 736 do STF.

• *Vide* Súmulas 97, 137 e 222 do STJ.

• *Vide* Súmula 392 do TST.

• *Vide* OJs 143 e 416 da SDI-1.

• *Vide* Enunciados n. 23 e 64 da 1.ª Jornada de Direito do Trabalho.

I – as ações oriundas da relação de trabalho, abrangidos os entes de direito público externo e da administração pública direta e indireta da União, dos Estados, do Distrito Federal e dos Municípios;

•• Inciso I acrescentado pela Emenda Constitucional n. 45, de 8-12-2004.

•• O STF, em 27-1-2005, concedeu liminar, com efeito *ex tunc*, na ADI n. 3.395-6 (*DJU* de 4-2-2005) atribuindo interpretação a este inciso, nos seguintes termos:

"Suspendo, *ad referendum*, toda e qualquer interpretação dada ao inciso I do art. 114 da CF, na redação dada pela EC/45, que inclua, na competência da justiça do trabalho, a '... *apreciação ... de causas que ... sejam instauradas entre o Poder Público e seus servidores, a ele vinculados por típica relação de ordem estatutária ou de caráter jurídico-administrativo*'".

•• O STF, em 1.º-2-2007, concedeu liminar, com efeito *ex tunc*, na ADI n. 3.684-0 (*DJU* de 3-8-2007), para atribuir interpretação conforme a CF a este inciso, declarando que, no âmbito de jurisdição da Justiça do Trabalho, não entra competência para processar e julgar ações penais.

II – as ações que envolvam exercício do direito de greve;

•• Inciso II acrescentado pela Emenda Constitucional n. 45, de 8-12-2004.

• A Lei n. 7.783, de 28-6-1989, dispõe sobre exercício do direito de greve.

• *Vide* Súmula Vinculante 23.

III – as ações sobre representação sindical, entre sindicatos, entre sindicatos e trabalhadores, e entre sindicatos e empregadores;

•• Inciso III acrescentado pela Emenda Constitucional n. 45, de 8-12-2004.

IV – os mandados de segurança, *habeas corpus* e *habeas data*, quando o ato questionado envolver matéria sujeita à sua jurisdição;

•• Inciso IV acrescentado pela Emenda Constitucional n. 45, de 8-12-2004.

•• O STF, em 1.º-2-2007, concedeu liminar, com efeito *ex tunc*, na ADI n. 3.684-0 (*DJU* de 3-8-2007), para atribuir interpretação conforme a CF a este inciso, declarando que, no âmbito de jurisdição da Justiça do Trabalho, não entra competência para processar e julgar ações penais.

V – os conflitos de competência entre órgãos com jurisdição trabalhista, ressalvado o disposto no art. 102, I, *o*;

•• Inciso V acrescentado pela Emenda Constitucional n. 45, de 8-12-2004.

VI – as ações de indenização por dano moral ou patrimonial, decorrentes da relação de trabalho;

•• Inciso VI acrescentado pela Emenda Constitucional n. 45, de 8-12-2004.

•• *Vide* art. 5.º, X.

• *Vide* Súmula Vinculante 22.

VII – as ações relativas às penalidades administrativas impostas aos empregadores pelos órgãos de fiscalização das relações de trabalho;

•• Inciso VII acrescentado pela Emenda Constitucional n. 45, de 8-12-2004.

VIII – a execução, de ofício, das contribuições sociais previstas no art. 195, I, *a*, e II, e seus acréscimos legais, decorrentes das sentenças que proferir;

•• Inciso VIII acrescentado pela Emenda Constitucional n. 45, de 8-12-2004.

•• *Vide* Súmula Vinculante 53.

• *Vide* Súmula 368 do TST.

• *Vide* OJ 414 da SBDI-1.

IX – outras controvérsias decorrentes da relação de trabalho, na forma da lei.

•• Inciso IX acrescentado pela Emenda Constitucional n. 45, de 8-12-2004.

•• O STF, em 1.º-2-2007, concedeu liminar, com efeito *ex tunc*, na ADI n. 3.684-0 (*DJU* de 3-8-2007), para atribuir interpretação conforme a CF a este inciso, declarando que, no âmbito de jurisdição da Justiça do Trabalho, não entra competência para processar e julgar ações penais.

§ 1.º Frustrada a negociação coletiva, as partes poderão eleger árbitros.

§ 2.º Recusando-se qualquer das partes à negociação coletiva ou à arbitragem, é facultado às mesmas, de comum acordo, ajuizar dissídio coletivo de natureza econômica, podendo a Justiça do Trabalho decidir o conflito, respeitadas as disposições mínimas legais de proteção ao trabalho, bem como as convencionadas anteriormente.

•• § 2.º com redação determinada pela Emenda Constitucional n. 45, de 8-12-2004.

§ 3.º Em caso de greve em atividade essencial, com possibilidade de lesão do interesse público, o Ministério Público do Trabalho poderá ajuizar dissídio coletivo, competindo à Justiça do Trabalho decidir o conflito.

•• § 3.º com redação determinada pela Emenda Constitucional n. 45, de 8-12-2004.

Art. 115. Os Tribunais Regionais do Trabalho compõem-se de, no mínimo, sete juízes, recrutados, quando possível, na respectiva região, e nomeados pelo Presidente da República dentre brasileiros com mais de trinta e menos de sessenta e cinco anos, sendo:

•• *Caput* com redação determinada pela Emenda Constitucional n. 45, de 8-12-2004.

I – um quinto dentre advogados com mais de dez anos de efetiva atividade profissional e membros do Ministério Público do Trabalho com mais de dez anos de efetivo exercício, observado o disposto no art. 94;

•• Inciso I acrescentado pela Emenda Constitucional n. 45, de 8-12-2004.

II – os demais, mediante promoção de juízes do trabalho por antiguidade e merecimento, alternadamente.

•• Inciso II acrescentado pela Emenda Constitucional n. 45, de 8-12-2004.

§ 1.º Os Tribunais Regionais do Trabalho instalarão a justiça itinerante, com a realização de audiências e demais funções de atividade jurisdicional, nos limites territoriais da respectiva jurisdição, servindo-se de equipamentos públicos e comunitários.

•• § 1.º acrescentado pela Emenda Constitucional n. 45, de 8-12-2004.

§ 2.º Os Tribunais Regionais do Trabalho poderão funcionar descentralizadamente, constituindo Câmaras regionais, a fim de assegurar o pleno acesso do jurisdicionado à justiça em todas as fases do processo.

•• § 2.º acrescentado pela Emenda Constitucional n. 45, de 8-12-2004.

Art. 116. Nas Varas do Trabalho, a jurisdição será exercida por um juiz singular.

•• *Caput* com redação determinada pela Emenda Constitucional n. 24, de 9-12-1999.

Parágrafo único. *(Revogado pela Emenda Constitucional n. 24, de 9-12-1999.)*

Art. 117. *(Revogado pela Emenda Constitucional n. 24, de 9-12-1999.)*

SEÇÃO VI
Dos Tribunais e Juízes Eleitorais

Art. 118. São órgãos da Justiça Eleitoral:

I – o Tribunal Superior Eleitoral;

II – os Tribunais Regionais Eleitorais;

III – os Juízes Eleitorais;

IV – as Juntas Eleitorais.

Art. 119. O Tribunal Superior Eleitoral compor-se-á, no mínimo, de sete membros, escolhidos:

I – mediante eleição, pelo voto secreto:

a) três juízes dentre os Ministros do Supremo Tribunal Federal;

b) dois juízes dentre os Ministros do Superior Tribunal de Justiça;

II – por nomeação do Presidente da República, dois juízes dentre seis advogados de notável saber jurídico e idoneidade moral, indicados pelo Supremo Tribunal Federal.

Parágrafo único. O Tribunal Superior Eleitoral elegerá seu Presidente e o Vice-Presidente dentre os Ministros do Supremo Tribunal Federal, e o Corregedor Eleitoral dentre os Ministros do Superior Tribunal de Justiça.

Art. 120. Haverá um Tribunal Regional Eleitoral na Capital de cada Estado e no Distrito Federal.

§ 1.º Os Tribunais Regionais Eleitorais compor-se-ão:

I – mediante eleição, pelo voto secreto:

a) de dois juízes dentre os desembargadores do Tribunal de Justiça;

b) de dois juízes, dentre juízes de direito, escolhidos pelo Tribunal de Justiça;

II – de um juiz do Tribunal Regional Federal com sede na Capital do Estado ou no Distrito Federal, ou, não havendo, de juiz federal, escolhido, em qualquer caso, pelo Tribunal Regional Federal respectivo;

III – por nomeação, pelo Presidente da República, de dois juízes dentre seis advogados de notável saber jurídico e idoneidade moral, indicados pelo Tribunal de Justiça.

§ 2.º O Tribunal Regional Eleitoral elegerá seu Presidente e o Vice-Presidente dentre os desembargadores.

Art. 121. Lei complementar disporá sobre a organização e competência dos tribunais, dos juízes de direito e das juntas eleitorais.

§ 1.º Os membros dos tribunais, os juízes de direito e os integrantes das juntas eleitorais, no exercício de suas funções, e no que lhes for aplicável, gozarão de plenas garantias e serão inamovíveis.

§ 2.º Os juízes dos tribunais eleitorais, salvo motivo justificado, servirão por dois anos, no mínimo, e nunca por mais de dois biênios consecutivos, sendo os substitutos escolhidos na mesma ocasião e pelo mesmo processo, em número igual para cada categoria.

§ 3.º São irrecorríveis as decisões do Tribunal Superior Eleitoral, salvo as que contrariarem esta Constituição e as denegatórias de *habeas corpus* ou mandado de segurança.

§ 4.º Das decisões dos Tribunais Regionais Eleitorais somente caberá recurso quando:

I – forem proferidas contra disposição expressa desta Constituição ou de lei;

II – ocorrer divergência na interpretação de lei entre dois ou mais tribunais eleitorais;

III – versarem sobre inelegibilidade ou expedição de diplomas nas eleições federais ou estaduais;

IV – anularem diplomas ou decretarem a perda de mandatos eletivos federais ou estaduais;

V – denegarem *habeas corpus*, mandado de segurança, *habeas data* ou mandado de injunção.

SEÇÃO VII
Dos Tribunais e Juízes Militares

Art. 122. São órgãos da Justiça Militar:

I – o Superior Tribunal Militar;

II – os Tribunais e Juízes Militares instituídos por lei.

Art. 123. O Superior Tribunal Militar compor-se-á de quinze Ministros vitalícios, nomeados pelo Presidente da República, depois de aprovada a indicação pelo Senado Federal, sendo três dentre oficiais-generais da Marinha, quatro dentre oficiais-generais do Exército, três dentre oficiais-generais da Aeronáutica, todos da ativa e do posto mais elevado da carreira, e cinco dentre civis.

Parágrafo único. Os Ministros civis serão escolhidos pelo Presidente da República dentre brasileiros maiores de trinta e cinco anos, sendo:

I – três dentre advogados de notório saber jurídico e conduta ilibada, com mais de dez anos de efetiva atividade profissional;

II – dois, por escolha paritária, dentre juízes auditores e membros do Ministério Público da Justiça Militar.

Art. 124. À Justiça Militar compete processar e julgar os crimes militares definidos em lei.

Parágrafo único. A lei disporá sobre a organização, o funcionamento e a competência, da Justiça Militar.

SEÇÃO VIII
Dos Tribunais e Juízes dos Estados

Art. 125. Os Estados organizarão sua Justiça, observados os princípios estabelecidos nesta Constituição.

§ 1.º A competência dos tribunais será definida na Constituição do Estado, sendo a lei de organização judiciária de iniciativa do Tribunal de Justiça.

•• *Vide* art. 70 do ADCT.

• *Vide* Súmula Vinculante 45.

§ 2.º Cabe aos Estados a instituição de representação de inconstitucionalidade de leis ou atos normativos estaduais ou municipais em face da Constituição Estadual, vedada a atribuição da legitimação para agir a um único órgão.

§ 3.º A lei estadual poderá criar, mediante proposta do Tribunal de Justiça, a Justiça Militar estadual, constituída, em primeiro grau, pelos juízes de direito e pelos Conselhos de Justiça e, em segundo grau, pelo próprio Tribunal de Justiça, ou por Tribunal de Justiça Militar nos Estados em que o efetivo militar seja superior a vinte mil integrantes.

•• § 3.º com redação determinada pela Emenda Constitucional n. 45, de 8-12-2004.

§ 4.º Compete à Justiça Militar estadual processar e julgar os militares dos Estados, nos crimes militares definidos em lei e as ações judiciais contra atos disciplinares militares, ressalvada a competência do júri quando a vítima for civil, cabendo ao tribunal competente decidir sobre a perda do posto e da patente dos oficiais e da graduação das praças.

•• § 4.º com redação determinada pela Emenda Constitucional n. 45, de 8-12-2004.

§ 5.º Compete aos juízes de direito do juízo militar processar e julgar, singularmente, os crimes militares cometidos contra civis e as ações judiciais contra atos disciplinares militares, cabendo ao Conselho de Justiça, sob a presidência de juiz de direito, processar e julgar os demais crimes militares.

•• § 5.º acrescentado pela Emenda Constitucional n. 45, de 8-12-2004.

§ 6.º O Tribunal de Justiça poderá funcionar descentralizadamente, constituindo Câmaras regionais, a fim de assegurar o pleno acesso do jurisdicionado à justiça em todas as fases do processo.

•• § 6.º acrescentado pela Emenda Constitucional n. 45, de 8-12-2004.

§ 7.º O Tribunal de Justiça instalará a justiça itinerante, com a realização de audiências e demais funções da atividade jurisdicional, nos limites territoriais da respectiva jurisdição, servindo-se de equipamentos públicos e comunitários.

•• § 7.º acrescentado pela Emenda Constitucional n. 45, de 8-12-2004.

Art. 126. Para dirimir conflitos fundiários, o Tribunal de Justiça proporá a criação de varas especializadas, com competência exclusiva para questões agrárias.

•• *Caput* com redação determinada pela Emenda Constitucional n. 45, de 8-12-2004.

Parágrafo único. Sempre que necessário à eficiente prestação jurisdicional, o juiz far-se-á presente no local do litígio.

CAPÍTULO IV
DAS FUNÇÕES ESSENCIAIS À JUSTIÇA

SEÇÃO I
Do Ministério Público

• Lei Orgânica Nacional do Ministério Público: Lei n. 8.625, de 12-2-1993.

• Organização, atribuições e Estatuto do Ministério Público da União: Lei Complementar n. 75, de 20-5-1993.

Art. 127. O Ministério Público é instituição permanente, essencial à função jurisdicional do Estado, incumbindo-lhe a defesa da ordem jurídica, do regime democrático e dos interesses sociais e individuais indisponíveis.

• *Vide* Enunciado n. 75 da 1.ª Jornada de Direito do Trabalho.

§ 1.º São princípios institucionais do Ministério Público a unidade, a indivisibilidade e a independência funcional.

§ 2.º Ao Ministério Público é assegurada autonomia funcional e administrativa, podendo, observado o disposto no art. 169, propor ao Poder Legislativo a criação e extinção de seus cargos e serviços auxiliares, provendo-os por concurso público de provas ou de provas e títulos, a política remuneratória e os planos de carreira; a lei disporá sobre sua organização e funcionamento.

•• § 2.º com redação determinada pela Emenda Constitucional n. 19, de 4-6-1998.

§ 3.º O Ministério Público elaborará sua proposta orçamentária dentro dos limites estabelecidos na lei de diretrizes orçamentárias.

•• *Vide* art. 107, § 2.º, do ADCT.

§ 4.º Se o Ministério Público não encaminhar a respectiva proposta orçamentária dentro do prazo estabelecido na lei de diretrizes orçamentárias, o Poder Executivo considerará, para fins de consolidação da proposta orçamentária anual, os valores aprovados na lei orçamentária vigente, ajustados de acordo com os limites estipulados na forma do § 3.º.

•• § 4.º acrescentado pela Emenda Constitucional n. 45, de 8-12-2004.

§ 5.º Se a proposta orçamentária de que trata este artigo for encaminhada em desacordo com os limites estipulados na forma do § 3.º, o Poder Executivo procederá aos ajustes necessários para fins de consolidação da proposta orçamentária anual.

•• § 5.º acrescentado pela Emenda Constitucional n. 45, de 8-12-2004.

§ 6.º Durante a execução orçamentária do exercício, não poderá haver a realização de despesas ou a assunção de obrigações que extrapolem os limites estabelecidos na lei de diretrizes orçamentárias, exceto se previamente autorizadas, mediante a abertura de créditos suplementares ou especiais.

•• § 6.º acrescentado pela Emenda Constitucional n. 45, de 8-12-2004.

Art. 128. O Ministério Público abrange:

I – o Ministério Público da União, que compreende:

a) o Ministério Público Federal;

b) o Ministério Público do Trabalho;

c) o Ministério Público Militar;

d) o Ministério Público do Distrito Federal e Territórios;

II – os Ministérios Públicos dos Estados.

§ 1.º O Ministério Público da União tem por chefe o Procurador-Geral da República, nomeado pelo Presidente da República dentre integrantes da carreira, maiores de trinta e cinco anos, após a aprovação de seu nome pela maioria absoluta dos membros do Senado Federal, para mandato de dois anos, permitida a recondução.

§ 2.º A destituição do Procurador-Geral da República, por iniciativa do Presidente da República, deverá ser precedida de autorização da maioria absoluta do Senado Federal.

§ 3.º Os Ministérios Públicos dos Estados e o do Distrito Federal e Territórios formarão lista tríplice dentre integrantes da carreira, na forma da lei respectiva, para escolha de seu Procurador-Geral, que será nomeado pelo Chefe do Poder Executivo, para mandato de dois anos, permitida uma recondução.

§ 4.º Os Procuradores-Gerais nos Estados e no Distrito Federal e Territórios poderão ser destituídos por deliberação da maioria absoluta do Poder Legislativo, na forma da lei complementar respectiva.

§ 5.º Leis complementares da União e dos Estados, cuja iniciativa é facultada aos respectivos Procuradores-Gerais, estabelecerão a organização, as atribuições e o estatuto de cada Ministério Público, observadas, relativamente a seus membros:

I – as seguintes garantias:

a) vitaliciedade, após dois anos de exercício, não podendo perder o cargo senão por sentença judicial transitada em julgado;

b) inamovibilidade, salvo por motivo de interesse público, mediante decisão do órgão colegiado competente do Ministério Público, pelo voto da maioria absoluta de seus membros, assegurada ampla defesa;

•• Alínea *b* com redação determinada pela Emenda Constitucional n. 45, de 8-12-2004.

c) irredutibilidade de subsídio, fixado na forma do art. 39, § 4.º, e ressalvado o disposto nos arts. 37, X e XI, 150, II, 153, III, 153, § 2.º, I;

•• Alínea *c* com redação determinada pela Emenda Constitucional n. 19, de 4-6-1998.

II – as seguintes vedações:

a) receber, a qualquer título e sob qualquer pretexto, honorários, percentagens ou custas processuais;

b) exercer a advocacia;

c) participar de sociedade comercial, na forma da lei;

d) exercer, ainda que em disponibilidade, qualquer outra função pública, salvo uma de magistério;

e) exercer atividade político-partidária;

•• Alínea *e* com redação determinada pela Emenda Constitucional n. 45, de 8-12-2004.

f) receber, a qualquer título ou pretexto, auxílios ou contribuições de pessoas físicas, entidades públicas ou privadas, ressalvadas as exceções previstas em lei.

•• Alínea *f* acrescentada pela Emenda Constitucional n. 45, de 8-12-2004.

§ 6.º Aplica-se aos membros do Ministério Público o disposto no art. 95, parágrafo único, V.

•• § 6.º acrescentado pela Emenda Constitucional n. 45, de 8-12-2004.

Art. 129. São funções institucionais do Ministério Público:

• *Vide* Enunciado n. 75 da 1.ª Jornada de Direito do Trabalho.

I – promover, privativamente, a ação penal pública, na forma da lei;

II – zelar pelo efetivo respeito dos Poderes Públicos e dos serviços de relevância pública aos direitos assegurados nesta Constituição, promovendo as medidas necessárias a sua garantia;

III – promover o inquérito civil e a ação civil pública, para a proteção do patrimônio público e social, do meio ambiente e de outros interesses difusos e coletivos;

• A Lei n. 7.347, de 24-7-1985, disciplina a ação civil pública de responsabilidade por danos causados ao meio ambiente, ao consumidor, a bens e direitos de valor artístico, estético, histórico, turístico e paisagístico.

IV – promover a ação de inconstitucionalidade ou representação para fins de intervenção da União e dos Estados, nos casos previstos nesta Constituição;

V – defender judicialmente os direitos e interesses das populações indígenas;

VI – expedir notificações nos procedimentos administrativos de sua competência, requisitando informações e documentos para instruí-los, na forma da lei complementar respectiva;

VII – exercer o controle externo da atividade policial, na forma da lei complementar mencionada no artigo anterior;

VIII – requisitar diligências investigatórias e a instauração de inquérito policial, indicados os fundamentos jurídicos de suas manifestações processuais;

IX – exercer outras funções que lhe forem conferidas, desde que compatíveis com sua finalidade, sendo-lhe vedada a representação judicial e a consultoria jurídica de entidades públicas.

§ 1.º A legitimação do Ministério Público para as ações civis previstas neste artigo não impede a de terceiros, nas mesmas hipóteses, segundo o disposto nesta Constituição e na lei.

§ 2.º As funções do Ministério Público só podem ser exercidas por integrantes da carreira, que deverão residir na comarca da respectiva lotação, salvo autorização do chefe da instituição.

•• § 2.º com redação determinada pela Emenda Constitucional n. 45, de 8-12-2004.

§ 3.º O ingresso na carreira do Ministério Público far-se-á mediante concurso público de provas e títulos, assegurada a participação da Ordem dos Advogados do Brasil em sua realização, exigindo-se do bacharel em direito, no mínimo, três anos de atividade jurídica e observando-se, nas nomeações, a ordem de classificação.

•• § 3.º com redação determinada pela Emenda Constitucional n. 45, de 8-12-2004.

•• A Resolução n. 40, de 26-5-2009, do CNMP, regulamenta o conceito de atividade jurídica citado neste parágrafo.

§ 4.º Aplica-se ao Ministério Público, no que couber, o disposto no art. 93.

•• § 4.º com redação determinada pela Emenda Constitucional n. 45, de 8-12-2004.

§ 5.º A distribuição de processos no Ministério Público será imediata.

•• § 5.º acrescentado pela Emenda Constitucional n. 45, de 8-12-2004.

Art. 130. Aos membros do Ministério Público junto aos Tribunais de Contas aplicam-se as disposições desta seção pertinentes a direitos, vedações e forma de investidura.

Art. 130-A. O Conselho Nacional do Ministério Público compõe-se de quatorze membros nomeados pelo Presidente da República, depois de aprovada a escolha pela maioria absoluta do Senado Federal, para um mandado de dois anos, admitida uma recondução, sendo:

•• *Caput* acrescentado pela Emenda Constitucional n. 45, de 8-12-2004.

I – o Procurador-Geral da República, que o preside;

•• Inciso I acrescentado pela Emenda Constitucional n. 45, de 8-12-2004.

II – quatro membros do Ministério Público da União, assegurada a representação de cada uma de suas carreiras;

•• Inciso II acrescentado pela Emenda Constitucional n. 45, de 8-12-2004.

III – três membros do Ministério Público dos Estados;

•• Inciso III acrescentado pela Emenda Constitucional n. 45, de 8-12-2004.

IV – dois juízes, indicados um pelo Supremo Tribunal Federal e outro pelo Superior Tribunal de Justiça;

•• Inciso IV acrescentado pela Emenda Constitucional n. 45, de 8-12-2004.

V – dois advogados, indicados pelo Conselho Federal da Ordem dos Advogados do Brasil;

•• Inciso V acrescentado pela Emenda Constitucional n. 45, de 8-12-2004.

VI – dois cidadãos de notável saber jurídico e reputação ilibada, indicados um pela Câmara dos Deputados e outro pelo Senado Federal.

•• Inciso VI acrescentado pela Emenda Constitucional n. 45, de 8-12-2004.

§ 1.º Os membros do Conselho oriundos do Ministério Público serão indicados pelos respectivos Ministérios Públicos, na forma da lei.

•• § 1.º acrescentado pela Emenda Constitucional n. 45, de 8-12-2004.

•• § 1.º regulamentado pela Lei n. 11.372, de 28-11-2006.

§ 2.º Compete ao Conselho Nacional do Ministério Público o controle da atuação administrativa e financeira do Ministério Público e do cumprimento dos deveres funcionais de seus membros, cabendo-lhe:

•• § 2.º, *caput*, acrescentado pela Emenda Constitucional n. 45, de 8-12-2004.

I – zelar pela autonomia funcional e administrativa do Ministério Público, podendo expedir atos regulamentares, no âmbito de sua competência, ou recomendar providências;

•• Inciso I acrescentado pela Emenda Constitucional n. 45, de 8-12-2004.

II – zelar pela observância do art. 37 e apreciar, de ofício ou mediante provocação, a legalidade dos atos administrativos praticados por membros ou órgãos do Ministério Público da União e dos Estados, podendo desconstituí-los, revê-los ou fixar prazo para que se adotem as providências necessárias ao exato cumprimento da lei, sem prejuízo da competência dos Tribunais de Contas;

•• Inciso II acrescentado pela Emenda Constitucional n. 45, de 8-12-2004.

III – receber e conhecer das reclamações contra membros ou órgãos do Ministério Público da União ou dos Estados, inclusive contra seus serviços auxiliares, sem prejuízo da competência disciplinar e correicional da instituição, podendo avocar processos disciplinares em curso, determinar a remoção, a disponibilidade ou a aposentadoria com subsídios ou proventos proporcionais ao tempo de serviço e aplicar outras sanções administrativas, assegurada ampla defesa;

•• Inciso III acrescentado pela Emenda Constitucional n. 45, de 8-12-2004.

IV – rever, de ofício ou mediante provocação, os processos disciplinares de membros do Ministério Público da União ou dos Estados julgados há menos de um ano;

•• Inciso IV acrescentado pela Emenda Constitucional n. 45, de 8-12-2004.

V – elaborar relatório anual, propondo as providências que julgar necessárias sobre a situação do Ministério Público no País e as atividades do Conselho, o qual deve integrar a mensagem prevista no art. 84, XI.

•• Inciso V acrescentado pela Emenda Constitucional n. 45, de 8-12-2004.

§ 3.º O Conselho escolherá, em votação secreta, um Corregedor nacional, dentre os membros do Ministério Público que o integram, vedada a recondução, competindo-lhe, além das atribuições que lhe forem conferidas pela lei, as seguintes:

•• § 3.º, *caput*, acrescentado pela Emenda Constitucional n. 45, de 8-12-2004.

I – receber reclamações e denúncias, de qualquer interessado, relativas aos membros do Ministério Público e dos seus serviços auxiliares;

•• Inciso I acrescentado pela Emenda Constitucional n. 45, de 8-12-2004.

II – exercer funções executivas do Conselho, de inspeção e correição geral;

•• Inciso II acrescentado pela Emenda Constitucional n. 45, de 8-12-2004.

III – requisitar e designar membros do Ministério Público, delegando-lhes atribuições, e requisitar servidores de órgãos do Ministério Público.

•• Inciso III acrescentado pela Emenda Constitucional n. 45, de 8-12-2004.

§ 4.º O Presidente do Conselho Federal da Ordem dos Advogados do Brasil oficiará junto ao Conselho.

•• § 4.º acrescentado pela Emenda Constitucional n. 45, de 8-12-2004.

§ 5.º Leis da União e dos Estados criarão ouvidorias do Ministério Público, competentes para receber reclamações e denúncias de qualquer interessado contra membros ou órgãos do Ministério Público, inclusive contra seus serviços auxiliares, representando diretamente ao Conselho Nacional do Ministério Público.

•• § 5.º acrescentado pela Emenda Constitucional n. 45, de 8-12-2004.

SEÇÃO II

Da Advocacia Pública

•• Seção II com denominação determinada pela Emenda Constitucional n. 19, de 4-6-1998.

• Lei Orgânica da AGU: Lei Complementar n. 73, de 10-2-1993.

• Exercício das atribuições institucionais da AGU, em caráter emergencial e provisório: Lei n. 9.028, de 12-4-1995.

Art. 131. A Advocacia-Geral da União é a instituição que, diretamente ou através de órgão vinculado, representa a União, judicial e extrajudicialmente, cabendo-lhe, nos termos da lei complementar que dispuser sobre sua organização e funcionamento, as atividades de consultoria e assessoramento jurídico do Poder Executivo.

§ 1.º A Advocacia-Geral da União tem por chefe o Advogado-Geral da União, de livre nomeação pelo Presidente da República dentre cidadãos maiores de trinta e cinco anos, de notável saber jurídico e reputação ilibada.

§ 2.º O ingresso nas classes iniciais das carreiras da instituição de que trata este artigo far-se-á mediante concurso público de provas e títulos.

§ 3.º Na execução da dívida ativa de natureza tributária, a representação da União cabe à Procuradoria-Geral da Fazenda Nacional, observado o disposto em lei.

Art. 132. Os Procuradores dos Estados e do Distrito Federal, organizados em carreira, na qual o ingresso dependerá de concurso público de provas e títulos, com a participação da Ordem dos Advogados do Brasil em todas as suas fases, exercerão a representação judicial e a consultoria jurídica das respectivas unidades federadas.

•• *Caput* com redação determinada pela Emenda Constitucional n. 19, de 4-6-1998.

Parágrafo único. Aos procuradores referidos neste artigo é assegurada estabilidade após 3 (três) anos de efetivo exercício, mediante avaliação de desempenho perante os órgãos próprios, após relatório circunstanciado das corregedorias.

•• Parágrafo único acrescentado pela Emenda Constitucional n. 19, de 4-6-1998.

SEÇÃO III

Da Advocacia

•• Seção III com redação determinada pela Emenda Constitucional n. 80, de 4-6-2014.

Art. 133. O advogado é indispensável à administração da justiça, sendo inviolável por seus atos e manifestações no exercício da profissão, nos limites da lei.

•• A Lei n. 8.906, de 4-7-1994, estabelece o Estatuto da OAB.

• *Vide* Súmula 329 do TST.

SEÇÃO IV

Da Defensoria Pública

•• Seção IV acrescentada pela Emenda Constitucional n. 80, de 4-6-2014.

Art. 134. A Defensoria Pública é instituição permanente, essencial à função jurisdicional do Estado, incumbindo-lhe, como expressão e instrumento do regime democrático, fundamentalmente, a orientação jurídica, a promoção dos direitos humanos e a defesa, em todos os graus, judicial e extrajudicial, dos direitos individuais e coletivos, de forma integral e gratuita, aos necessitados, na forma do inciso LXXIV do art. 5.º desta Constituição Federal.

•• *Caput* com redação determinada pela Emenda Constitucional n. 80, de 4-6-2014.

• Defensoria Pública: Lei Complementar n. 80, de 12-1-1994.

§ 1.º Lei Complementar organizará a Defensoria Pública da União e do Distrito Federal e dos Territórios e prescreverá normas gerais para sua organização nos Estados, em cargos de carreira, providos, na classe inicial, mediante concurso público de provas e títulos, assegurada a seus integrantes a garantia da inamovibilidade e vedado o exercício da advocacia fora das atribuições institucionais.

•• Primitivo parágrafo único transformado em § 1.º pela Emenda Constitucional n. 45, de 8-12-2004.

§ 2.º Às Defensorias Públicas Estaduais são asseguradas autonomia funcional e administrativa e a iniciativa de sua proposta orçamentária dentro dos limites estabelecidos na lei de diretrizes orçamentárias e subordinação ao disposto no art. 99, § 2.º.

•• § 2.º acrescentado pela Emenda Constitucional n. 45, de 8-12-2004.

§ 3.º Aplica-se o disposto no § 2.º às Defensorias Públicas da União e do Distrito Federal.

•• § 3.º acrescentado pela Emenda Constitucional n. 74, de 6-8-2013.

•• *Vide* art. 107, § 2.º, do ADCT.

§ 4.º São princípios institucionais da Defensoria Pública a unidade, a indivisibilidade e a independência funcional, aplicando-se também, no que couber, o disposto no art. 93 e no inciso II do art. 96 desta Constituição Federal.

•• § 4.º acrescentado pela Emenda Constitucional n. 80, de 4-6-2014.

Art. 135. Os servidores integrantes das carreiras disciplinadas nas Seções II e III deste Capítulo serão remunerados na forma do art. 39, § 4.º.

•• Artigo com redação determinada pela Emenda Constitucional n. 19, de 4-6-1998.

TÍTULO V

DA DEFESA DO ESTADO E DAS INSTITUIÇÕES DEMOCRÁTICAS

CAPÍTULO I

DO ESTADO DE DEFESA E DO ESTADO DE SÍTIO

SEÇÃO I

Do Estado de Defesa

Art. 136. O Presidente da República pode, ouvidos o Conselho da República e o Conselho de Defesa Nacional, decretar estado de Defesa para preservar ou prontamente restabelecer, em locais restritos e determinados, a ordem pública ou a paz social ameaçadas por grave e iminente instabilidade institucional ou atingidas por calamidades de grandes proporções na natureza.

§ 1.º O decreto que instituir o estado de defesa determinará o tempo de sua duração, especificará as áreas a serem abrangidas e indicará, nos termos e limites da lei, as medidas coercitivas a vigorarem, dentre as seguintes:

I – restrições aos direitos de:

a) reunião, ainda que exercida no seio das associações;

b) sigilo de correspondência;

c) sigilo de comunicação telegráfica e telefônica;

II – ocupação e uso temporário de bens e serviços públicos, na hipótese de calamidade pública, respondendo a União pelos danos e custos decorrentes.

§ 2.º O tempo de duração do estado de defesa não será superior a trinta dias, podendo ser prorrogado uma vez, por igual período, se persistirem as razões que justificaram a sua decretação.

§ 3.º Na vigência do estado de defesa:

I – a prisão por crime contra o Estado, determinada pelo executor da medida, será por este comunicada imediatamente ao juiz competente, que a relaxará, se não for legal, facultado ao preso requerer exame de corpo de delito à autoridade policial;

II – a comunicação será acompanhada de declaração, pela autoridade, do estado físico e mental do detido no momento de sua autuação;

III – a prisão ou detenção de qualquer pessoa não poderá ser superior a dez dias, salvo quando autorizada pelo Poder Judiciário;

IV – é vedada a incomunicabilidade do preso.

§ 4.º Decretado o estado de defesa ou sua prorrogação, o Presidente da República, dentro de vinte e quatro horas, submeterá o ato com a respectiva justificação ao Congresso Nacional, que decidirá por maioria absoluta.

§ 5.º Se o Congresso Nacional estiver em recesso, será convocado, extraordinariamente, no prazo de cinco dias.

§ 6.º O Congresso Nacional apreciará o decreto dentro de dez dias contados de seu recebimento, devendo continuar funcionando enquanto vigorar o estado de defesa.

§ 7.º Rejeitado o decreto, cessa imediatamente o estado de defesa.

SEÇÃO II

Do Estado de Sítio

Art. 137. O Presidente da República pode, ouvidos o Conselho da República e o Conselho de Defesa Nacional, solicitar ao Congresso Nacional autorização para decretar o estado de sítio nos casos de:

I – comoção grave de repercussão nacional ou ocorrência de fatos que comprovem a ineficácia de medida tomada durante o estado de defesa;

II – declaração de estado de guerra ou resposta a agressão armada estrangeira.

Parágrafo único. O Presidente da República, ao solicitar autorização para decretar o estado de sítio ou sua prorrogação, relatará os motivos determinantes do pedido, devendo o Congresso Nacional decidir por maioria absoluta.

Art. 138. O decreto do estado de sítio indicará sua duração, as normas necessárias a sua execução e as garantias constitucionais que ficarão suspensas, e, depois de publicado, o Presidente da República designará o executor das medidas específicas e as áreas abrangidas.

§ 1.º O estado de sítio, no caso do art. 137, I, não poderá ser decretado por mais de trinta dias, nem prorrogado, de cada vez, por prazo superior; no do inciso II, poderá ser decretado por todo o tempo que perdurar a guerra ou a agressão armada estrangeira.

§ 2.º Solicitada autorização para decretar o estado de sítio durante o recesso parlamentar, o Presidente do Senado Federal, de imediato, convocará extraordinariamente o Congresso Nacional para se reunir dentro de cinco dias, a fim de apreciar o ato.

§ 3.º O Congresso Nacional permanecerá em funcionamento até o término das medidas coercitivas.

Art. 139. Na vigência do estado de sítio decretado com fundamento no art. 137, I, só poderão ser tomadas contra as pessoas as seguintes medidas:

I – obrigação de permanência em localidade determinada;

II – detenção em edifício não destinado a acusados ou condenados por crimes comuns;

III – restrições relativas à inviolabilidade da correspondência, ao sigilo das comunicações, à prestação de informações e à liberdade de imprensa, radiodifusão e televisão, na forma da lei;

IV – suspensão da liberdade de reunião;

V – busca e apreensão em domicílio;

VI – intervenção nas empresas de serviços públicos;

VII – requisição de bens.

Parágrafo único. Não se inclui nas restrições do inciso III a difusão de pronunciamentos de parlamentares efetuados em suas Casas Legislativas, desde que liberada pela respectiva Mesa.

SEÇÃO III

Disposições Gerais

Art. 140. A Mesa do Congresso Nacional, ouvidos os líderes partidários, designará Comissão composta de cinco de seus membros para acompanhar e fiscalizar a execução das medidas referentes ao estado de defesa e ao estado de sítio.

Art. 141. Cessado o estado de defesa ou o estado de sítio, cessarão também seus efeitos, sem prejuízo da responsabilidade pelos ilícitos cometidos por seus executores ou agentes.

Parágrafo único. Logo que cesse o estado de defesa ou o estado de sítio, as medidas aplicadas em sua vigência serão relatadas pelo Presidente da República, em mensagem ao Congresso Nacional, com especificação e justificação das providências adotadas, com relação nominal dos atingidos, e indicação das restrições aplicadas.

CAPÍTULO II

DAS FORÇAS ARMADAS

Art. 142. As Forças Armadas, constituídas pela Marinha, pelo Exército e pela Aeronáutica, são instituições nacionais permanentes e regulares, organizadas com base na hierarquia e na disciplina, sob a autoridade suprema do Presidente da

República, e destinam-se à defesa da Pátria, à garantia dos poderes constitucionais e, por iniciativa de qualquer destes, da lei e da ordem.

§ 1.º Lei complementar estabelecerá as normas gerais a serem adotadas na organização, no preparo e no emprego das Forças Armadas.

- Organização, preparo e emprego das Forças Armadas: Lei Complementar n. 97, de 9-6-1999.

§ 2.º Não caberá *habeas corpus* em relação a punições disciplinares militares.

§ 3.º Os membros das Forças Armadas são denominados militares, aplicando-se-lhes, além das que vierem a ser fixadas em lei, as seguintes disposições:

•• § 3.º, *caput*, acrescentado pela Emenda Constitucional n. 18, de 5-2-1998.

- *Vide* art. 42, § 2.º, da CF.

I – as patentes, com prerrogativas, direitos e deveres a elas inerentes, são conferidas pelo Presidente da República e asseguradas em plenitude aos oficiais da ativa, da reserva ou reformados, sendo-lhes privativos os títulos e postos militares e, juntamente com os demais membros, o uso dos uniformes das Forças Armadas;

•• Inciso I acrescentado pela Emenda Constitucional n. 18, de 5-2-1998.

II – o militar em atividade que tomar posse em cargo ou emprego público civil permanente, ressalvada a hipótese prevista no art. 37, inciso XVI, alínea *c*, será transferido para a reserva, nos termos da lei;

•• Inciso II com redação determinada pela Emenda Constitucional n. 77, de 11-2-2014.

III – o militar da ativa que, de acordo com a lei, tomar posse em cargo, emprego ou função pública civil temporária, não eletiva, ainda que da administração indireta, ressalvada a hipótese prevista no art. 37, inciso XVI, alínea *c*, ficará agregado ao respectivo quadro e somente poderá, enquanto permanecer nessa situação, ser promovido por antiguidade, contando-se-lhe o tempo de serviço apenas para aquela promoção e transferência para a reserva, sendo depois de dois anos de afastamento, contínuos ou não, transferido para a reserva, nos termos da lei;

•• Inciso III com redação determinada pela Emenda Constitucional n. 77, de 11-2-2014.

IV – ao militar são proibidas a sindicalização e a greve;

•• Inciso IV acrescentado pela Emenda Constitucional n. 18, de 5-2-1998.

V – o militar, enquanto em serviço ativo, não pode estar filiado a partidos políticos;

•• Inciso V acrescentado pela Emenda Constitucional n. 18, de 5-2-1998.

VI – o oficial só perderá o posto e a patente se for julgado indigno do oficialato ou com ele incompatível, por decisão de tribunal militar de caráter permanente, em tempo de paz, ou de tribunal especial, em tempo de guerra;

•• Inciso VI acrescentado pela Emenda Constitucional n. 18, de 5-2-1998.

VII – o oficial condenado na justiça comum ou militar a pena privativa de liberdade superior a 2 (dois) anos, por sentença transitada em julgado, será submetido ao julgamento previsto no inciso anterior;

•• Inciso VII acrescentado pela Emenda Constitucional n. 18, de 5-2-1998.

VIII – aplica-se aos militares o disposto no art. 7.º, incisos VIII, XII, XVII, XVIII, XIX e XXV, e no art. 37, incisos XI, XIII, XIV e XV, bem como, na forma da lei e com prevalência da atividade militar, no art. 37, inciso XVI, alínea *c*;

•• Inciso VIII com redação determinada pela Emenda Constitucional n. 77, de 11-2-2014.

- *Vide* Súmula Vinculante 6 do STF.

IX – *(Revogado pela Emenda Constitucional n. 41, de 19-12-2003.)*

X – a lei disporá sobre o ingresso nas Forças Armadas, os limites de idade, a estabilidade e outras condições de transferência do militar para a inatividade, os direitos, os deveres, a remuneração, as prerrogativas e outras situações especiais dos militares, consideradas as peculiaridades de suas atividades, inclusive aquelas cumpridas por força de compromissos internacionais e de guerra.

•• Inciso X acrescentado pela Emenda Constitucional n. 18, de 5-2-1998.

- *Vide* art. 40, § 20.
- *Vide* Súmula Vinculante 4.

Art. 143. O serviço militar é obrigatório nos termos da lei.

- Lei do Serviço Militar: Lei n. 4.375, de 17-8-1964, regulamentada pelo Decreto n. 57.654, de 20-1-1966.

§ 1.º Às Forças Armadas compete, na forma da lei, atribuir serviço alternativo aos que, em tempo de paz, após alistados, alegarem imperativo de consciência, entendendo-se como tal o decorrente de crença religiosa e de convicção filosófica ou política, para se eximirem de atividades de caráter essencialmente militar.

•• Regulamento: Lei n. 8.239, de 4-10-1991.

§ 2.º As mulheres e os eclesiásticos ficam isentos do serviço militar obrigatório em tempo de paz, sujeitos, porém, a outros encargos que a lei lhes atribuir.

•• Regulamento: Lei n. 8.239, de 4-10-1991.

CAPÍTULO III
DA SEGURANÇA PÚBLICA

•• A Lei n. 11.530, de 24-10-2007, institui o PRONASCI.

Art. 144. A segurança pública, dever do Estado, direito e responsabilidade de todos, é exercida para a preservação da ordem pública e da incolumidade das pessoas e do patrimônio, através dos seguintes órgãos:

I – polícia federal;

II – polícia rodoviária federal;

- Competência da Polícia Rodoviária Federal: Decreto n. 1.655, de 3-10-1995.

III – polícia ferroviária federal;

IV – polícias civis;

- Conselho Nacional de Segurança Pública – CONASP: Decreto n. 9.489, de 30-8-2018.

V – polícias militares e corpos de bombeiros militares.

§ 1.º A polícia federal, instituída por lei como órgão permanente, organizado e mantido pela União e estruturado em carreira, destina-se a:

•• § 1.º, *caput*, com redação determinada pela Emenda Constitucional n. 19, de 4-6-1998.

I – apurar infrações penais contra a ordem política e social ou em detrimento de bens, serviços e interesses da União ou de suas entidades autárquicas e empresas públicas, assim como outras infrações cuja prática tenha repercussão interestadual ou internacional e exija repressão uniforme, segundo se dispuser em lei;

• A Lei n. 8.137, de 27-12-1990, define crimes contra a ordem tributária, econômica e contra as relações de consumo (contra formação de cartel dispõe o art. 4.º, I e II).

• A Lei n. 10.446, de 8-5-2002, dispõe sobre infrações penais de repercussão interestadual ou internacional que exigem repressão uniforme, para os fins do disposto neste inciso.

II – prevenir e reprimir o tráfico ilícito de entorpecentes e drogas afins, o contrabando e o descaminho, sem prejuízo da ação fazendária e de outros órgãos públicos nas respectivas áreas de competência;

• Contrabando e Descaminho: Decreto n. 2.730, de 10-8-1998.

III – exercer as funções de polícia marítima, aeroportuária e de fronteiras;

•• Inciso III com redação determinada pela Emenda Constitucional n. 19, de 4-6-1998.

IV – exercer, com exclusividade, as funções de polícia judiciária da União.

§ 2.º A polícia rodoviária federal, órgão permanente, organizado e mantido pela União e estruturado em carreira, destina-se, na forma da lei, ao patrulhamento ostensivo das rodovias federais.

•• § 2.º com redação determinada pela Emenda Constitucional n. 19, de 4-6-1998.

• Policial Rodoviário Federal: Lei n. 9.654, de 2-6-1998.

§ 3.º A polícia ferroviária federal, órgão permanente, organizado e mantido pela União e estruturado em carreira, destina-se, na forma da lei, ao patrulhamento ostensivo das ferrovias federais.

•• § 3.º com redação determinada pela Emenda Constitucional n. 19, de 4-6-1998.

§ 4.º Às polícias civis, dirigidas por delegados de polícia de carreira, incumbem, ressalvada a competência da União, as funções de polícia judiciária e a apuração de infrações penais, exceto as militares.

§ 5.º Às polícias militares cabem a polícia ostensiva e a preservação da ordem pública; aos corpos de bombeiros militares, além das atribuições definidas em lei, incumbe a execução de atividades de defesa civil.

§ 6.º As polícias militares e corpos de bombeiros militares, forças auxiliares e reserva do Exército, subordinam-se, juntamente com as polícias civis, aos Governadores dos Estados, do Distrito Federal e dos Territórios.

§ 7.º A lei disciplinará a organização e o funcionamento dos órgãos responsáveis pela segurança pública, de maneira a garantir a eficiência de suas atividades.

• Conselho Nacional de Segurança Pública – CONASP: Decreto n. 9.489, de 30-8-2018.

§ 8.º Os Municípios poderão constituir guardas municipais destinadas à proteção de seus bens, serviços e instalações, conforme dispuser a lei.

§ 9.º A remuneração dos servidores policiais integrantes dos órgãos relacionados neste artigo será fixada na forma do § 4.º do art. 39.

•• § 9.º acrescentado pela Emenda Constitucional n. 19, de 4-6-1998.

§ 10. A segurança viária, exercida para a preservação da ordem pública e da incolumidade das pessoas e do seu patrimônio nas vias públicas:

•• § 10, *caput*, acrescentado pela Emenda Constitucional n. 82, de 16-7-2014.

I – compreende a educação, engenharia e fiscalização de trânsito, além de outras atividades previstas em lei, que assegurem ao cidadão o direito à mobilidade urbana eficiente; e

•• Inciso I acrescentado pela Emenda Constitucional n. 82, de 16-7-2014.

II – compete, no âmbito dos Estados, do Distrito Federal e dos Municípios, aos respectivos órgãos ou entidades executivos e seus agentes de trânsito, estruturados em Carreira, na forma da lei.

•• Inciso II acrescentado pela Emenda Constitucional n. 82, de 16-7-2014.

TÍTULO VI
DA TRIBUTAÇÃO E DO ORÇAMENTO

• CTN: Lei n. 5.172, de 25-10-1966.

CAPÍTULO I
DO SISTEMA TRIBUTÁRIO NACIONAL

• Crimes contra a ordem tributária, econômica e contra as relações de consumo: Lei n. 8.137, de 27-12-1990.

• Crimes contra a ordem econômica: Lei n. 8.176, de 8-2-1991.

• O Decreto n. 2.730, de 10-8-1998, dispõe sobre o encaminhamento ao Ministério Público da representação fiscal para os crimes contra a ordem tributária.

SEÇÃO I
Dos Princípios Gerais

Art. 145. A União, os Estados, o Distrito Federal e os Municípios poderão instituir os seguintes tributos:

I – impostos;

II – taxas, em razão do exercício do poder de polícia ou pela utilização, efetiva ou potencial, de serviços públicos específicos e divisíveis, prestados ao contribuinte ou postos a sua disposição;

• *Vide* Súmula Vinculante 41.

III – contribuição de melhoria, decorrente de obras públicas.

• O Decreto-lei n. 195, de 24-2-1967, dispõe sobre a cobrança da contribuição de melhoria.

§ 1.º Sempre que possível, os impostos terão caráter pessoal e serão graduados segundo a capacidade econômica do contribuinte, facultado à administração tributária, especialmente para conferir efetividade a esses objetivos, identificar, respeitados os direitos individuais e nos termos da lei, o patrimônio, os rendimentos e as atividades econômicas do contribuinte.

§ 2.º As taxas não poderão ter base de cálculo própria de impostos.

Art. 146. Cabe à lei complementar:

I – dispor sobre conflitos de competência, em matéria tributária, entre a União, os Estados, o Distrito Federal e os Municípios;

II – regular as limitações constitucionais ao poder de tributar;

III – estabelecer normas gerais em matéria de legislação tributária, especialmente sobre:

a) definição de tributos e de suas espécies, bem como, em relação aos impostos discriminados nesta Constituição, a dos respectivos fatos geradores, bases de cálculo e contribuintes;

b) obrigação, lançamento, crédito, prescrição e decadência tributários;

c) adequado tratamento tributário ao ato cooperativo praticado pelas sociedades cooperativas;

d) definição de tratamento diferenciado e favorecido para as microempresas e para as empresas de pequeno porte, inclusive regimes especiais ou simplificados no caso do imposto previsto no art. 155, II, das contribuições previstas no art. 195, I e §§ 12 e 13, e da contribuição a que se refere o art. 239.

•• Alínea *d* acrescentada pela Emenda Constitucional n. 42, de 19-12-2003.

•• A Lei Complementar n. 123, de 14-12-2006, institui o Regime Especial Unificado de Arrecadação de Tributos e Contribuições devidos pelas Microempresas e Empresas de Pequeno Porte – Simples Nacional.

• *Vide* art. 94 do ADCT.

Parágrafo único. A lei complementar de que trata o inciso III, *d*, também poderá instituir um regime único de arrecadação dos impostos e contribuições da União, dos Estados, do Distrito Federal e dos Municípios, observado que:

•• Parágrafo único, *caput*, acrescentado pela Emenda Constitucional n. 42, de 19-12-2003.

I – será opcional para o contribuinte;

•• Inciso I acrescentado pela Emenda Constitucional n. 42, de 19-12-2003.

II – poderão ser estabelecidas condições de enquadramento diferenciadas por Estado;

•• Inciso II acrescentado pela Emenda Constitucional n. 42, de 19-12-2003.

III – o recolhimento será unificado e centralizado e a distribuição da parcela de recursos pertencentes aos respectivos entes federados será imediata, vedada qualquer retenção ou condicionamento;

•• Inciso III acrescentado pela Emenda Constitucional n. 42, de 19-12-2003.

•• *Vide* art. 107, § 6.º, I, do ADCT.

IV – a arrecadação, a fiscalização e a cobrança poderão ser compartilhadas pelos entes federados, adotado cadastro nacional único de contribuintes.

•• Inciso IV acrescentado pela Emenda Constitucional n. 42, de 19-12-2003.

Art. 146-A. Lei complementar poderá estabelecer critérios especiais de tributação, com o objetivo de prevenir desequilíbrios da concorrência, sem prejuízo da competência de a União, por lei, estabelecer normas de igual objetivo.

•• Artigo acrescentado pela Emenda Constitucional n. 42, de 19-12-2003.

Art. 147. Competem à União, em Território Federal, os impostos estaduais e, se o Território não for dividido em Municípios, cumulativamente, os impostos municipais; ao Distrito Federal cabem os impostos municipais.

Art. 148. A União, mediante lei complementar, poderá instituir empréstimos compulsórios:

I – para atender a despesas extraordinárias, decorrentes de calamidade pública, de guerra externa ou sua iminência;

II – no caso de investimento público de caráter urgente e de relevante interesse nacional, observado o disposto no art. 150, III, *b*.

Parágrafo único. A aplicação dos recursos provenientes de empréstimo compulsório será vinculada à despesa que fundamentou sua instituição.

Art. 149. Compete exclusivamente à União instituir contribuições sociais, de intervenção no domínio econômico e de interesse das categorias profissionais ou econômicas, como instrumento de sua atuação nas respectivas áreas, observado o disposto nos arts. 146, III, e 150, I e III, e sem prejuízo do previsto no art. 195, § 6.º, relativamente às contribuições a que alude o dispositivo.

• A Lei n. 10.336, de 19-12-2001, institui a Contribuição de Intervenção no Domínio Econômico incidente sobre a importação e a comercialização de petróleo e seus derivados, gás natural e seus derivados e álcool etílico combustível (Cide) a que se refere este artigo.

§ 1.º Os Estados, o Distrito Federal e os Municípios instituirão contribuição, cobrada de seus servidores, para o custeio, em benefício destes, do regime previdenciário de que trata o art. 40, cuja alíquota não será inferior à da contribuição dos servidores titulares de cargos efetivos da União.

•• § 1.º com redação determinada pela Emenda Constitucional n. 41, de 19-12-2003.

§ 2.º As contribuições sociais e de intervenção no domínio econômico de que trata o *caput* deste artigo:

•• § 2.º, *caput*, acrescentado pela Emenda Constitucional n. 33, de 11-12-2001.

I – não incidirão sobre as receitas decorrentes de exportação;

•• Inciso I acrescentado pela Emenda Constitucional n. 33, de 11-12-2001.

II – incidirão também sobre a importação de produtos estrangeiros ou serviços;

•• Inciso II com redação determinada pela Emenda Constitucional n. 42, de 19-12-2003.

III – poderão ter alíquotas:

•• Inciso III, *caput*, acrescentado pela Emenda Constitucional n. 33, de 11-12-2001.

a) *ad valorem*, tendo por base o faturamento, a receita bruta ou o valor da operação e, no caso de importação, o valor aduaneiro;

•• Alínea *a* acrescentada pela Emenda Constitucional n. 33, de 11-12-2001.

b) específica, tendo por base a unidade de medida adotada.

•• Alínea *b* acrescentada pela Emenda Constitucional n. 33, de 11-12-2001.

§ 3.º A pessoa natural destinatária das operações de importação poderá ser equiparada a pessoa jurídica, na forma da lei.

•• § 3.º acrescentado pela Emenda Constitucional n. 33, de 11-12-2001.

§ 4.º A lei definirá as hipóteses em que as contribuições incidirão uma única vez.

•• § 4.º acrescentado pela Emenda Constitucional n. 33, de 11-12-2001.

Art. 149-A. Os Municípios e o Distrito Federal poderão instituir contribuição, na forma das respectivas leis, para o custeio do serviço de iluminação pública, observado o disposto no art. 150, I e III.

•• *Caput* acrescentado pela Emenda Constitucional n. 39, de 19-12-2002.

Parágrafo único. É facultada a cobrança da contribuição a que se refere o *caput*, na fatura de consumo de energia elétrica.

•• Parágrafo único acrescentado pela Emenda Constitucional n. 39, de 19-12-2002.

SEÇÃO II

Das Limitações do Poder de Tributar

Art. 150. Sem prejuízo de outras garantias asseguradas ao contribuinte, é vedado à União, aos Estados, ao Distrito Federal e aos Municípios:

I – exigir ou aumentar tributo sem lei que o estabeleça;

II – instituir tratamento desigual entre contribuintes que se encontrem em situação equivalente, proibida qualquer distinção em razão de ocupação profissional ou função por eles exercida, independentemente da denominação jurídica dos rendimentos, títulos ou direitos;

III – cobrar tributos:

a) em relação a fatos geradores ocorridos antes do início da vigência da lei que os houver instituído ou aumentado;

b) no mesmo exercício financeiro em que haja sido publicada a lei que os instituiu ou aumentou;

c) antes de decorridos noventa dias da data em que haja sido publicada a lei que os instituiu ou aumentou, observado o disposto na alínea *b*;

•• Alínea *c* acrescentada pela Emenda Constitucional n. 42, de 19-12-2003.

IV – utilizar tributo com efeito de confisco;

V – estabelecer limitações ao tráfego de pessoas ou bens, por meio de tributos interestaduais ou intermunicipais, ressalvada a cobrança de pedágio pela utilização de vias conservadas pelo Poder Público;

VI – instituir impostos sobre:

a) patrimônio, renda ou serviços, uns dos outros;

b) templos de qualquer culto;

c) patrimônio, renda ou serviços dos partidos políticos, inclusive suas fundações, das entidades sindicais dos trabalhadores, das instituições de educação e de assistência social, sem fins lucrativos, atendidos os requisitos da lei;

d) livros, jornais, periódicos e o papel destinado a sua impressão.

e) fonogramas e videofonogramas musicais produzidos no Brasil contendo obras musicais ou literomusicais de autores brasileiros e/ou obras em geral interpretadas por artistas brasileiros bem como os suportes materiais ou arquivos digitais que o contenham, salvo na etapa da replicação industrial de mídias ópticas de leitura a *laser*.

•• Alínea *e* acrescentada pela Emenda Constitucional n. 75, de 15-10-2013.

§ 1.º A vedação do inciso III, *b*, não se aplica aos tributos previstos nos arts. 148, I, 153, I, II, IV e V; e 154, II; e a vedação do inciso III, *c*, não se aplica aos tributos previstos nos arts. 148, I, 153, I, II, III e V; e 154, II, nem à fixação da base de cálculo dos impostos previstos nos arts. 155, III, e 156, I.

•• § 1.º com redação determinada pela Emenda Constitucional n. 42, de 19-12-2003.

§ 2.º A vedação do inciso VI, *a*, é extensiva às autarquias e às fundações instituídas e mantidas pelo Poder Público, no que se refere ao patrimônio, à renda e aos serviços, vinculados a suas finalidades essenciais ou às delas decorrentes.

§ 3.º As vedações do inciso VI, *a*, e do parágrafo anterior não se aplicam ao patrimônio, à renda e aos serviços, relacionados com exploração de atividades econômicas regidas pelas normas aplicáveis a empreendimentos privados, ou em que haja contraprestação ou pagamento de preços ou tarifas pelo usuário, nem exonera o promitente comprador da obrigação de pagar imposto relativamente ao bem imóvel.

§ 4.º As vedações expressas no inciso VI, alíneas *b* e *c*, compreendem somente o patrimônio, a renda e os serviços, relacionados com as finalidades essenciais das entidades nelas mencionadas.

§ 5.º A lei determinará medidas para que os consumidores sejam esclarecidos acerca dos impostos que incidam sobre mercadorias e serviços.

§ 6.º Qualquer subsídio ou isenção, redução de base de cálculo, concessão de crédito presumido, anistia ou remissão, relativos a impostos, taxas ou contribuições, só poderá ser concedido mediante lei específica, federal, estadual ou municipal, que regule exclusivamente as matérias acima enumeradas ou o correspondente tributo ou contribuição, sem prejuízo do disposto no art. 155, § 2.º, XII, *g*.

•• § 6.º com redação determinada pela Emenda Constitucional n. 3, de 17-3-1993.

§ 7.º A lei poderá atribuir a sujeito passivo de obrigação tributária a condição de responsável pelo pagamento de imposto ou contribuição, cujo fato gerador deva ocorrer posteriormente, assegurada a imediata e preferencial restituição da quantia paga, caso não se realize o fato gerador presumido.

•• § 7.º acrescentado pela Emenda Constitucional n. 3, de 17-3-1993.

Art. 151. É vedado à União:

I – instituir tributo que não seja uniforme em todo o território nacional ou que implique distinção ou preferência em relação a Estado, ao Distrito Federal ou a Município, em detrimento de outro, admitida a concessão de incentivos fiscais destinados a promover o equilíbrio do desenvolvimento socioeconômico entre as diferentes regiões do País;

II – tributar a renda das obrigações da dívida pública dos Estados, do Distrito Federal e dos Municípios, bem como a remuneração e os proventos dos respectivos agentes públicos, em níveis superiores aos que fixar para suas obrigações e para seus agentes;

III – instituir isenções de tributos da competência dos Estados, do Distrito Federal ou dos Municípios.

Art. 152. É vedado aos Estados, ao Distrito Federal e aos Municípios estabelecer diferença tributária entre bens e serviços, de qualquer natureza, em razão de sua procedência ou destino.

SEÇÃO III

Dos Impostos da União

Art. 153. Compete à União instituir impostos sobre:

I – importação de produtos estrangeiros;

• *Vide* art. 62, § 2.º, da CF.

• Sobre o imposto de importação cuidam as Leis n. 7.810, de 30-8-1989, n. 8.032, de 12-4-1990, e n. 9.449, de 14-3-1997.

II – exportação, para o exterior, de produtos nacionais ou nacionalizados;

• *Vide* art. 62, § 2.º, da CF.

III – renda e proventos de qualquer natureza;

• O Decreto n. 9.580, de 22-11-2018, regulamenta a tributação, fiscalização, arrecadação e administração do Imposto sobre a Renda.

• *Vide* Súmula 125 do STJ.

IV – produtos industrializados;

• *Vide* art. 62, § 2.º, da CF.

V – operações de crédito, câmbio e seguro, ou relativas a títulos ou valores mobiliários;

• *Vide* Súmula Vinculante 32.
• *Vide* art. 62, § 2.º, da CF.
• O Decreto n. 6.306, de 14-12-2007, regulamenta o Imposto sobre Operações de Crédito, Câmbio e Seguro, ou relativas a Títulos ou Valores Mobiliários – IOF.

VI – propriedade territorial rural;

• *Vide* § 4.º deste artigo.
• A Lei n. 9.393, de 19-12-1996, dispõe sobre o Imposto sobre a Propriedade Territorial Rural – ITR, e sobre o pagamento da Dívida representada por Títulos da Dívida Agrária.
• O Decreto n. 4.382, de 19-9-2002, regulamenta a tributação, fiscalização, arrecadação e administração do Imposto sobre a Propriedade Territorial Rural – ITR.

VII – grandes fortunas, nos termos de lei complementar.

§ 1.º É facultado ao Poder Executivo, atendidas as condições e os limites estabelecidos em lei, alterar as alíquotas dos impostos enumerados nos incisos I, II, IV e V.

§ 2.º O imposto previsto no inciso III:

I – será informado pelos critérios da generalidade, da universalidade e da progressividade, na forma da lei;

II – *(Revogado pela Emenda Constitucional n. 20, de 15-12-1998.)*

§ 3.º O imposto previsto no inciso IV:

I – será seletivo, em função da essencialidade do produto;

II – será não cumulativo, compensando-se o que for devido em cada operação com o montante cobrado nas anteriores;

III – não incidirá sobre produtos industrializados destinados ao exterior;

IV – terá reduzido seu impacto sobre a aquisição de bens de capital pelo contribuinte do imposto, na forma da lei.

•• Inciso IV acrescentado pela Emenda Constitucional n. 42, de 19-12-2003.

§ 4.º O imposto previsto no inciso VI do *caput*:

•• § 4.º, *caput*, com redação determinada pela Emenda Constitucional n. 42, de 19-12-2003.

I – será progressivo e terá suas alíquotas fixadas de forma a desestimular a manutenção de propriedades improdutivas;

•• Inciso I acrescentado pela Emenda Constitucional n. 42, de 19-12-2003.

II – não incidirá sobre pequenas glebas rurais, definidas em lei, quando as explore o proprietário que não possua outro imóvel;

•• Inciso II acrescentado pela Emenda Constitucional n. 42, de 19-12-2003.

III – será fiscalizado e cobrado pelos Municípios que assim optarem, na forma da lei, desde que não implique redução do imposto ou qualquer outra forma de renúncia fiscal.

•• Inciso III acrescentado pela Emenda Constitucional n. 42, de 19-12-2003.

§ 5.º O ouro, quando definido em lei como ativo financeiro ou instrumento cambial, sujeita-se exclusivamente à incidência do imposto de que trata o inciso V do *caput* deste artigo, devido na operação de origem; a alíquota mínima será de um por cento, assegurada a transferência do montante da arrecadação nos seguintes termos:

•• *Vide* art. 107, § 6.º, I, do ADCT.

I – trinta por cento para o Estado, o Distrito Federal ou o Território, conforme a origem;

II – setenta por cento para o Município de origem.

• A Lei n. 7.766, de 11-5-1989, dispõe sobre o ouro, ativo financeiro e sobre seu tratamento tributário.

• *Vide* arts. 72, § 3.º, 74, § 2.º, 75 e 76, § 1.º, do ADCT.

Art. 154. A União poderá instituir:

I – mediante lei complementar, impostos não previstos no artigo anterior, desde que sejam não cumulativos e não tenham fato gerador ou base de cálculo próprios dos discriminados nesta Constituição;

• *Vide* arts. 74, § 2.º, e 75 do ADCT.

II – na iminência ou no caso de guerra externa, impostos extraordinários, compreendidos ou não em sua competência tributária, os quais serão suprimidos, gradativamente, cessadas as causas de sua criação.

• *Vide* art. 62, § 2.º, da CF.

SEÇÃO IV

Dos Impostos dos Estados e do Distrito Federal

Art. 155. Compete aos Estados e ao Distrito Federal instituir impostos sobre:

•• *Caput* com redação determinada pela Emenda Constitucional n. 3, de 17-3-1993.

I – transmissão *causa mortis* e doação, de quaisquer bens ou direitos;

•• Inciso I com redação determinada pela Emenda Constitucional n. 3, de 17-3-1993.
• *Vide* § 1.º deste artigo.
• *Vide* art. 60, II, do ADCT.

II – operações relativas à circulação de mercadorias e sobre prestações de serviços de transporte interestadual e intermunicipal e de comunicação, ainda que as operações e as prestações se iniciem no exterior;

•• Inciso II com redação determinada pela Emenda Constitucional n. 3, de 17-3-1993.
• *Vide* § 2.º deste artigo.
• *Vide* art. 60, II, do ADCT.
• A Lei Complementar n. 114, de 16-12-2002, altera a legislação do imposto dos Estados e do Distrito Federal sobre operações relativas à circulação de mercadorias e sobre prestações de serviços de transporte interestadual e intermunicipal e de comunicação.

III – propriedade de veículos automotores.

•• Inciso III com redação determinada pela Emenda Constitucional n. 3, de 17-3-1993.
• *Vide* § 6.º deste artigo.
• *Vide* art. 60, II, do ADCT.

§ 1.º O imposto previsto no inciso I:

•• § 1.º, *caput*, com redação determinada pela Emenda Constitucional n. 3, de 17-3-1993.

I – relativamente a bens imóveis e respectivos direitos, compete ao Estado da situação do bem, ou ao Distrito Federal;

II – relativamente a bens móveis, títulos e créditos, compete ao Estado onde se processar o inventário ou arrolamento, ou tiver domicílio o doador, ou ao Distrito Federal;

III – terá a competência para sua instituição regulada por lei complementar:

a) se o doador tiver domicílio ou residência no exterior;

b) se o *de cujus* possuía bens, era residente ou domiciliado ou teve o seu inventário processado no exterior;

IV – terá suas alíquotas máximas fixadas pelo Senado Federal.

§ 2.º O imposto previsto no inciso II atenderá ao seguinte:

•• § 2.º, *caput*, com redação determinada pela Emenda Constitucional n. 3, de 17-3-1993.

• O Decreto-lei n. 406, de 31-12-1968, estabelece normas gerais de Direito Financeiro, aplicáveis aos Impostos sobre Operações Relativas à Circulação de Mercadorias e sobre Serviços de Qualquer Natureza.

I – será não cumulativo, compensando-se o que for devido em cada operação relativa à circulação de mercadorias ou prestação de serviços com o montante cobrado nas anteriores pelo mesmo ou outro Estado ou pelo Distrito Federal;

II – a isenção ou não incidência, salvo determinação em contrário da legislação:

• A Lei Complementar n. 24, de 7-1-1975, dispõe sobre os Convênios para a concessão de isenções do Imposto sobre Operações Relativas à Circulação de Mercadorias.

• A Lei Complementar n. 87 (Lei Kandir), de 13-9-1996, dispõe sobre o Imposto dos Estados e do Distrito Federal, sobre Operações Relativas à Circulação de Mercadorias e sobre Prestações de Serviços de Transporte Interestadual e Intermunicipal e de Comunicação.

a) não implicará crédito para compensação com o montante devido nas operações ou prestações seguintes;

b) acarretará a anulação do crédito relativo às operações anteriores;

III – poderá ser seletivo, em função da essencialidade das mercadorias e dos serviços;

IV – resolução do Senado Federal, de iniciativa do Presidente da República ou de um terço dos Senadores, aprovada pela maioria absoluta de seus membros, estabelecerá as alíquotas aplicáveis às operações e prestações, interestaduais e de exportação;

V – é facultado ao Senado Federal:

a) estabelecer alíquotas mínimas nas operações internas, mediante resolução de iniciativa de um terço e aprovada pela maioria absoluta de seus membros;

b) fixar alíquotas máximas nas mesmas operações para resolver conflito específico que envolva interesse de Estados, mediante resolução de iniciativa da maioria absoluta e aprovada por dois terços de seus membros;

VI – salvo deliberação em contrário dos Estados e do Distrito Federal, nos termos do disposto no inciso XII, *g*, as alíquotas internas, nas operações relativas à circulação de mercadorias e nas prestações de serviços, não poderão ser inferiores às previstas para as operações interestaduais;

VII – nas operações e prestações que destinem bens e serviços a consumidor final, contribuinte ou não do imposto, localizado em outro Estado, adotar-se-á a alíquota interestadual e caberá ao Estado de localização do destinatário o imposto correspondente à diferença entre a alíquota interna do Estado destinatário e a alíquota interestadual;

•• Inciso VII, *caput*, com redação determinada pela Emenda Constitucional n. 87, de 16-4-2015, em vigor na data de sua publicação, produzindo efeitos no ano subsequente e após 90 (noventa) dias desta.

a) *(Revogada pela Emenda Constitucional n. 87, de 16-4-2015, em vigor na data de sua publicação, produzindo efeitos no ano subsequente e após 90 (noventa) dias desta.)*

b) *(Revogada pela Emenda Constitucional n. 87, de 16-4-2015, em vigor na data de sua publicação, produzindo efeitos no ano subsequente e após 90 (noventa) dias desta.)*

VIII – a responsabilidade pelo recolhimento do imposto correspondente à diferença entre a alíquota interna e a interestadual de que trata o inciso VII será atribuída:

•• Inciso VIII, *caput*, com redação determinada pela Emenda Constitucional n. 87, de 16-4-2015, em vigor na data de sua publicação, produzindo efeitos no ano subsequente e após 90 (noventa) dias desta.

a) ao destinatário, quando este for contribuinte do imposto;

•• Alínea *a* acrescentada pela Emenda Constitucional n. 87, de 16-4-2015, em vigor na data de sua publicação, produzindo efeitos no ano subsequente e após 90 (noventa) dias desta.

b) ao remetente, quando o destinatário não for contribuinte do imposto;

•• Alínea *b* acrescentada pela Emenda Constitucional n. 87, de 16-4-2015, em vigor na data de sua publicação, produzindo efeitos no ano subsequente e após 90 (noventa) dias desta.

IX – incidirá também:

a) sobre a entrada de bem ou mercadoria importados do exterior por pessoa física ou jurídica, ainda que não seja contribuinte habitual do imposto, qualquer que seja a sua finalidade, assim como sobre o serviço prestado no exterior, cabendo o imposto ao Estado onde estiver situado o domicílio ou o estabelecimento do destinatário da mercadoria, bem ou serviço;

•• Alínea *a* com redação determinada pela Emenda Constitucional n. 33, de 11-12-2001.

• *Vide* Súmula Vinculante 48.

b) sobre o valor total da operação, quando mercadorias forem fornecidas com serviços não compreendidos na competência tributária dos Municípios;

X – não incidirá:

a) sobre operações que destinem mercadorias para o exterior, nem sobre serviços prestados a destinatários no exterior, assegurada a manutenção e o aproveitamento do montante do imposto cobrado nas operações e prestações anteriores;

•• Alínea *a* com redação determinada pela Emenda Constitucional n. 42, de 19-12-2003.

b) sobre operações que destinem a outros Estados petróleo, inclusive lubrificantes, combustíveis líquidos e gasosos dele derivados, e energia elétrica;

c) sobre o ouro, nas hipóteses definidas no art. 153, § 5.º;

d) nas prestações de serviço de comunicação nas modalidades de radiodifusão sonora e de sons e imagens de recepção livre e gratuita;

•• Alínea *d* acrescentada pela Emenda Constitucional n. 42, de 19-12-2003.

XI – não compreenderá, em sua base de cálculo, o montante do imposto sobre produtos industrializados, quando a operação, realizada entre contribuintes e relativa a produto destinado à industrialização ou à comercialização, configure fato gerador dos dois impostos;

XII – cabe à lei complementar:

• *Vide* art. 4.º da Emenda Constitucional n. 42, de 19-12-2003.

a) definir seus contribuintes;

b) dispor sobre substituição tributária;

c) disciplinar o regime de compensação do imposto;

d) fixar, para efeito de sua cobrança e definição do estabelecimento responsável, o local das operações relativas à circulação de mercadorias e das prestações de serviços;

e) excluir da incidência do imposto, nas exportações para o exterior, serviços e outros produtos além dos mencionados no inciso X, *a*;

f) prever casos de manutenção de crédito, relativamente à remessa para outro Estado e exportação para o exterior, de serviços e de mercadorias;

g) regular a forma como, mediante deliberação dos Estados e do Distrito Federal, isenções, incentivos e benefícios fiscais serão concedidos e revogados;

h) definir os combustíveis e lubrificantes sobre os quais o imposto incidirá uma única vez, qualquer que seja a sua finalidade, hipótese em que não se aplicará o disposto no inciso X, *b*;

•• Alínea *h* acrescentada pela Emenda Constitucional n. 33, de 11-12-2001.

• *Vide* § 4.º deste artigo.

i) fixar a base de cálculo, de modo que o montante do imposto a integre, também na importação do exterior de bem, mercadoria ou serviço.

•• Alínea *i* acrescentada pela Emenda Constitucional n. 33, de 11-12-2001.

§ 3.º À exceção dos impostos de que tratam o inciso II do *caput* deste artigo e o art. 153, I e II, nenhum outro imposto poderá incidir sobre operações relativas a energia elétrica, serviços de telecomunicações, derivados de petróleo, combustíveis e minerais do País.

•• § 3.º com redação determinada pela Emenda Constitucional n. 33, de 11-12-2001.

§ 4.º Na hipótese do inciso XII, *h*, observar-se-á o seguinte:

•• § 4.º, *caput*, acrescentado pela Emenda Constitucional n. 33, de 11-12-2001.

I – nas operações com os lubrificantes e combustíveis derivados de petróleo, o imposto caberá ao Estado onde ocorrer o consumo;

•• Inciso I acrescentado pela Emenda Constitucional n. 33, de 11-12-2001.

II – nas operações interestaduais, entre contribuintes, com gás natural e seus derivados, e lubrificantes e combustíveis não incluídos no inciso I deste parágrafo, o imposto será repartido entre os Estados de origem e de destino, mantendo-se a mesma proporcionalidade que ocorre nas operações com as demais mercadorias;

•• Inciso II acrescentado pela Emenda Constitucional n. 33, de 11-12-2001.

III – nas operações interestaduais com gás natural e seus derivados, e lubrificantes e combustíveis não incluídos no inciso I deste parágrafo, destinadas a não contribuinte, o imposto caberá ao Estado de origem;

•• Inciso III acrescentado pela Emenda Constitucional n. 33, de 11-12-2001.

IV – as alíquotas do imposto serão definidas mediante deliberação dos Estados e Distrito Federal, nos termos do § 2.º, XII, *g*, observando-se o seguinte:

•• Inciso IV, *caput*, acrescentado pela Emenda Constitucional n. 33, de 11-12-2001.

a) serão uniformes em todo o território nacional, podendo ser diferenciadas por produto;

•• Alínea *a* acrescentada pela Emenda Constitucional n. 33, de 11-12-2001.

b) poderão ser específicas, por unidade de medida adotada, ou *ad valorem*, incidindo sobre o valor da operação ou sobre o preço que o produto ou seu similar alcançaria em uma venda em condições de livre concorrência;

•• Alínea *b* acrescentada pela Emenda Constitucional n. 33, de 11-12-2001.

c) poderão ser reduzidas e restabelecidas, não se lhes aplicando o disposto no art. 150, III, *b*.

•• Alínea *c* acrescentada pela Emenda Constitucional n. 33, de 11-12-2001.

§ 5.º As regras necessárias à aplicação do disposto no § 4.º, inclusive as relativas à apuração e à destinação do imposto, serão estabelecidas mediante deliberação dos Estados e do Distrito Federal, nos termos do § 2.º, XII, *g*.

•• § 5.º acrescentado pela Emenda Constitucional n. 33, de 11-12-2001.

§ 6.º O imposto previsto no inciso III:

•• § 6.º, *caput*, acrescentado pela Emenda Constitucional n. 42, de 19-12-2003.

I – terá alíquotas mínimas fixadas pelo Senado Federal;

•• Inciso I acrescentado pela Emenda Constitucional n. 42, de 19-12-2003.

II – poderá ter alíquotas diferenciadas em função do tipo e utilização.

•• Inciso II acrescentado pela Emenda Constitucional n. 42, de 19-12-2003.

SEÇÃO V
Dos Impostos dos Municípios

Art. 156. Compete aos Municípios instituir impostos sobre:

I – propriedade predial e territorial urbana;

II – transmissão *inter vivos*, a qualquer título, por ato oneroso, de bens imóveis, por natureza ou acessão física, e de direitos reais sobre imóveis, exceto os de garantia, bem como cessão de direitos a sua aquisição;

III – serviços de qualquer natureza, não compreendidos no art. 155, II, definidos em lei complementar;

•• Inciso III com redação determinada pela Emenda Constitucional n. 3, de 17-3-1993.

• A Lei Complementar n. 116, de 31-7-2003, dispõe sobre o Imposto Sobre Serviços de Qualquer Natureza, de competência dos Municípios e do Distrito Federal.

IV – (*Revogado pela Emenda Constitucional n. 3, de 17-3-1993.*)

§ 1.º Sem prejuízo da progressividade no tempo a que se refere o art. 182, § 4.º, II, o imposto previsto no inciso I poderá:

•• § 1.º, *caput*, com redação determinada pela Emenda Constitucional n. 29, de 13-9-2000.

I – ser progressivo em razão do valor do imóvel; e

•• Inciso I acrescentado pela Emenda Constitucional n. 29, de 13-9-2000.

II – ter alíquotas diferentes de acordo com a localização e o uso do imóvel.

•• Inciso II acrescentado pela Emenda Constitucional n. 29, de 13-9-2000.

§ 2.º O imposto previsto no inciso II:

I – não incide sobre a transmissão de bens ou direitos incorporados ao patrimônio de pessoa jurídica em realização de capital, nem sobre a transmissão de bens ou direitos decorrentes de fusão, incorporação, cisão ou extinção de pessoa jurídica, salvo se, nesses casos, a atividade preponderante do adquirente for a compra e venda desses bens ou direitos, locação de bens imóveis ou arrendamento mercantil;

II – compete ao Município da situação do bem.

§ 3.º Em relação ao imposto previsto no inciso III do *caput* deste artigo, cabe à lei complementar:

•• § 3.º, *caput*, com redação determinada pela Emenda Constitucional n. 37, de 12-6-2002.

I – fixar as suas alíquotas máximas e mínimas;

•• Inciso I com redação determinada pela Emenda Constitucional n. 37, de 12-6-2002.

• *Vide* art. 88 do ADCT.

II – excluir da sua incidência exportações de serviços para o exterior;

•• Inciso II com redação determinada pela Emenda Constitucional n. 3, de 17-3-1993.

III – regular a forma e as condições como isenções, incentivos e benefícios fiscais serão concedidos e revogados.

•• Inciso III acrescentado pela Emenda Constitucional n. 37, de 12-6-2002.

• *Vide* art. 88 do ADCT.

§ 4.º (*Revogado pela Emenda Constitucional n. 3, de 17-3-1993.*)

SEÇÃO VI

Da Repartição das Receitas Tributárias

Art. 157. Pertencem aos Estados e ao Distrito Federal:

•• *Vide* art. 107, § 6.º, I, do ADCT.

I – o produto da arrecadação do imposto da União sobre renda e proventos de qualquer natureza, incidente na fonte, sobre rendimentos pagos, a qualquer título, por eles, suas autarquias e pelas fundações que instituírem e mantiverem;

• Regulamento do imposto sobre a renda e proventos de qualquer natureza: Decreto n. 3.000, de 26-3-1999.

• *Vide* art. 76, § 1.º, do ADCT.

II – vinte por cento do produto da arrecadação do imposto que a União instituir no exercício da competência que lhe é atribuída pelo art. 154, I.

• *Vide* art. 60, II, do ADCT.

Art. 158. Pertencem aos Municípios:

• A Lei Complementar n. 63, de 11-1-1990, dispõe sobre critérios e prazos de crédito das parcelas do produto da arrecadação de impostos de competência dos Estados e de transferências por estes recebidas, pertencentes aos Municípios.

I – o produto da arrecadação do imposto da União sobre renda e proventos de qualquer natureza, incidente na fonte, sobre rendimentos pagos, a qualquer título, por eles, suas autarquias e pelas fundações que instituírem e mantiverem;

•• *Vide* art. 107, § 6.º, I, do ADCT.

• *Vide* art. 76, § 1.º, do ADCT.

II – cinquenta por cento do produto da arrecadação do imposto da União sobre a propriedade territorial rural, relativamente aos imóveis neles situados, cabendo a totalidade na hipótese da opção a que se refere o art. 153, § 4.º, III;

•• Inciso II com redação determinada pela Emenda Constitucional n. 42, de 19-12-2003.

•• *Vide* art. 107, § 6.º, I, do ADCT.

• *Vide* arts. 60, II, 72, § 4.º, e 76, § 1.º, do ADCT.

III – cinquenta por cento do produto da arrecadação do imposto do Estado sobre a propriedade de veículos automotores licenciados em seus territórios;

• *Vide* art. 60, II, do ADCT.

IV – vinte e cinco por cento do produto da arrecadação do imposto do Estado sobre operações relativas à circulação de mercadorias e sobre prestações de serviços de transporte interestadual e intermunicipal e de comunicação.

• *Vide* arts. 60, II, e 82, § 1.º, do ADCT.

Parágrafo único. As parcelas de receita pertencentes aos Municípios, mencionadas no inciso IV, serão creditadas conforme os seguintes critérios:

I – três quartos, no mínimo, na proporção do valor adicionado nas operações relativas à circulação de mercadorias e nas prestações de serviços, realizadas em seus territórios;

II – até um quarto, de acordo com o que dispuser lei estadual ou, no caso dos Territórios, lei federal.

Art. 159. A União entregará:

•• *Vide* art. 107, § 6.º, I, do ADCT.

• Normas para cálculo, entrega e controle de liberações dos recursos dos Fundos de Participação: Lei Complementar n. 62, de 28-12-1989.

• *Vide* arts. 72, §§ 2.º e 4.º, e 80, § 1.º, do ADCT.

I – do produto da arrecadação dos impostos sobre renda e proventos de qualquer natureza e sobre produtos industrializados, 49% (quarenta e nove por cento), na seguinte forma:

•• Inciso I com redação determinada pela Emenda Constitucional n. 84, de 2-12-2014.

***a*) vinte e um inteiros e cinco décimos por cento ao Fundo de Participação dos Estados e do Distrito Federal;**

• *Vide* arts. 60, II, e 76, § 1.º, do ADCT.

***b*) vinte e dois inteiros e cinco décimos por cento ao Fundo de Participação dos Municípios;**

• *Vide* arts. 60, II, e 76, § 1.º, do ADCT.

• A Lei Complementar n. 91, de 22-12-1997, dispõe sobre a fixação dos coeficientes do Fundo de Participação dos Municípios.

***c*) três por cento, para aplicação em programas de financiamento ao setor produtivo das Regiões Norte, Nordeste e Centro-Oeste, através de suas instituições financeiras de caráter regional, de acordo com os planos regionais de desenvolvimento, ficando assegurada ao semiárido do Nordeste a metade dos recursos destinados à Região, na forma que a lei estabelecer;**

•• Alínea *c* regulamentada pela Lei n. 7.827, de 27-9-1989.

***d*) um por cento ao Fundo de Participação dos Municípios, que será entregue no primeiro decêndio do mês de dezembro de cada ano;**

•• Alínea *d* acrescentada pela Emenda Constitucional n. 55, de 20-9-2007. Esta alteração somente se aplica sobre a arrecadação dos impostos sobre renda e proventos de qualquer natureza e sobre produtos industrializados realizada a partir de 1.º-9-2007.

***e*) 1% (um por cento) ao Fundo de Participação dos Municípios, que será entregue no primeiro decêndio do mês de julho de cada ano;**

•• Alínea e acrescentada pela Emenda Constitucional n. 84, de 2-12-2014.

•• O art. 2.º da Emenda Constitucional n. 84, de 2-12-2014, dispõe:

"Art. 2.º Para os fins do disposto na alínea e do inciso I do *caput* do art. 159 da Constituição Federal, a União entregará ao Fundo de Participação dos Municípios o percentual de 0,5% (cinco décimos por cento) do produto da arrecadação dos impostos sobre renda e proventos de qualquer natureza e sobre produtos industrializados no primeiro exercício em que esta Emenda Constitucional gerar efeitos financeiros, acrescentando-se 0,5% (cinco décimos por cento) a cada exercício, até que se alcance o percentual de 1% (um por cento)".

II – do produto da arrecadação do imposto sobre produtos industrializados, dez por cento aos Estados e ao Distrito Federal, proporcionalmente ao valor das respectivas exportações de produtos industrializados;

• *Vide* arts. 60, II, e 76, § 1.º, do ADCT.

• A Lei n. 8.016, de 8-4-1990, dispõe sobre a entrega das quotas de participação dos Estados e do Distrito Federal na arrecadação do Imposto sobre Produtos Industrializados a que se refere este inciso.

III – do produto da arrecadação da contribuição de intervenção no domínio econômico prevista no art. 177, § 4.º, 29% (vinte e nove por cento) para os Estados e o Distrito Federal, distribuídos na forma da lei, observada a destinação a que se refere o inciso II, *c*, do referido parágrafo.

•• Inciso III com redação determinada pela Emenda Constitucional n. 44, de 30-6-2004.

•• *Vide* art. 93 do ADCT, que dispõe sobre a vigência deste inciso.

§ 1.º Para efeito de cálculo da entrega a ser efetuada de acordo com o previsto no inciso I, excluir-se-á a parcela da arrecadação do imposto de renda e proventos de qualquer natureza pertencente aos Estados, ao Distrito Federal e aos Municípios, nos termos do disposto nos arts. 157, I, e 158, I.

§ 2.º A nenhuma unidade federada poderá ser destinada parcela superior a vinte por cento do montante a que se refere o inciso II, devendo o eventual excedente ser distribuído entre os demais participantes, mantido, em relação a esses, o critério de partilha nele estabelecido.

• Normas para participação dos Estados e do Distrito Federal no produto da arrecadação do IPI, relativamente às exportações: Lei Complementar n. 61, de 26-12-1989.

§ 3.º Os Estados entregarão aos respectivos Municípios vinte e cinco por cento dos recursos que receberem nos termos do inciso II, observados os critérios estabelecidos no art. 158, parágrafo único, I e II.

• A Lei Complementar n. 63, de 11-1-1990, dispõe sobre critérios e prazos de crédito das parcelas do produto da arrecadação de impostos de competência dos Estados e de transferências por estes recebidas, pertencentes aos Municípios.

§ 4.º Do montante de recursos de que trata o inciso III que cabe a cada Estado, vinte e cinco por cento serão destinados aos seus Municípios, na forma da lei a que se refere o mencionado inciso.

•• § 4.º acrescentado pela Emenda Constitucional n. 42, de 19-12-2003.

•• *Vide* art. 93 do ADCT, que dispõe sobre a vigência deste parágrafo.

Art. 160. É vedada a retenção ou qualquer restrição à entrega e ao emprego dos recursos atribuídos, nesta seção, aos Estados, ao Distrito Federal e aos Municípios, neles compreendidos adicionais e acréscimos relativos a impostos.

• *Vide* art. 3.º da Emenda Constitucional n. 17, de 22-11-1997.

Parágrafo único. A vedação prevista neste artigo não impede a União e os Estados de condicionarem a entrega de recursos:

•• Parágrafo único, *caput*, com redação determinada pela Emenda Constitucional n. 29, de 13-9-2000.

I – ao pagamento de seus créditos, inclusive de suas autarquias;

•• Inciso I acrescentado pela Emenda Constitucional n. 29, de 13-9-2000.

II – ao cumprimento do disposto no art. 198, § 2.º, II e III.

•• Inciso II acrescentado pela Emenda Constitucional n. 29, de 13-9-2000.

Art. 161. Cabe à lei complementar:

I – definir valor adicionado para fins do disposto no art. 158, parágrafo único, I;

II – estabelecer normas sobre a entrega dos recursos de que trata o art. 159, especialmente sobre os critérios de rateio dos fundos previstos em seu inciso I, objetivando promover o equilíbrio socioeconômico entre Estados e entre Municípios;

III – dispor sobre o acompanhamento, pelos beneficiários, do cálculo das quotas e da liberação das participações previstas nos arts. 157, 158 e 159.

Parágrafo único. O Tribunal de Contas da União efetuará o cálculo das quotas referentes aos fundos de participação a que alude o inciso II.

Art. 162. A União, os Estados, o Distrito Federal e os Municípios divulgarão, até o último dia do mês subsequente ao da arrecadação, os montantes de cada um dos tributos arrecadados, os recursos recebidos, os valores de origem tributária entregues e a entregar e a expressão numérica dos critérios de rateio.

Parágrafo único. Os dados divulgados pela União serão discriminados por Estado e por Município; os dos Estados, por Município.

CAPÍTULO II
DAS FINANÇAS PÚBLICAS

SEÇÃO I
Normas Gerais

Art. 163. Lei complementar disporá sobre:

• *Vide* art. 30 da Emenda Constitucional n. 19, de 4-6-1998.

I – finanças públicas;

• A Lei Complementar n. 101, de 4-5-2000, estabelece normas de finanças públicas voltadas para a responsabilidade na gestão fiscal e dá outras providências.

II – dívida pública externa e interna, incluída a das autarquias, fundações e demais entidades controladas pelo Poder Público;

III – concessão de garantias pelas entidades públicas;

IV – emissão e resgate de títulos da dívida pública;

V – fiscalização financeira da administração pública direta e indireta;

•• Inciso V com redação determinada pela Emenda Constitucional n. 40, de 29-5-2003.

VI – operações de câmbio realizadas por órgãos e entidades da União, dos Estados, do Distrito Federal e dos Municípios;

VII – compatibilização das funções das instituições oficiais de crédito da União, resguardadas as características e condições operacionais plenas das voltadas ao desenvolvimento regional.

• *Vide* art. 30 da Emenda Constitucional n. 19, de 4-6-1998.

Art. 164. A competência da União para emitir moeda será exercida exclusivamente pelo banco central.

§ 1.º É vedado ao banco central conceder, direta ou indiretamente, empréstimos ao Tesouro Nacional e a qualquer órgão ou entidade que não seja instituição financeira.

§ 2.º O banco central poderá comprar e vender títulos de emissão do Tesouro Nacional, com o objetivo de regular a oferta de moeda ou a taxa de juros.

§ 3.º As disponibilidades de caixa da União serão depositadas no Banco Central; as dos Estados, do Distrito Federal, dos Municípios e dos órgãos ou entidades do Poder Público e das empresas por ele controladas, em instituições financeiras oficiais, ressalvados os casos previstos em lei.

SEÇÃO II
Dos Orçamentos

Art. 165. Leis de iniciativa do Poder Executivo estabelecerão:

I – o plano plurianual;

II – as diretrizes orçamentárias;

III – os orçamentos anuais.

§ 1.º A lei que instituir o plano plurianual estabelecerá, de forma regionalizada, as diretrizes, objetivos e metas da administração pública federal para as despesas de capital e outras delas decorrentes e para as relativas aos programas de duração continuada.

• A Lei n. 12.593, de 18-1-2012, institui o Plano Plurianual da União para o período de 2012 a 2015.

§ 2.º A lei de diretrizes orçamentárias compreenderá as metas e prioridades da administração pública federal, incluindo as despesas de capital para o exercício financeiro subsequente, orientará a elaboração da lei orçamentária anual, disporá sobre as alterações na legislação tributária e estabelecerá a política de aplicação das agências financeiras oficiais de fomento.

§ 3.º O Poder Executivo publicará, até trinta dias após o encerramento de cada bimestre, relatório resumido da execução orçamentária.

§ 4.º Os planos e programas nacionais, regionais e setoriais previstos nesta Constituição serão elaborados em consonância com o plano plurianual e apreciados pelo Congresso Nacional.

• Programa Nacional de Desestatização: Lei n. 9.491, de 9-9-1997.

§ 5.º A lei orçamentária anual compreenderá:

•• A Lei n. 13.587, de 2-1-2018, estima a receita e fixa a despesa da União para o exercício financeiro de 2018.

I – o orçamento fiscal referente aos Poderes da União, seus fundos, órgãos e entidades da administração direta e indireta, inclusive fundações instituídas e mantidas pelo Poder Público;

II – o orçamento de investimento das empresas em que a União, direta ou indiretamente, detenha a maioria do capital social com direito a voto;

III – o orçamento da seguridade social, abrangendo todas as entidades e órgãos a ela vinculados, da administração direta ou indireta, bem como os fundos e fundações instituídos e mantidos pelo Poder Público.

§ 6.º O projeto de lei orçamentária será acompanhado de demonstrativo regionalizado do efeito, sobre as receitas e despesas, decorrente de isenções, anistias, remissões, subsídios e benefícios de natureza financeira, tributária e creditícia.

§ 7.º Os orçamentos previstos no § 5.º, I e II, deste artigo, compatibilizados com o plano plurianual, terão entre suas funções a de reduzir desigualdades inter-regionais, segundo critério populacional.

• *Vide* art. 35 do ADCT.

§ 8.º A lei orçamentária anual não conterá dispositivo estranho à previsão da receita e à fixação da despesa, não se incluindo na proibição a autorização para abertura de créditos suplementares e contratação de operações de crédito, ainda que por antecipação de receita, nos termos da lei.

§ 9.º Cabe à lei complementar:

I – dispor sobre o exercício financeiro, a vigência, os prazos, a elaboração e a organização do plano plurianual, da lei de diretrizes orçamentárias e da lei orçamentária anual;

II – estabelecer normas de gestão financeira e patrimonial da administração direta e indireta, bem como condições para a instituição e funcionamento de fundos;

• *Vide* arts. 71, § 1.º, e 81, § 3.º, do ADCT.

III – dispor sobre critérios para a execução equitativa, além de procedimentos que serão adotados quando houver impedimentos legais e técnicos, cumprimento de restos a pagar e limitação das programações de caráter obrigatório, para a realização do disposto no § 11 do art. 166.

•• Inciso III acrescentado pela Emenda Constitucional n. 86, de 17-3-2015.

Art. 166. Os projetos de lei relativos ao plano plurianual, às diretrizes orçamentárias, ao orçamento anual e aos créditos adicionais serão apreciados pelas duas Casas do Congresso Nacional, na forma do regimento comum.

§ 1.º Caberá a uma Comissão mista permanente de Senadores e Deputados:

I – examinar e emitir parecer sobre os projetos referidos neste artigo e sobre as contas apresentadas anualmente pelo Presidente da República;

II – examinar e emitir parecer sobre os planos e programas nacionais, regionais e setoriais previstos nesta Constituição e exercer o acompanhamento e a fiscalização orçamentária, sem prejuízo da atuação das demais comissões do Congresso Nacional e de suas Casas, criadas de acordo com o art. 58.

§ 2.º As emendas serão apresentadas na Comissão mista, que sobre elas emitirá parecer, e apreciadas, na forma regimental, pelo Plenário das duas Casas do Congresso Nacional.

§ 3.º As emendas ao projeto de lei do orçamento anual ou aos projetos que o modifiquem somente podem ser aprovadas caso:

I – sejam compatíveis com o plano plurianual e com a lei de diretrizes orçamentárias;

II – indiquem os recursos necessários, admitidos apenas os provenientes de anulação de despesa, excluídas as que incidam sobre:

a) dotações para pessoal e seus encargos;

b) serviço da dívida;

c) transferências tributárias constitucionais para Estados, Municípios e Distrito Federal; ou

III – sejam relacionadas:

a) com a correção de erros ou omissões; ou

b) com os dispositivos do texto do projeto de lei.

§ 4.º As emendas ao projeto de lei de diretrizes orçamentárias não poderão ser aprovadas quando incompatíveis com o plano plurianual.

§ 5.º O Presidente da República poderá enviar mensagem ao Congresso Nacional para propor modificação nos projetos a que se refere este artigo enquanto não iniciada a votação, na Comissão mista, da parte cuja alteração é proposta.

§ 6.º Os projetos de lei do plano plurianual, das diretrizes orçamentárias e do orçamento anual serão enviados pelo Presidente da República ao Congresso Nacional, nos termos da lei complementar a que se refere o art. 165, § 9.º.

§ 7.º Aplicam-se aos projetos mencionados neste artigo, no que não contrariar o disposto nesta seção, as demais normas relativas ao processo legislativo.

§ 8.º Os recursos que, em decorrência de veto, emenda ou rejeição do projeto de lei orçamentária anual, ficarem sem despesas correspondentes poderão ser utilizados, conforme o caso, mediante créditos especiais ou suplementares, com prévia e específica autorização legislativa.

§ 9.º As emendas individuais ao projeto de lei orçamentária serão aprovadas no limite de 1,2% (um inteiro e dois décimos por cento) da receita corrente líquida prevista no projeto encaminhado pelo Poder Executivo, sendo que a metade deste percentual será destinada a ações e serviços públicos de saúde.

•• § 9.º acrescentado pela Emenda Constitucional n. 86, de 17-3-2015.

•• *Vide* art. 111 do ADCT.

§ 10. A execução do montante destinado a ações e serviços públicos de saúde previsto no § 9.º, inclusive custeio, será computada para fins do cumprimento do inciso I do § 2.º do art. 198, vedada a destinação para pagamento de pessoal ou encargos sociais.

•• § 10 acrescentado pela Emenda Constitucional n. 86, de 17-3-2015.

§ 11. É obrigatória a execução orçamentária e financeira das programações a que se refere o § 9.º deste artigo, em montante correspondente a 1,2% (um inteiro e dois décimos por cento) da receita corrente líquida realizada no exercício anterior, conforme os critérios para a execução equitativa da programação definidos na lei complementar prevista no § 9.º do art. 165.

•• § 11 acrescentado pela Emenda Constitucional n. 86, de 17-3-2015.

•• *Vide* art. 111 do ADCT.

§ 12. As programações orçamentárias previstas no § 9.º deste artigo não serão de execução obrigatória nos casos dos impedimentos de ordem técnica.

•• § 12 acrescentado pela Emenda Constitucional n. 86, de 17-3-2015.

§ 13. Quando a transferência obrigatória da União, para a execução da programação prevista no § 11 deste artigo, for destinada a Estados, ao Distrito Federal e a Municípios, independerá da adimplência do ente federativo destinatário e não integrará a base de cálculo da receita corrente líquida para fins de aplicação dos limites de despesa de pessoal de que trata o *caput* do art. 169.

•• § 13 acrescentado pela Emenda Constitucional n. 86, de 17-3-2015.

§ 14. No caso de impedimento de ordem técnica, no empenho de despesa que integre a programação, na forma do § 11 deste artigo, serão adotadas as seguintes medidas:

•• § 14, *caput*, acrescentado pela Emenda Constitucional n. 86, de 17-3-2015.

I – até 120 (cento e vinte) dias após a publicação da lei orçamentária, o Poder Executivo, o Poder Legislativo, o Poder Judiciário, o Ministério Público e a Defensoria Pública enviarão ao Poder Legislativo as justificativas do impedimento;

•• Inciso I acrescentado pela Emenda Constitucional n. 86, de 17-3-2015.

II – até 30 (trinta) dias após o término do prazo previsto no inciso I, o Poder Legislativo indicará ao Poder Executivo o remanejamento da programação cujo impedimento seja insuperável;

•• Inciso II acrescentado pela Emenda Constitucional n. 86, de 17-3-2015.

III – até 30 de setembro ou até 30 (trinta) dias após o prazo previsto no inciso II, o Poder Executivo encaminhará projeto de lei sobre o remanejamento da programação cujo impedimento seja insuperável;

•• Inciso III acrescentado pela Emenda Constitucional n. 86, de 17-3-2015.

IV – se, até 20 de novembro ou até 30 (trinta) dias após o término do prazo previsto no inciso III, o Congresso Nacional não deliberar sobre o projeto, o remanejamento será implementado por ato do Poder Executivo, nos termos previstos na lei orçamentária.

•• Inciso IV acrescentado pela Emenda Constitucional n. 86, de 17-3-2015.

§ 15. Após o prazo previsto no inciso IV do § 14, as programações orçamentárias previstas no § 11 não serão de execução obrigatória nos casos dos impedimentos justificados na notificação prevista no inciso I do § 14.

•• § 15 acrescentado pela Emenda Constitucional n. 86, de 17-3-2015.

§ 16. Os restos a pagar poderão ser considerados para fins de cumprimento da execução financeira prevista no § 11 deste artigo, até o limite de 0,6% (seis décimos por cento) da receita corrente líquida realizada no exercício anterior.

•• § 16 acrescentado pela Emenda Constitucional n. 86, de 17-3-2015.

§ 17. Se for verificado que a reestimativa da receita e da despesa poderá resultar no não cumprimento da meta de resultado fiscal estabelecida na lei de diretrizes orçamentárias, o montante previsto no § 11 deste artigo poderá ser reduzido em até a mesma proporção da limitação incidente sobre o conjunto das despesas discricionárias.

•• § 17 acrescentado pela Emenda Constitucional n. 86, de 17-3-2015.

§ 18. Considera-se equitativa a execução das programações de caráter obrigatório que atenda de forma igualitária e impessoal às emendas apresentadas, independentemente da autoria.

•• § 18 acrescentado pela Emenda Constitucional n. 86, de 17-3-2015.

Art. 167. São vedados:

I – o início de programas ou projetos não incluídos na lei orçamentária anual;

II – a realização de despesas ou a assunção de obrigações diretas que excedam os créditos orçamentários ou adicionais;

III – a realização de operações de créditos que excedam o montante das despesas de capital, ressalvadas as autorizadas mediante créditos suplementares ou especiais com finalidade precisa, aprovados pelo Poder Legislativo por maioria absoluta;

• *Vide* art. 37 do ADCT.

IV – a vinculação de receita de impostos a órgão, fundo ou despesa, ressalvadas a repartição do produto da arrecadação dos impostos a que se referem os arts. 158 e 159, a destinação de recursos para as ações e serviços públicos de saúde, para manutenção e desenvolvimento do ensino e para realização de atividades da administração tributária, como determinado, respectivamente, pelos arts. 198, § 2.º, 212 e 37, XXII, e a prestação de garantias às operações de crédito por antecipação de receita, previstas no art. 165, § 8.º, bem como o disposto no § 4.º deste artigo;

•• Inciso IV com redação determinada pela Emenda Constitucional n. 42, de 19-12-2003.

• *Vide* art. 80, § 1.º, do ADCT.

V – a abertura de crédito suplementar ou especial sem prévia autorização legislativa e sem indicação dos recursos correspondentes;

VI – a transposição, o remanejamento ou a transferência de recursos de uma categoria de programação para outra ou de um órgão para outro, sem prévia autorização legislativa;

VII – a concessão ou utilização de créditos ilimitados;

VIII – a utilização, sem autorização legislativa específica, de recursos dos orçamentos fiscal e da seguridade social para suprir necessidade ou cobrir déficit de empresas, fundações e fundos, inclusive dos mencionados no art. 165, § 5.º;

IX – a instituição de fundos de qualquer natureza, sem prévia autorização legislativa;

X – a transferência voluntária de recursos e a concessão de empréstimos, inclusive por antecipação de receita, pelos Governos Federal e Estaduais e suas instituições financeiras, para pagamento de despesas com pessoal ativo, inativo e pensionista, dos Estados, do Distrito Federal e dos Municípios;

•• Inciso X acrescentado pela Emenda Constitucional n. 19, de 4-6-1998.

XI – a utilização dos recursos provenientes das contribuições sociais de que trata o art. 195, I, *a*, e II, para a realização de despesas distintas do pagamento de benefícios do regime geral de previdência social de que trata o art. 201.

•• Inciso XI acrescentado pela Emenda Constitucional n. 20, de 15-12-1998.

§ 1.º Nenhum investimento cuja execução ultrapasse um exercício financeiro poderá ser iniciado sem prévia inclusão no plano plurianual, ou sem lei que autorize a inclusão, sob pena de crime de responsabilidade.

§ 2.º Os créditos especiais e extraordinários terão vigência no exercício financeiro em que forem autorizados, salvo se o ato de autorização for promulgado nos últimos quatro meses daquele exercício, caso em que, reabertos nos limites de seus saldos, serão incorporados ao orçamento do exercício financeiro subsequente.

§ 3.º A abertura de crédito extraordinário somente será admitida para atender a despesas imprevisíveis e urgentes, como as decorrentes de guerra, comoção interna ou calamidade pública, observado o disposto no art. 62.

•• *Vide* art. 107, § 6.º, II, do ADCT.

§ 4.º É permitida a vinculação de receitas próprias geradas pelos impostos a que se referem os arts. 155 e 156, e dos recursos de que tratam os arts. 157, 158 e 159, I, *a* e *b*, e II, para a prestação de garantia ou contragarantia à União e para pagamento de débitos para com esta.

•• § 4.º acrescentado pela Emenda Constitucional n. 3, de 17-3-1993.

§ 5.º A transposição, o remanejamento ou a transferência de recursos de uma categoria de programação para outra poderão ser admitidos, no âmbito das atividades de ciência, tecnologia e inovação, com o objetivo de viabilizar os resultados de projetos restritos a essas funções, mediante ato do Poder Executivo, sem necessidade da prévia autorização legislativa prevista no inciso VI deste artigo.

•• § 5.º acrescentado pela Emenda Constitucional n. 85, de 26-2-2015.

Art. 168. Os recursos correspondentes às dotações orçamentárias, compreendidos os créditos suplementares e especiais, destinados aos órgãos dos Poderes Legislativo e Judiciário, do Ministério Público e da Defensoria Pública, ser-lhes-ão entregues até o dia 20 de cada mês, em duodécimos, na forma da lei complementar a que se refere o art. 165, § 9.º.

•• Artigo com redação determinada pela Emenda Constitucional n. 45, de 8-12-2004.

Art. 169. A despesa com pessoal ativo e inativo da União, dos Estados, do Distrito Federal e dos Municípios não poderá exceder os limites estabelecidos em lei complementar.

•• *Caput* com redação mantida pela Emenda Constitucional n. 19, de 4-6-1998.

• Limites das despesas com o funcionalismo público: Lei Complementar n. 101, de 4-5-2000 (Lei de Responsabilidade Fiscal).

§ 1.º A concessão de qualquer vantagem ou aumento de remuneração, a criação de cargos, empregos e funções ou alteração de estrutura de carreiras, bem como a admissão ou contratação de pessoal, a qualquer título, pelos órgãos e entidades da administração direta ou indireta, inclusive fundações instituídas e mantidas pelo Poder Público, só poderão ser feitas:

•• § 1.º, *caput*, com redação determinada pela Emenda Constitucional n. 19, de 4-6-1998.

I – se houver prévia dotação orçamentária suficiente para atender às projeções de despesa de pessoal e aos acréscimos dela decorrentes;

•• Inciso I com redação determinada pela Emenda Constitucional n. 19, de 4-6-1998.

II – se houver autorização específica na lei de diretrizes orçamentárias, ressalvadas as empresas públicas e as sociedades de economia mista.

•• Inciso II com redação determinada pela Emenda Constitucional n. 19, de 4-6-1998.

§ 2.º Decorrido o prazo estabelecido na lei complementar referida neste artigo para a adaptação aos parâmetros ali previstos, serão imediatamente suspensos todos os repasses de verbas federais ou estaduais aos Estados, ao Distrito Federal e aos Municípios que não observarem os referidos limites.

•• § 2.º acrescentado pela Emenda Constitucional n. 19, de 4-6-1998.

§ 3.º Para o cumprimento dos limites estabelecidos com base neste artigo, durante o prazo fixado na lei complementar referida no *caput*, a União, os Estados, o Distrito Federal e os Municípios adotarão as seguintes providências:

•• § 3.º, *caput*, acrescentado pela Emenda Constitucional n. 19, de 4-6-1998.

I – redução em pelo menos 20% (vinte por cento) das despesas com cargos em comissão e funções de confiança;

•• Inciso I acrescentado pela Emenda Constitucional n. 19, de 4-6-1998.

II – exoneração dos servidores não estáveis.

•• Inciso II acrescentado pela Emenda Constitucional n. 19, de 4-6-1998.

• *Vide* art. 33 da Emenda Constitucional n. 19, de 4-6-1998.

§ 4.º Se as medidas adotadas com base no parágrafo anterior não forem suficientes para assegurar o cumprimento da determinação da lei complementar referida neste artigo, o servidor estável poderá perder o cargo, desde que ato normativo motivado de cada um dos Poderes especifique a atividade funcional, o órgão ou unidade administrativa objeto da redução de pessoal.

•• § 4.º acrescentado pela Emenda Constitucional n. 19, de 4-6-1998.

• *Vide* art. 198, § 6.º.

§ 5.º O servidor que perder o cargo na forma do parágrafo anterior fará jus a indenização correspondente a um mês de remuneração por ano de serviço.

•• § 5.º acrescentado pela Emenda Constitucional n. 19, de 4-6-1998.

§ 6.º O cargo objeto da redução prevista nos parágrafos anteriores será considerado extinto, vedada a criação de cargo, emprego ou função com atribuições iguais ou assemelhadas pelo prazo de 4 (quatro) anos.

•• § 6.º acrescentado pela Emenda Constitucional n. 19, de 4-6-1998.

§ 7.º Lei federal disporá sobre as normas gerais a serem obedecidas na efetivação do disposto no § 4.º.

•• § 7.º acrescentado pela Emenda Constitucional n. 19, de 4-6-1998.

• *Vide* art. 247.

• A Lei n. 9.801, de 14-6-1999, dispõe sobre as normas gerais para perda de cargo público por excesso de despesa.

TÍTULO VII
DA ORDEM ECONÔMICA E FINANCEIRA

• Crimes contra a ordem tributária, econômica e contra as relações de consumo: Lei n. 8.137, de 27-12-1990.

• Crimes contra a ordem econômica: Lei n. 8.176, de 8-2-1991.

• CADE: Lei n. 12.529, de 30-11-2011.

CAPÍTULO I
DOS PRINCÍPIOS GERAIS DA ATIVIDADE ECONÔMICA

Art. 170. A ordem econômica, fundada na valorização do trabalho humano e na livre-iniciativa, tem por fim assegurar a todos existência digna, conforme os ditames da justiça social, observados os seguintes princípios:

• *Vide* Enunciado n. 13 da 1.ª Jornada de Direito do Trabalho.

I – soberania nacional;

II – propriedade privada;

III – função social da propriedade;

• Prevenção e repressão às infrações contra a ordem econômica: Lei n. 12.529, de 30-11-2011.

IV – livre concorrência;

V – defesa do consumidor;

• CDC: Lei n. 8.078, de 11-9-1990.

• SNDC: Decreto n. 2.181, de 20-3-1997.

• Prevenção e repressão às infrações contra a ordem econômica: Lei n. 12.529, de 30-11-2011.

VI – defesa do meio ambiente, inclusive mediante tratamento diferenciado conforme o impacto ambiental dos produtos e serviços e de seus processos de elaboração e prestação;

•• Inciso VI com redação determinada pela Emenda Constitucional n. 42, de 19-12-2003.

• Lei de Crimes Ambientais: Lei n. 9.605, de 12-2-1998.

VII – redução das desigualdades regionais e sociais;

VIII – busca do pleno emprego;

IX – tratamento favorecido para as empresas de pequeno porte constituídas sob as leis brasileiras e que tenham sua sede e administração no País.

•• Inciso IX com redação determinada pela Emenda Constitucional n. 6, de 15-8-1995.

• A Lei Complementar n. 123, de 14-12-2006, institui em seu art. 12 o Regime Especial Unificado de Arrecadação de Tributos e Contribuições devidos pelas Microempresas e Empresas de Pequeno Porte – Simples Nacional.

Parágrafo único. É assegurado a todos o livre exercício de qualquer atividade econômica, independentemente de autorização de órgãos públicos, salvo nos casos previstos em lei.

• *Vide* Súmula Vinculante 49.

Art. 171. *(Revogado pela Emenda Constitucional n. 6, de 15-8-1995.)*

Art. 172. A lei disciplinará, com base no interesse nacional, os investimentos de capital estrangeiro, incentivará os reinvestimentos e regulará a remessa de lucros.

Art. 173. Ressalvados os casos previstos nesta Constituição, a exploração direta de atividade econômica pelo Estado só será permitida quando necessária aos imperativos da segurança nacional ou a relevante interesse coletivo, conforme definidos em lei.

§ 1.º A lei estabelecerá o estatuto jurídico da empresa pública, da sociedade de economia mista e de suas subsidiárias que explorem atividade econômica de produção ou comercialização de bens ou de prestação de serviços, dispondo sobre:

•• § 1.º, *caput*, com redação determinada pela Emenda Constitucional n. 19, de 4-6-1998.

• *Vide* OJ 87 da SDI-1.

I – sua função social e formas de fiscalização pelo Estado e pela sociedade;

•• Inciso I acrescentado pela Emenda Constitucional n. 19, de 4-6-1998.

II – a sujeição ao regime jurídico próprio das empresas privadas, inclusive quanto aos direitos e obrigações civis, comerciais, trabalhistas e tributários;

•• Inciso II acrescentado pela Emenda Constitucional n. 19, de 4-6-1998.

• *Vide* OJ 353 da SDI-1.

III – licitação e contratação de obras, serviços, compras e alienações, observados os princípios da administração pública;

•• Inciso III acrescentado pela Emenda Constitucional n. 19, de 4-6-1998.

IV – a constituição e o funcionamento dos conselhos de administração e fiscal, com a participação de acionistas minoritários;

•• Inciso IV acrescentado pela Emenda Constitucional n. 19, de 4-6-1998.

V – os mandatos, a avaliação de desempenho e a responsabilidade dos administradores.

•• Inciso V acrescentado pela Emenda Constitucional n. 19, de 4-6-1998.

§ 2.º As empresas públicas e as sociedades de economia mista não poderão gozar de privilégios fiscais não extensivos às do setor privado.

§ 3.º A lei regulamentará as relações da empresa pública com o Estado e a sociedade.

§ 4.º A lei reprimirá o abuso do poder econômico que vise à dominação dos mercados, à eliminação da concorrência e ao aumento arbitrário dos lucros.

- *Vide* Súmula Vinculante 49.
- Lei Antitruste e de infrações à ordem econômica: Lei n. 12.529, de 30-11-2011.

§ 5.º A lei, sem prejuízo da responsabilidade individual dos dirigentes da pessoa jurídica, estabelecerá a responsabilidade desta, sujeitando-a às punições compatíveis com sua natureza, nos atos praticados contra a ordem econômica e financeira e contra a economia popular.

- Intervenção no domínio econômico para assegurar a livre distribuição de produto necessário ao consumo do povo: Lei Delegada n. 4, de 26-9-1962.

Art. 174. Como agente normativo e regulador da atividade econômica, o Estado exercerá, na forma da lei, as funções de fiscalização, incentivo e planejamento, sendo este determinante para o setor público e indicativo para o setor privado.

§ 1.º A lei estabelecerá as diretrizes e bases do planejamento do desenvolvimento nacional equilibrado, o qual incorporará e compatibilizará os planos nacionais e regionais de desenvolvimento.

§ 2.º A lei apoiará e estimulará o cooperativismo e outras formas de associativismo.

§ 3.º O Estado favorecerá a organização da atividade garimpeira em cooperativas, levando em conta a proteção do meio ambiente e a promoção econômico-social dos garimpeiros.

- A Lei n. 11.685, de 2-6-2008, institui o Estatuto do Garimpeiro.

§ 4.º As cooperativas a que se refere o parágrafo anterior terão prioridade na autorização ou concessão para pesquisa e lavra dos recursos e jazidas de minerais garimpáveis, nas áreas onde estejam atuando, e naquelas fixadas de acordo com o art. 21, XXV, na forma da lei.

Art. 175. Incumbe ao Poder Público, na forma da lei, diretamente ou sob regime de concessão ou permissão, sempre através de licitação, a prestação de serviços públicos.

•• Regime de concessão e permissão da prestação de serviços públicos previsto neste artigo: Lei n. 8.987, de 13-2-1995.

Parágrafo único. A lei disporá sobre:

I – o regime das empresas concessionárias e permissionárias de serviços públicos, o caráter especial de seu contrato e de sua prorrogação, bem como as condições de caducidade, fiscalização e rescisão da concessão ou permissão;

II – os direitos dos usuários;

III – política tarifária;

IV – a obrigação de manter serviço adequado.

Art. 176. As jazidas, em lavra ou não, e demais recursos minerais e os potenciais de energia hidráulica constituem propriedade distinta da do solo, para efeito de exploração ou aproveitamento, e pertencem à União, garantida ao concessionário a propriedade do produto da lavra.

§ 1.º A pesquisa e a lavra de recursos minerais e o aproveitamento dos potenciais a que se refere o *caput* deste artigo somente poderão ser efetuados mediante autorização ou concessão da União, no interesse nacional, por brasileiros ou empresa constituída sob as leis brasileiras e que tenha sua sede e administração no País, na forma da lei, que estabelecerá as condições específicas quando essas atividades se desenvolverem em faixa de fronteira ou terras indígenas.

•• § 1.º com redação determinada pela Emenda Constitucional n. 6, de 15-8-1995.

§ 2.º É assegurada participação ao proprietário do solo nos resultados da lavra, na forma e no valor que dispuser a lei.

•• Regulamento: Lei n. 8.901, de 30-6-1994.

§ 3.º A autorização de pesquisa será sempre por prazo determinado, e as autorizações e concessões previstas neste artigo não poderão ser cedidas ou transferidas, total ou parcialmente, sem prévia anuência do poder concedente.

§ 4.º Não dependerá de autorização ou concessão o aproveitamento do potencial de energia renovável de capacidade reduzida.

Art. 177. Constituem monopólio da União:

I – a pesquisa e a lavra das jazidas de petróleo e gás natural e outros hidrocarbonetos fluidos;

- A Lei n. 11.909, de 4-3-2009, dispõe sobre as atividades relativas ao transporte de gás natural, de que trata este artigo.

II – a refinação do petróleo nacional ou estrangeiro;

- A Lei n. 9.478, de 6-8-1997, dispõe sobre a Política Energética Nacional, e as atividades relativas ao monopólio do petróleo, e institui o Conselho Nacional de Política Energética e a Agência Nacional do Petróleo.

III – a importação e exportação dos produtos e derivados básicos resultantes das atividades previstas nos incisos anteriores;

•• A Lei n. 11.909, de 4-3-2009, institui normas para a exploração das atividades econômicas de transporte de gás natural por meio de condutos e da importação e exportação de gás natural, de que tratam os incisos III e IV do *caput* deste artigo, bem como para a exploração das atividades de tratamento, processamento, estocagem, liquefação, regaseificação e comercialização de gás natural.

IV – o transporte marítimo do petróleo bruto de origem nacional ou de derivados básicos de petróleo produzidos no País, bem assim o transporte, por meio de conduto, de petróleo bruto, seus derivados e gás natural de qualquer origem;

•• *Vide* nota ao inciso anterior.

V – a pesquisa, a lavra, o enriquecimento, o reprocessamento, a industrialização e o comércio de minérios e minerais nucleares e seus derivados, com exceção dos radioisótopos cuja produção, comercialização e utilização poderão ser autorizadas sob regime de permissão, conforme as alíneas *b* e *c* do inciso XXIII do *caput* do art. 21 desta Constituição Federal.

•• Inciso V com redação determinada pela Emenda Constitucional n. 49, de 8-2-2006.

§ 1.º A União poderá contratar com empresas estatais ou privadas a realização das atividades previstas nos incisos I a IV deste artigo, observadas as condições estabelecidas em lei.

•• § 1.º com redação determinada pela Emenda Constitucional n. 9, de 9-11-1995.

§ 2.º A lei a que se refere o § 1.º disporá sobre:

•• § 2.º, *caput*, acrescentado pela Emenda Constitucional n. 9, de 9-11-1995.

- A Lei n. 9.478, de 6-8-1997, dispõe sobre a política energética nacional, as atividades relativas ao monopólio do petróleo, institui o Conselho Nacional de Política Energética e a Agência Nacional do Petróleo.

I – a garantia do fornecimento dos derivados de petróleo em todo o território nacional;

•• Inciso I acrescentado pela Emenda Constitucional n. 9, de 9-11-1995.

II – as condições de contratação;

•• Inciso II acrescentado pela Emenda Constitucional n. 9, de 9-11-1995.

III – a estrutura e atribuições do órgão regulador do monopólio da União.

•• Inciso III acrescentado pela Emenda Constitucional n. 9, de 9-11-1995.

§ 3.º A lei disporá sobre o transporte e a utilização de materiais radioativos no território nacional.

•• Primitivo § 2.º renumerado por determinação da Emenda Constitucional n. 9, de 9-11-1995.

§ 4.º A lei que instituir contribuição de intervenção no domínio econômico relativa às atividades de importação ou comercialização de petróleo e seus derivados, gás natural e seus derivados e álcool combustível deverá atender aos seguintes requisitos:

•• § 4.º, *caput*, acrescentado pela Emenda Constitucional n. 33, de 11-12-2001.

•• A Lei n. 11.909, de 4-3-2009, institui Contribuição de Intervenção no Domínio Econômico incidente sobre a importação e a comercialização de petróleo e seus derivados, gás natural e seus derivados, e álcool etílico combustível (Cide), a que se refere este parágrafo.

I – a alíquota da contribuição poderá ser:

•• Inciso I, *caput*, acrescentado pela Emenda Constitucional n. 33, de 11-12-2001.

a) diferenciada por produto ou uso;

•• Alínea *a* acrescentada pela Emenda Constitucional n. 33, de 11-12-2001.

b) reduzida e restabelecida por ato do Poder Executivo, não se lhe aplicando o disposto no art. 150, III, *b*;

•• Alínea *b* acrescentada pela Emenda Constitucional n. 33, de 11-12-2001.

II – os recursos arrecadados serão destinados:

•• Inciso II, *caput*, acrescentado pela Emenda Constitucional n. 33, de 11-12-2001.

•• A ADI n. 2.925-8, de 19-12-2003 (*DOU* de 4-4-2005), dá interpretação conforme a Constituição a este inciso, "no sentido de que a abertura de crédito suplementar deve ser destinada às três finalidades enumeradas" nas alíneas a seguir.

a) ao pagamento de subsídios a preços ou transporte de álcool combustível, gás natural e seus derivados e derivados de petróleo;

•• Alínea *a* acrescentada pela Emenda Constitucional n. 33, de 11-12-2001.

b) ao financiamento de projetos ambientais relacionados com a indústria do petróleo e do gás;

•• Alínea *b* acrescentada pela Emenda Constitucional n. 33, de 11-12-2001.

c) ao financiamento de programas de infraestrutura de transportes.

•• Alínea *c* acrescentada pela Emenda Constitucional n. 33, de 11-12-2001.

• *Vide* art. 159, III.

Art. 178. A lei disporá sobre a ordenação dos transportes aéreo, aquático e terrestre, devendo, quanto à ordenação do transporte internacional, observar os acordos firmados pela União, atendido o princípio da reciprocidade.

•• *Caput* com redação determinada pela Emenda Constitucional n. 7, de 15-8-1995.

• A Lei n. 9.611, de 19-2-1998, dispõe sobre o transporte multimodal de cargas.

• A Lei n. 10.233, de 5-6-2001, dispõe sobre a reestruturação dos transportes aquaviário e terrestre, cria o Conselho Nacional de Integração de Políticas de Transportes Terrestres, a Agência Nacional de Transportes Aquaviários e o Departamento Nacional de Infraestrutura de Transportes, e dá outras providências.

• O Decreto n. 5.910, de 27-9-2006, promulga a Convenção para a Unificação de Certas Regras Relativas ao Transporte Aéreo Internacional, celebrada em Montreal, em 28-5-1999.

Parágrafo único. Na ordenação do transporte aquático, a lei estabelecerá as condições em que o transporte de mercadorias na cabotagem e a navegação interior poderão ser feitos por embarcações estrangeiras.

•• Parágrafo único com redação determinada pela Emenda Constitucional n. 7, de 15-8-1995.

Art. 179. A União, os Estados, o Distrito Federal e os Municípios dispensarão às microempresas e às empresas de pequeno porte, assim definidas em lei, tratamento jurídico diferenciado, visando a incentivá-las pela simplificação de suas obrigações administrativas, tributárias, previdenciárias e creditícias, ou pela eliminação ou redução destas por meio de lei.

• A Lei Complementar n. 123, de 14-12-2006, institui em seu art. 12 o Regime Especial Unificado de Arrecadação de Tributos e Contribuições devidos pelas Microempresas e Empresas de Pequeno Porte – Simples Nacional.

Art. 180. A União, os Estados, o Distrito Federal e os Municípios promoverão e incentivarão o turismo como fator de desenvolvimento social e econômico.

• A Lei n. 11.771, de 17-9-2008, dispõe sobre a Política Nacional de Turismo, define as atribuições do Governo Federal no planejamento, desenvolvimento e estímulo ao setor turístico.

Art. 181. O atendimento de requisição de documento ou informação de natureza comercial, feita por autoridade administrativa ou judiciária estrangeira, a pessoa física ou jurídica residente ou domiciliada no País dependerá de autorização do Poder competente.

CAPÍTULO II
DA POLÍTICA URBANA

Art. 182. A política de desenvolvimento urbano, executada pelo Poder Público municipal, conforme diretrizes gerais fixadas em lei, tem por objetivo ordenar o pleno desenvolvimento das funções sociais da cidade e garantir o bem-estar de seus habitantes.

•• Regulamento: Lei n. 10.257, de 10-7-2001 (Estatuto da Cidade).

§ 1.º O plano diretor, aprovado pela Câmara Municipal, obrigatório para cidades com mais de vinte mil habitantes, é o instrumento básico da política de desenvolvimento e de expansão urbana.

§ 2.º A propriedade urbana cumpre sua função social quando atende às exigências fundamentais de ordenação da cidade expressas no plano diretor.

§ 3.º As desapropriações de imóveis urbanos serão feitas com prévia e justa indenização em dinheiro.

§ 4.º É facultado ao Poder Público municipal, mediante lei específica para área incluída no plano diretor, exigir, nos termos da lei federal, do proprietário do solo urbano não edificado, subutilizado ou não utilizado, que promova seu adequado aproveitamento, sob pena, sucessivamente, de:

I – parcelamento ou edificação compulsórios;

II – imposto sobre a propriedade predial e territorial urbana progressivo no tempo;

III – desapropriação com pagamento mediante títulos da dívida pública de emissão previamente aprovada pelo Senado Federal, com prazo de resgate de até dez anos, em parcelas anuais, iguais e sucessivas, assegurados o valor real da indenização e os juros legais.

Art. 183. Aquele que possuir como sua área urbana de até duzentos e cinquenta metros quadrados, por cinco anos, ininterruptamente e sem oposição, utilizando-a para sua moradia ou de sua família, adquirir-lhe-á o domínio, desde que não seja proprietário de outro imóvel urbano ou rural.

•• Regulamento: Lei n. 10.257, de 10-7-2001 (Estatuto da Cidade).

§ 1.º O título de domínio e a concessão de uso serão conferidos ao homem ou à mulher, ou a ambos, independentemente do estado civil.

•• A Medida Provisória n. 2.220, de 4-9-2001, dispõe sobre a concessão de uso especial, de que trata este parágrafo.

§ 2.º Esse direito não será reconhecido ao mesmo possuidor mais de uma vez.

§ 3.º Os imóveis públicos não serão adquiridos por usucapião.

CAPÍTULO III
DA POLÍTICA AGRÍCOLA E FUNDIÁRIA E DA REFORMA AGRÁRIA

•• Estatuto da Terra: Lei n. 4.504, de 30-11-1964.

•• Princípios da política agrícola: Lei n. 8.174, de 30-1-1991.

•• A Lei n. 8.629, de 25-2-1993, dispõe sobre a regulamentação dos dispositivos constitucionais relativos à reforma agrária prevista neste Capítulo.

Art. 184. Compete à União desapropriar por interesse social, para fins de reforma agrária, o imóvel rural que não esteja cumprindo sua função social, mediante prévia e justa indenização em títulos da dívida agrária, com cláusula de preservação do valor real, resgatáveis no prazo de até vinte anos, a partir do segundo ano de sua emissão, e cuja utilização será definida em lei.

§ 1.º As benfeitorias úteis e necessárias serão indenizadas em dinheiro.

§ 2.º O decreto que declarar o imóvel como de interesse social, para fins de reforma agrária, autoriza a União a propor a ação de desapropriação.

§ 3.º Cabe à lei complementar estabelecer procedimento contraditório especial, de rito sumário, para o processo judicial de desapropriação.

§ 4.º O orçamento fixará anualmente o volume total de títulos da dívida agrária, assim como o montante de recursos para atender ao programa de reforma agrária no exercício.

§ 5.º São isentas de impostos federais, estaduais e municipais as operações de transferência de imóveis desapropriados para fins de reforma agrária.

Art. 185. São insuscetíveis de desapropriação para fins de reforma agrária:

I – a pequena e média propriedade rural, assim definida em lei, desde que seu proprietário não possua outra;

II – a propriedade produtiva.

Parágrafo único. A lei garantirá tratamento especial à propriedade produtiva e fixará normas para o cumprimento dos requisitos relativos a sua função social.

Art. 186. A função social é cumprida quando a propriedade rural atende, simultaneamente, segundo critérios e graus de exigência estabelecidos em lei, aos seguintes requisitos:

I – aproveitamento racional e adequado;

II – utilização adequada dos recursos naturais disponíveis e preservação do meio ambiente;

III – observância das disposições que regulam as relações de trabalho;

IV – exploração que favoreça o bem-estar dos proprietários e dos trabalhadores.

Art. 187. A política agrícola será planejada e executada na forma da lei, com a participação efetiva do setor de produção, envolvendo produtores e trabalhadores rurais, bem como dos setores de comercialização, de armazenamento e de transportes, levando em conta, especialmente:

• A Lei n. 8.171, de 17-1-1991, dispõe sobre a Política Agrícola.

I – os instrumentos creditícios e fiscais;

II – os preços compatíveis com os custos de produção e a garantia de comercialização;

III – o incentivo à pesquisa e à tecnologia;

IV – a assistência técnica e extensão rural;

V – o seguro agrícola;

VI – o cooperativismo;

VII – a eletrificação rural e irrigação;

VIII – a habitação para o trabalhador rural.

§ 1.º Incluem-se no planejamento agrícola as atividades agroindustriais, agropecuárias, pesqueiras e florestais.

§ 2.º Serão compatibilizadas as ações de política agrícola e de reforma agrária.

Art. 188. A destinação de terras públicas e devolutas será compatibilizada com a política agrícola e com o plano nacional de reforma agrária.

§ 1.º A alienação ou a concessão, a qualquer título, de terras públicas com área superior a dois mil e quinhentos hectares a pessoa física ou jurídica, ainda que por interposta pessoa, dependerá de prévia aprovação do Congresso Nacional.

§ 2.º Excetuam-se do disposto no parágrafo anterior as alienações ou as concessões de terras públicas para fins de reforma agrária.

Art. 189. Os beneficiários da distribuição de imóveis rurais pela reforma agrária receberão títulos de domínio ou de concessão de uso, inegociáveis pelo prazo de dez anos.

Parágrafo único. O título de domínio e a concessão de uso serão conferidos ao homem ou à mulher, ou a ambos, independentemente do estado civil, nos termos e condições previstos em lei.

Art. 190. A lei regulará e limitará a aquisição ou o arrendamento de propriedade rural por pessoa física ou jurídica estrangeira e estabelecerá os casos que dependerão de autorização do Congresso Nacional.

Art. 191. Aquele que, não sendo proprietário de imóvel rural ou urbano, possua como seu, por cinco anos ininterruptos, sem oposição, área de terra, em zona rural, não superior a cinquenta hectares, tornando-a produtiva por seu trabalho ou de sua família, tendo nela sua moradia, adquirir-lhe-á a propriedade.

Parágrafo único. Os imóveis públicos não serão adquiridos por usucapião.

CAPÍTULO IV

DO SISTEMA FINANCEIRO NACIONAL

- Dos crimes contra o sistema financeiro: Lei n. 7.492, de 16-6-1986.
- A Lei n. 9.613, de 3-3-1998, dispõe sobre os crimes de lavagem ou ocultação de bens, direitos e valores, a prevenção da utilização do sistema financeiro para os ilícitos previstos nesta Lei e cria o COAF, cujo Estatuto foi aprovado pelo Decreto n. 2.799, de 8-10-1998.

Art. 192. O sistema financeiro nacional, estruturado de forma a promover o desenvolvimento equilibrado do País e a servir aos interesses da coletividade, em todas as partes que o compõem, abrangendo as cooperativas de crédito, será regulado por leis complementares que disporão, inclusive, sobre a participação do capital estrangeiro nas instituições que o integram.

•• *Caput* com redação determinada pela Emenda Constitucional n. 40, de 29-5-2003.

I a III – (*Revogados pela Emenda Constitucional n. 40, de 29-5-2003.*)

***a*) e *b*)** (*Revogadas pela Emenda Constitucional n. 40, de 29-5-2003.*)

IV a VIII – (*Revogados pela Emenda Constitucional n. 40, de 29-5-2003.*)

§§ 1.º a 3.º (*Revogados pela Emenda Constitucional n. 40, de 29-5-2003.*)

TÍTULO VIII

DA ORDEM SOCIAL

CAPÍTULO I

DISPOSIÇÃO GERAL

Art. 193. A ordem social tem como base o primado do trabalho, e como objetivo o bem-estar e a justiça sociais.

CAPÍTULO II

DA SEGURIDADE SOCIAL

- Organização da seguridade social, Plano de Custeio: Lei n. 8.212, de 24-7-1991, regulamentada pelo Decreto n. 3.048, de 6-5-1999.

SEÇÃO I

Disposições Gerais

Art. 194. A seguridade social compreende um conjunto integrado de ações de iniciativa dos Poderes Públicos e da sociedade, destinadas a assegurar os direitos relativos à saúde, à previdência e à assistência social.

Parágrafo único. Compete ao Poder Público, nos termos da lei, organizar a seguridade social, com base nos seguintes objetivos:

I – universalidade da cobertura e do atendimento;

II – uniformidade e equivalência dos benefícios e serviços às populações urbanas e rurais;

III – seletividade e distributividade na prestação dos benefícios e serviços;

IV – irredutibilidade do valor dos benefícios;

V – equidade na forma de participação no custeio;

VI – diversidade da base de financiamento;

VII – caráter democrático e descentralizado da administração, mediante gestão quadripartite, com participação dos trabalhadores, dos empregadores, dos aposentados e do Governo nos órgãos colegiados.

•• Inciso VII com redação determinada pela Emenda Constitucional n. 20, de 15-12-1998.

Art. 195. A seguridade social será financiada por toda a sociedade, de forma direta e indireta, nos termos da lei, mediante recursos provenientes dos orçamentos da União, dos Estados, do Distrito Federal e dos Municípios, e das seguintes contribuições sociais:

- *Vide* art. 240 da CF.
- *Vide* Súmula 688 do STF.

I – do empregador, da empresa e da entidade a ela equiparada na forma da lei, incidentes sobre:

•• Inciso I, *caput*, com redação determinada pela Emenda Constitucional n. 20, de 15-12-1998.

***a*)** a folha de salários e demais rendimentos do trabalho pagos ou creditados, a qualquer título, à pessoa física que lhe preste serviço, mesmo sem vínculo empregatício;

•• Alínea *a* acrescentada pela Emenda Constitucional n. 20, de 15-12-1998.

- *Vide* art. 114, VIII.
- *Vide* OJ 368 e 414 da SDI-1.

***b*)** a receita ou o faturamento;

•• Alínea *b* acrescentada pela Emenda Constitucional n. 20, de 15-12-1998.

***c*)** o lucro;

•• Alínea *c* acrescentada pela Emenda Constitucional n. 20, de 15-12-1998.

II – do trabalhador e dos demais segurados da previdência social, não incidindo contribuição sobre aposentadoria e pensão concedidas pelo regime geral de previdência social de que trata o art. 201;

•• Inciso II com redação determinada pela Emenda Constitucional n. 20, de 15-12-1998.

III – sobre a receita de concursos de prognósticos;

IV – do importador de bens ou serviços do exterior, ou de quem a lei a ele equiparar.

•• Inciso IV acrescentado pela Emenda Constitucional n. 42, de 19-12-2003.

§ 1.º As receitas dos Estados, do Distrito Federal e dos Municípios destinadas à seguridade social constarão dos respectivos orçamentos, não integrando o orçamento da União.

§ 2.º A proposta de orçamento da seguridade social será elaborada de forma integrada pelos órgãos responsáveis pela saúde, previdência social e assistência social, tendo em vista as metas e prioridades estabelecidas na lei de diretrizes orçamentárias, assegurada a cada área a gestão de seus recursos.

§ 3.º A pessoa jurídica em débito com o sistema da seguridade social, como estabelecido em lei, não poderá contratar com o Poder Público nem dele receber benefícios ou incentivos fiscais ou creditícios.

§ 4.º A lei poderá instituir outras fontes destinadas a garantir a manutenção ou expansão da seguridade social, obedecido o disposto no art. 154, I.

- A Lei n. 9.876, de 26-11-1999, dispõe sobre a contribuição previdenciária do contribuinte individual e o cálculo do benefício.

§ 5.º Nenhum benefício ou serviço da seguridade social poderá ser criado, majorado ou estendido sem a correspondente fonte de custeio total.

§ 6.º As contribuições sociais de que trata este artigo só poderão ser exigidas após decorridos noventa dias da data da publicação da lei que as houver instituído ou modificado, não se lhes aplicando o disposto no art. 150, III, *b*.

•• *Vide* Súmula Vinculante 50.

- *Vide* arts. 74, § 4.º, e 75, § 1.º, do ADCT.

§ 7.º São isentas de contribuição para a seguridade social as entidades beneficentes de assistência social que atendam às exigências estabelecidas em lei.

§ 8.º O produtor, o parceiro, o meeiro e o arrendatário rurais e o pescador artesanal, bem como os respectivos cônjuges, que exerçam suas atividades em regime de economia familiar, sem empregados permanentes, contribuirão para a seguridade social mediante a aplicação de uma alíquota sobre o resultado da comercialização da produção e farão jus aos benefícios nos termos da lei.

•• § 8.º com redação determinada pela Emenda Constitucional n. 20, de 15-12-1998.

- *Vide* Súmula 272 do STJ.

§ 9.º As contribuições sociais previstas no inciso I do *caput* deste artigo poderão ter alíquotas ou bases de cálculo diferenciadas, em razão da atividade econômica, da utilização intensiva de mão de obra, do porte da empresa ou da condição estrutural do mercado de trabalho.

•• § 9.º com redação determinada pela Emenda Constitucional n. 47, de 5-7-2005, em vigor na data de sua publicação, com efeitos retroativos à data de vigência da Emenda Constitucional n. 41, de 19-12-2003 (*DOU* de 31-12-2003).

§ 10. A lei definirá os critérios de transferência de recursos para o sistema único de saúde e ações de assistência social da União para os Estados, o Distrito Federal e os Municípios, e dos Estados para os Municípios, observada a respectiva contrapartida de recursos.

•• § 10 acrescentado pela Emenda Constitucional n. 20, de 15-12-1998.

§ 11. É vedada a concessão de remissão ou anistia das contribuições sociais de que tratam os incisos I, *a*, e II deste artigo, para débitos em montante superior ao fixado em lei complementar.

•• § 11 acrescentado pela Emenda Constitucional n. 20, de 15-12-1998.

§ 12. A lei definirá os setores de atividade econômica para os quais as contribuições incidentes na forma dos incisos I, *b*; e IV do *caput*, serão não cumulativas.

•• § 12 acrescentado pela Emenda Constitucional n. 42, de 19-12-2003.

§ 13. Aplica-se o disposto no § 12 inclusive na hipótese de substituição gradual, total ou parcial, da contribuição incidente na forma do inciso I, *a*, pela incidente sobre a receita ou o faturamento.

•• § 13 acrescentado pela Emenda Constitucional n. 42, de 19-12-2003.

SEÇÃO II
Da Saúde

- Promoção gratuita da saúde por meio de organizações da sociedade civil de interesse público: Lei n. 9.790, de 23-3-1999.
- A Portaria n. 1.820, de 13-8-2009, do Ministério da Saúde, dispõe sobre os direitos e deveres dos usuários da saúde.

Art. 196. A saúde é direito de todos e dever do Estado, garantido mediante políticas sociais e econômicas que visem à redução do risco de doença e de outros agravos e ao acesso universal igualitário às ações e serviços para sua promoção, proteção e recuperação.

Art. 197. São de relevância pública as ações e serviços de saúde, cabendo ao Poder Público dispor, nos termos da lei, sobre sua regulamentação, fiscalização e controle, devendo sua execução ser feita diretamente ou através de terceiros e, também, por pessoa física ou jurídica de direito privado.

Art. 198. As ações e serviços públicos de saúde integram uma rede regionalizada e hierarquizada e constituem um sistema único, organizado de acordo com as seguintes diretrizes:

I – descentralização, com direção única em cada esfera de governo;

II – atendimento integral, com prioridade para as atividades preventivas, sem prejuízo dos serviços assistenciais;

III – participação da comunidade.

§ 1.º O sistema único de saúde será financiado, nos termos do art. 195, com recursos do orçamento da seguridade social, da União, dos Estados, do Distrito Federal e dos Municípios, além de outras fontes.

•• Primitivo parágrafo único renumerado pela Emenda Constitucional n. 29, de 13-9-2000.

§ 2.º A União, os Estados, o Distrito Federal e os Municípios aplicarão, anualmente, em ações e serviços públicos de saúde recursos mínimos derivados da aplicação de percentuais calculados sobre:

•• § 2.º, *caput*, acrescentado pela Emenda Constitucional n. 29, de 13-9-2000.

I – no caso da União, a receita corrente líquida do respectivo exercício financeiro, não podendo ser inferior a 15% (quinze por cento);

•• Inciso I com redação determinada pela Emenda Constitucional n. 86, de 17-3-2015.

•• *Vide* art. 110, I, do ADCT.

•• O art. 3.º da Emenda Constitucional n. 86, de 17-3-2015, dispõe:

Art. 3.º As despesas com ações e serviços públicos de saúde custeados com a parcela da União oriunda da participação no resultado ou da compensação financeira pela exploração de petróleo e gás natural, de que trata o § 1.º do art. 20 da Constituição Federal, serão computadas para fins de cumprimento do disposto no inciso I do § 2.º do art. 198 da Constituição Federal.

II – no caso dos Estados e do Distrito Federal, o produto da arrecadação dos impostos a que se refere o art. 155 e dos recursos de que tratam os arts. 157 e 159, I, *a*, e inciso II, deduzidas as parcelas que forem transferidas aos respectivos Municípios;

•• Inciso II acrescentado pela Emenda Constitucional n. 29, de 13-9-2000.

III – no caso dos Municípios e do Distrito Federal, o produto da arrecadação dos impostos a que se refere o art. 156 e dos recursos de que tratam os arts. 158 e 159, I, *b* e § 3.º.

•• Inciso III acrescentado pela Emenda Constitucional n. 29, de 13-9-2000.

§ 3.º Lei complementar, que será reavaliada pelo menos a cada cinco anos, estabelecerá:

•• § 3.º, *caput*, acrescentado pela Emenda Constitucional n. 29, de 13-9-2000.

•• § 3.º regulamentado pela Lei Complementar n. 141, de 13-1-2012.

I – os percentuais de que tratam os incisos II e III do § 2.º;

•• Inciso I com redação determinada pela Emenda Constitucional n. 86, de 17-3-2015.

II – os critérios de rateio dos recursos da União vinculados à saúde destinados aos Estados, ao Distrito Federal e aos Municípios, e dos Estados destinados a seus respectivos Municípios, objetivando a progressiva redução das disparidades regionais;

•• Inciso II acrescentado pela Emenda Constitucional n. 29, de 13-9-2000.

III – as normas de fiscalização, avaliação e controle das despesas com saúde nas esferas federal, estadual, distrital e municipal;

•• Inciso III acrescentado pela Emenda Constitucional n. 29, de 13-9-2000.

IV – (*Revogado pela Emenda Constitucional n. 86, de 17-3-2015.*)

§ 4.º Os gestores locais do sistema único de saúde poderão admitir agentes comunitários de saúde e agentes de combate às endemias por meio de processo seletivo público, de acordo com a natureza e complexidade de suas atribuições e requisitos específicos para sua atuação.

•• § 4.º acrescentado pela Emenda Constitucional n. 51, de 14-2-2006.

•• *Vide* art. 2.º, parágrafo único, da Emenda Constitucional n. 51, de 14-2-2006.

§ 5.º Lei federal disporá sobre o regime jurídico, o piso salarial profissional nacional, as diretrizes para os Planos de Carreira e a regulamentação das atividades de agente comunitário de saúde e agente de combate às endemias, competindo à União, nos termos da lei, prestar assistência financeira complementar aos Estados, ao Distrito Federal e aos Municípios, para o cumprimento do referido piso salarial.

•• § 5.º com redação determinada pela Emenda Constitucional n. 63, de 4-2-2010.

•• § 5.º regulamentado pela Lei n. 11.350, de 5-10-2006.

§ 6.º Além das hipóteses previstas no § 1.º do art. 41 e no § 4.º do art. 169 da Constituição Federal, o servidor que exerça funções equivalentes às de agente comunitário de saúde ou de agente de combate às endemias poderá perder o cargo em caso de descumprimento dos requisitos específicos, fixados em lei, para o seu exercício.

•• § 6.º acrescentado pela Emenda Constitucional n. 51, de 14-2-2006.

Art. 199. A assistência à saúde é livre à iniciativa privada.

• Planos e seguros privados de assistência à saúde: Lei n. 9.656, de 3-6-1998.

§ 1.º As instituições privadas poderão participar de forma complementar do sistema único de saúde, segundo diretrizes deste, mediante contrato de direito público ou convênio, tendo preferência as entidades filantrópicas e as sem fins lucrativos.

§ 2.º É vedada a destinação de recursos públicos para auxílios ou subvenções às instituições privadas com fins lucrativos.

§ 3.º É vedada a participação direta ou indireta de empresas ou capitais estrangeiros na assistência à saúde no País, salvo nos casos previstos em lei.

§ 4.º A lei disporá sobre as condições e os requisitos que facilitem a remoção de órgãos, tecidos e substâncias humanas para fins de transplante, pesquisa e tratamento, bem como a coleta, processamento e transfusão de sangue e seus derivados, sendo vedado todo tipo de comercialização.

•• Regulamento: Lei n. 10.205, de 21-3-2001.

• Lei n. 9.434, de 4-2-1997, e Decreto n. 2.268, de 30-6-1997: Remoção de órgãos, tecidos e partes do corpo humano para transplante e tratamento.

Art. 200. Ao sistema único de saúde compete, além de outras atribuições, nos termos da lei:

• Sistema Único de Saúde – SUS: Leis n. 8.080, de 19-9-1990, e n. 8.142, de 28-12-1990.

I – controlar e fiscalizar procedimentos, produtos e substâncias de interesse para a saúde e participar da produção de medicamentos, equipamentos, imunobiológicos, hemoderivados e outros insumos;

• As Leis n. 9.677, de 2-7-1998, e n. 9.695, de 20-8-1998, incluíram na classificação dos delitos considerados hediondos determinados crimes contra a saúde pública.

II – executar as ações de vigilância sanitária e epidemiológica, bem como as de saúde do trabalhador;

III – ordenar a formação de recursos humanos na área de saúde;

IV – participar da formulação da política e da execução das ações de saneamento básico;

V – incrementar, em sua área de atuação, o desenvolvimento científico e tecnológico e a inovação;

•• Inciso V com redação determinada pela Emenda Constitucional n. 85, de 26-2-2015.

VI – fiscalizar e inspecionar alimentos, compreendido o controle de seu teor nutricional, bem como bebidas e águas para consumo humano;

VII – participar do controle e fiscalização da produção, transporte, guarda e utilização de substâncias e produtos psicoativos, tóxicos e radioativos;

VIII – colaborar na proteção do meio ambiente, nele compreendido o do trabalho.

SEÇÃO III
Da Previdência Social

• Planos de benefícios da previdência social: Lei n. 8.213, de 24-7-1991, regulamentada pelo Decreto n. 3.048, de 6-5-1999.

Art. 201. A previdência social será organizada sob a forma de regime geral, de caráter contributivo e de filiação obrigatória, observados critérios que preservem o equilíbrio financeiro e atuarial, e atenderá, nos termos da lei, a:

•• *Caput* com redação determinada pela Emenda Constitucional n. 20, de 15-12-1998.

• *Vide* art. 14 da Emenda Constitucional n. 20, de 15-12-1998.

• *Vide* art. 4.º, parágrafo único, da Emenda Constitucional n. 41, de 19-12-2003.

I – cobertura dos eventos de doença, invalidez, morte e idade avançada;

•• Inciso I com redação determinada pela Emenda Constitucional n. 20, de 15-12-1998.

II – proteção à maternidade, especialmente à gestante;

•• Inciso II com redação determinada pela Emenda Constitucional n. 20, de 15-12-1998.

III – proteção ao trabalhador em situação de desemprego involuntário;

•• Inciso III com redação determinada pela Emenda Constitucional n. 20, de 15-12-1998.

•• A Lei n. 7.998, de 11-1-1990, regulamenta o Programa do Seguro-Desemprego, o Abono Salarial, e institui o Fundo de Amparo ao Trabalhador.

IV – salário-família e auxílio-reclusão para os dependentes dos segurados de baixa renda;

•• Inciso IV com redação determinada pela Emenda Constitucional n. 20, de 15-12-1998.

V – pensão por morte do segurado, homem ou mulher, ao cônjuge ou companheiro e dependentes, observado o disposto no § 2.º.

•• Inciso V com redação determinada pela Emenda Constitucional n. 20, de 15-12-1998.

§ 1.º É vedada a adoção de requisitos e critérios diferenciados para a concessão de aposentadoria aos beneficiários do regime geral de previdência social, ressalvados os casos de atividades exercidas sob condições especiais que prejudiquem a saúde ou a integridade física e quando se tratar de segurados portadores de deficiência, nos termos definidos em lei complementar.

•• § 1.º com redação determinada pela Emenda Constitucional n. 47, de 5-7-2005, em vigor na data de sua publicação, com efeitos retroativos à data de vigência da Emenda Constitucional n. 41, de 19-12-2003 (*DOU* de 31-12-2003).

•• § 1.º regulamentado pela Lei Complementar n. 142, de 8-5-2013, no tocante à aposentadoria da pessoa com deficiência segurada do Regime Geral de Previdência Social – RGPS.

• *Vide* art. 15 da Emenda Constitucional n. 20, de 15-12-1998.

§ 2.º Nenhum benefício que substitua o salário de contribuição ou o rendimento do trabalho do segurado terá valor mensal inferior ao salário mínimo.

•• § 2.º com redação determinada pela Emenda Constitucional n. 20, de 15-12-1998.

§ 3.º Todos os salários de contribuição considerados para o cálculo de benefício serão devidamente atualizados, na forma da lei.

•• § 3.º com redação determinada pela Emenda Constitucional n. 20, de 15-12-1998.

§ 4.º É assegurado o reajustamento dos benefícios para preservar-lhes, em caráter permanente, o valor real, conforme critérios definidos em lei.

•• § 4.º com redação determinada pela Emenda Constitucional n. 20, de 15-12-1998.

• *Vide* Súmula 688 do STF.

§ 5.º É vedada a filiação ao regime geral de previdência social, na qualidade de segurado facultativo, de pessoa participante de regime próprio de previdência.

•• § 5.º com redação determinada pela Emenda Constitucional n. 20, de 15-12-1998.

§ 6.º A gratificação natalina dos aposentados e pensionistas terá por base o valor dos proventos do mês de dezembro de cada ano.

•• § 6.º com redação determinada pela Emenda Constitucional n. 20, de 15-12-1998.

• Sobre gratificação de natal (13.º salário): Lei n. 4.090, de 13-7-1962, Lei n. 4.749, de 12-8-1965, Decreto n. 57.155, de 3-11-1965, e Decreto n. 63.912, de 26-12-1968.

§ 7.º É assegurada aposentadoria no regime geral de previdência social, nos termos da lei, obedecidas as seguintes condições:

•• § 7.º, *caput*, com redação determinada pela Emenda Constitucional n. 20, de 15-12-1998.

I – 35 (trinta e cinco) anos de contribuição, se homem, e 30 (trinta) anos de contribuição, se mulher;

•• Inciso I acrescentado pela Emenda Constitucional n. 20, de 15-12-1998.

II – 65 (sessenta e cinco) anos de idade, se homem, e 60 (sessenta) anos de idade, se mulher, reduzido em 5 (cinco) anos o limite para os trabalhadores rurais de ambos os sexos e para os que exerçam suas atividades em regime de economia familiar, nestes incluídos o produtor rural, o garimpeiro e o pescador artesanal.

•• Inciso II acrescentado pela Emenda Constitucional n. 20, de 15-12-1998.

• A Lei n. 11.685, de 2-6-2008, institui o Estatuto do Garimpeiro.

§ 8.º Os requisitos a que se refere o inciso I do parágrafo anterior serão reduzidos em 5 (cinco) anos, para o professor que comprove exclusivamente tempo de efetivo exercício das funções de magistério na educação infantil e no ensino fundamental e médio.

•• § 8.º com redação determinada pela Emenda Constitucional n. 20, de 15-12-1998.

§ 9.º Para efeito de aposentadoria, é assegurada a contagem recíproca do tempo de contribuição na administração pública e na atividade privada, rural e urbana, hipótese em que os diversos regimes de previdência social se compensarão financeiramente, segundo critérios estabelecidos em lei.

•• § 9.º acrescentado pela Emenda Constitucional n. 20, de 15-12-1998.

• A Lei n. 9.796, de 5-5-1999, dispõe sobre a compensação financeira entre o Regime Geral de Previdência Social e os Regimes de Previdência dos Servidores da União, dos Estados, do Distrito Federal e dos Municípios nos casos de contagem recíproca de tempo de contribuição para efeito de aposentadoria.

§ 10. Lei disciplinará a cobertura do risco de acidente do trabalho, a ser atendida concorrentemente pelo regime geral de previdência social e pelo setor privado.

•• § 10 acrescentado pela Emenda Constitucional n. 20, de 15-12-1998.

§ 11. Os ganhos habituais do empregado, a qualquer título, serão incorporados ao salário para efeito de contribuição previdenciária e consequente repercussão em benefícios, nos casos e na forma da lei.

•• § 11 acrescentado pela Emenda Constitucional n. 20, de 15-12-1998.

§ 12. Lei disporá sobre sistema especial de inclusão previdenciária para atender a trabalhadores de baixa renda e àqueles sem renda própria que se dediquem exclusivamente ao trabalho doméstico no âmbito de sua residência, desde que pertencentes a famílias de baixa renda, garantindo-lhes acesso a benefícios de valor igual a um salário mínimo.

•• § 12 com redação determinada pela Emenda Constitucional n. 47, de 5-7-2005, em vigor na data de sua publicação, com efeitos retroativos à data de vigência da Emenda Constitucional n. 41, de 19-12-2003 (*DOU* de 31-12-2003).

§ 13. O sistema especial de inclusão previdenciária de que trata o § 12 deste artigo terá alíquotas e carências inferiores às vigentes para os demais segurados do regime geral de previdência social.

•• § 13 acrescentado pela Emenda Constitucional n. 47, de 5-7-2005, em vigor na data de sua publicação, com efeitos retroativos à data de vigência da Emenda Constitucional n. 41, de 19-12-2003 (*DOU* de 31-12-2003).

Art. 202. O regime de previdência privada, de caráter complementar e organizado de forma autônoma em relação

ao regime geral de previdência social, será facultativo, baseado na constituição de reservas que garantam o benefício contratado, e regulado por lei complementar.

•• *Caput* com redação determinada pela Emenda Constitucional n. 20, de 15-12-1998.

• *Vide* art. 7.º da Emenda Constitucional n. 20, de 15-12-1998.

• Regime de Previdência Complementar: Lei Complementar n. 109, de 29-5-2001.

• *Vide* Súmula 149 do STJ.

§ 1.º A lei complementar de que trata este artigo assegurará ao participante de planos de benefícios de entidades de previdência privada o pleno acesso às informações relativas à gestão de seus respectivos planos.

•• § 1.º com redação determinada pela Emenda Constitucional n. 20, de 15-12-1998.

§ 2.º As contribuições do empregador, os benefícios e as condições contratuais previstas nos estatutos, regulamentos e planos de benefícios das entidades de previdência privada não integram o contrato de trabalho dos participantes, assim como, à exceção dos benefícios concedidos, não integram a remuneração dos participantes, nos termos da lei.

•• § 2.º com redação determinada pela Emenda Constitucional n. 20, de 15-12-1998.

§ 3.º É vedado o aporte de recursos a entidade de previdência privada pela União, Estados, Distrito Federal e Municípios, suas autarquias, fundações, empresas públicas, sociedades de economia mista e outras entidades públicas, salvo na qualidade de patrocinador, situação na qual, em hipótese alguma, sua contribuição normal poderá exceder a do segurado.

•• § 3.º acrescentado pela Emenda Constitucional n. 20, de 15-12-1998.

•• Regulamento: Lei Complementar n. 108, de 29-5-2001.

• *Vide* art. 5.º da Emenda Constitucional n. 20, de 15-12-1998.

§ 4.º Lei complementar disciplinará a relação entre a União, Estados, Distrito Federal ou Municípios, inclusive suas autarquias, fundações, sociedades de economia mista e empresas controladas direta ou indiretamente, enquanto patrocinadoras de entidades fechadas de previdência privada, e suas respectivas entidades fechadas de previdência privada.

•• § 4.º acrescentado pela Emenda Constitucional n. 20, de 15-12-1998.

•• Regulamento: Lei Complementar n. 108, de 29-5-2001.

• *Vide* art. 40, § 14, da CF.

§ 5.º A lei complementar de que trata o parágrafo anterior aplicar-se-á, no que couber, às empresas privadas permissionárias ou concessionárias de prestação de serviços públicos, quando patrocinadoras de entidades fechadas de previdência privada.

•• § 5.º acrescentado pela Emenda Constitucional n. 20, de 15-12-1998.

•• Regulamento: Lei Complementar n. 108, de 29-5-2001.

§ 6.º A lei complementar a que se refere o § 4.º deste artigo estabelecerá os requisitos para a designação dos membros das diretorias das entidades fechadas de previdência privada e disciplinará a inserção dos participantes nos colegiados e instâncias de decisão em que seus interesses sejam objeto de discussão e deliberação.

•• § 6.º acrescentado pela Emenda Constitucional n. 20, de 15-12-1998.

•• Regulamento: Lei Complementar n. 108, de 29-5-2001.

SEÇÃO IV
Da Assistência Social

•• A Lei n. 8.742, de 7-12-1993, dispõe sobre a organização da Assistência Social.

Art. 203. A assistência social será prestada a quem dela necessitar, independentemente de contribuição à seguridade social, e tem por objetivos:

I – a proteção à família, à maternidade, à infância, à adolescência e à velhice;

II – o amparo às crianças e adolescentes carentes;

III – a promoção da integração ao mercado de trabalho;

IV – a habilitação e reabilitação das pessoas portadoras de deficiência e a promoção de sua integração à vida comunitária;

•• A Lei n. 13.146, de 6-7-2015, institui o Estatuto da Pessoa com Deficiência.

V – a garantia de um salário mínimo de benefício mensal à pessoa portadora de deficiência e ao idoso que comprovem não possuir meios de prover à própria manutenção ou de tê-la provida por sua família, conforme dispuser a lei.

• Estatuto do Idoso: Lei n. 10.741, de 1.º-10-2003.

Art. 204. As ações governamentais na área da assistência social serão realizadas com recursos do orçamento da seguridade social, previstos no art. 195, além de outras fontes, e organizadas com base nas seguintes diretrizes:

I – descentralização político-administrativa, cabendo a coordenação e as normas gerais à esfera federal e a coordenação e a execução dos respectivos programas às esferas estadual e municipal, bem como a entidades beneficentes e de assistência social;

II – participação da população, por meio de organizações representativas, na formulação das políticas e no controle das ações em todos os níveis.

Parágrafo único. É facultado aos Estados e ao Distrito Federal vincular a programa de apoio à inclusão e promoção social até cinco décimos por cento de sua receita tributária líquida, vedada a aplicação desses recursos no pagamento de:

•• Parágrafo único, *caput*, acrescentado pela Emenda Constitucional n. 42, de 19-12-2003.

I – despesas com pessoal e encargos sociais;

•• Inciso I acrescentado pela Emenda Constitucional n. 42, de 19-12-2003.

II – serviço da dívida;

•• Inciso II acrescentado pela Emenda Constitucional n. 42, de 19-12-2003.

III – qualquer outra despesa corrente não vinculada diretamente aos investimentos ou ações apoiados.

•• Inciso III acrescentado pela Emenda Constitucional n. 42, de 19-12-2003.

CAPÍTULO III
DA EDUCAÇÃO, DA CULTURA E DO DESPORTO

SEÇÃO I
Da Educação

•• Lei de Diretrizes e Bases da Educação Nacional: Lei n. 9.394, de 20-12-1996.

• Salário-educação: Lei n. 9.766, de 18-12-1998.

• Promoção gratuita da educação através de organizações da sociedade civil de interesse público: Lei n. 9.790, de 23-3-1999.

• A Lei n. 11.274, de 6-2-2006, fixa a idade de 6 (seis) anos para o início do ensino fundamental obrigatório e altera para 9 (nove) anos seu período de duração.

• Lei do Estágio: Lei n. 11.788, de 25-9-2008.

Art. 205. A educação, direito de todos e dever do Estado e da família, será promovida e incentivada com a colaboração da sociedade, visando ao pleno desenvolvimento da pessoa, seu preparo para o exercício da cidadania e sua qualificação para o trabalho.

Art. 206. O ensino será ministrado com base nos seguintes princípios:

I – igualdade de condições para o acesso e permanência na escola;

II – liberdade de aprender, ensinar, pesquisar e divulgar o pensamento, a arte e o saber;

III – pluralismo de ideias e de concepções pedagógicas, e coexistência de instituições públicas e privadas de ensino;

IV – gratuidade do ensino público em estabelecimentos oficiais;

V – valorização dos profissionais da educação escolar, garantidos, na forma da lei, planos de carreira, com ingresso exclusivamente por concurso público de provas e títulos, aos das redes públicas;

•• Inciso V com redação determinada pela Emenda Constitucional n. 53, de 19-12-2006.

• *Vide* OJ 65 da SDI-1 e OJ 38 da SDI-2.

VI – gestão democrática do ensino público, na forma da lei;

VII – garantia de padrão de qualidade;

VIII – piso salarial profissional nacional para os profissionais da educação escolar pública, nos termos de lei federal.

•• Inciso VIII acrescentado pela Emenda Constitucional n. 53, de 19-12-2006.

Parágrafo único. A lei disporá sobre as categorias de trabalhadores considerados profissionais da educação básica e sobre a fixação de prazo para a elaboração ou adequação de seus planos de carreira, no âmbito da União, dos Estados, do Distrito Federal e dos Municípios.

•• Parágrafo único acrescentado pela Emenda Constitucional n. 53, de 19-12-2006.

Art. 207. As universidades gozam de autonomia didático-científica, administrativa e de gestão financeira e patrimonial, e obedecerão ao princípio de indissociabilidade entre ensino, pesquisa e extensão.

• O Decreto n. 9.235, de 15-12-2017, dispõe sobre a organização do ensino superior, a avaliação de cursos e instituições, e dá outras providências.

• O Decreto n. 7.233, de 19-7-2010, dispõe sobre procedimentos orçamentários e financeiros relacionados à autonomia universitária, e dá outras providências.

§ 1.º É facultado às universidades admitir professores, técnicos e cientistas estrangeiros, na forma da lei.

•• § 1.º acrescentado pela Emenda Constitucional n. 11, de 30-4-1996.

§ 2.º O disposto neste artigo aplica-se às instituições de pesquisa científica e tecnológica.

•• § 2.º acrescentado pela Emenda Constitucional n. 11, de 30-4-1996.

Art. 208. O dever do Estado com a educação será efetivado mediante a garantia de:

I – educação básica obrigatória e gratuita dos 4 (quatro) aos 17 (dezessete) anos de idade, assegurada inclusive sua oferta gratuita para todos os que a ela não tiveram acesso na idade própria;

•• Inciso I com redação determinada pela Emenda Constitucional n. 59, de 11-11-2009.

•• O art. 6.º da Emenda Constitucional n. 59, de 11-11-2009, estabelece que o disposto neste inciso I "deverá ser implementado progressivamente, até 2016, nos termos do Plano Nacional de Educação, com apoio técnico e financeiro da União".

II – progressiva universalização do ensino médio gratuito;

•• Inciso II com redação determinada pela Emenda Constitucional n. 14, de 12-9-1996.

III – atendimento educacional especializado aos portadores de deficiência, preferencialmente na rede regular de ensino;

•• A Lei n. 13.146, de 6-7-2015, institui o Estatuto da Pessoa com Deficiência.

• A Lei n. 7.853, de 24-10-1989, regulamentada pelo Decreto n. 3.298, de 20-12-1999, consolida as normas de proteção à pessoa portadora de deficiência.

IV – educação infantil, em creche e pré-escola, às crianças até 5 (cinco) anos de idade;

•• Inciso IV com redação determinada pela Emenda Constitucional n. 53, de 19-12-2006.

V – acesso aos níveis mais elevados do ensino, da pesquisa e da criação artística, segundo a capacidade de cada um;

VI – oferta de ensino noturno regular, adequado às condições do educando;

VII – atendimento ao educando, em todas as etapas da educação básica, por meio de programas suplementares de material didático-escolar, transporte, alimentação e assistência à saúde.

•• Inciso VII com redação determinada pela Emenda Constitucional n. 59, de 11-11-2009.

• A Lei n. 11.947, de 16-6-2009, dispõe sobre o atendimento da alimentação escolar e do Programa Dinheiro Direto na Escola aos alunos da educação básica.

§ 1.º O acesso ao ensino obrigatório e gratuito é direito público subjetivo.

§ 2.º O não oferecimento do ensino obrigatório pelo Poder Público, ou sua oferta irregular, importa responsabilidade da autoridade competente.

§ 3.º Compete ao Poder Público recensear os educandos no ensino fundamental, fazer-lhes a chamada e zelar, junto aos pais ou responsáveis, pela frequência à escola.

Art. 209. O ensino é livre à iniciativa privada, atendidas as seguintes condições:

I – cumprimento das normas gerais da educação nacional;

II – autorização e avaliação de qualidade pelo Poder Público.

Art. 210. Serão fixados conteúdos mínimos para o ensino fundamental, de maneira a assegurar formação básica comum e respeito aos valores culturais e artísticos, nacionais e regionais.

§ 1.º O ensino religioso, de matrícula facultativa, constituirá disciplina dos horários normais das escolas públicas de ensino fundamental.

§ 2.º O ensino fundamental regular será ministrado em língua portuguesa, assegurada às comunidades indígenas também a utilização de suas línguas maternas e processos próprios de aprendizagem.

Art. 211. A União, os Estados, o Distrito Federal e os Municípios organizarão em regime de colaboração seus sistemas de ensino.

• *Vide* art. 60 e §§ do ADCT.

§ 1.º A União organizará o sistema federal de ensino e o dos Territórios, financiará as instituições de ensino públicas federais e exercerá, em matéria educacional, função redistributiva e supletiva, de forma a garantir equalização de oportunidades educacionais e padrão mínimo de qualidade do ensino mediante assistência técnica e financeira aos Estados, ao Distrito Federal e aos Municípios.

•• § 1.º com redação determinada pela Emenda Constitucional n. 14, de 12-9-1996.

§ 2.º Os Municípios atuarão prioritariamente no ensino fundamental e na educação infantil.

•• § 2.º com redação determinada pela Emenda Constitucional n. 14, de 12-9-1996.

§ 3.º Os Estados e o Distrito Federal atuarão prioritariamente no ensino fundamental e médio.

•• § 3.º acrescentado pela Emenda Constitucional n. 14, de 12-9-1996.

§ 4.º Na organização de seus sistemas de ensino, a União, os Estados, o Distrito Federal e os Municípios definirão formas de colaboração, de modo a assegurar a universalização do ensino obrigatório.

•• § 4.º com redação determinada pela Emenda Constitucional n. 59, de 11-11-2009.

§ 5.º A educação básica pública atenderá prioritariamente ao ensino regular.

•• § 5.º acrescentado pela Emenda Constitucional n. 53, de 19-12-2006.

Art. 212. A União aplicará, anualmente, nunca menos de dezoito, e os Estados, o Distrito Federal e os Municípios vinte e cinco por cento, no mínimo, da receita resultante de impostos, compreendida a proveniente de transferências, na manutenção e desenvolvimento do ensino.

•• *Vide* art. 110, I, do ADCT.

• A Instrução Normativa n. 60, de 4-11-2009, do TCU, dispõe sobre os procedimentos para a fiscalização do cumprimento do disposto neste artigo.

• *Vide* arts. 60 e 72, §§ 2.º e 3.º, do ADCT.

§ 1.º A parcela da arrecadação de impostos transferida pela União aos Estados, ao Distrito Federal e aos Municípios, ou pelos Estados aos respectivos Municípios, não é considerada, para efeito do cálculo previsto neste artigo, receita do governo que a transferir.

§ 2.º Para efeito do cumprimento do disposto no *caput* deste artigo, serão considerados os sistemas de ensino federal, estadual e municipal e os recursos aplicados na forma do art. 213.

§ 3.º A distribuição dos recursos públicos assegurará prioridade ao atendimento das necessidades do ensino obrigatório, no que se refere a universalização, garantia de padrão de qualidade e equidade, nos termos do plano nacional de educação.

•• § 3.º com redação determinada pela Emenda Constitucional n. 59, de 11-11-2009.

§ 4.º Os programas suplementares de alimentação e assistência à saúde previstos no art. 208, VII, serão financiados com recursos provenientes de contribuições sociais e outros recursos orçamentários.

§ 5.º A educação básica pública terá como fonte adicional de financiamento a contribuição social do salário-educação, recolhida pelas empresas na forma da lei.

•• § 5.º com redação determinada pela Emenda Constitucional n. 53, de 19-12-2006.

•• § 5.º regulamentado pelo Decreto n. 6.003, de 28-12-2006.

• A Lei n. 9.766, de 18-12-1998, regulamenta o salário-educação.

• *Vide* art. 76, § 2.º, do ADCT.

§ 6.º As cotas estaduais e municipais da arrecadação da contribuição social do salário-educação serão distribuídas proporcionalmente ao número de alunos matriculados na educação básica nas respectivas redes públicas de ensino.

•• § 6.º acrescentado pela Emenda Constitucional n. 53, de 19-12-2006.

•• *Vide* art. 107, § 6.º, I, do ADCT.

Art. 213. Os recursos públicos serão destinados às escolas públicas, podendo ser dirigidos a escolas comunitárias, confessionais ou filantrópicas, definidas em lei, que:

• *Vide* art. 61 do ADCT.

I – comprovem finalidade não lucrativa e apliquem seus excedentes financeiros em educação;

II – assegurem a destinação de seu patrimônio a outra escola comunitária, filantrópica ou confessional, ou ao Poder Público, no caso de encerramento de suas atividades.

§ 1.º Os recursos de que trata este artigo poderão ser destinados a bolsas de estudo para o ensino fundamental e médio, na forma da lei, para os que demonstrarem insuficiência de recursos, quando houver falta de vagas e cursos regulares da rede pública na localidade da residência do educando, ficando o Poder Público obrigado a investir prioritariamente na expansão de sua rede na localidade.

§ 2.º As atividades de pesquisa, de extensão e de estímulo e fomento à inovação realizadas por universidades e/ou por instituições de educação profissional e tecnológica poderão receber apoio financeiro do Poder Público.

•• § 2.º com redação determinada pela Emenda Constitucional n. 85, de 26-2-2015.

Art. 214. A lei estabelecerá o plano nacional de educação, de duração decenal, com o objetivo de articular o sistema nacional de educação em regime de colaboração e definir diretrizes, objetivos, metas e estratégias de implementação para assegurar a manutenção e desenvolvimento do ensino em seus diversos níveis, etapas e modalidades por meio de ações integradas dos poderes públicos das diferentes esferas federativas que conduzam a:

•• *Caput* com redação determinada pela Emenda Constitucional n. 59, de 11-11-2009.

I – erradicação do analfabetismo;

II – universalização do atendimento escolar;

III – melhoria da qualidade do ensino;

IV – formação para o trabalho;

V – promoção humanística, científica e tecnológica do País;

VI – estabelecimento de meta de aplicação de recursos públicos em educação como proporção do produto interno bruto.

•• Inciso VI acrescentado pela Emenda Constitucional n. 59, de 11-11-2009.

SEÇÃO II
Da Cultura

- A Lei n. 8.313, de 23-12-1991, regulamentada pelo Decreto n. 5.761, de 27-4-2006, institui o PRONAC.
- A Lei n. 8.685, de 20-7-1993, cria mecanismo de fomento à atividade audiovisual.

Art. 215. O Estado garantirá a todos o pleno exercício dos direitos culturais e acesso às fontes da cultura nacional, e apoiará e incentivará a valorização e a difusão das manifestações culturais.

§ 1.º O Estado protegerá as manifestações das culturas populares, indígenas e afro-brasileiras, e das de outros grupos participantes do processo civilizatório nacional.

§ 2.º A lei disporá sobre a fixação de datas comemorativas de alta significação para os diferentes segmentos étnicos nacionais.

§ 3.º A lei estabelecerá o Plano Nacional de Cultura, de duração plurianual, visando ao desenvolvimento cultural do País e à integração das ações do poder público que conduzem à:

•• A Lei n. 12.343, de 2-12-2010, institui o PNC, cria o Sistema Nacional de Informações e Indicadores Culturais – SNIIC e dá outras providências.

I – defesa e valorização do patrimônio cultural brasileiro;

II – produção, promoção e difusão de bens culturais;

III – formação de pessoal qualificado para a gestão da cultura em suas múltiplas dimensões;

IV – democratização do acesso aos bens de cultura;

V – valorização da diversidade étnica e regional.

•• § 3.º acrescentado pela Emenda Constitucional n. 48, de 10-8-2005.

Art. 216. Constituem patrimônio cultural brasileiro os bens de natureza material e imaterial, tomados individualmente ou em conjunto, portadores de referência à identidade, à ação, à memória dos diferentes grupos formadores da sociedade brasileira, nos quais se incluem:

I – as formas de expressão;

II – os modos de criar, fazer e viver;

III – as criações científicas, artísticas e tecnológicas;

IV – as obras, objetos, documentos, edificações e demais espaços destinados às manifestações artístico-culturais;

V – os conjuntos urbanos e sítios de valor histórico, paisagístico, artístico, arqueológico, paleontológico, ecológico e científico.

- A Lei n. 3.924, de 26-7-1961, dispõe sobre os monumentos arqueológicos e pré-históricos.

§ 1.º O Poder Público, com a colaboração da comunidade, promoverá e protegerá o patrimônio cultural brasileiro, por meio de inventários, registros, vigilância, tombamento e desapropriação, e de outras formas de acautelamento e preservação.

- A Lei n. 8.394, de 30-12-1991, regulamentada pelo Decreto n. 4.344, de 26-8-2002, dispõe sobre a preservação, organização e proteção dos acervos documentais privados dos presidentes da República.

§ 2.º Cabem à administração pública, na forma da lei, a gestão da documentação governamental e as providências para franquear sua consulta a quantos dela necessitem.

•• A Lei n. 12.527, de 18-11-2011, regula o acesso a informações previsto neste parágrafo.

§ 3.º A lei estabelecerá incentivos para a produção e o conhecimento de bens e valores culturais.

- As Leis n. 7.505, de 2-7-1986 (*Lei Sarney*), e n. 8.313, de 23-12-1991 (*Lei Rouanet*), dispõem sobre benefícios fiscais concedidos a operações de caráter cultural ou artístico.

§ 4.º Os danos e ameaças ao patrimônio cultural serão punidos, na forma da lei.

§ 5.º Ficam tombados todos os documentos e os sítios detentores de reminiscências históricas dos antigos quilombos.

§ 6.º É facultado aos Estados e ao Distrito Federal vincular a fundo estadual de fomento à cultura até cinco décimos por cento de sua receita tributária líquida, para o financiamento de programas e projetos culturais, vedada a aplicação desses recursos no pagamento de:

•• § 6.º, *caput*, acrescentado pela Emenda Constitucional n. 42, de 19-12-2003.

I – despesas com pessoal e encargos sociais;

•• Inciso I acrescentado pela Emenda Constitucional n. 42, de 19-12-2003.

II – serviço da dívida;

•• Inciso II acrescentado pela Emenda Constitucional n. 42, de 19-12-2003.

III – qualquer outra despesa corrente não vinculada diretamente aos investimentos ou ações apoiados.

•• Inciso III acrescentado pela Emenda Constitucional n. 42, de 19-12-2003.

Art. 216-A. O Sistema Nacional de Cultura, organizado em regime de colaboração, de forma descentralizada e participativa, institui um processo de gestão e promoção conjunta de políticas públicas de cultura, democráticas e permanentes, pactuadas entre os entes da Federação e a sociedade, tendo por objetivo promover o desenvolvimento humano, social e econômico com pleno exercício dos direitos culturais.

•• *Caput* acrescentado pela Emenda Constitucional n. 71, de 29-11-2012.

§ 1.º O Sistema Nacional de Cultura fundamenta-se na política nacional de cultura e nas suas diretrizes, estabelecidas no Plano Nacional de Cultura, e rege-se pelos seguintes princípios:

•• § 1.º, *caput*, acrescentado pela Emenda Constitucional n. 71, de 29-11-2012.

I – diversidade das expressões culturais;

•• Inciso I acrescentado pela Emenda Constitucional n. 71, de 29-11-2012.

II – universalização do acesso aos bens e serviços culturais;

•• Inciso II acrescentado pela Emenda Constitucional n. 71, de 29-11-2012.

III – fomento à produção, difusão e circulação de conhecimento e bens culturais;

•• Inciso III acrescentado pela Emenda Constitucional n. 71, de 29-11-2012.

IV – cooperação entre os entes federados, os agentes públicos e privados atuantes na área cultural;

•• Inciso IV acrescentado pela Emenda Constitucional n. 71, de 29-11-2012.

V – integração e interação na execução das políticas, programas, projetos e ações desenvolvidas;

•• Inciso V acrescentado pela Emenda Constitucional n. 71, de 29-11-2012.

VI – complementaridade nos papéis dos agentes culturais;

•• Inciso VI acrescentado pela Emenda Constitucional n. 71, de 29-11-2012.

VII – transversalidade das políticas culturais;

•• Inciso VII acrescentado pela Emenda Constitucional n. 71, de 29-11-2012.

VIII – autonomia dos entes federados e das instituições da sociedade civil;

•• Inciso VIII acrescentado pela Emenda Constitucional n. 71, de 29-11-2012.

IX – transparência e compartilhamento das informações;

•• Inciso IX acrescentado pela Emenda Constitucional n. 71, de 29-11-2012.

X – democratização dos processos decisórios com participação e controle social;

•• Inciso X acrescentado pela Emenda Constitucional n. 71, de 29-11-2012.

XI – descentralização articulada e pactuada da gestão, dos recursos e das ações;

•• Inciso XI acrescentado pela Emenda Constitucional n. 71, de 29-11-2012.

XII – ampliação progressiva dos recursos contidos nos orçamentos públicos para a cultura.

•• Inciso XII acrescentado pela Emenda Constitucional n. 71, de 29-11-2012.

§ 2.º Constitui a estrutura do Sistema Nacional de Cultura, nas respectivas esferas da Federação:

•• § 2.º, *caput*, acrescentado pela Emenda Constitucional n. 71, de 29-11-2012.

I – órgãos gestores da cultura;

•• Inciso I acrescentado pela Emenda Constitucional n. 71, de 29-11-2012.

II – conselhos de política cultural;

•• Inciso II acrescentado pela Emenda Constitucional n. 71, de 29-11-2012.

III – conferências de cultura;

•• Inciso III acrescentado pela Emenda Constitucional n. 71, de 29-11-2012.

IV – comissões intergestores;

•• Inciso IV acrescentado pela Emenda Constitucional n. 71, de 29-11-2012.

V – planos de cultura;

•• Inciso V acrescentado pela Emenda Constitucional n. 71, de 29-11-2012.

VI – sistemas de financiamento à cultura;

•• Inciso VI acrescentado pela Emenda Constitucional n. 71, de 29-11-2012.

VII – sistemas de informações e indicadores culturais;

•• Inciso VII acrescentado pela Emenda Constitucional n. 71, de 29-11-2012.

VIII – programas de formação na área da cultura; e

•• Inciso VIII acrescentado pela Emenda Constitucional n. 71, de 29-11-2012.

IX – sistemas setoriais de cultura.

•• Inciso IX acrescentado pela Emenda Constitucional n. 71, de 29-11-2012.

§ 3.º Lei federal disporá sobre a regulamentação do Sistema Nacional de Cultura, bem como de sua articulação com os demais sistemas nacionais ou políticas setoriais de governo.

•• § 3.º acrescentado pela Emenda Constitucional n. 71, de 29-11-2012.

§ 4.º Os Estados, o Distrito Federal e os Municípios organizarão seus respectivos sistemas de cultura em leis próprias.

•• § 4.º acrescentado pela Emenda Constitucional n. 71, de 29-11-2012.

SEÇÃO III
Do Desporto

• A Lei n. 9.615, de 24-3-1998, regulamentada pelo Decreto n. 7.984, de 8-4-2013, institui normas gerais sobre desporto.

Art. 217. É dever do Estado fomentar práticas desportivas formais e não formais, como direito de cada um, observados:

I – a autonomia das entidades desportivas dirigentes e associações, quanto a sua organização e funcionamento;

II – a destinação de recursos públicos para a promoção prioritária do desporto educacional e, em casos específicos, para a do desporto de alto rendimento;

III – o tratamento diferenciado para o desporto profissional e o não profissional;

IV – a proteção e o incentivo às manifestações desportivas de criação nacional.

§ 1.º O Poder Judiciário só admitirá ações relativas à disciplina e às competições desportivas após esgotarem-se as instâncias da justiça desportiva, reguladas em lei.

§ 2.º A justiça desportiva terá o prazo máximo de sessenta dias, contados da instauração do processo, para proferir decisão final.

§ 3.º O Poder Público incentivará o lazer, como forma de promoção social.

CAPÍTULO IV
DA CIÊNCIA, TECNOLOGIA E INOVAÇÃO

•• Capítulo IV com denominação determinada pela Emenda Constitucional n. 85, de 26-2-2015.

• Conselho Nacional de Ciência e Tecnologia: Lei n. 9.257, de 9-1-1996.

Art. 218. O Estado promoverá e incentivará o desenvolvimento científico, a pesquisa, a capacitação científica e tecnológica e a inovação.

•• *Caput* com redação determinada pela Emenda Constitucional n. 85, de 26-2-2015.

• A Lei n. 10.973, de 2-12-2004, estabelece medidas de incentivo à inovação e à pesquisa científica e tecnológica no ambiente produtivo, com vistas à capacitação e ao alcance da autonomia tecnológica e ao desenvolvimento industrial do país, nos termos deste artigo e do art. 219. Regulamento: Decreto n. 9.283, de 7-2-2018.

§ 1.º A pesquisa científica básica e tecnológica receberá tratamento prioritário do Estado, tendo em vista o bem público e o progresso da ciência, tecnologia e inovação.

•• § 1.º com redação determinada pela Emenda Constitucional n. 85, de 26-2-2015.

§ 2.º A pesquisa tecnológica voltar-se-á preponderantemente para a solução dos problemas brasileiros e para o desenvolvimento do sistema produtivo nacional e regional.

§ 3.º O Estado apoiará a formação de recursos humanos nas áreas de ciência, pesquisa, tecnologia e inovação, inclusive por meio do apoio às atividades de extensão tecnológica, e concederá aos que delas se ocupem meios e condições especiais de trabalho.

•• § 3.º com redação determinada pela Emenda Constitucional n. 85, de 26-2-2015.

§ 4.º A lei apoiará e estimulará as empresas que invistam em pesquisa, criação de tecnologia adequada ao País, formação e aperfeiçoamento de seus recursos humanos e que pratiquem sistemas de remuneração que assegurem ao empregado, desvinculada do salário, participação nos ganhos econômicos resultantes da produtividade de seu trabalho.

§ 5.º É facultado aos Estados e ao Distrito Federal vincular parcela de sua receita orçamentária a entidades públicas de fomento ao ensino e à pesquisa científica e tecnológica.

§ 6.º O Estado, na execução das atividades previstas no *caput*, estimulará a articulação entre entes, tanto públicos quanto privados, nas diversas esferas de governo.

•• § 6.º acrescentado pela Emenda Constitucional n. 85, de 26-2-2015.

§ 7.º O Estado promoverá e incentivará a atuação no exterior das instituições públicas de ciência, tecnologia e inovação, com vistas à execução das atividades previstas no *caput*.

•• § 7.º acrescentado pela Emenda Constitucional n. 85, de 26-2-2015.

Art. 219. O mercado interno integra o patrimônio nacional e será incentivado de modo a viabilizar o desenvolvimento cultural e socioeconômico, o bem-estar da população e a autonomia tecnológica do País, nos termos de lei federal.

Parágrafo único. O Estado estimulará a formação e o fortalecimento da inovação nas empresas, bem como nos demais entes, públicos ou privados, a constituição e a manutenção de parques e polos tecnológicos e de demais ambientes promotores da inovação, a atuação dos inventores independentes e a criação, absorção, difusão e transferência de tecnologia.

•• Parágrafo único acrescentado pela Emenda Constitucional n. 85, de 26-2-2015.

Art. 219-A. A União, os Estados, o Distrito Federal e os Municípios poderão firmar instrumentos de cooperação com órgãos e entidades públicos e com entidades privadas, inclusive para o compartilhamento de recursos humanos especializados e capacidade instalada, para a execução de projetos de pesquisa, de desenvolvimento científico e tecnológico e de inovação, mediante contrapartida financeira ou não financeira assumida pelo ente beneficiário, na forma da lei.

•• Artigo acrescentado pela Emenda Constitucional n. 85, de 26-2-2015.

Art. 219-B. O Sistema Nacional de Ciência, Tecnologia e Inovação será organizado em regime de colaboração entre entes, tanto públicos quanto privados, com vistas a promover o desenvolvimento científico e tecnológico e a inovação.

•• *Caput* acrescentado pela Emenda Constitucional n. 85, de 26-2-2015.

§ 1.º Lei federal disporá sobre as normas gerais do Sistema Nacional de Ciência, Tecnologia e Inovação.

•• § 1.º acrescentado pela Emenda Constitucional n. 85, de 26-2-2015.

§ 2.º Os Estados, o Distrito Federal e os Municípios legislarão concorrentemente sobre suas peculiaridades.

•• § 2.º acrescentado pela Emenda Constitucional n. 85, de 26-2-2015.

CAPÍTULO V
DA COMUNICAÇÃO SOCIAL

Art. 220. A manifestação do pensamento, a criação, a expressão e a informação, sob qualquer forma, processo ou veículo não sofrerão qualquer restrição, observado o disposto nesta Constituição.

• Código Brasileiro de Telecomunicações: Lei n. 4.117, de 27-8-1962.

• Organização dos Serviços de Telecomunicações: Lei n. 9.472, de 16-7-1997.

§ 1.º Nenhuma lei conterá dispositivo que possa constituir embaraço à plena liberdade de informação jornalística em qualquer veículo de comunicação social, observado o disposto no art. 5.º, IV, V, X, XIII e XIV.

§ 2.º É vedada toda e qualquer censura de natureza política, ideológica e artística.

§ 3.º Compete à lei federal:

I – regular as diversões e espetáculos públicos, cabendo ao Poder Público informar sobre a natureza deles, as faixas etárias a que não se recomendem, locais e horários em que sua apresentação se mostre inadequada;

•• A Portaria n. 1.189, de 3-8-2018, do Ministério da Justiça, regulamenta o processo de classificação indicativa.

II – estabelecer os meios legais que garantam à pessoa e à família a possibilidade de se defenderem de programas ou programações de rádio e televisão que contrariem o disposto no art. 221, bem como da propaganda de produtos, práticas e serviços que possam ser nocivos à saúde e ao meio ambiente.

§ 4.º A propaganda comercial de tabaco, bebidas alcoólicas, agrotóxicos, medicamentos e terapias estará sujeita a restrições legais, nos termos do inciso II do parágrafo anterior, e conterá, sempre que necessário, advertência sobre os malefícios decorrentes de seu uso.

• A Lei n. 9.294, de 15-7-1996, regulamentada pelo Decreto n. 2.018, de 1.º-10-1996, dispõe sobre as restrições ao uso e à propaganda de produtos fumígenos, bebidas alcoólicas, medicamentos, terapias e defensivos agrícolas aqui referidos.

• A Lei n. 11.705, de 19-6-2008 (Lei Seca), altera a Lei n. 9.503, de 23-9-1997 (CTB), com a finalidade de estabelecer alcoolemia zero e impor penalidades mais severas para condutor que dirigir sob a influência de álcool, e a Lei n. 9.294, de 15-7-1996, para obrigar os estabelecimentos comerciais em que se vendem ou oferecem bebidas alcoólicas a estampar no recinto, aviso de que constitui crime dirigir sob a influência de álcool.

§ 5.º Os meios de comunicação social não podem, direta ou indiretamente, ser objeto de monopólio ou oligopólio.

§ 6.º A publicação de veículo impresso de comunicação independe de licença de autoridade.

Art. 221. A produção e a programação das emissoras de rádio e televisão atenderão aos seguintes princípios:

I – preferência a finalidades educativas, artísticas, culturais e informativas;

II – promoção da cultura nacional e regional e estímulo à produção independente que objetive sua divulgação;

III – regionalização da produção cultural, artística e jornalística, conforme percentuais estabelecidos em lei;

IV – respeito aos valores éticos e sociais da pessoa e da família.

Art. 222. A propriedade de empresa jornalística e de radiodifusão sonora e de sons e imagens é privativa de brasileiros natos ou naturalizados há mais de 10 (dez) anos, ou de pessoas jurídicas constituídas sob as leis brasileiras e que tenham sede no País.

•• *Caput* com redação determinada pela Emenda Constitucional n. 36, de 28-5-2002.

§ 1.º Em qualquer caso, pelo menos 70% (setenta por cento) do capital total e do capital votante das empresas jornalísticas e de radiodifusão sonora e de sons e imagens deverá pertencer, direta ou indiretamente, a brasileiros natos ou naturalizados há mais de 10 (dez) anos, que exercerão obrigatoriamente a gestão das atividades e estabelecerão o conteúdo da programação.

•• § 1.º com redação determinada pela Emenda Constitucional n. 36, de 28-5-2002.

§ 2.º A responsabilidade editorial e as atividades de seleção e direção da programação veiculada são privativas de brasileiros natos ou naturalizados há mais de 10 (dez) anos, em qualquer meio de comunicação social.

•• § 2.º com redação determinada pela Emenda Constitucional n. 36, de 28-5-2002.

§ 3.º Os meios de comunicação social eletrônica, independentemente da tecnologia utilizada para a prestação do serviço, deverão observar os princípios enunciados no art.

221, na forma de lei específica, que também garantirá a prioridade de profissionais brasileiros na execução de produções nacionais.

•• § 3.º acrescentado pela Emenda Constitucional n. 36, de 28-5-2002.

§ 4.º Lei disciplinará a participação de capital estrangeiro nas empresas de que trata o § 1.º.

•• § 4.º acrescentado pela Emenda Constitucional n. 36, de 28-5-2002.

•• A Lei n. 10.610, de 20-12-2002, disciplina a participação de capital estrangeiro nas empresas jornalísticas e de radiodifusão sonora e de sons e imagens de que trata este parágrafo.

§ 5.º As alterações de controle societário das empresas de que trata o § 1.º serão comunicadas ao Congresso Nacional.

•• § 5.º acrescentado pela Emenda Constitucional n. 36, de 28-5-2002.

Art. 223. Compete ao Poder Executivo outorgar e renovar concessão, permissão e autorização para o serviço de radiodifusão sonora e de sons e imagens, observado o princípio da complementaridade dos sistemas privado, público e estatal.

§ 1.º O Congresso Nacional apreciará o ato no prazo do art. 64, §§ 2.º e 4.º, a contar do recebimento da mensagem.

§ 2.º A não renovação da concessão ou permissão dependerá de aprovação de, no mínimo, dois quintos do Congresso Nacional, em votação nominal.

§ 3.º O ato de outorga ou renovação somente produzirá efeitos legais após deliberação do Congresso Nacional, na forma dos parágrafos anteriores.

§ 4.º O cancelamento da concessão ou permissão, antes de vencido o prazo, depende de decisão judicial.

§ 5.º O prazo da concessão ou permissão será de dez anos para as emissoras de rádio e de quinze para as de televisão.

Art. 224. Para os efeitos do disposto neste capítulo, o Congresso Nacional instituirá, como órgão auxiliar, o Conselho de Comunicação Social, na forma da lei.

•• A Lei n. 8.389, de 30-12-1991, institui o Conselho aqui referido.

CAPÍTULO VI
DO MEIO AMBIENTE

• Lei de Crimes Ambientais: Lei n. 9.605, de 12-2-1998.

Art. 225. Todos têm direito ao meio ambiente ecologicamente equilibrado, bem de uso comum do povo e essencial à sadia qualidade de vida, impondo-se ao Poder Público e à coletividade o dever de defendê-lo e preservá-lo para as presentes e futuras gerações.

§ 1.º Para assegurar a efetividade desse direito, incumbe ao Poder Público:

•• Regulamento: Lei n. 9.985, de 18-7-2000.

I – preservar e restaurar os processos ecológicos essenciais e prover o manejo ecológico das espécies e ecossistemas;

II – preservar a diversidade e a integridade do patrimônio genético do País e fiscalizar as entidades dedicadas à pesquisa e manipulação de material genético;

•• Regulamento: Lei n. 9.985, de 18-7-2000, Lei n. 11.105, de 24-3-2005, e Lei n. 13.123, de 20-5-2015.

• O Decreto n. 5.705, de 16-2-2006, promulga o Protocolo de Cartagena sobre Biossegurança da Convenção sobre Diversidade Biológica.

III – definir, em todas as unidades da Federação, espaços territoriais e seus componentes a serem especialmente protegidos, sendo a alteração e a supressão permitidas somente através de lei, vedada qualquer utilização que comprometa a integridade dos atributos que justifiquem sua proteção;

IV – exigir, na forma da lei, para instalação de obra ou atividade potencialmente causadora de significativa degradação do meio ambiente, estudo prévio de impacto ambiental, a que se dará publicidade;

•• Regulamento: Lei n. 11.105, de 24-3-2005.

V – controlar a produção, a comercialização e o emprego de técnicas, métodos e substâncias que comportem risco para a vida, a qualidade de vida e o meio ambiente;

•• Regulamento: Lei n. 11.105, de 24-3-2005.

VI – promover a educação ambiental em todos os níveis de ensino e a conscientização pública para a preservação do meio ambiente;

• Lei de Educação Ambiental e instituição da Política Nacional de Educação Ambiental: Lei n. 9.795, de 27-4-1999, regulamentada pelo Decreto n. 4.281, de 25-6-2002.

VII – proteger a fauna e a flora, vedadas, na forma da lei, as práticas que coloquem em risco sua função ecológica, provoquem a extinção de espécies ou submetam os animais a crueldade.

•• Regulamento: Lei n. 11.794, de 8-10-2008.

• Código de Caça: Lei n. 5.197, de 3-1-1967.

• Código de Pesca: Decreto-lei n. 221, de 28-2-1967.

• Crimes Ambientais: Lei n. 9.605, de 12-2-1998.

• Código Florestal brasileiro: Lei n. 12.651, de 25-5-2012.

§ 2.º Aquele que explorar recursos minerais fica obrigado a recuperar o meio ambiente degradado, de acordo com solução técnica exigida pelo órgão público competente, na forma da lei.

• Código de Mineração: Decreto-lei n. 227, de 28-2-1967.

§ 3.º As condutas e atividades consideradas lesivas ao meio ambiente sujeitarão os infratores, pessoas físicas ou jurídicas, a sanções penais e administrativas, independentemente da obrigação de reparar os danos causados.

• Crimes Ambientais, responsabilidade das pessoas físicas e jurídicas: Lei n. 9.605, de 12-2-1998, art. 3.º e parágrafo único.

§ 4.º A Floresta Amazônica brasileira, a Mata Atlântica, a Serra do Mar, o Pantanal Mato-Grossense e a Zona Costeira são patrimônio nacional, e sua utilização far-se-á, na forma da lei, dentro de condições que assegurem a preservação do meio ambiente, inclusive quanto ao uso dos recursos naturais.

•• Regulamento: Lei n. 13.123, de 20-5-2015.

§ 5.º São indisponíveis as terras devolutas ou arrecadadas pelos Estados, por ações discriminatórias, necessárias à proteção dos ecossistemas naturais.

• Terras devolutas: Decreto-lei n. 9.760, de 5-9-1946.

§ 6.º As usinas que operem com reator nuclear deverão ter sua localização definida em lei federal, sem o que não poderão ser instaladas.

§ 7.º Para fins do disposto na parte final do inciso VII do § 1.º deste artigo, não se consideram cruéis as práticas desportivas que utilizem animais, desde que sejam manifestações culturais, conforme o § 1.º do art. 215 desta Constituição Federal, registradas como bem de natureza imaterial integrante do patrimônio cultural brasileiro, devendo ser regulamentadas por lei específica que assegure o bem-estar dos animais envolvidos.

•• § 7.º acrescentado pela Emenda Constitucional n. 96, de 6-6-2017.

CAPÍTULO VII
DA FAMÍLIA, DA CRIANÇA, DO ADOLESCENTE, DO JOVEM E DO IDOSO

•• Capítulo VII com denominação determinada pela Emenda Constitucional n. 65, de 13-7-2010.

• ECA: Lei n. 8.069, de 13-7-1990.

• Política Nacional do Idoso: Lei n. 8.842, de 4-1-1994, regulamentada pelo Decreto n. 1.948, de 3-7-1996.

• Estatuto do Idoso: Lei n. 10.741, de 1.º-10-2003.

Art. 226. A família, base da sociedade, tem especial proteção do Estado.

§ 1.º O casamento é civil e gratuita a celebração.

• Sobre o casamento: arts. 67 e s. da Lei n. 6.015, de 31-12-1973, e arts. 1.511 e s. do CC de 2002.

§ 2.º O casamento religioso tem efeito civil, nos termos da lei.

• Dos efeitos civis do casamento religioso: Lei n. 1.110, de 23-5-1950, e arts. 71 a 75 da Lei n. 6.015, de 31-12-1973.

§ 3.º Para efeito da proteção do Estado, é reconhecida a união estável entre o homem e a mulher como entidade familiar, devendo a lei facilitar sua conversão em casamento.

•• § 3.º regulamentado pela Lei n. 9.278, de 10-5-1996.

•• O STF, em 5-5-2011, declarou procedente a ADI n. 4.277 (*DOU* de 1.º-12-2014), e a ADPF n. 132 (*DOU* de 3-11-2014), com eficácia *erga omnes* e efeito vinculante, conferindo interpretação conforme a CF ao art. 1.723 do CC, a fim de declarar a aplicabilidade de regime da união estável às uniões entre pessoas do mesmo sexo.

•• A Resolução n. 175, de 14-5-2013, do CNJ, dispõe sobre a habilitação, celebração de casamento civil, ou de conversão de união estável em casamento, entre pessoas de mesmo sexo.

§ 4.º Entende-se, também, como entidade familiar a comunidade formada por qualquer dos pais e seus descendentes.

§ 5.º Os direitos e deveres referentes à sociedade conjugal são exercidos igualmente pelo homem e pela mulher.

• Direitos e deveres dos cônjuges: arts. 1.565 e s. do CC.

§ 6.º O casamento civil pode ser dissolvido pelo divórcio.

•• § 6.º com redação determinada pela Emenda Constitucional n. 66, de 13-7-2010.

§ 7.º Fundado nos princípios da dignidade da pessoa humana e da paternidade responsável, o planejamento familiar é livre decisão do casal, competindo ao Estado propiciar recursos educacionais e científicos para o exercício desse direito, vedada qualquer forma coercitiva por parte de instituições oficiais ou privadas.

• Planejamento familiar: Lei n. 9.263, de 12-1-1996.

§ 8.º O Estado assegurará a assistência à família na pessoa de cada um dos que a integram, criando mecanismos para coibir a violência no âmbito de suas relações.

• Violência doméstica e familiar contra a mulher: Lei n. 11.340, de 7-8-2006.

Art. 227. É dever da família, da sociedade e do Estado assegurar à criança, ao adolescente e ao jovem, com absoluta prioridade, o direito à vida, à saúde, à alimentação, à educação, ao lazer, à profissionalização, à cultura, à dignidade, ao respeito, à liberdade e à convivência familiar e comunitária, além de colocá-los a salvo de toda forma de negligência, discriminação, exploração, violência, crueldade e opressão.

•• *Caput* com redação determinada pela Emenda Constitucional n. 65, de 13-7-2010.

• A Lei n. 13.257, de 8-3-2016, dispõe sobre as políticas públicas para a primeira infância.

• A Resolução n. 215, de 22-11-2018, do CONANDA, dispõe sobre parâmetros e ações para proteção dos direitos de crianças e adolescentes no contexto de obras e empreendimentos.

§ 1.º O Estado promoverá programas de assistência integral à saúde da criança, do adolescente e do jovem, admitida a participação de entidades não governamentais, mediante políticas específicas e obedecendo aos seguintes preceitos:

•• § 1.º, *caput*, com redação determinada pela Emenda Constitucional n. 65, de 13-7-2010.

• A Lei n. 8.642, de 31-3-1993, regulamentada pelo Decreto n. 1.056, de 11-2-1994, dispõe sobre a instituição do PRONAICA.

I – aplicação de percentual dos recursos públicos destinados à saúde na assistência materno-infantil;

II – criação de programas de prevenção e atendimento especializado para as pessoas portadoras de deficiência física, sensorial ou mental, bem como de integração social do adolescente e do jovem portador de deficiência, mediante o treinamento para o trabalho e a convivência, e a facilitação do acesso aos bens e serviços coletivos, com a eliminação de obstáculos arquitetônicos e de todas as formas de discriminação.

•• Inciso II com redação determinada pela Emenda Constitucional n. 65, de 13-7-2010.

•• A Lei n. 13.146, de 6-7-2015, institui o Estatuto da Pessoa com Deficiência.

• Direito à vida e à saúde no ECA: Lei n. 8.069, de 13-7-1990, arts. 7.º a 14.

• A Lei n. 7.853, de 24-10-1989, regulamentada pelo Decreto n. 3.298, de 20-12-1999, consolida as normas de proteção à pessoa portadora de deficiência.

§ 2.º A lei disporá sobre normas de construção dos logradouros e dos edifícios de uso público e de fabricação de veículos de transporte coletivo, a fim de garantir acesso adequado às pessoas portadoras de deficiência.

§ 3.º O direito a proteção especial abrangerá os seguintes aspectos:

I – idade mínima de quatorze anos para admissão ao trabalho, observado o disposto no art. 7.º, XXXIII;

•• O art. 7.º, XXXIII, foi alterado pela Emenda Constitucional n. 20, de 15-12-1998, e agora fixa em dezesseis anos a idade mínima para admissão ao trabalho.

II – garantia de direitos previdenciários e trabalhistas;

III – garantia de acesso do trabalhador adolescente e jovem à escola;

•• Inciso III com redação determinada pela Emenda Constitucional n. 65, de 13-7-2010.

IV – garantia de pleno e formal conhecimento da atribuição de ato infracional, igualdade na relação processual e defesa técnica por profissional habilitado, segundo dispuser a legislação tutelar específica;

V – obediência aos princípios de brevidade, excepcionalidade e respeito à condição peculiar de pessoa em desenvolvimento, quando da aplicação de qualquer medida privativa da liberdade;

VI – estímulo do Poder Público, através de assistência jurídica, incentivos fiscais e subsídios, nos termos da lei, ao acolhimento, sob a forma de guarda, de criança ou adolescente órfão ou abandonado;

• ECA (Lei n. 8.069, de 13-7-1990): arts. 33 a 35 tratam da guarda.

VII – programas de prevenção e atendimento especializado à criança, ao adolescente e ao jovem dependente de entorpecentes e drogas afins.

•• Inciso VII com redação determinada pela Emenda Constitucional n. 65, de 13-7-2010.

§ 4.º A lei punirá severamente o abuso, a violência e a exploração sexual da criança e do adolescente.

• Crimes praticados contra as crianças: arts. 225 e s. da Lei n. 8.069, de 13-7-1990.

• Crimes sexuais contra vulnerável: arts. 217-A a 218-B do CP.

• O Decreto n. 7.958, de 13-3-2013, estabelece diretrizes para o atendimento às vítimas de violência sexual pelos profissionais de segurança pública e da rede de atendimento do Sistema Único de Saúde.

§ 5.º A adoção será assistida pelo Poder Público, na forma da lei, que estabelecerá casos e condições de sua efetivação por parte de estrangeiros.

•• Lei Nacional da Adoção: Lei n. 12.010, de 3-8-2009.

• Adoção: Lei n. 8.069, de 13-7-1990, arts. 39 a 52, e CC de 2002, arts. 1.618 e 1.619.

• Convenção relativa à proteção das crianças e à cooperação em matéria de adoção internacional, concluída em Haia, em 29-5-1993: Decreto n. 3.087, de 21-6-1999.

§ 6.º Os filhos, havidos ou não da relação do casamento, ou por adoção, terão os mesmos direitos e qualificações, proibidas quaisquer designações discriminatórias relativas à filiação.

• *Vide* art. 41 e §§ 1.º e 2.º, da Lei n. 8.069, de 13-7-1990.

• Lei n. 8.560, de 29-12-1992: investigação de paternidade dos filhos havidos fora do casamento.

• Lei n. 10.317, de 6-12-2001: gratuidade do exame de DNA nos casos que especifica.

• A Lei n. 11.804, de 5-11-2008, disciplina o direito a alimentos gravídicos e a forma como ele será exercido.

§ 7.º No atendimento dos direitos da criança e do adolescente levar-se-á em consideração o disposto no art. 204.

§ 8.º A lei estabelecerá:

•• § 8.º, *caput*, acrescentado pela Emenda Constitucional n. 65, de 13-7-2010.

I – o estatuto da juventude, destinado a regular os direitos dos jovens;

•• Inciso I acrescentado pela Emenda Constitucional n. 65, de 13-7-2010.

•• *Vide* Lei n. 12.852, de 5-8-2013 (Estatuto da Juventude).

II – o plano nacional de juventude, de duração decenal, visando à articulação das várias esferas do poder público para a execução de políticas públicas.

•• Inciso II acrescentado pela Emenda Constitucional n. 65, de 13-7-2010.

Art. 228. São penalmente inimputáveis os menores de dezoito anos, sujeitos às normas da legislação especial.

• Disposição idêntica no art. 27 do CP e no art. 104 do ECA.

• Os arts. 101 e 112 da Lei n. 8.069, de 13-7-1990, dispõem sobre as medidas de proteção e medidas socioeducativas aplicáveis à criança e ao adolescente infratores, respectivamente.

Art. 229. Os pais têm o dever de assistir, criar e educar os filhos menores, e os filhos maiores têm o dever de ajudar e amparar os pais na velhice, carência ou enfermidade.

• Dever de sustento, guarda e educação dos filhos menores: art. 22 da Lei n. 8.069, de 13-7-1990.

Art. 230. A família, a sociedade e o Estado têm o dever de amparar as pessoas idosas, assegurando sua participação na comunidade, defendendo sua dignidade e bem-estar e garantindo-lhes o direito à vida.

• Política Nacional do Idoso: Lei n. 8.842, de 4-1-1994, regulamentada pelo Decreto n. 1.948, de 3-7-1996.

§ 1.º Os programas de amparo aos idosos serão executados preferencialmente em seus lares.

§ 2.º Aos maiores de sessenta e cinco anos é garantida a gratuidade dos transportes coletivos urbanos.

CAPÍTULO VIII
DOS ÍNDIOS

Art. 231. São reconhecidos aos índios sua organização social, costumes, línguas, crenças e tradições, e os direitos originários sobre as terras que tradicionalmente ocupam, competindo à União demarcá-las, proteger e fazer respeitar todos os seus bens.

• Estatuto do Índio: Lei n. 6.001, de 19-12-1973.

• O Decreto n. 6.861, de 27-5-2009, dispõe sobre a Educação Escolar Indígena.

§ 1.º São terras tradicionalmente ocupadas pelos índios as por eles habitadas em caráter permanente, as utilizadas para suas atividades produtivas, as imprescindíveis à preservação dos recursos ambientais necessários a seu bem-estar e as necessárias a sua reprodução física e cultural, segundo seus usos, costumes e tradições.

§ 2.º As terras tradicionalmente ocupadas pelos índios destinam-se a sua posse permanente, cabendo-lhes o usufruto exclusivo das riquezas do solo, dos rios e dos lagos nelas existentes.

§ 3.º O aproveitamento dos recursos hídricos, incluídos os potenciais energéticos, a pesquisa e a lavra das riquezas minerais em terras indígenas só podem ser efetivados com autorização do Congresso Nacional, ouvidas as comunidades afetadas, ficando-lhes assegurada participação nos resultados da lavra, na forma da lei.

§ 4.º As terras de que trata este artigo são inalienáveis e indisponíveis, e os direitos sobre elas, imprescritíveis.

§ 5.º É vedada a remoção dos grupos indígenas de suas terras, salvo, *ad referendum* do Congresso Nacional, em caso de catástrofe ou epidemia que ponha em risco sua população, ou no interesse da soberania do País, após deliberação do Congresso Nacional, garantido, em qualquer hipótese, o retorno imediato logo que cesse o risco.

§ 6.º São nulos e extintos, não produzindo efeitos jurídicos, os atos que tenham por objeto a ocupação, o domínio e a posse das terras a que se refere este artigo, ou a exploração das riquezas naturais do solo, dos rios e dos lagos nelas existentes, ressalvado relevante interesse público da União, segundo o que dispuser lei complementar, não gerando a nulidade e a extinção direito a indenização ou ações contra a União, salvo, na forma da lei, quanto às benfeitorias derivadas da ocupação de boa-fé.

§ 7.º Não se aplica às terras indígenas o disposto no art. 174, §§ 3.º e 4.º.

Art. 232. Os índios, suas comunidades e organizações são partes legítimas para ingressar em juízo em defesa de seus direitos e interesses, intervindo o Ministério Público em todos os atos do processo.

TÍTULO IX

DAS DISPOSIÇÕES CONSTITUCIONAIS GERAIS

Art. 233. *(Revogado pela Emenda Constitucional n. 28, de 25-5-2000.)*

Art. 234. É vedado à União, direta ou indiretamente, assumir, em decorrência da criação de Estado, encargos referentes a despesas com pessoal inativo e com encargos e amortizações da dívida interna ou externa da administração pública, inclusive da indireta.

• *Vide* art. 13, § 6.º, do ADCT.

Art. 235. Nos dez primeiros anos da criação de Estado, serão observadas as seguintes normas básicas:

I – a Assembleia Legislativa será composta de dezessete Deputados se a população do Estado for inferior a seiscentos mil habitantes, e de vinte e quatro, se igual ou superior a esse número, até um milhão e quinhentos mil;

II – o Governo terá no máximo dez Secretarias;

III – o Tribunal de Contas terá três membros, nomeados, pelo Governador eleito, dentre brasileiros de comprovada idoneidade e notório saber;

IV – o Tribunal de Justiça terá sete Desembargadores;

V – os primeiros Desembargadores serão nomeados pelo Governador eleito, escolhidos da seguinte forma:

a) cinco dentre os magistrados com mais de trinta e cinco anos de idade, em exercício na área do novo Estado ou do Estado originário;

b) dois dentre promotores, nas mesmas condições, e advogados de comprovada idoneidade e saber jurídico, com dez anos, no mínimo, de exercício profissional, obedecido o procedimento fixado na Constituição;

VI – no caso de Estado proveniente de Território Federal, os cinco primeiros Desembargadores poderão ser escolhidos dentre juízes de direito de qualquer parte do País;

VII – em cada Comarca, o primeiro Juiz de Direito, o primeiro Promotor de Justiça e o primeiro Defensor Público serão nomeados pelo Governador eleito após concurso público de provas e títulos;

VIII – até a promulgação da Constituição Estadual, responderão pela Procuradoria-Geral, pela Advocacia-Geral e pela Defensoria-Geral do Estado advogados de notório saber, com trinta e cinco anos de idade, no mínimo, nomeados pelo Governador eleito e demissíveis *ad nutum*;

IX – se o novo Estado for resultado de transformação de Território Federal, a transferência de encargos financeiros da União para pagamento dos servidores optantes que pertenciam à Administração Federal ocorrerá da seguinte forma:

a) no sexto ano de instalação, o Estado assumirá vinte por cento dos encargos financeiros para fazer face ao pagamento dos servidores públicos, ficando ainda o restante sob a responsabilidade da União;

b) no sétimo ano, os encargos do Estado serão acrescidos de trinta por cento e, no oitavo, dos restantes cinquenta por cento;

X – as nomeações que se seguirem às primeiras, para os cargos mencionados neste artigo, serão disciplinadas na Constituição Estadual;

XI – as despesas orçamentárias com pessoal não poderão ultrapassar cinquenta por cento da receita do Estado.

Art. 236. Os serviços notariais e de registro são exercidos em caráter privado, por delegação do Poder Público.

•• Regulamento: Lei n. 8.935, de 18-11-1994.

•• A Lei n. 11.802, de 4-11-2008, dispõe sobre a obrigatoriedade da afixação dos quadros contendo os valores atualizados das custas e emolumentos.

• *Vide* art. 32 do ADCT.

§ 1.º Lei regulará as atividades, disciplinará a responsabilidade civil e criminal dos notários, dos oficiais de registro e de seus prepostos, e definirá a fiscalização de seus atos pelo Poder Judiciário.

§ 2.º Lei federal estabelecerá normas gerais para fixação de emolumentos relativos aos atos praticados pelos serviços notariais e de registro.

•• Regulamento: Lei n. 10.169, de 29-12-2000.

§ 3.º O ingresso na atividade notarial e de registro depende de concurso público de provas e títulos, não se permitindo que qualquer serventia fique vaga, sem abertura de concurso de provimento ou de remoção, por mais de seis meses.

Art. 237. A fiscalização e o controle sobre o comércio exterior, essenciais à defesa dos interesses fazendários nacionais, serão exercidos pelo Ministério da Fazenda.

• O Decreto n. 2.781, de 14-9-1998, instituiu o Programa Nacional de Combate ao Contrabando e Descaminho.

Art. 238. A lei ordenará a venda e revenda de combustíveis de petróleo, álcool carburante e outros combustíveis derivados de matérias-primas renováveis, respeitados os princípios desta Constituição.

• A Lei n. 9.478, de 6-8-1997, dispõe sobre a Política Energética Nacional, as atividades relativas ao monopólio do petróleo, institui o Conselho Nacional de Política Energética e a Agência Nacional do Petróleo.

• A Lei n. 9.847, de 26-10-1999, disciplina a fiscalização das atividades relativas ao abastecimento nacional de combustíveis, de que trata a Lei n. 9.478, de 6-8-1997, e estabelece sanções administrativas.

Art. 239. A arrecadação decorrente das contribuições para o Programa de Integração Social, criado pela Lei Complementar n. 7, de 7 de setembro de 1970, e para o Programa de Formação do Patrimônio do Servidor Público, criado pela Lei Complementar n. 8, de 3 de dezembro de 1970, passa, a partir da promulgação desta Constituição, a financiar, nos termos que a lei dispuser, o programa do seguro-desemprego e o abono de que trata o § 3.º deste artigo.

•• A Lei n. 7.998, de 11-1-1990, regulamenta o programa do seguro-desemprego, o abono salarial e institui o Fundo de Amparo ao Trabalhador – FAT.

• A Lei n. 9.715, de 25-11-1998, dispõe sobre as contribuições para os Programas de Integração Social e de Formação do Patrimônio do Servidor Público – PIS/PASEP.

• *Vide* art. 72, §§ 2.º e 3.º, do ADCT.

§ 1.º Dos recursos mencionados no *caput* deste artigo, pelo menos quarenta por cento serão destinados a financiar programas de desenvolvimento econômico, através do

Banco Nacional de Desenvolvimento Econômico e Social, com critérios de remuneração que lhes preservem o valor.

§ 2.º Os patrimônios acumulados do Programa de Integração Social e do Programa de Formação do Patrimônio do Servidor Público são preservados, mantendo-se os critérios de saque nas situações previstas nas leis específicas, com exceção da retirada por motivo de casamento, ficando vedada a distribuição da arrecadação de que trata o *caput* deste artigo, para depósito nas contas individuais dos participantes.

§ 3.º Aos empregados que percebam de empregadores que contribuem para o Programa de Integração Social ou para o Programa de Formação do Patrimônio do Servidor Público até dois salários mínimos de remuneração mensal, é assegurado o pagamento de um salário mínimo anual, computado neste valor o rendimento das contas individuais, no caso daqueles que já participavam dos referidos programas, até a data da promulgação desta Constituição.

§ 4.º O financiamento do seguro-desemprego receberá uma contribuição adicional da empresa cujo índice de rotatividade da força de trabalho superar o índice médio da rotatividade do setor, na forma estabelecida por lei.

Art. 240. Ficam ressalvadas do disposto no art. 195 as atuais contribuições compulsórias dos empregadores sobre a folha de salários, destinadas às entidades privadas de serviço social e de formação profissional vinculadas ao sistema sindical.

• *Vide* Súmula 499 do STJ.

Art. 241. A União, os Estados, o Distrito Federal e os Municípios disciplinarão por meio de lei os consórcios públicos e os convênios de cooperação entre os entes federados, autorizando a gestão associada de serviços públicos, bem como a transferência total ou parcial de encargos, serviços, pessoal e bens essenciais à continuidade dos serviços transferidos.

•• Artigo com redação determinada pela Emenda Constitucional n. 19, de 4-6-1998.

•• Artigo regulamentado pela Lei n. 11.107, de 6-4-2005.

Art. 242. O princípio do art. 206, IV, não se aplica às instituições educacionais oficiais criadas por lei estadual ou municipal e existentes na data da promulgação desta Constituição, que não sejam total ou preponderantemente mantidas com recursos públicos.

§ 1.º O ensino da História do Brasil levará em conta as contribuições das diferentes culturas e etnias para a formação do povo brasileiro.

§ 2.º O Colégio Pedro II, localizado na cidade do Rio de Janeiro, será mantido na órbita federal.

Art. 243. As propriedades rurais e urbanas de qualquer região do País onde forem localizadas culturas ilegais de plantas psicotrópicas ou a exploração de trabalho escravo na forma da lei serão expropriadas e destinadas à reforma agrária e a programas de habitação popular, sem qualquer indenização ao proprietário e sem prejuízo de outras sanções previstas em lei, observado, no que couber, o disposto no art. 5.º.

•• *Caput* com redação determinada pela Emenda Constitucional n. 81, de 5-6-2014.

• A Lei n. 8.257, de 26-11-1991, dispõe sobre a expropriação das glebas nas quais se localizem culturas ilegais de plantas psicotrópicas.

Parágrafo único. Todo e qualquer bem de valor econômico apreendido em decorrência do tráfico ilícito de entorpecentes e drogas afins e da exploração de trabalho escravo será confiscado e reverterá a fundo especial com destinação específica, na forma da lei.

•• Parágrafo único com redação determinada pela Emenda Constitucional n. 81, de 5-6-2014.

Art. 244. A lei disporá sobre a adaptação dos logradouros, dos edifícios de uso público e dos veículos de transporte coletivo atualmente existentes a fim de garantir acesso adequado às pessoas portadoras de deficiência, conforme o disposto no art. 227, § 2.º.

Art. 245. A lei disporá sobre hipóteses e condições em que o Poder Público dará assistência aos herdeiros e dependentes carentes de pessoas vitimadas por crime doloso, sem prejuízo da responsabilidade civil do autor do ilícito.

Art. 246. É vedada a adoção de medida provisória na regulamentação de artigo da Constituição cuja redação tenha sido alterada por meio de emenda promulgada entre 1.º de janeiro de 1995 até a promulgação desta emenda, inclusive.

•• Artigo com redação determinada pela Emenda Constitucional n. 32, de 11-9-2001.

Art. 247. As leis previstas no inciso III do § 1.º do art. 41 e no § 7.º do art. 169 estabelecerão critérios e garantias especiais para a perda do cargo pelo servidor público estável que, em decorrência das atribuições de seu cargo efetivo, desenvolva atividades exclusivas de Estado.

•• *Caput* acrescentado pela Emenda Constitucional n. 19, de 4-6-1998.

Parágrafo único. Na hipótese de insuficiência de desempenho, a perda do cargo somente ocorrerá mediante processo administrativo em que lhe sejam assegurados o contraditório e a ampla defesa.

•• Parágrafo único acrescentado pela Emenda Constitucional n. 19, de 4-6-1998.

Art. 248. Os benefícios pagos, a qualquer título, pelo órgão responsável pelo regime geral de previdência social, ainda que à conta do Tesouro Nacional, e os não sujeitos ao limite máximo de valor fixado para os benefícios concedidos por esse regime observarão os limites fixados no art. 37, XI.

•• Artigo acrescentado pela Emenda Constitucional n. 20, de 15-12-1998.

Art. 249. Com o objetivo de assegurar recursos para o pagamento de proventos de aposentadoria e pensões concedidas aos respectivos servidores e seus dependentes, em adição aos recursos dos respectivos tesouros, a União, os Estados, o Distrito Federal e os Municípios poderão constituir fundos integrados pelos recursos provenientes de contribuições e por bens, direitos e ativos de qualquer natureza, mediante lei que disporá sobre a natureza e administração desses fundos.

•• Artigo acrescentado pela Emenda Constitucional n. 20, de 15-12-1998.

Art. 250. Com o objetivo de assegurar recursos para o pagamento dos benefícios concedidos pelo regime geral de previdência social, em adição aos recursos de sua arrecadação, a União poderá constituir fundo integrado por bens, direitos e ativos de qualquer natureza, mediante lei que disporá sobre a natureza e administração desse fundo.

•• Artigo acrescentado pela Emenda Constitucional n. 20, de 15-12-1998.

ATO DAS DISPOSIÇÕES CONSTITUCIONAIS TRANSITÓRIAS

Art. 8.º É concedida anistia aos que, no período de 18 de setembro de 1946 até a data da promulgação da Constituição, foram atingidos, em decorrência de motivação exclusivamente política, por atos de exceção, institucionais ou complementares, aos que foram abrangidos pelo Decreto Legislativo n. 18, de 15 de dezembro de 1961, e aos atingidos pelo Decreto-lei n. 864, de 12 de setembro de 1969, asseguradas as promoções, na inatividade, ao cargo, emprego, posto ou graduação a que teriam direito se estivessem em serviço ativo, obedecidos os prazos de permanência em atividade previstos nas leis e regulamentos vigentes, respeitadas as características e peculiaridades das carreiras dos servidores públicos civis e militares e observados os respectivos regimes jurídicos.

•• Regulamento: Lei n. 10.559, de 13-11-2002.

§ 1.º O disposto neste artigo somente gerará efeitos financeiros a partir da promulgação da Constituição, vedada a remuneração de qualquer espécie em caráter retroativo.

§ 2.º Ficam assegurados os benefícios estabelecidos neste artigo aos trabalhadores do setor privado, dirigentes e representantes sindicais que, por motivos exclusivamente políticos, tenham sido punidos, demitidos ou compelidos ao afastamento das atividades remuneradas que exerciam, bem como aos que foram impedidos de exercer atividades profissionais em virtude de pressões ostensivas ou expedientes oficiais sigilosos.

§ 3.º Aos cidadãos que foram impedidos de exercer, na vida civil, atividade profissional específica, em decorrência das Portarias Reservadas do Ministério da Aeronáutica n. S-50-GM5, de 19 de junho de 1964, e n. S-285-GM5 será concedida reparação de natureza econômica, na forma que dispuser lei de iniciativa do Congresso Nacional e a entrar em vigor no prazo de doze meses a contar da promulgação da Constituição.

§ 4.º Aos que, por força de atos institucionais, tenham exercido gratuitamente mandato eletivo de vereador serão computados, para efeito de aposentadoria no serviço público e previdência social, os respectivos períodos.

§ 5.º A anistia concedida nos termos deste artigo aplica-se aos servidores públicos civis e aos empregados em todos os níveis de governo ou em suas fundações, empresas públicas ou empresas mistas sob controle estatal, exceto nos Ministérios militares, que tenham sido punidos ou demitidos por atividades profissionais interrompidas em virtude de decisão de seus trabalhadores, bem como em decorrência do Decreto-lei n. 1.632, de 4 de agosto de 1978, ou por motivos exclusivamente políticos, assegurada a readmissão dos que foram atingidos a partir de 1979, observado o disposto no § 1.º.

• A Lei n. 7.783, de 28-6-1989, revoga o Decreto-lei n. 1.632, de 4-8-1978.

Art. 10. Até que seja promulgada a lei complementar a que se refere o art. 7.º, I, da Constituição:

I – fica limitada a proteção nele referida ao aumento, para quatro vezes, da porcentagem prevista no art. 6.º, *caput* e § 1.º, da Lei n. 5.107, de 13 de setembro de 1966;

• Citada Lei foi revogada pela Lei n. 7.839, de 12-10-1989, e pela atual Lei de FGTS: Lei n. 8.036, de 11-5-1990.

II – fica vedada a dispensa arbitrária ou sem justa causa:

***a*)** do empregado eleito para cargo de direção de comissões internas de prevenção de acidentes, desde o registro de sua candidatura até um ano após o final de seu mandato;

• *Vide* Súmula 676 do STF.

• *Vide* Súmula 339 do TST.

• *Vide* OJ 6 da SDI-2.

***b*)** da empregada gestante, desde a confirmação da gravidez até cinco meses após o parto.

•• *Vide* art. 391-A da CLT.

•• A Lei Complementar n. 146, de 25-6-2014, assegura o direito prescrito nesta alínea, nos casos em que ocorrer o falecimento da genitora, a quem detiver a guarda do seu filho.

§ 1.º Até que a lei venha a disciplinar o disposto no art. 7.º, XIX, da Constituição, o prazo da licença-paternidade a que se refere o inciso é de cinco dias.

•• *Vide* Lei n. 11.770, de 9-9-2008 (Programa Empresa Cidadã), alterada pela Lei n. 13.257, de 8-3-2016, que prorroga por 15 (quinze) dias a duração da licença prevista neste § 1.º, mediante concessão de incentivo fiscal.

§ 2.º Até ulterior disposição legal, a cobrança das contribuições para o custeio das atividades dos sindicatos rurais será feita juntamente com a do imposto territorial rural, pelo mesmo órgão arrecadador.

§ 3.º Na primeira comprovação do cumprimento das obrigações trabalhistas pelo empregador rural, na forma do art. 233, após a promulgação da Constituição, será certificada perante a Justiça do Trabalho a regularidade do contrato e das atualizações das obrigações trabalhistas de todo o período.

•• O art. 233 foi revogado pela Emenda Constitucional n. 28, de 25-5-2000.

....

Art. 17. Os vencimentos, a remuneração, as vantagens e os adicionais, bem como os proventos de aposentadoria que estejam sendo percebidos em desacordo com a Constituição serão imediatamente reduzidos aos limites dela decorrentes, não se admitindo, neste caso, invocação de direito adquirido ou percepção de excesso a qualquer título.

§ 1.º É assegurado o exercício cumulativo de dois cargos ou empregos privativos de médico que estejam sendo exercidos por médico militar na administração pública direta ou indireta.

§ 2.º É assegurado o exercício cumulativo de dois cargos ou empregos privativos de profissionais de saúde que estejam sendo exercidos na administração pública direta ou indireta.

• *Vide* art. 9.º da Emenda Constitucional n. 41, de 19-12-2003.

....

Art. 19. Os servidores públicos civis da União, dos Estados, do Distrito Federal e dos Municípios, da administração direta, autárquica e das fundações públicas, em exercício na data da promulgação da Constituição, há pelo menos cinco anos continuados, e que não tenham sido admitidos na forma regulada no art. 37, da Constituição, são considerados estáveis no serviço público.

• *Vide* OJ 364 da SDI-1.

§ 1.º O tempo de serviço dos servidores referidos neste artigo será contado como título quando se submeterem a concurso para fins de efetivação, na forma da lei.

§ 2.º O disposto neste artigo não se aplica aos ocupantes de cargos, funções e empregos de confiança ou em comissão, nem aos que a lei declare de livre exoneração, cujo tempo de serviço não será computado para os fins do *caput* deste artigo, exceto se se tratar de servidor.

§ 3.º O disposto neste artigo não se aplica aos professores de nível superior, nos termos da lei.

....

Art. 21. Os juízes togados de investidura limitada no tempo, admitidos mediante concurso público de provas e títulos e que estejam em exercício na data da promulgação da Constituição, adquirem estabilidade, observado o estágio probatório, e passam a compor quadro em extinção, mantidas as competências, prerrogativas e restrições da legislação a que se achavam submetidos, salvo as inerentes à transitoriedade da investidura.

Parágrafo único. A aposentadoria dos juízes de que trata este artigo regular-se-á pelas normas fixadas para os demais juízes estaduais.

Art. 22. É assegurado aos defensores públicos investidos na função até a data de instalação da Assembleia Nacional Constituinte o direito de opção pela carreira, com a observância das garantias e vedações previstas no art. 134, parágrafo único, da Constituição.

•• *Vide* atualmente art. 134, § 1.º, da CF.

....

Art. 32. O disposto no art. 236 não se aplica aos serviços notariais e de registro que já tenham sido oficializados pelo Poder Público, respeitando-se o direito de seus servidores.

....

Art. 58. Os benefícios de prestação continuada, mantidos pela previdência social na data da promulgação da Constituição, terão seus valores revistos, a fim de que seja restabelecido o poder aquisitivo, expresso em número de salários mínimos, que tinham na data de sua concessão, obedecendo-se a esse critério de atualização até a implantação do plano de custeio e benefícios referidos no artigo seguinte.

Parágrafo único. As prestações mensais dos benefícios atualizadas de acordo com este artigo serão devidas e pagas a partir do sétimo mês a contar da promulgação da Constituição.

....

Art. 76. São desvinculados de órgão, fundo ou despesa, até 31 de dezembro de 2023, 30% (trinta por cento) da arrecadação da União relativa às contribuições sociais, sem prejuízo do pagamento das despesas do Regime Geral da Previdência Social, às contribuições de intervenção no domínio econômico e às taxas, já instituídas ou que vierem a ser criadas até a referida data.

•• *Caput* com redação determinada pela Emenda Constitucional n. 93, de 8-9-2016.

§ 1.º (*Revogado pela Emenda Constitucional n. 93, de 8-9-2016.*)

§ 2.º Excetua-se da desvinculação de que trata o *caput* a arrecadação da contribuição social do salário-educação a que se refere o § 5.º do art. 212 da Constituição Federal.

•• § 2.º com redação determinada pela Emenda Constitucional n. 68, de 21-12-2011.

§ 3.º (*Revogado pela Emenda Constitucional n. 93, de 8-9-2016.*)

Art. 76-A. São desvinculados de órgão, fundo ou despesa, até 31 de dezembro de 2023, 30% (trinta por cento) das receitas dos Estados e do Distrito Federal relativas a impostos, taxas e multas, já instituídos ou que vierem a ser criados até a referida data, seus adicionais e respectivos acréscimos legais, e outras receitas correntes.

•• *Caput* acrescentado pela Emenda Constitucional n. 93, de 8-9-2016.

Parágrafo único. Excetuam-se da desvinculação de que trata o *caput*:

•• Parágrafo único, *caput*, acrescentado pela Emenda Constitucional n. 93, de 8-9-2016.

I – recursos destinados ao financiamento das ações e serviços públicos de saúde e à manutenção e desenvolvimento do ensino de que tratam, respectivamente, os incisos II e III do § 2.º do art. 198 e o art. 212 da Constituição Federal;

•• Inciso I acrescentado pela Emenda Constitucional n. 93, de 8-9-2016.

II – receitas que pertencem aos Municípios decorrentes de transferências previstas na Constituição Federal;

•• Inciso II acrescentado pela Emenda Constitucional n. 93, de 8-9-2016.

III – receitas de contribuições previdenciárias e de assistência à saúde dos servidores;

•• Inciso III acrescentado pela Emenda Constitucional n. 93, de 8-9-2016.

IV – demais transferências obrigatórias e voluntárias entre entes da Federação com destinação especificada em lei;

•• Inciso IV acrescentado pela Emenda Constitucional n. 93, de 8-9-2016.

V – fundos instituídos pelo Poder Judiciário, pelos Tribunais de Contas, pelo Ministério Público, pelas Defensorias Públicas e pelas Procuradorias-Gerais dos Estados e do Distrito Federal.

•• Inciso V acrescentado pela Emenda Constitucional n. 93, de 8-9-2016.

Art. 76-B. São desvinculados de órgão, fundo ou despesa, até 31 de dezembro de 2023, 30% (trinta por cento) das receitas dos Municípios relativas a impostos, taxas e multas, já instituídos ou que vierem a ser criados até a referida data, seus adicionais e respectivos acréscimos legais, e outras receitas correntes.

•• *Caput* acrescentado pela Emenda Constitucional n. 93, de 8-9-2016.

Parágrafo único. Excetuam-se da desvinculação de que trata o *caput*:

•• Parágrafo único, *caput*, acrescentado pela Emenda Constitucional n. 93, de 8-9-2016.

I – recursos destinados ao financiamento das ações e serviços públicos de saúde e à manutenção e desenvolvimento do ensino de que tratam, respectivamente, os incisos II e III do § 2.º do art. 198 e o art. 212 da Constituição Federal;

•• Inciso I acrescentado pela Emenda Constitucional n. 93, de 8-9-2016.

II – receitas de contribuições previdenciárias e de assistência à saúde dos servidores;

•• Inciso II acrescentado pela Emenda Constitucional n. 93, de 8-9-2016.

III – transferências obrigatórias e voluntárias entre entes da Federação com destinação especificada em lei;

•• Inciso III acrescentado pela Emenda Constitucional n. 93, de 8-9-2016.

IV – fundos instituídos pelo Tribunal de Contas do Município.

•• Inciso IV acrescentado pela Emenda Constitucional n. 93, de 8-9-2016.

....

Art. 78. Ressalvados os créditos definidos em lei como de pequeno valor, os de natureza alimentícia, os de que trata o art. 33 deste Ato das Disposições Constitucionais Transitórias e suas complementações e os que já tiverem os seus respectivos recursos liberados ou depositados em juízo, os precatórios pendentes na data de promulgação desta Emenda e os que decorram de ações iniciais ajuizadas até 31 de dezembro de 1999 serão liquidados pelo seu valor real, em moeda corrente, acrescido de juros legais, em prestações anuais, iguais e sucessivas, no prazo máximo de dez anos, permitida a cessão dos créditos.

•• *Caput* acrescentado pela Emenda Constitucional n. 30, de 13-9-2000.

•• O STF, nas ADIs n. 2.356 e 2.362 (*DOU* de 7-12-2010), deferiu medida cautelar, em 25-11-2010, para suspender a eficácia do art. 2.º da Emenda Constitucional n. 30, de 13-9-2000, que introduziu este art. 78.

•• *Vide* art. 97, § 15, do ADCT.

• *Vide* art. 86 do ADCT.

§ 1.º É permitida a decomposição de parcelas, a critério do credor.

•• § 1.º acrescentado pela Emenda Constitucional n. 30, de 13-9-2000.

§ 2.º As prestações anuais a que se refere o *caput* deste artigo terão, se não liquidadas até o final do exercício a que se referem, poder liberatório do pagamento de tributos da entidade devedora.

•• § 2.º acrescentado pela Emenda Constitucional n. 30, de 13-9-2000.

•• *Vide* art. 6.º da Emenda Constitucional n. 62, de 9-12-2009.

§ 3.º O prazo referido no *caput* deste artigo fica reduzido para dois anos, nos casos de precatórios judiciais originários de desapropriação de imóvel residencial do credor, desde que comprovadamente único à época da imissão na posse.

•• § 3.º acrescentado pela Emenda Constitucional n. 30, de 13-9-2000.

§ 4.º O Presidente do Tribunal competente deverá, vencido o prazo ou em caso de omissão no orçamento, ou preterição ao direito de precedência, a requerimento do credor, requisitar ou determinar o sequestro de recursos financeiros da entidade executada, suficientes à satisfação da prestação.

•• § 4.º acrescentado pela Emenda Constitucional n. 30, de 13-9-2000.

....

Art. 86. Serão pagos conforme disposto no art. 100 da Constituição Federal, não se lhes aplicando a regra de parcelamento estabelecida no *caput* do art. 78 deste Ato das Disposições Constitucionais Transitórias, os débitos da Fazenda Federal, Estadual, Distrital ou Municipal oriundos de sentenças transitadas em julgado, que preencham, cumulativamente, as seguintes condições:

•• *Caput* acrescentado pela Emenda Constitucional n. 37, de 12-6-2002.

I – ter sido objeto de emissão de precatórios judiciários;

•• Inciso I acrescentado pela Emenda Constitucional n. 37, de 12-6-2002.

II – ter sido definidos como de pequeno valor pela lei de que trata o § 3.º do art. 100 da Constituição Federal ou pelo art. 87 deste Ato das Disposições Constitucionais Transitórias;

•• Inciso II acrescentado pela Emenda Constitucional n. 37, de 12-6-2002.

III – estar, total ou parcialmente, pendentes de pagamento na data da publicação desta Emenda Constitucional.

•• Inciso III acrescentado pela Emenda Constitucional n. 37, de 12-6-2002.

§ 1.º Os débitos a que se refere o *caput* deste artigo, ou os respectivos saldos, serão pagos na ordem cronológica de apresentação dos respectivos precatórios, com precedência sobre os de maior valor.

•• § 1.º acrescentado pela Emenda Constitucional n. 37, de 12-6-2002.

§ 2.º Os débitos a que se refere o *caput* deste artigo, se ainda não tiverem sido objeto de pagamento parcial, nos termos do art. 78 deste Ato das Disposições Constitucionais Transitórias, poderão ser pagos em duas parcelas anuais, se assim dispuser a lei.

•• § 2.º acrescentado pela Emenda Constitucional n. 37, de 12-6-2002.

§ 3.º Observada a ordem cronológica de sua apresentação, os débitos de natureza alimentícia previstos neste artigo terão precedência para pagamento sobre todos os demais.

•• § 3.º acrescentado pela Emenda Constitucional n. 37, de 12-6-2002.

Art. 87. Para efeito do que dispõem o § 3.º do art. 100 da Constituição Federal e o art. 78 deste Ato das Disposições Constitucionais Transitórias serão considerados de pequeno valor, até que se dê a publicação oficial das respectivas leis definidoras pelos entes da Federação, observado o disposto no § 4.º do art. 100 da Constituição Federal, os débitos ou obrigações consignados em precatório judiciário, que tenham valor igual ou inferior a:

•• *Caput* acrescentado pela Emenda Constitucional n. 37, de 12-6-2002.

I – 40 (quarenta) salários mínimos, perante a Fazenda dos Estados e do Distrito Federal;

•• Inciso I acrescentado pela Emenda Constitucional n. 37, de 12-6-2002.

II – 30 (trinta) salários mínimos, perante a Fazenda dos Municípios.

•• Inciso II acrescentado pela Emenda Constitucional n. 37, de 12-6-2002.

Parágrafo único. Se o valor da execução ultrapassar o estabelecido neste artigo, o pagamento far-se-á, sempre, por meio de precatório, sendo facultada à parte exequente a renúncia ao crédito do valor excedente, para que possa optar pelo pagamento do saldo sem o precatório, da forma prevista no § 3.° do art. 100.

•• Parágrafo único acrescentado pela Emenda Constitucional n. 37, de 12-6-2002.

....

Art. 97. Até que seja editada a lei complementar de que trata o § 15 do art. 100 da Constituição Federal, os Estados, o Distrito Federal e os Municípios que, na data de publicação desta Emenda Constitucional, estejam em mora na quitação de precatórios vencidos, relativos às suas administrações direta e indireta, inclusive os emitidos durante o período de vigência do regime especial instituído por este artigo, farão esses pagamentos de acordo com as normas a seguir estabelecidas, sendo inaplicável o disposto no art. 100 desta Constituição Federal, exceto em seus §§ 2.°, 3.°, 9.°, 10, 11, 12, 13 e 14, e sem prejuízo dos acordos de juízos conciliatórios já formalizados na data de promulgação desta Emenda Constitucional.

•• *Caput* acrescentado pela Emenda Constitucional n. 62, de 9-12-2009.

•• O STF, no julgamento da ADI n. 4.425, de 14-3-2013 (*DJE* de 19-12-2013), julgou procedente a ação para declarar a inconstitucionalidade deste artigo.

•• *Vide* art. 3.° da Emenda Constitucional n. 62, de 9-12-2009.

• A Resolução n. 115, de 29-6-2010, do CNJ, dispõe sobre a gestão de precatórios no âmbito do Poder Judiciário.

§ 1.° Os Estados, o Distrito Federal e os Municípios sujeitos ao regime especial de que trata este artigo optarão, por meio de ato do Poder Executivo:

•• § 1.°, *caput*, acrescentado pela Emenda Constitucional n. 62, de 9-12-2009.

I – pelo depósito em conta especial do valor referido pelo § 2.° deste artigo; ou

•• Inciso I acrescentado pela Emenda Constitucional n. 62, de 9-12-2009.

•• *Vide* art. 4.°, I, da Emenda Constitucional n. 62, de 9-12-2009.

II – pela adoção do regime especial pelo prazo de até 15 (quinze) anos, caso em que o percentual a ser depositado na conta especial a que se refere o § 2.° deste artigo corresponderá, anualmente, ao saldo total dos precatórios devidos, acrescido do índice oficial de remuneração básica da caderneta de poupança e de juros simples no mesmo percentual de juros incidentes sobre a caderneta de poupança para fins de compensação da mora, excluída a incidência de juros compensatórios, diminuído das amortizações e dividido pelo número de anos restantes no regime especial de pagamento.

•• Inciso II acrescentado pela Emenda Constitucional n. 62, de 9-12-2009.

•• *Vide* art. 4.°, II, da Emenda Constitucional n. 62, de 9-12-2009.

§ 2.° Para saldar os precatórios, vencidos e a vencer, pelo regime especial, os Estados, o Distrito Federal e os Municípios devedores depositarão mensalmente, em conta especial criada para tal fim, 1/12 (um doze avos) do valor calculado percentualmente sobre as respectivas receitas correntes líquidas, apuradas no segundo mês anterior ao mês de pagamento, sendo que esse percentual, calculado no momento de opção pelo regime e mantido fixo até o final do prazo a que se refere o § 14 deste artigo, será:

•• § 2.°, *caput*, acrescentado pela Emenda Constitucional n. 62, de 9-12-2009.

I – para os Estados e para o Distrito Federal:

a) de, no mínimo, 1,5% (um inteiro e cinco décimos por cento), para os Estados das regiões Norte, Nordeste e Centro-Oeste, além do Distrito Federal, ou cujo estoque de precatórios pendentes das suas administrações direta e indireta corresponder a até 35% (trinta e cinco por cento) do total da receita corrente líquida;

b) de, no mínimo, 2% (dois por cento), para os Estados das regiões Sul e Sudeste, cujo estoque de precatórios pendentes das suas administrações direta e indireta corresponder a mais de 35% (trinta e cinco por cento) da receita corrente líquida;

•• Inciso I acrescentado pela Emenda Constitucional n. 62, de 9-12-2009.

II – para Municípios:

a) de, no mínimo, 1% (um por cento), para Municípios das regiões Norte, Nordeste e Centro-Oeste, ou cujo estoque de precatórios pendentes das suas administrações direta e indireta corresponder a até 35% (trinta e cinco por cento) da receita corrente líquida;

b) de, no mínimo, 1,5% (um inteiro e cinco décimos por cento), para Municípios das regiões Sul e Sudeste, cujo estoque de precatórios pendentes das suas administrações direta e indireta corresponder a mais de 35% (trinta e cinco por cento) da receita corrente líquida.

•• Inciso II acrescentado pela Emenda Constitucional n. 62, de 9-12-2009.

§ 3.° Entende-se como receita corrente líquida, para os fins de que trata este artigo, o somatório das receitas tributárias, patrimoniais, industriais, agropecuárias, de contribuições e de serviços, transferências correntes e outras receitas correntes, incluindo as oriundas do § 1.° do art. 20 da Constituição Federal, verificado no período compreendido pelo mês de referência e os 11 (onze) meses anteriores, excluídas as duplicidades, e deduzidas:

•• § 3.°, *caput*, acrescentado pela Emenda Constitucional n. 62, de 9-12-2009.

I – nos Estados, as parcelas entregues aos Municípios por determinação constitucional;

•• Inciso I acrescentado pela Emenda Constitucional n. 62, de 9-12-2009.

II – nos Estados, no Distrito Federal e nos Municípios, a contribuição dos servidores para custeio do seu sistema de previdência e assistência social e as receitas provenientes da compensação financeira referida no § 9.° do art. 201 da Constituição Federal.

•• Inciso II acrescentado pela Emenda Constitucional n. 62, de 9-12-2009.

§ 4.° As contas especiais de que tratam os §§ 1.° e 2.° serão administradas pelo Tribunal de Justiça local, para pagamento de precatórios expedidos pelos tribunais.

•• § 4.° acrescentado pela Emenda Constitucional n. 62, de 9-12-2009.

§ 5.º Os recursos depositados nas contas especiais de que tratam os §§ 1.º e 2.º deste artigo não poderão retornar para Estados, Distrito Federal e Municípios devedores.

•• § 5.º acrescentado pela Emenda Constitucional n. 62, de 9-12-2009.

§ 6.º Pelo menos 50% (cinquenta por cento) dos recursos de que tratam os §§ 1.º e 2.º deste artigo serão utilizados para pagamento de precatórios em ordem cronológica de apresentação, respeitadas as preferências definidas no § 1.º, para os requisitórios do mesmo ano e no § 2.º do art. 100, para requisitórios de todos os anos.

•• § 6.º acrescentado pela Emenda Constitucional n. 62, de 9-12-2009.

§ 7.º Nos casos em que não se possa estabelecer a precedência cronológica entre 2 (dois) precatórios, pagar-se-á primeiramente o precatório de menor valor.

•• § 7.º acrescentado pela Emenda Constitucional n. 62, de 9-12-2009.

§ 8.º A aplicação dos recursos restantes dependerá de opção a ser exercida por Estados, Distrito Federal e Municípios devedores, por ato do Poder Executivo, obedecendo à seguinte forma, que poderá ser aplicada isoladamente ou simultaneamente:

•• § 8.º, *caput*, acrescentado pela Emenda Constitucional n. 62, de 9-12-2009.

I – destinados ao pagamento dos precatórios por meio do leilão;

•• Inciso I acrescentado pela Emenda Constitucional n. 62, de 9-12-2009.

II – destinados a pagamento a vista de precatórios não quitados na forma do § 6.º e do inciso I, em ordem única e crescente de valor por precatório;

•• Inciso II acrescentado pela Emenda Constitucional n. 62, de 9-12-2009.

III – destinados a pagamento por acordo direto com os credores, na forma estabelecida por lei própria da entidade devedora, que poderá prever criação e forma de funcionamento de câmara de conciliação.

•• Inciso III acrescentado pela Emenda Constitucional n. 62, de 9-12-2009.

§ 9.º Os leilões de que trata o inciso I do § 8.º deste artigo:

•• § 9.º, *caput*, acrescentado pela Emenda Constitucional n. 62, de 9-12-2009.

I – serão realizados por meio de sistema eletrônico administrado por entidade autorizada pela Comissão de Valores Mobiliários ou pelo Banco Central do Brasil;

•• Inciso I acrescentado pela Emenda Constitucional n. 62, de 9-12-2009.

II – admitirão a habilitação de precatórios, ou parcela de cada precatório indicada pelo seu detentor, em relação aos quais não esteja pendente, no âmbito do Poder Judiciário, recurso ou impugnação de qualquer natureza, permitida por iniciativa do Poder Executivo a compensação com débitos líquidos e certos, inscritos ou não em dívida ativa e constituídos contra devedor originário pela Fazenda Pública devedora até a data da expedição do precatório, ressalvados aqueles cuja exigibilidade esteja suspensa nos termos da legislação, ou que já tenham sido objeto de abatimento nos termos do § 9.º do art. 100 da Constituição Federal;

•• Inciso II acrescentado pela Emenda Constitucional n. 62, de 9-12-2009.

III – ocorrerão por meio de oferta pública a todos os credores habilitados pelo respectivo ente federativo devedor;

•• Inciso III acrescentado pela Emenda Constitucional n. 62, de 9-12-2009.

IV – considerarão automaticamente habilitado o credor que satisfaça o que consta no inciso II;

•• Inciso IV acrescentado pela Emenda Constitucional n. 62, de 9-12-2009.

V – serão realizados tantas vezes quanto necessário em função do valor disponível;

•• Inciso V acrescentado pela Emenda Constitucional n. 62, de 9-12-2009.

VI – a competição por parcela do valor total ocorrerá a critério do credor, com deságio sobre o valor desta;

•• Inciso VI acrescentado pela Emenda Constitucional n. 62, de 9-12-2009.

VII – ocorrerão na modalidade deságio, associado ao maior volume ofertado cumulado ou não com o maior percentual de deságio, pelo maior percentual de deságio, podendo ser fixado valor máximo por credor, ou por outro critério a ser definido em edital;

•• Inciso VII acrescentado pela Emenda Constitucional n. 62, de 9-12-2009.

VIII – o mecanismo de formação de preço constará nos editais publicados para cada leilão;

•• Inciso VIII acrescentado pela Emenda Constitucional n. 62, de 9-12-2009.

IX – a quitação parcial dos precatórios será homologada pelo respectivo Tribunal que o expediu.

•• Inciso IX acrescentado pela Emenda Constitucional n. 62, de 9-12-2009.

§ 10. No caso de não liberação tempestiva dos recursos de que tratam o inciso II do § 1.º e os §§ 2.º e 6.º deste artigo:

•• § 10, *caput*, acrescentado pela Emenda Constitucional n. 62, de 9-12-2009.

I – haverá o sequestro de quantia nas contas de Estados, Distrito Federal e Municípios devedores, por ordem do Presidente do Tribunal referido no § 4.º, até o limite do valor não liberado;

•• Inciso I acrescentado pela Emenda Constitucional n. 62, de 9-12-2009.

II – constituir-se-á, alternativamente, por ordem do Presidente do Tribunal requerido, em favor dos credores de precatórios, contra Estados, Distrito Federal e Municípios devedores, direito líquido e certo, autoaplicável e independentemente de regulamentação, à compensação automática com débitos líquidos lançados por esta contra aqueles, e, havendo saldo em favor do credor, o valor terá automaticamente poder liberatório do pagamento de tributos de Estados, Distrito Federal e Municípios devedores, até onde se compensarem;

•• Inciso II acrescentado pela Emenda Constitucional n. 62, de 9-12-2009.

III – o chefe do Poder Executivo responderá na forma da legislação de responsabilidade fiscal e de improbidade administrativa;

•• Inciso III acrescentado pela Emenda Constitucional n. 62, de 9-12-2009.

IV – enquanto perdurar a omissão, a entidade devedora:

a) não poderá contrair empréstimo externo ou interno;

b) ficará impedida de receber transferências voluntárias;

•• Inciso IV acrescentado pela Emenda Constitucional n. 62, de 9-12-2009.

V – a União reterá os repasses relativos ao Fundo de Participação dos Estados e do Distrito Federal e ao Fundo de Participação dos Municípios, e os depositará nas contas especiais referidas no § 1.º, devendo sua utilização obedecer ao que prescreve o § 5.º, ambos deste artigo.

•• Inciso V acrescentado pela Emenda Constitucional n. 62, de 9-12-2009.

§ 11. No caso de precatórios relativos a diversos credores, em litisconsórcio, admite-se o desmembramento do valor, realizado pelo Tribunal de origem do precatório, por credor, e, por este, a habilitação do valor total a que tem direito, não se aplicando, neste caso, a regra do § 3.º do art. 100 da Constituição Federal.

•• § 11 acrescentado pela Emenda Constitucional n. 62, de 9-12-2009.

§ 12. Se a lei a que se refere o § 4.º do art. 100 não estiver publicada em até 180 (cento e oitenta) dias, contados da data de publicação desta Emenda Constitucional, será considerado, para os fins referidos, em relação a Estados, Distrito Federal e Municípios devedores, omissos na regulamentação, o valor de:

•• § 12, *caput*, acrescentado pela Emenda Constitucional n. 62, de 9-12-2009.

I – 40 (quarenta) salários mínimos para Estados e para o Distrito Federal;

•• Inciso I acrescentado pela Emenda Constitucional n. 62, de 9-12-2009.

II – 30 (trinta) salários mínimos para Municípios.

•• Inciso II acrescentado pela Emenda Constitucional n. 62, de 9-12-2009.

§ 13. Enquanto Estados, Distrito Federal e Municípios devedores estiverem realizando pagamentos de precatórios pelo regime especial, não poderão sofrer sequestro de valores, exceto no caso de não liberação tempestiva dos recursos de que tratam o inciso II do § 1.º e o § 2.º deste artigo.

•• § 13 acrescentado pela Emenda Constitucional n. 62, de 9-12-2009.

§ 14. O regime especial de pagamento de precatório previsto no inciso I do § 1.º vigorará enquanto o valor dos precatórios devidos for superior ao valor dos recursos vinculados, nos termos do § 2.º, ambos deste artigo, ou pelo prazo fixo de até 15 (quinze) anos, no caso da opção prevista no inciso II do § 1.º.

•• § 14 acrescentado pela Emenda Constitucional n. 62, de 9-12-2009.

§ 15. Os precatórios parcelados na forma do art. 33 ou do art. 78 deste Ato das Disposições Constitucionais Transitórias e ainda pendentes de pagamento ingressarão no regime especial com o valor atualizado das parcelas não pagas relativas a cada precatório, bem como o saldo dos acordos judiciais e extrajudiciais.

•• § 15 acrescentado pela Emenda Constitucional n. 62, de 9-12-2009.

§ 16. A partir da promulgação desta Emenda Constitucional, a atualização de valores de requisitórios, até o efetivo pagamento, independentemente de sua natureza, será feita pelo índice oficial de remuneração básica da caderneta de poupança, e, para fins de compensação da mora, incidirão juros simples no mesmo percentual de juros incidentes sobre a caderneta de poupança, ficando excluída a incidência de juros compensatórios.

•• § 16 acrescentado pela Emenda Constitucional n. 62, de 9-12-2009.

§ 17. O valor que exceder o limite previsto no § 2.º do art. 100 da Constituição Federal será pago, durante a vigência do regime especial, na forma prevista nos §§ 6.º e 7.º ou nos incisos I, II e III do § 8.º deste artigo, devendo os valores dispendidos para o atendimento do disposto no § 2.º do art. 100 da Constituição Federal serem computados para efeito do § 6.º deste artigo.

•• § 17 acrescentado pela Emenda Constitucional n. 62, de 9-12-2009.

§ 18. Durante a vigência do regime especial a que se refere este artigo, gozarão também da preferência a que se refere o § 6.º os titulares originais de precatórios que tenham completado 60 (sessenta) anos de idade até a data da promulgação desta Emenda Constitucional.

•• § 18 acrescentado pela Emenda Constitucional n. 62, de 9-12-2009.

Art. 98. O número de defensores públicos na unidade jurisdicional será proporcional à efetiva demanda pelo serviço da Defensoria Pública e à respectiva população.

•• *Caput* acrescentado pela Emenda Constitucional n. 80, de 4-6-2014.

§ 1.º No prazo de 8 (oito) anos, a União, os Estados e o Distrito Federal deverão contar com defensores públicos em todas as unidades jurisdicionais, observado o disposto no *caput* deste artigo.

•• § 1.º acrescentado pela Emenda Constitucional n. 80, de 4-6-2014.

§ 2.º Durante o decurso do prazo previsto no § 1.º deste artigo, a lotação dos defensores públicos ocorrerá, prioritariamente, atendendo as regiões com maiores índices de exclusão social e adensamento populacional.

•• § 2.º acrescentado pela Emenda Constitucional n. 80, de 4-6-2014.

Art. 99. Para efeito do disposto no inciso VII do § 2.º do art. 155, no caso de operações e prestações que destinem bens e serviços a consumidor final não contribuinte localizado em outro Estado, o imposto correspondente à diferença entre a alíquota interna e a interestadual será partilhado entre os Estados de origem e de destino, na seguinte proporção:

•• *Caput* acrescentado pela Emenda Constitucional n. 87, de 16-4-2015, em vigor na data de sua publicação, produzindo efeitos no ano subsequente e após 90 (noventa) dias desta.

I – para o ano de 2015: 20% (vinte por cento) para o Estado de destino e 80% (oitenta por cento) para o Estado de origem;

•• Inciso I acrescentado pela Emenda Constitucional n. 87, de 16-4-2015, em vigor na data de sua publicação, produzindo efeitos no ano subsequente e após 90 (noventa) dias desta.

II – para o ano de 2016: 40% (quarenta por cento) para o Estado de destino e 60% (sessenta por cento) para o Estado de origem;

•• Inciso II acrescentado pela Emenda Constitucional n. 87, de 16-4-2015, em vigor na data de sua publicação, produzindo efeitos no ano subsequente e após 90 (noventa) dias desta.

III – para o ano de 2017: 60% (sessenta por cento) para o Estado de destino e 40% (quarenta por cento) para o Estado de origem;

•• Inciso III acrescentado pela Emenda Constitucional n. 87, de 16-4-2015, em vigor na data de sua publicação, produzindo efeitos no ano subsequente e após 90 (noventa) dias desta.

IV – para o ano de 2018: 80% (oitenta por cento) para o Estado de destino e 20% (vinte por cento) para o Estado de origem;

•• Inciso IV acrescentado pela Emenda Constitucional n. 87, de 16-4-2015, em vigor na data de sua publicação, produzindo efeitos no ano subsequente e após 90 (noventa) dias desta.

V – a partir do ano de 2019: 100% (cem por cento) para o Estado de destino.

•• Inciso V acrescentado pela Emenda Constitucional n. 87, de 16-4-2015, em vigor na data de sua publicação, produzindo efeitos no ano subsequente e após 90 (noventa) dias desta.

Art. 100. Até que entre em vigor a lei complementar de que trata o inciso II do § 1.º do art. 40 da Constituição Federal, os Ministros do Supremo Tribunal Federal, dos Tribunais Superiores e do Tribunal de Contas da União aposentar-se-ão, compulsoriamente, aos 75 (setenta e cinco) anos de idade, nas condições do art. 52 da Constituição Federal.

•• Artigo acrescentado pela Emenda Constitucional n. 88, de 7-5-2015.

•• O STF, no julgamento da ADI n. 5.316, em 21-5-2015 (*DOU* de 9-6-2015), deferiu medida cautelar para suspender a aplicação da expressão "nas condições do art. 52 da Constituição Federal", constante deste artigo.

Art. 101. Os Estados, o Distrito Federal e os Municípios que, em 25 de março de 2015, se encontravam em mora no pagamento de seus precatórios quitarão, até 31 de dezembro de 2024, seus débitos vencidos e os que vencerão dentro desse período, atualizados pelo Índice Nacional de Preços ao Consumidor Amplo Especial (IPCA-E), ou por outro índice que venha a substituí-lo, depositando mensalmente em conta especial do Tribunal de Justiça local, sob única e exclusiva administração deste, 1/12 (um doze avos) do valor calculado percentualmente sobre suas receitas correntes líquidas apuradas no segundo mês anterior ao mês de pagamento, em percentual suficiente para a quitação de seus débitos e, ainda que variável, nunca inferior, em cada exercício, ao percentual praticado na data da entrada em vigor do regime especial a que se refere este artigo, em conformidade com plano de pagamento a ser anualmente apresentado ao Tribunal de Justiça local.

•• *Caput* com redação determinada pela Emenda Constitucional n. 99, de 14-12-2017.

§ 1.º Entende-se como receita corrente líquida, para os fins de que trata este artigo, o somatório das receitas tributárias, patrimoniais, industriais, agropecuárias, de contribuições e de serviços, de transferências correntes e outras receitas correntes, incluindo as oriundas do § 1.º do art. 20 da Constituição Federal, verificado no período compreendido pelo segundo mês imediatamente anterior ao de referência e os 11 (onze) meses precedentes, excluídas as duplicidades, e deduzidas:

•• § 1.º, *caput* e incisos, acrescentado pela Emenda Constitucional n. 94, de 15-12-2016.

I – nos Estados, as parcelas entregues aos Municípios por determinação constitucional;

II – nos Estados, no Distrito Federal e nos Municípios, a contribuição dos servidores para custeio de seu sistema de previdência e assistência social e as receitas provenientes da compensação financeira referida no § 9.º do art. 201 da Constituição Federal.

§ 2.º O débito de precatórios será pago com recursos orçamentários próprios provenientes das fontes de receita corrente líquida referidas no § 1.º deste artigo e, adicionalmente, poderão ser utilizados recursos dos seguintes instrumentos:

•• § 2.º, *caput*, com redação determinada pela Emenda Constitucional n. 99, de 14-12-2017.

I – até 75% (setenta e cinco por cento) dos depósitos judiciais e dos depósitos administrativos em dinheiro referentes a processos judiciais ou administrativos, tributários ou não tributários, nos quais sejam parte os Estados, o Distrito Federal ou os Municípios, e as respectivas autarquias, fundações e empresas estatais dependentes, mediante a instituição de fundo garantidor em montante equivalente a 1/3 (um terço) dos recursos levantados, constituído pela parcela restante dos depósitos judiciais e remunerado pela taxa referencial do Sistema Especial de Liquidação e de Custódia (Selic) para títulos federais, nunca inferior aos índices e critérios aplicados aos depósitos levantados;

•• Inciso I com redação determinada pela Emenda Constitucional n. 99, de 14-12-2017.

II – até 30% (trinta por cento) dos demais depósitos judiciais da localidade sob jurisdição do respectivo Tribunal de Justiça, mediante a instituição de fundo garantidor em montante equivalente aos recursos levantados, constituído pela parcela restante dos depósitos judiciais e remunerado pela taxa referencial do Sistema Especial de Liquidação e de Custódia (Selic) para títulos federais, nunca inferior aos índices e critérios aplicados aos depósitos levantados, destinando-se:

•• Inciso II, *caput*, com redação determinada pela Emenda Constitucional n. 99, de 14-12-2017.

a) no caso do Distrito Federal, 100% (cem por cento) desses recursos ao próprio Distrito Federal;

b) no caso dos Estados, 50% (cinquenta por cento) desses recursos ao próprio Estado e 50% (cinquenta por cento) aos respectivos Municípios, conforme a circunscrição judiciária onde estão depositados os recursos, e, se houver mais de um Município na mesma circunscrição judiciária, os recursos serão rateados entre os Municípios concorrentes, proporcionalmente às respectivas populações, utilizado como referência o último levantamento censitário ou a mais recente estimativa populacional da Fundação Instituto Brasileiro de Geografia e Estatística (IBGE);

•• Alínea *b* com redação determinada pela Emenda Constitucional n. 99, de 14-12-2017.

III – empréstimos, excetuados para esse fim os limites de endividamento de que tratam os incisos VI e VII do *caput* do art. 52 da Constituição Federal e quaisquer outros limites de endividamento previstos em lei, não se aplicando a esses empréstimos a vedação de vinculação de receita prevista no inciso IV do *caput* do art. 167 da Constituição Federal;

•• Inciso III com redação determinada pela Emenda Constitucional n. 99, de 14-12-2017.

IV – a totalidade dos depósitos em precatórios e requisições diretas de pagamento de obrigações de pequeno valor efetuados até 31 de dezembro de 2009 e ainda não levantados, com o 4 cancelamento dos respectivos requisitórios e a baixa das obrigações, assegurada a revalidação dos requisitórios pelos juízos dos processos perante os Tribunais, a requerimento dos credores e após a oitiva da entidade devedora, mantidas a posição de ordem cronológica original e a remuneração de todo o período.

•• Inciso IV acrescentado pela Emenda Constitucional n. 99, de 14-12-2017.

§ 3.º Os recursos adicionais previstos nos incisos I, II e IV do § 2.º deste artigo serão transferidos diretamente pela instituição financeira depositária para a conta especial referida no *caput* deste artigo, sob única e exclusiva administração do Tribunal de Justiça local, e essa transferência deverá ser realizada em até sessenta dias contados a partir da entrada em vigor deste parágrafo, sob pena de responsabilização pessoal do dirigente da instituição financeira por improbidade.

•• § 3.º acrescentado pela Emenda Constitucional n. 99, de 14-12-2017.

§ 4.º No prazo de até seis meses contados da entrada em vigor do regime especial a que se refere este artigo, a União, diretamente, ou por intermédio das instituições financeiras oficiais sob seu controle, disponibilizará aos Estados, ao Distrito Federal e aos Municípios, bem como às respectivas autarquias, fundações e empresas estatais dependentes, linha de crédito especial para pagamento dos precatórios submetidos ao regime especial de pagamento de que trata este artigo, observadas as seguintes condições:

•• § 4.º, *caput*, acrescentado pela Emenda Constitucional n. 99, de 14-12-2017.

I – no financiamento dos saldos remanescentes de precatórios a pagar a que se refere este parágrafo serão adotados os índices e critérios de atualização que incidem sobre o pagamento de precatórios, nos termos do § 12 do art. 100 da Constituição Federal;

•• Inciso I acrescentado pela Emenda Constitucional n. 99, de 14-12-2017.

II – o financiamento dos saldos remanescentes de precatórios a pagar a que se refere este parágrafo será feito em parcelas mensais suficientes à satisfação da dívida assim constituída;

•• Inciso II acrescentado pela Emenda Constitucional n. 99, de 14-12-2017.

III – o valor de cada parcela a que se refere o inciso II deste parágrafo será calculado percentualmente sobre a receita corrente líquida, respectivamente, do Estado, do Distrito Federal e do Município, no segundo mês anterior ao pagamento, em percentual equivalente à média do comprometimento percentual mensal de 2012 até o final do período referido no *caput* deste artigo, considerados para esse fim somente os recursos próprios de cada ente da Federação aplicados no pagamento de precatórios;

•• Inciso III acrescentado pela Emenda Constitucional n. 99, de 14-12-2017.

IV – nos empréstimos a que se refere este parágrafo não se aplicam os limites de endividamento de que tratam os incisos VI e VII do *caput* do art. 52 da Constituição Federal e quaisquer outros limites de endividamento previstos em lei.

•• Inciso IV acrescentado pela Emenda Constitucional n. 99, de 14-12-2017.

Art. 102. Enquanto viger o regime especial previsto nesta Emenda Constitucional, pelo menos 50% (cinquenta por cento) dos recursos que, nos termos do art. 101 deste Ato das Disposições Constitucionais Transitórias, forem destinados ao pagamento dos precatórios em mora serão utilizados no pagamento segundo a ordem cronológica de apresentação, respeitadas as preferências dos créditos alimentares, e, nessas, as relativas à idade, ao estado de saúde e à deficiência, nos termos do § 2.º do art. 100 da Constituição Federal, sobre todos os demais créditos de todos os anos.

•• *Caput* acrescentado pela Emenda Constitucional n. 94, de 15-12-2016.

§ 1.º A aplicação dos recursos remanescentes, por opção a ser exercida por Estados, Distrito Federal e Municípios, por ato do respectivo Poder Executivo, observada a ordem de preferência dos credores, poderá ser destinada ao pagamento mediante acordos diretos, perante Juízos Auxiliares de Conciliação de Precatórios, com redução máxima de 40% (quarenta por cento) do valor do crédito atualizado, desde que em relação ao crédito não penda recurso ou defesa judicial e que sejam observados os requisitos definidos na regulamentação editada pelo ente federado.

•• Parágrafo único renumerado pela Emenda Constitucional n. 99, de 14-12-2017.

§ 2.º Na vigência do regime especial previsto no art. 101 deste Ato das Disposições Constitucionais Transitórias, as preferências relativas à idade, ao estado de saúde e à deficiência serão atendidas até o valor equivalente ao quíntuplo fixado em lei para os fins do disposto no § 3.º do art. 100 da Constituição Federal, admitido o fracionamento para essa finalidade, e o restante será pago em ordem cronológica de apresentação do precatório.

•• § 2.º acrescentado pela Emenda Constitucional n. 99, de 14-12-2017.

Art. 103. Enquanto os Estados, o Distrito Federal e os Municípios estiverem efetuando o pagamento da parcela mensal devida como previsto no *caput* do art. 101 deste Ato das Disposições Constitucionais Transitórias, nem eles, nem as respectivas autarquias, fundações e empresas estatais dependentes poderão sofrer sequestro de valores, exceto no caso de não liberação tempestiva dos recursos.

•• *Caput* acrescentado pela Emenda Constitucional n. 94, de 15-12-2016.

Parágrafo único. Na vigência do regime especial previsto no art. 101 deste Ato das Disposições Constitucionais Transitórias, ficam vedadas desapropriações pelos Estados, pelo Distrito Federal e pelos Municípios, cujos estoques de precatórios ainda pendentes de pagamento, incluídos os precatórios a pagar de suas entidades da administração indireta, sejam superiores a 70% (setenta por cento) das respectivas receitas correntes líquidas, excetuadas as desapropriações para fins de necessidade pública nas áreas de saúde, educação, segurança pública, transporte público, saneamento básico e habitação de interesse social.

•• Parágrafo único acrescentado pela Emenda Constitucional n. 99, de 14-12-2017.

Art. 104. Se os recursos referidos no art. 101 deste Ato das Disposições Constitucionais Transitórias para o pagamento de precatórios não forem tempestivamente liberados, no todo ou em parte:

•• *Caput* e incisos acrescentados pela Emenda Constitucional n. 94, de 15-12-2016.

I – o Presidente do Tribunal de Justiça local determinará o sequestro, até o limite do valor não liberado, das contas do ente federado inadimplente;

II – o chefe do Poder Executivo do ente federado inadimplente responderá, na forma da legislação de responsabilidade fiscal e de improbidade administrativa;

III – a União reterá os recursos referentes aos repasses ao Fundo de Participação dos Estados e do Distrito Federal e ao Fundo de Participação dos Municípios e os depositará na conta especial referida no art. 101 deste Ato das Disposições Constitucionais Transitórias, para utilização como nele previsto;

IV – os Estados reterão os repasses previstos no parágrafo único do art. 158 da Constituição Federal e os depositarão na conta especial referida no art. 101 deste Ato das Disposições Constitucionais Transitórias, para utilização como nele previsto.

Parágrafo único. Enquanto perdurar a omissão, o ente federado não poderá contrair empréstimo externo ou interno, exceto para os fins previstos no § 2.º do art. 101 deste Ato das Disposições Constitucionais Transitórias, e ficará impedido de receber transferências voluntárias.

•• Parágrafo único acrescentado pela Emenda Constitucional n. 94, de 15-12-2016.

Art. 105. Enquanto viger o regime de pagamento de precatórios previsto no art. 101 deste Ato das Disposições Constitucionais Transitórias, é facultada aos credores de precatórios, próprios ou de terceiros, a compensação com débitos de natureza tributária ou de outra natureza que até 25 de março de 2015 tenham sido inscritos na dívida ativa dos Estados, do Distrito Federal ou dos Municípios, observados os requisitos definidos em lei própria do ente federado.

•• *Caput* acrescentado pela Emenda Constitucional n. 94, de 15-12-2016.

§ 1.º Não se aplica às compensações referidas no *caput* deste artigo qualquer tipo de vinculação, como as transferências a outros entes e as destinadas à educação, à saúde e a outras finalidades.

•• Parágrafo único renumerado pela Emenda Constitucional n. 99, de 14-12-2017.

§ 2.º Os Estados, o Distrito Federal e os Municípios regulamentarão nas respectivas leis o disposto no *caput* deste artigo em até cento e vinte dias a partir de 1.º de janeiro de 2018.

•• § 2.º acrescentado pela Emenda Constitucional n. 99, de 14-12-2017.

§ 3.º Decorrido o prazo estabelecido no § 2.º deste artigo sem a regulamentação nele prevista, ficam os credores de precatórios autorizados a exercer a faculdade a que se refere o *caput* deste artigo.

•• § 3.º acrescentado pela Emenda Constitucional n. 99, de 14-12-2017.

Art. 106. Fica instituído o Novo Regime Fiscal no âmbito dos Orçamentos Fiscal e da Seguridade Social da União, que vigorará por vinte exercícios financeiros, nos termos dos arts. 107 a 114 deste Ato das Disposições Constitucionais Transitórias.

•• Artigo acrescentado pela Emenda Constitucional n. 95, de 15-12-2016.

Art. 107. Ficam estabelecidos, para cada exercício, limites individualizados para as despesas primárias:

•• *Caput* e incisos acrescentados pela Emenda Constitucional n. 95, de 15-12-2016.

I – do Poder Executivo;

II – do Supremo Tribunal Federal, do Superior Tribunal de Justiça, do Conselho Nacional de Justiça, da Justiça do Trabalho, da Justiça Federal, da Justiça Militar da União, da Justiça Eleitoral e da Justiça do Distrito Federal e Territórios, no âmbito do Poder Judiciário;

III – do Senado Federal, da Câmara dos Deputados e do Tribunal de Contas da União, no âmbito do Poder Legislativo;

IV – do Ministério Público da União e do Conselho Nacional do Ministério Público; e

V – da Defensoria Pública da União.

§ 1.º Cada um dos limites a que se refere o *caput* deste artigo equivalerá:

•• § 1.º, *caput* e incisos, acrescentado pela Emenda Constitucional n. 95, de 15-12-2016.

I – para o exercício de 2017, à despesa primária paga no exercício de 2016, incluídos os restos a pagar pagos e demais operações que afetam o resultado primário, corrigida em 7,2% (sete inteiros e dois décimos por cento); e

II – para os exercícios posteriores, ao valor do limite referente ao exercício imediatamente anterior, corrigido pela variação do Índice Nacional de Preços ao Consumidor Amplo – IPCA, publicado pelo Instituto Brasileiro de Geografia e Estatística, ou de outro índice que vier a substituí-lo, para o período de doze meses encerrado em junho do exercício anterior a que se refere a lei orçamentária.

•• *Vide* art. 103, *caput*, do ADCT.

§ 2.º Os limites estabelecidos na forma do inciso IV do *caput* do art. 51, do inciso XIII do *caput* do art. 52, do § 1.º do art. 99, do § 3.º do art. 127 e do § 3.º do art. 134 da Constituição Federal não poderão ser superiores aos estabelecidos nos termos deste artigo.

•• § 2.º acrescentado pela Emenda Constitucional n. 95, de 15-12-2016.

§ 3.º A mensagem que encaminhar o projeto de lei orçamentária demonstrará os valores máximos de programação compatíveis com os limites individualizados calculados na forma do § 1.º deste artigo, observados os §§ 7.º a 9.º deste artigo.

•• § 3.º acrescentado pela Emenda Constitucional n. 95, de 15-12-2016.

§ 4.º As despesas primárias autorizadas na lei orçamentária anual sujeitas aos limites de que trata este artigo não poderão exceder os valores máximos demonstrados nos termos do § 3.º deste artigo.

•• § 4.º acrescentado pela Emenda Constitucional n. 95, de 15-12-2016.

§ 5.º É vedada a abertura de crédito suplementar ou especial que amplie o montante total autorizado de despesa primária sujeita aos limites de que trata este artigo.

•• § 5.º acrescentado pela Emenda Constitucional n. 95, de 15-12-2016.

§ 6.º Não se incluem na base de cálculo e nos limites estabelecidos neste artigo:

•• § 6.º, *caput* e incisos, acrescentado pela Emenda Constitucional n. 95, de 15-12-2016.

I – transferências constitucionais estabelecidas no § 1.º do art. 20, no inciso III do parágrafo único do art. 146, no § 5.º do art. 153, no art. 157, nos incisos I e II do art. 158, no art. 159 e no § 6.º do art. 212, as despesas referentes ao inciso XIV do *caput* do art. 21, todos da Constituição Federal, e as complementações de que tratam os incisos V e VII do *caput* do art. 60, deste Ato das Disposições Constitucionais Transitórias;

II – créditos extraordinários a que se refere o § 3.º do art. 167 da Constituição Federal;

III – despesas não recorrentes da Justiça Eleitoral com a realização de eleições; e

IV – despesas com aumento de capital de empresas estatais não dependentes.

§ 7.º Nos três primeiros exercícios financeiros da vigência do Novo Regime Fiscal, o Poder Executivo poderá compensar com redução equivalente na sua despesa primária, consoante os valores estabelecidos no projeto de lei orçamentária encaminhado pelo Poder Executivo no respectivo exercício, o excesso de despesas primárias em relação aos limites de que tratam os incisos II a V do *caput* deste artigo.

•• § 7.º acrescentado pela Emenda Constitucional n. 95, de 15-12-2016.

§ 8.º A compensação de que trata o § 7.º deste artigo não excederá a 0,25% (vinte e cinco centésimos por cento) do limite do Poder Executivo.

•• § 8.º acrescentado pela Emenda Constitucional n. 95, de 15-12-2016.

§ 9.º Respeitado o somatório em cada um dos incisos de II a IV do *caput* deste artigo, a lei de diretrizes orçamentárias poderá dispor sobre a compensação entre os limites individualizados dos órgãos elencados em cada inciso.

•• § 9.º acrescentado pela Emenda Constitucional n. 95, de 15-12-2016.

§ 10. Para fins de verificação do cumprimento dos limites de que trata este artigo, serão consideradas as despesas primárias pagas, incluídos os restos a pagar pagos e demais operações que afetam o resultado primário no exercício.

•• § 10 acrescentado pela Emenda Constitucional n. 95, de 15-12-2016.

§ 11. O pagamento de restos a pagar inscritos até 31 de dezembro de 2015 poderá ser excluído da verificação do cumprimento dos limites de que trata este artigo, até o excesso de resultado primário dos Orçamentos Fiscal e da Seguridade Social do exercício em relação à meta fixada na lei de diretrizes orçamentárias.

•• § 11 acrescentado pela Emenda Constitucional n. 95, de 15-12-2016.

Art. 108. O Presidente da República poderá propor, a partir do décimo exercício da vigência do Novo Regime Fiscal, projeto de lei complementar para alteração do método de correção dos limites a que se refere o inciso II do § 1.º do art. 107 deste Ato das Disposições Constitucionais Transitórias.

•• *Caput* acrescentado pela Emenda Constitucional n. 95, de 15-12-2016.

Parágrafo único. Será admitida apenas uma alteração do método de correção dos limites por mandato presidencial.

•• Parágrafo único acrescentado pela Emenda Constitucional n. 95, de 15-12-2016.

Art. 109. No caso de descumprimento de limite individualizado, aplicam-se, até o final do exercício de retorno das despesas aos respectivos limites, ao Poder Executivo ou a órgão elencado nos incisos II a V do *caput* do art. 107 deste Ato das Disposições Constitucionais Transitórias que o descumpriu, sem prejuízo de outras medidas, as seguintes vedações:

•• *Caput* e incisos acrescentados pela Emenda Constitucional n. 95, de 15-12-2016.

I – concessão, a qualquer título, de vantagem, aumento, reajuste ou adequação de remuneração de membros de Poder ou de órgão, de servidores e empregados públicos e militares, exceto dos derivados de sentença judicial transitada em julgado ou de determinação legal decorrente de atos anteriores à entrada em vigor desta Emenda Constitucional;

II – criação de cargo, emprego ou função que implique aumento de despesa;

III – alteração de estrutura de carreira que implique aumento de despesa;

IV – admissão ou contratação de pessoal, a qualquer título, ressalvadas as reposições de cargos de chefia e de direção que não acarretem aumento de despesa e aquelas decorrentes de vacâncias de cargos efetivos ou vitalícios;

V – realização de concurso público, exceto para as reposições de vacâncias previstas no inciso IV;

VI – criação ou majoração de auxílios, vantagens, bônus, abonos, verbas de representação ou benefícios de qualquer natureza em favor de membros de Poder, do Ministério Público ou da Defensoria Pública e de servidores e empregados públicos e militares;

VII – criação de despesa obrigatória; e

VIII – adoção de medida que implique reajuste de despesa obrigatória acima da variação da inflação, observada a preservação do poder aquisitivo referida no inciso IV do *caput* do art. 7.º da Constituição Federal.

§ 1.º As vedações previstas nos incisos I, III e VI do *caput*, quando descumprido qualquer dos limites individualizados dos órgãos elencados nos incisos II, III e IV do *caput* do art. 107 deste Ato das Disposições Constitucionais Transitórias, aplicam-se ao conjunto dos órgãos referidos em cada inciso.

•• § 1.º acrescentado pela Emenda Constitucional n. 95, de 15-12-2016.

§ 2.º Adicionalmente ao disposto no *caput*, no caso de descumprimento do limite de que trata o inciso I do *caput* do art. 107 deste Ato das Disposições Constitucionais Transitórias, ficam vedadas:

•• § 2.º, *caput* e incisos, acrescentado pela Emenda Constitucional n. 95, de 15-12-2016.

I – a criação ou expansão de programas e linhas de financiamento, bem como a remissão, renegociação ou refinanciamento de dívidas que impliquem ampliação das despesas com subsídios e subvenções; e

II – a concessão ou a ampliação de incentivo ou benefício de natureza tributária.

§ 3.º No caso de descumprimento de qualquer dos limites individualizados de que trata o *caput* do art. 107 deste Ato das Disposições Constitucionais Transitórias, fica vedada a concessão da revisão geral prevista no inciso X do *caput* do art. 37 da Constituição Federal.

•• § 3.º acrescentado pela Emenda Constitucional n. 95, de 15-12-2016.

§ 4.º As vedações previstas neste artigo aplicam-se também a proposições legislativas.

•• § 4.º acrescentado pela Emenda Constitucional n. 95, de 15-12-2016.

Art. 110. Na vigência do Novo Regime Fiscal, as aplicações mínimas em ações e serviços públicos de saúde e em manutenção e desenvolvimento do ensino equivalerão:

•• *Caput* e incisos acrescentados pela Emenda Constitucional n. 95, de 15-12-2016.

I – no exercício de 2017, às aplicações mínimas calculadas nos termos do inciso I do § 2.º do art. 198 e do *caput* do art. 212, da Constituição Federal; e

II – nos exercícios posteriores, aos valores calculados para as aplicações mínimas do exercício imediatamente anterior, corrigidos na forma estabelecida pelo inciso II do § 1.º do art. 107 deste Ato das Disposições Constitucionais Transitórias.

Art. 111. A partir do exercício financeiro de 2018, até o último exercício de vigência do Novo Regime Fiscal, a aprovação e a execução previstas nos §§ 9.º e 11 do art. 166 da Constituição Federal corresponderão ao montante de execução obrigatória para o exercício de 2017, corrigido na forma estabelecida pelo inciso II do § 1.º do art. 107 deste Ato das Disposições Constitucionais Transitórias.

•• Artigo acrescentado pela Emenda Constitucional n. 95, de 15-12-2016.

Art. 112. As disposições introduzidas pelo Novo Regime Fiscal:

•• *Caput* e incisos acrescentados pela Emenda Constitucional n. 95, de 15-12-2016.

I – não constituirão obrigação de pagamento futuro pela União ou direitos de outrem sobre o erário; e

II – não revogam, dispensam ou suspendem o cumprimento de dispositivos constitucionais e legais que disponham sobre metas fiscais ou limites máximos de despesas.

Art. 113. A proposição legislativa que crie ou altere despesa obrigatória ou renúncia de receita deverá ser acompanhada da estimativa do seu impacto orçamentário e financeiro.

•• Artigo acrescentado pela Emenda Constitucional n. 95, de 15-12-2016.

Art. 114. A tramitação de proposição elencada no *caput* do art. 59 da Constituição Federal, ressalvada a referida no seu inciso V, quando acarretar aumento de despesa ou renúncia de receita, será suspensa por até vinte dias, a requerimento de um quinto dos membros da Casa, nos termos regimentais, para análise de sua compatibilidade com o Novo Regime Fiscal.

•• Artigo acrescentado pela Emenda Constitucional n. 95, de 15-12-2016.

Brasília, 5 de outubro de 1988.

Ulysses Guimarães

EMENDAS CONSTITUCIONAIS

•• Reproduzimos aqui apenas as Emendas Constitucionais cujos dispositivos são relacionados à matéria trabalhista.

EMENDA CONSTITUCIONAL N. 19,

DE 4 DE JUNHO DE 1998 (*)

Modifica o regime e dispõe sobre princípios e normas da Administração Pública, servidores e agentes políticos, controle de despesas e finanças públicas e custeio de atividades a cargo do Distrito Federal, e dá outras providências.

As Mesas da Câmara dos Deputados e do Senado Federal, nos termos do § 3.º do art. 60 da Constituição Federal, promulgam esta Emenda ao texto constitucional:

Art. 1.º **Os incisos XIV e XXII do art. 21 e XXVII do art. 22 da Constituição Federal passam a vigorar com a seguinte redação:**

•• Alterações já processadas no diploma modificado.

Art. 2.º **O § 2.º do art. 27 e os incisos V e VI do art. 29 da Constituição Federal passam a vigorar com a seguinte redação, inserindo-se § 2.º no art. 28 e renumerando-se para § 1.º o atual parágrafo único:**

•• Alteração no art. 29, VI, prejudicada pela Emenda Constitucional n. 25, de 14-2-2000.

Art. 3.º **O *caput*, os incisos I, II, V, VII, X, XI, XIII, XIV, XV, XVI, XVII e XIX e o § 3.º do art. 37 da Constituição Federal passam a vigorar com a seguinte redação, acrescendo-se ao artigo os §§ 7.º a 9.º:**

•• Alterações nos arts. 37, XI e XVI, *c*, prejudicadas pelas Emendas Constitucionais n. 41, de 19-12-2003 e 34, de 13-12-2001, respectivamente.

Art. 4.º **O *caput* do art. 38 da Constituição Federal passa a vigorar com a seguinte redação:**

•• Alteração já processada no diploma modificado.

Art. 5.º **O art. 39 da Constituição Federal passa a vigorar com a seguinte redação:**

•• Alteração já processada no diploma modificado.

Art. 6.º **O art. 41 da Constituição Federal passa a vigorar com a seguinte redação:**

•• Alteração já processada no diploma modificado.

(*) Publicada no *DOU* de 5-6-1998.

Art. 7.º **O art. 48 da Constituição Federal passa a vigorar acrescido do seguinte inciso XV:**

•• Alteração no art. 48, XV, prejudicada pela Emenda Constitucional n. 25, de 14-2-2000.

Art. 8.º **Os incisos VII e VIII do art. 49 da Constituição Federal passam a vigorar com a seguinte redação:**

•• Alterações já processadas no diploma modificado.

Art. 9.º **O inciso IV do art. 51 da Constituição Federal passa a vigorar com a seguinte redação:**

•• Alteração já processada no diploma modificado.

Art. 10. **O inciso XIII do art. 52 da Constituição Federal passa a vigorar com a seguinte redação:**

•• Alteração já processada no diploma modificado.

Art. 11. **O § 7.º do art. 57 da Constituição Federal passa a vigorar com a seguinte redação:**

•• Alteração prejudicada pela Emenda Constitucional n. 32, de 11-9-2001, que deu nova redação ao § 7.º do art. 57 da CF.

Art. 12. **O parágrafo único do art. 70 da Constituição Federal passa a vigorar com a seguinte redação:**

•• Alteração já processada no diploma modificado.

Art. 13. **O inciso V do art. 93, o inciso III do art. 95 e a alínea *b* do inciso II do art. 96 da Constituição Federal passam a vigorar com a seguinte redação:**

•• Alteração no art. 96, II, *b*, prejudicada pela Emenda Constitucional n. 41, de 19-12-2003.

Art. 14. **O § 2.º do art. 127 da Constituição Federal passa a vigorar com a seguinte redação:**

•• Alteração já processada no diploma modificado.

Art. 15. **A alínea *c* do inciso I do § 5.º do art. 128 da Constituição Federal passa a vigorar com a seguinte redação:**

•• Alteração já processada no diploma modificado.

Art. 16. **A Seção II do Capítulo IV do Título IV da Constituição Federal passa a denominar-se "DA ADVOCACIA PÚBLICA".**

Art. 17. **O art. 132 da Constituição Federal passa a vigorar com a seguinte redação:**

•• Alteração já processada no diploma modificado.

Art. 18. **O art. 135 da Constituição Federal passa a vigorar com a seguinte redação:**

•• Alteração já processada no diploma modificado.

Art. 19. O § 1.º e seu inciso III e os §§ 2.º e 3.º do art. 144 da Constituição Federal passam a vigorar com a seguinte redação, inserindo-se no artigo § 9.º:

•• Alterações já processadas no diploma modificado.

Art. 20. O *caput* do art. 167 da Constituição Federal passa a vigorar acrescido de inciso X, com a seguinte redação:

•• Alteração já processada no diploma modificado.

Art. 21. O art. 169 da Constituição Federal passa a vigorar com a seguinte redação:

•• Alteração já processada no diploma modificado.

Art. 22. O § 1.º do art. 173 da Constituição Federal passa a vigorar com a seguinte redação:

•• Alteração já processada no diploma modificado.

Art. 23. O inciso V do art. 206 da Constituição Federal passa a vigorar com a seguinte redação:

•• Alteração prejudicada pela Emenda Constitucional n. 53, de 19-12-2006, que deu nova redação ao inciso V do art. 206 da CF.

Art. 24. O art. 241 da Constituição Federal passa a vigorar com a seguinte redação:

•• Alteração já processada no diploma modificado.

Art. 25. Até a instituição do fundo a que se refere o inciso XIV do art. 21 da Constituição Federal, compete à União manter os atuais compromissos financeiros com a prestação de serviços públicos do Distrito Federal.

Art. 26. No prazo de 2 (dois) anos da promulgação desta Emenda, as entidades da administração indireta terão seus estatutos revistos quanto à respectiva natureza jurídica, tendo em conta a finalidade e as competências efetivamente executadas.

Art. 27. O Congresso Nacional, dentro de 120 (cento e vinte) dias da promulgação desta Emenda, elaborará lei de defesa do usuário de serviços públicos.

Art. 28. É assegurado o prazo de 2 (dois) anos de efetivo exercício para aquisição da estabilidade aos atuais servidores em estágio probatório, sem prejuízo da avaliação a que se refere o § 4.º do art. 41 da Constituição Federal.

Art. 29. Os subsídios, vencimentos, remuneração, proventos da aposentadoria e pensões e quaisquer outras espécies remuneratórias adequar-se-ão, a partir da promulgação desta Emenda, aos limites decorrentes da Constituição Federal, não se admitindo a percepção de excesso a qualquer título.

Art. 30. O projeto de lei complementar a que se refere o art. 163 da Constituição Federal será apresentado pelo Poder Executivo ao Congresso Nacional no prazo máximo de 180 (cento e oitenta) dias da promulgação desta Emenda.

Art. 31. A pessoa que revestiu a condição de servidor público federal da administração direta, autárquica ou fundacional, de servidor municipal ou de integrante da carreira de policial, civil ou militar, dos ex-Territórios Federais do Amapá e de Roraima e que, comprovadamente, encontrava-se no exercício de suas funções, prestando serviço à administração pública dos ex-Territórios ou de prefeituras neles localizadas, na data em que foram transformados em Estado, ou a condição de servidor ou de policial, civil ou militar, admitido pelos Estados do Amapá e de Roraima, entre a data de sua transformação em Estado e outubro de 1993, bem como a pessoa que comprove ter mantido, nesse período, relação ou vínculo funcional, de caráter efetivo ou não, ou relação ou vínculo empregatício, estatutário ou de trabalho com a administração pública dos ex-Territórios, dos Estados ou das prefeituras neles localizadas ou com empresa pública ou sociedade de economia mista que haja sido constituída pelo ex-Território ou pela União para atuar no âmbito do ex-Território Federal, inclusive as extintas, poderão integrar, mediante opção, quadro em extinção da administração pública federal.

•• *Caput* com redação determinada pela Emenda Constitucional n. 98, de 6-12-2017.

•• A Lei n. 13.681, de 18-6-2018, dispõe sobre as tabelas de salários, vencimentos, soldos e demais vantagens aplicáveis aos servidores civis, aos militares e aos empregados dos ex-Territórios Federais, integrantes do quadro em extinção de que trata este artigo.

§ 1.º O enquadramento referido no *caput* deste artigo, para os servidores, para os policiais, civis ou militares, e para as pessoas que tenham revestido essa condição, entre a transformação e a instalação dos Estados em outubro de 1993, dar-se-á no cargo em que foram originariamente admitidos ou em cargo equivalente.

•• § 1.º com redação determinada pela Emenda Constitucional n. 98, de 6-12-2017.

§ 2.º Os integrantes da carreira policial militar a que se refere o *caput* continuarão prestando serviços aos respectivos Estados, na condição de cedidos, submetidos às disposições estatutárias a que estão sujeitas as corporações das respectivas Polícias Militares, observados as atribuições de função compatíveis com seu grau hierárquico e o direito às devidas promoções.

•• § 2.º com redação determinada pela Emenda Constitucional n. 79, de 27-5-2014.

§ 3.º As pessoas a que se referem este artigo prestarão serviços aos respectivos Estados ou a seus Municípios, na condição de servidores cedidos, sem ônus para o cessionário, até seu aproveitamento em órgão ou entidade da administração federal direta, autárquica ou fundacional, podendo os Estados, por conta e delegação da União, adotar os procedimentos necessários à cessão de servidores a seus Municípios.

•• § 3.º com redação determinada pela Emenda Constitucional n. 98, de 6-12-2017.

§ 4.º Para fins do disposto no *caput* deste artigo, são meios probatórios de relação ou vínculo funcional, empregatício, estatutário ou de trabalho, independentemente da existência de vínculo atual, além dos admitidos em lei:

•• § 4.º, *caput*, acrescentado pela Emenda Constitucional n. 98, de 6-12-2017.

I – o contrato, o convênio, o ajuste ou o ato administrativo por meio do qual a pessoa tenha revestido a condição de profissional, empregado, servidor público, prestador de serviço ou trabalhador e tenha atuado ou desenvolvido atividade laboral diretamente com o ex-Território, o Estado ou a prefeitura neles localizada, inclusive mediante a interveniência de cooperativa;

•• Inciso I acrescentado pela Emenda Constitucional n. 98, de 6-12-2017.

II – a retribuição, a remuneração ou o pagamento documentado ou formalizado, à época, mediante depósito em conta-corrente bancária ou emissão de ordem de pagamento, de recibo, de nota de empenho ou de ordem bancária em que se identifique a administração pública do ex-Território, do Estado ou de prefeitura neles localizada como fonte pagadora ou origem direta dos recursos, assim como aquele realizado à conta de recursos oriundos de fundo de participação ou de fundo especial, inclusive em proveito do pessoal integrante das tabelas especiais.

•• Inciso II acrescentado pela Emenda Constitucional n. 98, de 6-12-2017.

§ 5.º Além dos meios probatórios de que trata o § 4.º deste artigo, sem prejuízo daqueles admitidos em lei, o enquadramento referido no *caput* deste artigo dependerá de a pessoa ter mantido relação ou vínculo funcional, empregatício, estatutário ou de trabalho com o ex-Território ou o Estado que o tenha sucedido por, pelo menos, noventa dias.

•• § 5.º acrescentado pela Emenda Constitucional n. 98, de 6-12-2017.

§ 6.º As pessoas a que se referem este artigo, para efeito de exercício em órgão ou entidade da administração pública estadual ou municipal dos Estados do Amapá e de Roraima, farão jus à percepção de todas as gratificações e dos demais valores que componham a estrutura remuneratória dos cargos em que tenham sido enquadradas, vedando-se reduzi-los ou suprimi-los por motivo de cessão ao Estado ou a seu Município.

•• § 6.º acrescentado pela Emenda Constitucional n. 98, de 6-12-2017.

Art. 32. A Constituição Federal passa a vigorar acrescida do seguinte artigo:

•• Alteração já processada no diploma modificado.

Art. 33. Consideram-se servidores não estáveis, para os fins do art. 169, § 3.º, II, da Constituição Federal aqueles admitidos na administração direta, autárquica e fundacional sem concurso público de provas ou de provas e títulos após o dia 5 de outubro de 1983.

Art. 34. Esta Emenda Constitucional entra em vigor na data de sua promulgação.

Brasília, 4 de junho de 1998.

Mesa da Câmara dos Deputados

Deputado MICHEL TEMER

Presidente

Mesa do Senado Federal

Senador ANTONIO CARLOS MAGALHÃES

Presidente

EMENDA CONSTITUCIONAL N. 20,

DE 15 DE DEZEMBRO DE 1998 (*)

Modifica o sistema de previdência social, estabelece normas de transição e dá outras providências.

As Mesas da Câmara dos Deputados e do Senado Federal, nos termos do § 3.º do art. 60 da Constituição Federal, promulgam a seguinte Emenda ao texto constitucional:

(*) Publicada no *DOU* de 16-12-1998.

Art. 1.º A Constituição Federal passa a vigorar com as seguintes alterações:

•• Parte das alterações foram prejudicadas por Emendas Constitucionais posteriores: arts. 40, *caput* e §§ 1.º, 3.º, 7.º, 8.º e 15, 42, § 2.º, 142, § 3.º, IX, prejudicados pela Emenda Constitucional n. 41, de 19-12-2003; arts. 40, § 4.º, 195, § 9.º e 201, § 1.º, prejudicados pela Emenda Constitucional n. 47, de 5-7-2005; art. 100, § 3.º, prejudicado pela Emenda Constitucional n. 30, de 13-9-2000; art. 114, § 3.º, prejudicado pela Emenda Constitucional n. 45, de 8-12-2004.

Art. 2.º A Constituição Federal, nas Disposições Constitucionais Gerais, é acrescida dos seguintes artigos:

•• Alterações já processadas no diploma modificado.

Art. 3.º É assegurada a concessão de aposentadoria e pensão, a qualquer tempo, aos servidores públicos e aos segurados do regime geral de previdência social, bem como aos seus dependentes, que, até a data da publicação desta Emenda, tenham cumprido os requisitos para a obtenção destes benefícios, com base nos critérios da legislação então vigente.

§ 1.º O servidor de que trata este artigo, que tenha completado as exigências para aposentadoria integral e que opte por permanecer em atividade fará jus à isenção da contribuição previdenciária até completar as exigências para aposentadoria contidas no art. 40, § 1.º, III, *a*, da Constituição Federal.

§ 2.º Os proventos da aposentadoria a ser concedida aos servidores públicos referidos no *caput*, em termos integrais ou proporcionais ao tempo de serviço já exercido até a data de publicação desta Emenda, bem como as pensões de seus dependentes, serão calculados de acordo com a legislação em vigor à época em que foram atendidas as prescrições nela estabelecidas para a concessão destes benefícios ou nas condições da legislação vigente.

§ 3.º São mantidos todos os direitos e garantias assegurados nas disposições constitucionais vigentes à data de publicação desta Emenda aos servidores e militares, inativos e pensionistas, aos anistiados e aos ex-combatentes, assim como àqueles que já cumpriram, até aquela data, os requisitos para usufruírem tais direitos, observado o disposto no art. 37, XI, da Constituição Federal.

Art. 4.º Observado o disposto no art. 40, § 10, da Constituição Federal, o tempo de serviço considerado pela legislação vigente para efeito de aposentadoria, cumprido até que a lei discipline a matéria, será contado como tempo de contribuição.

•• *Vide* art. 2.º da Emenda Constitucional n. 41, de 19-12-2003.

Art. 5.º O disposto no art. 202, § 3.º, da Constituição Federal, quanto à exigência de paridade entre a contribuição da patrocinadora e a contribuição do segurado, terá vigência no prazo de 2 (dois) anos a partir da publicação desta Emenda, ou, caso ocorra antes, na data de publicação da lei complementar a que se refere o § 4.º do mesmo artigo.

Art. 6.º As entidades fechadas de previdência privada patrocinadas por entidades públicas, inclusive empresas públicas e sociedades de economia mista, deverão rever, no prazo de 2 (dois) anos, a contar da publicação desta Emenda, seus planos de benefícios e serviços, de modo a ajustá-los atuarialmente a seus ativos, sob pena de intervenção, sendo seus dirigentes e os de suas respectivas patrocinadoras responsáveis civil e criminalmente pelo descumprimento do disposto neste artigo.

Art. 7.º Os projetos das leis complementares previstos no art. 202 da Constituição Federal deverão ser apresentados ao Congresso Nacional no prazo máximo de 90 (noventa) dias após a publicação desta Emenda.

Art. 8.º (*Revogado pela Emenda Constitucional n. 41, de 19-12-2003.*)

Art. 9.º Observado o disposto no art. 4.º desta Emenda e ressalvado o direito de opção a aposentadoria pelas normas por ela estabelecidas para o regime geral de previdência social, é assegurado o direito à aposentadoria ao segurado que se tenha filiado ao regime geral de previdência social, até a data de publicação desta Emenda, quando, cumulativamente, atender aos seguintes requisitos:

I – contar com 53 (cinquenta e três) anos de idade, se homem, e 48 (quarenta e oito) anos de idade, se mulher; e

II – contar tempo de contribuição igual, no mínimo, à soma de:

a) 35 (trinta e cinco) anos, se homem, e 30 (trinta) anos, se mulher; e

b) um período adicional de contribuição equivalente a 20% (vinte por cento) do tempo que, na data da publicação desta Emenda, faltaria para atingir o limite de tempo constante da alínea anterior.

§ 1.º O segurado de que trata este artigo, desde que atendido o disposto no inciso I do *caput*, e observado o disposto no art. 4.º desta Emenda, pode aposentar-se com valores proporcionais ao tempo de contribuição, quando atendidas as seguintes condições:

I – contar tempo de contribuição igual, no mínimo, à soma de:

a) 30 (trinta) anos, se homem, e 25 (vinte e cinco) anos, se mulher; e

b) um período adicional de contribuição equivalente a 40% (quarenta por cento) do tempo que, na data da publicação desta Emenda, faltaria para atingir o limite de tempo constante da alínea anterior;

II – o valor da aposentadoria proporcional será equivalente a 70% (setenta por cento) do valor da aposentadoria a que se refere o *caput*, acrescido de 5% (cinco por cento) por ano de contribuição que supere a soma a que se refere o inciso anterior, até o limite de 100% (cem por cento).

§ 2.º O professor que, até a data da publicação desta Emenda, tenha exercido atividade de magistério e que opte por aposentar-se na forma do disposto no *caput*, terá o tempo de serviço exercido até a publicação desta Emenda contado com o acréscimo de 17% (dezessete por cento), se homem, e de 20% (vinte por cento), se mulher, desde que se aposente, exclusivamente, com tempo de efetivo exercício de atividade de magistério.

Art. 10. (*Revogado pela Emenda Constitucional n. 41, de 19-12-2003.*)

Art. 11. A vedação prevista no art. 37, § 10, da Constituição Federal, não se aplica aos membros de poder e aos inativos, servidores e militares, que, até a publicação desta Emenda, tenham ingressado novamente no serviço público por concurso público de provas ou de provas e títulos, e pelas demais formas previstas na Constituição Federal, sendo-lhes proibida a percepção de mais de uma aposentadoria pelo regime de previdência a que se refere o art. 40 da Constituição Federal, aplicando-se-lhes, em qualquer hipótese, o limite de que trata o § 11 deste mesmo artigo.

Art. 12. Até que produzam efeitos as leis que irão dispor sobre as contribuições de que trata o art. 195 da Constituição Federal, são exigíveis as estabelecidas em lei, destinadas ao custeio da seguridade social e dos diversos regimes previdenciários.

Art. 13. Até que a lei discipline o acesso ao salário-família e auxílio-reclusão para os servidores, segurados e seus dependentes, esses benefícios serão concedidos apenas àqueles que tenham renda bruta mensal igual ou inferior a R$ 360,00 (trezentos e sessenta reais), que, até a publicação da lei, serão corrigidos pelos mesmos índices aplicados aos benefícios do regime geral de previdência social.

Art. 14. O limite máximo para o valor dos benefícios do regime geral de previdência social de que trata o art. 201 da Constituição Federal é fixado em R$ 1.200,00 (um mil e duzentos reais), devendo, a partir da data da publicação desta Emenda, ser reajustado de forma a preservar, em caráter permanente, seu valor real, atualizado pelos mesmos índices aplicados aos benefícios do regime geral de previdência social.

•• A ADI n. 1.946-5, de 3-4-2003 (*DOU* de 5-6-2003), deu a este artigo, sem redução de texto, interpretação conforme a CF, para excluir sua aplicação ao salário da licença à gestante a que se refere o art. 7.º, XVIII, da CF.

•• Os benefícios previdenciários são reajustados anualmente por meio de ato administrativo do Ministro de Estado da Previdência Social.

Art. 15. Até que a lei complementar a que se refere o art. 201, § 1.º, da Constituição Federal, seja publicada, permanece em vigor o disposto nos arts. 57 e 58 da Lei n. 8.213, de 24 de julho de 1991, na redação vigente à data da publicação desta Emenda.

Art. 16. Esta Emenda Constitucional entra em vigor na data de sua publicação.

Art. 17. Revoga-se o inciso II do § 2.º do art. 153 da Constituição Federal.

Brasília, 15 de dezembro de 1998.

Mesa da Câmara dos Deputados

Deputado Michel Temer

Presidente

Mesa do Senado Federal

Senador Antonio Carlos Magalhães

Presidente

EMENDA CONSTITUCIONAL N. 24,

DE 9 DE DEZEMBRO DE 1999 (*)

(*) Publicada no *DOU* de 10-12-1999.

Altera dispositivos da Constituição Federal pertinentes à representação classista na Justiça do Trabalho.

As Mesas da Câmara dos Deputados e do Senado Federal, nos termos do § 3.º do art. 60 da Constituição Federal, promulgam a seguinte Emenda ao texto constitucional:

Art. 1.º Os arts. 111, 112, 113, 115 e 116 da Constituição Federal passam a vigorar com a seguinte redação:

•• Parte das alterações foram prejudicadas por Emendas Constitucionais posteriores: arts. 111, § 1.º e 2.º, 112 e 115, prejudicados pela Emenda Constitucional n. 45, de 8-12-2004.

Art. 2.º É assegurado o cumprimento dos mandatos dos atuais ministros classistas temporários do Tribunal Superior do Trabalho e dos atuais juízes classistas temporários dos Tribunais Regionais do Trabalho e das Juntas de Conciliação e Julgamento.

Art. 3.º Esta Emenda Constitucional entra em vigor na data de sua publicação.

Art. 4.º Revoga-se o art. 117 da Constituição Federal.

Brasília, em 9 de dezembro de 1999.

Mesa da Câmara dos Deputados
Deputado MICHEL TEMER
Presidente
Mesa do Senado Federal
Senador ANTONIO CARLOS MAGALHÃES
Presidente

EMENDA CONSTITUCIONAL N. 41, DE 19 DE DEZEMBRO DE 2003 (*)

Modifica os arts. 37, 40, 42, 48, 96, 149 e 201 da Constituição Federal, revoga o inciso IX do § 3.º do art. 142 da Constituição Federal e dispositivos da Emenda Constitucional n. 20, de 15 de dezembro de 1998, e dá outras providências.

As Mesas da Câmara dos Deputados e do Senado Federal, nos termos do § 3.º do art. 60 da Constituição Federal, promulgam a seguinte Emenda ao texto constitucional:

Art. 1.º A Constituição Federal passa a vigorar com as seguintes alterações:

•• Alteração no art. 201, § 12, prejudicada pela Emenda Constitucional n. 47, de 5-7-2005.

Art. 2.º Observado o disposto no art. 4.º da Emenda Constitucional n. 20, de 15 de dezembro de 1998, é assegurado o direito de opção pela aposentadoria voluntária com proventos calculados de acordo com o art. 40, §§ 3.º e 17, da Constituição Federal, àquele que tenha ingressado regularmente em cargo efetivo na Administração Pública direta, autárquica e fundacional, até a data de publicação daquela Emenda, quando o servidor, cumulativamente:

(*) Publicada no *DOU* de 31-12-2000. A Lei n. 10.887, de 18-6-2004, dispõe sobre a aplicação de disposições desta EC.

•• *Vide* art. 3.º da Emenda Constitucional n. 47, de 5-7-2005.

I – tiver cinquenta e três anos de idade, se homem, e quarenta e oito anos de idade, se mulher;

II – tiver cinco anos de efetivo exercício no cargo em que se der a aposentadoria;

III – contar tempo de contribuição igual, no mínimo, à soma de:

a) trinta e cinco anos, se homem, e trinta anos, se mulher; e

b) um período adicional de contribuição equivalente a vinte por cento do tempo que, na data de publicação daquela Emenda, faltaria para atingir o limite de tempo constante da alínea *a* deste inciso.

§ 1.º O servidor de que trata este artigo que cumprir as exigências para aposentadoria na forma do *caput* terá os seus proventos de inatividade reduzidos para cada ano antecipado em relação aos limites de idade estabelecidos pelo art. 40, § 1.º, III, *a*, e § 5.º da Constituição Federal, na seguinte proporção:

I – três inteiros e cinco décimos por cento, para aquele que completar as exigências para aposentadoria na forma do *caput* até 31 de dezembro de 2005;

II – cinco por cento, para aquele que completar as exigências para aposentadoria na forma do *caput* a partir de 1.º de janeiro de 2006.

§ 2.º Aplica-se ao magistrado e ao membro do Ministério Público e de Tribunal de Contas o disposto neste artigo.

§ 3.º Na aplicação do disposto no § 2.º deste artigo, o magistrado ou o membro do Ministério Público ou de Tribunal de Contas, se homem, terá o tempo de serviço exercido até a data de publicação da Emenda Constitucional n. 20, de 15 de dezembro de 1998, contado com acréscimo de dezessete por cento, observado o disposto no § 1.º deste artigo.

§ 4.º O professor, servidor da União, dos Estados, do Distrito Federal e dos Municípios, incluídas suas autarquias e fundações, que, até a data de publicação da Emenda Constitucional n. 20, de 15 de dezembro de 1998, tenha ingressado, regularmente, em cargo efetivo de magistério e que opte por aposentar-se na forma do disposto no *caput*, terá o tempo de serviço exercido até a publicação daquela Emenda contado com o acréscimo de dezessete por cento, se homem, e de vinte por cento, se mulher, desde que se aposente, exclusivamente, com tempo de efetivo exercício nas funções de magistério, observado o disposto no § 1.º.

§ 5.º O servidor de que trata este artigo, que tenha completado as exigências para aposentadoria voluntária estabelecidas no *caput*, e que opte por permanecer em atividade, fará jus a um abono de permanência equivalente ao valor da sua contribuição previdenciária até completar as exigências para aposentadoria compulsória contidas no art. 40, § 1.º, II, da Constituição Federal.

§ 6.º Às aposentadorias concedidas de acordo com este artigo aplica-se o disposto no art. 40, § 8.º, da Constituição Federal.

Art. 3.º É assegurada a concessão, a qualquer tempo, de aposentadoria aos servidores públicos, bem como pensão aos seus dependentes, que, até a data de publicação desta Emenda, tenham cumprido todos os requisitos para obtenção desses benefícios, com base nos critérios da legislação então vigente.

§ 1.º O servidor de que trata este artigo que opte por permanecer em atividade tendo completado as exigências para aposentadoria voluntária e que conte com, no mínimo, vinte e cinco anos de contribuição, se mulher, ou trinta anos de contribuição, se homem, fará jus a um abono de permanência equivalente ao valor da sua contribuição previdenciária até completar as exigências para aposentadoria compulsória contidas no art. 40, § 1.º, II, da Constituição Federal.

§ 2.º Os proventos da aposentadoria a ser concedida aos servidores públicos referidos no *caput*, em termos integrais ou proporcionais ao tempo de contribuição já exercido até a data de publicação desta Emenda, bem como as pensões de seus dependentes, serão calculados de acordo com a legislação em vigor à época em que foram atendidos os requisitos nela estabelecidos para a concessão desses benefícios ou nas condições da legislação vigente.

Art. 4.º Os servidores inativos e os pensionistas da União, dos Estados, do Distrito Federal e dos Municípios, incluídas suas autarquias e fundações, em gozo de benefícios na data de publicação desta Emenda, bem como os alcançados pelo disposto no seu art. 3.º, contribuirão para o custeio do regime de que trata o art. 40 da Constituição Federal com percentual igual ao estabelecido para os servidores titulares de cargos efetivos.

Parágrafo único. A contribuição previdenciária a que se refere o *caput* incidirá apenas sobre a parcela dos proventos e das pensões que supere:

I – cinquenta por cento do limite máximo estabelecido para os benefícios do regime geral de previdência social de que trata o art. 201 da Constituição Federal, para os servidores inativos e os pensionistas dos Estados, do Distrito Federal e dos Municípios;

•• O STF, nas ADIs n. 3.105-8, de 18-10-2006 (*DOU* de 9-3-2007), e 3.128-7, de 26-5-2004 (*DOU* de 19-9-2006), julgou inconstitucional a expressão "cinquenta por cento do" contida neste inciso, aplicando-se, então, à hipótese deste artigo o § 18 do art. 40 da Constituição, introduzido por esta Emenda Constitucional.

II – sessenta por cento do limite máximo estabelecido para os benefícios do regime geral de previdência social de que trata o art. 201 da Constituição Federal, para os servidores inativos e os pensionistas da União.

•• O STF, nas ADIs n. 3.105-8, de 18-10-2006 (*DOU* de 9-3-2007), e 3.128-7, de 26-5-2004 (*DOU* de 19-9-2006), julgou inconstitucional a expressão "sessenta por cento do" contida neste inciso, aplicando-se, então, à hipótese deste artigo o § 18 do art. 40 da Constituição, introduzido por esta Emenda Constitucional.

Art. 5.º O limite máximo para o valor dos benefícios do regime geral de previdência social de que trata o art. 201 da Constituição Federal é fixado em R$ 2.400,00 (dois mil e quatrocentos reais), devendo, a partir da data de publicação desta Emenda, ser reajustado de forma a preservar, em caráter permanente, seu valor real, atualizado pelos mesmos índices aplicados aos benefícios do regime geral de previdência social.

•• Os benefícios previdenciários são reajustados anualmente por meio de ato administrativo do Ministro de Estado da Previdência Social.

Art. 6.º Ressalvado o direito de opção à aposentadoria pelas normas estabelecidas pelo art. 40 da Constituição Federal ou pelas regras estabelecidas pelo art. 2.º desta Emenda, o servidor da União, dos Estados, do Distrito Federal e dos Municípios, incluídas suas autarquias e fundações, que tenha ingressado no serviço público até a data de publicação desta Emenda poderá aposentar-se com proventos integrais, que corresponderão à totalidade da remuneração do servidor no cargo efetivo em que se der a aposentadoria, na forma da lei, quando, observadas as reduções de idade e tempo de contribuição contidas no § 5.º do art. 40 da Constituição Federal, vier a preencher, cumulativamente, as seguintes condições:

•• *Vide* arts. 2.º e 3.º da Emenda Constitucional n. 47, de 5-7-2005.

I – sessenta anos de idade, se homem, e cinquenta e cinco anos de idade, se mulher;

II – trinta e cinco anos de contribuição, se homem, e trinta anos de contribuição, se mulher;

III – vinte anos de efetivo exercício no serviço público; e

IV – dez anos de carreira e cinco anos de efetivo exercício no cargo em que se der a aposentadoria.

Parágrafo único. (*Revogado pela Emenda Constitucional n. 47, de 5-7-2005, em vigor na data de sua publicação, com efeitos retroativos à data de vigência da Emenda Constitucional n. 41, de 19-12-2003.*)

Art. 6.º-A. O servidor da União, dos Estados, do Distrito Federal e dos Municípios, incluídas suas autarquias e fundações, que tenha ingressado no serviço público até a data de publicação desta Emenda Constitucional e que tenha se aposentado ou venha a se aposentar por invalidez permanente, com fundamento no inciso I do § 1.º do art. 40 da Constituição Federal, tem direito a proventos de aposentadoria calculados com base na remuneração do cargo efetivo em que se der a aposentadoria, na forma da lei, não sendo aplicáveis as disposições constantes dos §§ 3.º, 8.º e 17 do art. 40 da Constituição Federal.

•• *Caput* acrescentado pela Emenda Constitucional n. 70, de 29-3-2012.

Parágrafo único. Aplica-se ao valor dos proventos de aposentadorias concedidas com base no *caput* o disposto no art. 7.º desta Emenda Constitucional, observando-se igual critério de revisão às pensões derivadas dos proventos desses servidores.

•• Parágrafo único acrescentado pela Emenda Constitucional n. 70, de 29-3-2012.

Art. 7.º Observado o disposto no art. 37, XI, da Constituição Federal, os proventos de aposentadoria dos servidores públicos titulares de cargo efetivo e as pensões dos seus dependentes pagos pela União, Estados, Distrito Federal e Municípios, incluídas suas autarquias e fundações, em fruição na data de publicação desta Emenda, bem como os proventos de aposentadoria dos servidores e as pensões dos dependentes abrangidos pelo art. 3.º desta Emenda, serão revistos na mesma proporção e na mesma data, sempre que se modificar a remuneração dos servidores em atividade, sendo também estendidos aos aposentados e pensionistas quaisquer benefícios ou vantagens posteriormente concedidos aos servidores em atividade, inclusive quando decorrentes da transformação ou reclassificação do cargo ou função em que se deu a aposentadoria ou que serviu de referência para a concessão da pensão, na forma da lei.

•• *Vide* arts. 2.º e 3.º, parágrafo único, da Emenda Constitucional n. 47, de 5-7-2005.

Art. 8.º Até que seja fixado o valor do subsídio de que trata o art. 37, XI, da Constituição Federal, será considerado, para os fins do limite fixado naquele inciso, o valor da maior remuneração atribuída por lei na data de publicação desta Emenda a Ministro do Supremo Tribunal Federal, a título de vencimento, de representação mensal e da parcela recebida em razão de tempo de serviço, aplicando-se como limite, nos Municípios, o subsídio do Prefeito, e nos Estados e no Distrito Federal, o subsídio mensal do Governador no âmbito do Poder Executivo, o subsídio dos Deputados Estaduais e Distritais no âmbito do Poder Legislativo e o subsídio dos Desembargadores do Tribunal de Justiça, limitado a noventa inteiros e vinte e cinco centésimos por cento da maior remuneração mensal de Ministro do Supremo Tribunal Federal a que se refere este artigo, no âmbito do Poder Judiciário, aplicável este limite aos membros do Ministério Público, aos Procuradores e aos Defensores Públicos.

Art. 9.º Aplica-se o disposto no art. 17 do Ato das Disposições Constitucionais Transitórias aos vencimentos, remunerações e subsídios dos ocupantes de cargos, funções e empregos públicos da administração direta, autárquica e fundacional, dos membros de qualquer dos Poderes da União, dos Estados, do Distrito Federal e dos Municípios, dos detentores de mandato eletivo e dos demais agentes políticos e os proventos, pensões ou outra espécie remuneratória percebidos cumulativamente ou não, incluídas as vantagens pessoais ou de qualquer outra natureza.

Art. 10. Revogam-se o inciso IX do § 3.º do art. 142 da Constituição Federal, bem como os arts. 8.º e 10 da Emenda Constitucional n. 20, de 15 de dezembro de 1998.

Art. 11. Esta Emenda Constitucional entra em vigor na data de sua publicação.

Brasília, em 19 de dezembro de 2003.

Mesa da Câmara dos Deputados

Deputado JOÃO PAULO CUNHA

Presidente

Mesa do Senado Federal

Senador JOSÉ SARNEY

Presidente

EMENDA CONSTITUCIONAL N. 45,

DE 8 DE DEZEMBRO DE 2004 (*)

Altera dispositivos dos arts. 5.º, 36, 52, 92, 93, 95, 98, 99, 102, 103, 104, 105, 107, 109, 111, 112, 114, 115, 125, 126, 127, 128, 129, 134 e 168 da Constituição Federal, e acrescenta os arts. 103-A, 103-B, 111-A e 130-A, e dá outras providências.

As Mesas da Câmara dos Deputados e do Senado Federal, nos termos do § 3.º do art. 60 da Constituição Federal, promulgam a seguinte Emenda ao texto constitucional:

Art. 1.º Os arts. 5.º, 36, 52, 92, 93, 95, 98, 99, 102, 103, 104, 105, 107, 109, 111, 112, 114, 115, 125, 126, 127, 128, 129, 134 e 168 da Constituição Federal passam a vigorar com a seguinte redação:

•• Alterações já processadas no diploma modificado.

Art. 2.º A Constituição Federal passa a vigorar acrescida dos seguintes arts. 103-A, 103-B, 111-A e 130-A:

•• Alteração parcialmente prejudicada pela Emenda Constitucional n. 61, de 11-11-2009, que deu nova redação ao art. 103-B da CF.

Art. 3.º A lei criará o Fundo de Garantia das Execuções Trabalhistas, integrado pelas multas decorrentes de condenações trabalhistas e administrativas oriundas da fiscalização do trabalho, além de outras receitas.

Art. 4.º Ficam extintos os tribunais de Alçada, onde houver, passando os seus membros a integrar os Tribunais de Justiça dos respectivos Estados, respeitadas a antiguidade e classe de origem.

Parágrafo único. No prazo de cento e oitenta dias, contado da promulgação desta Emenda, os Tribunais de Justiça, por ato administrativo, promoverão a integração dos membros dos tribunais extintos em seus quadros, fixando-lhes a competência e remetendo, em igual prazo, ao Poder Legislativo, proposta de alteração da organização e da divisão judiciária correspondentes, assegurados os direitos dos inativos e pensionistas e o aproveitamento dos servidores no Poder Judiciário estadual.

Art. 5.º O Conselho Nacional de Justiça e o Conselho Nacional do Ministério Público serão instalados no prazo de cento e oitenta dias a contar da promulgação desta Emenda, devendo a indicação ou escolha de seus membros ser efetuada até trinta dias antes do termo final.

§ 1.º Não efetuadas as indicações e escolha dos nomes para os Conselhos Nacional de Justiça e do Ministério Público dentro do prazo fixado no *caput* deste artigo, caberá, respectivamente, ao Supremo Tribunal Federal e ao Ministério Público da União realizá-las.

§ 2.º Até que entre em vigor o Estatuto da Magistratura, o Conselho Nacional de Justiça, mediante resolução, disciplinará seu funcionamento e definirá as atribuições do Ministro-Corregedor.

• A Resolução n. 67, de 3-3-2009, aprova o Regimento Interno do CNJ.

Art. 6.º O Conselho Superior da Justiça do Trabalho será instalado no prazo de cento e oitenta dias, cabendo ao Tribunal Superior do Trabalho regulamentar seu funcionamento por resolução, enquanto não promulgada a lei a que se refere o art. 111-A, § 2.º, II.

• A Resolução Administrativa n. 1.407, de 7-6-2010, do TST, aprova o Regimento Interno do Conselho Superior da Justiça do Trabalho.

(*) Publicada no *DOU* de 31-12-2004.

Art. 7.º O Congresso Nacional instalará, imediatamente após a promulgação desta Emenda Constitucional, comissão especial mista, destinada a elaborar, em cento e oitenta dias, os projetos de lei necessários à regulamentação da matéria nela tratada, bem como promover alterações na legislação federal objetivando tornar mais amplo o acesso à Justiça e mais célere a prestação jurisdicional.

Art. 8.º As atuais súmulas do Supremo Tribunal Federal somente produzirão efeito vinculante após sua confirmação por dois terços de seus integrantes e publicação na imprensa oficial.

Art. 9.º São revogados o inciso IV do art. 36; a alínea *h* do inciso I do art. 102; o § 4.º do art. 103; e os §§ 1.º a 3.º do art. 111.

Art. 10. Esta Emenda Constitucional entra em vigor na data de sua publicação.

Brasília, em 8 de dezembro de 2004.

Mesa da Câmara dos Deputados
Deputado JOÃO PAULO CUNHA
Presidente
Mesa do Senado Federal
Senador JOSÉ SARNEY
Presidente

EMENDA CONSTITUCIONAL N. 47,

DE 5 DE JULHO DE 2005 (*)

Altera os arts. 37, 40, 195 e 201 da Constituição Federal, para dispor sobre a previdência social, e dá outras providências.

As Mesas da Câmara dos Deputados e do Senado Federal, nos termos do § 3.º do art. 60 da Constituição Federal, promulgam a seguinte Emenda ao texto constitucional:

Art. 1.º Os arts. 37, 40, 195 e 201 da Constituição Federal passam a vigorar com a seguinte redação:

•• Alterações já processadas no diploma modificado.

Art. 2.º Aplica-se aos proventos de aposentadorias dos servidores públicos que se aposentarem na forma do *caput* do art. 6.º da Emenda Constitucional n. 41, de 2003, o disposto no art. 7.º da mesma Emenda.

Art. 3.º Ressalvado o direito de opção à aposentadoria pelas normas estabelecidas pelo art. 40 da Constituição Federal ou pelas regras estabelecidas pelos arts. 2.º e 6.º da Emenda Constitucional n. 41, de 2003, o servidor da União, dos Estados, do Distrito Federal e dos Municípios, incluídas suas autarquias e fundações, que tenha ingressado no serviço público até 16 de dezembro de 1998 poderá aposentar-se com proventos integrais, desde que preencha, cumulativamente, as seguintes condições:

I – trinta e cinco anos de contribuição, se homem, e trinta anos de contribuição, se mulher;

II – vinte e cinco anos de efetivo exercício no serviço público, quinze anos de carreira e cinco anos no cargo em que se der a aposentadoria;

III – idade mínima resultante da redução, relativamente aos limites do art. 40, § 1.º, inciso III, alínea *a*, da Constituição Federal, de um ano de idade para cada ano de contribuição que exceder a condição prevista no inciso I do *caput* deste artigo.

Parágrafo único. Aplica-se ao valor dos proventos de aposentadorias concedidas com base neste artigo o disposto no art. 7.º da Emenda Constitucional n. 41, de 2003, observando-se igual critério de revisão às pensões derivadas dos proventos de servidores falecidos que tenham se aposentado em conformidade com este artigo.

Art. 4.º Enquanto não editada a lei a que se refere o § 11 do art. 37 da Constituição Federal, não será computada, para efeito dos limites remuneratórios de que trata o inciso XI do *caput* do mesmo artigo, qualquer parcela de caráter indenizatório, assim definida pela legislação em vigor na data de publicação da Emenda Constitucional n. 41, de 2003.

Art. 5.º Revoga-se o parágrafo único do art. 6.º da Emenda Constitucional n. 41, de 19 de dezembro de 2003.

Art. 6.º Esta Emenda Constitucional entra em vigor na data de sua publicação, com efeitos retroativos à data de vigência da Emenda Constitucional n. 41, de 2003.

Brasília, em 5 de julho de 2005.

Mesa da Câmara dos Deputados
Deputado SEVERINO CAVALCANTI
Presidente
Mesa do Senado Federal
Senador RENAN CALHEIROS
Presidente

EMENDA CONSTITUCIONAL N. 62,

DE 9 DE DEZEMBRO DE 2009 (**)

Altera o art. 100 da Constituição Federal e acrescenta o art. 97 ao Ato das Disposições Constitucionais Transitórias, instituindo regime especial de pagamento de precatórios pelos Estados, Distrito Federal e Municípios.

As Mesas da Câmara dos Deputados e do Senado Federal, nos termos do § 3.º do art. 60 da Constituição Federal, promulgam a seguinte Emenda ao texto constitucional:

Art. 1.º O art. 100 da Constituição Federal passa a vigorar com a seguinte redação:

•• Alteração já processada no diploma modificado.

•• Alteração parcialmente prejudicada pela Emenda Constitucional n. 94, de 15-12-2016, que deu nova redação ao art. 100, § 2.º, da CF.

Art. 2.º O Ato das Disposições Constitucionais Transitórias passa a vigorar acrescido do seguinte art. 97:

(*) Publicada no *DOU* de 6-7-2005. As alterações determinadas por esta EC já foram processadas no texto da Constituição.

(**) Publicada no *DOU* de 10-12-2009.

•• Alteração já processada no diploma modificado.

Art. 3.º A implantação do regime de pagamento criado pelo art. 97 do Ato das Disposições Constitucionais Transitórias deverá ocorrer no prazo de até 90 (noventa) dias, contados da data da publicação desta Emenda Constitucional.

Art. 4.º A entidade federativa voltará a observar somente o disposto no art. 100 da Constituição Federal:

I – no caso de opção pelo sistema previsto no inciso I do § 1.º do art. 97 do Ato das Disposições Constitucionais Transitórias, quando o valor dos precatórios devidos for inferior ao dos recursos destinados ao seu pagamento;

II – no caso de opção pelo sistema previsto no inciso II do § 1.º do art. 97 do Ato das Disposições Constitucionais Transitórias, ao final do prazo.

Art. 5.º Ficam convalidadas todas as cessões de precatórios efetuadas antes da promulgação desta Emenda Constitucional, independentemente da concordância da entidade devedora.

Art. 6.º Ficam também convalidadas todas as compensações de precatórios com tributos vencidos até 31 de outubro de 2009 da entidade devedora, efetuadas na forma do disposto no § 2.º do art. 78 do ADCT, realizadas antes da promulgação desta Emenda Constitucional.

Art. 7.º Esta Emenda Constitucional entra em vigor na data de sua publicação.

Brasília, em 9 de dezembro de 2009.

Mesa da Câmara dos Deputados
Deputado MICHEL TEMER
Presidente
Mesa do Senado Federal
Senador MARCONI PERILLO
1.º Vice-Presidente, no exercício da Presidência

EMENDA CONSTITUCIONAL N. 70,

DE 29 DE MARÇO DE 2012 (*)

Acrescenta art. 6.º-A à Emenda Constitucional n. 41, de 2003, para estabelecer critérios para o cálculo e a correção dos proventos da aposentadoria por invalidez dos servidores públicos que ingressaram no serviço público até a data da publicação daquela Emenda Constitucional.

As Mesas da Câmara dos Deputados e do Senado Federal, nos termos do § 3.º do art. 60 da Constituição Federal, promulgam a seguinte Emenda ao texto constitucional:

Art. 1.º A Emenda Constitucional n. 41, de 19 de dezembro de 2003, passa a vigorar acrescida do seguinte art. 6.º-A:

•• Alteração já processada no diploma modificado.

Art. 2.º A União, os Estados, o Distrito Federal e os Municípios, assim como as respectivas autarquias e fundações, procederão, no prazo de 180 (cento e oitenta) dias da entrada em vigor desta Emenda Constitucional, à revisão das aposentadorias, e das pensões delas decorrentes, concedidas a partir de 1.º de janeiro de 2004, com base na redação dada ao § 1.º do art. 40 da Constituição Federal pela Emenda Constitucional n. 20, de 15 de dezembro de 1998, com efeitos financeiros a partir da data de promulgação desta Emenda Constitucional.

•• A Orientação Normativa n. 1, de 30-5-2012, da Secretaria de Políticas de Previdência Social, estabelece orientações para o cálculo e as revisões dos benefícios de aposentadoria por invalidez e das pensões deles decorrentes concedidas pelos regimes próprios de previdência social para fins de cumprimento desta Emenda.

Art. 3.º Esta Emenda Constitucional entra em vigor na data de sua publicação.

Brasília, 29 de março de 2012.

Mesa da Câmara dos Deputados
Deputado MARCO MAIA
Presidente
Mesa do Senado Federal
Senador JOSÉ SARNEY
Presidente

EMENDA CONSTITUCIONAL N. 79,

DE 27 DE MAIO DE 2014 (**)

Altera o art. 31 da Emenda Constitucional n. 19, de 4 de junho de 1998, para prever a inclusão, em quadro em extinção da Administração Federal, de servidores e policiais militares admitidos pelos Estados do Amapá e de Roraima, na fase de instalação dessas unidades federadas, e dá outras providências.

As Mesas da Câmara dos Deputados e do Senado Federal, nos termos do § 3.º do art. 60 da Constituição Federal, promulgam a seguinte Emenda ao texto constitucional:

Art. 1.º O art. 31 da Emenda Constitucional n. 19, de 4 de junho de 1998, passa a vigorar com a seguinte redação:

•• Alteração prejudicada pela Emenda Constitucional n. 98, de 6-12-2017, que deu nova redação ao art. 31 da Emenda Constitucional n. 19, de 4-6-1998.

Art. 2.º Para fins do enquadramento disposto no *caput* do art. 31 da Emenda Constitucional n. 19, de 4 de junho de 1998, e no *caput* do art. 89 do Ato das Disposições Constitucionais Transitórias, é reconhecido o vínculo funcional, com a União, dos servidores regularmente admitidos nos quadros dos Municípios integrantes dos ex-Territórios do Amapá, de Roraima e de Rondônia em efetivo exercício na data de transformação desses ex-Territórios em Estados.

Art. 3.º Os servidores dos ex-Territórios do Amapá, de Roraima e de Rondônia incorporados a quadro em extinção da União serão enquadrados em cargos de atribuições equivalentes ou assemelhadas, integrantes de planos de

(*) Publicada no *DOU* de 30-3-2012.

(**) Publicada no *DOU*, de 28-5-2014. A Lei n. 13.681, de 18-6-2018, disciplina o disposto nesta Emenda Constitucional.

cargos e carreiras da União, no nível de progressão alcançado, assegurados os direitos, vantagens e padrões remuneratórios a eles inerentes.

Art. 4.º Cabe à União, no prazo máximo de 180 (cento e oitenta) dias, contado a partir da data de publicação desta Emenda Constitucional, regulamentar o enquadramento de servidores estabelecido no art. 31 da Emenda Constitucional n. 19, de 4 de junho de 1998, e no art. 89 do Ato das Disposições Constitucionais Transitórias.

Parágrafo único. No caso de a União não regulamentar o enquadramento previsto no *caput*, o optante tem direito ao pagamento retroativo das diferenças remuneratórias desde a data do encerramento do prazo para a regulamentação referida neste artigo.

Art. 5.º A opção para incorporação em quadro em extinção da União, conforme disposto no art. 31 da Emenda Constitucional n. 19, de 4 de junho de 1998, e no art. 89 do Ato das Disposições Constitucionais Transitórias, deverá ser formalizada pelos servidores e policiais militares interessados perante a administração, no prazo máximo de 180 (cento e oitenta) dias, contado a partir da regulamentação prevista no art. 4.º.

Art. 6.º Os servidores admitidos regularmente que comprovadamente se encontravam no exercício de funções policiais nas Secretarias de Segurança Pública dos ex-Territórios do Amapá, de Roraima e de Rondônia na data em que foram transformados em Estados serão enquadrados no quadro da Polícia Civil dos ex-Territórios, no prazo de 180 (cento e oitenta) dias, assegurados os direitos, vantagens e padrões remuneratórios a eles inerentes.

•• *Vide* art. 6.º da Emenda Constitucional n. 98, de 6-12-2017.

Art. 7.º Aos servidores admitidos regularmente pela União nas Carreiras do Grupo Tributação, Arrecadação e Fiscalização de que trata a Lei n. 6.550, de 5 de julho de 1978, cedidos aos Estados do Amapá, de Roraima e de Rondônia são assegurados os mesmos direitos remuneratórios auferidos pelos integrantes das Carreiras correspondentes do Grupo Tributação, Arrecadação e Fiscalização da União de que trata a Lei n. 5.645, de 10 de dezembro de 1970.

•• *Vide* art. 5.º da Emenda Constitucional n. 98, de 6-12-2017.

Art. 8.º Os proventos das aposentadorias, pensões, reformas e reservas remuneradas, originadas no período de outubro de 1988 a outubro de 1993, passam a ser mantidos pela União a partir da data de publicação desta Emenda Constitucional, vedado o pagamento, a qualquer título, de valores referentes a períodos anteriores a sua publicação.

Art. 9.º É vedado o pagamento, a qualquer título, em virtude das alterações promovidas por esta Emenda Constitucional, de remunerações, proventos, pensões ou indenizações referentes a períodos anteriores à data do enquadramento, salvo o disposto no parágrafo único do art. 4.º.

Art. 10. Esta Emenda Constitucional entra em vigor na data de sua publicação.

Brasília, 27 de maio de 2014.

Mesa da Câmara dos Deputados

Deputado HENRIQUE EDUARDO ALVES

Presidente

Mesa do Senado Federal

Senador RENAN CALHEIROS

Presidente

ÍNDICE ALFABÉTICO-REMISSIVO DA CONSTITUIÇÃO FEDERAL E DO ADCT

EXPOSIÇÃO DE MOTIVOS DA CLT

EXPOSIÇÃO DE MOTIVOS DA CLT

Sr. Presidente da República:

Tenho grande honra de apresentar a Vossa Excelência o projeto definitivo de Consolidação das Leis de Proteção ao Trabalho, relevante cometimento jurídico e social, cuja redação última foi procedida, havendo sido escrupulosamente apreciadas as sugestões e emendas propostas ao anteprojeto, após uma verdadeira autocrítica, que a própria Comissão efetuou, do texto original divulgado pelo *Diário Oficial* de 5 de janeiro do corrente ano.

2. A Comissão cotejou e julgou cerca de dois mil reparos, observações ou comentários feitos à Consolidação.

3. Peço vênia a Vossa Excelência, preliminarmente, para ressaltar o esforço, a cultura, a inteligência com que, no desempenho da difícil incumbência, se houveram os signatários do Relatório incluso no aprofundado exame da matéria.

4. Durante quase um ano, em longas reuniões diárias entregaram-se à tarefa complexa e ilustre, com uma dedicação e um espírito público que bem demonstram o patriotismo que os inspirou. Desejo, por isso, antes de mais nada, e perante V. Exa., patentear o meu reconhecimento e a minha admiração por esses notáveis colaboradores da obra ministerial.

5. É da mais alta significação social e merece uma referência especial o interesse suscitado pela divulgação do anteprojeto.

6. Juristas e magistrados, entidades públicas, empresas privadas e associações culturais concorreram com a judiciosa reflexão de sua experiência para sugerir um ou outro retoque.

7. Revelando, não só a repercussão alcançada pelo monumento legal projetado, mas, principalmente, uma vigorosa consciência sindical – prova plena de um regime social já radicado – manifestaram-se as classes de empregadores e de empregados, através das respectivas instituições representativas. Esta foi, na realidade, a contribuição mais palpitante, trazida à Comissão, quer pelo teor original da discussão das teses, quer pela eficiência patente do sistema paritário de equilíbrio social, evidenciando-se, do contraste de interesses, sob a luz de um pensamento público de bem comum, a fórmula de composição harmônica das forças do capital e do trabalho.

8. A Consolidação corresponde a um estágio no desenvolvimento do progresso jurídico.

9. Entre a compilação ou coleção de leis e um código – que são, respectivamente, os momentos extremos de um processo de corporificação do direito – existe a consolidação, que é a fase própria da concatenação dos textos e da coordenação dos princípios, quando já se denuncia primeiro o pensamento do sistema depois de haverem sido reguladas, de modo amplo, relações sociais em determinado plano da vida política.

10. Projetada a ação do Estado em várias direções, para atender ao tratamento de situações especiais e constantes de uma mesma órbita jurídica, impõe-se, desde o instante em que se surpreende a unidade interna desses problemas, perscrutar a sua inteligência ordenadora, que será então a *ratio legis* do sistema normativo necessário.

11. Esse o significado da Consolidação, que não é uma coleção de leis, mas a sua coordenação sistematizada.

Não é apenas um engenho de arquitetura legislativa, mas uma recapitulação de valores coerentes, que resultaram de uma grande expansão legislativa, anterior, em um dado ramo de direito.

12. É o diploma do idealismo excepcional do Brasil orientado pela clarividência genial de V. Exa., reajustando o imenso e fundamental processo de sua dinâmica econômica, nas suas relações com o trabalho, aos padrões mais altos de dignidade e de humanidade da justiça social. É incontestavelmente a síntese das instituições políticas estabelecidas por V. Exa. desde o início de seu governo.

13. Empenhou-se, por isso, a Comissão, na articulação dos textos legais vigentes, na exata dedução dos princípios, na concordância essencial das regras, na unidade interna do sistema. As lacunas preenchidas propuseram-se a tornar explícitas verdades inerentes às leis anteriores. Algumas inovações aparentes não passam de necessárias consequências da Constituição. As omissões intencionalmente ocorridas restringiram-se a excluir do conjunto as leis tipicamente transitórias e que, para atender a situações de emergência decorrentes do estado de guerra, ficaram à margem dos postulados do nosso direito social.

14. O que importa salientar é ter havido a preocupação dominante de subordinação às leis preexistentes e não como se procedesse à organização de um código, para o qual se permite modernamente a originalidade inicial e onde é mesmo espontânea e essencial a livre criação do direito, sem qualquer dependência do regime vigente.

15. A Consolidação representa, portanto, em sua substância normativa e em seu título, neste ano de 1943, não um ponto de partida, nem uma adesão recente a uma doutrina, mas a maturidade de uma ordem social há mais de um decênio instituída, que já se consagrou pelos benefícios distribuídos, como também pelo julgamento da opinião pública consciente, e sob cujo espírito de equidade confraternizaram as classes na vida econômica, instaurando nesse ambiente, antes instável e incerto, os mesmos sentimentos de humanismo cristão que encheram de generosidade e de nobreza os anais da nossa vida pública e social.

16. No relatório elaborado pela Comissão respectiva, que corresponde a um prefácio admirável da obra monumental, e no qual se filia a presente exposição de motivos, encontrará Vossa Excelência minucioso e brilhante estudo das doutrinas, dos sistemas, das leis, dos regulamentos e das emendas sugeridas comprovando que a Consolidação representa um documento resultante da instituição do gênio com que Vossa Excelência vem preparando o Brasil para uma missão universal.

17. A estrutura da Consolidação e a ordenada distribuição das matérias que lhe compõem o texto evidenciam claramente não só um plano lógico como também um pensamento doutrinário.

18. A sucessiva disposição das matérias, nos Títulos e Capítulos, corresponde a uma racional precedência.

19. Assim, sem fazer injúria ao bom senso geral, exemplificarei, entretanto: o contrato individual do trabalho pressupõe a regulamentação legal de tutela do empregado, não lhe podendo ser adversa; a organização sindical pressupõe igualmente a condição de emprego ou o exercício de profissão e a constituição da empresa; o contrato coletivo de trabalho seria, por sua vez, inviável sem a prévia formação sindical das classes.

20. Essa uma distribuição em que os institutos jurídico-políticos são alinhados, não ao saber de classificações subjetivas ou sob a sugestão irrefletida de padrões quaisquer, mas sim, e verdadeiramente, de acordo com dados racionais derivados do próprio valor e da função social que lhes é essencial.

21. Para melhor compreensão, dividiu a Comissão o Título II do anteprojeto em dois Títulos, visando a tornar ainda mais intuitivo o esquema da Consolidação: ocupando-se essas duas divisões, respectivamente, "Das Normas Gerais de Tutela do Trabalho" e "Das Normas Especiais de Tutela do Trabalho", que constituem exatamente os princípios institucionais e básicos da proteção do trabalho.

22. Mais uma vez nota-se nessa concepção um ânimo de ordem que resultou de uma meditação exclusiva sobre os institutos concatenados.

23. O pormenorizado exame, nesta exposição, de todos os temas ali discutidos, importaria reproduzir, quase na íntegra, o referido relatório, com prejuízo talvez de sua harmonia e da lógica irretorquível com que se apresenta.

24. Peço licença, entretanto, para assinalar alguns aspectos principais do trabalho da Comissão.

25. No concernente à identificação profissional, há quem incorra em absoluto equívoco, ignorando o sentido exato dessa instituição jurídica.

26. Houve quem lhe apontasse apenas a utilidade de mero instrumento de contrato do trabalho, quando, na verdade, é este, embora de grande alcance, apenas um aspecto da carteira profissional, cujo caráter fundamental é o de documento de qualificação profissional, constituindo mesmo a primeira manifestação de tutela do Estado ao trabalhador, antes formalmente "desqualificado" sob o ponto de vista profissional e a seguir, com a emissão daquele título, habilitado à ocupação de um emprego ou ao exercício de uma profissão. Não há como subordinar essa criação típica do Direito Social ao papel acessório de prova do contrato de trabalho, quando, como se vê, a sua emissão antecede livremente o ajuste do emprego e agora, pela Consolidação, passará até a constituir uma condição obrigatória para o trabalho.

27. Foi, aliás, considerando a importância da carteira profissional como elemento primacial para manutenção do cadastro profissional dos trabalhadores, como título de qualificação profissional, como documento indispensável à colocação e à inscrição sindical e, finalmente, por servir de instrumento prático do contrato individual do trabalho, que a Comissão encontrou razões bastantes para reputar uma instituição fundamental de proteção do trabalhador e não admitir fosse relegada à inoperância da franquia liberal, tornando-a, então, obrigatória.

28. Em relação aos contratos de trabalho, cumpre esclarecer que a precedência das "normas" de tutela sobre os "contratos" acentuou que a ordem institucional ou estatutária prevalece sobre a concepção contratualista.

29. A análise do conteúdo da nossa legislação social provava exuberantemente a primazia do caráter institucional sobre o efeito do contrato, restrito este à objetivação do ajuste, à determinação do salário e à estipulação da natureza dos serviços e isso mesmo dentro de *standards* e sob condições preestabelecidas na lei.

30. Ressaltar essa expressão peculiar constituiria certamente uma conformação com a realidade e com a filosofia do novo Direito justificando-se assim a ênfase inicial atribuída à enumeração das normas de proteção ao trabalho, para somente em seguida ser referido o contrato individual.

31. Nem há como contestar semelhante método, desde que o Direito Social é, por definição, um complexo de normas e de instituições votadas à proteção do trabalho dependente na atividade privada.

32. Entre as inúmeras sugestões trazidas, uma houve que suscitou singular estranheza, dada a sua procedência de uma entidade representativa de empregados.

33. Objetava contra a exclusão da permissão contida no inciso final do parágrafo único do art. 4.º da Lei n. 264, de 5 de outubro de 1936, e reclamava a sua incorporação à Consolidação.

34. Esse texto propositadamente omitido colidia rigorosamente com um dispositivo legal posterior – art. 12 do Decreto-lei n. 2.308, de 13 de junho de 1942 – em que se anunciava uma regra irrecusável de proteção ao trabalhador.

35. Como se tolerar, efetivamente, que possa um empregado realizar os encargos de sua função, por mais rudimentar que esta seja, durante oito horas sucessivas, sem um intervalo para repouso ou alimentação?

36. Talvez uma incompreensão tivesse surgido na consideração desse preceito legal vigente: há, na realidade, determinadas funções de supervisão e de controle, tais como as exercidas por encarregados de estações ou usinas elétricas, cujo trabalho é intermitente, não exigindo uma atenção constante e um esforço continuado, sendo benéfica, então, para esses empregados, a exclusão da hora de repouso pela redução que se dá no tempo de permanência no serviço, facilitada, por outro lado, a organização das tabelas de rodízio dos ocupantes desses cargos pelas empresas.

37. Essa hipótese, constituindo tipicamente, o caso do trabalho descontínuo, segundo a conhecida definição de Barassi, não se enquadra, entretanto, na determinação do citado art. 12 do Decreto-lei n. 2.308, que apenas abrange o "trabalho contínuo", conforme foi incluído à Consolidação no Capítulo "Da Duração do Trabalho", parecendo, portanto, resolvida a dúvida.

38. O trabalho dos menores, entre catorze e dezoito anos, ou tem como finalidade a preparação dos mesmos para um ofício, uma profissão, ou, então, constitui uma exploração e um aniquilamento da juventude.

39. Esse pensamento fez com que o Decreto-lei n. 3.616, de 13 de setembro de 1941, salvo nos casos excepcionais de força maior ou de interesse público, proibisse para os menores a prorrogação da duração normal de trabalho. Tal a fonte do dispositivo idêntico que se encontra na Consolidação, sem incorrer em inovação.

40. Atentando, também, nos deveres impostos aos empregadores de menores, ver-se-á que são eles obrigados a permitir a esses seus empregados a frequência às aulas, quer às de instrução primária, conforme sempre foi estabelecido, como também às de formação profissional a cargo do Serviço Nacional de Aprendizagem dos Industriários, de acordo com o estatuído pelo Decreto-lei n. 4.481, de 16 de julho de 1942.

41. Acreditamos que não se levantará mais qualquer argumento contra a razoabilíssima disposição legal de proibição da prorrogação do horário normal do trabalho dos menores, justificada não só por óbvias considerações biológicas de preservação da saúde dos adolescentes, como também por motivos educacionais irrefutáveis.

42. A clara e total definição que do contrato individual do trabalho foi dada pelo anteprojeto da Consolidação, provocou algumas divergências de mero gosto polêmico.

43. A emenda então apresentada não pôde ser aceita. Revelava, primeiramente, incompreensão do espírito institucional tantas vezes salientado nesses empreendimentos. Repetia ainda um conceito prévio e básico já formulado, qual seja, o de empregado.

44. O que os objetantes não alcançaram foi o deliberado propósito de se reconhecer a correspondência e equivalência entre a "relação de emprego" e o "contrato individual do trabalho", para os efeitos da legislação social, correspondência essa que a escola contratualista italiana nega, exigindo a expressa pactuação.

45. Na concepção do projeto, admitido, como fundamento de contrato, o acordo tácito, é lógico que a "relação de emprego" constitui o ato jurídico suficiente para provocar a objetivação das medidas tutelares que se contêm no direito do trabalho em vigor.

46. O conceito firmado na Consolidação é tanto mais justo e relevante quanto é o que se evidencia em face de contratos formalmente nulos ou substancialmente contrários à ordem pública dos preceitos da legislação de proteção ao trabalho.

47. Embora seja plenamente positivo o texto da Consolidação, diante de dúvidas, propostas, urge repetir que o projeto não feriu nenhum direito, garantindo até simples expectativas de direito, uma vez que todos os empregados bancários admitidos até a data da vigência do decreto-lei que aprovar a Consolidação terão assegurada a estabilidade em dois anos, nos termos do art. 15 do mesmo Decreto n. 24.615, de 9 de julho de 1934.

48. O que não poderia ser admitido, em uma Consolidação que se propõe a sistematizar os princípios do nosso Direito Social, era a persistência de um singular privilégio para uma categoria de trabalhadores, quando o prestígio das instituições públicas exige exatamente uma igualdade de tratamento para situações sociais idênticas.

49. Fosse uma medida de proteção especial correlata de peculiares condições de trabalho, e não teria havido a menor dúvida em se manter tal regime, conforme aliás procedeu a Comissão, conservando do estatuto profissional dos bancários todos os preceitos que lhes fossem favoráveis e suprimindo os que não se equiparassem às disposições gerais de proteção à duração de trabalho, tais como os que legitimavam a prorrogação a horas suplementares independentemente de pagamento extraordinário.

50. Houve, portanto, estrita justiça.

51. Conforme ficou esclarecido, inicialmente, a redação final que tenho a subida honra de apresentar a Vossa Excelência foi precedida de um meticuloso exame de todas as sugestões apresentadas, não constituindo menor contribuição a que cada um dos membros da Comissão procurou fazer, corrigindo e completando o anteprojeto.

52. Na revisão realizada, a Comissão assumiu uma posição censora de sua própria obra, promovendo consequentemente o aprimoramento do respectivo teor.

53. Na introdução, aperfeiçoou a redação dos artigos; inseriu a definição de empregador, que integra o conceito definitivo da relação de emprego, acompanhando-a da noção legal de empregadora única dada pela Lei n. 435, de 17 de maio de 1937; removeu, outrossim, para o Capítulo pertinente, a declaração da igualdade de salário por trabalho do mesmo valor sem distinção de sexo. Foi, por outro lado, suprimida a afirmação concernente à proibição da renúncia de direitos, que entendeu a Comissão ser elementar do princípio de ordem pública, mediante o qual são nulos os atos praticados no intuito de excluir a eficácia da legislação social.

54. O Título das normas institucionais foi reconstituído em dois outros, para mais fácil apresentação dos preceitos nele contidos.

55. O Capítulo sobre a identificação profissional e os registros de empregados foi melhorando na nomenclatura, na redação e na disposição das Seções.

56. Sofreu alteração o texto que reproduziu o parágrafo único do art. 18 do Decreto n. 22.035, de 29 de outubro de 1932, eliminando-se agora da carteira profissional a averbação de notas desabonadoras, as quais, somente, quando resultarem de sentença transitada em julgado, serão inscritas no prontuário do portador da carteira.

57. Ligeiros retoques foram dados ao Capítulo sobre a duração geral do trabalho.

58. Considerou-se de justiça equiparar o regime de trabalho dos operadores das empresas de serviços telefônicos aos das que exploram serviços de telegrafia, radiotelegrafia e radiotelefonia, cujas condições de fadiga são idênticas.

59. A duração do trabalho nos serviços ferroviários foi reexaminada de acordo com sugestões do Sindicato dos Empregados Ferroviários do Rio de Janeiro, e das empresas responsáveis por esses serviços, principalmente a Companhia Paulista de Estradas de Ferro, cuja cooperação inteligente favoreceu a racionalização imprimida ao projeto, com a supressão, pela qual se batia a Comissão, do confuso e prejudicial sistema de ciclos de 96 horas em 14 dias, com duração máxima diária de 16 horas, do citado Decreto n. 279, de graves consequências para a saúde dos ferroviários.

60. As disposições destinadas à regulamentação das condições de trabalho nos serviços de estiva mereceram igual reexame, atendidas, em harmonia, as sugestões da Comissão de Marinha Mercante, do Sindicato dos Estivadores do Rio de Janeiro e do Sindicato dos Trabalhadores em Estiva de Minérios desta Capital.

61. Houve também a preocupação de atender tanto quanto possível à equiparação, pleiteada pelo Sindicato dos Operários nos Serviços Portuários de Santos, entre os serviços de estiva e os de capatazias, que realmente funcionam em necessária coordenação.

62. Uma lacuna estava a exigir, há longa data, fosse coberta na nossa legislação. Recomendado, reiteradas vezes, pelo Presidente da República, diante da insuficiência da lei geral, não se ultimara, entretanto, até o presente, o projetado Decreto-lei especial amparando as condições de trabalho em minas de subsolo. Coligindo os dados apurados pelo Departamento Nacional do Trabalho, depois de sucessivas e conclusivas investigações locais, foi constituída uma Seção prevendo as reduções do horário nos trabalhos em minas subterrâneas, trabalhos esses árduos e particularmente ruinosos para a vida dos respectivos operários.

63. Na Seção em que se regula o exercício da profissão de químico, foi adotada a indicação da Federação das Indústrias do Estado de São Paulo, no sentido de ficarem declinados os tipos de indústrias em que se torna obrigatória a admissão de um químico. De acordo com a sugestão e segundo o critério do Instituto Nacional de Tecnologia deste Ministério, ficou resolvida essa questão e homologada a orientação prática deste Ministério.

64. O Capítulo da Nacionalização do Trabalho recebeu pequenas emendas de redação, tendo sido suprimido o dispositivo do anteprojeto relativo aos cargos de chefia. Reconsiderando a matéria, verificou a Comissão que o problema, que suscitava a emenda aditiva ao anteprojeto, encontrava solução no próprio texto legal quando este disciplina que os ocupantes de funções técnicas somente ficarão à margem da proporcionalidade na falta de trabalhadores nacionais especializados. Sem gerar confusões que não haviam sido, aliás, pretendidas pelo preceito ora suprimido, o qual não continha qualquer restrição à desejada colaboração de iniciativas e de capitais estrangeiros, restará sempre no dispositivo acima referido o remédio para o governo proporcionar garantias às elites de técnicos nacionais.

65. O regime de Higiene e Segurança do Trabalho, pela revisão efetuada, adquiriu maior eficácia, por força da explícita declaração que constitui formalidade longamente seguida, da exigência de prévia verificação e aprovação das instalações dos estabelecimentos industriais para o respectivo funcionamento.

66. Estabeleceu-se, igualmente, a obrigatoriedade do uso, pelos empregados, dos equipamentos de defesa pessoal fornecidos pelos empregadores e aprovados pelas autoridades de Higiene do Trabalho.

67. Quanto aos Capítulos da proteção ao trabalho das mulheres e dos menores, as correções limitaram-se a erros de impressão, tendo sido, por outro lado, restabelecido o preceito inscrito no parágrafo único do art. 16 do antigo Decreto n. 22.042, de 3 de novembro de 1932, que, pela referência feita no § 3.º do art. 16 do Decreto-lei n. 3.616, de 13 de setembro de 1941, é intuitivo concluir fora omitido, involuntariamente, neste último diploma legal.

68. Os deveres impostos aos empregadores para o efeito da habilitação profissional dos respectivos empregados menores e consubstanciados no Decreto-lei n. 4.481, de 16 de julho de 1942, corporificando normas de tutela dessa classe de empregados, cujo trabalho tem de ser orientado pelo alto escopo da educação técnica, passaram a integrar a Seção correspondente do Capítulo versando esse regime especial.

69. É oportuno salientar que a legislação social, universalmente, vem atribuindo um remarcado desvelo pelas condições de trabalho dos menores.

70. Em consonância com as convenções internacionais e as recomendações de congressos, e mesmo a estas se antecipando, o Brasil, pela pessoal inspiração de Vossa Excelência, vem realizando, através deste Ministério, uma salutar ação pública de preservação da juventude que trabalha.

71. O prosseguimento dessa política especializada é um imperativo e pareceu à Comissão dever ser assim ponderado na revisão, a que se procede, do Código de Menores, pois os seus preceitos atinentes ao trabalho foram totalmente melhorados e anexados à nossa legislação trabalhista, cujo Decreto-lei n. 3.616, consolidado agora, consagra a melhor solução de articulação e distinção entre a competência dos magistrados de menores e a das autoridades de trabalho, conferindo àqueles a plenitude das funções morais, jurisdicionais e supletivas do pátrio poder, que lhes são eminentemente reservados, e atribuindo às autoridades deste Ministério a efetivação do regime de proteção ao trabalho.

72. O Título em que se compendiam as regras constitutivas do contrato individual de trabalho careceu apenas de pequenas especificações do pensamento já expresso, acrescentando-se-lhes, entretanto, as normas pertinentes aos contratos de artistas teatrais e congêneres, oriundos da celebrada Lei Getúlio Vargas, cuja atualização vinha sendo ultimamente promovida por uma Comissão Interministerial, da qual provieram os artigos de lei aditados ao presente projeto.

73. Estatuiu a Consolidação que aos trabalhadores rurais se aplicam as regras básicas do contrato individual do trabalho, inclusive o aviso prévio, não lhes atingindo, porém, o regime de garantias em caso de rescisão, a que não tenham dado motivo, nem o instituto da estabilidade. A essa conclusão chegou a Comissão, em voto preponderante, sob a alegação de serem imprescindíveis maiores esclarecimentos das exatas condições das classes rurais, inibidas, no momento, por falta de lei, da representação sindical dos respectivos interesses.

74. Em seu relatório, manifesta a Comissão, consequentemente e em princípio, a sua restrição quanto ao projeto do Código Rural, publicado no *Diário Oficial* de 16 de janeiro último, na parte referente ao Contrato de Trabalho, objeto preciso desta Consolidação e não de um Código em que, com exclusividade, deveriam ser tratados os problemas relativos à produção na agricultura e em atividades conexas.

75. A revisão dos artigos compreendidos no Título da Organização Sindical ofereceu oportunidade para pequenas adaptações, sem afetar o sistema.

76. Procedeu-se à consolidação do Decreto-lei n. 5.242, de 11 de fevereiro de 1943, que dispôs sobre a exigência da sindicalização para o exercício da função de representação social em órgão oficial bem como para o gozo de favores ou isenções tributárias.

77. Suprimiu-se a emenda constante do anteprojeto tendente à instituição do regime de tomada de contas dos sindicatos. A eficiência do sistema de controle contábil do patrimônio das entidades sindicais e o regime de recolhimento do imposto sindical, posteriormente criados pela Portaria Ministerial n. 884, de 5 de dezembro de 1942, veio indicar ser prescindível esse processo de tomada de contas, que poderia determinar a burocratização desses órgãos de classe, por todos os títulos evitável, a fim de se conservar a espontaneidade e originalidade do regime sindical.

78. A Federação das Indústrias do Estado de São Paulo propôs e foram aceitos os aumentos, de um para sete, do número máximo de membros da diretoria das entidades de grau superior, e de Cr$ 20,00 para Cr$ 30,00, a importância mínima correspondente ao imposto sindical de empregadores.

79. A Comissão de Enquadramento Sindical, dado o crescente desenvolvimento de sua atividade, teve a respectiva composição ampliada, incluindo um representante do Ministério da Agricultura na previsão da próxima sindicalização das classes rurais.

80. Ligeiros reparos foram feitos ao Capítulo do Imposto Sindical, na base do regime estabelecido pelo Decreto-lei n. 4.298, de 14 de maio de 1942, introduzindo-se apenas um artigo destinado a facultar a ação executiva, com os privilégios da Fazenda Pública, excluído o foro próprio, para a cobrança do imposto sindical, quando houver débito certificado pela autoridade competente deste Ministério.

81. Finalmente, quanto à Justiça do Trabalho, deliberou-se a exclusão de toda a parte consistente em regimento dos órgãos e serviços, bem como dos assuntos referentes à administração dos seguros sociais.

82. O julgamento dos agravos foi elevado ao seu verdadeiro nível, que é o da instância superior, necessário à adequada conceituação desses recursos e à jurídica apreciação da respectiva substância. Apurou-se, outrossim, a definição do prejulgado, estabelecendo-se a forma do seu processamento e os efeitos que gera.

83. Tais, em rápida resenha, as principais modificações operadas no anteprojeto publicado. De todas essas alterações deflui um único pensamento – o de ajustar, mais e mais, a obra constituída às diretrizes da Política Social do Governo, fixadas de maneira tão ampla e coerente no magnífico quadro das disposições legais que acabam de ser recapituladas.

84. Ao pedir a atenção de Vossa Excelência para essa notável obra de construção jurídica, afirmo, com profunda convicção e de um modo geral, que, nesta hora dramática que o mundo sofre, a Consolidação constitui um marco venerável na história de nossa civilização, demonstra a vocação brasileira pelo direito e, na escureza que envolve a humanidade, representa a expressão de uma luz que não se apagou.

Apresento a Vossa Excelência os protestos do meu mais profundo respeito.

Rio de Janeiro, 19 de abril de 1943.

Alexandre Marcondes Filho

CONSOLIDAÇÃO DAS LEIS DO TRABALHO

ÍNDICE SISTEMÁTICO DA CLT

DECRETO-LEI N. 5.452, DE 1.º DE MAIO DE 1943

TÍTULO I

INTRODUÇÃO

TÍTULO II

DAS NORMAS GERAIS DE TUTELA DO TRABALHO

TÍTULO II-A
DO DANO EXTRAPATRIMONIAL

TÍTULO III
DAS NORMAS ESPECIAIS DE TUTELA DO TRABALHO

TÍTULO VII

DO PROCESSO DE MULTAS ADMINISTRATIVAS

TÍTULO VII-A

DA PROVA DE INEXISTÊNCIA DE DÉBITOS TRABALHISTAS

TÍTULO VIII

DA JUSTIÇA DO TRABALHO

TÍTULO IX

DO MINISTÉRIO PÚBLICO DO TRABALHO

TÍTULO X

DO PROCESSO JUDICIÁRIO DO TRABALHO

TÍTULO XI

DISPOSIÇÕES FINAIS E TRANSITÓRIAS

TÍTULO X

DO PROCESSO JUDICIÁRIO DO TRABALHO

TÍTULO XI

DISPOSIÇÕES FINAIS E TRANSITÓRIAS

CONSOLIDAÇÃO DAS LEIS DO TRABALHO

DECRETO-LEI N. 5.452, DE 1.º DE MAIO DE 1943 (*)

Aprova a Consolidação das Leis do Trabalho.

O Presidente da República, usando da atribuição que lhe confere o art. 180 da Constituição, decreta:

•• O art. 180 citado é da CF de 1937. A vigente Constituição, de 1988, diz competir à União, privativamente, legislar sobre direito processual e do trabalho.

Art. 1.º Fica aprovada a Consolidação das Leis do Trabalho, que a este Decreto-lei acompanha, com as alterações por ela introduzidas na legislação vigente.

Parágrafo único. Continuam em vigor as disposições legais transitórias ou de emergência, bem como as que não tenham aplicação em todo o território nacional.

Art. 2.º O presente Decreto-lei entrará em vigor em 10 de novembro de 1943.

Rio de Janeiro, 1.º de maio de 1943; 122.º da Independência e 55.º da República.

GETÚLIO VARGAS

TÍTULO I
INTRODUÇÃO

Art. 1.º Esta Consolidação estatui as normas que regulam as relações individuais e coletivas de trabalho, nela previstas.

Art. 114, I, da CF: Compete à Justiça do Trabalho processar e julgar: I – as ações oriundas da relação de trabalho, abrangidos os entes de direito público externo e da administração pública direta e indireta da União, dos Estados, do Distrito Federal e dos Municípios.

Art. 2.º Considera-se empregador a empresa, individual ou coletiva, que, assumindo os riscos da atividade econômica, admite, assalaria e dirige a prestação pessoal de serviço.

Art. 10 da CLT: Qualquer alteração na estrutura jurídica da empresa não afetará os direitos adquiridos por seus empregados.

Art. 448 da CLT: A mudança na propriedade ou na estrutura jurídica da empresa não afetará os contratos de trabalho dos respectivos empregados.

Lei n. 5.889/73, art. 3.º: Considera-se empregador rural, para os efeitos desta Lei, a pessoa física ou jurídica, proprietária ou não, que explore atividade agroeconômica, em caráter permanente ou temporário, diretamente ou através de prepostos e com auxílio de empregados. § 1.º Inclui-se na atividade econômica referida no *caput* deste artigo, além da exploração industrial em estabelecimento agrário não compreendido na Consolidação das Leis do Trabalho – CLT, aprovada pelo Decreto-lei n. 5.452, de 1.º de maio de 1943, a exploração do turismo rural ancilar à exploração agroeconômica. § 2.º Sempre que uma ou mais empresas, embora tendo cada uma delas personalidade jurídica própria, estiverem sob direção, controle ou administração de outra, ou ainda quando, mesmo guardando cada uma sua autonomia, integrem grupo econômico ou financeiro rural, serão responsáveis solidariamente nas obrigações decorrentes da relação de emprego.

•• *Vide* Lei Complementar n. 150, de 1.º-6-2015 (empregado doméstico).

• *Vide* arts. 50 a 54 da Lei Complementar n. 123, de 14-12-2006.

§ 1.º Equiparam-se ao empregador, para os efeitos exclusivos da relação de emprego, os profissionais liberais, as instituições de beneficência, as associações recreativas ou outras instituições sem fins lucrativos, que admitirem trabalhadores como empregados.

Lei n. 5.889/73, art. 4.º: Equipara-se ao empregador rural a pessoa física ou jurídica que, habitualmente, em caráter profissional, e por conta de terceiros, execute serviços de natureza agrária mediante utilização do trabalho de outrem.

§ 2.º Sempre que uma ou mais empresas, tendo, embora, cada uma delas, personalidade jurídica própria, estiverem sob a direção, controle ou administração de outra, ou ainda quando, mesmo guardando cada uma sua autonomia, integrem grupo econômico, serão responsáveis solidariamente pelas obrigações decorrentes da relação de emprego.

•• § 2.º com redação determinada pela Lei n. 13.467, de 13-7-2017.

Lei n. 5.889/73, art. 3.º, § 2.º: Sempre que uma ou mais empresas, embora tendo cada uma delas personalidade jurídica própria, estiverem sob direção, controle ou administração de outra, ou ainda quando, mesmo guardando cada uma sua autonomia, integrem grupo econômico ou financeiro rural, serão responsáveis solidariamente nas obrigações decorrentes da relação de emprego.

(*) Publicado no *DOU*, de 9-8-1943. *Vide* Instrução Normativa n. 41, de 21-6-2018, do TST, que dispõe sobre a aplicação das normas processuais da CLT alteradas pela Lei n. 13.467, de 13-7-2017.

Súmula 129/TST: Contrato de trabalho. Grupo econômico. A prestação de serviços a mais de uma empresa do mesmo grupo econômico, durante a mesma jornada de trabalho, não caracteriza a coexistência de mais de um contrato de trabalho, salvo ajuste em contrário.

Precedente Administrativo n. 59: Registro. Contrato de trabalho. Grupo econômico. O trabalho prestado pelo empregado a várias empresas do mesmo grupo econômico configura apenas um contrato de trabalho, sendo desnecessário o registro do empregado em cada uma das empresas. Autuação improcedente.

• *Vide* Súmulas 93 e 239 do TST.
• *Vide* Enunciados n. 9 e 10 da 2.ª Jornada de Direito Material e Processual do Trabalho.
• *Vide* art. 31 da Instrução Normativa n. 144, de 18-5-2018.

§ 3.º Não caracteriza grupo econômico a mera identidade de sócios, sendo necessárias, para a configuração do grupo, a demonstração do interesse integrado, a efetiva comunhão de interesses e a atuação conjunta das empresas dele integrantes.

•• § 3.º acrescentado pela Lei n. 13.467, de 13-7-2017.
• *Vide* Enunciado n. 9 da 2.ª Jornada de Direito Material e Processual do Trabalho.
• *Vide* art. 31, da Instrução Normativa n. 144, de 18-5-2018.

Art. 3.º Considera-se empregado toda pessoa física que prestar serviços de natureza não eventual a empregador, sob a dependência deste e mediante salário.

Lei Complementar n. 150/15, art. 1.º, *caput*: Ao empregado doméstico, assim considerado aquele que presta serviços de forma contínua, subordinada, onerosa e pessoal e de finalidade não lucrativa à pessoa ou à família, no âmbito residencial destas, por mais de 2 (dois) dias por semana, aplica-se o disposto nesta Lei.

Lei n. 5.889/73, art. 2.º: Empregado rural é toda pessoa física que, em propriedade rural ou prédio rústico, presta serviços de natureza não eventual a empregador rural, sob a dependência deste e mediante salário.

Súmula 386/TST: Policial militar. Reconhecimento de vínculo empregatício com empresa privada. Preenchidos os requisitos do art. 3.º da CLT, é legítimo o reconhecimento de relação de emprego entre policial militar e empresa privada, independentemente do eventual cabimento de penalidade disciplinar prevista no Estatuto do Policial Militar.

•• *Vide* art. 1.º da Portaria n. 349, de 23-5-2018, do Ministério do Trabalho.
• Profissões – Legislação específica:

Advogado: Lei n. 8.906, de 4-7-1994
Aeronauta: Lei n. 13.475, de 28-8-2017
Aeroviário: Decreto n. 1.232, de 22-6-1962
Árbitro de futebol: Lei n. 12.867, de 10-10-2013
Arqueólogo: Lei n. 13.653, de 18-4-2018
Arquivista e técnico de arquivo: Lei n. 6.546, de 4-7-1978, e Decreto n. 82.590, de 6-11-1978
Artesão: Lei n. 13.180, de 22-10-2015
Artista e técnico de espetáculo público: Lei n. 6.533, de 24-5-1978, e Decreto n. 82.385, de 5-10-1978
Assistente social: Lei n. 8.662, de 7-6-1993
Atuário: Decreto-lei n. 806, de 4-9-1969, e Decreto n. 66.408, de 3-4-1970
Barbeiro: Lei n. 12.592, de 18-1-2012
Bibliotecário e técnico em biblioteconomia: Lei n. 9.674, de 25-6-1998, e Lei n. 13.601, de 9-1-2018
Biólogo e biomédico: Lei n. 6.684, de 3-9-1979, e Decretos n. 88.438 e 88.439, de 28-6-1983
Bombeiro civil: Lei n. 11.901, de 12-1-2009
Cabeleireiro: Lei n. 12.592, de 18-1-2012
Comerciante ambulante: Lei n. 6.586, de 6-11-1978
Comerciário: Lei n. 12.790, de 14-3-2013
Contador e guarda-livros: Decreto-lei n. 9.295, de 27-5-1946, e Lei n. 3.384, de 28-4-1958
Corretor de moda: Lei n. 13.695, de 12-7-2018
Corretor de imóveis: Lei n. 6.530, de 12-5-1978, e Decreto n. 81.871, de 29-6-1978
Corretor de seguros: Lei n. 4.594, de 29-12-1964, e Decreto n. 56.903, de 24-9-1965
Corretor de valores: Lei n. 2.146, de 29-12-1953
Dentista: Lei n. 5.081, de 24-8-1966
Depilador: Lei n. 12.592, de 18-1-2012
Detetive particular: Lei n. 13.432, de 11-4-2017
Economista: Lei n. 1.411, de 13-8-1951, e Decreto n. 31.794, de 17-11-1952
Economista doméstico: Lei n. 7.387, de 21-10-1985, e Decreto n. 92.524, de 7-4-1986
Educação Física: Lei n. 9.696, de 1.º-9-1998
Empregado doméstico: Lei Complementar n. 150, de 1.º-6-2015
Empregado rural: Lei n. 5.889, de 8-6-1973, e Decreto n. 73.626, de 12-2-1974
Enfermagem: Lei n. 7.498, de 25-6-1986, e Decreto n. 94.406, de 8-6-1987
Engenheiro, arquiteto e engenheiro agrônomo: Lei n. 5.194, de 24-12-1966
Engenheiro, arquiteto em segurança do trabalho: Lei n. 7.410, de 27-11-1985, e Decreto n. 92.530, de 9-4-1986
Estatístico: Lei n. 4.739, de 15-7-1965, e Decreto n. 62.497, de 1.º-4-1968
Esteticista e cosmetólogo: Lei n. 13.643, de 3-4-2018
Farmacêutico: Lei n. 3.820, de 11-11-1960, e Decreto n. 85.878, de 7-4-1981
Físico: Lei n. 13.691, de 10-7-2018
Fisioterapeuta e terapeuta ocupacional: Decreto-lei n. 938, de 13-10-1969, e Lei n. 8.856, de 1.º-3-1994
Fonoaudiólogo: Lei n. 6.965, de 9-12-1981, e Decreto n. 87.218, de 31-5-1982
Geógrafo: Lei n. 6.664, de 26-6-1979, e Decreto n. 85.138, de 15-9-1980
Geólogo: Lei n. 4.076, de 23-6-1962
Guardador e lavador autônomo de veículos automotores: Lei n. 6.242, de 23-9-1975, e Decreto n. 79.797, de 8-6-1977
Guia de turismo: Lei n. 8.623, de 28-1-1993, e Decreto n. 946, de 1.º-10-1993
Instrutor de Trânsito: Lei n. 12.302, de 2-8-2010
Jornalista: Decreto-lei n. 972, de 17-10-1969, e Decreto n. 83.284, de 13-3-1979
Leiloeiro: Decreto n. 21.981, de 19-10-1932
Leiloeiro rural: Lei n. 4.021, de 20-12-1961
Mãe Social: Lei n. 7.644, de 18-12-1987
Manicure: Lei n. 12.592, de 18-1-2012
Massagista: Lei n. 3.968, de 5-10-1961
Médico-residente: Lei n. 6.932, de 7-7-1981, e Decreto n. 80.281, de 5-9-1977
Médico-veterinário: Lei n. 5.517, de 23-10-1968, e Decreto n. 64.704, de 17-6-1969
Meteorologista: Lei n. 6.835, de 14-10-1980
Motorista: Lei n. 13.103, de 2-3-2015
Museólogo: Lei n. 7.287, de 18-12-1984, e Decreto n. 91.775, de 15-10-1985
Músico: Lei n. 3.857, de 22-12-1960
Nutricionista: Lei n. 8.234, de 17-9-1991
Orientador educacional: Lei n. 5.564, de 21-12-1968, e Decreto n. 72.846, de 26-9-1973
Pedicure: Lei n. 12.592, de 18-1-2012
Pessoal da CEF: Lei n. 6.718, de 12-11-1979
Propagandista e vendedor de produtos farmacêuticos: Lei n. 6.224, de 14-7-1975
Psicólogo: Lei n. 4.119, de 27-8-1962, e Decreto n. 53.464, de 21-1-1964
Psicomotricista: Lei n. 13.794, de 3-1-2019
Publicitário e agenciador de propaganda: Lei n. 4.680, de 18-6-1965, e Decreto n. 57.690, de 1.º-2-1966
Químico: Lei n. 2.800, de 18-6-1956
Radialista: Lei n. 6.615, de 16-12-1978, e Decreto n. 84.134, de 30-10-1979
Redator, noticiarista, repórter, repórter de setor, radiorrepórter, arquivista-pesquisador, revisor, ilustrador, repórter-fotográfico, repórter-cinematográfico: Decreto-lei n. 972, de 17-10-1969
Relações públicas: Lei n. 5.377, de 11-12-1967, e Decreto n. 63.283, de 26-9-1968
Repentista: Lei n. 12.198, de 14-1-2010
Secretário: Lei n. 7.377, de 30-9-1985
Servidor público: Lei n. 8.112, de 11-12-1990
Sociólogo: Lei n. 6.888, de 10-12-1980, e Decreto n. 89.531, de 5-4-1984
Sommelier: Lei n. 12.467, de 26-8-2011
Taxista: Lei n. 12.468, de 26-8-2011
Técnico agrícola e técnico industrial: Lei n. 5.524, de 5-11-1968, e Decreto n. 90.922, de 6-2-1985
Técnico de segurança do trabalho: Lei n. 7.410, de 27-11-1985, e Decreto n. 92.530, de 9-4-1986
Técnico em administração: Lei n. 4.769, de 9-9-1965, e Decreto n. 61.934, de 22-12-1967
Técnico em prótese dentária: Lei n. 6.710, de 5-11-1979, e Decreto n. 87.689, de 11-10-1982
Técnico em radiologia: Lei n. 7.394, de 29-10-1985, e Decreto n. 92.790, de 17-6-1986
Temporário: Lei n. 6.019, de 3-1-1974, e Decreto n. 73.841, de 13-3-1974

Temporário no âmbito do Mercosul: Decreto n. 9.499, de 10-9-2018
Trabalhador avulso: Lei n. 12.023, de 27-8-2009
Trabalhador doméstico: Lei Complementar n. 150, de 1.º-6-2015.
Trabalhador portuário: Lei n. 12.815, de 5-6-2013
Tradutor e intérprete da Língua Brasileira de Sinais: Lei n. 12.319, de 1.º-9-2010
Tradutor público e intérprete: Decreto n. 13.609, de 21-10-1943
Treinador profissional de futebol: Lei n. 8.650, de 22-4-1993
Turismólogo: Lei n. 12.591, de 18-1-2012
Vaqueiro: Lei n. 12.870, de 15-10-2013
Vendedores, viajantes e pracistas: Lei n. 3.207, de 18-7-1957
Vigilante bancário: Lei n. 7.102, de 20-6-1983, e Decreto n. 89.056, de 24-11-1983
Zootecnista: Lei n. 5.550, de 4-12-1968.

Parágrafo único. Não haverá distinções relativas à espécie de emprego e à condição de trabalhador, nem entre o trabalho intelectual, técnico e manual.

Art. 7.º, XXXII, da CF: São direitos dos trabalhadores urbanos e rurais, além de outros que visem à melhoria de sua condição social: (...) XXXII – proibição de distinção entre trabalho manual, técnico e intelectual ou entre os profissionais respectivos.

Art. 4.º Considera-se como de serviço efetivo o período em que o empregado esteja à disposição do empregador, aguardando ou executando ordens, salvo disposição especial expressamente consignada.

§ 1.º Computar-se-ão, na contagem de tempo de serviço, para efeito de indenização e estabilidade, os períodos em que o empregado estiver afastado do trabalho prestando serviço militar e por motivo de acidente do trabalho.

•• Parágrafo único renumerado pela Lei n. 13.467, de 13-7-2017.

Súmula 46/TST: Acidente de trabalho. As faltas ou ausências decorrentes de acidente do trabalho não são consideradas para os efeitos de duração de férias e cálculo da gratificação natalina.

§ 2.º Por não se considerar tempo à disposição do empregador, não será computado como período extraordinário o que exceder a jornada normal, ainda que ultrapasse o limite de cinco minutos previsto no § 1.º do art. 58 desta Consolidação, quando o empregado, por escolha própria, buscar proteção pessoal, em caso de insegurança nas vias públicas ou más condições climáticas, bem como adentrar ou permanecer nas dependências da empresa para exercer atividades particulares, entre outras:

•• § 2.º, *caput*, acrescentado pela Lei n. 13.467, de 13-7-2017.

Art. 58, § 1.º, da CLT: Não serão descontadas nem computadas como jornada extraordinária as variações de horário no registro de ponto não excedentes de cinco minutos, observado o limite máximo de dez minutos diários.

•• *Vide* Enunciado n. 24 da 2.ª Jornada de Direito Material e Processual do Trabalho.

I – práticas religiosas;

•• Inciso I acrescentado pela Lei n. 13.467, de 13-7-2017.

II – descanso;

•• Inciso II acrescentado pela Lei n. 13.467, de 13-7-2017.

III – lazer;

•• Inciso III acrescentado pela Lei n. 13.467, de 13-7-2017.

IV – estudo;

•• Inciso IV acrescentado pela Lei n. 13.467, de 13-7-2017.

V – alimentação;

•• Inciso V acrescentado pela Lei n. 13.467, de 13-7-2017.

VI – atividades de relacionamento social;

•• Inciso VI acrescentado pela Lei n. 13.467, de 13-7-2017.

VII – higiene pessoal;

•• Inciso VII acrescentado pela Lei n. 13.467, de 13-7-2017.

VIII – troca de roupa ou uniforme, quando não houver obrigatoriedade de realizar a troca na empresa.

•• Inciso VIII acrescentado pela Lei n. 13.467, de 13-7-2017.

Súmula 463/STF: Para efeito de indenização e estabilidade, conta-se o tempo em que o empregado esteve afastado, em serviço militar obrigatório, mesmo anteriormente à Lei n. 4.072, de 1.º de junho de 1962.

Súmula 269/TST: Diretor eleito. Cômputo do período como tempo de serviço. O empregado eleito para ocupar cargo de diretor tem o respectivo contrato de trabalho suspenso, não se computando o tempo de serviço desse período, salvo se permanecer a subordinação jurídica inerente à relação de emprego.

Súmula 429/TST: Tempo à disposição do empregador. Art. 4.º da CLT. Período de deslocamento entre a portaria e o local de trabalho. Considera-se à disposição do empregador, na forma do art. 4.º da CLT, o tempo necessário ao deslocamento do trabalhador entre a portaria da empresa e o local de trabalho, desde que supere o limite de 10 (dez) minutos diários.

• *Vide* art. 10, parágrafo único, da Lei Complementar n. 7, de 7-9-1970.

Art. 5.º A todo trabalho de igual valor corresponderá salário igual, sem distinção de sexo.

Art. 7.º, XXX e XXXI, da CF: São direitos dos trabalhadores urbanos e rurais, além de outros que visem à melhoria de sua condição social: (...) XXX – proibição de diferença de salários, de exercício de funções e de critério de admissão por motivo de sexo, idade, cor ou estado civil; XXXI – proibição de qualquer discriminação no tocante a salário e critérios de admissão do trabalhador portador de deficiência.

Art. 461, *caput*, da CLT: Sendo idêntica a função, a todo trabalho de igual valor, prestado ao mesmo empregador, no mesmo estabelecimento empresarial, corresponderá igual salário, sem distinção de sexo, etnia, nacionalidade ou idade.

Art. 6.º Não se distingue entre o trabalho realizado no estabelecimento do empregador, o executado no domicílio do empregado e o realizado a distância, desde que estejam caracterizados os pressupostos da relação de emprego.

•• *Caput* com redação determinada pela Lei n. 12.551, de 15-12-2011.

Parágrafo único. Os meios telemáticos e informatizados de comando, controle e supervisão se equiparam, para fins de subordinação jurídica, aos meios pessoais e diretos de comando, controle e supervisão do trabalho alheio.

•• Parágrafo único acrescentado pela Lei n. 12.551, de 15-12-2011.

Art. 7.º Os preceitos constantes da presente Consolidação, salvo quando for, em cada caso, expressamente determinado em contrário, não se aplicam:

***a*)** aos empregados domésticos, assim considerados, de um modo geral, os que prestam serviços de natureza não econômica à pessoa ou à família, no âmbito residencial destas;

Art. 7.º, parágrafo único, da CF: São assegurados à categoria dos trabalhadores domésticos os direitos previstos nos incisos IV, VI, VII, VIII, X, XIII, XV, XVI, XVII, XVIII, XIX, XXI, XXII, XXIV, XXVI, XXX, XXXI e XXXIII e, atendidas as condições estabelecidas em lei e observada a simplificação do cumprimento das obrigações tributárias, principais e acessórias, decorrentes da relação de trabalho e suas peculiaridades, os previstos nos incisos I, II, III, IX, XII, XXV e XXVIII, bem como a sua integração à previdência social.

Lei n. 2.757/56, arts. 1.º a 3.º: Excluídos do disposto nesta alínea os empregados porteiros, zeladores, faxineiros e serventes de prédios de apartamentos residenciais, desde que a serviço da administração do edifício e não de cada condômino em particular. Art. 2.º São considerados representantes dos empregadores nas reclamações ou dissídios movimentados na Justiça do Trabalho os síndicos eleitos entre os condôminos. Art. 3.º Os condôminos responderão, proporcionalmente, pelas obrigações previstas nas leis trabalhistas, inclusive as judiciais e extrajudiciais.

• Empregados domésticos: Lei Complementar n. 150, de 1.º-6-2015.

CLT

b) aos trabalhadores rurais, assim considerados aqueles que, exercendo funções diretamente ligadas à agricultura e à pecuária, não sejam empregados em atividades que, pelos métodos de execução dos respectivos trabalhos ou pela finalidade de suas operações, se classifiquem como industriais ou comerciais;

Lei n. 5.889/73, art. 2.º: Empregado rural é toda pessoa física que, em propriedade rural ou prédio rústico, presta serviços de natureza não eventual a empregador rural, sob a dependência deste e mediante salário.

Súmula 196/STF: Ainda que exerça atividade rural, o empregado de empresa industrial ou comercial é classificado de acordo com a categoria do empregador.

c) aos funcionários públicos da União, dos Estados e dos Municípios e aos respectivos extranumerários em serviço nas próprias repartições;

•• Alínea *c* com redação determinada pelo Decreto n. 8.079, de 11-10-1945.

d) aos servidores de autarquias paraestatais, desde que sujeitos a regime próprio de proteção ao trabalho que lhes assegure situação análoga à dos funcionários públicos.

•• Alínea *d* com redação determinada pelo Decreto-lei n. 8.079, de 11-10-1945.

• *Vide* Súmula 58 do TST.

Parágrafo único. (*Revogado pelo Decreto-lei n. 8.249, de 20-11-1945.*)

Art. 8.º As autoridades administrativas e a Justiça do Trabalho, na falta de disposições legais ou contratuais, decidirão, conforme o caso, pela jurisprudência, por analogia, por equidade e outros princípios e normas gerais de direito, principalmente do direito do trabalho, e, ainda, de acordo com os usos e costumes, o direito comparado, mas sempre de maneira que nenhum interesse de classe ou particular prevaleça sobre o interesse público.

Art. 5.º, XXXVI, da CF: A lei não prejudicará o direito adquirido, o ato jurídico perfeito e a coisa julgada.

Art. 140 do CPC: O juiz não se exime de decidir sob alegação de lacuna ou obscuridade do ordenamento jurídico. Parágrafo único. O juiz só decidirá por equidade nos casos previstos em lei.

Súmula 212/TST: Despedimento. Ônus da prova. O ônus de provar o término do contrato de trabalho, quando negados a prestação de serviço e o despedimento, é do empregador, pois o princípio da continuidade da relação de emprego constitui presunção favorável ao empregado.

• O Decreto n. 2.518, de 12-3-1998, promulga a Convenção n. 144, da OIT, para promover a aplicação das normas internacionais do trabalho.

§ 1.º O direito comum será fonte subsidiária do direito do trabalho.

•• Anterior parágrafo único com redação determinada pela Lei n. 13.467, de 13-7-2017.

§ 2.º Súmulas e outros enunciados de jurisprudência editados pelo Tribunal Superior do Trabalho e pelos Tribunais Regionais do Trabalho não poderão restringir direitos legalmente previstos nem criar obrigações que não estejam previstas em lei.

•• § 2.º acrescentado pela Lei n. 13.467, de 13-7-2017.

•• *Vide* Enunciado n. 2 da 2.ª Jornada de Direito Material e Processual do Trabalho.

§ 3.º No exame de convenção coletiva ou acordo coletivo de trabalho, a Justiça do Trabalho analisará exclusivamente a conformidade dos elementos essenciais do negócio jurídico, respeitado o disposto no art. 104 da Lei n. 10.406, de 10 de janeiro de 2002 (Código Civil), e balizará sua atuação pelo princípio da intervenção mínima na autonomia da vontade coletiva.

•• § 3.º acrescentado pela Lei n. 13.467, de 13-7-2017.

•• *Vide* Enunciado n. 2 da 2.ª Jornada de Direito Material e Processual do Trabalho.

Art. 9.º Serão nulos de pleno direito os atos praticados com o objetivo de desvirtuar, impedir ou fraudar a aplicação dos preceitos contidos na presente Consolidação.

Súmula 77/TST: Punição. Nula é a punição de empregado se não precedida de inquérito ou sindicância internos a que se obrigou a empresa por norma regulamentar.

Súmula 91/TST: Salário complessivo. Nula é a cláusula contratual que fixa determinada importância ou percentagem para atender englobadamente vários direitos legais ou contratuais do trabalhador.

Súmula 230/TST: Aviso prévio. Substituição pelo pagamento das horas reduzidas da jornada de trabalho. É ilegal substituir o período que se reduz da jornada de trabalho, no aviso prévio, pelo pagamento das horas correspondentes.

Súmula 363/TST: Contrato nulo. Efeitos. A contratação de servidor público, após a CF/1988, sem prévia aprovação em concurso público, encontra óbice no respectivo art. 37, II e § 2.º, somente lhe conferindo direito ao pagamento da contraprestação pactuada, em relação ao número de horas trabalhadas, respeitado o valor da hora do salário mínimo, e dos valores referentes aos depósitos do FGTS.

OJ 199 da SDI-1: Jogo do bicho. Contrato de trabalho. Nulidade. Objeto ilícito. Arts. 82 e 145 do Código Civil. É nulo o contrato de trabalho celebrado para o desempenho de atividade inerente à prática do jogo do bicho, ante a ilicitude de seu objeto, o que subtrai o requisito de validade para a formação do ato jurídico.

• Crimes contra a organização do trabalho: arts. 197 a 207 do CP.

Art. 10. Qualquer alteração na estrutura jurídica da empresa não afetará os direitos adquiridos por seus empregados.

OJ 408 da SDI-1: Juros de Mora. Empresa em Liquidação Extrajudicial. Sucessão Trabalhista. É devida a incidência de juros de mora em relação aos débitos trabalhistas de empresa em liquidação extrajudicial sucedida nos moldes dos arts. 10 e 448 da CLT. O sucessor responde pela obrigação do sucedido, não se beneficiando de qualquer privilégio a este destinado.

• *Vide* art. 29, da Instrução Normativa n. 144, de 18-5-2018.

Art. 10-A. O sócio retirante responde subsidiariamente pelas obrigações trabalhistas da sociedade relativas ao período em que figurou como sócio, somente em ações ajuizadas até dois anos depois de averbada a modificação do contrato, observada a seguinte ordem de preferência:

•• *Caput* acrescentado pela Lei n. 13.467, de 13-7-2017.

I – a empresa devedora;

•• Inciso I acrescentado pela Lei n. 13.467, de 13-7-2017.

II – os sócios atuais; e

•• Inciso II acrescentado pela Lei n. 13.467, de 13-7-2017.

III – os sócios retirantes.

•• Inciso III acrescentado pela Lei n. 13.467, de 13-7-2017.

Parágrafo único. O sócio retirante responderá solidariamente com os demais quando ficar comprovada fraude na alteração societária decorrente da modificação do contrato.

•• Parágrafo único acrescentado pela Lei n. 13.467, de 13-7-2017.

Art. 11. A pretensão quanto a créditos resultantes das relações de trabalho prescreve em cinco anos para os trabalhadores urbanos e rurais, até o limite de dois anos após a extinção do contrato de trabalho.

•• *Caput* com redação determinada pela Lei n. 13.467, de 13-7-2017.

Art. 7.º, XXIX, da CF: São direitos dos trabalhadores urbanos e rurais, além de outros que visem à melhoria de sua condição social: (...) XXIX –

ação, quanto aos créditos resultantes das relações de trabalho, com prazo prescricional de cinco anos para os trabalhadores urbanos e rurais, até o limite de dois anos após a extinção do contrato de trabalho.

Art. 149 da CLT: prescrição do direito de reclamar a concessão das férias ou o pagamento da respectiva remuneração é contada do término do prazo mencionado no art. 134 ou, se for o caso, da cessação do contrato de trabalho.

Art. 440 da CLT: Contra os menores de 18 (dezoito) anos não corre nenhum prazo de prescrição.

Lei n. 5.889/73, art. 10: A prescrição dos direitos assegurados por esta Lei aos trabalhadores rurais só ocorrerá após 2 (dois) anos de cessação do contrato de trabalho.

Súmula 230/STF: A prescrição da ação de acidente do trabalho conta-se do exame pericial que comprovar a enfermidade ou verificar a natureza da incapacidade.

Súmula 327/STF: O direito trabalhista admite a prescrição intercorrente.

Súmula 349/STF: A prescrição atinge somente as prestações de mais de 2 (dois) anos, reclamadas com fundamento em decisão normativa da Justiça do Trabalho, ou em convenção coletiva de trabalho, quando não estiver em causa a própria validade de tais atos.

Súmula 403/STF: É de decadência o prazo de 30 (trinta) dias para instauração do inquérito judicial, a contar da suspensão, por falta grave, de empregado estável.

Súmula 114/TST: Prescrição intercorrente. É inaplicável na Justiça do Trabalho a prescrição intercorrente.

Súmula 153/TST: Prescrição. Não se conhece de prescrição não arguida na instância ordinária. Ex-prejulgado n. 27.

Súmula 156/TST: Prescrição. Prazo. Da extinção do último contrato começa a fluir o prazo prescricional do direito de ação em que se objetiva a soma de períodos descontínuos de trabalho. Ex-prejulgado n. 31.

Súmula 206/TST: FGTS. Incidência sobre parcelas prescritas. A prescrição da pretensão relativa às parcelas remuneratórias alcança o respectivo recolhimento da contribuição para o FGTS.

Súmula 268/TST: Prescrição. Interrupção. Ação trabalhista arquivada. A ação trabalhista, ainda que arquivada, interrompe a prescrição somente em relação aos pedidos idênticos.

Súmula 275/TST: Prescrição. Desvio de função e reenquadramento. I – Na ação que objetive corrigir desvio funcional, a prescrição só alcança as diferenças salariais vencidas no período de 5 (cinco) anos que precedeu o ajuizamento. II – Em se tratando de pedido de reenquadramento, a prescrição é total, contada da data do enquadramento do empregado.

Súmula 294/TST: Prescrição. Alteração contratual. Trabalhador urbano. Tratando-se de ação que envolva pedido de prestações sucessivas decorrente de alteração do pactuado, a prescrição é total, exceto quando o direito à parcela esteja também assegurado por preceito de lei.

Súmula 308/TST: Prescrição quinquenal. I. Respeitado o biênio subsequente à cessação contratual, a prescrição da ação trabalhista concerne às pretensões imediatamente anteriores a cinco anos, contados da data do ajuizamento da reclamação e, não, às anteriores ao quinquênio da data da extinção do contrato. II. A norma constitucional que ampliou o prazo de prescrição da ação trabalhista para 5 (cinco) anos é de aplicação imediata e não atinge pretensões já alcançadas pela prescrição bienal quando da promulgação da CF/1988.

Súmula 350/TST: Prescrição. Termo inicial. Ação de cumprimento. Sentença normativa. O prazo de prescrição com relação à ação de cumprimento de decisão normativa flui apenas da data de seu trânsito em julgado.

Súmula 362/TST: FGTS. Prescrição. I – Para os casos em que a ciência da lesão ocorreu a partir de 13-11-2014, é quinquenal a prescrição do direito de reclamar contra o não recolhimento de contribuição para o FGTS, observado o prazo de dois anos após o término do contrato; II – Para os casos em que o prazo prescricional já estava em curso em 13-11-2014, aplica-se o prazo prescricional que se consumar primeiro: trinta anos, contados do termo inicial, ou cinco anos, a partir de 13-11-2014 (STFARE-709212/DF).

Súmula 409/TST: Ação rescisória. Prazo prescricional. Total ou parcial. Violação do art. 7.º, XXIX, da CF/88. Matéria infraconstitucional. Não procede ação rescisória calcada em violação do art. 7.º, XXIX, da CF/88 quando a questão envolve discussão sobre a espécie de prazo prescricional aplicável aos créditos trabalhistas, se total ou parcial, porque a matéria tem índole infraconstitucional, construída, na Justiça do Trabalho, no plano jurisprudencial.

• *Vide* Súmulas 6, 326, 327, 373 e 382 do TST.

I e II – *(Revogados pela Lei n. 13.467, de 13-7-2017.)*

§ 1.º O disposto neste artigo não se aplica às ações que tenham por objeto anotações para fins de prova junto à Previdência Social.

•• § 1.º acrescentado pela Lei n. 9.658, de 5-6-1998.

§ 2.º Tratando-se de pretensão que envolva pedido de prestações sucessivas decorrente de alteração ou descumprimento do pactuado, a prescrição é total, exceto quando o direito à parcela esteja também assegurado por preceito de lei.

•• § 2.º com redação determinada pela Lei n. 13.467, de 13-7-2017.

•• *Vide* Enunciado n. 12 da 2.ª Jornada de Direito Material e Processual do Trabalho.

§ 3.º A interrupção da prescrição somente ocorrerá pelo ajuizamento de reclamação trabalhista, mesmo que em juízo incompetente, ainda que venha a ser extinta sem resolução do mérito, produzindo efeitos apenas em relação aos pedidos idênticos.

•• § 3.º com redação determinada pela Lei n. 13.467, de 13-7-2017.

•• *Vide* Enunciado n. 11 da 2.ª Jornada de Direito Material e Processual do Trabalho.

Art. 11-A. Ocorre a prescrição intercorrente no processo do trabalho no prazo de dois anos.

•• *Caput* acrescentado pela Lei n. 13.467, de 13-7-2017.

Súmula 114/TST: Prescrição intercorrente. É inaplicável na Justiça do Trabalho a prescrição intercorrente.

Súmula 327/STF: O direito trabalhista admite a prescrição intercorrente.

§ 1.º A fluência do prazo prescricional intercorrente inicia-se quando o exequente deixa de cumprir determinação judicial no curso da execução.

•• § 1.º acrescentado pela Lei n. 13.467, de 13-7-2017.

Instrução Normativa n. 41/18, art. 2.º: O fluxo da prescrição intercorrente conta-se a partir do descumprimento da determinação judicial a que alude o § 1.º do art. 11-A da CLT, desde que feita após 11 de novembro de 2017 (Lei n. 13.467/2017).

§ 2.º A declaração da prescrição intercorrente pode ser requerida ou declarada de ofício em qualquer grau de jurisdição.

•• § 2.º acrescentado pela Lei n. 13.467, de 13-7-2017.

Art. 12. Os preceitos concernentes ao regime de seguro social são objeto de lei especial.

TÍTULO II
DAS NORMAS GERAIS DE TUTELA DO TRABALHO

CAPÍTULO I
DA IDENTIFICAÇÃO PROFISSIONAL

Decreto-lei n. 229/67, art. 29: Aplicam-se ao trabalhador rural as disposições do Capítulo I do Título II da CLT, com as alterações determinadas neste Decreto-lei.

SEÇÃO I
Da Carteira de Trabalho e Previdência Social

•• O Decreto-lei n. 926, de 10-10-1969, determinou a substituição da denominação "Carteira Profissional", original no texto desta Consolidação, para "CTPS".

• *Vide* Portarias n. 3.626, de 13-11-1991, e n. 41, de 28-3-2007, sobre anotações na CTPS.

Art. 13. A Carteira de Trabalho e Previdência Social é obrigatória para o exercício de qualquer emprego, inclusive de natureza rural, ainda que em caráter temporário, e para o exercício por conta própria de atividade profissional remunerada.

•• *Caput* com redação determinada pelo Decreto-lei n. 926, de 10-10-1969.

Art. 55 da CLT: Incorrerá na multa de valor igual a 1 (um) salário mínimo regional a empresa que infringir o art. 13 e seus parágrafos.

Súmula 225/STF: Não é absoluto o valor probatório das anotações da Carteira Profissional.

Súmula 12/TST: Carteira profissional. As anotações apostas pelo empregador na carteira profissional do empregado não geram presunção *juris et de jure*, mas apenas *juris tantum*.

• *Vide* Lei n. 6.019, de 3-1-1974, e Decreto n. 73.841, de 13-3-1974 (Trabalho temporário).

• *Vide* Decreto n. 9.499, de 10-9-2018 (Trabalho temporário no âmbito do Mercosul).

§ 1.º O disposto neste artigo aplica-se, igualmente, a quem:

I – proprietário rural ou não, trabalhe individualmente ou em regime de economia familiar, assim entendido o trabalho dos membros da mesma família, indispensável à própria subsistência, e exercido em condições de mútua dependência e colaboração;

II – em regime de economia familiar e sem empregado, explore área não excedente do módulo rural ou de outro limite que venha a ser fixado, para cada região, pelo Ministério do Trabalho.

•• § 1.º com redação determinada pelo Decreto-lei n. 926, de 10-10-1969.

• Módulo rural (conceito): art. 4.º, II e III, da Lei n. 4.504, de 30-11-1964.

§ 2.º A Carteira de Trabalho e Previdência Social e respectiva Ficha de Declaração obedecerão aos modelos que o Ministério do Trabalho adotar.

•• § 2.º com redação determinada pelo Decreto-lei n. 926, de 10-10-1969.

• A Portaria n. 210, de 29-4-2008, do MTE, estabelece modelo de confecção da CTPS.

§ 3.º Nas localidades onde não for emitida a Carteira de Trabalho e Previdência Social poderá ser admitido, até 30 (trinta) dias, o exercício de emprego ou atividade remunerada por quem não a possua, ficando a empresa obrigada a permitir o comparecimento do empregado ao posto de emissão mais próximo.

•• § 3.º com redação determinada pela Lei n. 5.686, de 3-8-1971.

§ 4.º Na hipótese do § 3.º:

I – o empregador fornecerá ao empregado, no ato da admissão, documento do qual constem a data da admissão, a natureza do trabalho, o salário e a forma de seu pagamento;

II – se o empregado ainda não possuir a carteira na data em que for dispensado, o empregador lhe fornecerá atestado de que conste o histórico da relação empregatícia.

•• § 4.º com redação determinada pelo Decreto-lei n. 926, de 10-10-1969.

SEÇÃO II

Da Emissão da Carteira de Trabalho e Previdência Social

•• Seção II com denominação determinada pelo Decreto-lei n. 926, de 10-10-1969.

Art. 14. A Carteira de Trabalho e Previdência Social será emitida pelas Delegacias Regionais do Trabalho ou, mediante convênio, pelos órgãos federais, estaduais e municipais da administração direta ou indireta.

•• *Caput* com redação determinada pelo Decreto-lei n. 926, de 10-10-1969.

• A Portaria n. 369, de 13-3-2013, do Ministério do Trabalho e Emprego, regulamenta a emissão descentralizada de CTPS, prevista neste artigo.

• A Portaria n. 4, de 26-1-2015, da Secretaria de Políticas Públicas de Emprego, dispõe sobre os procedimentos para emissão de Carteira de Trabalho e Previdência Social (CTPS) para estrangeiros.

Parágrafo único. Inexistindo convênio com os órgãos indicados ou na inexistência destes, poderá ser admitido convênio com sindicatos para o mesmo fim.

•• Parágrafo único com redação determinada pela Lei n. 5.686, de 3-8-1971.

Art. 15. Para obtenção da Carteira de Trabalho e Previdência Social o interessado comparecerá pessoalmente ao órgão emitente, onde será identificado e prestará as declarações necessárias.

•• Artigo com redação determinada pelo Decreto-lei n. 926, de 10-10-1969.

• A Portaria n. 3, de 26-1-2015, da Secretaria de Políticas Públicas de Emprego, dispõe sobre os procedimentos para emissão de Carteira de Trabalho e Previdência Social (CTPS) para brasileiros.

Art. 16. A Carteira de Trabalho e Previdência Social – CTPS, além do número, série, data de emissão e folhas destinadas às anotações pertinentes ao contrato de trabalho e as de interesse da Previdência Social, conterá:

I – fotografia, de frente, modelo 3x4;

II – nome, filiação, data e lugar de nascimento e assinatura;

III – nome, idade e estado civil dos dependentes;

IV – número do documento de naturalização ou data da chegada ao Brasil e demais elementos constantes da identidade de estrangeiro, quando for o caso.

•• *Caput* e incisos com redação determinada pela Lei n. 8.260, de 12-12-1991.

Parágrafo único. A Carteira de Trabalho e Previdência Social – CTPS será fornecida mediante a apresentação de:

a) duas fotografias com as características mencionadas no inciso I;

b) qualquer documento oficial de identificação pessoal do interessado, no qual possam ser colhidos dados referentes ao nome completo, filiação, data e lugar de nascimento.

•• Parágrafo único com redação determinada pela Lei n. 8.260, de 12-12-1991.

Lei n. 9.465/1997, art. 1.º: Não haverá incidência de emolumentos ou multas no registro de nascimento efetuado fora de prazo, quando destinado à obtenção de CTPS.

• A Lei n. 9.534, de 10-12-1997, trata da gratuidade dos atos necessários ao exercício da cidadania, bem como dos serviços notariais e de registro.

Art. 17. Na impossibilidade de apresentação, pelo interessado, de documento idôneo que o qualifique, a Carteira de Trabalho e Previdência Social será fornecida com base em declarações verbais confirmadas por 2 (duas) testemunhas, lavrando-se, na primeira folha de anotações gerais da carteira, termo assinado pelas mesmas testemunhas.

•• *Caput* com redação determinada pelo Decreto-lei n. 926, de 10-10-1969.

§ 1.º Tratando-se de menor de 18 (dezoito) anos, as declarações previstas neste artigo serão prestadas por seu responsável legal.

•• § 1.º com redação determinada pelo Decreto-lei n. 926, de 10-10-1969.

§ 2.º Se o interessado não souber ou não puder assinar sua carteira, ela será fornecida mediante impressão digital ou assinatura a rogo.

•• § 2.º com redação determinada pelo Decreto-lei n. 926, de 10-10-1969.

Arts. 18 e 19. *(Revogados pela Lei n. 7.855, de 24-10-1989.)*

Art. 20. As anotações relativas a alteração do estado civil e aos dependentes do portador da Carteira de Trabalho e Previdência Social serão feitas pelo Instituto Nacional de Previdência Social e somente em sua falta, por qualquer dos órgãos emitentes.

•• Artigo com redação determinada pelo Decreto-lei n. 926, de 10-10-1969.

• O Decreto-lei n. 229, de 28-2-1967, estabelece em seu art. 35 que as referências feitas na CLT a Institutos de Seguro Social ou Previdência Social e Institutos de Aposentadoria e Pensões deveriam ser entendidas como concernentes ao Instituto Nacional da Previdência Social (INPS). Denominação atual: INSS.

Art. 32 da CLT: As anotações relativas a alterações no estado civil dos portadores de Carteiras de Trabalho e Previdência Social serão feitas mediante prova documental. As declarações referentes aos dependentes serão registradas nas fichas respectivas, pelo funcionário encarregado da identificação profissional, a pedido do próprio declarante, que as assinará. Parágrafo único. As Delegacias Regionais e os órgãos autorizados deverão comunicar ao Departamento Nacional de Mão de Obra todas as alterações que anotarem nas Carteiras de Trabalho e Previdência Social.

Art. 21. Em caso de imprestabilidade ou esgotamento do espaço destinado a registros e anotações, o interessado deverá obter outra carteira, conservando-se o número e a série da anterior.

•• *Caput* com redação determinada pela Lei n. 5.686, de 3-8-1971.

§§ 1.º e 2.º *(Revogados pelo Decreto-lei n. 926, de 10-10-1969.)*

Arts. 22 a 24. *(Revogados pelo Decreto-lei n. 926, de 10-10-1969.)*

SEÇÃO III
Da Entrega das Carteiras de Trabalho e Previdência Social

Art. 25. As Carteiras de Trabalho e Previdência Social serão entregues aos interessados pessoalmente, mediante recibo.

Art. 26. Os sindicatos poderão, mediante solicitação das respectivas diretorias, incumbir-se da entrega das Carteiras de Trabalho e Previdência Social pedidas por seus associados e pelos demais profissionais da mesma classe.

•• *Caput* com redação determinada pelo Decreto-lei n. 229, de 28-2-1967.

Parágrafo único. Não poderão os sindicatos, sob pena das sanções previstas neste Capítulo, cobrar remuneração pela entrega das Carteiras de Trabalho e Previdência Social, cujo serviço nas respectivas sedes será fiscalizado pelas Delegacias Regionais ou órgãos autorizados.

•• Parágrafo único com redação determinada pelo Decreto-lei n. 229, de 28-2-1967.

Arts. 27 e 28. *(Revogados pela Lei n. 7.855, de 24-10-1989.)*

SEÇÃO IV
Das Anotações

• Outras anotações na CLT: concessão das férias (art. 135, § 1.º); interrupção da prestação de serviços (art. 133, § 1.º); férias coletivas (art. 141, § 3.º); alteração do estado civil (art. 20); carimbo para anotação de férias coletivas (art. 141 e § 1.º).

• *Vide* Portarias n. 3.626, de 13-11-1991, e n. 41, de 28-3-2007, sobre anotações na CTPS.

Art. 29. A Carteira de Trabalho e Previdência Social será obrigatoriamente apresentada, contra recibo, pelo trabalhador ao empregador que o admitir, o qual terá o prazo de quarenta e oito horas para nela anotar, especificamente, a data de admissão, a remuneração e as condições especiais, se houver, sendo facultada a adoção de sistema manual, mecânico ou eletrônico, conforme instruções a serem expedidas pelo Ministério do Trabalho.

•• *Caput* com redação determinada pela Lei n. 7.855, de 24-10-1989.

Art. 53 da CLT: A empresa que receber Carteira de Trabalho e Previdência Social para anotar e a retiver por mais de 48 (quarenta e oito) horas ficará sujeita à multa de valor igual à metade do salário mínimo regional.

Lei Complementar n. 150/15, art. 9.º (empregado doméstico): A Carteira de Trabalho e Previdência Social será obrigatoriamente apresentada, contra recibo, pelo empregado ao empregador que o admitir, o qual terá o prazo de 48 (quarenta e oito) horas para nela anotar, especificamente, a data de admissão, a remuneração e, quando for o caso, os contratos previstos nos incisos I e II do art. 4.º

Súmula 225/STF: Não é absoluto o valor probatório das anotações da Carteira Profissional.

Súmula 12/TST: Carteira profissional. As anotações apostas pelo empregador na carteira profissional do empregado não geram presunção *juris et de jure*, mas apenas *juris tantum*.

• Contrato por obra certa: art. 1.º da Lei n. 2.959, de 17-11-1956.

§ 1.º As anotações concernentes à remuneração devem especificar o salário, qualquer que seja sua forma de pagamento, seja ele em dinheiro ou em utilidades, bem como a estimativa da gorjeta.

•• § 1.º com redação determinada pelo Decreto-lei n. 229, de 28-2-1967.

Art. 457, §§ 1.º a 3.º, da CLT: Compreendem-se na remuneração do empregado, para todos os efeitos legais, além do salário devido e pago diretamente pelo empregador, como contraprestação do serviço, as gorjetas que receber. § 1.º Integram o salário a importância fixa estipulada, as gratificações legais e as comissões pagas pelo empregador. § 2.º As importâncias, ainda que habituais, pagas a título de ajuda de custo, auxílio-alimentação, vedado seu pagamento em dinheiro, diárias para viagem, prêmios e abonos não integram a remuneração do empregado, não se incorporam ao contrato de trabalho e não constituem base de incidência de qualquer encargo trabalhista e previdenciário. § 3.º Considera-se gorjeta não só a importância espontaneamente dada pelo cliente ao empregado, como também aquela que for cobrada pela empresa ao cliente, como adicional nas contas, a qualquer título, e destinada à distribuição aos empregados.

§ 2.º As anotações na Carteira de Trabalho e Previdência Social serão feitas:

a) na data-base;

b) a qualquer tempo, por solicitação do trabalhador;

c) no caso de rescisão contratual; ou

d) necessidade de comprovação perante a Previdência Social.

•• § 2.º com redação determinada pela Lei n. 7.855, de 24-10-1989.

§ 3.º A falta de cumprimento pelo empregador do disposto neste artigo acarretará a lavratura do auto de infração, pelo Fiscal do Trabalho, que deverá, de ofício, comunicar a falta de anotação ao órgão competente, para o fim de instaurar o processo de anotação.

•• § 3.º com redação determinada pela Lei n. 7.855, de 24-10-1989.

Súmula 12/TST: Carteira profissional. As anotações apostas pelo empregador na carteira profissional do empregado não geram presunção *juris et de jure*, mas apenas *juris tantum*.

§ 4.º É vedado ao empregador efetuar anotações desabonadoras à conduta do empregado em sua Carteira de Trabalho e Previdência Social.

•• § 4.º acrescentado pela Lei n. 10.270, de 29-8-2001.

§ 5.º O descumprimento do disposto no § 4.º deste artigo submeterá o empregador ao pagamento de multa prevista no art. 52 deste Capítulo.

•• § 5.º acrescentado pela Lei n. 10.270, de 29-8-2001.

Art. 30. Os acidentes do trabalho serão obrigatoriamente anotados pelo Instituto Nacional de Previdência Social na carteira do acidentado.

•• Artigo com redação determinada pelo Decreto-lei n. 926, de 10-10-1969.

Art. 31. Aos portadores de Carteiras de Trabalho e Previdência Social fica assegurado o direito de as apresentar aos órgãos autorizados, para o fim de ser anotado o que for cabível, não podendo ser recusada a solicitação, nem cobrado emolumento não previsto em lei.

•• Artigo com redação determinada pelo Decreto-lei n. 229, de 28-2-1967.

Art. 32. As anotações relativas a alterações no estado civil dos portadores de Carteiras de Trabalho e Previdência Social serão feitas mediante prova documental. As declarações referentes aos dependentes serão registradas nas fichas respectivas, pelo funcionário encarregado da identificação profissional, a pedido do próprio declarante, que as assinará.

•• *Caput* com redação determinada pelo Decreto-lei n. 229, de 28-2-1967.

Parágrafo único. As Delegacias Regionais e os órgãos autorizados deverão comunicar ao Departamento Nacional de Mão de Obra todas as alterações que anotarem nas Carteiras de Trabalho e Previdência Social.

•• Parágrafo único com redação determinada pelo Decreto-lei n. 229, de 28-2-1967.

Art. 33. As anotações nas fichas de declaração e nas Carteiras de Trabalho e Previdência Social serão feitas seguidamente sem abreviaturas, ressalvando-se no fim de cada assentamento as emendas, entrelinhas e quaisquer circunstâncias que possam ocasionar dúvidas.

•• Artigo com redação determinada pelo Decreto-lei n. 229, de 28-2-1967.

Art. 34. Tratando-se de serviço de profissionais de qualquer atividade, exercido por empreitada individual ou coletiva, com ou sem fiscalização da outra parte contratante, a carteira será anotada pelo respectivo sindicato profissional ou pelo representante legal de sua cooperativa.

• A Lei n. 10.666, de 8-5-2003, dispõe sobre a concessão da aposentadoria especial ao cooperado de cooperativa de trabalho ou de produção e dá outras providências.

Art. 35. (*Revogado pela Lei n. 6.533, de 24-5-1978.*)

SEÇÃO V

Das Reclamações por Falta ou Recusa de Anotação

Art. 36. Recusando-se a empresa a fazer as anotações a que se refere o art. 29 ou a devolver a Carteira de Trabalho e Previdência Social recebida, poderá o empregado comparecer, pessoalmente ou por intermédio de seu sindicato, perante a Delegacia Regional ou órgão autorizado, para apresentar reclamação.

•• Artigo com redação determinada pelo Decreto-lei n. 229, de 28-2-1967.

Art. 37. No caso do art. 36, lavrado o termo de reclamação, determinar-se-á a realização de diligência para instrução do feito, observado, se for o caso, o disposto no § 2.º do art. 29, notificando-se posteriormente o reclamado por carta registrada, caso persista a recusa, para que, em dia e hora previamente designados, venha prestar esclarecimentos ou efetuar as devidas anotações na Carteira de Trabalho e Previdência Social ou sua entrega.

•• *Caput* com redação determinada pelo Decreto-lei n. 229, de 28-2-1967.

Parágrafo único. Não comparecendo o reclamado, lavrar-se-á termo de ausência, sendo considerado revel e confesso sobre os termos da reclamação feita, devendo as anotações ser efetuadas por despacho da autoridade que tenha processado a reclamação.

•• Parágrafo único com redação determinada pelo Decreto-lei n. 229, de 28-2-1967.

Art. 38. Comparecendo o empregador e recusando-se a fazer as anotações reclamadas, será lavrado um termo de comparecimento, que deverá conter, entre outras indicações, o lugar, o dia e hora de sua lavratura, o nome e a residência do empregador, assegurando-se-lhe o prazo de 48 (quarenta e oito) horas, a contar do termo, para apresentar defesa.

Parágrafo único. Findo o prazo para a defesa, subirá o processo à autoridade administrativa de primeira instância, para se ordenarem diligências, que completem a inscrição do feito, ou para julgamento, se o caso estiver suficientemente esclarecido.

•• Texto de acordo com a publicação oficial. Entendemos que o correto seria "instrução" do feito.

Art. 39. Verificando-se que as alegações feitas pelo reclamado versam sobre a não existência de relação de emprego, ou sendo impossível verificar essa condição pelos meios administrativos, será o processo encaminhado à Justiça do Trabalho, ficando, nesse caso, sobrestado o julgamento do auto de infração que houver sido lavrado.

•• *Caput* com redação determinada pelo Decreto-lei n. 229, de 28-2-1967.

§ 1.º Se não houver acordo, a Junta de Conciliação e Julgamento, em sua sentença, ordenará que a Secretaria efetue as devidas anotações, uma vez transitada em julgado, e faça a comunicação à autoridade competente para o fim de aplicar a multa cabível.

•• § 1.º com redação determinada pelo Decreto-lei n. 229, de 28-2-1967.

•• Extinção das Juntas de Conciliação e Julgamento: Emenda Constitucional n. 24, de 9-12-1999.

§ 2.º Igual procedimento observar-se-á no caso de processo trabalhista de qualquer natureza, quando for verificada a falta de anotações na Carteira de Trabalho e Previdência Social, devendo o juiz, nesta hipótese, mandar proceder, desde logo, àquelas sobre as quais não houver controvérsia.

•• § 2.º com redação determinada pelo Decreto-lei n. 229, de 28-2-1967.

SEÇÃO VI

Do Valor das Anotações

Art. 40. As Carteiras de Trabalho e Previdência Social regularmente emitidas e anotadas servirão de prova nos atos em que sejam exigidas carteiras de identidade e especialmente:

•• O Decreto-lei n. 926, de 10-10-1969, determinou a substituição da denominação "Carteira Profissional", original no texto desta Consolidação, para "CTPS".

Súmula 225/STF: Não é absoluto o valor probatório das anotações da Carteira Profissional.

Súmula 12/TST: Carteira profissional. As anotações apostas pelo empregador na carteira profissional do empregado não geram presunção *juris et de jure*, mas apenas *juris tantum*.

I – nos casos de dissídio na Justiça do Trabalho entre a empresa e o empregado por motivo de salário, férias, ou tempo de serviço;

•• Inciso I com redação determinada pelo Decreto-lei n. 229, de 28-2-1967.

II – perante a Previdência Social, para o efeito de declaração de dependentes;

•• Inciso II com redação determinada pelo Decreto-lei n. 229, de 28-2-1967.

III – para cálculo de indenização por acidente do trabalho ou moléstia profissional.

•• Inciso III com redação determinada pelo Decreto-lei n. 229, de 28-2-1967.

SEÇÃO VII
Dos Livros de Registro de Empregados

• Sobre registro de empregados, registro informatizado de empregados e anotações na CTPS, *vide* as Portarias n. 3.626, de 13-11-1991, e n. 41, de 28-3-2007.

Art. 41. Em todas as atividades será obrigatório para o empregador o registro dos respectivos trabalhadores, podendo ser adotados livros, fichas ou sistema eletrônico, conforme instruções a serem expedidas pelo Ministério do Trabalho.

•• *Caput* com redação determinada pela Lei n. 7.855, de 24-10-1989.

•• *Vide* art. 47 da CLT.

• A Portaria n. 41, de 28-3-2007, do MTE, disciplina o registro e a anotação de CTPS de empregados.

• A Instrução Normativa n. 107, de 22-5-2014, do MTE, dispõe sobre procedimentos da Inspeção do Trabalho na fiscalização do registro de empregados, com vistas à redução da informalidade.

Parágrafo único. Além da qualificação civil ou profissional de cada trabalhador, deverão ser anotados todos os dados relativos à sua admissão no emprego, duração e efetividade do trabalho, a férias, acidentes e demais circunstâncias que interessem à proteção do trabalhador.

•• Parágrafo único com redação determinada pela Lei n. 7.855, de 24-10-1989.

•• *Vide* art. 47 da CLT.

Art. 42. *(Revogado pela Lei n. 10.243, de 19-6-2001.)*

Arts. 43 e 44. *(Revogados pela Lei n. 7.855, de 24-10-1989.)*

Arts. 45 e 46. *(Revogados pelo Decreto-lei n. 229, de 28-2-1967.)*

Art. 47. O empregador que mantiver empregado não registrado nos termos do art. 41 desta Consolidação ficará sujeito a multa no valor de R$ 3.000,00 (três mil reais) por empregado não registrado, acrescido de igual valor em cada reincidência.

•• *Caput* com redação determinada pela Lei n. 13.467, de 13-7-2017.

§ 1.º Especificamente quanto à infração a que se refere o *caput* deste artigo, o valor final da multa aplicada será de R$ 800,00 (oitocentos reais) por empregado não registrado, quando se tratar de microempresa ou empresa de pequeno porte.

•• Anterior parágrafo único com redação determinada pela Lei n. 13.467, de 13-7-2017.

§ 2.º A infração de que trata o *caput* deste artigo constitui exceção ao critério da dupla visita.

•• § 2.º acrescentado pela Lei n. 13.467, de 13-7-2017.

Art. 47-A. Na hipótese de não serem informados os dados a que se refere o parágrafo único do art. 41 desta Consolidação, o empregador ficará sujeito à multa de R$ 600,00 (seiscentos reais) por empregado prejudicado.

•• Artigo acrescentado pela Lei n. 13.467, de 13-7-2017.

Art. 48. As multas previstas nesta Seção serão aplicadas pelas Delegacias Regionais do Trabalho.

•• O Decreto-lei n. 229, de 28-2-1967, determinou a substituição do "Departamento Nacional do Trabalho" por "Delegacia Regional do Trabalho".

SEÇÃO VIII
Das Penalidades

Art. 49. Para os efeitos da emissão, substituição ou anotação de Carteiras de Trabalho e Previdência Social, considerar-se-á crime de falsidade, com as penalidades previstas no art. 299 do Código Penal:

I – fazer, no todo ou em parte, qualquer documento falso ou alterar o verdadeiro;

II – afirmar falsamente a sua própria identidade, filiação, lugar de nascimento, residência, profissão ou estado civil e beneficiários, ou atestar os de outra pessoa;

III – servir-se de documentos, por qualquer forma falsificados;

IV – falsificar, fabricando ou alterando, ou vender, usar ou possuir Carteiras de Trabalho e Previdência Social assim alteradas;

V – anotar dolosamente em Carteira de Trabalho e Previdência Social ou registro de empregado, ou confessar ou declarar, em juízo ou fora dele, data de admissão em emprego diversa da verdadeira.

•• *Caput* e incisos com redação determinada pelo Decreto-lei n. 229, de 28-2-1967.

• O art. 299 do CP prevê as seguintes penalidades: "Reclusão, de 1 (um) a 5 (cinco) anos, e multa, se o documento é público, e reclusão, de 1 (um) a 3 (três) anos, se o documento é particular". "Se o agente é funcionário público, e comete o crime prevalecendo-se do cargo, ou se a falsificação ou alteração é de assentamento de registro civil, aumenta-se a pena de sexta parte".

Art. 50. Comprovando-se falsidade, quer nas declarações para emissão de Carteira de Trabalho e Previdência Social, quer nas respectivas anotações, o fato será levado ao conhecimento da autoridade que houver emitido a carteira, para fins de direito.

Art. 51. Incorrerá em multa de valor igual a 3 (três) vezes o salário mínimo regional aquele que, comerciante ou não, vender ou expuser à venda qualquer tipo de carteira igual ou semelhante ao tipo oficialmente adotado.

•• Artigo com redação determinada pelo Decreto-lei n. 229, de 28-2-1967.

•• *Vide* Nota dos Organizadores, sobre o valor das multas previstas na CLT.

Art. 52. O extravio ou inutilização da Carteira de Trabalho e Previdência Social por culpa da empresa sujeitará esta à multa de valor igual à metade do salário mínimo regional.

•• Artigo com redação determinada pelo Decreto-lei n. 926, de 10-10-1969.

•• *Vide* Nota dos Organizadores, sobre o valor das multas previstas na CLT.

Art. 29, §§ 4.º e 5.º, da CLT: É vedado ao empregador efetuar anotações desabonadoras à conduta do empregado em sua Carteira de Trabalho e Previdência Social. § 5.º O descumprimento do disposto no § 4.º deste artigo submeterá o empregador ao pagamento de multa prevista no art. 52 deste Capítulo.

Art. 53. A empresa que receber Carteira de Trabalho e Previdência Social para anotar e a retiver por mais de 48 (quarenta e oito) horas ficará sujeita à multa de valor igual à metade do salário mínimo regional.

•• Artigo com redação determinada pelo Decreto-lei n. 229, de 28-2-1967.

•• *Vide* Nota dos Organizadores, sobre o valor das multas previstas na CLT.

• Os arts. 1.º e 3.º da Lei n. 5.553, de 6-12-1968, dispõem sobre a apresentação e uso de documentos de identificação pessoal.

Art. 54. A empresa que, tendo sido intimada, não comparecer para anotar a Carteira de Trabalho e Previdência Social de seu empregado, ou cujas alegações para recusa tenham sido julgadas improcedentes, ficará sujeita à multa de valor igual a 1 (um) salário mínimo regional.

•• Artigo com redação determinada pelo Decreto-lei n. 229, de 28-2-1967.

•• *Vide* Nota dos Organizadores, sobre o valor das multas previstas na CLT.

Art. 55. Incorrerá na multa de valor igual a 1 (um) salário mínimo regional a empresa que infringir o art. 13 e seus parágrafos.

•• Artigo com redação determinada pelo Decreto-lei n. 229, de 28-2-1967.

•• *Vide* Nota dos Organizadores, sobre o valor das multas previstas na CLT.

Art. 56. O sindicato que cobrar remuneração pela entrega de Carteira de Trabalho e Previdência Social ficará sujeito à multa de valor igual a 3 (três) vezes o salário mínimo regional.

•• Artigo com redação determinada pelo Decreto-lei n. 229, de 28-2-1967.

•• *Vide* Nota dos Organizadores, sobre o valor das multas previstas na CLT.

CAPÍTULO II
DA DURAÇÃO DO TRABALHO

•• *Vide*, sobre horas extras, as Súmulas 45, 113, 115, 199, 226 e 253 do TST.

SEÇÃO I
Disposição Preliminar

Art. 57. Os preceitos deste Capítulo aplicam-se a todas as atividades, salvo as expressamente excluídas, constituindo exceções as disposições especiais, concernentes estritamente a peculiaridades profissionais, constantes do Capítulo I do Título III.

SEÇÃO II
Da Jornada de Trabalho

Lei n. 4.923/65, art. 2.º: empresa que, em face de conjuntura econômica, devidamente comprovada, se encontrar em condições que recomendem, transitoriamente, a redução da jornada normal ou do número de dias do trabalho, poderá fazê-lo, mediante prévio acordo com a entidade sindical representativa dos seus empregados, homologado pela Delegacia Regional do Trabalho, por prazo certo, não excedente de 3 (três) meses, prorrogável, nas mesmas condições, se ainda indispensável, e sempre de modo que a redução do salário mensal resultante não seja superior a 25% (vinte e cinco por cento) do salário contratual, respeitado o salário mínimo regional e reduzidas proporcionalmente a remuneração e as gratificações de gerentes e diretores. § 1.º Para o fim de deliberar sobre o acordo, a entidade sindical profissional convocará assembleia geral dos empregados diretamente interessados, sindicalizados ou não, que decidirão por maioria de votos, obedecidas as normas estatutárias. § 2.º Não havendo acordo, poderá a empresa submeter o caso à Justiça do Trabalho, por intermédio da Junta de Conciliação e Julgamento ou, em sua falta, do Juiz de Direito, com jurisdição na localidade. Da decisão de primeira instância caberá recurso ordinário, no prazo de 10 (dez) dias, para o Tribunal Regional do Trabalho da correspondente Região, sem efeito suspensivo. § 3.º A redução de que trata o artigo não é considerada alteração unilateral do contrato individual de trabalho para os efeitos do disposto no art. 468 da CLT.

Art. 58. A duração normal do trabalho, para os empregados em qualquer atividade privada, não excederá de 8 (oito) horas diárias, desde que não seja fixado expressamente outro limite.

Art. 7.º, XIII e XIV, da CF: São direitos dos trabalhadores urbanos e rurais, além de outros que visem à melhoria de sua condição social: (...) XIII – XIII – duração do trabalho normal não superior a oito horas diárias e quarenta e quatro semanais, facultada a compensação de horários e a redução da jornada, mediante acordo ou convenção coletiva de trabalho; XIV – jornada de seis horas para o trabalho realizado em turnos ininterruptos de revezamento, salvo negociação coletiva.

Art. 65 da CLT: No caso do empregado diarista, o salário-hora normal será obtido dividindo-se o salário diário correspondente à duração do trabalho, estabelecida no art. 58, pelo número de horas de efetivo trabalho.

Súmula 429/TST: Tempo à disposição do empregador. Art. 4.º da CLT. Período de deslocamento entre a portaria e o local de trabalho. Considera-se à disposição do empregador, na forma do art. 4.º da CLT, o tempo necessário ao deslocamento do trabalhador entre a portaria da empresa e o local de trabalho, desde que supere o limite de 10 (dez) minutos diários.

Súmula 431/TST: Salário-hora. Empregado sujeito ao regime geral de trabalho (art. 58, *caput*, da CLT). 40 horas semanais. Cálculo. Aplicação do divisor 200. Para os empregados a que alude o art. 58, *caput*, da CLT, quando sujeitos a 40 horas semanais de trabalho, aplica-se o divisor 200 (duzentos) para o cálculo do valor do salário-hora.

§ 1.º Não serão descontadas nem computadas como jornada extraordinária as variações de horário no registro de ponto não excedentes de cinco minutos, observado o limite máximo de dez minutos diários.

•• § 1.º acrescentado pela Lei n. 10.243, de 19-6-2001.

Súmula 366/TST: Cartão de ponto. Registro. Horas extras. Minutos que antecedem e sucedem a jornada de trabalho. Não serão descontadas nem computadas como jornada extraordinária as variações de horário do registro de ponto não excedentes de cinco minutos, observado o limite máximo de dez minutos diários. Se ultrapassado esse limite, será considerada como extra a totalidade do tempo que exceder a jornada normal, pois configurado tempo à disposição do empregador, não importando as atividades desenvolvidas pelo empregado ao longo do tempo residual (troca de uniforme, lanche, higiene pessoal, etc.).

Súmula 449/TST: Minutos que antecedem e sucedem a jornada de trabalho. Lei n. 10.243, de 19-6-2001. Norma coletiva. Flexibilização. Impossibilidade. A partir da vigência da Lei n. 10.243, de 19-6-2001, que acrescentou o § 1.º ao art. 58 da CLT, não mais prevalece cláusula prevista em convenção ou acordo coletivo que elastece o limite de 5 minutos que antecedem e sucedem a jornada de trabalho para fins de apuração das horas extras.

§ 2.º O tempo despendido pelo empregado desde a sua residência até a efetiva ocupação do posto de trabalho e para o seu retorno, caminhando ou por qualquer meio de transporte, inclusive o fornecido pelo empregador, não será computado na jornada de trabalho, por não ser tempo à disposição do empregador.

•• § 2.º com redação determinada pela Lei n. 13.467, de 13-7-2017.

Súmula 90/TST: Horas *in itinere*. Tempo de serviço. I – O tempo despendido pelo empregado, em condução fornecida pelo empregador, até o local de trabalho de difícil acesso, ou não servido por transporte público regular, e para o seu retorno é computável na jornada de trabalho. II – A incompatibilidade entre os horários de início e término da jornada do empregado e os do transporte público regular é circunstância que também gera o direito às horas *in itinere*. III – A mera insuficiência de transporte público não enseja o pagamento de horas *in itinere*. IV – Se houver transporte público regular em parte do trajeto percorrido em condução da empresa, as horas *in itinere* remuneradas limitam-se ao trecho não alcançado pelo transporte público. V – Considerando que as horas *in itinere* são computáveis na jornada de trabalho, o tempo que extrapola a jornada legal é considerado como extraordinário e sobre ele deve incidir o adicional respectivo.

Súmula 320/TST: Horas *in itinere*. Obrigatoriedade de cômputo na jornada de trabalho. O fato de o empregador cobrar, parcialmente ou não, importância pelo transporte fornecido, para local de difícil acesso ou não servido por transporte regular, não afasta o direito à percepção das horas *in itinere*.

OJ Transitória 36 da SDI-1: Hora *in itinere*. Tempo gasto entre a portaria da empresa e o local do serviço. Devida. Açominas. Configura-se como hora *in itinere* o tempo gasto pelo obreiro para alcançar seu local de trabalho a partir da portaria da Açominas.

§ 3.º *(Revogado pela Lei n. 13.467, de 13-7-2017.)*

Art. 58-A. Considera-se trabalho em regime de tempo parcial aquele cuja duração não exceda a trinta horas semanais, sem a possibilidade de horas suplementares semanais, ou, ainda, aquele cuja duração não exceda a vinte e seis horas semanais, com a possibilidade de acréscimo de até seis horas suplementares semanais.

•• *Caput* com redação determinada pela Lei n. 13.467, de 13-7-2017.

§ 1.º O salário a ser pago aos empregados sob o regime de tempo parcial será proporcional à sua jornada, em relação aos empregados que cumprem, nas mesmas funções, tempo integral.

•• § 1.º acrescentado pela Medida Provisória n. 2.164-41, de 24-8-2001.

§ 2.º Para os atuais empregados, a adoção do regime de tempo parcial será feita mediante opção manifestada perante a empresa, na forma prevista em instrumento decorrente de negociação coletiva.

•• § 2.º acrescentado pela Medida Provisória n. 2.164-41, de 24-8-2001.

Art. 7.º, XIII, da CF: São direitos dos trabalhadores urbanos e rurais, além de outros que visem à melhoria de sua condição social: (...) XIII – duração do trabalho normal não superior a oito horas diárias e quarenta e quatro semanais, facultada a compensação de horários e a redução da jornada, mediante acordo ou convenção coletiva de trabalho.

Art. 58 da CLT: No caso do empregado diarista, o salário-hora normal será obtido dividindo-se o salário diário correspondente à duração do trabalho, estabelecida no art. 58, pelo número de horas de efetivo trabalho.

OJ 358 da SDI-1: Salário mínimo e piso salarial proporcional à jornada reduzida. Empregado. Servidor público. I – Havendo contratação para cumprimento de jornada reduzida, inferior à previsão constitucional de oito horas diárias ou quarenta e quatro semanais, é lícito o pagamento do piso salarial ou do salário mínimo proporcional ao tempo trabalhado. II – Na Administração Pública direta, autárquica e fundacional não é válida remuneração de empregado público inferior ao salário mínimo, ainda que cumpra jornada de trabalho reduzida.

• *Vide* Súmulas 90, 291 e 360 do TST.

• Cabineiros de elevador (6 horas de trabalho diário): Lei n. 3.270, de 30-9-1957. Proibido o aumento das horas.

• A jornada de trabalho do técnico em radiologia é de 24 (vinte e quatro) horas semanais: Lei n. 7.394, de 29-10-1985, art. 14.

§ 3.º As horas suplementares à duração do trabalho semanal normal serão pagas com o acréscimo de 50% (cinquenta por cento) sobre o salário-hora normal.

•• § 3.º acrescentado pela Lei n. 13.467, de 13-7-2017.

§ 4.º Na hipótese de o contrato de trabalho em regime de tempo parcial ser estabelecido em número inferior a vinte e seis horas semanais, as horas suplementares a este quantitativo serão consideradas horas extras para fins do pagamento estipulado no § 3.º, estando também limitadas a seis horas suplementares semanais.

•• § 4.º acrescentado pela Lei n. 13.467, de 13-7-2017.

§ 5.º As horas suplementares da jornada de trabalho normal poderão ser compensadas diretamente até a semana imediatamente posterior à da sua execução, devendo ser feita a sua quitação na folha de pagamento do mês subsequente, caso não sejam compensadas.

•• § 5.º acrescentado pela Lei n. 13.467, de 13-7-2017.

§ 6.º É facultado ao empregado contratado sob regime de tempo parcial converter um terço do período de férias a que tiver direito em abono pecuniário.

•• § 6.º acrescentado pela Lei n. 13.467, de 13-7-2017.

§ 7.º As férias do regime de tempo parcial são regidas pelo disposto no art. 130 desta Consolidação.

•• § 7.º acrescentado pela Lei n. 13.467, de 13-7-2017.

Art. 59. A duração diária do trabalho poderá ser acrescida de horas extras, em número não excedente de duas, por acordo individual, convenção coletiva ou acordo coletivo de trabalho.

•• *Caput* com redação determinada pela Lei n. 13.467, de 13-7-2017.

Súmula 45/TST: Serviço suplementar. A remuneração do serviço suplementar, habitualmente prestado, integra o cálculo da gratificação natalina prevista na Lei n. 4.090, de 13 de julho de 1962.

Súmula 63/TST: Fundo de garantia. A contribuição para o Fundo de Garantia do Tempo de Serviço incide sobre a remuneração mensal devida ao empregado, inclusive horas extras e adicionais eventuais.

Súmula 110/TST: Jornada de trabalho. Intervalo. No regime de revezamento, as horas trabalhadas em seguida ao repouso semanal de 24 horas, com prejuízo do intervalo mínimo de 11 horas consecutivas para descanso entre jornadas, devem ser remuneradas como extraordinárias, inclusive com o respectivo adicional.

Súmula 115/TST: Horas extras. Gratificações semestrais. O valor das horas extras habituais integra a remuneração do trabalhador para o cálculo das gratificações semestrais.

Súmula 118/TST: Jornada de trabalho. Horas extras. Os intervalos concedidos pelo empregador na jornada de trabalho, não previstos em lei, representam tempo à disposição da empresa, remunerados como serviço extraordinário, se acrescidos ao final da jornada.

Súmula 132/TST: Adicional de periculosidade. Integração. I – O adicional de periculosidade, pago em caráter permanente, integra o cálculo de indenização e de horas extras. II – Durante as horas de sobreaviso, o empregado nãose encontra em condições de risco, razão pela qual é incabível a integração do adicional de periculosidade sobre as mencionadas horas.

Súmula 172/TST: Repouso remunerado. Horas extras. Cálculo. Computam-se no cálculo do repouso remunerado as horas extras habitualmente prestadas. Ex-prejulgado n. 52.

Súmula 253/TST: Gratificação semestral. Repercussões. A gratificação semestral não repercute no cálculo das horas extras, das férias e do aviso prévio, ainda que indenizados. Repercute, contudo, pelo seu duodécimo na indenização por antiguidade e na gratificação natalina.

Súmula 264/TST: Hora suplementar. Cálculo. A remuneração do serviço suplementar é composta do valor da hora normal, integrado por parcelas de natureza salarial e acrescido do adicional previsto em lei, contrato, acordo, convenção coletiva ou sentença normativa.

Súmula 291/TST: Horas extras. Habitualidade. Supressão. Indenização. A supressão total ou parcial, pelo empregador, de serviço suplementar prestado com habitualidade, durante pelo menos 1 (um) ano, assegura ao empregado o direito à indenização correspondente ao valor de 1 (um) mês das horas suprimidas, total ou parcialmente, para cada ano ou fração igual ou superior a seis meses de prestação de serviço acima da jornada normal. O cálculo observará a média das horas suplementares nos últimos 12 (doze) meses anteriores à mudança, multiplicada pelo valor da hora extra do dia da supressão.

Súmula 340/TST: Comissionista. Horas extras. O empregado, sujeito a controle de horário, remunerado à base de comissões, tem direito ao adicional de, no mínimo, 50% (cinquenta por cento) pelo trabalho em horas extras, calculado sobre o valor-hora das comissões recebidas no mês, considerando-se como divisor o número de horas efetivamente trabalhadas.

Súmula 347/TST: Horas extras habituais. Apuração. Média física. O cálculo do valor das horas extras habituais, para efeito de reflexos em verbas trabalhistas, observará o número de horas efetivamente prestadas e a ele aplica-se o valor do salário-hora da época do pagamento daquelas verbas.

Súmula 354/TST: Gorjetas. Natureza jurídica. Repercussões. As gorjetas, cobradas pelo empregador na nota de serviço ou oferecidas espontaneamente pelos clientes, integram a remuneração do empregado, não servindo de base de cálculo para as parcelas de aviso prévio, adicional noturno, horas extras e repouso semanal remunerado.

Súmula 376/TST: Horas extras. Limitação. Art. 59 da CLT. Reflexos. I – A limitação legal da jornada suplementar a duas horas diárias não exime o empregador de pagar todas as horas trabalhadas. II – O valor das horas extras habitualmente prestadas integra o cálculo dos haveres trabalhistas, independentemente da limitação prevista no *caput* do art. 59 da CLT.

Súmula 444/TST: Jornada de trabalho. Norma coletiva. Lei. Escala de 12 por 36. Validade. É válida, em caráter excepcional, a jornada de doze horas de trabalho por trinta e seis de descanso, prevista em lei ou ajustada exclusivamente mediante acordo coletivo de trabalho ou convenção coletiva de trabalho, assegurada a remuneração em dobro dos feriados trabalhados. O empregado não tem direito ao pagamento de adicional referente ao labor prestado na décima primeira e décima segunda horas.

OJ 235 da SDI-1: Horas extras. Salário por produção. O empregado que recebe salário por produção e trabalha em sobrejornada tem direito à percepção apenas do adicional de horas extras, exceto no caso do empregado cortador de cana, a quem é devido o pagamento das horas extras e do adicional respectivo.

OJ 415 da SDI-1: Horas extras. Reconhecimento em juízo. Critério de dedução/abatimento dos valores comprovadamente pagos no curso do contrato de trabalho. A dedução das horas extras comprovadamente pagas daquelas reconhecidas em juízo não pode ser limitada ao mês de apuração, devendo ser integral e aferida pelo total das horas extraordinárias quitadas durante o período imprescrito do contrato de trabalho.

• *Vide* Enunciados n. 22 e 23 da 2.ª Jornada de Direito Material e Processual do Trabalho.

§ 1.º A remuneração da hora extra será, pelo menos, 50% (cinquenta por cento) superior à da hora normal.

•• § 1.º com redação determinada pela Lei n. 13.467, de 13-7-2017.

Art. 7.º, XVI, da CF: São direitos dos trabalhadores urbanos e rurais, além de outros que visem à melhoria de sua condição social: (...) XVI – remuneração do serviço extraordinário superior, no mínimo, em cinquenta por cento à do normal.

§ 2.º Poderá ser dispensado o acréscimo de salário se, por força de acordo ou convenção coletiva de trabalho, o excesso de horas em um dia for compensado pela correspondente diminuição em outro dia, de maneira que não exceda, no período máximo de 1 (um) ano, à soma das jornadas semanais de trabalho previstas, nem seja ultrapassado o limite máximo de 10 (dez) horas diárias.

•• § 2.º com redação determinada pela Medida Provisória n. 2.164-41, de 24-8-2001.

Súmula 85/TST: Compensação de jornada. I – A compensação de jornada de trabalho deve ser ajustada por acordo individual escrito, acordo coletivo ou convenção coletiva. II – O acordo individual para compensação de horas é válido, salvo se houver norma coletiva em sentido contrário. III – O mero não atendimento das exigências legais para a compensação de jornada, inclusive quando encetada mediante acordo tácito, não implica a repetição do pagamento das horas excedentes à jornada normal diária, se não dilatada a jornada máxima semanal, sendo devido apenas o respectivo adicional. IV – A prestação de horas extras habituais descaracteriza o acordo de compensação de jornada. Nesta hipótese, as horas que ultrapassarem a jornada semanal normal deverão ser pagas como horas extraordinárias e, quanto àquelas destinadas à compensação, deverá ser pago a mais apenas o adicional por trabalho extraordinário. V – As disposições contidas nesta súmula não se aplicam ao regime compensatório na modalidade "banco de horas", que somente pode ser instituído por negociação coletiva. VI – Não é válido acordo de compensação de jornada em atividade insalubre, ainda que estipulado em norma coletiva, sem a necessária inspeção prévia e permissão da autoridade competente, na forma do art. 60 da CLT.

§ 3.º Na hipótese de rescisão do contrato de trabalho sem que tenha havido a compensação integral da jornada extraordinária, na forma dos §§ 2.º e 5.º deste artigo, o trabalhador terá direito ao pagamento das horas extras não compensadas, calculadas sobre o valor da remuneração na data da rescisão.

•• § 3.º com redação determinada pela Lei n. 13.467, de 13-7-2017.

§ 4.º (*Revogado pela Lei n. 13.467, de 13-7-2017.*)

§ 5.º O banco de horas de que trata o § 2.º deste artigo poderá ser pactuado por acordo individual escrito, desde que a compensação ocorra no período máximo de seis meses.

•• § 5.º acrescentado pela Lei n. 13.467, de 13-7-2017.

§ 6.º É lícito o regime de compensação de jornada estabelecido por acordo individual, tácito ou escrito, para a compensação no mesmo mês.

•• § 6.º acrescentado pela Lei n. 13.467, de 13-7-2017.

Art. 59-A. Em exceção ao disposto no art. 59 desta Consolidação, é facultado às partes, mediante acordo individual escrito, convenção coletiva ou acordo coletivo de trabalho, estabelecer horário de trabalho de doze horas seguidas por trinta e seis horas ininterruptas de descanso, observados ou indenizados os intervalos para repouso e alimentação.

•• *Caput* acrescentado pela Lei n. 13.467, de 13-7-2017.

Súmula 444/TST: Jornada de trabalho. Norma coletiva. Lei. Escala de 12 por 36. Validade. É válida, em caráter excepcional, a jornada de doze horas de trabalho por trinta e seis de descanso, prevista em lei ou ajustada exclusivamente mediante acordo coletivo de trabalho ou convenção coletiva de trabalho, assegurada a remuneração em dobro dos feriados trabalhados. O empregado não tem direito ao pagamento de adicional referente ao labor prestado na décima primeira e décima segunda horas.

Parágrafo único. A remuneração mensal pactuada pelo horário previsto no *caput* deste artigo abrange os pagamentos devidos pelo descanso semanal remunerado e pelo descanso em feriados, e serão considerados compensados os feriados e as prorrogações de trabalho noturno, quando houver, de que tratam o art. 70 e o § 5.º do art. 73 desta Consolidação.

•• Parágrafo único acrescentado pela Lei n. 13.467, de 13-7-2017.

Art. 59-B. O não atendimento das exigências legais para compensação de jornada, inclusive quando estabelecida mediante acordo tácito, não implica a repetição do pagamento das horas excedentes à jornada normal diária se não ultrapassada a duração máxima semanal, sendo devido apenas o respectivo adicional.

•• *Caput* acrescentado pela Lei n. 13.467, de 13-7-2017.

Parágrafo único. A prestação de horas extras habituais não descaracteriza o acordo de compensação de jornada e o banco de horas.

•• Parágrafo único acrescentado pela Lei n. 13.467, de 13-7-2017.

Art. 60. Nas atividades insalubres, assim consideradas as constantes dos quadros mencionados no Capítulo "Da Segurança e da Medicina do Trabalho", ou que neles venham a ser incluídas por ato do Ministro do Trabalho e Previdência Social, quaisquer prorrogações só poderão ser acordadas mediante licença prévia das autoridades competentes em matéria de higiene do trabalho, as quais, para esse efeito, procederão aos necessários exames locais e à verificação dos métodos e processos de trabalho, quer diretamente, quer por intermédio de autoridades sanitárias federais, estaduais e municipais, com quem entrarão em entendimento para tal fim.

•• Sobre Ministérios, *vide* Nota dos Organizadores.

Art. 7.º, XXXIII, da CF: São direitos dos trabalhadores urbanos e rurais, além de outros que visem à melhoria de sua condição social: (...) XXXIII – proibição de trabalho noturno, perigoso ou insalubre a menores de 18 (dezoito) e de qualquer trabalho a menores de 16 (dezesseis) anos, salvo na condição de aprendiz, a partir de 14 (quatorze) anos.

Enunciado n. 49 da 1.ª Jornada de Direito do Trabalho: Atividade insalubre. Prorrogação de jornada. Negociação coletiva. Invalidade. O art. 60 da CLT não foi derrogado pelo art. 7.º, XIII, da Constituição da República, pelo que é inválida cláusula de Convenção ou Acordo Coletivo que não observe as condições nele estabelecidas.

• *Vide* Portaria n. 702, de 28-5-2015.

Parágrafo único. Excetuam-se da exigência de licença prévia as jornadas de doze horas de trabalho por trinta e seis horas ininterruptas de descanso.

•• Parágrafo único acrescentado pela Lei n. 13.467, de 13-7-2017.

•• *Vide* Enunciados n. 15 e 45 da 2.ª Jornada de Direito Material e Processual do Trabalho.

Art. 61. Ocorrendo necessidade imperiosa, poderá a duração do trabalho exceder do limite legal ou convencionado, seja para fazer face a motivo de força maior, seja para atender à realização ou conclusão de serviços inadiáveis ou cuja inexecução possa acarretar prejuízo manifesto.

Arts. 501 a 504 da CLT: Entende-se como força maior todo acontecimento inevitável, em relação à vontade do empregador, e para a realização do qual este não concorreu, direta ou indiretamente. § 1.º A imprevidência do empregador exclui a razão de força maior. § 2.º À ocorrência do motivo de força maior que não afetar substancialmente, nem for suscetível de afetar, em tais condições, a situação econômica e financeira da empresa, não se aplicam as restrições desta Lei referentes ao disposto neste Capítulo. Art. 502. Ocorrendo motivo de força maior que determine a extinção da empresa, ou de um dos estabelecimentos em que trabalhe o empregado, é assegurada a este, quando despedido, uma indenização na forma seguinte: I – sendo estável, nos termos dos arts. 477 e 478; II – não tendo direito à estabilidade, metade da que seria devida em caso de rescisão sem justa causa; III – havendo contrato por prazo determinado, aquela a que se refere o art. 479 desta Lei, reduzida igualmente à metade. Art. 503. É lícita, em caso de força maior ou prejuízos devidamente comprovados, a redução geral dos salários dos empregados da empresa, proporcionalmente aos salários de cada um, não podendo, entretanto, ser superior a 25% (vinte e cinco por cento), respeitado, em qualquer caso, o salário mínimo da região. Parágrafo único. Cessados os efeitos decorrentes do motivo de força maior, é garantido o restabelecimento dos salários reduzidos. Art. 504. Comprovada a falsa alegação do motivo de força maior, é garantida a reintegração aos empregados estáveis, e aos não estáveis o complemento da indenização já percebida, assegurado a ambos o pagamento da remuneração atrasada.

Súmula 291/TST: Horas extras. Habitualidade. Supressão. Indenização. A supressão total ou parcial, pelo empregador, de serviço suplementar prestado com habitualidade, durante pelo menos 1 (um) ano, assegura ao empregado o direito à indenização correspondente ao valor de 1 (um) mês das horas suprimidas, total ou parcialmente, para cada ano ou fração igual ou superior a seis meses de prestação de serviço acima da jornada normal. O cálculo observará a média das horas suplementares nos últimos 12 (doze) meses anteriores à mudança, multiplicada pelo valor da hora extra do dia da supressão.

Lei n. 4.923/65, art. 4.º: É igualmente vedado às empresas mencionadas no art. 3.º, nas condições e prazo nele contidos, trabalhar em regime de horas extraordinárias, ressalvadas estritamente as hipóteses previstas no art. 61, e seus §§ 1.º e 2.º, da CLT.

§ 1.º O excesso, nos casos deste artigo, pode ser exigido independentemente de convenção coletiva ou acordo coletivo de trabalho.

•• § 1.º com redação determinada pela Lei n. 13.467, de 13-7-2017.

§ 2.º Nos casos de excesso de horário por motivo de força maior, a remuneração da hora excedente não será inferior à da hora normal. Nos demais casos de excesso previstos neste artigo, a remuneração será, pelo menos, 25% (vinte e cinco por cento) superior à da hora normal, e o trabalho não poderá exceder de 12 (doze) horas, desde que a lei não fixe expressamente outro limite.

Art. 7.º, XVI, da CF: São direitos dos trabalhadores urbanos e rurais, além de outros que visem à melhoria de sua condição social: (...) XVI – remuneração do serviço extraordinário superior, no mínimo, em cinquenta por cento à do normal.

§ 3.º Sempre que ocorrer interrupção do trabalho, resultante de causas acidentais, ou de força maior, que determinem a impossibilidade de sua realização, a duração do trabalho poderá ser prorrogada pelo tempo necessário até o máximo de 2 (duas) horas, durante o número de dias indispensáveis à recuperação do tempo perdido, desde que não exceda de 10 (dez) horas diárias, em período não superior a 45 (quarenta e cinco) dias por ano, sujeita essa recuperação à prévia autorização da autoridade competente.

Art. 62. Não são abrangidos pelo regime previsto neste Capítulo:

•• *Caput* com redação determinada pela Lei n. 8.966, de 27-12-1994.

Enunciado n. 17 da 1.ª Jornada de Direito do Trabalho: Limitação da jornada. Repouso semanal remunerado. Direito constitucionalmente assegurado a todos os trabalhadores. Inconstitucionalidade do art. 62 da CLT. A proteção jurídica ao limite da jornada de trabalho, consagrada nos incisos XIII e XV do art. 7.º da Constituição da República, confere, respectivamente, a todos os trabalhadores, indistintamente, os direitos ao repouso semanal remunerado e à limitação da jornada de trabalho, tendo-se por inconstitucional o art. 62 da CLT.

•• *Vide* art. 52, § 1.º, do Decreto n. 9.579, de 22-11-2018 (contrato de aprendizagem).

I – os empregados que exercem atividade externa incompatível com a fixação de horário de trabalho, devendo tal condição ser anotada na Carteira de Trabalho e Previdência Social e no registro de empregados;

•• Inciso I com redação determinada pela Lei n. 8.966, de 27-12-1994.

• *Vide* art. 7.º, VII, da CF.

II – os gerentes, assim considerados os exercentes de cargos de gestão, aos quais se equiparam, para efeito do disposto neste artigo, os diretores e chefes de departamento ou filial;

•• Inciso II com redação determinada pela Lei n. 8.966, de 27-12-1994.

Súmula 287/TST: Jornada de trabalho. Gerente bancário. A jornada de trabalho do empregado de banco gerente de agência é regida pelo art. 224, § 2.º, da CLT. Quanto ao gerente-geral de agência bancária, presume-se o exercício de encargo de gestão, aplicando-se-lhe o art. 62 da CLT.

III – os empregados em regime de teletrabalho.

•• Inciso III acrescentado pela Lei n. 13.467, de 13-7-2017.

•• *Vide* arts. 75-A a 75-E da CLT.

Parágrafo único. O regime previsto neste Capítulo será aplicável aos empregados mencionados no inciso II deste artigo, quando o salário do cargo de confiança, compreendendo a gratificação de função, se houver, for inferior ao valor do respectivo salário efetivo acrescido de 40% (quarenta por cento).

•• Parágrafo único com redação determinada pela Lei n. 8.966, de 27-12-1994.

Art. 63. Não haverá distinção entre empregados e interessados, e a participação em lucros e comissões, salvo em lucros de caráter social, não exclui o participante do regime deste Capítulo.

Art. 64. O salário-hora normal, no caso de empregado mensalista, será obtido dividindo-se o salário mensal correspondente à duração do trabalho, a que se refere o art. 58, por 30 (trinta) vezes o número de horas dessa duração.

Lei n. 605/49, art. 7.º, § 2.º: Consideram-se já remunerados os dias de repouso semanal do empregado mensalista ou quinzenalista, cujo cálculo de salário mensal ou quinzenal, ou cujos descontos por faltas sejam efetuados na base do número de dias do mês ou de 30 (trinta) e 15 (quinze) diárias, respectivamente.

Súmula 264/TST: Hora suplementar. Cálculo. A remuneração do serviço suplementar é composta do valor da hora normal, integrado por parcelas de natureza salarial e acrescido do adicional previsto em lei, contrato, acordo, convenção coletiva ou sentença normativa.

Parágrafo único. Sendo o número de dias inferior a 30 (trinta), adotar-se-á para o cálculo, em lugar desse número, o de dias de trabalho por mês.

Art. 65. No caso do empregado diarista, o salário-hora normal será obtido dividindo-se o salário diário correspondente à duração do trabalho, estabelecida no art. 58, pelo número de horas de efetivo trabalho.

SEÇÃO III
Dos Períodos de Descanso

Art. 66. Entre 2 (duas) jornadas de trabalho haverá um período mínimo de 11 (onze) horas consecutivas para descanso.

Súmula 110/TST: Jornada de trabalho. Intervalo. No regime de revezamento, as horas trabalhadas em seguida ao repouso semanal de 24 horas, com prejuízo do intervalo mínimo de 11 horas consecutivas para descanso entre jornadas, devem ser remuneradas como extraordinárias, inclusive com o respectivo adicional.

OJ 355 da SDI-1: Intervalo interjornadas. Inobservância. Horas extras. Período pago como sobrejornada. Art. 66 da CLT. Aplicação analógica do § 4.º do art. 71 da CLT. O desrespeito ao intervalo mínimo interjornadas previsto no art. 66 da CLT acarreta, por analogia, os mesmos efeitos previstos no § 4.º do art. 71 da CLT e na Súmula n. 110 do TST, devendo-se pagar a integralidade das horas que foram subtraídas do intervalo, acrescidas do respectivo adicional.

Art. 67. Será assegurado a todo empregado um descanso semanal de 24 (vinte e quatro) horas consecutivas, o qual, salvo motivo de conveniência pública ou necessidade imperiosa do serviço, deverá coincidir com o domingo, no todo ou em parte.

Art. 7.º, XV, da CF: São direitos dos trabalhadores urbanos e rurais, além de outros que visem à melhoria de sua condição social: (...) XV – repouso semanal remunerado, preferencialmente aos domingos.

Súmula 461/STF: É duplo, e não triplo, o pagamento do salário nos dias destinados a descanso.

Súmula 27/TST: Comissionista. É devida a remuneração do repouso semanal e dos dias feriados ao empregado comissionista, ainda que pracista.

Súmula 146/TST: Trabalho em domingos e feriados, não compensado. O trabalho prestado em domingos e feriados, não compensado, deve ser pago em dobro, sem prejuízo da remuneração relativa ao repouso semanal.

Súmula 172/TST: Repouso remunerado. Horas extras. Cálculo. Computam-se no cálculo do repouso remunerado as horas extras habitualmente prestadas. Ex-prejulgado n. 52.

Súmula 225/TST: Repouso semanal. Cálculo. Gratificações por tempo de serviço e produtividade. As gratificações por tempo de serviço e produtividade, pagas mensalmente, não repercutem no cálculo do repouso semanal remunerado.

Súmula 354/TST: Gorjetas. Natureza jurídica. Repercussões. As gorjetas, cobradas pelo empregador na nota de serviço ou oferecidas espontaneamente pelos clientes, integram a remuneração do empregado, não servindo de base de cálculo para as parcelas de aviso prévio, adicional noturno, horas extras e repouso semanal remunerado.

Súmula 360/TST: Turnos ininterruptos de revezamento. Intervalos intrajornada e semanal. A interrupção do trabalho destinada a repouso e alimentação, dentro de cada turno, ou o intervalo para repouso semanal, não descaracteriza o turno de revezamento com jornada de 6 (seis) horas previsto no art. 7.º, XIV, da CF/1988.

• *Vide* Lei n. 605, de 5-1-1949.

Parágrafo único. Nos serviços que exijam trabalho aos domingos, com exceção quanto aos elencos teatrais, será estabelecida escala de revezamento, mensalmente organizada e constando de quadro sujeito à fiscalização.

Art. 68. O trabalho em domingo, seja total ou parcial, na forma do art. 67, será sempre subordinado à permissão prévia da autoridade competente em matéria de trabalho.

Parágrafo único. A permissão será concedida a título permanente nas atividades que, por sua natureza ou pela conveniência pública, devem ser exercidas aos domingos, cabendo ao Ministro do Trabalho e Previdência Social expedir instruções em que sejam especificadas tais atividades. Nos demais casos, ela será dada sob forma transitória, com discriminação do período autorizado, o qual, de cada vez, não excederá de 60 (sessenta) dias.

•• Sobre Ministérios, *vide* Nota dos Organizadores.

•• A Portaria n. 945, de 8-7-2015, do MTE, disciplina a autorização transitória para trabalho aos domingos e feriados a que se refere este parágrafo único.

Súmula 27/TST: Comissionista. É devida a remuneração do repouso semanal e dos dias feriados ao empregado comissionista, ainda que pracista.

Súmula 146/TST: Trabalho em domingos e feriados, não compensado. O trabalho prestado em domingos e feriados, não compensado, deve ser pago em dobro, sem prejuízo da remuneração relativa ao repouso semanal.

Súmula 172/TST: Repouso remunerado. Horas extras. Cálculo. Computam-se no cálculo do repouso remunerado as horas extras habitualmente prestadas. Ex-prejulgado n. 52.

Art. 69. Na regulamentação do funcionamento de atividades sujeitas ao regime deste Capítulo, os municípios atenderão aos preceitos nele estabelecidos, e as regras que venham a fixar não poderão contrariar tais preceitos nem as instruções que, para seu cumprimento, forem expedidas pelas autoridades competentes em matéria de trabalho.

Art. 70. Salvo o disposto nos arts. 68 e 69, é vedado o trabalho em dias feriados nacionais e feriados religiosos, nos termos da legislação própria.

•• Artigo com redação determinada pelo Decreto-lei n. 229, de 28-2-1967.

•• *Vide* Nota dos Organizadores, sobre os feriados nacionais.

Lei n. 662/49, arts. 1.º e 3.º: São feriados nacionais os dias 1.º de janeiro, 21 de abril, 1.º de maio, 7 de setembro, 2 de novembro, 15 de novembro e 25 de dezembro. Art. 3.º Os chamados "pontos facultativos" que os Estados, Distrito Federal ou Municípios decretarem não suspenderão as horas normais de ensino nem prejudicarão os atos da vida forense, dos tabeliães e dos cartórios de registro.

Lei n. 1.408/51, art. 5.º: Não haverá expediente no Foro e nos ofícios de Justiça, no "Dia da Justiça", nos feriados nacionais, na terça-feira de Carnaval, na Sexta-feira Santa, e nos dias que a Lei estadual designar.

Lei n. 6.802/80, art. 1.º: É declarado feriado nacional o dia 12 de outubro, para culto público e oficial a Nossa Senhora Aparecida, Padroeira do Brasil.

• *Vide* arts. 227, § 2.º, 229, § 2.º, 249, § 1.º, 385, parágrafo único, e 770, parágrafo único, da CLT.

Art. 71. Em qualquer trabalho contínuo, cuja duração exceda de 6 (seis) horas, é obrigatória a concessão de um intervalo para repouso ou alimentação, o qual será, no mínimo, de 1 (uma) hora e, salvo acordo escrito ou contrato coletivo em contrário, não poderá exceder de 2 (duas) horas.

Súmula 437/TST: Intervalo intrajornada para repouso e alimentação. Aplicação do art. 71 da CLT. I – Após a edição da Lei n. 8.923/94, a não concessão ou a concessão parcial do intervalo intrajornada mínimo, para repouso e alimentação, a empregados urbanos e rurais, implica o pagamento total do período correspondente, e não apenas daquele suprimido, com acréscimo de, no mínimo, 50% sobre o valor da remuneração da hora normal de trabalho (art. 71 da CLT), sem prejuízo do cômputo da efetiva jornada de labor para efeito de remuneração. II – É inválida cláusula de acordo ou convenção coletiva de trabalho contemplando a supressão ou redução do intervalo intrajornada porque este constitui medida de higiene, saúde e segurança do trabalho, garantido por norma de ordem pública (art. 71 da CLT e art. 7.º, XXII, da CF/1988), infenso à negociação coletiva. III – Possui natureza salarial a parcela prevista no art. 71, § 4.º, da CLT, com redação introduzida pela Lei n. 8.923, de 27 de julho de 1994, quando não concedido ou reduzido pelo empregador o intervalo mínimo intrajornada para repouso e alimentação, repercutindo, assim, no cálculo de outras parcelas salariais. IV – Ultrapassada habitualmente a jornada de seis horas de trabalho, é devido o gozo do intervalo intrajornada mínimo de uma hora, obrigando o empregador a remunerar o período para descanso e alimentação não usufruído como extra, acrescido do respectivo adicional, na forma prevista no art. 71, *caput* e § 4.º, da CLT.

• A Portaria n. 1.095, de 19-5-2010, do MTE, disciplina os requisitos para a redução do intervalo intrajornada.

§ 1.º Não excedendo de 6 (seis) horas o trabalho, será, entretanto, obrigatório um intervalo de 15 (quinze) minutos quando a duração ultrapassar 4 (quatro) horas.

§ 2.º Os intervalos de descanso não serão computados na duração do trabalho.

§ 3.º O limite mínimo de 1 (uma) hora para repouso ou refeição poderá ser reduzido por ato do Ministro do Trabalho e Previdência Social quando, ouvida a Secretaria de Segurança e Higiene do Trabalho, se verificar que o estabelecimento atende integralmente às exigências concernentes à organização dos refeitórios e quando os respectivos empregados não estiverem sob regime de trabalho prorrogado a horas suplementares.

•• Sobre Ministérios, *vide* Nota dos Organizadores.

Art. 383 da CLT: Durante a jornada de trabalho, será concedido à empregada um período para refeição e repouso não inferior a 1 (uma) hora nem superior a 2 (duas) horas salvo a hipótese prevista no art. 71, § 3.º.

Lei n. 5.889/73, arts. 5.º e 6.º: Em qualquer trabalho contínuo de duração superior a 6 (seis) horas, será obrigatória a concessão de um intervalo para repouso ou alimentação, observados os usos e costumes da região, não se computando este intervalo na duração do trabalho. Entre 2 (duas) jornadas de trabalho haverá um período mínimo de 11 (onze) horas consecutivas para descanso. Art. 6.º Nos serviços caracteristicamente intermitentes, não serão computados, como de efetivo exercício, os intervalos entre uma e outra parte da execução da tarefa diária, desde que tal hipótese seja expressamente ressalvada na Carteira de Trabalho e Previdência Social.

§ 4.º A não concessão ou a concessão parcial do intervalo intrajornada mínimo, para repouso e alimentação, a empregados urbanos e rurais, implica o pagamento, de natureza indenizatória, apenas do período suprimido, com acréscimo de 50% (cinquenta por cento) sobre o valor da remuneração da hora normal de trabalho.

•• § 4.º com redação determinada pela Lei n. 13.467, de 13-7-2017.

OJ 355 da SDI-1: Intervalo interjornadas. Inobservância. Horas extras. Período pago como sobrejornada. Art. 66 da CLT. Aplicação analógica do § 4.º do art. 71 da CLT. O desrespeito ao intervalo mínimo interjornadas previsto no art. 66 da CLT acarreta, por analogia, os mesmos efeitos previstos no § 4.º do art. 71 da CLT e na Súmula n. 110 do TST, devendo-se pagar a integralidade das horas que foram subtraídas do intervalo, acrescidas do respectivo adicional.

§ 5.º O intervalo expresso no *caput* poderá ser reduzido e/ou fracionado, e aquele estabelecido no § 1.º poderá ser fracionado, quando compreendidos entre o término da primeira hora trabalhada e o início da última hora trabalhada, desde que previsto em convenção ou acordo coletivo de trabalho, ante a natureza do serviço e em virtude das condições especiais de trabalho a que são submetidos estritamente os motoristas, cobradores, fiscalização de campo e afins nos serviços de operação de veículos rodoviários, empregados no setor de transporte coletivo de passageiros, mantida a remuneração e concedidos intervalos para descanso menores ao final de cada viagem.

•• § 5.º com redação determinada pela Lei n. 13.103, de 2-3-2015.

Art. 72. Nos serviços permanentes de mecanografia (datilografia, escrituração ou cálculo), a cada período de 90 (noventa) minutos de trabalho consecutivo corresponderá um repouso de 10 (dez) minutos não deduzidos da duração normal de trabalho.

SEÇÃO IV
Do Trabalho Noturno

Súmula 213/STF: É devido o adicional de serviço noturno, ainda que sujeito o empregado a regime de revezamento.

Súmula 214/STF: A duração legal da hora de serviço noturno (cinquenta e dois minutos e trinta segundos) constitui vantagem suplementar, que não dispensa o salário adicional.

Súmula 402/STF: Vigia noturno tem direito a salário adicional.

Súmula 140/TST: Vigia. É assegurado ao vigia sujeito ao trabalho noturno o direito ao respectivo adicional. Ex-prejulgado n. 12.

Súmula 265/TST: Adicional noturno. Alteração de turno de trabalho. Possibilidade de supressão. A transferência para o período diurno de trabalho implica a perda do direito ao adicional noturno.

OJ 388 da SDI-1: Jornada 12x36. Jornada mista que compreenda a totalidade do período noturno. Adicional noturno. Devido. O empregado submetido à jornada de 12 horas de trabalho por 36 de descanso, que compreenda a totalidade do período noturno, tem direito ao adicional noturno, relativo às horas trabalhadas após as 5 horas da manhã.

• O Decreto n. 5.005, de 8-3-2004, aprova o texto da Convenção n. 171, da OIT, relativa ao trabalho noturno.

• Trabalho rural: Lei n. 5.889, de 8-6-1973, art. 7.º, parágrafo único.

Art. 73. Salvo nos casos de revezamento semanal ou quinzenal, o trabalho noturno terá remuneração superior à do diurno e, para esse efeito, sua remuneração terá um acréscimo de 20% (vinte por cento), pelo menos, sobre a hora diurna.

•• *Caput* com redação determinada pelo Decreto-lei n. 9.666, de 28-8-1946.

Art. 7.º, IX e XVI, da CF: São direitos dos trabalhadores urbanos e rurais, além de outros que visem à melhoria de sua condição social: (...) IX – remuneração do trabalho noturno superior à do diurno; (...) XVI – remuneração do serviço extraordinário superior, no mínimo, em cinquenta por cento à do normal.

• Estabelecimentos bancários: Decreto-lei n. 546, de 18-4-1969.

§ 1.º A hora do trabalho noturno será computada como de 52 (cinquenta e dois) minutos e 30 (trinta) segundos.

•• § 1.º com redação determinada pelo Decreto-lei n. 9.666, de 28-8-1946.

OJ 395 da SDI-1: Turno ininterrupto de revezamento. Hora noturna reduzida. Incidência. O trabalho em regime de turnos ininterruptos de revezamento não retira o direito à hora noturna reduzida, não havendo incompatibilidade entre as disposições contidas nos arts. 73, § 1.º, da CLT e 7.º, XIV, da Constituição Federal.

§ 2.º Considera-se noturno, para os efeitos deste artigo, o trabalho executado entre as 22 (vinte e duas) horas de um dia e as 5 (cinco) horas do dia seguinte.

•• § 2.º com redação determinada pelo Decreto-lei n. 9.666, de 28-8-1946.

Lei n. 5.889/73, art. 7.º, *caput*: Para os efeitos desta Lei, considera-se trabalho noturno o executado entre as 21 (vinte e uma) horas de um dia e as 5 (cinco) horas do dia seguinte, na lavoura, e entre as 20 (vinte) horas de um dia e as 4 (quatro) horas do dia seguinte, na atividade pecuária.

Súmula 112/TST: Trabalho noturno. Petróleo. O trabalho noturno dos empregados nas atividades de exploração, perfuração, produção e refinação do petróleo, industrialização do xisto, indústria petroquímica e transporte de petróleo e seus derivados, por meio de dutos, é regulado pela Lei n. 5.811, de 11 de outubro de 1972, não se lhe aplicando a hora reduzida de 52 minutos e 30 segundos prevista no art. 73, § 2.º, da CLT.

§ 3.º O acréscimo a que se refere o presente artigo, em se tratando de empresas que não mantêm, pela natureza de suas atividades, trabalho noturno habitual, será feito tendo em vista os quantitativos pagos por trabalhos diurnos de natureza semelhante. Em relação às empresas cujo trabalho noturno decorra da natureza de suas atividades, o aumento será calculado sobre o salário mínimo geral vigente na região, não sendo devido quando exceder desse limite, já acrescido da percentagem.

•• § 3.º com redação determinada pelo Decreto-lei n. 9.666, de 28-8-1946.

Súmula 313/STF: Provada a identidade entre o trabalho diurno e o noturno, é devido o adicional, quanto a este, sem a limitação do art. 73, § 3.º, da Consolidação das Leis do Trabalho, independentemente da natureza da atividade do empregador.

§ 4.º Nos horários mistos, assim entendidos os que abrangem períodos diurnos e noturnos, aplica-se às horas de trabalho noturno o disposto neste artigo e seus parágrafos.

•• § 4.º com redação determinada pelo Decreto-lei n. 9.666, de 28-8-1946.

§ 5.º Às prorrogações do trabalho noturno aplica-se o disposto neste Capítulo.

•• § 5.º com redação determinada pelo Decreto-lei n. 9.666, de 28-8-1946.

Súmula 60/TST: Adicional noturno. Integração no salário e prorrogação em horário diurno. I – O adicional noturno, pago com habitualidade, integra o salário do empregado para todos os efeitos. II – Cumprida integralmente a jornada no período noturno e prorrogada esta, devido é também o adicional quanto às horas prorrogadas. Exegese do art. 73, § 5.º, da CLT.

SEÇÃO V

Do Quadro de Horário

Art. 74. O horário do trabalho constará de quadro, organizado conforme modelo expedido pelo Ministro do Trabalho e Previdência Social e afixado em lugar bem visível. Esse quadro será discriminativo no caso de não ser o horário único para todos os empregados de uma mesma seção ou turma.

•• *Vide* Nota dos Organizadores, sobre Ministérios.

Lei Complementar n. 123/06, art. 51, I: As microempresas e as empresas de pequeno porte são dispensadas: I – da afixação de Quadro de Trabalho em suas dependências.

Portaria n. 3.626/91, arts. 13 e 14: A empresa que adotar registros manuais, mecânicos ou eletrônicos individualizados de controle de horário de trabalho, contendo a hora de entrada e de saída, bem como a pré-assinalação do período de repouso ou alimentação, fica dispensada do uso de quadro de horário (art. 74 da CLT). Parágrafo único. Quando a jornada de trabalho for executada integralmente fora do estabelecimento do empregador, o horário de trabalho constará também de ficha, papeleta ou registro de ponto, que ficará em poder do empregado. Art. 14. Permanece como modelo único de quadro de horário de trabalho o aprovado pela Portaria n. 576, de 6 de janeiro de 1941.

§ 1.º O horário de trabalho será anotado em registro de empregados com a indicação de acordos ou contratos coletivos porventura celebrados.

•• *Vide* notas ao *caput* deste artigo.

§ 2.º Para os estabelecimentos de mais de dez trabalhadores será obrigatória a anotação da hora de entrada e de saída, em registro manual, mecânico ou eletrônico, conforme instruções a serem expedidas pelo Ministério do Trabalho, devendo haver pré-assinalação do período de repouso.

•• § 2.º com redação determinada pela Lei n. 7.855, de 24-10-1989.

•• *Vide* Portaria n. 1.510, de 21-8-2009, do Ministério do Trabalho, que disciplina o registro eletrônico de ponto e a utilização do Sistema de Registro Eletrônico de Ponto – SREP.

• A Instrução Normativa n. 85, de 26-7-2010, do MTE, disciplina a fiscalização do Sistema de Registro Eletrônico de Ponto – SREP, e fixa prazo para o critério da dupla visita em relação à obrigatoriedade da utilização do equipamento.

§ 3.º Se o trabalho for executado fora do estabelecimento, o horário dos empregados constará, explicitamente, de ficha ou papeleta em seu poder, sem prejuízo do que dispõe o § 1.º deste artigo.

•• *Vide* notas ao *caput* deste artigo.

SEÇÃO VI

Das Penalidades

Art. 75. Os infratores dos dispositivos do presente Capítulo incorrerão na multa de cinquenta a cinco mil cruzeiros, segundo a natureza da infração, sua extensão e a intenção de quem a praticou, aplicada em dobro no caso de reincidência, e oposição à fiscalização ou desacato à autoridade.

•• *Vide* Nota dos Organizadores, sobre o valor das multas previstas na CLT.

Parágrafo único. São competentes para impor penalidades as Delegacias Regionais do Trabalho.

•• O Decreto-lei n. 229, de 28-2-1967, determinou a substituição do "Departamento Nacional do Trabalho" por "Delegacia Regional do Trabalho".

CAPÍTULO II-A
DO TELETRABALHO

•• Capítulo II-A acrescentado pela Lei n. 13.467, de 13-7-2017.

•• *Vide* Enunciados n. 70 a 72 da 2.ª Jornada de Direito Material e Processual do Trabalho.

Art. 75-A. A prestação de serviços pelo empregado em regime de teletrabalho observará o disposto neste Capítulo.

•• Artigo acrescentado pela Lei n. 13.467, de 13-7-2017.

Art. 75-B. Considera-se teletrabalho a prestação de serviços preponderantemente fora das dependências do empregador, com a utilização de tecnologias de informação e de comunicação que, por sua natureza, não se constituam como trabalho externo.

•• *Caput* acrescentado pela Lei n. 13.467, de 13-7-2017.

Súmula 428/TST: Sobreaviso. Aplicação analógica do art. 244, § 2.º da CLT. I – O uso de instrumentos telemáticos ou informatizados fornecidos pela empresa ao empregado, por si só, não caracteriza o regime de sobreaviso. II – Considera-se em sobreaviso o empregado que, à distância e submetido a controle patronal por instrumentos telemáticos ou informatizados, permanecer em regime de plantão ou equivalente, aguardando a qualquer momento o chamado para o serviço durante o período de descanso.

Parágrafo único. O comparecimento às dependências do empregador para a realização de atividades específicas que exijam a presença do empregado no estabelecimento não descaracteriza o regime de teletrabalho.

•• Parágrafo único acrescentado pela Lei n. 13.467, de 13-7-2017.

Art. 75-C. A prestação de serviços na modalidade de teletrabalho deverá constar expressamente do contrato individual de trabalho, que especificará as atividades que serão realizadas pelo empregado.

•• *Caput* acrescentado pela Lei n. 13.467, de 13-7-2017.

§ 1.º Poderá ser realizada a alteração entre regime presencial e de teletrabalho desde que haja mútuo acordo entre as partes, registrado em aditivo contratual.

•• § 1.º acrescentado pela Lei n. 13.467, de 13-7-2017.

§ 2.º Poderá ser realizada a alteração do regime de teletrabalho para o presencial por determinação do empregador, garantido prazo de transição mínimo de quinze dias, com correspondente registro em aditivo contratual.

•• § 2.º acrescentado pela Lei n. 13.467, de 13-7-2017.

Art. 75-D. As disposições relativas à responsabilidade pela aquisição, manutenção ou fornecimento dos equipamentos tecnológicos e da infraestrutura necessária e adequada à prestação do trabalho remoto, bem como ao reembolso de despesas arcadas pelo empregado, serão previstas em contrato escrito.

•• *Caput* acrescentado pela Lei n. 13.467, de 13-7-2017.

Parágrafo único. As utilidades mencionadas no *caput* deste artigo não integram a remuneração do empregado.

•• Parágrafo único acrescentado pela Lei n. 13.467, de 13-7-2017.

Art. 75-E. O empregador deverá instruir os empregados, de maneira expressa e ostensiva, quanto às precauções a tomar a fim de evitar doenças e acidentes de trabalho.

•• *Caput* acrescentado pela Lei n. 13.467, de 13-7-2017.

Parágrafo único. O empregado deverá assinar termo de responsabilidade comprometendo-se a seguir as instruções fornecidas pelo empregador.

•• Parágrafo único acrescentado pela Lei n. 13.467, de 13-7-2017.

CAPÍTULO III
DO SALÁRIO MÍNIMO

•• *Vide* Nota dos Organizadores.

•• O Decreto n. 9.661, de 1.º-1-2019, estabelece que, a partir de 1.º-1-2019, o salário mínimo será de R$ 998,00 (novecentos e noventa e oito reais).

Súmula 201/STJ: Os honorários advocatícios não podem ser fixados em salários mínimos.

• *Vide* art. 7.º, X, da CF.

SEÇÃO I
Do Conceito

Art. 76. Salário mínimo é a contraprestação mínima devida e paga diretamente pelo empregador a todo trabalhador, inclusive ao trabalhador rural, sem distinção de sexo, por dia normal de serviço, e capaz de satisfazer, em determinada época e região do País, as suas necessidades normais de alimentação, habitação, vestuário, higiene e transporte.

Art. 7.º, IV, da CF: São direitos dos trabalhadores urbanos e rurais, além de outros que visem à melhoria de sua condição social: (...) IV – salário mínimo, fixado em lei, nacionalmente unificado, capaz de atender a suas necessidades vitais básicas e às de sua família com moradia, alimentação, educação, saúde, lazer, vestuário, higiene, transporte e previdência social, com reajustes periódicos que lhe preservem o poder aquisitivo, sendo vedada sua vinculação para qualquer fim.

Lei n. 8.542/92, art. 6.º: Salário mínimo é a contraprestação mínima devida e paga diretamente pelo empregador a todo trabalhador, por jornada normal de trabalho, capaz de satisfazer, em qualquer região do País, às suas necessidades vitais básicas e às de sua família com moradia, alimentação, educação, saúde, lazer, vestuário, higiene, transporte e previdência social. § 1.º O salário mínimo diário corresponderá a 1/30 (um trinta avos) do salário mínimo mensal, e o salário mínimo horário a 1/220 (um duzentos e vinte avos) do salário mínimo. § 2.º Para os trabalhadores que tenham por disposição legal a jornada máxima diária de trabalho inferior a 8 (oito) horas, o salário mínimo será igual ao definido no parágrafo anterior multiplicado por 8 (oito) e dividido pelo máximo legal.

Súmula 203/STF: Não está sujeita à vacância de 60 (sessenta) dias a vigência de novos níveis de salário mínimo.

Art. 77. *(Revogado pela Lei n. 4.589, de 11-12-1964.)*

Art. 78. Quando o salário for ajustado por empreitada, ou convencionado por tarefa ou peça, será garantida ao trabalhador uma remuneração diária nunca inferior à do salário mínimo por dia normal da região, zona ou subzona.

•• De acordo com o art. 7.º, IV, da CF, o salário mínimo é nacionalmente unificado.

• *Vide* Súmula 199 do STF.

Parágrafo único. Quando o salário mínimo mensal do empregado à comissão ou que tenha direito à percentagem for integrado por parte fixa e parte variável, ser-lhe-á sempre garantido o salário mínimo, vedado qualquer desconto em mês subsequente a título de compensação.

•• Parágrafo único acrescentado pelo Decreto-lei n. 229, de 28-2-1967.

Art. 7.º, VII, da CF: São direitos dos trabalhadores urbanos e rurais, além de outros que visem à melhoria de sua condição social: (...) VII – garantia de salário, nunca inferior ao mínimo, para os que percebem remuneração variável.

Art. 79. Quando se tratar da fixação do salário mínimo dos trabalhadores ocupados em serviços insalubres, poderão as Comissões de Salário Mínimo aumentá-lo até de metade do salário mínimo normal da região, zona ou subzona.

•• Prejudicado este artigo pela Lei n. 4.589, de 11-12-1964, art. 23.

Súmula 307/STF: É devido o adicional de serviço insalubre, calculado à base do salário mínimo da região, ainda que a remuneração contratual seja superior ao salário mínimo acrescido da taxa de insalubridade.

Art. 80. *(Revogado pela Lei n. 10.097, de 19-12-2000.)*

Art. 81. O salário mínimo será determinado pela fórmula Sm = a + b + c + d + e, em que *a*, *b*, *c*, *d* e e representam, respectivamente, o valor das despesas diárias com alimentação, habitação, vestuário, higiene e transporte necessários à vida de um trabalhador adulto.

Art. 7.º, IV, da CF: São direitos dos trabalhadores urbanos e rurais, além de outros que visem à melhoria de sua condição social: (...) IV – salário mínimo, fixado em lei, nacionalmente unificado, capaz de atender a suas necessidades vitais básicas e às de sua família com moradia, alimentação, educação, saúde, lazer, vestuário, higiene, transporte e previdência social, com reajustes periódicos que lhe preservem o poder aquisitivo, sendo vedada sua vinculação para qualquer fim.

§ 1.º A parcela correspondente à alimentação terá um valor mínimo igual aos valores da lista de provisões, constantes dos quadros devidamente aprovados e necessários à alimentação diária do trabalhador adulto.

• Alimentação e imposto de renda: Lei n. 6.321, de 14-4-1976, e Decreto n. 5, de 14-1-1991.

§ 2.º Poderão ser substituídos pelos equivalentes de cada grupo, também mencionados nos quadros a que alude o parágrafo anterior, os alimentos, quando as condições da região, zona ou subzona o aconselharem, respeitados os valores nutritivos determinados nos mesmos quadros.

•• De acordo com o art. 7.º, IV, da CF, o salário mínimo é nacionalmente unificado.

§ 3.º O Ministério do Trabalho e Previdência Social fará, periodicamente, a revisão dos quadros a que se refere o § 1.º deste artigo.

•• Sobre Ministérios, *vide* Nota dos Organizadores.

Art. 82. Quando o empregador fornecer, *in natura*, uma ou mais das parcelas do salário mínimo, o salário em dinheiro será determinado pela fórmula Sd = Sm – P, em que *Sd* representa o salário em dinheiro, *Sm* o salário mínimo e *P* a soma dos valores daquelas parcelas na região.

Art. 458, *caput*, da CLT: Além do pagamento em dinheiro, compreende-se no salário, para todos os efeitos legais, a alimentação, habitação, vestuário ou outras prestações in natura que a empresa, por força do contrato ou do costume, fornecer habitualmente ao empregado. Em caso algum será permitido o pagamento com bebidas alcoólicas ou drogas nocivas.

Lei n. 3.030/56, arts. 1.º e 2.º: Para os efeitos do art. 82 do Decreto-lei n. 5.452, de 1.º-5-1943 (CLT), os descontos por fornecimento de alimentação, quando preparada pelo próprio empregador, não poderão exceder a 25% (vinte e cinco por cento) do salário mínimo. Art. 2.º A disposição do art. 1.º será aplicada aos trabalhadores em geral, desde que as refeições sejam preparadas e fornecidas no próprio estabelecimento empregador.

• *Vide* Súmulas 241, 258 e 367 do TST.

Parágrafo único. O salário mínimo pago em dinheiro não será inferior a 30% (trinta por cento) do salário mínimo fixado para a região.

Art. 83. É devido o salário mínimo ao trabalhador em domicílio, considerado este como o executado na habitação do empregado ou em oficina de família, por conta de empregador que o remunere.

SEÇÃO II

Das Regiões, Zonas e Subzonas

Art. 84. *(Revogado pela Lei n. 13.467, de 13-7-2017.)*

Art. 85. *(Revogado pela Lei n. 4.589, de 11-12-1964.)*

Art. 86. *(Revogado pela Lei n. 13.467, de 13-7-2017.)*

SEÇÃO III

Da Constituição das Comissões

Arts. 87 a 100. *(Revogados pela Lei n. 4.589, de 11-12-1964.)*

SEÇÃO IV

Das Atribuições das Comissões de Salário Mínimo

Arts. 101 a 111. *(Revogados pela Lei n. 4.589, de 11-12-1964.)*

SEÇÃO V

Da Fixação do Salário Mínimo

Arts. 112 a 115. *(Revogados pela Lei n. 4.589, de 11-12-1964.)*

Art. 116. O decreto fixando o salário mínimo, decorridos 60 (sessenta) dias de sua publicação no *Diário Oficial*, obrigará a todos que utilizem o trabalho de outrem mediante remuneração.

•• Entendemos prejudicado o disposto neste artigo pelo art. 7.º, IV, da CF.

Art. 7.º, IV, da CF: São direitos dos trabalhadores urbanos e rurais, além de outros que visem à melhoria de sua condição social: (...) IV – salário mínimo, fixado em lei, nacionalmente unificado, capaz de atender a suas necessidades vitais básica e às de sua família com moradia, alimentação, educação, saúde, lazer, vestuário, higiene, transporte e previdência social, com reajustes periódicos que lhe preservem o poder aquisitivo, sendo vedada sua vinculação para qualquer fim.

•• O art. 23 da Lei n. 4.589, de 11-12-1964, estabelece que são revogados os artigos da CLT referentes às Comissões de Salários Mínimos.

• *Vide* Súmula 203 do STF.

§ 1.º O salário mínimo, uma vez fixado, vigorará pelo prazo de 3 (três) anos, podendo ser modificado ou confirmado por novo período de 3 (três) anos, e assim seguidamente, por decisão da respectiva Comissão de Salário Mínimo, aprovada pelo Ministro do Trabalho e Previdência Social.

§ 2.º Excepcionalmente, poderá o salário mínimo ser modificado, antes de decorridos 3 (três) anos de sua vigência, sempre que a respectiva Comissão de Salário Mínimo, pelo voto de 3/4 (três quartos) de seus componentes, reconhecer que fatores de ordem econômica tenham alterado de maneira profunda a situação econômica e financeira da região, zona ou subzona interessada.

•• De acordo com o art. 7.º, IV, da CF, o salário mínimo é nacionalmente unificado.

•• O art. 23 da Lei n. 4.589, de 11-12-1964, estabelece que são revogados os artigos da CLT referentes às Comissões de Salários Mínimos.

SEÇÃO VI

Disposições Gerais

Art. 117. Será nulo de pleno direito, sujeitando o empregador às sanções do art. 121, qualquer contrato ou convenção que estipule remuneração inferior ao salário mínimo estabelecido na região, zona ou subzona em que tiver de ser cumprido.

•• De acordo com o art. 7.º, IV, da CF, o salário mínimo é nacionalmente unificado.

Art. 118. O trabalhador a quem for pago salário inferior ao mínimo terá direito, não obstante qualquer contrato ou convenção em contrário, a reclamar do empregador o complemento de seu salário mínimo estabelecido na região, zona ou subzona em que tiver de ser cumprido.

Lei Complementar n. 103/00, art. 1.º: Os Estados e o Distrito Federal ficam autorizados a instituir, mediante lei de iniciativa do Poder Executivo, o piso salarial de que trata o inciso V do art. 7.º da Constituição Federal para os empregados que não tenham piso salarial definido em lei federal, convenção ou acordo coletivo de trabalho. § 1.º A autorização de que trata este artigo não poderá ser exercida: I – no segundo semestre do ano em que se verificar eleição para os cargos de Governador dos Estados e do Distrito Federal e de Deputados Estaduais e Distritais; II – em relação à remuneração de servidores públicos municipais. § 2.º O piso salarial a que se refere o *caput* poderá ser estendido aos empregados domésticos.

•• De acordo com o art. 7.º, IV, da CF, o salário mínimo é nacionalmente unificado.

• *Vide* arts. 9.º, 78 e 444 da CLT.

Art. 119. Prescreve em 2 (dois) anos a ação para reaver a diferença, contados, para cada pagamento, da data em que o mesmo tenha sido efetuado.

Art. 7.º, XXIX, da CF: São direitos dos trabalhadores urbanos e rurais, além de outros que visem à melhoria de sua condição social: (...) XXIX – ação, quanto aos créditos resultantes das relações de trabalho, com prazo prescricional de cinco anos para os trabalhadores urbanos e rurais, até o limite de dois anos após a extinção do contrato de trabalho.

Art. 11, *caput*, da CLT: A pretensão quanto a créditos resultantes das relações de trabalho prescreve em cinco anos para os trabalhadores urbanos e rurais, até o limite de dois anos após a extinção do contrato de trabalho.

Art. 440 da CLT: Contra os menores de 18 (dezoito) anos não corre nenhum prazo de prescrição.

Art. 120. Aquele que infringir qualquer dispositivo concernente ao salário mínimo será passível de multa de cinquenta a dois mil cruzeiros, elevada ao dobro na reincidência.

•• *Vide* Nota dos Organizadores, sobre o valor das multas previstas na CLT.

Art. 121. *(Revogado pelo Decreto-lei n. 229, de 28-2-1967.)*

Arts. 122 e 123. *(Revogados pela Lei n. 4.589, de 11-12-1964.)*

Art. 124. A aplicação dos preceitos deste Capítulo não poderá, em caso algum, ser causa determinante da redução do salário.

Art. 125. *(Revogado pela Lei n. 4.589, de 11-12-1964.)*

Art. 126. O Ministro do Trabalho e Previdência Social expedirá as instruções necessárias à fiscalização do salário mínimo, podendo cometer essa fiscalização a qualquer dos órgãos componentes do respectivo Ministério, e, bem assim, aos fiscais do Instituto Nacional de Previdência Social (INPS), na forma da legislação em vigor.

•• O Decreto-lei n. 229, de 28-2-1967, estabelece em seu art. 35 que as referências feitas na CLT a Institutos de Seguro Social ou Previdência Social e Institutos de Aposentadoria e Pensões deveriam ser entendidas como concernentes ao Instituto Nacional da Previdência Social (INPS). Denominação atual: INSS.

Arts. 127 e 128. *(Revogados pelo Decreto-lei n. 229, de 28-2-1967.)*

CAPÍTULO IV
DAS FÉRIAS ANUAIS

•• Capítulo IV com denominação determinada pelo Decreto-lei n. 1.535, de 13-4-1977.

SEÇÃO I
Do Direito a Férias e da sua Duração

•• Seção I com denominação determinada pelo Decreto-lei n. 1.535, de 13-4-1977.

Art. 129. Todo empregado terá direito anualmente ao gozo de um período de férias, sem prejuízo da remuneração.

•• Artigo com redação determinada pelo Decreto-lei n. 1.535, de 13-4-1977.

Art. 7.º, XVII, da CF: São direitos dos trabalhadores urbanos e rurais, além de outros que visem à melhoria de sua condição social: (...) XVII – gozo de férias anuais remuneradas com, pelo menos, um terço a mais do que o salário normal.

Lei Complementar n. 150/15, art. 17, *caput*: O empregado doméstico terá direito a férias anuais remuneradas de 30 (trinta) dias, salvo o disposto no § 3.º do art. 3.º, com acréscimo de, pelo menos, um terço do salário normal, após cada período de 12 (doze) meses de trabalho prestado à mesma pessoa ou família.

Súmula 198/STF: As ausências motivadas por acidente do trabalho não são descontáveis do período aquisitivo das férias.

Súmula 199/STF: O salário das férias do empregado horista corresponde à média do período aquisitivo, não podendo ser inferior ao mínimo.

Súmula 125/STJ: O pagamento de férias não gozadas por necessidade do serviço não está sujeito à incidência do Imposto de Renda.

Súmula 7/TST: Férias. A indenização pelo não deferimento das férias no tempo oportuno será calculada com base na remuneração devida ao empregado na época da reclamação ou, se for o caso, na da extinção do contrato.

Súmula 14/TST: Culpa recíproca. Reconhecida a culpa recíproca na rescisão do contrato de trabalho (art. 484 da CLT), o empregado tem direito a 50% (cinquenta por cento) do valor do aviso prévio, do décimo terceiro salário e das férias proporcionais.

Súmula 81/TST: Férias. Os dias de férias gozados após o período legal de concessão deverão ser remunerados em dobro.

Súmula 89/TST: Falta ao serviço. Se as faltas já são justificadas pela lei, consideram-se como ausências legais e não serão descontadas para o cálculo do período de férias.

Súmula 149/TST: Tarefeiro. Férias. A remuneração das férias do tarefeiro deve ser calculada com base na média da produção do período aquisitivo, aplicando-se-lhe a tarifa da data da concessão. Ex-prejulgado n. 22.

Súmula 171/TST: Férias proporcionais. Contrato de trabalho. Extinção. Salvo na hipótese de dispensa do empregado por justa causa, a extinção do contrato de trabalho sujeita o empregador ao pagamento da remuneração das férias proporcionais, ainda que incompleto o período aquisitivo de 12 (doze) meses (art. 147 da CLT). Ex-prejulgado n. 51.

Súmula 253/TST: Gratificação semestral. Repercussões. A gratificação semestral não repercute no cálculo das horas extras, das férias e do aviso prévio, ainda que indenizados. Repercute, contudo, pelo seu duodécimo na indenização por antiguidade e na gratificação natalina.

Súmula 261/TST: Férias proporcionais. Pedido de demissão. Contrato vigente há menos de um ano. O empregado que se demite antes de completar 12 (doze) meses de serviço tem direito a férias proporcionais.

Súmula 328/TST: Férias. Terço constitucional. O pagamento das férias, integrais ou proporcionais, gozadas ou não, na vigência da CF/1988, sujeita-se ao acréscimo do terço previsto no respectivo art. 7.º, XVII.

• Trabalhador avulso: Lei n. 5.085, de 27-8-1966, e Decreto n. 80.271, de 1.º-9-1977.

• Temporário: Lei n. 6.019, de 3-1-1974, art. 12, *c*, e Decreto n. 73.841, de 13-3-1974, art. 17, II.

• Temporário no âmbito do Mercosul: Decreto n. 9.499, de 10-9-2018.

• Férias anuais remuneradas (Convenção n. 132 da OIT): Decreto n. 3.197, de 5-10-1999.

Art. 130. Após cada período de 12 (doze) meses de vigência do contrato de trabalho, o empregado terá direito a férias, na seguinte proporção:

I – 30 (trinta) dias corridos, quando não houver faltado ao serviço mais de 5 (cinco) vezes;

II – 24 (vinte e quatro) dias corridos, quando houver tido de 6 (seis) a 14 (quatorze) faltas;

III – 18 (dezoito) dias corridos, quando houver tido de 15 (quinze) a 23 (vinte e três) faltas;

IV – 12 (doze) dias corridos, quando houver tido de 24 (vinte e quatro) a 32 (trinta e duas) faltas.

•• *Caput* e incisos com redação determinada pelo Decreto-lei n. 1.535, de 13-4-1977.

Lei Complementar n. 150/15, art. 3.º, § 3.º: Na modalidade do regime de tempo parcial, após cada período de 12 (doze) meses de vigência do contrato de trabalho, o empregado terá direito a férias, na seguinte proporção: I – 18 (dezoito) dias, para a duração do trabalho semanal superior a 22 (vinte e duas) horas, até 25 (vinte e cinco) horas; II – 16 (dezesseis) dias, para a duração do trabalho semanal superior a 20 (vinte) horas, até 22 (vinte e duas) horas; III – 14 (quatorze) dias, para a duração do trabalho semanal superior a 15 (quinze) horas, até 20 (vinte) horas; IV – 12 (doze) dias, para a duração do trabalho semanal superior a 10 (dez) horas, até 15 (quinze) horas; V – 10 (dez) dias, para a duração do trabalho semanal superior a 5 (cinco) horas, até 10 (dez) horas; VI – 8 (oito) dias, para a duração do trabalho semanal igual ou inferior a 5 (cinco) horas.

Lei n. 4.749/65, art. 2.º, § 2.º (gratificação de Natal): O adiantamento será pago ao ensejo das férias do empregado sempre que este o requerer no mês de janeiro do correspondente ano.

• *Vide* art. 7.º, XVII, da CF.

§ 1.º É vedado descontar, do período de férias, as faltas do empregado ao serviço.

•• § 1.º com redação determinada pelo Decreto-lei n. 1.535, de 13-4-1977.

Súmula 46/TST: Acidente de trabalho. As faltas ou ausências decorrentes de acidente do trabalho não são consideradas para os efeitos de duração de férias e cálculo da gratificação natalina.

§ 2.º O período das férias será computado, para todos os efeitos, como tempo de serviço.

•• § 2.º com redação determinada pelo Decreto-lei n. 1.535, de 13-4-1977.

Art. 130-A. (*Revogado pela Lei n. 13.467, de 13-7-2017.*)

Art. 131. Não será considerada falta ao serviço, para os efeitos do artigo anterior, a ausência do empregado:

•• *Caput* com redação determinada pelo Decreto-lei n. 1.535, de 13-4-1977.

I – nos casos referidos no art. 473;

•• Inciso I com redação determinada pelo Decreto-lei n. 1.535, de 13-4-1977.

II – durante o licenciamento compulsório da empregada por motivo de maternidade ou aborto, observados os requisitos para percepção do salário-maternidade custeado pela Previdência Social;

•• Inciso II com redação determinada pela Lei n. 8.921, de 25-7-1994.

III – por motivo de acidente do trabalho ou enfermidade atestada pelo Instituto Nacional do Seguro Social – INSS, excetuada a hipótese do inciso IV do art. 133;

•• Inciso III com redação determinada pela Lei n. 8.726, de 5-11-1993.

Súmula 198/STF: As ausências motivadas por acidente do trabalho não são descontáveis do período aquisitivo das férias.

Súmula 46/TST: Acidente de trabalho. As faltas ou ausências decorrentes de acidente do trabalho não são consideradas para os efeitos de duração de férias e cálculo da gratificação natalina.

IV – justificada pela empresa, entendendo-se como tal a que não tiver determinado o desconto do correspondente salário;

•• Inciso IV com redação determinada pelo Decreto-lei n. 1.535, de 13-4-1977.

V – durante a suspensão preventiva para responder a inquérito administrativo ou de prisão preventiva, quando for impronunciado ou absolvido; e

•• Inciso V com redação determinada pelo Decreto-lei n. 1.535, de 13-4-1977.

VI – nos dias em que não tenha havido serviço, salvo na hipótese do inciso III do art. 133.

•• Inciso VI com redação determinada pelo Decreto-lei n. 1.535, de 13-4-1977.

Súmula 89/TST: Falta ao serviço. Se as faltas já são justificadas pela lei, consideram-se como ausências legais e não serão descontadas para o cálculo do período de férias.

Art. 132. O tempo de trabalho anterior à apresentação do empregado para serviço militar obrigatório será computado no período aquisitivo, desde que ele compareça ao estabelecimento dentro de 90 (noventa) dias da data em que se verificar a respectiva baixa.

•• Artigo com redação determinada pelo Decreto-lei n. 1.535, de 13-4-1977.

Art. 472, § 1.º, da CLT: Para que o empregado tenha direito a voltar a exercer o cargo do qual se afastou em virtude de exigências do serviço militar ou de encargo público, é indispensável que notifique o empregador dessa intenção, por telegrama ou carta registrada, dentro do prazo máximo de 30 (trinta) dias, contados da data em que se verificar a respectiva baixa ou a terminação do encargo a que estava obrigado.

Art. 133. Não terá direito a férias o empregado que, no curso do período aquisitivo:

I – deixar o emprego e não for readmitido dentro de 60 (sessenta) dias subsequentes à sua saída;

II – permanecer em gozo de licença, com percepção de salários, por mais de 30 (trinta) dias;

III – deixar de trabalhar, com percepção do salário, por mais de 30 (trinta) dias, em virtude de paralisação parcial ou total dos serviços da empresa; e

IV – tiver percebido da Previdência Social prestações de acidente de trabalho ou de auxílio-doença por mais de 6 (seis) meses, embora descontínuos.

•• *Caput* e incisos com redação determinada pelo Decreto-lei n. 1.535, de 13-4-1977.

• A CF, em seu art. 7.º, XIX, diz ser direito do trabalhador a licença-paternidade.

• *Vide* art. 131, III, da CLT.

§ 1.º A interrupção da prestação de serviços deverá ser anotada na Carteira de Trabalho e Previdência Social.

•• § 1.º com redação determinada pelo Decreto-lei n. 1.535, de 13-4-1977.

§ 2.º Iniciar-se-á o decurso de novo período aquisitivo quando o empregado, após o implemento de qualquer das condições previstas neste artigo, retornar ao serviço.

•• § 2.º com redação determinada pelo Decreto-lei n. 1.535, de 13-4-1977.

§ 3.º Para os fins previstos no inciso III deste artigo a empresa comunicará ao órgão local do Ministério do Trabalho, com antecedência mínima de 15 (quinze) dias, as datas de início e fim da paralisação total ou parcial dos serviços da empresa, e, em igual prazo, comunicará, nos mesmos termos, ao sindicato representativo da categoria profissional, bem como afixará aviso nos respectivos locais de trabalho.

•• § 3.º acrescentado pela Lei n. 9.016, de 30-3-1995.

§ 4.º (*Vetado.*)

•• § 4.º acrescentado pela Lei n. 9.016, de 30-3-1995.

SEÇÃO II
Da Concessão e da Época das Férias

•• Seção II com denominação determinada pelo Decreto-lei n. 1.535, de 13-4-1977.

Art. 134. As férias serão concedidas por ato do empregador, em um só período, nos 12 (doze) meses subsequentes à data em que o empregado tiver adquirido o direito.

•• *Caput* com redação determinada pelo Decreto-lei n. 1.535, de 13-4-1977.

Súmula 198/STF: As ausências motivadas por acidente do trabalho não são descontáveis do período aquisitivo das férias.

§ 1.º Desde que haja concordância do empregado, as férias poderão ser usufruídas em até três períodos, sendo que um deles não poderá ser inferior a quatorze dias corridos e os demais não poderão ser inferiores a cinco dias corridos, cada um.

•• § 1.º com redação determinada pela Lei n. 13.467, de 13-7-2017.

§ 2.º *(Revogado pela Lei n. 13.467, de 13-7-2017.)*

§ 3.º É vedado o início das férias no período de dois dias que antecede feriado ou dia de repouso semanal remunerado.

•• § 3.º acrescentado pela Lei n. 13.467, de 13-7-2017.

Art. 135. A concessão das férias será participada, por escrito, ao empregado, com antecedência de, no mínimo, 30 (trinta) dias. Dessa participação o interessado dará recibo.

•• *Caput* com redação determinada pela Lei n. 7.414, de 9-12-1985.

§ 1.º O empregado não poderá entrar no gozo das férias sem que apresente ao empregador sua Carteira de Trabalho e Previdência Social, para que nela seja anotada a respectiva concessão.

•• § 1.º com redação determinada pelo Decreto-lei n. 1.535, de 13-4-1977.

§ 2.º A concessão das férias será, igualmente, anotada no livro ou nas fichas de registro dos empregados.

•• § 2.º com redação determinada pelo Decreto-lei n. 1.535, de 13-4-1977.

Lei Complementar n. 123/06, art. 51, II: As microempresas e as empresas de pequeno porte são dispensadas: (...) II – da anotação das férias dos empregados nos respectivos livros ou fichas de registro.

Art. 136. A época da concessão das férias será a que melhor consulte os interesses do empregador.

•• *Caput* com redação determinada pelo Decreto-lei n. 1.535, de 13-4-1977.

§ 1.º Os membros de uma família, que trabalharem no mesmo estabelecimento ou empresa, terão direito a gozar férias no mesmo período, se assim o desejarem e se disto não resultar prejuízo para o serviço.

•• § 1.º com redação determinada pelo Decreto-lei n. 1.535, de 13-4-1977.

§ 2.º O empregado estudante, menor de 18 (dezoito) anos, terá direito a fazer coincidir suas férias com as férias escolares.

•• § 2.º com redação determinada pelo Decreto-lei n. 1.535, de 13-4-1977.

• A Instrução Normativa n. 146, de 25-7-2018, da SIT, dispõe em seu art. 19 sobre as férias do aprendiz menor de 18 (dezoito) anos.

Art. 137. Sempre que as férias forem concedidas após o prazo de que trata o art. 134, o empregador pagará em dobro a respectiva remuneração.

•• *Caput* com redação determinada pelo Decreto-lei n. 1.535, de 13-4-1977.

Súmula 7/TST: Férias. A indenização pelo não deferimento das férias no tempo oportuno será calculada com base na remuneração devida ao empregado na época da reclamação ou, se for o caso, na da extinção do contrato.

Súmula 450/TST: Férias. Gozo na época própria. Pagamento fora do prazo. Dobra devida. Arts. 137 e 145 da CLT. É devido o pagamento em dobro da remuneração de férias, incluído o terço constitucional, com base no art. 137 da CLT, quando, ainda que gozadas na época própria, o empregador tenha descumprido o prazo previsto no art. 145 do mesmo diploma legal.

§ 1.º Vencido o mencionado prazo sem que o empregador tenha concedido as férias, o empregado poderá ajuizar reclamação pedindo a fixação, por sentença, da época de gozo das mesmas.

•• § 1.º com redação determinada pelo Decreto-lei n. 1.535, de 13-4-1977.

§ 2.º A sentença cominará pena diária de 5% (cinco por cento) do salário mínimo da região, devida ao empregado até que seja cumprida.

•• § 2.º com redação determinada pelo Decreto-lei n. 1.535, de 13-4-1977.

§ 3.º Cópia da decisão judicial transitada em julgado será remetida ao órgão local do Ministério do Trabalho, para fins de aplicação da multa de caráter administrativo.

•• § 3.º com redação determinada pelo Decreto-lei n. 1.535, de 13-4-1977.

Art. 138. Durante as férias, o empregado não poderá prestar serviços a outro empregador, salvo se estiver obrigado a fazê-lo em virtude de contrato de trabalho regularmente mantido com aquele.

•• Artigo com redação determinada pelo Decreto-lei n. 1.535, de 13-4-1977.

SEÇÃO III
Das Férias Coletivas

•• Seção III com denominação determinada pelo Decreto-lei n. 1.535, de 13-4-1977.

Art. 139. Poderão ser concedidas férias coletivas a todos os empregados de uma empresa ou de determinados estabelecimentos ou setores da empresa.

•• *Caput* com redação determinada pelo Decreto-lei n. 1.535, de 13-4-1977.

§ 1.º As férias poderão ser gozadas em 2 (dois) períodos anuais desde que nenhum deles seja inferior a 10 (dez) dias corridos.

•• § 1.º com redação determinada pelo Decreto-lei n. 1.535, de 13-4-1977.

§ 2.º Para os fins previstos neste artigo, o empregador comunicará ao órgão local do Ministério do Trabalho, com a antecedência mínima de 15 (quinze) dias, as datas de início e fim das férias, precisando quais os estabelecimentos ou setores abrangidos pela medida.

•• § 2.º com redação determinada pelo Decreto-lei n. 1.535, de 13-4-1977.

Lei Complementar n. 123/06, art. 51, V: As microempresas e as empresas de pequeno porte são dispensadas: (...) V – de comunicar ao Ministério do Trabalho e Emprego a concessão de férias coletivas.

§ 3.º Em igual prazo, o empregador enviará cópia da aludida comunicação aos sindicatos representativos da respectiva categoria profissional, e providenciará a afixação de aviso nos locais de trabalho.

•• § 3.º com redação determinada pelo Decreto-lei n. 1.535, de 13-4-1977.

Art. 140. Os empregados contratados há menos de 12 (doze) meses gozarão, na oportunidade, férias proporcionais, iniciando-se, então, novo período aquisitivo.

•• Artigo com redação determinada pelo Decreto-lei n. 1.535, de 13-4-1977.

Súmula 199/STF: O salário das férias do empregado horista corresponde à média do período aquisitivo, não podendo ser inferior ao mínimo.

Art. 141. Quando o número de empregados contemplados com as férias coletivas for superior a 300 (trezentos), a empresa poderá promover, mediante carimbo, anotações de que trata o art. 135, § 1.º.

•• *Caput* com redação determinada pelo Decreto-lei n. 1.535, de 13-4-1977.

§ 1.º O carimbo, cujo modelo será aprovado pelo Ministério do Trabalho, dispensará a referência ao período aquisitivo a que correspondem, para cada empregado, as férias concedidas.

•• § 1.º com redação determinada pelo Decreto-lei n. 1.535, de 13-4-1977.

§ 2.º Adotado o procedimento indicado neste artigo, caberá à empresa fornecer ao empregado cópia visada do recibo correspondente à quitação mencionada no parágrafo único do art. 145.

•• § 2.º com redação determinada pelo Decreto-lei n. 1.535, de 13-4-1977.

§ 3.º Quando da cessação do contrato de trabalho, o empregador anotará na Carteira de Trabalho e Previdência Social as datas dos períodos aquisitivos correspondentes às férias coletivas gozadas pelo empregado.

•• § 3.º com redação determinada pelo Decreto-lei n. 1.535, de 13-4-1977.

SEÇÃO IV
Da Remuneração e do Abono de Férias

•• Seção IV com denominação determinada pelo Decreto-lei n. 1.535, de 13-4-1977.

Art. 142. O empregado perceberá, durante as férias, a remuneração que lhe for devida na data da sua concessão.

•• *Caput* com redação determinada pelo Decreto-lei n. 1.535, de 13-4-1977.

Art. 7.º, XVII, da CF: São direitos dos trabalhadores urbanos e rurais, além de outros que visem à melhoria de sua condição social: (...) XVII – gozo de férias anuais remuneradas com, pelo menos, um terço a mais do que o salário normal.

Súmula 253/TST: Gratificação semestral. Repercussões. A gratificação semestral não repercute no cálculo das horas extras, das férias e do aviso prévio, ainda que indenizados. Repercute, contudo, pelo seu duodécimo na indenização por antiguidade e na gratificação natalina.

Súmula 328/TST: Férias. Terço constitucional. O pagamento das férias, integrais ou proporcionais, gozadas ou não, na vigência da CF/1988, sujeita-se ao acréscimo do terço previsto no respectivo art. 7.º, XVII.

• *Vide* Súmula 200 do STF.

§ 1.º Quando o salário for pago por hora com jornadas variáveis, apurar-se-á a média do período aquisitivo, aplicando-se o valor do salário na data da concessão das férias.

•• § 1.º com redação determinada pelo Decreto-lei n. 1.535, de 13-4-1977.

Súmula 199/STF: O salário das férias do empregado horista corresponde à média do período aquisitivo, não podendo ser inferior ao mínimo.

§ 2.º Quando o salário for pago por tarefa tomar-se-á por base a média da produção no período aquisitivo do direito a férias, aplicando-se o valor da remuneração da tarefa na data da concessão das férias.

•• § 2.º com redação determinada pelo Decreto-lei n. 1.535, de 13-4-1977.

§ 3.º Quando o salário for pago por percentagem, comissão ou viagem, apurar-se-á a média percebida pelo empregado nos 12 (doze) meses que precederem à concessão das férias.

•• § 3.º com redação determinada pelo Decreto-lei n. 1.535, de 13-4-1977.

§ 4.º A parte do salário paga em utilidades será computada de acordo com a anotação na Carteira de Trabalho e Previdência Social.

•• § 4.º com redação determinada pelo Decreto-lei n. 1.535, de 13-4-1977.

§ 5.º Os adicionais por trabalho extraordinário, noturno, insalubre ou perigoso serão computados no salário que servirá de base ao cálculo da remuneração das férias.

•• § 5.º com redação determinada pelo Decreto-lei n. 1.535, de 13-4-1977.

Art. 7.º, XVI, da CF: São direitos dos trabalhadores urbanos e rurais, além de outros que visem à melhoria de sua condição social: (...) XVI – remuneração do serviço extraordinário superior, no mínimo, em cinquenta por cento à do normal.

§ 6.º Se, no momento das férias, o empregado não estiver percebendo o mesmo adicional do período aquisitivo, ou quando o valor deste não tiver sido uniforme, será computada a média duodecimal recebida naquele período, após a atualização das importâncias pagas, mediante incidência dos percentuais dos reajustamentos salariais supervenientes.

•• § 6.º com redação determinada pelo Decreto-lei n. 1.535, de 13-4-1977.

Art. 143. É facultado ao empregado converter 1/3 (um terço) do período de férias a que tiver direito em abono pecuniário, no valor da remuneração que lhe seria devida nos dias correspondentes.

•• *Caput* com redação determinada pelo Decreto-lei n. 1.535, de 13-4-1977.

• A Instrução Normativa n. 936, de 5-5-2009, da SRFB, dispõe sobre o tratamento tributário relativo a valores pagos a título de abono pecuniário de férias.

§ 1.º O abono de férias deverá ser requerido até 15 (quinze) dias antes do término do período aquisitivo.

•• § 1.º com redação determinada pelo Decreto-lei n. 1.535, de 13-4-1977.

§ 2.º Tratando-se de férias coletivas, a conversão a que se refere este artigo deverá ser objeto de acordo coletivo entre o empregador e o sindicato representativo da respectiva categoria profissional, independendo de requerimento individual a concessão do abono.

•• § 2.º com redação determinada pelo Decreto-lei n. 1.535, de 13-4-1977.

§ 3.º *(Revogado pela Lei n. 13.467, de 13-7-2017.)*

Art. 144. O abono de férias de que trata o artigo anterior, bem como o concedido em virtude de cláusula do contrato de trabalho, do regulamento da empresa, de convenção ou acordo coletivo, desde que não excedente de 20 (vinte) dias do salário, não integrarão a remuneração do empregado para os efeitos da legislação do trabalho.

•• Artigo com redação determinada pela Lei n. 9.528, de 10-12-1997.

Lei n. 11.101/05, art. 151: Os créditos trabalhistas de natureza estritamente salarial vencidos nos 3 (três) meses anteriores à decretação da falência, até o limite de 5 (cinco) salários mínimos por trabalhador, serão pagos tão logo haja disponibilidade em caixa.

Art. 145. O pagamento da remuneração das férias e, se for o caso, o do abono referido no art. 143 serão efetuados até 2 (dois) dias antes do início do respectivo período.

•• *Caput* com redação determinada pelo Decreto-lei n. 1.535, de 13-4-1977.

Súmula 450/TST: Férias. Gozo na época própria. Pagamento fora do prazo. Dobra devida. Arts. 137 e 145 da CLT. É devido o pagamento em dobro da remuneração de férias, incluído o terço constitucional, com base no art. 137 da CLT, quando, ainda que gozadas na época própria, o empregador tenha descumprido o prazo previsto no art. 145 do mesmo diploma legal.

Parágrafo único. O empregado dará quitação do pagamento, com indicação do início e do termo das férias.

•• Parágrafo único com redação determinada pelo Decreto-lei n. 1.535, de 13-4-1977.

SEÇÃO V

Dos Efeitos da Cessação do Contrato de Trabalho

•• Seção V com denominação determinada pelo Decreto-lei n. 1.535, de 13-4-1977.

Art. 146. Na cessação do contrato de trabalho, qualquer que seja a sua causa, será devida ao empregado a remuneração simples ou em dobro, conforme o caso, correspondente ao período de férias cujo direito tenha adquirido.

•• *Caput* com redação determinada pelo Decreto-lei n. 1.535, de 13-4-1977.

Art. 7.º, XVII, da CF: São direitos dos trabalhadores urbanos e rurais, além de outros que visem à melhoria de sua condição social: (...) XVII – gozo de férias anuais remuneradas com, pelo menos, um terço a mais do que o salário normal.

Parágrafo único. Na cessação do contrato de trabalho, após 12 (doze) meses de serviço, o empregado, desde que não haja sido demitido por justa causa, terá direito à remuneração relativa ao período incompleto de férias, de acordo com o art. 130, na proporção de 1/12 (um doze avos) por mês de serviço ou fração superior a 14 (quatorze) dias.

•• Parágrafo único com redação determinada pelo Decreto-lei n. 1.535, de 13-4-1977.

Súmula 171/TST: Férias proporcionais. Contrato de trabalho. Extinção. Salvo na hipótese de dispensa do empregado por justa causa, a extinção do contrato de trabalho sujeita o empregador ao pagamento da remuneração das férias proporcionais, ainda que incompleto o período aquisitivo de 12 (doze) meses (art. 147 da CLT). Ex-prejulgado n. 51.

Art. 147. O empregado que for despedido sem justa causa, ou cujo contrato de trabalho se extinguir em prazo predeterminado, antes de completar 12 (doze) meses de serviço, terá direito à remuneração relativa ao período incompleto de férias, de conformidade com o disposto no artigo anterior.

•• Artigo com redação determinada pelo Decreto-lei n. 1.535, de 13-4-1977.

Art. 7.º, XVII, da CF: São direitos dos trabalhadores urbanos e rurais, além de outros que visem à melhoria de sua condição social: (...) XVII – gozo de férias anuais remuneradas com, pelo menos, um terço a mais do que o salário normal.

Súmula 171/TST: Férias proporcionais. Contrato de trabalho. Extinção. Salvo na hipótese de dispensa do empregado por justa causa, a extinção do contrato de trabalho sujeita o empregador ao pagamento da remuneração das férias proporcionais, ainda que incompleto o período aquisitivo de 12 (doze) meses (art. 147 da CLT). Ex-prejulgado n. 51.

Súmula 261/TST: Férias proporcionais. Pedido de demissão. Contrato vigente há menos de um ano. O empregado que se demite antes de completar 12 (doze) meses de serviço tem direito a férias proporcionais.

Art. 148. A remuneração das férias, ainda quando devida após a cessação do contrato de trabalho, terá natureza salarial, para os efeitos do art. 449.

•• Artigo com redação determinada pelo Decreto-lei n. 1.535, de 13-4-1977.

Lei n. 11.101/05, art. 151: Os créditos trabalhistas de natureza estritamente salarial vencidos nos 3 (três) meses anteriores à decretação da falência, até o limite de 5 (cinco) salários mínimos por trabalhador, serão pagos tão logo haja disponibilidade em caixa.

SEÇÃO VI

Do Início da Prescrição

•• Seção VI com denominação determinada pelo Decreto-lei n. 1.535, de 13-4-1977.

Art. 149. A prescrição do direito de reclamar a concessão das férias ou o pagamento da respectiva remuneração é contada do término do prazo mencionado no art. 134 ou, se for o caso, da cessação do contrato de trabalho.

•• Artigo com redação determinada pelo Decreto-lei n. 1.535, de 13-4-1977.

Art. 7.º, XXIX, da CF: São direitos dos trabalhadores urbanos e rurais, além de outros que visem à melhoria de sua condição social: (...) XXIX – ação, quanto aos créditos resultantes das relações de trabalho, com prazo prescricional de cinco anos para os trabalhadores urbanos e rurais, até o limite de dois anos após a extinção do contrato de trabalho.

Art. 11, *caput*, da CLT: A pretensão quanto a créditos resultantes das relações de trabalho prescreve em cinco anos para os trabalhadores urbanos e rurais, até o limite de dois anos após a extinção do contrato de trabalho.

Art. 440 da CLT: Contra os menores de 18 (dezoito) anos não corre nenhum prazo de prescrição.

SEÇÃO VII

Disposições Especiais

•• Seção VII acrescentada pelo Decreto-lei n. 1.535, de 13-4-1977.

Art. 150. O tripulante que, por determinação do armador, for transferido para o serviço de outro, terá computado, para o efeito de gozo de férias, o tempo de serviço prestado ao primeiro, ficando obrigado a concedê-las o armador em cujo serviço ele se encontra na época de gozá-las.

•• *Caput* com redação determinada pelo Decreto-lei n. 1.535, de 13-4-1977.

§ 1.º As férias poderão ser concedidas, a pedido dos interessados e com aquiescência do armador, parceladamente, nos portos de escala de grande estadia do navio, aos tripulantes ali residentes.

•• § 1.º com redação determinada pelo Decreto-lei n. 1.535, de 13-4-1977.

§ 2.º Será considerada grande estadia a permanência no porto por prazo excedente de 6 (seis) dias.

•• § 2.º com redação determinada pelo Decreto-lei n. 1.535, de 13-4-1977.

§ 3.º Os embarcadiços, para gozarem férias nas condições deste artigo, deverão pedi-las, por escrito, ao armador, antes do início da viagem, no porto de registro ou armação.

•• § 3.º com redação determinada pelo Decreto-lei n. 1.535, de 13-4-1977.

§ 4.º O tripulante, ao terminar as férias, apresentar-se-á ao armador, que deverá designá-lo para qualquer de suas embarcações ou o adir a algum dos seus serviços terrestres, respeitadas a condição pessoal e a remuneração.

•• § 4.º com redação determinada pelo Decreto-lei n. 1.535, de 13-4-1977.

§ 5.º Em caso de necessidade, determinada pelo interesse público, e comprovada pela autoridade competente, poderá o armador ordenar a suspensão das férias já iniciadas ou a iniciar-se, ressalvado ao tripulante o direito ao respectivo gozo posteriormente.

•• § 5.º com redação determinada pelo Decreto-lei n. 1.535, de 13-4-1977.

§ 6.º O Delegado do Trabalho Marítimo poderá autorizar a acumulação de 2 (dois) períodos de férias do marítimo, mediante requerimento justificado:

I – do sindicato, quando se tratar de sindicalizado; e

II – da empresa, quando o empregado não for sindicalizado.

•• § 6.º com redação determinada pelo Decreto-lei n. 1.535, de 13-4-1977.

Art. 151. Enquanto não se criar um tipo especial de caderneta profissional para os marítimos, as férias serão anotadas pela Capitania do Porto na caderneta-matrícula do tripulante, na página das observações.

•• Artigo com redação determinada pelo Decreto-lei n. 1.535, de 13-4-1977.

Art. 152. A remuneração do tripulante, no gozo de férias, será acrescida da importância correspondente à etapa que estiver vencendo.

•• Artigo com redação determinada pelo Decreto-lei n. 1.535, de 13-4-1977.

SEÇÃO VIII

Das Penalidades

•• Seção VIII acrescentada pelo Decreto-lei n. 1.535, de 13-4-1977.

Art. 153. As infrações ao disposto neste Capítulo serão punidas com multas de valor igual a 160 BTN por empregado em situação irregular.

•• *Caput* com redação determinada pela Lei n. 7.855, de 24-10-1989.

•• *Vide* Nota dos Organizadores, sobre o valor das multas previstas na CLT.

Parágrafo único. Em caso de reincidência, embaraço ou resistência à fiscalização, emprego de artifício ou simulação com o objetivo de fraudar a lei, a multa será aplicada em dobro.

•• Parágrafo único com redação determinada pela Lei n. 7.855, de 24-10-1989.

CAPÍTULO V

DA SEGURANÇA E DA MEDICINA DO TRABALHO

•• Capítulo V com redação determinada pela Lei n. 6.514, de 22-12-1977.

Art. 7.º, XXII, XXIII e XXVIII, da CF: São direitos dos trabalhadores urbanos e rurais, além de outros que visem à melhoria de sua condição social: (...) XXII – redução dos riscos inerentes ao trabalho, por meio de normas de saúde, higiene e segurança; XXIII – adicional de remuneração para as atividades penosas, insalubres ou perigosas, na forma da lei; (...) XXVIII – seguro contra acidentes de trabalho, a cargo do empregador, sem excluir a indenização a que este está obrigado, quando incorrer em dolo ou culpa.

Lei n. 6.514/77, arts. 3.º, § 1.º, e 4.º: As disposições contidas nesta Lei aplicam-se, no que couber, aos trabalhadores avulsos, às entidades ou empresas que lhes tomem o serviço e aos sindicatos representativos das respectivas categorias profissionais. § 1.º Ao Delegado de Trabalho Marítimo ou ao Delegado Regional do Trabalho, conforme o caso, caberá promover a fiscalização do cumprimento das normas de segurança e medicina do trabalho em relação ao trabalhador avulso, adotando as medidas necessárias, inclusive as previstas na Seção II do Capítulo V do Título II da CLT, com a redação que lhe é conferida pela presente Lei. Art. 4.º O Ministro do Trabalho relacionará os artigos do Capítulo V do Título II da CLT, cuja aplicação será fiscalizada exclusivamente por engenheiros de segurança e médicos do trabalho.

Lei Complementar n. 123/06, art. 50: As microempresas e as empresas de pequeno porte serão estimuladas pelo poder público e pelos Serviços Sociais Autônomos a formar consórcios para acesso a serviços especializados em segurança e medicina do trabalho.

•• Segurança e medicina do trabalho: a Portaria n. 3.214, de 8-6-1978, aprova as Normas Regulamentadoras a que se refere este capítulo. Exercício da profissão de Técnico de Segurança do Trabalho: Lei n. 7.410, de 27-11-1985, regulamentada pelo Decreto n. 92.530, de 9-4-1986. Atividades de Técnicos de Segurança: Portaria n. 3.275, de 21-9-1989. Norma Técnica sobre Lesões por Esforços Repetitivos – LER ou Distúrbios Osteomusculares Relacionados ao Trabalho – DORT: Instrução Normativa n. 98, de 5-12-2003.

• A Resolução n. 2.183, de 21-6-2018, do Conselho Federal de Medicina, dispõe de normas específicas para médicos que atendem o trabalhador.

SEÇÃO I

Disposições Gerais

Art. 154. A observância, em todos os locais de trabalho, do disposto neste Capítulo, não desobriga as empresas do cumprimento de outras disposições que, com relação à matéria, sejam incluídas em códigos de obras ou regulamentos sanitários dos Estados ou Municípios em que se situem os respectivos estabelecimentos, bem como daquelas oriundas de convenções coletivas de trabalho.

•• Artigo com redação determinada pela Lei n. 6.514, de 22-12-1977.

Súmula 460/STF: Para efeito do adicional de insalubridade, a perícia judicial, em reclamação trabalhista, não dispensa o enquadramento da atividade entre as insalubres, que é ato da competência do Ministro do Trabalho e Previdência Social.

Súmula 47/TST: Insalubridade. O trabalho executado em condições insalubres, em caráter intermitente, não afasta, só por essa circunstância, o direito à percepção do respectivo adicional.

• *Vide* Súmulas 39 e 155 do TST.

Art. 155. Incumbe ao órgão de âmbito nacional competente em matéria de segurança e medicina do trabalho:

I – estabelecer, nos limites de sua competência, normas sobre a aplicação dos preceitos deste Capítulo, especialmente os referidos no art. 200;

II – coordenar, orientar, controlar e supervisionar a fiscalização e as demais atividades relacionadas com a segurança e a medicina do trabalho em todo o território nacional, inclusive a Campanha Nacional de Prevenção de Acidentes do Trabalho;

III – conhecer, em última instância, dos recursos, voluntários ou de ofício, das decisões proferidas pelos Delegados Regionais do Trabalho, em matéria de segurança e medicina do trabalho.

•• *Caput* e incisos com redação determinada pela Lei n. 6.514, de 22-12-1977.

Art. 156. Compete especialmente às Delegacias Regionais do Trabalho, nos limites de sua jurisdição:

I – promover a fiscalização do cumprimento das normas de segurança e medicina do trabalho;

II – adotar as medidas que se tornem exigíveis, em virtude das disposições deste Capítulo, determinando as obras e reparos que, em qualquer local de trabalho, se façam necessárias;

III – impor as penalidades cabíveis por descumprimento das normas constantes deste Capítulo, nos termos do art. 201.

•• *Caput* e incisos com redação determinada pela Lei n. 6.514, de 22-12-1977.

Art. 157. Cabe às empresas:

I – cumprir e fazer cumprir as normas de segurança e medicina do trabalho;

II – instruir os empregados, através de ordens de serviço, quanto às precauções a tomar no sentido de evitar acidentes do trabalho ou doenças ocupacionais;

III – adotar as medidas que lhe sejam determinadas pelo órgão regional competente;

IV – facilitar o exercício da fiscalização pela autoridade competente.

•• *Caput* e incisos com redação determinada pela Lei n. 6.514, de 22-12-1977.

Art. 158. Cabe aos empregados:

I – observar as normas de segurança e medicina do trabalho, inclusive as instruções de que trata o item II do artigo anterior;

II – colaborar com a empresa na aplicação dos dispositivos deste Capítulo.

•• *Caput* e incisos com redação determinada pela Lei n. 6.514, de 22-12-1977.

Parágrafo único. Constitui ato faltoso do empregado a recusa injustificada:

a) à observância das instruções expedidas pelo empregador na forma do item II do artigo anterior;

b) ao uso dos equipamentos de proteção individual fornecidos pela empresa.

•• Parágrafo único com redação determinada pela Lei n. 6.514, de 22-12-1977.

Súmula 289/TST: Insalubridade. Adicional. Fornecimento do aparelho de proteção. Efeito. O simples fornecimento do aparelho de proteção pelo empregador não o exime do pagamento do adicional de insalubridade. Cabe-lhe tomar as medidas que conduzam à diminuição ou eliminação da nocividade, entre as quais as relativas ao uso efetivo do equipamento pelo empregado.

Art. 159. Mediante convênio autorizado pelo Ministério do Trabalho, poderão ser delegadas a outros órgãos federais, estaduais ou municipais atribuições de fiscalização ou orientação às empresas quanto ao cumprimento das disposições constantes deste Capítulo.

•• Artigo com redação determinada pela Lei n. 6.514, de 22-12-1977.

SEÇÃO II
Da Inspeção Prévia e do Embargo ou Interdição

•• Seção II com redação determinada pela Lei n. 6.514, de 22-12-1977.

• A Norma Regulamentadora n. 2 dispõe sobre inspeção prévia, e a Norma Regulamentadora n. 3 dispõe sobre embargo e interdição.

Art. 160. Nenhum estabelecimento poderá iniciar suas atividades sem prévia inspeção e aprovação das respectivas instalações pela autoridade regional competente em matéria de segurança e medicina do trabalho.

•• *Caput* com redação determinada pela Lei n. 6.514, de 22-12-1977.

Art. 21, XXIV, da CF: Compete à União: (...) XXIV – organizar, manter e executar a inspeção do trabalho.

§ 1.º Nova inspeção deverá ser feita quando ocorrer modificação substancial nas instalações, inclusive equipamentos, que a empresa fica obrigada a comunicar, prontamente, à Delegacia Regional do Trabalho.

•• § 1.º com redação determinada pela Lei n. 6.514, de 22-12-1977.

§ 2.º É facultado às empresas solicitar prévia aprovação, pela Delegacia Regional do Trabalho, dos projetos de construção e respectivas instalações.

•• § 2.º com redação determinada pela Lei n. 6.514, de 22-12-1977.

Art. 161. O Delegado Regional do Trabalho, à vista do laudo técnico do serviço competente que demonstre grave e iminente risco para o trabalhador, poderá interditar estabelecimento, setor de serviço, máquina ou equipamento, ou embargar obra, indicando na decisão, tomada com a brevidade que a ocorrência exigir, as providências que deverão ser adotadas para prevenção de infortúnios de trabalho.

•• *Caput* com redação determinada pela Lei n. 6.514, de 22-12-1977.

•• A Portaria n. 1.719, de 5-11-2014, do MTE, disciplina os procedimentos relativos aos embargos e interdições previstos neste artigo.

• A Instrução Normativa n. 142, de 23-3-2018, da Secretaria de Inspeção do Trabalho, disciplina procedimentos de fiscalização relativos aos embargos e interdições para a atuação da auditoria-fiscal do trabalho.

Enunciado n. 60 da 1.ª Jornada de Direito do Trabalho: Interdição de estabelecimento e afins. Ação direta na Justiça do Trabalho. Repartição dinâmica do ônus da prova. I – A interdição de estabelecimento, setor de serviço, máquina ou equipamento, assim como o embargo de obra (artigo 161 da CLT), podem ser requeridos na Justiça do Trabalho (artigo 114, I e VII, da CRFB), em sede principal ou cautelar, pelo Ministério Público do Trabalho, pelo sindicato profissional (artigo 8.º, III, da CRFB) ou por qualquer legitimado específico para a tutela judicial coletiva em matéria labor-ambiental (artigos 1.º, I, 5.º, e 21 da Lei 7.347/85), independentemente da instância administrativa. II – Em tais hipóteses, a medida poderá ser deferida [a] inaudita altera parte, em havendo laudo técnico preliminar ou prova prévia igualmente convincente; [b] após audiência de justificação prévia (artigo 12, *caput*, da Lei 7.347/85), caso não haja laudo técnico preliminar, mas seja verossímil a alegação, invertendo-se o ônus da prova, à luz da teoria da repartição dinâmica, para incumbir à empresa a demonstração das boas condições de segurança e do controle de riscos.

§ 1.º As autoridades federais, estaduais e municipais darão imediato apoio às medidas determinadas pelo Delegado Regional do Trabalho.

•• § 1.º com redação determinada pela Lei n. 6.514, de 22-12-1977.

§ 2.º A interdição ou embargo poderão ser requeridos pelo serviço competente da Delegacia Regional do Trabalho e, ainda, por agente da inspeção do trabalho ou por entidade sindical.

•• § 2.º com redação determinada pela Lei n. 6.514, de 22-12-1977.

§ 3.º Da decisão do Delegado Regional do Trabalho poderão os interessados recorrer, no prazo de 10 (dez) dias, para o órgão de âmbito nacional competente em matéria de segurança e medicina do trabalho, ao qual será facultado dar efeito suspensivo ao recurso.

•• § 3.º com redação determinada pela Lei n. 6.514, de 22-12-1977.

§ 4.º Responderá por desobediência, além das medidas penais cabíveis, quem, após determinada a interdição ou embargo, ordenar ou permitir o funcionamento do estabelecimento ou de um dos seus setores, a utilização de máquina ou equipamento, ou o prosseguimento de obra, se, em consequência, resultarem danos a terceiros.

•• § 4.º com redação determinada pela Lei n. 6.514, de 22-12-1977.

§ 5.º O Delegado Regional do Trabalho, independente de recurso, e após laudo técnico do serviço competente, poderá levantar a interdição.

•• § 5.º com redação determinada pela Lei n. 6.514, de 22-12-1977.

§ 6.º Durante a paralisação dos serviços, em decorrência da interdição ou embargo, os empregados receberão os salários como se estivessem em efetivo exercício.

•• § 6.º com redação determinada pela Lei n. 6.514, de 22-12-1977.

SEÇÃO III
Dos Órgãos de Segurança e de Medicina do Trabalho nas Empresas

•• Seção III com redação determinada pela Lei n. 6.514, de 22-12-1977.

Art. 162. As empresas, de acordo com normas a serem expedidas pelo Ministério do Trabalho, estarão obrigadas a manter serviços especializados em segurança e em medicina do trabalho.

•• *Caput* com redação determinada pela Lei n. 6.514, de 22-12-1977.

• A Norma Regulamentadora n. 4 dispõe sobre Serviços Especializados em Segurança e Medicina do Trabalho.

Parágrafo único. As normas a que se refere este artigo estabelecerão:

a) classificação das empresas segundo o número mínimo de empregados e a natureza do risco de suas atividades;

b) o número mínimo de profissionais especializados exigido de cada empresa, segundo o grupo em que se classifique, na forma da alínea anterior;

c) a qualificação exigida para os profissionais em questão e o seu regime de trabalho;

d) as demais características e atribuições dos serviços especializados em segurança e em medicina do trabalho, nas empresas.

•• Parágrafo único com redação determinada pela Lei n. 6.514, de 22-12-1977.

• Inspeção do trabalho: Decreto n. 4.552, de 27-12-2002.

Art. 163. Será obrigatória a constituição de Comissão Interna de Prevenção de Acidentes – CIPA –, de conformidade com instruções expedidas pelo Ministério do Trabalho, nos estabelecimentos ou locais de obra nelas especificadas.

•• *Caput* com redação determinada pela Lei n. 6.514, de 22-12-1977.

• A Norma Regulamentadora n. 5 dispõe sobre CIPAs.

Parágrafo único. O Ministério do Trabalho regulamentará as atribuições, a composição e o funcionamento das CIPAs.

•• Parágrafo único com redação determinada pela Lei n. 6.514, de 22-12-1977.

Art. 164. Cada CIPA será composta de representantes da empresa e dos empregados, de acordo com os critérios que vierem a ser adotados na regulamentação de que trata o parágrafo único do artigo anterior.

•• *Caput* com redação determinada pela Lei n. 6.514, de 22-12-1977.

§ 1.º Os representantes dos empregadores, titulares e suplentes, serão por eles designados.

•• § 1.º com redação determinada pela Lei n. 6.514, de 22-12-1977.

§ 2.º Os representantes dos empregados, titulares e suplentes, serão eleitos em escrutínio secreto, do qual participem, independentemente de filiação sindical, exclusivamente os empregados interessados.

•• § 2.º com redação determinada pela Lei n. 6.514, de 22-12-1977.

§ 3.º O mandato dos membros eleitos da CIPA terá a duração de 1 (um) ano, permitida uma reeleição.

•• § 3.º com redação determinada pela Lei n. 6.514, de 22-12-1977.

§ 4.º O disposto no parágrafo anterior não se aplicará ao membro suplente que, durante o seu mandato, tenha participado de menos da metade do número de reuniões da CIPA.

•• § 4.º com redação determinada pela Lei n. 6.514, de 22-12-1977.

§ 5.º O empregador designará, anualmente, dentre os seus representantes, o Presidente da CIPA, e os empregados elegerão, dentre eles, o Vice-Presidente.

•• § 5.º com redação determinada pela Lei n. 6.514, de 22-12-1977.

Art. 165. Os titulares da representação dos empregados nas CIPAs não poderão sofrer despedida arbitrária, entendendo-se como tal a que não se fundar em motivo disciplinar, técnico, econômico ou financeiro.

•• *Caput* com redação determinada pela Lei n. 6.514, de 22-12-1977.

• **Art. 10, II, *a*, do ADCT:** Até que seja promulgada a lei complementar a que se refere o art. 7.º, I, da Constituição: (...) II – fica vedada a dispensa arbitrária ou sem justa causa: a) do empregado eleito para cargo de direção de comissões internas de prevenção de acidentes, desde o registro de sua candidatura até um ano após o final de seu mandato.

Parágrafo único. Ocorrendo a despedida, caberá ao empregador, em caso de reclamação à Justiça do Trabalho, comprovar a existência de qualquer dos motivos mencionados neste artigo, sob pena de ser condenado a reintegrar o empregado.

•• Parágrafo único com redação determinada pela Lei n. 6.514, de 22-12-1977.

SEÇÃO IV
Do Equipamento de Proteção Individual

•• Seção IV com redação determinada pela Lei n. 6.514, de 22-12-1977.

• A Norma Regulamentadora n. 6 dispõe sobre Equipamento de Proteção Individual.

Art. 166. A empresa é obrigada a fornecer aos empregados, gratuitamente, equipamento de proteção individual adequado ao risco e em perfeito estado de conservação e funcionamento, sempre que as medidas de ordem geral não ofereçam completa proteção contra os riscos de acidentes e danos à saúde dos empregados.

•• Artigo com redação determinada pela Lei n. 6.514, de 22-12-1977.

Art. 167. O equipamento de proteção só poderá ser posto à venda ou utilizado com a indicação do Certificado de Aprovação do Ministério do Trabalho.

•• Artigo com redação determinada pela Lei n. 6.514, de 22-12-1977.

• A Portaria n. 32, de 8-1-2009, do MTE, disciplina a avaliação de conformidade dos equipamentos de proteção individual.

• A Portaria n. 125, de 12-11-2009, da Secretaria de Inspeção do Trabalho, define o processo administrativo para suspensão e cancelamento de Certificado de Aprovação de Equipamento de Proteção Individual.

• A Portaria n. 451, de 20-11-2014, da Secretaria de Inspeção do Trabalho, estabelece procedimentos para o cadastro de empresas e para emissão ou renovação do Certificado de Aprovação de Equipamento de Proteção Individual.

SEÇÃO V
Das Medidas Preventivas de Medicina do Trabalho

•• Seção V com redação determinada pela Lei n. 6.514, de 22-12-1977.

• A Norma Regulamentadora n. 7 dispõe sobre o Programa de Controle Médico de Saúde Ocupacional.

Art. 168. Será obrigatório exame médico, por conta do empregador, nas condições estabelecidas neste artigo e nas instruções complementares a serem expedidas pelo Ministério do Trabalho:

I – na admissão;

II – na demissão;

III – periodicamente.

•• *Caput* e incisos com redação determinada pela Lei n. 7.855, de 24-10-1989.

§ 1.º O Ministério do Trabalho baixará instruções relativas aos casos em que serão exigíveis exames:

a) por ocasião da demissão;

b) complementares.

•• § 1.º com redação determinada pela Lei n. 7.855, de 24-10-1989.

§ 2.º Outros exames complementares poderão ser exigidos, a critério médico, para apuração da capacidade ou aptidão física e mental do empregado para a função que deva exercer.

•• § 2.º com redação determinada pela Lei n. 7.855, de 24-10-1989.

§ 3.º O Ministério do Trabalho estabelecerá, de acordo com o risco da atividade e o tempo de exposição, a periodicidade dos exames médicos.

•• § 3.º com redação determinada pela Lei n. 7.855, de 24-10-1989.

§ 4.º O empregador manterá, no estabelecimento, o material necessário à prestação de primeiros socorros médicos, de acordo com o risco da atividade.

•• § 4.º com redação determinada pela Lei n. 7.855, de 24-10-1989.

§ 5.º O resultado dos exames médicos, inclusive o exame complementar, será comunicado ao trabalhador, observados os preceitos da ética médica.

•• § 5.º com redação determinada pela Lei n. 7.855, de 24-10-1989.

§ 6.º Serão exigidos exames toxicológicos, previamente à admissão e por ocasião do desligamento, quando se tratar de motorista profissional, assegurados o direito à contraprova em caso de resultado positivo e a confidencialidade dos resultados dos respectivos exames.

•• § 6.º acrescentado pela Lei n. 13.103, de 2-3-2015.

•• A Portaria n. 116, de 13-11-2015, do Ministério do Trabalho e da Previdência Social, regulamenta a realização dos exames toxicológicos previstos neste § 6.º.

§ 7.º Para os fins do disposto no § 6.º, será obrigatório exame toxicológico com janela de detecção mínima de 90 (noventa) dias, específico para substâncias psicoativas que causem dependência ou, comprovadamente, comprometam a capacidade de direção, podendo ser utilizado para essa finalidade o exame toxicológico previsto na Lei n. 9.503, de 23 de setembro de 1997 – Código de Trânsito Brasileiro, desde que realizado nos últimos 60 (sessenta) dias.

•• § 7.º acrescentado pela Lei n. 13.103, de 2-3-2015.

•• A Portaria n. 116, de 13-11-2015, do Ministério do Trabalho e da Previdência Social, regulamenta a realização dos exames toxicológicos previstos neste § 7.º.

Lei n. 13.103/15, art. 13: exame toxicológico com janela de detecção mínima de 90 (noventa) dias de que tratam o art. 148-A da Lei n. 9.503, de 23 de setembro de 1997 – Código de Trânsito Brasileiro, os §§ 6.º e 7.º do art. 168 e o inciso VII do art. 235-B da Consolidação das Leis do Trabalho – CLT, aprovada pelo Decreto-lei n. 5.452, de 1.º de maio de 1943, será exigido: I – em 90 (noventa) dias da publicação desta Lei, para a renovação e habilitação das categorias, C, D e E; II – em 1 (um) ano a partir da entrada em vigor desta Lei, para a admissão e a demissão de motorista profissional; III – em 3 (três) anos e 6 (seis) meses a partir da entrada em vigor desta Lei, para o disposto no § 2.º do art. 148-A da Lei n. 9.503, de 23 de setembro de 1997; IV – em 2 (dois) anos e 6 (seis) meses a partir da entrada em vigor desta Lei, para o disposto no § 3.º do art. 148-A da Lei n. 9.503, de 23 de setembro de 1997. Parágrafo único. Caberá ao Contran estabelecer adequações necessárias ao cronograma de realização dos exames.

Art. 169. Será obrigatória a notificação das doenças profissionais e das produzidas em virtude de condições especiais de trabalho, comprovadas ou objeto de suspeita, de conformidade com as instruções expedidas pelo Ministério do Trabalho.

•• Artigo com redação determinada pela Lei n. 6.514, de 22-12-1977.

•• A Portaria n. 589, de 28-4-2014, do MTE, disciplina as medidas a serem adotadas pelas empresas em relação à notificação de doenças e acidentes do trabalho.

• A Portaria n. 1.339, de 18-11-1999, do Ministério da Saúde, institui a Lista de Doenças relacionadas ao Trabalho.

SEÇÃO VI

Das Edificações

•• Seção VI com redação determinada pela Lei n. 6.514, de 22-12-1977.

• A Norma Regulamentadora n. 8 dispõe sobre edificações.

Art. 170. As edificações deverão obedecer aos requisitos técnicos que garantam perfeita segurança aos que nelas trabalhem.

•• Artigo com redação determinada pela Lei n. 6.514, de 22-12-1977.

Art. 171. Os locais de trabalho deverão ter, no mínimo, 3 (três) metros de pé-direito, assim considerada a altura livre do piso ao teto.

•• *Caput* com redação determinada pela Lei n. 6.514, de 22-12-1977.

Parágrafo único. Poderá ser reduzido esse mínimo desde que atendidas as condições de iluminação e conforto térmico compatíveis com a natureza do trabalho, sujeitando-se tal redução ao controle do órgão competente em matéria de segurança e medicina do trabalho.

•• Parágrafo único com redação determinada pela Lei n. 6.514, de 22-12-1977.

Art. 172. Os pisos dos locais de trabalho não deverão apresentar saliências nem depressões que prejudiquem a circulação de pessoas ou a movimentação de materiais.

•• Artigo com redação determinada pela Lei n. 6.514, de 22-12-1977.

Art. 173. As aberturas nos pisos e paredes serão protegidas de forma que impeçam a queda de pessoas ou de objetos.

•• Artigo com redação determinada pela Lei n. 6.514, de 22-12-1977.

Art. 174. As paredes, escadas, rampas de acesso, passarelas, pisos, corredores, coberturas e passagens dos locais de trabalho deverão obedecer às condições de segurança e de higiene do trabalho estabelecidas pelo Ministério do Trabalho e manter-se em perfeito estado de conservação e limpeza.

•• Artigo com redação determinada pela Lei n. 6.514, de 22-12-1977.

SEÇÃO VII

Da Iluminação

•• Seção VII com redação determinada pela Lei n. 6.514, de 22-12-1977.

Art. 175. Em todos os locais de trabalho deverá haver iluminação adequada, natural ou artificial, apropriada à natureza da atividade.

•• *Caput* com redação determinada pela Lei n. 6.514, de 22-12-1977.

§ 1.º A iluminação deverá ser uniformemente distribuída, geral e difusa, a fim de evitar ofuscamento, reflexos incômodos, sombras e contrastes excessivos.

•• § 1.º com redação determinada pela Lei n. 6.514, de 22-12-1977.

§ 2.º O Ministério do Trabalho estabelecerá os níveis mínimos de iluminamento a serem observados.

•• § 2.º com redação determinada pela Lei n. 6.514, de 22-12-1977.

SEÇÃO VIII

Do Conforto Térmico

•• Seção VIII com redação determinada pela Lei n. 6.514, de 22-12-1977.

Art. 176. Os locais de trabalho deverão ter ventilação natural, compatível com o serviço realizado.

•• *Caput* com redação determinada pela Lei n. 6.514, de 22-12-1977.

Parágrafo único. A ventilação artificial será obrigatória sempre que a natural não preencha as condições de conforto térmico.

•• Parágrafo único com redação determinada pela Lei n. 6.514, de 22-12-1977.

Art. 177. Se as condições de ambiente se tornarem desconfortáveis, em virtude de instalações geradoras de frio ou de calor, será obrigatório o uso de vestimenta adequada para o trabalho em tais condições ou de capelas, anteparos, paredes duplas, isolamento térmico e recursos similares, de forma que os empregados fiquem protegidos contra as radiações térmicas.

•• Artigo com redação determinada pela Lei n. 6.514, de 22-12-1977.

Art. 178. As condições de conforto térmico dos locais de trabalho devem ser mantidas dentro dos limites fixados pelo Ministério do Trabalho.

•• Artigo com redação determinada pela Lei n. 6.514, de 22-12-1977.

SEÇÃO IX
Das Instalações Elétricas

•• Seção IX com redação determinada pela Lei n. 6.514, de 22-12-1977.

• A Norma Regulamentadora n. 10 dispõe sobre segurança em instalações e serviços de eletricidade.

Art. 179. O Ministério do Trabalho disporá sobre as condições de segurança e as medidas especiais a serem observadas relativamente a instalações elétricas, em qualquer das fases de produção, transmissão, distribuição ou consumo de energia.

•• Artigo com redação determinada pela Lei n. 6.514, de 22-12-1977.

Art. 180. Somente profissional qualificado poderá instalar, operar, inspecionar ou reparar instalações elétricas.

•• Artigo com redação determinada pela Lei n. 6.514, de 22-12-1977.

Art. 181. Os que trabalharem em serviços de eletricidade ou instalações elétricas devem estar familiarizados com os métodos de socorro a acidentados por choque elétrico.

•• Artigo com redação determinada pela Lei n. 6.514, de 22-12-1977.

SEÇÃO X
Da Movimentação, Armazenagem e Manuseio de Materiais

•• Seção X com redação determinada pela Lei n. 6.514, de 22-12-1977.

• A Norma Regulamentadora n. 11 dispõe sobre transporte, movimentação, armazenagem e manuseio de materiais.

Art. 182. O Ministério do Trabalho estabelecerá normas sobre:

I – as precauções de segurança na movimentação de materiais nos locais de trabalho, os equipamentos a serem obrigatoriamente utilizados e as condições especiais a que estão sujeitas a operação e a manutenção desses equipamentos, inclusive exigências de pessoal habilitado;

II – as exigências similares relativas ao manuseio e à armazenagem de materiais, inclusive quanto às condições de segurança e higiene relativas aos recipientes e locais de armazenagem e os equipamentos de proteção individual;

III – a obrigatoriedade de indicação de carga máxima permitida nos equipamentos de transporte, dos avisos de proibição de fumar e de advertência quanto à natureza perigosa ou nociva à saúde das substâncias em movimentação ou em depósito, bem como das recomendações de primeiros socorros e de atendimento médico e símbolo de perigo, segundo padronização internacional, nos rótulos dos materiais ou substâncias armazenados ou transportados.

•• *Caput* e incisos com redação determinada pela Lei n. 6.514, de 22-12-1977.

Parágrafo único. As disposições relativas ao transporte de materiais aplicam-se, também, no que couber, ao transporte de pessoas nos locais de trabalho.

•• Parágrafo único com redação determinada pela Lei n. 6.514, de 22-12-1977.

Art. 183. As pessoas que trabalharem na movimentação de materiais deverão estar familiarizadas com os métodos racionais de levantamento de cargas.

•• Artigo com redação determinada pela Lei n. 6.514, de 22-12-1977.

SEÇÃO XI
Das Máquinas e Equipamentos

•• Seção XI com redação determinada pela Lei n. 6.514, de 22-12-1977.

• A Norma Regulamentadora n. 12 dispõe sobre máquinas e equipamentos.

Art. 184. As máquinas e os equipamentos deverão ser dotados de dispositivos de partida e parada e outros que se fizerem necessários para a prevenção de acidentes do trabalho, especialmente quanto ao risco de acionamento acidental.

•• *Caput* com redação determinada pela Lei n. 6.514, de 22-12-1977.

Parágrafo único. É proibida a fabricação, a importação, a venda, a locação e o uso de máquinas e equipamentos que não atendam ao disposto neste artigo.

•• Parágrafo único com redação determinada pela Lei n. 6.514, de 22-12-1977.

Art. 185. Os reparos, limpeza e ajustes somente poderão ser executados com as máquinas paradas, salvo se o movimento for indispensável à realização do ajuste.

•• Artigo com redação determinada pela Lei n. 6.514, de 22-12-1977.

Art. 186. O Ministério do Trabalho estabelecerá normas adicionais sobre proteção e medidas de segurança na operação de máquinas e equipamentos, especialmente quanto à proteção das partes móveis, distância entre estas, vias de acesso às máquinas e equipamentos de grandes dimensões, emprego de ferramentas, sua adequação e medidas de proteção exigidas quando motorizadas ou elétricas.

•• Artigo com redação determinada pela Lei n. 6.514, de 22-12-1977.

SEÇÃO XII
Das Caldeiras, Fornos e Recipientes sob Pressão

•• Seção XII com redação determinada pela Lei n. 6.514, de 22-12-1977.

• A Norma Regulamentadora n. 13 dispõe sobre caldeiras e vasos de pressão, e a Norma Regulamentadora n. 14 dispõe sobre fornos.

Art. 187. As caldeiras, equipamentos e recipientes em geral que operam sob pressão deverão dispor de válvulas e outros dispositivos de segurança, que evitem seja ultrapassada a pressão interna de trabalho compatível com a sua resistência.

•• *Caput* com redação determinada pela Lei n. 6.514, de 22-12-1977.

Súmula 194/STF: É competente o Ministro do Trabalho para a especificação das atividades insalubres.

Parágrafo único. O Ministério do Trabalho expedirá normas complementares quanto à segurança das caldeiras, fornos e recipientes sob pressão, especialmente quanto ao revestimento interno, à localização, à ventilação dos locais e outros meios de eliminação de gases ou vapores prejudiciais à saúde, e demais instalações ou equipamentos necessários à execução segura das tarefas de cada empregado.

•• Parágrafo único com redação determinada pela Lei n. 6.514, de 22-12-1977.

Art. 188. As caldeiras serão periodicamente submetidas a inspeções de segurança, por engenheiro ou empresa especializada, inscritos no Ministério do Trabalho, de conformidade com as instruções que, para esse fim, forem expedidas.

•• *Caput* com redação determinada pela Lei n. 6.514, de 22-12-1977.

§ 1.º Toda caldeira será acompanhada de "Prontuário", com documentação original do fabricante, abrangendo, no mínimo: especificação técnica, desenhos, detalhes, provas e testes realizados durante a fabricação e a montagem, características funcionais e a pressão máxima de trabalho permitida (PMTP), esta última indicada, em local visível, na própria caldeira.

•• § 1.º com redação determinada pela Lei n. 6.514, de 22-12-1977.

§ 2.º O proprietário da caldeira deverá organizar, manter atualizado e apresentar, quando exigido pela autoridade competente, o Registro de Segurança, no qual serão anotadas, sistematicamente, as indicações das provas efetuadas, inspeções, reparos e quaisquer outras ocorrências.

•• § 2.º com redação determinada pela Lei n. 6.514, de 22-12-1977.

§ 3.º Os projetos de instalação de caldeiras, fornos e recipientes sob pressão deverão ser submetidos à aprovação prévia do órgão regional competente em matéria de segurança do trabalho.

•• § 3.º com redação determinada pela Lei n. 6.514, de 22-12-1977.

SEÇÃO XIII
Das Atividades Insalubres ou Perigosas

•• Seção XIII com redação determinada pela Lei n. 6.514, de 22-12-1977.

Art. 7.º, XXII e XXIII, da CF: São direitos dos trabalhadores urbanos e rurais, além de outros que visem à melhoria de sua condição social: (...) XXII – redução dos riscos inerentes ao trabalho, por meio de normas de saúde, higiene e segurança; XXIII – adicional de remuneração para as atividades penosas, insalubres ou perigosas, na forma da lei.

Periculosidade:

Súmula 212/STF: Tem direito ao adicional de serviço perigoso o empregado de posto de revenda de combustível líquido.

Súmula 39/TST: Periculosidade. Os empregados que operam em bomba de gasolina têm direito ao adicional de periculosidade (Lei n. 2.573, de 15-8-1955).

Súmula 70/TST: Adicional de periculosidade. O adicional de periculosidade não incide sobre os triênios pagos pela PETROBRAS.

Súmula 132/TST: Adicional de periculosidade. Integração. I – O adicional de periculosidade, pago em caráter permanente, integra o cálculo de indenização e de horas extras. II – Durante as horas de sobreaviso, o empregado não se encontra em condições de risco, razão pela qual é incabível a integração do adicional de periculosidade sobre as mencionadas horas.

Súmula 191/TST: Adicional. Periculosidade. Incidência. O adicional de periculosidade incide apenas sobre o salário básico e não sobre este acrescido de outros adicionais. Em relação aos eletricitários, o cálculo do adicional de periculosidade deverá ser efetuado sobre a totalidade das parcelas de natureza salarial.

Súmula 361/TST: Adicional de periculosidade. Eletricitários. Exposição intermitente. O trabalho exercido em condições perigosas, embora de forma intermitente, dá direito ao empregado a receber o adicional de periculosidade de forma integral, porque a Lei n. 7.369, de 20 de setembro de 1985, não estabeleceu nenhuma proporcionalidade em relação ao seu pagamento.

Súmula 364/TST: Adicional de periculosidade. Exposição eventual, permanente e intermitente. I – Tem direito ao adicional de periculosidade o empregado exposto permanentemente ou que, de forma intermitente, sujeita-se a condições de risco. Indevido, apenas, quando o contato dá-se de forma eventual, assim considerado o fortuito, ou o que, sendo habitual, dá-se por tempo extremamente reduzido. II – Não é válida a cláusula de acordo ou convenção coletiva de trabalho fixando o adicional de periculosidade em percentual inferior ao estabelecido em lei e proporcional ao tempo de exposição ao risco, pois tal parcela constitui medida de higiene, saúde e segurança do trabalho, garantida por norma de ordem pública (arts. 7.º, XXII e XXIII, da CF e 193, §1.º, da CLT).

Insalubridade:

Súmula 307/STF: É devido o adicional de serviço insalubre, calculado à base do salário mínimo da região, ainda que a remuneração contratual seja superior ao salário mínimo acrescido da taxa de insalubridade.

Súmula 460/STF: Para efeito do adicional de insalubridade, a perícia judicial, em reclamação trabalhista, não dispensa o enquadramento da atividade entre as insalubres, que é ato da competência do Ministro do Trabalho e Previdência Social.

Súmula 47/TST: Insalubridade. O trabalho executado em condições insalubres, em caráter intermitente, não afasta, só por essa circunstância, o direito à percepção do respectivo adicional.

Súmula 80/TST: Insalubridade. A eliminação da insalubridade mediante fornecimento de aparelhos protetores aprovados pelo órgão competente do Poder Executivo exclui a percepção do respectivo adicional.

Súmula 139/TST: Adicional de insalubridade. Enquanto percebido, o adicional de insalubridade integra a remuneração para todos os efeitos legais.

Súmula 228/TST: Adicional de insalubridade. Base de cálculo. Súmula cuja eficácia está suspensa por decisão liminar do Supremo Tribunal Federal. A partir de 9 de maio de 2008, data da publicação da Súmula Vinculante n. 4 do Supremo Tribunal Federal, o adicional de insalubridade será calculado sobre o salário básico, salvo critério mais vantajoso fixado em instrumento coletivo.

Súmula 248/TST: Adicional de insalubridade. Direito adquirido. A reclassificação ou a descaracterização da insalubridade, por ato da autoridade competente, repercute na satisfação do respectivo adicional, sem ofensa a direito adquirido ou ao princípio da irredutibilidade salarial.

Súmula 289/TST: Insalubridade. Adicional. Fornecimento do aparelho de proteção. Efeito. O simples fornecimento do aparelho de proteção pelo empregador não o exime do pagamento do adicional de insalubridade. Cabe-lhe tomar as medidas que conduzam à diminuição ou eliminação da nocividade, entre as quais as relativas ao uso efetivo do equipamento pelo empregado.

Súmula 293/TST: Adicional de insalubridade. Causa de pedir. Agente nocivo diverso do apontado na inicial. A verificação mediante perícia de prestação de serviços em condições nocivas, considerado agente insalubre diverso do apontado na inicial, não prejudica o pedido de adicional de insalubridade.

• O Decreto n. 2.657, de 3-7-1998, promulga a Convenção n. 170 da OIT, relativa à segurança na utilização de produtos químicos no trabalho.

• O Decreto n. 4.085, de 15-1-2002, promulga a Convenção n. 174 da OIT (em vigor para o Brasil em 2-8-2002), relativa à Prevenção de Acidentes Industriais Maiores.

• A Norma Regulamentadora n. 15 dispõe sobre atividades e operações insalubres, e a Norma Regulamentadora n. 16 dispõe sobre atividades e operações perigosas.

• *Vide* Portaria n. 702, de 28-5-2015, do MTE, que estabelece requisitos para a prorrogação de jornada em atividade insalubre.

Art. 189. Serão consideradas atividades ou operações insalubres aquelas que, por sua natureza, condições ou métodos de trabalho, exponham os empregados a agentes nocivos à saúde, acima dos limites de tolerância fixados em razão da natureza e da intensidade do agente e do tempo de exposição aos seus efeitos.

•• Artigo com redação determinada pela Lei n. 6.514, de 22-12-1977.

Art. 7.º, XXIII, da CF: São direitos dos trabalhadores urbanos e rurais, além de outros que visem à melhoria de sua condição social: (...) XXIII – adicional de remuneração para as atividades penosas, insalubres ou perigosas, na forma da lei.

Art. 190. O Ministério do Trabalho aprovará o quadro das atividades e operações insalubres e adotará normas sobre os critérios de caracterização da insalubridade, os limites de tolerância aos agentes agressivos, meios de proteção e o tempo máximo de exposição do empregado a esses agentes.

•• *Caput* com redação determinada pela Lei n. 6.514, de 22-12-1977.

Parágrafo único. As normas referidas neste artigo incluirão medidas de proteção do organismo do trabalhador nas operações que produzem aerodispersoides tóxicos, irritantes, alergênicos ou incômodos.

•• Parágrafo único com redação determinada pela Lei n. 6.514, de 22-12-1977.

Art. 191. A eliminação ou a neutralização da insalubridade ocorrerá:

I – com a adoção de medidas que conservem o ambiente de trabalho dentro dos limites de tolerância;

II – com a utilização de equipamentos de proteção individual ao trabalhador, que diminuam a intensidade do agente agressivo a limites de tolerância.

•• *Caput* e incisos com redação determinada pela Lei n. 6.514, de 22-12-1977.

Parágrafo único. Caberá às Delegacias Regionais do Trabalho, comprovada a insalubridade, notificar as empresas, estipulando prazos para sua eliminação ou neutralização, na forma deste artigo.

•• Parágrafo único com redação determinada pela Lei n. 6.514, de 22-12-1977.

Enunciado n. 50 da 1.ª Jornada de Direito do Trabalho: Insalubridade. Expedição de ofício à DRT. Constatada a insalubridade em ação trabalhista, o juiz deve oficiar à Delegacia Regional do Trabalho para que a autoridade administrativa faça cumprir o disposto no art. 191, parágrafo único, da CLT.

Art. 192. O exercício de trabalho em condições insalubres, acima dos limites de tolerância estabelecidos pelo Ministério do Trabalho, assegura a percepção de adicional respectivamente de 40% (quarenta por cento), 20% (vinte por cento) e 10% (dez por cento) do salário mínimo da região, segundo se classifiquem nos graus máximo, médio e mínimo.

•• Artigo com redação determinada pela Lei n. 6.514, de 22-12-1977.

Art. 7.º, IV e XXIII, da CF: São direitos dos trabalhadores urbanos e rurais, além de outros que visem à melhoria de sua condição social: (...) IV – salário mínimo, fixado em lei, nacionalmente unificado, capaz de atender a suas necessidades vitais básicas e às de sua família com moradia, alimentação, educação, saúde, lazer, vestuário, higiene, transporte e previdência social, com reajustes periódicos que lhe preservem o poder aquisitivo, sendo vedada sua vinculação para qualquer fim; (...) XXIII – adicional de remuneração para as atividades penosas, insalubres ou perigosas, na forma da lei.

Súmula Vinculante 4: Salvo nos casos previstos na Constituição, o salário mínimo não pode ser usado como indexador de base de cálculo de vantagem de servidor público ou de empregado, nem ser substituído por decisão judicial.

Art. 193. São consideradas atividades ou operações perigosas, na forma da regulamentação aprovada pelo Ministério do Trabalho e Emprego, aquelas que, por sua natureza ou métodos de trabalho, impliquem risco acentuado em virtude de exposição permanente do trabalhador a:

•• *Caput* com redação determinada pela Lei n. 12.740, de 8-12-2012.

I – inflamáveis, explosivos ou energia elétrica;

•• Inciso I acrescentado pela Lei n. 12.740, de 8-12-2012.

II – roubos ou outras espécies de violência física nas atividades profissionais de segurança pessoal ou patrimonial.

•• Inciso II acrescentado pela Lei n. 12.740, de 8-12-2012.

§ 1.º O trabalho em condições de periculosidade assegura ao empregado um adicional de 30% (trinta por cento) sobre o salário sem os acréscimos resultantes de gratificações, prêmios ou participações nos lucros da empresa.

•• § 1.º com redação determinada pela Lei n. 6.514, de 22-12-1977.

Art. 7.º, XXIII, da CF: São direitos dos trabalhadores urbanos e rurais, além de outros que visem à melhoria de sua condição social: (...) XXIII – adicional de remuneração para as atividades penosas, insalubres ou perigosas, na forma da lei.

§ 2.º O empregado poderá optar pelo adicional de insalubridade que porventura lhe seja devido.

•• § 2.º com redação determinada pela Lei n. 6.514, de 22-12-1977.

§ 3.º Serão descontados ou compensados do adicional outros da mesma natureza eventualmente já concedidos ao vigilante por meio de acordo coletivo.

•• § 3.º acrescentado pela Lei n. 12.740, de 8-12-2012.

§ 4.º São também consideradas perigosas as atividades de trabalhador em motocicleta.

•• § 4.º acrescentado pela Lei n. 12.997, de 18-6-2014.

Norma Regulamentadora n. 16, item 2 do anexo 5: Não são consideradas perigosas, para efeito deste anexo: *a*) a utilização de motocicleta ou motoneta exclusivamente no percurso da residência para o local de trabalho ou deste para aquela; *b*) as atividades em veículos que não necessitem de emplacamento ou que não exijam carteira nacional de habilitação para conduzi-los; *c*) as atividades em motocicleta ou motoneta em locais privados; *d*) as atividades com uso de motocicleta ou motoneta de forma eventual, assim considerado o fortuito, ou o que, sendo habitual, dá-se por tempo extremamente reduzido.

Art. 194. O direito do empregado ao adicional de insalubridade ou de periculosidade cessará com a eliminação do risco à sua saúde ou integridade física, nos termos desta Seção e das normas expedidas pelo Ministério do Trabalho.

•• Artigo com redação determinada pela Lei n. 6.514, de 22-12-1977.

Art. 195. A caracterização e a classificação da insalubridade e da periculosidade, segundo as normas do Ministério do Trabalho, far-se-ão através de perícia a cargo de Médico do Trabalho ou Engenheiro do Trabalho, registrados no Ministério do Trabalho.

•• *Caput* com redação determinada pela Lei n. 6.514, de 22-12-1977.

OJ 173 da SDI-1: Adicional de insalubridade. Atividade a céu aberto. Exposição ao sol e ao calor. I – Ausente previsão legal, indevido o adicional de insalubridade ao trabalhador em atividade a céu aberto, por sujeição à radiação solar (art. 195 da CLT e Anexo 7 da NR 15 da Portaria n. 3.214/78 do MTE). II – Tem direito ao adicional de insalubridade o trabalhador que exerce atividade exposto ao calor acima dos limites de tolerância, inclusive em ambiente externo com carga solar, nas condições previstas no Anexo 3 da NR 15 da Portaria n. 3.214/78 do MTE.

§ 1.º É facultado às empresas e aos sindicatos das categorias profissionais interessadas requererem ao Ministério do Trabalho a realização de perícia em estabelecimento ou setor deste, com o objetivo de caracterizar e classificar ou delimitar as atividades insalubres ou perigosas.

•• § 1.º com redação determinada pela Lei n. 6.514, de 22-12-1977.

§ 2.º Arguida em juízo insalubridade ou periculosidade, seja por empregado, seja por sindicato em favor de grupo de associados, o juiz designará perito habilitado na forma deste artigo, e, onde não houver, requisitará perícia ao órgão competente do Ministério do Trabalho.

•• § 2.º com redação determinada pela Lei n. 6.514, de 22-12-1977.

§ 3.º O disposto nos parágrafos anteriores não prejudica a ação fiscalizadora do Ministério do Trabalho, nem a realização *ex officio* da perícia.

•• § 3.º com redação determinada pela Lei n. 6.514, de 22-12-1977.

Art. 196. Os efeitos pecuniários decorrentes do trabalho em condições de insalubridade ou periculosidade serão devidos a contar da data da inclusão da respectiva atividade nos quadros aprovados pelo Ministério do Trabalho, respeitadas as normas do art. 11.

•• Artigo com redação determinada pela Lei n. 6.514, de 22-12-1977.

Art. 197. Os materiais e substâncias empregados, manipulados ou transportados nos locais de trabalho, quando perigosos ou nocivos à saúde, devem conter, no rótulo, sua composição, recomendações de socorro imediato e o símbolo de perigo correspondente, segundo a padronização internacional.

•• *Caput* com redação determinada pela Lei n. 6.514, de 22-12-1977.

Parágrafo único. Os estabelecimentos que mantenham as atividades previstas neste artigo afixarão, nos setores de trabalho atingidos, avisos ou cartazes, com advertência quanto aos materiais e substâncias perigosos ou nocivos à saúde.

•• Parágrafo único com redação determinada pela Lei n. 6.514, de 22-12-1977.

SEÇÃO XIV
Da Prevenção da Fadiga

•• Seção XIV com redação determinada pela Lei n. 6.514, de 22-12-1977.

• A Norma Regulamentadora n. 17 dispõe sobre ergonomia.

Art. 198. É de 60 (sessenta) quilogramas o peso máximo que um empregado pode remover individualmente, ressalvadas as disposições especiais relativas ao trabalho do menor e da mulher.

•• *Caput* com redação determinada pela Lei n. 6.514, de 22-12-1977.

Parágrafo único. Não está compreendida na proibição deste artigo a remoção de material feita por impulsão ou tração de vagonetes sobre trilhos, carros de mão ou quaisquer outros aparelhos mecânicos, podendo o Ministério do Trabalho, em tais casos, fixar limites diversos, que evitem sejam exigidos do empregado serviços superiores às suas forças.

•• Parágrafo único com redação determinada pela Lei n. 6.514, de 22-12-1977.

Art. 199. Será obrigatória a colocação de assentos que assegurem postura correta ao trabalhador, capazes de evitar posições incômodas ou forçadas, sempre que a execução da tarefa exija que trabalhe sentado.

•• *Caput* com redação determinada pela Lei n. 6.514, de 22-12-1977.

Parágrafo único. Quando o trabalho deva ser executado de pé, os empregados terão à sua disposição assentos para serem utilizados nas pausas que o serviço permitir.

•• Parágrafo único com redação determinada pela Lei n. 6.514, de 22-12-1977.

SEÇÃO XV
Das Outras Medidas Especiais de Proteção

•• Seção XV com redação determinada pela Lei n. 6.514, de 22-12-1977.

Art. 200. Cabe ao Ministério do Trabalho estabelecer disposições complementares às normas de que trata este Capítulo, tendo em vista as peculiaridades de cada atividade ou setor de trabalho, especialmente sobre:

I – medidas de prevenção de acidentes e os equipamentos de proteção individual em obras de construção, demolição ou reparos;

II – depósitos, armazenagem e manuseio de combustíveis, inflamáveis e explosivos, bem como trânsito e permanência nas áreas respectivas;

III – trabalho em escavações, túneis, galerias, minas e pedreiras, sobretudo quanto à prevenção de explosões, incêndios, desmoronamentos e soterramentos, eliminação de poeiras, gases etc., e facilidades de rápida saída dos empregados;

• A Portaria n. 202, de 22-12-2006, do MTE, aprova a Norma Regulamentadora n. 33 (NR-33), que trata da segurança e saúde dos trabalhadores em espaços confinados.

IV – proteção contra incêndio em geral e as medidas preventivas adequadas, com exigências ao especial revestimento de portas e paredes, construção de paredes contra fogo, diques e outros anteparos, assim como garantia geral de fácil circulação, corredores de acesso e saídas amplas e protegidas, com suficiente sinalização;

V – proteção contra insolação, calor, frio, umidade e ventos, sobretudo no trabalho a céu aberto, com provisão, quanto a este, de água potável, alojamento e profilaxia de endemias;

VI – proteção do trabalhador exposto a substâncias químicas nocivas, radiações ionizantes e não ionizantes, ruídos, vibrações e trepidações ou pressões anormais ao ambiente de trabalho, com especificação das medidas cabíveis para eliminação ou atenuação desses efeitos, limites máximos quanto ao tempo de exposição, à intensidade da ação ou de seus efeitos sobre o organismo do trabalhador, exames médicos obrigatórios, limites de idade, controle permanente dos locais de trabalho e das demais exigências que se façam necessárias;

VII – higiene nos locais de trabalho, com discriminação das exigências, instalações sanitárias, com separação de sexos, chuveiros, lavatórios, vestiários e armários individuais, refeitórios ou condições de conforto por ocasião das refeições, fornecimento de água potável, condições de limpeza dos locais de trabalho e modo de sua execução, tratamento de resíduos industriais;

VIII – emprego das cores nos locais de trabalho, inclusive nas sinalizações de perigo.

•• *Caput* e incisos com redação determinada pela Lei n. 6.514, de 22-12-1977.

Parágrafo único. Tratando-se de radiações ionizantes e explosivos, as normas a que se refere este artigo serão expedidas de acordo com as resoluções a respeito adotadas pelo órgão técnico.

•• Parágrafo único com redação determinada pela Lei n. 6.514, de 22-12-1977.

• A Portaria n. 453, de 1.º-6-1998, da Secretaria de Vigilância Sanitária, aprova o regulamento técnico que estabelece as diretrizes básicas de proteção radiológica em radiodiagnóstico médico e odontológico e dispõe sobre o uso dos raios-x diagnósticos em todo território nacional.

SEÇÃO XVI
Das Penalidades

•• Seção XVI com redação determinada pela Lei n. 6.514, de 22-12-1977.

• A Norma Regulamentadora n. 28 dispõe sobre fiscalização e penalidades.

Art. 201. As infrações ao disposto neste Capítulo relativas à medicina do trabalho serão punidas com multa de 3 (três) a 30 (trinta) vezes o valor de referência previsto no art. 2.º, parágrafo único, da Lei n. 6.205, de 29 de abril de 1975, e as concernentes à segurança do trabalho com multa de 5 (cinco) a 50 (cinquenta) vezes o mesmo valor.

•• *Caput* com redação determinada pela Lei n. 6.514, de 22-12-1977.

•• *Vide* Nota dos Organizadores, sobre o valor das multas previstas na CLT.

Parágrafo único. Em caso de reincidência, embaraço ou resistência à fiscalização, emprego de artifício ou simulação com o objetivo de fraudar a lei, a multa será aplicada em seu valor máximo.

•• Parágrafo único com redação determinada pela Lei n. 6.514, de 22-12-1977.

Arts. 202 a 223. (*Revogados pela Lei n. 6.514, de 22-12-1977.*)

TÍTULO II-A
DO DANO EXTRAPATRIMONIAL

•• Título II-A acrescentado pela Lei n. 13.467, de 13-7-2017.

• *Vide* Enunciados n. 18 a 20 da 2.ª Jornada de Direito Material e Processual do Trabalho.

Art. 223-A. Aplicam-se à reparação de danos de natureza extrapatrimonial decorrentes da relação de trabalho apenas os dispositivos deste Título.

•• Artigo acrescentado pela Lei n. 13.467, de 13-7-2017.

Art. 223-B. Causa dano de natureza extrapatrimonial a ação ou omissão que ofenda a esfera moral ou existencial da pessoa física ou jurídica, as quais são as titulares exclusivas do direito à reparação.

•• Artigo acrescentado pela Lei n. 13.467, de 13-7-2017.

Art. 223-C. A honra, a imagem, a intimidade, a liberdade de ação, a autoestima, a sexualidade, a saúde, o lazer e a integridade física são os bens juridicamente tutelados inerentes à pessoa física.

•• Artigo acrescentado pela Lei n. 13.467, de 13-7-2017.

Art. 223-D. A imagem, a marca, o nome, o segredo empresarial e o sigilo da correspondência são bens juridicamente tutelados inerentes à pessoa jurídica.

•• Artigo acrescentado pela Lei n. 13.467, de 13-7-2017.

Art. 223-E. São responsáveis pelo dano extrapatrimonial todos os que tenham colaborado para a ofensa ao bem jurídico tutelado, na proporção da ação ou da omissão.

•• Artigo acrescentado pela Lei n. 13.467, de 13-7-2017.

Art. 223-F. A reparação por danos extrapatrimoniais pode ser pedida cumulativamente com a indenização por danos materiais decorrentes do mesmo ato lesivo.

•• *Caput* acrescentado pela Lei n. 13.467, de 13-7-2017.

§ 1.º Se houver cumulação de pedidos, o juízo, ao proferir a decisão, discriminará os valores das indenizações a título de danos patrimoniais e das reparações por danos de natureza extrapatrimonial.

•• § 1.º acrescentado pela Lei n. 13.467, de 13-7-2017.

§ 2.º A composição das perdas e danos, assim compreendidos os lucros cessantes e os danos emergentes, não interfere na avaliação dos danos extrapatrimoniais.

•• § 2.º acrescentado pela Lei n. 13.467, de 13-7-2017.

Art. 223-G. Ao apreciar o pedido, o juízo considerará:

•• *Caput* acrescentado pela Lei n. 13.467, de 13-7-2017.

I – a natureza do bem jurídico tutelado;

•• Inciso I acrescentado pela Lei n. 13.467, de 13-7-2017.

II – a intensidade do sofrimento ou da humilhação;

•• Inciso II acrescentado pela Lei n. 13.467, de 13-7-2017.

III – a possibilidade de superação física ou psicológica;

•• Inciso III acrescentado pela Lei n. 13.467, de 13-7-2017.

IV – os reflexos pessoais e sociais da ação ou da omissão;

•• Inciso IV acrescentado pela Lei n. 13.467, de 13-7-2017.

V – a extensão e a duração dos efeitos da ofensa;

•• Inciso V acrescentado pela Lei n. 13.467, de 13-7-2017.

VI – as condições em que ocorreu a ofensa ou o prejuízo moral;

•• Inciso VI acrescentado pela Lei n. 13.467, de 13-7-2017.

VII – o grau de dolo ou culpa;

•• Inciso VII acrescentado pela Lei n. 13.467, de 13-7-2017.

VIII – a ocorrência de retratação espontânea;

•• Inciso VIII acrescentado pela Lei n. 13.467, de 13-7-2017.

IX – o esforço efetivo para minimizar a ofensa;

•• Inciso IX acrescentado pela Lei n. 13.467, de 13-7-2017.

X – o perdão, tácito ou expresso;

•• Inciso X acrescentado pela Lei n. 13.467, de 13-7-2017.

XI – a situação social e econômica das partes envolvidas;

•• Inciso XI acrescentado pela Lei n. 13.467, de 13-7-2017.

XII – o grau de publicidade da ofensa.

•• Inciso XII acrescentado pela Lei n. 13.467, de 13-7-2017.

§ 1.º Se julgar procedente o pedido, o juízo fixará a indenização a ser paga, a cada um dos ofendidos, em um dos seguintes parâmetros, vedada a acumulação:

•• § 1.º, *caput*, acrescentado pela Lei n. 13.467, de 13-7-2017.

I – ofensa de natureza leve, até três vezes o último salário contratual do ofendido;

•• Inciso I acrescentado pela Lei n. 13.467, de 13-7-2017.

II – ofensa de natureza média, até cinco vezes o último salário contratual do ofendido;

•• Inciso II acrescentado pela Lei n. 13.467, de 13-7-2017.

III – ofensa de natureza grave, até vinte vezes o último salário contratual do ofendido;

•• Inciso III acrescentado pela Lei n. 13.467, de 13-7-2017.

IV – ofensa de natureza gravíssima, até cinquenta vezes o último salário contratual do ofendido.

•• Inciso IV acrescentado pela Lei n. 13.467, de 13-7-2017.

§ 2.º Se o ofendido for pessoa jurídica, a indenização será fixada com observância dos mesmos parâmetros estabelecidos no § 1.º deste artigo, mas em relação ao salário contratual do ofensor.

•• § 2.º acrescentado pela Lei n. 13.467, de 13-7-2017.

§ 3.º Na reincidência entre partes idênticas, o juízo poderá elevar ao dobro o valor da indenização.

•• § 3.º acrescentado pela Lei n. 13.467, de 13-7-2017.

TÍTULO III
DAS NORMAS ESPECIAIS DE TUTELA DO TRABALHO

CAPÍTULO I
DAS DISPOSIÇÕES ESPECIAIS SOBRE DURAÇÃO E CONDIÇÕES DE TRABALHO

SEÇÃO I
Dos Bancários

Súmula 102/TST: Bancário. Cargo de confiança. I – A configuração, ou não, do exercício da função de confiança a que se refere o art. 224, § 2.º, da CLT, dependente da prova das reais atribuições do empregado, é insuscetível de exame mediante recurso de revista ou de embargos. II – O bancário que exerce a função a que se refere o § 2.º do art. 224 da CLT e recebe gratificação não inferior a um terço de seu salário já tem remuneradas as duas horas extraordinárias excedentes de seis. III – Ao bancário exercente de cargo de confiança previsto no art. 224, § 2.º, da CLT são devidas as 7.ª e 8.ª horas, como extras, no período em que se verificar o pagamento a menor da gratificação de 1/3. IV – O bancário sujeito à regra do art. 224, § 2.º, da CLT cumpre jornada de trabalho de 8 (oito) horas, sendo extraordinárias as trabalhadas além da oitava. V – O advogado empregado de banco, pelo simples exercício da advocacia, não exerce cargo de confiança, não se enquadrando, portanto, na hipótese do § 2.º do art. 224 da CLT. VI – O caixa bancário, ainda que caixa executivo, não exerce cargo de confiança. Se perceber gratificação igual ou superior a um terço do salário do posto efetivo, essa remunera apenas a maior responsabilidade do cargo e não as duas horas extraordinárias além da sexta. VII – O bancário exercente de função de confiança, que percebe a gratificação não inferior ao terço legal, ainda que norma coletiva contemple percentual superior, não tem direito às sétima e oitava horas como extras, mas tão somente às diferenças de gratificação de função, se postuladas.

Súmula 124/TST: Bancário. Salário-hora. Divisor. I – O divisor aplicável para o cálculo das horas extras do bancário, se houver ajuste individual expresso ou coletivo no sentido de considerar o sábado como dia de descanso remunerado, será: *a)* 150, para os empregados submetidos à jornada de seis horas, prevista no *caput* do art. 224 da CLT; *b)* 200, para os empregados submetidos à jornada de oito horas, nos termos do § 2.º do art. 224 da CLT. II – Nas demais hipóteses, aplicar-se-á o divisor: *a)* 180, para os empregados submetidos à jornada de seis horas prevista no *caput* do art. 224 da CLT; *b)* 220, para os empregados submetidos à jornada de oito horas, nos termos do § 2.º do art. 224 da CLT.

Súmula 247/TST: Quebra de caixa. Natureza jurídica. A parcela paga aos bancários sob a denominação "quebra de caixa" possui natureza salarial, integrando o salário do prestador de serviços, para todos os efeitos legais.

Súmula 257/TST: Vigilante. O vigilante, contratado diretamente por banco ou por intermédio de empresas especializadas, não é bancário.

OJ Transitória 77 da SDI-1: BNDES. Arts. 224 a 226 da CLT. Aplicável a seus empregados. Até o advento da Lei n. 10.556, de 13 de novembro de 2002, era aplicável aos empregados do BNDES a jornada de trabalho dos bancários prevista nos arts. 224 a 226 da CLT.

Art. 224. A duração normal do trabalho dos empregados em bancos, casas bancárias e Caixa Econômica Federal será de 6 (seis) horas contínuas nos dias úteis, com exceção dos sábados, perfazendo um total de 30 (trinta) horas de trabalho por semana.

•• *Caput* com redação determinada pela Lei n. 7.430, de 17-12-1985.

Súmula 55/TST: Financeiras. As empresas de crédito, financiamento ou investimento, também denominadas financeiras, equiparam-se aos estabelecimentos bancários para os efeitos do art. 224 da CLT.

Súmula 93/TST: Bancário. Integra a remuneração do bancário a vantagem pecuniária por ele auferida na colocação ou na venda de papéis ou valores mobiliários de empresas pertencentes ao mesmo grupo econômico, se exercida essa atividade no horário e no local de trabalho e com o consentimento, tácito ou expresso, do banco empregador.

Súmula 113/TST: Bancário. Sábado. Dia útil. O sábado do bancário é dia útil não trabalhado, não dia de repouso remunerado. Não cabe a repercussão do pagamento de horas extras habituais em sua remuneração.

Súmula 119/TST: Jornada de trabalho. Os empregados de empresas distribuidoras e corretoras de títulos e valores mobiliários não têm direito à jornada especial dos bancários.

Súmula 124/TST: Bancário. Salário-hora. Divisor. I – O divisor aplicável para o cálculo das horas extras do bancário, se houver ajuste individual expresso ou coletivo no sentido de considerar o sábado como dia de descanso remunerado, será: *a)* 150, para os empregados submetidos à jornada de seis horas, prevista no *caput* do art. 224 da CLT; *b)* 200, para os empregados submetidos à jornada de oito horas, nos termos do § 2.º do art. 224 da CLT. II – Nas demais hipóteses, aplicar-se-á o divisor: *a)* 180, para os empregados submetidos à jornada de seis horas prevista no *caput* do art. 224 da CLT; *b)* 220, para os empregados submetidos à jornada de oito horas, nos termos do § 2.º do art. 224 da CLT.

Súmula 287/TST: Jornada de trabalho. Gerente bancário. A jornada de trabalho do empregado de banco gerente de agência é regida pelo art. 224, § 2.º, da CLT. Quanto ao gerente-geral de agência bancária, presume-se o exercício de encargo de gestão, aplicando-se-lhe o art. 62 da CLT.

OJ 379 da SDI-1: Empregado de cooperativa de crédito. Bancário. Equiparação. Impossibilidade. Os empregados de cooperativas de crédito não se equiparam a bancário, para efeito de aplicação do art. 224 da CLT, em razão da inexistência de expressa previsão legal, considerando, ainda, as diferenças estruturais e operacionais entre as instituições financeiras e as cooperativas de crédito. Inteligência das Leis n. 4.595, de 31-12-1964, e 5.764, de 16-12-1971.

§ 1.º A duração normal do trabalho estabelecida neste artigo ficará compreendida entre 7 (sete) e 22 (vinte e duas) horas, assegurando-se ao empregado, no horário diário, um intervalo de 15 (quinze) minutos para alimentação.

•• § 1.º com redação determinada pelo Decreto-lei n. 229, de 28-2-1967.

§ 2.º As disposições deste artigo não se aplicam aos que exercem funções de direção, gerência, fiscalização, chefia e equivalentes, ou que desempenhem outros cargos de confiança, desde que o valor da gratificação não seja inferior a 1/3 (um terço) do salário do cargo efetivo.

•• § 2.º com redação determinada pelo Decreto-lei n. 754, de 11-8-1969.

Súmula 109/TST: Gratificação de função. O bancário não enquadrado no § 2.º do art. 224 da CLT, que receba gratificação de função, não pode ter o salário relativo a horas extraordinárias compensado com o valor daquela vantagem.

Súmula 240/TST: Bancário. Gratificação de função e adicional por tempo de serviço. O adicional por tempo de serviço integra o cálculo da gratificação prevista no art. 224, § 2.º, da CLT.

• A Lei n. 5.662, de 21-6-1971, determina que este artigo não se aplica aos empregados do BNDES e aos de suas subsidiárias.

Art. 225. A duração normal de trabalho dos bancários poderá ser excepcionalmente prorrogada até 8 (oito) horas diárias, não excedendo de 40 (quarenta) horas semanais, observados os preceitos gerais sobre a duração do trabalho.

•• Artigo com redação determinada pela Lei n. 6.637, de 8-5-1979.

Súmula 199/TST: Bancário. Pré-contratação de horas extras. I – A contratação do serviço suplementar, quando da admissão do trabalhador bancário, é nula. Os valores assim ajustados apenas remuneram a jornada normal, sendo devidas as horas extras com o adicional de, no mínimo, 50% (cinquenta por cento), as quais não configuram pré-contratação, se pactuadas após a admissão do bancário. II – Em se tratando de horas extras pré-contratadas, opera-se a prescrição total se a ação não for ajuizada no prazo de cinco anos, a partir da data em que foram suprimidas.

Art. 226. O regime especial de 6 (seis) horas de trabalho também se aplica aos empregados de portaria e de limpeza, tais como porteiros, telefonistas de mesa, contínuos e serventes, empregados em bancos e casas bancárias.

•• *Caput* com redação determinada pela Lei n. 3.488, de 12-12-1958.

Súmula 257/TST: Vigilante. O vigilante, contratado diretamente por banco ou por intermédio de empresas especializadas, não é bancário.

Parágrafo único. A direção de cada banco organizará a escala de serviço do estabelecimento de maneira a haver empregados do quadro da portaria em função, meia hora antes e até meia hora após o encerramento dos trabalhos, respeitado o limite de 6 (seis) horas diárias.

•• Parágrafo único com redação determinada pela Lei n. 3.488, de 12-12-1958.

SEÇÃO II

Dos Empregados nos Serviços de Telefonia, de Telegrafia Submarina e Subfluvial, de Radiotelegrafia e Radiotelefonia

Art. 227. Nas empresas que explorem o serviço de telefonia, telegrafia submarina ou subfluvial, de radiotelegrafia ou de radiotelefonia, fica estabelecida para os respectivos operadores a duração máxima de 6 (seis) horas contínuas de trabalho por dia ou 36 (trinta e seis) horas semanais.

•• *Caput* com redação determinada pelo Decreto-lei n. 6.353, de 20-3-1944.

Súmula 178/TST: Telefonista. Art. 227, e parágrafos, da CLT. Aplicabilidade. É aplicável à telefonista de mesa de empresa que não explora o serviço de telefonia o disposto no art. 227, e seus parágrafos, da CLT. Ex-prejulgado n. 59.

§ 1.º Quando, em caso de indeclinável necessidade, forem os operadores obrigados a permanecer em serviço além do período normal fixado neste artigo, a empresa pagar-lhes-á extraordinariamente o tempo excedente com acréscimo de 50% (cinquenta por cento) sobre o seu salário-hora normal.

§ 2.º O trabalho aos domingos, feriados e dias santos de guarda será considerado extraordinário e obedecerá, quanto à sua execução e remuneração, ao que dispuserem empregadores e empregados em acordo, ou os respectivos sindicatos em contrato coletivo de trabalho.

•• § 2.º com redação determinada pelo Decreto-lei n. 6.353, de 20-3-1944.

Art. 228. Os operadores não poderão trabalhar, de modo ininterrupto na transmissão manual, bem como na recepção visual, auditiva, com escrita manual ou datilográfica, quando a velocidade for superior a 25 (vinte e cinco) palavras por minuto.

Art. 229. Para os empregados sujeitos a horários variáveis, fica estabelecida a duração máxima de 7 (sete) horas diárias de trabalho e 17 (dezessete) horas de folga, deduzindo-se desse tempo 20 (vinte) minutos para descanso, de cada um dos empregados, sempre que se verificar um esforço contínuo de mais de 3 (três) horas.

§ 1.º São considerados empregados sujeitos a horários variáveis, além dos operadores, cujas funções exijam classificação distinta, os que pertençam a seções de técnica, telefones, revisão, expedição, entrega e balcão.

•• § 1.º com redação determinada pelo Decreto-lei n. 6.353, de 20-3-1944.

§ 2.º Quanto à execução e remuneração aos domingos, feriados e dias santos de guarda e às prorrogações de expediente, o trabalho dos empregados a que se refere o parágrafo anterior será regido pelo que se contém no § 1.º do art. 227 desta Seção.

•• § 2.º com redação determinada pelo Decreto-lei n. 6.353, de 20-3-1944.

Art. 230. A direção das empresas deverá organizar as turmas de empregados, para a execução dos seus serviços, de maneira que prevaleça, sempre, o revezamento entre os que exercem a mesma função, quer em escalas diurnas, quer em noturnas.

§ 1.º Aos empregados que exerçam a mesma função será permitido, entre si, a troca de turmas, desde que isso não importe em prejuízo dos serviços, cujo chefe ou encarregado resolverá sobre a oportunidade ou possibilidade dessa medida, dentro das prescrições desta Seção.

§ 2.º As empresas não poderão organizar horários que obriguem os empregados a fazer a refeição do almoço antes das 10 (dez) e depois das 13 (treze) horas e a de jantar antes das 16 (dezesseis) e depois das 19:30 (dezenove e trinta) horas.

Art. 231. As disposições desta Seção não abrangem o trabalho dos operadores de radiotelegrafia embarcados em navios ou aeronaves.

SEÇÃO III

Dos Músicos Profissionais

Arts. 232 e 233. *(Revogados pela Lei n. 3.857, de 22-12-1960.)*

• A Lei n. 3.857, de 22-12-1960, cria a Ordem dos Músicos do Brasil e dispõe sobre a regulamentação do exercício da profissão de músico e dá outras providências.

SEÇÃO IV

Dos Operadores Cinematográficos

Art. 234. A duração normal do trabalho dos operadores cinematográficos e seus ajudantes não excederá de 6 (seis) horas diárias, assim distribuídas:

•• *Caput* com redação determinada pelo Decreto-lei n. 6.353, de 20-3-1944.

a) 5 (cinco) horas consecutivas de trabalho em cabina, durante o funcionamento cinematográfico;

•• Alínea *a* com redação determinada pelo Decreto-lei n. 6.353, de 20-3-1944.

b) 1 (um) período suplementar, até o máximo de 1 (uma) hora para limpeza, lubrificação dos aparelhos de projeção, ou revisão de filmes.

•• Alínea *b* com redação determinada pelo Decreto-lei n. 6.353, de 20-3-1944.

Parágrafo único. Mediante remuneração adicional de 25% (vinte e cinco por cento) sobre o salário da hora normal e observado um intervalo de 2 (duas) horas para folga, entre o período a que se refere a alínea *b* deste artigo e o trabalho em cabina de que trata a alínea *a*, poderá o trabalho dos operadores cinematográficos e seus ajudantes ter a duração prorrogada por 2 (duas) horas diárias, para exibições extraordinárias.

Art. 7.º, XVI, da CF: São direitos dos trabalhadores urbanos e rurais, além de outros que visem à melhoria de sua condição social: (...) XVI – remuneração do serviço extraordinário superior, no mínimo, em cinquenta por cento à do normal.

Art. 235. Nos estabelecimentos cujo funcionamento normal seja noturno, será facultado aos operadores cinematográficos e seus ajudantes, mediante acordo ou contrato coletivo de trabalho e com um acréscimo de 25% (vinte e cinco por cento) sobre o salário da hora normal, executar o trabalho em sessões diurnas extraordinárias e, cumulativamente, nas noturnas, desde que isso se verifique até 3 (três) vezes por semana e entre as sessões diurnas e as noturnas haja o intervalo de 1 (uma) hora, no mínimo, de descanso.

Art. 7.º, XVI, da CF: São direitos dos trabalhadores urbanos e rurais, além de outros que visem à melhoria de sua condição social: (...) XVI – remuneração do serviço extraordinário superior, no mínimo, em cinquenta por cento à do normal.

§ 1.º A duração de trabalho cumulativo a que alude o presente artigo não poderá exceder de 10 (dez) horas.

§ 2.º Em seguida a cada período de trabalho haverá um intervalo de repouso no mínimo de 12 (doze) horas.

SEÇÃO IV-A
Do Serviço do Motorista Profissional Empregado

•• Seção IV-A com redação determinada pela Lei n. 13.103, de 2-3-2015.

•• *Vide* Lei n. 13.103, de 2-3-2015.

Art. 235-A. Os preceitos especiais desta Seção aplicam-se ao motorista profissional empregado:

•• *Caput* com redação determinada pela Lei n. 13.103, de 2-3-2015.

I – de transporte rodoviário coletivo de passageiros;

•• Inciso I acrescentado pela Lei n. 13.103, de 2-3-2015.

II – de transporte rodoviário de cargas.

•• Inciso II acrescentado pela Lei n. 13.103, de 2-3-2015.

Lei n. 13.103/15, art. 9.º, *caput*: As condições de segurança, sanitárias e de conforto nos locais de espera, de repouso e de descanso dos motoristas profissionais de transporte rodoviário de passageiros e rodoviário de cargas terão que obedecer ao disposto em normas regulamentadoras pelo ente competente.

Art. 235-B. São deveres do motorista profissional empregado:

•• *Caput* com redação determinada pela Lei n. 13.103, de 2-3-2015.

I – estar atento às condições de segurança do veículo;

•• Inciso I acrescentado pela Lei n. 12.619, de 30-4-2012.

II – conduzir o veículo com perícia, prudência, zelo e com observância aos princípios de direção defensiva;

•• Inciso II acrescentado pela Lei n. 12.619, de 30-4-2012.

III – respeitar a legislação de trânsito e, em especial, as normas relativas ao tempo de direção e de descanso controlado e registrado na forma do previsto no art. 67-E da Lei n. 9.503, de 23 de setembro de 1997 – Código de Trânsito Brasileiro;

•• Inciso III com redação determinada pela Lei n. 13.103, de 2-3-2015.

IV – zelar pela carga transportada e pelo veículo;

•• Inciso IV acrescentado pela Lei n. 12.619, de 30-4-2012.

V – colocar-se à disposição dos órgãos públicos de fiscalização na via pública;

•• Inciso V acrescentado pela Lei n. 12.619, de 30-4-2012.

VI – (*Vetado*);

•• Inciso VI acrescentado pela Lei n. 12.619, de 30-4-2012.

VII – submeter-se a exames toxicológicos com janela de detecção mínima de 90 (noventa) dias e a programa de controle de uso de droga e de bebida alcoólica, instituído pelo empregador, com sua ampla ciência, pelo menos uma vez a cada 2 (dois) anos e 6 (seis) meses, podendo ser utilizado para esse fim o exame obrigatório previsto na Lei n. 9.503, de 23 de setembro de 1997 – Código de Trânsito Brasileiro, desde que realizado nos últimos 60 (sessenta) dias.

•• Inciso VII com redação determinada pela Lei n. 13.103, de 2-3-2015.

Lei n. 13.103/15, art. 13: exame toxicológico com janela de detecção mínima de 90 (noventa) dias de que tratam o art. 148-A da Lei n. 9.503, de 23 de setembro de 1997 – Código de Trânsito Brasileiro, os §§ 6.º e 7.º do art. 168 e o inciso VII do art. 235-B da Consolidação das Leis do Trabalho – CLT, aprovada pelo Decreto-lei n. 5.452, de 1.º de maio de 1943, será exigido: I – em 90 (noventa) dias da publicação desta Lei, para a renovação e habilitação das categorias, C, D e E; II – em 1 (um) ano a partir da entrada em vigor desta Lei, para a admissão e a demissão de motorista profissional; III – em 3 (três) anos e 6 (seis) meses a partir da entrada em vigor desta Lei, para o disposto no § 2.º do art. 148-A da Lei n. 9.503, de 23 de setembro de 1997; IV – em 2 (dois) anos e 6 (seis) meses a partir da entrada em vigor desta Lei, para o disposto no § 3.º do art. 148-A da Lei n. 9.503, de 23 de setembro de 1997. Parágrafo único. Caberá ao Contran estabelecer adequações necessárias ao cronograma de realização dos exames.

Parágrafo único. A recusa do empregado em submeter-se ao teste ou ao programa de controle de uso de droga e de bebida alcoólica previstos no inciso VII será considerada infração disciplinar, passível de penalização nos termos da lei.

•• Parágrafo único com redação determinada pela Lei n. 13.103, de 2-3-2015.

Art. 235-C. A jornada diária de trabalho do motorista profissional será de 8 (oito) horas, admitindo-se a sua prorrogação por até 2 (duas) horas extraordinárias ou, mediante previsão em convenção ou acordo coletivo, por até 4 (quatro) horas extraordinárias.

•• *Caput* com redação determinada pela Lei n. 13.103, de 2-3-2015.

§ 1.º Será considerado como trabalho efetivo o tempo em que o motorista empregado estiver à disposição do empregador, excluídos os intervalos para refeição, repouso e descanso e o tempo de espera.

•• § 1.º com redação determinada pela Lei n. 13.103, de 2-3-2015.

§ 2.º Será assegurado ao motorista profissional empregado intervalo mínimo de 1 (uma) hora para refeição, podendo esse período coincidir com o tempo de parada obrigatória na condução do veículo estabelecido pela Lei n. 9.503, de 23 de setembro de 1997 – Código de Trânsito Brasileiro, exceto quando se tratar do motorista profissional enquadrado no § 5.º do art. 71 desta Consolidação.

•• § 2.º com redação determinada pela Lei n. 13.103, de 2-3-2015.

Lei n. 13.103/15, art. 12: O disposto nos §§ 2.º e 3.º do art. 235-C do Capítulo I do Título III da Consolidação das Leis do Trabalho – CLT, aprovada pelo Decreto-lei n. 5.452, de 1.º de maio de 1943, e no *caput* e nos §§ 1.º e 3.º do art. 67-C do Capítulo III-A da Lei n. 9.503, de 23 de setembro de 1997 – Código de Trânsito Brasileiro, produzirá efeitos: I – a partir da data da publicação dos atos de que trata o art. 11, para os trechos das vias deles constantes; II – a partir da data da publicação das relações subsequentes, para as vias por elas acrescidas. Parágrafo único. Durante os primeiros 180 (cento e oitenta) dias de sujeição do trecho ao disposto na Consolidação das Leis do Trabalho – CLT, aprovada pelo Decreto-lei n. 5.452, de 1.º de maio de 1943, e na Lei n. 9.503, de 23 de setembro de 1997 – Código de Trânsito Brasileiro, com as alterações constantes desta Lei, a fiscalização do seu cumprimento será meramente informativa e educativa.

§ 3.º Dentro do período de 24 (vinte e quatro) horas, são asseguradas 11 (onze) horas de descanso, sendo facultados o seu fracionamento e a coincidência com os períodos de parada obrigatória na condução do veículo estabelecida pela Lei n. 9.503, de 23 de setembro de 1997 – Código de Trânsito Brasileiro, garantidos o mínimo de 8 (oito) horas ininterruptas no primeiro período e o gozo do remanescente dentro das 16 (dezesseis) horas seguintes ao fim do primeiro período.

•• § 3.º com redação determinada pela Lei n. 13.103, de 2-3-2015.

•• Sobre a produção de efeitos deste § 3.º, *vide* nota ao § 2.º deste artigo.

§ 4.º Nas viagens de longa distância, assim consideradas aquelas em que o motorista profissional empregado permanece fora da base da empresa, matriz ou filial e de sua residência por mais de 24 (vinte e quatro) horas, o repouso diário pode ser feito no veículo ou em alojamento do empregador, do contratante do transporte, do embarcador ou do destinatário ou em outro local que ofereça condições adequadas.

•• § 4.º com redação determinada pela Lei n. 13.103, de 2-3-2015.

§ 5.º As horas consideradas extraordinárias serão pagas com o acréscimo estabelecido na Constituição Federal ou compensadas na forma do § 2.º do art. 59 desta Consolidação.

•• § 5.º com redação determinada pela Lei n. 13.103, de 2-3-2015.

§ 6.º À hora de trabalho noturno aplica-se o disposto no art. 73 desta Consolidação.

•• § 6.º com redação determinada pela Lei n. 13.103, de 2-3-2015.

§ 7.º (*Vetado.*)

•• § 7.º acrescentado pela Lei n. 12.619, de 30-4-2012.

§ 8.º São considerados tempo de espera as horas em que o motorista profissional empregado ficar aguardando carga ou descarga do veículo nas dependências do embarcador ou do destinatário e o período gasto com a fiscalização da mercadoria transportada em barreiras fiscais ou alfandegárias, não sendo computados como jornada de trabalho e nem como horas extraordinárias.

•• § 8.º com redação determinada pela Lei n. 13.103, de 2-3-2015.

§ 9.º As horas relativas ao tempo de espera serão indenizadas na proporção de 30% (trinta por cento) do salário-hora normal.

•• § 9.º com redação determinada pela Lei n. 13.103, de 2-3-2015.

•• *Vide* art. 10, XL, da Instrução Normativa n. 144, de 18-5-2018.

§ 10. Em nenhuma hipótese, o tempo de espera do motorista empregado prejudicará o direito ao recebimento da remuneração correspondente ao salário-base diário.

•• § 10 acrescentado pela Lei n. 13.103, de 2-3-2015.

§ 11. Quando a espera de que trata o § 8.º for superior a 2 (duas) horas ininterruptas e for exigida a permanência do motorista empregado junto ao veículo, caso o local ofereça condições adequadas, o tempo será considerado como de repouso para os fins do intervalo de que tratam os §§ 2.º e 3.º, sem prejuízo do disposto no § 9.º.

•• § 11 acrescentado pela Lei n. 13.103, de 2-3-2015.

§ 12. Durante o tempo de espera, o motorista poderá realizar movimentações necessárias do veículo, as quais não serão consideradas como parte da jornada de trabalho, ficando garantido, porém, o gozo do descanso de 8 (oito) horas ininterruptas aludido no § 3.º.

•• § 12 acrescentado pela Lei n. 13.103, de 2-3-2015.

§ 13. Salvo previsão contratual, a jornada de trabalho do motorista empregado não tem horário fixo de início, de final ou de intervalos.

•• § 13 acrescentado pela Lei n. 13.103, de 2-3-2015.

§ 14. O empregado é responsável pela guarda, preservação e exatidão das informações contidas nas anotações em diário de bordo, papeleta ou ficha de trabalho externo, ou no registrador instantâneo inalterável de velocidade e tempo, ou nos rastreadores ou sistemas e meios eletrônicos, instalados nos veículos, normatizados pelo Contran, até que o veículo seja entregue à empresa.

•• § 14 acrescentado pela Lei n. 13.103, de 2-3-2015.

§ 15. Os dados referidos no § 14 poderão ser enviados a distância, a critério do empregador, facultando-se a anexação do documento original posteriormente.

•• § 15 acrescentado pela Lei n. 13.103, de 2-3-2015.

§ 16. Aplicam-se as disposições deste artigo ao ajudante empregado nas operações em que acompanhe o motorista.

•• § 16 acrescentado pela Lei n. 13.103, de 2-3-2015.

§ 17. O disposto no *caput* deste artigo aplica-se também aos operadores de automotores destinados a puxar ou a arrastar maquinaria de qualquer natureza ou a executar trabalhos de construção ou pavimentação e aos operadores de tratores, colheitadeiras, autopropelidos e demais aparelhos automotores destinados a puxar ou a arrastar maquinaria agrícola ou a executar trabalhos agrícolas.

•• § 17 acrescentado pela Lei n. 13.154, de 30-7-2015.

Art. 235-D. Nas viagens de longa distância com duração superior a 7 (sete) dias, o repouso semanal será de 24 (vinte e quatro) horas por semana ou fração trabalhada, sem prejuízo do intervalo de repouso diário de 11 (onze) horas, totalizando 35 (trinta e cinco) horas, usufruído no retorno do motorista à base (matriz ou filial) ou ao seu domicílio, salvo se a empresa oferecer condições adequadas para o efetivo gozo do referido repouso.

•• *Caput* com redação determinada pela Lei n. 13.103, de 2-3-2015.

I a III – (*Revogados pela Lei n. 13.103, de 2-3-2015.*)

§ 1.º É permitido o fracionamento do repouso semanal em 2 (dois) períodos, sendo um destes de, no mínimo, 30 (trinta) horas ininterruptas, a serem cumpridos na mesma semana e em continuidade a um período de repouso diário, que deverão ser usufruídos no retorno da viagem.

•• § 1.º acrescentado pela Lei n. 13.103, de 2-3-2015.

§ 2.º A cumulatividade de descansos semanais em viagens de longa distância de que trata o *caput* fica limitada ao número de 3 (três) descansos consecutivos.

•• § 2.º acrescentado pela Lei n. 13.103, de 2-3-2015.

§ 3.º O motorista empregado, em viagem de longa distância, que ficar com o veículo parado após o cumprimento da jornada normal ou das horas extraordinárias fica dispensado do serviço, exceto se for expressamente autorizada a sua permanência junto ao veículo pelo empregador, hipótese em que o tempo será considerado de espera.

•• § 3.º acrescentado pela Lei n. 13.103, de 2-3-2015.

§ 4.º Não será considerado como jornada de trabalho, nem ensejará o pagamento de qualquer remuneração, o período em que o motorista empregado ou o ajudante ficarem espontaneamente no veículo usufruindo dos intervalos de repouso.

•• § 4.º acrescentado pela Lei n. 13.103, de 2-3-2015.

§ 5.º Nos casos em que o empregador adotar 2 (dois) motoristas trabalhando no mesmo veículo, o tempo de repouso poderá ser feito com o veículo em movimento, assegurado o repouso mínimo de 6 (seis) horas consecutivas fora do veículo em alojamento externo ou, se na cabine leito, com o veículo estacionado, a cada 72 (setenta e duas) horas.

•• § 5.º acrescentado pela Lei n. 13.103, de 2-3-2015.

§ 6.º Em situações excepcionais de inobservância justificada do limite de jornada de que trata o art. 235-C, devidamente registradas, e desde que não se comprometa a segurança rodoviária, a duração da jornada de trabalho do motorista profissional empregado poderá ser elevada pelo tempo necessário até o veículo chegar a um local seguro ou ao seu destino.

•• § 6.º acrescentado pela Lei n. 13.103, de 2-3-2015.

§ 7.º Nos casos em que o motorista tenha que acompanhar o veículo transportado por qualquer meio onde ele siga embarcado e em que o veículo disponha de cabine leito ou a embarcação disponha de alojamento para gozo do intervalo de repouso diário previsto no § 3.º do art. 235-C, esse tempo será considerado como tempo de descanso.

•• § 7.º acrescentado pela Lei n. 13.103, de 2-3-2015.

§ 8.º Para o transporte de cargas vivas, perecíveis e especiais em longa distância ou em território estrangeiro poderão ser aplicadas regras conforme a especificidade da operação de transporte realizada, cujas condições de trabalho serão fixadas em convenção ou acordo coletivo de modo a assegurar as adequadas condições de viagem e entrega ao destino final.

•• § 8.º acrescentado pela Lei n. 13.103, de 2-3-2015.

Art. 235-E. Para o transporte de passageiros, serão observados os seguintes dispositivos:

•• *Caput* com redação determinada pela Lei n. 13.103, de 2-3-2015.

I – é facultado o fracionamento do intervalo de condução do veículo previsto na Lei n. 9.503, de 23 de setembro de 1997 – Código de Trânsito Brasileiro, em períodos de no mínimo 5 (cinco) minutos;

•• Inciso I acrescentado pela Lei n. 13.103, de 2-3-2015.

II – será assegurado ao motorista intervalo mínimo de 1 (uma) hora para refeição, podendo ser fracionado em 2 (dois) períodos e coincidir com o tempo de parada obrigatória na condução do veículo estabelecido pela Lei n. 9.503, de 23 de setembro de 1997 – Código de Trânsito Brasileiro, exceto quando se tratar do motorista profissional enquadrado no § 5.º do art. 71 desta Consolidação;

•• Inciso II acrescentado pela Lei n. 13.103, de 2-3-2015.

III – nos casos em que o empregador adotar 2 (dois) motoristas no curso da mesma viagem, o descanso poderá ser feito com o veículo em movimento, respeitando-se os horários de jornada de trabalho, assegurado, após 72 (setenta e duas) horas, o repouso em alojamento externo ou, se em poltrona correspondente ao serviço de leito, com o veículo estacionado.

•• Inciso III acrescentado pela Lei n. 13.103, de 2-3-2015.

§ 1.º (*Revogado pela Lei n. 13.103, de 2-3-2015.*)

§ 2.º (*Vetado.*)

•• § 2.º acrescentado pela Lei n. 12.619, de 30-4-2012.

§§ 3.º a 7.º (*Revogados pela Lei n. 13.103, de 2-3-2015.*)

•• *Vide* art. 9.º, XXIV, da Instrução Normativa n. 144, de 18-5-2018.

§ 8.º (*Vetado.*)

•• § 8.º acrescentado pela Lei n. 12.619, de 30-4-2012.

§§ 9.º a 12. (*Revogados pela Lei n. 13.103, de 2-3-2015.*)

Art. 235-F. Convenção e acordo coletivo poderão prever jornada especial de 12 (doze) horas de trabalho por 36 (trinta e seis) horas de descanso para o trabalho do motorista profissional empregado em regime de compensação.

•• Artigo com redação determinada pela Lei n. 13.103, de 2-3-2015.

Art. 235-G. É permitida a remuneração do motorista em função da distância percorrida, do tempo de viagem ou da natureza e quantidade de produtos transportados, inclusive mediante oferta de comissão ou qualquer outro tipo de vantagem, desde que essa remuneração ou comissionamento não comprometa a segurança da rodovia e da coletividade ou possibilite a violação das normas previstas nesta Lei.

•• Artigo com redação determinada pela Lei n. 13.103, de 2-3-2015.

Art. 235-H. (*Revogado pela Lei n. 13.103, de 2-3-2015.*)

SEÇÃO V
Do Serviço Ferroviário

Art. 236. No serviço ferroviário – considerado este o de transporte em estradas de ferro abertas ao tráfego público, compreendendo a administração, construção, conservação e remoção das vias férreas e seus edifícios, obras de arte, material rodante, instalações complementares e acessórias, bem como o serviço do tráfego, de telegrafia, telefonia e funcionamento de todas as instalações ferroviárias – aplicam-se os preceitos especiais constantes desta Seção

Art. 237. O pessoal a que se refere o artigo antecedente fica dividido nas seguintes categorias:

a) funcionários de alta administração, chefes e ajudantes de departamentos e seções, engenheiros residentes, chefes de depósitos, inspetores e demais empregados que exercem funções administrativas ou fiscalizadoras;

b) pessoal que trabalhe em lugares ou trechos determinados e cujas tarefas requeiram atenção constante; pessoal de escritório, turmas de conservação e construção da via permanente, oficinas e estações principais, inclusive os respectivos telegrafistas; pessoal de tração, lastro e revistadores;

c) das equipagens de trens em geral;

d) pessoal cujo serviço é de natureza intermitente ou de pouca intensidade, embora com permanência prolongada nos locais de trabalho; vigias e pessoal das estações do interior, inclusive os respectivos telegrafistas.

Art. 238. Será computado como de trabalho efetivo todo o tempo em que o empregado estiver à disposição da Estrada.

•• *Caput* com redação primitiva restaurada pelo art. 36 do Decreto-lei n. 5, de 4-4-1966.

§ 1.º Nos serviços efetuados pelo pessoal da categoria *c*, não será considerado como de trabalho efetivo o tempo gasto em viagens do local ou para o local de terminação e início dos mesmos serviços.

•• § 1.º com redação primitiva restaurada pelo art. 36 do Decreto-lei n. 5, de 4-4-1966.

§ 2.º Ao pessoal removido ou comissionado fora da sede será contado como de trabalho normal e efetivo o tempo gasto em viagens, sem direito à percepção de horas extraordinárias.

•• § 2.º com redação primitiva restaurada pelo art. 36 do Decreto-lei n. 5, de 4-4-1966.

§ 3.º No caso das turmas de conservação da via permanente, o tempo efetivo do trabalho será contado desde a hora da saída da casa da turma até a hora em que cessar o serviço em qualquer ponto compreendido dentro dos limites da respectiva turma. Quando o empregado trabalhar fora dos limites da sua turma, ser-lhe-á também computado como de trabalho efetivo o tempo gasto no percurso da volta a esses limites.

•• § 3.º com redação primitiva restaurada pelo art. 36 do Decreto-lei n. 5, de 4-4-1966.

§ 4.º Para o pessoal da equipagem de trens, só será considerado esse trabalho efetivo, depois de chegado ao destino, o tempo em que o ferroviário estiver ocupado ou retido à disposição da Estrada. Quando, entre dois períodos de trabalho, não mediar intervalo superior a 1 (uma) hora, será esse intervalo computado como de trabalho efetivo.

•• § 4.º com redação primitiva restaurada pelo art. 36 do Decreto-lei n. 5, de 4-4-1966.

§ 5.º O tempo concedido para refeição não se computa como de trabalho efetivo, senão para o pessoal da categoria *c*, quando as refeições forem tomadas em viagem ou nas estações durante as paradas. Esse tempo não será inferior a 1 (uma) hora, exceto para o pessoal da referida categoria em serviço de trens.

•• § 5.º com redação primitiva restaurada pelo art. 36 do Decreto-lei n. 5, de 4-4-1966.

§ 6.º No trabalho das turmas encarregadas da conservação de obras de arte, linhas telegráficas ou telefônicas e edifícios, não será contado como de trabalho efetivo o tempo de viagem para o local do serviço, sempre que não exceder de 1 (uma) hora, seja para ida ou para volta, e a Estrada fornecer os meios de locomoção, computando-se sempre o tempo excedente a esse limite.

•• § 6.º com redação primitiva restaurada pelo art. 36 do Decreto-lei n. 5, de 4-4-1966.

Art. 239. Para o pessoal da categoria *c*, a prorrogação do trabalho independe de acordo ou contrato coletivo, não podendo, entretanto, exceder de 12 (doze) horas, pelo que as empresas organizarão, sempre que possível, os serviços de equipagens de trens com destacamentos nos trechos das linhas de modo a ser observada a duração normal de 8 (oito) horas de trabalho.

§ 1.º Para o pessoal sujeito ao regime do presente artigo, depois de cada jornada de trabalho haverá um repouso de 10 (dez) horas contínuas, no mínimo, observando-se, outrossim, o descanso semanal.

§ 2.º Para o pessoal da equipagem de trens, a que se refere o presente artigo, quando a empresa não fornecer alimentação, em viagem, e hospedagem, no destino, concederá uma ajuda de custo para atender a tais despesas.

§ 3.º As escalas do pessoal abrangido pelo presente artigo serão organizadas de modo que não caiba a qualquer empregado, quinzenalmente, um total de horas de serviço noturno superior às de serviço diurno.

§ 4.º Os períodos de trabalho do pessoal a que alude o presente artigo serão registrados em cadernetas especiais, que ficarão sempre em poder do empregado, de acordo com o modelo aprovado pelo Ministro do Trabalho e Previdência Social.

•• Sobre Ministérios, *vide* Nota dos Organizadores.

• A Portaria n. 556, de 16-4-2003, do MTE, faculta a adoção de sistema eletrônico para o controle de jornada do pessoal pertencente à categoria "C", a que se refere este artigo.

Art. 240. Nos casos de urgência ou de acidente, capazes de afetar a segurança ou regularidade do serviço, poderá a duração do trabalho ser excepcionalmente elevada a qualquer número de horas, incumbindo à Estrada zelar pela incolumidade dos seus empregados e pela possibilidade de revezamento de turmas, assegurando ao pessoal um repouso correspondente e comunicando a ocorrência ao Ministério do Trabalho e Previdência Social, dentro de 10 (dez) dias da sua verificação.

•• Sobre Ministérios, *vide* Nota dos Organizadores.

• *Vide* notas ao art. 239, § 4.º, da CLT.

Parágrafo único. Nos casos previstos neste artigo, a recusa, sem causa justificada, por parte de qualquer empregado, à execução de serviço extraordinário será considerada falta grave.

Art. 241. As horas excedentes das do horário normal de 8 (oito) horas serão pagas como serviço extraordinário na seguinte base: as 2 (duas) primeiras com o acréscimo de 25% (vinte e cinco por cento) sobre o salário-hora normal, as 2 (duas) subsequentes com um adicional de 50% (cinquenta por cento) e as restantes com um adicional de 75% (setenta e cinco por cento).

Art. 7.º, XVI, da CF: São direitos dos trabalhadores urbanos e rurais, além de outros que visem à melhoria de sua condição social: (...) XVI – remuneração do serviço extraordinário superior, no mínimo, em cinquenta por cento à do normal.

Parágrafo único. Para o pessoal da categoria *c*, a primeira hora será majorada de 25% (vinte e cinco por cento), a segunda hora será paga com o acréscimo de 50% (cinquenta por cento) e as 2 (duas) subsequentes com o de 60% (sessenta por cento), salvo caso de negligência comprovada.

•• *Vide* nota ao *caput* deste artigo.

Art. 242. As frações de meia hora superiores a 10 (dez) minutos serão computadas como meia hora.

Art. 243. Para os empregados de estações do interior, cujo serviço for de natureza intermitente ou de pouca intensidade, não se aplicam os preceitos gerais sobre duração do trabalho, sendo-lhes, entretanto, assegurado o repouso contínuo de 10 (dez) horas, no mínimo, entre 2 (dois) períodos de trabalho e descanso semanal.

Súmula 61/TST: Ferroviário. Aos ferroviários que trabalham em estação do interior, assim classificada por autoridade competente, não são devidas horas extras (art. 243 da CLT).

Súmula 67/TST: Gratificação. Ferroviário. Chefe de trem, regido pelo estatuto dos ferroviários (Decreto n. 35.530, de 19-9-1959), não tem direito à gratificação prevista no respectivo art. 110.

Art. 244. As estradas de ferro poderão ter empregados extranumerários, de sobreaviso e de prontidão, para executarem serviços imprevistos ou para substituições de outros empregados que faltem à escala organizada.

•• *Caput* revogado pela Lei n. 3.970, de 13-10-1961, e restaurado pelo art. 36 do Decreto-lei n. 5, de 4-4-1966.

Súmula 61/TST: Ferroviário. Aos ferroviários que trabalham em estação do interior, assim classificada por autoridade competente, não são devidas horas extras (art. 243 da CLT).

§ 1.º Considera-se "extranumerário" o empregado não efetivo, candidato à efetivação, que se apresentar normalmente ao serviço, embora só trabalhe quando for necessário. O extranumerário só receberá os dias de trabalho efetivo.

•• § 1.º revogado pela Lei n. 3.970, de 13-10-1961, e restaurado pelo art. 36 do Decreto-lei n. 5, de 4-4-1966.

§ 2.º Considera-se de "sobreaviso" o empregado efetivo, que permanecer em sua própria casa, aguardando a qualquer momento o chamado para o serviço. Cada escala de "sobreaviso" será, no máximo, de 24 (vinte e quatro) horas. As horas de "sobreaviso", para todos os efeitos, serão contadas à razão de 1/3 (um terço) do salário normal.

•• § 2.º com redação determinada pelo Decreto-lei n. 6.353, de 20-3-1944, que foi revogado pela Lei n. 3.970, de 13-10-1961, e restaurada pelo art. 36 do Decreto-lei n. 5, de 4-4-1966.

Súmula 132/TST: Adicional de periculosidade. Integração. I – O adicional de periculosidade, pago em caráter permanente, integra o cálculo de indenização e de horas extras. II – Durante as horas de sobreaviso, o empregado não se encontra em condições de risco, razão pela qual é incabível a integração do adicional de periculosidade sobre as mencionadas horas.

Súmula 229/TST: Sobreaviso. Eletricitários. Por aplicação analógica do art. 244, § 2.º, da CLT, as horas de sobreaviso dos eletricitários são remuneradas à base de 1/3 sobre a totalidade das parcelas de natureza salarial.

Súmula 428/TST: Sobreaviso. Aplicação analógica do art. 244, § 2.º, da CLT. I – O uso de instrumentos telemáticos ou informatizados fornecidos pela empresa ao empregado, por si só, não caracteriza o regime de sobreaviso. II – Considera-se em sobreaviso o empregado que, à distância e submetido a controle patronal por instrumentos telemáticos ou informatizados, permanecer em regime de plantão ou equivalente, aguardando a qualquer momento o chamado para o serviço durante o período de descanso.

§ 3.º Considera-se de "prontidão" o empregado que ficar nas dependências da Estrada, aguardando ordens. A escala de prontidão será, no máximo, de 12 (doze) horas. As horas de prontidão serão, para todos os efeitos, contadas à razão de 2/3 (dois terços) do salário-hora normal.

•• § 3.º com redação primitiva restaurada pelo art. 36 do Decreto-lei n. 5, de 4-4-1966.

§ 4.º Quando, no estabelecimento ou dependência em que se achar o empregado, houver facilidade de alimentação, as 12 (doze) horas de prontidão, a que se refere o parágrafo anterior, poderão ser contínuas. Quando não existir essa facilidade, depois de 6 (seis) horas de prontidão, haverá sempre um intervalo de 1 (uma) hora para cada refeição, que não será, nesse caso, computada como de serviço.

•• § 4.º com redação primitiva restaurada pelo art. 36 do Decreto-lei n. 5, de 4-4-1966.

Art. 245. O horário normal de trabalho dos cabineiros nas estações de tráfego intenso não excederá de 8 (oito) horas e deverá ser dividido em 2 (dois) turnos com intervalo não inferior a 1 (uma) hora de repouso, não podendo nenhum turno ter duração superior a 5 (cinco) horas, com um período de descanso entre 2 (duas) jornadas de trabalho de 14 (quatorze) horas consecutivas.

Art. 246. O horário de trabalho dos operadores telegrafistas nas estações de tráfego intenso não excederá de 6 (seis) horas diárias.

Art. 247. As estações principais, estações de tráfego intenso e estações do interior serão classificadas para cada empresa pelo Departamento Nacional de Estradas de Ferro.

SEÇÃO VI
Das Equipagens das Embarcações da Marinha Mercante Nacional, de Navegação Fluvial e Lacustre, do Tráfego nos Portos e da Pesca

Art. 248. Entre as horas zero e 24 (vinte e quatro) de cada dia civil, o tripulante poderá ser conservado em seu posto durante 8 (oito) horas, quer de modo contínuo, quer de modo intermitente.

§ 1.º A exigência do serviço contínuo ou intermitente ficará a critério do comandante e, neste último caso, nunca por período menor que 1 (uma) hora.

§ 2.º Os serviços de quarto nas máquinas, passadiço, vigilância e outros que, consoante parecer médico, possam prejudicar a saúde do tripulante serão executados por períodos não maiores e com intervalos não menores de 4 (quatro) horas.

Art. 249. Todo o tempo de serviço efetivo, excedente de 8 (oito) horas, ocupado na forma do artigo anterior, será considerado de trabalho extraordinário, sujeito à compensação a que se refere o art. 250, exceto se se tratar de trabalho executado:

Art. 7.º, XVI, da CF: São direitos dos trabalhadores urbanos e rurais, além de outros que visem à melhoria de sua condição social: (...) XVI – remuneração do serviço extraordinário superior, no mínimo, em cinquenta por cento à do normal.

a) em virtude de responsabilidade pessoal do tripulante e no desempenho de funções de direção, sendo consideradas como tais todas aquelas que a bordo se achem constituídas em um único indivíduo com responsabilidade exclusiva e pessoal;

b) na iminência de perigo, para salvaguarda ou defesa da embarcação, dos passageiros, ou da carga, a juízo exclusivo do comandante ou do responsável pela segurança a bordo;

c) por motivo de manobras ou fainas gerais que reclamem a presença, em seus postos, de todo o pessoal de bordo;

d) na navegação lacustre e fluvial, quando se destina ao abastecimento do navio ou embarcação de combustível e rancho, ou por efeito das contingências da natureza da navegação, na transposição de passos ou pontos difíceis, inclusive operações de alívio ou transbordo de carga, para obtenção de calado menor para essa transposição.

§ 1.º O trabalho executado aos domingos e feriados será considerado extraordinário, salvo se se destinar:

a) ao serviço de quartos e vigilância, movimentação das máquinas e aparelhos de bordo, limpeza e higiene da embarcação, preparo de alimentação da equipagem e dos passageiros, serviço pessoal destes e, bem assim, aos socorros de urgência ao navio ou ao pessoal;

b) ao fim da navegação ou das manobras para a entrada ou saída de portos, atracação, desatracação, embarque ou desembarque de carga e passageiros.

§ 2.º Não excederá de 30 (trinta) horas semanais o serviço extraordinário prestado para o tráfego nos portos.

Art. 250. As horas de trabalho extraordinário serão compensadas, segundo a conveniência do serviço, por descanso em período equivalente no dia seguinte ou no subsequente dentro das do trabalho normal, ou no fim da viagem, ou pelo pagamento do salário correspondente.

Parágrafo único. As horas extraordinárias de trabalho são indivisíveis, computando-se a fração de hora como hora inteira.

Art. 251. Em cada embarcação haverá um livro em que serão anotadas as horas extraordinárias de trabalho de cada tripulante, e outro, do qual constarão, devidamente circunstanciadas, as transgressões dos mesmos tripulantes.

Parágrafo único. Os livros de que trata este artigo obedecerão a modelos organizados pelo Ministério do Trabalho e Previdência Social, serão escriturados em dia pelo comandante da embarcação e ficam sujeitos às formalidades instituídas para os livros de registro de empregados em geral.

•• Sobre Ministérios, *vide* Nota dos Organizadores.

• *Vide* nota ao art. 239, § 4.º, da CLT.

Art. 252. Qualquer tripulante que se julgue prejudicado por ordem emanada de superior hierárquico poderá interpor recurso, em termos, perante a Delegacia do Trabalho Marítimo, por intermédio do respectivo comandante, o qual deverá encaminhá-lo com a respectiva informação dentro de 5 (cinco) dias, contados de sua chegada ao porto.

Súmula 96/TST: Marítimo. A permanência do tripulante a bordo do navio, no período de repouso, além da jornada, não importa presunção de que esteja à disposição do empregador ou em regime de prorrogação de horário, circunstâncias que devem resultar provadas, dada a natureza do serviço.

SEÇÃO VII

Dos Serviços Frigoríficos

Art. 253. Para os empregados que trabalham no interior das câmaras frigoríficas e para os que movimentam mercadorias do ambiente quente ou normal para o frio e vice-versa, depois de 1 (uma) hora e 40 (quarenta) minutos de trabalho contínuo, será assegurado um período de 20 (vinte) minutos de repouso, computado esse intervalo como de trabalho efetivo.

Parágrafo único. Considera-se artificialmente frio, para os fins do presente artigo, o que for inferior, nas primeira, segunda e terceira zonas climáticas do mapa oficial do Ministério do Trabalho e Previdência Social, a 15.º (quinze graus), na quarta zona a 12.º (doze graus), e nas quinta, sexta e sétima zonas a 10.º (dez graus).

•• Sobre Ministérios, *vide* Nota dos Organizadores.

Portaria n. 21/94, do MTE, arts. 1.º e 2.º: O mapa oficial do Ministério do Trabalho, a que se refere o art. 253 da CLT, a ser considerado, é o mapa "Brasil Climas" – da Fundação Instituto Brasileiro de Geografia e Estatística – IBGE da SEPLAN, publicado no ano de 1978 e que define as zonas climáticas brasileiras de acordo com a temperatura média anual, a média anual de meses secos e o tipo de vegetação natural. Art. 2.º Para atender ao disposto no parágrafo único do art. 253 da CLT, define-se como primeira, segunda e terceira zonas climáticas do mapa oficial do MTb, a zona climática quente, a quarta zona, como a zona climática subquente, e a quinta, sexta e sétima zonas, como a zona climática mesotérmica (branda ou mediana) do mapa referido no art. 1.º desta Portaria.

Súmula 438/TST: Intervalo para recuperação térmica do empregado. Ambiente artificialmente frio. Horas extras. Art. 253 da CLT. Aplicação analógica. O empregado submetido a trabalho contínuo em ambiente artificialmente frio, nos termos do parágrafo único do art. 253 da CLT, ainda que não labore em câmara frigorífica, tem direito ao intervalo intrajornada previsto no *caput* do art. 253 da CLT.

• *Vide* nota ao art. 239, § 4.º, da CLT.

SEÇÃO VIII

Dos Serviços de Estiva

Arts. 254 a 284. (*Revogados pela Lei n. 8.630, de 25-2-1993.*)

SEÇÃO IX

Dos Serviços de Capatazias nos Portos

Arts. 285 a 292. (*Revogados pela Lei n. 8.630, de 25-2-1993.*)

SEÇÃO X

Do Trabalho em Minas de Subsolo

Art. 293. A duração normal do trabalho efetivo para os empregados em minas no subsolo não excederá de 6 (seis) horas diárias ou de 36 (trinta e seis) semanais.

Art. 294. O tempo despendido pelo empregado da boca da mina ao local do trabalho e vice-versa será computado para o efeito de pagamento do salário.

Art. 295. A duração normal do trabalho efetivo no subsolo poderá ser elevada até 8 (oito) horas diárias ou 48 (quarenta e oito) semanais, mediante acordo escrito entre empregado e empregador ou contrato coletivo de trabalho, sujeita essa prorrogação à prévia licença da autoridade competente em matéria de higiene do trabalho.

Art. 7.º, XIII, da CF: São direitos dos trabalhadores urbanos e rurais, além de outros que visem à melhoria de sua condição social: (...) XIII – duração do trabalho normal não superior a oito horas diárias e quarenta e quatro semanais, facultada a compensação de horários e a redução da jornada, mediante acordo ou convenção coletiva de trabalho.

Parágrafo único. A duração normal do trabalho efetivo no subsolo poderá ser inferior a 6 (seis) horas diárias, por determinação da autoridade de que trata este artigo, tendo em vista condições locais de insalubridade e os métodos e processos do trabalho adotado.

Art. 296. A remuneração da hora prorrogada será no mínimo 25% superior à da hora normal e deverá constar do acordo ou contrato coletivo de trabalho.

Art. 7.º, XVI, da CF: São direitos dos trabalhadores urbanos e rurais, além de outros que visem à melhoria de sua condição social: (...) XVI – remuneração do serviço extraordinário superior, no mínimo, em cinquenta por cento à do normal.

Art. 297. Ao empregado no subsolo será fornecida, pelas empresas exploradoras de minas, alimentação adequada à natureza do trabalho, de acordo com as instruções estabelecidas pelo Serviço de Alimentação da Previdência Social e aprovadas pelo Ministério do Trabalho e Previdência Social.

•• Serviço de Alimentação da Previdência Social: atualmente Departamento de Segurança e Saúde no Trabalho (Secretaria de Inspeção do Trabalho).

•• Sobre Ministérios, *vide* Nota dos Organizadores.

• *Vide* nota ao art. 239, § 4.º, da CLT.

Art. 298. Em cada período de 3 (três) horas consecutivas de trabalho, será obrigatória uma pausa de 15 (quinze) minutos para repouso, a qual será computada na duração normal de trabalho efetivo.

Art. 299. Quando nos trabalhos de subsolo ocorrerem acontecimentos que possam comprometer a vida ou saúde do empregado, deverá a empresa comunicar o fato imediatamente à autoridade Regional do Trabalho, do Ministério do Trabalho e Previdência Social.

•• Sobre Ministérios, *vide* Nota dos Organizadores.

• *Vide* nota ao art. 239, § 4.º, da CLT.

Art. 300. Sempre que, por motivo de saúde, for necessária a transferência do empregado, a juízo da autoridade competente em matéria de segurança e medicina do trabalho, dos serviços no subsolo para os de superfície, é a empresa obrigada a realizar essa transferência, assegurando ao transferido a remuneração atribuída ao trabalhador de superfície em serviço equivalente, respeitada a capacidade profissional do interessado.

•• *Caput* com redação determinada pela Lei n. 2.924, de 21-10-1956.

Parágrafo único. No caso de recusa do empregado em atender a essa transferência, será ouvida a autoridade competente em matéria de segurança e medicina do trabalho, que decidirá a respeito.

•• Parágrafo único com redação determinada pela Lei n. 2.924, de 21-10-1956.

Art. 301. O trabalho no subsolo somente será permitido a homens, com idade compreendida entre 21 (vinte e um) e 50 (cinquenta) anos, assegurada a transferência para a superfície nos termos previstos no artigo anterior.

Art. 7.º, XXX, da CF: São direitos dos trabalhadores urbanos e rurais, além de outros que visem à melhoria de sua condição social: (...) XXX – proibição de diferença de salários, de exercício de funções e de critério de admissão por motivo de sexo, idade, cor ou estado civil.

Art. 922 da CLT: O disposto no art. 301 regerá somente as relações de emprego iniciadas depois da vigência desta Consolidação.

SEÇÃO XI
Dos Jornalistas Profissionais

• Sobre o exercício da profissão de jornalista: Decreto-lei n. 972, de 17-10-1969, regulamentado pelo Decreto n. 83.284, de 13-3-1979.

Art. 302. Os dispositivos da presente Seção se aplicam aos que nas empresas jornalísticas prestem serviços como jornalistas, revisores, fotógrafos, ou na ilustração, com as exceções nela previstas.

§ 1.º Entende-se como jornalista o trabalhador intelectual cuja função se estende desde a busca de informações até a redação de notícias e artigos e a organização, orientação e direção desse trabalho.

§ 2.º Consideram-se empresas jornalísticas, para os fins desta Seção, aquelas que têm a seu cargo a edição de jornais, revistas, boletins e periódicos, ou a distribuição de noticiário, e, ainda, a radiodifusão em suas seções destinadas à transmissão de notícias e comentários.

Art. 5.º, IX e XIV, da CF: Todos são iguais perante a lei, sem distinção de qualquer natureza, garantindo-se aos brasileiros e aos estrangeiros residentes no País a inviolabilidade do direito à vida, à liberdade, à igualdade, à segurança e à propriedade, nos termos seguintes: (...) IX – é livre a expressão da atividade intelectual, artística, científica e de comunicação, independentemente de censura ou licença; (...) XIV – é assegurado a todos o acesso à informação e resguardado o sigilo da fonte, quando necessário ao exercício profissional.

Decreto-lei n. 972/69, art. 3.º, *caput*: Considera-se empresa jornalística, para os efeitos deste Decreto-lei, aquela que tenha como atividade a edição de jornal ou revista, ou a distribuição de noticiário, com funcionamento efetivo, idoneidade financeira e registro legal.

Art. 303. A duração normal do trabalho dos empregados compreendidos nesta Seção não deverá exceder de 5 (cinco) horas, tanto de dia como à noite.

Decreto-lei n. 972/69, art. 9.º: O salário de jornalista não poderá ser ajustado nos contratos individuais de trabalho, para a jornada normal de 5 (cinco) horas, em base inferior à do salário estipulado, para a respectiva função, em acordo ou convenção coletiva de trabalho, ou sentença normativa da Justiça do Trabalho. Parágrafo único. Em negociação ou dissídio coletivos poderão os sindicatos de jornalistas reclamar o estabelecimento de critérios de remuneração adicional pela divulgação de trabalho produzido por jornalista, em mais de um veículo de comunicação coletiva.

OJ 407 da SDI-1: Jornalista. Empresa não Jornalística. Jornada de Trabalho Reduzida. Arts. 302 e 303 da CLT. O jornalista que exerce funções típicas de sua profissão, independentemente do ramo de atividade do empregador, tem direito à jornada reduzida prevista no art. 303 da CLT.

Art. 304. Poderá a duração normal do trabalho ser elevada a 7 (sete) horas, mediante acordo escrito, em que se estipule aumento de ordenado, correspondente ao excesso do tempo de trabalho, e em que se fixe um intervalo destinado a repouso ou a refeição.

Parágrafo único. Para atender a motivos de força maior, poderá o empregado prestar serviços por mais tempo do que aquele permitido nesta Seção. Em tais casos, porém, o excesso deve ser comunicado à Divisão de Fiscalização do Departamento Nacional do Trabalho ou às Delegacias Regionais, do Ministério do Trabalho e Previdência Social dentro de 5 (cinco) dias, com a indicação expressa dos seus motivos.

•• Sobre Ministérios, *vide* Nota dos Organizadores.

• *Vide* nota ao art. 239, § 4.º, da CLT.

Art. 305. As horas de serviço extraordinário, quer as prestadas em virtude de acordo, quer as que derivam das causas previstas no parágrafo único do artigo anterior, não poderão ser remuneradas com quantia inferior à que resulta do quociente da divisão da importância do salário mensal por 150 (cento e cinquenta) para os mensalistas, e do salário diário por 5 (cinco) para os diaristas, acrescido de, pelo menos, 25% (vinte e cinco por cento).

Art. 7.º, XVI, da CF: São direitos dos trabalhadores urbanos e rurais, além de outros que visem à melhoria de sua condição social: (...) XVI – remuneração do serviço extraordinário superior, no mínimo, em cinquenta por cento à do normal.

Art. 306. Os dispositivos dos arts. 303, 304 e 305 não se aplicam àqueles que exercem as funções de redator-chefe, secretário, subsecretário, chefe e subchefe de revisão, chefe de oficina, de ilustração e chefe de portaria.

Parágrafo único. Não se aplicam, do mesmo modo, os artigos acima referidos aos que se ocuparem unicamente em serviços externos.

Art. 307. A cada 6 (seis) dias de trabalho efetivo corresponderá 1 (um) dia de descanso obrigatório, que coincidirá com o domingo, salvo acordo escrito em contrário, no qual será expressamente estipulado o dia em que se deve verificar o descanso.

Art. 7.º, XV, da CF: São direitos dos trabalhadores urbanos e rurais, além de outros que visem à melhoria de sua condição social: (...) XV – repouso semanal remunerado, preferencialmente aos domingos.

Art. 308. Em seguida a cada período diário de trabalho haverá um intervalo mínimo de 10 (dez) horas, destinado ao repouso.

Art. 309. Será computado como de trabalho efetivo o tempo em que o empregado estiver à disposição do empregador.

Art. 4.º, *caput*, da CLT: Considera-se como de serviço efetivo o período em que o empregado esteja à disposição do empregador, aguardando ou executando ordens, salvo disposição especial expressamente consignada.

Art. 310. (*Revogado pelo Decreto-lei n. 972, de 17-10-1969.*)

Art. 311. Para o registro de que trata o artigo anterior, deve o requerente exibir os seguintes documentos:

a) prova de nacionalidade brasileira;

b) folha corrida;

c) (*Suprimida pelo Decreto-lei n. 8.305, de 6-12-1945.*)

d) carteira de trabalho e previdência social.

§ 1.º Aos profissionais devidamente registrados será feita a necessária declaração na carteira de trabalho e previdência social.

§ 2.º Aos novos empregados será concedido o prazo de 60 dias para a apresentação da carteira de trabalho e previdência social, fazendo-se o registro condicionado a essa apresentação e expedindo-se um certificado provisório para aquele período.

Art. 312. O registro dos diretores-proprietários de jornais será feito, no Distrito Federal e nos Estados, e independentemente da exigência constante do art. 311, letra d, da presente seção.

§ 1.º A prova de profissão, apresentada pelo diretor-proprietário juntamente com os demais documentos exigidos, consistirá em uma certidão, fornecida nos Estados e Território do Acre, pelas Juntas Comerciais ou Cartórios, e, no Distrito Federal, pela seção competente do Departamento Nacional de Indústria e Comércio, do Ministério do Trabalho, Indústria e Comércio.

§ 2.º Aos diretores-proprietários regularmente inscritos será fornecido um certificado do qual deverão constar o livro e a folha em que houver sido feito o registro.

Art. 313. Aqueles que, sem caráter profissional, exercerem atividades jornalísticas, visando fins culturais, científicos ou religiosos, poderão promover sua inscrição como jornalistas, na forma desta seção.

§ 1.º As repartições competentes do Ministério do Trabalho, Indústria e Comércio manterão, para os fins do artigo anterior, um registro especial, anexo ao dos jornalistas profissionais, nele inscrevendo os que satisfaçam os requisitos das alíneas *a*, *b* e *c* do art. 311 e apresentem prova do exercício de atividade jornalística não profissional, o que poderá ser feito por meio de atestado de associação cultural, científica ou religiosa idônea.

§ 2.º O pedido de registro será submetido a despacho do ministro que, em cada caso, apreciará o valor da prova oferecida.

§ 3.º O registro de que trata o presente artigo tem caráter puramente declaratório e não implica no reconhecimento de direitos que decorrem do exercício remunerado e profissional do jornalismo.

Art. 314. (*Revogado pelo Decreto-lei n. 972, de 17-10-1969.*)

Art. 315. O Governo Federal, de acordo com os governos estaduais, promoverá a criação de escolas de preparação ao jornalismo, destinadas à formação dos profissionais da imprensa.

Art. 316. A empresa jornalística que deixar de pagar pontualmente, e na forma acordada, os salários devidos a seus empregados, terá suspenso o seu funcionamento, até que se efetue o pagamento devido.

•• Entendemos prejudicado o disposto neste artigo pelo Decreto-lei n. 368, de 19-12-1968, que dispõe sobre efeitos de débitos salariais.

Parágrafo único. Para os efeitos do cumprimento deste artigo deverão os prejudicados reclamar contra a falta de pagamento perante a autoridade competente e, proferida a condenação, desde que a empresa não a cumpra, ou, em caso de recurso, não deposite o valor da indenização, a autoridade que proferir a condenação oficiará à autoridade competente, para a suspensão da circulação do jornal.

Em igual pena de suspensão incorrerá a empresa que deixar de recolher as contribuições devidas às instituições de previdência social.

SEÇÃO XII
Dos Professores

Art. 201, §§ 7.º e 8.º, da CF: É assegurada aposentadoria no regime geral de previdência social, nos termos da lei, obedecidas as seguintes condições: I – 35 (trinta e cinco) anos de contribuição, se homem, e 30 (trinta) anos de contribuição, se mulher; II – 65 (sessenta e cinco) anos de idade, se homem, e 60 (sessenta) anos de idade, se mulher, reduzido em 5 (cinco) anos o limite para os trabalhadores rurais de ambos os sexos e para os que exerçam suas atividades em regime de economia familiar, nestes incluídos o produtor rural, o garimpeiro e o pescador artesanal. § 8.º Os requisitos a que se refere o inciso I do parágrafo anterior serão reduzidos em 5 (cinco) anos, para o professor que comprove exclusivamente tempo de efetivo exercício das funções de magistério na educação infantil e no ensino fundamental e médio.

Art. 317. O exercício remunerado do magistério, em estabelecimentos particulares de ensino, exigirá apenas habilitação legal e registro no Ministério da Educação.

•• Artigo com redação determinada pela Lei n. 7.855, de 24-10-1989.

•• Sobre Ministérios, *vide* Nota dos Organizadores.

Art. 318. O professor poderá lecionar em um mesmo estabelecimento por mais de um turno, desde que não ultrapasse a jornada de trabalho semanal estabelecida legalmente, assegurado e não computado o intervalo para refeição.

•• Artigo com redação determinada pela Lei n. 13.415, de 16-2-2017.

OJ 393 da SDI-1: Professor. Jornada de trabalho especial. Art. 318 da CLT. Salário mínimo. Proporcionalidade. A contraprestação mensal devida ao professor, que trabalha no limite máximo da jornada prevista no art. 318 da CLT, é de um salário mínimo integral, não se cogitando do pagamento proporcional em relação à jornada prevista no art. 7.º, XIII, da Constituição Federal.

Art. 319. Aos professores é vedado, aos domingos, a regência de aulas e o trabalho em exames.

Art. 320. A remuneração dos professores será fixada pelo número de aulas semanais, na conformidade dos horários.

Súmula 351/TST: Professor. Repouso semanal remunerado. Art. 7.º, § 2.º, da Lei n. 605, de 5 de janeiro de 1949, e art. 320 da CLT. O professor que recebe salário mensal à base de hora-aula tem direito ao acréscimo de 1/6 a título de repouso semanal remunerado, considerando-se para esse fim o mês de quatro semanas e meia.

§ 1.º O pagamento far-se-á mensalmente, considerando-se para este efeito cada mês constituído de quatro semanas e meia.

§ 2.º Vencido cada mês, será descontada, na remuneração dos professores, a importância correspondente ao número de aulas a que tiverem faltado.

§ 3.º Não serão descontadas, no decurso de 9 (nove) dias, as faltas verificadas por motivo de gala ou de luto em consequência de falecimento do cônjuge, do pai ou mãe, ou de filho.

Art. 321. Sempre que o estabelecimento de ensino tiver necessidade de aumentar o número de aulas marcado nos horários, remunerará o professor, findo cada mês, com uma importância correspondente ao número de aulas excedentes.

Art. 322. No período de exames e no de férias escolares, é assegurado aos professores o pagamento, na mesma periodicidade contratual, da remuneração por eles percebida, na conformidade dos horários, durante o período de aulas.

•• *Caput* com redação determinada pela Lei n. 9.013, de 30-3-1995.

Súmula 10/TST: Professor. Dispensa sem justa causa. Término do ano letivo ou no curso de férias escolares. Aviso prévio. O direito aos salários do período de férias escolares assegurado aos professores (art. 322, *caput* e § 3.º, da CLT) não exclui o direito ao aviso prévio, na hipótese de dispensa sem justa causa ao término do ano letivo ou no curso das férias escolares.

§ 1.º Não se exigirá dos professores, no período de exames, a prestação de mais de 8 (oito) horas de trabalho diário, salvo mediante o pagamento complementar de cada hora excedente pelo preço correspondente ao de uma aula.

§ 2.º No período de férias, não se poderá exigir dos professores outro serviço senão o relacionado com a realização de exames.

§ 3.º Na hipótese de dispensa sem justa causa, ao término do ano letivo ou no curso das férias escolares, é assegurado ao professor o pagamento a que se refere o *caput* deste artigo.

•• § 3.º acrescentado pela Lei n. 9.013, de 30-3-1995.

Art. 323. Não será permitido o funcionamento do estabelecimento particular de ensino que não remunere condignamente os seus professores, ou não lhes pague pontualmente a remuneração de cada mês.

Parágrafo único. Compete ao Ministério da Educação e Saúde fixar os critérios para a determinação da condigna remuneração devida aos professores bem como assegurar a execução do preceito estabelecido no presente artigo.

•• Sobre Ministérios, *vide* Nota dos Organizadores.

Art. 324. *(Revogado pela Lei n. 7.855, de 24-10-1989.)*

SEÇÃO XIII
Dos Químicos

•• Corrigida nos termos da Lei n. 2.800, de 18-6-1956. O Decreto n. 85.877, de 7-4-1981, estabelece normas para execução desta Lei.

• O Decreto n. 2.657, de 3-7-1998, promulga a Convenção n. 170 da OIT, relativa à segurança na utilização de produtos químicos no trabalho.

Art. 325. É livre o exercício da profissão de químico em todo o território da República, observadas as condições de capacidade técnica e outras exigências previstas na presente Seção:

a) aos possuidores de diploma de químico, químico industrial, químico industrial agrícola ou engenheiro químico, concedido, no Brasil, por escola oficial ou oficialmente reconhecida;

b) aos diplomados em química por instituto estrangeiro de ensino superior, que tenham, de acordo com a lei e a partir de 14 de julho de 1934, revalidado os seus diplomas;

c) aos que, ao tempo da publicação do Decreto n. 24.693, de 12 de julho de 1934, se achavam no exercício efetivo de função pública ou particular, para a qual seja exigida a qualidade de químico, e que tenham requerido o respectivo registro até a extinção do prazo fixado pelo Decreto-lei n. 2.298, de 10 de junho de 1940.

§ 1.º Aos profissionais incluídos na alínea *c* deste artigo, se dará, para os efeitos da presente Seção, a denominação de "licenciados".

§ 2.º O livre exercício da profissão de que trata o presente artigo só é permitido a estrangeiros, quando compreendidos:

a) nas alíneas *a* e *b*, independentemente de revalidação do diploma, se exerciam, legitimamente, na República, a profissão de químico em a data da promulgação da Constituição de 1934;

b) na alínea *b*, se a seu favor militar a existência de reciprocidade internacional, admitida em lei, para o reconhecimento dos respectivos diplomas;

c) na alínea *c*, satisfeitas as condições nela estabelecidas.

§ 3.º O livre exercício da profissão a brasileiros naturalizados está subordinado à prévia prestação do serviço militar, no Brasil.

•• Publicado como § 1.º.

§ 4.º Só aos brasileiros natos é permitida a revalidação dos diplomas de químicos, expedidos por institutos estrangeiros de ensino superior.

•• Publicado como § 2.º.

Art. 12, § 2.º, da CF: A lei não poderá estabelecer distinção entre brasileiros natos e naturalizados, salvo nos casos previstos nesta Constituição.

Lei n. 6.192/74, arts. 1.º e 2.º: Art. 1.º É vedada qualquer distinção entre brasileiros natos e naturalizados. Art. 2.º A condição de brasileiro nato, exigida em leis ou decretos, para qualquer fim, fica modificada para a de brasileiro.

Art. 326. Todo aquele que exercer ou pretender exercer as funções de químico é obrigado ao uso da Carteira de Trabalho e Previdência Social, devendo os profissionais que se encontrarem nas condições das alíneas *a* e *b* do art. 325, registrar os seus diplomas de acordo com a legislação vigente.

•• A CTPS foi instituída pelo Decreto-lei n. 926, de 10-10-1969, em substituição à Carteira Profissional descrita no texto original da CLT.

§ 1.º A requisição de Carteiras de Trabalho e Previdência Social para uso dos químicos, além do disposto no capítulo "Da Identificação Profissional", somente será processada mediante apresentação dos seguintes documentos que provem:

•• *Vide* nota ao *caput* deste artigo.

a) ser o requerente brasileiro, nato ou naturalizado, ou estrangeiro;

Art. 12, § 2.º, da CF: A lei não poderá estabelecer distinção entre brasileiros natos e naturalizados, salvo nos casos previstos nesta Constituição.

b) estar, se for brasileiro, de posse dos direitos civis e políticos;

c) ter diploma de químico, químico industrial, químico industrial agrícola ou engenheiro químico, expedido por escola superior oficial ou oficializada;

d) ter, se diplomado no estrangeiro, o respectivo diploma revalidado nos termos da lei;

e) haver, o que for brasileiro naturalizado, prestado serviço militar no Brasil;

f) achar-se o estrangeiro, ao ser promulgada a Constituição de 1934, exercendo legitimamente, na República, a profissão de químico, ou concorrer a seu favor a existência de reciprocidade internacional, admitida em lei, para o reconhecimento dos diplomas dessa especialidade.

•• § 1.º com redação determinada pelo Decreto-lei n. 926, de 10-10-1969.

§ 2.º A requisição de que trata o parágrafo anterior deve ser acompanhada:

a) do diploma devidamente autenticado no caso da alínea *b* do artigo precedente, e com as firmas reconhecidas no país de origem e na Secretaria de Estado das Relações Exteriores, ou da respectiva certidão, bem como do título de revalidação, ou certidão respectiva, de acordo com a legislação em vigor;

b) do certificado ou atestado comprobatório de se achar o requerente na hipótese da al. *c* do referido artigo, ao tempo da publicação do Decreto n. 24.693, de 12 de julho de 1934, no exercício efetivo de função pública, ou particular, para a qual seja exigida a qualidade de químico, devendo esses documentos ser autenticados pelo Delegado Regional do Trabalho, quando se referirem a requerentes moradores nas capitais dos Estados, ou coletor federal, no caso de residirem os interessados nos municípios do interior;

c) de 3 (três) exemplares de fotografia exigida pelo art. 329 e de 1 (uma) folha com as declarações que devem ser lançadas na Carteira de Trabalho e Previdência Social de conformidade com o disposto nas alíneas do mesmo artigo e seu parágrafo único.

§ 3.º Reconhecida a validade dos documentos apresentados, o Serviço de Identificação Profissional do Departamento Nacional do Trabalho, no Distrito Federal, ou os órgãos regionais do Ministério do Trabalho, Indústria e Comércio, nos Estados e no Território do Acre, registrarão, em livros próprios, os documentos a que se refere a alínea *c* do § 1.º e, juntamente com a Carteira de Trabalho e Previdência Social emitida, os devolverão ao interessado.

•• Entendemos prejudicado o disposto neste § 3.º pela Lei n. 2.800, de 18-6-1956, que cria os Conselhos Federal e Regionais de Química.

Lei n. 2.800/56, art. 15: Todas as atribuições estabelecidas no Decreto-lei n. 5.452, de 1.º-5-1943 – CLT – referentes ao registro, à fiscalização e à imposição de penalidades, quanto ao exercício da profissão de químico, passam a ser de competência dos Conselhos Regionais de Química.

Art. 327. Além dos emolumentos fixados no Capítulo "Da Identificação Profissional", o registro do diploma fica sujeito à taxa de Cr$ 30,00 (trinta cruzeiros).

•• Entendemos prejudicado o disposto neste artigo pela Lei n. 2.800, de 18-6-1956, que cria os Conselhos Federal e Regionais de Química.

Lei n. 2.800/56, art. 26: Os Conselhos Regionais de Química cobrarão taxas pela expedição ou substituição de carteira profissional e pela certidão referente à anotação de função técnica ou de registro de firma.

Art. 328. Só poderão ser admitidos a registro os diplomas, certificados de diplomas, cartas e outros títulos, bem como atestados e certificados que estiverem na devida forma e cujas firmas hajam sido regularmente reconhecidas por tabelião público e, sendo estrangeiros, pela Secretaria do Estado de Relações Exteriores, acompanhados estes últimos da respectiva tradução, feita por intérprete comercial brasileiro.

Parágrafo único. O Departamento Nacional do Trabalho e as Delegacias Regionais do Ministério do Trabalho e Previdência Social, nos Estados, publicarão, periodicamente, a lista dos químicos registrados na forma desta Seção.

•• Entendemos prejudicado o disposto neste parágrafo único pela Lei n. 2.800, de 18-6-1956, que cria os Conselhos Federal e Regionais de Química.

Lei n. 2.800/56, arts. 8.º, e, e 13, *d*: São atribuições do Conselho Federal de Química: (...) publicar o relatório anual dos seus trabalhos e periodicamente, a relação de todos os profissionais registrados. Art. 13. As atribuições dos Conselhos Regionais de Química são as seguintes: (...) *d*) publicar relatórios anuais dos seus trabalhos, e, periodicamente, relação dos profissionais registrados.

Art. 329. A cada inscrito, e como documento comprobatório do registro, será fornecida pelas Delegacias Regionais do Trabalho, no Distrito Federal, ou pelas Delegacias Regionais, nos Estados e no Território do Acre, uma Carteira de Trabalho e Previdência Social numerada, que, além da fotografia, medindo 3 (três) por 4 (quatro) centímetros, tirada de frente, com a cabeça descoberta, e das impressões do polegar, conterá as declarações seguintes:

•• A Lei n. 2.800, de 18-6-1956, cria os Conselhos Federal e Regionais de Química, e estabelece, em seu art. 15, que todas as atribuições na CLT referentes ao registro, à fiscalização e à imposição de penalidades, quanto ao exercício da profissão de químico, passam a ser de competência dos Conselhos Regionais de Química.

•• A Lei n. 4.070, de 15-6-1962, eleva o território do Acre à categoria de Estado.

a) o nome por extenso;

b) a nacionalidade e, se estrangeiro, a circunstância de ser ou não naturalizado;

c) a data e lugar do nascimento;

d) a denominação da escola em que houver feito o curso;

e) a data da expedição do diploma e o número do registro no Ministério do Trabalho, Indústria e Comércio;

•• Sobre Ministérios, *vide* Nota dos Organizadores.

•• A Lei n. 2.800, de 18-6-1956, cria os Conselhos Federal e Regionais de Química, e estabelece, em seu art. 15, que todas as atribuições na CLT referentes ao registro, à fiscalização e à imposição de penalidades, quanto ao exercício da profissão de químico, passam a ser de competência dos Conselhos Regionais de Química.

f) a data da revalidação do diploma, se de instituto estrangeiro;

g) a especificação, inclusive data, de outro título ou títulos de habilitação;

h) a assinatura do inscrito.

Parágrafo único. A carteira destinada aos profissionais a que se refere o § 1.º do art. 325 deverá, em vez das declarações indicadas nas alíneas *d*, *e* e *f* deste artigo, e além do título – licenciado – posto em destaque, conter a menção do título de nomeação ou admissão e respectiva data, se funcionário público, ou do atestado relativo ao exercício, na qualidade de químico, de um cargo em empresa particular, com designação desta e da data inicial do exercício.

Lei n. 2.800/56, arts. 13 e 15: As atribuições dos Conselhos Regionais de Química são as seguintes: *a*) registrar os profissionais de acordo com a presente lei e expedir carteira profissional; *b*) examinar reclamações e representações escritas acerca dos serviços de registro e das infrações desta lei e decidir, com recurso, para o Conselho Federal de Química; *c*) fiscalizar o exercício da profissão, impedindo e punindo as infrações à lei, bem como enviando às autoridades competentes relatórios documentados sobre fatos que apuraram e cuja solução não seja de sua alçada; *d*) publicar relatórios anuais dos seus trabalhos, e, periodicamente, relação dos profissionais registrados; *e*) organizar o seu regimento interno, submetendo-o à aprovação do Conselho Federal de Química; *f*) sugerir ao Conselho Federal de Química as medidas necessárias à regularidade dos serviços e à fiscalização do exercício profissional; *g*) admitir a colaboração dos sindicatos e associações profissionais nos casos das matérias das letras anteriores; *h*) eleger um delegado-eleitor para a assembleia referida na letra *b* do art. 4.º (...) Art. 15. Todas as atribuições estabelecidas no Decreto-lei n. 5.452, de 1.º-5-1943 – CLT – referentes ao registro, à fiscalização e à imposição de penalidades, quanto ao exercício da profissão de químico, passam a ser de competência dos Conselhos Regionais de Química.

Art. 330. A Carteira de Trabalho e Previdência Social, expedida nos termos desta Seção, é obrigatória para o exercício da profissão, substitui em todos os casos o diploma ou título e servirá de carteira de identidade.

•• Artigo com redação determinada pelo Decreto-lei n. 5.922, de 25-10-1943.

Art. 331. Nenhuma autoridade poderá receber impostos relativos ao exercício profissional de químico, senão à vista da prova de que o interessado se acha registrado de acordo com a presente Seção, e essa prova será também exigida para a realização de concursos periciais e todos os outros atos oficiais que exijam capacidade técnica de químico.

Art. 332. Quem, mediante anúncio, placas, cartões comerciais ou outros meios capazes de ser identificados, se propuser ao exercício da química, em qualquer dos seus ramos, sem que esteja devidamente registrado, fica sujeito às penalidades aplicáveis ao exercício ilegal da profissão.

Art. 333. Os profissionais a que se referem os dispositivos anteriores só poderão exercer legalmente as funções de químicos depois de satisfazerem as obrigações constantes do art. 330 desta Seção.

Art. 334. O exercício da profissão de químico compreende:

a) a fabricação de produtos e subprodutos químicos em seus diversos graus de pureza;

b) a análise química, a elaboração de pareceres, atestados e projetos de especialidade e sua execução, perícia civil ou judiciária sobre essa matéria, a direção e a responsabilidade de laboratórios ou departamentos químicos, de indústria e empresas comerciais;

c) o magistério nas cadeiras de química dos cursos superiores especializados em química;

d) a engenharia química.

§ 1.º Aos químicos, químicos industriais e químicos industriais agrícolas que estejam nas condições estabelecidas no art. 325, alíneas *a* e *b*, compete o exercício das atividades definidas nos itens *a*, *b* e *c* deste artigo, sendo privativa dos engenheiros químicos a do item *d*.

§ 2.º Aos que estiverem nas condições do art. 325, alíneas *a* e *b*, compete, como aos diplomados em medicina ou farmácia, as atividades definidas no art. 2.º, alíneas *d*, *e* e *f* do Decreto n. 20.377, de 8 de setembro de 1931, cabendo aos agrônomos e engenheiros agrônomos as que se acham especificadas no art. 6.º, alínea *h*, do Decreto n. 23.196, de 12 de outubro de 1933.

Art. 335. É obrigatória a admissão de químicos nos seguintes tipos de indústria:

a) de fabricação de produtos químicos;

b) que mantenham laboratório de controle químico;

c) de fabricação de produtos industriais que são obtidos por meio de reações químicas dirigidas, tais como: cimento, açúcar e álcool, vidro, curtume, massas plásticas artificiais, explosivos, derivados de carvão ou de petróleo, refinação de óleos vegetais ou minerais, sabão, celulose e derivados.

Art. 336. No preenchimento de cargos públicos, para os quais se faz mister a qualidade de químico, ressalvadas as especializações referidas no § 2.º do art. 334, a partir da data da publicação do Decreto n. 24.693, de 12 de julho de 1934, requer-se, como condição essencial, que os candidatos previamente hajam satisfeito as exigências do art. 333 desta Seção.

Art. 337. Fazem fé pública os certificados de análises químicas, pareceres, atestados, laudos de perícias e projetos relativos a essa especialidade, assinados por profissionais que satisfaçam as condições estabelecidas nas alíneas *a* e *b* do art. 325.

•• A Resolução Normativa n. 195, de 14-4-2004, do Conselho Federal de Química, regulamenta este artigo.

Art. 338. É facultado aos químicos que satisfizerem as condições constantes do art. 325, alíneas *a* e *b*, o ensino da especialidade a que se dedicarem, nas escolas superiores, oficiais ou oficializadas.

Parágrafo único. Na hipótese de concurso para o provimento de cargo ou emprego público, os químicos a que este artigo se refere terão preferência, em igualdade de condições.

Art. 339. O nome do químico responsável pela fabricação dos produtos de uma fábrica, usina ou laboratório deverá figurar nos respectivos rótulos, faturas e anúncios, compreendida entre estes últimos a legenda impressa em cartas e sobrecartas.

Art. 340. Somente os químicos habilitados, nos termos do art. 325, alíneas *a* e *b*, poderão ser nomeados *ex officio* para os exames periciais de fábricas, laboratórios e usinas e de produtos aí fabricados.

Parágrafo único. Não se acham compreendidos no artigo anterior os produtos farmacêuticos e os laboratórios de produtos farmacêuticos.

Art. 341. Cabe aos químicos habilitados, conforme estabelece o art. 325, als. *a* e *b*, a execução de todos os serviços que, não especificados no presente regulamento, exijam por sua natureza o conhecimento de química.

•• A Resolução Normativa n. 195, de 14-4-2004, do Conselho Federal de Química, regulamenta este artigo.

Resolução Normativa n. 123/90, arts. 1.º a 4.º: É atribuição exclusiva dos profissionais da Química a execução de todas as atividades científicas e técnicas que, por sua natureza, exijam o conhecimento de Química e de Engenharia Química e que não estejam explicitadas em Lei como atividades afins ou privativas de outras profissões. Art. 2.º Estão naturalmente abrangidas no art. 341 da CLT como atividades afins às dos químicos, aquelas que, por sua natureza, exijam o conhecimento de Química e que estejam explicitadas em Lei como atividades não privativas de outras profissões. Art. 3.º As entidades públicas e particulares a que se refere o art. 5.º do Decreto n. 85.877, de 7-4-1981, que tenham serviços com atividades de químicos, devem comprovar perante o CRQ da jurisdição que tais atividades estão sob a responsabilidade de profissional habilitado e registrado. Art. 4.º Está obrigada a registro no CRQ da jurisdição, a empresa que, em sua atividade básica, tiver pelo menos 1 (um) tipo de atividade privativa de Profissional da Química.

Art. 342. A fiscalização do exercício da profissão de químico incumbe às Delegacias Regionais do Trabalho no Distrito Federal e às autoridades regionais do Ministério do Trabalho, Indústria e Comércio, nos Estados e Território do Acre.

•• Entendemos prejudicado o disposto neste parágrafo único pela Lei n. 2.800, de 18-6-1956, que cria os Conselhos Federal e Regionais de Química.

•• A Lei n. 4.070, de 15-6-1962, eleva o território do Acre à categoria de Estado.

Lei n. 2.800/56, art. 1.º: A fiscalização do exercício da profissão de químico, regulada no Decreto-lei n. 5.452, de 1.º-5-1943 – CLT, Título III, Capítulo I, Seção XIII – será exercida pelo Conselho Federal de Química e pelos Conselhos Regionais de Química, criados por esta lei.

• *Vide* arts. 13 e 15 da mesma Lei n. 2.800/56 na nota do art. 329, parágrafo único, da CLT.

Art. 343. São atribuições dos órgãos de fiscalização:

***a*)** examinar os documentos exigidos para o registro profissional de que trata o art. 326 e seus §§ 1.º e 2.º e o art. 327, proceder à respectiva inscrição e indeferir o pedido dos interessados que não satisfizerem as exigências desta Seção;

***b*)** registrar as comunicações e contratos, a que aludem o art. 350 e seus parágrafos, e dar as respectivas baixas;

***c*)** verificar o exato cumprimento das disposições desta Seção, realizando as investigações que forem necessárias, bem como o exame dos arquivos, livros de escrituração, folhas de pagamento, contratos e outros documentos de uso de firmas ou empresas industriais ou comerciais, em cujos serviços tome parte 1 (um) ou mais profissionais que desempenhem função para a qual se deva exigir a qualidade de químico.

Art. 344. Aos sindicatos de químicos devidamente reconhecidos é facultado auxiliar a fiscalização, no tocante à observância da alínea *c* do artigo anterior.

Art. 345. Verificando-se, pelo Ministério do Trabalho e Previdência Social, serem falsos os diplomas ou outros títulos dessa natureza, atestados, certificados e quaisquer documentos exibidos para os fins de que trata esta Seção, incorrerão os seus autores e cúmplices nas penalidades estabelecidas em lei.

•• A Lei n. 2.800, de 18-6-1956, cria os Conselhos Federal e Regionais de Química, e estabelece, em seu art. 15, que todas as atribuições na CLT referentes ao registro, à fiscalização e à imposição de penalidades, quanto ao exercício da profissão de químico, passam a ser de competência dos Conselhos Regionais de Química.

Parágrafo único. A falsificação de diploma ou outros quaisquer títulos, uma vez verificada, será imediatamente comunicada ao Serviço de Identificação Profissional, das Delegacias Regionais do Trabalho, remetendo-se-lhe os documentos falsificados, para instauração do processo que no caso couber.

•• *Vide* nota ao *caput* deste artigo.

Art. 346. Será suspenso do exercício de suas funções, independentemente de outras penas em que possa incorrer, o químico, inclusive o licenciado, que incidir em alguma das seguintes faltas:

•• A Resolução Normativa n. 241, de 15-12-2011, do Conselho Federal de Química, regulamenta este artigo.

***a*)** revelar improbidade profissional, dar falso testemunho, quebrar o sigilo profissional e promover falsificações, referentes à prática de atos de que trata esta Seção;

***b*)** concorrer com seus conhecimentos científicos para a prática de crime ou atentado contra a pátria, a ordem social ou a saúde pública;

***c*)** deixar, no prazo marcado nesta Seção, de requerer a revalidação e registro do diploma estrangeiro, ou o seu registro profissional no Ministério do Trabalho, Indústria e Comércio.

•• *Vide* nota ao art. 345, *caput*, da CLT.

Parágrafo único. O tempo de suspensão a que alude este artigo variará entre 1 (um) mês e 1 (um) ano, a critério do Departamento Nacional do Trabalho, após processo regular, ressalvada a ação da justiça pública.

•• *Vide* nota ao art. 345, *caput*, da CLT.

Art. 347. Aqueles que exercerem a profissão de químico sem ter preenchido as condições do art. 325 e suas alíneas, nem promovido o seu registro, nos termos do art. 326, incorrerão na multa de 200 cruzeiros a 5.000 cruzeiros, que será elevada ao dobro, no caso de reincidência.

•• *Vide* Nota dos Organizadores, sobre o valor das multas previstas na CLT.

Art. 348. Aos licenciados a que alude o § 1.º do art. 325 poderão, por ato da Delegacia Regional do Trabalho, sujeito à aprovação do Ministro, ser cassadas as garantias asseguradas por esta Seção, desde que interrompam, por motivo de falta prevista no art. 346, a função pública ou particular em que se encontravam por ocasião da publicação do Decreto n. 24.693, de 12 de julho de 1934.

•• *Vide* nota ao art. 345, *caput*, da CLT.

Art. 349. O número de químicos estrangeiros a serviço de particulares, empresas ou companhias não poderá exceder de 1/3 (um terço) ao dos profissionais brasileiros compreendidos nos respectivos quadros.

Art. 350. O químico que assumir a direção técnica ou cargo de químico de qualquer usina, fábrica, ou laboratório industrial ou de análise deverá, dentro de 24 (vinte e quatro) horas e por escrito, comunicar essa ocorrência ao órgão fiscalizador, contraindo, desde essa data, a responsabilidade da parte técnica referente à sua profissão, assim como a responsabilidade técnica dos produtos manufaturados.

§ 1.º Firmando-se contrato entre o químico e o proprietário da usina, fábrica ou laboratório, será esse documento apresentado, dentro do prazo de 30 (trinta) dias, para registro, ao órgão fiscalizador.

§ 2.º Comunicação idêntica à de que trata a primeira parte deste artigo fará o químico, quando deixar a direção técnica ou o cargo de químico, em cujo exercício se encontrava, a fim de ressalvar a sua responsabilidade e fazer-se o cancelamento do contrato. Em caso de falência do estabelecimento, a comunicação será feita pela firma proprietária.

SEÇÃO XIV
Das Penalidades

Art. 351. Os infratores dos dispositivos do presente Capítulo incorrerão na multa de cinquenta a cinco mil cruzeiros, segundo a natureza da infração, sua extensão e a intenção de quem a praticou, aplicada em dobro no caso de reincidência, oposição à fiscalização ou desacato à autoridade.

•• *Vide* Nota dos Organizadores, sobre o valor das multas previstas na CLT.

Parágrafo único. São competentes para impor penalidades as autoridades de primeira instância incumbidas da fiscalização dos preceitos constantes do presente Capítulo.

CAPÍTULO II
DA NACIONALIZAÇÃO DO TRABALHO

SEÇÃO I
Da Proporcionalidade de Empregados Brasileiros

Art. 5.º, *caput*, da CF: Todos são iguais perante a lei, sem distinção de qualquer natureza, garantindo-se aos brasileiros e aos estrangeiros residentes no País a inviolabilidade do direito à vida, à liberdade, à igualdade, à segurança e à propriedade, nos termos seguintes: (...).

Art. 12, § 2.º, da CF: A lei não poderá estabelecer distinção entre brasileiros natos e naturalizados, salvo nos casos previstos nesta Constituição.

Art. 352. As empresas, individuais ou coletivas, que explorem serviços públicos dados em concessão, ou que exerçam atividades industriais ou comerciais, são obrigadas a manter, no quadro do seu pessoal, quando composto de 3 (três) ou mais empregados, uma proporção de brasileiros não inferior à estabelecida no presente Capítulo.

§ 1.º Sob a denominação geral de atividades industriais e comerciais compreendem-se, além de outras que venham a ser determinadas em portaria do Ministro do Trabalho e Previdência Social, as exercidas:

•• Sobre Ministérios, *vide* Nota dos Organizadores.

***a*)** nos estabelecimentos industriais em geral;

***b*)** nos serviços de comunicações, de transportes terrestres, marítimos, fluviais, lacustres e aéreos;

***c*)** nas garagens, oficinas de reparos e postos de abastecimento de automóveis e nas cocheiras;

***d*)** na indústria da pesca;

***e*)** nos estabelecimentos comerciais em geral;

***f*)** nos escritórios comerciais em geral;

***g*)** nos estabelecimentos bancários, ou de economia coletiva, nas empresas de seguros e nas de capitalização;

***h*)** nos estabelecimentos jornalísticos, de publicidade e de radiodifusão;

***i*)** nos estabelecimentos de ensino remunerado, excluídos os que neles trabalhem por força de voto religioso;

***j*)** nas drogarias e farmácias;

***k*)** nos salões de barbeiro ou cabeleireiro e de beleza;

***l*)** nos estabelecimentos de diversões públicas, excluídos os elencos teatrais, e nos clubes esportivos;

***m*)** nos hotéis, restaurantes, bares e estabelecimentos congêneres;

***n*)** nos estabelecimentos hospitalares e fisioterápicos cujos serviços sejam remunerados, excluídos os que neles trabalhem por força de voto religioso;

***o*)** nas empresas de mineração;

***p*)** nas autarquias, empresas públicas, sociedades de economia mista e demais órgãos da Administração Pública, direta ou indireta, por empregados sujeitos ao regime da CLT.

•• Alínea *p* acrescentada pela Portaria n. 3.151, de 19-3-1969.

§ 2.º Não se acham sujeitas às obrigações da proporcionalidade as indústrias rurais, as que, em zona agrícola, se destinem ao beneficiamento ou transformação de produtos da região e as atividades industriais de natureza extrativa, salvo a mineração.

Art. 353. Equiparam-se aos brasileiros, para os fins deste Capítulo, ressalvado o exercício de profissões reservadas aos brasileiros natos ou aos brasileiros em geral, os estrangeiros que, residindo no País há mais de 10 (dez) anos, tenham cônjuge ou filho brasileiro, e os portugueses.

•• Artigo com redação determinada pela Lei n. 6.651, de 23-5-1979.

Art. 12, § 3.º, da CF: São privativos de brasileiro nato os cargos: I – de Presidente e Vice-Presidente da República; II – de Presidente da Câmara dos Deputados; III – de Presidente do Senado Federal; IV – de Ministro do Supremo Tribunal Federal; V – da carreira diplomática; VI – de oficial das Forças Armadas; VII – de Ministro de Estado da Defesa.

•• Nos termos da Lei n. 6.192, de 19-12-1974, a condição de brasileiro nato exigida em leis e decretos foi modificada para a de brasileiro.

• Acesso a trabalho para o migrante: art. 3.º, XI, da Lei n. 13.445, de 24-5-2017.

Art. 354. A proporcionalidade será de 2/3 (dois terços) de empregados brasileiros, podendo, entretanto, ser fixada proporcionalidade inferior, em atenção às circunstâncias especiais de cada atividade, mediante ato do Poder Executivo, e depois de devidamente apurada pelo Departamento Nacional do Trabalho e pelo Serviço de Estatística da Previdência e Trabalho a insuficiência do número de brasileiros na atividade de que se tratar.

•• O Serviço de Estatísticas da Previdência e Trabalho foi extinto pelo Decreto n. 69.014, de 4-8-1971. Atualmente dispõe sobre a estrutura regimental do MTE o Decreto n. 8.894, de 3-11-2016.

Parágrafo único. A proporcionalidade é obrigatória não só em relação à totalidade do quadro de empregados, com as exceções dessa Lei, como ainda em relação à correspondente folha de salários.

Art. 355. Consideram-se como estabelecimentos autônomos, para os efeitos da proporcionalidade a ser observada, as sucursais, filiais e agências em que trabalhem 3 (três) ou mais empregados.

Art. 356. Sempre que uma empresa ou indivíduo explore atividades sujeitas a proporcionalidades diferentes, observar-se-á, em relação a cada uma delas, a que lhe corresponder.

Art. 357. Não se compreendem na proporcionalidade os empregados que exerçam funções técnicas especializadas, desde que, a juízo do Ministério do Trabalho e Previdência Social, haja falta de trabalhadores nacionais.

•• Sobre Ministérios, *vide* Nota dos Organizadores.

Art. 358. Nenhuma empresa, ainda que não sujeita à proporcionalidade, poderá pagar a brasileiro que exerça função análoga, a juízo do Ministério do Trabalho e Previdência Social, à que é exercida por estrangeiro a seu serviço, salário inferior ao deste, excetuando-se os casos seguintes:

•• Sobre Ministérios, *vide* Nota dos Organizadores.

a) quando, nos estabelecimentos que não tenham quadros de empregados organizados em carreira, o brasileiro contar menos de 2 (dois) anos de serviço, e o estrangeiro mais de 2 (dois) anos;

b) quando, mediante aprovação do Ministério do Trabalho e Previdência Social, houver quadro organizado em carreira em que seja garantido o acesso por antiguidade;

c) quando o brasileiro for aprendiz, ajudante ou servente, e não o for o estrangeiro;

d) quando a remuneração resultar de maior produção, para os que trabalham à comissão ou por tarefa.

Parágrafo único. Nos casos de falta ou cessação de serviço, a dispensa do empregado estrangeiro deve preceder à de brasileiro que exerça função análoga.

SEÇÃO II
Das Relações Anuais de Empregados

Art. 359. Nenhuma empresa poderá admitir a seu serviço empregado estrangeiro sem que este exiba a carteira de identidade de estrangeiro devidamente anotada.

• A Resolução Normativa n. 1, de 1-12-2017, do Conselho Nacional de Imigração, disciplina os procedimentos para a autorização de trabalho a estrangeiros.

Parágrafo único. A empresa é obrigada a assentar no registro de empregados os dados referentes à nacionalidade de qualquer empregado estrangeiro e o número da respectiva carteira de identidade.

Art. 360. Toda empresa compreendida na enumeração do art. 352, § 1.º, deste Capítulo, qualquer que seja o número de seus empregados, deve apresentar anualmente às repartições competentes do Ministério do Trabalho e Previdência Social, de 2 de maio a 30 de junho, uma relação, em três vias, de todos os seus empregados, segundo o modelo que for expedido.

•• Sobre Ministérios, *vide* Nota dos Organizadores.

• O Decreto n. 76.900, de 23-12-1975, instituiu a Relação Anual de Informações Sociais – RAIS. Passou este Decreto a tratar da matéria prevista neste artigo e no art. 361.

• Microempresa e Empresa de Pequeno Porte: Lei Complementar n. 123, de 14-12-2006.

§ 1.º As relações terão, na primeira via, o selo de três cruzeiros pela folha inicial e dois cruzeiros por folha excedente, além do selo do Fundo de Educação, e nelas será assinalada, em tinta vermelha, a modificação havida com referência à última relação apresentada. Se se tratar de nova empresa, a relação, encimada pelos dizeres – Primeira Relação – deverá ser feita dentro de 30 (trinta) dias de seu registro no Departamento Nacional da Indústria e Comércio ou repartições competentes.

•• Abolição do selo: Lei n. 3.519, de 30-12-1958.

§ 2.º A entrega das relações far-se-á diretamente às repartições competentes do Ministério do Trabalho e Previdência Social, ou, onde não as houver, às Coletorias Federais, que as remeterão desde logo àquelas repartições. A entrega operar-se-á contra recibo especial, cuja exibição é obrigatória, em caso de fiscalização, enquanto não for devolvida ao empregador a via autenticada da declaração.

•• As Coletorias Federais foram extintas pelo Decreto n. 63.659, de 20-11-1968. Atualmente dispõe sobre a matéria a Secretaria da Receita Federal do Brasil.

§ 3.º Quando não houver empregado far-se-á declaração negativa.

Art. 361. Apurando-se, das relações apresentadas, qualquer infração, será concedido ao infrator o prazo de 10 (dez) dias para defesa, seguindo-se o despacho pela autoridade competente.

• *Vide* notas no *caput* do artigo anterior.

Art. 362. As repartições às quais competir a fiscalização do disposto no presente Capítulo manterão fichário especial de empresas, do qual constem as anotações referentes ao respectivo cumprimento, e fornecerão aos interessados as certidões de quitação que se tornarem necessárias, no prazo de trinta dias, contados da data do pedido.

•• *Caput* com redação determinada pelo Decreto-lei n. 229, de 28-2-1967.

§ 1.º As certidões de quitação farão prova até 30 de setembro do ano seguinte àquele a que se referiram e estarão sujeitas à taxa correspondente a 1/10 (um décimo) do salário mínimo regional. Sem elas nenhum fornecimento ou contrato poderá ser feito com o Governo da União, dos Estados ou Municípios, ou com as instituições paraestatais a eles subordinadas, nem será renovada autorização à empresa estrangeira para funcionar no País.

•• § 1.º com redação determinada pelo Decreto-lei n. 229, de 28-2-1967.

• A Lei n. 8.522, de 11-12-1992, extingue a taxa pelo fornecimento de certidões de quitação, criada por este artigo.

§ 2.º A primeira via da relação, depois de considerada pela repartição fiscalizadora, será remetida, anualmente, ao Departamento Nacional de Mão de Obra (DNMO), como subsídio ao estudo das condições de mercado de trabalho, de um modo geral, e, em particular, no que se refere à mão de obra qualificada.

•• § 2.º com redação determinada pelo Decreto-lei n. 229, de 28-2-1967.

• *Vide* notas ao *caput* do art. 360.

§ 3.º A segunda via da relação será remetida pela repartição competente ao Serviço de Estatística da Previdência e Trabalho e a terceira via devolvida à empresa, devidamente autenticada.

•• § 3.º com redação determinada pelo Decreto-lei n. 229, de 28-2-1967.

• *Vide* notas ao *caput* do art. 360.

SEÇÃO III
Das Penalidades

Art. 363. O processo das infrações do presente Capítulo obedecerá ao disposto no título "Do Processo de Multas Administrativas", no que lhe for aplicável, com observância dos modelos de auto a serem expedidos.

Art. 364. As infrações do presente capítulo serão punidas com a multa de cem a dez mil cruzeiros.

•• *Vide* Nota dos Organizadores, sobre o valor das multas previstas na CLT.

Parágrafo único. Em se tratando de empresa concessionária de serviço público, ou de sociedade estrangeira autorizada a funcionar no País, se a infratora, depois de multada, não atender afinal ao cumprimento do texto infringido poderá ser-lhe cassada a concessão ou autorização.

SEÇÃO IV
Disposições Gerais

Art. 365. O presente Capítulo não derroga as restrições vigentes quanto às exigências de nacionalidade brasileira para o exercício de determinadas profissões nem as que vigoram para as faixas de fronteiras, na conformidade da respectiva legislação.

Art. 366. Enquanto não for expedida a carteira a que se refere o art. 359 deste Capítulo, valerá, a título precário, como documento hábil, uma certidão, passada pelo serviço competente do Registro de Estrangeiros, provando que o empregado requereu sua permanência no País.

Art. 367. A redução a que se refere o art. 354, enquanto o Serviço de Estatística da Previdência e Trabalho não dispuser dos dados estatísticos necessários à fixação da proporcionalidade conveniente para cada atividade, poderá ser feita por ato do Ministro do Trabalho e Previdência Social mediante representação fundamentada da associação sindical.

•• Sobre Ministérios, *vide* Nota dos Organizadores.

Parágrafo único. O Serviço de Estatística da Previdência e Trabalho deverá promover, e manter em dia, estudos necessários aos fins do presente Capítulo.

SEÇÃO V
Das Disposições Especiais sobre a Nacionalização da Marinha Mercante

Art. 368. O comando de navio mercante nacional só poderá ser exercido por brasileiro nato.

Art. 12, § 2.º, da CF: A lei não poderá estabelecer distinção entre brasileiros natos e naturalizados, salvo nos casos previstos nesta Constituição.

Lei n. 6.192/74, art. 2.º: A condição de brasileiro nato exigida em Leis e Decretos para qualquer fim fica modificada para a de brasileiro.

Art. 369. A tripulação de navio ou embarcação nacional será constituída, pelo menos, de 2/3 (dois terços) de brasileiros natos.

•• *Caput* com redação determinada pela Lei n. 5.683, de 21-7-1971.

Lei n. 6.192/74, art. 2.º: A condição de brasileiro nato exigida em Leis e Decretos para qualquer fim fica modificada para a de brasileiro.

Parágrafo único. O disposto neste artigo não se aplica aos navios nacionais de pesca, sujeitos a legislação específica.

•• Parágrafo único com redação determinada pela Lei n. 5.683, de 21-7-1971.

Art. 370. As empresas de navegação organizarão as relações dos tripulantes das respectivas embarcações, enviando-as no prazo a que se refere a Seção II deste Capítulo à Delegacia do Trabalho Marítimo onde as mesmas tiverem sede.

Parágrafo único. As relações a que alude o presente artigo obedecerão, na discriminação hierárquica e funcional do pessoal embarcadiço, ao quadro aprovado pelo regulamento das Capitanias dos Portos.

Art. 371. A presente Seção é também aplicável aos serviços de navegação fluvial e lacustre e à praticagem nas barras, portos, rios, lagos e canais.

CAPÍTULO III
DA PROTEÇÃO DO TRABALHO DA MULHER

Art. 7.º, XVIII, XX e XXX, da CF: São direitos dos trabalhadores urbanos e rurais, além de outros que visem à melhoria de sua condição social: (...) XVIII – licença à gestante, sem prejuízo do emprego e do salário, com a duração de cento e vinte dias; (...) XX – proteção do mercado de trabalho da mulher, mediante incentivos específicos, nos termos da lei; (...) XXX –

proibição de diferença de salários, de exercício de funções e de critério de admissão por motivo de sexo, idade, cor ou estado civil.

Art. 10, II, *b*, do ADCT: Até que seja promulgada a lei complementar a que se refere o art. 7.º, I, da Constituição: (...) II – fica vedada a dispensa arbitrária ou sem justa causa: (...) *b*) da empregada gestante, desde a confirmação da gravidez até cinco meses após o parto.

SEÇÃO I

Da Duração, Condições do Trabalho e da Discriminação contra a Mulher

•• Seção I com denominação determinada pela Lei n. 9.799, de 26-5-1999.

Art. 372. Os preceitos que regulam o trabalho masculino são aplicáveis ao trabalho feminino, naquilo em que não colidirem com a proteção especial instituída por este Capítulo.

Art. 5.º, I, da CF: Todos são iguais perante a lei, sem distinção de qualquer natureza, garantindo-se aos brasileiros e aos estrangeiros residentes no País a inviolabilidade do direito à vida, à liberdade, à igualdade, à segurança e à propriedade, nos termos seguintes: I – homens e mulheres são iguais em direitos e obrigações, nos termos desta Constituição.

Parágrafo único. (*Revogado pela Lei n. 13.467, de 13-7-2017.*)

Art. 373. A duração normal de trabalho da mulher será de 8 (oito) horas diárias, exceto nos casos para os quais for fixada duração inferior.

Art. 7.º, XIII, da CF: São direitos dos trabalhadores urbanos e rurais, além de outros que visem à melhoria de sua condição social: (...) XIII – duração do trabalho normal não superior a oito horas diárias e quarenta e quatro semanais, facultada a compensação de horários e a redução da jornada, mediante acordo ou convenção coletiva de trabalho.

Art. 373-A. Ressalvadas as disposições legais destinadas a corrigir as distorções que afetam o acesso da mulher ao mercado de trabalho e certas especificidades estabelecidas nos acordos trabalhistas, é vedado:

•• *Caput* acrescentado pela Lei n. 9.799, de 26-5-1999.

I – publicar ou fazer publicar anúncio de emprego no qual haja referência ao sexo, à idade, à cor ou situação familiar, salvo quando a natureza da atividade a ser exercida, pública e notoriamente, assim o exigir;

•• Inciso I acrescentado pela Lei n. 9.799, de 26-5-1999.

II – recusar emprego, promoção ou motivar a dispensa do trabalho em razão de sexo, idade, cor, situação familiar ou estado de gravidez, salvo quando a natureza da atividade seja notória e publicamente incompatível;

•• Inciso II acrescentado pela Lei n. 9.799, de 26-5-1999.

III – considerar o sexo, a idade, a cor ou situação familiar como variável determinante para fins de remuneração, formação profissional e oportunidades de ascensão profissional;

•• Inciso III acrescentado pela Lei n. 9.799, de 26-5-1999.

IV – exigir atestado ou exame, de qualquer natureza, para comprovação de esterilidade ou gravidez, na admissão ou permanência no emprego;

•• Inciso IV acrescentado pela Lei n. 9.799, de 26-5-1999.

V – impedir o acesso ou adotar critérios subjetivos para deferimento de inscrição ou aprovação em concursos, em empresas privadas, em razão de sexo, idade, cor, situação familiar ou estado de gravidez;

•• Inciso V acrescentado pela Lei n. 9.799, de 26-5-1999.

VI – proceder o empregador ou preposto a revistas íntimas nas empregadas ou funcionárias.

•• Inciso VI acrescentado pela Lei n. 9.799, de 26-5-1999.

Enunciado 15 da 1.ª Jornada de Direito do Trabalho: Revista de empregado. I – Revista. Ilicitude. Toda e qualquer revista, íntima ou não, promovida pelo empregador ou seus prepostos em seus empregados e/ou em seus pertences, é ilegal, por ofensa aos direitos fundamentais da dignidade e intimidade do trabalhador. II – Revista íntima. Vedação a ambos os sexos. A norma do art. 373-A, VI, da CLT, que veda revistas íntimas nas empregadas, também se aplica aos homens em face da igualdade entre os sexos inscrita no art. 5.º, I, da Constituição da República.

•• *Vide* Lei n. 13.271, de 15-4-2016, que dispõe sobre a proibição de revista íntima de funcionárias nos locais de trabalho.

Parágrafo único. O disposto neste artigo não obsta a adoção de medidas temporárias que visem ao estabelecimento das políticas de igualdade entre homens e mulheres, em particular as que se destinam a corrigir as distorções que afetam a formação profissional, o acesso ao emprego e as condições gerais de trabalho da mulher.

•• Parágrafo único acrescentado pela Lei n. 9.799, de 26-5-1999.

Arts. 374 e 375. (*Revogados pela Lei n. 7.855, de 24-10-1989.*)

Art. 376. (*Revogado pela Lei n. 10.244, de 27-6-2001.*)

Art. 377. A adoção de medidas de proteção ao trabalho das mulheres é considerada de ordem pública, não justificando, em hipótese alguma, a redução de salário.

Art. 7.º, VI, da CF: São direitos dos trabalhadores urbanos e rurais, além de outros que visem à melhoria de sua condição social: (...) VI – irredutibilidade do salário, salvo o disposto em convenção ou acordo coletivo.

Art. 378. (*Revogado pela Lei n. 7.855, de 24-10-1989.*)

SEÇÃO II

Do Trabalho Noturno

Art. 7.º, IX, da CF: São direitos dos trabalhadores urbanos e rurais, além de outros que visem à melhoria de sua condição social: (...) IX – remuneração do trabalho noturno superior à do diurno.

• O art. 7.º do Decreto n. 5.005, de 8-3-2004, que aprova o texto da Convenção n. 171, da OIT, dispõe sobre medidas que visam assegurar uma alternativa ao trabalho noturno para mulheres grávidas, antes e após o parto.

Arts. 379 e 380. (*Revogados pela Lei n. 7.855, de 24-10-1989.*)

Art. 381. O trabalho noturno das mulheres terá salário superior ao diurno.

Súmula 265/TST: Adicional noturno. Alteração de turno de trabalho. Possibilidade de supressão. A transferência para o período diurno de trabalho implica a perda do direito ao adicional noturno.

§ 1.º Para os fins desse artigo, os salários serão acrescidos duma percentagem adicional de 20% (vinte por cento) no mínimo.

§ 2.º Cada hora do período noturno de trabalho das mulheres terá 52 (cinquenta e dois) minutos e 30 (trinta) segundos.

SEÇÃO III

Dos Períodos de Descanso

Art. 382. Entre 2 (duas) jornadas de trabalho, haverá um intervalo de 11 (onze) horas consecutivas, no mínimo, destinado ao repouso.

Art. 383. Durante a jornada de trabalho, será concedido à empregada um período para refeição e repouso não inferior a 1 (uma) hora nem superior a 2 (duas) horas salvo a hipótese prevista no art. 71, § 3.º.

Art. 384. *(Revogado pela Lei n. 13.467, de 13-7-2017.)*

Art. 385. O descanso semanal será de 24 (vinte e quatro) horas consecutivas e coincidirá no todo ou em parte com o domingo, salvo motivo de conveniência pública ou necessidade imperiosa de serviço, a juízo da autoridade competente, na forma das disposições gerais, caso em que recairá em outro dia.

Parágrafo único. Observar-se-ão, igualmente, os preceitos da legislação geral sobre a proibição de trabalho nos feriados civis e religiosos.

Art. 386. Havendo trabalho aos domingos, será organizada uma escala de revezamento quinzenal, que favoreça o repouso dominical.

SEÇÃO IV

Dos Métodos e Locais de Trabalho

Art. 387. *(Revogado pela Lei n. 7.855, de 24-10-1989.)*

Art. 388. Em virtude de exame e parecer da autoridade competente, o Ministro do Trabalho e Previdência Social poderá estabelecer derrogações totais ou parciais às proibições a que alude o artigo anterior, quando tiver desaparecido, nos serviços considerados perigosos ou insalubres, todo e qualquer caráter perigoso ou prejudicial mediante a aplicação de novos métodos de trabalho ou pelo emprego de medidas de ordem preventiva.

•• Prejudicado com a revogação do artigo anterior.

•• Ministérios: *vide* Nota dos Organizadores.

Art. 7.º, XX e XXX, da CF: São direitos dos trabalhadores urbanos e rurais, além de outros que visem à melhoria de sua condição social: (...) XX – proteção do mercado de trabalho da mulher, mediante incentivos específicos, nos termos da lei; (...) XXX – proibição de diferença de salários, de exercício de funções e de critério de admissão por motivo de sexo, idade, cor ou estado civil.

Art. 389. Toda empresa é obrigada:

I – a prover os estabelecimentos de medidas concernentes à higienização dos métodos e locais de trabalho, tais como ventilação e iluminação e outros que se fizerem necessários à segurança e ao conforto das mulheres, a critério da autoridade competente;

II – a instalar bebedouros, lavatórios, aparelhos sanitários; dispor de cadeiras ou bancos, em número suficiente, que permitam às mulheres trabalhar sem grande esgotamento físico;

III – a instalar vestiários com armários individuais privativos das mulheres, exceto os estabelecimentos comerciais, escritórios, bancos e atividades afins, em que não seja exigida a troca de roupa e outros, a critério da autoridade competente em matéria de segurança e higiene do trabalho, admitindo-se como suficientes as gavetas ou escaninhos, onde possam as empregadas guardar seus pertences;

IV – a fornecer, gratuitamente, a juízo da autoridade competente, os recursos de proteção individual, tais como óculos, máscaras, luvas e roupas especiais, para a defesa dos olhos, do aparelho respiratório e da pele, de acordo com a natureza do trabalho.

•• *Caput* e incisos com redação determinada pelo Decreto-lei n. 229, de 28-2-1967.

§ 1.º Os estabelecimentos em que trabalharem pelo menos 30 (trinta) mulheres com mais de 16 (dezesseis) anos de idade terão local apropriado onde seja permitido às empregadas guardar sob vigilância e assistência os seus filhos no período da amamentação.

•• § 1.º com redação determinada pelo Decreto-lei n. 229, de 28-2-1967.

Art. 7.º, XXV, da CF: São direitos dos trabalhadores urbanos e rurais, além de outros que visem à melhoria de sua condição social: (...) XXV – assistência gratuita aos filhos e dependentes desde o nascimento até 5 (cinco) anos de idade em creches e pré-escolas.

Portaria n. 3.296/86, arts. 1.º a 3.º: Ficam as empresas e empregadores autorizados a adotar o sistema de reembolso-creche, em substituição à exigência contida no § 1.º do art. 389 da CLT, desde que obedeçam às seguintes exigências: I – O reembolso-creche deverá cobrir, integralmente, as despesas efetuadas com o pagamento da creche de livre escolha da empregada-mãe, ou outra modalidade de prestação de serviço desta natureza, pelo menos até os 6 (seis) meses de idade da criança, nas condições, prazos e valores estipulados em acordo ou convenção coletiva, sem prejuízo do cumprimento dos demais preceitos de prestação à maternidade. II – O benefício deverá ser concedido a toda empregada-mãe, independente do número de mulheres do estabelecimento, e sem prejuízo do cumprimento dos demais preceitos de proteção à maternidade. III – As empresas e empregadores deverão dar ciência às empregadas da existência do sistema e dos procedimentos necessários para a utilização do benefício, com a afixação de avisos em locais visíveis e de fácil acesso para os empregados. IV – O reembolso-creche deverá ser efetuado até o 3.º (terceiro) dia útil da entrega do comprovante das despesas efetuadas, pela empregada-mãe, com a mensalidade da creche. Art. 2.º A implantação do sistema de reembolso-creche dependerá de prévia estipulação em acordo ou convenção coletiva. Parágrafo único. A exigência não se aplica aos órgãos públicos e às instituições paraestatais referidas no *caput* do art. 566 da CLT. Art. 3.º As empresas e empregadores deverão comunicar à Delegacia Regional do Trabalho a adoção do sistema de reembolso-creche, remetendo-lhe cópia do documento explicativo do seu funcionamento.

Súmula 310/STJ: O auxílio-creche não integra o salário de contribuição.

§ 2.º A exigência do § 1.º poderá ser suprida por meio de creches distritais mantidas, diretamente ou mediante convênios, com outras entidades públicas ou privadas, pelas próprias empresas, em regime comunitário, ou a cargo do SESI, do SESC, da LBA ou de entidades sindicais.

•• § 2.º com redação determinada pelo Decreto-lei n. 229, de 28-2-1967.

Art. 390. Ao empregador é vedado empregar a mulher em serviço que demande o emprego de força muscular superior a 20 (vinte) quilos para o trabalho contínuo, ou 25 (vinte e cinco) quilos para o trabalho ocasional.

Parágrafo único. Não está compreendida na determinação deste artigo a remoção de material feita por impulsão ou tração de vagonetes sobre trilhos, de carros de mão ou quaisquer aparelhos mecânicos.

Art. 405, § 5.º, da CLT: Aplica-se ao menor o disposto no art. 390 e seu parágrafo único.

Art. 390-A. *(Vetado.)*

•• Artigo acrescentado pela Lei n. 9.799, de 26-5-1999.

Art. 390-B. As vagas dos cursos de formação de mão de obra, ministrados por instituições governamentais, pelos próprios empregadores ou por qualquer órgão de ensino profissionalizante, serão oferecidas aos empregados de ambos os sexos.

•• Artigo acrescentado pela Lei n. 9.799, de 26-5-1999.

Art. 390-C. As empresas com mais de 100 (cem) empregados, de ambos os sexos, deverão manter programas especiais de incentivos e aperfeiçoamento profissional da mão de obra.

•• Artigo acrescentado pela Lei n. 9.799, de 26-5-1999.

Art. 390-D. (*Vetado.*)

•• Artigo acrescentado pela Lei n. 9.799, de 26-5-1999.

Art. 390-E. A pessoa jurídica poderá associar-se a entidade de formação profissional, sociedades civis, sociedades cooperativas, órgãos e entidades públicas ou entidades sindicais, bem como firmar convênios para o desenvolvimento de ações conjuntas, visando à execução de projetos relativos ao incentivo ao trabalho da mulher.

•• Artigo acrescentado pela Lei n. 9.799, de 26-5-1999.

SEÇÃO V
Da Proteção à Maternidade

Art. 7.º, XVIII, XXV e XXX, da CF: São direitos dos trabalhadores urbanos e rurais, além de outros que visem à melhoria de sua condição social: (...) XVIII – licença à gestante, sem prejuízo do emprego e do salário, com a duração de cento e vinte dias; (...) XXV – assistência gratuita aos filhos e dependentes desde o nascimento até 5 (cinco) anos de idade em creches e pré-escolas; (...) XXX – proibição de diferença de salários, de exercício de funções e de critério de admissão por motivo de sexo, idade, cor ou estado civil.

Art. 10, II, *b*, do ADCT: Até que seja promulgada a lei complementar a que se refere o art. 7.º, I, da Constituição: (...) II – fica vedada a dispensa arbitrária ou sem justa causa: (...) *b*) da empregada gestante, desde a confirmação da gravidez até cinco meses após o parto.

•• *Vide* art. 7.º-A da Lei n. 8.906, de 4-7-1994 (Estatuto da OAB).

Art. 391. Não constitui justo motivo para a rescisão do contrato de trabalho da mulher, o fato de haver contraído matrimônio ou de encontrar-se em estado de gravidez.

Art. 7.º, XXX, da CF: São direitos dos trabalhadores urbanos e rurais, além de outros que visem à melhoria de sua condição social: (...) XXX – proibição de diferença de salários, de exercício de funções e de critério de admissão por motivo de sexo, idade, cor ou estado civil.

Parágrafo único. Não serão permitidos em regulamentos de qualquer natureza, contratos coletivos ou individuais de trabalho, restrições ao direito da mulher ao seu emprego, por motivo de casamento ou de gravidez.

Art. 391-A. A confirmação do estado de gravidez advindo no curso do contrato de trabalho, ainda que durante o prazo do aviso prévio trabalhado ou indenizado, garante à empregada gestante a estabilidade provisória prevista na alínea *b* do inciso II do art. 10 do Ato das Disposições Constitucionais Transitórias.

•• *Caput* acrescentado pela Lei n. 12.812, de 16-5-2013.

Art. 10, II, b, do ADCT: Até que seja promulgada a lei complementar a que se refere o art. 7.º, I, da Constituição: (...) II – fica vedada a dispensa arbitrária ou sem justa causa: (...) *b*) da empregada gestante, desde a confirmação da gravidez até cinco meses após o parto.

Parágrafo único. O disposto no *caput* deste artigo aplica-se ao empregado adotante ao qual tenha sido concedida guarda provisória para fins de adoção.

•• Parágrafo único acrescentado pela Lei n. 13.509, de 22-11-2017.

Art. 392. A empregada gestante tem direito à licença-maternidade de 120 (cento e vinte) dias, sem prejuízo do emprego e do salário.

•• *Caput* com redação determinada pela Lei n. 10.421, de 15-4-2002.

Súmula 244/TST: Gestante. Estabilidade provisória. I – O desconhecimento do estado gravídico pelo empregador não afasta o direito ao pagamento da indenização decorrente da estabilidade (art. 10, II, *b* do ADCT). II – A garantia de emprego à gestante só autoriza a reintegração se esta se der durante o período de estabilidade. Do contrário, a garantia restringe-se aos salários e demais direitos correspondentes ao período de estabilidade. III – A empregada gestante tem direito à estabilidade provisória prevista no art. 10, inciso II, alínea *b*, do Ato das Disposições Constitucionais Transitórias, mesmo na hipótese de admissão mediante contrato por tempo determinado.

•• *Vide* Lei n. 11.770, de 9-9-2008, que faculta a prorrogação da licença-maternidade, mediante concessão de incentivo fiscal. Regulamentada pelo Decreto n. 7.052, de 23-12-2009.

§ 1.º A empregada deve, mediante atestado médico, notificar o seu empregador da data do início do afastamento do emprego, que poderá ocorrer entre o 28.º (vigésimo oitavo) dia antes do parto e ocorrência deste.

•• § 1.º com redação determinada pela Lei n. 10.421, de 15-4-2002.

§ 2.º Os períodos de repouso, antes e depois do parto, poderão ser aumentados de 2 (duas) semanas cada um, mediante atestado médico.

•• § 2.º com redação determinada pela Lei n. 10.421, de 15-4-2002.

§ 3.º Em caso de parto antecipado, a mulher terá direito aos 120 (cento e vinte) dias previstos neste artigo.

•• § 3.º com redação determinada pela Lei n. 10.421, de 15-4-2002.

§ 4.º É garantido à empregada, durante a gravidez, sem prejuízo do salário e demais direitos:

•• § 4.º com redação determinada pela Lei n. 9.799, de 26-5-1999.

I – transferência de função, quando as condições de saúde o exigirem, assegurada a retomada da função anteriormente exercida, logo após o retorno ao trabalho;

•• Inciso I acrescentado pela Lei n. 9.799, de 26-5-1999.

II – dispensa do horário de trabalho pelo tempo necessário para a realização de, no mínimo, 6 (seis) consultas médicas e demais exames complementares.

•• Inciso II acrescentado pela Lei n. 9.799, de 26-5-1999.

•• A Lei n. 10.421, de 15-4-2002, propôs nova redação para este § 4.º, porém teve seu texto vetado.

§ 5.º (*Vetado.*)

•• § 5.º acrescentado pela Lei n. 10.421, de 15-4-2002.

Art. 392-A. À empregada que adotar ou obtiver guarda judicial para fins de adoção de criança ou adolescente será concedida licença-maternidade nos termos do art. 392 desta Lei.

•• *Caput* com redação determinada pela Lei n. 13.509, de 22-11-2017.

•• O ECA considera criança a pessoa de até doze anos de idade incompletos (art. 2.º da Lei n. 8.069, de 13-7-1990).

§§ 1.º a 3.º (*Revogados pela Lei n. 12.010, de 3-8-2009.*)

§ 4.º A licença-maternidade só será concedida mediante apresentação do termo judicial de guarda à adotante ou guardiã.

•• § 4.º acrescentado pela Lei n. 10.421, de 15-4-2002.

§ 5.º A adoção ou guarda judicial conjunta ensejará a concessão de licença-maternidade a apenas um dos adotantes ou guardiães empregado ou empregada.

•• § 5.º acrescentado pela Lei n. 12.873, de 24-10-2013.

Art. 392-B. Em caso de morte da genitora, é assegurado ao cônjuge ou companheiro empregado o gozo de licença por todo o período da licença-maternidade ou pelo tempo restante a que teria direito a mãe, exceto no caso de falecimento do filho ou de seu abandono.

•• Artigo acrescentado pela Lei n. 12.873, de 24-10-2013.

Art. 392-C. Aplica-se, no que couber, o disposto nos arts. 392-A e 392-B ao empregado que adotar ou obtiver guarda judicial para fins de adoção.

•• Artigo acrescentado pela Lei n. 12.873, de 24-10-2013.

Art. 393. Durante o período a que se refere o art. 392, a mulher terá direito ao salário integral e, quando variável, calculado de acordo com a média dos 6 (seis) últimos meses de trabalho, bem como aos direitos e vantagens adquiridos, sendo-lhe ainda facultado reverter à função que anteriormente ocupava.

•• Artigo com redação determinada pelo Decreto-lei n. 229, de 28-2-1967.

Lei n. 8.213/91, art. 72, § 1.º: 1.º Cabe à empresa pagar o salário-maternidade devido à respectiva empregada gestante, efetivando-se a compensação, observado o disposto no art. 248 da Constituição Federal, quando do recolhimento das contribuições incidentes sobre a folha de salários e demais rendimentos pagos ou creditados, a qualquer título, à pessoa física ou jurídica que lhe preste serviço.

Art. 394. Mediante atestado médico, à mulher grávida é facultado romper o compromisso resultante de qualquer contrato de trabalho, desde que este seja prejudicial à gestação.

Art. 394-A. Sem prejuízo de sua remuneração, nesta incluído o valor do adicional de insalubridade, a empregada deverá ser afastada de:

•• *Caput* com redação determinada pela Lei n. 13.467, de 13-7-2017.

I – atividades consideradas insalubres em grau máximo, enquanto durar a gestação;

•• Inciso I acrescentado pela Lei n. 13.467, de 13-7-2017.

II – atividades consideradas insalubres em grau médio ou mínimo, quando apresentar atestado de saúde, emitido por médico de confiança da mulher, que recomende o afastamento durante a gestação;

•• Inciso II acrescentado pela Lei n. 13.467, de 13-7-2017.

III – atividades consideradas insalubres em qualquer grau, quando apresentar atestado de saúde, emitido por médico de confiança da mulher, que recomende o afastamento durante a lactação.

•• Inciso III acrescentado pela Lei n. 13.467, de 13-7-2017.

§ 1.º (*Vetado.*)

•• Parágrafo único renumerado pela Lei n. 13.467, de 13-7-2017.

§ 2.º Cabe à empresa pagar o adicional de insalubridade à gestante ou à lactante, efetivando-se a compensação, observado o disposto no art. 248 da Constituição Federal, por ocasião do recolhimento das contribuições incidentes sobre a folha de salários e demais rendimentos pagos ou creditados, a qualquer título, à pessoa física que lhe preste serviço.

•• § 2.º acrescentado pela Lei n. 13.467, de 13-7-2017.

§ 3.º Quando não for possível que a gestante ou a lactante afastada nos termos do *caput* deste artigo exerça suas atividades em local salubre na empresa, a hipótese será considerada como gravidez de risco e ensejará a percepção de salário-maternidade, nos termos da Lei n. 8.213, de 24 de julho de 1991, durante todo o período de afastamento.

•• § 3.º acrescentado pela Lei n. 13.467, de 13-7-2017.

Art. 395. Em caso de aborto não criminoso, comprovado por atestado médico oficial, a mulher terá um repouso remunerado de 2 (duas) semanas, ficando-lhe assegurado o direito de retornar à função que ocupava antes de seu afastamento.

Art. 396. Para amamentar seu filho, inclusive se adindo de adoção, até que este complete 6 (seis) meses de idade, a mulher terá direito, durante a jornada de trabalho, a 2 (dois) descansos especiais de meia hora cada um.

•• *Caput* com redação determinada pela Lei n. 13.509, de 22-11-2017.

§ 1.º Quando o exigir a saúde do filho, o período de 6 (seis) meses poderá ser dilatado, a critério da autoridade competente.

•• Parágrafo único renumerado pela Lei n. 13.467, de 13-7-2017.

§ 2.º Os horários dos descansos previstos no *caput* deste artigo deverão ser definidos em acordo individual entre a mulher e o empregador.

•• § 2.º acrescentado pela Lei n. 13.467, de 13-7-2017.

Art. 397. O SESI, o SESC, a LBA e outras entidades públicas destinadas à assistência à infância manterão ou subvencionarão, de acordo com suas possibilidades financeiras, escolas maternais e jardins de infância, distribuídos nas zonas de maior densidade de trabalhadores, destinados especialmente aos filhos das mulheres empregadas.

•• Artigo com redação determinada pelo Decreto-lei n. 229, de 28-2-1967.

Art. 398. (*Revogado pelo Decreto-lei n. 229, de 28-2-1967.*)

Art. 399. O Ministro do Trabalho e Previdência Social conferirá diploma de benemerência aos empregadores que se distinguirem pela organização e manutenção de creches e de instituições de proteção aos menores em idade pré-escolar, desde que tais serviços se recomendem por sua generosidade e pela eficiência das respectivas instalações.

•• Sobre Ministérios, *vide* Nota dos Organizadores.

Art. 400. Os locais destinados à guarda dos filhos das operárias durante o período da amamentação deverão possuir, no mínimo, um berçário, uma saleta de amamentação, uma cozinha dietética e uma instalação sanitária.

Art. 7.º, XXV, da CF: São direitos dos trabalhadores urbanos e rurais, além de outros que visem à melhoria de sua condição social: (...) XXV – assistência gratuita aos filhos e dependentes desde o nascimento até 5 (cinco) anos de idade em creches e pré-escolas.

SEÇÃO VI

Das Penalidades

Art. 401. Pela infração de qualquer dispositivo deste Capítulo, será imposta ao empregador a multa de cem a mil cruzeiros, aplicada, nesta Capital, pela autoridade competente de 1.ª instância das Delegacias Regionais do Trabalho, e, nos Estados e Território do Acre, pelas autoridades competentes do Ministério do Trabalho e Previdência Social ou por aquelas que exerçam funções delegadas.

•• *Vide* Nota dos Organizadores, sobre o valor das multas previstas na CLT.

•• Denominação atual: MTE. Sobre o tema, *vide* Nota dos Organizadores.

§ 1.º A penalidade será sempre aplicada no grau máximo:

a) se ficar apurado o emprego de artifício ou simulação para fraudar a aplicação dos dispositivos deste Capítulo;

b) nos casos de reincidência.

§ 2.º O processo na verificação das infrações, bem como na aplicação e cobrança das multas, será o previsto no título "Do Processo de Multas Administrativas", observadas as disposições deste artigo.

Art. 401-A. (*Vetado.*)

•• A Lei n. 9.799, de 26-5-1999, acrescentou este artigo, porém teve seu texto vetado.

Art. 401-B. (*Vetado.*)

•• A Lei n. 9.799, de 26-5-1999, acrescentou este artigo, porém teve seu texto vetado.

CAPÍTULO IV
DA PROTEÇÃO DO TRABALHO DO MENOR

Art. 7.º, XXXIII, da CF: São direitos dos trabalhadores urbanos e rurais, além de outros que visem à melhoria de sua condição social: (...) XXXIII – proibição de trabalho noturno, perigoso ou insalubre a menores de 18 (dezoito) e de qualquer trabalho a menores de 16 (dezesseis) anos, salvo na condição de aprendiz, a partir de 14 (quatorze) anos.

Art. 227, § 3.º, I e III, da CF: O direito a proteção especial abrangerá os seguintes aspectos: I – idade mínima de quatorze anos para admissão ao trabalho, observado o disposto no art. 7.º, XXXIII; (...) III – garantia de acesso do trabalhador adolescente à escola.

Lei n. 12.852/13 (Estatuto da Juventude), arts. 14 a 16: O jovem tem direito à profissionalização, ao trabalho e à renda, exercido em condições de liberdade, equidade e segurança, adequadamente remunerado e com proteção social. Art. 15. A ação do poder público na efetivação do direito do jovem à profissionalização, ao trabalho e à renda contempla a adoção das seguintes medidas: I – promoção de formas coletivas de organização para o trabalho, de redes de economia solidária e da livre associação; II – oferta de condições especiais de jornada de trabalho por meio de: a) compatibilização entre os horários de trabalho e de estudo; b) oferta dos níveis, formas e modalidades de ensino em horários que permitam a compatibilização da frequência escolar com o trabalho regular; III – criação de linha de crédito especial destinada aos jovens empreendedores; IV – atuação estatal preventiva e repressiva quanto à exploração e precarização do trabalho juvenil; V – adoção de políticas públicas voltadas para a promoção do estágio, aprendizagem e trabalho para a juventude; VI – apoio ao jovem trabalhador rural na organização da produção da agricultura familiar e dos empreendimentos familiares rurais, por meio das seguintes ações: *a)* estímulo à produção e à diversificação de produtos; *b)* fomento à produção sustentável baseada na agroecologia, nas agroindústrias familiares, na integração entre lavoura, pecuária e floresta e no extrativismo sustentável; *c)* investimento em pesquisa de tecnologias apropriadas à agricultura familiar e aos empreendimentos familiares rurais; *d)* estímulo à comercialização direta da produção da agricultura familiar, aos empreendimentos familiares rurais e à formação de cooperativas; e) garantia de projetos de infraestrutura básica de acesso e escoamento de produção, priorizando a melhoria das estradas e do transporte; *f)* promoção de programas que favoreçam o acesso ao crédito, à terra e à assistência técnica rural; VII – apoio ao jovem trabalhador com deficiência, por meio das seguintes ações: *a)* estímulo à formação e à qualificação profissional em ambiente inclusivo; *b)* oferta de condições especiais de jornada de trabalho; *c)* estímulo à inserção no mercado de trabalho por meio da condição de aprendiz. Art. 16. O direito à profissionalização e à proteção no trabalho dos adolescentes com idade entre 15 (quinze) e 18 (dezoito) anos de idade será regido pelo disposto na Lei n. 8.069, de 13 de julho de 1990 – Estatuto da Criança e do Adolescente, e em leis específicas, não se aplicando o previsto nesta Seção.

•• A Lei n. 11.692, de 10-6-2008, dispõe sobre o Programa Nacional de Inclusão de Jovens – Projovem.

•• *Vide* Decreto n. 9.579, de 22-11-2018, que regulamenta a contratação de jovens aprendizes.

• *Vide* art. 149, § 2.º, do Decreto-lei n. 2.848, de 7-12-1940, sobre trabalho escravo.

• *Vide* arts. 60 e s. do ECA: Lei n. 8.069, de 13-7-1990.

• O Decreto n. 3.597, de 12-9-2000, promulga a Convenção n. 182 e a Recomendação n. 190 da OIT, sobre a proibição das piores formas de trabalho infantil e a ação imediata para sua eliminação, concluídas em Genebra, em 17-6-1999. O Decreto n. 6.481, de 12-6-2008, aprova a Lista das Piores Formas de Trabalho Infantil.

• O Decreto n. 4.134, de 15-2-2002, promulga a Convenção n. 138 e a Recomendação n. 146 da OIT sobre Idade Mínima de Admissão ao Emprego.

• A Instrução Normativa n. 102, de 28-3-2013, da Secretaria de Inspeção do Trabalho, dispõe sobre a fiscalização do trabalho infantil e proteção ao adolescente trabalhador.

SEÇÃO I
Disposições Gerais

Art. 402. Considera-se menor para os efeitos desta Consolidação o trabalhador de 14 (quatorze) até 18 (dezoito) anos.

•• *Caput* com redação determinada pela Lei n. 10.097, de 19-12-2000.

Art. 7.º, XXXIII, da CF: São direitos dos trabalhadores urbanos e rurais, além de outros que visem à melhoria de sua condição social: (...) XXXIII – proibição de trabalho noturno, perigoso ou insalubre a menores de 18 (dezoito) e de qualquer trabalho a menores de 16 (dezesseis) anos, salvo na condição de aprendiz, a partir de 14 (quatorze) anos.

Parágrafo único. O trabalho do menor reger-se-á pelas disposições do presente Capítulo, exceto no serviço em oficinas em que trabalhem exclusivamente pessoas da família do menor e esteja este sob a direção do pai, mãe ou tutor, observado, entretanto, o disposto nos arts. 404, 405 e na Seção II.

•• Parágrafo único com redação determinada pelo Decreto-lei n. 229, de 28-2-1967.

Art. 403. É proibido qualquer trabalho a menores de 16 (dezesseis) anos de idade, salvo na condição de aprendiz, a partir dos 14 (quatorze) anos.

•• *Caput* com redação determinada pela Lei n. 10.097, de 19-12-2000.

Art. 7.º, XXXIII, da CF: São direitos dos trabalhadores urbanos e rurais, além de outros que visem à melhoria de sua condição social: (...) XXXIII – proibição de trabalho noturno, perigoso ou insalubre a menores de 18 (dezoito) e de qualquer trabalho a menores de 16 (dezesseis) anos, salvo na condição de aprendiz, a partir de 14 (quatorze) anos.

•• A Resolução n. 69, de 18-5-2011, do CNMP, dispõe sobre a atuação dos membros do Ministério Público como órgão interveniente nos processos judiciais em que se requer a autorização para trabalho de crianças e adolescentes menores de 16 anos.

Parágrafo único. O trabalho do menor não poderá ser realizado em locais prejudiciais à sua formação, ao seu desenvolvimento físico, psíquico, moral e social e em horários e locais que não permitam a frequência à escola.

•• Parágrafo único com redação determinada pela Lei n. 10.097, de 19-12-2000.

Art. 7.º, XXXIII, da CF: São direitos dos trabalhadores urbanos e rurais, além de outros que visem à melhoria de sua condição social: (...) XXXIII – proibição de trabalho noturno, perigoso ou insalubre a menores de 18 (dezoito) e de qualquer trabalho a menores de 16 (dezesseis) anos, salvo na condição de aprendiz, a partir de 14 (quatorze) anos.

a)* e *b) (*Revogadas pela Lei n. 10.097, de 19-12-2000.*)

Art. 404. Ao menor de 18 (dezoito) anos é vedado o trabalho noturno, considerado este o que for executado no período compreendido entre as 22 (vinte e duas) e as 5 (cinco) horas.

Art. 7.º, XXXIII, da CF: São direitos dos trabalhadores urbanos e rurais, além de outros que visem à melhoria de sua condição social: (...) XXXIII – proibição de trabalho noturno, perigoso ou insalubre a menores de 18 (dezoito) e de qualquer trabalho a menores de 16 (dezesseis) anos, salvo na condição de aprendiz, a partir de 14 (quatorze) anos.

Art. 405. Ao menor não será permitido o trabalho:

•• *Caput* com redação determinada pelo Decreto-lei n. 229, de 28-2-1967.

I – nos locais e serviços perigosos ou insalubres, constantes de quadro para esse fim aprovado pela Secretaria de Segurança e Medicina do Trabalho;

•• Inciso I com redação determinada pelo Decreto-lei n. 229, de 28-2-1967.

Art. 7.º, XXXIII, da CF: São direitos dos trabalhadores urbanos e rurais, além de outros que visem à melhoria de sua condição social: (...) XXXIII – proibição de trabalho noturno, perigoso ou insalubre a menores de 18 (dezoito) e de qualquer trabalho a menores de 16 (dezesseis) anos, salvo na condição de aprendiz, a partir de 14 (quatorze) anos.

• *Vide* Decreto n. 6.481, de 12-6-2008, que publicou a Lista das Piores Formas do Trabalho Infantil.

II – em locais ou serviços prejudiciais à sua moralidade.

•• Inciso II com redação determinada pelo Decreto-lei n. 229, de 28-2-1967.

§ 1.º (*Revogado pela Lei n. 10.097, de 19-12-2000.*)

§ 2.º O trabalho exercido nas ruas, praças e outros logradouros dependerá de prévia autorização do Juiz da Infância e da Juventude, ao qual cabe verificar se a ocupação é indispensável à sua própria subsistência ou à de seus pais, avós ou irmãos e se dessa ocupação não poderá advir prejuízo à sua formação moral.

•• § 2.º com redação determinada pelo Decreto-lei n. 229, de 28-2-1967.

§ 3.º Considera-se prejudicial à moralidade do menor o trabalho:

a) prestado de qualquer modo em teatros de revista, cinemas, boates, cassinos, cabarés, *dancings* e estabelecimentos análogos;

Art. 406 da CLT: O Juiz da Infância e da Juventude poderá autorizar ao menor o trabalho a que se referem as letras a e b do § 3.º do art. 405: I – desde que a representação tenha fim educativo ou a peça de que participe não possa ser prejudicial à sua formação moral; II – desde que se certifique ser a ocupação do menor indispensável à própria subsistência ou à de seus pais, avós ou irmãos e não advir nenhum prejuízo à sua formação moral.

b) em empresas circenses, em funções de acrobata, saltimbanco, ginasta e outras semelhantes;

• *Vide nota na alínea anterior.*

c) de produção, composição, entrega ou venda de escritos, impressos, cartazes, desenhos, gravuras, pinturas, emblemas, imagens e quaisquer outros objetos que possam, a juízo da autoridade competente, prejudicar sua formação moral;

d) consistente na venda, a varejo, de bebidas alcoólicas.

•• § 3.º com redação determinada pelo Decreto-lei n. 229, de 28-2-1967.

§ 4.º Nas localidades em que existirem, oficialmente reconhecidas, instituições destinadas ao amparo dos menores jornaleiros, só aos que se encontrem sob o patrocínio dessas entidades será outorgada a autorização do trabalho a que alude o § 2.º.

•• § 4.º com redação determinada pelo Decreto-lei n. 229, de 28-2-1967.

§ 5.º Aplica-se ao menor o disposto no art. 390 e seu parágrafo único.

•• § 5.º com redação determinada pelo Decreto-lei n. 229, de 28-2-1967.

Art. 406. O Juiz da Infância e da Juventude poderá autorizar ao menor o trabalho a que se referem as letras *a* e *b* do § 3.º do art. 405:

I – desde que a representação tenha fim educativo ou a peça de que participe não possa ser prejudicial à sua formação moral;

II – desde que se certifique ser a ocupação do menor indispensável à própria subsistência ou à de seus pais, avós ou irmãos e não advir nenhum prejuízo à sua formação moral.

•• *Caput* e incisos com redação determinada pelo Decreto-lei n. 229, de 28-2-1967.

Art. 407. Verificado pela autoridade competente que o trabalho executado pelo menor é prejudicial à sua saúde, ao seu desenvolvimento físico ou à sua moralidade, poderá ela obrigá-lo a abandonar o serviço, devendo a respectiva empresa, quando for o caso, proporcionar ao menor todas as facilidades para mudar de funções.

•• *Caput* com redação determinada pelo Decreto-lei n. 229, de 28-2-1967.

Parágrafo único. Quando a empresa não tomar as medidas possíveis e recomendadas pela autoridade competente para que o menor mude de função, configurar-se-á a rescisão do contrato de trabalho, na forma do art. 483.

•• Parágrafo único com redação determinada pelo Decreto-lei n. 229, de 28-2-1967.

Art. 408. Ao responsável legal do menor é facultado pleitear a extinção do contrato de trabalho, desde que o serviço possa acarretar para ele prejuízos de ordem física ou moral.

•• Artigo com redação determinada pelo Decreto-lei n. 229, de 28-2-1967.

Art. 409. Para maior segurança do trabalho e garantia da saúde dos menores, a autoridade fiscalizadora poderá proibir-lhes o gozo dos períodos de repouso nos locais de trabalho.

Art. 410. O Ministro do Trabalho e Previdência Social poderá derrogar qualquer proibição decorrente do quadro a que se refere o inciso I do art. 405 quando se certificar haver desaparecido, parcial ou totalmente, o caráter perigoso ou insalubre, que determinou a proibição.

• *Vide* Nota dos Organizadores sobre Ministérios.

Art. 194 da CLT: direito do empregado ao adicional de insalubridade ou de periculosidade cessará com a eliminação do risco à sua saúde ou integridade física, nos termos desta Seção e das normas expedidas pelo Ministério do Trabalho.

SEÇÃO II
Da Duração do Trabalho

Art. 7.º, XIII, XIV e XVI, da CF: São direitos dos trabalhadores urbanos e rurais, além de outros que visem à melhoria de sua condição social: (...) XIII – duração do trabalho normal não superior a oito horas diárias e quarenta e quatro semanais, facultada a compensação de horários e a redução da jornada, mediante acordo ou convenção coletiva de trabalho; XIV – jornada de seis horas para o trabalho realizado em turnos ininterruptos de revezamento, salvo negociação coletiva; (...) XVI – remuneração do serviço extraordinário superior, no mínimo, em cinquenta por cento à do normal.

Art. 411. A duração do trabalho do menor regular-se-á pelas disposições legais relativas à duração do trabalho em geral, com as restrições estabelecidas neste Capítulo.

Art. 412. Após cada período de trabalho efetivo, quer contínuo, quer dividido em 2 (dois) turnos, haverá um intervalo de repouso, não inferior a 11 (onze) horas.

Art. 413. É vedado prorrogar a duração normal diária do trabalho do menor, salvo:

I – até mais 2 (duas) horas, independentemente de acréscimo salarial, mediante convenção ou acordo coletivo nos termos do Título VI desta Consolidação, desde que o excesso de horas em um dia seja compensado pela diminuição em outro, de modo a ser observado o limite máximo de 48 (quarenta e oito) horas semanais ou outro inferior legalmente fixado;

Art. 7.º, XIII, da CF: São direitos dos trabalhadores urbanos e rurais, além de outros que visem à melhoria de sua condição social: (...) XIII – duração do trabalho normal não superior a oito horas diárias e quarenta e quatro semanais, facultada a compensação de horários e a redução da jornada, mediante acordo ou convenção coletiva de trabalho.

II – excepcionalmente, por motivo de força maior, até o máximo de 12 (doze) horas, com acréscimo salarial de pelo menos 25% (vinte e cinco por cento) sobre a hora normal e desde que o trabalho do menor seja imprescindível ao funcionamento do estabelecimento.

•• *Caput* e incisos com redação determinada pelo Decreto-lei n. 229, de 28-2-1967.

Art. 7.º, XIII, da CF: São direitos dos trabalhadores urbanos e rurais, além de outros que visem à melhoria de sua condição social: (...) XVI – remuneração do serviço extraordinário superior, no mínimo, em cinquenta por cento à do normal.

Parágrafo único. Aplica-se à prorrogação do trabalho do menor o disposto no art. 375, no parágrafo único do art. 376, no art. 378 e no art. 384 desta Consolidação.

•• Parágrafo único com redação determinada pelo Decreto-lei n. 229, de 28-2-1967.

• Os citados arts. 375, 376 e 378 desta Consolidação foram revogados.

Art. 414. Quando o menor de 18 (dezoito) anos for empregado em mais de um estabelecimento, as horas de trabalho em cada um serão totalizadas.

SEÇÃO III
Da Admissão em Emprego e da Carteira de Trabalho e Previdência Social

•• A CTPS foi instituída pelo Decreto-lei n. 926, de 10-10-1969, em substituição à Carteira do menor, descrita no texto original da CLT.

Art. 415. (*Revogado pelo Decreto-lei n. 926, de 10-10-1969.*)

Arts. 416 e 417. (*Revogados pela Lei n. 5.686, de 3-8-1971.*)

Art. 418. (*Revogado pela Lei n. 7.855, de 24-10-1989.*)

Arts. 419 a 423. (*Revogados pela Lei n. 5.686, de 3-8-1971.*)

SEÇÃO IV
Dos Deveres dos Responsáveis Legais de Menores e dos Empregadores. Da Aprendizagem

•• O Decreto n. 9.579, de 22-11-2018, regulamenta a contratação de aprendizes.

Art. 424. É dever dos responsáveis legais de menores, pais, mães, ou tutores, afastá-los de empregos que diminuam consideravelmente o seu tempo de estudo, reduzam o tempo de repouso necessário à sua saúde e constituição física, ou prejudiquem a sua educação moral.

Lei n. 5.889/73, art. 16: Toda propriedade rural, que mantenha a seu serviço ou trabalhando em seus limites mais de 50 (cinquenta) famílias de trabalhadores de qualquer natureza, é obrigada a possuir e conservar em funcionamento escola primária, inteiramente gratuita, para os filhos destes, com tantas classes quantos sejam os grupos de 40 (quarenta) crianças em idade escolar. Parágrafo único. A matrícula da população em idade escolar será obrigatória, sem qualquer outra exigência, além da certidão de nascimento, para cuja obtenção o empregador proporcionará todas as facilidades aos responsáveis pelas crianças.

• *Vide* Lei n. 8.069, de 13-7-1990 (ECA).

Art. 425. Os empregadores de menores de 18 (dezoito) anos são obrigados a velar pela observância, nos seus estabelecimentos ou empresas, dos bons costumes e da decência pública, bem como das regras de higiene e segurança do trabalho.

•• Denominação atual: Segurança e Medicina do Trabalho.

Art. 426. É dever do empregador, na hipótese do art. 407, proporcionar ao menor todas as facilidades para mudar de serviço.

Art. 427. O empregador, cuja empresa ou estabelecimento ocupar menores, será obrigado a conceder-lhes o tempo que for necessário para a frequência às aulas.

Art. 227, *caput* e § 3.º, da CF: É dever da família, da sociedade e do Estado assegurar à criança, ao adolescente e ao jovem, com absoluta prioridade, o direito à vida, à saúde, à alimentação, à educação, ao lazer, à profissionalização, à cultura, à dignidade, ao respeito, à liberdade e à convivência familiar e comunitária, além de colocá-los a salvo de toda forma de negligência, discriminação, exploração, violência, crueldade e opressão. (...) § 3.º O direito a proteção especial abrangerá os seguintes aspectos: I – idade mínima de quatorze anos para admissão ao trabalho, observado o disposto no art. 7.º, XXXIII; II – garantia de direitos previdenciários e trabalhistas; III – garantia de acesso do trabalhador adolescente e jovem à escola; IV – garantia de pleno e formal conhecimento da atribuição de ato infracional, igualdade na relação processual e defesa técnica por profissional habilitado, segundo dispuser a legislação tutelar específica; V – obediência aos princípios de brevidade, excepcionalidade e respeito à condição peculiar de pessoa em desenvolvimento, quando da aplicação de qualquer medida privativa da liberdade; VI – estímulo do Poder Público, através de assistência jurídica, incentivos fiscais e subsídios, nos termos da lei, ao acolhimento, sob a forma de guarda, de criança ou adolescente órfão ou abandonado; VII – programas de prevenção e atendimento especializado à criança, ao adolescente e ao jovem dependente de entorpecentes e drogas afins.

Lei n. 5.889/73, art. 16: Toda propriedade rural, que mantenha a seu serviço ou trabalhando em seus limites mais de 50 (cinquenta) famílias de trabalhadores de qualquer natureza, é obrigada a possuir e conservar em funcionamento escola primária, inteiramente gratuita, para os filhos destes, com tantas classes quantos sejam os grupos de 40 (quarenta) crianças em idade escolar. Parágrafo único. A matrícula da população em idade escolar será obrigatória, sem qualquer outra exigência, além da certidão de nascimento, para cuja obtenção o empregador proporcionará todas as facilidades aos responsáveis pelas crianças.

Parágrafo único. Os estabelecimentos situados em lugar onde a escola estiver a maior distância que 2 (dois) quilômetros, e que ocuparem, permanentemente, mais de 30 (trinta) menores analfabetos, de 14 (quatorze) a 18 (dezoito) anos, serão obrigados a manter local apropriado em que lhes seja ministrada a instrução primária.

Art. 428. Contrato de aprendizagem é o contrato de trabalho especial, ajustado por escrito e por prazo determinado, em que o empregador se compromete a assegurar ao maior de 14 (quatorze) e menor de 24 (vinte e quatro) anos inscrito em programa de aprendizagem formação técnico-profissional metódica, compatível com o seu desenvolvimento físico, moral e psicológico, e o aprendiz, a executar com zelo e diligência as tarefas necessárias a essa formação.

•• *Caput* com redação determinada pela Lei n. 11.180, de 23-9-2005.

Enunciado 18 da 1.ª Jornada de Direito do Trabalho: Princípio da proteção integral. Trabalho do adolescente. Ilegalidade da concessão de autorização judicial. A Constituição Federal veda qualquer trabalho anterior à idade de dezesseis anos, salvo na condição de aprendiz, a partir dos quatorze anos (art. 7.º, XXXIII, da CF, arts. 428 a 433 da CLT). Princípio da proteção integral que se impõe com prioridade absoluta (art. 227, *caput*), proibindo a emissão de autorização judicial para o trabalho antes dos dezesseis anos.

•• O Decreto n. 9.579, de 22-11-2018, regulamenta a contratação de aprendizes.

•• *Vide* art. 6.º, § 1.º, I, da Instrução Normativa n. 144, de 18-5-2018.

• A Instrução Normativa n. 146, de 25-7-2018, da SIT, dispõe sobre a fiscalização das condições de trabalho no âmbito do programa de aprendizagem.

§ 1.º A validade do contrato de aprendizagem pressupõe anotação na Carteira de Trabalho e Previdência Social, matrícula e frequência do aprendiz na escola, caso não haja concluído o ensino médio, e inscrição em programa de aprendizagem desenvolvido sob orientação de entidade qualificada em formação técnico-profissional metódica.

•• § 1.º com redação determinada pela Lei n. 11.788, de 25-9-2008.

§ 2.º Ao aprendiz, salvo condição mais favorável, será garantido o salário mínimo hora.

•• § 2.º com redação determinada pela Lei n. 13.420, de 13-3-2017.

§ 3.º O contrato de aprendizagem não poderá ser estipulado por mais de 2 (dois) anos, exceto quando se tratar de aprendiz portador de deficiência.

•• § 3.º com redação determinada pela Lei n. 11.788, de 25-9-2008.

§ 4.º A formação técnico-profissional a que se refere o *caput* deste artigo caracteriza-se por atividades teóricas e práticas, metodicamente organizadas em tarefas de complexidade progressiva desenvolvidas no ambiente de trabalho.

•• § 4.º acrescentado pela Lei n. 10.097, de 19-12-2000.

§ 5.º A idade máxima prevista no *caput* deste artigo não se aplica a aprendizes portadores de deficiência.

•• § 5.º acrescentado pela Lei n. 11.180, de 23-9-2005.

§ 6.º Para os fins do contrato de aprendizagem, a comprovação da escolaridade de aprendiz com deficiência deve considerar, sobretudo, as habilidades e competências relacionadas com a profissionalização.

•• § 6.º com redação determinada pela Lei n. 13.146, de 6-7-2015.

§ 7.º Nas localidades onde não houver oferta de ensino médio para o cumprimento do disposto no § 1.º deste artigo, a contratação do aprendiz poderá ocorrer sem a frequência à escola, desde que ele já tenha concluído o ensino fundamental.

•• § 7.º acrescentado pela Lei n. 11.788, de 25-9-2008.

§ 8.º Para o aprendiz com deficiência com 18 (dezoito) anos ou mais, a validade do contrato de aprendizagem pressupõe anotação na CTPS e matrícula e frequência em programa de aprendizagem desenvolvido sob orientação de entidade qualificada em formação técnico-profissional metódica.

•• § 8.º acrescentado pela Lei n. 13.146, de 6-7-2015.

Art. 429. Os estabelecimentos de qualquer natureza são obrigados a empregar e matricular nos cursos dos Serviços Nacionais de Aprendizagem número de aprendizes equivalente a 5% (cinco por cento), no mínimo, e 15% (quinze por cento), no máximo, dos trabalhadores existentes em cada estabelecimento, cujas funções demandem formação profissional.

•• *Caput* com redação determinada pela Lei n. 10.097, de 19-12-2000.

Lei Complementar n. 123/06, art. 51, III: As microempresas e as empresas de pequeno porte são dispensadas: (...) III – de empregar e matricular seus aprendizes nos cursos dos Serviços Nacionais de Aprendizagem.

• A Portaria n. 1.288, de 1.º-10-2015, do Ministério do Trabalho e Emprego, dispõe sobre a contratação de aprendizes no âmbito das empresas cujas atividades demandem mão de obra com habilitação técnica específica que impossibilita a aprendizagem e/ou as que exerçam atividades insalubres e perigosas.

• A Instrução Normativa n. 146, de 25-7-2018, da SIT, dispõe sobre a fiscalização das condições de trabalho no âmbito do programa de aprendizagem.

a) e *b*) (Revogadas *pela Lei n. 10.097, de 19-12-2000.*)

§ 1.º-A. O limite fixado neste artigo não se aplica quando o empregador for entidade sem fins lucrativos, que tenha por objetivo a educação profissional.

•• § 1.º-A acrescentado pela Lei n. 10.097, de 19-12-2000.

§ 1.º-B Os estabelecimentos a que se refere o *caput* poderão destinar o equivalente a até 10% (dez por cento) de sua cota de aprendizes à formação técnico-profissional metódica em áreas relacionadas a práticas de atividades desportivas, à prestação de serviços relacionados à infraestrutura, incluindo as atividades de construção, ampliação, recuperação e manutenção de instalações esportivas e à organização e promoção de eventos esportivos;

•• § 1.º-B acrescentado pela Lei n. 13.420, de 13-3-2017.

§ 1.º As frações de unidade, no cálculo da percentagem de que trata o *caput*, darão lugar à admissão de um aprendiz.

•• § 1.º acrescentado pela Lei n. 10.097, de 19-12-2000.

§ 2.º Os estabelecimentos de que trata o *caput* ofertarão vagas de aprendizes a adolescentes usuários do Sistema Nacional de Atendimento Socioeducativo (Sinase) nas condições a serem dispostas em instrumentos de cooperação celebrados entre os estabelecimentos e os gestores dos Sistemas de Atendimento Socioeducativo locais.

•• § 2.º acrescentado pela Lei n. 12.594, de 18-1-2012.

Art. 430. Na hipótese de os Serviços Nacionais de Aprendizagem não oferecerem cursos ou vagas suficientes para atender à demanda dos estabelecimentos, esta poderá ser suprida por outras entidades qualificadas em formação técnico-profissional metódica, a saber:

•• *Caput* com redação determinada pela Lei n. 10.097, de 19-12-2000.

I – Escolas Técnicas de Educação;

•• Inciso I com redação determinada pela Lei n. 10.097, de 19-12-2000.

II – entidades sem fins lucrativos, que tenham por objetivo a assistência ao adolescente e à educação profissional, registradas no Conselho Municipal dos Direitos da Criança e do Adolescente;

•• Inciso II com redação determinada pela Lei n. 10.097, de 19-12-2000.

• A Resolução n. 74, de 13-9-2001, do CONANDA, dispõe sobre o registro e fiscalização das entidades sem fins lucrativos que tenham por objetivo a assistência ao adolescente e à educação profissional.

• A Portaria n. 702, de 18-12-2001, do MTE, estabelece normas para avaliação da competência das entidades sem fins lucrativos que tenham por objetivo a assistência ao adolescente e à educação profissional, e que se proponham a desenvolver programas de aprendizagem nos termos deste artigo.

• A Portaria n. 723, de 23-4-2012, cria o CNAP, destinado ao cadastramento das entidades qualificadas em formação técnico-profissional metódica de que trata este inciso.

III – entidades de prática desportiva das diversas modalidades filiadas ao Sistema Nacional do Desporto e aos Sistemas de Desporto dos Estados, do Distrito Federal e dos Municípios.

•• Inciso III acrescentado pela Lei n. 13.420, de 13-3-2017.

§ 1.º As entidades mencionadas neste artigo deverão contar com estrutura adequada ao desenvolvimento dos programas de aprendizagem, de forma a manter a qualidade do processo de ensino, bem como acompanhar e avaliar os resultados.

•• § 1.º acrescentado pela Lei n. 10.097, de 19-12-2000.

§ 2.º Aos aprendizes que concluírem os cursos de aprendizagem, com aproveitamento, será concedido certificado de qualificação profissional.

•• § 2.º acrescentado pela Lei n. 10.097, de 19-12-2000.

§ 3.º O Ministério do Trabalho fixará normas para avaliação da competência das entidades mencionadas nos incisos II e III deste artigo.

•• § 3.º com redação determinada pela Lei n. 13.420, de 13-3-2017.

§ 4.º As entidades mencionadas nos incisos II e III deste artigo deverão cadastrar seus cursos, turmas e aprendizes matriculados no Ministério do Trabalho.

•• § 4.º acrescentado pela Lei n. 13.420, de 13-3-2017.

§ 5.º As entidades mencionadas neste artigo poderão firmar parcerias entre si para o desenvolvimento dos programas de aprendizagem, conforme regulamento.

•• § 5.º acrescentado pela Lei n. 13.420, de 13-3-2017.

Art. 431. A contratação do aprendiz poderá ser efetivada pela empresa onde se realizará a aprendizagem ou pelas entidades mencionadas nos incisos II e III do art. 430, caso em que não gera vínculo de emprego com a empresa tomadora dos serviços.

•• *Caput* com redação determinada pela Lei n. 13.420, de 13-3-2017.

Art. 7.º, XXXIII, da CF: São direitos dos trabalhadores urbanos e rurais, além de outros que visem à melhoria de sua condição social: (...) XXXIII – proibição de trabalho noturno, perigoso ou insalubre a menores de 18 (dezoito) e de qualquer trabalho a menores de 16 (dezesseis) anos, salvo na condição de aprendiz, a partir de 14 (quatorze) anos.

• *Vide* notas ao artigo anterior.

***a*) a *c*)** (*Revogadas pela Lei n. 10.097, de 19-12-2000.*)

Parágrafo único. Aos candidatos rejeitados pela seleção profissional deverá ser dada, tanto quanto possível, orientação profissional para ingresso em atividade mais adequada às qualidades e aptidões que tiverem demonstrado.

•• A Lei n. 10.097, de 19-12-2000, propôs nova redação para este parágrafo único, porém teve seu texto vetado.

Art. 432. A duração do trabalho do aprendiz não excederá de 6 (seis) horas diárias, sendo vedadas a prorrogação e a compensação de jornada.

•• *Caput* com redação determinada pela Lei n. 10.097, de 19-12-2000.

§ 1.º O limite previsto neste artigo poderá ser de até 8 (oito) horas diárias para os aprendizes que já tiverem completado o ensino fundamental, se nelas forem computadas as horas destinadas à aprendizagem teórica.

•• § 1.º com redação determinada pela Lei n. 10.097, de 19-12-2000.

§ 2.º (*Revogado pela Lei n. 10.097, de 19-12-2000.*)

Art. 433. O contrato de aprendizagem extinguir-se-á no seu termo ou quando o aprendiz completar 24 (vinte e quatro) anos, ressalvada a hipótese prevista no § 5.º do art. 428 desta Consolidação, ou ainda antecipadamente nas seguintes hipóteses:

•• *Caput* com redação determinada pela Lei n. 11.180, de 23-9-2005.

***a*) e *b*)** (*Revogadas pela Lei n. 10.097, de 19-12-2000.*)

I – desempenho insuficiente ou inadaptação do aprendiz, salvo para o aprendiz com deficiência quando desprovido de recursos de acessibilidade, de tecnologias assistivas e de apoio necessário ao desempenho de suas atividades;

•• Inciso I com redação determinada pela Lei n. 13.146, de 6-7-2015.

II – falta disciplinar grave;

•• Inciso II acrescentado pela Lei n. 10.097, de 19-12-2000.

III – ausência injustificada à escola que implique perda do ano letivo; ou

•• Inciso III acrescentado pela Lei n. 10.097, de 19-12-2000.

IV – a pedido do aprendiz.

•• Inciso IV acrescentado pela Lei n. 10.097, de 19-12-2000.

Parágrafo único. (*Revogado pela Lei n. 3.519, de 30-12-1958.*)

§ 2.º Não se aplica o disposto nos arts. 479 e 480 desta Consolidação às hipóteses de extinção do contrato mencionadas neste artigo.

•• § 2.º acrescentado pela Lei n. 10.097, de 19-12-2000.

•• Mantivemos § 2.º conforme publicação oficial.

SEÇÃO V
Das Penalidades

Art. 7.º, X, da CF: São direitos dos trabalhadores urbanos e rurais, além de outros que visem à melhoria de sua condição social: (...) X – proteção do salário na forma da lei, constituindo crime sua retenção dolosa.

Art. 434. Os infratores das disposições deste Capítulo ficam sujeitos à multa de valor igual a 1 (um) salário mínimo regional, aplicada tantas vezes quantos forem os menores empregados em desacordo com a lei, não podendo, todavia, a soma das multas exceder a 5 (cinco) vezes o salário mínimo, salvo no caso de reincidência, em que esse total poderá ser elevado ao dobro.

•• Artigo com redação determinada pelo Decreto-lei n. 229, de 28-2-1967.

•• *Vide* Nota dos Organizadores, sobre o valor das multas previstas na CLT.

Art. 435. Fica sujeita à multa de valor igual a 1 (um) salário mínimo regional e ao pagamento da emissão de nova via a empresa que fizer na Carteira do menor anotação não prevista em lei.

•• Artigo com redação determinada pelo Decreto-lei n. 229, de 28-2-1967.

•• *Vide* Nota dos Organizadores, sobre o valor das multas previstas na CLT.

Arts. 436 e 437. (*Revogados pela Lei n. 10.097, de 19-12-2000.*)

Art. 438. São competentes para impor as penalidades previstas neste Capítulo:

•• O Decreto-lei n. 229, de 28-2-1967, estabelece em seu art. 35, IV, que as referências feitas na CLT ao Departamento Nacional do Trabalho, como autoridade julgadora de infração em primeira instância, entendem-se como concernentes às Delegacias Regionais do Trabalho.

***a*)** no Distrito Federal, a autoridade de 1.ª instância da Delegacia Regional do Trabalho;

•• *Vide* nota ao *caput* deste artigo.

***b*)** nos Estados e Território do Acre, os delegados regionais do Ministério do Trabalho e Previdência Social ou os funcionários por eles designados para tal fim.

•• *Vide* nota ao *caput* deste artigo.

•• A Lei n. 4.070, de 15-6-1962, eleva o território do Acre à categoria de Estado.

Parágrafo único. O processo, na verificação das infrações, bem como na aplicação e cobrança das multas, será o previsto no título "Do Processo de Multas Administrativas", observadas as disposições deste artigo.

SEÇÃO VI
Disposições Finais

Art. 439. É lícito ao menor firmar recibo pelo pagamento dos salários. Tratando-se, porém, de rescisão do contrato de trabalho, é vedado ao menor de 18 (dezoito) anos dar, sem assistência dos seus responsáveis legais, quitação ao empregador pelo recebimento da indenização que lhe for devida.

Art. 440. Contra os menores de 18 (dezoito) anos não corre nenhum prazo de prescrição.

Art. 11, *caput*, da CLT: A pretensão quanto a créditos resultantes das relações de trabalho prescreve em cinco anos para os trabalhadores urbanos e rurais, até o limite de dois anos após a extinção do contrato de trabalho.

Lei n. 5.889/73, art. 10: A prescrição dos direitos assegurados por esta Lei aos trabalhadores rurais só ocorrerá após 2 (dois) anos de cessação do contrato de trabalho. Parágrafo único. Contra o menor de 18 (dezoito) anos não corre qualquer prescrição.

Art. 441. O quadro a que se refere o item I do art. 405 será revisto bienalmente.

•• Artigo com redação determinada pelo Decreto-lei n. 229, de 28-2-1967.

TÍTULO IV
DO CONTRATO INDIVIDUAL DO TRABALHO

CAPÍTULO I
DISPOSIÇÕES GERAIS

Art. 442. Contrato individual de trabalho é o acordo tácito ou expresso, correspondente à relação de emprego.

Súmula 58/TST: Pessoal de obras. Ao empregado admitido como pessoal de obras, em caráter permanente e não amparado pelo regime estatutário, aplica-se a legislação trabalhista.

Súmula 363/TST: Contrato nulo. Efeitos. A contratação de servidor público, após a CF/1988, sem prévia aprovação em concurso público, encontra óbice no respectivo art. 37, II e § 2.º, somente lhe conferindo direito ao pagamento da contraprestação pactuada, em relação ao número de horas trabalhadas, respeitado o valor da hora do salário mínimo, e dos valores referentes aos depósitos do FGTS.

OJ 199 da SDI-1: Jogo do bicho. Contrato de trabalho. Nulidade. Objeto ilícito. Arts. 82 e 145 do Código Civil. É nulo o contrato de trabalho celebrado para o desempenho de atividade inerente à prática do jogo do bicho, ante a ilicitude de seu objeto, o que subtrai o requisito de validade para a formação do ato jurídico.

• *Vide* arts. 12 e 14 da Lei n. 5.889, de 8-6-1973.

Parágrafo único. Qualquer que seja o ramo de atividade da sociedade cooperativa, não existe vínculo empregatício entre ela e seus associados, nem entre estes e os tomadores de serviços daquela.

•• Parágrafo único acrescentado pela Lei n. 8.949, de 9-12-1994.

• Fiscalização do trabalho na empresa tomadora de serviço de sociedade cooperativa: Portaria n. 925, de 28-9-1995.

Art. 442-A. Para fins de contratação, o empregador não exigirá do candidato a emprego comprovação de experiência prévia por tempo superior a 6 (seis) meses no mesmo tipo de atividade.

•• Artigo acrescentado pela Lei n. 11.644, de 10-3-2008.

Art. 442-B. A contratação do autônomo, cumpridas por este todas as formalidades legais, com ou sem exclusividade, de forma contínua ou não, afasta a qualidade de empregado prevista no art. 3.º desta Consolidação.

•• Artigo acrescentado pela Lei n. 13.467, de 13-7-2017.

• *Vide* Enunciados n. 39 a 54 da 2.ª Jornada de Direito Material e Processual do Trabalho.

Art. 443. O contrato individual de trabalho poderá ser acordado tácita ou expressamente, verbalmente ou por escrito, por prazo determinado ou indeterminado, ou para prestação de trabalho intermitente.

•• *Caput* com redação determinada pela Lei n. 13.467, de 13-7-2017.

Art. 619 da CLT: Nenhuma disposição de contrato individual de trabalho que contrarie normas de Convenção ou Acordo Coletivo de Trabalho poderá prevalecer na execução do mesmo, sendo considerada nula de pleno direito.

Súmula 195/STF: Contrato de trabalho para obra certa, ou de prazo determinado, transforma-se em contrato de prazo indeterminado, quando prorrogado por mais de 4 (quatro) anos.

Súmula 129/TST: Contrato de trabalho. Grupo econômico. A prestação de serviços a mais de uma empresa do mesmo grupo econômico, durante a mesma jornada de trabalho, não caracteriza a coexistência de mais de um contrato de trabalho, salvo ajuste em contrário.

Súmula 188/TST: Contrato de trabalho. Experiência. Prorrogação. O contrato de experiência pode ser prorrogado, respeitado o limite máximo de 90 (noventa) dias.

OJ da SDI-1: Ministério Público do Trabalho. Nulidade do contrato de trabalho não suscitada pelo ente público no momento da defesa. Arguição em parecer. Possibilidade. O Ministério Público do Trabalho pode arguir, em parecer, na primeira vez que tenha de se manifestar no processo, a nulidade do contrato de trabalho em favor de ente público, ainda que a parte não a tenha suscitado, a qual será apreciada, sendo vedada, no entanto, qualquer dilação probatória.

• *Vide* Lei n. 9.601, de 21-1-1998, e Decreto n. 2.490, de 4-2-1998, sobre contrato de trabalho por prazo determinado.

§ 1.º Considera-se como de prazo determinado o contrato de trabalho cuja vigência dependa de termo prefixado ou da execução de serviços especificados ou ainda da realização de certo acontecimento suscetível de previsão aproximada.

•• Antigo parágrafo único, passado a § 1.º pelo Decreto-lei n. 229, de 28-2-1967.

•• A Lei n. 2.959, de 17-11-1956, dispõe sobre contrato individual de trabalho por obra certa.

§ 2.º O contrato por prazo determinado só será válido em se tratando:

a) de serviço cuja natureza ou transitoriedade justifique a predeterminação do prazo;

b) de atividades empresariais de caráter transitório;

c) de contrato de experiência.

•• § 2.º acrescentado pelo Decreto-lei n. 229, de 28-2-1967.

Art. 37, IX, da CF: A administração pública direta e indireta de qualquer dos Poderes da União, dos Estados, do Distrito Federal e dos Municípios obedecerá aos princípios de legalidade, impessoalidade, moralidade, publicidade e eficiência e, também, ao seguinte: (...) IX – a lei estabelecerá os casos de contratação por tempo determinado para atender a necessidade temporária de excepcional interesse público.

§ 3.º Considera-se como intermitente o contrato de trabalho no qual a prestação de serviços, com subordinação, não é contínua, ocorrendo com alternância de períodos de prestação de serviços e de inatividade, determinados em horas, dias ou meses, independentemente do tipo de atividade do empregado e do empregador, exceto para os aeronautas, regidos por legislação própria.

•• § 3.º acrescentado pela Lei n. 13.467, de 13-7-2017.

•• *Vide* art. 452-A da CLT.

•• *Vide* art. 4.º da Portaria n. 349, de 23-5-2018, do Ministério do Trabalho.

•• *Vide* Enunciados n. 73 e 84 a 90 da 2.ª Jornada de Direito Material e Processual do Trabalho.

Art. 444. As relações contratuais de trabalho podem ser objeto de livre estipulação das partes interessadas em tudo quanto não contravenha às disposições de proteção ao trabalho, aos contratos coletivos que lhes sejam aplicáveis e às decisões das autoridades competentes.

Art. 9.º da CLT: Serão nulos de pleno direito os atos praticados com o objetivo de desvirtuar, impedir ou fraudar a aplicação dos preceitos contidos na presente Consolidação.

Súmula 91/TST: Salário complessivo. Nula é a cláusula contratual que fixa determinada importância ou percentagem para atender englobadamente vários direitos legais ou contratuais do trabalhador.

Parágrafo único. A livre estipulação a que se refere o *caput* deste artigo aplica-se às hipóteses previstas no art. 611-A desta Consolidação, com a mesma eficácia legal e preponderância sobre os instrumentos coletivos, no caso de empregado portador de diploma de nível superior e que perceba salário mensal igual ou superior a duas vezes o limite máximo dos benefícios do Regime Geral de Previdência Social.

•• Parágrafo único acrescentado pela Lei n. 13.467, de 13-7-2017.

• *Vide* Enunciado n. 55 e 56 da 2.ª Jornada de Direito Material e Processual do Trabalho.

Art. 445. O contrato de trabalho por prazo determinado não poderá ser estipulado por mais de 2 (dois) anos, observada a regra do art. 451.

•• *Caput* com redação determinada pelo Decreto-lei n. 229, de 28-2-1967.

Art. 451 da CLT: O contrato de trabalho por prazo determinado que, tácita ou expressamente, for prorrogado mais de uma vez passará a vigorar sem determinação de prazo. especial de trabalho desportivo do atleta profissional o disposto nos arts. 445 e 451 da Consolidação das Leis do Trabalho – CLT, aprovada pelo Decreto-lei n. 5.452, de 1.º de maio de 1943.

Lei Complementar n. 150/15, art. 4.º: É facultada a contratação, por prazo determinado, do empregado doméstico: I – mediante contrato de experiência; II – para atender necessidades familiares de natureza transitória e para substituição temporária de empregado doméstico com contrato de trabalho interrompido ou suspenso. Parágrafo único. No caso do inciso II deste artigo, a duração do contrato de trabalho é limitada ao término do evento que motivou a contratação, obedecido o limite máximo de 2 (dois) anos.

Súmula 195/STF: Contrato de trabalho para obra certa, ou de prazo determinado, transforma-se em contrato de prazo indeterminado, quando prorrogado por mais de 4 (quatro) anos.

Parágrafo único. O contrato de experiência não poderá exceder de 90 (noventa) dias.

•• Parágrafo único com redação determinada pelo Decreto-lei n. 229, de 28-2-1967.

Lei n. 6.019/74, art. 10, § 4.º: Não se aplica ao trabalhador temporário, contratado pela tomadora de serviços, o contrato de experiência previsto no parágrafo único do art. 445 da Consolidação das Leis do Trabalho (CLT), aprovada pelo Decreto-lei n. 5.452, de 1.º de maio de 1943.

Súmula 163/TST: Aviso prévio. Contrato de experiência. Cabe aviso prévio nas rescisões antecipadas dos contratos de experiência, na forma do art. 481 da CLT. Ex- -prejulgado n. 42.

Súmula 188/TST: Contrato de trabalho. Experiência. Prorrogação. O contrato de experiência pode ser prorrogado, respeitado o limite máximo de 90 (noventa) dias.

•• *Vide* art. 5.º da Lei Complementar n. 150, de 1.º-6-2015.

•• *Vide* art. 10, § 4.º, da Lei n. 6.019, de 3-1-1974.

Art. 446. (*Revogado pela Lei n. 7.855, de 24-10-1989.*)

Art. 447. Na falta de acordo ou prova sobre condição essencial ao contrato verbal, esta se presume existente, como se a tivessem estatuído os interessados na conformidade dos preceitos jurídicos adequados à sua legitimidade.

Súmula 12/TST: Carteira profissional. As anotações apostas pelo empregador na carteira profissional do empregado não geram presunção *juris et de jure*, mas apenas *juris tantum*.

Art. 448. A mudança na propriedade ou na estrutura jurídica da empresa não afetará os contratos de trabalho dos respectivos empregados.

OJ 408 da SDI-1: Juros de Mora. Empresa em Liquidação Extrajudicial. Sucessão Trabalhista. É devida a incidência de juros de mora em relação aos débitos trabalhistas de empresa em liquidação extrajudicial sucedida nos moldes dos arts. 10 e 448 da CLT. O sucessor responde pela obrigação do sucedido, não se beneficiando de qualquer privilégio a este destinado.

•• *Vide* art. 29 da Instrução Normativa n. 144, de 18-5-2018.

Art. 448-A. Caracterizada a sucessão empresarial ou de empregadores prevista nos arts. 10 e 448 desta Consolidação, as obrigações trabalhistas, inclusive as contraídas à época em que os empregados trabalhavam para a empresa sucedida, são de responsabilidade do sucessor.

•• *Caput* acrescentado pela Lei n. 13.467, de 13-7-2017.

Art. 10 da CLT: Qualquer alteração na estrutura jurídica da empresa não afetará os direitos adquiridos por seus empregados.

•• *Vide* art 9.º, XXII, da Instrução Normativa n. 144, de 18-5-2018.

Parágrafo único. A empresa sucedida responderá solidariamente com a sucessora quando ficar comprovada fraude na transferência.

•• Parágrafo único acrescentado pela Lei n. 13.467, de 13-7-2017.

Art. 449. Os direitos oriundos da existência do contrato de trabalho subsistirão em caso de falência, concordata ou dissolução da empresa.

Art. 148 da CLT: A remuneração das férias, ainda quando devida após a cessação do contrato de trabalho, terá natureza salarial, para os efeitos do art. 449.

Súmula 219/STJ: Os créditos decorrentes de serviços prestados à massa falida, inclusive a remuneração do síndico, gozam dos privilégios próprios dos trabalhistas.

§ 1.º Na falência, constituirão créditos privilegiados a totalidade dos salários devidos ao empregado e a totalidade das indenizações a que tiver direito.

•• § 1.º com redação determinada pela Lei n. 6.449, de 14-10-1977.

Art. 768 da CLT: Terá preferência em todas as fases processuais o dissídio cuja decisão tiver de ser executada perante o Juízo da falência.

• *Vide* Lei de Falências e Recuperação de Empresas: Lei n. 11.101, de 9-2-2005.

§ 2.º Havendo concordata na falência, será facultado aos contratantes tornar sem efeito a rescisão do contrato de trabalho e consequente indenização, desde que o empregador pague, no mínimo, a metade dos salários que seriam devidos ao empregado durante o interregno.

Art. 162, § 2.º, do CTN: O crédito pago por cheque somente se considera extinto com o resgate deste pelo sacado.

Art. 186 do CTN: O crédito tributário prefere a qualquer outro, seja qual for sua natureza ou o tempo de sua constituição, ressalvados os créditos decorrentes da legislação do trabalho ou do acidente de trabalho. Parágrafo único. Na falência: I – o crédito tributário não prefere aos créditos extraconcursais ou às importâncias passíveis de restituição, nos termos da lei falimentar, nem aos créditos com garantia real, no limite do valor do bem gravado; II – a lei poderá estabelecer limites e condições para a preferência dos créditos decorrentes da legislação do trabalho; e III – a multa tributária prefere apenas aos créditos subordinados.

Súmula 227/STF: A concordata do empregador não impede a execução de crédito nem a reclamação de empregado na Justiça do Trabalho.

Súmula 173/TST: Salário. Empresa. Cessação de atividades. Extinto, automaticamente, o vínculo empregatício com a cessação das atividades da empresa, os salários só são devidos até a data da extinção. Ex-prejulgado n. 53.

• *Vide* arts. 83, 84 e 151 da Lei n. 11.101, de 9-2-2005 (Lei de Falências e Recuperação de Empresas).

Art. 450. Ao empregado chamado a ocupar, em comissão, interinamente, ou em substituição eventual ou temporária, cargo diverso do que exercer na empresa, serão garantidas a contagem do tempo naquele serviço, bem como volta ao cargo anterior.

Súmula 204/STF: Tem direito o trabalhador substituto, ou de reserva, ao salário mínimo no dia em que fica à disposição do empregador sem ser aproveitado na função específica; se aproveitado, recebe o salário contratual.

Súmula 159/TST: Substituição de caráter não eventual e vacância do cargo. I – Enquanto perdurar a substituição que não tenha caráter meramente eventual, inclusive nas férias, o empregado substituto fará jus ao salário contratual do substituído. II – Vago o cargo em definitivo, o empregado que passa a ocupá-lo não tem direito a salário igual ao do antecessor.

Art. 451. O contrato de trabalho por prazo determinado que, tácita ou expressamente, for prorrogado mais de uma vez passará a vigorar sem determinação de prazo.

Art. 445 da CLT: O contrato de trabalho por prazo determinado não poderá ser estipulado por mais de 2 (dois) anos, observada a regra do art. 451. Parágrafo único. O contrato de experiência não poderá exceder de 90 (noventa) dias.

Súmula 188/TST: Contrato de trabalho. Experiência. Prorrogação. O contrato de experiência pode ser prorrogado, respeitado o limite máximo de 90 (noventa) dias.

• *Vide* Lei n. 9.601, de 21-1-1998, e Decreto n. 2.490, de 4-2-1998, sobre contrato de trabalho por prazo determinado.

• *Vide* Decreto-lei n. 691, de 18-7-1969 (técnico estrangeiro).

Art. 452. Considera-se por prazo indeterminado todo contrato que suceder, dentro de 6 (seis) meses, a outro contrato por prazo determinado, salvo se a expiração deste dependeu da execução de serviços especializados ou da realização de certos acontecimentos.

Súmula 195/STF: Contrato de trabalho para obra certa, ou de prazo determinado, transforma-se em contrato de prazo indeterminado, quando prorrogado por mais de 4 (quatro) anos.

• *Vide* Decreto-lei n. 691, de 18-7-1969 (técnico estrangeiro).

Art. 452-A. O contrato de trabalho intermitente deve ser celebrado por escrito e deve conter especificamente o valor da hora de trabalho, que não pode ser inferior ao valor horário do salário mínimo ou àquele devido aos demais empregados do estabelecimento que exerçam a mesma função em contrato intermitente ou não.

•• *Caput* acrescentado pela Lei n. 13.467, de 13-7-2017.

•• *Vide* art. 443, § 3.º, da CLT.

•• *Vide* arts. 2.º, § 2.º, da Portaria n. 349, de 23-5-2018, do Ministério do Trabalho.

•• *Vide* Enunciados n. 73 e 84 a 90 da 2.ª Jornada de Direito Material e Processual do Trabalho.

§ 1.º O empregador convocará, por qualquer meio de comunicação eficaz, para a prestação de serviços, informando qual será a jornada, com, pelo menos, três dias corridos de antecedência.

•• § 1.º acrescentado pela Lei n. 13.467, de 13-7-2017.

•• *Vide* art. 2.º, § 4.º, da Portaria n. 349, de 23-5-2018, do Ministério do Trabalho.

§ 2.º Recebida a convocação, o empregado terá o prazo de um dia útil para responder ao chamado, presumindo-se, no silêncio, a recusa.

•• § 2.º acrescentado pela Lei n. 13.467, de 13-7-2017.

•• *Vide* art. 2.º, § 4.º, da Portaria n. 349, de 23-5-2018, do Ministério do Trabalho.

§ 3.º A recusa da oferta não descaracteriza a subordinação para fins do contrato de trabalho intermitente.

•• § 3.º acrescentado pela Lei n. 13.467, de 13-7-2017.

§ 4.º Aceita a oferta para o comparecimento ao trabalho, a parte que descumprir, sem justo motivo, pagará à outra parte, no prazo de trinta dias, multa de 50% (cinquenta por cento) da remuneração que seria devida, permitida a compensação em igual prazo.

•• § 4.º acrescentado pela Lei n. 13.467, de 13-7-2017.

§ 5.º O período de inatividade não será considerado tempo à disposição do empregador, podendo o trabalhador prestar serviços a outros contratantes.

•• § 5.º acrescentado pela Lei n. 13.467, de 13-7-2017.

§ 6.º Ao final de cada período de prestação de serviço, o empregado receberá o pagamento imediato das seguintes parcelas:

•• § 6.º, *caput*, acrescentado pela Lei n. 13.467, de 13-7-2017.

•• *Vide* arts. 2.º a 6.º da Portaria n. 349, de 23-5-2018, do Ministério do Trabalho.

•• *Vide* art 9.º, VI, da Instrução Normativa n. 144, de 18-5-2018.

I – remuneração;

•• Inciso I acrescentado pela Lei n. 13.467, de 13-7-2017.

II – férias proporcionais com acréscimo de um terço;

•• Inciso II acrescentado pela Lei n. 13.467, de 13-7-2017.

Art. 7.º, XVII, da CF: São direitos dos trabalhadores urbanos e rurais, além de outros que visem à melhoria de sua condição social: (...) XVII – gozo de férias anuais remuneradas com, pelo menos, um terço a mais do que o salário normal.

III – décimo terceiro salário proporcional;

•• Inciso III acrescentado pela Lei n. 13.467, de 13-7-2017.

Art. 7.º, VIII, da CF: São direitos dos trabalhadores urbanos e rurais, além de outros que visem à melhoria de sua condição social: (...) VIII – décimo terceiro salário com base na remuneração integral ou no valor da aposentadoria.

IV – repouso semanal remunerado; e

•• Inciso IV acrescentado pela Lei n. 13.467, de 13-7-2017.

Art. 7.º, XV, da CF: São direitos dos trabalhadores urbanos e rurais, além de outros que visem à melhoria de sua condição social: (...) XV – repouso semanal remunerado, preferencialmente aos domingos.

• *Vide* Lei n. 605, de 5-1-1949 (repouso semanal remunerado).

V – adicionais legais.

•• Inciso V acrescentado pela Lei n. 13.467, de 13-7-2017.

§ 7.º O recibo de pagamento deverá conter a discriminação dos valores pagos relativos a cada uma das parcelas referidas no § 6.º deste artigo.

•• § 7.º acrescentado pela Lei n. 13.467, de 13-7-2017.

§ 8.º O empregador efetuará o recolhimento da contribuição previdenciária e o depósito do Fundo de Garantia do Tempo de Serviço, na forma da lei, com base nos valores pagos no período mensal e fornecerá ao empregado comprovante do cumprimento dessas obrigações.

•• § 8.º acrescentado pela Lei n. 13.467, de 13-7-2017.

§ 9.º A cada doze meses, o empregado adquire direito a usufruir, nos doze meses subsequentes, um mês de férias, período no qual não poderá ser convocado para prestar serviços pelo mesmo empregador.

•• § 9.º acrescentado pela Lei n. 13.467, de 13-7-2017.

Art. 453. No tempo de serviço do empregado, quando readmitido, serão computados os períodos, ainda que não contínuos, em que tiver trabalhado anteriormente na empresa, salvo se houver sido despedido por falta grave, recebido indenização legal ou se aposentado espontaneamente.

•• *Caput* com redação determinada pela Lei n. 6.204, de 29-4-1975.

Súmula 215/STF: Conta-se a favor do empregado readmitido o tempo de serviço anterior, salvo se houver sido despedido por falta grave ou tiver recebido a indenização legal.

Súmula 138/TST: Readmissão. Em caso de readmissão, conta-se a favor do empregado o período de serviço anterior, encerrado com a saída espontânea. Ex-prejulgado n. 9.

Súmula 156/TST: Prescrição. Prazo. Da extinção do último contrato começa a fluir o prazo prescricional do direito de ação em que se objetiva a soma de períodos descontínuos de trabalho. Ex-prejulgado n. 31.

• *Vide* Decreto-lei n. 691, de 18-7-1969 (técnico estrangeiro).

§ 1.º Na aposentadoria espontânea de empregados das empresas públicas e sociedades de economia mista é permitida sua readmissão desde que atendidos aos requisitos constantes do art. 37, XVI, da Constituição, e condicionada à prestação de concurso público.

•• § 1.º acrescentado pela Lei n. 9.528, de 10-12-1997.

•• O STF, na ADI n. 1.770-4, de 11-10-2006 (*DOU* de 20-10-2006), declarou a inconstitucionalidade deste § 1.º.

§ 2.º O ato de concessão de benefício de aposentadoria a empregado que não tiver completado 35 (trinta e cinco) anos de serviço, se homem, ou 30 (trinta), se mulher, importa em extinção do vínculo empregatício.

•• § 2.º acrescentado pela Lei n. 9.528, de 10-12-1997.

•• O STF, na ADI n. 1.721-3, de 11-10-2006 (*DOU* de 17-8-2007), declarou a inconstitucionalidade deste § 2.º.

Art. 454. Na vigência do contrato de trabalho, as invenções do empregado, quando decorrentes de sua contribuição pessoal e da instalação ou equipamento fornecidos pelo empregador, serão de propriedade comum, em partes iguais, salvo se o contrato de trabalho tiver por objeto, implícita ou explicitamente, pesquisa científica.

•• *Vide* arts. 88 a 93 da Lei n. 9.279, de 14-5-1996.

Parágrafo único. Ao empregador caberá a exploração do invento, ficando obrigado a promovê-la no prazo de um ano da data da concessão da patente, sob pena de reverter em favor do empregado da plena propriedade desse invento.

Art. 455. Nos contratos de subempreitada responderá o subempreiteiro pelas obrigações derivadas do contrato de trabalho que celebrar, cabendo, todavia, aos empregados, o direito de reclamação contra o empreiteiro principal pelo inadimplemento daquelas obrigações por parte do primeiro.

Parágrafo único. Ao empreiteiro principal fica ressalvada, nos termos da lei civil, ação regressiva contra o subempreiteiro e a retenção de importâncias a este devidas, para a garantia das obrigações previstas neste artigo.

• Vale-transporte; direito dos empregados do subempreiteiro em relação a este e ao empreiteiro principal: Decreto n. 95.247, de 17-11-1987, art. 1.º, V.

Art. 456. A prova do contrato individual do trabalho será feita pelas anotações constantes da Carteira de Trabalho e Previdência Social ou por instrumento escrito e suprida por todos os meios permitidos em direito.

•• A CTPS foi instituída pelo Decreto-lei n. 926, de 10-10-1969, em substituição à Carteira Profissional, descrita no texto original da CLT.

Parágrafo único. À falta de prova ou inexistindo cláusula expressa a tal respeito, entender-se-á que o empregado se obrigou a todo e qualquer serviço compatível com a sua condição pessoal.

Súmula 12/TST: Carteira profissional. As anotações apostas pelo empregador na carteira profissional do empregado não geram presunção *juris et de jure*, mas apenas *juris tantum*.

• *Vide* arts. 212 e 227, parágrafo único, do CC.

Art. 456-A. Cabe ao empregador definir o padrão de vestimenta no meio ambiente laboral, sendo lícita a inclusão no uniforme de logomarcas da própria empresa ou de empresas parceiras e de outros itens de identificação relacionados à atividade desempenhada.

•• *Caput* acrescentado pela Lei n. 13.467, de 13-7-2017.

•• *Vide* Enunciado n. 12 da 2.ª Jornada de Direito Material e Processual do Trabalho.

Parágrafo único. A higienização do uniforme é de responsabilidade do trabalhador, salvo nas hipóteses em que forem necessários procedimentos ou produtos diferentes dos utilizados para a higienização das vestimentas de uso comum.

•• Parágrafo único acrescentado pela Lei n. 13.467, de 13-7-2017.

CAPÍTULO II
DA REMUNERAÇÃO

Art. 457. Compreendem-se na remuneração do empregado, para todos os efeitos legais, além do salário devido e pago diretamente pelo empregador, como contraprestação do serviço, as gorjetas que receber.

•• *Caput* com redação determinada pela Lei n. 1.999, de 1.º-10-1953.

Art. 7.º, VII, da CF: São direitos dos trabalhadores urbanos e rurais, além de outros que visem à melhoria de sua condição social: (...) VII – garantia de salário, nunca inferior ao mínimo, para os que percebem remuneração variável.

Súmula 204/STF: Tem direito o trabalhador substituto, ou de reserva, ao salário mínimo no dia em que fica à disposição do empregador sem ser aproveitado na função específica; se aproveitado, recebe o salário contratual.

Súmula 101/TST: Diárias de viagem. Salário. Integram o salário, pelo seu valor total e para efeitos indenizatórios, as diárias de viagem que excedam a 50% (cinquenta por cento) do salário do empregado, enquanto perdurarem as viagens.

Súmula 115/TST: Horas extras. Gratificações semestrais. O valor das horas extras habituais integra a remuneração do trabalhador para o cálculo das gratificações semestrais.

Súmula 203/TST: Gratificação por tempo de serviço. Natureza salarial. A gratificação por tempo de serviço integra o salário para todos os efeitos legais.

Súmula 318/TST: Diárias. Base de cálculo para sua integração no salário. Tratando-se de empregado mensalista, a integração das diárias no salário deve ser feita tomando-se por base o salário mensal por ele percebido e não o valor do dia de salário, somente sendo devida a referida integração quando o valor das diárias, no mês, for superior à metade do salário mensal.

Súmula 354/TST: Gorjetas. Natureza jurídica. Repercussões. As gorjetas, cobradas pelo empregador na nota de serviço ou oferecidas espontaneamente pelos clientes, integram a remuneração do empregado, não servindo de base de cálculo para as parcelas de aviso prévio, adicional noturno, horas extras e repouso semanal remunerado.

•• *Vide* art. 7.º da Portaria n. 349, de 23-5-2018, do Ministério do Trabalho.

§ 1.º Integram o salário a importância fixa estipulada, as gratificações legais e as comissões pagas pelo empregador.

•• § 1.º com redação determinada pela Lei n. 13.467, de 13-7-2017.

Súmula 207/STF: As gratificações habituais, inclusive a de Natal, consideram-se tacitamente convencionadas, integrando o salário.

Súmula 209/STF: O salário-produção, como outras modalidades de salário-prêmio, é devido, desde que verificada a condição a que estiver subordinado e não pode ser suprimido, unilateralmente, pelo empregador, quando pago com habitualidade.

Súmula 139/TST: Adicional de insalubridade. Enquanto percebido, o adicional de insalubridade integra a remuneração para todos os efeitos legais.

Súmula 152/TST: Gratificação. Ajuste tácito. O fato de constar do recibo de pagamento de gratificação o caráter de liberalidade não basta, por si só, para excluir a existência de ajuste tácito. Ex-prejulgado n. 25.

Súmula 203/TST: Gratificação por tempo de serviço. Natureza salarial. A gratificação por tempo de serviço integra o salário para todos os efeitos legais.

OJ 181 da SDI-1: Comissões. Correção monetária. Cálculo. O valor das comissões deve ser corrigido monetariamente para em seguida obter-se a média para efeito de cálculo de férias, 13.º salário e verbas rescisórias.

§ 2.º As importâncias, ainda que habituais, pagas a título de ajuda de custo, auxílio-alimentação, vedado seu pagamento em dinheiro, diárias para viagem, prêmios e abonos não integram a remuneração do empregado, não se incorporam ao contrato de trabalho e não constituem base de incidência de qualquer encargo trabalhista e previdenciário.

•• § 2.º com redação determinada pela Lei n. 13.467, de 13-7-2017.

Súmula 101/TST: Diárias de viagem. Salário. Integram o salário, pelo seu valor total e para efeitos indenizatórios, as diárias de viagem que excedam a 50% (cinquenta por cento) do salário do empregado, enquanto perdurarem as viagens.

Súmula 318/TST: Diárias. Base de cálculo para sua integração no salário. Tratando-se de empregado mensalista, a integração das diárias no salário deve ser feita tomando-se por base o salário mensal por ele percebido e não o valor do dia de salário, somente sendo devida a referida integração quando o valor das diárias, no mês, for superior à metade do salário mensal.

• *Vide* Enunciado n. 21 da 2.ª Jornada de Direito Material e Processual do Trabalho.

§ 3.º Considera-se gorjeta não só a importância espontaneamente dada pelo cliente ao empregado, como também o valor cobrado pela empresa, como serviço ou adicional, a qualquer título, e destinado à distribuição aos empregados.

•• § 3.º com redação determinada pela Lei n. 13.419, de 13-3-2017.

Súmula 354/TST: Gorjetas. Natureza jurídica. Repercussões. As gorjetas, cobradas pelo empregador na nota de serviço ou oferecidas espontaneamente pelos clientes, integram a remuneração do empregado, não servindo de base de cálculo para as parcelas de aviso prévio, adicional noturno, horas extras e repouso semanal remunerado.

§ 4.º Consideram-se prêmios as liberalidades concedidas pelo empregador em forma de bens, serviços ou valor em dinheiro a empregado ou a grupo de empregados, em razão de desempenho superior ao ordinariamente esperado no exercício de suas atividades.

•• § 4.º com redação determinada pela Lei n. 13.467, de 13-7-2017.

•• A Lei n. 13.467, de 13-7-2017, ao alterar este artigo, deixou de mencionar seus §§ 5.º a 11.

§ 5.º Inexistindo previsão em convenção ou acordo coletivo de trabalho, os critérios de rateio e distribuição da gorjeta e os percentuais de retenção previstos nos §§ 6.º e 7.º deste artigo serão definidos em assembleia geral dos trabalhadores, na forma do art. 612 desta Consolidação.

•• § 5.º acrescentado pela Lei n. 13.419, de 13-3-2017.

•• A Lei n. 13.467, de 13-7-2017, ao alterar este artigo, deixou de mencionar este § 5.º.

Art. 612 da CLT: Os Sindicatos só poderão celebrar Convenções ou Acordos Coletivos de Trabalho, por deliberação de Assembleia Geral especialmente convocada para esse fim, consoante o disposto nos respectivos Estatutos, dependendo a validade da mesma do comparecimento e votação, em primeira convocação, de 2/3 (dois terços) dos associados da entidade, se se tratar de Convenção, e dos interessados, no caso de Acordo e, em seguida, de 1/3 (um terço) dos membros. Parágrafo único. O *quorum* de comparecimento e votação será de 1/8 (um oitavo) dos associados em segunda convocação, nas entidades sindicais que tenham mais de 5.000 (cinco mil) associados.

§ 6.º As empresas que cobrarem a gorjeta de que trata o § 3.º deverão:

•• § 6.º, *caput*, acrescentado pela Lei n. 13.419, de 13-3-2017.

•• A Lei n. 13.467, de 13-7-2017, ao alterar este artigo, deixou de mencionar este § 6.º.

I – para as empresas inscritas em regime de tributação federal diferenciado, lançá-la na respectiva nota de consumo, facultada a retenção de até 20% (vinte por cento) da arrecadação correspondente, mediante previsão em convenção ou acordo coletivo de trabalho, para custear os encargos sociais, previdenciários e trabalhistas derivados da sua integração à remuneração dos empregados, devendo o valor remanescente ser revertido integralmente em favor do trabalhador;

•• Inciso I acrescentado pela Lei n. 13.419, de 13-3-2017.

II – para as empresas não inscritas em regime de tributação federal diferenciado, lançá-la na respectiva nota de consumo, facultada a retenção de até 33% (trinta e três por cento) da arrecadação correspondente, mediante previsão em convenção ou acordo coletivo de trabalho, para custear os encargos sociais, previdenciários e trabalhistas derivados da sua integração à remuneração dos empregados, devendo o valor remanescente ser revertido integralmente em favor do trabalhador;

•• Inciso II acrescentado pela Lei n. 13.419, de 13-3-2017.

III – anotar na Carteira de Trabalho e Previdência Social e no contracheque de seus empregados o salário contratual fixo e o percentual percebido a título de gorjeta.

•• Inciso III acrescentado pela Lei n. 13.419, de 13-3-2017.

§ 7.º A gorjeta, quando entregue pelo consumidor diretamente ao empregado, terá seus critérios definidos em convenção ou acordo coletivo de trabalho, facultada a retenção nos parâmetros do § 6.º deste artigo.

•• § 7.º acrescentado pela Lei n. 13.419, de 13-3-2017.

•• A Lei n. 13.467, de 13-7-2017, ao alterar este artigo, deixou de mencionar este § 7.º.

§ 8.º As empresas deverão anotar na Carteira de Trabalho e Previdência Social de seus empregados o salário fixo e a média dos valores das gorjetas referente aos últimos doze meses.

•• § 8.º acrescentado pela Lei n. 13.419, de 13-3-2017.

•• A Lei n. 13.467, de 13-7-2017, ao alterar este artigo, deixou de mencionar este § 8.º.

§ 9.º Cessada pela empresa a cobrança da gorjeta de que trata o § 3.º deste artigo, desde que cobrada por mais de doze meses, essa se incorporará ao salário do empregado, tendo como base a média dos últimos doze meses, salvo o estabelecido em convenção ou acordo coletivo de trabalho.

•• § 9.º acrescentado pela Lei n. 13.419, de 13-3-2017.

•• A Lei n. 13.467, de 13-7-2017, ao alterar este artigo, deixou de mencionar este § 9.º.

§ 10. Para empresas com mais de sessenta empregados, será constituída comissão de empregados, mediante previsão em convenção ou acordo coletivo de trabalho, para acompanhamento e fiscalização da regularidade da cobrança e distribuição da gorjeta de que trata o § 3.º deste artigo, cujos representantes serão eleitos em assembleia geral convocada para esse fim pelo sindicato laboral e gozarão de garantia de emprego vinculada ao desempenho das funções para que foram eleitos, e, para as demais empresas, será constituída comissão intersindical para o referido fim.

•• § 10 acrescentado pela Lei n. 13.419, de 13-3-2017.

•• A Lei n. 13.467, de 13-7-2017, ao alterar este artigo, deixou de mencionar este § 10.

§ 11. Comprovado o descumprimento do disposto nos §§ 4.º, 6.º, 7.º e 9.º deste artigo, o empregador pagará ao trabalhador prejudicado, a título de multa, o valor correspondente a 1/30 (um trinta avos) da média da gorjeta por dia de atraso, limitada ao piso da categoria, assegurados em qualquer hipótese o contraditório e a ampla defesa, observadas as seguintes regras:

•• § 11, *caput*, acrescentado pela Lei n. 13.419, de 13-3-2017.

•• A Lei n. 13.467, de 13-7-2017, ao alterar este artigo, deixou de mencionar este § 11.

I – a limitação prevista neste parágrafo será triplicada caso o empregador seja reincidente;

•• Inciso I acrescentado pela Lei n. 13.419, de 13-3-2017.

II – considera-se reincidente o empregador que, durante o período de doze meses, descumpre o disposto nos §§ 4.º, 6.º, 7.º e 9.º deste artigo por mais de sessenta dias.

•• Inciso II acrescentado pela Lei n. 13.419, de 13-3-2017.

Art. 458. Além do pagamento em dinheiro, compreende-se no salário, para todos os efeitos legais, a alimentação, habitação, vestuário ou outras prestações *in natura* que a empresa, por força do contrato ou do costume, fornecer habitualmente ao empregado. Em caso algum será permitido o pagamento com bebidas alcoólicas ou drogas nocivas.

•• *Caput* com redação determinada pelo Decreto-lei n. 229, de 28-2-1967.

Art. 7.º, X, da CF: São direitos dos trabalhadores urbanos e rurais, além de outros que visem à melhoria de sua condição social: (...) X – proteção do salário na forma da lei, constituindo crime sua retenção dolosa.

Art. 81 da CLT: O salário mínimo será determinado pela fórmula Sm = a + b + c + d + e, em que a, b, c, d e e representam, respectivamente, o valor das despesas diárias com alimentação, habitação, vestuário, higiene e transporte necessários à vida de um trabalhador adulto. § 1.º A parcela correspondente à alimentação terá um valor mínimo igual aos valores da lista de provisões, constantes dos quadros devidamente aprovados e necessários à alimentação diária do trabalhador adulto. § 2.º Poderão ser substituídos pelos equivalentes de cada grupo, também mencionados nos quadros a que alude o parágrafo anterior, os alimentos, quando as condições da região, zona ou subzona o aconselharem, respeitados os valores nutritivos determinados nos mesmos quadros. § 3.º O Ministério do Trabalho e Previdência Social fará, periodicamente, a revisão dos quadros a que se refere o § 1.º deste artigo.

Súmula 241/TST: Salário-utilidade. Alimentação. O vale para refeição, fornecido por força do contrato de trabalho, tem caráter salarial, integrando a remuneração do empregado, para todos os efeitos legais.

Súmula 258/TST: Salário-utilidade. Percentuais. Os percentuais fixados em lei relativos ao salário in natura apenas se referem às hipóteses em que o empregado percebe salário mínimo, apurando-se, nas demais, o real valor da utilidade.

Súmula 367/TST: Utilidades *in natura*. Habitação. Energia elétrica. Veículo. Cigarro. Não integração ao salário. I – A habitação, a energia elétrica e veículo fornecidos pelo empregador ao empregado, quando indispensáveis para a realização do trabalho, não têm natureza salarial, ainda que, no caso de veículo, seja ele utilizado pelo empregado também em atividades particulares. II – O cigarro não se considera salário utilidade em face de sua nocividade à saúde.

OJ 413 da SDI-1: Auxílio-alimentação. Alteração da natureza jurídica. Norma coletiva ou adesão ao PAT. A pactuação em norma coletiva conferindo caráter indenizatório à verba "auxílio-alimentação" ou a adesão posterior do empregador ao Programa de Alimentação do Trabalhador – PAT – não altera a natureza salarial da parcela, instituída anteriormente, para aqueles empregados que, habitualmente, já percebiam o benefício, a teor das Súmulas n. 51, I, e 241 do TST.

• Sobre Imposto de Renda e o Programa de Alimentação do Trabalhador: Lei n. 6.321, de 14-4-1976, e seu regulamento, aprovado pelo Decreto n. 5, de 14-1-1991.

• Execução do Programa de Alimentação do Trabalhador: Portaria Interministerial n. 5, de 30-11-1999.

§ 1.º Os valores atribuídos às prestações *in natura* deverão ser justos e razoáveis, não podendo exceder, em cada caso, os dos percentuais das parcelas componentes do salário mínimo (arts. 81 e 82).

•• § 1.º com redação determinada pelo Decreto-lei n. 229, de 28-2-1967.

§ 2.º Para os efeitos previstos neste artigo, não serão consideradas como salário as seguintes utilidades concedidas pelo empregador:

•• § 2.º, *caput*, com redação determinada pela Lei n. 10.243, de 19-6-2001.

I – vestuários, equipamentos e outros acessórios fornecidos aos empregados e utilizados no local de trabalho, para a prestação do serviço;

•• Inciso I acrescentado pela Lei n. 10.243, de 19-6-2001.

II – educação, em estabelecimento de ensino próprio ou de terceiros, compreendendo os valores relativos a matrícula, mensalidade, anuidade, livros e material didático;

•• Inciso II acrescentado pela Lei n. 10.243, de 19-6-2001.

III – transporte destinado ao deslocamento para o trabalho e retorno, em percurso servido ou não por transporte público;

•• Inciso III acrescentado pela Lei n. 10.243, de 19-6-2001.

IV – assistência médica, hospitalar e odontológica, prestada diretamente ou mediante seguro-saúde;

•• Inciso IV acrescentado pela Lei n. 10.243, de 19-6-2001.

V – seguros de vida e de acidentes pessoais;

•• Inciso V acrescentado pela Lei n. 10.243, de 19-6-2001.

VI – previdência privada;

•• Inciso VI acrescentado pela Lei n. 10.243, de 19-6-2001.

VII – (*Vetado*.);

•• Inciso VII acrescentado pela Lei n. 10.243, de 19-6-2001.

VIII – o valor correspondente ao vale-cultura.

•• Inciso VIII acrescentado pela Lei n. 12.761, de 27-12-2012.

• *Vide* Lei n. 12.761, de 27-12-2012, que instituiu o Programa de Cultura do Trabalhador.

§ 3.º A habitação e a alimentação fornecidas como salário-utilidade deverão atender aos fins a que se destinam e não poderão exceder, respectivamente, a 25% (vinte e cinco por cento) e 20% (vinte por cento) do salário-contratual.

•• § 3.º acrescentado pela Lei n. 8.860, de 24-3-1994.

§ 4.º Tratando-se de habitação coletiva, o valor do salário-utilidade a ela correspondente será obtido mediante a divisão do justo valor da habitação pelo número de coocupantes, vedada, em qualquer hipótese, a utilização da mesma unidade residencial por mais de uma família.

•• § 4.º acrescentado pela Lei n. 8.860, de 24-3-1994.

§ 5.º O valor relativo à assistência prestada por serviço médico ou odontológico, próprio ou não, inclusive o reembolso de despesas com medicamentos, óculos, aparelhos ortopédicos, próteses, órteses, despesas médico-hospitalares e outras similares, mesmo quando concedido em diferentes modalidades de planos e coberturas, não integram o salário do empregado para qualquer efeito nem o salário de contribuição, para efeitos do previsto na alínea *q* do § 9.º do art. 28 da Lei n. 8.212, de 24 de julho de 1991.

•• § 5.º acrescentado pela Lei n. 13.467, de 13-7-2017.

Art. 459. O pagamento do salário, qualquer que seja a modalidade do trabalho, não deve ser estipulado por período superior a 1 (um) mês, salvo no que concerne a comissões, percentagens e gratificações.

Art. 7.º, VII, da CF: São direitos dos trabalhadores urbanos e rurais, além de outros que visem à melhoria de sua condição social: (...) VII – garantia de salário, nunca inferior ao mínimo, para os que percebem remuneração variável.

• *Vide* Instrução Normativa n. 144, de 18-5-2018.

§ 1.º Quando o pagamento houver sido estipulado por mês, deverá ser efetuado, o mais tardar, até o quinto dia útil do mês subsequente ao vencido.

•• Este § 1.º está conforme determinou a Lei n. 7.855, de 24-10-1989. O art. 459 só possuía parágrafo único. Este tratava da mesma matéria.

OJ 159 da SDI-1: Data de pagamento. Salários. Alteração. Diante da inexistência de previsão expressa em contrato ou em instrumento normativo, a alteração de data de pagamento pelo empregador não viola o art. 468, desde que observado o parágrafo único, do art. 459, ambos da CLT.

• *Vide* Portaria n. 1.061, de 1.º-11-1996 (FGTS).

Art. 460. Na falta de estipulação do salário ou não havendo prova sobre a importância ajustada, o empregado terá direito a perceber salário igual ao daquele que, na mesma empresa, fizer serviço equivalente, ou do que for habitualmente pago para serviço semelhante.

Art. 461. Sendo idêntica a função, a todo trabalho de igual valor, prestado ao mesmo empregador, no mesmo estabelecimento empresarial, corresponderá igual salário, sem distinção de sexo, etnia, nacionalidade ou idade.

•• *Caput* com redação determinada pela Lei n. 13.467, de 13-7-2017.

Art. 7.º, XXX e XXXI, da CF: São direitos dos trabalhadores urbanos e rurais, além de outros que visem à melhoria de sua condição social: (...) XXX – proibição de diferença de salários, de exercício de funções e de critério de admissão por motivo de sexo, idade, cor ou estado civil; XXXI – proibição de qualquer discriminação no tocante a salário e critérios de admissão do trabalhador portador de deficiência.

Decreto-lei n. 855/69, arts. 1.º e 2.º: Os empregados de empresas concessionárias de serviços público federais, estaduais ou municipais, que, por força de encampação ou transferência dêsses serviços tenham, a qualquer tempo, sido absorvidos por empresa pública ou sociedade de economia mista, constituirão quadro especial, a ser extinto à medida que se vagarem os cargos ou funções. Art. 2.º Os empregados de que trata o art. 1.º não servirão de paradigma para aplicação do disposto no artigo 461 e seus parágrafos da Consolidação das Leis do Trabalho (Decreto-lei n. 5.452, de 1.º de maio de 1943).

Súmula 6/TST: Equiparação salarial. Art. 461 da CLT. I – Para os fins previstos no § 2.º do art. 461 da CLT, só é válido o quadro de pessoal organizado em carreira quando homologado pelo Ministério do Trabalho, excluindo-se, apenas, dessa exigência o quadro de carreira das entidades de direito público da administração direta, autárquica e fundacional aprovado por ato administrativo da autoridade competente. II – Para efeito de equiparação de salários em caso de trabalho igual, conta-se o tempo de serviço na função e não no emprego. III – A equiparação salarial só é possível se o empregado e o paradigma exercerem a mesma função, desempenhando as mesmas tarefas, não importando se os cargos têm, ou não, a mesma denominação. IV – É desnecessário que, ao tempo da reclamação sobre equiparação salarial, reclamante e paradigma estejam a serviço do estabelecimento, desde que o pedido se relacione com situação pretérita. V – A cessão de empregados não exclui a equiparação salarial, embora exercida a função em órgão governamental estranho à cedente, se esta responde pelos salários do paradigma e do reclamante. VI – Presentes os pressupostos do art. 461 da CLT, é irrelevante a circunstância de que o desnível salarial tenha origem em decisão judicial que beneficiou o paradigma, exceto: a) se decorrente de vantagem pessoal ou de tese jurídica superada pela jurisprudência de Corte Superior; b) na hipótese de equiparação salarial em cadeia, suscitada em defesa, se o empregador produzir prova do alegado fato modificativo, impeditivo ou extintivo do direito à equiparação salarial em relação ao paradigma remoto, considerada irrelevante, para esse efeito, a existência de diferença de tempo de serviço na função superior a dois anos entre o reclamante e todos os demais empregados paradigmas componentes da cadeia equiparatória, à exceção do paradigma imediato. VII – Desde que atendidos os requisitos do art. 461 da CLT, é possível a equiparação salarial de trabalho intelectual, que pode ser avaliado por sua perfeição técnica, cuja aferição terá critérios objetivos. VIII – É do empregador o ônus da prova do fato impeditivo, modificativo ou extintivo da equiparação salarial. IX – Na ação de equiparação salarial, a prescrição é parcial e só alcança as diferenças salariais vencidas no período de 5 (cinco) anos que precedeu o ajuizamento. X – O conceito de "mesma localidade" de que trata o art. 461 da CLT refere-se, em princípio, ao mesmo município, ou a municípios distintos que, comprovadamente, pertençam à mesma região metropolitana.

Súmula 127/TST: Quadro de carreira. Quadro de pessoal organizado em carreira, aprovado pelo órgão competente, excluída a hipótese de equiparação salarial, não obsta reclamação fundada em preterição, enquadramento ou reclassificação.

Súmula 455/TST: Equiparação salarial. Sociedade de economia mista. Art. 37, XIII, da CF/1988. Possibilidade. À sociedade de economia mista não se aplica a vedação à equiparação prevista no art. 37, XIII, da CF/1988, pois, ao admitir empregados sob o regime da CLT, equipara-se a empregador privado, conforme disposto no art. 173, § 1.º, II, da CF/1988.

OJ 297 da SDI-1: Equiparação salarial. Servidor público da administração direta, autárquica e fundacional. Art. 37, XIII, da CF/1988. O art. 37, XIII, da CF/1988 veda a equiparação de qualquer natureza para o efeito de remuneração do pessoal do serviço público, sendo juridicamente impossível a aplicação da norma infraconstitucional prevista no art. 461 da CLT quando se pleiteia equiparação salarial entre servidores públicos, independentemente de terem sido contratados pela CLT.

OJ 383 da SDI-1: Terceirização. Empregados da empresa prestadora de serviços e da tomadora. Isonomia. Art. 12, *a*, da Lei n. 6.019, de 3 de janeiro de 1974. A contratação irregular de trabalhador, mediante empresa interposta, não gera vínculo de emprego com ente da Administração Pública, não afastando, contudo, pelo princípio da isonomia, o direito dos empregados terceirizados às mesmas verbas trabalhistas legais e normativas asseguradas àqueles contratados pelo tomador dos serviços, desde que presente a igualdade de funções. Aplicação analógica do art. 12, *a*, da Lei n. 6.019, de 3 de janeiro de 1974.

• *Vide* Súmula 159 do TST.
• *Vide* OJs 296 da SDI-1.
• *Vide* Enunciado n. 16 da 1.ª Jornada de Direito do Trabalho.

§ 1.º Trabalho de igual valor, para os fins deste Capítulo, será o que for feito com igual produtividade e com a mesma perfeição técnica, entre pessoas cuja diferença de tempo de serviço para o mesmo empregador não seja superior a quatro anos e a diferença de tempo na função não seja superior a dois anos.

•• § 1.º com redação determinada pela Lei n. 13.467, de 13-7-2017.

Súmula 202/STF: Na equiparação de salário, em caso de trabalho igual, toma-se em conta o tempo de serviço na função, e não no emprego.

§ 2.º Os dispositivos deste artigo não prevalecerão quando o empregador tiver pessoal organizado em quadro de carreira ou adotar, por meio de norma interna da empresa ou de negociação coletiva, plano de cargos e salários, dispensada qualquer forma de homologação ou registro em órgão público.

•• § 2.º com redação determinada pela Lei n. 13.467, de 13-7-2017.

Súmula 19/TST: Quadro de carreira. A Justiça do Trabalho é competente para apreciar reclamação de empregado que tenha por objeto direito fundado em quadro de carreira.

OJ 418 da SDI-1: Equiparação salarial. Plano de cargos e salários. Aprovação por instrumento coletivo. Ausência de alternância de critérios de promoção por antiguidade e merecimento. Não constitui óbice à equiparação salarial a existência de plano de cargos e salários que, referendado por norma coletiva, prevê critério de promoção apenas por merecimento ou antiguidade, não atendendo, portanto, o requisito de alternância dos critérios, previsto no art. 461, § 2.º, da CLT.

§ 3.º No caso do § 2.º deste artigo, as promoções poderão ser feitas por merecimento e por antiguidade, ou por apenas um destes critérios, dentro de cada categoria profissional.

•• § 3.º com redação determinada pela Lei n. 13.467, de 13-7-2017.

§ 4.º O trabalhador readaptado em nova função por motivo de deficiência física ou mental atestada pelo órgão competente da Previdência Social não servirá de paradigma para fins de equiparação salarial.

•• § 4.º acrescentado pela Lei n. 5.798, de 31-8-1972.

Art. 7.º, XXXI, da CF: São direitos dos trabalhadores urbanos e rurais, além de outros que visem à melhoria de sua condição social: (...) XXXI – proibição de qualquer discriminação no tocante a salário e critérios de admissão do trabalhador portador de deficiência.

§ 5.º A equiparação salarial só será possível entre empregados contemporâneos no cargo ou na função, ficando vedada a indicação de paradigmas remotos, ainda que o paradigma contemporâneo tenha obtido a vantagem em ação judicial própria.

•• § 5.º acrescentado pela Lei n. 13.467, de 13-7-2017.

§ 6.º No caso de comprovada discriminação por motivo de sexo ou etnia, o juízo determinará, além do pagamento das diferenças salariais devidas, multa, em favor do empregado discriminado, no valor de 50% (cinquenta por cento) do limite máximo dos benefícios do Regime Geral de Previdência Social.

•• § 6.º acrescentado pela Lei n. 13.467, de 13-7-2017.

Art. 462. Ao empregador é vedado efetuar qualquer desconto nos salários do empregado, salvo quando este resultar de adiantamentos, de dispositivos de lei ou de contrato coletivo.

Art. 7.º, X, da CF: São direitos dos trabalhadores urbanos e rurais, além de outros que visem à melhoria de sua condição social: (...) X – proteção do salário na forma da lei, constituindo crime sua retenção dolosa.

Súmula 342/TST: Descontos salariais. Art. 462 da CLT. Descontos salariais efetuados pelo empregador, com a autorização prévia e por escrito do empregado, para ser integrado em planos de assistência odontológica, médico-hospitalar, de seguro, de previdência privada, ou de entidade cooperativa, cultural ou recreativo-associativa de seus trabalhadores, em seu benefício e de seus dependentes, não afrontam o disposto no art. 462 da CLT, salvo se ficar demonstrada a existência de coação ou de outro defeito que vicie o ato jurídico.

•• *Vide* Lei n. 10.820, de 17-12-2003.

§ 1.º Em caso de dano causado pelo empregado, o desconto será lícito, desde que esta possibilidade tenha sido acordada ou na ocorrência de dolo do empregado.

•• Antigo parágrafo único, passado a § 1.º pelo Decreto-lei n. 229, de 28-2-1967.

§ 2.º É vedado à empresa que mantiver armazém para venda de mercadorias aos empregados ou serviços destinados a proporcionar-lhes prestações *in natura* exercer qualquer coação ou induzimento no sentido de que os empregados se utilizem do armazém ou dos serviços.

•• § 2.º acrescentado pelo Decreto-lei n. 229, de 28-2-1967.

Lei n. 5.889/73, art. 9.º, *caput*, *a* a *c*: Salvo as hipóteses de autorização legal ou decisão judiciária, só poderão ser descontadas do empregado rural as seguintes parcelas, calculadas sobre o salário mínimo: *a*) até o limite de 20% (vinte por cento) pela ocupação da morada; *b*) até 25% (vinte e cinco por cento) pelo fornecimento de alimentação sadia e farta, atendidos os preços vigentes na região; *c*) adiantamentos em dinheiro.

§ 3.º Sempre que não for possível o acesso dos empregados a armazéns ou serviços não mantidos pela empresa, é lícito à autoridade competente determinar a adoção de medidas adequadas, visando a que as mercadorias sejam vendidas e os serviços prestados a preços razoáveis, sem intuito de lucro e sempre em benefício dos empregados.

•• § 3.º acrescentado pelo Decreto-lei n. 229, de 28-2-1967.

§ 4.º Observado o disposto neste Capítulo, é vedado às empresas limitar, por qualquer forma, a liberdade dos empregados de dispor do seu salário.

•• § 4.º acrescentado pelo Decreto-lei n. 229, de 28-2-1967.

Art. 463. A prestação, em espécie, do salário será paga em moeda corrente do País.

Parágrafo único. O pagamento do salário realizado com inobservância deste artigo considera-se como não feito.

Art. 464. O pagamento do salário deverá ser efetuado contrarrecibo, assinado pelo empregado; em se tratando de analfabeto, mediante sua impressão digital, ou, não sendo esta possível, a seu rogo.

Parágrafo único. Terá força de recibo o comprovante de depósito em conta bancária, aberta para esse fim em nome de cada empregado, com o consentimento deste, em estabelecimento de crédito próximo ao local de trabalho.

•• Parágrafo único acrescentado pela Lei n. 9.528, de 10-12-1997.

Art. 465. O pagamento dos salários será efetuado em dia útil e no local do trabalho, dentro do horário do serviço ou imediatamente após o encerramento deste, salvo quando efetuado por depósito em conta bancária, observado o disposto no artigo anterior.

•• Artigo com redação determinada pela Lei n. 9.528, de 10-12-1997.

Art. 466. O pagamento de comissões e percentagens só é exigível depois de ultimada a transação a que se referem.

§ 1.º Nas transações realizadas por prestações sucessivas, é exigível o pagamento das percentagens e comissões que lhes disserem respeito proporcionalmente à respectiva liquidação.

Lei n. 3.207/1957, art. 5.º: Nas transações em que a empresa se obrigar por prestações sucessivas, o pagamento das comissões e percentagens será exigível de acordo com a ordem de recebimento das mesmas.

§ 2.º A cessação das relações de trabalho não prejudica a percepção das comissões e percentagens devidas na forma estabelecida por este artigo.

Art. 467. Em caso de rescisão de contrato de trabalho, havendo controvérsia sobre o montante das verbas rescisórias, o empregador é obrigado a pagar ao trabalhador, à data do comparecimento à Justiça do Trabalho, a parte incontroversa dessas verbas, sob pena de pagá-las acrescidas de 50% (cinquenta por cento).

•• *Caput* com redação determinada pela Lei n. 10.272, de 5-9-2001.

Súmula 69/TST: Rescisão do contrato. A partir da Lei n. 10.272, de 5 de setembro de 2001, havendo rescisão do contrato de trabalho e sendo revel e confesso quanto à matéria de fato, deve ser o empregador condenado ao pagamento das verbas rescisórias, não quitadas na primeira audiência, com acréscimo de 50% (cinquenta por cento).

Súmula 173/TST: Salário. Empresa. Cessação de atividades. Extinto, automaticamente, o vínculo empregatício com a cessação das atividades da empresa, os salários só são devidos até a data da extinção. Ex-prejulgado n. 53.

Súmula 388/TST: Massa falida. Arts. 467 e 477 da CLT. Inaplicabilidade. A Massa Falida não se sujeita à penalidade do art. 467 e nem à multa do § 8.º do art. 477, ambos da CLT.

Parágrafo único. O disposto no *caput* não se aplica à União, aos Estados, ao Distrito Federal, aos Municípios e às suas autarquias e fundações públicas.

•• Parágrafo único acrescentado pela Medida Provisória n. 2.180-35, de 24-8-2001.

•• A Lei n. 10.272, de 5-9-2001, ao alterar o *caput* deste artigo, nada dispôs sobre a vigência de seu parágrafo único.

CAPÍTULO III
DA ALTERAÇÃO

Art. 468. Nos contratos individuais de trabalho só é lícita a alteração das respectivas condições por mútuo consentimento, e ainda assim desde que não resultem, direta ou indiretamente, prejuízos ao empregado, sob pena de nulidade da cláusula infringente desta garantia.

Art. 7.º, VI, da CF: São direitos dos trabalhadores urbanos e rurais, além de outros que visem à melhoria de sua condição social: (...) VI – irredutibilidade do salário, salvo o disposto em convenção ou acordo coletivo.

Súmula 51/TST: Norma regulamentar. Vantagens e opção pelo novo regulamento. Art. 468 da CLT. I – As cláusulas regulamentares, que revoguem ou alterem vantagens deferidas anteriormente, só atingirão os trabalhadores admitidos após a revogação ou alteração do regulamento. II – Havendo a coexistência de dois regulamentos da empresa, a opção do empregado por um deles tem efeito jurídico de renúncia às regras do sistema do outro.

• *Vide* arts. 7.º, XXVII, 37, XV, da CF e 17 do ADCT.

• *Vide* Súmulas 265 e 288 do TST.

§ 1.º Não se considera alteração unilateral a determinação do empregador para que o respectivo empregado reverta ao cargo efetivo, anteriormente ocupado, deixando o exercício de função de confiança.

•• Parágrafo único renumerado pela Lei n. 13.467, de 13-7-2017.

§ 2.º A alteração de que trata o § 1.º deste artigo, com ou sem justo motivo, não assegura ao empregado o direito à manutenção do pagamento da gratificação correspondente, que não será incorporada, independentemente do tempo de exercício da respectiva função.

•• § 2.º acrescentado pela Lei n. 13.467, de 13-7-2017.

Art. 469. Ao empregador é vedado transferir o empregado, sem a sua anuência, para localidade diversa da que resultar do contrato, não se considerando transferência a que não acarretar necessariamente a mudança do seu domicílio.

Súmula 29/TST: Transferência. Empregado transferido, por ato unilateral do empregador, para local mais distante de sua residência, tem direito a suplemento salarial correspondente ao acréscimo da despesa de transporte.

Súmula 43/TST: Transferência. Presume-se abusiva a transferência de que trata o § 1.º do art. 469 da CLT, sem comprovação da necessidade do serviço.

§ 1.º Não estão compreendidos na proibição deste artigo os empregados que exerçam cargos de confiança e aqueles cujos contratos tenham como condição, implícita ou explícita, a transferência, quando esta decorra de real necessidade de serviço.

•• § 1.º com redação determinada pela Lei n. 6.203, de 17-4-1975.

§ 2.º É lícita a transferência quando ocorrer extinção do estabelecimento em que trabalhar o empregado.

• *Vide* Súmula 221 do STF.

§ 3.º Em caso de necessidade de serviço o empregador poderá transferir o empregado para localidade diversa da que resultar do contrato, não obstante as restrições do artigo anterior, mas, nesse caso, ficará obrigado a um pagamento suplementar, nunca inferior a 25% (vinte e cinco por cento) dos salários que o empregado percebia naquela localidade, enquanto durar essa situação.

•• § 3.º com redação determinada pela Lei n. 6.203, de 17-4-1975.

Art. 470. As despesas resultantes da transferência correrão por conta do empregador.

•• Artigo com redação determinada pela Lei n. 6.203, de 17-4-1975.

Instrução Normativa n. 144/18, art. 10, XIII: Não integram a remuneração, para fins do disposto no art. 6.º: (...) **XIII** - ajuda de custo, em parcela única, recebida exclusivamente em decorrência de mudança de localidade de trabalho do empregado, na forma do art. 470 da CLT.

CAPÍTULO IV
DA SUSPENSÃO E DA INTERRUPÇÃO

Lei n. 11.340/06, art. 9.º, § 2.º, II: § 2.º O juiz assegurará à mulher em situação de violência doméstica e familiar, para preservar sua integridade física e psicológica: (...) II – manutenção do vínculo trabalhista, quando necessário o afastamento do local de trabalho, por até seis meses.

Art. 471. Ao empregado afastado do emprego, são asseguradas, por ocasião de sua volta, todas as vantagens que, em sua ausência, tenham sido atribuídas à categoria a que pertencia na empresa.

Art. 472. O afastamento do empregado em virtude das exigências do serviço militar, ou de outro encargo público, não constituirá motivo para alteração ou rescisão do contrato de trabalho por parte do empregador.

Lei n. 4.375/64 (Lei do Serviço Militar), art. 60, *caput* e § 1.º: Os funcionários públicos federais, estaduais ou municipais, bem como os empregados, operários ou trabalhadores, qualquer que seja a natureza da entidade em que exerçam as suas atividades, quando incorporados ou matriculados em Órgão de Formação de Reserva, por motivo de convocação para prestação do Serviço Militar inicial estabelecido pelo art. 16, desde que para isso forçados a abandonar o cargo ou emprego, terão assegurado o retorno ao cargo ou emprego respectivo, dentro dos 30 (trinta) dias que se seguirem ao licenciamento, ou término de curso, salvo se declararem, por ocasião da incorporação ou matrícula, não pretender a ele voltar. § 1.º Esses convocados, durante o tempo em que estiverem incorporados em Órgãos Militares da Ativa ou matriculados nos de Formação de Reserva, nenhum vencimento, salário ou remuneração perceberão da organização a que pertenciam.

§ 1.º Para que o empregado tenha direito a voltar a exercer o cargo do qual se afastou em virtude de exigências do serviço militar ou de encargo público, é indispensável que notifique o empregador dessa intenção, por telegrama ou carta registrada, dentro do prazo máximo de 30 (trinta) dias, contados da data em que se verificar a respectiva baixa ou a terminação do encargo a que estava obrigado.

§ 2.º Nos contratos por prazo determinado, o tempo de afastamento, se assim acordarem as partes interessadas, não será computado na contagem do prazo para a respectiva terminação.

§ 3.º Ocorrendo motivo relevante de interesse para a segurança nacional, poderá a autoridade competente solicitar o afastamento do empregado do serviço ou do local de trabalho, sem que se configure a suspensão do contrato de trabalho.

•• § 3.º acrescentado pelo Decreto-lei n. 3, de 27-1-1966.

§ 4.º O afastamento a que se refere o parágrafo anterior será solicitado pela autoridade competente diretamente ao empregador, em representação fundamentada com audiência da Procuradoria Regional do Trabalho, que providenciará desde logo a instauração do competente inquérito administrativo.

•• § 4.º acrescentado pelo Decreto-lei n. 3, de 27-1-1966.

§ 5.º Durante os primeiros 90 (noventa) dias desse afastamento, o empregado continuará percebendo sua remuneração.

•• § 5.º acrescentado pelo Decreto-lei n. 3, de 27-1-1966.

Art. 473. O empregado poderá deixar de comparecer ao serviço sem prejuízo do salário:

Art. 392, § 4.º, II, da CLT: É garantido à empregada, durante a gravidez, sem prejuízo do salário e demais direitos: (...) II – dispensa do horário de trabalho pelo tempo necessário para a realização de, no mínimo, 6 (seis) consultas médicas e demais exames complementares.

Lei n. 8.213/91, art. 60, §§ 3.º e 4.º: § 3.º Durante os primeiros 15 (quinze) dias consecutivos ao do afastamento da atividade por motivo de doença, incumbirá à empresa pagar ao segurado empregado o seu salário integral. § 4.º A empresa que dispuser de serviço médico, próprio ou em convênio, terá a seu cargo o exame médico e o abono das faltas correspondentes ao período referido no § 3.º, somente devendo encaminhar o segurado à perícia médica da Previdência Social quando a incapacidade ultrapassar 15 (quinze) dias.

Súmula 15/TST: Atestado médico. A justificação da ausência do empregado motivada por doença, para a percepção do salário-enfermidade e da remuneração do repouso semanal, deve observar a ordem preferencial dos atestados médicos estabelecida em lei.

I – até 2 (dois) dias consecutivos, em caso de falecimento do cônjuge, ascendente, descendente, irmão ou pessoa que, declarada em sua Carteira de Trabalho e Previdência Social, viva sob sua dependência econômica;

Art. 320, § 3.º, da CLT (professores): Não serão descontadas, no decurso de 9 (nove) dias, as faltas verificadas por motivo de gala ou de luto em consequência de falecimento do cônjuge, do pai ou mãe, ou de filho.

II – até 3 (três) dias consecutivos, em virtude de casamento;

•• *Vide* nota ao inciso anterior.

III – por 1 (um) dia, em caso de nascimento de filho, no decorrer da primeira semana;

•• Nos termos do art. 10, § 1.º, do ADCT, a licença-paternidade passou para 5 (cinco) dias, facultada a prorrogação por mais 15 (quinze) dias, mediante concessão de incentivo fiscal, pela Lei n. 11.770, de 9-9-2008 (Programa Empresa Cidadã), alterada pela Lei n. 13.257, de 8-3-2016.

Lei n. 11.770/08, art. 1.º, II: É instituído o Programa Empresa Cidadã, destinado a prorrogar: (...) II – por 15 (quinze) dias a duração da licença-paternidade, nos termos desta Lei, além dos 5 (cinco) dias estabelecidos no § 1.º do art. 10 do Ato das Disposições Constitucionais Transitórias.

IV – por 1 (um) dia, em cada 12 (doze) meses de trabalho, em caso de doação voluntária de sangue devidamente comprovada;

V – até 2 (dois) dias consecutivos ou não, para o fim de se alistar eleitor, nos termos da lei respectiva;

•• *Caput* e incisos I a V com redação determinada pelo Decreto-lei n. 229, de 28-2-1967.

VI – no período de tempo em que tiver de cumprir as exigências do Serviço Militar referidas na letra *c* do art. 65 da Lei n. 4.375, de 17 de agosto de 1964 (Lei do Serviço Militar);

•• Inciso VI acrescentado pelo Decreto-lei n. 757, de 12-8-1969.

• Citado art. 65 dispõe em sua alínea *c* sobre o dever do reservista de se apresentar, anualmente, no local e data que forem fixados, para fins de exercício de apresentação das reservas ou cerimônia cívica do "Dia do Reservista".

• Empregado intimado a testemunhar; direitos assegurados quanto ao salário (Lei n. 1.060, de 5-2-1950).

• *Vide* art. 2.º da Lei n. 4.090, de 13-7-1962, sobre gratificação de Natal.

VII – nos dias em que estiver comprovadamente realizando provas de exame vestibular para ingresso em estabelecimento de ensino superior;

•• Inciso VII acrescentado pela Lei n. 9.471, de 14-7-1997.

VIII – pelo tempo que se fizer necessário, quando tiver que comparecer a juízo;

•• Inciso VIII acrescentado pela Lei n. 9.853, de 27-10-1999.

Art. 822 da CLT: As testemunhas não poderão sofrer qualquer desconto pelas faltas ao serviço, ocasionadas pelo seu comparecimento para depor, quando devidamente arroladas ou convocadas.

Súmula 155/TST: Ausência ao serviço. As horas em que o empregado falta ao serviço para comparecimento necessário, como parte, à Justiça do Trabalho não serão descontadas de seus salários. Ex-prejulgado n. 30.

IX – pelo tempo que se fizer necessário, quando, na qualidade de representante de entidade sindical, estiver participando de reunião oficial de organismo internacional do qual o Brasil seja membro;

•• Inciso IX acrescentado pela Lei n. 11.304, de 11-5-2006.

X – até 2 (dois) dias para acompanhar consultas médicas e exames complementares durante o período de gravidez de sua esposa ou companheira;

•• Inciso X acrescentado pela Lei n. 13.257, de 8-3-2016.

XI – por 1 (um) dia por ano para acompanhar filho de até 6 (seis) anos em consulta médica;

•• Inciso XI acrescentado pela Lei n. 13.257, de 8-3-2016.

XII – até 3 (três) dias, em cada 12 (doze) meses de trabalho, em caso de realização de exames preventivos de câncer devidamente comprovada.

•• Inciso XII acrescentado pela Lei n. 13.767, de 18-12-2018.

Art. 474. A suspensão do empregado por mais de 30 (trinta) dias consecutivos importa na rescisão injusta do contrato de trabalho.

Art. 475. O empregado que for aposentado por invalidez terá suspenso o seu contrato de trabalho durante prazo fixado pelas leis de previdência social para a efetivação do benefício.

§ 1.º Recuperando o empregado a capacidade de trabalho e sendo a aposentadoria cancelada, ser-lhe-á assegurado o direito à função que ocupava ao tempo da aposentadoria, facultado, porém, ao empregador, o direito de indenizá-lo por rescisão do contrato de trabalho, nos termos dos arts. 477 e 478, salvo na hipótese de ser ele portador de estabilidade, quando a indenização deverá ser paga na forma do art. 497.

•• § 1.º com redação determinada pela Lei n. 4.824, de 5-11-1965.

Súmula 217/STF: Tem direito de retornar ao emprego ou ser indenizado em caso de recusa do empregador o aposentado que recupera a capacidade de trabalho dentro de 5 (cinco) anos, a contar da aposentadoria, que se torna definitiva após esse prazo.

Súmula 219/STF: Para a indenização devida ao empregado que tinha direito a ser readmitido, e não o foi, levam-se em conta as vantagens advindas à sua categoria no período do afastamento.

Súmula 220/STF: A indenização devida a empregado estável, que não é readmitido, ao cessar sua aposentadoria, deve ser paga em dobro.

• *Vide* Súmulas 72, 97 e 160 do TST.

§ 2.º Se o empregador houver admitido substituto para o aposentado, poderá rescindir, com este, o respectivo contrato de trabalho sem indenização, desde que tenha havido ciência inequívoca da interinidade ao ser celebrado o contrato.

Art. 476. Em caso de seguro-doença ou auxílio-enfermidade, o empregado é considerado em licença não remunerada, durante o prazo desse benefício.

Art. 7.º, I, da CF: São direitos dos trabalhadores urbanos e rurais, além de outros que visem à melhoria de sua condição social: I – relação de emprego protegida contra despedida arbitrária ou sem justa causa, nos termos de lei complementar, que preverá indenização compensatória, dentre outros direitos.

Art. 476-A. O contrato de trabalho poderá ser suspenso, por um período de 2 (dois) a 5 (cinco) meses, para participação do empregado em curso ou programa de qualificação profissional oferecido pelo empregador, com duração equivalente à suspensão contratual, mediante previsão em convenção ou acordo coletivo de trabalho e aquiescência formal do empregado, observado o disposto no art. 471 desta Consolidação.

•• *Caput* acrescentado pela Medida Provisória n. 2.164-41, de 24-8-2001.

•• Ao empregado com contrato de trabalho suspenso nos termos deste artigo é mantida a qualidade de segurado, independentemente de contribuições até 12 (doze) meses após a cessação das contribuições (art. 11 da Medida Provisória n. 2.164-41, de 24-8-2001).

§ 1.º Após a autorização concedida por intermédio de convenção ou acordo coletivo, o empregador deverá notificar o respectivo sindicato, com antecedência mínima de 15 (quinze) dias da suspensão contratual.

•• § 1.º acrescentado pela Medida Provisória n. 2.164-41, de 24-8-2001.

§ 2.º O contrato de trabalho não poderá ser suspenso em conformidade com o disposto no *caput* deste artigo mais de uma vez no período de 16 (dezesseis) meses.

•• § 2.º acrescentado pela Medida Provisória n. 2.164-41, de 24-8-2001.

§ 3.º O empregador poderá conceder ao empregado ajuda compensatória mensal, sem natureza salarial, durante o período de suspensão contratual nos termos do *caput* deste artigo, com valor a ser definido em convenção ou acordo coletivo.

•• § 3.º acrescentado pela Medida Provisória n. 2.164-41, de 24-8-2001.

§ 4.º Durante o período de suspensão contratual para participação em curso ou programa de qualificação profissional, o empregado fará jus aos benefícios voluntariamente concedidos pelo empregador.

•• § 4.º acrescentado pela Medida Provisória n. 2.164-41, de 24-8-2001.

§ 5.º Se ocorrer a dispensa do empregado no transcurso do período de suspensão contratual ou nos 3 (três) meses subsequentes ao seu retorno ao trabalho, o empregador pagará ao empregado, além das parcelas indenizatórias previstas na legislação em vigor, multa a ser estabelecida em convenção ou acordo coletivo, sendo de, no mínimo, 100% (cem por cento) sobre o valor da última remuneração mensal anterior à suspensão do contrato.

•• § 5.º acrescentado pela Medida Provisória n. 2.164-41, de 24-8-2001.

§ 6.º Se durante a suspensão do contrato não for ministrado o curso ou programa de qualificação profissional, ou o empregado permanecer trabalhando para o empregador, ficará descaracterizada a suspensão, sujeitando o empregador ao pagamento imediato dos salários e dos encargos sociais referentes ao período, às penalidades cabíveis previstas na legislação em vigor, bem como às sanções previstas em convenção ou acordo coletivo.

•• § 6.º acrescentado pela Medida Provisória n. 2.164-41, de 24-8-2001.

§ 7.º O prazo limite fixado no *caput* poderá ser prorrogado mediante convenção ou acordo coletivo de trabalho e aquiescência formal do empregado, desde que o empregador arque com o ônus correspondente ao valor da bolsa de qualificação profissional, no respectivo período.

•• § 7.º acrescentado pela Medida Provisória n. 2.164-41, de 24-8-2001.

CAPÍTULO V
DA RESCISÃO

Art. 7.º, I, da CF: São direitos dos trabalhadores urbanos e rurais, além de outros que visem à melhoria de sua condição social: (...) I – relação de emprego protegida contra despedida arbitrária ou sem justa causa, nos termos de lei complementar, que preverá indenização compensatória, dentre outros direitos.

Art. 10, II, do ADCT: Até que seja promulgada a lei complementar a que se refere o art. 7.º, I, da Constituição: (...) II – fica vedada a dispensa arbitrária ou sem justa causa: a) do empregado eleito para cargo de direção de comissões internas de prevenção de acidentes, desde o registro de sua candidatura até um ano após o final de seu mandato; b) da empregada gestante, desde a confirmação da gravidez até cinco meses após o parto.

• *Vide* Instrução Normativa n. 15, de 14-7-2010, que estabelece procedimentos para assistência e homologação na rescisão de contrato de trabalho.

Art. 477. Na extinção do contrato de trabalho, o empregador deverá proceder à anotação na Carteira de Trabalho e Previdência Social, comunicar a dispensa aos órgãos competentes e realizar o pagamento das verbas rescisórias no prazo e na forma estabelecidos neste artigo.

•• *Caput* com redação determinada pela Lei n. 13.467, de 13-7-2017.

Art. 7.º, I, da CF: São direitos dos trabalhadores urbanos e rurais, além de outros que visem à melhoria de sua condição social: I – relação de emprego protegida contra despedida arbitrária ou sem justa causa, nos termos de lei complementar, que preverá indenização compensatória, dentre outros direitos.

Art. 485 da CLT: Quando cessar a atividade da empresa, por morte do empregador, os empregados terão direito, conforme o caso, à indenização a que se referem os arts. 477 e 497.

Lei n. 8.036/90, art. 18, *caput* e § 1.º: Ocorrendo rescisão do contrato de trabalho, por parte do empregador, ficará este obrigado a depositar na conta vinculada do trabalhador no FGTS os valores relativos aos depósitos referentes ao mês da rescisão e ao imediatamente anterior, que ainda não houver sido recolhido, sem prejuízo das cominações legais. § 1.º Na hipótese de despedida pelo empregador sem justa causa, depositará este, na conta vinculada do trabalhador no FGTS, importância igual a 40% (quarenta por cento) do montante de todos os depósitos realizados na conta vinculada durante a vigência do contrato de trabalho, atualizados monetariamente e acrescidos dos respectivos juros.

Súmula 459/STF: No cálculo da indenização por despedida injusta incluem-se os adicionais, ou gratificações que, pela habitualidade, se tenham incorporado ao salário.

Súmula 462/STF: No cálculo da indenização por despedida injusta, inclui-se, quando devido, o repouso semanal remunerado.

Súmula 314/TST: Indenização adicional. Verbas rescisórias. Salário corrigido. Se ocorrer a rescisão contratual no período de 30 (trinta) dias que antecede à data-base, observado o Enunciado n. 182 do TST, o pagamento das verbas rescisórias com o salário já corrigido não afasta o direito à indenização adicional prevista nas Leis n. 6.708, de 30 de outubro de 1979 e 7.238, de 28 de outubro de 1984.

Súmula 330/TST: Quitação. Validade. A quitação passada pelo empregado, com assistência de entidade sindical de sua categoria, ao empregador, com observância dos requisitos exigidos nos parágrafos do art. 477 da CLT, tem eficácia liberatória em relação às parcelas expressamente consignadas no recibo, salvo se oposta ressalva expressa e especificada ao valor dado à parcela ou parcelas impugnadas. I – A quitação não abrange parcelas não consignadas no recibo de quitação e, consequentemente, seus reflexos em outras parcelas, ainda que essas constem desse recibo. II – Quanto a direitos que deveriam ter sido satisfeitos durante a vigência do contrato de trabalho, a quitação é válida em relação ao período expressamente consignado no recibo de quitação.

• *Vide* Decreto-lei n. 779, de 21-8-1969.

• *Vide* Portaria n. 60, de 4-2-1999, do MTE, sobre multas rescisórias.

• *Vide* art. 3.º, parágrafo único, da Portaria n. 329, de 14-8-2002, do MTE, que estabelece procedimentos para a instalação e o funcionamento das Comissões de Conciliação Prévia e Núcleos Intersindicais de Conciliação Trabalhista.

§ 1.º *(Revogado pela Lei n. 13.467, de 13-7-2017.)*

§ 2.º O instrumento de rescisão ou recibo de quitação, qualquer que seja a causa ou forma de dissolução do contrato, deve ter especificada a natureza de cada parcela paga ao empregado e discriminado o seu valor, sendo válida a quitação, apenas, relativamente às mesmas parcelas.

•• § 2.º com redação determinada pela Lei n. 5.584, de 26-6-1970.

• *Vide* Decreto-lei n. 779, de 21-8-1969.

§ 3.º *(Revogado pela Lei n. 13.467, de 13-7-2017.)*

§ 4.º O pagamento a que fizer jus o empregado será efetuado:

•• § 4.º, *caput*, com redação determinada pela Lei n. 13.467, de 13-7-2017.

I – em dinheiro, depósito bancário ou cheque visado, conforme acordem as partes; ou

•• Inciso I acrescentado pela Lei n. 13.467, de 13-7-2017.

II – em dinheiro ou depósito bancário quando o empregado for analfabeto.

•• Inciso II acrescentado pela Lei n. 13.467, de 13-7-2017.

§ 5.º Qualquer compensação no pagamento de que trata o parágrafo anterior não poderá exceder o equivalente a 1 (um) mês de remuneração do empregado.

•• § 5.º com redação determinada pela Lei n. 5.584, de 26-6-1970.

Súmula 18/TST: Compensação. A compensação, na Justiça do Trabalho, está restrita a dívidas de natureza trabalhista.

§ 6.º A entrega ao empregado de documentos que comprovem a comunicação da extinção contratual aos órgãos competentes bem como o pagamento dos valores constantes do instrumento de rescisão ou recibo de quitação deverão ser efetuados até dez dias contados a partir do término do contrato.

•• § 6.º com redação determinada pela Lei n. 13.467, de 13-7-2017.

Lei n. 8.036/90, art. 23, § 1.º, I: Constituem infrações para efeito desta Lei: I – não depositar mensalmente o percentual referente ao FGTS, bem como os valores previstos no art. 18 desta Lei, no prazos de que trata o § 6.º do art. 477 da Consolidação das Leis do Trabalho – CLT.

a) e b) *(Revogadas pela Lei n. 13.467, de 13-7-2017.)*

§ 7.º *(Revogado pela Lei n. 13.467, de 13-7-2017.)*

§ 8.º A inobservância do disposto no § 6.º deste artigo sujeitará o infrator à multa de 160 BTN, por trabalhador, bem assim ao pagamento da multa a favor do empregado, em valor equivalente ao seu salário, devidamente corrigido pelo índice de variação do BTN, salvo quando, comprovadamente, o trabalhador der causa à mora.

•• § 8.º acrescentado pela Lei n. 7.855, de 24-10-1989.

•• *Vide* Nota dos Organizadores, sobre o valor das multas previstas na CLT.

Súmula 388/TST: Massa falida. Arts. 467 e 477 da CLT. Inaplicabilidade. A Massa Falida não se sujeita à penalidade do art. 467 e nem à multa do § 8.º do art. 477, ambos da CLT.

§ 9.º *(Vetado.)*

•• § 9.º acrescentado pela Lei n. 7.855, de 24-10-1989.

§ 10. A anotação da extinção do contrato na Carteira de Trabalho e Previdência Social é documento hábil para requerer o benefício do seguro-desemprego e a movimentação da conta vinculada no Fundo de Garantia do Tempo de Serviço, nas hipóteses legais, desde que a comunicação prevista no *caput* deste artigo tenha sido realizada.

•• § 10 acrescentado pela Lei n. 13.467, de 13-7-2017.

Art. 477-A. As dispensas imotivadas individuais, plúrimas ou coletivas equiparam-se para todos os fins, não havendo necessidade de autorização prévia de entidade sindical ou de celebração de convenção coletiva ou acordo coletivo de trabalho para sua efetivação.

•• Artigo acrescentado pela Lei n. 13.467, de 13-7-2017.

•• *Vide* Enunciado n. 57 da 2.ª Jornada de Direito Material e Processual do Trabalho.

Art. 477-B. Plano de Demissão Voluntária ou Incentivada, para dispensa individual, plúrima ou coletiva, previsto em convenção coletiva ou acordo coletivo de trabalho, enseja quitação plena e irrevogável dos direitos decorrentes da relação empregatícia, salvo disposição em contrário estipulada entre as partes.

•• Artigo acrescentado pela Lei n. 13.467, de 13-7-2017.

Art. 478. A indenização devida pela rescisão de contrato por prazo indeterminado será de 1 (um) mês de remuneração por ano de serviço efetivo, ou por ano e fração igual ou superior a 6 (seis) meses.

Art. 7.º, I, da CF: São direitos dos trabalhadores urbanos e rurais, além de outros que visem à melhoria de sua condição social: I – relação de emprego protegida contra despedida arbitrária ou sem justa causa, nos termos de lei complementar, que preverá indenização compensatória, dentre outros direitos.

Art. 10, I, do ADCT: Até que seja promulgada a lei complementar a que se refere o art. 7.º, I, da Constituição: I – fica limitada a proteção nele referida ao aumento, para quatro vezes, da porcentagem prevista no art. 6.º, *caput* e § 1.º, da Lei n. 5.107, de 13 de setembro de 1966.

•• *Vide* Lei n. 8.036, de 11-5-1990 (FGTS).

• *Vide* Súmula 138 do TST.

§ 1.º O primeiro ano de duração do contrato por prazo indeterminado é considerado como período de experiência, e, antes que se complete, nenhuma indenização será devida.

Súmula 188/TST: Contrato de trabalho. Experiência. Prorrogação. O contrato de experiência pode ser prorrogado, respeitado o limite máximo de 90 (noventa) dias.

§ 2.º Se o salário for pago por dia, o cálculo da indenização terá por base 30 (trinta) dias.

•• Número de dias corrigido para aplicação da Lei n. 605, de 5-1-1949.

§ 3.º Se pago por hora, a indenização apurar-se-á na base de 200 (duzentas) horas por mês.

•• De acordo com o art. 7.º, XIII, da CF, o cálculo deve ser feito com base em 220 (duzentas e vinte) horas por mês.

Art. 7.º, XIII, da CF: São direitos dos trabalhadores urbanos e rurais, além de outros que visem à melhoria de sua condição social: (...) XIII – duração do trabalho normal não superior a oito horas diárias e quarenta e quatro semanais, facultada a compensação de horários e a redução da jornada, mediante acordo ou convenção coletiva de trabalho.

§ 4.º Para os empregados que trabalhem à comissão ou que tenham direito a percentagens, a indenização será calculada pela média das comissões ou percentagens percebidas nos últimos 12 (doze) meses de serviço.

•• § 4.º com redação determinada pelo Decreto-lei n. 229, de 28-2-1967.

§ 5.º Para os empregados que trabalhem por tarefa ou serviço feito, a indenização será calculada na base média do tempo costumeiramente gasto pelo interessado para realização de seu serviço, calculando-se o valor do que seria feito durante 30 (trinta) dias.

Art. 479. Nos contratos que tenham termo estipulado, o empregador que, sem justa causa, despedir o empregado será obrigado a pagar-lhe, a título de indenização, e por metade, a remuneração a que teria direito até o termo do contrato.

Súmula 125/TST: Contrato de trabalho. Art. 479 da CLT. O art. 479 da CLT aplica-se ao trabalhador optante pelo FGTS admitido mediante contrato por prazo determinado, nos termos do art. 30, § 3.º, do Decreto n. 59.820, de 20 de dezembro de 1966.

•• *Vide* art. 73 do Decreto n. 9.579, de 22-11-2018.

• *Vide* Decreto-lei n. 691, de 18-7-1969 (técnico estrangeiro).

• *Vide* art. 14 e parágrafo único da Lei n. 5.889, de 8-6-1973.

• *Vide* art. 28, § 10, da Lei n. 9.615, de 24-3-1998.

• *Vide* Instrução Normativa n. 144, de 18-5-2018.

Parágrafo único. Para a execução do que dispõe o presente artigo, o cálculo da parte variável ou incerta dos salários será feito de acordo com o prescrito para o cálculo da indenização referente à rescisão dos contratos por prazo indeterminado.

Art. 480. Havendo termo estipulado, o empregado não se poderá desligar do contrato, sem justa causa, sob pena de ser obrigado a indenizar o empregador dos prejuízos que desse fato lhe resultarem.

•• *Vide* art. 73 do Decreto n. 9.579, de 22-11-2018.

• *Vide* Decreto-lei n. 691, de 18-7-1969 (técnico estrangeiro).

§ 1.º A indenização, porém, não poderá exceder àquela a que teria direito o empregado em idênticas condições.

•• Antigo parágrafo único, passado a § 1.º pelo Decreto-lei n. 6.353, de 20-3-1944.

Súmula 77/TST: Punição. Nula é a punição de empregado se não precedida de inquérito ou sindicância internos a que se obrigou a empresa por norma regulamentar.

• *Vide* Decreto-lei n. 691, de 18-7-1969 (técnico estrangeiro).

§ 2.º *(Revogado pela Lei n. 6.533, de 24-5-1978.)*

Art. 481. Aos contratos por prazo determinado, que contiverem cláusula asseguratória do direito recíproco de rescisão antes de expirado o termo ajustado, aplicam-se, caso seja exercido tal direito por qualquer das partes, os princípios que regem a rescisão dos contratos por prazo indeterminado.

Súmula 163/TST: Aviso prévio. Contrato de experiência. Cabe aviso prévio nas rescisões antecipadas dos contratos de experiência, na forma do art. 481 da CLT. Ex-prejulgado n. 42.

• *Vide* Decreto-lei n. 691, de 18-7-1969 (técnico estrangeiro).

Art. 482. Constituem justa causa para rescisão do contrato de trabalho pelo empregador:

Art. 158, parágrafo único, da CLT: Constitui ato faltoso do empregado a recusa injustificada: a) à observância das instruções expedidas pelo empregador na forma do item II do artigo anterior; b) ao uso dos equipamentos de proteção individual fornecidos pela empresa.

Súmula 316/STF: A simples adesão à greve não constitui falta grave.

•• *Vide* art. 27 da Lei Complementar n. 150, de 1.º-6-2015 (justa causa do empregado doméstico).

a) ato de improbidade;

b) incontinência de conduta ou mau procedimento;

c) negociação habitual por conta própria ou alheia sem permissão do empregador, e quando constituir ato de concorrência à empresa para a qual trabalha o empregado, ou for prejudicial ao serviço;

d) condenação criminal do empregado, passada em julgado, caso não tenha havido suspensão da execução da pena;

e) desídia no desempenho das respectivas funções;

f) embriaguez habitual ou em serviço;

g) violação de segredo da empresa;

h) ato de indisciplina ou de insubordinação;

i) abandono de emprego;

Súmula 32/TST: Abandono de emprego. Presume-se o abandono de emprego se o trabalhador não retornar ao serviço no prazo de 30 (trinta) dias após a cessação do benefício previdenciário nem justificar o motivo de não o fazer.

Súmula 62/TST: Abandono de emprego. O prazo de decadência do direito do empregador de ajuizar inquérito em face do empregado que incorre em abandono de emprego é contado a partir do momento em que o empregado pretendeu seu retorno ao serviço.

j) ato lesivo da honra ou da boa fama praticado no serviço contra qualquer pessoa, ou ofensas físicas, nas mesmas condições, salvo em caso de legítima defesa, própria ou de outrem;

k) ato lesivo da honra e boa fama ou ofensas físicas praticadas contra o empregador e superiores hierárquicos, salvo em caso de legítima defesa, própria ou de outrem;

l) prática constante de jogos de azar;

m) perda da habilitação ou dos requisitos estabelecidos em lei para o exercício da profissão, em decorrência de conduta dolosa do empregado.

•• Alínea *m* acrescentada pela Lei n. 13.467, de 13-7-2017.

Parágrafo único. Constitui igualmente justa causa para dispensa de empregado a prática, devidamente comprovada em inquérito administrativo, de atos atentatórios contra a segurança nacional.

•• Parágrafo único acrescentado pelo Decreto-lei n. 3, de 27-1-1966.

Art. 483. O empregado poderá considerar rescindido o contrato e pleitear a devida indenização quando:

Súmula 13/TST: Mora. O só pagamento dos salários atrasados em audiência não ilide a mora capaz de determinar a rescisão do contrato de trabalho.

a) forem exigidos serviços superiores às suas forças, defesos por lei, contrários aos bons costumes, ou alheios ao contrato;

b) for tratado pelo empregador ou por seus superiores hierárquicos com rigor excessivo;

c) correr perigo manifesto de mal considerável;

d) não cumprir o empregador as obrigações do contrato;

e) praticar o empregador ou seus prepostos, contra ele ou pessoas de sua família, ato lesivo da honra e boa fama;

• *Vide* Lei n. 10.224, de 15-5-2001 (assédio sexual).

f) o empregador ou seus prepostos ofenderem-no fisicamente, salvo em caso de legítima defesa, própria ou de outrem;

g) o empregador reduzir o seu trabalho, sendo este por peça ou tarefa, de forma a afetar sensivelmente a importância dos salários.

Art. 407, parágrafo único, da CLT: Quando a empresa não tomar as medidas possíveis e recomendadas pela autoridade competente para que o menor mude de função, configurar-se-á a rescisão do contrato de trabalho, na forma do art. 483.

§ 1.º O empregado poderá suspender a prestação dos serviços ou rescindir o contrato, quando tiver de desempenhar obrigações legais, incompatíveis com a continuação do serviço.

§ 2.º No caso de morte do empregador constituído em empresa individual, é facultado ao empregado rescindir o contrato de trabalho.

§ 3.º Nas hipóteses das letras *d* e *g*, poderá o empregado pleitear a rescisão de seu contrato de trabalho e o pagamento das respectivas indenizações, permanecendo ou não no serviço até final decisão do processo.

•• § 3.º acrescentado pela Lei n. 4.825, de 5-11-1965.

Súmula 13/TST: Mora. O só pagamento dos salários atrasados em audiência não ilide a mora capaz de determinar a rescisão do contrato de trabalho.

Art. 484. Havendo culpa recíproca no ato que determinou a rescisão do contrato de trabalho, o tribunal de trabalho reduzirá a indenização à que seria devida em caso de culpa exclusiva do empregador, por metade.

Súmula 14/TST: Culpa recíproca. Reconhecida a culpa recíproca na rescisão do contrato de trabalho (art. 484 da CLT), o empregado tem direito a 50% (cinquenta por cento) do valor do aviso prévio, do décimo terceiro salário e das férias proporcionais.

Art. 484-A. O contrato de trabalho poderá ser extinto por acordo entre empregado e empregador, caso em que serão devidas as seguintes verbas trabalhistas:

•• *Caput* acrescentado pela Lei n. 13.467, de 13-7-2017.

I – por metade:

•• Inciso I, *caput*, acrescentado pela Lei n. 13.467, de 13-7-2017.

a) o aviso prévio, se indenizado; e

•• Alínea *a* acrescentada pela Lei n. 13.467, de 13-7-2017.

•• *Vide* arts. 487 a 491 da CLT.

•• *Vide* Lei n. 12.506, de 11-10-2011 (aviso prévio).

b) a indenização sobre o saldo do Fundo de Garantia do Tempo de Serviço, prevista no § 1.º do art. 18 da Lei n. 8.036, de 11 de maio de 1990;

•• Alínea *b* acrescentada pela Lei n. 13.467, de 13-7-2017.

II – na integralidade, as demais verbas trabalhistas.

•• Inciso II acrescentado pela Lei n. 13.467, de 13-7-2017.

§ 1.º A extinção do contrato prevista no *caput* deste artigo permite a movimentação da conta vinculada do trabalhador no Fundo de Garantia do Tempo de Serviço na forma do inciso I-A do art. 20 da Lei n. 8.036, de 11 de maio de 1990, limitada até 80% (oitenta por cento) do valor dos depósitos.

•• § 1.º acrescentado pela Lei n. 13.467, de 13-7-2017.

§ 2.º A extinção do contrato por acordo prevista no *caput* deste artigo não autoriza o ingresso no Programa de Seguro-Desemprego.

•• § 2.º acrescentado pela Lei n. 13.467, de 13-7-2017.

•• *Vide* Lei n. 7.998, de 11-1-1990 (seguro-desemprego).

Art. 485. Quando cessar a atividade da empresa, por morte do empregador, os empregados terão direito, conforme o caso, à indenização a que se referem os arts. 477 e 497.

Súmula 44/TST: Aviso prévio. A cessação da atividade da empresa, com o pagamento da indenização, simples ou em dobro, não exclui, por si só, o direito do empregado ao aviso prévio.

Art. 486. No caso de paralisação temporária ou definitiva do trabalho, motivada por ato de autoridade municipal, estadual ou federal, ou pela promulgação de lei ou resolução que impossibilite a continuação da atividade, prevalecerá o pagamento da indenização, que ficará a cargo do governo responsável.

•• *Caput* com redação determinada pela Lei n. 1.530, de 26-12-1951.

§ 1.º Sempre que o empregador invocar em sua defesa o preceito do presente artigo, o tribunal do trabalho competente notificará a pessoa de direito público apontada como responsável pela paralisação do trabalho, para que, no prazo de 30 (trinta) dias, alegue o que entender devido, passando a figurar no processo como chamada à autoria.

•• § 1.º com redação determinada pelo Decreto-lei n. 6.110, de 16-12-1943.

§ 2.º Sempre que a parte interessada, firmada em documento hábil, invocar defesa baseada na disposição deste artigo e indicar qual o juiz competente, será ouvida a parte contrária, para, dentro de 3 (três) dias, falar sobre essa alegação.

•• § 2.º com redação determinada pela Lei n. 1.530, de 26-12-1951.

§ 3.º Verificada qual a autoridade responsável, a Junta de Conciliação ou Juiz dar-se-á por incompetente, remetendo os autos ao Juiz Privativo da Fazenda, perante o qual correrá o feito nos termos previstos no processo comum.

•• § 3.º com redação determinada pela Lei n. 1.530, de 26-12-1951.

•• Extinção das Juntas de Conciliação e Julgamento: Emenda Constitucional n. 24, de 9-12-1999.

CAPÍTULO VI
DO AVISO PRÉVIO

Art. 7.º, XXI, da CF: São direitos dos trabalhadores urbanos e rurais, além de outros que visem à melhoria de sua condição social: (...) XXI – aviso prévio proporcional ao tempo de serviço, sendo no mínimo de trinta dias, nos termos da lei.

•• *Vide* Lei n. 12.506, de 11-10-2011, que dispõe sobre aviso prévio.

Art. 487. Não havendo prazo estipulado, a parte que, sem justo motivo, quiser rescindir o contrato deverá avisar a outra da sua resolução com a antecedência mínima de:

I – 8 (oito) dias, se o pagamento for efetuado por semana ou tempo inferior;

•• Inciso I com redação determinada pela Lei n. 1.530, de 26-12-1951.

•• Prejudicado este inciso pelo art. 7.º, XXI, da CF.

Art. 7.º, XXI, da CF: São direitos dos trabalhadores urbanos e rurais, além de outros que visem à melhoria de sua condição social: (...) XXI – aviso prévio proporcional ao tempo de serviço, sendo no mínimo de trinta dias, nos termos da lei.

II – 30 (trinta) dias aos que perceberem por quinzena ou mês, ou que tenham mais de 12 (doze) meses de serviço na empresa.

•• Inciso II com redação determinada pela Lei n. 1.530, de 26-12-1951.

Art. 7.º, XXI, da CF: São direitos dos trabalhadores urbanos e rurais, além de outros que visem à melhoria de sua condição social: (...) XXI – aviso prévio proporcional ao tempo de serviço, sendo no mínimo de trinta dias, nos termos da lei.

Súmula 14/TST: Culpa recíproca. Reconhecida a culpa recíproca na rescisão do contrato de trabalho (art. 484 da CLT), o empregado tem direito a 50% (cinquenta por cento) do valor do aviso prévio, do décimo terceiro salário e das férias proporcionais.

Súmula 44/TST: Aviso prévio. A cessação da atividade da empresa, com o pagamento da indenização, simples ou em dobro, não exclui, por si só, o direito do empregado ao aviso prévio.

Súmula 73/TST: Despedida. Justa causa. A ocorrência de justa causa, salvo a de abandono de emprego, no decurso do prazo do aviso prévio dado pelo empregador, retira do empregado qualquer direito às verbas rescisórias de natureza indenizatória.

Súmula 230/TST: Aviso prévio. Substituição pelo pagamento das horas reduzidas da jornada de trabalho. É ilegal substituir o período que se reduz da jornada de trabalho, no aviso prévio, pelo pagamento das horas correspondentes.

Súmula 276/TST: Aviso prévio. Renúncia pelo empregado. O direito ao aviso prévio é irrenunciável pelo empregado. O pedido de dispensa de cumprimento não exime o empregador de pagar o respectivo valor, salvo comprovação de haver o prestador dos serviços obtido novo emprego.

Súmula 348/TST: Aviso prévio. Concessão na fluência da garantia de emprego. Invalidade. É inválida a concessão do aviso prévio na fluência da garantia de emprego, ante a incompatibilidade dos dois institutos.

Súmula 371/TST: Aviso prévio indenizado. Efeitos. Superveniência de auxílio-doença no curso deste. A projeção do contrato de trabalho para o futuro, pela concessão do aviso prévio indenizado, tem efeitos limitados às vantagens econômicas obtidas no período de pré-aviso, ou seja, salários, reflexos e verbas rescisórias. No caso de concessão de auxílio-doença no curso do aviso prévio, todavia, só se concretizam os efeitos da dispensa depois de expirado o benefício previdenciário.

Súmula 441/TST: Aviso prévio. Proporcionalidade. O direito ao aviso prévio proporcional ao tempo de serviço somente é assegurado nas rescisões de contrato de trabalho ocorridas a partir da publicação da Lei n. 12.506, em 13 de outubro de 2011.

§ 1.º A falta do aviso prévio por parte do empregador dá ao empregado o direito aos salários correspondentes ao prazo do aviso, garantida sempre a integração desse período no seu tempo de serviço.

Súmula 305/TST: 305. Fundo de Garantia do Tempo de Serviço. Incidência sobre o aviso prévio. O pagamento relativo ao período de aviso prévio, trabalhado ou não, está sujeito à contribuição para o FGTS.

OJ 367 da SDI-1: Aviso prévio de 60 dias. Elastecimento por norma coletiva. Projeção. Reflexos nas parcelas trabalhistas. O prazo de aviso prévio de 60 dias, concedido por meio de norma coletiva que silencia sobre alcance de seus efeitos jurídicos, computa-se integralmente como tempo de serviço, nos termos do § 1.º do art. 487 da CLT, repercutindo nas verbas rescisórias.

§ 2.º A falta de aviso prévio por parte do empregado dá ao empregador o direito de descontar os salários correspondentes ao prazo respectivo.

§ 3.º Em se tratando de salário pago na base de tarefa, o cálculo, para os efeitos dos parágrafos anteriores, será feito de acordo com a média dos últimos 12 (doze) meses de serviço.

§ 4.º É devido o aviso prévio na despedida indireta.

•• § 4.º acrescentado pela Lei n. 7.108, de 5-7-1983.

§ 5.º O valor das horas extraordinárias habituais integra o aviso prévio indenizado.

•• § 5.º acrescentado pela Lei n. 10.218, de 11-4-2001.

§ 6.º O reajustamento salarial coletivo, determinado no curso do aviso prévio, beneficia o empregado pré-avisado da despedida, mesmo que tenha recebido antecipadamente os salários correspondentes ao período do aviso, que integra seu tempo de serviço para todos os efeitos legais.

•• § 6.º acrescentado pela Lei n. 10.218, de 11-4-2001.

Art. 488. O horário normal de trabalho do empregado, durante o prazo do aviso, e se a rescisão tiver sido promovida pelo empregador, será reduzido de 2 (duas) horas diárias, sem prejuízo do salário integral.

Parágrafo único. É facultado ao empregado trabalhar sem a redução das 2 (duas) horas diárias previstas neste artigo, caso em que poderá faltar ao serviço, sem prejuízo do salário integral, por 1 (um) dia, na hipótese do inciso I, e por 7 (sete) dias corridos, na hipótese do inciso II do art. 487 desta Consolidação.

•• Parágrafo único acrescentado pela Lei n. 7.093, de 25-4-1983.

Lei n. 5.889/73, art. 15: Durante o prazo do aviso prévio, se a rescisão tiver sido promovida pelo empregador, o empregado rural terá direito a 1 (um) dia por semana, sem prejuízo do salário integral, para procurar outro trabalho.

Art. 489. Dado o aviso prévio, a rescisão torna-se efetiva depois de expirado o respectivo prazo, mas, se a parte notificante reconsiderar o ato, antes de seu termo, à outra parte é facultado aceitar ou não a reconsideração.

Parágrafo único. Caso seja aceita a reconsideração ou continuando a prestação depois de expirado o prazo, o contrato continuará a vigorar, como se o aviso não tivesse sido dado.

Art. 490. O empregador que, durante o prazo do aviso prévio dado ao empregado, praticar ato que justifique a rescisão imediata do contrato, sujeita-se ao pagamento da remuneração correspondente ao prazo do referido aviso, sem prejuízo da indenização que for devida.

Art. 491. O empregado que, durante o prazo do aviso prévio, cometer qualquer das faltas consideradas pela lei como justas para a rescisão, perde o direito ao restante do respectivo prazo.

CAPÍTULO VII
DA ESTABILIDADE

Art. 492. O empregado que contar mais de 10 (dez) anos de serviço na mesma empresa não poderá ser despedido senão por motivo de falta grave ou circunstância de força maior, devidamente comprovadas.

•• Entendemos prejudicado o disposto neste artigo pelo art. 7.º, I e III, da CF.

Art. 7.º, I e III, da CF: São direitos dos trabalhadores urbanos e rurais, além de outros que visem à melhoria de sua condição social: (...) I – relação de emprego protegida contra despedida arbitrária ou sem justa causa, nos termos de lei complementar, que preverá indenização compensatória, dentre outros direitos; (...) III – fundo de garantia do tempo de serviço.

•• *Vide* Lei n. 8.036, de 11-5-1990 (FGTS).

• *Vide* Súmula 195 do STF.

Parágrafo único. Considera-se como de serviço todo o tempo em que o empregado esteja à disposição do empregador.

Art. 493. Constitui falta grave a prática de qualquer dos fatos a que se refere o art. 482, quando por sua repetição ou natureza representem séria violação dos deveres e obrigações do empregado.

Art. 494. O empregado acusado de falta grave poderá ser suspenso de suas funções, mas a sua despedida só se tornará efetiva após o inquérito em que se verifique a procedência da acusação.

Parágrafo único. A suspensão, no caso deste artigo, perdurará até a decisão final do processo.

Súmula 197/STF: O empregado com representação sindical só pode ser despedido mediante inquérito em que se apure falta grave.

Súmula 403/STF: É de decadência o prazo de 30 (trinta) dias para instauração do inquérito judicial, a contar da suspensão, por falta grave, de empregado estável.

Súmula 379/TST: Dirigente sindical. Despedida. Falta grave. Inquérito judicial. Necessidade. O dirigente sindical somente poderá ser dispensado por falta grave mediante a apuração em inquérito judicial, inteligência dos arts. 494 e 543, § 3.º, da CLT.

OJ 137 da SDI-1: Mandado de segurança. Dirigente sindical. Art. 494 da CLT. Aplicável. Constitui direito líquido e certo do empregador a suspensão do empregado, ainda que detentor de estabilidade sindical, até a decisão final do inquérito em que se apure a falta grave a ele imputada, na forma do art. 494, *caput* e parágrafo único, da CLT.

Art. 495. Reconhecida a inexistência de falta grave praticada pelo empregado, fica o empregador obrigado a readmiti-lo no serviço e a pagar-lhe os salários a que teria direito no período da suspensão.

Art. 496. Quando a reintegração do empregado estável for desaconselhável, dado o grau de incompatibilidade resultante do dissídio, especialmente quando for o empregador pessoa física, o tribunal do trabalho poderá converter aquela obrigação em indenização devida nos termos do artigo seguinte.

Decreto n. 3.048/99, art. 214, § 12: O valor pago à empregada gestante, inclusive à doméstica, em função do disposto na alínea *b* do inciso II do art. 10 do ADCT da CF, integra o salário de contribuição, excluídos os casos de conversão em indenização previstos nos arts. 496 e 497 da CLT.

Súmula 28/TST: Indenização. No caso de se converter a reintegração em indenização dobrada, o direito aos salários é assegurado até a data da primeira decisão que determinou essa conversão.

Súmula 396/TST: Estabilidade provisória. Pedido de reintegração. Concessão do salário relativo ao período de estabilidade já exaurido. Inexistência de julgamento *extra petita*. I – Exaurido o período de estabilidade, são devidos ao empregado apenas os salários do período compreendido entre a data da despedida e o final do período de estabilidade, não lhe sendo assegurada a reintegração no emprego. II – Não há nulidade por julgamento extra petita da decisão que deferir salário quando o pedido for de reintegração, dados os termos do art. 496 da CLT.

Art. 497. Extinguindo-se a empresa, sem a ocorrência de motivos de força maior, ao empregado estável despedido é garantida a indenização por rescisão do contrato por prazo indeterminado, paga em dobro.

Art. 485 da CLT: Quando cessar a atividade da empresa, por morte do empregador, os empregados terão direito, conforme o caso, à indenização a que se referem os arts. 477 e 497.

Súmula 44/TST: Aviso prévio. A cessação da atividade da empresa, com o pagamento da indenização, simples ou em dobro, não exclui, por si só, o direito do empregado ao aviso prévio.

• *Vide* notas ao artigo anterior.

Art. 498. Em caso de fechamento do estabelecimento, filial ou agência, ou supressão necessária de atividade, sem ocorrência de motivo de força maior, é assegurado aos empregados estáveis, que ali exerçam suas funções, direito à indenização, na forma do artigo anterior.

Súmula 221/STF: A transferência de estabelecimento, ou a sua extinção parcial, por motivo que não seja de força maior, não justifica a transferência de empregado estável.

Art. 499. Não haverá estabilidade no exercício dos cargos de diretoria, gerência ou outros de confiança imediata do empregador, ressalvado o cômputo do tempo de serviço para todos os efeitos legais.

§ 1.º Ao empregado garantido pela estabilidade que deixar de exercer cargo de confiança, é assegurada, salvo no caso de falta grave, a reversão ao cargo efetivo que haja anteriormente ocupado.

§ 2.º Ao empregado despedido sem justa causa, que só tenha exercido cargo de confiança e que contar mais de 10 (dez) anos de serviço na mesma empresa, é garantida a indenização proporcional ao tempo de serviço nos termos dos arts. 477 e 478.

§ 3.º A despedida que se verificar com o fim de obstar ao empregado a aquisição de estabilidade sujeitará o empregador a pagamento em dobro da indenização prescrita nos arts. 477 e 478.

Art. 500. O pedido de demissão do empregado estável só será válido quando feito com a assistência do respectivo Sindicato e, se não o houver, perante autoridade local competente do Ministério do Trabalho e Previdência Social ou da Justiça do Trabalho.

•• Artigo com redação determinada pela Lei n. 5.584, de 26-6-1970.

•• *Vide* Nota dos Organizadores, Ministérios.

Lei n. 4.725/65, art. 11: A assistência aos trabalhadores prevista no art. 500 da CLT, aprovada pelo Decreto-lei n. 5.452, de 1.º-5-1943, e na Lei n. 4.066, de 28-5-1962, será gratuita, vedada aos órgãos e autoridades a quem for solicitada a cobrança de qualquer importância para o atendimento de custas, taxas, emolumentos, remuneração ou a qualquer título.

• Citada Lei n. 4.066/62 foi revogada expressamente pela Lei n. 5.562, de 12-12-1968.

CAPÍTULO VIII
DA FORÇA MAIOR

Art. 501. Entende-se como força maior todo acontecimento inevitável, em relação à vontade do empregador, e para a realização do qual este não concorreu, direta ou indiretamente.

§ 1.º A imprevidência do empregador exclui a razão de força maior.

§ 2.º À ocorrência do motivo de força maior que não afetar substancialmente, nem for suscetível de afetar, em tais condições, a situação econômica e financeira da empresa, não se aplicam as restrições desta Lei referentes ao disposto neste Capítulo.

Art. 502. Ocorrendo motivo de força maior que determine a extinção da empresa, ou de um dos estabelecimentos em que trabalhe o empregado, é assegurada a este, quando despedido, uma indenização na forma seguinte:

I – sendo estável, nos termos dos arts. 477 e 478;

II – não tendo direito à estabilidade, metade da que seria devida em caso de rescisão sem justa causa;

III – havendo contrato por prazo determinado, aquela a que se refere o art. 479 desta Lei, reduzida igualmente à metade.

Art. 503. É lícita, em caso de força maior ou prejuízos devidamente comprovados, a redução geral dos salários dos empregados da empresa, proporcionalmente aos salários de cada um, não podendo, entretanto, ser superior a 25% (vinte e cinco por cento), respeitado, em qualquer caso, o salário mínimo da região.

Art. 7.º, VI e X, da CF: São direitos dos trabalhadores urbanos e rurais, além de outros que visem à melhoria de sua condição social: (...) VI – irredutibilidade do salário, salvo o disposto em convenção ou acordo coletivo; (...) X – proteção do salário na forma da lei, constituindo crime sua retenção dolosa.

Parágrafo único. Cessados os efeitos decorrentes do motivo de força maior, é garantido o restabelecimento dos salários reduzidos.

Art. 504. Comprovada a falsa alegação do motivo de força maior, é garantida a reintegração aos empregados estáveis, e aos não estáveis o complemento da indenização já percebida, assegurado a ambos o pagamento da remuneração atrasada.

CAPÍTULO IX
DISPOSIÇÕES ESPECIAIS

Art. 505. São aplicáveis aos trabalhadores rurais os dispositivos constantes dos Capítulos I, II e VI do presente Título.

OJ 417 da SDI-1: Prescrição. Rurícola. Emenda Constitucional n. 28, de 26-5-2000. Contrato de trabalho em curso. Não há prescrição total ou parcial da pretensão do trabalhador rural que reclama direitos relativos a contrato de trabalho que se encontrava em curso à época da promulgação da Emenda Constitucional n. 28, de 26-5-2000, desde que ajuizada a demanda no prazo de cinco anos de sua publicação, observada a prescrição bienal.

• As relações de trabalho rural são reguladas pela Lei n. 5.889, de 8-6-1973, regulamentada pelo Decreto n. 73.626, de 12-2-1974.

• *Vide* art. 4.º do Decreto n. 73.626, de 12-2-1974.

Art. 506. No contrato de trabalho agrícola é lícito o acordo que estabelecer a remuneração *in natura*, contanto que seja de produtos obtidos pela exploração do negócio e não exceda de 1/3 (um terço) do salário total do empregado.

•• Entendemos prejudicado pela Lei n. 5.889, de 8-6-1973.

Art. 507. As disposições do Capítulo VII do presente Título não serão aplicáveis aos empregados em consultórios ou escritórios de profissionais liberais.

Parágrafo único. *(Revogado pela Lei n. 6.533, de 24-5-1978.)*

Art. 507-A. Nos contratos individuais de trabalho cuja remuneração seja superior a duas vezes o limite máximo estabelecido para os benefícios do Regime Geral de Previdência Social, poderá ser pactuada cláusula compromissória de arbitragem, desde que por iniciativa do empregado ou mediante a sua concordância expressa, nos termos previstos na Lei n. 9.307, de 23 de setembro de 1996.

•• Artigo acrescentado pela Lei n. 13.467, de 13-7-2017.

Art. 507-B. É facultado a empregados e empregadores, na vigência ou não do contrato de emprego, firmar o termo de quitação anual de obrigações trabalhistas, perante o sindicato dos empregados da categoria.

•• *Caput* acrescentado pela Lei n. 13.467, de 13-7-2017.

•• *Vide* art. 16, da Instrução Normativa n. 144, de 18-5-2018.

Parágrafo único. O termo discriminará as obrigações de dar e fazer cumpridas mensalmente e dele constará a quitação anual dada pelo empregado, com eficácia liberatória das parcelas nele especificadas.

•• Parágrafo único acrescentado pela Lei n. 13.467, de 13-7-2017.

Art. 508. *(Revogado pela Lei n. 12.347, de 10-12-2010.)*

Art. 509. (*Revogado pela Lei n. 6.533, de 24-5-1978.*)

Art. 510. Pela infração das proibições constantes deste Título, será imposta à empresa a multa de valor igual a 1 (um) salário mínimo regional elevada ao dobro, no caso de reincidência, sem prejuízo das demais cominações legais.

•• Artigo com redação determinada pela Lei n. 5.562, de 12-12-1968.

•• *Vide* Nota dos Organizadores, sobre o valor das multas previstas na CLT.

TÍTULO IV-A
DA REPRESENTAÇÃO DOS EMPREGADOS

•• Título IV-A acrescentado pela Lei n. 13.467, de 13-7-2017.

•• *Vide* art. 8.º da Portaria n. 349, de 23-5-2018, do Ministério do Trabalho.

Art. 510-A. Nas empresas com mais de duzentos empregados, é assegurada a eleição de uma comissão para representá-los, com a finalidade de promover-lhes o entendimento direto com os empregadores.

•• *Caput* acrescentado pela Lei n. 13.467, de 13-7-2017.

§ 1.º A comissão será composta:

•• § 1.º, *caput*, acrescentado pela Lei n. 13.467, de 13-7-2017.

I – nas empresas com mais de duzentos e até três mil empregados, por três membros;

•• Inciso I acrescentado pela Lei n. 13.467, de 13-7-2017.

II – nas empresas com mais de três mil e até cinco mil empregados, por cinco membros;

•• Inciso II acrescentado pela Lei n. 13.467, de 13-7-2017.

III – nas empresas com mais de cinco mil empregados, por sete membros.

•• Inciso III acrescentado pela Lei n. 13.467, de 13-7-2017.

§ 2.º No caso de a empresa possuir empregados em vários Estados da Federação e no Distrito Federal, será assegurada a eleição de uma comissão de representantes dos empregados por Estado ou no Distrito Federal, na mesma forma estabelecida no § 1.º deste artigo.

•• § 2.º acrescentado pela Lei n. 13.467, de 13-7-2017.

Art. 510-B. A comissão de representantes dos empregados terá as seguintes atribuições:

•• *Caput* acrescentado pela Lei n. 13.467, de 13-7-2017.

I – representar os empregados perante a administração da empresa;

•• Inciso I acrescentado pela Lei n. 13.467, de 13-7-2017.

II – aprimorar o relacionamento entre a empresa e seus empregados com base nos princípios da boa-fé e do respeito mútuo;

•• Inciso II acrescentado pela Lei n. 13.467, de 13-7-2017.

III – promover o diálogo e o entendimento no ambiente de trabalho com o fim de prevenir conflitos;

•• Inciso III acrescentado pela Lei n. 13.467, de 13-7-2017.

IV – buscar soluções para os conflitos decorrentes da relação de trabalho, de forma rápida e eficaz, visando à efetiva aplicação das normas legais e contratuais;

•• Inciso IV acrescentado pela Lei n. 13.467, de 13-7-2017.

V – assegurar tratamento justo e imparcial aos empregados, impedindo qualquer forma de discriminação por motivo de sexo, idade, religião, opinião política ou atuação sindical;

•• Inciso V acrescentado pela Lei n. 13.467, de 13-7-2017.

VI – encaminhar reivindicações específicas dos empregados de seu âmbito de representação;

•• Inciso VI acrescentado pela Lei n. 13.467, de 13-7-2017.

VII – acompanhar o cumprimento das leis trabalhistas, previdenciárias e das convenções coletivas e acordos coletivos de trabalho.

•• Inciso VII acrescentado pela Lei n. 13.467, de 13-7-2017.

§ 1.º As decisões da comissão de representantes dos empregados serão sempre colegiadas, observada a maioria simples.

•• § 1.º acrescentado pela Lei n. 13.467, de 13-7-2017.

§ 2.º A comissão organizará sua atuação de forma independente.

•• § 2.º acrescentado pela Lei n. 13.467, de 13-7-2017.

Art. 510-C. A eleição será convocada, com antecedência mínima de trinta dias, contados do término do mandato anterior, por meio de edital que deverá ser fixado na empresa, com ampla publicidade, para inscrição de candidatura.

•• *Caput* acrescentado pela Lei n. 13.467, de 13-7-2017.

§ 1.º Será formada comissão eleitoral, integrada por cinco empregados, não candidatos, para a organização e o acompanhamento do processo eleitoral, vedada a interferência da empresa e do sindicato da categoria.

•• § 1.º acrescentado pela Lei n. 13.467, de 13-7-2017.

§ 2.º Os empregados da empresa poderão candidatar-se, exceto aqueles com contrato de trabalho por prazo determinado, com contrato suspenso ou que estejam em período de aviso prévio, ainda que indenizado.

•• § 2.º acrescentado pela Lei n. 13.467, de 13-7-2017.

§ 3.º Serão eleitos membros da comissão de representantes dos empregados os candidatos mais votados, em votação secreta, vedado o voto por representação.

•• § 3.º acrescentado pela Lei n. 13.467, de 13-7-2017.

§ 4.º A comissão tomará posse no primeiro dia útil seguinte à eleição ou ao término do mandato anterior.

•• § 4.º acrescentado pela Lei n. 13.467, de 13-7-2017.

§ 5.º Se não houver candidatos suficientes, a comissão de representantes dos empregados poderá ser formada com número de membros inferior ao previsto no art. 510-A desta Consolidação.

•• § 5.º acrescentado pela Lei n. 13.467, de 13-7-2017.

§ 6.º Se não houver registro de candidatura, será lavrada ata e convocada nova eleição no prazo de um ano.

•• § 6.º acrescentado pela Lei n. 13.467, de 13-7-2017.

Art. 510-D. O mandato dos membros da comissão de representantes dos empregados será de um ano.

•• *Caput* acrescentado pela Lei n. 13.467, de 13-7-2017.

§ 1.º O membro que houver exercido a função de representante dos empregados na comissão não poderá ser candidato nos dois períodos subsequentes.

•• § 1.º acrescentado pela Lei n. 13.467, de 13-7-2017.

•• *Vide* Enunciado n. 63 da 2.ª Jornada de Direito Material e Processual do Trabalho.

§ 2.º O mandato de membro de comissão de representantes dos empregados não implica suspensão ou interrupção do contrato de trabalho, devendo o empregado permanecer no exercício de suas funções.

•• § 2.º acrescentado pela Lei n. 13.467, de 13-7-2017.

§ 3.º Desde o registro da candidatura até um ano após o fim do mandato, o membro da comissão de representantes dos empregados não poderá sofrer despedida arbitrária, entendendo-se como tal a que não se fundar em motivo disciplinar, técnico, econômico ou financeiro.

•• § 3.º acrescentado pela Lei n. 13.467, de 13-7-2017.

§ 4.º Os documentos referentes ao processo eleitoral devem ser emitidos em duas vias, as quais permanecerão sob a guarda dos empregados e da empresa pelo prazo de cinco anos, à disposição para consulta de qualquer trabalhador interessado, do Ministério Público do Trabalho e do Ministério do Trabalho.

•• § 4.º acrescentado pela Lei n. 13.467, de 13-7-2017.

TÍTULO V
DA ORGANIZAÇÃO SINDICAL

•• Entendemos parcialmente prejudicado o disposto neste Título V (arts. 511 a 610) pelo art. 8.º da CF.

Art. 8.º da CF: É livre a associação profissional ou sindical, observado o seguinte: I – a lei não poderá exigir autorização do Estado para a fundação de sindicato, ressalvado o registro no órgão competente, vedadas ao Poder Público a interferência e a intervenção na organização sindical; II – é vedada a criação de mais de uma organização sindical, em qualquer grau, representativa de categoria profissional ou econômica, na mesma base territorial, que será definida pelos trabalhadores ou empregadores interessados, não podendo ser inferior à área de um Município; III – ao sindicato cabe a defesa dos direitos e interesses coletivos ou individuais da categoria, inclusive em questões judiciais ou administrativas; IV – a assembleia geral fixará a contribuição que, em se tratando de categoria profissional, será descontada em folha, para custeio do sistema confederativo da representação sindical respectiva, independentemente da contribuição prevista em lei; V – ninguém será obrigado a filiar-se ou a manter-se filiado a sindicato; VI – é obrigatória a participação dos sindicatos nas negociações coletivas de trabalho; VII – o aposentado filiado tem direito a votar e ser votado nas organizações sindicais; VIII – é vedada a dispensa do empregado sindicalizado a partir do registro da candidatura a cargo de direção ou representação sindical e, se eleito, ainda que suplente, até um ano após o final do mandato, salvo se cometer falta grave nos termos da lei. Parágrafo único. As disposições deste artigo aplicam-se à organização de sindicatos rurais e de colônias de pescadores, atendidas as condições que a lei estabelecer.

CAPÍTULO I
DA INSTITUIÇÃO SINDICAL

SEÇÃO I
Da Associação em Sindicato

Art. 114, III, da CF: Compete à Justiça do Trabalho processar e julgar: (...) III – as ações sobre representação sindical, entre sindicatos, entre sindicatos e trabalhadores, e entre sindicatos e empregadores.

Lei n. 8.073/90, art. 3.º: As entidades sindicais poderão atuar como substitutos processuais dos integrantes da categoria.

Súmula 4/STJ: Compete à Justiça Estadual julgar causa decorrente do processo eleitoral sindical.

Art. 511. É lícita a associação para fins de estudo, defesa e coordenação dos seus interesses econômicos ou profissionais de todos os que, como empregadores, empregados, agentes ou trabalhadores autônomos, ou profissionais liberais, exerçam, respectivamente, a mesma atividade ou profissão ou atividades ou profissões similares ou conexas.

Enunciado n. 29 da 1.ª Jornada de Direito do Trabalho: Pedido de registro sindical. Cooperativa. Impossibilidade diante do princípio da unicidade sindical. Não configura categoria para fins de organização sindical, nos termos do art. 511 da CLT e art. 4.º da Portaria MTE n. 343/2000. Não é possível a formação de entidade sindical constituída por cooperativas, uma vez que afronta o princípio da unicidade sindical, bem como a organização sindical por categorias.

§ 1.º A solidariedade de interesses econômicos dos que empreendem atividades idênticas, similares ou conexas constitui o vínculo social básico que se denomina categoria econômica.

§ 2.º A similitude de condições de vida oriunda da profissão ou trabalho em comum, em situação de emprego na mesma atividade econômica ou em atividades econômicas similares ou conexas, compõe a expressão social elementar compreendida como categoria profissional.

§ 3.º Categoria profissional diferenciada é a que se forma dos empregados que exerçam profissões ou funções diferenciadas por força de estatuto profissional especial ou em consequência de condições de vida singulares.

§ 4.º Os limites de identidade, similaridade ou conexidade fixam as dimensões dentro das quais a categoria econômica ou profissional é homogênea e a associação é natural.

Art. 512. Somente as associações profissionais constituídas para os fins e na forma do artigo anterior e registradas de acordo com o art. 558 poderão ser reconhecidas como Sindicatos e investidas nas prerrogativas definidas nesta Lei.

•• Entendemos prejudicado o disposto neste artigo pelo art. 8.º da CF. *Vide* nota neste Título V.

Art. 513. São prerrogativas dos Sindicatos:

***a*)** representar, perante as autoridades administrativas e judiciárias, os interesses gerais da respectiva categoria ou profissão liberal ou os interesses individuais dos associados relativos à atividade ou profissão exercida;

Art. 5.º, LXX, *b*, da CF: Todos são iguais perante a lei, sem distinção de qualquer natureza, garantindo-se aos brasileiros e aos estrangeiros residentes no País a inviolabilidade do direito à vida, à liberdade, à igualdade, à segurança e à propriedade, nos termos seguintes: (...) LXX – o mandado de segurança coletivo pode ser impetrado por: (...) b) organização sindical, entidade de classe ou associação legalmente constituída e em funcionamento há pelo menos um ano, em defesa dos interesses de seus membros ou associados; (...).

Art. 8.º, III, da CF: É livre a associação profissional ou sindical, observado o seguinte: (...) III – ao sindicato cabe a defesa dos direitos e interesses coletivos ou individuais da categoria, inclusive em questões judiciais ou administrativas; (...).

Art. 103, IX, da CF: Podem propor a ação direta de inconstitucionalidade e a ação declaratória de constitucionalidade: (...) IX – confederação sindical ou entidade de classe de âmbito nacional.

***b*)** celebrar convenções coletivas de trabalho;

•• Alínea *b* com redação determinada pelo Decreto-lei n. 229, de 28-2-1967.

Art. 7.º, XXVI, da CF: São direitos dos trabalhadores urbanos e rurais, além de outros que visem à melhoria de sua condição social: (...) XXVI – reconhecimento das convenções e acordos coletivos de trabalho.

Art. 8.º, VI, da CF: É livre a associação profissional ou sindical, observado o seguinte: (...) VI – é obrigatória a participação dos sindicatos nas negociações coletivas de trabalho.

c) eleger ou designar os representantes da respectiva categoria ou profissão liberal;

d) colaborar com o Estado, como órgãos técnicos e consultivos, no estudo e solução dos problemas que se relacionam com a respectiva categoria ou profissão liberal;

e) impor contribuições a todos aqueles que participam das categorias econômicas ou profissionais ou das profissões liberais representadas.

Parágrafo único. Os Sindicatos de empregados terão, outrossim, a prerrogativa de fundar e manter agências de colocação.

• *Vide* art. 150 da CF.

Art. 514. São deveres dos Sindicatos:

a) colaborar com os poderes públicos no desenvolvimento da solidariedade social;

b) manter serviços de assistência judiciária para os associados;

c) promover a conciliação nos dissídios de trabalho;

d) sempre que possível, e de acordo com as suas possibilidades, manter no seu Quadro de Pessoal, em convênio com entidades assistenciais ou por conta própria, um assistente social com as atribuições específicas de promover a cooperação operacional na empresa e a integração profissional na Classe.

•• Alínea *d* acrescentada pela Lei n. 6.200, de 16-4-1975.

Parágrafo único. Os Sindicatos de empregados terão, outrossim, o dever de:

a) promover a fundação de cooperativas de consumo e de crédito;

b) fundar e manter escolas de alfabetização e pré-vocacionais.

SEÇÃO II
Do Reconhecimento e Investidura Sindical

Art. 515. As associações profissionais deverão satisfazer os seguintes requisitos para serem reconhecidas como Sindicatos:

•• Entendemos prejudicado o disposto neste artigo pelo art. 8.º da CF. *Vide* nota neste Título V.

a) reunião de 1/3 (um terço), no mínimo, de empresas legalmente constituídas, sob a forma individual ou de sociedade, se se tratar de associação de empregadores; ou de 1/3 (um terço) dos que integrem a mesma categoria ou exerçam a mesma profissão liberal, se se tratar de associação de empregados ou de trabalhadores ou agentes autônomos ou de profissão liberal;

b) duração de 3 (três) anos para o mandato da diretoria;

•• Alínea *b* com redação determinada pelo Decreto-lei n. 771, de 19-8-1969.

c) exercício do cargo de Presidente e dos demais cargos de administração e representação por brasileiros.

•• Nos termos da Lei n. 6.192, de 19-12-1974.

Parágrafo único. O Ministro do Trabalho e Previdência Social poderá, excepcionalmente, reconhecer como Sindicato a associação cujo número de associados seja inferior ao terço a que se refere a alínea *a*.

•• *Vide* Nota dos Organizadores sobre Ministérios.

Art. 516. Não será reconhecido mais de um Sindicato representativo da mesma categoria econômica ou profissional, ou profissão liberal, em uma dada base territorial.

•• Entendemos prejudicado o disposto neste artigo pelo art. 8.º da CF. *Vide* nota neste Título V.

Art. 8.º, II, da CF: É livre a associação profissional ou sindical, observado o seguinte: (...) II – é vedada a criação de mais de uma organização sindical, em qualquer grau, representativa de categoria profissional ou econômica, na mesma base territorial, que será definida pelos trabalhadores ou empregadores interessados, não podendo ser inferior à área de um Município.

Art. 517. Os Sindicatos poderão ser distritais, municipais, intermunicipais, estaduais e interestaduais. Excepcionalmente, e atendendo às peculiaridades de determinadas categorias ou profissões, o Ministro do Trabalho e Previdência Social poderá autorizar o reconhecimento de Sindicatos nacionais.

•• Entendemos prejudicado o disposto neste artigo pelo art. 8.º da CF. *Vide* nota neste Título V.

•• *Vide* Nota dos Organizadores sobre Ministérios.

§ 1.º O Ministro do Trabalho e Previdência Social outorgará e delimitará a base territorial do Sindicato.

§ 2.º Dentro da base territorial que lhe for determinada é facultado ao Sindicato instituir delegacias ou seções para melhor proteção dos associados e da categoria econômica ou profissional ou profissão liberal representada.

Art. 518. O pedido de reconhecimento será dirigido ao Ministro do Trabalho e Previdência Social instruído com exemplar ou cópia autenticada dos estatutos da associação.

•• Entendemos prejudicado o disposto neste artigo pelo art. 8.º da CF. *Vide* nota neste Título V.

•• *Vide* Nota dos Organizadores sobre Ministérios.

Art. 8.º, I, da CF: É livre a associação profissional ou sindical, observado o seguinte: (...) I – a lei não poderá exigir autorização do Estado para a fundação de sindicato, ressalvado o registro no órgão competente, vedadas ao Poder Público a interferência e a intervenção na organização sindical.

§ 1.º Os estatutos deverão conter:

a) a denominação e a sede da associação;

b) a categoria econômica ou profissional ou a profissão liberal cuja representação é requerida;

c) a afirmação de que a associação agirá como órgão de colaboração com os poderes públicos e as demais associações no sentido da solidariedade social e da subordinação dos interesses econômicos ou profissionais ao interesse nacional;

d) as atribuições, o processo eleitoral e das votações, os casos de perda de mandato e de substituição dos administradores;

e) o modo de constituição e administração do patrimônio social e o destino que lhe será dado no caso de dissolução;

f) as condições em que se dissolverá a associação.

§ 2.º O processo de reconhecimento será regulado em instruções baixadas pelo Ministro do Trabalho e Previdência Social.

Art. 519. A investidura sindical será conferida sempre à associação profissional mais representativa, a juízo do Ministro do Trabalho e Previdência Social, constituindo elementos para essa apreciação, entre outros:

•• Entendemos prejudicado o disposto neste artigo pelo art. 8.º da CF. *Vide* nota neste Título V.

•• *Vide* Nota dos Organizadores sobre Ministérios.

a) o número de associados;

b) os serviços sociais fundados e mantidos;

c) o valor do patrimônio.

Art. 520. Reconhecida como sindicato a associação profissional, ser-lhe-á expedida carta de reconhecimento, assinada pelo Ministro do Trabalho e Previdência Social, na qual será especificada a representação econômica ou profissional, conferida e mencionada a base territorial outorgada.

•• Entendemos prejudicado o disposto neste artigo pelo art. 8.º da CF. *Vide* nota neste Título V.

•• *Vide* Nota dos Organizadores sobre Ministérios.

Parágrafo único. O reconhecimento investe a associação nas prerrogativas do art. 513 e a obriga aos deveres do art. 514, cujo inadimplemento a sujeitará às sanções desta Lei.

Art. 521. São condições para o funcionamento do Sindicato:

•• Entendemos prejudicado o disposto neste artigo pelo art. 8.º da CF. *Vide* nota neste Título V.

a) proibição de qualquer propaganda de doutrinas incompatíveis com as instituições e os interesses da Nação, bem como de candidaturas a cargos eletivos estranhos ao Sindicato;

•• Alínea *a* com redação determinada pelo Decreto-lei n. 9.502, de 23-7-1946.

b) proibição de exercício de cargo eletivo cumulativamente com o de emprego remunerado pelo Sindicato ou por entidade sindical de grau superior;

c) gratuidade do exercício dos cargos eletivos;

d) proibição de quaisquer atividades não compreendidas nas finalidades mencionadas no art. 511, inclusive as de caráter político-partidário;

•• Alínea *d* acrescentada pelo Decreto-lei n. 9.502, de 23-7-1946.

e) proibição de cessão gratuita ou remunerada da respectiva sede a entidade de índole político-partidária.

•• Alínea e acrescentada pelo Decreto-lei n. 9.502, de 23-7-1946.

Parágrafo único. Quando, para o exercício de mandato, tiver o associado de sindicato de empregados, de trabalhadores autônomos ou de profissionais liberais de se afastar do seu trabalho, poderá ser-lhe arbitrada pela Assembleia Geral uma gratificação nunca excedente da importância de sua remuneração na profissão respectiva.

SEÇÃO III
Da Administração do Sindicato

Art. 522. A administração do Sindicato será exercida por uma diretoria constituída no máximo de 7 (sete) e, no mínimo de 3 (três) membros e de um Conselho Fiscal composto de 3 (três) membros, eleitos esses órgãos pela Assembleia Geral.

Súmula 369/TST: Dirigente sindical. Estabilidade provisória. I – É assegurada a estabilidade provisória ao empregado dirigente sindical, ainda que a comunicação do registro da candidatura ou da eleição e da posse seja realizada fora do prazo previsto no art. 543, § 5.º, da CLT, desde que a ciência ao empregador, por qualquer meio, ocorra na vigência do contrato de trabalho. II – O art. 522 da CLT foi recepcionado pela Constituição Federal de 1988. Fica limitada, assim, a estabilidade a que alude o art. 543, § 3.º, da CLT a sete dirigentes sindicais e igual número de suplentes. III – O empregado de categoria diferenciada eleito dirigente sindical só goza de estabilidade se exercer na empresa atividade pertinente à categoria profissional do sindicato para o qual foi eleito dirigente. IV – Havendo extinção da atividade empresarial no âmbito da base territorial do sindicato, não há razão para subsistir a estabilidade. V – O registro da candidatura do empregado a cargo de dirigente sindical durante o período de aviso prévio, ainda que indenizado, não lhe assegura a estabilidade, visto que inaplicável a regra do § 3.º do art. 543 da Consolidação das Leis do Trabalho.

§ 1.º A diretoria elegerá, dentre os seus membros, o Presidente do Sindicato.

§ 2.º A competência do Conselho Fiscal é limitada à fiscalização da gestão financeira do Sindicato.

§ 3.º Constituirão atribuição exclusiva da Diretoria do Sindicato e dos Delegados Sindicais, a que se refere o art. 523, a representação e a defesa dos interesses da entidade perante os poderes públicos e as empresas, salvo mandatário com poderes outorgados por procuração da Diretoria, ou associado investido em representação prevista em lei.

•• § 3.º com redação determinada pelo Decreto-lei n. 9.502, de 23-7-1946.

Art. 523. Os Delegados Sindicais destinados à direção das delegacias ou seções instituídas na forma estabelecida no § 2.º do art. 517 serão designados pela diretoria dentre os associados radicados no território da correspondente delegacia.

•• Entendemos prejudicado o disposto neste artigo pelo art. 8.º da CF. *Vide* nota neste Título V.

Art. 524. Serão sempre tomadas por escrutínio secreto, na forma estatutária, as deliberações da Assembleia Geral concernentes aos seguintes assuntos:

•• *Caput* com redação determinada pela Lei n. 2.693, de 23-12-1955.

•• Entendemos prejudicado o disposto neste artigo pelo art. 8.º da CF. *Vide* nota neste Título V.

a) eleição de associado para representação da respectiva categoria prevista em lei;

b) tomada e aprovação de contas da diretoria;

c) aplicação do patrimônio;

d) julgamento dos atos da Diretoria, relativos a penalidades impostas a associados;

•• Alíneas *a* a *d* com redação determinada pelo Decreto-lei n. 9.502, de 23-7-1946.

e) pronunciamento sobre relações ou dissídio de trabalho. Neste caso, as deliberações da Assembleia Geral só serão consideradas válidas quando ela tiver sido especialmente convocada para esse fim, de acordo com as disposições dos estatutos da entidade sindical. O *quorum* para validade da Assembleia será de metade mais um dos associados quites; não obtido esse *quorum* em primeira convocação, reunir-se-á a Assembleia em segunda convocação com os presentes, considerando-se aprovadas as deliberações que obtiverem 2/3 (dois terços) dos votos.

•• Alínea *e* com redação determinada pela Lei n. 2.693, de 23-12-1955.

Art. 859 da CLT: A representação dos sindicatos para instauração da instância fica subordinada à aprovação de assembleia, da qual participem os associados interessados na solução do dissídio coletivo, em primeira convocação, por maioria de 2/3 (dois terços) dos mesmos, ou, em segunda convocação, por 2/3 (dois terços) dos presentes.

§ 1.º A eleição para cargos de diretoria e conselho fiscal será realizada por escrutínio secreto, durante 6 (seis) horas contínuas, pelo menos, na sede do Sindicato, na de suas delegacias e seções e nos principais locais de trabalho, onde funcionarão as mesas coletoras designadas pelos Delegados Regionais do Trabalho.

•• § 1.º acrescentado pelo Decreto-lei n. 9.502, de 23-7-1946.

§ 2.º Concomitantemente ao término do prazo estipulado para a votação, instalar-se-á, em Assembleia Eleitoral pública e permanente, na sede do Sindicato, a mesa apuradora, para a qual serão enviadas, imediatamente, pelos presidentes das mesas coletoras, as urnas receptoras e as atas respectivas. Será facultada designação de mesa apuradora supletiva sempre que as peculiaridades ou conveniências do pleito a exigirem.

•• § 2.º acrescentado pelo Decreto-lei n. 9.502, de 23-7-1946. Nos termos da Lei n. 4.923, de 23-12-1965.

§ 3.º A mesa apuradora será presidida por membro do Ministério Público do Trabalho ou pessoa de notória idoneidade, designada pelo Procurador-Geral da Justiça do Trabalho ou Procuradores Regionais.

•• § 3.º acrescentado pelo Decreto-lei n. 9.502, de 23-7-1946.

§ 4.º O pleito só será válido na hipótese de participarem da votação mais de 2/3 (dois terços) dos associados com capacidade para votar. Não obtido esse coeficiente, será realizada nova eleição dentro de 15 (quinze) dias, a qual terá validade se nela tomarem parte mais de 50% (cinquenta por cento) dos referidos associados. Na hipótese de não ter sido alcançado, na segunda votação, o coeficiente exigido, será realizado o terceiro e último pleito, cuja validade dependerá do voto de mais de 40% (quarenta por cento) dos aludidos associados, proclamando o Presidente da mesa apuradora em qualquer dessas hipóteses os eleitos, os quais serão empossados automaticamente na data do término do mandato expirante, não tendo efeito suspensivo os protestos ou recursos oferecidos na conformidade da lei.

•• § 4.º acrescentado pelo Decreto-lei n. 9.502, de 23-7-1946.

§ 5.º Não sendo atingido o coeficiente legal para eleição, o Ministério do Trabalho e Previdência Social declarará a vacância da administração, a partir do término do mandato dos membros em exercício, e designará administrador para o Sindicato, realizando-se novas eleições dentro de 6 (seis) meses.

•• § 5.º acrescentado pelo Decreto-lei n. 9.502, de 23-7-1946.

•• *Vide* Nota dos Organizadores sobre Ministérios.

Art. 525. É vedada a pessoas físicas ou jurídicas, estranhas ao Sindicato, qualquer interferência na sua administração ou nos seus serviços.

•• *Caput* com redação determinada pelo Decreto-lei n. 9.502, de 23-7-1946.

•• Entendemos prejudicado o disposto neste artigo pelo art. 8.º da CF. *Vide* nota neste Título V.

Parágrafo único. Estão excluídos dessa proibição:

a) os Delegados do Ministério do Trabalho especialmente designados pelo Ministro ou por quem o represente;

b) os que, como empregados, exerçam cargos no Sindicato mediante autorização da Assembleia Geral.

Art. 526. Os empregados do Sindicato serão nomeados pela diretoria respectiva *ad referendum*, da Assembleia Geral, não podendo recair tal nomeação nos que estiverem nas condições previstas nos itens II, IV, V, VI, VII e VIII do art. 530 e, na hipótese de o nomeador haver sido dirigente sindical, também nas do item I do mesmo artigo.

•• Artigo com redação determinada pelo Decreto-lei n. 925, de 10-10-1969.

•• Entendemos prejudicado o disposto neste artigo pelo art. 8.º da CF. *Vide* nota neste Título V.

Parágrafo único. (*Revogado pela Lei n. 11.295, de 9-5-2006.*)

§ 2.º Aplicam-se ao empregado de entidade sindical os preceitos das leis de proteção do trabalho e de previdência social, inclusive o direito de associação em sindicato.

•• § 2.º acrescentado pela Lei n. 11.295, de 9-5-2006.

•• Numeração dos parágrafos conforme publicação oficial.

Art. 527. Na sede de cada Sindicato haverá um livro de registro, autenticado pelo funcionário competente do Ministério do Trabalho e Previdência Social, e do qual deverão constar:

•• Entendemos prejudicado o disposto neste artigo pelo art. 8.º da CF. *Vide* nota neste Título V.

•• *Vide* Nota dos Organizadores sobre Ministérios.

a) tratando-se de Sindicato de empregadores, a firma, individual ou coletiva, ou a denominação das empresas e sua sede, o nome, idade, estado civil, nacionalidade e residência dos respectivos sócios, ou, em se tratando de sociedade por ações, dos diretores, bem como a indicação desses dados quanto ao sócio ou diretor que representar a empresa no Sindicato;

b) tratando-se de Sindicato de empregados, ou de agentes ou trabalhadores autônomos ou de profissionais liberais, além do nome, idade, estado civil, nacionalidade, profissão ou função e residência de cada associado, o estabelecimento ou lugar onde exerce a sua profissão ou função, o número e a série da respectiva carteira profissional e o número da inscrição na instituição de previdência a que pertencer.

Art. 528. Ocorrendo dissídio ou circunstâncias que perturbem o funcionamento de entidade sindical ou motivos relevantes de segurança nacional, o Ministro do Trabalho e Previdência Social poderá nela intervir, por intermédio de Delegado ou de Junta Interventora, com atribuições para administrá-la e executar ou propor as medidas necessárias para normalizar-lhe o funcionamento.

•• Artigo com redação determinada pelo Decreto-lei n. 3, de 27-1-1966.

•• Entendemos prejudicado o disposto neste artigo pelo art. 8.º da CF. *Vide* nota neste Título V.

•• *Vide* Nota dos Organizadores sobre Ministérios.

SEÇÃO IV
Das Eleições Sindicais

Art. 529. São condições para o exercício do direito do voto como para a investidura em cargo de administração ou representação econômica ou profissional:

•• Entendemos prejudicado o disposto neste artigo pelo art. 8.º da CF. *Vide* nota neste Título V.

Art. 8.º, VII, da CF: É livre a associação profissional ou sindical, observado o seguinte: (...) VII – o aposentado filiado tem direito a votar e ser votado nas organizações sindicais.

***a*)** ter o associado mais de 6 (seis) meses de inscrição no Quadro Social e mais de 2 (dois) anos de exercício da atividade ou da profissão;

•• Alínea *a* com redação determinada pelo Decreto-lei n. 8.080, de 11-10-1945.

Art. 5.º, XX, da CF: Todos são iguais perante a lei, sem distinção de qualquer natureza, garantindo-se aos brasileiros e aos estrangeiros residentes no País a inviolabilidade do direito à vida, à liberdade, à igualdade, à segurança e à propriedade, nos termos seguintes: (...) XX – ninguém poderá ser compelido a associar-se ou a permanecer associado.

***b*)** ser maior de 18 (dezoito) anos;

c) estar no gozo dos direitos sindicais.

Parágrafo único. É obrigatório aos associados o voto nas eleições sindicais.

•• Parágrafo único acrescentado pelo Decreto-lei n. 229, de 28-2-1967.

Art. 530. Não podem ser eleitos para cargos administrativos ou de representação econômica ou profissional, nem permanecer no exercício desses cargos:

•• *Caput* com redação determinada pelo Decreto-lei n. 229, de 28-2-1967.

•• Entendemos prejudicado o disposto neste artigo pelo art. 8.º da CF.

I – os que não tiverem definitivamente aprovadas as suas contas de exercício em cargos de administração;

•• Inciso I com redação determinada pelo Decreto-lei n. 229, de 28-2-1967.

II – os que houverem lesado o patrimônio de qualquer entidade sindical;

•• Inciso II com redação determinada pelo Decreto-lei n. 229, de 28-2-1967.

III – os que não estiverem, desde 2 (dois) anos antes, pelo menos, no exercício efetivo da atividade ou da profissão dentro da base territorial do Sindicato, ou no desempenho de representação econômica ou profissional;

•• Inciso III com redação determinada pelo Decreto-lei n. 229, de 28-2-1967.

IV – os que tiverem sido condenados por crime doloso enquanto persistirem os efeitos da pena;

•• Inciso IV com redação determinada pelo Decreto-lei n. 229, de 28-2-1967.

V – os que não estiverem no gozo de seus direitos políticos;

•• Inciso V com redação determinada pelo Decreto-lei n. 229, de 28-2-1967.

VI – *(Revogado pela Lei n. 8.865, de 29-3-1994.)*

VII – má conduta, devidamente comprovada;

•• Inciso VII acrescentado pelo Decreto-lei n. 507, de 18-3-1969.

VIII – *(Revogado pela Lei n. 8.865, de 29-3-1994.)*

Art. 531. Nas eleições para cargos de Diretoria e do Conselho Fiscal serão considerados eleitos os candidatos que obtiverem maioria absoluta de votos em relação ao total dos associados eleitores.

•• Entendemos prejudicado o disposto neste artigo pelo art. 8.º da CF. *Vide* nota neste Título V.

§ 1.º Não concorrendo à primeira convocação maioria absoluta de eleitores, ou não obtendo nenhum dos candidatos essa maioria, proceder-se-á a nova convocação para dia posterior, sendo então considerados eleitos os candidatos que obtiverem maioria dos eleitores presentes.

§ 2.º Havendo somente uma chapa registrada para as eleições, poderá a Assembleia, em última convocação, ser realizada 2 (duas) horas após a primeira convocação, desde que do edital respectivo conste essa advertência.

§ 3.º Concorrendo mais de uma chapa, poderá o Ministro do Trabalho e Previdência Social designar o Presidente da sessão eleitoral, desde que o requeiram os associados que encabeçarem as respectivas chapas.

•• § 3.º com redação determinada pelo Decreto-lei n. 8.080, de 11-10-1945.

•• *Vide* Nota dos Organizadores sobre Ministérios.

§ 4.º O Ministro do Trabalho e Previdência Social expedirá instruções regulando o processo das eleições.

•• *Vide* Nota dos Organizadores sobre Ministérios.

Art. 532. As eleições para a renovação da Diretoria e do Conselho Fiscal deverão ser procedidas dentro do prazo máximo de 60 (sessenta) dias e mínimo de 30 (trinta) dias, antes do término do mandato dos dirigentes em exercício.

•• *Caput* com redação determinada pelo Decreto-lei n. 8.080, de 11-10-1945.

•• Entendemos prejudicado o disposto neste artigo pelo art. 8.º da CF. *Vide* nota neste Título V.

§ 1.º Não havendo protesto na ata da Assembleia Eleitoral ou recurso interposto por algum dos candidatos, dentro de 15 (quinze) dias, a contar da data das eleições, a posse da Diretoria eleita independerá da aprovação das eleições pelo Ministério do Trabalho e Previdência Social.

•• § 1.º com redação determinada pelo Decreto-lei n. 8.080, de 11-10-1945.

•• *Vide* Nota dos Organizadores sobre Ministérios.

§ 2.º Competirá à Diretoria em exercício, dentro de 30 (trinta) dias da realização das eleições e não tendo havido recurso, dar publicidade ao resultado do pleito, fazendo comunicação ao órgão local do Ministério do Trabalho e Previdência Social da relação dos eleitos, com os dados pessoais de cada um e a designação da função que vai exercer.

•• § 2.º com redação determinada pelo Decreto-lei n. 8.080, de 11-10-1945.

•• *Vide* Nota dos Organizadores sobre Ministérios.

§ 3.º Havendo protesto na ata da Assembleia Eleitoral ou recurso interposto dentro de 15 (quinze) dias da realização das eleições, competirá à Diretoria em exercício encaminhar, devidamente instruído, o processo eleitoral ao órgão local do Ministério do Trabalho e Previdência Social, que o encaminhará para decisão do Ministro de Estado. Nesta hipótese, permanecerão na administração, até despacho final do processo, a Diretoria e o Conselho Fiscal que se encontrarem em exercício.

•• § 3.º com redação determinada pelo Decreto-lei n. 8.080, de 11-10-1945.

•• *Vide* Nota dos Organizadores sobre Ministérios.

§ 4.º Não se verificando as hipóteses previstas no parágrafo anterior, a posse da nova Diretoria deverá se verificar dentro de 30 (trinta) dias subsequentes ao término do mandato da anterior.

•• § 4.º com redação determinada pelo Decreto-lei n. 8.080, de 11-10-1945.

§ 5.º Ao assumir o cargo, o eleito prestará, por escrito e solenemente, o compromisso de respeitar, no exercício do mandato, a Constituição, as leis vigentes e os estatutos da entidade.

•• § 5.º acrescentado pelo Decreto-lei n. 229, de 29-2-1967.

SEÇÃO V
Das Associações Sindicais de Grau Superior

Art. 533. Constituem associações sindicais de grau superior as federações e confederações organizadas nos termos desta Lei.

•• Entendemos prejudicado o disposto neste artigo pelo art. 8.º da CF. *Vide* nota neste Título V.

Art. 534. É facultado aos Sindicatos, quando em número não inferior a 5 (cinco), desde que representem a maioria absoluta de um grupo de atividades ou profissões idênticas, similares ou conexas, organizarem-se em federação.

•• *Caput* com redação determinada pela Lei n. 3.265, de 22-9-1957.

•• Entendemos prejudicado o disposto neste artigo pelo art. 8.º da CF. *Vide* nota neste Título V.

Enunciado n. 32 da 1.ª Jornada de Direito do Trabalho: Entidades sindicais de grau superior. Requisitos para sua constituição. Arts. 534 e 535 da CLT. Manutenção desses requisitos para a permanência do registro junto ao art. 39. Meio ambiente de trabalho. Saúde mental. Dever do empregador. É dever do empregador e do tomador dos serviços zelar por um ambiente de trabalho saudável também do ponto de vista da saúde mental, coibindo práticas tendentes ou aptas a gerar danos de natureza moral ou emocional aos seus trabalhadores, passíveis de indenização.

§ 1.º Se já existir federação no grupo de atividades ou profissões em que deva ser constituída a nova entidade, a criação desta não poderá reduzir a menos de 5 (cinco) o número de Sindicatos que àquela devam continuar filiados.

•• § 1.º acrescentado pela Lei n. 3.265, de 22-9-1957.

§ 2.º As federações serão constituídas por Estados, podendo o Ministro do Trabalho e Previdência Social autorizar a constituição de Federações interestaduais ou nacionais.

•• Primitivo § 1.º, passado a § 2.º pela Lei n. 3.265, de 22-9-1957.

•• *Vide* Nota dos Organizadores sobre Ministérios.

§ 3.º É permitido a qualquer federação, para o fim de lhes coordenar os interesses, agrupar os Sindicatos de determinado município ou região a ela filiados, mas a União não terá direito de representação das atividades ou profissões agrupadas.

•• Primitivo § 2.º, passado a § 3.º pela Lei n. 3.265, de 22-9-1957.

Art. 535. As Confederações organizar-se-ão com o mínimo de 3 (três) federações e terão sede na Capital da República.

•• Entendemos prejudicado o disposto neste artigo pelo art. 8.º da CF. *Vide* nota neste Título V.

Enunciado n. 32 da 1.ª Jornada de Direito do Trabalho: Entidades sindicais de grau superior. Requisitos para sua constituição. Arts. 534 e 535 da CLT. Manutenção desses requisitos para a permanência do registro junto ao art. 39. Meio ambiente de trabalho. Saúde mental. Dever do empregador. É dever do empregador e do tomador dos serviços zelar por um ambiente de trabalho saudável também do ponto de vista da saúde mental, coibindo práticas tendentes ou aptas a gerar danos de natureza moral ou emocional aos seus trabalhadores, passíveis de indenização.

§ 1.º As confederações formadas por federações de Sindicatos de empregadores denominar-se-ão: Confederação Nacional da Indústria, Confederação Nacional do Comércio, Confederação Nacional de Transportes Marítimos, Fluviais e Aéreos, Confederação Nacional de Transportes Terrestres, Confederação Nacional de Comunicações e Publicidade, Confederação Nacional das Empresas de Crédito e Confederação Nacional de Educação e Cultura.

§ 2.º As confederações formadas por federações de Sindicatos de empregados terão a denominação de: Confederação Nacional dos Trabalhadores na Indústria, Confederação Nacional dos Trabalhadores no Comércio, Confederação Nacional dos Trabalhadores em Transportes Marítimos, Fluviais e Aéreos, Confederação Nacional dos Trabalhadores em Transportes Terrestres, Confederação Nacional dos Trabalhadores em Comunicações e Publicidade, Confederação Nacional dos Trabalhadores nas Empresas de Crédito e Confederação Nacional dos Trabalhadores em Estabelecimentos de Educação e Cultura.

§ 3.º Denominar-se-á Confederação Nacional das Profissões Liberais a reunião das respectivas federações.

§ 4.º As associações sindicais de grau superior da Agricultura e Pecuária serão organizadas na conformidade do que dispuser a lei que regular a sindicalização dessas atividades ou profissões.

Art. 536. (*Revogado pelo Decreto-lei n. 229, de 28-2-1967.*)

Parágrafo único. (*Revogado pelo Decreto-lei n. 229, de 28-2-1967.*)

Art. 537. O pedido de reconhecimento de uma federação será dirigido ao Ministro do Trabalho e Previdência Social acompanhado de um exemplar dos respectivos estatutos e das cópias autenticadas das atas da Assembleia de cada Sindicato ou federação que autorizar a filiação.

•• Entendemos prejudicado o disposto neste artigo pelo art. 8.º da CF. *Vide* nota neste Título V.

•• *Vide* Nota dos Organizadores sobre Ministérios.

§ 1.º A organização das federações e confederações obedecerá às exigências contidas nas alíneas *b* e *c* do art. 515.

§ 2.º A carta de reconhecimento das federações será expedida pelo Ministro do Trabalho e Previdência Social, na qual será especificada a coordenação econômica ou profissional conferida e mencionada a base territorial outorgada.

•• *Vide* Nota dos Organizadores sobre Ministérios.

§ 3.º O reconhecimento das confederações será feito por decreto do Presidente da República.

Art. 538. A administração das federações e confederações será exercida pelos seguintes órgãos:

•• *Caput* e alíneas com redação determinada pela Lei n. 2.693, de 23-12-1955.

•• Entendemos prejudicado o disposto neste artigo pelo art. 8.º da CF. *Vide* nota neste Título V.

a) Diretoria;

b) Conselho de Representantes;

c) Conselho Fiscal.

§ 1.º A Diretoria será constituída no mínimo de 3 (três) membros e de 3 (três) membros se comporá o Conselho

Fiscal, os quais serão eleitos pelo Conselho de Representantes com mandato por 3 (três) anos.

•• § 1.º com redação determinada pelo Decreto-lei n. 771, de 19-8-1969.

§ 2.º Só poderão ser eleitos os integrantes dos grupos das federações ou dos planos das confederações, respectivamente.

§ 3.º O Presidente da federação ou confederação será escolhido dentre os seus membros, pela Diretoria.

§ 4.º O Conselho de Representantes será formado pelas delegações dos Sindicatos ou das Federações filiadas, constituída cada delegação de 2 (dois) membros, com mandato por 3 (três) anos, cabendo 1 (um) voto a cada delegação.

•• § 4.º com redação determinada pelo Decreto-lei n. 771, de 19-8-1969.

§ 5.º A competência do Conselho Fiscal é limitada à fiscalização da gestão financeira.

•• § 5.º acrescentado pela Lei n. 2.693, de 23-12-1955.

Art. 539. Para a constituição e administração das Federações serão observadas, no que for aplicável, as disposições das Seções II e III do presente Capítulo.

•• Entendemos prejudicado o disposto neste artigo pelo art. 8.º da CF. *Vide* nota neste Título V.

SEÇÃO VI

Dos Direitos dos Exercentes de Atividades ou Profissões e dos Sindicalizados

Art. 540. A toda empresa ou indivíduo que exerçam respectivamente atividade ou profissão, desde que satisfaçam as exigências desta Lei, assiste o direito de ser admitido no Sindicato da respectiva categoria, salvo o caso de falta de idoneidade, devidamente comprovada, com recurso para o Ministério do Trabalho e Previdência Social.

•• *Vide* Nota dos Organizadores sobre Ministérios.

§ 1.º Perderá os direitos de associado o sindicalizado que, por qualquer motivo, deixar o exercício de atividade ou de profissão.

§ 2.º Os associados de Sindicatos de empregados, de agentes ou trabalhadores autônomos e de profissões liberais que forem aposentados, estiverem em desemprego ou falta de trabalho ou tiverem sido convocados para prestação de serviço militar não perderão os respectivos direitos sindicais e ficarão isentos de qualquer contribuição, não podendo, entretanto, exercer cargo de administração sindical ou de representação econômica ou profissional.

Art. 541. Os que exercerem determinada atividade ou profissão onde não haja Sindicato da respectiva categoria, ou de atividade ou profissão similar ou conexa, poderão filiar-se a Sindicato de profissão idêntica, similar ou conexa, existente na localidade mais próxima.

Parágrafo único. O disposto neste artigo se aplica aos Sindicatos em relação às respectivas federações, na conformidade do Quadro de Atividades e Profissões a que se refere o art. 577.

Art. 542. De todo ato lesivo de direitos ou contrário a esta Lei, emanado da Diretoria, do Conselho ou da Assembleia Geral da entidade sindical, poderá qualquer exercente de atividade ou profissão recorrer, dentro de 30 (trinta) dias, para a autoridade competente do Ministério do Trabalho e Previdência Social.

•• *Vide* Nota dos Organizadores sobre Ministérios.

Art. 8.º, I, da CF: É livre a associação profissional ou sindical, observado o seguinte: I – a lei não poderá exigir autorização do Estado para a fundação de sindicato, ressalvado o registro no órgão competente, vedadas ao Poder Público a interferência e a intervenção na organização sindical.

Art. 543. O empregado eleito para cargo de administração sindical ou representação profissional, inclusive junto a órgão de deliberação coletiva, não poderá ser impedido do exercício de suas funções, nem transferido para lugar ou mister que lhe dificulte ou torne impossível o desempenho das suas atribuições sindicais.

•• *Caput* com redação determinada pelo Decreto-lei n. 229, de 28-2-1967.

Art. 11 da CF: Nas empresas de mais de duzentos empregados, é assegurada a eleição de um representante destes com a finalidade exclusiva de promover-lhes o entendimento direto com os empregadores.

Súmula 197/STF: O empregado com representação sindical só pode ser despedido mediante inquérito em que se apure falta grave.

• Nos termos do art. 55 da Lei n. 5.764, de 16-12-1971, os empregados de empresas que sejam eleitos diretores de sociedades cooperativas pelos mesmos criadas gozarão das garantias asseguradas por este artigo aos dirigentes sindicais.

§ 1.º O empregado perderá o mandato se a transferência for por ele solicitada ou voluntariamente aceita.

•• § 1.º com redação determinada pelo Decreto-lei n. 229, de 28-2-1967.

§ 2.º Considera-se de licença não remunerada, salvo assentimento da empresa ou cláusula contratual, o tempo em que o empregado se ausentar do trabalho no desempenho das funções a que se refere este artigo.

•• § 2.º com redação determinada pelo Decreto-lei n. 229, de 28-2-1967.

§ 3.º Fica vedada a dispensa do empregado sindicalizado ou associado, a partir do momento do registro de sua candidatura a cargo de direção ou representação de entidade sindical ou de associação profissional, até 1 (um) ano após o final do seu mandato, caso seja eleito, inclusive como suplente, salvo se cometer falta grave devidamente apurada nos termos desta Consolidação.

•• § 3.º com redação determinada pela Lei n. 7.543, de 2-10-1986.

Art. 8.º, VIII, da CF: É livre a associação profissional ou sindical, observado o seguinte: (...) VIII – é vedada a dispensa do empregado sindicalizado a partir do registro da candidatura a cargo de direção ou representação sindical e, se eleito, ainda que suplente, até um ano após o final do mandato, salvo se cometer falta grave nos termos da lei.

Súmula 369/TST: Dirigente sindical. Estabilidade provisória. I – É assegurada a estabilidade provisória ao empregado dirigente sindical, ainda que a comunicação do registro da candidatura ou da eleição e da posse seja realizada fora do prazo previsto no art. 543, § 5.º, da CLT, desde que a ciência ao empregador, por qualquer meio, ocorra na vigência do contrato de trabalho. II – O art. 522 da CLT foi recepcionado pela Constituição Federal de 1988. Fica limitada, assim, a estabilidade a que alude o art. 543, § 3.º, da CLT a sete dirigentes sindicais e igual número de suplentes. III – O empregado de categoria diferenciada eleito dirigente sindical só goza de estabilidade se exercer na empresa atividade pertinente à categoria profissional do sindicato para o qual foi eleito dirigente. IV – Havendo extinção da atividade empresarial no âmbito da base territorial do sindicato, não há razão para subsistir a estabilidade. V – O registro da candidatura do empregado a cargo de dirigente sindical durante o período de aviso prévio, ainda que indenizado, não lhe assegura a estabilidade, visto que inaplicável a regra do § 3.º do art. 543 da Consolidação das Leis do Trabalho.

OJ 365 da SDI-1: Estabilidade provisória. Membro de Conselho Fiscal de sindicato. Inexistência. Membro de Conselho Fiscal de sindicato não tem direito à estabilidade prevista nos arts. 543, § 3.º, da CLT e 8.º, VIII, da CF/1988, porquanto não representa ou atua na defesa de direitos da categoria respectiva, tendo sua competência limitada à fiscalização da gestão financeira do sindicato (art. 522, § 2.º, da CLT).

§ 4.º Considera-se cargo de direção ou de representação sindical aquele cujo exercício ou indicação decorre de eleição prevista em lei.

•• § 4.º com redação determinada pela Lei n. 7.223, de 2-10-1984.

§ 5.º Para os fins deste artigo, a entidade sindical comunicará por escrito à empresa, dentro de 24 (vinte e quatro) horas, o dia e a hora do registro da candidatura do seu empregado e, em igual prazo, sua eleição e posse, fornecendo, outrossim, a este, comprovante no mesmo sentido. O Ministério do Trabalho e Previdência Social fará no mesmo prazo a comunicação no caso da designação referida no final do § 4.º.

•• § 5.º com redação determinada pelo Decreto-lei n. 229, de 28-2-1967.

•• *Vide* Nota dos Organizadores sobre Ministérios.

Súmula 369/TST: Dirigente sindical. Estabilidade provisória. I – É assegurada a estabilidade provisória ao empregado dirigente sindical, ainda que a comunicação do registro da candidatura ou da eleição e da posse seja realizada fora do prazo previsto no art. 543, § 5.º, da CLT, desde que a ciência ao empregador, por qualquer meio, ocorra na vigência do contrato de trabalho. II – O art. 522 da CLT foi recepcionado pela Constituição Federal de 1988. Fica limitada, assim, a estabilidade a que alude o art. 543, § 3.º, da CLT a sete dirigentes sindicais e igual número de suplentes. III – O empregado de categoria diferenciada eleito dirigente sindical só goza de estabilidade se exercer na empresa atividade pertinente à categoria profissional do sindicato para o qual foi eleito dirigente. IV – Havendo extinção da atividade empresarial no âmbito da base territorial do sindicato, não há razão para subsistir a estabilidade. V – O registro da candidatura do empregado a cargo de dirigente sindical durante o período de aviso prévio, ainda que indenizado, não lhe assegura a estabilidade, visto que inaplicável a regra do § 3.º do art. 543 da Consolidação das Leis do Trabalho.

§ 6.º A empresa que, por qualquer modo, procurar impedir que o empregado se associe a Sindicato, organize associação profissional ou sindical ou exerça os direitos inerentes à condição de sindicalizado fica sujeita à penalidade prevista na letra *a* do art. 553, sem prejuízo da reparação a que tiver direito o empregado.

•• § 6.º com redação determinada pelo Decreto-lei n. 229, de 28-2-1967.

Art. 544. É livre a associação profissional ou sindical, mas ao empregado sindicalizado é assegurada, em igualdade de condições, preferência:

•• Entendemos prejudicado o disposto neste artigo pelo art. 8.º da CF. *Vide* nota neste Título V.

Art. 5.º, XX, da CF: Todos são iguais perante a lei, sem distinção de qualquer natureza, garantindo-se aos brasileiros e aos estrangeiros residentes no País a inviolabilidade do direito à vida, à liberdade, à igualdade, à segurança e à propriedade, nos termos seguintes: (...) XX – ninguém poderá ser compelido a associar-se ou a permanecer associado.

Art. 8.º, V, da CF: É livre a associação profissional ou sindical, observado o seguinte: (...) V – ninguém será obrigado a filiar-se ou a manter-se filiado a sindicato.

I – para a admissão nos trabalhos de empresa que explore serviços públicos ou mantenha contrato com os poderes públicos;

II – para ingresso em funções públicas ou assemelhadas, em caso de cessação coletiva de trabalho, por motivo de fechamento de estabelecimento;

III – nas concorrências para aquisição de casa própria, pelo Plano Nacional de Habitação ou por intermédio de quaisquer instituições públicas;

IV – nos loteamentos urbanos ou rurais, promovidos pela União, por seus órgãos de administração direta ou indireta ou sociedades de economia mista;

V – na locação ou compra de imóveis, de propriedade de pessoa de direito público ou sociedade de economia mista, quando sob ação de despejo em tramitação judicial;

VI – na concessão de empréstimos simples concedidos pelas agências financeiras do Governo ou a ele vinculadas;

VII – na aquisição de automóveis, outros veículos e instrumentos relativos ao exercício da profissão, quando financiados pelas autarquias, sociedades de economia mista ou agências financeiras do Governo;

VIII – (*Revogado pela Lei n. 8.630, de 25-2-1993.*)

IX – na concessão de bolsas de estudo para si ou para seus filhos, obedecida a legislação que regule a matéria.

•• *Caput* e incisos com redação determinada pelo Decreto-lei n. 229, de 28-2-1967.

Art. 545. Os empregadores ficam obrigados a descontar da folha de pagamento dos seus empregados, desde que por eles devidamente autorizados, as contribuições devidas ao sindicato, quando por este notificados.

•• *Caput* com redação determinada pela Lei n. 13.467, de 13-7-2017.

Art. 8.º, IV, da CF: É livre a associação profissional ou sindical, observado o seguinte: (...) IV – a assembleia geral fixará a contribuição que, em se tratando de categoria profissional, será descontada em folha, para custeio do sistema confederativo da representação sindical respectiva, independentemente da contribuição prevista em lei.

Precedente Normativo 119/TST: Contribuições sindicais – inobservância de preceitos Constitucionais. A Constituição da República, em seus arts. 5.º, XX e 8.º, V, assegura o direito de livre associação e sindicalização. É ofensiva a essa modalidade de liberdade cláusula constante de acordo, convenção coletiva ou sentença normativa estabelecendo contribuição em favor de entidade sindical a título de taxa para custeio do sistema confederativo, assistencial, revigoramento ou fortalecimento sindical e outras da mesma espécie, obrigando trabalhadores não sindicalizados. Sendo nulas as estipulações que inobservem tal restrição, tornam-se passíveis de devolução os valores irregularmente descontados.

Parágrafo único. O recolhimento à entidade sindical beneficiária do importe descontado deverá ser feito até o décimo dia subsequente ao do desconto, sob pena de juros de mora no valor de 10% (dez por cento) sobre o montante retido, sem prejuízo da multa prevista no art. 553 e das cominações penais relativas à apropriação indébita.

•• Parágrafo único acrescentado pelo Decreto-lei n. 925, de 10-10-1969.

Art. 546. Às empresas sindicalizadas é assegurada preferência, em igualdade de condições, nas concorrências para exploração de serviços públicos, bem como nas concorrências para fornecimento às repartições federais, estaduais e municipais e às entidades paraestatais.

Art. 547. É exigida a qualidade de sindicalizado para o exercício de qualquer função representativa de categoria econômica ou profissional, em órgão oficial de deliberação coletiva, bem como para o gozo de favores ou isenções tributárias, salvo em se tratando de atividades não econômicas.

Art. 5.º, XX, da CF: Todos são iguais perante a lei, sem distinção de qualquer natureza, garantindo-se aos brasileiros e aos estrangeiros residentes no País a inviolabilidade do direito à vida, à liberdade, à igualdade, à segurança e à propriedade, nos termos seguintes: (...) XX – ninguém poderá ser compelido a associar-se ou a permanecer associado.

Art. 8.º, V, da CF: É livre a associação profissional ou sindical, observado o seguinte: (...) V – ninguém será obrigado a filiar-se ou a manter-se filiado a sindicato.

Parágrafo único. Antes da posse ou exercício das funções a que alude o artigo anterior ou de concessão dos favores, será indispensável comprovar a sindicalização, ou oferecer prova, mediante certidão negativa da autoridade regional do Ministério do Trabalho e Previdência Social, de que não existe Sindicato no local onde o interessado exerce a respectiva atividade ou profissão.

•• Nos termos da Lei n. 4.923, de 23-12-1965.

•• *Vide* Nota dos Organizadores sobre Ministérios.

SEÇÃO VII

Da Gestão Financeira do Sindicato e sua Fiscalização

Art. 548. Constituem o patrimônio das associações sindicais:

a) as contribuições devidas aos Sindicatos pelos que participem das categorias econômicas ou profissionais ou das profissões liberais representadas pelas referidas entidades, sob a denominação de contribuição sindical, pagas e arrecadadas na forma do Capítulo III deste Título;

•• O Decreto-lei n. 229, de 28-2-1967, estabelece em seu art. 35, V, que as referências feitas na CLT ao Imposto Sindical, entendem-se como Contribuição Sindical.

b) as contribuições dos associados, na forma estabelecida nos estatutos ou pelas Assembleias Gerais;

c) os bens e valores adquiridos e as rendas produzidas pelos mesmos;

d) as doações e legados;

e) as multas e outras rendas eventuais.

Art. 549. A receita dos Sindicatos, Federações e Confederações só poderá ter aplicação na forma prevista nos respectivos orçamentos anuais, obedecidas as disposições estabelecidas na lei e nos seus estatutos.

•• *Caput* com redação determinada pela Lei n. 6.386, de 9-12-1976.

§ 1.º Para alienação, locação ou aquisição de bens imóveis, ficam as entidades sindicais obrigadas a realizar avaliação prévia pela Caixa Econômica Federal ou pelo Banco Nacional da Habitação ou, ainda, por qualquer outra organização legalmente habilitada a tal fim.

•• § 1.º com redação determinada pela Lei n. 6.386, de 9-12-1976.

§ 2.º Os bens imóveis das entidades sindicais não serão alienados sem a prévia autorização das respectivas Assembleias Gerais, reunidas com a presença da maioria absoluta dos associados com direito a voto ou dos Conselhos de Representantes com a maioria absoluta dos seus membros.

•• § 2.º com redação determinada pela Lei n. 6.386, de 9-12-1976.

§ 3.º Caso não seja obtido o *quorum* estabelecido no parágrafo anterior, a matéria poderá ser decidida em nova Assembleia Geral, reunida com qualquer número de associados com direito a voto, após o transcurso de 10 (dez) dias da primeira convocação.

•• § 3.º com redação determinada pela Lei n. 6.386, de 9-12-1976.

§ 4.º Nas hipóteses previstas nos §§ 2.º e 3.º a decisão somente terá validade se adotada pelo mínimo de 2/3 (dois terços) dos presentes, em escrutínio secreto.

•• § 4.º com redação determinada pela Lei n. 6.386, de 9-12-1976.

§ 5.º Da deliberação da Assembleia Geral, concernente à alienação de bens imóveis, caberá recurso voluntário, dentro do prazo de 15 (quinze) dias, ao Ministro do Trabalho, com efeito suspensivo.

•• § 5.º com redação determinada pela Lei n. 6.386, de 9-12-1976.

§ 6.º A venda do imóvel será efetuada pela Diretoria da entidade, após a decisão da Assembleia Geral ou do Conselho de Representantes, mediante concorrência pública, com edital publicado no *Diário Oficial da União* e na imprensa diária, com antecedência mínima de 30 (trinta) dias da data de sua realização.

•• § 6.º com redação determinada pela Lei n. 6.386, de 9-12-1976.

§ 7.º Os recursos destinados ao pagamento total ou parcelado dos bens imóveis adquiridos serão consignados, obrigatoriamente, nos orçamentos anuais das entidades sindicais.

•• § 7.º com redação determinada pela Lei n. 6.386, de 9-12-1976.

Art. 550. Os orçamentos das entidades sindicais serão aprovados, em escrutínio secreto, pelas respectivas Assembleias Gerais ou Conselho de Representantes, até 30 (trinta) dias antes do início do exercício financeiro a que se referem, e conterão a discriminação da receita e da despesa, na forma das instruções e modelos expedidos pelo Ministério do Trabalho.

•• *Caput* com redação determinada pela Lei n. 6.386, de 9-12-1976.

•• *Vide* Nota dos Organizadores sobre Ministérios.

§ 1.º Os orçamentos, após a aprovação prevista no presente artigo, serão publicados, em resumo, no prazo de 30 (trinta) dias, contados da data da realização da respectiva Assembleia Geral ou da reunião do Conselho de Representantes, que os aprovou, observada a seguinte sistemática:

a) no *Diário Oficial da União* – Seção I – Parte II, os orçamentos das Confederações, Federações e Sindicatos de base interestadual ou nacional;

b) no órgão de Imprensa Oficial do Estado ou Território ou jornal de grande circulação local, os orçamentos das Federações estaduais e Sindicatos distritais municipais, intermunicipais e estaduais.

•• § 1.º, *caput* e alíneas, com redação determinada pela Lei n. 6.386, de 9-12-1976.

• Sobre publicação de atos oficiais no *DOU*: Decreto n. 4.520, de 16-12-2002.

§ 2.º As dotações orçamentárias que se apresentarem insuficientes para o atendimento das despesas, ou não incluídas nos orçamentos correntes, poderão ser ajustadas ao fluxo dos gastos, mediante a abertura de créditos adicionais solicitados pela Diretoria da entidade às respectivas Assembleias Gerais ou Conselhos de Representantes, cujos atos concessórios serão publicados até o último dia do exercício correspondente, obedecida a mesma sistemática prevista no parágrafo anterior.

•• § 2.º com redação determinada pela Lei n. 6.386, de 9-12-1976.

§ 3.º Os créditos adicionais classificam-se em:

a) suplementares, os destinados a reforçar dotações alocadas no orçamento; e

b) especiais, os destinados a incluir dotações no orçamento, a fim de fazer face às despesas para as quais não se tenha consignado crédito específico.

•• § 3.º, *caput* e alíneas, com redação determinada pela Lei n. 6.386, de 9-12-1976.

§ 4.º A abertura dos créditos adicionais depende da existência de receita para sua compensação, considerando-se, para esse efeito, desde que não comprometidos:

a) o *superavit* financeiro apurado em balanço do exercício anterior;

b) o excesso de arrecadação, assim entendido o saldo positivo da diferença entre a renda prevista e a realizada, tendo-se em conta, ainda, a tendência do exercício; e

c) a resultante da anulação parcial ou total de dotações alocadas no orçamento ou de créditos adicionais abertos no exercício.

•• § 4.º com redação determinada pela Lei n. 6.386, de 9-12-1976.

§ 5.º Para efeito orçamentário e contábil sindical, o exercício financeiro coincidirá com o ano civil, a ele pertencendo todas as receitas arrecadadas e as despesas compromissadas.

•• § 5.º com redação determinada pela Lei n. 6.386, de 9-12-1976.

Art. 551. Todas as operações de ordem financeira e patrimonial serão evidenciadas pelos registros contábeis das entidades sindicais, executadas sob a responsabilidade de contabilista legalmente habilitado, em conformidade com o plano de contas e as instruções baixadas pelo Ministério do Trabalho.

•• *Caput* com redação determinada pela Lei n. 6.386, de 9-12-1976.

•• Sobre Ministérios, *vide* Nota dos Organizadores.

§ 1.º A escrituração contábil a que se refere este artigo será baseada em documentos de receita e despesa, que ficarão arquivados nos serviços de contabilidade, à disposição dos órgãos responsáveis pelo acompanhamento administrativo e da fiscalização financeira da própria entidade, ou do controle que poderá ser exercido pelos órgãos da União, em face da legislação específica.

•• § 1.º com redação determinada pela Lei n. 6.386, de 9-12-1976.

§ 2.º Os documentos comprobatórios dos atos de receita e despesa, a que se refere o parágrafo anterior, poderão ser incinerados, após decorridos 5 (cinco) anos da data de quitação das contas pelo órgão competente.

•• § 2.º com redação determinada pela Lei n. 6.386, de 9-12-1976.

§ 3.º É obrigatório o uso do livro Diário, encadernado, com folhas seguida e tipograficamente numeradas, para a escrituração, pelo método das partidas dobradas, diretamente ou por reprodução, dos atos ou operações que modifiquem ou venham a modificar a situação patrimonial da entidade, o qual conterá, respectivamente, na primeira e na última páginas, os termos de abertura e de encerramento.

•• § 3.º com redação determinada pela Lei n. 6.386, de 9-12-1976.

§ 4.º A entidade sindical que se utilizar de sistema mecânico ou eletrônico para sua escrituração contábil poderá substituir o Diário e os livros facultativos ou auxiliares por fichas ou formulários contínuos, cujos lançamentos deverão satisfazer a todos os requisitos e normas de escrituração exigidos com relação aos livros mercantis, inclusive no que respeita a termos de abertura e de encerramento e numeração sequencial e tipográfica.

•• § 4.º com redação determinada pela Lei n. 6.386, de 9-12-1976.

§ 5.º Na escrituração por processos de fichas ou formulários contínuos, a entidade adotará livro próprio para inscrição do balanço patrimonial e da demonstração do resultado do exercício, o qual conterá os mesmos requisitos exigidos para os livros de escrituração.

•• § 5.º com redação determinada pela Lei n. 6.386, de 9-12-1976.

§ 6.º Os livros e fichas ou formulários contínuos serão obrigatoriamente submetidos a registro e autenticação das Delegacias Regionais do Trabalho localizadas na base territorial da entidade.

•• § 6.º com redação determinada pela Lei n. 6.386, de 9-12-1976.

§ 7.º As entidades sindicais manterão registro específico dos bens de qualquer natureza, de sua propriedade, em livros ou fichas próprias, que atenderão às mesmas formalidades exigidas para o livro Diário, inclusive no que se refere ao registro e autenticação da Delegacia Regional do Trabalho local.

•• § 7.º com redação determinada pela Lei n. 6.386, de 9-12-1976.

§ 8.º As contas dos administradores das entidades sindicais serão aprovadas, em escrutínio secreto, pelas respectivas Assembleias Gerais ou Conselhos de Representantes, com prévio parecer do Conselho Fiscal, cabendo ao Ministro do Trabalho estabelecer prazos e procedimentos para a sua elaboração e destinação.

•• § 8.º com redação determinada pela Lei n. 6.386, de 9-12-1976.

Art. 552. Os atos que importem em malversação ou dilapidação do patrimônio das associações ou entidades sindicais ficam equiparados ao crime de peculato julgado e punido na conformidade da legislação penal.

•• Artigo com redação determinada pelo Decreto-lei n. 925, de 10-10-1969.

SEÇÃO VIII
Das Penalidades

Art. 553. As infrações ao disposto neste Capítulo serão punidas, segundo o seu caráter e a sua gravidade, com as seguintes penalidades:

•• Entendemos prejudicado o disposto neste artigo pelo art. 8.º da CF. *Vide* nota neste Título V.

a) multa de Cr$ 100 (cem cruzeiros) e 5.000 (cinco mil cruzeiros), dobrada na reincidência;

•• *Vide* Nota dos Organizadores, sobre o valor das multas previstas na CLT.

Lei n. 5.584/70, art. 19: Os diretores de Sindicatos que, sem comprovação do motivo de ordem financeira, deixarem de dar cumprimento às disposições desta Lei ficarão sujeitos à penalidade prevista no art. 553, *a*, da Consolidação das Leis do Trabalho.

b) suspensão de diretores por prazo não superior a 30 (trinta) dias;

c) destituição de diretores ou de membros de conselho;

d) fechamento de Sindicato, Federação ou Confederação por prazo nunca superior a 6 (seis) meses;

e) cassação da carta de reconhecimento;

f) multa de 1/30 (um trinta avos) do salário mínimo regional, aplicável ao associado que deixar de cumprir sem causa justificada, o disposto no parágrafo único do art. 529.

•• Alínea *f* acrescentada pelo Decreto-lei n. 229, de 28-2-1967.

•• *Vide* Nota dos Organizadores, sobre o valor das multas previstas na CLT.

§ 1.º A imposição de penalidades aos administradores não exclui a aplicação das que este artigo prevê para a associação.

•• Primitivo parágrafo único, passado a § 1.º pelo Decreto-lei n. 925, de 10-10-1969.

§ 2.º Poderá o Ministro do Trabalho e Previdência Social determinar o afastamento preventivo de cargo ou representação sindicais de seus exercentes, com fundamento em elementos constantes de denúncia formalizada que constituam indício veemente ou início de prova bastante do fato e da autoria denunciados.

•• § 2.º acrescentado pelo Decreto-lei n. 925, de 10-10-1969.

•• Sobre Ministérios, *vide* Nota dos Organizadores.

Art. 554. Destituída a administração, na hipótese da alínea *c* do artigo anterior, o Ministro do Trabalho e Previdência Social nomeará um Delegado para dirigir a associação e proceder, dentro do prazo de 90 (noventa) dias, em Assembleia Geral por ele convocada e presidida, à eleição dos novos diretores e membros do Conselho Fiscal.

•• Entendemos prejudicado o disposto neste artigo pelo art. 8.º da CF. *Vide* nota neste Título V.

•• Sobre Ministérios, *vide* Nota dos Organizadores.

Art. 555. A pena de cassação da carta de reconhecimento será imposta à entidade sindical:

•• Entendemos prejudicado o disposto neste artigo pelo art. 8.º da CF. *Vide* nota neste Título V.

Art. 5.º, XIX, da CF: Todos são iguais perante a lei, sem distinção de qualquer natureza, garantindo-se aos brasileiros e aos estrangeiros residentes no País a inviolabilidade do direito à vida, à liberdade, à igualdade, à segurança e à propriedade, nos termos seguintes: (...) XIX – as associações só poderão ser compulsoriamente dissolvidas ou ter suas atividades suspensas por decisão judicial, exigindo-se, no primeiro caso, o trânsito em julgado.

a) que deixar de satisfazer as condições de constituição e funcionamento estabelecidas nesta Lei;

b) que se recusar ao cumprimento de ato do Presidente da República, no uso da faculdade conferida pelo art. 536;

•• O Decreto-lei n. 229, de 28-2-1967, revogou o citado art. 536.

c) que criar obstáculos à execução da política econômica adotada pelo Governo.

•• Alínea *c* com redação determinada pelo Decreto-lei n. 8.080, de 11-10-1945.

Art. 556. A cassação da carta de reconhecimento da entidade sindical não importará o cancelamento de seu registro, nem, consequentemente, a sua dissolução, que se processará de acordo com as disposições da lei que regulam a dissolução das associações civis.

•• Entendemos prejudicado o disposto neste artigo pelo art. 8.º da CF. *Vide* nota neste Título V.

Parágrafo único. No caso de dissolução, por se achar a associação incursa nas leis que definem crimes contra a personalidade internacional, a estrutura e a segurança do Estado e a ordem política e social, os seus bens, pagas as dívidas decorrentes das suas responsabilidades, serão incorporados ao patrimônio da União e aplicados em obras de assistência social.

Art. 557. As penalidades de que trata o art. 553 serão impostas:

•• Entendemos prejudicado o disposto neste artigo pelo art. 8.º da CF. *Vide* nota neste Título V.

a) as das alíneas *a* e *b*, pelo Delegado Regional do Trabalho, com recurso para o Ministro de Estado;

•• O Decreto-lei n. 229, de 28-2-1967, estabelece em seu art. 35, IV, que as referências feitas na CLT ao Departamento Nacional do Trabalho, como autoridade julgadora de infração em 1.ª instância, entendem-se como concernente às Delegacias Regionais do Trabalho.

b) as demais, pelo Ministro de Estado.

§ 1.º Quando se tratar de associações de grau superior, as penalidades serão impostas pelo Ministro de Estado, salvo se a pena for de cassação da carta de reconhecimento de confederação, caso em que a pena será imposta pelo Presidente da República.

§ 2.º Nenhuma pena será imposta sem que seja assegurada defesa ao acusado.

SEÇÃO IX
Disposições Gerais

Art. 558. São obrigadas ao registro todas as associações profissionais constituídas por atividades ou profissões idênticas, similares ou conexas, de acordo com o art. 511 e na conformidade do Quadro de Atividades e Profissões a que alude o Capítulo II deste Título. As associações profissionais registradas nos termos deste artigo poderão representar, perante as autoridades administrativas e judiciárias, os interesses individuais dos associados relativos à sua atividade ou profissão, sendo-lhes também extensivas as prerrogativas contidas na alínea *d* e no parágrafo único do art. 513.

•• Entendemos prejudicado o disposto neste artigo pelo art. 8.º da CF. *Vide* nota neste Título V.

§ 1.º O registro a que se refere o presente artigo competirá às Delegacias Regionais do Ministério do Trabalho e Previdência Social ou às repartições autorizadas em virtude da lei.

•• § 1.º com redação determinada pelo Decreto-lei n. 925, de 10-10-1969.

•• Sobre Ministérios, *vide* Nota dos Organizadores.

§ 2.º O registro das associações far-se-á mediante requerimento, acompanhado da cópia autêntica dos estatutos e da declaração do número de associados, do patrimônio e dos serviços sociais organizados.

§ 3.º As alterações dos estatutos das associações profissionais não entrarão em vigor sem aprovação da autoridade que houver concedido o respectivo registro.

Art. 559. O Presidente da República, excepcionalmente e mediante proposta do Ministro do Trabalho e Previdência Social, fundada em razões de utilidade pública, poderá conceder, por decreto, às associações civis constituídas para a defesa e coordenação de interesses econômicos e profissionais e não obrigadas ao registro previsto no artigo anterior, a prerrogativa da alínea *d* do art. 513 deste Capítulo.

•• Entendemos prejudicado o disposto neste artigo pelo art. 8.º da CF. *Vide* nota neste Título V.
•• *Vide* Nota dos Organizadores sobre Ministérios.

Art. 560. Não se reputará transmissão de bens, para efeitos fiscais, a incorporação do patrimônio de uma associação profissional ao da entidade sindical, ou das entidades aludidas entre si.

Art. 561. A denominação "sindicato" é privativa das associações profissionais de primeiro grau, reconhecidas na forma desta Lei.

Art. 562. As expressões "federação" e "confederação", seguidas da designação de uma atividade econômica ou profissional, constituem denominações privativas das entidades sindicais de grau superior.

Art. 563. (*Revogado pelo Decreto-lei n. 925, de 10-10-1969.*)

Art. 564. Às entidades sindicais, sendo-lhes peculiar e essencial a atribuição representativa e coordenadora das correspondentes categorias ou profissões, é vedado, direta ou indiretamente, o exercício de atividade econômica.

•• Entendemos prejudicado o disposto neste artigo pelo art. 8.º da CF. *Vide* nota neste Título V.

Art. 565. As entidades sindicais reconhecidas nos termos desta Lei não poderão filiar-se a organizações internacionais, nem com elas manter relações, sem prévia licença concedida por decreto do Presidente da República.

•• Artigo com redação determinada pela Lei n. 2.802, de 18-6-1956.
•• Entendemos prejudicado o disposto neste artigo pelo art. 8.º da CF. *Vide* nota neste Título V.

Art. 566. Não podem sindicalizar-se os servidores do Estado e os das instituições paraestatais.

•• Entendemos prejudicado o disposto neste artigo pelo art. 8.º da CF. *Vide* nota neste Título V.

Parágrafo único. Excluem-se da proibição constante deste artigo os empregados das sociedades de economia mista, da Caixa Econômica Federal e das fundações criadas ou mantidas pelo Poder Público da União, dos Estados e Municípios.

•• Parágrafo único com redação determinada pela Lei n. 7.449, de 20-12-1985.

Arts. 567 a 569. (*Revogados pelo Decreto-lei n. 229, de 28-2-1967.*)

CAPÍTULO II
DO ENQUADRAMENTO SINDICAL

•• *Vide* art. 8.º da CF, que dispõe sobre associação sindical.

Art. 570. Os Sindicatos constituir-se-ão, normalmente, por categorias econômicas ou profissionais, específicas, na conformidade da discriminação do quadro de atividades e profissões a que se refere o art. 577 ou segundo as subdivisões que, sob proposta da Comissão do Enquadramento Sindical, de que trata o art. 576, forem criadas pelo Ministro do Trabalho e Previdência Social.

•• Entendemos prejudicado o disposto neste artigo pelo art. 8.º da CF. *Vide* nota neste Título V.
•• *Vide* Nota dos Organizadores sobre Ministérios.

Súmula 499/STJ: As empresas prestadoras de serviços estão sujeitas às contribuições ao Sesc e Senac, salvo se integradas noutro serviço social.

OJ 9 da SDC: Enquadramento sindical. Incompetência material da justiça do trabalho. O dissídio coletivo não é meio próprio para o sindicato vir a obter o reconhecimento de que a categoria que representa é diferenciada, pois esta matéria – enquadramento sindical – envolve a interpretação de norma genérica, notadamente do art. 577 da CLT.

Art. 571. Qualquer das atividades ou profissões concentradas na forma do parágrafo único do artigo anterior poderá dissociar-se do Sindicato principal, formando um Sindicato específico, desde que o novo Sindicato, a juízo da Comissão do Enquadramento Sindical, ofereça possibilidade de vida associativa regular e de ação sindical eficiente.

•• Entendemos prejudicado o disposto neste artigo pelo art. 8.º da CF. *Vide* nota neste Título V.

Art. 572. Os Sindicatos que se constituírem por categorias similares ou conexas, nos termos do parágrafo único do art. 570, adotarão denominação em que fiquem, tanto como possível, explicitamente mencionadas as atividades ou profissões concentradas, de conformidade com o Quadro de Atividades e Profissões, ou se se tratar de subdivisões, de acordo com o que determinar a Comissão do Enquadramento Sindical.

•• Entendemos prejudicado o disposto neste artigo pelo art. 8.º da CF. *Vide* nota neste Título V.

Enunciado n. 30 da 1.ª Jornada de Direito do Trabalho: Entidade sindical. Denominação. Resultado de sua real representatividade. Art. 572 da Consolidação das Leis do Trabalho. Explicitação da categoria e base territorial. Da inteligência do artigo 572 da CLT decorre a exigência de que as entidades sindicais, em sua denominação, explicitem a categoria e a base territorial que realmente representam, para assegurar o direito difuso de informação.

Parágrafo único. Ocorrendo a hipótese do artigo anterior, o Sindicato principal terá a denominação alterada, eliminando-se-lhe a designação relativa à atividade ou profissão dissociada.

Art. 573. O agrupamento dos Sindicatos em Federações obedecerá às mesmas regras que as estabelecidas neste Capítulo para o agrupamento das atividades e profissões em Sindicatos.

•• Entendemos prejudicado o disposto neste artigo pelo art. 8.º da CF. *Vide* nota neste Título V.

Parágrafo único. As Federações de Sindicatos de profissões liberais poderão ser organizadas independentemente do grupo básico da Confederação, sempre que as respectivas profissões se acharem submetidas, por disposições de lei, a um único regulamento.

•• Primitivo § 1.º, passado a parágrafo único, com a revogação do § 2.º pelo Decreto-lei n. 229, de 28-2-1967.

Art. 574. Dentro da mesma base territorial, as empresas industriais do tipo artesanal poderão constituir entidades sindicais, de primeiro e segundo graus, distintas das associações sindicais das empresas congêneres, de tipo diferente.

•• Entendemos prejudicado o disposto neste artigo pelo art. 8.º da CF. *Vide* nota neste Título V.

Parágrafo único. Compete à Comissão do Enquadramento Sindical definir, de modo genérico, com a aprovação do Ministro do Trabalho e Previdência Social, a dimensão e os demais característicos das empresas industriais de tipo artesanal.

•• *Vide* Nota dos Organizadores sobre Ministérios.

Art. 575. O Quadro de Atividades e Profissões será revisto de dois em dois anos, por proposta da Comissão do

Enquadramento Sindical, para o fim de ajustá-lo às condições da estrutura econômica e profissional do País.

•• Entendemos prejudicado o disposto neste artigo pelo art. 8.º da CF. *Vide* nota neste Título V.

§ 1.º Antes de proceder à revisão do Quadro, a Comissão deverá solicitar sugestões às entidades sindicais e às associações profissionais.

§ 2.º A proposta de revisão será submetida à aprovação do Ministro do Trabalho e Previdência Social.

•• *Vide* Nota dos Organizadores sobre Ministérios.

Art. 576. A Comissão do Enquadramento Sindical será constituída pelo Diretor-Geral do Departamento Nacional do Trabalho, que a presidirá, e pelos seguintes membros:

•• Entendemos prejudicado o disposto neste artigo pelo art. 8.º da CF. *Vide* nota neste Título V.

I – 2 (dois) representantes do Departamento Nacional do Trabalho;

II – 1 (um) representante da Secretaria de Emprego e Salário;

III – 1 (um) representante do Instituto Nacional de Tecnologia, do Ministério da Indústria e do Comércio;

IV – 1 (um) representante do Instituto Nacional de Colonização e Reforma Agrária, do Ministério da Agricultura;

V – 1 (um) representante do Ministério dos Transportes;

VI – 2 (dois) representantes das categorias econômicas; e

VII – 2 (dois) representantes das categorias profissionais.

•• *Caput* e incisos com redação determinada pela Lei n. 5.819, de 6-11-1972.

§ 1.º Os membros da CES serão designados pelo Ministro do Trabalho e Previdência Social, mediante:

•• *Vide* Nota dos Organizadores sobre Ministérios.

a) indicação dos titulares das Pastas, quanto aos representantes dos outros Ministérios;

b) indicação do respectivo Diretor-Geral, quanto ao do DNMO;

c) eleição pelas respectivas Confederações, em conjunto, quanto aos representantes das categorias econômicas e profissionais, de acordo com as instruções que forem expedidas pelo Ministro do Trabalho e Previdência Social.

•• § 1.º com redação determinada pelo Decreto-lei n. 229, de 28-2-1967.

•• *Vide* Nota dos Organizadores sobre Ministérios.

§ 2.º Cada membro terá um suplente designado juntamente com o titular.

•• § 2.º com redação determinada pelo Decreto-lei n. 229, de 28-2-1967.

§ 3.º Será de 3 (três) anos o mandato dos representantes das categorias econômica e profissional.

•• § 3.º com redação determinada pelo Decreto-lei n. 925, de 10-10-1969.

§ 4.º Os integrantes da Comissão perceberão a gratificação de presença que for estabelecida por decreto executivo.

•• § 4.º com redação determinada pelo Decreto-lei n. 229, de 28-2-1967.

§ 5.º Em suas faltas ou impedimentos o Diretor-Geral do DNT será substituído na presidência pelo Diretor substituto do Departamento ou pelo representante desse na Comissão, nesta ordem.

•• § 5.º com redação determinada pelo Decreto-lei n. 506, de 18-3-1969.

§ 6.º Além das atribuições fixadas no presente Capítulo e concernentes ao enquadramento sindical, individual ou coletivo, e à classificação das atividades e profissões, competirá também à CES resolver, com recurso para o Ministro do Trabalho e Previdência Social, todas as dúvidas e controvérsias concernentes à organização sindical.

•• § 6.º com redação determinada pelo Decreto-lei n. 229, de 28-2-1967.

•• *Vide* Nota dos Organizadores sobre Ministérios.

Art. 577. O Quadro de Atividades e Profissões em vigor fixará o plano básico do enquadramento sindical.

•• Entendemos prejudicado o disposto neste artigo pelo art. 8.º da CF. *Vide* nota neste Título V.

Súmula 499/STJ: As empresas prestadoras de serviços estão sujeitas às contribuições ao Sesc e Senac, salvo se integradas noutro serviço social.

CAPÍTULO III
DA CONTRIBUIÇÃO SINDICAL

•• O "Imposto Sindical" previsto neste Capítulo passa a ser denominado "Contribuição Sindical", por força do Decreto-lei n. 27, de 14-11-1966. O Decreto-lei n. 229, de 28-2-1967, ratifica esta denominação.

•• *Vide* art. 3.º da Lei n. 11.648, de 31-3-2008, que estabelece que esse Capítulo irá vigorar até que lei venha a disciplinar a contribuição negocial, vinculada ao exercício efetivo da negociação coletiva e à aprovação em assembleia geral da categoria.

Precedente Normativo 119/TST: Contribuições sindicais – inobservância de preceitos constitucionais. A Constituição da República, em seus arts. 5.º, XX e 8.º, V, assegura o direito de livre associação e sindicalização. É ofensiva a essa modalidade de liberdade cláusula constante de acordo, convenção coletiva ou sentença normativa estabelecendo contribuição em favor de entidade sindical a título de taxa para custeio do sistema confederativo, assistencial, revigoramento ou fortalecimento sindical e outras da mesma espécie, obrigando trabalhadores não sindicalizados. Sendo nulas as estipulações que inobservem tal restrição, tornam-se passíveis de devolução os valores irregularmente descontados.

SEÇÃO I
Da Fixação e do Recolhimento da Contribuição Sindical

Art. 578. As contribuições devidas aos sindicatos pelos participantes das categorias econômicas ou profissionais ou das profissões liberais representadas pelas referidas entidades serão, sob a denominação de contribuição sindical, pagas, recolhidas e aplicadas na forma estabelecida neste Capítulo, desde que prévia e expressamente autorizadas.

•• Artigo com redação determinada pela Lei n. 13.467, de 13-7-2017.

Súmula 222/STJ: Compete à Justiça Comum processar e julgar as ações relativas à contribuição sindical prevista no art. 578 da CLT.

Súmula 396/STJ: Confederação Nacional da Agricultura tem legitimidade ativa para a cobrança da contribuição sindical rural.

Art. 579. O desconto da contribuição sindical está condicionado à autorização prévia e expressa dos que participarem de uma determinada categoria econômica ou profissional, ou de uma profissão liberal, em favor do sindicato representativo da mesma categoria ou profissão ou, inexistindo este, na conformidade do disposto no art. 591 desta Consolidação.

•• Artigo com redação determinada pela Lei n. 13.467, de 13-7-2017.

Súmula Vinculante 40: A contribuição confederativa de que trata o art. 8.º, IV, da Constituição Federal, só é exigível dos filiados ao sindicato respectivo.

Súmula 666/STF: A contribuição confederativa de que trata o art. 8.º, IV, da Constituição, só é exigível dos filiados ao sindicato respectivo.

OJ 17 da SDC: Contribuições para entidades sindicais. Inconstitucionalidade de sua extensão a não associados. As cláusulas coletivas que estabeleçam contribuição em favor de entidade sindical, a qualquer título, obrigando trabalhadores não sindicalizados, são ofensivas ao direito de livre associação e sindicalização, constitucionalmente assegurado, e, portanto, nulas, sendo passíveis de devolução, por via própria, os respectivos valores eventualmente descontados.

•• *Vide* Enunciado n. 47 da 2.ª Jornada de Direito Material e Processual do Trabalho.

Art. 580. A contribuição sindical será recolhida, de uma só vez, anualmente, e consistirá:

•• *Caput* com redação determinada pela Lei n. 6.386, de 9-12-1976.

I – na importância correspondente à remuneração de 1 (um) dia de trabalho, para os empregados, qualquer que seja a forma da referida remuneração;

•• Inciso I com redação determinada pela Lei n. 6.386, de 9-12-1976.

II – para os agentes ou trabalhadores autônomos e para os profissionais liberais, numa importância correspondente a 30% (trinta por cento) do maior valor de referência fixado pelo Poder Executivo, vigente à época em que é devida a contribuição sindical, arredondada para Cr$ 1,00 (um cruzeiro) a fração porventura existente;

•• Inciso II com redação determinada pela Lei n. 7.047, de 1.º-12-1982.

III – para os empregadores, numa importância proporcional ao capital social da firma ou empresa, registrado nas respectivas Juntas Comerciais ou órgãos equivalentes, mediante a aplicação de alíquotas, conforme a seguinte Tabela progressiva:

Classes de Capital	*Alíquota %*
1 – Até 150 vezes o maior valor de referência	0,8
2 – Acima de 150, até 1.500 vezes o maior valor de referência	0,2
3 – Acima de 1.500, até 150.000 vezes o maior valor de referência	0,1
4 – Acima de 150.000, até 800.000 vezes o maior valor de referência	0,02

•• Inciso III com redação determinada pela Lei n. 7.047, de 1.º-12-1982.

§ 1.º A contribuição sindical prevista na Tabela constante do item III deste artigo corresponderá à soma da aplicação das alíquotas sobre a porção do capital distribuído em cada classe, observados os respectivos limites.

•• § 1.º com redação determinada pela Lei n. 6.386, de 9-12-1976.

§ 2.º Para efeito do cálculo de que trata a Tabela progressiva inserta no item III deste artigo, considerar-se-á o valor de referência fixado pelo Poder Executivo, vigente à data de competência da contribuição, arredondando-se para Cr$ 1,00 (um cruzeiro) a fração porventura existente.

•• § 2.º com redação determinada pela Lei n. 6.386, de 9-12-1976.

§ 3.º É fixada em 60% (sessenta por cento) do maior valor de referência, a que alude o parágrafo anterior, a contribuição mínima devida pelos empregadores, independentemente do capital social da firma ou empresa, ficando, do mesmo modo, estabelecido o capital equivalente a 800.000 (oitocentas mil) vezes o maior valor de referência, para efeito do cálculo da contribuição máxima, respeitada a Tabela progressiva constante do item III.

•• § 3.º com redação determinada pela Lei n. 7.047, de 1.º-12-1982.

§ 4.º Os agentes ou trabalhadores autônomos e os profissionais liberais, organizados em firma ou empresa, com capital social registrado, recolherão a contribuição sindical de acordo com a Tabela progressiva a que se refere o item III.

•• § 4.º com redação determinada pela Lei n. 6.386, de 9-12-1976.

§ 5.º As entidades ou instituições que não estejam obrigadas ao registro de capital social considerarão como capital, para efeito do cálculo de que trata a Tabela progressiva constante do item III deste artigo, o valor resultante da aplicação do percentual de 40% (quarenta por cento) sobre o movimento econômico registrado no exercício imediatamente anterior, do que darão conhecimento à respectiva entidade sindical ou à Delegacia Regional do Trabalho, observados os limites estabelecidos no § 3.º deste artigo.

•• § 5.º com redação determinada pela Lei n. 6.386, de 9-12-1976.

§ 6.º Excluem-se da regra do § 5.º as entidades ou instituições que comprovarem, através de requerimento dirigido ao Ministério do Trabalho, que não exercem atividade econômica com fins lucrativos.

•• § 6.º com redação determinada pela Lei n. 6.386, de 9-12-1976.

• A Portaria n. 1.012, de 4-8-2003, do MTE, estabelece procedimentos para a comprovação da condição de entidade ou instituição sem fins lucrativos para fins de isenção da contribuição sindical patronal.

Art. 581. Para os fins do item III do artigo anterior, as empresas atribuirão parte do respectivo capital às suas sucursais, filiais ou agências, desde que localizadas fora da base territorial da entidade sindical representativa da atividade econômica do estabelecimento principal, na proporção das correspondentes operações econômicas, fazendo a devida comunicação às Delegacias Regionais do Trabalho, conforme a localidade da sede da empresa, sucursais, filiais ou agências.

•• *Caput* com redação determinada pela Lei n. 6.386, de 9-12-1976.

§ 1.º Quando a empresa realizar diversas atividades econômicas, sem que nenhuma delas seja preponderante, cada uma dessas atividades será incorporada à respectiva categoria econômica, sendo a contribuição sindical devida à entidade sindical representativa da mesma categoria, procedendo-se, em relação às correspondentes sucursais, agências ou filiais, na forma do presente artigo.

•• § 1.º com redação determinada pela Lei n. 6.386, de 9-12-1976.

§ 2.º Entende-se por atividade preponderante a que caracterizar a unidade de produto, operação ou objetivo final, para cuja obtenção todas as demais atividades convirjam, exclusivamente, em regime de conexão funcional.

•• § 2.º com redação determinada pela Lei n. 6.386, de 9-12-1976.

Art. 582. Os empregadores são obrigados a descontar da folha de pagamento de seus empregados relativa ao mês de março de cada ano a contribuição sindical dos empregados que autorizaram prévia e expressamente o seu recolhimento aos respectivos sindicatos.

•• *Caput* com redação determinada pela Lei n. 13.467, de 13-7-2017.

§ 1.º Considera-se 1 (um) dia de trabalho para efeito de determinação da importância a que alude o item I do art. 580 o equivalente:

a) a 1 (uma) jornada normal de trabalho, se o pagamento ao empregado for feito por unidade de tempo;

b) a 1/30 (um trinta avos) da quantia percebida no mês anterior, se a remuneração for paga por tarefa, empreitada ou comissão.

•• § 1.º com redação determinada pela Lei n. 6.386, de 9-12-1976.

§ 2.º Quando o salário for pago em utilidades, ou nos casos em que o empregado receba, habitualmente, gorjetas, a contribuição sindical corresponderá a 1/30 (um trinta avos) da importância que tiver servido de base, no mês de janeiro, para a contribuição do empregado à Previdência Social.

•• § 2.º com redação determinada pela Lei n. 6.386, de 9-12-1976.

Art. 583. O recolhimento da contribuição sindical referente aos empregados e trabalhadores avulsos será efetuado no mês de abril de cada ano, e o relativo aos agentes ou trabalhadores autônomos e profissionais liberais realizar-se-á no mês de fevereiro, observada a exigência de autorização prévia e expressa prevista no art. 579 desta Consolidação.

•• *Caput* com redação determinada pela Lei n. 13.467, de 13-7-2017.

Portaria n. 3.109/79, do MTE, artigo único: Será prorrogado para o primeiro dia útil subsequente o vencimento dos prazos fixados na CLT para o recolhimento da Contribuição Sindical, quando, no seu término, por qualquer motivo, não funcionarem os estabelecimentos bancários integrantes da rede arrecadadora, ressalvado o caso previsto no item 2 desta Portaria. Na hipótese do término do prazo de recolhimento da Contribuição Sindical recair no dia 31 de dezembro e, nesta data, não houver expediente bancário, o vencimento será antecipado para o último dia útil imediatamente anterior àquele.

§ 1.º O recolhimento obedecerá ao sistema de guias, de acordo com as instruções expedidas pelo Ministro do Trabalho.

•• § 1.º com redação determinada pela Lei n. 6.386, de 9-12-1976.

• A Portaria n. 172, de 6-4-2005, do MTE, aprova o modelo da Guia de Recolhimento de Contribuição Sindical – GRCS.

§ 2.º O comprovante de depósito da contribuição sindical será remetido ao respectivo Sindicato; na falta deste, à correspondente entidade sindical de grau superior, e, se for o caso, ao Ministério do Trabalho.

•• § 2.º com redação determinada pela Lei n. 6.386, de 9-12-1976.

Art. 584. Servirá de base para o pagamento da contribuição sindical, pelos agentes ou trabalhadores autônomos e profissionais liberais, a lista de contribuintes organizada pelos respectivos Sindicatos e, na falta destes, pelas federações ou confederações coordenadoras da categoria.

•• Artigo com redação determinada pela Lei n. 6.386, de 9-12-1976.

Art. 585. Os profissionais liberais poderão optar pelo pagamento da contribuição sindical unicamente à entidade sindical representativa da respectiva profissão, desde que a exerça, efetivamente, na firma ou empresa e como tal sejam nelas registrados.

•• *Caput* com redação determinada pela Lei n. 6.386, de 9-12-1976.

Parágrafo único. Na hipótese referida neste artigo, à vista da manifestação do contribuinte e da exibição da prova de quitação da contribuição, dada por Sindicato de profissionais liberais, o empregador deixará de efetuar, no salário do contribuinte, o desconto a que se refere o art. 582.

•• Parágrafo único com redação determinada pela Lei n. 6.386, de 9-12-1976.

Art. 586. A contribuição sindical será recolhida, nos meses fixados no presente Capítulo, à Caixa Econômica Federal, ao Banco do Brasil S/A, ou aos estabelecimentos bancários nacionais integrantes do Sistema de Arrecadação dos Tributos Federais, os quais, de acordo com instruções expedidas pelo Conselho Monetário Nacional, repassarão à Caixa Econômica Federal as importâncias arrecadadas.

•• *Caput* com redação determinada pela Lei n. 6.386, de 9-12-1976.

§ 1.º Integrarão a rede arrecadadora as Caixas Econômicas Estaduais, nas localidades onde inexistam os estabelecimentos previstos no *caput* deste artigo.

•• § 1.º com redação determinada pela Lei n. 6.386, de 9-12-1976.

§ 2.º Tratando-se de empregador, agentes ou trabalhadores autônomos ou profissionais liberais, o recolhimento será efetuado pelos próprios, diretamente ao estabelecimento arrecadador.

•• § 2.º com redação determinada pela Lei n. 6.386, de 9-12-1976.

§ 3.º A contribuição sindical devida pelos empregados e trabalhadores avulsos será recolhida pelo empregador e pelo Sindicato, respectivamente.

•• § 3.º com redação determinada pela Lei n. 6.386, de 9-12-1976.

Art. 587. Os empregadores que optarem pelo recolhimento da contribuição sindical deverão fazê-lo no mês de janeiro de cada ano, ou, para os que venham a se estabelecer após o referido mês, na ocasião em que requererem às repartições o registro ou a licença para o exercício da respectiva atividade.

•• Artigo com redação determinada pela Lei n. 13.467, de 13-7-2017.

Art. 588. A Caixa Econômica Federal manterá conta corrente intitulada "Depósitos da Arrecadação da Contribuição Sindical", em nome de cada uma das entidades sindicais beneficiadas, cabendo ao Ministério do Trabalho cientificá-la das ocorrências pertinentes à vida administrativa dessas entidades.

•• *Caput* com redação determinada pela Lei n. 6.386, de 9-12-1976.

§ 1.º Os saques na conta corrente referida no *caput* deste artigo far-se-ão mediante ordem bancária ou cheque com as assinaturas conjuntas do Presidente e do Tesoureiro da entidade sindical.

•• § 1.º com redação determinada pela Lei n. 6.386, de 9-12-1976.

§ 2.º A Caixa Econômica Federal remeterá, mensalmente, a cada entidade sindical, um extrato da respectiva conta corrente, e, quando solicitado, aos órgãos do Ministério do Trabalho.

•• § 2.º com redação determinada pela Lei n. 6.386, de 9-12-1976.

Art. 589. Da importância da arrecadação da contribuição sindical serão feitos os seguintes créditos pela Caixa Econômica Federal, na forma das instruções que forem expedidas pelo Ministro do Trabalho:

I – para os empregadores:

•• Inciso I, *caput*, com redação determinada pela Lei n. 11.648, de 31-3-2008.

a) 5% (cinco por cento) para a confederação correspondente;

•• Alínea *a* acrescentada pela Lei n. 11.648, de 31-3-2008.

b) 15% (quinze por cento) para a federação;

•• Alínea *b* acrescentada pela Lei n. 11.648, de 31-3-2008.

c) 60% (sessenta por cento) para o sindicato respectivo; e

•• Alínea *c* acrescentada pela Lei n. 11.648, de 31-3-2008.

d) 20% (vinte por cento) para a 'Conta Especial Emprego e Salário';

•• Alínea *d* acrescentada pela Lei n. 11.648, de 31-3-2008.

II – para os trabalhadores:

•• Inciso II, *caput*, com redação determinada pela Lei n. 11.648, de 31-3-2008.

a) 5% (cinco por cento) para a confederação correspondente;

•• Alínea *a* acrescentada pela Lei n. 11.648, de 31-3-2008.

b) 10% (dez por cento) para a central sindical;

•• Alínea *b* acrescentada pela Lei n. 11.648, de 31-3-2008.

c) 15% (quinze por cento) para a federação;

•• Alínea *c* acrescentada pela Lei n. 11.648, de 31-3-2008.

d) 60% (sessenta por cento) para o sindicato respectivo; e

•• Alínea *d* acrescentada pela Lei n. 11.648, de 31-3-2008.

e) 10% (dez por cento) para a 'Conta Especial Emprego e Salário';

•• Alínea *e* acrescentada pela Lei n. 11.648, de 31-3-2008.

III e **IV** – (*Revogados pela Lei n. 11.648, de 31-3-2008.*)

§ 1.º O sindicato de trabalhadores indicará ao Ministério do Trabalho e Emprego a central sindical a que estiver filiado como beneficiária da respectiva contribuição sindical, para fins de destinação dos créditos previstos neste artigo.

•• § 1.º acrescentado pela Lei n. 11.648, de 31-3-2008.

§ 2.º A central sindical a que se refere a alínea *b* do inciso II do *caput* deste artigo deverá atender aos requisitos de representatividade previstos na legislação específica sobre a matéria.

•• § 2.º acrescentado pela Lei n. 11.648, de 31-3-2008.

• A Lei n. 9.322, de 5-12-1996, dispõe sobre a alocação, em depósitos especiais, remunerados, de recursos das disponibilidades financeiras do Fundo de Amparo ao Trabalhador – FAT.

Art. 590. Inexistindo confederação, o percentual previsto no art. 589 desta Consolidação caberá à federação representativa do grupo.

•• *Caput* com redação determinada pela Lei n. 11.648, de 31-3-2008.

§§ 1.º e 2.º (*Revogados pela Lei n. 11.648, de 31-3-2008.*)

§ 3.º Não havendo sindicato, nem entidade sindical de grau superior ou central sindical, a contribuição sindical será creditada, integralmente, à 'Conta Especial Emprego e Salário'.

•• § 3.º com redação determinada pela Lei n. 11.648, de 31-3-2008.

§ 4.º Não havendo indicação de central sindical, na forma do § 1.º do art. 589 desta Consolidação, os percentuais que lhe caberiam serão destinados à 'Conta Especial Emprego e Salário'.

•• § 4.º acrescentado pela Lei n. 11.648, de 31-3-2008.

Art. 591. Inexistindo sindicato, os percentuais previstos na alínea c do inciso I e na alínea *d* do inciso II do *caput* do art. 589 desta Consolidação serão creditados à federação correspondente à mesma categoria econômica ou profissional.

•• *Caput* com redação determinada pela Lei n. 11.648, de 31-3-2008.

Parágrafo único. Na hipótese do *caput* deste artigo, os percentuais previstos nas alíneas *a* e *b* do inciso I e nas alíneas *a* e *c* do inciso II do *caput* do art. 589 desta Consolidação caberão à confederação.

•• Parágrafo único com redação determinada pela Lei n. 11.648, de 31-3-2008.

SEÇÃO II
Da Aplicação da Contribuição Sindical

•• O "Imposto Sindical" previsto nesta Seção passa a ser denominado "Contribuição Sindical", por força do Decreto-lei n. 27, de 14-11-1966. O Decreto-lei n. 229, de 28-2-1967, ratifica esta denominação.

Art. 592. A contribuição sindical, além das despesas vinculadas à sua arrecadação, recolhimento e controle, será aplicada pelos Sindicatos, na conformidade dos respectivos estatutos, visando aos seguintes objetivos:

•• *Caput* e incisos com redação determinada pela Lei n. 6.386, de 9-12-1976.

I – Sindicatos de Empregadores e de Agentes Autônomos:

a) assistência técnica e jurídica;

Súmula 82/TST: Assistência. A intervenção assistencial, simples ou adesiva, só é admissível se demonstrado o interesse jurídico e não o meramente econômico.

b) assistência médica, dentária, hospitalar e farmacêutica;

c) realização de estudos econômicos e financeiros;

d) agências de colocação;

e) cooperativas;

f) bibliotecas;

g) creches;

h) congressos e conferências;

i) medidas de divulgação comercial e industrial no País, e no estrangeiro, bem como em outras tendentes a incentivar e aperfeiçoar a produção nacional;

j) feiras e exposições;

l) prevenção de acidentes do trabalho;

m) finalidades desportivas.

II – Sindicatos de Empregados:

a) assistência jurídica;

b) assistência médica, dentária, hospitalar e farmacêutica;

c) assistência à maternidade;

d) agências de colocação;

e) cooperativas;

f) bibliotecas;

g) creches;

h) congressos e conferências;

i) auxílio-funeral;

j) colônias de férias e centros de recreação;

l) prevenção de acidentes do trabalho;

m) finalidades desportivas e sociais;

n) educação e formação profissional;

o) bolsas de estudo;

III – Sindicatos de Profissionais Liberais:

a) assistência jurídica;

b) assistência médica, dentária, hospitalar e farmacêutica;

c) assistência à maternidade;

d) bolsas de estudo;

e) cooperativas;

f) bibliotecas;

g) creches;

h) congressos e conferências;

i) auxílio-funeral;

j) colônias de férias e centros de recreação;

l) estudos técnicos e científicos;

m) finalidades desportivas e sociais;

n) educação e formação profissional;

o) prêmios por trabalhos técnicos e científicos;

IV – Sindicatos de Trabalhadores Autônomos:

a) assistência técnica e jurídica;

b) assistência médica, dentária, hospitalar e farmacêutica;

c) assistência à maternidade;

d) bolsas de estudo;

e) cooperativas;

f) bibliotecas;

g) creches;

h) congressos e conferências;

i) auxílio-funeral;

j) colônias de férias e centros de recreação;

l) educação e formação profissional;

m) finalidades desportivas e sociais.

§ 1.º A aplicação prevista neste artigo ficará a critério de cada entidade, que, para tal fim, obedecerá, sempre, às peculiaridades do respectivo grupo ou categoria, facultado ao Ministro do Trabalho permitir a inclusão de novos programas, desde que assegurados os serviços assistenciais fundamentais da entidade.

•• § 1.º com redação determinada pela Lei n. 6.386, de 9-12-1976.

§ 2.º Os Sindicatos poderão destacar, em seus orçamentos anuais, até 20% (vinte por cento) dos recursos da contribuição sindical para o custeio das suas atividades administrativas, independentemente de autorização ministerial.

•• § 2.º com redação determinada pela Lei n. 6.386, de 9-12-1976.

§ 3.º O uso da contribuição sindical prevista no § 2.º não poderá exceder do valor total das mensalidades sociais consignadas nos orçamentos dos Sindicatos, salvo autorização expressa do Ministro do Trabalho.

•• § 3.º com redação determinada pela Lei n. 6.386, de 9-12-1976.

Art. 593. As percentagens atribuídas às entidades sindicais de grau superior e às centrais sindicais serão aplicadas de conformidade com o que dispuserem os respectivos conselhos de representantes ou estatutos.

•• *Caput* com redação determinada pela Lei n. 11.648, de 31-3-2008.

Parágrafo único. Os recursos destinados às centrais sindicais deverão ser utilizados no custeio das atividades de representação geral dos trabalhadores decorrentes de suas atribuições legais.

•• Parágrafo único acrescentado pela Lei n. 11.648, de 31-3-2008.

Art. 594. (*Revogado pela Lei n. 4.589, de 11-12-1964.*)

SEÇÃO III

Da Comissão da Contribuição Sindical

•• O "Imposto Sindical" previsto nesta Seção passa a ser denominado "Contribuição Sindical", por força do Decreto-lei n. 27, de 14-11-1966. O Decreto-lei n. 229, de 28-2-1967, ratifica esta denominação.

Arts. 595 a 597. (*Revogados pela Lei n. 4.589, de 11-12-1964.*)

SEÇÃO IV

Das Penalidades

Art. 598. Sem prejuízo da ação criminal e das penalidades previstas no art. 553, serão aplicadas multas de Cr$ 10,00 (dez cruzeiros) a Cr$ 10.000,00 (dez mil cruzeiros) pelas infrações deste Capítulo impostas no Distrito Federal pela autoridade competente de 1.ª instância da Delegacia Regional do Trabalho e nos Estados e no Território do Acre pelas autoridades regionais do Ministério do Trabalho e Previdência Social.

•• *Vide* Nota dos Organizadores, sobre o valor das multas previstas na CLT e nomenclatura dos Ministérios.

•• O Decreto-lei n. 229, de 28-2-1967, estabelece em seu art. 35, IV, que as referências feitas na CLT ao Departamento Nacional do Trabalho, como autoridade julgadora de infração em primeira instância, entendem-se como concernentes às Delegacias Regionais do Trabalho.

•• A Lei n. 4.070, de 15-6-1962, eleva o Território do Acre à categoria de Estado.

Parágrafo único. A gradação da multa atenderá à natureza da infração e às condições sociais e econômicas do infrator.

Art. 599. Para os profissionais liberais, a penalidade consistirá na suspensão do exercício profissional, até a necessária quitação, e será aplicada pelos órgãos públicos ou autárquicos disciplinadores das respectivas profissões mediante comunicação das autoridades fiscalizadoras.

Art. 600. O recolhimento da contribuição sindical efetuado fora do prazo referido neste Capítulo, quando espontâneo, será acrescido da multa de 10% (dez por cento), nos 30 (trinta) primeiros dias, com o adicional de 2% (dois por cento) por mês subsequente de atraso, além de juros de mora de 1% (um por cento) ao mês e correção monetária, ficando, nesse caso, o infrator, isento de outra penalidade.

•• *Caput* com redação determinada pela Lei n. 6.181, de 11-12-1974.

Súmula 432/TST: Contribuição sindical rural. Ação de cobrança. Penalidade por atraso no recolhimento. Inaplicabilidade do art. 600 da CLT. Incidência do art. 2.º da Lei n. 8.022/1990. O recolhimento a destempo da contribuição sindical rural não acarreta a aplicação da multa progressiva prevista no art. 600 da CLT, em decorrência da sua revogação tácita pela Lei n. 8.022, de 12 de abril de 1990.

§ 1.º O montante das cominações previstas neste artigo reverterá sucessivamente:

a) ao Sindicato respectivo;

b) à Federação respectiva, na ausência de Sindicato;

c) à Confederação respectiva, inexistindo Federação.

•• § 1.º com redação determinada pela Lei n. 6.181, de 11-12-1974.

§ 2.º Na falta de Sindicato ou entidade de grau superior, o montante a que alude o parágrafo precedente reverterá à conta "Emprego e Salário".

•• § 2.º com redação determinada pela Lei n. 6.181, de 11-12-1974.

Lei n. 6.181/74, arts. 2.º e 3.º: Se o contribuinte for trabalhador rural como tal definido no art. 1.º, I, *b*, do Decreto-lei n. 1.166, de 15-4-1971, o recolhimento fora do prazo de contribuição sindical será acrescido de multa de 10% (dez por cento) ao ano. Art. 3.º O contribuinte que satisfizer a obrigação em atraso até 90 (noventa) dias após a vigência desta Lei ficará isento das cominações previstas no *caput* do art. 600 da CLT, na redação determinada pelo art. 1.º desta Lei, salvo a multa de 10% (dez por cento).

Lei n. 5.670/71, art. 1.º: O cálculo da correção monetária não recairá, em qualquer caso, sobre período anterior à data em que tenha entrado em vigor a lei que a instituiu.

SEÇÃO V

Disposições Gerais

•• O "Imposto Sindical" previsto nesta Seção passa a ser denominado "Contribuição Sindical", por força do Decreto-lei n. 27, de 14-11-1966. O Decreto-lei n. 229, de 28-2-1967, ratifica esta denominação.

Art. 601. (*Revogado pela Lei n. 13.467, de 13-7-2017.*)

Art. 602. Os empregados que não estiverem trabalhando no mês destinado ao desconto da contribuição sindical e que venham a autorizar prévia e expressamente o recolhimento serão descontados no primeiro mês subsequente ao do reinício do trabalho.

•• *Caput* com redação determinada pela Lei n. 13.467, de 13-7-2017.

Parágrafo único. De igual forma se procederá com os empregados que forem admitidos depois daquela data e que não tenham trabalhado anteriormente nem apresentado a respectiva quitação.

Art. 603. Os empregadores são obrigados a prestar aos encarregados da fiscalização os esclarecimentos necessários ao desempenho de sua missão e a exibir-lhes, quando exigidos, na parte relativa ao pagamento de empregados, os seus livros, folhas de pagamento e outros documentos comprobatórios desses pagamentos, sob pena da multa cabível.

Art. 604. (*Revogado pela Lei n. 13.467, de 13-7-2017.*)

Art. 605. As entidades sindicais são obrigadas a promover a publicação de editais concernentes ao recolhimento da contribuição sindical, durante 3 (três) dias, nos jornais de maior circulação local e até 10 (dez) dias da data fixada para depósito bancário.

Art. 606. Às entidades sindicais cabe, em caso de falta de pagamento da contribuição sindical, promover a respectiva cobrança judicial, mediante ação executiva, valendo como título de dívida a certidão expedida pelas autoridades regionais do Ministério do Trabalho e Previdência Social.

•• *Caput* com redação determinada pelo Decreto-lei n. 925, de 10-10-1969.

•• *Vide* Nota dos Organizadores sobre Ministérios.

§ 1.º O Ministério do Trabalho e Previdência Social baixará as instruções regulando a expedição das certidões a que se refere o presente artigo, das quais deverá constar a individualização do contribuinte, a indicação do débito e a designação da entidade a favor da qual é recolhida a importância da contribuição sindical, de acordo com o respectivo enquadramento sindical.

§ 2.º Para os fins da cobrança judicial da contribuição sindical, são extensivos às entidades sindicais, com exceção do foro especial, os privilégios da Fazenda Pública, para cobrança da dívida ativa.

Art. 607. São consideradas como documento essencial ao comparecimento às concorrências públicas ou administrativas e para o fornecimento às repartições paraestatais ou autárquicas a prova da quitação da respectiva contribuição sindical e a de recolhimento da contribuição sindical, descontada dos respectivos empregados.

Art. 608. As repartições federais, estaduais ou municipais não concederão registro ou licenças para funcionamento ou renovação de atividades aos estabelecimentos de empregadores e aos escritórios ou congêneres dos agentes ou trabalhadores autônomos e profissionais liberais, nem concederão alvarás de licença ou localização, sem que sejam exibidas as provas de quitação da contribuição sindical, na forma do artigo anterior.

Parágrafo único. A não observância do disposto neste artigo acarretará, de pleno direito, a nulidade dos atos nele referidos, bem como dos mencionados no art. 607.

•• Parágrafo único acrescentado pela Lei n. 6.386, de 9-12-1976.

Art. 609. O recolhimento da contribuição sindical e todos os lançamentos e movimentos nas contas respectivas são isentos de selos e taxas federais, estaduais ou municipais.

Art. 610. As dúvidas no cumprimento deste Capítulo serão resolvidas pelo Diretor-Geral do Departamento Nacional do Trabalho, que expedirá as instruções que se tornarem necessárias à sua execução.

•• Artigo com redação determinada pela Lei n. 4.589, de 11-12-1964.

TÍTULO VI

DAS CONVENÇÕES COLETIVAS DE TRABALHO

•• Título VI com redação determinada pelo Decreto-lei n. 229, de 28-2-1967.

Art. 7.º, XXVI, da CF: São direitos dos trabalhadores urbanos e rurais, além de outros que visem à melhoria de sua condição social: (...) XXVI – reconhecimento das convenções e acordos coletivos de trabalho.

• *Vide* Lei n. 8.984, de 7-2-1995.

Art. 611. Convenção Coletiva de Trabalho é o acordo de caráter normativo, pelo qual dois ou mais Sindicatos representativos de categorias econômicas e profissionais estipulam condições de trabalho aplicáveis, no âmbito das respectivas representações, às relações individuais do trabalho.

•• *Caput* com redação determinada pelo Decreto-lei n. 229, de 28-2-1967.

Art. 8.º, VI, da CF: É livre a associação profissional ou sindical, observado o seguinte: (...) VI – é obrigatória a participação dos sindicatos nas negociações coletivas de trabalho.

Súmula 277/TST: Convenção coletiva de trabalho ou acordo coletivo de trabalho. Eficácia. Ultratividade. As cláusulas normativas dos acordos coletivos ou convenções coletivas integram os contratos individuais de trabalho e somente poderão ser modificadas ou suprimidas mediante negociação coletiva de trabalho.

Súmula 286/TST: Sindicato. Substituição processual. Convenção e acordo coletivos. A legitimidade do sindicato para propor ação de cumprimento estende-se também à observância de acordo ou de convenção coletivos.

§ 1.º É facultado aos Sindicatos representativos de categorias profissionais celebrar Acordos Coletivos com uma ou mais empresas da correspondente categoria econômica, que estipulem condições de trabalho, aplicáveis no âmbito da empresa ou das empresas acordantes às respectivas relações de trabalho.

•• § 1.º com redação determinada pelo Decreto-lei n. 229, de 28-2-1967.

§ 2.º As Federações e, na falta destas, as Confederações representativas de categorias econômicas ou profissionais poderão celebrar convenções coletivas de trabalho para reger as relações das categorias a elas vinculadas, inorganizadas em Sindicatos, no âmbito de suas representações.

•• § 2.º com redação determinada pelo Decreto-lei n. 229, de 28-2-1967.

Art. 611-A. A convenção coletiva e o acordo coletivo de trabalho têm prevalência sobre a lei quando, entre outros, dispuserem sobre:

•• *Caput* acrescentado pela Lei n. 13.467, de 13-7-2017.

I – pacto quanto à jornada de trabalho, observados os limites constitucionais;

•• Inciso I acrescentado pela Lei n. 13.467, de 13-7-2017.

Art. 7.º, XIII, da CF: São direitos dos trabalhadores urbanos e rurais, além de outros que visem à melhoria de sua condição social: (...) XIII – duração do trabalho normal não superior a oito horas diárias e quarenta e quatro semanais, facultada a compensação de horários e a redução da jornada, mediante acordo ou convenção coletiva de trabalho.

Súmula 85/TST: Compensação de jornada. I – A compensação de jornada de trabalho deve ser ajustada por acordo individual escrito, acordo coletivo ou convenção coletiva. II – O acordo individual para compensação de horas é válido, salvo se houver norma coletiva em sentido contrário. III – O mero não atendimento das exigências legais para a compensação de jornada, inclusive quando encetada mediante acordo tácito, não implica a repetição do pagamento das horas excedentes à jornada normal diária, se não dilatada a jornada máxima semanal, sendo devido apenas o respectivo adicional. IV – A prestação de horas extras habituais descaracteriza o acordo de compensação de jornada. Nesta hipótese, as horas que ultrapassarem a jornada semanal normal deverão ser pagas como horas extraordinárias e, quanto àquelas destinadas à compensação, deverá ser pago a mais apenas o adicional por trabalho extraordinário. V – As disposições contidas nesta súmula não se aplicam ao regime compensatório na modalidade "banco de horas", que somente pode ser instituído por negociação coletiva. VI – Não é válido acordo de compensação de jornada em atividade insalubre, ainda que estipulado em norma coletiva, sem a necessária inspeção prévia e permissão da autoridade competente, na forma do art. 60 da CLT.

II – banco de horas anual;

•• Inciso II acrescentado pela Lei n. 13.467, de 13-7-2017.

III – intervalo intrajornada, respeitado o limite mínimo de trinta minutos para jornadas superiores a seis horas;

•• Inciso III acrescentado pela Lei n. 13.467, de 13-7-2017.

•• *Vide* Enunciado n. 30 da 2.ª Jornada de Direito Material e Processual do Trabalho.

IV – adesão ao Programa Seguro-Emprego (PSE), de que trata a Lei n. 13.189, de 19 de novembro de 2015;

•• Inciso IV acrescentado pela Lei n. 13.467, de 13-7-2017.

•• O Programa Seguro-Emprego, instituído pela Lei n. 13.189, de 19-11-2015, foi extinto em 31-12-2018.

V – plano de cargos, salários e funções compatíveis com a condição pessoal do empregado, bem como identificação dos cargos que se enquadram como funções de confiança;

•• Inciso V acrescentado pela Lei n. 13.467, de 13-7-2017.

• *Vide* Enunciado n. 41 da 2.ª Jornada de Direito Material e Processual do Trabalho.

VI – regulamento empresarial;

•• Inciso VI acrescentado pela Lei n. 13.467, de 13-7-2017.

VII – representante dos trabalhadores no local de trabalho;

•• Inciso VII acrescentado pela Lei n. 13.467, de 13-7-2017.

VIII – teletrabalho, regime de sobreaviso, e trabalho intermitente;

•• Inciso VIII acrescentado pela Lei n. 13.467, de 13-7-2017.

IX – remuneração por produtividade, incluídas as gorjetas percebidas pelo empregado, e remuneração por desempenho individual;

•• Inciso IX acrescentado pela Lei n. 13.467, de 13-7-2017.

• *Vide* Enunciado n. 46 da 2.ª Jornada de Direito Material e Processual do Trabalho.

X – modalidade de registro de jornada de trabalho;

•• Inciso X acrescentado pela Lei n. 13.467, de 13-7-2017.

XI – troca do dia de feriado;

•• Inciso XI acrescentado pela Lei n. 13.467, de 13-7-2017.

XII – enquadramento do grau de insalubridade;

•• Inciso XII acrescentado pela Lei n. 13.467, de 13-7-2017.

XIII – prorrogação de jornada em ambientes insalubres, sem licença prévia das autoridades competentes do Ministério do Trabalho;

•• Inciso XIII acrescentado pela Lei n. 13.467, de 13-7-2017.

XIV – prêmios de incentivo em bens ou serviços, eventualmente concedidos em programas de incentivo;

•• Inciso XIV acrescentado pela Lei n. 13.467, de 13-7-2017.

XV – participação nos lucros ou resultados da empresa.

•• Inciso XV acrescentado pela Lei n. 13.467, de 13-7-2017.

Art. 7.º, XI, da CF: São direitos dos trabalhadores urbanos e rurais, além de outros que visem à melhoria de sua condição social: (...) XI – participação nos lucros, ou resultados, desvinculada da remuneração, e, excepcionalmente, participação na gestão da empresa, conforme definido em lei.

§ 1.º No exame da convenção coletiva ou do acordo coletivo de trabalho, a Justiça do Trabalho observará o disposto no § 3.º do art. 8.º desta Consolidação.

•• § 1.º acrescentado pela Lei n. 13.467, de 13-7-2017.

Art. 8.º, § 3.º, da CLT: No exame de convenção coletiva ou acordo coletivo de trabalho, a Justiça do Trabalho analisará exclusivamente a conformidade dos elementos essenciais do negócio jurídico, respeitado o disposto no art. 104 da Lei n. 10.406, de 10 de janeiro de 2002 (Código Civil), e balizará sua atuação pelo princípio da intervenção mínima na autonomia da vontade coletiva.

Art. 104 do CC: A validade do negócio jurídico requer: I – agente capaz; II – objeto lícito, possível, determinado ou determinável; III – forma prescrita ou não defesa em lei.

•• *Vide* Enunciado n. 2 da 2.ª Jornada de Direito Material e Processual do Trabalho.

§ 2.º A inexistência de expressa indicação de contrapartidas recíprocas em convenção coletiva ou acordo coletivo de trabalho não ensejará sua nulidade por não caracterizar um vício do negócio jurídico.

•• § 2.º acrescentado pela Lei n. 13.467, de 13-7-2017.

§ 3.º Se for pactuada cláusula que reduza o salário ou a jornada, a convenção coletiva ou o acordo coletivo de trabalho deverão prever a proteção dos empregados contra dispensa imotivada durante o prazo de vigência do instrumento coletivo.

•• § 3.º acrescentado pela Lei n. 13.467, de 13-7-2017.

§ 4.º Na hipótese de procedência de ação anulatória de cláusula de convenção coletiva ou de acordo coletivo de trabalho, quando houver a cláusula compensatória, esta deverá ser igualmente anulada, sem repetição do indébito.

•• § 4.º acrescentado pela Lei n. 13.467, de 13-7-2017.

§ 5.º Os sindicatos subscritores de convenção coletiva ou de acordo coletivo de trabalho deverão participar, como litisconsortes necessários, em ação individual ou coletiva, que tenha como objeto a anulação de cláusulas desses instrumentos.

•• § 5.º acrescentado pela Lei n. 13.467, de 13-7-2017.

Art. 47 do CPC: Há litisconsórcio necessário, quando, por disposição de lei ou pela natureza da relação jurídica, o juiz tiver de decidir a lide de modo uniforme para todas as partes; caso em que a eficácia da sentença dependerá da citação de todos os litisconsortes no processo. Parágrafo único. O juiz ordenará ao autor que promova a citação de todos os litisconsortes necessários, dentro do prazo que assinar, sob pena de declarar extinto o processo.

Instrução Normativa n. 41/18, art. 3.º: A obrigação de formar o litisconsórcio necessário a que se refere o art. 611-A, § 5.º, da CLT dar-se-á nos processos iniciados a partir de 11 de novembro de 2017 (Lei n. 13.467/2017).

•• *Vide* Enunciado n. 108 da 2.ª Jornada de Direito Material e Processual do Trabalho.

Art. 611-B. Constituem objeto ilícito de convenção coletiva ou de acordo coletivo de trabalho, exclusivamente, a supressão ou a redução dos seguintes direitos:

•• *Caput* acrescentado pela Lei n. 13.467, de 13-7-2017.

•• *Vide* art. 17 da Instrução Normativa n. 144, de 18-5-2018.

• *Vide* Enunciados n. 42 e 43 da 2.ª Jornada de Direito Material e Processual do Trabalho.

I – normas de identificação profissional, inclusive as anotações na Carteira de Trabalho e Previdência Social;

•• Inciso I acrescentado pela Lei n. 13.467, de 13-7-2017.

II – seguro-desemprego, em caso de desemprego involuntário;

•• Inciso II acrescentado pela Lei n. 13.467, de 13-7-2017.

•• *Vide* art. 7.º, II, da CF.

III – valor dos depósitos mensais e da indenização rescisória do Fundo de Garantia do Tempo de Serviço (FGTS);

•• Inciso III acrescentado pela Lei n. 13.467, de 13-7-2017.

• *Vide* Lei n. 8.036, de 11-5-1990.

IV – salário mínimo;

•• Inciso IV acrescentado pela Lei n. 13.467, de 13-7-2017.

Art. 7.º, IV, da CF: São direitos dos trabalhadores urbanos e rurais, além de outros que visem à melhoria de sua condição social: (...) IV – salário mínimo, fixado em lei, nacionalmente unificado, capaz de atender a suas necessidades vitais básicas e às de sua família com moradia, alimentação, educação, saúde, lazer, vestuário, higiene, transporte e previdência social, com reajustes periódicos que lhe preservem o poder aquisitivo, sendo vedada sua vinculação para qualquer fim.

V – valor nominal do décimo terceiro salário;

•• Inciso V acrescentado pela Lei n. 13.467, de 13-7-2017.

•• *Vide* art. 7.º, VIII, da CF.

VI – remuneração do trabalho noturno superior à do diurno;

•• Inciso VI acrescentado pela Lei n. 13.467, de 13-7-2017.

•• *Vide* art. 7.º, IX, da CF.

•• *Vide* art. 73 da CLT.

VII – proteção do salário na forma da lei, constituindo crime sua retenção dolosa;

•• Inciso VII acrescentado pela Lei n. 13.467, de 13-7-2017.

•• *Vide* art. 7.º, X, da CF.

VIII – salário-família;

•• Inciso VIII acrescentado pela Lei n. 13.467, de 13-7-2017.

•• *Vide* art. 7.º, XII, da CF.

IX – repouso semanal remunerado;

•• Inciso IX acrescentado pela Lei n. 13.467, de 13-7-2017.

•• *Vide* art. 7.º, XV, da CF.

X – remuneração do serviço extraordinário superior, no mínimo, em 50% (cinquenta por cento) à do normal;

•• Inciso X acrescentado pela Lei n. 13.467, de 13-7-2017.

•• *Vide* art. 7.º, XVI , da CF.

XI – número de dias de férias devidas ao empregado;

•• Inciso XI acrescentado pela Lei n. 13.467, de 13-7-2017.

XII – gozo de férias anuais remuneradas com, pelo menos, um terço a mais do que o salário normal;

•• Inciso XII acrescentado pela Lei n. 13.467, de 13-7-2017.

•• *Vide* art. 7.º, XVII, da CF.

XIII – licença-maternidade com a duração mínima de cento e vinte dias;

•• Inciso XIII acrescentado pela Lei n. 13.467, de 13-7-2017.

•• *Vide* art. 7.º, XVIII, da CF.

XIV – licença-paternidade nos termos fixados em lei;

•• Inciso XIV acrescentado pela Lei n. 13.467, de 13-7-2017.

•• *Vide* art. 7.º, XIX, da CF.

XV – proteção do mercado de trabalho da mulher, mediante incentivos específicos, nos termos da lei;

•• Inciso XV acrescentado pela Lei n. 13.467, de 13-7-2017.

•• *Vide* art. 7.º, XX, da CF.

XVI – aviso prévio proporcional ao tempo de serviço, sendo no mínimo de trinta dias, nos termos da lei;

•• Inciso XVI acrescentado pela Lei n. 13.467, de 13-7-2017.

•• *Vide* art. 7.º, XXI, da CF.

XVII – normas de saúde, higiene e segurança do trabalho previstas em lei ou em normas regulamentadoras do Ministério do Trabalho;

•• Inciso XVII acrescentado pela Lei n. 13.467, de 13-7-2017.

•• *Vide* art. 7.º, XXII, da CF.

XVIII – adicional de remuneração para as atividades penosas, insalubres ou perigosas;

•• Inciso XVIII acrescentado pela Lei n. 13.467, de 13-7-2017.

•• *Vide* art. 7.º, XXIII, da CF.

XIX – aposentadoria;

•• Inciso XIX acrescentado pela Lei n. 13.467, de 13-7-2017.

•• *Vide* art. 7.º, XXIV, da CF.

XX – seguro contra acidentes de trabalho, a cargo do empregador;

•• Inciso XX acrescentado pela Lei n. 13.467, de 13-7-2017.

Art. 7.º, XXVIII, da CF: São direitos dos trabalhadores urbanos e rurais, além de outros que visem à melhoria de sua condição social: (...) XXVIII – seguro contra acidentes de trabalho, a cargo do empregador, sem excluir a indenização a que este está obrigado, quando incorrer em dolo ou culpa.

XXI – ação, quanto aos créditos resultantes das relações de trabalho, com prazo prescricional de cinco anos para os trabalhadores urbanos e rurais, até o limite de dois anos após a extinção do contrato de trabalho;

•• Inciso XXI acrescentado pela Lei n. 13.467, de 13-7-2017.

•• *Vide* art. 7.º, XXIX, da CF.

XXII – proibição de qualquer discriminação no tocante a salário e critérios de admissão do trabalhador com deficiência;

•• Inciso XXII acrescentado pela Lei n. 13.467, de 13-7-2017.

•• *Vide* art. 7.º, XXXI, da CF.

XXIII – proibição de trabalho noturno, perigoso ou insalubre a menores de dezoito anos e de qualquer trabalho a menores de dezesseis anos, salvo na condição de aprendiz, a partir de quatorze anos;

•• Inciso XXIII acrescentado pela Lei n. 13.467, de 13-7-2017.

•• *Vide* art. 7.º, XXXIII, da CF.

XXIV – medidas de proteção legal de crianças e adolescentes;

•• Inciso XXIV acrescentado pela Lei n. 13.467, de 13-7-2017.

XXV – igualdade de direitos entre o trabalhador com vínculo empregatício permanente e o trabalhador avulso;

•• Inciso XXV acrescentado pela Lei n. 13.467, de 13-7-2017.

•• *Vide* art. 7.º, XXXIV, da CF.

XXVI – liberdade de associação profissional ou sindical do trabalhador, inclusive o direito de não sofrer, sem sua expressa e prévia anuência, qualquer cobrança ou desconto salarial estabelecidos em convenção coletiva ou acordo coletivo de trabalho;

•• Inciso XXVI acrescentado pela Lei n. 13.467, de 13-7-2017.

XXVII – direito de greve, competindo aos trabalhadores decidir sobre a oportunidade de exercê-lo e sobre os interesses que devam por meio dele defender;

•• Inciso XXVII acrescentado pela Lei n. 13.467, de 13-7-2017.

•• *Vide* art. 9.º da CF.

XXVIII – definição legal sobre os serviços ou atividades essenciais e disposições legais sobre o atendimento das necessidades inadiáveis da comunidade em caso de greve;

•• Inciso XXVIII acrescentado pela Lei n. 13.467, de 13-7-2017.

XXIX – tributos e outros créditos de terceiros;

•• Inciso XXIX acrescentado pela Lei n. 13.467, de 13-7-2017.

XXX – as disposições previstas nos arts. 373-A, 390, 392, 392-A, 394, 394-A, 395, 396 e 400 desta Consolidação.

•• Inciso XXX acrescentado pela Lei n. 13.467, de 13-7-2017.

• Citados dispositivos tratam da proteção do trabalho da mulher.

Parágrafo único. Regras sobre duração do trabalho e intervalos não são consideradas como normas de saúde, higiene e segurança do trabalho para os fins do disposto neste artigo.

•• Parágrafo único acrescentado pela Lei n. 13.467, de 13-7-2017.

•• *Vide* Enunciado n. 37 da 2.ª Jornada de Direito Material e Processual do Trabalho.

Art. 612. Os Sindicatos só poderão celebrar Convenções ou Acordos Coletivos de Trabalho, por deliberação de Assembleia Geral especialmente convocada para esse fim, consoante o disposto nos respectivos Estatutos, dependendo a validade da mesma do comparecimento e votação, em primeira convocação, de 2/3 (dois terços) dos associados da entidade, se se tratar de Convenção, e dos interessados, no caso de Acordo e, em segunda, de 1/3 (um terço) dos membros.

•• *Caput* com redação determinada pelo Decreto-lei n. 229, de 28-2-1967.

Parágrafo único. O *quorum* de comparecimento e votação será de 1/8 (um oitavo) dos associados em segunda convocação, nas entidades sindicais que tenham mais de 5.000 (cinco mil) associados.

•• Parágrafo único com redação determinada pelo Decreto-lei n. 229, de 28-2-1967.

Art. 613. As Convenções e os Acordos deverão conter obrigatoriamente:

I – designação dos Sindicatos convenentes ou dos Sindicatos e empresas acordantes;

II – prazo de vigência;

III – categorias ou classes de trabalhadores abrangidas pelos respectivos dispositivos;

IV – condições ajustadas para reger as relações individuais de trabalho durante sua vigência;

V – normas para a conciliação das divergências surgidas entre os convenentes por motivos da aplicação de seus dispositivos;

VI – disposições sobre o processo de sua prorrogação e de revisão total ou parcial de seus dispositivos;

VII – direitos e deveres dos empregados e empresas;

VIII – penalidades para os Sindicatos convenentes, os empregados e as empresas em caso de violação de seus dispositivos.

•• *Caput* e incisos com redação determinada pelo Decreto-lei n. 229, de 28-2-1967.

Parágrafo único. As Convenções e os Acordos serão celebrados por escrito, sem emendas nem rasuras, em tantas vias quantos forem os Sindicatos convenentes ou as empresas acordantes, além de uma destinada a registro.

•• Parágrafo único com redação determinada pelo Decreto-lei n. 229, de 28-2-1967.

Art. 614. Os Sindicatos convenentes ou as empresas acordantes promoverão, conjunta ou separadamente, dentro de 8 (oito) dias da assinatura da Convenção ou Acordo, o depósito de uma via do mesmo, para fins de registro e arquivo, no Departamento Nacional do Trabalho, em se tratando de instrumento de caráter nacional ou interestadual, ou nos órgãos regionais do Ministério do Trabalho e Previdência Social nos demais casos.

•• *Caput* com redação determinada pelo Decreto-lei n. 229, de 28-2-1967.

•• Sobre Ministérios, *vide* Nota dos Organizadores.

• A Instrução Normativa n. 16, de 15-10-2013, da SRT, dispõe sobre o depósito, registro e arquivo de convenções e acordos coletivos de trabalho nos órgãos do MTE e sobre a solicitação de mediação coletiva de conflitos trabalhistas.

§ 1.º As Convenções e os Acordos entrarão em vigor 3 (três) dias após a data da entrega dos mesmos no órgão referido neste artigo.

•• § 1.º com redação determinada pelo Decreto-lei n. 229, de 28-2-1967.

§ 2.º Cópias autênticas das Convenções e dos Acordos deverão ser afixadas de modo visível, pelos Sindicatos convenentes, nas respectivas sedes e nos estabelecimentos das empresas compreendidas no seu campo de aplicação, dentro de 5 (cinco) dias da data do depósito previsto neste artigo.

•• § 2.º com redação determinada pelo Decreto-lei n. 229, de 28-2-1967.

§ 3.º Não será permitido estipular duração de convenção coletiva ou acordo coletivo de trabalho superior a dois anos, sendo vedada a ultratividade.

•• § 3.º com redação determinada pela Lei n. 13.467, de 13-7-2017.

Súmula 277/TST: Convenção coletiva de trabalho ou acordo coletivo de trabalho. Eficácia. Ultratividade. As cláusulas normativas dos acordos coletivos ou convenções coletivas integram os contratos individuais de trabalho e somente poderão ser modificadas ou suprimidas mediante negociação coletiva de trabalho.

•• *Vide* Enunciado n. 39 da 2.ª Jornada de Direito Material e Processual do Trabalho.

Art. 615. O processo de prorrogação, revisão, denúncia ou revogação total ou parcial de Convenção ou Acordo ficará subordinado, em qualquer caso, à aprovação de Assembleia Geral dos Sindicatos convenentes ou partes acordantes, com observância do disposto no art. 612.

•• *Caput* com redação determinada pelo Decreto-lei n. 229, de 28-2-1967.

§ 1.º O instrumento de prorrogação, revisão, denúncia ou revogação de Convenção ou Acordo será depositado, para fins de registro e arquivamento, na repartição em que o mesmo originariamente foi depositado, observado o disposto no art. 614.

•• § 1.º com redação determinada pelo Decreto-lei n. 229, de 28-2-1967.

§ 2.º As modificações introduzidas em Convenção ou Acordo, por força de revisão ou de revogação parcial de suas cláusulas, passarão a vigorar 3 (três) dias após a realização do depósito previsto no § 1.º.

•• § 2.º com redação determinada pelo Decreto-lei n. 229, de 28-2-1967.

Art. 616. Os Sindicatos representativos de categorias econômicas ou profissionais e as empresas, inclusive as que não tenham representação sindical, quando provocados, não podem recusar-se à negociação coletiva.

•• *Caput* com redação determinada pelo Decreto-lei n. 229, de 28-2-1967.

Art. 8.º, VI, da CF: É livre a associação profissional ou sindical, observado o seguinte: (...) VI – é obrigatória a participação dos sindicatos nas negociações coletivas de trabalho.

§ 1.º Verificando-se recusa à negociação coletiva, cabe aos Sindicatos ou empresas interessadas dar ciência do fato, conforme o caso, ao Departamento Nacional do Trabalho ou aos órgãos regionais do Ministério do Trabalho e Previdência Social para convocação compulsória dos Sindicatos ou empresas recalcitrantes.

•• § 1.º com redação determinada pelo Decreto-lei n. 229, de 28-2-1967.

•• Sobre Ministérios, *vide* Nota dos Organizadores.

§ 2.º No caso de persistir a recusa à negociação coletiva, pelo desatendimento às convocações feitas pelo Departamento Nacional do Trabalho ou órgãos regionais do Ministério do Trabalho e Previdência Social ou se malograr a negociação entabulada é facultada aos Sindicatos ou empresas interessadas a instauração de dissídio coletivo.

•• § 2.º com redação determinada pelo Decreto-lei n. 229, de 28-2-1967.

OJ 5 da SDC: Dissídio coletivo. Pessoa jurídica de direito público. Possibilidade jurídica. Cláusula de natureza social. Em face de pessoa jurídica de direito público que mantenha empregados, cabe dissídio coletivo exclusivamente para apreciação de cláusulas de natureza social. Inteligência da Convenção n. 151 da Organização Internacional do Trabalho, ratificada pelo Decreto Legislativo n. 206/2010.

§ 3.º Havendo convenção, acordo ou sentença normativa em vigor, o dissídio coletivo deverá ser instaurado dentro dos 60 (sessenta) dias anteriores ao respectivo termo final, para que o novo instrumento possa ter vigência no dia imediato a esse termo.

•• § 3.º com redação determinada pelo Decreto-lei n. 424, de 21-1-1969.

Precedente Normativo 120/TST: Sentença normativa. Duração. Possibilidade e limites. A sentença normativa vigora, desde seu termo inicial até que sentença normativa, convenção coletiva de trabalho ou acordo coletivo de trabalho superveniente produza sua revogação, expressa ou tácita, respeitado, porém, o prazo máximo legal de quatro anos de vigência.

§ 4.º Nenhum processo de dissídio coletivo de natureza econômica será admitido sem antes se esgotarem as medidas relativas à formalização da Convenção ou Acordo correspondente.

•• § 4.º com redação determinada pelo Decreto-lei n. 229, de 28-2-1967.

Art. 617. Os empregados de uma ou mais empresas que decidirem celebrar Acordo Coletivo de Trabalho com as respectivas empresas darão ciência de sua resolução, por escrito, ao Sindicato representativo da categoria profissional, que terá o prazo de 8 (oito) dias para assumir a direção dos entendimentos entre os interessados, devendo igual procedimento ser observado pelas empresas interessadas com relação ao Sindicato da respectiva categoria econômica.

•• *Caput* com redação determinada pelo Decreto-lei n. 229, de 28-2-1967.

§ 1.º Expirado o prazo de 8 (oito) dias sem que o Sindicato tenha-se desincumbido do encargo recebido, poderão os interessados dar conhecimento do fato à Federação a que estiver vinculado o Sindicato e, em falta dessa, à correspondente Confederação, para que, no mesmo prazo, assuma a direção dos entendimentos. Esgotado esse prazo, poderão os interessados prosseguir diretamente na negociação coletiva até final.

•• § 1.º com redação determinada pelo Decreto-lei n. 229, de 28-2-1967.

Art. 8.º, VI, da CF: É livre a associação profissional ou sindical, observado o seguinte: (...) VI – é obrigatória a participação dos sindicatos nas negociações coletivas de trabalho.

§ 2.º Para o fim de deliberar sobre o Acordo, a entidade sindical convocará Assembleia Geral dos diretamente interessados, sindicalizados ou não, nos termos do art. 612.

•• § 2.º com redação determinada pelo Decreto-lei n. 229, de 28-2-1967.

Art. 618. As empresas e instituições que não estiverem incluídas no enquadramento sindical a que se refere o art. 577 desta Consolidação poderão celebrar Acordos Coletivos de Trabalho com os Sindicatos representativos dos respectivos empregados, nos termos deste Título.

•• Artigo com redação determinada pelo Decreto-lei n. 229, de 28-2-1967.

Art. 619. Nenhuma disposição de contrato individual de trabalho que contrarie normas de Convenção ou Acordo

Coletivo de Trabalho poderá prevalecer na execução do mesmo, sendo considerada nula de pleno direito.

•• Artigo com redação determinada pelo Decreto-lei n. 229, de 28-2-1967.

Art. 620. As condições estabelecidas em acordo coletivo de trabalho sempre prevalecerão sobre as estipuladas em convenção coletiva de trabalho.

•• Artigo com redação determinada pela Lei n. 13.467, de 13-7-2017.

• *Vide* Enunciado n. 29 da 2.ª Jornada de Direito Material e Processual do Trabalho.

Art. 621. As Convenções e os Acordos poderão incluir, entre suas cláusulas, disposição sobre a constituição e funcionamento de comissões mistas de consulta e colaboração, no plano da empresa e participação nos lucros. Estas disposições mencionarão a forma de constituição, o modo de funcionamento e as atribuições das comissões, assim como o plano de participação, quando for o caso.

•• Artigo com redação determinada pelo Decreto-lei n. 229, de 28-2-1967.

Art. 7.º, XI, da CF: São direitos dos trabalhadores urbanos e rurais, além de outros que visem à melhoria de sua condição social: (...) XI – participação nos lucros, ou resultados, desvinculada da remuneração, e, excepcionalmente, participação na gestão da empresa, conforme definido em lei.

Art. 11 da CF: Nas empresas de mais de duzentos empregados, é assegurada a eleição de um representante destes com a finalidade exclusiva de promover-lhes o entendimento direto com os empregadores.

Art. 622. Os empregados e as empresas que celebrarem contratos individuais de trabalho, estabelecendo condições contrárias ao que tiver sido ajustado em Convenção ou Acordo que lhes for aplicável, serão passíveis da multa neles fixada.

•• *Caput* com redação determinada pelo Decreto-lei n. 229, de 28-2-1967.

Parágrafo único. A multa a ser imposta ao empregado não poderá exceder da metade daquela que, nas mesmas condições, seja estipulada para a empresa.

•• Parágrafo único com redação determinada pelo Decreto-lei n. 229, de 28-2-1967.

Súmula 384/TST: Multa convencional. Cobrança. I – O descumprimento de qualquer cláusula constante de instrumentos normativos diversos não submete o empregado a ajuizar várias ações, pleiteando em cada uma o pagamento da multa referente ao descumprimento de obrigações previstas nas cláusulas respectivas.II – É aplicável multa prevista em instrumento normativo (sentença normativa, convenção ou acordo coletivo) em caso de descumprimento de obrigação prevista em lei, mesmo que a norma coletiva seja mera repetição de texto legal.

Art. 623. Será nula de pleno direito disposição de Convenção ou Acordo que, direta ou indiretamente, contrarie proibição ou norma disciplinadora da política econômico-financeira do Governo ou concernente à política salarial vigente, não produzindo quaisquer efeitos perante autoridades e repartições públicas, inclusive para fins de revisão de preços e tarifas de mercadorias e serviços.

•• *Caput* com redação determinada pelo Decreto-lei n. 229, de 28-2-1967.

Parágrafo único. Na hipótese deste artigo, a nulidade será declarada, de ofício ou mediante representação, pelo Ministro do Trabalho e Previdência Social ou pela Justiça do Trabalho, em processo submetido ao seu julgamento.

•• Parágrafo único com redação determinada pelo Decreto-lei n. 229, de 28-2-1967.

Art. 624. A vigência de cláusula de aumento ou reajuste salarial, que implique elevação de tarifas ou de preços sujeitos à fixação por autoridade pública ou repartição governamental, dependerá de prévia audiência dessa autoridade ou repartição e sua expressa declaração no tocante à possibilidade de elevação da tarifa ou do preço e quanto ao valor dessa elevação.

•• Artigo com redação determinada pelo Decreto-lei n. 229, de 28-2-1967.

Art. 625. As controvérsias resultantes da aplicação de Convenção ou de Acordo celebrado nos termos deste Título serão dirimidas pela Justiça do Trabalho.

•• Artigo com redação determinada pelo Decreto-lei n. 229, de 28-2-1967.

• *Vide* Lei n. 8.984, de 7-2-1995.

TÍTULO VI-A
DAS COMISSÕES DE CONCILIAÇÃO PRÉVIA

•• Título VI-A acrescentado pela Lei n. 9.958, de 12-1-2000.

• A Portaria n. 264, de 5-6-2002, do MTE, fixa normas para o acompanhamento e levantamento de dados relacionados ao funcionamento das Comissões de Conciliação Prévia.

• A Portaria n. 329, de 14-8-2002, do MTE, estabelece procedimentos para a instalação e o funcionamento das Comissões de Conciliação Prévia e Núcleos Intersindicais de Conciliação Trabalhista.

Art. 625-A. As empresas e os sindicatos podem instituir Comissões de Conciliação Prévia, de composição paritária, com representantes dos empregados e dos empregadores, com a atribuição de tentar conciliar os conflitos individuais do trabalho.

•• *Caput* acrescentado pela Lei n. 9.958, de 12-1-2000.

Parágrafo único. As Comissões referidas no *caput* deste artigo poderão ser constituídas por grupos de empresas ou ter caráter intersindical.

•• Parágrafo único acrescentado pela Lei n. 9.958, de 12-1-2000.

Art. 625-B. A Comissão instituída no âmbito da empresa será composta de, no mínimo, 2 (dois) e, no máximo, 10 (dez) membros, e observará as seguintes normas:

I – a metade de seus membros será indicada pelo empregador e a outra metade eleita pelos empregados, em escrutínio secreto, fiscalizado pelo sindicato da categoria profissional;

II – haverá na Comissão tantos suplentes quantos forem os representantes titulares;

III – o mandato dos seus membros, titulares e suplentes, é de um ano, permitida uma recondução.

•• *Caput* e incisos acrescentados pela Lei n. 9.958, de 12-1-2000.

§ 1.º É vedada a dispensa dos representantes dos empregados membros da Comissão de Conciliação Prévia, titulares e suplentes, até 1 (um) ano após o final do mandato, salvo se cometerem falta grave, nos termos da lei.

•• § 1.º acrescentado pela Lei n. 9.958, de 12-1-2000.

§ 2.º O representante dos empregados desenvolverá seu trabalho normal na empresa, afastando-se de suas atividades apenas quando convocado para atuar como conciliador, sendo computado como tempo de trabalho efetivo o despendido nessa atividade.

•• § 2.º acrescentado pela Lei n. 9.958, de 12-1-2000.

Art. 625-C. A Comissão instituída no âmbito do sindicato terá sua constituição e normas de funcionamento definidas em convenção ou acordo coletivo.

•• Artigo acrescentado pela Lei n. 9.958, de 12-1-2000.

Art. 625-D. Qualquer demanda de natureza trabalhista será submetida à Comissão de Conciliação Prévia se, na localidade da prestação de serviços, houver sido instituída a Comissão no âmbito da empresa ou do sindicato da categoria.

•• *Caput* acrescentado pela Lei n. 9.958, de 12-1-2000.

•• O STF, nas ADI 2.139, 2.160 e 2.237, de 1.º-8-2018 (*DOU* de 7-8-2018), julgou parcialmente procedentes os pedidos para dar interpretação conforme a CF a este artigo, "assentando que a Comissão de Conciliação Prévia constitui meio legítimo, mas não obrigatório, de solução de conflitos, permanecendo o acesso à Justiça resguardado para todos os que venham a ajuizar demanda diretamente ao órgão judiciário competente, e para manter hígido o inciso II do art. 852-B da CLT, no sentido de se considerar legítima a citação nos termos estabelecidos na norma".

§ 1.º A demanda será formulada por escrito ou reduzida a termo por qualquer dos membros da Comissão, sendo entregue cópia datada e assinada pelo membro aos interessados.

•• § 1.º acrescentado pela Lei n. 9.958, de 12-1-2000.

§ 2.º Não prosperando a conciliação, será fornecida ao empregado e ao empregador declaração da tentativa conciliatória frustrada com a descrição de seu objeto, firmada pelos membros da Comissão, que deverá ser juntada à eventual reclamação trabalhista.

•• § 2.º acrescentado pela Lei n. 9.958, de 12-1-2000.

§ 3.º Em caso de motivo relevante que impossibilite a observância do procedimento previsto no *caput* deste artigo, será a circunstância declarada na petição inicial da ação intentada perante a Justiça do Trabalho.

•• § 3.º acrescentado pela Lei n. 9.958, de 12-1-2000.

§ 4.º Caso exista, na mesma localidade e para a mesma categoria, Comissão de empresa e Comissão sindical, o interessado optará por uma delas para submeter a sua demanda, sendo competente aquela que primeiro conhecer do pedido.

•• § 4.º acrescentado pela Lei n. 9.958, de 12-1-2000.

Art. 625-E. Aceita a conciliação, será lavrado termo assinado pelo empregado, pelo empregador ou seu preposto e pelos membros da Comissão, fornecendo-se cópia às partes.

•• *Caput* acrescentado pela Lei n. 9.958, de 12-1-2000.

Parágrafo único. O termo de conciliação é título executivo extrajudicial e terá eficácia liberatória geral, exceto quanto às parcelas expressamente ressalvadas.

•• Parágrafo único acrescentado pela Lei n. 9.958, de 12-1-2000.

Art. 625-F. As Comissões de Conciliação Prévia têm prazo de 10 (dez) dias para a realização da sessão de tentativa de conciliação a partir da provocação do interessado.

•• *Caput* acrescentado pela Lei n. 9.958, de 12-1-2000.

Parágrafo único. Esgotado o prazo sem a realização da sessão, será fornecida, no último dia do prazo, a declaração a que se refere o § 2.º do art. 625-D.

•• Parágrafo único acrescentado pela Lei n. 9.958, de 12-1-2000.

Art. 625-G. O prazo prescricional será suspenso a partir da provocação da Comissão de Conciliação Prévia, recomeçando a fluir, pelo que lhe resta, a partir da tentativa frustrada de conciliação ou do esgotamento do prazo previsto no art. 625-F.

•• Artigo acrescentado pela Lei n. 9.958, de 12-1-2000.

Art. 625-H. Aplicam-se aos Núcleos Intersindicais de Conciliação Trabalhista em funcionamento ou que vierem a ser criados, no que couber, as disposições previstas neste Título, desde que observados os princípios da paridade e da negociação coletiva na sua constituição.

•• Artigo acrescentado pela Lei n. 9.958, de 12-1-2000.

TÍTULO VII
DO PROCESSO DE MULTAS ADMINISTRATIVAS

CAPÍTULO I
DA FISCALIZAÇÃO, DA AUTUAÇÃO E DA IMPOSIÇÃO DE MULTAS

Art. 114, VII, da CF: Compete à Justiça do Trabalho processar e julgar: (...) VII – as ações relativas às penalidades administrativas impostas aos empregadores pelos órgãos de fiscalização das relações de trabalho.

• *Vide* art. 21, XXIV, da CF.

• *Vide* art. 3.º da Emenda Constitucional n. 45, de 8-12-2004.

• A Portaria n. 2.020, de 23-12-2014, do MTE, aprova regras para a imposição de multas administrativas, previstas na legislação trabalhista, por infrações às normas de proteção ao trabalho doméstico.

Art. 626. Incumbe às autoridades competentes do Ministério do Trabalho e Previdência Social, ou àquelas que exerçam funções delegadas, a fiscalização do fiel cumprimento das normas de proteção ao trabalho.

•• Sobre Ministérios, *vide* Nota dos Organizadores.

Parágrafo único. Os fiscais dos Institutos Nacional de Previdência Social e das entidades paraestatais em geral dependentes do Ministério do Trabalho e Previdência Social serão competentes para a fiscalização a que se refere o presente artigo, na forma das instruções que forem expedidas pelo Ministro do Trabalho e Previdência Social.

•• O Decreto-lei n. 229, de 28-2-1967, estabelece em seu art. 35 que as referências feitas na CLT a Institutos de Seguro Social entendem-se como ao Instituto Nacional de Previdência Social (INPS). Denominação atual: INSS.

Art. 627. A fim de promover a instrução dos responsáveis no cumprimento das leis de proteção do trabalho, a fiscalização deverá observar o critério de dupla visita nos seguintes casos:

Lei n. 7.855/89, art. 6.º, § 3.º: Será observado o critério de dupla visita nas empresas com até dez empregados, salvo quando for constatada infração por falta de registro de empregado, a notação da sua Carteira de Trabalho e Previdência Social e na ocorrência de fraude, resistência ou embaraço à fiscalização.

Lei Complementar n. 123/06, art. 55, § 1.º: A fiscalização, no que se refere aos aspectos trabalhista, metrológico, sanitário, ambiental, de segurança, de relações de consumo e de uso e ocupação do solo das microempresas e das empresas de pequeno porte, deverá ser prioritariamente orientadora quando a atividade ou situação, por sua natureza, comportar grau de risco compatível com esse procedimento. § 1.º Será observado o critério de dupla visita para lavratura de autos de infração, salvo quando for constatada infração por falta de registro de empregado ou anotação da Carteira de Trabalho e Previdência Social – CTPS, ou, ainda, na ocorrência de reincidência, fraude, resistência ou embaraço à fiscalização.

Instrução Normativa n. 144/18, art. 3.º, § 5.º: O Auditor-Fiscal do Trabalho deve observar o critério da dupla visita para a lavratura de autos de infração, na forma do art. 627 da Consolidação das Leis do Trabalho - CLT, aprovada pelo Decreto-lei n. 5.452, de 1.º de maio de 1943, do art. 6.º, § 3.º, da Lei n. 7.855, de 24 de outubro de 1989, e do art. 55, § 1.º, da Lei Complementar n. 123, de 14 de dezembro de 2006, não se aplicando este critério para a emissão das notificações de débito.

a) quando ocorrer promulgação ou expedição de novas leis, regulamentos ou instruções ministeriais, sendo que, com relação exclusivamente a esses atos, será feita apenas a instrução dos responsáveis;

b) em se realizando a primeira inspeção dos estabelecimentos ou dos locais de trabalho, recentemente inaugurados ou empreendidos.

Art. 627-A. Poderá ser instaurado procedimento especial para a ação fiscal, objetivando a orientação sobre o cumprimento das leis de proteção ao trabalho, bem como a prevenção e o saneamento de infrações à legislação mediante Termo de Compromisso, na forma a ser disciplinada no Regulamento da Inspeção do Trabalho.

•• Artigo acrescentado pela Medida Provisória n. 2.164-41, de 24-8-2001.

•• A Instrução Normativa n. 133, de 21-8-2017, da Secretaria de Inspeção do Trabalho, dispõe sobre o procedimento especial para a ação fiscal de que trata este artigo.

• O Decreto n. 4.552, de 27-12-2002, aprova o Regulamento da Inspeção do Trabalho.

Art. 628. Salvo o disposto nos arts. 627 e 627-A, a toda verificação em que o Auditor-Fiscal do Trabalho concluir pela existência de violação de preceito legal deve corresponder, sob pena de responsabilidade administrativa, a lavratura de auto de infração.

•• *Caput* com redação determinada pela Medida Provisória n. 2.164-41, de 24-8-2001.

§ 1.º Ficam as empresas obrigadas a possuir o livro intitulado "Inspeção do Trabalho", cujo modelo será aprovado por portaria ministerial.

•• § 1.º com redação determinada pelo Decreto-lei n. 229, de 28-2-1967.

•• Microempresa e Empresa de Pequeno Porte: *vide* art. 51, IV, da Lei Complementar n. 123, de 14-12-2006.

§ 2.º Nesse livro, registrará o agente da inspeção sua visita ao estabelecimento, declarando a data e a hora do início e término da mesma, bem como o resultado da inspeção, nele consignando, se for o caso, todas as irregularidades verificadas e as exigências feitas, com os respectivos prazos para seu atendimento, e, ainda, de modo legível, os elementos de sua identificação funcional.

•• § 2.º com redação determinada pelo Decreto-lei n. 229, de 28-2-1967.

§ 3.º Comprovada a má-fé do agente da inspeção, quanto à omissão ou lançamento de qualquer elemento no livro, responderá ele por falta grave no cumprimento do dever, ficando passível, desde logo, da pena de suspensão até 30 (trinta) dias, instaurando-se, obrigatoriamente, em caso de reincidência, inquérito administrativo.

•• § 3.º com redação determinada pelo Decreto-lei n. 229, de 28-2-1967.

§ 4.º A lavratura de autos contra empresas fictícias e de endereços inexistentes, assim como a apresentação de falsos relatórios, constitui falta grave, punível na forma do § 3.º.

•• § 4.º com redação determinada pelo Decreto-lei n. 229, de 28-2-1967.

Art. 629. O auto de infração será lavrado em duplicata, nos termos dos modelos e instruções expedidos, sendo uma via entregue ao infrator, contra recibo, ou ao mesmo enviada, dentro de 10 (dez) dias da lavratura, sob pena de responsabilidade, em registro postal, com franquia e recibo de volta.

•• *Caput* com redação determinada pelo Decreto-lei n. 229, de 28-2-1967.

Precedente Administrativo 74: Processual. Auto de infração e notificação de débito de FGTS e Contribuição Social. Requisitos de admissibilidade. Caráter material de recurso. Revisão do Precedente Administrativo n. 32. I – O recurso administrativo interposto em processo iniciado por auto de infração não deve ter seu mérito analisado quando careça de quaisquer requisitos de admissibilidade. O mesmo se aplica à defesa. II – Aplica-se o disposto no item I ao processo iniciado por notificação de débito, exceto se houver recolhimentos de FGTS ou Contribuição Social anteriores à data de emissão ou apuração do débito, e que não tenham sido considerados, dada a necessidade de haver certeza e liquidez quanto ao débito apurado. A exceção alcança também as hipóteses em que se comprova parcelamento anterior, desde que assim previsto nas instruções normativas vigentes ao tempo da emissão da notificação, conforme Precedente Administrativo n. 1. III – Não será recebida como recurso a manifestação do interessado que seja desprovida de argumentos que materialmente possam ser caracterizados como recursais. Assim, caso a peça recursal não apresente razões legais ou de mérito demonstrando precisamente os fundamentos de inconformismo do recorrente em relação à decisão recorrida, não terá seu mérito analisado. IV – O juízo de admissibilidade formal e material dos recursos interpostos em instância administrativa é feito pela autoridade regional. Caso seja negado seguimento ao recurso pela autoridade regional pela ocorrência das hipóteses acima, ao processo devem ser dados os encaminhamentos de praxe da regional, sendo desnecessária a remessa à instância superior. Referência normativa: artigos 629, § 3.º e 636 da CLT, artigos 56 e 60 da Lei 9.784/1999, artigos 14, 24, 33 e 34 da Portaria 148/1996, artigo 9.º do anexo VI da Portaria 483/2004 e art. 23, *caput*, da Lei n. 8.036/90, no art. 1.º da Lei n. 8.844/94 e no art. 3.º da Lei Complementar n. 110/2001.

§ 1.º O auto não terá o seu valor probante condicionado à assinatura do infrator ou de testemunhas, e será lavrado no local da inspeção, salvo havendo motivo justificado que será declarado no próprio auto, quando então deverá ser lavrado no prazo de 24 (vinte e quatro) horas, sob pena de responsabilidade.

•• § 1.º com redação determinada pelo Decreto-lei n. 229, de 28-2-1967.

Precedente Administrativo n. 102: Auto de infração. Local de lavratura. O conceito de local de inspeção abrange aquele onde os Auditores Fiscais do Trabalho executam atos de inspeção verificam os atributos trabalhistas por meio de análise de documentos ou sistemas informatizados, conforme procedimento de fiscalização previsto em normas expedidas pela autoridade nacional competente em matéria de inspeção do trabalho. Referência normativa: art. 629, § 1.º, da CLT. Arts. 20, 24, 25 e 30 do Decreto n. 4.552, de 27 de dezembro de 2002. Art. 7.º da Portaria n. 148, de 25 de janeiro de 1996. Art. 43 da Instrução Normativa n. 99, de 23 de agosto de 2012.

• *Vide* Instrução Normativa n. 144, de 18-5-2018, que revogou a Instrução Normativa n. 99, de 23-8-2012.

§ 2.º Lavrado o auto de infração, não poderá ele ser inutilizado, nem sustado o curso do respectivo processo, devendo o agente da inspeção apresentá-lo à autoridade competente, mesmo se incidir em erro.

•• § 2.º com redação determinada pelo Decreto-lei n. 229, de 28-2-1967.

§ 3.º O infrator terá, para apresentar defesa, o prazo de 10 (dez) dias contados do recebimento do auto.

•• § 3.º com redação determinada pelo Decreto-lei n. 229, de 28-2-1967.

§ 4.º O auto de infração será registrado com a indicação sumária de seus elementos característicos, em livro próprio que deverá existir em cada órgão fiscalizador, de modo a assegurar o controle do seu processamento.

•• § 4.º com redação determinada pelo Decreto-lei n. 229, de 28-2-1967.

Art. 630. Nenhum agente da inspeção poderá exercer as atribuições do seu cargo sem exibir a carteira de identidade fiscal, devidamente autenticada, fornecida pela autoridade competente.

•• *Caput* com redação determinada pelo Decreto-lei n. 229, de 28-2-1967.

§ 1.º É proibida a outorga de identidade fiscal a quem não esteja autorizado, em razão do cargo ou função, a exercer ou praticar, no âmbito da legislação trabalhista, atos de fiscalização.

•• § 1.º com redação determinada pelo Decreto-lei n. 229, de 28-2-1967.

§ 2.º A credencial a que se refere este artigo deverá ser devolvida para inutilização, sob as penas da lei, em casos de provimento em outro cargo público, exoneração ou demissão, bem como nos de licenciamento por prazo superior a 60 (sessenta) dias e de suspensão do exercício do cargo.

•• § 2.º com redação determinada pelo Decreto-lei n. 229, de 28-2-1967.

§ 3.º O agente da inspeção terá livre acesso a todas as dependências dos estabelecimentos sujeitos ao regime da legislação trabalhista, sendo as empresas, por seus dirigentes, ou prepostos, obrigadas a prestar-lhe os esclarecimentos necessários ao desempenho de suas atribuições legais e a exibir-lhe, quando exigidos, quaisquer documentos que digam respeito ao fiel cumprimento das normas de proteção ao trabalho.

•• § 3.º com redação determinada pelo Decreto-lei n. 229, de 28-2-1967.

§ 4.º Os documentos sujeitos à inspeção deverão permanecer, sob as penas da lei, nos locais de trabalho, somente se admitindo, por exceção, a critério da autoridade competente, sejam os mesmos apresentados em dia e hora previamente fixados pelo agente da inspeção.

•• § 4.º com redação determinada pelo Decreto-lei n. 229, de 28-2-1967.

Instrução Normativa n. 144/18, art. 4.º: O Auditor-Fiscal do Trabalho pode examinar livros contábeis, fiscais e outros documentos de suporte à escrituração das empresas, assim como apreender documentos, arquivos digitais, materiais, livros e assemelhados, para a verificação da existência de fraudes e irregularidades, mediante termo lavrado de acordo com a Instrução Normativa n. 89, de 2 de março de 2011. Parágrafo único. Caso constate indícios de fraude, o Auditor-Fiscal do Trabalho, sem prejuízo da ação fiscal, deve informá-los à chefia imediata, por meio de relatório.

§ 5.º No território do exercício de sua função, o agente da inspeção gozará de passe livre nas empresas de transportes, públicas ou privadas, mediante a apresentação da carteira de identidade fiscal.

•• § 5.º com redação determinada pelo Decreto-lei n. 229, de 28-2-1967.

•• A Lei n. 12.587, de 3-1-2012, propôs no art. 27 a revogação deste parágrafo, todavia esse dispositivo sofreu veto presidencial.

§ 6.º A inobservância do disposto nos §§ 3.º, 4.º e 5.º configurará resistência ou embaraço à fiscalização e justificará a lavratura do respectivo auto de infração, cominada a multa de valor igual a meio (1/2) salário mínimo regional até 5 (cinco) vezes esse salário, levando-se em conta, além das circunstâncias atenuantes ou agravantes, a situação econômico-financeira do infrator e os meios a seu alcance para cumprir a lei.

•• § 6.º com redação determinada pelo Decreto-lei n. 229, de 28-2-1967.

•• *Vide* Nota dos Organizadores, sobre o valor das multas previstas na CLT.

§ 7.º Para o efeito do disposto no § 5.º, a autoridade competente divulgará, em janeiro e julho de cada ano, a relação dos agentes da inspeção titulares da carteira de identidade fiscal.

•• § 7.º com redação determinada pelo Decreto-lei n. 229, de 28-2-1967.

§ 8.º As autoridades policiais, quando solicitadas, deverão prestar aos agentes da inspeção a assistência de que necessitarem para o fiel cumprimento de suas atribuições legais.

•• § 8.º com redação determinada pelo Decreto-lei n. 229, de 28-2-1967.

Art. 631. Qualquer funcionário público federal, estadual ou municipal, ou representante legal de associação sindical, poderá comunicar à autoridade competente do Ministério do Trabalho e Previdência Social as infrações que verificar.

•• *Vide* Nota dos Organizadores sobre Ministérios.

Parágrafo único. De posse dessa comunicação, a autoridade competente procederá desde logo às necessárias diligências, lavrando os autos de que haja mister.

Art. 632. Poderá o autuado requerer a audiência de testemunhas e as diligências que lhe parecerem necessárias à elucidação do processo, cabendo, porém, à autoridade, julgar da necessidade de tais provas.

Enunciado n. 59 da 1.ª Jornada de Direito do Trabalho: Direito administrativo sancionador (fiscalização do trabalho). Contraditório e ampla defesa. Interpretação conforme do artigo 632 da CLT. Aplicam-se ao Direito Administrativo sancionador brasileiro, em matéria laboral, os princípios do contraditório e da ampla defesa (artigo 5.º, LV, da CRFB), com projeção concreta no art. 632 da CLT. Nesse caso, a prerrogativa administrativa de "julgar da necessidade das provas" deve ser motivada, desafiando a aplicação da teoria dos motivos determinantes, sob pena de nulidade do ato.

Art. 633. Os prazos para defesa ou recurso poderão ser prorrogados de acordo com despacho expresso da autoridade competente, quando o autuado residir em localidade diversa daquela onde se achar essa autoridade.

Art. 634. Na falta de disposição especial, a imposição das multas incumbe às autoridades regionais competentes em matéria de trabalho, na forma estabelecida por este Título.

§ 1.º A aplicação da multa não eximirá o infrator da responsabilidade em que incorrer por infração das leis penais.

•• Parágrafo único renumerado pela Lei n. 13.467, de 13-7-2017.

§ 2.º Os valores das multas administrativas expressos em moeda corrente serão reajustados anualmente pela Taxa Referencial (TR), divulgada pelo Banco Central do Brasil, ou pelo índice que vier a substituí-lo.

•• § 2.º acrescentado pela Lei n. 13.467, de 13-7-2017.

CAPÍTULO II
DOS RECURSOS

Art. 635. De toda decisão que impuser multa por infração das leis e disposições reguladoras do trabalho, e não havendo forma especial de processo, caberá recurso para o Diretor-Geral do Departamento ou Serviço do Ministério do Trabalho e Previdência Social que for competente na matéria.

•• *Caput* com redação determinada pelo Decreto-lei n. 229, de 28-2-1967.

•• *Vide* Nota dos Organizadores sobre Ministérios.

Parágrafo único. As decisões serão sempre fundamentadas.

•• Parágrafo único com redação determinada pelo Decreto-lei n. 229, de 28-2-1967.

Art. 636. Os recursos devem ser interpostos no prazo de 10 (dez) dias, contados do recebimento da notificação, perante a autoridade que houver imposto a multa, a qual, depois de os informar, encaminhá-los-á à autoridade de instância superior.

•• *Caput* com redação determinada pelo Decreto-lei n. 229, de 28-2-1967.

§ 1.º O recurso só terá seguimento se o interessado o instruir com a prova do depósito da multa.

•• § 1.º com redação determinada pelo Decreto-lei n. 229, de 28-2-1967.

•• O STF, no julgamento da ADPF n. 156, de 18-8-2011, declarou a não recepção deste § 1.º pela CF.

Art. 5.º, XXXIV, *a*, e LV, da CF: Todos são iguais perante a lei, sem distinção de qualquer natureza, garantindo-se aos brasileiros e aos estrangeiros residentes no País a inviolabilidade do direito à vida, à liberdade, à igualdade, à segurança e à propriedade, nos termos seguintes: (...) XXXIV – são a todos assegurados, independentemente do pagamento de taxas: a) o direito de petição aos Poderes Públicos em defesa de direitos ou contra ilegalidade ou abuso de poder; (...) LV – aos litigantes, em processo judicial ou administrativo, e aos acusados em geral são assegurados o contraditório e ampla defesa, com os meios e recursos a ela inerentes.

Súmula Vinculante 21: É inconstitucional a exigência de depósito ou arrolamento prévios de dinheiro ou bens para admissibilidade de recurso administrativo.

Súmula 424/TST: Recurso administrativo. Pressuposto de admissibilidade. Depósito prévio da multa administrativa. Não recepção pela Constituição Federal do § 1.º do art. 636 da CLT. O § 1.º do art. 636 da CLT, que estabelece a exigência de prova do depósito prévio do valor da multa cominada em razão de autuação administrativa como pressuposto de admissibilidade de recurso administrativo, não foi recepcionado pela Constituição Federal de 1988, ante a sua incompatibilidade com o inciso LV do art. 5.º.

•• *Vide* nota ao art. 629, *caput*, da CLT.

§ 2.º A notificação somente será realizada por meio de edital, publicada no órgão oficial, quando o infrator estiver em lugar incerto e não sabido.

•• § 2.º com redação determinada pelo Decreto-lei n. 229, de 28-2-1967.

§ 3.º A notificação de que trata este artigo fixará igualmente o prazo de 10 (dez) dias para que o infrator recolha o valor da multa, sob pena de cobrança executiva.

•• § 3.º com redação determinada pelo Decreto-lei n. 229, de 28-2-1967.

Lei n. 7.855/89, art. 6.º: O valor das multas não recolhidas no prazo previsto no § 3.º do art. 636 da CLT será atualizado monetariamente pelo BTN Fiscal, acrescido de juros de mora de um por cento ao mês calendário, na forma da legislação aplicada aos tributos federais, até a data do seu efetivo pagamento. § 1.º Não será considerado reincidente o empregador que não for novamente autuado por infração ao mesmo dispositivo, decorridos dois anos da imposição da penalidade. § 2.º A fiscalização, a autuação e o processo de imposição das multas reger-se-ão pelo Título VII da CLT. § 3.º Será observado o critério de dupla visita nas empresas com até dez empregados, salvo quando for constatada infração por falta de registro de empregado, a notação da sua Carteira de Trabalho e Previdência Social e na ocorrência de fraude, resistência ou embaraço à fiscalização. § 4.º Na empresa que for autuada, após obedecido o disposto no parágrafo anterior, não será mais observado o critério da dupla visita em relação ao dispositivo infringido.

§ 4.º As guias de depósito ou recolhimento serão emitidas em 3 (três) vias e o recolhimento da multa deverá proceder-se dentro de 5 (cinco) dias às repartições federais competentes, que escriturarão a receita a crédito do Ministério do Trabalho e Previdência Social.

•• § 4.º com redação determinada pelo Decreto-lei n. 229, de 28-2-1967.

§ 5.º A segunda via da guia de recolhimento será devolvida pelo infrator à repartição que a emitiu, até o sexto dia depois de sua expedição, para a averbação no processo.

•• § 5.º com redação determinada pelo Decreto-lei n. 229, de 28-2-1967.

§ 6.º A multa será reduzida de 50% (cinquenta por cento) se o infrator, renunciando ao recurso, a recolher ao Tesouro Nacional dentro do prazo de 10 (dez) dias contados do recebimento da notificação ou da publicação do edital.

•• § 6.º com redação determinada pelo Decreto-lei n. 229, de 28-2-1967.

§ 7.º Para a expedição da guia, no caso do § 6.º, deverá o infrator juntar a notificação com a prova da data do seu recebimento, ou a folha do órgão oficial que publicou o edital.

•• § 7.º com redação determinada pelo Decreto-lei n. 229, de 28-2-1967.

Art. 637. De todas as decisões que proferirem em processos de infração das leis de proteção ao trabalho e que impliquem arquivamento destes, observado o disposto no parágrafo único do art. 635, deverão as autoridades prolatoras recorrer de ofício para a autoridade competente de instância superior.

•• Artigo com redação determinada pelo Decreto-lei n. 229, de 28-2-1967.

Art. 638. Ao Ministro do Trabalho e Previdência Social é facultado avocar ao seu exame e decisão, dentro de 90 (noventa) dias do despacho final do assunto, ou no curso do processo, as questões referentes à fiscalização dos preceitos estabelecidos nesta Consolidação.

•• *Vide* Nota dos Organizadores sobre Ministérios.

CAPÍTULO III
DO DEPÓSITO, DA INSCRIÇÃO E DA COBRANÇA

Art. 639. Não sendo provido o recurso, o depósito se converterá em pagamento.

Art. 640. É facultado às Delegacias Regionais do Trabalho, na conformidade de instruções expedidas pelo Ministro de Estado, promover a cobrança amigável das multas antes do encaminhamento dos processos à cobrança executiva.

•• Artigo com redação determinada pelo Decreto-lei n. 229, de 28-2-1967.

Art. 641. Não comparecendo o infrator, ou não depositando a importância da multa ou penalidade, far-se-á a competente inscrição em livro especial, existente nas repartições das quais se tiver originado a multa ou penalidade, ou de onde tenha provindo a reclamação que a determinou, sendo extraída cópia autêntica dessa inscrição e enviada às autoridades competentes para a respectiva cobrança judicial, valendo tal instrumento como título de dívida líquida e certa.

Art. 642. A cobrança judicial das multas impostas pelas autoridades administrativas do trabalho obedecerá ao disposto na legislação aplicável à cobrança da dívida ativa da União, sendo promovida, no Distrito Federal e nas capitais dos Estados em que funcionarem Tribunais Regionais do Trabalho, pela Procuradoria da Justiça do Trabalho, e nas demais localidades, pelo Ministério Público Estadual e do Território do Acre, nos termos do Decreto-lei n. 960, de 17 de dezembro de 1938.

Art. 114, VII, da CF: Compete à Justiça do Trabalho processar e julgar: (...) VII – as ações relativas às penalidades administrativas impostas aos empregadores pelos órgãos de fiscalização das relações de trabalho.

•• A Lei n. 4.070, de 15-6-1962, eleva o Território do Acre à categoria de Estado.

• *Vide* Lei n. 6.830, de 22-9-1980.

Parágrafo único. (*Revogado pelo Decreto-lei n. 9.509, de 24-7-1946.*)

TÍTULO VII-A
DA PROVA DE INEXISTÊNCIA DE DÉBITOS TRABALHISTAS

•• Título VII-A acrescentado pela Lei n. 12.440, de 7-7-2011.

Art. 642-A. É instituída a Certidão Negativa de Débitos Trabalhistas (CNDT), expedida gratuita e eletronicamente, para comprovar a inexistência de débitos inadimplidos perante a Justiça do Trabalho.

•• *Caput* acrescentado pela Lei n. 12.440, de 7-7-2011.

•• A Resolução Administrativa n. 1.470, de 24-8-2011, do TST, regulamenta a expedição da CNDT e dá outras providências.

§ 1.º O interessado não obterá a certidão quando em seu nome constar:

•• § 1.º, *caput*, acrescentado pela Lei n. 12.440, de 7-7-2011.

I – o inadimplemento de obrigações estabelecidas em sentença condenatória transitada em julgado proferida pela Justiça do Trabalho ou em acordos judiciais trabalhistas, inclusive no concernente aos recolhimentos previdenciários, a honorários, a custas, a emolumentos ou a recolhimentos determinados em lei; ou

•• Inciso I acrescentado pela Lei n. 12.440, de 7-7-2011.

II – o inadimplemento de obrigações decorrentes de execução de acordos firmados perante o Ministério Público do Trabalho ou Comissão de Conciliação Prévia.

•• Inciso II acrescentado pela Lei n. 12.440, de 7-7-2011.

§ 2.º Verificada a existência de débitos garantidos por penhora suficiente ou com exigibilidade suspensa, será expedida Certidão Positiva de Débitos Trabalhistas em nome do interessado com os mesmos efeitos da CNDT.

•• § 2.º acrescentado pela Lei n. 12.440, de 7-7-2011.

§ 3.º A CNDT certificará a empresa em relação a todos os seus estabelecimentos, agências e filiais.

•• § 3.º acrescentado pela Lei n. 12.440, de 7-7-2011.

§ 4.º O prazo de validade da CNDT é de 180 (cento e oitenta) dias, contado da data de sua emissão.

•• § 4.º acrescentado pela Lei n. 12.440, de 7-7-2011.

TÍTULO VIII
DA JUSTIÇA DO TRABALHO

•• *Vide* arts. 111 a 116 da CF, sobre os Tribunais e Juízes do Trabalho.

•• *Vide* Emenda Constitucional n. 45, de 8-12-2004.

•• *Vide* Lei n. 5.584, de 26-6-1970.

• Técnicos estrangeiros; controvérsias; competência da Justiça do Trabalho: Decreto-lei n. 691, de 18-7-1969.

CAPÍTULO I
INTRODUÇÃO

Art. 643. Os dissídios, oriundos das relações entre empregados e empregadores, bem como de trabalhadores avulsos e seus tomadores de serviços, em atividades reguladas na legislação social, serão dirimidos pela Justiça do Trabalho, de acordo com o presente Título e na forma estabelecida pelo processo judiciário do trabalho.

•• *Caput* com redação determinada pela Lei n. 7.494, de 17-6-1986.

Art. 109, I, da CF: Aos juízes federais compete processar e julgar: I – as causas em que a União, entidade autárquica ou empresa pública federal forem interessadas na condição de autoras, rés, assistentes ou oponentes, exceto as de falência, as de acidentes de trabalho e as sujeitas à Justiça Eleitoral e à Justiça do Trabalho.

Art. 114 da CF: Compete à Justiça do Trabalho processar e julgar: I – as ações oriundas da relação de trabalho, abrangidos os entes de direito público externo e da administração pública direta e indireta da União, dos Estados, do Distrito Federal e dos Municípios; II – as ações que envolvam exercício do direito de greve; III – as ações sobre representação sindical, entre sindicatos, entre sindicatos e trabalhadores, e entre sindicatos e empregadores; IV – os mandados de segurança, *habeas corpus* e *habeas data*, quando o ato questionado envolver matéria sujeita à sua jurisdição; V – os conflitos de competência entre órgãos com jurisdição trabalhista, ressalvado o disposto no art. 102, I, *o*; VI – as ações de indenização por dano moral ou patrimonial, decorrentes da relação de trabalho; VII – as ações relativas às penalidades administrativas impostas aos empregadores pelos órgãos de fiscalização das relações de trabalho; VIII – a execução, de ofício, das contribuições sociais previstas no art. 195, I, a, e II, e seus acréscimos decorrentes das sentenças que proferir; IX – outras controvérsias decorrentes da relação de trabalho, na forma da lei. § 1.º Frustrada a negociação coletiva, as partes poderão eleger árbitros. § 2.º Recusando-se qualquer das partes à negociação coletiva ou à arbitragem, é facultado às mesmas, de comum acordo, ajuizar dissídio coletivo de natureza econômica, podendo a Justiça do Trabalho decidir o conflito, respeitadas as disposições mínimas legais de proteção ao trabalho, bem como as convencionadas anteriormente. § 3.º Em caso de greve em atividade essencial, com possibilidade de lesão do interesse público, o Ministério Público do Trabalho poderá ajuizar dissídio coletivo, competindo à Justiça do Trabalho decidir o conflito.

Súmula 235/STF: É competente para a ação de acidente do trabalho a Justiça Cível comum, inclusive em segunda instância, ainda que seja parte autarquia seguradora.

Súmula 501/STF: Compete à Justiça Ordinária Estadual o processo e o julgamento, em ambas as instâncias, das causas de acidente do trabalho ainda que promovidas contra a União, suas Autarquias, Empresas Públicas ou Sociedades de Economia Mista.

Súmula 736/STF: Compete à Justiça do Trabalho julgar as ações que tenham como causa de pedir o descumprimento de normas trabalhistas relativas à segurança, higiene e saúde dos trabalhadores.

Súmula Vinculante 22: A Justiça do Trabalho é competente para processar e julgar as ações de indenização por danos morais e patrimoniais decorrentes de acidente de trabalho propostas por empregado contra empregador, inclusive aquelas que ainda não possuíam sentença de mérito em primeiro grau quando da promulgação da Emenda Constitucional n. 45/04.

Súmula 189/TST: Greve. Competência da Justiça do Trabalho. Abusividade. A Justiça do Trabalho é competente para declarar a abusividade, ou não, da greve.

Enunciado 8 da 1.ª Jornada de Direito do Trabalho: Competência da Justiça do Trabalho. Sucessão na falência ou recuperação judicial. Compete à Justiça do Trabalho – e não à Justiça Comum Estadual – dirimir controvérsia acerca da existência de sucessão entre o falido ou o recuperando e a entidade que adquira total ou parcialmente suas unidades de produção.

§ 1.º As questões concernentes à Previdência Social serão decididas pelos órgãos e autoridades previstos no Capítulo V deste Título e na legislação sobre seguro social.

• As Leis n. 8.212 e 8.213, de 24-7-1991, dispõem sobre Previdência Social.

§ 2.º As questões referentes a acidentes do trabalho continuam sujeitas à justiça ordinária, na forma do Decreto n. 24.637, de 10 de julho de 1934, e legislação subsequente.

Art. 109, I e § 3.º, da CF: Aos juízes federais compete processar e julgar: I – as causas em que a União, entidade autárquica ou empresa pública federal forem interessadas na condição de autoras, rés, assistentes ou oponentes, exceto as de falência, as de acidentes de trabalho e as sujeitas à Justiça Eleitoral e à Justiça do Trabalho; (...) § 3.º Serão processadas e julgadas na justiça estadual, no foro do domicílio dos segurados ou beneficiários, as causas em que forem parte instituição de previdência social e segurado, sempre que a comarca não seja sede de vara do juízo federal, e, se verificada essa condição, a lei poderá permitir que outras causas sejam também processadas e julgadas pela justiça estadual.

Súmula 235/STF: É competente para a ação de acidente do trabalho a Justiça Cível comum, inclusive em segunda instância, ainda que seja parte autarquia seguradora.

Súmula 501/STF: Compete à Justiça Ordinária Estadual o processo e o julgamento, em ambas as instâncias, das causas de acidente do trabalho ainda que promovidas contra a União, suas Autarquias, Empresas Públicas ou Sociedades de Economia Mista.

Súmula 15/STJ: Compete à Justiça Estadual processar e julgar os litígios decorrentes de acidente do trabalho.

•• *Vide* Lei n. 8.213, de 24-7-1991, regulamentada pelo Decreto n. 3.048, de 6-5-1999 (benefícios).

§ 3.º A Justiça do Trabalho é competente, ainda, para processar e julgar as ações entre trabalhadores portuários e os operadores portuários ou o Órgão Gestor de Mão de Obra – OGMO decorrentes da relação de trabalho.

•• § 3.º acrescentado pela Medida Provisória n. 2.164-41, de 24-8-2001.

Art. 644. São órgãos da Justiça do Trabalho:

Art. 111 da CF: São órgãos da Justiça do Trabalho: I – o Tribunal Superior do Trabalho; II – os Tribunais Regionais do Trabalho; III – Juízes do Trabalho.

a) o Tribunal Superior do Trabalho;

Art. 111-A da CF: O Tribunal Superior do Trabalho compor-se-á de vinte e sete Ministros, escolhidos dentre brasileiros com mais de trinta e cinco anos e menos de sessenta e cinco anos, de notável saber jurídico e reputação ilibada, nomeados pelo Presidente da República após aprovação pela maioria absoluta do Senado Federal, sendo: I – um quinto dentre advogados com mais de dez anos de efetiva atividade profissional e membros do Ministério Público do Trabalho com mais de dez anos de efetivo exercício, observado o disposto no art. 94; II – os demais dentre juízes dos Tribunais Regionais do Trabalho, oriundos da magistratura da carreira, indicados pelo próprio Tribunal Superior. § 1.º A lei disporá sobre a competência do Tribunal Superior do Trabalho. § 2.º Funcionarão junto ao Tribunal Superior do Trabalho: I – a Escola Nacional de Formação e Aperfeiçoamento de Magistrados do Trabalho, cabendo-lhe, dentre outras funções, regulamentar os cursos oficiais para o ingresso e promoção na carreira; II – o Conselho Superior da Justiça do Trabalho, cabendo-lhe exercer, na forma da lei, a supervisão administrativa, orçamentária, financeira e patrimonial da Justiça do Trabalho de primeiro e segundo graus, como órgão central do sistema, cujas decisões terão efeito vinculante. § 3.º Compete ao Tribunal Superior do Trabalho processar e julgar, originariamente, a reclamação para a preservação de sua competência e garantia da autoridade de suas decisões.

b) os Tribunais Regionais do Trabalho;

c) as Juntas de Conciliação e Julgamento ou os Juízos de Direito.

•• Artigo com redação determinada pelo Decreto-lei n. 9.797, de 9-9-1946.

•• Extinção das Juntas de Conciliação e Julgamento: Emenda Constitucional n. 24, de 9-12-1999.

Art. 645. O serviço da Justiça do Trabalho é relevante e obrigatório, ninguém dele podendo eximir-se, salvo motivo justificado.

Art. 646. Os órgãos da Justiça do Trabalho funcionarão perfeitamente coordenados, em regime de mútua colaboração, sob a orientação do Presidente do Tribunal Superior do Trabalho.

•• O Decreto-lei n. 9.797, de 9-9-1946, determinou a substituição de "Conselho Nacional" por "Tribunal Superior".

CAPÍTULO II
DAS JUNTAS DE CONCILIAÇÃO E JULGAMENTO

•• A Emenda Constitucional n. 24, de 9-12-1999, extinguiu as Juntas de Conciliação e Julgamento e a figura do juiz classista. Em seu lugar, estabeleceu a jurisdição singular do juiz togado, que a exercerá nas Varas do Trabalho.

SEÇÃO I
Da Composição e Funcionamento

Art. 647. Cada Junta de Conciliação e Julgamento terá a seguinte composição:

•• A CF, de 5-10-1988, estabelecia que as Juntas de Conciliação e Julgamento seriam compostas por um juiz do trabalho e dois juízes classistas temporários. A Emenda Constitucional n. 24, de 9-12-1999, extinguiu as Juntas de Conciliação e Julgamento e a representação classista na Justiça do Trabalho. Em seu lugar, estabeleceu a jurisdição singular do juiz togado, que a exercerá nas Varas do Trabalho.

a) 1 (um) juiz do trabalho, que será seu Presidente;

b) 2 (dois) vogais, sendo um representante dos empregadores e outro dos empregados.

•• *Caput* e alíneas com redação determinada pelo Decreto-lei n. 9.797, de 9-9-1946.

Art. 116 da CF: Nas Varas do Trabalho, a jurisdição será exercida por um juiz singular.

Parágrafo único. Haverá um suplente para cada Juiz classista.

•• Parágrafo único com redação determinada pelo Decreto-lei n. 9.797, de 9-9-1946.

Art. 648. São incompatíveis entre si, para os trabalhos da mesma Junta, os parentes consanguíneos e afins até o terceiro grau civil.

•• A CF, de 5-10-1988, estabelecia que as Juntas de Conciliação e Julgamento seriam compostas por um juiz do trabalho e dois juízes classistas temporários. A Emenda Constitucional n. 24, de 9-12-1999, extinguiu as Juntas de Conciliação e Julgamento e a representação classista na Justiça do Trabalho. Em seu lugar, estabeleceu a jurisdição singular do juiz togado, que a exercerá nas Varas do Trabalho.

Parágrafo único. A incompatibilidade resolve-se a favor do primeiro vogal designado ou empossado, ou por sorteio, se a designação ou posse for da mesma data.

Art. 649. As Juntas poderão conciliar, instruir ou julgar com qualquer número, sendo, porém, indispensável a presença do Presidente, cujo voto prevalecerá em caso de empate.

•• *Caput* com redação determinada pelo Decreto-lei n. 8.737, de 19-1-1946.

•• Extinção das Juntas de Conciliação e Julgamento: Emenda Constitucional n. 24, de 9-12-1999.

§ 1.º No julgamento de embargos deverão estar presentes todos os membros da Junta.

•• § 1.º com redação determinada pelo Decreto-lei n. 8.737, de 19-1-1946.

§ 2.º Na execução e na liquidação das decisões funciona apenas o Presidente.

•• § 2.º com redação determinada pelo Decreto-lei n. 8.737, de 19-1-1946.

SEÇÃO II
Da Jurisdição e Competência das Juntas

•• A Emenda Constitucional n. 24, de 9-12-1999, extinguiu as Juntas de Conciliação e Julgamento e a figura do juiz classista. Em seu lugar, estabeleceu a jurisdição singular do juiz togado, que a exercerá nas Varas do Trabalho.

Art. 650. A jurisdição de cada Junta de Conciliação e Julgamento abrange todo o território da Comarca em que tem sede, só podendo ser estendida ou restringida por lei federal.

•• *Caput* com redação determinada pela Lei n. 5.442, de 24-5-1968.

•• Extinção das Juntas de Conciliação e Julgamento: Emenda Constitucional n. 24, de 9-12-1999.

Art. 112 da CF: A lei criará varas da Justiça do Trabalho podendo, nas comarcas não abrangidas por sua jurisdição, atribuí-la aos juízes de direito com recurso para o respectivo Tribunal Regional do Trabalho.

Parágrafo único. As leis locais de Organização Judiciária não influirão sobre a competência de Juntas de Conciliação e Julgamento já criadas, até que lei federal assim determine.

•• Parágrafo único com redação determinada pela Lei n. 5.442, de 24-5-1968.

Art. 651. A competência das Juntas de Conciliação e Julgamento é determinada pela localidade onde o empregado, reclamante ou reclamado, prestar serviços ao empregador, ainda que tenha sido contratado noutro local ou no estrangeiro.

•• Extinção das Juntas de Conciliação e Julgamento: Emenda Constitucional n. 24, de 9-12-1999.

Art. 62 do CPC: A competência determinada em razão da matéria, da pessoa ou da função é inderrogável por convenção das partes.

§ 1.º Quando for parte no dissídio agente ou viajante comercial, a competência será da Junta da localidade em que a empresa tenha agência ou filial e a esta o empregado esteja subordinado e, na falta, será competente a Junta da localização em que o empregado tenha domicílio ou a localidade mais próxima.

•• § 1.º com redação determinada pela Lei n. 9.851, de 27-10-1999.

§ 2.º A competência das Juntas de Conciliação e Julgamento, estabelecida neste artigo, estende-se aos dissídios ocorridos em agência ou filial no estrangeiro, desde que o empregado seja brasileiro e não haja convenção internacional dispondo em contrário.

§ 3.º Em se tratando de empregador que promova realização de atividades fora do lugar do contrato de trabalho, é assegurado ao empregado apresentar reclamação no foro da celebração do contrato ou no da prestação dos respectivos serviços.

Súmula 383/TST: Recurso. Mandato. Irregularidade de representação. CPC de 2015, arts. 104 e 76, § 2.º. I – É inadmissível recurso firmado por advogado sem procuração juntada aos autos até o momento da sua interposição, salvo mandato tácito. Em caráter excepcional (art. 104 do CPC de 2015), admite-se que o advogado, independentemente de intimação, exiba a procuração no prazo de 5 (cinco) dias após a interposição do recurso, prorrogável por igual período mediante despacho do juiz. Caso não a exiba, considera-se ineficaz o ato praticado e não se conhece do recurso. II – Verificada a irregularidade de representação da parte em fase recursal, em procuração ou substabelecimento já constante dos autos, o relator ou o órgão competente para julgamento do recurso designará prazo de 5 (cinco) dias para que seja sanado o vício. Descumprida a determinação, o relator não conhecerá do recurso, se a providência couber ao recorrente, ou determinará o desentranhamento das contrarrazões, se a providência couber ao recorrido (art. 76, § 2.º, do CPC de 2015).

OJ 149 da SDI-2: Conflito de competência. Incompetência territorial. Hipótese do art. 651, § 3.º, da CLT. Impossibilidade de declaração de ofício de incompetência relativa. Não cabe declaração de ofício de incompetência territorial no caso do uso, pelo trabalhador, da faculdade prevista no art. 651, § 3.º, da CLT. Nessa hipótese, resolve-se o conflito pelo reconhecimento da competência do juízo do local onde a ação foi proposta.

Enunciado n. 7 da 1.ª Jornada de Direito do Trabalho: Acesso à justiça. CLT, art. 651, § 3.º. Interpretação conforme a Constituição. Art. 5.º, XXXV, da Constituição da República. Em se tratando de empregador que arregimente empregado domiciliado em outro município ou outro Estado da federação, poderá o trabalhador optar por ingressar com a reclamatória na Vara do Trabalho de seu domicílio, na do local da contratação ou na do local da prestação dos serviços.

Art. 652. Compete às Varas do Trabalho:

•• *Caput* com redação determinada pela Lei n. 13.467, de 13-7-2017.

Súmula 300/TST: Competência da Justiça do Trabalho. Cadastramento no PIS. Compete à Justiça do Trabalho processar e julgar ações ajuizadas por empregados em face de empregadores relativas ao cadastramento no Programa de Integração Social (PIS).

Súmula 368/TST: 368. Descontos previdenciários e fiscais. Competência. Responsabilidade pelo pagamento. Forma de cálculo. I – A Justiça do Trabalho é competente para determinar o recolhimento das contribuições fiscais. A competência da Justiça do Trabalho, quanto à execução das contribuições previdenciárias, limita-se às sentenças condenatórias em pecúnia que proferir e aos valores, objeto de acordo homologado, que integrem o salário de contribuição. II – É do empregador a responsabilidade pelo recolhimento das contribuições previdenciárias e fiscais, resultante de crédito do empregado oriundo de condenação judicial, devendo ser calculadas, em relação à incidência dos descontos fiscais, mês a mês, nos termos do art. 12-A da Lei n. 7.713, de 22-12-1988, com a redação dada pela Lei n. 12.350/2010. III – Em se tratando de descontos previdenciários, o critério de apuração encontra-se disciplinado no art. 276, § 4.º, do Decreto n. 3.048/1999 que regulamentou a Lei n. 8.212/1991 e determina que a contribuição do empregado, no caso de ações trabalhistas, seja calculado do mês a mês, aplicando-se as alíquotas previstas no art. 198, observado o limite máximo do salário de contribuição.

Súmula 389/TST: Seguro-desemprego. Competência da Justiça do Trabalho. Direito à indenização por não liberação de guias. I – Inscreve-se na competência material da Justiça do Trabalho a lide entre empregado e empregador tendo por objeto indenização pelo não fornecimento das guias do seguro-desemprego. II – O não fornecimento pelo empregador da guia necessária para o recebimento do seguro-desemprego dá origem ao direito à indenização.

Súmula 392/TST: Dano moral e material. Relação de trabalho. Competência da Justiça do Trabalho. Nos termos do art. 114, inc. VI, da Constituição da República, a Justiça do Trabalho é competente para processar e julgar ações de indenização por dano moral e material, decorrentes da relação de trabalho, inclusive as oriundas de acidente de trabalho e doenças a ele equiparadas, ainda que propostas pelos dependentes ou sucessores do trabalhador falecido.

OJ 26 da SDI-1: Competência da Justiça do Trabalho. Complementação de pensão requerida por viúva de ex-empregado. Inserida em 1.º de fevereiro de 1995 (inserido dispositivo) A Justiça do Trabalho é competente para apreciar pedido de complementação de pensão postulada por viúva de ex-empregado, por se tratar de pedido que deriva do contrato de trabalho.

OJ 138 da SDI-1: Competência residual. Regime jurídico único. Limitação da execução. Compete à Justiça do Trabalho julgar pedidos de direitos e vantagens previstos na legislação trabalhista referente a período anterior à Lei n. 8.112/90, mesmo que a ação tenha sido ajuizada após a edição da referida lei. A superveniência de regime estatutário em substituição ao celetista, mesmo após a sentença, limita a execução ao período celetista.

a) conciliar e julgar:

I – os dissídios em que se pretenda o reconhecimento da estabilidade de empregado;

II – os dissídios concernentes a remuneração, férias e indenizações por motivo de rescisão do contrato individual de trabalho;

III – os dissídios resultantes de contratos de empreitadas em que o empreiteiro seja operário ou artífice;

IV – os demais dissídios concernentes ao contrato individual de trabalho;

V – as ações entre trabalhadores portuários e os operadores portuários ou o Órgão Gestor de Mão de Obra – OGMO decorrentes da relação de trabalho;

•• Inciso V acrescentado pela Medida Provisória n. 2.164-41, de 24-8-2001.

b) processar e julgar os inquéritos para apuração de falta grave;

c) julgar os embargos opostos às suas próprias decisões;

d) impor multas e demais penalidades relativas aos atos de sua competência;

•• Alínea *d* com redação determinada pelo Decreto-lei n. 6.353, de 20-3-1944.

• *Vide* Enunciado n. 4 da 1.ª Jornada de Direito do Trabalho.

e) (*Suprimida pelo Decreto-lei n. 6.353, de 20-3-1944.*)

f) decidir quanto à homologação de acordo extrajudicial em matéria de competência da Justiça do Trabalho.

•• Alínea *f* acrescentada pela Lei n. 13.467, de 13-7-2017.

Parágrafo único. Terão preferência para julgamento os dissídios sobre pagamento de salário e aqueles que derivarem da falência do empregador, podendo o Presidente da

Junta, a pedido do interessado, constituir processo em separado, sempre que a reclamação também versar sobre outros assuntos.

Art. 653. Compete, ainda, às Juntas de Conciliação e Julgamento:

•• Extinção das Juntas de Conciliação e Julgamento: Emenda Constitucional n. 24, de 9-12-1999.

a) requisitar às autoridades competentes a realização das diligências necessárias ao esclarecimento dos feitos sob sua apreciação, representando contra aquelas que não atenderem a tais requisições;

b) realizar as diligências e praticar os atos processuais ordenados pelos Tribunais Regionais do Trabalho ou pelo Tribunal Superior do Trabalho;

•• Alínea *b* com redação determinada pelo Decreto-lei n. 6.353, de 20-3-1944.

•• O Decreto-lei n. 9.797, de 9-9-1946, determinou a substituição de "Conselhos Regionais" por "Tribunais Regionais" e "Conselho Nacional" por "Tribunal Superior".

c) julgar as suspeições arguidas contra os seus membros;

d) julgar as exceções de incompetência que lhes forem opostas;

e) expedir precatórias e cumprir as que lhes forem deprecadas;

f) exercer, em geral, no interesse da Justiça do Trabalho, quaisquer outras atribuições que decorram da sua jurisdição.

SEÇÃO III

Dos Presidentes das Juntas

•• A Emenda Constitucional n. 24, de 9-12-1999, extinguiu as Juntas de Conciliação e Julgamento e a figura do juiz classista. Em seu lugar, estabeleceu a jurisdição singular do juiz togado, que a exercerá nas Varas do Trabalho.

Art. 654. O ingresso na magistratura do trabalho far-se-á para o cargo de Juiz do Trabalho Substituto. As nomeações subsequentes por promoção, alternadamente, por antiguidade e merecimento.

•• *Caput* com redação determinada pelo Decreto-lei n. 229, de 28-2-1967.

Lei Complementar n. 35/79, art. 92: O ingresso na Magistratura do Trabalho dar-se-á no cargo de Juiz do Trabalho Substituto.

§ 1.º Nas 7.ª e 8.ª Regiões da Justiça do Trabalho, nas localidades fora das respectivas sedes, haverá suplentes de juiz do trabalho presidente de Junta, sem direito a acesso, nomeados pelo Presidente da República, dentre brasileiros, bacharéis em direito, de reconhecida idoneidade moral, especializados em direito do trabalho, pelo período de 2 (dois) anos, podendo ser reconduzidos.

•• § 1.º com redação determinada pelo Decreto-lei n. 229, de 28-2-1967.

•• Entendemos prejudicado o disposto neste parágrafo pela Lei n. 7.221, de 2-10-1984, que dispõe sobre os cargos de suplente de juiz do trabalho.

•• Extinção das Juntas de Conciliação e Julgamento: Emenda Constitucional n. 24, de 9-12-1999.

§ 2.º Os suplentes de juiz do trabalho receberão, quando em exercício, vencimentos iguais aos dos juízes que substituírem.

•• § 2.º com redação determinada pelo Decreto-lei n. 229, de 28-2-1967.

•• Entendemos prejudicado o disposto neste parágrafo pela Lei n. 7.221, de 2-10-1984, que dispõe sobre os cargos de suplente de juiz do trabalho.

§ 3.º Os Juízes Substitutos serão nomeados após aprovação em concurso público de provas e títulos realizado perante o Tribunal Regional do Trabalho da Região, válido por 2 (dois) anos e prorrogável, a critério do mesmo órgão, por igual período, uma só vez, e organizado de acordo com as instruções expedidas pelo Tribunal Superior do Trabalho.

•• § 3.º com redação determinada pela Lei n. 6.087, de 16-7-1974.

Art. 37, III, da CF: A administração pública direta e indireta de qualquer dos Poderes da União, dos Estados, do Distrito Federal e dos Municípios obedecerá aos princípios de legalidade, impessoalidade, moralidade, publicidade e eficiência e, também, ao seguinte: (...) III – o prazo de validade do concurso público será de até dois anos, prorrogável uma vez, por igual período.

Súmula 478/STF: O provimento em cargo de juízes substitutos do Trabalho deve ser feito, independentemente da lista tríplice, na ordem de classificação dos candidatos.

§ 4.º Os candidatos inscritos só serão admitidos ao concurso após apreciação prévia, pelo Tribunal Regional do Trabalho da respectiva Região, dos seguintes requisitos:

a) idade maior de 25 (vinte e cinco) anos e menor de 45 (quarenta e cinco) anos;

b) idoneidade para o exercício das funções.

•• § 4.º com redação determinada pelo Decreto-lei n. 229, de 28-2-1967.

§ 5.º O preenchimento dos cargos de Presidente de Junta, vagos ou criados por lei, será feito dentro de cada Região:

•• § 5.º, *caput*, com redação determinada pelo Decreto-lei n. 229, de 28-2-1967.

a) pela remoção de outro Presidente, prevalecendo a antiguidade no cargo, caso haja mais de um pedido, desde que a remoção tenha sido requerida, dentro de 15 (quinze) dias, contados da abertura da vaga, ao Presidente do Tribunal Regional, a quem caberá expedir o respectivo ato;

•• Alínea *a* com redação determinada pela Lei n. 6.090, de 16-7-1974.

•• A Resolução n. 26, de 11-10-2006, do Conselho Superior da Justiça do Trabalho, afirma em seu art. 1.º que está em pleno vigor esta alínea, para efeito de remoção de Juiz Titular da Vara do Trabalho.

b) pela promoção do substituto, cuja aceitação será facultativa, obedecido o critério alternado de antiguidade e merecimento.

•• Alínea *b* com redação determinada pelo Decreto-lei n. 229, de 28-2-1967.

§ 6.º Os Juízes do Trabalho, Presidentes de Junta, Juízes Substitutos e suplentes de Juiz tomarão posse perante o Presidente do Tribunal da respectiva Região. Nos Estados que não forem sede de Tribunal Regional do Trabalho, a posse dar-se-á perante o Presidente do Tribunal de Justiça, que remeterá o termo ao Presidente do Tribunal Regional da jurisdição do empossado. Nos Territórios, a posse dar-se-á perante o Presidente do Tribunal Regional do Trabalho da respectiva Região.

•• § 6.º com redação determinada pelo Decreto-lei n. 229, de 28-2-1967.

•• Extinção das Juntas de Conciliação e Julgamento: Emenda Constitucional n. 24, de 9-12-1999.

Art. 655. *(Revogado pelo Decreto-lei n. 229, de 28-2-1967.)*

Art. 656. O Juiz do Trabalho Substituto, sempre que não estiver substituindo o Juiz-Presidente de Junta, poderá ser designado para atuar nas Juntas de Conciliação e Julgamento.

•• *Caput* com redação determinada pela Lei n. 8.432, de 11-6-1992.

•• Extinção das Juntas de Conciliação e Julgamento: Emenda Constitucional n. 24, de 9-12-1999.

§ 1.º Para o fim mencionado no *caput* deste artigo, o território da Região poderá ser dividido em zonas, compreendendo a jurisdição de uma ou mais Juntas, a juízo do Tribunal Regional do Trabalho respectivo.

•• § 1.º acrescentado pela Lei n. 8.432, de 11-6-1992.

§ 2.º A designação referida no *caput* deste artigo será de atribuição do Juiz-Presidente do Tribunal Regional do Trabalho ou, não havendo disposição regimental específica, de quem este indicar.

•• § 2.º acrescentado pela Lei n. 8.432, de 11-6-1992.

§ 3.º Os Juízes do Trabalho Substitutos, quando designados ou estiverem substituindo os Juízes Presidentes de Juntas, perceberão os vencimentos destes.

•• § 3.º acrescentado pela Lei n. 8.432, de 11-6-1992.

§ 4.º O Juiz-Presidente do Tribunal Regional do Trabalho ou, não havendo disposição regimental específica, que este indicar, fará a lotação e a movimentação dos Juízes Substitutos entre as diferentes zonas da Região na hipótese de terem sido criadas na forma do § 1.º deste artigo.

•• § 4.º acrescentado pela Lei n. 8.432, de 11-6-1992.

Art. 657. Os Presidentes de Juntas e os Presidentes Substitutos perceberão a remuneração ou os vencimentos fixados em lei.

•• Artigo com redação determinada pelo Decreto-lei n. 8.737, de 19-1-1946.

•• Extinção das Juntas de Conciliação e Julgamento: Emenda Constitucional n. 24, de 9-12-1999.

Art. 658. São deveres precípuos dos Presidentes das Juntas, além dos que decorram do exercício de sua função:

•• Extinção das Juntas de Conciliação e Julgamento: Emenda Constitucional n. 24, de 9-12-1999.

a) manter perfeita conduta pública e privada;

b) abster-se de atender a solicitações ou recomendações relativamente aos feitos que hajam sido ou tenham de ser submetidos à sua apreciação;

c) residir dentro dos limites de sua jurisdição, não podendo ausentar-se sem licença do Presidente do Tribunal Regional;

•• O Decreto-lei n. 9.797, de 9-9-1946, determinou a substituição de "Conselho Regional" por "Tribunal Regional".

d) despachar e praticar todos os atos decorrentes de suas funções, dentro dos prazos estabelecidos, sujeitando-se ao desconto correspondente a 1 (um) dia de vencimento para cada dia de retardamento.

•• Artigo com redação determinada pelo Decreto-lei n. 8.737, de 19-1-1946.

Art. 659. Competem privativamente aos Presidentes das Juntas, além das que lhes forem conferidas neste Título e das decorrentes de seu cargo, as seguintes atribuições:

•• Extinção das Juntas de Conciliação e Julgamento: Emenda Constitucional n. 24, de 9-12-1999.

I – presidir às audiências das Juntas;

II – executar as suas próprias decisões, as proferidas pela Junta e aquelas cuja execução lhes for deprecada;

III – dar posse aos vogais nomeados para a Junta, ao chefe de Secretaria e aos demais funcionários da Secretaria;

•• A CF, de 5-10-1988, estabelecia que as Juntas de Conciliação e Julgamento seriam compostas por um juiz do trabalho e dois juízes classistas temporários. A Emenda Constitucional n. 24, de 9-12-1999, extinguiu as Juntas de Conciliação e Julgamento e a representação classista na Justiça do Trabalho. Em seu lugar, estabeleceu a jurisdição singular do juiz togado, que a exercerá nas Varas do Trabalho.

• O art. 5.º da Resolução n. 147, de 7-3-2012, do CNJ, determina que a posse do diretor de secretaria da Vara do Trabalho se dará perante o juiz titular desta.

IV – convocar os suplentes dos vogais, no impedimento destes;

•• *Vide* nota ao inciso anterior.

V – representar ao Presidente do Tribunal Regional da respectiva jurisdição, no caso de falta de qualquer vogal a 3 (três) reuniões consecutivas, sem motivo justificado, para os fins do art. 727;

•• O Decreto-lei n. 9.797, de 9-9-1946, determinou a substituição de "Conselho Regional" por "Tribunal Regional".

•• *Vide* nota ao inciso III deste artigo.

VI – despachar os recursos interpostos pelas partes, fundamentando a decisão recorrida antes da remessa ao Tribunal Regional, ou submetendo-os à decisão da Junta, no caso do art. 894;

•• O Decreto-lei n. 9.797, de 9-9-1946, determinou a substituição de "Conselho Regional" por "Tribunal Regional".

• *Vide* Instrução Normativa n. 16, de 26-8-1999, do TST.

VII – assinar as folhas de pagamento dos membros e funcionários da Junta;

VIII – apresentar ao Presidente do Tribunal Regional, até 15 de fevereiro de cada ano, o relatório dos trabalhos do ano anterior;

•• O Decreto-lei n. 9.797, de 9-9-1946, determinou a substituição de "Conselho Regional" por "Tribunal Regional".

IX – conceder medida liminar, até decisão final do processo em reclamações trabalhistas que visem a tornar sem efeito transferência disciplinada pelos parágrafos do art. 469 desta Consolidação;

•• Inciso IX acrescentado pela Lei n. 6.203, de 17-4-1975.

X – conceder medida liminar, até decisão final do processo, em reclamações trabalhistas que visem reintegrar no emprego dirigente sindical afastado, suspenso ou dispensado pelo empregador.

•• Inciso X acrescentado pela Lei n. 9.270, de 17-4-1996.

SEÇÃO IV
Dos Vogais das Juntas

•• A CF, de 5-10-1988, estabelecia que as Juntas de Conciliação e Julgamento seriam compostas por um juiz do trabalho e dois juízes classistas temporários. A Emenda Constitucional n. 24, de 9-12-1999, extinguiu as Juntas de Conciliação e Julgamento e a representação classista na Justiça do Trabalho. Em seu lugar, estabeleceu a jurisdição singular do juiz togado, que a exercerá nas Varas do Trabalho.

Emenda Constitucional n. 24/99: **É assegurado o cumprimento dos mandatos dos atuais ministros classistas temporários do Tribunal Superior do Trabalho e dos atuais juízes classistas temporários dos Tribunais Regionais do Trabalho e das Juntas de Conciliação e Julgamento.**

Art. 660. Os vogais das Juntas são designados pelo Presidente do Tribunal Regional da respectiva jurisdição.

•• O Decreto-lei n. 9.797, de 9-9-1946, determinou a substituição de "Conselho Regional" por "Tribunal Regional".

•• A CF, de 5-10-1988, estabelecia que as Juntas de Conciliação e Julgamento seriam compostas por um juiz do trabalho e dois juízes classistas temporários. A Emenda Constitucional n. 24, de 9-12-1999, extinguiu as Juntas de Conciliação e Julgamento e a representação classista na Justiça do Trabalho. Em seu lugar, estabeleceu a jurisdição singular do juiz togado, que a exercerá nas Varas do Trabalho.

Art. 661. Para o exercício da função de vogal da Junta ou suplente deste são exigidos os seguintes requisitos:

•• *Vide* notas ao artigo anterior.

a) ser brasileiro;

•• Alínea *a* com redação determinada pelo Decreto-lei n. 229, de 28-2-1967.

b) ter reconhecida idoneidade moral;

c) ser maior de 25 (vinte e cinco) anos e ter menos de 70 (setenta) anos;

•• Alínea *c* com redação determinada pelo Decreto-lei n. 229, de 28-2-1967.

d) estar no gozo dos direitos civis e políticos;

e) estar quite com o serviço militar;

f) contar mais de 2 (dois) anos de efetivo exercício na profissão e ser sindicalizado.

Parágrafo único. A prova da qualidade profissional a que se refere a al. *f* deste artigo é feita mediante declaração do respectivo Sindicato.

Art. 662. A escolha dos vogais das Juntas e seus suplentes far-se-á dentre os nomes constantes das listas que, para esse efeito, forem encaminhadas pelas associações sindicais de primeiro grau ao Presidente do Tribunal Regional.

•• O Decreto-lei n. 9.797, de 9-9-1946, determinou a substituição de "Conselho Regional" por "Tribunal Regional".

•• *Vide* notas ao art. 660 da CLT.

§ 1.º Para esse fim, cada Sindicato de empregadores e de empregados, com base territorial extensiva à área de jurisdição da Junta, no todo ou em parte, procederá, na ocasião determinada pelo Presidente do Tribunal Regional, à escolha de 3 (três) nomes que comporão a lista, aplicando-se à eleição o disposto no art. 524 e seus §§ 1.º a 3.º.

•• § 1.º com redação determinada pela Lei n. 5.657, de 4-6-1971.

§ 2.º Recebidas as listas pelo Presidente do Tribunal Regional, designará este, dentro de 5 (cinco) dias, os nomes dos vogais e dos respectivos suplentes, expedindo para cada um deles um título, mediante a apresentação do qual será empossado.

•• O Decreto-lei n. 9.797, de 9-9-1946, determinou a substituição de "Conselho Regional" por "Tribunal Regional".

•• *Vide* notas ao art. 660 da CLT.

§ 3.º Dentro de 15 (quinze) dias, contados da data da posse, pode ser contestada a investidura do vogal ou do suplente, por qualquer interessado, sem efeito suspensivo, por meio de representação escrita, dirigida ao Presidente do Tribunal Regional.

•• O Decreto-lei n. 9.797, de 9-9-1946, determinou a substituição de "Conselho Regional" por "Tribunal Regional".

•• *Vide* notas ao art. 660 da CLT.

§ 4.º Recebida a contestação, o Presidente do Tribunal designará imediatamente relator, o qual, se houver necessidade de ouvir testemunhas ou de proceder a quaisquer diligências, providenciará para que tudo se realize com a maior brevidade, submetendo, por fim, a contestação ao parecer do Tribunal, na primeira sessão.

•• § 4.º com redação determinada pela Lei n. 2.244, de 23-6-1954.

§ 5.º Se o Tribunal julgar procedente a contestação, o Presidente providenciará a designação de novo vogal ou suplente.

•• § 5.º com redação determinada pelo Decreto-lei n. 229, de 28-2-1967.

•• *Vide* notas ao art. 660 da CLT.

§ 6.º Em falta de indicação pelos Sindicatos, de nomes para representantes das respectivas categorias profissionais e econômicas nas Juntas de Conciliação e Julgamento, ou nas localidades onde não existirem Sindicatos, serão esses representantes livremente designados pelo Presidente do Tribunal Regional do Trabalho, observados os requisitos exigidos para o exercício da função.

•• § 6.º acrescentado pelo Decreto-lei n. 229, de 28-2-1967.

Art. 663. A investidura dos vogais das Juntas e seus suplentes é de 3 (três) anos, podendo, entretanto, ser dispensado, a pedido, aquele que tiver servido, sem interrupção, durante metade desse período.

•• *Caput* com redação determinada pela Lei n. 2.244, de 23-6-1954.

•• *Vide* notas ao art. 660 da CLT.

§ 1.º Na hipótese da dispensa do vogal a que alude este artigo, assim como nos casos de impedimento, morte ou renúncia, sua substituição far-se-á pelo suplente, mediante convocação do Presidente da Junta.

•• § 1.º com redação determinada pela Lei n. 2.244, de 23-6-1954.

§ 2.º Na falta do suplente, por impedimento, morte ou renúncia serão designados novo vogal e o respectivo suplente, dentre os nomes constantes das listas a que se refere o art. 662, servindo os designados até o fim do período.

Art. 664. Os vogais das Juntas e seus suplentes tomam posse perante o Presidente da Junta em que têm de funcionar.

•• *Vide* notas ao art. 660 da CLT.

Art. 665. Enquanto durar sua investidura, gozam os vogais das Juntas e seus suplentes das prerrogativas asseguradas aos jurados.

•• *Vide* notas ao art. 660 da CLT.

Art. 666. Por audiência a que comparecerem, até o máximo de 20 (vinte) por mês, os vogais das Juntas e seus suplentes perceberão a gratificação fixada em lei.

•• Artigo com redação determinada pela Lei n. 4.439, de 27-10-1964.

•• *Vide* notas ao art. 660 da CLT.

Art. 667. São prerrogativas dos vogais das Juntas, além das referidas no art. 665:

•• *Vide* notas ao art. 660 da CLT.

a) tomar parte nas reuniões do Tribunal a que pertençam;

b) aconselhar às partes a conciliação;

c) votar no julgamento dos feitos e nas matérias de ordem interna do Tribunal, submetidas às suas deliberações;

d) pedir vista dos processos pelo prazo de 24 (vinte e quatro) horas;

e) formular, por intermédio do Presidente, aos litigantes, testemunhas e peritos, as perguntas que quiserem fazer, para esclarecimento do caso.

CAPÍTULO III
DOS JUÍZOS DE DIREITO

Art. 668. Nas localidades não compreendidas na jurisdição das Juntas de Conciliação e Julgamento, os Juízos de Direito são os órgãos de administração da Justiça do Trabalho, com a jurisdição que lhes for determinada pela lei de organização judiciária local.

•• Extinção das Juntas de Conciliação e Julgamento: Emenda Constitucional n. 24, de 9-12-1999.

Art. 112 da CF: A lei criará varas da Justiça do Trabalho, podendo, nas comarcas não abrangidas por sua jurisdição, atribuí-la aos juízes de direito, com recurso para o respectivo Tribunal Regional do Trabalho.

Súmula 180/STJ: Na lide trabalhista, compete ao Tribunal Regional do Trabalho dirimir conflito de competência verificado, na respectiva região, entre Juiz Estadual e Junta de Conciliação e Julgamento.

Art. 669. A competência dos Juízos de Direito, quando investidos na administração da Justiça do Trabalho, é a mesma das Juntas de Conciliação e Julgamento, na forma da Seção II do Capítulo II.

•• Extinção das Juntas de Conciliação e Julgamento: Emenda Constitucional n. 24, de 9-12-1999.

§ 1.º Nas localidades onde houver mais de um Juízo de Direito a competência é determinada, entre os Juízes do Cível, por distribuição ou pela divisão judiciária local, na conformidade da lei de organização respectiva.

§ 2.º Quando o critério de competência da lei de organização judiciária for diverso do previsto no parágrafo anterior, será competente o Juiz do Cível mais antigo.

CAPÍTULO IV
DOS TRIBUNAIS REGIONAIS DO TRABALHO

•• O Decreto-lei n. 9.797, de 9-9-1946, determinou a substituição de "Conselhos Regionais" por "Tribunais Regionais".

Art. 112 da CF: A lei criará varas da Justiça do Trabalho, podendo, nas comarcas não abrangidas por sua jurisdição, atribuí-la aos juízes de direito, com recurso para o respectivo Tribunal Regional do Trabalho.

Art. 115 da CF: Os Tribunais Regionais do Trabalho compõem-se de, no mínimo, sete juízes, recrutados, quando possível, na respectiva região, e nomeados pelo Presidente da República dentre brasileiros com mais de trinta e menos de sessenta e cinco anos, sendo: I – um quinto dentre advogados com mais de dez anos de efetiva atividade profissional e membros do Ministério Público do Trabalho com mais de dez anos de efetivo exercício, observado o disposto no art. 94; II – os demais, mediante promoção de juízes do trabalho por antiguidade e merecimento, alternadamente. § 1.º Os Tribunais Regionais do Trabalho instalarão a justiça itinerante, com a realização de audiências e demais funções de atividade jurisdicional, nos limites territoriais da respectiva jurisdição, servindo-se de equipamentos públicos e comunitários. § 2.º Os Tribunais Regionais do Trabalho poderão funcionar descentralizadamente, constituindo Câmaras regionais, a fim de assegurar o pleno acesso do jurisdicionado à justiça em todas as fases do processo.

SEÇÃO I
Da Composição e do Funcionamento

Art. 670. O Tribunal Regional do Trabalho da 1.ª Região compor-se-á de 54 (cinquenta e quatro) Juízes, sendo 36 (trinta e seis) togados, vitalícios, e 18 (dezoito) classistas, temporários; o Tribunal Regional da 2.ª Região compor-se-á de 94 (noventa e quatro) Juízes; o Tribunal Regional da 3.ª Região compor-se-á de 49 (quarenta e nove) Juízes; o Tribunal Regional da 4.ª Região compor-se-á de 36 (trinta e seis) Juízes, sendo 24 (vinte e quatro) togados, vitalícios, e 12 (doze) classistas, temporários; o Tribunal Regional da 5.ª Região compor-se-á de 29 (vinte e nove) Juízes, sendo 19 (dezenove) togados, vitalícios, e 10 (dez) classistas, temporários; o Tribunal Regional da 6.ª Região compor-se-á de 19 (dezenove) Juízes; o Tribunal Regional da 7.ª Região compor-se-á de 14 (quatorze) Juízes; o Tribunal Regional da 8.ª Região compor-se-á de 23 (vinte e três) Juízes, sendo 15 (quinze) togados, vitalícios, e 8 (oito) classistas, temporários; o Tribunal Regional da 9.ª Região compor-se-á de 31 (trinta e um) Juízes; o Tribunal Regional da 10.ª Região compor-se-á de 17 (dezessete) Juízes, sendo 11 (onze) togados, vitalícios, e 6 (seis) classistas, temporários; o Tribunal Regional da 11.ª Região compor-se-á de 14 (quatorze) Juízes; o Tribunal Regional da 12.ª Região compor-se-á de 18 (dezoito) Juízes, sendo 12 (doze) togados, vitalícios, e 6 (seis) classistas, temporários; o Tribunal Regional da 13.ª Região compor-se-á de 8 (oito) Juízes, sendo 6 (seis) togados, vitalícios, e 2 (dois) classistas, temporários; o Tribunal Regional da 14.ª Região compor-se-á de 8 (oito) Juízes, sendo 6 (seis) togados, de investidura vitalícia, e 2 (dois) classistas, de investidura temporária; o Tribunal Regional da 15.ª Região compor-se-á de 55 (cinquenta e cinco) Juízes; o Tribunal Regional da 16.ª Região compor-se-á de 8 (oito) Juízes, sendo 6 (seis) togados, de investidura vitalícia, e 2 (dois) classistas, de investidura temporária; o Tribunal Regional da 17.ª Região compor-se-á de 12 (doze) Juízes; o Tribunal Regional da 18.ª Região compor-se-á de 14 (quatorze) Juízes; o Tribunal Regional da 19.ª Região compor-se-á de 8 (oito) Juízes, sendo 6 (seis) togados, de investidura vitalícia, e 2 (dois) classistas, de investidura temporária; o Tribunal Regional da 20.ª Região compor-se-á de 8 (oito) Juízes, sendo 6 (seis) togados, de investidura vitalícia, e 2 (dois) classistas, de investidura temporária; o Tribunal Regional da 21.ª Região compor-se-á de 10 (dez) Juízes; o Tribunal Regional da 22.ª Região compor-se-á de 8 (oito) Juízes, sendo 6 (seis) togados, de investidura vitalícia, e 2 (dois) classistas, de investidura temporária; o Tribunal Regional da 23.ª Região compor-se-á de 8 (oito) Juízes, sendo 6 (seis) togados, de investidura vitalícia, e 2 (dois) classistas, de investidura temporária; e o Tribunal Regional da 24.ª Região compor-se-á de 8 (oito) Juízes, sendo 6 (seis) togados, de investidura vitalícia, e 2 (dois) classistas, de investidura temporária, todos nomeados pelo Presidente da República.

•• Extinção das Juntas de Conciliação e Julgamento e da representação classista na Justiça do Trabalho: Emenda Constitucional n. 24, de 9-12-1999.

•• O texto do art. 670 da CLT foi por nós atualizado. A seguir, o histórico da criação e da modificação da composição dos Tribunais Regionais do Trabalho:

1.ª Região – Mudança da composição: Leis n. 6.904, de 30-4-1981, 7.119, de 30-8-1983, 7.617, de 8-9-1987, e 8.531, de 15-12-1992.

2.ª Região – Mudança da composição: Leis n. 6.635, de 2-5-1979, 6.904, de 30-4-1981, 7.119, de 30-8-1983, 8.480, de 7-11-1992, e 12.098, de 24-11-2009.

3.ª Região – Mudança da composição: Leis n. 7.119, de 30-8-1983, 7.421, de 17-12-1985, 8.497, de 26-11-1992, e 12.616, de 30-4-2012.

4.ª Região – Mudança da composição: Leis n. 6.904, de 30-4-1981, 7.119, de 30-8-1983, 7.911, de 7-12-1989, e 8.491, de 20-11-1992.

5.ª Região – Mudança da composição: Leis n. 6.904, de 30-4-1981, 7.325, de 18-6-1985, 8.190, de 7-6-1991, e 8.493, de 20-11-1992.

6.ª Região – Mudança da composição: Leis n. 7.119, de 30-8-1983, 7.325, de 18-6-1985, 8.471, de 7-10-1992, e 12.476, de 2-9-2011.

7.ª Região – Criação: Decreto-lei n. 1.237, de 2-5-1939. Mudança da composição: Lei n. 11.999, de 29-7-2009.

8.ª Região – Mudança da composição: Leis n. 7.325, de 18-6-1985, 8.217, de 27-8-1991, e 8.947, de 8-12-1994.

9.ª Região – Criação: Lei n. 6.241, de 22-9-1975. Mudança da composição: Leis n. 7.325, de 18-6-1985, 7.907, de 6-12-1989, 8.492, de 20-11-1992, e 12.482, de 2-9-2011 e 12.617, de 30-4-2012.

10.ª Região – Criação: Lei n. 6.927, de 7-7-1981. Mudança da composição: Leis n. 7.325, de 18-6-1985, e 8.474, de 20-10-1992.

11.ª Região – Criação: Lei n. 6.915, de 1.º-6-1981. Mudança da composição: Lei n. 11.987, de 27-7-2009.

12.ª Região – Criação: Lei n. 6.928, de 7-7-1981. Mudança da composição: Leis n. 7.842, de 18-10-1989, e 8.621, de 8-1-1993.

13.ª Região – Criação: Lei n. 7.324, de 18-6-1985.

14.ª Região – Criação: Lei n. 7.523, de 17-7-1986.

15.ª Região – Criação: Lei n. 7.520, de 15-7-1986. Mudança da composição: Lei n. 8.473, de 19-10-1992, e 12.001, de 29-7-2009.

16.ª Região – Criação: Lei n. 7.671, de 21-9-1988.

17.ª Região – Criação: Lei n. 7.872, de 8-11-1989. Mudança da composição: Lei n. 11.986, de 27-7-2009.

18.ª Região – Criação: Lei n. 7.873, de 9-11-1989. Mudança da composição: Lei n. 11.964, de 3-7-2009, e 12.478, de 2-9-2011.

19.ª Região – Criação: Lei n. 8.219, de 29-8-1991.

20.ª Região – Criação: Lei n. 8.233, de 10-9-1991. Mudança da composição: Lei n. 9.845, de 20-10-1999.

21.ª Região – Criação: Lei n. 8.215, de 25-7-1991. Mudança da composição: Lei n. 12.482, de 2-9-2011.

22.ª Região – Criação: Lei n. 8.221, de 5-9-1991.

23.ª Região – Criação: Lei n. 8.430, de 8-6-1992.

24.ª Região – Criação: Lei n. 8.431, de 9-6-1992.

§ 1.º Haverá um suplente para cada juiz representante classista.

•• § 1.º com redação determinada pelo Decreto-lei n. 9.797, de 9-9-1946.

•• A Lei n. 5.442, de 24-5-1968, propôs nova redação para este parágrafo, porém teve seu texto vetado.

§ 2.º Nos Tribunais Regionais constituídos de 6 (seis) ou mais Juízes togados, e menos de 11 (onze), 1 (um) deles será escolhido dentre advogados, 1 (um) dentre membros do Ministério Público da União junto à Justiça do Trabalho e os demais dentre Juízes do Trabalho, Presidentes de Junta da respectiva Região, na forma prevista no parágrafo anterior.

•• § 2.º com redação determinada pela Lei n. 5.442, de 24-5-1968.

§ 3.º Nos Tribunais do Trabalho das demais Regiões, terão assento três juízes alheios aos interesses profissionais.

•• § 3.º com redação determinada pelo Decreto-lei n. 9.797, de 9-9-1946.

•• A Lei n. 5.442, de 24-5-1968, propôs nova redação para este parágrafo, porém teve seu texto vetado.

§ 4.º Os Juízes classistas referidos neste artigo representarão, paritariamente, empregadores e empregados.

•• § 4.º com redação determinada pela Lei n. 5.442, de 24-5-1968.

§ 5.º Haverá 1 (um) suplente para cada Juiz classista.

•• § 5.º com redação determinada pela Lei n. 5.442, de 24-5-1968.

§ 6.º Os Tribunais Regionais, no respectivo regimento interno, disporão sobre a substituição de seus Juízes, observados, na convocação de Juízes inferiores, os critérios de livre escolha e antiguidade, alternadamente.

•• § 6.º com redação determinada pela Lei n. 5.442, de 24-5-1968.

•• Entendemos prejudicado o disposto neste parágrafo.

Lei Complementar n. 35/79, arts. 93, *caput*, e 118, *caput*: Aplica-se à Justiça do Trabalho, inclusive quanto à convocação de Juiz de Tribunal Regional do Trabalho para substituir Ministro do TST, o disposto no art. 118 desta lei. (...) Art. 118. Em caso de vaga ou afastamento, por prazo superior a 30 (trinta) dias, de membro dos Tribunais Superiores, dos Tribunais Regionais, dos Tribunais de Justiça e dos Tribunais de Alçada (vetado) poderão ser convocados Juízes, em substituição (vetado), escolhidos (vetado) por decisão da maioria absoluta do Tribunal respectivo, ou, se houver, de seu Órgão Especial.

§ 7.º Dentre os seus Juízes togados, os Tribunais Regionais elegerão os respectivos Presidente e Vice-Presidente, assim como os Presidentes de Turmas, onde as houver.

•• § 7.º com redação determinada pela Lei n. 5.442, de 24-5-1968.

§ 8.º Os Tribunais Regionais da 1.ª e 2.ª Regiões dividir-se-ão em Turmas, facultada essa divisão aos constituídos de, pelo menos, 12 (doze) Juízes. Cada Turma se comporá de 3 (três) Juízes togados e 2 (dois) classistas, um representante dos empregados e outro dos empregadores.

•• § 8.º com redação determinada pela Lei n. 5.442, de 24-5-1968.

Art. 671. Para os trabalhos dos Tribunais Regionais existe a mesma incompatibilidade prevista no art. 648, sendo idêntica a forma de sua resolução.

•• O Decreto-lei n. 9.797, de 9-9-1946, determinou a substituição de "Conselhos Regionais" por "Tribunais Regionais".

Art. 672. Os Tribunais Regionais, em sua composição plena, deliberarão com a presença, além do Presidente, da metade e mais um do número de seus Juízes, dos quais, no mínimo, 1 (um) representante dos empregados e outro dos empregadores.

•• *Caput* com redação determinada pela Lei n. 5.442, de 24-5-1968.

•• O Decreto-lei n. 9.797, de 9-9-1946, determinou a substituição de "Conselhos Regionais" por "Tribunais Regionais".

§ 1.º As Turmas somente poderão deliberar presentes, pelo menos, 3 (três) dos seus Juízes, entre eles os 2 (dois) classistas. Para a integração desse *quorum*, poderá o Presidente de uma Turma convocar Juízes de outra, da classe a que pertencer o ausente ou impedido.

•• § 1.º com redação determinada pela Lei n. 5.442, de 24-5-1968.

§ 2.º Nos Tribunais Regionais, as decisões tomar-se-ão pelo voto da maioria dos Juízes presentes, ressalvada, no Tribunal Pleno, a hipótese de declaração de inconstitucionalidade de lei ou ato do poder público (art. 116 da Constituição).

•• § 2.º com redação determinada pela Lei n. 5.442, de 24-5-1968.

Art. 97 da CF: Somente pelo voto da maioria absoluta de seus membros ou dos membros do respectivo órgão especial poderão os tribunais declarar a inconstitucionalidade de lei ou ato normativo do Poder Público.

§ 3.º O Presidente do Tribunal Regional, excetuada a hipótese de declaração de inconstitucionalidade de lei ou ato do poder público, somente terá voto de desempate. Nas sessões administrativas, o Presidente votará como os demais Juízes, cabendo-lhe, ainda, o voto de qualidade.

•• § 3.º com redação determinada pela Lei n. 5.442, de 24-5-1968.

§ 4.º No julgamento de recursos contra decisão ou despacho do Presidente, do Vice-Presidente ou do Relator, ocorrendo empate, prevalecerá a decisão ou despacho recorrido.

•• § 4.º com redação determinada pela Lei n. 5.442, de 24-5-1968.

Art. 673. A ordem das sessões dos Tribunais Regionais será estabelecida no respectivo Regimento Interno.

•• O Decreto-lei n. 9.797, de 9-9-1946, determinou a substituição de "Conselhos Regionais" por "Tribunais Regionais".

SEÇÃO II

Da Jurisdição e Competência

Art. 674. Para efeito da jurisdição dos Tribunais Regionais, o território nacional é dividido nas 24 (vinte e quatro) Regiões seguintes:

Art. 115, § 2.º, da CF: Os Tribunais Regionais do Trabalho poderão funcionar descentralizadamente, constituindo Câmaras regionais, a fim de assegurar o pleno acesso do jurisdicionado à justiça em todas as fases do processo.

• *Vide* art. 670 da CLT.

1.ª Região – Estado do Rio de Janeiro;

2.ª Região – Estado de São Paulo;

• A Lei n. 7.520, de 15-7-1986, diz em seu art. 1.º, § 1.º, que a 2.ª Região da Justiça do Trabalho passa a abranger apenas o Município da Capital do Estado de São Paulo, e os municípios de Arujá, Barueri, Biritiba-Mirim, Caieiras, Cajamar, Carapicuíba, Cotia, Cubatão, Diadema, Embu, Embu-Guaçu, Ferraz de Vasconcelos, Francisco Morato, Franco da Rocha, Guararema, Guarujá, Guarulhos, Itapecerica da Serra, Itapevi, Itaquaquecetuba, Jandira, Juquitiba, Mairiporã, Mauá, Moji das Cruzes, Osasco, Pirapora do Bom Jesus, Poá, Praia Grande, Ribeirão Pires, Rio Grande da Serra, Salesópolis, Santa Isabel, Santana do Parnaíba, Santo André, Santos, São Bernardo do Campo, São Caetano do Sul, São Vicente, Suzano e Taboão da Serra.

3.ª Região – Estado de Minas Gerais;

4.ª Região – Estado do Rio Grande do Sul;

5.ª Região – Estado da Bahia;

6.ª Região – Estado de Pernambuco;

7.ª Região – Estado do Ceará;

8.ª Região – Estados do Pará e do Amapá;

9.ª Região – Estado do Paraná;

•• Criada pela Lei n. 6.241, de 22-9-1975.

10.ª Região – Distrito Federal e Tocantins;

•• Criada pela Lei n. 6.927, de 7-7-1981.

11.ª Região – Estados do Amazonas e de Roraima;

•• Criada pela Lei n. 6.915, de 1.º-6-1981.

12.ª Região – Estado de Santa Catarina;

•• Criada pela Lei n. 6.928, de 7-7-1981.

13.ª Região – Estado da Paraíba;

•• Criada pela Lei n. 7.324, de 18-6-1985.

14.ª Região – Estados de Rondônia e Acre;

•• Criada pela Lei n. 7.523, de 17-7-1986.

15.ª Região – Estado de São Paulo (área não abrangida pela jurisdição estabelecida na 2.ª Região);

•• Criada pela Lei n. 7.520, de 15-7-1986.

16.ª Região – Estado do Maranhão;

•• Criada pela Lei n. 7.671, de 21-9-1988.

17.ª Região – Estado do Espírito Santo;

•• Criada pela Lei n. 7.872, de 8-11-1989.

18.ª Região – Estado de Goiás;

•• Criada pela Lei n. 7.873, de 9-11-1989.

19.ª Região – Estado de Alagoas;

•• Criada pela Lei n. 8.219, de 29-8-1991.

20.ª Região – Estado de Sergipe;

•• Criada pela Lei n. 8.233, de 10-9-1991.

21.ª Região – Estado do Rio Grande do Norte;

•• Criada pela Lei n. 8.215, de 25-7-1991.

22.ª Região – Estado do Piauí;

•• Criada pela Lei n. 8.221, de 5-9-1991.

23.ª Região – Estado do Mato Grosso;

•• Criada pela Lei n. 8.430, de 8-6-1992.

24.ª Região – Estado do Mato Grosso do Sul.

•• Criada pela Lei n. 8.431, de 9-6-1992.

Parágrafo único. Os Tribunais têm sede nas cidades: Rio de Janeiro (1.ª Região), São Paulo (2.ª Região), Belo Horizonte (3.ª Região), Porto Alegre (4.ª Região), Salvador (5.ª Região), Recife (6.ª Região), Fortaleza (7.ª Região), Belém (8.ª Região), Curitiba (9.ª Região), Brasília (10.ª Região), Manaus (11.ª Região), Florianópolis (12.ª Região), João Pessoa (13.ª Região), Porto Velho (14.ª Região), Campinas (15.ª Região), São Luís (16.ª Região), Vitória (17.ª Região), Goiânia (18.ª Região), Maceió (19.ª Região), Aracaju (20.ª Região), Natal (21.ª Região), Teresina (22.ª Região), Cuiabá (23.ª Região) e Campo Grande (24.ª Região).

•• Parágrafo único com redação determinada pela Lei n. 5.839, de 5-12-1972, e adaptado às criações posteriores.

• Leis que estabeleceram as sedes das Regiões, na ordem numérica destas: 1.ª a 8.ª (Lei n. 5.839, de 5-12-1972), 9.ª (Lei n. 6.241, de 22-9-1975), 10.ª (Lei n. 6.927, de 7-7-1981), 11.ª (Lei n. 6.915, de 1.º-6-1981), 12.ª (Lei n. 6.928, de 7-7-1981), 13.ª (Lei n. 7.324, de 18-6-1985), 14.ª (Lei n. 7.523, de 17-7-1986), 15.ª (Lei n. 7.520, de 15-7-1986), 16.ª (Lei n. 7.671, de 21-9-1988), 17.ª (Lei n. 7.872, de 8-11-1989), 18.ª (Lei n. 7.873, de 9-11-1989), 19.ª (Lei n. 8.219, de 29-8-1991), 20.ª (Lei n. 8.233, de 10-9-1991), 21.ª (Lei n. 8.215, de 25-7-1991), 22.ª (Lei n. 8.221, de 5-9-1991), 23.ª (Lei n. 8.430, de 8-6-1992) e 24.ª (Lei n. 8.431, de 9-6-1992).

Art. 675. (*Revogado pela Lei n. 5.442, de 24-5-1968.*)

Art. 676. O número de regiões, a jurisdição e a categoria dos Tribunais Regionais, estabelecidos nos artigos anteriores, somente podem ser alterados pelo Presidente da República.

•• Artigo com redação determinada pelo Decreto-lei n. 9.797, de 9-9-1946.

•• Entendemos prejudicado o disposto neste artigo pelos arts. 96, II, e 113 da CF.

Art. 96, II, da CF: Compete privativamente: (...) II – ao Supremo Tribunal Federal, aos Tribunais Superiores e aos Tribunais de Justiça propor ao Poder Legislativo respectivo, observado o disposto no art. 169: *a*) a alteração do número de membros dos tribunais inferiores; *b*) a criação e a extinção de cargos e a remuneração dos seus serviços auxiliares e dos juízos que lhes forem vinculados, bem como a fixação do subsídio de seus membros e dos juízes, inclusive dos tribunais inferiores, onde houver; *c*) a criação ou extinção dos tribunais inferiores; *d*) a alteração da organização e da divisão judiciárias.

Art. 113 da CF: A lei disporá sobre a constituição, investidura, jurisdição, competência, garantias e condições de exercício dos órgãos da Justiça do Trabalho.

Art. 677. A competência dos Tribunais Regionais determina-se pela forma indicada no art. 651 e seus parágrafos e, nos casos de dissídio coletivo, pelo local onde este ocorrer.

•• O Decreto-lei n. 9.797, de 9-9-1946, determinou a substituição de "Conselhos Regionais" por "Tribunais Regionais".

Art. 678. Aos Tribunais Regionais, quando divididos em Turmas, compete:

•• O Decreto-lei n. 9.797, de 9-9-1946, determinou a substituição de "Conselhos Regionais" por "Tribunais Regionais".

I – ao Tribunal Pleno, especialmente:

a) processar, conciliar e julgar originariamente os dissídios coletivos;

b) processar e julgar originariamente:

1) as revisões de sentenças normativas;

2) a extensão das decisões proferidas em dissídios coletivos;

3) os mandados de segurança;

4) as impugnações à investidura de Juízes classistas e seus suplentes nas Juntas de Conciliação e Julgamento;

•• Extinção das Juntas de Conciliação e Julgamento e da representação classista na Justiça do Trabalho: Emenda Constitucional n. 24, de 9-12-1999.

c) processar e julgar em última instância:

1) os recursos das multas impostas pelas Turmas;

2) as ações rescisórias das decisões das Juntas de Conciliação e Julgamento, dos Juízes de Direito investidos na jurisdição trabalhista, das Turmas e de seus próprios acórdãos;

3) os conflitos de jurisdição entre as suas Turmas, os Juízes de Direito investidos na jurisdição trabalhista, as Juntas de Conciliação e Julgamento, ou entre aqueles e estas;

d) julgar em única ou última instância:

1) os processos e os recursos de natureza administrativa atinentes aos seus serviços auxiliares e respectivos servidores;

2) as reclamações contra atos administrativos de seu Presidente ou de qualquer de seus membros, assim como dos Juízes de primeira instância e de seus funcionários;

II – às Turmas:

a) julgar os recursos ordinários previstos no art. 895, *a*;

•• Com a alteração procedida pela Lei n. 11.925, de 17-4-2009, o art. 895 da CLT passa a ter incisos e não alíneas.

Art. 895, I, da CLT: Cabe recurso ordinário para a instância superior: I – das decisões definitivas ou terminativas das Varas e Juízos, no prazo de 8 (oito) dias; e (...).

b) julgar os agravos de petição e de instrumento, estes de decisões denegatórias de recursos de sua alçada;

c) impor multas e demais penalidades relativas a atos de sua competência jurisdicional, e julgar os recursos interpostos das decisões das Juntas e dos Juízes de Direito que as impuserem.

•• *Caput* e alíneas com redação determinada pela Lei n. 5.442, de 24-5-1968.

Parágrafo único. Das decisões das Turmas não caberá recurso para o Tribunal Pleno, exceto no caso do inciso I da alínea c do item 1, deste artigo.

•• Parágrafo único com redação determinada pela Lei n. 5.442, de 24-5-1968.

Art. 679. Aos Tribunais Regionais não divididos em Turmas, compete o julgamento das matérias a que se refere o artigo anterior, exceto a de que trata o inciso I da alínea c do item 1, como os conflitos de jurisdição entre Turmas.

•• Artigo com redação determinada pela Lei n. 5.442, de 24-5-1968.

Art. 680. Compete, ainda, aos Tribunais Regionais, ou suas Turmas:

a) determinar às Juntas e aos Juízes de Direito a realização dos atos processuais e diligências necessárias ao julgamento dos feitos sob sua apreciação;

•• Extinção das Juntas de Conciliação e Julgamento: Emenda Constitucional n. 24, de 9-12-1999.

b) fiscalizar o cumprimento de suas próprias decisões;

c) declarar a nulidade dos atos praticados com infração de suas decisões;

d) julgar as suspeições arguidas contra seus membros;

e) julgar as exceções de incompetência que lhes forem opostas;

f) requisitar às autoridades competentes as diligências necessárias ao esclarecimento dos feitos sob apreciação, representando contra aquelas que não atenderem a tais requisições;

g) exercer, em geral, no interesse da Justiça do Trabalho, as demais atribuições que decorram de sua jurisdição.

•• Artigo com redação determinada pela Lei n. 5.442, de 24-5-1968.

SEÇÃO III

Dos Presidentes dos Tribunais Regionais

•• O Decreto-lei n. 9.797, de 9-9-1946, determinou a substituição de "Conselhos Regionais" por "Tribunais Regionais".

Art. 681. Os Presidentes e Vice-Presidentes dos Tribunais Regionais do Trabalho tomarão posse perante os respectivos Tribunais.

•• *Caput* com redação determinada pela Lei n. 6.320, de 5-4-1976.

Parágrafo único. *(Revogado pela Lei n. 6.320, de 5-4-1976.)*

Art. 682. Competem privativamente aos Presidentes dos Tribunais Regionais, além das que forem conferidas neste e no título e das decorrentes do seu cargo, as seguintes atribuições:

•• O Decreto-lei n. 9.797, de 9-9-1946, determinou a substituição de "Conselhos Regionais" por "Tribunais Regionais".

I – *(Revogado pela Lei n. 5.442, de 24-5-1968.)*

II – designar os vogais das Juntas e seus suplentes;

•• A CF, de 5-10-1988, estabelecia que as Juntas de Conciliação e Julgamento seriam compostas por um juiz do trabalho e dois juízes classistas temporários. A Emenda Constitucional n. 24, de 9-12-1999, extinguiu as Juntas de Conciliação e Julgamento e a representação classista na Justiça do Trabalho. Em seu lugar, estabeleceu a jurisdição singular do juiz togado, que a exercerá nas Varas do Trabalho.

III – dar posse aos Presidentes de Juntas e Presidentes Substitutos, aos vogais e suplentes e funcionários do próprio Tribunal e conceder férias e licenças aos mesmos e aos vogais e suplentes das Juntas;

•• *Vide* nota ao inciso anterior.

IV – presidir às sessões do Tribunal;

V – presidir às audiências de conciliação nos dissídios coletivos;

VI – executar suas próprias decisões e as proferidas pelo Tribunal;

VII – convocar suplentes dos vogais, nos impedimentos destes;

VIII – representar ao Presidente do Tribunal Superior do Trabalho contra os Presidentes e os vogais nos casos previstos no art. 727 e seu parágrafo único;

•• O Decreto-lei n. 9.797, de 9-9-1946, determinou a substituição de "Conselho Nacional" por "Tribunal Superior".

•• *Vide* nota ao inciso II deste artigo.

IX – despachar os recursos interpostos pelas partes;

• *Vide* Instrução Normativa n. 16, de 26-8-1999, do TST.

X – requisitar às autoridades competentes, nos casos de dissídio coletivo, a força necessária, sempre que houver ameaça de perturbação da ordem;

XI – exercer correição, pelo menos uma vez por ano, sobre as Juntas, ou parcialmente sempre que se fizer necessário, e solicitá-la, quando julgar conveniente, ao Presidente do Tribunal de Apelação, relativamente aos Juízes de Direito investidos na administração da Justiça do Trabalho;

•• "Tribunais de Apelação", a partir da promulgação da CF de 1946, passaram a denominar-se "Tribunais de Justiça". *Vide* Nota dos Organizadores.

XII – distribuir os feitos, designando os Juízes que os devem relatar;

XIII – designar, dentre os funcionários do Tribunal e das Juntas existentes em uma mesma localidade, o que deve exercer a função de distribuidor;

XIV – assinar as folhas de pagamento dos Juízes e servidores do Tribunal.

•• *Caput* e incisos com redação determinada pelo Decreto-lei n. 8.737, de 19-1-1946.

§ 1.º Na falta ou impedimento do Presidente da Junta e do substituto da mesma localidade, é facultado ao Presidente do Tribunal Regional designar substituto de outra localidade, observada a ordem de antiguidade entre os substitutos desimpedidos.

•• § 1.º com redação determinada pelo Decreto-lei n. 8.737, de 19-1-1946.

•• O Decreto-lei n. 9.797, de 9-9-1946, determinou a substituição de "Conselho Regional" por "Tribunal Regional".

§ 2.º Na falta ou impedimento do vogal da Junta e do respectivo suplente, é facultado ao Presidente do Tribunal Regional designar suplente de outra Junta, respeitada a categoria profissional ou econômica do representante e a ordem de antiguidade dos suplentes desimpedidos.

•• § 2.º com redação determinada pelo Decreto-lei n. 8.737, de 19-1-1946.

•• O Decreto-lei n. 9.797, de 9-9-1946, determinou a substituição de "Conselho Regional" por "Tribunal Regional".

•• Extinção das Juntas de Conciliação e Julgamento e da representação classista na Justiça do Trabalho: Emenda Constitucional n. 24, de 9-12-1999.

§ 3.º Na falta ou impedimento de qualquer Juiz representante classista e seu respectivo suplente, é facultado ao Presidente do Tribunal Regional designar um dos Juízes classistas de Junta de Conciliação e Julgamento para funcionar nas sessões do Tribunal, respeitada a categoria profissional ou econômica do representante.

•• § 3.º acrescentado pela Lei n. 3.440, de 27-8-1958.

Art. 683. Na falta ou impedimento dos Presidentes dos Tribunais Regionais, e como auxiliares destes, sempre que necessário, funcionarão seus substitutos.

•• *Caput* com redação determinada pelo Decreto-lei n. 8.737, de 19-1-1946.

•• O Decreto-lei n. 9.797, de 9-9-1946, determinou a substituição de "Conselhos Regionais" por "Tribunais Regionais".

§ 1.º Nos casos de férias, por 30 (trinta) dias, licença, morte ou renúncia, a convocação competirá diretamente ao Presidente do Tribunal Superior do Trabalho.

•• § 1.º com redação determinada pelo Decreto-lei n. 8.737, de 19-1-1946.

•• O Decreto-lei n. 9.797, de 9-9-1946, determinou a substituição de "Conselho Nacional" por "Tribunal Superior".

§ 2.º Nos demais casos, mediante convocação do próprio Presidente do Tribunal ou comunicação do secretário deste, o Presidente Substituto assumirá imediatamente o exercício, ciente o Presidente do Tribunal Superior do Trabalho.

•• § 2.º com redação determinada pelo Decreto-lei n. 8.737, de 19-1-1946.

•• O Decreto-lei n. 9.797, de 9-9-1946, determinou a substituição de "Conselho Nacional" por "Tribunal Superior".

SEÇÃO IV

Dos Juízes Representantes Classistas dos Tribunais Regionais

•• O Decreto-lei n. 9.797, de 9-9-1946, determinou a substituição de "Conselhos Regionais" por "Tribunais Regionais".

•• Extinção da representação classista na Justiça do Trabalho: Emenda Constitucional n. 24, de 9-12-1999.

Art. 684. Os Juízes representantes classistas dos Tribunais Regionais são designados pelo Presidente da República.

•• O Decreto-lei n. 9.797, de 9-9-1946, determinou a substituição de "Conselhos Regionais" por "Tribunais Regionais".

•• Extinção da representação classista na Justiça do Trabalho: Emenda Constitucional n. 24, de 9-12-1999.

Parágrafo único. Aos Juízes representantes classistas dos empregados e dos empregadores, nos Tribunais Regionais, aplicam-se as disposições do art. 661.

•• Primitivo § 1.º, passado a parágrafo único com a revogação do § 2.º pela Lei n. 5.442, de 24-5-1968.

•• O Decreto-lei n. 9.797, de 9-9-1946, determinou a substituição de "Conselhos Regionais" por "Tribunais Regionais".

Art. 685. A escolha dos Juízes e suplentes dos Tribunais Regionais, representantes dos empregadores e empregados, é feita dentre os nomes constantes das listas para esse fim encaminhadas ao Presidente do Tribunal Superior do Trabalho pelas associações sindicais de grau superior com sede nas respectivas Regiões.

•• O Decreto-lei n. 9.797, de 9-9-1946, determinou a substituição de "Conselhos Regionais" por "Tribunais Regionais" e "Conselho Nacional" por "Tribunal Superior".

§ 1.º Para o efeito deste artigo, o Conselho de Representantes de cada associação sindical de grau superior, na ocasião determinada pelo Presidente do Tribunal Superior do Trabalho, organizará, por maioria de votos, uma lista de 3 (três) nomes.

§ 2.º O Presidente do Tribunal Superior do Trabalho submeterá os nomes constantes das listas ao Presidente da República, por intermédio do Ministro da Justiça e Negócios Interiores.

•• § 2.º com redação determinada pela Lei n. 2.244, de 23-6-1954.

•• *Vide* Nota dos Organizadores sobre Ministérios. Denominação atual: Ministério da Justiça.

Art. 686. (*Suprimido pelo Decreto-lei n. 9.797, de 9-9-1946.*)

Art. 687. Os Juízes representantes classistas dos Tribunais Regionais tomam posse perante o respectivo Presidente.

•• O Decreto-lei n. 9.797, de 9-9-1946, determinou a substituição de "Conselhos Regionais" por "Tribunais Regionais".

Art. 688. Aos Juízes representantes classistas dos Tribunais Regionais aplicam-se as disposições do art. 663, sendo a nova escolha feita dentre os nomes constantes das listas a que se refere o art. 685, ou na forma indicada no art. 686 e, bem assim, as dos arts. 665 e 667.

•• O Decreto-lei n. 9.797, de 9-9-1946, determinou a substituição de "Conselhos Regionais" por "Tribunais Regionais".

•• Extinção da representação classista na Justiça do Trabalho: Emenda Constitucional n. 24, de 9-12-1999.

•• Prejudicada a referência feita ao art. 686 revogado pelo Decreto-lei n. 9.797, de 9-9-1946.

Art. 689. Por sessão a que comparecerem, até o máximo de 15 (quinze) por mês, perceberão os Juízes representantes classistas e suplentes dos Tribunais Regionais a gratificação fixada em lei.

•• *Caput* com redação determinada pelo Decreto-lei n. 8.737, de 19-1-1946.

•• O Decreto-lei n. 9.797, de 9-9-1946, determinou a substituição de "Conselhos Regionais" por "Tribunais Regionais".

•• Extinção da representação classista na Justiça do Trabalho: Emenda Constitucional n. 24, de 9-12-1999.

Parágrafo único. Os Juízes representantes classistas que retiverem processos além dos prazos estabelecidos no Regimento Interno dos Tribunais Regionais sofrerão automaticamente, na gratificação mensal a que teriam direito, desconto equivalente a 1/30 (um trinta avos) por processo retido.

•• Parágrafo único com redação determinada pelo Decreto-lei n. 8.737, de 19-1-1946.

CAPÍTULO V
DO TRIBUNAL SUPERIOR DO TRABALHO

•• O Decreto-lei n. 9.797, de 9-9-1946, determinou a substituição de "Conselho Nacional" por "Tribunal Superior".

Súmula 190/TST: Poder normativo do TST. Condições de trabalho. Inconstitucionalidade. Decisões contrárias ao STF. Ao julgar ou homologar ação coletiva ou acordo nela havido, o Tribunal Superior do Trabalho exerce o poder normativo constitucional, não podendo criar ou homologar condições de trabalho que o Supremo Tribunal Federal julgue iterativamente inconstitucionais.

•• *Vide* arts. 111 e 111-A da CF.

SEÇÃO I
Disposições Preliminares

Art. 690. O Tribunal Superior do Trabalho, com sede na Capital da República e jurisdição em todo o território nacional, é a instância superior da Justiça do Trabalho.

•• *Caput* com redação determinada pela Lei n. 2.244, de 23-6-1954.

Parágrafo único. O Tribunal funciona na plenitude de sua composição ou dividido em Turmas, com observância da paridade de representação de empregados e empregadores.

•• Parágrafo único com redação determinada pela Lei n. 2.244, de 23-6-1954.

Art. 691. (*Suprimido pelo Decreto-lei n. 8.737, de 19-1-1946.*)

Art. 692. (*Suprimido pelo Decreto-lei n. 8.737, de 19-1-1946.*)

SEÇÃO II
Da Composição e Funcionamento do Tribunal Superior do Trabalho

•• O Decreto-lei n. 9.797, de 9-9-1946, determinou a substituição de "Conselho Nacional" por "Tribunal Superior".

Art. 693. O Tribunal Superior do Trabalho compõe-se de dezessete juízes com a denominação de Ministros, sendo:

•• Entendemos prejudicado o disposto neste artigo pelo art. 111-A da CF.

Art. 111-A da CF: O Tribunal Superior do Trabalho compor-se-á de vinte e sete Ministros, escolhidos dentre brasileiros com mais de trinta e cinco anos e menos de sessenta e cinco anos, de notável saber jurídico e reputação ilibada, nomeados pelo Presidente da República após aprovação pela maioria absoluta do Senado Federal, sendo: I – um quinto dentre advogados com mais de dez anos de efetiva atividade profissional e membros do Ministério Público do Trabalho com mais de dez anos de efetivo exercício, observado o disposto no art. 94; II – os demais dentre juízes dos Tribunais Regionais do Trabalho, oriundos da magistratura da carreira, indicados pelo próprio Tribunal Superior. § 1.º A lei disporá sobre a competência do Tribunal Superior do Trabalho. § 2.º Funcionarão junto ao Tribunal Superior do Trabalho: I – a Escola Nacional de Formação e Aperfeiçoamento de Magistrados do Trabalho, cabendo-lhe, dentre outras funções, regulamentar os cursos oficiais para o ingresso e promoção na carreira; II – o Conselho Superior da Justiça do Trabalho, cabendo-lhe exercer, na forma da lei, a supervisão administrativa, orçamentária, financeira e patrimonial da Justiça do Trabalho de primeiro e segundo graus, como órgão central do sistema, cujas decisões terão efeito vinculante. § 3.º Compete ao Tribunal Superior do Trabalho processar e julgar, originariamente, a reclamação para a preservação de sua competência e garantia da autoridade de suas decisões.

a) onze togados e vitalícios, nomeados pelo Presidente da República, depois de aprovada a escolha pelo Senado Federal, dentre brasileiros natos, maiores de trinta e cinco anos, de notável saber jurídico e reputação ilibada;

b) seis classistas, com mandato de três anos, em representação paritária dos empregadores e dos empregados, nomeados pelo Presidente da República de conformidade com o disposto nos §§ 2.º e 3.º deste artigo.

•• *Caput* e alíneas com redação determinada pela Lei n. 5.442, de 24-5-1968.

§ 1.º Dentre os juízes togados do Tribunal Superior do Trabalho, alheios aos interesses profissionais, serão eleitos o Presidente, o Vice-Presidente e o Corregedor, além dos presidentes das turmas na forma estabelecida em seu regimento interno.

•• § 1.º com redação determinada pela Lei n. 2.244, de 23-6-1954.

§ 2.º Para nomeação trienal dos juízes classistas, o Presidente do Tribunal Superior do Trabalho publicará edital, com antecedência mínima de 15 (quinze) dias, convocando as associações sindicais de grau superior, para que cada uma, mediante maioria de votos do respectivo Conselho de Representantes, organize uma lista de 3 (três) nomes, que será encaminhada, por intermédio daquele Tribunal, ao Ministro da Justiça e Negócios Interiores dentro do prazo que for fixado no edital.

•• § 2.º com redação determinada pela Lei n. 2.244, de 23-6-1954.

•• *Vide* Nota dos Organizadores sobre Ministérios.

§ 3.º Na lista de que trata o parágrafo anterior figurarão somente brasileiros natos, de reconhecida idoneidade, maiores de 25 anos, quites com o serviço militar, que estejam no gozo de seus direitos civis e políticos e contem mais de dois anos de efetivo exercício da profissão ou se encontrem no desempenho de representação profissional prevista em lei.

•• § 3.º com redação determinada pelo Decreto-lei n. 9.797, de 9-9-1946.

§ 4.º (*Vetado.*)

•• § 4.º acrescentado pela Lei n. 2.244, de 23-6-1954.

Art. 694. Os juízes togados escolher-se-ão: sete, dentre magistrados da Justiça do Trabalho, dois, dentre advogados no efetivo exercício da profissão, e dois, dentre membros do Ministério Público da União junto à Justiça do Trabalho.

•• Artigo com redação determinada pela Lei n. 5.442, de 24-5-1968.

•• Entendemos prejudicado o disposto neste artigo pelo art. 111-A da CF. *Vide* nota ao *caput* do art. 693.

Art. 695. (*Suprimido pelo Decreto-lei n. 9.797, de 9-9-1946.*)

Art. 696. Importará em renúncia o não comparecimento do membro do Tribunal, sem motivo justificado, a mais de 3 (três) sessões ordinárias consecutivas.

•• *Caput* com redação determinada pelo Decreto-lei n. 8.737, de 19-1-1946.

•• Entendemos prejudicado o disposto neste artigo pela Lei Complementar n. 35, de 14-3-1979.

Art. 95, I, da CF: Os juízes gozam das seguintes garantias: I – vitaliciedade, que, no primeiro grau, só será adquirida após dois anos de exercício, dependendo a perda do cargo, nesse período, de deliberação do tribunal a que o juiz estiver vinculado, e, nos demais casos, de sentença judicial transitada em julgado.

§ 1.º Ocorrendo a hipótese prevista neste artigo, o Presidente do Tribunal comunicará, imediatamente, o fato ao Ministro da Justiça e Negócios Interiores, a fim de que seja feita a substituição do juiz renunciante, sem prejuízo das sanções cabíveis.

•• § 1.º com redação determinada pela Lei n. 2.244, de 23-6-1954.

•• *Vide* Nota dos Organizadores sobre Ministérios.

§ 2.º Para os efeitos do parágrafo anterior, a designação do substituto será feita dentre os nomes constantes das listas de que trata o § 2.º do art. 693.

•• § 2.º com redação determinada pela Lei n. 2.244, de 23-6-1954.

Art. 697. Em caso de licença superior a 30 (trinta) dias, ou de vacância, enquanto não for preenchido o cargo, os Ministros do Tribunal poderão ser substituídos mediante convocação de Juízes, de igual categoria, de qualquer dos Tribunais Regionais do Trabalho, na forma que dispuser o Regimento do Tribunal Superior do Trabalho.

•• Artigo com redação determinada pela Lei n. 6.289, de 11-12-1975.

Lei Complementar n. 35/79, art. 118, § 1.º: Em caso de vaga ou afastamento, por prazo superior a 30 (trinta) dias, de membro dos Tribunais Superiores, dos Tribunais Regionais, dos Tribunais de Justiça e dos Tribunais de Alçada (vetado), poderão ser convocados Juízes, em substituição (vetado) escolhidos (vetado) por decisão da maioria absoluta do Tribunal respectivo, ou, se houver, de seu Órgão Especial. § 1.º A convocação far-se-á mediante sorteio público dentre: I – os juízes federais, para o TFR; II – o corregedor e juízes-auditores para a substituição de Ministro togado do Superior Tribunal Militar; III – os juízes da Comarca da Capital para os Tribunais de Justiça dos Estados onde não houver Tribunal de Alçada e, onde houver, dentre os membros deste para os Tribunais de Justiça e dentre os juízes da Comarca da sede do Tribunal de Alçada para o mesmo; IV – os juízes de direito do Distrito Federal, para o Tribunal de Justiça do Distrito Federal e dos Territórios; V – os juízes presidentes de Junta de Conciliação e Julgamento da sede da Região para os Tribunais Regionais do Trabalho.

Art. 698. (*Suprimido pelo Decreto-lei n. 8.737, de 19-1-1946.*)

Art. 699. O Tribunal Superior do Trabalho não poderá deliberar, na plenitude de sua composição, senão com a presença de, pelo menos, nove de seus juízes, além do Presidente.

•• *Caput* com redação determinada pela Lei n. 2.244, de 23-6-1954.

•• Entendemos prejudicado o disposto neste artigo pela Lei n. 7.701, de 21-12-1988, que dispõe sobre a especialização de Turmas dos Tribunais do Trabalho em processos coletivos.

Parágrafo único. As turmas do Tribunal, compostas de 5 (cinco) juízes, só poderão deliberar com a presença de pelo menos, três de seus membros, além do respectivo presidente, cabendo também a este funcionar como relator ou revisor nos feitos que lhe forem distribuídos conforme estabelecer o regimento interno.

•• Parágrafo único acrescentado pela Lei n. 2.244, de 23-6-1954.

Art. 700. O Tribunal reunir-se-á em dias previamente fixados pelo Presidente, o qual poderá, sempre que for necessário, convocar sessões extraordinárias.

•• Artigo com redação determinada pelo Decreto-lei n. 8.737, de 19-1-1946.

• *Vide* art. 96, I, *a*, da CF.

Art. 701. As sessões do Tribunal serão públicas e começarão às 14 (quatorze) horas, terminando às 17 (dezessete) horas, mas poderão ser prorrogadas pelo Presidente em caso de manifesta necessidade.

•• *Caput* com redação determinada pelo Decreto-lei n. 8.737, de 19-1-1946.

• *Vide* art. 96, I, *a*, da CF.

§ 1.º As sessões extraordinárias do Tribunal só se realizarão quando forem comunicadas aos seus membros com 24 (vinte e quatro) horas, no mínimo, de antecedência.

•• § 1.º com redação determinada pelo Decreto-lei n. 8.737, de 19-1-1946.

§ 2.º Nas sessões do Tribunal, os debates poderão tornar-se secretos, desde que, por motivo de interesse público, assim resolver a maioria de seus membros.

•• § 2.º com redação determinada pelo Decreto-lei n. 8.737, de 19-1-1946.

SEÇÃO III
Da Competência do Tribunal Pleno

•• Entendemos prejudicado o disposto nesta Seção pelo art. 4.º da Lei n. 7.701, de 21-12-1988, e pelo art. 68 do Regimento Interno do TST.

Lei n. 7.701/88, art. 4.º: É da competência do Tribunal Pleno do Tribunal Superior do Trabalho: *a*) a declaração de inconstitucionalidade ou não de lei ou de ato normativo do Poder Público; *b*) aprovar os enunciados da Súmula da jurisprudência predominante em dissídios individuais; *c*) julgar os incidentes de uniformização da jurisprudência em dissídios individuais; *d*) aprovar os precedentes da jurisprudência predominante em dissídios coletivos; *e*) aprovar as tabelas de custas e emolumentos, nos termos da lei; e *f*) elaborar o Regimento Interno do Tribunal e exercer as atribuições administrativas previstas em lei ou na Constituição Federal.

RITST, art. 68: Compete ao Tribunal Pleno: I – eleger, por escrutínio secreto, o Presidente e o Vice-Presidente do Tribunal Superior do Trabalho, o Corregedor-Geral da Justiça do Trabalho, os sete Ministros para integrar o Órgão Especial, o Diretor, o Vice-Diretor e os membros do Conselho Consultivo da Escola Nacional de Formação e Aperfeiçoamento de Magistrados do Trabalho – ENAMAT, os Ministros membros do Conselho Superior da Justiça do Trabalho – CSJT e respectivos suplentes e os membros do Conselho Nacional de Justiça; II – dar posse aos membros eleitos para os cargos de direção do Tribunal Superior do Trabalho, aos Ministros nomeados para o Tribunal, aos membros da direção e do Conselho Consultivo da Escola Nacional de Formação e Aperfeiçoamento de Magistrados do Trabalho – ENAMAT; III – escolher os integrantes das listas para preenchimento das vagas de Ministro do Tribunal; IV – deliberar sobre prorrogação do prazo para a posse no cargo de Ministro do Tribunal Superior do Trabalho e o início do exercício; V – determinar a disponibilidade ou a aposentadoria de Ministro do Tribunal; VI – opinar sobre propostas de alterações da legislação trabalhista, inclusive processual, quando entender que deve manifestar-se oficialmente; VII – aprovar, modificar ou revogar, em caráter de urgência e com preferência na pauta, Súmula da Jurisprudência predominante em Dissídios Individuais e os Precedentes Normativos da Seção Especializada em Dissídios Coletivos; VIII – julgar os Incidentes de Uniformização de Jurisprudência; IX – decidir sobre a declaração de inconstitucionalidade de lei ou ato normativo do Poder Público, quando aprovada a arguição pelas Seções Especializadas ou Turmas; X – aprovar e emendar o Regimento Interno do Tribunal Superior do Trabalho; XI – aprovar o cancelamento e a revisão de orientação jurisprudencial.

Art. 702. Ao Tribunal Pleno compete:

•• *Caput* com redação determinada pela Lei n. 2.244, de 23-6-1954.

I – em única instância:

•• Inciso I, *caput*, acrescentado pela Lei n. 2.244, de 23-6-1954.

a) decidir sobre matéria constitucional, quando arguido, para invalidar lei ou ato do poder público;

•• Alínea *a* acrescentada pela Lei n. 2.244, de 23-6-1954.

b) conciliar e julgar os dissídios coletivos que excedam a jurisdição dos Tribunais Regionais do Trabalho, bem como estender ou rever suas próprias decisões normativas, nos casos previstos em lei;

•• Alínea *b* acrescentada pela Lei n. 2.244, de 23-6-1954.

c) homologar os acordos celebrados em dissídios de que trata a alínea anterior;

•• Alínea *c* acrescentada pela Lei n. 2.244, de 23-6-1954.

d) julgar os agravos dos despachos do presidente, nos casos previstos em lei;

•• Alínea *d* acrescentada pela Lei n. 2.244, de 23-6-1954.

e) julgar as suspeições arguidas contra o presidente e demais juízes do Tribunal, nos feitos pendentes de sua decisão;

•• Alínea *e* acrescentada pela Lei n. 2.244, de 23-6-1954.

f) estabelecer ou alterar súmulas e outros enunciados de jurisprudência uniforme, pelo voto de pelo menos dois terços de seus membros, caso a mesma matéria já tenha sido decidida de forma idêntica por unanimidade em, no mínimo, dois terços das turmas em pelo menos dez sessões diferentes em cada uma delas, podendo, ainda, por maioria de dois terços de seus membros, restringir os efeitos daquela declaração ou decidir que ela só tenha eficácia a partir de sua publicação no *Diário Oficial*;

•• Alínea *f* com redação determinada pela Lei n. 13.467, de 13-7-2017.

•• *Vide* Enunciado n. 111 da 2.ª Jornada de Direito Material e Processual do Trabalho.

g) aprovar tabelas de custas e emolumentos, nos termos da lei;

•• Alínea *g* acrescentada pela Lei n. 2.244, de 23-6-1954.

Art. 24, IV, da CF: Compete à União, aos Estados e ao Distrito Federal legislar concorrentemente sobre: (...) IV – custas dos serviços forenses.

Art. 145, II, da CF: A União, os Estados, o Distrito Federal e os Municípios poderão instituir os seguintes tributos: (...) II – taxas, em razão do exercício do poder de polícia ou pela utilização, efetiva ou potencial, de serviços públicos específicos e divisíveis, prestados ao contribuinte ou postos a sua disposição.

h) elaborar o Regimento Interno do Tribunal e exercer as atribuições administrativas previstas em lei, ou decorrentes da Constituição Federal;

•• Alínea *h* acrescentada pela Lei n. 2.244, de 23-6-1954.

II – em última instância:

•• Inciso II, *caput*, acrescentado pela Lei n. 2.244, de 23-6-1954.

a) julgar os recursos ordinários das decisões proferidas pelos Tribunais Regionais, em processos de sua competência originária;

•• Alínea *a* acrescentada pela Lei n. 2.244, de 23-6-1954.

b) julgar os embargos opostos às decisões de que tratam as alíneas *b* e *c* do inciso I deste artigo;

•• Alínea *b* acrescentada pela Lei n. 2.244, de 23-6-1954.

c) julgar embargos das decisões das Turmas, quando estas divirjam entre si ou de decisão proferida pelo próprio Tribunal Pleno, ou que forem contrárias à letra da lei federal;

•• Alínea *c* com redação determinada pelo Decreto-lei n. 229, de 28-2-1967.

d) julgar os agravos de despachos denegatórios dos presidentes de turmas, em matéria de embargos, na forma estabelecida no regimento interno;

•• Alínea *d* acrescentada pela Lei n. 2.244, de 23-6-1954.

e) julgar os embargos de declaração opostos aos seus acórdãos.

•• Alínea *e* acrescentada pela Lei n. 2.244, de 23-6-1954.

§ 1.º Quando adotada pela maioria de dois terços dos juízes do Tribunal Pleno, a decisão proferida nos embargos de que trata o inciso II, alínea *c*, deste artigo, terá força de prejulgado, nos termos dos §§ 2.º e 3.º do art. 902.

•• § 1.º acrescentado pela Lei n. 2.244, de 23-6-1954.

•• O art. 902 da CLT foi revogado pela Lei n. 7.033, de 5-10-1982.

Súmula 401/STF: Não se conhece do recurso de revista, nem dos embargos de divergência, do processo trabalhista, quando houver jurisprudência firme do Tribunal Superior do Trabalho no mesmo sentido da decisão impugnada, salvo se houver colisão com a jurisprudência do Supremo Tribunal Federal.

§ 2.º É da competência de cada uma das turmas do Tribunal:

•• § 2.º, *caput*, acrescentado pela Lei n. 2.244, de 23-6-1954.

a) julgar, em única instância, os conflitos de jurisdição entre Tribunais Regionais do Trabalho e os que se suscitarem entre juízes de direito ou juntas de conciliação e julgamento de regiões diferentes;

•• Alínea *a* acrescentada pela Lei n. 2.244, de 23-6-1954.

•• O Decreto-lei n. 9.797, de 9-9-1946, determinou a substituição de "Conselhos Regionais" por "Tribunais Regionais".

•• Extinção das Juntas de Conciliação e Julgamento: Emenda Constitucional n. 24, de 9-12-1999.

b) julgar, em última instância, os recursos de revista interpostos de decisões dos Tribunais Regionais e das Juntas de Conciliação e Julgamento ou juízes de direito, nos casos previstos em lei;

•• Alínea *b* acrescentada pela Lei n. 2.244, de 23-6-1954.

c) julgar os agravos de instrumento dos despachos que denegarem a interposição de recursos ordinários ou de revista;

•• Alínea *c* acrescentada pela Lei n. 2.244, de 23-6-1954.

d) julgar os embargos de declaração opostos aos seus acórdãos;

•• Alínea *d* acrescentada pela Lei n. 2.244, de 23-6-1954.

e) julgar as habilitações incidentes e arguições de falsidade, suspeição e outras, nos casos pendentes de sua decisão.

•• Alínea *e* acrescentada pela Lei n. 2.244, de 23-6-1954.

§ 3.º As sessões de julgamento sobre estabelecimento ou alteração de súmulas e outros enunciados de jurisprudência deverão ser públicas, divulgadas com, no mínimo, trinta dias de antecedência, e deverão possibilitar a sustentação oral pelo Procurador-Geral do Trabalho, pelo Conselho Federal da Ordem dos Advogados do Brasil, pelo Advogado-Geral da União e por confederações sindicais ou entidades de classe de âmbito nacional.

•• § 3.º acrescentado pela Lei n. 13.467, de 13-7-2017.

§ 4.º O estabelecimento ou a alteração de súmulas e outros enunciados de jurisprudência pelos Tribunais Regionais do Trabalho deverão observar o disposto na alínea *f* do inciso I e no § 3.º deste artigo, com rol equivalente de legitimados para sustentação oral, observada a abrangência de sua circunscrição judiciária.

•• § 4.º acrescentado pela Lei n. 13.467, de 13-7-2017.

•• *Vide* Enunciado n. 111 da 2.ª Jornada de Direito Material e Processual do Trabalho.

SEÇÃO IV

Da Competência da Câmara de Justiça do Trabalho

Arts. 703 a 705. (*Suprimidos pelo Decreto-lei n. 8.737, de 19-1-1946.*)

SEÇÃO V

Da Competência da Câmara de Previdência Social

Art. 706. (*Suprimido pelo Decreto-lei n. 8.737, de 19-1-1946.*)

SEÇÃO VI

Das Atribuições do Presidente do Tribunal Superior do Trabalho

•• O Decreto-lei n. 9.797, de 9-9-1946, determinou a substituição de "Conselho Nacional" por "Tribunal Superior".

•• Extinção das Juntas de Conciliação e Julgamento: Emenda Constitucional n. 24, de 9-12-1999.

Art. 707. Compete ao Presidente do Tribunal:

•• *Caput* com redação determinada pelo Decreto-lei n. 8.737, de 19-1-1946.

Art. 96, I, a, da CF: Compete privativamente: I – aos tribunais: a) eleger seus órgãos diretivos e elaborar seus regimentos internos, com observância das normas de processo e das garantias processuais das partes, dispondo sobre a competência e o funcionamento dos respectivos órgãos jurisdicionais e administrativos.

a) presidir às sessões do Tribunal, fixando os dias para a realização das sessões ordinárias e convocando as extraordinárias;

•• Alínea *a* com redação determinada pelo Decreto-lei n. 8.737, de 19-1-1946.

b) superintender todos os serviços do Tribunal;

•• Alínea *b* com redação determinada pelo Decreto-lei n. 8.737, de 19-1-1946.

c) expedir instruções e adotar as providências necessárias para o bom funcionamento do Tribunal e dos demais órgãos da Justiça do Trabalho;

•• Alínea *c* com redação determinada pelo Decreto-lei n. 8.737, de 19-1-1946.

d) fazer cumprir as decisões originárias do Tribunal, determinando aos Tribunais Regionais e aos demais órgãos da Justiça do Trabalho a realização dos atos processuais e das diligências necessárias;

•• Alínea *d* com redação determinada pelo Decreto-lei n. 8.737, de 19-1-1946.

e) submeter ao Tribunal os processos em que tenha de deliberar e designar, na forma do Regimento Interno, os respectivos relatores;

•• Alínea *e* com redação determinada pelo Decreto-lei n. 8.737, de 19-1-1946.

f) despachar os recursos interpostos pelas partes e os demais papéis em que deva deliberar;

•• Alínea *f* com redação determinada pelo Decreto-lei n. 8.737, de 19-1-1946.

g) determinar as alterações que se fizerem necessárias na lotação do pessoal da Justiça do Trabalho, fazendo remoções *ex officio* de servidores entre os Tribunais Regionais, Juntas de Conciliação e Julgamento e outros órgãos, bem como conceder as requeridas que julgar convenientes ao serviço, respeitada a lotação de cada órgão;

•• Alínea *g* com redação determinada pelo Decreto-lei n. 8.737, de 19-1-1946.

•• O Decreto-lei n. 9.797, de 9-9-1946, determinou a substituição de "Conselhos Regionais" por "Tribunais Regionais".

h) conceder licenças e férias aos servidores do Tribunal, bem como impor-lhes as penas disciplinares que excederem da alçada das demais autoridades;

•• Alínea *h* com redação determinada pelo Decreto-lei n. 8.737, de 19-1-1946.

i) dar posse e conceder licença aos membros do Tribunal, bem como conceder licenças e férias aos Presidentes dos Tribunais Regionais;

•• Alínea *i* com redação determinada pelo Decreto-lei n. 8.737, de 19-1-1946.

•• O Decreto-lei n. 9.797, de 9-9-1946, determinou a substituição de "Conselhos Regionais" por "Tribunais Regionais".

j) apresentar ao Ministro do Trabalho e Previdência Social, até 31 de março de cada ano, o relatório das atividades do tribunal e dos demais órgãos da Justiça do Trabalho.

•• Alínea *j* com redação determinada pelo Decreto-lei n. 8.737, de 19-1-1946.

Parágrafo único. O Presidente terá 1 (um) secretário por ele designado dentre os funcionários lotados no Tribunal, e será auxiliado por servidores designados nas mesmas condições.

•• Parágrafo único com redação determinada pelo Decreto-lei n. 8.737, de 19-1-1946.

SEÇÃO VII

Das Atribuições do Vice-Presidente

Art. 708. Compete ao Vice-Presidente do Tribunal:

•• *Caput* com redação determinada pela Lei n. 2.244, de 23-6-1954.

Art. 96, I, a, da CF: Compete privativamente: I – aos tribunais: a) eleger seus órgãos diretivos e elaborar seus regimentos internos, com observância das normas de processo e das garantias processuais das partes, dispondo sobre a competência e o funcionamento dos respectivos órgãos jurisdicionais e administrativos.

a) substituir o Presidente e o Corregedor em suas faltas e impedimentos;

•• Alínea *a* com redação determinada pela Lei n. 2.244, de 23-6-1954.

b) (*Suprimida pela Lei n. 2.244, de 23-6-1954.*)

Parágrafo único. Na ausência do Presidente e do Vice-Presidente, será o Tribunal presidido pelo Juiz togado mais antigo, ou pelo mais idoso quando igual a antiguidade.

•• Parágrafo único com redação determinada pela Lei n. 2.244, de 23-6-1954.

SEÇÃO VIII

Das Atribuições do Corregedor

•• Seção VIII com redação determinada pelo Decreto-lei n. 229, de 28-2-1967.

Art. 709. Compete ao Corregedor, eleito dentre os Ministros togados do Tribunal Superior do Trabalho:

•• *Caput* com redação determinada pelo Decreto-lei n. 229, de 28-2-1967.

Art. 96, I, a, da CF: Compete privativamente: I – aos tribunais: *a*) eleger seus órgãos diretivos e elaborar seus regimentos internos, com observância das normas de processo e das garantias processuais das partes, dispondo sobre a competência e o funcionamento dos respectivos órgãos jurisdicionais e administrativos.

• Regimento Interno da Corregedoria-Geral da Justiça do Trabalho: Resolução Administrativa n. 1.128, de 6-4-2006.

I – exercer funções de inspeção e correição permanente com relação aos Tribunais Regionais e seus Presidentes;

•• Inciso I com redação determinada pelo Decreto-lei n. 229, de 28-2-1967.

II – decidir reclamações contra os atos atentatórios da boa ordem processual praticados pelos Tribunais Regionais e seus Presidentes, quando inexistir recurso específico;

•• Inciso II com redação determinada pelo Decreto-lei n. 229, de 28-2-1967.

III – (*Revogado pela Lei n. 5.442, de 24-5-1968.*)

§ 1.º Das decisões proferidas pelo Corregedor, nos casos do artigo, caberá o agravo regimental, para o Tribunal Pleno.

•• § 1.º com redação determinada pelo Decreto-lei n. 229, de 28-2-1967.

§ 2.º O Corregedor não integrará as Turmas do Tribunal, mas participará, com voto, das sessões do Tribunal Pleno, quando não se encontrar em correição ou em férias, embora não relate nem revise processos, cabendo-lhe, outrossim, votar em incidente de inconstitucionalidade, nos processos administrativos e nos feitos em que estiver vinculado por visto anterior à sua posse na Corregedoria.

•• § 2.º com redação determinada pela Lei n. 7.121, de 8-9-1983.

CAPÍTULO VI
DOS SERVIÇOS AUXILIARES DA JUSTIÇA DO TRABALHO

SEÇÃO I
Da Secretaria das Juntas de Conciliação e Julgamento

•• A Emenda Constitucional n. 24, de 9-12-1999, extinguiu as Juntas de Conciliação e Julgamento e a figura do juiz classista. Em seu lugar, estabeleceu a jurisdição singular do juiz togado, que a exercerá nas Varas do Trabalho.

Art. 710. Cada Junta terá 1 (uma) secretaria, sob a direção de funcionário que o Presidente designar, para exercer a função de chefe de secretaria, e que receberá, além dos vencimentos correspondentes ao seu padrão, a gratificação de função fixada em lei.

•• Artigo com redação determinada pelo Decreto-lei n. 8.737, de 19-1-1946.

•• Extinção das Juntas de Conciliação e Julgamento: Emenda Constitucional n. 24, de 9-12-1999.

• A Resolução n. 147, de 7-3-2012, do CNJ, determina aos Tribunais Regionais do Trabalho que a indicação do diretor de secretaria das Varas do Trabalho, na forma deste artigo, compete, de forma discricionária, ao juiz titular, preferencialmente entre bacharéis em Direito, salvo impossibilidade de atender ao requisito.

Art. 711. Compete à secretaria das Juntas:

•• Extinção das Juntas de Conciliação e Julgamento: Emenda Constitucional n. 24, de 9-12-1999.

a) o recebimento, a autuação, o andamento, a guarda e a conservação dos processos e outros papéis que lhe forem encaminhados;

b) a manutenção do protocolo de entrada e saída dos processos e demais papéis;

c) o registro das decisões;

d) a informação, às partes interessadas e seus procuradores, do andamento dos respectivos processos, cuja consulta lhes facilitará;

e) a abertura de vista dos processos às partes, na própria secretaria;

f) a contagem das custas devidas pelas partes, nos respectivos processos;

g) o fornecimento de certidões sobre o que constar dos livros ou do arquivamento da secretaria;

h) a realização das penhoras e demais diligências processuais;

i) o desempenho dos demais trabalhos que lhe forem cometidos pelo Presidente da Junta, para melhor execução dos serviços que lhe estão afetos.

Art. 712. Compete especialmente aos chefes de secretaria das Juntas de Conciliação e Julgamento:

•• *Caput* e alíneas com redação determinada pelo Decreto-lei n. 8.737, de 19-1-1946.

•• Extinção das Juntas de Conciliação e Julgamento: Emenda Constitucional n. 24, de 9-12-1999.

a) superintender os trabalhos da secretaria, velando pela boa ordem do serviço;

b) cumprir e fazer cumprir as ordens emanadas do Presidente e das autoridades superiores;

c) submeter a despacho e assinatura do Presidente o expediente e os papéis que devam ser por ele despachados e assinados;

d) abrir a correspondência oficial dirigida à Junta e ao seu Presidente, a cuja deliberação será submetida;

e) tomar por termo as reclamações verbais nos casos de dissídios individuais;

f) promover o rápido andamento dos processos, especialmente na fase de execução, e a pronta realização dos atos e diligências deprecadas pelas autoridades superiores;

g) secretariar as audiências da Junta, lavrando as respectivas atas;

h) subscrever as certidões e os termos processuais;

i) dar aos litigantes ciência das reclamações e demais atos processuais de que devam ter conhecimento, assinando as respectivas notificações;

j) executar os demais trabalhos que lhe forem atribuídos pelo Presidente da Junta.

Parágrafo único. Os serventuários que, sem motivo justificado, não realizarem os atos, dentro dos prazos fixados, serão descontados em seus vencimentos, em tantos dias quantos os do excesso.

•• Parágrafo único com redação determinada pelo Decreto-lei n. 8.737, de 19-1-1946.

SEÇÃO II
Dos Distribuidores

Art. 713. Nas localidades em que existir mais de uma Junta de Conciliação e Julgamento haverá um distribuidor.

•• Extinção das Juntas de Conciliação e Julgamento: Emenda Constitucional n. 24, de 9-12-1999.

Art. 714. Compete ao distribuidor:

a) a distribuição, pela ordem rigorosa de entrada, e sucessivamente a cada Junta, dos feitos que, para esse fim, lhe forem apresentados pelos interessados;

•• Extinção das Juntas de Conciliação e Julgamento: Emenda Constitucional n. 24, de 9-12-1999.

b) o fornecimento, aos interessados, do recibo correspondente a cada feito distribuído;

c) a manutenção de 2 (dois) fichários dos feitos distribuídos, sendo um organizado pelos nomes dos reclamantes e o outro dos reclamados, ambos por ordem alfabética;

d) o fornecimento a qualquer pessoa que o solicite, verbalmente ou por certidão, de informações sobre os feitos distribuídos;

e) a baixa na distribuição dos feitos, quando isto lhe for determinado pelos Presidentes das Juntas, formando, com as fichas correspondentes, fichários à parte, cujos dados poderão ser consultados pelos interessados, mas não serão mencionados em certidões.

Art. 715. Os distribuidores são designados pelo Presidente do Tribunal Regional, dentre os funcionários das Juntas e do Tribunal Regional, existentes na mesma localidade, e ao mesmo Presidente diretamente subordinados.

•• O Decreto-lei n. 9.797, de 9-9-1946, determinou a substituição de "Conselho Regional" por "Tribunal Regional".

•• Extinção das Juntas de Conciliação e Julgamento: Emenda Constitucional n. 24, de 9-12-1999.

SEÇÃO III
Do Cartório dos Juízos de Direito

Art. 716. Os cartórios dos Juízos de Direito, investidos na administração da Justiça do Trabalho, têm, para esse fim, as mesmas atribuições e obrigações conferidas na Seção I às secretarias das Juntas de Conciliação e Julgamento.

•• Extinção das Juntas de Conciliação e Julgamento: Emenda Constitucional n. 24, de 9-12-1999.

> **Art. 710 da CLT:** Cada Junta terá 1 (uma) secretaria, sob a direção de funcionário que o Presidente designar, para exercer a função de chefe de secretaria, e que receberá, além dos vencimentos correspondentes ao seu padrão, a gratificação de função fixada em lei.

Parágrafo único. Nos Juízos em que houver mais de um cartório, far-se-á entre eles a distribuição alternada e sucessiva das reclamações.

Art. 717. Aos escrivães dos Juízos de Direito, investidos na administração da Justiça do Trabalho, competem especialmente as atribuições e obrigações dos chefes de secretaria das Juntas; e aos demais funcionários dos cartórios, as que couberem nas respectivas funções, dentre as que competem às secretarias das Juntas, enumeradas no art. 711.

•• Extinção das Juntas de Conciliação e Julgamento: Emenda Constitucional n. 24, de 9-12-1999.

SEÇÃO IV
Das Secretarias dos Tribunais Regionais

•• O Decreto-lei n. 9.797, de 9-9-1946, determinou a substituição de "Conselhos Regionais" por "Tribunais Regionais".

Art. 718. Cada Tribunal Regional tem 1 (uma) secretaria, sob a direção do funcionário designado para exercer a função de secretário, com a gratificação de função fixada em lei.

•• Artigo com redação determinada pelo Decreto-lei n. 8.737, de 19-1-1946.

•• O Decreto-lei n. 9.797, de 9-9-1946, determinou a substituição de "Conselho Regional" por "Tribunal Regional".

Art. 719. Competem à secretaria dos Tribunais, além das atribuições estabelecidas no art. 711, para a secretaria das Juntas, mais as seguintes:

•• Extinção das Juntas de Conciliação e Julgamento: Emenda Constitucional n. 24, de 9-12-1999.

a) a conclusão dos processos ao Presidente e sua remessa, depois de despachados, aos respectivos relatores;

b) a organização e a manutenção de um fichário de jurisprudência do Tribunal, para consulta dos interessados.

Parágrafo único. No regimento interno dos Tribunais Regionais serão estabelecidas as demais atribuições, o funcionamento e a ordem dos trabalhos de suas secretarias.

•• O Decreto-lei n. 9.797, de 9-9-1946, determinou a substituição de "Conselhos Regionais" por "Tribunais Regionais".

Art. 720. Competem aos secretários dos Tribunais Regionais as mesmas atribuições conferidas no art. 712 aos chefes de secretaria das Juntas, além das que lhes forem fixadas no regimento interno dos Tribunais.

•• Corrigido nos termos da Lei n. 409, de 25-9-1948.

•• O Decreto-lei n. 9.797, de 9-9-1946, determinou a substituição de "Conselhos Regionais" por "Tribunais Regionais".

•• Extinção das Juntas de Conciliação e Julgamento: Emenda Constitucional n. 24, de 9-12-1999.

SEÇÃO V
Dos Oficiais de Justiça e Oficiais de Justiça Avaliadores

•• Seção V com redação determinada pela Lei n. 5.442, de 24-5-1968.

Art. 721. Incumbe aos Oficiais de Justiça e Oficiais de Justiça Avaliadores da Justiça do Trabalho a realização dos atos decorrentes da execução dos julgados das Juntas de Conciliação e Julgamento e dos Tribunais Regionais do Trabalho, que lhes forem cometidos pelos respectivos Presidentes.

•• *Caput* com redação determinada pela Lei n. 5.442, de 24-5-1968.

•• Extinção das Juntas de Conciliação e Julgamento: Emenda Constitucional n. 24, de 9-12-1999.

§ 1.º Para efeito de distribuição dos referidos atos, cada Oficial de Justiça ou Oficial de Justiça Avaliador funcionará perante uma Junta de Conciliação e Julgamento, salvo quando da existência, nos Tribunais Regionais do Trabalho, de órgão específico, destinado à distribuição de mandados judiciais.

•• § 1.º com redação determinada pela Lei n. 5.442, de 24-5-1968.

§ 2.º Nas localidades onde houver mais de uma Junta, respeitado o disposto no parágrafo anterior, a atribuição para o cumprimento do ato deprecado ao Oficial de Justiça ou Oficial de Justiça Avaliador será transferida a outro Oficial, sempre que, após o decurso de 9 (nove) dias, sem razões que o justifiquem, não tiver sido cumprido o ato, sujeitando-se o serventuário às penalidades da lei.

•• § 2.º com redação determinada pela Lei n. 5.442, de 24-5-1968.

§ 3.º No caso de avaliação, terá o Oficial de Justiça Avaliador, para cumprimento do ato, o prazo previsto no art. 888.

•• § 3.º com redação determinada pela Lei n. 5.442, de 24-5-1968.

§ 4.º É facultado aos Presidentes dos Tribunais Regionais do Trabalho cometer a qualquer Oficial de Justiça ou Oficial de Justiça Avaliador a realização dos atos de execução das decisões desses Tribunais.

•• § 4.º com redação determinada pela Lei n. 5.442, de 24-5-1968.

§ 5.º Na falta ou impedimento do Oficial de Justiça ou Oficial de Justiça Avaliador, o Presidente da Junta poderá atribuir a realização do ato a qualquer serventuário.

•• § 5.º com redação determinada pela Lei n. 5.442, de 24-5-1968.

CAPÍTULO VII
DAS PENALIDADES

SEÇÃO I
Do "Lock-out" e da Greve

Art. 9.º da CF: É assegurado o direito de greve, competindo aos trabalhadores decidir sobre a oportunidade de exercê-lo e sobre os interesses que devam por meio dele defender. § 1.º A lei definirá os serviços ou atividades essenciais e disporá sobre o atendimento das necessidades inadiáveis da comunidade. § 2.º Os abusos cometidos sujeitam os responsáveis às penas da lei.

Art. 114, II, da CF: Compete à Justiça do Trabalho processar e julgar: (...) II – as ações que envolvam exercício do direito de greve.

Súmula 316/STF: A simples adesão à greve não constitui falta grave.

Art. 722. Os empregadores que, individual ou coletivamente, suspenderem os trabalhos dos seus estabelecimentos, sem prévia autorização do Tribunal competente, ou que violarem, ou se recusarem a cumprir decisão proferida em dissídio coletivo, incorrerão nas seguintes penalidades:

a) multa de cinco mil cruzeiros a cinquenta mil cruzeiros;

•• *Vide* Nota dos Organizadores, sobre o valor das multas previstas na CLT.

b) perda do cargo de representação profissional em cujo desempenho estiverem;

c) suspensão, pelo prazo de 2 (dois) a 5 (cinco) anos, do direito de serem eleitos para cargos de representação profissional.

§ 1.º Se o empregador for pessoa jurídica, as penas previstas nas als. *b* e *c* incidirão sobre os administradores responsáveis.

§ 2.º Se o empregador for concessionário de serviço público, as penas serão aplicadas em dobro. Nesse caso, se o concessionário for pessoa jurídica o Presidente do Tribunal que houver proferido a decisão poderá, sem prejuízo do cumprimento desta e da aplicação das penalidades cabíveis, ordenar o afastamento dos administradores responsáveis, sob pena de ser cassada a concessão.

§ 3.º Sem prejuízo das sanções cominadas neste artigo, os empregadores ficarão obrigados a pagar os salários devidos aos seus empregados, durante o tempo de suspensão do trabalho.

Arts. 723 a 725. (*Revogados pela Lei n. 9.842, de 7-10-1999.*)

SEÇÃO II
Das Penalidades contra os Membros da Justiça do Trabalho

Art. 726. Aquele que recusar o exercício da função de Juiz classista de Junta de Conciliação e Julgamento ou de Juiz representante classista de Tribunal Regional, sem motivo justificado, incorrerá nas seguintes penas:

•• O Decreto-lei n. 9.797, de 9-9-1946, determinou a substituição de "Conselho Regional" por "Tribunal Regional".

•• Extinção das Juntas de Conciliação e Julgamento e da representação classista na Justiça do Trabalho: Emenda Constitucional n. 24, de 9-12-1999.

a) sendo representante de empregadores, multa de Cr$ 100,00 (cem cruzeiros) a Cr$ 1.000,00 (mil cruzeiros) e suspensão do direito de representação profissional por dois a cinco anos;

•• *Vide* Nota dos Organizadores, sobre o valor das multas previstas na CLT.

b) sendo representante de empregados, multa de Cr$ 100,00 (cem cruzeiros) e suspensão do direito de representação profissional por dois a cinco anos.

•• *Vide* Nota dos Organizadores, sobre o valor das multas previstas na CLT.

Art. 727. Os Juízes classistas das Juntas de Conciliação e Julgamento, ou Juízes representantes classistas dos Tribunais Regionais, que faltarem a 3 (três) reuniões ou sessões consecutivas, sem motivo justificado, perderão o cargo, além de incorrerem nas penas do artigo anterior.

•• O Decreto-lei n. 9.797, de 9-9-1946, determinou a substituição de "Conselhos Regionais" por "Tribunais Regionais".

•• Extinção das Juntas de Conciliação e Julgamento e da representação classista na Justiça do Trabalho: Emenda Constitucional n. 24, de 9-12-1999.

Parágrafo único. Se a falta for de presidente, incorrerá ele na pena de perda do cargo, além da perda dos vencimentos correspondentes aos dias em que tiver faltado às audiências ou sessões consecutivas.

Art. 728. Aos presidentes, membros, juízes, Juízes classistas, e funcionários auxiliares da Justiça do Trabalho, aplica-se o disposto no Título XI do Código Penal.

•• Extinção da representação classista na Justiça do Trabalho: Emenda Constitucional n. 24, de 9-12-1999.

• Referido Título do CP trata dos Crimes contra a Administração Pública: arts. 312 a 359-H.

SEÇÃO III
De Outras Penalidades

Art. 729. O empregador que deixar de cumprir decisão passada em julgado sobre readmissão ou reintegração de empregado, além do pagamento dos salários deste, incorrerá na multa de Cr$ 10,00 (dez cruzeiros) a Cr$ 50,00 (cinquenta cruzeiros), por dia, até que seja cumprida a decisão.

•• *Vide* Nota dos Organizadores, sobre o valor das multas previstas na CLT.

§ 1.º O empregador que impedir ou tentar impedir que empregado seu sirva como vogal em Tribunal de Trabalho, ou que perante este preste depoimento, incorrerá na multa de Cr$ 500,00 (quinhentos cruzeiros) a Cr$ 5.000,00 (cinco mil cruzeiros).

•• Extinção da representação classista na Justiça do Trabalho: Emenda Constitucional n. 24, de 9-12-1999.

•• *Vide* Nota dos Organizadores, sobre o valor das multas previstas na CLT.

• *Vide* arts. 660 a 667 da CLT.

§ 2.º Na mesma pena do parágrafo anterior incorrerá o empregador que dispensar seu empregado pelo fato de haver servido como vogal ou prestado depoimento como testemunha, sem prejuízo da indenização que a lei estabeleça.

Art. 730. Aqueles que se recusarem a depor como testemunhas, sem motivo justificado, incorrerão na multa de Cr$ 50,00 (cinquenta cruzeiros) a Cr$ 500,00 (quinhentos cruzeiros).

•• *Vide* Nota dos Organizadores, sobre o valor das multas previstas na CLT.

Art. 731. Aquele que, tendo apresentado ao distribuidor reclamação verbal, não se apresentar, no prazo estabelecido no parágrafo único do art. 786, à Junta ou Juízo para fazê-lo tomar por termo, incorrerá na pena de perda, pelo prazo de 6 (seis) meses, do direito de reclamar perante a Justiça do Trabalho.

•• Extinção das Juntas de Conciliação e Julgamento: Emenda Constitucional n. 24, de 9-12-1999.

Art. 786 da CLT: A reclamação verbal será distribuída antes de sua redução a termo. Parágrafo único. Distribuída a reclamação verbal, o reclamante deverá, salvo motivo de força maior, apresentar-se no prazo de 5 (cinco) dias, ao cartório ou à secretaria, para reduzi-la a termo, sob a pena estabelecida no art. 731.

Art. 732. Na mesma pena do artigo anterior incorrerá o reclamante que, por 2 (duas) vezes seguidas, der causa ao arquivamento de que trata o art. 844.

Art. 486, § 3.º, do CPC: Se o autor der causa, por 3 (três) vezes, a sentença fundada em abandono da causa, não poderá propor nova ação contra o réu com o mesmo objeto, ficando-lhe ressalvada, entretanto, a possibilidade de alegar em defesa o seu direito.

Súmula 268/TST: Prescrição. Interrupção. Ação trabalhista arquivada. A ação trabalhista, ainda que arquivada, interrompe a prescrição somente em relação aos pedidos idênticos.

Art. 733. As infrações de disposições deste Título, para as quais não haja penalidades cominadas, serão punidas com a multa de Cr$ 50,00 (cinquenta cruzeiros) a Cr$ 5.000,00 (cinco mil cruzeiros), elevada ao dobro na reincidência.

•• *Vide* Nota dos Organizadores, sobre o valor das multas previstas na CLT.

CAPÍTULO VIII
DISPOSIÇÕES GERAIS

Art. 734. O ministro do Trabalho e Previdência Social poderá rever, *ex officio*, dentro do prazo de 30 dias, contados de sua publicação no órgão oficial, ou mediante representação apresentada dentro de igual prazo:

a) as decisões da Câmara de Previdência Social, quando proferidas pelo voto de desempate, ou que violarem disposições expressas de direito ou modificarem jurisprudência até então observada;

b) as decisões do presidente do Tribunal Superior do Trabalho em matéria de previdência social.

•• Alínea *b* com redação determinada pelo Decreto-lei n. 9.797, de 9-9-1946.

•• Entendemos prejudicado o disposto neste artigo pelo Decreto-lei n. 72, de 21-11-1966.

Parágrafo único. O ministro do Trabalho e Previdência Social, poderá avocar ao seu conhecimento os assuntos de natureza administrativa referentes às instituições de previdência social, sempre que houver interesse público.

Art. 735. As repartições públicas e as associações sindicais são obrigadas a fornecer aos Juízes e Tribunais do Trabalho e à Procuradoria da Justiça do Trabalho as informações e os dados necessários à instrução e ao julgamento dos feitos submetidos à sua apreciação.

Parágrafo único. A recusa de informações ou dados a que se refere este artigo, por parte de funcionários públicos, importa na aplicação das penalidades previstas pelo Estatuto dos Funcionários Públicos por desobediência.

TÍTULO IX
DO MINISTÉRIO PÚBLICO DO TRABALHO

Súmula 99/STJ: O Ministério Público tem legitimidade para recorrer no processo em que oficiou como fiscal da lei, ainda que não haja recurso da parte.

Súmula 226/STJ: O Ministério Público tem legitimidade para recorrer na ação de acidente do trabalho, ainda que o segurado esteja assistido por advogado.

Súmula 407/TST: Ação rescisória. Ministério Público. Legitimidade *ad causam* prevista no art. 967, III, *a*, *b* e *c* do CPC de 2015. Art. 487, III, a e b, do CPC de 1973. Hipóteses meramente exemplificativas A legitimidade *ad causam* do Ministério Público para propor ação rescisória, ainda que não tenha sido parte no processo que deu origem à decisão rescindenda, não está limitada às alíneas *a*, *b* e *c* do inciso III do art. 967 do CPC de 2015 (art. 487, III, *a* e *b*, do CPC de 1973), uma vez que traduzem hipóteses meramente exemplificativas.

OJ 130 da SDI-1: Prescrição. Ministério Público. Arguição. *Custos legis*. Ilegitimidade. Ao exarar o parecer na remessa de ofício, na qualidade de custos legis, o Ministério Público não tem legitimidade para arguir a prescrição em favor de entidade de direito público, em matéria de direito patrimonial.

OJ 237 da SDI-1: Ministério Público do Trabalho. Legitimidade para recorrer. Sociedade de economia mista. Empresa pública. I – O Ministério Público do Trabalho não tem legitimidade para recorrer na defesa de interesse patrimonial privado, ainda que de empresas públicas e sociedades de economia mista. II – Há legitimidade do Ministério Público do Trabalho para recorrer de decisão que declara a existência de vínculo empregatício com sociedade de economia mista ou empresa pública, após a Constituição Federal de 1988, sem a prévia aprovação em concurso público, pois é matéria de ordem pública.

OJ 350 da SDI-1: Ministério Público do Trabalho. Nulidade do contrato de trabalho não suscitada pelo ente público no momento da defesa. Arguição em parecer. Possibilidade. O Ministério Público do Trabalho pode arguir, em parecer, na primeira vez que tenha de se manifestar no processo, a nulidade do contrato de trabalho em favor de ente público, ainda que a parte não a tenha suscitado, a qual será apreciada, sendo vedada, no entanto, qualquer dilação probatória.

OJ Transitória 20 da SDI-1: Agravo de instrumento. Ministério Público. Pressupostos extrínsecos. Para aferição da tempestividade do AI interposto pelo Ministério Público, desnecessário o traslado da certidão de publicação do despacho agravado, bastando a juntada da cópia da intimação pessoal na qual conste a respectiva data de recebimento (Lei Complementar n.75/93, art. 84, IV).

•• *Vide* arts. 127 a 130-A da CF.

• A Lei Complementar n. 75, de 20-5-1993, que dispõe sobre a organização, as atribuições e o Estatuto do Ministério Público da União, trata do Ministério Público do Trabalho nos arts. 83 a 115.

CAPÍTULO I
DISPOSIÇÕES GERAIS

Art. 736. O Ministério Público do Trabalho é constituído por agentes diretos do Poder Executivo, tendo por função zelar pela exata observância da Constituição Federal, das leis e demais atos emanados dos poderes públicos, na esfera de suas atribuições.

•• Entendemos prejudicado o disposto neste artigo pelos arts. 83 e s. da Lei Complementar n. 75, de 20-5-1993.

Parágrafo único. Para o exercício de suas funções, o Ministério Público do Trabalho reger-se-á pelo que estatui esta Consolidação e, na falta de disposição expressa, pelas normas que regem o Ministério Público Federal.

Art. 737. O Ministério Público do Trabalho compõe-se da Procuradoria da Justiça do Trabalho e da Procuradoria da Previdência Social, aquela funcionando como órgão de coordenação entre a Justiça do Trabalho e o Ministério do Trabalho, ambas diretamente subordinadas ao Ministro de Estado.

•• Artigo com redação determinada pelo Decreto-lei n. 8.737, de 19-1-1946.

•• Entendemos prejudicado o disposto neste artigo pelo art. 127 da CF.

Art. 127, § 1.º, da CF: São princípios institucionais do Ministério Público a unidade, a indivisibilidade e a independência funcional.

Lei Complementar n. 75/93, art. 85: São órgãos do Ministério Público do Trabalho: I – o Procurador-Geral do Trabalho; II – o Colégio de Procuradores do Trabalho; III – o Conselho Superior do Ministério Público do Trabalho; IV – a Câmara de Coordenação e Revisão do Ministério Público do Trabalho; V – a Corregedoria do Ministério Público do Trabalho; VI – os Subprocuradores-Gerais do Trabalho; VII – os Procuradores Regionais do Trabalho; VIII – os Procuradores do Trabalho.

Art. 738. Os procuradores, além dos vencimentos fixados na tabela constante do Decreto-lei n. 2.874, de 16 de dezembro de 1940, continuarão a perceber a percentagem de 8%, por motivo de cobrança da dívida ativa da União ou de multas impostas pelas autoridades administrativas e judiciárias do trabalho e da previdência social.

•• Entendemos prejudicado o disposto neste artigo pelo art. 196 da Emenda Constitucional n. 1, de 17-10-1969. Sobre vencimentos dos procuradores do trabalho tratam os arts. 224 a 230 da Lei Complementar n. 75, de 20-5-1993.

Parágrafo único. Essa percentagem será calculada sobre as somas efetivamente arrecadadas e rateada de acordo com as instruções expedidas pelos respectivos procuradores-gerais.

•• O Decreto-lei n. 6.053, de 30-11-1943, alterou a redação deste artigo. Porém, o Decreto-lei n. 8.024, de 1.º-10-1945, tornou sem efeito a alteração.

Art. 739. Não estão sujeitos a ponto os procuradores-gerais e os procuradores.

•• Entendemos prejudicado o disposto neste artigo pela Lei Complementar n. 75, de 20-5-1993.

CAPÍTULO II
DA PROCURADORIA DA JUSTIÇA DO TRABALHO

SEÇÃO I
Da Organização

Art. 740. A Procuradoria da Justiça do Trabalho compreende:

a) 1 (uma) Procuradoria-Geral, que funcionará junto ao Tribunal Superior do Trabalho;

b) 24 (vinte e quatro) Procuradorias Regionais, que funcionarão junto aos Tribunais Regionais do Trabalho.

•• Nos termos da Lei n. 8.470, de 5-10-1992.

Art. 741. As Procuradorias Regionais são subordinadas diretamente ao procurador-geral.

Art. 742. A Procuradoria-Geral é constituída de 1 (um) procurador-geral e de procuradores.

Parágrafo único. As Procuradorias Regionais compõem-se de 1 (um) procurador regional, auxiliado, quando necessário, por procuradores adjuntos.

Art. 743. Haverá, nas Procuradorias Regionais, substitutos de procurador adjunto ou, quando não houver este cargo, de procurador regional, designados previamente por decreto do Presidente da República, sem ônus para os cofres públicos.

Lei n. 6.788/80, art. 7.º: Os atuais Substitutos de Procurador do Trabalho Adjunto passam a denominar-se Substitutos de Procurador do Trabalho de 2.ª Categoria, constituindo um Quadro Suplementar. Essas funções serão extintas à medida que se vagarem, vedadas novas nomeações a partir da vigência desta Lei. Parágrafo único. Aos integrantes do Quadro Suplementar é vedado: I – o ingresso nos cargos iniciais de carreira, salvo mediante concurso público de provas e de títulos, caso em que não ficarão sujeitos ao limite legal de idade; II – o exercício de outra função pública, assegurados, no que couber, os direitos e vantagens previstos na legislação em vigor.

§ 1.º O substituto tomará posse perante o respectivo procurador regional, que será a autoridade competente para convocá-lo.

§ 2.º O procurador regional será substituído em suas faltas e impedimentos pelo procurador adjunto, quando houver, e, havendo mais de um, pelo que for por ele designado.

§ 3.º O procurador adjunto será substituído, em suas faltas e impedimentos, pelo respectivo procurador substituto.

§ 4.º Será dispensado, automaticamente, o substituto que não atender à convocação, salvo motivo de doença, devidamente comprovada.

§ 5.º Nenhum direito ou vantagem terá o substituto além do vencimento do cargo do substituído e somente durante o seu impedimento legal.

Art. 744. A nomeação do procurador-geral deverá recair em bacharel em ciências jurídicas e sociais, que tenha exercido, por 5 (cinco) ou mais anos, cargo de magistratura ou de Ministério Público, ou a advocacia.

Art. 745. Para a nomeação dos demais procuradores, atender-se-á aos mesmos requisitos estabelecidos no artigo anterior, reduzido a 2 (dois) anos, no mínimo, o tempo de exercício.

SEÇÃO II
Da Competência da Procuradoria-Geral

Art. 746. Compete à Procuradoria-Geral da Justiça do Trabalho:

•• Artigo com redação determinada pelo Decreto-lei n. 8.737, de 19-1-1946.

Lei n. 5.585/70, art. 5.º: Para exarar parecer, terá o órgão do Ministério Público da União, junto à Justiça do Trabalho, o prazo de 8 (oito) dias, contados da data em que lhe for distribuído o processo.

a) oficiar, por escrito, em todos os processos e questões de trabalho de competência do Tribunal Superior do Trabalho;

b) funcionar nas sessões do mesmo Tribunal, opinando verbalmente sobre a matéria em debate e solicitando as requisições e diligências que julgar convenientes, sendo-lhe assegurado o direito de vista do processo em julgamento sempre que for suscitada questão nova, não examinada no parecer exarado;

c) requerer prorrogação das sessões do Tribunal, quando essa medida for necessária para que se ultime o julgamento;

d) exarar, por intermédio do procurador-geral, o seu "ciente" nos acórdãos do Tribunal;

e) proceder às diligências e inquéritos solicitados pelo Tribunal;

f) recorrer das decisões do Tribunal, nos casos previstos em lei;

g) promover, perante o Juízo competente, a cobrança executiva das multas impostas pelas autoridades administrativas e judiciárias do trabalho;

h) representar às autoridades competentes contra os que não cumprirem as decisões do Tribunal;

i) prestar às autoridades do Ministério do Trabalho e Previdência Social as informações que lhe forem solicitadas sobre os dissídios submetidos à apreciação do Tribunal e encaminhar aos órgãos competentes cópia autenticada das decisões que por eles devam ser atendidas ou cumpridas;

•• Sobre Ministérios, *vide* Nota dos Organizadores.

j) requisitar, de quaisquer autoridades, inquéritos, exames periciais, diligências, certidões e esclarecimentos que se tornem necessários no desempenho de suas atribuições;

l) defender a jurisdição dos órgãos da Justiça do Trabalho;

m) suscitar conflitos de jurisdição.

SEÇÃO III

Da Competência das Procuradorias Regionais

Art. 747. Compete às Procuradorias Regionais exercer, dentro da jurisdição do Tribunal Regional respectivo, as atribuições indicadas na Seção anterior.

•• O Decreto-lei n. 9.797, de 9-9-1946, determinou a substituição de "Conselho Regional" por "Tribunal Regional".

SEÇÃO IV

Das Atribuições do Procurador-Geral

Art. 748. Como chefe da Procuradoria-Geral da Justiça do Trabalho, incumbe ao procurador-geral:

•• Artigo com redação determinada pelo Decreto-lei n. 8.737, de 19-1-1946.

a) dirigir os serviços da Procuradoria-Geral, orientar e fiscalizar as Procuradorias Regionais, expedindo as necessárias instruções;

b) funcionar nas sessões do Tribunal Superior do Trabalho, pessoalmente ou por intermédio do procurador que designar;

c) exarar o seu "ciente" nos acórdãos do Tribunal;

d) designar o procurador que o substitua nas faltas e impedimentos e o chefe da secretaria da Procuradoria;

• Substituição nas faltas e impedimentos eventuais pelo Subprocurador-Geral (art. 9.º, parágrafo único, da Lei n. 6.788, de 28-5-1980).

e) apresentar, até o dia 31 de março, ao Ministro do Trabalho e Previdência Social, relatório dos trabalhos da Procuradoria-Geral no ano anterior, com as observações e sugestões que julgar convenientes;

•• Sobre Ministérios, *vide* Nota dos Organizadores.

f) conceder férias aos procuradores e demais funcionários que sirvam na Procuradoria e impor-lhes penas disciplinares, observada, quanto aos procuradores, a legislação em vigor para o Ministério Público Federal;

g) funcionar em Juízo, em primeira instância, ou designar os procuradores que o devam fazer;

h) admitir e dispensar o pessoal extranumerário da secretaria e prorrogar o expediente remunerado dos funcionários e extranumerários.

•• Artigo com redação determinada pelo Decreto-lei n. 8.737, de 19-1-1946.

SEÇÃO V

Das Atribuições dos Procuradores

Art. 749. Incumbe aos procuradores com exercício na Procuradoria-Geral:

a) funcionar, por designação do procurador-geral, nas sessões do Tribunal Superior do Trabalho;

•• O Decreto-lei n. 9.797, de 9-9-1946, determinou a substituição de "Conselho Nacional" por "Tribunal Superior".

b) desempenhar os demais encargos que lhes forem atribuídos pelo procurador-geral.

•• *Caput* com redação determinada pelo Decreto-lei n. 8.737, de 19-1-1946.

Parágrafo único. Aos procuradores é facultado, nos processos em que oficiarem, requerer ao procurador-geral as diligências e investigações necessárias.

•• Parágrafo único com redação determinada pelo Decreto-lei n. 8.737, de 19-1-1946.

SEÇÃO VI

Das Atribuições dos Procuradores Regionais

Art. 750. Incumbe aos procuradores regionais:

a) dirigir os serviços da respectiva Procuradoria;

b) funcionar nas sessões do Tribunal Regional, pessoalmente ou por intermédio do procurador adjunto que designar;

•• O Decreto-lei n. 9.797, de 9-9-1946, determinou a substituição de "Conselho Regional" por "Tribunal Regional".

c) apresentar, semestralmente, ao procurador-geral, um relatório das atividades da respectiva Procuradoria, bem como dados e informações sobre a administração da Justiça do Trabalho na respectiva região;

d) requerer e acompanhar perante as autoridades administrativas ou judiciárias as diligências necessárias à execução das medidas e providências ordenadas pelo procurador-geral;

e) prestar ao procurador-geral as informações necessárias sobre os feitos em andamento e consultá-lo nos casos de dúvidas;

f) funcionar em juízo, na sede do respectivo Tribunal Regional;

•• O Decreto-lei n. 9.797, de 9-9-1946, determinou a substituição de "Conselho Regional" por "Tribunal Regional".

g) exarar o seu "ciente" nos acórdãos do Tribunal;

h) designar o procurador que o substitua nas faltas e impedimentos e o secretário da Procuradoria.

Art. 751. Incumbe aos procuradores adjuntos das Procuradorias Regionais:

•• Artigo com redação determinada pelo Decreto-lei n. 8.737, de 19-1-1946.

a) funcionar por designação do procurador regional, nas sessões do Tribunal Regional;

•• O Decreto-lei n. 9.797, de 9-9-1946, determinou a substituição de "Conselho Regional" por "Tribunal Regional".

b) desempenhar os demais encargos que lhes forem atribuídos pelo procurador regional.

SEÇÃO VII

Da Secretaria

Art. 752. A secretaria da Procuradoria-Geral funcionará sob a direção de um chefe designado pelo procurador-geral e terá o pessoal designado pelo Ministro do Trabalho e Previdência Social.

•• Artigo com redação determinada pelo Decreto-lei n. 8.737, de 19-1-1946.

•• Sobre Ministérios, *vide* Nota dos Organizadores.

Art. 753. Compete à secretaria:

a) receber, registrar e encaminhar os processos ou papéis entrados;

b) classificar e arquivar os pareceres e outros papéis;

c) prestar informações sobre os processos ou papéis sujeitos à apreciação da Procuradoria;

d) executar o expediente da Procuradoria;

e) providenciar sobre o suprimento do material necessário;

f) desempenhar os demais trabalhos que lhes forem cometidos pelo procurador-geral, para melhor execução dos serviços a seu cargo.

Art. 754. Nas Procuradorias Regionais, os trabalhos a que se refere o artigo anterior serão executados pelos funcionários para esse fim designados.

CAPÍTULO III

DA PROCURADORIA DE PREVIDÊNCIA SOCIAL

•• Entendemos prejudicado o disposto neste Capítulo pelo Decreto-lei n. 72, de 21-11-1966.

SEÇÃO I

Da Organização

Art. 755. A Procuradoria de Previdência Social compõe-se de um procurador-geral e de procuradores.

•• Entendemos prejudicado o disposto neste artigo pelo Decreto-lei n. 72, de 21-11-1966.

Art. 756. Para a nomeação do procurador-geral e dos demais procuradores atender-se-á ao disposto nos arts. 744 e 745.

•• Entendemos prejudicado o disposto neste artigo pelo Decreto-lei n. 72, de 21-11-1966, e pela Lei Complementar n. 75, de 20-5-1993, pois atualmente a Procuradoria da Previdência Social não integra o Ministério Público do Trabalho, e sim o Poder Executivo.

SEÇÃO II

Da Competência da Procuradoria

Art. 757. Compete à Procuradoria da Previdência Social:

•• *Caput* e incisos com redação determinada pelo Decreto-lei n. 8.737, de 19-1-1946.

•• Entendemos prejudicado o disposto neste artigo pelo Decreto-lei n. 72, de 21-11-1966.

a) oficiar, por escrito, nos processos que tenham de ser sujeitos à decisão do Conselho Superior de Previdência Social;

• O Decreto-lei n. 72, de 21-11-1966, transformou o Conselho Superior da Previdência Social no Conselho de Recursos da Previdência Social. O Decreto n. 7.078, de 26-1-2010, dispõe sobre a competência do CRPS.

b) oficiar, por escrito, nos pedidos de revisão das decisões do mesmo Conselho;

c) funcionar nas sessões do mesmo Conselho, opinando verbalmente sobre a matéria em debate e solicitando as requisições e diligências que julgar convenientes, sendo-lhe assegurado o direito de vista do processo em julgamento, sempre que for suscitada questão nova, não examinada no parecer exarado;

d) opinar, quando solicitada, nos processos sujeitos à deliberação do Ministro de Estado, do Conselho Técnico do Departamento Nacional de Previdência Social ou do Diretor do mesmo Departamento, em que houver matéria jurídica a examinar;

e) funcionar, em primeira instância, nas ações propostas contra a União, no Distrito Federal, para anulação de atos e decisões do Conselho Superior de Previdência Social ou do Departamento Nacional de Previdência Social, bem como do Ministro do Trabalho e Previdência Social em matéria de previdência social;

•• Sobre Ministérios, *vide* Nota dos Organizadores.

f) fornecer ao Ministério Público as informações por este solicitadas em virtude de ações propostas nos Estados e Territórios para execução ou anulação de atos e decisões dos órgãos ou da autoridade a que se refere a alínea anterior;

g) promover em juízo, no Distrito Federal, qualquer procedimento necessário ao cumprimento das decisões do Conselho Superior de Previdência Social e do Departamento Nacional de Previdência Social, bem como do Ministro do Trabalho e Previdência Social em matéria de previdência social;

•• Sobre Ministérios, *vide* Nota dos Organizadores.

h) recorrer das decisões dos órgãos e autoridades competentes em matéria de previdência social e requerer revisão das decisões do Conselho Superior de Previdência Social, que lhe pareçam contrárias à lei.

SEÇÃO III

Das Atribuições do Procurador-Geral

Art. 758. Como chefe da Procuradoria da Previdência Social, incumbe ao Procurador-Geral:

•• Artigo com redação determinada pelo Decreto-lei n. 8.737, de 19-1-1946.

•• Entendemos prejudicado o disposto neste artigo pelo Decreto-lei n. 72, de 21-11-1966.

a) dirigir os serviços da Procuradoria, expedindo as necessárias instruções;

b) funcionar nas sessões do Conselho Superior de Previdência Social, pessoalmente ou por intermédio do procurador que designar;

c) designar o procurador que o substitua nas faltas e impedimentos e o chefe da Secretaria da Procuradoria;

d) conceder férias aos procuradores e demais funcionários lotados na Procuradoria e impor-lhes penas disciplinares, observada, quanto aos procuradores, a legislação em vigor para o Ministério Público Federal;

e) funcionar em juízo, em primeira instância, ou designar os procuradores que devam fazê-lo;

f) admitir e dispensar o pessoal extranumerário da Secretaria e prorrogar o expediente renumerado dos funcionários e extranumerários;

g) apresentar, até 31 de março de cada ano, ao Ministro do Trabalho e Previdência Social o relatório dos trabalhos da Procuradoria no ano anterior, com as observações e sugestões que julgar convenientes.

•• Sobre Ministérios, *vide* Nota dos Organizadores.

SEÇÃO IV

Das Atribuições dos Procuradores

Art. 759. Aos procuradores e demais funcionários incumbe desempenhar os encargos que lhes forem cometidos pelo procurador-geral.

•• Entendemos prejudicado o disposto neste artigo pelo Decreto-lei n. 72, de 21-11-1966.

Parágrafo único. Aos procuradores é facultado, nos processos em que oficiarem, requerer ao procurador-geral as diligências e investigações necessárias.

SEÇÃO V

Da Secretaria

Art. 760. A Procuradoria da Previdência Social terá uma Secretaria dirigida por um chefe designado pelo Procurador-Geral.

•• Artigo com redação determinada pelo Decreto-lei n. 8.737, de 19-1-1946.

•• Entendemos prejudicado o disposto neste artigo pelo Decreto-lei n. 72, de 21-11-1966.

Art. 761. A Secretaria terá o pessoal designado pelo Ministro do Trabalho e Previdência Social.

•• Artigo com redação determinada pelo Decreto-lei n. 8.737, de 19-1-1946.

•• Entendemos prejudicado o disposto neste artigo pelo Decreto-lei n. 72, de 21-11-1966.

•• Sobre Ministérios, *vide* Nota dos Organizadores.

Art. 762. À Secretaria da Procuradoria de Previdência Social compete executar serviços idênticos aos referidos no art. 753.

TÍTULO X

DO PROCESSO JUDICIÁRIO DO TRABALHO

• *Vide* Lei n. 5.584, de 26-6-1970.

CAPÍTULO I

DISPOSIÇÕES PRELIMINARES

Art. 763. O processo da Justiça do Trabalho, no que concerne aos dissídios individuais e coletivos e à aplicação de penalidades, reger-se-á, em todo o território nacional, pelas normas estabelecidas neste Título.

Lei n. 5.584/70, art. 1.º: Nos processos perante a Justiça do Trabalho, observar-se-ão os princípios estabelecidos nesta Lei.

Art. 764. Os dissídios individuais ou coletivos submetidos à apreciação da Justiça do Trabalho serão sempre sujeitos à conciliação.

•• *Vide* Lei n. 13.140, de 26-6-2015, sobre mediação e autocomposição.

§ 1.º Para os efeitos deste artigo, os juízes e Tribunais do Trabalho empregarão sempre os seus bons ofícios e persuasão no sentido de uma solução conciliatória dos conflitos.

§ 2.º Não havendo acordo, o juízo conciliatório converter-se-á obrigatoriamente em arbitral, proferindo decisão na forma prescrita neste Título.

§ 3.º É lícito às partes celebrar acordo que ponha termo ao processo, ainda mesmo depois de encerrado o juízo conciliatório.

Art. 831, parágrafo único, da CLT: A decisão será proferida depois de rejeitada pelas partes a proposta de conciliação. Parágrafo único. No caso de conciliação, o termo que for lavrado valerá como decisão irrecorrível, salvo para a Previdência Social quanto às contribuições que lhe forem devidas.

Art. 3.º do CPC: Não se excluirá da apreciação jurisdicional ameaça ou lesão a direito. § 1.º É permitida a arbitragem, na forma da lei. § 2.º O Estado promoverá, sempre que possível, a solução consensual dos conflitos. § 3.º A conciliação, a mediação e outros métodos de solução consensual de conflitos deverão ser estimulados por juízes, advogados, defensores públicos e membros do Ministério Público, inclusive no curso do processo judicial.

Súmula 259/TST: Termo de conciliação. Ação rescisória. Só por ação rescisória é impugnável o termo de conciliação previsto no parágrafo único do art. 831 da CLT.

Art. 765. Os Juízos e Tribunais do Trabalho terão ampla liberdade na direção do processo e velarão pelo andamento rápido das causas, podendo determinar qualquer diligência necessária ao esclarecimento delas.

Art. 2.º do CPC: O processo começa por iniciativa da parte e se desenvolve por impulso oficial, salvo as exceções previstas em lei.

Art. 370 do CPC: Caberá ao juiz, de ofício ou a requerimento da parte, determinar as provas necessárias ao julgamento do mérito. Parágrafo único. O juiz indeferirá, em decisão fundamentada, as diligências inúteis ou meramente protelatórias.

Lei n. 5.584/70, art. 4.º: Nos dissídios de alçada exclusiva das Juntas e naqueles em que os empregados ou empregadores reclamarem pessoalmente, o processo poderá ser impulsionado de ofício pelo Juiz.

• *Vide* Enunciado n. 105 da 2.ª Jornada de Direito Material e Processual do Trabalho.

Art. 766. Nos dissídios sobre estipulação de salários, serão estabelecidas condições que, assegurando justos salários aos trabalhadores, permitam também justa retribuição às empresas interessadas.

Art. 623 da CLT: Será nula de pleno direito disposição de Convenção ou Acordo que, direta ou indiretamente, contrarie proibição ou norma disciplinadora da política econômico-financeira do Governo ou concernente à política salarial vigente, não produzindo quaisquer efeitos perante autoridades e repartições públicas, inclusive para fins de revisão de preços e tarifas de mercadorias e serviços. Parágrafo único. Na hipótese deste artigo, a nulidade será declarada, de ofício ou mediante representação, pelo Ministro do Trabalho e Previdência Social ou pela Justiça do Trabalho, em processo submetido ao seu julgamento.

Art. 852-E da CLT: Aberta a sessão, o juiz esclarecerá as partes presentes sobre as vantagens da conciliação e usará os meios adequados de persuasão para a solução conciliatória do litígio, em qualquer fase da audiência.

Art. 8.º do CPC: Ao aplicar o ordenamento jurídico, o juiz atenderá aos fins sociais e às exigências do bem comum, resguardando e promovendo a dignidade da pessoa humana e observando a proporcionalidade, a razoabilidade, a legalidade, a publicidade e a eficiência.

Art. 140 do CPC: O juiz não se exime de decidir sob a alegação de lacuna ou obscuridade do ordenamento jurídico. Parágrafo único. O juiz só decidirá por equidade nos casos previstos em lei.

Súmula 375/TST: Reajustes salariais previstos em norma coletiva. Prevalência da legislação de política salarial. Os reajustes salariais previstos em norma coletiva de trabalho não prevalecem frente à legislação superveniente de política salarial.

Art. 767. A compensação, ou retenção, só poderá ser arguida como matéria de defesa.

•• Artigo com redação nos termos do Decreto-lei n. 6.353, de 20-3-1944.

Súmula 18/TST: Compensação. A compensação, na Justiça do Trabalho, está restrita a dívidas de natureza trabalhista.

Súmula 48/TST: Compensação. A compensação só poderá ser arguida com a contestação.

Art. 768. Terá preferência em todas as fases processuais o dissídio cuja decisão tiver de ser executada perante o Juízo da falência.

Art. 449, § 1.º, da CLT: Na falência, constituirão créditos privilegiados a totalidade dos salários devidos ao empregado e a totalidade das indenizações a que tiver direito.

Art. 769. Nos casos omissos, o direito processual comum será fonte subsidiária do direito processual do trabalho, exceto naquilo em que for incompatível com as normas deste Título.

Art. 1.º do CPC: O processo civil será ordenado, disciplinado e interpretado conforme os valores e as normas fundamentais estabelecidos na Constituição da República Federativa do Brasil, observando-se as disposições deste Código.

Art. 8.º do CPC: Ao aplicar o ordenamento jurídico, o juiz atenderá aos fins sociais e às exigências do bem comum, resguardando e promovendo a dignidade da pessoa humana e observando a proporcionalidade, a razoabilidade, a legalidade, a publicidade e a eficiência.

Art. 15 do CPC: Na ausência de normas que regulem processos eleitorais, trabalhistas ou administrativos, as disposições deste Código lhes serão aplicadas supletiva e subsidiariamente.

Art. 140 do CPC: O juiz não se exime de decidir sob a alegação de lacuna ou obscuridade do ordenamento jurídico. Parágrafo único. O juiz só decidirá por equidade nos casos previstos em lei.

Súmula 10/STJ: Instalada a Junta de Conciliação e Julgamento, cessa a competência do juiz de direito em matéria trabalhista, inclusive para a execução das sentenças por ele proferidas.

Súmula 262/TST: Prazo judicial. Notificação ou intimação em sábado. Recesso forense. I – Intimada ou notificada a parte no sábado, o início do prazo se dará no primeiro dia útil imediato e a contagem, no subsequente. II – O recesso forense e as férias coletivas dos Ministros do Tribunal Superior do Trabalho suspendem os prazos recursais.

Súmula 293/TST: Adicional de insalubridade. Causa de pedir. Agente nocivo diverso do apontado na inicial. A verificação mediante perícia de prestação de serviços em condições nocivas, considerado agente insalubre diverso do apontado na inicial, não prejudica o pedido de adicional de insalubridade.

Súmula 297/TST: Prequestionamento. Oportunidade. Configuração. 1. Diz-se prequestionada a matéria ou questão quando na decisão impugnada haja sido adotada, explicitamente, tese a respeito. 2. Incumbe à parte interessada, desde que a matéria haja sido invocada no recurso principal, opor embargos declaratórios objetivando o pronunciamento sobre o tema, sob pena de preclusão. 3. Considera-se prequestionada a questão jurídica invocada no recurso principal sobre a qual se omite o Tribunal de pronunciar tese, não obstante opostos embargos de declaração.

Súmula 299/TST: Ação rescisória. Decisão rescindenda. Trânsito em julgado. Comprovação. Efeitos. I – É indispensável ao processamento da ação rescisória a prova do trânsito em julgado da decisão rescindenda. II – Verificando o relator que a parte interessada não juntou à inicial o documento comprobatório, abrirá prazo de 10 (dez) dias para que o faça, sob pena de indeferimento. III – A comprovação do trânsito em julgado da decisão rescindenda é pressuposto processual indispensável ao tempo do ajuizamento da ação rescisória. Eventual trânsito em julgado posterior ao ajuizamento da ação rescisória não reabilita a ação proposta, na medida em que o ordenamento jurídico não contempla a ação rescisória preventiva. IV – O pretenso vício de intimação, posterior à decisão que se pretende rescindir, se efetivamente ocorrido, não permite a formação da coisa julgada material. Assim, a ação rescisória deve ser julgada extinta, sem julgamento julgamento do mérito, por carência de ação, por inexistir decisão transitada em julgado a ser rescindida.

OJ 392 da SDI-1: Prescrição. Interrupção. Ajuizamento de protesto judicial. Marco inicial. O protesto judicial é medida aplicável no processo do trabalho, por força do art. 769 da CLT e do art. 15 do CPC de 2015. O ajuizamento da ação, por si só, interrompe o prazo prescricional, em razão da inaplicabilidade do § 2.º do art. 240 do CPC de 2015 (§ 2.º do art. 219 do CPC de 1973), incompatível com o disposto no art. 841 da CLT.

Enunciado n. 66 da 1.ª Jornada de Direito do Trabalho: Aplicação subsidiária de normas do processo comum ao processo trabalhista. Omissões ontológica e axiológica. Admissibilidade. Diante do atual estágio de desenvolvimento do processo comum e da necessidade de se conferir aplicabilidade à garantia constitucional da duração razoável do processo, os artigos 769 e 889 da CLT comportam interpretação conforme a Constituição Federal, permitindo a aplicação de normas processuais mais adequadas à efetivação do direito. Aplicação dos princípios da instrumentalidade, efetividade e não retrocesso social.

CAPÍTULO II
DO PROCESSO EM GERAL

• *Vide* Instrução Normativa n. 27, de 16-2-2005.

SEÇÃO I
Dos Atos, Termos e Prazos Processuais

• Dos atos e prazos processuais no CPC: arts. 188 e s. e 218 e s.

Art. 770. Os atos processuais serão públicos salvo quando o contrário determinar o interesse social, e realizar-se-ão nos dias úteis das 6 (seis) às 20 (vinte) horas.

Art. 5.º, LX, da CF: Todos são iguais perante a lei, sem distinção de qualquer natureza, garantindo-se aos brasileiros e aos estrangeiros residentes no País a inviolabilidade do direito à vida, à liberdade, à igualdade, à segurança e à propriedade, nos termos seguintes: (...) LX – lei só poderá restringir a publicidade dos atos processuais quando a defesa da intimidade ou o interesse social o exigirem; (...).

Art. 93, IX, da CF: Lei complementar, de iniciativa do Supremo Tribunal Federal, disporá sobre o Estatuto da Magistratura, observados os seguintes princípios: (...) IX – todos os julgamentos dos órgãos do Poder Judiciário serão públicos, e fundamentadas todas as decisões, sob pena de nulidade, podendo a lei limitar a presença, em determinados atos, às próprias partes e a seus advogados, ou somente a estes, em casos nos quais a preservação do direito à intimidade do interessado no sigilo não prejudique o interesse público à informação.

Art. 11 do CPC: Todos os julgamentos dos órgãos do Poder Judiciário serão públicos, e fundamentadas todas as decisões, sob pena de nulidade. Parágrafo único. Nos casos de segredo de justiça, pode ser autorizada a presença somente das partes, de seus advogados, de defensores públicos ou do Ministério Público.

Art. 212 do CPC: Os atos processuais serão realizados em dias úteis, das 6 (seis) às 20 (vinte) horas. § 1.º Serão concluídos após as 20 (vinte) horas os atos iniciados antes, quando o adiamento prejudicar a diligência ou causar grave dano. § 2.º Independentemente de autorização judicial, as citações, intimações e penhoras poderão realizar-se no período de férias forenses, onde as houver, e nos feriados ou dias úteis fora do horário estabelecido neste artigo, observado o disposto no art. 5.º, inciso XI, da Constituição Federal. § 3.º Quando o ato tiver de ser praticado por meio de petição em autos não eletrônicos, essa deverá ser protocolada no horário de funcionamento do fórum ou tribunal, conforme o disposto na lei de organização judiciária local.

Parágrafo único. A penhora poderá realizar-se em domingo ou dia feriado, mediante autorização expressa do juiz ou presidente.

Art. 771. Os atos e termos processuais poderão ser escritos a tinta, datilografados ou a carimbo.

Art. 188 do CPC: Os atos e os termos processuais independem de forma determinada, salvo quando a lei expressamente a exigir, considerando-se válidos os que, realizados de outro modo, lhe preencham a finalidade essencial.

• *Vide* Lei n. 11.419, de 19-12-2006.

Art. 772. Os atos e termos processuais, que devam ser assinados pelas partes interessadas, quando estas, por motivo justificado, não possam fazê-lo, serão firmados a rogo, na presença de 2 (duas) testemunhas, sempre que não houver procurador legalmente constituído.

Art. 773. Os termos relativos ao movimento dos processos constarão de simples notas, datadas e rubricadas pelos secretários ou escrivães.

•• Artigo com redação nos termos da Lei n. 409, de 25-9-1948.

•• A Lei n. 6.563, de 19-9-1978, altera a denominação para "Diretores da Secretaria".

Art. 774. Salvo disposição em contrário, os prazos previstos neste Título contam-se, conforme o caso, a partir da data em que for feita pessoalmente, ou recebida a notificação, daquela em que for publicado o edital no jornal oficial ou no que publicar o expediente da Justiça do Trabalho, ou, ainda, daquela em que for afixado o edital na sede da Junta, Juízo ou Tribunal.

•• *Caput* com redação determinada pela Lei n. 2.244, de 23-6-1954.

•• Extinção das Juntas de Conciliação e Julgamento: Emenda Constitucional n. 24, de 9-12-1999.

Súmula 310/STF: Quando a intimação tiver lugar na sexta-feira, ou a publicação com efeito de intimação for feita nesse dia, o prazo judicial terá início na segunda-feira imediata, salvo se não houver expediente, caso em que começará no primeiro dia útil que se seguir.

Súmula 16/TST: Notificação. Presume-se recebida a notificação 48 (quarenta e oito) horas depois de sua postagem. O seu não recebimento ou a entrega após o decurso desse prazo constituem ônus de prova do destinatário.

Súmula 427/TST: Intimação. Pluralidade de advogados. Publicação em nome de advogado diverso daquele expressamente indicado. Nulidade. Havendo pedido expresso de que as intimações e publicações sejam realizadas exclusivamente em nome de determinado advogado, a comunicação em nome de outro profissional constituído nos autos é nula, salvo se constatada a inexistência de prejuízo.

Parágrafo único. Tratando-se de notificação postal, no caso de não ser encontrado o destinatário ou no de recusa de recebimento, o Correio ficará obrigado, sob pena de responsabilidade do servidor, a devolvê-la, no prazo de 48 (quarenta e oito) horas, ao Tribunal de origem.

•• Parágrafo único com redação determinada pelo Decreto-lei n. 8.737, de 19-1-1946.

Súmula 16/TST: Notificação. Presume-se recebida a notificação 48 (quarenta e oito) horas depois de sua postagem. O seu não recebimento ou a entrega após o decurso desse prazo constituem ônus de prova do destinatário.

Art. 775. Os prazos estabelecidos neste Título serão contados em dias úteis, com exclusão do dia do começo e inclusão do dia do vencimento.

•• *Caput* com redação determinada pela Lei n. 13.467, de 13-7-2017.

Art. 219 do CPC: Na contagem de prazo em dias, estabelecido por lei ou pelo juiz, computar-se-ão somente os dias úteis. Parágrafo único. O disposto neste artigo aplica-se somente aos prazos processuais.

Lei n. 11.419/06, art. 3.º: Consideram-se realizados os atos processuais por meio eletrônico no dia e hora do seu envio ao sistema do Poder Judiciário, do que deverá ser fornecido protocolo eletrônico. Parágrafo único. Quando a petição eletrônica for enviada para atender prazo processual, serão consideradas tempestivas as transmitidas até as 24 (vinte e quatro) horas do seu último dia.

Súmula 1/TST: Prazo judicial. Quando a intimação tiver lugar na sexta-feira, ou a publicação com efeito de intimação for feita nesse dia, o prazo judicial será contado da segunda-feira imediata, inclusive, salvo se não houver expediente, caso em que fluirá no dia útil que se seguir.

Súmula 262/TST: Prazo judicial. Notificação ou intimação em sábado. Recesso forense. I – Intimada ou notificada a parte no sábado, o início do prazo se dará no primeiro dia útil imediato e a contagem, no subsequente. II – O recesso forense e as férias coletivas dos Ministros do Tribunal Superior do Trabalho suspendem os prazos recursais.

Súmula 385/TST: Feriado local. Ausência de expediente forense. Prazo recursal. Prorrogação. Comprovação. Necessidade. Ato administrativo do Juízo *a quo*. I – Incumbe à parte o ônus de provar, quando da interposição do recurso, a existência de feriado local que autorize a prorrogação do prazo recursal. II – Na hipótese de feriado forense, incumbirá à autoridade que proferir a decisão de admissibilidade certificar o expediente nos autos. III – Na hipótese do inciso II, admite-se a reconsideração da análise da tempestividade do recurso, mediante prova documental superveniente, em Agravo Regimental, Agravo de Instrumento ou Embargos de Declaração.

Súmula 387/TST: Recurso. Fac-símile. Lei n. 9.800/1999. I – A Lei n. 9.800, de 26-5-1999, é aplicável somente a recursos interpostos após o início de sua vigência. II – A contagem do quinquídio para apresentação dos originais de recurso interposto por intermédio de fac-símile começa a fluir do dia subsequente ao término do prazo recursal, nos termos do art. 2.º da Lei n. 9.800, de 26-5-1999, e não do dia seguinte à interposição do recurso, se esta se deu antes do termo final do prazo. III – Não se tratando a juntada dos originais de ato que dependa de notificação, pois a parte, ao interpor o recurso, já tem ciência de seu ônus processual, não se aplica a regra do art. 224 do CPC de 2015 (art. 184 do CPC de 1973) quanto ao *dies a quo*, podendo coincidir com sábado, domingo ou feriado. IV – A autorização para utilização do fac-símile, constante do art. 1.º da Lei n. 9.800, de 26-5-1999, somente alcança as hipóteses em que o documento é dirigido diretamente ao órgão jurisdicional, não se aplicando à transmissão ocorrida entre particulares.

§ 1.º Os prazos podem ser prorrogados, pelo tempo estritamente necessário, nas seguintes hipóteses:

•• Anterior parágrafo único com redação determinada pela Lei n. 13.467, de 13-7-2017.

I – quando o juízo entender necessário;

•• Inciso I acrescentado pela Lei n. 13.467, de 13-7-2017.

II – em virtude de força maior, devidamente comprovada.

•• Inciso II acrescentado pela Lei n. 13.467, de 13-7-2017.

§ 2.º Ao juízo incumbe dilatar os prazos processuais e alterar a ordem de produção dos meios de prova, adequando-os às necessidades do conflito de modo a conferir maior efetividade à tutela do direito.

•• § 2.º acrescentado pela Lei n. 13.467, de 13-7-2017.

Art. 775-A. Suspende-se o curso do prazo processual nos dias compreendidos entre 20 de dezembro e 20 de janeiro, inclusive.

•• *Caput* acrescentado pela Lei n. 13.545, de 19-12-2017.

§ 1.º Ressalvadas as férias individuais e os feriados instituídos por lei, os juízes, os membros do Ministério Público, da Defensoria Pública e da Advocacia Pública e os auxiliares da Justiça exercerão suas atribuições durante o período previsto no *caput* deste artigo.

•• § 1.º acrescentado pela Lei n. 13.545, de 19-12-2017.

§ 2.º Durante a suspensão do prazo, não se realizarão audiências nem sessões de julgamento.

•• § 2.º acrescentado pela Lei n. 13.545, de 19-12-2017.

Art. 776. O vencimento dos prazos será certificado nos processos pelos escrivães ou chefes de secretaria.

•• Artigo com redação nos termos da Lei n. 409, de 25-9-1948.

Art. 777. Os requerimentos e documentos apresentados, os atos e termos processuais, as petições ou razões de recursos e quaisquer outros papéis referentes aos feitos formarão os autos dos processos, os quais ficarão sob a responsabilidade dos escrivães ou chefes de secretaria.

•• Artigo com redação nos termos da Lei n. 409, de 25-9-1948.

• A Lei n. 9.800, de 26-5-1999, permite às partes a utilização de sistema de transmissão de dados para a prática de atos processuais.

Art. 778. Os autos dos processos da Justiça do Trabalho não poderão sair dos cartórios ou secretarias, salvo se solicitados por advogado regularmente constituído por qualquer das partes, ou quando tiverem de ser remetidos aos órgãos competentes, em caso de recurso ou requisição.

•• Artigo com redação determinada pela Lei n. 6.598, de 1.º-12-1978.

Art. 779. As partes, ou seus procuradores, poderão consultar, com ampla liberdade, os processos nos cartórios ou secretarias.

Art. 780. Os documentos juntos aos autos poderão ser desentranhados somente depois de findo o processo, ficando traslado.

Art. 781. As partes poderão requerer certidões dos processos em curso ou arquivados, as quais serão lavradas pelos escrivães ou chefes de secretaria.

•• *Caput* com redação nos termos da Lei n. 409, de 25-9-1948.

Parágrafo único. As certidões dos processos que correrem em segredo de justiça dependerão de despacho do juiz ou presidente.

Art. 782. São isentos de selo as reclamações, representações, requerimentos, atos e processos relativos à Justiça do Trabalho.

SEÇÃO II

Da Distribuição

Art. 783. A distribuição das reclamações será feita entre as Juntas de Conciliação e Julgamento, ou os Juízes de Direito do Cível, nos casos previstos no art. 669, § 1.º, pela ordem rigorosa de sua apresentação ao distribuidor, quando o houver.

•• Extinção das Juntas de Conciliação e Julgamento: Emenda Constitucional n. 24, de 9-12-1999.

Art. 784. As reclamações serão registradas em livro próprio, rubricado em todas as folhas pela autoridade a que estiver subordinado o distribuidor.

Art. 785. O distribuidor fornecerá ao interessado um recibo do qual constarão, essencialmente, o nome do reclamante e do reclamado, a data da distribuição, o objeto da reclamação e a Junta ou o Juízo a que coube a distribuição.

•• Extinção das Juntas de Conciliação e Julgamento: Emenda Constitucional n. 24, de 9-12-1999.

Art. 786. A reclamação verbal será distribuída antes de sua redução a termo.

Parágrafo único. Distribuída a reclamação verbal, o reclamante deverá, salvo motivo de força maior, apresentar-se no prazo de 5 (cinco) dias, ao cartório ou à secretaria, para reduzi-la a termo, sob a pena estabelecida no art. 731.

Art. 485, V, do CPC: O juiz não resolverá o mérito quando: (...) V – reconhecer a existência de perempção, de litispendência ou de coisa julgada.

Art. 486, *caput* e § 2.º, do CPC: O pronunciamento judicial que não resolve o mérito não obsta a que a parte proponha de novo a ação. (...) § 2.º A petição inicial, todavia, não será despachada sem a prova do pagamento ou do depósito das custas e dos honorários de advogado.

Art. 787. A reclamação escrita deverá ser formulada em 2 (duas) vias e desde logo acompanhada dos documentos em que se fundar.

Art. 788. Feita a distribuição, a reclamação será remetida pelo distribuidor à Junta ou Juízo competente, acompanhada do bilhete de distribuição.

•• Extinção das Juntas de Conciliação e Julgamento: Emenda Constitucional n. 24, de 9-12-1999.

SEÇÃO III

Das Custas e Emolumentos

•• Seção III com denominação determinada pela Lei n. 10.537, de 27-8-2002.

• Despesas no CPC: arts. 82 e s.

• A Instrução Normativa n. 9, de 19-12-1996, do TST, uniformiza procedimentos para o arbitramento das custas processuais.

• A Instrução Normativa n. 20, de 24-9-2002, do TST, dispõe sobre os procedimentos para o recolhimento de custas e emolumentos devidos à União no âmbito da Justiça do Trabalho.

• A Instrução Normativa n. 33, de 15-5-2008, do TST, estabelece, na Justiça do Trabalho, modelo único de guia de depósito judicial para pagamentos, garantia de execução, encargos processuais e levantamento de valores, excetuados os depósitos recursais.

• *Vide* arts. 68 a 70 da Consolidação dos Provimentos da Corregedoria-Geral da Justiça do Trabalho.

Art. 789. Nos dissídios individuais e nos dissídios coletivos do trabalho, nas ações e procedimentos de competência da Justiça do Trabalho, bem como nas demandas propostas perante a Justiça Estadual, no exercício da jurisdição trabalhista, as custas relativas ao processo de conhecimento incidirão à base de 2% (dois por cento), observado o mínimo de R$ 10,64 (dez reais e sessenta e quatro centavos) e o máximo de quatro vezes o limite máximo dos benefícios do Regime Geral de Previdência Social, e serão calculadas:

•• *Caput* com redação determinada pela Lei n. 13.467, de 13-7-2017.

Instrução Normativa n. 41/18, art. 4.º: O art. 789, *caput*, da CLT aplica-se nas decisões que fizem custas, proferidas a partir da entrada em vigor da Lei n. 13.467/2017.

Súmula 25/TST: Custas processuais. Inversão do ônus da sucumbência. I – A parte vencedora na primeira instância, se vencida na segunda, está obrigada, independentemente de intimação, a pagar as custas fixadas na sentença originária, das quais ficara isenta a parte então vencida. II – No caso de inversão do ônus da sucumbência em segundo grau, sem acréscimo ou atualização do valor das custas e se estas já foram devidamente recolhidas, descabe um novo pagamento pela parte vencida, ao recorrer. Deverá ao final, se sucumbente, reembolsar a quantia. III – Não caracteriza deserção a hipótese em que, acrescido o valor da condenação, não houve fixação ou cálculo do valor devido a título de custas e tampouco intimação da parte para o preparo do recurso, devendo ser as custas pagas ao final. IV – O reembolso das custas à parte vencedora faz-se necessário mesmo na hipótese em que a parte vencida for pessoa isenta do seu pagamento, nos termos do art. 790-A, parágrafo único, da CLT.

Súmula 36/TST: Custas. Nas ações plúrimas, as custas incidem sobre o respectivo valor global.

Súmula 53/TST: Custas. O prazo para pagamento das custas, no caso de recurso, é contado da intimação do cálculo.

Súmula 86/TST: Deserção. Massa falida. Empresa em liquidação extrajudicial. Não ocorre deserção de recurso da massa falida por falta de pagamento de custas ou de depósito do valor da condenação. Esse privilégio, todavia, não se aplica à empresa em liquidação extrajudicial.

Súmula 170/TST: Sociedade de economia mista. Custas. Os privilégios e isenções no foro da Justiça do Trabalho não abrangem as sociedades de economia mista, ainda que gozassem desses benefícios anteriormente ao Decreto-lei n. 779, de 21-8-1969. Ex-prejulgado n. 50.

OJ 33 da SDI-1: Deserção. Custas. Carimbo do banco. Validade. O carimbo do banco recebedor na guia de comprovação do recolhimento das custas supre a ausência de autenticação mecânica.

OJ 140 da SDI-1: Depósito recursal e custas processuais. Recolhimento insuficiente. Deserção (nova redação em decorrência do CPC de 2015)

Em caso de recolhimento insuficiente das custas processuais ou do depósito recursal, somente haverá deserção do recurso se, concedido o prazo de 5 (cinco) dias previsto no § 2.º do art. 1.007 do CPC de 2015, o recorrente não complementar e comprovar o valor devido.

OJ 158 da SDI-1: Custas. Comprovação de recolhimento. DARF eletrônico. Validade. O denominado DARF Eletrônico é válido para comprovar o recolhimento de custas por entidades da administração pública federal, emitido conforme a IN-SRF n. 162, de 4 de novembro de 1988.

OJ 148 da SDI-2: Custas. Mandado de segurança. Recurso ordinário. Exigência do pagamento. É responsabilidade da parte, para interpor recurso ordinário em mandado de segurança, a comprovação do recolhimento das custas processuais no prazo recursal, sob pena de deserção.

OJ 27 da SDC: Custas. Ausência de intimação. Deserção. Caracterização. A deserção se impõe mesmo não tendo havido intimação, pois incumbe à parte, na defesa do próprio interesse, obter os cálculos necessários para efetivar o preparo.

I – quando houver acordo ou condenação, sobre o respectivo valor;

•• Inciso I com redação determinada pela Lei n. 10.537, de 27-8-2002.

II – quando houver extinção do processo, sem julgamento do mérito, ou julgado totalmente improcedente o pedido, sobre o valor da causa;

•• Inciso II com redação determinada pela Lei n. 10.537, de 27-8-2002.

III – no caso de procedência do pedido formulado em ação declaratória e em ação constitutiva, sobre o valor da causa;

•• Inciso III com redação determinada pela Lei n. 10.537, de 27-8-2002.

IV – quando o valor for indeterminado, sobre o que o juiz fixar.

•• Inciso IV com redação determinada pela Lei n. 10.537, de 27-8-2002.

§ 1.º As custas serão pagas pelo vencido, após o trânsito em julgado da decisão. No caso de recurso, as custas serão pagas e comprovado o recolhimento dentro do prazo recursal.

•• § 1.º com redação determinada pela Lei n. 10.537, de 27-8-2002.

§ 2.º Não sendo líquida a condenação, o juízo arbitrar-lhe-á o valor e fixará o montante das custas processuais.

•• § 2.º com redação determinada pela Lei n. 10.537, de 27-8-2002.

§ 3.º Sempre que houver acordo, se de outra forma não for convencionado, o pagamento das custas caberá em partes iguais aos litigantes.

•• § 3.º com redação determinada pela Lei n. 10.537, de 27-8-2002.

§ 4.º Nos dissídios coletivos, as partes vencidas responderão solidariamente pelo pagamento das custas, calculadas sobre o valor arbitrado na decisão, ou pelo Presidente do Tribunal.

•• § 4.º com redação determinada pela Lei n. 10.537, de 27-8-2002.

Art. 789-A. No processo de execução são devidas custas, sempre de responsabilidade do executado e pagas ao final, de conformidade com a seguinte tabela:

•• *Caput* acrescentado pela Lei n. 10.537, de 27-8-2002.

I – autos de arrematação, de adjudicação e de remição: 5% (cinco por cento) sobre o respectivo valor, até o máximo de R$ 1.915,38 (um mil, novecentos e quinze reais e trinta e oito centavos);

•• Inciso I acrescentado pela Lei n. 10.537, de 27-8-2002.

II – atos dos oficiais de justiça, por diligência certificada:

•• Inciso II, *caput*, acrescentado pela Lei n. 10.537, de 27-8-2002.

a) em zona urbana: R$ 11,06 (onze reais e seis centavos);

•• Alínea *a* acrescentada pela Lei n. 10.537, de 27-8-2002.

b) em zona rural: R$ 22,13 (vinte e dois reais e treze centavos);

•• Alínea *b* acrescentada pela Lei n. 10.537, de 27-8-2002.

III – agravo de instrumento: R$ 44,26 (quarenta e quatro reais e vinte e seis centavos);

•• Inciso III acrescentado pela Lei n. 10.537, de 27-8-2002.

IV – agravo de petição: R$ 44,26 (quarenta e quatro reais e vinte e seis centavos);

•• Inciso IV acrescentado pela Lei n. 10.537, de 27-8-2002.

V – embargos à execução, embargos de terceiro e embargos à arrematação: R$ 44,26 (quarenta e quatro reais e vinte e seis centavos);

•• Inciso V acrescentado pela Lei n. 10.537, de 27-8-2002.

VI – recurso de revista: R$ 55,35 (cinquenta e cinco reais e trinta e cinco centavos);

•• Inciso VI acrescentado pela Lei n. 10.537, de 27-8-2002.

VII – impugnação à sentença de liquidação: R$ 55,35 (cinquenta e cinco reais e trinta e cinco centavos);

•• Inciso VII acrescentado pela Lei n. 10.537, de 27-8-2002.

VIII – despesa de armazenagem em depósito judicial – por dia: 0,1% (um décimo por cento) do valor da avaliação;

•• Inciso VIII acrescentado pela Lei n. 10.537, de 27-8-2002.

IX – cálculos de liquidação realizados pelo contador do juízo – sobre o valor liquidado: 0,5% (cinco décimos por cento) até o limite de R$ 638,46 (seiscentos e trinta e oito reais e quarenta e seis centavos).

•• Inciso IX acrescentado pela Lei n. 10.537, de 27-8-2002.

Art. 789-B. Os emolumentos serão suportados pelo Requerente, nos valores fixados na seguinte tabela:

•• *Caput* acrescentado pela Lei n. 10.537, de 27-8-2002.

I – autenticação de traslado de peças mediante cópia reprográfica apresentada pelas partes – por folha: R$ 0,55 (cinquenta e cinco centavos de real);

•• Inciso I acrescentado pela Lei n. 10.537, de 27-8-2002.

II – fotocópia de peças – por folha: R$ 0,28 (vinte e oito centavos de real);

•• Inciso II acrescentado pela Lei n. 10.537, de 27-8-2002.

III – autenticação de peças – por folha: R$ 0,55 (cinquenta e cinco centavos de real);

•• Inciso III acrescentado pela Lei n. 10.537, de 27-8-2002.

IV – cartas de sentença, de adjudicação, de remição e de arrematação – por folha: R$ 0,55 (cinquenta e cinco centavos de real);

•• Inciso IV acrescentado pela Lei n. 10.537, de 27-8-2002.

V – certidões – por folha: R$ 5,53 (cinco reais e cinquenta e três centavos).

•• Inciso V acrescentado pela Lei n. 10.537, de 27-8-2002.

Art. 790. Nas Varas do Trabalho, nos Juízos de Direito, nos Tribunais e no Tribunal Superior do Trabalho, a forma de pagamento das custas e emolumentos obedecerá às instruções que serão expedidas pelo Tribunal Superior do Trabalho.

•• *Caput* com redação determinada pela Lei n. 10.537, de 27-8-2002.

Art. 24, IV, da CF: Compete à União, aos Estados e ao Distrito Federal legislar concorrentemente sobre: (...) IV – custas dos serviços forenses.

Art. 145, II, da CF: A União, os Estados, o Distrito Federal e os Municípios poderão instituir os seguintes tributos: (...) II – taxas, em razão do exercício do poder de polícia ou pela utilização, efetiva ou potencial, de serviços públicos específicos e divisíveis, prestados ao contribuinte ou postos a sua disposição.

• *Vide* arts. 68 a 70 da Consolidação dos Provimentos da Corregedoria-Geral da Justiça do Trabalho.

§ 1.º Tratando-se de empregado que não tenha obtido o benefício da justiça gratuita, ou isenção de custas, o sindicato que houver intervindo no processo responderá solidariamente pelo pagamento das custas devidas.

•• § 1.º acrescentado pela Lei n. 10.537, de 27-8-2002.

§ 2.º No caso de não pagamento das custas, far-se-á execução da respectiva importância, segundo o procedimento estabelecido no Capítulo V deste Título.

•• § 2.º acrescentado pela Lei n. 10.537, de 27-8-2002.

§ 3.º É facultado aos juízes, órgãos julgadores e presidentes dos tribunais do trabalho de qualquer instância conceder, a requerimento ou de ofício, o benefício da justiça gratuita, inclusive quanto a traslados e instrumentos, àqueles que perceberem salário igual ou inferior a 40% (quarenta por cento) do limite máximo dos benefícios do Regime Geral de Previdência Social.

•• § 3.º com redação determinada pela Lei n. 13.467, de 13-7-2017.

§ 4.º O benefício da justiça gratuita será concedido à parte que comprovar insuficiência de recursos para o pagamento das custas do processo.

•• § 4.º acrescentado pela Lei n. 13.467, de 13-7-2017.

Art. 790-A. São isentos do pagamento de custas, além dos beneficiários de justiça gratuita:

•• *Caput* acrescentado pela Lei n. 10.537, de 27-8-2002.

Instrução Normativa n. 27/05, art. 4.º, parágrafo único: Os entes públicos mencionados no art. 790-A da CLT são isentos do pagamento de emolumentos.

Súmula 86/TST: Deserção. Massa falida. Empresa em liquidação extrajudicial. Não ocorre deserção de recurso da massa falida por falta de pagamento de custas ou de depósito do valor da condenação. Esse privilégio, todavia, não se aplica à empresa em liquidação extrajudicial.

I – a União, os Estados, o Distrito Federal, os Municípios e respectivas autarquias e fundações públicas federais, estaduais ou municipais que não explorem atividade econômica;

•• Inciso I acrescentado pela Lei n. 10.537, de 27-8-2002.

II – o Ministério Público do Trabalho.

•• Inciso II acrescentado pela Lei n. 10.537, de 27-8-2002.

Parágrafo único. A isenção prevista neste artigo não alcança as entidades fiscalizadoras do exercício profissional, nem exime as pessoas jurídicas referidas no inciso I da obrigação de reembolsar as despesas judiciais realizadas pela parte vencedora.

•• Parágrafo único acrescentado pela Lei n. 10.537, de 27-8-2002.

Art. 790-B. A responsabilidade pelo pagamento dos honorários periciais é da parte sucumbente na pretensão objeto da perícia, ainda que beneficiária da justiça gratuita.

•• *Caput* com redação determinada pela Lei n. 13.467, de 13-7-2017.

Instrução Normativa n. 41/18, art. 5.º: O art. 790-B, *caput* e §§ 1.º a 4.º, da CLT, não se aplica aos processos iniciados antes de 11 de novembro de 2017 (Lei n. 13.467/2017).

Súmula 341/TST: Honorários do assistente técnico. A indicação do perito assistente é faculdade da parte, a qual deve responder pelos respectivos honorários, ainda que vencedora no objeto da perícia.

Súmula 457/TST: Honorários periciais. Beneficiário da Justiça gratuita. Responsabilidade da União pelo pagamento. Resolução n. 66/2010 do CSJT. Observância. A União é responsável pelo pagamento dos honorários de perito quando a parte sucumbente no objeto da perícia for beneficiária da assistência judiciária gratuita, observado o procedimento disposto nos arts. 1.º, 2.º e 5.º da Resolução n. 66/2010 do Conselho Superior da Justiça do Trabalho – CSJT.

• A Resolução n. 35, de 23-3-2007, do Conselho Superior da Justiça do Trabalho, regula, no âmbito da Justiça do Trabalho de Primeiro e Segundo Graus, a responsabilidade pelo pagamento e antecipação de honorários periciais, no caso de concessão à parte do benefício de justiça gratuita.

§ 1.º Ao fixar o valor dos honorários periciais, o juízo deverá respeitar o limite máximo estabelecido pelo Conselho Superior da Justiça do Trabalho.

•• § 1.º acrescentado pela Lei n. 13.467, de 13-7-2017.

§ 2.º O juízo poderá deferir parcelamento dos honorários periciais.

•• § 2.º acrescentado pela Lei n. 13.467, de 13-7-2017.

§ 3.º O juízo não poderá exigir adiantamento de valores para realização de perícias.

•• § 3.º acrescentado pela Lei n. 13.467, de 13-7-2017.

§ 4.º Somente no caso em que o beneficiário da justiça gratuita não tenha obtido em juízo créditos capazes de suportar a despesa referida no *caput*, ainda que em outro processo, a União responderá pelo encargo.

•• § 4.º acrescentado pela Lei n. 13.467, de 13-7-2017.

SEÇÃO IV
Das Partes e dos Procuradores

• Das partes e dos procuradores no CPC: arts. 70 e s.

• Identificação das partes: *vide* arts. 40 a 42 da Consolidação dos Provimentos da Corregedoria-Geral da Justiça do Trabalho.

• *Vide* Lei n. 10.741, de 1.º-10-2003 (Estatuto do Idoso), que estabelece prioridade de tramitação aos procedimentos judiciais em que figure como parte ou interveniente pessoa com idade igual ou superior a 60 (sessenta) anos.

Art. 791. Os empregados e os empregadores poderão reclamar pessoalmente perante a Justiça do Trabalho e acompanhar as suas reclamações até o final.

•• A Lei n. 10.288, de 20-9-2001, propôs nova redação para este artigo, todavia a alteração sofreu veto presidencial.

Art. 133 da CF: O advogado é indispensável à administração da justiça, sendo inviolável por seus atos e manifestações no exercício da profissão, nos limites da lei.

Art. 839, a, da CLT: A reclamação poderá ser apresentada: *a*) pelos empregados e empregadores, pessoalmente, ou por seus representantes, e pelos sindicatos de classe.

Art. 843 da CLT: Na audiência de julgamento deverão estar presentes o reclamante e o reclamado, independentemente do comparecimento de seus representantes, salvo nos casos de Reclamatórias Plúrimas ou Ações de Cumprimento, quando os empregados poderão fazer-se representar pelo Sindicato de sua categoria. § 1.º É facultado ao empregador fazer-se substituir pelo gerente, ou qualquer outro preposto que tenha conhecimento do fato, e cujas declarações obrigarão o proponente. § 2.º Se por doença ou qualquer outro motivo poderoso, devidamente comprovado, não for possível ao empregado comparecer pessoalmente, poderá fazer-se representar por outro empregado que pertença à mesma profissão, ou pelo seu sindicato.

Art. 76, *caput*, do CPC: Verificada a incapacidade processual ou a irregularidade da representação da parte, o juiz suspenderá o processo e designará prazo razoável para que seja sanado o vício.

Art. 105 do CPC: A procuração geral para o foro, outorgada por instrumento público ou particular assinado pela parte, habilita o advogado a praticar todos os atos do processo, exceto receber citação, confessar, reconhecer a procedência do pedido, transigir, desistir, renunciar ao direito sobre o qual se funda a ação, receber, dar quitação, firmar compromisso e assinar declaração de hipossuficiência econômica, que devem constar de cláusula específica. § 1.º A procuração pode ser assinada digitalmente, na forma da lei. § 2.º A procuração deverá conter o nome do advogado, seu número de inscrição na Ordem dos Advogados do Brasil e endereço completo. § 3.º Se o outorgado integrar sociedade de advogados, a procuração também deverá conter o nome dessa, seu número de registro na Ordem dos Advogados do Brasil e endereço completo. § 4.º Salvo disposição expressa em sentido contrário constante do próprio instrumento, a procuração outorgada na fase de conhecimento é eficaz para todas as fases do processo, inclusive para o cumprimento de sentença.

Art. 112 do CPC: O advogado poderá renunciar ao mandato a qualquer tempo, provando, na forma prevista neste Código, que comunicou a renúncia ao mandante, a fim de que este nomeie sucessor. § 1.º Durante os 10 (dez) dias seguintes, o advogado continuará a representar o mandante, desde que necessário para lhe evitar prejuízo. § 2.º Dispensa-se a comunicação referida no *caput* quando a procuração tiver sido outorgada a vários advogados e a parte continuar representada por outro, apesar da renúncia.

Súmula 383/TST: Recurso. Mandato. Irregularidade de representação. CPC de 2015, arts. 104 e 76, § 2.º. I – É inadmissível recurso firmado por advogado sem procuração juntada aos autos até o momento da sua interposição, salvo mandato tácito. Em caráter excepcional (art. 104 do CPC de 2015), admite-se que o advogado, independentemente de intimação, exiba a procuração no prazo de 5 (cinco) dias após a interposição do recurso, prorrogável por igual período mediante despacho do juiz. Caso não a exiba, considera-se ineficaz o ato praticado e não se conhece do recurso. II – Verificada a irregularidade de representação da parte em fase recursal, em procuração ou substabelecimento já constante dos autos, o relator ou o órgão competente para julgamento do recurso designará prazo de 5 (cinco) dias para que seja sanado o vício. Descumprida a determinação, o relator não conhecerá do recurso, se a providência couber ao recorrente, ou determinará o desentranhamento das contrarrazões, se a providência couber ao recorrido (art. 76, § 2.º, do CPC de 2015).

Súmula 395/TST: Mandato e substabelecimento. Condições de validade. I – Válido é o instrumento de mandato com prazo determinado que contém cláusula estabelecendo a prevalência dos poderes para atuar até o final da demanda (§ 4.º do art. 105 do CPC de 2015). II – Se há previsão, no instrumento de mandato, de prazo para sua juntada, o mandato só tem validade se anexado ao processo o respectivo instrumento no aludido prazo. III – São válidos os atos praticados pelo substabelecido, ainda que não haja, no mandato, poderes expressos para substabelecer (art. 667, e parágrafos, do Código Civil de 2002). IV – Configura-se a irregularidade de representação se o substabelecimento é anterior à outorga passada ao substabelecente. V – Verificada a irregularidade de representação nas hipóteses dos itens II e IV, deve o juiz suspender o processo e designar prazo razoável para que seja sanado o vício, ainda que em instância recursal (art. 76 do CPC de 2015).

Súmula 425/TST: *Jus postulandi* na Justiça do Trabalho. Alcance. O *jus postulandi* das partes, estabelecido no art. 791 da CLT, limita-se às Varas do Trabalho e aos Tribunais Regionais do Trabalho, não alcançando a ação rescisória, a ação cautelar, o mandado de segurança e os recursos de competência do Tribunal Superior do Trabalho.

Súmula 427/TST: Intimação. Pluralidade de advogados. Publicação em nome de advogado diverso daquele expressamente indicado. Nulidade. Havendo pedido expresso de que as intimações e publicações sejam realizadas exclusivamente em nome de determinado advogado, a comunicação em nome de outro profissional constituído nos autos é nula, salvo se constatada a inexistência de prejuízo.

Súmula 456/TST: Representação. Pessoa jurídica. Procuração. Invalidade. Identificação do outorgante e de seu representante. I – É inválido o instrumento de mandato firmado em nome de pessoa jurídica que não contenha, pelo menos, o nome do outorgante e do signatário da procuração, pois estes dados constituem elementos que os individualizam. II – Verificada a irregularidade de representação da parte na instância originária, o juiz designará prazo de 5 (cinco) dias para que seja sanado o vício. Descumprida a determinação, extinguirá o processo, sem resolução de mérito, se a providência couber ao reclamante, ou considerará revel o reclamado, se a providência lhe couber (art. 76, § 1.º, do CPC de 2015). III – Caso a irregularidade de representação da parte seja constatada em fase recursal, o relator designará prazo de 5 (cinco) dias para que seja sanado o vício. Descumprida a determinação, o relator não conhecerá do recurso, se a providência couber ao recorrente, ou determinará o desentranhamento das contrarrazões, se a providência couber ao recorrido (art. 76, § 2.º, do CPC de 2015).

OJ 200 da SDI-1: Mandato tácito. Substabelecimento inválido. Inserida em 8 de novembro de 2000. É inválido o substabelecimento de advogado investido de mandato tácito.

OJ 286 da SDI-1: Agravo de Instrumento. Traslado. Mandato Tácito. Ata de Audiência. Configuração. I – A juntada da ata de audiência, em que consignada a presença do advogado, desde que não estivesse atuando com mandato expresso, torna dispensável a procuração deste, porque demonstrada a existência de mandato tácito. II – Configurada a existência de mandato tácito fica suprida a irregularidade detectada no mandato expresso.

OJ 318 da SDI-1: Representação irregular. Autarquia. Os Estados e os Municípios não têm legitimidade para recorrer em nome das autarquias detentoras de personalidade jurídica própria, devendo ser representadas pelos procuradores que fazem parte de seus quadros ou por advogados constituídos.

OJ 319 da SDI-1: Representação regular. Estagiário. Habilitação posterior. Válidos são os atos praticados por estagiário se, entre o substabelecimento e a interposição do recurso, sobreveio a habilitação, do então estagiário, para atuar como advogado.

OJ 349 da SDI-1: Mandato. Juntada de nova procuração. Ausência de ressalva. Efeitos. A juntada de nova procuração aos autos, sem ressalva de poderes conferidos ao antigo patrono, implica revogação tácita do mandato anterior.

OJ 371 da SDI-1: Irregularidade de representação. Substabelecimento não datado. Inaplicabilidade do art. 654, § 1.º, do Código Civil. Não caracteriza a irregularidade de representação a ausência da data da outorga de poderes, pois, no mandato judicial, ao contrário do mandato civil, não é condição de validade do negócio jurídico. Assim, a data a ser considerada é aquela em que o instrumento for juntado aos autos, conforme preceitua o art. 409, IV, do CPC de 2015 (art. 370, IV, do CPC de 1973). Inaplicável o art. 654, § 1.º, do Código Civil.

Enunciado 67 da 1.ª Jornada de Direito do Trabalho: *Jus postulandi*. Art. 791 da CLT. Relação de trabalho. Possibilidade. A faculdade de as partes reclamarem, pessoalmente, seus direitos perante a Justiça do Trabalho e de acompanharem suas reclamações até o final, contida no art. 791 da CLT, deve ser aplicada às lides decorrentes da relação de trabalho.

• *Vide* arts. 14 a 20 da Lei n. 5.584, de 26-6-1970.

§ 1.º Nos dissídios individuais os empregados e empregadores poderão fazer-se representar por intermédio do sindicato, advogado, solicitador, ou provisionado, inscrito na Ordem dos Advogados do Brasil.

Súmula 286/TST: Sindicato. Substituição processual. Convenção e acordo coletivos. A legitimidade do sindicato para propor ação de cumprimento estende-se também à observância de acordo ou de convenção coletivos.

Súmula 427/TST: Intimação. Pluralidade de advogados. Publicação em nome de advogado diverso daquele expressamente indicado. Nulidade. Havendo pedido expresso de que as intimações e publicações sejam realizadas exclusivamente em nome de determinado advogado, a comunicação em nome de outro profissional constituído nos autos é nula, salvo se constatada a inexistência de prejuízo.

§ 2.º Nos dissídios coletivos é facultada aos interessados a assistência por advogado.

Súmula 425/TST: *Jus postulandi* na Justiça do Trabalho. Alcance. O *jus postulandi* das partes, estabelecido no art. 791 da CLT, limita-se às Varas do Trabalho e aos Tribunais Regionais do Trabalho, não alcançando a ação rescisória, a ação cautelar, o mandado de segurança e os recursos de competência do Tribunal Superior do Trabalho.

• *Vide* Lei n. 8.906, de 4-7-1994.

§ 3.º A constituição de procurador com poderes para o foro em geral poderá ser efetivada, mediante simples registro em ata de audiência, a requerimento verbal do advogado interessado, com anuência da parte representada.

•• § 3.º acrescentado pela Lei n. 12.437, de 6-7-2011.

Art. 791-A. Ao advogado, ainda que atue em causa própria, serão devidos honorários de sucumbência, fixados entre o mínimo de 5% (cinco por cento) e o máximo de 15% (quinze por cento) sobre o valor que resultar da liquidação da sentença, do proveito econômico obtido ou, não sendo possível mensurá-lo, sobre o valor atualizado da causa.

•• *Caput* acrescentado pela Lei n. 13.467, de 13-7-2017.

Instrução Normativa n. 41/18, art. 6.º: Na Justiça do Trabalho, a condenação em honorários advocatícios sucumbenciais, prevista no art. 791-A, e parágrafos, da CLT, será aplicável apenas às ações propostas após 11 de novembro de 2017 (Lei n. 13.467/2017). Nas ações propostas anteriormente, subsistem as diretrizes do art. 14 da Lei n. 5.584/1970 e das Súmulas 219 e 329 do TST.

Lei n. 5.584/70, art. 14, *caput*: Na Justiça do Trabalho, a assistência judiciária a que se refere a Lei n. 1.060, de 5 de fevereiro de 1950, será prestada pelo Sindicato da categoria profissional a que pertencer o trabalhador.

Súmula 219/TST: Honorários advocatícios. Cabimento. (alterada a redação do item I e acrescidos os itens IV a VI na sessão do Tribunal Pleno realizada em 15-3-2016). I – Na Justiça do Trabalho, a condenação ao pagamento de honorários advocatícios não decorre pura e simplesmente da sucumbência, devendo a parte, concomitantemente: a) estar assistida por sindicato da categoria profissional; b) comprovar a percepção de salário inferior ao dobro do salário mínimo ou encontrar-se em situação econômica que não lhe permita demandar sem prejuízo do próprio sustento ou da respectiva família (art. 14, § 1.º, da Lei n. 5.584/1970) (ex-OJ n. 305 da SBDI-I). II – É cabível a condenação ao pagamento de honorários advocatícios em ação rescisória no processo trabalhista. III – São devidos os honorários advocatícios nas causas em que o ente sindical figure como substituto processual e nas lides que não derivem da relação de emprego. IV – Na ação rescisória e nas lides que não derivem de relação de emprego, a responsabilidade pelo pagamento dos honorários advocatícios da sucumbência submete-se à disciplina do Código de Processo Civil (arts. 85, 86, 87 e 90). V – Em caso de assistência judiciária sindical ou de substituição processual sindical, excetuados os processos em que a Fazenda Pública for parte, os honorários advocatícios são devidos entre o mínimo de dez e o máximo de vinte por cento sobre o valor da condenação, do proveito econômico obtido ou, não sendo possível mensurá-lo, sobre o valor atualizado da causa (CPC de 2015, art. 85, § 2.º). VI – Nas causas em que a Fazenda Pública for parte, aplicar-se-ão os percentuais específicos de honorários advocatícios contemplados no Código de Processo Civil.

Súmula 329/TST: Honorários advocatícios. Art. 133 da CF/1988. Mesmo após a promulgação da CF/1988, permanece válido o entendimento consubstanciado no Enunciado n. 219 do Tribunal Superior do Trabalho.

§ 1.º Os honorários são devidos também nas ações contra a Fazenda Pública e nas ações em que a parte estiver assistida ou substituída pelo sindicato de sua categoria.

•• § 1.º acrescentado pela Lei n. 13.467, de 13-7-2017.

§ 2.º Ao fixar os honorários, o juízo observará:

•• § 2.º, *caput*, acrescentado pela Lei n. 13.467, de 13-7-2017.

I – o grau de zelo do profissional;

•• Inciso I acrescentado pela Lei n. 13.467, de 13-7-2017.

II – o lugar de prestação do serviço;

•• Inciso II acrescentado pela Lei n. 13.467, de 13-7-2017.

III – a natureza e a importância da causa;

•• Inciso III acrescentado pela Lei n. 13.467, de 13-7-2017.

IV – o trabalho realizado pelo advogado e o tempo exigido para o seu serviço.

•• Inciso IV acrescentado pela Lei n. 13.467, de 13-7-2017.

§ 3.º Na hipótese de procedência parcial, o juízo arbitrará honorários de sucumbência recíproca, vedada a compensação entre os honorários.

•• § 3.º acrescentado pela Lei n. 13.467, de 13-7-2017.

§ 4.º Vencido o beneficiário da justiça gratuita, desde que não tenha obtido em juízo, ainda que em outro processo, créditos capazes de suportar a despesa, as obrigações decorrentes de sua sucumbência ficarão sob condição suspensiva de exigibilidade e somente poderão ser executadas se, nos dois anos subsequentes ao trânsito em julgado da decisão que as certificou, o credor demonstrar que deixou de existir a situação de insuficiência de recursos que justificou a concessão de gratuidade, extinguindo-se, passado esse prazo, tais obrigações do beneficiário.

•• § 4.º acrescentado pela Lei n. 13.467, de 13-7-2017.

§ 5.º São devidos honorários de sucumbência na reconvenção.

•• § 5.º acrescentado pela Lei n. 13.467, de 13-7-2017.

Art. 792. (*Revogado pela Lei n. 13.467, de 13-7-2017.*)

Art. 793. A reclamação trabalhista do menor de 18 (dezoito) anos será feita por seus representantes legais e, na falta destes, pela Procuradoria da Justiça do Trabalho, pelo sindicato, pelo Ministério Público estadual ou curador nomeado em juízo.

•• Artigo com redação determinada pela Lei n. 10.288, de 20-9-2001.

SEÇÃO IV-A
Da Responsabilidade por Dano Processual

•• Seção IV-A acrescentada pela Lei n. 13.467, de 13-7-2017.

•• Litigância de má-fé no CPC: arts. 79 a 81.

Art. 793-A. Responde por perdas e danos aquele que litigar de má-fé como reclamante, reclamado ou interveniente.

•• Artigo acrescentado pela Lei n. 13.467, de 13-7-2017.

Instrução Normativa n. 41/18, art. 7.º: Os arts. 793-A, 793-B e 793-C, § 1.º, da CLT têm aplicação autônoma e imediata.

Art. 793-B. Considera-se litigante de má-fé aquele que:

•• *Caput* acrescentado pela Lei n. 13.467, de 13-7-2017.

Instrução Normativa n. 41/18, art. 7.º: Os arts. 793-A, 793-B e 793-C, § 1.º, da CLT têm aplicação autônoma e imediata.

I – deduzir pretensão ou defesa contra texto expresso de lei ou fato incontroverso;

•• Inciso I acrescentado pela Lei n. 13.467, de 13-7-2017.

II – alterar a verdade dos fatos;

•• Inciso II acrescentado pela Lei n. 13.467, de 13-7-2017.

III – usar do processo para conseguir objetivo ilegal;

•• Inciso III acrescentado pela Lei n. 13.467, de 13-7-2017.

IV – opuser resistência injustificada ao andamento do processo;

•• Inciso IV acrescentado pela Lei n. 13.467, de 13-7-2017.

V – proceder de modo temerário em qualquer incidente ou ato do processo;

•• Inciso V acrescentado pela Lei n. 13.467, de 13-7-2017.

VI – provocar incidente manifestamente infundado;

•• Inciso VI acrescentado pela Lei n. 13.467, de 13-7-2017.

VII – interpuser recurso com intuito manifestamente protelatório.

•• Inciso VII acrescentado pela Lei n. 13.467, de 13-7-2017.

Art. 793-C. De ofício ou a requerimento, o juízo condenará o litigante de má-fé a pagar multa, que deverá ser superior a 1% (um por cento) e inferior a 10% (dez por cento) do valor corrigido da causa, a indenizar a parte contrária pelos prejuízos que esta sofreu e a arcar com os honorários advocatícios e com todas as despesas que efetuou.

•• *Caput* acrescentado pela Lei n. 13.467, de 13-7-2017.

Instrução Normativa n. 41/18, art. 8.º: A condenação de que trata o art. 793-C, *caput*, da CLT, aplica-se apenas às ações ajuizadas a partir de 11 de novembro de 2017 (Lei n. 13.467/2017).

§ 1.º Quando forem dois ou mais os litigantes de má-fé, o juízo condenará cada um na proporção de seu respectivo interesse na causa ou solidariamente aqueles que se coligaram para lesar a parte contrária.

•• § 1.º acrescentado pela Lei n. 13.467, de 13-7-2017.

Instrução Normativa n. 41/18, art. 7.º: Os arts. 793-A, 793-B e 793-C, § 1.º, da CLT têm aplicação autônoma e imediata.

§ 2.º Quando o valor da causa for irrisório ou inestimável, a multa poderá ser fixada em até duas vezes o limite máximo dos benefícios do Regime Geral de Previdência Social.

•• § 2.º acrescentado pela Lei n. 13.467, de 13-7-2017.

§ 3.º O valor da indenização será fixado pelo juízo ou, caso não seja possível mensurá-lo, liquidado por arbitramento ou pelo procedimento comum, nos próprios autos.

•• § 3.º acrescentado pela Lei n. 13.467, de 13-7-2017.

Instrução Normativa n. 41/18, art. 9.º: O art. 793-C, §§ 2.º e 3.º, da CLT tem aplicação apenas nas ações ajuizadas a partir de 11 de novembro de 2017 (Lei n. 13.467/2017).

Art. 793-D. Aplica-se a multa prevista no art. 793-C desta Consolidação à testemunha que intencionalmente alterar a verdade dos fatos ou omitir fatos essenciais ao julgamento da causa.

•• *Caput* acrescentado pela Lei n. 13.467, de 13-7-2017.

Instrução Normativa n. 41/18, art. 10: O disposto no *caput* do art. 793-D será aplicável às ações ajuizadas a partir de 11 de novembro de 2017 (Lei n. 13.467/2017). **Parágrafo único.** Após a colheita da prova oral, a aplicação de multa à testemunha dar-se-á na sentença e será precedida de instauração de incidente mediante o qual o juiz indicará o ponto ou os pontos controvertidos, a defesa, com os meios a ela inerentes, além de possibilitar a retratação.

Parágrafo único. A execução da multa prevista neste artigo dar-se-á nos mesmos autos.

•• Parágrafo único acrescentado pela Lei n. 13.467, de 13-7-2017.

SEÇÃO V
Das Nulidades

• Das nulidades no CPC: arts. 276 e s.

Art. 794. Nos processos sujeitos à apreciação da Justiça do Trabalho só haverá nulidade quando resultar dos atos inquinados manifesto prejuízo às partes litigantes.

Art. 277 do CPC: Quando a lei prescrever determinada forma, o juiz considerará válido o ato se, realizado de outro modo, lhe alcançar a finalidade.

Arts. 282, § 2.º, e 283 do CPC: Quando puder decidir o mérito a favor da parte a quem aproveite a decretação da nulidade, o juiz não a pronunciará nem mandará repetir o ato ou suprir-lhe a falta. Art. 283. O erro de forma do processo acarreta unicamente a anulação dos atos que não possam ser aproveitados, devendo ser praticados os que forem necessários a fim de se observarem as prescrições legais. Parágrafo único. Dar-se-á o aproveitamento dos atos praticados desde que não resulte prejuízo à defesa de qualquer parte.

OJ 142 da SDI-1: Embargos de declaração. Efeito modificativo. Vista à parte contrária. I – É passível de nulidade decisão que acolhe embargos de declaração com efeito modificativo sem que seja concedida oportunidade de manifestação prévia à parte contrária. II – Em decorrência do efeito devolutivo amplo conferido ao recurso ordinário, o item I não se aplica às hipóteses em que não se concede vista à parte contrária para se manifestar sobre os embargos de declaração opostos contra sentença.

Art. 795. As nulidades não serão declaradas senão mediante provocação das partes, as quais deverão argui-las à primeira vez em que tiverem de falar em audiência ou nos autos.

Art. 278 do CPC: A nulidade dos atos deve ser alegada na primeira oportunidade em que couber à parte falar nos autos, sob pena de preclusão. Parágrafo único. Não se aplica o disposto no *caput* às nulidades que o juiz deva decretar de ofício, nem prevalece a preclusão provando a parte legítimo impedimento.

• *Vide* arts. 62 a 64 do CPC.

§ 1.º Deverá, entretanto, ser declarada *ex officio* a nulidade fundada em incompetência de foro. Nesse caso, serão considerados nulos os atos decisórios.

Art. 64 do CPC: A incompetência, absoluta ou relativa, será alegada como questão preliminar de contestação. § 1.º A incompetência absoluta pode ser alegada em qualquer tempo e grau de jurisdição e deve ser declarada de ofício. § 2.º Após manifestação da parte contrária, o juiz decidirá imediatamente a alegação de incompetência. § 3.º Caso a alegação de incompetência seja acolhida, os autos serão remetidos ao juízo competente. § 4.º Salvo decisão judicial em sentido contrário, conservar-se-ão os efeitos de decisão proferida pelo juízo incompetente até que outra seja proferida, se for o caso, pelo juízo competente.

Súmula Vinculante 22: A Justiça do Trabalho é competente para processar e julgar as ações de indenização por danos morais e patrimoniais decorrentes de acidente de trabalho propostas por empregado contra empregador, inclusive aquelas que ainda não possuíam sentença de mérito em primeiro grau quando da promulgação da Emenda Constitucional n. 45/04.

OJ 335 da SDI-1: Contrato nulo. Administração pública. Efeitos. Conhecimento do recurso por violação do art. 37, II e § 2.º, da CF/88. A nulidade da contratação sem concurso público, após a CF/88, bem como a limitação de seus efeitos, somente poderá ser declarada por ofensa ao art. 37, II, se invocado concomitantemente o seu § 2.º, todos da CF/88.

OJ 350 da SDI-1: Ministério Público do Trabalho. Nulidade do contrato de trabalho não suscitada pelo ente público no momento da defesa. Arguição em parecer. Possibilidade. O Ministério Público do Trabalho pode arguir, em parecer, na primeira vez que tenha de se manifestar no processo, a nulidade do contrato de trabalho em favor de ente público, ainda que a parte não a tenha suscitado, a qual será apreciada, sendo vedada, no entanto, qualquer dilação probatória.

OJ 10 da SDI-2: Ação rescisória. Contrato nulo. Administração pública. Efeitos. Art. 37, II e § 2.º, da CF/88. Somente por ofensa ao art. 37, II e § 2.º, da CF/88, procede o pedido de rescisão de julgado para considerar nula a contratação, sem concurso público, de servidor, após a CF/88.

OJ 149 da SDI-2: Conflito de competência. Incompetência territorial. Hipótese do art. 651, § 3.º, da CLT. Impossibilidade de declaração de ofício de incompetência relativa. Não cabe declaração de ofício de incompetência territorial no caso do uso, pelo trabalhador, da faculdade prevista no art. 651, § 3.º, da CLT. Nessa hipótese, resolve-se o conflito pelo reconhecimento da competência do juízo do local onde a ação foi proposta.

• *Vide* art. 799, § 2.º, da CLT.

§ 2.º O juiz ou Tribunal que se julgar incompetente determinará, na mesma ocasião, que se faça remessa do processo, com urgência, à autoridade competente, fundamentando sua decisão.

Art. 64, § 2.º, do CPC: Após manifestação da parte contrária, o juiz decidirá imediatamente a alegação de incompetência.

Art. 796. A nulidade não será pronunciada:

a) quando for possível suprir-se a falta ou repetir-se o ato;

Art. 282 do CPC: Ao pronunciar a nulidade, o juiz declarará que atos são atingidos e ordenará as providências necessárias a fim de que sejam repetidos ou retificados. § 1.º O ato não será repetido nem sua falta será suprida quando não prejudicar a parte. § 2.º Quando puder decidir o mérito a favor da parte a quem aproveite a decretação da nulidade, o juiz não a pronunciará nem mandará repetir o ato ou suprir-lhe a falta.

b) quando arguida por quem lhe tiver dado causa.

Art. 276 do CPC: Quando a lei prescrever determinada forma sob pena de nulidade, a decretação desta não pode ser requerida pela parte que lhe deu causa.

Art. 797. O juiz ou Tribunal que pronunciar a nulidade declarará os atos a que ela se estende.

Art. 282 do CPC: Ao pronunciar a nulidade, o juiz declarará que atos são atingidos e ordenará as providências necessárias a fim de que sejam repetidos ou retificados. § 1.º O ato não será repetido nem sua falta será suprida quando não prejudicar a parte. § 2.º Quando puder decidir o mérito a favor da parte a quem aproveite a decretação da nulidade, o juiz não a pronunciará nem mandará repetir o ato ou suprir-lhe a falta.

Art. 798. A nulidade do ato não prejudicará senão os posteriores que dele dependam ou sejam consequência.

Art. 281 do CPC: Anulado o ato, consideram-se de nenhum efeito todos os subsequentes que dele dependam, todavia, a nulidade de uma parte do ato não prejudicará as outras que dela sejam independentes.

SEÇÃO VI
Das Exceções

• Dos impedimentos e da suspeição no CPC: arts. 144 e s.

Art. 799. Nas causas da jurisdição da Justiça do Trabalho, somente podem ser opostas, com suspensão do feito, as exceções de suspeição ou incompetência.

•• *Caput* com redação determinada pelo Decreto-lei n. 8.737, de 19-1-1946.

Art. 893, § 1.º, da CLT: Os incidentes do processo são resolvidos pelo próprio Juízo ou Tribunal, admitindo-se a apreciação do merecimento das decisões interlocutórias somente em recursos da decisão definitiva.

§ 1.º As demais exceções serão alegadas como matéria de defesa.

•• § 1.º com redação determinada pelo Decreto-lei n. 8.737, de 19-1-1946.

§ 2.º Das decisões sobre exceções de suspeição e incompetência, salvo, quanto a estas, se terminativas do feito, não caberá recurso, podendo, no entanto, as partes alegá-las novamente no recurso que couber da decisão final.

•• § 2.º com redação determinada pelo Decreto-lei n. 8.737, de 19-1-1946.

Súmula 214/TST: Decisão interlocutória. Irrecorribilidade. Na Justiça do Trabalho, nos termos do art. 893, § 1.º, da CLT, as decisões interlocutórias não ensejam recurso imediato, salvo nas hipóteses de decisão: *a*) de Tribunal Regional do Trabalho contrária à Súmula ou Orientação Jurisprudencial do Tribunal Superior do Trabalho; *b*) suscetível de impugnação mediante recurso para o mesmo Tribunal; *c*) que acolhe exceção de incompetência territorial, com a remessa dos autos para Tribunal Regional distinto daquele a que se vincula o juízo excepcionado, consoante o disposto no art. 799, § 2.º, da CLT.

Art. 800. Apresentada exceção de incompetência territorial no prazo de cinco dias a contar da notificação, antes da audiência e em peça que sinalize a existência desta exceção, seguir-se-á o procedimento estabelecido neste artigo.

•• *Caput* com redação determinada pela Lei n. 13.467, de 13-7-2017.

Instrução Normativa n. 41/18, art. 11: A exceção de incompetência territorial, disciplinada no art. 800 da CLT, é imediatamente aplicável aos processos trabalhistas em curso, desde que o recebimento da notificação seja posterior a 11 de novembro de 2017 (Lei n. 13.467/2017).

§ 1.º Protocolada a petição, será suspenso o processo e não se realizará a audiência a que se refere o art. 843 desta Consolidação até que se decida a exceção.

•• § 1.º acrescentado pela Lei n. 13.467, de 13-7-2017.

§ 2.º Os autos serão imediatamente conclusos ao juiz, que intimará o reclamante e, se existentes, os litisconsortes, para manifestação no prazo comum de cinco dias.

•• § 2.º acrescentado pela Lei n. 13.467, de 13-7-2017.

§ 3.º Se entender necessária a produção de prova oral, o juízo designará audiência, garantindo o direito de o excipiente e de suas testemunhas serem ouvidos, por carta precatória, no juízo que este houver indicado como competente.

•• § 3.º acrescentado pela Lei n. 13.467, de 13-7-2017.

§ 4.º Decidida a exceção de incompetência territorial, o processo retomará seu curso, com a designação de audiência, a apresentação de defesa e a instrução processual perante o juízo competente.

•• § 4.º acrescentado pela Lei n. 13.467, de 13-7-2017.

Art. 801. O juiz, presidente ou juiz classista, é obrigado a dar-se por suspeito, e pode ser recusado, por algum dos seguintes motivos, em relação à pessoa dos litigantes:

•• Extinção da representação classista na Justiça do Trabalho: Emenda Constitucional n. 24, de 9-12-1999.

a) inimizade pessoal;

b) amizade íntima;

c) parentesco por consanguinidade ou afinidade até o terceiro grau civil;

d) interesse particular na causa.

•• *Vide* Nota dos Organizadores sobre as mudanças no Poder Judiciário do Brasil.

• Impedimento e suspeição no CPC: arts. 144 e s.

Parágrafo único. Se o recusante houver praticado algum ato pelo qual haja consentido na pessoa do juiz, não mais poderá alegar exceção de suspeição, salvo sobrevindo novo motivo. A suspeição não será também admitida, se do processo constar que o recusante deixou de alegá-la anteriormente, quando já a conhecia, ou que, depois de conhecida, aceitou o juiz recusado ou, finalmente, se procurou de propósito o motivo de que ela se originou.

Art. 802. Apresentada a exceção de suspeição, o juiz ou Tribunal designará audiência dentro de 48 (quarenta e oito) horas, para instrução e julgamento da exceção.

§ 1.º Nas Juntas de Conciliação e Julgamento e nos Tribunais Regionais, julgada procedente a exceção de suspeição, será logo convocado para a mesma audiência ou sessão, ou para a seguinte, o suplente do membro suspeito, o qual continuará a funcionar no feito até decisão final. Proceder-se-á da mesma maneira quando algum dos membros se declarar suspeito.

•• O Decreto-lei n. 9.797, de 9-9-1946, determinou a substituição de "Conselhos Regionais" por "Tribunais Regionais".

•• Extinção das Juntas de Conciliação e Julgamento: Emenda Constitucional n. 24, de 9-12-1999.

§ 2.º Se se tratar de suspeição de Juiz de Direito, será este substituído na forma da organização judiciária local.

•• *Vide* Nota dos Organizadores sobre as mudanças no Poder Judiciário do Brasil.

SEÇÃO VII
Dos Conflitos de Jurisdição

Art. 803. Os conflitos de jurisdição podem ocorrer entre:

a) Juntas de Conciliação e Julgamento e Juízos de Direito investidos na administração da Justiça do Trabalho;

•• Extinção das Juntas de Conciliação e Julgamento: Emenda Constitucional n. 24, de 9-12-1999.

b) Tribunais Regionais do Trabalho;

•• O Decreto-lei n. 9.797, de 9-9-1946, determinou a substituição de "Conselhos Regionais" por "Tribunais Regionais".

c) Juízos e Tribunais do Trabalho e órgãos da Justiça Ordinária;

d) (*Revogada pelo Decreto-lei n. 8.737, de 19-1-1946.*)

Súmula 59/STJ: Não há conflito de competência se já existe sentença com trânsito em julgado, proferida por um dos juízos conflitantes.

Súmula 137/STJ: Compete à Justiça Comum Estadual processar e julgar ação de servidor público municipal, pleiteando direitos relativos ao vínculo estatutário.

Art. 804. Dar-se-á conflito de jurisdição:

a) quando ambas as autoridades se considerarem competentes;

b) quando ambas as autoridades se considerarem incompetentes.

Art. 805. Os conflitos de jurisdição podem ser suscitados:

a) pelos juízes e Tribunais do Trabalho;

b) pelo procurador-geral e pelos procuradores regionais da Justiça do Trabalho;

c) pela parte interessada, ou o seu representante.

Art. 806. É vedado à parte interessada suscitar conflitos de jurisdição quando já houver oposto na causa exceção de incompetência.

Art. 800 da CLT: Apresentada exceção de incompetência territorial no prazo de cinco dias a contar da notificação, antes da audiência e em peça que sinalize a existência desta exceção, seguir-se-á o procedimento estabelecido neste artigo. § 1.º Protocolada a petição, será suspenso o processo e não se realizará a audiência a que se refere o art. 843 desta Consolidação até que se decida a exceção. § 2.º Os autos serão imediatamente conclusos ao juiz, que intimará o reclamante e, se existentes, os litisconsortes, para manifestação no prazo comum de cinco dias. § 3.º Se entender necessária a produção de prova oral, o juízo designará audiência, garantindo o direito de o excipiente e de suas testemunhas serem ouvidos, por carta precatória, no juízo que este houver indicado como competente. § 4.º Decidida a exceção de incompetência territorial, o processo retomará seu curso, com a designação de audiência, a apresentação de defesa e a instrução processual perante o juízo competente.

Art. 952 do CPC: Não pode suscitar conflito a parte que, no processo, arguiu incompetência relativa. Parágrafo único. O conflito de competência não obsta, porém, a que a parte que não o arguiu suscite a incompetência.

Art. 807. No ato de suscitar o conflito deverá a parte interessada produzir a prova de existência dele.

Art. 808. Os conflitos de jurisdição de que trata o art. 803 serão resolvidos:

•• *Caput* com redação determinada pelo Decreto-lei n. 6.353, de 20-3-1944.

Art. 102, I, *o*, da CF: Compete ao Supremo Tribunal Federal, precipuamente, a guarda da Constituição, cabendo-lhe: I – processar e julgar, originariamente: (...) o – os conflitos de competência entre o Superior Tribunal de Justiça e quaisquer tribunais, entre Tribunais Superiores, ou entre estes e qualquer outro tribunal.

Art. 105, I, *d*, da CF: Compete ao Superior Tribunal de Justiça: I – processar e julgar, originariamente: (...) *d*) os conflitos de competência entre quaisquer tribunais, ressalvado o disposto no art. 102, I, *o*, bem como entre tribunal e juízes a ele não vinculados e entre juízes vinculados a tribunais diversos.

Art. 114, V, da CF: Compete à Justiça do Trabalho processar e julgar: (...) V – os conflitos de competência entre órgãos com jurisdição trabalhista, ressalvado o disposto no art. 102, I, *o*.

Súmula 420/TST: Competência funcional. Conflito negativo. TRT e Vara do Trabalho de idêntica região. Não configuração. Não se configura conflito de competência entre Tribunal Regional do Trabalho e Vara do Trabalho a ele vinculada.

a) pelos Tribunais Regionais, os suscitados entre Juntas e entre Juízos de Direito, ou entre umas e outras, nas respectivas regiões;

•• O Decreto-lei n. 9.797, de 9-9-1946, determinou a substituição de "Conselhos Regionais" por "Tribunais Regionais".

•• Extinção das Juntas de Conciliação e Julgamento: Emenda Constitucional n. 24, de 9-12-1999.

b) pelo Tribunal Superior do Trabalho, os suscitados entre Tribunais Regionais, ou entre Juntas e Juízos de Direito sujeitos à jurisdição de Tribunais Regionais diferentes;

•• O Decreto-lei n. 9.797, de 9-9-1946, determinou a substituição de "Conselho Nacional" por "Tribunal Superior" e "Conselhos Regionais" por "Tribunais Regionais".

•• Extinção das Juntas de Conciliação e Julgamento: Emenda Constitucional n. 24, de 9-12-1999.

c) (*Revogada pelo Decreto-lei n. 9.797, de 9-9-1946.*)

d) pelo Supremo Tribunal Federal, os suscitados entre as autoridades da Justiça do Trabalho e as da Justiça Ordinária.

Art. 809. Nos conflitos de jurisdição entre as Juntas e os Juízos de Direito observar-se-á o seguinte:

•• Extinção das Juntas de Conciliação e Julgamento: Emenda Constitucional n. 24, de 9-12-1999.

I – o juiz ou presidente mandará extrair dos autos as provas do conflito e, com a sua informação, remeterá o processo assim formado, no mais breve prazo possível, ao Presidente do Tribunal Regional competente;

•• O Decreto-lei n. 9.797, de 9-9-1946, determinou a substituição de "Conselho Regional" por "Tribunal Regional".

II – no Tribunal Regional, logo que der entrada o processo, o presidente determinará a distribuição do feito, podendo o relator ordenar imediatamente às Juntas e aos Juízos, nos casos de conflito positivo, que sobrestejam o andamento dos respectivos processos, e solicitar, ao mesmo tempo, quaisquer informações que julgue convenientes. Seguidamente, será ouvida a Procuradoria, após o que o relator submeterá o feito a julgamento na primeira sessão;

•• O Decreto-lei n. 9.797, de 9-9-1946, determinou a substituição de "Conselho Regional" por "Tribunal Regional".

III – proferida a decisão, será a mesma comunicada, imediatamente, às autoridades em conflito, prosseguindo no foro julgado competente.

Art. 810. Aos conflitos de jurisdição entre os Tribunais Regionais aplicar-se-ão as normas estabelecidas no artigo anterior.

•• O Decreto-lei n. 9.797, de 9-9-1946, determinou a substituição de "Conselhos Regionais" por "Tribunais Regionais".

Art. 811. Nos conflitos suscitados na Justiça do Trabalho entre as autoridades desta e os órgãos da Justiça Ordinária, o processo do conflito, formado de acordo com o inc. I do art. 809, será remetido diretamente ao presidente do Supremo Tribunal Federal.

Art. 102, I, *o*, da CF: Compete ao Supremo Tribunal Federal, precipuamente, a guarda da Constituição, cabendo-lhe: I – processar e julgar, originariamente: (...) o – os conflitos de competência entre o Superior Tribunal de Justiça e quaisquer tribunais, entre Tribunais Superiores, ou entre estes e qualquer outro tribunal.

Art. 105, I, *d*, da CF: Compete ao Superior Tribunal de Justiça: I – processar e julgar, originariamente: (...) *d*) os conflitos de competência entre quaisquer tribunais, ressalvado o disposto no art. 102, I, *o*, bem como entre tribunal e juízes a ele não vinculados e entre juízes vinculados a tribunais diversos.

Art. 812. *(Revogado pelo Decreto-lei n. 9.797, de 9-9-1946.)*

SEÇÃO VIII

Das Audiências

Art. 813. As audiências dos órgãos da Justiça do Trabalho serão públicas e realizar-se-ão na sede do Juízo ou Tribunal em dias úteis previamente fixados, entre 8 (oito) e 18 (dezoito) horas, não podendo ultrapassar 5 (cinco) horas seguidas, salvo quando houver matéria urgente.

Art. 5.º, LX, da CF: Todos são iguais perante a lei, sem distinção de qualquer natureza, garantindo-se aos brasileiros e aos estrangeiros residentes no País ainviolabilidade do direito à vida, à liberdade, à igualdade, à segurança e à propriedade, nos termos seguintes: (...) LX – a lei só poderá restringir a publicidade dos atos processuais quando a defesa da intimidade ou o interesse social o exigirem.

Art. 93, IX, da CF: Lei complementar, de iniciativa do Supremo Tribunal Federal, disporá sobre o Estatuto da Magistratura, observados os seguintes princípios: (...) IX – todos os julgamentos dos órgãos do Poder Judiciário serão públicos, e fundamentadas todas as decisões, sob pena de nulidade, podendo a lei limitar a presença, em determinados atos, às próprias partes e a seus advogados, ou somente a estes, em casos nos quais a preservação do direito à intimidade do interessado no sigilo não prejudique o interesse público à informação.

Art. 770 da CLT: Os atos processuais serão públicos salvo quando o contrário determinar o interesse social, e realizar-se-ão nos dias úteis das 6 (seis) às 20 (vinte) horas. Parágrafo único. A penhora poderá realizar-se em domingo ou dia feriado, mediante autorização expressa do juiz ou presidente.

Art. 189 do CPC: Os atos processuais são públicos, todavia tramitam em segredo de justiça os processos: I – em que o exija o interesse público ou social; II – que versem sobre casamento, separação de corpos, divórcio, separação, união estável, filiação, alimentos e guarda de crianças e adolescentes; III – em que constem dados protegidos pelo direito constitucional à intimidade; IV – que versem sobre arbitragem, inclusive sobre cumprimento de carta arbitral, desde que a confidencialidade estipulada na arbitragem seja comprovada perante o juízo. § 1.º O direito de consultar os autos de processo que tramite em segredo de justiça e de pedir certidões de seus atos é restrito às partes e aos seus procuradores. § 2.º O terceiro que demonstrar interesse jurídico pode requerer ao juiz certidão do dispositivo da sentença, bem como de inventário e de partilha resultantes de divórcio ou separação.

Art. 368 do CPC: A audiência será pública, ressalvadas as exceções legais.

§ 1.º Em casos especiais, poderá ser designado outro local para a realização das audiências, mediante edital afixado na sede do Juízo ou Tribunal, com a antecedência mínima de 24 (vinte e quatro) horas.

§ 2.º Sempre que for necessário, poderão ser convocadas audiências extraordinárias, observado o prazo do parágrafo anterior.

Art. 814. Às audiências deverão estar presentes, comparecendo com a necessária antecedência, os escrivães ou chefes de secretaria.

•• Artigo com redação nos termos da Lei n. 409, de 25-9-1948.

Art. 815. À hora marcada, o juiz ou presidente declarará aberta a audiência, sendo feita pelo secretário ou escrivão a chamada das partes, testemunhas e demais pessoas que devam comparecer.

•• A Lei n. 6.563, de 19-9-1978, altera a denominação para "Diretores da Secretaria".

Parágrafo único. Se, até 15 (quinze) minutos após a hora marcada, o juiz ou presidente não houver comparecido, os presentes poderão retirar-se, devendo o ocorrido constar do livro de registro das audiências.

•• Parágrafo único com redação nos termos da Lei n. 409, de 25-9-1948.

OJ 245 da SDI-1: Revelia. Atraso. Audiência. Inexiste previsão legal tolerando atraso no horário de comparecimento da parte à audiência.

Art. 816. O juiz ou presidente manterá a ordem nas audiências, podendo mandar retirar do recinto os assistentes que a perturbarem.

Art. 360 do CPC: O juiz exerce o poder de polícia, incumbindo-lhe: I – manter a ordem e o decoro na audiência; II – ordenar que se retirem da sala de audiência os que se comportarem inconvenientemente; III – requisitar, quando necessário, força policial; IV – tratar com urbanidade as partes, os advogados, os membros do Ministério Público e da Defensoria Pública e qualquer pessoa que participe do processo; V – registrar em ata, com exatidão, todos os requerimentos apresentados em audiência.

Art. 817. O registro das audiências será feito em livro próprio, constando de cada registro os processos apreciados e a respectiva solução, bem como as ocorrências eventuais.

Parágrafo único. Do registro das audiências poderão ser fornecidas certidões às pessoas que o requererem.

SEÇÃO IX

Das Provas

• Das provas no CPC: arts. 369 e s.

Art. 818. O ônus da prova incumbe:

•• *Caput* com redação determinada pela Lei n. 13.467, de 13-7-2017.

I – ao reclamante, quanto ao fato constitutivo de seu direito;

•• Inciso I acrescentado pela Lei n. 13.467, de 13-7-2017.

II – ao reclamado, quanto à existência de fato impeditivo, modificativo ou extintivo do direito do reclamante.

•• Inciso II acrescentado pela Lei n. 13.467, de 13-7-2017.

§ 1.º Nos casos previstos em lei ou diante de peculiaridades da causa relacionadas à impossibilidade ou à excessiva dificuldade de cumprir o encargo nos termos deste artigo ou à maior facilidade de obtenção da prova do fato contrário, poderá o juízo atribuir o ônus da prova de modo diverso, desde que o faça por decisão fundamentada, caso em que deverá dar à parte a oportunidade de se desincumbir do ônus que lhe foi atribuído.

•• § 1.º acrescentado pela Lei n. 13.467, de 13-7-2017.

§ 2.º A decisão referida no § 1.º deste artigo deverá ser proferida antes da abertura da instrução e, a requerimento da parte, implicará o adiamento da audiência e possibilitará provar os fatos por qualquer meio em direito admitido.

•• § 2.º acrescentado pela Lei n. 13.467, de 13-7-2017.

§ 3.º A decisão referida no § 1.º deste artigo não pode gerar situação em que a desincumbência do encargo pela parte seja impossível ou excessivamente difícil.

•• § 3.º acrescentado pela Lei n. 13.467, de 13-7-2017.

Art. 5.º, LVI, da CF: Todos são iguais perante a lei, sem distinção de qualquer natureza, garantindo-se aos brasileiros e aos estrangeiros residentes no País a inviolabilidade do direito à vida, à liberdade, à igualdade, à segurança e à propriedade, nos termos seguintes: (...) LVI – são inadmissíveis, no processo, as provas obtidas por meios ilícitos.

Art. 765 da CLT: Qualquer interessado ou o Ministério Público promoverá em juízo a extinção da fundação quando: I – se tornar ilícito o seu objeto; II – for impossível a sua manutenção; III – vencer o prazo de sua existência.

Súmula 225/STF: Não é absoluto o valor probatório das anotações da Carteira Profissional.

Súmula 212/TST: Despedimento. Ônus da prova. O ônus de provar o término do contrato de trabalho, quando negados a prestação de serviço e o despedimento, é do empregador, pois o princípio da continuidade da relação de emprego constitui presunção favorável ao empregado.

Art. 819. O depoimento das partes e testemunhas que não souberem falar a língua nacional será feito por meio de intérprete nomeado pelo juiz ou presidente.

§ 1.º Proceder-se-á da forma indicada neste artigo, quando se tratar de surdo-mudo, ou de mudo que não saiba escrever.

§ 2.º As despesas decorrentes do disposto neste artigo correrão por conta da parte sucumbente, salvo se beneficiária de justiça gratuita.

•• § 2.º com redação determinada pela Lei n. 13.660, de 8-5-2018.

Art. 820. As partes e testemunhas serão inquiridas pelo juiz ou presidente, podendo ser reinquiridas, por seu intermédio, a requerimento dos juízes classistas, das partes, seus representantes ou advogados.

Arts. 385 a 387 do CPC: Cabe à parte requerer o depoimento pessoal da outra parte, a fim de que esta seja interrogada na audiência de instrução e julgamento, sem prejuízo do poder do juiz de ordená-lo de ofício. § 1.º Se a parte, pessoalmente intimada para prestar depoimento pessoal e advertida da pena de confesso, não comparecer ou, comparecendo, se recusar a depor, o juiz aplicar-lhe-á a pena. § 2.º É vedado a quem ainda não depôs assistir ao interrogatório da outra parte. § 3.º O depoimento pessoal da parte que residir em comarca, seção ou subseção judiciária diversa daquela onde tramita o processo poderá ser colhido por meio de videoconferência ou outro recurso tecnológico de transmissão de sons e imagens em tempo real, o que poderá ocorrer, inclusive, durante a realização da audiência de instrução e julgamento. Art. 386. Quando a parte, sem motivo justificado, deixar de responder ao que lhe for perguntado ou empregar evasivas, o juiz, apreciando as demais circunstâncias e os elementos de prova, declarará, na sentença, se houve recusa de depor. Art. 387. A parte responderá pessoalmente sobre os fatos articulados, não podendo servir-se de escritos anteriormente preparados, permitindo-lhe o juiz, todavia, a consulta a notas breves, desde que objetivem completar esclarecimentos.

•• Extinção da representação classista na Justiça do Trabalho: Emenda Constitucional n. 24, de 9-12-1999.

• Os arts. 228 e 229 do CC dispõem sobre aqueles que não podem ser admitidos como testemunha e sobre a não obrigação de depoimento.

Art. 821. Cada uma das partes não poderá indicar mais de 3 (três) testemunhas, salvo quando se tratar de inquérito, caso em que esse número poderá ser elevado a 6 (seis).

•• Artigo com redação determinada pelo Decreto-lei n. 8.737, de 19-1-1946.

Art. 822. As testemunhas não poderão sofrer qualquer desconto pelas faltas ao serviço, ocasionadas pelo seu comparecimento para depor, quando devidamente arroladas ou convocadas.

Art. 473, VIII, da CLT: O empregado poderá deixar de comparecer ao serviço sem prejuízo do salário: (...) VIII – pelo tempo que se fizer necessário, quando tiver que comparecer a juízo.

Art. 463 do CPC: O depoimento prestado em juízo é considerado serviço público. Parágrafo único. A testemunha, quando sujeita ao regime da legislação trabalhista, não sofre, por comparecer à audiência, perda de salário nem desconto no tempo de serviço.

Súmula 155/TST: Ausência ao serviço. As horas em que o empregado falta ao serviço para comparecimento necessário, como parte, à Justiça do Trabalho não serão descontadas de seus salários. Ex-prejulgado n. 30.

Art. 823. Se a testemunha for funcionário civil ou militar, e tiver de depor em hora de serviço, será requisitada ao chefe da repartição para comparecer à audiência marcada.

Art. 824. O juiz ou presidente providenciará para que o depoimento de uma testemunha não seja ouvido pelas demais que tenham de depor no processo.

Art. 456 do CPC: O juiz inquirirá as testemunhas separada e sucessivamente, primeiro as do autor e depois as do réu, e providenciará para que uma não ouça o depoimento das outras. Parágrafo único. O juiz poderá alterar a ordem estabelecida no *caput* se as partes concordarem.

Art. 825. As testemunhas comparecerão à audiência independentemente de notificação ou intimação.

Parágrafo único. As que não comparecerem serão intimadas, *ex officio* ou a requerimento da parte, ficando sujeitas a condução coercitiva, além das penalidades do art. 730, caso, sem motivo justificado, não atendam à intimação.

Art. 845 da CLT: O reclamante e o reclamado comparecerão à audiência acompanhados das suas testemunhas, apresentando, nessa ocasião, as demais provas

Art. 852-H, §§ 2.º e 3.º, da CLT: As testemunhas, até o máximo de duas para cada parte, comparecerão à audiência de instrução e julgamento independentemente de intimação. § 3.º Só será deferida intimação de testemunha que, comprovadamente convidada, deixar de comparecer. Não comparecendo a testemunha intimada, o juiz poderá determinar sua imediata condução coercitiva.

Art. 450 do CPC: O rol de testemunhas conterá, sempre que possível, o nome, a profissão, o estado civil, a idade, o número de inscrição no Cadastro de Pessoas Físicas, o número de registro de identidade e o endereço completo da residência e do local de trabalho.

Art. 455, § 2.º, do CPC: A parte pode comprometer-se a levar a testemunha à audiência, independentemente da intimação de que trata o § 1.º, presumindo-se, caso a testemunha não compareça, que a parte desistiu de sua inquirição.

Art. 826. É facultado a cada uma das partes apresentar um perito ou técnico.

•• Entendemos prejudicado o disposto neste artigo pelo art. 3.º da Lei n. 5.584, de 26-6-1970.

Art. 827. O juiz ou presidente poderá arguir os peritos compromissados ou os técnicos, e rubricará, para ser junto ao processo, o laudo que os primeiros tiverem apresentado.

Art. 828. Toda testemunha, antes de prestar o compromisso legal, será qualificada, indicando o nome, nacionalidade, profissão, idade, residência, e, quando empregada, o tempo de serviço prestado ao empregador, ficando sujeita, em caso de falsidade, às leis penais.

Súmula 357/TST: Testemunha. Ação contra a mesma reclamada. Suspeição. Não torna suspeita a testemunha o simples fato de estar litigando ou de ter litigado contra o mesmo empregador.

Parágrafo único. Os depoimentos das testemunhas serão resumidos, por ocasião da audiência, pelo chefe de secretaria da Junta ou funcionário para esse fim designado, devendo a súmula ser assinada pelo Presidente do Tribunal e pelos depoentes.

•• Parágrafo único com redação nos termos da Lei n. 409, de 25-9-1948.

•• Extinção das Juntas de Conciliação e Julgamento: Emenda Constitucional n. 24, de 9-12-1999.

Art. 829. A testemunha que for parente até o terceiro grau civil, amigo íntimo ou inimigo de qualquer das partes, não prestará compromisso, e seu depoimento valerá como simples informação.

Art. 447, §§ 3.º a 5.º, do CPC: São suspeitos: I – o inimigo da parte ou o seu amigo íntimo; II – o que tiver interesse no litígio. § 4.º Sendo necessário, pode o juiz admitir o depoimento das testemunhas menores, impedidas ou suspeitas. § 5.º Os depoimentos referidos no § 4.º serão prestados independentemente de compromisso, e o juiz lhes atribuirá o valor que possam merecer.

Art. 830. O documento em cópia oferecido para prova poderá ser declarado autêntico pelo próprio advogado, sob sua responsabilidade pessoal.

•• *Caput* com redação determinada pela Lei n. 11.925, de 17-4-2009.

Art. 425, IV, do CPC: Fazem a mesma prova que os originais: (...) IV – as cópias reprográficas de peças do próprio processo judicial declaradas autênticas pelo advogado, sob sua responsabilidade pessoal, se não lhes for impugnada a autenticidade.

OJ 36 da SDI-1: Instrumento normativo. Cópia não autenticada. Documento comum às partes. Validade. O instrumento normativo em cópia não autenticada possui valor probante, desde que não haja impugnação ao seu conteúdo, eis que se trata de documento comum às partes.

Parágrafo único. Impugnada a autenticidade da cópia, a parte que a produziu será intimada para apresentar cópias devidamente autenticadas ou o original, cabendo ao serventuário competente proceder à conferência e certificar a conformidade entre esses documentos.

•• Parágrafo único acrescentado pela Lei n. 11.925, de 17-4-2009.

SEÇÃO X
Da Decisão e sua Eficácia

Art. 831. A decisão será proferida depois de rejeitada pelas partes a proposta de conciliação.

Parágrafo único. No caso de conciliação, o termo que for lavrado valerá como decisão irrecorrível, salvo para a Previdência Social quanto às contribuições que lhe forem devidas.

•• Parágrafo único com redação determinada pela Lei n. 10.035, de 25-10-2000.

Art. 764, § 3.º, da CLT: É lícito às partes celebrar acordo que ponha termo ao processo, ainda mesmo depois de encerrado o juízo conciliatório.

Art. 846, § 1.º, da CLT: Se houver acordo lavrar-se-á termo, assinado pelo presidente e pelos litigantes, consignando-se o prazo e demais condições para seu cumprimento.

Súmula 259/TST: Termo de conciliação. Ação rescisória. Só por ação rescisória é impugnável o termo de conciliação previsto no parágrafo único do art. 831 da CLT.

Art. 832. Da decisão deverão constar o nome das partes, o resumo do pedido e da defesa, a apreciação das provas, os fundamentos da decisão e a respectiva conclusão.

Súmula 459/TST: Recurso de Revista. Nulidade por negativa de prestação jurisdicional. O conhecimento do recurso de revista, quanto à preliminar de nulidade por negativa de prestação jurisdicional, supõe indicação de violação do art. 832 da CLT, do art. 458 do CPC ou do art. 93, IX, da CF/1988.

§ 1.º Quando a decisão concluir pela procedência do pedido, determinará o prazo e as condições para o seu cumprimento.

• *Vide* Enunciado n. 4 da 1.ª Jornada de Direito do Trabalho.

§ 2.º A decisão mencionará sempre as custas que devam ser pagas pela parte vencida.

Súmula 450/STF: São devidos honorários de advogado sempre que vencedor o beneficiário de Justiça Gratuita.

• Os arts. 489 e 490 do CPC dispõem sobre os requisitos da sentença.

§ 3.º As decisões cognitivas ou homologatórias deverão sempre indicar a natureza jurídica das parcelas constantes da condenação ou do acordo homologado, inclusive o limite de responsabilidade de cada parte pelo recolhimento da contribuição previdenciária, se for o caso.

•• § 3.º acrescentado pela Lei n. 10.035, de 25-10-2000.

OJ 368 da SDI-1: Descontos previdenciários. Acordo homologado em juízo. Inexistência de vínculo empregatício. Parcelas indenizatórias. Ausência de discriminação. Incidência sobre o valor total. É devida a incidência das contribuições para a Previdência Social sobre o valor total do acordo homologado em juízo, independentemente do reconhecimento de vínculo de emprego, desde que não haja discriminação das parcelas sujeitas à incidência da contribuição previdenciária, conforme parágrafo único do art. 43 da Lei n. 8.212, de 24 de julho de 1991, e do art. 195, I, *a*, da CF/1988.

§ 4.º A União será intimada das decisões homologatórias de acordos que contenham parcela indenizatória, na forma do art. 20 da Lei n. 11.033, de 21 de dezembro de 2004, facultada a interposição de recurso relativo aos tributos que lhe forem devidos.

•• § 4.º com redação determinada pela Lei n. 11.457, de 16-3-2007.

§ 5.º Intimada da sentença, a União poderá interpor recurso relativo à discriminação de que trata o § 3.º deste artigo.

•• § 5.º acrescentado pela Lei n. 11.457, de 16-3-2007.

§ 6.º O acordo celebrado após o trânsito em julgado da sentença ou após a elaboração dos cálculos de liquidação de sentença não prejudicará os créditos da União.

•• § 6.º acrescentado pela Lei n. 11.457, de 16-3-2007.

§ 7.º O Ministro de Estado da Fazenda poderá, mediante ato fundamentado, dispensar a manifestação da União nas decisões homologatórias de acordos em que o montante da parcela indenizatória envolvida ocasionar perda de escala decorrente da atuação do órgão jurídico.

•• § 7.º acrescentado pela Lei n. 11.457, de 16-3-2007.

Art. 833. Existindo na decisão evidentes erros ou enganos de escrita, de datilografia ou de cálculo, poderão os mesmos, antes da execução, ser corrigidos, *ex officio*, ou a requerimento dos interessados ou da Procuradoria da Justiça do Trabalho.

Art. 494, I, do CPC: Publicada a sentença, o juiz só poderá alterá-la: I – para corrigir-lhe, de ofício ou a requerimento da parte, inexatidões materiais ou erros de cálculo.

Art. 834. Salvo nos casos previstos nesta Consolidação, a publicação das decisões e sua notificação aos litigantes, ou a seus patronos, consideram-se realizadas nas próprias audiências em que forem as mesmas proferidas.

Art. 835. O cumprimento do acordo ou da decisão far-se-á no prazo e condições estabelecidos.

Art. 836. É vedado aos órgãos da Justiça do Trabalho conhecer de questões já decididas, excetuados os casos expressamente previstos neste Título e a ação rescisória, que será admitida na forma do disposto no Capítulo IV do Título IX da Lei n. 5.869, de 11 de janeiro de 1973 – Código de Processo Civil, sujeita ao depósito prévio de 20% (vinte por cento) do valor da causa, salvo prova de miserabilidade jurídica do autor.

•• *Caput* com redação determinada pela Lei n. 11.495, de 22-6-2007.

Art. 966 do CPC: A decisão de mérito, transitada em julgado, pode ser rescindida quando: I – se verificar que foi proferida por força de prevaricação, concussão ou corrupção do juiz; II – for proferida por juiz impedido ou por juízo absolutamente incompetente; III – resultar de dolo ou coação da parte vencedora em detrimento da parte vencida ou, ainda, de simulação ou colusão entre as partes, a fim de fraudar a lei; IV – ofender a coisa julgada; V – violar manifestamente norma jurídica; VI – for fundada em prova cuja falsidade tenha sido apurada em processo criminal ou venha a ser demonstrada na própria ação rescisória; VII – obtiver o autor, posteriormente ao trânsito em julgado, prova nova cuja existência ignorava ou de que não pôde fazer uso, capaz, por si só, de lhe assegurar pronunciamento favorável; VIII – for fundada em erro de fato verificável do exame dos autos. § 1.º Há erro de fato quando a decisão rescindenda admitir fato inexistente ou quando considerar inexistente fato efetivamente ocorrido, sendo indispensável, em ambos os casos, que o fato não represente ponto controvertido sobre o qual o juiz deveria ter se pronunciado. § 2.º Nas hipóteses previstas nos incisos do *caput*, será rescindível a decisão transitada em julgado que, embora não seja de mérito, impeça: I – nova propositura da demanda; ou II – admissibilidade do recurso correspondente. § 3.º A ação rescisória pode ter por objeto apenas 1 (um) capítulo da decisão. § 4.º Os atos de disposição de direitos, praticados pelas partes ou por outros participantes do processo e homologados pelo juízo, bem como os atos homologatórios praticados no curso da execução, estão sujeitos à anulação, nos termos da lei. §5.º Cabe ação rescisória, com fundamento no inciso V do *caput* deste artigo, contra decisão baseada em enunciado de súmula ou acórdão proferido em julgamento de casos repetitivos que não tenha considerado a existência de distinção entre a questão discutida no processo e o padrão decisório que lhe deu fundamento. § 6.º Quando a ação rescisória fundar-se na hipótese do § 5.º deste artigo, caberá ao autor, sob pena de inépcia, demonstrar, fundamentadamente, tratar-se de situação particularizada por hipótese fática distinta ou de questão jurídica não examinada, a impor outra solução jurídica.

OJ 157 da SDI-2: Ação rescisória. Decisões proferidas em fases distintas de uma mesma ação. Coisa julgada. Não configuração. A ofensa à coisa julgada de que trata o inciso IV do art. 966 do CPC de 2015 (inciso IV do art. 485 do CPC de 1973) refere-se apenas a relações processuais distintas. A invocação de desrespeito à coisa julgada formada no processo de conhecimento, na correspondente fase de execução, somente é possível com base na violação do art. 5.º, XXXVI, da Constituição da República.

OJ 158 da SDI-2: Ação rescisória. Declaração de nulidade de decisão homologatória de acordo em razão de colusão (art. 485, III, do CPC). Multa por litigância de má-fé. Impossibilidade. A declaração de nulidade de decisão homologatória de acordo, em razão da colusão entre as partes (art. 485, III, do CPC), é sanção suficiente em relação ao procedimento adotado, não havendo que ser aplicada a multa por litigância de má-fé.

•• A Instrução Normativa n. 31, de 27-9-2007, do TST, regulamenta a forma de realização do depósito prévio em ação rescisória de que trata este artigo.

Parágrafo único. A execução da decisão proferida em ação rescisória far-se-á nos próprios autos da ação que lhe deu origem, e será instruída com o acórdão da rescisória e a respectiva certidão de trânsito em julgado.

•• Parágrafo único acrescentado pela Medida Provisória n. 2.180-35, de 24-8-2001.

CAPÍTULO III

DOS DISSÍDIOS INDIVIDUAIS

Lei n. 5.584/70, art. 2.º: Nos dissídios individuais, proposta a conciliação, e, não havendo acordo, o Presidente da Junta ou o Juiz, antes de passar à instrução da causa, fixar-lhe-á o valor para a determinação da alçada, se este for indeterminado no pedido. § 1.º Em audiência, ao aduzir razões finais, poderá qualquer das partes impugnar o valor fixado e, se o Juiz o mantiver, pedir revisão da decisão, no prazo de 48 (quarenta e oito) horas, ao Presidente do Tribunal Regional. § 2.º O pedido de revisão, que não terá efeito suspensivo, deverá ser instruído com a petição inicial e a Ata da Audiência, em cópia autenticada pela Secretaria da Junta, e será julgado em 48 (quarenta e oito) horas, a partir do seu recebimento pelo Presidente do Tribunal Regional. § 3.º Quando o valor fixado para a causa, na forma deste artigo, não exceder de 2 (duas) vezes o salário mínimo vigente na sede do Juízo, será dispensável o resumo dos depoimentos, devendo constar da Ata a conclusão da Junta quanto à matéria de fato. § 4.º Salvo se versarem sobre matéria constitucional, nenhum recurso caberá das sentenças proferidas nos dissídios da alçada a que se refere o parágrafo anterior, considerado, para esse fim, o valor do salário mínimo à data do ajuizamento da ação.

SEÇÃO I

Da Forma de Reclamação e da Notificação

Art. 837. Nas localidades em que houver apenas 1 (uma) Junta de Conciliação e Julgamento, ou 1 (um) escrivão do cível, a reclamação será apresentada diretamente à secretaria da Junta, ou ao cartório do Juízo.

•• Extinção das Juntas de Conciliação e Julgamento: Emenda Constitucional n. 24, de 9-12-1999.

Art. 783 da CLT: A distribuição das reclamações será feita entre as Juntas de Conciliação e Julgamento, ou os Juízes de Direito do Cível, nos casos previstos no art. 669, § 1.º, pela ordem rigorosa de sua apresentação ao distribuidor, quando o houver.

Art. 838. Nas localidades em que houver mais de 1 (uma) Junta ou mais de 1 (um) Juízo, ou escrivão do cível, a reclamação será, preliminarmente, sujeita a distribuição, na forma do disposto no Capítulo II, Seção II, deste Título.

•• Extinção das Juntas de Conciliação e Julgamento: Emenda Constitucional n. 24, de 9-12-1999.

Arts. 713 a 715 da CLT: Nas localidades em que existir mais de uma Junta de Conciliação e Julgamento haverá um distribuidor. Art. 714. Compete ao distribuidor: *a*) a distribuição, pela ordem rigorosa de entrada, e sucessivamente a cada Junta, dos feitos que, para esse fim, lhe forem apresentados pelos interessados; *b*) o fornecimento, aos interessados, do recibo correspondente a cada feito distribuído; *c*) a manutenção de 2 (dois) fichários dos feitos distribuídos, sendo um organizado pelos nomes dos reclamantes e o outro dos reclamados, ambos por ordem alfabética; *d*) o fornecimento a qualquer pessoa que o solicite, verbalmente ou por certidão, de informações sobre os feitos distribuídos; *e*) a baixa na distribuição dos feitos, quando isto lhe for determinado pelos Presidentes das Juntas, formando, com as fichas correspondentes, fichários à parte, cujos dados poderão ser consultados pelos interessados, mas não serão mencionados em certidões. Art. 715. Os distribuidores são designados pelo Presidente do Tribunal Regional, dentre os funcionários das Juntas e do Tribunal Regional, existentes na mesma localidade, e ao mesmo Presidente diretamente subordinados.

Arts. 783 a 788 da CLT: A distribuição das reclamações será feita entre as Juntas de Conciliação e Julgamento, ou os Juízes de Direito do Cível, nos casos previstos no art. 669, § 1.º, pela ordem rigorosa de sua apresentação ao distribuidor, quando o houver. Art. 784. As reclamações serão registradas em livro próprio, rubricado em todas as folhas pela autoridade a que estiver subordinado o distribuidor. Art. 785. O distribuidor fornecerá ao interessado um recibo do qual constarão, essencialmente, o nome do reclamante e do reclamado, a data da distribuição, o objeto da reclamação e a Junta ou o Juízo a que coube a distribuição. Art. 786. A reclamação verbal será distribuída antes de sua redução a termo. Parágrafo único. Distribuída a reclamação verbal, o reclamante deverá, salvo motivo de força maior, apresentar-se no prazo de 5 (cinco) dias, ao cartório ou à secretaria, para reduzi-la a termo, sob a pena estabelecida no art. 731. Art. 787. A reclamação escrita deverá ser formulada em 2 (duas) vias e desde logo acompanhada dos documentos em que se fundar. Art. 788. Feita a distribuição, a reclamação será remetida pelo distribuidor à Junta ou Juízo competente, acompanhada do bilhete de distribuição.

Art. 286 do CPC: Serão distribuídas por dependência as causas de qualquer natureza: I – quando se relacionarem, por conexão ou continência, com outra já ajuizada; II – quando, tendo sido extinto o processo sem resolução de mérito, for reiterado o pedido, ainda que em litisconsórcio com outros autores ou que sejam parcialmente alterados os réus da demanda; III – quando houver ajuizamento de ações nos termos do art. 55, § 3.º, ao juízo prevento. Parágrafo único. Havendo intervenção de terceiro, reconvenção ou outra hipótese de ampliação objetiva do processo, o juiz, de ofício, mandará proceder à respectiva anotação pelo distribuidor.

Art. 839. A reclamação poderá ser apresentada:

a) pelos empregados e empregadores, pessoalmente, ou por seus representantes, e pelos sindicatos de classe;

Art. 8.º, III, da CF: É livre a associação profissional ou sindical, observado o seguinte: (...) III – ao sindicato cabe a defesa dos direitos e interesses coletivos ou individuais da categoria, inclusive em questões judiciais ou administrativas.

Art. 133 da CF: O advogado é indispensável à administração da justiça, sendo inviolável por seus atos e manifestações no exercício da profissão, nos limites da lei.

Art. 791 da CLT: Os empregados e os empregadores poderão reclamar pessoalmente perante a Justiça do Trabalho e acompanhar as suas reclamações até o final. § 1.º Nos dissídios individuais os empregados e empregadores poderão fazer-se representar por intermédio do sindicato, advogado, solicitador, ou provisionado, inscrito na Ordem dos Advogados do Brasil. § 2.º Nos dissídios coletivos é facultada aos interessados a assistência por advogado. § 3.º A constituição de procurador com poderes para o foro em geral poderá ser efetivada, mediante simples registro em ata de audiência, a requerimento verbal do advogado interessado, com anuência da parte representada.

Art. 793 da CLT: A reclamação trabalhista do menor de 18 (dezoito) anos será feita por seus representantes legais e, na falta destes, pela Procuradoria da Justiça do Trabalho, pelo sindicato, pelo Ministério Público estadual ou curador nomeado em juízo.

Art. 872, parágrafo único, da CLT: Quando os empregadores deixarem de satisfazer o pagamento de salários, na conformidade da decisão proferida, poderão os empregados ou seus sindicatos, independentes de outorga de poderes de seus associados, juntando certidão de tal decisão, apresentar reclamação à Junta ou Juízo competente, observado o processo previsto no Capítulo II deste Título, sendo vedado, porém, questionar sobre a matéria de fato e de direito já apreciada na decisão.

Súmula 286/TST: Sindicato. Substituição processual. Convenção e acordo coletivos. A legitimidade do sindicato para propor ação de cumprimento estende-se também à observância de acordo ou de convenção coletivos.

Súmula 395/TST: Mandato e substabelecimento. Condições de validade. I – Válido é o instrumento de mandato com prazo determinado que contém cláusula estabelecendo a prevalência dos poderes para atuar até o final da demanda (§ 4.º do art. 105 do CPC de 2015). II – Se há previsão, no instrumento de mandato, de prazo para sua juntada, o mandato só tem validade se anexado ao processo o respectivo instrumento no aludido prazo. III – São válidos os atos praticados pelo substabelecido, ainda que não haja, no mandato, poderes expressos para substabelecer (art. 667, e parágrafos, do Código Civil de 2002). IV – Configura-se a irregularidade de representação se o substabelecimento é anterior à outorga passada ao substabelecente. V – Verificada a irregularidade de representação nas hipóteses dos itens II e IV, deve o juiz suspender o processo e designar prazo razoável para que seja sanado o vício, ainda que em instância recursal (art. 76 do CPC de 2015).

Súmula 425/TST: *Jus postulandi* na Justiça do Trabalho. Alcance. O jus postulandi das partes, estabelecido no art. 791 da CLT, limita-se às Varas do Trabalho e aos Tribunais Regionais do Trabalho, não alcançando a ação rescisória, a ação cautelar, o mandado de segurança e os recursos de competência do Tribunal Superior do Trabalho.

OJ 200 da SDI-1: Mandato tácito. Substabelecimento inválido. É inválido o substabelecimento de advogado investido de mandato tácito.

OJ 255 da SDI-1: Mandato. Contrato social. Desnecessária a juntada. O art. 75, inciso VIII, do CPC de 2015 (art. 12, VI, do CPC de 1973) não determina a exibição dos estatutos da empresa em juízo como condição de validade do instrumento de mandato outorgado ao seu procurador, salvo se houver impugnação da parte contrária.

OJ 318 da SDI-1: Representação irregular. Autarquia. Os Estados e os Municípios não têm legitimidade para recorrer em nome das autarquias detentoras de personalidade jurídica própria, devendo ser representadas pelos procuradores que fazem parte de seus quadros ou por advogados constituídos.

OJ 319 da SDI-1: Representação regular. Estagiário. Habilitação posterior. Válidos são os atos praticados por estagiário se, entre o substabelecimento e a interposição do recurso, sobreveio a habilitação, do então estagiário, para atuar como advogado.

OJ 349 da SDI-1: Mandato. Juntada de nova procuração. Ausência de ressalva. Efeitos. A juntada de nova procuração aos autos, sem ressalva de poderes conferidos ao antigo patrono, implica revogação tácita do mandato anterior.

b) por intermédio das Procuradorias Regionais da Justiça do Trabalho.

Art. 793 da CLT: A reclamação trabalhista do menor de 18 (dezoito) anos será feita por seus representantes legais e, na falta destes, pela Procuradoria da Justiça do Trabalho, pelo sindicato, pelo Ministério Público estadual ou curador nomeado em juízo.

Súmula 226/STJ: O Ministério Público tem legitimidade para recorrer na ação de acidente do trabalho, ainda que o segurado esteja assistido por advogado.

Art. 840. A reclamação poderá ser escrita ou verbal.

Art. 319 do CPC: A petição inicial indicará: I – o juízo a que é dirigida; II – os nomes, os prenomes, o estado civil, a existência de união estável, a profissão, o número de inscrição no Cadastro de Pessoas Físicas ou no Cadastro Nacional da Pessoa Jurídica, o endereço eletrônico, o domicílio e a residência do autor e do réu; III – o fato e os fundamentos jurídicos do pedido; IV – o pedido com as suas especificações; V – o valor da causa; VI – as provas com que o autor pretende demonstrar a verdade dos fatos alegados; VII – a opção do autor pela realização ou não de audiência de conciliação ou de mediação. 1.º Caso não disponha das informações previstas no inciso II, poderá o autor, na petição inicial, requerer ao juiz diligências necessárias a sua obtenção. § 2.º A petição inicial não será indeferida se, a despeito da falta de informações a que se refere o inciso II, for possível a citação do réu. § 3.º A petição inicial não será indeferida pelo não atendimento ao disposto no inciso II deste artigo se a obtenção de tais informações tornar impossível ou excessivamente oneroso o acesso à justiça.

Instrução Normativa n. 41/18, art. 12, *caput*: Os arts. 840 e 844, §§ 2.º, 3.º e 5.º, da CLT, com as redações dadas pela Lei n. 13.467, de 13 de julho de 2017, não retroagirão, aplicando-se, exclusivamente, às ações ajuizadas a partir de 11 de novembro de 2017.

§ 1.º Sendo escrita, a reclamação deverá conter a designação do juízo, a qualificação das partes, a breve exposição dos fatos de que resulte o dissídio, o pedido, que deverá ser certo, determinado e com indicação de seu valor, a data e a assinatura do reclamante ou de seu representante.

•• § 1.º com redação determinada pela Lei n. 13.467, de 13-7-2017.

Instrução Normativa n. 41/18, art. 12, § 2.º: Para fim do que dispõe o art. 840, §§ 1.º e 2.º, da CLT, o valor da causa será estimado, observando-se, no que couber, o disposto nos arts. 291 a 293 da CLT.

§ 2.º Se verbal, a reclamação será reduzida a termo, em duas vias datadas e assinadas pelo escrivão ou secretário, observado, no que couber, o disposto no § 1.º deste artigo.

•• § 2.º com redação determinada pela Lei n. 13.467, de 13-7-2017.

Instrução Normativa n. 41/18, art. 12, § 2.º: Para fim do que dispõe o art. 840, §§ 1.º e 2.º, da CLT, o valor da causa será estimado, observando-se, no que couber, o disposto nos arts. 291 a 293 da CLT.

§ 3.º Os pedidos que não atendam ao disposto no § 1.º deste artigo serão julgados extintos sem resolução do mérito.

•• § 3.º com redação determinada pela Lei n. 13.467, de 13-7-2017.

• *Vide* Enunciado n. 105 da 2.ª Jornada de Direito Material e Processual do Trabalho.

Art. 841. Recebida e protocolada a reclamação, o escrivão ou chefe de secretaria, dentro de 48 (quarenta e oito) horas, remeterá a segunda via da petição, ou do termo, ao reclamado, notificando-o ao mesmo tempo, para comparecer à audiência de julgamento, que será a primeira desimpedida, depois de 5 (cinco) dias.

•• *Caput* com redação nos termos da Lei n. 409, de 25-9-1948.

OJ 392 da SDI-1: Prescrição. Interrupção. Ajuizamento de protesto judicial. Marco inicial. O protesto judicial é medida aplicável no processo do trabalho, por força do art. 769 da CLT e do art. 15 do CPC de 2015. O ajuizamento da ação, por si só, interrompe o prazo prescricional, em razão da inaplicabilidade do § 2.º do art. 240 do CPC de 2015 (§ 2.º do art. 219 do CPC de 1973), incompatível com o disposto no art. 841 da CLT.

• *Vide* Decreto-lei n. 779, de 21-8-1969.

§ 1.º A notificação será feita em registro postal com franquia. Se o reclamado criar embaraços ao seu recebimento ou não for encontrado, far-se-á a notificação por edital, inserto no jornal oficial ou no que publicar o expediente forense, ou, na falta, afixado na sede da Junta ou Juízo.

•• Extinção das Juntas de Conciliação e Julgamento: Emenda Constitucional n. 24, de 9-12-1999.

Arts. 246 e 247 do CPC: A citação será feita: I – pelo correio; II – por oficial de justiça; III – pelo escrivão ou chefe de secretaria, se o citando comparecer em cartório; IV – por edital; V – por meio eletrônico, conforme regulado em lei. § 1.º Com exceção das microempresas e das empresas de pequeno porte, as empresas públicas e privadas são obrigadas a manter cadastro nos sistemas de processo em autos eletrônicos, para efeito de recebimento de citações e intimações, as quais serão efetuadas preferencialmente por esse meio. § 2.º O disposto no § 1.º aplica-se à União, aos Estados, ao Distrito Federal, aos Municípios e às entidades da administração indireta. § 3.º Na ação de usucapião de imóvel, os confinantes serão citados pessoalmente, exceto quando tiver por objeto unidade autônoma de prédio em condomínio, caso em que tal citação é dispensada. Art. 247. A citação será feita pelo correio para qualquer comarca do país, exceto: I – nas ações de estado, observado o disposto no art. 695, § 3.º; II – quando o citando for incapaz; III – quando o citando for pessoa de direito público; IV – quando o citando residir em local não atendido pela entrega domiciliar de correspondência; V – quando o autor, justificadamente, a requerer de outra forma.

Art. 249 do CPC: A citação será feita por meio de oficial de justiça nas hipóteses previstas neste Código ou em lei, ou quando frustrada a citação pelo correio.

Art. 252 do CPC: Quando, por 2 (duas) vezes, o oficial de justiça houver procurado o citando em seu domicílio ou residência sem o encontrar, deverá, havendo suspeita de ocultação, intimar qualquer pessoa da família ou, em sua falta, qualquer vizinho de que, no dia útil imediato, voltará a fim de efetuar a citação, na hora que designar. Parágrafo único. Nos condomínios edilícios ou nos loteamentos com controle de acesso, será válida a intimação a que se refere o *caput* feita a funcionário da portaria responsável pelo recebimento de correspondência.

§ 2.º O reclamante será notificado no ato da apresentação da reclamação ou na forma do parágrafo anterior.

Súmula 16/TST: Notificação. Presume-se recebida a notificação 48 (quarenta e oito) horas depois de sua postagem. O seu não recebimento ou a entrega após o decurso desse prazo constituem ônus de prova do destinatário.

§ 3.º Oferecida a contestação, ainda que eletronicamente, o reclamante não poderá, sem o consentimento do reclamado, desistir da ação.

•• § 3.º acrescentado pela Lei n. 13.467, de 13-7-2017.

• *Vide* Enunciado n. 106 da 2.ª Jornada de Direito Material e Processual do Trabalho.

Art. 842. Sendo várias as reclamações e havendo identidade de matéria, poderão ser acumuladas num só processo, se se tratar de empregados da mesma empresa ou estabelecimento.

Arts. 113 a 118 do CPC: Duas ou mais pessoas podem litigar, no mesmo processo, em conjunto, ativa ou passivamente, quando: I – entre elas houver comunhão de direitos ou de obrigações relativamente à lide; II – entre as causas houver conexão pelo pedido ou pela causa de pedir; III – ocorrer afinidade de questões por ponto comum de fato ou de direito. § 1.º O juiz poderá limitar o litisconsórcio facultativo quanto ao número de litigantes na fase de conhecimento, na liquidação de sentença ou na execução, quando este comprometer a rápida solução do litígio ou dificultar a defesa ou o cumprimento da sentença. § 2.º O requerimento de limitação interrompe o prazo para manifestação ou resposta, que recomeçará da intimação da decisão que o solucionar. Art. 114. O litisconsórcio será necessário por disposição de lei ou quando, pela natureza da relação jurídica controvertida, a eficácia da sentença depender da citação de todos que devam ser litisconsortes. Art. 115. A sentença de mérito, quando proferida sem a integração do contraditório, será: I – nula, se a decisão deveria ser uniforme em relação a todos que deveriam ter integrado o processo; II – ineficaz, nos outros casos, apenas para os que não foram citados. Parágrafo único. Nos casos de litisconsórcio passivo necessário, o juiz determinará ao autor que requeira a citação de todos que devam ser litisconsortes, dentro do prazo que assinar, sob pena de extinção do processo. Art. 116. O litisconsórcio será unitário quando, pela natureza da relação jurídica, o juiz tiver de decidir o mérito de modo uniforme para todos os litisconsortes. Art. 117. Os litisconsortes serão considerados, em suas relações com a parte adversa, como litigantes distintos, exceto no litisconsórcio unitário, caso em que os atos e as omissões de um não prejudicarão os outros, mas os poderão beneficiar. Art. 118. Cada litisconsorte tem o direito de promover o andamento do processo, e todos devem ser intimados dos respectivos atos.

SEÇÃO II
Da Audiência de Julgamento

• Audiência no CPC: arts. 358 e s.

Art. 843. Na audiência de julgamento deverão estar presentes o reclamante e o reclamado, independentemente do comparecimento de seus representantes, salvo nos casos de Reclamatórias Plúrimas ou Ações de Cumprimento, quando os empregados poderão fazer-se representar pelo Sindicato de sua categoria.

•• *Caput* com redação determinada pela Lei n. 6.667, de 3-7-1979.

Art. 791 da CLT: Os empregados e os empregadores poderão reclamar pessoalmente perante a Justiça do Trabalho e acompanhar as suas reclamações até o final. § 1.º Nos dissídios individuais os empregados e empregadores poderão fazer-se representar por intermédio do sindicato, advogado, solicitador, ou provisionado, inscrito na Ordem dos Advogados do Brasil. § 2.º Nos dissídios coletivos é facultada aos interessados a assistência por advogado. § 3.º A constituição de procurador com poderes para o foro em geral poderá ser efetivada, mediante simples registro em ata de audiência, a requerimento verbal do advogado interessado, com anuência da parte representada.

§ 1.º É facultado ao empregador fazer-se substituir pelo gerente, ou qualquer outro preposto que tenha conhecimento do fato, e cujas declarações obrigarão o proponente.

Art. 861 da CLT: É facultado ao empregador fazer-se representar na audiência pelo gerente, ou por qualquer outro preposto que tenha conhecimento do dissídio, e por cujas declarações será sempre responsável.

Súmula 377/TST: Preposto. Exigência da condição de empregado. Exceto quanto à reclamação de empregado doméstico, ou contra micro ou pequeno empresário, o preposto deve ser necessariamente empregado do reclamado. Inteligência do art. 843, § 1.º, da CLT e do art. 54 da Lei Complementar n. 123, de 14 de dezembro de 2006.

• Preposto no CPC: arts. 75 e 76.

§ 2.º Se por doença ou qualquer outro motivo poderoso, devidamente comprovado, não for possível ao empregado comparecer pessoalmente, poderá fazer-se representar por outro empregado que pertença à mesma profissão, ou pelo seu sindicato.

•• Mantivemos conforme publicação oficial. Entendemos, no entanto, que o correto seria "ponderoso".

§ 3.º O preposto a que se refere o § 1.º deste artigo não precisa ser empregado da parte reclamada.

•• § 3.º acrescentado pela Lei n. 13.467, de 13-7-2017.

Instrução Normativa n. 41/18, art. 12, §§ 1.º e 3.º: § 1.º Aplica-se o disposto no art. 843, § 3.º, da CLT somente às audiências trabalhistas realizadas após 11 de novembro de 2017. (...) § 3.º Nos termos do art. 843, § 3.º, e do art. 844, § 5.º, da CLT, não se admite a cumulação das condições de advogado e preposto.

Art. 844. O não comparecimento do reclamante à audiência importa o arquivamento da reclamação, e o não comparecimento do reclamado importa revelia, além de confissão quanto à matéria de fato.

Art. 732 da CLT: Na mesma pena do artigo anterior incorrerá o reclamante que, por 2 (duas) vezes seguidas, der causa ao arquivamento de que trata o art. 844.

Súmula 9/TST: Ausência do reclamante. A ausência do reclamante, quando adiada a instrução após contestada a ação em audiência, não importa arquivamento do processo.

Súmula 74/TST: Confissão. I – Aplica-se a confissão à parte que, expressamente intimada com aquela cominação, não comparecer à audiência em prosseguimento, na qual deveria depor. II – A prova pré-constituída nos autos pode ser levada em conta para confronto com a confissão ficta (arts. 442 e 443 do CPC de 2015 – art. 400, I, do CPC de 1973), não implicando cerceamento de defesa o indeferimento de provas posteriores. III – A vedação à produção de prova posterior pela parte confessa somente a ela se aplica, não afetando o exercício, pelo magistrado, do poder/dever de conduzir o processo.

Súmula 122/TST: Revelia. Atestado médico. A reclamada, ausente à audiência em que deveria apresentar defesa, é revel, ainda que presente seu advogado munido de procuração, podendo ser ilidida a revelia mediante a apresentação de atestado médico, que deverá declarar, expressamente, a impossibilidade de locomoção do empregador ou do seu preposto no dia da audiência.

§ 1.º Ocorrendo motivo relevante, poderá o juiz suspender o julgamento, designando nova audiência.

•• Anterior parágrafo único com redação determinada pela Lei n. 13.467, de 13-7-2017.

§ 2.º Na hipótese de ausência do reclamante, este será condenado ao pagamento das custas calculadas na forma do art. 789 desta Consolidação, ainda que beneficiário da justiça gratuita, salvo se comprovar, no prazo de quinze dias, que a ausência ocorreu por motivo legalmente justificável.

•• § 2.º acrescentado pela Lei n. 13.467, de 13-7-2017.

Instrução Normativa n. 41/18, art. 12, *caput*: Os arts. 840 e 844, §§ 2.º, 3.º e 5.º, da CLT, com as redações dadas pela Lei n. 13.467, de 13 de julho de 2017, não retroagirão, aplicando-se, exclusivamente, às ações ajuizadas a partir de 11 de novembro de 2017.

•• *Vide* Enunciado n. 103 da 2.ª Jornada de Direito Material e Processual do Trabalho.

§ 3.º O pagamento das custas a que se refere o § 2.º é condição para a propositura de nova demanda.

•• § 3.º acrescentado pela Lei n. 13.467, de 13-7-2017.

Instrução Normativa n. 41/18, art. 12, *caput*: Os arts. 840 e 844, §§ 2.º, 3.º e 5.º, da CLT, com as redações dadas pela Lei n. 13.467, de 13 de julho de 2017, não retroagirão, aplicando-se, exclusivamente, às ações ajuizadas a partir de 11 de novembro de 2017.

•• *Vide* Enunciado n. 103 da 2.ª Jornada de Direito Material e Processual do Trabalho.

§ 4.º A revelia não produz o efeito mencionado no *caput* deste artigo se:

•• § 4.º, *caput*, acrescentado pela Lei n. 13.467, de 13-7-2017.

I – havendo pluralidade de reclamados, algum deles contestar a ação;

•• Inciso I acrescentado pela Lei n. 13.467, de 13-7-2017.

II – o litígio versar sobre direitos indisponíveis;

•• Inciso II acrescentado pela Lei n. 13.467, de 13-7-2017.

III – a petição inicial não estiver acompanhada de instrumento que a lei considere indispensável à prova do ato;

•• Inciso III acrescentado pela Lei n. 13.467, de 13-7-2017.

IV – as alegações de fato formuladas pelo reclamante forem inverossímeis ou estiverem em contradição com prova constante dos autos.

•• Inciso IV acrescentado pela Lei n. 13.467, de 13-7-2017.

§ 5.º Ainda que ausente o reclamado, presente o advogado na audiência, serão aceitos a contestação e os documentos eventualmente apresentados.

•• § 5.º acrescentado pela Lei n. 13.467, de 13-7-2017.

Instrução Normativa n. 41/18, art. 12, *caput*: Os arts. 840 e 844, §§ 2.º, 3.º e 5.º, da CLT, com as redações dadas pela Lei n. 13.467, de 13 de julho de 2017, não retroagirão, aplicando-se, exclusivamente, às ações ajuizadas a partir de 11 de novembro de 2017.

• *Vide* Enunciado n. 104 da 2.ª Jornada de Direito Material e Processual do Trabalho.

Art. 845. O reclamante e o reclamado comparecerão à audiência acompanhados das suas testemunhas, apresentando, nessa ocasião, as demais provas.

Súmula 9/TST: Ausência do reclamante. A ausência do reclamante, quando adiada a instrução após contestada a ação em audiência, não importa arquivamento do processo.

• *Vide* arts. 787 e 852-H da CLT.

• *Vide* Súmulas 8 e 74 do TST.

Art. 846. Aberta a audiência, o juiz ou presidente proporá a conciliação.

•• *Caput* com redação determinada pela Lei n. 9.022, de 5-4-1995.

• *Vide* arts. 850 e 852-E da CLT.

§ 1.º Se houver acordo lavrar-se-á termo, assinado pelo presidente e pelos litigantes, consignando-se o prazo e demais condições para seu cumprimento.

•• § 1.º acrescentado pela Lei n. 9.022, de 5-4-1995.

Art. 764, § 3.º, da CLT: É lícito às partes celebrar acordo que ponha termo ao processo, ainda mesmo depois de encerrado o juízo conciliatório.

•• *Vide* Lei n. 13.340, de 26-6-2015 (mediação e autocomposição).

§ 2.º Entre as condições a que se refere o parágrafo anterior, poderá ser estabelecida a de ficar a parte que não cumprir o acordo obrigada a satisfazer integralmente o pedido ou pagar uma indenização convencionada, sem prejuízo do cumprimento do acordo.

•• § 2.º acrescentado pela Lei n. 9.022, de 5-4-1995.

Art. 847. Não havendo acordo, o reclamado terá vinte minutos para aduzir sua defesa, após a leitura da reclamação, quando esta não for dispensada por ambas as partes.

•• *Caput* com redação determinada pela Lei n. 9.022, de 5-4-1995.

Art. 5.º, LV, da CF: Todos são iguais perante a lei, sem distinção de qualquer natureza, garantindo-se aos brasileiros e aos estrangeiros residentes no País a inviolabilidade do direito à vida, à liberdade, à igualdade, à segurança e à propriedade, nos termos seguintes: (...) LV – aos litigantes, em processo judicial ou administrativo, e aos acusados em geral são assegurados o contraditório e ampla defesa, com os meios e recursos a ela inerentes.

Art. 799 da CLT: Nas causas da jurisdição da Justiça do Trabalho, somente podem ser opostas, com suspensão do feito, as exceções de suspeição ou incompetência. § 1.º As demais exceções serão alegadas como matéria de defesa. § 2.º Das decisões sobre exceções de suspeição e incompetência, salvo, quanto a estas, se terminativas do feito, não caberá recurso, podendo, no entanto, as partes alegá-las novamente no recurso que couber da decisão final.

Lei n. 5.584/70, art. 2.º: Nos dissídios individuais, proposta a conciliação, e, não havendo acordo, o Presidente da Junta ou o Juiz, antes de passar à instrução da causa, fixar-lhe-á o valor para a determinação da alçada, se este for indeterminado no pedido. § 1.º Em audiência, ao aduzir razões finais, poderá qualquer das partes impugnar o valor fixado e, se o Juiz o mantiver, pedir revisão da decisão, no prazo de 48 (quarenta e oito) horas, ao Presidente do Tribunal Regional. § 2.º O pedido de revisão, que não terá efeito suspensivo, deverá ser instruído com a petição inicial e a Ata da Audiência, em cópia autenticada pela Secretaria da Junta, e será julgado em 48 (quarenta e oito) horas, a partir do seu recebimento pelo Presidente do Tribunal Regional. § 3.º Quando o valor fixado para a causa, na forma deste artigo, não exceder de 2 (duas) vezes o salário mínimo vigente na sede do Juízo, será dispensável o resumo dos depoimentos, devendo constar da Ata a conclusão da Junta quanto à matéria de fato. § 4.º Salvo se versarem sobre matéria constitucional, nenhum recurso caberá das sentenças proferidas nos dissídios da alçada a que se refere o parágrafo anterior, considerado, para esse fim, o valor do salário mínimo à data do ajuizamento da ação.

• *Vide* arts. 335 e s. do CPC.

Parágrafo único. A parte poderá apresentar defesa escrita pelo sistema de processo judicial eletrônico até a audiência.

•• Parágrafo único acrescentado pela Lei n. 13.467, de 13-7-2017.

Art. 848. Terminada a defesa, seguir-se-á a instrução do processo, podendo o presidente, *ex officio* ou a requerimento de qualquer juiz temporário, interrogar os litigantes.

•• *Caput* com redação determinada pela Lei n. 9.022, de 5-4-1995.

•• *Vide* nota ao artigo anterior.

§ 1.º Findo o interrogatório, poderá qualquer dos litigantes retirar-se, prosseguindo a instrução com o seu representante.

§ 2.º Serão, a seguir, ouvidas as testemunhas, os peritos e os técnicos, se houver.

Art. 849. A audiência de julgamento será contínua; mas, se não for possível, por motivo de força maior, concluí-la no mesmo dia, o juiz ou presidente marcará a sua continuação para a primeira desimpedida, independentemente de nova notificação.

• *Vide* arts. 765, 813 e 852-C da CLT.

Art. 850. Terminada a instrução, poderão as partes aduzir razões finais, em prazo não excedente de 10 (dez) minutos para cada uma. Em seguida, o juiz ou presidente renovará a proposta de conciliação, e não se realizando esta, será proferida a decisão.

Parágrafo único. O Presidente da Junta, após propor a solução do dissídio, tomará os votos dos vogais e, havendo divergência entre estes, poderá desempatar ou proferir decisão que melhor atenda ao cumprimen to da lei e ao justo equilíbrio entre os votos divergentes e ao interesse social.

•• Extinção das Juntas de Conciliação e Julgamento e da representação classista na Justiça do Trabalho: Emenda Constitucional n. 24, de 9-12-1999.

Art. 851. Os trâmites de instrução e julgamento da reclamação serão resumidos em ata, de que constará, na íntegra, a decisão.

•• *Caput* com redação determinada pelo Decreto-lei n. 8.737, de 19-1-1946.

§ 1.º Nos processos de exclusiva alçada das Juntas, será dispensável, a juízo do presidente, o resumo dos depoimentos, devendo constar da ata a conclusão do Tribunal quanto à matéria de fato.

•• § 1.º com redação determinada pelo Decreto-lei n. 8.737, de 19-1-1946.

•• Extinção das Juntas de Conciliação e Julgamento: Emenda Constitucional n. 24, de 9-12-1999.

§ 2.º A ata será, pelo presidente ou juiz, junta ao processo, devidamente assinada, no prazo improrrogável de 48 (quarenta e oito) horas, contado da audiência de julgamento, e assinada pelos vogais presentes à mesma audiência.

•• § 2.º com redação determinada pelo Decreto-lei n. 8.737, de 19-1-1946.

•• Extinção das Juntas de Conciliação e Julgamento e da representação classista na Justiça do Trabalho: Emenda Constitucional n. 24, de 9-12-1999.

Lei n. 5.584/70, art 2.º, § 3.º: Quando o valor fixado para a causa, na forma deste artigo, não exceder de 2 (duas) vezes o salário mínimo vigente na sede do Juízo, será dispensável o resumo dos depoimentos, devendo constar da Ata a conclusão da Junta quanto à matéria de fato.

Súmula 30/TST: Intimação da sentença. Quando não juntada a ata ao processo em 48 horas, contadas da audiência de julgamento (art. 851, § 2.º, da CLT), o prazo para recurso será contado da data em que a parte receber a intimação da sentença.

Art. 852. Da decisão serão os litigantes notificados, pessoalmente, ou por seu representante, na própria audiência. No caso de revelia, a notificação far-se-á pela forma estabelecida no § 1.º do art. 841.

Súmula 197/TST: Prazo. O prazo para recurso da parte que, intimada, não comparecer à audiência em prosseguimento para a prolação da sentença conta-se de sua publicação.

SEÇÃO II-A

Do Procedimento Sumaríssimo

•• Seção II-A acrescentada pela Lei n. 9.957, de 12-1-2000.

Art. 852-A. Os dissídios individuais cujo valor não exceda a 40 (quarenta) vezes o salário mínimo vigente na data do ajuizamento da reclamação ficam submetidos ao procedimento sumaríssimo.

•• *Caput* acrescentado pela Lei n. 9.957, de 12-1-2000.

Parágrafo único. Estão excluídas do procedimento sumaríssimo as demandas em que é parte a Administração Pública direta, autárquica e fundacional.

•• Parágrafo único acrescentado pela Lei n. 9.957, de 12-1-2000.

Art. 852-B. Nas reclamações enquadradas no procedimento sumaríssimo:

• *Vide* Súmula 268 do TST.

I – o pedido deverá ser certo ou determinado e indicará o valor correspondente;

II – não se fará citação por edital, incumbindo ao autor a correta indicação do nome e endereço do reclamado;

•• *Vide* nota ao art. 625-D, *caput*, da CLT.

III – a apreciação da reclamação deverá ocorrer no prazo máximo de 15 (quinze) dias do seu ajuizamento, podendo constar de pauta especial, se necessário, de acordo com o movimento judiciário da Junta de Conciliação e Julgamento.

•• *Caput* e incisos acrescentados pela Lei n. 9.957, de 12-1-2000.

•• Extinção das Juntas de Conciliação e Julgamento: Emenda Constitucional n. 24, de 9-12-1999.

§ 1.º O não atendimento, pelo reclamante, do disposto nos incisos I e II deste artigo importará no arquivamento da reclamação e condenação ao pagamento de custas sobre o valor da causa.

•• § 1.º acrescentado pela Lei n. 9.957, de 12-1-2000.

Arts. 9.º e 10 do CPC: Não se proferirá decisão contra uma das partes sem que ela seja previamente ouvida. Parágrafo único. O disposto no *caput* não se aplica: I – à tutela provisória de urgência; II – às hipóteses de tutela da evidência previstas no art. 311, incisos II e III; III – à decisão prevista no art. 701. Art. 10. O juiz não pode decidir, em grau algum de jurisdição, com base em fundamento a respeito do qual não se tenha dado às partes oportunidade de se manifestar, ainda que se trate de matéria sobre a qual deva decidir de ofício.

§ 2.º As partes e advogados comunicarão ao juízo as mudanças de endereço ocorridas no curso do processo, reputando-se eficazes as intimações enviadas ao local anteriormente indicado, na ausência de comunicação.

•• § 2.º acrescentado pela Lei n. 9.957, de 12-1-2000.

Art. 274, parágrafo único, do CPC: Presumem-se válidas as intimações dirigidas ao endereço constante dos autos, ainda que não recebidas pessoalmente pelo interessado, se a modificação temporária ou definitiva não tiver sido devidamente comunicada ao juízo, fluindo os prazos a partir da juntada aos autos do comprovante de entrega da correspondência no primitivo endereço.

Art. 852-C. As demandas sujeitas a rito sumaríssimo serão instruídas e julgadas em audiência única, sob a direção de juiz presidente ou substituto, que poderá ser convocado para atuar simultaneamente com o titular.

•• Artigo acrescentado pela Lei n. 9.957, de 12-1-2000.

Art. 852-D. O juiz dirigirá o processo com liberdade para determinar as provas a serem produzidas, considerado o ônus probatório de cada litigante, podendo limitar ou excluir as que considerar excessivas, impertinentes ou protelatórias, bem como para apreciá-las e dar especial valor às regras de experiência comum ou técnica.

•• Artigo acrescentado pela Lei n. 9.957, de 12-1-2000.

Arts. 370 e 371 do CPC: Caberá ao juiz, de ofício ou a requerimento da parte, determinar as provas necessárias ao julgamento do mérito. Parágrafo único. O juiz indeferirá, em decisão fundamentada, as diligências inúteis ou meramente protelatórias. Art. 371. O juiz apreciará a prova constante dos autos, independentemente do sujeito que a tiver promovido, e indicará na decisão as razões da formação de seu convencimento.

Art. 852-E. Aberta a sessão, o juiz esclarecerá as partes presentes sobre as vantagens da conciliação e usará os meios adequados de persuasão para a solução conciliatória do litígio, em qualquer fase da audiência.

•• Artigo acrescentado pela Lei n. 9.957, de 12-1-2000.

Art. 852-F. Na ata de audiência serão registrados resumidamente os atos essenciais, as afirmações fundamentais das partes e as informações úteis à solução da causa trazidas pela prova testemunhal.

•• Artigo acrescentado pela Lei n. 9.957, de 12-1-2000.

Art. 852-G. Serão decididos, de plano, todos os incidentes e exceções que possam interferir no prosseguimento da audiência e do processo. As demais questões serão decididas na sentença.

•• Artigo acrescentado pela Lei n. 9.957, de 12-1-2000.

Art. 852-H. Todas as provas serão produzidas na audiência de instrução e julgamento, ainda que não requeridas previamente.

•• *Caput* acrescentado pela Lei n. 9.957, de 12-1-2000.

§ 1.º Sobre os documentos apresentados por uma das partes manifestar-se-á imediatamente a parte contrária, sem interrupção da audiência, salvo absoluta impossibilidade, a critério do juiz.

•• § 1.º acrescentado pela Lei n. 9.957, de 12-1-2000.

§ 2.º As testemunhas, até o máximo de duas para cada parte, comparecerão à audiência de instrução e julgamento independentemente de intimação.

•• § 2.º acrescentado pela Lei n. 9.957, de 12-1-2000.

§ 3.º Só será deferida intimação de testemunha que, comprovadamente convidada, deixar de comparecer. Não comparecendo a testemunha intimada, o juiz poderá determinar sua imediata condução coercitiva.

•• § 3.º acrescentado pela Lei n. 9.957, de 12-1-2000.

§ 4.º Somente quando a prova do fato o exigir, ou for legalmente imposta, será deferida prova técnica, incumbindo ao juiz, desde logo, fixar o prazo, o objeto da perícia e nomear perito.

•• § 4.º acrescentado pela Lei n. 9.957, de 12-1-2000.

§ 5.º (*Vetado.*)

•• § 5.º acrescentado pela Lei n. 9.957, de 12-1-2000.

§ 6.º As partes serão intimadas a manifestar-se sobre o laudo, no prazo comum de 5 (cinco) dias.

•• § 6.º acrescentado pela Lei n. 9.957, de 12-1-2000.

§ 7.º Interrompida a audiência, o seu prosseguimento e a solução do processo dar-se-ão no prazo máximo de 30 (trinta) dias, salvo motivo relevante justificado nos autos pelo juiz da causa.

•• § 7.º acrescentado pela Lei n. 9.957, de 12-1-2000.

Art. 852-I. A sentença mencionará os elementos de convicção do juízo, com resumo dos fatos relevantes ocorridos em audiência, dispensado o relatório.

•• *Caput* acrescentado pela Lei n. 9.957, de 12-1-2000.

§ 1.º O juízo adotará em cada caso a decisão que reputar mais justa e equânime, atendendo aos fins sociais da lei e as exigências do bem comum.

•• § 1.º acrescentado pela Lei n. 9.957, de 12-1-2000.

Art. 8.º do CPC: Ao aplicar o ordenamento jurídico, o juiz atenderá aos fins sociais e às exigências do bem comum, resguardando e promovendo a dignidade da pessoa humana e observando a proporcionalidade, a razoabilidade, a legalidade, a publicidade e a eficiência.

§ 2.º (*Vetado.*)

•• § 2.º acrescentado pela Lei n. 9.957, de 12-1-2000.

§ 3.º As partes serão intimadas da sentença na própria audiência em que prolatada.

•• § 3.º acrescentado pela Lei n. 9.957, de 12-1-2000.

SEÇÃO III

Do Inquérito para Apuração de Falta Grave

Art. 853. Para a instauração do inquérito para apuração de falta grave contra empregado garantido com estabilidade, o empregador apresentará reclamação por escrito à Junta ou Juízo de Direito, dentro de 30 (trinta) dias, contados da data da suspensão do empregado.

•• Extinção das Juntas de Conciliação e Julgamento: Emenda Constitucional n. 24, de 9-12-1999.

Art. 494 da CLT: O empregado acusado de falta grave poderá ser suspenso de suas funções, mas a sua despedida só se tornará efetiva após o inquérito em que se verifique a procedência da acusação. Parágrafo único. A suspensão, no caso deste artigo, perdurará até a decisão final do processo.

Súmula 403/STF: É de decadência o prazo de 30 (trinta) dias para instauração do inquérito judicial, a contar da suspensão, por falta grave, de empregado estável.

Súmula 62/TST: Abandono de emprego. O prazo de decadência do direito do empregador de ajuizar inquérito em face do empregado que incorre em abandono de emprego é contado a partir do momento em que o empregado pretendeu seu retorno ao serviço.

Art. 854. O processo do inquérito perante a Junta ou Juízo obedecerá às normas estabelecidas no presente Capítulo, observadas as disposições desta Seção.

•• Extinção das Juntas de Conciliação e Julgamento: Emenda Constitucional n. 24, de 9-12-1999.

Art. 855. Se tiver havido prévio reconhecimento da estabilidade do empregado, o julgamento do inquérito pela Junta ou Juízo não prejudicará a execução para pagamento dos salários devidos ao empregado, até a data da instauração do mesmo inquérito.

•• Extinção das Juntas de Conciliação e Julgamento: Emenda Constitucional n. 24, de 9-12-1999.

SEÇÃO IV
Do Incidente de Desconsideração da Personalidade Jurídica

•• Seção IV acrescentada pela Lei n. 13.467, de 13-7-2017.

Art. 855-A. Aplica-se ao processo do trabalho o incidente de desconsideração da personalidade jurídica previsto nos arts. 133 a 137 da Lei n. 13.105, de 16 de março de 2015 – Código de Processo Civil.

•• *Caput* acrescentado pela Lei n. 13.467, de 13-7-2017.

§ 1.º Da decisão interlocutória que acolher ou rejeitar o incidente:

•• § 1.º, *caput*, acrescentado pela Lei n. 13.467, de 13-7-2017.

I – na fase de cognição, não cabe recurso de imediato, na forma do § 1.º do art. 893 desta Consolidação;

•• Inciso I acrescentado pela Lei n. 13.467, de 13-7-2017.

II – na fase de execução, cabe agravo de petição, independentemente de garantia do juízo;

•• Inciso II acrescentado pela Lei n. 13.467, de 13-7-2017.

III – cabe agravo interno se proferida pelo relator em incidente instaurado originariamente no tribunal.

•• Inciso III acrescentado pela Lei n. 13.467, de 13-7-2017.

§ 2.º A instauração do incidente suspenderá o processo, sem prejuízo de concessão da tutela de urgência de natureza cautelar de que trata o art. 301 da Lei n. 13.105, de 16 de março de 2015 (Código de Processo Civil).

•• § 2.º acrescentado pela Lei n. 13.467, de 13-7-2017.

CAPÍTULO III-A
DO PROCESSO DE JURISDIÇÃO VOLUNTÁRIA PARA HOMOLOGAÇÃO DE ACORDO EXTRAJUDICIAL

•• Capítulo III-A acrescentado pela Lei n. 13.467, de 13-7-2017.

Art. 855-B. O processo de homologação de acordo extrajudicial terá início por petição conjunta, sendo obrigatória a representação das partes por advogado.

•• *Caput* acrescentado pela Lei n. 13.467, de 13-7-2017.

§ 1.º As partes não poderão ser representadas por advogado comum.

•• § 1.º acrescentado pela Lei n. 13.467, de 13-7-2017.

§ 2.º Faculta-se ao trabalhador ser assistido pelo advogado do sindicato de sua categoria.

•• § 2.º acrescentado pela Lei n. 13.467, de 13-7-2017.

Art. 855-C. O disposto neste Capítulo não prejudica o prazo estabelecido no § 6.º do art. 477 desta Consolidação e não afasta a aplicação da multa prevista no § 8.º do art. 477 desta Consolidação.

•• Artigo acrescentado pela Lei n. 13.467, de 13-7-2017.

Art. 855-D. No prazo de quinze dias a contar da distribuição da petição, o juiz analisará acordo, designará audiência se entender necessário e proferirá sentença.

•• Artigo acrescentado pela Lei n. 13.467, de 13-7-2017.

Art. 855-E. A petição de homologação de acordo extrajudicial suspende o prazo prescricional da ação quanto aos direitos nela especificados.

•• *Caput* acrescentado pela Lei n. 13.467, de 13-7-2017.

Parágrafo único. O prazo prescricional voltará a fluir no dia útil seguinte ao do trânsito em julgado da decisão que negar a homologação do acordo.

•• Parágrafo único com redação determinada pela Lei n. 13.467, de 13-7-2017.

CAPÍTULO IV
DOS DISSÍDIOS COLETIVOS

Art. 8.º, VI, da CF: É livre a associação profissional ou sindical, observado o seguinte: (...) VI – é obrigatória a participação dos sindicatos nas negociações coletivas de trabalho.

Lei n. 5.584/70, art. 8.º: Das decisões proferidas nos dissídios coletivos poderá a União interpor recurso, o qual será sempre recebido no efeito suspensivo quanto à parte que exceder o índice fixado pela política salarial do Governo.

Lei n. 4.725/65, art. 6.º, § 1.º: Os recursos das decisões proferidas nos dissídios coletivos terão efeito meramente devolutivo. § 1.º O Presidente do Tribunal Superior do Trabalho poderá dar efeito suspensivo ao recurso, a requerimento do recorrente em petição fundamentada. Do despacho caberá agravo para o Pleno, no prazo de 5 (cinco) dias, de conformidade com o disposto no Regimento Interno do Tribunal.

• Sobre a competência para relatar o pedido de homologação de acordo em processo de dissídio coletivo: Resolução Administrativa n. 30, de 23-4-1987.

• A Resolução Administrativa n. 54, de 19-6-1989, trata do procedimento a ser adotado nos pedidos de homologação de acordo em processo de dissídio coletivo.

• Sobre normas procedimentais no dissídio coletivo, *vide* arts. 64 a 67 da Consolidação dos Provimentos da Corregedoria-Geral da Justiça do Trabalho.

SEÇÃO I
Da Instauração da Instância

Art. 856. A instância será instaurada mediante representação escrita ao Presidente do Tribunal. Poderá ser também instaurada por iniciativa do presidente, ou, ainda, a requerimento da Procuradoria da Justiça do Trabalho, sempre que ocorrer suspensão do trabalho.

•• Artigo com redação determinada pelo Decreto-lei n. 7.321, de 14-2-1945.

Art. 5.º, XXXVI, da CF: Todos são iguais perante a lei, sem distinção de qualquer natureza, garantindo-se aos brasileiros e aos estrangeiros residentes no País a inviolabilidade do direito à vida, à liberdade, à igualdade, à segurança e à propriedade, nos termos seguintes: (...) XXXVI – a lei não prejudicará o direito adquirido, o ato jurídico perfeito e a coisa julgada.

Art. 114, §§ 1.º a 3.º, da CF: Frustrada a negociação coletiva, as partes poderão eleger árbitros. § 2.º Recusando-se qualquer das partes à negociação coletiva ou à arbitragem, é facultado às mesmas, de comum acordo, ajuizar dissídio coletivo de natureza econômica, podendo a Justiça do Trabalho decidir o conflito, respeitadas as disposições mínimas legais de proteção ao trabalho, bem como as convencionadas anteriormente. § 3.º Em caso de greve em atividade essencial, com possibilidade de lesão do interesse público, o Ministério Público do Trabalho poderá ajuizar dissídio coletivo, competindo à Justiça do Trabalho decidir o conflito.

• *Vide* Lei n. 7.701, de 21-12-1988.

Art. 857. A representação para instaurar a instância em dissídio coletivo constitui prerrogativa das associações sindicais, excluídas as hipóteses aludidas no art. 856, quando ocorrer suspensão do trabalho.

•• *Caput* com redação determinada pelo Decreto-lei n. 7.321, de 14-2-1945.

Parágrafo único. Quando não houver sindicato representativo da categoria econômica ou profissional, poderá a representação ser instaurada pelas federações correspondentes e, na falta destas, pelas confederações respectivas, no âmbito de sua representação.

•• Parágrafo único acrescentado pela Lei n. 2.693, de 23-12-1955.

Art. 858. A representação será apresentada em tantas vias quantos forem os reclamados e deverá conter:

a) a designação e qualificação dos reclamantes e dos reclamados e a natureza do estabelecimento ou do serviço;

b) os motivos do dissídio e as bases da conciliação.

Art. 840, § 1.º, da CLT: Sendo escrita, a reclamação deverá conter a designação do juízo, a qualificação das partes, a breve exposição dos fatos de que resulte o dissídio, o pedido, que deverá ser certo, determinado e com indicação de seu valor, a data e a assinatura do reclamante ou de seu representante.

• *Vide* art. 319 do CPC.

Art. 859. A representação dos sindicatos para instauração da instância fica subordinada à aprovação de assembleia, da qual participem os associados interessados na solução do dissídio coletivo, em primeira convocação, por maioria de 2/3 (dois terços) dos mesmos, ou, em segunda convocação, por 2/3 (dois terços) dos presentes.

•• Artigo com redação determinada pelo Decreto-lei n. 7.321, de 14-2-1945. Havia aqui um parágrafo único, não previsto na alteração posterior.

Lei n. 7.783/89, art. 8.º: Justiça do Trabalho, por iniciativa de qualquer das partes ou do Ministério Público do Trabalho, decidirá sobre a procedência, total ou parcial, ou improcedência das reivindicações, cumprindo ao Tribunal publicar, de imediato, o competente acórdão.

SEÇÃO II

Da Conciliação e do Julgamento

Art. 860. Recebida e protocolada a representação, e estando na devida forma, o Presidente do Tribunal designará a audiência de conciliação, dentro do prazo de 10 (dez) dias, determinando a notificação dos dissidentes, com observância do disposto no art. 841.

Parágrafo único. Quando a instância for instaurada *ex officio*, a audiência deverá ser realizada dentro do prazo mais breve possível, após o reconhecimento do dissídio.

Art. 861. É facultado ao empregador fazer-se representar na audiência pelo gerente, ou por qualquer outro preposto que tenha conhecimento do dissídio, e por cujas declarações será sempre responsável.

Art. 862. Na audiência designada, comparecendo ambas as partes ou seus representantes, o Presidente do Tribunal as convidará para se pronunciarem sobre as bases da conciliação. Caso não sejam aceitas as bases propostas, o Presidente submeterá aos interessados a solução que lhe pareça capaz de resolver o dissídio.

Art. 863. Havendo acordo, o Presidente o submeterá à homologação do Tribunal na primeira sessão.

Art. 864. Não havendo acordo, ou não comparecendo ambas as partes ou uma delas, o presidente submeterá o processo a julgamento, depois de realizadas as diligências que entender necessárias e ouvida a Procuradoria.

•• Artigo com redação determinada pelo Decreto-lei n. 8.737, de 19-1-1946.

Art. 865. Sempre que, no decorrer do dissídio, houver ameaça de perturbação da ordem, o presidente requisitará à autoridade competente as providências que se tornarem necessárias.

Art. 866. Quando o dissídio ocorrer fora da sede do Tribunal, poderá o presidente, se julgar conveniente, delegar à autoridade local as atribuições de que tratam os arts. 860 e 862. Nesse caso, não havendo conciliação, a autoridade delegada encaminhará o processo ao Tribunal, fazendo exposição circunstanciada dos fatos e indicando a solução que lhe parecer conveniente.

Art. 867. Da decisão do Tribunal serão notificadas as partes, ou seus representantes, em registrado postal, com franquia, fazendo-se, outrossim, a sua publicação no jornal oficial, para ciência dos demais interessados.

Parágrafo único. A sentença normativa vigorará:

Súmula 246/TST: Ação de cumprimento. Trânsito em julgado da sentença normativa. É dispensável o trânsito em julgado da sentença normativa para a propositura da ação de cumprimento.

Precedente Normativo 120: Sentença normativa. Duração. Possibilidade e limites. A sentença normativa vigora, desde seu termo inicial até que sentença normativa, convenção coletiva de trabalho ou acordo coletivo de trabalho superveniente produza sua revogação, expressa ou tácita, respeitado, porém, o prazo máximo legal de quatro anos de vigência.

a) a partir da data de sua publicação, quando ajuizado o dissídio após o prazo do art. 616, § 3.º, ou, quando não existir acordo, convenção ou sentença normativa em vigor, da data do ajuizamento;

b) a partir do dia imediato ao termo final de vigência do acordo, convenção ou sentença normativa, quando ajuizado o dissídio no prazo do art. 616, § 3.º.

•• Parágrafo único acrescentado pelo Decreto-lei n. 424, de 21-1-1969.

SEÇÃO III

Da Extensão das Decisões

Art. 868. Em caso de dissídio coletivo que tenha por motivo novas condições de trabalho e no qual figure como parte apenas uma fração de empregados de uma empresa, poderá o Tribunal competente, na própria decisão, estender tais condições de trabalho, se julgar justo e conveniente, aos demais empregados da empresa que forem da mesma profissão dos dissidentes.

Súmula 349/STF: A prescrição atinge somente as prestações de mais de 2 (dois) anos, reclamadas com fundamento em decisão normativa da Justiça do Trabalho, ou em convenção coletiva de trabalho, quando não estiver em causa a própria validade de tais atos.

Parágrafo único. O Tribunal fixará a data em que a decisão deve entrar em execução, bem como o prazo de sua vigência, o qual não poderá ser superior a 4 (quatro) anos.

Art. 869. A decisão sobre novas condições de trabalho poderá também ser estendida a todos os empregados da mesma categoria profissional compreendida na jurisdição do Tribunal:

Súmula 349/STF: A prescrição atinge somente as prestações de mais de 2 (dois) anos, reclamadas com fundamento em decisão normativa da Justiça do Trabalho, ou em convenção coletiva de trabalho, quando não estiver em causa a própria validade de tais atos.

a) por solicitação de 1 (um) ou mais empregadores, ou de qualquer sindicato destes;

b) por solicitação de 1 (um) ou mais sindicatos de empregados;

c) *ex officio*, pelo Tribunal que houver proferido a decisão;

d) por solicitação da Procuradoria da Justiça do Trabalho.

Art. 870. Para que a decisão possa ser estendida, na forma do artigo anterior, torna-se preciso que 3/4 (três quartos) dos empregadores e 3/4 (três quartos) dos empregados, ou os respectivos sindicatos, concordem com a extensão da decisão.

§ 1.º O Tribunal competente marcará prazo, não inferior a 30 (trinta) nem superior a 60 (sessenta) dias, a fim de que se manifestem os interessados.

§ 2.º Ouvidos os interessados e a Procuradoria da Justiça do Trabalho, será o processo submetido ao julgamento do Tribunal.

Art. 871. Sempre que o Tribunal estender a decisão, marcará a data em que a extensão deva entrar em vigor.

SEÇÃO IV

Do Cumprimento das Decisões

Art. 872. Celebrado o acordo, ou transitada em julgado a decisão, seguir-se-á o seu cumprimento, sob as penas estabelecidas neste Título.

Parágrafo único. Quando os empregadores deixarem de satisfazer o pagamento de salários, na conformidade da decisão proferida, poderão os empregados ou seus sindicatos, independentes de outorga de poderes de seus associados, juntando certidão de tal decisão, apresentar reclamação à Junta ou Juízo competente, observado o processo previsto no Capítulo II deste Título, sendo vedado, porém, questionar sobre a matéria de fato e de direito já apreciada na decisão.

•• Parágrafo único com redação determinada pela Lei n. 2.275, de 30-7-1954.

•• Extinção das Juntas de Conciliação e Julgamento: Emenda Constitucional n. 24, de 9-12-1999.

Art. 8.º, III, da CF: É livre a associação profissional ou sindical, observado o seguinte: (...) III – ao sindicato cabe a defesa dos direitos e interesses coletivos ou individuais da categoria, inclusive em questões judiciais ou administrativas.

Súmula 246/TST: Ação de cumprimento. Trânsito em julgado da sentença normativa. É dispensável o trânsito em julgado da sentença normativa para a propositura da ação de cumprimento.

Súmula 286/TST: Sindicato. Substituição processual. Convenção e acordo coletivos. A legitimidade do sindicato para propor ação de cumprimento estende-se também à observância de acordo ou de convenção coletivos.

Súmula 350/TST: Prescrição. Termo inicial. Ação de cumprimento. Sentença normativa. O prazo de prescrição com relação à ação de cumprimento de decisão normativa flui apenas da data de seu trânsito em julgado.

SEÇÃO V

Da Revisão

Art. 873. Decorrido mais de 1 (um) ano de sua vigência, caberá revisão das decisões que fixarem condições de trabalho, quando se tiverem modificado as circunstâncias que as ditaram, de modo que tais condições se hajam tornado injustas ou inaplicáveis.

Art. 874. A revisão poderá ser promovida por iniciativa do Tribunal prolator, da Procuradoria da Justiça do Trabalho, das associações sindicais ou de empregador ou empregadores interessados no cumprimento da decisão.

Parágrafo único. Quando a revisão for promovida por iniciativa do Tribunal prolator ou da Procuradoria, as associações sindicais e o empregador ou empregadores interessados serão ouvidos no prazo de 30 (trinta) dias. Quando promovida por uma das partes interessadas, serão as outras ouvidas também por igual prazo.

Art. 875. A revisão será julgada pelo Tribunal que tiver proferido a decisão, depois de ouvida a Procuradoria da Justiça do Trabalho.

CAPÍTULO V

DA EXECUÇÃO

• Do cumprimento da sentença no CPC: arts. 513 e s.

• Do processo de execução no CPC: arts. 771 e s.

SEÇÃO I

Das Disposições Preliminares

Art. 876. As decisões passadas em julgado ou das quais não tenha havido recurso com efeito suspensivo; os acordos, quando não cumpridos; os termos de ajuste de conduta firmados perante o Ministério Público do Trabalho e os termos de conciliação firmados perante as Comissões de Conciliação Prévia serão executados pela forma estabelecida neste Capítulo.

•• *Caput* com redação determinada pela Lei n. 9.958, de 12-1-2000.

• *Vide* arts. 831, parágrafo único, e 899 da CLT.

• *Vide* arts. 515 e 784 do CPC.

• *Vide* Enunciado n. 73 da 1.ª Jornada de Direito do Trabalho.

Parágrafo único. A Justiça do Trabalho executará, de ofício, as contribuições sociais previstas na alínea *a* do inciso I e no inciso II do *caput* do art. 195 da Constituição Federal, e seus acréscimos legais, relativas ao objeto da condenação constante das sentenças que proferir e dos acordos que homologar.

•• Parágrafo único com redação determinada pela Lei n. 13.467, de 13-7-2017.

Art. 195, *caput*, I, *a*, e II, da CF: A seguridade social será financiada por toda a sociedade, de forma direta e indireta, nos termos da lei, mediante recursos provenientes dos orçamentos da União, dos Estados, do Distrito Federal e dos Municípios, e das seguintes contribuições sociais: I – do empregador, da empresa e da entidade a ela equiparada na forma da lei, incidentes sobre: *a*) a folha de salários e demais rendimentos do trabalho pagos ou creditados, a qualquer título, à pessoa física que lhe preste serviço, mesmo sem vínculo empregatício; (...) II – do trabalhador e dos demais segurados da previdência social, não incidindo contribuição sobre aposentadoria e pensão concedidas pelo regime geral de previdência social de que trata o art. 201.

Súmula 368/TST: Descontos previdenciários e fiscais. Competência. Responsabilidade pelo pagamento. Forma de cálculo. I – A Justiça do Trabalho é competente para determinar o recolhimento das contribuições fiscais. A competência da Justiça do Trabalho, quanto à execução das contribuições previdenciárias, limita-se às sentenças condenatórias em pecúnia que proferir e aos valores, objeto de acordo homologado, que integrem o salário de contribuição. II – É do empregador a responsabilidade pelo recolhimento das contribuições previdenciárias e fiscais, resultante de crédito do empregado oriundo de condenação judicial, devendo ser calculadas, em relação à incidência dos descontos fiscais, mês a mês, nos termos do art. 12-A da Lei n. 7.713, de 22-12-1988, com a redação dada pela Lei n. 12.350/2010. III – Em se tratando de descontos previdenciários, o critério de apuração encontra-se disciplinado no art. 276, § 4.º, do Decreto n. 3.048/1999 que regulamentou a Lei n. 8.212/1991 e determina que a contribuição do empregado, no caso de ações trabalhistas, seja calculada mês a mês, aplicando-se as alíquotas previstas no art. 198, observado o limite máximo do salário de contribuição.

OJ 368 da SDI-1: Descontos previdenciários. Acordo homologado em juízo. Inexistência de vínculo empregatício. Parcelas indenizatórias. Ausência de discriminação. Incidência sobre o valor total. É devida a incidência das contribuições para a Previdência Social sobre o valor total do acordo homologado em juízo, independentemente do reconhecimento de vínculo de emprego, desde que não haja discriminação das parcelas sujeitas à incidência da contribuição previdenciária, conforme parágrafo único do art. 43 da Lei n. 8.212, de 24 de julho de 1991, e do art. 195, I, a, da CF/1988.

OJ 376 da SDI-1: Contribuição previdenciária. Acordo homologado em juízo após o trânsito em julgado da sentença condenatória. Incidência sobre o valor homologado. É devida a contribuição previdenciária sobre o valor do acordo celebrado e homologado após o trânsito em julgado de decisão judicial, respeitada a proporcionalidade de valores entre as parcelas de natureza salarial e indenizatória deferidas na decisão condenatória e as parcelas objeto do acordo.

OJ 398 da SDI-1: Contribuição previdenciária. Acordo homologado em juízo sem reconhecimento de vínculo de emprego. Contribuinte individual. Recolhimento da alíquota de 20% a cargo do tomador e 11% a cargo do prestador de serviços. Nos acordos homologados em juízo em que não haja o reconhecimento de vínculo empregatício, é devido o recolhimento da contribuição previdenciária, mediante a alíquota de 20% a cargo do tomador de serviços e de 11% por parte do prestador de serviços, na qualidade de contribuinte individual, sobre o valor total do acordo, respeitado o teto de contribuição. Inteligência do § 4.º do art. 30 e do inciso III do art. 22, todos da Lei n. 8.212, de 24 de julho de 1991.

Art. 877. É competente para a execução das decisões o Juiz ou Presidente do Tribunal que tiver conciliado ou julgado originariamente o dissídio.

Art. 43 do CPC: Determina-se a competência no momento do registro ou da distribuição da petição inicial, sendo irrelevantes as modificações do estado de fato ou de direito ocorridas posteriormente, salvo quando suprimirem órgão judiciário ou alterarem a competência absoluta.

• *Vide* art. 659 da CLT.

Art. 877-A. É competente para a execução de título executivo extrajudicial o juiz que teria competência para o processo de conhecimento relativo à matéria.

•• Artigo acrescentado pela Lei n. 9.958, de 12-1-2000.

Art. 516 do CPC: O cumprimento da sentença efetuar-se-á perante: I – os tribunais, nas causas de sua competência originária; II – o juízo que decidiu a causa no primeiro grau de jurisdição; III – o juízo cível competente, quando se tratar de sentença penal condenatória, de sentença arbitral, de sentença estrangeira ou de acórdão proferido pelo Tribunal Marítimo. Parágrafo único. Nas hipóteses dos incisos II e III, o exequente poderá optar pelo juízo do atual domicílio do executado, pelo juízo do local onde se encontrem os bens sujeitos à execução ou pelo juízo do local onde deva ser executada a obrigação de fazer ou de não fazer, casos em que a remessa dos autos do processo será solicitada ao juízo de origem.

Art. 781 do CPC: execução fundada em título extrajudicial será processada perante o juízo competente, observando-se o seguinte: I – a execução poderá ser proposta no foro de domicílio do executado, de eleição constante do título ou, ainda, de situação dos bens a ela sujeitos; II – tendo mais de um domicílio, o executado poderá ser demandado no foro de qualquer deles; III – sendo incerto ou desconhecido o domicílio do executado, a execução poderá ser proposta no lugar onde for encontrado ou no foro de domicílio do exequente; IV – havendo mais de um devedor, com diferentes domicílios, a execução será proposta no foro de qualquer deles, à escolha do exequente; V – a execução poderá ser proposta no foro do lugar em que se praticou o ato ou em que ocorreu o fato que deu origem ao título, mesmo que nele não mais resida o executado.

Art. 878. A execução será promovida pelas partes, permitida a execução de ofício pelo juiz ou pelo Presidente do Tribunal apenas nos casos em que as partes não estiverem representadas por advogado.

•• *Caput* com redação determinada pela Lei n. 13.467, de 13-7-2017.

Art. 513, § 1.º, do CPC: O cumprimento da sentença que reconhece o dever de pagar quantia, provisório ou definitivo, far-se-á a requerimento do exequente.

Art. 778 do CPC: Pode promover a execução forçada o credor a quem a lei confere título executivo. § 1.º Podem promover a execução forçada ou nela prosseguir, em sucessão ao exequente originário: I – o Ministério Público, nos casos previstos em lei; II – o espólio, os herdeiros ou os sucessores do credor, sempre que, por morte deste, lhes for transmitido o direito resultante do título executivo; III – o cessionário, quando o direito resultante do título executivo lhe for transferido por ato entre vivos; IV – o sub-rogado, nos casos de sub-rogação legal ou convencional. § 2.º A sucessão prevista no § 1.º independe de consentimento do executado.

Instrução Normativa n. 41/18, art. 13: A partir da vigência da Lei n. 13.467/2017, a iniciativa do juiz na execução de que trata o art. 878 da CLT e no incidente de desconsideração da personalidade jurídica a que alude o art. 855-A da CLT ficará limitada aos casos em que as partes não estiverem representadas por advogado.

• *Vide* Enunciado n. 113 da 2.ª Jornada de Direito Material e Processual do Trabalho.

Parágrafo único. (*Revogado pela Lei n. 13.467, de 13-7-2017.*)

Art. 878-A. Faculta-se ao devedor o pagamento imediato da parte que entender devida à Previdência Social, sem prejuízo da cobrança de eventuais diferenças encontradas na execução *ex officio*.

•• Artigo acrescentado pela Lei n. 10.035, de 25-10-2000.

Art. 879. Sendo ilíquida a sentença exequenda, ordenar-se-á, previamente, a sua liquidação, que poderá ser feita por cálculo, por arbitramento ou por artigos.

•• *Caput* com redação determinada pela Lei n. 2.244, de 23-6-1954.

• Sobre liquidação por arbitramento e liquidação pelo procedimento comum, *vide* arts. 509 e 512 do CPC.

• Sobre liquidação de sentença por arbitramento e por artigos, *vide* arts. 509, I e II, e 510 do CPC.

§ 1.º Na liquidação, não se poderá modificar, ou inovar, a sentença liquidanda, nem discutir matéria pertinente à causa principal.

•• Antigo parágrafo único transformado em § 1.º pela Lei n. 8.432, de 11-6-1992.

Art. 509, § 4.º, do CPC: Na liquidação é vedado discutir de novo a lide ou modificar a sentença que a julgou.

• *Vide* arts. 896, § 7.º, e 897, *a*, da CLT.

§ 1.º-A. A liquidação abrangerá, também, o cálculo das contribuições previdenciárias devidas.

•• § 1.º-A acrescentado pela Lei n. 10.035, de 25-10-2000.

§ 1.º-B. As partes deverão ser previamente intimadas para a apresentação do cálculo de liquidação, inclusive da contribuição previdenciária incidente.

•• § 1.º-B acrescentado pela Lei n. 10.035, de 25-10-2000.

§ 2.º Elaborada a conta e tornada líquida, o juízo deverá abrir às partes prazo comum de oito dias para impugnação fundamentada com a indicação dos itens e valores objeto da discordância, sob pena de preclusão.

•• § 2.º com redação determinada pela Lei n. 13.467, de 13-7-2017.

Instrução Normativa n. 41/18, art. 14: A regra inscrita no art. 879, § 2.º, da CLT, quanto ao dever de o juiz conceder prazo comum de oito dias para impugnação fundamentada da conta de liquidação, não se aplica à liquidação de julgado iniciada antes de 11 de novembro de 2017.

§ 3.º Elaborada a conta pela parte ou pelos órgãos auxiliares da Justiça do Trabalho, o juiz procederá à intimação da União para manifestação, no prazo de 10 (dez) dias, sob pena de preclusão.

•• § 3.º com redação determinada pela Lei n. 11.457, de 16-3-2007.

§ 4.º A atualização do crédito devido à Previdência Social observará os critérios estabelecidos na legislação previdenciária.

•• § 4.º acrescentado pela Lei n. 10.035, de 25-10-2000.

§ 5.º O Ministro de Estado da Fazenda poderá, mediante ato fundamentado, dispensar a manifestação da União quando o valor total das verbas que integram o salário de contribuição, na forma do art. 28 da Lei n. 8.212, de 24 de julho de 1991, ocasionar perda de escala decorrente da atuação do órgão jurídico.

•• § 5.º acrescentado pela Lei n. 11.457, de 16-3-2007.

§ 6.º Tratando-se de cálculos de liquidação complexos, o juiz poderá nomear perito para a elaboração e fixará, depois da conclusão do trabalho, o valor dos respectivos honorários com observância, entre outros, dos critérios de razoabilidade e proporcionalidade.

•• § 6.º acrescentado pela Lei n. 12.405, de 16-5-2011.

Art. 510 do CPC: Na liquidação por arbitramento, o juiz intimará as partes para a apresentação de pareceres ou documentos elucidativos, no prazo que fixar, e, caso não possa decidir de plano, nomeará perito, observando-se, no que couber, o procedimento da prova pericial.

§ 7.º A atualização dos créditos decorrentes de condenação judicial será feita pela Taxa Referencial (TR), divulgada pelo Banco Central do Brasil, conforme a Lei n. 8.177, de 1.º de março de 1991.

•• § 7.º acrescentado pela Lei n. 13.467, de 13-7-2017.

SEÇÃO II
Do Mandado e da Penhora

Art. 880. Requerida a execução, o juiz ou presidente do tribunal mandará expedir mandado de citação do executado, a fim de que cumpra a decisão ou o acordo no prazo, pelo modo e sob as cominações estabelecidas ou, quando se tratar de pagamento em dinheiro, inclusive de contribuições sociais devidas à União, para que o faça em 48 (quarenta e oito) horas ou garanta a execução, sob pena de penhora.

•• *Caput* com redação determinada pela Lei n. 11.457, de 16-3-2007.

Art. 896, § 2.º, da CLT: Das decisões proferidas pelos Tribunais Regionais do Trabalho ou por suas Turmas, em execução de sentença, inclusive em processo incidente de embargos de terceiro, não caberá Recurso de Revista, salvo na hipótese de ofensa direta e literal de norma da Constituição Federal.

Art. 523 do CPC: No caso de condenação em quantia certa, ou já fixada em liquidação, e no caso de decisão sobre parcela incontroversa, o cumprimento definitivo da sentença far-se-á a requerimento do exequente, sendo o executado intimado para pagar o débito, no prazo de 15 (quinze) dias, acrescido de custas, se houver. § 1.º Não ocorrendo pagamento voluntário no prazo do *caput*, o débito será acrescido de multa de dez por cento e, também, de honorários de advogado de dez por cento. § 2.º Efetuado o pagamento parcial no prazo previsto no *caput*, a multa e os honorários previstos no § 1.º incidirão sobre o restante. § 3.º Não efetuado tempestivamente o pagamento voluntário, será expedido, desde logo, mandado de penhora e avaliação, seguindo-se os atos de expropriação.

• *Vide* arts. 831 a 869 do CPC.

§ 1.º O mandado de citação deverá conter a decisão exequenda ou o termo de acordo não cumprido.

§ 2.º A citação será feita pelos oficiais de diligência.

•• A Lei n. 5.442, de 24-5-1968, altera a redação do art. 721 da CLT, alterando a denominação de oficiais de diligência para oficiais de justiça.

§ 3.º Se o executado, procurado por 2 (duas) vezes no espaço de 48 (quarenta e oito) horas, não for encontrado, far-se-á citação por edital, publicado no jornal oficial ou, na falta deste, afixado na sede da Junta ou Juízo, durante 5 (cinco) dias.

•• Extinção das Juntas de Conciliação e Julgamento: Emenda Constitucional n. 24, de 9-12-1999.

Art. 881. No caso de pagamento da importância reclamada, será este feito perante o escrivão ou chefe de secretaria, lavrando-se termo de quitação, em 2 (duas) vias, assinadas pelo exequente, pelo executado e pelo mesmo escrivão ou chefe de secretaria, entregando-se a segunda via ao executado e juntando-se a outra ao processo.

•• *Caput* com redação nos termos da Lei n. 409, de 25-9-1948.

Parágrafo único. Não estando presente o exequente, será depositada a importância, mediante guia, em estabelecimento oficial de crédito ou, em falta deste, em estabelecimento bancário idôneo.

•• Parágrafo único com redação determinada pela Lei n. 7.305, de 2-4-1985.

Art. 882. O executado que não pagar a importância reclamada poderá garantir a execução mediante depósito da quantia correspondente, atualizada e acrescida das despesas processuais, apresentação de seguro-garantia judicial ou nomeação de bens à penhora, observada a ordem preferencial estabelecida no art. 835 da Lei n. 13.105, de 16 de março de 2015 – Código de Processo Civil.

•• Artigo com redação determinada pela Lei n. 13.467, de 13-7-2017.

Art. 835 do CPC: A penhora observará, preferencialmente, a seguinte ordem: I – dinheiro, em espécie ou em depósito ou aplicação em instituição financeira; II – títulos da dívida pública da União, dos Estados e do Distrito Federal com cotação em mercado; III – títulos e valores mobiliários com cotação em mercado; IV – veículos de via terrestre; V – bens imóveis; VI – bens móveis em geral; VII – semoventes; VIII – navios e aeronaves; IX – ações e quotas de sociedades simples e empresárias; X – percentual do faturamento de empresa devedora; XI – pedras e metais preciosos; XII – direitos aquisitivos derivados de promessa de compra e venda e de alienação fiduciária em garantia; XIII – outros direitos. § 1.º É prioritária a penhora em dinheiro, podendo o juiz, nas demais hipóteses, alterar a ordem prevista no *caput* de acordo com as circunstâncias do caso concreto. § 2.º Para fins de substituição da penhora, equiparam-se a dinheiro a fiança bancária e o seguro garantia judicial, desde que em valor não inferior ao do débito constante da inicial, acrescido de trinta por cento. § 3.º Na execução de crédito com garantia real, a penhora recairá sobre a coisa dada em garantia, e, se a coisa pertencer a terceiro garantidor, este também será intimado da penhora.

Art. 883. Não pagando o executado, nem garantindo a execução, seguir-se-á penhora dos bens, tantos quantos bastem ao pagamento da importância da condenação, acrescida de custas e juros de mora, sendo estes, em qualquer caso, devidos a partir da data em que for ajuizada a reclamação inicial.

•• Artigo com redação determinada pela Lei n. 2.244, de 23-6-1954.

Art. 5.º, XI, XXVI e LXVII, da CF: Todos são iguais perante a lei, sem distinção de qualquer natureza, garantindo-se aos brasileiros e aos estrangeiros residentes no País a inviolabilidade do direito à vida, à liberdade, à igualdade, à segurança e à propriedade, nos termos seguintes: (...) XI – a casa é asilo inviolável do indivíduo, ninguém nela podendo penetrar sem consentimento do morador, salvo em caso de flagrante delito ou desastre, ou para prestar socorro, ou, durante o dia, por determinação judicial; (...) XXVI – a pequena propriedade rural, assim definida em lei, desde que trabalhada pela família, não será objeto de penhora para pagamento de débitos decorrentes de sua atividade produtiva, dispondo a lei sobre os meios de financiar o seu desenvolvimento; (...) LXVII – não haverá prisão civil por dívida, salvo a do responsável pelo inadimplemento voluntário e inescusável de obrigação alimentícia e a do depositário infiel.

Art. 833 do CPC: São impenhoráveis: I – os bens inalienáveis e os declarados, por ato voluntário, não sujeitos à execução; II – os móveis, os pertences e as utilidades domésticas que guarnecem a residência do executado, salvo os de elevado valor ou os que ultrapassem as necessidades comuns correspondentes a um médio padrão de vida; III – os vestuários, bem como os pertences de uso pessoal do executado, salvo se de elevado valor; IV – os vencimentos, os subsídios, os soldos, os salários, as remunerações, os proventos de aposentadoria, as pensões, os pecúlios e os montepios, bem como as quantias recebidas por liberalidade de terceiro e destinadas ao sustento do devedor e de sua família, os ganhos de trabalhador autônomo e os honorários de profissional liberal, ressalvado o § 2.º; V – os livros, as máquinas, as ferramentas, os utensílios, os instrumentos ou outros bens móveis necessários ou úteis ao exercício da profissão do executado; VI – o seguro de vida; VII – os materiais necessários para obras em andamento, salvo se essas forem penhoradas; VIII – a pequena propriedade rural, assim definida em lei, desde que trabalhada pela família; IX – os recursos públicos recebidos por instituições privadas para aplicação compulsória em educação, saúde ou assistência social; X – a quantia depositada em caderneta de poupança, até o limite de 40 (quarenta) salários mínimos; XI – os recursos públicos do fundo partidário recebidos por partido político, nos termos da lei; XII – os créditos oriundos de alienação de unidades imobiliárias, sob regime de incorporação imobiliária, vinculados à execução da obra. § 1.º A impenhorabilidade não é oponível à execução de dívida relativa ao próprio bem, inclusive àquela contraída para sua aquisição. § 2.º O disposto nos incisos IV e X do *caput* não se aplica à hipótese de penhora para pagamento de prestação alimentícia, independentemente de sua origem, bem como às importâncias excedentes a 50 (cinquenta) salários mínimos mensais, devendo a constrição observar o disposto no art. 528, § 8.º, e no art. 529, § 3.º. § 3.º Incluem-se na impenhorabilidade prevista no inciso V do *caput* os equipamentos, os implementos e as máquinas agrícolas pertencentes a pessoa física ou a empresa individual produtora rural, exceto quando tais bens tenham sido objeto de financiamento e estejam vinculados em garantia a negócio jurídico ou quando respondam por dívida de natureza alimentar, trabalhista ou previdenciária.

Súmula 224/STF: Os juros de mora, nas reclamações trabalhistas, são contados desde a notificação inicial.

Súmula 211/TST: Juros de mora e correção monetária. Independência do pedido inicial e do título executivo judicial. Os juros de mora e a correção monetária incluem-se na liquidação, ainda que omisso o pedido inicial ou a condenação.

Súmula 439/TST: Danos morais. Juros de mora e atualização monetária. Termo inicial. Nas condenações por dano moral, a atualização monetária é devida a partir da data da decisão de arbitramento ou de alteração do valor. Os juros incidem desde o ajuizamento da ação, nos termos do art. 883 da CLT.

• A Lei n. 6.830, de 22-9-1980, dispõe sobre a cobrança judicial da dívida ativa da Fazenda Pública (arts. 11, 13 e 15).

Art. 883-A. A decisão judicial transitada em julgado somente poderá ser levada a protesto, gerar inscrição do nome do executado em órgãos de proteção ao crédito ou no Banco Nacional de Devedores Trabalhistas (BNDT), nos termos da lei, depois de transcorrido o prazo de quarenta e cinco dias a contar da citação do executado, se não houver garantia do juízo.

•• Artigo acrescentado pela Lei n. 13.467, de 13-7-2017.

Instrução Normativa n. 41/18, art. 15: O prazo previsto no art. 883-A da CLT, para as medidas de execução indireta nele especificadas, aplica-se somente às execuções iniciadas a partir de 11 de novembro de 2017.

SEÇÃO III

Dos Embargos à Execução e da sua Impugnação

Art. 884. Garantida a execução ou penhorados os bens, terá o executado 5 (cinco) dias para apresentar embargos, cabendo igual prazo ao exequente para a impugnação.

•• O art. 1.º-B da Lei n. 9.494, de 10-9-1997, acrescentado pelo art. 4.º da Medida Provisória n. 2.180-35, de 24-8-2001, aumentou o prazo de que trata este artigo para 30 (trinta) dias.

Art. 899 da CLT: Os recursos serão interpostos por simples petição e terão efeito meramente devolutivo, salvo as exceções previstas neste Título, permitida a execução provisória até a penhora. § 1.º Sendo a condenação de valor até 10 (dez) vezes o valor de referência regional, nos dissídios individuais, só será admitido o recurso, inclusive o extraordinário, mediante prévio depósito da respectiva importância. Transitada em julgado a decisão recorrida, ordenar-se-á o levantamento imediato da importância do depósito, em favor da parte vencedora, por simples despacho do juiz. § 2.º Tratando-se de condenação de valor indeterminado, o depósito corresponderá ao que for arbitrado para efeito de custas, pela Junta ou Juízo de Direito, até o limite de 10 (dez) vezes o valor de referência regional.§ 3.º (Revogado pela Lei n. 7.033, de 5-10-1982.).§ 4.º O depósito de que trata o § 1.º far-se-á na conta vinculada do empregado a que se refere o art. 2.º da Lei n. 5.107, de 13 de setembro de 1966, aplicando-se-lhe os preceitos dessa lei, observado, quanto ao respectivo levantamento, o disposto no § 1.º. § 5.º Se o empregado ainda não tiver conta vinculada aberta em seu nome, nos termos do art. 2.º da Lei n. 5.107, de 13 de setembro de 1966, a empresa procederá à respectiva abertura, para efeito do disposto no § 2.º. § 6.º Quando o valor da condenação, ou o arbitrado para fins de custas, exceder o limite de 10 (dez) vezes o valor de referência regional, o depósito para fins de recurso será limitado a este valor. § 7.º No ato de interposição do agravo de instrumento, o depósito recursal corresponderá a 50% (cinquenta por cento) do valor do depósito do recurso ao qual se pretende destrancar. § 8.º Quando o agravo de instrumento tem a finalidade de destrancar recurso de revista que se insurge contra decisão que contraria a jurisprudência uniforme do Tribunal Superior do Trabalho, consubstanciada nas suas súmulas ou em orientação jurisprudencial, não haverá obrigatoriedade de se efetuar o depósito referido no § 7.º deste artigo.

Art. 525, §§ 1.º e 6.º, do CPC: Transcorrido o prazo previsto no art. 523 sem o pagamento voluntário, inicia-se o prazo de 15 (quinze) dias para que o executado, independentemente de penhora ou nova intimação, apresente, nos próprios autos, sua impugnação. § 1.º Na impugnação, o executado poderá alegar: I – falta ou nulidade da citação se, na fase de conhecimento, o processo correu à revelia; II – ilegitimidade de parte; III – inexequibilidade do título ou inexigibilidade da obrigação; IV – penhora incorreta ou avaliação errônea; V – excesso de execução ou cumulação indevida de execuções; VI – incompetência absoluta ou relativa do juízo da execução; VII – qualquer causa modificativa ou extintiva da obrigação, como pagamento, novação, compensação, transação ou prescrição, desde que supervenientes à sentença. (...) § 6.º A apresentação de impugnação não impede a prática dos atos executivos, inclusive os de expropriação, podendo o juiz, a requerimento do executado e desde que garantido o juízo com penhora, caução ou depósito suficientes, atribuir-lhe efeito suspensivo, se seus fundamentos forem relevantes e se o prosseguimento da execução for manifestamente suscetível de causar ao executado grave dano de difícil ou incerta reparação.

• *Vide* arts. 914 e s. do CPC (embargos à execução).

§ 1.º A matéria de defesa será restrita às alegações de cumprimento da decisão ou do acordo, quitação ou prescrição da dívida.

§ 2.º Se na defesa tiverem sido arroladas testemunhas, poderá o Juiz ou o Presidente do Tribunal, caso julgue necessários seus depoimentos, marcar audiência para a produção das provas, a qual deverá realizar-se dentro de 5 (cinco) dias.

§ 3.º Somente nos embargos à penhora poderá o executado impugnar a sentença de liquidação, cabendo ao exequente igual direito e no mesmo prazo.

•• § 3.º com redação determinada pela Lei n. 2.244, de 23-6-1954.

§ 4.º Julgar-se-ão na mesma sentença os embargos e as impugnações à liquidação apresentadas pelos credores trabalhista e previdenciário.

•• § 4.º com redação determinada pela Lei n. 10.035, de 25-10-2000.

§ 5.º Considera-se inexigível o título judicial fundado em lei ou ato normativo declarados inconstitucionais pelo Supremo Tribunal Federal ou em aplicação ou interpretação tidas por incompatíveis com a Constituição Federal.

•• § 5.º acrescentado pela Medida Provisória n. 2.180-35, de 24-8-2001.

OJ 12 do Tribunal Pleno: Precatório. Procedimento de natureza administrativa. Incompetência funcional do presidente do TRT para declarar a inexigibilidade do título exequendo. O Presidente do TRT, em sede de precatório, não tem competência funcional para declarar a inexigibilidade do título judicial exequendo, com fundamento no art. 884, § 5.º, da CLT, ante a natureza meramente administrativa do procedimento.

§ 6.º A exigência da garantia ou penhora não se aplica às entidades filantrópicas e/ou àqueles que compõem ou compuseram a diretoria dessas instituições.

•• § 6.º acrescentado pela Lei n. 13.467, de 13-7-2017.

Instrução Normativa n. 41/18, art. 16: O art. 884, § 6.º, da CLT aplica-se às entidades filantrópicas e seus diretores, em processos com execuções iniciadas após 11 de novembro de 2017.

SEÇÃO IV

Do Julgamento e dos Trâmites Finais da Execução

Art. 885. Não tendo sido arroladas testemunhas na defesa, o juiz, ou presidente, conclusos os autos, proferirá sua decisão, dentro de 5 (cinco) dias, julgando subsistente ou insubsistente a penhora.

Art. 886. Se tiverem sido arroladas testemunhas, finda a sua inquirição em audiência, o escrivão ou secretário fará, dentro de 48 (quarenta e oito) horas, conclusos os autos ao juiz ou presidente, que proferirá sua decisão, na forma prevista no artigo anterior.

§ 1.º Proferida a decisão, serão da mesma notificadas as partes interessadas, em registrado postal, com franquia.

§ 2.º Julgada subsistente a penhora, o juiz ou presidente mandará proceder logo à avaliação dos bens penhorados.

• *Vide* arts. 870 a 875 do CPC (avaliação).

Art. 887. A avaliação dos bens penhorados em virtude da execução de decisão condenatória, será feita por avaliador escolhido de comum acordo pelas partes, que perceberá as custas arbitradas pelo juiz, ou presidente do tribunal trabalhista, de conformidade com a tabela a ser expedida pelo Tribunal Superior do Trabalho.

•• *Caput* com redação nos termos do Decreto-lei n. 9.797, de 9-9-1946.

•• Entendemos prejudicado o disposto neste artigo pelo art. 3.º da Lei n. 5.584, de 26-6-1970.

Art. 721 da CLT: Incumbe aos Oficiais de Justiça e Oficiais de Justiça Avaliadores da Justiça do Trabalho a realização dos atos decorrentes da execução dos julgados das Juntas de Conciliação e Julgamento e dos Tribunais Regionais do Trabalho, que lhes forem cometidos pelos respectivos Presidentes. § 1.º Para efeito de distribuição dos referidos atos, cada Oficial de Justiça ou Oficial de Justiça Avaliador funcionará perante uma Junta de Conciliação e Julgamento, salvo quando da existência, nos Tribunais Regionais do Trabalho, de órgão específico, destinado à distribuição de mandados judiciais. § 2.º Nas localidades onde houver mais de uma Junta, respeitado o disposto no parágrafo anterior, a atribuição para o cumprimento do ato deprecado ao Oficial de Justiça ou Oficial de Justiça Avaliador será transferida a outro Oficial, sempre que, após o decurso de 9 (nove) dias, sem razões que o justifiquem, não tiver sido cumprido o ato, sujeitando-se o serventuário às penalidades da lei. § 3.º No caso de avaliação, terá o Oficial de Justiça Avaliador, para cumprimento do ato, o prazo previsto no art. 888. § 4.º É facultado aos Presidentes dos Tribunais Regionais do Trabalho cometer a qualquer Oficial de Justiça ou Oficial de Justiça Avaliador a realização dos atos de execução das decisões desses Tribunais. § 5.º Na falta ou impedimento do Oficial de Justiça ou Oficial de Justiça Avaliador, o Presidente da Junta poderá atribuir a realização do ato a qualquer serventuário.

Lei n. 5.584/70, art. 3.º: Os exames periciais serão realizados por perito único designado pelo Juiz, que fixará o prazo para entrega do laudo. Parágrafo único. Permitir-se-á a cada parte a indicação de um assistente, cujo laudo terá que ser apresentado no mesmo prazo assinado para o perito, sob pena de ser desentranhado dos autos.

• *Vide* arts. 870 a 875 do CPC.

§ 1.º Não acordando as partes quanto à designação de avaliador, dentro de cinco dias após o despacho que determinou a avaliação, será o avaliador designado livremente pelo juiz ou presidente do tribunal.

§ 2.º Os servidores da Justiça do Trabalho não poderão ser escolhidos ou designados para servir de avaliador.

Art. 888. Concluída a avaliação, dentro de 10 (dez) dias, contados da data da nomeação do avaliador, seguir-se-á a arrematação que será anunciada por edital afixado na sede do Juízo ou Tribunal e publicado no jornal local, se houver, com a antecedência de 20 (vinte) dias.

•• *Caput* com redação determinada pela Lei n. 5.584, de 26-6-1970.

Art. 721, § 3.º, da CLT: Incumbe aos Oficiais de Justiça e Oficiais de Justiça Avaliadores da Justiça do Trabalho a realização dos atos decorrentes da execução dos julgados das Juntas de Conciliação e Julgamento e dos Tribunais Regionais do Trabalho, que lhe forem cometidos pelos respectivos Presidentes. (...) § 3.º No caso de avaliação, terá o Oficial de Justiça Avaliador, para cumprimento do ato, o prazo previsto no art. 888.

• *Vide* arts. 870 a 875 do CPC.

§ 1.º A arrematação far-se-á em dia, hora e lugar anunciados e os bens serão vendidos pelo maior lance, tendo o exequente preferência para a adjudicação.

•• § 1.º com redação determinada pela Lei n. 5.584, de 26-6-1970.

•• *Vide* arts. 879 a 903 do CPC (alienação).

§ 2.º O arrematante deverá garantir o lance com o sinal correspondente a 20% (vinte por cento) do seu valor.

•• § 2.º com redação determinada pela Lei n. 5.584, de 26-6-1970.

§ 3.º Não havendo licitante, e não requerendo o exequente a adjudicação dos bens penhorados, poderão os mesmos ser vendidos por leiloeiro nomeado pelo juiz ou presidente.

•• § 3.º com redação determinada pela Lei n. 5.584, de 26-6-1970.

•• *Vide* arts. 876 a 909 do CPC (expropriação de bens).

§ 4.º Se o arrematante, ou seu fiador, não pagar dentro de 24 (vinte e quatro) horas o preço da arrematação, perderá, em benefício da execução, o sinal de que trata o § 2.º deste artigo, voltando à praça os bens executados.

•• § 4.º com redação determinada pela Lei n. 5.584, de 26-6-1970.

Art. 897 do CPC: Se o arrematante ou seu fiador não pagar o preço no prazo estabelecido, o juiz impor-lhe-á, em favor do exequente, a perda da caução, voltando os bens a novo leilão, do qual não serão admitidos a participar o arrematante e o fiador remissos.

Art. 889. Aos trâmites e incidentes do processo da execução são aplicáveis, naquilo em que não contravierem ao presente Título, os preceitos que regem o processo dos executivos fiscais para a cobrança judicial da dívida ativa da Fazenda Pública Federal.

Art. 15 do CPC: Na ausência de normas que regulem processos eleitorais, trabalhistas ou administrativos, as disposições deste Código lhes serão aplicadas supletiva e subsidiariamente.

Súmula 458 do STF: O processo da execução trabalhista não exclui a remição pelo executado.

Enunciado n. 66 da 1.ª Jornada de Direito do Trabalho: Aplicação subsidiária de normas do processo comum ao processo trabalhista. Omissões ontológica e axiológica. Admissibilidade. Diante do atual estágio de desenvolvimento do processo comum e da necessidade de se conferir aplicabilidade à garantia constitucional da duração razoável do processo, os artigos 769 e 889 da CLT comportam interpretação interpretação conforme a Constituição Federal, permitindo a aplicação de normas processuais mais adequadas à efetivação do direito. Aplicação dos princípios da instrumentalidade, efetividade e não retrocesso social.

•• *Vide* Lei n. 6.830, de 22-9-1980, que dispõe sobre a cobrança judicial da dívida ativa da Fazenda Pública.

Art. 889-A. Os recolhimentos das importâncias devidas, referentes às contribuições sociais, serão efetuados nas agências locais da Caixa Econômica Federal ou do Banco do Brasil S.A., por intermédio de documento de arrecadação da Previdência Social, dele se fazendo constar o número do processo.

•• *Caput* acrescentado pela Lei n. 10.035, de 25-10-2000.

§ 1.º Concedido parcelamento pela Secretaria da Receita Federal do Brasil, o devedor juntará aos autos a comprovação do ajuste, ficando a execução da contribuição social correspondente suspensa até a quitação de todas as parcelas.

•• § 1.º com redação determinada pela Lei n. 11.457, de 16-3-2007.

§ 2.º As Varas do Trabalho encaminharão mensalmente à Secretaria da Receita Federal do Brasil informações sobre os recolhimentos efetivados nos autos, salvo se outro prazo for estabelecido em regulamento.

•• § 2.º com redação determinada pela Lei n. 11.457, de 16-3-2007.

SEÇÃO V
Da Execução por Prestações Sucessivas

Art. 890. A execução para pagamento de prestações sucessivas far-se-á com observância das normas constantes desta Seção, sem prejuízo das demais estabelecidas neste Capítulo.

Art. 323 do CPC: Na ação que tiver por objeto cumprimento de obrigação em prestações sucessivas, essas serão consideradas incluídas no pedido, independentemente de declaração expressa do autor, e serão incluídas na condenação, enquanto durar a obrigação, se o devedor, no curso do processo, deixar de pagá-las ou de consigná-las.

Art. 541 do CPC: Tratando-se de prestações sucessivas, consignada uma delas, pode o devedor continuar a depositar, no mesmo processo e sem mais formalidades, as que se forem vencendo, desde que o faça em até 5 (cinco) dias contados da data do respectivo vencimento.

Art. 891. Nas prestações sucessivas por tempo determinado, a execução pelo não pagamento de uma prestação compreenderá as que lhe sucederem.

Art. 892. Tratando-se de prestações sucessivas por tempo indeterminado, a execução compreenderá inicialmente as prestações devidas até a data do ingresso na execução.

Art. 323 do CPC: Na ação que tiver por objeto cumprimento de obrigação em prestações sucessivas, essas serão consideradas incluídas no pedido, independentemente de declaração expressa do autor, e serão incluídas na condenação, enquanto durar a obrigação, se o devedor, no curso do processo, deixar de pagá-las ou de consigná-las.

CAPÍTULO VI
DOS RECURSOS

Súmula 184/TST: Embargos declaratórios. Omissão em recurso de revista. Preclusão. Ocorre preclusão se não forem opostos embargos declaratórios para suprir omissão apontada em recurso de revista ou de embargos.

Súmula 197/TST: Prazo. O prazo para recurso da parte que, intimada, não comparecer à audiência em prosseguimento para a prolação da sentença conta-se de sua publicação.

Súmula 201/TST: Recurso ordinário em mandado de segurança. Da decisão do Tribunal Regional do Trabalho em mandado de segurança cabe recurso ordinário, no prazo de 8 (oito) dias, para o Tribunal Superior do Trabalho, e igual dilação para o recorrido e interessados apresentarem razões de contrariedade.

• *Vide* arts. 994 e s. do CPC (recursos).

Art. 893. Das decisões são admissíveis os seguintes recursos:

•• *Caput* com redação determinada pela Lei n. 861, de 13-10-1949.

Instrução Normativa n. 39/16, art. 1.º, § 2.º: O prazo para interpor e contra-arrazoar todos os recursos trabalhistas, inclusive agravo interno e agravo regimental, é de oito dias (art. 6.º da Lei n. 5.584/70 e art. 893 da CLT), exceto embargos de declaração (CLT, art. 897-A).

I – embargos;

•• Inciso I com redação determinada pela Lei n. 861, de 13-10-1949.

II – recurso ordinário;

•• Inciso II com redação determinada pela Lei n. 861, de 13-10-1949.

III – recurso de revista;

•• Inciso III com redação determinada pela Lei n. 861, de 13-10-1949.

IV – agravo.

•• Inciso IV com redação determinada pela Lei n. 861, de 13-10-1949.

Art. 799, § 2.º, da CLT: Das decisões sobre exceções de suspeição e incompetência, salvo, quanto a estas, se terminativas do feito, não caberá recurso, podendo, no entanto, as partes alegá-las novamente no recurso que couber da decisão final.

Lei n. 5.584/70, arts. 2.º, § 4.º, e 6.º: Salvo se versarem sobre matéria constitucional, nenhum recurso caberá das sentenças proferidas nos dissídios da alçada a que se refere o parágrafo anterior, considerado, para esse fim, o valor do salário mínimo à data do ajuizamento da ação. (...) Art. 6.º Será de 8 (oito) dias o prazo para interpor e contra-arrazoar qualquer recurso (CLT, art. 893).

• *Vide* art. 102, III, da CF.

§ 1.º Os incidentes do processo são resolvidos pelo próprio Juízo ou Tribunal, admitindo-se a apreciação do merecimento das decisões interlocutórias somente em recursos da decisão definitiva.

•• § 1.º com redação determinada pelo Decreto-lei n. 8.737, de 19-1-1946.

Súmula 214 do TST: Decisão interlocutória. Irrecorribilidade. Na Justiça do Trabalho, nos termos do art. 893, § 1.º, da CLT, as decisões interlocutórias não ensejam recurso imediato, salvo nas hipóteses de decisão: *a*) de Tribunal Regional do Trabalho contrária à Súmula ou Orientação Jurisprudencial do Tribunal Superior do Trabalho; *b*) suscetível de impugnação mediante recurso para o mesmo Tribunal; *c*) que acolhe exceção de incompetência territorial, com a remessa dos autos para Tribunal Regional distinto daquele a que se vincula o juízo excepcionado, consoante o disposto no art. 799, § 2.º, da CLT.

§ 2.º A interposição de recurso para o Supremo Tribunal Federal não prejudicará a execução do julgado.

•• § 2.º com redação determinada pelo Decreto-lei n. 8.737, de 19-1-1946.

Lei n. 5.584, de 26-6-1970, art. 2.º: Nos dissídios individuais, proposta a conciliação, e, não havendo acordo, o Presidente da Junta ou o Juiz, antes de passar à instrução da causa, fixar-lhe-á o valor para a determinação da alçada, se este for indeterminado no pedido. § 1.º Em audiência, ao aduzir razões finais, poderá qualquer das partes impugnar o valor fixado e, se o Juiz o mantiver, pedir revisão da decisão, no prazo de 48 (quarenta e oito) horas, ao Presidente do Tribunal Regional. § 2.º O pedido de revisão, que não terá efeito suspensivo, deverá ser instruído com a petição inicial e a Ata da Audiência, em cópia autenticada pela Secretaria da Junta, e será julgado em 48 (quarenta e oito) horas, a partir do seu recebimento pelo Presidente do Tribunal Regional. § 3.º Quando o valor fixado para a causa, na forma deste artigo, não exceder de 2 (duas) vezes o salário mínimo vigente na sede do Juízo, será dispensável o resumo dos depoimentos, devendo constar da Ata a conclusão da Junta quanto à matéria de fato. § 4.º Salvo se versarem sobre matéria constitucional, nenhum recurso caberá das sentenças proferidas nos dissídios da alçada a que se refere o parágrafo anterior, considerado, para esse fim, o valor do salário mínimo à data do ajuizamento da ação.

Art. 894. No Tribunal Superior do Trabalho cabem embargos, no prazo de 8 (oito) dias:

•• *Caput* com redação determinada pela Lei n. 11.496, de 22-6-2007.

Súmula 433/ TST: Embargos. Admissibilidade. Processo em fase de execução. Acórdão de turma publicado na vigência da Lei n. 11.496, de 26-6-2007. Divergência de interpretação de dispositivo constitucional. A admissibilidade do recurso de embargos contra acórdão de Turma em recurso de revista em fase de execução, publicado na vigência da Lei n. 11.496, de 26-6-2007, condiciona-se à demonstração de divergência jurisprudencial entre Turmas ou destas e a Seção Especializada em Dissídios Individuais do Tribunal Superior do Trabalho em relação à interpretação de dispositivo constitucional.

Súmula 458/TST: Embargos. Procedimento sumaríssimo. Conhecimento. Recurso interposto após vigência da Lei n. 11.496, de 22-6-2007, que conferiu nova redação ao art. 894, da CLT. Em causas sujeitas ao procedimento sumaríssimo, em que pese a limitação imposta no art. 896, § 6.º, da CLT à interposição de recurso de revista, admitem-se os embargos interpostos na vigência da Lei n. 11.496, de 22-6-2007, que conferiu nova redação ao art. 894 da CLT, quando demonstrada a divergência jurisprudencial entre Turmas do TST, fundada em interpretações diversas acerca da aplicação de mesmo dispositivo constitucional ou de matéria sumulada.

OJ 336 da SDI-1: Embargos interpostos anteriormente à vigência da Lei n. 11.496/2007. Recurso não conhecido com base em orientação jurisprudencial. Desnecessário o exame das violações de lei e da Constituição Federal alegadas no recurso de revista. Estando a decisão recorrida em conformidade com orientação jurisprudencial, desnecessário o exame das divergências e das violações de lei e da Constituição alegadas em embargos interpostos antes da vigência da Lei n. 11.496/2007, salvo nas hipóteses em que a orientação jurisprudencial não fizer qualquer citação do dispositivo constitucional.

OJ 378 SDI-1: Embargos. Interposição contra decisão monocrática. Não cabimento. Não encontra amparo no art. 894 da CLT, quer na redação anterior quer na redação posterior à Lei n. 11.496, de 22-6-2007, recurso de embargos interposto à decisão monocrática exarada nos moldes do art. 932 do CPC de 2015 (art. 557 do CPC de 1973), pois o comando legal restringe seu cabimento à pretensão de reforma de decisão colegiada proferida por Turma do Tribunal Superior do Trabalho.

I – de decisão não unânime de julgamento que:

•• Inciso I, *caput*, acrescentado pela Lei n. 11.496, de 22-6-2007.

a) conciliar, julgar ou homologar conciliação em dissídios coletivos que excedam a competência territorial dos Tribunais Regionais do Trabalho e estender ou rever as sentenças normativas do Tribunal Superior do Trabalho, nos casos previstos em lei; e

•• Alínea *a* acrescentada pela Lei n. 11.496, de 22-6-2007.

b) (*Vetada.*)

•• Alínea *b* acrescentada pela Lei n. 11.496, de 22-6-2007.

II – das decisões das Turmas que divergirem entre si ou das decisões proferidas pela Seção de Dissídios Individuais, ou contrárias a súmula ou orientação jurisprudencial do Tribunal Superior do Trabalho ou súmula vinculante do Supremo Tribunal Federal.

•• Inciso II com redação determinada pela Lei n. 13.015, de 21-7-2014.

Súmula 353/TST: Embargos. Agravo. Cabimento. Não cabem embargos para a Seção de Dissídios Individuais de decisão de Turma proferida em agravo, salvo: *a*) da decisão que não conhece de agravo de instrumento ou de agravo pela ausência de pressupostos extrínsecos; *b*) da decisão que nega provimento a agravo contra decisão monocrática do Relator, em que se proclamou a ausência de pressupostos extrínsecos de agravo de instrumento; *c*) para revisão dos pressupostos extrínsecos de admissibilidade do recurso de revista, cuja ausência haja sido declarada originariamente pela Turma no julgamento do agravo; *d*) para impugnar o conhecimento de agravo de instrumento; *e*) para impugnar a imposição de multas previstas nos arts. 1.021, § 4.º, do CPC de 2015 ou 1.026, § 2.º, do CPC de 2015 (art. 538, parágrafo único, do CPC de 1973, ou art. 557, § 2.º, do CPC de 1973); *f*) contra decisão de Turma proferida em agravo em recurso de revista, nos termos do art. 894, II, da CLT.

Súmula 458/TST: Embargos. Procedimento sumaríssimo. Conhecimento. Recurso interposto após vigência da Lei n. 11.496, de 22-6-2007, que conferiu nova redação ao art. 894, da CLT. Em causas sujeitas ao procedimento sumaríssimo, em que pese a limitação imposta no art. 896, § 6.º, da CLT à interposição de recurso de revista, admitem-se os embargos interpostos na vigência da Lei n. 11.496, de 22-6-2007, que conferiu nova redação ao art. 894 da CLT, quando demonstrada a divergência jurisprudencial entre Turmas do TST, fundada em interpretações diversas acerca da aplicação de mesmo dispositivo constitucional ou de matéria sumulada.

• *Vide* Instrução Normativa n. 38, de 10-11-2015.

Parágrafo único. (*Revogado pela Lei n. 11.496, de 22-6-2007.*)

§ 2.º A divergência apta a ensejar os embargos deve ser atual, não se considerando tal a ultrapassada por súmula do Tribunal Superior do Trabalho ou do Supremo Tribunal Federal, ou superada por iterativa e notória jurisprudência do Tribunal Superior do Trabalho.

•• § 2.º acrescentado pela Lei n. 13.015, de 21-7-2014.

•• Numeração conforme publicação oficial.

§ 3.º O Ministro Relator denegará seguimento aos embargos:

•• § 3.º, *caput*, acrescentado pela Lei n. 13.015, de 21-7-2014.

I – se a decisão recorrida estiver em consonância com súmula da jurisprudência do Tribunal Superior do Trabalho ou do Supremo Tribunal Federal, ou com iterativa, notória e atual jurisprudência do Tribunal Superior do Trabalho, cumprindo-lhe indicá-la;

•• Inciso I acrescentado pela Lei n. 13.015, de 21-7-2014.

II – nas hipóteses de intempestividade, deserção, irregularidade de representação ou de ausência de qualquer outro pressuposto extrínseco de admissibilidade.

•• Inciso II acrescentado pela Lei n. 13.015, de 21-7-2014.

§ 4.º Da decisão denegatória dos embargos caberá agravo, no prazo de 8 (oito) dias.

•• § 4.º acrescentado pela Lei n. 13.015, de 21-7-2014.

Art. 895. Cabe recurso ordinário para a instância superior:

I – das decisões definitivas ou terminativas das Varas e Juízos, no prazo de 8 (oito) dias; e

•• Inciso I com redação determinada pela Lei n. 11.925, de 17-4-2009.

II – das decisões definitivas ou terminativas dos Tribunais Regionais, em processos de sua competência originária, no prazo de 8 (oito) dias, quer nos dissídios individuais, quer nos dissídios coletivos.

•• Inciso II com redação determinada pela Lei n. 11.925, de 17-4-2009.

Súmula 1/TST: Prazo judicial. Quando a intimação tiver lugar na sexta-feira, ou a publicação com efeito de intimação for feita nesse dia, o prazo judicial será contado da segunda-feira imediata, inclusive, salvo se não houver expediente, caso em que fluirá no dia útil que se seguir.

§ 1.º Nas reclamações sujeitas ao procedimento sumaríssimo, o recurso ordinário:

Arts. 852-A a 852-I da CLT: Os dissídios individuais cujo valor não exceda a 40 (quarenta) vezes o salário mínimo vigente na data do ajuizamento da reclamação ficam submetidos ao procedimento sumaríssimo. Parágrafo único. Estão excluídas do procedimento sumaríssimo as demandas em que é parte a Administração Pública direta, autárquica e fundacional. Art. 852-B. Nas reclamações enquadradas no procedimento sumaríssimo: I – o pedido deverá ser certo ou determinado e indicará o valor correspondente; II – não se fará citação por edital, incumbindo ao autor a correta indicação do nome e endereço do reclamado; III – a apreciação da reclamação deverá ocorrer no prazo máximo de 15 (quinze) dias do seu ajuizamento, podendo constar de pauta especial, se necessário, de acordo com o movimento judiciário da Junta de Conciliação e Julgamento. § 1.º O não atendimento, pelo reclamante, do disposto nos incisos I e II deste artigo importará no arquivamento da reclamação e condenação ao pagamento de custas sobre o valor da causa. § 2.º As partes e advogados comunicarão ao juízo as mudanças de endereço ocorridas no curso do processo, reputando-se eficazes as intimações enviadas ao local anteriormente indicado, na ausência de comunicação. Art. 852-C. As demandas sujeitas a rito sumaríssimo serão instruídas e julgadas em audiência única, sob a direção de juiz presidente ou substituto, que poderá ser convocado para atuar simultaneamente com o titular. Art. 852-D. O juiz dirigirá o processo com liberdade para determinar as provas a serem produzidas, considerado o ônus probatório de cada litigante, podendo limitar ou excluir as que considerar excessivas, impertinentes ou protelatórias, bem como para apreciá-las e dar especial valor às regras de experiência comum ou técnica. Art. 852-E. Aberta a sessão, o juiz esclarecerá as partes presentes sobre as vantagens da conciliação e usará os meios adequados de persuasão para a solução conciliatória do litígio, em qualquer fase da audiência. Art. 852-F. Na ata de audiência serão registrados resumidamente os atos essenciais, as afirmações fundamentais das partes e as informações úteis à solução da causa trazidas pela prova testemunhal. Art. 852-G. Serão decididos, de plano, todos os incidentes e exceções que possam interferir no prosseguimento da audiência e do processo. As demais questões serão decididas na sentença. Art. 852-H. Todas as provas serão produzidas na audiência de instrução e julgamento, ainda que não requeridas previamente. § 1.º Sobre os documentos apresentados por uma das partes manifestar-se-á imediatamente a parte contrária, sem interrupção da audiência, salvo absoluta impossibilidade, a critério do juiz. § 2.º As testemunhas, até o máximo de duas para cada parte, comparecerão à audiência de instrução e julgamento independentemente de intimação. § 3.º Só será deferida intimação de testemunha que, comprovadamente convidada, deixar de comparecer. Não comparecendo a testemunha intimada, o juiz poderá determinar sua imediata condução coercitiva. § 4.º Somente quando a prova do fato o exigir, ou for legalmente imposta, será deferida prova técnica, incumbindo ao juiz, desde logo, fixar o prazo, o objeto da perícia e nomear perito. § 5.º (*Vetado*.) § 6.º As partes serão intimadas a manifestar-se sobre o laudo, no prazo comum de 5 (cinco) dias. § 7.º Interrompida a audiência, o seu prosseguimento e a solução do processo dar-se-ão no prazo máximo de 30 (trinta) dias, salvo motivo relevante justificado nos autos pelo juiz da causa. Art. 852-I. A sentença mencionará os elementos de convicção do juízo, com resumo dos fatos relevantes ocorridos em audiência, dispensado o relatório. § 1.º O juízo adotará em cada caso a decisão que reputar mais justa e equânime, atendendo aos fins sociais da lei e as exigências do bem comum. § 2.º (*Vetado*.) § 3.º As partes serão intimadas da sentença na própria audiência em que prolatada.

OJ 100 da SDI-2: Recurso ordinário para o TST. Decisão de TRT proferida em agravo regimental contra liminar em ação cautelar ou em mandado de segurança. Incabível. Não cabe recurso ordinário para o TST de decisão proferida pelo Tribunal Regional do Trabalho em agravo regimental interposto contra despacho que concede ou não liminar em ação cautelar ou em mandado de segurança, uma vez que o processo ainda pende de decisão definitiva do Tribunal *a quo*.

I – (*Vetado*.)

•• Inciso I acrescentado pela Lei n. 9.957, de 12-1-2000.

II – será imediatamente distribuído, uma vez recebido no Tribunal, devendo o relator liberá-lo no prazo máximo de 10 (dez) dias, e a Secretaria do Tribunal ou Turma colocá-lo imediatamente em pauta para julgamento, sem revisor;

III – terá parecer oral do representante do Ministério Público presente à sessão de julgamento, se este entender necessário o parecer, com registro na certidão;

IV – terá acórdão consistente unicamente na certidão de julgamento, com a indicação suficiente do processo e parte dispositiva, e das razões de decidir do voto prevalente. Se a sentença for confirmada pelos próprios fundamentos, a certidão de julgamento, registrando tal circunstância, servirá de acórdão.

•• § 1.º, *caput* e incisos acrescentados pela Lei n. 9.957, de 12-1-2000.

§ 2.º Os Tribunais Regionais, divididos em Turmas, poderão designar Turma para o julgamento dos recursos ordinários interpostos das sentenças prolatadas nas demandas sujeitas ao procedimento sumaríssimo.

•• § 2.º acrescentado pela Lei n. 9.957, de 12-1-2000.

Art. 896. Cabe Recurso de Revista para Turma do Tribunal Superior do Trabalho das decisões proferidas em grau de recurso ordinário, em dissídio individual, pelos Tribunais Regionais do Trabalho, quando:

•• *Caput* com redação determinada pela Lei n. 9.756, de 17-12-1998.

Súmula 457/STF: O Tribunal Superior do Trabalho, conhecendo da revista, julgará a causa, aplicando o direito à espécie.

Súmula 459/TST: Recurso de Revista. Nulidade por negativa de prestação jurisdicional. O conhecimento do recurso de revista, quanto à preliminar de nulidade por negativa de prestação jurisdicional, supõe indicação de violação do art. 832 da CLT, do art. 458 do CPC ou do art. 93, IX, da CF/1988.

OJ 257 da SDI-1: Recurso de revista. Fundamentação. Violação de lei. Vocábulo violação. Desnecessidade. A invocação expressa no recurso de revista dos preceitos legais ou constitucionais tidos como violados não significa exigir da parte a utilização das expressões "contrariar", "ferir", "violar", etc.

- *Vide* Instrução Normativa n. 17, de 6-4-2000, do TST, que uniformiza a interpretação da Lei n. 9.756, de 17-12-1998, com relação ao recurso de revista.
- *Vide* Instrução Normativa n. 23, de 5-8-2003, do TST, que dispõe sobre petições de recurso de revista.
- *Vide* arts. 73 a 75 da Consolidação dos Provimentos da Corregedoria-Geral da Justiça do Trabalho.

***a*)** derem ao mesmo dispositivo de lei federal interpretação diversa da que lhe houver dado outro Tribunal Regional do Trabalho, no seu Pleno ou Turma, ou a Seção de Dissídios Individuais do Tribunal Superior do Trabalho, ou contrariarem súmula de jurisprudência uniforme dessa Corte ou súmula vinculante do Supremo Tribunal Federal;

•• Alínea *a* com redação determinada pela Lei n. 13.015, de 21-7-2014.

Súmula 401/STF: Não se conhece do recurso de revista, nem dos embargos de divergência, do processo trabalhista, quando houver jurisprudência firme do Tribunal Superior do Trabalho no mesmo sentido da decisão impugnada, salvo se houver colisão com a jurisprudência do Supremo Tribunal Federal.

Súmula 296/TST: Recurso. Divergência jurisprudencial. Especificidade. I – A divergência jurisprudencial ensejadora da admissibilidade, do prosseguimento e do conhecimento do recurso há de ser específica, revelando a existência de teses diversas na interpretação de um mesmo dispositivo legal, embora idênticos os fatos que as ensejaram. II – Não ofende o art. 896 da CLT decisão de Turma que, examinando premissas concretas de especificidade da divergência colacionada no apelo revisional, conclui pelo conhecimento ou desconhecimento do recurso. 337. Comprovação de divergência jurisprudencial. Recursos de revista e de embargos. I – Para comprovação da divergência justificadora do recurso, é necessário que o recorrente: *a*) Junte certidão ou cópia autenticada do acórdão paradigma ou cite a fonte oficial ou o repositório autorizado em que foi publicado; e *b*) Transcreva, nas razões recursais, as ementas e/ou trechos dos acórdãos trazidos à configuração do dissídio, demonstrando o conflito de teses que justifique o conhecimento do recurso, ainda que os acórdãos já se encontrem nos autos ou venham a ser juntados com o recurso. II – A concessão de registro de publicação como repositório autorizado de jurisprudência do TST torna válidas todas as suas edições anteriores. III – A mera indicação da data de publicação, em fonte oficial, de aresto paradigma é inválida para comprovação de divergência jurisprudencial, nos termos do item I, a, desta súmula, quando a parte pretende demonstrar o conflito de teses mediante a transcrição de trechos que integram a fundamentação do acórdão divergente, uma vez que só se publicam o dispositivo e a ementa dos acórdãos. IV – É válida para a comprovação da divergência jurisprudencial justificadora do recurso a indicação de aresto extraído de repositório oficial na internet, desde que o recorrente: *a*) transcreva o trecho divergente; *b*) aponte o sítio de onde foi extraído; e *c*) decline o número do processo, o órgão prolator do acórdão e a data da respectiva publicação no *Diário Eletrônico da Justiça do Trabalho*.

Súmula 413/TST: Ação rescisória. Sentença de mérito. Violação do art. 896, *a*, da CLT. É incabível ação rescisória, por violação do art. 896, a, da CLT, contra decisão transitada em julgado sob a égide do CPC de 1973 que não conhece de recurso de revista, com base em divergência jurisprudencial, pois não se cuidava de sentença de mérito (art. 485 do CPC de 1973).

***b*)** derem ao mesmo dispositivo de lei estadual, Convenção Coletiva de Trabalho, Acordo Coletivo, sentença normativa ou regulamento empresarial de observância obrigatória em área territorial que exceda a jurisdição do Tribunal Regional prolator da decisão recorrida, interpretação divergente, na forma da alínea *a*;

Súmula 312/TST: Constitucionalidade. Alínea *b* do art. 896 da CLT. É constitucional a alínea *b* do art. 896 da CLT, com a redação dada pela Lei n. 7.701, de 21 de dezembro de 1988.

Súmula 337/TST: Comprovação de divergência jurisprudencial. Recursos de revista e de embargos. I – Para comprovação da divergência justificadora do recurso, é necessário que o recorrente: *a*) Junte certidão ou cópia autenticada do acórdão paradigma ou cite a fonte oficial ou o repositório autorizado em que foi publicado; e *b*) Transcreva, nas razões recursais, as ementas e/ou trechos dos acórdãos trazidos à configuração do dissídio, demonstrando o conflito de teses que justifique o conhecimento do recurso, ainda que os acórdãos já se encontrem nos autos ou venham a ser juntados com o recurso. II – A concessão de registro de publicação como repositório autorizado de jurisprudência do TST torna válidas todas as suas edições anteriores. III – A mera indicação da data de publicação, em fonte oficial, de aresto paradigma é inválida para comprovação de divergência jurisprudencial, nos termos do item I, *a*, desta súmula, quando a parte pretende demonstrar o conflito de teses mediante a transcrição de trechos que integram a fundamentação do acórdão divergente, uma vez que só se publicam o dispositivo e a ementa dos acórdãos. IV – É válida para a comprovação da divergência jurisprudencial justificadora do recurso a indicação de aresto extraído de repositório oficial na internet, desde que o recorrente: *a*) transcreva o trecho divergente; *b*) aponte o sítio de onde foi extraído; e *c*) decline o número do processo, o órgão prolator do acórdão e a data da respectiva publicação no Diário Eletrônico da Justiça do Trabalho.

OJ 219 da SDI-1: Recurso de revista ou de embargos fundamentado em Orientação Jurisprudencial do TST. É válida, para efeito de conhecimento do recurso de revista ou de embargos, a invocação de Orientação Jurisprudencial do Tribunal Superior do Trabalho, desde que, das razões recursais, conste o seu número o conteúdo.

c) proferidas com violação literal de disposição de lei federal ou afronta direta e literal à Constituição Federal.

•• Alínea *c* com redação determinada pela Lei n. 9.756, de 17-12-1998.

Súmula 218/TST: Recurso de revista. Acórdão proferido em agravo de instrumento. É incabível recurso de revista interposto de acórdão regional prolatado em agravo de instrumento.

Súmula 221/TST: Recurso de revista. Violação de lei. Indicação de preceito. A admissibilidade do recurso de revista por violação tem como pressuposto a indicação expressa do dispositivo de lei ou da Constituição tido como violado.

Súmula 266/TST: Recurso de revista. Admissibilidade. Execução de sentença. A admissibilidade do recurso de revista interposto de acórdão proferido em agravo de petição, na liquidação de sentença ou em processo incidente na execução, inclusive os embargos de terceiro, depende de demonstração inequívoca de violência direta à Constituição Federal.

Súmula 297/TST: Prequestionamento. Oportunidade. Configuração. 1. Diz-se prequestionada a matéria ou questão quando na decisão impugnada haja sido adotada, explicitamente, tese a respeito. 2. Incumbe à parte interessada, desde que a matéria haja sido invocada no recurso principal, opor embargos declaratórios objetivando o pronunciamento sobre o tema, sob pena de preclusão. 3. Considera-se prequestionada a questão jurídica invocada no recurso principal sobre a qual se omite o Tribunal de pronunciar tese, não obstante opostos embargos de declaração.

§ 1.º O recurso de revista, dotado de efeito apenas devolutivo, será interposto perante o Presidente do Tribunal Regional do Trabalho, que, por decisão fundamentada, poderá recebê-lo ou denegá-lo.

•• § 1.º com redação determinada pela Lei n. 13.015, de 21-7-2014.

§ 1.º-A. Sob pena de não conhecimento, é ônus da parte:

•• § 1.º-A, *caput*, acrescentado pela Lei n. 13.015, de 21-7-2014.

I – indicar o trecho da decisão recorrida que consubstancia o prequestionamento da controvérsia objeto do recurso de revista;

•• Inciso I acrescentado pela Lei n. 13.015, de 21-7-2014.

II – indicar, de forma explícita e fundamentada, contrariedade a dispositivo de lei, súmula ou orientação jurisprudencial do Tribunal Superior do Trabalho que conflite com a decisão regional;

•• Inciso II acrescentado pela Lei n. 13.015, de 21-7-2014.

III – expor as razões do pedido de reforma, impugnando todos os fundamentos jurídicos da decisão recorrida, inclusive mediante demonstração analítica de cada dispositivo de lei, da Constituição Federal, de súmula ou orientação jurisprudencial cuja contrariedade aponte;

•• Inciso III acrescentado pela Lei n. 13.015, de 21-7-2014.

IV – transcrever na peça recursal, no caso de suscitar preliminar de nulidade de julgado por negativa de prestação jurisdicional, o trecho dos embargos declaratórios em que foi pedido o pronunciamento do tribunal sobre questão veiculada no recurso ordinário e o trecho da decisão regional que rejeitou os embargos quanto ao pedido, para cotejo e verificação, de plano, da ocorrência da omissão.

•• Inciso IV acrescentado pela Lei n. 13.467, de 13-7-2017.

§ 2.º Das decisões proferidas pelos Tribunais Regionais do Trabalho ou por suas Turmas, em execução de sentença, inclusive em processo incidente de embargos de terceiro, não caberá Recurso de Revista, salvo na hipótese de ofensa direta e literal de norma da Constituição Federal.

•• § 2.º com redação determinada pela Lei n. 9.756, de 17-12-1998.

§§ 3.º a 6.º *(Revogados pela Lei n. 13.467, de 13-7-2017.)*

§ 7.º A divergência apta a ensejar o recurso de revista deve ser atual, não se considerando como tal a ultrapassada por súmula do Tribunal Superior do Trabalho ou do Supremo Tribunal Federal, ou superada por iterativa e notória jurisprudência do Tribunal Superior do Trabalho.

•• § 7.º acrescentado pela Lei n. 13.015, de 21-7-2014.

Súmula 333/TST: Recursos de revista. Conhecimento. Não ensejam recurso de revista decisões superadas por iterativa, notória e atual jurisprudência do Tribunal Superior do Trabalho.

§ 8.º Quando o recurso fundar-se em dissenso de julgados, incumbe ao recorrente o ônus de produzir prova da divergência jurisprudencial, mediante certidão, cópia ou citação do repositório de jurisprudência, oficial ou credenciado, inclusive em mídia eletrônica, em que houver sido publicada a decisão divergente, ou ainda pela reprodução de julgado disponível na internet, com indicação da respectiva fonte, mencionando, em qualquer caso, as circunstâncias que identifiquem ou assemelhem os casos confrontados.

•• § 8.º acrescentado pela Lei n. 13.015, de 21-7-2014.

§ 9.º Nas causas sujeitas ao procedimento sumaríssimo, somente será admitido recurso de revista por contrariedade a súmula de jurisprudência uniforme do Tribunal Superior do Trabalho ou a súmula vinculante do Supremo Tribunal Federal e por violação direta da Constituição Federal.

•• § 9.º acrescentado pela Lei n. 13.015, de 21-7-2014.

Súmula 442/TST: Procedimento sumaríssimo. Recurso de revista fundamentado em contrariedade a orientação jurisprudencial. Inadmissibilidade. Art. 896, § 6.º, da CLT, acrescentado pela Lei n. 9.957, de 12-1-2000. Nas causas sujeitas ao procedimento sumaríssimo, a admissibilidade de recurso de revista está limitada à demonstração de violação direta a dispositivo da Constituição Federal ou contrariedade a Súmula do Tribunal Superior do Trabalho, não se admitindo o recurso por contrariedade a Orientação Jurisprudencial deste Tribunal (Livro II, Título II, Capítulo III, do RITST), ante a ausência de previsão no art. 896, § 6.º, da CLT.

§ 10. Cabe recurso de revista por violação a lei federal, por divergência jurisprudencial e por ofensa à Constituição Federal nas execuções fiscais e nas controvérsias da fase de execução que envolvam a Certidão Negativa de Débitos Trabalhistas (CNDT), criada pela Lei n. 12.440, de 7 de julho de 2011.

•• § 10 acrescentado pela Lei n. 13.015, de 21-7-2014.

§ 11. Quando o recurso tempestivo contiver defeito formal que não se repute grave, o Tribunal Superior do Trabalho poderá desconsiderar o vício ou mandar saná-lo, julgando o mérito.

•• § 11 acrescentado pela Lei n. 13.015, de 21-7-2014.

§ 12. Da decisão denegatória caberá agravo, no prazo de 8 (oito) dias.

•• § 12 acrescentado pela Lei n. 13.015, de 21-7-2014.

•• *Vide* Instrução Normativa n. 40, de 15-3-2016.

§ 13. Dada a relevância da matéria, por iniciativa de um dos membros da Seção Especializada em Dissídios Individuais do Tribunal Superior do Trabalho, aprovada pela maioria dos integrantes da Seção, o julgamento a que se refere o § 3.º poderá ser afeto ao Tribunal Pleno.

•• § 13 acrescentado pela Lei n. 13.015, de 21-7-2014.

§ 14. O relator do recurso de revista poderá denegar-lhe seguimento, em decisão monocrática, nas hipóteses de intempestividade, deserção, irregularidade de representação ou de ausência de qualquer outro pressuposto extrínseco ou intrínseco de admissibilidade.

•• § 14 acrescentado pela Lei n. 13.467, de 13-7-2017.

Art. 896-A. O Tribunal Superior do Trabalho, no recurso de revista, examinará previamente se a causa oferece transcendência com relação aos reflexos gerais de natureza econômica, política, social ou jurídica.

•• *Caput* acrescentado pela Medida Provisória n. 2.226, de 4-9-2001.

• *Vide* arts. 73 a 75 da Consolidação dos Provimentos da Corregedoria-Geral da Justiça do Trabalho.

§ 1.º São indicadores de transcendência, entre outros:

•• § 1.º, *caput*, acrescentado pela Lei n. 13.467, de 13-7-2017.

I – econômica, o elevado valor da causa;

•• Inciso I acrescentado pela Lei n. 13.467, de 13-7-2017.

II – política, o desrespeito da instância recorrida à jurisprudência sumulada do Tribunal Superior do Trabalho ou do Supremo Tribunal Federal;

•• Inciso II acrescentado pela Lei n. 13.467, de 13-7-2017.

III – social, a postulação, por reclamante recorrente, de direito social constitucionalmente assegurado;

•• Inciso III acrescentado pela Lei n. 13.467, de 13-7-2017.

IV – jurídica, a existência de questão nova em torno da interpretação da legislação trabalhista.

•• Inciso IV acrescentado pela Lei n. 13.467, de 13-7-2017.

§ 2.º Poderá o relator, monocraticamente, denegar seguimento ao recurso de revista que não demonstrar transcendência, cabendo agravo desta decisão para o colegiado.

•• § 2.º acrescentado pela Lei n. 13.467, de 13-7-2017.

§ 3.º Em relação ao recurso que o relator considerou não ter transcendência, o recorrente poderá realizar sustentação oral sobre a questão da transcendência, durante cinco minutos em sessão.

•• § 3.º acrescentado pela Lei n. 13.467, de 13-7-2017.

§ 4.º Mantido o voto do relator quanto à não transcendência do recurso, será lavrado acórdão com fundamentação sucinta, que constituirá decisão irrecorrível no âmbito do tribunal.

•• § 4.º acrescentado pela Lei n. 13.467, de 13-7-2017.

§ 5.º É irrecorrível a decisão monocrática do relator que, em agravo de instrumento em recurso de revista, considerar ausente a transcendência da matéria.

•• § 5.º acrescentado pela Lei n. 13.467, de 13-7-2017.

§ 6.º O juízo de admissibilidade do recurso de revista exercido pela Presidência dos Tribunais Regionais do Trabalho limita-se à análise dos pressupostos intrínsecos e extrínsecos do apelo, não abrangendo o critério da transcendência das questões nele veiculadas.

•• § 6.º acrescentado pela Lei n. 13.467, de 13-7-2017.

Art. 896-B. Aplicam-se ao recurso de revista, no que couber, as normas da Lei n. 5.869, de 11 de janeiro de 1973 (Código de Processo Civil), relativas ao julgamento dos recursos extraordinário e especial repetitivos.

•• Artigo acrescentado pela Lei n. 13.015, de 21-7-2014.

•• *Vide* Instrução Normativa n. 38, de 10-11-2015, do TST, que dispõe sobre recursos repetitivos.

• *Vide* arts. 1.036 a 1.041 do CPC.

• *Vide* arts. 73 a 75 da Consolidação dos Provimentos da Corregedoria-Geral da Justiça do Trabalho.

Art. 896-C. Quando houver multiplicidade de recursos de revista fundados em idêntica questão de direito, a questão poderá ser afetada à Seção Especializada em Dissídios Individuais ou ao Tribunal Pleno, por decisão da maioria simples de seus membros, mediante requerimento de um dos Ministros que compõem a Seção Especializada, considerando a relevância da matéria ou a existência de entendimentos divergentes entre os Ministros dessa Seção ou das Turmas do Tribunal.

•• *Caput* acrescentado pela Lei n. 13.015, de 21-7-2014.

Consolidação dos Provimentos da Corregedoria-Geral da Justiça do Trabalho, arts. 73 a 75: As decisões de admissibilidade do recurso de revista contemplarão a identificação da especificidade ou da inespecificidade dos arestos paradigmas e/ou a vulneração de dispositivo de lei e/ou da Constituição da República, em atenção aos lindes do juízo de prelibação dos recursos, delineados no art. 896, § 1.º, da CLT, tudo de tal modo que elas não se mostrem excessivamente concisas nem excessivamente elásticas. Art. 74. Para efeito de intimação das decisões de admissibilidade dos recursos de revista, basta sua divulgação no órgão oficial. Art. 75. Ao presidente do Tribunal Regional do Trabalho caberá avaliar a conveniência e a oportunidade de implantação de juízo conciliatório em recurso de revista.

•• *Vide* Instrução Normativa n. 38, de 10-11-2015, do TST, que dispõe sobre recursos repetitivos.

•• *Vide* arts. 1.036 a 1.041 do CPC (recursos repetitivos).

§ 1.º O Presidente da Turma ou da Seção Especializada, por indicação dos relatores, afetará um ou mais recursos representativos da controvérsia para julgamento pela Seção Especializada em Dissídios Individuais ou pelo Tribunal Pleno, sob o rito dos recursos repetitivos.

•• § 1.º acrescentado pela Lei n. 13.015, de 21-7-2014.

§ 2.º O Presidente da Turma ou da Seção Especializada que afetar processo para julgamento sob o rito dos recursos repetitivos deverá expedir comunicação aos demais Presidentes de Turma ou de Seção Especializada, que poderão afetar outros processos sobre a questão para julgamento conjunto, a fim de conferir ao órgão julgador visão global da questão.

•• § 2.º acrescentado pela Lei n. 13.015, de 21-7-2014.

§ 3.º O Presidente do Tribunal Superior do Trabalho oficiará os Presidentes dos Tribunais Regionais do Trabalho para que suspendam os recursos interpostos em casos idênticos aos afetados como recursos repetitivos, até o pronunciamento definitivo do Tribunal Superior do Trabalho.

•• § 3.º acrescentado pela Lei n. 13.015, de 21-7-2014.

§ 4.º Caberá ao Presidente do Tribunal de origem admitir um ou mais recursos representativos da controvérsia, os quais serão encaminhados ao Tribunal Superior do Trabalho, ficando suspensos os demais recursos de revista até o pronunciamento definitivo do Tribunal Superior do Trabalho.

•• § 4.º acrescentado pela Lei n. 13.015, de 21-7-2014.

§ 5.º O relator no Tribunal Superior do Trabalho poderá determinar a suspensão dos recursos de revista ou de embargos que tenham como objeto controvérsia idêntica à do recurso afetado como repetitivo.

•• § 5.º acrescentado pela Lei n. 13.015, de 21-7-2014.

§ 6.º O recurso repetitivo será distribuído a um dos Ministros membros da Seção Especializada ou do Tribunal Pleno e a um Ministro revisor.

•• § 6.º acrescentado pela Lei n. 13.015, de 21-7-2014.

§ 7.º O relator poderá solicitar, aos Tribunais Regionais do Trabalho, informações a respeito da controvérsia, a serem prestadas no prazo de 15 (quinze) dias.

•• § 7.º acrescentado pela Lei n. 13.015, de 21-7-2014.

§ 8.º O relator poderá admitir manifestação de pessoa, órgão ou entidade com interesse na controvérsia, inclusive como assistente simples, na forma da Lei n. 5.869, de 11 de janeiro de 1973 (Código de Processo Civil).

•• § 8.º acrescentado pela Lei n. 13.015, de 21-7-2014.

§ 9.º Recebidas as informações e, se for o caso, após cumprido o disposto no § 7.º deste artigo, terá vista o Ministério Público pelo prazo de 15 (quinze) dias.

•• § 9.º acrescentado pela Lei n. 13.015, de 21-7-2014.

§ 10. Transcorrido o prazo para o Ministério Público e remetida cópia do relatório aos demais Ministros, o processo será incluído em pauta na Seção Especializada ou no Tribunal Pleno, devendo ser julgado com preferência sobre os demais feitos.

•• § 10 acrescentado pela Lei n. 13.015, de 21-7-2014.

§ 11. Publicado o acórdão do Tribunal Superior do Trabalho, os recursos de revista sobrestados na origem:

•• § 11, *caput*, acrescentado pela Lei n. 13.015, de 21-7-2014.

I – terão seguimento denegado na hipótese de o acórdão recorrido coincidir com a orientação a respeito da matéria no Tribunal Superior do Trabalho; ou

•• Inciso I acrescentado pela Lei n. 13.015, de 21-7-2014.

II – serão novamente examinados pelo Tribunal de origem na hipótese de o acórdão recorrido divergir da orientação do Tribunal Superior do Trabalho a respeito da matéria.

•• Inciso II acrescentado pela Lei n. 13.015, de 21-7-2014.

§ 12. Na hipótese prevista no inciso II do § 11 deste artigo, mantida a decisão divergente pelo Tribunal de origem, far-se-á o exame de admissibilidade do recurso de revista.

•• § 12 acrescentado pela Lei n. 13.015, de 21-7-2014.

§ 13. Caso a questão afetada e julgada sob o rito dos recursos repetitivos também contenha questão constitucional, a decisão proferida pelo Tribunal Pleno não obstará o conhecimento de eventuais recursos extraordinários sobre a questão constitucional.

•• § 13 acrescentado pela Lei n. 13.015, de 21-7-2014.

§ 14. Aos recursos extraordinários interpostos perante o Tribunal Superior do Trabalho será aplicado o procedimento previsto no art. 543-B da Lei n. 5.869, de 11 de janeiro de 1973 (Código de Processo Civil), cabendo ao Presidente do Tribunal Superior do Trabalho selecionar um ou mais recursos representativos da controvérsia e encaminhá-los ao Supremo Tribunal Federal, sobrestando os demais até o pronunciamento definitivo da Corte, na forma do § 1.º do art. 543-B da Lei n. 5.869, de 11 de janeiro de 1973 (Código de Processo Civil).

•• § 14 acrescentado pela Lei n. 13.015, de 21-7-2014.

Art. 1.036 do CPC: Quando o valor dos bens do espólio for igual ou inferior a 2.000 (duas mil) Obrigações do Tesouro Nacional – OTN, o inventário processar-se-á na forma de arrolamento, cabendo ao inventariante nomeado, independentemente da assinatura de termo de compromisso, apresentar, com suas declarações, a atribuição do valor dos bens do espólio e o plano da partilha. § 1.º Se qualquer das partes ou o Ministério Público impugnar a estimativa, o juiz nomeará um avaliador que oferecerá laudo em 10 (dez) dias. § 2.º Apresentado o laudo, o juiz, em audiência que designar, deliberará sobre a partilha, decidindo de plano todas as reclamações e mandando pagar as dívidas não impugnadas. § 3.º Lavrar-se-á de tudo um só termo, assinado pelo juiz e pelas partes presentes. § 4.º Aplicam-se a esta espécie de arrolamento, no que couberem, as disposições do art. 1.034 e seus parágrafos, relativamente ao lançamento, ao pagamento e à quitação da taxa judiciária e do imposto sobre a transmissão da propriedade dos bens do espólio. § 5.º Provada a quitação dos tributos relativos aos bens do espólio e às suas rendas, o juiz julgará a partilha.

• *Vide* Instrução Normativa n. 38, de 10-11-2015.

§ 15. O Presidente do Tribunal Superior do Trabalho poderá oficiar os Tribunais Regionais do Trabalho e os Presidentes das Turmas e da Seção Especializada do Tribunal para que suspendam os processos idênticos aos selecionados como recursos representativos da controvérsia e encaminhados ao Supremo Tribunal Federal, até o seu pronunciamento definitivo.

•• § 15 acrescentado pela Lei n. 13.015, de 21-7-2014.

§ 16. A decisão firmada em recurso repetitivo não será aplicada aos casos em que se demonstrar que a situação de fato ou de direito é distinta das presentes no processo julgado sob o rito dos recursos repetitivos.

•• § 16 acrescentado pela Lei n. 13.015, de 21-7-2014.

§ 17. Caberá revisão da decisão firmada em julgamento de recursos repetitivos quando se alterar a situação econômica, social ou jurídica, caso em que será respeitada a segurança jurídica das relações firmadas sob a égide da decisão anterior, podendo o Tribunal Superior do Trabalho modular os efeitos da decisão que a tenha alterado.

•• § 17 acrescentado pela Lei n. 13.015, de 21-7-2014.

Art. 897. Cabe agravo, no prazo de 8 (oito) dias:

a) de petição, das decisões do Juiz ou Presidente, nas execuções;

b) de instrumento, dos despachos que denegarem a interposição de recursos.

•• *Caput* e alíneas com redação determinada pela Lei n. 8.432, de 11-6-1992.

OJ 132 da SDI-1: Agravo regimental. Peças essenciais nos autos principais. Inexistindo lei que exija a tramitação do AG em autos apartados, tampouco previsão no Regimento Interno do Regional, não pode o Agravante ver-se apenado por não haver colacionado cópia de peças dos autos principais, quando o AG deveria fazer parte dele.

OJ 217 da SDI-1: Agravo de instrumento. Traslado. Lei n. 9.756/98. Guia de custas e de depósito recursal. Para a formação do Agravo de Instrumento, não é necessária a juntada de comprovantes de recolhimento de custas e de depósito recursal relativamente ao Recurso Ordinário, desde que não seja objeto de controvérsia no Recurso de Revista a validade daqueles recolhimentos.

OJ 282 da SDI-1: Agravo de instrumento. Juízo de admissibilidade *ad quem*. No julgamento de Agravo de Instrumento ao afastar o óbice apontado pelo TRT para o processamento do recurso de revista, pode o juízo ad quem prosseguir no exame dos demais pressupostos extrínsecos e intrínsecos do recurso de revista, mesmo que não apreciados pelo TRT.

OJ 283 da SDI-1: Agravo de instrumento. Peças essenciais. Traslado realizado pelo agravado. Validade. É válido o traslado de peças essenciais efetuado pelo agravado, pois sua regular formação incumbe às partes e não somente ao agravante.

OJ 286 da SDI-1: Agravo de Instrumento. Traslado. Mandato Tácito. Ata de Audiência. Configuração. I – A juntada da ata de audiência, em que consignada a presença do advogado, desde que não estivesse atuando com mandato expresso, torna dispensável a procuração deste, porque demonstrada a existência de mandato tácito. II – Configurada a existência de mandato tácito fica suprida a irregularidade detectada no mandato expresso.

OJ 374 da SDI-1: Agravo de Instrumento. Representação processual. Regularidade. Procuração ou substabelecimento com cláusula limitativa de poderes ao âmbito do Tribunal Regional do Trabalho. É regular a representação processual do subscritor do agravo de instrumento ou do recurso de revista que detém mandato com poderes de representação limitados ao âmbito do Tribunal Regional do Trabalho, pois, embora a apreciação desse recurso seja realizada pelo Tribunal Superior do Trabalho, a sua interposição é ato praticado perante o Tribunal Regional do Trabalho, circunstância que legitima a atuação do advogado no feito.

OJ 412 da SDI-1: Agravo interno ou agravo regimental. Interposição em face de decisão colegiada. Não cabimento. Erro grosseiro. Inaplicabilidade do princípio da fungibilidade recursal. É incabível agravo interno (art. 1.021 do CPC de 2015, art. 557, §1.º, do CPC de 1973) ou agravo regimental (art. 235 do RITST) contra decisão proferida por órgão colegiado. Tais recursos destinam-se, exclusivamente, a impugnar decisão monocrática nas hipóteses previstas. Inaplicável, no caso, o princípio da fungibilidade ante a configuração de erro grosseiro.

• *Vide* Instrução Normativa n. 16, de 26-8-1999, do TST.

• A Resolução Administrativa n. 1.418, de 30-8-2010, regulamenta o processamento do agravo de instrumento interposto de despacho que negar seguimento a recurso de competência do TST.

§ 1.º O agravo de petição só será recebido quando o agravante delimitar, justificadamente, as matérias e os valores impugnados, permitida a execução imediata da parte remanescente até o final, nos próprios autos ou por carta de sentença.

•• § 1.º com redação determinada pela Lei n. 8.432, de 11-6-1992.

§ 2.º O agravo de instrumento interposto contra o despacho que não receber agravo de petição não suspende a execução da sentença.

•• § 2.º com redação determinada pela Lei n. 8.432, de 11-6-1992.

• *Vide* Instrução Normativa n. 16, de 26-8-1999, do TST.

§ 3.º Na hipótese da alínea *a* deste artigo, o agravo será julgado pelo próprio tribunal, presidido pela autoridade recorrida, salvo se se tratar de decisão de Juiz do Trabalho de 1.ª Instância ou de Juiz de Direito, quando o julgamento competirá a uma das Turmas do Tribunal Regional a que estiver subordinado o prolator da sentença, observado o disposto no art. 679, a quem este remeterá as peças necessárias para o exame da matéria controvertida, em autos apartados, ou nos próprios autos, se tiver sido determinada a extração de carta de sentença.

•• § 3.º com redação determinada pela Lei n. 10.035, de 25-10-2000.

§ 4.º Na hipótese da alínea *b* deste artigo, o agravo será julgado pelo Tribunal que seria competente para conhecer o recurso cuja interposição foi denegada.

•• § 4.º acrescentado pela Lei n. 8.432, de 11-6-1992.

Art. 893, § 1.º, da CLT: § 1.º Os incidentes do processo são resolvidos pelo próprio Juízo ou Tribunal, admitindo-se a apreciação do merecimento das decisões interlocutórias somente em recursos da decisão definitiva.

• *Vide* Instrução Normativa n. 16, de 26-8-1999, do TST.

§ 5.º Sob pena de não conhecimento, as partes promoverão a formação do instrumento do agravo de modo a possibilitar, caso provido, o imediato julgamento do recurso denegado, instruindo a petição de interposição:

•• § 5.º, *caput*, acrescentado pela Lei n. 9.756, de 17-12-1998.

I – obrigatoriamente, com cópias da decisão agravada, da certidão da respectiva intimação, das procurações outorgadas aos advogados do agravante e do agravado, da petição inicial, da contestação, da decisão originária, do depósito recursal referente ao recurso que se pretende destrancar, da comprovação do recolhimento das custas e do depósito recursal a que se refere o § 7.º do art. 899 desta Consolidação;

•• Inciso I com redação determinada pela Lei n. 12.275, de 29-6-2010.

• *Vide* Instrução Normativa n. 3, de 5-3-1993.

II – facultativamente, com outras peças que o agravante reputar úteis ao deslinde da matéria de mérito controvertida.

•• Inciso II acrescentado pela Lei n. 9.756, de 17-12-1998.

• *Vide* Instrução Normativa n. 16, de 26-8-1999, do TST.

§ 6.º O agravado será intimado para oferecer resposta ao agravo e ao recurso principal, instruindo-a com as peças que considerar necessárias ao julgamento de ambos os recursos.

•• § 6.º acrescentado pela Lei n. 9.756, de 17-12-1998.

• *Vide* Instrução Normativa n. 16, de 26-8-1999, do TST.

§ 7.º Provido o agravo, a Turma deliberará sobre o julgamento do recurso principal, observando-se, se for o caso, daí em diante, o procedimento relativo a esse recurso.

•• § 7.º acrescentado pela Lei n. 9.756, de 17-12-1998.

• *Vide* Instrução Normativa n. 16, de 26-8-1999, do TST.

§ 8.º Quando o agravo de petição versar apenas sobre as contribuições sociais, o juiz da execução determinará a extração de cópias das peças necessárias, que serão autuadas em apartado, conforme dispõe o § 3.º, parte final, e remetidas à instância superior para apreciação, após contraminuta.

•• § 8.º acrescentado pela Lei n. 10.035, de 25-10-2000.

Art. 897-A. Caberão embargos de declaração da sentença ou acórdão, no prazo de 5 (cinco) dias, devendo seu julgamento ocorrer na primeira audiência ou sessão subsequente a sua apresentação, registrado na certidão, admitido efeito modificativo da decisão nos casos de omissão e contradição no julgado e manifesto equívoco no exame dos pressupostos extrínsecos do recurso.

•• *Caput* acrescentado pela Lei n. 9.957, de 12-1-2000.

Art. 833 da CLT: Existindo na decisão evidentes erros ou enganos de escrita, de datilografia ou de cálculo, poderão os mesmos, antes da execução, ser corrigidos, *ex officio*, ou a requerimento dos interessados ou da Procuradoria da Justiça do Trabalho.

Instrução Normativa n. 39/16, art. 9.º: O cabimento dos embargos de declaração no Processo do Trabalho, para impugnar qualquer decisão judicial, rege-se pelo art. 897-A da CLT e, supletivamente, pelo Código de Processo Civil (arts. 1.022 a 1.025; §§ 2.º, 3.º e 4.º do art. 1.026), excetuada a garantia de prazo em dobro para litisconsortes (§ 1.º do art. 1.023). Parágrafo único. A omissão para fins do prequestionamento ficto a que alude o art. 1.025 do CPC dá-se no caso de o Tribunal Regional do Trabalho, mesmo instado mediante embargos de declaração, recusar-se a emitir tese sobre questão jurídica pertinente, na forma da Súmula 297, item III, do Tribunal Superior do Trabalho.

Súmula 184/TST: Embargos declaratórios. Omissão em recurso de revista. Preclusão. Ocorre preclusão se não forem opostos embargos declaratórios para suprir omissão apontada em recurso de revista ou de embargos.

Súmula 278/TST: Embargos de declaração. Omissão no julgado. A natureza da omissão suprida pelo julgamento de embargos declaratórios pode ocasionar efeito modificativo no julgado.

Súmula 297/TST: Prequestionamento. Oportunidade. Configuração. 1. Diz-se prequestionada a matéria ou questão quando na decisão impugnada haja sido adotada, explicitamente, tese a respeito. 2. Incumbe à parte interessada, desde que a matéria haja sido invocada no recurso principal, opor embargos declaratórios objetivando o pronunciamento sobre o tema, sob pena de preclusão. 3. Considera-se prequestionada a questão jurídica invocada no recurso principal sobre a qual se omite o Tribunal de pronunciar tese, não obstante opostos embargos de declaração.

Súmula 421/TST: Embargos de declaração. Cabimento. Decisão monocrática do relator calcada no art. 932 do CPC de 2015. Art. 557 do CPC de 1973. I – Cabem embargos de declaração da decisão monocrática do relator prevista no art. 932 do CPC de 2015 (art. 557 do CPC de 1973), se a parte pretende tão somente juízo integrativo retificador da decisão e, não, modificação do julgado. II – Se a parte postular a revisão no mérito da decisão monocrática, cumpre ao relator converter os embargos de declaração em agravo, em face dos princípios da fungibilidade e celeridade processual, submetendo-o ao pronunciamento do Colegiado, após a intimação do recorrente para, no prazo de 5 (cinco) dias, complementar as razões recursais, de modo a ajustá-las às exigências do art. 1.021, § 1.º, do CPC de 2015.

OJ 142 da SDI-1: Embargos de declaração. Efeito modificativo. Vista à parte contrária. I – É passível de nulidade decisão que acolhe embargos de declaração com efeito modificativo sem que seja concedida oportunidade de manifestação prévia à parte contrária. II – Em decorrência do efeito devolutivo amplo conferido ao recurso ordinário, o item I não se aplica às hipóteses em que não se concede vista à parte contrária para se manifestar sobre os embargos de declaração opostos contra sentença.

OJ 192 da SDI-1: Embargos declaratórios. Prazo em dobro. Pessoa jurídica de direito público. Decreto-lei n. 779/69. É em dobro o prazo para a interposição de embargos declaratórios por Pessoa Jurídica de Direito Público.

•• *Vide* arts. 1.022 a 1.026 do CPC.

§ 1.º Os erros materiais poderão ser corrigidos de ofício ou a requerimento de qualquer das partes.

•• § 1.º renumerado pela Lei n. 13.015, de 21-7-2014.

§ 2.º Eventual efeito modificativo dos embargos de declaração somente poderá ocorrer em virtude da correção de vício na decisão embargada e desde que ouvida a parte contrária, no prazo de 5 (cinco) dias.

•• § 2.º acrescentado pela Lei n. 13.015, de 21-7-2014.

§ 3.º Os embargos de declaração interrompem o prazo para interposição de outros recursos, por qualquer das partes, salvo quando intempestivos, irregular a representação da parte ou ausente a sua assinatura.

•• § 3.º acrescentado pela Lei n. 13.015, de 21-7-2014.

Art. 898. Das decisões proferidas em dissídio coletivo que afete empresa de serviço público, ou, em qualquer caso, das proferidas em revisão, poderão recorrer, além dos interessados, o Presidente do Tribunal e a Procuradoria da Justiça do Trabalho.

Lei n. 5.584/70, art. 8.º: Das decisões proferidas nos dissídios coletivos poderá a União interpor recurso, o qual será sempre recebido no efeito suspensivo quanto à parte que exceder o índice fixado pela política salarial do Governo.

Art. 899. Os recursos serão interpostos por simples petição e terão efeito meramente devolutivo, salvo as exceções previstas neste Título, permitida a execução provisória até a penhora.

•• *Caput* com redação determinada pela Lei n. 5.442, de 24-5-1968.

•• Sobre os valores alusivos aos limites de depósito recursal de que trata este artigo, *vide* Nota dos Organizadores (DEPÓSITOS RECURSAIS).

Súmula 217/TST: Depósito recursal. Credenciamento bancário. Prova dispensável. O credenciamento dos bancos para o fim de recebimento do depósito recursal é fato notório, independendo da prova.

Súmula 422/TST: Recurso. Fundamento ausente ou deficiente. Não conhecimento. I – Não se conhece de recurso para o Tribunal Superior do Trabalho se as razões do recorrente não impugnam os fundamentos da decisão recorrida, nos termos em que proferida. II – O entendimento referido no item anterior não se aplica em relação à motivação secundária e impertinente, consubstanciada em despacho de admissibilidade de recurso ou em decisão monocrática. III – Inaplicável a exigência do item I relativamente ao recurso ordinário da competência de Tribunal Regional do Trabalho, exceto em caso de recurso cuja motivação é inteiramente dissociada dos fundamentos da sentença.

§ 1.º Sendo a condenação de valor até 10 (dez) vezes o valor de referência regional, nos dissídios individuais, só será admitido o recurso, inclusive o extraordinário, mediante prévio depósito da respectiva importância. Transitada em julgado a decisão recorrida, ordenar-se-á o levantamento imediato da importância do depósito, em favor da parte vencedora, por simples despacho do juiz.

•• § 1.º com redação determinada pela Lei n. 5.442, de 24-5-1968.

•• Com a extinção do valor de referência pelo art. 3.º, III, da Lei n. 8.177, de 1.º-3-1991, os limites do depósito recursal a que se refere este dispositivo passam a ser fixados por ato normativo do TST, tendo por reajuste a variação acumulada do INPC do IBGE, de acordo com o inciso VI da Instrução Normativa n. 3, de 5-3-1993, do TST. O Ato n. 329, de 17-7-2018, do TST, divulga os novos valores referentes aos limites de depósito recursal previsto neste § 1.º.

Lei n. 5.584/70, art. 7.º: A comprovação do depósito da condenação (CLT, art. 899, §§ 1.º a 5.º) terá que ser feita dentro do prazo para a interposição do recurso, sob pena de ser este considerado deserto.

Instrução Normativa n. 27/05, Art. 2.º, parágrafo único: O depósito recursal a que se refere o art. 899 da CLT é sempre exigível como requisito extrínseco do recurso, quando houver condenação em pecúnia.

Súmula 86/TST: Deserção. Massa falida. Empresa em liquidação extrajudicial. Não ocorre deserção de recurso da massa falida por falta de pagamento de custas ou de depósito do valor da condenação. Esse privilégio, todavia, não se aplica à empresa em liquidação extrajudicial.

Súmula 99/TST: Ação rescisória. Deserção. Prazo. Havendo recurso ordinário em sede de rescisória, o depósito recursal só é exigível quando for julgado procedente o pedido e imposta condenação em pecúnia, devendo este ser efetuado no prazo recursal, no limite e nos termos da legislação vigente, sob pena de deserção.

Súmula 128/TST: Depósito recursal. I – É ônus da parte recorrente efetuar o depósito legal, integralmente, em relação a cada novo recurso interposto, sob pena de deserção. Atingido o valor da condenação, nenhum depósito mais é exigido para qualquer recurso. II – Garantido o juízo, na fase executória, a exigência de depósito para recorrer de qualquer decisão viola os incisos II e LV do art. 5.º da CF/1988. Havendo, porém, elevação do valor do débito, exige-se a complementação da garantia do juízo. III – Havendo condenação solidária de duas ou mais empresas, o depósito recursal efetuado por uma delas aproveita as demais, quando a empresa que efetuou o depósito não pleiteia sua exclusão da lide.

Súmula 161/TST: Depósito. Condenação a pagamento em pecúnia. Se não há condenação a pagamento em pecúnia, descabe o depósito de que tratam os §§ 1.º e 2.º do art. 899 da CLT. Ex-prejulgado n. 39.

Súmula 217/TST: Depósito recursal. Credenciamento bancário. Prova dispensável. O credenciamento dos bancos para o fim de recebimento do depósito recursal é fato notório, independendo da prova.

Súmula 245/TST: Depósito recursal. Prazo. O depósito recursal deve ser feito e comprovado no prazo alusivo ao recurso. A interposição antecipada deste não prejudica a dilação legal.

Súmula 426/TST: Depósito recursal. Utilização da guia GFIP. Obrigatoriedade. Nos dissídios individuais o depósito recursal será efetivado mediante a utilização da Guia de Recolhimento do FGTS e Informações à Previdência Social – GFIP, nos termos dos §§ 4.º e 5.º do art. 899 da CLT, admitido o depósito judicial, realizado na sede do juízo e à disposição deste, na hipótese de relação de trabalho não submetida ao regime do FGTS.

• A Instrução Normativa n. 26, de 2-9-2004, do TST, dispõe sobre a guia de recolhimento do depósito recursal.

§ 2.º Tratando-se de condenação de valor indeterminado, o depósito corresponderá ao que for arbitrado para efeito de custas, pela Junta ou Juízo de Direito, até o limite de 10 (dez) vezes o valor de referência regional.

•• § 2.º com redação determinada pela Lei n. 5.442, de 24-5-1968.

•• Extinção das Juntas de Conciliação e Julgamento: Emenda Constitucional n. 24, de 9-12-1999.

Lei n. 7.701/88, art. 13: O depósito recursal de que trata o art. 899 e seus parágrafos da Consolidação das Leis do Trabalho fica limitado, no recurso ordinário, a 20 (vinte) vezes o valor de referência e, no de revista, a 40 (quarenta) vezes o referido valor de referência. Será considerado valor de referência aquele vigente à data da interposição do recurso, devendo ser complementado o valor total de 40 (quarenta) valores, no caso de revista.

Súmula 161/TST: Depósito. Condenação a pagamento em pecúnia. Se não há condenação a pagamento em pecúnia, descabe o depósito de que tratam os §§ 1.º e 2.º do art. 899 da CLT. Ex-prejulgado n. 39.

Súmula 200/TST: Juros de mora. Incidência. Os juros de mora incidem sobre a importância da condenação já corrigida monetariamente.

§ 3.º *(Revogado pela Lei n. 7.033, de 5-10-1982.)*

§ 4.º O depósito recursal será feito em conta vinculada ao juízo e corrigido com os mesmos índices da poupança.

•• § 4.º com redação determinada pela Lei n. 13.467, de 13-7-2017.

Instrução Normativa n. 41/18, art. 20: As disposições contidas nos §§ 4.º, 9.º, 10 e 11 do art. 899 da CLT, com a redação dada pela Lei n. 13.467/2017, serão observadas para os recursos interpostos contra as decisões proferidas a partir de 11 de novembro de 2017.

Súmula 426/TST: Depósito recursal. Utilização da guia GFIP. Obrigatoriedade. Nos dissídios individuais o depósito recursal será efetivado mediante a utilização da Guia de Recolhimento do FGTS e Informações à Previdência Social – GFIP, nos termos dos §§ 4.º e 5.º do art. 899 da CLT, admitido o depósito judicial, realizado na sede do juízo e à disposição deste, na hipótese de relação de trabalho não submetida ao regime do FGTS.

§ 5.º *(Revogado pela Lei n. 13.467, de 13-7-2017.)*

§ 6.º Quando o valor da condenação, ou o arbitrado para fins de custas, exceder o limite de 10 (dez) vezes o valor de referência regional, o depósito para fins de recurso será limitado a este valor.

•• § 6.º com redação determinada pela Lei n. 5.442, de 24-5-1968.

§ 7.º No ato de interposição do agravo de instrumento, o depósito recursal corresponderá a 50% (cinquenta por cento) do valor do depósito do recurso ao qual se pretende destrancar.

•• § 7.º acrescentado pela Lei n. 12.275, de 29-6-2010, em vigor 45 dias após sua publicação.

Art. 897, § 5.º, I, da CLT: Sob pena de não conhecimento, as partes promoverão a formação do instrumento do agravo de modo a possibilitar, caso provido, o imediato julgamento do recurso denegado, instruindo a petição de interposição: I – obrigatoriamente, com cópias da decisão agravada, da certidão da respectiva intimação, das procurações outorgadas aos advogados do agravante e do agravado, da petição inicial, da contestação, da decisão originária, do depósito recursal referente ao recurso que se pretende destrancar, da comprovação do recolhimento das custas e do depósito recursal a que se refere o § 7.º do art. 899 desta Consolidação.

•• *Vide* Instrução Normativa n. 3, de 5-3-1993.

§ 8.º Quando o agravo de instrumento tem a finalidade de destrancar recurso de revista que se insurge contra decisão que contraria a jurisprudência uniforme do Tribunal Superior do Trabalho, consubstanciada nas suas súmulas ou em orientação jurisprudencial, não haverá obrigatoriedade de se efetuar o depósito referido no § 7.º deste artigo.

•• § 8.º acrescentado pela Lei n. 13.015, de 21-7-2014.

§ 9.º O valor do depósito recursal será reduzido pela metade para entidades sem fins lucrativos, empregadores domésticos, microempreendedores individuais, microempresas e empresas de pequeno porte.

•• § 9.º acrescentado pela Lei n. 13.467, de 13-7-2017.

Instrução Normativa n. 41/18, art. 20: As disposições contidas nos §§ 4.º, 9.º, 10 e 11 do art. 899 da CLT, com a redação dada pela Lei n. 13.467/2017, serão observadas para os recursos interpostos contra as decisões proferidas a partir de 11 de novembro de 2017.

• *Vide* Enunciado n. 118 da 2.ª Jornada de Direito Material e Processual do Trabalho.

§ 10. São isentos do depósito recursal os beneficiários da justiça gratuita, as entidades filantrópicas e as empresas em recuperação judicial.

•• § 10 acrescentado pela Lei n. 13.467, de 13-7-2017.

Instrução Normativa n. 41/18, art. 20: As disposições contidas nos §§ 4.º, 9.º, 10 e 11 do art. 899 da CLT, com a redação dada pela Lei n. 13.467/2017, serão observadas para os recursos interpostos contra as decisões proferidas a partir de 11 de novembro de 2017.

§ 11. O depósito recursal poderá ser substituído por fiança bancária ou seguro garantia judicial.

•• § 11 acrescentado pela Lei n. 13.467, de 13-7-2017.

Instrução Normativa n. 41/18, art. 20: As disposições contidas nos §§ 4.º, 9.º, 10 e 11 do art. 899 da CLT, com a redação dada pela Lei n. 13.467/2017, serão observadas para os recursos interpostos contra as decisões proferidas a partir de 11 de novembro de 2017.

Art. 900. Interposto o recurso, será notificado o recorrido para oferecer as suas razões, em prazo igual ao que tiver tido o recorrente.

Art. 901. Sem prejuízo dos prazos previstos neste Capítulo, terão as partes vistas dos autos em cartório ou na secretaria.

Parágrafo único. Salvo quando estiver correndo prazo comum, aos procuradores das partes será permitido ter vista dos autos fora do cartório ou secretaria.

•• Parágrafo único acrescentado pela Lei n. 8.638, de 31-3-1993.

Art. 902. (*Revogado pela Lei n. 7.033, de 5-10-1982.*)

CAPÍTULO VII
DA APLICAÇÃO DAS PENALIDADES

Art. 903. As penalidades estabelecidas no Título anterior serão aplicadas pelo Juiz, ou Tribunal, que tiver de conhecer da desobediência, violação, recusa, falta ou coação, *ex officio*, ou mediante representação de qualquer interessado ou da Procuradoria da Justiça do Trabalho.

•• Artigo com redação determinada pelo Decreto-lei n. 8.737, de 19-1-1946.

Art. 904. As sanções em que incorrerem as autoridades da Justiça do Trabalho serão aplicadas pela autoridade ou Tribunal imediatamente superior, conforme o caso, *ex officio*, ou mediante representação de qualquer interessado ou da Procuradoria.

•• *Caput* com redação determinada pelo Decreto-lei n. 8.737, de 19-1-1946.

Parágrafo único. Tratando-se de membro do Tribunal Superior do Trabalho será competente para a imposição de sanções o Senado Federal.

•• Entendemos prejudicado este parágrafo único pelo art. 105 da CF (competência do STJ).

Art. 905. Tomando conhecimento do fato imputado, o Juiz, ou Tribunal competente, mandará notificar o acusado, para apresentar, no prazo de 15 (quinze) dias, defesa por escrito.

§ 1.º É facultado ao acusado, dentro do prazo estabelecido neste artigo, requerer a produção de testemunhas, até ao máximo de 5 (cinco). Nesse caso, será marcada audiência para a inquirição.

§ 2.º Findo o prazo de defesa, o processo será imediatamente concluso para julgamento, que deverá ser proferido no prazo de 10 (dez) dias.

Art. 906. Da imposição das penalidades a que se refere este Capítulo, caberá recurso ordinário para o Tribunal Superior, no prazo de 10 (dez) dias, salvo se a imposição resultar de dissídio coletivo, caso em que o prazo será de 20 (vinte) dias.

Art. 907. Sempre que o infrator incorrer em pena criminal far-se-á remessa das peças necessárias à autoridade competente.

Art. 908. A cobrança das multas estabelecidas neste Título será feita mediante executivo fiscal, perante o Juiz competente para a cobrança de dívida ativa da Fazenda Pública Federal.

Parágrafo único. A cobrança das multas será promovida, no Distrito Federal e nos Estados em que funcionarem os Tribunais Regionais, pela Procuradoria da Justiça do Trabalho, e, nos demais Estados, de acordo com o disposto no Decreto-lei n. 960, de 17 de dezembro de 1938.

•• O Decreto-lei n. 9.797, de 9-9-1946, determinou a substituição de "Conselhos Regionais" por "Tribunais Regionais".

Art. 127, *caput*, da CF: O Ministério Público é instituição permanente, essencial à função jurisdicional do Estado, incumbindo-lhe a defesa da ordem jurídica, do regime democrático e dos interesses sociais e individuais indisponíveis.

• A Lei n. 6.830, de 22-9-1980, dispõe sobre a cobrança judicial da dívida ativa da Fazenda Pública.

• *Vide* art. 83 da Lei Complementar n. 73, de 20-5-1993.

CAPÍTULO VIII
DISPOSIÇÕES FINAIS

Art. 909. A ordem dos processos no Tribunal Superior do Trabalho será regulada em seu regimento interno.

•• O Decreto-lei n. 9.797, de 9-9-1946, determinou a substituição de "Conselho Nacional" por "Tribunal Superior".

Art. 910. Para os efeitos deste Título, equiparam-se aos serviços públicos os de utilidade pública, bem como os que forem prestados em armazéns de gêneros alimentícios, açougues, padarias, leiterias, farmácias, hospitais, minas, empresas de transportes e comunicações, bancos e estabelecimentos que interessem à segurança nacional.

TÍTULO XI
DISPOSIÇÕES FINAIS E TRANSITÓRIAS

Art. 911. Esta Consolidação entrará em vigor em 10 de novembro de 1943.

Art. 912. Os dispositivos de caráter imperativo terão aplicação imediata às relações iniciadas, mas não consumadas, antes da vigência desta Consolidação.

Art. 14 do CPC: A norma processual não retroagirá e será aplicável imediatamente aos processos em curso, respeitados os atos processuais praticados e as situações jurídicas consolidadas sob a vigência da norma revogada.

• *Vide* art. 915 da CLT.

Art. 913. O Ministro do Trabalho e Previdência Social expedirá instruções, quadros, tabelas e modelos que se tornarem necessários à execução desta Consolidação.

•• Sobre Ministérios, *vide* Nota dos Organizadores.

Parágrafo único. O Tribunal Superior do Trabalho adaptará o seu regimento interno e o dos Tribunais Regionais do Trabalho às normas contidas nesta Consolidação.

•• O Decreto-lei n. 9.797, de 9-9-1946, determinou a substituição de "Conselho Nacional" por "Tribunal Superior" e "Conselho Regional" por "Tribunal Regional".

Art. 914. Continuarão em vigor os quadros, tabelas e modelos, aprovados em virtude de dispositivos não alterados pela presente Consolidação.

Art. 915. Não serão prejudicados os recursos interpostos com apoio em dispositivos alterados ou cujo prazo para interposição esteja em curso à data da vigência desta Consolidação.

Art. 14 do CPC: A norma processual não retroagirá e será aplicável imediatamente aos processos em curso, respeitados os atos processuais praticados e as situações jurídicas consolidadas sob a vigência da norma revogada.

• *Vide* arts. 912 da CLT.

Art. 916. Os prazos de prescrição fixados pela presente Consolidação começarão a correr da data da vigência desta, quando menores do que os previstos pela legislação anterior.

Art. 917. O Ministro do Trabalho e Previdência Social marcará prazo para adaptação dos atuais estabelecimentos às exigências contidas no Capítulo "Da Higiene e Segurança do Trabalho". Compete ainda àquela autoridade fixar os prazos dentro dos quais, em cada Estado, entrará em vigor a obrigatoriedade do uso da Carteira de Trabalho e Previdência Social, para os atuais empregados.

•• *Caput* com redação nos termos da Lei n. 6.514, de 22-12-1977.

•• A Lei n. 6.514, de 22-12-1977, alterou o mencionado Capítulo (arts. 154 e s.), alterando a sua nomenclatura para "Segurança e Medicina do Trabalho".

Parágrafo único. O Ministro do Trabalho e Previdência Social fixará, para cada Estado e quando julgar conveniente, o início da vigência de parte ou de todos os dispositivos contidos no Capítulo "Da Higiene e Segurança do Trabalho".

•• Parágrafo único com redação nos termos da Lei n. 6.514, de 22-12-1977.

•• A Lei n. 6.514, de 22-12-1977, alterou o mencionado Capítulo (arts. 154 e s.), alterando a sua nomenclatura para "Segurança e Medicina do Trabalho".

Art. 918. Enquanto não for expedida a Lei Orgânica da Previdência Social, competirá ao presidente do Tribunal Superior do Trabalho julgar os recursos interpostos com apoio no art. 1.º, alínea *c*, do Decreto-lei n. 3.710, de 14 de outubro de 1941, cabendo recurso de suas decisões nos termos do disposto no art. 734, alínea *b*, desta Consolidação.

•• *Caput* com redação nos termos do Decreto-lei n. 6.353, de 20-3-1944, e Decreto-lei n. 9.797, de 9-9-1946.

•• Entendemos prejudicado o disposto neste artigo pelo Decreto-lei n. 72, de 21-11-1966.

Parágrafo único. Ao diretor do Departamento de Previdência Social incumbirá presidir as eleições para a constituição dos Conselhos Fiscais dos Institutos e Caixas de Aposentadoria e Pensões e julgar, com recurso para a instância superior, os recursos sobre matéria técnico-administrativa dessas instituições.

Art. 919. Ao empregado bancário, admitido até a data da vigência da presente Lei, fica assegurado o direito à aquisição da estabilidade nos termos do art. 15 do Decreto n. 24.615, de 9 de julho de 1934.

Art. 920. Enquanto não forem constituídas as confederações, ou, na falta destas, a representação de classes, econômicas ou profissionais, que derivar da indicação desses órgãos ou dos respectivos presidentes, será suprida por equivalente designação ou eleição realizada pelas correspondentes federações.

Art. 921. As empresas que não estiverem incluídas no enquadramento sindical de que trata o art. 577 poderão firmar contratos coletivos de trabalho com os sindicatos representativos da respectiva categoria profissional.

Art. 922. O disposto no art. 301 regerá somente as relações de emprego iniciadas depois da vigência desta Consolidação.

•• Artigo acrescentado pelo Decreto-lei n. 6.353, de 20-3-1944.

CÓDIGO DE PROCESSO CIVIL

ÍNDICE SISTEMÁTICO DO CÓDIGO DE PROCESSO CIVIL

LEI N. 13.105, DE 16 DE MARÇO DE 2015

PARTE GERAL

Livro I

DAS NORMAS PROCESSUAIS CIVIS

TÍTULO ÚNICO

DAS NORMAS FUNDAMENTAIS E DA APLICAÇÃO DAS NORMAS PROCESSUAIS

Livro II

DA FUNÇÃO JURISDICIONAL

TÍTULO I

DA JURISDIÇÃO E DA AÇÃO

TÍTULO II

DOS LIMITES DA JURISDIÇÃO NACIONAL E DA COOPERAÇÃO INTERNACIONAL

TÍTULO III

DA COMPETÊNCIA INTERNA

Livro III
DOS SUJEITOS DO PROCESSO

TÍTULO I
DAS PARTES E DOS PROCURADORES

TÍTULO II
DO LITISCONSÓRCIO

TÍTULO III
DA INTERVENÇÃO DE TERCEIROS

TÍTULO IV
DO JUIZ E DOS AUXILIARES DA JUSTIÇA

TÍTULO V
DO MINISTÉRIO PÚBLICO

TÍTULO VI
DA ADVOCACIA PÚBLICA

TÍTULO VII
DA DEFENSORIA PÚBLICA

LIVRO IV

DOS ATOS PROCESSUAIS

TÍTULO I

DA FORMA, DO TEMPO E DO LUGAR DOS ATOS PROCESSUAIS

TÍTULO II

DA COMUNICAÇÃO DOS ATOS PROCESSUAIS

TÍTULO III

DAS NULIDADES

TÍTULO IV

DA DISTRIBUIÇÃO E DO REGISTRO

TÍTULO V

DO VALOR DA CAUSA

LIVRO V

DA TUTELA PROVISÓRIA

TÍTULO I

DISPOSIÇÕES GERAIS

TÍTULO II

DA TUTELA DE URGÊNCIA

TÍTULO III

DA TUTELA DA EVIDÊNCIA

LIVRO VI

DA FORMAÇÃO, DA SUSPENSÃO E DA EXTINÇÃO DO PROCESSO

TÍTULO I

DA FORMAÇÃO DO PROCESSO

TÍTULO II

DA SUSPENSÃO DO PROCESSO

TÍTULO III

DA EXTINÇÃO DO PROCESSO

PARTE ESPECIAL

LIVRO I

DO PROCESSO DE CONHECIMENTO E DO CUMPRIMENTO DE SENTENÇA

TÍTULO I

DO PROCEDIMENTO COMUM

TÍTULO II

DO CUMPRIMENTO DA SENTENÇA

TÍTULO III

DOS PROCEDIMENTOS ESPECIAIS

Livro II
DO PROCESSO DE EXECUÇÃO

TÍTULO I
DA EXECUÇÃO EM GERAL

TÍTULO II
DAS DIVERSAS ESPÉCIES DE EXECUÇÃO

TÍTULO III

DOS EMBARGOS À EXECUÇÃO

TÍTULO IV

DA SUSPENSÃO E DA EXTINÇÃO DO PROCESSO DE EXECUÇÃO

LIVRO III

DOS PROCESSOS NOS TRIBUNAIS E DOS MEIOS DE IMPUGNAÇÃO DAS DECISÕES JUDICIAIS

TÍTULO I

DA ORDEM DOS PROCESSOS E DOS PROCESSOS DE COMPETÊNCIA ORIGINÁRIA DOS TRIBUNAIS

TÍTULO II

DOS RECURSOS

Livro Complementar
DISPOSIÇÕES FINAIS E TRANSITÓRIAS

CÓDIGO DE PROCESSO CIVIL

LEI N. 13.105, DE 16 DE MARÇO DE 2015 (*)

Código de Processo Civil.

A Presidenta da República

Faço saber que o Congresso Nacional decreta e eu sanciono a seguinte Lei:

PARTE GERAL

LIVRO I

DAS NORMAS PROCESSUAIS CIVIS

TÍTULO ÚNICO

DAS NORMAS FUNDAMENTAIS E DA APLICAÇÃO DAS NORMAS PROCESSUAIS

CAPÍTULO I

DAS NORMAS FUNDAMENTAIS DO PROCESSO CIVIL

Art. 1.º O processo civil será ordenado, disciplinado e interpretado conforme os valores e as normas fundamentais estabelecidos na Constituição da República Federativa do Brasil, observando-se as disposições deste Código.

•• *Vide* arts. 14 e 1.046 do CPC.

Art. 2.º O processo começa por iniciativa da parte e se desenvolve por impulso oficial, salvo as exceções previstas em lei.

• *Vide* arts. 141 e 322 a 329 do CPC.

Art. 3.º Não se excluirá da apreciação jurisdicional ameaça ou lesão a direito.

•• *Vide* art. 5.º, XXXV, da CF.

§ 1.º É permitida a arbitragem, na forma da lei.

•• A Lei n. 9.307, de 23-9-1996, dispõe sobre a arbitragem.

• *Vide* arts. 189, IV, 337, X, 359 e 485, VII, do CPC.

§ 2.º O Estado promoverá, sempre que possível, a solução consensual dos conflitos.

§ 3.º A conciliação, a mediação e outros métodos de solução consensual de conflitos deverão ser estimulados por juízes, advogados, defensores públicos e membros do Ministério Público, inclusive no curso do processo judicial.

• A Lei n. 13.140, de 26-6-2015, dispõe sobre a mediação entre particulares como meio de solução de controvérsias e sobre a autocomposição de conflitos no âmbito da Administração Pública.

Art. 4.º As partes têm o direito de obter em prazo razoável a solução integral do mérito, incluída a atividade satisfativa.

•• *Vide* art. 5.º, LXXVIII, da CF.

Art. 5.º Aquele que de qualquer forma participa do processo deve comportar-se de acordo com a boa-fé.

•• *Vide* art. 113 do CC.

• *Vide* Enunciado n. 1 da 1.ª Jornada de Direito Processual Civil.

Art. 6.º Todos os sujeitos do processo devem cooperar entre si para que se obtenha, em tempo razoável, decisão de mérito justa e efetiva.

•• *Vide* art. 5.º, LXXVIII, da CF.

• *Vide* Enunciado n. 95 da 1.ª Jornada de Direito Processual Civil.

Art. 7.º É assegurada às partes paridade de tratamento em relação ao exercício de direitos e faculdades processuais, aos meios de defesa, aos ônus, aos deveres e à aplicação de sanções processuais, competindo ao juiz zelar pelo efetivo contraditório.

•• *Vide* art. 5.º, LV, da CF.

• *Vide* Súmulas Vinculantes 5 e 14.

Art. 8.º Ao aplicar o ordenamento jurídico, o juiz atenderá aos fins sociais e às exigências do bem comum, resguar-

(*) Publicada no *DOU*, de 17-3-2015.

dando e promovendo a dignidade da pessoa humana e observando a proporcionalidade, a razoabilidade, a legalidade, a publicidade e a eficiência.

•• *Vide* art. 5.º da LINDB (Decreto-lei n. 4.657, de 4-9-1942).

Art. 9.º Não se proferirá decisão contra uma das partes sem que ela seja previamente ouvida.

•• *Vide* art. 5.º, LV, da CF.

•• *Vide* art. 4.º da Instrução Normativa n. 39, de 15-3-2016.

Parágrafo único. O disposto no *caput* não se aplica:

I – à tutela provisória de urgência;

•• *Vide* arts. 294 e s. do CPC.

II – às hipóteses de tutela da evidência previstas no art. 311, incisos II e III;

III – à decisão prevista no art. 701.

Art. 10. O juiz não pode decidir, em grau algum de jurisdição, com base em fundamento a respeito do qual não se tenha dado às partes oportunidade de se manifestar, ainda que se trate de matéria sobre a qual deva decidir de ofício.

•• *Vide* art. 5.º, LV, da CF.

•• *Vide* art. 4.º da Instrução Normativa n. 39, de 15-3-2016.

•• *Vide* art. 141 do CPC.

•• *Vide* Enunciado n. 127 da 2.ª Jornada de Direito Processual Civil.

Art. 11. Todos os julgamentos dos órgãos do Poder Judiciário serão públicos, e fundamentadas todas as decisões, sob pena de nulidade.

•• *Vide* art. 5.º, LX, da CF.

• *Vide* art. 152, V, do CPC.

Parágrafo único. Nos casos de segredo de justiça, pode ser autorizada a presença somente das partes, de seus advogados, de defensores públicos ou do Ministério Público.

•• *Vide* art. 93, IX, da CF.

Art. 12. Os juízes e os tribunais atenderão, preferencialmente, à ordem cronológica de conclusão para proferir sentença ou acórdão.

•• *Caput* com redação determinada pela Lei n. 13.256, de 4-2-2016.

§ 1.º A lista de processos aptos a julgamento deverá estar permanentemente à disposição para consulta pública em cartório e na rede mundial de computadores.

§ 2.º Estão excluídos da regra do *caput*:

I – as sentenças proferidas em audiência, homologatórias de acordo ou de improcedência liminar do pedido;

II – o julgamento de processos em bloco para aplicação de tese jurídica firmada em julgamento de casos repetitivos;

III – o julgamento de recursos repetitivos ou de incidente de resolução de demandas repetitivas;

•• *Vide* arts. 1.036 a 1.041 do CPC.

IV – as decisões proferidas com base nos arts. 485 e 932;

V – o julgamento de embargos de declaração;

•• *Vide* arts. 1.022 a 1.026 do CPC.

VI – o julgamento de agravo interno;

VII – as preferências legais e as metas estabelecidas pelo Conselho Nacional de Justiça;

VIII – os processos criminais, nos órgãos jurisdicionais que tenham competência penal;

IX – a causa que exija urgência no julgamento, assim reconhecida por decisão fundamentada.

§ 3.º Após elaboração de lista própria, respeitar-se-á a ordem cronológica das conclusões entre as preferências legais.

§ 4.º Após a inclusão do processo na lista de que trata o § 1.º, o requerimento formulado pela parte não altera a ordem cronológica para a decisão, exceto quando implicar a reabertura da instrução ou a conversão do julgamento em diligência.

§ 5.º Decidido o requerimento previsto no § 4.º, o processo retornará à mesma posição em que anteriormente se encontrava na lista.

§ 6.º Ocupará o primeiro lugar na lista prevista no § 1.º ou, conforme o caso, no § 3.º, o processo que:

I – tiver sua sentença ou acórdão anulado, salvo quando houver necessidade de realização de diligência ou de complementação da instrução;

II – se enquadrar na hipótese do art. 1.040, inciso II.

CAPÍTULO II
DA APLICAÇÃO DAS NORMAS PROCESSUAIS

Art. 13. A jurisdição civil será regida pelas normas processuais brasileiras, ressalvadas as disposições específicas previstas em tratados, convenções ou acordos internacionais de que o Brasil seja parte.

• *Vide* art. 5.º, § 2.º, da CF.

Art. 14. A norma processual não retroagirá e será aplicável imediatamente aos processos em curso, respeitados os atos processuais praticados e as situações jurídicas consolidadas sob a vigência da norma revogada.

•• *Vide* art. 1.046 do CPC.

•• *Vide* art. 6.º da LINDB (Decreto-lei n. 4.657, de 4-9-1942).

Art. 15. Na ausência de normas que regulem processos eleitorais, trabalhistas ou administrativos, as disposições deste Código lhes serão aplicadas supletiva e subsidiariamente.

LIVRO II
DA FUNÇÃO JURISDICIONAL

TÍTULO I
DA JURISDIÇÃO E DA AÇÃO

Art. 16. A jurisdição civil é exercida pelos juízes e pelos tribunais em todo o território nacional, conforme as disposições deste Código.

•• *Vide* art. 1.046 do CPC.

Art. 17. Para postular em juízo é necessário ter interesse e legitimidade.

•• *Vide* arts. 330, II e III, e 485, VI, do CPC.

Art. 18. Ninguém poderá pleitear direito alheio em nome próprio, salvo quando autorizado pelo ordenamento jurídico.

•• *Vide* arts. 108 e s. do CPC.

•• *Vide* Lei n. 8.906, de 4-7-1994, que dispõe sobre o EAOAB.

•• *Vide* arts. 81 e 82 do CDC.

Parágrafo único. Havendo substituição processual, o substituído poderá intervir como assistente litisconsorcial.

•• *Vide* art. 124 do CPC.

Art. 19. O interesse do autor pode limitar-se à declaração:

I – da existência, da inexistência ou do modo de ser de uma relação jurídica;

• *Vide* art. 20 do CPC.

II – da autenticidade ou da falsidade de documento.

• *Vide* arts. 405 a 441 do CPC.

Art. 20. É admissível a ação meramente declaratória, ainda que tenha ocorrido a violação do direito.

TÍTULO II

DOS LIMITES DA JURISDIÇÃO NACIONAL E DA COOPERAÇÃO INTERNACIONAL

CAPÍTULO I

DOS LIMITES DA JURISDIÇÃO NACIONAL

Art. 21. Compete à autoridade judiciária brasileira processar e julgar as ações em que:

I – o réu, qualquer que seja a sua nacionalidade, estiver domiciliado no Brasil;

•• *Vide* art. 12 da LINDB (Decreto-lei n. 4.657, de 4-9-1942).

II – no Brasil tiver de ser cumprida a obrigação;

•• *Vide* art. 12 da LINDB (Decreto-lei n. 4.657, de 4-9-1942).

III – o fundamento seja fato ocorrido ou ato praticado no Brasil.

Parágrafo único. Para o fim do disposto no inciso I, considera-se domiciliada no Brasil a pessoa jurídica estrangeira que nele tiver agência, filial ou sucursal.

•• *Vide* art. 75, X e § 3.º, do CPC.

Art. 22. Compete, ainda, à autoridade judiciária brasileira processar e julgar as ações:

I – de alimentos, quando:

•• *Vide* arts. 911 a 913 do CPC.

a) o credor tiver domicílio ou residência no Brasil;

b) o réu mantiver vínculos no Brasil, tais como posse ou propriedade de bens, recebimento de renda ou obtenção de benefícios econômicos;

II – decorrentes de relações de consumo, quando o consumidor tiver domicílio ou residência no Brasil;

•• CDC: Lei n. 8.078, de 11-9-1990.

III – em que as partes, expressa ou tacitamente, se submeterem à jurisdição nacional.

Art. 23. Compete à autoridade judiciária brasileira, com exclusão de qualquer outra:

I – conhecer de ações relativas a imóveis situados no Brasil;

•• *Vide* art. 12, § 1.º, da LINDB (Decreto-lei n. 4.657, de 4-9-1942).

II – em matéria de sucessão hereditária, proceder à confirmação de testamento particular e ao inventário e à partilha de bens situados no Brasil, ainda que o autor da herança seja de nacionalidade estrangeira ou tenha domicílio fora do território nacional;

•• *Vide* arts. 10 e 12, § 1.º, da LINDB (Decreto-lei n. 4.657, de 4-9-1942).

III – em divórcio, separação judicial ou dissolução de união estável, proceder à partilha de bens situados no Brasil, ainda que o titular seja de nacionalidade estrangeira ou tenha domicílio fora do território nacional.

•• *Vide* art. 53, I, do CPC.

Art. 24. A ação proposta perante tribunal estrangeiro não induz litispendência e não obsta a que a autoridade judiciária brasileira conheça da mesma causa e das que lhe são conexas, ressalvadas as disposições em contrário de tratados internacionais e acordos bilaterais em vigor no Brasil.

•• *Vide* art. 105, I, *i*, da CF.

•• *Vide* arts. 57 e 337, §§ 1.º a 3.º, do CPC.

Parágrafo único. A pendência de causa perante a jurisdição brasileira não impede a homologação de sentença judicial estrangeira quando exigida para produzir efeitos no Brasil.

•• *Vide* art. 105, I, *i*, da CF.

Art. 25. Não compete à autoridade judiciária brasileira o processamento e o julgamento da ação quando houver cláusula de eleição de foro exclusivo estrangeiro em contrato internacional, arguida pelo réu na contestação.

§ 1.º Não se aplica o disposto no *caput* às hipóteses de competência internacional exclusiva previstas neste Capítulo.

§ 2.º Aplica-se à hipótese do *caput* o art. 63, §§ 1.º a 4.º.

CAPÍTULO II

DA COOPERAÇÃO INTERNACIONAL

SEÇÃO I

Disposições Gerais

Art. 26. A cooperação jurídica internacional será regida por tratado de que o Brasil faz parte e observará:

I – o respeito às garantias do devido processo legal no Estado requerente;

•• *Vide* art. 5.º, LIV, da CF.

II – a igualdade de tratamento entre nacionais e estrangeiros, residentes ou não no Brasil, em relação ao acesso à justiça e à tramitação dos processos, assegurando-se assistência judiciária aos necessitados;

•• *Vide* art. 5.º, LXXIV, da CF.

•• *Vide* arts. 98 a 102 do CPC.

III – a publicidade processual, exceto nas hipóteses de sigilo previstas na legislação brasileira ou na do Estado requerente;

•• *Vide* art. 5.º, LX, da CF.

•• *Vide* arts. 11 e 189 do CPC.

IV – a existência de autoridade central para recepção e transmissão dos pedidos de cooperação;

V – a espontaneidade na transmissão de informações a autoridades estrangeiras.

§ 1.º Na ausência de tratado, a cooperação jurídica internacional poderá realizar-se com base em reciprocidade, manifestada por via diplomática.

§ 2.º Não se exigirá a reciprocidade referida no § 1.º para homologação de sentença estrangeira.

•• *Vide* art. 105, I, *I*, da CF.

•• *Vide* arts. 960 a 965 do CPC.

§ 3.º Na cooperação jurídica internacional não será admitida a prática de atos que contrariem ou que produzam resultados incompatíveis com as normas fundamentais que regem o Estado brasileiro.

§ 4.º O Ministério da Justiça exercerá as funções de autoridade central na ausência de designação específica.

Art. 27. A cooperação jurídica internacional terá por objeto:

I – citação, intimação e notificação judicial e extrajudicial;

II – colheita de provas e obtenção de informações;

III – homologação e cumprimento de decisão;

IV – concessão de medida judicial de urgência;

V – assistência jurídica internacional;

VI – qualquer outra medida judicial ou extrajudicial não proibida pela lei brasileira.

SEÇÃO II

Do Auxílio Direto

•• O Regimento Interno do STJ dispõe, em seus arts. 216-A a 216-X, sobre processos oriundos de Estados estrangeiros.

Art. 28. Cabe auxílio direto quando a medida não decorrer diretamente de decisão de autoridade jurisdicional estrangeira a ser submetida a juízo de delibação no Brasil.

Art. 29. A solicitação de auxílio direto será encaminhada pelo órgão estrangeiro interessado à autoridade central, cabendo ao Estado requerente assegurar a autenticidade e a clareza do pedido.

Art. 30. Além dos casos previstos em tratados de que o Brasil faz parte, o auxílio direto terá os seguintes objetos:

I – obtenção e prestação de informações sobre o ordenamento jurídico e sobre processos administrativos ou jurisdicionais findos ou em curso;

II – colheita de provas, salvo se a medida for adotada em processo, em curso no estrangeiro, de competência exclusiva de autoridade judiciária brasileira;

III – qualquer outra medida judicial ou extrajudicial não proibida pela lei brasileira.

Art. 31. A autoridade central brasileira comunicar-se-á diretamente com suas congêneres e, se necessário, com outros órgãos estrangeiros responsáveis pela tramitação e pela execução de pedidos de cooperação enviados e recebidos pelo Estado brasileiro, respeitadas disposições específicas constantes de tratado.

Art. 32. No caso de auxílio direto para a prática de atos que, segundo a lei brasileira, não necessitem de prestação jurisdicional, a autoridade central adotará as providências necessárias para seu cumprimento.

Art. 33. Recebido o pedido de auxílio direto passivo, a autoridade central o encaminhará à Advocacia-Geral da União, que requererá em juízo a medida solicitada.

Parágrafo único. O Ministério Público requererá em juízo a medida solicitada quando for autoridade central.

Art. 34. Compete ao juízo federal do lugar em que deva ser executada a medida apreciar pedido de auxílio direto passivo que demande prestação de atividade jurisdicional.

SEÇÃO III

Da Carta Rogatória

Art. 35. (*Vetado.*)

Art. 36. O procedimento da carta rogatória perante o Superior Tribunal de Justiça é de jurisdição contenciosa e deve assegurar às partes as garantias do devido processo legal.

•• *Vide* art. 5.º, LIV, da CF.

•• *Vide* art. 105, I, *i*, da CF.

§ 1.º A defesa restringir-se-á à discussão quanto ao atendimento dos requisitos para que o pronunciamento judicial estrangeiro produza efeitos no Brasil.

§ 2.º Em qualquer hipótese, é vedada a revisão do mérito do pronunciamento judicial estrangeiro pela autoridade judiciária brasileira.

SEÇÃO IV

Disposições Comuns às Seções Anteriores

Art. 37. O pedido de cooperação jurídica internacional oriundo de autoridade brasileira competente será encaminhado à autoridade central para posterior envio ao Estado requerido para lhe dar andamento.

Art. 38. O pedido de cooperação oriundo de autoridade brasileira competente e os documentos anexos que o instruem serão encaminhados à autoridade central, acompanhados de tradução para a língua oficial do Estado requerido.

Art. 39. O pedido passivo de cooperação jurídica internacional será recusado se configurar manifesta ofensa à ordem pública.

Art. 40. A cooperação jurídica internacional para execução de decisão estrangeira dar-se-á por meio de carta rogatória ou de ação de homologação de sentença estrangeira, de acordo com o art. 960.

•• *Vide* art. 105, I, *i*, da CF.

Art. 41. Considera-se autêntico o documento que instruir pedido de cooperação jurídica internacional, inclusive tradução para a língua portuguesa, quando encaminhado ao Estado brasileiro por meio de autoridade central ou por via diplomática, dispensando-se ajuramentação, autenticação ou qualquer procedimento de legalização.

Parágrafo único. O disposto no *caput* não impede, quando necessária, a aplicação pelo Estado brasileiro do princípio da reciprocidade de tratamento.

TÍTULO III
DA COMPETÊNCIA INTERNA

CAPÍTULO I
DA COMPETÊNCIA

SEÇÃO I
Disposições Gerais

Art. 42. As causas cíveis serão processadas e decididas pelo juiz nos limites de sua competência, ressalvado às partes o direito de instituir juízo arbitral, na forma da lei.

•• A Lei n. 9.307, de 23-9-1996, dispõe sobre a arbitragem.

Art. 43. Determina-se a competência no momento do registro ou da distribuição da petição inicial, sendo irrelevantes as modificações do estado de fato ou de direito ocorridas posteriormente, salvo quando suprimirem órgão judiciário ou alterarem a competência absoluta.

Art. 44. Obedecidos os limites estabelecidos pela Constituição Federal, a competência é determinada pelas normas previstas neste Código ou em legislação especial, pelas normas de organização judiciária e, ainda, no que couber, pelas constituições dos Estados.

•• *Vide* arts. 54, 62 e 63 do CPC.

Art. 45. Tramitando o processo perante outro juízo, os autos serão remetidos ao juízo federal competente se nele intervier a União, suas empresas públicas, entidades autárquicas e fundações, ou conselho de fiscalização de atividade profissional, na qualidade de parte ou de terceiro interveniente, exceto as ações:

•• *Vide* art. 109 da CF.

I – de recuperação judicial, falência, insolvência civil e acidente de trabalho;

•• *Vide* art. 109, I, da CF.

II – sujeitas à justiça eleitoral e à justiça do trabalho.

•• *Vide* arts. 114 e 118 da CF.

§ 1.º Os autos não serão remetidos se houver pedido cuja apreciação seja de competência do juízo perante o qual foi proposta a ação.

§ 2.º Na hipótese do § 1.º, o juiz, ao não admitir a cumulação de pedidos em razão da incompetência para apreciar qualquer deles, não examinará o mérito daquele em que exista interesse da União, de suas entidades autárquicas ou de suas empresas públicas.

§ 3.º O juízo federal restituirá os autos ao juízo estadual sem suscitar conflito se o ente federal cuja presença ensejou a remessa for excluído do processo.

Art. 46. A ação fundada em direito pessoal ou em direito real sobre bens móveis será proposta, em regra, no foro de domicílio do réu.

•• *Vide* arts. 70 a 78 do CC.

•• *Vide* art. 12 da LINDB (Decreto-lei n. 4.657, de 4-9-1942).

§ 1.º Tendo mais de um domicílio, o réu será demandado no foro de qualquer deles.

• *Vide* art. 71 do CC.

§ 2.º Sendo incerto ou desconhecido o domicílio do réu, ele poderá ser demandado onde for encontrado ou no foro de domicílio do autor.

• *Vide* art. 73 do CC.

§ 3.º Quando o réu não tiver domicílio ou residência no Brasil, a ação será proposta no foro de domicílio do autor, e, se este também residir fora do Brasil, a ação será proposta em qualquer foro.

•• *Vide* art. 12 da LINDB (Decreto-lei n. 4.657, de 4-9-1942).

§ 4.º Havendo 2 (dois) ou mais réus com diferentes domicílios, serão demandados no foro de qualquer deles, à escolha do autor.

§ 5.º A execução fiscal será proposta no foro de domicílio do réu, no de sua residência ou no do lugar onde for encontrado.

•• *Vide* Lei n. 6.830, de 22-9-1980.

Art. 47. Para as ações fundadas em direito real sobre imóveis é competente o foro de situação da coisa.

•• *Vide* art. 12 da LINDB (Decreto-lei n. 4.657, de 4-9-1942).

• *Vide* arts. 554 e s. do CPC.

§ 1.º O autor pode optar pelo foro de domicílio do réu ou pelo foro de eleição se o litígio não recair sobre direito de propriedade, vizinhança, servidão, divisão e demarcação de terras e de nunciação de obra nova.

• *Vide* arts. 554 e s. do CPC.

§ 2.º A ação possessória imobiliária será proposta no foro de situação da coisa, cujo juízo tem competência absoluta.

• *Vide* arts. 554 e s. do CPC.

Art. 48. O foro de domicílio do autor da herança, no Brasil, é o competente para o inventário, a partilha, a arrecadação, o cumprimento de disposições de última vontade, a impugnação ou anulação de partilha extrajudicial e para todas as ações em que o espólio for réu, ainda que o óbito tenha ocorrido no estrangeiro.

•• *Vide* art. 23 do CPC.

• *Vide* arts. 610 a 673 do CPC.

Parágrafo único. Se o autor da herança não possuía domicílio certo, é competente:

I – o foro de situação dos bens imóveis;

II – havendo bens imóveis em foros diferentes, qualquer destes;

III – não havendo bens imóveis, o foro do local de qualquer dos bens do espólio.

Art. 49. A ação em que o ausente for réu será proposta no foro de seu último domicílio, também competente para a arrecadação, o inventário, a partilha e o cumprimento de disposições testamentárias.

• *Vide* arts. 744 e 745 do CPC.

Art. 50. A ação em que o incapaz for réu será proposta no foro de domicílio de seu representante ou assistente.

• *Vide* art. 76 do CC.

Art. 51. É competente o foro de domicílio do réu para as causas em que seja autora a União.

•• *Vide* arts. 109 e 110 da CF.

Parágrafo único. Se a União for a demandada, a ação poderá ser proposta no foro de domicílio do autor, no de ocorrência do ato ou fato que originou a demanda, no de situação da coisa ou no Distrito Federal.

•• *Vide* arts. 109 e 110 da CF.

Art. 52. É competente o foro de domicílio do réu para as causas em que seja autor Estado ou o Distrito Federal.

Parágrafo único. Se Estado ou o Distrito Federal for o demandado, a ação poderá ser proposta no foro de domicílio do autor, no de ocorrência do ato ou fato que originou a demanda, no de situação da coisa ou na capital do respectivo ente federado.

Art. 53. É competente o foro:

• *Vide* art. 101, I, do CDC.

I – para a ação de divórcio, separação, anulação de casamento e reconhecimento ou dissolução de união estável:

•• *Vide* Enunciado n. 108 da 2.ª Jornada de Direito Processual Civil.

• *Vide* arts. 693 a 699 e 731 a 734 do CPC.

• *Vide* arts. 5.º, I, e 226, § 5.º, da CF.

a) de domicílio do guardião de filho incapaz;

b) do último domicílio do casal, caso não haja filho incapaz;

c) de domicílio do réu, se nenhuma das partes residir no antigo domicílio do casal;

II – de domicílio ou residência do alimentando, para a ação em que se pedem alimentos;

III – do lugar:

a) onde está a sede, para a ação em que for ré pessoa jurídica;

•• *Vide* art. 75 do CC.

b) onde se acha agência ou sucursal, quanto às obrigações que a pessoa jurídica contraiu;

• *Vide* art. 75, § 1.º, do CC.

c) onde exerce suas atividades, para a ação em que for ré sociedade ou associação sem personalidade jurídica;

•• *Vide* art. 75 do CPC.

d) onde a obrigação deve ser satisfeita, para a ação em que se lhe exigir o cumprimento;

•• *Vide* art. 540 do CPC.

• *Vide* arts. 327 a 330 do CC.

e) de residência do idoso, para a causa que verse sobre direito previsto no respectivo estatuto;

f) da sede da serventia notarial ou de registro, para a ação de reparação de dano por ato praticado em razão do ofício;

IV – do lugar do ato ou fato para a ação:

a) de reparação de dano;

b) em que for réu administrador ou gestor de negócios alheios;

V – de domicílio do autor ou do local do fato, para a ação de reparação de dano sofrido em razão de delito ou acidente de veículos, inclusive aeronaves.

SEÇÃO II
Da Modificação da Competência

Art. 54. A competência relativa poderá modificar-se pela conexão ou pela continência, observado o disposto nesta Seção.

•• *Vide* art. 286 do CPC.

• *Vide* arts. 56 e 57 do CPC.

Art. 55. Reputam-se conexas 2 (duas) ou mais ações quando lhes for comum o pedido ou a causa de pedir.

§ 1.º Os processos de ações conexas serão reunidos para decisão conjunta, salvo se um deles já houver sido sentenciado.

§ 2.º Aplica-se o disposto no *caput*:

I – à execução de título extrajudicial e à ação de conhecimento relativa ao mesmo ato jurídico;

II – às execuções fundadas no mesmo título executivo.

§ 3.º Serão reunidos para julgamento conjunto os processos que possam gerar risco de prolação de decisões conflitantes ou contraditórias caso decididos separadamente, mesmo sem conexão entre eles.

Art. 56. Dá-se a continência entre 2 (duas) ou mais ações quando houver identidade quanto às partes e à causa de pedir, mas o pedido de uma, por ser mais amplo, abrange o das demais.

Art. 57. Quando houver continência e a ação continente tiver sido proposta anteriormente, no processo relativo à ação contida será proferida sentença sem resolução de mérito, caso contrário, as ações serão necessariamente reunidas.

Art. 58. A reunião das ações propostas em separado far-se-á no juízo prevento, onde serão decididas simultaneamente.

•• *Vide* art. 240 do CPC.

Art. 59. O registro ou a distribuição da petição inicial torna prevento o juízo.

• *Vide* Súmulas 106 e 204 do STJ.

• *Vide* art. 238 do CPC.

Art. 60. Se o imóvel se achar situado em mais de um Estado, comarca, seção ou subseção judiciária, a competência territorial do juízo prevento estender-se-á sobre a totalidade do imóvel.

Art. 61. A ação acessória será proposta no juízo competente para a ação principal.

•• *Vide* art. 299 do CPC.

Art. 62. A competência determinada em razão da matéria, da pessoa ou da função é inderrogável por convenção das partes.

• *Vide* art. 78 do CC.

Art. 63. As partes podem modificar a competência em razão do valor e do território, elegendo foro onde será proposta ação oriunda de direitos e obrigações.

•• *Vide* art. 2.º da Instrução Normativa n. 39, de 15-3-2016.

• *Vide* art. 78 do CC.

§ 1.º A eleição de foro só produz efeito quando constar de instrumento escrito e aludir expressamente a determinado negócio jurídico.

§ 2.º O foro contratual obriga os herdeiros e sucessores das partes.

§ 3.º Antes da citação, a cláusula de eleição de foro, se abusiva, pode ser reputada ineficaz de ofício pelo juiz, que determinará a remessa dos autos ao juízo do foro de domicílio do réu.

§ 4.º Citado, incumbe ao réu alegar a abusividade da cláusula de eleição de foro na contestação, sob pena de preclusão.

SEÇÃO III
Da Incompetência

Art. 64. A incompetência, absoluta ou relativa, será alegada como questão preliminar de contestação.

•• *Vide* Súmula 33 do STJ.

•• *Vide* Enunciado n. 124 da 2.ª Jornada de Direito Processual Civil.

§ 1.º A incompetência absoluta pode ser alegada em qualquer tempo e grau de jurisdição e deve ser declarada de ofício.

•• *Vide* arts. 957 e 966, II, do CPC.

•• *Vide* Súmula 33 do STJ.

§ 2.º Após manifestação da parte contrária, o juiz decidirá imediatamente a alegação de incompetência.

•• *Vide* Súmula 59 do STJ.

§ 3.º Caso a alegação de incompetência seja acolhida, os autos serão remetidos ao juízo competente.

•• *Vide* Súmula 59 do STJ.

§ 4.º Salvo decisão judicial em sentido contrário, conservar-se-ão os efeitos de decisão proferida pelo juízo incompetente até que outra seja proferida, se for o caso, pelo juízo competente.

Art. 65. Prorrogar-se-á a competência relativa se o réu não alegar a incompetência em preliminar de contestação.

•• *Vide* art. 335 do CPC.

Parágrafo único. A incompetência relativa pode ser alegada pelo Ministério Público nas causas em que atuar.

Art. 66. Há conflito de competência quando:

I – 2 (dois) ou mais juízes se declaram competentes;

II – 2 (dois) ou mais juízes se consideram incompetentes, atribuindo um ao outro a competência;

III – entre 2 (dois) ou mais juízes surge controvérsia acerca da reunião ou separação de processos.

• *Vide* art. 57 do CPC.

• *Vide* Súmula 236 do STJ.

Parágrafo único. O juiz que não acolher a competência declinada deverá suscitar o conflito, salvo se a atribuir a outro juízo.

CAPÍTULO II
DA COOPERAÇÃO NACIONAL

Art. 67. Aos órgãos do Poder Judiciário, estadual ou federal, especializado ou comum, em todas as instâncias e graus de jurisdição, inclusive aos tribunais superiores, incumbe o dever de recíproca cooperação, por meio de seus magistrados e servidores.

Art. 68. Os juízos poderão formular entre si pedido de cooperação para prática de qualquer ato processual.

Art. 69. O pedido de cooperação jurisdicional deve ser prontamente atendido, prescinde de forma específica e pode ser executado como:

• *Vide* arts. 236 e 237 do CPC.

I – auxílio direto;

II – reunião ou apensamento de processos;

III – prestação de informações;

IV – atos concertados entre os juízes cooperantes.

§ 1.º As cartas de ordem, precatória e arbitral seguirão o regime previsto neste Código.

• *Vide* arts. 232 e 237 do CPC.

§ 2.º Os atos concertados entre os juízes cooperantes poderão consistir, além de outros, no estabelecimento de procedimento para:

I – a prática de citação, intimação ou notificação de ato;

II – a obtenção e apresentação de provas e a coleta de depoimentos;

III – a efetivação de tutela provisória;

IV – a efetivação de medidas e providências para recuperação e preservação de empresas;

V – a facilitação de habilitação de créditos na falência e na recuperação judicial;

VI – a centralização de processos repetitivos;

VII – a execução de decisão jurisdicional.

§ 3.º O pedido de cooperação judiciária pode ser realizado entre órgãos jurisdicionais de diferentes ramos do Poder Judiciário.

LIVRO III
DOS SUJEITOS DO PROCESSO

TÍTULO I
DAS PARTES E DOS PROCURADORES

CAPÍTULO I
DA CAPACIDADE PROCESSUAL

Art. 70. Toda pessoa que se encontre no exercício de seus direitos tem capacidade para estar em juízo.

•• *Vide* art. 5.º do CC.

Art. 71. O incapaz será representado ou assistido por seus pais, por tutor ou por curador, na forma da lei.

• *Vide* arts. 3.º e 4.º do CC.

Art. 72. O juiz nomeará curador especial ao:

I – incapaz, se não tiver representante legal ou se os interesses deste colidirem com os daqueles, enquanto durar a incapacidade;

• *Vide* arts. 3.º e 4.º do CC.

II – réu preso revel, bem como ao réu revel citado por edital ou com hora certa, enquanto não for constituído advogado.

•• *Vide* arts. 245, §§ 4.º e 5.º, e 671 do CPC.

Parágrafo único. A curatela especial será exercida pela Defensoria Pública, nos termos da lei.

Art. 73. O cônjuge necessitará do consentimento do outro para propor ação que verse sobre direito real imobiliário, salvo quando casados sob o regime de separação absoluta de bens.

§ 1.º Ambos os cônjuges serão necessariamente citados para a ação:

I – que verse sobre direito real imobiliário, salvo quando casados sob o regime de separação absoluta de bens;

II – resultante de fato que diga respeito a ambos os cônjuges ou de ato praticado por eles;

III – fundada em dívida contraída por um dos cônjuges a bem da família;

• *Vide* art. 226, § 5.º, da CF.

IV – que tenha por objeto o reconhecimento, a constituição ou a extinção de ônus sobre imóvel de um ou de ambos os cônjuges.

§ 2.º Nas ações possessórias, a participação do cônjuge do autor ou do réu somente é indispensável nas hipóteses de composse ou de ato por ambos praticado.

• *Vide* art. 1.199 do CC.

§ 3.º Aplica-se o disposto neste artigo à união estável comprovada nos autos.

Art. 74. O consentimento previsto no art. 73 pode ser suprido judicialmente quando for negado por um dos cônjuges sem justo motivo, ou quando lhe seja impossível concedê-lo.

•• *Vide* art. 226, § 5.º, da CF.

Parágrafo único. A falta de consentimento, quando necessário e não suprido pelo juiz, invalida o processo.

•• *Vide* arts. 485, IV, e 337, IX, do CPC.

•• *Vide* art. 226, § 5.º, da CF.

• *Vide* arts. 352 e 486, § 3.º, do CPC.

Art. 75. Serão representados em juízo, ativa e passivamente:

•• *Vide* Enunciado n. 114 da 2.ª Jornada de Direito Processual Civil.

I – a União, pela Advocacia-Geral da União, diretamente ou mediante órgão vinculado;

II – o Estado e o Distrito Federal, por seus procuradores;

III – o Município, por seu prefeito ou procurador;

IV – a autarquia e a fundação de direito público, por quem a lei do ente federado designar;

•• *Vide* OJ 318 da SDI-1.

V – a massa falida, pelo administrador judicial;

VI – a herança jacente ou vacante, por seu curador;

• *Vide* art. 739, § 1.º, I, do CPC.

VII – o espólio, pelo inventariante;

VIII – a pessoa jurídica, por quem os respectivos atos constitutivos designarem ou, não havendo essa designação, por seus diretores;

IX – a sociedade e a associação irregulares e outros entes organizados sem personalidade jurídica, pela pessoa a quem couber a administração de seus bens;

X – a pessoa jurídica estrangeira, pelo gerente, representante ou administrador de sua filial, agência ou sucursal aberta ou instalada no Brasil;

XI – o condomínio, pelo administrador ou síndico.

• *Vide* arts. 9.º e 46 do CC.

§ 1.º Quando o inventariante for dativo, os sucessores do falecido serão intimados no processo no qual o espólio seja parte.

•• *Vide* art. 618, I, do CPC.

§ 2.º A sociedade ou associação sem personalidade jurídica não poderá opor a irregularidade de sua constituição quando demandada.

• *Vide* art. 45 do CC.

§ 3.º O gerente de filial ou agência presume-se autorizado pela pessoa jurídica estrangeira a receber citação para qualquer processo.

§ 4.º Os Estados e o Distrito Federal poderão ajustar compromisso recíproco para prática de ato processual por seus procuradores em favor de outro ente federado, mediante convênio firmado pelas respectivas procuradorias.

Art. 76. Verificada a incapacidade processual ou a irregularidade da representação da parte, o juiz suspenderá o processo e designará prazo razoável para que seja sanado o vício.

• *Vide* arts. 313, I, e 485, IV, do CPC.

• *Vide* Súmula 395 do TST.

§ 1.º Descumprida a determinação, caso o processo esteja na instância originária:

•• *Vide* art. 3.º da Instrução Normativa n. 39, de 15-3-2016.

•• *Vide* Súmula 456 do TST.

I – o processo será extinto, se a providência couber ao autor;

II – o réu será considerado revel, se a providência lhe couber;

•• *Vide* art. 344 do CPC.

III – o terceiro será considerado revel ou excluído do processo, dependendo do polo em que se encontre.

•• *Vide* arts. 313, I, e 485, IV, do CPC.

§ 2.º Descumprida a determinação em fase recursal perante tribunal de justiça, tribunal regional federal ou tribunal superior, o relator:

•• *Vide* art. 3.º da Instrução Normativa n. 39, de 15-3-2016.

•• *Vide* Súmula 456 do TST.

I – não conhecerá do recurso, se a providência couber ao recorrente;

II – determinará o desentranhamento das contrarrazões, se a providência couber ao recorrido.

CAPÍTULO II
DOS DEVERES DAS PARTES E DE SEUS PROCURADORES

SEÇÃO I
Dos Deveres

Art. 77. Além de outros previstos neste Código, são deveres das partes, de seus procuradores e de todos aqueles que de qualquer forma participem do processo:

I – expor os fatos em juízo conforme a verdade;

• *Vide* art. 319, III, do CPC.

II – não formular pretensão ou de apresentar defesa quando cientes de que são destituídas de fundamento;

III – não produzir provas e não praticar atos inúteis ou desnecessários à declaração ou à defesa do direito;

IV – cumprir com exatidão as decisões jurisdicionais, de natureza provisória ou final, e não criar embaraços à sua efetivação;

•• *Vide* arts. 80 e 379 do CPC.

V – declinar, no primeiro momento que lhes couber falar nos autos, o endereço residencial ou profissional onde receberão intimações, atualizando essa informação sempre que ocorrer qualquer modificação temporária ou definitiva;

VI – não praticar inovação ilegal no estado de fato de bem ou direito litigioso.

§ 1.º Nas hipóteses dos incisos IV e VI, o juiz advertirá qualquer das pessoas mencionadas no *caput* de que sua conduta poderá ser punida como ato atentatório à dignidade da justiça.

§ 2.º A violação ao disposto nos incisos IV e VI constitui ato atentatório à dignidade da justiça, devendo o juiz, sem prejuízo das sanções criminais, civis e processuais cabíveis, aplicar ao responsável multa de até vinte por cento do valor da causa, de acordo com a gravidade da conduta.

§ 3.º Não sendo paga no prazo a ser fixado pelo juiz, a multa prevista no § 2.º será inscrita como dívida ativa da União ou do Estado após o trânsito em julgado da decisão que a fixou, e sua execução observará o procedimento da execução fiscal, revertendo-se aos fundos previstos no art. 97.

• *Vide* Lei n. 6.830, de 22-9-1980.

§ 4.º A multa estabelecida no § 2.º poderá ser fixada independentemente da incidência das previstas nos arts. 523, § 1.º, e 536, § 1.º.

§ 5.º Quando o valor da causa for irrisório ou inestimável, a multa prevista no § 2.º poderá ser fixada em até 10 (dez) vezes o valor do salário mínimo.

§ 6.º Aos advogados públicos ou privados e aos membros da Defensoria Pública e do Ministério Público não se aplica o disposto nos §§ 2.º a 5.º, devendo eventual responsabilidade disciplinar ser apurada pelo respectivo órgão de classe ou corregedoria, ao qual o juiz oficiará.

§ 7.º Reconhecida violação ao disposto no inciso VI, o juiz determinará o restabelecimento do estado anterior, podendo, ainda, proibir a parte de falar nos autos até a purgação do atentado, sem prejuízo da aplicação do § 2.º.

§ 8.º O representante judicial da parte não pode ser compelido a cumprir decisão em seu lugar.

Art. 78. É vedado às partes, a seus procuradores, aos juízes, aos membros do Ministério Público e da Defensoria Pública e a qualquer pessoa que participe do processo empregar expressões ofensivas nos escritos apresentados.

•• *Vide* art. 360 do CPC.

§ 1.º Quando expressões ou condutas ofensivas forem manifestadas oral ou presencialmente, o juiz advertirá o ofensor de que não as deve usar ou repetir, sob pena de lhe ser cassada a palavra.

• *Vide* art. 360 do CPC.

§ 2.º De ofício ou a requerimento do ofendido, o juiz determinará que as expressões ofensivas sejam riscadas e, a requerimento do ofendido, determinará a expedição de certidão com inteiro teor das expressões ofensivas e a colocará à disposição da parte interessada.

SEÇÃO II
Da Responsabilidade das Partes por Dano Processual

Art. 79. Responde por perdas e danos aquele que litigar de má-fé como autor, réu ou interveniente.

•• *Vide* arts. 302 e 776 do CPC.

• *Vide* arts. 186, 402 a 405, 927 e 940 do CC.

Art. 80. Considera-se litigante de má-fé aquele que:

•• *Vide* arts. 142, 772, II, e 774 do CPC.

I – deduzir pretensão ou defesa contra texto expresso de lei ou fato incontroverso;

II – alterar a verdade dos fatos;

III – usar do processo para conseguir objetivo ilegal;

IV – opuser resistência injustificada ao andamento do processo;

V – proceder de modo temerário em qualquer incidente ou ato do processo;

VI – provocar incidente manifestamente infundado;

VII – interpuser recurso com intuito manifestamente protelatório.

• *Vide* arts. 77, 142, 772, II, e 774, parágrafo único, do CPC.

Art. 81. De ofício ou a requerimento, o juiz condenará o litigante de má-fé a pagar multa, que deverá ser superior a um por cento e inferior a dez por cento do valor corrigido da causa, a indenizar a parte contrária pelos prejuízos que esta sofreu e a arcar com os honorários advocatícios e com todas as despesas que efetuou.

•• *Vide* Enunciado n. 148 da 2.ª Jornada de Direito Processual Civil.

§ 1.º Quando forem 2 (dois) ou mais os litigantes de má-fé, o juiz condenará cada um na proporção de seu respectivo interesse na causa ou solidariamente aqueles que se coligaram para lesar a parte contrária.

§ 2.º Quando o valor da causa for irrisório ou inestimável, a multa poderá ser fixada em até 10 (dez) vezes o valor do salário mínimo.

§ 3.º O valor da indenização será fixado pelo juiz ou, caso não seja possível mensurá-lo, liquidado por arbitramento ou pelo procedimento comum, nos próprios autos.

• *Vide* art. 85, § 8.º, do CPC.

• *Vide* arts. 275 a 285 do CC.

SEÇÃO III

Das Despesas, dos Honorários Advocatícios e das Multas

Art. 82. Salvo as disposições concernentes à gratuidade da justiça, incumbe às partes prover as despesas dos atos que realizarem ou requererem no processo, antecipando-lhes o pagamento, desde o início até a sentença final ou, na execução, até a plena satisfação do direito reconhecido no título.

§ 1.º Incumbe ao autor adiantar as despesas relativas a ato cuja realização o juiz determinar de ofício ou a requerimento do Ministério Público, quando sua intervenção ocorrer como fiscal da ordem jurídica.

§ 2.º A sentença condenará o vencido a pagar ao vencedor as despesas que antecipou.

•• *Vide* Súmulas 14 e 105 do STJ.

• *Vide* art. 23 do EAOAB.

Art. 83. O autor, brasileiro ou estrangeiro, que residir fora do Brasil ou deixar de residir no país ao longo da tramitação de processo prestará caução suficiente ao pagamento das custas e dos honorários de advogado da parte contrária nas ações que propuser, se não tiver no Brasil bens imóveis que lhes assegurem o pagamento.

§ 1.º Não se exigirá a caução de que trata o *caput*:

I – quando houver dispensa prevista em acordo ou tratado internacional de que o Brasil faz parte;

• *Vide* Enunciado n. 4 da 1.ª Jornada de Direito Processual Civil.

II – na execução fundada em título extrajudicial e no cumprimento de sentença;

III – na reconvenção.

•• *Vide* art. 343 do CPC.

§ 2.º Verificando-se no trâmite do processo que se desfalcou a garantia, poderá o interessado exigir reforço da caução, justificando seu pedido com a indicação da depreciação do bem dado em garantia e a importância do reforço que pretende obter.

Art. 84. As despesas abrangem as custas dos atos do processo, a indenização de viagem, a remuneração do assistente técnico e a diária de testemunha.

•• *Vide* art. 462 do CPC.

Art. 85. A sentença condenará o vencido a pagar honorários ao advogado do vencedor.

•• *Vide* Súmulas 14 e 105 do STJ.

• *Vide* art. 23 do EAOAB.

• *Vide* Enunciado n. 6 da 1.ª Jornada de Direito Processual Civil.

§ 1.º São devidos honorários advocatícios na reconvenção, no cumprimento de sentença, provisório ou definitivo, na execução, resistida ou não, e nos recursos interpostos, cumulativamente.

•• *Vide* art. 343 do CPC.

§ 2.º Os honorários serão fixados entre o mínimo de dez e o máximo de vinte por cento sobre o valor da condenação, do proveito econômico obtido ou, não sendo possível mensurá-lo, sobre o valor atualizado da causa, atendidos:

• *Vide* Enunciado n. 8 da 1.ª Jornada de Direito Processual Civil.

I – o grau de zelo do profissional;

II – o lugar de prestação do serviço;

III – a natureza e a importância da causa;

IV – o trabalho realizado pelo advogado e o tempo exigido para o seu serviço.

§ 3.º Nas causas em que a Fazenda Pública for parte, a fixação dos honorários observará os critérios estabelecidos nos incisos I a IV do § 2.º e os seguintes percentuais:

• *Vide* Enunciado n. 8 da 1.ª Jornada de Direito Processual Civil.

I – mínimo de dez e máximo de vinte por cento sobre o valor da condenação ou do proveito econômico obtido até 200 (duzentos) salários mínimos;

II – mínimo de oito e máximo de dez por cento sobre o valor da condenação ou do proveito econômico obtido acima de 200 (duzentos) salários mínimos até 2.000 (dois mil) salários mínimos;

III – mínimo de cinco e máximo de oito por cento sobre o valor da condenação ou do proveito econômico obtido acima de 2.000 (dois mil) salários mínimos até 20.000 (vinte mil) salários mínimos;

IV – mínimo de três e máximo de cinco por cento sobre o valor da condenação ou do proveito econômico obtido acima de 20.000 (vinte mil) salários mínimos até 100.000 (cem mil) salários mínimos;

V – mínimo de um e máximo de três por cento sobre o valor da condenação ou do proveito econômico obtido acima de 100.000 (cem mil) salários mínimos.

§ 4.º Em qualquer das hipóteses do § 3.º:

I – os percentuais previstos nos incisos I a V devem ser aplicados desde logo, quando for líquida a sentença;

II – não sendo líquida a sentença, a definição do percentual, nos termos previstos nos incisos I a V, somente ocorrerá quando liquidado o julgado;

III – não havendo condenação principal ou não sendo possível mensurar o proveito econômico obtido, a condenação em honorários dar-se-á sobre o valor atualizado da causa;

IV – será considerado o salário mínimo vigente quando prolatada sentença líquida ou o que estiver em vigor na data da decisão de liquidação.

§ 5.º Quando, conforme o caso, a condenação contra a Fazenda Pública ou o benefício econômico obtido pelo vencedor ou o valor da causa for superior ao valor previsto no inciso I do § 3.º, a fixação do percentual de honorários deve observar a faixa inicial e, naquilo que a exceder, a faixa subsequente, e assim sucessivamente.

§ 6.º Os limites e critérios previstos nos §§ 2.º e 3.º aplicam-se independentemente de qual seja o conteúdo da decisão, inclusive aos casos de improcedência ou de sentença sem resolução de mérito.

§ 7.º Não serão devidos honorários no cumprimento de sentença contra a Fazenda Pública que enseje expedição de precatório, desde que não tenha sido impugnada.

§ 8.º Nas causas em que for inestimável ou irrisório o proveito econômico ou, ainda, quando o valor da causa for muito baixo, o juiz fixará o valor dos honorários por apreciação equitativa, observando o disposto nos incisos do § 2.º.

•• *Vide* Súmula 201 do STJ.

• *Vide* art. 140, parágrafo único, do CPC.

• *Vide* Enunciado n. 8 da 1.ª Jornada de Direito Processual Civil.

§ 9.º Na ação de indenização por ato ilícito contra pessoa, o percentual de honorários incidirá sobre a soma das prestações vencidas acrescida de 12 (doze) prestações vincendas.

•• *Vide* art. 927 do CC.

•• *Vide* Súmula 234 do STF.

§ 10. Nos casos de perda do objeto, os honorários serão devidos por quem deu causa ao processo.

§ 11. O tribunal, ao julgar recurso, majorará os honorários fixados anteriormente levando em conta o trabalho adicional realizado em grau recursal, observando, conforme o caso, o disposto nos §§ 2.º a 6.º, sendo vedado ao tribunal, no cômputo geral da fixação de honorários devidos ao advogado do vencedor, ultrapassar os respectivos limites estabelecidos nos §§ 2.º e 3.º para a fase de conhecimento.

• *Vide* Enunciado n. 7 da 1.ª Jornada de Direito Processual Civil.

§ 12. Os honorários referidos no § 11 são cumuláveis com multas e outras sanções processuais, inclusive as previstas no art. 77.

§ 13. As verbas de sucumbência arbitradas em embargos à execução rejeitados ou julgados improcedentes e em fase de cumprimento de sentença serão acrescidas no valor do débito principal, para todos os efeitos legais.

§ 14. Os honorários constituem direito do advogado e têm natureza alimentar, com os mesmos privilégios dos créditos oriundos da legislação do trabalho, sendo vedada a compensação em caso de sucumbência parcial.

§ 15. O advogado pode requerer que o pagamento dos honorários que lhe caibam seja efetuado em favor da sociedade de advogados que integra na qualidade de sócio, aplicando-se à hipótese o disposto no § 14.

§ 16. Quando os honorários forem fixados em quantia certa, os juros moratórios incidirão a partir da data do trânsito em julgado da decisão.

§ 17. Os honorários serão devidos quando o advogado atuar em causa própria.

§ 18. Caso a decisão transitada em julgado seja omissa quanto ao direito aos honorários ou ao seu valor, é cabível ação autônoma para sua definição e cobrança.

§ 19. Os advogados públicos perceberão honorários de sucumbência, nos termos da lei.

Art. 86. Se cada litigante for, em parte, vencedor e vencido, serão proporcionalmente distribuídas entre eles as despesas.

• *Vide* art. 87 do CPC.

Parágrafo único. Se um litigante sucumbir em parte mínima do pedido, o outro responderá, por inteiro, pelas despesas e pelos honorários.

Art. 87. Concorrendo diversos autores ou diversos réus, os vencidos respondem proporcionalmente pelas despesas e pelos honorários.

• *Vide* art. 86 do CPC.

• *Vide* art. 257 do CC.

§ 1.º A sentença deverá distribuir entre os litisconsortes, de forma expressa, a responsabilidade proporcional pelo pagamento das verbas previstas no *caput*.

§ 2.º Se a distribuição de que trata o § 1.º não for feita, os vencidos responderão solidariamente pelas despesas e pelos honorários.

Art. 88. Nos procedimentos de jurisdição voluntária, as despesas serão adiantadas pelo requerente e rateadas entre os interessados.

• *Vide* arts. 719 a 770 do CPC.

Art. 89. Nos juízos divisórios, não havendo litígio, os interessados pagarão as despesas proporcionalmente a seus quinhões.

• *Vide* arts. 560 e s. do CPC.

Art. 90. Proferida sentença com fundamento em desistência, em renúncia ou em reconhecimento do pedido, as despesas e os honorários serão pagos pela parte que desistiu, renunciou ou reconheceu.

•• *Vide* art. 487 do CPC.

§ 1.º Sendo parcial a desistência, a renúncia ou o reconhecimento, a responsabilidade pelas despesas e pelos honorários será proporcional à parcela reconhecida, à qual se renunciou ou da qual se desistiu.

§ 2.º Havendo transação e nada tendo as partes disposto quanto às despesas, estas serão divididas igualmente.

§ 3.º Se a transação ocorrer antes da sentença, as partes ficam dispensadas do pagamento das custas processuais remanescentes, se houver.

§ 4.º Se o réu reconhecer a procedência do pedido e, simultaneamente, cumprir integralmente a prestação reconhecida, os honorários serão reduzidos pela metade.

• *Vide* Enunciados n. 9 e 10 da 1.ª Jornada de Direito Processual Civil.

Art. 91. As despesas dos atos processuais praticados a requerimento da Fazenda Pública, do Ministério Público ou da Defensoria Pública serão pagas ao final pelo vencido.

• *Vide* Súmula 483 do STJ.

§ 1.º As perícias requeridas pela Fazenda Pública, pelo Ministério Público ou pela Defensoria Pública poderão ser realizadas por entidade pública ou, havendo previsão orçamentária, ter os valores adiantados por aquele que requerer a prova.

§ 2.º Não havendo previsão orçamentária no exercício financeiro para adiantamento dos honorários periciais, eles serão pagos no exercício seguinte ou ao final, pelo vencido, caso o processo se encerre antes do adiantamento a ser feito pelo ente público.

Art. 92. Quando, a requerimento do réu, o juiz proferir sentença sem resolver o mérito, o autor não poderá propor novamente a ação sem pagar ou depositar em cartório as despesas e os honorários a que foi condenado.

Art. 93. As despesas de atos adiados ou cuja repetição for necessária ficarão a cargo da parte, do auxiliar da justiça, do órgão do Ministério Público ou da Defensoria Pública ou do juiz que, sem justo motivo, houver dado causa ao adiamento ou à repetição.

•• *Vide* arts. 143, 362, § 3.º, 485, § 3.º, e 455, § 5.º, do CPC.

Art. 94. Se o assistido for vencido, o assistente será condenado ao pagamento das custas em proporção à atividade que houver exercido no processo.

• *Vide* art. 121 do CPC.

Art. 95. Cada parte adiantará a remuneração do assistente técnico que houver indicado, sendo a do perito adiantada pela parte que houver requerido a perícia ou rateada quando a perícia for determinada de ofício ou requerida por ambas as partes.

•• *Vide* art. 84 do CPC.

• *Vide* arts. 464 e s. do CPC.

§ 1.º O juiz poderá determinar que a parte responsável pelo pagamento dos honorários do perito deposite em juízo o valor correspondente.

§ 2.º A quantia recolhida em depósito bancário à ordem do juízo será corrigida monetariamente e paga de acordo com o art. 465, § 4.º.

§ 3.º Quando o pagamento da perícia for de responsabilidade de beneficiário de gratuidade da justiça, ela poderá ser:

I – custeada com recursos alocados no orçamento do ente público e realizada por servidor do Poder Judiciário ou por órgão público conveniado;

II – paga com recursos alocados no orçamento da União, do Estado ou do Distrito Federal, no caso de ser realizada por particular, hipótese em que o valor será fixado conforme tabela do tribunal respectivo ou, em caso de sua omissão, do Conselho Nacional de Justiça.

•• A Resolução n. 232, de 13-7-2016, do CNJ, fixa os valores dos honorários a serem pagos aos peritos, no âmbito da justiça de 1.º e 2.º graus, nos termos do disposto neste inciso.

§ 4.º Na hipótese do § 3.º, o juiz, após o trânsito em julgado da decisão final, oficiará a Fazenda Pública para que promova, contra quem tiver sido condenado ao pagamento das despesas processuais, a execução dos valores gastos com a perícia particular ou com a utilização de servidor público ou da estrutura de órgão público, observando-se, caso o responsável pelo pagamento das despesas seja beneficiário de gratuidade da justiça, o disposto no art. 98, § 2.º.

§ 5.º Para fins de aplicação do § 3.º, é vedada a utilização de recursos do fundo de custeio da Defensoria Pública.

Art. 96. O valor das sanções impostas ao litigante de má-fé reverterá em benefício da parte contrária, e o valor das sanções impostas aos serventuários pertencerá ao Estado ou à União.

•• *Vide* arts. 81, 202, 234, 258, 468 e 968, II, do CPC.

Art. 97. A União e os Estados podem criar fundos de modernização do Poder Judiciário, aos quais serão revertidos os valores das sanções pecuniárias processuais destinadas à União e aos Estados, e outras verbas previstas em lei.

SEÇÃO IV
Da Gratuidade da Justiça

Art. 98. A pessoa natural ou jurídica, brasileira ou estrangeira, com insuficiência de recursos para pagar as custas, as despesas processuais e os honorários advocatícios tem direito à gratuidade da justiça, na forma da lei.

•• *Vide* art. 5.º, LXXIV, da CF.

•• Defensoria Pública: Lei Complementar n. 80, de 12-1-1994.

•• *Vide* art. 71, § 3.º, da Lei n. 10.741, de 1.º-10-2003.

§ 1.º A gratuidade da justiça compreende:

I – as taxas ou as custas judiciais;

II – os selos postais;

III – as despesas com publicação na imprensa oficial, dispensando-se a publicação em outros meios;

IV – a indenização devida à testemunha que, quando empregada, receberá do empregador salário integral, como se em serviço estivesse;

V – as despesas com a realização de exame de código genético – DNA e de outros exames considerados essenciais;

VI – os honorários do advogado e do perito e a remuneração do intérprete ou do tradutor nomeado para apresentação de versão em português de documento redigido em língua estrangeira;

VII – o custo com a elaboração de memória de cálculo, quando exigida para instauração da execução;

VIII – os depósitos previstos em lei para interposição de recurso, para propositura de ação e para a prática de outros atos processuais inerentes ao exercício da ampla defesa e do contraditório;

IX – os emolumentos devidos a notários ou registradores em decorrência da prática de registro, averbação ou qualquer outro ato notarial necessário à efetivação de decisão judicial ou à continuidade de processo judicial no qual o benefício tenha sido concedido.

§ 2.º A concessão de gratuidade não afasta a responsabilidade do beneficiário pelas despesas processuais e pelos honorários advocatícios decorrentes de sua sucumbência.

§ 3.º Vencido o beneficiário, as obrigações decorrentes de sua sucumbência ficarão sob condição suspensiva de exigibilidade e somente poderão ser executadas se, nos 5 (cinco) anos subsequentes ao trânsito em julgado da decisão que as certificou, o credor demonstrar que deixou de existir a situação de insuficiência de recursos que justificou a concessão de gratuidade, extinguindo-se, passado esse prazo, tais obrigações do beneficiário.

§ 4.º A concessão de gratuidade não afasta o dever de o beneficiário pagar, ao final, as multas processuais que lhe sejam impostas.

§ 5.º A gratuidade poderá ser concedida em relação a algum ou a todos os atos processuais, ou consistir na redução percentual de despesas processuais que o beneficiário tiver de adiantar no curso do procedimento.

§ 6.º Conforme o caso, o juiz poderá conceder direito ao parcelamento de despesas processuais que o beneficiário tiver de adiantar no curso do procedimento.

§ 7.º Aplica-se o disposto no art. 95, §§ 3.º a 5.º, ao custeio dos emolumentos previstos no § 1.º, inciso IX, do presente artigo, observada a tabela e as condições da lei estadual ou distrital respectiva.

§ 8.º Na hipótese do § 1.º, inciso IX, havendo dúvida fundada quanto ao preenchimento atual dos pressupostos para a concessão de gratuidade, o notário ou registrador, após praticar o ato, pode requerer, ao juízo competente para decidir questões notariais ou registrais, a revogação total ou parcial do benefício ou a sua substituição pelo parcelamento de que trata o § 6.º deste artigo, caso em que o beneficiário será citado para, em 15 (quinze) dias, manifestar-se sobre esse requerimento.

Art. 99. O pedido de gratuidade da justiça pode ser formulado na petição inicial, na contestação, na petição para ingresso de terceiro no processo ou em recurso.

• *Vide* arts. 119 a 138, 319 a 331, 335 a 342 e 994 e s. do CPC.

§ 1.º Se superveniente à primeira manifestação da parte na instância, o pedido poderá ser formulado por petição simples, nos autos do próprio processo, e não suspenderá seu curso.

§ 2.º O juiz somente poderá indeferir o pedido se houver nos autos elementos que evidenciem a falta dos pressupostos legais para a concessão de gratuidade, devendo, antes de indeferir o pedido, determinar à parte a comprovação do preenchimento dos referidos pressupostos.

§ 3.º Presume-se verdadeira a alegação de insuficiência deduzida exclusivamente por pessoa natural.

§ 4.º A assistência do requerente por advogado particular não impede a concessão de gratuidade da justiça.

§ 5.º Na hipótese do § 4.º, o recurso que verse exclusivamente sobre valor de honorários de sucumbência fixados em favor do advogado de beneficiário estará sujeito a preparo, salvo se o próprio advogado demonstrar que tem direito à gratuidade.

§ 6.º O direito à gratuidade da justiça é pessoal, não se estendendo a litisconsorte ou a sucessor do beneficiário, salvo requerimento e deferimento expressos.

§ 7.º Requerida a concessão de gratuidade da justiça em recurso, o recorrente estará dispensado de comprovar o recolhimento do preparo, incumbindo ao relator, neste caso, apreciar o requerimento e, se indeferi-lo, fixar prazo para realização do recolhimento.

Art. 100. Deferido o pedido, a parte contrária poderá oferecer impugnação na contestação, na réplica, nas contrarrazões de recurso ou, nos casos de pedido superveniente ou formulado por terceiro, por meio de petição simples, a ser apresentada no prazo de 15 (quinze) dias, nos autos do próprio processo, sem suspensão de seu curso.

Parágrafo único. Revogado o benefício, a parte arcará com as despesas processuais que tiver deixado de adiantar e pagará, em caso de má-fé, até o décuplo de seu valor a título de multa, que será revertida em benefício da Fazenda Pública estadual ou federal e poderá ser inscrita em dívida ativa.

•• *Vide* Lei n. 6.830, de 22-9-1980.

Art. 101. Contra a decisão que indeferir a gratuidade ou a que acolher pedido de sua revogação caberá agravo de instrumento, exceto quando a questão for resolvida na sentença, contra a qual caberá apelação.

• *Vide* arts. 1.009 a 1.020 do CPC.

§ 1.º O recorrente estará dispensado do recolhimento de custas até decisão do relator sobre a questão, preliminarmente ao julgamento do recurso.

§ 2.º Confirmada a denegação ou a revogação da gratuidade, o relator ou o órgão colegiado determinará ao recorrente o recolhimento das custas processuais, no prazo de 5 (cinco) dias, sob pena de não conhecimento do recurso.

Art. 102. Sobrevindo o trânsito em julgado de decisão que revoga a gratuidade, a parte deverá efetuar o recolhimento de todas as despesas de cujo adiantamento foi dispensada, inclusive as relativas ao recurso interposto, se houver, no prazo fixado pelo juiz, sem prejuízo de aplicação das sanções previstas em lei.

Parágrafo único. Não efetuado o recolhimento, o processo será extinto sem resolução de mérito, tratando-se do autor, e, nos demais casos, não poderá ser deferida a realização de nenhum ato ou diligência requerida pela parte enquanto não efetuado o depósito.

CAPÍTULO III
DOS PROCURADORES

Art. 103. A parte será representada em juízo por advogado regularmente inscrito na Ordem dos Advogados do Brasil.

•• *Vide* art. 133 da CF.

•• *Vide* arts. 111, 287, e 313, § 3.º, do CPC.

•• *Vide* art. 1.º, I, do EAOAB.

• *Vide* art. 692 do CC.

Parágrafo único. É lícito à parte postular em causa própria quando tiver habilitação legal.

Art. 104. O advogado não será admitido a postular em juízo sem procuração, salvo para evitar preclusão, decadência ou prescrição, ou para praticar ato considerado urgente.

•• *Vide* art. 287, parágrafo único, do CPC.

•• *Vide* Súmula 115 do STJ.

• *Vide* arts. 653 e 692 do CC.

§ 1.º Nas hipóteses previstas no *caput*, o advogado deverá, independentemente de caução, exibir a procuração no prazo de 15 (quinze) dias, prorrogável por igual período por despacho do juiz.

• *Vide* art. 5.º, § 1.º, do EAOAB.

§ 2.º O ato não ratificado será considerado ineficaz relativamente àquele em cujo nome foi praticado, respondendo o advogado pelas despesas e por perdas e danos.

• *Vide* art. 402 do CC.

Art. 105. A procuração geral para o foro, outorgada por instrumento público ou particular assinada pela parte, habilita o advogado a praticar todos os atos do processo, exceto receber citação, confessar, reconhecer a procedência do pedido, transigir, desistir, renunciar ao direito sobre o qual se funda a ação, receber, dar quitação, firmar compromisso e assinar declaração de hipossuficiência econômica, que devem constar de cláusula específica.

•• *Vide* art. 390, § 1.º, do CPC.

• *Vide* art. 654 do CC.

§ 1.º A procuração pode ser assinada digitalmente, na forma da lei.

•• *Vide* Lei n. 11.419, de 19-12-2006, que dispõe sobre a informatização do processo judicial.

§ 2.º A procuração deverá conter o nome do advogado, seu número de inscrição na Ordem dos Advogados do Brasil e endereço completo.

•• *Vide* art. 4.º do EAOAB.

§ 3.º Se o outorgado integrar sociedade de advogados, a procuração também deverá conter o nome dessa, seu número de registro na Ordem dos Advogados do Brasil e endereço completo.

§ 4.º Salvo disposição expressa em sentido contrário constante do próprio instrumento, a procuração outorgada na fase de conhecimento é eficaz para todas as fases do processo, inclusive para o cumprimento de sentença.

•• *Vide* Súmula 395 do TST.

Art. 106. Quando postular em causa própria, incumbe ao advogado:

I – declarar, na petição inicial ou na contestação, o endereço, seu número de inscrição na Ordem dos Advogados do Brasil e o nome da sociedade de advogados da qual participa, para o recebimento de intimações;

II – comunicar ao juízo qualquer mudança de endereço.

§ 1.º Se o advogado descumprir o disposto no inciso I, o juiz ordenará que se supra a omissão, no prazo de 5 (cinco) dias, antes de determinar a citação do réu, sob pena de indeferimento da petição.

§ 2.º Se o advogado infringir o previsto no inciso II, serão consideradas válidas as intimações enviadas por carta registrada ou meio eletrônico ao endereço constante dos autos.

Art. 107. O advogado tem direito a:

•• *Vide* art. 289 do CPC.

I – examinar, em cartório de fórum e secretaria de tribunal, mesmo sem procuração, autos de qualquer processo, independentemente da fase de tramitação, assegurados a obtenção de cópias e o registro de anotações, salvo na hipótese de segredo de justiça, nas quais apenas o advogado constituído terá acesso aos autos;

•• *Vide* Súmula Vinculante 14.

II – requerer, como procurador, vista dos autos de qualquer processo, pelo prazo de 5 (cinco) dias;

• *Vide* art. 234 do CPC.

III – retirar os autos do cartório ou da secretaria, pelo prazo legal, sempre que neles lhe couber falar por determinação do juiz, nos casos previstos em lei.

§ 1.º Ao receber os autos, o advogado assinará carga em livro ou documento próprio.

§ 2.º Sendo o prazo comum às partes, os procuradores poderão retirar os autos somente em conjunto ou mediante prévio ajuste, por petição nos autos.

§ 3.º Na hipótese do § 2.º, é lícito ao procurador retirar os autos para obtenção de cópias, pelo prazo de 2 (duas) a 6 (seis) horas, independentemente de ajuste e sem prejuízo da continuidade do prazo.

§ 4.º O procurador perderá no mesmo processo o direito a que se refere o § 3.º se não devolver os autos tempestivamente, salvo se o prazo for prorrogado pelo juiz.

§ 5.º O disposto no inciso I do *caput* deste artigo aplica-se integralmente a processos eletrônicos.

•• § 5.º acrescentado pela Lei n. 13.793, de 3-1-2019.

CAPÍTULO IV
DA SUCESSÃO DAS PARTES E DOS PROCURADORES

Art. 108. No curso do processo, somente é lícita a sucessão voluntária das partes nos casos expressos em lei.

•• *Vide* art. 778, § 1.º, do CPC.

Art. 109. A alienação da coisa ou do direito litigioso por ato entre vivos, a título particular, não altera a legitimidade das partes.

•• *Vide* arts. 59, 240, 778, § 1.º, 790, I, e 808 do CPC.

§ 1.º O adquirente ou cessionário não poderá ingressar em juízo, sucedendo o alienante ou cedente, sem que o consinta a parte contrária.

§ 2.º O adquirente ou cessionário poderá intervir no processo como assistente litisconsorcial do alienante ou cedente.

•• *Vide* arts. 119 a 124 do CPC.

§ 3.º Estendem-se os efeitos da sentença proferida entre as partes originárias ao adquirente ou cessionário.

Art. 110. Ocorrendo a morte de qualquer das partes, dar-se-á a sucessão pelo seu espólio ou pelos seus sucessores, observado o disposto no art. 313, §§ 1.º e 2.º.

•• *Vide* arts. 75, VII, 221 e 618 do CPC.

Art. 111. A parte que revogar o mandato outorgado a seu advogado constituirá, no mesmo ato, outro que assuma o patrocínio da causa.

Parágrafo único. Não sendo constituído novo procurador no prazo de 15 (quinze) dias, observar-se-á o disposto no art. 76.

Art. 112. O advogado poderá renunciar ao mandato a qualquer tempo, provando, na forma prevista neste Código, que comunicou a renúncia ao mandante, a fim de que este nomeie sucessor.

•• *Vide* art. 688 do CC.
• *Vide* art. 313, I, do CPC.

§ 1.º Durante os 10 (dez) dias seguintes, o advogado continuará a representar o mandante, desde que necessário para lhe evitar prejuízo.

§ 2.º Dispensa-se a comunicação referida no *caput* quando a procuração tiver sido outorgada a vários advogados e a parte continuar representada por outro, apesar da renúncia.

TÍTULO II
DO LITISCONSÓRCIO

•• *Vide* art. 1.005 do CPC.

Art. 113. Duas ou mais pessoas podem litigar, no mesmo processo, em conjunto, ativa ou passivamente, quando:

I – entre elas houver comunhão de direitos ou de obrigações relativamente à lide;

II – entre as causas houver conexão pelo pedido ou pela causa de pedir;

•• *Vide* art. 54 do CPC.

III – ocorrer afinidade de questões por ponto comum de fato ou de direito.

• A Lei n. 3.751, de 13-4-1960 (art. 2.º, § 5.º), dispõe sobre a intervenção da Fazenda do Distrito Federal (Brasília) nos processos judiciais que lhe possam resultar direitos ou obrigações.

§ 1.º O juiz poderá limitar o litisconsórcio facultativo quanto ao número de litigantes na fase de conhecimento, na liquidação de sentença ou na execução, quando este comprometer a rápida solução do litígio ou dificultar a defesa ou o cumprimento da sentença.

•• *Vide* art. 139, II e III, do CPC.

§ 2.º O requerimento de limitação interrompe o prazo para manifestação ou resposta, que recomeçará da intimação da decisão que o solucionar.

Art. 114. O litisconsórcio será necessário por disposição de lei ou quando, pela natureza da relação jurídica controvertida, a eficácia da sentença depender da citação de todos que devam ser litisconsortes.

Art. 115. A sentença de mérito, quando proferida sem a integração do contraditório, será:

I – nula, se a decisão deveria ser uniforme em relação a todos que deveriam ter integrado o processo;

II – ineficaz, nos outros casos, apenas para os que não foram citados.

Parágrafo único. Nos casos de litisconsórcio passivo necessário, o juiz determinará ao autor que requeira a citação de todos que devam ser litisconsortes, dentro do prazo que assinar, sob pena de extinção do processo.

•• *Vide* art. 94 do CDC.
•• *Vide* art. 485, III, do CPC.

Art. 116. O litisconsórcio será unitário quando, pela natureza da relação jurídica, o juiz tiver de decidir o mérito de modo uniforme para todos os litisconsortes.

Art. 117. Os litisconsortes serão considerados, em suas relações com a parte adversa, como litigantes distintos, exceto no litisconsórcio unitário, caso em que os atos e as omissões de um não prejudicarão os outros, mas os poderão beneficiar.

•• *Vide* art. 1.005 do CPC.

Art. 118. Cada litisconsorte tem o direito de promover o andamento do processo, e todos devem ser intimados dos respectivos atos.

•• *Vide* art. 229 do CPC.

TÍTULO III
DA INTERVENÇÃO DE TERCEIROS

CAPÍTULO I
DA ASSISTÊNCIA

SEÇÃO I
Disposições Comuns

Art. 119. Pendendo causa entre 2 (duas) ou mais pessoas, o terceiro juridicamente interessado em que a sentença seja favorável a uma delas poderá intervir no processo para assisti-la.

•• *Vide* art. 364, § 1.º, do CPC.

Parágrafo único. A assistência será admitida em qualquer procedimento e em todos os graus de jurisdição, recebendo o assistente o processo no estado em que se encontre.

Art. 120. Não havendo impugnação no prazo de 15 (quinze) dias, o pedido do assistente será deferido, salvo se for caso de rejeição liminar.

Parágrafo único. Se qualquer parte alegar que falta ao requerente interesse jurídico para intervir, o juiz decidirá o incidente, sem suspensão do processo.

• *Vide* art. 330, III, do CPC.

SEÇÃO II
Da Assistência Simples

Art. 121. O assistente simples atuará como auxiliar da parte principal, exercerá os mesmos poderes e sujeitar-se-á aos mesmos ônus processuais que o assistido.

• *Vide* art. 94 do CPC.

Parágrafo único. Sendo revel ou, de qualquer outro modo, omisso o assistido, o assistente será considerado seu substituto processual.

• *Vide* arts. 319 a 322 do CPC.

Art. 122. A assistência simples não obsta a que a parte principal reconheça a procedência do pedido, desista da ação, renuncie ao direito sobre o que se funda a ação ou transija sobre direitos controvertidos.

Art. 123. Transitada em julgado a sentença no processo em que interveio o assistente, este não poderá, em processo posterior, discutir a justiça da decisão, salvo se alegar e provar que:

I – pelo estado em que recebeu o processo ou pelas declarações e pelos atos do assistido, foi impedido de produzir provas suscetíveis de influir na sentença;

II – desconhecia a existência de alegações ou de provas das quais o assistido, por dolo ou culpa, não se valeu.

• *Vide* art. 506 do CPC.

SEÇÃO III
Da Assistência Litisconsorcial

Art. 124. Considera-se litisconsorte da parte principal o assistente sempre que a sentença influir na relação jurídica entre ele e o adversário do assistido.

• *Vide* art. 229 do CPC.

CAPÍTULO II
DA DENUNCIAÇÃO DA LIDE

Art. 125. É admissível a denunciação da lide, promovida por qualquer das partes:

I – ao alienante imediato, no processo relativo à coisa cujo domínio foi transferido ao denunciante, a fim de que possa exercer os direitos que da evicção lhe resultam;

II – àquele que estiver obrigado, por lei ou pelo contrato, a indenizar, em ação regressiva, o prejuízo de quem for vencido no processo.

• *Vide* art. 101, II, do CDC.

§ 1.° O direito regressivo será exercido por ação autônoma quando a denunciação da lide for indeferida, deixar de ser promovida ou não for permitida.

§ 2.° Admite-se uma única denunciação sucessiva, promovida pelo denunciado, contra seu antecessor imediato na cadeia dominial ou quem seja responsável por indenizá-lo, não podendo o denunciado sucessivo promover nova denunciação, hipótese em que eventual direito de regresso será exercido por ação autônoma.

Art. 126. A citação do denunciado será requerida na petição inicial, se o denunciante for autor, ou na contestação, se o denunciante for réu, devendo ser realizada na forma e nos prazos previstos no art. 131.

Art. 127. Feita a denunciação pelo autor, o denunciado poderá assumir a posição de litisconsorte do denunciante e acrescentar novos argumentos à petição inicial, procedendo-se em seguida à citação do réu.

•• *Vide* arts. 113 a 118 do CPC.

Art. 128. Feita a denunciação pelo réu:

I – se o denunciado contestar o pedido formulado pelo autor, o processo prosseguirá tendo, na ação principal, em litisconsórcio, denunciante e denunciado;

II – se o denunciado for revel, o denunciante pode deixar de prosseguir com sua defesa, eventualmente oferecida, e abster-se de recorrer, restringindo sua atuação à ação regressiva;

•• *Vide* art. 344 do CPC.

III – se o denunciado confessar os fatos alegados pelo autor na ação principal, o denunciante poderá prosseguir com sua defesa ou, aderindo a tal reconhecimento, pedir apenas a procedência da ação de regresso.

Parágrafo único. Procedente o pedido da ação principal, pode o autor, se for o caso, requerer o cumprimento da sentença também contra o denunciado, nos limites da condenação deste na ação regressiva.

Art. 129. Se o denunciante for vencido na ação principal, o juiz passará ao julgamento da denunciação da lide.

Parágrafo único. Se o denunciante for vencedor, a ação de denunciação não terá o seu pedido examinado, sem prejuízo da condenação do denunciante ao pagamento das verbas de sucumbência em favor do denunciado.

CAPÍTULO III
DO CHAMAMENTO AO PROCESSO

Art. 130. É admissível o chamamento ao processo, requerido pelo réu:

I – do afiançado, na ação em que o fiador for réu;

II – dos demais fiadores, na ação proposta contra um ou alguns deles;

III – dos demais devedores solidários, quando o credor exigir de um ou de alguns o pagamento da dívida comum.

• *Vide* art. 275 do CC.

Art. 131. A citação daqueles que devam figurar em litisconsórcio passivo será requerida pelo réu na contestação e deve ser promovida no prazo de 30 (trinta) dias, sob pena de ficar sem efeito o chamamento.

Parágrafo único. Se o chamado residir em outra comarca, seção ou subseção judiciárias, ou em lugar incerto, o prazo será de 2 (dois) meses.

Art. 132. A sentença de procedência valerá como título executivo em favor do réu que satisfizer a dívida, a fim de que possa exigi-la, por inteiro, do devedor principal, ou, de cada um dos codevedores, a sua quota, na proporção que lhes tocar.

•• *Vide* arts. 283 a 285 do CC.

CAPÍTULO IV
DO INCIDENTE DE DESCONSIDERAÇÃO DA PERSONALIDADE JURÍDICA

•• *Vide* art. 6.º da Instrução Normativa n. 39, de 15-3-2016.

•• *Vide* art. 17 da Instrução Normativa n. 41, de 21-6-2018.

•• *Vide* Enunciados n. 11, 110 e 111 das Jornadas de Direito Processual Civil.

• *Vide* Enunciado n. 11 da 1.ª Jornada de Direito Processual Civil.

Art. 133. O incidente de desconsideração da personalidade jurídica será instaurado a pedido da parte ou do Ministério Público, quando lhe couber intervir no processo.

•• *Vide* arts. 795 e 1.062 do CPC.

•• *Vide* art. 50 do CC.

§ 1.° O pedido de desconsideração da personalidade jurídica observará os pressupostos previstos em lei.

§ 2.° Aplica-se o disposto neste Capítulo à hipótese de desconsideração inversa da personalidade jurídica.

Art. 134. O incidente de desconsideração é cabível em todas as fases do processo de conhecimento, no cumprimento de sentença e na execução fundada em título executivo extrajudicial.

•• *Vide* art. 790, VII, do CPC.

§ 1.º A instauração do incidente será imediatamente comunicada ao distribuidor para as anotações devidas.

•• *Vide* art. 134, § 1.º, do CPC.

§ 2.º Dispensa-se a instauração do incidente se a desconsideração da personalidade jurídica for requerida na petição inicial, hipótese em que será citado o sócio ou a pessoa jurídica.

§ 3.º A instauração do incidente suspenderá o processo, salvo na hipótese do § 2.º.

§ 4.º O requerimento deve demonstrar o preenchimento dos pressupostos legais específicos para desconsideração da personalidade jurídica.

Art. 135. Instaurado o incidente, o sócio ou a pessoa jurídica será citado para manifestar-se e requerer as provas cabíveis no prazo de 15 (quinze) dias.

Art. 136. Concluída a instrução, se necessária, o incidente será resolvido por decisão interlocutória.

Parágrafo único. Se a decisão for proferida pelo relator, cabe agravo interno.

Art. 137. Acolhido o pedido de desconsideração, a alienação ou a oneração de bens, havida em fraude de execução, será ineficaz em relação ao requerente.

CAPÍTULO V
DO *AMICUS CURIAE*

Art. 138. O juiz ou o relator, considerando a relevância da matéria, a especificidade do tema objeto da demanda ou a repercussão social da controvérsia, poderá, por decisão irrecorrível, de ofício ou a requerimento das partes ou de quem pretenda manifestar-se, solicitar ou admitir a participação de pessoa natural ou jurídica, órgão ou entidade especializada, com representatividade adequada, no prazo de 15 (quinze) dias de sua intimação.

•• *Vide* art. 3.º da Instrução Normativa n. 39, de 15-3-2016.

• *Vide* Enunciado n. 12 da 1.ª Jornada de Direito Processual Civil.

§ 1.º A intervenção de que trata o *caput* não implica alteração de competência nem autoriza a interposição de recursos, ressalvadas a oposição de embargos de declaração e a hipótese do § 3.º.

§ 2.º Caberá ao juiz ou ao relator, na decisão que solicitar ou admitir a intervenção, definir os poderes do *amicus curiae*.

§ 3.º O *amicus curiae* pode recorrer da decisão que julgar o incidente de resolução de demandas repetitivas.

TÍTULO IV
DO JUIZ E DOS AUXILIARES DA JUSTIÇA

CAPÍTULO I
DOS PODERES, DOS DEVERES E DA RESPONSABILIDADE DO JUIZ

Art. 139. O juiz dirigirá o processo conforme as disposições deste Código, incumbindo-lhe:

•• *Vide* art. 3.º da Instrução Normativa n. 39, de 15-3-2016.

I – assegurar às partes igualdade de tratamento;

• *Vide* Súmula 121 do STJ.

II – velar pela duração razoável do processo;

• *Vide* art. 35, II, da Lei Complementar n. 35, de 14-3-1979, que dispõe sobre excesso de prazo.

III – prevenir ou reprimir qualquer ato contrário à dignidade da justiça e indeferir postulações meramente protelatórias;

•• *Vide* arts. 78, 360, 772, II, e 774 do CPC.

IV – determinar todas as medidas indutivas, coercitivas, mandamentais ou sub-rogatórias necessárias para assegurar o cumprimento de ordem judicial, inclusive nas ações que tenham por objeto prestação pecuniária;

V – promover, a qualquer tempo, a autocomposição, preferencialmente com auxílio de conciliadores e mediadores judiciais;

VI – dilatar os prazos processuais e alterar a ordem de produção dos meios de prova, adequando-os às necessidades do conflito de modo a conferir maior efetividade à tutela do direito;

• *Vide* Enunciado n. 13 da 1.ª Jornada de Direito Processual Civil.

VII – exercer o poder de polícia, requisitando, quando necessário, força policial, além da segurança interna dos fóruns e tribunais;

VIII – determinar, a qualquer tempo, o comparecimento pessoal das partes, para inquiri-las sobre os fatos da causa, hipótese em que não incidirá a pena de confesso;

IX – determinar o suprimento de pressupostos processuais e o saneamento de outros vícios processuais;

X – quando se deparar com diversas demandas individuais repetitivas, oficiar o Ministério Público, a Defensoria Pública e, na medida do possível, outros legitimados a que se referem o art. 5.º da Lei n. 7.347, de 24 de julho de 1985, e o art. 82 da Lei n. 8.078, de 11 de setembro de 1990, para, se for o caso, promover a propositura da ação coletiva respectiva.

Parágrafo único. A dilação de prazos prevista no inciso VI somente pode ser determinada antes de encerrado o prazo regular.

Art. 140. O juiz não se exime de decidir sob a alegação de lacuna ou obscuridade do ordenamento jurídico.

•• *Vide* arts. 4.º e 5.º da LINDB (Decreto-lei n. 4.657, de 4-9-1942).

• *Vide* art. 375 do CPC.

Parágrafo único. O juiz só decidirá por equidade nos casos previstos em lei.

•• *Vide* arts. 4.º e 5.º da LINDB (Decreto-lei n. 4.657, de 4-9-1942).

• *Vide* art. 375 do CPC.

Art. 141. O juiz decidirá o mérito nos limites propostos pelas partes, sendo-lhe vedado conhecer de questões não suscitadas a cujo respeito a lei exige iniciativa da parte.

• *Vide* arts. 490 e 492 do CPC.

Art. 142. Convencendo-se, pelas circunstâncias, de que autor e réu se serviram do processo para praticar ato simulado ou conseguir fim vedado por lei, o juiz proferirá decisão que impeça os objetivos das partes, aplicando, de ofício, as penalidades da litigância de má-fé.

•• *Vide* arts. 79 a 81 e 96 do CPC.

Art. 143. O juiz responderá, civil e regressivamente, por perdas e danos quando:

•• *Vide* art. 37, § 6.º, da CF.

• *Vide* arts. 402 e s. e 927 do CC.

I – no exercício de suas funções, proceder com dolo ou fraude;

II – recusar, omitir ou retardar, sem justo motivo, providência que deva ordenar de ofício ou a requerimento da parte.

•• O art. 319 do CP dispõe sobre o crime de prevaricação.

Parágrafo único. As hipóteses previstas no inciso II somente serão verificadas depois que a parte requerer ao juiz que determine a providência e o requerimento não for apreciado no prazo de 10 (dez) dias.

•• *Vide* art. 226 do CPC.

• *Vide* arts. 93 e 235 do CPC.

• *Vide* arts. 402 a 405 do CC.

CAPÍTULO II

DOS IMPEDIMENTOS E DA SUSPEIÇÃO

• *Vide* arts. 20 e 21 da Consolidação dos Provimentos da Corregedoria-Geral da Justiça do Trabalho.

Art. 144. Há impedimento do juiz, sendo-lhe vedado exercer suas funções no processo:

•• *Vide* art. 966, II, do CPC.

I – em que interveio como mandatário da parte, oficiou como perito, funcionou como membro do Ministério Público ou prestou depoimento como testemunha;

• *Vide* art. 452, I, do CPC.

II – de que conheceu em outro grau de jurisdição, tendo proferido decisão;

III – quando nele estiver postulando, como defensor público, advogado ou membro do Ministério Público, seu cônjuge ou companheiro, ou qualquer parente, consanguíneo ou afim, em linha reta ou colateral, até o terceiro grau, inclusive;

IV – quando for parte no processo ele próprio, seu cônjuge ou companheiro, ou parente, consanguíneo ou afim, em linha reta ou colateral, até o terceiro grau, inclusive;

V – quando for sócio ou membro de direção ou de administração de pessoa jurídica parte no processo;

VI – quando for herdeiro presuntivo, donatário ou empregador de qualquer das partes;

VII – em que figure como parte instituição de ensino com a qual tenha relação de emprego ou decorrente de contrato de prestação de serviços;

VIII – em que figure como parte cliente do escritório de advocacia de seu cônjuge, companheiro ou parente, consanguíneo ou afim, em linha reta ou colateral, até o terceiro grau, inclusive, mesmo que patrocinado por advogado de outro escritório;

IX – quando promover ação contra a parte ou seu advogado.

§ 1.º Na hipótese do inciso III, o impedimento só se verifica quando o defensor público, o advogado ou o membro do Ministério Público já integrava o processo antes do início da atividade judicante do juiz.

§ 2.º É vedada a criação de fato superveniente a fim de caracterizar impedimento do juiz.

§ 3.º O impedimento previsto no inciso III também se verifica no caso de mandato conferido a membro de escritório de advocacia que tenha em seus quadros advogado que individualmente ostente a condição nele prevista, mesmo que não intervenha diretamente no processo.

Art. 145. Há suspeição do juiz:

I – amigo íntimo ou inimigo de qualquer das partes ou de seus advogados;

II – que receber presentes de pessoas que tiverem interesse na causa antes ou depois de iniciado o processo, que aconselhar alguma das partes acerca do objeto da causa ou que subministrar meios para atender às despesas do litígio;

III – quando qualquer das partes for sua credora ou devedora, de seu cônjuge ou companheiro ou de parentes destes, em linha reta até o terceiro grau, inclusive;

IV – interessado no julgamento do processo em favor de qualquer das partes.

•• *Vide* art. 148 do CPC.

§ 1.º Poderá o juiz declarar-se suspeito por motivo de foro íntimo, sem necessidade de declarar suas razões.

§ 2.º Será ilegítima a alegação de suspeição quando:

I – houver sido provocada por quem a alega;

II – a parte que a alega houver praticado ato que signifique manifesta aceitação do arguido.

Art. 146. No prazo de 15 (quinze) dias, a contar do conhecimento do fato, a parte alegará o impedimento ou a suspeição, em petição específica dirigida ao juiz do processo, na qual indicará o fundamento da recusa, podendo instruí-la com documentos em que se fundar a alegação e com rol de testemunhas.

•• *Vide* art. 313, III, do CPC.

• *Vide* art. 20 da Consolidação dos Provimentos da Corregedoria-Geral da Justiça do Trabalho.

§ 1.º Se reconhecer o impedimento ou a suspeição ao receber a petição, o juiz ordenará imediatamente a remessa dos autos a seu substituto legal, caso contrário, determinará a autuação em apartado da petição e, no prazo de 15 (quinze) dias, apresentará suas razões, acompanhadas de documentos e de rol de testemunhas, se houver, ordenando a remessa do incidente ao tribunal.

§ 2.º Distribuído o incidente, o relator deverá declarar os seus efeitos, sendo que, se o incidente for recebido:

I – sem efeito suspensivo, o processo voltará a correr;

II – com efeito suspensivo, o processo permanecerá suspenso até o julgamento do incidente.

§ 3.º Enquanto não for declarado o efeito em que é recebido o incidente ou quando este for recebido com efeito suspensivo, a tutela de urgência será requerida ao substituto legal.

§ 4.º Verificando que a alegação de impedimento ou de suspeição é improcedente, o tribunal rejeitá-la-á.

§ 5.º Acolhida a alegação, tratando-se de impedimento ou de manifesta suspeição, o tribunal condenará o juiz nas custas e remeterá os autos ao seu substituto legal, podendo o juiz recorrer da decisão.

§ 6.º Reconhecido o impedimento ou a suspeição, o tribunal fixará o momento a partir do qual o juiz não poderia ter atuado.

§ 7.º O tribunal decretará a nulidade dos atos do juiz, se praticados quando já presente o motivo de impedimento ou de suspeição.

Art. 147. Quando 2 (dois) ou mais juízes forem parentes, consanguíneos ou afins, em linha reta ou colateral, até o terceiro grau, inclusive, o primeiro que conhecer do processo impede que o outro nele atue, caso em que o segundo se escusará, remetendo os autos ao seu substituto legal.

Art. 148. Aplicam-se os motivos de impedimento e de suspeição:

I – ao membro do Ministério Público;

• *Vide* arts. 176 a 181 do CPC.

II – aos auxiliares da justiça;

• *Vide* arts. 149 a 175 do CPC.

III – aos demais sujeitos imparciais do processo.

§ 1.º A parte interessada deverá arguir o impedimento ou a suspeição, em petição fundamentada e devidamente instruída, na primeira oportunidade em que lhe couber falar nos autos.

§ 2.º O juiz mandará processar o incidente em separado e sem suspensão do processo, ouvindo o arguido no prazo de 15 (quinze) dias e facultando a produção de prova, quando necessária.

§ 3.º Nos tribunais, a arguição a que se refere o § 1.º será disciplinada pelo regimento interno.

§ 4.º O disposto nos §§ 1.º e 2.º não se aplica à arguição de impedimento ou de suspeição de testemunha.

CAPÍTULO III
DOS AUXILIARES DA JUSTIÇA

Art. 149. São auxiliares da Justiça, além de outros cujas atribuições sejam determinadas pelas normas de organização judiciária, o escrivão, o chefe de secretaria, o oficial de justiça, o perito, o depositário, o administrador, o intérprete, o tradutor, o mediador, o conciliador judicial, o partidor, o distribuidor, o contabilista e o regulador de avarias.

SEÇÃO I
Do Escrivão, do Chefe de Secretaria e do Oficial de Justiça

Art. 150. Em cada juízo haverá um ou mais ofícios de justiça, cujas atribuições serão determinadas pelas normas de organização judiciária.

Art. 151. Em cada comarca, seção ou subseção judiciária haverá, no mínimo, tantos oficiais de justiça quantos sejam os juízos.

Art. 152. Incumbe ao escrivão ou ao chefe de secretaria:

I – redigir, na forma legal, os ofícios, os mandados, as cartas precatórias e os demais atos que pertençam ao seu ofício;

II – efetivar as ordens judiciais, realizar citações e intimações, bem como praticar todos os demais atos que lhe forem atribuídos pelas normas de organização judiciária;

III – comparecer às audiências ou, não podendo fazê-lo, designar servidor para substituí-lo;

IV – manter sob sua guarda e responsabilidade os autos, não permitindo que saiam do cartório, exceto:

a) quando tenham de seguir à conclusão do juiz;

b) com vista a procurador, à Defensoria Pública, ao Ministério Público ou à Fazenda Pública;

c) quando devam ser remetidos ao contabilista ou ao partidor;

d) quando forem remetidos a outro juízo em razão da modificação da competência;

V – fornecer certidão de qualquer ato ou termo do processo, independentemente de despacho, observadas as disposições referentes ao segredo de justiça;

VI – praticar, de ofício, os atos meramente ordinatórios.

§ 1.º O juiz titular editará ato a fim de regulamentar a atribuição prevista no inciso VI.

§ 2.º No impedimento do escrivão ou chefe de secretaria, o juiz convocará substituto e, não o havendo, nomeará pessoa idônea para o ato.

Art. 153. O escrivão ou o chefe de secretaria atenderá, preferencialmente, à ordem cronológica de recebimento para publicação e efetivação dos pronunciamentos judiciais.

•• *Caput* com redação determinada pela Lei n. 13.256, de 4-2-2016.

• *Vide* Enunciado n. 14 da 1.ª Jornada de Direito Processual Civil.

§ 1.º A lista de processos recebidos deverá ser disponibilizada, de forma permanente, para consulta pública.

§ 2.º Estão excluídos da regra do *caput*:

I – os atos urgentes, assim reconhecidos pelo juiz no pronunciamento judicial a ser efetivado;

II – as preferências legais.

§ 3.º Após elaboração de lista própria, respeitar-se-ão a ordem cronológica de recebimento entre os atos urgentes e as preferências legais.

§ 4.º A parte que se considerar preterida na ordem cronológica poderá reclamar, nos próprios autos, ao juiz do processo, que requisitará informações ao servidor, a serem prestadas no prazo de 2 (dois) dias.

§ 5.º Constatada a preterição, o juiz determinará o imediato cumprimento do ato e a instauração de processo administrativo disciplinar contra o servidor.

Art. 154. Incumbe ao oficial de justiça:

I – fazer pessoalmente citações, prisões, penhoras, arrestos e demais diligências próprias do seu ofício, sempre que possível na presença de 2 (duas) testemunhas, certificando no mandado o ocorrido, com menção ao lugar, ao dia e à hora;

II – executar as ordens do juiz a que estiver subordinado;

III – entregar o mandado em cartório após seu cumprimento;

IV – auxiliar o juiz na manutenção da ordem;

V – efetuar avaliações, quando for o caso;

VI – certificar, em mandado, proposta de autocomposição apresentada por qualquer das partes, na ocasião de realização de ato de comunicação que lhe couber.

Parágrafo único. Certificada a proposta de autocomposição prevista no inciso VI, o juiz ordenará a intimação da parte contrária para manifestar-se, no prazo de 5 (cinco) dias, sem prejuízo do andamento regular do processo, entendendo-se o silêncio como recusa.

Art. 155. O escrivão, o chefe de secretaria e o oficial de justiça são responsáveis, civil e regressivamente, quando:

•• *Vide* art. 37, § 6.º, da CF.

I – sem justo motivo, se recusarem a cumprir no prazo os atos impostos pela lei ou pelo juiz a que estão subordinados;

II – praticarem ato nulo com dolo ou culpa.

SEÇÃO II
Do Perito

Art. 156. O juiz será assistido por perito quando a prova do fato depender de conhecimento técnico ou científico.

§ 1.º Os peritos serão nomeados entre os profissionais legalmente habilitados e os órgãos técnicos ou científicos devidamente inscritos em cadastro mantido pelo tribunal ao qual o juiz está vinculado.

§ 2.º Para formação do cadastro, os tribunais devem realizar consulta pública, por meio de divulgação na rede mundial de computadores ou em jornais de grande circulação, além de consulta direta a universidades, a conselhos de classe, ao Ministério Público, à Defensoria Pública e à Ordem dos Advogados do Brasil, para a indicação de profissionais ou de órgãos técnicos interessados.

§ 3.º Os tribunais realizarão avaliações e reavaliações periódicas para manutenção do cadastro, considerando a formação profissional, a atualização do conhecimento e a experiência dos peritos interessados.

§ 4.º Para verificação de eventual impedimento ou motivo de suspeição, nos termos dos arts. 148 e 467, o órgão técnico ou científico nomeado para realização da perícia informará ao juiz os nomes e os dados de qualificação dos profissionais que participarão da atividade.

§ 5.º Na localidade onde não houver inscrito no cadastro disponibilizado pelo tribunal, a nomeação do perito é de livre escolha pelo juiz e deverá recair sobre profissional ou órgão técnico ou científico comprovadamente detentor do conhecimento necessário à realização da perícia.

Art. 157. O perito tem o dever de cumprir o ofício no prazo que lhe designar o juiz, empregando toda sua diligência, podendo escusar-se do encargo alegando motivo legítimo.

•• *Vide* arts. 466 e 467 do CPC.

§ 1.º A escusa será apresentada no prazo de 15 (quinze) dias, contado da intimação, da suspeição ou do impedimento supervenientes, sob pena de renúncia ao direito a alegá-la.

§ 2.º Será organizada lista de peritos na vara ou na secretaria, com disponibilização dos documentos exigidos para habilitação à consulta de interessados, para que a nomeação seja distribuída de modo equitativo, observadas a capacidade técnica e a área de conhecimento.

Art. 158. O perito que, por dolo ou culpa, prestar informações inverídicas responderá pelos prejuízos que causar à parte e ficará inabilitado para atuar em outras perícias no prazo de 2 (dois) a 5 (cinco) anos, independentemente das demais sanções previstas em lei, devendo o juiz comunicar o fato ao respectivo órgão de classe para adoção das medidas que entender cabíveis.

SEÇÃO III
Do Depositário e do Administrador

Art. 159. A guarda e a conservação de bens penhorados, arrestados, sequestrados ou arrecadados serão confiadas a depositário ou a administrador, não dispondo a lei de outro modo.

•• *Vide* art. 5.º, LXVII, da CF.

• *Vide* art. 840 do CPC.

Art. 160. Por seu trabalho o depositário ou o administrador perceberá remuneração que o juiz fixará levando em conta a situação dos bens, ao tempo do serviço e às dificuldades de sua execução.

Parágrafo único. O juiz poderá nomear um ou mais prepostos por indicação do depositário ou do administrador.

Art. 161. O depositário ou o administrador responde pelos prejuízos que, por dolo ou culpa, causar à parte, perdendo a remuneração que lhe foi arbitrada, mas tem o direito a haver o que legitimamente despendeu no exercício do encargo.

•• *Vide* art. 553 do CPC.

Parágrafo único. O depositário infiel responde civilmente pelos prejuízos causados, sem prejuízo de sua responsabilidade penal e da imposição de sanção por ato atentatório à dignidade da justiça.

• O art. 168, § 1.º, II, do CP estabelece o aumento de pena do crime de apropriação indébita para o depositário judicial.

SEÇÃO IV
Do Intérprete e do Tradutor

Art. 162. O juiz nomeará intérprete ou tradutor quando necessário para:

I – traduzir documento redigido em língua estrangeira;

II – verter para o português as declarações das partes e das testemunhas que não conhecerem o idioma nacional;

• *Vide* art. 192 do CPC.

III – realizar a interpretação simultânea dos depoimentos das partes e testemunhas com deficiência auditiva que se comuniquem por meio da Língua Brasileira de Sinais, ou equivalente, quando assim for solicitado.

Art. 163. Não pode ser intérprete ou tradutor quem:

I – não tiver a livre administração de seus bens;

II – for arrolado como testemunha ou atuar como perito no processo;

III – estiver inabilitado para o exercício da profissão por sentença penal condenatória, enquanto durarem seus efeitos.

Art. 164. O intérprete ou tradutor, oficial ou não, é obrigado a desempenhar seu ofício, aplicando-se-lhe o disposto nos arts. 157 e 158.

SEÇÃO V

Dos Conciliadores e Mediadores Judiciais

•• *Vide* Lei n. 13.140, de 26-6-2015, que dispõe sobre a mediação entre particulares como meio de solução de controvérsias e sobre a autocomposição de conflitos no âmbito da Administração Pública.

•• A Resolução n. 125, de 29-11-2010, do CNJ, dispõe sobre conflitos de interesses do Judiciário.

Art. 165. Os tribunais criarão centros judiciários de solução consensual de conflitos, responsáveis pela realização de sessões e audiências de conciliação e mediação e pelo desenvolvimento de programas destinados a auxiliar, orientar e estimular a autocomposição.

•• *Vide* art. 14 da Instrução Normativa n. 39, de 15-3-2016.

•• *Vide* art. 334 do CPC.

§ 1.º A composição e a organização dos centros serão definidas pelo respectivo tribunal, observadas as normas do Conselho Nacional de Justiça.

§ 2.º O conciliador, que atuará preferencialmente nos casos em que não houver vínculo anterior entre as partes, poderá sugerir soluções para o litígio, sendo vedada a utilização de qualquer tipo de constrangimento ou intimidação para que as partes conciliem.

§ 3.º O mediador, que atuará preferencialmente nos casos em que houver vínculo anterior entre as partes, auxiliará aos interessados a compreender as questões e os interesses em conflito, de modo que eles possam, pelo restabelecimento da comunicação, identificar, por si próprios, soluções consensuais que gerem benefícios mútuos.

Art. 166. A conciliação e a mediação são informadas pelos princípios da independência, da imparcialidade, da autonomia da vontade, da confidencialidade, da oralidade, da informalidade e da decisão informada.

§ 1.º A confidencialidade estende-se a todas as informações produzidas no curso do procedimento, cujo teor não poderá ser utilizado para fim diverso daquele previsto por expressa deliberação das partes.

§ 2.º Em razão do dever de sigilo, inerente às suas funções, o conciliador e o mediador, assim como os membros de suas equipes, não poderão divulgar ou depor acerca de fatos ou elementos oriundos da conciliação ou da mediação.

§ 3.º Admite-se a aplicação de técnicas negociais, com o objetivo de proporcionar ambiente favorável à autocomposição.

§ 4.º A mediação e a conciliação serão regidas conforme a livre autonomia dos interessados, inclusive no que diz respeito à definição das regras procedimentais.

Art. 167. Os conciliadores, os mediadores e as câmaras privadas de conciliação e mediação serão inscritos em cadastro nacional e em cadastro de tribunal de justiça ou de tribunal regional federal, que manterá registro de profissionais habilitados, com indicação de sua área profissional.

• *Vide* art. 12 da Lei n. 13.140, de 26-6-2015.

§ 1.º Preenchendo o requisito da capacitação mínima, por meio de curso realizado por entidade credenciada, conforme parâmetro curricular definido pelo Conselho Nacional de Justiça em conjunto com o Ministério da Justiça, o conciliador ou o mediador, com o respectivo certificado, poderá requerer sua inscrição no cadastro nacional e no cadastro de tribunal de justiça ou de tribunal regional federal.

•• *Vide* art. 11 da Lei n. 13.140, de 26-6-2015.

§ 2.º Efetivado o registro, que poderá ser precedido de concurso público, o tribunal remeterá ao diretor do foro da comarca, seção ou subseção judiciária onde atuará o conciliador ou o mediador os dados necessários para que seu nome passe a constar da respectiva lista, a ser observada na distribuição alternada e aleatória, respeitado o princípio da igualdade dentro da mesma área de atuação profissional.

§ 3.º Do credenciamento das câmaras e do cadastro de conciliadores e mediadores constarão todos os dados relevantes para a sua atuação, tais como o número de processos de que participou, o sucesso ou insucesso da atividade, a matéria sobre a qual versou a controvérsia, bem como outros dados que o tribunal julgar relevantes.

§ 4.º Os dados colhidos na forma do § 3.º serão classificados sistematicamente pelo tribunal, que os publicará, ao menos anualmente, para conhecimento da população e para fins estatísticos e de avaliação da conciliação, da mediação, das câmaras privadas de conciliação e de mediação, dos conciliadores e dos mediadores.

§ 5.º Os conciliadores e mediadores judiciais cadastrados na forma do *caput*, se advogados, estarão impedidos de exercer a advocacia nos juízos em que desempenhem suas funções.

§ 6.º O tribunal poderá optar pela criação de quadro próprio de conciliadores e mediadores, a ser preenchido por concurso público de provas e títulos, observadas as disposições deste Capítulo.

Art. 168. As partes podem escolher, de comum acordo, o conciliador, o mediador ou a câmara privada de conciliação e de mediação.

§ 1.º O conciliador ou mediador escolhido pelas partes poderá ou não estar cadastrado no tribunal.

§ 2.º Inexistindo acordo quanto à escolha do mediador ou conciliador, haverá distribuição entre aqueles cadastrados no registro do tribunal, observada a respectiva formação.

§ 3.º Sempre que recomendável, haverá a designação de mais de um mediador ou conciliador.

Art. 169. Ressalvada a hipótese do art. 167, § 6.º, o conciliador e o mediador receberão pelo seu trabalho remuneração prevista em tabela fixada pelo tribunal, conforme parâmetros estabelecidos pelo Conselho Nacional de Justiça.

• *Vide* art. 13 da Lei n. 13.140, de 26-6-2015.

§ 1.º A mediação e a conciliação podem ser realizadas como trabalho voluntário, observada a legislação pertinente e a regulamentação do tribunal.

§ 2.º Os tribunais determinarão o percentual de audiências não remuneradas que deverão ser suportadas pelas câmaras privadas de conciliação e mediação, com o fim de atender aos processos em que deferida gratuidade da justiça, como contrapartida de seu credenciamento.

Art. 170. No caso de impedimento, o conciliador ou mediador o comunicará imediatamente, de preferência por meio eletrônico, e devolverá os autos ao juiz do processo ou ao coordenador do centro judiciário de solução de conflitos, devendo este realizar nova distribuição.

Parágrafo único. Se a causa de impedimento for apurada quando já iniciado o procedimento, a atividade será interrompida, lavrando-se ata com relatório do ocorrido e solicitação de distribuição para novo conciliador ou mediador.

Art. 171. No caso de impossibilidade temporária do exercício da função, o conciliador ou mediador informará o fato ao centro, preferencialmente por meio eletrônico, para que, durante o período em que perdurar a impossibilidade, não haja novas distribuições.

Art. 172. O conciliador e o mediador ficam impedidos, pelo prazo de 1 (um) ano, contado do término da última audiência em que atuaram, de assessorar, representar ou patrocinar qualquer das partes.

Art. 173. Será excluído do cadastro de conciliadores e mediadores aquele que:

I – agir com dolo ou culpa na condução da conciliação ou da mediação sob sua responsabilidade ou violar qualquer dos deveres decorrentes do art. 166, §§ 1.º e 2.º;

II – atuar em procedimento de mediação ou conciliação, apesar de impedido ou suspeito.

§ 1.º Os casos previstos neste artigo serão apurados em processo administrativo.

§ 2.º O juiz do processo ou o juiz coordenador do centro de conciliação e mediação, se houver, verificando atuação inadequada do mediador ou conciliador, poderá afastá-lo de suas atividades por até 180 (cento e oitenta) dias, por decisão fundamentada, informando o fato imediatamente ao tribunal para instauração do respectivo processo administrativo.

Art. 174. A União, os Estados, o Distrito Federal e os Municípios criarão câmaras de mediação e conciliação, com atribuições relacionadas à solução consensual de conflitos no âmbito administrativo, tais como:

I – dirimir conflitos envolvendo órgãos e entidades da administração pública;

II – avaliar a admissibilidade dos pedidos de resolução de conflitos, por meio de conciliação, no âmbito da administração pública;

III – promover, quando couber, a celebração de termo de ajustamento de conduta.

Art. 175. As disposições desta Seção não excluem outras formas de conciliação e mediação extrajudiciais vinculadas a órgãos institucionais ou realizadas por intermédio de profissionais independentes, que poderão ser regulamentadas por lei específica.

Parágrafo único. Os dispositivos desta Seção aplicam-se, no que couber, às câmaras privadas de conciliação e mediação.

TÍTULO V
DO MINISTÉRIO PÚBLICO

•• *Vide* arts. 127 a 130-A da CF.

•• Lei Orgânica Nacional do Ministério Público: Lei n. 8.625, de 12-2-1993.

•• Organização, atribuições e Estatuto do Ministério Público da União: Lei Complementar n. 75, de 20-5-1993.

• *Vide* Súmula 99 do STJ.

• *Vide* arts. 27 a 30 da Consolidação dos Provimentos da Corregedoria-Geral da Justiça do Trabalho.

Art. 176. O Ministério Público atuará na defesa da ordem jurídica, do regime democrático e dos interesses e direitos sociais e individuais indisponíveis.

• *Vide* Enunciado n. 75 da 1.ª Jornada de Direito do Trabalho.

Art. 177. O Ministério Público exercerá o direito de ação em conformidade com suas atribuições constitucionais.

•• *Vide* arts. 180 e 272 do CPC.

Art. 178. O Ministério Público será intimado para, no prazo de 30 (trinta) dias, intervir como fiscal da ordem jurídica nas hipóteses previstas em lei ou na Constituição Federal e nos processos que envolvam:

•• *Vide* art. 279 do CPC.

•• *Vide* Enunciado n. 112 da 2.ª Jornada de Direito Processual Civil.

I – interesse público ou social;

II – interesse de incapaz;

•• *Vide* arts. 3.º e 4.º do CC.

III – litígios coletivos pela posse de terra rural ou urbana.

•• *Vide* art. 279 do CPC.

•• *Vide* art. 75 da Lei n. 10.741, de 1.º-10-2003 (Estatuto do Idoso).

• *Vide* Súmula 226 do STJ.

Parágrafo único. A participação da Fazenda Pública não configura, por si só, hipótese de intervenção do Ministério Público.

Art. 179. Nos casos de intervenção como fiscal da ordem jurídica, o Ministério Público:

I – terá vista dos autos depois das partes, sendo intimado de todos os atos do processo;

•• *Vide* arts. 234 e 235 do CPC.

II – poderá produzir provas, requerer as medidas processuais pertinentes e recorrer.

•• *Vide* arts. 234 e 235 do CPC.

Art. 180. O Ministério Público gozará de prazo em dobro para manifestar-se nos autos, que terá início a partir de sua intimação pessoal, nos termos do art. 183, § 1.º.

§ 1.º Findo o prazo para manifestação do Ministério Público sem o oferecimento de parecer, o juiz requisitará os autos e dará andamento ao processo.

§ 2.º Não se aplica o benefício da contagem em dobro quando a lei estabelecer, de forma expressa, prazo próprio para o Ministério Público.

Art. 181. O membro do Ministério Público será civil e regressivamente responsável quando agir com dolo ou fraude no exercício de suas funções.

•• *Vide* art. 37, § 6.º, da CF.

•• *Vide* arts. 186 a 188 e 927 do CC.

TÍTULO VI

DA ADVOCACIA PÚBLICA

•• *Vide* arts. 131 e 132 da CF.

• Lei Orgânica da Advocacia-Geral da União: Lei Complementar n. 73, de 10-2-1993.

• Exercício das atribuições institucionais da Advocacia-Geral da União, em caráter emergencial e provisório: Lei n. 9.028, de 12-4-1995.

Art. 182. Incumbe à Advocacia Pública, na forma da lei, defender e promover os interesses públicos da União, dos Estados, do Distrito Federal e dos Municípios, por meio da representação judicial, em todos os âmbitos federativos, das pessoas jurídicas de direito público que integram a administração direta e indireta.

•• O Decreto n. 4.250, de 27-5-2002, regulamenta a representação judicial da União, autarquias, fundações e empresas públicas federais perante os Juizados Especiais Federais.

Art. 183. A União, os Estados, o Distrito Federal, os Municípios e suas respectivas autarquias e fundações de direito público gozarão de prazo em dobro para todas as suas manifestações processuais, cuja contagem terá início a partir da intimação pessoal.

§ 1.º A intimação pessoal far-se-á por carga, remessa ou meio eletrônico.

• *Vide* arts. 269 a 275 do CPC.

• O Ato n. 388, de 28-8-2018, do TST, dispõe sobre as citações e intimações por via eletrônica da União, dos Estados, do Distrito Federal, dos Municípios e respectivas autarquias e fundações de direito público e da Defensoria Pública.

§ 2.º Não se aplica o benefício da contagem em dobro quando a lei estabelecer, de forma expressa, prazo próprio para o ente público.

Art. 184. O membro da Advocacia Pública será civil e regressivamente responsável quando agir com dolo ou fraude no exercício de suas funções.

•• *Vide* art. 37, § 6.º, da CF.

•• *Vide* arts. 186 a 188 e 927 do CC.

TÍTULO VII

DA DEFENSORIA PÚBLICA

•• *Vide* arts. 134 e 135 da CF.

•• Defensoria Pública: Lei Complementar n. 80, de 12-1-1994.

Art. 185. A Defensoria Pública exercerá a orientação jurídica, a promoção dos direitos humanos e a defesa dos direitos individuais e coletivos dos necessitados, em todos os graus, de forma integral e gratuita.

Art. 186. A Defensoria Pública gozará de prazo em dobro para todas as suas manifestações processuais.

§ 1.º O prazo tem início com a intimação pessoal do defensor público, nos termos do art. 183, § 1.º.

• *Vide* arts. 269 a 275 do CPC.

• O Ato n. 388, de 28-8-2018, do TST, dispõe sobre as citações e intimações por via eletrônica da Defensoria Pública.

§ 2.º A requerimento da Defensoria Pública, o juiz determinará a intimação pessoal da parte patrocinada quando o ato processual depender de providência ou informação que somente por ela possa ser realizada ou prestada.

§ 3.º O disposto no *caput* aplica-se aos escritórios de prática jurídica das faculdades de Direito reconhecidas na forma da lei e às entidades que prestam assistência jurídica gratuita em razão de convênios firmados com a Defensoria Pública.

• *Vide* Enunciado n. 15 da 1.ª Jornada de Direito Processual Civil.

§ 4.º Não se aplica o benefício da contagem em dobro quando a lei estabelecer, de forma expressa, prazo próprio para a Defensoria Pública.

Art. 187. O membro da Defensoria Pública será civil e regressivamente responsável quando agir com dolo ou fraude no exercício de suas funções.

•• *Vide* art. 37, § 6.º, da CF.

•• *Vide* arts. 186 a 188 e 927 do CC.

LIVRO IV

DOS ATOS PROCESSUAIS

TÍTULO I

DA FORMA, DO TEMPO E DO LUGAR DOS ATOS PROCESSUAIS

CAPÍTULO I

DA FORMA DOS ATOS PROCESSUAIS

SEÇÃO I

Dos Atos em Geral

Art. 188. Os atos e os termos processuais independem de forma determinada, salvo quando a lei expressamente a exigir, considerando-se válidos os que, realizados de outro modo, lhe preencham a finalidade essencial.

•• *Vide* arts. 276 e 277 do CPC.

Art. 189. Os atos processuais são públicos, todavia tramitam em segredo de justiça os processos:

•• *Vide* art. 5.º, LX, da CF.

• *Vide* art. 152, V, do CPC.

• *Vide* art. 44 da Consolidação dos Provimentos da Corregedoria-Geral da Justiça do Trabalho.

I – em que o exija o interesse público ou social;

II – que versem sobre casamento, separação de corpos, divórcio, separação, união estável, filiação, alimentos e guarda de crianças e adolescentes;

• *Vide* arts. 107, I, 152, V, e 368 do CPC.

III – em que constem dados protegidos pelo direito constitucional à intimidade;

• *Vide* art. 5.º, X, da CF.

IV – que versem sobre arbitragem, inclusive sobre cumprimento de carta arbitral, desde que a confidencialidade estipulada na arbitragem seja comprovada perante o juízo.

§ 1.º O direito de consultar os autos de processo que tramite em segredo de justiça e de pedir certidões de seus atos é restrito às partes e aos seus procuradores.

•• *Vide* Lei n. 8.906, de 4-7-1994 (EAOAB).

§ 2.º O terceiro que demonstrar interesse jurídico pode requerer ao juiz certidão do dispositivo da sentença, bem como de inventário e de partilha resultantes de divórcio ou separação.

Art. 190. Versando o processo sobre direitos que admitam autocomposição, é lícito às partes plenamente capazes estipular mudanças no procedimento para ajustá-lo às especificidades da causa e convencionar sobre os seus ônus, poderes, faculdades e deveres processuais, antes ou durante o processo.

•• *Vide* art. 2.º da Instrução Normativa n. 39, de 15-3-2016.

• *Vide* Enunciados n. 16, 17, 18, 113, 152 e 153 das Jornadas de Direito Processual Civil.

Parágrafo único. De ofício ou a requerimento, o juiz controlará a validade das convenções previstas neste artigo, recusando-lhes aplicação somente nos casos de nulidade ou de inserção abusiva em contrato de adesão ou em que alguma parte se encontre em manifesta situação de vulnerabilidade.

Art. 191. De comum acordo, o juiz e as partes podem fixar calendário para a prática dos atos processuais, quando for o caso.

• *Vide* Enunciados n. 16 e 113 das Jornadas de Direito Processual Civil.

§ 1.º O calendário vincula as partes e o juiz, e os prazos nele previstos somente serão modificados em casos excepcionais, devidamente justificados.

§ 2.º Dispensa-se a intimação das partes para a prática de ato processual ou a realização de audiência cujas datas tiverem sido designadas no calendário.

Art. 192. Em todos os atos e termos do processo é obrigatório o uso da língua portuguesa.

• *Vide* art. 13 da CF.

Parágrafo único. O documento redigido em língua estrangeira somente poderá ser juntado aos autos quando acompanhado de versão para a língua portuguesa tramitada por via diplomática ou pela autoridade central, ou firmada por tradutor juramentado.

• *Vide* arts. 162 e 425 do CPC.

• *Vide* art. 224 do CC.

SEÇÃO II

Da Prática Eletrônica de Atos Processuais

Art. 193. Os atos processuais podem ser total ou parcialmente digitais, de forma a permitir que sejam produzidos, comunicados, armazenados e validados por meio eletrônico, na forma da lei.

•• *Vide* art. 8.º da Lei n. 11.419, de 19-12-2006 (informatização do processo judicial).

Parágrafo único. O disposto nesta Seção aplica-se, no que for cabível, à prática de atos notariais e de registro.

Art. 194. Os sistemas de automação processual respeitarão a publicidade dos atos, o acesso e a participação das partes e de seus procuradores, inclusive nas audiências e sessões de julgamento, observadas as garantias da disponibilidade, independência da plataforma computacional, acessibilidade e interoperabilidade dos sistemas, serviços, dados e informações que o Poder Judiciário administre no exercício de suas funções.

Art. 195. O registro de ato processual eletrônico deverá ser feito em padrões abertos, que atenderão aos requisitos de autenticidade, integridade, temporalidade, não repúdio, conservação e, nos casos que tramitem em segredo de justiça, confidencialidade, observada a infraestrutura de chaves públicas unificada nacionalmente, nos termos da lei.

•• *Vide* art. 14 da Lei n. 11.419, de 19-12-2006 (informatização do processo judicial).

Art. 196. Compete ao Conselho Nacional de Justiça e, supletivamente, aos tribunais, regulamentar a prática e a comunicação oficial de atos processuais por meio eletrônico e velar pela compatibilidade dos sistemas, disciplinando a incorporação progressiva de novos avanços tecnológicos e editando, para esse fim, os atos que forem necessários, respeitadas as normas fundamentais deste Código.

Art. 197. Os tribunais divulgarão as informações constantes de seu sistema de automação em página própria na rede mundial de computadores, gozando a divulgação de presunção de veracidade e confiabilidade.

Parágrafo único. Nos casos de problema técnico do sistema e de erro ou omissão do auxiliar da justiça responsável pelo registro dos andamentos, poderá ser configurada a justa causa prevista no art. 223, *caput* e § 1.º.

•• *Vide* art. 10, § 2.º, da Lei n. 11.419, de 19-12-2006 (informatização do processo judicial).

Art. 198. As unidades do Poder Judiciário deverão manter gratuitamente, à disposição dos interessados, equipamentos necessários à prática de atos processuais e à consulta e ao acesso ao sistema e aos documentos dele constantes.

•• *Vide* art. 10, § 3.º, da Lei n. 11.419, de 19-12-2006 (informatização do processo judicial).

Parágrafo único. Será admitida a prática de atos por meio não eletrônico no local onde não estiverem disponibilizados os equipamentos previstos no *caput*.

Art. 199. As unidades do Poder Judiciário assegurarão às pessoas com deficiência acessibilidade aos seus sítios na rede mundial de computadores, ao meio eletrônico de prática de atos judiciais, à comunicação eletrônica dos atos processuais e à assinatura eletrônica.

SEÇÃO III
Dos Atos das Partes

Art. 200. Os atos das partes consistentes em declarações unilaterais ou bilaterais de vontade produzem imediatamente a constituição, modificação ou extinção de direitos processuais.

•• *Vide* Enunciados n. 115 e 152 da 2.ª Jornada de Direito Processual Civil.

Parágrafo único. A desistência da ação só produzirá efeitos após homologação judicial.

•• *Vide* arts. 90, 485, VIII e § 4.º, e 343, § 2.º, do CPC.

Art. 201. As partes poderão exigir recibo de petições, arrazoados, papéis e documentos que entregarem em cartório.

Art. 202. É vedado lançar nos autos cotas marginais ou interlineares, as quais o juiz mandará riscar, impondo a quem as escrever multa correspondente à metade do salário mínimo.

SEÇÃO IV
Dos Pronunciamentos do Juiz

Art. 203. Os pronunciamentos do juiz consistirão em sentenças, decisões interlocutórias e despachos.

§ 1.º Ressalvadas as disposições expressas dos procedimentos especiais, sentença é o pronunciamento por meio do qual o juiz, com fundamento nos arts. 485 e 487, põe fim à fase cognitiva do procedimento comum, bem como extingue a execução.

§ 2.º Decisão interlocutória é todo pronunciamento judicial de natureza decisória que não se enquadre no § 1.º.

§ 3.º São despachos todos os demais pronunciamentos do juiz praticados no processo, de ofício ou a requerimento da parte.

§ 4.º Os atos meramente ordinatórios, como a juntada e a vista obrigatória, independem de despacho, devendo ser praticados de ofício pelo servidor e revistos pelo juiz quando necessário.

Art. 204. Acórdão é o julgamento colegiado proferido pelos tribunais.

• *Vide* arts. 941, 943, §§ 1.º e 2.º, 1.035, § 11, e 1.040 do CPC.

Art. 205. Os despachos, as decisões, as sentenças e os acórdãos serão redigidos, datados e assinados pelos juízes.

•• *Vide* arts. 152 e 210 do CPC.

§ 1.º Quando os pronunciamentos previstos no *caput* forem proferidos oralmente, o servidor os documentará, submetendo-os aos juízes para revisão e assinatura.

§ 2.º A assinatura dos juízes, em todos os graus de jurisdição, pode ser feita eletronicamente, na forma da lei.

•• *Vide* art. 11.419, de 19-12-2006, que dispõe sobre a informatização do processo judicial.

§ 3.º Os despachos, as decisões interlocutórias, o dispositivo das sentenças e a ementa dos acórdãos serão publicados no Diário de Justiça Eletrônico.

SEÇÃO V
Dos Atos do Escrivão ou do Chefe de Secretaria

Art. 206. Ao receber a petição inicial de processo, o escrivão ou o chefe de secretaria a autuará, mencionando o juízo, a natureza do processo, o número de seu registro, os nomes das partes e a data de seu início, e procederá do mesmo modo em relação aos volumes em formação.

Art. 207. O escrivão ou o chefe de secretaria numerará e rubricará todas as folhas dos autos.

Parágrafo único. À parte, ao procurador, ao membro do Ministério Público, ao defensor público e aos auxiliares da justiça é facultado rubricar as folhas correspondentes aos atos em que intervierem.

Art. 208. Os termos de juntada, vista, conclusão e outros semelhantes constarão de notas datadas e rubricadas pelo escrivão ou pelo chefe de secretaria.

Art. 209. Os atos e os termos do processo serão assinados pelas pessoas que neles intervierem, todavia, quando essas não puderem ou não quiserem firmá-los, o escrivão ou o chefe de secretaria certificará a ocorrência.

§ 1.º Quando se tratar de processo total ou parcialmente documentado em autos eletrônicos, os atos processuais praticados na presença do juiz poderão ser produzidos e armazenados de modo integralmente digital em arquivo eletrônico inviolável, na forma da lei, mediante registro em termo, que será assinado digitalmente pelo juiz e pelo escrivão ou chefe de secretaria, bem como pelos advogados das partes.

§ 2.º Na hipótese do § 1.º, eventuais contradições na transcrição deverão ser suscitadas oralmente no momento de realização do ato, sob pena de preclusão, devendo o juiz decidir de plano e ordenar o registro, no termo, da alegação e da decisão.

Art. 210. É lícito o uso da taquigrafia, da estenotipia ou de outro método idôneo em qualquer juízo ou tribunal.

• *Vide* arts. 152, III, e 205 do CPC.

Art. 211. Não se admitem nos atos e termos processuais espaços em branco, salvo os que forem inutilizados, assim como entrelinhas, emendas ou rasuras, exceto quando expressamente ressalvadas.

•• *Vide* art. 426 do CPC.

CAPÍTULO II
DO TEMPO E DO LUGAR DOS ATOS PROCESSUAIS

SEÇÃO I
Do Tempo

Art. 212. Os atos processuais serão realizados em dias úteis, das 6 (seis) às 20 (vinte) horas.

•• *Vide* art. 5.º, XI, da CF.

§ 1.º Serão concluídos após as 20 (vinte) horas os atos iniciados antes, quando o adiamento prejudicar a diligência ou causar grave dano.

§ 2.º Independentemente de autorização judicial, as citações, intimações e penhoras poderão realizar-se no período de férias forenses, onde as houver, e nos feriados ou dias úteis fora do horário estabelecido neste artigo, observado o disposto no art. 5.º, inciso XI, da Constituição Federal.

§ 3.º Quando o ato tiver de ser praticado por meio de petição em autos não eletrônicos, essa deverá ser protocolada no horário de funcionamento do fórum ou tribunal, conforme o disposto na lei de organização judiciária local.

Art. 213. A prática eletrônica de ato processual pode ocorrer em qualquer horário até as 24 (vinte e quatro) horas do último dia do prazo.

Parágrafo único. O horário vigente no juízo perante o qual o ato deve ser praticado será considerado para fins de atendimento do prazo.

•• *Vide* art. 10, § 1.º, da Lei n. 11.419, de 19-12-2006 (informatização do processo judicial).

Art. 214. Durante as férias forenses e nos feriados, não se praticarão atos processuais, excetuando-se:

•• *Vide* art. 66, § 1.º, da Lei Complementar n. 35, de 14-3-1979 (LOMN).

I – os atos previstos no art. 212, § 2.º;

II – a tutela de urgência.

Art. 215. Processam-se durante as férias forenses, onde as houver, e não se suspendem pela superveniência delas:

I – os procedimentos de jurisdição voluntária e os necessários à conservação de direitos, quando puderem ser prejudicados pelo adiamento;

II – a ação de alimentos e os processos de nomeação ou remoção de tutor e curador;

III – os processos que a lei determinar.

• A Lei n. 6.338, de 7-6-1976, inclui as ações de indenização por acidente do trabalho entre as que têm curso nas férias forenses.

Art. 216. Além dos declarados em lei, são feriados, para efeito forense, os sábados, os domingos e os dias em que não haja expediente forense.

SEÇÃO II
Do Lugar

Art. 217. Os atos processuais realizar-se-ão ordinariamente na sede do juízo, ou, excepcionalmente, em outro lugar em razão de deferência, de interesse da justiça, da natureza do ato ou de obstáculo arguido pelo interessado e acolhido pelo juiz.

•• *Vide* arts. 454, 481 e 483 do CPC.

CAPÍTULO III
DOS PRAZOS

SEÇÃO I
Disposições Gerais

Art. 218. Os atos processuais serão realizados nos prazos prescritos em lei.

§ 1.º Quando a lei for omissa, o juiz determinará os prazos em consideração à complexidade do ato.

§ 2.º Quando a lei ou o juiz não determinar prazo, as intimações somente obrigarão a comparecimento após decorridas 48 (quarenta e oito) horas.

§ 3.º Inexistindo preceito legal ou prazo determinado pelo juiz, será de 5 (cinco) dias o prazo para a prática de ato processual a cargo da parte.

§ 4.º Será considerado tempestivo o ato praticado antes do termo inicial do prazo.

•• *Vide* Súmula 579 do STJ.

Art. 219. Na contagem de prazo em dias, estabelecido por lei ou pelo juiz, computar-se-ão somente os dias úteis.

•• *Vide* art. 2.º da Instrução Normativa n. 39, de 15-3-2016.

•• *Vide* art. 16 da Lei n. 6.830, de 22-9-1980.

• *Vide* Enunciados n. 19, 20 e 116 das Jornadas de Direito Processual Civil.

Parágrafo único. O disposto neste artigo aplica-se somente aos prazos processuais.

Art. 220. Suspende-se o curso do prazo processual nos dias compreendidos entre 20 de dezembro e 20 de janeiro, inclusive.

• *Vide* Enunciado n. 21 da 1.ª Jornada de Direito Processual Civil.

§ 1.º Ressalvadas as férias individuais e os feriados instituídos por lei, os juízes, os membros do Ministério Público, da Defensoria Pública e da Advocacia Pública e os auxiliares da Justiça exercerão suas atribuições durante o período previsto no *caput*.

§ 2.º Durante a suspensão do prazo, não se realizarão audiências nem sessões de julgamento.

Art. 221. Suspende-se o curso do prazo por obstáculo criado em detrimento da parte ou ocorrendo qualquer das hipóteses do art. 313, devendo o prazo ser restituído por tempo igual ao que faltava para sua complementação.

Parágrafo único. Suspendem-se os prazos durante a execução de programa instituído pelo Poder Judiciário para promover a autocomposição, incumbindo aos tribunais especificar, com antecedência, a duração dos trabalhos.

Art. 222. Na comarca, seção ou subseção judiciária onde for difícil o transporte, o juiz poderá prorrogar os prazos por até 2 (dois) meses.

§ 1.º Ao juiz é vedado reduzir prazos peremptórios sem anuência das partes.

§ 2.º Havendo calamidade pública, o limite previsto no *caput* para prorrogação de prazos poderá ser excedido.

Art. 223. Decorrido o prazo, extingue-se o direito de praticar ou de emendar o ato processual, independentemente de declaração judicial, ficando assegurado, porém, à parte provar que não o realizou por justa causa.

§ 1.º Considera-se justa causa o evento alheio à vontade da parte e que a impediu de praticar o ato por si ou por mandatário.

§ 2.º Verificada a justa causa, o juiz permitirá à parte a prática do ato no prazo que lhe assinar.

•• *Vide* art. 1.004 do CPC.

Art. 224. Salvo disposição em contrário, os prazos serão contados excluindo o dia do começo e incluindo o dia do vencimento.

§ 1.º Os dias do começo e do vencimento do prazo serão protraídos para o primeiro dia útil seguinte, se coincidirem com dia em que o expediente forense for encerrado antes ou iniciado depois da hora normal ou houver indisponibilidade da comunicação eletrônica.

§ 2.º Considera-se como data de publicação o primeiro dia útil seguinte ao da disponibilização da informação no Diário da Justiça eletrônico.

•• *Vide* art. 4.º, § 3.º, da Lei n. 11.419, de 19-12-2006 (informatização do processo judicial).

§ 3.º A contagem do prazo terá início no primeiro dia útil que seguir ao da publicação.

•• *Vide* art. 1.003 do CPC.

• O art. 132 do CC dispõe sobre a corretagem dos prazos.

• O art. 775 da CLT (Decreto-lei n. 5.452, de 1.º-5-1943) dispõe sobre a contagem dos prazos trabalhistas.

• O art. 798 do CPP estabelece que todos os prazos correrão em cartório e serão contínuos e peremptórios, não se interrompendo por férias, domingo ou dia de feriado.

• O art. 210 do CTN dispõe sobre a contagem dos prazos.

• O Decreto-lei n. 3.602, de 9-9-1941, dispõe sobre a contagem dos prazos em processos ou causas de natureza fiscal ou administrativa.

Art. 225. A parte poderá renunciar ao prazo estabelecido exclusivamente em seu favor, desde que o faça de maneira expressa.

Art. 226. O juiz proferirá:

• *Vide* arts. 143 e 235 do CPC.

• *Vide* arts. 35, II, e 42 da Lei Complementar n. 35, de 14-3-1979.

I – os despachos no prazo de 5 (cinco) dias;

II – as decisões interlocutórias no prazo de 10 (dez) dias;

III – as sentenças no prazo de 30 (trinta) dias.

Art. 227. Em qualquer grau de jurisdição, havendo motivo justificado, pode o juiz exceder, por igual tempo, os prazos a que está submetido.

Art. 228. Incumbirá ao serventuário remeter os autos conclusos no prazo de 1 (um) dia e executar os atos processuais no prazo de 5 (cinco) dias, contado da data em que:

•• *Vide* art. 155, I, do CPC.

I – houver concluído o ato processual anterior, se lhe foi imposto pela lei;

II – tiver ciência da ordem, quando determinada pelo juiz.

§ 1.º Ao receber os autos, o serventuário certificará o dia e a hora em que teve ciência da ordem referida no inciso II.

§ 2.º Nos processos em autos eletrônicos, a juntada de petições ou de manifestações em geral ocorrerá de forma automática, independentemente de ato de serventuário da justiça.

•• *Vide* art. 10, *caput*, da Lei n. 11.419, de 19-12-2006 (informatização do processo judicial).

Art. 229. Os litisconsortes que tiverem diferentes procuradores, de escritórios de advocacia distintos, terão prazos contados em dobro para todas as suas manifestações, em qualquer juízo ou tribunal, independentemente de requerimento.

•• *Vide* art. 118 do CPC.

• *Vide* Súmula 641 do STF.

§ 1.º Cessa a contagem do prazo em dobro se, havendo apenas 2 (dois) réus, é oferecida defesa por apenas um deles.

§ 2.º Não se aplica o disposto no *caput* aos processos em autos eletrônicos.

Art. 230. O prazo para a parte, o procurador, a Advocacia Pública, a Defensoria Pública e o Ministério Público será contado da citação, da intimação ou da notificação.

Art. 231. Salvo disposição em sentido diverso, considera-se dia do começo do prazo:

I – a data de juntada aos autos do aviso de recebimento, quando a citação ou a intimação for pelo correio;

II – a data de juntada aos autos do mandado cumprido, quando a citação ou a intimação for por oficial de justiça;

III – a data de ocorrência da citação ou da intimação, quando ela se der por ato do escrivão ou do chefe de secretaria;

IV – o dia útil seguinte ao fim da dilação assinada pelo juiz, quando a citação ou a intimação for por edital;

V – o dia útil seguinte à consulta ao teor da citação ou da intimação ou ao término do prazo para que a consulta se dê, quando a citação ou a intimação for eletrônica;

•• *Vide* art. 5.º da Lei n. 11.419, de 19-12-2006 (informatização do processo judicial).

VI – a data de juntada do comunicado de que trata o art. 232 ou, não havendo esse, a data de juntada da carta aos autos de origem devidamente cumprida, quando a citação ou a intimação se realizar em cumprimento de carta;

VII – a data de publicação, quando a intimação se der pelo Diário da Justiça impresso ou eletrônico;

VIII – o dia da carga, quando a intimação se der por meio da retirada dos autos, em carga, do cartório ou da secretaria.

§ 1.º Quando houver mais de um réu, o dia do começo do prazo para contestar corresponderá à última das datas a que se referem os incisos I a VI do *caput*.

§ 2.º Havendo mais de um intimado, o prazo para cada um é contado individualmente.

§ 3.º Quando o ato tiver de ser praticado diretamente pela parte ou por quem, de qualquer forma, participe do processo, sem a intermediação de representante judicial, o dia do começo do prazo para cumprimento da determinação judicial corresponderá à data em que se der a comunicação.

§ 4.º Aplica-se o disposto no inciso II do *caput* à citação com hora certa.

Art. 232. Nos atos de comunicação por carta precatória, rogatória ou de ordem, a realização da citação ou da intimação será imediatamente informada, por meio eletrônico, pelo juiz deprecado ao juiz deprecante.

• *Vide* arts. 69, § 1.º, e 237 do CPC.

SEÇÃO II

Da Verificação dos Prazos e das Penalidades

Art. 233. Incumbe ao juiz verificar se o serventuário excedeu, sem motivo legítimo, os prazos estabelecidos em lei.

•• *Vide* art. 228 do CPC.

§ 1.º Constatada a falta, o juiz ordenará a instauração de processo administrativo, na forma da lei.

§ 2.º Qualquer das partes, o Ministério Público ou a Defensoria Pública poderá representar ao juiz contra o serventuário que injustificadamente exceder os prazos previstos em lei.

Art. 234. Os advogados públicos ou privados, o defensor público e o membro do Ministério Público devem restituir os autos no prazo do ato a ser praticado.

§ 1.º É lícito a qualquer interessado exigir os autos do advogado que exceder prazo legal.

§ 2.º Se, intimado, o advogado não devolver os autos no prazo de 3 (três) dias, perderá o direito à vista fora de cartório e incorrerá em multa correspondente à metade do salário mínimo.

§ 3.º Verificada a falta, o juiz comunicará o fato à seção local da Ordem dos Advogados do Brasil para procedimento disciplinar e imposição de multa.

§ 4.º Se a situação envolver membro do Ministério Público, da Defensoria Pública ou da Advocacia Pública, a multa, se for o caso, será aplicada ao agente público responsável pelo ato.

§ 5.º Verificada a falta, o juiz comunicará o fato ao órgão competente responsável pela instauração de procedimento disciplinar contra o membro que atuou no feito.

Art. 235. Qualquer parte, o Ministério Público ou a Defensoria Pública poderá representar ao corregedor do tribunal ou ao Conselho Nacional de Justiça contra juiz ou relator que injustificadamente exceder os prazos previstos em lei, regulamento ou regimento interno.

§ 1.º Distribuída a representação ao órgão competente e ouvido previamente o juiz, não sendo caso de arquivamento liminar, será instaurado procedimento para apuração da responsabilidade, com intimação do representado por meio eletrônico para, querendo, apresentar justificativa no prazo de 15 (quinze) dias.

§ 2.º Sem prejuízo das sanções administrativas cabíveis, em até 48 (quarenta e oito) horas após a apresentação ou não da justificativa de que trata o § 1.º, se for o caso, o corregedor do tribunal ou o relator no Conselho Nacional de Justiça determinará a intimação do representado por meio eletrônico para que, em 10 (dez) dias, pratique o ato.

§ 3.º Mantida a inércia, os autos serão remetidos ao substituto legal do juiz ou do relator contra o qual se representou para decisão em 10 (dez) dias.

TÍTULO II
DA COMUNICAÇÃO DOS ATOS PROCESSUAIS

CAPÍTULO I
DISPOSIÇÕES GERAIS

Art. 236. Os atos processuais serão cumpridos por ordem judicial.

•• *Vide* arts. 67 a 69 do CPC.

§ 1.º Será expedida carta para a prática de atos fora dos limites territoriais do tribunal, da comarca, da seção ou da subseção judiciárias, ressalvadas as hipóteses previstas em lei.

§ 2.º O tribunal poderá expedir carta para juízo a ele vinculado, se o ato houver de se realizar fora dos limites territoriais do local de sua sede.

§ 3.º Admite-se a prática de atos processuais por meio de videoconferência ou outro recurso tecnológico de transmissão de sons e imagens em tempo real.

Art. 237. Será expedida carta:

I – de ordem, pelo tribunal, na hipótese do § 2.º do art. 236;

• *Vide* arts. 845, § 2.º, e 914, § 2.º, do CPC.

II – rogatória, para que órgão jurisdicional estrangeiro pratique ato de cooperação jurídica internacional, relativo a processo em curso perante órgão jurisdicional brasileiro;

III – precatória, para que órgão jurisdicional brasileiro pratique ou determine o cumprimento, na área de sua competência territorial, de ato relativo a pedido de cooperação judiciária formulado por órgão jurisdicional de competência territorial diversa;

• *Vide* arts. 69, § 1.º, e 232 do CPC.

IV – arbitral, para que órgão do Poder Judiciário pratique ou determine o cumprimento, na área de sua competência territorial, de ato objeto de pedido de cooperação judiciária formulado por juízo arbitral, inclusive os que importem efetivação de tutela provisória.

Parágrafo único. Se o ato relativo a processo em curso na justiça federal ou em tribunal superior houver de ser praticado em local onde não haja vara federal, a carta poderá ser dirigida ao juízo estadual da respectiva comarca.

CAPÍTULO II
DA CITAÇÃO

Art. 238. Citação é o ato pelo qual são convocados o réu, o executado ou o interessado para integrar a relação processual.

• *Vide* arts. 114, 126, 127, 240, 243, 246, 254, 256, 329, 334, 337, I, 525, § 1.º, I, 829 e 915, § 1.º, do CPC.

Art. 239. Para a validade do processo é indispensável a citação do réu ou do executado, ressalvadas as hipóteses de indeferimento da petição inicial ou de improcedência liminar do pedido.

§ 1.º O comparecimento espontâneo do réu ou do executado supre a falta ou a nulidade da citação, fluindo a partir desta data o prazo para apresentação de contestação ou de embargos à execução.

§ 2.º Rejeitada a alegação de nulidade, tratando-se de processo de:

I – conhecimento, o réu será considerado revel;

II – execução, o feito terá seguimento.

Art. 240. A citação válida, ainda quando ordenada por juízo incompetente, induz litispendência, torna litigiosa a coisa e constitui em mora o devedor, ressalvado o disposto nos arts. 397 e 398 da Lei n. 10.406, de 10 de janeiro de 2002 (Código Civil).

• *Vide* art. 238 do CPC.
• *Vide* Súmulas 106 e 204 do STJ.

§ 1.º A interrupção da prescrição, operada pelo despacho que ordena a citação, ainda que proferido por juízo incompetente, retroagirá à data de propositura da ação.

•• *Vide* art. 202, I, do CC.
• *Vide* arts. 312 e 802 do CPC.
• *Vide* art. 8.º, § 2.º, da Lei n. 6.830, de 22-9-1980.

§ 2.º Incumbe ao autor adotar, no prazo de 10 (dez) dias, as providências necessárias para viabilizar a citação, sob pena de não se aplicar o disposto no § 1.º.

§ 3.º A parte não será prejudicada pela demora imputável exclusivamente ao serviço judiciário.

§ 4.º O efeito retroativo a que se refere o § 1.º aplica-se à decadência e aos demais prazos extintivos previstos em lei.

Art. 241. Transitada em julgado a sentença de mérito proferida em favor do réu antes da citação, incumbe ao escrivão ou ao chefe de secretaria comunicar-lhe o resultado do julgamento.

Art. 242. A citação será pessoal, podendo, no entanto, ser feita na pessoa do representante legal ou do procurador do réu, do executado ou do interessado.

• *Vide* art. 214, I, do CPC.

§ 1.º Na ausência do citando, a citação será feita na pessoa de seu mandatário, administrador, preposto ou gerente, quando a ação se originar de atos por eles praticados.

•• O art. 119 da Lei n. 6.404, de 15-12-1976 (LSA), dispõe sobre a representação de acionista residente ou domiciliado no exterior.

§ 2.º O locador que se ausentar do Brasil sem cientificar o locatário de que deixou, na localidade onde estiver situado o imóvel, procurador com poderes para receber citação será citado na pessoa do administrador do imóvel encarregado do recebimento dos aluguéis, que será considerado habilitado para representar o locador em juízo.

§ 3.º A citação da União, dos Estados, do Distrito Federal, dos Municípios e de suas respectivas autarquias e fundações de direito público será realizada perante o órgão de Advocacia Pública responsável por sua representação judicial.

Art. 243. A citação poderá ser feita em qualquer lugar em que se encontre o réu, o executado ou o interessado.

Parágrafo único. O militar em serviço ativo será citado na unidade em que estiver servindo, se não for conhecida sua residência ou nela não for encontrado.

Art. 244. Não se fará a citação, salvo para evitar o perecimento do direito:

I – de quem estiver participando de ato de culto religioso;

II – de cônjuge, de companheiro ou de qualquer parente do morto, consanguíneo ou afim, em linha reta ou na linha colateral em segundo grau, no dia do falecimento e nos 7 (sete) dias seguintes;

III – de noivos, nos 3 (três) primeiros dias seguintes ao casamento;

IV – de doente, enquanto grave o seu estado.

Art. 245. Não se fará citação quando se verificar que o citando é mentalmente incapaz ou está impossibilitado de recebê-la.

•• *Vide* arts. 3.º e 4.º do CC.

§ 1.º O oficial de justiça descreverá e certificará minuciosamente a ocorrência.

§ 2.º Para examinar o citando, o juiz nomeará médico, que apresentará laudo no prazo de 5 (cinco) dias.

§ 3.º Dispensa-se a nomeação de que trata o § 2.º se pessoa da família apresentar declaração do médico do citando que ateste a incapacidade deste.

§ 4.º Reconhecida a impossibilidade, o juiz nomeará curador ao citando, observando, quanto à sua escolha, a preferência estabelecida em lei e restringindo a nomeação à causa.

•• O art. 1.775 do CC dispõe que o cônjuge ou companheiro não separado judicialmente ou de fato, é, de direito, curador do outro, quando interdito.

§ 5.º A citação será feita na pessoa do curador, a quem incumbirá a defesa dos interesses do citando.

Art. 246. A citação será feita:

I – pelo correio;

II – por oficial de justiça;

III – pelo escrivão ou chefe de secretaria, se o citando comparecer em cartório;

IV – por edital;

V – por meio eletrônico, conforme regulado em lei.

•• *Vide* Lei n. 11.419, de 19-12-2006, que dispõe sobre a informatização do processo judicial.

§ 1.º Com exceção das microempresas e das empresas de pequeno porte, as empresas públicas e privadas são obrigadas a manter cadastro nos sistemas de processo em autos eletrônicos, para efeito de recebimento de citações e intimações, as quais serão efetuadas preferencialmente por esse meio.

•• *Vide* art. 1.051 do CPC.
• *Vide* art. 270, parágrafo único, do CPC.

§ 2.º O disposto no § 1.º aplica-se à União, aos Estados, ao Distrito Federal, aos Municípios e às entidades da administração indireta.

•• *Vide* art. 1.050 do CPC.

§ 3.º Na ação de usucapião de imóvel, os confinantes serão citados pessoalmente, exceto quando tiver por objeto unidade autônoma de prédio em condomínio, caso em que tal citação é dispensada.

Art. 247. A citação será feita pelo correio para qualquer comarca do país, exceto:

I – nas ações de estado, observado o disposto no art. 695, § 3.º;

II – quando o citando for incapaz;

III – quando o citando for pessoa de direito público;

IV – quando o citando residir em local não atendido pela entrega domiciliar de correspondência;

V – quando o autor, justificadamente, a requerer de outra forma.

Art. 248. Deferida a citação pelo correio, o escrivão ou o chefe de secretaria remeterá ao citando cópias da petição inicial e do despacho do juiz e comunicará o prazo para resposta, o endereço do juízo e o respectivo cartório.

§ 1.º A carta será registrada para entrega ao citando, exigindo-lhe o carteiro, ao fazer a entrega, que assine o recibo.

§ 2.º Sendo o citando pessoa jurídica, será válida a entrega do mandado a pessoa com poderes de gerência geral ou de administração ou, ainda, a funcionário responsável pelo recebimento de correspondências.

§ 3.º Da carta de citação no processo de conhecimento constarão os requisitos do art. 250.

§ 4.º Nos condomínios edilícios ou nos loteamentos com controle de acesso, será válida a entrega do mandado a funcionário da portaria responsável pelo recebimento de correspondência, que, entretanto, poderá recusar o recebimento, se declarar, por escrito, sob as penas da lei, que o destinatário da correspondência está ausente.

Art. 249. A citação será feita por meio de oficial de justiça nas hipóteses previstas neste Código ou em lei, ou quando frustrada a citação pelo correio.

• *Vide* art. 626, § 1.º, do CPC.

Art. 250. O mandado que o oficial de justiça tiver de cumprir conterá:

I – os nomes do autor e do citando e seus respectivos domicílios ou residências;

II – a finalidade da citação, com todas as especificações constantes da petição inicial, bem como a menção do prazo para contestar, sob pena de revelia, ou para embargar a execução;

III – a aplicação de sanção para o caso de descumprimento da ordem, se houver;

IV – se for o caso, a intimação do citando para comparecer, acompanhado de advogado ou de defensor público, à audiência de conciliação ou de mediação, com a menção do dia, da hora e do lugar do comparecimento;

V – a cópia da petição inicial, do despacho ou da decisão que deferir tutela provisória;

VI – a assinatura do escrivão ou do chefe de secretaria e a declaração de que o subscreve por ordem do juiz.

Art. 251. Incumbe ao oficial de justiça procurar o citando e, onde o encontrar, citá-lo:

I – lendo-lhe o mandado e entregando-lhe a contrafé;

II – portando por fé se recebeu ou recusou a contrafé;

III – obtendo a nota de ciente ou certificando que o citando não a apôs no mandado.

• *Vide* art. 214, I, do CPC.

Art. 252. Quando, por 2 (duas) vezes, o oficial de justiça houver procurado o citando em seu domicílio ou residência sem o encontrar, deverá, havendo suspeita de ocultação, intimar qualquer pessoa da família ou, em sua falta, qualquer vizinho de que, no dia útil imediato, voltará a fim de efetuar a citação, na hora que designar.

Parágrafo único. Nos condomínios edilícios ou nos loteamentos com controle de acesso, será válida a intimação a que se refere o *caput* feita a funcionário da portaria responsável pelo recebimento de correspondência.

Art. 253. No dia e na hora designados, o oficial de justiça, independentemente de novo despacho, comparecerá ao domicílio ou à residência do citando a fim de realizar a diligência.

§ 1.º Se o citando não estiver presente, o oficial de justiça procurará informar-se das razões da ausência, dando por feita a citação, ainda que o citando se tenha ocultado em outra comarca, seção ou subseção judiciárias.

§ 2.º A citação com hora certa será efetivada mesmo que a pessoa da família ou o vizinho que houver sido intimado esteja ausente, ou se, embora presente, a pessoa da família ou o vizinho se recusar a receber o mandado.

§ 3.º Da certidão da ocorrência, o oficial de justiça deixará contrafé com qualquer pessoa da família ou vizinho, conforme o caso, declarando-lhe o nome.

§ 4.º O oficial de justiça fará constar do mandado a advertência de que será nomeado curador especial se houver revelia.

Art. 254. Feita a citação com hora certa, o escrivão ou chefe de secretaria enviará ao réu, executado ou interessado, no prazo de 10 (dez) dias, contado da data da juntada do mandado aos autos, carta, telegrama ou correspondência eletrônica, dando-lhe de tudo ciência.

Art. 255. Nas comarcas contíguas de fácil comunicação e nas que se situem na mesma região metropolitana, o oficial de justiça poderá efetuar, em qualquer delas, citações, intimações, notificações, penhoras e quaisquer outros atos executivos.

• *Vide* art. 274 do CPC.

Art. 256. A citação por edital será feita:

I – quando desconhecido ou incerto o citando;

II – quando ignorado, incerto ou inacessível o lugar em que se encontrar o citando;

III – nos casos expressos em lei.

• *Vide* art. 830, § 2.º, do CPC.

§ 1.º Considera-se inacessível, para efeito de citação por edital, o país que recusar o cumprimento de carta rogatória.

§ 2.º No caso de ser inacessível o lugar em que se encontrar o réu, a notícia de sua citação será divulgada também pelo rádio, se na comarca houver emissora de radiodifusão.

§ 3.º O réu será considerado em local ignorado ou incerto se infrutíferas as tentativas de sua localização, inclusive mediante requisição pelo juízo de informações sobre seu endereço nos cadastros de órgãos públicos ou de concessionárias de serviços públicos.

Art. 257. São requisitos da citação por edital:

I – a afirmação do autor ou a certidão do oficial informando a presença das circunstâncias autorizadoras;

II – a publicação do edital na rede mundial de computadores, no sítio do respectivo tribunal e na plataforma de editais do Conselho Nacional de Justiça, que deve ser certificada nos autos;

• A Lei n. 8.639, de 31-3-1993, disciplina o uso de caracteres nas publicações obrigatórias.

III – a determinação, pelo juiz, do prazo, que variará entre 20 (vinte) e 60 (sessenta) dias, fluindo da data da publicação única ou, havendo mais de uma, da primeira;

IV – a advertência de que será nomeado curador especial em caso de revelia.

Parágrafo único. O juiz poderá determinar que a publicação do edital seja feita também em jornal local de ampla circulação ou por outros meios, considerando as peculiaridades da comarca, da seção ou da subseção judiciárias.

Art. 258. A parte que requerer a citação por edital, alegando dolosamente a ocorrência das circunstâncias autorizadoras para sua realização, incorrerá em multa de 5 (cinco) vezes o salário mínimo.

Parágrafo único. A multa reverterá em benefício do citando.

Art. 259. Serão publicados editais:

I – na ação de usucapião de imóvel;

II – na ação de recuperação ou substituição de título ao portador;

III – em qualquer ação em que seja necessária, por determinação legal, a provocação, para participação no processo, de interessados incertos ou desconhecidos.

CAPÍTULO III
DAS CARTAS

Art. 260. São requisitos das cartas de ordem, precatória e rogatória:

I – a indicação dos juízes de origem e de cumprimento do ato;

II – o inteiro teor da petição, do despacho judicial e do instrumento do mandato conferido ao advogado;

III – a menção do ato processual que lhe constitui o objeto;

IV – o encerramento com a assinatura do juiz.

§ 1.º O juiz mandará trasladar para a carta quaisquer outras peças, bem como instruí-la com mapa, desenho ou gráfico, sempre que esses documentos devam ser examinados, na diligência, pelas partes, pelos peritos ou pelas testemunhas.

§ 2.º Quando o objeto da carta for exame pericial sobre documento, este será remetido em original, ficando nos autos reprodução fotográfica.

§ 3.º A carta arbitral atenderá, no que couber, aos requisitos a que se refere o *caput* e será instruída com a convenção de arbitragem e com as provas da nomeação do árbitro e de sua aceitação da função.

• *Vide* art. 263 do CPC.

Art. 261. Em todas as cartas o juiz fixará o prazo para cumprimento, atendendo à facilidade das comunicações e à natureza da diligência.

• *Vide* arts. 313, V, *b*, e 377 do CPC.

§ 1.º As partes deverão ser intimadas pelo juiz do ato de expedição da carta.

§ 2.º Expedida a carta, as partes acompanharão o cumprimento da diligência perante o juízo destinatário, ao qual compete a prática dos atos de comunicação.

§ 3.º A parte a quem interessar o cumprimento da diligência cooperará para que o prazo a que se refere o *caput* seja cumprido.

Art. 262. A carta tem caráter itinerante, podendo, antes ou depois de lhe ser ordenado o cumprimento, ser encaminhada a juízo diverso do que dela consta, a fim de se praticar o ato.

Parágrafo único. O encaminhamento da carta a outro juízo será imediatamente comunicado ao órgão expedidor, que intimará as partes.

Art. 263. As cartas deverão, preferencialmente, ser expedidas por meio eletrônico, caso em que a assinatura do juiz deverá ser eletrônica, na forma da lei.

•• *Vide* art. 7.º da Lei n. 11.419, de 19-12-2006 (informatização do processo judicial).

Art. 264. A carta de ordem e a carta precatória por meio eletrônico, por telefone ou por telegrama conterão, em resumo substancial, os requisitos mencionados no art. 250, especialmente no que se refere à aferição da autenticidade.

• *Vide* art. 413 do CPC.

Art. 265. O secretário do tribunal, o escrivão ou o chefe de secretaria do juízo deprecante transmitirá, por telefone, a carta de ordem ou a carta precatória ao juízo em que houver de se cumprir o ato, por intermédio do escrivão do primeiro ofício da primeira vara, se houver na comarca mais de um ofício ou de uma vara, observando-se, quanto aos requisitos, o disposto no art. 264.

§ 1.º O escrivão ou o chefe de secretaria, no mesmo dia ou no dia útil imediato, telefonará ou enviará mensagem eletrônica ao secretário do tribunal, ao escrivão ou ao chefe de secretaria do juízo deprecante, lendo-lhe os termos da carta e solicitando-lhe que os confirme.

§ 2.º Sendo confirmada, o escrivão ou o chefe de secretaria submeterá a carta a despacho.

Art. 266. Serão praticados de ofício os atos requisitados por meio eletrônico e de telegrama, devendo a parte depositar, contudo, na secretaria do tribunal ou no cartório do juízo deprecante, a importância correspondente às despesas que serão feitas no juízo em que houver de praticar-se o ato.

Art. 267. O juiz recusará cumprimento a carta precatória ou arbitral, devolvendo-a com decisão motivada quando:

I – a carta não estiver revestida dos requisitos legais;

II – faltar ao juiz competência em razão da matéria ou da hierarquia;

III – o juiz tiver dúvida acerca de sua autenticidade.

Parágrafo único. No caso de incompetência em razão da matéria ou da hierarquia, o juiz deprecado, conforme o ato a ser praticado, poderá remeter a carta ao juiz ou ao tribunal competente.

Art. 268. Cumprida a carta, será devolvida ao juízo de origem no prazo de 10 (dez) dias, independentemente de traslado, pagas as custas pela parte.

CAPÍTULO IV
DAS INTIMAÇÕES

•• *Vide* Súmula 310 do STF.

Art. 269. Intimação é o ato pelo qual se dá ciência a alguém dos atos e dos termos do processo.

§ 1.º É facultado aos advogados promover a intimação do advogado da outra parte por meio do correio, juntando aos autos, a seguir, cópia do ofício de intimação e do aviso de recebimento.

§ 2.º O ofício de intimação deverá ser instruído com cópia do despacho, da decisão ou da sentença.

§ 3.º A intimação da União, dos Estados, do Distrito Federal, dos Municípios e de suas respectivas autarquias e fundações de direito público será realizada perante o órgão de Advocacia Pública responsável por sua representação judicial.

Art. 270. As intimações realizam-se, sempre que possível, por meio eletrônico, na forma da lei.

•• *Vide* Lei n. 11.419, de 19-12-2006 (informatização do processo judicial).

Parágrafo único. Aplica-se ao Ministério Público, à Defensoria Pública e à Advocacia Pública o disposto no § 1.º do art. 246.

•• *Vide* art. 1.050 do CPC.

• O Ato n. 388, de 28-8-2018, do TST, dispõe sobre as citações e intimações por via eletrônica da União, dos Estados, do Distrito Federal, dos Municípios e respectivas autarquias e fundações de direito público e da Defensoria Pública.

Art. 271. O juiz determinará de ofício as intimações em processos pendentes, salvo disposição em contrário.

Art. 272. Quando não realizadas por meio eletrônico, consideram-se feitas as intimações pela publicação dos atos no órgão oficial.

§ 1.º Os advogados poderão requerer que, na intimação a eles dirigida, figure apenas o nome da sociedade a que pertençam, desde que devidamente registrada na Ordem dos Advogados do Brasil.

§ 2.º Sob pena de nulidade, é indispensável que da publicação constem os nomes das partes e de seus advogados, com o respectivo número de inscrição na Ordem dos Advogados do Brasil, ou, se assim requerido, da sociedade de advogados.

§ 3.º A grafia dos nomes das partes não deve conter abreviaturas.

§ 4.º A grafia dos nomes dos advogados deve corresponder ao nome completo e ser a mesma que constar da procuração ou que estiver registrada na Ordem dos Advogados do Brasil.

§ 5.º Constando dos autos pedido expresso para que as comunicações dos atos processuais sejam feitas em nome dos advogados indicados, o seu desatendimento implicará nulidade.

•• *Vide* art. 16 da Instrução Normativa n. 39, de 15-3-2016.

§ 6.º A retirada dos autos do cartório ou da secretaria em carga pelo advogado, por pessoa credenciada a pedido do advogado ou da sociedade de advogados, pela Advocacia Pública, pela Defensoria Pública ou pelo Ministério Público implicará intimação de qualquer decisão contida no processo retirado, ainda que pendente de publicação.

§ 7.º O advogado e a sociedade de advogados deverão requerer o respectivo credenciamento para a retirada de autos por preposto.

§ 8.º A parte arguirá a nulidade da intimação em capítulo preliminar do próprio ato que lhe caiba praticar, o qual será tido por tempestivo se o vício for reconhecido.

§ 9.º Não sendo possível a prática imediata do ato diante da necessidade de acesso prévio aos autos, a parte limitar-se-á a arguir a nulidade da intimação, caso em que o prazo será contado da intimação da decisão que a reconheça.

Art. 273. Se inviável a intimação por meio eletrônico e não houver na localidade publicação em órgão oficial, incumbirá ao escrivão ou chefe de secretaria intimar de todos os atos do processo os advogados das partes:

I – pessoalmente, se tiverem domicílio na sede do juízo;

II – por carta registrada, com aviso de recebimento, quando forem domiciliados fora do juízo.

Art. 274. Não dispondo a lei de outro modo, as intimações serão feitas às partes, aos seus representantes legais, aos advogados e aos demais sujeitos do processo pelo correio ou, se presentes em cartório, diretamente pelo escrivão ou chefe de secretaria.

• *Vide* art. 255 do CPC.

Parágrafo único. Presumem-se válidas as intimações dirigidas ao endereço constante dos autos, ainda que não recebidas pessoalmente pelo interessado, se a modificação temporária ou definitiva não tiver sido devidamente comunicada ao juízo, fluindo os prazos a partir da juntada aos autos do comprovante de entrega da correspondência no primitivo endereço.

Art. 275. A intimação será feita por oficial de justiça quando frustrada a realização por meio eletrônico ou pelo correio.

§ 1.º A certidão de intimação deve conter:

I – a indicação do lugar e a descrição da pessoa intimada, mencionando, quando possível, o número de seu documento de identidade e o órgão que o expediu;

II – a declaração de entrega da contrafé;

III – a nota de ciente ou a certidão de que o interessado não a apôs no mandado.

§ 2.º Caso necessário, a intimação poderá ser efetuada com hora certa ou por edital.

TÍTULO III

DAS NULIDADES

Art. 276. Quando a lei prescrever determinada forma sob pena de nulidade, a decretação desta não pode ser requerida pela parte que lhe deu causa.

• *Vide* art. 166, IV, do CC.

Art. 277. Quando a lei prescrever determinada forma, o juiz considerará válido o ato se, realizado de outro modo, lhe alcançar a finalidade.

Art. 278. A nulidade dos atos deve ser alegada na primeira oportunidade em que couber à parte falar nos autos, sob pena de preclusão.

Parágrafo único. Não se aplica o disposto no *caput* às nulidades que o juiz deva decretar de ofício, nem prevalece a preclusão provando a parte legítimo impedimento.

• *Vide* art. 485, § 3.º, do CPC.

Art. 279. É nulo o processo quando o membro do Ministério Público não for intimado a acompanhar o feito em que deva intervir.

•• *Vide* art. 178 do CPC.

§ 1.º Se o processo tiver tramitado sem conhecimento do membro do Ministério Público, o juiz invalidará os atos praticados a partir do momento em que ele deveria ter sido intimado.

§ 2.º A nulidade só pode ser decretada após a intimação do Ministério Público, que se manifestará sobre a existência ou a inexistência de prejuízo.

Art. 280. As citações e as intimações serão nulas quando feitas sem observância das prescrições legais.

• *Vide* art. 239 do CPC.

Art. 281. Anulado o ato, consideram-se de nenhum efeito todos os subsequentes que dele dependam, todavia, a nulidade de uma parte do ato não prejudicará as outras que dela sejam independentes.

Art. 282. Ao pronunciar a nulidade, o juiz declarará que atos são atingidos e ordenará as providências necessárias a fim de que sejam repetidos ou retificados.

•• *Vide* art. 352 do CPC.

§ 1.º O ato não será repetido nem sua falta será suprida quando não prejudicar a parte.

§ 2.º Quando puder decidir o mérito a favor da parte a quem aproveite a decretação da nulidade, o juiz não a pronunciará nem mandará repetir o ato ou suprir-lhe a falta.

Art. 283. O erro de forma do processo acarreta unicamente a anulação dos atos que não possam ser aproveitados, devendo ser praticados os que forem necessários a fim de se observarem as prescrições legais.

Parágrafo único. Dar-se-á o aproveitamento dos atos praticados desde que não resulte prejuízo à defesa de qualquer parte.

TÍTULO IV

DA DISTRIBUIÇÃO E DO REGISTRO

Art. 284. Todos os processos estão sujeitos a registro, devendo ser distribuídos onde houver mais de um juiz.

Art. 285. A distribuição, que poderá ser eletrônica, será alternada e aleatória, obedecendo-se rigorosa igualdade.

Parágrafo único. A lista de distribuição deverá ser publicada no Diário de Justiça.

Art. 286. Serão distribuídas por dependência as causas de qualquer natureza:

I – quando se relacionarem, por conexão ou continência, com outra já ajuizada;

• *Vide* arts. 54, 56 e 57 do CPC.

II – quando, tendo sido extinto o processo sem resolução de mérito, for reiterado o pedido, ainda que em litisconsórcio com outros autores ou que sejam parcialmente alterados os réus da demanda;

III – quando houver ajuizamento de ações nos termos do art. 55, § 3.º, ao juízo prevento.

Parágrafo único. Havendo intervenção de terceiro, reconvenção ou outra hipótese de ampliação objetiva do processo, o juiz, de ofício, mandará proceder à respectiva anotação pelo distribuidor.

• *Vide* arts. 119 a 138 e 343 do CPC.

Art. 287. A petição inicial deve vir acompanhada de procuração, que conterá os endereços do advogado, eletrônico e não eletrônico.

Parágrafo único. Dispensa-se a juntada da procuração:

I – no caso previsto no art. 104;

II – se a parte estiver representada pela Defensoria Pública;

•• Defensoria Pública: Lei Complementar n. 80, de 12-1-1994.

III – se a representação decorrer diretamente de norma prevista na Constituição Federal ou em lei.

Art. 288. O juiz, de ofício ou a requerimento do interessado, corrigirá o erro ou compensará a falta de distribuição.

Art. 289. A distribuição poderá ser fiscalizada pela parte, por seu procurador, pelo Ministério Público e pela Defensoria Pública.

Art. 290. Será cancelada a distribuição do feito se a parte, intimada na pessoa de seu advogado, não realizar o pagamento das custas e despesas de ingresso em 15 (quinze) dias.

TÍTULO V

DO VALOR DA CAUSA

Art. 291. A toda causa será atribuído valor certo, ainda que não tenha conteúdo econômico imediatamente aferível.

Art. 292. O valor da causa constará da petição inicial ou da reconvenção e será:

I – na ação de cobrança de dívida, a soma monetariamente corrigida do principal, dos juros de mora vencidos e de outras penalidades, se houver, até a data de propositura da ação;

II – na ação que tiver por objeto a existência, a validade, o cumprimento, a modificação, a resolução, a resilição ou a rescisão de ato jurídico, o valor do ato ou o de sua parte controvertida;

III – na ação de alimentos, a soma de 12 (doze) prestações mensais pedidas pelo autor;

IV – na ação de divisão, de demarcação e de reivindicação, o valor de avaliação da área ou do bem objeto do pedido;

V – na ação indenizatória, inclusive a fundada em dano moral, o valor pretendido;

•• *Vide* art. 3.º da Instrução Normativa n. 39, de 15-3-2016.

VI – na ação em que há cumulação de pedidos, a quantia correspondente à soma dos valores de todos eles;

VII – na ação em que os pedidos são alternativos, o de maior valor;

VIII – na ação em que houver pedido subsidiário, o valor do pedido principal.

§ 1.º Quando se pedirem prestações vencidas e vincendas, considerar-se-á o valor de umas e outras.

§ 2.º O valor das prestações vincendas será igual a uma prestação anual, se a obrigação for por tempo indeterminado ou por tempo superior a 1 (um) ano, e, se por tempo inferior, será igual à soma das prestações.

§ 3.º O juiz corrigirá, de ofício e por arbitramento, o valor da causa quando verificar que não corresponde ao conteúdo patrimonial em discussão ou ao proveito econômico perseguido pelo autor, caso em que se procederá ao recolhimento das custas correspondentes.

•• *Vide* art. 3.º da Instrução Normativa n. 39, de 15-3-2016.

Art. 293. O réu poderá impugnar, em preliminar da contestação, o valor atribuído à causa pelo autor, sob pena de preclusão, e o juiz decidirá a respeito, impondo, se for o caso, a complementação das custas.

LIVRO V

DA TUTELA PROVISÓRIA

•• *Vide* art. 3.º da Instrução Normativa n. 39, de 15-3-2016.

TÍTULO I

DISPOSIÇÕES GERAIS

Art. 294. A tutela provisória pode fundamentar-se em urgência ou evidência.

Parágrafo único. A tutela provisória de urgência, cautelar ou antecipada, pode ser concedida em caráter antecedente ou incidental.

•• *Vide* art. 102, I, *p*, da CF.

• *Vide* arts. 300, 305, 311 e 519 do CPC.

• *Vide* Enunciados n. 38, 39, 40, 41, 42, 43, 45, 46 e 70 da 1.ª Jornada de Direito Processual Civil.

Art. 295. A tutela provisória requerida em caráter incidental independe do pagamento de custas.

Art. 296. A tutela provisória conserva sua eficácia na pendência do processo, mas pode, a qualquer tempo, ser revogada ou modificada.

Parágrafo único. Salvo decisão judicial em contrário, a tutela provisória conservará a eficácia durante o período de suspensão do processo.

Art. 297. O juiz poderá determinar as medidas que considerar adequadas para efetivação da tutela provisória.

• *Vide* art. 300, §§ 1.º e 2.º, do CPC.

• *Vide* Enunciado n. 38 da 1.ª Jornada de Direito Processual Civil.

Parágrafo único. A efetivação da tutela provisória observará as normas referentes ao cumprimento provisório da sentença, no que couber.

Art. 298. Na decisão que conceder, negar, modificar ou revogar a tutela provisória, o juiz motivará seu convencimento de modo claro e preciso.

Art. 299. A tutela provisória será requerida ao juízo da causa e, quando antecedente, ao juízo competente para conhecer do pedido principal.

Parágrafo único. Ressalvada disposição especial, na ação de competência originária de tribunal e nos recursos a tutela provisória será requerida ao órgão jurisdicional competente para apreciar o mérito.

TÍTULO II

DA TUTELA DE URGÊNCIA

• *Vide* Enunciados n. 39, 40, 41 e 42 da 1.ª Jornada de Direito Processual Civil.

CAPÍTULO I

DISPOSIÇÕES GERAIS

Art. 300. A tutela de urgência será concedida quando houver elementos que evidenciem a probabilidade do direito e o perigo de dano ou o risco ao resultado útil do processo.

§ 1.º Para a concessão da tutela de urgência, o juiz pode, conforme o caso, exigir caução real ou fidejussória idônea para ressarcir os danos que a outra parte possa vir a sofrer, podendo a caução ser dispensada se a parte economicamente hipossuficiente não puder oferecê-la.

• *Vide* art. 84, § 3.º, do CDC.

§ 2.º A tutela de urgência pode ser concedida liminarmente ou após justificação prévia.

§ 3.º A tutela de urgência de natureza antecipada não será concedida quando houver perigo de irreversibilidade dos efeitos da decisão.

Art. 301. A tutela de urgência de natureza cautelar pode ser efetivada mediante arresto, sequestro, arrolamento de bens, registro de protesto contra alienação de bem e qualquer outra medida idônea para asseguração do direito.

Art. 302. Independentemente da reparação por dano processual, a parte responde pelo prejuízo que a efetivação da tutela de urgência causar à parte adversa, se:

I – a sentença lhe for desfavorável;

II – obtida liminarmente a tutela em caráter antecedente, não fornecer os meios necessários para a citação do requerido no prazo de 5 (cinco) dias;

III – ocorrer a cessação da eficácia da medida em qualquer hipótese legal;

IV – o juiz acolher a alegação de decadência ou prescrição da pretensão do autor.

Parágrafo único. A indenização será liquidada nos autos em que a medida tiver sido concedida, sempre que possível.

CAPÍTULO II
DO PROCEDIMENTO DA TUTELA ANTECIPADA REQUERIDA EM CARÁTER ANTECEDENTE

Art. 303. Nos casos em que a urgência for contemporânea à propositura da ação, a petição inicial pode limitar-se ao requerimento da tutela antecipada e à indicação do pedido de tutela final, com a exposição da lide, do direito que se busca realizar e do perigo de dano ou do risco ao resultado útil do processo.

• *Vide* Enunciado n. 130 da 2.ª Jornada de Direito Processual Civil.

§ 1.º Concedida a tutela antecipada a que se refere o *caput* deste artigo:

I – o autor deverá aditar a petição inicial, com a complementação de sua argumentação, a juntada de novos documentos e a confirmação do pedido de tutela final, em 15 (quinze) dias ou em outro prazo maior que o juiz fixar;

II – o réu será citado e intimado para a audiência de conciliação ou de mediação na forma do art. 334;

III – não havendo autocomposição, o prazo para contestação será contado na forma do art. 335.

§ 2.º Não realizado o aditamento a que se refere o inciso I do § 1.º deste artigo, o processo será extinto sem resolução do mérito.

§ 3.º O aditamento a que se refere o inciso I do § 1.º deste artigo dar-se-á nos mesmos autos, sem incidência de novas custas processuais.

§ 4.º Na petição inicial a que se refere o *caput* deste artigo, o autor terá de indicar o valor da causa, que deve levar em consideração o pedido de tutela final.

§ 5.º O autor indicará na petição inicial, ainda, que pretende valer-se do benefício previsto no *caput* deste artigo.

§ 6.º Caso entenda que não há elementos para a concessão de tutela antecipada, o órgão jurisdicional determinará a emenda da petição inicial em até 5 (cinco) dias, sob pena de ser indeferida e de o processo ser extinto sem resolução de mérito.

Art. 304. A tutela antecipada, concedida nos termos do art. 303, torna-se estável se da decisão que a conceder não for interposto o respectivo recurso.

• *Vide* Enunciado n. 130 da 2.ª Jornada de Direito Processual Civil.

§ 1.º No caso previsto no *caput*, o processo será extinto.

§ 2.º Qualquer das partes poderá demandar a outra com o intuito de rever, reformar ou invalidar a tutela antecipada estabilizada nos termos do *caput*.

§ 3.º A tutela antecipada conservará seus efeitos enquanto não revista, reformada ou invalidada por decisão de mérito proferida na ação de que trata o § 2.º.

§ 4.º Qualquer das partes poderá requerer o desarquivamento dos autos em que foi concedida a medida, para instruir a petição inicial da ação a que se refere o § 2.º, prevento o juízo em que a tutela antecipada foi concedida.

§ 5.º O direito de rever, reformar ou invalidar a tutela antecipada, previsto no § 2.º deste artigo, extingue-se após 2 (dois) anos, contados da ciência da decisão que extinguiu o processo, nos termos do § 1.º.

§ 6.º A decisão que concede a tutela não fará coisa julgada, mas a estabilidade dos respectivos efeitos só será afastada por decisão que a revir, reformar ou invalidar, proferida em ação ajuizada por uma das partes, nos termos do § 2.º deste artigo.

CAPÍTULO III
DO PROCEDIMENTO DA TUTELA CAUTELAR REQUERIDA EM CARÁTER ANTECEDENTE

Art. 305. A petição inicial da ação que visa à prestação de tutela cautelar em caráter antecedente indicará a lide e seu fundamento, a exposição sumária do direito que se objetiva assegurar e o perigo de dano ou o risco ao resultado útil do processo.

• *Vide* arts. 319 a 321 do CPC.

Parágrafo único. Caso entenda que o pedido a que se refere o *caput* tem natureza antecipada, o juiz observará o disposto no art. 303.

Art. 306. O réu será citado para, no prazo de 5 (cinco) dias, contestar o pedido e indicar as provas que pretende produzir.

• *Vide* arts. 229 e 714 do CPC.

Art. 307. Não sendo contestado o pedido, os fatos alegados pelo autor presumir-se-ão aceitos pelo réu como ocorridos, caso em que o juiz decidirá dentro de 5 (cinco) dias.

Parágrafo único. Contestado o pedido no prazo legal, observar-se-á o procedimento comum.

Art. 308. Efetivada a tutela cautelar, o pedido principal terá de ser formulado pelo autor no prazo de 30 (trinta) dias, caso em que será apresentado nos mesmos autos em que deduzido o pedido de tutela cautelar, não dependendo do adiantamento de novas custas processuais.

• *Vide* Súmula 482 do STJ.

§ 1.º O pedido principal pode ser formulado conjuntamente com o pedido de tutela cautelar.

§ 2.º A causa de pedir poderá ser aditada no momento de formulação do pedido principal.

§ 3.º Apresentado o pedido principal, as partes serão intimadas para a audiência de conciliação ou de mediação, na forma do art. 334, por seus advogados ou pessoalmente, sem necessidade de nova citação do réu.

§ 4.º Não havendo autocomposição, o prazo para contestação será contado na forma do art. 335.

Art. 309. Cessa a eficácia da tutela concedida em caráter antecedente, se:

I – o autor não deduzir o pedido principal no prazo legal;

• *Vide* art. 302, III, do CPC.

II – não for efetivada dentro de 30 (trinta) dias;

III – o juiz julgar improcedente o pedido principal formulado pelo autor ou extinguir o processo sem resolução de mérito.

Parágrafo único. Se por qualquer motivo cessar a eficácia da tutela cautelar, é vedado à parte renovar o pedido, salvo sob novo fundamento.

Art. 310. O indeferimento da tutela cautelar não obsta a que a parte formule o pedido principal, nem influi no julgamento desse, salvo se o motivo do indeferimento for o reconhecimento de decadência ou de prescrição.

• *Vide* art. 302, IV, do CPC.

TÍTULO III
DA TUTELA DA EVIDÊNCIA

Art. 311. A tutela da evidência será concedida, independentemente da demonstração de perigo de dano ou de risco ao resultado útil do processo, quando:

• *Vide* art. 300 do CPC.

• *Vide* Enunciados n. 47, 49 e 135 das Jornadas de Direito Processual Civil.

I – ficar caracterizado o abuso do direito de defesa ou o manifesto propósito protelatório da parte;

• *Vide* art. 80 do CPC.

II – as alegações de fato puderem ser comprovadas apenas documentalmente e houver tese firmada em julgamento de casos repetitivos ou em súmula vinculante;

• *Vide* Enunciado n. 48 da 1.ª Jornada de Direito Processual Civil.

III – se tratar de pedido reipersecutório fundado em prova documental adequada do contrato de depósito, caso em que será decretada a ordem de entrega do objeto custodiado, sob cominação de multa;

IV – a petição inicial for instruída com prova documental suficiente dos fatos constitutivos do direito do autor, a que o réu não oponha prova capaz de gerar dúvida razoável.

Parágrafo único. Nas hipóteses dos incisos II e III, o juiz poderá decidir liminarmente.

LIVRO VI
DA FORMAÇÃO, DA SUSPENSÃO E DA EXTINÇÃO DO PROCESSO

TÍTULO I
DA FORMAÇÃO DO PROCESSO

Art. 312. Considera-se proposta a ação quando a petição inicial for protocolada, todavia, a propositura da ação só produz quanto ao réu os efeitos mencionados no art. 240 depois que for validamente citado.

TÍTULO II
DA SUSPENSÃO DO PROCESSO

Art. 313. Suspende-se o processo:

I – pela morte ou pela perda da capacidade processual de qualquer das partes, de seu representante legal ou de seu procurador;

• *Vide* arts. 76, 221 e 921, I, do CPC.

II – pela convenção das partes;

• *Vide* art. 921, II, do CPC.

III – pela arguição de impedimento ou de suspeição;

• *Vide* art. 221 do CPC.

IV – pela admissão de incidente de resolução de demandas repetitivas;

V – quando a sentença de mérito:

a) depender do julgamento de outra causa ou da declaração de existência ou de inexistência de relação jurídica que constitua o objeto principal de outro processo pendente;

b) tiver de ser proferida somente após a verificação de determinado fato ou a produção de certa prova, requisitada a outro juízo;

• *Vide* art. 377, *caput*, do CPC.

VI – por motivo de força maior;

• *Vide* art. 182 do CPC.

VII – quando se discutir em juízo questão decorrente de acidentes e fatos da navegação de competência do Tribunal Marítimo;

VIII – nos demais casos que este Código regula;

IX – pelo parto ou pela concessão de adoção, quando a advogada responsável pelo processo constituir a única patrona da causa;

•• Inciso IX acrescentado pela Lei n. 13.363, de 25-11-2016.

X – quando o advogado responsável pelo processo constituir o único patrono da causa e tornar-se pai.

•• Inciso X acrescentado pela Lei n. 13.363, de 25-11-2016.

§ 1.º Na hipótese do inciso I, o juiz suspenderá o processo, nos termos do art. 689.

§ 2.º Não ajuizada ação de habilitação, ao tomar conhecimento da morte, o juiz determinará a suspensão do processo e observará o seguinte:

I – falecido o réu, ordenará a intimação do autor para que promova a citação do respectivo espólio, de quem for o sucessor ou, se for o caso, dos herdeiros, no prazo que designar, de no mínimo 2 (dois) e no máximo 6 (seis) meses;

II – falecido o autor e sendo transmissível o direito em litígio, determinará a intimação de seu espólio, de quem for o sucessor ou, se for o caso, dos herdeiros, pelos meios de divulgação que reputar mais adequados, para que manifestem interesse na sucessão processual e promovam a respectiva habilitação no prazo designado, sob pena de extinção do processo sem resolução de mérito.

§ 3.º No caso de morte do procurador de qualquer das partes, ainda que iniciada a audiência de instrução e julgamento, o juiz determinará que a parte constitua novo mandatário, no prazo de 15 (quinze) dias, ao final do qual extinguirá o processo sem resolução de mérito, se o autor não nomear novo mandatário, ou ordenará o prosseguimento do processo à revelia do réu, se falecido o procurador deste.

§ 4.º O prazo de suspensão do processo nunca poderá exceder 1 (um) ano nas hipóteses do inciso V e 6 (seis) meses naquela prevista no inciso II.

§ 5.º O juiz determinará o prosseguimento do processo assim que esgotados os prazos previstos no § 4.º.

§ 6.º No caso do inciso IX, o período de suspensão será de 30 (trinta) dias, contado a partir da data do parto ou da concessão da adoção, mediante apresentação de certidão de nascimento ou documento similar que comprove a realização do parto, ou de termo judicial que tenha concedido a adoção, desde que haja notificação ao cliente.

•• § 6.º acrescentado pela Lei n. 13.363, de 25-11-2016.

§ 7.º No caso do inciso X, o período de suspensão será de 8 (oito) dias, contado a partir da data do parto ou da concessão da adoção, mediante apresentação de certidão de nascimento ou documento similar que comprove a realização do parto, ou de termo judicial que tenha concedido a adoção, desde que haja notificação ao cliente.

•• § 7.º acrescentado pela Lei n. 13.363, de 25-11-2016.

Art. 314. Durante a suspensão é vedado praticar qualquer ato processual, podendo o juiz, todavia, determinar a realização de atos urgentes a fim de evitar dano irreparável, salvo no caso de arguição de impedimento e de suspeição.

• *Vide* art. 923 do CPC.

Art. 315. Se o conhecimento do mérito depender de verificação da existência de fato delituoso, o juiz pode determinar a suspensão do processo até que se pronuncie a justiça criminal.

§ 1.º Se a ação penal não for proposta no prazo de 3 (três) meses, contado da intimação do ato de suspensão, cessará o efeito desse, incumbindo ao juiz cível examinar incidentemente a questão prévia.

§ 2.º Proposta a ação penal, o processo ficará suspenso pelo prazo máximo de 1 (um) ano, ao final do qual aplicar-se-á o disposto na parte final do § 1.º.

TÍTULO III

DA EXTINÇÃO DO PROCESSO

Art. 316. A extinção do processo dar-se-á por sentença.

Art. 317. Antes de proferir decisão sem resolução de mérito, o juiz deverá conceder à parte oportunidade para, se possível, corrigir o vício.

PARTE ESPECIAL

LIVRO I

DO PROCESSO DE CONHECIMENTO E DO CUMPRIMENTO DE SENTENÇA

TÍTULO I

DO PROCEDIMENTO COMUM

CAPÍTULO I

DISPOSIÇÕES GERAIS

Art. 318. Aplica-se a todas as causas o procedimento comum, salvo disposição em contrário deste Código ou de lei.

• *Vide* Enunciado n. 119 da 2.ª Jornada de Direito Processual Civil.

Parágrafo único. O procedimento comum aplica-se subsidiariamente aos demais procedimentos especiais e ao processo de execução.

CAPÍTULO II

DA PETIÇÃO INICIAL

SEÇÃO I

Dos Requisitos da Petição Inicial

Art. 319. A petição inicial indicará:

• *Vide* arts. 294 e 330 do CPC.

I – o juízo a que é dirigida;

II – os nomes, os prenomes, o estado civil, a existência de união estável, a profissão, o número de inscrição no Cadastro de Pessoas Físicas ou no Cadastro Nacional da Pessoa Jurídica, o endereço eletrônico, o domicílio e a residência do autor e do réu;

III – o fato e os fundamentos jurídicos do pedido;

IV – o pedido com as suas especificações;

• *Vide* arts. 322 a 329 do CPC.

V – o valor da causa;

• *Vide* arts. 291 a 293 do CPC.

VI – as provas com que o autor pretende demonstrar a verdade dos fatos alegados;

• *Vide* arts. 369 a 484 do CPC.

VII – a opção do autor pela realização ou não de audiência de conciliação ou de mediação.

• *Vide* art. 334 do CPC.

§ 1.º Caso não disponha das informações previstas no inciso II, poderá o autor, na petição inicial, requerer ao juiz diligências necessárias a sua obtenção.

§ 2.º A petição inicial não será indeferida se, a despeito da falta de informações a que se refere o inciso II, for possível a citação do réu.

§ 3.º A petição inicial não será indeferida pelo não atendimento ao disposto no inciso II deste artigo se a obtenção de tais informações tornar impossível ou excessivamente oneroso o acesso à justiça.

• *Vide* art. 330 do CPC.

Art. 320. A petição inicial será instruída com os documentos indispensáveis à propositura da ação.

• *Vide* arts. 434 e 798 do CPC.

Art. 321. O juiz, ao verificar que a petição inicial não preenche os requisitos dos arts. 319 e 320 ou que apresenta defeitos e irregularidades capazes de dificultar o julgamento de mérito, determinará que o autor, no prazo de 15 (quinze) dias, a emende ou a complete, indicando com precisão o que deve ser corrigido ou completado.

• *Vide* Súmula 299 do TST.

Parágrafo único. Se o autor não cumprir a diligência, o juiz indeferirá a petição inicial.

• *Vide* art. 485 do CPC.

SEÇÃO II

Do Pedido

Art. 322. O pedido deve ser certo.

§ 1.º Compreendem-se no principal os juros legais, a correção monetária e as verbas de sucumbência, inclusive os honorários advocatícios.

§ 2.º A interpretação do pedido considerará o conjunto da postulação e observará o princípio da boa-fé.

Art. 323. Na ação que tiver por objeto cumprimento de obrigação em prestações sucessivas, essas serão consideradas incluídas no pedido, independentemente de declaração expressa do autor, e serão incluídas na condenação, enquanto durar a obrigação, se o devedor, no curso do processo, deixar de pagá-las ou de consigná-las.

Art. 324. O pedido deve ser determinado.

• *Vide* art. 490 do CPC.

§ 1.º É lícito, porém, formular pedido genérico:

I – nas ações universais, se o autor não puder individuar os bens demandados;

II – quando não for possível determinar, desde logo, as consequências do ato ou do fato;

III – quando a determinação do objeto ou do valor da condenação depender de ato que deva ser praticado pelo réu.

§ 2.º O disposto neste artigo aplica-se à reconvenção.

Art. 325. O pedido será alternativo quando, pela natureza da obrigação, o devedor puder cumprir a prestação de mais de um modo.

Parágrafo único. Quando, pela lei ou pelo contrato, a escolha couber ao devedor, o juiz lhe assegurará o direito de cumprir a prestação de um ou de outro modo, ainda que o autor não tenha formulado pedido alternativo.

• *Vide* art. 292, VII, do CPC.

Art. 326. É lícito formular mais de um pedido em ordem subsidiária, a fim de que o juiz conheça do posterior, quando não acolher o anterior.

• *Vide* art. 292, VIII, do CPC.

Parágrafo único. É lícito formular mais de um pedido, alternativamente, para que o juiz acolha um deles.

Art. 327. É lícita a cumulação, em um único processo, contra o mesmo réu, de vários pedidos, ainda que entre eles não haja conexão.

• *Vide* art. 292, VI, do CPC.

§ 1.º São requisitos de admissibilidade da cumulação que:

I – os pedidos sejam compatíveis entre si;

II – seja competente para conhecer deles o mesmo juízo;

III – seja adequado para todos os pedidos o tipo de procedimento.

§ 2.º Quando, para cada pedido, corresponder tipo diverso de procedimento, será admitida a cumulação se o autor empregar o procedimento comum, sem prejuízo do emprego das técnicas processuais diferenciadas previstas nos procedimentos especiais a que se sujeitam um ou mais pedidos cumulados, que não forem incompatíveis com as disposições sobre o procedimento comum.

§ 3.º O inciso I do § 1.º não se aplica às cumulações de pedidos de que trata o art. 326.

Art. 328. Na obrigação indivisível com pluralidade de credores, aquele que não participou do processo receberá sua parte, deduzidas as despesas na proporção de seu crédito.

• *Vide* arts. 260 e 261 do CC.

Art. 329. O autor poderá:

I – até a citação, aditar ou alterar o pedido ou a causa de pedir, independentemente de consentimento do réu;

II – até o saneamento do processo, aditar ou alterar o pedido e a causa de pedir, com consentimento do réu, assegurado o contraditório mediante a possibilidade de manifestação deste no prazo mínimo de 15 (quinze) dias, facultado o requerimento de prova suplementar.

Parágrafo único. Aplica-se o disposto neste artigo à reconvenção e à respectiva causa de pedir.

• *Vide* art. 343 do CPC.

SEÇÃO III

Do Indeferimento da Petição Inicial

Art. 330. A petição inicial será indeferida quando:

I – for inepta;

II – a parte for manifestamente ilegítima;

III – o autor carecer de interesse processual;

• *Vide* art. 120 do CPC.

IV – não atendidas as prescrições dos arts. 106 e 321.

§ 1.º Considera-se inepta a petição inicial quando:

I – lhe faltar pedido ou causa de pedir;

• *Vide* arts. 322 a 329 do CPC.

II – o pedido for indeterminado, ressalvadas as hipóteses legais em que se permite o pedido genérico;

• *Vide* art. 286 do CPC.

III – da narração dos fatos não decorrer logicamente a conclusão;

IV – contiver pedidos incompatíveis entre si.

§ 2.º Nas ações que tenham por objeto a revisão de obrigação decorrente de empréstimo, de financiamento ou de alienação de bens, o autor terá de, sob pena de inépcia, discriminar na petição inicial, dentre as obrigações contratuais, aquelas que pretende controverter, além de quantificar o valor incontroverso do débito.

§ 3.º Na hipótese do § 2.º, o valor incontroverso deverá continuar a ser pago no tempo e modo contratados.

Art. 331. Indeferida a petição inicial, o autor poderá apelar, facultado ao juiz, no prazo de 5 (cinco) dias, retratar-se.

§ 1.º Se não houver retratação, o juiz mandará citar o réu para responder ao recurso.

§ 2.º Sendo a sentença reformada pelo tribunal, o prazo para a contestação começará a correr da intimação do retorno dos autos, observado o disposto no art. 334.

§ 3.º Não interposta a apelação, o réu será intimado do trânsito em julgado da sentença.

CAPÍTULO III

DA IMPROCEDÊNCIA LIMINAR DO PEDIDO

Art. 332. Nas causas que dispensem a fase instrutória, o juiz, independentemente da citação do réu, julgará liminarmente improcedente o pedido que contrariar:

•• *Vide* arts. 7.º e 15, I, da Instrução Normativa n. 39, de 15-3-2016.

I – enunciado de súmula do Supremo Tribunal Federal ou do Superior Tribunal de Justiça;

II – acórdão proferido pelo Supremo Tribunal Federal ou pelo Superior Tribunal de Justiça em julgamento de recursos repetitivos;

III – entendimento firmado em incidente de resolução de demandas repetitivas ou de assunção de competência;

IV – enunciado de súmula de tribunal de justiça sobre direito local.

§ 1.º O juiz também poderá julgar liminarmente improcedente o pedido se verificar, desde logo, a ocorrência de decadência ou de prescrição.

§ 2.º Não interposta a apelação, o réu será intimado do trânsito em julgado da sentença, nos termos do art. 241.

§ 3.º Interposta a apelação, o juiz poderá retratar-se em 5 (cinco) dias.

• *Vide* arts. 513 e s. do CPC.

§ 4.º Se houver retratação, o juiz determinará o prosseguimento do processo, com a citação do réu, e, se não houver retratação, determinará a citação do réu para apresentar contrarrazões, no prazo de 15 (quinze) dias.

CAPÍTULO IV

DA CONVERSÃO DA AÇÃO INDIVIDUAL EM AÇÃO COLETIVA

Art. 333. (*Vetado.*)

CAPÍTULO V

DA AUDIÊNCIA DE CONCILIAÇÃO OU DE MEDIAÇÃO

•• A Lei n. 13.140, de 26-6-2015, dispõe sobre a mediação entre particulares como meio de solução de controvérsias e sobre a autocomposição de conflitos no âmbito da Administração Pública.

• O Provimento n. 67, de 26-3-2018, do CNJ, dispõe sobre os procedimentos de conciliação e de mediação nos serviços notariais e de registro do Brasil.

Art. 334. Se a petição inicial preencher os requisitos essenciais e não for o caso de improcedência liminar do pedido, o juiz designará audiência de conciliação ou de mediação com antecedência mínima de 30 (trinta) dias, devendo ser citado o réu com pelo menos 20 (vinte) dias de antecedência.

•• *Vide* art. 2.º da Instrução Normativa n. 39, de 15-3-2016.

• *Vide* arts. 248, 257, 307 e 344 do CPC.

• *Vide* art. 27 da Lei n. 13.140, de 26-6-2015.

• *Vide* Enunciado n. 121 da 2.ª Jornada de Direito Processual Civil.

§ 1.º O conciliador ou mediador, onde houver, atuará necessariamente na audiência de conciliação ou de mediação, observando o disposto neste Código, bem como as disposições da lei de organização judiciária.

•• *Vide* arts. 165 e s. do CPC.

§ 2.º Poderá haver mais de uma sessão destinada à conciliação e à mediação, não podendo exceder a 2 (dois) meses da data de realização da primeira sessão, desde que necessárias à composição das partes.

• *Vide* art. 28 da Lei n. 13.140, de 26-6-2015.

§ 3.º A intimação do autor para a audiência será feita na pessoa de seu advogado.

§ 4.º A audiência não será realizada:

I – se ambas as partes manifestarem, expressamente, desinteresse na composição consensual;

II – quando não se admitir a autocomposição.

• *Vide* Enunciado n. 24 da 1.ª Jornada de Direito Processual Civil.

§ 5.º O autor deverá indicar, na petição inicial, seu desinteresse na autocomposição, e o réu deverá fazê-lo, por petição, apresentada com 10 (dez) dias de antecedência, contados da data da audiência.

§ 6.º Havendo litisconsórcio, o desinteresse na realização da audiência deve ser manifestado por todos os litisconsortes.

§ 7.º A audiência de conciliação ou de mediação pode realizar-se por meio eletrônico, nos termos da lei.

• *Vide* Enunciado n. 25 da 1.ª Jornada de Direito Processual Civil.

§ 8.º O não comparecimento injustificado do autor ou do réu à audiência de conciliação é considerado ato atentatório à dignidade da justiça e será sancionado com multa de até dois por cento da vantagem econômica pretendida ou do valor da causa, revertida em favor da União ou do Estado.

• *Vide* Enunciados n. 26 e 67 da 1.ª Jornada de Direito Processual Civil.

§ 9.º As partes devem estar acompanhadas por seus advogados ou defensores públicos.

• *Vide* art. 133 da CF.

§ 10. A parte poderá constituir representante, por meio de procuração específica, com poderes para negociar e transigir.

§ 11. A autocomposição obtida será reduzida a termo e homologada por sentença.

§ 12. A pauta das audiências de conciliação ou de mediação será organizada de modo a respeitar o intervalo mínimo de 20 (vinte) minutos entre o início de uma e o início da seguinte.

CAPÍTULO VI
DA CONTESTAÇÃO

Art. 335. O réu poderá oferecer contestação, por petição, no prazo de 15 (quinze) dias, cujo termo inicial será a data:

•• *Vide* art. 2.º da Instrução Normativa n. 39, de 15-3-2016.

•• *Vide* Enunciado n. 122 da 2.ª Jornada de Direito Processual Civil.

• *Vide* art. 434 do CPC.

I – da audiência de conciliação ou de mediação, ou da última sessão de conciliação, quando qualquer parte não comparecer ou, comparecendo, não houver autocomposição;

II – do protocolo do pedido de cancelamento da audiência de conciliação ou de mediação apresentado pelo réu, quando ocorrer a hipótese do art. 334, § 4.º, inciso I;

III – prevista no art. 231, de acordo com o modo como foi feita a citação, nos demais casos.

§ 1.º No caso de litisconsórcio passivo, ocorrendo a hipótese do art. 334, § 6.º, o termo inicial previsto no inciso II será, para cada um dos réus, a data de apresentação de seu respectivo pedido de cancelamento da audiência.

§ 2.º Quando ocorrer a hipótese do art. 334, § 4.º, inciso II, havendo litisconsórcio passivo e o autor desistir da ação em relação a réu ainda não citado, o prazo para resposta correrá da data de intimação da decisão que homologar a desistência.

Art. 336. Incumbe ao réu alegar, na contestação, toda a matéria de defesa, expondo as razões de fato e de direito com que impugna o pedido do autor e especificando as provas que pretende produzir.

Art. 337. Incumbe ao réu, antes de discutir o mérito, alegar:

• *Vide* arts. 351, 352 e 938 do CPC.

I – inexistência ou nulidade da citação;

• *Vide* art. 348 do CPC.

II – incompetência absoluta e relativa;

• *Vide* art. 64 do CPC.

III – incorreção do valor da causa;

IV – inépcia da petição inicial;

• *Vide* art. 330, I, do CPC.

V – perempção;

•• *Vide* art. 486, § 3.º, do CPC.

VI – litispendência;

• *Vide* art. 240 do CPC.

VII – coisa julgada;

•• *Vide* art. 5.º, XXXVI, da CF.

• *Vide* arts. 502 a 508 do CPC.

VIII – conexão;

IX – incapacidade da parte, defeito de representação ou falta de autorização;

X – convenção de arbitragem;

• *Vide* art. 485, VII, do CPC.

XI – ausência de legitimidade ou de interesse processual;

XII – falta de caução ou de outra prestação que a lei exige como preliminar;

XIII – indevida concessão do benefício de gratuidade de justiça.

§ 1.º Verifica-se a litispendência ou a coisa julgada quando se reproduz ação anteriormente ajuizada.

•• *Vide* art. 5.º, XXXVI, da CF.

§ 2.º Uma ação é idêntica a outra quando possui as mesmas partes, a mesma causa de pedir e o mesmo pedido.

§ 3.º Há litispendência quando se repete ação que está em curso.

• *Vide* art. 240 do CPC.

§ 4.º Há coisa julgada quando se repete ação que já foi decidida por decisão transitada em julgado.

§ 5.º Excetuadas a convenção de arbitragem e a incompetência relativa, o juiz conhecerá de ofício das matérias enumeradas neste artigo.

§ 6.º A ausência de alegação da existência de convenção de arbitragem, na forma prevista neste Capítulo, implica aceitação da jurisdição estatal e renúncia ao juízo arbitral.

Art. 338. Alegando o réu, na contestação, ser parte ilegítima ou não ser o responsável pelo prejuízo invocado, o juiz facultará ao autor, em 15 (quinze) dias, a alteração da petição inicial para substituição do réu.

Parágrafo único. Realizada a substituição, o autor reembolsará as despesas e pagará os honorários ao procurador do réu excluído, que serão fixados entre três e cinco por cento do valor da causa ou, sendo este irrisório, nos termos do art. 85, § 8.º.

Art. 339. Quando alegar sua ilegitimidade, incumbe ao réu indicar o sujeito passivo da relação jurídica discutida sempre que tiver conhecimento, sob pena de arcar com as despesas processuais e de indenizar o autor pelos prejuízos decorrentes da falta de indicação.

•• *Vide* Enunciado n. 123 da 2.ª Jornada de Direito Processual Civil.

§ 1.º O autor, ao aceitar a indicação, procederá, no prazo de 15 (quinze) dias, à alteração da petição inicial para a substituição do réu, observando-se, ainda, o parágrafo único do art. 338.

§ 2.º No prazo de 15 (quinze) dias, o autor pode optar por alterar a petição inicial para incluir, como litisconsorte passivo, o sujeito indicado pelo réu.

Art. 340. Havendo alegação de incompetência relativa ou absoluta, a contestação poderá ser protocolada no foro de domicílio do réu, fato que será imediatamente comunicado ao juiz da causa, preferencialmente por meio eletrônico.

§ 1.º A contestação será submetida a livre distribuição ou, se o réu houver sido citado por meio de carta precatória, juntada aos autos dessa carta, seguindo-se a sua imediata remessa para o juízo da causa.

§ 2.º Reconhecida a competência do foro indicado pelo réu, o juízo para o qual for distribuída a contestação ou a carta precatória será considerado prevento.

§ 3.º Alegada a incompetência nos termos do *caput*, será suspensa a realização da audiência de conciliação ou de mediação, se tiver sido designada.

§ 4.º Definida a competência, o juízo competente designará nova data para a audiência de conciliação ou de mediação.

Art. 341. Incumbe também ao réu manifestar-se precisamente sobre as alegações de fato constantes da petição inicial, presumindo-se verdadeiras as não impugnadas, salvo se:

I – não for admissível, a seu respeito, a confissão;

•• *Vide* arts. 344 e 345 do CPC.

II – a petição inicial não estiver acompanhada de instrumento que a lei considerar da substância do ato;

III – estiverem em contradição com a defesa, considerada em seu conjunto.

Parágrafo único. O ônus da impugnação especificada dos fatos não se aplica ao defensor público, ao advogado dativo e ao curador especial.

Art. 342. Depois da contestação, só é lícito ao réu deduzir novas alegações quando:

I – relativas a direito ou a fato superveniente;

II – competir ao juiz conhecer delas de ofício;

III – por expressa autorização legal, puderem ser formuladas em qualquer tempo e grau de jurisdição.

CAPÍTULO VII
DA RECONVENÇÃO

Art. 343. Na contestação, é lícito ao réu propor reconvenção para manifestar pretensão própria, conexa com a ação principal ou com o fundamento da defesa.

•• *Vide* art. 16, § 3.º, da LEF.

•• *Vide* Enunciado n. 120 da 2.ª Jornada de Direito Processual Civil.

§ 1.º Proposta a reconvenção, o autor será intimado, na pessoa de seu advogado, para apresentar resposta no prazo de 15 (quinze) dias.

§ 2.º A desistência da ação ou a ocorrência de causa extintiva que impeça o exame de seu mérito não obsta ao prosseguimento do processo quanto à reconvenção.

§ 3.º A reconvenção pode ser proposta contra o autor e terceiro.

§ 4.º A reconvenção pode ser proposta pelo réu em litisconsórcio com terceiro.

§ 5.º Se o autor for substituto processual, o reconvinte deverá afirmar ser titular de direito em face do substituído, e a reconvenção deverá ser proposta em face do autor, também na qualidade de substituto processual.

§ 6.º O réu pode propor reconvenção independentemente de oferecer contestação.

CAPÍTULO VIII
DA REVELIA

Art. 344. Se o réu não contestar a ação, será considerado revel e presumir-se-ão verdadeiras as alegações de fato formuladas pelo autor.

Art. 345. A revelia não produz o efeito mencionado no art. 344 se:

I – havendo pluralidade de réus, algum deles contestar a ação;

II – o litígio versar sobre direitos indisponíveis;

III – a petição inicial não estiver acompanhada de instrumento que a lei considere indispensável à prova do ato;

• *Vide* art. 341, II, do CPC.

IV – as alegações de fato formuladas pelo autor forem inverossímeis ou estiverem em contradição com prova constante dos autos.

Art. 346. Os prazos contra o revel que não tenha patrono nos autos fluirão da data de publicação do ato decisório no órgão oficial.

Parágrafo único. O revel poderá intervir no processo em qualquer fase, recebendo-o no estado em que se encontrar.

CAPÍTULO IX
DAS PROVIDÊNCIAS PRELIMINARES E DO SANEAMENTO

Art. 347. Findo o prazo para a contestação, o juiz tomará, conforme o caso, as providências preliminares constantes das seções deste Capítulo.

SEÇÃO I
Da Não Incidência dos Efeitos da Revelia

Art. 348. Se o réu não contestar a ação, o juiz, verificando a inocorrência do efeito da revelia previsto no art. 344, ordenará que o autor especifique as provas que pretenda produzir, se ainda não as tiver indicado.

• *Vide* art. 355 do CPC.

Art. 349. Ao réu revel será lícita a produção de provas, contrapostas às alegações do autor, desde que se faça representar nos autos a tempo de praticar os atos processuais indispensáveis a essa produção.

SEÇÃO II
Do Fato Impeditivo, Modificativo ou Extintivo do Direito do Autor

Art. 350. Se o réu alegar fato impeditivo, modificativo ou extintivo do direito do autor, este será ouvido no prazo de 15 (quinze) dias, permitindo-lhe o juiz a produção de prova.

SEÇÃO III
Das Alegações do Réu

Art. 351. Se o réu alegar qualquer das matérias enumeradas no art. 337, o juiz determinará a oitiva do autor no prazo de 15 (quinze) dias, permitindo-lhe a produção de prova.

Art. 352. Verificando a existência de irregularidades ou de vícios sanáveis, o juiz determinará sua correção em prazo nunca superior a 30 (trinta) dias.

Art. 353. Cumpridas as providências preliminares ou não havendo necessidade delas, o juiz proferirá julgamento conforme o estado do processo, observando o que dispõe o Capítulo X.

CAPÍTULO X
DO JULGAMENTO CONFORME O ESTADO DO PROCESSO

SEÇÃO I
Da Extinção do Processo

Art. 354. Ocorrendo qualquer das hipóteses previstas nos arts. 485 e 487, incisos II e III, o juiz proferirá sentença.

Parágrafo único. A decisão a que se refere o *caput* pode dizer respeito a apenas parcela do processo, caso em que será impugnável por agravo de instrumento.

SEÇÃO II
Do Julgamento Antecipado do Mérito

Art. 355. O juiz julgará antecipadamente o pedido, proferindo sentença com resolução de mérito, quando:

• *Vide* Enunciado n. 27 da 1.ª Jornada de Direito Processual Civil.

I – não houver necessidade de produção de outras provas;

II – o réu for revel, ocorrer o efeito previsto no art. 344 e não houver requerimento de prova, na forma do art. 349.

SEÇÃO III
Do Julgamento Antecipado Parcial do Mérito

•• *Vide* Enunciado n. 117 da 2.ª Jornada de Direito Processual Civil.

Art. 356. O juiz decidirá parcialmente o mérito quando um ou mais dos pedidos formulados ou parcela deles:

• *Vide* Enunciado n. 126 da 2.ª Jornada de Direito Processual Civil.

I – mostrar-se incontroverso;

II – estiver em condições de imediato julgamento, nos termos do art. 355.

§ 1.º A decisão que julgar parcialmente o mérito poderá reconhecer a existência de obrigação líquida ou ilíquida.

•• *Vide* art. 5.º da Instrução Normativa n. 39, de 15-3-2016.

§ 2.º A parte poderá liquidar ou executar, desde logo, a obrigação reconhecida na decisão que julgar parcialmente o mérito, independentemente de caução, ainda que haja recurso contra essa interposto.

§ 3.º Na hipótese do § 2.º, se houver trânsito em julgado da decisão, a execução será definitiva.

§ 4.º A liquidação e o cumprimento da decisão que julgar parcialmente o mérito poderão ser processados em autos suplementares, a requerimento da parte ou a critério do juiz.

§ 5.º A decisão proferida com base neste artigo é impugnável por agravo de instrumento.

• *Vide* Enunciado n. 61 da 1.ª Jornada de Direito Processual Civil.

SEÇÃO IV
Do Saneamento e da Organização do Processo

Art. 357. Não ocorrendo nenhuma das hipóteses deste Capítulo, deverá o juiz, em decisão de saneamento e de organização do processo:

• *Vide* Enunciados n. 28 e 29 da 1.ª Jornada de Direito Processual Civil.

I – resolver as questões processuais pendentes, se houver;

II – delimitar as questões de fato sobre as quais recairá a atividade probatória, especificando os meios de prova admitidos;

III – definir a distribuição do ônus da prova, observado o art. 373;

IV – delimitar as questões de direito relevantes para a decisão do mérito;

V – designar, se necessário, audiência de instrução e julgamento.

§ 1.º Realizado o saneamento, as partes têm o direito de pedir esclarecimentos ou solicitar ajustes, no prazo comum de 5 (cinco) dias, findo o qual a decisão se torna estável.

§ 2.º As partes podem apresentar ao juiz, para homologação, delimitação consensual das questões de fato e de direito a que se referem os incisos II e IV, a qual, se homologada, vincula as partes e o juiz.

§ 3.º Se a causa apresentar complexidade em matéria de fato ou de direito, deverá o juiz designar audiência para que o saneamento seja feito em cooperação com as partes, oportunidade em que o juiz, se for o caso, convidará as partes a integrar ou esclarecer suas alegações.

§ 4.º Caso tenha sido determinada a produção de prova testemunhal, o juiz fixará prazo comum não superior a 15 (quinze) dias para que as partes apresentem rol de testemunhas.

§ 5.º Na hipótese do § 3.º, as partes devem levar, para a audiência prevista, o respectivo rol de testemunhas.

§ 6.º O número de testemunhas arroladas não pode ser superior a 10 (dez), sendo 3 (três), no máximo, para a prova de cada fato.

§ 7.º O juiz poderá limitar o número de testemunhas levando em conta a complexidade da causa e dos fatos individualmente considerados.

§ 8.º Caso tenha sido determinada a produção de prova pericial, o juiz deve observar o disposto no art. 465 e, se possível, estabelecer, desde logo, calendário para sua realização.

§ 9.º As pautas deverão ser preparadas com intervalo mínimo de 1 (uma) hora entre as audiências.

CAPÍTULO XI
DA AUDIÊNCIA DE INSTRUÇÃO E JULGAMENTO

Art. 358. No dia e na hora designados, o juiz declarará aberta a audiência de instrução e julgamento e mandará apregoar as partes e os respectivos advogados, bem como outras pessoas que dela devam participar.

Art. 359. Instalada a audiência, o juiz tentará conciliar as partes, independentemente do emprego anterior de outros métodos de solução consensual de conflitos, como a mediação e a arbitragem.

Art. 360. O juiz exerce o poder de polícia, incumbindo-lhe:

I – manter a ordem e o decoro na audiência;

II – ordenar que se retirem da sala de audiência os que se comportarem inconvenientemente;

III – requisitar, quando necessário, força policial;

IV – tratar com urbanidade as partes, os advogados, os membros do Ministério Público e da Defensoria Pública e qualquer pessoa que participe do processo;

V – registrar em ata, com exatidão, todos os requerimentos apresentados em audiência.

Art. 361. As provas orais serão produzidas em audiência, ouvindo-se nesta ordem, preferencialmente:

I – o perito e os assistentes técnicos, que responderão aos quesitos de esclarecimentos requeridos no prazo e na forma do art. 477, caso não respondidos anteriormente por escrito;

II – o autor e, em seguida, o réu, que prestarão depoimentos pessoais;

III – as testemunhas arroladas pelo autor e pelo réu, que serão inquiridas.

Parágrafo único. Enquanto depuserem o perito, os assistentes técnicos, as partes e as testemunhas, não poderão os advogados e o Ministério Público intervir ou apartear, sem licença do juiz.

Art. 362. A audiência poderá ser adiada:

I – por convenção das partes;

II – se não puder comparecer, por motivo justificado, qualquer pessoa que dela deva necessariamente participar;

III – por atraso injustificado de seu início em tempo superior a 30 (trinta) minutos do horário marcado.

•• *Vide* art. 2.º da Instrução Normativa n. 39, de 15-3-2016.

§ 1.º O impedimento deverá ser comprovado até a abertura da audiência, e, não o sendo, o juiz procederá à instrução.

§ 2.º O juiz poderá dispensar a produção das provas requeridas pela parte cujo advogado ou defensor público não tenha comparecido à audiência, aplicando-se a mesma regra ao Ministério Público.

§ 3.º Quem der causa ao adiamento responderá pelas despesas acrescidas.

Art. 363. Havendo antecipação ou adiamento da audiência, o juiz, de ofício ou a requerimento da parte, determinará a intimação dos advogados ou da sociedade de advogados para ciência da nova designação.

Art. 364. Finda a instrução, o juiz dará a palavra ao advogado do autor e do réu, bem como ao membro do Ministério Público, se for o caso de sua intervenção, sucessivamente, pelo prazo de 20 (vinte) minutos para cada um, prorrogável por 10 (dez) minutos, a critério do juiz.

§ 1.º Havendo litisconsorte ou terceiro interveniente, o prazo, que formará com o da prorrogação um só todo, dividir-se-á entre os do mesmo grupo, se não convencionarem de modo diverso.

§ 2.º Quando a causa apresentar questões complexas de fato ou de direito, o debate oral poderá ser substituído por razões finais escritas, que serão apresentadas pelo autor e pelo réu, bem como pelo Ministério Público, se for o caso de sua intervenção, em prazos sucessivos de 15 (quinze) dias, assegurada vista dos autos.

Art. 365. A audiência é una e contínua, podendo ser excepcional e justificadamente cindida na ausência de perito ou de testemunha, desde que haja concordância das partes.

Parágrafo único. Diante da impossibilidade de realização da instrução, do debate e do julgamento no mesmo dia, o juiz marcará seu prosseguimento para a data mais próxima possível, em pauta preferencial.

Art. 366. Encerrado o debate ou oferecidas as razões finais, o juiz proferirá sentença em audiência ou no prazo de 30 (trinta) dias.

Art. 367. O servidor lavrará, sob ditado do juiz, termo que conterá, em resumo, o ocorrido na audiência, bem como, por extenso, os despachos, as decisões e a sentença, se proferida no ato.

• *Vide* art. 459, § 3.º, do CPC.

§ 1.º Quando o termo não for registrado em meio eletrônico, o juiz rubricar-lhe-á as folhas, que serão encadernadas em volume próprio.

§ 2.º Subscreverão o termo o juiz, os advogados, o membro do Ministério Público e o escrivão ou chefe de secretaria, dispensadas as partes, exceto quando houver ato de disposição para cuja prática os advogados não tenham poderes.

§ 3.º O escrivão ou chefe de secretaria trasladará para os autos cópia autêntica do termo de audiência.

§ 4.º Tratando-se de autos eletrônicos, observar-se-á o disposto neste Código, em legislação específica e nas normas internas dos tribunais.

§ 5.º A audiência poderá ser integralmente gravada em imagem e em áudio, em meio digital ou analógico, desde que assegure o rápido acesso das partes e dos órgãos julgadores, observada a legislação específica.

§ 6.º A gravação a que se refere o § 5.º também pode ser realizada diretamente por qualquer das partes, independentemente de autorização judicial.

Art. 368. A audiência será pública, ressalvadas as exceções legais.

•• *Vide* art. 189 do CPC.

CAPÍTULO XII

DAS PROVAS

SEÇÃO I
Disposições Gerais

Art. 369. As partes têm o direito de empregar todos os meios legais, bem como os moralmente legítimos, ainda que não especificados neste Código, para provar a verdade dos fatos em que se funda o pedido ou a defesa e influir eficazmente na convicção do juiz.

•• *Vide* art. 5.º, LVI, da CF.

•• *Vide* art. 212 do CC.

Art. 370. Caberá ao juiz, de ofício ou a requerimento da parte, determinar as provas necessárias ao julgamento do mérito.

Parágrafo único. O juiz indeferirá, em decisão fundamentada, as diligências inúteis ou meramente protelatórias.

Art. 371. O juiz apreciará a prova constante dos autos, independentemente do sujeito que a tiver promovido, e indicará na decisão as razões da formação de seu convencimento.

• *Vide* art. 489, II, do CPC.

Art. 372. O juiz poderá admitir a utilização de prova produzida em outro processo, atribuindo-lhe o valor que considerar adequado, observado o contraditório.

• *Vide* Enunciado n. 30 da 1.ª Jornada de Direito Processual Civil.

Art. 373. O ônus da prova incumbe:

• *Vide* art. 6.º, VIII, do CDC.

I – ao autor, quanto ao fato constitutivo de seu direito;

II – ao réu, quanto à existência de fato impeditivo, modificativo ou extintivo do direito do autor.

§ 1.º Nos casos previstos em lei ou diante de peculiaridades da causa relacionadas à impossibilidade ou à excessiva dificuldade de cumprir o encargo nos termos do *caput* ou à maior facilidade de obtenção da prova do fato contrário, poderá o juiz atribuir o ônus da prova de modo diverso, desde que o faça por decisão fundamentada, caso em que deverá dar à parte a oportunidade de se desincumbir do ônus que lhe foi atribuído.

•• *Vide* art. 3.º da Instrução Normativa n. 39, de 15-3-2016.

§ 2.º A decisão prevista no § 1.º deste artigo não pode gerar situação em que a desincumbência do encargo pela parte seja impossível ou excessivamente difícil.

•• *Vide* art. 3.º da Instrução Normativa n. 39, de 15-3-2016.

§ 3.º A distribuição diversa do ônus da prova também pode ocorrer por convenção das partes, salvo quando:

•• *Vide* art. 2.º da Instrução Normativa n. 39, de 15-3-2016.

I – recair sobre direito indisponível da parte;

II – tornar excessivamente difícil a uma parte o exercício do direito.

§ 4.º A convenção de que trata o § 3.º pode ser celebrada antes ou durante o processo.

•• *Vide* art. 2.º da Instrução Normativa n. 39, de 15-3-2016.

Art. 374. Não dependem de prova os fatos:

I – notórios;

II – afirmados por uma parte e confessados pela parte contrária;

• *Vide* art. 348 do CPC.

III – admitidos no processo como incontroversos;

IV – em cujo favor milita presunção legal de existência ou de veracidade.

Art. 375. O juiz aplicará as regras de experiência comum subministradas pela observação do que ordinariamente acontece e, ainda, as regras de experiência técnica, ressalvado, quanto a estas, o exame pericial.

• *Vide* art. 140 do CPC.

Art. 376. A parte que alegar direito municipal, estadual, estrangeiro ou consuetudinário provar-lhe-á o teor e a vigência, se assim o juiz determinar.

Art. 377. A carta precatória, a carta rogatória e o auxílio direto suspenderão o julgamento da causa no caso previsto no art. 313, inciso V, alínea *b*, quando, tendo sido requeridos antes da decisão de saneamento, a prova neles solicitada for imprescindível.

Parágrafo único. A carta precatória e a carta rogatória não devolvidas no prazo ou concedidas sem efeito suspensivo poderão ser juntadas aos autos a qualquer momento.

Art. 378. Ninguém se exime do dever de colaborar com o Poder Judiciário para o descobrimento da verdade.

• *Vide* Enunciado n. 31 da 1.ª Jornada de Direito Processual Civil.

Art. 379. Preservado o direito de não produzir prova contra si própria, incumbe à parte:

• *Vide* Enunciado n. 31 da 1.ª Jornada de Direito Processual Civil.

I – comparecer em juízo, respondendo ao que lhe for interrogado;

II – colaborar com o juízo na realização de inspeção judicial que for considerada necessária;

• *Vide* arts. 481 a 484 do CPC.

III – praticar o ato que lhe for determinado.

•• *Vide* art. 5.º, II, da CF.

Art. 380. Incumbe ao terceiro, em relação a qualquer causa:

I – informar ao juiz os fatos e as circunstâncias de que tenha conhecimento;

•• *Vide* art. 5.º, XIV, da CF.

II – exibir coisa ou documento que esteja em seu poder.

• *Vide* arts. 396 e 401 do CPC.

Parágrafo único. Poderá o juiz, em caso de descumprimento, determinar, além da imposição de multa, outras medidas indutivas, coercitivas, mandamentais ou sub-rogatórias.

SEÇÃO II
Da Produção Antecipada da Prova

•• *Vide* Enunciados n. 50, 118 e 129 das Jornadas de Direito Processual Civil.

Art. 381. A produção antecipada da prova será admitida nos casos em que:

I – haja fundado receio de que venha a tornar-se impossível ou muito difícil a verificação de certos fatos na pendência da ação;

II – a prova a ser produzida seja suscetível de viabilizar a autocomposição ou outro meio adequado de solução de conflito;

III – o prévio conhecimento dos fatos possa justificar ou evitar o ajuizamento de ação.

§ 1.º O arrolamento de bens observará o disposto nesta Seção quando tiver por finalidade apenas a realização de documentação e não a prática de atos de apreensão.

§ 2.º A produção antecipada da prova é da competência do juízo do foro onde esta deva ser produzida ou do foro de domicílio do réu.

§ 3.º A produção antecipada da prova não previne a competência do juízo para a ação que venha a ser proposta.

§ 4.º O juízo estadual tem competência para produção antecipada de prova requerida em face da União, de entidade autárquica ou de empresa pública federal se, na localidade, não houver vara federal.

§ 5.º Aplica-se o disposto nesta Seção àquele que pretender justificar a existência de algum fato ou relação jurídica para simples documento e sem caráter contencioso, que exporá, em petição circunstanciada, a sua intenção.

Art. 382. Na petição, o requerente apresentará as razões que justificam a necessidade de antecipação da prova e mencionará com precisão os fatos sobre os quais a prova há de recair.

§ 1.º O juiz determinará, de ofício ou a requerimento da parte, a citação de interessados na produção da prova ou no fato a ser provado, salvo se inexistente caráter contencioso.

§ 2.º O juiz não se pronunciará sobre a ocorrência ou a inocorrência do fato, nem sobre as respectivas consequências jurídicas.

§ 3.º Os interessados poderão requerer a produção de qualquer prova no mesmo procedimento, desde que relacionada ao mesmo fato, salvo se a sua produção conjunta acarretar excessiva demora.

§ 4.º Neste procedimento, não se admitirá defesa ou recurso, salvo contra decisão que indeferir totalmente a produção da prova pleiteada pelo requerente originário.

• *Vide* Enunciado n. 32 da 1.ª Jornada de Direito Processual Civil.

Art. 383. Os autos permanecerão em cartório durante 1 (um) mês para extração de cópias e certidões pelos interessados.

Parágrafo único. Findo o prazo, os autos serão entregues ao promovente da medida.

SEÇÃO III
Da Ata Notarial

Art. 384. A existência e o modo de existir de algum fato podem ser atestados ou documentados, a requerimento do interessado, mediante ata lavrada por tabelião.

Parágrafo único. Dados representados por imagem ou som gravados em arquivos eletrônicos poderão constar da ata notarial.

SEÇÃO IV
Do Depoimento Pessoal

• *Vide* Enunciado n. 33 da 1.ª Jornada de Direito Processual Civil.

Art. 385. Cabe à parte requerer o depoimento pessoal da outra parte, a fim de que esta seja interrogada na audiência de instrução e julgamento, sem prejuízo do poder do juiz de ordená-lo de ofício.

§ 1.º Se a parte, pessoalmente intimada para prestar depoimento pessoal e advertida da pena de confesso, não comparecer ou, comparecendo, se recusar a depor, o juiz aplicar-lhe-á a pena.

§ 2.º É vedado a quem ainda não depôs assistir ao interrogatório da outra parte.

§ 3.º O depoimento pessoal da parte que residir em comarca, seção ou subseção judiciária diversa daquela onde tramita o processo poderá ser colhido por meio de videoconferência ou outro recurso tecnológico de transmissão de sons e imagens em tempo real, o que poderá ocorrer, inclusive, durante a realização da audiência de instrução e julgamento.

•• O art. 222, § 3.º, do CPP prevê a oitiva de testemunhas por videoconferência no processo penal.

Art. 386. Quando a parte, sem motivo justificado, deixar de responder ao que lhe for perguntado ou empregar evasivas, o juiz, apreciando as demais circunstâncias e os elementos de prova, declarará, na sentença, se houve recusa de depor.

Art. 387. A parte responderá pessoalmente sobre os fatos articulados, não podendo servir-se de escritos anteriormente preparados, permitindo-lhe o juiz, todavia, a consulta a notas breves, desde que objetivem completar esclarecimentos.

Art. 388. A parte não é obrigada a depor sobre fatos:

I – criminosos ou torpes que lhe forem imputados;

II – a cujo respeito, por estado ou profissão, deva guardar sigilo;

III – acerca dos quais não possa responder sem desonra própria, de seu cônjuge, de seu companheiro ou de parente em grau sucessível;

IV – que coloquem em perigo a vida do depoente ou das pessoas referidas no inciso III.

Parágrafo único. Esta disposição não se aplica às ações de estado e de família.

SEÇÃO V
Da Confissão

Art. 389. Há confissão, judicial ou extrajudicial, quando a parte admite a verdade de fato contrário ao seu interesse e favorável ao do adversário.

• *Vide* art. 371 do CPC.

Art. 390. A confissão judicial pode ser espontânea ou provocada.

§ 1.º A confissão espontânea pode ser feita pela própria parte ou por representante com poder especial.

• *Vide* art. 105 do CPC.

§ 2.º A confissão provocada constará do termo de depoimento pessoal.

Art. 391. A confissão judicial faz prova contra o confitente, não prejudicando, todavia, os litisconsortes.

Parágrafo único. Nas ações que versarem sobre bens imóveis ou direitos reais sobre imóveis alheios, a confissão de um cônjuge ou companheiro não valerá sem a do outro, salvo se o regime de casamento for o de separação absoluta de bens.

Art. 392. Não vale como confissão a admissão, em juízo, de fatos relativos a direitos indisponíveis.

§ 1.º A confissão será ineficaz se feita por quem não for capaz de dispor do direito a que se referem os fatos confessados.

•• *Vide* art. 213 do CC.

§ 2.º A confissão feita por um representante somente é eficaz nos limites em que este pode vincular o representado.

•• *Vide* art. 213 do CC.

Art. 393. A confissão é irrevogável, mas pode ser anulada se decorreu de erro de fato ou de coação.

•• *Vide* art. 214 do CC.

Parágrafo único. A legitimidade para a ação prevista no *caput* é exclusiva do confitente e pode ser transferida a seus herdeiros se ele falecer após a propositura.

Art. 394. A confissão extrajudicial, quando feita oralmente, só terá eficácia nos casos em que a lei não exija prova literal.

• *Vide* art. 212, I, do CC.

Art. 395. A confissão é, em regra, indivisível, não podendo a parte que a quiser invocar como prova aceitá-la no tópico que a beneficiar e rejeitá-la no que lhe for desfavorável, porém cindir-se-á quando o confitente a ela aduzir fatos novos, capazes de constituir fundamento de defesa de direito material ou de reconvenção.

• *Vide* art. 412 do CPC.

SEÇÃO VI

Da Exibição de Documento ou Coisa

Art. 396. O juiz pode ordenar que a parte exiba documento ou coisa que se encontre em seu poder.

•• *Vide* Enunciado n. 119 da 2.ª Jornada de Direito Processual Civil.

• *Vide* art. 5.º, XII e XIV, da CF.

• *Vide* art. 380, II, do CPC.

Art. 397. O pedido formulado pela parte conterá:

I – a individuação, tão completa quanto possível, do documento ou da coisa;

II – a finalidade da prova, indicando os fatos que se relacionam com o documento ou com a coisa;

III – as circunstâncias em que se funda o requerente para afirmar que o documento ou a coisa existe e se acha em poder da parte contrária.

Art. 398. O requerido dará sua resposta nos 5 (cinco) dias subsequentes à sua intimação.

Parágrafo único. Se o requerido afirmar que não possui o documento ou a coisa, o juiz permitirá que o requerente prove, por qualquer meio, que a declaração não corresponde à verdade.

• *Vide* art. 400 do CPC.

Art. 399. O juiz não admitirá a recusa se:

I – o requerido tiver obrigação legal de exibir;

II – o requerido tiver aludido ao documento ou à coisa, no processo, com o intuito de constituir prova;

III – o documento, por seu conteúdo, for comum às partes.

Art. 400. Ao decidir o pedido, o juiz admitirá como verdadeiros os fatos que, por meio do documento ou da coisa, a parte pretendia provar se:

I – o requerido não efetuar a exibição nem fizer nenhuma declaração no prazo do art. 398;

II – a recusa for havida por ilegítima.

Parágrafo único. Sendo necessário, o juiz pode adotar medidas indutivas, coercitivas, mandamentais ou sub-rogatórias para que o documento seja exibido.

Art. 401. Quando o documento ou a coisa estiver em poder de terceiro, o juiz ordenará sua citação para responder no prazo de 15 (quinze) dias.

• *Vide* art. 380, I e II, do CPC.

Art. 402. Se o terceiro negar a obrigação de exibir ou a posse do documento ou da coisa, o juiz designará audiência especial, tomando-lhe o depoimento, bem como o das partes e, se necessário, o de testemunhas, e em seguida proferirá decisão.

Art. 403. Se o terceiro, sem justo motivo, se recusar a efetuar a exibição, o juiz ordenar-lhe-á que proceda ao respectivo depósito em cartório ou em outro lugar designado, no prazo de 5 (cinco) dias, impondo ao requerente que o ressarça pelas despesas que tiver.

Parágrafo único. Se o terceiro descumprir a ordem, o juiz expedirá mandado de apreensão, requisitando, se necessário, força policial, sem prejuízo da responsabilidade por crime de desobediência, pagamento de multa e outras medidas indutivas, coercitivas, mandamentais ou sub-rogatórias necessárias para assegurar a efetivação da decisão.

•• Crime de desobediência: art. 330 do CP.

• *Vide* art. 7.º, II, §§ 6.º e 7.º, do EOAB.

Art. 404. A parte e o terceiro se escusam de exibir, em juízo, o documento ou a coisa se:

I – concernente a negócios da própria vida da família;

II – sua apresentação puder violar dever de honra;

III – sua publicidade redundar em desonra à parte ou ao terceiro, bem como a seus parentes consanguíneos ou afins até o terceiro grau, ou lhes representar perigo de ação penal;

IV – sua exibição acarretar a divulgação de fatos a cujo respeito, por estado ou profissão, devam guardar segredo;

V – subsistirem outros motivos graves que, segundo o prudente arbítrio do juiz, justifiquem a recusa da exibição;

VI – houver disposição legal que justifique a recusa da exibição.

Parágrafo único. Se os motivos de que tratam os incisos I a VI do *caput* disserem respeito a apenas uma parcela do documento, a parte ou o terceiro exibirá a outra em cartório, para dela ser extraída cópia reprográfica, de tudo sendo lavrado auto circunstanciado.

SEÇÃO VII
Da Prova Documental

SUBSEÇÃO I
Da Força Probante dos Documentos

• A Lei n. 7.115, de 29-8-1983, dispõe sobre prova documental em alguns casos específicos.

Art. 405. O documento público faz prova não só da sua formação, mas também dos fatos que o escrivão, o chefe de secretaria, o tabelião ou o servidor declarar que ocorreram em sua presença.

Art. 406. Quando a lei exigir instrumento público como da substância do ato, nenhuma outra prova, por mais especial que seja, pode suprir-lhe a falta.

• *Vide* art. 109 do CC.

Art. 407. O documento feito por oficial público incompetente ou sem a observância das formalidades legais, sendo subscrito pelas partes, tem a mesma eficácia probatória do documento particular.

Art. 408. As declarações constantes do documento particular escrito e assinado ou somente assinado presumem-se verdadeiras em relação ao signatário.

• *Vide* art. 219 do CC.

Parágrafo único. Quando, todavia, contiver declaração de ciência de determinado fato, o documento particular prova a ciência, mas não o fato em si, incumbindo o ônus de prová-lo ao interessado em sua veracidade.

Art. 409. A data do documento particular, quando a seu respeito surgir dúvida ou impugnação entre os litigantes, provar-se-á por todos os meios de direito.

Parágrafo único. Em relação a terceiros, considerar-se-á datado o documento particular:

I – no dia em que foi registrado;

II – desde a morte de algum dos signatários;

III – a partir da impossibilidade física que sobreveio a qualquer dos signatários;

IV – da sua apresentação em repartição pública ou em juízo;

V – do ato ou do fato que estabeleça, de modo certo, a anterioridade da formação do documento.

Art. 410. Considera-se autor do documento particular:

I – aquele que o fez e o assinou;

II – aquele por conta de quem ele foi feito, estando assinado;

III – aquele que, mandando compô-lo, não o firmou porque, conforme a experiência comum, não se costuma assinar, como livros empresariais e assentos domésticos.

Art. 411. Considera-se autêntico o documento quando:

I – o tabelião reconhecer a firma do signatário;

II – a autoria estiver identificada por qualquer outro meio legal de certificação, inclusive eletrônico, nos termos da lei;

III – não houver impugnação da parte contra quem foi produzido o documento.

Art. 412. O documento particular de cuja autenticidade não se duvida prova que o seu autor fez a declaração que lhe é atribuída.

Parágrafo único. O documento particular admitido expressa ou tacitamente é indivisível, sendo vedado à parte que pretende utilizar-se dele aceitar os fatos que lhe são favoráveis e recusar os que são contrários ao seu interesse, salvo se provar que estes não ocorreram.

• *Vide* art. 419 do CPC.

Art. 413. O telegrama, o radiograma ou qualquer outro meio de transmissão tem a mesma força probatória do documento particular se o original constante da estação expedidora tiver sido assinado pelo remetente.

Parágrafo único. A firma do remetente poderá ser reconhecida pelo tabelião, declarando-se essa circunstância no original depositado na estação expedidora.

Art. 414. O telegrama ou o radiograma presume-se conforme com o original, provando as datas de sua expedição e de seu recebimento pelo destinatário.

Art. 415. As cartas e os registros domésticos provam contra quem os escreveu quando:

I – enunciam o recebimento de um crédito;

II – contêm anotação que visa a suprir a falta de título em favor de quem é apontado como credor;

III – expressam conhecimento de fatos para os quais não se exija determinada prova.

Art. 416. A nota escrita pelo credor em qualquer parte de documento representativo de obrigação, ainda que não assinada, faz prova em benefício do devedor.

Parágrafo único. Aplica-se essa regra tanto para o documento que o credor conservar em seu poder quanto para aquele que se achar em poder do devedor ou de terceiro.

Art. 417. Os livros empresariais provam contra seu autor, sendo lícito ao empresário, todavia, demonstrar, por todos os meios permitidos em direito, que os lançamentos não correspondem à verdade dos fatos.

Art. 418. Os livros empresariais que preencham os requisitos exigidos por lei provam a favor de seu autor no litígio entre empresários.

Art. 419. A escrituração contábil é indivisível, e, se dos fatos que resultam dos lançamentos, uns são favoráveis ao interesse de seu autor e outros lhe são contrários, ambos serão considerados em conjunto, como unidade.

• *Vide* arts. 395 e 419 do CPC.

Art. 420. O juiz pode ordenar, a requerimento da parte, a exibição integral dos livros empresariais e dos documentos do arquivo:

• *Vide* art. 1.191 do CC.

I – na liquidação de sociedade;

II – na sucessão por morte de sócio;

III – quando e como determinar a lei.

Art. 421. O juiz pode, de ofício, ordenar à parte a exibição parcial dos livros e dos documentos, extraindo-se deles a suma que interessar ao litígio, bem como reproduções autenticadas.

Art. 422. Qualquer reprodução mecânica, como a fotográfica, a cinematográfica, a fonográfica ou de outra espécie, tem aptidão para fazer prova dos fatos ou das coisas representadas, se a sua conformidade com o documento original não for impugnada por aquele contra quem foi produzida.

§ 1.º As fotografias digitais e as extraídas da rede mundial de computadores fazem prova das imagens que reproduzem, devendo, se impugnadas, ser apresentada a respectiva autenticação eletrônica ou, não sendo possível, realizada perícia.

§ 2.º Se se tratar de fotografia publicada em jornal ou revista, será exigido um exemplar original do periódico, caso impugnada a veracidade pela outra parte.

§ 3.º Aplica-se o disposto neste artigo à forma impressa de mensagem eletrônica.

Art. 423. As reproduções dos documentos particulares, fotográficas ou obtidas por outros processos de repetição, valem como certidões sempre que o escrivão ou o chefe de secretaria certificar sua conformidade com o original.

Art. 424. A cópia de documento particular tem o mesmo valor probante que o original, cabendo ao escrivão, intimadas as partes, proceder à conferência e certificar a conformidade entre a cópia e o original.

Art. 425. Fazem a mesma prova que os originais:

I – as certidões textuais de qualquer peça dos autos, do protocolo das audiências ou de outro livro a cargo do escrivão ou do chefe de secretaria, se extraídas por ele ou sob sua vigilância e por ele subscritas;

II – os traslados e as certidões extraídas por oficial público de instrumentos ou documentos lançados em suas notas;

III – as reproduções dos documentos públicos, desde que autenticadas por oficial público ou conferidas em cartório com os respectivos originais;

• *Vide* arts. 216 e 217 do CC.

IV – as cópias reprográficas de peças do próprio processo judicial declaradas autênticas pelo advogado, sob sua responsabilidade pessoal, se não lhes for impugnada a autenticidade;

V – os extratos digitais de bancos de dados públicos e privados, desde que atestado pelo seu emitente, sob as penas da lei, que as informações conferem com o que consta na origem;

VI – as reproduções digitalizadas de qualquer documento público ou particular, quando juntadas aos autos pelos órgãos da justiça e seus auxiliares, pelo Ministério Público e seus auxiliares, pela Defensoria Pública e seus auxiliares, pelas procuradorias, pelas repartições públicas em geral e por advogados, ressalvada a alegação motivada e fundamentada de adulteração.

§ 1.º Os originais dos documentos digitalizados mencionados no inciso VI deverão ser preservados pelo seu detentor até o final do prazo para propositura de ação rescisória.

§ 2.º Tratando-se de cópia digital de título executivo extrajudicial ou de documento relevante à instrução do processo, o juiz poderá determinar seu depósito em cartório ou secretaria.

Art. 426. O juiz apreciará fundamentadamente a fé que deva merecer o documento, quando em ponto substancial e sem ressalva contiver entrelinha, emenda, borrão ou cancelamento.

• *Vide* art. 171 do CPC.

Art. 427. Cessa a fé do documento público ou particular sendo-lhe declarada judicialmente a falsidade.

• Falsificação de documento público ou particular: arts. 297 e 298 do CP.

Parágrafo único. A falsidade consiste em:

I – formar documento não verdadeiro;

II – alterar documento verdadeiro.

Art. 428. Cessa a fé do documento particular quando:

• Falsificação de documento particular: art. 298 do CP.

I – for impugnada sua autenticidade e enquanto não se comprovar sua veracidade;

II – assinado em branco, for impugnado seu conteúdo, por preenchimento abusivo.

Parágrafo único. Dar-se-á abuso quando aquele que recebeu documento assinado com texto não escrito no todo ou em parte formá-lo ou completá-lo por si ou por meio de outrem, violando o pacto feito com o signatário.

Art. 429. Incumbe o ônus da prova quando:

I – se tratar de falsidade de documento ou de preenchimento abusivo, à parte que a arguir;

II – se tratar de impugnação da autenticidade, à parte que produziu o documento.

SUBSEÇÃO II

Da Arguição de Falsidade

Art. 430. A falsidade deve ser suscitada na contestação, na réplica ou no prazo de 15 (quinze) dias, contado a partir da intimação da juntada do documento aos autos.

Parágrafo único. Uma vez arguida, a falsidade será resolvida como questão incidental, salvo se a parte requerer que o juiz a decida como questão principal, nos termos do inciso II do art. 19.

Art. 431. A parte arguirá a falsidade expondo os motivos em que funda a sua pretensão e os meios com que provará o alegado.

Art. 432. Depois de ouvida a outra parte no prazo de 15 (quinze) dias, será realizado o exame pericial.

•• *Vide* art. 478 do CPC.

Parágrafo único. Não se procederá ao exame pericial se a parte que produziu o documento concordar em retirá-lo.

Art. 433. A declaração sobre a falsidade do documento, quando suscitada como questão principal, constará da parte dispositiva da sentença e sobre ela incidirá também a autoridade da coisa julgada.

SUBSEÇÃO III
Da Produção da Prova Documental

Art. 434. Incumbe à parte instruir a petição inicial ou a contestação com os documentos destinados a provar suas alegações.

• *Vide* art. 212, II, do CC.

Parágrafo único. Quando o documento consistir em reprodução cinematográfica ou fonográfica, a parte deverá trazê-lo nos termos do *caput*, mas sua exposição será realizada em audiência, intimando-se previamente as partes.

Art. 435. É lícito às partes, em qualquer tempo, juntar aos autos documentos novos, quando destinados a fazer prova de fatos ocorridos depois dos articulados ou para contrapô-los aos que foram produzidos nos autos.

Parágrafo único. Admite-se também a juntada posterior de documentos formados após a petição inicial ou a contestação, bem como dos que se tornaram conhecidos, acessíveis ou disponíveis após esses atos, cabendo à parte que os produzir comprovar o motivo que a impediu de juntá-los anteriormente e incumbindo ao juiz, em qualquer caso, avaliar a conduta da parte de acordo com o art. 5.º.

Art. 436. A parte, intimada a falar sobre documento constante dos autos, poderá:

I – impugnar a admissibilidade da prova documental;

II – impugnar sua autenticidade;

III – suscitar sua falsidade, com ou sem deflagração do incidente de arguição de falsidade;

IV – manifestar-se sobre seu conteúdo.

Parágrafo único. Nas hipóteses dos incisos II e III, a impugnação deverá basear-se em argumentação específica, não se admitindo alegação genérica de falsidade.

Art. 437. O réu manifestar-se-á na contestação sobre os documentos anexados à inicial, e o autor manifestar-se-á na réplica sobre os documentos anexados à contestação.

§ 1.º Sempre que uma das partes requerer a juntada de documento aos autos, o juiz ouvirá, a seu respeito, a outra parte, que disporá do prazo de 15 (quinze) dias para adotar qualquer das posturas indicadas no art. 436.

§ 2.º Poderá o juiz, a requerimento da parte, dilatar o prazo para manifestação sobre a prova documental produzida, levando em consideração a quantidade e a complexidade da documentação.

Art. 438. O juiz requisitará às repartições públicas, em qualquer tempo ou grau de jurisdição:

I – as certidões necessárias à prova das alegações das partes;

II – os procedimentos administrativos nas causas em que forem interessados a União, os Estados, o Distrito Federal, os Municípios ou entidades da administração indireta.

• *Vide* art. 41, parágrafo único, da LEF.

§ 1.º Recebidos os autos, o juiz mandará extrair, no prazo máximo e improrrogável de 1 (um) mês, certidões ou reproduções fotográficas das peças que indicar e das que forem indicadas pelas partes, e, em seguida, devolverá os autos à repartição de origem.

§ 2.º As repartições públicas poderão fornecer todos os documentos em meio eletrônico, conforme disposto em lei, certificando, pelo mesmo meio, que se trata de extrato fiel do que consta em seu banco de dados ou no documento digitalizado.

• *Vide* Lei n. 11.419, de 19-12-2006, que dispõe sobre a informatização do processo judicial.

SEÇÃO VIII
Dos Documentos Eletrônicos

Art. 439. A utilização de documentos eletrônicos no processo convencional dependerá de sua conversão à forma impressa e da verificação de sua autenticidade, na forma da lei.

Art. 440. O juiz apreciará o valor probante do documento eletrônico não convertido, assegurado às partes o acesso ao seu teor.

Art. 441. Serão admitidos documentos eletrônicos produzidos e conservados com a observância da legislação específica.

SEÇÃO IX
Da Prova Testemunhal

• *Vide* Enunciado n. 34 da 1.ª Jornada de Direito Processual Civil.

SUBSEÇÃO I
Da Admissibilidade e do Valor da Prova Testemunhal

Art. 442. A prova testemunhal é sempre admissível, não dispondo a lei de modo diverso.

Art. 443. O juiz indeferirá a inquirição de testemunhas sobre fatos:

I – já provados por documento ou confissão da parte;

II – que só por documento ou por exame pericial puderem ser provados.

Art. 444. Nos casos em que a lei exigir prova escrita da obrigação, é admissível a prova testemunhal quando houver começo de prova por escrito, emanado da parte contra a qual se pretende produzir a prova.

Art. 445. Também se admite a prova testemunhal quando o credor não pode ou não podia, moral ou materialmente, obter a prova escrita da obrigação, em casos como o de parentesco, de depósito necessário ou de hospedagem em hotel ou em razão das práticas comerciais do local onde contraída a obrigação.

Art. 446. É lícito à parte provar com testemunhas:

I – nos contratos simulados, a divergência entre a vontade real e a vontade declarada;

II – nos contratos em geral, os vícios de consentimento.

Art. 447. Podem depor como testemunhas todas as pessoas, exceto as incapazes, impedidas ou suspeitas.

•• *Vide* art. 228 do CC.

§ 1.º São incapazes:

I – o interdito por enfermidade ou deficiência mental;

II – o que, acometido por enfermidade ou retardamento mental, ao tempo em que ocorreram os fatos, não podia discerni-los, ou, ao tempo em que deve depor, não está habilitado a transmitir as percepções;

III – o que tiver menos de 16 (dezesseis) anos;

• *Vide* art. 228, I, do CC.

IV – o cego e o surdo, quando a ciência do fato depender dos sentidos que lhes faltam.

§ 2.º São impedidos:

I – o cônjuge, o companheiro, o ascendente e o descendente em qualquer grau e o colateral, até o terceiro grau, de alguma das partes, por consanguinidade ou afinidade, salvo se o exigir o interesse público ou, tratando-se de causa relativa ao estado da pessoa, não se puder obter de outro modo a prova que o juiz repute necessária ao julgamento do mérito;

II – o que é parte na causa;

III – o que intervém em nome de uma parte, como o tutor, o representante legal da pessoa jurídica, o juiz, o advogado e outros que assistam ou tenham assistido as partes.

§ 3.º São suspeitos:

I – o inimigo da parte ou o seu amigo íntimo;

II – o que tiver interesse no litígio.

§ 4.º Sendo necessário, pode o juiz admitir o depoimento das testemunhas menores, impedidas ou suspeitas.

§ 5.º Os depoimentos referidos no § 4.º serão prestados independentemente de compromisso, e o juiz lhes atribuirá o valor que possam merecer.

Art. 448. A testemunha não é obrigada a depor sobre fatos:

I – que lhe acarretem grave dano, bem como ao seu cônjuge ou companheiro e aos seus parentes consanguíneos ou afins, em linha reta ou colateral, até o terceiro grau;

II – a cujo respeito, por estado ou profissão, deva guardar sigilo.

• *Vide* art. 457, § 3.º, do CPC.

Art. 449. Salvo disposição especial em contrário, as testemunhas devem ser ouvidas na sede do juízo.

• *Vide* art. 361 do CPC.

Parágrafo único. Quando a parte ou a testemunha, por enfermidade ou por outro motivo relevante, estiver impossibilitada de comparecer, mas não de prestar depoimento, o juiz designará, conforme as circunstâncias, dia, hora e lugar para inquiri-la.

SUBSEÇÃO II
Da Produção da Prova Testemunhal

Art. 450. O rol de testemunhas conterá, sempre que possível, o nome, a profissão, o estado civil, a idade, o número de inscrição no Cadastro de Pessoas Físicas, o número de registro de identidade e o endereço completo da residência e do local de trabalho.

Art. 451. Depois de apresentado o rol de que tratam os §§ 4.º e 5.º do art. 357, a parte só pode substituir a testemunha:

I – que falecer;

II – que, por enfermidade, não estiver em condições de depor;

III – que, tendo mudado de residência ou de local de trabalho, não for encontrada.

Art. 452. Quando for arrolado como testemunha, o juiz da causa:

I – declarar-se-á impedido, se tiver conhecimento de fatos que possam influir na decisão, caso em que será vedado à parte que o incluiu no rol desistir de seu depoimento;

II – se nada souber, mandará excluir o seu nome.

Art. 453. As testemunhas depõem, na audiência de instrução e julgamento, perante o juiz da causa, exceto:

I – as que prestam depoimento antecipadamente;

II – as que são inquiridas por carta.

§ 1.º A oitiva de testemunha que residir em comarca, seção ou subseção judiciária diversa daquela onde tramita o processo poderá ser realizada por meio de videoconferência ou outro recurso tecnológico de transmissão e recepção de sons e imagens em tempo real, o que poderá ocorrer, inclusive, durante a audiência de instrução e julgamento.

•• O art. 222, § 3.º, do CPP prevê a oitiva de testemunhas por videoconferência no processo penal.

§ 2.º Os juízos deverão manter equipamento para a transmissão e recepção de sons e imagens a que se refere o § 1.º.

Art. 454. São inquiridos em sua residência ou onde exercem sua função:

• *Vide* art. 217 do CPC.

I – o presidente e o vice-presidente da República;

II – os ministros de Estado;

III – os ministros do Supremo Tribunal Federal, os conselheiros do Conselho Nacional de Justiça e os ministros do Superior Tribunal de Justiça, do Superior Tribunal Militar, do Tribunal Superior Eleitoral, do Tribunal Superior do Trabalho e do Tribunal de Contas da União;

IV – o procurador-geral da República e os conselheiros do Conselho Nacional do Ministério Público;

V – o advogado-geral da União, o procurador-geral do Estado, o procurador-geral do Município, o defensor público-geral federal e o defensor público-geral do Estado;

VI – os senadores e os deputados federais;

VII – os governadores dos Estados e do Distrito Federal;

VIII – o prefeito;

IX – os deputados estaduais e distritais;

X – os desembargadores dos Tribunais de Justiça, dos Tribunais Regionais Federais, dos Tribunais Regionais do Trabalho e dos Tribunais Regionais Eleitorais e os conselheiros dos Tribunais de Contas dos Estados e do Distrito Federal;

XI – o procurador-geral de justiça;

XII – o embaixador de país que, por lei ou tratado, concede idêntica prerrogativa a agente diplomático do Brasil.

§ 1.º O juiz solicitará à autoridade que indique dia, hora e local a fim de ser inquirida, remetendo-lhe cópia da petição inicial ou da defesa oferecida pela parte que a arrolou como testemunha.

§ 2.º Passado 1 (um) mês sem manifestação da autoridade, o juiz designará dia, hora e local para o depoimento, preferencialmente na sede do juízo.

§ 3.º O juiz também designará dia, hora e local para o depoimento, quando a autoridade não comparecer, injustificadamente, à sessão agendada para a colheita de seu testemunho no dia, hora e local por ela mesma indicados.

Art. 455. Cabe ao advogado da parte informar ou intimar a testemunha por ele arrolada do dia, da hora e do local da audiência designada, dispensando-se a intimação do juízo.

§ 1.º A intimação deverá ser realizada por carta com aviso de recebimento, cumprindo ao advogado juntar aos autos, com antecedência de pelo menos 3 (três) dias da data da audiência, cópia da correspondência de intimação e do comprovante de recebimento.

§ 2.º A parte pode comprometer-se a levar a testemunha à audiência, independentemente da intimação de que trata o § 1.º, presumindo-se, caso a testemunha não compareça, que a parte desistiu de sua inquirição.

§ 3.º A inércia na realização da intimação a que se refere o § 1.º importa desistência da inquirição da testemunha.

§ 4.º A intimação será feita pela via judicial quando:

I – for frustrada a intimação prevista no § 1.º deste artigo;

II – sua necessidade for devidamente demonstrada pela parte ao juiz;

III – figurar no rol de testemunhas servidor público ou militar, hipótese em que o juiz o requisitará ao chefe da repartição ou ao comando do corpo em que servir;

IV – a testemunha houver sido arrolada pelo Ministério Público ou pela Defensoria Pública;

V – a testemunha for uma daquelas previstas no art. 454.

§ 5.º A testemunha que, intimada na forma do § 1.º ou do § 4.º, deixar de comparecer sem motivo justificado será conduzida e responderá pelas despesas do adiamento.

Art. 456. O juiz inquirirá as testemunhas separada e sucessivamente, primeiro as do autor e depois as do réu, e providenciará para que uma não ouça o depoimento das outras.

Parágrafo único. O juiz poderá alterar a ordem estabelecida no *caput* se as partes concordarem.

Art. 457. Antes de depor, a testemunha será qualificada, declarará ou confirmará seus dados e informará se tem relações de parentesco com a parte ou interesse no objeto do processo.

§ 1.º É lícito à parte contraditar a testemunha, arguindo-lhe a incapacidade, o impedimento ou a suspeição, bem como, caso a testemunha negue os fatos que lhe são imputados, provar a contradita com documentos ou com testemunhas, até 3 (três), apresentadas no ato e inquiridas em separado.

§ 2.º Sendo provados ou confessados os fatos a que se refere o § 1.º, o juiz dispensará a testemunha ou lhe tomará o depoimento como informante.

§ 3.º A testemunha pode requerer ao juiz que a escuse de depor, alegando os motivos previstos neste Código, decidindo o juiz de plano após ouvidas as partes.

Art. 458. Ao início da inquirição, a testemunha prestará o compromisso de dizer a verdade do que souber e lhe for perguntado.

• *Vide* art. 447, §§ 4.º e 5.º, do CPC.

Parágrafo único. O juiz advertirá à testemunha que incorre em sanção penal quem faz afirmação falsa, cala ou oculta a verdade.

• *Vide* Súmula 165 do STJ.

Art. 459. As perguntas serão formuladas pelas partes diretamente à testemunha, começando pela que a arrolou, não admitindo o juiz aquelas que puderem induzir a resposta, não tiverem relação com as questões de fato objeto da atividade probatória ou importarem repetição de outra já respondida.

•• *Vide* art. 11 da Instrução Normativa n. 39, de 15-3-2016.

§ 1.º O juiz poderá inquirir a testemunha tanto antes quanto depois da inquirição feita pelas partes.

§ 2.º As testemunhas devem ser tratadas com urbanidade, não se lhes fazendo perguntas ou considerações impertinentes, capciosas ou vexatórias.

§ 3.º As perguntas que o juiz indeferir serão transcritas no termo, se a parte o requerer.

Art. 460. O depoimento poderá ser documentado por meio de gravação.

§ 1.º Quando digitado ou registrado por taquigrafia, estenotipia ou outro método idôneo de documentação, o depoimento será assinado pelo juiz, pelo depoente e pelos procuradores.

§ 2.º Se houver recurso em processo em autos não eletrônicos, o depoimento somente será digitado quando for impossível o envio de sua documentação eletrônica.

§ 3.º Tratando-se de autos eletrônicos, observar-se-á o disposto neste Código e na legislação específica sobre a prática eletrônica de atos processuais.

Art. 461. O juiz pode ordenar, de ofício ou a requerimento da parte:

I – a inquirição de testemunhas referidas nas declarações da parte ou das testemunhas;

II – a acareação de 2 (duas) ou mais testemunhas ou de alguma delas com a parte, quando, sobre fato determinado que possa influir na decisão da causa, divergirem as suas declarações.

§ 1.º Os acareados serão reperguntados para que expliquem os pontos de divergência, reduzindo-se a termo o ato de acareação.

§ 2.º A acareação pode ser realizada por videoconferência ou por outro recurso tecnológico de transmissão de sons e imagens em tempo real.

Art. 462. A testemunha pode requerer ao juiz o pagamento da despesa que efetuou para comparecimento à audiência, devendo a parte pagá-la logo que arbitrada ou depositá-la em cartório dentro de 3 (três) dias.

Art. 463. O depoimento prestado em juízo é considerado serviço público.

Parágrafo único. A testemunha, quando sujeita ao regime da legislação trabalhista, não sofre, por comparecer à audiência, perda de salário nem desconto no tempo de serviço.

• *Vide* art. 473, VIII, da CLT.

SEÇÃO X
Da Prova Pericial

Art. 464. A prova pericial consiste em exame, vistoria ou avaliação.

§ 1.º O juiz indeferirá a perícia quando:

• *Vide* arts. 58 e 59 da Consolidação dos Provimentos da Corregedoria-Geral da Justiça do Trabalho.

I – a prova do fato não depender de conhecimento especial de técnico;

II – for desnecessária em vista de outras provas produzidas;

III – a verificação for impraticável.

§ 2.º De ofício ou a requerimento das partes, o juiz poderá, em substituição à perícia, determinar a produção de prova técnica simplificada, quando o ponto controvertido for de menor complexidade.

§ 3.º A prova técnica simplificada consistirá apenas na inquirição de especialista, pelo juiz, sobre ponto controvertido da causa que demande especial conhecimento científico ou técnico.

§ 4.º Durante a arguição, o especialista, que deverá ter formação acadêmica específica na área objeto de seu depoimento, poderá valer-se de qualquer recurso tecnológico de transmissão de sons e imagens com o fim de esclarecer os pontos controvertidos da causa.

Art. 465. O juiz nomeará perito especializado no objeto da perícia e fixará de imediato o prazo para a entrega do laudo.

§ 1.º Incumbe às partes, dentro de 15 (quinze) dias contados da intimação do despacho de nomeação do perito:

I – arguir o impedimento ou a suspeição do perito, se for o caso;

II – indicar assistente técnico;

III – apresentar quesitos.

§ 2.º Ciente da nomeação, o perito apresentará em 5 (cinco) dias:

I – proposta de honorários;

II – currículo, com comprovação de especialização;

III – contatos profissionais, em especial o endereço eletrônico, para onde serão dirigidas as intimações pessoais.

§ 3.º As partes serão intimadas da proposta de honorários para, querendo, manifestar-se no prazo comum de 5 (cinco) dias, após o que o juiz arbitrará o valor, intimando-se as partes para os fins do art. 95.

§ 4.º O juiz poderá autorizar o pagamento de até cinquenta por cento dos honorários arbitrados a favor do perito no início dos trabalhos, devendo o remanescente ser pago apenas ao final, depois de entregue o laudo e prestados todos os esclarecimentos necessários.

§ 5.º Quando a perícia for inconclusiva ou deficiente, o juiz poderá reduzir a remuneração inicialmente arbitrada para o trabalho.

§ 6.º Quando tiver de realizar-se por carta, poder-se-á proceder à nomeação de perito e à indicação de assistentes técnicos no juízo ao qual se requisitar a perícia.

• *Vide* art. 260, § 2.º, do CPC.

Art. 466. O perito cumprirá escrupulosamente o encargo que lhe foi cometido, independentemente de termo de compromisso.

§ 1.º Os assistentes técnicos são de confiança da parte e não estão sujeitos a impedimento ou suspeição.

§ 2.º O perito deve assegurar aos assistentes das partes o acesso e o acompanhamento das diligências e dos exames que realizar, com prévia comunicação, comprovada nos autos, com antecedência mínima de 5 (cinco) dias.

Art. 467. O perito pode escusar-se ou ser recusado por impedimento ou suspeição.

Parágrafo único. O juiz, ao aceitar a escusa ou ao julgar procedente a impugnação, nomeará novo perito.

Art. 468. O perito pode ser substituído quando:

I – faltar-lhe conhecimento técnico ou científico;

II – sem motivo legítimo, deixar de cumprir o encargo no prazo que lhe foi assinado.

§ 1.º No caso previsto no inciso II, o juiz comunicará a ocorrência à corporação profissional respectiva, podendo, ainda, impor multa ao perito, fixada tendo em vista o valor da causa e o possível prejuízo decorrente do atraso no processo.

§ 2.º O perito substituído restituirá, no prazo de 15 (quinze) dias, os valores recebidos pelo trabalho não realizado, sob pena de ficar impedido de atuar como perito judicial pelo prazo de 5 (cinco) anos.

§ 3.º Não ocorrendo a restituição voluntária de que trata o § 2.º, a parte que tiver realizado o adiantamento dos honorários poderá promover execução contra o perito, na forma dos arts. 513 e seguintes deste Código, com fundamento na decisão que determinar a devolução do numerário.

Art. 469. As partes poderão apresentar quesitos suplementares durante a diligência, que poderão ser respondidos pelo perito previamente ou na audiência de instrução e julgamento.

Parágrafo único. O escrivão dará à parte contrária ciência da juntada dos quesitos aos autos.

Art. 470. Incumbe ao juiz:

I – indeferir quesitos impertinentes;

II – formular os quesitos que entender necessários ao esclarecimento da causa.

Art. 471. As partes podem, de comum acordo, escolher o perito, indicando-o mediante requerimento, desde que:

I – sejam plenamente capazes;

II – a causa possa ser resolvida por autocomposição.

§ 1.º As partes, ao escolher o perito, já devem indicar os respectivos assistentes técnicos para acompanhar a realização da perícia, que se realizará em data e local previamente anunciados.

§ 2.º O perito e os assistentes técnicos devem entregar, respectivamente, laudo e pareceres em prazo fixado pelo juiz.

§ 3.º A perícia consensual substitui, para todos os efeitos, a que seria realizada por perito nomeado pelo juiz.

Art. 472. O juiz poderá dispensar prova pericial quando as partes, na inicial e na contestação, apresentarem, sobre as questões de fato, pareceres técnicos ou documentos elucidativos que considerar suficientes.

• *Vide* Enunciado n. 54 da 1.ª Jornada de Direito do Trabalho.

Art. 473. O laudo pericial deverá conter:

I – a exposição do objeto da perícia;

II – a análise técnica ou científica realizada pelo perito;

III – a indicação do método utilizado, esclarecendo-o e demonstrando ser predominantemente aceito pelos especialistas da área do conhecimento da qual se originou;

IV – resposta conclusiva a todos os quesitos apresentados pelo juiz, pelas partes e pelo órgão do Ministério Público.

§ 1.º No laudo, o perito deve apresentar sua fundamentação em linguagem simples e com coerência lógica, indicando como alcançou suas conclusões.

§ 2.º É vedado ao perito ultrapassar os limites de sua designação, bem como emitir opiniões pessoais que excedam o exame técnico ou científico do objeto da perícia.

§ 3.º Para o desempenho de sua função, o perito e os assistentes técnicos podem valer-se de todos os meios necessários, ouvindo testemunhas, obtendo informações, solicitando documentos que estejam em poder da parte, de terceiros ou em repartições públicas, bem como instruir o laudo com planilhas, mapas, plantas, desenhos, fotografias ou outros elementos necessários ao esclarecimento do objeto da perícia.

Art. 474. As partes terão ciência da data e do local designados pelo juiz ou indicados pelo perito para ter início a produção da prova.

Art. 475. Tratando-se de perícia complexa que abranja mais de uma área de conhecimento especializado, o juiz poderá nomear mais de um perito, e a parte, indicar mais de um assistente técnico.

Art. 476. Se o perito, por motivo justificado, não puder apresentar o laudo dentro do prazo, o juiz poderá conceder-lhe, por uma vez, prorrogação pela metade do prazo originalmente fixado.

Art. 477. O perito protocolará o laudo em juízo, no prazo fixado pelo juiz, pelo menos 20 (vinte) dias antes da audiência de instrução e julgamento.

§ 1.º As partes serão intimadas para, querendo, manifestar-se sobre o laudo do perito do juízo no prazo comum de 15 (quinze) dias, podendo o assistente técnico de cada uma das partes, em igual prazo, apresentar seu respectivo parecer.

§ 2.º O perito do juízo tem o dever de, no prazo de 15 (quinze) dias, esclarecer ponto:

I – sobre o qual exista divergência ou dúvida de qualquer das partes, do juiz ou do órgão do Ministério Público;

II – divergente apresentado no parecer do assistente técnico da parte.

§ 3.º Se ainda houver necessidade de esclarecimentos, a parte requererá ao juiz que mande intimar o perito ou o assistente técnico a comparecer à audiência de instrução e julgamento, formulando, desde logo, as perguntas, sob forma de quesitos.

•• *Vide* art. 361, I, do CPC.

§ 4.º O perito ou o assistente técnico será intimado por meio eletrônico, com pelo menos 10 (dez) dias de antecedência da audiência.

Art. 478. Quando o exame tiver por objeto a autenticidade ou a falsidade de documento ou for de natureza médico-legal, o perito será escolhido, de preferência, entre os técnicos dos estabelecimentos oficiais especializados, a cujos diretores o juiz autorizará a remessa dos autos, bem como do material sujeito a exame.

§ 1.º Nas hipóteses de gratuidade de justiça, os órgãos e as repartições oficiais deverão cumprir a determinação judicial com preferência, no prazo estabelecido.

§ 2.º A prorrogação do prazo referido no § 1.º pode ser requerida motivadamente.

§ 3.º Quando o exame tiver por objeto a autenticidade da letra e da firma, o perito poderá requisitar, para efeito de comparação, documentos existentes em repartições públicas e, na falta destes, poderá requerer ao juiz que a pessoa a quem se atribuir a autoria do documento lance em folha de papel, por cópia ou sob ditado, dizeres diferentes, para fins de comparação.

Art. 479. O juiz apreciará a prova pericial de acordo com o disposto no art. 371, indicando na sentença os motivos que o levaram a considerar ou a deixar de considerar as conclusões do laudo, levando em conta o método utilizado pelo perito.

Art. 480. O juiz determinará, de ofício ou a requerimento da parte, a realização de nova perícia quando a matéria não estiver suficientemente esclarecida.

§ 1.º A segunda perícia tem por objeto os mesmos fatos sobre os quais recaiu a primeira e destina-se a corrigir eventual omissão ou inexatidão dos resultados a que esta conduziu.

§ 2.º A segunda perícia rege-se pelas disposições estabelecidas para a primeira.

§ 3.º A segunda perícia não substitui a primeira, cabendo ao juiz apreciar o valor de uma e de outra.

SEÇÃO XI

Da Inspeção Judicial

Art. 481. O juiz, de ofício ou a requerimento da parte, pode, em qualquer fase do processo, inspecionar pessoas ou coisas, a fim de se esclarecer sobre fato que interesse à decisão da causa.

Art. 482. Ao realizar a inspeção, o juiz poderá ser assistido por um ou mais peritos.

Art. 483. O juiz irá ao local onde se encontre a pessoa ou a coisa quando:

I – julgar necessário para a melhor verificação ou interpretação dos fatos que deva observar;

II – a coisa não puder ser apresentada em juízo sem consideráveis despesas ou graves dificuldades;

III – determinar a reconstituição dos fatos.

Parágrafo único. As partes têm sempre direito a assistir à inspeção, prestando esclarecimentos e fazendo observações que considerem de interesse para a causa.

Art. 484. Concluída a diligência, o juiz mandará lavrar auto circunstanciado, mencionando nele tudo quanto for útil ao julgamento da causa.

Parágrafo único. O auto poderá ser instruído com desenho, gráfico ou fotografia.

CAPÍTULO XIII

DA SENTENÇA E DA COISA JULGADA

SEÇÃO I

Disposições Gerais

Art. 485. O juiz não resolverá o mérito quando:

•• *Vide* art. 203, § 1.º, do CPC.

I – indeferir a petição inicial;

• *Vide* art. 330 do CPC.

II – o processo ficar parado durante mais de 1 (um) ano por negligência das partes;

III – por não promover os atos e as diligências que lhe incumbir, o autor abandonar a causa por mais de 30 (trinta) dias;

IV – verificar a ausência de pressupostos de constituição e de desenvolvimento válido e regular do processo;

V – reconhecer a existência de perempção, de litispendência ou de coisa julgada;

• *Vide* art. 5.º, XXXVI, da CF.

• *Vide* arts. 337, V, e 486 do CPC.

VI – verificar ausência de legitimidade ou de interesse processual;

VII – acolher a alegação de existência de convenção de arbitragem ou quando o juízo arbitral reconhecer sua competência;

VIII – homologar a desistência da ação;

IX – em caso de morte da parte, a ação for considerada intransmissível por disposição legal; e

X – nos demais casos prescritos neste Código.

§ 1.º Nas hipóteses descritas nos incisos II e III, a parte será intimada pessoalmente para suprir a falta no prazo de 5 (cinco) dias.

§ 2.º No caso do § 1.º, quanto ao inciso II, as partes pagarão proporcionalmente as custas, e, quanto ao inciso III, o autor será condenado ao pagamento das despesas e dos honorários de advogado.

§ 3.º O juiz conhecerá de ofício da matéria constante dos incisos IV, V, VI e IX, em qualquer tempo e grau de jurisdição, enquanto não ocorrer o trânsito em julgado.

§ 4.º Oferecida a contestação, o autor não poderá, sem o consentimento do réu, desistir da ação.

§ 5.º A desistência da ação pode ser apresentada até a sentença.

§ 6.º Oferecida a contestação, a extinção do processo por abandono da causa pelo autor depende de requerimento do réu.

§ 7.º Interposta a apelação em qualquer dos casos de que tratam os incisos deste artigo, o juiz terá 5 (cinco) dias para retratar-se.

•• *Vide* art. 3.º da Instrução Normativa n. 39, de 15-3-2016.

Art. 486. O pronunciamento judicial que não resolve o mérito não obsta a que a parte proponha de novo a ação.

• *Vide* art. 486, *caput*, do CPC.

§ 1.º No caso de extinção em razão de litispendência e nos casos dos incisos I, IV, VI e VII do art. 485, a propositura da nova ação depende da correção do vício que levou à sentença sem resolução do mérito.

§ 2.º A petição inicial, todavia, não será despachada sem a prova do pagamento ou do depósito das custas e dos honorários de advogado.

§ 3.º Se o autor der causa, por 3 (três) vezes, a sentença fundada em abandono da causa, não poderá propor nova ação contra o réu com o mesmo objeto, ficando-lhe ressalvada, entretanto, a possibilidade de alegar em defesa o seu direito.

• *Vide* art. 486, § 3.º, do CPC.

Art. 487. Haverá resolução de mérito quando o juiz:

•• *Vide* art. 203, § 1.º, do CPC.

I – acolher ou rejeitar o pedido formulado na ação ou na reconvenção;

II – decidir, de ofício ou a requerimento, sobre a ocorrência de decadência ou prescrição;

• *Vide* art. 354 do CPC.

III – homologar:

• *Vide* art. 354 do CPC.

a) o reconhecimento da procedência do pedido formulado na ação ou na reconvenção;

b) a transação;

c) a renúncia à pretensão formulada na ação ou na reconvenção.

Parágrafo único. Ressalvada a hipótese do § 1.º do art. 332, a prescrição e a decadência não serão reconhecidas sem que antes seja dada às partes oportunidade de manifestar-se.

Art. 488. Desde que possível, o juiz resolverá o mérito sempre que a decisão for favorável à parte a quem aproveitaria eventual pronunciamento nos termos do art. 485.

SEÇÃO II
Dos Elementos e dos Efeitos da Sentença

Art. 489. São elementos essenciais da sentença:

•• *Vide* art. 3.º da Instrução Normativa n. 39, de 15-3-2016.

•• *Vide* Súmula 459 do TST.

• *Vide* Enunciado n. 37 da 1.ª Jornada de Direito Processual Civil.

I – o relatório, que conterá os nomes das partes, a identificação do caso, com a suma do pedido e da contestação, e o registro das principais ocorrências havidas no andamento do processo;

II – os fundamentos, em que o juiz analisará as questões de fato e de direito;

III – o dispositivo, em que o juiz resolverá as questões principais que as partes lhe submeterem.

§ 1.º Não se considera fundamentada qualquer decisão judicial, seja ela interlocutória, sentença ou acórdão, que:

•• *Vide* art. 140 do CPC.

I – se limitar à indicação, à reprodução ou à paráfrase de ato normativo, sem explicar sua relação com a causa ou a questão decidida;

II – empregar conceitos jurídicos indeterminados, sem explicar o motivo concreto de sua incidência no caso;

III – invocar motivos que se prestariam a justificar qualquer outra decisão;

IV – não enfrentar todos os argumentos deduzidos no processo capazes de, em tese, infirmar a conclusão adotada pelo julgador;

•• *Vide* art. 15, III e IV, da Instrução Normativa n. 39, de 15-3-2016.

V – se limitar a invocar precedente ou enunciado de súmula, sem identificar seus fundamentos determinantes nem demonstrar que o caso sob julgamento se ajusta àqueles fundamentos;

•• *Vide* art. 15, II e VI, da Instrução Normativa n. 39, de 15-3-2016.

VI – deixar de seguir enunciado de súmula, jurisprudência ou precedente invocado pela parte, sem demonstrar a existência de distinção no caso em julgamento ou a superação do entendimento.

•• *Vide* art. 15, II e VI, da Instrução Normativa n. 39, de 15-3-2016.

§ 2.º No caso de colisão entre normas, o juiz deve justificar o objeto e os critérios gerais da ponderação efetuada, enunciando as razões que autorizam a interferência na norma afastada e as premissas fáticas que fundamentam a conclusão.

§ 3.º A decisão judicial deve ser interpretada a partir da conjugação de todos os seus elementos e em conformidade com o princípio da boa-fé.

Art. 490. O juiz resolverá o mérito acolhendo ou rejeitando, no todo ou em parte, os pedidos formulados pelas partes.

• *Vide* arts. 1.009 e s. do CPC.

Art. 491. Na ação relativa à obrigação de pagar quantia, ainda que formulado pedido genérico, a decisão definirá desde logo a extensão da obrigação, o índice de correção monetária, a taxa de juros, o termo inicial de ambos e a periodicidade da capitalização dos juros, se for o caso, salvo quando:

I – não for possível determinar, de modo definitivo, o montante devido;

II – a apuração do valor devido depender da produção de prova de realização demorada ou excessivamente dispendiosa, assim reconhecida na sentença.

§ 1.º Nos casos previstos neste artigo, seguir-se-á a apuração do valor devido por liquidação.

§ 2.º O disposto no *caput* também se aplica quando o acórdão alterar a sentença.

Art. 492. É vedado ao juiz proferir decisão de natureza diversa da pedida, bem como condenar a parte em quantidade superior ou em objeto diverso do que lhe foi demandado.

• *Vide* art. 141 do CPC.

Parágrafo único. A decisão deve ser certa, ainda que resolva relação jurídica condicional.

Art. 493. Se, depois da propositura da ação, algum fato constitutivo, modificativo ou extintivo do direito influir no julgamento do mérito, caberá ao juiz tomá-lo em consideração, de ofício ou a requerimento da parte, no momento de proferir a decisão.

Parágrafo único. Se constatar de ofício o fato novo, o juiz ouvirá as partes sobre ele antes de decidir.

Art. 494. Publicada a sentença, o juiz só poderá alterá-la:

• *Vide* arts. 505 e 656 do CPC.

I – para corrigir-lhe, de ofício ou a requerimento da parte, inexatidões materiais ou erros de cálculo;

II – por meio de embargos de declaração.

• *Vide* arts. 1.022 a 1.026 do CPC.

Art. 495. A decisão que condenar o réu ao pagamento de prestação consistente em dinheiro e a que determinar a conversão de prestação de fazer, de não fazer ou de dar coisa em prestação pecuniária valerão como título constitutivo de hipoteca judiciária.

•• *Vide* art. 17 da Instrução Normativa n. 39, de 15-3-2016.

§ 1.º A decisão produz a hipoteca judiciária:

I – embora a condenação seja genérica;

II – ainda que o credor possa promover o cumprimento provisório da sentença ou esteja pendente arresto sobre bem do devedor;

III – mesmo que impugnada por recurso dotado de efeito suspensivo.

§ 2.º A hipoteca judiciária poderá ser realizada mediante apresentação de cópia da sentença perante o cartório de registro imobiliário, independentemente de ordem judicial, de declaração expressa do juiz ou de demonstração de urgência.

§ 3.º No prazo de até 15 (quinze) dias da data de realização da hipoteca, a parte informá-la-á ao juízo da causa, que determinará a intimação da outra parte para que tome ciência do ato.

§ 4.º A hipoteca judiciária, uma vez constituída, implicará, para o credor hipotecário, o direito de preferência, quanto ao pagamento, em relação a outros credores, observada a prioridade no registro.

§ 5.º Sobrevindo a reforma ou a invalidação da decisão que impôs o pagamento de quantia, a parte responderá, independentemente de culpa, pelos danos que a outra parte tiver sofrido em razão da constituição da garantia, devendo o valor da indenização ser liquidado e executado nos próprios autos.

SEÇÃO III
Da Remessa Necessária

Art. 496. Está sujeita ao duplo grau de jurisdição, não produzindo efeito senão depois de confirmada pelo tribunal, a sentença:

•• *Vide* art. 3.º da Instrução Normativa n. 39, de 15-3-2016.

I – proferida contra a União, os Estados, o Distrito Federal, os Municípios e suas respectivas autarquias e fundações de direito público;

•• *Vide* Súmula 303 do TST.

II – que julgar procedentes, no todo ou em parte, os embargos à execução fiscal.

• *Vide* Súmula 45 do STJ.

• *Vide* Lei n. 6.830, de 22-9-1980, que dispõe sobre a cobrança da dívida ativa da Fazenda Pública.

§ 1.º Nos casos previstos neste artigo, não interposta a apelação no prazo legal, o juiz ordenará a remessa dos autos ao tribunal, e, se não o fizer, o presidente do respectivo tribunal avocá-los-á.

§ 2.º Em qualquer dos casos referidos no § 1.º, o tribunal julgará a remessa necessária.

§ 3.º Não se aplica o disposto neste artigo quando a condenação ou o proveito econômico obtido na causa for de valor certo e líquido inferior a:

I – 1.000 (mil) salários mínimos para a União e as respectivas autarquias e fundações de direito público;

II – 500 (quinhentos) salários mínimos para os Estados, o Distrito Federal, as respectivas autarquias e fundações de direito público e os Municípios que constituam capitais dos Estados;

III – 100 (cem) salários mínimos para todos os demais Municípios e respectivas autarquias e fundações de direito público.

§ 4.º Também não se aplica o disposto neste artigo quando a sentença estiver fundada em:

I – súmula de tribunal superior;

II – acórdão proferido pelo Supremo Tribunal Federal ou pelo Superior Tribunal de Justiça em julgamento de recursos repetitivos;

• *Vide* arts. 1.036 a 1.041 do CPC.

III – entendimento firmado em incidente de resolução de demandas repetitivas ou de assunção de competência;

IV – entendimento coincidente com orientação vinculante firmada no âmbito administrativo do próprio ente público, consolidada em manifestação, parecer ou súmula administrativa.

SEÇÃO IV
Do Julgamento das Ações Relativas às Prestações de Fazer, de Não Fazer e de Entregar Coisa

•• *Vide* art. 3.º da Instrução Normativa n. 39, de 15-3-2016.

Art. 497. Na ação que tenha por objeto a prestação de fazer ou de não fazer, o juiz, se procedente o pedido, concederá a tutela específica ou determinará providências que assegurem a obtenção de tutela pelo resultado prático equivalente.

•• *Vide* art. 513 do CPC.

• *Vide* art. 84 do CDC.

Parágrafo único. Para a concessão da tutela específica destinada a inibir a prática, a reiteração ou a continuação de um ilícito, ou a sua remoção, é irrelevante a demonstração da ocorrência de dano ou da existência de culpa ou dolo.

Art. 498. Na ação que tenha por objeto a entrega de coisa, o juiz, ao conceder a tutela específica, fixará o prazo para o cumprimento da obrigação.

Parágrafo único. Tratando-se de entrega de coisa determinada pelo gênero e pela quantidade, o autor individualizá-la-á na petição inicial, se lhe couber a escolha, ou, se a escolha couber ao réu, este a entregará individualizada, no prazo fixado pelo juiz.

Art. 499. A obrigação somente será convertida em perdas e danos se o autor o requerer ou se impossível a tutela específica ou a obtenção de tutela pelo resultado prático equivalente.

Art. 500. A indenização por perdas e danos dar-se-á sem prejuízo da multa fixada periodicamente para compelir o réu ao cumprimento específico da obrigação.

Art. 501. Na ação que tenha por objeto a emissão de declaração de vontade, a sentença que julgar procedente o pedido, uma vez transitada em julgado, produzirá todos os efeitos da declaração não emitida.

SEÇÃO V

Da Coisa Julgada

Art. 502. Denomina-se coisa julgada material a autoridade que torna imutável e indiscutível a decisão de mérito não mais sujeita a recurso.

- *Vide* art. 5.º, XXXVI, da CF.
- *Vide* art. 337, § 1.º, do CPC.
- *Vide* art. 6.º, *caput* e § 1.º, da LINDB.

Art. 503. A decisão que julgar total ou parcialmente o mérito tem força de lei nos limites da questão principal expressamente decidida.

§ 1.º O disposto no *caput* aplica-se à resolução de questão prejudicial, decidida expressa e incidentemente no processo, se:

•• *Vide* art. 1.054 do CPC.

I – dessa resolução depender o julgamento do mérito;

II – a seu respeito tiver havido contraditório prévio e efetivo, não se aplicando no caso de revelia;

III – o juízo tiver competência em razão da matéria e da pessoa para resolvê-la como questão principal.

§ 2.º A hipótese do § 1.º não se aplica se no processo houver restrições probatórias ou limitações à cognição que impeçam o aprofundamento da análise da questão prejudicial.

Art. 504. Não fazem coisa julgada:

I – os motivos, ainda que importantes para determinar o alcance da parte dispositiva da sentença;

II – a verdade dos fatos, estabelecida como fundamento da sentença.

Art. 505. Nenhum juiz decidirá novamente as questões já decididas relativas à mesma lide, salvo:

I – se, tratando-se de relação jurídica de trato continuado, sobreveio modificação no estado de fato ou de direito, caso em que poderá a parte pedir a revisão do que foi estatuído na sentença;

II – nos demais casos prescritos em lei.

- *Vide* arts. 493 e 494 do CPC.

Art. 506. A sentença faz coisa julgada às partes entre as quais é dada, não prejudicando terceiros.

- *Vide* Enunciado n. 36 da 1.ª Jornada de Direito Processual Civil.

Art. 507. É vedado à parte discutir no curso do processo as questões já decididas a cujo respeito se operou a preclusão.

Art. 508. Transitada em julgado a decisão de mérito, considerar-se-ão deduzidas e repelidas todas as alegações e as defesas que a parte poderia opor tanto ao acolhimento quanto à rejeição do pedido.

CAPÍTULO XIV

DA LIQUIDAÇÃO DE SENTENÇA

Art. 509. Quando a sentença condenar ao pagamento de quantia ilíquida, proceder-se-á à sua liquidação, a requerimento do credor ou do devedor:

I – por arbitramento, quando determinado pela sentença, convencionado pelas partes ou exigido pela natureza do objeto da liquidação;

II – pelo procedimento comum, quando houver necessidade de alegar e provar fato novo.

§ 1.º Quando na sentença houver uma parte líquida e outra ilíquida, ao credor é lícito promover simultaneamente a execução daquela e, em autos apartados, a liquidação desta.

- Sobre execução *vide* arts. 778 e s. do CPC.

§ 2.º Quando a apuração do valor depender apenas de cálculo aritmético, o credor poderá promover, desde logo, o cumprimento da sentença.

§ 3.º O Conselho Nacional de Justiça desenvolverá e colocará à disposição dos interessados programa de atualização financeira.

§ 4.º Na liquidação é vedado discutir de novo a lide ou modificar a sentença que a julgou.

Art. 510. Na liquidação por arbitramento, o juiz intimará as partes para a apresentação de pareceres ou documentos elucidativos, no prazo que fixar, e, caso não possa decidir de plano, nomeará perito, observando-se, no que couber, o procedimento da prova pericial.

Art. 511. Na liquidação pelo procedimento comum, o juiz determinará a intimação do requerido, na pessoa de seu advogado ou da sociedade de advogados a que estiver vinculado, para, querendo, apresentar contestação no prazo de 15 (quinze) dias, observando-se, a seguir, no que couber, o disposto no Livro I da Parte Especial deste Código.

Art. 512. A liquidação poderá ser realizada na pendência de recurso, processando-se em autos apartados no juízo de origem, cumprindo ao liquidante instruir o pedido com cópias das peças processuais pertinentes.

TÍTULO II

DO CUMPRIMENTO DA SENTENÇA

CAPÍTULO I

DISPOSIÇÕES GERAIS

Art. 513. O cumprimento da sentença será feito segundo as regras deste Título, observando-se, no que couber e conforme a natureza da obrigação, o disposto no Livro II da Parte Especial deste Código.

§ 1.º O cumprimento da sentença que reconhece o dever de pagar quantia, provisório ou definitivo, far-se-á a requerimento do exequente.

§ 2.º O devedor será intimado para cumprir a sentença:

I – pelo *Diário da Justiça*, na pessoa de seu advogado constituído nos autos;

II – por carta com aviso de recebimento, quando representado pela Defensoria Pública ou quando não tiver procurador constituído nos autos, ressalvada a hipótese do inciso IV;

III – por meio eletrônico, quando, no caso do § 1.º do art. 246, não tiver procurador constituído nos autos;

IV – por edital, quando, citado na forma do art. 256, tiver sido revel na fase de conhecimento.

§ 3.º Na hipótese do § 2.º, incisos II e III, considera-se realizada a intimação quando o devedor houver mudado de endereço sem prévia comunicação ao juízo, observado o disposto no parágrafo único do art. 274.

§ 4.º Se o requerimento a que alude o § 1.º for formulado após 1 (um) ano do trânsito em julgado da sentença, a intimação será feita na pessoa do devedor, por meio de carta com aviso de recebimento encaminhada ao endereço constante dos autos, observado o disposto no parágrafo único do art. 274 e no § 3.º deste artigo.

§ 5.º O cumprimento da sentença não poderá ser promovido em face do fiador, do coobrigado ou do corresponsável que não tiver participado da fase de conhecimento.

Art. 514. Quando o juiz decidir relação jurídica sujeita a condição ou termo, o cumprimento da sentença dependerá de demonstração de que se realizou a condição ou de que ocorreu o termo.

•• *Vide* arts. 798 e 803, III, do CPC.

• *Vide* arts. 121 a 137 do CC.

Art. 515. São títulos executivos judiciais, cujo cumprimento dar-se-á de acordo com os artigos previstos neste Título:

I – as decisões proferidas no processo civil que reconheçam a exigibilidade de obrigação de pagar quantia, de fazer, de não fazer ou de entregar coisa;

• *Vide* art. 24 da Lei n. 8.906, de 4-7-1994.

II – a decisão homologatória de autocomposição judicial;

III – a decisão homologatória de autocomposição extrajudicial de qualquer natureza;

IV – o formal e a certidão de partilha, exclusivamente em relação ao inventariante, aos herdeiros e aos sucessores a título singular ou universal;

•• *Vide* art. 655 do CPC.

V – o crédito de auxiliar da justiça, quando as custas, emolumentos ou honorários tiverem sido aprovados por decisão judicial;

VI – a sentença penal condenatória transitada em julgado;

• A Lei n. 7.210, de 11-7-1984, dispõe sobre pena de multa em seus arts. 164 a 170.

VII – a sentença arbitral;

VIII – a sentença estrangeira homologada pelo Superior Tribunal de Justiça;

IX – a decisão interlocutória estrangeira, após a concessão do *exequatur* à carta rogatória pelo Superior Tribunal de Justiça;

X – (*Vetado*.)

§ 1.º Nos casos dos incisos VI a IX, o devedor será citado no juízo cível para o cumprimento da sentença ou para a liquidação no prazo de 15 (quinze) dias.

• *Vide* Enunciado n. 85 da 1.ª Jornada de Direito Processual Civil.

§ 2.º A autocomposição judicial pode envolver sujeito estranho ao processo e versar sobre relação jurídica que não tenha sido deduzida em juízo.

Art. 516. O cumprimento da sentença efetuar-se-á perante:

I – os tribunais, nas causas de sua competência originária;

II – o juízo que decidiu a causa no primeiro grau de jurisdição;

III – o juízo cível competente, quando se tratar de sentença penal condenatória, de sentença arbitral, de sentença estrangeira ou de acórdão proferido pelo Tribunal Marítimo.

Parágrafo único. Nas hipóteses dos incisos II e III, o exequente poderá optar pelo juízo do atual domicílio do executado, pelo juízo do local onde se encontrem os bens sujeitos à execução ou pelo juízo do local onde deva ser executada a obrigação de fazer ou de não fazer, casos em que a remessa dos autos do processo será solicitada ao juízo de origem.

Art. 517. A decisão judicial transitada em julgado poderá ser levada a protesto, nos termos da lei, depois de transcorrido o prazo para pagamento voluntário previsto no art. 523.

•• *Vide* art. 17 da Instrução Normativa n. 39, de 15-3-2016.

§ 1.º Para efetivar o protesto, incumbe ao exequente apresentar certidão de teor da decisão.

§ 2.º A certidão de teor da decisão deverá ser fornecida no prazo de 3 (três) dias e indicará o nome e a qualificação do exequente e do executado, o número do processo, o valor da dívida e a data de decurso do prazo para pagamento voluntário.

§ 3.º O executado que tiver proposto ação rescisória para impugnar a decisão exequenda pode requerer, a suas expensas e sob sua responsabilidade, a anotação da propositura da ação à margem do título protestado.

§ 4.º A requerimento do executado, o protesto será cancelado por determinação do juiz, mediante ofício a ser expedido ao cartório, no prazo de 3 (três) dias, contado da data de protocolo do requerimento, desde que comprovada a satisfação integral da obrigação.

Art. 518. Todas as questões relativas à validade do procedimento de cumprimento da sentença e dos atos executivos subsequentes poderão ser arguidas pelo executado nos próprios autos e nestes serão decididas pelo juiz.

Art. 519. Aplicam-se as disposições relativas ao cumprimento da sentença, provisório ou definitivo, e à liquidação, no que couber, às decisões que concederem tutela provisória.

CAPÍTULO II
DO CUMPRIMENTO PROVISÓRIO DA SENTENÇA QUE RECONHECE A EXIGIBILIDADE DE OBRIGAÇÃO DE PAGAR QUANTIA CERTA

Art. 520. O cumprimento provisório da sentença impugnada por recurso desprovido de efeito suspensivo será realizado da mesma forma que o cumprimento definitivo, sujeitando-se ao seguinte regime:

- Sobre execução: *vide* arts. 566 e s. do CPC.
- *Vide* Enunciado n. 69 da 1.ª Jornada de Direito do Trabalho.
- *Vide* Enunciado n. 112 da 2.ª Jornada de Direito Material e Processual do Trabalho.

I – corre por iniciativa e responsabilidade do exequente, que se obriga, se a sentença for reformada, a reparar os danos que o executado haja sofrido;

II – fica sem efeito, sobrevindo decisão que modifique ou anule a sentença objeto da execução, restituindo-se as partes ao estado anterior e liquidando-se eventuais prejuízos nos mesmos autos;

III – se a sentença objeto de cumprimento provisório for modificada ou anulada apenas em parte, somente nesta ficará sem efeito a execução;

IV – o levantamento de depósito em dinheiro e a prática de atos que importem transferência de posse ou alienação de propriedade ou de outro direito real, ou dos quais possa resultar grave dano ao executado, dependem de caução suficiente e idônea, arbitrada de plano pelo juiz e prestada nos próprios autos.

- *Vide* Enunciado n. 88 da 1.ª Jornada de Direito Processual Civil.

§ 1.º No cumprimento provisório da sentença, o executado poderá apresentar impugnação, se quiser, nos termos do art. 525.

§ 2.º A multa e os honorários a que se refere o § 1.º do art. 523 são devidos no cumprimento provisório de sentença condenatória ao pagamento de quantia certa.

§ 3.º Se o executado comparecer tempestivamente e depositar o valor, com a finalidade de isentar-se da multa, o ato não será havido como incompatível com o recurso por ele interposto.

§ 4.º A restituição ao estado anterior a que se refere o inciso II não implica o desfazimento da transferência de posse ou da alienação de propriedade ou de outro direito real eventualmente já realizada, ressalvado, sempre, o direito à reparação dos prejuízos causados ao executado.

§ 5.º Ao cumprimento provisório de sentença que reconheça obrigação de fazer, de não fazer ou de dar coisa aplica-se, no que couber, o disposto neste Capítulo.

Art. 521. A caução prevista no inciso IV do art. 520 poderá ser dispensada nos casos em que:

•• *Vide* Enunciado n. 136 da 2.ª Jornada de Direito Processual Civil.

- *Vide* Enunciado n. 112 da 2.ª Jornada de Direito Material e Processual do Trabalho.

I – o crédito for de natureza alimentar, independentemente de sua origem;

II – o credor demonstrar situação de necessidade;

III – pender o agravo do art. 1.042;

•• Inciso III com redação determinada pela Lei n. 13.256, de 4-2-2016.

IV – a sentença a ser provisoriamente cumprida estiver em consonância com súmula da jurisprudência do Supremo Tribunal Federal ou do Superior Tribunal de Justiça ou em conformidade com acórdão proferido no julgamento de casos repetitivos.

Parágrafo único. A exigência de caução será mantida quando da dispensa possa resultar manifesto risco de grave dano de difícil ou incerta reparação.

Art. 522. O cumprimento provisório da sentença será requerido por petição dirigida ao juízo competente.

Parágrafo único. Não sendo eletrônicos os autos, a petição será acompanhada de cópias das seguintes peças do processo, cuja autenticidade poderá ser certificada pelo próprio advogado, sob sua responsabilidade pessoal:

I – decisão exequenda;

II – certidão de interposição do recurso não dotado de efeito suspensivo;

III – procurações outorgadas pelas partes;

IV – decisão de habilitação, se for o caso;

V – facultativamente, outras peças processuais consideradas necessárias para demonstrar a existência do crédito.

CAPÍTULO III
DO CUMPRIMENTO DEFINITIVO DA SENTENÇA QUE RECONHECE A EXIGIBILIDADE DE OBRIGAÇÃO DE PAGAR QUANTIA CERTA

Art. 523. No caso de condenação em quantia certa, ou já fixada em liquidação, e no caso de decisão sobre parcela incontroversa, o cumprimento definitivo da sentença far-se-á a requerimento do exequente, sendo o executado intimado para pagar o débito, no prazo de 15 (quinze) dias, acrescido de custas, se houver.

•• *Vide* art. 880 da CLT.

- Sobre penhora *vide* arts. 824 e s. do CPC.
- *Vide* Enunciado n. 81 da 1.ª Jornada de Direito do Trabalho.
- *Vide* Enunciados n. 89 e 92 da 1.ª Jornada de Direito Processual Civil.

§ 1.º Não ocorrendo pagamento voluntário no prazo do *caput*, o débito será acrescido de multa de dez por cento e, também, de honorários de advogado de dez por cento.

§ 2.º Efetuado o pagamento parcial no prazo previsto no *caput*, a multa e os honorários previstos no § 1.º incidirão sobre o restante.

§ 3.º Não efetuado tempestivamente o pagamento voluntário, será expedido, desde logo, mandado de penhora e avaliação, seguindo-se os atos de expropriação.

- Sobre avaliação *vide* arts. 870 e s. do CPC.

Art. 524. O requerimento previsto no art. 523 será instruído com demonstrativo discriminado e atualizado do crédito, devendo a petição conter:

• *Vide* Enunciado n. 91 da 1.ª Jornada de Direito Processual Civil.

I – o nome completo, o número de inscrição no Cadastro de Pessoas Físicas ou no Cadastro Nacional da Pessoa Jurídica do exequente e do executado, observado o disposto no art. 319, §§ 1.º a 3.º;

II – o índice de correção monetária adotado;

III – os juros aplicados e as respectivas taxas;

IV – o termo inicial e o termo final dos juros e da correção monetária utilizados;

V – a periodicidade da capitalização dos juros, se for o caso;

VI – especificação dos eventuais descontos obrigatórios realizados;

VII – indicação dos bens passíveis de penhora, sempre que possível.

§ 1.º Quando o valor apontado no demonstrativo aparentemente exceder os limites da condenação, a execução será iniciada pelo valor pretendido, mas a penhora terá por base a importância que o juiz entender adequada.

§ 2.º Para a verificação dos cálculos, o juiz poderá valer-se de contabilista do juízo, que terá o prazo máximo de 30 (trinta) dias para efetuá-la, exceto se outro lhe for determinado.

§ 3.º Quando a elaboração do demonstrativo depender de dados em poder de terceiros ou do executado, o juiz poderá requisitá-los, sob cominação do crime de desobediência.

§ 4.º Quando a complementação do demonstrativo depender de dados adicionais em poder do executado, o juiz poderá, a requerimento do exequente, requisitá-los, fixando prazo de até 30 (trinta) dias para o cumprimento da diligência.

§ 5.º Se os dados adicionais a que se refere o § 4.º não forem apresentados pelo executado, sem justificativa, no prazo designado, reputar-se-ão corretos os cálculos apresentados pelo exequente apenas com base nos dados de que dispõe.

Art. 525. Transcorrido o prazo previsto no art. 523 sem o pagamento voluntário, inicia-se o prazo de 15 (quinze) dias para que o executado, independentemente de penhora ou nova intimação, apresente, nos próprios autos, sua impugnação.

• *Vide* Enunciado n. 90 da 1.ª Jornada de Direito Processual Civil.

§ 1.º Na impugnação, o executado poderá alegar:

I – falta ou nulidade da citação se, na fase de conhecimento, o processo correu à revelia;

II – ilegitimidade de parte;

III – inexequibilidade do título ou inexigibilidade da obrigação;

IV – penhora incorreta ou avaliação errônea;

V – excesso de execução ou cumulação indevida de execuções;

•• *Vide* art. 917, § 2.º, do CPC.

VI – incompetência absoluta ou relativa do juízo da execução;

VII – qualquer causa modificativa ou extintiva da obrigação, como pagamento, novação, compensação, transação ou prescrição, desde que supervenientes à sentença.

§ 2.º A alegação de impedimento ou suspeição observará o disposto nos arts. 146 e 148.

§ 3.º Aplica-se à impugnação o disposto no art. 229.

§ 4.º Quando o executado alegar que o exequente, em excesso de execução, pleiteia quantia superior à resultante da sentença, cumprir-lhe-á declarar de imediato o valor que entende correto, apresentando demonstrativo discriminado e atualizado de seu cálculo.

• Sobre excesso de execução *vide* art. 917, § 2.º, do CPC.

§ 5.º Na hipótese do § 4.º, não apontado o valor correto ou não apresentado o demonstrativo, a impugnação será liminarmente rejeitada, se o excesso de execução for o seu único fundamento, ou, se houver outro, a impugnação será processada, mas o juiz não examinará a alegação de excesso de execução.

• Sobre excesso de execução *vide* art. 917, § 2.º, do CPC.

• *Vide* Enunciados n. 94 e 95 da 1.ª Jornada de Direito Processual Civil.

§ 6.º A apresentação de impugnação não impede a prática dos atos executivos, inclusive os de expropriação, podendo o juiz, a requerimento do executado e desde que garantido o juízo com penhora, caução ou depósito suficientes, atribuir-lhe efeito suspensivo, se seus fundamentos forem relevantes e se o prosseguimento da execução for manifestamente suscetível de causar ao executado grave dano de difícil ou incerta reparação.

• Sobre penhora e depósito *vide* arts. 831 e s. do CPC.

• *Vide* Enunciado n. 72 da 1.ª Jornada de Direito do Trabalho.

§ 7.º A concessão de efeito suspensivo a que se refere o § 6.º não impedirá a efetivação dos atos de substituição, de reforço ou de redução da penhora e de avaliação dos bens.

§ 8.º Quando o efeito suspensivo atribuído à impugnação disser respeito apenas a parte do objeto da execução, esta prosseguirá quanto à parte restante.

§ 9.º A concessão de efeito suspensivo à impugnação deduzida por um dos executados não suspenderá a execução contra os que não impugnaram, quando o respectivo fundamento disser respeito exclusivamente ao impugnante.

§ 10. Ainda que atribuído efeito suspensivo à impugnação, é lícito ao exequente requerer o prosseguimento da execução, oferecendo e prestando, nos próprios autos, caução suficiente e idônea a ser arbitrada pelo juiz.

§ 11. As questões relativas a fato superveniente ao término do prazo para apresentação da impugnação, assim como aquelas relativas à validade e à adequação da penhora, da avaliação e dos atos executivos subsequentes, podem ser arguidas por simples petição, tendo o executado, em qualquer dos casos, o prazo de 15 (quinze) dias para formular esta arguição, contado da comprovada ciência do fato ou da intimação do ato.

§ 12. Para efeito do disposto no inciso III do § 1.º deste artigo, considera-se também inexigível a obrigação reconhecida em título executivo judicial fundado em lei ou ato normativo considerado inconstitucional pelo Supremo Tribunal Federal, ou fundado em aplicação ou interpretação da lei ou do ato normativo tido pelo Supremo Tribunal Federal como incompatível com a Constituição Federal, em controle de constitucionalidade concentrado ou difuso.

§ 13. No caso do § 12, os efeitos da decisão do Supremo Tribunal Federal poderão ser modulados no tempo, em atenção à segurança jurídica.

§ 14. A decisão do Supremo Tribunal Federal referida no § 12 deve ser anterior ao trânsito em julgado da decisão exequenda.

•• *Vide* art. 1.057 do CPC.

§ 15. Se a decisão referida no § 12 for proferida após o trânsito em julgado da decisão exequenda, caberá ação rescisória, cujo prazo será contado do trânsito em julgado da decisão proferida pelo Supremo Tribunal Federal.

•• *Vide* art. 1.057 do CPC.

Art. 526. É lícito ao réu, antes de ser intimado para o cumprimento da sentença, comparecer em juízo e oferecer em pagamento o valor que entender devido, apresentando memória discriminada do cálculo.

§ 1.º O autor será ouvido no prazo de 5 (cinco) dias, podendo impugnar o valor depositado, sem prejuízo do levantamento do depósito a título de parcela incontroversa.

§ 2.º Concluindo o juiz pela insuficiência do depósito, sobre a diferença incidirão multa de dez por cento e honorários advocatícios, também fixados em dez por cento, seguindo-se a execução com penhora e atos subsequentes.

§ 3.º Se o autor não se opuser, o juiz declarará satisfeita a obrigação e extinguirá o processo.

Art. 527. Aplicam-se as disposições deste Capítulo ao cumprimento provisório da sentença, no que couber.

CAPÍTULO IV
DO CUMPRIMENTO DE SENTENÇA QUE RECONHEÇA A EXIGIBILIDADE DE OBRIGAÇÃO DE PRESTAR ALIMENTOS

Art. 528. No cumprimento de sentença que condene ao pagamento de prestação alimentícia ou de decisão interlocutória que fixe alimentos, o juiz, a requerimento do exequente, mandará intimar o executado pessoalmente para, em 3 (três) dias, pagar o débito, provar que o fez ou justificar a impossibilidade de efetuá-lo.

•• A Lei n. 5.478, de 25-7-1968, dispõe sobre ação de alimentos.

•• *Vide* Enunciado n. 146 da 2.ª Jornada de Direito Processual Civil.

§ 1.º Caso o executado, no prazo referido no *caput*, não efetue o pagamento, não prove que o efetuou ou não apresente justificativa da impossibilidade de efetuá-lo, o juiz mandará protestar o pronunciamento judicial, aplicando-se, no que couber, o disposto no art. 517.

§ 2.º Somente a comprovação de fato que gere a impossibilidade absoluta de pagar justificará o inadimplemento.

§ 3.º Se o executado não pagar ou se a justificativa apresentada não for aceita, o juiz, além de mandar protestar o pronunciamento judicial na forma do § 1.º, decretar-lhe-á a prisão pelo prazo de 1 (um) a 3 (três) meses.

•• *Vide* CF, art. 5.º, LXVII (prisão civil por dívida de alimento).

§ 4.º A prisão será cumprida em regime fechado, devendo o preso ficar separado dos presos comuns.

§ 5.º O cumprimento da pena não exime o executado do pagamento das prestações vencidas e vincendas.

§ 6.º Paga a prestação alimentícia, o juiz suspenderá o cumprimento da ordem de prisão.

§ 7.º O débito alimentar que autoriza a prisão civil do alimentante é o que compreende até as 3 (três) prestações anteriores ao ajuizamento da execução e as que se vencerem no curso do processo.

•• *Vide* Enunciado n. 147 da 2.ª Jornada de Direito Processual Civil.

§ 8.º O exequente pode optar por promover o cumprimento da sentença ou decisão desde logo, nos termos do disposto neste Livro, Título II, Capítulo III, caso em que não será admissível a prisão do executado, e, recaindo a penhora em dinheiro, a concessão de efeito suspensivo à impugnação não obsta a que o exequente levante mensalmente a importância da prestação.

§ 9.º Além das opções previstas no art. 516, parágrafo único, o exequente pode promover o cumprimento da sentença ou decisão que condena ao pagamento de prestação alimentícia no juízo de seu domicílio.

Art. 529. Quando o executado for funcionário público, militar, diretor ou gerente de empresa ou empregado sujeito à legislação do trabalho, o exequente poderá requerer o desconto em folha de pagamento da importância da prestação alimentícia.

•• *Vide* art. 833, IV, do CPC.

• *Vide* art. 115, IV, da Lei n. 8.213, de 24-7-1991, que dispõe que a pensão de alimentos decretada em separação judicial pode ser descontada dos benefícios.

• *Vide* art. 462, *caput*, da CLT, que dispõe que ao empregador é vedado efetuar qualquer desconto nos salários do empregado, salvo quando este resultar de adiantamentos, de dispositivos de lei ou de contrato coletivo.

§ 1.º Ao proferir a decisão, o juiz oficiará à autoridade, à empresa ou ao empregador, determinando, sob pena de crime de desobediência, o desconto a partir da primeira remuneração posterior do executado, a contar do protocolo do ofício.

§ 2.º O ofício conterá o nome e o número de inscrição no Cadastro de Pessoas Físicas do exequente e do executado, a importância a ser descontada mensalmente, o tempo de sua duração e a conta na qual deve ser feito o depósito.

§ 3.º Sem prejuízo do pagamento dos alimentos vincendos, o débito objeto de execução pode ser descontado dos rendimentos ou rendas do executado, de forma parcelada, nos termos do *caput* deste artigo, contanto que, somado à parcela devida, não ultrapasse cinquenta por cento de seus ganhos líquidos.

Art. 530. Não cumprida a obrigação, observar-se-á o disposto nos arts. 831 e seguintes.

Art. 531. O disposto neste Capítulo aplica-se aos alimentos definitivos ou provisórios.

§ 1.º A execução dos alimentos provisórios, bem como a dos alimentos fixados em sentença ainda não transitada em julgado, se processa em autos apartados.

§ 2.º O cumprimento definitivo da obrigação de prestar alimentos será processado nos mesmos autos em que tenha sido proferida a sentença.

Art. 532. Verificada a conduta procrastinatória do executado, o juiz deverá, se for o caso, dar ciência ao Ministério Público dos indícios da prática do crime de abandono material.

Art. 533. Quando a indenização por ato ilícito incluir prestação de alimentos, caberá ao executado, a requerimento do exequente, constituir capital cuja renda assegure o pagamento do valor mensal da pensão.

§ 1.º O capital a que se refere o *caput*, representado por imóveis ou por direitos reais sobre imóveis suscetíveis de alienação, títulos da dívida pública ou aplicações financeiras em banco oficial, será inalienável e impenhorável enquanto durar a obrigação do executado, além de constituir-se em patrimônio de afetação.

§ 2.º O juiz poderá substituir a constituição do capital pela inclusão do exequente em folha de pagamento de pessoa jurídica de notória capacidade econômica ou, a requerimento do executado, por fiança bancária ou garantia real, em valor a ser arbitrado de imediato pelo juiz.

§ 3.º Se sobrevier modificação nas condições econômicas, poderá a parte requerer, conforme as circunstâncias, redução ou aumento da prestação.

§ 4.º A prestação alimentícia poderá ser fixada tomando por base o salário mínimo.

§ 5.º Finda a obrigação de prestar alimentos, o juiz mandará liberar o capital, cessar o desconto em folha ou cancelar as garantias prestadas.

CAPÍTULO V

DO CUMPRIMENTO DE SENTENÇA QUE RECONHEÇA A EXIGIBILIDADE DE OBRIGAÇÃO DE PAGAR QUANTIA CERTA PELA FAZENDA PÚBLICA

Art. 534. No cumprimento de sentença que impuser à Fazenda Pública o dever de pagar quantia certa, o exequente apresentará demonstrativo discriminado e atualizado do crédito contendo:

I – o nome completo e o número de inscrição no Cadastro de Pessoas Físicas ou no Cadastro Nacional da Pessoa Jurídica do exequente;

II – o índice de correção monetária adotado;

III – os juros aplicados e as respectivas taxas;

IV – o termo inicial e o termo final dos juros e da correção monetária utilizados;

V – a periodicidade da capitalização dos juros, se for o caso;

VI – a especificação dos eventuais descontos obrigatórios realizados.

§ 1.º Havendo pluralidade de exequentes, cada um deverá apresentar o seu próprio demonstrativo, aplicando-se à hipótese, se for o caso, o disposto nos §§ 1.º e 2.º do art. 113.

§ 2.º A multa prevista no § 1.º do art. 523 não se aplica à Fazenda Pública.

Art. 535. A Fazenda Pública será intimada na pessoa de seu representante judicial, por carga, remessa ou meio eletrônico, para, querendo, no prazo de 30 (trinta) dias e nos próprios autos, impugnar a execução, podendo arguir:

I – falta ou nulidade da citação se, na fase de conhecimento, o processo correu à revelia;

II – ilegitimidade de parte;

III – inexequibilidade do título ou inexigibilidade da obrigação;

IV – excesso de execução ou cumulação indevida de execuções;

V – incompetência absoluta ou relativa do juízo da execução;

VI – qualquer causa modificativa ou extintiva da obrigação, como pagamento, novação, compensação, transação ou prescrição, desde que supervenientes ao trânsito em julgado da sentença.

§ 1.º A alegação de impedimento ou suspeição observará o disposto nos arts. 146 e 148.

§ 2.º Quando se alegar que o exequente, em excesso de execução, pleiteia quantia superior à resultante do título, cumprirá à executada declarar de imediato o valor que entende correto, sob pena de não conhecimento da arguição.

§ 3.º Não impugnada a execução ou rejeitadas as arguições da executada:

I – expedir-se-á, por intermédio do presidente do tribunal competente, precatório em favor do exequente, observando-se o disposto na Constituição Federal;

II – por ordem do juiz, dirigida à autoridade na pessoa de quem o ente público foi citado para o processo, o pagamento de obrigação de pequeno valor será realizado no prazo de 2 (dois) meses contado da entrega da requisição, mediante depósito na agência de banco oficial mais próxima da residência do exequente.

§ 4.º Tratando-se de impugnação parcial, a parte não questionada pela executada será, desde logo, objeto de cumprimento.

§ 5.º Para efeito do disposto no inciso III do *caput* deste artigo, considera-se também inexigível a obrigação reconhecida em título executivo judicial fundado em lei ou ato normativo considerado inconstitucional pelo Supremo Tribunal Federal, ou fundado em aplicação ou interpretação da lei ou do ato normativo tido pelo Supremo Tribunal Federal como incompatível com a Constituição Federal, em controle de constitucionalidade concentrado ou difuso.

§ 6.º No caso do § 5.º, os efeitos da decisão do Supremo Tribunal Federal poderão ser modulados no tempo, de modo a favorecer a segurança jurídica.

§ 7.º A decisão do Supremo Tribunal Federal referida no § 5.º deve ter sido proferida antes do trânsito em julgado da decisão exequenda.

•• *Vide* art. 1.057 do CPC.

§ 8.º Se a decisão referida no § 5.º for proferida após o trânsito em julgado da decisão exequenda, caberá ação rescisória, cujo prazo será contado do trânsito em julgado da decisão proferida pelo Supremo Tribunal Federal.

•• *Vide* art. 1.057 do CPC.

CAPÍTULO VI
DO CUMPRIMENTO DE SENTENÇA QUE RECONHEÇA A EXIGIBILIDADE DE OBRIGAÇÃO DE FAZER, DE NÃO FAZER OU DE ENTREGAR COISA

SEÇÃO I
Do Cumprimento de Sentença que Reconheça a Exigibilidade de Obrigação de Fazer ou de Não Fazer

Art. 536. No cumprimento de sentença que reconheça a exigibilidade de obrigação de fazer ou de não fazer, o juiz poderá, de ofício ou a requerimento, para a efetivação da tutela específica ou a obtenção de tutela pelo resultado prático equivalente, determinar as medidas necessárias à satisfação do exequente.

•• *Vide* art. 3.º da Instrução Normativa n. 39, de 15-3-2016.

• *Vide* arts. 814 a 823 do CPC.

§ 1.º Para atender ao disposto no *caput*, o juiz poderá determinar, entre outras medidas, a imposição de multa, a busca e apreensão, a remoção de pessoas e coisas, o desfazimento de obras e o impedimento de atividade nociva, podendo, caso necessário, requisitar o auxílio de força policial.

• *Vide* art. 519 do CPC.

§ 2.º O mandado de busca e apreensão de pessoas e coisas será cumprido por 2 (dois) oficiais de justiça, observando-se o disposto no art. 846, §§ 1.º a 4.º, se houver necessidade de arrombamento.

§ 3.º O executado incidirá nas penas de litigância de má-fé quando injustificadamente descumprir a ordem judicial, sem prejuízo de sua responsabilização por crime de desobediência.

§ 4.º No cumprimento de sentença que reconheça a exigibilidade de obrigação de fazer ou de não fazer, aplica-se o art. 525, no que couber.

§ 5.º O disposto neste artigo aplica-se, no que couber, ao cumprimento de sentença que reconheça deveres de fazer e de não fazer de natureza não obrigacional.

Art. 537. A multa independe de requerimento da parte e poderá ser aplicada na fase de conhecimento, em tutela provisória ou na sentença, ou na fase de execução, desde que seja suficiente e compatível com a obrigação e que se determine prazo razoável para cumprimento do preceito.

•• *Vide* art. 3.º da Instrução Normativa n. 39, de 15-3-2016.

• *Vide* Enunciado n. 96 da 1.ª Jornada de Direito Processual Civil.

§ 1.º O juiz poderá, de ofício ou a requerimento, modificar o valor ou a periodicidade da multa vincenda ou excluí-la, caso verifique que:

I – se tornou insuficiente ou excessiva;

II – o obrigado demonstrou cumprimento parcial superveniente da obrigação ou justa causa para o descumprimento.

§ 2.º O valor da multa será devido ao exequente.

§ 3.º A decisão que fixa a multa é passível de cumprimento provisório, devendo ser depositada em juízo, permitido o levantamento do valor após o trânsito em julgado da sentença favorável à parte.

•• § 3.º com redação determinada pela Lei n. 13.256, de 4-2-2016.

§ 4.º A multa será devida desde o dia em que se configurar o descumprimento da decisão e incidirá enquanto não for cumprida a decisão que a tiver cominado.

§ 5.º O disposto neste artigo aplica-se, no que couber, ao cumprimento de sentença que reconheça deveres de fazer e de não fazer de natureza não obrigacional.

SEÇÃO II
Do Cumprimento de Sentença que Reconheça a Exigibilidade de Obrigação de Entregar Coisa

Art. 538. Não cumprida a obrigação de entregar coisa no prazo estabelecido na sentença, será expedido mandado de busca e apreensão ou de imissão na posse em favor do credor, conforme se tratar de coisa móvel ou imóvel.

•• *Vide* art. 3.º da Instrução Normativa n. 39, de 15-3-2016.

• *Vide* arts. 806 a 813 do CPC.

§ 1.º A existência de benfeitorias deve ser alegada na fase de conhecimento, em contestação, de forma discriminada e com atribuição, sempre que possível e justificadamente, do respectivo valor.

§ 2.º O direito de retenção por benfeitorias deve ser exercido na contestação, na fase de conhecimento.

§ 3.º Aplicam-se ao procedimento previsto neste artigo, no que couber, as disposições sobre o cumprimento de obrigação de fazer ou de não fazer.

TÍTULO III
DOS PROCEDIMENTOS ESPECIAIS

CAPÍTULO I
DA AÇÃO DE CONSIGNAÇÃO EM PAGAMENTO

Art. 539. Nos casos previstos em lei, poderá o devedor ou terceiro requerer, com efeito de pagamento, a consignação da quantia ou da coisa devida.

• *Vide* arts. 334 a 345 do CC.

§ 1.º Tratando-se de obrigação em dinheiro, poderá o valor ser depositado em estabelecimento bancário, oficial onde houver, situado no lugar do pagamento, cientificando-se o credor por carta com aviso de recebimento, assinado o prazo de 10 (dez) dias para a manifestação de recusa.

§ 2.º Decorrido o prazo do § 1.º, contado do retorno do aviso de recebimento, sem a manifestação de recusa, considerar-se-á o devedor liberado da obrigação, ficando à disposição do credor a quantia depositada.

§ 3.º Ocorrendo a recusa, manifestada por escrito ao estabelecimento bancário, poderá ser proposta, dentro de 1 (um) mês, a ação de consignação, instruindo-se a inicial com a prova do depósito e da recusa.

•• *Vide* art. 542, I, do CPC.

§ 4.º Não proposta a ação no prazo do § 3.º, ficará sem efeito o depósito, podendo levantá-lo o depositante.

Art. 540. Requerer-se-á a consignação no lugar do pagamento, cessando para o devedor, à data do depósito, os juros e os riscos, salvo se a demanda for julgada improcedente.

• *Vide* art. 53, III, *d*, do CPC.

Art. 541. Tratando-se de prestações sucessivas, consignada uma delas, pode o devedor continuar a depositar, no mesmo processo e sem mais formalidades, as que se forem vencendo, desde que o faça em até 5 (cinco) dias contados da data do respectivo vencimento.

•• *Vide* art. 323 do CPC.

Art. 542. Na petição inicial, o autor requererá:

•• *Vide* art. 292, § 1.º, do CPC.

I – o depósito da quantia ou da coisa devida, a ser efetivado no prazo de 5 (cinco) dias contados do deferimento, ressalvada a hipótese do art. 539, § 3.º;

II – a citação do réu para levantar o depósito ou oferecer contestação.

Parágrafo único. Não realizado o depósito no prazo do inciso I, o processo será extinto sem resolução do mérito.

Art. 543. Se o objeto da prestação for coisa indeterminada e a escolha couber ao credor, será este citado para exercer o direito dentro de 5 (cinco) dias, se outro prazo não constar de lei ou do contrato, ou para aceitar que o devedor a faça, devendo o juiz, ao despachar a petição inicial, fixar lugar, dia e hora em que se fará a entrega, sob pena de depósito.

Art. 544. Na contestação, o réu poderá alegar que:

I – não houve recusa ou mora em receber a quantia ou a coisa devida;

II – foi justa a recusa;

III – o depósito não se efetuou no prazo ou no lugar do pagamento;

IV – o depósito não é integral.

Parágrafo único. No caso do inciso IV, a alegação somente será admissível se o réu indicar o montante que entende devido.

Art. 545. Alegada a insuficiência do depósito, é lícito ao autor completá-lo, em 10 (dez) dias, salvo se corresponder a prestação cujo inadimplemento acarrete a rescisão do contrato.

§ 1.º No caso do *caput*, poderá o réu levantar, desde logo, a quantia ou a coisa depositada, com a consequente liberação parcial do autor, prosseguindo o processo quanto à parcela controvertida.

§ 2.º A sentença que concluir pela insuficiência do depósito determinará, sempre que possível, o montante devido e valerá como título executivo, facultado ao credor promover-lhe o cumprimento nos mesmos autos, após liquidação, se necessária.

Art. 546. Julgado procedente o pedido, o juiz declarará extinta a obrigação e condenará o réu ao pagamento de custas e honorários advocatícios.

Parágrafo único. Proceder-se-á do mesmo modo se o credor receber e der quitação.

Art. 547. Se ocorrer dúvida sobre quem deva legitimamente receber o pagamento, o autor requererá o depósito e a citação dos possíveis titulares do crédito para provarem o seu direito.

Art. 548. No caso do art. 547:

I – não comparecendo pretendente algum, converter-se-á o depósito em arrecadação de coisas vagas;

II – comparecendo apenas um, o juiz decidirá de plano;

III – comparecendo mais de um, o juiz declarará efetuado o depósito e extinta a obrigação, continuando o processo a correr unicamente entre os presuntivos credores, observado o procedimento comum.

Art. 549. Aplica-se o procedimento estabelecido neste Capítulo, no que couber, ao resgate do aforamento.

CAPÍTULO II
DA AÇÃO DE EXIGIR CONTAS

Art. 550. Aquele que afirmar ser titular do direito de exigir contas requererá a citação do réu para que as preste ou ofereça contestação no prazo de 15 (quinze) dias.

§ 1.º Na petição inicial, o autor especificará, detalhadamente, as razões pelas quais exige as contas, instruindo-a com documentos comprobatórios dessa necessidade, se existirem.

§ 2.º Prestadas as contas, o autor terá 15 (quinze) dias para se manifestar, prosseguindo-se o processo na forma do Capítulo X do Título I deste Livro.

§ 3.º A impugnação das contas apresentadas pelo réu deverá ser fundamentada e específica, com referência expressa ao lançamento questionado.

§ 4.º Se o réu não contestar o pedido, observar-se-á o disposto no art. 355.

§ 5.º A decisão que julgar procedente o pedido condenará o réu a prestar as contas no prazo de 15 (quinze) dias, sob pena de não lhe ser lícito impugnar as que o autor apresentar.

§ 6.º Se o réu apresentar as contas no prazo previsto no § 5.º, seguir-se-á o procedimento do § 2.º, caso contrário, o autor apresentá-las-á no prazo de 15 (quinze) dias, podendo o juiz determinar a realização de exame pericial, se necessário.

Art. 551. As contas do réu serão apresentadas na forma adequada, especificando-se as receitas, a aplicação das despesas e os investimentos, se houver.

§ 1.º Havendo impugnação específica e fundamentada pelo autor, o juiz estabelecerá prazo razoável para que o réu apresente os documentos justificativos dos lançamentos individualmente impugnados.

§ 2.º As contas do autor, para os fins do art. 550, § 5.º, serão apresentadas na forma adequada, já instruídas com os documentos justificativos, especificando-se as receitas, a aplicação das despesas e os investimentos, se houver, bem como o respectivo saldo.

Art. 552. A sentença apurará o saldo e constituirá título executivo judicial.

Art. 553. As contas do inventariante, do tutor, do curador, do depositário e de qualquer outro administrador serão prestadas em apenso aos autos do processo em que tiver sido nomeado.

Parágrafo único. Se qualquer dos referidos no *caput* for condenado a pagar o saldo e não o fizer no prazo legal, o juiz poderá destituí-lo, sequestrar os bens sob sua guarda, glosar o prêmio ou a gratificação a que teria direito e determinar as medidas executivas necessárias à recomposição do prejuízo.

CAPÍTULO III
DAS AÇÕES POSSESSÓRIAS

SEÇÃO I
Disposições Gerais

Art. 554. A propositura de uma ação possessória em vez de outra não obstará a que o juiz conheça do pedido e outorgue a proteção legal correspondente àquela cujos pressupostos estejam provados.

•• *Vide* arts. 47, § 1.º, e 73, § 2.º, do CPC.

§ 1.º No caso de ação possessória em que figure no polo passivo grande número de pessoas, serão feitas a citação pessoal dos ocupantes que forem encontrados no local e a citação por edital dos demais, determinando-se, ainda, a intimação do Ministério Público e, se envolver pessoas em situação de hipossuficiência econômica, da Defensoria Pública.

§ 2.º Para fim da citação pessoal prevista no § 1.º, o oficial de justiça procurará os ocupantes no local por uma vez, citando-se por edital os que não forem encontrados.

§ 3.º O juiz deverá determinar que se dê ampla publicidade da existência da ação prevista no § 1.º e dos respectivos prazos processuais, podendo, para tanto, valer-se de anúncios em jornal ou rádio locais, da publicação de cartazes na região do conflito e de outros meios.

Art. 555. É lícito ao autor cumular ao pedido possessório o de:

I – condenação em perdas e danos;

• *Vide* arts. 402 e s. do CC.

II – indenização dos frutos.

Parágrafo único. Pode o autor requerer, ainda, imposição de medida necessária e adequada para:

I – evitar nova turbação ou esbulho;

II – cumprir-se a tutela provisória ou final.

Art. 556. É lícito ao réu, na contestação, alegando que foi o ofendido em sua posse, demandar a proteção possessória e a indenização pelos prejuízos resultantes da turbação ou do esbulho cometido pelo autor.

Art. 557. Na pendência de ação possessória é vedado, tanto ao autor quanto ao réu, propor ação de reconhecimento do domínio, exceto se a pretensão for deduzida em face de terceira pessoa.

Parágrafo único. Não obsta à manutenção ou à reintegração de posse a alegação de propriedade ou de outro direito sobre a coisa.

Art. 558. Regem o procedimento de manutenção e de reintegração de posse as normas da *Seção* II deste Capítulo quando a ação for proposta dentro de ano e dia da turbação ou do esbulho afirmado na petição inicial.

Parágrafo único. Passado o prazo referido no *caput*, será comum o procedimento, não perdendo, contudo, o caráter possessório.

Art. 559. Se o réu provar, em qualquer tempo, que o autor provisoriamente mantido ou reintegrado na posse carece de idoneidade financeira para, no caso de sucumbência, responder por perdas e danos, o juiz designar-lhe-á o prazo de 5 (cinco) dias para requerer caução, real ou fidejussória, sob pena de ser depositada a coisa litigiosa, ressalvada a impossibilidade da parte economicamente hipossuficiente.

SEÇÃO II
Da Manutenção e da Reintegração de Posse

Art. 560. O possuidor tem direito a ser mantido na posse em caso de turbação e reintegrado em caso de esbulho.

•• *Vide* arts. 47 e 73 do CPC.

• O art. 1.210, *caput*, do CC dispõe sobre os efeitos da posse.

• Usucapião: arts. 183 da CF e 1.238 a 1.244 e 1.379 do CC.

Art. 561. Incumbe ao autor provar:

I – a sua posse;

• *Vide* art. 373, I, do CPC.

II – a turbação ou o esbulho praticado pelo réu;

III – a data da turbação ou do esbulho;

IV – a continuação da posse, embora turbada, na ação de manutenção, ou a perda da posse, na ação de reintegração.

Art. 562. Estando a petição inicial devidamente instruída, o juiz deferirá, sem ouvir o réu, a expedição do mandado liminar de manutenção ou de reintegração, caso contrário, determinará que o autor justifique previamente o alegado, citando-se o réu para comparecer à audiência que for designada.

Parágrafo único. Contra as pessoas jurídicas de direito público não será deferida a manutenção ou a reintegração liminar sem prévia audiência dos respectivos representantes judiciais.

Art. 563. Considerada suficiente a justificação, o juiz fará logo expedir mandado de manutenção ou de reintegração.

Art. 564. Concedido ou não o mandado liminar de manutenção ou de reintegração, o autor promoverá, nos 5 (cinco) dias subsequentes, a citação do réu para, querendo, contestar a ação no prazo de 15 (quinze) dias.

Parágrafo único. Quando for ordenada a justificação prévia, o prazo para contestar será contado da intimação da decisão que deferir ou não a medida liminar.

Art. 565. No litígio coletivo pela posse de imóvel, quando o esbulho ou a turbação afirmado na petição inicial houver ocorrido há mais de ano e dia, o juiz, antes de apreciar o pedido de concessão da medida liminar, deverá designar audiência de mediação, a realizar-se em até 30 (trinta) dias, que observará o disposto nos §§ 2.º e 4.º.

§ 1.º Concedida a liminar, se essa não for executada no prazo de 1 (um) ano, a contar da data de distribuição, caberá ao juiz designar audiência de mediação, nos termos dos §§ 2.º a 4.º deste artigo.

§ 2.º O Ministério Público será intimado para comparecer à audiência, e a Defensoria Pública será intimada sempre que houver parte beneficiária de gratuidade da justiça.

§ 3.º O juiz poderá comparecer à área objeto do litígio quando sua presença se fizer necessária à efetivação da tutela jurisdicional.

§ 4.º Os órgãos responsáveis pela política agrária e pela política urbana da União, de Estado ou do Distrito Federal e de Município onde se situe a área objeto do litígio poderão ser intimados para a audiência, a fim de se manifestarem sobre seu interesse no processo e sobre a existência de possibilidade de solução para o conflito possessório.

§ 5.º Aplica-se o disposto neste artigo ao litígio sobre propriedade de imóvel.

Art. 566. Aplica-se, quanto ao mais, o procedimento comum.

SEÇÃO III

Do Interdito Proibitório

Art. 567. O possuidor direto ou indireto que tenha justo receio de ser molestado na posse poderá requerer ao juiz que o segure da turbação ou esbulho iminente, mediante mandado proibitório em que se comine ao réu determinada pena pecuniária caso transgrida o preceito.

•• *Vide* arts. 47 e 73 do CPC.

Art. 568. Aplica-se ao interdito proibitório o disposto na Seção II deste Capítulo.

CAPÍTULO IV

DA AÇÃO DE DIVISÃO E DA DEMARCAÇÃO DE TERRAS PARTICULARES

SEÇÃO I

Disposições Gerais

Art. 569. Cabe:

I – ao proprietário a ação de demarcação, para obrigar o seu confinante a estremar os respectivos prédios, fixando-se novos limites entre eles ou aviventando-se os já apagados;

II – ao condômino a ação de divisão, para obrigar os demais consortes a estremar os quinhões.

•• *Vide* arts. 47 e 73 do CPC.

Art. 570. É lícita a cumulação dessas ações, caso em que deverá processar-se primeiramente a demarcação total ou parcial da coisa comum, citando-se os confinantes e os condôminos.

Art. 571. A demarcação e a divisão poderão ser realizadas por escritura pública, desde que maiores, capazes e concordes todos os interessados, observando-se, no que couber, os dispositivos deste Capítulo.

Art. 572. Fixados os marcos da linha de demarcação, os confinantes considerar-se-ão terceiros quanto ao processo divisório, ficando-lhes, porém, ressalvado o direito de vindicar os terrenos de que se julguem despojados por invasão das linhas limítrofes constitutivas do perímetro ou de reclamar indenização correspondente ao seu valor.

§ 1.º No caso do *caput*, serão citados para a ação todos os condôminos, se a sentença homologatória da divisão ainda não houver transitado em julgado, e todos os quinhoeiros dos terrenos vindicados, se a ação for proposta posteriormente.

§ 2.º Neste último caso, a sentença que julga procedente a ação, condenando a restituir os terrenos ou a pagar a indenização, valerá como título executivo em favor dos quinhoeiros para haverem dos outros condôminos que forem parte na divisão ou de seus sucessores a título universal, na proporção que lhes tocar, a composição pecuniária do desfalque sofrido.

Art. 573. Tratando-se de imóvel georreferenciado, com averbação no registro de imóveis, pode o juiz dispensar a realização de prova pericial.

SEÇÃO II

Da Demarcação

Art. 574. Na petição inicial, instruída com os títulos da propriedade, designar-se-á o imóvel pela situação e pela denominação, descrever-se-ão os limites por constituir, aviventar ou renovar e nomear-se-ão todos os confinantes da linha demarcanda.

•• *Vide* arts. 47 e 73 do CPC.

• *Vide* art. 292, IV, do CPC.

Art. 575. Qualquer condômino é parte legítima para promover a demarcação do imóvel comum, requerendo a intimação dos demais para, querendo, intervir no processo.

Art. 576. A citação dos réus será feita por correio, observado o disposto no art. 247.

• *Vide* art. 589 do CPC.

Parágrafo único. Será publicado edital, nos termos do inciso III do art. 259.

Art. 577. Feitas as citações, terão os réus o prazo comum de 15 (quinze) dias para contestar.

• *Vide* art. 589 do CPC.

Art. 578. Após o prazo de resposta do réu, observar-se-á o procedimento comum.

• *Vide* art. 589 do CPC.

Art. 579. Antes de proferir a sentença, o juiz nomeará um ou mais peritos para levantar o traçado da linha demarcanda.

Art. 580. Concluídos os estudos, os peritos apresentarão minucioso laudo sobre o traçado da linha demarcanda, considerando os títulos, os marcos, os rumos, a fama da vizinhança, as informações de antigos moradores do lugar e outros elementos que coligirem.

Art. 581. A sentença que julgar procedente o pedido determinará o traçado da linha demarcanda.

Parágrafo único. A sentença proferida na ação demarcatória determinará a restituição da área invadida, se houver, declarando o domínio ou a posse do prejudicado, ou ambos.

Art. 582. Transitada em julgado a sentença, o perito efetuará a demarcação e colocará os marcos necessários.

• *Vide* art. 584 do CPC.

Parágrafo único. Todas as operações serão consignadas em planta e memorial descritivo com as referências convenientes para a identificação, em qualquer tempo, dos pontos assinalados, observada a legislação especial que dispõe sobre a identificação do imóvel rural.

Art. 583. As plantas serão acompanhadas das cadernetas de operações de campo e do memorial descritivo, que conterá:

I – o ponto de partida, os rumos seguidos e a aviventação dos antigos com os respectivos cálculos;

II – os acidentes encontrados, as cercas, os valos, os marcos antigos, os córregos, os rios, as lagoas e outros;

III – a indicação minuciosa dos novos marcos cravados, dos antigos aproveitados, das culturas existentes e da sua produção anual;

IV – a composição geológica dos terrenos, bem como a qualidade e a extensão dos campos, das matas e das capoeiras;

V – as vias de comunicação;

VI – as distâncias a pontos de referência, tais como rodovias federais e estaduais, ferrovias, portos, aglomerações urbanas e polos comerciais;

VII – a indicação de tudo o mais que for útil para o levantamento da linha ou para a identificação da linha já levantada.

Art. 584. É obrigatória a colocação de marcos tanto na estação inicial, dita marco primordial, quanto nos vértices dos ângulos, salvo se algum desses últimos pontos for assinalado por acidentes naturais de difícil remoção ou destruição.

•• *Vide* art. 596 do CPC.

• *Vide* art. 582 do CPC.

Art. 585. A linha será percorrida pelos peritos, que examinarão os marcos e os rumos, consignando em relatório escrito a exatidão do memorial e da planta apresentados pelo agrimensor ou as divergências porventura encontradas.

Art. 586. Juntado aos autos o relatório dos peritos, o juiz determinará que as partes se manifestem sobre ele no prazo comum de 15 (quinze) dias.

Parágrafo único. Executadas as correções e as retificações que o juiz determinar, lavrar-se-á, em seguida, o auto de demarcação em que os limites demarcandos serão minuciosamente descritos de acordo com o memorial e a planta.

Art. 587. Assinado o auto pelo juiz e pelos peritos, será proferida a sentença homologatória da demarcação.

SEÇÃO III

Da Divisão

Art. 588. A petição inicial será instruída com os títulos de domínio do promovente e conterá:

•• *Vide* arts. 47, 73 e 1.320 a 1.332 do CPC.

I – a indicação da origem da comunhão e a denominação, a situação, os limites e as características do imóvel;

II – o nome, o estado civil, a profissão e a residência de todos os condôminos, especificando-se os estabelecidos no imóvel com benfeitorias e culturas;

III – as benfeitorias comuns.

• *Vide* art. 292, IV, do CPC.

Art. 589. Feitas as citações como preceitua o art. 576, prosseguir-se-á na forma dos arts. 577 e 578.

Art. 590. O juiz nomeará um ou mais peritos para promover a medição do imóvel e as operações de divisão, observada a legislação especial que dispõe sobre a identificação do imóvel rural.

Parágrafo único. O perito deverá indicar as vias de comunicação existentes, as construções e as benfeitorias, com a indicação dos seus valores e dos respectivos proprietários e ocupantes, as águas principais que banham o imóvel e quaisquer outras informações que possam concorrer para facilitar a partilha.

Art. 591. Todos os condôminos serão intimados a apresentar, dentro de 10 (dez) dias, os seus títulos, se ainda não o tiverem feito, e a formular os seus pedidos sobre a constituição dos quinhões.

Art. 592. O juiz ouvirá as partes no prazo comum de 15 (quinze) dias.

§ 1.º Não havendo impugnação, o juiz determinará a divisão geodésica do imóvel.

§ 2.º Havendo impugnação, o juiz proferirá, no prazo de 10 (dez) dias, decisão sobre os pedidos e os títulos que devam ser atendidos na formação dos quinhões.

Art. 593. Se qualquer linha do perímetro atingir benfeitorias permanentes dos confinantes feitas há mais de 1 (um) ano, serão elas respeitadas, bem como os terrenos onde estiverem, os quais não se computarão na área dividenda.

Art. 594. Os confinantes do imóvel dividendo podem demandar a restituição dos terrenos que lhes tenham sido usurpados.

§ 1.º Serão citados para a ação todos os condôminos, se a sentença homologatória da divisão ainda não houver transitado em julgado, e todos os quinhoeiros dos terrenos vindicados, se a ação for proposta posteriormente.

§ 2.º Nesse último caso terão os quinhoeiros o direito, pela mesma sentença que os obrigar à restituição, a haver dos outros condôminos do processo divisório ou de seus sucessores a título universal a composição pecuniária proporcional ao desfalque sofrido.

Art. 595. Os peritos proporão, em laudo fundamentado, a forma da divisão, devendo consultar, quanto possível, a comodidade das partes, respeitar, para adjudicação a cada condômino, a preferência dos terrenos contíguos às suas residências e benfeitorias e evitar o retalhamento dos quinhões em glebas separadas.

Art. 596. Ouvidas as partes, no prazo comum de 15 (quinze) dias, sobre o cálculo e o plano da divisão, o juiz deliberará a partilha.

Parágrafo único. Em cumprimento dessa decisão, o perito procederá à demarcação dos quinhões, observando, além do disposto nos arts. 584 e 585, as seguintes regras:

I – as benfeitorias comuns que não comportarem divisão cômoda serão adjudicadas a um dos condôminos mediante compensação;

II – instituir-se-ão as servidões que forem indispensáveis em favor de uns quinhões sobre os outros, incluindo o respectivo valor no orçamento para que, não se tratando de servidões naturais, seja compensado o condômino aquinhoado com o prédio serviente;

III – as benfeitorias particulares dos condôminos que excederem à área a que têm direito serão adjudicadas ao quinhoeiro vizinho mediante reposição;

IV – se outra coisa não acordarem as partes, as compensações e as reposições serão feitas em dinheiro.

Art. 597. Terminados os trabalhos e desenhados na planta os quinhões e as servidões aparentes, o perito organizará o memorial descritivo.

• *Vide* art. 89 do CPC.

§ 1.º Cumprido o disposto no art. 586, o escrivão, em seguida, lavrará o auto de divisão, acompanhado de uma folha de pagamento para cada condômino.

• *Vide* art. 89 do CPC.

§ 2.º Assinado o auto pelo juiz e pelo perito, será proferida sentença homologatória da divisão.

• *Vide* art. 89 do CPC.

§ 3.º O auto conterá:

I – a confinação e a extensão superficial do imóvel;

II – a classificação das terras com o cálculo das áreas de cada consorte e com a respectiva avaliação ou, quando a homogeneidade das terras não determinar diversidade de valores, a avaliação do imóvel na sua integridade;

III – o valor e a quantidade geométrica que couber a cada condômino, declarando-se as reduções e as compensações resultantes da diversidade de valores das glebas componentes de cada quinhão.

§ 4.º Cada folha de pagamento conterá:

I – a descrição das linhas divisórias do quinhão, mencionadas as confinantes;

II – a relação das benfeitorias e das culturas do próprio quinhoeiro e das que lhe foram adjudicadas por serem comuns ou mediante compensação;

III – a declaração das servidões instituídas, especificados os lugares, a extensão e o modo de exercício.

Art. 598. Aplica-se às divisões o disposto nos arts. 575 a 578.

CAPÍTULO V
DA AÇÃO DE DISSOLUÇÃO PARCIAL DE SOCIEDADE

Art. 599. A ação de dissolução parcial de sociedade pode ter por objeto:

• Sociedades personificadas: arts. 997 e s. do CC.

I – a resolução da sociedade empresária contratual ou simples em relação ao sócio falecido, excluído ou que exerceu o direito de retirada ou recesso; e

II – a apuração dos haveres do sócio falecido, excluído ou que exerceu o direito de retirada ou recesso; ou

III – somente a resolução ou a apuração de haveres.

§ 1.º A petição inicial será necessariamente instruída com o contrato social consolidado.

§ 2.º A ação de dissolução parcial de sociedade pode ter também por objeto a sociedade anônima de capital fechado quando demonstrado, por acionista ou acionistas que representem cinco por cento ou mais do capital social, que não pode preencher o seu fim.

Art. 600. A ação pode ser proposta:

I – pelo espólio do sócio falecido, quando a totalidade dos sucessores não ingressar na sociedade;

II – pelos sucessores, após concluída a partilha do sócio falecido;

III – pela sociedade, se os sócios sobreviventes não admitirem o ingresso do espólio ou dos sucessores do falecido na sociedade, quando esse direito decorrer do contrato social;

IV – pelo sócio que exerceu o direito de retirada ou recesso, se não tiver sido providenciada, pelos demais sócios, a alteração contratual consensual formalizando o desligamento, depois de transcorridos 10 (dez) dias do exercício do direito;

V – pela sociedade, nos casos em que a lei não autoriza a exclusão extrajudicial; ou

VI – pelo sócio excluído.

Parágrafo único. O cônjuge ou companheiro do sócio cujo casamento, união estável ou convivência terminou poderá requerer a apuração de seus haveres na sociedade, que serão pagos à conta da quota social titulada por este sócio.

Art. 601. Os sócios e a sociedade serão citados para, no prazo de 15 (quinze) dias, concordar com o pedido ou apresentar contestação.

Parágrafo único. A sociedade não será citada se todos os seus sócios o forem, mas ficará sujeita aos efeitos da decisão e à coisa julgada.

Art. 602. A sociedade poderá formular pedido de indenização compensável com o valor dos haveres a apurar.

Art. 603. Havendo manifestação expressa e unânime pela concordância da dissolução, o juiz a decretará, passando-se imediatamente à fase de liquidação.

§ 1.º Na hipótese prevista no *caput*, não haverá condenação em honorários advocatícios de nenhuma das partes, e as custas serão rateadas segundo a participação das partes no capital social.

§ 2.º Havendo contestação, observar-se-á o procedimento comum, mas a liquidação da sentença seguirá o disposto neste Capítulo.

Art. 604. Para apuração dos haveres, o juiz:

I – fixará a data da resolução da sociedade;

II – definirá o critério de apuração dos haveres à vista do disposto no contrato social; e

III – nomeará o perito.

§ 1.º O juiz determinará à sociedade ou aos sócios que nela permanecerem que depositem em juízo a parte incontroversa dos haveres devidos.

§ 2.º O depósito poderá ser, desde logo, levantado pelo ex-sócio, pelo espólio ou pelos sucessores.

§ 3.º Se o contrato social estabelecer o pagamento dos haveres, será observado o que nele se dispôs no depósito judicial da parte incontroversa.

Art. 605. A data da resolução da sociedade será:

I – no caso de falecimento do sócio, a do óbito;

II – na retirada imotivada, o sexagésimo dia seguinte ao do recebimento, pela sociedade, da notificação do sócio retirante;

III – no recesso, o dia do recebimento, pela sociedade, da notificação do sócio dissidente;

IV – na retirada por justa causa de sociedade por prazo determinado e na exclusão judicial de sócio, a do trânsito em julgado da decisão que dissolver a sociedade; e

V – na exclusão extrajudicial, a data da assembleia ou da reunião de sócios que a tiver deliberado.

Art. 606. Em caso de omissão do contrato social, o juiz definirá, como critério de apuração de haveres, o valor patrimonial apurado em balanço de determinação, tomando-se por referência a data da resolução e avaliando-se bens e direitos do ativo, tangíveis e intangíveis, a preço de saída, além do passivo também a ser apurado de igual forma.

Parágrafo único. Em todos os casos em que seja necessária a realização de perícia, a nomeação do perito recairá preferencialmente sobre especialista em avaliação de sociedades.

Art. 607. A data da resolução e o critério de apuração de haveres podem ser revistos pelo juiz, a pedido da parte, a qualquer tempo antes do início da perícia.

Art. 608. Até a data da resolução, integram o valor devido ao ex-sócio, ao espólio ou aos sucessores a participação nos lucros ou os juros sobre o capital próprio declarados pela sociedade e, se for o caso, a remuneração como administrador.

Parágrafo único. Após a data da resolução, o ex-sócio, o espólio ou os sucessores terão direito apenas à correção monetária dos valores apurados e aos juros contratuais ou legais.

Art. 609. Uma vez apurados, os haveres do sócio retirante serão pagos conforme disciplinar o contrato social e, no silêncio deste, nos termos do § 2.º do art. 1.031 da Lei n. 10.406, de 10 de janeiro de 2002 (Código Civil).

CAPÍTULO VI
DO INVENTÁRIO E DA PARTILHA

• *Vide* art. 5.º, XXVII, XXX e XXXI, da CF, sobre herança.

SEÇÃO I
Disposições Gerais

Art. 610. Havendo testamento ou interessado incapaz, proceder-se-á ao inventário judicial.

§ 1.º Se todos forem capazes e concordes, o inventário e a partilha poderão ser feitos por escritura pública, a qual constituirá documento hábil para qualquer ato de registro, bem como para levantamento de importância depositada em instituições financeiras.

• *Vide* Enunciado n. 51 da 1.ª Jornada de Direito Processual Civil.

§ 2.º O tabelião somente lavrará a escritura pública se todas as partes interessadas estiverem assistidas por advogado ou por defensor público, cuja qualificação e assinatura constarão do ato notarial.

•• *Vide* art. 1.º, *caput*, da Lei n. 6.858, de 24-11-1980 (pagamento a dependentes ou sucessores de valores não recebidos em vida).

•• Os arts. 2.015 e 2.016 do CC dispõem sobre a partilha amigável e judicial respectivamente.

•• *Vide* art. 112 da Lei n. 8.213, de 24-7-1991 (benefícios da Previdência Social).

• O Provimento OAB n. 118, de 7-5-2007, disciplina as atividades profissionais dos advogados em escrituras públicas de inventários, partilhas, separações e divórcios.

Art. 611. O processo de inventário e de partilha deve ser instaurado dentro de 2 (dois) meses, a contar da abertura da sucessão, ultimando-se nos 12 (doze) meses subsequentes, podendo o juiz prorrogar esses prazos, de ofício ou a requerimento de parte.

•• Prazo para requerer inventário: art. 1.796 do CC.

• *Vide* art. 48 do CPC.

Art. 612. O juiz decidirá todas as questões de direito desde que os fatos relevantes estejam provados por documento, só remetendo para as vias ordinárias as questões que dependerem de outras provas.

Art. 613. Até que o inventariante preste o compromisso, continuará o espólio na posse do administrador provisório.

Art. 614. O administrador provisório representa ativa e passivamente o espólio, é obrigado a trazer ao acervo os frutos que desde a abertura da sucessão percebeu, tem direito ao reembolso das despesas necessárias e úteis que fez e responde pelo dano a que, por dolo ou culpa, der causa.

SEÇÃO II
Da Legitimidade para Requerer o Inventário

Art. 615. O requerimento de inventário e de partilha incumbe a quem estiver na posse e na administração do espólio, no prazo estabelecido no art. 611.

Parágrafo único. O requerimento será instruído com a certidão de óbito do autor da herança.

Art. 616. Têm, contudo, legitimidade concorrente:

I – o cônjuge ou companheiro supérstite;

II – o herdeiro;

III – o legatário;

IV – o testamenteiro;

V – o cessionário do herdeiro ou do legatário;

VI – o credor do herdeiro, do legatário ou do autor da herança;

VII – o Ministério Público, havendo herdeiros incapazes;

VIII – a Fazenda Pública, quando tiver interesse;

IX – o administrador judicial da falência do herdeiro, do legatário, do autor da herança ou do cônjuge ou companheiro supérstite.

SEÇÃO III
Do Inventariante e das Primeiras Declarações

Art. 617. O juiz nomeará inventariante na seguinte ordem:

I – o cônjuge ou companheiro sobrevivente, desde que estivesse convivendo com o outro ao tempo da morte deste;

II – o herdeiro que se achar na posse e na administração do espólio, se não houver cônjuge ou companheiro sobrevivente ou se estes não puderem ser nomeados;

III – qualquer herdeiro, quando nenhum deles estiver na posse e na administração do espólio;

IV – o herdeiro menor, por seu representante legal;

V – o testamenteiro, se lhe tiver sido confiada a administração do espólio ou se toda a herança estiver distribuída em legados;

VI – o cessionário do herdeiro ou do legatário;

VII – o inventariante judicial, se houver;

VIII – pessoa estranha idônea, quando não houver inventariante judicial.

Parágrafo único. O inventariante, intimado da nomeação, prestará, dentro de 5 (cinco) dias, o compromisso de bem e fielmente desempenhar a função.

Art. 618. Incumbe ao inventariante:

I – representar o espólio ativa e passivamente, em juízo ou fora dele, observando-se, quanto ao dativo, o disposto no art. 75, § 1.º;

II – administrar o espólio, velando-lhe os bens com a mesma diligência que teria se seus fossem;

III – prestar as primeiras e as últimas declarações pessoalmente ou por procurador com poderes especiais;

IV – exibir em cartório, a qualquer tempo, para exame das partes, os documentos relativos ao espólio;

V – juntar aos autos certidão do testamento, se houver;

VI – trazer à colação os bens recebidos pelo herdeiro ausente, renunciante ou excluído;

VII – prestar contas de sua gestão ao deixar o cargo ou sempre que o juiz lhe determinar;

•• *Vide* art. 622, V, do CPC.

VIII – requerer a declaração de insolvência.

Art. 619. Incumbe ainda ao inventariante, ouvidos os interessados e com autorização do juiz:

I – alienar bens de qualquer espécie;

II – transigir em juízo ou fora dele;

III – pagar dívidas do espólio;

• *Vide* arts. 642 a 646 do CPC.

IV – fazer as despesas necessárias para a conservação e o melhoramento dos bens do espólio.

Art. 620. Dentro de 20 (vinte) dias contados da data em que prestou o compromisso, o inventariante fará as primeiras declarações, das quais se lavrará termo circunstanciado, assinado pelo juiz, pelo escrivão e pelo inventariante, no qual serão exarados:

I – o nome, o estado, a idade e o domicílio do autor da herança, o dia e o lugar em que faleceu e se deixou testamento;

II – o nome, o estado, a idade, o endereço eletrônico e a residência dos herdeiros e, havendo cônjuge ou companheiro supérstite, além dos respectivos dados pessoais, o regime de bens do casamento ou da união estável;

III – a qualidade dos herdeiros e o grau de parentesco com o inventariado;

IV – a relação completa e individualizada de todos os bens do espólio, inclusive aqueles que devem ser conferidos à colação, e dos bens alheios que nele forem encontrados, descrevendo-se:

• *Vide* art. 674, *caput*, do CPC.

a) os imóveis, com as suas especificações, nomeadamente local em que se encontram, extensão da área, limites, confrontações, benfeitorias, origem dos títulos, números das matrículas e ônus que os gravam;

b) os móveis, com os sinais característicos;

c) os semoventes, seu número, suas espécies, suas marcas e seus sinais distintivos;

d) o dinheiro, as joias, os objetos de ouro e prata e as pedras preciosas, declarando-se-lhes especificadamente a qualidade, o peso e a importância;

e) os títulos da dívida pública, bem como as ações, as quotas e os títulos de sociedade, mencionando-se-lhes o número, o valor e a data;

f) as dívidas ativas e passivas, indicando-se-lhes as datas, os títulos, a origem da obrigação e os nomes dos credores e dos devedores;

g) direitos e ações;

h) o valor corrente de cada um dos bens do espólio.

§ 1.º O juiz determinará que se proceda:

•• *Vide* art. 1.003, parágrafo único, do CPC.

I – ao balanço do estabelecimento, se o autor da herança era empresário individual;

II – à apuração de haveres, se o autor da herança era sócio de sociedade que não anônima.

§ 2.º As declarações podem ser prestadas mediante petição, firmada por procurador com poderes especiais, à qual o termo se reportará.

Art. 621. Só se pode arguir sonegação ao inventariante depois de encerrada a descrição dos bens, com a declaração, por ele feita, de não existirem outros por inventariar.

Art. 622. O inventariante será removido de ofício ou a requerimento:

I – se não prestar, no prazo legal, as primeiras ou as últimas declarações;

II – se não der ao inventário andamento regular, se suscitar dúvidas infundadas ou se praticar atos meramente protelatórios;

III – se, por culpa sua, bens do espólio se deteriorarem, forem dilapidados ou sofrerem dano;

IV – se não defender o espólio nas ações em que for citado, se deixar de cobrar dívidas ativas ou se não promover as medidas necessárias para evitar o perecimento de direitos;

V – se não prestar contas ou se as que prestar não forem julgadas boas;

•• *Vide* art. 553 do CPC.

VI – se sonegar, ocultar ou desviar bens do espólio.

Art. 623. Requerida a remoção com fundamento em qualquer dos incisos do art. 622, será intimado o inventariante para, no prazo de 15 (quinze) dias, defender-se e produzir provas.

Parágrafo único. O incidente da remoção correrá em apenso aos autos do inventário.

Art. 624. Decorrido o prazo, com a defesa do inventariante ou sem ela, o juiz decidirá.

Parágrafo único. Se remover o inventariante, o juiz nomeará outro, observada a ordem estabelecida no art. 617.

Art. 625. O inventariante removido entregará imediatamente ao substituto os bens do espólio e, caso deixe de fazê-lo, será compelido mediante mandado de busca e apreensão ou de imissão na posse, conforme se tratar de bem móvel ou imóvel, sem prejuízo da multa a ser fixada pelo juiz em montante não superior a três por cento do valor dos bens inventariados.

SEÇÃO IV
Das Citações e das Impugnações

Art. 626. Feitas as primeiras declarações, o juiz mandará citar, para os termos do inventário e da partilha, o cônjuge, o companheiro, os herdeiros e os legatários e intimar a Fazenda Pública, o Ministério Público, se houver herdeiro incapaz ou ausente, e o testamenteiro, se houver testamento.

§ 1.º O cônjuge ou o companheiro, os herdeiros e os legatários serão citados pelo correio, observado o disposto no art. 247, sendo, ainda, publicado edital, nos termos do inciso III do art. 259.

§ 2.º Das primeiras declarações extrair-se-ão tantas cópias quantas forem as partes.

§ 3.º A citação será acompanhada de cópia das primeiras declarações.

§ 4.º Incumbe ao escrivão remeter cópias à Fazenda Pública, ao Ministério Público, ao testamenteiro, se houver, e ao advogado, se a parte já estiver representada nos autos.

Art. 627. Concluídas as citações, abrir-se-á vista às partes, em cartório e pelo prazo comum de 15 (quinze) dias, para que se manifestem sobre as primeiras declarações, incumbindo às partes:

I – arguir erros, omissões e sonegação de bens;

II – reclamar contra a nomeação de inventariante;

III – contestar a qualidade de quem foi incluído no título de herdeiro.

§ 1.º Julgando procedente a impugnação referida no inciso I, o juiz mandará retificar as primeiras declarações.

§ 2.º Se acolher o pedido de que trata o inciso II, o juiz nomeará outro inventariante, observada a preferência legal.

§ 3.º Verificando que a disputa sobre a qualidade de herdeiro a que alude o inciso III demanda produção de provas que não a documental, o juiz remeterá a parte às vias ordinárias e sobrestará, até o julgamento da ação, a entrega do quinhão que na partilha couber ao herdeiro admitido.

Art. 628. Aquele que se julgar preterido poderá demandar sua admissão no inventário, requerendo-a antes da partilha.

§ 1.º Ouvidas as partes no prazo de 15 (quinze) dias, o juiz decidirá.

§ 2.º Se para solução da questão for necessária a produção de provas que não a documental, o juiz remeterá o requerente às vias ordinárias, mandando reservar, em poder do inventariante, o quinhão do herdeiro excluído até que se decida o litígio.

Art. 629. A Fazenda Pública, no prazo de 15 (quinze) dias, após a vista de que trata o art. 627, informará ao juízo, de acordo com os dados que constam de seu cadastro imobiliário, o valor dos bens de raiz descritos nas primeiras declarações.

SEÇÃO V

Da Avaliação e do Cálculo do Imposto

Art. 630. Findo o prazo previsto no art. 627 sem impugnação ou decidida a impugnação que houver sido oposta, o juiz nomeará, se for o caso, perito para avaliar os bens do espólio, se não houver na comarca avaliador judicial.

Parágrafo único. Na hipótese prevista no art. 620, § 1.º, o juiz nomeará perito para avaliação das quotas sociais ou apuração dos haveres.

Art. 631. Ao avaliar os bens do espólio, o perito observará, no que for aplicável, o disposto nos arts. 872 e 873.

Art. 632. Não se expedirá carta precatória para a avaliação de bens situados fora da comarca onde corre o inventário se eles forem de pequeno valor ou perfeitamente conhecidos do perito nomeado.

Art. 633. Sendo capazes todas as partes, não se procederá à avaliação se a Fazenda Pública, intimada pessoalmente, concordar de forma expressa com o valor atribuído, nas primeiras declarações, aos bens do espólio.

Art. 634. Se os herdeiros concordarem com o valor dos bens declarados pela Fazenda Pública, a avaliação cingir-se-á aos demais.

Art. 635. Entregue o laudo de avaliação, o juiz mandará que as partes se manifestem no prazo de 15 (quinze) dias, que correrá em cartório.

§ 1.º Versando a impugnação sobre o valor dado pelo perito, o juiz a decidirá de plano, à vista do que constar dos autos.

§ 2.º Julgando procedente a impugnação, o juiz determinará que o perito retifique a avaliação, observando os fundamentos da decisão.

Art. 636. Aceito o laudo ou resolvidas as impugnações suscitadas a seu respeito, lavrar-se-á em seguida o termo de últimas declarações, no qual o inventariante poderá emendar, aditar ou completar as primeiras.

• *Vide* art. 622, I, do CPC.

Art. 637. Ouvidas as partes sobre as últimas declarações no prazo comum de 15 (quinze) dias, proceder-se-á ao cálculo do tributo.

Art. 638. Feito o cálculo, sobre ele serão ouvidas todas as partes no prazo comum de 5 (cinco) dias, que correrá em cartório, e, em seguida, a Fazenda Pública.

§ 1.º Se acolher eventual impugnação, o juiz ordenará nova remessa dos autos ao contabilista, determinando as alterações que devam ser feitas no cálculo.

§ 2.º Cumprido o despacho, o juiz julgará o cálculo do tributo.

SEÇÃO VI

Das Colações

•• Os arts. 2.002 a 2.012 do CC dispõem sobre colação.

Art. 639. No prazo estabelecido no art. 627, o herdeiro obrigado à colação conferirá por termo nos autos ou por petição à qual o termo se reportará os bens que recebeu ou, se já não os possuir, trar-lhes-á o valor.

Parágrafo único. Os bens a serem conferidos na partilha, assim como as acessões e as benfeitorias que o donatário fez, calcular-se-ão pelo valor que tiverem ao tempo da abertura da sucessão.

Art. 640. O herdeiro que renunciou à herança ou o que dela foi excluído não se exime, pelo fato da renúncia ou da exclusão, de conferir, para o efeito de repor a parte inoficiosa, as liberalidades que obteve do doador.

§ 1.º É lícito ao donatário escolher, dentre os bens doados, tantos quantos bastem para perfazer a legítima e a metade disponível, entrando na partilha o excedente para ser dividido entre os demais herdeiros.

§ 2.º Se a parte inoficiosa da doação recair sobre bem imóvel que não comporte divisão cômoda, o juiz determinará que sobre ela se proceda a licitação entre os herdeiros.

§ 3.º O donatário poderá concorrer na licitação referida no § 2.º e, em igualdade de condições, terá preferência sobre os herdeiros.

Art. 641. Se o herdeiro negar o recebimento dos bens ou a obrigação de os conferir, o juiz, ouvidas as partes no prazo comum de 15 (quinze) dias, decidirá à vista das alegações e das provas produzidas.

§ 1.º Declarada improcedente a oposição, se o herdeiro, no prazo improrrogável de 15 (quinze) dias, não proceder à conferência, o juiz mandará sequestrar-lhe, para serem inventariados e partilhados, os bens sujeitos à colação ou imputar ao seu quinhão hereditário o valor deles, se já não os possuir.

§ 2.º Se a matéria exigir dilação probatória diversa da documental, o juiz remeterá as partes às vias ordinárias, não podendo o herdeiro receber o seu quinhão hereditário, enquanto pender a demanda, sem prestar caução correspondente ao valor dos bens sobre os quais versar a conferência.

SEÇÃO VII

Do Pagamento das Dívidas

Art. 642. Antes da partilha, poderão os credores do espólio requerer ao juízo do inventário o pagamento das dívidas vencidas e exigíveis.

•• *Vide* art. 4.º da Lei n. 6.830, de 22-9-1980, sobre cobrança judicial da dívida ativa da Fazenda Pública.

• *Vide* art. 619, III, do CPC.

• O art. 1.997 do CC dispõe que a herança responde pelo pagamento das dívidas do falecido; mas, feita a partilha, só respondem os herdeiros, cada qual em proporção da parte que na herança lhe coube.

• O art. 189 do CTN estabelece que são pagos preferencialmente quaisquer créditos habilitados em inventário ou arrolamento.

§ 1.º A petição, acompanhada de prova literal da dívida, será distribuída por dependência e autuada em apenso aos autos do processo de inventário.

§ 2.º Concordando as partes com o pedido, o juiz, ao declarar habilitado o credor, mandará que se faça a separação de dinheiro ou, em sua falta, de bens suficientes para o pagamento.

§ 3.º Separados os bens, tantos quantos forem necessários para o pagamento dos credores habilitados, o juiz mandará aliená-los, observando-se as disposições deste Código relativas à expropriação.

• *Vide* art. 647 do CPC.

§ 4.º Se o credor requerer que, em vez de dinheiro, lhe sejam adjudicados, para o seu pagamento, os bens já reservados, o juiz deferir-lhe-á o pedido, concordando todas as partes.

§ 5.º Os donatários serão chamados a pronunciar-se sobre a aprovação das dívidas, sempre que haja possibilidade de resultar delas a redução das liberalidades.

Art. 643. Não havendo concordância de todas as partes sobre o pedido de pagamento feito pelo credor, será o pedido remetido às vias ordinárias.

• *Vide* art. 668, I, do CPC.

Parágrafo único. O juiz mandará, porém, reservar, em poder do inventariante, bens suficientes para pagar o credor quando a dívida constar de documento que comprove suficientemente a obrigação e a impugnação não se fundar em quitação.

Art. 644. O credor de dívida líquida e certa, ainda não vencida, pode requerer habilitação no inventário.

Parágrafo único. Concordando as partes com o pedido referido no *caput*, o juiz, ao julgar habilitado o crédito, mandará que se faça separação de bens para o futuro pagamento.

Art. 645. O legatário é parte legítima para manifestar-se sobre as dívidas do espólio:

I – quando toda a herança for dividida em legados;

• Os arts. 1.912 a 1.940 do CC dispõem sobre legado.

II – quando o reconhecimento das dívidas importar redução dos legados.

• Os arts. 1.912 a 1.940 do CC dispõem sobre legado.

Art. 646. Sem prejuízo do disposto no art. 860, é lícito aos herdeiros, ao separarem bens para o pagamento de dívidas, autorizar que o inventariante os indique à penhora no processo em que o espólio for executado.

SEÇÃO VIII
Da Partilha

Art. 647. Cumprido o disposto no art. 642, § 3.º, o juiz facultará às partes que, no prazo comum de 15 (quinze) dias, formulem o pedido de quinhão e, em seguida, proferirá a decisão de deliberação da partilha, resolvendo os pedidos das partes e designando os bens que devam constituir quinhão de cada herdeiro e legatário.

• Os arts. 2.013 e s. do CC dispõem sobre partilha.

Parágrafo único. O juiz poderá, em decisão fundamentada, deferir antecipadamente a qualquer dos herdeiros o exercício dos direitos de usar e de fruir de determinado bem, com a condição de que, ao término do inventário, tal bem integre a cota desse herdeiro, cabendo a este, desde o deferimento, todos os ônus e bônus decorrentes do exercício daqueles direitos.

Art. 648. Na partilha, serão observadas as seguintes regras:

I – a máxima igualdade possível quanto ao valor, à natureza e à qualidade dos bens;

II – a prevenção de litígios futuros;

III – a máxima comodidade dos coerdeiros, do cônjuge ou do companheiro, se for o caso.

Art. 649. Os bens insuscetíveis de divisão cômoda que não couberem na parte do cônjuge ou companheiro supérstite ou no quinhão de um só herdeiro serão licitados entre os interessados ou vendidos judicialmente, partilhando-se o valor apurado, salvo se houver acordo para que sejam adjudicados a todos.

Art. 650. Se um dos interessados for nascituro, o quinhão que lhe caberá será reservado em poder do inventariante até o seu nascimento.

Art. 651. O partidor organizará o esboço da partilha de acordo com a decisão judicial, observando nos pagamentos a seguinte ordem:

• *Vide* Enunciado n. 52 da 1.ª Jornada de Direito Processual Civil.

I – dívidas atendidas;

II – meação do cônjuge;

III – meação disponível;

IV – quinhões hereditários, a começar pelo coerdeiro mais velho.

Art. 652. Feito o esboço, as partes manifestar-se-ão sobre esse no prazo comum de 15 (quinze) dias, e, resolvidas as reclamações, a partilha será lançada nos autos.

Art. 653. A partilha constará:

I – de auto de orçamento, que mencionará:

a) os nomes do autor da herança, do inventariante, do cônjuge ou companheiro supérstite, dos herdeiros, dos legatários e dos credores admitidos;

b) o ativo, o passivo e o líquido partível, com as necessárias especificações;

c) o valor de cada quinhão;

II – de folha de pagamento para cada parte, declarando a quota a pagar-lhe, a razão do pagamento e a relação dos bens que lhe compõem o quinhão, as características que os individualizam e os ônus que os gravam.

Parágrafo único. O auto e cada uma das folhas serão assinados pelo juiz e pelo escrivão.

Art. 654. Pago o imposto de transmissão a título de morte e juntada aos autos certidão ou informação negativa de dívida para com a Fazenda Pública, o juiz julgará por sentença a partilha.

• O art. 192 do CTN estabelece que nenhuma sentença de julgamento de partilha ou adjudicação será proferida sem prova da quitação de todos os tributos relativos aos bens.

Parágrafo único. A existência de dívida para com a Fazenda Pública não impedirá o julgamento da partilha, desde que o seu pagamento esteja devidamente garantido.

Art. 655. Transitada em julgado a sentença mencionada no art. 654, receberá o herdeiro os bens que lhe tocarem e um formal de partilha, do qual constarão as seguintes peças:

I – termo de inventariante e título de herdeiros;

II – avaliação dos bens que constituíram o quinhão do herdeiro;

III – pagamento do quinhão hereditário;

IV – quitação dos impostos;

V – sentença.

Parágrafo único. O formal de partilha poderá ser substituído por certidão de pagamento do quinhão hereditário quando esse não exceder a 5 (cinco) vezes o salário mínimo, caso em que se transcreverá nela a sentença de partilha transitada em julgado.

Art. 656. A partilha, mesmo depois de transitada em julgado a sentença, pode ser emendada nos mesmos autos do inventário, convindo todas as partes, quando tenha havido erro de fato na descrição dos bens, podendo o juiz, de ofício ou a requerimento da parte, a qualquer tempo, corrigir-lhe as inexatidões materiais.

Art. 657. A partilha amigável, lavrada em instrumento público, reduzida a termo nos autos do inventário ou constante de escrito particular homologado pelo juiz, pode ser anulada por dolo, coação, erro essencial ou intervenção de incapaz, observado o disposto no § 4.º do art. 966.

Parágrafo único. O direito à anulação de partilha amigável extingue-se em 1 (um) ano, contado esse prazo:

I – no caso de coação, do dia em que ela cessou;

II – no caso de erro ou dolo, do dia em que se realizou o ato;

III – quanto ao incapaz, do dia em que cessar a incapacidade.

Art. 658. É rescindível a partilha julgada por sentença:

I – nos casos mencionados no art. 657;

II – se feita com preterição de formalidades legais;

III – se preteriu herdeiro ou incluiu quem não o seja.

• *Vide* art. 966 do CPC.

SEÇÃO IX

Do Arrolamento

Art. 659. A partilha amigável, celebrada entre partes capazes, nos termos da lei, será homologada de plano pelo juiz, com observância dos arts. 660 a 663.

• A Resolução n. 35, de 24-4-2007, do CNJ, disciplina o disposto neste artigo quanto à partilha feita por escritura pública.

§ 1.º O disposto neste artigo aplica-se, também, ao pedido de adjudicação, quando houver herdeiro único.

§ 2.º Transitada em julgado a sentença de homologação de partilha ou de adjudicação, será lavrado o formal de partilha ou elaborada a carta de adjudicação e, em seguida, serão expedidos os alvarás referentes aos bens e às rendas por ele abrangidos, intimando-se o fisco para lançamento administrativo do imposto de transmissão e de outros tributos porventura incidentes, conforme dispuser a legislação tributária, nos termos do § 2.º do art. 662.

Art. 660. Na petição de inventário, que se processará na forma de arrolamento sumário, independentemente da lavratura de termos de qualquer espécie, os herdeiros:

I – requererão ao juiz a nomeação do inventariante que designarem;

II – declararão os títulos dos herdeiros e os bens do espólio, observado o disposto no art. 630;

III – atribuirão valor aos bens do espólio, para fins de partilha.

Art. 661. Ressalvada a hipótese prevista no parágrafo único do art. 663, não se procederá à avaliação dos bens do espólio para nenhuma finalidade.

Art. 662. No arrolamento, não serão conhecidas ou apreciadas questões relativas ao lançamento, ao pagamento ou à quitação de taxas judiciárias e de tributos incidentes sobre a transmissão da propriedade dos bens do espólio.

•• *Vide* art. 659, § 2.º, do CPC.

§ 1.º A taxa judiciária, se devida, será calculada com base no valor atribuído pelos herdeiros, cabendo ao fisco, se apurar em processo administrativo valor diverso do estimado, exigir a eventual diferença pelos meios adequados ao lançamento de créditos tributários em geral.

§ 2.º O imposto de transmissão será objeto de lançamento administrativo, conforme dispuser a legislação tributária, não ficando as autoridades fazendárias adstritas aos valores dos bens do espólio atribuídos pelos herdeiros.

Art. 663. A existência de credores do espólio não impedirá a homologação da partilha ou da adjudicação, se forem reservados bens suficientes para o pagamento da dívida.

Parágrafo único. A reserva de bens será realizada pelo valor estimado pelas partes, salvo se o credor, regularmente notificado, impugnar a estimativa, caso em que se promoverá a avaliação dos bens a serem reservados.

Art. 664. Quando o valor dos bens do espólio for igual ou inferior a 1.000 (mil) salários mínimos, o inventário processar-se-á na forma de arrolamento, cabendo ao inventariante nomeado, independentemente de assinatura de termo de compromisso, apresentar, com suas declarações, a atribuição de valor aos bens do espólio e o plano da partilha.

•• *Vide* art. 1.º da Lei n. 6.858, de 24-11-1980 (pagamento a dependentes ou sucessores de valores não recebidos em vida).

•• *Vide* art. 112 da Lei n. 8.213, de 24-7-1991.

§ 1.º Se qualquer das partes ou o Ministério Público impugnar a estimativa, o juiz nomeará avaliador, que oferecerá laudo em 10 (dez) dias.

§ 2.º Apresentado o laudo, o juiz, em audiência que designar, deliberará sobre a partilha, decidindo de plano todas as reclamações e mandando pagar as dívidas não impugnadas.

§ 3.º Lavrar-se-á de tudo um só termo, assinado pelo juiz, pelo inventariante e pelas partes presentes ou por seus advogados.

§ 4.º Aplicam-se a essa espécie de arrolamento, no que couber, as disposições do art. 672, relativamente ao lançamento, ao pagamento e à quitação da taxa judiciária e do imposto sobre a transmissão da propriedade dos bens do espólio.

•• Entendemos que a remissão correta seja ao art. 662 do CPC.

•• *Vide* Enunciado n. 131 da 2.ª Jornada de Direito Processual Civil.

§ 5.º Provada a quitação dos tributos relativos aos bens do espólio e às suas rendas, o juiz julgará a partilha.

Art. 665. O inventário processar-se-á também na forma do art. 664, ainda que haja interessado incapaz, desde que concordem todas as partes e o Ministério Público.

Art. 666. Independerá de inventário ou de arrolamento o pagamento dos valores previstos na Lei n. 6.858, de 24 de novembro de 1980.

Art. 667. Aplicam-se subsidiariamente a esta Seção as disposições das Seções VII e VIII deste Capítulo.

SEÇÃO X

Disposições Comuns a Todas as Seções

Art. 668. Cessa a eficácia da tutela provisória prevista nas Seções deste Capítulo:

• *Vide* arts. 308 e 309 do CPC.

I – se a ação não for proposta em 30 (trinta) dias contados da data em que da decisão foi intimado o impugnante, o herdeiro excluído ou o credor não admitido;

II – se o juiz extinguir o processo de inventário com ou sem resolução de mérito.

Art. 669. São sujeitos à sobrepartilha os bens:

I – sonegados;

• *Vide* arts. 1.992 a 1.996 do CC.

II – da herança descobertos após a partilha;

III – litigiosos, assim como os de liquidação difícil ou morosa;

IV – situados em lugar remoto da sede do juízo onde se processa o inventário.

Parágrafo único. Os bens mencionados nos incisos III e IV serão reservados à sobrepartilha sob a guarda e a administração do mesmo ou de diverso inventariante, a consentimento da maioria dos herdeiros.

Art. 670. Na sobrepartilha dos bens, observar-se-á o processo de inventário e de partilha.

Parágrafo único. A sobrepartilha correrá nos autos do inventário do autor da herança.

Art. 671. O juiz nomeará curador especial:

• *Vide* art. 72 do CPC.

I – ao ausente, se não o tiver;

II – ao incapaz, se concorrer na partilha com o seu representante, desde que exista colisão de interesses.

•• *Vide* art. 72 do CPC.

• O art. 1.692 do CC trata do usufruto e da administração dos bens de filhos menores.

Art. 672. É lícita a cumulação de inventários para a partilha de heranças de pessoas diversas quando houver:

I – identidade de pessoas entre as quais devam ser repartidos os bens;

II – heranças deixadas pelos dois cônjuges ou companheiros;

III – dependência de uma das partilhas em relação à outra.

Parágrafo único. No caso previsto no inciso III, se a dependência for parcial, por haver outros bens, o juiz pode ordenar a tramitação separada, se melhor convier ao interesse das partes ou à celeridade processual.

Art. 673. No caso previsto no art. 672, inciso II, prevalecerão as primeiras declarações, assim como o laudo de avaliação, salvo se alterado o valor dos bens.

CAPÍTULO VII

DOS EMBARGOS DE TERCEIRO

• *Vide* Súmula 134 do STJ.

Art. 674. Quem, não sendo parte no processo, sofrer constrição ou ameaça de constrição sobre bens que possua ou sobre os quais tenha direito incompatível com o ato constritivo, poderá requerer seu desfazimento ou sua inibição por meio de embargos de terceiro.

§ 1.º Os embargos podem ser de terceiro proprietário, inclusive fiduciário, ou possuidor.

•• *Vide* Súmula 134 do STJ.

§ 2.º Considera-se terceiro, para ajuizamento dos embargos:

I – o cônjuge ou companheiro, quando defende a posse de bens próprios ou de sua meação, ressalvado o disposto no art. 843;

II – o adquirente de bens cuja constrição decorreu de decisão que declara a ineficácia da alienação realizada em fraude à execução;

III – quem sofre constrição judicial de seus bens por força de desconsideração da personalidade jurídica, de cujo incidente não fez parte;

IV – o credor com garantia real para obstar expropriação judicial do objeto de direito real de garantia, caso não tenha sido intimado, nos termos legais dos atos expropriatórios respectivos.

Art. 675. Os embargos podem ser opostos a qualquer tempo no processo de conhecimento enquanto não transitada em julgado a sentença e, no cumprimento de sentença ou no processo de execução, até 5 (cinco) dias depois da adjudicação, da alienação por iniciativa particular ou da arrematação, mas sempre antes da assinatura da respectiva carta.

• *Vide* art. 214, I, do CPC.

• *Vide* Enunciados n. 102 e 132 das Jornadas de Direito Processual Civil.

Parágrafo único. Caso identifique a existência de terceiro titular de interesse em embargar o ato, o juiz mandará intimá-lo pessoalmente.

Art. 676. Os embargos serão distribuídos por dependência ao juízo que ordenou a constrição e autuados em apartado.

•• *Vide* art. 914, § 2.º, do CPC.

Parágrafo único. Nos casos de ato de constrição realizado por carta, os embargos serão oferecidos no juízo deprecado, salvo se indicado pelo juízo deprecante o bem constrito ou se já devolvida a carta.

Art. 677. Na petição inicial, o embargante fará a prova sumária de sua posse ou de seu domínio e da qualidade de terceiro, oferecendo documentos e rol de testemunhas.

§ 1.º É facultada a prova da posse em audiência preliminar designada pelo juiz.

§ 2.º O possuidor direto pode alegar, além da sua posse, o domínio alheio.

§ 3.º A citação será pessoal, se o embargado não tiver procurador constituído nos autos da ação principal.

§ 4.º Será legitimado passivo o sujeito a quem o ato de constrição aproveita, assim como o será seu adversário no processo principal quando for sua a indicação do bem para a constrição judicial.

Art. 678. A decisão que reconhecer suficientemente provado o domínio ou a posse determinará a suspensão das medidas constritivas sobre os bens litigiosos objeto dos embargos, bem como a manutenção ou a reintegração provisória da posse, se o embargante a houver requerido.

Parágrafo único. O juiz poderá condicionar a ordem de manutenção ou de reintegração provisória de posse à prestação de caução pelo requerente, ressalvada a impossibilidade da parte economicamente hipossuficiente.

Art. 679. Os embargos poderão ser contestados no prazo de 15 (quinze) dias, findo o qual se seguirá o procedimento comum.

Art. 680. Contra os embargos do credor com garantia real, o embargado somente poderá alegar que:

I – o devedor comum é insolvente;

II – o título é nulo ou não obriga a terceiro;

III – outra é a coisa dada em garantia.

Art. 681. Acolhido o pedido inicial, o ato de constrição judicial indevida será cancelado, com o reconhecimento do domínio, da manutenção da posse ou da reintegração definitiva do bem ou do direito ao embargante.

• *Vide* Enunciado n. 53 da 1.ª Jornada de Direito Processual Civil.

CAPÍTULO VIII
DA OPOSIÇÃO

Art. 682. Quem pretender, no todo ou em parte, a coisa ou o direito sobre que controvertem autor e réu poderá, até ser proferida a sentença, oferecer oposição contra ambos.

Art. 683. O opoente deduzirá o pedido em observação aos requisitos exigidos para propositura da ação.

Parágrafo único. Distribuída a oposição por dependência, serão os opostos citados, na pessoa de seus respectivos advogados, para contestar o pedido no prazo comum de 15 (quinze) dias.

Art. 684. Se um dos opostos reconhecer a procedência do pedido, contra o outro prosseguirá o opoente.

Art. 685. Admitido o processamento, a oposição será apensada aos autos e tramitará simultaneamente à ação originária, sendo ambas julgadas pela mesma sentença.

Parágrafo único. Se a oposição for proposta após o início da audiência de instrução, o juiz suspenderá o curso do processo ao fim da produção das provas, salvo se concluir que a unidade da instrução atende melhor ao princípio da duração razoável do processo.

Art. 686. Cabendo ao juiz decidir simultaneamente a ação originária e a oposição, desta conhecerá em primeiro lugar.

CAPÍTULO IX
DA HABILITAÇÃO

• *Vide* Enunciado n. 55 da 1.ª Jornada de Direito Processual Civil.

Art. 687. A habilitação ocorre quando, por falecimento de qualquer das partes, os interessados houverem de suceder-lhe no processo.

• *Vide* Enunciado n. 54 da 1.ª Jornada de Direito Processual Civil.

Art. 688. A habilitação pode ser requerida:

I – pela parte, em relação aos sucessores do falecido;

II – pelos sucessores do falecido, em relação à parte.

Art. 689. Proceder-se-á à habilitação nos autos do processo principal, na instância em que estiver, suspendendo-se, a partir de então, o processo.

Art. 690. Recebida a petição, o juiz ordenará a citação dos requeridos para se pronunciarem no prazo de 5 (cinco) dias.

Parágrafo único. A citação será pessoal, se a parte não tiver procurador constituído nos autos.

Art. 691. O juiz decidirá o pedido de habilitação imediatamente, salvo se este for impugnado e houver necessidade de dilação probatória diversa da documental, caso em que determinará que o pedido seja autuado em apartado e disporá sobre a instrução.

Art. 692. Transitada em julgado a sentença de habilitação, o processo principal retomará o seu curso, e cópia da sentença será juntada aos autos respectivos.

CAPÍTULO X
DAS AÇÕES DE FAMÍLIA

Art. 693. As normas deste Capítulo aplicam-se aos processos contenciosos de divórcio, separação, reconhecimento e extinção de união estável, guarda, visitação e filiação.

•• A Emenda Constitucional n. 66, de 13-7-2010, instituiu o divórcio direto.

• Lei do Divórcio: Lei n. 6.515, de 26-12-1977.

• União estável: Leis n. 8.971, de 29-12-1994, e 9.278, de 10-5-1996.

Parágrafo único. A ação de alimentos e a que versar sobre interesse de criança ou de adolescente observarão o procedimento previsto em legislação específica, aplicando-se, no que couber, as disposições deste Capítulo.

Art. 694. Nas ações de família, todos os esforços serão empreendidos para a solução consensual da controvérsia, devendo o juiz dispor do auxílio de profissionais de outras áreas de conhecimento para a mediação e conciliação.

Parágrafo único. A requerimento das partes, o juiz pode determinar a suspensão do processo enquanto os litigantes se submetem a mediação extrajudicial ou a atendimento multidisciplinar.

Art. 695. Recebida a petição inicial e, se for o caso, tomadas as providências referentes à tutela provisória, o juiz ordenará a citação do réu para comparecer à audiência de mediação e conciliação, observado o disposto no art. 694.

§ 1.º O mandado de citação conterá apenas os dados necessários à audiência e deverá estar desacompanhado de cópia da petição inicial, assegurado ao réu o direito de examinar seu conteúdo a qualquer tempo.

§ 2.º A citação ocorrerá com antecedência mínima de 15 (quinze) dias da data designada para a audiência.

§ 3.º A citação será feita na pessoa do réu.

§ 4.º Na audiência, as partes deverão estar acompanhadas de seus advogados ou de defensores públicos.

Art. 696. A audiência de mediação e conciliação poderá dividir-se em tantas sessões quantas sejam necessárias para viabilizar a solução consensual, sem prejuízo de providências jurisdicionais para evitar o perecimento do direito.

Art. 697. Não realizado o acordo, passarão a incidir, a partir de então, as normas do procedimento comum, observado o art. 335.

Art. 698. Nas ações de família, o Ministério Público somente intervirá quando houver interesse de incapaz e deverá ser ouvido previamente à homologação de acordo.

Art. 699. Quando o processo envolver discussão sobre fato relacionado a abuso ou a alienação parental, o juiz, ao tomar o depoimento do incapaz, deverá estar acompanhado por especialista.

CAPÍTULO XI
DA AÇÃO MONITÓRIA

Art. 700. A ação monitória pode ser proposta por aquele que afirmar, com base em prova escrita sem eficácia de título executivo, ter direito de exigir do devedor capaz:

I – o pagamento de quantia em dinheiro;

II – a entrega de coisa fungível ou infungível ou de bem móvel ou imóvel;

III – o adimplemento de obrigação de fazer ou de não fazer.

§ 1.º A prova escrita pode consistir em prova oral documentada, produzida antecipadamente nos termos do art. 381.

§ 2.º Na petição inicial, incumbe ao autor explicitar, conforme o caso:

I – a importância devida, instruindo-a com memória de cálculo;

II – o valor atual da coisa reclamada;

III – o conteúdo patrimonial em discussão ou o proveito econômico perseguido.

§ 3.º O valor da causa deverá corresponder à importância prevista no § 2.º, incisos I a III.

§ 4.º Além das hipóteses do art. 330, a petição inicial será indeferida quando não atendido o disposto no § 2.º deste artigo.

§ 5.º Havendo dúvida quanto à idoneidade de prova documental apresentada pelo autor, o juiz intimá-lo-á para, querendo, emendar a petição inicial, adaptando-a ao procedimento comum.

§ 6.º É admissível ação monitória em face da Fazenda Pública.

§ 7.º Na ação monitória, admite-se citação por qualquer dos meios permitidos para o procedimento comum.

Art. 701. Sendo evidente o direito do autor, o juiz deferirá a expedição de mandado de pagamento, de entrega de coisa ou para execução de obrigação de fazer ou de não fazer, concedendo ao réu prazo de 15 (quinze) dias para o cumprimento e o pagamento de honorários advocatícios de cinco por cento do valor atribuído à causa.

§ 1.º O réu será isento do pagamento de custas processuais se cumprir o mandado no prazo.

§ 2.º Constituir-se-á de pleno direito o título executivo judicial, independentemente de qualquer formalidade, se não realizado o pagamento e não apresentados os embargos previstos no art. 702, observando-se, no que couber, o Título II do Livro I da Parte Especial.

§ 3.º É cabível ação rescisória da decisão prevista no *caput* quando ocorrer a hipótese do § 2.º.

§ 4.º Sendo a ré Fazenda Pública, não apresentados os embargos previstos no art. 702, aplicar-se-á o disposto no art. 496, observando-se, a seguir, no que couber, o Título II do Livro I da Parte Especial.

§ 5.º Aplica-se à ação monitória, no que couber, o art. 916.

Art. 702. Independentemente de prévia segurança do juízo, o réu poderá opor, nos próprios autos, no prazo previsto no art. 701, embargos à ação monitória.

§ 1.º Os embargos podem se fundar em matéria passível de alegação como defesa no procedimento comum.

§ 2.º Quando o réu alegar que o autor pleiteia quantia superior à devida, cumprir-lhe-á declarar de imediato o valor que entende correto, apresentando demonstrativo discriminado e atualizado da dívida.

§ 3.º Não apontado o valor correto ou não apresentado o demonstrativo, os embargos serão liminarmente rejeitados, se esse for o seu único fundamento, e, se houver outro fundamento, os embargos serão processados, mas o juiz deixará de examinar a alegação de excesso.

§ 4.º A oposição dos embargos suspende a eficácia da decisão referida no *caput* do art. 701 até o julgamento em primeiro grau.

• *Vide* Enunciado n. 134 da 2.ª Jornada de Direito Processual Civil.

§ 5.º O autor será intimado para responder aos embargos no prazo de 15 (quinze) dias.

§ 6.º Na ação monitória admite-se a reconvenção, sendo vedado o oferecimento de reconvenção à reconvenção.

• *Vide* art. 343 do CPC.

§ 7.º A critério do juiz, os embargos serão autuados em apartado, se parciais, constituindo-se de pleno direito o título executivo judicial em relação à parcela incontroversa.

§ 8.º Rejeitados os embargos, constituir-se-á de pleno direito o título executivo judicial, prosseguindo-se o processo em observância ao disposto no Título II do Livro I da Parte Especial, no que for cabível.

§ 9.º Cabe apelação contra a sentença que acolhe ou rejeita os embargos.

§ 10. O juiz condenará o autor de ação monitória proposta indevidamente e de má-fé ao pagamento, em favor do réu, de multa de até dez por cento sobre o valor da causa.

§ 11. O juiz condenará o réu que de má-fé opuser embargos à ação monitória ao pagamento de multa de até dez por cento sobre o valor atribuído à causa, em favor do autor.

CAPÍTULO XII

DA HOMOLOGAÇÃO DO PENHOR LEGAL

•• Os arts. 1.467 a 1.472 do CC dispõem sobre penhor legal.

Art. 703. Tomado o penhor legal nos casos previstos em lei, requererá o credor, ato contínuo, a homologação.

§ 1.º Na petição inicial, instruída com o contrato de locação ou a conta pormenorizada das despesas, a tabela dos preços e a relação dos objetos retidos, o credor pedirá a citação do devedor para pagar ou contestar na audiência preliminar que for designada.

§ 2.º A homologação do penhor legal poderá ser promovida pela via extrajudicial mediante requerimento, que conterá os requisitos previstos no § 1.º deste artigo, do credor a notário de sua livre escolha.

§ 3.º Recebido o requerimento, o notário promoverá a notificação extrajudicial do devedor para, no prazo de 5 (cinco) dias, pagar o débito ou impugnar sua cobrança, alegando por escrito uma das causas previstas no art. 704, hipótese em que o procedimento será encaminhado ao juízo competente para decisão.

§ 4.º Transcorrido o prazo sem manifestação do devedor, o notário formalizará a homologação do penhor legal por escritura pública.

Art. 704. A defesa só pode consistir em:

I – nulidade do processo;

II – extinção da obrigação;

III – não estar a dívida compreendida entre as previstas em lei ou não estarem os bens sujeitos a penhor legal;

IV – alegação de haver sido ofertada caução idônea, rejeitada pelo credor.

Art. 705. A partir da audiência preliminar, observar-se-á o procedimento comum.

Art. 706. Homologado judicialmente o penhor legal, consolidar-se-á a posse do autor sobre o objeto.

§ 1.º Negada a homologação, o objeto será entregue ao réu, ressalvado ao autor o direito de cobrar a dívida pelo procedimento comum, salvo se acolhida a alegação de extinção da obrigação.

§ 2.º Contra a sentença caberá apelação, e, na pendência de recurso, poderá o relator ordenar que a coisa permaneça depositada ou em poder do autor.

CAPÍTULO XIII

DA REGULAÇÃO DE AVARIA GROSSA

Art. 707. Quando inexistir consenso acerca da nomeação de um regulador de avarias, o juiz de direito da comarca do primeiro porto onde o navio houver chegado, provocado por qualquer parte interessada, nomeará um de notório conhecimento.

Art. 708. O regulador declarará justificadamente se os danos são passíveis de rateio na forma de avaria grossa e exigirá das partes envolvidas a apresentação de garantias idôneas para que possam ser liberadas as cargas aos consignatários.

§ 1.º A parte que não concordar com o regulador quanto à declaração de abertura da avaria grossa deverá justificar suas razões ao juiz, que decidirá no prazo de 10 (dez) dias.

§ 2.º Se o consignatário não apresentar garantia idônea a critério do regulador, este fixará o valor da contribuição provisória com base nos fatos narrados e nos documentos que instruírem a petição inicial, que deverá ser caucionado sob a forma de depósito judicial ou de garantia bancária.

§ 3.º Recusando-se o consignatário a prestar caução, o regulador requererá ao juiz a alienação judicial de sua carga na forma dos arts. 879 a 903.

§ 4.º É permitido o levantamento, por alvará, das quantias necessárias ao pagamento das despesas da alienação a serem arcadas pelo consignatário, mantendo-se o saldo remanescente em depósito judicial até o encerramento da regulação.

Art. 709. As partes deverão apresentar nos autos os documentos necessários à regulação da avaria grossa em prazo razoável a ser fixado pelo regulador.

Art. 710. O regulador apresentará o regulamento da avaria grossa no prazo de até 12 (doze) meses, contado da data da entrega dos documentos nos autos pelas partes, podendo o prazo ser estendido a critério do juiz.

§ 1.º Oferecido o regulamento da avaria grossa, dele terão vista as partes pelo prazo comum de 15 (quinze) dias, e, não havendo impugnação, o regulamento será homologado por sentença.

§ 2.º Havendo impugnação ao regulamento, o juiz decidirá no prazo de 10 (dez) dias, após a oitiva do regulador.

Art. 711. Aplicam-se ao regulador de avarias os arts. 156 a 158, no que couber.

CAPÍTULO XIV

DA RESTAURAÇÃO DE AUTOS

Art. 712. Verificado o desaparecimento dos autos, eletrônicos ou não, pode o juiz, de ofício, qualquer das partes ou o Ministério Público, se for o caso, promover-lhes a restauração.

Parágrafo único. Havendo autos suplementares, nesses prosseguirá o processo.

Art. 713. Na petição inicial, declarará a parte o estado do processo ao tempo do desaparecimento dos autos, oferecendo:

I – certidões dos atos constantes do protocolo de audiências do cartório por onde haja corrido o processo;

II – cópia das peças que tenha em seu poder;

III – qualquer outro documento que facilite a restauração.

Art. 714. A parte contrária será citada para contestar o pedido no prazo de 5 (cinco) dias, cabendo-lhe exibir as cópias, as contrafés e as reproduções dos atos e dos documentos que estiverem em seu poder.

§ 1.º Se a parte concordar com a restauração, lavrar-se-á o auto que, assinado pelas partes e homologado pelo juiz, suprirá o processo desaparecido.

§ 2.º Se a parte não contestar ou se a concordância for parcial, observar-se-á o procedimento comum.

Art. 715. Se a perda dos autos tiver ocorrido depois da produção das provas em audiência, o juiz, se necessário, mandará repeti-las.

§ 1.º Serão reinquiridas as mesmas testemunhas, que, em caso de impossibilidade, poderão ser substituídas de ofício ou a requerimento.

§ 2.º Não havendo certidão ou cópia do laudo, far-se-á nova perícia, sempre que possível pelo mesmo perito.

§ 3.º Não havendo certidão de documentos, esses serão reconstituídos mediante cópias ou, na falta dessas, pelos meios ordinários de prova.

§ 4.º Os serventuários e os auxiliares da justiça não podem eximir-se de depor como testemunhas a respeito de atos que tenham praticado ou assistido.

§ 5.º Se o juiz houver proferido sentença da qual ele próprio ou o escrivão possua cópia, esta será juntada aos autos e terá a mesma autoridade da original.

Art. 716. Julgada a restauração, seguirá o processo os seus termos.

Parágrafo único. Aparecendo os autos originais, neles se prosseguirá, sendo-lhes apensados os autos da restauração.

Art. 717. Se o desaparecimento dos autos tiver ocorrido no tribunal, o processo de restauração será distribuído, sempre que possível, ao relator do processo.

§ 1.º A restauração far-se-á no juízo de origem quanto aos atos nele realizados.

§ 2.º Remetidos os autos ao tribunal, nele completar-se-á a restauração e proceder-se-á ao julgamento.

Art. 718. Quem houver dado causa ao desaparecimento dos autos responderá pelas custas da restauração e pelos honorários de advogado, sem prejuízo da responsabilidade civil ou penal em que incorrer.

• *Vide* art. 81 do CPC.

CAPÍTULO XV

DOS PROCEDIMENTOS DE JURISDIÇÃO VOLUNTÁRIA

SEÇÃO I

Disposições Gerais

Art. 719. Quando este Código não estabelecer procedimento especial, regem os procedimentos de jurisdição voluntária as disposições constantes desta *Seção*.

•• *Vide* art. 215, I, do CPC.

Art. 720. O procedimento terá início por provocação do interessado, do Ministério Público ou da Defensoria Pública, cabendo-lhes formular o pedido devidamente instruído com os documentos necessários e com a indicação da providência judicial.

• *Vide* Enunciado n. 56 da 1.ª Jornada de Direito Processual Civil.

Art. 721. Serão citados todos os interessados, bem como intimado o Ministério Público, nos casos do art. 178, para que se manifestem, querendo, no prazo de 15 (quinze) dias.

•• *Vide* art. 279, § 1.º, do CPC.

Art. 722. A Fazenda Pública será sempre ouvida nos casos em que tiver interesse.

Art. 723. O juiz decidirá o pedido no prazo de 10 (dez) dias.

Parágrafo único. O juiz não é obrigado a observar critério de legalidade estrita, podendo adotar em cada caso a solução que considerar mais conveniente ou oportuna.

Art. 724. Da sentença caberá apelação.

Art. 725. Processar-se-á na forma estabelecida nesta Seção o pedido de:

I – emancipação;

• *Vide* arts. 5.º, parágrafo único, I, e 9.º, II, do CC.

II – sub-rogação;

III – alienação, arrendamento ou oneração de bens de crianças ou adolescentes, de órfãos e de interditos;

IV – alienação, locação e administração da coisa comum;

V – alienação de quinhão em coisa comum;

VI – extinção de usufruto, quando não decorrer da morte do usufrutuário, do termo da sua duração ou da consolidação, e de fideicomisso, quando decorrer de renúncia ou quando ocorrer antes do evento que caracterizar a condição resolutória;

VII – expedição de alvará judicial;

VIII – homologação de autocomposição extrajudicial, de qualquer natureza ou valor.

Parágrafo único. As normas desta Seção aplicam-se, no que couber, aos procedimentos regulados nas seções seguintes.

SEÇÃO II
Da Notificação e da Interpelação

Art. 726. Quem tiver interesse em manifestar formalmente sua vontade a outrem sobre assunto juridicamente relevante poderá notificar pessoas participantes da mesma relação jurídica para dar-lhes ciência de seu propósito.

§ 1.º Se a pretensão for a de dar conhecimento geral ao público, mediante edital, o juiz só a deferirá se a tiver por fundada e necessária ao resguardo de direito.

§ 2.º Aplica-se o disposto nesta Seção, no que couber, ao protesto judicial.

Art. 727. Também poderá o interessado interpelar o requerido, no caso do art. 726, para que faça ou deixe de fazer o que o requerente entenda ser de seu direito.

Art. 728. O requerido será previamente ouvido antes do deferimento da notificação ou do respectivo edital:

I – se houver suspeita de que o requerente, por meio da notificação ou do edital, pretende alcançar fim ilícito;

II – se tiver sido requerida a averbação da notificação em registro público.

Art. 729. Deferida e realizada a notificação ou interpelação, os autos serão entregues ao requerente.

SEÇÃO III
Da Alienação Judicial

Art. 730. Nos casos expressos em lei, não havendo acordo entre os interessados sobre o modo como se deve realizar a alienação do bem, o juiz, de ofício ou a requerimento dos interessados ou do depositário, mandará aliená-lo em leilão, observando-se o disposto na Seção I deste Capítulo e, no que couber, o disposto nos arts. 879 a 903.

SEÇÃO IV
Do Divórcio e da Separação Consensuais, da Extinção Consensual de União Estável e da Alteração do Regime de Bens do Matrimônio

Art. 731. A homologação do divórcio ou da separação consensuais, observados os requisitos legais, poderá ser requerida em petição assinada por ambos os cônjuges, da qual constarão:

•• A Emenda Constitucional n. 66, de 13-7-2010, instituiu o divórcio direto.

I – as disposições relativas à descrição e à partilha dos bens comuns;

II – as disposições relativas à pensão alimentícia entre os cônjuges;

•• *Vide* art. 5.º, I, da CF.

III – o acordo relativo à guarda dos filhos incapazes e ao regime de visitas; e

IV – o valor da contribuição para criar e educar os filhos.

Parágrafo único. Se os cônjuges não acordarem sobre a partilha dos bens, far-se-á esta depois de homologado o divórcio, na forma estabelecida nos arts. 647 a 658.

Art. 732. As disposições relativas ao processo de homologação judicial de divórcio ou de separação consensuais aplicam-se, no que couber, ao processo de homologação da extinção consensual de união estável.

• União estável: arts. 1.723 e s. do CC.

Art. 733. O divórcio consensual, a separação consensual e a extinção consensual de união estável, não havendo nascituro ou filhos incapazes e observados os requisitos legais, poderão ser realizados por escritura pública, da qual constarão as disposições de que trata o art. 731.

•• A Emenda Constitucional n. 66, de 13-7-2010, instituiu o divórcio direto.

§ 1.º A escritura não depende de homologação judicial e constitui título hábil para qualquer ato de registro, bem como para levantamento de importância depositada em instituições financeiras.

§ 2.º O tabelião somente lavrará a escritura se os interessados estiverem assistidos por advogado ou por defensor público, cuja qualificação e assinatura constarão do ato notarial.

• O Provimento OAB n. 118, de 7-5-2007, disciplina as atividades profissionais dos advogados em escrituras públicas de inventários, partilhas e divórcios.

Art. 734. A alteração do regime de bens do casamento, observados os requisitos legais, poderá ser requerida, motivadamente, em petição assinada por ambos os cônjuges, na qual serão expostas as razões que justificam a alteração, ressalvados os direitos de terceiros.

§ 1.º Ao receber a petição inicial, o juiz determinará a intimação do Ministério Público e a publicação de edital que divulgue a pretendida alteração de bens, somente podendo decidir depois de decorrido o prazo de 30 (trinta) dias da publicação do edital.

§ 2.º Os cônjuges, na petição inicial ou em petição avulsa, podem propor ao juiz meio alternativo de divulgação da alteração do regime de bens, a fim de resguardar direitos de terceiros.

§ 3.º Após o trânsito em julgado da sentença, serão expedidos mandados de averbação aos cartórios de registro civil e de imóveis e, caso qualquer dos cônjuges seja empresário, ao Registro Público de Empresas Mercantis e Atividades Afins.

SEÇÃO V
Dos Testamentos e dos Codicilos

Art. 735. Recebendo testamento cerrado, o juiz, se não achar vício externo que o torne suspeito de nulidade ou falsidade, o abrirá e mandará que o escrivão o leia em presença do apresentante.

•• *Vide* art. 214, I, do CPC.

• Os arts. 1.868 a 1.875 do CC dispõem sobre o testamento cerrado.

§ 1.º Do termo de abertura constarão o nome do apresentante e como ele obteve o testamento, a data e o lugar do falecimento do testador, com as respectivas provas, e qualquer circunstância digna de nota.

§ 2.º Depois de ouvido o Ministério Público, não havendo dúvidas a serem esclarecidas, o juiz mandará registrar, arquivar e cumprir o testamento.

§ 3.º Feito o registro, será intimado o testamenteiro para assinar o termo da testamentária.

§ 4.º Se não houver testamenteiro nomeado ou se ele estiver ausente ou não aceitar o encargo, o juiz nomeará testamenteiro dativo, observando-se a preferência legal.

§ 5.º O testamenteiro deverá cumprir as disposições testamentárias e prestar contas em juízo do que recebeu e despendeu, observando-se o disposto em lei.

Art. 736. Qualquer interessado, exibindo o traslado ou a certidão de testamento público, poderá requerer ao juiz que ordene o seu cumprimento, observando-se, no que couber, o disposto nos parágrafos do art. 735.

Art. 737. A publicação do testamento particular poderá ser requerida, depois da morte do testador, pelo herdeiro, pelo legatário ou pelo testamenteiro, bem como pelo terceiro detentor do testamento, se impossibilitado de entregá-lo a algum dos outros legitimados para requerê-la.

§ 1.º Serão intimados os herdeiros que não tiverem requerido a publicação do testamento.

§ 2.º Verificando a presença dos requisitos da lei, ouvido o Ministério Público, o juiz confirmará o testamento.

§ 3.º Aplica-se o disposto neste artigo ao codicilo e aos testamentos marítimo, aeronáutico, militar e nuncupativo.

§ 4.º Observar-se-á, no cumprimento do testamento, o disposto nos parágrafos do art. 735.

SEÇÃO VI
Da Herança Jacente

Art. 738. Nos casos em que a lei considere jacente a herança, o juiz em cuja comarca tiver domicílio o falecido procederá imediatamente à arrecadação dos respectivos bens.

• Os arts. 1.819 a 1.823 do CC tratam da herança jacente.

Art. 739. A herança jacente ficará sob a guarda, a conservação e a administração de um curador até a respectiva entrega ao sucessor legalmente habilitado ou até a declaração de vacância.

•• *Vide* art. 75, VI, do CPC.

§ 1.º Incumbe ao curador:

•• *Vide* art. 739 do CPC.

I – representar a herança em juízo ou fora dele, com intervenção do Ministério Público;

•• *Vide* art. 75, VI, do CPC.

II – ter em boa guarda e conservação os bens arrecadados e promover a arrecadação de outros porventura existentes;

III – executar as medidas conservatórias dos direitos da herança;

IV – apresentar mensalmente ao juiz balancete da receita e da despesa;

V – prestar contas ao final de sua gestão.

§ 2.º Aplica-se ao curador o disposto nos arts. 159 a 161.

Art. 740. O juiz ordenará que o oficial de justiça, acompanhado do escrivão ou do chefe de secretaria e do curador, arrole os bens e descreva-os em auto circunstanciado.

§ 1.º Não podendo comparecer ao local, o juiz requisitará à autoridade policial que proceda à arrecadação e ao arrolamento dos bens, com 2 (duas) testemunhas, que assistirão às diligências.

§ 2.º Não estando ainda nomeado o curador, o juiz designará depositário e lhe entregará os bens, mediante simples termo nos autos, depois de compromissado.

§ 3.º Durante a arrecadação, o juiz ou a autoridade policial inquirirá os moradores da casa e da vizinhança sobre a qualificação do falecido, o paradeiro de seus sucessores e a existência de outros bens, lavrando-se de tudo auto de inquirição e informação.

§ 4.º O juiz examinará reservadamente os papéis, as cartas missivas e os livros domésticos e, verificando que não apresentam interesse, mandará empacotá-los e lacrá-los para serem assim entregues aos sucessores do falecido ou queimados quando os bens forem declarados vacantes.

§ 5.º Se constar ao juiz a existência de bens em outra comarca, mandará expedir carta precatória a fim de serem arrecadados.

§ 6.º Não se fará a arrecadação, ou essa será suspensa, quando, iniciada, apresentarem-se para reclamar os bens o cônjuge ou companheiro, o herdeiro ou o testamenteiro notoriamente reconhecido e não houver oposição motivada do curador, de qualquer interessado, do Ministério Público ou do representante da Fazenda Pública.

Art. 741. Ultimada a arrecadação, o juiz mandará expedir edital, que será publicado na rede mundial de computadores, no sítio do tribunal a que estiver vinculado o juízo e na plataforma de editais do Conselho Nacional de Justiça, onde permanecerá por 3 (três) meses, ou, não havendo sítio, no órgão oficial e na imprensa da comarca, por 3 (três) vezes com intervalos de 1 (um) mês, para que os sucessores do falecido venham a habilitar-se no prazo de 6 (seis) meses contado da primeira publicação.

§ 1.º Verificada a existência de sucessor ou de testamenteiro em lugar certo, far-se-á a sua citação, sem prejuízo do edital.

§ 2.º Quando o falecido for estrangeiro, será também comunicado o fato à autoridade consular.

§ 3.º Julgada a habilitação do herdeiro, reconhecida a qualidade do testamenteiro ou provada a identidade do cônjuge ou companheiro, a arrecadação converter-se-á em inventário.

§ 4.º Os credores da herança poderão habilitar-se como nos inventários ou propor a ação de cobrança.

Art. 742. O juiz poderá autorizar a alienação:

• *Vide* art. 730 do CPC.

I – de bens móveis, se forem de conservação difícil ou dispendiosa;

II – de semoventes, quando não empregados na exploração de alguma indústria;

III – de títulos e papéis de crédito, havendo fundado receio de depreciação;

IV – de ações de sociedade quando, reclamada a integralização, não dispuser a herança de dinheiro para o pagamento;

V – de bens imóveis:

a) se ameaçarem ruína, não convindo a reparação;

b) se estiverem hipotecados e vencer-se a dívida, não havendo dinheiro para o pagamento.

§ 1.º Não se procederá, entretanto, à venda se a Fazenda Pública ou o habilitando adiantar a importância para as despesas.

§ 2.º Os bens com valor de afeição, como retratos, objetos de uso pessoal, livros e obras de arte, só serão alienados depois de declarada a vacância da herança.

Art. 743. Passado 1 (um) ano da primeira publicação do edital e não havendo herdeiro habilitado nem habilitação pendente, será a herança declarada vacante.

§ 1.º Pendendo habilitação, a vacância será declarada pela mesma sentença que a julgar improcedente, aguardando-se, no caso de serem diversas as habilitações, o julgamento da última.

§ 2.º Transitada em julgado a sentença que declarou a vacância, o cônjuge, o companheiro, os herdeiros e os credores só poderão reclamar o seu direito por ação direta.

SEÇÃO VII

Dos Bens dos Ausentes

Art. 744. Declarada a ausência nos casos previstos em lei, o juiz mandará arrecadar os bens do ausente e nomear-lhes-á curador na forma estabelecida na Seção VI, observando-se o disposto em lei.

•• *Vide* art. 71 do CPC.

• O art. 22 do CC trata da curadoria dos bens dos ausentes.

Art. 745. Feita a arrecadação, o juiz mandará publicar editais na rede mundial de computadores, no sítio do tribunal a que estiver vinculado e na plataforma de editais do Conselho Nacional de Justiça, onde permanecerá por 1 (um) ano, ou, não havendo sítio, no órgão oficial e na imprensa da comarca, durante 1 (um) ano, reproduzida de 2 (dois) em 2 (dois) meses, anunciando a arrecadação e chamando o ausente a entrar na posse de seus bens.

§ 1.º Findo o prazo previsto no edital, poderão os interessados requerer a abertura da sucessão provisória, observando-se o disposto em lei.

§ 2.º O interessado, ao requerer a abertura da sucessão provisória, pedirá a citação pessoal dos herdeiros presentes e do curador e, por editais, a dos ausentes para requererem habilitação, na forma dos arts. 689 a 692.

§ 3.º Presentes os requisitos legais, poderá ser requerida a conversão da sucessão provisória em definitiva.

§ 4.º Regressando o ausente ou algum de seus descendentes ou ascendentes para requerer ao juiz a entrega de bens, serão citados para contestar o pedido os sucessores provisórios ou definitivos, o Ministério Público e o representante da Fazenda Pública, seguindo-se o procedimento comum.

SEÇÃO VIII

Das Coisas Vagas

Art. 746. Recebendo do descobridor coisa alheia perdida, o juiz mandará lavrar o respectivo auto, do qual constará a descrição do bem e as declarações do descobridor.

•• Os arts. 1.233 a 1.237 do CC dispõem sobre descoberta.

• O art. 169, parágrafo único, I, do CP dispõe sobre crime de apropriação de tesouro.

§ 1.º Recebida a coisa por autoridade policial, esta a remeterá em seguida ao juízo competente.

§ 2.º Depositada a coisa, o juiz mandará publicar edital na rede mundial de computadores, no sítio do tribunal a que estiver vinculado e na plataforma de editais do Conselho Nacional de Justiça ou, não havendo sítio, no órgão oficial e na imprensa da comarca, para que o dono ou o legítimo possuidor a reclame, salvo se se tratar de coisa de pequeno valor e não for possível a publicação no sítio do tribunal, caso em que o edital será apenas afixado no átrio do edifício do fórum.

§ 3.º Observar-se-á, quanto ao mais, o disposto em lei.

SEÇÃO IX

Da Interdição

Art. 747. A interdição pode ser promovida:

I – pelo cônjuge ou companheiro;

II – pelos parentes ou tutores;

• *Vide* art. 5.º, I, da CF.

III – pelo representante da entidade em que se encontra abrigado o interditando;

IV – pelo Ministério Público.

Parágrafo único. A legitimidade deverá ser comprovada por documentação que acompanhe a petição inicial.

Art. 748. O Ministério Público só promoverá interdição em caso de doença mental grave:

I – se as pessoas designadas nos incisos I, II e III do art. 747 não existirem ou não promoverem a interdição;

II – se, existindo, forem incapazes as pessoas mencionadas nos incisos I e II do art. 747.

Art. 749. Incumbe ao autor, na petição inicial, especificar os fatos que demonstram a incapacidade do interditando para administrar seus bens e, se for o caso, para praticar atos da vida civil, bem como o momento em que a incapacidade se revelou.

Parágrafo único. Justificada a urgência, o juiz pode nomear curador provisório ao interditando para a prática de determinados atos.

Art. 750. O requerente deverá juntar laudo médico para fazer prova de suas alegações ou informar a impossibilidade de fazê-lo.

Art. 751. O interditando será citado para, em dia designado, comparecer perante o juiz, que o entrevistará minuciosamente acerca de sua vida, negócios, bens, vontades, preferências e laços familiares e afetivos e sobre o que mais lhe parecer necessário para convencimento quanto à sua capacidade para praticar atos da vida civil, devendo ser reduzidas a termo as perguntas e respostas.

§ 1.º Não podendo o interditando deslocar-se, o juiz o ouvirá no local onde estiver.

§ 2.º A entrevista poderá ser acompanhada por especialista.

§ 3.º Durante a entrevista, é assegurado o emprego de recursos tecnológicos capazes de permitir ou de auxiliar o interditando a expressar suas vontades e preferências e a responder às perguntas formuladas.

§ 4.º A critério do juiz, poderá ser requisitada a oitiva de parentes e de pessoas próximas.

Art. 752. Dentro do prazo de 15 (quinze) dias contado da entrevista, o interditando poderá impugnar o pedido.

§ 1.º O Ministério Público intervirá como fiscal da ordem jurídica.

§ 2.º O interditando poderá constituir advogado, e, caso não o faça, deverá ser nomeado curador especial.

§ 3.º Caso o interditando não constitua advogado, o seu cônjuge, companheiro ou qualquer parente sucessível poderá intervir como assistente.

Art. 753. Decorrido o prazo previsto no art. 752, o juiz determinará a produção de prova pericial para avaliação da capacidade do interditando para praticar atos da vida civil.

§ 1.º A perícia pode ser realizada por equipe composta por expertos com formação multidisciplinar.

§ 2.º O laudo pericial indicará especificadamente, se for o caso, os atos para os quais haverá necessidade de curatela.

Art. 754. Apresentado o laudo, produzidas as demais provas e ouvidos os interessados, o juiz proferirá sentença.

Art. 755. Na sentença que decretar a interdição, o juiz:

I – nomeará curador, que poderá ser o requerente da interdição, e fixará os limites da curatela, segundo o estado e o desenvolvimento mental do interdito;

II – considerará as características pessoais do interdito, observando suas potencialidades, habilidades, vontades e preferências.

§ 1.º A curatela deve ser atribuída a quem melhor possa atender aos interesses do curatelado.

§ 2.º Havendo, ao tempo da interdição, pessoa incapaz sob a guarda e a responsabilidade do interdito, o juiz atribuirá a curatela a quem melhor puder atender aos interesses do interdito e do incapaz.

§ 3.º A sentença de interdição será inscrita no registro de pessoas naturais e imediatamente publicada na rede mundial de computadores, no sítio do tribunal a que estiver vinculado o juízo e na plataforma de editais do Conselho Nacional de Justiça, onde permanecerá por 6 (seis) meses, na imprensa local, 1 (uma) vez, e no órgão oficial, por 3 (três) vezes, com intervalo de 10 (dez) dias, constando do edital os nomes do interdito e do curador, a causa da interdição, os limites da curatela e, não sendo total a interdição, os atos que o interdito poderá praticar autonomamente.

• *Vide* art. 9.º, III, do CC.

Art. 756. Levantar-se-á a curatela quando cessar a causa que a determinou.

§ 1.º O pedido de levantamento da curatela poderá ser feito pelo interdito, pelo curador ou pelo Ministério Público e será apensado aos autos da interdição.

§ 2.º O juiz nomeará perito ou equipe multidisciplinar para proceder ao exame do interdito e designará audiência de instrução e julgamento após a apresentação do laudo.

§ 3.º Acolhido o pedido, o juiz decretará o levantamento da interdição e determinará a publicação da sentença, após o trânsito em julgado, na forma do art. 755, § 3.º, ou, não sendo possível, na imprensa local e no órgão oficial, por 3 (três) vezes, com intervalo de 10 (dez) dias, seguindo-se a averbação no registro de pessoas naturais.

§ 4.º A interdição poderá ser levantada parcialmente quando demonstrada a capacidade do interdito para praticar alguns atos da vida civil.

Art. 757. A autoridade do curador estende-se à pessoa e aos bens do incapaz que se encontrar sob a guarda e a responsabilidade do curatelado ao tempo da interdição, salvo se o juiz considerar outra solução como mais conveniente aos interesses do incapaz.

Art. 758. O curador deverá buscar tratamento e apoio apropriados à conquista da autonomia pelo interdito.

SEÇÃO X

Disposições Comuns à Tutela e à Curatela

• *Vide* Enunciado n. 57 da 1.ª Jornada de Direito Processual Civil.

Art. 759. O tutor ou o curador será intimado a prestar compromisso no prazo de 5 (cinco) dias contado da:

I – nomeação feita em conformidade com a lei;

II – intimação do despacho que mandar cumprir o testamento ou o instrumento público que o houver instituído.

§ 1.º O tutor ou o curador prestará o compromisso por termo em livro rubricado pelo juiz.

§ 2.º Prestado o compromisso, o tutor ou o curador assume a administração dos bens do tutelado ou do interditado.

Art. 760. O tutor ou o curador poderá eximir-se do encargo apresentando escusa ao juiz no prazo de 5 (cinco) dias contado:

I – antes de aceitar o encargo, da intimação para prestar compromisso;

II – depois de entrar em exercício, do dia em que sobrevier o motivo da escusa.

§ 1.º Não sendo requerida a escusa no prazo estabelecido neste artigo, considerar-se-á renunciado o direito de alegá-la.

§ 2.º O juiz decidirá de plano o pedido de escusa, e, não o admitindo, exercerá o nomeado a tutela ou a curatela enquanto não for dispensado por sentença transitada em julgado.

Art. 761. Incumbe ao Ministério Público ou a quem tenha legítimo interesse requerer, nos casos previstos em lei, a remoção do tutor ou do curador.

Parágrafo único. O tutor ou o curador será citado para contestar a arguição no prazo de 5 (cinco) dias, findo o qual observar-se-á o procedimento comum.

Art. 762. Em caso de extrema gravidade, o juiz poderá suspender o tutor ou o curador do exercício de suas funções, nomeando substituto interino.

Art. 763. Cessando as funções do tutor ou do curador pelo decurso do prazo em que era obrigado a servir, ser-lhe-á lícito requerer a exoneração do encargo.

§ 1.º Caso o tutor ou o curador não requeira a exoneração do encargo dentro dos 10 (dez) dias seguintes à expiração do termo, entender-se-á reconduzido, salvo se o juiz o dispensar.

§ 2.º Cessada a tutela ou a curatela, é indispensável a prestação de contas pelo tutor ou pelo curador, na forma da lei civil.

SEÇÃO XI

Da Organização e da Fiscalização das Fundações

Art. 764. O juiz decidirá sobre a aprovação do estatuto das fundações e de suas alterações sempre que o requeira o interessado, quando:

I – ela for negada previamente pelo Ministério Público ou por este forem exigidas modificações com as quais o interessado não concorde;

II – o interessado discordar do estatuto elaborado pelo Ministério Público.

§ 1.º O estatuto das fundações deve observar o disposto na Lei n. 10.406, de 10 de janeiro de 2002 (Código Civil).

§ 2.º Antes de suprir a aprovação, o juiz poderá mandar fazer no estatuto modificações a fim de adaptá-lo ao objetivo do instituidor.

Art. 765. Qualquer interessado ou o Ministério Público promoverá em juízo a extinção da fundação quando:

I – se tornar ilícito o seu objeto;

II – for impossível a sua manutenção;

III – vencer o prazo de sua existência.

SEÇÃO XII

Da Ratificação dos Protestos Marítimos e dos Processos Testemunháveis Formados a Bordo

Art. 766. Todos os protestos e os processos testemunháveis formados a bordo e lançados no livro Diário da Navegação deverão ser apresentados pelo comandante ao juiz de direito do primeiro porto, nas primeiras 24 (vinte e quatro) horas de chegada da embarcação, para sua ratificação judicial.

Art. 767. A petição inicial conterá a transcrição dos termos lançados no livro Diário da Navegação e deverá ser instruída com cópias das páginas que contenham os termos que serão ratificados, dos documentos de identificação do comandante e das testemunhas arroladas, do rol de tripulantes, do documento de registro da embarcação e, quando for o caso, do manifesto das cargas sinistradas e a qualificação de seus consignatários, traduzidos, quando for o caso, de forma livre para o português.

Art. 768. A petição inicial deverá ser distribuída com urgência e encaminhada ao juiz, que ouvirá, sob compromisso a ser prestado no mesmo dia, o comandante e as testemunhas em número mínimo de 2 (duas) e máximo de 4 (quatro), que deverão comparecer ao ato independentemente de intimação.

§ 1.º Tratando-se de estrangeiros que não dominem a língua portuguesa, o autor deverá fazer-se acompanhar por tradutor, que prestará compromisso em audiência.

§ 2.º Caso o autor não se faça acompanhar por tradutor, o juiz deverá nomear outro que preste compromisso em audiência.

Art. 769. Aberta a audiência, o juiz mandará apregoar os consignatários das cargas indicados na petição inicial e outros eventuais interessados, nomeando para os ausentes curador para o ato.

Art. 770. Inquiridos o comandante e as testemunhas, o juiz, convencido da veracidade dos termos lançados no Diário da Navegação, em audiência, ratificará por sentença o protesto ou o processo testemunhável lavrado a bordo, dispensado o relatório.

Parágrafo único. Independentemente do trânsito em julgado, o juiz determinará a entrega dos autos ao autor ou ao seu advogado, mediante a apresentação de traslado.

LIVRO II

DO PROCESSO DE EXECUÇÃO

TÍTULO I

DA EXECUÇÃO EM GERAL

CAPÍTULO I

DISPOSIÇÕES GERAIS

Art. 771. Este Livro regula o procedimento da execução fundada em título extrajudicial, e suas disposições aplicam-se, também, no que couber, aos procedimentos especiais de execução, aos atos executivos realizados no procedimento de cumprimento de sentença, bem como aos efeitos de atos ou fatos processuais a que a lei atribuir força executiva.

•• *Vide* arts. 783 a 785 do CPC.

Parágrafo único. Aplicam-se subsidiariamente à execução as disposições do Livro I da Parte Especial.

Art. 772. O juiz pode, em qualquer momento do processo:

I – ordenar o comparecimento das partes;

II – advertir o executado de que seu procedimento constitui ato atentatório à dignidade da justiça;

III – determinar que sujeitos indicados pelo exequente forneçam informações em geral relacionadas ao objeto da execução, tais como documentos e dados que tenham em seu poder, assinando-lhes prazo razoável.

Art. 773. O juiz poderá, de ofício ou a requerimento, determinar as medidas necessárias ao cumprimento da ordem de entrega de documentos e dados.

Parágrafo único. Quando, em decorrência do disposto neste artigo, o juízo receber dados sigilosos para os fins da execução, o juiz adotará as medidas necessárias para assegurar a confidencialidade.

Art. 774. Considera-se atentatória à dignidade da justiça a conduta comissiva ou omissiva do executado que:

• *Vide* art. 847, § 2.º, do CPC.

I – frauda a execução;

• *Vide* art. 792 do CPC.

II – se opõe maliciosamente à execução, empregando ardis e meios artificiosos;

III – dificulta ou embaraça a realização da penhora;

IV – resiste injustificadamente às ordens judiciais;

V – intimado, não indica ao juiz quais são e onde estão os bens sujeitos à penhora e os respectivos valores, nem exibe prova de sua propriedade e, se for o caso, certidão negativa de ônus.

Parágrafo único. Nos casos previstos neste artigo, o juiz fixará multa em montante não superior a vinte por cento do valor atualizado do débito em execução, a qual será revertida em proveito do exequente, exigível nos próprios autos do processo, sem prejuízo de outras sanções de natureza processual ou material.

Art. 775. O exequente tem o direito de desistir de toda a execução ou de apenas alguma medida executiva.

•• *Vide* art. 200, parágrafo único, do CPC.

Parágrafo único. Na desistência da execução, observar-se-á o seguinte:

I – serão extintos a impugnação e os embargos que versarem apenas sobre questões processuais, pagando o exequente as custas processuais e os honorários advocatícios;

II – nos demais casos, a extinção dependerá da concordância do impugnante ou do embargante.

Art. 776. O exequente ressarcirá ao executado os danos que este sofreu, quando a sentença, transitada em julgado, declarar inexistente, no todo ou em parte, a obrigação que ensejou a execução.

Art. 777. A cobrança de multas ou de indenizações decorrentes de litigância de má-fé ou de prática de ato atentatório à dignidade da justiça será promovida nos próprios autos do processo.

CAPÍTULO II

DAS PARTES

Art. 778. Pode promover a execução forçada o credor a quem a lei confere título executivo.

•• *Vide* arts. 783 a 785 do CPC.

§ 1.º Podem promover a execução forçada ou nela prosseguir, em sucessão ao exequente originário:

I – o Ministério Público, nos casos previstos em lei;

II – o espólio, os herdeiros ou os sucessores do credor, sempre que, por morte deste, lhes for transmitido o direito resultante do título executivo;

III – o cessionário, quando o direito resultante do título executivo lhe for transferido por ato entre vivos;

•• *Vide* art. 109, § 1.º, do CPC.

IV – o sub-rogado, nos casos de sub-rogação legal ou convencional.

•• *Vide* art. 857 do CPC.

• *Vide* arts. 346 a 351 do CC.

§ 2.º A sucessão prevista no § 1.º independe de consentimento do executado.

Art. 779. A execução pode ser promovida contra:

I – o devedor, reconhecido como tal no título executivo;

II – o espólio, os herdeiros ou os sucessores do devedor;

III – o novo devedor que assumiu, com o consentimento do credor, a obrigação resultante do título executivo;

•• *Vide* art. 109, § 1.º, do CPC.

IV – o fiador do débito constante em título extrajudicial;

•• *Vide* art. 794, *caput* e § 1.º, do CPC.

V – o responsável titular do bem vinculado por garantia real ao pagamento do débito;

VI – o responsável tributário, assim definido em lei.

Art. 780. O exequente pode cumular várias execuções, ainda que fundadas em títulos diferentes, quando o executado for o mesmo e desde que para todas elas seja competente o mesmo juízo e idêntico o procedimento.

CAPÍTULO III
DA COMPETÊNCIA

Art. 781. A execução fundada em título extrajudicial será processada perante o juízo competente, observando-se o seguinte:

I – a execução poderá ser proposta no foro de domicílio do executado, de eleição constante do título ou, ainda, de situação dos bens a ela sujeitos;

II – tendo mais de um domicílio, o executado poderá ser demandado no foro de qualquer deles;

III – sendo incerto ou desconhecido o domicílio do executado, a execução poderá ser proposta no lugar onde for encontrado ou no foro de domicílio do exequente;

IV – havendo mais de um devedor, com diferentes domicílios, a execução será proposta no foro de qualquer deles, à escolha do exequente;

V – a execução poderá ser proposta no foro do lugar em que se praticou o ato ou em que ocorreu o fato que deu origem ao título, mesmo que nele não mais resida o executado.

Art. 782. Não dispondo a lei de modo diverso, o juiz determinará os atos executivos, e o oficial de justiça os cumprirá.

§ 1.º O oficial de justiça poderá cumprir os atos executivos determinados pelo juiz também nas comarcas contíguas, de fácil comunicação, e nas que se situem na mesma região metropolitana.

§ 2.º Sempre que, para efetivar a execução, for necessário o emprego de força policial, o juiz a requisitará.

§ 3.º A requerimento da parte, o juiz pode determinar a inclusão do nome do executado em cadastros de inadimplentes.

•• *Vide* art. 17 da Instrução Normativa n. 39, de 15-3-2016.

• *Vide* Enunciado n. 98 da 1.ª Jornada de Direito Processual Civil.

§ 4.º A inscrição será cancelada imediatamente se for efetuado o pagamento, se for garantida a execução ou se a execução for extinta por qualquer outro motivo.

•• *Vide* art. 17 da Instrução Normativa n. 39, de 15-3-2016.

§ 5.º O disposto nos §§ 3.º e 4.º aplica-se à execução definitiva de título judicial.

•• *Vide* art. 17 da Instrução Normativa n. 39, de 15-3-2016.

CAPÍTULO IV
DOS REQUISITOS NECESSÁRIOS PARA REALIZAR QUALQUER EXECUÇÃO

SEÇÃO I
Do Título Executivo

Art. 783. A execução para cobrança de crédito fundar-se-á sempre em título de obrigação certa, líquida e exigível.

Art. 784. São títulos executivos extrajudiciais:

I – a letra de câmbio, a nota promissória, a duplicata, a debênture e o cheque;

II – a escritura pública ou outro documento público assinado pelo devedor;

• *Vide* arts. 215 e 221 do CC.

III – o documento particular assinado pelo devedor e por 2 (duas) testemunhas;

IV – o instrumento de transação referendado pelo Ministério Público, pela Defensoria Pública, pela Advocacia Pública, pelos advogados dos transatores ou por conciliador ou mediador credenciado por tribunal;

V – o contrato garantido por hipoteca, penhor, anticrese ou outro direito real de garantia e aquele garantido por caução;

VI – o contrato de seguro de vida em caso de morte;

VII – o crédito decorrente de foro e laudêmio;

VIII – o crédito, documentalmente comprovado, decorrente de aluguel de imóvel, bem como de encargos acessórios, tais como taxas e despesas de condomínio;

• A Lei n. 4.591, de 16-12-1964, dispõe sobre o condomínio em edificações e as incorporações imobiliárias.

IX – a certidão de dívida ativa da Fazenda Pública da União, dos Estados, do Distrito Federal e dos Municípios, correspondente aos créditos inscritos na forma da lei;

• *Vide* Lei n. 6.830, de 22-9-1980 (LEF).

X – o crédito referente às contribuições ordinárias ou extraordinárias de condomínio edilício, previstas na respectiva convenção ou aprovadas em assembleia geral, desde que documentalmente comprovadas;

• *Vide* Enunciado n. 100 da 1.ª Jornada de Direito Processual Civil.

XI – a certidão expedida por serventia notarial ou de registro relativa a valores de emolumentos e demais despesas devidas pelos atos por ela praticados, fixados nas tabelas estabelecidas em lei;

XII – todos os demais títulos aos quais, por disposição expressa, a lei atribuir força executiva.

•• *Vide* art. 24 da Lei n. 8.906, de 4-7-1994 (EAOAB).

•• *Vide* art. 142 da Lei n. 11.101, de 9-2-2005 (Lei de Falências e Recuperação de Empresas).

§ 1.º A propositura de qualquer ação relativa a débito constante de título executivo não inibe o credor de promover-lhe a execução.

§ 2.º Os títulos executivos extrajudiciais oriundos de país estrangeiro não dependem de homologação para serem executados.

§ 3.º O título estrangeiro só terá eficácia executiva quando satisfeitos os requisitos de formação exigidos pela lei do lugar de sua celebração e quando o Brasil for indicado como o lugar de cumprimento da obrigação.

Art. 785. A existência de título executivo extrajudicial não impede a parte de optar pelo processo de conhecimento, a fim de obter título executivo judicial.

SEÇÃO II
Da Exigibilidade da Obrigação

Art. 786. A execução pode ser instaurada caso o devedor não satisfaça a obrigação certa, líquida e exigível consubstanciada em título executivo.

Parágrafo único. A necessidade de simples operações aritméticas para apurar o crédito exequendo não retira a liquidez da obrigação constante do título.

Art. 787. Se o devedor não for obrigado a satisfazer sua prestação senão mediante a contraprestação do credor, este deverá provar que a adimpliu ao requerer a execução, sob pena de extinção do processo.

•• *Vide* arts. 799 e 917, § 2.º, IV, do CPC.

Parágrafo único. O executado poderá eximir-se da obrigação, depositando em juízo a prestação ou a coisa, caso em que o juiz não permitirá que o credor a receba sem cumprir a contraprestação que lhe tocar.

Art. 788. O credor não poderá iniciar a execução ou nela prosseguir se o devedor cumprir a obrigação, mas poderá recusar o recebimento da prestação se ela não corresponder ao direito ou à obrigação estabelecidos no título executivo, caso em que poderá requerer a execução forçada, ressalvado ao devedor o direito de embargá-la.

•• *Vide* art. 313 do CC.

CAPÍTULO V
DA RESPONSABILIDADE PATRIMONIAL

•• *Vide* art. 3.º da Instrução Normativa n. 39, de 15-3-2016.

Art. 789. O devedor responde com todos os seus bens presentes e futuros para o cumprimento de suas obrigações, salvo as restrições estabelecidas em lei.

• *Vide* art. 824 do CPC.

Art. 790. São sujeitos à execução os bens:

I – do sucessor a título singular, tratando-se de execução fundada em direito real ou obrigação reipersecutória;

II – do sócio, nos termos da lei;

• *Vide* art. 795 do CPC.

III – do devedor, ainda que em poder de terceiros;

IV – do cônjuge ou companheiro, nos casos em que seus bens próprios ou de sua meação respondem pela dívida;

V – alienados ou gravados com ônus real em fraude à execução;

VI – cuja alienação ou gravação com ônus real tenha sido anulada em razão do reconhecimento, em ação autônoma, de fraude contra credores;

VII – do responsável, nos casos de desconsideração da personalidade jurídica.

Art. 791. Se a execução tiver por objeto obrigação de que seja sujeito passivo o proprietário de terreno submetido ao regime do direito de superfície, ou o superficiário, responderá pela dívida, exclusivamente, o direito real do qual é titular o executado, recaindo a penhora ou outros atos de constrição exclusivamente sobre o terreno, no primeiro caso, ou sobre a construção ou a plantação, no segundo caso.

•• *Vide* Enunciado n. 150 da 2.ª Jornada de Direito Processual Civil.

§ 1.º Os atos de constrição a que se refere o *caput* serão averbados separadamente na matrícula do imóvel, com a identificação do executado, do valor do crédito e do objeto sobre o qual recai o gravame, devendo o oficial destacar o bem que responde pela dívida, se o terreno, a construção ou a plantação, de modo a assegurar a publicidade da responsabilidade patrimonial de cada um deles pelas dívidas e pelas obrigações que a eles estão vinculadas.

§ 2.º Aplica-se, no que couber, o disposto neste artigo à enfiteuse, à concessão de uso especial para fins de moradia e à concessão de direito real de uso.

Art. 792. A alienação ou a oneração de bem é considerada fraude à execução:

•• *Vide* arts. 828, § 4.º, e 856, § 3.º, do CPC.

I – quando sobre o bem pender ação fundada em direito real ou com pretensão reipersecutória, desde que a pendência do processo tenha sido averbada no respectivo registro público, se houver;

II – quando tiver sido averbada, no registro do bem, a pendência do processo de execução, na forma do art. 828;

III – quando tiver sido averbado, no registro do bem, hipoteca judiciária ou outro ato de constrição judicial originário do processo onde foi arguida a fraude;

IV – quando, ao tempo da alienação ou da oneração, tramitava contra o devedor ação capaz de reduzi-lo à insolvência;

V – nos demais casos expressos em lei.

•• *Vide* arts. 774, I, 828, § 4.º, e 856, § 3.º, do CPC.

§ 1.º A alienação em fraude à execução é ineficaz em relação ao exequente.

§ 2.º No caso de aquisição de bem não sujeito a registro, o terceiro adquirente tem o ônus de provar que adotou as cautelas necessárias para a aquisição, mediante a exibição das certidões pertinentes, obtidas no domicílio do vendedor e no local onde se encontra o bem.

§ 3.º Nos casos de desconsideração da personalidade jurídica, a fraude à execução verifica-se a partir da citação da parte cuja personalidade se pretende desconsiderar.

•• *Vide* arts. 133 a 137 do CPC.

•• *Vide* art. 50 do CC.

§ 4.º Antes de declarar a fraude à execução, o juiz deverá intimar o terceiro adquirente, que, se quiser, poderá opor embargos de terceiro, no prazo de 15 (quinze) dias.

• *Vide* Enunciado n. 102 da 1.ª Jornada de Direito Processual Civil.

Art. 793. O exequente que estiver, por direito de retenção, na posse de coisa pertencente ao devedor não poderá promover a execução sobre outros bens senão depois de excutida a coisa que se achar em seu poder.

Art. 794. O fiador, quando executado, tem o direito de exigir que primeiro sejam executados os bens do devedor situados na mesma comarca, livres e desembargados, indicando-os pormenorizadamente à penhora.

§ 1.º Os bens do fiador ficarão sujeitos à execução se os do devedor, situados na mesma comarca que os seus, forem insuficientes à satisfação do direito do credor.

§ 2.º O fiador que pagar a dívida poderá executar o afiançado nos autos do mesmo processo.

§ 3.º O disposto no *caput* não se aplica se o fiador houver renunciado ao benefício de ordem.

Art. 795. Os bens particulares dos sócios não respondem pelas dívidas da sociedade, senão nos casos previstos em lei.

• *Vide* art. 790, II, do CPC.

§ 1.º O sócio réu, quando responsável pelo pagamento da dívida da sociedade, tem o direito de exigir que primeiro sejam excutidos os bens da sociedade.

• *Vide* art. 790, II, do CPC.

§ 2.º Incumbe ao sócio que alegar o benefício do § 1.º nomear quantos bens da sociedade situados na mesma comarca, livres e desembargados, bastem para pagar o débito.

§ 3.º O sócio que pagar a dívida poderá executar a sociedade nos autos do mesmo processo.

§ 4.º Para a desconsideração da personalidade jurídica é obrigatória a observância do incidente previsto neste Código.

•• *Vide* arts. 133 a 137 do CPC.

Art. 796. O espólio responde pelas dívidas do falecido, mas, feita a partilha, cada herdeiro responde por elas dentro das forças da herança e na proporção da parte que lhe coube.

TÍTULO II
DAS DIVERSAS ESPÉCIES DE EXECUÇÃO

CAPÍTULO I
DISPOSIÇÕES GERAIS

Art. 797. Ressalvado o caso de insolvência do devedor, em que tem lugar o concurso universal, realiza-se a execução no interesse do exequente que adquire, pela penhora, o direito de preferência sobre os bens penhorados.

Parágrafo único. Recaindo mais de uma penhora sobre o mesmo bem, cada exequente conservará o seu título de preferência.

•• O art. 187, parágrafo único, do CTN estabelece a ordem de preferência entre as pessoas jurídicas de direito público.

•• *Vide* arts. 908 e 909 do CPC.

Art. 798. Ao propor a execução, incumbe ao exequente:

I – instruir a petição inicial com:

a) o título executivo extrajudicial;

b) o demonstrativo do débito atualizado até a data de propositura da ação, quando se tratar de execução por quantia certa;

c) a prova de que se verificou a condição ou ocorreu o termo, se for o caso;

•• *Vide* art. 917, § 2.º, V, do CPC.

d) a prova, se for o caso, de que adimpliu a contraprestação que lhe corresponde ou que lhe assegura o cumprimento, se o executado não for obrigado a satisfazer a sua prestação senão mediante a contraprestação do exequente;

•• *Vide* art. 787 do CPC.

II – indicar:

a) a espécie de execução de sua preferência, quando por mais de um modo puder ser realizada;

•• *Vide* art. 805 do CPC.

b) os nomes completos do exequente e do executado e seus números de inscrição no Cadastro de Pessoas Físicas ou no Cadastro Nacional da Pessoa Jurídica;

c) os bens suscetíveis de penhora, sempre que possível.

Parágrafo único. O demonstrativo do débito deverá conter:

I – o índice de correção monetária adotado;

II – a taxa de juros aplicada;

III – os termos inicial e final de incidência do índice de correção monetária e da taxa de juros utilizados;

IV – a periodicidade da capitalização dos juros, se for o caso;

V – a especificação de desconto obrigatório realizado.

Art. 799. Incumbe ainda ao exequente:

I – requerer a intimação do credor pignoratício, hipotecário, anticrético ou fiduciário, quando a penhora recair sobre bens gravados por penhor, hipoteca, anticrese ou alienação fiduciária;

•• *Vide* art. 804 do CPC.

II – requerer a intimação do titular de usufruto, uso ou habitação, quando a penhora recair sobre bem gravado por usufruto, uso ou habitação;

III – requerer a intimação do promitente comprador, quando a penhora recair sobre bem em relação ao qual haja promessa de compra e venda registrada;

IV – requerer a intimação do promitente vendedor, quando a penhora recair sobre direito aquisitivo derivado de promessa de compra e venda registrada;

V – requerer a intimação do superficiário, enfiteuta ou concessionário, em caso de direito de superfície, enfiteuse, concessão de uso especial para fins de moradia ou concessão de direito real de uso, quando a penhora recair sobre imóvel submetido ao regime do direito de superfície, enfiteuse ou concessão;

VI – requerer a intimação do proprietário de terreno com regime de direito de superfície, enfiteuse, concessão de uso especial para fins de moradia ou concessão de direito real de uso, quando a penhora recair sobre direitos do superficiário, do enfiteuta ou do concessionário;

VII – requerer a intimação da sociedade, no caso de penhora de quota social ou de ação de sociedade anônima fechada, para o fim previsto no art. 876, § 7.º;

VIII – pleitear, se for o caso, medidas urgentes;

IX – proceder à averbação em registro público do ato de propositura da execução e dos atos de constrição realizados, para conhecimento de terceiros;

• *Vide* Enunciado n. 104 da 1.ª Jornada de Direito Processual Civil.

X – requerer a intimação do titular da construção-base, bem como, se for o caso, do titular de lajes anteriores, quando a penhora recair sobre o direito real de laje;

•• Inciso X acrescentado pela Lei n. 13.465, de 11-7-2017.

XI – requerer a intimação do titular das lajes, quando a penhora recair sobre a construção-base.

•• Inciso XI acrescentado pela Lei n. 13.465, de 11-7-2017.

Art. 800. Nas obrigações alternativas, quando a escolha couber ao devedor, esse será citado para exercer a opção e realizar a prestação dentro de 10 (dez) dias, se outro prazo não lhe foi determinado em lei ou em contrato.

§ 1.º Devolver-se-á ao credor a opção, se o devedor não a exercer no prazo determinado.

§ 2.º A escolha será indicada na petição inicial da execução quando couber ao credor exercê-la.

• *Vide* arts. 252 a 256 do CC (obrigações alternativas).

Art. 801. Verificando que a petição inicial está incompleta ou que não está acompanhada dos documentos indispensáveis à propositura da execução, o juiz determinará que o exequente a corrija, no prazo de 15 (quinze) dias, sob pena de indeferimento.

Art. 802. Na execução, o despacho que ordena a citação, desde que realizada em observância ao disposto no § 2.º do art. 240, interrompe a prescrição, ainda que proferido por juízo incompetente.

Parágrafo único. A interrupção da prescrição retroagirá à data de propositura da ação.

Art. 803. É nula a execução se:

I – o título executivo extrajudicial não corresponder a obrigação certa, líquida e exigível;

II – o executado não for regularmente citado;

III – for instaurada antes de se verificar a condição ou de ocorrer o termo.

Parágrafo único. A nulidade de que cuida este artigo será pronunciada pelo juiz, de ofício ou a requerimento da parte, independentemente de embargos à execução.

Art. 804. A alienação de bem gravado por penhor, hipoteca ou anticrese será ineficaz em relação ao credor pignoratício, hipotecário ou anticrético não intimado.

•• *Vide* Enunciado n. 150 da 2.ª Jornada de Direito Processual Civil.

• *Vide* art. 799, I, do CPC.

§ 1.º A alienação de bem objeto de promessa de compra e venda ou de cessão registrada será ineficaz em relação ao promitente comprador ou ao cessionário não intimado.

§ 2.º A alienação de bem sobre o qual tenha sido instituído direito de superfície, seja do solo, da plantação ou da construção, será ineficaz em relação ao concedente ou ao concessionário não intimado.

§ 3.º A alienação de direito aquisitivo de bem objeto de promessa de venda, de promessa de cessão ou de alienação fiduciária será ineficaz em relação ao promitente vendedor, ao promitente cedente ou ao proprietário fiduciário não intimado.

§ 4.º A alienação de imóvel sobre o qual tenha sido instituída enfiteuse, concessão de uso especial para fins de moradia ou concessão de direito real de uso será ineficaz em relação ao enfiteuta ou ao concessionário não intimado.

§ 5.º A alienação de direitos do enfiteuta, do concessionário de direito real de uso ou do concessionário de uso especial para fins de moradia será ineficaz em relação ao proprietário do respectivo imóvel não intimado.

§ 6.º A alienação de bem sobre o qual tenha sido instituído usufruto, uso ou habitação será ineficaz em relação ao titular desses direitos reais não intimado.

Art. 805. Quando por vários meios o exequente puder promover a execução, o juiz mandará que se faça pelo modo menos gravoso para o executado.

•• *Vide* arts. 798, II, *a*, 847 e 867 do CPC.

•• *Vide* art. 3.º da Instrução Normativa n. 39, de 15-3-2016.

Parágrafo único. Ao executado que alegar ser a medida executiva mais gravosa incumbe indicar outros meios mais eficazes e menos onerosos, sob pena de manutenção dos atos executivos já determinados.

CAPÍTULO II
DA EXECUÇÃO PARA A ENTREGA DE COISA

SEÇÃO I
Da Entrega de Coisa Certa

Art. 806. O devedor de obrigação de entrega de coisa certa, constante de título executivo extrajudicial, será citado para, em 15 (quinze) dias, satisfazer a obrigação.

• *Vide* arts. 233 e 238 do CC.

§ 1.º Ao despachar a inicial, o juiz poderá fixar multa por dia de atraso no cumprimento da obrigação, ficando o respectivo valor sujeito a alteração, caso se revele insuficiente ou excessivo.

§ 2.º Do mandado de citação constará ordem para imissão na posse ou busca e apreensão, conforme se tratar de bem imóvel ou móvel, cujo cumprimento se dará de imediato, se o executado não satisfizer a obrigação no prazo que lhe foi designado.

Art. 807. Se o executado entregar a coisa, será lavrado o termo respectivo e considerada satisfeita a obrigação, prosseguindo-se a execução para o pagamento de frutos ou o ressarcimento de prejuízos, se houver.

• *Vide* art. 498 e 806 do CPC.

• *Vide* arts. 233 e 234 do CC.

Art. 808. Alienada a coisa quando já litigiosa, será expedido mandado contra o terceiro adquirente, que somente será ouvido após depositá-la.

• *Vide* art. 674 do CPC.

Art. 809. O exequente tem direito a receber, além de perdas e danos, o valor da coisa, quando essa se deteriorar, não lhe for entregue, não for encontrada ou não for reclamada do poder de terceiro adquirente.

§ 1.º Não constando do título o valor da coisa e sendo impossível sua avaliação, o exequente apresentará estimativa, sujeitando-a ao arbitramento judicial.

§ 2.º Serão apurados em liquidação o valor da coisa e os prejuízos.

Art. 810. Havendo benfeitorias indenizáveis feitas na coisa pelo executado ou por terceiros de cujo poder ela houver sido tirada, a liquidação prévia é obrigatória.

• *Vide* art. 1.219 do CC.

Parágrafo único. Havendo saldo:

I – em favor do executado ou de terceiros, o exequente o depositará ao requerer a entrega da coisa;

II – em favor do exequente, esse poderá cobrá-lo nos autos do mesmo processo.

SEÇÃO II

Da Entrega de Coisa Incerta

Art. 811. Quando a execução recair sobre coisa determinada pelo gênero e pela quantidade, o executado será citado para entregá-la individualizada, se lhe couber a escolha.

• *Vide* arts. 243 e 246 do CC.

Parágrafo único. Se a escolha couber ao exequente, esse deverá indicá-la na petição inicial.

Art. 812. Qualquer das partes poderá, no prazo de 15 (quinze) dias, impugnar a escolha feita pela outra, e o juiz decidirá de plano ou, se necessário, ouvindo perito de sua nomeação.

Art. 813. Aplicar-se-ão à execução para entrega de coisa incerta, no que couber, as disposições da Seção I deste Capítulo.

CAPÍTULO III

DA EXECUÇÃO DAS OBRIGAÇÕES DE FAZER OU DE NÃO FAZER

SEÇÃO I

Disposições Comuns

Art. 814. Na execução de obrigação de fazer ou de não fazer fundada em título extrajudicial, ao despachar a inicial, o juiz fixará multa por período de atraso no cumprimento da obrigação e a data a partir da qual será devida.

• *Vide* arts. 500 e 537 do CPC.

Parágrafo único. Se o valor da multa estiver previsto no título e for excessivo, o juiz poderá reduzi-lo.

SEÇÃO II

Da Obrigação de Fazer

Art. 815. Quando o objeto da execução for obrigação de fazer, o executado será citado para satisfazê-la no prazo que o juiz lhe designar, se outro não estiver determinado no título executivo.

• *Vide* arts. 247 a 249 do CC.

Art. 816. Se o executado não satisfizer a obrigação no prazo designado, é lícito ao exequente, nos próprios autos do processo, requerer a satisfação da obrigação à custa do executado ou perdas e danos, hipótese em que se converterá em indenização.

• *Vide* art. 249, parágrafo único, do CC.

• *Vide* Enunciado n. 103 da 1.ª Jornada de Direito Processual Civil.

Parágrafo único. O valor das perdas e danos será apurado em liquidação, seguindo-se a execução para cobrança de quantia certa.

• *Vide* arts. 402 e s. do CC.

Art. 817. Se a obrigação puder ser satisfeita por terceiro, é lícito ao juiz autorizar, a requerimento do exequente, que aquele a satisfaça à custa do executado.

Parágrafo único. O exequente adiantará as quantias previstas na proposta que, ouvidas as partes, o juiz houver aprovado.

Art. 818. Realizada a prestação, o juiz ouvirá as partes no prazo de 10 (dez) dias e, não havendo impugnação, considerará satisfeita a obrigação.

Parágrafo único. Caso haja impugnação, o juiz a decidirá.

Art. 819. Se o terceiro contratado não realizar a prestação no prazo ou se o fizer de modo incompleto ou defeituoso, poderá o exequente requerer ao juiz, no prazo de 15 (quinze) dias, que o autorize a concluí-la ou a repará-la à custa do contratante.

Parágrafo único. Ouvido o contratante no prazo de 15 (quinze) dias, o juiz mandará avaliar o custo das despesas necessárias e o condenará a pagá-lo.

Art. 820. Se o exequente quiser executar ou mandar executar, sob sua direção e vigilância, as obras e os trabalhos necessários à realização da prestação, terá preferência, em igualdade de condições de oferta, em relação ao terceiro.

Parágrafo único. O direito de preferência deverá ser exercido no prazo de 5 (cinco) dias, após aprovada a proposta do terceiro.

Art. 821. Na obrigação de fazer, quando se convencionar que o executado a satisfaça pessoalmente, o exequente poderá requerer ao juiz que lhe assine prazo para cumpri-la.

• *Vide* art. 247 do CC.

Parágrafo único. Havendo recusa ou mora do executado, sua obrigação pessoal será convertida em perdas e danos, caso em que se observará o procedimento de execução por quantia certa.

SEÇÃO III

Da Obrigação de Não Fazer

Art. 822. Se o executado praticou ato a cuja abstenção estava obrigado por lei ou por contrato, o exequente requererá ao juiz que assine prazo ao executado para desfazê-lo.

• *Vide* art. 251 do CC.

Art. 823. Havendo recusa ou mora do executado, o exequente requererá ao juiz que mande desfazer o ato à custa daquele, que responderá por perdas e danos.

Parágrafo único. Não sendo possível desfazer-se o ato, a obrigação resolve-se em perdas e danos, caso em que, após a liquidação, se observará o procedimento de execução por quantia certa.

CAPÍTULO IV
DA EXECUÇÃO POR QUANTIA CERTA

SEÇÃO I
Disposições Gerais

Art. 824. A execução por quantia certa realiza-se pela expropriação de bens do executado, ressalvadas as execuções especiais.

• *Vide* art. 792 do CPC.

Art. 825. A expropriação consiste em:

I – adjudicação;

II – alienação;

III – apropriação de frutos e rendimentos de empresa ou de estabelecimentos e de outros bens.

• *Vide* arts. 881 e 886 do CPC.

Art. 826. Antes de adjudicados ou alienados os bens, o executado pode, a todo tempo, remir a execução, pagando ou consignando a importância atualizada da dívida, acrescida de juros, custas e honorários advocatícios.

• *Vide* art. 901 do CPC.
• *Vide* arts. 304 e 305 do CC.
• *Vide* art. 19, I e II, da LEF.
• *Vide* Enunciado n. 151 da 2.ª Jornada de Direito Processual Civil.

SEÇÃO II
Da Citação do Devedor e do Arresto

Art. 827. Ao despachar a inicial, o juiz fixará, de plano, os honorários advocatícios de dez por cento, a serem pagos pelo executado.

§ 1.º No caso de integral pagamento no prazo de 3 (três) dias, o valor dos honorários advocatícios será reduzido pela metade.

§ 2.º O valor dos honorários poderá ser elevado até vinte por cento, quando rejeitados os embargos à execução, podendo a majoração, caso não opostos os embargos, ocorrer ao final do procedimento executivo, levando-se em conta o trabalho realizado pelo advogado do exequente.

Art. 828. O exequente poderá obter certidão de que a execução foi admitida pelo juiz, com identificação das partes e do valor da causa, para fins de averbação no registro de imóveis, de veículos ou de outros bens sujeitos a penhora, arresto ou indisponibilidade.

§ 1.º No prazo de 10 (dez) dias de sua concretização, o exequente deverá comunicar ao juízo as averbações efetivadas.

§ 2.º Formalizada penhora sobre bens suficientes para cobrir o valor da dívida, o exequente providenciará, no prazo de 10 (dez) dias, o cancelamento das averbações relativas àqueles não penhorados.

§ 3.º O juiz determinará o cancelamento das averbações, de ofício ou a requerimento, caso o exequente não o faça no prazo.

§ 4.º Presume-se em fraude à execução a alienação ou a oneração de bens efetuada após a averbação.

§ 5.º O exequente que promover averbação manifestamente indevida ou não cancelar as averbações nos termos do § 2.º indenizará a parte contrária, processando-se o incidente em autos apartados.

Art. 829. O executado será citado para pagar a dívida no prazo de 3 (três) dias, contado da citação.

• *Vide* arts. 238 e s. do CPC.

§ 1.º Do mandado de citação constarão, também, a ordem de penhora e a avaliação a serem cumpridas pelo oficial de justiça tão logo verificado o não pagamento no prazo assinalado, de tudo lavrando-se auto, com intimação do executado.

§ 2.º A penhora recairá sobre os bens indicados pelo exequente, salvo se outros forem indicados pelo executado e aceitos pelo juiz, mediante demonstração de que a constrição proposta lhe será menos onerosa e não trará prejuízo ao exequente.

Art. 830. Se o oficial de justiça não encontrar o executado, arrestar-lhe-á tantos bens quantos bastem para garantir a execução.

§ 1.º Nos 10 (dez) dias seguintes à efetivação do arresto, o oficial de justiça procurará o executado 2 (duas) vezes em dias distintos e, havendo suspeita de ocultação, realizará a citação com hora certa, certificando pormenorizadamente o ocorrido.

§ 2.º Incumbe ao exequente requerer a citação por edital, uma vez frustradas a pessoal e a com hora certa.

§ 3.º Aperfeiçoada a citação e transcorrido o prazo de pagamento, o arresto converter-se-á em penhora, independentemente de termo.

SEÇÃO III
Da Penhora, do Depósito e da Avaliação

SUBSEÇÃO I
Do Objeto da Penhora

Art. 831. A penhora deverá recair sobre tantos bens quantos bastem para o pagamento do principal atualizado, dos juros, das custas e dos honorários advocatícios.

• *Vide* arts. 212 e 214 do CPC.

Art. 832. Não estão sujeitos à execução os bens que a lei considera impenhoráveis ou inalienáveis.

Art. 833. São impenhoráveis:

•• *Vide* art. 3.º da Instrução Normativa n. 39, de 15-3-2016.

I – os bens inalienáveis e os declarados, por ato voluntário, não sujeitos à execução;

• *Vide* Enunciado n. 152 da 2.ª Jornada de Direito Processual Civil.

II – os móveis, os pertences e as utilidades domésticas que guarnecem a residência do executado, salvo os de elevado valor ou os que ultrapassem as necessidades comuns correspondentes a um médio padrão de vida;

III – os vestuários, bem como os pertences de uso pessoal do executado, salvo se de elevado valor;

IV – os vencimentos, os subsídios, os soldos, os salários, as remunerações, os proventos de aposentadoria, as pensões, os pecúlios e os montepios, bem como as quantias recebidas por liberalidade de terceiro e destinadas ao sustento do devedor e de sua família, os ganhos de trabalhador autônomo e os honorários de profissional liberal, ressalvado o § 2.º;

• *Vide* arts. 529 e 912 do CPC.

• *Vide* Enunciado n. 70 da 1.ª Jornada de Direito do Trabalho.

V – os livros, as máquinas, as ferramentas, os utensílios, os instrumentos ou outros bens móveis necessários ou úteis ao exercício da profissão do executado;

VI – o seguro de vida;

VII – os materiais necessários para obras em andamento, salvo se essas forem penhoradas;

•• *Vide* art. 114 da Lei n. 8.213, de 24-7-1991.

VIII – a pequena propriedade rural, assim definida em lei, desde que trabalhada pela família;

IX – os recursos públicos recebidos por instituições privadas para aplicação compulsória em educação, saúde ou assistência social;

X – a quantia depositada em caderneta de poupança, até o limite de 40 (quarenta) salários mínimos;

XI – os recursos públicos do fundo partidário recebidos por partido político, nos termos da lei;

XII – os créditos oriundos de alienação de unidades imobiliárias, sob regime de incorporação imobiliária, vinculados à execução da obra.

§ 1.º A impenhorabilidade não é oponível à execução de dívida relativa ao próprio bem, inclusive àquela contraída para sua aquisição.

§ 2.º O disposto nos incisos IV e X do *caput* não se aplica à hipótese de penhora para pagamento de prestação alimentícia, independentemente de sua origem, bem como às importâncias excedentes a 50 (cinquenta) salários mínimos mensais, devendo a constrição observar o disposto no art. 528, § 8.º, e no art. 529, § 3.º.

• *Vide* Enunciado n. 105 da 1.ª Jornada de Direito Processual Civil.

§ 3.º Incluem-se na impenhorabilidade prevista no inciso V do *caput* os equipamentos, os implementos e as máquinas agrícolas pertencentes a pessoa física ou a empresa individual produtora rural, exceto quando tais bens tenham sido objeto de financiamento e estejam vinculados em garantia a negócio jurídico ou quando respondam por dívida de natureza alimentar, trabalhista ou previdenciária.

Art. 834. Podem ser penhorados, à falta de outros bens, os frutos e os rendimentos dos bens inalienáveis.

Art. 835. A penhora observará, preferencialmente, a seguinte ordem:

•• *Vide* art. 3.º da Instrução Normativa n. 39, de 15-3-2016.

I – dinheiro, em espécie ou em depósito ou aplicação em instituição financeira;

II – títulos da dívida pública da União, dos Estados e do Distrito Federal com cotação em mercado;

III – títulos e valores mobiliários com cotação em mercado;

IV – veículos de via terrestre;

V – bens imóveis;

VI – bens móveis em geral;

VII – semoventes;

VIII – navios e aeronaves;

IX – ações e quotas de sociedades simples e empresárias;

X – percentual do faturamento de empresa devedora;

XI – pedras e metais preciosos;

XII – direitos aquisitivos derivados de promessa de compra e venda e de alienação fiduciária em garantia;

XIII – outros direitos.

§ 1.º É prioritária a penhora em dinheiro, podendo o juiz, nas demais hipóteses, alterar a ordem prevista no *caput* de acordo com as circunstâncias do caso concreto.

•• *Vide* art. 3.º da Instrução Normativa n. 39, de 15-3-2016.

§ 2.º Para fins de substituição da penhora, equiparam-se a dinheiro a fiança bancária e o seguro garantia judicial, desde que em valor não inferior ao do débito constante da inicial, acrescido de trinta por cento.

•• *Vide* art. 3.º da Instrução Normativa n. 39, de 15-3-2016.

§ 3.º Na execução de crédito com garantia real, a penhora recairá sobre a coisa dada em garantia, e, se a coisa pertencer a terceiro garantidor, este também será intimado da penhora.

Art. 836. Não se levará a efeito a penhora quando ficar evidente que o produto da execução dos bens encontrados será totalmente absorvido pelo pagamento das custas da execução.

§ 1.º Quando não encontrar bens penhoráveis, independentemente de determinação judicial expressa, o oficial de justiça descreverá na certidão os bens que guarnecem a residência ou o estabelecimento do executado, quando este for pessoa jurídica.

•• *Vide* art. 3.º da Instrução Normativa n. 39, de 15-3-2016.

§ 2.º Elaborada a lista, o executado ou seu representante legal será nomeado depositário provisório de tais bens até ulterior determinação do juiz.

•• *Vide* art. 3.º da Instrução Normativa n. 39, de 15-3-2016.

SUBSEÇÃO II
Da Documentação da Penhora, de seu Registro e do Depósito

Art. 837. Obedecidas as normas de segurança instituídas sob critérios uniformes pelo Conselho Nacional de Justiça, a penhora de dinheiro e as averbações de penhoras de bens imóveis e móveis podem ser realizadas por meio eletrônico.

Art. 838. A penhora será realizada mediante auto ou termo, que conterá:

I – a indicação do dia, do mês, do ano e do lugar em que foi feita;

II – os nomes do exequente e do executado;

III – a descrição dos bens penhorados, com as suas características;

IV – a nomeação do depositário dos bens.

Art. 839. Considerar-se-á feita a penhora mediante a apreensão e o depósito dos bens, lavrando-se um só auto se as diligências forem concluídas no mesmo dia.

Parágrafo único. Havendo mais de uma penhora, serão lavrados autos individuais.

Art. 840. Serão preferencialmente depositados:

I – as quantias em dinheiro, os papéis de crédito e as pedras e os metais preciosos, no Banco do Brasil, na Caixa Econômica Federal ou em banco do qual o Estado ou o Distrito Federal possua mais da metade do capital social integralizado, ou, na falta desses estabelecimentos, em qualquer instituição de crédito designada pelo juiz;

•• *Vide* art. 1.058 do CPC.

• *Vide* art. 32 da LEF.

II – os móveis, os semoventes, os imóveis urbanos e os direitos aquisitivos sobre imóveis urbanos, em poder do depositário judicial;

III – os imóveis rurais, os direitos aquisitivos sobre imóveis rurais, as máquinas, os utensílios e os instrumentos necessários ou úteis à atividade agrícola, mediante caução idônea, em poder do executado.

§ 1.º No caso do inciso II do *caput*, se não houver depositário judicial, os bens ficarão em poder do exequente.

§ 2.º Os bens poderão ser depositados em poder do executado nos casos de difícil remoção ou quando anuir o exequente.

§ 3.º As joias, as pedras e os objetos preciosos deverão ser depositados com registro do valor estimado de resgate.

Art. 841. Formalizada a penhora por qualquer dos meios legais, dela será imediatamente intimado o executado.

§ 1.º A intimação da penhora será feita ao advogado do executado ou à sociedade de advogados a que aquele pertença.

•• *Vide* art. 3.º da Instrução Normativa n. 39, de 15-3-2016.

§ 2.º Se não houver constituído advogado nos autos, o executado será intimado pessoalmente, de preferência por via postal.

•• *Vide* art. 3.º da Instrução Normativa n. 39, de 15-3-2016.

§ 3.º O disposto no § 1.º não se aplica aos casos de penhora realizada na presença do executado, que se reputa intimado.

§ 4.º Considera-se realizada a intimação a que se refere o § 2.º quando o executado houver mudado de endereço sem prévia comunicação ao juízo, observado o disposto no parágrafo único do art. 274.

Art. 842. Recaindo a penhora sobre bem imóvel ou direito real sobre imóvel, será intimado também o cônjuge do executado, salvo se forem casados em regime de separação absoluta de bens.

Art. 843. Tratando-se de penhora de bem indivisível, o equivalente à quota-parte do coproprietário ou do cônjuge alheio à execução recairá sobre o produto da alienação do bem.

•• *Vide* Enunciado n. 154 da 2.ª Jornada de Direito Processual Civil.

§ 1.º É reservada ao coproprietário ou ao cônjuge não executado a preferência na arrematação do bem em igualdade de condições.

§ 2.º Não será levada a efeito expropriação por preço inferior ao da avaliação na qual o valor auferido seja incapaz de garantir, ao coproprietário ou ao cônjuge alheio à execução, o correspondente à sua quota-parte calculado sobre o valor da avaliação.

Art. 844. Para presunção absoluta de conhecimento por terceiros, cabe ao exequente providenciar a averbação do arresto ou da penhora no registro competente, mediante apresentação de cópia do auto ou do termo, independentemente de mandado judicial.

SUBSEÇÃO III

Do Lugar de Realização da Penhora

Art. 845. Efetuar-se-á a penhora onde se encontrem os bens, ainda que sob a posse, a detenção ou a guarda de terceiros.

§ 1.º A penhora de imóveis, independentemente de onde se localizem, quando apresentada certidão da respectiva matrícula, e a penhora de veículos automotores, quando apresentada certidão que ateste a sua existência, serão realizadas por termo nos autos.

§ 2.º Se o executado não tiver bens no foro do processo, não sendo possível a realização da penhora nos termos do § 1.º, a execução será feita por carta, penhorando-se, avaliando-se e alienando-se os bens no foro da situação.

• *Vide* Súmula 46 do STJ.

Art. 846. Se o executado fechar as portas da casa a fim de obstar a penhora dos bens, o oficial de justiça comunicará o fato ao juiz, solicitando-lhe ordem de arrombamento.

•• *Vide* art. 5.º, XI, da CF.

•• *Vide* arts. 212 a 216 do CPC.

§ 1.º Deferido o pedido, 2 (dois) oficiais de justiça cumprirão o mandado, arrombando cômodos e móveis em que se presuma estarem os bens, e lavrarão de tudo auto circunstanciado, que será assinado por 2 (duas) testemunhas presentes à diligência.

§ 2.º Sempre que necessário, o juiz requisitará força policial, a fim de auxiliar os oficiais de justiça na penhora dos bens.

• *Vide* art. 782, § 2.º, do CPC.

§ 3.º Os oficiais de justiça lavrarão em duplicata o auto da ocorrência, entregando uma via ao escrivão ou ao chefe de secretaria, para ser juntada aos autos, e a outra à autoridade policial a quem couber a apuração criminal dos eventuais delitos de desobediência ou de resistência.

§ 4.º Do auto da ocorrência constará o rol de testemunhas, com a respectiva qualificação.

SUBSEÇÃO IV

Das Modificações da Penhora

Art. 847. O executado pode, no prazo de 10 (dez) dias contado da intimação da penhora, requerer a substituição do bem penhorado, desde que comprove que lhe será menos onerosa e não trará prejuízo ao exequente.

§ 1.º O juiz só autorizará a substituição se o executado:

I – comprovar as respectivas matrículas e os registros por certidão do correspondente ofício, quanto aos bens imóveis;

II – descrever os bens móveis, com todas as suas propriedades e características, bem como o estado deles e o lugar onde se encontram;

III – descrever os semoventes, com indicação de espécie, de número, de marca ou sinal e do local onde se encontram;

IV – identificar os créditos, indicando quem seja o devedor, qual a origem da dívida, o título que a representa e a data do vencimento; e

V – atribuir, em qualquer caso, valor aos bens indicados à penhora, além de especificar os ônus e os encargos a que estejam sujeitos.

§ 2.º Requerida a substituição do bem penhorado, o executado deve indicar onde se encontram os bens sujeitos à execução, exibir a prova de sua propriedade e a certidão negativa ou positiva de ônus, bem como abster-se de qualquer atitude que dificulte ou embarace a realização da penhora.

§ 3.º O executado somente poderá oferecer bem imóvel em substituição caso o requeira com a expressa anuência do cônjuge, salvo se o regime for o de separação absoluta de bens.

§ 4.º O juiz intimará o exequente para manifestar-se sobre o requerimento de substituição do bem penhorado.

Art. 848. As partes poderão requerer a substituição da penhora se:

•• *Vide* art. 15 da LEF.

I – ela não obedecer à ordem legal;

II – ela não incidir sobre os bens designados em lei, contrato ou ato judicial para o pagamento;

III – havendo bens no foro da execução, outros tiverem sido penhorados;

IV – havendo bens livres, ela tiver recaído sobre bens já penhorados ou objeto de gravame;

V – ela incidir sobre bens de baixa liquidez;

VI – fracassar a tentativa de alienação judicial do bem; ou

VII – o executado não indicar o valor dos bens ou omitir qualquer das indicações previstas em lei.

Parágrafo único. A penhora pode ser substituída por fiança bancária ou por seguro garantia judicial, em valor não inferior ao do débito constante da inicial, acrescido de trinta por cento.

Art. 849. Sempre que ocorrer a substituição dos bens inicialmente penhorados, será lavrado novo termo.

Art. 850. Será admitida a redução ou a ampliação da penhora, bem como sua transferência para outros bens, se, no curso do processo, o valor de mercado dos bens penhorados sofrer alteração significativa.

Art. 851. Não se procede à segunda penhora, salvo se:

I – a primeira for anulada;

II – executados os bens, o produto da alienação não bastar para o pagamento do exequente;

• *Vide* art. 874, II, do CPC.

III – o exequente desistir da primeira penhora, por serem litigiosos os bens ou por estarem submetidos a constrição judicial.

Art. 852. O juiz determinará a alienação antecipada dos bens penhorados quando:

I – se tratar de veículos automotores, de pedras e metais preciosos e de outros bens móveis sujeitos à depreciação ou à deterioração;

II – houver manifesta vantagem.

Art. 853. Quando uma das partes requerer alguma das medidas previstas nesta Subseção, o juiz ouvirá sempre a outra, no prazo de 3 (três) dias, antes de decidir.

Parágrafo único. O juiz decidirá de plano qualquer questão suscitada.

SUBSEÇÃO V

Da Penhora de Dinheiro em Depósito ou em Aplicação Financeira

Art. 854. Para possibilitar a penhora de dinheiro em depósito ou em aplicação financeira, o juiz, a requerimento do exequente, sem dar ciência prévia do ato ao executado, determinará às instituições financeiras, por meio de sistema eletrônico gerido pela autoridade supervisora do sistema financeiro nacional, que torne indisponíveis ativos financeiros existentes em nome do executado, limitando-se a indisponibilidade ao valor indicado na execução.

•• *Vide* art. 3.º da Instrução Normativa n. 39, de 15-3-2016.

§ 1.º No prazo de 24 (vinte e quatro) horas a contar da resposta, de ofício, o juiz determinará o cancelamento de eventual indisponibilidade excessiva, o que deverá ser cumprido pela instituição financeira em igual prazo.

§ 2.º Tornados indisponíveis os ativos financeiros do executado, este será intimado na pessoa de seu advogado ou, não o tendo, pessoalmente.

§ 3.º Incumbe ao executado, no prazo de 5 (cinco) dias, comprovar que:

I – as quantias tornadas indisponíveis são impenhoráveis;

II – ainda remanesce indisponibilidade excessiva de ativos financeiros.

§ 4.º Acolhida qualquer das arguições dos incisos I e II do § 3.º, o juiz determinará o cancelamento de eventual indisponibilidade irregular ou excessiva, a ser cumprido pela instituição financeira em 24 (vinte e quatro) horas.

§ 5.º Rejeitada ou não apresentada a manifestação do executado, converter-se-á a indisponibilidade em penhora, sem necessidade de lavratura de termo, devendo o juiz da execução determinar à instituição financeira depositária que, no prazo de 24 (vinte e quatro) horas, transfira o montante indisponível para conta vinculada ao juízo da execução.

§ 6.º Realizado o pagamento da dívida por outro meio, o juiz determinará, imediatamente, por sistema eletrônico gerido pela autoridade supervisora do sistema financeiro nacional, a notificação da instituição financeira para que, em até 24 (vinte e quatro) horas, cancele a indisponibilidade.

§ 7.º As transmissões das ordens de indisponibilidade, de seu cancelamento e de determinação de penhora previstas neste artigo far-se-ão por meio de sistema eletrônico gerido pela autoridade supervisora do sistema financeiro nacional.

§ 8.º A instituição financeira será responsável pelos prejuízos causados ao executado em decorrência da indisponibilidade de ativos financeiros em valor superior ao indicado na execução ou pelo juiz, bem como na hipótese de não cancelamento da indisponibilidade no prazo de 24 (vinte e quatro) horas, quando assim determinar o juiz.

§ 9.º Quando se tratar de execução contra partido político, o juiz, a requerimento do exequente, determinará às instituições financeiras, por meio de sistema eletrônico gerido por autoridade supervisora do sistema bancário, que tornem indisponíveis ativos financeiros somente em nome do órgão partidário que tenha contraído a dívida executada ou que tenha dado causa à violação de direito ou ao dano, ao qual cabe exclusivamente a responsabilidade pelos atos praticados, na forma da lei.

SUBSEÇÃO VI
Da Penhora de Créditos

Art. 855. Quando recair em crédito do executado, enquanto não ocorrer a hipótese prevista no art. 856, considerar-se-á feita a penhora pela intimação:

I – ao terceiro devedor para que não pague ao executado, seu credor;

• *Vide* art. 312 do CC.

II – ao executado, credor do terceiro, para que não pratique ato de disposição do crédito.

• *Vide* arts. 298 e 312 do CC.

Art. 856. A penhora de crédito representado por letra de câmbio, nota promissória, duplicata, cheque ou outros títulos far-se-á pela apreensão do documento, esteja ou não este em poder do executado.

§ 1.º Se o título não for apreendido, mas o terceiro confessar a dívida, será este tido como depositário da importância.

§ 2.º O terceiro só se exonerará da obrigação depositando em juízo a importância da dívida.

§ 3.º Se o terceiro negar o débito em conluio com o executado, a quitação que este lhe der caracterizará fraude à execução.

• *Vide* art. 789 do CPC.

§ 4.º A requerimento do exequente, o juiz determinará o comparecimento, em audiência especialmente designada, do executado e do terceiro, a fim de lhes tomar os depoimentos.

Art. 857. Feita a penhora em direito e ação do executado, e não tendo ele oferecido embargos ou sendo estes rejeitados, o exequente ficará sub-rogado nos direitos do executado até a concorrência de seu crédito.

§ 1.º O exequente pode preferir, em vez da sub-rogação, a alienação judicial do direito penhorado, caso em que declarará sua vontade no prazo de 10 (dez) dias contado da realização da penhora.

§ 2.º A sub-rogação não impede o sub-rogado, se não receber o crédito do executado, de prosseguir na execução, nos mesmos autos, penhorando outros bens.

Art. 858. Quando a penhora recair sobre dívidas de dinheiro a juros, de direito a rendas ou de prestações periódicas, o exequente poderá levantar os juros, os rendimentos ou as prestações à medida que forem sendo depositados, abatendo-se do crédito as importâncias recebidas, conforme as regras de imputação do pagamento.

Art. 859. Recaindo a penhora sobre direito a prestação ou a restituição de coisa determinada, o executado será intimado para, no vencimento, depositá-la, correndo sobre ela a execução.

Art. 860. Quando o direito estiver sendo pleiteado em juízo, a penhora que recair sobre ele será averbada, com destaque, nos autos pertinentes ao direito e na ação correspondente à penhora, a fim de que esta seja efetivada nos bens que forem adjudicados ou que vierem a caber ao executado.

• *Vide* art. 646 do CPC.

• *Vide* Enunciado n. 155 da 2.ª Jornada de Direito Processual Civil.

SUBSEÇÃO VII
Da Penhora das Quotas ou das Ações de Sociedades Personificadas

Art. 861. Penhoradas as quotas ou as ações de sócio em sociedade simples ou empresária, o juiz assinará prazo razoável, não superior a 3 (três) meses, para que a sociedade:

• Sociedades personificadas: *vide* arts. 997 e s. do CC.

I – apresente balanço especial, na forma da lei;

II – ofereça as quotas ou as ações aos demais sócios, observado o direito de preferência legal ou contratual;

III – não havendo interesse dos sócios na aquisição das ações, proceda à liquidação das quotas ou das ações, depositando em juízo o valor apurado, em dinheiro.

§ 1.º Para evitar a liquidação das quotas ou das ações, a sociedade poderá adquiri-las sem redução do capital social e com utilização de reservas, para manutenção em tesouraria.

§ 2.º O disposto no *caput* e no § 1.º não se aplica à sociedade anônima de capital aberto, cujas ações serão adjudicadas ao exequente ou alienadas em bolsa de valores, conforme o caso.

§ 3.º Para os fins da liquidação de que trata o inciso III do *caput*, o juiz poderá, a requerimento do exequente ou da sociedade, nomear administrador, que deverá submeter à aprovação judicial a forma de liquidação.

§ 4.º O prazo previsto no *caput* poderá ser ampliado pelo juiz, se o pagamento das quotas ou das ações liquidadas:

I – superar o valor do saldo de lucros ou reservas, exceto a legal, e sem diminuição do capital social, ou por doação; ou

II – colocar em risco a estabilidade financeira da sociedade simples ou empresária.

§ 5.º Caso não haja interesse dos demais sócios no exercício de direito de preferência, não ocorra a aquisição das quotas ou das ações pela sociedade e a liquidação do inciso III do *caput* seja excessivamente onerosa para a sociedade, o juiz poderá determinar o leilão judicial das quotas ou das ações.

SUBSEÇÃO VIII
Da Penhora de Empresa, de Outros Estabelecimentos e de Semoventes

Art. 862. Quando a penhora recair em estabelecimento comercial, industrial ou agrícola, bem como em semoventes, plantações ou edifícios em construção, o juiz nomeará administrador-depositário, determinando-lhe que apresente em 10 (dez) dias o plano de administração.

§ 1.º Ouvidas as partes, o juiz decidirá.

§ 2.º É lícito às partes ajustar a forma de administração e escolher o depositário, hipótese em que o juiz homologará por despacho a indicação.

§ 3.º Em relação aos edifícios em construção sob regime de incorporação imobiliária, a penhora somente poderá recair sobre as unidades imobiliárias ainda não comercializadas pelo incorporador.

§ 4.º Sendo necessário afastar o incorporador da administração da incorporação, será ela exercida pela comissão de representantes dos adquirentes ou, se se tratar de construção financiada, por empresa ou profissional indicado pela instituição fornecedora dos recursos para a obra, devendo ser ouvida, neste último caso, a comissão de representantes dos adquirentes.

Art. 863. A penhora de empresa que funcione mediante concessão ou autorização far-se-á, conforme o valor do crédito, sobre a renda, sobre determinados bens ou sobre todo o patrimônio, e o juiz nomeará como depositário, de preferência, um de seus diretores.

• Sociedades dependentes de autorização: *vide* arts. 1.123 e s. do CC.

§ 1.º Quando a penhora recair sobre a renda ou sobre determinados bens, o administrador-depositário apresentará a forma de administração e o esquema de pagamento, observando-se, quanto ao mais, o disposto em relação ao regime de penhora de frutos e rendimentos de coisa móvel e imóvel.

§ 2.º Recaindo a penhora sobre todo o patrimônio, prosseguirá a execução em seus ulteriores termos, ouvindo-se, antes da arrematação ou da adjudicação, o ente público que houver outorgado a concessão.

Art. 864. A penhora de navio ou de aeronave não obsta que continuem navegando ou operando até a alienação, mas o juiz, ao conceder a autorização para tanto, não permitirá que saiam do porto ou do aeroporto antes que o executado faça o seguro usual contra riscos.

Art. 865. A penhora de que trata esta Subseção somente será determinada se não houver outro meio eficaz para a efetivação do crédito.

SUBSEÇÃO IX
Da Penhora de Percentual de Faturamento de Empresa

Art. 866. Se o executado não tiver outros bens penhoráveis ou se, tendo-os, esses forem de difícil alienação ou insuficientes para saldar o crédito executado, o juiz poderá ordenar a penhora de percentual de faturamento de empresa.

• *Vide* OJ 93 da SDI-2.

§ 1.º O juiz fixará percentual que propicie a satisfação do crédito exequendo em tempo razoável, mas que não torne inviável o exercício da atividade empresarial.

§ 2.º O juiz nomeará administrador-depositário, o qual submeterá à aprovação judicial a forma de sua atuação e prestará contas mensalmente, entregando em juízo as quantias recebidas, com os respectivos balancetes mensais, a fim de serem imputadas no pagamento da dívida.

§ 3.º Na penhora de percentual de faturamento de empresa, observar-se-á, no que couber, o disposto quanto ao regime de penhora de frutos e rendimentos de coisa móvel e imóvel.

SUBSEÇÃO X
Da Penhora de Frutos e Rendimentos de Coisa Móvel ou Imóvel

Art. 867. O juiz pode ordenar a penhora de frutos e rendimentos de coisa móvel ou imóvel quando a considerar mais eficiente para o recebimento do crédito e menos gravosa ao executado.

• *Vide* art. 805 do CPC.

Art. 868. Ordenada a penhora de frutos e rendimentos, o juiz nomeará administrador-depositário, que será investido de todos os poderes que concernem à administração do bem e à fruição de seus frutos e utilidades, perdendo o executado o direito de gozo do bem, até que o exequente seja pago do principal, dos juros, das custas e dos honorários advocatícios.

§ 1.º A medida terá eficácia em relação a terceiros a partir da publicação da decisão que a conceda ou de sua averbação no ofício imobiliário, em caso de imóveis.

§ 2.º O exequente providenciará a averbação no ofício imobiliário mediante a apresentação de certidão de inteiro teor do ato, independentemente de mandado judicial.

Art. 869. O juiz poderá nomear administrador-depositário o exequente ou o executado, ouvida a parte contrária, e, não havendo acordo, nomeará profissional qualificado para o desempenho da função.

§ 1.º O administrador submeterá à aprovação judicial a forma de administração e a de prestar contas periodicamente.

§ 2.º Havendo discordância entre as partes ou entre essas e o administrador, o juiz decidirá a melhor forma de administração do bem.

§ 3.º Se o imóvel estiver arrendado, o inquilino pagará o aluguel diretamente ao exequente, salvo se houver administrador.

§ 4.º O exequente ou o administrador poderá celebrar locação do móvel ou do imóvel, ouvido o executado.

§ 5.º As quantias recebidas pelo administrador serão entregues ao exequente, a fim de serem imputadas ao pagamento da dívida.

§ 6.º O exequente dará ao executado, por termo nos autos, quitação das quantias recebidas.

SUBSEÇÃO XI
Da Avaliação

• *Vide* Enunciado n. 156 da 2.ª Jornada de Direito Processual Civil.

Art. 870. A avaliação será feita pelo oficial de justiça.

Parágrafo único. Se forem necessários conhecimentos especializados e o valor da execução o comportar, o juiz nomeará avaliador, fixando-lhe prazo não superior a 10 (dez) dias para entrega do laudo.

Art. 871. Não se procederá à avaliação quando:

I – uma das partes aceitar a estimativa feita pela outra;

II – se tratar de títulos ou de mercadorias que tenham cotação em bolsa, comprovada por certidão ou publicação no órgão oficial;

III – se tratar de títulos da dívida pública, de ações de sociedades e de títulos de crédito negociáveis em bolsa, cujo valor será o da cotação oficial do dia, comprovada por certidão ou publicação no órgão oficial;

IV – se tratar de veículos automotores ou de outros bens cujo preço médio de mercado possa ser conhecido por meio de pesquisas realizadas por órgãos oficiais ou de anúncios de venda divulgados em meios de comunicação, caso em que caberá a quem fizer a nomeação o encargo de comprovar a cotação de mercado.

Parágrafo único. Ocorrendo a hipótese do inciso I deste artigo, a avaliação poderá ser realizada quando houver fundada dúvida do juiz quanto ao real valor do bem.

Art. 872. A avaliação realizada pelo oficial de justiça constará de vistoria e de laudo anexados ao auto de penhora ou, em caso de perícia realizada por avaliador, de laudo apresentado no prazo fixado pelo juiz, devendo-se, em qualquer hipótese, especificar:

I – os bens, com as suas características, e o estado em que se encontram;

II – o valor dos bens.

• *Vide* arts. 631 e 873 do CPC.

§ 1.º Quando o imóvel for suscetível de cômoda divisão, a avaliação, tendo em conta o crédito reclamado, será realizada em partes, sugerindo-se, com a apresentação de memorial descritivo, os possíveis desmembramentos para alienação.

§ 2.º Realizada a avaliação e, sendo o caso, apresentada a proposta de desmembramento, as partes serão ouvidas no prazo de 5 (cinco) dias.

Art. 873. É admitida nova avaliação quando:

I – qualquer das partes arguir, fundamentadamente, a ocorrência de erro na avaliação ou dolo do avaliador;

II – se verificar, posteriormente à avaliação, que houve majoração ou diminuição no valor do bem;

III – o juiz tiver fundada dúvida sobre o valor atribuído ao bem na primeira avaliação.

Parágrafo único. Aplica-se o art. 480 à nova avaliação prevista no inciso III do *caput* deste artigo.

Art. 874. Após a avaliação, o juiz poderá, a requerimento do interessado e ouvida a parte contrária, mandar:

I – reduzir a penhora aos bens suficientes ou transferi-la para outros, se o valor dos bens penhorados for consideravelmente superior ao crédito do exequente e dos acessórios;

II – ampliar a penhora ou transferi-la para outros bens mais valiosos, se o valor dos bens penhorados for inferior ao crédito do exequente.

• *Vide* art. 15, II, da LEF.

Art. 875. Realizadas a penhora e a avaliação, o juiz dará início aos atos de expropriação do bem.

SEÇÃO IV
Da Expropriação de Bens

SUBSEÇÃO I
Da Adjudicação

Art. 876. É lícito ao exequente, oferecendo preço não inferior ao da avaliação, requerer que lhe sejam adjudicados os bens penhorados.

§ 1.º Requerida a adjudicação, o executado será intimado do pedido:

I – pelo Diário da Justiça, na pessoa de seu advogado constituído nos autos;

II – por carta com aviso de recebimento, quando representado pela Defensoria Pública ou quando não tiver procurador constituído nos autos;

III – por meio eletrônico, quando, sendo o caso do § 1.º do art. 246, não tiver procurador constituído nos autos.

§ 2.º Considera-se realizada a intimação quando o executado houver mudado de endereço sem prévia comunicação ao juízo, observado o disposto no art. 274, parágrafo único.

§ 3.º Se o executado, citado por edital, não tiver procurador constituído nos autos, é dispensável a intimação prevista no § 1.º.

§ 4.º Se o valor do crédito for:

I – inferior ao dos bens, o requerente da adjudicação depositará de imediato a diferença, que ficará à disposição do executado;

II – superior ao dos bens, a execução prosseguirá pelo saldo remanescente.

§ 5.º Idêntico direito pode ser exercido por aqueles indicados no art. 889, incisos II a VIII, pelos credores concorrentes que hajam penhorado o mesmo bem, pelo cônjuge, pelo companheiro, pelos descendentes ou pelos ascendentes do executado.

§ 6.º Se houver mais de um pretendente, proceder-se-á a licitação entre eles, tendo preferência, em caso de igualdade de oferta, o cônjuge, o companheiro, o descendente ou o ascendente, nessa ordem.

§ 7.º No caso de penhora de quota social ou de ação de sociedade anônima fechada realizada em favor de exequente alheio à sociedade, esta será intimada, ficando responsável por informar aos sócios a ocorrência da penhora, assegurando-se a estes a preferência.

Art. 877. Transcorrido o prazo de 5 (cinco) dias, contado da última intimação, e decididas eventuais questões, o juiz ordenará a lavratura do auto de adjudicação.

§ 1.º Considera-se perfeita e acabada a adjudicação com a lavratura e a assinatura do auto pelo juiz, pelo adjudicatário, pelo escrivão ou chefe de secretaria, e, se estiver presente, pelo executado, expedindo-se:

I – a carta de adjudicação e o mandado de imissão na posse, quando se tratar de bem imóvel;

II – a ordem de entrega ao adjudicatário, quando se tratar de bem móvel.

§ 2.º A carta de adjudicação conterá a descrição do imóvel, com remissão à sua matrícula e aos seus registros, a cópia do auto de adjudicação e a prova de quitação do imposto de transmissão.

§ 3.º No caso de penhora de bem hipotecado, o executado poderá remi-lo até a assinatura do auto de adjudicação, oferecendo preço igual ao da avaliação, se não tiver havido licitantes, ou ao do maior lance oferecido.

§ 4.º Na hipótese de falência ou de insolvência do devedor hipotecário, o direito de remição previsto no § 3.º será deferido à massa ou aos credores em concurso, não podendo o exequente recusar o preço da avaliação do imóvel.

Art. 878. Frustradas as tentativas de alienação do bem, será reaberta oportunidade para requerimento de adjudicação, caso em que também se poderá pleitear a realização de nova avaliação.

SUBSEÇÃO II
Da Alienação

Art. 879. A alienação far-se-á:

I – por iniciativa particular;

II – em leilão judicial eletrônico ou presencial.

Art. 880. Não efetivada a adjudicação, o exequente poderá requerer a alienação por sua própria iniciativa ou por intermédio de corretor ou leiloeiro público credenciado perante o órgão judiciário.

§ 1.º O juiz fixará o prazo em que a alienação deve ser efetivada, a forma de publicidade, o preço mínimo, as condições de pagamento, as garantias e, se for o caso, a comissão de corretagem.

§ 2.º A alienação será formalizada por termo nos autos, com a assinatura do juiz, do exequente, do adquirente e, se estiver presente, do executado, expedindo-se:

I – a carta de alienação e o mandado de imissão na posse, quando se tratar de bem imóvel;

II – a ordem de entrega ao adquirente, quando se tratar de bem móvel.

§ 3.º Os tribunais poderão editar disposições complementares sobre o procedimento da alienação prevista neste artigo, admitindo, quando for o caso, o concurso de meios eletrônicos, e dispor sobre o credenciamento dos corretores e leiloeiros públicos, os quais deverão estar em exercício profissional por não menos que 3 (três) anos.

§ 4.º Nas localidades em que não houver corretor ou leiloeiro público credenciado nos termos do § 3.º, a indicação será de livre escolha do exequente.

Art. 881. A alienação far-se-á em leilão judicial se não efetivada a adjudicação ou a alienação por iniciativa particular.

§ 1.º O leilão do bem penhorado será realizado por leiloeiro público.

• Leiloeiro: Decreto n. 21.981, de 19-10-1932.

§ 2.º Ressalvados os casos de alienação a cargo de corretores de bolsa de valores, todos os demais bens serão alienados em leilão público.

Art. 882. Não sendo possível a sua realização por meio eletrônico, o leilão será presencial.

§ 1.º A alienação judicial por meio eletrônico será realizada, observando-se as garantias processuais das partes, de acordo com regulamentação específica do Conselho Nacional de Justiça.

•• A Resolução n. 236, de 13-7-2016, do CNJ, regulamenta procedimentos relativos à alienação judicial por meio eletrônico, na forma deste § 1.º.

§ 2.º A alienação judicial por meio eletrônico deverá atender aos requisitos de ampla publicidade, autenticidade e segurança, com observância das regras estabelecidas na legislação sobre certificação digital.

§ 3.º O leilão presencial será realizado no local designado pelo juiz.

Art. 883. Caberá ao juiz a designação do leiloeiro público, que poderá ser indicado pelo exequente.

Art. 884. Incumbe ao leiloeiro público:

I – publicar o edital, anunciando a alienação;

II – realizar o leilão onde se encontrem os bens ou no lugar designado pelo juiz;

III – expor aos pretendentes os bens ou as amostras das mercadorias;

IV – receber e depositar, dentro de 1 (um) dia, à ordem do juiz, o produto da alienação;

V – prestar contas nos 2 (dois) dias subsequentes ao depósito.

Parágrafo único. O leiloeiro tem o direito de receber do arrematante a comissão estabelecida em lei ou arbitrada pelo juiz.

Art. 885. O juiz da execução estabelecerá o preço mínimo, as condições de pagamento e as garantias que poderão ser prestadas pelo arrematante.

Art. 886. O leilão será precedido de publicação de edital, que conterá:

• *Vide* art. 22 da LEF.

I – a descrição do bem penhorado, com suas características, e, tratando-se de imóvel, sua situação e suas divisas, com remissão à matrícula e aos registros;

II – o valor pelo qual o bem foi avaliado, o preço mínimo pelo qual poderá ser alienado, as condições de pagamento e, se for o caso, a comissão do leiloeiro designado;

III – o lugar onde estiverem os móveis, os veículos e os semoventes e, tratando-se de créditos ou direitos, a identificação dos autos do processo em que foram penhorados;

IV – o sítio, na rede mundial de computadores, e o período em que se realizará o leilão, salvo se este se der de modo presencial, hipótese em que serão indicados o local, o dia e a hora de sua realização;

• *Vide* Enunciado n. 157 da 2.ª Jornada de Direito Processual Civil.

V – a indicação de local, dia e hora de segundo leilão presencial, para a hipótese de não haver interessado no primeiro;

VI – menção da existência de ônus, recurso ou processo pendente sobre os bens a serem leiloados.

Parágrafo único. No caso de títulos da dívida pública e de títulos negociados em bolsa, constará do edital o valor da última cotação.

Art. 887. O leiloeiro público designado adotará providências para a ampla divulgação da alienação.

§ 1.º A publicação do edital deverá ocorrer pelo menos 5 (cinco) dias antes da data marcada para o leilão.

§ 2.º O edital será publicado na rede mundial de computadores, em sítio designado pelo juízo da execução, e conterá descrição detalhada e, sempre que possível, ilustrada dos bens, informando expressamente se o leilão se realizará de forma eletrônica ou presencial.

§ 3.º Não sendo possível a publicação na rede mundial de computadores ou considerando o juiz, em atenção às condições da sede do juízo, que esse modo de divulgação é insuficiente ou inadequado, o edital será afixado em local de costume e publicado, em resumo, pelo menos uma vez em jornal de ampla circulação local.

§ 4.º Atendendo ao valor dos bens e às condições da sede do juízo, o juiz poderá alterar a forma e a frequência da publicidade na imprensa, mandar publicar o edital em local de ampla circulação de pessoas e divulgar avisos em emissora de rádio ou televisão local, bem como em sítios distintos do indicado no § 2.º.

§ 5.º Os editais de leilão de imóveis e de veículos automotores serão publicados pela imprensa ou por outros meios de divulgação, preferencialmente na seção ou no local reservados à publicidade dos respectivos negócios.

§ 6.º O juiz poderá determinar a reunião de publicações em listas referentes a mais de uma execução.

Art. 888. Não se realizando o leilão por qualquer motivo, o juiz mandará publicar a transferência, observando-se o disposto no art. 887.

Parágrafo único. O escrivão, o chefe de secretaria ou o leiloeiro que culposamente der causa à transferência responde pelas despesas da nova publicação, podendo o juiz aplicar-lhe a pena de suspensão por 5 (cinco) dias a 3 (três) meses, em procedimento administrativo regular.

Art. 889. Serão cientificados da alienação judicial, com pelo menos 5 (cinco) dias de antecedência:

I – o executado, por meio de seu advogado ou, se não tiver procurador constituído nos autos, por carta registrada, mandado, edital ou outro meio idôneo;

• *Vide* art. 804 do CPC.

• *Vide* Súmula 121 do STJ.

II – o coproprietário de bem indivisível do qual tenha sido penhorada fração ideal;

III – o titular de usufruto, uso, habitação, enfiteuse, direito de superfície, concessão de uso especial para fins de moradia ou concessão de direito real de uso, quando a penhora recair sobre bem gravado com tais direitos reais;

•• *Vide* Enunciado n. 150 da 2.ª Jornada de Direito Processual Civil.

IV – o proprietário do terreno submetido ao regime de direito de superfície, enfiteuse, concessão de uso especial para fins de moradia ou concessão de direito real de uso, quando a penhora recair sobre tais direitos reais;

V – o credor pignoratício, hipotecário, anticrético, fiduciário ou com penhora anteriormente averbada, quando a penhora recair sobre bens com tais gravames, caso não seja o credor, de qualquer modo, parte na execução;

VI – o promitente comprador, quando a penhora recair sobre bem em relação ao qual haja promessa de compra e venda registrada;

VII – o promitente vendedor, quando a penhora recair sobre direito aquisitivo derivado de promessa de compra e venda registrada;

VIII – a União, o Estado e o Município, no caso de alienação de bem tombado.

Parágrafo único. Se o executado for revel e não tiver advogado constituído, não constando dos autos seu endereço atual ou, ainda, não sendo ele encontrado no endereço constante do processo, a intimação considerar-se-á feita por meio do próprio edital de leilão.

Art. 890. Pode oferecer lance quem estiver na livre administração de seus bens, com exceção:

I – dos tutores, dos curadores, dos testamenteiros, dos administradores ou dos liquidantes, quanto aos bens confiados à sua guarda e à sua responsabilidade;

II – dos mandatários, quanto aos bens de cuja administração ou alienação estejam encarregados;

• *Vide* arts. 653 e s. do CC.

III – do juiz, do membro do Ministério Público e da Defensoria Pública, do escrivão, do chefe de secretaria e dos demais servidores e auxiliares da justiça, em relação aos bens e direitos objeto de alienação na localidade onde servirem ou a que se estender a sua autoridade;

IV – dos servidores públicos em geral, quanto aos bens ou aos direitos da pessoa jurídica a que servirem ou que estejam sob sua administração direta ou indireta;

V – dos leiloeiros e seus prepostos, quanto aos bens de cuja venda estejam encarregados;

VI – dos advogados de qualquer das partes.

Art. 891. Não será aceito lance que ofereça preço vil.

Parágrafo único. Considera-se vil o preço inferior ao mínimo estipulado pelo juiz e constante do edital, e, não tendo sido fixado preço mínimo, considera-se vil o preço inferior a cinquenta por cento do valor da avaliação.

Art. 892. Salvo pronunciamento judicial em sentido diverso, o pagamento deverá ser realizado de imediato pelo arrematante, por depósito judicial ou por meio eletrônico.

§ 1.º Se o exequente arrematar os bens e for o único credor, não estará obrigado a exibir o preço, mas, se o valor dos bens exceder ao seu crédito, depositará, dentro de 3 (três) dias, a diferença, sob pena de tornar-se sem efeito a arrematação, e, nesse caso, realizar-se-á novo leilão, à custa do exequente.

§ 2.º Se houver mais de um pretendente, proceder-se-á entre eles à licitação, e, no caso de igualdade de oferta, terá preferência o cônjuge, o companheiro, o descendente ou o ascendente do executado, nessa ordem.

§ 3.º No caso de leilão de bem tombado, a União, os Estados e os Municípios terão, nessa ordem, o direito de preferência na arrematação, em igualdade de oferta.

Art. 893. Se o leilão for de diversos bens e houver mais de um lançador, terá preferência aquele que se propuser a arrematá-los todos, em conjunto, oferecendo, para os bens que não tiverem lance, preço igual ao da avaliação e, para os demais, preço igual ao do maior lance que, na tentativa de arrematação individualizada, tenha sido oferecido para eles.

• *Vide* art. 23, § 1.º, da LEF.

Art. 894. Quando o imóvel admitir cômoda divisão, o juiz, a requerimento do executado, ordenará a alienação judicial de parte dele, desde que suficiente para o pagamento do exequente e para a satisfação das despesas da execução.

§ 1.º Não havendo lançador, far-se-á a alienação do imóvel em sua integridade.

§ 2.º A alienação por partes deverá ser requerida a tempo de permitir a avaliação das glebas destacadas e sua inclusão no edital, e, nesse caso, caberá ao executado instruir o requerimento com planta e memorial descritivo subscritos por profissional habilitado.

Art. 895. O interessado em adquirir o bem penhorado em prestações poderá apresentar, por escrito:

•• *Vide* art. 3.º da Instrução Normativa n. 39, de 15-3-2016.

I – até o início do primeiro leilão, proposta de aquisição do bem por valor não inferior ao da avaliação;

II – até o início do segundo leilão, proposta de aquisição do bem por valor que não seja considerado vil.

§ 1.º A proposta conterá, em qualquer hipótese, oferta de pagamento de pelo menos vinte e cinco por cento do valor do lance à vista e o restante parcelado em até 30 (trinta) meses, garantido por caução idônea, quando se tratar de móveis, e por hipoteca do próprio bem, quando se tratar de imóveis.

§ 2.º As propostas para aquisição em prestações indicarão o prazo, a modalidade, o indexador de correção monetária e as condições de pagamento do saldo.

§ 3.º (*Vetado.*)

§ 4.º No caso de atraso no pagamento de qualquer das prestações, incidirá multa de dez por cento sobre a soma da parcela inadimplida com as parcelas vincendas.

§ 5.º O inadimplemento autoriza o exequente a pedir a resolução da arrematação ou promover, em face do arrematante, a execução do valor devido, devendo ambos os pedidos ser formulados nos autos da execução em que se deu a arrematação.

§ 6.º A apresentação da proposta prevista neste artigo não suspende o leilão.

§ 7.º A proposta de pagamento do lance à vista sempre prevalecerá sobre as propostas de pagamento parcelado.

§ 8.º Havendo mais de uma proposta de pagamento parcelado:

I – em diferentes condições, o juiz decidirá pela mais vantajosa, assim compreendida, sempre, a de maior valor;

II – em iguais condições, o juiz decidirá pela formulada em primeiro lugar.

§ 9.º No caso de arrematação a prazo, os pagamentos feitos pelo arrematante pertencerão ao exequente até o limite de seu crédito, e os subsequentes, ao executado.

Art. 896. Quando o imóvel de incapaz não alcançar em leilão pelo menos oitenta por cento do valor da avaliação, o juiz o confiará à guarda e à administração de depositário idôneo, adiando a alienação por prazo não superior a 1 (um) ano.

§ 1.º Se, durante o adiamento, algum pretendente assegurar, mediante caução idônea, o preço da avaliação, o juiz ordenará a alienação em leilão.

§ 2.º Se o pretendente à arrematação se arrepender, o juiz impor-lhe-á multa de vinte por cento sobre o valor da avaliação, em benefício do incapaz, valendo a decisão como título executivo.

§ 3.º Sem prejuízo do disposto nos §§ 1.º e 2.º, o juiz poderá autorizar a locação do imóvel no prazo do adiamento.

§ 4.º Findo o prazo do adiamento, o imóvel será submetido a novo leilão.

Art. 897. Se o arrematante ou seu fiador não pagar o preço no prazo estabelecido, o juiz impor-lhe-á, em favor do exequente, a perda da caução, voltando os bens a novo leilão, do qual não serão admitidos a participar o arrematante e o fiador remissos.

Art. 898. O fiador do arrematante que pagar o valor do lance e a multa poderá requerer que a arrematação lhe seja transferida.

Art. 899. Será suspensa a arrematação logo que o produto da alienação dos bens for suficiente para o pagamento do credor e para a satisfação das despesas da execução.

Art. 900. O leilão prosseguirá no dia útil imediato, à mesma hora em que teve início, independentemente de novo edital, se for ultrapassado o horário de expediente forense.

• *Vide* arts. 212 a 216 do CPC.

Art. 901. A arrematação constará de auto que será lavrado de imediato e poderá abranger bens penhorados em mais de uma execução, nele mencionadas as condições nas quais foi alienado o bem.

§ 1.º A ordem de entrega do bem móvel ou a carta de arrematação do bem imóvel, com o respectivo mandado de imissão na posse, será expedida depois de efetuado o depósito ou prestadas as garantias pelo arrematante, bem como realizado o pagamento da comissão do leiloeiro e das demais despesas da execução.

• *Vide* art. 826 do CPC.

§ 2.º A carta de arrematação conterá a descrição do imóvel, com remissão à sua matrícula ou individuação e aos seus registros, a cópia do auto de arrematação e a prova de pagamento do imposto de transmissão, além da indicação da existência de eventual ônus real ou gravame.

Art. 902. No caso de leilão de bem hipotecado, o executado poderá remi-lo até a assinatura do auto de arrematação, oferecendo preço igual ao do maior lance oferecido.

Parágrafo único. No caso de falência ou insolvência do devedor hipotecário, o direito de remição previsto no *caput* defere-se à massa ou aos credores em concurso, não podendo o exequente recusar o preço da avaliação do imóvel.

Art. 903. Qualquer que seja a modalidade de leilão, assinado o auto pelo juiz, pelo arrematante e pelo leiloeiro, a arrematação será considerada perfeita, acabada e irretratável, ainda que venham a ser julgados procedentes os embargos do executado ou a ação autônoma de que trata o § 4.º deste artigo, assegurada a possibilidade de reparação pelos prejuízos sofridos.

§ 1.º Ressalvadas outras situações previstas neste Código, a arrematação poderá, no entanto, ser:

I – invalidada, quando realizada por preço vil ou com outro vício;

II – considerada ineficaz, se não observado o disposto no art. 804;

III – resolvida, se não for pago o preço ou se não for prestada a caução.

§ 2.º O juiz decidirá acerca das situações referidas no § 1.º, se for provocado em até 10 (dez) dias após o aperfeiçoamento da arrematação.

§ 3.º Passado o prazo previsto no § 2.º sem que tenha havido alegação de qualquer das situações previstas no § 1.º, será expedida a carta de arrematação e, conforme o caso, a ordem de entrega ou mandado de imissão na posse.

§ 4.º Após a expedição da carta de arrematação ou da ordem de entrega, a invalidação da arrematação poderá ser pleiteada por ação autônoma, em cujo processo o arrematante figurará como litisconsorte necessário.

§ 5.º O arrematante poderá desistir da arrematação, sendo-lhe imediatamente devolvido o depósito que tiver feito:

I – se provar, nos 10 (dez) dias seguintes, a existência de ônus real ou gravame não mencionado no edital;

II – se, antes de expedida a carta de arrematação ou a ordem de entrega, o executado alegar alguma das situações previstas no § 1.º;

III – uma vez citado para responder a ação autônoma de que trata o § 4.º deste artigo, desde que apresente a desistência no prazo de que dispõe para responder a essa ação.

§ 6.º Considera-se ato atentatório à dignidade da justiça a suscitação infundada de vício com o objetivo de ensejar a desistência do arrematante, devendo o suscitante ser condenado, sem prejuízo da responsabilidade por perdas e danos, ao pagamento de multa, a ser fixada pelo juiz e devida ao exequente, em montante não superior a vinte por cento do valor atualizado do bem.

SEÇÃO V
Da Satisfação do Crédito

Art. 904. A satisfação do crédito exequendo far-se-á:

I – pela entrega do dinheiro;

II – pela adjudicação dos bens penhorados.

Art. 905. O juiz autorizará que o exequente levante, até a satisfação integral de seu crédito, o dinheiro depositado para segurar o juízo ou o produto dos bens alienados, bem como do faturamento de empresa ou de outros frutos e rendimentos de coisas ou empresas penhoradas, quando:

• *Vide* art. 858 do CPC.

I – a execução for movida só a benefício do exequente singular, a quem, por força da penhora, cabe o direito de preferência sobre os bens penhorados e alienados;

II – não houver sobre os bens alienados outros privilégios ou preferências instituídos anteriormente à penhora.

Parágrafo único. Durante o plantão judiciário, veda-se a concessão de pedidos de levantamento de importância em dinheiro ou valores ou de liberação de bens apreendidos.

Art. 906. Ao receber o mandado de levantamento, o exequente dará ao executado, por termo nos autos, quitação da quantia paga.

Parágrafo único. A expedição de mandado de levantamento poderá ser substituída pela transferência eletrônica do valor depositado em conta vinculada ao juízo para outra indicada pelo exequente.

Art. 907. Pago ao exequente o principal, os juros, as custas e os honorários, a importância que sobrar será restituída ao executado.

• *Vide* arts. 389, 395 e 404 do CC.
• Honorários advocatícios: *vide* arts. 22 a 26 do EAOAB.
• *Vide* Súmula 14 do STJ.

Art. 908. Havendo pluralidade de credores ou exequentes, o dinheiro lhes será distribuído e entregue consoante a ordem das respectivas preferências.

• *Vide* art. 797, parágrafo único, do CPC.
• *Vide* art. 99 do CDC.
• *Vide* art. 24 do EAOAB.

§ 1.° No caso de adjudicação ou alienação, os créditos que recaem sobre o bem, inclusive os de natureza *propter rem*, sub-rogam-se sobre o respectivo preço, observada a ordem de preferência.

§ 2.° Não havendo título legal à preferência, o dinheiro será distribuído entre os concorrentes, observando-se a anterioridade de cada penhora.

Art. 909. Os exequentes formularão as suas pretensões, que versarão unicamente sobre o direito de preferência e a anterioridade da penhora, e, apresentadas as razões, o juiz decidirá.

CAPÍTULO V
DA EXECUÇÃO CONTRA A FAZENDA PÚBLICA

Art. 910. Na execução fundada em título extrajudicial, a Fazenda Pública será citada para opor embargos em 30 (trinta) dias.

• *Vide* art. 100 da CF.
• A Resolução n. 115, de 29-6-2010, do CNJ dispõe sobre a gestão de precatórios no âmbito do Poder Judiciário.

§ 1.° Não opostos embargos ou transitada em julgado a decisão que os rejeitar, expedir-se-á precatório ou requisição de pequeno valor em favor do exequente, observando-se o disposto no art. 100 da Constituição Federal.

§ 2.° Nos embargos, a Fazenda Pública poderá alegar qualquer matéria que lhe seria lícito deduzir como defesa no processo de conhecimento.

§ 3.° Aplica-se a este Capítulo, no que couber, o disposto nos artigos 534 e 535.

CAPÍTULO VI
DA EXECUÇÃO DE ALIMENTOS

•• *Vide* art. 5.º, LXVII, da CF (prisão civil por dívida de alimentos).

Art. 911. Na execução fundada em título executivo extrajudicial que contenha obrigação alimentar, o juiz mandará citar o executado para, em 3 (três) dias, efetuar o pagamento das parcelas anteriores ao início da execução e das que se vencerem no seu curso, provar que o fez ou justificar a impossibilidade de fazê-lo.

• *Vide* art. 523, §§ 1.º e 3.º, do CPC.

Parágrafo único. Aplicam-se, no que couber, os §§ 2.° a 7.° do art. 528.

Art. 912. Quando o executado for funcionário público, militar, diretor ou gerente de empresa, bem como empregado sujeito à legislação do trabalho, o exequente poderá requerer o desconto em folha de pagamento de pessoal da importância da prestação alimentícia.

• *Vide* art. 833, IV, do CPC.

§ 1.° Ao despachar a inicial, o juiz oficiará à autoridade, à empresa ou ao empregador, determinando, sob pena de crime de desobediência, o desconto a partir da primeira remuneração posterior do executado, a contar do protocolo do ofício.

§ 2.° O ofício conterá os nomes e o número de inscrição no Cadastro de Pessoas Físicas do exequente e do executado, a importância a ser descontada mensalmente, a conta na qual deve ser feito o depósito e, se for o caso, o tempo de sua duração.

Art. 913. Não requerida a execução nos termos deste Capítulo, observar-se-á o disposto no art. 824 e seguintes, com a ressalva de que, recaindo a penhora em dinheiro, a concessão de efeito suspensivo aos embargos à execução não obsta a que o exequente levante mensalmente a importância da prestação.

TÍTULO III
DOS EMBARGOS À EXECUÇÃO

Art. 914. O executado, independentemente de penhora, depósito ou caução, poderá se opor à execução por meio de embargos.

• *Vide* arts. 535 e 917 do CPC.

§ 1.° Os embargos à execução serão distribuídos por dependência, autuados em apartado e instruídos com cópias das peças processuais relevantes, que poderão ser declaradas autênticas pelo próprio advogado, sob sua responsabilidade pessoal.

§ 2.º Na execução por carta, os embargos serão oferecidos no juízo deprecante ou no juízo deprecado, mas a competência para julgá-los é do juízo deprecante, salvo se versarem unicamente sobre vícios ou defeitos da penhora, da avaliação ou da alienação dos bens efetuadas no juízo deprecado.

Art. 915. Os embargos serão oferecidos no prazo de 15 (quinze) dias, contado, conforme o caso, na forma do art. 231.

• *Vide* art. 16 da LEF.

§ 1.º Quando houver mais de um executado, o prazo para cada um deles embargar conta-se a partir da juntada do respectivo comprovante da citação, salvo no caso de cônjuges ou de companheiros, quando será contado a partir da juntada do último.

§ 2.º Nas execuções por carta, o prazo para embargos será contado:

I – da juntada, na carta, da certificação da citação, quando versarem unicamente sobre vícios ou defeitos da penhora, da avaliação ou da alienação dos bens;

II – da juntada, nos autos de origem, do comunicado de que trata o § 4.º deste artigo ou, não havendo este, da juntada da carta devidamente cumprida, quando versarem sobre questões diversas da prevista no inciso I deste parágrafo.

§ 3.º Em relação ao prazo para oferecimento dos embargos à execução, não se aplica o disposto no art. 229.

§ 4.º Nos atos de comunicação por carta precatória, rogatória ou de ordem, a realização da citação será imediatamente informada, por meio eletrônico, pelo juiz deprecado ao juiz deprecante.

Art. 916. No prazo para embargos, reconhecendo o crédito do exequente e comprovando o depósito de trinta por cento do valor em execução, acrescido de custas e de honorários de advogado, o executado poderá requerer que lhe seja permitido pagar o restante em até 6 (seis) parcelas mensais, acrescidas de correção monetária e de juros de um por cento ao mês.

•• *Vide* art. 3.º da Instrução Normativa n. 39, de 15-3-2016.

§ 1.º O exequente será intimado para manifestar-se sobre o preenchimento dos pressupostos do *caput*, e o juiz decidirá o requerimento em 5 (cinco) dias.

§ 2.º Enquanto não apreciado o requerimento, o executado terá de depositar as parcelas vincendas, facultado ao exequente seu levantamento.

§ 3.º Deferida a proposta, o exequente levantará a quantia depositada, e serão suspensos os atos executivos.

§ 4.º Indeferida a proposta, seguir-se-ão os atos executivos, mantido o depósito, que será convertido em penhora.

§ 5.º O não pagamento de qualquer das prestações acarretará cumulativamente:

I – o vencimento das prestações subsequentes e o prosseguimento do processo, com o imediato reinício dos atos executivos;

II – a imposição ao executado de multa de dez por cento sobre o valor das prestações não pagas.

§ 6.º A opção pelo parcelamento de que trata este artigo importa renúncia ao direito de opor embargos.

§ 7.º O disposto neste artigo não se aplica ao cumprimento da sentença.

Art. 917. Nos embargos à execução, o executado poderá alegar:

I – inexequibilidade do título ou inexigibilidade da obrigação;

II – penhora incorreta ou avaliação errônea;

III – excesso de execução ou cumulação indevida de execuções;

• *Vide* art. 917, §§ 3.º e 4.º, do CPC.

IV – retenção por benfeitorias necessárias ou úteis, nos casos de execução para entrega de coisa certa;

V – incompetência absoluta ou relativa do juízo da execução;

VI – qualquer matéria que lhe seria lícito deduzir como defesa em processo de conhecimento.

§ 1.º A incorreção da penhora ou da avaliação poderá ser impugnada por simples petição, no prazo de 15 (quinze) dias, contado da ciência do ato.

§ 2.º Há excesso de execução quando:

I – o exequente pleiteia quantia superior à do título;

II – ela recai sobre coisa diversa daquela declarada no título;

III – ela se processa de modo diferente do que foi determinado no título;

IV – o exequente, sem cumprir a prestação que lhe corresponde, exige o adimplemento da prestação do executado;

V – o exequente não prova que a condição se realizou.

§ 3.º Quando alegar que o exequente, em excesso de execução, pleiteia quantia superior à do título, o embargante declarará na petição inicial o valor que entende correto, apresentando demonstrativo discriminado e atualizado de seu cálculo.

§ 4.º Não apontado o valor correto ou não apresentado o demonstrativo, os embargos à execução:

I – serão liminarmente rejeitados, sem resolução de mérito, se o excesso de execução for o seu único fundamento;

II – serão processados, se houver outro fundamento, mas o juiz não examinará a alegação de excesso de execução.

§ 5.º Nos embargos de retenção por benfeitorias, o exequente poderá requerer a compensação de seu valor com o dos frutos ou dos danos considerados devidos pelo executado, cumprindo ao juiz, para a apuração dos respectivos valores, nomear perito, observando-se, então, o art. 464.

• *Vide* arts. 964 e 1.219 do CC.

§ 6.º O exequente poderá a qualquer tempo ser imitido na posse da coisa, prestando caução ou depositando o valor devido pelas benfeitorias ou resultante da compensação.

§ 7.º A arguição de impedimento e suspeição observará o disposto nos arts. 146 e 148.

Art. 918. O juiz rejeitará liminarmente os embargos:

•• *Vide* art. 3.º da Instrução Normativa n. 39, de 15-3-2016.

• *Vide* art. 1.012, § 1.º, III, do CPC.

• *Vide* Enunciado n. 94 da 1.ª Jornada de Direito Processual Civil.

I – quando intempestivos;

II – nos casos de indeferimento da petição inicial e de improcedência liminar do pedido;

III – manifestamente protelatórios.

Parágrafo único. Considera-se conduta atentatória à dignidade da justiça o oferecimento de embargos manifestamente protelatórios.

Art. 919. Os embargos à execução não terão efeito suspensivo.

§ 1.º O juiz poderá, a requerimento do embargante, atribuir efeito suspensivo aos embargos quando verificados os requisitos para a concessão da tutela provisória e desde que a execução já esteja garantida por penhora, depósito ou caução suficientes.

§ 2.º Cessando as circunstâncias que a motivaram, a decisão relativa aos efeitos dos embargos poderá, a requerimento da parte, ser modificada ou revogada a qualquer tempo, em decisão fundamentada.

§ 3.º Quando o efeito suspensivo atribuído aos embargos disser respeito apenas a parte do objeto da execução, esta prosseguirá quanto à parte restante.

§ 4.º A concessão de efeito suspensivo aos embargos oferecidos por um dos executados não suspenderá a execução contra os que não embargaram quando o respectivo fundamento disser respeito exclusivamente ao embargante.

§ 5.º A concessão de efeito suspensivo não impedirá a efetivação dos atos de substituição, de reforço ou de redução da penhora e de avaliação dos bens.

Art. 920. Recebidos os embargos:

• *Vide* art. 17 da LEF.

• *Vide* Enunciado n. 94 da 1.ª Jornada de Direito Processual Civil.

I – o exequente será ouvido no prazo de 15 (quinze) dias;

II – a seguir, o juiz julgará imediatamente o pedido ou designará audiência;

III – encerrada a instrução, o juiz proferirá sentença.

•• *Vide* Enunciado n. 158 da 2.ª Jornada de Direito Processual Civil.

TÍTULO IV

DA SUSPENSÃO E DA EXTINÇÃO DO PROCESSO DE EXECUÇÃO

CAPÍTULO I

DA SUSPENSÃO DO PROCESSO DE EXECUÇÃO

Art. 921. Suspende-se a execução:

I – nas hipóteses dos arts. 313 e 315, no que couber;

II – no todo ou em parte, quando recebidos com efeito suspensivo os embargos à execução;

III – quando o executado não possuir bens penhoráveis;

• *Vide* art. 40 da LEF.

IV – se a alienação dos bens penhorados não se realizar por falta de licitantes e o exequente, em 15 (quinze) dias, não requerer a adjudicação nem indicar outros bens penhoráveis;

V – quando concedido o parcelamento de que trata o art. 916.

§ 1.º Na hipótese do inciso III, o juiz suspenderá a execução pelo prazo de 1 (um) ano, durante o qual se suspenderá a prescrição.

§ 2.º Decorrido o prazo máximo de 1 (um) ano sem que seja localizado o executado ou que sejam encontrados bens penhoráveis, o juiz ordenará o arquivamento dos autos.

§ 3.º Os autos serão desarquivados para prosseguimento da execução se a qualquer tempo forem encontrados bens penhoráveis.

§ 4.º Decorrido o prazo de que trata o § 1.º sem manifestação do exequente, começa a correr o prazo de prescrição intercorrente.

•• *Vide* art. 2.º da Instrução Normativa n. 39, de 15-3-2016.

§ 5.º O juiz, depois de ouvidas as partes, no prazo de 15 (quinze) dias, poderá, de ofício, reconhecer a prescrição de que trata o § 4.º e extinguir o processo.

•• *Vide* art. 2.º da Instrução Normativa n. 39, de 15-3-2016.

Art. 922. Convindo as partes, o juiz declarará suspensa a execução durante o prazo concedido pelo exequente para que o executado cumpra voluntariamente a obrigação.

Parágrafo único. Findo o prazo sem cumprimento da obrigação, o processo retomará o seu curso.

Art. 923. Suspensa a execução, não serão praticados atos processuais, podendo o juiz, entretanto, salvo no caso de arguição de impedimento ou de suspeição, ordenar providências urgentes.

• *Vide* arts. 221 e 314 do CPC.

CAPÍTULO II

DA EXTINÇÃO DO PROCESSO DE EXECUÇÃO

Art. 924. Extingue-se a execução quando:

I – a petição inicial for indeferida;

II – a obrigação for satisfeita;

• *Vide* art. 807 do CPC.

III – o executado obtiver, por qualquer outro meio, a extinção total da dívida;

• *Vide* arts. 385 a 388 e 840 a 850 do CC.

• Transação em matéria tributária: art. 171 do CTN.

IV – o exequente renunciar ao crédito;

• A Lei n. 9.469, de 10-7-1997, dispõe sobre a transação nas causas de interesse da União, suas autarquias, fundações e empresas públicas federais.

V – ocorrer a prescrição intercorrente.

•• *Vide* art. 1.056 do CPC.

•• *Vide* art. 2.º da Instrução Normativa n. 39, de 15-3-2016.

Art. 925. A extinção só produz efeito quando declarada por sentença.

LIVRO III
DOS PROCESSOS NOS TRIBUNAIS E DOS MEIOS DE IMPUGNAÇÃO DAS DECISÕES JUDICIAIS

TÍTULO I
DA ORDEM DOS PROCESSOS E DOS PROCESSOS DE COMPETÊNCIA ORIGINÁRIA DOS TRIBUNAIS

CAPÍTULO I
DISPOSIÇÕES GERAIS

•• *Vide* art. 3.º da Instrução Normativa n. 39, de 15-3-2016.

Art. 926. Os tribunais devem uniformizar sua jurisprudência e mantê-la estável, íntegra e coerente.

•• *Vide* art. 18 da Instrução Normativa n. 41, de 21-6-2018.

§ 1.º Na forma estabelecida e segundo os pressupostos fixados no regimento interno, os tribunais editarão enunciados de súmula correspondentes a sua jurisprudência dominante.

§ 2.º Ao editar enunciados de súmula, os tribunais devem ater-se às circunstâncias fáticas dos precedentes que motivaram sua criação.

Art. 927. Os juízes e os tribunais observarão:

•• *Vide* art. 15, I, da Instrução Normativa n. 39, de 15-3-2016.

I – as decisões do Supremo Tribunal Federal em controle concentrado de constitucionalidade;

• *Vide* arts. 102, I, *a*, e 103 da CF.

II – os enunciados de súmula vinculante;

•• *Vide* art. 103-A da CF.

III – os acórdãos em incidente de assunção de competência ou de resolução de demandas repetitivas e em julgamento de recursos extraordinário e especial repetitivos;

• *Vide* arts. 1.036 a 1.041 do CPC.

IV – os enunciados das súmulas do Supremo Tribunal Federal em matéria constitucional e do Superior Tribunal de Justiça em matéria infraconstitucional;

V – a orientação do plenário ou do órgão especial aos quais estiverem vinculados.

§ 1.º Os juízes e os tribunais observarão o disposto no art. 10 e no art. 489, § 1.º, quando decidirem com fundamento neste artigo.

§ 2.º A alteração de tese jurídica adotada em enunciado de súmula ou em julgamento de casos repetitivos poderá ser precedida de audiências públicas e da participação de pessoas, órgãos ou entidades que possam contribuir para a rediscussão da tese.

§ 3.º Na hipótese de alteração de jurisprudência dominante do Supremo Tribunal Federal e dos tribunais superiores ou daquela oriunda de julgamento de casos repetitivos, pode haver modulação dos efeitos da alteração no interesse social e no da segurança jurídica.

§ 4.º A modificação de enunciado de súmula, de jurisprudência pacificada ou de tese adotada em julgamento de casos repetitivos observará a necessidade de fundamentação adequada e específica, considerando os princípios da segurança jurídica, da proteção da confiança e da isonomia.

§ 5.º Os tribunais darão publicidade a seus precedentes, organizando-os por questão jurídica decidida e divulgando-os, preferencialmente, na rede mundial de computadores.

Art. 928. Para os fins deste Código, considera-se julgamento de casos repetitivos a decisão proferida em:

I – incidente de resolução de demandas repetitivas;

• *Vide* arts. 976 a 987 do CPC.

II – recursos especial e extraordinário repetitivos.

• *Vide* arts. 1.036 a 1.041 do CPC.

Parágrafo único. O julgamento de casos repetitivos tem por objeto questão de direito material ou processual.

CAPÍTULO II
DA ORDEM DOS PROCESSOS NO TRIBUNAL

Art. 929. Os autos serão registrados no protocolo do tribunal no dia de sua entrada, cabendo à secretaria ordená-los, com imediata distribuição.

Parágrafo único. A critério do tribunal, os serviços de protocolo poderão ser descentralizados, mediante delegação a ofícios de justiça de primeiro grau.

Art. 930. Far-se-á a distribuição de acordo com o regimento interno do tribunal, observando-se a alternatividade, o sorteio eletrônico e a publicidade.

Parágrafo único. O primeiro recurso protocolado no tribunal tornará prevento o relator para eventual recurso subsequente interposto no mesmo processo ou em processo conexo.

Art. 931. Distribuídos, os autos serão imediatamente conclusos ao relator, que, em 30 (trinta) dias, depois de elaborar o voto, restituí-los-á, com relatório, à secretaria.

Art. 932. Incumbe ao relator:

I – dirigir e ordenar o processo no tribunal, inclusive em relação à produção de prova, bem como, quando for o caso, homologar autocomposição das partes;

II – apreciar o pedido de tutela provisória nos recursos e nos processos de competência originária do tribunal;

III – não conhecer de recurso inadmissível, prejudicado ou que não tenha impugnado especificamente os fundamentos da decisão recorrida;

IV – negar provimento a recurso que for contrário a:

a) súmula do Supremo Tribunal Federal, do Superior Tribunal de Justiça ou do próprio tribunal;

b) acórdão proferido pelo Supremo Tribunal Federal ou pelo Superior Tribunal de Justiça em julgamento de recursos repetitivos;

c) entendimento firmado em incidente de resolução de demandas repetitivas ou de assunção de competência;

V – depois de facultada a apresentação de contrarrazões, dar provimento ao recurso se a decisão recorrida for contrária a:

a) súmula do Supremo Tribunal Federal, do Superior Tribunal de Justiça ou do próprio tribunal;

b) acórdão proferido pelo Supremo Tribunal Federal ou pelo Superior Tribunal de Justiça em julgamento de recursos repetitivos;

• *Vide* arts. 1.036 a 1.041 do CPC.

c) entendimento firmado em incidente de resolução de demandas repetitivas ou de assunção de competência;

• *Vide* arts. 976 a 987 do CPC.

VI – decidir o incidente de desconsideração da personalidade jurídica, quando este for instaurado originariamente perante o tribunal;

• *Vide* art. 50 do CC.

VII – determinar a intimação do Ministério Público, quando for o caso;

VIII – exercer outras atribuições estabelecidas no regimento interno do tribunal.

Parágrafo único. Antes de considerar inadmissível o recurso, o relator concederá o prazo de 5 (cinco) dias ao recorrente para que seja sanado vício ou complementada a documentação exigível.

•• *Vide* art. 10 da Instrução Normativa n. 39, de 15-3-2016.
• *Vide* Enunciados n. 66 e 73 da 1.ª Jornada de Direito Processual Civil.
• *Vide* Súmula 385 do TST.

Art. 933. Se o relator constatar a ocorrência de fato superveniente à decisão recorrida ou a existência de questão apreciável de ofício ainda não examinada que devam ser considerados no julgamento do recurso, intimará as partes para que se manifestem no prazo de 5 (cinco) dias.

§ 1.º Se a constatação ocorrer durante a sessão de julgamento, esse será imediatamente suspenso a fim de que as partes se manifestem especificamente.

• *Vide* Enunciado n. 60 da 1.ª Jornada de Direito Processual Civil.

§ 2.º Se a constatação se der em vista dos autos, deverá o juiz que a solicitou encaminhá-los ao relator, que tomará as providências previstas no *caput* e, em seguida, solicitará a inclusão do feito em pauta para prosseguimento do julgamento, com submissão integral da nova questão aos julgadores.

Art. 934. Em seguida, os autos serão apresentados ao presidente, que designará dia para julgamento, ordenando, em todas as hipóteses previstas neste Livro, a publicação da pauta no órgão oficial.

Art. 935. Entre a data de publicação da pauta e a da sessão de julgamento decorrerá, pelo menos, o prazo de 5 (cinco) dias, incluindo-se em nova pauta os processos que não tenham sido julgados, salvo aqueles cujo julgamento tiver sido expressamente adiado para a primeira sessão seguinte.

§ 1.º Às partes será permitida vista dos autos em cartório após a publicação da pauta de julgamento.

§ 2.º Afixar-se-á a pauta na entrada da sala em que se realizar a sessão de julgamento.

Art. 936. Ressalvadas as preferências legais e regimentais, os recursos, a remessa necessária e os processos de competência originária serão julgados na seguinte ordem:

I – aqueles nos quais houver sustentação oral, observada a ordem dos requerimentos;

II – os requerimentos de preferência apresentados até o início da sessão de julgamento;

III – aqueles cujo julgamento tenha iniciado em sessão anterior; e

IV – os demais casos.

Art. 937. Na sessão de julgamento, depois da exposição da causa pelo relator, o presidente dará a palavra, sucessivamente, ao recorrente, ao recorrido e, nos casos de sua intervenção, ao membro do Ministério Público, pelo prazo improrrogável de 15 (quinze) minutos para cada um, a fim de sustentarem suas razões, nas seguintes hipóteses, nos termos da parte final do *caput* do art. 1.021:

• *Vide* Enunciado n. 61 da 1.ª Jornada de Direito Processual Civil.

I – no recurso de apelação;

• *Vide* arts. 1.009 a 1.014 do CPC.

II – no recurso ordinário;

• *Vide* arts. 1.027 e 1.028 do CPC.

III – no recurso especial;

• *Vide* arts. 1.029 a 1.041 do CPC.

IV – no recurso extraordinário;

• *Vide* arts. 1.029 a 1.041 do CPC.

V – nos embargos de divergência;

• *Vide* arts. 1.043 e 1.044 do CPC.

VI – na ação rescisória, no mandado de segurança e na reclamação;

• *Vide* arts. 966 a 975 e 988 a 993 do CPC.
• *Vide* Lei n. 12.016, de 7-8-2009.

VII – (*Vetado.*)

VIII – no agravo de instrumento interposto contra decisões interlocutórias que versem sobre tutelas provisórias de urgência ou da evidência;

• *Vide* arts. 300 a 311 e 1.015 a 1.020 do CPC.

IX – em outras hipóteses previstas em lei ou no regimento interno do tribunal.

§ 1.º A sustentação oral no incidente de resolução de demandas repetitivas observará o disposto no art. 984, no que couber.

§ 2.º O procurador que desejar proferir sustentação oral poderá requerer, até o início da sessão, que o processo seja julgado em primeiro lugar, sem prejuízo das preferências legais.

§ 3.º Nos processos de competência originária previstos no inciso VI, caberá sustentação oral no agravo interno interposto contra decisão de relator que o extinga.

§ 4.º É permitido ao advogado com domicílio profissional em cidade diversa daquela onde está sediado o tribunal realizar sustentação oral por meio de videoconferência ou outro recurso tecnológico de transmissão de sons e imagens em tempo real, desde que o requeira até o dia anterior ao da sessão.

Art. 938. A questão preliminar suscitada no julgamento será decidida antes do mérito, deste não se conhecendo caso seja incompatível com a decisão.

§ 1.º Constatada a ocorrência de vício sanável, inclusive aquele que possa ser conhecido de ofício, o relator determinará a realização ou a renovação do ato processual, no próprio tribunal ou em primeiro grau de jurisdição, intimadas as partes.

•• *Vide* art. 10 da Instrução Normativa n. 39, de 15-3-2016.

§ 2.º Cumprida a diligência de que trata o § 1.º, o relator, sempre que possível, prosseguirá no julgamento do recurso.

§ 3.º Reconhecida a necessidade de produção de prova, o relator converterá o julgamento em diligência, que se realizará no tribunal ou em primeiro grau de jurisdição, decidindo-se o recurso após a conclusão da instrução.

§ 4.º Quando não determinadas pelo relator, as providências indicadas nos §§ 1.º e 3.º poderão ser determinadas pelo órgão competente para julgamento do recurso.

Art. 939. Se a preliminar for rejeitada ou se a apreciação do mérito for com ela compatível, seguir-se-ão a discussão e o julgamento da matéria principal, sobre a qual deverão se pronunciar os juízes vencidos na preliminar.

Art. 940. O relator ou outro juiz que não se considerar habilitado a proferir imediatamente seu voto poderá solicitar vista pelo prazo máximo de 10 (dez) dias, após o qual o recurso será reincluído em pauta para julgamento na sessão seguinte à data da devolução.

•• *Vide* art. 3.º da Instrução Normativa n. 39, de 15-3-2016.

• *Vide* art. 121 da Lei Complementar n. 35, de 14-3-1979.

§ 1.º Se os autos não forem devolvidos tempestivamente ou se não for solicitada pelo juiz prorrogação de prazo de no máximo mais 10 (dez) dias, o presidente do órgão fracionário os requisitará para julgamento do recurso na sessão ordinária subsequente, com publicação da pauta em que for incluído.

§ 2.º Quando requisitar os autos na forma do § 1.º, se aquele que fez o pedido de vista ainda não se sentir habilitado a votar, o presidente convocará substituto para proferir voto, na forma estabelecida no regimento interno do tribunal.

Art. 941. Proferidos os votos, o presidente anunciará o resultado do julgamento, designando para redigir o acórdão o relator ou, se vencido este, o autor do primeiro voto vencedor.

§ 1.º O voto poderá ser alterado até o momento da proclamação do resultado pelo presidente, salvo aquele já proferido por juiz afastado ou substituído.

§ 2.º No julgamento de apelação ou de agravo de instrumento, a decisão será tomada, no órgão colegiado, pelo voto de 3 (três) juízes.

§ 3.º O voto vencido será necessariamente declarado e considerado parte integrante do acórdão para todos os fins legais, inclusive de prequestionamento.

Art. 942. Quando o resultado da apelação for não unânime, o julgamento terá prosseguimento em sessão a ser designada com a presença de outros julgadores, que serão convocados nos termos previamente definidos no regimento interno, em número suficiente para garantir a possibilidade de inversão do resultado inicial, assegurado às partes e a eventuais terceiros o direito de sustentar oralmente suas razões perante os novos julgadores.

•• *Vide* art. 2.º da Instrução Normativa n. 39, de 15-3-2016.

• *Vide* Enunciados n. 62 e 137 das Jornadas de Direito Processual Civil.

§ 1.º Sendo possível, o prosseguimento do julgamento dar-se-á na mesma sessão, colhendo-se os votos de outros julgadores que porventura componham o órgão colegiado.

§ 2.º Os julgadores que já tiverem votado poderão rever seus votos por ocasião do prosseguimento do julgamento.

§ 3.º A técnica de julgamento prevista neste artigo aplica-se, igualmente, ao julgamento não unânime proferido em:

I – ação rescisória, quando o resultado for a rescisão da sentença, devendo, nesse caso, seu prosseguimento ocorrer em órgão de maior composição previsto no regimento interno;

II – agravo de instrumento, quando houver reforma da decisão que julgar parcialmente o mérito.

§ 4.º Não se aplica o disposto neste artigo ao julgamento:

I – do incidente de assunção de competência e ao de resolução de demandas repetitivas;

II – da remessa necessária;

III – não unânime proferido, nos tribunais, pelo plenário ou pela corte especial.

Art. 943. Os votos, os acórdãos e os demais atos processuais podem ser registrados em documento eletrônico inviolável e assinados eletronicamente, na forma da lei, devendo ser impressos para juntada aos autos do processo quando este não for eletrônico.

•• *Vide* Lei n. 11.419, de 19-12-2006, que dispõe sobre a informatização do processo judicial.

§ 1.º Todo acórdão conterá ementa.

§ 2.º Lavrado o acórdão, sua ementa será publicada no órgão oficial no prazo de 10 (dez) dias.

Art. 944. Não publicado o acórdão no prazo de 30 (trinta) dias, contado da data da sessão de julgamento, as notas taquigráficas o substituirão, para todos os fins legais, independentemente de revisão.

•• *Vide* art. 2.º da Instrução Normativa n. 39, de 15-3-2016.

Parágrafo único. No caso do *caput*, o presidente do tribunal lavrará, de imediato, as conclusões e a ementa e mandará publicar o acórdão.

Art. 945. (*Revogado pela Lei n. 13.256, de 4-2-2016.*)

Art. 946. O agravo de instrumento será julgado antes da apelação interposta no mesmo processo.

Parágrafo único. Se ambos os recursos de que trata o *caput* houverem de ser julgados na mesma sessão, terá precedência o agravo de instrumento.

CAPÍTULO III

DO INCIDENTE DE ASSUNÇÃO DE COMPETÊNCIA

Art. 947. É admissível a assunção de competência quando o julgamento de recurso, de remessa necessária ou de processo de competência originária envolver relevante questão de direito, com grande repercussão social, sem repetição em múltiplos processos.

•• *Vide* art. 3.º da Instrução Normativa n. 39, de 15-3-2016.

• *Vide* Enunciado n. 141 da 2.ª Jornada de Direito Processual Civil.

§ 1.º Ocorrendo a hipótese de assunção de competência, o relator proporá, de ofício ou a requerimento da parte, do Ministério Público ou da Defensoria Pública, que seja o recurso, a remessa necessária ou o processo de competência originária julgado pelo órgão colegiado que o regimento indicar.

§ 2.º O órgão colegiado julgará o recurso, a remessa necessária ou o processo de competência originária se reconhecer interesse público na assunção de competência.

§ 3.º O acórdão proferido em assunção de competência vinculará todos os juízes e órgãos fracionários, exceto se houver revisão de tese.

§ 4.º Aplica-se o disposto neste artigo quando ocorrer relevante questão de direito a respeito da qual seja conveniente a prevenção ou a composição de divergência entre câmaras ou turmas do tribunal.

CAPÍTULO IV

DO INCIDENTE DE ARGUIÇÃO DE INCONSTITUCIONALIDADE

• *Vide* arts. 52, X, 97, 102, I, *a*, e III, 103, 125 e 129, § 2.º, da CF.

Art. 948. Arguida, em controle difuso, a inconstitucionalidade de lei ou de ato normativo do poder público, o relator, após ouvir o Ministério Público e as partes, submeterá a questão à turma ou à câmara à qual competir o conhecimento do processo.

Art. 949. Se a arguição for:

I – rejeitada, prosseguirá o julgamento;

II – acolhida, a questão será submetida ao plenário do tribunal ou ao seu órgão especial, onde houver.

Parágrafo único. Os órgãos fracionários dos tribunais não submeterão ao plenário ou ao órgão especial a arguição de inconstitucionalidade quando já houver pronunciamento destes ou do plenário do Supremo Tribunal Federal sobre a questão.

Art. 950. Remetida cópia do acórdão a todos os juízes, o presidente do tribunal designará a sessão de julgamento.

§ 1.º As pessoas jurídicas de direito público responsáveis pela edição do ato questionado poderão manifestar-se no incidente de inconstitucionalidade se assim o requererem, observados os prazos e as condições previstos no regimento interno do tribunal.

§ 2.º A parte legitimada à propositura das ações previstas no art. 103 da Constituição Federal poderá manifestar-se, por escrito, sobre a questão constitucional objeto de apreciação, no prazo previsto pelo regimento interno, sendo-lhe assegurado o direito de apresentar memoriais ou de requerer a juntada de documentos.

§ 3.º Considerando a relevância da matéria e a representatividade dos postulantes, o relator poderá admitir, por despacho irrecorrível, a manifestação de outros órgãos ou entidades.

CAPÍTULO V

DO CONFLITO DE COMPETÊNCIA

Art. 951. O conflito de competência pode ser suscitado por qualquer das partes, pelo Ministério Público ou pelo juiz.

Parágrafo único. O Ministério Público somente será ouvido nos conflitos de competência relativos aos processos previstos no art. 178, mas terá qualidade de parte nos conflitos que suscitar.

Art. 952. Não pode suscitar conflito a parte que, no processo, arguiu incompetência relativa.

Parágrafo único. O conflito de competência não obsta, porém, a que a parte que não o arguiu suscite a incompetência.

Art. 953. O conflito será suscitado ao tribunal:

• *Vide* Súmula 59 do STJ.

I – pelo juiz, por ofício;

II – pela parte e pelo Ministério Público, por petição.

Parágrafo único. O ofício e a petição serão instruídos com os documentos necessários à prova do conflito.

Art. 954. Após a distribuição, o relator determinará a oitiva dos juízes em conflito ou, se um deles for suscitante, apenas do suscitado.

Parágrafo único. No prazo designado pelo relator, incumbirá ao juiz ou aos juízes prestar as informações.

Art. 955. O relator poderá, de ofício ou a requerimento de qualquer das partes, determinar, quando o conflito for positivo, o sobrestamento do processo e, nesse caso, bem como no de conflito negativo, designará um dos juízes para resolver, em caráter provisório, as medidas urgentes.

Parágrafo único. O relator poderá julgar de plano o conflito de competência quando sua decisão se fundar em:

I – súmula do Supremo Tribunal Federal, do Superior Tribunal de Justiça ou do próprio tribunal;

II – tese firmada em julgamento de casos repetitivos ou em incidente de assunção de competência.

Art. 956. Decorrido o prazo designado pelo relator, será ouvido o Ministério Público, no prazo de 5 (cinco) dias, ainda que as informações não tenham sido prestadas, e, em seguida, o conflito irá a julgamento.

Art. 957. Ao decidir o conflito, o tribunal declarará qual o juízo competente, pronunciando-se também sobre a validade dos atos do juízo incompetente.

Parágrafo único. Os autos do processo em que se manifestou o conflito serão remetidos ao juiz declarado competente.

Art. 958. No conflito que envolva órgãos fracionários dos tribunais, desembargadores e juízes em exercício no tribunal, observar-se-á o que dispuser o regimento interno do tribunal.

Art. 959. O regimento interno do tribunal regulará o processo e o julgamento do conflito de atribuições entre autoridade judiciária e autoridade administrativa.

CAPÍTULO VI
DA HOMOLOGAÇÃO DE DECISÃO ESTRANGEIRA E DA CONCESSÃO DO *EXEQUATUR* À CARTA ROGATÓRIA

Art. 960. A homologação de decisão estrangeira será requerida por ação de homologação de decisão estrangeira, salvo disposição especial em sentido contrário prevista em tratado.

§ 1.º A decisão interlocutória estrangeira poderá ser executada no Brasil por meio de carta rogatória.

§ 2.º A homologação obedecerá ao que dispuserem os tratados em vigor no Brasil e o Regimento Interno do Superior Tribunal de Justiça.

§ 3.º A homologação de decisão arbitral estrangeira obedecerá ao disposto em tratado e em lei, aplicando-se, subsidiariamente, as disposições deste Capítulo.

Art. 961. A decisão estrangeira somente terá eficácia no Brasil após a homologação de sentença estrangeira ou a concessão do *exequatur* às cartas rogatórias, salvo disposição em sentido contrário de lei ou tratado.

§ 1.º É passível de homologação a decisão judicial definitiva, bem como a decisão não judicial que, pela lei brasileira, teria natureza jurisdicional.

§ 2.º A decisão estrangeira poderá ser homologada parcialmente.

§ 3.º A autoridade judiciária brasileira poderá deferir pedidos de urgência e realizar atos de execução provisória no processo de homologação de decisão estrangeira.

§ 4.º Haverá homologação de decisão estrangeira para fins de execução fiscal quando prevista em tratado ou em promessa de reciprocidade apresentada à autoridade brasileira.

§ 5.º A sentença estrangeira de divórcio consensual produz efeitos no Brasil, independentemente de homologação pelo Superior Tribunal de Justiça.

§ 6.º Na hipótese do § 5.º, competirá a qualquer juiz examinar a validade da decisão, em caráter principal ou incidental, quando essa questão for suscitada em processo de sua competência.

Art. 962. É passível de execução a decisão estrangeira concessiva de medida de urgência.

§ 1.º A execução no Brasil de decisão interlocutória estrangeira concessiva de medida de urgência dar-se-á por carta rogatória.

§ 2.º A medida de urgência concedida sem audiência do réu poderá ser executada, desde que garantido o contraditório em momento posterior.

§ 3.º O juízo sobre a urgência da medida compete exclusivamente à autoridade jurisdicional prolatora da decisão estrangeira.

§ 4.º Quando dispensada a homologação para que a sentença estrangeira produza efeitos no Brasil, a decisão concessiva de medida de urgência dependerá, para produzir efeitos, de ter sua validade expressamente reconhecida pelo juiz competente para dar-lhe cumprimento, dispensada a homologação pelo Superior Tribunal de Justiça.

Art. 963. Constituem requisitos indispensáveis à homologação da decisão:

I – ser proferida por autoridade competente;

•• *Vide* art. 15, *a*, da LINDB.

II – ser precedida de citação regular, ainda que verificada a revelia;

•• *Vide* art. 15, *b*, da LINDB.

III – ser eficaz no país em que foi proferida;

•• *Vide* art. 15, *c*, da LINDB.

IV – não ofender a coisa julgada brasileira;

V – estar acompanhada de tradução oficial, salvo disposição que a dispense prevista em tratado;

•• *Vide* art. 15, *d*, da LINDB.

VI – não conter manifesta ofensa à ordem pública.

•• *Vide* art. 17 da LINDB.

Parágrafo único. Para a concessão do *exequatur* às cartas rogatórias, observar-se-ão os pressupostos previstos no *caput* deste artigo e no art. 962, § 2.º.

Art. 964. Não será homologada a decisão estrangeira na hipótese de competência exclusiva da autoridade judiciária brasileira.

Parágrafo único. O dispositivo também se aplica à concessão do *exequatur* à carta rogatória.

Art. 965. O cumprimento de decisão estrangeira far-se-á perante o juízo federal competente, a requerimento da parte, conforme as normas estabelecidas para o cumprimento de decisão nacional.

•• *Vide* art. 109, X, da CF.

Parágrafo único. O pedido de execução deverá ser instruído com cópia autenticada da decisão homologatória ou do *exequatur*, conforme o caso.

CAPÍTULO VII
DA AÇÃO RESCISÓRIA

•• *Vide* CF, arts. 102, I, *j* (competência do STF para processar e julgar, originariamente, a revisão criminal e a ação rescisória de seus julgados), 105, I, *e* (competência do STJ para processar e julgar, originariamente, as revisões criminais e as ações rescisórias de seus julgados), 108, I, *b* (competência dos TRF's para processar e julgar, originariamente, as revisões criminais e as ações rescisórias de julgados seus ou dos juízes federais da região).

•• *Vide* art. 3.º da Instrução Normativa n. 39, de 15-3-2016.

Art. 966. A decisão de mérito, transitada em julgado, pode ser rescindida quando:

I – se verificar que foi proferida por força de prevaricação, concussão ou corrupção do juiz;

• *Vide* arts. 316 (concussão), 317 (corrupção passiva) e 319 (prevaricação) do CP.

II – for proferida por juiz impedido ou por juízo absolutamente incompetente;

III – resultar de dolo ou coação da parte vencedora em detrimento da parte vencida ou, ainda, de simulação ou colusão entre as partes, a fim de fraudar a lei;

• *Vide* arts. 145 a 150, 171, II, e 178, II, do CC.

IV – ofender a coisa julgada;

• *Vide* arts. 502 e s. do CPC.

V – violar manifestamente norma jurídica;

VI – for fundada em prova cuja falsidade tenha sido apurada em processo criminal ou venha a ser demonstrada na própria ação rescisória;

VII – obtiver o autor, posteriormente ao trânsito em julgado, prova nova cuja existência ignorava ou de que não pôde fazer uso, capaz, por si só, de lhe assegurar pronunciamento favorável;

•• *Vide* Súmula 402 do TST.

VIII – for fundada em erro de fato verificável do exame dos autos.

§ 1.º Há erro de fato quando a decisão rescindenda admitir fato inexistente ou quando considerar inexistente fato efetivamente ocorrido, sendo indispensável, em ambos os casos, que o fato não represente ponto controvertido sobre o qual o juiz deveria ter se pronunciado.

§ 2.º Nas hipóteses previstas nos incisos do *caput*, será rescindível a decisão transitada em julgado que, embora não seja de mérito, impeça:

I – nova propositura da demanda; ou

II – admissibilidade do recurso correspondente.

§ 3.º A ação rescisória pode ter por objeto apenas 1 (um) capítulo da decisão.

§ 4.º Os atos de disposição de direitos, praticados pelas partes ou por outros participantes do processo e homologados pelo juízo, bem como os atos homologatórios praticados no curso da execução, estão sujeitos à anulação, nos termos da lei.

§ 5.º Cabe ação rescisória, com fundamento no inciso V do *caput* deste artigo, contra decisão baseada em enunciado de súmula ou acórdão proferido em julgamento de casos repetitivos que não tenha considerado a existência de distinção entre a questão discutida no processo e o padrão decisório que lhe deu fundamento.

•• § 5.º acrescentado pela Lei n. 13.256, de 4-2-2016.

§ 6.º Quando a ação rescisória fundar-se na hipótese do § 5.º deste artigo, caberá ao autor, sob pena de inépcia, demonstrar, fundamentadamente, tratar-se de situação particularizada por hipótese fática distinta ou de questão jurídica não examinada, a impor outra solução jurídica.

•• § 6.º acrescentado pela Lei n. 13.256, de 4-2-2016.

Art. 967. Têm legitimidade para propor a ação rescisória:

I – quem foi parte no processo ou o seu sucessor a título universal ou singular;

II – o terceiro juridicamente interessado;

III – o Ministério Público:

a) se não foi ouvido no processo em que lhe era obrigatória a intervenção;

b) quando a decisão rescindenda é o efeito de simulação ou de colusão das partes, a fim de fraudar a lei;

c) em outros casos em que se imponha sua atuação;

IV – aquele que não foi ouvido no processo em que lhe era obrigatória a intervenção.

Parágrafo único. Nas hipóteses do art. 178, o Ministério Público será intimado para intervir como fiscal da ordem jurídica quando não for parte.

Art. 968. A petição inicial será elaborada com observância dos requisitos essenciais do art. 319, devendo o autor:

I – cumular ao pedido de rescisão, se for o caso, o de novo julgamento do processo;

II – depositar a importância de cinco por cento sobre o valor da causa, que se converterá em multa caso a ação seja, por unanimidade de votos, declarada inadmissível ou improcedente.

§ 1.º Não se aplica o disposto no inciso II à União, aos Estados, ao Distrito Federal, aos Municípios, às suas respectivas autarquias e fundações de direito público, ao Ministério Público, à Defensoria Pública e aos que tenham obtido o benefício de gratuidade da justiça.

§ 2.º O depósito previsto no inciso II do *caput* deste artigo não será superior a 1.000 (mil) salários mínimos.

§ 3.º Além dos casos previstos no art. 330, a petição inicial será indeferida quando não efetuado o depósito exigido pelo inciso II do *caput* deste artigo.

§ 4.º Aplica-se à ação rescisória o disposto no art. 332.

§ 5.º Reconhecida a incompetência do tribunal para julgar a ação rescisória, o autor será intimado para emendar a petição inicial, a fim de adequar o objeto da ação rescisória, quando a decisão apontada como rescindenda:

I – não tiver apreciado o mérito e não se enquadrar na situação prevista no § 2.º do art. 966;

II – tiver sido substituída por decisão posterior.

§ 6.º Na hipótese do § 5.º, após a emenda da petição inicial, será permitido ao réu complementar os fundamentos de defesa, e, em seguida, os autos serão remetidos ao tribunal competente.

Art. 969. A propositura da ação rescisória não impede o cumprimento da decisão rescindenda, ressalvada a concessão de tutela provisória.

Art. 970. O relator ordenará a citação do réu, designando-lhe prazo nunca inferior a 15 (quinze) dias nem superior a 30 (trinta) dias para, querendo, apresentar resposta, ao fim do qual, com ou sem contestação, observar-se-á, no que couber, o procedimento comum.

Art. 971. Na ação rescisória, devolvidos os autos pelo relator, a secretaria do tribunal expedirá cópias do relatório e as distribuirá entre os juízes que compuserem o órgão competente para o julgamento.

Parágrafo único. A escolha de relator recairá, sempre que possível, em juiz que não haja participado do julgamento rescindendo.

Art. 972. Se os fatos alegados pelas partes dependerem de prova, o relator poderá delegar a competência ao órgão que proferiu a decisão rescindenda, fixando prazo de 1 (um) a 3 (três) meses para a devolução dos autos.

Art. 973. Concluída a instrução, será aberta vista ao autor e ao réu para razões finais, sucessivamente, pelo prazo de 10 (dez) dias.

Parágrafo único. Em seguida, os autos serão conclusos ao relator, procedendo-se ao julgamento pelo órgão competente.

Art. 974. Julgando procedente o pedido, o tribunal rescindirá a decisão, proferirá, se for o caso, novo julgamento e determinará a restituição do depósito a que se refere o inciso II do art. 968.

Parágrafo único. Considerando, por unanimidade, inadmissível ou improcedente o pedido, o tribunal determinará a reversão, em favor do réu, da importância do depósito, sem prejuízo do disposto no § 2.º do art. 82.

Art. 975. O direito à rescisão se extingue em 2 (dois) anos contados do trânsito em julgado da última decisão proferida no processo.

§ 1.º Prorroga-se até o primeiro dia útil imediatamente subsequente o prazo a que se refere o *caput*, quando expirar durante férias forenses, recesso, feriados ou em dia em que não houver expediente forense.

§ 2.º Se fundada a ação no inciso VII do art. 966, o termo inicial do prazo será a data de descoberta da prova nova, observado o prazo máximo de 5 (cinco) anos, contado do trânsito em julgado da última decisão proferida no processo.

§ 3.º Nas hipóteses de simulação ou de colusão das partes, o prazo começa a contar, para o terceiro prejudicado e para o Ministério Público, que não interveio no processo, a partir do momento em que têm ciência da simulação ou da colusão.

CAPÍTULO VIII
DO INCIDENTE DE RESOLUÇÃO DE DEMANDAS REPETITIVAS

•• *Vide* art. 8.º da Instrução Normativa n. 39, de 15-3-2016.

Art. 976. É cabível a instauração do incidente de resolução de demandas repetitivas quando houver, simultaneamente:

• *Vide* Enunciados n. 140 e 141 das Jornadas de Direito Processual Civil.

I – efetiva repetição de processos que contenham controvérsia sobre a mesma questão unicamente de direito;

II – risco de ofensa à isonomia e à segurança jurídica.

§ 1.º A desistência ou o abandono do processo não impede o exame de mérito do incidente.

§ 2.º Se não for o requerente, o Ministério Público intervirá obrigatoriamente no incidente e deverá assumir sua titularidade em caso de desistência ou de abandono.

§ 3.º A inadmissão do incidente de resolução de demandas repetitivas por ausência de qualquer de seus pressupostos de admissibilidade não impede que, uma vez satisfeito o requisito, seja o incidente novamente suscitado.

§ 4.º É incabível o incidente de resolução de demandas repetitivas quando um dos tribunais superiores, no âmbito de sua respectiva competência, já tiver afetado recurso para definição de tese sobre questão de direito material ou processual repetitiva.

§ 5.º Não serão exigidas custas processuais no incidente de resolução de demandas repetitivas.

Art. 977. O pedido de instauração do incidente será dirigido ao presidente de tribunal:

I – pelo juiz ou relator, por ofício;

II – pelas partes, por petição;

• *Vide* Enunciado n. 143 da 2.ª Jornada de Direito Processual Civil.

III – pelo Ministério Público ou pela Defensoria Pública, por petição.

Parágrafo único. O ofício ou a petição será instruído com os documentos necessários à demonstração do preenchimento dos pressupostos para a instauração do incidente.

Art. 978. O julgamento do incidente caberá ao órgão indicado pelo regimento interno dentre aqueles responsáveis pela uniformização de jurisprudência do tribunal.

Parágrafo único. O órgão colegiado incumbido de julgar o incidente e de fixar a tese jurídica julgará igualmente o recurso, a remessa necessária ou o processo de competência originária de onde se originou o incidente.

Art. 979. A instauração e o julgamento do incidente serão sucedidos da mais ampla e específica divulgação e publicidade, por meio de registro eletrônico no Conselho Nacional de Justiça.

§ 1.º Os tribunais manterão banco eletrônico de dados atualizados com informações específicas sobre questões de direito submetidas ao incidente, comunicando-o imediatamente ao Conselho Nacional de Justiça para inclusão no cadastro.

§ 2.º Para possibilitar a identificação dos processos abrangidos pela decisão do incidente, o registro eletrônico das teses jurídicas constantes do cadastro conterá, no mínimo, os fundamentos determinantes da decisão e os dispositivos normativos a ela relacionados.

§ 3.º Aplica-se o disposto neste artigo ao julgamento de recursos repetitivos e da repercussão geral em recurso extraordinário.

Art. 980. O incidente será julgado no prazo de 1 (um) ano e terá preferência sobre os demais feitos, ressalvados os que envolvam réu preso e os pedidos de *habeas corpus*.

Parágrafo único. Superado o prazo previsto no *caput*, cessa a suspensão dos processos prevista no art. 982, salvo decisão fundamentada do relator em sentido contrário.

Art. 981. Após a distribuição, o órgão colegiado competente para julgar o incidente procederá ao seu juízo de admissibilidade, considerando a presença dos pressupostos do art. 976.

Art. 982. Admitido o incidente, o relator:

I – suspenderá os processos pendentes, individuais ou coletivos, que tramitam no Estado ou na região, conforme o caso;

• *Vide* Enunciados n. 140 e 142 das Jornadas de Direito Processual Civil.

II – poderá requisitar informações a órgãos em cujo juízo tramita processo no qual se discute o objeto do incidente, que as prestarão no prazo de 15 (quinze) dias;

III – intimará o Ministério Público para, querendo, manifestar-se no prazo de 15 (quinze) dias.

§ 1.º A suspensão será comunicada aos órgãos jurisdicionais competentes.

§ 2.º Durante a suspensão, o pedido de tutela de urgência deverá ser dirigido ao juízo onde tramita o processo suspenso.

§ 3.º Visando à garantia da segurança jurídica, qualquer legitimado mencionado no art. 977, incisos II e III, poderá requerer, ao tribunal competente para conhecer do recurso extraordinário ou especial, a suspensão de todos os processos individuais ou coletivos em curso no território nacional que versem sobre a questão objeto do incidente já instaurado.

§ 4.º Independentemente dos limites da competência territorial, a parte no processo em curso no qual se discuta a mesma questão objeto do incidente é legitimada para requerer a providência prevista no § 3.º deste artigo.

§ 5.º Cessa a suspensão a que se refere o inciso I do *caput* deste artigo se não for interposto recurso especial ou recurso extraordinário contra a decisão proferida no incidente.

Art. 983. O relator ouvirá as partes e os demais interessados, inclusive pessoas, órgãos e entidades com interesse na controvérsia, que, no prazo comum de 15 (quinze) dias, poderão requerer a juntada de documentos, bem como as diligências necessárias para a elucidação da questão de direito controvertida, e, em seguida, manifestar-se-á o Ministério Público, no mesmo prazo.

§ 1.º Para instruir o incidente, o relator poderá designar data para, em audiência pública, ouvir depoimentos de pessoas com experiência e conhecimento na matéria.

§ 2.º Concluídas as diligências, o relator solicitará dia para o julgamento do incidente.

Art. 984. No julgamento do incidente, observar-se-á a seguinte ordem:

I – o relator fará a exposição do objeto do incidente;

II – poderão sustentar suas razões, sucessivamente:

a) o autor e o réu do processo originário e o Ministério Público, pelo prazo de 30 (trinta) minutos;

b) os demais interessados, no prazo de 30 (trinta) minutos, divididos entre todos, sendo exigida inscrição com 2 (dois) dias de antecedência.

§ 1.º Considerando o número de inscritos, o prazo poderá ser ampliado.

§ 2.º O conteúdo do acórdão abrangerá a análise de todos os fundamentos suscitados concernentes à tese jurídica discutida, sejam favoráveis ou contrários.

Art. 985. Julgado o incidente, a tese jurídica será aplicada:

I – a todos os processos individuais ou coletivos que versem sobre idêntica questão de direito e que tramitem na área de jurisdição do respectivo tribunal, inclusive àqueles que tramitem nos juizados especiais do respectivo Estado ou região;

II – aos casos futuros que versem idêntica questão de direito e que venham a tramitar no território de competência do tribunal, salvo revisão na forma do art. 986.

§ 1.º Não observada a tese adotada no incidente, caberá reclamação.

§ 2.º Se o incidente tiver por objeto questão relativa a prestação de serviço concedido, permitido ou autorizado, o resultado do julgamento será comunicado ao órgão, ao ente ou à agência reguladora competente para fiscalização da efetiva aplicação, por parte dos entes sujeitos a regulação, da tese adotada.

Art. 986. A revisão da tese jurídica firmada no incidente far-se-á pelo mesmo tribunal, de ofício ou mediante requerimento dos legitimados mencionados no art. 977, inciso III.

Art. 987. Do julgamento do mérito do incidente caberá recurso extraordinário ou especial, conforme o caso.

§ 1.º O recurso tem efeito suspensivo, presumindo-se a repercussão geral de questão constitucional eventualmente discutida.

§ 2.º Apreciado o mérito do recurso, a tese jurídica adotada pelo Supremo Tribunal Federal ou pelo Superior Tribunal de Justiça será aplicada no território nacional a todos os processos individuais ou coletivos que versem sobre idêntica questão de direito.

CAPÍTULO IX

DA RECLAMAÇÃO

•• *Vide* art. 3.º da Instrução Normativa n. 39, de 15-3-2016.

Art. 988. Caberá reclamação da parte interessada ou do Ministério Público para:

• *Vide* art. 105, I, *f*, da CF.

I – preservar a competência do tribunal;

II – garantir a autoridade das decisões do tribunal;

III – garantir a observância de enunciado de súmula vinculante e de decisão do Supremo Tribunal Federal em controle concentrado de constitucionalidade;

•• Inciso III com redação determinada pela Lei n. 13.256, de 4-2-2016.

• *Vide* art. 102, I, *a*, da CF.

IV – garantir a observância de acórdão proferido em julgamento de incidente de resolução de demandas repetitivas ou de incidente de assunção de competência;

•• Inciso IV com redação determinada pela Lei n. 13.256, de 4-2-2016.

• *Vide* art. 103-A da CF.

§ 1.º A reclamação pode ser proposta perante qualquer tribunal, e seu julgamento compete ao órgão jurisdicional cuja competência se busca preservar ou cuja autoridade se pretenda garantir.

§ 2.º A reclamação deverá ser instruída com prova documental e dirigida ao presidente do tribunal.

§ 3.º Assim que recebida, a reclamação será autuada e distribuída ao relator do processo principal, sempre que possível.

§ 4.º As hipóteses dos incisos III e IV compreendem a aplicação indevida da tese jurídica e sua não aplicação aos casos que a ela correspondam.

• *Vide* Enunciado n. 138 da 2.ª Jornada de Direito Processual Civil.

§ 5.º É inadmissível a reclamação:

•• § 5.º, *caput*, com redação determinada pela Lei n. 13.256, de 4-2-2016.

I – proposta após o trânsito em julgado da decisão reclamada;

•• Inciso I acrescentado pela Lei n. 13.256, de 4-2-2016.

II – proposta para garantir a observância de acórdão de recurso extraordinário com repercussão geral reconhecida ou de acórdão proferido em julgamento de recursos extraordinário ou especial repetitivos, quando não esgotadas as instâncias ordinárias.

•• Inciso II acrescentado pela Lei n. 13.256, de 4-2-2016.

§ 6.º A inadmissibilidade ou o julgamento do recurso interposto contra a decisão proferida pelo órgão reclamado não prejudica a reclamação.

Art. 989. Ao despachar a reclamação, o relator:

I – requisitará informações da autoridade a quem for imputada a prática do ato impugnado, que as prestará no prazo de 10 (dez) dias;

II – se necessário, ordenará a suspensão do processo ou do ato impugnado para evitar dano irreparável;

III – determinará a citação do beneficiário da decisão impugnada, que terá prazo de 15 (quinze) dias para apresentar a sua contestação.

Art. 990. Qualquer interessado poderá impugnar o pedido do reclamante.

Art. 991. Na reclamação que não houver formulado, o Ministério Público terá vista do processo por 5 (cinco) dias, após o decurso do prazo para informações e para o oferecimento da contestação pelo beneficiário do ato impugnado.

Art. 992. Julgando procedente a reclamação, o tribunal cassará a decisão exorbitante de seu julgado ou determinará medida adequada à solução da controvérsia.

Art. 993. O presidente do tribunal determinará o imediato cumprimento da decisão, lavrando-se o acórdão posteriormente.

TÍTULO II

DOS RECURSOS

CAPÍTULO I

DISPOSIÇÕES GERAIS

Art. 994. São cabíveis os seguintes recursos:

I – apelação;

• *Vide* arts. 1.009 a 1.014 do CPC.

II – agravo de instrumento;

• *Vide* arts. 1.015 a 1.020 do CPC.

III – agravo interno;

• *Vide* art. 1.021 do CPC.

IV – embargos de declaração;

• *Vide* arts. 1.022 a 1.026 do CPC.

V – recurso ordinário;

• *Vide* arts. 1.027 e 1.028 do CPC.

VI – recurso especial;

•• *Vide* art. 105, III, da CF.

• *Vide* arts. 1.029 a 1.042 do CPC.

VII – recurso extraordinário;

• *Vide* arts. 1.029 a 1.042 do CPC.

VIII – agravo em recurso especial ou extraordinário;

• *Vide* art. 1.042 do CPC.

IX – embargos de divergência.

• *Vide* arts. 1.043 e 1.044 do CPC.

Art. 995. Os recursos não impedem a eficácia da decisão, salvo disposição legal ou decisão judicial em sentido diverso.

• *Vide* art. 1.030 do CPC.

Parágrafo único. A eficácia da decisão recorrida poderá ser suspensa por decisão do relator, se da imediata produção de seus efeitos houver risco de dano grave, de difícil ou impossível reparação, e ficar demonstrada a probabilidade de provimento do recurso.

Art. 996. O recurso pode ser interposto pela parte vencida, pelo terceiro prejudicado e pelo Ministério Público, como parte ou como fiscal da ordem jurídica.

• *Vide* arts. 177 a 181 do CPC.

• *Vide* Súmulas 99 e 226 do STJ.

Parágrafo único. Cumpre ao terceiro demonstrar a possibilidade de a decisão sobre a relação jurídica submetida à apreciação judicial atingir direito de que se afirme titular ou que possa discutir em juízo como substituto processual.

Art. 997. Cada parte interporá o recurso independentemente, no prazo e com observância das exigências legais.

§ 1.º Sendo vencidos autor e réu, ao recurso interposto por qualquer deles poderá aderir o outro.

§ 2.º O recurso adesivo fica subordinado ao recurso independente, sendo-lhe aplicáveis as mesmas regras deste quanto aos requisitos de admissibilidade e julgamento no tribunal, salvo disposição legal diversa, observado, ainda, o seguinte:

I – será dirigido ao órgão perante o qual o recurso independente fora interposto, no prazo de que a parte dispõe para responder;

II – será admissível na apelação, no recurso extraordinário e no recurso especial;

III – não será conhecido, se houver desistência do recurso principal ou se for ele considerado inadmissível.

Art. 998. O recorrente poderá, a qualquer tempo, sem a anuência do recorrido ou dos litisconsortes, desistir do recurso.

Parágrafo único. A desistência do recurso não impede a análise de questão cuja repercussão geral já tenha sido reconhecida e daquela objeto de julgamento de recursos extraordinários ou especiais repetitivos.

Art. 999. A renúncia ao direito de recorrer independe da aceitação da outra parte.

Art. 1.000. A parte que aceitar expressa ou tacitamente a decisão não poderá recorrer.

Parágrafo único. Considera-se aceitação tácita a prática, sem nenhuma reserva, de ato incompatível com a vontade de recorrer.

Art. 1.001. Dos despachos não cabe recurso.

• *Vide* arts. 1.022 e s. do CPC.

Art. 1.002. A decisão pode ser impugnada no todo ou em parte.

Art. 1.003. O prazo para interposição de recurso conta-se da data em que os advogados, a sociedade de advogados, a Advocacia Pública, a Defensoria Pública ou o Ministério Público são intimados da decisão.

§ 1.º Os sujeitos previstos no *caput* considerar-se-ão intimados em audiência quando nesta for proferida a decisão.

§ 2.º Aplica-se o disposto no art. 231, incisos I a VI, ao prazo de interposição de recurso pelo réu contra decisão proferida anteriormente à citação.

§ 3.º No prazo para interposição de recurso, a petição será protocolada em cartório ou conforme as normas de organização judiciária, ressalvado o disposto em regra especial.

§ 4.º Para aferição da tempestividade do recurso remetido pelo correio, será considerada como data de interposição a data de postagem.

§ 5.º Excetuados os embargos de declaração, o prazo para interpor os recursos e para responder-lhes é de 15 (quinze) dias.

§ 6.º O recorrente comprovará a ocorrência de feriado local no ato de interposição do recurso.

• *Vide* Súmula 385 do TST.

Art. 1.004. Se, durante o prazo para a interposição do recurso, sobrevier o falecimento da parte ou de seu advogado ou ocorrer motivo de força maior que suspenda o curso do processo, será tal prazo restituído em proveito da parte, do herdeiro ou do sucessor, contra quem começará a correr novamente depois da intimação.

• *Vide* art. 222 do CPC.

Art. 1.005. O recurso interposto por um dos litisconsortes a todos aproveita, salvo se distintos ou opostos os seus interesses.

• *Vide* arts. 113 a 118 do CPC.

Parágrafo único. Havendo solidariedade passiva, o recurso interposto por um devedor aproveitará aos outros quando as defesas opostas ao credor lhes forem comuns.

Art. 1.006. Certificado o trânsito em julgado, com menção expressa da data de sua ocorrência, o escrivão ou o chefe de secretaria, independentemente de despacho, providenciará a baixa dos autos ao juízo de origem, no prazo de 5 (cinco) dias.

Art. 1.007. No ato de interposição do recurso, o recorrente comprovará, quando exigido pela legislação pertinente, o respectivo preparo, inclusive porte de remessa e de retorno, sob pena de deserção.

§ 1.º São dispensados de preparo, inclusive porte de remessa e de retorno, os recursos interpostos pelo Ministério Público, pela União, pelo Distrito Federal, pelos Estados, pelos Municípios, e respectivas autarquias, e pelos que gozam de isenção legal.

§ 2.º A insuficiência no valor do preparo, inclusive porte de remessa e de retorno, implicará deserção se o recorrente, intimado na pessoa de seu advogado, não vier a supri-lo no prazo de 5 (cinco) dias.

•• *Vide* art. 10 da Instrução Normativa n. 39, de 15-3-2016.

•• *Vide* OJ 140 da SDI-1.

§ 3.º É dispensado o recolhimento do porte de remessa e de retorno no processo em autos eletrônicos.

§ 4.º O recorrente que não comprovar, no ato de interposição do recurso, o recolhimento do preparo, inclusive porte de remessa e de retorno, será intimado, na pessoa de seu advogado, para realizar o recolhimento em dobro, sob pena de deserção.

§ 5.º É vedada a complementação se houver insuficiência parcial do preparo, inclusive porte de remessa e de retorno, no recolhimento realizado na forma do § 4.º.

§ 6.º Provando o recorrente justo impedimento, o relator relevará a pena de deserção, por decisão irrecorrível, fixando-lhe prazo de 5 (cinco) dias para efetuar o preparo.

§ 7.º O equívoco no preenchimento da guia de custas não implicará a aplicação da pena de deserção, cabendo ao relator, na hipótese de dúvida quanto ao recolhimento, intimar o recorrente para sanar o vício no prazo de 5 (cinco) dias.

•• *Vide* art. 10 da Instrução Normativa n. 39, de 15-3-2016.

Art. 1.008. O julgamento proferido pelo tribunal substituirá a decisão impugnada no que tiver sido objeto de recurso.

CAPÍTULO II
DA APELAÇÃO

Art. 1.009. Da sentença cabe apelação.

• *Vide* art. 1.003, § 5.º, do CPC.

§ 1.º As questões resolvidas na fase de conhecimento, se a decisão a seu respeito não comportar agravo de instrumento, não são cobertas pela preclusão e devem ser suscitadas em preliminar de apelação, eventualmente interposta contra a decisão final, ou nas contrarrazões.

§ 2.º Se as questões referidas no § 1.º forem suscitadas em contrarrazões, o recorrente será intimado para, em 15 (quinze) dias, manifestar-se a respeito delas.

§ 3.º O disposto no *caput* deste artigo aplica-se mesmo quando as questões mencionadas no art. 1.015 integrarem capítulo da sentença.

Art. 1.010. A apelação, interposta por petição dirigida ao juízo de primeiro grau, conterá:

I – os nomes e a qualificação das partes;

II – a exposição do fato e do direito;

III – as razões do pedido de reforma ou de decretação de nulidade;

IV – o pedido de nova decisão.

§ 1.º O apelado será intimado para apresentar contrarrazões no prazo de 15 (quinze) dias.

§ 2.º Se o apelado interpuser apelação adesiva, o juiz intimará o apelante para apresentar contrarrazões.

§ 3.º Após as formalidades previstas nos §§ 1.º e 2.º, os autos serão remetidos ao tribunal pelo juiz, independentemente de juízo de admissibilidade.

•• *Vide* art. 2.º da Instrução Normativa n. 39, de 15-3-2016.

Art. 1.011. Recebido o recurso de apelação no tribunal e distribuído imediatamente, o relator:

I – decidi-lo-á monocraticamente apenas nas hipóteses do art. 932, incisos III a V;

II – se não for o caso de decisão monocrática, elaborará seu voto para julgamento do recurso pelo órgão colegiado.

Art. 1.012. A apelação terá efeito suspensivo.

•• *Vide* Enunciado n. 144 da 2.ª Jornada de Direito Processual Civil.

§ 1.º Além de outras hipóteses previstas em lei, começa a produzir efeitos imediatamente após a sua publicação a sentença que:

I – homologa divisão ou demarcação de terras;

• *Vide* arts. 569, 570 e 572 do CPC.

II – condena a pagar alimentos;

III – extingue sem resolução do mérito ou julga improcedentes os embargos do executado;

IV – julga procedente o pedido de instituição de arbitragem;

V – confirma, concede ou revoga tutela provisória;

• *Vide* arts. 294 e 300 do CPC.

• *Vide* Enunciado n. 134 da 2.ª Jornada de Direito Processual Civil.

VI – decreta a interdição.

§ 2.º Nos casos do § 1.º, o apelado poderá promover o pedido de cumprimento provisório depois de publicada a sentença.

• *Vide* art. 520 do CPC.

§ 3.º O pedido de concessão de efeito suspensivo nas hipóteses do § 1.º poderá ser formulado por requerimento dirigido ao:

I – tribunal, no período compreendido entre a interposição da apelação e sua distribuição, ficando o relator designado para seu exame prevento para julgá-la;

II – relator, se já distribuída a apelação.

§ 4.º Nas hipóteses do § 1.º, a eficácia da sentença poderá ser suspensa pelo relator se o apelante demonstrar a probabilidade de provimento do recurso ou se, sendo relevante a fundamentação, houver risco de dano grave ou de difícil reparação.

Art. 1.013. A apelação devolverá ao tribunal o conhecimento da matéria impugnada.

•• *Vide* art. 3.º da Instrução Normativa n. 39, de 15-3-2016.

• *Vide* art. 942 do CPC.

§ 1.º Serão, porém, objeto de apreciação e julgamento pelo tribunal todas as questões suscitadas e discutidas no processo, ainda que não tenham sido solucionadas, desde que relativas ao capítulo impugnado.

• *Vide* Súmula 393 do TST.

§ 2.º Quando o pedido ou a defesa tiver mais de um fundamento e o juiz acolher apenas um deles, a apelação devolverá ao tribunal o conhecimento dos demais.

§ 3.º Se o processo estiver em condições de imediato julgamento, o tribunal deve decidir desde logo o mérito quando:

• *Vide* Enunciado n. 73 da 1.ª Jornada de Direito Processual Civil.

I – reformar sentença fundada no art. 485;

II – decretar a nulidade da sentença por não ser ela congruente com os limites do pedido ou da causa de pedir;

III – constatar a omissão no exame de um dos pedidos, hipótese em que poderá julgá-lo;

IV – decretar a nulidade de sentença por falta de fundamentação.

§ 4.º Quando reformar sentença que reconheça a decadência ou a prescrição, o tribunal, se possível, julgará o mérito, examinando as demais questões, sem determinar o retorno do processo ao juízo de primeiro grau.

§ 5.º O capítulo da sentença que confirma, concede ou revoga a tutela provisória é impugnável na apelação.

Art. 1.014. As questões de fato não propostas no juízo inferior poderão ser suscitadas na apelação, se a parte provar que deixou de fazê-lo por motivo de força maior.

•• *Vide* art. 3.º da Instrução Normativa n. 39, de 15-3-2016.

CAPÍTULO III
DO AGRAVO DE INSTRUMENTO

Art. 1.015. Cabe agravo de instrumento contra as decisões interlocutórias que versarem sobre:

•• *Vide* Enunciado n. 145 da 2.ª Jornada de Direito Processual Civil.

• *Vide* art. 203 do CPC.

I – tutelas provisórias;

II – mérito do processo;

III – rejeição da alegação de convenção de arbitragem;

IV – incidente de desconsideração da personalidade jurídica;

V – rejeição do pedido de gratuidade da justiça ou acolhimento do pedido de sua revogação;

VI – exibição ou posse de documento ou coisa;

VII – exclusão de litisconsorte;

VIII – rejeição do pedido de limitação do litisconsórcio;

IX – admissão ou inadmissão de intervenção de terceiros;

X – concessão, modificação ou revogação do efeito suspensivo aos embargos à execução;

XI – redistribuição do ônus da prova nos termos do art. 373, § 1.º;

XII – (*Vetado*.)

XIII – outros casos expressamente referidos em lei.

Parágrafo único. Também caberá agravo de instrumento contra decisões interlocutórias proferidas na fase de liquidação de sentença ou de cumprimento de sentença, no processo de execução e no processo de inventário.

• *Vide* Enunciado n. 71 da 1.ª Jornada de Direito Processual Civil.

Art. 1.016. O agravo de instrumento será dirigido diretamente ao tribunal competente, por meio de petição com os seguintes requisitos:

• A Resolução n. 4, de 30-11-2006, do STJ, dispõe sobre o não conhecimento do agravo de instrumento manifestamente inadmissível.

I – os nomes das partes;

II – a exposição do fato e do direito;

III – as razões do pedido de reforma ou de invalidação da decisão e o próprio pedido;

IV – o nome e o endereço completo dos advogados constantes do processo.

Art. 1.017. A petição de agravo de instrumento será instruída:

I – obrigatoriamente, com cópias da petição inicial, da contestação, da petição que ensejou a decisão agravada, da própria decisão agravada, da certidão da respectiva intimação ou outro documento oficial que comprove a tempestividade e das procurações outorgadas aos advogados do agravante e do agravado;

II – com declaração de inexistência de qualquer dos documentos referidos no inciso I, feita pelo advogado do agravante, sob pena de sua responsabilidade pessoal;

III – facultativamente, com outras peças que o agravante reputar úteis.

§ 1.º Acompanhará a petição o comprovante do pagamento das respectivas custas e do porte de retorno, quando devidos, conforme tabela publicada pelos tribunais.

§ 2.º No prazo do recurso, o agravo será interposto por:

I – protocolo realizado diretamente no tribunal competente para julgá-lo;

II – protocolo realizado na própria comarca, seção ou subseção judiciárias;

III – postagem, sob registro, com aviso de recebimento;

IV – transmissão de dados tipo fac-símile, nos termos da lei;

V – outra forma prevista em lei.

• *Vide* art. 1.003 do CPC.

§ 3.º Na falta da cópia de qualquer peça ou no caso de algum outro vício que comprometa a admissibilidade do agravo de instrumento, deve o relator aplicar o disposto no art. 932, parágrafo único.

§ 4.º Se o recurso for interposto por sistema de transmissão de dados tipo fac-símile ou similar, as peças devem ser juntadas no momento de protocolo da petição original.

§ 5.º Sendo eletrônicos os autos do processo, dispensam-se as peças referidas nos incisos I e II do *caput*, facultando-se ao agravante anexar outros documentos que entender úteis para a compreensão da controvérsia.

Art. 1.018. O agravante poderá requerer a juntada, aos autos do processo, de cópia da petição do agravo de instrumento, do comprovante de sua interposição e da relação dos documentos que instruíram o recurso.

§ 1.º Se o juiz comunicar que reformou inteiramente a decisão, o relator considerará prejudicado o agravo de instrumento.

§ 2.º Não sendo eletrônicos os autos, o agravante tomará a providência prevista no *caput*, no prazo de 3 (três) dias a contar da interposição do agravo de instrumento.

§ 3.º O descumprimento da exigência de que trata o § 2.º, desde que arguido e provado pelo agravado, importa inadmissibilidade do agravo de instrumento.

Art. 1.019. Recebido o agravo de instrumento no tribunal e distribuído imediatamente, se não for o caso de aplicação do art. 932, incisos III e IV, o relator, no prazo de 5 (cinco) dias:

I – poderá atribuir efeito suspensivo ao recurso ou deferir, em antecipação de tutela, total ou parcialmente, a pretensão recursal, comunicando ao juiz sua decisão;

II – ordenará a intimação do agravado pessoalmente, por carta com aviso de recebimento, quando não tiver procurador constituído, ou pelo Diário da Justiça ou por carta com aviso de recebimento dirigida ao seu advogado, para que responda no prazo de 15 (quinze) dias, facultando-lhe juntar a documentação que entender necessária ao julgamento do recurso;

III – determinará a intimação do Ministério Público, preferencialmente por meio eletrônico, quando for o caso de sua intervenção, para que se manifeste no prazo de 15 (quinze) dias.

Art. 1.020. O relator solicitará dia para julgamento em prazo não superior a 1 (um) mês da intimação do agravado.

• *Vide* Súmula 640 do STF.

CAPÍTULO IV
DO AGRAVO INTERNO

•• *Vide* art. 3.º da Instrução Normativa n. 39, de 15-3-2016.

Art. 1.021. Contra decisão proferida pelo relator caberá agravo interno para o respectivo órgão colegiado, observadas, quanto ao processamento, as regras do regimento interno do tribunal.

•• A Resolução n. 450, de 3-12-2010, do STF, criou a classe processual "Recurso Extraordinário com Agravo – ARE", para o processamento de agravo interposto contra decisão que não admite recurso extraordinário ao STF, em razão da alteração feita pela Lei n. 12.322, de 9-9-2010, que extinguiu o Agravo de Instrumento (AI) aplicado nesses casos.

•• A Resolução n. 451, de 3-12-2010, do STF, dispõe sobre a aplicação da Lei n. 12.322, de 9-9-2010, para os Recursos Extraordinários e Agravos sobre matéria penal e processual penal.

•• A Resolução n. 7, de 9-12-2010, do STJ, criou a classe processual de "Agravo em Recurso Especial – AREsp", para o processamento de agravo interposto contra decisão que inadmite recurso especial.

§ 1.º Na petição de agravo interno, o recorrente impugnará especificadamente os fundamentos da decisão agravada.

§ 2.º O agravo será dirigido ao relator, que intimará o agravado para manifestar-se sobre o recurso no prazo de 15 (quinze) dias, ao final do qual, não havendo retratação, o relator levá-lo-á a julgamento pelo órgão colegiado, com inclusão em pauta.

§ 3.º É vedado ao relator limitar-se à reprodução dos fundamentos da decisão agravada para julgar improcedente o agravo interno.

§ 4.º Quando o agravo interno for declarado manifestamente inadmissível ou improcedente em votação unânime, o órgão colegiado, em decisão fundamentada, condenará o agravante a pagar ao agravado multa fixada entre um e cinco por cento do valor atualizado da causa.

§ 5.º A interposição de qualquer outro recurso está condicionada ao depósito prévio do valor da multa prevista no § 4.º, à exceção da Fazenda Pública e do beneficiário de gratuidade da justiça, que farão o pagamento ao final.

CAPÍTULO V
DOS EMBARGOS DE DECLARAÇÃO

• *Vide* Súmula 98 do STJ.

Art. 1.022. Cabem embargos de declaração contra qualquer decisão judicial para:

• *Vide* art. 494, II, do CPC.

I – esclarecer obscuridade ou eliminar contradição;

II – suprir omissão de ponto ou questão sobre o qual devia se pronunciar o juiz de ofício ou a requerimento;

III – corrigir erro material.

Parágrafo único. Considera-se omissa a decisão que:

I – deixe de se manifestar sobre tese firmada em julgamento de casos repetitivos ou em incidente de assunção de competência aplicável ao caso sob julgamento;

II – incorra em qualquer das condutas descritas no art. 489, § 1.º.

Art. 1.023. Os embargos serão opostos, no prazo de 5 (cinco) dias, em petição dirigida ao juiz, com indicação do erro, obscuridade, contradição ou omissão, e não se sujeitam a preparo.

§ 1.º Aplica-se aos embargos de declaração o art. 229.

§ 2.º O juiz intimará o embargado para, querendo, manifestar-se, no prazo de 5 (cinco) dias, sobre os embargos opostos, caso seu eventual acolhimento implique a modificação da decisão embargada.

Art. 1.024. O juiz julgará os embargos em 5 (cinco) dias.

§ 1.º Nos tribunais, o relator apresentará os embargos em mesa na sessão subsequente, proferindo voto, e, não havendo julgamento nessa sessão, será o recurso incluído em pauta automaticamente.

§ 2.º Quando os embargos de declaração forem opostos contra decisão de relator ou outra decisão unipessoal proferida em tribunal, o órgão prolator da decisão embargada decidi-los-á monocraticamente.

§ 3.º O órgão julgador conhecerá dos embargos de declaração como agravo interno se entender ser este o recurso cabível, desde que determine previamente a intimação do recorrente para, no prazo de 5 (cinco) dias, complementar as razões recursais, de modo a ajustá-las às exigências do art. 1.021, § 1.º.

§ 4.º Caso o acolhimento dos embargos de declaração implique modificação da decisão embargada, o embargado que já tiver interposto outro recurso contra a decisão originária tem o direito de complementar ou alterar suas razões, nos exatos limites da modificação, no prazo de 15 (quinze) dias, contado da intimação da decisão dos embargos de declaração.

§ 5.º Se os embargos de declaração forem rejeitados ou não alterarem a conclusão do julgamento anterior, o recurso interposto pela outra parte antes da publicação do julgamento dos embargos de declaração será processado e julgado independentemente de ratificação.

•• *Vide* Súmula 579 do STJ.

Art. 1.025. Consideram-se incluídos no acórdão os elementos que o embargante suscitou, para fins de prequestionamento, ainda que os embargos de declaração sejam inadmitidos ou rejeitados, caso o tribunal superior considere existentes erro, omissão, contradição ou obscuridade.

•• *Vide* art. 9.º, parágrafo único, da Instrução Normativa n. 39, de 15-3-2016.

Art. 1.026. Os embargos de declaração não possuem efeito suspensivo e interrompem o prazo para a interposição de recurso.

§ 1.º A eficácia da decisão monocrática ou colegiada poderá ser suspensa pelo respectivo juiz ou relator se demonstrada a probabilidade de provimento do recurso ou, sendo relevante a fundamentação, se houver risco de dano grave ou de difícil reparação.

§ 2.º Quando manifestamente protelatórios os embargos de declaração, o juiz ou o tribunal, em decisão fundamentada, condenará o embargante a pagar ao embargado multa não excedente a dois por cento sobre o valor atualizado da causa.

§ 3.º Na reiteração de embargos de declaração manifestamente protelatórios, a multa será elevada a até dez por cento sobre o valor atualizado da causa, e a interposição de qualquer recurso ficará condicionada ao depósito prévio do valor da multa, à exceção da Fazenda Pública e do beneficiário de gratuidade da justiça, que a recolherão ao final.

§ 4.º Não serão admitidos novos embargos de declaração se os 2 (dois) anteriores houverem sido considerados protelatórios.

CAPÍTULO VI
DOS RECURSOS PARA O SUPREMO TRIBUNAL FEDERAL E PARA O SUPERIOR TRIBUNAL DE JUSTIÇA

•• *Vide* CF, arts. 101 a 105, sobre a composição e competência do STF e STJ.

SEÇÃO I
Do Recurso Ordinário

Art. 1.027. Serão julgados em recurso ordinário:

I – pelo Supremo Tribunal Federal, os mandados de segurança, os *habeas data* e os mandados de injunção decididos em única instância pelos tribunais superiores, quando denegatória a decisão;

•• *Vide* art. 102, II, da CF.

II – pelo Superior Tribunal de Justiça:

a) os mandados de segurança decididos em única instância pelos tribunais regionais federais ou pelos tribunais de justiça dos Estados e do Distrito Federal e Territórios, quando denegatória a decisão;

•• *Vide* art. 105, II, da CF.

b) os processos em que forem partes, de um lado, Estado estrangeiro ou organismo internacional e, de outro, Município ou pessoa residente ou domiciliada no País.

§ 1.º Nos processos referidos no inciso II, alínea "b", contra as decisões interlocutórias caberá agravo de instrumento dirigido ao Superior Tribunal de Justiça, nas hipóteses do art. 1.015.

§ 2.º Aplica-se ao recurso ordinário o disposto nos arts. 1.013, § 3.º, e 1.029, § 5.º.

Art. 1.028. Ao recurso mencionado no art. 1.027, inciso II, alínea "b", aplicam-se, quanto aos requisitos de admissibilidade e ao procedimento, as disposições relativas à apelação e o Regimento Interno do Superior Tribunal de Justiça.

§ 1.º Na hipótese do art. 1.027, § 1.º, aplicam-se as disposições relativas ao agravo de instrumento e o Regimento Interno do Superior Tribunal de Justiça.

§ 2.º O recurso previsto no art. 1.027, incisos I e II, alínea "a", deve ser interposto perante o tribunal de origem, cabendo ao seu presidente ou vice-presidente determinar a intimação do recorrido para, em 15 (quinze) dias, apresentar as contrarrazões.

§ 3.º Findo o prazo referido no § 2.º, os autos serão remetidos ao respectivo tribunal superior, independentemente de juízo de admissibilidade.

SEÇÃO II
Do Recurso Extraordinário e do Recurso Especial

SUBSEÇÃO I
Disposições Gerais

Art. 1.029. O recurso extraordinário e o recurso especial, nos casos previstos na Constituição Federal, serão interpostos perante o presidente ou o vice-presidente do tribunal recorrido, em petições distintas que conterão:

•• *Vide* arts. 102, III, e § 3.º, e 105, III, da CF.

I – a exposição do fato e do direito;

II – a demonstração do cabimento do recurso interposto;

III – as razões do pedido de reforma ou de invalidação da decisão recorrida.

§ 1.º Quando o recurso fundar-se em dissídio jurisprudencial, o recorrente fará a prova da divergência com a certidão, cópia ou citação do repositório de jurisprudência, oficial ou credenciado, inclusive em mídia eletrônica, em que houver sido publicado o acórdão divergente, ou ainda com a reprodução de julgado disponível na rede mundial de computadores, com indicação da respectiva fonte, devendo-se, em qualquer caso, mencionar as circunstâncias que identifiquem ou assemelhem os casos confrontados.

§ 2.º *(Revogado pela Lei n. 13.256, de 4-2-2016.)*

§ 3.º O Supremo Tribunal Federal ou o Superior Tribunal de Justiça poderá desconsiderar vício formal de recurso tempestivo ou determinar sua correção, desde que não o repute grave.

§ 4.º Quando, por ocasião do processamento do incidente de resolução de demandas repetitivas, o presidente do Supremo Tribunal Federal ou do Superior Tribunal de Justiça receber requerimento de suspensão de processos em que se discuta questão federal constitucional ou infraconstitucional, poderá, considerando razões de segurança jurídica ou de excepcional interesse social, estender a suspensão a todo o território nacional, até ulterior decisão do recurso extraordinário ou do recurso especial a ser interposto.

§ 5.º O pedido de concessão de efeito suspensivo a recurso extraordinário ou a recurso especial poderá ser formulado por requerimento dirigido:

•• *Vide* Súmula 414 do TST.

I – ao tribunal superior respectivo, no período compreendido entre a publicação da decisão de admissão do recurso e sua distribuição, ficando o relator designado para seu exame prevento para julgá-lo;

•• Inciso I com redação determinada pela Lei n. 13.256, de 4-2-2016.

II – ao relator, se já distribuído o recurso;

III – ao presidente ou ao vice-presidente do tribunal recorrido, no período compreendido entre a interposição do recurso e a publicação da decisão de admissão do recurso, assim como no caso de o recurso ter sido sobrestado, nos termos do art. 1.037.

•• Inciso III com redação determinada pela Lei n. 13.256, de 4-2-2016.

Art. 1.030. Recebida a petição do recurso pela secretaria do tribunal, o recorrido será intimado para apresentar contrarrazões no prazo de 15 (quinze) dias, findo o qual os autos serão conclusos ao presidente ou ao vice-presidente do tribunal recorrido, que deverá:

•• *Caput* com redação determinada pela Lei n. 13.256, de 4-2-2016.

• *Vide* Súmula 216 do STJ.

I – negar seguimento:

•• Inciso I, *caput*, acrescentado pela Lei n. 13.256, de 4-2-2016.

• *Vide* Enunciado n. 58 da 1.ª Jornada de Direito Processual Civil.

a) a recurso extraordinário que discuta questão constitucional à qual o Supremo Tribunal Federal não tenha reconhecido a existência de repercussão geral ou a recurso extraordinário interposto contra acórdão que esteja em conformidade com entendimento do Supremo Tribunal Federal exarado no regime de repercussão geral;

•• Alínea *a* acrescentada pela Lei n. 13.256, de 4-2-2016.

b) a recurso extraordinário ou a recurso especial interposto contra acórdão que esteja em conformidade com entendimento do Supremo Tribunal Federal ou do Superior Tribunal de Justiça, respectivamente, exarado no regime de julgamento de recursos repetitivos;

•• Alínea *b* acrescentada pela Lei n. 13.256, de 4-2-2016.

II – encaminhar o processo ao órgão julgador para realização do juízo de retratação, se o acórdão recorrido divergir do entendimento do Supremo Tribunal Federal ou do Superior Tribunal de Justiça exarado, conforme o caso, nos regimes de repercussão geral ou de recursos repetitivos;

•• Inciso II acrescentado pela Lei n. 13.256, de 4-2-2016.

III – sobrestar o recurso que versar sobre controvérsia de caráter repetitivo ainda não decidida pelo Supremo Tribunal Federal ou pelo Superior Tribunal de Justiça, conforme se trate de matéria constitucional ou infraconstitucional;

•• Inciso III acrescentado pela Lei n. 13.256, de 4-2-2016.

• *Vide* Enunciado n. 78 da 1.ª Jornada de Direito Processual Civil.

IV – selecionar o recurso como representativo de controvérsia constitucional ou infraconstitucional, nos termos do § 6.º do art. 1.036;

•• Inciso IV acrescentado pela Lei n. 13.256, de 4-2-2016.

V – realizar o juízo de admissibilidade e, se positivo, remeter o feito ao Supremo Tribunal Federal ou ao Superior Tribunal de Justiça, desde que:

•• Inciso V, *caput*, acrescentado pela Lei n. 13.256, de 4-2-2016.

• *Vide* Enunciado n. 77 da 1.ª Jornada de Direito Processual Civil.

a) o recurso ainda não tenha sido submetido ao regime de repercussão geral ou de julgamento de recursos repetitivos;

•• Alínea *a* acrescentada pela Lei n. 13.256, de 4-2-2016.

b) o recurso tenha sido selecionado como representativo da controvérsia; ou

•• Alínea *b* acrescentada pela Lei n. 13.256, de 4-2-2016.

c) o tribunal recorrido tenha refutado o juízo de retratação.

•• Alínea *c* acrescentada pela Lei n. 13.256, de 4-2-2016.

• *Vide* Enunciado n. 139 da 2.ª Jornada de Direito Processual Civil.

§ 1.º Da decisão de inadmissibilidade proferida com fundamento no inciso V caberá agravo ao tribunal superior, nos termos do art. 1.042.

•• § 1.º acrescentado pela Lei n. 13.256, de 4-2-2016.

§ 2.º Da decisão proferida com fundamento nos incisos I e III caberá agravo interno, nos termos do art. 1.021.

•• § 2.º acrescentado pela Lei n. 13.256, de 4-2-2016.

Art. 1.031. Na hipótese de interposição conjunta de recurso extraordinário e recurso especial, os autos serão remetidos ao Superior Tribunal de Justiça.

§ 1.º Concluído o julgamento do recurso especial, os autos serão remetidos ao Supremo Tribunal Federal para apreciação do recurso extraordinário, se este não estiver prejudicado.

§ 2.º Se o relator do recurso especial considerar prejudicial o recurso extraordinário, em decisão irrecorrível, sobrestará o julgamento e remeterá os autos ao Supremo Tribunal Federal.

§ 3.º Na hipótese do § 2.º, se o relator do recurso extraordinário, em decisão irrecorrível, rejeitar a prejudicialidade, devolverá os autos ao Superior Tribunal de Justiça para o julgamento do recurso especial.

Art. 1.032. Se o relator, no Superior Tribunal de Justiça, entender que o recurso especial versa sobre questão constitucional, deverá conceder prazo de 15 (quinze) dias para que o recorrente demonstre a existência de repercussão geral e se manifeste sobre a questão constitucional.

• *Vide* Enunciado n. 79 da 1.ª Jornada de Direito Processual Civil.

Parágrafo único. Cumprida a diligência de que trata o *caput*, o relator remeterá o recurso ao Supremo Tribunal Federal, que, em juízo de admissibilidade, poderá devolvê-lo ao Superior Tribunal de Justiça.

Art. 1.033. Se o Supremo Tribunal Federal considerar como reflexa a ofensa à Constituição afirmada no recurso extraordinário, por pressupor a revisão da interpretação de lei federal ou de tratado, remetê-lo-á ao Superior Tribunal de Justiça para julgamento como recurso especial.

Art. 1.034. Admitido o recurso extraordinário ou o recurso especial, o Supremo Tribunal Federal ou o Superior Tribunal de Justiça julgará o processo, aplicando o direito.

Parágrafo único. Admitido o recurso extraordinário ou o recurso especial por um fundamento, devolve-se ao tribunal superior o conhecimento dos demais fundamentos para a solução do capítulo impugnado.

•• *Vide* art. 12 da Instrução Normativa n. 39, de 15-3-2016.

Art. 1.035. O Supremo Tribunal Federal, em decisão irrecorrível, não conhecerá do recurso extraordinário quando a questão constitucional nele versada não tiver repercussão geral, nos termos deste artigo.

§ 1.º Para efeito de repercussão geral, será considerada a existência ou não de questões relevantes do ponto de vista econômico, político, social ou jurídico que ultrapassem os interesses subjetivos do processo.

§ 2.º O recorrente deverá demonstrar a existência de repercussão geral para apreciação exclusiva pelo Supremo Tribunal Federal.

§ 3.º Haverá repercussão geral sempre que o recurso impugnar acórdão que:

I – contrarie súmula ou jurisprudência dominante do Supremo Tribunal Federal;

II – (*Revogado pela Lei n. 13.256, de 4-2-2016.*)

III – tenha reconhecido a inconstitucionalidade de tratado ou de lei federal, nos termos do art. 97 da Constituição Federal.

§ 4.º O relator poderá admitir, na análise da repercussão geral, a manifestação de terceiros, subscrita por procurador habilitado, nos termos do Regimento Interno do Supremo Tribunal Federal.

§ 5.º Reconhecida a repercussão geral, o relator no Supremo Tribunal Federal determinará a suspensão do processamento de todos os processos pendentes, individuais ou coletivos, que versem sobre a questão e tramitem no território nacional.

§ 6.º O interessado pode requerer, ao presidente ou ao vice-presidente do tribunal de origem, que exclua da decisão de sobrestamento e inadmita o recurso extraordinário que tenha sido interposto intempestivamente, tendo o recorrente o prazo de 5 (cinco) dias para manifestar-se sobre esse requerimento.

§ 7.º Da decisão que indeferir o requerimento referido no § 6.º ou que aplicar entendimento firmado em regime de repercussão geral ou em julgamento de recursos repetitivos caberá agravo interno.

•• § 7.º com redação determinada pela Lei n. 13.256, de 4-2-2016.

§ 8.º Negada a repercussão geral, o presidente ou o vice-presidente do tribunal de origem negará seguimento aos recursos extraordinários sobrestados na origem que versem sobre matéria idêntica.

§ 9.º O recurso que tiver a repercussão geral reconhecida deverá ser julgado no prazo de 1 (um) ano e terá preferência sobre os demais feitos, ressalvados os que envolvam réu preso e os pedidos de *habeas corpus*.

§ 10. (*Revogado pela Lei n. 13.256, de 4-2-2016.*)

§ 11. A súmula da decisão sobre a repercussão geral constará de ata, que será publicada no diário oficial e valerá como acórdão.

SUBSEÇÃO II
Do Julgamento dos Recursos Extraordinário e Especial Repetitivos

Art. 1.036. Sempre que houver multiplicidade de recursos extraordinários ou especiais com fundamento em idêntica questão de direito, haverá afetação para julgamento de acordo com as disposições desta Subseção, observado o disposto no Regimento Interno do Supremo Tribunal Federal e no do Superior Tribunal de Justiça.

§ 1.º O presidente ou o vice-presidente de tribunal de justiça ou de tribunal regional federal selecionará 2 (dois) ou mais recursos representativos da controvérsia, que serão encaminhados ao Supremo Tribunal Federal ou ao Superior Tribunal de Justiça para fins de afetação, determinando a suspensão do trâmite de todos os processos pendentes, individuais ou coletivos, que tramitem no Estado ou na região, conforme o caso.

§ 2.º O interessado pode requerer, ao presidente ou ao vice-presidente, que exclua da decisão de sobrestamento e inadmita o recurso especial ou o recurso extraordinário que tenha sido interposto intempestivamente, tendo o recorrente o prazo de 5 (cinco) dias para manifestar-se sobre esse requerimento.

§ 3.º Da decisão que indeferir o requerimento referido no § 2.º caberá apenas agravo interno.

•• § 3.º com redação determinada pela Lei n. 13.256, de 4-2-2016.

§ 4.º A escolha feita pelo presidente ou vice-presidente do tribunal de justiça ou do tribunal regional federal não vinculará o relator no tribunal superior, que poderá selecionar outros recursos representativos da controvérsia.

§ 5.º O relator em tribunal superior também poderá selecionar 2 (dois) ou mais recursos representativos da controversia para julgamento da questão de direito independentemente da iniciativa do presidente ou do vice-presidente do tribunal de origem.

§ 6.º Somente podem ser selecionados recursos admissíveis que contenham abrangente argumentação e discussão a respeito da questão a ser decidida.

Art. 1.037. Selecionados os recursos, o relator, no tribunal superior, constatando a presença do pressuposto do *caput* do art. 1.036, proferirá decisão de afetação, na qual:

I – identificará com precisão a questão a ser submetida a julgamento;

II – determinará a suspensão do processamento de todos os processos pendentes, individuais ou coletivos, que versem sobre a questão e tramitem no território nacional;

III – poderá requisitar aos presidentes ou aos vice-presidentes dos tribunais de justiça ou dos tribunais regionais federais a remessa de um recurso representativo da controvérsia.

§ 1.º Se, após receber os recursos selecionados pelo presidente ou pelo vice-presidente de tribunal de justiça ou de tribunal regional federal, não se proceder à afetação, o relator, no tribunal superior, comunicará o fato ao presidente ou ao vice-presidente que os houver enviado, para que seja revogada a decisão de suspensão referida no art. 1.036, § 1.º.

§ 2.º (*Revogado pela Lei n. 13.256, de 4-2-2016.*)

§ 3.º Havendo mais de uma afetação, será prevento o relator que primeiro tiver proferido a decisão a que se refere o inciso I do *caput*.

§ 4.º Os recursos afetados deverão ser julgados no prazo de 1 (um) ano e terão preferência sobre os demais feitos, ressalvados os que envolvam réu preso e os pedidos de *habeas corpus*.

§ 5.º (*Revogado pela Lei n. 13.256, de 4-2-2016.*)

§ 6.º Ocorrendo a hipótese do § 5.º, é permitido a outro relator do respectivo tribunal superior afetar 2 (dois) ou mais recursos representativos da controvérsia na forma do art. 1.036.

§ 7.º Quando os recursos requisitados na forma do inciso III do *caput* contiverem outras questões além daquela que é objeto da afetação, caberá ao tribunal decidir esta em primeiro lugar e depois as demais, em acórdão específico para cada processo.

§ 8.º As partes deverão ser intimadas da decisão de suspensão de seu processo, a ser proferida pelo respectivo juiz ou relator quando informado da decisão a que se refere o inciso II do *caput*.

§ 9.º Demonstrando distinção entre a questão a ser decidida no processo e aquela a ser julgada no recurso especial ou extraordinário afetado, a parte poderá requerer o prosseguimento do seu processo.

§ 10. O requerimento a que se refere o § 9.º será dirigido:

• *Vide* Enunciado n. 142 da 2.ª Jornada de Direito Processual Civil.

I – ao juiz, se o processo sobrestado estiver em primeiro grau;

II – ao relator, se o processo sobrestado estiver no tribunal de origem;

III – ao relator do acórdão recorrido, se for sobrestado recurso especial ou recurso extraordinário no tribunal de origem;

IV – ao relator, no tribunal superior, de recurso especial ou de recurso extraordinário cujo processamento houver sido sobrestado.

§ 11. A outra parte deverá ser ouvida sobre o requerimento a que se refere o § 9.º, no prazo de 5 (cinco) dias.

§ 12. Reconhecida a distinção no caso:

I – dos incisos I, II e IV do § 10, o próprio juiz ou relator dará prosseguimento ao processo;

II – do inciso III do § 10, o relator comunicará a decisão ao presidente ou ao vice-presidente que houver determinado o sobrestamento, para que o recurso especial ou o recurso extraordinário seja encaminhado ao respectivo tribunal superior, na forma do art. 1.030, parágrafo único.

§ 13. Da decisão que resolver o requerimento a que se refere o § 9.º caberá:

I – agravo de instrumento, se o processo estiver em primeiro grau;

II – agravo interno, se a decisão for de relator.

• *Vide* Enunciado n. 81 da 1.ª Jornada de Direito Processual Civil.

Art. 1.038. O relator poderá:

I – solicitar ou admitir manifestação de pessoas, órgãos ou entidades com interesse na controvérsia, considerando a relevância da matéria e consoante dispuser o regimento interno;

•• *Vide* art. 138 do CPC.

• O Provimento n. 128, de 8-12-2008, estabelece parâmetros de atuação do Conselho Federal da OAB para manifestação em recursos repetitivos.

II – fixar data para, em audiência pública, ouvir depoimentos de pessoas com experiência e conhecimento na matéria, com a finalidade de instruir o procedimento;

III – requisitar informações aos tribunais inferiores a respeito da controvérsia e, cumprida a diligência, intimará o Ministério Público para manifestar-se.

§ 1.º No caso do inciso III, os prazos respectivos são de 15 (quinze) dias, e os atos serão praticados, sempre que possível, por meio eletrônico.

§ 2.º Transcorrido o prazo para o Ministério Público e remetida cópia do relatório aos demais ministros, haverá inclusão em pauta, devendo ocorrer o julgamento com preferência sobre os demais feitos, ressalvados os que envolvam réu preso e os pedidos de *habeas corpus*.

§ 3.º O conteúdo do acórdão abrangerá a análise dos fundamentos relevantes da tese jurídica discutida.

•• § 3.º com redação determinada pela Lei n. 13.256, de 4-2-2016.

Art. 1.039. Decididos os recursos afetados, os órgãos colegiados declararão prejudicados os demais recursos versando sobre idêntica controvérsia ou os decidirão aplicando a tese firmada.

Parágrafo único. Negada a existência de repercussão geral no recurso extraordinário afetado, serão considerados automaticamente inadmitidos os recursos extraordinários cujo processamento tenha sido sobrestado.

Art. 1.040. Publicado o acórdão paradigma:

I – o presidente ou o vice-presidente do tribunal de origem negará seguimento aos recursos especiais ou extraordinários sobrestados na origem, se o acórdão recorrido coincidir com a orientação do tribunal superior;

II – o órgão que proferiu o acórdão recorrido, na origem, reexaminará o processo de competência originária, a remessa necessária ou o recurso anteriormente julgado, se o acórdão recorrido contrariar a orientação do tribunal superior;

III – os processos suspensos em primeiro e segundo graus de jurisdição retomarão o curso para julgamento e aplicação da tese firmada pelo tribunal superior;

IV – se os recursos versarem sobre questão relativa a prestação de serviço público objeto de concessão, permissão ou autorização, o resultado do julgamento será comunicado ao órgão, ao ente ou à agência reguladora competente para fiscalização da efetiva aplicação, por parte dos entes sujeitos a regulação, da tese adotada.

§ 1.º A parte poderá desistir da ação em curso no primeiro grau de jurisdição, antes de proferida a sentença, se a questão nela discutida for idêntica à resolvida pelo recurso representativo da controvérsia.

§ 2.º Se a desistência ocorrer antes de oferecida contestação, a parte ficará isenta do pagamento de custas e de honorários de sucumbência.

§ 3.º A desistência apresentada nos termos do § 1.º independe de consentimento do réu, ainda que apresentada contestação.

Art. 1.041. Mantido o acórdão divergente pelo tribunal de origem, o recurso especial ou extraordinário será remetido ao respectivo tribunal superior, na forma do art. 1.036, § 1.º.

• *Vide* Enunciado n. 139 da 2.ª Jornada de Direito Processual Civil.

§ 1.º Realizado o juízo de retratação, com alteração do acórdão divergente, o tribunal de origem, se for o caso, decidirá as demais questões ainda não decididas cujo enfrentamento se tornou necessário em decorrência da alteração.

§ 2.º Quando ocorrer a hipótese do inciso II do *caput* do art. 1.040 e o recurso versar sobre outras questões, caberá ao presidente ou ao vice-presidente do tribunal recorrido, depois do reexame pelo órgão de origem e independentemente de ratificação do recurso, sendo positivo o juízo de admissibilidade, determinar a remessa do recurso ao tribunal superior para julgamento das demais questões.

•• § 2.º com redação determinada pela Lei n. 13.256, de 4-2-2016.

SEÇÃO III

Do Agravo em Recurso Especial e em Recurso Extraordinário

Art. 1.042. Cabe agravo contra decisão do presidente ou do vice-presidente do tribunal recorrido que inadmitir recurso extraordinário ou recurso especial, salvo quando fundada na aplicação de entendimento firmado em regime de repercussão geral ou em julgamento de recursos repetitivos.

•• *Caput* com redação determinada pela Lei n. 13.256, de 4-2-2016.

•• A Resolução n. 450, de 3-12-2010, do STF, criou a classe processual "Recurso Extraordinário com Agravo – ARE", para o processamento de agravo interposto contra decisão que não admite recurso extraordinário ao STF, em razão da alteração feita pela Lei n. 12.322, de 9-9-2010, que extinguiu o Agravo de Instrumento (AI) aplicado nesses casos.

•• A Resolução n. 451, de 3-12-2010, do STF, dispõe sobre a aplicação da Lei n. 12.322, de 9-9-2010, para os Recursos Extraordinários e Agravos sobre matéria penal e processual penal.

•• A Resolução n. 7, de 9-12-2010, do STJ, criou a classe processual de "Agravo em Recurso Especial – AREsp", para o processamento de agravo interposto contra decisão que inadmite recurso especial.

• *Vide* Enunciado n. 77 da 1.ª Jornada de Direito Processual Civil.

I a III – (*Revogados pela Lei n. 13.256, de 4-2-2016.*)

§ 1.º (*Revogado pela Lei n. 13.256, de 4-2-2016.*)

§ 2.º A petição de agravo será dirigida ao presidente ou ao vice-presidente do tribunal de origem e independe do pagamento de custas e despesas postais, aplicando-se a ela o regime de repercussão geral e de recursos repetitivos, inclusive quanto à possibilidade de sobrestamento e do juízo de retratação.

•• § 2.º com redação determinada pela Lei n. 13.256, de 4-2-2016.

§ 3.º O agravado será intimado, de imediato, para oferecer resposta no prazo de 15 (quinze) dias.

§ 4.º Após o prazo de resposta, não havendo retratação, o agravo será remetido ao tribunal superior competente.

§ 5.º O agravo poderá ser julgado, conforme o caso, conjuntamente com o recurso especial ou extraordinário, assegurada, neste caso, sustentação oral, observando-se, ainda, o disposto no regimento interno do tribunal respectivo.

§ 6.º Na hipótese de interposição conjunta de recursos extraordinário e especial, o agravante deverá interpor um agravo para cada recurso não admitido.

§ 7.º Havendo apenas um agravo, o recurso será remetido ao tribunal competente, e, havendo interposição conjunta, os autos serão remetidos ao Superior Tribunal de Justiça.

§ 8.º Concluído o julgamento do agravo pelo Superior Tribunal de Justiça e, se for o caso, do recurso especial, independentemente de pedido, os autos serão remetidos ao Supremo Tribunal Federal para apreciação do agravo a ele dirigido, salvo se estiver prejudicado.

SEÇÃO IV

Dos Embargos de Divergência

Art. 1.043. É embargável o acórdão de órgão fracionário que:

•• *Vide* art. 2.º da Instrução Normativa n. 39, de 15-3-2016.

I – em recurso extraordinário ou em recurso especial, divergir do julgamento de qualquer outro órgão do mesmo tribunal, sendo os acórdãos, embargado e paradigma, de mérito;

II – (*Revogado pela Lei n. 13.256, de 4-2-2016.*)

III – em recurso extraordinário ou em recurso especial, divergir do julgamento de qualquer outro órgão do mesmo tribunal, sendo um acórdão de mérito e outro que não tenha conhecido do recurso, embora tenha apreciado a controvérsia;

IV – (*Revogado pela Lei n. 13.256, de 4-2-2016.*)

§ 1.º Poderão ser confrontadas teses jurídicas contidas em julgamentos de recursos e de ações de competência originária.

§ 2.º A divergência que autoriza a interposição de embargos de divergência pode verificar-se na aplicação do direito material ou do direito processual.

§ 3.º Cabem embargos de divergência quando o acórdão paradigma for da mesma turma que proferiu a decisão embargada, desde que sua composição tenha sofrido alteração em mais da metade de seus membros.

§ 4.º O recorrente provará a divergência com certidão, cópia ou citação de repositório oficial ou credenciado de jurisprudência, inclusive em mídia eletrônica, onde foi publicado o acórdão divergente, ou com a reprodução de julgado disponível na rede mundial de computadores, indicando a respectiva fonte, e mencionará as circunstâncias que identificam ou assemelham os casos confrontados.

§ 5.º (*Revogado pela Lei n. 13.256, de 4-2-2016.*)

Art. 1.044. No recurso de embargos de divergência, será observado o procedimento estabelecido no regimento interno do respectivo tribunal superior.

•• *Vide* art. 2.º da Instrução Normativa n. 39, de 15-3-2016.

§ 1.º A interposição de embargos de divergência no Superior Tribunal de Justiça interrompe o prazo para interposição de recurso extraordinário por qualquer das partes.

§ 2.º Se os embargos de divergência forem desprovidos ou não alterarem a conclusão do julgamento anterior, o recurso extraordinário interposto pela outra parte antes da publicação do julgamento dos embargos de divergência será processado e julgado independentemente de ratificação.

LIVRO COMPLEMENTAR
DISPOSIÇÕES FINAIS E TRANSITÓRIAS

Art. 1.045. Este Código entra em vigor após decorrido 1 (um) ano da data de sua publicação oficial.

Art. 1.046. Ao entrar em vigor este Código, suas disposições se aplicarão desde logo aos processos pendentes, ficando revogada a Lei n. 5.869, de 11 de janeiro de 1973.

§ 1.º As disposições da Lei n. 5.869, de 11 de janeiro de 1973, relativas ao procedimento sumário e aos procedimentos especiais que forem revogadas aplicar-se-ão às ações propostas e não sentenciadas até o início da vigência deste Código.

§ 2.º Permanecem em vigor as disposições especiais dos procedimentos regulados em outras leis, aos quais se aplicará supletivamente este Código.

§ 3.º Os processos mencionados no art. 1.218 da Lei n. 5.869, de 11 de janeiro de 1973, cujo procedimento ainda não tenha sido incorporado por lei submetem-se ao procedimento comum previsto neste Código.

§ 4.º As remissões a disposições do Código de Processo Civil revogado, existentes em outras leis, passam a referir-se às que lhes são correspondentes neste Código.

§ 5.º A primeira lista de processos para julgamento em ordem cronológica observará a antiguidade da distribuição entre os já conclusos na data da entrada em vigor deste Código.

Art. 1.047. As disposições de direito probatório adotadas neste Código aplicam-se apenas às provas requeridas ou determinadas de ofício a partir da data de início de sua vigência.

Art. 1.048. Terão prioridade de tramitação, em qualquer juízo ou tribunal, os procedimentos judiciais:

I – em que figure como parte ou interessado pessoa com idade igual ou superior a 60 (sessenta) anos ou portadora de doença grave, assim compreendida qualquer das enumeradas no art. 6.º, inciso XIV, da Lei n. 7.713, de 22 de dezembro de 1988;

• *Vide* art. 71 da Lei n. 10.741, de 1.º-10-2003 (Estatuto do Idoso).

II – regulados pela Lei n. 8.069, de 13 de julho de 1990 (Estatuto da Criança e do Adolescente).

§ 1.º A pessoa interessada na obtenção do benefício, juntando prova de sua condição, deverá requerê-lo à autoridade judiciária competente para decidir o feito, que determinará ao cartório do juízo as providências a serem cumpridas.

§ 2.º Deferida a prioridade, os autos receberão identificação própria que evidencie o regime de tramitação prioritária.

§ 3.º Concedida a prioridade, essa não cessará com a morte do beneficiado, estendendo-se em favor do cônjuge supérstite ou do companheiro em união estável.

§ 4.º A tramitação prioritária independe de deferimento pelo órgão jurisdicional e deverá ser imediatamente concedida diante da prova da condição de beneficiário.

Art. 1.049. Sempre que a lei remeter a procedimento previsto na lei processual sem especificá-lo, será observado o procedimento comum previsto neste Código.

Parágrafo único. Na hipótese de a lei remeter ao procedimento sumário, será observado o procedimento comum previsto neste Código, com as modificações previstas na própria lei especial, se houver.

Art. 1.050. A União, os Estados, o Distrito Federal, os Municípios, suas respectivas entidades da administração indireta, o Ministério Público, a Defensoria Pública e a Advocacia Pública, no prazo de 30 (trinta) dias a contar da data da entrada em vigor deste Código, deverão se cadastrar perante a administração do tribunal no qual atuem para cumprimento do disposto nos arts. 246, § 2.°, e 270, parágrafo único.

Art. 1.051. As empresas públicas e privadas devem cumprir o disposto no art. 246, § 1.°, no prazo de 30 (trinta) dias, a contar da data de inscrição do ato constitutivo da pessoa jurídica, perante o juízo onde tenham sede ou filial.

Parágrafo único. O disposto no *caput* não se aplica às microempresas e às empresas de pequeno porte.

Art. 1.052. Até a edição de lei específica, as execuções contra devedor insolvente, em curso ou que venham a ser propostas, permanecem reguladas pelo Livro II, Título IV, da Lei n. 5.869, de 11 de janeiro de 1973.

Art. 1.053. Os atos processuais praticados por meio eletrônico até a transição definitiva para certificação digital ficam convalidados, ainda que não tenham observado os requisitos mínimos estabelecidos por este Código, desde que tenham atingido sua finalidade e não tenha havido prejuízo à defesa de qualquer das partes.

Art. 1.054. O disposto no art. 503, § 1.°, somente se aplica aos processos iniciados após a vigência deste Código, aplicando-se aos anteriores o disposto nos arts. 5.°, 325 e 470 da Lei n. 5.869, de 11 de janeiro de 1973.

Art. 1.055. (*Vetado.*)

Art. 1.056. Considerar-se-á como termo inicial do prazo da prescrição prevista no art. 924, inciso V, inclusive para as execuções em curso, a data de vigência deste Código.

Art. 1.057. O disposto no art. 525, §§ 14 e 15, e no art. 535, §§ 7.° e 8.°, aplica-se às decisões transitadas em julgado após a entrada em vigor deste Código, e, às decisões transitadas em julgado anteriormente, aplica-se o disposto no art. 475-L, § 1.°, e no art. 741, parágrafo único, da Lei n. 5.869, de 11 de janeiro de 1973.

Art. 1.058. Em todos os casos em que houver recolhimento de importância em dinheiro, esta será depositada em nome da parte ou do interessado, em conta especial movimentada por ordem do juiz, nos termos do art. 840, inciso I.

Art. 1.059. À tutela provisória requerida contra a Fazenda Pública aplica-se o disposto nos arts. 1.° a 4.° da Lei n. 8.437, de 30 de junho de 1992, e no art. 7.°, § 2.°, da Lei n. 12.016, de 7 de agosto de 2009.

....

Art. 1.062. O incidente de desconsideração da personalidade jurídica aplica-se ao processo de competência dos juizados especiais.

•• *Vide* arts. 133 a 137 do CPC.

Art. 1.063. Até a edição de lei específica, os juizados especiais cíveis previstos na Lei n. 9.099, de 26 de setembro de 1995, continuam competentes para o processamento e julgamento das causas previstas no art. 275, inciso II, da Lei n. 5.869, de 11 de janeiro de 1973.

....

Art. 1.068. O art. 274 e o *caput* do art. 2.027 da Lei n. 10.406, de 10 de janeiro de 2002 (Código Civil), passam a vigorar com a seguinte redação:

•• Alteração já processada no diploma modificado.

Art. 1.069. O Conselho Nacional de Justiça promoverá, periodicamente, pesquisas estatísticas para avaliação da efetividade das normas previstas neste Código.

Art. 1.070. É de 15 (quinze) dias o prazo para a interposição de qualquer agravo, previsto em lei ou em regimento interno de tribunal, contra decisão de relator ou outra decisão unipessoal proferida em tribunal.

•• *Vide* art. 2.° da Instrução Normativa n. 39, de 15-3-2016.

• *Vide* Enunciado n. 77 da 1.ª Jornada de Direito Processual Civil.

....

Art. 1.072. Revogam-se:

I – o art. 22 do Decreto-lei n. 25, de 30 de novembro de 1937;

II – os arts. 227, *caput*, 229, 230, 456, 1.482, 1.483 e 1.768 a 1.773 da Lei n. 10.406, de 10 de janeiro de 2002 (Código Civil);

III – os arts. 2.°, 3.°, 4.°, 6.°, 7.°, 11, 12 e 17 da Lei n. 1.060, de 5 de fevereiro de 1950;

IV – os arts. 13 a 18, 26 a 29 e 38 da Lei n. 8.038, de 28 de maio de 1990;

V – os arts. 16 a 18 da Lei n. 5.478, de 25 de julho de 1968; e

VI – o art. 98, § 4.°, da Lei n. 12.529, de 30 de novembro de 2011.

Brasília, 16 de março de 2015; 194.° da Independência e 127.° da República.

DILMA ROUSSEFF

ÍNDICE ALFABÉTICO-REMISSIVO DO CÓDIGO DE PROCESSO CIVIL

ÍNDICE

ÍNDICE

ÍNDICE

CÓDIGO CIVIL

CÓDIGO CIVIL

LEI N. 10.406, DE 10 DE JANEIRO DE 2002 (*)

Institui o Código Civil.

O Presidente da República

Faço saber que o Congresso Nacional decreta e eu sanciono a seguinte Lei:

PARTE GERAL

LIVRO I
DAS PESSOAS

TÍTULO I
DAS PESSOAS NATURAIS

CAPÍTULO I
DA PERSONALIDADE E DA CAPACIDADE

Art. 1.º Toda pessoa é capaz de direitos e deveres na ordem civil.

•• *Vide* arts. 4.º e 5.º do CC.

•• *Vide* art. 7.º, *caput*, da LINDB.

• *Vide* art. 70 do CPC.

Art. 2.º A personalidade civil da pessoa começa do nascimento com vida; mas a lei põe a salvo, desde a concepção, os direitos do nascituro.

• *Vide* arts. 5.º, 115 a 120, 166, I, e 542 do CC.

• Os arts. 124 a 128 do CP dispõem sobre o crime de aborto.

Art. 3.º São absolutamente incapazes de exercer pessoalmente os atos da vida civil os menores de 16 (dezesseis) anos.

•• *Caput* com redação determinada pela Lei n. 13.146, de 6-7-2015.

• *Vide* arts. 5.º, 76, 105, 115 a 120, 166, I, 198, e 543 do CC.

• *Vide* arts. 71, 72 e 447, § 1.º, do CPC.

• *Vide* arts. 210 e 402 da CLT.

• *Vide* arts. 60 a 69 do ECA.

(*) Publicada no *DOU*, de 11-1-2002.

I a III – (*Revogados pela Lei n. 13.146, de 6-7-2015.*)

Art. 4.º São incapazes, relativamente a certos atos ou à maneira de os exercer:

•• *Caput* com redação determinada pela Lei n. 13.146, de 6-7-2015.

• *Vide* arts. 71, 72 e 447, § 1.º, do CPC.

I – os maiores de dezesseis e menores de dezoito anos;

• *Vide* arts. 180 e 666, parágrafo único, do CC.

• A Lei n. 4.375, de 17-8-1964, estabelece em seu art. 73 que, para efeito do serviço militar, cessará a incapacidade civil do menor, na data em que completar 17 anos.

II – os ébrios habituais e os viciados em tóxico;

•• Inciso II com redação determinada pela Lei n. 13.146, de 6-7-2015.

III – aqueles que, por causa transitória ou permanente, não puderem exprimir sua vontade;

•• Inciso III com redação determinada pela Lei n. 13.146, de 6-7-2015.

IV – os pródigos.

Parágrafo único. A capacidade dos indígenas será regulada por legislação especial.

•• Parágrafo único com redação determinada pela Lei n. 13.146, de 6-7-2015.

Art. 5.º A menoridade cessa aos dezoito anos completos, quando a pessoa fica habilitada à prática de todos os atos da vida civil.

• *Vide* art. 666 do CC.

Parágrafo único. Cessará, para os menores, a incapacidade:

I – pela concessão dos pais, ou de um deles na falta do outro, mediante instrumento público, independentemente de homologação judicial, ou por sentença do juiz, ouvido o tutor, se o menor tiver dezesseis anos completos;

• *Vide* art. 226, § 5.º, da CF.

II – pelo casamento;

• *Vide* CF, art. 226.

III – pelo exercício de emprego público efetivo;

• *Vide* art. 5.º, V, da Lei n. 8.112, de 11-12-1990.

IV – pela colação de grau em curso de ensino superior;

V – pelo estabelecimento civil ou comercial, ou pela existência de relação de emprego, desde que, em função deles, o menor com dezesseis anos completos tenha economia própria.

• *Vide* art. 7.º, XXXIII, da CF.

Art. 6.º A existência da pessoa natural termina com a morte; presume-se esta, quanto aos ausentes, nos casos em que a lei autoriza a abertura de sucessão definitiva.

Art. 7.º Pode ser declarada a morte presumida, sem decretação de ausência:

I – se for extremamente provável a morte de quem estava em perigo de vida;

II – se alguém, desaparecido em campanha ou feito prisioneiro, não for encontrado até dois anos após o término da guerra.

Parágrafo único. A declaração da morte presumida, nesses casos, somente poderá ser requerida depois de esgotadas as buscas e averiguações, devendo a sentença fixar a data provável do falecimento.

Art. 8.º Se dois ou mais indivíduos falecerem na mesma ocasião, não se podendo averiguar se algum dos comorientes precedeu aos outros, presumir-se-ão simultaneamente mortos.

Art. 9.º Serão registrados em registro público:

I – os nascimentos, casamentos e óbitos;

II – a emancipação por outorga dos pais ou por sentença do juiz;

III – a interdição por incapacidade absoluta ou relativa;

IV – a sentença declaratória de ausência e de morte presumida.

Art. 10. Far-se-á averbação em registro público:

I – das sentenças que decretarem a nulidade ou anulação do casamento, o divórcio, a separação judicial e o restabelecimento da sociedade conjugal;

II – dos atos judiciais ou extrajudiciais que declararem ou reconhecerem a filiação;

III – (*Revogado pela Lei n. 12.010, de 3-8-2009.*)

CAPÍTULO II
DOS DIREITOS DA PERSONALIDADE

Art. 11. Com exceção dos casos previstos em lei, os direitos da personalidade são intransmissíveis e irrenunciáveis, não podendo o seu exercício sofrer limitação voluntária.

• *Vide* art. 5.º, X, da CF.

Art. 12. Pode-se exigir que cesse a ameaça, ou a lesão, a direito da personalidade, e reclamar perdas e danos, sem prejuízo de outras sanções previstas em lei.

• *Vide* arts. 186, 402 a 405, 927 e 944 a 954 do CC.

• *Vide* art. 5.º, X e XXXV, da CF.

Parágrafo único. Em se tratando de morto, terá legitimação para requerer a medida prevista neste artigo o cônjuge sobrevivente, ou qualquer parente em linha reta, ou colateral até o quarto grau.

• *Vide* arts. 20, parágrafo único, e 943 do CC.

Art. 13. Salvo por exigência médica, é defeso o ato de disposição do próprio corpo, quando importar diminuição permanente da integridade física, ou contrariar os bons costumes.

Parágrafo único. O ato previsto neste artigo será admitido para fins de transplante, na forma estabelecida em lei especial.

Art. 14. É válida, com objetivo científico, ou altruístico, a disposição gratuita do próprio corpo, no todo ou em parte, para depois da morte.

•• *Vide* art. 199, § 4.º, da CF.

Parágrafo único. O ato de disposição pode ser livremente revogado a qualquer tempo.

Art. 15. Ninguém pode ser constrangido a submeter-se, com risco de vida, a tratamento médico ou a intervenção cirúrgica.

Art. 16. Toda pessoa tem direito ao nome, nele compreendidos o prenome e o sobrenome.

Art. 17. O nome da pessoa não pode ser empregado por outrem em publicações ou representações que a exponham ao desprezo público, ainda quando não haja intenção difamatória.

Art. 18. Sem autorização, não se pode usar o nome alheio em propaganda comercial.

Art. 19. O pseudônimo adotado para atividades lícitas goza da proteção que se dá ao nome.

Art. 20. Salvo se autorizadas, ou se necessárias à administração da justiça ou à manutenção da ordem pública, a divulgação de escritos, a transmissão da palavra, ou a publicação, a exposição ou a utilização da imagem de uma pessoa poderão ser proibidas, a seu requerimento e sem prejuízo da indenização que couber, se lhe atingirem a honra, a boa fama ou a respeitabilidade, ou se se destinarem a fins comerciais.

•• O STF julgou procedente a ADI n. 4.815, de 10-6-2015 (*DOU* de 16-2-2016), dando a este artigo, "sem redução de texto", interpretação conforme a Constituição, "para, em consonância com os direitos fundamentais à liberdade de pensamento e de sua expressão, de criação artística, produção científica, declarar inexigível o consentimento de pessoa biografada relativamente a obras biográficas literárias ou audiovisuais, sendo por igual desnecessária autorização de pessoas retratadas como coadjuvantes (ou de seus familiares, em caso de pessoas falecidas)".

• *Vide* art. 5.º, V, IX, X e XXVIII, *a*, da CF.

Parágrafo único. Em se tratando de morto ou de ausente, são partes legítimas para requerer essa proteção o cônjuge, os ascendentes ou os descendentes.

Art. 21. A vida privada da pessoa natural é inviolável, e o juiz, a requerimento do interessado, adotará as providências necessárias para impedir ou fazer cessar ato contrário a esta norma.

•• O STF julgou procedente a ADI n. 4.815, de 10-6-2015 (*DOU* de 16-2-2016), dando a este artigo, "sem redução de texto", interpretação conforme a Constituição, "para, em consonância com os direitos fundamentais à liberdade de pensamento e de sua expressão, de criação artística, produção científica, declarar inexigível o consentimento de pessoa biografada relativamente a obras biográficas literárias ou audiovisuais, sendo por igual desnecessária autorização de pessoas retratadas como coadjuvantes (ou de seus familiares, em caso de pessoas falecidas)".

• *Vide* art. 5.º, X, da CF.

....

TÍTULO II

DAS PESSOAS JURÍDICAS

CAPÍTULO I

DISPOSIÇÕES GERAIS

Art. 40. As pessoas jurídicas são de direito público, interno ou externo, e de direito privado.

Art. 41. São pessoas jurídicas de direito público interno:

I – a União;

• Sobre bens imóveis da União: Lei n. 9.636, de 15-5-1998.

II – os Estados, o Distrito Federal e os Territórios;

III – os Municípios;

IV – as autarquias, inclusive as associações públicas;

•• Inciso IV com redação determinada pela Lei n. 11.107, de 6-4-2005.

• *Vide* art. 37, XIX, da CF.

• A Lei n. 4.717, de 29-6-1965, que regulou a ação popular, em seu art. 20, declara as entidades que considera autarquias.

• O art. 5.º, I, do Decreto-lei n. 200, de 25-2-1967, conceitua: "Autarquia – o serviço autônomo, criado por lei, com personalidade jurídica, patrimônio e receita próprios, para executar atividades típicas da Administração Pública, que requeiram, para seu melhor funcionamento, gestão administrativa e financeira descentralizada".

V – as demais entidades de caráter público criadas por lei.

• Sobre a representação judicial das pessoas jurídicas de direito público, *vide* CPC, art. 75, I, II e III.

• A Lei n. 8.448, de 21-7-1992, regulamenta os arts. 37, XI, e 39, § 1.º, da CF, sobre remuneração de servidor público.

• A Lei n. 9.962, de 22-2-2000, dispõe sobre o regime de emprego público do pessoal da Administração Federal direta, autárquica e fundacional.

Parágrafo único. Salvo disposição em contrário, as pessoas jurídicas de direito público, a que se tenha dado estrutura de direito privado, regem-se, no que couber, quanto ao seu funcionamento, pelas normas deste Código.

Art. 42. São pessoas jurídicas de direito público externo os Estados estrangeiros e todas as pessoas que forem regidas pelo direito internacional público.

• Sobre as relações internacionais entre Brasil e Estados estrangeiros, *vide* art. 4.º da CF.

Art. 43. As pessoas jurídicas de direito público interno são civilmente responsáveis por atos dos seus agentes que nessa qualidade causem danos a terceiros, ressalvado direito regressivo contra os causadores do dano, se houver, por parte destes, culpa ou dolo.

• CF, art. 37, § 6.º.

• *Vide* art. 125, II, do CPC.

• A Lei n. 4.619, de 28-4-1965, trata da ação regressiva da União contra seus agentes.

• A Lei n. 6.453, de 17-10-1977, dispõe sobre responsabilidade civil por danos nucleares, e a Lei n. 10.308, de 20-11-2001, dispõe sobre responsabilidade civil por danos radiológicos.

• A Lei n. 8.112, de 11-12-1990, arts. 121 a 126, dispõe sobre responsabilidade dos funcionários públicos.

• A Lei n. 10.309, de 22-11-2001, dispõe sobre a assunção da União de responsabilidade civil perante terceiros no caso de atentado terrorista ou atos de guerra contra aeronaves de empresas aéreas brasileiras.

• A Lei n. 10.744, de 9-10-2003, dispõe sobre responsabilidade civil da União por atentados terroristas contra aeronaves brasileiras.

• *Vide* Enunciado n. 40 da 1.ª Jornada de Direito do Trabalho.

Art. 44. São pessoas jurídicas de direito privado:

• *Vide* arts. 2.031 a 2.034 e 2.037 do CC.

I – as associações;

• *Vide* art. 5.º, XVII, XXI, da CF.

• *Vide* arts. 53 a 61, 2.031, 2.033 e 2.034 do CC.

II – as sociedades;

• Sociedades no CC: arts. 981 e s., 2.031, 2.033, 2.034 e 2.037.

III – as fundações;

• *Vide* arts. 62 a 69, 2.031 e 2.032 do CC.

• A Lei n. 9.790, de 23-3-1999, regulamentada pelo Decreto n. 3.100, de 30-6-1999, dispõe sobre a qualificação de pessoas jurídicas de direito privado, sem fins lucrativos, como Organizações da Sociedade Civil de Interesse Público.

IV – as organizações religiosas;

•• Inciso IV acrescentado pela Lei n. 12.441, de 11-7-2011.

V – os partidos políticos;

•• Inciso V acrescentado pela Lei n. 10.825, de 22-12-2003.

VI – as empresas individuais de responsabilidade limitada.

•• Inciso VI acrescentado pela Lei n. 12.441, de 11-7-2011.

§ 1.º São livres a criação, a organização, a estruturação interna e o funcionamento das organizações religiosas, sendo vedado ao poder público negar-lhes reconhecimento ou registro dos atos constitutivos e necessários ao seu funcionamento.

•• § 1.º acrescentado pela Lei n. 10.825, de 22-12-2003.

§ 2.º As disposições concernentes às associações aplicam-se subsidiariamente às sociedades que são objeto do Livro II da Parte Especial deste Código.

•• Primitivo parágrafo único transformado em § 2.º pela Lei n. 10.825, de 22-12-2003.

§ 3.º Os partidos políticos serão organizados e funcionarão conforme o disposto em lei específica.

•• § 3.º acrescentado pela Lei n. 10.825, de 22-12-2003.

Art. 45. Começa a existência legal das pessoas jurídicas de direito privado com a inscrição do ato constitutivo no respectivo registro, precedida, quando necessário, de autorização ou aprovação do Poder Executivo, averbando-se no registro todas as alterações por que passar o ato constitutivo.

Parágrafo único. Decai em três anos o direito de anular a constituição das pessoas jurídicas de direito privado, por defeito do ato respectivo, contado o prazo da publicação de sua inscrição no registro.

Art. 46. O registro declarará:

I – a denominação, os fins, a sede, o tempo de duração e o fundo social, quando houver;

II – o nome e a individualização dos fundadores ou instituidores, e dos diretores;

III – o modo por que se administra e representa, ativa e passivamente, judicial e extrajudicialmente;

IV – se o ato constitutivo é reformável no tocante à administração, e de que modo;

V – se os membros respondem, ou não, subsidiariamente, pelas obrigações sociais;

VI – as condições de extinção da pessoa jurídica e o destino do seu patrimônio, nesse caso.

Art. 47. Obrigam a pessoa jurídica os atos dos administradores, exercidos nos limites de seus poderes definidos no ato constitutivo.

Art. 48. Se a pessoa jurídica tiver administração coletiva, as decisões se tomarão pela maioria de votos dos presentes, salvo se o ato constitutivo dispuser de modo diverso.

Parágrafo único. Decai em três anos o direito de anular as decisões a que se refere este artigo, quando violarem a lei ou estatuto, ou forem eivadas de erro, dolo, simulação ou fraude.

Art. 49. Se a administração da pessoa jurídica vier a faltar, o juiz, a requerimento de qualquer interessado, nomear-lhe-á administrador provisório.

Art. 50. Em caso de abuso da personalidade jurídica, caracterizado pelo desvio de finalidade, ou pela confusão patrimonial, pode o juiz decidir, a requerimento da parte, ou do Ministério Público quando lhe couber intervir no processo, que os efeitos de certas e determinadas relações de obrigações sejam estendidos aos bens particulares dos administradores ou sócios da pessoa jurídica.

• *Vide* art. 795, § 1.º, do CPC.

Art. 51. Nos casos de dissolução da pessoa jurídica ou cassada a autorização para seu funcionamento, ela subsistirá para os fins de liquidação, até que esta se conclua.

§ 1.º Far-se-á, no registro onde a pessoa jurídica estiver inscrita, a averbação de sua dissolução.

§ 2.º As disposições para a liquidação das sociedades aplicam-se, no que couber, às demais pessoas jurídicas de direito privado.

§ 3.º Encerrada a liquidação, promover-se-á o cancelamento da inscrição da pessoa jurídica.

Art. 52. Aplica-se às pessoas jurídicas, no que couber, a proteção dos direitos da personalidade.

• *Vide* arts. 11 a 21 do CC.

CAPÍTULO II
DAS ASSOCIAÇÕES

•• *Vide* arts. 2.031 a 2.034 do CC.

• *Vide* art. 5.º, XVII a XXI, da CF.

Art. 53. Constituem-se as associações pela união de pessoas que se organizem para fins não econômicos.

•• *Vide* arts. 2.031 e 2.033 do CC.

Parágrafo único. Não há, entre os associados, direitos e obrigações recíprocos.

Art. 54. Sob pena de nulidade, o estatuto das associações conterá:

I – a denominação, os fins e a sede da associação;

II – os requisitos para a admissão, demissão e exclusão dos associados;

III – os direitos e deveres dos associados;

IV – as fontes de recursos para sua manutenção;

V – o modo de constituição e de funcionamento dos órgãos deliberativos;

•• Inciso V com redação determinada pela Lei n. 11.127, de 28-6-2005.

VI – as condições para a alteração das disposições estatutárias e para a dissolução;

VII – a forma de gestão administrativa e de aprovação das respectivas contas.

•• Inciso VII acrescentado pela Lei n. 11.127, de 28-6-2005.

Art. 55. Os associados devem ter iguais direitos, mas o estatuto poderá instituir categorias com vantagens especiais.

Art. 56. A qualidade de associado é intransmissível, se o estatuto não dispuser o contrário.

Parágrafo único. Se o associado for titular de quota ou fração ideal do patrimônio da associação, a transferência daquela não importará, *de per si*, na atribuição da qualidade de associado ao adquirente ou ao herdeiro, salvo disposição diversa do estatuto.

Art. 57. A exclusão do associado só é admissível havendo justa causa, assim reconhecida em procedimento que assegure direito de defesa e de recurso, nos termos previstos no estatuto.

•• *Caput* com redação determinada pela Lei n. 11.127, de 28-6-2005.

Parágrafo único. (*Revogado pela Lei n. 11.127, de 28-6-2005.*)

Art. 58. Nenhum associado poderá ser impedido de exercer direito ou função que lhe tenha sido legitimamente conferido, a não ser nos casos e pela forma previstos na lei ou no estatuto.

Art. 59. Compete privativamente à assembleia geral:

•• *Caput* com redação determinada pela Lei n. 11.127, de 28-6-2005.

I – destituir os administradores;

•• Inciso I com redação determinada pela Lei n. 11.127, de 28-6-2005.

II – alterar o estatuto.

•• Inciso II com redação determinada pela Lei n. 11.127, de 28-6-2005.

Parágrafo único. Para as deliberações a que se referem os incisos I e II deste artigo é exigido deliberação da assembleia especialmente convocada para esse fim, cujo *quorum* será o estabelecido no estatuto, bem como os critérios de eleição dos administradores.

•• Parágrafo único com redação determinada pela Lei n. 11.127, de 28-6-2005.

Art. 60. A convocação dos órgãos deliberativos far-se-á na forma do estatuto, garantido a 1/5 (um quinto) dos associados o direito de promovê-la.

•• Artigo com redação determinada pela Lei n. 11.127, de 28-6-2005.

Art. 61. Dissolvida a associação, o remanescente do seu patrimônio líquido, depois de deduzidas, se for o caso, as quotas ou frações ideais referidas no parágrafo único do art. 56, será destinado à entidade de fins não econômicos designada no estatuto, ou, omisso este, por deliberação dos associados, à instituição municipal, estadual ou federal, de fins idênticos ou semelhantes.

• *Vide* art. 5.º, XIX, da CF.

§ 1.º Por cláusula do estatuto ou, no seu silêncio, por deliberação dos associados, podem estes, antes da destinação do remanescente referida neste artigo, receber em restituição, atualizado o respectivo valor, as contribuições que tiverem prestado ao patrimônio da associação.

§ 2.º Não existindo no Município, no Estado, no Distrito Federal ou no Território, em que a associação tiver sede, instituição nas condições indicadas neste artigo, o que remanescer do seu patrimônio se devolverá à Fazenda do Estado, do Distrito Federal ou da União.

....

TÍTULO III

DO DOMICÍLIO

Art. 70. O domicílio da pessoa natural é o lugar onde ela estabelece a sua residência com ânimo definitivo.

• Inviolabilidade de domicílio: CF, art. 5.º, XI.
• LINDB, arts. 7.º, 10 e 12.
• *Vide* arts. 46 a 50 e 53, I, do CPC.

Art. 71. Se, porém, a pessoa natural tiver diversas residências, onde, alternadamente, viva, considerar-se-á domicílio seu qualquer delas.

• *Vide* art. 46, § 1.º, do CPC.

Art. 72. É também domicílio da pessoa natural, quanto às relações concernentes à profissão, o lugar onde esta é exercida.

• *Vide* art. 73, § 1.º, do CPC.

Parágrafo único. Se a pessoa exercitar profissão em lugares diversos, cada um deles constituirá domicílio para as relações que lhe corresponderem.

Art. 73. Ter-se-á por domicílio da pessoa natural, que não tenha residência habitual, o lugar onde for encontrada.

Art. 74. Muda-se o domicílio, transferindo a residência, com a intenção manifesta de o mudar.

Parágrafo único. A prova da intenção resultará do que declarar a pessoa às municipalidades dos lugares, que deixa, e para onde vai, ou, se tais declarações não fizer, da própria mudança, com as circunstâncias que a acompanharem.

Art. 75. Quanto às pessoas jurídicas, o domicílio é:

I – da União, o Distrito Federal;

II – dos Estados e Territórios, as respectivas capitais;

III – do Município, o lugar onde funcione a administração municipal;

IV – das demais pessoas jurídicas, o lugar onde funcionarem as respectivas diretorias e administrações, ou onde elegerem domicílio especial no seu estatuto ou atos constitutivos.

• *Vide* art. 109, §§ 1.º a 4.º, da CF.
• *Vide* arts. 51 e 53, IV, do CPC.

§ 1.º Tendo a pessoa jurídica diversos estabelecimentos em lugares diferentes, cada um deles será considerado domicílio para os atos nele praticados.

• *Vide* art. 53, IV, *b*, do CPC.

§ 2.º Se a administração, ou diretoria, tiver a sede no estrangeiro, haver-se-á por domicílio da pessoa jurídica, no tocante às obrigações contraídas por cada uma das suas agências, o lugar do estabelecimento, sito no Brasil, a que ela corresponder.

• *Vide* art. 21, I, do CPC.

Art. 76. Têm domicílio necessário o incapaz, o servidor público, o militar, o marítimo e o preso.

Parágrafo único. O domicílio do incapaz é o do seu representante ou assistente; o do servidor público, o lugar em que exercer permanentemente suas funções; o do militar, onde servir, e, sendo da Marinha ou da Aeronáutica, a sede do comando a que se encontrar imediatamente subordinado; o do marítimo, onde o navio estiver matriculado; e o do preso, o lugar em que cumpre a sentença.

• *Vide* LINDB, art. 7.º, § 7.º, última parte.
• *Vide* art. 50 do CPC.
• Regime Jurídico dos Servidores Públicos Civis da União, das Autarquias e das Fundações Públicas Federais: *vide* Lei n. 8.112, de 11-12-1990.

Art. 77. O agente diplomático do Brasil, que, citado no estrangeiro, alegar extraterritorialidade sem designar onde tem, no país, o seu domicílio, poderá ser demandado no Distrito Federal ou no último ponto do território brasileiro onde o teve.

Art. 78. Nos contratos escritos, poderão os contratantes especificar domicílio onde se exercitem e cumpram os direitos e obrigações deles resultantes.

• *Vide* art. 327 do CC.
• *Vide* arts. 47, § 1.º, 62 e 63 do CPC.

....

LIVRO III

DOS FATOS JURÍDICOS

TÍTULO I

DO NEGÓCIO JURÍDICO

CAPÍTULO I

DISPOSIÇÕES GERAIS

Art. 104. A validade do negócio jurídico requer:

• *Vide* arts. 166, 167 e 2.035 do CC.

I – agente capaz;

II – objeto lícito, possível, determinado ou determinável;

III – forma prescrita ou não defesa em lei.

• *Vide* arts. 171 e 184 do CC.

Art. 105. A incapacidade relativa de uma das partes não pode ser invocada pela outra em benefício próprio, nem aproveita aos cointeressados capazes, salvo se, neste caso, for indivisível o objeto do direito ou da obrigação comum.

• *Vide* arts. 88, 180, 257 a 263 e 314 do CC.

Art. 106. A impossibilidade inicial do objeto não invalida o negócio jurídico se for relativa, ou se cessar antes de realizada a condição a que ele estiver subordinado.

Art. 107. A validade da declaração de vontade não dependerá de forma especial, senão quando a lei expressamente a exigir.

• *Vide* arts. 104, III, 108, 109 e 183 do CC.

Art. 108. Não dispondo a lei em contrário, a escritura pública é essencial à validade dos negócios jurídicos que visem à constituição, transferência, modificação ou renúncia de direitos reais sobre imóveis de valor superior a trinta vezes o maior salário mínimo vigente no País.

• *Vide* art. 215 do CC.

Art. 109. No negócio jurídico celebrado com a cláusula de não valer sem instrumento público, este é da substância do ato.

Art. 110. A manifestação de vontade subsiste ainda que o seu autor haja feito a reserva mental de não querer o que manifestou, salvo se dela o destinatário tinha conhecimento.

Art. 111. O silêncio importa anuência, quando as circunstâncias ou os usos o autorizarem, e não for necessária a declaração de vontade expressa.

Art. 112. Nas declarações de vontade se atenderá mais à intenção nelas consubstanciada do que ao sentido literal da linguagem.

• *Vide* arts. 114 e 133 do CC.

Art. 113. Os negócios jurídicos devem ser interpretados conforme a boa-fé e os usos do lugar de sua celebração.

• *Vide* arts. 164, 422 e 423 do CC.

Art. 114. Os negócios jurídicos benéficos e a renúncia interpretam-se estritamente.

CAPÍTULO II

DA REPRESENTAÇÃO

Art. 115. Os poderes de representação conferem-se por lei ou pelo interessado.

• *Vide* arts. 120, 653 a 692 do CC.

Art. 116. A manifestação de vontade pelo representante, nos limites de seus poderes, produz efeitos em relação ao representado.

Art. 117. Salvo se o permitir a lei ou o representado, é anulável o negócio jurídico que o representante, no seu interesse ou por conta de outrem, celebrar consigo mesmo.

• Defeitos do negócio jurídico: *vide* arts. 138 e s. e 171 do CC.

Parágrafo único. Para esse efeito, tem-se como celebrado pelo representante o negócio realizado por aquele em quem os poderes houverem sido subestabelecidos.

Art. 118. O representante é obrigado a provar às pessoas, com quem tratar em nome do representado, a sua qualidade e a extensão de seus poderes, sob pena de, não o fazendo, responder pelos atos que a estes excederem.

• *Vide* arts. 673 e 679 do CC.

Art. 119. É anulável o negócio concluído pelo representante em conflito de interesses com o representado, se tal fato era ou devia ser do conhecimento de quem com aquele tratou.

• Defeitos do negócio jurídico: *vide* arts. 138 e s. e 171 do CC.

Parágrafo único. É de cento e oitenta dias, a contar da conclusão do negócio ou da cessação da incapacidade, o prazo de decadência para pleitear-se a anulação prevista neste artigo.

Art. 120. Os requisitos e os efeitos da representação legal são os estabelecidos nas normas respectivas; os da representação voluntária são os da Parte Especial deste Código.

CAPÍTULO III

DA CONDIÇÃO, DO TERMO E DO ENCARGO

Art. 121. Considera-se condição a cláusula que, derivando exclusivamente da vontade das partes, subordina o efeito do negócio jurídico a evento futuro e incerto.

• *Vide* arts. 125, 127 e 128 do CC.

Art. 122. São lícitas, em geral, todas as condições não contrárias à lei, à ordem pública ou aos bons costumes; entre as condições defesas se incluem as que privarem de todo efeito o negócio jurídico, ou o sujeitarem ao puro arbítrio de uma das partes.

Art. 123. Invalidam os negócios jurídicos que lhes são subordinados:

• *Vide* art. 137 do CC.

I – as condições física ou juridicamente impossíveis, quando suspensivas;

• *Vide* arts. 106 e 166 do CC.

II – as condições ilícitas, ou de fazer coisa ilícita;

• *Vide* art. 122 do CC.

III – as condições incompreensíveis ou contraditórias.

Art. 124. Têm-se por inexistentes as condições impossíveis, quando resolutivas, e as de não fazer coisa impossível.

Art. 125. Subordinando-se a eficácia do negócio jurídico à condição suspensiva, enquanto esta se não verificar, não se terá adquirido o direito, a que ele visa.

• *Vide* art. 332 do CC.

Art. 126. Se alguém dispuser de uma coisa sob condição suspensiva, e, pendente esta, fizer quanto àquela novas disposições, estas não terão valor, realizada a condição, se com ela forem incompatíveis.

Art. 127. Se for resolutiva a condição, enquanto esta se não realizar, vigorará o negócio jurídico, podendo exercer-se desde a conclusão deste o direito por ele estabelecido.

Art. 128. Sobrevindo a condição resolutiva, extingue-se, para todos os efeitos, o direito a que ela se opõe; mas, se aposta a um negócio de execução continuada ou periódica, a sua realização, salvo disposição em contrário, não tem eficácia quanto aos atos já praticados, desde que compatíveis com a natureza da condição pendente e conforme aos ditames de boa-fé.

Art. 129. Reputa-se verificada, quanto aos efeitos jurídicos, a condição cujo implemento for maliciosamente obstado pela parte a quem desfavorecer, considerando-se, ao contrário, não verificada a condição maliciosamente levada a efeito por aquele a quem aproveita o seu implemento.

Art. 130. Ao titular do direito eventual, nos casos de condição suspensiva ou resolutiva, é permitido praticar os atos destinados a conservá-lo.

• *Vide* art. 6.º da LINDB.

Art. 131. O termo inicial suspende o exercício, mas não a aquisição do direito.

• CF, art. 5.º, XXXVI.
• *Vide* art. 6.º da LINDB.
• *Vide* arts. 125 e 135 do CC.

Art. 132. Salvo disposição legal ou convencional em contrário, computam-se os prazos, excluído o dia do começo, e incluído o do vencimento.

§ 1.º Se o dia do vencimento cair em feriado, considerar-se-á prorrogado o prazo até o seguinte dia útil.

§ 2.º Meado considera-se, em qualquer mês, o seu décimo quinto dia.

§ 3.º Os prazos de meses e anos expiram no dia de igual número do de início, ou no imediato, se faltar exata correspondência.

§ 4.º Os prazos fixados por hora contar-se-ão de minuto a minuto.

• *Vide* CPC, arts. 175 e 184.
• O art. 775 da CLT dispõe sobre atos, termos e prazos processuais.
• O CPP dispõe sobre prazos em seu art. 798.

Art. 133. Nos testamentos, presume-se o prazo em favor do herdeiro, e, nos contratos, em proveito do devedor, salvo, quanto a esses, se do teor do instrumento, ou das circunstâncias, resultar que se estabeleceu a benefício do credor, ou de ambos os contratantes.

Art. 134. Os negócios jurídicos entre vivos, sem prazo, são exequíveis desde logo, salvo se a execução tiver de ser feita em lugar diverso ou depender de tempo.

Art. 135. Ao termo inicial e final aplicam-se, no que couber, as disposições relativas à condição suspensiva e resolutiva.

• *Vide* arts. 123, I, 124 a 130 do CC.

Art. 136. O encargo não suspende a aquisição nem o exercício do direito, salvo quando expressamente imposto no negócio jurídico, pelo disponente, como condição suspensiva.

Art. 137. Considera-se não escrito o encargo ilícito ou impossível, salvo se constituir o motivo determinante da liberalidade, caso em que se invalida o negócio jurídico.

CAPÍTULO IV

DOS DEFEITOS DO NEGÓCIO JURÍDICO

SEÇÃO I

Do Erro ou Ignorância

Art. 138. São anuláveis os negócios jurídicos, quando as declarações de vontade emanarem de erro substancial que poderia ser percebido por pessoa de diligência normal, em face das circunstâncias do negócio.

• *Vide* arts. 171, II, 177, 178, II, e 877 do CC.
• *Vide* arts. 393, 446, II, e 966, VIII, do CPC.

Art. 139. O erro é substancial quando:

I – interessa à natureza do negócio, ao objeto principal da declaração, ou a alguma das qualidades a ele essenciais;

II – concerne à identidade ou à qualidade essencial da pessoa a quem se refira a declaração de vontade, desde que tenha influído nesta de modo relevante;

III – sendo de direito e não implicando recusa à aplicação da lei, for o motivo único ou principal do negócio jurídico.

Art. 140. O falso motivo só vicia a declaração de vontade quando expresso como razão determinante.

Art. 141. A transmissão errônea da vontade por meios interpostos é anulável nos mesmos casos em que o é a declaração direta.

Art. 142. O erro de indicação da pessoa ou da coisa, a que se referir a declaração de vontade, não viciará o negócio quando, por seu contexto e pelas circunstâncias, se puder identificar a coisa ou pessoa cogitada.

Art. 143. O erro de cálculo apenas autoriza a retificação da declaração de vontade.

Art. 144. O erro não prejudica a validade do negócio jurídico quando a pessoa, a quem a manifestação de vontade se dirige, se oferecer para executá-la na conformidade da vontade real do manifestante.

SEÇÃO II

Do Dolo

Art. 145. São os negócios jurídicos anuláveis por dolo, quando este for a sua causa.

•• *Vide* art. 180 do CC.
• *Vide* arts. 171, II, 177, 178, II, 849 e 2.027 do CC.
• Sobre prova de dolo, *vide* art. 446, II, do CPC.
• *Vide* arts. 352 e 404, II, do CPC, sobre prova de dolo.

Art. 146. O dolo acidental só obriga à satisfação das perdas e danos, e é acidental quando, a seu despeito, o negócio seria realizado, embora por outro modo.

Art. 147. Nos negócios jurídicos bilaterais, o silêncio intencional de uma das partes a respeito de fato ou qualidade que a outra parte haja ignorado, constitui omissão dolosa, provando-se que sem ela o negócio não se teria celebrado.

Art. 148. Pode também ser anulado o negócio jurídico por dolo de terceiro, se a parte a quem aproveite dele tivesse ou devesse ter conhecimento; em caso contrário, ainda que subsista o negócio jurídico, o terceiro responderá por todas as perdas e danos da parte a quem ludibriou.

Art. 149. O dolo do representante legal de uma das partes só obriga o representado a responder civilmente até a importância do proveito que teve; se, porém, o dolo for do representante convencional, o representado responderá solidariamente com ele por perdas e danos.

• Sobre representação, *vide* arts. 120, 653 a 692 do CC.

Art. 150. Se ambas as partes procederem com dolo, nenhuma pode alegá-lo para anular o negócio, ou reclamar indenização.

SEÇÃO III
Da Coação

Art. 151. A coação, para viciar a declaração da vontade, há de ser tal que incuta ao paciente fundado temor de dano iminente e considerável à sua pessoa, à sua família, ou aos seus bens.

Parágrafo único. Se disser respeito a pessoa não pertencente à família do paciente, o juiz, com base nas circunstâncias, decidirá se houve coação.

- *Vide* arts. 171, II, 177 e 178, I, do CC.
- *Vide* arts. 393 e 446, II, do CPC.

Art. 152. No apreciar a coação, ter-se-ão em conta o sexo, a idade, a condição, a saúde, o temperamento do paciente e todas as demais circunstâncias que possam influir na gravidade dela.

Art. 153. Não se considera coação a ameaça do exercício normal de um direito, nem o simples temor reverencial.

Art. 154. Vicia o negócio jurídico a coação exercida por terceiro, se dela tivesse ou devesse ter conhecimento a parte a que aproveite, e esta responderá solidariamente com aquele por perdas e danos.

- *Vide* arts. 275 a 285 do CC.

Art. 155. Subsistirá o negócio jurídico, se a coação decorrer de terceiro, sem que a parte a que aproveite dela tivesse ou devesse ter conhecimento; mas o autor da coação responderá por todas as perdas e danos que houver causado ao coacto.

SEÇÃO IV
Do Estado de Perigo

Art. 156. Configura-se o estado de perigo quando alguém, premido da necessidade de salvar-se, ou a pessoa de sua família, de grave dano conhecido pela outra parte, assume obrigação excessivamente onerosa.

Parágrafo único. Tratando-se de pessoa não pertencente à família do declarante, o juiz decidirá segundo as circunstâncias.

- *Vide* arts. 171, II, e 178, II, do CC.

SEÇÃO V
Da Lesão

Art. 157. Ocorre a lesão quando uma pessoa, sob premente necessidade, ou por inexperiência, se obriga a prestação manifestamente desproporcional ao valor da prestação oposta.

- *Vide* arts. 171, II, e 178, II, do CC.

§ 1.º Aprecia-se a desproporção das prestações segundo os valores vigentes ao tempo em que foi celebrado o negócio jurídico.

§ 2.º Não se decretará a anulação do negócio, se for oferecido suplemento suficiente, ou se a parte favorecida concordar com a redução do proveito.

- *Vide* art. 317 do CC.

SEÇÃO VI
Da Fraude contra Credores

Art. 158. Os negócios de transmissão gratuita de bens ou remissão de dívida, se os praticar o devedor já insolvente, ou por eles reduzido à insolvência, ainda quando o ignore, poderão ser anulados pelos credores quirografários, como lesivos dos seus direitos.

§ 1.º Igual direito assiste aos credores cuja garantia se tornar insuficiente.

§ 2.º Só os credores que já o eram ao tempo daqueles atos podem pleitear a anulação deles.

- *Vide* arts. 171, II, 177 e 178, II, do CC.
- *Vide* arts. 774, I, 789, 792 e 856, § 2.º, do CPC.

Art. 159. Serão igualmente anuláveis os contratos onerosos do devedor insolvente, quando a insolvência for notória, ou houver motivo para ser conhecida do outro contratante.

Art. 160. Se o adquirente dos bens do devedor insolvente ainda não tiver pago o preço e este for, aproximadamente, o corrente, desobrigar-se-á depositando-o em juízo, com a citação de todos os interessados.

Parágrafo único. Se inferior, o adquirente, para conservar os bens, poderá depositar o preço que lhes corresponda ao valor real.

Art. 161. A ação, nos casos dos arts. 158 e 159, poderá ser intentada contra o devedor insolvente, a pessoa que com ele celebrou a estipulação considerada fraudulenta, ou terceiros adquirentes que hajam procedido de má-fé.

Art. 162. O credor quirografário, que receber do devedor insolvente o pagamento da dívida ainda não vencida, ficará obrigado a repor, em proveito do acervo sobre que se tenha de efetuar o concurso de credores, aquilo que recebeu.

Art. 163. Presumem-se fraudatórias dos direitos dos outros credores as garantias de dívidas que o devedor insolvente tiver dado a algum credor.

Art. 164. Presumem-se, porém, de boa-fé e valem os negócios ordinários indispensáveis à manutenção de estabelecimento mercantil, rural, ou industrial, ou à subsistência do devedor e de sua família.

Art. 165. Anulados os negócios fraudulentos, a vantagem resultante reverterá em proveito do acervo sobre que se tenha de efetuar o concurso de credores.

Parágrafo único. Se esses negócios tinham por único objeto atribuir direitos preferenciais, mediante hipoteca, penhor ou anticrese, sua invalidade importará somente na anulação da preferência ajustada.

CAPÍTULO V
DA INVALIDADE DO NEGÓCIO JURÍDICO

Art. 166. É nulo o negócio jurídico quando:

I – celebrado por pessoa absolutamente incapaz;

II – for ilícito, impossível ou indeterminável o seu objeto;

• *Vide* LINDB, art. 17.

III – o motivo determinante, comum a ambas as partes, for ilícito;

IV – não revestir a forma prescrita em lei;

V – for preterida alguma solenidade que a lei considere essencial para a sua validade;

VI – tiver por objetivo fraudar lei imperativa;

VII – a lei taxativamente o declarar nulo, ou proibir-lhe a prática, sem cominar sanção.

• *Vide* art. 9.º da CLT.

Art. 167. É nulo o negócio jurídico simulado, mas subsistirá o que se dissimulou, se válido for na substância e na forma.

§ 1.º Haverá simulação nos negócios jurídicos quando:

I – aparentarem conferir ou transmitir direitos a pessoas diversas daquelas às quais realmente se conferem, ou transmitem;

II – contiverem declaração, confissão, condição ou cláusula não verdadeira;

III – os instrumentos particulares forem antedatados, ou pós-datados.

§ 2.º Ressalvam-se os direitos de terceiros de boa-fé em face dos contraentes do negócio jurídico simulado.

Art. 168. As nulidades dos artigos antecedentes podem ser alegadas por qualquer interessado, ou pelo Ministério Público, quando lhe couber intervir.

Parágrafo único. As nulidades devem ser pronunciadas pelo juiz, quando conhecer do negócio jurídico ou dos seus efeitos e as encontrar provadas, não lhe sendo permitido supri-las, ainda que a requerimento das partes.

• *Vide* art. 282 do CPC.

Art. 169. O negócio jurídico nulo não é suscetível de confirmação, nem convalesce pelo decurso do tempo.

Art. 170. Se, porém, o negócio jurídico nulo contiver os requisitos de outro, subsistirá este quando o fim a que visavam as partes permitir supor que o teriam querido, se houvessem previsto a nulidade.

Art. 171. Além dos casos expressamente declarados na lei, é anulável o negócio jurídico:

I – por incapacidade relativa do agente;

II – por vício resultante de erro, dolo, coação, estado de perigo, lesão ou fraude contra credores.

Art. 172. O negócio anulável pode ser confirmado pelas partes, salvo direito de terceiro.

• Sobre a confirmação do ato anulável pela novação, *vide* art. 367 do CC.

Art. 173. O ato de confirmação deve conter a substância do negócio celebrado e a vontade expressa de mantê-lo.

Art. 174. É escusada a confirmação expressa, quando o negócio já foi cumprido em parte pelo devedor, ciente do vício que o inquinava.

Art. 175. A confirmação expressa, ou a execução voluntária de negócio anulável, nos termos dos arts. 172 a 174, importa a extinção de todas as ações, ou exceções, de que contra ele dispusesse o devedor.

Art. 176. Quando a anulabilidade do ato resultar da falta de autorização de terceiro, será validado se este a der posteriormente.

Art. 177. A anulabilidade não tem efeito antes de julgada por sentença, nem se pronuncia de ofício; só os interessados a podem alegar, e aproveita exclusivamente aos que a alegarem, salvo o caso de solidariedade ou indivisibilidade.

Art. 178. É de quatro anos o prazo de decadência para pleitear-se a anulação do negócio jurídico, contado:

I – no caso de coação, do dia em que ela cessar;

II – no de erro, dolo, fraude contra credores, estado de perigo ou lesão, do dia em que se realizou o negócio jurídico;

III – no de atos de incapazes, do dia em que cessar a incapacidade.

Art. 179. Quando a lei dispuser que determinado ato é anulável, sem estabelecer prazo para pleitear-se a anulação, será este de dois anos, a contar da data da conclusão do ato.

Art. 180. O menor, entre dezesseis e dezoito anos, não pode, para eximir-se de uma obrigação, invocar a sua idade se dolosamente a ocultou quando inquirido pela outra parte, ou se, no ato de obrigar-se, declarou-se maior.

Art. 181. Ninguém pode reclamar o que, por uma obrigação anulada, pagou a um incapaz, se não provar que reverteu em proveito dele a importância paga.

Art. 182. Anulado o negócio jurídico, restituir-se-ão as partes ao estado em que antes dele se achavam, e, não sendo possível restituí-las, serão indenizadas com o equivalente.

Art. 183. A invalidade do instrumento não induz a do negócio jurídico sempre que este puder provar-se por outro meio.

Art. 184. Respeitada a intenção das partes, a invalidade parcial de um negócio jurídico não o prejudicará na parte válida, se esta for separável; a invalidade da obrigação principal implica a das obrigações acessórias, mas a destas não induz a da obrigação principal.

TÍTULO II
DOS ATOS JURÍDICOS LÍCITOS

Art. 185. Aos atos jurídicos lícitos, que não sejam negócios jurídicos, aplicam-se, no que couber, as disposições do Título anterior.

TÍTULO III
DOS ATOS ILÍCITOS

Art. 186. Aquele que, por ação ou omissão voluntária, negligência ou imprudência, violar direito e causar dano a outrem, ainda que exclusivamente moral, comete ato ilícito.

• *Vide* Enunciados n. 4 e 13 da 1.ª Jornada de Direito do Trabalho.

Art. 187. Também comete ato ilícito o titular de um direito que, ao exercê-lo, excede manifestamente os limites impostos pelo seu fim econômico ou social, pela boa-fé ou pelos bons costumes.

• *Vide* Enunciado n. 4 da 1.ª Jornada de Direito do Trabalho.

Art. 188. Não constituem atos ilícitos:

I – os praticados em legítima defesa ou no exercício regular de um direito reconhecido;

II – a deterioração ou destruição da coisa alheia, ou a lesão a pessoa, a fim de remover perigo iminente.

Parágrafo único. No caso do inciso II, o ato será legítimo somente quando as circunstâncias o tornarem absolutamente necessário, não excedendo os limites do indispensável para a remoção do perigo.

TÍTULO IV
DA PRESCRIÇÃO E DA DECADÊNCIA

CAPÍTULO I
DA PRESCRIÇÃO

SEÇÃO I
Disposições Gerais

Art. 189. Violado o direito, nasce para o titular a pretensão, a qual se extingue, pela prescrição, nos prazos a que aludem os arts. 205 e 206.

Art. 190. A exceção prescreve no mesmo prazo em que a pretensão.

Art. 191. A renúncia da prescrição pode ser expressa ou tácita, e só valerá, sendo feita, sem prejuízo de terceiro, depois que a prescrição se consumar; tácita é a renúncia quando se presume de fatos do interessado, incompatíveis com a prescrição.

Art. 192. Os prazos de prescrição não podem ser alterados por acordo das partes.

Art. 193. A prescrição pode ser alegada em qualquer grau de jurisdição, pela parte a quem aproveita.

• *Vide* art. 240 do CPC.

Art. 194. (*Revogado pela Lei n. 11.280, de 16-2-2006.*)

Art. 195. Os relativamente incapazes e as pessoas jurídicas têm ação contra os seus assistentes ou representantes legais, que derem causa à prescrição, ou não a alegarem oportunamente.

Art. 196. A prescrição iniciada contra uma pessoa continua a correr contra o seu sucessor.

SEÇÃO II
Das Causas que Impedem ou Suspendem a Prescrição

Art. 197. Não corre a prescrição:

I – entre os cônjuges, na constância da sociedade conjugal;

II – entre ascendentes e descendentes, durante o poder familiar;

III – entre tutelados ou curatelados e seus tutores ou curadores, durante a tutela ou curatela.

Art. 198. Também não corre a prescrição:

I – contra os incapazes de que trata o art. 3.º;

II – contra os ausentes do País em serviço público da União, dos Estados ou dos Municípios;

III – contra os que se acharem servindo nas Forças Armadas, em tempo de guerra.

• *Vide* art. 440 da CLT.

Art. 199. Não corre igualmente a prescrição:

I – pendendo condição suspensiva;

II – não estando vencido o prazo;

III – pendendo ação de evicção.

Art. 200. Quando a ação se originar de fato que deva ser apurado no juízo criminal, não correrá a prescrição antes da respectiva sentença definitiva.

Art. 201. Suspensa a prescrição em favor de um dos credores solidários, só aproveitam os outros se a obrigação for indivisível.

SEÇÃO III
Das Causas que Interrompem a Prescrição

Art. 202. A interrupção da prescrição, que somente poderá ocorrer uma vez, dar-se-á:

• Sobre interrupção da prescrição dispõe o art. 219 do CPC.

I – por despacho do juiz, mesmo incompetente, que ordenar a citação, se o interessado a promover no prazo e na forma da lei processual;

II – por protesto, nas condições do inciso antecedente;

III – por protesto cambial;

IV – pela apresentação do título de crédito em juízo de inventário ou em concurso de credores;

V – por qualquer ato judicial que constitua em mora o devedor;

VI – por qualquer ato inequívoco, ainda que extrajudicial, que importe reconhecimento do direito pelo devedor.

Parágrafo único. A prescrição interrompida recomeça a correr da data do ato que a interrompeu, ou do último ato do processo para a interromper.

Art. 203. A prescrição pode ser interrompida por qualquer interessado.

Art. 204. A interrupção da prescrição por um credor não aproveita aos outros; semelhantemente, a interrupção operada contra o codevedor, ou seu herdeiro, não prejudica aos demais coobrigados.

§ 1.º A interrupção por um dos credores solidários aproveita aos outros; assim como a interrupção efetuada contra o devedor solidário envolve os demais e seus herdeiros.

§ 2.º A interrupção operada contra um dos herdeiros do devedor solidário não prejudica os outros herdeiros ou devedores, senão quando se trate de obrigações e direitos indivisíveis.

§ 3.º A interrupção produzida contra o principal devedor prejudica o fiador.

SEÇÃO IV
Dos Prazos da Prescrição

Art. 205. A prescrição ocorre em dez anos, quando a lei não lhe haja fixado prazo menor.

•• Prescrição em matéria de trabalho: arts. 11, 11-A, 119, 143, 440 e 916 da CLT.

• Prescrição na Previdência Social: arts. 103 e 104 da Lei n. 8.213, de 24-7-1991, regulamentada pelo Decreto n. 3.048, de 6-5-1999.

Art. 206. Prescreve:

§ 1.º Em um ano:

I – a pretensão dos hospedeiros ou fornecedores de víveres destinados a consumo no próprio estabelecimento, para o pagamento da hospedagem ou dos alimentos;

II – a pretensão do segurado contra o segurador, ou a deste contra aquele, contado o prazo:

a) para o segurado, no caso de seguro de responsabilidade civil, da data em que é citado para responder à ação de indenização proposta pelo terceiro prejudicado, ou da data que a este indeniza, com a anuência do segurador;

b) quanto aos demais seguros, da ciência do fato gerador da pretensão;

III – a pretensão dos tabeliães, auxiliares da justiça, serventuários judiciais, árbitros e peritos, pela percepção de emolumentos, custas e honorários;

IV – a pretensão contra os peritos, pela avaliação dos bens que entraram para a formação do capital de sociedade anônima, contado da publicação da ata da assembleia que aprovar o laudo;

V – a pretensão dos credores não pagos contra os sócios ou acionistas e os liquidantes, contado o prazo da publicação da ata de encerramento da liquidação da sociedade.

§ 2.º Em dois anos, a pretensão para haver prestações alimentares, a partir da data em que se vencerem.

§ 3.º Em três anos:

I – a pretensão relativa a aluguéis de prédios urbanos ou rústicos;

II – a pretensão para receber prestações vencidas de rendas temporárias ou vitalícias;

III – a pretensão para haver juros, dividendos ou quaisquer prestações acessórias, pagáveis, em períodos não maiores de um ano, com capitalização ou sem ela;

IV – a pretensão de ressarcimento de enriquecimento sem causa;

V – a pretensão de reparação civil;

VI – a pretensão de restituição dos lucros ou dividendos recebidos de má-fé, correndo o prazo da data em que foi deliberada a distribuição;

VII – a pretensão contra as pessoas em seguida indicadas por violação da lei ou do estatuto, contado o prazo:

a) para os fundadores, da publicação dos atos constitutivos da sociedade anônima;

b) para os administradores, ou fiscais, da apresentação, aos sócios, do balanço referente ao exercício em que a violação tenha sido praticada, ou da reunião ou assembleia geral que dela deva tomar conhecimento;

c) para os liquidantes, da primeira assembleia semestral posterior à violação;

VIII – a pretensão para haver o pagamento de título de crédito, a contar do vencimento, ressalvadas as disposições de lei especial;

IX – a pretensão do beneficiário contra o segurador, e a do terceiro prejudicado, no caso de seguro de responsabilidade civil obrigatório.

§ 4.º Em quatro anos, a pretensão relativa à tutela, a contar da data da aprovação das contas.

§ 5.º Em cinco anos:

I – a pretensão de cobrança de dívidas líquidas constantes de instrumento público ou particular;

II – a pretensão dos profissionais liberais em geral, procuradores judiciais, curadores e professores pelos seus honorários, contado o prazo da conclusão dos serviços, da cessação dos respectivos contratos ou mandato;

III – a pretensão do vencedor para haver do vencido o que despendeu em juízo.

CAPÍTULO II
DA DECADÊNCIA

Art. 207. Salvo disposição legal em contrário, não se aplicam à decadência as normas que impedem, suspendem ou interrompem a prescrição.

Art. 208. Aplica-se à decadência o disposto nos arts. 195 e 198, I.

Art. 209. É nula a renúncia à decadência fixada em lei.

Art. 210. Deve o juiz, de ofício, conhecer da decadência, quando estabelecida por lei.

Art. 211. Se a decadência for convencional, a parte a quem aproveita pode alegá-la em qualquer grau de jurisdição, mas o juiz não pode suprir a alegação.

TÍTULO V
DA PROVA

Art. 212. Salvo o negócio a que se impõe forma especial, o fato jurídico pode ser provado mediante:

• *Vide* art. 369 do CPC.

I – confissão;

• *Vide* arts. 389 a 395 do CPC.

II – documento;

• *Vide* arts. 405 e s. do CPC.

III – testemunha;

• *Vide* arts. 442 a 463 do CPC.

IV – presunção;

• *Vide* art. 375 do CPC.

V – perícia.

Art. 213. Não tem eficácia a confissão se provém de quem não é capaz de dispor do direito a que se referem os fatos confessados.

Parágrafo único. Se feita a confissão por um representante, somente é eficaz nos limites em que este pode vincular o representado.

Art. 214. A confissão é irrevogável, mas pode ser anulada se decorreu de erro de fato ou de coação.

Art. 215. A escritura pública, lavrada em notas de tabelião, é documento dotado de fé pública, fazendo prova plena.

§ 1.º Salvo quando exigidos por lei outros requisitos, a escritura pública deve conter:

I – data e local de sua realização;

II – reconhecimento da identidade e capacidade das partes e de quantos hajam comparecido ao ato, por si, como representantes, intervenientes ou testemunhas;

III – nome, nacionalidade, estado civil, profissão, domicílio e residência das partes e demais comparecentes, com a indicação, quando necessário, do regime de bens do casamento, nome do outro cônjuge e filiação;

IV – manifestação clara da vontade das partes e dos intervenientes;

V – referência ao cumprimento das exigências legais e fiscais inerentes à legitimidade do ato;

VI – declaração de ter sido lida na presença das partes e demais comparecentes, ou de que todos a leram;

VII – assinatura das partes e dos demais comparecentes, bem como a do tabelião ou seu substituto legal, encerrando o ato.

• A Lei n. 7.433, de 18-12-1985, dispõe sobre requisitos para a lavratura de escrituras públicas.

§ 2.º Se algum comparecente não puder ou não souber escrever, outra pessoa capaz assinará por ele, a seu rogo.

§ 3.º A escritura será redigida na língua nacional.

§ 4.º Se qualquer dos comparecentes não souber a língua nacional e o tabelião não entender o idioma em que se expressa, deverá comparecer tradutor público para servir de intérprete, ou, não o havendo na localidade, outra pessoa capaz que, a juízo do tabelião, tenha idoneidade e conhecimento bastantes.

§ 5.º Se algum dos comparecentes não for conhecido do tabelião, nem puder identificar-se por documento, deverão participar do ato pelo menos duas testemunhas que o conheçam e atestem sua identidade.

Art. 216. Farão a mesma prova que os originais as certidões textuais de qualquer peça judicial, do protocolo das audiências, ou de outro qualquer livro a cargo do escrivão, sendo extraídas por ele, ou sob a sua vigilância, e por ele subscritas, assim como os traslados de autos, quando por outro escrivão consertados.

•• Mantivemos "consertados" conforme publicação oficial. Entendemos que o correto seria "concertados".

• *Vide* art. 425, I e III, do CPC.

• Os arts. 818 e 830 da CLT dispõem sobre "provas".

Art. 217. Terão a mesma força probante os traslados e as certidões, extraídos por tabelião ou oficial de registro, de instrumentos ou documentos lançados em suas notas.

• *Vide* art. 425 do CPC.

• *Vide* art. 830 da CLT.

Art. 218. Os traslados e as certidões considerar-se-ão instrumentos públicos, se os originais se houverem produzido em juízo como prova de algum ato.

• *Vide* arts. 162, 192 e 425, III, do CPC.

Art. 219. As declarações constantes de documentos assinados presumem-se verdadeiras em relação aos signatários.

Parágrafo único. Não tendo relação direta, porém, com as disposições principais ou com a legitimidade das partes, as declarações enunciativas não eximem os interessados em sua veracidade do ônus de prová-las.

• A Lei n. 7.115, de 29-8-1983, dispõe sobre prova documental.

Art. 220. A anuência ou a autorização de outrem, necessária à validade de um ato, provar-se-á do mesmo modo que este, e constará, sempre que se possa, do próprio instrumento.

Art. 221. O instrumento particular, feito e assinado, ou somente assinado por quem esteja na livre disposição e administração de seus bens, prova as obrigações convencionais de qualquer valor; mas os seus efeitos, bem como os da cessão, não se operam, a respeito de terceiros, antes de registrado no registro público.

Parágrafo único. A prova do instrumento particular pode suprir-se pelas outras de caráter legal.

• *Vide* art. 408 do CPC.

Art. 222. O telegrama, quando lhe for contestada a autenticidade, faz prova mediante conferência com o original assinado.

• *Vide* arts. 413 e 414 do CPC.

Art. 223. A cópia fotográfica de documento, conferida por tabelião de notas, valerá como prova de declaração da vontade, mas, impugnada sua autenticidade, deverá ser exibido o original.

• *Vide* arts. 423 e 424 do CPC.

Parágrafo único. A prova não supre a ausência do título de crédito, ou do original, nos casos em que a lei ou as circunstâncias condicionarem o exercício do direito à sua exibição.

Art. 224. Os documentos redigidos em língua estrangeira serão traduzidos para o português para ter efeitos legais no País.

• *Vide* arts. 162, I, 164 e 192 do CPC.

• O Decreto n. 13.609, de 21-10-1943, estabelece o Regulamento para ofício de Tradutor Público e Intérprete Comercial do Território da República.

Art. 225. As reproduções fotográficas, cinematográficas, os registros fonográficos e, em geral, quaisquer outras reproduções mecânicas ou eletrônicas de fatos ou de coisas fazem prova plena destes, se a parte, contra quem forem exibidos, não lhes impugnar a exatidão.

• *Vide* art. 422 do CPC.

Art. 226. Os livros e fichas dos empresários e sociedades provam contra as pessoas a que pertencem, e, em seu favor, quando, escriturados sem vício extrínseco ou intrínseco, forem confirmados por outros subsídios.

Parágrafo único. A prova resultante dos livros e fichas não é bastante nos casos em que a lei exige escritura pública, ou escrito particular revestido de requisitos especiais, e pode ser ilidida pela comprovação da falsidade ou inexatidão dos lançamentos.

Art. 227. (*Revogado pela Lei n. 13.105, de 16-3-2015.*)

Parágrafo único. Qualquer que seja o valor do negócio jurídico, a prova testemunhal é admissível como subsidiária ou complementar da prova por escrito.

•• A Lei n. 13.105, de 16-3-2015, determinou a revogação do *caput* deste artigo, sem fazer menção em relação ao parágrafo único.

Art. 228. Não podem ser admitidos como testemunhas:

I – os menores de dezesseis anos;

II e III – (*Revogados pela Lei n. 13.146, de 6-7-2015.*);

IV – o interessado no litígio, o amigo íntimo ou o inimigo capital das partes;

V – os cônjuges, os ascendentes, os descendentes e os colaterais, até o terceiro grau de alguma das partes, por consanguinidade, ou afinidade.

• *Vide* arts. 447 e 457 do CPC.

• A CLT, art. 829, dispõe sobre provas.

§ 1.º Para a prova de fatos que só elas conheçam, pode o juiz admitir o depoimento das pessoas a que se refere este artigo.

•• Parágrafo único renumerado pela Lei n. 13.146, de 6-7-2015.

§ 2.º A pessoa com deficiência poderá testemunhar em igualdade de condições com as demais pessoas, sendo-lhe assegurados todos os recursos de tecnologia assistiva.

•• § 2.º acrescentado pela Lei n. 13.146, de 6-7-2015.

Arts. 229 e 230. (*Revogados pela Lei n. 13.105, de 16-3-2015.*)

Art. 231. Aquele que se nega a submeter-se a exame médico necessário não poderá aproveitar-se de sua recusa.

Art. 232. A recusa à perícia médica ordenada pelo juiz poderá suprir a prova que se pretendia obter com o exame.

PARTE ESPECIAL

LIVRO I
DO DIREITO DAS OBRIGAÇÕES

TÍTULO I
DAS MODALIDADES DAS OBRIGAÇÕES

CAPÍTULO I
DAS OBRIGAÇÕES DE DAR

SEÇÃO I
Das Obrigações de Dar Coisa Certa

Art. 233. A obrigação de dar coisa certa abrange os acessórios dela embora não mencionados, salvo se o contrário resultar do título ou das circunstâncias do caso.

Art. 234. Se, no caso do artigo antecedente, a coisa se perder, sem culpa do devedor, antes da tradição, ou pendente a condição suspensiva, fica resolvida a obrigação para ambas as partes; se a perda resultar de culpa do devedor, responderá este pelo equivalente e mais perdas e danos.

Art. 235. Deteriorada a coisa, não sendo o devedor culpado, poderá o credor resolver a obrigação, ou aceitar a coisa, abatido de seu preço o valor que perdeu.

Art. 236. Sendo culpado o devedor, poderá o credor exigir o equivalente, ou aceitar a coisa no estado em que se acha, com direito a reclamar, em um ou em outro caso, indenização das perdas e danos.

Art. 237. Até a tradição pertence ao devedor a coisa, com os seus melhoramentos e acrescidos, pelos quais poderá exigir aumento no preço; se o credor não anuir, poderá o devedor resolver a obrigação.

Parágrafo único. Os frutos percebidos são do devedor, cabendo ao credor os pendentes.

Art. 238. Se a obrigação for de restituir coisa certa, e esta, sem culpa do devedor, se perder antes da tradição, sofrerá o credor a perda, e a obrigação se resolverá, ressalvados os seus direitos até o dia da perda.

Art. 239. Se a coisa se perder por culpa do devedor, responderá este pelo equivalente, mais perdas e danos.

Art. 240. Se a coisa restituível se deteriorar sem culpa do devedor, recebê-la-á o credor, tal qual se ache, sem direito a indenização; se por culpa do devedor, observar-se-á o disposto no art. 239.

Art. 241. Se, no caso do art. 238, sobrevier melhoramento ou acréscimo à coisa, sem despesa ou trabalho do devedor, lucrará o credor, desobrigado de indenização.

Art. 242. Se para o melhoramento, ou aumento, empregou o devedor trabalho ou dispêndio, o caso se regulará pelas normas deste Código atinentes às benfeitorias realizadas pelo possuidor de boa-fé ou de má-fé.

Parágrafo único. Quanto aos frutos percebidos, observar-se-á, do mesmo modo, o disposto neste Código, acerca do possuidor de boa-fé ou de má-fé.

SEÇÃO II
Das Obrigações de Dar Coisa Incerta

Art. 243. A coisa incerta será indicada, ao menos, pelo gênero e pela quantidade.

Art. 244. Nas coisas determinadas pelo gênero e pela quantidade, a escolha pertence ao devedor, se o contrário não resultar do título da obrigação; mas não poderá dar a coisa pior, nem será obrigado a prestar a melhor.

Art. 245. Cientificado da escolha o credor, vigorará o disposto na Seção antecedente.

Art. 246. Antes da escolha, não poderá o devedor alegar perda ou deterioração da coisa, ainda que por força maior ou caso fortuito.

CAPÍTULO II
DAS OBRIGAÇÕES DE FAZER

Art. 247. Incorre na obrigação de indenizar perdas e danos o devedor que recusar a prestação a ele só imposta, ou só por ele exequível.

Art. 248. Se a prestação do fato tornar-se impossível sem culpa do devedor, resolver-se-á a obrigação; se por culpa dele, responderá por perdas e danos.

Art. 249. Se o fato puder ser executado por terceiro, será livre ao credor mandá-lo executar à custa do devedor, havendo recusa ou mora deste, sem prejuízo da indenização cabível.

Parágrafo único. Em caso de urgência, pode o credor, independentemente de autorização judicial, executar ou mandar executar o fato, sendo depois ressarcido.

CAPÍTULO III
DAS OBRIGAÇÕES DE NÃO FAZER

Art. 250. Extingue-se a obrigação de não fazer, desde que, sem culpa do devedor, se lhe torne impossível abster-se do ato, que se obrigou a não praticar.

• *Vide* arts. 822 e 823 do CPC.

Art. 251. Praticado pelo devedor o ato, a cuja abstenção se obrigara, o credor pode exigir dele que o desfaça, sob pena de se desfazer à sua custa, ressarcindo o culpado perdas e danos.

Parágrafo único. Em caso de urgência, poderá o credor desfazer ou mandar desfazer, independentemente de autorização judicial, sem prejuízo do ressarcimento devido.

CAPÍTULO IV
DAS OBRIGAÇÕES ALTERNATIVAS

Art. 252. Nas obrigações alternativas, a escolha cabe ao devedor, se outra coisa não se estipulou.

• *Vide* art. 800 do CPC.

§ 1.º Não pode o devedor obrigar o credor a receber parte em uma prestação e parte em outra.

§ 2.º Quando a obrigação for de prestações periódicas, a faculdade de opção poderá ser exercida em cada período.

§ 3.º No caso de pluralidade de optantes, não havendo acordo unânime entre eles, decidirá o juiz, findo o prazo por este assinado para a deliberação.

§ 4.º Se o título deferir a opção a terceiro, e este não quiser, ou não puder exercê-la, caberá ao juiz a escolha se não houver acordo entre as partes.

Art. 253. Se uma das duas prestações não puder ser objeto de obrigação ou se tornada inexequível, subsistirá o débito quanto à outra.

Art. 254. Se, por culpa do devedor, não se puder cumprir nenhuma das prestações, não competindo ao credor a escolha, ficará aquele obrigado a pagar o valor da que por último se impossibilitou, mais as perdas e danos que o caso determinar.

Art. 255. Quando a escolha couber ao credor e uma das prestações tornar-se impossível por culpa do devedor, o credor terá direito de exigir a prestação subsistente ou o valor da outra, com perdas e danos; se, por culpa do devedor, ambas as prestações se tornarem inexequíveis, poderá o credor reclamar o valor de qualquer das duas, além da indenização por perdas e danos.

Art. 256. Se todas as prestações se tornarem impossíveis sem culpa do devedor, extinguir-se-á a obrigação.

CAPÍTULO V
DAS OBRIGAÇÕES DIVISÍVEIS E INDIVISÍVEIS

Art. 257. Havendo mais de um devedor ou mais de um credor em obrigação divisível, esta presume-se dividida em tantas obrigações, iguais e distintas, quantos os credores ou devedores.

Art. 258. A obrigação é indivisível quando a prestação tem por objeto uma coisa ou um fato não suscetíveis de divisão, por sua natureza, por motivo de ordem econômica, ou dada a razão determinante do negócio jurídico.

Art. 259. Se, havendo dois ou mais devedores, a prestação não for divisível, cada um será obrigado pela dívida toda.

Parágrafo único. O devedor, que paga a dívida, sub-roga-se no direito do credor em relação aos outros coobrigados.

Art. 260. Se a pluralidade for dos credores, poderá cada um destes exigir a dívida inteira; mas o devedor ou devedores se desobrigarão, pagando:

I – a todos conjuntamente;

II – a um, dando este caução de ratificação dos outros credores.

Art. 261. Se um só dos credores receber a prestação por inteiro, a cada um dos outros assistirá o direito de exigir dele em dinheiro a parte que lhe caiba no total.

Art. 262. Se um dos credores remitir a dívida, a obrigação não ficará extinta para com os outros; mas estes só a poderão exigir, descontada a quota do credor remitente.

Parágrafo único. O mesmo critério se observará no caso de transação, novação, compensação ou confusão.

Art. 263. Perde a qualidade de indivisível a obrigação que se resolver em perdas e danos.

§ 1.º Se, para efeito do disposto neste artigo, houver culpa de todos os devedores, responderão todos por partes iguais.

§ 2.º Se for de um só a culpa, ficarão exonerados os outros, respondendo só esse pelas perdas e danos.

CAPÍTULO VI
DAS OBRIGAÇÕES SOLIDÁRIAS

SEÇÃO I
Disposições Gerais

Art. 264. Há solidariedade, quando na mesma obrigação concorre mais de um credor, ou mais de um devedor, cada um com direito, ou obrigado, à dívida toda.

Art. 265. A solidariedade não se presume; resulta da lei ou da vontade das partes.

Art. 266. A obrigação solidária pode ser pura e simples para um dos cocredores ou codevedores, e condicional, ou a prazo, ou pagável em lugar diferente, para o outro.

SEÇÃO II

Da Solidariedade Ativa

Art. 267. Cada um dos credores solidários tem direito a exigir do devedor o cumprimento da prestação por inteiro.

Art. 268. Enquanto alguns dos credores solidários não demandarem o devedor comum, a qualquer daqueles poderá este pagar.

Art. 269. O pagamento feito a um dos credores solidários extingue a dívida até o montante do que foi pago.

Art. 270. Se um dos credores solidários falecer deixando herdeiros, cada um destes só terá direito a exigir e receber a quota do crédito que corresponder ao seu quinhão hereditário, salvo se a obrigação for indivisível.

Art. 271. Convertendo-se a prestação em perdas e danos, subsiste, para todos os efeitos, a solidariedade.

Art. 272. O credor que tiver remitido a dívida ou recebido o pagamento responderá aos outros pela parte que lhes caiba.

Art. 273. A um dos credores solidários não pode o devedor opor as exceções pessoais oponíveis aos outros.

Art. 274. O julgamento contrário a um dos credores solidários não atinge os demais, mas o julgamento favorável aproveita-lhes, sem prejuízo de exceção pessoal que o devedor tenha direito de invocar em relação a qualquer deles.

•• Artigo com redação determinada pela Lei n. 13.105, de 16-3-2015.

SEÇÃO III

Da Solidariedade Passiva

• *Vide* art. 1.005, parágrafo único (recurso), do CPC.

Art. 275. O credor tem direito a exigir e receber de um ou de alguns dos devedores, parcial ou totalmente, a dívida comum; se o pagamento tiver sido parcial, todos os demais devedores continuam obrigados solidariamente pelo resto.

Parágrafo único. Não importará renúncia da solidariedade a propositura de ação pelo credor contra um ou alguns dos devedores.

Art. 276. Se um dos devedores solidários falecer deixando herdeiros, nenhum destes será obrigado a pagar senão a quota que corresponder ao seu quinhão hereditário, salvo se a obrigação for indivisível; mas todos reunidos serão considerados como um devedor solidário em relação aos demais devedores.

Art. 277. O pagamento parcial feito por um dos devedores e a remissão por ele obtida não aproveitam aos outros devedores, senão até à concorrência da quantia paga ou relevada.

Art. 278. Qualquer cláusula, condição ou obrigação adicional, estipulada entre um dos devedores solidários e o credor, não poderá agravar a posição dos outros sem consentimento destes.

Art. 279. Impossibilitando-se a prestação por culpa de um dos devedores solidários, subsiste para todos o encargo de pagar o equivalente; mas pelas perdas e danos só responde o culpado.

Art. 280. Todos os devedores respondem pelos juros da mora, ainda que a ação tenha sido proposta somente contra um; mas o culpado responde aos outros pela obrigação acrescida.

Art. 281. O devedor demandado pode opor ao credor as exceções que lhe forem pessoais e as comuns a todos; não lhe aproveitando as exceções pessoais a outro codevedor.

Art. 282. O credor pode renunciar à solidariedade em favor de um, de alguns ou de todos os devedores.

Parágrafo único. Se o credor exonerar da solidariedade um ou mais devedores, subsistirá a dos demais.

Art. 283. O devedor que satisfez a dívida por inteiro tem direito a exigir de cada um dos codevedores a sua quota, dividindo-se igualmente por todos a do insolvente, se o houver, presumindo-se iguais, no débito, as partes de todos os codevedores.

Art. 284. No caso de rateio entre os codevedores, contribuirão também os exonerados da solidariedade pelo credor, pela parte que na obrigação incumbia ao insolvente.

Art. 285. Se a dívida solidária interessar exclusivamente a um dos devedores, responderá este por toda ela para com aquele que pagar.

TÍTULO II

DA TRANSMISSÃO DAS OBRIGAÇÕES

CAPÍTULO I

DA CESSÃO DE CRÉDITO

Art. 286. O credor pode ceder o seu crédito, se a isso não se opuser a natureza da obrigação, a lei, ou a convenção com o devedor; a cláusula proibitiva da cessão não poderá ser oposta ao cessionário de boa-fé, se não constar do instrumento da obrigação.

Art. 287. Salvo disposição em contrário, na cessão de um crédito abrangem-se todos os seus acessórios.

Art. 288. É ineficaz, em relação a terceiros, a transmissão de um crédito, se não celebrar-se mediante instrumento público, ou instrumento particular revestido das solenidades do § 1.º do art. 654.

Art. 289. O cessionário de crédito hipotecário tem o direito de fazer averbar a cessão no registro do imóvel.

Art. 290. A cessão do crédito não tem eficácia em relação ao devedor, senão quando a este notificada; mas por notificado se tem o devedor que, em escrito público ou particular, se declarou ciente da cessão feita.

Art. 291. Ocorrendo várias cessões do mesmo crédito, prevalece a que se completar com a tradição do título do crédito cedido.

Art. 292. Fica desobrigado o devedor que, antes de ter conhecimento da cessão, paga ao credor primitivo, ou que, no caso de mais de uma cessão notificada, paga ao cessionário que lhe apresenta, com o título de cessão, o da obrigação cedida; quando o crédito constar de escritura pública, prevalecerá a prioridade da notificação.

Art. 293. Independentemente do conhecimento da cessão pelo devedor, pode o cessionário exercer os atos conservatórios do direito cedido.

Art. 294. O devedor pode opor ao cessionário as exceções que lhe competirem, bem como as que, no momento em que veio a ter conhecimento da cessão, tinha contra o cedente.

Art. 295. Na cessão por título oneroso, o cedente, ainda que não se responsabilize, fica responsável ao cessionário pela existência do crédito ao tempo em que lhe cedeu; a mesma responsabilidade lhe cabe nas cessões por título gratuito, se tiver procedido de má-fé.

Art. 296. Salvo estipulação em contrário, o cedente não responde pela solvência do devedor.

Art. 297. O cedente, responsável ao cessionário pela solvência do devedor, não responde por mais do que daquele recebeu, com os respectivos juros; mas tem de ressarcir-lhe as despesas da cessão e as que o cessionário houver feito com a cobrança.

Art. 298. O crédito, uma vez penhorado, não pode mais ser transferido pelo credor que tiver conhecimento da penhora; mas o devedor que o pagar, não tendo notificação dela, fica exonerado, subsistindo somente contra o credor os direitos de terceiro.

CAPÍTULO II
DA ASSUNÇÃO DE DÍVIDA

Art. 299. É facultado a terceiro assumir a obrigação do devedor, com o consentimento expresso do credor, ficando exonerado o devedor primitivo, salvo se aquele, ao tempo da assunção, era insolvente e o credor o ignorava.

Parágrafo único. Qualquer das partes pode assinar prazo ao credor para que consinta na assunção da dívida, interpretando-se o seu silêncio como recusa.

Art. 300. Salvo assentimento expresso do devedor primitivo, consideram-se extintas, a partir da assunção da dívida, as garantias especiais por ele originariamente dadas ao credor.

Art. 301. Se a substituição do devedor vier a ser anulada, restaura-se o débito, com todas as suas garantias, salvo as garantias prestadas por terceiros, exceto se este conhecia o vício que inquinava a obrigação.

Art. 302. O novo devedor não pode opor ao credor as exceções pessoais que competiam ao devedor primitivo.

Art. 303. O adquirente de imóvel hipotecado pode tomar a seu cargo o pagamento do crédito garantido; se o credor, notificado, não impugnar em trinta dias a transferência do débito, entender-se-á dado o assentimento.

TÍTULO III
DO ADIMPLEMENTO E EXTINÇÃO DAS OBRIGAÇÕES

CAPÍTULO I
DO PAGAMENTO

SEÇÃO I
De Quem Deve Pagar

Art. 304. Qualquer interessado na extinção da dívida pode pagá-la, usando, se o credor se opuser, dos meios conducentes à exoneração do devedor.

Parágrafo único. Igual direito cabe ao terceiro não interessado, se o fizer em nome e à conta do devedor, salvo oposição deste.

Art. 305. O terceiro não interessado, que paga a dívida em seu próprio nome, tem direito a reembolsar-se do que pagar; mas não se sub-roga nos direitos do credor.

Parágrafo único. Se pagar antes de vencida a dívida, só terá direito ao reembolso no vencimento.

Art. 306. O pagamento feito por terceiro, com desconhecimento ou oposição do devedor, não obriga a reembolsar aquele que pagou, se o devedor tinha meios para ilidir a ação.

Art. 307. Só terá eficácia o pagamento que importar transmissão da propriedade, quando feito por quem possa alienar o objeto em que ele consistiu.

Parágrafo único. Se se der em pagamento coisa fungível, não se poderá mais reclamar do credor que, de boa-fé, a recebeu e consumiu, ainda que o solvente não tivesse o direito de aliená-la.

SEÇÃO II
Daqueles a Quem se Deve Pagar

• *Vide* arts. 904 a 909 do CPC.

Art. 308. O pagamento deve ser feito ao credor ou a quem de direito o represente, sob pena de só valer depois de por ele ratificado, ou tanto quanto reverter em seu proveito.

Art. 309. O pagamento feito de boa-fé ao credor putativo é válido, ainda provado depois que não era credor.

Art. 310. Não vale o pagamento cientemente feito ao credor incapaz de quitar, se o devedor não provar que em benefício dele efetivamente reverteu.

Art. 311. Considera-se autorizado a receber o pagamento o portador da quitação, salvo se as circunstâncias contrariarem a presunção daí resultante.

Art. 312. Se o devedor pagar ao credor, apesar de intimado da penhora feita sobre o crédito, ou da impugnação a ele oposta por terceiros, o pagamento não valerá contra estes, que poderão constranger o devedor a pagar de novo, ficando-lhe ressalvado o regresso contra o credor.

SEÇÃO III
Do Objeto do Pagamento e Sua Prova

Art. 313. O credor não é obrigado a receber prestação diversa da que lhe é devida, ainda que mais valiosa.

Art. 314. Ainda que a obrigação tenha por objeto prestação divisível, não pode o credor ser obrigado a receber, nem o devedor a pagar, por partes, se assim não se ajustou.

Art. 315. As dívidas em dinheiro deverão ser pagas no vencimento, em moeda corrente e pelo valor nominal, salvo o disposto nos artigos subsequentes.

• *Vide* art. 9.º da LINDB.

Art. 316. É lícito convencionar o aumento progressivo de prestações sucessivas.

Art. 317. Quando, por motivos imprevisíveis, sobrevier desproporção manifesta entre o valor da prestação devida e o do momento de sua execução, poderá o juiz corrigi-lo, a pedido da parte, de modo que assegure, quanto possível, o valor real da prestação.

Art. 318. São nulas as convenções de pagamento em ouro ou em moeda estrangeira, bem como para compensar a diferença entre o valor desta e o da moeda nacional, excetuados os casos previstos na legislação especial.

• O Decreto-lei n. 857, de 11-9-1969, consolida e altera a legislação sobre moeda de pagamentos e obrigações exequíveis no Brasil.

Art. 319. O devedor que paga tem direito a quitação regular, e pode reter o pagamento, enquanto não lhe seja dada.

Art. 320. A quitação, que sempre poderá ser dada por instrumento particular, designará o valor e a espécie da dívida quitada, o nome do devedor, ou quem por este pagou, o tempo e o lugar do pagamento, com a assinatura do credor, ou do seu representante.

Parágrafo único. Ainda sem os requisitos estabelecidos neste artigo valerá a quitação, se de seus termos ou das circunstâncias resultar haver sido paga a dívida.

Art. 321. Nos débitos, cuja quitação consista na devolução do título, perdido este, poderá o devedor exigir, retendo o pagamento, declaração do credor que inutilize o título desaparecido.

Art. 322. Quando o pagamento for em quotas periódicas, a quitação da última estabelece, até prova em contrário, a presunção de estarem solvidas as anteriores.

Art. 323. Sendo a quitação do capital sem reserva dos juros, estes presumem-se pagos.

Art. 324. A entrega do título ao devedor firma a presunção do pagamento.

Parágrafo único. Ficará sem efeito a quitação assim operada se o credor provar, em sessenta dias, a falta do pagamento.

Art. 325. Presumem-se a cargo do devedor as despesas com o pagamento e a quitação; se ocorrer aumento por fato do credor, suportará este a despesa acrescida.

Art. 326. Se o pagamento se houver de fazer por medida, ou peso, entender-se-á, no silêncio das partes, que aceitaram os do lugar da execução.

SEÇÃO IV
Do Lugar do Pagamento

Art. 327. Efetuar-se-á o pagamento no domicílio do devedor, salvo se as partes convencionarem diversamente, ou se o contrário resultar da lei, da natureza da obrigação ou das circunstâncias.

Parágrafo único. Designados dois ou mais lugares, cabe ao credor escolher entre eles.

Art. 328. Se o pagamento consistir na tradição de um imóvel, ou em prestações relativas a imóvel, far-se-á no lugar onde situado o bem.

Art. 329. Ocorrendo motivo grave para que se não efetue o pagamento no lugar determinado, poderá o devedor fazê-lo em outro, sem prejuízo para o credor.

Art. 330. O pagamento reiteradamente feito em outro local faz presumir renúncia do credor relativamente ao previsto no contrato.

SEÇÃO V
Do Tempo do Pagamento

Art. 331. Salvo disposição legal em contrário, não tendo sido ajustada época para o pagamento, pode o credor exigi-lo imediatamente.

Art. 332. As obrigações condicionais cumprem-se na data do implemento da condição, cabendo ao credor a prova de que deste teve ciência o devedor.

Art. 333. Ao credor assistirá o direito de cobrar a dívida antes de vencido o prazo estipulado no contrato ou marcado neste Código:

I – no caso de falência do devedor, ou de concurso de credores;

• Sobre falências trata a Lei n. 11.101, de 9-2-2005.

II – se os bens, hipotecados ou empenhados, forem penhorados em execução por outro credor;

III – se cessarem, ou se se tornarem insuficientes, as garantias do débito, fidejussórias, ou reais, e o devedor, intimado, se negar a reforçá-las.

• A liquidação extrajudicial das entidades previdenciárias particulares antecipa o vencimento das obrigações – dispõe o art. 49 da Lei Complementar n. 109, de 29-5-2001.

Parágrafo único. Nos casos deste artigo, se houver, no débito, solidariedade passiva, não se reputará vencido quanto aos outros devedores solventes.

CAPÍTULO II
DO PAGAMENTO EM CONSIGNAÇÃO

Art. 334. Considera-se pagamento, e extingue a obrigação, o depósito judicial ou em estabelecimento bancário da coisa devida, nos casos e forma legais.

Art. 335. A consignação tem lugar:

I – se o credor não puder, ou, sem justa causa, recusar receber o pagamento, ou dar quitação na devida forma;

II – se o credor não for, nem mandar receber a coisa no lugar, tempo e condição devidos;

III – se o credor for incapaz de receber, for desconhecido, declarado ausente, ou residir em lugar incerto ou de acesso perigoso ou difícil;

IV – se ocorrer dúvida sobre quem deva legitimamente receber o objeto do pagamento;

V – se pender litígio sobre o objeto do pagamento.

Art. 336. Para que a consignação tenha força de pagamento, será mister concorram, em relação às pessoas, ao objeto, modo e tempo, todos os requisitos sem os quais não é válido o pagamento.

Art. 337. O depósito requerer-se-á no lugar do pagamento, cessando, tanto que se efetue, para o depositante, os juros da dívida e os riscos, salvo se for julgado improcedente.

Art. 338. Enquanto o credor não declarar que aceita o depósito, ou não o impugnar, poderá o devedor requerer o levantamento, pagando as respectivas despesas, e subsistindo a obrigação para todas as consequências de direito.

Art. 339. Julgado procedente o depósito, o devedor já não poderá levantá-lo, embora o credor consinta, senão de acordo com os outros devedores e fiadores.

Art. 340. O credor que, depois de contestar a lide ou aceitar o depósito, aquiescer no levantamento, perderá a preferência e a garantia que lhe competiam com respeito à coisa consignada, ficando para logo desobrigados os codevedores e fiadores que não tenham anuído.

Art. 341. Se a coisa devida for imóvel ou corpo certo que deva ser entregue no mesmo lugar onde está, poderá o devedor citar o credor para vir ou mandar recebê-la, sob pena de ser depositada.

Art. 342. Se a escolha da coisa indeterminada competir ao credor, será ele citado para esse fim, sob cominação de perder o direito e de ser depositada a coisa que o devedor escolher; feita a escolha pelo devedor, proceder-se-á como no artigo antecedente.

Art. 343. As despesas com o depósito, quando julgado procedente, correrão à conta do credor, e, no caso contrário, à conta do devedor.

Art. 344. O devedor de obrigação litigiosa exonerar-se-á mediante consignação, mas, se pagar a qualquer dos pretendidos credores, tendo conhecimento do litígio, assumirá o risco do pagamento.

Art. 345. Se a dívida se vencer, pendendo litígio entre credores que se pretendem mutuamente excluir, poderá qualquer deles requerer a consignação.

CAPÍTULO III

DO PAGAMENTO COM SUB-ROGAÇÃO

Art. 346. A sub-rogação opera-se, de pleno direito, em favor:

I – do credor que paga a dívida do devedor comum;

II – do adquirente do imóvel hipotecado, que paga a credor hipotecário, bem como do terceiro que efetiva o pagamento para não ser privado de direito sobre imóvel;

III – do terceiro interessado, que paga a dívida pela qual era ou podia ser obrigado, no todo ou em parte.

Art. 347. A sub-rogação é convencional:

I – quando o credor recebe o pagamento de terceiro e expressamente lhe transfere todos os seus direitos;

II – quando terceira pessoa empresta ao devedor a quantia precisa para solver a dívida, sob a condição expressa de ficar o mutuante sub-rogado nos direitos do credor satisfeito.

Art. 348. Na hipótese do inciso I do artigo antecedente, vigorará o disposto quanto à cessão do crédito.

Art. 349. A sub-rogação transfere ao novo credor todos os direitos, ações, privilégios e garantias do primitivo, em relação à dívida, contra o devedor principal e os fiadores.

Art. 350. Na sub-rogação legal o sub-rogado não poderá exercer os direitos e as ações do credor, senão até à soma que tiver desembolsado para desobrigar o devedor.

Art. 351. O credor originário, só em parte reembolsado, terá preferência ao sub-rogado, na cobrança da dívida restante, se os bens do devedor não chegarem para saldar inteiramente o que a um e outro dever.

CAPÍTULO IV

DA IMPUTAÇÃO DO PAGAMENTO

Art. 352. A pessoa obrigada, por dois ou mais débitos da mesma natureza, a um só credor, tem o direito de indicar a qual deles oferece pagamento, se todos forem líquidos e vencidos.

Art. 353. Não tendo o devedor declarado em qual das dívidas líquidas e vencidas quer imputar o pagamento, se aceitar a quitação de uma delas, não terá direito a reclamar contra a imputação feita pelo credor, salvo provando haver ele cometido violência ou dolo.

Art. 354. Havendo capital e juros, o pagamento imputar-se-á primeiro nos juros vencidos, e depois no capital, salvo estipulação em contrário, ou se o credor passar a quitação por conta do capital.

Art. 355. Se o devedor não fizer a indicação do art. 352, e a quitação for omissa quanto à imputação, esta se fará nas dívidas líquidas e vencidas em primeiro lugar. Se as dívidas forem todas líquidas e vencidas ao mesmo tempo, a imputação far-se-á na mais onerosa.

CAPÍTULO V

DA DAÇÃO EM PAGAMENTO

Art. 356. O credor pode consentir em receber prestação diversa da que lhe é devida.

Art. 357. Determinado o preço da coisa dada em pagamento, as relações entre as partes regular-se-ão pelas normas do contrato de compra e venda.

Art. 358. Se for título de crédito a coisa dada em pagamento, a transferência importará em cessão.

Art. 359. Se o credor for evicto da coisa recebida em pagamento, restabelecer-se-á a obrigação primitiva, ficando sem efeito a quitação dada, ressalvados os direitos de terceiros.

CAPÍTULO VI

DA NOVAÇÃO

Art. 360. Dá-se a novação:

I – quando o devedor contrai com o credor nova dívida para extinguir e substituir a anterior;

II – quando novo devedor sucede ao antigo, ficando este quite com o credor;

III – quando, em virtude de obrigação nova, outro credor é substituído ao antigo, ficando o devedor quite com este.

Art. 361. Não havendo ânimo de novar, expresso ou tácito mas inequívoco, a segunda obrigação confirma simplesmente a primeira.

Art. 362. A novação por substituição do devedor pode ser efetuada independentemente de consentimento deste.

Art. 363. Se o novo devedor for insolvente, não tem o credor, que o aceitou, ação regressiva contra o primeiro, salvo se este obteve por má-fé a substituição.

Art. 364. A novação extingue os acessórios e garantias da dívida, sempre que não houver estipulação em contrário. Não aproveitará, contudo, ao credor ressalvar o penhor, a hipoteca ou a anticrese, se os bens dados em garantia pertencerem a terceiro que não foi parte na novação.

Art. 365. Operada a novação entre o credor e um dos devedores solidários, somente sobre os bens do que contrair a nova obrigação subsistem as preferências e garantias do crédito novado. Os outros devedores solidários ficam por esse fato exonerados.

Art. 366. Importa exoneração do fiador a novação feita sem seu consenso com o devedor principal.

Art. 367. Salvo as obrigações simplesmente anuláveis, não podem ser objeto de novação obrigações nulas ou extintas.

CAPÍTULO VII

DA COMPENSAÇÃO

Art. 368. Se duas pessoas forem ao mesmo tempo credor e devedor uma da outra, as duas obrigações extinguem-se, até onde se compensarem.

Art. 369. A compensação efetua-se entre dívidas líquidas, vencidas e de coisas fungíveis.

Art. 370. Embora sejam do mesmo gênero as coisas fungíveis, objeto das duas prestações, não se compensarão, verificando-se que diferem na qualidade, quando especificada no contrato.

Art. 371. O devedor somente pode compensar com o credor o que este lhe dever; mas o fiador pode compensar sua dívida com a de seu credor ao afiançado.

Art. 372. Os prazos de favor, embora consagrados pelo uso geral, não obstam a compensação.

Art. 373. A diferença de causa nas dívidas não impede a compensação, exceto:

I – se provier de esbulho, furto ou roubo;

II – se uma se originar de comodato, depósito ou alimentos;

III – se uma for de coisa não suscetível de penhora.

Art. 374. (*Revogado pela Lei n. 10.677, de 22-5-2003.*)

Art. 375. Não haverá compensação quando as partes, por mútuo acordo, a excluírem, ou no caso de renúncia prévia de uma delas.

Art. 376. Obrigando-se por terceiro uma pessoa, não pode compensar essa dívida com a que o credor dele lhe dever.

Art. 377. O devedor que, notificado, nada opõe à cessão que o credor faz a terceiros dos seus direitos, não pode opor ao cessionário a compensação, que antes da cessão teria podido opor ao cedente. Se, porém, a cessão lhe não tiver sido notificada, poderá opor ao cessionário compensação do crédito que antes tinha contra o cedente.

Art. 378. Quando as duas dívidas não são pagáveis no mesmo lugar, não se podem compensar sem dedução das despesas necessárias à operação.

Art. 379. Sendo a mesma pessoa obrigada por várias dívidas compensáveis, serão observadas, no compensá-las, as regras estabelecidas quanto à imputação do pagamento.

Art. 380. Não se admite a compensação em prejuízo de direito de terceiro. O devedor que se torne credor do seu credor, depois de penhorado o crédito deste, não pode opor ao exequente a compensação, de que contra o próprio credor disporia.

CAPÍTULO VIII

DA CONFUSÃO

Art. 381. Extingue-se a obrigação, desde que na mesma pessoa se confundam as qualidades de credor e devedor.

Art. 382. A confusão pode verificar-se a respeito de toda a dívida, ou só de parte dela.

Art. 383. A confusão operada na pessoa do credor ou devedor solidário só extingue a obrigação até a concorrência da respectiva parte no crédito, ou na dívida, subsistindo quanto ao mais a solidariedade.

Art. 384. Cessando a confusão, para logo se restabelece, com todos os seus acessórios, a obrigação anterior.

CAPÍTULO IX

DA REMISSÃO DAS DÍVIDAS

Art. 385. A remissão da dívida, aceita pelo devedor, extingue a obrigação, mas sem prejuízo de terceiro.

Art. 386. A devolução voluntária do título da obrigação, quando por escrito particular, prova desoneração do devedor e seus coobrigados, se o credor for capaz de alienar, e o devedor capaz de adquirir.

Art. 387. A restituição voluntária do objeto empenhado prova a renúncia do credor à garantia real, não a extinção da dívida.

Art. 388. A remissão concedida a um dos codevedores extingue a dívida na parte a ele correspondente; de modo que, ainda reservando o credor a solidariedade contra os outros, já lhes não pode cobrar o débito sem dedução da parte remitida.

TÍTULO IV
DO INADIMPLEMENTO DAS OBRIGAÇÕES

CAPÍTULO I
DISPOSIÇÕES GERAIS

• *Vide* Enunciado n. 53 da 1.ª Jornada de Direito do Trabalho.

Art. 389. Não cumprida a obrigação, responde o devedor por perdas e danos, mais juros e atualização monetária segundo índices oficiais regularmente estabelecidos, e honorários de advogado.

Art. 390. Nas obrigações negativas o devedor é havido por inadimplente desde o dia em que executou o ato de que se devia abster.

Art. 391. Pelo inadimplemento das obrigações respondem todos os bens do devedor.

Art. 392. Nos contratos benéficos, responde por simples culpa o contratante, a quem o contrato aproveite, e por dolo aquele a quem não favoreça. Nos contratos onerosos, responde cada uma das partes por culpa, salvo as exceções previstas em lei.

Art. 393. O devedor não responde pelos prejuízos resultantes de caso fortuito ou força maior, se expressamente não se houver por eles responsabilizado.

Parágrafo único. O caso fortuito ou de força maior verifica-se no fato necessário, cujos efeitos não era possível evitar ou impedir.

CAPÍTULO II
DA MORA

Art. 394. Considera-se em mora o devedor que não efetuar o pagamento e o credor que não quiser recebê-lo no tempo, lugar e forma que a lei ou a convenção estabelecer.

Art. 395. Responde o devedor pelos prejuízos a que sua mora der causa, mais juros, atualização dos valores monetários segundo índices oficiais regularmente estabelecidos, e honorários de advogado.

Parágrafo único. Se a prestação, devido à mora, se tornar inútil ao credor, este poderá enjeitá-la, e exigir a satisfação das perdas e danos.

Art. 396. Não havendo fato ou omissão imputável ao devedor, não incorre este em mora.

Art. 397. O inadimplemento da obrigação, positiva e líquida, no seu termo, constitui de pleno direito em mora o devedor.

Parágrafo único. Não havendo termo, a mora se constitui mediante interpelação judicial ou extrajudicial.

Art. 398. Nas obrigações provenientes de ato ilícito, considera-se o devedor em mora, desde que o praticou.

Art. 399. O devedor em mora responde pela impossibilidade da prestação, embora essa impossibilidade resulte de caso fortuito ou de força maior, se estes ocorrerem durante o atraso; salvo se provar isenção de culpa, ou que o dano sobreviria ainda quando a obrigação fosse oportunamente desempenhada.

Art. 400. A mora do credor subtrai o devedor isento de dolo à responsabilidade pela conservação da coisa, obriga o credor a ressarcir as despesas empregadas em conservá-la, e sujeita-o a recebê-la pela estimação mais favorável ao devedor, se o seu valor oscilar entre o dia estabelecido para o pagamento e o da sua efetivação.

Art. 401. Purga-se a mora:

I – por parte do devedor, oferecendo este a prestação mais a importância dos prejuízos decorrentes do dia da oferta;

II – por parte do credor, oferecendo-se este a receber o pagamento e sujeitando-se aos efeitos da mora até a mesma data.

CAPÍTULO III
DAS PERDAS E DANOS

Art. 402. Salvo as exceções expressamente previstas em lei, as perdas e danos devidas ao credor abrangem, além do que ele efetivamente perdeu, o que razoavelmente deixou de lucrar.

Art. 403. Ainda que a inexecução resulte de dolo do devedor, as perdas e danos só incluem os prejuízos efetivos e os lucros cessantes por efeito dela direto e imediato, sem prejuízo do disposto na lei processual.

Art. 404. As perdas e danos, nas obrigações de pagamento em dinheiro, serão pagas com atualização monetária segundo índices oficiais regularmente estabelecidos, abrangendo juros, custas e honorários de advogado, sem prejuízo da pena convencional.

• O art. 3.º do Decreto n. 22.785, de 31-5-1933, que dispunha sobre os juros de mora devidos pela Fazenda Pública, foi expressamente revogado pela Lei n. 4.417, de 24-9-1964, determinando que a Fazenda Pública responda pelos juros moratórios na forma do direito civil.

• *Vide* Enunciado n. 4 da 1.ª Jornada de Direito do Trabalho.

Parágrafo único. Provado que os juros da mora não cobrem o prejuízo, e não havendo pena convencional, pode o juiz conceder ao credor indenização suplementar.

Art. 405. Contam-se os juros de mora desde a citação inicial.

CAPÍTULO IV
DOS JUROS LEGAIS

Art. 406. Quando os juros moratórios não forem convencionados, ou o forem sem taxa estipulada, ou quando provierem de determinação da lei, serão fixados segundo a taxa que estiver em vigor para a mora do pagamento de impostos devidos à Fazenda Nacional.

• A Lei n. 7.089, de 23-3-1998, proíbe cobrança de juros de mora quando o vencimento se dê em feriado, sábado ou domingo.

Art. 407. Ainda que se não alegue prejuízo, é obrigado o devedor aos juros da mora que se contarão assim às dívidas em dinheiro, como às prestações de outra natureza, uma vez que lhes esteja fixado o valor pecuniário por sentença judicial, arbitramento, ou acordo entre as partes.

CAPÍTULO V
DA CLÁUSULA PENAL

Art. 408. Incorre de pleno direito o devedor na cláusula penal, desde que, culposamente, deixe de cumprir a obrigação ou se constitua em mora.

Art. 409. A cláusula penal estipulada conjuntamente com a obrigação, ou em ato posterior, pode referir-se à inexecução completa da obrigação, à de alguma cláusula especial ou simplesmente à mora.

Art. 410. Quando se estipular a cláusula penal para o caso de total inadimplemento da obrigação, esta converter-se-á em alternativa a benefício do credor.

Art. 411. Quando se estipular a cláusula penal para o caso de mora, ou em segurança especial de outra cláusula determinada, terá o credor o arbítrio de exigir a satisfação da pena cominada, juntamente com o desempenho da obrigação principal.

Art. 412. O valor da cominação imposta na cláusula penal não pode exceder o da obrigação principal.

Art. 413. A penalidade deve ser reduzida equitativamente pelo juiz se a obrigação principal tiver sido cumprida em parte, ou se o montante da penalidade for manifestamente excessivo, tendo-se em vista a natureza e a finalidade do negócio.

Art. 414. Sendo indivisível a obrigação, todos os devedores, caindo em falta um deles, incorrerão na pena; mas esta só se poderá demandar integralmente do culpado, respondendo cada um dos outros somente pela sua quota.

Parágrafo único. Aos não culpados fica reservada a ação regressiva contra aquele que deu causa à aplicação da pena.

Art. 415. Quando a obrigação for divisível, só incorre na pena o devedor ou o herdeiro do devedor que a infringir, e proporcionalmente à sua parte na obrigação.

Art. 416. Para exigir a pena convencional, não é necessário que o credor alegue prejuízo.

Parágrafo único. Ainda que o prejuízo exceda ao previsto na cláusula penal, não pode o credor exigir indenização suplementar se assim não foi convencionado. Se o tiver sido, a pena vale como mínimo da indenização, competindo ao credor provar o prejuízo excedente.

....

TÍTULO V
DOS CONTRATOS EM GERAL

CAPÍTULO I
DISPOSIÇÕES GERAIS

SEÇÃO I
Preliminares

Art. 421. A liberdade de contratar será exercida em razão e nos limites da função social do contrato.

Art. 422. Os contratantes são obrigados a guardar, assim na conclusão do contrato, como em sua execução, os princípios de probidade e boa-fé.

Art. 423. Quando houver no contrato de adesão cláusulas ambíguas ou contraditórias, dever-se-á adotar a interpretação mais favorável ao aderente.

Art. 424. Nos contratos de adesão, são nulas as cláusulas que estipulem a renúncia antecipada do aderente a direito resultante da natureza do negócio.

Art. 425. É lícito às partes estipular contratos atípicos, observadas as normas gerais fixadas neste Código.

Art. 426. Não pode ser objeto de contrato a herança de pessoa viva.

....

CAPÍTULO II
DA EXTINÇÃO DO CONTRATO

SEÇÃO I
Do Distrato

Art. 472. O distrato faz-se pela mesma forma exigida para o contrato.

Art. 473. A resilição unilateral, nos casos em que a lei expressa ou implicitamente o permita, opera mediante denúncia notificada à outra parte.

Parágrafo único. Se, porém, dada a natureza do contrato, uma das partes houver feito investimentos consideráveis para a sua execução, a denúncia unilateral só produzirá efeito depois de transcorrido prazo compatível com a natureza e o vulto dos investimentos.

....

TÍTULO VI
DAS VÁRIAS ESPÉCIES DE CONTRATO

CAPÍTULO I
DA COMPRA E VENDA

SEÇÃO I
Disposições Gerais

Art. 481. Pelo contrato de compra e venda, um dos contratantes se obriga a transferir o domínio de certa coisa, e o outro, a pagar-lhe certo preço em dinheiro.

Art. 482. A compra e venda, quando pura, considerar-se-á obrigatória e perfeita, desde que as partes acordarem no objeto e no preço.

Art. 483. A compra e venda pode ter por objeto coisa atual ou futura. Neste caso, ficará sem efeito o contrato se esta não vier a existir, salvo se a intenção das partes era de concluir contrato aleatório.

Art. 484. Se a venda se realizar à vista de amostras, protótipos ou modelos, entender-se-á que o vendedor assegura ter a coisa as qualidades que a elas correspondem.

Parágrafo único. Prevalece a amostra, o protótipo ou o modelo, se houver contradição ou diferença com a maneira pela qual se descreveu a coisa no contrato.

Art. 485. A fixação do preço pode ser deixada ao arbítrio de terceiro, que os contratantes logo designarem ou prometerem designar. Se o terceiro não aceitar a incumbência, ficará sem efeito o contrato, salvo quando acordarem os contratantes designar outra pessoa.

Art. 486. Também se poderá deixar a fixação do preço à taxa de mercado ou de bolsa, em certo e determinado dia e lugar.

Art. 487. É lícito às partes fixar o preço em função de índices ou parâmetros, desde que suscetíveis de objetiva determinação.

Art. 488. Convencionada a venda sem fixação de preço ou de critérios para a sua determinação, se não houver tabelamento oficial, entende-se que as partes se sujeitaram ao preço corrente nas vendas habituais do vendedor.

Parágrafo único. Na falta de acordo, por ter havido diversidade de preço, prevalecerá o termo médio.

Art. 489. Nulo é o contrato de compra e venda, quando se deixa ao arbítrio exclusivo de uma das partes a fixação do preço.

Art. 490. Salvo cláusula em contrário, ficarão as despesas de escritura e registro a cargo do comprador, e a cargo do vendedor as da tradição.

Art. 491. Não sendo a venda a crédito, o vendedor não é obrigado a entregar a coisa antes de receber o preço.

Art. 492. Até o momento da tradição, os riscos da coisa correm por conta do vendedor, e os do preço por conta do comprador.

§ 1.º Todavia, os casos fortuitos, ocorrentes no ato de contar, marcar ou assinalar coisas, que comumente se recebem, contando, pesando, medindo ou assinalando, e que já tiverem sido postas à disposição do comprador, correrão por conta deste.

§ 2.º Correrão também por conta do comprador os riscos das referidas coisas, se estiver em mora de as receber, quando postas à sua disposição no tempo, lugar e pelo modo ajustados.

Art. 493. A tradição da coisa vendida, na falta de estipulação expressa, dar-se-á no lugar onde ela se encontrava, ao tempo da venda.

Art. 494. Se a coisa for expedida para lugar diverso, por ordem do comprador, por sua conta correrão os riscos, uma vez entregue a quem haja de transportá-la, salvo se das instruções dele se afastar o vendedor.

Art. 495. Não obstante o prazo ajustado para o pagamento, se antes da tradição o comprador cair em insolvência, poderá o vendedor sobrestar na entrega da coisa, até que o comprador lhe dê caução de pagar no tempo ajustado.

Art. 496. É anulável a venda de ascendente a descendente, salvo se os outros descendentes e o cônjuge do alienante expressamente houverem consentido.

Parágrafo único. Em ambos os casos, dispensa-se o consentimento do cônjuge se o regime de bens for o da separação obrigatória.

Art. 497. Sob pena de nulidade, não podem ser comprados, ainda que em hasta pública:

I – pelos tutores, curadores, testamenteiros e administradores, os bens confiados à sua guarda ou administração;

II – pelos servidores públicos, em geral, os bens ou direitos da pessoa jurídica a que servirem, ou que estejam sob sua administração direta ou indireta;

III – pelos juízes, secretários de tribunais, arbitradores, peritos e outros serventuários ou auxiliares da justiça, os bens ou direitos sobre que se litigar em tribunal, juízo ou conselho, no lugar onde servirem, ou a que se estender a sua autoridade;

IV – pelos leiloeiros e seus prepostos, os bens de cuja venda estejam encarregados.

- Os leiloeiros são proibidos, sob pena de multa, de adquirir para si, ou para pessoa de sua família, coisa de cuja venda tenham sido incumbidos. Regulamento baixado pelo Decreto n. 21.981, de 19-10-1932, art. 36, *b*.

Parágrafo único. As proibições deste artigo estendem-se à cessão de crédito.

Art. 498. A proibição contida no inciso III do artigo antecedente, não compreende os casos de compra e venda ou cessão entre coerdeiros, ou em pagamento de dívida, ou para garantia de bens já pertencentes a pessoas designadas no referido inciso.

Art. 499. É lícita a compra e venda entre cônjuges, com relação a bens excluídos da comunhão.

Art. 500. Se, na venda de um imóvel, se estipular o preço por medida de extensão, ou se determinar a respectiva área, e esta não corresponder, em qualquer dos casos, às dimensões dadas, o comprador terá o direito de exigir o complemento da área, e, não sendo isso possível, o de reclamar a resolução do contrato ou abatimento proporcional ao preço.

§ 1.º Presume-se que a referência às dimensões foi simplesmente enunciativa, quando a diferença encontrada não exceder de um vigésimo da área total enunciada, ressalvado ao comprador o direito de provar que, em tais circunstâncias, não teria realizado o negócio.

§ 2.º Se em vez de falta houver excesso, e o vendedor provar que tinha motivos para ignorar a medida exata da área vendida, caberá ao comprador, à sua escolha, completar o valor correspondente ao preço ou devolver o excesso.

§ 3.º Não haverá complemento de área, nem devolução de excesso, se o imóvel for vendido como coisa certa e discriminada, tendo sido apenas enunciativa a referência às suas dimensões, ainda que não conste, de modo expresso, ter sido a venda *ad corpus*.

Art. 501. Decai do direito de propor as ações previstas no artigo antecedente o vendedor ou o comprador que não o fizer no prazo de um ano, a contar do registro do título.

Parágrafo único. Se houver atraso na imissão de posse no imóvel, atribuível ao alienante, a partir dela fluirá o prazo de decadência.

Art. 502. O vendedor, salvo convenção em contrário, responde por todos os débitos que gravem a coisa até o momento da tradição.

Art. 503. Nas coisas vendidas conjuntamente, o defeito oculto de uma não autoriza a rejeição de todas.

Art. 504. Não pode um condômino em coisa indivisível vender a sua parte a estranhos, se outro consorte a quiser, tanto por tanto. O condômino, a quem não se der conhecimento da venda, poderá, depositando o preço, haver para si a parte vendida a estranhos, se o requerer no prazo de cento e oitenta dias, sob pena de decadência.

Parágrafo único. Sendo muitos os condôminos, preferirá o que tiver benfeitorias de maior valor e, na falta de benfeitorias, o de quinhão maior. Se as partes forem iguais, haverão a parte vendida os comproprietários, que a quiserem, depositando previamente o preço.

SEÇÃO II

Das Cláusulas Especiais à Compra e Venda

SUBSEÇÃO I

Da retrovenda

Art. 505. O vendedor de coisa imóvel pode reservar-se o direito de recobrá-la no prazo máximo de decadência de três anos, restituindo o preço recebido e reembolsando as despesas do comprador, inclusive as que, durante o período de resgate, se efetuaram com a sua autorização escrita, ou para a realização de benfeitorias necessárias.

Art. 506. Se o comprador se recusar a receber as quantias a que faz jus, o vendedor, para exercer o direito de resgate, as depositará judicialmente.

Parágrafo único. Verificada a insuficiência do depósito judicial, não será o vendedor restituído no domínio da coisa, até e enquanto não for integralmente pago o comprador.

Art. 507. O direito de retrato, que é cessível e transmissível a herdeiros e legatários, poderá ser exercido contra o terceiro adquirente.

Art. 508. Se a duas ou mais pessoas couber o direito de retrato sobre o mesmo imóvel, e só uma o exercer, poderá o comprador intimar as outras para nele acordarem, prevalecendo o pacto em favor de quem haja efetuado o depósito, contanto que seja integral.

SUBSEÇÃO II

Da venda a contento e da sujeita a prova

Art. 509. A venda feita a contento do comprador entende-se realizada sob condição suspensiva, ainda que a coisa lhe tenha sido entregue; e não se reputará perfeita, enquanto o adquirente não manifestar seu agrado.

Art. 510. Também a venda sujeita a prova presume-se feita sob a condição suspensiva de que a coisa tenha as qualidades asseguradas pelo vendedor e seja idônea para o fim a que se destina.

Art. 511. Em ambos os casos, as obrigações do comprador, que recebeu, sob condição suspensiva, a coisa comprada, são as de mero comodatário, enquanto não manifeste aceitá-la.

Art. 512. Não havendo prazo estipulado para a declaração do comprador, o vendedor terá direito de intimá-lo, judicial ou extrajudicialmente, para que o faça em prazo improrrogável.

SUBSEÇÃO III

Da preempção ou preferência

Art. 513. A preempção, ou preferência, impõe ao comprador a obrigação de oferecer ao vendedor a coisa que aquele vai vender, ou dar em pagamento, para que este use de seu direito de prelação na compra, tanto por tanto.

Parágrafo único. O prazo para exercer o direito de preferência não poderá exceder a cento e oitenta dias se a coisa for móvel, ou a dois anos, se imóvel.

Art. 514. O vendedor pode também exercer o seu direito de prelação, intimando o comprador, quando lhe constar que este vai vender a coisa.

Art. 515. Aquele que exerce a preferência está, sob pena de a perder, obrigado a pagar, em condições iguais, o preço encontrado, ou o ajustado.

Art. 516. Inexistindo prazo estipulado, o direito de preempção caducará, se a coisa for móvel, não se exercendo nos três dias, e, se for imóvel, não se exercendo nos sessenta dias subsequentes à data em que o comprador tiver notificado o vendedor.

Art. 517. Quando o direito de preempção for estipulado a favor de dois ou mais indivíduos em comum, só pode ser exercido em relação à coisa no seu todo. Se alguma das pessoas, a quem ele toque, perder ou não exercer o seu direito, poderão as demais utilizá-lo na forma sobredita.

Art. 518. Responderá por perdas e danos o comprador, se alienar a coisa sem ter dado ao vendedor ciência do preço e das vantagens que por ela lhe oferecem. Responderá solidariamente o adquirente, se tiver procedido de má-fé.

Art. 519. Se a coisa expropriada para fins de necessidade ou utilidade pública, ou por interesse social, não tiver o destino para que se desapropriou, ou não for utilizada em obras ou serviços públicos, caberá ao expropriado direito de preferência, pelo preço atual da coisa.

Art. 520. O direito de preferência não se pode ceder nem passa aos herdeiros.

SUBSEÇÃO IV

Da venda com reserva de domínio

Art. 521. Na venda de coisa móvel, pode o vendedor reservar para si a propriedade, até que o preço esteja integralmente pago.

Art. 522. A cláusula de reserva de domínio será estipulada por escrito e depende de registro no domicílio do comprador para valer contra terceiros.

Art. 523. Não pode ser objeto de venda com reserva de domínio a coisa insuscetível de caracterização perfeita, para estremá-la de outras congêneres. Na dúvida, decide-se a favor do terceiro adquirente de boa-fé.

Art. 524. A transferência de propriedade ao comprador dá-se no momento em que o preço esteja integralmente pago. Todavia, pelos riscos da coisa responde o comprador, a partir de quando lhe foi entregue.

Art. 525. O vendedor somente poderá executar a cláusula de reserva de domínio após constituir o comprador em mora, mediante protesto do título ou interpelação judicial.

Art. 526. Verificada a mora do comprador, poderá o vendedor mover contra ele a competente ação de cobrança das prestações vencidas e vincendas e o mais que lhe for devido; ou poderá recuperar a posse da coisa vendida.

Art. 527. Na segunda hipótese do artigo antecedente, é facultado ao vendedor reter as prestações pagas até o necessário para cobrir a depreciação da coisa, as despesas feitas e o mais que de direito lhe for devido. O excedente será devolvido ao comprador; e o que faltar lhe será cobrado, tudo na forma da lei processual.

Art. 528. Se o vendedor receber o pagamento à vista, ou, posteriormente, mediante financiamento de instituição do mercado de capitais, a esta caberá exercer os direitos e ações decorrentes do contrato, a benefício de qualquer outro. A operação financeira e a respectiva ciência do comprador constarão do registro do contrato.

SUBSEÇÃO V

Da venda sobre documentos

Art. 529. Na venda sobre documentos, a tradição da coisa é substituída pela entrega do seu título representativo e dos outros documentos exigidos pelo contrato ou, no silêncio deste, pelos usos.

Parágrafo único. Achando-se a documentação em ordem, não pode o comprador recusar o pagamento, a pretexto de defeito de qualidade ou do estado da coisa vendida, salvo se o defeito já houver sido comprovado.

Art. 530. Não havendo estipulação em contrário, o pagamento deve ser efetuado na data e no lugar da entrega dos documentos.

Art. 531. Se entre os documentos entregues ao comprador figurar apólice de seguro que cubra os riscos do transporte, correm estes à conta do comprador, salvo se, ao ser concluído o contrato, tivesse o vendedor ciência da perda ou avaria da coisa.

Art. 532. Estipulado o pagamento por intermédio de estabelecimento bancário, caberá a este efetuá-lo contra a entrega dos documentos, sem obrigação de verificar a coisa vendida, pela qual não responde.

Parágrafo único. Nesse caso, somente após a recusa do estabelecimento bancário a efetuar o pagamento, poderá o vendedor pretendê-lo, diretamente do comprador.

....

CAPÍTULO IV

DA DOAÇÃO

SEÇÃO I

Disposições Gerais

Art. 538. Considera-se doação o contrato em que uma pessoa, por liberalidade, transfere do seu patrimônio bens ou vantagens para o de outra.

Art. 539. O doador pode fixar prazo ao donatário, para declarar se aceita ou não a liberalidade. Desde que o donatário, ciente do prazo, não faça, dentro dele, a declaração, entender-se-á que aceitou, se a doação não for sujeita a encargo.

Art. 540. A doação feita em contemplação do merecimento do donatário não perde o caráter de liberalidade, como não o perde a doação remuneratória, ou a gravada, no excedente ao valor dos serviços remunerados ou ao encargo imposto.

Art. 541. A doação far-se-á por escritura pública ou instrumento particular.

Parágrafo único. A doação verbal será válida, se, versando sobre bens móveis e de pequeno valor, se lhe seguir incontinenti a tradição.

Art. 542. A doação feita ao nascituro valerá, sendo aceita pelo seu representante legal.

Art. 543. Se o donatário for absolutamente incapaz, dispensa-se a aceitação, desde que se trate de doação pura.

Art. 544. A doação de ascendentes a descendentes, ou de um cônjuge a outro, importa adiantamento do que lhes cabe por herança.

Art. 545. A doação em forma de subvenção periódica ao beneficiado extingue-se morrendo o doador, salvo se este outra coisa dispuser, mas não poderá ultrapassar a vida do donatário.

Art. 546. A doação feita em contemplação de casamento futuro com certa e determinada pessoa, quer pelos nubentes entre si, quer por terceiro a um deles, a ambos, ou aos filhos que, de futuro, houverem um do outro, não pode ser impugnada por falta de aceitação, e só ficará sem efeito se o casamento não se realizar.

Art. 547. O doador pode estipular que os bens doados voltem ao seu patrimônio, se sobreviver ao donatário.

Parágrafo único. Não prevalece cláusula de reversão em favor de terceiro.

Art. 548. É nula a doação de todos os bens sem reserva de parte, ou renda suficiente para a subsistência do doador.

Art. 549. Nula é também a doação quanto à parte que exceder à de que o doador, no momento da liberalidade, poderia dispor em testamento.

Art. 550. A doação do cônjuge adúltero ao seu cúmplice pode ser anulada pelo outro cônjuge, ou por seus herdeiros necessários, até dois anos depois de dissolvida a sociedade conjugal.

Art. 551. Salvo declaração em contrário, a doação em comum a mais de uma pessoa entende-se distribuída entre elas por igual.

Parágrafo único. Se os donatários, em tal caso, forem marido e mulher, subsistirá na totalidade a doação para o cônjuge sobrevivo.

Art. 552. O doador não é obrigado a pagar juros moratórios, nem é sujeito às consequências da evicção ou do vício redibitório. Nas doações para casamento com certa e determinada pessoa, o doador ficará sujeito à evicção, salvo convenção em contrário.

Art. 553. O donatário é obrigado a cumprir os encargos da doação, caso forem a benefício do doador, de terceiro, ou do interesse geral.

Parágrafo único. Se desta última espécie for o encargo, o Ministério Público poderá exigir sua execução, depois da morte do doador, se este não tiver feito.

Art. 554. A doação a entidade futura caducará se, em dois anos, esta não estiver constituída regularmente.

SEÇÃO II
Da Revogação da Doação

Art. 555. A doação pode ser revogada por ingratidão do donatário, ou por inexecução do encargo.

Art. 556. Não se pode renunciar antecipadamente o direito de revogar a liberalidade por ingratidão do donatário.

Art. 557. Podem ser revogadas por ingratidão as doações:

I – se o donatário atentou contra a vida do doador ou cometeu crime de homicídio doloso contra ele;

II – se cometeu contra ele ofensa física;

III – se o injuriou gravemente ou o caluniou;

IV – se, podendo ministrá-los, recusou ao doador os alimentos de que este necessitava.

Art. 558. Pode ocorrer também a revogação quando o ofendido, nos casos do artigo anterior, for o cônjuge, ascendente, descendente, ainda que adotivo, ou irmão do doador.

Art. 559. A revogação por qualquer desses motivos deverá ser pleiteada dentro de um ano, a contar de quando chegue ao conhecimento do doador o fato que a autorizar, e de ter sido o donatário o seu autor.

Art. 560. O direito de revogar a doação não se transmite aos herdeiros do doador, nem prejudica os do donatário. Mas aqueles podem prosseguir na ação iniciada pelo doador, continuando-a contra os herdeiros do donatário, se este falecer depois de ajuizada a lide.

Art. 561. No caso de homicídio doloso do doador, a ação caberá aos seus herdeiros, exceto se aquele houver perdoado.

Art. 562. A doação onerosa pode ser revogada por inexecução do encargo, se o donatário incorrer em mora. Não havendo prazo para o cumprimento, o doador poderá notificar judicialmente o donatário, assinando-lhe prazo razoável para que cumpra a obrigação assumida.

Art. 563. A revogação por ingratidão não prejudica os direitos adquiridos por terceiros, nem obriga o donatário a restituir os frutos percebidos antes da citação válida; mas sujeita-o a pagar os posteriores, e, quando não possa restituir em espécie as coisas doadas, a indenizá-la pelo meio-termo do seu valor.

Art. 564. Não se revogam por ingratidão:

I – as doações puramente remuneratórias;

II – as oneradas com encargo já cumprido;

III – as que se fizerem em cumprimento de obrigação natural;

IV – as feitas para determinado casamento.

....

CAPÍTULO VI
DO EMPRÉSTIMO

SEÇÃO I
Do Comodato

Art. 579. O comodato é o empréstimo gratuito de coisas não fungíveis. Perfaz-se com a tradição do objeto.

Art. 580. Os tutores, curadores e em geral todos os administradores de bens alheios não poderão dar em comodato, sem autorização especial, os bens confiados à sua guarda.

Art. 581. Se o comodato não tiver prazo convencional, presumir-se-lhe-á o necessário para o uso concedido; não podendo o comodante, salvo necessidade imprevista e urgente, reconhecida pelo juiz, suspender o uso e gozo da coisa emprestada, antes de findo o prazo convencional, ou o que se determine pelo uso outorgado.

Art. 582. O comodatário é obrigado a conservar, como se sua própria fora, a coisa emprestada, não podendo usá-la senão de acordo com o contrato ou a natureza dela, sob pena de responder por perdas e danos. O comodatário constituído em mora, além de por ela responder, pagará, até restituí-la, o aluguel da coisa que for arbitrado pelo comodante.

Art. 583. Se, correndo risco o objeto do comodato juntamente com outros do comodatário, antepuser este a salvação dos seus abandonando o do comodante, responderá pelo dano ocorrido, ainda que se possa atribuir a caso fortuito, ou força maior.

Art. 584. O comodatário não poderá jamais recobrar do comodante as despesas feitas com o uso e gozo da coisa emprestada.

Art. 585. Se duas ou mais pessoas forem simultaneamente comodatárias de uma coisa, ficarão solidariamente responsáveis para com o comodante.

SEÇÃO II
Do Mútuo

• A Lei n. 1.046, de 2-1-1950, dispõe sobre mútuos com a garantia de consignação em folhas de pagamento. Em seu art. 7.º faz limitações aos juros.

Art. 586. O mútuo é o empréstimo de coisas fungíveis. O mutuário é obrigado a restituir ao mutuante o que dele recebeu em coisa do mesmo gênero, qualidade e quantidade.

Art. 587. Este empréstimo transfere o domínio da coisa emprestada ao mutuário, por cuja conta correm todos os riscos dela desde a tradição.

Art. 588. O mútuo feito a pessoa menor, sem prévia autorização daquele sob cuja guarda estiver, não pode ser reavido nem do mutuário, nem de seus fiadores.

Art. 589. Cessa a disposição do artigo antecedente:

I – se a pessoa, de cuja autorização necessitava o mutuário para contrair o empréstimo, o ratificar posteriormente;

II – se o menor, estando ausente essa pessoa, se viu obrigado a contrair o empréstimo para os seus alimentos habituais;

III – se o menor tiver bens ganhos com o seu trabalho. Mas, em tal caso, a execução do credor não lhes poderá ultrapassar as forças;

IV – se o empréstimo reverteu em benefício do menor;

V – se o menor obteve o empréstimo maliciosamente.

Art. 590. O mutuante pode exigir garantia da restituição, se antes do vencimento o mutuário sofrer notória mudança em sua situação econômica.

Art. 591. Destinando-se o mútuo a fins econômicos, presumem-se devidos juros, os quais, sob pena de redução, não poderão exceder a taxa a que se refere o art. 406, permitida a capitalização anual.

Art. 592. Não se tendo convencionado expressamente, o prazo do mútuo será:

I – até a próxima colheita, se o mútuo for de produtos agrícolas, assim para o consumo, como para semeadura;

II – de trinta dias, pelo menos, se for de dinheiro;

III – do espaço de tempo que declarar o mutuante, se for de qualquer outra coisa fungível.

CAPÍTULO VII
DA PRESTAÇÃO DE SERVIÇO

Art. 593. A prestação de serviço, que não estiver sujeita às leis trabalhistas ou a lei especial, reger-se-á pelas disposições deste Capítulo.

Art. 594. Toda a espécie de serviço ou trabalho lícito, material ou imaterial, pode ser contratada mediante retribuição.

Art. 595. No contrato de prestação de serviço, quando qualquer das partes não souber ler, nem escrever, o instrumento poderá ser assinado a rogo e subscrito por duas testemunhas.

Art. 596. Não se tendo estipulado, nem chegado a acordo as partes, fixar-se-á por arbitramento a retribuição, segundo o costume do lugar, o tempo de serviço e sua qualidade.

• *Vide* art. 460 da CLT.

Art. 597. A retribuição pagar-se-á depois de prestado o serviço, se, por convenção, ou costume, não houver de ser adiantada, ou paga em prestações.

• *Vide* art. 459 da CLT.

Art. 598. A prestação de serviço não se poderá convencionar por mais de quatro anos, embora o contrato tenha por causa o pagamento de dívida de quem o presta, ou se destine à execução de certa e determinada obra. Neste caso, decorridos quatro anos, dar-se-á por findo o contrato, ainda que não concluída a obra.

• *Vide* art. 445 da CLT.

• O art. 149 do CP dispõe sobre o crime de redução à condição análoga a de escravo.

Art. 599. Não havendo prazo estipulado, nem se podendo inferir da natureza do contrato, ou do costume do lugar, qualquer das partes, a seu arbítrio, mediante prévio aviso, pode resolver o contrato.

Parágrafo único. Dar-se-á o aviso:

I – com antecedência de oito dias, se o salário se houver fixado por tempo de um mês, ou mais;

II – com antecipação de quatro dias, se o salário se tiver ajustado por semana, ou quinzena;

III – de véspera, quando se tenha contratado por menos de sete dias.

Art. 600. Não se conta no prazo do contrato o tempo em que o prestador de serviço, por culpa sua, deixou de servir.

• *Vide* art. 453 da CLT.

Art. 601. Não sendo o prestador de serviço contratado para certo e determinado trabalho, entender-se-á que se obrigou a todo e qualquer serviço compatível com as suas forças e condições.

• *Vide* art. 456 da CLT.

Art. 602. O prestador de serviço contratado por tempo certo, ou por obra determinada, não se pode ausentar, ou despedir, sem justa causa, antes de preenchido o tempo, ou concluída a obra.

Parágrafo único. Se se despedir sem justa causa, terá direito à retribuição vencida, mas responderá por perdas e danos. O mesmo dar-se-á, se despedido por justa causa.

Art. 603. Se o prestador de serviço for despedido sem justa causa, a outra parte será obrigada a pagar-lhe por inteiro a retribuição vencida, e por metade a que lhe tocaria de então ao termo legal do contrato.

• *Vide* arts. 477 e 478 da CLT.

Art. 604. Findo o contrato, o prestador de serviço tem direito a exigir da outra parte a declaração de que o contrato está findo. Igual direito lhe cabe, se for despedido sem justa causa, ou se tiver havido motivo justo para deixar o serviço.

Art. 605. Nem aquele a quem os serviços são prestados, poderá transferir a outrem o direito aos serviços ajustados, nem o prestador de serviços, sem aprazimento da outra parte, dar substituto que os preste.

Art. 606. Se o serviço for prestado por quem não possua título de habilitação, ou não satisfaça requisitos outros estabelecidos em lei, não poderá quem os prestou cobrar a retribuição normalmente correspondente ao trabalho executado. Mas se deste resultar benefício para a outra parte, o juiz atribuirá a quem o prestou uma compensação razoável, desde que tenha agido com boa-fé.

Parágrafo único. Não se aplica a segunda parte deste artigo, quando a proibição da prestação de serviço resultar de lei de ordem pública.

Art. 607. O contrato de prestação de serviço acaba com a morte de qualquer das partes. Termina, ainda, pelo escoamento do prazo, pela conclusão da obra, pela rescisão do contrato mediante aviso prévio, por inadimplemento de qualquer das partes ou pela impossibilidade da continuação do contrato, motivada por força maior.

Art. 608. Aquele que aliciar pessoas obrigadas em contrato escrito a prestar serviço a outrem pagará a este a importância que ao prestador de serviço, pelo ajuste desfeito, houvesse de caber durante dois anos.

- Aliciar trabalhadores, com o fim de levá-los de uma para outra localidade do território nacional, constitui crime previsto no art. 207 do CP.

Art. 609. A alienação do prédio agrícola, onde a prestação dos serviços se opera, não importa a rescisão do contrato, salvo ao prestador opção entre continuá-lo com o adquirente da propriedade ou com o primitivo contratante.

CAPÍTULO VIII
DA EMPREITADA

Art. 610. O empreiteiro de uma obra pode contribuir para ela só com seu trabalho ou com ele e os materiais.

§ 1.º A obrigação de fornecer os materiais não se presume; resulta da lei ou da vontade das partes.

§ 2.º O contrato para elaboração de um projeto não implica a obrigação de executá-lo, ou de fiscalizar-lhe a execução.

Art. 611. Quando o empreiteiro fornece os materiais, correm por sua conta os riscos até o momento da entrega da obra, a contento de quem a encomendou, se este não estiver em mora de receber. Mas se estiver, por sua conta correrão os riscos.

Art. 612. Se o empreiteiro só forneceu mão de obra, todos os riscos em que não tiver culpa correrão por conta do dono.

Art. 613. Sendo a empreitada unicamente de lavor (art. 610), se a coisa perecer antes de entregue, sem mora do dono nem culpa do empreiteiro, este perderá a retribuição, se não provar que a perda resultou de defeito dos materiais e que em tempo reclamara contra a sua quantidade ou qualidade.

Art. 614. Se a obra constar de partes distintas, ou for de natureza das que se determinam por medida, o empreiteiro terá direito a que também se verifique por medida, ou segundo as partes em que se dividir, podendo exigir o pagamento na proporção da obra executada.

§ 1.º Tudo o que se pagou presume-se verificado.

§ 2.º O que se mediu presume-se verificado se, em trinta dias, a contar da medição, não forem denunciados os vícios ou defeitos pelo dono da obra ou por quem estiver incumbido da sua fiscalização.

Art. 615. Concluída a obra de acordo com o ajuste, ou o costume do lugar, o dono é obrigado a recebê-la. Poderá, porém, rejeitá-la, se o empreiteiro se afastou das instruções recebidas e dos planos dados, ou das regras técnicas em trabalhos de tal natureza.

Art. 616. No caso da segunda parte do artigo antecedente, pode quem encomendou a obra, em vez de enjeitá-la, recebê-la com abatimento no preço.

Art. 617. O empreiteiro é obrigado a pagar os materiais que recebeu, se por imperícia ou negligência os inutilizar.

Art. 618. Nos contratos de empreitada de edifícios ou outras construções consideráveis, o empreiteiro de materiais e execução responderá, durante o prazo irredutível de cinco anos, pela solidez e segurança do trabalho, assim em razão dos materiais, como do solo.

Parágrafo único. Decairá do direito assegurado neste artigo o dono da obra que não propuser a ação contra o empreiteiro, nos cento e oitenta dias seguintes ao aparecimento do vício ou defeito.

Art. 619. Salvo estipulação em contrário, o empreiteiro que se incumbir de executar uma obra, segundo plano aceito por quem a encomendou, não terá direito a exigir acréscimo no preço, ainda que sejam introduzidas modificações no projeto, a não ser que estas resultem de instruções escritas do dono da obra.

Parágrafo único. Ainda que não tenha havido autorização escrita, o dono da obra é obrigado a pagar ao empreiteiro os aumentos e acréscimos, segundo o que for arbitrado, se, sempre presente à obra, por continuadas visitas, não podia ignorar o que se estava passando, e nunca protestou.

Art. 620. Se ocorrer diminuição no preço do material ou da mão de obra superior a um décimo do preço global convencionado, poderá este ser revisto, a pedido do dono da obra, para que se lhe assegure a diferença apurada.

Art. 621. Sem anuência de seu autor, não pode o proprietário da obra introduzir modificações no projeto por ele aprovado, ainda que a execução seja confiada a terceiros, a não ser que, por motivos supervenientes ou razões de ordem técnica, fique comprovada a inconveniência ou a excessiva onerosidade de execução do projeto em sua forma originária.

Parágrafo único. A proibição deste artigo não abrange alterações de pouca monta, ressalvada sempre a unidade estética da obra projetada.

Art. 622. Se a execução da obra for confiada a terceiros, a responsabilidade do autor do projeto respectivo, desde que não assuma a direção ou fiscalização daquela, ficará limitada aos danos resultantes de defeitos previstos no art. 618 e seu parágrafo único.

Art. 623. Mesmo após iniciada a construção, pode o dono da obra suspendê-la, desde que pague ao empreiteiro as despesas e lucros relativos aos serviços já feitos, mais indenização razoável, calculada em função do que ele teria ganho, se concluída a obra.

Art. 624. Suspensa a execução da empreitada sem justa causa, responde o empreiteiro por perdas e danos.

Art. 625. Poderá o empreiteiro suspender a obra:

I – por culpa do dono, ou por motivo de força maior;

II – quando, no decorrer dos serviços, se manifestarem dificuldades imprevisíveis de execução, resultantes de causas geológicas ou hídricas, ou outras semelhantes, de modo que torne a empreitada excessivamente onerosa, e o dono da obra se opuser ao reajuste do preço inerente ao projeto por ele elaborado, observados os preços;

III – se as modificações exigidas pelo dono da obra, por seu vulto e natureza, forem desproporcionais ao projeto aprovado, ainda que o dono se disponha a arcar com o acréscimo de preço.

Art. 626. Não se extingue o contrato de empreitada pela morte de qualquer das partes, salvo se ajustado em consideração às qualidades pessoais do empreiteiro.

CAPÍTULO IX
DO DEPÓSITO

SEÇÃO I
Do Depósito Voluntário

Art. 627. Pelo contrato de depósito recebe o depositário um objeto móvel, para guardar, até que o depositante o reclame.

Art. 628. O contrato de depósito é gratuito, exceto se houver convenção em contrário, se resultante de atividade negocial ou se o depositário o praticar por profissão.

Parágrafo único. Se o depósito for oneroso e a retribuição do depositário não constar de lei, nem resultar de ajuste, será determinada pelos usos do lugar, e, na falta destes, por arbitramento.

Art. 629. O depositário é obrigado a ter na guarda e conservação da coisa depositada o cuidado e diligência que costuma com o que lhe pertence, bem como a restituí-la, com todos os frutos e acrescidos, quando o exija o depositante.

• A ação de depósito está regulada nos arts. 901 a 906 do CPC.

Art. 630. Se o depósito se entregou fechado, colado, selado, ou lacrado, nesse mesmo estado se manterá.

Art. 631. Salvo disposição em contrário, a restituição da coisa deve dar-se no lugar em que tiver de ser guardada. As despesas de restituição correm por conta do depositante.

Art. 632. Se a coisa houver sido depositada no interesse de terceiro, e o depositário tiver sido cientificado deste fato pelo depositante, não poderá ele exonerar-se restituindo a coisa a este, sem consentimento daquele.

Art. 633. Ainda que o contrato fixe prazo à restituição, o depositário entregará o depósito logo que se lhe exija, salvo se tiver o direito de retenção a que se refere o art. 644, se o objeto for judicialmente embargado, se sobre ele pender execução, notificada ao depositário, ou se houver motivo razoável de suspeitar que a coisa foi dolosamente obtida.

Art. 634. No caso do artigo antecedente, última parte, o depositário, expondo o fundamento da suspeita, requererá que se recolha o objeto ao Depósito Público.

Art. 635. Ao depositário será facultado, outrossim, requerer depósito judicial da coisa, quando, por motivo plausível, não a possa guardar, e o depositante não queira recebê-la.

Art. 636. O depositário, que por força maior houver perdido a coisa depositada e recebido outra em seu lugar, é obrigado a entregar a segunda ao depositante, e ceder-lhe as ações que no caso tiver contra o terceiro responsável pela restituição da primeira.

Art. 637. O herdeiro do depositário, que de boa-fé vendeu a coisa depositada, é obrigado a assistir o depositante na reivindicação, e a restituir ao comprador o preço recebido.

Art. 638. Salvo os casos previstos nos arts. 633 e 634, não poderá o depositário furtar-se à restituição do depósito, alegando não pertencer a coisa ao depositante, ou opondo compensação, exceto se noutro depósito se fundar.

Art. 639. Sendo dois ou mais depositantes, e divisível a coisa, a cada um só entregará o depositário a respectiva parte, salvo se houver entre eles solidariedade.

Art. 640. Sob pena de responder por perdas e danos, não poderá o depositário, sem licença expressa do depositante, servir-se da coisa depositada, nem a dar em depósito a outrem.

Parágrafo único. Se o depositário, devidamente autorizado, confiar a coisa em depósito a terceiro, será responsável se agiu com culpa na escolha deste.

Art. 641. Se o depositário se tornar incapaz, a pessoa que lhe assumir a administração dos bens diligenciará imediatamente restituir a coisa depositada e, não querendo ou não podendo o depositante recebê-la, recolhê-la-á ao Depósito Público ou promoverá nomeação de outro depositário.

Art. 642. O depositário não responde pelos casos de força maior; mas, para que lhe valha a escusa, terá de prová-los.

Art. 643. O depositante é obrigado a pagar ao depositário as despesas feitas com a coisa, e os prejuízos que do depósito provierem.

Art. 644. O depositário poderá reter o depósito até que se lhe pague a retribuição devida, o líquido valor das despesas, ou dos prejuízos a que se refere o artigo anterior, provando imediatamente esses prejuízos ou essas despesas.

Parágrafo único. Se essas dívidas, despesas ou prejuízos não forem provados suficientemente, ou forem ilíquidos, o depositário poderá exigir caução idônea do depositante ou, na falta desta, a remoção da coisa para o Depósito Público, até que se liquidem.

Art. 645. O depósito de coisas fungíveis, em que o depositário se obrigue a restituir objetos do mesmo gênero, qualidade e quantidade, regular-se-á pelo disposto acerca do mútuo.

Art. 646. O depósito voluntário provar-se-á por escrito.

SEÇÃO II
Do Depósito Necessário

Art. 647. É depósito necessário:

I – o que se faz em desempenho de obrigação legal;

II – o que se efetua por ocasião de alguma calamidade, como o incêndio, a inundação, o naufrágio ou o saque.

Art. 648. O depósito a que se refere o inciso I do artigo antecedente, reger-se-á pela disposição da respectiva lei, e, no silêncio ou deficiência dela, pelas concernentes ao depósito voluntário.

Parágrafo único. As disposições deste artigo aplicam-se aos depósitos previstos no inciso II do artigo antecedente, podendo estes certificarem-se por qualquer meio de prova.

Art. 649. Aos depósitos previstos no artigo antecedente é equiparado o das bagagens dos viajantes ou hóspedes nas hospedarias onde estiverem.

Parágrafo único. Os hospedeiros responderão como depositários, assim como pelos furtos e roubos que perpetrarem as pessoas empregadas ou admitidas nos seus estabelecimentos.

Art. 650. Cessa, nos casos do artigo antecedente, a responsabilidade dos hospedeiros, se provarem que os fatos prejudiciais aos viajantes ou hóspedes não podiam ter sido evitados.

Art. 651. O depósito necessário não se presume gratuito. Na hipótese do art. 649, a remuneração pelo depósito está incluída no preço da hospedagem.

Art. 652. Seja o depósito voluntário ou necessário, o depositário que não o restituir quando exigido será compelido a fazê-lo mediante prisão não excedente a um ano, e ressarcir os prejuízos.

•• *Vide* art. 5.º, LXVII, da CF.

•• O Decreto n. 592, de 6-7-1992 (Pacto Internacional sobre Direitos Civis e Políticos), dispõe em seu art. 11 que "ninguém poderá ser preso apenas por não poder cumprir com uma obrigação contratual".

•• O Decreto n. 678, de 6-11-1992 (Pacto de São José da Costa Rica), dispõe em seu art. 7.º, item 7, que ninguém deve ser detido por dívida, exceto no caso de inadimplemento de obrigação alimentar.

CAPÍTULO X
DO MANDATO

SEÇÃO I
Disposições Gerais

Art. 653. Opera-se o mandato quando alguém recebe de outrem poderes para, em seu nome, praticar atos ou administrar interesses. A procuração é o instrumento do mandato.

• *Vide* CF, art. 54, II, *c*.

• Iguais prerrogativas foram conferidas às associações de classe que congreguem funcionários ou empregados de empresas industriais da União, dos Estados, dos Municípios e de entidades autárquicas, nos termos da Lei n. 1.134, de 14-6-1950.

Art. 654. Todas as pessoas capazes são aptas para dar procuração mediante instrumento particular, que valerá desde que tenha a assinatura do outorgante.

§ 1.º O instrumento particular deve conter a indicação do lugar onde foi passado, a qualificação do outorgante e do outorgado, a data e o objetivo da outorga com a designação e a extensão dos poderes conferidos.

§ 2.º O terceiro com quem o mandatário tratar poderá exigir que a procuração traga a firma reconhecida.

Art. 655. Ainda quando se outorgue mandato por instrumento público, pode substabelecer-se mediante instrumento particular.

Art. 656. O mandato pode ser expresso ou tácito, verbal ou escrito.

• *Vide* art. 513 da CLT.

• A Lei n. 1.134, de 14-6-1950, dispõe sobre a representação perante autoridades administrativas.

Art. 657. A outorga do mandato está sujeita à forma exigida por lei para o ato a ser praticado. Não se admite mandato verbal quando o ato deva ser celebrado por escrito.

Art. 658. O mandato presume-se gratuito quando não houver sido estipulada retribuição, exceto se o seu objeto corresponder ao daqueles que o mandatário trata por ofício ou profissão lucrativa.

Parágrafo único. Se o mandato for oneroso, caberá ao mandatário a retribuição prevista em lei ou no contrato. Sendo estes omissos, será ela determinada pelos usos do lugar, ou, na falta destes, por arbitramento.

Art. 659. A aceitação do mandato pode ser tácita, e resulta do começo de execução.

Art. 660. O mandato pode ser especial a um ou mais negócios determinadamente, ou geral a todos os do mandante.

Art. 661. O mandato em termos gerais só confere poderes de administração.

§ 1.º Para alienar, hipotecar, transigir, ou praticar outros quaisquer atos que exorbitem da administração ordinária, depende a procuração de poderes especiais e expressos.

§ 2.º O poder de transigir não importa o de firmar compromisso.

Art. 662. Os atos praticados por quem não tenha mandato, ou o tenha sem poderes suficientes, são ineficazes em relação àquele em cujo nome foram praticados, salvo se este os ratificar.

Parágrafo único. A ratificação há de ser expressa, ou resultar de ato inequívoco, e retroagirá à data do ato.

Art. 663. Sempre que o mandatário estipular negócios expressamente em nome do mandante, será este o único responsável; ficará, porém, o mandatário pessoalmente obrigado, se agir no seu próprio nome, ainda que o negócio seja de conta do mandante.

Art. 664. O mandatário tem o direito de reter, do objeto da operação que lhe foi cometida, quanto baste para pagamento de tudo que lhe for devido em consequência do mandato.

Art. 665. O mandatário que exceder os poderes do mandato, ou proceder contra eles, será considerado mero gestor de negócios, enquanto o mandante lhe não ratificar os atos.

Art. 666. O maior de dezesseis e menor de dezoito anos não emancipado pode ser mandatário, mas o mandante não tem ação contra ele senão de conformidade com as regras gerais, aplicáveis às obrigações contraídas por menores.

SEÇÃO II

Das Obrigações do Mandatário

Art. 667. O mandatário é obrigado a aplicar toda sua diligência habitual na execução do mandato, e a indenizar qualquer prejuízo causado por culpa sua ou daquele a quem substabelecer, sem autorização, poderes que devia exercer pessoalmente.

§ 1.º Se, não obstante proibição do mandante, o mandatário se fizer substituir na execução do mandato, responderá ao seu constituinte pelos prejuízos ocorridos sob a gerência do substituto, embora provenientes de caso fortuito, salvo provando que o caso teria sobrevindo, ainda que não tivesse havido substabelecimento.

§ 2.º Havendo poderes de substabelecer, só serão imputáveis ao mandatário os danos causados pelo substabelecido, se tiver agido com culpa na escolha deste ou nas instruções dadas a ele.

§ 3.º Se a proibição de substabelecer constar da procuração, os atos praticados pelo substabelecido não obrigam o mandante, salvo ratificação expressa, que retroagirá à data do ato.

§ 4.º Sendo omissa a procuração quanto ao substabelecimento, o procurador será responsável se o substabelecido proceder culposamente.

Art. 668. O mandatário é obrigado a dar contas de sua gerência ao mandante, transferindo-lhe as vantagens provenientes do mandato, por qualquer título que seja.

Art. 669. O mandatário não pode compensar os prejuízos a que deu causa com os proveitos que, por outro lado, tenha granjeado ao seu constituinte.

Art. 670. Pelas somas que devia entregar ao mandante ou recebeu para despesa, mas empregou em proveito seu, pagará o mandatário juros, desde o momento em que abusou.

Art. 671. Se o mandatário, tendo fundos ou crédito do mandante, comprar, em nome próprio, algo que devera comprar para o mandante, por ter sido expressamente designado no mandato, terá este ação para obrigá-lo à entrega da coisa comprada.

Art. 672. Sendo dois ou mais os mandatários nomeados no mesmo instrumento, qualquer deles poderá exercer os poderes outorgados, se não forem expressamente declarados conjuntos, nem especificamente designados para atos diferentes, ou subordinados a atos sucessivos. Se os mandatários forem declarados conjuntos, não terá eficácia o ato praticado sem interferência de todos, salvo havendo ratificação, que retroagirá à data do ato.

Art. 673. O terceiro que, depois de conhecer os poderes do mandatário, com ele celebrar negócio jurídico exorbitante do mandato, não tem ação contra o mandatário, salvo se este lhe prometeu ratificação do mandante ou se responsabilizou pessoalmente.

Art. 674. Embora ciente da morte, interdição ou mudança de estado do mandante, deve o mandatário concluir o negócio já começado, se houver perigo na demora.

SEÇÃO III

Das Obrigações do Mandante

Art. 675. O mandante é obrigado a satisfazer todas as obrigações contraídas pelo mandatário, na conformidade do mandato conferido, e adiantar a importância das despesas necessárias à execução dele, quando o mandatário lho pedir.

Art. 676. É obrigado o mandante a pagar ao mandatário a remuneração ajustada e as despesas da execução do mandato, ainda que o negócio não surta o esperado efeito, salvo tendo o mandatário culpa.

Art. 677. As somas adiantadas pelo mandatário, para a execução do mandato, vencem juros desde a data do desembolso.

Art. 678. É igualmente obrigado o mandante a ressarcir ao mandatário as perdas que este sofrer com a execução do mandato, sempre que não resultem de culpa sua ou de excesso de poderes.

Art. 679. Ainda que o mandatário contrarie as instruções do mandante, se não exceder os limites do mandato, ficará o mandante obrigado para com aqueles com quem o seu procurador contratou; mas terá contra este ação pelas perdas e danos resultantes da inobservância das instruções.

Art. 680. Se o mandato for outorgado por duas ou mais pessoas, e para negócio comum, cada uma ficará solidariamente responsável ao mandatário por todos os compromissos e efeitos do mandato, salvo direito regressivo, pelas quantias que pagar, contra os outros mandantes.

Art. 681. O mandatário tem sobre a coisa de que tenha a posse em virtude do mandato, direito de retenção, até se reembolsar do que no desempenho do encargo despendeu.

SEÇÃO IV

Da Extinção do Mandato

Art. 682. Cessa o mandato:

I – pela revogação ou pela renúncia;

II – pela morte ou interdição de uma das partes;

III – pela mudança de estado que inabilite o mandante a conferir os poderes, ou o mandatário para os exercer;

IV – pelo término do prazo ou pela conclusão do negócio.

Art. 683. Quando o mandato contiver a cláusula de irrevogabilidade e o mandante o revogar, pagará perdas e danos.

Art. 684. Quando a cláusula de irrevogabilidade for condição de um negócio bilateral, ou tiver sido estipulada no exclusivo interesse do mandatário, a revogação do mandato será ineficaz.

Art. 685. Conferido o mandato com a cláusula "em causa própria", a sua revogação não terá eficácia, nem se extinguirá pela morte de qualquer das partes, ficando o mandatário dispensado de prestar contas, e podendo transferir para si os bens móveis ou imóveis objeto do mandato, obedecidas as formalidades legais.

Art. 686. A revogação do mandato, notificada somente ao mandatário, não se pode opor aos terceiros que, ignorando-a, de boa-fé com ele trataram; mas ficam salvas ao constituinte as ações que no caso lhe possam caber contra o procurador.

Parágrafo único. É irrevogável o mandato que contenha poderes de cumprimento ou confirmação de negócios encetados, aos quais se ache vinculado.

Art. 687. Tanto que for comunicada ao mandatário a nomeação de outro, para o mesmo negócio, considerar-se-á revogado o mandato anterior.

Art. 688. A renúncia do mandato será comunicada ao mandante, que, se for prejudicado pela sua inoportunidade, ou pela falta de tempo, a fim de prover à substituição do procurador, será indenizado pelo mandatário, salvo se este provar que não podia continuar no mandato sem prejuízo considerável, e que não lhe era dado substabelecer.

Art. 689. São válidos, a respeito dos contratantes de boa-fé, os atos com estes ajustados em nome do mandante pelo mandatário, enquanto este ignorar a morte daquele ou a extinção do mandato, por qualquer outra causa.

Art. 690. Se falecer o mandatário, pendente o negócio a ele cometido, os herdeiros, tendo ciência do mandato, avisarão o mandante, e providenciarão a bem dele, como as circunstâncias exigirem.

Art. 691. Os herdeiros, no caso do artigo antecedente, devem limitar-se às medidas conservatórias, ou continuar os negócios pendentes que se não possam demorar sem perigo, regulando-se os seus serviços dentro desse limite, pelas mesmas normas a que os do mandatário estão sujeitos.

SEÇÃO V
Do Mandato Judicial

Art. 692. O mandato judicial fica subordinado às normas que lhe dizem respeito, constantes da legislação processual, e, supletivamente, às estabelecidas neste Código.

• *Vide* arts. 513 e 791 da CLT.

....

CAPÍTULO XIX
DA TRANSAÇÃO

Art. 840. É lícito aos interessados prevenirem ou terminarem o litígio mediante concessões mútuas.

• A Lei n. 9.469, de 10-7-1997, dispõe sobre a transação nas causas de interesse da União, suas autarquias, fundações e empresas públicas federais.

Art. 841. Só quanto a direitos patrimoniais de caráter privado se permite a transação.

Art. 842. A transação far-se-á por escritura pública, nas obrigações em que a lei o exige, ou por instrumento particular, nas em que ela o admite; se recair sobre direitos contestados em juízo, será feita por escritura pública, ou por termo nos autos, assinado pelos transigentes e homologado pelo juiz.

Art. 843. A transação interpreta-se restritivamente, e por ela não se transmitem, apenas se declaram ou reconhecem direitos.

Art. 844. A transação não aproveita, nem prejudica senão aos que nela intervierem, ainda que diga respeito a coisa indivisível.

§ 1.º Se for concluída entre o credor e o devedor, desobrigará o fiador.

§ 2.º Se entre um dos credores solidários e o devedor, extingue a obrigação deste para com os outros credores.

§ 3.º Se entre um dos devedores solidários e seu credor, extingue a dívida em relação aos codevedores.

Art. 845. Dada a evicção da coisa renunciada por um dos transigentes, ou por ele transferida à outra parte, não revive a obrigação extinta pela transação; mas ao evicto cabe o direito de reclamar perdas e danos.

Parágrafo único. Se um dos transigentes adquirir, depois da transação, novo direito sobre a coisa renunciada ou transferida, a transação feita não o inibirá de exercê-lo.

Art. 846. A transação concernente a obrigações resultantes de delito não extingue a ação penal pública.

Art. 847. É admissível, na transação, a pena convencional.

Art. 848. Sendo nula qualquer das cláusulas da transação, nula será esta.

Parágrafo único. Quando a transação versar sobre diversos direitos contestados, independentes entre si, o fato de não prevalecer em relação a um não prejudicará os demais.

Art. 849. A transação só se anula por dolo, coação, ou erro essencial quanto à pessoa ou coisa controversa.

Parágrafo único. A transação não se anula por erro de direito a respeito das questões que foram objeto de controvérsia entre as partes.

Art. 850. É nula a transação a respeito do litígio decidido por sentença passada em julgado, se dela não tinha ciência algum dos transatores, ou quando, por título ulteriormente descoberto, se verificar que nenhum deles tinha direito sobre o objeto da transação.

....

TÍTULO VII
DOS ATOS UNILATERAIS

....

CAPÍTULO III
DO PAGAMENTO INDEVIDO

Art. 876. Todo aquele que recebeu o que lhe não era devido fica obrigado a restituir; obrigação que incumbe àquele que recebe dívida condicional antes de cumprida a condição.

Art. 877. Àquele que voluntariamente pagou o indevido incumbe a prova de tê-lo feito por erro.

Art. 878. Aos frutos, acessões, benfeitorias e deteriorações sobrevindas à coisa dada em pagamento indevido, aplica-se o disposto neste Código sobre o possuidor de boa-fé ou de má-fé, conforme o caso.

Art. 879. Se aquele que indevidamente recebeu um imóvel o tiver alienado em boa-fé, por título oneroso, responde somente pela quantia recebida; mas, se agiu de má-fé, além do valor do imóvel, responde por perdas e danos.

Parágrafo único. Se o imóvel foi alienado por título gratuito, ou se, alienado por título oneroso, o terceiro adquirente agiu de má-fé, cabe ao que pagou por erro o direito de reivindicação.

Art. 880. Fica isento de restituir pagamento indevido aquele que, recebendo-o como parte de dívida verdadeira, inutilizou o título, deixou prescrever a pretensão ou abriu mão das garantias que asseguravam seu direito; mas aquele que pagou dispõe de ação regressiva contra o verdadeiro devedor e seu fiador.

Art. 881. Se o pagamento indevido tiver consistido no desempenho de obrigação de fazer ou para eximir-se da obrigação de não fazer, aquele que recebeu a prestação fica na obrigação de indenizar o que a cumpriu, na medida do lucro obtido.

Art. 882. Não se pode repetir o que se pagou para solver dívida prescrita, ou cumprir obrigação judicialmente inexigível.

Art. 883. Não terá direito à repetição aquele que deu alguma coisa para obter fim ilícito, imoral, ou proibido por lei.

Parágrafo único. No caso deste artigo, o que se deu reverterá em favor de estabelecimento local de beneficência, a critério do juiz.

CAPÍTULO IV
DO ENRIQUECIMENTO SEM CAUSA

Art. 884. Aquele que, sem justa causa, se enriquecer à custa de outrem, será obrigado a restituir o indevidamente auferido, feita a atualização dos valores monetários.

Parágrafo único. Se o enriquecimento tiver por objeto coisa determinada, quem a recebeu é obrigado a restituí-la, e, se a coisa não mais subsistir, a restituição se fará pelo valor do bem na época em que foi exigido.

Art. 885. A restituição é devida, não só quando não tenha havido causa que justifique o enriquecimento, mas também se esta deixou de existir.

Art. 886. Não caberá a restituição por enriquecimento, se a lei conferir ao lesado outros meios para se ressarcir do prejuízo sofrido.

TÍTULO VIII
DOS TÍTULOS DE CRÉDITO

CAPÍTULO I
DISPOSIÇÕES GERAIS

Art. 887. O título de crédito, documento necessário ao exercício do direito literal e autônomo nele contido, somente produz efeito quando preencha os requisitos da lei.

Art. 888. A omissão de qualquer requisito legal, que tire ao escrito a sua validade como título de crédito, não implica a invalidade do negócio jurídico que lhe deu origem.

Art. 889. Deve o título de crédito conter a data da emissão, a indicação precisa dos direitos que confere, e a assinatura do emitente.

§ 1.º É à vista o título de crédito que não contenha indicação de vencimento.

§ 2.º Considera-se lugar de emissão e de pagamento, quando não indicado no título, o domicílio do emitente.

§ 3.º O título poderá ser emitido a partir dos caracteres criados em computador ou meio técnico equivalente e que constem da escrituração do emitente, observados os requisitos mínimos previstos neste artigo.

Art. 890. Consideram-se não escritas no título a cláusula de juros, a proibitiva de endosso, a excludente de responsabilidade pelo pagamento ou por despesas, a que dispense a observância de termos e formalidade prescritas, e a que, além dos limites fixados em lei, exclua ou restrinja direitos e obrigações.

Art. 891. O título de crédito, incompleto ao tempo da emissão, deve ser preenchido de conformidade com os ajustes realizados.

Parágrafo único. O descumprimento dos ajustes previstos neste artigo pelos que deles participaram, não constitui motivo de oposição ao terceiro portador, salvo se este, ao adquirir o título, tiver agido de má-fé.

Art. 892. Aquele que, sem ter poderes, ou excedendo os que tem, lança a sua assinatura em título de crédito, como mandatário ou representante de outrem, fica pessoalmente obrigado, e, pagando o título, tem ele os mesmos direitos que teria o suposto mandante ou representado.

Art. 893. A transferência do título de crédito implica a de todos os direitos que lhe são inerentes.

Art. 894. O portador de título representativo de mercadoria tem o direito de transferi-lo, de conformidade com as normas que regulam a sua circulação, ou de receber aquela independentemente de quaisquer formalidades, além da entrega do título devidamente quitado.

Art. 895. Enquanto o título de crédito estiver em circulação, só ele poderá ser dado em garantia, ou ser objeto de medidas judiciais, e não, separadamente, os direitos ou mercadorias que representa.

Art. 896. O título de crédito não pode ser reivindicado do portador que o adquiriu de boa-fé e na conformidade das normas que disciplinam a sua circulação.

Art. 897. O pagamento de título de crédito, que contenha obrigação de pagar soma determinada, pode ser garantido por aval.

Parágrafo único. É vedado o aval parcial.

Art. 898. O aval deve ser dado no verso ou no anverso do próprio título.

§ 1.º Para a validade do aval, dado no anverso do título, é suficiente a simples assinatura do avalista.

§ 2.º Considera-se não escrito o aval cancelado.

Art. 899. O avalista equipara-se àquele cujo nome indicar; na falta de indicação, ao emitente ou devedor final.

§ 1.º Pagando o título, tem o avalista ação de regresso contra o seu avalizado e demais coobrigados anteriores.

§ 2.º Subsiste a responsabilidade do avalista, ainda que nula a obrigação daquele a quem se equipara, a menos que a nulidade decorra de vício de forma.

Art. 900. O aval posterior ao vencimento produz os mesmos efeitos do anteriormente dado.

Art. 901. Fica validamente desonerado o devedor que paga título de crédito ao legítimo portador, no vencimento, sem oposição, salvo se agiu de má-fé.

Parágrafo único. Pagando, pode o devedor exigir do credor, além da entrega do título, quitação regular.

Art. 902. Não é o credor obrigado a receber o pagamento antes do vencimento do título, e aquele que o paga, antes do vencimento, fica responsável pela validade do pagamento.

§ 1.º No vencimento, não pode o credor recusar pagamento, ainda que parcial.

§ 2.º No caso de pagamento parcial, em que se não opera a tradição do título, além da quitação em separado, outra deverá ser firmada no próprio título.

Art. 903. Salvo disposição diversa em lei especial, regem-se os títulos de crédito pelo disposto neste Código.

CAPÍTULO II
DO TÍTULO AO PORTADOR

Art. 904. A transferência de título ao portador se faz por simples tradição.

Art. 905. O possuidor de título ao portador tem direito à prestação nele indicada, mediante a sua simples apresentação ao devedor.

Parágrafo único. A prestação é devida ainda que o título tenha entrado em circulação contra a vontade do emitente.

Art. 906. O devedor só poderá opor ao portador exceção fundada em direito pessoal, ou em nulidade de sua obrigação.

Art. 907. É nulo o título ao portador emitido sem autorização de lei especial.

Art. 908. O possuidor de título dilacerado, porém identificável, tem direito a obter do emitente a substituição do anterior, mediante a restituição do primeiro e o pagamento das despesas.

Art. 909. O proprietário, que perder ou extraviar título, ou for injustamente desapossado dele, poderá obter novo título em juízo, bem como impedir sejam pagos a outrem capital e rendimentos.

Parágrafo único. O pagamento, feito antes de ter ciência da ação referida neste artigo, exonera o devedor, salvo se se provar que ele tinha conhecimento do fato.

CAPÍTULO III
DO TÍTULO À ORDEM

Art. 910. O endosso deve ser lançado pelo endossante no verso ou anverso do próprio título.

§ 1.º Pode o endossante designar o endossatário, e para validade do endosso, dado no verso do título, é suficiente a simples assinatura do endossante.

§ 2.º A transferência por endosso completa-se com a tradição do título.

§ 3.º Considera-se não escrito o endosso cancelado, total ou parcialmente.

Art. 911. Considera-se legítimo possuidor o portador do título à ordem com série regular e ininterrupta de endossos, ainda que o último seja em branco.

Parágrafo único. Aquele que paga o título está obrigado a verificar a regularidade da série de endossos, mas não a autenticidade das assinaturas.

Art. 912. Considera-se não escrita no endosso qualquer condição a que o subordine o endossante.

Parágrafo único. É nulo o endosso parcial.

Art. 913. O endossatário de endosso em branco pode mudá-lo para endosso em preto, completando-o com o seu nome ou de terceiro; pode endossar novamente o título, em branco ou em preto; ou pode transferi-lo sem novo endosso.

Art. 914. Ressalvada cláusula expressa em contrário, constante do endosso, não responde o endossante pelo cumprimento da prestação constante do título.

§ 1.º Assumindo responsabilidade pelo pagamento, o endossante se torna devedor solidário.

§ 2.º Pagando o título, tem o endossante ação de regresso contra os coobrigados anteriores.

Art. 915. O devedor, além das exceções fundadas nas relações pessoais que tiver com o portador, só poderá opor a este as exceções relativas à forma do título e ao seu conteúdo literal, à falsidade da própria assinatura, a defeito de capacidade ou de representação no momento da subscrição, e à falta de requisito necessário ao exercício da ação.

Art. 916. As exceções, fundadas em relação do devedor com os portadores precedentes, somente poderão ser por ele opostas ao portador, se este, ao adquirir o título, tiver agido de má-fé.

Art. 917. A cláusula constitutiva de mandato, lançada no endosso, confere ao endossatário o exercício dos direitos inerentes ao título, salvo restrição expressamente estatuída.

§ 1.º O endossatário de endosso-mandato só pode endossar novamente o título na qualidade de procurador, com os mesmos poderes que recebeu.

§ 2.º Com a morte ou a superveniente incapacidade do endossante, não perde eficácia o endosso-mandato.

§ 3.º Pode o devedor opor ao endossatário de endosso-mandato somente as exceções que tiver contra o endossante.

Art. 918. A cláusula constitutiva de penhor, lançada no endosso, confere ao endossatário o exercício dos direitos inerentes ao título.

§ 1.º O endossatário de endosso-penhor só pode endossar novamente o título na qualidade de procurador.

§ 2.º Não pode o devedor opor ao endossatário de endosso-penhor as exceções que tinha contra o endossante, salvo se aquele tiver agido de má-fé.

Art. 919. A aquisição de título à ordem, por meio diverso do endosso, tem efeito de cessão civil.

Art. 920. O endosso posterior ao vencimento produz os mesmos efeitos do anterior.

CAPÍTULO IV
DO TÍTULO NOMINATIVO

Art. 921. É título nominativo o emitido em favor de pessoa cujo nome conste no registro do emitente.

Art. 922. Transfere-se o título nominativo mediante termo, em registro do emitente, assinado pelo proprietário e pelo adquirente.

Art. 923. O título nominativo também pode ser transferido por endosso que contenha o nome do endossatário.

§ 1.º A transferência mediante endosso só tem eficácia perante o emitente, uma vez feita a competente averbação em seu registro, podendo o emitente exigir do endossatário que comprove a autenticidade da assinatura do endossante.

§ 2.º O endossatário, legitimado por série regular e ininterrupta de endossos, tem o direito de obter a averbação no registro do emitente, comprovada a autenticidade das assinaturas de todos os endossantes.

§ 3.º Caso o título original contenha o nome do primitivo proprietário, tem direito o adquirente a obter do emitente novo título, em seu nome, devendo a emissão do novo título constar no registro do emitente.

Art. 924. Ressalvada proibição legal, pode o título nominativo ser transformado em à ordem ou ao portador, a pedido do proprietário e à sua custa.

Art. 925. Fica desonerado de responsabilidade o emitente que de boa-fé fizer a transferência pelos modos indicados nos artigos antecedentes.

Art. 926. Qualquer negócio ou medida judicial, que tenha por objeto o título, só produz efeito perante o emitente ou terceiros, uma vez feita a competente averbação no registro do emitente.

TÍTULO IX
DA RESPONSABILIDADE CIVIL

CAPÍTULO I
DA OBRIGAÇÃO DE INDENIZAR

Art. 927. Aquele que, por ato ilícito (arts. 186 e 187), causar dano a outrem, fica obrigado a repará-lo.

• *Vide* Enunciados n. 4 e 13 da 1.ª Jornada de Direito do Trabalho.

Parágrafo único. Haverá obrigação de reparar o dano, independentemente de culpa, nos casos especificados em lei, ou quando a atividade normalmente desenvolvida pelo autor do dano implicar, por sua natureza, risco para os direitos de outrem.

• *Vide* arts. 5.º, V e X, e 37, § 6.º, da CF.

Art. 928. O incapaz responde pelos prejuízos que causar, se as pessoas por ele responsáveis não tiverem obrigação de fazê-lo ou não dispuserem de meios suficientes.

Parágrafo único. A indenização prevista neste artigo, que deverá ser equitativa, não terá lugar se privar do necessário o incapaz ou as pessoas que dele dependem.

Art. 929. Se a pessoa lesada, ou o dono da coisa, no caso do inciso II do art. 188, não forem culpados do perigo, assistir-lhes-á direito à indenização do prejuízo que sofreram.

Art. 930. No caso do inciso II do art. 188, se o perigo ocorrer por culpa de terceiro, contra este terá o autor do dano ação regressiva para haver a importância que tiver ressarcido ao lesado.

Parágrafo único. A mesma ação competirá contra aquele em defesa de quem se causou o dano (art. 188, inciso I).

• *Vide* art. 125, II, do CPC.

Art. 931. Ressalvados outros casos previstos em lei especial, os empresários individuais e as empresas respondem independentemente de culpa pelos danos causados pelos produtos postos em circulação.

Art. 932. São também responsáveis pela reparação civil:

I – os pais, pelos filhos menores que estiverem sob sua autoridade e em sua companhia;

II – o tutor e o curador, pelos pupilos e curatelados, que se acharem nas mesmas condições;

III – o empregador ou comitente, por seus empregados, serviçais e prepostos, no exercício do trabalho que lhes competir, ou em razão dele;

- A Lei n. 7.195, de 12-6-1984, dispõe sobre a responsabilidade civil das agências de empregados domésticos.
- *Vide* Enunciado n. 44 da 1.ª Jornada de Direito do Trabalho.

IV – os donos de hotéis, hospedarias, casas ou estabelecimentos onde se albergue por dinheiro, mesmo para fins de educação, pelos seus hóspedes, moradores e educandos;

V – os que gratuitamente houverem participado nos produtos do crime, até a concorrente quantia.

- O Decreto n. 2.681, de 7-12-1912, regula a responsabilidade civil das estradas de ferro.

Art. 933. As pessoas indicadas nos incisos I a V do artigo antecedente, ainda que não haja culpa de sua parte, responderão pelos atos praticados pelos terceiros ali referidos.

- *Vide* Enunciado n. 44 da 1.ª Jornada de Direito do Trabalho.

Art. 934. Aquele que ressarcir o dano causado por outrem pode reaver o que houver pago daquele por quem pagou, salvo se o causador do dano for descendente seu, absoluta ou relativamente incapaz.

Art. 935. A responsabilidade civil é independente da criminal, não se podendo questionar mais sobre a existência do fato, ou sobre quem seja o seu autor, quando estas questões se acharem decididas no juízo criminal.

Art. 936. O dono, ou detentor, do animal ressarcirá o dano por este causado, se não provar culpa da vítima ou força maior.

Art. 937. O dono de edifício ou construção responde pelos danos que resultarem de sua ruína, se esta provier de falta de reparos, cuja necessidade fosse manifesta.

•• A Lei n. 13.425, de 30-3-2017, propôs o acréscimo dos §§ 1.º e 2.º a este artigo, porém teve o texto vetado.

Art. 938. Aquele que habitar prédio, ou parte dele, responde pelo dano proveniente das coisas que dele caírem ou forem lançadas em lugar indevido.

Art. 939. O credor que demandar o devedor antes de vencida a dívida, fora dos casos em que a lei o permita, ficará obrigado a esperar o tempo que faltava para o vencimento, a descontar os juros correspondentes, embora estipulados, e a pagar as custas em dobro.

Art. 940. Aquele que demandar por dívida já paga, no todo ou em parte, sem ressalvar as quantias recebidas ou pedir mais do que for devido, ficará obrigado a pagar ao devedor, no primeiro caso, o dobro do que houver cobrado e, no segundo, o equivalente do que dele exigir, salvo se houver prescrição.

Art. 941. As penas previstas nos arts. 939 e 940 não se aplicarão quando o autor desistir da ação antes de contestada a lide, salvo ao réu o direito de haver indenização por algum prejuízo que prove ter sofrido.

Art. 942. Os bens do responsável pela ofensa ou violação do direito de outrem ficam sujeitos à reparação do dano causado; e, se a ofensa tiver mais de um autor, todos responderão solidariamente pela reparação.

- *Vide* arts. 5.º, V e X, e 37, § 6.º (indenização), da CF.
- *Vide* Enunciado n. 44 da 1.ª Jornada de Direito do Trabalho.

Parágrafo único. São solidariamente responsáveis com os autores os coautores e as pessoas designadas no art. 932.

Art. 943. O direito de exigir reparação e a obrigação de prestá-la transmitem-se com a herança.

CAPÍTULO II
DA INDENIZAÇÃO

Art. 944. A indenização mede-se pela extensão do dano.

Parágrafo único. Se houver excessiva desproporção entre a gravidade da culpa e o dano, poderá o juiz reduzir, equitativamente, a indenização.

- *Vide* art. 5.º da LINDB.

Art. 945. Se a vítima tiver concorrido culposamente para o evento danoso, a sua indenização será fixada tendo-se em conta a gravidade de sua culpa em confronto com a do autor do dano.

Art. 946. Se a obrigação for indeterminada, e não houver na lei ou no contrato disposição fixando a indenização devida pelo inadimplente, apurar-se-á o valor das perdas e danos na forma que a lei processual determinar.

Art. 947. Se o devedor não puder cumprir a prestação na espécie ajustada, substituir-se-á pelo seu valor, em moeda corrente.

Art. 948. No caso de homicídio, a indenização consiste, sem excluir outras reparações:

I – no pagamento das despesas com o tratamento da vítima, seu funeral e o luto da família;

II – na prestação de alimentos às pessoas a quem o morto os devia, levando-se em conta a duração provável da vida da vítima.

- Sobre honorários de advogado que completam a indenização, *vide* arts. 22 a 26 do EAOAB.

Art. 949. No caso de lesão ou outra ofensa à saúde, o ofensor indenizará o ofendido das despesas do tratamento e dos lucros cessantes até ao fim da convalescença, além de algum outro prejuízo que o ofendido prove haver sofrido.

Art. 950. Se da ofensa resultar defeito pelo qual o ofendido não possa exercer o seu ofício ou profissão, ou se lhe diminua a capacidade de trabalho, a indenização, além das despesas do tratamento e lucros cessantes até ao fim da convalescença, incluirá pensão correspondente à importância do trabalho para que se inabilitou, ou da depreciação que ele sofreu.

Parágrafo único. O prejudicado, se preferir, poderá exigir que a indenização seja arbitrada e paga de uma só vez.

Art. 951. O disposto nos arts. 948, 949 e 950 aplica-se ainda no caso de indenização devida por aquele que, no exercício de atividade profissional, por negligência, imprudência ou imperícia, causar a morte do paciente, agravar-lhe o mal, causar-lhe lesão, ou inabilitá-lo para o trabalho.

Art. 952. Havendo usurpação ou esbulho do alheio, além da restituição da coisa, a indenização consistirá em pagar o valor das suas deteriorações e o devido a título de lucros cessantes; faltando a coisa, dever-se-á reembolsar o seu equivalente ao prejudicado.

Parágrafo único. Para se restituir o equivalente, quando não exista a própria coisa, estimar-se-á ela pelo seu preço ordinário e pelo de afeição, contanto que este não se avantaje àquele.

Art. 953. A indenização por injúria, difamação ou calúnia consistirá na reparação do dano que delas resulte ao ofendido.

• Os arts. 138, 139 e 140 do CP dispõem respectivamente sobre calúnia, injúria e difamação.

Parágrafo único. Se o ofendido não puder provar prejuízo material, caberá ao juiz fixar, equitativamente, o valor da indenização, na conformidade das circunstâncias do caso.

Art. 954. A indenização por ofensa à liberdade pessoal consistirá no pagamento das perdas e danos que sobrevierem ao ofendido, e se este não puder provar prejuízo, tem aplicação o disposto no parágrafo único do artigo antecedente.

Parágrafo único. Consideram-se ofensivos da liberdade pessoal:

I – o cárcere privado;

II – a prisão por queixa ou denúncia falsa e de má-fé;

III – a prisão ilegal.

• *Vide* art. 5.º, LXV, da CF.

TÍTULO X
DAS PREFERÊNCIAS E PRIVILÉGIOS CREDITÓRIOS

Art. 955. Procede-se à declaração de insolvência toda vez que as dívidas excedam à importância dos bens do devedor.

• Lei de Execução Fiscal: Lei n. 6.830, de 22-9-1980.

Art. 956. A discussão entre os credores pode versar quer sobre a preferência entre eles disputada, quer sobre a nulidade, simulação, fraude, ou falsidade das dívidas e contratos.

Art. 957. Não havendo título legal à preferência, terão os credores igual direito sobre os bens do devedor comum.

Art. 958. Os títulos legais de preferência são os privilégios e os direitos reais.

Art. 959. Conservam seus respectivos direitos os credores, hipotecários ou privilegiados:

I – sobre o preço do seguro da coisa gravada com hipoteca ou privilégio, ou sobre a indenização devida, havendo responsável pela perda ou danificação da coisa;

II – sobre o valor da indenização, se a coisa obrigada a hipoteca ou privilégio for desapropriada.

Art. 960. Nos casos a que se refere o artigo antecedente, o devedor do seguro, ou da indenização, exonera-se pagando sem oposição dos credores hipotecários ou privilegiados.

Art. 961. O crédito real prefere ao pessoal de qualquer espécie; o crédito pessoal privilegiado, ao simples; e o privilégio especial, ao geral.

Art. 962. Quando concorrerem aos mesmos bens, e por título igual, dois ou mais credores da mesma classe especialmente privilegiados, haverá entre eles rateio proporcional ao valor dos respectivos créditos, se o produto não bastar para o pagamento integral de todos.

Art. 963. O privilégio especial só compreende os bens sujeitos, por expressa disposição de lei, ao pagamento do crédito que ele favorece; e o geral, todos os bens não sujeitos a crédito real nem a privilégio especial.

Art. 964. Têm privilégio especial:

I – sobre a coisa arrecadada e liquidada, o credor de custas e despesas judiciais feitas com a arrecadação e liquidação;

II – sobre a coisa salvada, o credor por despesas de salvamento;

III – sobre a coisa beneficiada, o credor por benfeitorias necessárias ou úteis;

IV – sobre os prédios rústicos ou urbanos, fábricas, oficinas, ou quaisquer outras construções, o credor de materiais, dinheiro, ou serviços para a sua edificação, reconstrução, ou melhoramento;

V – sobre os frutos agrícolas, o credor por sementes, instrumentos e serviços à cultura, ou à colheita;

VI – sobre as alfaias e utensílios de uso doméstico, nos prédios rústicos ou urbanos, o credor de aluguéis, quanto às prestações do ano corrente e do anterior;

VII – sobre os exemplares da obra existente na massa do editor, o autor dela, ou seus legítimos representantes, pelo crédito fundado contra aquele no contrato da edição;

VIII – sobre o produto da colheita, para a qual houver concorrido com o seu trabalho, e precipuamente a quaisquer outros créditos, ainda que reais, o trabalhador agrícola, quanto à dívida dos seus salários.

IX – sobre os produtos do abate, o credor por animais.

•• Inciso IX acrescentado pela Lei n. 13.176, de 21-10-2015.

Art. 965. Goza de privilégio geral, na ordem seguinte, sobre os bens do devedor:

I – o crédito por despesa de seu funeral, feito segundo a condição do morto e o costume do lugar;

II – o crédito por custas judiciais, ou por despesas com a arrecadação e liquidação da massa;

III – o crédito por despesas com o luto do cônjuge sobrevivo e dos filhos do devedor falecido, se foram moderadas;

IV – o crédito por despesas com a doença de que faleceu o devedor, no semestre anterior à sua morte;

V – o crédito pelos gastos necessários à mantença do devedor falecido e sua família, no trimestre anterior ao falecimento;

VI – o crédito pelos impostos devidos à Fazenda Pública, no ano corrente e no anterior;

VII – o crédito pelos salários dos empregados do serviço doméstico do devedor, nos seus derradeiros seis meses de vida;

VIII – os demais créditos de privilégio geral.

....

LIVRO COMPLEMENTAR

DAS DISPOSIÇÕES FINAIS E TRANSITÓRIAS

Art. 2.028. Serão os da lei anterior os prazos, quando reduzidos por este Código, e se, na data de sua entrada em vigor, já houver transcorrido mais da metade do tempo estabelecido na lei revogada.

• *Vide* Enunciado n. 45 da 1.ª Jornada de Direito do Trabalho.

Art. 2.029. Até dois anos após a entrada em vigor deste Código, os prazos estabelecidos no parágrafo único do art. 1.238 e no parágrafo único do art. 1.242 serão acrescidos de dois anos, qualquer que seja o tempo transcorrido na vigência do anterior, Lei n. 3.071, de 1.º de janeiro de 1916.

Art. 2.030. O acréscimo de que trata o artigo antecedente, será feito nos casos a que se refere o § 4.º do art. 1.228.

Art. 2.031. As associações, sociedades e fundações, constituídas na forma das leis anteriores, bem como os empresários, deverão se adaptar às disposições deste Código até 11 de janeiro de 2007.

•• *Caput* com redação determinada pela Lei n. 11.127, de 28-6-2005.

• A Portaria n. 2, de 8-1-2004, da Secretaria da Previdência Complementar, dispõe sobre os Estatutos das Entidades Fechadas de Previdência Complementar em face deste artigo.

• A Lei n. 12.879, de 5-11-2013, dispõe sobre a gratuidade dos atos de registro pelas associações de moradores.

Parágrafo único. O disposto neste artigo não se aplica às organizações religiosas nem aos partidos políticos.

•• Parágrafo único acrescentado pela Lei n. 10.825, de 22-12-2003.

Art. 2.032. As fundações, instituídas segundo a legislação anterior, inclusive as de fins diversos dos previstos no parágrafo único do art. 62, subordinam-se, quanto ao seu funcionamento, ao disposto neste Código.

Art. 2.033. Salvo o disposto em lei especial, as modificações dos atos constitutivos das pessoas jurídicas referidas no art. 44, bem como a sua transformação, incorporação, cisão ou fusão, regem-se desde logo por este Código.

Art. 2.034. A dissolução e a liquidação das pessoas jurídicas referidas no artigo antecedente, quando iniciadas antes da vigência deste Código, obedecerão ao disposto nas leis anteriores.

Art. 2.035. A validade dos negócios e demais atos jurídicos, constituídos antes da entrada em vigor deste Código, obedece ao disposto nas leis anteriores, referidas no art. 2.045, mas os seus efeitos, produzidos após a vigência deste Código, aos preceitos dele se subordinam, salvo se houver sido prevista pelas partes determinada forma de execução.

• *Vide* arts. 5.º, XXXVI, da CF e 6.º da LINDB.

Parágrafo único. Nenhuma convenção prevalecerá se contrariar preceitos de ordem pública, tais como os estabelecidos por este Código para assegurar a função social da propriedade e dos contratos.

Art. 2.036. A locação de prédio urbano, que esteja sujeita à lei especial, por esta continua a ser regida.

Art. 2.037. Salvo disposição em contrário, aplicam-se aos empresários e sociedades empresárias as disposições de lei não revogadas por este Código, referentes a comerciantes, ou a sociedades comerciais, bem como a atividades mercantis.

Art. 2.038. Fica proibida a constituição de enfiteuses e subenfiteuses, subordinando-se as existentes, até sua extinção, às disposições do Código Civil anterior, Lei n. 3.071, de 1.º de janeiro de 1916, e leis posteriores.

§ 1.º Nos aforamentos a que se refere este artigo é defeso:

I – cobrar laudêmio ou prestação análoga nas transmissões de bem aforado, sobre o valor das construções ou plantações;

II – constituir subenfiteuse.

§ 2.º A enfiteuse dos terrenos de marinha e acrescidos regula-se por lei especial.

Art. 2.039. O regime de bens nos casamentos celebrados na vigência do Código Civil anterior, Lei n. 3.071, de 1.º de janeiro de 1916, é o por ele estabelecido.

Art. 2.040. A hipoteca legal dos bens do tutor ou curador, inscrita em conformidade com o inciso IV do art. 827 do Código Civil anterior, Lei n. 3.071, de 1.º de janeiro de 1916, poderá ser cancelada, obedecido o disposto no parágrafo único do art. 1.745 deste Código.

Art. 2.041. As disposições deste Código relativas à ordem da vocação hereditária (arts. 1.829 a 1.844) não se aplicam à sucessão aberta antes de sua vigência, prevalecendo o disposto na lei anterior (Lei n. 3.071, de 1.º-1-1916).

Art. 2.042. Aplica-se o disposto no *caput* do art. 1.848, quando aberta a sucessão no prazo de um ano após a entrada em vigor deste Código, ainda que o testamento tenha sido feito na vigência do anterior, Lei n. 3.071, de 1.º de janeiro de 1916; se, no prazo, o testador não aditar o testamento para declarar a justa causa de cláusula aposta à legítima, não subsistirá a restrição.

Art. 2.043. Até que por outra forma se disciplinem, continuam em vigor as disposições de natureza processual, administrativa ou penal, constantes de leis cujos preceitos de natureza civil hajam sido incorporados a este Código.

Art. 2.044. Este Código entrará em vigor um ano após a sua publicação.

Art. 2.045. Revogam-se a Lei n. 3.071, de 1.º de janeiro de 1916 – Código Civil e a Parte Primeira do Código Comercial, Lei n. 556, de 25 de junho de 1850.

Art. 2.046. Todas as remissões, em diplomas legislativos, aos Códigos referidos no artigo antecedente, consideram-se feitas às disposições correspondentes deste Código.

Brasília, 10 de janeiro de 2002; 181.º da Independência e 114.º da República.

FERNANDO HENRIQUE CARDOSO

LEGISLAÇÃO COMPLEMENTAR

LEGISLAÇÃO COMPLEMENTAR

DECRETO-LEI N. 2.848,

DE 7 DE DEZEMBRO DE 1940 (*)

Código Penal.

....

PARTE ESPECIAL

TÍTULO I
DOS CRIMES CONTRA A PESSOA

....

CAPÍTULO VI
DOS CRIMES CONTRA A LIBERDADE INDIVIDUAL

SEÇÃO I
Dos Crimes contra a Liberdade Pessoal

....

Redução a condição análoga à de escravo

Art. 149. **Reduzir alguém a condição análoga à de escravo, quer submetendo-o a trabalhos forçados ou a jornada exaustiva, quer sujeitando-o a condições degradantes de trabalho, quer restringindo, por qualquer meio, sua locomoção em razão de dívida contraída com o empregador ou preposto:**

Pena: reclusão, de dois a oito anos, e multa, além da pena correspondente à violência.

•• *Caput* com redação determinada pela Lei n. 10.803, de 11-12-2003.

• A Instrução Normativa n. 76, de 15-5-2009, da SIT, dispõe sobre os procedimentos para a fiscalização do trabalho rural.

• A Portaria Interministerial n. 4, de 11-5-2016, dispõe sobre as regras relativas ao Cadastro de Empregadores que tenham submetido trabalhadores a condições análogas à de escravo.

• A Instrução Normativa n. 139, de 22-1-2018, da SIT, dispõe sobre a fiscalização para a erradicação do Trabalho em condição análoga à de escravo e dá outras providências.

(*) Publicado no *DOU*, de 31-12-1940, e retificado em 3-1-1941.

§ 1.º Nas mesmas penas incorre quem:

I – cerceia o uso de qualquer meio de transporte por parte do trabalhador, com o fim de retê-lo no local de trabalho;

II – mantém vigilância ostensiva no local de trabalho ou se apodera de documentos ou objetos pessoais do trabalhador, com o fim de retê-lo no local de trabalho.

•• § 1.º acrescentado pela Lei n. 10.803, de 11-12-2003.

§ 2.º A pena é aumentada de metade, se o crime é cometido:

I – contra criança ou adolescente;

II – por motivo de preconceito de raça, cor, etnia, religião ou origem.

•• § 2.º acrescentado pela Lei n. 10.803, de 11-12-2003.

Tráfico de Pessoas

•• Rubrica acrescentada pela Lei n. 13.344, de 6-10-2016.

Art. 149-A. **Agenciar, aliciar, recrutar, transportar, transferir, comprar, alojar ou acolher pessoa, mediante grave ameaça, violência, coação, fraude ou abuso, com a finalidade de:**

•• *Caput* acrescentado pela Lei n. 13.344, de 6-10-2016.

I – remover-lhe órgãos, tecidos ou partes do corpo;

•• Inciso I acrescentado pela Lei n. 13.344, de 6-10-2016.

II – submetê-la a trabalho em condições análogas à de escravo;

•• Inciso II acrescentado pela Lei n. 13.344, de 6-10-2016.

III – submetê-la a qualquer tipo de servidão;

•• Inciso III acrescentado pela Lei n. 13.344, de 6-10-2016.

IV – adoção ilegal; ou

•• Inciso IV acrescentado pela Lei n. 13.344, de 6-10-2016.

V – exploração sexual.

•• Inciso V acrescentado pela Lei n. 13.344, de 6-10-2016.

Pena – reclusão, de 4 (quatro) a 8 (oito) anos, e multa.

•• Pena acrescentada pela Lei n. 13.344, de 6-10-2016.

§ 1.º A pena é aumentada de um terço até a metade se:

•• § 1.º, *caput*, acrescentado pela Lei n. 13.344, de 6-10- 2016.

I – o crime for cometido por funcionário público no exercício de suas funções ou a pretexto de exercê-las;

•• Inciso I acrescentado pela Lei n. 13.344, de 6-10-2016.

II – o crime for cometido contra criança, adolescente ou pessoa idosa ou com deficiência;

•• Inciso II acrescentado pela Lei n. 13.344, de 6-10-2016.

III – o agente se prevalecer de relações de parentesco, domésticas, de coabitação, de hospitalidade, de dependência econômica, de autoridade ou de superioridade hierárquica inerente ao exercício de emprego, cargo ou função; ou

•• Inciso III acrescentado pela Lei n. 13.344, de 6-10-2016.

IV – a vítima do tráfico de pessoas for retirada do território nacional.

•• Inciso IV acrescentado pela Lei n. 13.344, de 6-10-2016.

§ 2.º A pena é reduzida de um a dois terços se o agente for primário e não integrar organização criminosa.

•• § 2.º acrescentado pela Lei n. 13.344, de 6-10-2016.

....

SEÇÃO III

Dos Crimes contra a Inviolabilidade de Correspondência

....

Correspondência comercial

Art. 152. Abusar da condição de sócio ou empregado de estabelecimento comercial ou industrial para, no todo ou em parte, desviar, sonegar, subtrair ou suprimir correspondência, ou revelar a estranho seu conteúdo:

Pena: detenção, de 3 (três) meses a 2 (dois) anos.

Parágrafo único. Somente se procede mediante representação.

SEÇÃO IV

Dos Crimes contra a Inviolabilidade dos Segredos

....

Violação do segredo profissional

Art. 154. Revelar alguém, sem justa causa, segredo, de que tem ciência em razão de função, ministério, ofício ou profissão, e cuja revelação possa produzir dano a outrem:

Pena: detenção, de 3 (três) meses a 1 (um) ano, ou multa.

Parágrafo único. Somente se procede mediante representação.

....

TÍTULO II

DOS CRIMES CONTRA O PATRIMÔNIO

....

CAPÍTULO V

DA APROPRIAÇÃO INDÉBITA

....

Apropriação indébita previdenciária

Art. 168-A. Deixar de repassar à previdência social as contribuições recolhidas dos contribuintes, no prazo e forma legal ou convencional:

•• *Caput* acrescentado pela Lei n. 9.983, de 14-7-2000.

•• O art. 9.º da Lei n. 10.684, de 30-5-2003, e os arts. 68 e 69 da Lei n. 11.941, de 27-5-2009, dispõem sobre a suspensão da pretensão punitiva do Estado e a extinção da punibilidade dos crimes previstos neste artigo.

Pena: reclusão, de 2 (dois) a 5 (cinco) anos, e multa.

§ 1.º Nas mesmas penas incorre quem deixar de:

•• § 1.º, *caput*, acrescentado pela Lei n. 9.983, de 14-7-2000.

I – recolher, no prazo legal, contribuição ou outra importância destinada à previdência social que tenha sido descontada de pagamento efetuado a segurados, a terceiros ou arrecadada do público;

•• Inciso I acrescentado pela Lei n. 9.983, de 14-7-2000.

II – recolher contribuições devidas à previdência social que tenham integrado despesas contábeis ou custos relativos à venda de produtos ou à prestação de serviços;

•• Inciso II acrescentado pela Lei n. 9.983, de 14-7-2000.

III – pagar benefício devido a segurado, quando as respectivas cotas ou valores já tiverem sido reembolsados à empresa pela previdência social.

•• Inciso III acrescentado pela Lei n. 9.983, de 14-7-2000.

§ 2.º É extinta a punibilidade se o agente, espontaneamente, declara, confessa e efetua o pagamento das contribuições, importâncias ou valores e presta as informações devidas à previdência social, na forma definida em lei ou regulamento, antes do início da ação fiscal.

•• § 2.º acrescentado pela Lei n. 9.983, de 14-7-2000.

§ 3.º É facultado ao juiz deixar de aplicar a pena ou aplicar somente a de multa se o agente for primário e de bons antecedentes, desde que:

•• § 3.º, *caput*, acrescentado pela Lei n. 9.983, de 14-7-2000.

I – tenha promovido, após o início da ação fiscal e antes de oferecida a denúncia, o pagamento da contribuição social previdenciária, inclusive acessórios; ou

•• Inciso I acrescentado pela Lei n. 9.983, de 14-7-2000.

II – o valor das contribuições devidas, inclusive acessórios, seja igual ou inferior àquele estabelecido pela previdência social, administrativamente, como sendo o mínimo para o ajuizamento de suas execuções fiscais.

•• Inciso II acrescentado pela Lei n. 9.983, de 14-7-2000.

§ 4.º A faculdade prevista no § 3.º deste artigo não se aplica aos casos de parcelamento de contribuições cujo valor, inclusive dos acessórios, seja superior àquele estabelecido, administrativamente, como sendo o mínimo para o ajuizamento de suas execuções fiscais.

•• § 4.º com redação determinada pela Lei n. 13.606, de 9-1-2018.

....

TÍTULO IV

DOS CRIMES CONTRA A ORGANIZAÇÃO DO TRABALHO

Atentado contra a liberdade de trabalho

Art. 197. Constranger alguém, mediante violência ou grave ameaça:

I – a exercer ou não exercer arte, ofício, profissão ou indústria, ou a trabalhar ou não trabalhar durante certo período ou em determinados dias:

Pena: detenção, de 1 (um) mês a 1 (um) ano, e multa, além da pena correspondente à violência;

II – a abrir ou fechar o seu estabelecimento de trabalho, ou a participar de parede ou paralisação de atividade econômica:

Pena: detenção, de três meses a um ano, e multa, além da pena correspondente à violência.

Atentado contra a liberdade de contrato de trabalho e boicotagem violenta

Art. 198. Constranger alguém, mediante violência ou grave ameaça, a celebrar contrato de trabalho, ou a não fornecer a outrem ou não adquirir de outrem matéria-prima ou produto industrial ou agrícola:

Pena: detenção, de um mês a um ano, e multa, além da pena correspondente à violência.

Atentado contra a liberdade de associação

Art. 199. Constranger alguém, mediante violência ou grave ameaça, a participar ou deixar de participar de determinado sindicato ou associação profissional:

Pena: detenção, de um mês a um ano, e multa, além da pena correspondente à violência.

Paralisação de trabalho, seguida de violência ou perturbação da ordem

Art. 200. Participar de suspensão ou abandono coletivo de trabalho, praticando violência contra pessoa ou contra coisa:

Pena: detenção, de um mês a um ano, e multa, além da pena correspondente à violência.

Parágrafo único. Para que se considere coletivo o abandono de trabalho é indispensável o concurso de, pelo menos, três empregados.

Paralisação de trabalho de interesse coletivo

Art. 201. Participar de suspensão ou abandono coletivo de trabalho, provocando a interrupção de obra pública ou serviço de interesse coletivo:

Pena: detenção, de seis meses a dois anos, e multa.

Invasão de estabelecimento industrial, comercial ou agrícola. Sabotagem

Art. 202. Invadir ou ocupar estabelecimento industrial, comercial ou agrícola, com o intuito de impedir ou embaraçar o curso normal do trabalho, ou com o mesmo fim danificar o estabelecimento ou as coisas nele existentes ou delas dispor:

Pena: reclusão, de um a três anos, e multa.

Frustração de direito assegurado por lei trabalhista

Art. 203. Frustrar, mediante fraude ou violência, direito assegurado pela legislação do trabalho:

Pena: detenção de um ano a dois anos, e multa, além da pena correspondente à violência.

•• Pena corrigida pela Lei n. 9.777, de 29-12-1998.

§ 1.º Na mesma pena incorre quem:

I – obriga ou coage alguém a usar mercadorias de determinado estabelecimento, para impossibilitar o desligamento do serviço em virtude de dívida;

II – impede alguém de se desligar de serviços de qualquer natureza, mediante coação ou por meio da retenção de seus documentos pessoais ou contratuais.

•• § 1.º acrescentado pela Lei n. 9.777, de 29-12-1998.

§ 2.º A pena é aumentada de um sexto a um terço se a vítima é menor de dezoito anos, idosa, gestante, indígena ou portadora de deficiência física ou mental.

•• § 2.º acrescentado pela Lei n. 9.777, de 29-12-1998.

Frustração de lei sobre a nacionalização do trabalho

Art. 204. Frustrar, mediante fraude ou violência, obrigação legal relativa à nacionalização do trabalho:

Pena: detenção, de um mês a um ano, e multa, além da pena correspondente à violência.

• Sobre nacionalização do trabalho, *vide* arts. 352 a 371 da CLT.

Exercício de atividade com infração de decisão administrativa

Art. 205. Exercer atividade, de que está impedido por decisão administrativa:

Pena: detenção, de três meses a dois anos, ou multa.

Aliciamento para o fim de emigração

Art. 206. Recrutar trabalhadores, mediante fraude, com o fim de levá-los para território estrangeiro:

Pena: detenção, de 1 (um) a 3 (três) anos e multa.

•• Artigo com redação determinada pela Lei n. 9.777, de 29-12-1998.

Aliciamento de trabalhadores de um local para outro do território nacional

Art. 207. Aliciar trabalhadores, com o fim de levá-los de uma para outra localidade do território nacional:

Pena: detenção de um a três anos, e multa.

•• Pena corrigida pela Lei n. 9.777, de 29-12-1998.

• A Instrução Normativa n. 90, de 28-4-2011, da Secretaria de Inspeção do Trabalho, dispõe sobre o recrutamento de trabalhadores urbanos e seu transporte para localidade diversa de sua origem.

§ 1.º Incorre na mesma pena quem recrutar trabalhadores fora da localidade de execução do trabalho, dentro do território nacional, mediante fraude ou cobrança de qualquer quantia do trabalhador, ou, ainda, não assegurar condições do seu retorno ao local de origem.

•• § 1.º acrescentado pela Lei n. 9.777, de 29-12-1998.

§ 2.º A pena é aumentada de um sexto a um terço se a vítima é menor de dezoito anos, idosa, gestante, indígena ou portadora de deficiência física ou mental.

•• § 2.º acrescentado pela Lei n. 9.777, de 29-12-1998.

....

TÍTULO VI
DOS CRIMES CONTRA A DIGNIDADE SEXUAL

•• Título VI com denominação determinada pela Lei n. 12.015, de 7-8-2009.

CAPÍTULO I

DOS CRIMES CONTRA A LIBERDADE SEXUAL

....

Assédio Sexual

Art. 216-A. Constranger alguém com o intuito de obter vantagem ou favorecimento sexual, prevalecendo-se o agente da sua condição de superior hierárquico ou ascendência inerentes ao exercício de emprego, cargo ou função.

Pena – detenção, de 1 (um) a 2 (dois) anos.

•• *Caput* acrescentado pela Lei n. 10.224, de 15-5-2001.

Parágrafo único. (*Vetado.*)

•• Parágrafo único acrescentado e vetado pela Lei n. 10.224, de 15-5-2001.

§ 2.º A pena é aumentada em até um terço se a vítima é menor de 18 (dezoito) anos.

•• § 2.º acrescentado pela Lei n. 12.015, de 7-8-2009.

•• A Lei n. 12.015, de 7-8-2009, acrescenta o § 2.º a este artigo sem mencionar ou renumerar o parágrafo único.

....

CAPÍTULO IV

DISPOSIÇÕES GERAIS

....

Ação penal

Art. 225. Nos crimes definidos nos Capítulos I e II deste Título, procede-se mediante ação penal pública incondicionada.

•• *Caput* com redação determinada pela Lei n. 13.718, de 24-9-2018.

Parágrafo único. (*Revogado pela Lei n. 13.718, de 24-9-2018.*)

Aumento de pena

Art. 226. A pena é aumentada:

•• *Caput* com redação determinada pela Lei n. 11.106, de 28-3-2005.

....

II – de metade, se o agente é ascendente, padrasto ou madrasta, tio, irmão, cônjuge, companheiro, tutor, curador, preceptor ou empregador da vítima ou por qualquer outro título tiver autoridade sobre ela;

•• Inciso II com redação determinada pela Lei n. 13.718, de 24-9-2018.

....

TÍTULO X

DOS CRIMES CONTRA A FÉ PÚBLICA

....

CAPÍTULO III

DA FALSIDADE DOCUMENTAL

Falsificação de documento público

Art. 297. Falsificar, no todo ou em parte, documento público, ou alterar documento público verdadeiro:

Pena – reclusão, de 2 (dois) a 6 (seis) anos, e multa.

....

§ 3.º Nas mesmas penas incorre quem insere ou faz inserir:

•• § 3.º, *caput*, acrescentado pela Lei n. 9.983, de 14-7-2000.

I – na folha de pagamento ou em documento de informações que seja destinado a fazer prova perante a previdência social, pessoa que não possua a qualidade de segurado obrigatório;

•• Inciso I acrescentado pela Lei n. 9.983, de 14-7-2000.

II – na Carteira de Trabalho e Previdência Social do empregado ou em documento que deva produzir efeito perante a previdência social, declaração falsa ou diversa da que deveria ter sido escrita;

•• Inciso II acrescentado pela Lei n. 9.983, de 14-7-2000.

III – em documento contábil ou em qualquer documento relacionado com as obrigações da empresa perante a previdência social, declaração falsa ou diversa da que deveria ter constado.

•• Inciso III acrescentado pela Lei n. 9.983, de 14-7-2000.

§ 4.º Nas mesmas penas incorre quem omite, nos documentos mencionados no § 3.º, nome do segurado e seus dados pessoais, a remuneração, a vigência do contrato de trabalho ou de prestação de serviços.

•• § 4.º acrescentado pela Lei n. 9.983, de 14-7-2000.

....

CAPÍTULO V

DAS FRAUDES EM CERTAMES DE INTERESSE PÚBLICO

•• Capítulo V acrescentado pela Lei n. 12.550, de 15-12-2011.

Fraudes em certames de interesse público

Art. 311-A. Utilizar ou divulgar, indevidamente, com o fim de beneficiar a si ou a outrem, ou de comprometer a credibilidade do certame, conteúdo sigiloso de:

•• *Caput* acrescentado pela Lei n. 12.550, de 15-12-2011.

I – concurso público;

•• Inciso I acrescentado pela Lei n. 12.550, de 15-12-2011.

II – avaliação ou exame públicos;

•• Inciso II acrescentado pela Lei n. 12.550, de 15-12-2011.

III – processo seletivo para ingresso no ensino superior; ou

•• Inciso III acrescentado pela Lei n. 12.550, de 15-12-2011.

IV – exame ou processo seletivo previstos em lei:

•• Inciso IV acrescentado pela Lei n. 12.550, de 15-12-2011.

Pena – reclusão, de 1 (um) a 4 (quatro) anos, e multa.

•• Pena acrescentada pela Lei n. 12.550, de 15-12-2011.

TÍTULO XI

DOS CRIMES CONTRA A ADMINISTRAÇÃO PÚBLICA

CAPÍTULO I

DOS CRIMES PRATICADOS POR FUNCIONÁRIO PÚBLICO CONTRA A ADMINISTRAÇÃO EM GERAL

Peculato

Art. 312. Apropriar-se o funcionário público de dinheiro, valor ou qualquer outro bem móvel, público ou particular, de que tem a posse em razão do cargo, ou desviá-lo, em proveito próprio ou alheio:

Pena – reclusão, de 2 (dois) a 12 (doze) anos, e multa.

§ 1.º Aplica-se a mesma pena, se o funcionário público, embora não tendo a posse do dinheiro, valor ou bem, o subtrai, ou concorre para que seja subtraído, em proveito próprio ou alheio, valendo-se de facilidade que lhe proporciona a qualidade de funcionário.

Peculato culposo

§ 2.º Se o funcionário concorre culposamente para o crime de outrem:

Pena – detenção, de 3 (três) meses a 1 (um) ano.

§ 3.º No caso do parágrafo anterior, a reparação do dano, se precede à sentença irrecorrível, extingue a punibilidade; se lhe é posterior, reduz de metade a pena imposta.

Peculato mediante erro de outrem

Art. 313. Apropriar-se de dinheiro ou qualquer utilidade que, no exercício do cargo, recebeu por erro de outrem:

Pena – reclusão, de 1 (um) a 4 (quatro) anos, e multa.

Inserção de dados falsos em sistema de informações

Art. 313-A. Inserir ou facilitar, o funcionário autorizado, a inserção de dados falsos, alterar ou excluir indevidamente dados corretos nos sistemas informatizados ou bancos de dados da Administração Pública com o fim de obter vantagem indevida para si ou para outrem ou para causar dano:

Pena – reclusão, de dois a doze anos, e multa.

•• Artigo acrescentado pela Lei n. 9.983, de 14-7-2000.

Modificação ou alteração não autorizada de sistema de informações

Art. 313-B. Modificar ou alterar, o funcionário, sistema de informações ou programa de informática sem autorização ou solicitação de autoridade competente:

Pena – detenção, de 3 (três) meses a 2 (dois) anos, e multa.

•• *Caput* acrescentado pela Lei n. 9.983, de 14-7-2000.

Parágrafo único. As penas são aumentadas de um terço até a metade se da modificação ou alteração resulta dano para a Administração Pública ou para o administrado.

•• Parágrafo único acrescentado pela Lei n. 9.983, de 14-7-2000.

Extravio, sonegação ou inutilização de livro ou documento

Art. 314. Extraviar livro oficial ou qualquer documento, de que tem a guarda em razão do cargo; sonegá-lo ou inutilizá-lo, total ou parcialmente:

Pena – reclusão, de 1 (um) a 4 (quatro) anos, se o fato não constitui crime mais grave.

Emprego irregular de verbas ou rendas públicas

Art. 315. Dar às verbas ou rendas públicas aplicação diversa da estabelecida em lei:

Pena – detenção, de 1 (um) a 3 (três) meses, ou multa.

Concussão

Art. 316. Exigir, para si ou para outrem, direta ou indiretamente, ainda que fora da função ou antes de assumi-la, mas em razão dela, vantagem indevida:

Pena – reclusão, de 2 (dois) a 8 (oito) anos, e multa.

Excesso de exação

§ 1.º Se o funcionário exige tributo ou contribuição social que sabe ou deveria saber indevido, ou, quando devido, emprega na cobrança meio vexatório ou gravoso, que a lei não autoriza:

Pena – reclusão, de 3 (três) a 8 (oito) anos, e multa.

•• § 1.º com redação determinada pela Lei n. 8.137, de 27-12-1990.

§ 2.º Se o funcionário desvia, em proveito próprio ou de outrem, o que recebeu indevidamente para recolher aos cofres públicos:

Pena – reclusão, de 2 (dois) a 12 (doze) anos, e multa.

Corrupção passiva

Art. 317. Solicitar ou receber, para si ou para outrem, direta ou indiretamente, ainda que fora da função ou antes de assumi-la, mas em razão dela, vantagem indevida, ou aceitar promessa de tal vantagem:

Pena – reclusão, de 2 (dois) a 12 (doze) anos, e multa.

•• Pena alterada pela Lei n. 10.763, de 12-11-2003.

§ 1.º A pena é aumentada de um terço, se, em consequência da vantagem ou promessa, o funcionário retarda ou deixa de praticar qualquer ato de ofício ou o pratica infringindo dever funcional.

§ 2.º Se o funcionário pratica, deixa de praticar ou retarda ato de ofício, com infração de dever funcional, cedendo a pedido ou influência de outrem:

Pena – detenção, de 3 (três) meses a 1 (um) ano, ou multa.

Facilitação de contrabando ou descaminho

Art. 318. Facilitar, com infração de dever funcional, a prática de contrabando ou descaminho (art. 334):

Pena – reclusão, de 3 (três) a 8 (oito) anos, e multa.

•• Pena alterada pela Lei n. 8.137, de 27-12-1990.

Prevaricação

Art. 319. Retardar ou deixar de praticar, indevidamente, ato de ofício, ou praticá-lo contra disposição expressa de lei, para satisfazer interesse ou sentimento pessoal:

Pena – detenção, de 3 (três) meses a 1 (um) ano, e multa.

Art. 319-A. Deixar o Diretor de Penitenciária e/ou agente público, de cumprir seu dever de vedar ao preso o acesso a aparelho telefônico, de rádio ou similar, que permita a comunicação com outros presos ou com o ambiente externo:

Pena – detenção, de (três) meses a 1 (um) ano.

•• Artigo acrescentado pela Lei n. 11.466, de 28-3-2007.

Condescendência criminosa

Art. 320. Deixar o funcionário, por indulgência, de responsabilizar subordinado que cometeu infração no exercício do cargo ou, quando lhe falte competência, não levar o fato ao conhecimento da autoridade competente:

Pena – detenção, de 15 (quinze) dias a 1 (um) mês, ou multa.

Advocacia administrativa

Art. 321. Patrocinar, direta ou indiretamente, interesse privado perante a administração pública, valendo-se da qualidade de funcionário:

Pena – detenção, de 1 (um) a 3 (três) meses, ou multa.

Parágrafo único. Se o interesse é ilegítimo:

Pena – detenção, de 3 (três) meses a 1 (um) ano, além da multa.

Violência arbitrária

Art. 322. Praticar violência, no exercício de função ou a pretexto de exercê-la:

Pena – detenção, de 6 (seis) meses a 3 (três) anos, além da pena correspondente à violência.

Abandono de função

Art. 323. Abandonar cargo público, fora dos casos permitidos em lei:

Pena – detenção, de 15 (quinze) dias a 1 (um) mês, ou multa.

§ 1.° Se do fato resulta prejuízo público:

Pena – detenção, de 3 (três) meses a 1 (um) ano, e multa.

§ 2.° Se o fato ocorre em lugar compreendido na faixa de fronteira:

Pena – detenção, de 1 (um) a 3 (três) anos, e multa.

Exercício funcional ilegalmente antecipado ou prolongado

Art. 324. Entrar no exercício de função pública antes de satisfeitas as exigências legais, ou continuar a exercê-la, sem autorização, depois de saber oficialmente que foi exonerado, removido, substituído ou suspenso:

Pena – detenção, de 15 (quinze) dias a 1 (um) mês, ou multa.

Violação de sigilo funcional

Art. 325. Revelar fato de que tem ciência em razão do cargo e que deva permanecer em segredo, ou facilitar-lhe a revelação:

Pena – detenção, de 6 (seis) meses a 2 (dois) anos, ou multa, se o fato não constitui crime mais grave.

§ 1.° Nas mesmas penas deste artigo incorre quem:

•• § 1.°, *caput*, acrescentado pela Lei n. 9.983, de 14-7-2000.

I – permite ou facilita, mediante atribuição, fornecimento e empréstimo de senha ou qualquer outra forma, o acesso de pessoas não autorizadas a sistemas de informações ou banco de dados da Administração Pública;

•• Inciso I acrescentado pela Lei n. 9.983, de 14-7-2000.

II – se utiliza, indevidamente, do acesso restrito.

•• Inciso II acrescentado pela Lei n. 9.983, de 14-7-2000.

§ 2.° Se da ação ou omissão resulta dano à Administração Pública ou a outrem:

Pena – reclusão, de 2 (dois) a 6 (seis) anos, e multa.

•• § 2.° acrescentado pela Lei n. 9.983, de 14-7-2000.

Violação do sigilo de proposta de concorrência

Art. 326. Devassar o sigilo de proposta de concorrência pública, ou proporcionar a terceiro o ensejo de devassá-lo:

Pena – detenção, de 3 (três) meses a 1 (um) ano, e multa.

•• Prejudicado este artigo pelo disposto no art. 94 da Lei n. 8.666, de 21-6-1993 (licitações e contratos da Administração Pública), constante deste volume.

Funcionário público

Art. 327. Considera-se funcionário público, para os efeitos penais, quem, embora transitoriamente ou sem remuneração, exerce cargo, emprego ou função pública.

§ 1.° Equipara-se a funcionário público quem exerce cargo, emprego ou função em entidade paraestatal, e quem trabalha para empresa prestadora de serviço contratada ou conveniada para a execução de atividade típica da Administração Pública.

•• § 1.° com redação determinada pela Lei n. 9.983, de 14-7-2000.

§ 2.° A pena será aumentada da terça parte quando os autores dos crimes previstos neste Capítulo forem ocupantes de cargos em comissão ou de função de direção ou assessoramento de órgão da administração direta, sociedade de economia mista, empresa pública ou fundação instituída pelo poder público.

•• § 2.° acrescentado pela Lei n. 6.799, de 23-6-1980.

CAPÍTULO II

DOS CRIMES PRATICADOS POR PARTICULAR CONTRA A ADMINISTRAÇÃO EM GERAL

....

Sonegação de contribuição previdenciária

Art. 337-A. Suprimir ou reduzir contribuição social previdenciária e qualquer acessório, mediante as seguintes condutas:

•• *Caput* acrescentado pela Lei n. 9.983, de 14-7-2000.

•• O art. 9.° da Lei n. 10.684, de 30-5-2003, dispõe sobre a suspensão da pretensão punitiva do Estado e a extinção da punibilidade dos crimes previstos neste artigo.

I – omitir de folha de pagamento da empresa ou de documento de informações previsto pela legislação previdenciária segurados empregado, empresário, trabalhador avulso ou trabalhador autônomo ou a este equiparado que lhe prestem serviços;

•• Inciso I acrescentado pela Lei n. 9.983, de 14-7-2000.

II – deixar de lançar mensalmente nos títulos próprios da contabilidade da empresa as quantias descontadas dos segurados ou as devidas pelo empregador ou pelo tomador de serviços;

•• Inciso II acrescentado pela Lei n. 9.983, de 14-7-2000.

III – omitir, total ou parcialmente, receitas ou lucros auferidos, remunerações pagas ou creditadas e demais fatos geradores de contribuições sociais previdenciárias:

Pena – reclusão, de 2 (dois) a 5 (cinco) anos, e multa.

•• Inciso III acrescentado pela Lei n. 9.983, de 14-7-2000.

§ 1.º É extinta a punibilidade se o agente, espontaneamente, declara e confessa as contribuições, importâncias ou valores e presta as informações devidas à previdência social, na forma definida em lei ou regulamento, antes do início da ação fiscal.

•• § 1.º acrescentado pela Lei n. 9.983, de 14-7-2000.

§ 2.º É facultado ao juiz deixar de aplicar a pena ou aplicar somente a de multa se o agente for primário e de bons antecedentes, desde que:

•• § 2.º, *caput*, acrescentado pela Lei n. 9.983, de 14-7-2000.

I – (*Vetado.*)

•• Inciso I acrescentado pela Lei n. 9.983, de 14-7-2000.

II – o valor das contribuições devidas, inclusive acessórios, seja igual ou inferior àquele estabelecido pela previdência social, administrativamente, como sendo o mínimo para o ajuizamento de suas execuções fiscais.

•• Inciso II acrescentado pela Lei n. 9.983, de 14-7-2000.

§ 3.º Se o empregador não é pessoa jurídica e sua folha de pagamento mensal não ultrapassa R$ 1.510,00 (um mil, quinhentos e dez reais), o juiz poderá reduzir a pena de 1/3 (um terço) até a metade ou aplicar apenas a de multa.

•• § 3.º acrescentado pela Lei n. 9.983, de 14-7-2000.

•• A Portaria n. 9, de 15-1-2019, do Ministério da Economia, estabelece que, a partir de 1.º de janeiro de 2019, o valor de que trata este parágrafo será de R$ 5.155,31 (cinco mil cento e cinquenta e cinco reais e trinta e um centavos).

§ 4.º O valor a que se refere o parágrafo anterior será reajustado nas mesmas datas e nos mesmos índices do reajuste dos benefícios da previdência social.

•• § 4.º acrescentado pela Lei n. 9.983, de 14-7-2000.

DISPOSIÇÕES FINAIS

Art. 361. Este Código entrará em vigor no dia 1.º de janeiro de 1942.

Rio de Janeiro, 7 de dezembro de 1940; 119.º da Independência e 52.º da República.

GETÚLIO VARGAS

LEI N. 605,

DE 5 DE JANEIRO DE 1949 (*)

(*) Publicada no *DOU*, de 14-1-1949. Regulamentada pelo Decreto n. 27.048, de 12-8-1949.

A Resolução n. 2.932, de 28-2-2002, do Banco Central do Brasil, dispõe sobre os dias úteis para fins de operações praticadas no mercado financeiro.

Vide, sobre repouso semanal remunerado, as Súmulas 15, 27, 110 e 172 do TST e Súmulas 201 e 464 do STF.

Vide, sobre feriados, a nota dos Organizadores.

Dispõe sobre o repouso semanal remunerado e o pagamento de salário nos dias feriados civis e religiosos.

O Presidente da República,

Faço saber que o Congresso Nacional decreta e eu sanciono a seguinte Lei:

Art. 1.º Todo empregado tem direito ao repouso semanal remunerado, de 24 (vinte e quatro) horas consecutivas, preferentemente aos domingos e, nos limites das exigências técnicas das empresas, nos feriados civis e religiosos, de acordo com a tradição local.

• O art. 7.º, XV, da CF assegura ao trabalhador o direito ao repouso semanal remunerado, preferencialmente aos domingos.

• *Vide* Súmulas 461 e 464 do STF.

Art. 2.º Entre os empregados a que se refere esta Lei, incluem-se os trabalhadores rurais, salvo os que operem em qualquer regime de parceria, meação, ou forma semelhante de participação na produção.

Art. 3.º O regime desta Lei será extensivo àqueles que, sob forma autônoma, trabalhem agrupados, por intermédio de Sindicato, Caixa Portuária ou entidade congênere. A remuneração do repouso obrigatório, neste caso, consistirá no acréscimo de 1/6 (um sexto) calculado sobre os salários efetivamente percebidos pelo trabalhador e paga juntamente com os mesmos.

Art. 4.º É devido o repouso semanal remunerado, nos termos desta Lei, aos trabalhadores das autarquias e de empresas industriais, ou sob administração da União, dos Estados e dos Municípios, ou incorporadas nos seus patrimônios, que não estejam subordinados ao regime do funcionalismo público.

Art. 5.º Esta Lei não se aplica às seguintes pessoas:

a) (*Revogada pela Lei n. 11.324, de 19-7-2006.*)

b) aos funcionários públicos da União, dos Estados e dos Municípios, e aos respectivos extranumerários em serviço nas próprias repartições;

c) aos servidores de autarquias paraestatais, desde que sujeitos a regime próprio de proteção ao trabalho que lhes assegure situação análoga à dos funcionários públicos.

Parágrafo único. São exigências técnicas, para os efeitos desta Lei, as que, pelas condições peculiares às atividades da empresa, ou em razão do interesse público, tornem indispensável a continuidade do serviço.

Art. 6.º Não será devida a remuneração quando, sem motivo justificado, o empregado não tiver trabalhado durante toda a semana anterior, cumprindo integralmente o seu horário de trabalho.

§ 1.º São motivos justificados:

a) os previstos no art. 473 e seu parágrafo único da Consolidação das Leis do Trabalho;

b) a ausência do empregado, devidamente justificada, a critério da administração do estabelecimento;

c) a paralisação do serviço nos dias em que, por conveniência do empregador, não tenha havido trabalho;

d) a ausência do empregado, até 3 (três) dias consecutivos, em virtude de seu casamento;

e) a falta ao serviço com fundamento na lei sobre acidente do trabalho;

f) a doença do empregado, devidamente comprovada.

§ 2.º A doença será comprovada mediante atestado de médico da instituição da previdência social a que estiver filiado o empregado, e, na falta deste e sucessivamente, de médico do Serviço Social do Comércio ou da Indústria; de médico da empresa ou por ela designado; de médico a serviço de repartição federal, estadual ou municipal, incumbido de assuntos de higiene ou de saúde pública; ou, não existindo estes, na localidade em que trabalhar, de médico de sua escolha.

•• § 2.º com redação determinada pela Lei n. 2.761, de 26-4-1956.

§ 3.º Nas empresas em que vigorar regime de trabalho reduzido, a frequência exigida corresponderá ao número de dias em que o empregado tiver de trabalhar.

Art. 7.º A remuneração do repouso semanal corresponderá:

• *Vide* Súmula 461 do STF.

a) para os que trabalham por dia, semana, quinzena ou mês, à de 1 (um) dia de serviço, computadas as horas extraordinárias habitualmente prestadas;

•• Alínea *a* com redação determinada pela Lei n. 7.415, de 9-12-1985.

b) para os que trabalham por hora, à de sua jornada normal de trabalho, computadas as horas extraordinárias habitualmente prestadas;

•• Alínea *b* com redação determinada pela Lei n. 7.415, de 9-12-1985.

c) para os que trabalham por tarefa ou peça, o equivalente ao salário correspondente às tarefas ou peças feitas durante a semana, no horário normal de trabalho, dividido pelos dias de serviço efetivamente prestados ao empregador;

d) para o empregado em domicílio, o equivalente ao cociente da divisão por 6 (seis) da importância total da sua produção na semana.

§ 1.º Os empregados cujos salários não sofram descontos por motivo de feriados civis ou religiosos são considerados já remunerados nesses mesmos dias de repouso, conquanto tenham direito à remuneração dominical.

§ 2.º Consideram-se já remunerados os dias de repouso semanal do empregado mensalista ou quinzenalista, cujo cálculo de salário mensal ou quinzenal, ou cujos descontos por faltas sejam efetuados na base do número de dias do mês ou de 30 (trinta) e 15 (quinze) diárias, respectivamente.

Art. 8.º Excetuados os casos em que a execução do serviço for imposta pelas exigências técnicas das empresas, é vedado o trabalho em dias feriados, civis e religiosos, garantida, entretanto, aos empregados a remuneração respectiva, observados os dispositivos dos arts. 6.º e 7.º desta Lei.

• *Vide* Súmula 461 do STF.

Art. 9.º Nas atividades em que não for possível, em virtude das exigências técnicas das empresas, a suspensão do trabalho, nos dias feriados civis e religiosos, a remuneração será paga em dobro, salvo se o empregador determinar outro dia de folga.

• *Vide* Súmula 461 do STF.

Art. 10. Na verificação das exigências a que se referem os artigos anteriores, ter-se-ão em vista as de ordem econômica, permanentes ou ocasionais, bem como as peculiaridades locais.

Parágrafo único. O Poder Executivo, em decreto especial ou no regulamento que expedir para fiel execução desta Lei, definirá as mesmas exigências e especificará, tanto quanto possível, as empresas a elas sujeitas, ficando desde já incluídas entre elas as de serviços públicos e de transportes.

•• O Decreto n. 27.048, de 12-8-1949, regulamenta esta Lei.

• *Vide* Súmula 462 do STF.

Art. 11. *(Revogado pela Lei n. 9.093, de 12-9-1995.)*

Art. 12. As infrações ao disposto nesta Lei serão punidas, com multa de R$ 40,25 (quarenta reais e vinte e cinco centavos) a R$ 4.025,33 (quatro mil e vinte e cinco reais e trinta e três centavos), segundo a natureza da infração, sua extensão e a intenção de quem a praticou, aplicada em dobro no caso de reincidência e oposição à fiscalização ou desacato à autoridade.

•• Artigo com redação determinada pela Lei n. 12.544, de 8-12-2011.

•• As multas variáveis a que se refere este artigo serão calculadas em conformidade com os critérios previstos na Portaria n. 290, de 11-4-1997, constante desta obra.

Art. 13. Serão originariamente competentes, para a imposição das multas de que trata a presente Lei, os delegados regionais do Ministério do Trabalho e, nos Estados, onde houver delegação de atribuições, a autoridade delegada.

•• Artigo corrigido nos termos da Lei n. 4.589, de 11-12-1964, da Lei n. 4.923, de 23-12-1965, da Lei n. 5.889, de 8-6-1973, e do Decreto n. 69.014, de 4-8-1971.

Art. 14. A fiscalização da execução da presente Lei, o processo de autuação dos seus infratores, os recursos e a cobrança das multas reger-se-ão pelo disposto no Título VII da Consolidação das Leis do Trabalho.

Art. 15. A presente Lei entrará em vigor na data da sua publicação.

Art. 16. Revogam-se as disposições em contrário.

Rio de Janeiro, 5 de janeiro de 1949; 128.º da Independência e 61.º da República.

EURICO G. DUTRA

DECRETO N. 27.048,

DE 12 DE AGOSTO DE 1949 (*)

Aprova o Regulamento da Lei n. 605, de 5 de janeiro de 1949.

(*) Publicado no *DOU*, de 16-8-1949. *Vide* art. 7.º, XV, da CF.

O Presidente da República, usando da atribuição que lhe confere o art. 87, I, da Constituição, e nos termos do art. 10, parágrafo único, da Lei n. 605, de 5 de janeiro de 1949, decreta:

Art. 1.º Fica aprovado o Regulamento que a este acompanha, assinado pelo Ministro de Estado dos Negócios do Trabalho, Indústria e Comércio, pelo qual reger-se-á a execução da Lei n. 605, de 5 de janeiro de 1949.

Art. 2.º Revogam-se as disposições em contrário.

Rio de Janeiro, 12 de agosto de 1949; 128.º da Independência e 61.º da República.

EURICO G. DUTRA

REGULAMENTO A QUE SE REFERE O DECRETO N. 27.048, DE 12 DE AGOSTO DE 1949

Art. 1.º Todo empregado tem direito a repouso remunerado, num dia de cada semana, preferentemente aos domingos, nos feriados civis e nos religiosos, de acordo com a tradição local, salvo as exceções previstas neste Regulamento.

• *Vide* Súmula 464 do STF.

Art. 2.º As disposições do presente Regulamento são extensivas:

a) aos trabalhadores rurais, salvo os que trabalhem em regime de parceria agrícola, meação ou forma semelhante de participação na produção;

b) aos trabalhadores que, sob forma autônoma, trabalhem agrupados, por intermédio de Sindicato, Caixa Portuária ou entidade congênere, tais como estivadores, consertadores, conferentes e assemelhados;

c) aos trabalhadores das entidades autárquicas, dos serviços industriais da União, dos Estados, dos Municípios e dos Territórios, e das empresas por estes administradas ou incorporadas, desde que não estejam sujeitos ao regime dos funcionários ou extranumerários ou não tenham regime próprio de proteção ao trabalho, que lhes assegure situação análoga à daqueles servidores públicos.

Art. 3.º O presente Regulamento não se aplica:

a) aos empregados domésticos, assim considerados os que prestam serviço de natureza não econômica a pessoa ou a família, no âmbito residencial destas;

b) aos funcionários da União, dos Estados, dos Municípios e dos Territórios, bem como aos respectivos extranumerários, em serviço nas próprias repartições.

Art. 4.º O repouso semanal remunerado será de 24 (vinte e quatro) horas consecutivas.

Art. 5.º São feriados civis, e como tais obrigam ao repouso remunerado em todo o Território Nacional, aqueles que a lei determinar.

Parágrafo único. Será também obrigatório o repouso remunerado nos dias feriados locais, até o máximo de 4 (quatro), incluída a Sexta-Feira da Paixão, desde que declarados como tais por lei municipal, cabendo à autoridade regional competente em matéria de trabalho expedir os atos necessários à observância do repouso remunerado nesses dias.

•• Parágrafo único corrigido nos termos do Decreto-lei n. 86, de 27-12-1966.

Art. 6.º Excetuados os casos em que a execução dos serviços for imposta pelas exigências técnicas das empresas, é vedado o trabalho nos dias de repouso a que se refere o art. 1.º, garantida, entretanto, a remuneração respectiva.

§ 1.º Constituem exigências técnicas, para os efeitos deste Regulamento, aquelas que, em razão do interesse público, ou pelas condições peculiares às atividades da empresa ou ao local onde as mesmas se exercitarem, tornem indispensável a continuidade do trabalho, em todos ou alguns dos respectivos serviços.

§ 2.º Nos serviços que exijam trabalho em domingo, com exceção dos elencos teatrais e congêneres, será estabelecida escala de revezamento, previamente organizada e constante de quadro sujeito a fiscalização.

§ 3.º Nos serviços em que for permitido o trabalho nos feriados civis e religiosos, a remuneração dos empregados que trabalharem nesses dias será paga em dobro, salvo se a empresa determinar outro dia de folga.

Art. 7.º É concedida, em caráter permanente e de acordo com o disposto no § 1.º do art. 6.º, permissão para o trabalho nos dias de repouso a que se refere o art. 1.º, nas atividades constantes da relação anexa ao presente Regulamento.

§ 1.º Os pedidos de permissão para quaisquer outras atividades, que se enquadrem no § 1.º do art. 6.º, serão apresentados às autoridades regionais referidas no art. 16, que os encaminharão ao Ministro do Trabalho devidamente informados.

§ 2.º A permissão dar-se-á por decreto do Poder Executivo.

• O Decreto n. 83.842, de 14-8-1979, delega competência ao Ministro do Trabalho para conceder autorização para o funcionamento de empresas aos domingos e feriados civis e religiosos.

Art. 8.º Fora dos casos previstos no artigo anterior, admitir-se-á, excepcionalmente, o trabalho em dia de repouso:

a) quando ocorrer motivo de força maior, cumprindo à empresa justificar a ocorrência perante a autoridade regional a que se refere o art. 15, no prazo de 10 (dez) dias;

b) quando, para atender à realização ou conclusão de serviços inadiáveis ou cuja inexecução possa acarretar prejuízo manifesto, a empresa obtiver da autoridade regional referida no art. 15 autorização prévia, com discriminação do período autorizado, o qual, de cada vez, não excederá de 60 (sessenta) dias, cabendo neste caso a remuneração em dobro, na forma e com a ressalva constante do art. 6.º, § 3.º.

Art. 9.º Nos dias de repouso, em que for permitido o trabalho, é vedada às empresas a execução de serviços que se não enquadrem nos motivos determinantes da permissão.

Art. 10. A remuneração dos dias de repouso obrigatório, tanto o do repouso semanal como aqueles correspondentes aos feriados, integrará o salário para todos os efeitos legais e com ele deverá ser paga.

• *Vide* Súmula 462 do STF.

§ 1.º A remuneração do dia de repouso corresponderá, qualquer que seja a forma de pagamento do salário:

a) para os contratados por semana, dia ou hora, à de um dia normal de trabalho, não computadas as horas extraordinárias;

b) para os contratados por tarefa ou peça, ao equivalente ao salário correspondente às tarefas ou peças executadas durante a semana, no horário normal de trabalho, dividido pelos dias de serviço efetivamente prestados ao empregador;

c) para os trabalhadores rurais, que trabalham por tarefa predeterminada, ao cociente da divisão do salário convencionado pelo número de dias fixado para a respectiva execução.

§ 2.º A remuneração prevista na al. *a* será devida aos empregados contratados por mês ou quinzena, cujo cálculo de salário mensal ou quinzenal, ou cujos descontos por faltas ao serviço, sejam efetuados em base inferior a 30 (trinta) ou 15 (quinze) dias, respectivamente.

Art. 11. Perderá a remuneração do dia de repouso o trabalhador que, sem motivo justificado ou em virtude de punição disciplinar, não tiver trabalhado durante toda a semana, cumprindo integralmente o seu horário de trabalho.

§ 1.º Nas empresas em que vigorar regime de trabalho reduzido, a frequência exigida corresponderá ao número de dias em que houver trabalho.

§ 2.º Não prejudicarão a frequência exigida as ausências decorrentes de férias.

§ 3.º Não serão acumuladas a remuneração do repouso semanal e a do feriado civil ou religioso, que recaírem no mesmo dia.

§ 4.º Para os efeitos do pagamento da remuneração, entende-se como semana o período de segunda-feira a domingo, anterior à semana em que recair o dia de repouso definido no art. 1.º.

Art. 12. Constituem motivos justificados:

a) os previstos no art. 473, e seu parágrafo, da Consolidação das Leis do Trabalho;

b) a ausência do empregado, justificada, a critério da administração do estabelecimento, mediante documento por esta fornecido;

c) a paralisação do serviço nos dias em que, por conveniência do empregador, não tenha havido trabalho;

d) a falta ao serviço, com fundamento na Lei de Acidentes do Trabalho;

• *Vide* Súmula 464 do STF.

e) a ausência do empregado, até 3 (três) dias consecutivos, em virtude de seu casamento;

f) a doença do empregado, devidamente comprovada, até 15 (quinze) dias, caso em que a remuneração corresponderá a 2/3 (dois terços) da fixada no art. 10.

§ 1.º A doença será comprovada mediante atestado passado por médico da empresa ou por ela designado e pago.

§ 2.º Não dispondo a empresa de médico, o atestado poderá ser passado por médico do Instituto Nacional de Previdência Social, por médico do Serviço Social da Indústria ou do Serviço Social do Comércio, por médico de repartição federal, estadual ou municipal, incumbida de assunto de higiene ou saúde, ou, inexistindo na localidade médicos nas condições acima especificadas, por médico do sindicato a que pertença o empregado ou por profissional da escolha deste.

§ 3.º As entradas no serviço, verificadas com atraso, em decorrência de acidentes de transportes, quando devidamente comprovados mediante atestado da empresa concessionária, não acarretarão, para o trabalhador, a aplicação do disposto no art. 11.

Art. 13. Para os efeitos da legislação do trabalho e das contribuições e benefícios da Previdência Social, passará a ser calculado na base de 30 (trinta) dias ou 240 (duzentas e quarenta) horas o mês que, anteriormente, o era na base de 25 (vinte e cinco) dias ou 200 (duzentas) horas.

• *Vide* Súmula 462 do STF.

Art. 14. As infrações ao disposto na Lei n. 605, de 5 de janeiro de 1949, ou neste Regulamento, serão punidas, segundo o caráter e a gravidade, com a multa de sete a trinta e cinco cruzeiros.

•• O Decreto n. 57.146, de 1.º-11-1965, aumentou os valores aqui citados em 70 (setenta) vezes.

Art. 15. São originariamente competentes para a imposição das multas de que trata este Regulamento os Delegados regionais do trabalho e, nos Estados onde houver delegação de atribuições, a autoridade delegada.

•• Artigo com redação determinada pela Lei n. 4.589, de 11-12-1964.

Art. 16. A fiscalização da execução do presente Regulamento, bem como o processo de autuação de seus infratores, os recursos e a cobrança das multas, reger-se-ão pelo disposto no Título VII da Consolidação das Leis do Trabalho.

Art. 17. O presente Regulamento entrará em vigor na data de sua publicação.

Rio de Janeiro, 12 de agosto de 1949.

Honório Monteiro

RELAÇÃO A QUE SE REFERE O ART. 7.º

I – INDÚSTRIA

1) Laticínios (excluídos os serviços de escritório).

2) Frio industrial, fabricação e distribuição de gelo (excluídos os serviços de escritório).

3) Purificação e distribuição de água (usinas e filtros) (excluídos os serviços de escritório).

4) Produção e distribuição de energia elétrica (excluídos os serviços de escritório).

5) Produção e distribuição de gás (excluídos os serviços de escritório).

6) Serviços de esgotos (excluídos os serviços de escritório).

7) Confecção de coroas de flores naturais.

8) Pastelaria, confeitaria e panificação em geral.

9) Indústria do malte (excluídos os serviços de escritório).

10) Indústria do cobre eletrolítico, de ferro (metalúrgica) e do vidro (excluídos os serviços de escritório).

11) Turmas de emergência nas empresas industriais, instaladoras e conservadoras de elevadores e cabos aéreos.

12) Trabalhos em curtumes (excluídos os serviços de escritório).

13) Alimentação de animais destinados à realização de pesquisas para preparo de soro e outros produtos farmacêuticos.

14) Siderurgia, fundição, forjaria, usinagem (fornos acesos permanentemente) – (exclusive pessoal de escritório).

•• Item 14 com redação determinada pelo Decreto n. 60.591, de 13-4-1967.

15) Lubrificação e reparos do aparelhamento industrial (turma de emergência).

16) Indústria moajeira (excluídos os serviços de escritório).

17) Usinas de açúcar e de álcool (com exclusão de oficinas mecânicas, almoxarifados e escritórios).

18) Indústria do papel de imprensa (excluídos os serviços de escritório).

19) Indústria de vidro (excluídos os serviços de escritório).

20) Indústria de produção de zarcão (excluídos os serviços de escritório).

•• Item 20 acrescentado pelo Decreto n. 27.655, de 29-12-1949.

21) Indústria de cerâmica em geral (excluídos os serviços de escritório).

•• Item 21 acrescentado pelo Decreto n. 28.066, de 27-4-1950.

22) Indústria de extração de carvão (excluídos os serviços de escritório).

•• Item 22 acrescentado pelo Decreto n. 27.656, de 29-12-1949.

23) Indústria do cimento (excluídos os serviços de escritório).

•• Item 23 acrescentado pelo Decreto n. 1.993, de 11-1-1963.

24) Indústria de acumuladores elétricos, unicamente nos setores referentes a carga e descarga de baterias, moinho e cabina elétrica, excluídos os demais serviços.

•• Item 24 acrescentado pelo Decreto n. 56.533, de 5-7-1965.

25) Indústria do chá (excluídos os serviços de escritório).

•• Item 25 acrescentado pelo Decreto n. 61.423, de 2-10-1967.

26) Processamento de hortaliças, legumes e frutas.

•• Item 26 com redação determinada pelo Decreto n. 9.513, de 27-9-2018.

•• O Decreto n. 9.513, de 27-9-2018, ao alterar o item 26, deixou de mencionar os itens 27 e 28 que aqui constavam.

II – COMÉRCIO

1) Varejistas de peixe.

2) Varejistas de carnes frescas e caça.

3) Venda de pão e biscoitos.

4) Varejistas de frutas e verduras.

5) Varejistas de aves e ovos.

6) Varejistas de produtos farmacêuticos (farmácias, inclusive manipulação de receituário).

7) Flores e coroas.

8) Barbearias (quando funcionando em recinto fechado ou fazendo parte do complexo do estabelecimento ou atividade mediante acordo expresso com os empregados).

9) Entrepostos de combustíveis, lubrificantes e acessórios para automóveis (postos de gasolina).

10) Locadores de bicicletas e similares.

11) Hotéis e similares (restaurantes, pensões, bares, cafés, confeitarias, leiterias, sorveterias e bombonerias).

12) Hospitais, clínicas, casas de saúde e ambulatórios.

13) Casas de diversões (inclusive estabelecimentos esportivos em que o ingresso seja pago).

14) Limpeza e alimentação de animais em estabelecimentos de avicultura.

15) Feiras-livres e mercados, comércio varejista de supermercados e de hipermercados, cuja atividade preponderante seja a venda de alimentos, inclusive os transportes a eles inerentes.

•• Item 15 com redação determinada pelo Decreto n. 9.127, de 16-8-2017.

16) Porteiros e cabineiros de edifícios residenciais.

17) Serviço de propaganda dominical.

18) Artigos regionais nas estâncias hidrominerais.

•• Acrescentado pelo Decreto n. 88.341, de 30-5-1983.

19) Comércio em portos, aeroportos, estradas, estações rodoviárias e ferroviárias.

20) Comércio em hotéis.

21) Agências de turismo, locadoras de veículos e embarcações.

22) Comércio em postos de combustíveis.

23) Comércio em feiras e exposições.

•• Os itens 19 a 23 foram acrescentados pelo Decreto n. 94.591, de 10-7-1987.

III – TRANSPORTES

1) Serviços portuários.

2) Navegação (inclusive escritórios unicamente para atender a serviço de navios).

3) Trânsito marítimo de passageiros (exceto serviços de escritório).

4) Serviço propriamente de transportes (excluídos os transportes de carga urbanos e os escritórios e oficinas, salvo as de emergência).

5) Serviço de transportes aéreos (excluídos os departamentos não ligados diretamente ao tráfego aéreo).

6) Transporte interestadual (rodoviário), inclusive limpeza e lubrificação dos veículos.

7) Transporte de passageiros por elevadores e cabos aéreos.

IV – COMUNICAÇÕES E PUBLICIDADE

1) Empresas de comunicações telegráficas, radiotelegráficas e telefônicas (excluídos os serviços de escritório e oficina, salvo as de emergência).

2) Empresas de radiodifusão, televisão, de jornais e revistas (excluídos os escritórios).

•• Item 2 com redação determinada pelo Decreto n. 94.591, de 10-7-1987.

3) Distribuidores e vendedores de jornais e revistas (bancas e ambulantes).

4) Anúncios em bondes e outros veículos (turma de emergência).

V – EDUCAÇÃO E CULTURA

1) Estabelecimento de ensino (internatos, excluídos os serviços de escritório e magistério).

2) Empresas teatrais (excluídos os serviços de escritório).

3) Bibliotecas (excluídos os serviços de escritório).

4) Museus (excluídos os serviços de escritório).

5) Empresas exibidoras cinematográficas (excluídos os serviços de escritório).

6) Empresas de orquestras.

7) Cultura física (excluídos os serviços de escritório).

8) Instituições de culto religioso.

VI – SERVIÇOS FUNERÁRIOS

1) Estabelecimentos e entidades que executem serviços funerários.

VII – AGRICULTURA E PECUÁRIA

1) Limpeza e alimentação de animais em propriedades agropecuárias.

2) Execução de serviços especificados nos itens anteriores desta Relação.

3) Colheita, beneficiamento, lavagem e transporte de hortaliças, legumes e frutas.

•• Item 3 acrescentado pelo Decreto n. 7.421, de 31-12-2010.

LEI N. 1.060,

DE 5 DE FEVEREIRO DE 1950 (*)

Estabelece normas para a concessão de assistência judiciária aos necessitados.

O Presidente da República.

Faço saber que o Congresso Nacional decreta e eu sanciono a seguinte Lei:

Art. 1.º Os poderes públicos federal e estadual, independente da colaboração que possam receber dos municípios e da Ordem dos Advogados do Brasil – OAB, concederão assistência judiciária aos necessitados nos termos da presente Lei.

•• Artigo com redação determinada pela Lei n. 7.510, de 4-7-1986.

•• *Vide* Súmula 481 do STJ.

Arts. 2.º a 4.º *(Revogados pela Lei n. 13.105, de 16-3-2015.)*

Art. 5.º O juiz, se não tiver fundadas razões para indeferir o pedido, deverá julgá-lo de plano, motivando ou não o deferimento dentro do prazo de setenta e duas horas.

§ 1.º Deferido o pedido, o juiz determinará que o serviço de assistência judiciária, organizado e mantido pelo Estado, onde houver, indique, no prazo de dois dias úteis o advogado que patrocinará a causa do necessitado.

§ 2.º Se no Estado não houver serviço de assistência judiciária, por ele mantido, caberá a indicação à Ordem dos Advogados, por suas Seções Estaduais, ou Subseções Municipais.

§ 3.º Nos municípios em que não existirem subseções da Ordem dos Advogados do Brasil, o próprio juiz fará a nomeação do advogado que patrocinará a causa do necessitado.

§ 4.º Será preferido para a defesa da causa o advogado que o interessado indicar e que declare aceitar o encargo.

§ 5.º Nos Estados onde a Assistência Judiciária seja organizada e por eles mantida, o Defensor Público, ou quem exerça cargo equivalente, será intimado pessoalmente de todos os atos do processo, em ambas as Instâncias, contando-se-lhes em dobro todos os prazos.

•• § 5.º acrescentado pela Lei n. 7.871, de 8-11-1989.

Arts. 6.º e 7.º *(Revogados pela Lei n. 13.105, de 16-3-2015.)*

Art. 8.º Ocorrendo as circunstâncias mencionadas no artigo anterior, poderá o juiz, *ex officio*, decretar a revogação dos benefícios, ouvida a parte interessada dentro de quarenta e oito horas improrrogáveis.

Art. 9.º Os benefícios da assistência judiciária compreendem todos os atos do processo até decisão final do litígio, em todas as instâncias.

Art. 10. São individuais e concedidos em cada caso ocorrente os benefícios de assistência judiciária, que se não

(*) Publicada no *DOU*, de 13-2-1950, e republicada em Suplemento de 8-4-1974.

Sobre assistência judiciária na CF, tratam os arts. 5.º, LXXIV, e 24, XIII.

transmitem ao cessionário de direito e se extinguem pela morte do beneficiário, podendo, entretanto, ser concedidos aos herdeiros que continuarem a demanda e que necessitarem de tais favores, na forma estabelecida nesta Lei.

Arts. 11 e 12. (*Revogados pela Lei n. 13.105, de 16-3-2015.*)

Art. 13. Se o assistido puder atender, em parte, às despesas do processo, o juiz mandará pagar as custas que serão rateadas entre os que tiverem direito ao seu recebimento.

Art. 14. Os profissionais liberais designados para o desempenho do encargo de defensor ou de perito, conforme o caso, salvo justo motivo previsto em lei ou, na sua omissão, a critério da autoridade judiciária competente, são obrigados ao respectivo cumprimento, sob pena de multa de Cr$ 1.000,00 (mil cruzeiros) a Cr$ 10.000,00 (dez mil cruzeiros), sujeita ao reajustamento estabelecido na Lei n. 6.205, de 29 de abril de 1975, sem prejuízo da sanção disciplinar cabível.

•• *Caput* com redação determinada pela Lei n. 6.465, de 14-11-1977.

§ 1.º Na falta de indicação pela assistência ou pela própria parte, o juiz solicitará a do órgão de classe respectivo.

•• § 1.º com redação determinada pela Lei n. 6.465, de 14-11-1977.

§ 2.º A multa prevista neste artigo reverterá em benefício do profissional que assumir o encargo na causa.

•• § 2.º com redação determinada pela Lei n. 6.465, de 14-11-1977.

Art. 15. São motivos para a recusa do mandato pelo advogado designado ou nomeado:

1.º) estar impedido de exercer a advocacia;

2.º) ser procurador constituído pela parte contrária ou ter com ela relações profissionais de interesse atual;

3.º) ter necessidade de se ausentar da sede do juízo para atender a outro mandato anteriormente outorgado ou para defender interesses próprios inadiáveis;

4.º) já haver manifestado, por escrito, sua opinião contrária ao direito que o necessitado pretende pleitear;

5.º) haver dado à parte contrária parecer escrito sobre a contenda.

Parágrafo único. A recusa será solicitada ao juiz, que, de plano, a concederá, temporária ou definitivamente, ou a denegará.

Art. 16. Se o advogado, ao comparecer em juízo, não exibir o instrumento de mandato outorgado pelo assistido, o juiz determinará que se exarem na ata da audiência os termos da referida outorga.

Parágrafo único. O instrumento de mandato não será exigido, quando a parte for representada em juízo por advogado integrante de entidade de direito público incumbido, na forma da lei, de prestação de assistência judiciária gratuita, ressalvados:

a) os atos previstos no art. 38 do Código de Processo Civil;

b) o requerimento de abertura de inquérito por crime de ação privada, a proposição de ação penal privada ou o oferecimento de representação por crime de ação pública condicionada.

•• Parágrafo único acrescentado pela Lei n. 6.248, de 8-10-1975.

Art. 17. (*Revogado pela Lei n. 13.105, de 16-3-2015.*)

Art. 18. Os acadêmicos de direito, a partir da 4.ª série, poderão ser indicados pela assistência judiciária, ou nomeados pelo juiz para auxiliar o patrocínio das causas dos necessitados, ficando sujeitos às mesmas obrigações impostas por esta Lei aos advogados.

Art. 19. Esta Lei entrará em vigor trinta dias depois de sua publicação no *Diário Oficial da União*, revogadas as disposições em contrário.

Rio de Janeiro, 5 de fevereiro de 1950; 129.º da Independência e 62.º da República.

EURICO G. DUTRA

CONVENÇÃO N. 87 DA OIT – CONVENÇÃO RELATIVA À LIBERDADE SINDICAL E À PROTEÇÃO DO DIREITO DE SINDICALIZAÇÃO (*)

A Conferência Geral da Organização Internacional do Trabalho:

Convocada em São Francisco pelo Conselho de Administração da Repartição Internacional do Trabalho, e reunida naquela cidade em 17 de junho de 1948 em sua trigésima primeira reunião;

Depois de haver decidido adotar, sob a forma de convenção, diversas propostas relativas à liberdade sindical e à proteção ao direito de sindicalização, questão que constitui o sétimo ponto da ordem do dia da reunião;

Considerando que o preâmbulo da Constituição da Organização Internacional do Trabalho enuncia, entre os meios suscetíveis de melhorar as condições de trabalho e de garantir a paz "a afirmação do princípio da liberdade de associação sindical";

Considerando que a Declaração de Filadélfia proclamou novamente que "a liberdade de expressão e de associação é essencial para o progresso constante";

Considerando que a Conferência Internacional do Trabalho, em sua trigésima reunião adotou por unanimidade os princípios que devem servir de base à regulamentação internacional, e

Considerando que a Assembleia Geral das Nações Unidas, em seu segundo período de sessões, atribuiu a si mesma estes princípios e solicitou da Organização Internacional do Trabalho a continuação de todos seus esforços com o fim de possibilitar a adoção de uma ou várias convenções internacionais, adota, com data de 9 de julho de mil novecentos e quarenta e oito, a seguinte Convenção, que poderá ser citada como a Convenção sobre a liberdade sindical e a proteção ao direito de sindicalização, 1948:

PARTE I

LIBERDADE SINDICAL

(*) Convenção não ratificada pelo Brasil até o fechamento da obra. *Vide* Convenção 989 da OIT.

Artigo 1

Todo Membro da Organização Internacional do Trabalho para quem esteja em vigor a presente Convenção se obriga a pôr em prática as seguintes disposições:

Artigo 2

Os trabalhadores e os empregadores, sem nenhuma distinção e sem autorização prévia, têm o direito de constituir as organizações que estimem convenientes, assim como o de filiar-se a estas organizações, com a única condição de observar os estatutos das mesmas.

Artigo 3

1. As organizações de trabalhadores e de empregadores têm o direito de redigir seus estatutos e regulamentos administrativos, o de eleger livremente seus representantes, o de organizar sua administração e suas atividades e o de formular seu programa de ação.

2. As autoridades públicas deverão abster-se de toda intervenção que tenha por objetivo limitar este direito ou entorpecer seu exercício legal.

Artigo 4

As organizações de trabalhadores e de empregadores não estão sujeitas a dissolução ou suspensão por via administrativa.

Artigo 5

As organizações de trabalhadores e de empregadores têm o direito de constituir federações e confederações, assim como de filiar-se às mesmas e toda organização, federação ou confederação tem o direito de filiar-se a organizações internacionais de trabalhadores e de empregadores.

Artigo 6

As disposições dos artigos 2, 3 e 4 desta Convenção aplicam-se às federações e confederações de organizações de trabalhadores e de empregadores.

Artigo 7

A aquisição da personalidade jurídica pelas organizações de trabalhadores e de empregadores, suas federações e confederações, não pode estar sujeita a condições cuja natureza limite a aplicação das disposições dos artigos 2, 3 e 4 desta Convenção.

Artigo 8

1. Ao exercer os direitos que lhes são reconhecidos na presente Convenção, os trabalhadores, os empregadores e suas organizações respectivas estão obrigados, assim como as demais pessoas ou coletividades organizadas, a respeitar a legalidade.

2. A legislação nacional não menoscabará nem será aplicada de forma que menos cabe as garantias previstas nesta Convenção.

Artigo 9

1. A legislação nacional deverá determinar até que ponto aplicar-se-ão às forças armadas e à polícia as garantias previstas pela presente Convenção.

2. Conforme os princípios estabelecidos no parágrafo 8 do artigo 19 da Constituição da Organização Internacional do Trabalho, a ratificação desta Convenção por um membro não deverá considerar-se que menoscaba em modo algum as leis, sentenças, costumes ou acordos já existentes que concedam aos membros das forças armadas e da polícia, garantias prescritas na presente Convenção.

Artigo 10

Na presente Convenção, o termo organização significa toda organização de trabalhadores e de empregadores que tenha por objeto fomentar e defender os interesses dos trabalhadores e dos empregadores.

PARTE II

PROTEÇÃO DO DIREITO DE SINDICALIZAÇÃO

Artigo 11

Todo Membro da Organização Internacional do Trabalho para o qual esta Convenção esteja em vigor obriga-se a adotar todas as medidas necessárias e apropriadas para garantir aos trabalhadores e aos empregadores o livre exercício do direito de sindicalização.

PARTE III

DISPOSIÇÕES DIVERSAS

Artigo 12

1. Respeito dos territórios mencionados no artigo 35 da Constituição da Organização Internacional do Trabalho, emendada pelo Instrumento de Emenda à Constituição à Constituição da Organização Internacional do Trabalho, 1946, exceção feita dos territórios a que se referem os parágrafos 4 e 5 do citado artigo, de acordo com a emenda, todo membro da Organização que ratifique a presente Convenção deverá comunicar ao Diretor-Geral da Repartição Internacional do Trabalho, no prazo mais breve possível, após sua ratificação, uma declaração na qual manifeste:

a) os territórios a respeito dos quais se obriga a que as disposições da Convenção sejam aplicadas sem modificações;

b) os territórios a respeito dos quais se obriga a que as disposições da Convenção sejam aplicadas com modificações, junto com os detalhes dessas modificações;

c) os territórios a respeito dos quais é inaplicável a Convenção e os motivos pelos quais é inaplicável;

d) os territórios a respeito dos quais reserva sua decisão.

2. As obrigações a que se referem os apartados *a*) e *b*) do parágrafo 1 deste artigo considerar-se-ão parte integrante da ratificação e produzirão os mesmos efeitos.

3. Todo Membro poderá renunciar, total ou parcialmente, por meio de uma nova declaração, a qualquer reserva formulada em sua primeira declaração em virtude dos apartados *b*), *c*) ou *d*) do parágrafo 1 deste artigo.

4. Durante os períodos em que esta Convenção possa ser denunciada, de acordo com as disposições do artigo 16, todo Membro poderá comunicar ao Diretor-Geral uma declaração pela qual modifique, em qualquer outro aspecto, os termos de qualquer declaração anterior e na qual indique a situação dos territórios determinados.

Artigo 13

1. Quando as questões tratadas na presente Convenção sejam da competência das autoridades de um território não metropolitano, o membro responsável das relações internacionais deste território, de acordo com o governo do território, poderá comunicar ao Diretor-Geral da Repartição Internacional do Trabalho uma declaração pela qual aceite, em nome do território, as obrigações da presente Convenção.

2. Poderão comunicar ao Diretor-Geral da Repartição Internacional do Trabalho uma declaração pela qual aceitem as obrigações desta Convenção:

a) dois ou mais Membros da Organização, a respeito de qualquer território que esteja sob sua autoridade comum; ou

b) toda autoridade internacional responsável pela administração de qualquer território em virtude das disposições da Carta das Nações Unidas ou de qualquer outra disposição em vigor, referente a dito território.

3. As declarações comunicadas ao Diretor-Geral da Repartição Internacional do Trabalho, de conformidade com os parágrafos precedentes neste artigo deverão indicar se as disposições da Convenção serão aplicadas no território interessado com modificações ou sem elas; quando a declaração indique que as disposições da Convenção serão aplicadas com modificações, deverá especificar em que consistem as citadas modificações.

4. O Membro, os Membros ou a autoridade internacional interessados poderão renunciar, total ou parcialmente, por meio de uma declaração ulterior, ao direito de invocar uma modificação indicada em qualquer outra declaração anterior.

5. Durante os períodos em que esta Convenção possa ser denunciada de conformidade com as disposições do artigo 16, o Membro, os Membros ou a autoridade internacional interessados poderão comunicar ao Diretor-Geral uma declaração pela qual modifiquem, em qualquer outro aspecto, os termos de qualquer declaração anterior e na qual indiquem a situação no que se refere à aplicação da Convenção.

PARTE IV
DISPOSIÇÕES FINAIS

Artigo 14

As ratificações formais da presente Convenção serão comunicadas para seu registro ao Diretor-Geral da Repartição Internacional do Trabalho.

Artigo 15

1. Esta Convenção obrigará unicamente aqueles Membros da Organização Internacional do Trabalho cujas ratificações houver registrado o Diretor-Geral da Repartição Internacional do Trabalho.

2. A presente convenção entrará em vigor doze meses após a data em que as ratificações de dois membros tiverem sido registradas pelo Diretor-Geral.

3. A partir daquele momento, esta Convenção entrará em vigor, para cada Membro, doze meses após a data em que tiver sido registrada sua ratificação.

Artigo 16

1. Todo Membro que tiver ratificado esta Convenção poderá denunciá-la à expiração de um período de dez anos, a partir da data em que tiver entrado inicialmente em vigor, mediante ata comunicada, para seu registro, ao Diretor da Repartição Internacional do Trabalho. A denúncia não terá efeito até um ano após a data em que tiver sido registrada.

2. Todo Membro que tiver ratificado esta Convenção e que no prazo de um ano depois da expiração do período de dez anos mencionado no parágrafo precedente não fizer uso do direito de denúncia previsto neste artigo ficará obrigado durante um novo período de dez anos, e no sucessivo poderá denunciar esta Convenção à expiração de cada período de dez anos, nas condições previstas neste artigo.

Artigo 17

1. O Diretor-Geral da Repartição Internacional do Trabalho notificará a todos os membros da Organização Internacional do Trabalho o registro de quantas ratificações, declarações e atas de denúncia lhe sejam comunicadas pelos Membros da Organização.

2. Ao notificar aos Membros da Organização o registro de segunda ratificação que lhe tiver sido comunicada, o Diretor-Geral informará aos membros da Organização sobre a data em que esta Convenção entrará em vigor.

Artigo 18

O Diretor-Geral da Repartição Internacional do Trabalho comunicará ao Secretário Geral das Nações Unidas, para efeitos de registro e de conformidade com o artigo 102 da Carta das Nações Unidas, uma informação completa sobre todas as ratificações, declarações e atas de denúncia que houver registrado de acordo com os artigos precedentes.

Artigo 19

Cada vez que o estime necessário, o Conselho de Administração da Repartição Internacional do Trabalho apresentará à

Conferência Geral uma memória sobre a aplicação da Convenção e considerará a conveniência de incluir na ordem do dia da Conferência a questão de sua revisão total ou parcial.

Artigo 20

1. Em caso de que a Conferência adote uma nova Convenção que implique uma revisão total ou parcial da presente, e a menos que a nova Convenção contenha disposições em contrário:

a) a ratificação por um Membro da nova convenção revisora implicará *ipso jure* a denúncia imediata desta Convenção, não obstante as disposições contidas no artigo 16, sempre que a nova Convenção revisora tiver entrado em vigor;

b) a partir da data em que entre em vigor a nova convenção revisora, a presente Convenção cessará de estar aberta à ratificação pelos Membros.

2. Esta Convenção continuará em vigor em todo caso, em sua forma e conteúdo atuais, para os Membros que a tiverem ratificado e não ratifiquem a Convenção revisora.

Artigo 21

As versões inglesa e francesa do texto desta Convenção são igualmente autênticas.

CONVENÇÃO N. 98 DA OIT – RELATIVA À APLICAÇÃO DOS PRINCÍPIOS DO DIREITO DE ORGANIZAÇÃO E DE NEGOCIAÇÃO COLETIVA (*)

A Conferência Geral de Organização Internacional do Trabalho, convocada em Genebra pelo Conselho de Administração da Repartição Internacional do Trabalho e tendo-se reunido a oito de julho de 1949, em sua Trigésima Segunda Sessão.

Após ter decidido adotar diversas proposições relativas à aplicação dos princípios do direito de organização e de negociação coletiva, questão que constitui o quarto ponto na ordem do dia da sessão.

Após ter decidido que essas proposições tomariam a forma de uma convenção internacional, adota, a primeiro de julho de mil novecentos e quarenta e nove, a convenção seguinte, que será denominada Convenção relativa ao Direito de Organização e de Negociação Coletiva, 1949:

Artigo 1.º

1. Os trabalhadores deverão gozar de proteção adequada contra quaisquer atos atentatórios à liberdade sindical em matéria de emprego.

2. Tal proteção deverá, particularmente, aplicar-se a atos destinados a:

a) subordinar o emprego de um trabalhador à condição de não se filiar a um sindicato ou de deixar de fazer parte de um sindicato;

b) dispensar um trabalhador ou prejudicá-lo, por qualquer modo, em virtude de sua filiação a um sindicato ou de sua participação em atividades sindicais, fora as horas de trabalho ou, com o consentimento do empregador, durante as mesmas horas.

Artigo 2.º

1. As organizações de trabalhadores e de empregadores deverão gozar de proteção adequada contra quaisquer atos de ingerência de umas em outras, quer diretamente, quer por meio de seus agentes ou membros, em sua formação, funcionante e administração.

2. Serão particularmente identificadas a atos de ingerência, nos termos do presente artigo, medidas destinadas a provocar a criação de organizações de trabalhadores dominadas por um empregador ou uma organização de empregadores, ou a manter organizações de trabalhadores por meios financeiros ou outros, com o fim de colocar essas organizações sob o controle de um empregador ou de uma organização de empregadores.

Artigo 3.º

Organismos apropriados às condições nacionais deverão, se necessário, ser estabelecidos para assegurar o respeito do direito de organização definido nos artigos precedentes.

Artigo 4.º

Deverão ser tomadas, se necessário for, medidas apropriadas às condições nacionais para fomentar e promover o pleno desenvolvimento e utilização de meios de negociação voluntária entre empregadores ou organizações de empregadores e organizações de trabalhadores, com o objetivo de regular, por meio de convenções coletivas, os termos e condições de emprego.

Artigo 5.º

1. A medida segundo a qual as ga garantias previstas pela presente Convenção se aplicarão às forças armadas e à polícia será determinada pela legislação nacional.

2. De acordo com os princípios estabelecidos no parágrafo 8 do artigo 19 da Constituição da Organização Internacional de Trabalho, a ratificação desta Convenção, por parte de um membro, não deverá ser considerada como devendo afetar qualquer lei, sentença, costume ou acordo já existentes que concedam aos membros das forças armadas e da polícia garantias previstas pela presente Convenção.

Artigo 6.º

A presente Convenção não trata da situação dos servidores públicos e não poderá ser interpretada como devendo prejudicar seus direitos ou seu estatuto.

(*) Aprovada pelo Decreto Legislativo n. 49, de 27-8-1952. Promulgada pelo Decreto n. 33.196, de 29-6-1953. *Vide* art. 8.º da CF e Convenção 87 da OIT.

Artigo 7.º

As ratificações formais da presente Convenção serão transmitidas ao Diretor-Geral da Repartição Internacional do Trabalho e por ele registradas.

Artigo 8.º

1. A presente Convenção obrigará somente os membros da Organização Internacional do Trabalho cujas ratificações tenham sido registradas pelo Diretor-Geral.

2. Entrará em vigor doze meses após serem registradas, pelo Diretor-Geral, as ratificações por parte de dois membros.

3. Posteriormente, esta Convenção entrará em vigor, para cada membro, doze meses após a data de registro de sua ratificação.

Artigo 9.º

1. As declarações transmitidas ao Diretor-Geral da Repartição Internacional do Trabalho de acordo com o parágrafo 2 do artigo 35 da Constituição da Organização Internacional do Trabalho deverão estabelecer:

a) os territórios aos quais se compromete a aplicar as disposições da Convenção sem modificação;

b) os territórios aos quais se compromete a aplicar as disposições da Convenção com modificação e em que consistem tais modificações;

c) os territórios aos quais a Convenção é aplicável e, nesse caso, as razões pelas quais é ela inaplicável;

d) os territórios aos quais reserva sua decisão, à espera de exame mais profundo da situação com respeito aos mencionados territórios.

1. Os compromissos, mencionados nas alíneas *a* e *b* do parágrafo 1 do presente artigo, serão considerados partes integrantes da ratificação e produzirão idênticos efeitos.

2. Qualquer membro poderá, por nova declaração, retirar, no todo ou em parte, as reservas contidas na sua declaração anterior em virtude das alíneas *b* e *d* do parágrafo 1 do presente artigo.

3. Qualquer membro poderá, nos períodos durante os quais a presente Convenção pode ser denunciada de acordo com as disposições do artigo 11, transmitir ao Diretor-Geral uma nova declaração que modifique em qualquer outro sentido os termos de qualquer declaração anterior e estabeleça a situação relativamente a determinados territórios.

Artigo 10

1. As declarações transmitidas ao Diretor-Geral da Repartição Internacional do Trabalho de acordo com os parágrafos 4 e 5 do artigo 35 da Constituição da Organização Internacional do Trabalho deverão indicar se as disposições da Convenção serão aplicadas no território, com ou sem modificações; quando a declaração indicar que as disposições da Convenção se aplicam sob reserva de modificações, ela deverá especificar em que consistem tais modificações.

2. O membro ou os membros ou a autoridade internacional interessados poderão, por uma declaração posterior, renunciar inteira ou parcialmente ao direito de invocar uma modificação indicada numa declaração anterior.

3. O membro ou os membros ou a autoridade internacional interessados poderão, nos períodos durante os quais a presente Convenção pode ser denunciada de acordo com as disposições do artigo 11, transmitir ao Diretor-Geral da Repartição Internacional do Trabalho uma nova declaração que modifique em qualquer outro sentido os termos de qualquer declaração anterior e estabeleça a situação no que se refere à aplicação desta Convenção.

Artigo 11

1. Todo membro que tenha ratificado a presente Convenção poderá denunciá-la ao expirar o prazo de dez anos, contando da data inicial da vigência da Convenção, por meio de um ato transmitido ao Diretor-Geral da Repartição Internacional do Trabalho e por ele registrado. A denúncia somente se tornará efetiva um ano após haver sido registrada.

2. Todo membro que tenha ratificado a presente Convenção e que, no prazo de um ano após o termo de período de dez anos, mencionado no parágrafo precedente, não houver feito uso da faculdade de denúncia prevista pelo presente artigo ficará ligado por um novo período de dez anos e, posteriormente, poderá denunciar a presente Convenção ao termo de cada período de dez anos, nas condições previstas no presente artigo.

Artigo 12

1. O Diretor-Geral da Repartição Internacional do Trabalho notificará a todos os membros da Organização Internacional do Trabalho o registro de todas as ratificações, declarações e denúncias que lhe forem permitidas pelos membros da Organização.

2. Ao notificar aos membros da Organização o registro da segunda ratificação que lhe tenha sido transmitida, o Diretor-Geral chamará a atenção dos membros da Organização para a data na qual a presente Convenção entrará em vigor.

Artigo 13

O Diretor-Geral da Repartição Internacional do Trabalho transmitirá ao Secretário-Geral das Nações Unidas, para fins de registro, de acordo com o artigo 102 da Carta das Nações Unidas, informações completas a respeito de todas as ratificações, declarações e atos de denúncia que tenham sido registrados de acordo com os artigos precedentes.

Artigo 14

Ao termo de cada período de dez anos, contado da entrada em vigor da presente Convenção, o Conselho de Administração da Repartição Internacional do Trabalho deverá apresentar à Conferência Geral um relatório sobre a aplicação da presente Convenção e decidirá da conveniência de ser inscrita na ordem do dia da Conferência a questão de sua revisão total ou parcial.

Artigo 15

1. Caso a Conferência adotar uma nova convenção que implique revisão total ou parcial da presente Convenção e a menos que a nova Convenção não disponha de outro modo:

a) a ratificação, por parte de um membro, da nova convenção revista acarretará de pleno direito, não obstante o artigo 11 acima, denúncia imediata da presente Convenção, desde que a nova convenção revista tenha entrado em vigor;

b) a partir da data da entrada em vigor da nova convenção revista, a presente Convenção cessará de estar aberta à ratificação por parte dos membros.

1. A presente Convenção permanecerá, entretanto, em vigor na sua forma e teor para os membros que houverem ratificado e que não ratificarem a convenção revista.

Artigo 16

As versões francesa e inglesa do texto da presente Convenção são igualmente autênticas.

O texto que precede é o texto autêntico da Convenção devidamente adotada pela Conferência Geral da Organização Internacional do Trabalho em sua Trigésima Segunda Sessão realizada em Genebra e declarada encerrada a 2 de julho de 1949.

Em fé do que, apuseram suas assinaturas, a dezoito de agosto de 1949.

O Presidente da Conferência,

Guildhaume Myrddin-Evans

O Diretor-Geral da Repartição Internacional do Trabalho,

David A. Morse

LEI N. 3.207,

DE 18 DE JULHO DE 1957 (*)

Regulamenta as atividades dos empregados vendedores, viajantes ou pracistas.

O Presidente da República

Faço saber que o Congresso Nacional decreta e eu sanciono a seguinte Lei:

Art. 1.º As atividades dos empregados vendedores, viajantes ou pracistas, serão reguladas pelos preceitos desta Lei, sem prejuízo das normas estabelecidas na Consolidação das Leis do Trabalho – Decreto-lei n. 5.452, de 1.º de maio de 1943 – no que lhes for aplicável.

Art. 2.º O empregado vendedor terá direito à comissão avençada sobre as vendas que realizar. No caso de lhe ter sido reservada, expressamente, com exclusividade, uma zona de trabalho, terá esse direito sobre as vendas ali realizadas diretamente pela empresa ou por um preposto desta.

§ 1.º A zona de trabalho do empregado vendedor poderá ser ampliada ou restringida de acordo com a necessidade da empresa, respeitados os dispositivos desta Lei quanto à irredutibilidade da remuneração.

§ 2.º Sempre que, por conveniência da empresa empregadora, for o empregado viajante transferido da zona de trabalho, com redução de vantagens, ser-lhe-á assegurado, como mínimo de remuneração, 1 (um) salário correspondente à média dos 12 (doze) últimos meses anteriores à transferência.

Art. 3.º A transação será considerada aceita se o empregador não a recusar por escrito, dentro de 10 (dez) dias, contados da data da proposta. Tratando-se de transação a ser concluída com comerciante ou empresa estabelecida noutro Estado ou no estrangeiro, o prazo para aceitação ou recusa da proposta de venda será de 90 (noventa) dias podendo, ainda, ser prorrogado, por tempo determinado, mediante comunicação escrita feita ao empregado.

Art. 4.º O pagamento de comissões e percentagens deverá ser feito mensalmente, expedindo a empresa, no fim de cada mês, a conta respectiva com as cópias das faturas correspondentes aos negócios concluídos.

Parágrafo único. Ressalva-se às partes interessadas fixar outra época para o pagamento de comissões e percentagens, o que, no entanto, não poderá exceder a 1 (um) trimestre, contado da aceitação do negócio, sendo sempre obrigatória a expedição, pela empresa, da conta referida neste artigo.

Art. 5.º Nas transações em que a empresa se obrigar por prestações sucessivas, o pagamento das comissões e percentagens será exigível de acordo com a ordem de recebimento das mesmas.

Art. 6.º A cessação das relações de trabalho, ou a inexecução voluntária do negócio pelo empregador, não prejudicará percepção das comissões e percentagens devidas.

Art. 7.º Verificada a insolvência do comprador, cabe ao empregador o direito de estornar a comissão que houver pago.

Art. 8.º Quando for prestado serviço de inspeção e fiscalização pelo empregado vendedor, ficará a empresa vendedora obrigada ao pagamento adicional de 1/10 (um décimo) da remuneração atribuída ao mesmo.

Art. 9.º O empregado vendedor viajante não poderá permanecer em viagem por tempo superior a 6 (seis) meses consecutivos. Em seguida a cada viagem haverá um intervalo para descanso, calculado na base de 3 (três) dias por mês da viagem realizada, não podendo, porém, ultrapassar o limite de 15 (quinze) dias.

Art. 10. Caracterizada a relação de emprego, aplicam-se os preceitos desta Lei a quantos exercerem funções iguais,

(*) Publicada no *DOU*, de 22-7-1957.

semelhantes ou equivalentes aos empregados viajantes, embora sob outras designações.

Art. 11. Esta Lei entrará em vigor na data de sua publicação, revogadas as disposições em contrário.

Rio de Janeiro, 18 de julho de 1957; 136.º da Independência e 69.º da República.

JUSCELINO KUBITSCHEK

LEI N. 4.090,

DE 13 DE JULHO DE 1962 (*)

Institui a gratificação de Natal para os trabalhadores.

• Infrações a esta Lei: *vide* art. 3.º, I, da Lei n. 7.855, de 24-10-1989.

O Presidente da República

Faço saber que o Congresso Nacional decreta e eu sanciono a seguinte Lei:

Art. 1.º No mês de dezembro de cada ano, a todo empregado será paga, pelo empregador, uma gratificação salarial, independentemente da remuneração a que fizer jus.

• *Vide*, sobre gratificação de Natal, as Súmulas 14, 46, 50, 148 e 242 do TST.

§ 1.º A gratificação corresponderá a 1/12 (um doze avos) da remuneração devida em dezembro, por mês de serviço, do ano correspondente.

§ 2.º A fração igual ou superior a 15 (quinze) dias de trabalho será havida como mês integral para os efeitos do parágrafo anterior.

§ 3.º A gratificação será proporcional:

I – na extinção dos contratos a prazo, entre estes incluídos os de safra, ainda que a relação de emprego haja findado antes de dezembro; e

II – na cessação da relação de emprego resultante da aposentadoria do trabalhador, ainda que verificada antes de dezembro.

•• § 3.º acrescentado pela Lei n. 9.011, de 30-3-1995.

Art. 2.º As faltas legais e justificadas ao serviço não serão deduzidas para os fins previstos no § 1.º do art. 1.º desta Lei.

Art. 3.º Ocorrendo rescisão, sem justa causa, do contrato de trabalho, o empregado receberá a gratificação devida nos termos dos §§ 1.º e 2.º do art. 1.º desta Lei, calculada sobre a remuneração do mês da rescisão.

(*) Publicada no *DOU*, de 26-7-1962. A Lei n. 4.749, de 12-8-1965, dispõe sobre o pagamento da gratificação de Natal. O Decreto n. 57.155, de 3-11-1965, expede nova regulamentação da Lei n. 4.090, de 13-7-1962, com as alterações introduzidas pela Lei n. 4.749, de 12-8-1965. O Decreto n. 63.912, de 26-12-1968, regula o pagamento da gratificação de Natal ao trabalhador avulso. O vale-transporte, no que se refere à contribuição do empregador, não é considerado para efeito de pagamento da gratificação de Natal (Lei n. 4.090, de 13-7-1962, e art. 7.º do Decreto-lei n. 2.310, de 22-12-1986) (Decreto n. 95.247, de 17-11-1987, art. 6.º, III).

Art. 4.º Esta Lei entrará em vigor na data de sua publicação, revogadas as disposições em contrário.

Brasília, 13 de julho de 1962; 141.º da Independência e 74.º da República.

JOÃO GOULART

LEI N. 4.266,

DE 3 DE OUTUBRO DE 1963 (**)

Institui o salário-família do trabalhador e dá outras providências.

O Presidente da República

Faço saber que o Congresso Nacional decreta e eu sanciono a seguinte Lei:

Art. 1.º O salário-família, instituído por esta Lei, será devido, pelas empresas vinculadas à Previdência Social, a todo empregado, como tal definido na Consolidação das Leis do Trabalho, qualquer que seja o valor e a forma de sua remuneração, e na proporção do respectivo número de filhos.

• A CF, no art. 7.º, XII, assegura aos trabalhadores o direito ao salário-família para os seus dependentes.

Art. 2.º O salário-família será pago sob a forma de uma quota percentual, calculada sobre o valor do salário mínimo local, arredondado este para o múltiplo de 1.000 (mil) seguinte, por filho menor de qualquer condição, até 14 (catorze) anos de idade.

•• A Portaria n. 9, de 15-1-2019, do Ministério da Economia, dispõe sobre o reajuste dos benefícios pagos pelo INSS e dos demais valores constantes do Regulamento da Previdência Social.

Art. 3.º O custeio do salário-família será feito mediante o sistema de compensação, cabendo a cada empresa, qualquer que seja o número e o estado civil de seus empregados, recolher, para esse fim, ao Instituto Nacional da Previdência Social, a contribuição que for fixada em correspondência com o valor da quota percentual referida no art. 2.º.

§ 1.º A contribuição de que trata este artigo corresponderá a uma percentagem incidente sobre o salário mínimo local multiplicado pelo número total de empregados da empresa, observados os mesmos prazos de recolhimento, sanções administrativas e penais e demais condições estabelecidas com relação às contribuições destinadas ao custeio da Previdência Social.

§ 2.º (*Revogado pela Lei n. 5.890, de 8-6-1973.*)

Art. 4.º O pagamento das quotas do salário-família será feito pelas próprias empresas, mensalmente, aos seus empregados, juntamente com o do respectivo salário, nos termos do art. 2.º.

(**) Publicada no *DOU*, de 8-10-1963. Regulamentada pelo Decreto n. 53.153, de 10-12-1963. A Lei n. 8.213, de 24-7-1991, regulamentada pelo Decreto n. 3.048, de 6-5-1999, dispondo sobre os Planos de Benefícios da Previdência Social, trata, em seus arts. 65 a 70, sobre o salário-família.

§ 1.º Quando os pagamentos forem semanais ou por outros períodos, as quotas serão pagas juntamente com o último relativo ao mês.

§ 2.º Para efeito do pagamento das quotas, exigirão as empresas, dos empregados, as certidões de nascimento dos filhos, que a isto os habilitam.

§ 3.º As certidões expedidas para os fins do § 2.º deste artigo são isentas de selo, taxas ou emolumentos de qualquer espécie, assim como o reconhecimento de firmas a elas referente, quando necessário.

§ 4.º Dos pagamentos de quotas feitos guardarão as empresas os respectivos comprovantes, bem como as certidões, para o efeito da fiscalização do Instituto, no tocante ao reembolso a que se refere o art. 5.º.

Art. 5.º As empresas serão reembolsadas, mensalmente, dos pagamentos das quotas feitos aos seus empregados, na forma desta Lei, mediante desconto do valor respectivo no total das contribuições recolhidas ao Instituto Nacional da Previdência Social.

Art. 6.º A fixação do salário mínimo, de que trata o Capítulo II do Título II da Consolidação das Leis do Trabalho, terá por base unicamente as necessidades normais do trabalhador sem filhos, considerando-se atendido, com o pagamento do salário-família instituído por esta Lei, o preceituado no art. 157, I, da CF.

•• Refere-se à Constituição Federal de 1946. *Vide* art. 7.º, XII, da CF.

Art. 7.º Ficam fixados, pelo período de 3 (três) anos, os seguintes valores relativos à presente Lei:

I – de 5% (cinco por cento) para cada quota percentual a que se refere o art. 2.º;

II – de 6% (seis por cento) para a contribuição de que trata o art. 3.º.

§ 1.º Se, findo o período previsto neste artigo, não forem revistos os valores nele fixados, continuarão a vigorar até que isto se venha a efetuar.

§ 2.º A qualquer alteração no valor de uma das percentagens deverá corresponder proporcionalmente o da outra, de modo a que seja assegurado o perfeito equilíbrio do custeio do sistema, no regime de repartição anual.

Art. 8.º Os empregados abrangidos pela presente Lei ficam excluídos do campo de aplicação do Decreto-lei n. 3.200, de 19 de abril de 1941, no tocante ao abono às famílias numerosas.

• O Decreto-lei citado dispõe sobre a organização e proteção da família.

Art. 9.º As quotas do salário-família não se incorporarão, para nenhum efeito, ao salário ou remuneração devidos aos empregados.

• "O salário-família é isento do imposto de renda" (art. 25 da Lei n. 8.218, de 29-8-1991).

Art. 10. Esta Lei entrará em vigor a partir do primeiro dia do mês que se seguir ao decurso de 30 (trinta) dias, contados da data de sua publicação.

Parágrafo único. Dentro do prazo referido neste artigo, o Poder Executivo expedirá o Regulamento desta Lei.

Art. 11. Revogam-se as disposições em contrário.

Brasília, 3 de outubro de 1963; 142.º da Independência e 75.º da República.

JOÃO GOULART

DECRETO N. 53.153,

DE 10 DE DEZEMBRO DE 1963 (*)

Aprova o regulamento do salário-família do trabalhador.

O Presidente da República, usando da atribuição que lhe confere o artigo 87, I, da Constituição e tendo em vista o disposto no art. 10 da Lei n. 4.266, de 3 de outubro de 1963, decreta:

Art. 1.º Fica aprovado, sob denominação de "Regulamento do Salário-Família do Trabalhador", o Regulamento que a este acompanha, assinado pelo Ministro do Trabalho e Previdência Social, destinado à fiel execução da Lei n. 4.266, de 3 de outubro de 1963.

Art. 2.º O presente decreto entrará em vigor em 1.º de dezembro de 1963, revogadas as disposições em contrário.

Brasília, 10 de dezembro de 1963; 142.º da Independência e 75.º da República.

JOÃO GOULART

REGULAMENTO DA LEI DO SALÁRIO-FAMÍLIA DO TRABALHADOR, INSTITUÍDO PELA LEI N. 4.266, DE 3 DE OUTUBRO DE 1963

CAPÍTULO I
DO DIREITO AO SALÁRIO-FAMÍLIA

Art. 1.º O salário-família instituído pela Lei n. 4.266, de 3 de outubro de 1963, visando a dar cumprimento ao preceituado no art. 157, I, parte final, da Constituição Federal, tem por finalidade assegurar aos trabalhadores por ela abrangidos quotas pecuniárias destinadas a auxiliá-los no sustento e educação dos filhos, observadas as condições e limites na mesma lei estabelecidos e os termos do presente Regulamento.

• *Vide* art. 7.º, XII, da CF.

Art. 2.º O salário-família é devido aos seus empregados, por todas as empresas vinculadas ao sistema geral da Previdência Social instituído pela Lei n. 3.807, de 26 de agosto de 1960 (LOPS), e como tal nessa mesma Lei definidas, excetuadas as repartições públicas, autárquicas e quaisquer outras entidades públicas, com relação aos respectivos servidores não filiados a sistema geral da Previdência Social,

(*) Publicado no *DOU*, de 11-12-1963, retificado em 18-12-1963. A Lei n. 8.213, de 24-7-1991, que dispõe sobre os Planos de Benefícios da Previdência Social, trata do salário-família em seus arts. 65 a 70. O Decreto n. 3.048, de 6-5-1999, dispondo sobre o Regulamento da Previdência Social, trata, em seus arts. 81 a 92, sobre o salário-família.

bem como aos demais para os quais já vigorar regime legalmente estabelecido de salário-família.

Art. 3.º Tem direito ao salário-família todo empregado, como tal definido no art. 3.º e seu parágrafo único da Consolidação das Leis do Trabalho, qualquer que seja o valor e a forma de sua remuneração, das empresas mencionadas no art. 2.º com a ressalva constante da parte final do mesmo artigo.

•• *Caput* com redação determinada pelo Decreto n. 59.122, de 24-8-1966.

Parágrafo único. Quando pai e mãe forem empregados, nos termos deste artigo, assistirá a cada um, separadamente, o direito ao salário-família com relação aos respectivos filhos.

Art. 4.º O salário-família é devido na proporção do número de filhos menores, de qualquer condição, até 14 (catorze) anos de idade.

Parágrafo único. Consideram-se filhos de qualquer condição os legítimos, legitimados, ilegítimos e adotivos, nos termos da legislação civil.

Art. 5.º A prova de filiação, asseguradora do direito ao salário-família, será feita mediante a certidão do Registro Civil de nascimento, ou, para os casos especiais de filiação ilegítima, pelas demais provas admitidas na legislação civil (arts. 29 e 31).

§ 1.º As certidões expedidas para os fins deste artigo poderão conter apenas breve extrato dos dados essenciais e, nos termos do § 3.º do art. 4.º da Lei n. 4.266, de 3 de outubro de 1963, são isentas de selo, taxas ou emolumentos de qualquer espécie, assim como o reconhecimento de firmas a elas referentes, quando necessário.

§ 2.º Os Cartórios do Registro Civil poderão, consoante as possibilidades do serviço, estabelecer prazo de até 10 (dez) dias para sua concessão.

§ 3.º Quando do registro do nascimento, os Cartórios expedirão, desde logo, conjuntamente com a certidão comum, o breve extrato dos dados essenciais, para efeito deste Regulamento, nos termos do § 1.º deste artigo.

Art. 6.º O salário-família será devido a partir do mês em que for feita pelo empregado, perante a respectiva empresa, prova de filiação relativa a cada filho, nos termos dos arts. 4.º e 5.º, mediante a entrega do documento correspondente, e até o mês, inclusive, em que completar 14 (catorze) anos de idade.

Art. 7.º Para efeito da manutenção do salário-família, o empregado é obrigado a firmar, perante a empresa, em janeiro e julho de cada ano, declaração de vida e residência do filho, ficando sujeito às sanções aplicáveis de acordo com a legislação penal vigente, pela eventual declaração falsa prestada, além de a mesma constituir falta grave, por ato de improbidade, ensejando a rescisão do contrato de trabalho, pelo empregador, por justa causa, conforme prevê a letra *a* do art. 482 da Consolidação das Leis do Trabalho (arts. 29 e 31).

•• *Caput* com redação determinada pelo Decreto n. 54.014, de 10-7-1964.

Parágrafo único. A falta dessa declaração obrigatória pelo empregado, na época própria, importará na imediata suspensão do pagamento da quota respectiva, pela empresa, até que venha a ser efetivada.

•• Parágrafo único com redação determinada pelo Decreto n. 54.014, de 10-7-1964.

Art. 8.º Em caso de falecimento do filho, o empregado é obrigado a fazer imediata comunicação de óbito à empresa, para efeito de cessação da respectiva quota (art. 29), apresentando a respectiva certidão ou declaração escrita.

Art. 9.º As indicações referentes à prova da filiação de cada filho serão lançadas, pela empresa, na Ficha de salário-família do empregado, conforme modelo anexo a este Regulamento (n. I), de confecção a seu cargo, devendo permanecer o documento correspondente em poder da empresa, enquanto estiver ele a seu serviço.

•• Referida Ficha foi suprimida pelo Decreto n. 75.207, de 10-1-1975.

Art. 10. O direito ao salário-família cessará automaticamente:

I – por morte do filho, a partir do mês seguinte ao do óbito;

II – por completar o filho 14 (catorze) anos de idade, a partir do mês seguinte ao da data aniversária;

III – com relação à empresa respectiva, pela cessação da relação de emprego entre a mesma e o empregado, a partir da data em que esta se verificar.

Art. 11. Cessado o direito ao salário-família, por qualquer dos motivos enumerados no art. 10, serão imediatamente restituídos ao empregado, mediante recibo, passado no verso da Ficha respectiva, os documentos correspondentes aos filhos, devendo, porém, ser sempre conservada pela empresa a Ficha e os atestados de vida e residência para efeito de fiscalização prevista na Seção III do Capítulo III.

CAPÍTULO II
DAS QUOTAS DE SALÁRIO-FAMÍLIA E DO RESPECTIVO PAGAMENTO

Art. 12. A cada filho, nas condições previstas neste Regulamento, corresponderá uma quota de salário-família no valor de 5% (cinco por cento) do salário mínimo local, arredondado este para o múltiplo de cruzeiro seguinte, para efeito do cálculo.

Art. 13. O pagamento das quotas do salário-família será feito pelas próprias empresas, mensalmente, aos seus empregados, juntamente com o do respectivo salário.

§ 1.º Quando os pagamentos forem semanais, ou por outros períodos, as quotas serão pagas juntamente com o último relativo ao mês.

§ 2.º No caso de empregado na situação do art. 476, da Consolidação das Leis do Trabalho, a empresa solicitará ao Instituto Nacional de Previdência Social que passe a efetuar-lhe o pagamento da quota ou quotas de salário-família juntamente com a prestação do auxílio-doença, fazendo-se a necessária ressalva, por ocasião do reembolso de que tratam os arts. 21 a 25.

•• § 2.º acrescentado pelo Decreto n. 59.122, de 24-8-1966, passando o parágrafo único a § 1.º.

Art. 14. Ocorrendo desquite ou separação entre os pais, ou, ainda, em caso de abandono legalmente caracterizado ou de perda de pátrio poder, o salário-família poderá passar a ser pago diretamente àquele dos pais ou, quando for o caso, a outra pessoa, a cujo encargo ficar o sustento do filho, se assim o determinar o Juiz competente.

- Lei do Divórcio: Lei n. 6.515, de 26-12-1977.

Art. 15. Ocorrendo a admissão do empregado no decurso do mês, ou a cessação da relação de emprego, por qualquer motivo, o salário-família será pago ao empregado, na proporção dos dias do mês decorridos a partir da data da admissão ou até a data em que a cessação se verificar, arredondado o respectivo valor para o múltiplo de cruzeiro seguinte.

Art. 16. Em caso de transferência do empregado para localidade de nível de salário mínimo diferente, as quotas de salário-família serão calculadas e pagas proporcionalmente ao número de dias do mês decorridos em uma e outra das regiões.

Art. 17. O empregado dará quitação à empresa de cada recebimento mensal das quotas de salário-família, na própria folha de pagamento, ou por outro sistema legalmente admitido, de modo porém a que essa quitação fique perfeita e facilmente caracterizada.

Parágrafo único. A empresa deverá conservar os comprovantes a que se refere este artigo, para efeito da fiscalização prevista na Seção III do Capítulo III.

CAPÍTULO III

DO CUSTEIO DO SALÁRIO-FAMÍLIA

SEÇÃO I

Da Contribuição e do Recolhimento

Art. 18. O custeio do salário-família será feito mediante o sistema de compensação previsto no art. 3.º da Lei n. 4.266, de 3 de outubro de 1963, consoante as disposições deste Capítulo.

Art. 19. Caberá a cada empresa, qualquer que seja o número, a idade e o estado civil de seus empregados, e independentemente de terem estes, ou não, filhos nas condições referidas no art. 4.º, recolher mensalmente, ao Instituto Nacional de Previdência Social, a contribuição relativa ao salário-família, que corresponderá à percentagem de 4,3% (quatro e três décimos por cento) incidente sobre o salário de contribuição, definido na legislação de Previdência Social, de todos os empregados da empresa nos termos do art. 35 e seu § 2.º da Lei n. 4.863, de 29 de novembro de 1965.

•• Artigo com redação determinada pelo Decreto n. 59.122, de 24-8-1966.

•• Reduzida referida taxa para 4% (quatro por cento) pela Lei n. 6.135, de 7-11-1974.

Art. 20. O recolhimento da contribuição de que trata o art. 19 será feito conjuntamente com as contribuições destinadas ao custeio da Previdência Social, observados, para esse efeito, os mesmos prazos, sanções administrativas e penais e demais condições estabelecidas, com relação a estas últimas, na Lei n. 3.807, de 26 de agosto de 1960, na forma do seu Regulamento Geral expedido pelo Decreto n. 48.959-A, de 19 de setembro de 1960.

•• Prejudicada a referência ao Decreto n. 48.959-A, de 19-9-1960. A Lei n. 8.212, de 24-7-1991, dispõe sobre a organização da seguridade social e instituição do plano de custeio e a Lei n. 8.213, de 24-7-1991, estabelece sobre os planos de benefícios da previdência social, sendo ambas regulamentadas pelo Decreto n. 3.048, de 6-5-1999.

§ 1.º O recolhimento se fará mediante as próprias guias em uso para as contribuições destinadas à Previdência Social, com a inclusão do título "Contribuição do salário-família".

§ 2.º As guias de recolhimento conterão, ou terão anexadas, obrigatoriamente, a relação nominal dos empregados que, no mês a que se referem, receberam salário-família, apondo-se, ao lado de cada nome, o correspondente número de filhos e o valor global das quotas pagas.

§ 3.º Da relação nominal mencionada no § 2.º ficará cópia em poder da empresa, para efeito da fiscalização prevista na Seção III do Capítulo III.

§ 4.º Se assim julgarem conveniente, poderão os Institutos autorizar o recolhimento da contribuição do salário-família por meio de guia especial, expedindo para esse efeito as necessárias instruções.

SEÇÃO II

Do Reembolso das Quotas Pagas

Art. 21. Dos pagamentos das quotas de salário-família feitos aos seus empregados serão as empresas reembolsadas mensalmente, pela forma estabelecida nesta Seção.

Art. 22. O reembolso se fará mediante desconto, no total das contribuições mensais a recolher ao respectivo Instituto Nacional de Previdência Social, do valor global das quotas de salário-família, efetivamente pagas no mês.

Parágrafo único. O total das contribuições a que se refere este artigo compreende as contribuições da Previdência Social e a do salário-família.

Art. 23. Para o efeito do reembolso fará a empresa no verso da guia de recolhimento referida no art. 20, ou onde couber, o demonstrativo do saldo a recolher de acordo com o disposto no art. 22, discriminando: o total das contribuições da Previdência Social, o da contribuição do salário-família, a soma global dessas contribuições, o valor total das quotas de salário-família pagas no mês aos seus empregados e o líquido a recolher, seguindo-se a assinatura do responsável pela empresa.

Parágrafo único. A operação de recolhimento e compensação, tal como prevista neste artigo, entender-se-á como quitação simultânea, por parte do Instituto, quanto às contribuições mensais recolhidas, e, por parte da empresa, quanto ao reembolso do valor global das quotas de salário-família por ela pagas e declaradas.

Art. 24. Se o líquido apurado no demonstrativo de que trata o art. 23 for favorável à empresa, deverá esta entregar, juntamente com a guia de recolhimento, o Recibo de Reembolso de Diferença do Salário-Família para o efeito simultâneo da quitação do recolhimento das contribuições e do recebimento da importância correspondente ao crédito a que tiver direito.

Parágrafo único. O recibo a que se refere este artigo deverá ser feito pela empresa, de acordo com o modelo anexo a este Regulamento (n. II), em duas vias, uma das quais lhe será devolvida, devidamente autenticada, juntamente com a guia quitada.

Art. 25. O Instituto Nacional de Previdência Social organizará seus serviços de modo a que as operações referidas nos arts. 23 e 24 sejam realizadas, pelos órgãos arrecadadores, no mesmo ato e pela forma mais simplificada e rápida possível.

SEÇÃO III
Da Fiscalização

Art. 26. A exatidão das operações de recolhimento das contribuições e de reembolso das quotas, assim como a legalidade e efetividade do pagamento das quotas de salário-família, de acordo com a Lei n. 4.266, de 3 de outubro de 1963, nos termos do presente Regulamento, estão sujeitas à fiscalização do Instituto Nacional de Previdência Social aplicando-se-lhe as disposições da Lei Orgânica da Previdência Social e do seu Regulamento Geral, em especial o art. 246 deste último.

Art. 27. As operações concernentes ao pagamento das quotas de salário-família e a contribuição a este relativa deverão ser lançadas, sob o título "Salário-Família", na escrituração mercantil das empresas a isto obrigadas, nos termos do disposto no art. 80 da Lei Orgânica da Previdência Social.

Art. 28. Todas as empresas, mesmo quando não obrigadas à escrituração mercantil, deverão manter, rigorosamente em dia, e com toda clareza, os lançamentos das Fichas de Salário-Família, exibindo-as à fiscalização do Instituto, para a respectiva rubrica, sempre que lhes for exigida, assim como as provas de filiação, comprovantes de pagamento, atestados de vida e residência, guias de recolhimento quitadas e correspondentes segundas vias das relações nominais, segundas vias dos recibos de reembolso e demais documentos e lançamentos contábeis que possam interessar à mesma fiscalização.

Art. 29. O pagamento de quota de salário-família sem o respectivo comprovante (art. 17), sem prova de filiação respectiva oportunamente apresentada (art. 6.°, parte inicial), sem a declaração de vida e residência, firmada, na época própria, pelo empregado (art. 7.°), além da idade-limite de 14 (catorze) anos (art. 6.°, parte final, e art. 10, II), após a comunicação do óbito do filho (art. 8.° e art. 10, I), ou após a cessação da relação de emprego (art. 10, III), importará na sua imediata glosa, cabendo à fiscalização o levantamento do débito correspondente para imediato recolhimento ao Instituto, observadas, no tocante à cobrança, as condições e sanções prescritas na Lei Orgânica da Previdência Social e no seu Regulamento Geral.

•• *Caput* com redação determinada pelo Decreto n. 54.014, de 10-7-1964.

§ 1.° Verificada alguma das hipóteses de que trata este artigo, a empresa ressarcirá o Instituto, no primeiro recolhimento que se seguir à verificação do fato, pelos pagamentos indevidos, fazendo a indicação da redução correspondente no reembolso de que tratam os arts. 23 e 24.

§ 2.° A falta de comunicação oportuna do óbito do filho (art. 8.°), bem como a prática comprovada de fraude de qualquer natureza, por parte do empregado, para efeito da concessão ou da manutenção do salário-família, autoriza a empresa a descontar nos pagamentos de quotas devidas com relação a outros filhos, se houver, ou, em caso contrário, no próprio salário do empregado, o valor de quotas que a este tenham sido porventura indevidamente pagas, para ressarcimento ao Instituto, na forma do § 1.°.

§ 3.° O desconto mensal a que se refere o § 2.° não poderá exceder de 6 (seis) quotas ou de 30% (trinta por cento) do valor do salário, salvo no caso de cessação da relação de emprego, em que poderá ser feito globalmente.

§ 4.° Comprovada a participação da empresa em fraude de qualquer natureza, com relação aos pagamentos do salário-família, ressarcirá ela ao Instituto, pela forma prevista no § 1.°.

Art. 30. Mediante comunicação da fiscalização ao órgão arrecadador do Instituto, na falta da medida mencionada no § 1.° do art. 29, desde que reconhecido pela empresa ou após o respectivo julgamento definitivo pelos órgãos competentes da Previdência Social, poderá ser o débito ali referido automaticamente descontado da importância a ser reembolsada à empresa nos termos dos arts. 23 e 24 deste Regulamento.

Art. 31. Verificada a existência de fraude na documentação ou no pagamento relativo ao salário-família, que importe em prática de crime, a fiscalização, independente da glosa e do ressarcimento previstos nos arts. 29 e 30, representará imediatamente para que seja promovida pelo Instituto a instauração da ação penal cabível contra o responsável ou responsáveis pela fraude.

....

CAPÍTULO IV
DISPOSIÇÕES GERAIS E TRANSITÓRIAS

Art. 37. Os empregados abrangidos pelo presente Regulamento ficam excluídos do campo de aplicação do Decreto-lei n. 3.200, de 19 de abril de 1941, no tocante ao abono às famílias numerosas.

Art. 38. As quotas do salário-família não se incorporarão, para nenhum efeito inclusive fiscal ou de Previdência Social, ao salário ou remuneração dos empregados.

Art. 39. Nos casos omissos, a Lei Orgânica da Previdência Social e o seu Regulamento Geral serão fontes subsidiárias das disposições da Lei n. 4.266, de 3 de outubro de 1963, e deste Regulamento.

Art. 40. Compete à Justiça do Trabalho dirimir as questões suscitadas entre os empregados e as empresas, no tocante ao pagamento das quotas de salário-família, ressalvada a matéria especificamente de competência do Instituto Nacional de Previdência Social e dos órgãos de controle da Previdência Social, nos termos da Lei e deste Regulamento.

Art. 41. Consoante o disposto no art. 6.° da Lei n. 4.266, de 3 de outubro de 1963, a fixação do salário mínimo, de que trata o Capítulo II do Título II da Consolidação das Leis do Trabalho, terá por base unicamente as necessidades normais do trabalhador sem filhos, tendo em vista o custeio do sistema de salário-família de que trata o presente Regulamento.

Art. 42. As empresas abrangidas por este Regulamento não compreendidas na ressalva constante da parte final do art. 2.º, que, em razão de contrato coletivo de trabalho, regulamento interno ou ajuste individual, já venham concedendo, aos seus empregados, quotas de salário-família, observarão as seguintes condições:

I – se o valor da quota relativa a cada filho for inferior ao mencionado no art. 12, deverá ser reajustado para este, podendo a empresa haver o respectivo reembolso, pelo total, segundo a forma prevista na Seção II do Capítulo III deste Regulamento;

II – se o valor da quota relativa a cada filho for superior ao mencionado no art. 12, poderá a empresa haver o respectivo reembolso, pela forma prevista na Seção II do Capítulo III deste Regulamento, até o limite deste último valor.

Art. 43. O sistema de salário-família estabelecido neste Regulamento poderá ser aplicado aos trabalhadores avulsos, filiados ao sistema geral da Previdência Social, que ainda não dispuserem de sistema próprio, a requerimento dos órgãos sindicais interessados, por ato do Ministro do Trabalho, cabendo aos mesmos órgãos sindicais, no que couber, as obrigações correspondentes às empresas em condições idênticas às já vigentes para as referidas categorias com relação à aplicação das Leis do Repouso Remunerado, da Gratificação de Natal e de Férias.

Art. 44. As percentagens referentes aos valores das quotas e da contribuição do salário-família, fixadas respectivamente nos arts. 12 e 19, vigorarão pelo período de 3 (três) anos, de acordo com o estabelecido pelo art. 7.º da Lei n. 4.266, de 3 de outubro de 1963.

§ 1.º Um ano antes de expirar o período a que se refere este artigo o Departamento Nacional da Previdência Social promoverá, em conjunto com o Serviço Atuarial e o Instituto Nacional de Previdência Social, os necessários estudos a propósito das percentagens vigentes, no sentido de propor, ou não, sua revisão, conforme for julgado cabível.

• Citado Departamento foi extinto pelo Decreto n. 69.014, de 4-8-1971.

§ 2.º Se, findo o período de 3 (três) anos, não forem revistos os valores das percentagens aludidas neste artigo, continuarão estes a vigorar enquanto isto não se venha a efetuar.

§ 3.º A qualquer alteração no valor de uma das percentagens deverá corresponder proporcionalmente o da outra, de modo a que seja assegurado o perfeito equilíbrio do custeio do sistema, no regime de repartição anual.

§ 4.º De acordo com o mesmo princípio mencionado no § 3.º, qualquer alteração nas condições da concessão do salário-família, que importe em acréscimo de dependentes, elevação de limite de idade ou outras vantagens não previstas na Lei n. 4.266, de 3 de outubro de 1963, dependerá sempre do aumento do valor da percentagem da contribuição prevista no art. 19.

Art. 45. O Instituto proporá, no prazo máximo de 8 (oito) dias, ao Departamento Nacional da Previdência Social, a organização necessária de acordo com o disposto no art. 34 e seu parágrafo único, com a criação das Divisões ou Serviços, cargos e funções gratificadas, no nível e no número indispensável para esse fim.

Parágrafo único. O Departamento Nacional da Previdência Social expedirá os atos necessários ou proporá os que excederem à sua competência, no prazo máximo de 8 (oito) dias.

• Citado Departamento foi extinto pelo Decreto n. 69.014, de 4-8-1971.

Art. 46. Consoante o disposto no art. 10 da Lei n. 4.266, de 3 de outubro de 1963, o sistema de salário-família nela previsto, na forma estabelecida neste Regulamento, entrará em vigor a 1.º de dezembro de 1963, referindo-se, portanto, à primeira contribuição e ao pagamento das primeiras quotas aos salários correspondentes ao mês de dezembro, observado o disposto no art. 6.º.

Amaury Silva

ANEXO N. II

MODELO

Recibo de Reembolso de Diferença de Quota de Salário-Família

Empresa: ....

Endereço: ....

Matrícula: ....

Recebemos do Instituto Nacional de Previdência Social a importância de Cr$ ....

(..)

a) Quotas de salário-família pagas: .... Cr$ ____________

b) Contribuições da Previdência Social: Cr$ ____________

c) Contribuição de salário-família: .... Cr$ ____________ Cr$ ____________

Saldo a Receber: .... Cr$ ____________

Data: ....

....

(assinatura do responsável pela empresa)

Para uso exclusivo do Instituto	Carimbo da Tesouraria

(NOTA – Este modelo deve ser preenchido em duas vias)

LEI N. 4.725,

DE 13 DE JULHO DE 1965 (*)

Estabelece normas para o processo dos dissídios coletivos, e dá outras providências.

O Presidente da República,

Faço saber que o Congresso Nacional decreta e eu sanciono a seguinte Lei:

Art. 1.º A Justiça do Trabalho, no processo dos dissídios coletivos, entre categorias profissionais e econômicas, observará as normas previstas na CLT (arts. 856 a 874), com as alterações subsequentes e as constantes desta Lei.

....

Art. 6.º Os recursos das decisões proferidas nos dissídios coletivos terão efeito meramente devolutivo.

§ 1.º O Presidente do Tribunal Superior do Trabalho poderá dar efeito suspensivo ao recurso, a requerimento do recorrente em petição fundamentada. Do despacho caberá agravo para o Pleno, no prazo de 5 (cinco) dias, de conformidade com o disposto no Regimento Interno do Tribunal.

•• § 1.º com redação determinada pela Lei n. 4.903, de 16-12-1965.

§ 2.º O Tribunal *ad quem* deverá julgar o recurso no prazo de 60 (sessenta) dias, improrrogavelmente.

§ 3.º O provimento do recurso não importará restituição dos salários ou vantagens pagos, em execução do julgado.

....

Art. 10. Os ajustamentos de salário fixados em decisões da Justiça do Trabalho, aprovados em julgamento de dissídios coletivos ou em acordos homologados, serão aplicados, automaticamente, nas mesmas condições estabelecidas para os integrantes das categorias profissionais litigantes ou interessadas, aos empregados das próprias entidades suscitantes e suscitadas, observadas as peculiaridades que lhes sejam inerentes, ficando, desde logo, autorizado o reabastecimento das respectivas verbas orçamentárias.

Art. 11. A assistência aos trabalhadores prevista no art. 500 da CLT, aprovada pelo Decreto-lei n. 5.452, de 1.º de maio de 1943, e na Lei n. 4.066, de 28 de maio de 1962, será gratuita, vedada aos órgãos e autoridades a quem for solicitada a cobrança de qualquer importância para o atendimento de custas, taxas, emolumentos, remuneração ou a qualquer título.

• A Lei n. 4.066, de 28-5-1962, foi expressamente revogada pela Lei n. 5.562, de 12-12-1968.

Art. 12. Nenhum reajustamento de salário será homologado ou determinado pela Justiça do Trabalho antes de decorrido 1 (um) ano do último acordo ou dissídio coletivo, não sendo possível a inclusão da cláusula de antecipação do aumento salarial durante o prazo de vigência da sentença normativa.

Parágrafo único. (*Revogado pelo Decreto-lei n. 424, de 21-1-1969.*)

Art. 13. Esta Lei entrará em vigor na data de sua publicação, revogadas as disposições em contrário.

Brasília, 13 de julho de 1965; 144.º da Independência e 77.º da República.

H. CASTELLO BRANCO

(*) Publicada no *DOU*, de 14-7-1965.

LEI N. 4.749,

DE 12 DE AGOSTO DE 1965 (**)

Dispõe sobre o pagamento da gratificação prevista na Lei n. 4.090, de 13 de julho de 1962.

• Imposto de Renda sobre o 13.º salário: Lei n. 7.713, de 22-12-1988, art. 26.

O Presidente da República

Faço saber que o Congresso Nacional decreta e eu sanciono a seguinte Lei:

Art. 1.º A gratificação salarial instituída pela Lei n. 4.090, de 13 de julho de 1962, será paga pelo empregador até o dia 20 de dezembro de cada ano, compensada a importância que, a título de adiantamento, o empregado houver recebido na forma do artigo seguinte:

Parágrafo único. (*Vetado.*)

(**) Publicada no *DOU*, de 13-8-1965. *Vide* Lei n. 4.090, de 13-7-1962; Decreto n. 57.155, de 3-11-1965; e Decreto n. 63.912, de 26-12-1968, sobre gratificação de Natal. O Decreto-lei n. 2.310, de 22-12-1986, institui a gratificação de Natal a ser concedida aos funcionários civis e militares, da União, dos Territórios e das autarquias federais, e aos membros do Poder Judiciário da União, do Distrito Federal e dos Territórios e do TCU (art. 7.º). Nos termos do art. 28, § 7.º, da Lei n. 8.212, de 24-7-1991, o 13.º salário (gratificação natalina) integra o salário de contribuição previdenciária exceto para o cálculo de benefício. *Vide* Súmula 83 dos JEFs.

Art. 2.º Entre os meses de fevereiro e novembro de cada ano, o empregador pagará, como adiantamento da gratificação referida no artigo precedente, de uma só vez, metade do salário recebido pelo respectivo empregado no mês anterior.

§ 1.º O empregador não estará obrigado a pagar o adiantamento, no mesmo mês, a todos os seus empregados.

§ 2.º O adiantamento será pago ao ensejo das férias do empregado, sempre que este o requerer no mês de janeiro do correspondente ano.

Art. 3.º Ocorrendo a extinção do contrato de trabalho antes do pagamento de que trata o art. 1.º desta Lei, o empregador poderá compensar o adiantamento mencionado com a gratificação devida nos termos do art. 3.º da Lei n. 4.090, de 13 de julho de 1962, e, se não bastar, com outro crédito de natureza trabalhista que possua o respectivo empregado.

Art. 4.º As contribuições devidas ao Instituto Nacional de Previdência Social, que incidem sobre a gratificação salarial referida nesta Lei, ficam sujeitas ao limite estabelecido na legislação da Previdência Social.

Art. 5.º Aplica-se, no corrente ano, a regra estatuída no art. 2.º desta Lei, podendo o empregado usar da faculdade estatuída no seu § 2.º no curso dos primeiros 30 (trinta) dias de vigência desta Lei.

Art. 6.º O Poder Executivo, no prazo de 30 (trinta) dias, adaptará o Regulamento aprovado pelo Decreto n. 1.881, de 14 de dezembro de 1962, aos preceitos desta Lei.

Art. 7.º Esta Lei entra em vigor na data de sua publicação.

Art. 8.º Revogam-se as disposições em contrário.

Brasília, 12 de agosto de 1965; 144.º da Independência e 77.º da República.

H. Castello Branco

DECRETO N. 57.155,

DE 3 DE NOVEMBRO DE 1965 (*)

Expede nova regulamentação da Lei n. 4.090, de 13 de julho de 1962, que instituiu a gratificação de Natal para os trabalhadores, com as alterações introduzidas pela Lei n. 4.749, de 12 de agosto de 1965.

O Presidente da República, usando da atribuição que lhe confere o art. 87, item I, da Constituição, e tendo em vista o disposto no art. 6.º da Lei n. 4.749, de 12 de agosto de 1965, decreta:

Art. 1.º O pagamento da gratificação salarial, instituída pela Lei n. 4.090, de 13 de julho de 1962, com as alterações constantes da Lei n. 4.749, de 12 de agosto de 1965, será efetuado pelo empregador até o dia 20 de dezembro de cada ano, tomando-se por base a remuneração devida nesse mês, de acordo com o tempo de serviço do empregado no ano em curso.

Parágrafo único. A gratificação corresponderá a 1/12 (um doze avos) da remuneração devida em dezembro, por mês de serviço, do ano correspondente, sendo que a fração igual ou superior a 15 (quinze) dias de trabalho será havida como mês integral.

Art. 2.º Para os empregados que recebem salário variável a qualquer título, a gratificação será calculada na base de 1/11 (um onze avos) da soma das importâncias variáveis devidas nos meses trabalhados até novembro de cada ano. A esta gratificação se somará a que corresponder à parte do salário contratual fixo.

Parágrafo único. Até o dia 10 de janeiro de cada ano, computada a parcela do mês de dezembro, o cálculo da gratificação será revisto para 1/12 (um doze avos) do total devido no ano anterior, processando-se a correção do valor da respectiva gratificação com o pagamento ou compensação das possíveis diferenças.

Art. 3.º Entre os meses de fevereiro e novembro de cada ano, o empregador pagará, como adiantamento da gratificação, de uma só vez, metade do salário recebido pelo empregado no mês anterior.

§ 1.º Tratando-se de empregados que recebem apenas salário variável, a qualquer título, o adiantamento será calculado na base da soma das importâncias variáveis devidas nos meses trabalhados até o anterior àquele em que se realizar o mesmo adiantamento.

§ 2.º O empregador não estará obrigado a pagar o adiantamento no mesmo mês a todos os seus empregados.

§ 3.º A importância que o empregado houver recebido a título de adiantamento será deduzida do valor da gratificação devida.

§ 4.º Nos casos em que o empregado for admitido no curso do ano, ou, durante este, não permanecer à disposição do empregador durante todos os meses, o adiantamento corresponderá à metade de 1/12 (um doze avos) da remuneração, por mês de serviço ou fração superior a 15 (quinze) dias.

Art. 4.º O adiantamento será pago ao ensejo das férias do empregado, sempre que este o requerer no mês de janeiro do correspondente ano.

Art. 5.º Quando parte da remuneração for paga em utilidades, o valor da quantia efetivamente descontada e correspondente a essa será computado para fixação da respectiva gratificação.

Art. 6.º As faltas legais e as justificadas ao serviço não serão deduzidas para os fins previstos no art. 2.º deste Decreto.

Art. 7.º Ocorrendo a extinção do contrato de trabalho, salvo na hipótese de rescisão com justa causa, o empregado

(*) Publicado no *DOU*, de 4-11-1965. *Vide* Lei n. 4.090, de 13-7-1962; Lei n. 4.749, de 12-8-1965; e Decreto n. 63.912, de 26-12-1968, sobre gratificação de Natal.

receberá a gratificação devida, nos termos do art. 1.º, calculada sobre a remuneração do respectivo mês.

Parágrafo único. Se a extinção do contrato de trabalho ocorrer antes do pagamento de que trata o art. 1.º, o empregador poderá compensar o adiantamento mencionado no art. 3.º, com o valor da gratificação devida na hipótese de rescisão.

Art. 8.º As contribuições devidas ao INPS que incidem sobre a gratificação salarial serão descontadas levando-se em conta o seu valor total e sobre este aplicando-se o limite estabelecido na Previdência Social.

•• Atualmente: INSS.

Parágrafo único. O desconto, na forma deste artigo, incidirá sobre o pagamento da gratificação efetuado no mês de dezembro.

Art. 9.º O presente Decreto entrará em vigor na data de sua publicação, revogadas as disposições em contrário.

Brasília, 3 de novembro de 1965; 144.º da Independência e 77.º da República.

H. Castello Branco

LEI N. 4.923,

DE 23 DE DEZEMBRO DE 1965 (*)

Institui o cadastro permanente das admissões e dispensas de empregados, estabelece medidas contra o desemprego e de assistência aos desempregados, e dá outras providências.

O Presidente da República

Faço saber que o Congresso Nacional decreta e eu sanciono a seguinte Lei:

Art. 1.º Fica instituído, em caráter permanente, no Ministério do Trabalho, o registro das admissões e dispensas de empregados nas empresas abrangidas pelo sistema da CLT.

• A Portaria n. 1.129, de 23-7-2014, do MTE, aprova instruções para a prestação de informações pelo empregador, relativas a movimentações de empregados, para fins do cadastro geral de empregados e desempregados instituído por esta Lei.

§ 1.º As empresas que dispensarem ou admitirem empregados ficam obrigadas a fazer a respectiva comunicação às Delegacias Regionais do Trabalho, mensalmente, até o dia 7 do mês subsequente ou como estabelecido em regulamento, em relação nominal por estabelecimento, da qual constará também a indicação da Carteira de Trabalho e Previdência Social ou, para os que ainda não a possuírem, nos termos da lei, os dados indispensáveis à sua identificação pessoal.

•• § 1.º com redação determinada pela Medida Provisória n. 2.164-41, de 24-8-2001.

§ 2.º O cumprimento do prazo fixado no parágrafo anterior será exigido a partir de 1.º de janeiro de 2001.

•• § 2.º acrescentado pela Medida Provisória n. 2.164-41, de 24-8-2001.

(*) Publicada no *DOU*, de 29-12-1965, e retificada em 26-1-1966.

Art. 2.º A empresa que, em face de conjuntura econômica, devidamente comprovada, se encontrar em condições que recomendem, transitoriamente, a redução da jornada normal ou do número de dias do trabalho, poderá fazê-lo, mediante prévio acordo com a entidade sindical representativa dos seus empregados, homologado pela Delegacia Regional do Trabalho, por prazo certo, não excedente de 3 (três) meses, prorrogável, nas mesmas condições, se ainda indispensável, e sempre de modo que a redução do salário mensal resultante não seja superior a 25% (vinte e cinco por cento) do salário contratual, respeitado o salário mínimo regional e reduzidas proporcionalmente a remuneração e as gratificações de gerentes e diretores.

§ 1.º Para o fim de deliberar sobre o acordo, a entidade sindical profissional convocará assembleia geral dos empregados diretamente interessados, sindicalizados ou não, que decidirão por maioria de votos, obedecidas as normas estatutárias.

§ 2.º Não havendo acordo, poderá a empresa submeter o caso à Justiça do Trabalho, por intermédio da Junta de Conciliação e Julgamento ou, em sua falta, do Juiz de Direito, com jurisdição na localidade. Da decisão de primeira instância caberá recurso ordinário, no prazo de 10 (dez) dias, para o Tribunal Regional do Trabalho da correspondente Região, sem efeito suspensivo.

§ 3.º A redução de que trata o artigo não é considerada alteração unilateral do contrato individual de trabalho para os efeitos do disposto no art. 468 da CLT.

Art. 3.º As empresas que tiverem autorização para redução de tempo de trabalho, nos termos do art. 2.º e seus parágrafos, não poderão, até 6 (seis) meses depois da cessação desse regime, admitir novos empregados, antes de readmitirem os que tenham sido dispensados pelos motivos que hajam justificado a citada redução ou comprovarem que não atenderam, no prazo de 8 (oito) dias, ao chamado para a readmissão.

§ 1.º O empregador notificará diretamente o empregado para reassumir o cargo, ou, por intermédio da sua entidade sindical, se desconhecida sua localização, correndo o prazo de 8 (oito) dias a partir da data do recebimento da notificação pelo empregado ou pelo órgão de classe, conforme o caso.

§ 2.º O disposto neste artigo não se aplica aos cargos de natureza técnica.

Art. 4.º É igualmente vedado às empresas mencionadas no art. 3.º, nas condições e prazo nele contidos, trabalhar em regime de horas extraordinárias, ressalvadas estritamente as hipóteses previstas no art. 61, e seus §§ 1.º e 2.º, da CLT.

....

Art. 10. A falta da comunicação a que se refere o parágrafo único do art. 1.º desta Lei, no prazo ali estipulado, importará na aplicação automática de multa no valor de 1/3 (um terço) do salário mínimo regional, por empregado, de competência da Delegacia Regional do Trabalho.

•• *Caput* com redação determinada pelo Decreto-lei n. 193, de 24-2-1967.

Parágrafo único. A multa prevista no artigo ficará reduzida para 1/9 (um nono) e 1/6 (um sexto) do salário mínimo regional por empregado, quando, antes de qualquer procedimento fiscal por parte do Ministério do Trabalho e Previdência Social, a comunicação for feita, respectivamente, dentro de 30 (trinta) ou 60 (sessenta) dias após o término do prazo fixado.

•• Parágrafo único com redação determinada pelo Decreto-lei n. 193, de 24-2-1967.

Art. 11. A empresa que mantiver empregado, não registrado, nos termos do art. 41 e seu parágrafo único da CLT, incorrerá na multa de valor igual a 1 (um) salário mínimo regional, por trabalhador não registrado, acrescido de igual valor em cada reincidência.

•• Artigo com redação determinada pelo Decreto-lei n. 193, de 24-2-1967.

....

Art. 14. Esta Lei entra em vigor na data de sua publicação.

Art. 15. Revogam-se as disposições em contrário.

Brasília, 23 de dezembro de 1965; 144.º da Independência e 77.º da República.

H. Castello Branco

DECRETO-LEI N. 368,

DE 19 DE DEZEMBRO DE 1968 (*)

Dispõe sobre efeitos de débitos salariais e dá outras providências.

O Presidente da República, usando da atribuição que lhe confere o § 1.º do art. 2.º do Ato Institucional n. 5, de 13 de dezembro de 1968, decreta:

Art. 1.º A empresa em débito salarial com seus empregados não poderá:

I – pagar honorário, gratificação, *pro labore* ou qualquer outro tipo de retribuição ou retirada a seus diretores, sócios, gerentes ou titulares da firma individual;

II – distribuir quaisquer lucros, bonificações, dividendos ou interesses a seus sócios, titulares, acionistas, ou membros de órgãos dirigentes, fiscais ou consultivos;

III – ser dissolvida.

Parágrafo único. Considera-se em débito salarial a empresa que não paga, no prazo e nas condições da lei ou do contrato, o salário devido a seus empregados.

Art. 2.º A empresa em mora contumaz relativamente a salários não poderá, além do disposto no art. 1.º, ser favorecida com qualquer benefício de natureza fiscal, tributária, ou financeira, por parte de órgãos da União, dos Estados ou dos Municípios, ou de que estes participem.

§ 1.º Considera-se mora contumaz o atraso ou sonegação de salários devidos aos empregados, por período igual ou superior a 3 (três) meses, sem motivo grave e relevante, excluídas as causas pertinentes ao risco do empreendimento.

§ 2.º Não se incluem na proibição do artigo as operações de crédito destinadas à liquidação dos débitos salariais existentes, o que deverá ser expressamente referido em documento firmado pelo responsável legal da empresa, como justificação do crédito.

Art. 3.º A mora contumaz e a infração ao art. 1.º serão apuradas mediante denúncia de empregado da empresa ou entidade sindical da respectiva categoria profissional, pela Delegacia Regional do Trabalho, em processo sumário, assegurada ampla defesa ao interessado.

§ 1.º Encerrado o processo, o Delegado Regional do Trabalho submeterá ao Ministro do Trabalho e Previdência Social parecer conclusivo para decisão.

§ 2.º A decisão que concluir pela mora contumaz será comunicada às autoridades fazendárias locais pelo Delegado Regional do Trabalho, sem prejuízo da comunicação que deverá ser feita ao Ministro da Fazenda.

Art. 4.º Os diretores, sócios, gerentes, membros de órgãos fiscais ou consultivos, titulares de firma individual ou quaisquer outros dirigentes de empresa responsável por infração do disposto no art. 1.º, incisos I e II, estarão sujeitos à pena de detenção de um mês a um ano.

Parágrafo único. Apurada a infração prevista neste artigo, o Delegado Regional do Trabalho representará, sob pena de responsabilidade, ao Ministério Público, para a instauração da competente ação penal.

Art. 5.º No caso do inciso III do art. 1.º, a empresa requererá a expedição de Certidão Negativa de Débito Salarial, a ser passada pela Delegacia Regional do Trabalho mediante prova bastante do cumprimento, pela empresa, das obrigações salariais respectivas.

Art. 6.º Considera-se salário devido, para os efeitos deste Decreto-lei, a retribuição de responsabilidade direta da empresa, inclusive comissões, percentagens, gratificações, diárias para viagens e abonos, quando a sua liquidez e certeza não sofram contestação nem estejam pendentes de decisão judicial.

Art. 7.º As infrações descritas no art. 1.º, incisos I e II, e seu parágrafo único, sujeitam a empresa infratora a multa variável de 10 (dez) a 50% (cinquenta por cento) do débito salarial, a ser aplicada pelo Delegado Regional do Trabalho, mediante o processo previsto nos artigos 626 e seguintes da Consolidação das Leis do Trabalho, sem prejuízo da responsabilidade criminal das pessoas implicadas.

Art. 8.º O Ministério do Trabalho e Previdência Social expedirá as instruções necessárias à execução deste Decreto-lei.

Art. 9.º Este Decreto-lei entrará em vigor na data de sua publicação, revogadas as disposições em contrário.

Brasília, 19 de dezembro de 1968; 147.º da Independência e 80.º da República.

A. Costa e Silva

(*) Publicado no *DOU*, de 20-12-1968.

DECRETO N. 63.912,

DE 26 DE DEZEMBRO DE 1968 (*)

Regula o pagamento da gratificação de Natal ao trabalhador avulso e dá outras providências.

O Presidente da República, usando das atribuições que lhe confere o artigo 83, II, da Constituição, e tendo em vista o disposto no art. 3.° da Lei n. 5.480, de 10 de agosto de 1968, decreta:

Art. 1.° O trabalhador avulso, sindicalizado ou não, terá direito, na forma do art. 3.° da Lei n. 5.480, de 10 de agosto de 1968, à gratificação de Natal instituída pela Lei n. 4.090, de 13 de julho de 1962.

• A Lei n. 5.480, de 10-8-1968, foi revogada pela Lei n. 8.630, de 25-2-1993, que dispõe sobre o regime jurídico da exploração dos portos organizados e das instalações portuárias e dá outras providências. Atualmente, cuida da matéria a Lei n. 12.815, de 5-6-2013.

§ 1.° Considera-se trabalhador avulso, para os efeitos deste Decreto, entre outros:

a) estivador, trabalhador de estiva em carvão e minérios e trabalhador em alvarenga;

b) conferentes de carga e descarga;

c) consertador de carga e descarga;

d) vigia portuário;

e) trabalhador avulso de capatazia;

f) trabalhador no comércio armazenador (arrumador);

g) ensacador de café, cacau, sal e similares;

h) classificador de frutas;

i) amarrador.

§ 2.° No caso de fusão das categorias profissionais a que se refere o art. 2.° da Lei n. 5.480, de 10 de agosto de 1968, o profissional que permanecer qualificado como trabalhador avulso continuará a fazer jus à gratificação de Natal.

§ 3.° O Ministro do Trabalho, mediante solicitação do sindicato e ouvida a Comissão de Enquadramento Sindical, poderá incluir outras categorias de trabalhadores na relação constante do § 1.°.

Art. 2.° Para cobertura dos encargos decorrentes da gratificação de Natal, o requisitante ou tomador de serviços de trabalhador avulso recolherá 9% (nove por cento) sobre o total da remuneração a ele paga, sendo:

I – 8,4% (oito inteiros e quatro décimos por cento) ao sindicato da respectiva categoria profissional, até 48 (quarenta e oito) horas após a realização do serviço, devendo o recolhimento ser acompanhado de uma via da folha-padrão;

II – 0,6% (seis décimos por cento) ao Instituto Nacional de Previdência Social, na forma da legislação de previdência social.

Parágrafo único. O Departamento Nacional da Previdência Social baixará normas sobre o recolhimento da contribuição devida ao Instituto Nacional de Previdência Social pelo requisitante ou tomador da mão de obra.

Art. 3.° Do percentual de que trata o item I do art. 2.°:

I – 7,74% (sete inteiros e setenta e quatro centésimos por cento) se destinam ao pagamento da gratificação de Natal;

II – 0,66% (sessenta e seis centésimos por cento) se destinam à cobertura das despesas administrativas decorrentes, para o sindicato, da aplicação deste Decreto, observado o disposto no art. 8.°, parágrafo único.

Art. 4.° O sindicato depositará no Banco do Brasil ou em Caixa Econômica Federal, na forma do Decreto-lei n. 151, de 9 de fevereiro de 1967, dentro de 5 (cinco) dias após o recebimento em conta intitulada "Lei n. 5.480 – Gratificação de Natal do Trabalhador Avulso", a parcela de que trata o item I do art. 3.°.

Art. 5.° O sindicato de cada categoria de trabalhador avulso efetuará o pagamento referente à gratificação de Natal, na terceira semana dos meses de junho e/ou de dezembro no valor total creditado em nome do trabalhador até o mês anterior.

Art. 6.° É vedado ao sindicato efetuar qualquer adiantamento com recursos destinados ao pagamento da gratificação de Natal.

Art. 7.° Para o pagamento da gratificação de Natal:

I – o sindicato, em tempo hábil, comunicará ao estabelecimento bancário o valor devido a cada um dos respectivos trabalhadores avulsos;

II – o sindicato, na véspera do dia do pagamento, entregará a cada trabalhador avulso cheque nominal no valor correspondente ao seu crédito;

III – o estabelecimento bancário, ao receber o cheque, o confrontará com a comunicação do sindicato e fará o pagamento.

Art. 8.° Compete às federações representativas das categorias profissionais de trabalhadores avulsos fiscalizar o exato cumprimento, pelos sindicatos respectivos, do disposto neste Decreto.

Parágrafo único. Cada sindicato depositará em conta especial no Banco do Brasil S.A., em nome da federação respectiva, até o décimo dia útil do mês seguinte, 25% (vinte e cinco por cento) da parcela de que trata o item II do art. 3.°.

Art. 9.° Este Decreto vigorará a contar de 13 de novembro de 1968, revogadas as disposições em contrário.

Brasília, 26 de dezembro de 1968; 147.° da Independência e 80.° da República.

A. Costa e Silva

(*) Publicado no *DOU*, de 27-12-1968. *Vide* Lei n. 4.090, de 13-7-1962; Decreto n. 57.155, de 3-11-1965; e Lei n. 4.749, de 12-8-1965, sobre gratificação de Natal.

DECRETO-LEI N. 691,

DE 18 DE JULHO DE 1969 (**)

(**) Publicado no *DOU*, de 21-7-1969. A Lei n. 13.445, de 24-5-2017, institui a Lei de Migração. A Resolução Normativa n. 61, de 8-12-2004, do Conselho Nacional de Imigração, disciplina a concessão de autorização de trabalho e de visto a estrangeiro sob contrato de transferência de tecnologia e/ou de prestação de serviço de assistência técnica, de acordo de cooperação ou convênio, sem vínculo empregatício ou em situação de emergência.

Dispõe sobre a não aplicação, aos contratos de técnicos estrangeiros, com estipulação de pagamento de salários em moeda estrangeira, de diversas disposições da legislação trabalhista, e dá outras providências.

O Presidente da República, no uso da atribuição que lhe confere o § 1.º do art. 2.º do Ato Institucional n. 5, de 13 de dezembro de 1968, decreta:

Art. 1.º Os contratos de técnicos estrangeiros domiciliados ou residentes no exterior, para execução, no Brasil, de serviços especializados, em caráter provisório, com estipulação de salários em moeda estrangeira, serão, obrigatoriamente, celebrados por prazo determinado e prorrogáveis sempre a termo certo, ficando excluídos da aplicação do disposto nos arts. 451, 452, 453, no Capítulo VII do Título IV da Consolidação das Leis do Trabalho e na Lei n. 5.107, de 13 de setembro de 1966, com as alterações do Decreto-lei n. 20, de 14 de setembro de 1966, e legislação subsequente.

Parágrafo único. A rescisão dos contratos de que trata este artigo reger-se-á pelas normas estabelecidas nos arts. 479, 480, e seu § 1.º, e 481 da Consolidação das Leis do Trabalho.

• "São nulos de pleno direito os contratos, títulos e quaisquer documentos, bem como as obrigações que, exequíveis no Brasil, estipulem pagamento em ouro, em moeda estrangeira, ou, por alguma forma, restrinjam ou recusem, nos seus efeitos, o curso legal do cruzeiro" (Decreto-lei n. 857, de 11-9-1969, art. 1.º).

Art. 2.º Aos técnicos estrangeiros contratados nos termos deste Decreto-lei serão asseguradas, além das vantagens previstas no contrato, apenas as garantias relativas a salário mínimo, repouso semanal remunerado, férias anuais, duração, higiene e segurança do trabalho, seguro contra acidente do trabalho e previdência social deferidas ao trabalhador que perceba salário exclusivamente em moeda nacional.

Parágrafo único. É vedada a estipulação contratual de participação nos lucros da empresa.

Art. 3.º A taxa de conversão da moeda estrangeira será, para todos os efeitos, a da data do vencimento da obrigação.

Art. 4.º A competência para dirimir as controvérsias oriundas das relações estabelecidas sob o regime deste Decreto-lei será da Justiça do Trabalho.

Art. 5.º O presente Decreto-lei entrará em vigor na data de sua publicação, aplicando-se às relações em curso.

Art. 6.º Revogam-se as disposições em contrário.

Brasília, 18 de julho de 1969; 148.º da Independência e 81.º da República.

A. COSTA E SILVA

DECRETO-LEI N. 779,

DE 21 DE AGOSTO DE 1969 (*)

Dispõe sobre a aplicação de normas processuais trabalhistas à União Federal, aos Estados, Municípios, Distrito Federal e autarquias ou fundações de direito público que não explorem atividades econômicas.

(*) Publicado no *DOU*, de 25-8-1969.

O Presidente da República, usando das atribuições que lhe confere o § 1.º do art. 2.º do Ato Institucional n. 5, de 13 de dezembro de 1968, decreta:

Art. 1.º Nos processos perante a Justiça do Trabalho, constituem privilégio da União, dos Estados, do Distrito Federal, dos Municípios e das autarquias ou fundações de direito público federais, estaduais ou municipais que não explorem atividade econômica:

•• *Vide* art. 56 da Consolidação dos Provimentos da Corregedoria-Geral da Justiça do Trabalho.

I – a presunção relativa de validade dos recibos de quitação ou pedidos de demissão de seus empregados ainda que não homologados nem submetidos à assistência mencionada nos §§ 1.º, 2.º e 3.º do art. 477 da Consolidação das Leis do Trabalho;

II – o quádruplo do prazo fixado no art. 841, *in fine*, da Consolidação das Leis do Trabalho;

III – o prazo em dobro para recurso;

IV – a dispensa de depósito para interposição de recurso;

V – o recurso ordinário *ex officio* das decisões que lhe sejam total ou parcialmente contrárias;

• *Vide* Súmula 303 do TST.

VI – o pagamento de custas a final, salvo quanto à União Federal, que não as pagará.

Art. 2.º O disposto no artigo anterior aplica-se aos processos em curso, mas não acarretará a restituição de depósitos ou custas pagas para efeito de recurso até decisão passada em julgado.

Art. 3.º Este Decreto-lei entra em vigor na data de sua publicação, revogadas as disposições em contrário.

Brasília, 21 de agosto de 1969; 148.º da Independência e 81.º da República.

A. COSTA E SILVA

LEI N. 5.584,

DE 26 DE JUNHO DE 1970 (**)

Dispõe sobre normas de Direito Processual do Trabalho, altera dispositivo da Consolidação das Leis do Trabalho, disciplina a concessão e prestação de assistência judiciária na Justiça do Trabalho e dá outras providências.

O Presidente da República

Faço saber que o Congresso Nacional decreta e eu sanciono a seguinte Lei:

Art. 1.º Nos processos perante a Justiça do Trabalho, observar-se-ão os princípios estabelecidos nesta Lei.

Art. 2.º Nos dissídios individuais, proposta a conciliação, e, não havendo acordo, o Presidente da Junta ou o Juiz,

(**) Publicada no *DOU*, de 29-6-1970. *Vide* Lei n. 7.701, de 21-12-1988, e Súmula 633 do STF.

antes de passar à instrução da causa, fixar-lhe-á o valor para a determinação da alçada, se este for indeterminado no pedido.

§ 1.º Em audiência, ao aduzir razões finais, poderá qualquer das partes impugnar o valor fixado e, se o Juiz o mantiver, pedir revisão da decisão, no prazo de 48 (quarenta e oito) horas, ao Presidente do Tribunal Regional.

§ 2.º O pedido de revisão, que não terá efeito suspensivo, deverá ser instruído com a petição inicial e a Ata da Audiência, em cópia autenticada pela Secretaria da Junta, e será julgado em 48 (quarenta e oito) horas, a partir do seu recebimento pelo Presidente do Tribunal Regional.

§ 3.º Quando o valor fixado para a causa, na forma deste artigo, não exceder de 2 (duas) vezes o salário mínimo vigente na sede do Juízo, será dispensável o resumo dos depoimentos, devendo constar da Ata a conclusão da Junta quanto à matéria de fato.

§ 4.º Salvo se versarem sobre matéria constitucional, nenhum recurso caberá das sentenças proferidas nos dissídios da alçada a que se refere o parágrafo anterior, considerado, para esse fim, o valor do salário mínimo à data do ajuizamento da ação.

•• § 4.º com redação determinada pela Lei n. 7.402, de 5-11-1985.

• *Vide* Súmula 356 do TST.

• *Vide* Súmula 640 do STF.

Art. 3.º Os exames periciais serão realizados por perito único designado pelo Juiz, que fixará o prazo para entrega do laudo.

Parágrafo único. Permitir-se-á a cada parte a indicação de um assistente, cujo laudo terá que ser apresentado no mesmo prazo assinado para o perito, sob pena de ser desentranhado dos autos.

Art. 4.º Nos dissídios de alçada exclusiva das Juntas e naqueles em que os empregados ou empregadores reclamarem pessoalmente, o processo poderá ser impulsionado de ofício pelo Juiz.

Art. 5.º Para exarar parecer, terá o órgão do Ministério Público da União, junto à Justiça do Trabalho, o prazo de 8 (oito) dias, contados da data em que lhe for distribuído o processo.

Art. 6.º Será de 8 (oito) dias o prazo para interpor e contra-arrazoar qualquer recurso (CLT, art. 893).

Art. 7.º A comprovação do depósito da condenação (CLT, art. 899, §§ 1.º a 5.º) terá que ser feita dentro do prazo para a interposição do recurso, sob pena de ser este considerado deserto.

Art. 8.º Das decisões proferidas nos dissídios coletivos poderá a União interpor recurso, o qual será sempre recebido no efeito suspensivo quanto à parte que exceder o índice fixado pela política salarial do Governo.

Art. 9.º No Tribunal Superior do Trabalho, quando o pedido do recorrente contrariar súmula de jurisprudência uniforme deste Tribunal já compendiada, poderá o Relator negar prosseguimento ao recurso, indicando a correspondente súmula.

•• *Caput* com redação determinada pela Lei n. 7.033, de 5-10-1982.

Parágrafo único. A parte prejudicada poderá interpor agravo desde que à espécie não se aplique o prejulgado ou a súmula citada pelo Relator.

•• A Lei n. 7.033, de 5-10-1982, não expressou a revogação deste parágrafo único, daí a sua manutenção.

Art. 10. O art. 477 da Consolidação das Leis do Trabalho, alterado pela Lei n. 5.562, de 12 de dezembro de 1968, e pelo Decreto-lei n. 766, de 15 de agosto de 1969, passa a vigorar com a seguinte redação:

•• Alteração já processada no diploma modificado.

Art. 11. O art. 500 da Consolidação das Leis do Trabalho, revogado pela Lei n. 5.562, de 12 de dezembro de 1968, passa a vigorar com a seguinte redação:

•• Alteração já processada no diploma modificado.

Art. 12. O art. 888 da Consolidação das Leis do Trabalho passa a vigorar com a seguinte redação:

•• Alteração já processada no diploma modificado.

Art. 13. Em qualquer hipótese, a remição só será deferível ao executado se este oferecer preço igual ao valor da condenação.

DA ASSISTÊNCIA JUDICIÁRIA

Art. 14. Na Justiça do Trabalho, a assistência judiciária a que se refere a Lei n. 1.060, de 5 de fevereiro de 1950, será prestada pelo Sindicato da categoria profissional a que pertencer o trabalhador.

•• Vide art. 6.º da Instrução Normativa n. 41, de 21-6-2018.

• *Vide* Súmula 219 do TST.

§ 1.º A assistência é devida a todo aquele que perceber salário igual ou inferior ao dobro do mínimo legal, ficando assegurado igual benefício ao trabalhador de maior salário, uma vez provado que sua situação econômica não lhe permite demandar, sem prejuízo do sustento próprio ou da família.

§ 2.º A situação econômica do trabalhador será comprovada em atestado fornecido pela autoridade local do Ministério do Trabalho mediante diligência sumária, que não poderá exceder de 48 (quarenta e oito) horas.

§ 3.º Não havendo no local a autoridade referida no parágrafo anterior, o atestado deverá ser expedido pelo Delegado de Polícia da circunscrição onde resida o empregado.

Art. 15. Para auxiliar no patrocínio das causas, observados os arts. 50 e 72 da Lei n. 4.215, de 27 de abril de 1963, poderão ser designados pelas Diretorias dos Sindicatos Acadêmicos de Direito, a partir da 4.ª Série, comprovadamente matriculados em estabelecimento de ensino oficial ou sob fiscalização do Governo Federal.

Art. 16. *(Revogado pela Lei n. 13.725, de 4-10-2018.)*

Art. 17. Quando, nas respectivas Comarcas, não houver Juntas de Conciliação e Julgamento ou não existir Sindicato da categoria profissional do trabalhador, é atribuído aos Promotores Públicos ou Defensores Públicos o encargo de prestar a assistência judiciária prevista nesta Lei.

Parágrafo único. Na hipótese prevista neste artigo, a importância proveniente da condenação nas despesas processuais será recolhida ao Tesouro do respectivo Estado.

Art. 18. A assistência judiciária, nos termos da presente Lei, será prestada ao trabalhador ainda que não seja associado do respectivo Sindicato.

Art. 19. Os diretores de Sindicatos que, sem comprovado motivo de ordem financeira, deixarem de dar cumprimento às disposições desta Lei ficarão sujeitos à penalidade prevista no art. 553, *a*, da Consolidação das Leis do Trabalho.

Art. 20. Esta Lei entra em vigor na data de sua publicação, revogadas as disposições em contrário.

Brasília, 26 de junho de 1970; 149.º da Independência e 82.º da República.

EMÍLIO G. MÉDICI

LEI COMPLEMENTAR N. 7,

DE 7 DE SETEMBRO DE 1970 (*)

Institui o Programa de Integração Social e dá outras providências.

O Presidente da República

Faço saber que o Congresso Nacional decreta e eu sanciono a seguinte Lei Complementar:

(*) Publicada no *DOU*, de 8-9-1970. Retificada em 10-9-1970. Regulamentada pelo Decreto n. 4.524, de 17-12-2002.

Vide Leis Complementares n. 8, de 3-12-1970, e 26, de 11-9-1975, e Decreto n. 4.751, de 17-6-2003 (sobre PIS-PASEP).

A Lei n. 9.701, de 17-11-1998, dispõe sobre a base de cálculo da contribuição para o PIS.

A Lei n. 9.715, de 25-11-1998, dispõe sobre as contribuições para os Programas de Integração Social e de Formação do Patrimônio do Servidor Público – PIS/PASEP.

Vide, sobre PIS, Súmula 300 do TST.

Vide art. 239 da CF. A Lei n. 9.718, de 27-11-1998, dispõe sobre a aplicação no âmbito da legislação tributária federal, relativamente às contribuições para PIS-PASEP e COFINS, de que trata o art. 239 da CF, do Imposto sobre a Renda e do IOF. Cobrança, fiscalização, processo administrativo e de consulta das contribuições para o PIS-PASEP: Decreto-lei n. 2.052, de 3-8-1983.

Contribuição pelas Pessoas Jurídicas de Direito Público: Instrução Normativa n. 247, de 21-11-2002, da Secretaria da Receita Federal. As Resoluções n. 5, de 12-9-2002, e 6, de 12-9-2002, do Conselho Diretor do Fundo de Participação PIS-PASEP, autorizam, respectivamente, a liberação do saldo das contas do Programa de Integração Social – PIS e do Programa de Formação do Patrimônio do Servidor Público – PASEP ao titular quando ele próprio ou qualquer de seus dependentes for portador do vírus HIV ou quando tiver idade igual ou superior a setenta anos.

Art. 1.º É instituído, na forma prevista nesta Lei, o Programa de Integração Social, destinado a promover a integração do empregado na vida e no desenvolvimento das empresas.

§ 1.º Para os fins desta Lei, entende-se por empresa a pessoa jurídica, nos termos da legislação do Imposto de Renda, e por empregado todo aquele assim definido pela Legislação Trabalhista.

§ 2.º A participação dos trabalhadores avulsos, assim definidos os que prestam serviços a diversas empresas, sem relação empregatícia, no Programa de Integração Social, far-se-á nos termos do Regulamento a ser baixado, de acordo com o art. 11 desta Lei.

Art. 2.º O Programa de que trata o artigo anterior será executado mediante Fundo de Participação, constituído por depósitos efetuados pelas empresas na Caixa Econômica Federal.

Parágrafo único. A Caixa Econômica Federal poderá celebrar convênios com estabelecimentos da rede bancária nacional, para o fim de receber os depósitos a que se refere este artigo.

Art. 3.º O Fundo de Participação será constituído por duas parcelas:

a) a primeira, mediante dedução do Imposto de Renda devido, na forma estabelecida no § 1.º deste artigo, processando-se o seu recolhimento ao Fundo juntamente com o pagamento do Imposto de Renda;

b) a segunda, com recursos próprios da empresa, calculados com base no faturamento, como segue:

1) no exercício de 1971, 0,15%;

2) no exercício de 1972, 0,25%;

3) no exercício de 1973, 0,40%;

4) no exercício de 1974 e subsequentes, 0,50%.

§ 1.º A dedução a que se refere a alínea *a* deste artigo será feita sem prejuízo do direito de utilização dos incentivos fiscais previstos na legislação em vigor e calculada com base no valor do Imposto de Renda devido, nas seguintes proporções:

a) no exercício de 1971: 2%;

b) no exercício de 1972: 3%;

c) no exercício de 1973 e subsequentes: 5%.

§ 2.º As instituições financeiras, sociedades seguradoras e outras empresas que não realizam operações de vendas de mercadorias participarão do Programa de Integração Social com uma contribuição ao Fundo de Participação de recursos próprios de valor idêntico do que for apurado na forma do parágrafo anterior.

§ 3.º As empresas que a título de incentivos fiscais estejam isentas, ou venham a ser isentadas, do pagamento do Imposto de Renda contribuirão para o Fundo de Participação, na base de cálculo como se aquele tributo fosse devido, obedecidas as percentagens previstas neste artigo.

§ 4.º As entidades de fins não lucrativos, que tenham empregados assim definidos pela Legislação Trabalhista, contribuirão para o Fundo na forma da lei.

§ 5.º A Caixa Econômica Federal resolverá os casos omissos de acordo com os critérios fixados pelo Conselho Monetário Nacional.

Art. 4.º O Conselho Monetário Nacional poderá alterar, até 50% (cinquenta por cento), para mais ou para menos, os percentuais de contribuição de que trata o § 2.º do art. 3.º, tendo em vista a proporcionalidade das contribuições.

Art. 5.º A Caixa Econômica Federal emitirá, em nome de cada empregado, uma Caderneta de Participação – Programa de Integração Social – movimentável na forma dos arts. 8.º e 9.º desta Lei.

Art. 6.º A efetivação dos depósitos no Fundo correspondente à contribuição referida na alínea *b* do art. 3.º será processada mensalmente a partir de 1.º de julho de 1971.

Parágrafo único. A contribuição de julho será calculada com base no faturamento de janeiro; a de agosto, com base no faturamento de fevereiro; e assim sucessivamente.

• *Vide* Súmula 468 do STJ.

Art. 7.º A participação do empregado no Fundo far-se-á mediante depósitos efetuados em contas individuais abertas em nome de cada empregado, obedecidos os seguintes critérios:

a) 50% (cinquenta por cento) do valor destinado ao Fundo será dividido em partes proporcionais ao montante de salários recebidos no período;

b) os 50% (cinquenta por cento) restantes serão divididos em partes proporcionais aos quinquênios de serviços prestados pelo empregado.

§ 1.º Para os fins deste artigo, a Caixa Econômica Federal, com base nas informações fornecidas pelas empresas, no prazo de 180 (cento e oitenta) dias, contados da publicação desta Lei, organizará um Cadastro-Geral dos participantes do Fundo, na forma que for estabelecida em regulamento.

§ 2.º A omissão dolosa de nome de empregado entre os participantes do Fundo sujeitará a empresa a multa, em benefício do Fundo, no valor de 10 (dez) meses de salários, devidos ao empregado cujo nome houver sido omitido.

§ 3.º Igual penalidade será aplicada em caso de declaração falsa sobre o valor do salário e do tempo de serviço do empregado na empresa.

Arts. 8.º e 9.º *(Revogados pela Lei Complementar n. 26, de 11-9-1975.)*

Art. 10. As obrigações das empresas, decorrentes desta Lei, são de caráter exclusivamente fiscal, não gerando direitos de natureza trabalhista nem incidência de qualquer contribuição previdenciária em relação a quaisquer prestações devidas, por lei ou por sentença judicial, ao empregado.

Parágrafo único. As importâncias incorporadas ao Fundo não se classificam como rendimento do trabalho, para qualquer efeito da Legislação Trabalhista, de Previdência Social ou Fiscal e não se incorporam aos salários ou gratificações, nem estão sujeitas ao Imposto sobre a Renda e proventos de qualquer natureza.

Art. 11. Dentro de 120 (cento e vinte) dias, a contar da vigência desta Lei, a Caixa Econômica Federal submeterá à aprovação do Conselho Monetário Nacional o regulamento do Fundo, fixando as normas para o recolhimento e a distribuição dos recursos, assim como as diretrizes e os critérios para a sua aplicação.

Parágrafo único. O Conselho Monetário Nacional pronunciar-se-á, no prazo de 60 (sessenta) dias, a contar do seu recebimento, sobre o Projeto de regulamento do Fundo.

Art. 12. As disposições desta Lei não se aplicam a quaisquer entidades integrantes da administração pública federal, estadual ou municipal, dos Territórios e do Distrito Federal, direta ou indireta, adotando-se, em todos os níveis, para efeito de conceituação, como entidades da Administração Indireta, os critérios constantes dos Decretos-leis n. 200, de 25 de fevereiro de 1967, e 900, de 29 de setembro de 1969.

Art. 13. Esta Lei Complementar entrará em vigor na data de sua publicação.

Art. 14. Revogam-se as disposições em contrário.

Brasília, 7 de setembro de 1970; 149.º da Independência e 82.º da República.

EMÍLIO G. MÉDICI

LEI COMPLEMENTAR N. 8,
DE 3 DE DEZEMBRO DE 1970 (*)

Institui o Programa de Formação do Patrimônio do Servidor Público e dá outras providências.

O Presidente da República

Faço saber que o Congresso Nacional decreta e eu sanciono a seguinte Lei Complementar:

Art. 1.º É instituído, na forma prevista nesta Lei Complementar, o Programa de Formação do Patrimônio do Servidor Público.

Art. 2.º A União, os Estados, os Municípios, o Distrito Federal e os Territórios contribuirão para o Programa, mediante recolhimento mensal ao Banco do Brasil das seguintes parcelas:

I – União:

1% (um por cento) das receitas correntes efetivamente arrecadadas, deduzidas as transferências feitas a outras entidades da Administração Pública, a partir de 1.º de julho de 1971; 1,5% (um e meio por cento) em 1972 e 2% (dois por cento) no ano de 1973 e subsequentes;

(*) Publicada no *DOU*, de 4-12-1970. Regulamentada pelo Decreto n. 4.524, de 17-12-2002.

A Lei n. 9.715, de 25-11-1998, dispõe sobre as contribuições para os Programas de Integração Social e de Formação do Patrimônio do Servidor Público – PIS/PASEP.

II – Estados, Municípios, Distrito Federal e Territórios:

a) 1% (um por cento) das receitas correntes próprias, deduzidas as transferências feitas a outras entidades da Administração Pública, a partir de 1.º de julho de 1971; 1,5% (um e meio por cento) em 1972 e 2% (dois por cento) no ano de 1973 e subsequentes;

b) 2% (dois por cento) das transferências recebidas do Governo da União e dos Estados através do Fundo de Participações dos Estados, Distrito Federal e Municípios, a partir de 1.º de julho de 1971.

Parágrafo único. Não recairá, em nenhuma hipótese, sobre as transferências de que trata este artigo, mais de uma contribuição.

Art. 3.º As autarquias, empresas públicas, sociedades de economia mista e fundações, da União, dos Estados, dos Municípios, do Distrito Federal e dos Territórios contribuirão para o Programa com 0,4% (quatro décimos por cento) da receita orçamentária, inclusive transferências e receita operacional, a partir de 1.º de julho de 1971; 0,6% (seis décimos por cento) em 1972 e 0,8% (oito décimos por cento) no ano de 1973 e subsequentes.

Art. 4.º As contribuições recebidas pelo Banco do Brasil serão distribuídas entre todos os servidores em atividades, civis e militares, da União, dos Estados, Municípios, Distrito Federal e Territórios, bem como das suas entidades da administração indireta e fundações, observados os seguintes critérios:

a) 50% (cinquenta por cento) proporcionais ao montante da remuneração percebida pelo servidor, no período;

b) 50% (cinquenta por cento) em partes proporcionais aos quinquênios de serviços prestados pelo servidor.

Parágrafo único. A distribuição de que trata este artigo somente beneficiará os titulares, nas entidades mencionadas nesta Lei Complementar, de cargo ou função de provimento efetivo ou que possam adquirir estabilidade, ou de emprego de natureza não eventual, regido pela legislação trabalhista.

Art. 5.º O Banco do Brasil S.A., ao qual competirá a administração do Programa, manterá contas individualizadas para cada servidor e cobrará uma comissão de serviço, tudo na forma que for estipulada pelo Conselho Monetário Nacional.

§ 1.º Os depósitos a que se refere este artigo não estão sujeitos a Imposto de Renda ou contribuição previdenciária, nem se incorporam, para qualquer fim, à remuneração do cargo, função ou emprego.

§§ 2.º a 5.º (*Revogados pela Lei Complementar n. 26, de 11-9-1975.*)

§ 6.º O Banco do Brasil S.A. organizará o cadastro geral dos beneficiários desta Lei Complementar.

Art. 6.º (*Revogado pela Lei Complementar n. 19, de 25-6-1974.*)

Art. 7.º As importâncias creditadas nas contas do Programa de Formação do Patrimônio do Servidor Público e do Programa de Integração Social são inalienáveis e impenhoráveis, e serão obrigatoriamente transferidas de um para outro, no caso de passar o servidor, pela alteração da relação de emprego, do setor público para o privado, e vice-versa.

Art. 8.º A aplicação do disposto nesta Lei Complementar aos Estados e Municípios, às suas entidades da administração indireta e fundações, bem como aos seus servidores, dependerá de norma legislativa estadual ou municipal.

Art. 9.º Esta Lei Complementar entrará em vigor na data de sua publicação, revogadas as disposições em contrário.

Brasília, 3 de dezembro de 1970; 149.º da Independência e 82.º da República.

EMÍLIO G. MÉDICI

LEI N. 5.811,

DE 11 DE OUTUBRO DE 1972 (*)

Dispõe sobre o regime de trabalho dos empregados nas atividades de exploração, perfuração, produção e refinação de petróleo, industrialização do xisto, indústria petroquímica e transporte de petróleo e seus derivados por meio de dutos.

O Presidente da República

Faço saber que o Congresso Nacional decreta e eu sanciono a seguinte Lei:

Art. 1.º O regime de trabalho regulado nesta Lei é aplicável aos empregados que prestam serviços em atividades de exploração, perfuração, produção e refinação de petróleo, bem como na industrialização do xisto, na indústria petroquímica e no transporte de petróleo e seus derivados por meio de dutos.

•• *Vide* art. 1.º da Portaria n. 349, de 23-5-2018, do Ministério do Trabalho.

Art. 2.º Sempre que for imprescindível à continuidade operacional, o empregado será mantido em seu posto de trabalho em regime de revezamento.

§ 1.º O regime de revezamento em turno de 8 (oito) horas será adotado nas atividades previstas no art. 1.º, ficando a utilização do turno de 12 (doze) horas restrita às seguintes situações especiais:

a) atividades de exploração, perfuração, produção e transferência de petróleo no mar;

b) atividades de exploração, perfuração e produção de petróleo em áreas terrestres distantes ou de difícil acesso.

§ 2.º Para garantir a normalidade das operações ou para atender a imperativos de segurança industrial, poderá ser exigida, mediante pagamento previsto no item II do art. 3.º, a disponibilidade do empregado no local de trabalho ou nas suas proximidades, durante o intervalo destinado a repouso e alimentação.

(*) Publicada no *DOU*, de 16-10-1972. Infração ao disposto nesta Lei: *vide* art. 3.º, II, da Lei n. 7.855, de 24-10-1989.

Art. 3.º Durante o período em que o empregado permanecer no regime de revezamento em turno de 8 (oito) horas, ser-lhe-ão assegurados os seguintes direitos:

I – pagamento do adicional de trabalho noturno na forma do art. 73 da Consolidação das Leis do Trabalho;

II – pagamento em dobro da hora de repouso e alimentação suprimida nos termos do § 2.º do art. 2.º;

III – alimentação gratuita, no posto de trabalho, durante o turno em que estiver em serviço;

IV – transporte gratuito para local de trabalho;

V – direito a um repouso de 24 (vinte e quatro) horas consecutivas para cada 3 (três) turnos trabalhados.

Parágrafo único. Para os empregados que já venham percebendo habitualmente da empresa pagamento à conta de horas de repouso e alimentação ou de trabalho noturno, os respectivos valores serão compensados nos direitos a que se referem os itens I e II deste artigo.

Art. 4.º Ao empregado que trabalhe no regime de revezamento em turno de 12 (doze) horas, ficam assegurados, além dos já previstos nos itens I, II, III e IV do art. 3.º, os seguintes direitos:

I – alojamento coletivo gratuito e adequado ao seu descanso e higiene;

II – repouso de 24 (vinte e quatro) horas consecutivas para cada turno trabalhado.

Art. 5.º Sempre que for imprescindível à continuidade operacional durante as 24 (vinte e quatro) horas do dia, o empregado com responsabilidade de supervisão das operações previstas no art. 1.º, ou engajado em trabalhos de geologia de poço, ou, ainda, em trabalhos de apoio operacional às atividades enumeradas nas alíneas *a* e *b* do § 1.º do art. 2.º, poderá ser mantido no regime de sobreaviso.

§ 1.º Entende-se por regime de sobreaviso aquele em que o empregado permanecer à disposição do empregador por um período de 24 (vinte e quatro) horas para prestar assistência aos trabalhos normais ou atender a necessidades ocasionais de operação.

§ 2.º Em cada jornada de sobreaviso, o trabalho efetivo não excederá de 12 (doze) horas.

Art. 6.º Durante o período em que permanecer no regime de sobreaviso, serão assegurados ao empregado, além dos já previstos nos itens III e IV do art. 3.º e I do art. 4.º, os seguintes direitos:

I – repouso de 24 (vinte e quatro) horas consecutivas para cada período de 24 (vinte e quatro) horas em que permanecer de sobreaviso;

II – remuneração adicional correspondente a, no mínimo, 20% (vinte por cento) do respectivo salário básico, para compensar a eventualidade de trabalho noturno ou a variação de horário para repouso e alimentação.

Parágrafo único. Considera-se salário básico a importância fixa mensal correspondente à retribuição do trabalho prestado pelo empregado na jornada normal de trabalho, antes do acréscimo de vantagens, incentivos ou benefícios, a qualquer título.

Art. 7.º A concessão de repouso na forma dos itens V do art. 3.º, II do art. 4.º, e I do art. 6.º quita a obrigação patronal relativa ao repouso semanal remunerado de que trata a Lei n. 605, de 5 de janeiro de 1949.

Art. 8.º O empregado não poderá permanecer em serviço, no regime de revezamento previsto para as situações especiais de que tratam as alíneas *a* e *b* do § 1.º do art. 2.º, nem no regime estabelecido no art. 5.º, por período superior a 15 (quinze) dias consecutivos.

Art. 9.º Sempre que, por iniciativa do empregador, for alterado o regime de trabalho do empregado, com a redução ou supressão das vantagens inerentes aos regimes instituídos nesta Lei, ser-lhe-á assegurado o direito à percepção de uma indenização.

Parágrafo único. A indenização de que trata o presente artigo corresponderá a 1 (um) só pagamento, igual à média das vantagens previstas nesta Lei, percebidas nos últimos 12 (doze) meses anteriores à mudança, para cada ano ou fração igual ou superior a 6 (seis) meses de permanência no regime de revezamento ou de sobreaviso.

• *Vide* Súmula 291 do TST.

Art. 10. A variação de horário, em escalas de revezamento diurno, noturno ou misto, será estabelecida pelo empregador com obediência aos preceitos desta Lei.

Parágrafo único. Não constituirá alteração ilícita a exclusão do empregado do regime de revezamento, cabendo-lhe exclusivamente nesta hipótese o pagamento previsto no art. 9.º.

Art. 11. Os atuais regimes de trabalho, nas atividades previstas no art. 1.º, bem como as vantagens a eles inerentes, serão ajustados às condições estabelecidas nesta Lei, de forma que não ocorra redução de remuneração.

Parágrafo único. A aplicação do disposto neste artigo ao empregado que cumpra jornada inferior a 8 (oito) horas dependerá de acordo individual ou coletivo, assegurados, em tal caso, exclusivamente os direitos constantes desta Lei.

Art. 12. As disposições desta Lei aplicam-se a situações análogas, definidas em regulamento.

Art. 13. Esta Lei entrará em vigor na data de sua publicação, revogadas as disposições em contrário.

Brasília, 11 de outubro de 1972; 151.º da Independência e 84.º da República.

Emílio G. Médici

LEI N. 5.889,

DE 8 DE JUNHO DE 1973 (*)

Estatui normas reguladoras do trabalho rural e dá outras providências.

(*) Publicada no *DOU*, de 11-6-1973, retificada em 30-10-1973. Regulamentada pelo Decreto n. 73.626, de 12-2-1974. *Vide* art. 7.º da CF, sobre os direitos dos trabalhadores rurais. A Portaria n. 170, de 25-4-2007, do Ministério da Previdência Social, dispõe sobre o Cadastro Nacional de Informações Sociais – CNIS, para a comprovação de atividade de trabalhador rural. A Instrução Normativa n. 76, de 15-5-

O Presidente da República

Faço saber que o Congresso Nacional decreta e eu sanciono a seguinte Lei:

Art. 1.º As relações de trabalho rural serão reguladas por esta Lei e, no que com ela não colidirem, pelas normas da Consolidação das Leis do Trabalho, aprovada pelo Decreto-lei n. 5.452, de 1.º de maio de 1943.

• A CF elenca, em seu art. 7.º, os direitos dos trabalhadores rurais.

Parágrafo único. Observadas as peculiaridades do trabalho rural, a ele também se aplicam as Leis n. 605, de 5 de janeiro de 1949; 4.090, de 13 de julho de 1962; 4.725, de 13 de julho de 1965, com as alterações da Lei n. 4.903, de 16 de dezembro de 1965, e os Decretos-leis n. 15, de 29 de julho de 1966; 17, de 22 de agosto de 1966, e 368, de 19 de dezembro de 1968.

• A Lei n. 605/49 dispõe sobre o repouso semanal remunerado e o pagamento de salário nos dias feriados civis e militares.
• A Lei n. 4.090/62 institui a gratificação de Natal para os trabalhadores.
• A Lei n. 4.725/65 estabelece normas para o processo dos dissídios coletivos.
• O Decreto-lei n. 15/66 estabelece normas e critérios para uniformização dos reajustes salariais.
• O Decreto-lei n. 17/66 altera o Decreto-lei n. 15/66.
• O Decreto-lei n. 368/68 dispõe sobre efeitos de débitos salariais.

Art. 2.º Empregado rural é toda pessoa física que, em propriedade rural ou prédio rústico, presta serviços de natureza não eventual a empregador rural, sob a dependência deste e mediante salário.

•• *Vide* Súmula 578 do STJ.

Art. 3.º Considera-se empregador rural, para os efeitos desta Lei, a pessoa física ou jurídica, proprietária ou não, que explore atividade agroeconômica, em caráter permanente ou temporário, diretamente ou através de prepostos e com auxílio de empregados.

§ 1.º Inclui-se na atividade econômica referida no *caput* deste artigo, além da exploração industrial em estabelecimento agrário não compreendido na Consolidação das Leis do Trabalho – CLT, aprovada pelo Decreto-lei n. 5.452, de 1.º de maio de 1943, a exploração do turismo rural ancilar à exploração agroeconômica.

•• § 1.º com redação determinada pela Lei n. 13.171, de 21-10-2015.
•• *Vide* Súmula 578 do STJ.

§ 2.º Sempre que uma ou mais empresas, embora tendo cada uma delas personalidade jurídica própria, estiverem sob direção, controle ou administração de outra, ou ainda quando, mesmo guardando cada uma sua autonomia, integrem grupo econômico ou financeiro rural, serão responsáveis solidariamente nas obrigações decorrentes da relação de emprego.

Art. 4.º Equipara-se ao empregador rural a pessoa física ou jurídica que, habitualmente, em caráter profissional, e por conta de terceiros, execute serviços de natureza agrária mediante utilização do trabalho de outrem.

2009, da Secretaria de Inspeção do Trabalho, dispõe sobre os procedimentos para a fiscalização do trabalho rural. *Vide* OJ 378 da SDI-1. *Vide* arts. 27 a 34 do Estatuto da Igualdade Racial (Lei n. 12.288, de 20-7-2010).

Art. 5.º Em qualquer trabalho contínuo de duração superior a 6 (seis) horas, será obrigatória a concessão de um intervalo para repouso ou alimentação, observados os usos e costumes da região, não se computando este intervalo na duração do trabalho. Entre 2 (duas) jornadas de trabalho haverá um período mínimo de 11 (onze) horas consecutivas para descanso.

Art. 6.º Nos serviços caracteristicamente intermitentes, não serão computados, como de efetivo exercício, os intervalos entre uma e outra parte da execução da tarefa diária, desde que tal hipótese seja expressamente ressalvada na Carteira de Trabalho e Previdência Social.

Art. 7.º Para os efeitos desta Lei, considera-se trabalho noturno o executado entre as 21 (vinte e uma) horas de um dia e as 5 (cinco) horas do dia seguinte, na lavoura, e entre as 20 (vinte) horas de um dia e as 4 (quatro) horas do dia seguinte, na atividade pecuária.

Parágrafo único. Todo trabalho noturno será acrescido de 25% (vinte e cinco por cento) sobre a remuneração normal.

Art. 8.º Ao menor de 18 (dezoito) anos é vedado o trabalho noturno.

Art. 9.º Salvo as hipóteses de autorização legal ou decisão judiciária, só poderão ser descontadas do empregado rural as seguintes parcelas, calculadas sobre o salário mínimo:

a) até o limite de 20% (vinte por cento) pela ocupação da morada;

b) até 25% (vinte e cinco por cento) pelo fornecimento de alimentação sadia e farta, atendidos os preços vigentes na região;

c) adiantamentos em dinheiro.

§ 1.º As deduções acima especificadas deverão ser previamente autorizadas, sem o que serão nulas de pleno direito.

§ 2.º Sempre que mais de um empregado residir na mesma morada, o desconto, previsto na letra *a* deste artigo, será dividido proporcionalmente ao número de empregados, vedada, em qualquer hipótese, a moradia coletiva de famílias.

§ 3.º Rescindido ou findo o contrato de trabalho, o empregado será obrigado a desocupar a casa dentro de 30 (trinta) dias.

§ 4.º O Regulamento desta Lei especificará os tipos de morada para fins de dedução.

§ 5.º A cessão pelo empregador, de moradia e de sua infraestrutura básica, assim como, bens destinados à produção para sua subsistência e de sua família, não integram o salário do trabalhador rural, desde que caracterizados como tais, em contrato escrito celebrado entre as partes, com testemunhas e notificação obrigatória ao respectivo sindicato de trabalhadores rurais.

•• § 5.º acrescentado pela Lei n. 9.300, de 29-8-1996.

Art. 10. A prescrição dos direitos assegurados por esta Lei aos trabalhadores rurais só ocorrerá após 2 (dois) anos de cessação do contrato de trabalho.

• *Vide* OJ 417 da SDI-1.

Parágrafo único. Contra o menor de 18 (dezoito) anos não corre qualquer prescrição.

Art. 11. Ao empregado rural maior de 16 (dezesseis) anos é assegurado salário mínimo igual ao do empregado adulto.

• *Vide* art. 7.º, XXXIII, da Constituição Federal.

Parágrafo único. Ao empregado menor de 16 (dezesseis) anos é assegurado salário mínimo fixado em valor correspondente à metade do salário mínimo estabelecido para o adulto.

• *Vide* art. 7.º, XXXIII, da Constituição Federal.

Art. 12. Nas regiões em que adota a plantação subsidiária ou intercalar (cultura secundária), a cargo de empregado rural, quando autorizada ou permitida, será objeto de contrato em separado.

Parágrafo único. Embora devendo integrar o resultado anual a que tiver direito o empregado rural, a plantação subsidiária ou intercalar não poderá compor a parte correspondente ao salário mínimo na remuneração geral do empregado, durante o ano agrícola.

Art. 13. Nos locais de trabalho rural serão observadas as normas de segurança e higiene estabelecidas em portaria do Ministro do Trabalho.

•• A Portaria n. 86, de 3-3-2005, do MTE, aprova a Norma Regulamentadora de Segurança e Saúde no Trabalho na Agricultura, Pecuária, Silvicultura, Exploração Florestal e Aquicultura.

Art. 14. Expirado normalmente o contrato, a empresa pagará ao safrista, a título de indenização do tempo de serviço, importância correspondente a 1/12 (um doze avos) do salário mensal, por mês de serviço ou fração superior a 14 (quatorze) dias.

Parágrafo único. Considera-se contrato de safra o que tenha sua duração dependente de variações estacionais da atividade agrária.

Art. 14-A. O produtor rural pessoa física poderá realizar contratação de trabalhador rural por pequeno prazo para o exercício de atividades de natureza temporária.

•• *Caput* acrescentado pela Lei n. 11.718, de 20-6-2008.

§ 1.º A contratação de trabalhador rural por pequeno prazo que, dentro do período de 1 (um) ano, superar 2 (dois) meses fica convertida em contrato de trabalho por prazo indeterminado, observando-se os termos da legislação aplicável.

•• § 1.º acrescentado pela Lei n. 11.718, de 20-6-2008.

§ 2.º A filiação e a inscrição do trabalhador de que trata este artigo na Previdência Social decorrem, automaticamente, da sua inclusão pelo empregador na Guia de Recolhimento do Fundo de Garantia do Tempo de Serviço e Informações à Previdência Social – GFIP, cabendo à Previdência Social instituir mecanismo que permita a sua identificação.

•• § 2.º acrescentado pela Lei n. 11.718, de 20-6-2008.

§ 3.º O contrato de trabalho por pequeno prazo deverá ser formalizado mediante a inclusão do trabalhador na GFIP, na forma do disposto no § 2.º deste artigo, e:

•• § 3.º, *caput*, acrescentado pela Lei n. 11.718, de 20-6-2008.

I – mediante a anotação na Carteira de Trabalho e Previdência Social e em Livro ou Ficha de Registro de Empregados; ou

•• Inciso I acrescentado pela Lei n. 11.718, de 20-6-2008.

II – mediante contrato escrito, em 2 (duas) vias, uma para cada parte, onde conste, no mínimo:

a) expressa autorização em acordo coletivo ou convenção coletiva;

b) identificação do produtor rural e do imóvel rural onde o trabalho será realizado e indicação da respectiva matrícula;

c) identificação do trabalhador, com indicação do respectivo Número de Inscrição do Trabalhador – NIT.

•• Inciso II acrescentado pela Lei n. 11.718, de 20-6-2008.

§ 4.º A contratação de trabalhador rural por pequeno prazo só poderá ser realizada por produtor rural pessoa física, proprietário ou não, que explore diretamente atividade agroeconômica.

•• § 4.º acrescentado pela Lei n. 11.718, de 20-6-2008.

§ 5.º A contribuição do segurado trabalhador rural contratado para prestar serviço na forma deste artigo é de 8% (oito por cento) sobre o respectivo salário de contribuição definido no inciso I do *caput* do art. 28 da Lei n. 8.212, de 24 de julho de 1991.

•• § 5.º acrescentado pela Lei n. 11.718, de 20-6-2008.

§ 6.º A não inclusão do trabalhador na GFIP pressupõe a inexistência de contratação na forma deste artigo, sem prejuízo de comprovação, por qualquer meio admitido em direito, da existência de relação jurídica diversa.

•• § 6.º acrescentado pela Lei n. 11.718, de 20-6-2008.

§ 7.º Compete ao empregador fazer o recolhimento das contribuições previdenciárias nos termos da legislação vigente, cabendo à Previdência Social e à Receita Federal do Brasil instituir mecanismos que facilitem o acesso do trabalhador e da entidade sindical que o representa às informações sobre as contribuições recolhidas.

•• § 7.º acrescentado pela Lei n. 11.718, de 20-6-2008.

§ 8.º São assegurados ao trabalhador rural contratado por pequeno prazo, além de remuneração equivalente à do trabalhador rural permanente, os demais direitos de natureza trabalhista.

•• § 8.º acrescentado pela Lei n. 11.718, de 20-6-2008.

§ 9.º Todas as parcelas devidas ao trabalhador de que trata este artigo serão calculadas dia a dia e pagas diretamente a ele mediante recibo.

•• § 9.º acrescentado pela Lei n. 11.718, de 20-6-2008.

§ 10. O Fundo de Garantia do Tempo de Serviço – FGTS deverá ser recolhido e poderá ser levantado nos termos da Lei n. 8.036, de 11 de maio de 1990.

•• § 10 acrescentado pela Lei n. 11.718, de 20-6-2008.

•• A Lei Complementar n. 147, de 7-8-2014, propôs o acréscimo do art. 14-B a esta Lei, porém sofreu veto presidencial. O texto vetado dizia:

"Art. 14-B. O segurado especial de que trata o inciso VII do art. 12 da Lei n. 8.212, de 24 de julho de 1991, quando contratar trabalhador na forma do art. 14-A, apresentará à Secretaria da Receita Federal do Brasil – RFB declaração unificada com dados relacionados a fatos geradores, base de cálculo e valores das contribuições devidas à Previdência Social e ao Fundo de Garantia do Tempo de Serviço – FGTS, e outras informações de interesse do Ministério do Trabalho e Emprego – MTE, do Instituto Nacional do Seguro Social – INSS e do Conselho Curador do FGTS.

§ 1.º Os Ministros de Estado da Fazenda, da Previdência Social e do Trabalho e Emprego definirão em ato conjunto, a forma, a periodicidade e o prazo:

I – de entrega da declaração unificada; e

II – do recolhimento das contribuições para a Previdência Social, do FGTS e das devidas a terceiros.

§ 2.º A entrega da declaração unificada de que trata o *caput* deste artigo substituirá a Guia de Recolhimento do Fundo de Garantia do Tempo de Serviço e Informações à Previdência Social – GFIP, a Relação Anual de Informações Sociais – RAIS e o Cadastro Geral de Empregados e Desempregados – CAGED.

§ 3.º O recolhimento do FGTS na forma deste artigo será creditado diretamente na conta vinculada do trabalhador, sendo assegurada a transferência dos elementos identificadores do respectivo recolhimento ao órgão gestor desse fundo.

§ 4.º Os Ministros de Estado da Fazenda, da Previdência Social e do Trabalho e Emprego poderão, por ato conjunto, estender a declaração de que trata o *caput* deste artigo para o produtor rural pessoa física que contratar trabalhador rural, na forma do art. 14-A desta Lei".

Art. 15. Durante o prazo do aviso prévio, se a rescisão tiver sido promovida pelo empregador, o empregado rural terá direito a 1 (um) dia por semana, sem prejuízo do salário integral, para procurar outro trabalho.

• *Vide* art. 7.º, XXI, da CF, sobre prazo de aviso prévio.

Art. 16. Toda propriedade rural, que mantenha a seu serviço ou trabalhando em seus limites mais de 50 (cinquenta) famílias de trabalhadores de qualquer natureza, é obrigada a possuir e conservar em funcionamento escola primária, inteiramente gratuita, para os filhos destes, com tantas classes quantos sejam os grupos de 40 (quarenta) crianças em idade escolar.

Parágrafo único. A matrícula da população em idade escolar será obrigatória, sem qualquer outra exigência, além da certidão de nascimento, para cuja obtenção o empregador proporcionará todas as facilidades aos responsáveis pelas crianças.

Art. 17. As normas da presente Lei são aplicáveis, no que couber, aos trabalhadores rurais não compreendidos na definição do art. 2.º, que prestem serviços a empregador rural.

Art. 18. As infrações aos dispositivos desta Lei serão punidas com multa de R$ 380,00 (trezentos e oitenta reais) por empregado em situação irregular.

•• *Caput* com redação determinada pela Medida Provisória n. 2.164-41, de 24-8-2001.

§ 1.º As infrações aos dispositivos da Consolidação das Leis do Trabalho – CLT e legislação esparsa, cometidas contra o trabalhador rural, serão punidas com as multas nelas previstas.

•• § 1.º com redação determinada pela Medida Provisória n. 2.164-41, de 24-8-2001.

§ 2.º As penalidades serão aplicadas pela autoridade competente do Ministério do Trabalho e Emprego, de acordo com o disposto no Título VII da CLT.

•• § 2.º com redação determinada pela Medida Provisória n. 2.164-41, de 24-8-2001.

§ 3.º A fiscalização do Ministério do Trabalho e Emprego exigirá dos empregadores rurais ou produtores equiparados a comprovação do recolhimento da Contribuição Sindical Rural das categorias econômica e profissional.

•• § 3.º com redação determinada pela Medida Provisória n. 2.164-41, de 24-8-2001.

Art. 19. O enquadramento e a contribuição sindical rurais continuam regidos pela legislação ora em vigor; o seguro social e o seguro contra acidente do trabalho rurais serão regulados por lei especial.

Art. 20. Lei especial disporá sobre a aplicação ao trabalhador rural, no que couber, do regime do Fundo de Garantia do Tempo de Serviço – FGTS.

Art. 21. Esta Lei entra em vigor na data de sua publicação, revogadas as disposições em contrário, em especial a Lei n. 4.214, de 2 de março de 1963, e o Decreto-lei n. 761, de 14 de agosto de 1969.

Brasília, 8 de junho de 1973; 152.º da Independência e 85.º da República.

EMÍLIO G. MÉDICI

LEI N. 6.019,
DE 3 DE JANEIRO DE 1974 (*)

Dispõe sobre o trabalho temporário nas empresas urbanas e dá outras providências.

O Presidente da República

Faço saber que o Congresso Nacional decreta e eu sanciono a seguinte Lei:

Art. 1.º As relações de trabalho na empresa de trabalho temporário, na empresa de prestação de serviços e nas respectivas tomadoras de serviço e contratante regem-se por esta Lei.

•• Artigo com redação determinada pela Lei n. 13.429, de 31-3-2017.

•• *Vide* Decreto n. 9.499, de 10-9-2018, que promulga o Mecanismo para o Exercício Profissional Temporário no âmbito do Mercosul.

•• *Vide* Súmula 331 do TST.

Art. 2.º Trabalho temporário é aquele prestado por pessoa física contratada por uma empresa de trabalho temporário que a coloca à disposição de uma empresa tomadora de serviços, para atender à necessidade de substituição transitória de pessoal permanente ou à demanda complementar de serviços.

•• *Caput* com redação determinada pela Lei n. 13.429, de 31-3-2017.

§ 1.º É proibida a contratação de trabalho temporário para a substituição de trabalhadores em greve, salvo nos casos previstos em lei.

•• § 1.º acrescentado pela Lei n. 13.429, de 31-3-2017.

• *Vide* Lei n. 7.783, de 28-6-1989 (greve).

§ 2.º Considera-se complementar a demanda de serviços que seja oriunda de fatores imprevisíveis ou, quando decorrente de fatores previsíveis, tenha natureza intermitente, periódica ou sazonal.

(*) Publicada no *DOU*, de 4-1-1974. Regulamentada pelo Decreto n. 73.841, de 13-3-1974. Vale-transporte; direito dos trabalhadores temporários: Decreto n. 95.247, de 17-11-1987, art. 1.º, III. Infração ao disposto nesta Lei: *vide* art. 3.º, III, da Lei n. 7.855, de 24-10-1989. A Instrução Normativa n. 114, de 5-11-2014, do MTE, estabelece diretrizes e disciplina a fiscalização do trabalho temporário regido por essa Lei.

•• § 2.º acrescentado pela Lei n. 13.429, de 31-3-2017.

Art. 3.º É reconhecida a atividade da empresa de trabalho temporário que passa a integrar o plano básico do enquadramento sindical a que se refere o art. 577, da Consolidação das Leis do Trabalho.

Art. 4.º Empresa de trabalho temporário é a pessoa jurídica, devidamente registrada no Ministério do Trabalho, responsável pela colocação de trabalhadores à disposição de outras empresas temporariamente.

•• Artigo com redação determinada pela Lei n. 13.429, de 31-3-2017.

Art. 4.º-A. Considera-se prestação de serviços a terceiros a transferência feita pela contratante da execução de quaisquer de suas atividades, inclusive sua atividade principal, à pessoa jurídica de direito privado prestadora de serviços que possua capacidade econômica compatível com a sua execução.

•• *Caput* com redação determinada pela Lei n. 13.467, de 13-7-2017.

•• *Vide* Enunciados n. 75 a 82 da 2.ª Jornada de Direito Material e Processual do Trabalho.

§ 1.º A empresa prestadora de serviços contrata, remunera e dirige o trabalho realizado por seus trabalhadores, ou subcontrata outras empresas para realização desses serviços.

•• § 1.º acrescentado pela Lei n. 13.429, de 31-3-2017.

§ 2.º Não se configura vínculo empregatício entre os trabalhadores, ou sócios das empresas prestadoras de serviços, qualquer que seja o seu ramo, e a empresa contratante.

•• § 2.º acrescentado pela Lei n. 13.429, de 31-3-2017.

Art. 4.º-B. São requisitos para o funcionamento da empresa de prestação de serviços a terceiros:

•• *Caput* acrescentado pela Lei n. 13.429, de 31-3-2017.

I – prova de inscrição no Cadastro Nacional da Pessoa Jurídica (CNPJ);

•• Inciso I acrescentado pela Lei n. 13.429, de 31-3-2017.

II – registro na Junta Comercial;

•• Inciso II acrescentado pela Lei n. 13.429, de 31-3-2017.

III – capital social compatível com o número de empregados, observando-se os seguintes parâmetros:

•• Inciso III, *caput*, acrescentado pela Lei n. 13.429, de 31-3-2017.

a) empresas com até dez empregados – capital mínimo de R$ 10.000,00 (dez mil reais);

•• Alínea *a* acrescentada pela Lei n. 13.429, de 31-3-2017.

b) empresas com mais de dez e até vinte empregados – capital mínimo de R$ 25.000,00 (vinte e cinco mil reais);

•• Alínea *b* acrescentada pela Lei n. 13.429, de 31-3-2017.

c) empresas com mais de vinte e até cinquenta empregados – capital mínimo de R$ 45.000,00 (quarenta e cinco mil reais);

•• Alínea *c* acrescentada pela Lei n. 13.429, de 31-3-2017.

d) empresas com mais de cinquenta e até cem empregados – capital mínimo de R$ 100.000,00 (cem mil reais); e

•• Alínea *d* acrescentada pela Lei n. 13.429, de 31-3-2017.

e) empresas com mais de cem empregados – capital mínimo de R$ 250.000,00 (duzentos e cinquenta mil reais).

•• Alínea *e* acrescentada pela Lei n. 13.429, de 31-3-2017.

• *Vide* Súmula 524 do STJ.

Art. 4.º-C. São asseguradas aos empregados da empresa prestadora de serviços a que se refere o art. 4.º-A desta Lei, quando e enquanto os serviços, que podem ser de qualquer uma das atividades da contratante, forem executados nas dependências da tomadora, as mesmas condições:

•• *Caput* acrescentado pela Lei n. 13.467, de 13-7-2017.

I – relativas a:

•• Inciso I, *caput*, acrescentado pela Lei n. 13.467, de 13-7-2017.

a) alimentação garantida aos empregados da contratante, quando oferecida em refeitórios;

•• Alínea *a* acrescentada pela Lei n. 13.467, de 13-7-2017.

b) direito de utilizar os serviços de transporte;

•• Alínea *b* acrescentada pela Lei n. 13.467, de 13-7-2017.

c) atendimento médico ou ambulatorial existente nas dependências da contratante ou local por ela designado;

•• Alínea *c* acrescentada pela Lei n. 13.467, de 13-7-2017.

d) treinamento adequado, fornecido pela contratada, quando a atividade o exigir.

•• Alínea *d* acrescentada pela Lei n. 13.467, de 13-7-2017.

II – sanitárias, de medidas de proteção à saúde e de segurança no trabalho e de instalações adequadas à prestação do serviço.

•• Inciso II acrescentado pela Lei n. 13.467, de 13-7-2017.

§ 1.º Contratante e contratada poderão estabelecer, se assim entenderem, que os empregados da contratada farão jus a salário equivalente ao pago aos empregados da contratante, além de outros direitos não previstos neste artigo.

•• § 1.º acrescentado pela Lei n. 13.467, de 13-7-2017.

§ 2.º Nos contratos que impliquem mobilização de empregados da contratada em número igual ou superior a 20% (vinte por cento) dos empregados da contratante, esta poderá disponibilizar aos empregados da contratada os serviços de alimentação e atendimento ambulatorial em outros locais apropriados e com igual padrão de atendimento, com vistas a manter o pleno funcionamento dos serviços existentes.

•• § 2.º acrescentado pela Lei n. 13.467, de 13-7-2017.

Art. 5.º Empresa tomadora de serviços é a pessoa jurídica ou entidade a ela equiparada que celebra contrato de prestação de trabalho temporário com a empresa definida no art. 4.º desta Lei.

•• Artigo com redação determinada pela Lei n. 13.429, de 31-3-2017.

Art. 5.º-A. Contratante é a pessoa física ou jurídica que celebra contrato com empresa de prestação de serviços relacionados a quaisquer de suas atividades, inclusive sua atividade principal.

•• *Caput* com redação determinada pela Lei n. 13.467, de 13-7-2017.

§ 1.º É vedada à contratante a utilização dos trabalhadores em atividades distintas daquelas que foram objeto do contrato com a empresa prestadora de serviços.

•• § 1.º acrescentado pela Lei n. 13.429, de 31-3-2017.

§ 2.º Os serviços contratados poderão ser executados nas instalações físicas da empresa contratante ou em outro local, de comum acordo entre as partes.

•• § 2.º acrescentado pela Lei n. 13.429, de 31-3-2017.

§ 3.º É responsabilidade da contratante garantir as condições de segurança, higiene e salubridade dos trabalhadores, quando o trabalho for realizado em suas dependências ou local previamente convencionado em contrato.

•• § 3.º acrescentado pela Lei n. 13.429, de 31-3-2017.

§ 4.º A contratante poderá estender ao trabalhador da empresa de prestação de serviços o mesmo atendimento médico, ambulatorial e de refeição destinado aos seus empregados, existente nas dependências da contratante, ou local por ela designado.

•• § 4.º acrescentado pela Lei n. 13.429, de 31-3-2017.

§ 5.º A empresa contratante é subsidiariamente responsável pelas obrigações trabalhistas referentes ao período em que ocorrer a prestação de serviços, e o recolhimento das contribuições previdenciárias observará o disposto no art. 31 da Lei n. 8.212, de 24 de julho de 1991.

•• § 5.º acrescentado pela Lei n. 13.429, de 31-3-2017.

Art. 5.º-B. O contrato de prestação de serviços conterá:

•• *Caput* acrescentado pela Lei n. 13.429, de 31-3-2017.

I – qualificação das partes;

•• Inciso I acrescentado pela Lei n. 13.429, de 31-3-2017.

II – especificação do serviço a ser prestado;

•• Inciso II acrescentado pela Lei n. 13.429, de 31-3-2017.

III – prazo para realização do serviço, quando for o caso;

•• Inciso III acrescentado pela Lei n. 13.429, de 31-3-2017.

IV – valor.

•• Inciso IV acrescentado pela Lei n. 13.429, de 31-3-2017.

Art. 5.º-C. Não pode figurar como contratada, nos termos do art. 4.º-A desta Lei, a pessoa jurídica cujos titulares ou sócios tenham, nos últimos dezoito meses, prestado serviços à contratante na qualidade de empregado ou trabalhador sem vínculo empregatício, exceto se os referidos titulares ou sócios forem aposentados.

•• Artigo acrescentado pela Lei n. 13.467, de 13-7-2017.

Art. 5.º-D. O empregado que for demitido não poderá prestar serviços para esta mesma empresa na qualidade de empregado de empresa prestadora de serviços antes do decurso de prazo de dezoito meses, contados a partir da demissão do empregado.

•• Artigo acrescentado pela Lei n. 13.467, de 13-7-2017.

Art. 6.º São requisitos para funcionamento e registro da empresa de trabalho temporário no Ministério do Trabalho:

•• *Caput* com redação determinada pela Lei n. 13.429, de 31-3-2017.

a) a *f)* (*Revogadas pela Lei n. 13.429, de 31-3-2017.*)

I – prova de inscrição no Cadastro Nacional da Pessoa Jurídica (CNPJ), do Ministério da Fazenda;

•• Inciso I acrescentado pela Lei n. 13.429, de 31-3-2017.

II – prova do competente registro na Junta Comercial da localidade em que tenha sede;

•• Inciso II acrescentado pela Lei n. 13.429, de 31-3-2017.

III – prova de possuir capital social de, no mínimo, R$ 100.000,00 (cem mil reais).

•• Inciso III acrescentado pela Lei n. 13429, de 31-3-2017.

Parágrafo único. (*Revogado pela Lei n. 13.429, de 31-3-2017.*)

Art. 7.º A empresa de trabalho temporário que estiver funcionando na data da vigência desta Lei terá o prazo de 90 (noventa) dias para o atendimento das exigências contidas no artigo anterior.

Parágrafo único. A empresa infratora do presente artigo poderá ter o seu funcionamento suspenso, por ato do Diretor-Geral do Departamento Nacional de Mão de Obra, cabendo recurso ao Ministro de Estado, no prazo de 10 (dez) dias, a contar da publicação do ato no *Diário Oficial da União*.

Art. 8.º A empresa de trabalho temporário é obrigada a fornecer ao Departamento Nacional de Mão de Obra, quando solicitada, os elementos de informação julgados necessários ao estudo do mercado de trabalho.

Art. 9.º O contrato celebrado pela empresa de trabalho temporário e a tomadora de serviços será por escrito, ficará à disposição da autoridade fiscalizadora no estabelecimento da tomadora de serviços e conterá:

•• *Caput* com redação determinada pela Lei n. 13.429, de 31-3-2017.

I – qualificação das partes;

•• Inciso I acrescentado pela Lei n. 13.429, de 31-3-2017.

II – motivo justificador da demanda de trabalho temporário;

•• Inciso II acrescentado pela Lei n. 13.429, de 31-3-2017.

III – prazo da prestação de serviços;

•• Inciso III acrescentado pela Lei n. 13.429, de 31-3-2017.

IV – valor da prestação de serviços;

•• Inciso IV acrescentado pela Lei n. 13.429, de 31-3-2017.

V – disposições sobre a segurança e a saúde do trabalhador, independentemente do local de realização do trabalho.

•• Inciso V acrescentado pela Lei n. 13.429, de 31-3-2017.

§ 1.º É responsabilidade da empresa contratante garantir as condições de segurança, higiene e salubridade dos trabalhadores, quando o trabalho for realizado em suas dependências ou em local por ela designado.

•• § 1.º acrescentado pela Lei n. 13.429, de 31-3-2017.

§ 2.º A contratante estenderá ao trabalhador da empresa de trabalho temporário o mesmo atendimento médico, ambulatorial e de refeição destinado aos seus empregados, existente nas dependências da contratante, ou local por ela designado.

•• § 2.º acrescentado pela Lei n. 13.429, de 31-3-2017.

§ 3.º O contrato de trabalho temporário pode versar sobre o desenvolvimento de atividades-meio e atividades-fim a serem executadas na empresa tomadora de serviços.

•• § 3.º acrescentado pela Lei n. 13.429, de 31-3-2017.

•• O STF julgou procedente a ADPF n. 324, de 30-8-2018 (*DOU* de 10-9-2018), assentando a "licitude da terceirização de atividade-fim ou meio", e esclarecendo que "a decisão deste julgamento não afeta os processos em relação aos quais tenha havido coisa julgada".

Art. 10. Qualquer que seja o ramo da empresa tomadora de serviços, não existe vínculo de emprego entre ela e os trabalhadores contratados pelas empresas de trabalho temporário.

•• *Caput* com redação determinada pela Lei n. 13.429, de 31-3-2017.

§ 1.º O contrato de trabalho temporário, com relação ao mesmo empregador, não poderá exceder ao prazo de cento e oitenta dias, consecutivos ou não.

•• § 1.º acrescentado pela Lei n. 13.429, de 31-3-2017.

§ 2.º O contrato poderá ser prorrogado por até noventa dias, consecutivos ou não, além do prazo estabelecido no § 1.º deste artigo, quando comprovada a manutenção das condições que o ensejaram.

•• § 2.º acrescentado pela Lei n. 13.429, de 31-3-2017.

§ 3.º (*Vetado*.)

•• § 3.º acrescentado pela Lei n. 13.429, de 31-3-2017.

§ 4.º Não se aplica ao trabalhador temporário, contratado pela tomadora de serviços, o contrato de experiência previsto no parágrafo único do art. 445 da Consolidação das Leis do Trabalho (CLT), aprovada pelo Decreto-lei n. 5.452, de 1.º de maio de 1943.

•• § 4.º acrescentado pela Lei n. 13.429, de 31-3-2017.

§ 5.º O trabalhador temporário que cumprir o período estipulado nos §§ 1.º e 2.º deste artigo somente poderá ser colocado à disposição da mesma tomadora de serviços em novo contrato temporário, após noventa dias do término do contrato anterior.

•• § 5.º acrescentado pela Lei n. 13.429, de 31-3-2017.

§ 6.º A contratação anterior ao prazo previsto no § 5.º deste artigo caracteriza vínculo empregatício com a tomadora.

•• § 6.º acrescentado pela Lei n. 13.429, de 31-3-2017.

§ 7.º A contratante é subsidiariamente responsável pelas obrigações trabalhistas referentes ao período em que ocorrer o trabalho temporário, e o recolhimento das contribuições previdenciárias observará o disposto no art. 31 da Lei n. 8.212, de 24 de julho de 1991.

•• § 7.º acrescentado pela Lei n. 13.429, de 31-3-2017.

Art. 11. O contrato de trabalho celebrado entre empresa de trabalho temporário e cada um dos assalariados colocados à disposição de uma empresa tomadora ou cliente será, obrigatoriamente, escrito e dele deverão constar, expressamente, os direitos conferidos aos trabalhadores por esta Lei.

• *Vide* Súmula 524 do STJ.

Parágrafo único. Será nula de pleno direito qualquer cláusula de reserva, proibindo a contratação do trabalhador pela empresa tomadora ou cliente ao fim do prazo em que tenha sido colocado à sua disposição pela empresa de trabalho temporário.

•• A Lei n. 13.429, de 31-3-2017, propôs nova redação para este parágrafo único, porém teve seu texto vetado.

Art. 12. Ficam assegurados ao trabalhador temporário os seguintes direitos:

•• A Lei n. 13.429, de 31-3-2017, propôs nova redação para este *caput*, a revogação de suas alíneas e o acréscimo dos incisos I a III, porém teve seu texto vetado.

a) remuneração equivalente à percebida pelos empregados de mesma categoria da empresa tomadora ou cliente calculados à base horária, garantida, em qualquer hipótese, a percepção do salário mínimo regional;

b) jornada de 8 (oito) horas, remuneradas as horas extraordinárias não excedentes de 2 (duas), com acréscimo de 20% (vinte por cento);

•• *Vide* art. 7.º, XVI, da Constituição Federal.

c) férias proporcionais, nos termos do art. 25 da Lei n. 5.107, de 13 de setembro de 1966;

d) repouso semanal remunerado;

e) adicional por trabalho noturno;

f) indenização por dispensa sem justa causa ou término normal do contrato, correspondente a 1/12 (um doze avos) do pagamento recebido;

• *Vide* art. 20, IX, da Lei n. 8.036, de 11-5-1990, regulamentada pelo Decreto n. 99.684, de 8-11-1990.

• *Vide* art. 10, VIII, da Instrução Normativa n. 144, de 18-5-2018.

g) seguro contra acidente do trabalho;

h) proteção previdenciária nos termos do disposto na Lei Orgânica da Previdência Social, com as alterações introduzidas pela Lei n. 5.890, de 8 de junho de 1973 (art. 5.º, III, *c*, do Decreto n. 72.771, de 6 de setembro de 1973).

§ 1.º Registrar-se-á na Carteira de Trabalho e Previdência Social do trabalhador sua condição de temporário.

•• A Lei n. 13.429, de 31-3-2017, propôs a revogação deste § 1.º, porém teve seu texto vetado.

§ 2.º A empresa tomadora ou cliente é obrigada a comunicar à empresa de trabalho temporário a ocorrência de todo acidente cuja vítima seja um assalariado posto à sua disposição, considerando-se local de trabalho, para efeito da legislação específica, tanto aquele onde se efetua a prestação do trabalho quanto a sede da empresa de trabalho temporário.

•• A Lei n. 13.429, de 31-3-2017, propôs a revogação deste § 2.º e o acréscimo do § 3.º, porém teve seu texto vetado.

Art. 13. Constituem justa causa para rescisão do contrato do trabalhador temporário os atos e circunstâncias mencionados nos arts. 482 e 483, da Consolidação das Leis do Trabalho, ocorrentes entre o trabalhador e a empresa de trabalho temporário ou entre aquele e a empresa cliente onde estiver prestando serviço.

Art. 14. As empresas de trabalho temporário são obrigadas a fornecer às empresas tomadoras ou clientes, a seu pedido, comprovante da regularidade de sua situação com o Instituto Nacional de Previdência Social.

Art. 15. A fiscalização do trabalho poderá exigir da empresa tomadora ou cliente a apresentação do contrato firmado com a empresa de trabalho temporário, e, desta última, o contrato firmado com o trabalhador, bem como a comprovação do respectivo recolhimento das contribuições previdenciárias.

• *Vide* Súmula 524 do STJ.

Art. 16. No caso de falência da empresa de trabalho temporário, a empresa tomadora ou cliente é solidariamente responsável pelo recolhimento das contribuições previdenciárias, no tocante ao tempo em que o trabalhador esteve sob suas ordens, assim como em referência ao mesmo período, pela remuneração e indenização previstas nesta Lei.

• *Vide* Lei de Falências e Recuperação de Empresas: Lei n. 11.101, de 9-2-2005.

Art. 17. É defeso às empresas de prestação de serviço temporário a contratação de estrangeiros com visto provisório de permanência no País.

Art. 18. É vedado à empresa de trabalho temporário cobrar do trabalhador qualquer importância, mesmo a título de mediação, podendo apenas efetuar os descontos previstos em Lei.

Parágrafo único. A infração deste artigo importa no cancelamento do registro para funcionamento da empresa de trabalho temporário, sem prejuízo das sanções administrativas e penais cabíveis.

Art. 19. Competirá à Justiça do Trabalho dirimir os litígios entre as empresas de serviço temporário e seus trabalhadores.

• *Vide* Súmula 524 do STJ.

Art. 19-A. O descumprimento do disposto nesta Lei sujeita a empresa infratora ao pagamento de multa.

•• *Caput* acrescentado pela Lei n. 13.429, de 31-3-2017.

Parágrafo único. A fiscalização, a autuação e o processo de imposição das multas reger-se-ão pelo Título VII da Consolidação das Leis do Trabalho (CLT), aprovada pelo Decreto-lei n. 5.452, de 1.º de maio de 1943.

•• Parágrafo único acrescentado pela Lei n. 13.429, de 31-3-2017.

•• *Vide* arts. 626 a 642 da CLT.

Art. 19-B. O disposto nesta Lei não se aplica às empresas de vigilância e transporte de valores, permanecendo as respectivas relações de trabalho reguladas por legislação especial, e subsidiariamente pela Consolidação das Leis do Trabalho (CLT), aprovada pelo Decreto-lei n. 5.452, de 1.º de maio de 1943.

•• Artigo acrescentado pela Lei n. 13.429, de 31-3-2017.

•• *Vide* Súmula 331 do TST.

Art. 19-C. Os contratos em vigência, se as partes assim acordarem, poderão ser adequados aos termos desta Lei.

•• Artigo acrescentado pela Lei n. 13.429, de 31-3-2017.

Art. 20. Esta Lei entrará em vigor 60 (sessenta) dias após sua publicação, revogadas as disposições em contrário.

Brasília, 3 de janeiro de 1974; 153.º da Independência e 86.º da República.

EMÍLIO G. MÉDICI

DECRETO N. 73.626,

DE 12 DE FEVEREIRO DE 1974 (*)

Aprova o Regulamento da Lei n. 5.889, de 8 de junho de 1973.

O Presidente da República, no uso da atribuição que lhe confere o art. 81, III, da Constituição, e tendo em vista a Lei n. 5.889, de 8 de junho de 1973, decreta:

Art. 1.º É aprovado o anexo Regulamento, assinado pelo Ministro do Trabalho e Previdência Social, disciplinando a aplicação das normas concernentes às relações individuais e coletivas de trabalho rural, estatuídas pela Lei n. 5.889, de 8 de junho de 1973.

Art. 2.º O presente Decreto entrará em vigor na data de sua publicação, revogadas as disposições em contrário.

Brasília, 12 de fevereiro de 1974; 153.º da Independência e 86.º da República.

EMÍLIO G. MÉDICI

REGULAMENTO DAS RELAÇÕES INDIVIDUAIS E COLETIVAS DE TRABALHO RURAL

Art. 1.º Este Regulamento disciplina a aplicação das normas concernentes às relações individuais e coletivas de trabalho rural estatuídas pela Lei n. 5.889, de 8 de junho de 1973.

Art. 2.º Considera-se empregador rural, para os efeitos deste Regulamento, a pessoa física ou jurídica, proprietária ou não, que explore atividade agroeconômica, em caráter permanente ou temporário, diretamente ou através de prepostos e com auxílio de empregados.

§ 1.º Equipara-se ao empregador rural a pessoa física ou jurídica que, habitualmente, em caráter profissional, e por conta de terceiros, execute serviços de natureza agrária, mediante utilização do trabalho de outrem.

§ 2.º Sempre que uma ou mais empresas, embora tendo cada uma delas personalidade jurídica própria, estiverem sob direção, controle ou administração de outra, ou ainda quando, mesmo guardando cada uma sua autonomia, integrem grupo econômico ou financeiro rural, serão responsáveis solidariamente nas obrigações decorrentes da relação de emprego.

§ 3.º Inclui-se na atividade econômica referida no *caput* deste artigo a exploração industrial em estabelecimento agrário.

§ 4.º Consideram-se como exploração industrial em estabelecimento agrário, para os fins do parágrafo anterior, as atividades que compreendem o primeiro tratamento dos produtos agrários *in natura* sem transformá-los em sua natureza, tais como:

I – o beneficiamento, a primeira modificação e o preparo dos produtos agropecuários e hortigranjeiros e das matérias-primas de origem animal ou vegetal para posterior venda ou industrialização;

II – o aproveitamento dos subprodutos oriundos das operações de preparo e modificação dos produtos *in natura*, referidas no item anterior.

§ 5.º Para os fins previstos no § 3.º, não será considerada indústria rural aquela que, operando a primeira transformação do produto agrário, altere a sua natureza, retirando-lhe a condição de matéria-prima.

(*) Publicado no *DOU*, de 13-2-1974.

Art. 3.º Empregado rural é toda pessoa física que, em propriedade rural ou prédio rústico, presta serviços de natureza não eventual a empregador rural, sob a dependência deste e mediante salário.

Art. 4.º Nas relações de trabalho rural aplicam-se os arts. 4.º a 6.º; 8.º a 10; 13 a 19; 21; 25 a 29; 31 a 34; 36 a 44; 48 a 50; 62, *b*; 67 a 70; 74; 76; 78 e 79; 83; 84; 86; 116 a 118; 124; 126; 129 a 133; 134, *a*, *c*, *d*, *e* e *f*; 135 a 142; parágrafo único do art. 143; 144; 147; 359; 366; 372; 377; 379; 387 a 396; 399; 402; 403; 405, *caput* e § 5.º; 407 a 410; 414 a 427; 437; 439; 441 a 457; 458, *caput*, e § 2.º; 459 a 479; 480, *caput* e § 1.º; 481 a 487; 489 a 504; 511 a 535; 537 a 552; 553, *caput*, *b*, *c*, *d* e *e*, e §§ 1.º e 2.º; 554 a 562; 564 a 566; 570, *caput*; 601 a 603; 605 a 629; 630, *caput*, e §§ 1.º, 2.º, 3.º, 4.º, 5.º, 7.º e 8.º; 631 a 685; 687 a 690; 693; 694; 696; 697; 699 a 702; 707 a 721; 722, *caput*, *b* e *c*, e §§ 1.º, 2.º e 3.º; 723 a 725; 727 a 733; 735 a 754; 763 a 914, da Consolidação das Leis do Trabalho, aprovada pelo Decreto-lei n. 5.452, de 1.º de maio de 1943, com suas alterações.

Parágrafo único. Aplicam-se, igualmente, nas relações de trabalho rural:

I – os arts. 1.º, 2.º, *caput*, *a*; 4.º, 5.º (este com as limitações do Decreto-lei n. 86, de 27 de dezembro de 1966); 6.º; 7.º; 8.º; 9.º; 10; 11; 12; 13; 14; 15; 16 do Regulamento da Lei n. 605, de 5 de janeiro de 1949, aprovado pelo Decreto n. 27.048, de 12 de agosto de 1949;

II – os arts. 1.º; 2.º; 3.º; 4.º; 5.º; 6.º; 7.º, do Regulamento da Lei n. 4.090, de 13 de junho de 1962, com as alterações da Lei n. 4.749, de 12 de agosto de 1965, aprovado pelo Decreto n. 57.155, de 3 de novembro de 1965;

III – os arts. 1.º; 2.º; 3.º; 6.º; 11; 12, da Lei n. 4.725, de 13 de julho de 1965, com as alterações da Lei n. 4.903, de 16 de dezembro de 1965;

IV – os arts. 1.º; 2.º; 3.º; 5.º; 7.º; 8.º; 9.º; 10, do Decreto-lei n. 15, de 29 de julho de 1966, com a redação do Decreto-lei n. 17, de 22 de agosto de 1966.

Art. 5.º Os contratos de trabalho, individuais ou coletivos, estipularão, conforme os usos, praxes e costumes de cada região, o início e o término normal da jornada de trabalho, que não poderá exceder de 8 (oito) horas por dia.

§ 1.º Será obrigatória, em qualquer trabalho contínuo de duração superior a 6 (seis) horas, a concessão de um intervalo mínimo de 1 (uma) hora para repouso ou alimentação, observados os usos e costumes da região.

§ 2.º Os intervalos para repouso ou alimentação não serão computados na duração do trabalho.

Art. 6.º Entre 2 (duas) jornadas de trabalho haverá um período mínimo de 11 (onze) horas consecutivas para descanso.

Art. 7.º A duração normal do trabalho poderá ser acrescida de horas suplementares, em número não excedente de 2 (duas), mediante acordo escrito entre o empregador e o empregado ou mediante contrato coletivo de trabalho, observado o disposto no artigo anterior.

§ 1.º Do acordo ou do contrato coletivo de trabalho deverá constar, obrigatoriamente, a importância da remuneração da hora suplementar que será, pelo menos, 20% (vinte por cento) superior à da hora normal.

§ 2.º Poderá ser dispensado o acréscimo de salário se, por força de acordo ou contrato coletivo, o excesso de horas em um dia for compensado pela correspondente redução em outro dia, de maneira que não exceda o horário normal da semana.

Art. 8.º A duração da jornada de trabalho poderá exceder do limite legal ou convencionado para terminar serviços que, pela sua natureza, não possam ser adiados, ou para fazer face a motivo de força maior.

§ 1.º O excesso, nos casos deste artigo, poderá ser exigido independentemente de acordo ou contrato coletivo e deverá ser comunicado, dentro de 10 (dez) dias, à Delegacia Regional do Trabalho, ou, antes desse prazo, justificado aos agentes fiscais, sem prejuízo daquela comunicação.

§ 2.º Nos casos de excesso de horário por motivo de força maior, a remuneração da hora excedente não será inferior à da hora normal. Nos demais casos de excesso previsto neste artigo, a remuneração será, pelo menos, 25% (vinte e cinco por cento) superior à da hora normal, e o trabalho não poderá exceder de 12 (doze) horas.

Art. 9.º A duração da jornada de trabalho poderá igualmente exceder do limite legal ou convencionado, até o máximo de 2 (duas) horas, durante o número de dias necessários, para compensar interrupções do trabalho decorrentes de causas acidentais ou de força maior, desde que a jornada diária não exceda de 10 (dez) horas.

Parágrafo único. A prorrogação a que se refere este artigo não poderá exceder de 45 (quarenta e cinco) dias por ano, condicionada à prévia autorização da autoridade competente.

Art. 10. Nos serviços intermitentes não serão computados, como de efetivo exercício, os intervalos entre uma e outra parte da execução da tarefa diária, devendo essa característica ser expressamente ressalvada na Carteira de Trabalho e Previdência Social.

Parágrafo único. Considera-se serviço intermitente aquele que, por sua natureza, seja normalmente executado em duas ou mais etapas diárias distintas, desde que haja interrupção do trabalho de, no mínimo, 5 (cinco) horas, entre uma e outra parte da execução da tarefa.

Art. 11. Todo trabalho noturno acarretará acréscimo de 25% (vinte e cinco por cento) sobre a remuneração normal da hora diurna.

Parágrafo único. Considera-se trabalho noturno, para os efeitos deste artigo, o executado entre as 21 (vinte e uma) horas de um dia e as 5 (cinco) horas do dia seguinte, na lavoura, e entre as 20 (vinte) horas de um dia e as 4 (quatro) horas do dia seguinte, na atividade pecuária.

Art. 12. Ao menor de 18 (dezoito) anos é vedado o trabalho noturno.

Art. 13. Ao menor de 12 (doze) anos é proibido qualquer trabalho.

Art. 14. As normas referentes à jornada de trabalho, trabalho noturno, trabalho do menor e outras compatíveis com a modalidade das respectivas atividades aplicam-se aos avulsos e outros trabalhadores rurais que, sem vínculo de emprego, prestam serviços a empregadores rurais.

Art. 15. Ao empregado maior de 16 (dezesseis) anos é assegurado salário mínimo regional de adulto.

Parágrafo único. Ao empregado menor de 16 (dezesseis) anos é assegurado salário mínimo igual à metade do salário mínimo regional de adulto.

Art. 16. Além das hipóteses de determinação legal ou decisão judicial, somente poderão ser efetuados no salário do empregado os seguintes descontos:

I – até o limite de 20% (vinte por cento) do salário mínimo regional, pela ocupação da morada;

II – até o limite de 25% (vinte e cinco por cento) do salário mínimo regional, pelo fornecimento de alimentação;

III – valor de adiantamentos em dinheiro.

§ 1.º As deduções especificadas nos itens I, II e III deverão ser previamente autorizadas pelo empregado, sem o que serão nulas de pleno direito.

§ 2.º Para os fins a que se refere o item I deste artigo, considera-se morada a habitação fornecida pelo empregador, a qual, atendendo às condições peculiares de cada região, satisfaça os requisitos de salubridade e higiene estabelecidos em normas expedidas pelas Delegacias Regionais do Trabalho.

Art. 17. Sempre que mais de um empregado residir na mesma morada, o valor correspondente ao percentual do desconto previsto no item I, do art. 15, será dividido igualmente pelo número total de ocupantes.

Parágrafo único. É vedada, em qualquer hipótese, a moradia coletiva de famílias.

Art. 18. Rescindido ou findo o contrato de trabalho, o empregado será obrigado a desocupar a morada fornecida pelo empregador dentro de 30 (trinta) dias.

Art. 19. Considera-se safreiro ou safrista o trabalhador que se obriga à prestação de serviços mediante contrato de safra.

Parágrafo único. Contrato de safra é aquele que tenha sua duração dependente de variações estacionais das atividades agrárias, assim entendidas as tarefas normalmente executadas no período compreendido entre o preparo do solo para o cultivo e a colheita.

Art. 20. Expirado normalmente o contrato de safra, o empregador pagará ao safreiro, a título de indenização do tempo de serviço, a importância correspondente a 1/12 (um doze avos) do salário mensal, por mês de serviço ou fração superior a 14 (quatorze) dias.

Art. 21. Não havendo prazo estipulado, a parte que, sem justo motivo, quiser rescindir o contrato de trabalho, deverá avisar à outra da sua resolução com a antecedência mínima de:

I – 8 (oito) dias, se o pagamento for efetuado por semana ou tempo inferior;

•• *Vide* art. 7.º, XXI, da CF, mudando esse prazo.

II – 30 (trinta) dias, se o pagamento for efetuado por quinzena ou mês, ou se o empregado contar mais de 12 (doze) meses de serviço na empresa.

Art. 22. Durante o prazo do aviso prévio, se a rescisão tiver sido promovida pelo empregador, o empregado rural terá direito a 1 (um) dia por semana, sem prejuízo do salário integral, para procurar outro emprego.

Art. 23. A aposentadoria por idade concedida ao empregado rural, na forma da Lei Complementar n. 11, de 25 de maio de 1971, e sua regulamentação, não acarretará rescisão do respectivo contrato de trabalho, nem constituirá justa causa para a dispensa.

Parágrafo único. Constitui justa causa, para rescisão do contrato de trabalho, além das apuradas em inquérito administrativo processado pelo Ministério do Trabalho, a incapacidade total e permanente, resultante de idade avançada, enfermidade ou lesão orgânica, comprovada mediante perícia médica a cargo da Delegacia Regional do Trabalho.

Art. 24. Aplicam-se ao empregado e empregador rural as normas referentes ao enquadramento e contribuição sindical constantes do Decreto-lei n. 1.166, de 15 de abril de 1971.

Art. 25. A plantação subsidiária ou intercalar (cultura secundária), a cargo do empregado, quando de interesse também do empregador, será objeto de contrato em separado.

§ 1.º Se houver necessidade de utilização de safreiros nos casos previstos neste artigo, os encargos decorrentes serão sempre de responsabilidade do empregador.

§ 2.º O resultado anual a que tiver direito o empregado rural, quer em dinheiro, quer em produto *in natura*, não poderá ser computado como parte correspondente ao salário mínimo na remuneração geral do empregado durante o ano agrícola.

Art. 26. O empregador rural que tiver a seu serviço, nos limites de sua propriedade, mais de 50 (cinquenta) trabalhadores de qualquer natureza, com família, é obrigado a possuir e conservar em funcionamento escola primária, inteiramente gratuita, para os menores dependentes, com tantas classes quantos sejam os grupos de 40 (quarenta) crianças em idade escolar.

Art. 27. A prescrição dos direitos assegurados aos trabalhadores rurais só ocorrerá após 2 (dois) anos da rescisão ou término do contrato de trabalho.

Parágrafo único. Contra o menor de 18 (dezoito) anos não corre qualquer prescrição.

Art. 28. O Ministro do Trabalho estabelecerá, através de Portaria, as normas de segurança e higiene do trabalho a serem observadas nos locais de trabalho rural.

Art. 29. As infrações aos dispositivos deste Regulamento e aos da Consolidação das Leis do Trabalho, salvo as do Título IV, Capítulos I, III, IV, VIII e IX, serão punidas com multa de 1/10 (um décimo) do salário mínimo regional a 10 (dez) salários mínimos regionais, segundo a natureza da infração e sua gravidade, aplicada em dobro nos casos de reincidência, oposição à fiscalização ou desacato à autoridade, sem prejuízo de outras sanções cabíveis.

§ 1.º A falta de registro de empregados ou o seu registro em livros ou fichas não rubricadas e legalizadas, na forma do art. 42, da Consolidação das Leis do Trabalho, sujeitará a empresa infratora à multa de 1 (um) salário mínimo regional por empregado em situação irregular.

§ 2.º Tratando-se de infrator primário, a penalidade, prevista neste artigo, não excederá de 4 (quatro) salários mínimos regionais.

§ 3.º As penalidades serão aplicadas pela autoridade competente do Ministério do Trabalho, de acordo com o disposto no Título VII, da Consolidação das Leis do Trabalho.

Art. 30. Aquele que recusar o exercício da função de vogal de Junta de Conciliação e Julgamento ou de juiz representante classista de Tribunal Regional, sem motivo justificado, incorrerá nas penas de multa previstas no artigo anterior além da suspensão do direito de representação profissional por 2 (dois) a 5 (cinco) anos.

Júlio Barata

DECRETO N. 73.841,

DE 13 DE MARÇO DE 1974 (*)

Regulamenta a Lei n. 6.019, de 3 de janeiro de 1974, que dispõe sobre o trabalho temporário.

O Presidente da República, no uso da atribuição que lhe confere o art. 81, III, da Constituição e tendo em vista a Lei n. 6.019, de 3 de janeiro de 1974, decreta:

•• *Vide* Decreto n. 9.499, de 10-9-2018, que promulga o Mecanismo para o Exercício Profissional Temporário no âmbito do Mercosul.

CAPÍTULO I

DO TRABALHO TEMPORÁRIO

Art. 1.º Trabalho temporário é aquele prestado por pessoa física a uma empresa, para atender necessidade transitória de substituição de pessoal regular e permanente ou acréscimo extraordinário de serviços.

(*) Publicado no *DOU*, de 13-3-1974. São beneficiários do vale-transporte os trabalhadores de empresas de trabalho temporário (Decreto n. 95.247, de 17-11-1987, art. 1.º, III). A Instrução Normativa n. 114, de 5-11-2014, do MTE, estabelece diretrizes e disciplina a fiscalização do trabalho temporário, regido por este Decreto.

CAPÍTULO II

DA EMPRESA DE TRABALHO TEMPORÁRIO

Art. 2.º A empresa de trabalho temporário tem por finalidade colocar pessoal especializado, por tempo determinado, à disposição de outras empresas que dele necessitem.

Art. 3.º A empresa de trabalho temporário, pessoa física ou jurídica, será necessariamente urbana.

Art. 4.º O funcionamento da empresa de trabalho temporário está condicionado a prévio registro no Departamento Nacional de Mão de Obra do Ministério do Trabalho.

• Extinto o Departamento Nacional de Mão de Obra. A Instrução Normativa n. 17, de 7-11-2014, da Secretaria de Relações do Trabalho, dispõe sobre o registro de empresas de trabalho temporário.

§ 1.º O pedido de registro deve ser acompanhado dos seguintes documentos:

I – prova de existência da firma individual ou da constituição da pessoa jurídica, com o competente registro na Junta Comercial da localidade em que tenham sede;

II – prova de nacionalidade brasileira do titular ou dos sócios;

III – prova de possuir capital social integralizado de, no mínimo, 500 (quinhentas) vezes o valor do maior salário mínimo vigente no País, à época do pedido do registro;

IV – prova de propriedade do imóvel, sede ou recibo referente ao último mês de aluguel;

V – prova de entrega da relação de trabalhadores a que se refere o art. 360 da Consolidação das Leis do Trabalho;

VI – prova de recolhimento da contribuição sindical;

VII – prova de inscrição no Cadastro Geral de Contribuintes do Ministério da Fazenda;

VIII – Certificado de Regularidade de Situação, fornecido pelo Instituto Nacional de Previdência Social.

§ 2.º O pedido de registro a que se refere o parágrafo anterior é dirigido ao Diretor-Geral do Departamento Nacional de Mão de Obra e protocolado na Delegacia Regional do Trabalho no Estado em que se situe a sede da empresa.

Art. 5.º No caso de mudança de sede ou de abertura de filiais, agências ou escritórios é dispensada a apresentação dos documentos de que trata o § 1.º do artigo anterior, exigindo-se, no entanto, o encaminhamento prévio ao Departamento Nacional de Mão de Obra de comunicação por escrito com justificativa e endereço da nova sede ou das unidades operacionais da empresa.

Art. 6.º No caso de alteração na constituição de empresa já registrada, seu funcionamento dependerá de prévia comunicação ao Departamento Nacional de Mão de Obra e apresentação dos documentos mencionados no item II do § 1.º do art. 4.º.

Art. 7.º A empresa de trabalho temporário é obrigada a fornecer ao Departamento Nacional de Mão de Obra, quando solicitada, os elementos de informação julgados necessários ao estudo do mercado de trabalho.

Art. 8.º Cabe à empresa de trabalho temporário remunerar e assistir os trabalhadores temporários relativamente aos seus direitos, consignados nos arts. 17 a 20 deste Decreto.

Art. 9.º A empresa de trabalho temporário fica obrigada a registrar na Carteira de Trabalho e Previdência Social do trabalhador sua condição de temporário.

Art. 10. A empresa de trabalho temporário é obrigada a apresentar à empresa tomadora de serviço ou cliente, a seu pedido, Certificado de Regularidade de Situação, fornecido pelo INPS.

Art. 11. A empresa de trabalho temporário é obrigada a apresentar ao agente da fiscalização, quando solicitada, o contrato firmado com o trabalhador temporário, os comprovantes de recolhimento das contribuições previdenciárias, bem como os demais elementos probatórios do cumprimento das obrigações estabelecidas neste Decreto.

Art. 12. É vedado à empresa de trabalho temporário:

I – contratar estrangeiro portador de visto provisório de permanência no País;

II – ter ou utilizar em seus serviços trabalhador temporário, salvo o disposto no art. 16 ou quando contratado com outra empresa de trabalho temporário.

Art. 13. Executados os descontos previstos em lei, é defeso à empresa de trabalho temporário exigir do trabalhador pagamento de qualquer importância, mesmo a título de mediação, sob pena de cancelamento do registro para funcionamento, sem prejuízo de outras sanções cabíveis.

CAPÍTULO III
DA EMPRESA TOMADORA DE SERVIÇO OU CLIENTE

Art. 14. Considera-se empresa tomadora de serviço ou cliente, para os efeitos deste Decreto, a pessoa física ou jurídica que, em virtude de necessidade transitória de substituição de seu pessoal regular e permanente ou de acréscimo extraordinário de tarefas, contrate locação de mão de obra com empresa de trabalho temporário.

Art. 15. A empresa tomadora de serviço ou cliente é obrigada a apresentar ao agente da fiscalização, quando solicitada, o contrato firmado com a empresa de trabalho temporário.

CAPÍTULO IV
DO TRABALHADOR TEMPORÁRIO

Art. 16. Considera-se trabalhador temporário aquele contratado por empresa de trabalho temporário, para prestação de serviço destinado a atender à necessidade transitória de substituição de pessoal regular e permanente ou a acréscimo extraordinário de tarefas de outra empresa.

Art. 17. Ao trabalhador temporário são assegurados os seguintes direitos:

I – remuneração equivalente à percebida pelos empregados da mesma categoria da empresa tomadora ou cliente, calculada à base horária, garantido, em qualquer hipótese, o salário mínimo regional;

II – pagamento de férias proporcionais, em caso de dispensa sem justa causa ou término normal do contrato temporário de trabalho, calculado na base de 1/12 (um doze avos) do último salário percebido, por mês trabalhado, considerando-se como mês completo a fração igual ou superior a 15 (quinze) dias;

III – indenização do tempo de serviço em caso de dispensa sem justa causa, rescisão do contrato por justa causa do trabalhador ou término normal do contrato de trabalho temporário, calculada na base de 1/12 (um doze avos) do último salário percebido, por mês de serviço, considerando-se como mês completo a fração igual ou superior a 15 (quinze) dias;

IV – benefícios e serviços da Previdência Social, nos termos da Lei n. 3.807, de 26 de agosto de 1960, com as alterações introduzidas pela Lei n. 5.890, de 8 de junho de 1973, como segurado autônomo;

V – seguro de acidentes do trabalho, nos termos da Lei n. 5.316, de 14 de setembro de 1967.

•• Citada Lei n. 5.316/67 acha-se revogada pela Lei n. 6.367, de 19-10-1976.

Art. 18. A duração normal do trabalho, para os trabalhadores temporários, é de, no máximo, 8 (oito) horas diárias, salvo disposições legais específicas concernentes a peculiaridades profissionais.

Parágrafo único. A duração normal do trabalho pode ser acrescida de horas suplementares, em número não excedente de 2 (duas), mediante acordo escrito entre a empresa de trabalho temporário e o trabalhador temporário, sendo a remuneração dessas horas acrescida de, pelo menos, 20% (vinte por cento) em relação ao salário horário normal.

Art. 19. O trabalho noturno terá remuneração superior a 20% (vinte por cento), pelo menos, em relação ao diurno.

Parágrafo único. Para os efeitos deste artigo, considera-se trabalho noturno o executado entre as 22 (vinte e duas) horas de um dia e as 5 (cinco) horas do dia seguinte.

Art. 20. É assegurado ao trabalhador temporário descanso semanal remunerado nos termos do disposto na Lei n. 605, de 5 de janeiro de 1949.

CAPÍTULO V
DO CONTRATO DE TRABALHO TEMPORÁRIO

Art. 21. A empresa de trabalho temporário é obrigada a celebrar contrato individual escrito de trabalho temporário com o trabalhador, no qual constem expressamente os direitos ao mesmo conferidos, decorrentes da sua condição de temporário.

Art. 22. É nula de pleno direito qualquer cláusula proibitiva da contratação do trabalhador pela empresa tomadora de serviço ou cliente.

Art. 23. Constituem justa causa para rescisão do contrato de trabalho temporário pela empresa:

I – ato de improbidade;

II – incontinência de conduta ou mau procedimento;

III – negociação habitual por conta própria ou alheia, sem permissão da empresa de trabalho temporário ou da empresa tomadora de serviço ou cliente e quando constituir ato de concorrência a qualquer delas, ou prejudicial ao serviço;

IV – condenação criminal do trabalhador, passada em julgado, caso não tenha havido suspensão da execução da pena;

V – desídia no desempenho das respectivas funções;

VI – embriaguez habitual ou em serviço;

VII – violação de segredo da empresa de serviço temporário ou da empresa tomadora de serviço ou cliente;

VIII – ato de indisciplina ou insubordinação;

IX – abandono do trabalho;

X – ato lesivo da honra ou da boa fama praticado no serviço contra qualquer pessoa ou ofensas físicas nas mesmas condições, salvo em caso de legítima defesa própria ou de outrem;

XI – ato lesivo da honra e boa fama ou ofensas físicas praticadas contra superiores hierárquicos, salvo em caso de legítima defesa própria ou de outrem;

XII – prática constante de jogo de azar;

XIII – atos atentatórios à segurança nacional, devidamente comprovados em inquérito administrativo.

Art. 24. O trabalhador pode considerar rescindido o contrato de trabalho temporário quando:

I – forem exigidos serviços superiores às suas forças, defesos por lei, contrários aos bons costumes ou alheios ao contrato;

II – for tratado pelos seus superiores hierárquicos com rigor excessivo;

III – correr perigo manifesto de mal considerável;

IV – não cumprir a empresa de trabalho temporário as obrigações do contrato;

V – praticar a empresa de trabalho temporário ou a empresa tomadora de serviço ou cliente, ou seus prepostos, contra ele ou pessoa de sua família, ato lesivo da honra e boa fama;

VI – for ofendido fisicamente por superiores hierárquicos da empresa de trabalho temporário ou da empresa tomadora de serviço ou cliente, ou seus prepostos, salvo em caso de legítima defesa própria ou de outrem;

VII – for reduzido seu trabalho, sendo este por peça ou tarefa, de forma a reduzir sensivelmente a importância dos salários;

VIII – falecer o titular de empresa de trabalho temporário constituída em firma individual.

§ 1.º O trabalhador temporário poderá suspender a prestação dos serviços ou rescindir o contrato, quando tiver de desempenhar obrigações legais, incompatíveis com a continuação do serviço.

§ 2.º Nas hipóteses dos itens IV e VII, deste artigo, poderá o trabalhador pleitear a rescisão do seu contrato de trabalho, permanecendo ou não no serviço até final decisão do processo.

Art. 25. Serão consideradas razões determinantes de rescisão, por justa causa, do contrato de trabalho temporário, os atos e circunstâncias mencionados nos arts. 23 e 24, ocorridos entre o trabalhador e a empresa de trabalho temporário e entre aquele e a empresa tomadora ou cliente, onde estiver prestando serviço.

CAPÍTULO VI
DO CONTRATO DE PRESTAÇÃO DE SERVIÇO TEMPORÁRIO

Art. 26. Para a prestação de serviço temporário é obrigada a celebração de contrato escrito entre a empresa de trabalho temporário e a empresa tomadora de serviço ou cliente, dele devendo constar expressamente:

I – o motivo justificador da demanda de trabalho temporário;

II – a modalidade de remuneração da prestação de serviço, onde estejam claramente discriminadas as parcelas relativas a salários e encargos sociais.

Art. 27. O contrato entre a empresa de trabalho temporário e a empresa tomadora ou cliente, com relação a um mesmo empregado, não poderá exceder de 3 (três) meses, salvo autorização conferida pelo órgão local do Ministério do Trabalho, segundo instruções a serem baixadas pelo Departamento Nacional de Mão de Obra.

• *Vide* nota ao art. 4.º deste Decreto.

Art. 28. As alterações que se fizerem necessárias, durante a vigência do contrato de prestação de serviços, relativas à redução ou ao aumento do número de trabalhadores colocados à disposição da empresa tomadora de serviço ou cliente, deverão ser objeto de termo aditivo ao contrato, observado o disposto nos arts. 26 e 27.

CAPÍTULO VII
DISPOSIÇÕES GERAIS

Art. 29. Compete à Justiça do Trabalho dirimir os litígios entre as empresas de serviço temporário e seus trabalhadores.

Art. 30. No caso de falência da empresa de trabalho temporário, a empresa tomadora de serviço ou cliente é solidariamente responsável pelo recolhimento das contribuições previdenciárias no tocante ao tempo em que o trabalhador esteve sob suas ordens, assim como em referência ao mesmo período, pela remuneração e indenização previstas neste Decreto.

Art. 31. A contribuição previdenciária é devida na seguinte proporcionalidade:

I – do trabalhador temporário, no valor de 8% (oito por cento) do salário efetivamente percebido, observado o disposto no art. 224 do Regulamento aprovado pelo Decreto n. 72.771, de 6 de setembro de 1973;

II – da empresa de trabalho temporário, em quantia igual à devida pelo trabalhador.

Art. 32. É devida pela empresa de trabalho temporário a taxa relativa ao custeio das prestações por acidente do trabalho.

Art. 33. O recolhimento das contribuições previdenciárias, inclusive as do trabalhador temporário, bem como da taxa de contribuição do seguro de acidentes do trabalho, cabe à empresa de trabalho temporário, independentemente do acordo a que se refere o art. 237 do Regulamento aprovado pelo Decreto n. 72.771, de 6 de setembro de 1973, de conformidade com instruções expedidas pelo INPS.

•• A denominação atual é Instituto Nacional da Seguridade Social – INSS em substituição ao anterior Instituto Nacional da Previdência Social – INPS.

Art. 34. Aplicam-se às empresas de trabalho temporário, no que se refere às suas relações com o trabalhador, e perante o INPS, as disposições da Lei n. 3.807, de 26 de agosto de 1960, com as alterações introduzidas pela Lei n. 5.890, de 8 de junho de 1973.

Art. 35. A empresa de trabalho temporário é obrigada a elaborar folha de pagamento especial para os trabalhadores temporários.

Art. 36. Para os fins da Lei n. 5.316, de 14 de setembro de 1967, considera-se local de trabalho para os trabalhadores temporários, tanto aquele onde se efetua a prestação do serviço quanto a sede da empresa de trabalho temporário.

• Citada Lei acha-se revogada pela Lei n. 6.367, de 19-10-1976.

§ 1.º A empresa tomadora de serviço ou cliente é obrigada a comunicar à empresa de trabalho temporário a ocorrência de acidente do trabalho cuja vítima seja trabalhador posto à sua disposição.

§ 2.º O encaminhamento do acidentado ao INPS pode ser feito diretamente pela empresa tomadora de serviço, ou cliente, de conformidade com normas expedidas por aquele Instituto.

Art. 37. Ao término normal do contrato de trabalho, ou por ocasião de sua rescisão, a empresa de trabalho temporário deve fornecer ao trabalhador temporário atestado, de acordo com modelo instituído pelo INPS.

Parágrafo único. O atestado a que se refere este artigo valerá, para todos os efeitos, como prova de tempo de serviço e salário de contribuição, podendo, em caso de dúvida, ser exigida pelo INPS a apresentação pela empresa de trabalho temporário dos documentos que serviram de base para emissão do atestado.

Art. 38. O disposto neste Decreto não se aplica aos trabalhadores avulsos.

CAPÍTULO VIII
DISPOSIÇÕES TRANSITÓRIAS

Art. 39. A empresa de trabalho temporário, em funcionamento em 5 de março de 1974, data da vigência da Lei n. 6.019, de 3 de janeiro de 1974, fica obrigada a atender aos requisitos constantes do art. 4.º deste Decreto até o dia 3 de junho de 1974, sob pena de suspensão de seu funcionamento, por ato do Diretor-Geral do Departamento Nacional de Mão de Obra.

Parágrafo único. Do ato do Diretor-Geral do Departamento Nacional de Mão de Obra que determinar a suspensão do funcionamento da empresa de trabalho temporário, nos termos deste artigo, cabe recurso ao Ministro do Trabalho no prazo de 10 (dez) dias, a contar da data da publicação do ato no *Diário Oficial*.

Art. 40. Mediante proposta da Comissão de Enquadramento Sindical do Departamento Nacional do Trabalho, o Ministro do Trabalho incluirá as empresas de trabalho temporário e os trabalhadores temporários em categorias existentes ou criará categorias específicas no Quadro de Atividades e Profissões a que se refere o art. 577 da Consolidação das Leis do Trabalho.

Art. 41. O presente Decreto entrará em vigor na data de sua publicação, revogadas as disposições em contrário.

Brasília, 13 de março de 1974; 153.º da Independência e 86.º da República.

EMÍLIO G. MÉDICI

LEI COMPLEMENTAR N. 26,
DE 11 DE SETEMBRO DE 1975 (*)

Altera disposições da legislação que regula o Programa de Integração Social e o Programa de Formação do Patrimônio do Servidor Público.

O Presidente da República

Faço saber que o Congresso Nacional decreta e eu sanciono a seguinte Lei Complementar:

Art. 1.º A partir do exercício financeiro a iniciar-se em 1.º de julho de 1976, serão unificados, sob a denominação de PIS-PASEP, os fundos constituídos com os recursos do Programa de Integração Social – PIS e do Programa de Formação do Patrimônio do Servidor Público – PASEP, instituídos pelas Leis Complementares n. 7 e 8, de 7 de setembro e de 3 de dezembro de 1970, respectivamente.

Parágrafo único. A unificação de que trata este artigo não afetará os saldos das contas individuais existentes em 30 de junho de 1976.

Art. 2.º Ressalvado o disposto no parágrafo único deste artigo, são mantidos os critérios de participação dos empregados e servidores estabelecidos nos arts. 7.º e 4.º, respectivamente, das Leis Complementares n. 7 e 8, referidas, passando a ser considerado, para efeito do cálculo dos depósitos efetuados nas contas individuais, o valor global dos recursos que passarem a integrar o PIS-PASEP.

(*) Publicada no *DOU*, de 12-9-1975. Regulamentada pelo Decreto n. 4.751, de 17-6-2003. *Vide* Súmula 300 do TST.

Parágrafo único. (*Revogado pela Lei n. 13.677, de 13-6-2018.*)

Art. 3.º Após a unificação determinada no art. 1.º, as contas individuais dos participantes passarão a ser creditadas:

a) pela correção monetária anual do saldo credor, obedecidos os índices aplicáveis às Obrigações Reajustáveis do Tesouro Nacional (ORTN);

b) pelos juros mínimos de 3% (três por cento) calculados anualmente sobre o saldo credor corrigido;

c) pelo resultado líquido adicional das operações realizadas com recursos do PIS-PASEP, deduzidas as despesas administrativas e as provisões de reserva cuja constituição seja indispensável.

Art. 4.º As importâncias creditadas nas contas individuais dos participantes do PIS-PASEP são inalienáveis, impenhoráveis e, ressalvado o disposto nos parágrafos deste artigo, indisponíveis por seus titulares.

§ 1.º Fica disponível a qualquer titular da conta individual dos participantes do PIS/Pasep o saque do saldo até 29 de junho de 2018 e, após essa data, aos titulares enquadrados nos seguintes casos:

•• § 1.º, *caput*, com redação determinada pela Lei n. 13.677, de 13-6-2018.

I – atingida a idade de 60 (sessenta) anos;

•• Inciso I acrescentado pela Lei n. 13.677, de 13-6-2018.

II – aposentadoria;

•• Inciso II acrescentado pela Lei n. 13.677, de 13-6-2018.

III – transferência para a reserva remunerada ou reforma;

•• Inciso III acrescentado pela Lei n. 13.677, de 13-6-2018.

IV – invalidez do titular ou de seu dependente;

•• Inciso IV acrescentado pela Lei n. 13.677, de 13-6-2018.

V – titular do benefício de prestação continuada, de que trata a Lei n. 8.742, de 7 de dezembro de 1993; ou

•• Inciso V acrescentado pela Lei n. 13.677, de 13-6-2018.

VI – titular ou seu dependente com tuberculose ativa, hanseníase, alienação mental, neoplasia maligna, cegueira, paralisia irreversível e incapacitante, cardiopatia grave, doença de Parkinson, espondiloartrose anquilosante, nefropatia grave, estado avançado da doença de Paget (osteíte deformante), Síndrome de Imunodeficiência Adquirida (Aids) ou portador do vírus HIV, hepatopatia grave, contaminação por radiação, com base em conclusão da medicina especializada, ou outra doença grave indicada em ato do Poder Executivo.

•• Inciso VI acrescentado pela Lei n. 13.677, de 13-6-2018.

§ 2.º Será facultada, no final de cada exercício financeiro posterior ao da abertura da conta individual, a retirada das parcelas correspondentes aos créditos de que tratam as alíneas *b* e *c* do art. 3.º.

§ 3.º Aos participantes cadastrados há pelo menos 5 (cinco) anos e que percebem salário mensal igual ou inferior a 5 (cinco) vezes o respectivo salário mínimo regional, será facultada, ao final de cada exercício financeiro, retirada complementar que permita perfazer valor igual ao do salário mínimo regional mensal vigente, respeitadas as disponibilidades de suas contas individuais.

....

Art. 6.º O Poder Executivo regulamentará esta Lei Complementar dentro de 120 (cento e vinte) dias, contados de sua publicação.

Art. 7.º Esta Lei Complementar entrará em vigor em 1.º de julho de 1976, revogados os arts. 8.º e seu parágrafo, e 9.º e seus §§ 1.º e 2.º da Lei Complementar n. 7, de 7 de setembro de 1970, e os §§ 2.º, 3.º, 4.º e 5.º do art. 5.º da Lei Complementar n. 8, de 3 de dezembro de 1970, e as demais disposições em contrário.

Brasília, 11 de setembro de 1975; 154.º da Independência e 87.º da República.

ERNESTO GEISEL

DECRETO-LEI N. 1.422, DE 23 DE OUTUBRO DE 1975 (*)

Dispõe sobre o salário-educação.

O Presidente da República, no uso das atribuições que lhe confere o art. 55, II, da Constituição, decreta:

Art. 1.º O salário-educação, previsto no art. 178 da Constituição, será calculado com base em alíquota incidente sobre a folha do salário de contribuição, como definido no art. 76 da Lei n. 3.807, de 26 de agosto de 1960, com as modificações introduzidas pelo Decreto-lei n. 66, de 21 de novembro de 1966, e pela Lei n. 5.890, de 8 de junho de 1973, não se aplicando ao salário-educação o disposto no art. 14, *in fine*, dessa lei, relativo à limitação da base de cálculo da contribuição.

•• A referência é feita à Constituição de 1967, emendada em 1969. *Vide* art. 212, § 5.º, da Constituição Federal.

• *Vide* Súmula 732 do STF.

§ 1.º O salário-educação será estipulado pelo sistema de compensação do custo atuarial, cabendo a todas empresas recolher, para este fim, em relação aos seus titulares, sócios e diretores e aos empregados independentemente da idade, do estado civil e do número de filhos, a contribuição que for fixada em correspondência com o valor da quota respectiva.

§ 2.º A alíquota prevista neste artigo será fixada por ato do Poder Executivo, que poderá alterá-la mediante demonstração, pelo Ministério da Educação e Cultura, da efetiva variação do custo real unitário do ensino de 1.º Grau.

§ 3.º A contribuição da empresa obedecerá aos mesmos prazos de recolhimento e estará sujeita às mesmas sanções administrativas, penais e demais normas relativas às contribuições destinadas à Previdência Social.

(*) Publicado no *DOU*, de 24-10-1975. Regulamentado pelo Decreto n. 87.043, de 22-3-1982.

§ 4.º O salário-educação não tem caráter remuneratório na relação de emprego e não se vincula, para nenhum efeito, ao salário ou à remuneração percebida pelos empregados das empresas compreendidas por este Decreto-lei.

§ 5.º Entende-se por empresa, para os fins deste Decreto-lei, o empregador como tal definido no art. 2.º da Consolidação das Leis do Trabalho e no art. 4.º da Lei n. 3.807, de 26 de agosto de 1960, com a redação dada pelo art. 1.º da Lei n. 5.890, de 8 de junho de 1973, bem como as empresas e demais entidades públicas ou privadas, vinculadas à Previdência Social, ressalvadas as exceções previstas na legislação específica e excluídos os órgãos da Administração Direta.

Art. 2.º O montante da arrecadação do salário-educação, em cada Estado e Território e no Distrito Federal, depois de feita a dedução prevista no § 3.º deste artigo, será creditado pelo Banco do Brasil S/A, em duas contas distintas:

• O Decreto n. 6.003, de 28-12-2006, regulamenta a arrecadação, a fiscalização e a cobrança da contribuição social do salário-educação, previsto no § 5.º do art. 212 da Constituição Federal.

a) 2/3 (dois terços) em favor dos programas de ensino de 1.º Grau, regular e supletivo, no respectivo Estado, Território ou Distrito Federal;

b) 1/3 (um terço) em favor do Fundo Nacional de Desenvolvimento da Educação.

§ 1.º Os recursos de que trata a alínea *a* deste artigo serão empregados nos Estados e no Distrito Federal, de acordo com planos de aplicação aprovados pelos respectivos Conselhos de Educação, e nos Territórios de conformidade com o Plano Setorial de Educação e Cultura.

§ 2.º O terço destinado ao Fundo Nacional de Desenvolvimento da Educação será aplicado:

a) em programas de iniciativa própria do Ministério da Educação e Cultura, de pesquisa, planejamento, currículos, material escolar, formação e aperfeiçoamento de pessoal docente e outros programas especiais relacionados com o ensino de 1.º Grau;

b) na concessão de auxílios, na forma do disposto nos arts. 42 e 54, e seus parágrafos, da Lei n. 5.692, de 11 de agosto de 1971, sempre respeitando critérios que levem em conta o grau de desenvolvimento econômico e social relativo, tal como especificados em Regulamento e, especialmente, os *deficits* de escolarização da população na faixa etária entre os 7 (sete) e os 14 (quatorze) anos, em cada Estado e Território e no Distrito Federal, de modo a contemplar os mais necessitados.

•• A Lei n. 9.394, de 20-12-1996 (Diretrizes e Bases da Educação), estabelece que o ensino fundamental irá se iniciar aos 6 (seis) anos.

§ 3.º O INPS reterá, do montante recolhido, a título de taxa de administração, a importância equivalente a 1% (um por cento), depositando o restante no Banco do Brasil, para os fins previstos neste artigo.

•• A denominação atual é Instituto Nacional da Seguridade Social – INSS em substituição ao anterior Instituto Nacional da Previdência Social – INPS.

Art. 3.º Ficam isentas do recolhimento do salário-educação:

I – as empresas que, obedecidas as normas que forem estabelecidas em Regulamento, mantenham, diretamente e às suas expensas, instituições de ensino de 1.º Grau ou programas de bolsas para seus empregados e os filhos destes;

II – as instituições públicas de ensino de qualquer grau, e as particulares, devidamente registradas e reconhecidas pela Administração Estadual de ensino;

III – as organizações hospitalares e de assistência social, desde que comprovem enquadrar-se nos benefícios da Lei n. 3.577, de 4 de julho de 1959;

IV – as organizações de fins culturais que, para este fim, vierem a ser definidas no Regulamento.

Art. 4.º O Ministério da Educação e Cultura fiscalizará a aplicação de todos os recursos provenientes do salário-educação, na forma do Regulamento e das instruções que para esse fim forem baixadas pelo Fundo Nacional de Desenvolvimento da Educação.

Art. 5.º O Poder Executivo baixará decreto aprovando Regulamento deste Decreto-lei, no prazo de 60 (sessenta) dias a contar de sua publicação.

Art. 6.º Este Decreto-lei entrará em vigor a 1.º de janeiro de 1976, revogadas a Lei n. 4.440, de 27 de outubro de 1964, e demais disposições em contrário.

Brasília, 23 de outubro de 1975; 154.º da Independência e 87.º da República.

ERNESTO GEISEL

DECRETO N. 76.900,

DE 23 DE DEZEMBRO DE 1975 (*)

Institui a Relação Anual de Informações Sociais – RAIS, e dá outras providências.

O Presidente da República, usando das atribuições que lhe confere o art. 81, itens III e V, da Constituição, decreta:

Art. 1.º Fica instituída a Relação Anual de Informações Sociais – RAIS, a ser preenchida pelas empresas, contendo elementos destinados a suprir as necessidades de controle, estatística e informações das entidades governamentais da área social.

Parágrafo único. A RAIS deverá conter as informações periodicamente solicitadas pelas instituições vinculadas aos Ministérios da Fazenda, Trabalho, Interior e Previdência e Assistência Social, especialmente no tocante:

a) ao cumprimento da legislação relativa ao Programa de Integração Social – PIS, e ao Programa de Formação do Patrimônio do Servidor Público – PASEP, sob a supervisão da Caixa Econômica Federal;

(*) Publicado no *DOU*, de 24-12-1975.

b) às exigências da legislação de nacionalização do trabalho;

c) ao fornecimento de subsídios para controle dos registros relativos ao Fundo de Garantia por Tempo de Serviço – FGTS;

d) ao estabelecimento de um sistema de controle central da arrecadação e da concessão de benefícios por parte do Instituto Nacional de Previdência Social – INPS;

e) à coleta de dados indispensáveis aos estudos técnicos, de natureza estatística e atuarial, dos serviços especializados dos Ministérios citados.

Art. 2.º A RAIS identificará: a empresa, pelo número de inscrição no Cadastro Geral de Contribuintes – CGC, do Ministério da Fazenda; e o empregado, pelo número de inscrição no Programa de Integração Social – PIS.

Parágrafo único. O INPS promoverá diretamente o cadastramento dos empregadores não sujeitos à inscrição no CGC, bem como dos trabalhadores autônomos, utilizando para estes a mesma sistemática de numeração usada no cadastro do PIS/PASEP.

Art. 3.º As contribuições destinadas ao INPS e ao PIS, bem como os depósitos relativos ao FGTS, serão recolhidos mediante instrumento único, respeitadas as peculiaridades de cada sistema.

§ 1.º O instrumento único será constituído pelas guias de recolhimento dos sistemas que o integram, podendo ser recolhidas separada ou conjuntamente, até o último dia previsto na legislação específica.

§ 2.º Os valores recebidos pelo Banco arrecadador serão registrados separadamente, observadas as instruções baixadas pelas entidades em favor das quais forem eles creditados.

Art. 4.º A RAIS substituirá a Relação Anual de Salários – RAS, já em utilização pela Caixa Econômica Federal e pelo INPS, para o cumprimento do previsto nas alíneas *a* e *d*, do parágrafo único, do art. 1.º.

§ 1.º O processamento da RAIS será executado pelo Serviço Federal de Processamento de Dados – SERPRO, mediante convênios com os órgãos usuários, até a fase de geração do cadastro final, cabendo a estes a responsabilidade do processamento subsequente para suas finalidades específicas.

§ 2.º Definidas as informações adicionais necessárias ao atendimento das alíneas *b*, *c* e *e* do parágrafo único do art. 1.º, caberá à Caixa Econômica Federal e à Empresa de Processamento de Dados da Previdência Social – DATAPREV, ouvido o SERPRO, determinar as alterações do sistema, de modo a preservar sua operacionalidade.

Art. 5.º Será criada uma Comissão Interministerial, encarregada de elaborar codificação para o preenchimento dos claros da RAIS, em conformidade com as normas estabelecidas pela Fundação Instituto Brasileiro de Geografia e Estatística – IBGE.

Art. 6.º Até dezembro de 1976 os Ministérios da área social deverão:

a) promover estudos no sentido de adaptar seus serviços à sistemática estabelecida neste Decreto, propondo as medidas que se tornarem necessárias a maior rapidez e eficiência no controle das operações a seu cargo; e

b) baixar, após a implantação do sistema, os atos necessários à dispensa do fornecimento, por parte das empresas, dos elementos atualmente exigidos por força de atos normativos ou outros expedidos pelos órgãos interessados, valendo a apresentação da RAIS para o cumprimento das obrigações previstas no inciso III do art. 80 da Lei n. 3.807, de 26 de agosto de 1960, com a redação dada pelo Decreto-lei n. 66, de 21 de novembro de 1966.

• O art. 30 da Lei n. 8.212, de 24-7-1991, Lei Orgânica da Seguridade Social, dispõe sobre arrecadação e recolhimento das contribuições.

Parágrafo único. O disposto neste artigo não se aplica às informações que devam ser prestadas pelas empresas, necessárias à individualização dos depósitos mensais para o FGTS.

Art. 7.º A RAIS será obrigatória, para as empresas, a partir do exercício de 1977, e sempre relativa ao ano-base anterior.

Art. 8.º Este Decreto entrará em vigor na data de sua publicação, revogadas as disposições em contrário.

Brasília, 23 de dezembro de 1975; 154.º da Independência e 87.º da República.

ERNESTO GEISEL

LEI N. 6.321,

DE 14 DE ABRIL DE 1976 (*)

Dispõe sobre a dedução, do lucro tributável para fins do Imposto sobre a Renda das pessoas jurídicas, do dobro das despesas realizadas em programas de alimentação do trabalhador.

O Presidente da República,

Faço saber que o Congresso Nacional decreta e eu sanciono a seguinte Lei:

Art. 1.º As pessoas jurídicas poderão deduzir, do lucro tributável para fins do Imposto sobre a Renda, o dobro das despesas comprovadamente realizadas no período-base, em programas de alimentação do trabalhador, previamente aprovados pelo Ministério do Trabalho na forma em que dispuser o Regulamento desta Lei.

(*) Publicada no *DOU*, de 19-4-1976. Regulamentada pelo Decreto n. 5, de 14-1-1991. A Portaria Interministerial n. 5, de 30-11-1999, e a Portaria n. 3, de 1.º-3-2002, do Ministério do Trabalho, dispõem sobre a execução do Programa de Alimentação do Trabalhador. A Instrução Normativa n. 96, de 16-1-2012, da Secretaria de Inspeção do Trabalho, dispõe sobre procedimentos para a divulgação e fiscalização do cumprimento da legislação do Programa de Alimentação do Trabalhador – PAT.

§ 1.º A dedução a que se refere o *caput* deste artigo não poderá exceder, em cada exercício financeiro, isoladamente, a 5% (cinco por cento) e cumulativamente com a dedução de que trata a Lei n. 6.297, de 15 de dezembro de 1975, a 10% (dez por cento) do lucro tributável.

§ 2.º As despesas não deduzidas no exercício financeiro correspondente poderão ser transferidas para dedução nos dois exercícios financeiros subsequentes.

Art. 2.º Os programas de alimentação a que se refere o artigo anterior deverão conferir prioridade ao atendimento dos trabalhadores de baixa renda e limitar-se-ão aos contratados pela pessoa jurídica beneficiária.

§ 1.º O Ministério do Trabalho articular-se-á com o Instituto Nacional de Alimentação e Nutrição – INAN, para efeito do exame e aprovação dos programas a que se refere a presente Lei.

•• Primitivo parágrafo único renumerado pela Medida Provisória n. 2.164-41, de 24-8-2001.

§ 2.º As pessoas jurídicas beneficiárias do Programa de Alimentação do Trabalhador – PAT poderão estender o benefício previsto nesse Programa aos trabalhadores por elas dispensados, no período de transição para um novo emprego, limitada a extensão ao período de 6 (seis) meses.

•• § 2.º acrescentado pela Medida Provisória n. 2.164-41, de 24-8-2001.

§ 3.º As pessoas jurídicas beneficiárias do Programa de Alimentação do Trabalhador – PAT poderão estender o benefício previsto nesse programa aos empregados que estejam com contrato suspenso para participação em curso ou programa de qualificação profissional, limitada essa extensão ao período de 5 (cinco) meses.

•• § 3.º acrescentado pela Medida Provisória n. 2.164-41, de 24-8-2001.

Art. 3.º Não se inclui como salário de contribuição a parcela paga *in natura* pela empresa, nos programas de alimentação aprovados pelo Ministério do Trabalho.

• *Vide* art. 10, XX, da Instrução Normativa n. 144, de 18-5-2018.

Art. 4.º O Poder Executivo regulamentará a presente Lei no prazo de 60 (sessenta) dias.

Art. 5.º Esta Lei entrará em vigor na data de sua publicação, revogadas as disposições em contrário.

Brasília, 14 de abril de 1976; 155.º da Independência e 88.º da República.

ERNESTO GEISEL

LEI N. 6.830,

DE 22 DE SETEMBRO DE 1980 (*)

Dispõe sobre a cobrança judicial da Dívida Ativa da Fazenda Pública e dá outras providências.

O Presidente da República

(*) Publicada no *DOU*, de 24-9-1980.

Faço saber que o Congresso Nacional decreta e eu sanciono a seguinte Lei:

Art. 1.º A execução judicial para cobrança da Dívida Ativa da União, dos Estados, do Distrito Federal, dos Municípios e respectivas autarquias será regida por esta Lei e, subsidiariamente, pelo Código de Processo Civil.

• *Vide* Súmula 121 do STJ.

• *Vide* Enunciado n. 57 da 1.ª Jornada de Direito do Trabalho.

Art. 2.º Constitui Dívida Ativa da Fazenda Pública aquela definida como tributária ou não tributária na Lei n. 4.320, de 17 de março de 1964, com as alterações posteriores, que estatui normas gerais de direito financeiro para elaboração e controle dos orçamentos e balanços da União, dos Estados, dos Municípios e do Distrito Federal.

§ 1.º Qualquer valor, cuja cobrança seja atribuída por lei às entidades de que trata o art. 1.º, será considerado Dívida Ativa da Fazenda Pública.

§ 2.º A Dívida Ativa da Fazenda Pública, compreendendo a tributária e a não tributária, abrange atualização monetária, juros e multa de mora e demais encargos previstos em lei ou contrato.

§ 3.º A inscrição, que se constitui no ato de controle administrativo da legalidade, será feita pelo órgão competente para apurar a liquidez e certeza do crédito e suspenderá a prescrição, para todos os efeitos de direito, por 180 (cento e oitenta) dias ou até a distribuição da execução fiscal, se esta ocorrer antes de findo aquele prazo.

§ 4.º A Dívida Ativa da União será apurada e inscrita na Procuradoria da Fazenda Nacional.

§ 5.º O Termo de Inscrição de Dívida Ativa deverá conter:

I – o nome do devedor, dos corresponsáveis e, sempre que conhecido, o domicílio ou residência de um e de outros;

II – o valor originário da dívida, bem como o termo inicial e a forma de calcular os juros de mora e demais encargos previstos em lei ou contrato;

III – a origem, a natureza e o fundamento legal ou contratual da dívida;

IV – a indicação, se for o caso, de estar a dívida sujeita à atualização monetária, bem como o respectivo fundamento legal e o termo inicial para o cálculo;

V – a data e o número da inscrição, no Registro de Dívida Ativa; e

VI – o número do processo administrativo ou do auto de infração, se neles estiver apurado o valor da dívida.

§ 6.º A Certidão de Dívida Ativa conterá os mesmos elementos do Termo de Inscrição e será autenticada pela autoridade competente.

§ 7.º O Termo de Inscrição e a Certidão de Dívida Ativa poderão ser preparados e numerados por processo manual, mecânico ou eletrônico.

§ 8.º Até a decisão de primeira instância, a Certidão de Dívida Ativa poderá ser emendada ou substituída, assegurada ao executado a devolução do prazo para embargos.

§ 9.º O prazo para a cobrança das contribuições previdenciárias continua a ser o estabelecido no art. 144 da Lei n. 3.807, de 26 de agosto de 1960.

• *Vide* Súmula 210 do STJ.

Art. 3.º A Dívida Ativa regularmente inscrita goza da presunção de certeza e liquidez.

Parágrafo único. A presunção a que se refere este artigo é relativa e pode ser ilidida por prova inequívoca, a cargo do executado ou de terceiro, a quem aproveite.

Art. 4.º A execução fiscal poderá ser promovida contra:

I – o devedor;

II – o fiador;

III – o espólio;

IV – a massa;

V – o responsável, nos termos da lei, por dívidas, tributárias ou não, de pessoas físicas ou pessoas jurídicas de direito privado; e

VI – os sucessores a qualquer título.

§ 1.º Ressalvado o disposto no art. 31, o síndico, o comissário, o liquidante, o inventariante e o administrador, nos casos de falência, concordata, liquidação, inventário, insolvência ou concurso de credores, se, antes de garantidos os créditos da Fazenda Pública, alienarem ou derem em garantia quaisquer dos bens administrados, respondem, solidariamente, pelo valor desses bens.

§ 2.º À Dívida Ativa da Fazenda Pública, de qualquer natureza, aplicam-se as normas relativas à responsabilidade prevista na legislação tributária, civil e comercial.

§ 3.º Os responsáveis, inclusive as pessoas indicadas no § 1.º deste artigo, poderão nomear bens livres e desembaraçados do devedor, tantos quantos bastem para pagar a dívida. Os bens dos responsáveis ficarão, porém, sujeitos à execução, se os do devedor forem insuficientes à satisfação da dívida.

§ 4.º Aplica-se à Dívida Ativa da Fazenda Pública de natureza não tributária o disposto nos arts. 186 e 188 a 192 do Código Tributário Nacional.

Art. 5.º A competência para processar e julgar a execução da Dívida Ativa da Fazenda Pública exclui a de qualquer outro juízo, inclusive o da falência, da concordata, da liquidação, da insolvência ou do inventário.

Art. 6.º A petição inicial indicará apenas:

•• *Vide* Súmulas 558 e 559 do STJ.

I – o juiz a quem é dirigida;

II – o pedido; e

III – o requerimento para a citação.

§ 1.º A petição inicial será instruída com a Certidão da Dívida Ativa, que dela fará parte integrante, como se estivesse transcrita.

§ 2.º A petição inicial e a Certidão de Dívida Ativa poderão constituir um único documento, preparado inclusive por processo eletrônico.

§ 3.º A produção de provas pela Fazenda Pública independe de requerimento na petição inicial.

§ 4.º O valor da causa será o da dívida constante da certidão, com os encargos legais.

Art. 7.º O despacho do juiz que deferir a inicial importa em ordem para:

I – citação, pelas sucessivas modalidades previstas no art. 8.º;

II – penhora, se não for paga a dívida, nem garantida a execução, por meio de depósito, fiança ou seguro garantia;

•• Inciso II com redação determinada pela Lei n. 13.043, de 13-11-2014.

III – arresto, se o executado não tiver domicílio ou dele se ocultar;

IV – registro da penhora ou do arresto, independentemente do pagamento de custas ou outras despesas, observado o disposto no art. 14; e

V – avaliação dos bens penhorados ou arrestados.

Art. 8.º O executado será citado para, no prazo de 5 (cinco) dias, pagar a dívida com os juros e multa de mora e encargos indicados na Certidão de Dívida Ativa, ou garantir a execução, observadas as seguintes normas:

I – a citação será feita pelo correio, com aviso de recepção, se a Fazenda Pública não a requerer por outra forma;

II – a citação pelo correio considera-se feita na data da entrega da carta no endereço do executado; ou, se a data for omitida, no aviso de recepção, 10 (dez) dias após a entrega da carta à agência postal;

III – se o aviso de recepção não retornar no prazo de 15 (quinze) dias da entrega da carta à agência postal, a citação será feita por oficial de justiça ou por edital;

IV – o edital de citação será afixado na sede do juízo, publicado uma só vez no órgão oficial, gratuitamente, como expediente judiciário, com o prazo de 30 (trinta) dias, e conterá, apenas, a indicação da exequente, o nome do devedor e dos corresponsáveis, a quantia devida, a natureza da dívida, a data e o número da inscrição no Registro da Dívida Ativa, o prazo e o endereço da sede do juízo.

§ 1.º O executado ausente do País será citado por edital, com prazo de 60 (sessenta) dias.

§ 2.º O despacho do juiz, que ordenar a citação, interrompe a prescrição.

Art. 9.º Em garantia da execução, pelo valor da dívida, juros e multa de mora e encargos indicados na Certidão da Dívida Ativa, o executado poderá:

I – efetuar depósito em dinheiro, à ordem do juízo em estabelecimento oficial de crédito, que assegure atualização monetária;

II – oferecer fiança bancária ou seguro garantia;

•• Inciso II com redação determinada pela Lei n. 13.043, de 13-11-2014.

III – nomear bens à penhora, observada a ordem do art. 11; ou

IV – indicar à penhora bens oferecidos por terceiros e aceitos pela Fazenda Pública.

§ 1.º O executado só poderá indicar e o terceiro oferecer bem imóvel à penhora com o consentimento expresso do respectivo cônjuge.

§ 2.º Juntar-se-á aos autos a prova do depósito, da fiança bancária, do seguro garantia ou da penhora dos bens do executado ou de terceiros.

•• § 2.º com redação determinada pela Lei n. 13.043, de 13-11-2014.

§ 3.º A garantia da execução, por meio de depósito em dinheiro, fiança bancária ou seguro garantia, produz os mesmos efeitos da penhora.

•• § 3.º com redação determinada pela Lei n. 13.043, de 13-11-2014.

§ 4.º Somente o depósito em dinheiro, na forma do art. 32, faz cessar a responsabilidade pela atualização monetária e juros de mora.

§ 5.º A fiança bancária prevista no inciso II obedecerá às condições preestabelecidas pelo Conselho Monetário Nacional.

§ 6.º O executado poderá pagar parcela da dívida, que julgar incontroversa, e garantir a execução do saldo devedor.

Art. 10. Não ocorrendo o pagamento, nem a garantia da execução de que trata o art. 9.º, a penhora poderá recair em qualquer bem do executado, exceto os que a lei declare absolutamente impenhoráveis.

Art. 11. A penhora ou arresto de bens obedecerá à seguinte ordem:

I – dinheiro;

II – título da dívida pública, bem como título de crédito, que tenham cotação em bolsa;

III – pedras e metais preciosos;

IV – imóveis;

V – navios e aeronaves;

VI – veículos;

VII – móveis ou semoventes; e

VIII – direitos e ações.

§ 1.º Excepcionalmente, a penhora poderá recair sobre estabelecimento comercial, industrial ou agrícola, bem como em plantações ou edifícios em construção.

§ 2.º A penhora efetuada em dinheiro será convertida no depósito de que trata o inciso I do art. 9.º.

§ 3.º O juiz ordenará a remoção do bem penhorado para depósito judicial, particular ou da Fazenda Pública exequente, sempre que esta o requerer, em qualquer fase do processo.

Art. 12. Na execução fiscal, far-se-á a intimação da penhora ao executado, mediante publicação, no órgão oficial, do ato de juntada do termo ou do auto de penhora.

§ 1.º Nas comarcas do interior dos Estados, a intimação poderá ser feita pela remessa de cópia do termo ou do auto de penhora, pelo correio, na forma estabelecida no art. 8.º, I e II, para a citação.

§ 2.º Se a penhora recair sobre imóvel, far-se-á a intimação ao cônjuge, observadas as normas previstas para a citação.

§ 3.º Far-se-á a intimação da penhora pessoalmente ao executado se, na citação feita pelo correio, o aviso de recepção não contiver a assinatura do próprio executado, ou de seu representante legal.

Art. 13. O termo ou auto de penhora conterá, também, a avaliação dos bens penhorados, efetuada por quem o lavrar.

§ 1.º Impugnada a avaliação, pelo executado, ou pela Fazenda Pública, antes de publicado o edital de leilão, o juiz, ouvida a outra parte, nomeará avaliador oficial para proceder a nova avaliação dos bens penhorados.

§ 2.º Se não houver, na comarca, avaliador oficial ou este não puder apresentar o laudo de avaliação no prazo de 15 (quinze) dias, será nomeada pessoa ou entidade habilitada, a critério do juiz.

§ 3.º Apresentado o laudo, o juiz decidirá de plano sobre a avaliação.

Art. 14. O oficial de justiça entregará contrafé e cópia do termo ou do auto de penhora ou arresto, com a ordem de registro de que trata o art. 7.º, IV:

I – no Ofício próprio, se o bem for imóvel ou a ele equiparado;

II – na repartição competente para emissão de certificado de registro, se for veículo;

III – na Junta Comercial, na Bolsa de Valores, e na sociedade comercial, se forem ações, debênture, parte beneficiária, cota ou qualquer outro título, crédito ou direito societário nominativo.

Art. 15. Em qualquer fase do processo, será deferida pelo juiz:

I – ao executado, a substituição da penhora por depósito em dinheiro, fiança bancária ou seguro garantia; e

•• Inciso I com redação determinada pela Lei n. 13.043, de 13-11-2014.

II – à Fazenda Pública, a substituição dos bens penhorados por outros, independentemente da ordem enumerada no art. 11, bem como o reforço da penhora insuficiente.

Art. 16. O executado oferecerá embargos, no prazo de 30 (trinta) dias, contados:

•• *Vide* art. 219 do CPC.

•• *Vide* Enunciados n. 20 e 116 das Jornadas de Direito Processual Civil.

I – do depósito;

II – da juntada da prova da fiança bancária ou do seguro garantia;

•• Inciso II com redação determinada pela Lei n. 13.043, de 13-11-2014.

III – da intimação da penhora.

§ 1.º Não são admissíveis embargos do executado antes de garantida a execução.

§ 2.º No prazo dos embargos, o executado deverá alegar toda matéria útil à defesa, requerer provas e juntar aos autos os documentos e rol de testemunhas, até três, ou, a critério do juiz, até o dobro desse limite.

§ 3.º Não será admitida reconvenção, nem compensação, e as exceções, salvo as de suspeição, incompetência e impedimentos, serão arguidas como matéria preliminar e serão processadas e julgadas com os embargos.

Art. 17. Recebidos os embargos, o juiz mandará intimar a Fazenda, para impugná-los no prazo de 30 (trinta) dias, designando, em seguida, audiência de instrução e julgamento.

Parágrafo único. Não se realizará audiência, se os embargos versarem sobre matéria de direito, ou, sendo de direito e de fato, a prova for exclusivamente documental, caso em que o juiz proferirá a sentença no prazo de 30 (trinta) dias.

Art. 18. Caso não sejam oferecidos os embargos, a Fazenda Pública manifestar-se-á sobre a garantia da execução.

Art. 19. Não sendo embargada a execução ou sendo rejeitados os embargos, no caso de garantia prestada por terceiro, será este intimado, sob pena de contra ele prosseguir a execução nos próprios autos, para, no prazo de 15 (quinze) dias:

I – remir o bem, se a garantia for real; ou

II – pagar o valor da dívida, juros e multa de mora e demais encargos, indicados na Certidão de Dívida Ativa, pelos quais se obrigou, se a garantia for fidejussória.

Art. 20. Na execução por carta, os embargos do executado serão oferecidos no juízo deprecado, que os remeterá ao juízo deprecante, para instrução e julgamento.

Parágrafo único. Quando os embargos tiverem por objeto vícios ou irregularidades de atos do próprio juízo deprecado, caber-lhe-á unicamente o julgamento dessa matéria.

• *Vide* Súmula 46 do STJ.

Art. 21. Na hipótese de alienação antecipada dos bens penhorados, o produto será depositado em garantia da execução, nos termos previstos no art. 9.º, I.

Art. 22. A arrematação será precedida de edital, afixado no local de costume, na sede do juízo, e publicado, em resumo, uma só vez, gratuitamente, como expediente judiciário, no órgão oficial.

§ 1.º O prazo entre as datas de publicação do edital e do leilão não poderá ser superior a 30 (trinta), nem inferior a 10 (dez) dias.

§ 2.º O representante judicial da Fazenda Pública, será intimado, pessoalmente, da realização do leilão, com a antecedência prevista no parágrafo anterior.

Art. 23. A alienação de quaisquer bens penhorados será feita em leilão público, no lugar designado pelo juiz.

§ 1.º A Fazenda Pública e o executado poderão requerer que os bens sejam leiloados englobadamente ou em lotes que indicarem.

§ 2.º Cabe ao arrematante o pagamento da comissão do leiloeiro e demais despesas indicadas no edital.

Art. 24. A Fazenda Pública poderá adjudicar os bens penhorados:

I – antes do leilão, pelo preço da avaliação, se a execução não for embargada ou se rejeitados os embargos;

II – findo o leilão:

a) se não houver licitante, pelo preço da avaliação;

b) havendo licitantes, com preferência, em igualdade de condições com a melhor oferta, no prazo de 30 (trinta) dias.

Parágrafo único. Se o preço da avaliação ou o valor da melhor oferta for superior ao dos créditos da Fazenda Pública, a adjudicação somente será deferida pelo juiz, se a diferença for depositada, pela exequente, à ordem do juízo, no prazo de 30 (trinta) dias.

Art. 25. Na execução fiscal, qualquer intimação ao representante judicial da Fazenda Pública será feita pessoalmente.

Parágrafo único. A intimação de que trata este artigo poderá ser feita mediante vista dos autos, com imediata remessa ao representante judicial da Fazenda Pública, pelo cartório ou secretaria.

Art. 26. Se, antes da decisão de primeira instância, a inscrição de Dívida Ativa for, a qualquer título, cancelada, a execução fiscal será extinta, sem qualquer ônus para as partes.

Art. 27. As publicações de atos processuais poderão ser feitas resumidamente ou reunir num só texto os de diferentes processos.

Parágrafo único. As publicações farão sempre referência ao número do processo no respectivo juízo e ao número da correspondente inscrição de Dívida Ativa, bem como ao nome das partes e de seus advogados, suficientes para a sua identificação.

Art. 28. O juiz, a requerimento das partes, poderá, por conveniência da unidade da garantia da execução, ordenar a reunião de processos contra o mesmo devedor.

•• *Vide* Súmula 515 do STJ.

Parágrafo único. Na hipótese deste artigo, os processos serão redistribuídos ao juízo da primeira distribuição.

Art. 29. A cobrança judicial da Dívida Ativa da Fazenda Pública não é sujeita a concurso de credores ou habilitação em falência, concordata, liquidação, inventário ou arrolamento.

Parágrafo único. O concurso de preferência somente se verifica entre pessoas jurídicas de direito público, na seguinte ordem:

I – União e suas autarquias;

II – Estados, Distrito Federal e Territórios e suas autarquias, conjuntamente e *pro rata*;

III – Municípios e suas autarquias, conjuntamente e *pro rata*.

Art. 30. Sem prejuízo dos privilégios especiais sobre determinados bens, que sejam previstos em lei, responde pelo pagamento da Dívida Ativa da Fazenda Pública a totalidade dos bens e das rendas, de qualquer origem ou natureza, do sujeito passivo, seu espólio ou sua massa, inclusive os gravados por ônus real ou cláusula de inalienabilidade ou impenhorabilidade, seja qual for a data da constituição do ônus ou da cláusula, excetuados unicamente os bens e rendas que a lei declara absolutamente impenhoráveis.

Art. 31. Nos processos de falência, concordata, liquidação, inventário, arrolamento ou concurso de credores, nenhuma alienação será judicialmente autorizada sem a prova de quitação da Dívida Ativa ou a concordância da Fazenda Pública.

Art. 32. Os depósitos judiciais em dinheiro serão obrigatoriamente feitos:

I – na Caixa Econômica Federal, de acordo com o Decreto-lei n. 1.737, de 20 de dezembro de 1979, quando relacionados com a execução fiscal proposta pela União ou suas autarquias;

II – na Caixa Econômica ou no banco oficial da unidade federativa ou, à sua falta, na Caixa Econômica Federal, quando relacionados com execução fiscal proposta pelo Estado, Distrito Federal, Municípios e suas autarquias.

§ 1.º Os depósitos de que trata este artigo estão sujeitos à atualização monetária, segundo os índices estabelecidos para os débitos tributários federais.

§ 2.º Após o trânsito em julgado da decisão, o depósito, monetariamente atualizado, será devolvido ao depositante ou entregue à Fazenda Pública, mediante ordem do juízo competente.

Art. 33. O juízo, do Ofício, comunicará à repartição competente da Fazenda Pública, para fins de averbação no Registro da Dívida Ativa, a decisão final, transitada em julgado, que der por improcedente a execução, total ou parcialmente.

Art. 34. Das sentenças de primeira instância proferidas em execuções de valor igual ou inferior a 50 (cinquenta) Obrigações do Tesouro Nacional – OTN, só se admitirão embargos infringentes e de declaração.

•• Extinção da OTN: Lei n. 7.730, de 31-1-1989. *Vide* Nota dos Organizadores.

• *Vide* Súmula 640 do STF.

§ 1.º Para os efeitos deste artigo, considerar-se-á o valor da dívida monetariamente atualizado e acrescido de multa e juros de mora e demais encargos legais, na data da distribuição.

§ 2.º Os embargos infringentes, instruídos, ou não, com documentos novos, serão deduzidos, no prazo de 10 (dez) dias perante o mesmo juízo, em petição fundamentada.

§ 3.º Ouvido o embargado, no prazo de 10 (dez) dias, serão os autos conclusos ao juiz, que, dentro de 20 (vinte) dias, os rejeitará ou reformará a sentença.

Art. 35. Nos processos regulados por esta Lei, poderá ser dispensada a audiência de revisor, no julgamento das apelações.

Art. 36. Compete à Fazenda Pública baixar normas sobre o recolhimento da Dívida Ativa respectiva, em juízo ou fora dele, e aprovar, inclusive, os modelos de documentos de arrecadação.

Art. 37. O auxiliar de justiça que, por ação ou omissão, culposa ou dolosa, prejudicar a execução, será responsabilizado, civil, penal e administrativamente.

Parágrafo único. O oficial de justiça deverá efetuar, em 10 (dez) dias, as diligências que lhe forem ordenadas, salvo motivo de força maior devidamente justificado perante o juízo.

Art. 38. A discussão judicial da Dívida Ativa da Fazenda Pública só é admissível em execução, na forma desta Lei, salvo as hipóteses de mandado de segurança, ação de repetição do indébito ou ação anulatória do ato declarativo da dívida, esta precedida do depósito preparatório do valor do débito, monetariamente corrigido e acrescido dos juros e multa de mora e demais encargos.

Parágrafo único. A propositura, pelo contribuinte, da ação prevista neste artigo importa em renúncia ao poder de recorrer na esfera administrativa e desistência do recurso acaso interposto.

Art. 39. A Fazenda Pública não está sujeita ao pagamento de custas e emolumentos. A prática dos atos judiciais de seu interesse independerá de preparo ou de prévio depósito.

Parágrafo único. Se vencida, a Fazenda Pública ressarcirá o valor das despesas feitas pela parte contrária.

Art. 40. O juiz suspenderá o curso da execução, enquanto não for localizado o devedor ou encontrados bens sobre os quais possa recair a penhora, e, nesses casos, não correrá o prazo de prescrição.

§ 1.º Suspenso o curso da execução, será aberta vista dos autos ao representante judicial da Fazenda Pública.

§ 2.º Decorrido o prazo máximo de 1 (um) ano, sem que seja localizado o devedor ou encontrados bens penhoráveis, o juiz ordenará o arquivamento dos autos.

§ 3.º Encontrados que sejam, a qualquer tempo, o devedor ou os bens, serão desarquivados os autos para prosseguimento da execução.

§ 4.º Se da decisão que ordenar o arquivamento tiver decorrido o prazo prescricional, o juiz, depois de ouvida a Fazenda Pública, poderá, de ofício, reconhecer a prescrição intercorrente e decretá-la de imediato.

•• § 4.º acrescentado pela Lei n. 11.051, de 29-12-2004.

§ 5.º A manifestação prévia da Fazenda Pública prevista no § 4.º deste artigo será dispensada no caso de cobranças judiciais cujo valor seja inferior ao mínimo fixado por ato do Ministro de Estado da Fazenda.

•• § 5.º acrescentado pela Lei n. 11.960, de 29-6-2009.

Art. 41. O processo administrativo correspondente à inscrição de Dívida Ativa, à execução fiscal ou à ação proposta contra a Fazenda Pública será mantido na repartição competente, dele se extraindo as cópias autenticadas ou certidões, que forem requeridas pelas partes ou requisitadas pelo juiz ou pelo Ministério Público.

Parágrafo único. Mediante requisição do juiz à repartição competente, com dia e hora previamente marcados, poderá o processo administrativo ser exibido na sede do juízo, pelo funcionário para esse fim designado, lavrando o serventuário termo da ocorrência, com indicação, se for o caso, das peças a serem trasladadas.

Art. 42. Revogadas as disposições em contrário, esta Lei entrará em vigor 90 (noventa) dias após a data de sua publicação.

Brasília, em 22 de setembro de 1980; 159.º da Independência e 92.º da República.

JOÃO FIGUEIREDO

LEI N. 6.858,

DE 24 DE NOVEMBRO DE 1980 (*)

Dispõe sobre o pagamento, aos dependentes ou sucessores, de valores não recebidos em vida pelos respectivos titulares.

O Presidente da República:

Faço saber que o Congresso Nacional decreta e eu sanciono a seguinte Lei:

Art. 1.º Os valores devidos pelos empregadores aos empregados e os montantes das contas individuais do Fundo de Garantia do Tempo de Serviço e do Fundo de Participação PIS/PASEP, não recebidos em vida pelos respectivos titulares, serão pagos, em quotas iguais, aos dependentes habilitados perante a Previdência Social ou na forma da legislação específica dos servidores civis e militares, e, na sua falta, aos sucessores previstos na lei civil, indicados em alvará judicial, independentemente de inventário ou arrolamento.

§ 1.º As quotas atribuídas a menores ficarão depositadas em caderneta de poupança, rendendo juros e correção monetária, e só serão disponíveis após o menor completar 18 (dezoito) anos, salvo autorização do Juiz para aquisição de imóvel destinado à residência do menor e de sua família ou para dispêndio necessário à subsistência e educação do menor.

§ 2.º Inexistindo dependentes ou sucessores, os valores de que trata este artigo reverterão em favor, respectivamente, do Fundo de Previdência e Assistência Social, do Fundo de Garantia do Tempo de Serviço ou do Fundo de Participação PIS/PASEP, conforme se tratar de quantias devidas pelo empregador ou de contas de FGTS e do Fundo PIS/PASEP.

Art. 2.º O disposto nesta Lei se aplica às restituições relativas ao imposto de renda e outros tributos, recolhidos por pessoa física, e, não existindo outros bens sujeitos a inventário, aos saldos bancários e de contas de cadernetas de poupança e fundos de investimento de valor até 500 (quinhentas) Obrigações Reajustáveis do Tesouro Nacional.

Parágrafo único. Na hipótese de inexistirem dependentes ou sucessores do titular, os valores referidos neste artigo reverterão em favor do Fundo de Previdência e Assistência Social.

Art. 3.º Esta Lei entrará em vigor na data de sua publicação.

Art. 4.º Revogam-se as disposições em contrário.

Brasília, 24 de novembro de 1980; 159.º da Independência e 92.º da República.

JOÃO FIGUEIREDO

(*) Publicada no *DOU*, de 25-11-1980, e retificada em 26-11-1980. Regulamentada pelo Decreto n. 85.845, de 26-3-1981. *Vide* Súmula 161 do STJ.

LEI N. 6.868,

DE 3 DE DEZEMBRO DE 1980 (**)

Dispensa a apresentação dos documentos que especifica, e dá outras providências.

O Presidente da República

Faço saber que o Congresso Nacional decreta e eu sanciono a seguinte Lei:

Art. 1.º Ficam abolidas quaisquer exigências de apresentação de atestados de bons antecedentes, de boa conduta ou de folha corrida para fins de registro profissional perante o Ministério do Trabalho ou os órgãos fiscalizadores do exercício profissional, aceitando-se, em substituição, a declaração escrita do interessado.

Parágrafo único. A declaração substitutiva, prevista neste artigo, reputar-se-á verdadeira até prova em contrário.

Art. 2.º Havendo fundadas razões de dúvida quanto à veracidade da declaração, serão desde logo solicitadas ao interessado providências para que a mesma seja dirimida, anotando-se a circunstância.

(**) Publicada no *DOU*, de 4-12-1980.

Art. 3.º Verificada em qualquer tempo a ocorrência de fraude ou falsidade em prova documental ou declaração do interessado, a exigência será considerada como não satisfeita e sem efeito o ato praticado em consequência de sua apresentação ou juntada, dando-se conhecimento do fato à autoridade competente, para instauração de processo criminal e de processo administrativo, quando couber.

Art. 4.º Aplica-se à exigência da apresentação de atestado de bons antecedentes prevista no art. 380 da Consolidação das Leis do Trabalho, aprovada pelo Decreto-lei n. 5.452, de 1.º de maio de 1943, o disposto no art. 1.º desta Lei.

• O art. 380 da CLT foi revogado pela Lei n. 7.855, de 24-10-1989.

Art. 5.º Esta Lei entrará em vigor na data de sua publicação.

Art. 6.º Revogam-se as disposições em contrário.

Brasília, em 3 de dezembro de 1980; 159.º da Independência e 92.º da República.

JOÃO FIGUEIREDO

DECRETO N. 85.845,

DE 26 DE MARÇO DE 1981 (*)

Regulamenta a Lei n. 6.858, de 24 de novembro de 1980, que dispõe sobre o pagamento, aos dependentes ou sucessores, de valores não recebidos em vida pelos respectivos titulares.

O Presidente da República, usando da atribuição que lhe confere o art. 81, item III, da Constituição e tendo em vista o disposto na Lei n. 6.858, de 24 de novembro de 1980, e no Decreto n. 83.740, de 18 de julho de 1979, que instituiu o Programa Nacional de Desburocratização, decreta:

Art. 1.º Os valores discriminados no parágrafo único deste artigo, não recebidos em vida pelos respectivos titulares, serão pagos, em quotas iguais, aos seus dependentes habilitados na forma do art. 2.º.

Parágrafo único. O disposto neste Decreto aplica-se aos seguintes valores:

I – quantias devidas a qualquer título pelos empregadores a seus empregados, em decorrência de relação de emprego;

II – quaisquer valores devidos, em razão de cargo ou emprego, pela União, Estado, Distrito Federal, Territórios, Municípios e suas autarquias, aos respectivos servidores;

III – saldos das contas individuais do Fundo de Garantia do Tempo de Serviço e do Fundo de Participação PIS/PASEP;

IV – restituições relativas ao imposto de renda e demais tributos recolhidos por pessoas físicas;

V – saldos de contas bancárias, saldos de cadernetas de poupança e saldos de contas de fundos de investimento, desde que não ultrapassem o valor de 500 (quinhentas) Obrigações Reajustáveis do Tesouro Nacional e não existam, na sucessão, outros bens sujeitos a inventário.

(*) Publicado no *DOU*, de 27-3-1981.

Art. 2.º A condição de dependente habilitado será declarada em documento fornecido pela instituição de Previdência ou se for o caso, pelo órgão encarregado, na forma da legislação própria, do processamento do benefício por morte.

Parágrafo único. Da declaração constarão, obrigatoriamente, o nome completo, a filiação, a data de nascimento de cada um dos interessados e o respectivo grau de parentesco ou relação de dependência com o falecido.

Art. 3.º À vista da apresentação da declaração de que trata o art. 2.º, o pagamento das quantias devidas será feito aos dependentes do falecido pelo empregador, repartição, entidade, órgão ou unidade civil ou militar, estabelecimento bancário, fundo de participação ou, em geral, por pessoa física ou jurídica, a quem caiba efetuar o pagamento.

Art. 4.º A inexistência de outros bens sujeitos a inventário, para os fins do item V, parágrafo único, do art. 1.º, será comprovada por meio de declaração, conforme modelo anexo, firmada pelos interessados perante a instituição onde esteja depositada a quantia a receber.

§ 1.º As declarações feitas nos termos deste artigo ter-se-ão por verdadeiras até prova em contrário.

§ 2.º A falsa declaração sujeitará o declarante às sanções previstas no Código Penal e demais cominações legais aplicáveis.

§ 3.º Verificada, a qualquer tempo, a existência de fraude ou falsidade na declaração, será dado conhecimento do fato à autoridade competente, dentro de 5 (cinco) dias, para instauração de processo criminal.

Art. 5.º Na falta de dependentes, farão jus ao recebimento das quotas de que trata o art. 1.º deste decreto os sucessores do titular, previstos na lei civil, indicados em alvará judicial, expedido a requerimento do interessado, independentemente de inventário ou arrolamento.

Art. 6.º As quotas a que se refere o art. 1.º, atribuídas a menores, ficarão depositadas em caderneta de poupança, rendendo juros e correção monetária, e só serão disponíveis após o menor completar 18 (dezoito) anos, salvo autorização do juiz para aquisição de imóvel destinado a residência do menor e de sua família ou para dispêndio necessário à subsistência e educação do menor.

Art. 7.º Inexistindo dependentes ou sucessores, os valores de que trata o parágrafo do art. 1.º reverterão em favor, respectivamente, do Fundo de Previdência e Assistência Social, do Fundo de Garantia do Tempo de Serviço ou do Fundo de Participação PIS-PASEP, conforme se tratar de quantias devidas pelo empregador ou de contas de FGTS e do Fundo PIS/PASEP.

Art. 8.º Caberá ao Banco Central do Brasil, ao Banco Nacional da Habitação, à Caixa Econômica Federal, ao Banco do Brasil S.A. e aos demais órgãos e entidades da Administração Federal, Estadual e Municipal, nas respectivas áreas de competência, orientar e fiscalizar o cumprimento deste Decreto pelas pessoas físicas e jurídicas responsáveis pelo pagamento dos valores de que trata o art. 1.º.

Art. 9.º Ao Ministro Extraordinário para a Desburocratização caberá acompanhar e coordenar a execução do disposto neste Decreto, assim como dirimir as dúvidas suscitadas na sua aplicação.

Art. 10. Este Decreto entrará em vigor na data de sua publicação.

Art. 11. Revogam-se as disposições em contrário.

Brasília, em 26 de março de 1981; 160.º da Independência e 93.º da República.

João Figueiredo

MODELO

DECLARAÇÃO DE INEXISTÊNCIA DE BENS A INVENTARIAR

Nos termos do art. 3.º, do Decreto n. .... de .... de março de 1981, ...
(nome completo)

...., ...,
(nacionalidade) (estado civil) (profissão)

residente na ....
(endereço completo, cidade, Estado)

portador da ....,
(documento oficial de identificação e órgão expedidor)

DECLARA que ....
(nome completo do falecido)

já falecido, não deixou outros bens a serem inventariados, além do saldo (da conta bancária, da caderneta de poupança ou conta de fundo de investimento, conforme o caso) no ...., no valor de Cr$.............. (...............).
(nome da instituição depositária) por extenso

A presente declaração é feita sob as penas da lei, ciente, portanto, o declarante de que, em caso de falsidade, ficará sujeito às sanções previstas no Código Penal e às demais cominações legais aplicáveis.

____
(local e data)

____
(assinatura)

A declaração acima foi assinada em minha presença.

____
(local e data)

____
(assinatura)

Observação:

A validade da declaração independe de formulário especial, sendo lícita, inclusive, a declaração manuscrita pelo interessado.

DECRETO N. 87.043,

DE 22 DE MARÇO DE 1982 (*)

Regulamenta o Decreto-lei n. 1.422, de 23 de outubro de 1975, que dispõe sobre o cumprimento do art. 178 da Constituição por empresas e empregadores de toda natureza, mediante a manutenção do ensino de 1.º Grau gratuito ou recolhimento da contribuição do salário-educação.

(*) Publicado no *DOU*, de 23-3-1982. A referência é feita à Constituição de 1967, emendada em 1969. *Vide* art. 212, § 5.º, da CF.

O Presidente da República, usando das atribuições que lhe confere o art. 81, III, da Constituição, decreta:

Art. 1.º As empresas comerciais, industriais e agrícolas são obrigadas a manter o ensino de 1.º Grau gratuito para seus empregados e para os filhos destes, entre os 7 (sete) e 14 (quatorze) anos, ou a concorrer para esse fim, mediante a contribuição do salário-educação.

•• A Lei n. 9.394, de 20-12-1996 (Diretrizes e Bases da Educação), estabelece que o ensino fundamental irá se iniciar aos 6 (seis) anos.

Art. 2.º O salário-educação, previsto no art. 178 da Constituição, instituído pela Lei n. 4.440, de 27 de outubro de

1964, e reestruturado pelo Decreto-lei n. 1.422, de 23 de outubro de 1975, é uma contribuição patronal devida pelas empresas comerciais, industriais e agrícolas e destinada ao financiamento do ensino de 1.º Grau dos empregados de qualquer idade, e dos filhos destes, na faixa etária dos 7 (sete) aos 14 (quatorze) anos, suplementando os recursos públicos destinados à manutenção e ao desenvolvimento desse grau de ensino.

• *Vide* Súmula 732 do STF.

Parágrafo único. Consideram-se empresas, para os efeitos desta regulamentação, em relação à Previdência Social, Urbana e Rural, respectivamente:

I – o empregador, como tal definido no art. 2.º da Consolidação das Leis do Trabalho e no art. 4.º da Lei n. 3.807, de 26 de agosto de 1960, com redação dada pelo art. 1.º da Lei n. 5.890, de 8 de junho de 1973;

II – a empresa, o empregador e o produtor rurais, como tal definidos no Estatuto da Terra, item VI do art. 4.º da Lei n. 4.504, de 30 de novembro de 1964, no § 1.º do art. 1.º da Lei n. 6.260, de 6 de novembro de 1975, e no item *b* do § 1.º do art. 3.º da Lei Complementar n. 11, de 25 de maio de 1971, dos quais se origine o produto rural mencionado no § 1.º do art. 15 da Lei Complementar n. 11, de 25 de maio de 1971;

III – todas as demais empresas e entidades públicas, sociedades de economia mista e empresas privadas, vinculadas à Previdência Social.

Art. 3.º O salário-educação é estipulado com base no custo de ensino de 1.º Grau, cabendo a todas as empresas vinculadas à Previdência Social, Urbana e Rural, respectivamente, recolher:

I – 2,5% (dois e meio por cento) sobre a folha de salário de contribuição, definido na legislação previdenciária, e sobre a soma dos salários-base dos titulares, sócios e diretores, constantes dos carnês de contribuintes individuais;

II – 0,8% (oito décimos por cento) sobre o valor comercial dos produtos rurais definidos no § 1.º, do art. 15, da Lei Complementar n. 11, de 25 de maio de 1971.

§ 1.º A incidência do salário-educação sobre os valores dos salários-base de titulares, sócios e diretores somente ocorrerá quando houver contribuições para o Instituto de Administração Financeira da Previdência e Assistência Social, em virtude de pagamentos pelas empresas a empregados ou autônomos.

§ 2.º O cálculo da contribuição mencionada no item I deste artigo incidirá sobre os valores da folha de salário de contribuição somados aos dos salários-base lançados nos carnês de contribuintes individuais, até o limite máximo de exigência das contribuições previdenciárias.

§ 3.º A contribuição de 0,8% (oito décimos por cento) mencionada no item II deste artigo será adicional à fixada no item I do art. 15 da Lei Complementar n. 11, de 25 de maio de 1971, e deverá ser recolhida na mesma guia, nas mesmas condições e sob as mesmas sanções.

§ 4.º As alíquotas da contribuição a que se refere este artigo poderão ser alteradas mediante demonstração pelo Fundo Nacional de Desenvolvimento da Educação, da variação do custo efetivo do ensino de 1.º Grau.

§ 5.º Integram a receita do salário-educação as multas, a correção monetária e os juros de mora a que estão sujeitos os contribuintes em atraso com o pagamento da contribuição.

....

Art. 8.º Estão, respectivamente, excluídas ou isentas do recolhimento da contribuição do salário-educação:

I – a União, os Estados, o Distrito Federal, os Territórios e os Municípios, bem como suas respectivas autarquias;

II – as instituições oficiais de ensino de qualquer grau;

III – as instituições particulares de ensino de qualquer grau, devidamente autorizadas ou reconhecidas, mediante apresentação dos atos de registro nos órgãos próprios dos sistemas de ensino;

IV – as organizações hospitalares e de assistência social, desde que portadoras do Certificado de Fins Filantrópicos expedido pelo órgão competente, na forma do disposto no Decreto-lei n. 1.572, de 1.º de setembro de 1977;

V – as organizações de fins culturais que, através de portaria do Ministro da Educação e Cultura, venham a ser reconhecidas como de significação relevante para o desenvolvimento cultural do País.

Art. 9.º As empresas poderão deixar de recolher a contribuição do salário-educação ao Instituto de Administração Financeira da Previdência e Assistência Social quando optarem pela manutenção do ensino de 1.º Grau, quer regular, quer supletivo, através de:

a) escola própria gratuita para os seus empregados ou para os filhos destes, e, havendo vaga, para quaisquer crianças, adolescentes e adultos;

b) programa de bolsas tendo em vista a aquisição de vagas na rede de ensino particular de 1.º Grau para seus empregados e os filhos destes, recolhendo, para esse efeito, no FNDE, a importância correspondente ao valor mensal devido a título de salário-educação;

c) indenização das despesas realizadas pelo próprio empregado com sua educação de 1.º Grau, pela via supletiva, fixada nos limites estabelecidos no § 1.º do art. 10 deste Decreto, e comprovada por meio de apresentação do respectivo certificado;

d) indenização para os filhos de seus empregados, entre 7 (sete) e 14 (quatorze) anos, mediante comprovação de frequência em estabelecimentos pagos, fixada nos mesmos limites da alínea anterior;

e) esquema misto, usando combinações das alternativas anteriores.

•• *Caput* com redação determinada pelo Decreto n. 88.374, de 7-6-1983.

Parágrafo único. As operações concernentes à receita e à despesa com o recolhimento do salário-educação e com a manutenção direta ou indireta do ensino, previstas no art. 3.º e neste artigo deverão ser lançadas sob o título "Salário-Educação", na escrituração tanto da empresa quanto da escola, ficando sujeitas à fiscalização, nos termos do art. 3.º deste Decreto e demais normas aplicáveis.

•• Parágrafo único com redação determinada pelo Decreto n. 88.374, de 7-6-1983.

Art. 10. São condições para a opção a que se refere o artigo anterior:

I – responsabilidade integral, pela empresa, das despesas com a manutenção do ensino, direta ou indiretamente;

II – equivalência dessas despesas ao total da contribuição correspondente ao salário-educação respectivo;

III – prefixação de vagas em número equivalente ao quociente da divisão da importância correspondente a 2,5% (dois e meio por cento) da folha mensal do salário de contribuição pelo preço da vaga de ensino de 1.º Grau a ser fixado anualmente pelo Fundo Nacional de Desenvolvimento da Educação.

•• *Caput* com redação determinada pelo Decreto n. 88.374, de 7-6-1983.

§ 1.º O preço fixado passa a ser, para os beneficiários do sistema, o valor da anuidade, não sendo o aluno obrigado a efetivar qualquer complementação, cabendo ainda à empresa, à escola e à família zelar, solidariamente, por sua frequência e aproveitamento.

•• § 1.º com redação determinada pelo Decreto n. 88.374, de 7-6-1983.

§ 2.º As variações para menos, decorrentes da matrícula efetiva ou de alterações nas folhas do salário de contribuição serão compensadas, mediante o recolhimento da diferença no Banco do Brasil S/A, à conta do Fundo Nacional de Desenvolvimento da Educação, para distribuição na forma do art. 5.º deste Decreto.

•• § 2.º com redação determinada pelo Decreto n. 88.374, de 7-6-1983.

Art. 11. A cobertura financeira necessária ao cumprimento do disposto no art. 9.º será efetuada:

I – no caso da alínea *a*, mensalmente, pela empresa, à sua escola;

II – no caso da alínea *b*, trimestralmente e diretamente à escola, pelo Fundo Nacional de Desenvolvimento da Educação;

III – no caso das alíneas *c* e *d*, semestralmente e diretamente aos beneficiários ou responsáveis pelos mesmos, pela empresa.

§ 1.º As empresas optantes deverão efetuar, mensalmente, ao Fundo Nacional de Desenvolvimento da Educação, o recolhimento da diferença referida no § 2.º do art. 10, entre o valor gerado e o valor aplicado nas formas de opção previstas nas alíneas *a*, *c*, *d* e *e* do art. 9.º, para distribuição na forma do art. 5.º deste Decreto.

§ 2.º *(Revogado pelo Decreto n. 994, de 25-11-1993.)*

Art. 12. A autorização para a forma alternativa de cumprimento da obrigação patronal, referida no art. 9.º deste Decreto, será o documento mediante o qual a empresa faz a opção prevista no art. 178 da Constituição, devidamente protocolado no Ministério da Educação e Cultura, tudo de conformidade com as instruções que, para tal fim, forem baixadas pelo Fundo Nacional de Desenvolvimento da Educação.

§ 1.º O documento a que se refere este artigo comprovará, perante os órgãos fiscalizadores, o cumprimento formal da obrigação fixada no art. 1.º deste Decreto.

§ 2.º Compete ao Fundo Nacional de Desenvolvimento da Educação comunicar ao Instituto de Administração Financeira da Previdência e Assistência Social quais as empresas optantes pelo cumprimento da obrigação constitucional sob a forma de manutenção direta ou indireta de ensino.

Art. 13. Cabe ao Instituto de Administração Financeira da Previdência e Assistência Social a arrecadação bem como a fiscalização do salário-educação e da manutenção direta ou indireta de ensino pelas empresas, obedecidos os mesmos prazos e mesmas sanções administrativas e penais, e as demais normas das contribuições destinadas ao custeio da Previdência Social.

Parágrafo único. A fiscalização a ser exercida pelo Fundo Nacional de Desenvolvimento da Educação, sem prejuízo das atribuições dos Tribunais de Contas da União, dos Estados e Distrito Federal, das Secretarias de Educação das Unidades da Federação e do Instituto de Administração Financeira da Previdência e Assistência Social, este na forma do *caput* deste artigo, incidirá sobre todas as fases de arrecadação, transferência e manutenção direta ou indireta de ensino, conforme disposto neste Decreto.

Art. 14. Fica suspensa, até ulterior deliberação, a cobrança da contribuição do salário-educação sobre a soma dos salários-base dos titulares, sócios e diretores e sobre o valor comercial dos produtos rurais, prevista nos itens I *in fine*, e II do art. 3.º deste Decreto.

Art. 15. Este Decreto entra em vigor na data de sua publicação, revogados o Decreto n. 76.923, de 26 de dezembro de 1975, e demais disposições em contrário.

Brasília, 22 de março de 1982; 161.º da Independência e 94.º da República.

JOÃO FIGUEIREDO

LEI N. 7.064,
DE 6 DE DEZEMBRO DE 1982 (*)

Dispõe sobre a situação de trabalhadores contratados ou transferidos para prestar serviços no exterior.

O Presidente da República

Faço saber que o Congresso Nacional decreta e eu sanciono a seguinte Lei:

(*) Publicada no *DOU*, de 7-12-1982, e retificada em 13-12-1982.

CAPÍTULO I
INTRODUÇÃO

Art. 1.º Esta Lei regula a situação de trabalhadores contratados no Brasil ou transferidos por seus empregadores para prestar serviço no exterior.

•• *Caput* com redação determinada pela Lei n. 11.962, de 3-7-2009.

Parágrafo único. Fica excluído do regime desta Lei o empregado designado para prestar serviços de natureza transitória, por período não superior a 90 (noventa) dias, desde que:

a) tenha ciência expressa dessa transitoriedade;

b) receba, além da passagem de ida e volta, diárias durante o período de trabalho no exterior, as quais, seja qual for o respectivo valor, não terão natureza salarial.

CAPÍTULO II
DA TRANSFERÊNCIA

Art. 2.º Para os efeitos desta Lei, considera-se transferido:

I – o empregado removido para o exterior, cujo contrato estava sendo executado no território brasileiro;

II – o empregado cedido à empresa sediada no estrangeiro, para trabalhar no exterior, desde que mantido o vínculo trabalhista com o empregador brasileiro;

III – o empregado contratado por empresa sediada no Brasil para trabalhar a seu serviço no exterior.

Art. 3.º A empresa responsável pelo contrato de trabalho do empregado transferido assegurar-lhe-á, independentemente da observância da legislação do local da execução dos serviços:

I – os direitos previstos nesta Lei;

II – a aplicação da legislação brasileira de proteção ao trabalho, naquilo que não for incompatível com o disposto nesta Lei, quando mais favorável do que a legislação territorial, no conjunto de normas e em relação a cada matéria.

Parágrafo único. Respeitadas as disposições especiais desta Lei, aplicar-se-á a legislação brasileira sobre Previdência Social, Fundo de Garantia do Tempo de Serviço – FGTS e Programa de Integração Social – PIS/PASEP.

Art. 4.º Mediante ajuste escrito, empregador e empregado fixarão os valores do salário-base e do adicional de transferência.

§ 1.º O salário-base ajustado na forma deste artigo fica sujeito aos reajustes e aumentos compulsórios previstos na legislação brasileira.

§ 2.º O valor do salário-base não poderá ser inferior ao mínimo estabelecido para a categoria profissional do empregado.

§ 3.º Os reajustes e aumentos compulsórios previstos no § 1.º incidirão exclusivamente sobre os valores ajustados em moeda nacional.

Art. 5.º O salário-base do contrato será obrigatoriamente estipulado em moeda nacional, mas a remuneração devida durante a transferência do empregado, computado o adicional de que trata o artigo anterior, poderá, no todo ou em parte, ser paga no exterior, em moeda estrangeira.

§ 1.º Por opção escrita do empregado, a parcela da remuneração a ser paga em moeda nacional poderá ser depositada em conta bancária.

§ 2.º É assegurada ao empregado, enquanto estiver prestando serviços no exterior, a conversão e remessa dos correspondentes valores para o local de trabalho, observado o disposto em regulamento.

•• § 2.º regulamentado pelo Decreto n. 89.339, de 31-1-1984.

Art. 6.º Após 2 (dois) anos de permanência no exterior, será facultado ao empregado gozar anualmente férias no Brasil, correndo por conta da empresa empregadora, ou para a qual tenha sido cedido, o custeio da viagem.

§ 1.º O custeio de que trata este artigo se estende ao cônjuge e aos demais dependentes do empregado com ele residentes.

§ 2.º O disposto neste artigo não se aplicará ao caso de retorno definitivo do empregado antes da época do gozo das férias.

Art. 7.º O retorno do empregado ao Brasil poderá ser determinado pela empresa quando:

I – não se tornar mais necessário ou conveniente o serviço do empregado no exterior;

II – der o empregado justa causa para a rescisão do contrato.

Parágrafo único. Fica assegurado ao empregado seu retorno ao Brasil, ao término do prazo da transferência ou, antes deste, na ocorrência das seguintes hipóteses:

a) após 3 (três) anos de trabalho contínuo;

b) para atender à necessidade grave de natureza familiar, devidamente comprovada;

c) por motivo de saúde, conforme recomendação constante de laudo médico;

d) quando der o empregador justa causa para a rescisão do contrato;

e) na hipótese prevista no inciso I deste artigo.

Art. 8.º Cabe à empresa o custeio do retorno do empregado.

Parágrafo único. Quando o retorno se verificar, por iniciativa do empregado, ou quando der justa causa para rescisão do contrato, ficará ele obrigado ao reembolso das respectivas despesas, ressalvados os casos previstos no parágrafo único do artigo anterior.

Art. 9.º O período de duração da transferência será computado no tempo de serviço do empregado para todos os efeitos da legislação brasileira, ainda que a lei local de prestação do serviço considere essa prestação como resultante de um contrato autônomo e determine a liquidação dos direitos oriundos da respectiva cessação.

•• Artigo regulamentado pelo Decreto n. 89.339, de 31-1-1984.

§ 1.º Na hipótese de liquidação de direitos prevista neste artigo, a empresa empregadora fica autorizada a deduzir esse pagamento dos depósitos do FGTS em nome do empregado, existentes na conta vinculada de que trata o art. 2.º da Lei n. 5.107, de 13 de setembro de 1966.

§ 2.º Se o saldo da conta a que se refere o parágrafo anterior não comportar a dedução ali mencionada, a diferença poderá ser novamente deduzida do saldo dessa conta quando da cessação, no Brasil, do respectivo contrato de trabalho.

§ 3.º As deduções acima mencionadas, relativamente ao pagamento em moeda estrangeira, serão calculadas mediante conversão em cruzeiros ao câmbio do dia em que se operar o pagamento.

§ 4.º O levantamento pelo empregador, decorrente da dedução acima prevista, dependerá de homologação judicial.

Art. 10. O adicional de transferência, as prestações *in natura*, bem como quaisquer outras vantagens a que fizer jus o empregado em função de sua permanência no exterior, não serão devidas após seu retorno ao Brasil.

Art. 11. Durante a prestação de serviços no exterior não serão devidas, em relação aos empregados transferidos, as contribuições referentes a: Salário-Educação, Serviço Social da Indústria, Serviço Social do Comércio, Serviço Nacional de Aprendizagem Comercial, Serviço Nacional de Aprendizagem Industrial e Instituto Nacional de Colonização e de Reforma Agrária.

CAPÍTULO III
DA CONTRATAÇÃO POR EMPRESA ESTRANGEIRA

Art. 12. A contratação de trabalhador, por empresa estrangeira, para trabalhar no exterior está condicionada à prévia autorização do Ministério do Trabalho.

•• Artigo regulamentado pelo Decreto n. 89.339, de 31-1-1984.

• A Portaria n. 21, de 9-3-2006, do MTE, dispõe sobre a contratação, por empresa estrangeira, de brasileiro para trabalhar no exterior.

Art. 13. A autorização a que se refere o art. 12 somente poderá ser dada à empresa de cujo capital participe, em pelo menos 5% (cinco por cento), pessoa jurídica domiciliada no Brasil.

Art. 14. Sem prejuízo da aplicação das leis do país da prestação dos serviços, no que respeita a direitos, vantagens e garantias trabalhistas e previdenciárias, a empresa estrangeira assegurará ao trabalhador os direitos a ele conferidos neste Capítulo.

Art. 15. Correrão obrigatoriamente por conta da empresa estrangeira as despesas de viagem de ida e volta do trabalhador ao exterior, inclusive a dos dependentes com ele residentes.

Art. 16. A permanência do trabalhador no exterior não poderá ser ajustada por período superior a 3 (três) anos, salvo quando for assegurado a ele e a seus dependentes o direito de gozar férias anuais no Brasil, com despesas de viagem pagas pela empresa estrangeira.

Art. 17. A empresa estrangeira assegurará o retorno definitivo do trabalhador ao Brasil quando:

I – houver terminado o prazo de duração do contrato, ou for o mesmo rescindido;

II – por motivo de saúde do trabalhador, devidamente comprovado por laudo médico oficial que o recomende.

Art. 18. A empresa estrangeira manterá no Brasil procurador bastante, com poderes especiais de representação, inclusive o de receber citação.

Art. 19. A pessoa jurídica domiciliada no Brasil a que alude o art. 13 será solidariamente responsável com a empresa estrangeira por todas as obrigações decorrentes da contratação do trabalhador.

Art. 20. O aliciamento de trabalhador domiciliado no Brasil, para trabalhar no exterior, fora do regime desta Lei, configurará o crime previsto no art. 206 do Código Penal Brasileiro.

CAPÍTULO IV
DISPOSIÇÕES COMUNS E FINAIS

Art. 21. As empresas de que trata esta Lei farão, obrigatoriamente, seguro de vida e acidentes pessoais a favor do trabalhador, cobrindo o período a partir do embarque para o exterior, até o retorno ao Brasil.

Parágrafo único. O valor do seguro não poderá ser inferior a 12 (doze) vezes o valor de remuneração mensal do trabalhador.

Art. 22. As empresas a que se refere esta Lei garantirão ao empregado, no local de trabalho no exterior ou próximo a ele, serviços gratuitos e adequados de assistência médica e social.

Art. 23. Serão regulamentadas no prazo de 90 (noventa) dias as disposições dos arts. 5.º, § 2.º, 9.º, §§ 1.º a 4.º, e 12.

Art. 24. Esta Lei entra em vigor na data de sua publicação, revogadas as disposições em contrário.

JOÃO FIGUEIREDO

LEI N. 7.102,
DE 20 DE JUNHO DE 1983 (*)

Dispõe sobre segurança para estabelecimentos financeiros, estabelece normas para constituição e funcionamento das empresas particulares que exploram serviços de vigilância e de transporte de valores, e dá outras providências.

(*) Publicada no *DOU*, de 21-6-1983. Retificada em 13-4-1995. A Portaria n. 891, de 12-8-1999, do Departamento de Polícia Federal, institui e aprova a Carteira Nacional de Vigilante, para utilização exclusiva pelos vigilantes portadores de qualificação profissional prevista nesta Lei.

O Presidente da República.

Faço saber que o Congresso Nacional decreta e eu sanciono a seguinte Lei:

Art. 1.º É vedado o funcionamento de qualquer estabelecimento financeiro onde haja guarda de valores ou movimentação de numerário que não possua sistema de segurança com parecer favorável à sua aprovação elaborado pelo Ministério da Justiça, na forma desta Lei.

•• *Caput* com redação determinada pela Lei n. 9.017, de 30-3-1995.

§ 1.º Os estabelecimentos financeiros referidos neste artigo compreendem bancos oficiais ou privados, caixas econômicas, sociedades de crédito, associações de poupança, suas agências, postos de atendimento, subagências e seções, assim como as cooperativas singulares de crédito e suas respectivas dependências.

•• § 1.º acrescentado pela Lei n. 11.718, de 20-6-2008.

§ 2.º O Poder Executivo estabelecerá, considerando a reduzida circulação financeira, requisitos próprios de segurança para as cooperativas singulares de crédito e suas dependências que contemplem, entre outros, os seguintes procedimentos:

•• § 2.º, *caput*, acrescentado pela Lei n. 11.718, de 20-6-2008.

I – dispensa de sistema de segurança para o estabelecimento de cooperativa singular de crédito que se situe dentro de qualquer edificação que possua estrutura de segurança instalada em conformidade com o art. 2.º desta Lei;

•• Inciso I acrescentado pela Lei n. 11.718, de 20-6-2008.

II – necessidade de elaboração e aprovação de apenas um único plano de segurança por cooperativa singular de crédito, desde que detalhadas todas as suas dependências;

•• Inciso II acrescentado pela Lei n. 11.718, de 20-6-2008.

III – dispensa de contratação de vigilantes, caso isso inviabilize economicamente a existência do estabelecimento.

•• Inciso III acrescentado pela Lei n. 11.718, de 20-6-2008.

§ 3.º Os processos administrativos em curso no âmbito do Departamento de Polícia Federal observarão os requisitos próprios de segurança para as cooperativas singulares de crédito e suas dependências.

•• § 3.º acrescentado pela Lei n. 11.718, de 20-6-2008.

Art. 2.º O sistema de segurança referido no artigo anterior inclui pessoas adequadamente preparadas, assim chamadas vigilantes; alarme capaz de permitir, com segurança, comunicação entre o estabelecimento financeiro e outro da mesma instituição, empresa de vigilância ou órgão policial mais próximo; e, pelo menos, mais um dos seguintes dispositivos:

I – equipamentos elétricos, eletrônicos e de filmagens que possibilitem a identificação dos assaltantes;

II – artefatos que retardem a ação dos criminosos, permitindo sua perseguição, identificação ou captura; e

III – cabina blindada com permanência ininterrupta de vigilante durante o expediente para o público e enquanto houver movimentação de numerário no interior do estabelecimento.

Art. 2.º-A. As instituições financeiras e demais instituições autorizadas a funcionar pelo Banco Central do Brasil, que colocarem à disposição do público caixas eletrônicos, são obrigadas a instalar equipamentos que inutilizem as cédulas de moeda corrente depositadas no interior das máquinas em caso de arrombamento, movimento brusco ou alta temperatura.

•• *Caput* acrescentado pela Lei n. 13.654, de 23-4-2018.

§ 1.º Para cumprimento do disposto no *caput* deste artigo, as instituições financeiras poderão utilizar-se de qualquer tipo de tecnologia existente para inutilizar as cédulas de moeda corrente depositadas no interior dos seus caixas eletrônicos, tais como:

•• § 1.º acrescentado pela Lei n. 13.654, de 23-4-2018.

I – tinta especial colorida;

•• Inciso I acrescentado pela Lei n. 13.654, de 23-4-2018.

II – pó químico;

•• Inciso II acrescentado pela Lei n. 13.654, de 23-4-2018.

III – ácidos insolventes;

•• Inciso III acrescentado pela Lei n. 13.654, de 23-4-2018.

IV – pirotecnia, desde que não coloque em perigo os usuários e funcionários que utilizam os caixas eletrônicos;

•• Inciso IV acrescentado pela Lei n. 13.654, de 23-4-2018.

V – qualquer outra substância, desde que não coloque em perigo os usuários dos caixas eletrônicos.

•• Inciso V acrescentado pela Lei n. 13.654, de 23-4-2018.

§ 2.º Será obrigatória a instalação de placa de alerta, que deverá ser afixada de forma visível no caixa eletrônico, bem como na entrada da instituição bancária que possua caixa eletrônico em seu interior, informando a existência do referido dispositivo e seu funcionamento.

•• § 2.º acrescentado pela Lei n. 13.654, de 23-4-2018.

§ 3.º O descumprimento do disposto acima sujeitará as instituições financeiras infratoras às penalidades previstas no art. 7.º desta Lei.

•• § 3.º acrescentado pela Lei n. 13.654, de 23-4-2018.

§ 4.º As exigências previstas neste artigo poderão ser implantadas pelas instituições financeiras de maneira gradativa, atingindo-se, no mínimo, os seguintes percentuais, a partir da entrada em vigor desta Lei:

•• § 4.º acrescentado pela Lei n. 13.654, de 23-4-2018.

I – nos municípios com até 50.000 (cinquenta mil) habitantes, 50% (cinquenta por cento) em nove meses e os outros 50% (cinquenta por cento) em dezoito meses;

•• Inciso I acrescentado pela Lei n. 13.654, de 23-4-2018.

II – nos municípios com mais de 50.000 (cinquenta mil) até 500.000 (quinhentos mil) habitantes, 100% (cem por cento) em até vinte e quatro meses;

•• Inciso II acrescentado pela Lei n. 13.654, de 23-4-2018.

III – nos municípios com mais de 500.000 (quinhentos mil) habitantes, 100% (cem por cento) em até trinta e seis meses.

•• Inciso III acrescentado pela Lei n. 13.654, de 23-4-2018.

Art. 3.º A vigilância ostensiva e o transporte de valores serão executados:

•• *Caput* e incisos com redação determinada pela Lei n. 9.017, de 30-3-1995.

I – por empresa especializada contratada; ou

II – pelo próprio estabelecimento financeiro, desde que organizado e preparado para tal fim, com pessoal próprio, aprovado em curso de formação de vigilante autorizado pelo Ministério da Justiça e cujo sistema de segurança tenha parecer favorável à sua aprovação emitido pelo Ministério da Justiça.

Parágrafo único. Nos estabelecimentos financeiros estaduais, o serviço de vigilância ostensiva poderá ser desempenhado pelas Polícias Militares, a critério do Governo da respectiva Unidade da Federação.

•• Parágrafo único com redação determinada pela Lei n. 9.017, de 30-3-1995.

....

Art. 7.º O estabelecimento financeiro que infringir disposição desta lei ficará sujeito às seguintes penalidades, conforme a gravidade da infração e levando-se em conta a reincidência e a condição econômica do infrator:

•• *Caput* com redação determinada pela Lei n. 9.017, de 30-3-1995.

I – advertência;

•• Inciso I com redação determinada pela Lei n. 9.017, de 30-3-1995.

II – multa, de mil a vinte mil Ufirs;

•• Inciso II com redação determinada pela Lei n. 9.017, de 30-3-1995.

III – interdição do estabelecimento.

•• Inciso III com redação determinada pela Lei n. 9.017, de 30-3-1995.

....

Art. 10. São consideradas como segurança privada as atividades desenvolvidas em prestação de serviços com a finalidade de:

•• *Caput* e incisos com redação determinada pela Lei n. 8.863, de 28-3-1994.

I – proceder a vigilância patrimonial das instituições financeiras e de outros estabelecimentos, públicos ou privados, bem como a segurança de pessoas físicas;

II – realizar o transporte de valores ou garantir o transporte de qualquer outro tipo de carga.

§ 1.º Os serviços de vigilância e de transporte de valores poderão ser executados por uma mesma empresa.

•• Antigo parágrafo único renumerado para § 1.º pela Lei n. 8.863, de 28-3-1994.

§ 2.º As empresas especializadas em prestação de serviços de segurança, vigilância e transporte de valores, constituídas sob a forma de empresas privadas, além das hipóteses previstas nos incisos do *caput* deste artigo, poderão se prestar ao exercício das atividades de segurança privada a pessoas; a estabelecimentos comerciais, industriais, de prestação de serviços e residenciais; a entidades sem fins lucrativos; e órgãos e empresas públicas.

•• § 2.º acrescentado pela Lei n. 8.863, de 28-3-1994.

§ 3.º Serão regidas por esta Lei, pelos regulamentos dela decorrentes e pelas disposições da legislação civil, comercial, trabalhista, previdenciária e penal, as empresas definidas no parágrafo anterior.

•• § 3.º acrescentado pela Lei n. 8.863, de 28-3-1994.

§ 4.º As empresas que tenham objeto econômico diverso da vigilância ostensiva e do transporte de valores, que utilizem pessoal de quadro funcional próprio, para execução dessas atividades, ficam obrigadas ao cumprimento do disposto nesta Lei e demais legislações pertinentes.

•• § 4.º acrescentado pela Lei n. 8.863, de 28-3-1994.

§ 5.º (*Vetado.*)

•• § 5.º acrescentado pela Lei n. 8.863, de 28-3-1994.

§ 6.º (*Vetado.*)

•• § 6.º acrescentado pela Lei n. 8.863, de 28-3-1994.

....

Art. 12. Os Diretores e demais empregados das empresas especializadas não poderão ter antecedentes criminais registrados.

....

Art. 15. Vigilante, para os efeitos desta Lei, é o empregado contratado para a execução das atividades definidas nos incisos I e II do *caput* e §§ 2.º, 3.º e 4.º do art. 10.

•• Artigo com redação determinada pela Lei n. 8.863, de 28-3-1994.

Art. 16. Para o exercício da profissão, o vigilante preencherá os seguintes requisitos:

I – ser brasileiro;

II – ter idade mínima de 21 (vinte e um) anos;

III – ter instrução correspondente à 4.ª série do 1.º grau;

IV – ter sido aprovado, em curso de formação de vigilante, realizado em estabelecimento com funcionamento autorizado nos termos desta Lei;

•• Inciso IV com redação determinada pela Lei n. 8.863, de 28-3-1994.

V – ter sido aprovado em exame de saúde física, mental e psicotécnico;

VI – não ter antecedentes criminais registrados; e

VII – estar quite com as obrigações eleitorais e militares.

Parágrafo único. O requisito previsto no inciso III deste artigo não se aplica aos vigilantes admitidos até a publicação da presente Lei.

Art. 17. O exercício da profissão de vigilante requer prévio registro no Departamento de Polícia Federal, que se fará após a apresentação dos documentos comprobatórios das situações enumeradas no art. 16.

•• Artigo com redação determinada pela Medida Provisória n. 2.184-23, de 24-8-2001.

Art. 18. O vigilante usará uniforme somente quando em efetivo serviço.

Art. 19. É assegurado ao vigilante:

I – uniforme especial às expensas da empresa a que se vincular;

II – porte de arma, quando em serviço;

III – prisão especial por ato decorrente do serviço;

IV – seguro de vida em grupo, feito pela empresa empregadora.

Art. 20. Cabe ao Ministério da Justiça, por intermédio do seu órgão competente ou mediante convênio com as Secretarias de Segurança Pública dos Estados e Distrito Federal:

•• *Caput* com redação determinada pela Lei n. 9.017, de 30-3-1995.

I – conceder autorização para o funcionamento:

a) das empresas especializadas em serviços de vigilância;

b) das empresas especializadas em transporte de valores; e

c) dos cursos de formação de vigilantes;

II – fiscalizar as empresas e os cursos mencionados no inciso anterior;

III – aplicar às empresas e aos cursos a que se refere o inciso I deste artigo as penalidades previstas no art. 23 desta Lei;

IV – aprovar uniforme;

V – fixar o currículo dos cursos de formação de vigilantes;

VI – fixar o número de vigilantes das empresas especializadas em cada Unidade da Federação;

VII – fixar a natureza e a quantidade de armas de propriedade das empresas especializadas e dos estabelecimentos financeiros;

VIII – autorizar a aquisição e a posse de armas e munições;

IX – fiscalizar e controlar o armamento e a munição utilizados;

X – rever anualmente a autorização de funcionamento das empresas elencadas no inciso I deste artigo.

•• Inciso X acrescentado pela Lei n. 8.863, de 28-3-1994.

Parágrafo único. As competências previstas nos incisos I e V deste artigo não serão objeto de convênio.

•• Parágrafo único com redação determinada pela Lei n. 9.017, de 30-3-1995.

....

Art. 27. Revogam-se os Decretos-leis n. 1.034, de 21 de outubro de 1969, e n. 1.103, de 6 de abril de 1970, e as demais disposições em contrário.

Brasília, 20 de junho de 1983; 162.º da Independência e 95.º da República.

João Figueiredo

DECRETO N. 89.339,

DE 31 DE JANEIRO DE 1984 (*)

Regulamenta o disposto nos arts. 5.º, § 2.º, 9.º, §§ 1.º a 4.º, e 12 da Lei n. 7.064, de 6 de dezembro de 1982, que dispõe sobre a situação de trabalhadores contratados ou transferidos para prestar serviços no exterior.

O Presidente da República, usando da atribuição que lhe confere o art. 81, III, da Constituição e tendo em vista o disposto no art. 23 da Lei n. 7.064, de 6 de dezembro de 1982, decreta:

(*) Publicado no *DOU*, de 1.º-2-1984, e retificado em 2-2-1984.

Art. 1.º O empregado contratado no Brasil ou transferido por empresa prestadora de serviços de engenharia, inclusive consultoria, projetos, obras, montagens, gerenciamento e congêneres, para prestar serviços no exterior, enquanto estiver prestando serviços no estrangeiro, poderá converter e remeter para o local de trabalho, no todo ou em parte, os valores correspondentes à remuneração paga em moeda nacional.

Art. 2.º As remessas referidas no art. 1.º serão feitas através de instituição bancária autorizada a operar em câmbio, mediante requerimento escrito do empregado ou seu procurador, instruído com declaração da empresa empregadora indicando o valor da remuneração paga ao empregado, o local da prestação de serviços no exterior e os números da Carteira de Trabalho e de inscrição do empregado no cadastro de contribuintes.

Parágrafo único. As remessas a que se refere o artigo estarão sujeitas à fiscalização do Banco Central do Brasil.

Art. 3.º Os valores pagos pela empresa empregadora prestadora dos serviços a que se refere o art. 1.º, na liquidação de direitos determinados pela lei do local da prestação de serviços no exterior, poderão ser deduzidos dos depósitos do Fundo de Garantia por Tempo de Serviço – FGTS, em nome do empregado, existentes na conta vinculada de que trata o art. 2.º da Lei n. 5.107, de 13 de setembro de 1966.

§ 1.º O levantamento, pela empresa empregadora, dos valores correspondentes à liquidação de direitos, efetuada de conformidade com a lei do local da prestação de serviços no exterior, efetivar-se-á à vista do alvará expedido em decorrência da homologação judicial.

§ 2.º A homologação dos valores a serem deduzidos dar-se-á mediante a apresentação, pela empresa empregadora, de cópia autêntica da documentação comprobatória da liquidação dos direitos do empregado no exterior, traduzida oficialmente.

§ 3.º Requerida a homologação, o Juiz determinará ao Banco depositário da conta vinculada que informe, no prazo de 3 (três) dias úteis, o valor existente na conta vinculada do empregado, na data do pedido de homologação.

Art. 4.º A homologação deverá consignar a importância, em moeda estrangeira, a ser deduzida e o alvará autorizará o levantamento do seu valor correspondente em cruzeiros, junto ao Banco depositário, que efetuará a conversão ao câmbio do dia em que efetivar o pagamento, utilizando o dólar dos Estados Unidos da América como moeda de conversão, nos casos em que a liquidação de direitos do empregado tenha sido efetuada em moeda com a qual o cruzeiro não tenha paridade direta.

Parágrafo único. A empresa empregadora deverá apresentar o alvará a que se refere o artigo no prazo de 2 (dois) dias úteis da sua expedição, sob pena de correrem à sua conta as variações cambiais posteriores à data do alvará.

Art. 5.º Caso o saldo existente na conta vinculada do FGTS, em nome do empregado, não seja suficiente para a dedução integral dos valores correspondentes aos direitos liquidados pela empresa no exterior, a diferença poderá ser levantada mediante nova dedução dessa conta, quando da cessação, no Brasil, do contrato de trabalho, mediante a expedição de novo alvará e independentemente de nova homologação.

Art. 6.º A contratação de trabalhador por empresa estrangeira, para trabalhar no exterior, está condicionada à autorização do Ministério do Trabalho, nos termos de regulamento baixado pelo Ministro do Trabalho e observado o disposto no art. 7.º deste Decreto.

• A Portaria n. 21, de 9-3-2006, do MTE, dispõe sobre a contratação, por empresa estrangeira, de brasileiro para trabalhar no exterior.

Art. 7.º A empresa requerente da autorização a que se refere o art. 6.º deverá comprovar:

I – sua existência jurídica, segundo as leis do país no qual é sediada;

II – a participação de pessoa jurídica domiciliada no Brasil, em pelo menos 5% (cinco por cento) do seu capital social;

III – a existência de procurador legalmente constituído no Brasil, com poderes especiais de representação, inclusive o de receber citação;

IV – a solidariedade da pessoa jurídica a que se refere o inciso II deste artigo no cumprimento das obrigações da empresa estrangeira decorrentes da contratação do empregado.

Art. 8.º Este Decreto entra em vigor na data de sua publicação, revogadas as disposições em contrário.

Brasília, aos 31 do mês de janeiro de 1984; 163.º da Independência e 96.º da República.

JOÃO FIGUEIREDO

LEI N. 7.347,

DE 24 DE JULHO DE 1985 (*)

Disciplina a ação civil pública de responsabilidade por danos causados ao meio ambiente, ao consumidor, a bens e direitos de valor artístico, estético, histórico, turístico e paisagístico (*Vetado*) e dá outras providências.

O Presidente da República:

Faço saber que o Congresso Nacional decreta e eu sanciono a seguinte Lei:

Art. 1.º Regem-se pelas disposições desta Lei, sem prejuízo da ação popular, as ações de responsabilidade por danos materiais e patrimoniais causados:

•• *Caput* com redação determinada pela Lei n. 12.529, de 30-11-2011.

• *Vide* Lei n. 7.853, de 24-10-1989.

• *Vide* Lei n. 10.741, de 1.º-10-2003 (Estatuto do Idoso).

•• *Vide* Súmula 601 do STJ.

I – ao meio ambiente;

II – ao consumidor;

III – a bens e direitos de valor artístico, estético, histórico, turístico e paisagístico;

•• A Lei n. 10.257, de 10-7-2001, em seu art. 53, acrescentou novo inciso III a este artigo, renumerando os primitivos incisos III a V. Posteriormente, a Medida Provisória n. 2.180-35, de 24-8-2001, revogou tal determinação, prevalecendo sua redação original.

IV – a qualquer outro interesse difuso ou coletivo;

•• Inciso IV acrescentado pela Lei n. 8.078, de 11-9-1990.

V – por infração da ordem econômica;

•• Inciso V com redação determinada pela Lei n. 12.529, de 30-11-2011.

VI – à ordem urbanística;

•• Inciso VI acrescentado pela Medida Provisória n. 2.180-35, de 24-8-2001.

VII – à honra e à dignidade de grupos raciais, étnicos ou religiosos;

•• Inciso VII acrescentado pela Lei n. 12.966, de 24-4-2014.

VIII – ao patrimônio público e social.

•• Inciso VIII acrescentado pela Lei n. 13.004, de 24-6-2014.

Parágrafo único. Não será cabível ação civil pública para veicular pretensões que envolvam tributos, contribuições previdenciárias, o Fundo de Garantia do Tempo de Serviço – FGTS ou outros fundos de natureza institucional cujos beneficiários podem ser individualmente determinados.

•• Parágrafo único acrescentado pela Medida Provisória n. 2.180-35, de 24-8-2001.

Art. 2.º As ações previstas nesta Lei serão propostas no foro do local onde ocorrer o dano, cujo juízo terá competência funcional para processar e julgar a causa.

Parágrafo único. A propositura da ação prevenirá a jurisdição do juízo para todas as ações posteriormente intentadas que possuam a mesma causa de pedir ou o mesmo objeto.

•• Parágrafo único acrescentado pela Medida Provisória n. 2.180-35, de 24-8-2001.

Art. 3.º A ação civil poderá ter por objeto a condenação em dinheiro ou o cumprimento de obrigação de fazer ou não fazer.

Art. 4.º Poderá ser ajuizada ação cautelar para os fins desta Lei, objetivando, inclusive, evitar dano ao patrimônio público e social, ao meio ambiente, ao consumidor, à honra e à dignidade de grupos raciais, étnicos ou religiosos, à ordem urbanística ou aos bens e direitos de valor artístico, estético, histórico, turístico e paisagístico.

•• Artigo com redação determinada pela Lei n. 13.004, de 24-6-2014.

Art. 5.º Têm legitimidade para propor a ação principal e a ação cautelar:

•• *Caput* com redação determinada pela Lei n. 11.448, de 15-1-2007.

•• *Vide* Súmula 601 do STJ.

I – o Ministério Público;

•• Inciso I com redação determinada pela Lei n. 11.448, de 15-1-2007.

II – a Defensoria Pública;

•• Inciso II com redação determinada pela Lei n. 11.448, de 15-1-2007.

III – a União, os Estados, o Distrito Federal e os Municípios;

•• Inciso III acrescentado pela Lei n. 11.448, de 15-1-2007.

IV – a autarquia, empresa pública, fundação ou sociedade de economia mista;

•• Inciso IV acrescentado pela Lei n. 11.448, de 15-1-2007.

V – a associação que, concomitantemente:

•• Inciso V, *caput*, acrescentado pela Lei n. 11.448, de 15-1-2007.

(*) Publicada no *DOU*, de 25-7-1985. *Vide* Enunciados n. 12 e 60 da 1.ª Jornada de Direito do Trabalho.

a) esteja constituída há pelo menos 1 (um) ano nos termos da lei civil;

•• Alínea *a* acrescentada pela Lei n. 11.448, de 15-1-2007.

b) inclua, entre suas finalidades institucionais, a proteção ao patrimônio público e social, ao meio ambiente, ao consumidor, à ordem econômica, à livre concorrência, aos direitos de grupos raciais, étnicos ou religiosos ou ao patrimônio artístico, estético, histórico, turístico e paisagístico.

•• Alínea *b* com redação determinada pela Lei n. 13.004, de 24-6-2014.

§ 1.º O Ministério Público, se não intervier no processo como parte, atuará obrigatoriamente como fiscal da lei.

§ 2.º Fica facultado ao Poder Público e a outras associações legitimadas nos termos deste artigo habilitar-se como litisconsortes de qualquer das partes.

§ 3.º Em caso de desistência infundada ou abandono da ação por associação legitimada, o Ministério Público ou outro legitimado assumirá a titularidade ativa.

•• § 3.º com redação determinada pela Lei n. 8.078, de 11-9-1990.

§ 4.º O requisito da pré-constituição poderá ser dispensado pelo juiz, quando haja manifesto interesse social evidenciado pela dimensão ou característica do dano, ou pela relevância do bem jurídico a ser protegido.

•• § 4.º acrescentado pela Lei n. 8.078, de 11-9-1990.

§ 5.º Admitir-se-á o litisconsórcio facultativo entre os Ministérios Públicos da União, do Distrito Federal e dos Estados na defesa dos interesses e direitos de que cuida esta Lei.

•• § 5.º acrescentado pela Lei n. 8.078, de 11-9-1990.

§ 6.º Os órgãos públicos legitimados poderão tomar dos interessados compromisso de ajustamento de sua conduta às exigências legais, mediante cominações, que terá eficácia de título executivo extrajudicial.

•• § 6.º acrescentado pela Lei n. 8.078, de 11-9-1990.

Art. 6.º Qualquer pessoa poderá e o servidor público deverá provocar a iniciativa do Ministério Público, ministrando-lhe informações sobre fatos que constituam objeto da ação civil e indicando-lhe os elementos de convicção.

Art. 7.º Se, no exercício de suas funções, os juízes e tribunais tiverem conhecimento de fatos que possam ensejar a propositura da ação civil, remeterão peças ao Ministério Público para as providências cabíveis.

Art. 8.º Para instruir a inicial, o interessado poderá requerer às autoridades competentes as certidões e informações que julgar necessárias, a serem fornecidas no prazo de 15 (quinze) dias.

§ 1.º O Ministério Público poderá instaurar, sob sua presidência, inquérito civil, ou requisitar, de qualquer organismo público ou particular, certidões, informações, exames ou perícias, no prazo que assinalar, o qual não poderá ser inferior a 10 (dez) dias úteis.

• A Resolução n. 87, de 3-8-2006, do Conselho Superior do Ministério Público Federal, regulamenta a instauração e tramitação do inquérito civil.

§ 2.º Somente nos casos em que a lei impuser sigilo, poderá ser negada certidão ou informação, hipótese em que a ação poderá ser proposta desacompanhada daqueles documentos, cabendo ao juiz requisitá-los.

Art. 9.º Se o órgão do Ministério Público, esgotadas todas as diligências, se convencer da inexistência de fundamento para a propositura da ação civil, promoverá o arquivamento dos autos do inquérito civil ou das peças informativas, fazendo-o fundamentadamente.

§ 1.º Os autos do inquérito civil ou das peças de informação arquivadas serão remetidos, sob pena de se incorrer em falta grave, no prazo de 3 (três) dias, ao Conselho Superior do Ministério Público.

§ 2.º Até que, em sessão do Conselho Superior do Ministério Público, seja homologada ou rejeitada a promoção de arquivamento, poderão as associações legitimadas apresentar razões escritas ou documentos, que serão juntados aos autos do inquérito ou anexados às peças de informação.

§ 3.º A promoção de arquivamento será submetida a exame e deliberação do Conselho Superior do Ministério Público, conforme dispuser o seu Regimento.

§ 4.º Deixando o Conselho Superior de homologar a promoção de arquivamento, designará, desde logo, outro órgão do Ministério Público para o ajuizamento da ação.

Art. 10. Constitui crime, punido com pena de reclusão de 1 (um) a 3 (três) anos, mais multa de 10 (dez) a 1.000 (mil) Obrigações do Tesouro Nacional – OTN, a recusa, o retardamento ou a omissão de dados técnicos indispensáveis à propositura da ação civil, quando requisitados pelo Ministério Público.

•• Extinção da OTN: Lei n. 7.730, de 31-1-1989. *Vide* Nota dos Organizadores.

Art. 11. Na ação que tenha por objeto o cumprimento de obrigação de fazer ou não fazer, o juiz determinará o cumprimento da prestação da atividade devida ou a cessação da atividade nociva, sob pena de execução específica, ou de cominação de multa diária, se esta for suficiente ou compatível, independentemente de requerimento do autor.

Art. 12. Poderá o juiz conceder mandado liminar, com ou sem justificação prévia, em decisão sujeita a agravo.

• *Vide* Enunciado n. 60 da 1.ª Jornada de Direito do Trabalho.

§ 1.º A requerimento de pessoa jurídica de direito público interessada, e para evitar grave lesão à ordem, à saúde, à segurança e à economia pública, poderá o Presidente do Tribunal a que competir o conhecimento do respectivo recurso suspender a execução da liminar, em decisão fundamentada, da qual caberá agravo para uma das turmas julgadoras, no prazo de 5 (cinco) dias a partir da publicação do ato.

§ 2.º A multa cominada liminarmente só será exigível do réu após o trânsito em julgado da decisão favorável ao autor, mas será devida desde o dia em que se houver configurado o descumprimento.

Art. 13. Havendo condenação em dinheiro, a indenização pelo dano causado reverterá a um fundo gerido por um Conselho Federal ou por Conselhos Estaduais de que participarão necessariamente o Ministério Público e representantes da comunidade, sendo seus recursos destinados à reconstituição dos bens lesados.

• O Decreto n. 1.306, de 9-11-1994, regulamenta o Fundo de Defesa de Direitos Difusos. Referido Fundo foi ratificado pelo art. 1.º da Lei n. 9.240, de 22-12-1995.

§ 1.º Enquanto o fundo não for regulamentado, o dinheiro ficará depositado em estabelecimento oficial de crédito, em conta com correção monetária.

•• Primitivo parágrafo único renumerado pela Lei n. 12.288, de 20-7-2010.

§ 2.º Havendo acordo ou condenação com fundamento em dano causado por ato de discriminação étnica nos termos do disposto no art. 1.º desta Lei, a prestação em dinheiro reverterá diretamente ao fundo de que trata o *caput* e será utilizada para ações de promoção da igualdade étnica, conforme definição do Conselho Nacional de Promoção da Igualdade Racial, na hipótese de extensão nacional, ou dos Conselhos de Promoção de Igualdade Racial estaduais ou locais, nas hipóteses de danos com extensão regional ou local, respectivamente.

•• § 2.º acrescentado pela Lei n. 12.288, de 20-7-2010.

Art. 14. O juiz poderá conferir efeito suspensivo aos recursos, para evitar dano irreparável à parte.

Art. 15. Decorridos 60 (sessenta) dias do trânsito em julgado da sentença condenatória, sem que a associação autora lhe promova a execução, deverá fazê-lo o Ministério Público, facultada igual iniciativa aos demais legitimados.

•• Artigo com redação determinada pela Lei n. 8.078, de 11-9-1990.

Art. 16. A sentença civil fará coisa julgada *erga omnes*, nos limites da competência territorial do órgão prolator, exceto se o pedido for julgado improcedente por insuficiência de provas, hipótese em que qualquer legitimado poderá intentar outra ação com idêntico fundamento, valendo-se de nova prova.

•• Artigo com redação determinada pela Lei n. 9.494, de 10-9-1997.

Art. 17. Em caso de litigância de má-fé, a associação autora e os diretores responsáveis pela propositura da ação serão solidariamente condenados em honorários advocatícios e ao décuplo das custas, sem prejuízo da responsabilidade por perdas e danos.

•• Artigo com redação determinada pela Lei n. 8.078, de 11-9-1990.

Art. 18. Nas ações de que trata esta Lei, não haverá adiantamento de custas, emolumentos, honorários periciais e quaisquer outras despesas, nem condenação da associação autora, salvo comprovada má-fé, em honorários de advogado, custas e despesas processuais.

•• Artigo com redação determinada pela Lei n. 8.078, de 11-9-1990.

Art. 19. Aplica-se à ação civil pública, prevista nesta Lei, o Código de Processo Civil, aprovado pela Lei n. 5.869, de 11 de janeiro de 1973, naquilo em que não contrarie suas disposições.

Art. 20. O fundo de que trata o art. 13 desta Lei será regulamentado pelo Poder Executivo no prazo de 90 (noventa) dias.

Art. 21. Aplicam-se à defesa dos direitos e interesses difusos, coletivos e individuais, no que for cabível, os dispositivos do Título III da Lei que instituiu o Código de Defesa do Consumidor.

•• Artigo acrescentado pela Lei n. 8.078, de 11-9-1990.

•• *Vide* Súmula 601 do STJ.

Art. 22. Esta Lei entra em vigor na data de sua publicação.

•• Artigo renumerado pela Lei n. 8.078, de 11-9-1990.

Art. 23. Revogam-se as disposições em contrário.

•• Artigo renumerado pela Lei n. 8.078, de 11-9-1990.

Brasília, em 24 de julho de 1985; 164.º da Independência e 97.º da República.

JOSÉ SARNEY

LEI N. 7.418,

DE 16 DE DEZEMBRO DE 1985 (*)

Institui o Vale-Transporte e dá outras providências.

O Presidente da República

Faço saber que o Congresso Nacional decreta e eu sanciono a seguinte Lei:

Art. 1.º Fica instituído o Vale-Transporte (VETADO) que o empregador, pessoa física ou jurídica, antecipará ao empregado para utilização efetiva em despesas de deslocamento residência-trabalho e vice-versa, através do sistema de transporte coletivo público, urbano ou intermunicipal e/ou interestadual com características semelhantes aos urbanos, geridos diretamente ou mediante concessão ou permissão de linhas regulares e com tarifas fixadas pela autoridade competente, excluídos os serviços seletivos e os especiais.

•• *Caput* com redação determinada pela Lei n. 7.619, de 30-9-1987.

• *Vide* Medida Provisória n. 2.165-36, de 23-8-2001, sobre o Auxílio-Transporte para militares, servidores e empregados públicos da administração federal direta, autárquica e fundacional.

§ 1.º *(Revogado pela Medida Provisória n. 2.165-36, de 23-8-2001.)*

§ 2.º *(Revogado pela Lei n. 7.619, de 30-9-1987.)*

Art. 2.º O Vale-Transporte, concedido nas condições e limites definidos nesta Lei, no que se refere à contribuição do empregador:

a) não tem natureza salarial, nem se incorpora à remuneração para quaisquer efeitos;

b) não constitui base de incidência de contribuição previdenciária ou de Fundo de Garantia do Tempo de Serviço;

c) não se configura como rendimento tributável do trabalhador.

•• Primitivo art. 3.º, renumerado pela Lei n. 7.619, de 30-9-1987.

Art. 3.º *(Revogado pela Lei n. 9.532, de 10-12-1997.)*

Art. 4.º A concessão do benefício ora instituído implica a aquisição pelo empregador dos Vales-Transporte necessários aos deslocamentos do trabalhador no percurso residência-trabalho e vice-versa, no serviço de transporte que melhor se adequar.

Parágrafo único. O empregador participará dos gastos de deslocamento do trabalhador com a ajuda de custo equiva-

(*) Publicada no *DOU*, de 17-12-1985. Regulamentada pelo Decreto n. 95.247, de 17-11-1987. Infração ao disposto nesta Lei: *vide* art. 3.º, V, da Lei n. 7.855, de 24-10-1989.

lente à parcela que exceder a 6% (seis por cento) de seu salário básico.

•• Primitivo art. 5.º renumerado pela Lei n. 7.619, de 30-9-1987, revogado pela Lei n. 9.532, de 10-12-1997, e restabelecido pela Medida Provisória n. 2.189-49, de 23-8-2001.

• A Medida Provisória n. 2.189-49, de 23-8-2001, complementa este artigo, permitindo a dedução dos correspondentes gastos como despesa operacional.

Art. 5.º A empresa operadora do sistema de transporte coletivo público fica obrigada a emitir e a comercializar o Vale-Transporte, ao preço da tarifa vigente, colocando-o à disposição dos empregadores em geral e assumindo os custos dessa obrigação, sem repassá-los para a tarifa dos serviços.

•• Primitivo art. 6.º, renumerado pela Lei n. 7.619, de 30-9-1987.

§ 1.º Nas regiões metropolitanas, aglomerações urbanas e microrregiões, será instalado, pelo menos, um posto de vendas para cada grupo de cem mil habitantes na localidade, que comercializarão todos os tipos de Vale-Transporte.

•• § 1.º com redação determinada pela Lei n. 7.855, de 24-10-1989.

§ 2.º Fica facultado à empresa operadora delegar a emissão e a comercialização do Vale-Transporte, bem como consorciar-se em central de vendas, para efeito de cumprimento do disposto nesta Lei.

§ 3.º Para fins de cálculo do valor do Vale-Transporte, será adotada a tarifa integral do deslocamento do trabalhador, sem descontos, mesmo que previstos na legislação local.

Art. 6.º O poder concedente fixará as sanções a serem aplicadas à empresa operadora que comercializar o vale diretamente ou através de delegação, no caso de falta ou insuficiência de estoque de Vales-Transporte necessários ao atendimento da demanda e ao funcionamento do sistema.

•• Primitivo art. 7.º, renumerado pela Lei n. 7.619, de 30-9-1987.

Art. 7.º Ficam resguardados os direitos adquiridos do trabalhador, se superiores aos instituídos nesta Lei, vedada a cumulação de vantagens.

•• Primitivo art. 8.º, renumerado pela Lei n. 7.619, de 30-9-1987.

Art. 8.º Asseguram-se os benefícios desta Lei ao empregador que proporcionar, por meios próprios ou contratados, em veículos adequados ao transporte coletivo, o deslocamento integral de seus trabalhadores.

•• Primitivo art. 9.º, renumerado pela Lei n. 7.619, de 30-9-1987.

Art. 9.º Os Vales-Transporte anteriores perdem sua validade decorridos 30 (trinta) dias da data de reajuste tarifário.

•• Primitivo art. 10, renumerado pela Lei n. 7.619, de 30-9-1987.

Art. 10. O Poder Executivo regulamentará a presente Lei no prazo de 45 (quarenta e cinco) dias.

•• Primitivo art. 11, renumerado pela Lei n. 7.619, de 30-9-1987.

Art. 11. Esta Lei entra em vigor na data de sua publicação.

•• Primitivo art. 12, renumerado pela Lei n. 7.619, de 30-9-1987.

Art. 12. Revogam-se as disposições em contrário.

•• Primitivo art. 13, renumerado pela Lei n. 7.619, de 30-9-1987.

Brasília, em 16 de dezembro de 1985; 164.º da Independência e 97.º da República.

JOSÉ SARNEY

DECRETO N. 95.247,

DE 17 DE NOVEMBRO DE 1987 (*)

Regulamenta a Lei n. 7.418, de 16 de dezembro de 1985, que institui o Vale-Transporte, com a alteração da Lei n. 7.619, de 30 de setembro de 1987.

O Presidente da República, no uso da atribuição que lhe confere o art. 81, III, da Constituição, e tendo em vista o disposto na Lei n. 7.418, de 16 de dezembro de 1985, alterada pela Lei n. 7.619, de 30 de setembro de 1987, decreta:

CAPÍTULO I
DOS BENEFICIÁRIOS E DO BENEFÍCIO DO VALE-TRANSPORTE

Art. 1.º São beneficiários do Vale-Transporte, nos termos da Lei n. 7.418, de 16 de dezembro de 1985, os trabalhadores em geral, tais como:

•• *Caput* com redação determinada pelo Decreto n. 2.880, de 15-12-1998.

I – os empregados, assim definidos no art. 3.º da Consolidação das Leis do Trabalho;

II – os empregados domésticos, assim definidos na Lei n. 5.859, de 11 de dezembro de 1972;

•• A Lei n. 5.859, de 11-12-1972, foi revogada pela Lei Complementar n. 150, de 1.º-6-2015, que dispõe sobre o contrato de trabalho doméstico.

III – os trabalhadores de empresas de trabalho temporário, de que trata a Lei n. 6.019, de 3 de janeiro de 1974;

IV – os empregados a domicílio, para os deslocamentos indispensáveis à prestação do trabalho, percepção de salários e os necessários ao desenvolvimento das relações com o empregador;

V – os empregados do subempreiteiro, em relação a este e ao empreiteiro principal, nos termos do art. 455 da Consolidação das Leis do Trabalho;

VI – os atletas profissionais de que trata a Lei n. 6.354, de 2 de setembro de 1976;

VII – (*Revogado pelo Decreto n. 2.880, de 15-12-1998.*)

Parágrafo único. Para efeito deste Decreto, adotar-se-á a denominação beneficiário para identificar qualquer uma das categorias mencionadas nos diversos incisos deste artigo.

Art. 2.º O Vale-Transporte constitui benefício que o empregador antecipará ao trabalhador para utilização efetiva em despesas de deslocamento residência-trabalho e vice-versa.

Parágrafo único. Entende-se como deslocamento a soma dos segmentos componentes da viagem do beneficiário, por um ou mais meios de transporte, entre sua residência e o local de trabalho.

Art. 3.º O Vale-Transporte é utilizável em todas as formas de transporte coletivo público urbano ou, ainda, intermunicipal e interestadual com características semelhantes ao urbano, operado diretamente pelo poder público ou me-

(*) Publicado no *DOU*, de 18-11-1987.

diante delegação, em linhas regulares e com tarifas fixadas pela autoridade competente.

Parágrafo único. Excluem-se do disposto neste artigo os serviços seletivos e os especiais.

Art. 4.º Está exonerado da obrigatoriedade do Vale-Transporte o empregador que proporcionar, por meios próprios ou contratados, em veículos adequados ao transporte coletivo, o deslocamento, residência-trabalho e vice-versa, de seus trabalhadores.

Parágrafo único. Caso o empregador forneça ao beneficiário transporte próprio ou fretado que não cubra integralmente os deslocamentos deste, o Vale-Transporte deverá ser aplicado para os segmentos da viagem não abrangidos pelo referido transporte.

Art. 5.º É vedado ao empregador substituir o Vale-Transporte por antecipação em dinheiro ou qualquer outra forma de pagamento, ressalvado o disposto no parágrafo único deste artigo.

Parágrafo único. No caso de falta ou insuficiência de estoque de Vale-Transporte, necessário ao atendimento da demanda e ao funcionamento do sistema, o beneficiário será ressarcido pelo empregador, na folha de pagamento imediata, da parcela correspondente, quando tiver efetuado, por conta própria, a despesa para seu deslocamento.

Art. 6.º O Vale-Transporte, no que se refere à contribuição do empregador:

I – não tem natureza salarial, nem se incorpora à remuneração do beneficiário para quaisquer efeitos;

II – não constitui base de incidência de contribuição previdenciária ou do Fundo de Garantia do Tempo de Serviço;

III – não é considerado para efeito de pagamento da Gratificação de Natal (Lei n. 4.090, de 13-7-1962, e art. 7.º do Decreto-lei n. 2.310, de 22-12-1986);

IV – não configura rendimento tributável do beneficiário.

CAPÍTULO II
DO EXERCÍCIO DO DIREITO DO VALE-TRANSPORTE

Art. 7.º Para o exercício do direito de receber o Vale-Transporte o empregado informará ao empregador, por escrito:

I – seu endereço residencial;

II – os serviços e meios de transporte mais adequados ao seu deslocamento residência-trabalho e vice-versa.

§ 1.º A informação de que trata este artigo será atualizada anualmente ou sempre que ocorrer alteração das circunstâncias mencionadas nos itens I e II, sob pena de suspensão do benefício até o cumprimento dessa exigência.

§ 2.º O beneficiário firmará compromisso de utilizar o Vale-Transporte exclusivamente para seu efetivo deslocamento residência-trabalho e vice-versa.

§ 3.º A declaração falsa ou o uso indevido do Vale-Transporte constituem falta grave.

Art. 8.º É vedada a acumulação do benefício com outras vantagens relativas ao transporte do beneficiário, ressalvado o disposto no parágrafo único do art. 4.º deste Decreto.

Art. 9.º O Vale-Transporte será custeado:

I – pelo beneficiário, na parcela equivalente a 6% (seis por cento) de seu salário básico ou vencimento, excluídos quaisquer adicionais ou vantagens;

II – pelo empregador, no que exceder à parcela referida no item anterior.

Parágrafo único. A concessão do Vale-Transporte autorizará o empregador a descontar, mensalmente do beneficiário que exercer o respectivo direito, o valor da parcela de que trata o item I deste artigo.

Art. 10. O valor da parcela a ser suportada pelo beneficiário será descontado proporcionalmente à quantidade de Vale-Transporte concedida para o período a que se refere o salário ou vencimento e por ocasião de seu pagamento, salvo estipulação em contrário, em convenção ou acordo coletivo de trabalho, que favoreça o beneficiário.

Art. 11. No caso em que a despesa com o deslocamento do beneficiário for inferior a 6% (seis por cento) do salário básico ou vencimento, o empregado poderá optar pelo recebimento antecipado do Vale-Transporte, cujo valor será integralmente descontado por ocasião do pagamento do respectivo salário ou vencimento.

Art. 12. A base de cálculo para determinação da parcela a cargo do beneficiário será:

I – o salário básico ou vencimento mencionado no item I do art. 9.º deste Decreto; e

II – o montante percebido no período, para os trabalhadores remunerados por tarefa ou serviço feito ou quando se tratar de remuneração constituída exclusivamente de comissões, percentagens, gratificações, gorjetas ou equivalentes.

CAPÍTULO III
DA OPERACIONALIZAÇÃO DO VALE-TRANSPORTE

Art. 13. O poder concedente ou órgão de gerência com jurisdição sobre os serviços de transporte coletivo urbano, respeitada a lei federal, expedirá normas complementares para operacionalização do sistema do Vale-Transporte, acompanhando seu funcionamento e efetuando o respectivo controle.

Art. 14. A empresa operadora do sistema de transporte coletivo público fica obrigada a emitir e comercializar o Vale-Transporte ao preço da tarifa vigente, colocando-o à disposição dos empregadores em geral e assumindo os custos dessa obrigação, sem repassá-los para a tarifa dos serviços.

§ 1.º A emissão e a comercialização do Vale-Transporte poderão também ser efetuadas pelo órgão de gerência ou pelo poder concedente, quando este tiver a competência legal para emissão de passes.

§ 2.º Na hipótese do parágrafo precedente, é vedada a emissão e comercialização de Vale-Transporte simultaneamente pelo poder concedente e pelo órgão de gerência.

§ 3.º A delegação ou transferência da atribuição de emitir e comercializar o Vale-Transporte não elide a proibição de repassar os custos respectivos para a tarifa dos serviços.

Art. 15. Havendo delegação da emissão e comercialização de Vale-Transporte, ou constituição de consórcio, as empresas operadoras submeterão os respectivos instrumentos ao poder concedente ou órgão de gerência para homologação dos procedimentos instituídos.

Art. 16. Nas hipóteses do artigo anterior, as empresas operadoras permanecerão solidariamente responsáveis com a pessoa jurídica delegada ou pelos atos do consórcio, em razão de eventuais faltas ou falhas no serviço.

Art. 17. O responsável pela emissão e comercialização do Vale-Transporte deverá manter estoques compatíveis com os níveis de demanda.

Art. 18. A comercialização do Vale-Transporte dar-se-á em centrais ou postos de venda estrategicamente distribuídos na cidade onde serão utilizados.

Parágrafo único. Nos casos em que o sistema local de transporte público for operado por diversas empresas ou por meios diferentes, com ou sem integração, os postos de vendas referidos neste artigo deverão comercializar todos os tipos de Vale-Transporte.

Art. 19. A concessão do benefício obriga o empregador a adquirir Vale-Transporte em quantidade e tipo de serviço que melhor se adequar ao deslocamento do beneficiário.

Parágrafo único. A aquisição será feita antecipadamente e à vista, proibidos quaisquer descontos e limitada à quantidade estritamente necessária ao atendimento dos beneficiários.

Art. 20. Para cálculo do valor do Vale-Transporte, será adotada a tarifa integral, relativa ao deslocamento do beneficiário, por um ou mais meios de transporte, mesmo que a legislação local preveja descontos.

Parágrafo único. Para fins do disposto neste artigo, não são consideradas desconto as reduções tarifárias decorrentes de integração de serviços.

Art. 21. A venda do Vale-Transporte será comprovada mediante recibo sequencialmente numerado, emitido pela vendedora em duas vias, uma das quais ficará com a compradora, contendo:

I – o período a que se referem;

II – a quantidade de Vale-Transporte vendida e de beneficiários a quem se destina;

III – o nome, endereço e número de inscrição da compradora no Cadastro Geral de Contribuintes no Ministério da Fazenda – CGCMF.

Art. 22. O Vale-Transporte poderá ser emitido conforme as peculiaridades e as conveniências locais, para utilização por:

I – linha;

II – empresa;

III – sistema;

IV – outros níveis recomendados pela experiência local.

Art. 23. O responsável pela emissão e comercialização do Vale-Transporte poderá adotar a forma que melhor lhe convier à segurança e facilidade de distribuição.

Parágrafo único. O Vale-Transporte poderá ser emitido na forma de bilhetes simples ou múltiplos, talões, cartelas, fichas ou quaisquer processos similares.

Art. 24. Quando o Vale-Transporte for emitido para utilização num sistema determinado de transporte ou para valer entre duas ou mais operadoras, será de aceitação compulsória, nos termos de acordo a ser previamente firmado.

§ 1.º O responsável pela emissão e comercialização do Vale-Transporte pagará às empresas operadoras os respectivos créditos no prazo de 24 horas, facultado às partes pactuar prazo maior.

§ 2.º O responsável pela emissão e comercialização do Vale-Transporte deverá apresentar, mensalmente, demonstrativos financeiros dessa atividade, ao órgão de gerência que observará o disposto no art. 28.

Art. 25. As empresas operadoras são obrigadas a manter permanentemente um sistema de registro e controle do número de Vale-Transporte emitido, comercializado e utilizado, ainda que a atividade seja exercida por delegação ou por intermédio de consórcio.

Art. 26. No caso de alteração na tarifa de serviços, o Vale-Transporte poderá:

I – ser utilizado pelo beneficiário, dentro do prazo a ser fixado pelo poder concedente; e

II – ser trocado, sem ônus, pelo empregador, no prazo de trinta dias, contados da data em que a tarifa sofrer alteração.

CAPÍTULO IV
DOS PODERES CONCEDENTES E ÓRGÃOS DE GERÊNCIA

Art. 27. O poder concedente ou órgão de gerência, na área de sua jurisdição, definirá:

I – o transporte intermunicipal ou interestadual com características semelhantes ao urbano;

II – os serviços seletivos e os especiais.

Art. 28. O poder concedente ou órgão de gerência fornecerá, mensalmente, ao órgão federal competente, informações estatísticas que permitam avaliação nacional, em caráter permanente, da utilização do Vale-Transporte.

Art. 29. As operadoras informarão, mensalmente, nos termos exigidos pelas normas locais, o volume de Vale-Transporte emitido, comercializado e utilizado, a fim de permitir a avaliação local do sistema, além de outros dados que venham a ser julgados convenientes a esse objetivo.

Art. 30. Nos atos de concessão, permissão ou autorização serão previstas sanções às empresas operadoras que emitirem ou comercializarem o Vale-Transporte diretamente, por meio de delegação ou consórcio, em quantidade insuficiente ao atendimento da demanda.

Parágrafo único. As sanções serão estabelecidas em valor proporcional às quantidades solicitadas e não fornecidas, agravando-se em caso de reincidência.

CAPÍTULO V
DOS INCENTIVOS FISCAIS

Art. 31. O valor efetivamente pago e comprovado pelo empregador, pessoa jurídica, na aquisição de Vale-Transporte, poderá ser deduzido como despesa operacional, na determinação do lucro real, no período-base de competência da despesa.

Art. 32. Sem prejuízo da dedução prevista no artigo anterior, a pessoa jurídica empregadora poderá deduzir do Imposto de Renda devido, valor equivalente à aplicação da alíquota cabível do Imposto de Renda sobre o montante das despesas comprovadamente realizadas, no período-base, na concessão do Vale-Transporte.

Parágrafo único. A dedução a que se refere este artigo, em conjunto com as de que tratam as Leis n. 6.297, de 15 de dezembro de 1975, e n. 6.321, de 14 de abril de 1976, não poderá reduzir o imposto devido em mais de 10% (dez por cento), observado o que dispõe o § 3.º do art. 1.º do Decreto-lei n. 1.704, de 23 de outubro de 1979, podendo o eventual excesso ser aproveitado nos dois exercícios subsequentes.

Art. 33. Ficam assegurados os benefícios de que trata este Decreto ao empregador que, por meios próprios ou contratados com terceiros, proporcionar aos seus trabalhadores o deslocamento residência-trabalho e vice-versa, em veículos adequados ao transporte coletivo, inclusive em caso de complementação do Vale-Transporte.

Parágrafo único. O disposto neste artigo não se aplica nas contratações de transporte diretamente com empregados, servidores, diretores, administradores e pessoas ligadas ao empregador.

Art. 34. A pessoa jurídica empregadora deverá registrar em contas específicas que possibilitem determinar, com clareza e exatidão em sua contabilidade, as despesas efetivamente realizadas na aquisição do Vale-Transporte ou, na hipótese do artigo anterior, os dispêndios e encargos com o transporte do beneficiário, tais como aquisição de combustível, manutenção, reparos e depreciação dos veículos próprios, destinados exclusivamente ao transporte dos empregados, bem assim os gastos com as empresas contratadas para esse fim.

Parágrafo único. A parcela de custo, equivalente a 6% (seis por cento) do salário básico do empregado, que venha a ser recuperada pelo empregador, deverá ser deduzida do montante das despesas efetuadas no período-base, mediante lançamento a crédito das contas que registrem o montante dos custos relativos ao benefício concedido.

CAPÍTULO VI
DISPOSIÇÕES FINAIS

Art. 35. Os atos de concessão, permissão e autorização vigentes serão revistos para cumprimento do disposto no art. 30 deste regulamento.

Art. 36. Este Decreto entra em vigor na data de sua publicação.

Art. 37. Revogam-se as disposições em contrário e em especial o Decreto n. 92.180, de 19 de dezembro de 1985.

Brasília, 17 de novembro de 1987; 166.º da Independência e 99.º da República.

JOSÉ SARNEY

LEI N. 7.644,

DE 18 DE DEZEMBRO DE 1987 (*)

Dispõe sobre a regulamentação da atividade de mãe social e dá outras providências.

O Presidente da República

Faço saber que o Congresso Nacional decreta e eu sanciono a seguinte Lei:

Art. 1.º As instituições sem finalidade lucrativa, ou de utilidade pública de assistência ao menor abandonado, e que funcionem pelo sistema de casas-lares, utilizarão mães sociais visando a propiciar ao menor as condições familiares ideais ao seu desenvolvimento e reintegração social.

Art. 2.º Considera-se mãe social, para efeito desta Lei, aquela que, dedicando-se à assistência ao menor abandonado, exerça o encargo em nível social, dentro do sistema de casas-lares.

Art. 3.º Entende-se como casa-lar a unidade residencial sob responsabilidade de mãe social, que abrigue até 10 (dez) menores.

§ 1.º As casas-lares serão isoladas, formando, quando agrupadas, uma aldeia assistencial ou vila de menores.

§ 2.º A instituição fixará os limites de idade em que os menores ficarão sujeitos às casas-lares.

§ 3.º Para os efeitos dos benefícios previdenciários, os menores residentes nas casas-lares e nas Casas da Juventude são considerados dependentes da mãe social a que foram confiados pela instituição empregadora.

Art. 4.º São atribuições da mãe social:

I – propiciar o surgimento de condições próprias de uma família, orientando e assistindo os menores colocados sob seus cuidados;

II – administrar o lar, realizando e organizando as tarefas a ele pertinentes;

(*) Publicada no *DOU*, de 21-12-1987.

III – dedicar-se, com exclusividade, aos menores e à casa-lar que lhes forem confiados.

Parágrafo único. A mãe social, enquanto no desempenho de suas atribuições, deverá residir, juntamente com os menores que lhe forem confiados, na casa-lar que lhe for destinada.

Art. 5.º À mãe social ficam assegurados os seguintes direitos:

I – anotação na Carteira de Trabalho e Previdência Social;

II – remuneração, em valor não inferior ao salário mínimo;

III – repouso semanal remunerado de 24 (vinte e quatro) horas consecutivas;

IV – apoio técnico, administrativo e financeiro no desempenho de suas funções;

V – 30 (trinta) dias de férias anuais remuneradas nos termos do que dispõe o Capítulo IV, da Consolidação das Leis do Trabalho;

VI – benefícios e serviços previdenciários, inclusive, em caso de acidente do trabalho, na qualidade de segurada obrigatória;

VII – gratificação de Natal (13.º salário);

VIII – Fundo de Garantia do Tempo de Serviço ou indenização, nos termos da legislação pertinente.

Art. 6.º O trabalho desenvolvido pela mãe social é de caráter intermitente, realizando-se pelo tempo necessário ao desempenho de suas tarefas.

Art. 7.º Os salários devidos à mãe social serão reajustados de acordo com as disposições legais aplicáveis, deduzido o percentual de alimentação fornecida pelo empregador.

Art. 8.º A candidata ao exercício da profissão de mãe social deverá submeter-se a seleção e treinamento específicos, a cujo término será verificada sua habilitação.

§ 1.º O treinamento será composto de um conteúdo teórico e de uma aplicação prática, esta sob forma de estágio.

§ 2.º O treinamento e estágio a que se refere o parágrafo anterior não excederão de 60 (sessenta) dias, nem criarão vínculo empregatício de qualquer natureza.

§ 3.º A estagiária deverá estar segurada contra acidentes pessoais e receberá alimentação, habitação e bolsa de ajuda para vestuário e despesas pessoais.

§ 4.º O Ministério da Previdência e Assistência Social assegurará assistência médica e hospitalar à estagiária.

Art. 9.º São condições para admissão como mãe social:

a) idade mínima de 25 (vinte e cinco) anos;

b) boa sanidade física e mental;

c) curso de primeiro grau, ou equivalente;

d) ter sido aprovada em treinamento e estágio exigidos por esta Lei;

e) boa conduta social;

f) aprovação em teste psicológico específico.

Art. 10. A instituição manterá mães sociais para substituir as efetivas durante seus períodos de afastamento do serviço.

§ 1.º A mãe social substituta, quando não estiver em efetivo serviço de substituição, deverá residir na aldeia assistencial e cumprir tarefas determinadas pelo empregador.

§ 2.º A mãe social, quando no exercício da substituição, terá direito à retribuição percebida pela titular e ficará sujeita ao mesmo horário de trabalho.

Art. 11. As instituições que funcionam pelo sistema de casas-lares manterão, além destas, Casas de Juventude, para jovens com mais de 13 anos de idade, os quais encaminharão ao ensino profissionalizante.

Parágrafo único. O ensino a que se refere o *caput* deste artigo poderá ser ministrado em comum, em cada aldeia assistencial ou em várias dessas aldeias assistenciais reunidas, ou, ainda, em outros estabelecimentos de ensino, públicos ou privados, conforme julgar conveniente a instituição.

Art. 12. Caberá à administração de cada aldeia assistencial providenciar a colocação dos menores no mercado de trabalho, como estagiários, aprendizes ou como empregados, em estabelecimentos públicos ou privados.

Parágrafo único. As retribuições percebidas pelos menores nas condições mencionadas no *caput* deste artigo serão assim distribuídas e destinadas:

I – até 40% (quarenta por cento) para a casa-lar a que estiverem vinculados, revertidos no custeio de despesas com manutenção do próprio menor;

II – 40% (quarenta por cento) para o menor destinados a despesas pessoais;

III – até 30% (trinta por cento) para depósito em caderneta de poupança ou equivalente, em nome do menor, com assistência da instituição mantenedora, e que poderá ser levantado pelo menor a partir dos 18 (dezoito) anos de idade.

Art. 13. Extinto o contrato de trabalho, a mãe social deverá retirar-se da casa-lar que ocupava, cabendo à entidade empregadora providenciar a imediata substituição.

Art. 14. As mães sociais ficam sujeitas às seguintes penalidades aplicáveis pela entidade empregadora:

I – advertência;

II – suspensão;

III – demissão.

Parágrafo único. Em caso de demissão sem justa causa, a mãe social será indenizada, na forma da legislação vigente, ou levantará os depósitos do Fundo de Garantia do Tempo de Serviço, com os acréscimos previstos em lei.

Art. 15. As casas-lares e as aldeias assistenciais serão mantidas exclusivamente com rendas próprias, doações, legados, contribuições e subvenções de entidades públicas ou privadas, vedada a aplicação em outras atividades que não sejam de seus objetivos.

Art. 16. Fica facultado a qualquer entidade manter casas-lares, desde que cumprido o disposto nesta Lei.

Art. 17. Por menor abandonado entende-se, para os efeitos desta Lei, o "menor em situação irregular" pela morte ou abandono dos pais, ou, ainda, pela incapacidade destes.

Art. 18. As instituições que mantenham ou coordenem o sistema de casas-lares para o atendimento gratuito de menores abandonados, registradas como tais no Conselho Nacional do Serviço Social, ficam isentas do recolhimento dos encargos patronais à previdência social.

Art. 19. Às relações do trabalho previstas nesta Lei, no que couber, aplica-se o disposto nos Capítulos I e IV do Título II, Seções IV, V e VI do Capítulo IV do Título III e nos Títulos IV e VII, todos da Consolidação das Leis do Trabalho – CLT.

Art. 20. Incumbe às autoridades competentes do Ministério do Trabalho e do Ministério da Previdência e Assistência Social, observadas as áreas de atuação, a fiscalização do disposto nesta Lei, competindo à Justiça do Trabalho dirimir as controvérsias entre empregado e empregador.

Art. 21. Esta Lei entra em vigor na data de sua publicação.

Art. 22. Revogam-se as disposições em contrário.

Brasília, em 18 de dezembro de 1987; 166.º da Independência e 99.º da República.

José Sarney

LEI N. 7.701,

DE 21 DE DEZEMBRO DE 1988 (*)

Dispõe sobre a especialização de Turmas dos Tribunais do Trabalho em processos coletivos e dá outras providências.

O Presidente da República

Faço saber que o Congresso Nacional decreta e eu sanciono a seguinte Lei:

Art. 1.º O Tribunal Superior do Trabalho, nos processos de sua competência, será dividido em Turmas e seções especializadas para a conciliação e julgamento de dissídios coletivos de natureza econômica ou jurídica e de dissídios individuais, respeitada a paridade da representação classista.

Parágrafo único. O Regimento Interno do Tribunal disporá sobre a constituição e o funcionamento de cada uma das seções especializadas do Tribunal Superior do Trabalho, bem como sobre o número, composição e funcionamento das respectivas Turmas do Tribunal. Caberá ao Presidente do Tribunal Superior do Trabalho presidir os atos de julgamento das seções especializadas, delas participando o Vice-Presidente e o Corregedor-Geral, este quando não estiver ausente em função corregedora.

Art. 2.º Compete à seção especializada em dissídios coletivos, ou seção normativa:

I – originariamente:

a) conciliar e julgar os dissídios coletivos que excedam a jurisdição dos Tribunais Regionais do Trabalho e estender ou rever suas próprias sentenças normativas, nos casos previstos em lei;

b) homologar as conciliações celebradas nos dissídios coletivos de que trata a alínea anterior;

c) julgar as ações rescisórias propostas contra suas sentenças normativas;

d) julgar os mandados de segurança contra os atos praticados pelo Presidente do Tribunal ou por qualquer dos Ministros integrantes da seção especializada em processo de dissídio coletivo; e

e) julgar os conflitos de competência entre Tribunais Regionais do Trabalho em processos de dissídio coletivo;

II – em última instância julgar:

a) os recursos ordinários interpostos contra as decisões proferidas pelos Tribunais Regionais do Trabalho em dissídios coletivos de natureza econômica ou jurídica;

b) os recursos ordinários interpostos contra as decisões proferidas pelos Tribunais Regionais do Trabalho em ações rescisórias e mandados de segurança pertinentes a dissídios coletivos;

c) os Embargos Infringentes interpostos contra decisão não unânime proferida em processo de dissídio coletivo de sua competência originária, salvo se a decisão atacada estiver em consonância com precedente jurisprudencial do Tribunal Superior do Trabalho ou da Súmula de sua jurisprudência predominante;

d) os Embargos de Declaração opostos aos seus acórdãos e os Agravos Regimentais pertinentes aos dissídios coletivos;

e) as suspeições arguidas contra o Presidente e demais Ministros que integram a seção, nos feitos pendentes de sua decisão; e

f) os Agravos de Instrumento interpostos contra despacho denegatório de recurso ordinário nos processos de sua competência.

Art. 3.º Compete à Seção de Dissídios Individuais julgar:

I – originariamente:

a) as ações rescisórias propostas contra decisões das Turmas do Tribunal Superior do Trabalho e suas próprias, inclusive as anteriores à especialização em seções; e

b) os mandados de segurança de sua competência originária, na forma da lei;

II – em única instância:

a) os agravos regimentais interpostos em dissídios individuais; e

b) os conflitos de competência entre Tribunais Regionais e aqueles que envolvem Juízes de Direito investidos da ju-

(*) Publicada no *DOU*, de 22-12-1988.

PROCESSO DO TRABALHO

risdição trabalhista e Juntas de Conciliação e Julgamento em processos de dissídio individual;

III – em última instância:

a) os recursos ordinários interpostos contra decisões dos Tribunais Regionais em processos de dissídio individual de sua competência originária;

b) os embargos das decisões das Turmas que divergirem entre si, ou das decisões proferidas pela Seção de Dissídios Individuais;

•• Alínea *b* com redação determinada pela Lei n. 11.496, de 22-6-2007.

c) os agravos regimentais de despachos denegatórios dos Presidentes das Turmas, em matéria de embargos, na forma estabelecida no Regimento Interno;

d) os Embargos de Declaração opostos aos seus acórdãos;

e) as suspeições arguidas contra o Presidente e demais Ministros que integram a seção, nos feitos pendentes de julgamento; e

f) os Agravos de Instrumento interpostos contra despacho denegatório de recurso ordinário em processo de sua competência.

Art. 4.º É da competência do Tribunal Pleno do Tribunal Superior do Trabalho:

a) a declaração de inconstitucionalidade ou não de lei ou de ato normativo do Poder Público;

b) aprovar os enunciados da Súmula da jurisprudência predominante em dissídios individuais;

c) julgar os incidentes de uniformização da jurisprudência em dissídios individuais;

d) aprovar os precedentes da jurisprudência predominante em dissídios coletivos;

e) aprovar as tabelas de custas e emolumentos, nos termos da lei; e

f) elaborar o Regimento Interno do Tribunal e exercer as atribuições administrativas previstas em lei ou na Constituição Federal.

Art. 5.º As Turmas do Tribunal Superior do Trabalho terão, cada uma, a seguinte competência:

a) julgar os Recursos de Revista interpostos de decisões dos Tribunais Regionais do Trabalho, nos casos previstos em lei;

b) julgar, em última instância, os Agravos de Instrumento dos despachos de Presidente de Tribunal Regional que denegarem seguimento a Recurso de Revista, explicitando em que efeito a Revista deve ser processada, caso providos;

c) julgar, em última instância, os agravos regimentais; e

d) julgar os Embargos de Declaração opostos aos seus acórdãos.

Art. 6.º Os Tribunais Regionais do Trabalho que funcionarem divididos em Grupos de Turmas promoverão a especialização de um deles com a competência exclusiva para a conciliação e julgamento de dissídios coletivos, na forma prevista no *caput* do art. 1.º desta Lei.

Parágrafo único. O Regimento Interno disporá sobre a constituição e funcionamento do Grupo Normativo, bem como dos demais Grupos de Turmas de Tribunal Regional do Trabalho.

Art. 7.º Das decisões proferidas pelo Grupo Normativo dos Tribunais Regionais do Trabalho, caberá recurso ordinário para o Tribunal Superior do Trabalho.

§ 1.º O Juiz relator ou o redator designado disporá de 10 (dez) dias para redigir o acórdão.

§ 2.º Não publicado o acórdão nos 20 (vinte) dias subsequentes ao julgamento, poderá qualquer dos litigantes ou o Ministério Público do Trabalho interpor recurso ordinário, fundado, apenas, na certidão de julgamento, inclusive com pedido de efeito suspensivo, pagas as custas, se for o caso. Publicado o acórdão, reabrir-se-á o prazo para o aditamento do recurso interposto.

§ 3.º Interposto o recurso na forma do parágrafo anterior, deverão os recorrentes comunicar o fato à Corregedoria-Geral, para as providências legais cabíveis.

§ 4.º Publicado o acórdão, quando as partes serão consideradas intimadas, seguir-se-á o procedimento recursal como previsto em lei, com a intimação pessoal do Ministério Público, por qualquer dos seus procuradores.

§ 5.º Formalizado o acordo pelas partes e homologado pelo Tribunal, não caberá qualquer recurso, salvo por parte do Ministério Público.

§ 6.º A sentença normativa poderá ser objeto de ação de cumprimento a partir do 20.º (vigésimo) dia subsequente ao do julgamento, fundada no acórdão ou na certidão de julgamento, salvo se concedido efeito suspensivo pelo Presidente do Tribunal Superior do Trabalho.

Art. 8.º O disposto no art. 7.º e respectivos parágrafos desta Lei aplica-se aos demais Tribunais Regionais do Trabalho não divididos em Grupos de Turmas.

Art. 9.º O efeito suspensivo deferido pelo Presidente do Tribunal Superior do Trabalho terá eficácia pelo prazo improrrogável de 120 (cento e vinte) dias contados da publicação, salvo se o recurso ordinário for julgado antes do término do prazo.

Art. 10. Nos dissídios coletivos de natureza econômica ou jurídica de competência originária ou recursal da seção normativa do Tribunal Superior do Trabalho, a sentença poderá ser objeto de ação de cumprimento com a publicação da certidão de julgamento.

Art. 11. Nos processos de dissídio coletivo, o Ministério Público emitirá parecer escrito, ou protestará pelo pronunciamento oral, na audiência ou sessão de julgamento.

Art. 12. O art. 896 da Consolidação das Leis do Trabalho – CLT, aprovada pelo Decreto-lei n. 5.452, de 1.º de maio de 1943, passa a ter a seguinte redação:

•• Alteração já processada no diploma modificado.

• *Vide* Súmula 312 do TST.

Art. 13. O depósito recursal de que trata o art. 899 e seus parágrafos da Consolidação das Leis do Trabalho fica limitado, no recurso ordinário, a 20 (vinte) vezes o valor de referência e, no de revista, a 40 (quarenta) vezes o referido valor de referência. Será considerado valor de referência aquele vigente à data da interposição do recurso, devendo ser complementado o valor total de 40 (quarenta) valores, no caso de revista.

Art. 14. O Regimento Interno dos Tribunais Regionais do Trabalho deverá dispor sobre a Súmula da respectiva jurisprudência predominante e sobre o incidente de uniformização, inclusive os pertinentes às leis estaduais e normas coletivas.

Art. 15. Esta Lei entra em vigor na data de sua publicação.

Art. 16. Revogam-se as disposições em contrário da Consolidação das Leis do Trabalho e da legislação especial.

Brasília, em 21 de dezembro de 1988; 167.º da Independência e 100.º da República.

José Sarney

LEI N. 7.713,

DE 22 DE DEZEMBRO DE 1988 (*)

Altera a legislação do imposto de renda e dá outras providências.

O Presidente da República

Faço saber que o Congresso Nacional decreta e eu sanciono a seguinte Lei:

Art. 1.º Os rendimentos e ganhos de capital percebidos a partir de 1.º de janeiro de 1989, por pessoas físicas residentes ou domiciliados no Brasil, serão tributados pelo imposto de renda na forma da legislação vigente, com as modificações introduzidas por esta Lei.

Art. 2.º O imposto de renda das pessoas físicas será devido, mensalmente, à medida em que os rendimentos e ganhos de capital forem percebidos.

Art. 3.º O imposto incidirá sobre o rendimento bruto, sem qualquer dedução, ressalvado o disposto nos arts. 9.º a 14 desta Lei.

§ 1.º Constituem rendimento bruto todo o produto do capital, do trabalho ou da combinação de ambos, os alimentos e pensões percebidos em dinheiro, e ainda os proventos de qualquer natureza, assim também entendidos os acréscimos patrimoniais não correspondentes aos rendimentos declarados.

....

(*) Publicada no *DOU*, de 23-12-1998.

Art. 6.º Ficam isentos do imposto de renda os seguintes rendimentos percebidos por pessoas físicas:

I – a alimentação, o transporte e os uniformes ou vestimentas especiais de trabalho, fornecidos gratuitamente pelo empregador a seus empregados, ou a diferença entre o preço cobrado e o valor de mercado;

II – as diárias destinadas, exclusivamente, ao pagamento de despesas de alimentação e pousada, por serviço eventual realizado em município diferente do da sede de trabalho;

....

IV – as indenizações por acidentes de trabalho;

V – a indenização e o aviso prévio pagos por despedida ou rescisão de contrato de trabalho, até o limite garantido por lei, bem como o montante recebido pelos empregados e diretores, ou respectivos beneficiários, referente aos depósitos, juros e correção monetária creditados em contas vinculadas, nos termos da legislação do Fundo de Garantia do Tempo de Serviço;

VI – o montante dos depósitos, juros, correção monetária e quotas-partes creditados em contas individuais pelo Programa de Integração Social e pelo Programa de Formação do Patrimônio do Servidor Público;

....

XIV – os proventos de aposentadoria ou reforma motivada por acidente em serviço e os percebidos pelos portadores de moléstia profissional, tuberculose ativa, alienação mental, esclerose múltipla, neoplasia maligna, cegueira, hanseníase, paralisia irreversível e incapacitante, cardiopatia grave, doença de Parkinson, espondiloartrose anquilosante, nefropatia grave, hepatopatia grave, estados avançados da doença de Paget (osteíte deformante), contaminação por radiação, síndrome da imunodeficiência adquirida, com base em conclusão da medicina especializada, mesmo que a doença tenha sido contraída depois da aposentadoria ou reforma;

•• Inciso XIV com redação determinada pela Lei n. 11.052, de 29-12-2004.

•• *Vide* Súmula 627 do STJ.

....

Art. 7.º Ficam sujeitos à incidência do imposto de renda na fonte, calculado de acordo com o disposto no art. 25 desta Lei:

I – os rendimentos do trabalho assalariado, pagos ou creditados por pessoas físicas ou jurídicas;

....

Art. 12-A. Os rendimentos recebidos acumuladamente e submetidos à incidência do imposto sobre a renda com base na tabela progressiva, quando correspondentes a anos-calendário anteriores ao do recebimento, serão tributados exclusivamente na fonte, no mês do recebimento ou crédito, em separado dos demais rendimentos recebidos no mês.

•• *Caput* com redação determinada pela Lei n. 13.149, de 21-7-2015.

§ 1.º O imposto será retido pela pessoa física ou jurídica obrigada ao pagamento ou pela instituição financeira depositária do crédito e calculado sobre o montante dos rendimentos pagos, mediante a utilização de tabela progressiva resultante da multiplicação da quantidade de meses a que se refiram os rendimentos pelos valores constantes da tabela progressiva mensal correspondente ao mês do recebimento ou crédito.

•• § 1.º acrescentado pela Lei n. 12.350, de 20-12-2010.

§ 2.º Poderão ser excluídas as despesas, relativas ao montante dos rendimentos tributáveis, com ação judicial necessárias ao seu recebimento, inclusive de advogados, se tiverem sido pagas pelo contribuinte, sem indenização.

•• § 2.º acrescentado pela Lei n. 12.350, de 20-12-2010.

§ 3.º A base de cálculo será determinada mediante a dedução das seguintes despesas relativas ao montante dos rendimentos tributáveis:

•• § 3.º, *caput*, acrescentado pela Lei n. 12.350, de 20-12-2010.

I – importâncias pagas em dinheiro a título de pensão alimentícia em face das normas do Direito de Família, quando em cumprimento de decisão judicial, de acordo homologado judicialmente ou de separação ou divórcio consensual realizado por escritura pública; e

•• Inciso I acrescentado pela Lei n. 12.350, de 20-12-2010.

II – contribuições para a Previdência Social da União, dos Estados, do Distrito Federal e dos Municípios.

•• Inciso II acrescentado pela Lei n. 12.350, de 20-12-2010.

§ 4.º Não se aplica ao disposto neste artigo o constante no art. 27 da Lei n. 10.833, de 29 de dezembro de 2003, salvo o previsto nos seus §§ 1.º e 3.º.

•• § 4.º acrescentado pela Lei n. 12.350, de 20-12-2010.

§ 5.º O total dos rendimentos de que trata o *caput*, observado o disposto no § 2.º, poderá integrar a base de cálculo do Imposto sobre a Renda na Declaração de Ajuste Anual do ano-calendário do recebimento, à opção irretratável do contribuinte.

•• § 5.º acrescentado pela Lei n. 12.350, de 20-12-2010.

§ 6.º Na hipótese do § 5.º, o Imposto sobre a Renda Retido na Fonte será considerado antecipação do imposto devido apurado na Declaração de Ajuste Anual.

•• § 6.º acrescentado pela Lei n. 12.350, de 20-12-2010.

§ 7.º Os rendimentos de que trata o *caput*, recebidos entre 1.º de janeiro de 2010 e o dia anterior ao de publicação da Lei resultante da conversão da Medida Provisória n. 497, de 27 de julho de 2010, poderão ser tributados na forma deste artigo, devendo ser informados na Declaração de Ajuste Anual referente ao ano-calendário de 2010.

•• § 7.º acrescentado pela Lei n. 12.350, de 20-12-2010.

§ 8.º (*Vetado.*)

•• § 8.º acrescentado pela Lei n. 12.350, de 20-12-2010.

§ 9.º A Secretaria da Receita Federal do Brasil disciplinará o disposto neste artigo.

•• § 9.º acrescentado pela Lei n. 12.350, de 20-12-2010.

Art. 12-B. Os rendimentos recebidos acumuladamente, quando correspondentes ao ano-calendário em curso, serão tributados, no mês do recebimento ou crédito, sobre o total dos rendimentos, diminuídos do valor das despesas com ação judicial necessárias ao seu recebimento, inclusive de advogados, se tiverem sido pagas pelo contribuinte, sem indenização.

•• Artigo acrescentado pela Lei n. 13.149, de 21-7-2015.

....

Brasília, 22 de dezembro de 1988; 167.º da Independência e 100.º da República.

José Sarney

LEI N. 7.716,

DE 5 DE JANEIRO DE 1989 (*)

Define os crimes resultantes de preconceito de raça ou de cor.

O Presidente da República

Faço saber que o Congresso Nacional decreta e eu sanciono a seguinte Lei:

Art. 1.º Serão punidos, na forma desta Lei, os crimes resultantes de discriminação ou preconceito de raça, cor, etnia, religião ou procedência nacional.

•• Artigo com redação determinada pela Lei n. 9.459, de 13-5-1997.

Art. 2.º (*Vetado.*)

Art. 3.º Impedir ou obstar o acesso de alguém, devidamente habilitado, a qualquer cargo da Administração Direta ou Indireta, bem como das concessionárias de serviços públicos:

Pena: reclusão de dois a cinco anos.

Parágrafo único. Incorre na mesma pena quem, por motivo de discriminação de raça, cor, etnia, religião ou procedência nacional, obstar a promoção funcional.

•• Parágrafo único acrescentado pela Lei n. 12.288, de 20-7-2010.

Art. 4.º Negar ou obstar emprego em empresa privada:

Pena: reclusão de dois a cinco anos.

§ 1.º Incorre na mesma pena quem, por motivo de discriminação de raça ou de cor ou práticas resultantes do preconceito de descendência ou origem nacional ou étnica:

I – deixar de conceder os equipamentos necessários ao empregado em igualdade de condições com os demais trabalhadores;

II – impedir a ascensão funcional do empregado ou obstar outra forma de benefício profissional;

III – proporcionar ao empregado tratamento diferenciado no ambiente de trabalho, especialmente quanto ao salário.

•• § 1.º acrescentado pela Lei n. 12.288, de 20-7-2010.

§ 2.º Ficará sujeito às penas de multa e de prestação de serviços à comunidade, incluindo atividades de promoção da igualdade racial, quem, em anúncios ou qualquer outra

(*) Publicada no *DOU*, de 6, e retificada em 9-1-1989.

forma de recrutamento de trabalhadores, exigir aspectos de aparência próprios de raça ou etnia para emprego cujas atividades não justifiquem essas exigências.

•• § 2.º acrescentado pela Lei n. 12.288, de 20-7-2010.

Art. 5.º Recusar ou impedir acesso a estabelecimento comercial, negando-se a servir, atender ou receber cliente ou comprador:

Pena: reclusão de um a três anos.

Art. 6.º Recusar, negar ou impedir a inscrição ou ingresso de aluno em estabelecimento de ensino público ou privado de qualquer grau:

Pena: reclusão de três a cinco anos.

Parágrafo único. Se o crime for praticado contra menor de dezoito anos a pena é agravada de 1/3 (um terço).

Art. 7.º Impedir o acesso ou recusar hospedagem em hotel, pensão, estalagem, ou qualquer estabelecimento similar:

Pena: reclusão de três a cinco anos.

Art. 8.º Impedir o acesso ou recusar atendimento em restaurantes, bares, confeitarias, ou locais semelhantes abertos ao público:

Pena: reclusão de um a três anos.

Art. 9.º Impedir o acesso ou recusar atendimento em estabelecimentos esportivos, casas de diversões, ou clubes sociais abertos ao público:

Pena: reclusão de um a três anos.

Art. 10. Impedir o acesso ou recusar atendimento em salões de cabeleireiros, barbearias, termas ou casas de massagem ou estabelecimento com as mesmas finalidades:

Pena: reclusão de um a três anos.

Art. 11. Impedir o acesso às entradas sociais em edifícios públicos ou residenciais e elevadores ou escada de acesso aos mesmos:

Pena: reclusão de um a três anos.

Art. 12. Impedir o acesso ou uso de transportes públicos, como aviões, navios, barcas, barcos, ônibus, trens, metrô ou qualquer outro meio de transporte concedido:

Pena: reclusão de um a três anos.

Art. 13. Impedir ou obstar o acesso de alguém ao serviço em qualquer ramo das Forças Armadas:

Pena: reclusão de dois a quatro anos.

Art. 14. Impedir ou obstar, por qualquer meio ou forma, o casamento ou convivência familiar e social:

Pena: reclusão de dois a quatro anos.

Art. 15. (*Vetado.*)

Art. 16. Constitui efeito da condenação a perda do cargo ou função pública, para o servidor público, e a suspensão do funcionamento do estabelecimento particular por prazo não superior a três meses.

Art. 17. (*Vetado.*)

Art. 18. Os efeitos de que tratam os arts. 16 e 17 desta Lei não são automáticos, devendo ser motivadamente declarados na sentença.

Art. 19. (*Vetado.*)

Art. 20. Praticar, induzir ou incitar a discriminação ou preconceito de raça, cor, etnia, religião ou procedência nacional:

Pena: reclusão de um a três anos e multa.

•• *Caput* com redação determinada pela Lei n. 9.459, de 13-5-1997.

§ 1.º Fabricar, comercializar, distribuir ou veicular símbolos, emblemas, ornamentos, distintivos ou propaganda que utilizem a cruz suástica ou gamada, para fins de divulgação do nazismo:

Pena: reclusão de dois a cinco anos e multa.

•• § 1.º com redação determinada pela Lei n. 9.459, de 13-5-1997.

§ 2.º Se qualquer dos crimes previstos no *caput* é cometido por intermédio dos meios de comunicação social ou publicação de qualquer natureza:

Pena: reclusão de dois a cinco anos e multa.

•• § 2.º com redação determinada pela Lei n. 9.459, de 13-5-1997.

§ 3.º No caso do parágrafo anterior, o juiz poderá determinar, ouvido o Ministério Público ou a pedido deste, ainda antes do inquérito policial, sob pena de desobediência:

•• § 3.º, *caput*, com redação determinada pela Lei n. 9.459, de 13-5-1997.

I – o recolhimento imediato ou a busca e apreensão dos exemplares do material respectivo;

•• Inciso I com redação determinada pela Lei n. 9.459, de 13-5-1997.

II – a cessação das respectivas transmissões radiofônicas ou televisivas;

•• Inciso II com redação determinada pela Lei n. 9.459, de 13-5-1997.

III – a interdição das respectivas mensagens ou páginas de informação na rede mundial de computadores.

•• Inciso III acrescentado pela Lei n. 12.288, de 20-7-2010.

§ 4.º Na hipótese do § 2.º, constitui efeito da condenação, após o trânsito em julgado da decisão, a destruição do material apreendido.

•• § 4.º com redação determinada pela Lei n. 9.459, de 13-5-1997.

Art. 21. Esta Lei entra em vigor na data de sua publicação.

Art. 22. Revogam-se as disposições em contrário.

Brasília, 5 de janeiro de 1989; 168.º da Independência e 101.º da República.

José Sarney

LEI N. 7.783,

DE 28 DE JUNHO DE 1989 (*)

Dispõe sobre o exercício do direito de greve, define as atividades essenciais, regula o atendimento das

(*) Publicada no *DOU*, de 29-6-1989. *Vide* art. 9.º da CF e Súmula 316 do STF.

GREVE

necessidades inadiáveis da comunidade, e dá outras providências.

O Presidente da República

Faço saber que o Congresso Nacional decreta e eu sanciono a seguinte Lei:

Art. 1.º É assegurado o direito de greve, competindo aos trabalhadores decidir sobre a oportunidade de exercê-lo e sobre os interesses que devam por meio dele defender.

• *Vide* Enunciado n. 7 da 2.ª Jornada de Direito Material e Processual do Trabalho.

Parágrafo único. O direito de greve será exercido na forma estabelecida nesta Lei.

Art. 2.º Para os fins desta Lei, considera-se legítimo exercício do direito de greve a suspensão coletiva, temporária e pacífica, total ou parcial, de prestação pessoal de serviços a empregador.

Art. 3.º Frustrada a negociação ou verificada a impossibilidade de recurso via arbitral, é facultada a cessação coletiva do trabalho.

Parágrafo único. A entidade patronal correspondente ou os empregadores diretamente interessados serão notificados, com antecedência mínima de 48 (quarenta e oito) horas, da paralisação.

Art. 4.º Caberá à entidade sindical correspondente convocar, na forma do seu estatuto, assembleia geral que definirá as reivindicações da categoria e deliberará sobre a paralisação coletiva da prestação de serviços.

§ 1.º O estatuto da entidade sindical deverá prever as formalidades de convocação e o *quorum* para a deliberação, tanto da deflagração quanto da cessação da greve.

§ 2.º Na falta de entidade sindical, a assembleia geral dos trabalhadores interessados deliberará para os fins previstos no *caput*, constituindo comissão de negociação.

Art. 5.º A entidade sindical ou comissão especialmente eleita representará os interesses dos trabalhadores nas negociações ou na Justiça do Trabalho.

Art. 6.º São assegurados aos grevistas, dentre outros direitos:

I – o emprego de meios pacíficos tendentes a persuadir ou aliciar os trabalhadores a aderirem à greve;

II – a arrecadação de fundos e a livre divulgação do movimento.

§ 1.º Em nenhuma hipótese, os meios adotados por empregados e empregadores poderão violar ou constranger os direitos e garantias fundamentais de outrem.

§ 2.º É vedado às empresas adotar meios para constranger o empregado ao comparecimento ao trabalho, bem como capazes de frustrar a divulgação do movimento.

§ 3.º As manifestações e atos de persuasão utilizados pelos grevistas não poderão impedir o acesso ao trabalho nem causar ameaça ou dano à propriedade ou pessoa.

Art. 7.º Observadas as condições previstas nesta Lei, a participação em greve suspende o contrato de trabalho, devendo as relações obrigacionais durante o período ser regidas pelo acordo, convenção, laudo arbitral ou decisão da Justiça do Trabalho.

Parágrafo único. É vedada a rescisão de contrato de trabalho durante a greve, bem como a contratação de trabalhadores substitutos, exceto na ocorrência das hipóteses previstas nos arts. 9.º e 14.

Art. 8.º A Justiça do Trabalho, por iniciativa de qualquer das partes ou do Ministério Público do Trabalho, decidirá sobre a procedência, total ou parcial, ou improcedência das reivindicações, cumprindo ao Tribunal publicar, de imediato, o competente acórdão.

Art. 9.º Durante a greve, o sindicato ou a comissão de negociação, mediante acordo com a entidade patronal ou diretamente com o empregador, manterá em atividade equipes de empregados com o propósito de assegurar os serviços cuja paralisação resulte em prejuízo irreparável, pela deterioração irreversível de bens, máquinas e equipamentos, bem como a manutenção daqueles essenciais à retomada das atividades da empresa quando da cessação do movimento.

Parágrafo único. Não havendo acordo, é assegurado ao empregador, enquanto perdurar a greve, o direito de contratar diretamente os serviços necessários a que se refere este artigo.

Art. 10. São considerados serviços ou atividades essenciais:

I – tratamento e abastecimento de água; produção e distribuição de energia elétrica, gás e combustíveis;

II – assistência médica e hospitalar;

III – distribuição e comercialização de medicamentos e alimentos;

IV – funerários;

V – transporte coletivo;

VI – captação e tratamento de esgoto e lixo;

VII – telecomunicações;

VIII – guarda, uso e controle de substâncias radioativas, equipamentos e materiais nucleares;

IX – processamento de dados ligados a serviços essenciais;

X – controle de tráfego aéreo e navegação aérea; e

•• Inciso X com redação determinada pela Medida Provisória n. 866, de 20-12-2018.

O texto anterior dizia: "X – controle de tráfego aéreo;".

XI – compensação bancária.

Art. 11. Nos serviços ou atividades essenciais, os sindicatos, os empregadores e os trabalhadores ficam obrigados, de comum acordo, a garantir, durante a greve, a prestação dos serviços indispensáveis ao atendimento das necessidades inadiáveis da comunidade.

Parágrafo único. São necessidades inadiáveis da comunidade aquelas que, não atendidas, coloquem em perigo iminente a sobrevivência, a saúde ou a segurança da população.

Art. 12. No caso da inobservância do disposto no artigo anterior, o Poder Público assegurará a prestação dos serviços indispensáveis.

Art. 13. Na greve em serviços ou atividades essenciais, ficam as entidades sindicais ou os trabalhadores, conforme o caso, obrigados a comunicar a decisão aos empregadores e aos usuários com antecedência mínima de 72 (setenta e duas) horas da paralisação.

Art. 14. Constitui abuso do direito de greve a inobservância das normas contidas na presente Lei, bem como a manutenção da paralisação após a celebração de acordo, convenção ou decisão da Justiça do Trabalho.

Parágrafo único. Na vigência de acordo, convenção ou sentença normativa não constitui abuso do exercício do direito de greve a paralisação que:

I – tenha por objetivo exigir o cumprimento de cláusula ou condição;

II – seja motivada pela superveniência de fato novo ou acontecimento imprevisto que modifique substancialmente a relação de trabalho.

Art. 15. A responsabilidade pelos atos praticados, ilícitos ou crimes cometidos, no curso da greve, será apurada, conforme o caso, segundo a legislação trabalhista, civil ou penal.

Parágrafo único. Deverá o Ministério Público, de ofício, requisitar a abertura do competente inquérito e oferecer denúncia quando houver indício da prática de delito.

Art. 16. Para os fins previstos no art. 37, inc. VII, da Constituição, lei complementar definirá os termos e os limites em que o direito de greve poderá ser exercido.

Art. 17. Fica vedada a paralisação das atividades, por iniciativa do empregador, com o objetivo de frustrar negociação ou dificultar o atendimento de reivindicações dos respectivos empregados (*lockout*).

Parágrafo único. A prática referida no *caput* assegura aos trabalhadores o direito à percepção dos salários durante o período de paralisação.

Art. 18. Ficam revogados a Lei n. 4.330, de 1.º de junho de 1964, o Decreto-lei n. 1.632, de 4 de agosto de 1978, e demais disposições em contrário.

Art. 19. Esta Lei entra em vigor na data de sua publicação.

Brasília, em 28 de junho de 1989; 168.º da Independência e 101.º da República.

JOSÉ SARNEY

LEI N. 7.853,

DE 24 DE OUTUBRO DE 1989 (*)

(*) Publicada no *DOU*, de 25-10-1989. Regulamentada pelo Decreto n. 3.298, de 20-12-1999. A Instrução Normativa n. 29, de 4-8-2005, do TST, dispõe sobre a prioridade na tramitação dos processos em que é parte pessoa portadora de deficiência. A Instrução Normativa n. 98, de 15-8-2012, dispõe sobre procedimentos de fiscalização do cumprimento, por parte dos empregadores, das normas destinadas à inclusão no trabalho de pessoas com deficiência e a beneficiários da Previdência Social reabilitados.

Dispõe sobre o apoio às pessoas portadoras de deficiência, sua integração social, sobre a Coordenadoria Nacional para Integração da Pessoa Portadora de Deficiência – Corde, institui a tutela jurisdicional de interesses coletivos ou difusos dessas pessoas, disciplina a atuação do Ministério Público, define crimes, e dá outras providências.

O Presidente da República

Faço saber que o Congresso Nacional decreta e eu sanciono a seguinte Lei:

Art. 1.º Ficam estabelecidas normas gerais que asseguram o pleno exercício dos direitos individuais e sociais das pessoas portadoras de deficiência, e sua efetiva integração social, nos termos desta Lei.

•• A Lei n. 13.146, de 6-7-2015, institui o Estatuto da Pessoa com Deficiência.

§ 1.º Na aplicação e interpretação desta Lei, serão considerados os valores básicos da igualdade de tratamento e oportunidade, da justiça social, do respeito à dignidade da pessoa humana, do bem-estar, e outros, indicados na Constituição ou justificados pelos princípios gerais de direito.

§ 2.º As normas desta Lei visam garantir às pessoas portadoras de deficiência as ações governamentais necessárias ao seu cumprimento e das demais disposições constitucionais e legais que lhes concernem, afastadas as discriminações e os preconceitos de qualquer espécie, e entendida a matéria como obrigação nacional a cargo do Poder Público e da sociedade.

Art. 2.º Ao Poder Público e seus órgãos cabe assegurar às pessoas portadoras de deficiência o pleno exercício de seus direitos básicos, inclusive dos direitos à educação, à saúde, ao trabalho, ao lazer, à previdência social, ao amparo à infância e à maternidade, e de outros que, decorrentes da Constituição e das leis, propiciem seu bem-estar pessoal, social e econômico.

Parágrafo único. Para o fim estabelecido no *caput* deste artigo, os órgãos e entidades da administração direta e indireta devem dispensar, no âmbito de sua competência e finalidade, aos assuntos objeto desta Lei, tratamento prioritário e adequado, tendente a viabilizar, sem prejuízo de outras, as seguintes medidas:

I – na área da educação:

a) a inclusão, no sistema educacional, da Educação Especial como modalidade educativa que abranja a educação precoce, a pré-escolar, as de 1.º e 2.º graus, a supletiva, a habilitação e reabilitação profissionais, com currículos, etapas e exigências de diplomação próprios;

b) a inserção, no referido sistema educacional, das escolas especiais, privadas e públicas;

c) a oferta, obrigatória e gratuita, da Educação Especial em estabelecimentos públicos de ensino;

d) o oferecimento obrigatório de programas de Educação Especial a nível pré-escolar e escolar, em unidades hospitalares e congêneres nas quais estejam internados, por prazo igual ou superior a 1 (um) ano, educandos portadores de deficiência;

e) o acesso de alunos portadores de deficiência aos benefícios conferidos aos demais educandos, inclusive material escolar, merenda escolar e bolsas de estudo;

f) a matrícula compulsória em cursos regulares de estabelecimentos públicos e particulares de pessoas portadoras de deficiência capazes de se integrarem no sistema regular de ensino;

II – na área da saúde:

a) a promoção de ações preventivas, como as referentes ao planejamento familiar, ao aconselhamento genético, ao acompanhamento da gravidez, do parto e do puerpério, à nutrição da mulher e da criança, à identificação e ao controle da gestante e do feto de alto risco, à imunização, às doenças do metabolismo e seu diagnóstico e ao encaminhamento precoce de outras doenças causadoras de deficiência;

b) o desenvolvimento de programas especiais de prevenção de acidentes do trabalho e de trânsito, e de tratamento adequado a suas vítimas;

c) a criação de uma rede de serviços especializados em reabilitação e habilitação;

d) a garantia de acesso das pessoas portadoras de deficiência aos estabelecimentos de saúde públicos e privados, e de seu adequado tratamento neles, sob normas técnicas e padrões de conduta apropriados;

e) a garantia de atendimento domiciliar de saúde ao deficiente grave não internado;

f) o desenvolvimento de programas de saúde voltados para as pessoas portadoras de deficiência, desenvolvidos com a participação da sociedade e que lhes ensejem a integração social;

III – na área da formação profissional e do trabalho:

a) o apoio governamental à formação profissional, à orientação profissional, e a garantia de acesso aos serviços concernentes, inclusive aos cursos regulares voltados à formação profissional;

b) o empenho do Poder Público quanto ao surgimento e à manutenção de empregos, inclusive de tempo parcial, destinados às pessoas portadoras de deficiência que não tenham acesso aos empregos comuns;

c) a promoção de ações eficazes que propiciem a inserção, nos setores público e privado, de pessoas portadoras de deficiência;

•• *Vide* Súmula 552 do STJ.

d) a adoção de legislação específica que discipline a reserva de mercado de trabalho, em favor das pessoas portadoras de deficiência, nas entidades da Administração Pública e do setor privado, e que regulamente a organização de oficinas e congêneres integradas ao mercado de trabalho, e a situação, nelas, das pessoas portadoras de deficiência;

IV – na área de recursos humanos:

a) a formação de professores de nível médio para a Educação Especial, de técnicos de nível médio especializados na habilitação e reabilitação, e de instrutores para formação profissional;

b) a formação e qualificação de recursos humanos que, nas diversas áreas de conhecimento, inclusive de nível superior, atendam à demanda e às necessidades reais das pessoas portadoras de deficiência;

c) o incentivo à pesquisa e ao desenvolvimento tecnológico em todas as áreas do conhecimento relacionadas com a pessoa portadora de deficiência;

V – na área das edificações:

a) a adoção e a efetiva execução de normas que garantam a funcionalidade das edificações e vias públicas, que evitem ou removam os óbices às pessoas portadoras de deficiência, permitam o acesso destas a edifícios, a logradouros e a meios de transporte.

Art. 3.º As medidas judiciais destinadas à proteção de interesses coletivos, difusos, individuais homogêneos e individuais indisponíveis da pessoa com deficiência poderão ser propostas pelo Ministério Público, pela Defensoria Pública, pela União, pelos Estados, pelos Municípios, pelo Distrito Federal, por associação constituída há mais de 1 (um) ano, nos termos da lei civil, por autarquia, por empresa pública e por fundação ou sociedade de economia mista que inclua, entre suas finalidades institucionais, a proteção dos interesses e a promoção de direitos da pessoa com deficiência.

•• *Caput* com redação determinada pela Lei n. 13.146, de 6-7-2015.

§ 1.º Para instruir a inicial, o interessado poderá requerer às autoridades competentes as certidões e informações que julgar necessárias.

§ 2.º As certidões e informações a que se refere o parágrafo anterior deverão ser fornecidas dentro de 15 (quinze) dias da entrega, sob recibo, dos respectivos requerimentos, e só poderão ser utilizadas para a instrução da ação civil.

§ 3.º Somente nos casos em que o interesse público, devidamente justificado, impuser sigilo, poderá ser negada certidão ou informação.

§ 4.º Ocorrendo a hipótese do parágrafo anterior, a ação poderá ser proposta desacompanhada das certidões ou informações negadas, cabendo ao juiz, após apreciar os motivos do indeferimento, e, salvo quando se tratar de razão de segurança nacional, requisitar umas e outras; feita a requisição, o processo correrá em segredo de justiça, que cessará com o trânsito em julgado da sentença.

§ 5.º Fica facultado aos demais legitimados ativos habilitarem-se como litisconsortes nas ações propostas por qualquer deles.

§ 6.º Em caso de desistência ou abandono da ação, qualquer dos colegitimados pode assumir a titularidade ativa.

Art. 4.º A sentença terá eficácia de coisa julgada oponível *erga omnes*, exceto no caso de haver sido a ação julgada improcedente por deficiência de prova, hipótese em que qualquer legitimado poderá intentar outra ação com idêntico fundamento, valendo-se de nova prova.

§ 1.º A sentença que concluir pela carência ou pela improcedência da ação fica sujeita ao duplo grau de jurisdição, não produzindo efeito senão depois de confirmada pelo tribunal.

§ 2.º Das sentenças e decisões proferidas contra o autor da ação e suscetíveis de recurso, poderá recorrer qualquer legitimado ativo, inclusive o Ministério Público.

Art. 5.º O Ministério Público intervirá obrigatoriamente nas ações públicas, coletivas ou individuais, em que se discutam interesses relacionados à deficiência das pessoas.

Art. 6.º O Ministério Público poderá instaurar, sob sua presidência, inquérito civil, ou requisitar, de qualquer pessoa física ou jurídica, pública ou particular, certidões, informações, exames ou perícias, no prazo que assinalar, não inferior a 10 (dez) dias úteis.

§ 1.º Esgotadas as diligências, caso se convença o órgão do Ministério Público da inexistência de elementos para a propositura de ação civil, promoverá fundamentadamente o arquivamento do inquérito civil, ou das peças informativas. Neste caso, deverá remeter a reexame os autos ou as respectivas peças, em 3 (três) dias, ao Conselho Superior do Ministério Público, que os examinará, deliberando a respeito, conforme dispuser seu Regimento.

§ 2.º Se a promoção do arquivamento for reformada, o Conselho Superior do Ministério Público designará desde logo outro órgão do Ministério Público para o ajuizamento da ação.

Art. 7.º Aplicam-se à ação civil pública prevista nesta Lei, no que couber, os dispositivos da Lei n. 7.347, de 24 de julho de 1985.

Art. 8.º Constitui crime punível com reclusão de 2 (dois) a 5 (cinco) anos e multa:

•• *Caput* com redação determinada pela Lei n. 13.146, de 6-7-2015.

I – recusar, cobrar valores adicionais, suspender, procrastinar, cancelar ou fazer cessar inscrição de aluno em estabelecimento de ensino de qualquer curso ou grau, público ou privado, em razão de sua deficiência;

•• Inciso I com redação determinada pela Lei n. 13.146, de 6-7-2015.

II – obstar inscrição em concurso público ou acesso de alguém a qualquer cargo ou emprego público, em razão de sua deficiência;

•• Inciso II com redação determinada pela Lei n. 13.146, de 6-7-2015.

III – negar ou obstar emprego, trabalho ou promoção à pessoa em razão de sua deficiência;

•• Inciso III com redação determinada pela Lei n. 13.146, de 6-7-2015.

IV – recusar, retardar ou dificultar internação ou deixar de prestar assistência médico-hospitalar e ambulatorial à pessoa com deficiência;

•• Inciso IV com redação determinada pela Lei n. 13.146, de 6-7-2015.

V – deixar de cumprir, retardar ou frustrar execução de ordem judicial expedida na ação civil a que alude esta Lei;

•• Inciso V com redação determinada pela Lei n. 13.146, de 6-7-2015.

VI – recusar, retardar ou omitir dados técnicos indispensáveis à propositura da ação civil pública objeto desta Lei, quando requisitados.

•• Inciso VI com redação determinada pela Lei n. 13.146, de 6-7-2015.

§ 1.º Se o crime for praticado contra pessoa com deficiência menor de 18 (dezoito) anos, a pena é agravada em 1/3 (um terço).

•• § 1.º acrescentado pela Lei n. 13.146, de 6-7-2015.

§ 2.º A pena pela adoção deliberada de critérios subjetivos para indeferimento de inscrição, de aprovação e de cumprimento de estágio probatório em concursos públicos não exclui a responsabilidade patrimonial pessoal do administrador público pelos danos causados.

•• § 2.º acrescentado pela Lei n. 13.146, de 6-7-2015.

§ 3.º Incorre nas mesmas penas quem impede ou dificulta o ingresso de pessoa com deficiência em planos privados de assistência à saúde, inclusive com cobrança de valores diferenciados.

•• § 3.º acrescentado pela Lei n. 13.146, de 6-7-2015.

§ 4.º Se o crime for praticado em atendimento de urgência e emergência, a pena é agravada em 1/3 (um terço).

•• § 4.º acrescentado pela Lei n. 13.146, de 6-7-2015.

Art. 9.º A Administração Pública Federal conferirá aos assuntos relativos às pessoas portadoras de deficiência tratamento prioritário e apropriado, para que lhes seja efetivamente ensejado o pleno exercício de seus direitos individuais e sociais, bem como sua completa integração social.

§ 1.º Os assuntos a que alude este artigo serão objeto de ação, coordenada e integrada, dos órgãos da Administração Pública Federal, e incluir-se-ão em Política Nacional para Integração da Pessoa Portadora de Deficiência, na qual estejam compreendidos planos, programas e projetos sujeitos a prazos e objetivos determinados.

§ 2.º Ter-se-ão como integrantes da Administração Pública Federal, para os fins desta Lei, além dos órgãos públicos, das autarquias, das empresas públicas e sociedades de economia mista, as respectivas subsidiárias e as fundações públicas.

Art. 10. A coordenação superior dos assuntos, ações governamentais e medidas referentes a pessoas portadoras de deficiência caberá à Secretaria Especial dos Direitos Humanos da Presidência da República.

•• *Caput* com redação determinada pela Lei n. 11.958, de 26-6-2009.

Parágrafo único. Ao órgão a que se refere este artigo caberá formular a Política Nacional para a Integração da Pessoa Portadora de Deficiência, seus planos, programas e projetos e cumprir as instruções superiores que lhes digam respeito, com a cooperação dos demais órgãos públicos.

•• Parágrafo único com redação determinada pela Lei n. 8.028, de 12-4-1990.

Art. 11. *(Revogado pela Lei n. 8.028, de 12-4-1990.)*

Art. 12. Compete à Corde:

I – coordenar as ações governamentais e medidas que se refiram às pessoas portadoras de deficiência;

II – elaborar os planos, programas e projetos subsumidos na Política Nacional para a Integração de Pessoa Portadora de Deficiência, bem como propor as providências necessárias a sua completa implantação e seu adequado desenvolvimento, inclusive as pertinentes a recursos e as de caráter legislativo;

III – acompanhar e orientar a execução, pela Administração Pública Federal, dos planos, programas e projetos mencionados no inciso anterior;

IV – manifestar-se sobre a adequação à Política Nacional para a Integração da Pessoa Portadora de Deficiência dos projetos federais a ela conexos, antes da liberação dos recursos respectivos;

V – manter, com os Estados, Municípios, Territórios, o Distrito Federal, e o Ministério Público, estreito relacionamento, objetivando a concorrência de ações destinadas à integração social das pessoas portadoras de deficiência;

VI – provocar a iniciativa do Ministério Público, ministrando-lhe informações sobre fatos que constituam objeto da ação civil de que trata esta Lei, e indicando-lhe os elementos de convicção;

VII – emitir opinião sobre os acordos, contratos ou convênios firmados pelos demais órgãos da Administração Pública Federal, no âmbito da Política Nacional para a Integração da Pessoa Portadora de Deficiência;

VIII – promover e incentivar a divulgação e o debate das questões concernentes à pessoa portadora de deficiência, visando à conscientização da sociedade.

Parágrafo único. Na elaboração dos planos, programas e projetos a seu cargo, deverá a Corde recolher, sempre que possível, a opinião das pessoas e entidades interessadas, bem como considerar a necessidade de efetivo apoio aos entes particulares voltados para a integração social das pessoas portadoras de deficiência.

Art. 13. (*Revogado pela Medida Provisória n. 2.216-37, de 31-8-2001.*)

Art. 14. (*Vetado.*)

Art. 15. Para atendimento e fiel cumprimento do que dispõe esta Lei, será reestruturada a Secretaria de Educação Especial do Ministério da Educação, e serão instituídos, no Ministério do Trabalho, no Ministério da Saúde e no Ministério da Previdência e Assistência Social, órgãos encarregados da coordenação setorial dos assuntos concernentes às pessoas portadoras de deficiência.

Art. 16. O Poder Executivo adotará, nos 60 (sessenta) dias posteriores à vigência desta Lei, as providências necessárias à reestruturação e ao regular funcionamento da Corde, como aquelas decorrentes do artigo anterior.

Art. 17. Serão incluídas no censo demográfico de 1990, e nos subsequentes, questões concernentes à problemática da pessoa portadora de deficiência, objetivando o conhecimento atualizado do número de pessoas portadoras de deficiência no País.

Art. 18. Os órgãos federais desenvolverão, no prazo de 12 (doze) meses contado da publicação desta Lei, as ações necessárias à efetiva implantação das medidas indicadas no art. 2.º desta Lei.

Art. 19. Esta Lei entra em vigor na data de sua publicação.

Art. 20. Revogam-se as disposições em contrário.

Brasília, 24 de outubro de 1989; 168.º da Independência e 101.º da República.

José Sarney

LEI N. 7.855,

DE 24 DE OUTUBRO DE 1989 (*)

Altera a Consolidação das Leis do Trabalho, atualiza os valores das multas trabalhistas, amplia sua aplicação, institui o Programa de Desenvolvimento do Sistema Federal de Inspeção do Trabalho e dá outras providências.

O Presidente da República

Faço saber que o Congresso Nacional decreta e eu sanciono a seguinte Lei:

Art. 1.º A Consolidação das Leis do Trabalho, aprovada pelo Decreto-lei n. 5.452, de 1.º de maio de 1943 (CLT), passa a vigorar com as seguintes alterações:

•• Alterações já processadas no diploma modificado.

Art. 2.º O valor das multas administrativas decorrentes da violação das normas trabalhistas, previstas na CLT e legislação extravagante, será, na data da publicação desta Lei, triplicado e, em seguida, expresso em quantidade de BTN.

Parágrafo único. O disposto neste artigo não se aplica às multas constantes do Capítulo V do Título II da CLT, que terão seus valores convertidos em quantidades de BTN, nem às previstas nos arts. 153 e 477, § 8.º, com a redação dada por esta Lei.

Art. 3.º Acarretarão a aplicação de multa de 160 BTN, por trabalhador prejudicado, dobrada no caso de reincidência, as infrações ao disposto:

I – na Lei n. 4.090, de 13 de julho de 1962, que dispõe sobre a Gratificação de Natal;

II – na Lei n. 5.811, de 11 de outubro de 1972, que dispõe sobre o regime de trabalho nas atividades petrolíferas;

III – na Lei n. 6.019, de 3 de janeiro de 1974, que dispõe sobre o trabalho temporário nas empresas urbanas;

IV – na Lei n. 7.183, de 5 de abril de 1984, que regula o exercício da profissão de aeronauta;

V – na Lei n. 7.418, de 16 de dezembro de 1985, alterada pela Lei n. 7.619, de 30 de setembro de 1987, que instituiu o Vale-Transporte; e

VI – no Decreto-lei n. 2.284, de 10 de março de 1986, que instituiu o Seguro-Desemprego.

Art. 4.º O salário pago fora dos prazos previstos em lei, acordos ou convenções coletivas e sentenças normativas

(*) Publicada no *DOU*, de 25-10-1989. *Vide* Nota dos Organizadores.

sujeitará o infrator à multa administrativa de 160 BTN por trabalhador prejudicado, salvo motivo de força maior (art. 501 da CLT).

Art. 5.º As multas previstas na legislação trabalhista serão, quando for o caso, e sem prejuízo das demais cominações legais, agravadas até o grau máximo, nos casos de artifício, ardil, simulação, desacato, embaraço ou resistência a ação fiscal, levando-se em conta, além das circunstâncias atenuantes ou agravantes, a situação econômico-financeira do infrator e os meios a seu alcance para cumprir a lei.

• A Portaria n. 112, de 20-1-2012, do MTE, dispõe sobre os critérios a serem aplicados na gradação das multas de valor variável previstas na legislação trabalhista.

Art. 6.º O valor das multas não recolhidas no prazo previsto no § 3.º do art. 636 da CLT será atualizado monetariamente pelo BTN Fiscal, acrescido de juros de mora de um por cento ao mês calendário, na forma da legislação aplicada aos tributos federais, até a data do seu efetivo pagamento.

§ 1.º Não será considerado reincidente o empregador que não for novamente autuado por infração ao mesmo dispositivo, decorridos dois anos da imposição da penalidade.

§ 2.º A fiscalização, a autuação e o processo de imposição das multas reger-se-ão pelo Título VII da CLT.

§ 3.º Será observado o critério de dupla visita nas empresas com até dez empregados, salvo quando for constatada infração por falta de registro de empregado, a notação da sua Carteira de Trabalho e Previdência Social e na ocorrência de fraude, resistência ou embaraço à fiscalização.

• *Vide* arts. 627 da CLT, 55, § 1.º, da Lei Complementar n. 123, de 14-12-2006, e 3.º, § 5.º, da Instrução Normativa n. 144, de 18-5-2018.

§ 4.º Na empresa que for autuada, após obedecido o disposto no parágrafo anterior, não será mais observado o critério da dupla visita em relação ao dispositivo infringido.

Art. 7.º Fica instituído o Programa de Desenvolvimento do Sistema Federal de Inspeção do Trabalho, destinado a promover e desenvolver as atividades de inspeção das normas de proteção, segurança e medicina do trabalho.

§ 1.º O Ministro de Estado do Trabalho estabelecerá os princípios norteadores do Programa que terá como objetivo principal assegurar o reconhecimento do vínculo empregatício do trabalhador e os direitos dele decorrentes e, para maior eficiência em sua operacionalização, fará observar o critério de rodízios dos agentes de Inspeção do Trabalho na forma prevista no Regulamento da Inspeção do Trabalho.

§ 2.º O deferimento da gratificação a que se refere o Decreto-lei n. 2.357, de 28 de agosto de 1987, com as alterações introduzidas pelos arts. 11 e 12 do Decreto-lei n. 2.365, de 27 de outubro de 1987, é estendido aos servidores pertencentes às seguintes categorias funcionais integrantes do Grupo Outras Atividades de Nível Superior (NS-900), instituído na conformidade da Lei n. 5.645, de 10 de dezembro de 1970:

a) Fiscal do Trabalho – Códigos NS-933 e LT-NS-933;

b) Médico do Trabalho – Códigos NS-903 e LT-NS-903, quando no efetivo exercício de funções de inspeção de medicina do trabalho;

c) Engenheiro – Códigos NS-916 e LT-NS-916, quando no efetivo exercício de funções de inspeção da segurança do trabalho; e

d) Assistente Social – Códigos NS-930 e LT-NS-930, quando no efetivo exercício de funções de inspeção do trabalho das mulheres e menores.

§ 3.º A gratificação de que trata o parágrafo anterior será atribuída até o máximo de 2.800 pontos por servidor, correspondendo cada ponto a 0,285% do respectivo vencimento básico, mediante ato do Ministro de Estado do Trabalho, que fixará a pontuação proporcionalmente à jornada legal de trabalho das referidas categorias.

Art. 8.º O § 1.º do art. 5.º da Lei n. 7.418, de 16 de dezembro de 1985, modificado pela Lei n. 7.619, de 30 de setembro de 1987, passa a ter a seguinte redação:

•• Alteração já processada no diploma modificado.

Art. 9.º (*Vetado.*)

Art. 10. Os efeitos financeiros decorrentes da publicação desta Lei terão início em 1.º de outubro de 1989.

Art. 11. As despesas com a execução do disposto nesta Lei correrão à conta das dotações próprias constantes do Orçamento Geral da União.

Art. 12. Esta Lei entra em vigor na data de sua publicação.

Art. 13. Revogam-se o parágrafo único do art. 16, os arts. 18, 19, 27, 28, 43, 44, 324, 374, 375, 378, 379, 380, 387, 418 e 446 da CLT e demais disposições em contrário.

Brasília, em 24 de outubro de 1989; 168.º da Independência e 101.º da República.

JOSÉ SARNEY

LEI N. 7.998,

DE 11 DE JANEIRO DE 1990 (*)

Regula o Programa do Seguro-Desemprego, o abono salarial, institui o Fundo de Amparo ao Trabalhador – FAT, e dá outras providências.

O Presidente da República

Faço saber que o Congresso Nacional decreta e eu sanciono a seguinte Lei:

(*) Publicada no *DOU*, de 12-1-1990. Sobre BTN, *vide* Nota dos Organizadores. A Lei n. 10.208, de 23-3-2001, e a Lei Complementar n. 150, de 1.º-6-2015, facultam ao empregado doméstico o acesso ao seguro-desemprego. Procedimentos relativos à concessão do seguro-desemprego: Resolução n. 467, de 21-12-2005. A Resolução n. 725, de 18-12-2013, do CODEFAT, estabelece que, até o final do exercício de 2015, os pagamentos dos benefícios do Seguro-Desemprego, em quaisquer modalidades, serão efetuados por meio de conta simplificada ou conta poupança em favor do beneficiário, sem qualquer ônus para o trabalhador; ou, diretamente, em espécie, por meio de identificação em sistema biométrico.

Art. 1.º Esta Lei regula o Programa do Seguro-Desemprego e o abono de que tratam o inciso II do art. 7.º, o inciso IV do art. 201 e o art. 239, da Constituição Federal, bem como institui o Fundo de Amparo ao Trabalhador – FAT.

•• O inciso IV do art. 201 da CF foi alterado pela Emenda Constitucional n. 20, de 15-12-1998. A referência correta é ao inciso III do mesmo artigo.

DO PROGRAMA DE SEGURO-DESEMPREGO

Art. 2.º O Programa de Seguro-Desemprego tem por finalidade:

I – prover assistência financeira temporária ao trabalhador desempregado em virtude de dispensa sem justa causa, inclusive a indireta, e ao trabalhador comprovadamente resgatado de regime de trabalho forçado ou da condição análoga à de escravo;

•• Inciso I com redação determinada pela Lei n. 10.608, de 20-12-2002.

II – auxiliar os trabalhadores na busca ou preservação do emprego, promovendo, para tanto, ações integradas de orientação, recolocação e qualificação profissional.

•• Inciso II com redação determinada pela Medida Provisória n. 2.164-41, de 24-8-2001.

Art. 2.º-A. Para efeito do disposto no inciso II do art. 2.º, fica instituída a bolsa de qualificação profissional, a ser custeada pelo Fundo de Amparo ao Trabalhador – FAT, à qual fará jus o trabalhador que estiver com o contrato de trabalho suspenso em virtude de participação em curso ou programa de qualificação profissional oferecido pelo empregador, em conformidade com o disposto em convenção ou acordo coletivo celebrado para este fim.

•• Artigo acrescentado pela Medida Provisória n. 2.164-41, de 24-8-2001.

•• A Resolução n. 591, de 11-2-2009, do CODEFAT, dispõe sobre o pagamento da bolsa de qualificação profissional instituída por este artigo.

Art. 2.º-B. (*Revogado pela Lei n. 13.134, de 16-6-2015.*)

Art. 2.º-C. O trabalhador que vier a ser identificado como submetido a regime de trabalho forçado ou reduzido a condição análoga à de escravo, em decorrência de ação de fiscalização do Ministério do Trabalho e Emprego, será dessa situação resgatado e terá direito à percepção de três parcelas de seguro-desemprego no valor de um salário mínimo cada, conforme o disposto no § 2.º deste artigo.

•• *Caput* acrescentado pela Lei n. 10.608, de 20-12-2002.

•• A Portaria n. 1.293, de 28-12-2017, do Ministério do Trabalho, dispõe sobre os conceitos de trabalho forçado em condições análogas à de escravo para fins da concessão de que trata este artigo.

§ 1.º O trabalhador resgatado nos termos do *caput* deste artigo será encaminhado, pelo Ministério do Trabalho e Emprego, para qualificação profissional e recolocação no mercado de trabalho, por meio do Sistema Nacional de Emprego – SINE, na forma estabelecida pelo Conselho Deliberativo do Fundo de Amparo ao Trabalhador – CODEFAT.

•• § 1.º acrescentado pela Lei n. 10.608, de 20-12-2002.

§ 2.º Caberá ao CODEFAT, por proposta do Ministro de Estado do Trabalho e Emprego, estabelecer os procedimentos necessários ao recebimento do benefício previsto no *caput* deste artigo, observados os respectivos limites de comprometimento dos recursos do FAT, ficando vedado ao mesmo trabalhador o recebimento do benefício, em circunstâncias similares, nos doze meses seguintes à percepção da última parcela.

•• § 2.º acrescentado pela Lei n. 10.608, de 20-12-2002.

Art. 3.º Terá direito à percepção do seguro-desemprego o trabalhador dispensado sem justa causa que comprove:

I – ter recebido salários de pessoa jurídica ou de pessoa física a ela equiparada, relativos a:

•• Inciso I com redação determinada pela Lei n. 13.134, de 16-6-2015.

a) pelo menos 12 (doze) meses nos últimos 18 (dezoito) meses imediatamente anteriores à data de dispensa, quando da primeira solicitação;

•• Alínea *a* acrescentada pela Lei n. 13.134, de 16-6-2015.

b) pelo menos 9 (nove) meses nos últimos 12 (doze) meses imediatamente anteriores à data de dispensa, quando da segunda solicitação; e

•• Alínea *b* acrescentada pela Lei n. 13.134, de 16-6-2015.

c) cada um dos 6 (seis) meses imediatamente anteriores à data de dispensa, quando das demais solicitações;

•• Alínea *c* acrescentada pela Lei n. 13.134, de 16-6-2015.

II – (*Revogado pela Lei n. 13.134, de 16-6-2015.*)

III – não estar em gozo de qualquer benefício previdenciário de prestação continuada, previsto no Regulamento dos Benefícios da Previdência Social, excetuado o auxílio-acidente e o auxílio suplementar previstos na Lei n. 6.367, de 19 de outubro de 1976, bem como o abono de permanência em serviço previsto na Lei n. 5.890, de 8 de junho de 1973;

IV – não estar em gozo do auxílio-desemprego; e

V – não possuir renda própria de qualquer natureza suficiente à sua manutenção e de sua família;

VI – matrícula e frequência, quando aplicável, nos termos do regulamento, em curso de formação inicial e continuada ou de qualificação profissional habilitado pelo Ministério da Educação, nos termos do art. 18 da Lei n. 12.513, de 26 de outubro de 2011, ofertado por meio da Bolsa-Formação Trabalhador concedida no âmbito do Programa Nacional de Acesso ao Ensino Técnico e Emprego (Pronatec), instituído pela Lei n. 12.513, de 26 de outubro de 2011, ou de vagas gratuitas na rede de educação profissional e tecnológica.

•• Inciso VI acrescentado pela Lei n. 13.134, de 16-6-2015.

§ 1.º A União poderá condicionar o recebimento da assistência financeira do Programa de Seguro-Desemprego à comprovação da matrícula e da frequência do trabalhador segurado em curso de formação inicial e continuada ou qualificação profissional, com carga horária mínima de 160 (cento e sessenta) horas.

•• § 1.º acrescentado pela Lei n. 12.513, de 26-10-2011.

•• O Decreto n. 7.721, de 16-4-2012, regulamenta o condicionamento do recebimento do Seguro-Desemprego previsto neste parágrafo.

§ 2.º O Poder Executivo regulamentará os critérios e requisitos para a concessão da assistência financeira do Programa de Seguro-Desemprego nos casos previstos no § 1.º, considerando a disponibilidade de bolsas-formação no âmbito do Pronatec ou de vagas gratuitas na rede de educação profissional e tecnológica para o cumprimento da condicionalidade pelos respectivos beneficiários.

•• § 2.º acrescentado pela Lei n. 12.513, de 26-10-2011.

§ 3.º A oferta de bolsa para formação dos trabalhadores de que trata este artigo considerará, entre outros critérios, a capacidade de oferta, a reincidência no recebimento do benefício, o nível de escolaridade e a faixa etária do trabalhador.

•• § 3.º acrescentado pela Lei n. 12.513, de 26-10-2011.

Art. 3.º-A. A periodicidade, os valores, o cálculo do número de parcelas e os demais procedimentos operacionais de pagamento da bolsa de qualificação profissional, nos termos do art. 2.º-A desta Lei, bem como os pré-requisitos para habilitação serão os mesmos adotados em relação ao benefício do Seguro-Desemprego, exceto quanto à dispensa sem justa causa.

•• Artigo acrescentado pela Medida Provisória n. 2.164-41, de 24-8-2001.

Art. 4.º O benefício do seguro-desemprego será concedido ao trabalhador desempregado, por período máximo variável de 3 (três) a 5 (cinco) meses, de forma contínua ou alternada, a cada período aquisitivo, contados da data de dispensa que deu origem à última habilitação, cuja duração será definida pelo Conselho Deliberativo do Fundo de Amparo ao Trabalhador (Codefat).

•• *Caput* com redação determinada pela Lei n. 13.134, de 16-6-2015.

§ 1.º O benefício do seguro-desemprego poderá ser retomado a cada novo período aquisitivo, satisfeitas as condições arroladas nos incisos I, III, IV e V do *caput* do art. 3.º.

•• § 1.º acrescentado pela Lei n. 13.134, de 16-6-2015.

§ 2.º A determinação do período máximo mencionado no *caput* observará a seguinte relação entre o número de parcelas mensais do benefício do seguro-desemprego e o tempo de serviço do trabalhador nos 36 (trinta e seis) meses que antecederem a data de dispensa que originou o requerimento do seguro-desemprego, vedado o cômputo de vínculos empregatícios utilizados em períodos aquisitivos anteriores:

•• § 2.º, *caput*, acrescentado pela Lei n. 13.134, de 16-6-2015.

I – para a primeira solicitação:

•• Inciso I, *caput*, acrescentado pela Lei n. 13.134, de 16-6-2015.

a) 4 (quatro) parcelas, se o trabalhador comprovar vínculo empregatício com pessoa jurídica ou pessoa física a ela equiparada de, no mínimo, 12 (doze) meses e, no máximo, 23 (vinte e três) meses, no período de referência; ou

•• Alínea *a* acrescentada pela Lei n. 13.134, de 16-6-2015.

b) 5 (cinco) parcelas, se o trabalhador comprovar vínculo empregatício com pessoa jurídica ou pessoa física a ela equiparada de, no mínimo, 24 (vinte e quatro) meses, no período de referência;

•• Alínea *b* acrescentada pela Lei n. 13.134, de 16-6-2015.

II – para a segunda solicitação:

•• Inciso II, *caput*, acrescentado pela Lei n. 13.134, de 16-6-2015.

a) 3 (três) parcelas, se o trabalhador comprovar vínculo empregatício com pessoa jurídica ou pessoa física a ela equiparada de, no mínimo, 9 (nove) meses e, no máximo, 11 (onze) meses, no período de referência;

•• Alínea *a* acrescentada pela Lei n. 13.134, de 16-6-2015.

b) 4 (quatro) parcelas, se o trabalhador comprovar vínculo empregatício com pessoa jurídica ou pessoa física a ela equiparada de, no mínimo, 12 (doze) meses e, no máximo, 23 (vinte e três) meses, no período de referência; ou

•• Alínea *b* acrescentada pela Lei n. 13.134, de 16-6-2015.

c) 5 (cinco) parcelas, se o trabalhador comprovar vínculo empregatício com pessoa jurídica ou pessoa física a ela equiparada de, no mínimo, 24 (vinte e quatro) meses, no período de referência;

•• Alínea *c* acrescentada pela Lei n. 13.134, de 16-6-2015.

III – a partir da terceira solicitação:

•• Inciso III, *caput*, acrescentado pela Lei n. 13.134, de 16-6-2015.

a) 3 (três) parcelas, se o trabalhador comprovar vínculo empregatício com pessoa jurídica ou pessoa física a ela equiparada de, no mínimo, 6 (seis) meses e, no máximo, 11 (onze) meses, no período de referência;

•• Alínea *a* acrescentada pela Lei n. 13.134, de 16-6-2015.

b) 4 (quatro) parcelas, se o trabalhador comprovar vínculo empregatício com pessoa jurídica ou pessoa física a ela equiparada de, no mínimo, 12 (doze) meses e, no máximo, 23 (vinte e três) meses, no período de referência; ou

•• Alínea *b* acrescentada pela Lei n. 13.134, de 16-6-2015.

c) 5 (cinco) parcelas, se o trabalhador comprovar vínculo empregatício com pessoa jurídica ou pessoa física a ela equiparada de, no mínimo, 24 (vinte e quatro) meses, no período de referência.

•• Alínea *c* acrescentada pela Lei n. 13.134, de 16-6-2015.

§ 3.º A fração igual ou superior a 15 (quinze) dias de trabalho será havida como mês integral para os efeitos do § 2.º.

•• § 3.º acrescentado pela Lei n. 13.134, de 16-6-2015.

§ 4.º Nos casos em que o cálculo da parcela do seguro-desemprego resultar em valores decimais, o valor a ser pago deverá ser arredondado para a unidade inteira imediatamente superior.

•• § 4.º acrescentado pela Lei n. 13.134, de 16-6-2015.

§ 5.º O período máximo de que trata o *caput* poderá ser excepcionalmente prolongado por até 2 (dois) meses, para grupos específicos de segurados, a critério do Codefat, desde que o gasto adicional representado por esse prolongamento não ultrapasse, em cada semestre, 10% (dez por cento) do montante da reserva mínima de liquidez de que trata o § 2.º do art. 9.º da Lei n. 8.019, de 11 de abril de 1990.

•• § 5.º acrescentado pela Lei n. 13.134, de 16-6-2015.

§ 6.º Na hipótese de prolongamento do período máximo de percepção do benefício do seguro-desemprego, o Codefat observará, entre outras variáveis, a evolução geográfica e setorial das taxas de desemprego no País e o tempo médio de desemprego de grupos específicos de trabalhadores.

•• § 6.º acrescentado pela Lei n. 13.134, de 16-6-2015.

§ 7.º O Codefat observará as estatísticas do mercado de trabalho, inclusive o tempo médio de permanência no emprego, por setor, e recomendará ao Ministro de Estado do Trabalho e Emprego a adoção de políticas públicas que julgar adequadas à mitigação da alta rotatividade no emprego.

•• § 7.º acrescentado pela Lei n. 13.134, de 16-6-2015.

Art. 4.º-A. (*Vetado*.)

•• Artigo acrescentado pela Lei n. 13.134, de 16-6-2015.

•• A Lei n. 13.183, de 4-11-2015, propôs o acréscimo do art. 4.º-B, todavia teve seu texto vetado.

Art. 5.º O valor do benefício será fixado em Bônus do Tesouro Nacional – BTN, devendo ser calculado segundo 3 (três) faixas salariais, observados os seguintes critérios:

• A Resolução n. 707, de 10-1-2013, do Conselho Deliberativo do Fundo de Amparo ao Trabalhador – CODEFAT, dispõe sobre o reajuste anual do valor do benefício seguro-desemprego.

I – até 300 (trezentos) BTN, multiplicar-se-á o salário médio dos últimos 3 (três) meses pelo fator 0,8 (oito décimos);

II – de 300 (trezentos) a 500 (quinhentos) BTN aplicar-se-á, até o limite do inciso anterior, a regra nele contida e, no que exceder, o fator 0,5 (cinco décimos);

III – acima de 500 (quinhentos) BTN, o valor do benefício será igual a 340 (trezentos e quarenta) BTN.

§ 1.º Para fins de apuração do benefício, será considerada a média dos salários dos últimos 3 (três) meses anteriores à dispensa, devidamente convertidos em BTN pelo valor vigente nos respectivos meses trabalhados.

§ 2.º O valor do benefício não poderá ser inferior ao valor do salário mínimo.

§ 3.º No pagamento dos benefícios, considerar-se-á:

I – o valor do BTN ou do salário mínimo do mês imediatamente anterior, para benefícios colocados à disposição do beneficiário até o dia 10 (dez) do mês;

II – o valor do BTN ou do salário mínimo do próprio mês, para benefícios colocados à disposição do beneficiário após o dia 10 (dez) do mês.

Art. 6.º O seguro-desemprego é direito pessoal e intransferível do trabalhador, podendo ser requerido a partir do sétimo dia subsequente à rescisão do contrato de trabalho.

Art. 7.º O pagamento do benefício do seguro-desemprego será suspenso nas seguintes situações:

I – admissão do trabalhador em novo emprego;

II – início de percepção de benefício de prestação continuada da Previdência Social, exceto o auxílio-acidente, o auxílio suplementar e o abono de permanência em serviço;

III – início de percepção de auxílio-desemprego;

IV – recusa injustificada por parte do trabalhador desempregado em participar de ações de recolocação de emprego, conforme regulamentação do Codefat.

•• Inciso IV acrescentado pela Lei n. 13.134, de 16-6-2015.

Art. 7.º-A. O pagamento da bolsa de qualificação profissional será suspenso se ocorrer a rescisão do contrato de trabalho.

•• Artigo acrescentado pela Medida Provisória n. 2.164-41, de 24-8-2001.

Art. 8.º O benefício do seguro-desemprego será cancelado:

•• *Caput* com redação determinada Lei n. 12.513, de 26-10-2011.

I – pela recusa por parte do trabalhador desempregado de outro emprego condizente com sua qualificação registrada ou declarada e com sua remuneração anterior;

•• Inciso I com redação determinada pela Lei n. 12.513, de 26-10-2011.

II – por comprovação de falsidade na prestação das informações necessárias à habilitação;

•• Inciso II com redação determinada pela Lei n. 12.513, de 26-10-2011.

III – por comprovação de fraude visando à percepção indevida do benefício do seguro-desemprego; ou

•• Inciso III com redação determinada pela Lei n. 12.513, de 26-10-2011.

IV – por morte do segurado.

•• Inciso IV com redação determinada pela Lei n. 12.513, de 26-10-2011.

§ 1.º Nos casos previstos nos incisos I a III deste artigo, será suspenso por um período de 2 (dois) anos, ressalvado o prazo de carência, o direito do trabalhador à percepção do seguro-desemprego, dobrando-se este período em caso de reincidência.

•• § 1.º acrescentado pela Lei n. 12.513, de 26-10-2011.

§ 2.º O benefício poderá ser cancelado na hipótese de o beneficiário deixar de cumprir a condicionalidade de que trata o § 1.º do art. 3.º desta Lei, na forma do regulamento.

•• § 2.º acrescentado pela Lei n. 12.513, de 26-10-2011.

Art. 8.º-A. O benefício da bolsa de qualificação profissional será cancelado nas seguintes situações:

I – fim da suspensão contratual e retorno ao trabalho;

II – por comprovação de falsidade na prestação das informações necessárias à habilitação;

III – por comprovação de fraude visando à percepção indevida da bolsa de qualificação profissional;

IV – por morte do beneficiário.

•• Artigo acrescentado pela Medida Provisória n. 2.164-41, de 24-8-2001.

Art. 8.º-B. Na hipótese prevista no § 5.º do art. 476-A da Consolidação das Leis do Trabalho – CLT, as parcelas da bolsa de qualificação profissional que o empregado tiver recebido serão descontadas das parcelas do benefício do Seguro-Desemprego a que fizer jus, sendo-lhe garantido, no mínimo, o recebimento de uma parcela do Seguro-Desemprego.

•• Artigo acrescentado pela Medida Provisória n. 2.164-41, de 24-8-2001.

Art. 8.º-C. Para efeito de habilitação ao Seguro-Desemprego, desconsiderar-se-á o período de suspensão contratual de que trata o art. 476-A da CLT, para o cálculo dos períodos de que tratam os incisos I e II do art. 3.º desta Lei.

•• Artigo acrescentado pela Medida Provisória n. 2.164-41, de 24-8-2001.

DO ABONO SALARIAL

Art. 9.º É assegurado o recebimento de abono salarial anual, no valor máximo de 1 (um) salário mínimo vigente na data do respectivo pagamento, aos empregados que:

•• *Caput* com redação determinada pela Lei n. 13.134, de 16-6-2015.

I – tenham percebido, de empregadores que contribuem para o Programa de Integração Social – PIS ou para o Programa de Formação do Patrimônio do Servidor Público – PASEP, até 2 (dois) salários mínimos médios de remuneração mensal no período trabalhado e que tenham exercido atividade remunerada pelo menos durante 30 (trinta) dias no ano-base;

•• A Lei n. 13.134, de 16-6-2015, propôs nova redação para este inciso, porém teve o texto vetado.

II – estejam cadastrados há pelo menos 5 (cinco) anos no Fundo de Participação PIS-PASEP ou no Cadastro Nacional do Trabalhador.

§ 1.º No caso de beneficiários integrantes do Fundo de Participação PIS-Pasep, serão computados no valor do abono salarial os rendimentos proporcionados pelas respectivas contas individuais.

•• § 1.º renumerado pela Lei n. 13.134, de 16-6-2015.

§ 2.º O valor do abono salarial anual de que trata o *caput* será calculado na proporção de 1/12 (um doze avos) do valor do salário mínimo vigente na data do respectivo pagamento, multiplicado pelo número de meses trabalhados no ano correspondente.

•• § 2.º acrescentado pela Lei n. 13.134, de 16-6-2015.

§ 3.º A fração igual ou superior a 15 (quinze) dias de trabalho será contada como mês integral para os efeitos do § 2.º deste artigo.

•• § 3.º acrescentado pela Lei n. 13.134, de 16-6-2015.

§ 4.º O valor do abono salarial será emitido em unidades inteiras de moeda corrente, com a suplementação das partes decimais até a unidade inteira imediatamente superior.

•• § 4.º acrescentado pela Lei n. 13.134, de 16-6-2015.

Art. 9.º-A. O abono será pago pelo Banco do Brasil S.A. e pela Caixa Econômica Federal mediante:

•• *Caput* acrescentado pela Lei n. 13.134, de 16-6-2015.

I – depósito em nome do trabalhador;

•• Inciso I acrescentado pela Lei n. 13.134, de 16-6-2015.

II – saque em espécie; ou

•• Inciso II acrescentado pela Lei n. 13.134, de 16-6-2015.

III – folha de salários.

•• Inciso III acrescentado pela Lei n. 13.134, de 16-6-2015.

§ 1.º Ao Banco do Brasil S.A. caberá o pagamento aos servidores e empregados dos contribuintes mencionados no art. 14 do Decreto-lei n. 2.052, de 3 de agosto de 1983, e à Caixa Econômica Federal, aos empregados dos contribuintes a que se refere o art. 15 desse Decreto-lei.

•• § 1.º acrescentado pela Lei n. 13.134, de 16-6-2015.

§ 2.º As instituições financeiras pagadoras manterão em seu poder, à disposição das autoridades fazendárias, por processo que possibilite sua imediata recuperação, os comprovantes de pagamentos efetuados.

•• § 2.º acrescentado pela Lei n. 13.134, de 16-6-2015.

DO FUNDO DE AMPARO AO TRABALHADOR

Art. 10. É instituído o Fundo de Amparo ao Trabalhador (FAT), vinculado ao Ministério do Trabalho e Emprego, destinado ao custeio do Programa de Seguro-Desemprego, ao pagamento do abono salarial e ao financiamento de programas de educação profissional e tecnológica e de desenvolvimento econômico.

•• *Caput* com redação determinada pela Lei n. 12.513, de 26-10-2011.

• A Lei n. 8.019, de 11-4-1990, dispõe sobre o Fundo de Amparo ao Trabalhador – FAT.

Parágrafo único. O FAT é um fundo contábil, de natureza financeira, subordinando-se, no que couber, à legislação vigente.

Art. 11. Constituem recursos do FAT:

I – o produto da arrecadação das contribuições devidas ao PIS e ao PASEP;

II – o produto dos encargos devidos pelos contribuintes, em decorrência da inobservância de suas obrigações;

III – a correção monetária e os juros devidos pelo agente aplicador dos recursos do Fundo, bem como pelos agentes pagadores, incidentes sobre o saldo dos repasses recebidos;

IV – o produto da arrecadação da contribuição adicional pelo índice de rotatividade, de que trata o § 4.º do art. 239 da Constituição Federal;

V – outros recursos que lhe sejam destinados.

• O art. 7.º da Lei n. 10.209, de 23-3-2001, que institui o vale-pedágio obrigatório sobre o transporte rodoviário de carga, dispõe: "Caso o Ministério do Trabalho e Emprego venha a exercer, por delegação e descentralização, as atividades inerentes à ANTT, os valores arrecadados, decorrentes das multas por ele aplicadas, constituirão receita adicional do Fundo de Amparo ao Trabalhador – FAT, de que trata a Lei n. 7.998, de 11-1-1990".

Arts. 12 a 14. (*Vetados*.)

Art. 15. Compete aos Bancos Oficiais Federais o pagamento das despesas relativas ao Programa do Seguro-Desemprego e ao Abono Salarial conforme normas a serem definidas pelos gestores do FAT.

Parágrafo único. Sobre o saldo de recursos não desembolsados, os agentes pagadores remunerarão o FAT, no mínimo com correção monetária.

Arts. 16 e 17. (*Revogados pela Lei n. 8.019, de 11-4-1990.*)

GESTÃO

Art. 18. É instituído o Conselho Deliberativo do Fundo de Amparo ao Trabalhador – CODEFAT, composto por representação de trabalhadores, empregadores e órgãos e entidades governamentais, na forma estabelecida pelo Poder Executivo.

•• *Caput* com redação determinada pela Medida Provisória n. 2.216-37, de 31-8-2001.

• O Decreto n. 9.116, de 4-8-2017, dispõe sobre a composição do Conselho Deliberativo do Fundo de Amparo ao Trabalhador – CODEFAT.

§§ 1.º e 2.º (*Revogados pela Medida Provisória n. 2.216-37, de 31-8-2001.*)

§ 3.º Os representantes dos trabalhadores serão indicados pelas centrais sindicais e confederações de trabalhadores; e os representantes dos empregadores, pelas respectivas confederações.

§ 4.º Compete ao Ministro do Trabalho a nomeação dos membros do CODEFAT.

§ 5.º (*Revogado pela Medida Provisória n. 2.216-37, de 31-8-2001.*)

§ 6.º Pela atividade exercida no CODEFAT seus membros não serão remunerados.

Art. 19. Compete ao CODEFAT gerir o FAT e deliberar sobre as seguintes matérias:

I – (*Vetado*);

II – aprovar e acompanhar a execução do Plano de Trabalho Anual do Programa do Seguro-Desemprego e do Abono Salarial e os respectivos orçamentos;

III – deliberar sobre a prestação de contas e os relatórios de execução orçamentária e financeira do FAT;

IV – elaborar a proposta orçamentária do FAT, bem como suas alterações;

V – propor o aperfeiçoamento da legislação relativa ao Seguro-Desemprego e ao Abono Salarial e regulamentar os dispositivos desta Lei no âmbito de sua competência;

VI – decidir sobre sua própria organização, elaborando seu regimento interno;

•• Regimento Interno do Conselho Deliberativo do Fundo de Amparo ao Trabalhador: Resolução n. 596, de 27-5-2009.

VII – analisar relatórios do agente aplicador quanto à forma, prazo e natureza dos investimentos realizados;

VIII – fiscalizar a administração do Fundo, podendo solicitar informações sobre contratos celebrados ou em vias de celebração e quaisquer outros atos;

IX – definir indexadores sucedâneos no caso de extinção ou alteração daqueles referidos nesta Lei;

X – baixar instruções necessárias à devolução de parcelas do benefício do seguro-desemprego, indevidamente recebidas;

XI – propor alteração das alíquotas referentes às contribuições a que alude o art. 239 da Constituição Federal, com vistas a assegurar a viabilidade econômico-financeira do FAT;

XII e XIII – (*Vetados*.)

XIV – fixar prazos para processamento e envio ao trabalhador da requisição do benefício do seguro-desemprego, em função das possibilidades técnicas existentes, estabelecendo-se como objetivo o prazo de 30 (trinta) dias;

XV e XVI – (*Vetados*.)

XVII – deliberar sobre outros assuntos de interesses do FAT.

Art. 19-A. O Codefat poderá priorizar projetos das entidades integrantes do Sistema Nacional de Atendimento Socioeducativo (Sinase) desde que:

•• *Caput* acrescentado pela Lei n. 12.594, de 18-1-2012.

I – o ente federado de vinculação da entidade que solicita o recurso possua o respectivo Plano de Atendimento Socioeducativo aprovado;

•• Inciso I acrescentado pela Lei n. 12.594, de 18-1-2012.

II – as entidades governamentais e não governamentais integrantes do Sinase que solicitem recursos tenham se submetido à avaliação nacional do atendimento socioeducativo.

•• Inciso II acrescentado pela Lei n. 12.594, de 18-1-2012.

Art. 20. A Secretaria-Executiva do Conselho Deliberativo será exercida pelo Ministério do Trabalho, e a ela caberão as tarefas técnico-administrativas relativas ao seguro-desemprego e ao abono salarial.

Art. 21. As despesas com a implantação, administração e operação do Programa do Seguro-Desemprego e de Abono Salarial, exceto as de pessoal, correrão por conta do FAT.

Art. 22. Os recursos do FAT integrarão o orçamento da seguridade social na forma da legislação pertinente.

DA FISCALIZAÇÃO E PENALIDADES

Art. 23. Compete ao Ministério do Trabalho a fiscalização do cumprimento do Programa de Seguro-Desemprego e do Abono Salarial.

Art. 24. Os trabalhadores e empregadores prestarão as informações necessárias, bem como atenderão às exigências para a concessão do seguro-desemprego e o pagamento do abono salarial, nos termos e prazos fixados pelo Ministério do Trabalho.

•• A Resolução n. 736, de 8-10-2014, do CODEFAT, torna obrigatório aos empregadores o uso do aplicativo Empregador Web no Portal Mais Emprego para preenchimento de requerimento de Seguro-Desemprego e de Comunicação de Dispensa ao Ministério do Trabalho e Emprego.

Art. 25. O empregador que infringir os dispositivos desta Lei estará sujeito a multas de 400 (quatrocentos) a 40.000 (quarenta mil) BTN, segundo a natureza da infração, sua extensão e a intenção do infrator, a serem aplicadas em dobro, no caso de reincidência, oposição à fiscalização ou desacato à autoridade.

•• As multas variáveis a que se refere este artigo serão calculadas em conformidade com os critérios previstos na Portaria n. 290, de 11-4-1997, constante desta obra.

• A Portaria n. 193, de 23-11-2006, do MTE, fixa parâmetros para a gradação da multa administrativa variável prevista neste artigo.

§ 1.º Serão competentes para impor as penalidades as Delegacias Regionais do Trabalho, nos termos do Título VII da Consolidação das Leis do Trabalho – CLT.

§ 2.º Além das penalidades administrativas já referidas, os responsáveis por meios fraudulentos na habilitação ou na percepção do seguro-desemprego serão punidos civil e criminalmente, nos termos desta Lei.

Art. 25-A. O trabalhador que infringir o disposto nesta Lei e houver percebido indevidamente parcela de seguro-desemprego sujeitar-se-á à compensação automática do débito com o novo benefício, na forma e no percentual definidos por resolução do Codefat.

•• *Caput* acrescentado pela Lei n. 13.134, de 16-6-2015.

§ 1.º O ato administrativo de compensação automática poderá ser objeto de impugnação, no prazo de 10 (dez) dias, pelo trabalhador, por meio de requerimento de revisão simples, o qual seguirá o rito prescrito pela Lei n. 9.784, de 29 de janeiro de 1999.

•• § 1.º acrescentado pela Lei n. 13.134, de 16-6-2015.

§ 2.º A restituição de valor devido pelo trabalhador de que trata o *caput* deste artigo será realizada mediante compensação do saldo de valores nas datas de liberação de cada parcela ou pagamento com Guia de Recolhimento da União (GRU), conforme regulamentação do Codefat.

•• § 2.º acrescentado pela Lei n. 13.134, de 16-6-2015.

DAS DISPOSIÇÕES FINAIS E TRANSITÓRIAS

Art. 26. (*Vetado*.)

Art. 27. A primeira investidura do CODEFAT dar-se-á no prazo de 30 (trinta) dias da publicação desta Lei.

Art. 28. No prazo de 30 (trinta) dias, as contribuições ao PIS e ao PASEP, arrecadadas a partir de 5 de outubro de

1988 e não utilizadas nas finalidades previstas no art. 239 da Constituição Federal serão recolhidas como receita do FAT.

•• *Caput* com redação determinada pela Lei n. 8.019, de 11-4-1990.

Parágrafo único. (*Vetado*.)

Art. 29. (*Revogado pela Lei n. 8.019, de 11-4-1990*.)

Art. 30. O Poder Executivo regulamentará esta Lei no prazo de 90 (noventa) dias e apresentará projeto de lei regulamentando a contribuição adicional pelo índice de rotatividade, de que trata o § 4.º do art. 239 da Constituição Federal, no prazo de 180 (cento e oitenta) dias.

Art. 31. Esta Lei entra em vigor na data de sua publicação.

Art. 32. Revogam-se as disposições em contrário.

Brasília, em 11 de janeiro de 1990; 169.º da Independência e 102.º da República.

José Sarney

LEI N. 8.036,

DE 11 DE MAIO DE 1990 (*)

Dispõe sobre o Fundo de Garantia do Tempo de Serviço e dá outras providências.

O Presidente da República,

Faço saber que o Congresso Nacional decreta e eu sanciono a seguinte lei:

Art. 1.º O Fundo de Garantia do Tempo de Serviço – FGTS, instituído pela Lei n. 5.107, de 13 de setembro de 1966, passa a reger-se por esta Lei.

Art. 2.º O FGTS é constituído pelos saldos das contas vinculadas a que se refere esta Lei e outros recursos a ele incorporados, devendo ser aplicados com atualização monetária e juros, de modo a assegurar a cobertura de suas obrigações.

§ 1.º Constituem recursos incorporados ao FGTS, nos termos do *caput* deste artigo:

a) eventuais saldos apurados nos termos do art. 12, § 4.º;

b) dotações orçamentárias específicas;

c) resultados das aplicações dos recursos do FGTS;

d) multas, correção monetária e juros moratórios devidos;

e) demais receitas patrimoniais e financeiras.

§ 2.º As contas vinculadas em nome dos trabalhadores são absolutamente impenhoráveis.

(*) Publicada no *DOU*, de 14-5-1990, e retificada em 15-9-1990. O Decreto n. 99.684, de 8-11-1990, consolida as normas regulamentares do FGTS. A Lei n. 8.406, de 9-1-1992, dispõe sobre a publicação de informações relativas ao FGTS pelo Ministério do Trabalho e Previdência Social e pela Caixa Econômica Federal. A Lei n. 10.208, de 23-3-2001, e a Lei Complementar n. 150, de 1.º-6-2015, facultam o acesso ao FGTS e ao seguro-desemprego ao empregado doméstico. *Vide* Lei Complementar n. 110, de 29-6-2001. A Resolução n. 116, de 5-2-2003, do INSS, aprovou o Manual de Orientação da GFIP para Usuários do Sistema Empresa de Recolhimento do FGTS e Informações à Previdência Social – SEFIP. *Vide* Súmula 82 do STJ.

Art. 3.º O FGTS será regido por normas e diretrizes estabelecidas por um Conselho Curador, composto por representação de trabalhadores, empregadores e órgãos e entidades governamentais, na forma estabelecida pelo Poder Executivo.

•• *Caput* com redação determinada pela Medida Provisória n. 2.216-37, de 31-8-2001.

• O Decreto n. 9.116, de 4-8-2017, dispõe sobre a composição do Conselho Deliberativo do Fundo de Amparo ao Trabalhador – CODEFAT.

§ 1.º A Presidência do Conselho Curador será exercida pelo representante do Ministério do Trabalho e da Previdência Social.

§ 2.º (*Revogado pela Medida Provisória n. 2.216-37, de 31-8-2001*.)

§ 3.º Os representantes dos trabalhadores e dos empregadores e seus respectivos suplentes serão indicados pelas respectivas centrais sindicais e confederações nacionais e nomeados pelo Ministro do Trabalho e da Previdência Social, e terão mandato de 2 (dois) anos, podendo ser reconduzidos uma única vez.

§ 4.º O Conselho Curador reunir-se-á ordinariamente, a cada bimestre, por convocação de seu Presidente. Esgotado esse período, não tendo ocorrido convocação, qualquer de seus membros poderá fazê-la, no prazo de 15 (quinze) dias. Havendo necessidade, qualquer membro poderá convocar reunião extraordinária, na forma que vier a ser regulamentada pelo Conselho Curador.

§ 5.º As decisões do Conselho serão tomadas com a presença da maioria simples de seus membros, tendo o Presidente voto de qualidade.

•• § 5.º com redação determinada pela Medida Provisória n. 2.216-37, de 31-8-2001.

§ 6.º As despesas porventura exigidas para o comparecimento às reuniões do Conselho constituirão ônus das respectivas entidades representadas.

§ 7.º As ausências ao trabalho dos representantes dos trabalhadores no Conselho Curador, decorrentes das atividades desse órgão, serão abonadas, computando-se como jornada efetivamente trabalhada para todos os fins e efeitos legais.

§ 8.º Competirá ao Ministério do Trabalho e da Previdência Social proporcionar ao Conselho Curador os meios necessários ao exercício de sua competência, para o que contará com uma Secretaria Executiva do Conselho Curador do FGTS.

§ 9.º Aos membros do Conselho Curador, enquanto representantes dos trabalhadores, efetivos e suplentes, é assegurada a estabilidade no emprego, da nomeação até 1 (um) ano após o término do mandato de representação, somente podendo ser demitidos por motivo de falta grave, regularmente comprovada através de processo sindical.

Art. 4.º A gestão da aplicação do FGTS será efetuada pelo Ministério da Ação Social, cabendo à Caixa Econômica Federal – CEF o papel de Agente Operador.

Art. 5.º Ao Conselho Curador do FGTS compete:

I – estabelecer as diretrizes e os programas de alocação de todos os recursos do FGTS, de acordo com os critérios definidos nesta Lei, em consonância com a política nacional de desenvolvimento urbano e as políticas setoriais de habitação popular, saneamento básico e infraestrutura urbana estabelecidas pelo Governo Federal;

II – acompanhar e avaliar a gestão econômica e financeira dos recursos, bem como os ganhos sociais e o desempenho dos programas aprovados;

III – apreciar e aprovar os programas anuais e plurianuais do FGTS;

IV – pronunciar-se sobre as contas do FGTS, antes do seu encaminhamento aos órgãos de controle interno para os fins legais;

V – adotar as providências cabíveis para a correção de atos e fatos do Ministério da Ação Social e da Caixa Econômica Federal, que prejudiquem o desempenho e o cumprimento das finalidades no que concerne aos recursos do FGTS;

VI – dirimir dúvidas quanto à aplicação das normas regulamentares, relativas ao FGTS, nas matérias de sua competência;

VII – aprovar seu regimento interno;

VIII – fixar as normas e valores de remuneração do Agente Operador e dos Agentes Financeiros;

IX – fixar critérios para parcelamento de recolhimentos em atraso;

• A Resolução n. 765, de 9-12-2014, do Conselho Curador do FGTS, estabelece normas para o parcelamento de débito de contribuições devidas ao FGTS.

X – fixar critério e valor de remuneração para o exercício da fiscalização;

XI – divulgar, no *Diário Oficial da União*, todas as decisões proferidas pelo Conselho, bem como as contas do FGTS e os respectivos pareceres emitidos;

XII – fixar critérios e condições para compensação entre créditos do empregador, decorrentes de depósitos relativos a trabalhadores não optantes, com contratos extintos, e débitos resultantes de competências em atraso, inclusive aqueles que forem objeto de composição de dívida com o FGTS;

•• Inciso XII acrescentado pela Lei n. 9.711, de 20-11-1998.

XIII – em relação ao Fundo de Investimento do Fundo de Garantia do Tempo de Serviço – FI-FGTS:

•• Inciso XIII, *caput*, acrescentado pela Lei n. 11.491, de 20-6-2007.

• A Instrução CVM n. 462, de 26-11-2007, dispõe sobre o Fundo de Investimento do FGTS.

a) aprovar a política de investimento do FI-FGTS, por proposta do Comitê de Investimento;

•• Alínea *a* acrescentada pela Lei n. 11.491, de 20-6-2007.

b) decidir sobre o reinvestimento ou distribuição dos resultados positivos aos cotistas do FI-FGTS, em cada exercício;

•• Alínea *b* acrescentada pela Lei n. 11.491, de 20-6-2007.

c) definir a forma de deliberação, de funcionamento e a composição do Comitê de Investimento;

•• Alínea *c* acrescentada pela Lei n. 11.491, de 20-6-2007.

d) estabelecer o valor da remuneração da Caixa Econômica Federal pela administração e gestão FI-FGTS, inclusive a taxa de risco;

•• Alínea *d* acrescentada pela Lei n. 11.491, de 20-6-2007.

e) definir a exposição máxima de risco dos investimentos do FI-FGTS;

•• Alínea *e* acrescentada pela Lei n. 11.491, de 20-6-2007.

f) estabelecer o limite máximo de participação dos recursos do FI-FGTS por setor, por empreendimento e por classe de ativo, observados os requisitos técnicos aplicáveis;

•• Alínea *f* acrescentada pela Lei n. 11.491, de 20-6-2007.

g) estabelecer o prazo mínimo de resgate das cotas e de retorno dos recursos à conta vinculada, observado o disposto no § 19 do art. 20 desta Lei;

•• Alínea *g* acrescentada pela Lei n. 11.491, de 20-6-2007.

h) aprovar o regulamento do FI-FGTS, elaborado pela Caixa Econômica Federal; e

•• Alínea *h* acrescentada pela Lei n. 11.491, de 20-6-2007.

i) autorizar a integralização de cotas do FI-FGTS pelos trabalhadores, estabelecendo previamente os limites globais e individuais, parâmetros e condições de aplicação e resgate;

•• Alínea *i* acrescentada pela Lei n. 11.491, de 20-6-2007.

XIV – autorizar e definir as condições financeiras e contratuais a serem observadas na aplicação de recursos do FGTS em instrumentos de dívida emitidos pela Caixa Econômica Federal, observado o disposto em lei especial e em atos editados pelo Conselho Monetário Nacional.

•• Inciso XIV acrescentado pela Lei n. 13.590, de 4-1-2018.

Art. 6.º Ao Ministério das Cidades, na qualidade de gestor da aplicação do FGTS, compete:

•• *Caput* com redação determinada pela Medida Provisória n. 859, de 26-11-2018. O texto anterior dizia: "Art. 6.º Ao Ministério da Ação Social, na qualidade de gestor da aplicação do FGTS, compete:".

I – praticar todos os atos necessários à gestão da aplicação do Fundo, de acordo com as diretrizes e programas estabelecidos pelo Conselho Curador;

II – expedir atos normativos relativos à alocação dos recursos para implementação dos programas aprovados pelo Conselho Curador;

III – elaborar orçamentos anuais e planos plurianuais de aplicação dos recursos, discriminando-os por Unidade da Federação, submetendo-os até 31 de julho ao Conselho Curador do Fundo;

IV – acompanhar a execução dos programas de habitação popular, saneamento básico e infraestrutura urbana, decorrentes de aplicação de recursos do FGTS, implementados pela CEF;

V – submeter à apreciação do Conselho Curador as contas do FGTS;

VI – subsidiar o Conselho Curador com estudos técnicos necessários ao aprimoramento operacional dos programas de habitação popular, saneamento básico e infraestrutura urbana;

VII – definir as metas a serem alcançadas nos programas de habitação popular, saneamento básico e infraestrutura urbana.

Art. 6.º-A. Caberá ao Ministério da Saúde regulamentar, acompanhar a execução, subsidiar o Conselho Curador com estudos técnicos necessários ao seu aprimoramento operacional e definir as metas a serem alcançadas nas operações de crédito destinadas às entidades hospitalares filantrópicas e sem fins lucrativos que participem de forma complementar do Sistema Único de Saúde.

•• Artigo acrescentado pela Medida Provisória n. 859, de 26-11-2018.

Art. 7.º À Caixa Econômica Federal, na qualidade de Agente Operador, cabe:

• *Vide* Súmula 249 do STJ.

I – centralizar os recursos do FGTS, manter e controlar as contas vinculadas, e emitir regularmente os extratos individuais correspondentes às contas vinculadas e participar da rede arrecadadora dos recursos do FGTS;

II – expedir atos normativos referentes aos procedimentos administrativo-operacionais dos bancos depositários, dos agentes financeiros, dos empregadores e dos trabalhadores, integrantes do sistema do FGTS;

III – definir os procedimentos operacionais necessários à execução dos programas de habitação popular, saneamento básico e infraestrutura urbana, estabelecidos pelo Conselho Curador com base nas normas e diretrizes de aplicação elaboradas pelo Ministério da Ação Social;

IV – elaborar as análises jurídica e econômico-financeira dos projetos de habitação popular, infraestrutura urbana e saneamento básico a serem financiados com recursos do FGTS;

V – emitir Certificado de Regularidade do FGTS;

VI – elaborar as contas do FGTS, encaminhando-as ao Ministério da Ação Social;

VII – implementar os atos emanados do Ministério da Ação Social relativos à alocação e aplicação dos recursos do FGTS, de acordo com as diretrizes estabelecidas pelo Conselho Curador;

•• A Lei n. 11.491, de 20-6-2007, estabelece em seu art. 1.º: "Fica criado o Fundo de Investimento do Fundo de Garantia do Tempo de Serviço – FI-FGTS, caracterizado pela aplicação de recursos do FGTS, destinado a investimentos em empreendimentos dos setores de energia, rodovia, ferrovia, hidrovia, porto e saneamento, de acordo com as diretrizes, critérios e condições que dispuser o Conselho Curador do FGTS. § 1.º O FI-FGTS terá patrimônio próprio, segregado do patrimônio do FGTS, e será disciplinado por instrução da CVM. § 2.º A administração e a gestão do FI-FGTS serão da Caixa Econômica Federal, na qualidade de Agente Operador do FGTS, cabendo ao Comitê de Investimento – CI, a ser constituído pelo Conselho Curador do FGTS, a aprovação dos investimentos. § 3.º Na hipótese de extinção do FI-FGTS, o seu patrimônio total será distribuído aos cotistas na proporção de suas participações, observado o disposto no inciso VII do *caput* do art. 7.º e no § 8.º do art. 20, ambos da Lei n. 8.036, de 11-5-1990, com a redação dada por esta Lei".

VIII – (*Vetado*.)

•• Inciso VIII acrescentado pela Lei n. 9.491, de 9-9-1997.

IX – garantir aos recursos alocados ao FI-FGTS, em cotas de titularidade do FGTS, a remuneração aplicável às cotas vinculadas, na forma do *caput* do art. 13 desta Lei.

•• Inciso IX acrescentado pela Lei n. 11.491, de 20-6-2007.

•• Mantivemos a redação oficial deste inciso, porém entendemos que o correto é "contas vinculadas" onde se lê "cotas vinculadas".

• A Resolução n. 633, de 4-5-2010, regulamenta a operacionalização da garantia de rentabilidade mínima dos recursos aplicados no FI-FGTS, em cotas de titularidade do FGTS, na forma prevista neste inciso.

Parágrafo único. O Ministério da Ação Social e a Caixa Econômica Federal deverão dar pleno cumprimento aos programas anuais em andamento, aprovados pelo Conselho Curador, sendo que eventuais alterações somente poderão ser processadas mediante prévia anuência daquele colegiado.

Art. 8.º O Ministério da Ação Social, a Caixa Econômica Federal e o Conselho Curador do FGTS serão responsáveis pelo fiel cumprimento e observância dos critérios estabelecidos nesta Lei.

•• Ministério da Ação Social: atualmente Ministério do Desenvolvimento Social. *Vide* Nota dos Organizadores.

Art. 9.º As aplicações com recursos do FGTS poderão ser realizadas diretamente pela Caixa Econômica Federal e pelos demais órgãos integrantes do Sistema Financeiro da Habitação – SFH, exclusivamente segundo critérios fixados pelo Conselho Curador do FGTS, em operações que preencham os seguintes requisitos:

•• *Caput* com redação determinada pela Lei n. 10.931, de 2-8-2004.

• A Resolução n. 381, de 12-3-2002, do Conselho Curador do FGTS, autoriza os agentes financeiros a utilizarem, além das garantias nominadas neste artigo, o fundo de aval, o fundo garantidor, o aval solidário e a caução de depósito em moeda corrente junto à instituição bancária no Brasil, desde que não resulte em fragilização da segurança das operações.

I – garantias:

•• Inciso I, *caput*, com redação determinada pela Lei n. 9.467, de 10-7-1997.

a) hipotecária;

•• Alínea *a* com redação determinada pela Lei n. 9.467, de 10-7-1997.

b) caução de créditos hipotecários próprios, relativos a financiamentos concedidos com recursos do Agente Financeiro;

•• Alínea *b* com redação determinada pela Lei n. 9.467, de 10-7-1997.

c) caução dos créditos hipotecários vinculados aos imóveis objeto de financiamento;

•• Alínea *c* com redação determinada pela Lei n. 9.467, de 10-7-1997.

d) hipoteca sobre outros imóveis de propriedade do Agente Financeiro, desde que livres e desembaraçados de quaisquer ônus;

•• Alínea *d* com redação determinada pela Lei n. 9.467, de 10-7-1997.

e) cessão de créditos do agente financeiro, derivados de financiamentos concedidos com recursos próprios, garantidos por penhor ou hipoteca;

•• Alínea *e* com redação determinada pela Lei n. 9.467, de 10-7-1997.

f) hipoteca sobre imóvel de propriedade de terceiros;

•• Alínea *f* com redação determinada pela Lei n. 9.467, de 10-7-1997.

g) seguro de crédito;

•• Alínea *g* com redação determinada pela Lei n. 9.467, de 10-7-1997.

h) garantia real ou vinculação de receitas, inclusive tarifárias, nas aplicações contratadas com pessoa jurídica de direito público ou de direito privado a ela vinculada;

•• Alínea *h* com redação determinada pela Lei n. 9.467, de 10-7-1997.

i) aval em nota promissória;

•• Alínea *i* com redação determinada pela Lei n. 9.467, de 10-7-1997.

j) fiança pessoal;

•• Alínea *j* com redação determinada pela Lei n. 9.467, de 10-7-1997.

l) alienação fiduciária de bens móveis em garantia;

•• Alínea *l* com redação determinada pela Lei n. 9.467, de 10-7-1997.

m) fiança bancária;

•• Alínea *m* com redação determinada pela Lei n. 9.467, de 10-7-1997.

n) consignação de recebíveis, exclusivamente para operações de crédito destinadas às entidades hospitalares filantrópicas, bem como a instituições que atuam no campo para pessoas com deficiência, e sem fins lucrativos que participem de forma complementar do Sistema Único de Saúde (SUS), em percentual máximo a ser definido pelo Ministério da Saúde; e

•• Alínea *n* com redação determinada pela Lei n. 13.778, de 26-12-2018.

o) outras, a critério do Conselho Curador do FGTS;

•• Alínea *o* acrescentada pela Lei n. 13.778, de 26-12-2018.

II – correção monetária igual à das contas vinculadas;

• *Vide* art. 4.º, parágrafo único, da Lei Complementar n. 110, de 29-6-2001.

III – taxa de juros média mínima, por projeto, de 3% (três por cento) ao ano;

IV – prazo máximo de 30 (trinta) anos.

•• Inciso IV com redação determinada pela Lei n. 8.692, de 28-7-1993.

§ 1.º A rentabilidade média das aplicações deverá ser suficiente à cobertura de todos os custos incorridos pelo Fundo e ainda à formação de reserva técnica para o atendimento de gastos eventuais não previstos, sendo da Caixa Econômica Federal o risco de crédito.

§ 2.º Os recursos do FGTS deverão ser aplicados em habitação, em saneamento básico, em infraestrutura urbana e em operações de crédito destinadas às entidades hospitalares filantrópicas, bem como a instituições que atuam no campo para pessoas com deficiência, e sem fins lucrativos que participem de forma complementar do SUS, desde que as disponibilidades financeiras sejam mantidas em volume que satisfaça as condições de liquidez e de remuneração mínima necessária à preservação do poder aquisitivo da moeda.

•• § 2.º com redação determinada pela Lei n. 13.778, de 26-12-2018.

§ 3.º O programa de aplicações deverá destinar:

•• § 3.º, *caput*, com redação determinada pela Lei n. 13.778, de 26-12-2018.

I – no mínimo, 60% (sessenta por cento) para investimentos em habitação popular; e,

•• Inciso I acrescentado pela Lei n. 13.778, de 26-12-2018.

II – 5% (cinco por cento) para operações de crédito destinadas às entidades hospitalares filantrópicas, bem como a instituições que atuam no campo para pessoas com deficiência, e sem fins lucrativos que participem de forma complementar do SUS.

•• Inciso II acrescentado pela Lei n. 13.778, de 26-12-2018.

§ 3.º-A. Os recursos previstos no inciso II do § 3.º deste artigo não utilizados pelas entidades hospitalares filantrópicas, bem como pelas instituições que atuam no campo para pessoas com deficiência, e sem fins lucrativos que participem de forma complementar do SUS poderão ser destinados a aplicações em habitação, em saneamento básico e em infraestrutura urbana.

•• § 3.º-A acrescentado pela Lei n. 13.778, de 26-12-2018.

§ 4.º Os projetos de saneamento básico e infraestrutura urbana, financiados com recursos do FGTS, deverão ser complementares aos programas habitacionais.

§ 5.º As garantias, nas diversas modalidades discriminadas no inciso I do *caput* deste artigo, serão admitidas singular ou supletivamente, considerada a suficiência de cobertura para os empréstimos e financiamentos concedidos.

•• § 5.º com redação determinada pela Lei n. 9.467, de 10-7-1997.

§ 6.º Mantida a rentabilidade média de que trata o § 1.º, as aplicações em habitação popular poderão contemplar sistemática de desconto, direcionada em função da renda familiar do beneficiário, onde o valor do benefício seja concedido mediante redução no valor das prestações a serem pagas pelo mutuário ou pagamento de parte da aquisição ou construção de imóvel, dentre outras, a critério do Conselho Curador do FGTS.

•• § 6.º acrescentado pela Medida Provisória n. 2.197-43, de 24-8-2001.

§ 7.º Os recursos necessários para a consecução da sistemática de desconto serão destacados, anualmente, do orçamento de aplicação de recursos do FGTS, constituindo reserva específica, com contabilização própria.

•• § 7.º acrescentado pela Medida Provisória n. 2.197-43, de 24-8-2001.

§ 8.º É da União o risco de crédito nas aplicações efetuadas até 1.º de junho de 2001 pelos demais órgãos integrantes do Sistema Financeiro da Habitação – SFH e pelas entidades credenciadas pelo Banco Central do Brasil como agentes financeiros, sub-rogando-se nas garantias prestadas à Caixa Econômica Federal.

•• § 8.º acrescentado pela Medida Provisória n. 2.196-3, de 24-8-2001.

§ 9.º A Caixa Econômica Federal, o Banco do Brasil S.A. e o Banco Nacional de Desenvolvimento Econômico e Social (BNDES) poderão atuar como agentes financeiros autorizados para aplicação dos recursos do FGTS em operações de crédito destinadas às entidades hospitalares filantrópicas, bem como a instituições que atuam no campo para pessoas com deficiência, e sem fins lucrativos que participem de forma complementar do SUS.

•• § 9.º acrescentado pela Lei n. 13.778, de 26-12-2018.

§ 10. Nas operações de crédito destinadas às entidades hospitalares filantrópicas, bem como a instituições que atuam no campo para pessoas com deficiência, e sem fins lucrativos que participem de forma complementar do SUS, serão observadas as seguintes condições:

•• § 10, *caput*, acrescentado pela Lei n. 13.778, de 26-12-2018.

I – a taxa de juros efetiva não será superior àquela cobrada para o financiamento habitacional na modalidade pró-cotista ou a outra que venha a substituí-la;

•• Inciso I acrescentado pela Lei n. 13.778, de 26-12-2018.

II – a tarifa operacional única não será superior a 0,5% (cinco décimos por cento) do valor da operação; e

•• Inciso II acrescentado pela Lei n. 13.778, de 26-12-2018.

III – o risco das operações de crédito ficará a cargo dos agentes financeiros de que trata o § 9.º deste artigo.

•• Inciso III acrescentado pela Lei n. 13.778, de 26-12-2018.

§ 11. As entidades hospitalares filantrópicas, bem como as instituições que atuam no campo para pessoas com deficiência, e sem fins lucrativos que participem de forma complementar do SUS deverão, para contratar operações de crédito com recursos do FGTS, atender ao disposto nos incisos II e III do *caput* do art. 4.º da Lei n. 12.101, de 27 de novembro de 2009.

•• § 11 acrescentado pela Lei n. 13.778, de 26-12-2018.

Art. 9.º-A. O risco das operações de crédito de que trata o § 10 do art. 9.º ficará a cargo dos agentes financeiros de que trata o § 9.º do art. 9.º, hipótese em que o Conselho Curador poderá definir o percentual da taxa de risco, limitado a três por cento, a ser acrescido à taxa de juros de que trata o inciso I do § 10 do art. 9.º.

•• Artigo acrescentado pela Medida Provisória n. 859, de 26-11-2018.

Art. 9.º-B. As garantias de que trata o inciso I do *caput* do art. 9.º podem ser exigidas isolada ou cumulativamente.

•• Artigo acrescentado pela Medida Provisória n. 859, de 26-11-2018.

Art. 9.º-C. As aplicações do FGTS em operações de crédito destinadas às entidades hospitalares filantrópicas e sem fins lucrativos que participem de forma complementar do SUS ocorrerão até o final do exercício de 2022.

•• Artigo acrescentado pela Medida Provisória n. 859, de 26-11-2018.

Art. 10. O Conselho Curador fixará diretrizes e estabelecerá critérios técnicos para as aplicações dos recursos do FGTS, visando a:

I – exigir a participação dos contratantes de financiamentos nos investimentos a serem realizados;

II – assegurar o cumprimento, por parte dos contratantes inadimplentes, das obrigações decorrentes dos financiamentos obtidos;

III – evitar distorções na aplicação entre as regiões do País, considerando para tanto a demanda habitacional, a população e outros indicadores sociais.

Art. 11. Os depósitos feitos na rede bancária, a partir de 1.º de outubro de 1989, relativos ao FGTS, serão transferidos à Caixa Econômica Federal no segundo dia útil subsequente à data em que tenham sido efetuados.

Art. 12. No prazo de 1 (um) ano, a contar da promulgação desta Lei, a Caixa Econômica Federal assumirá o controle de todas as contas vinculadas, nos termos do item I do art. 7.º, passando os demais estabelecimentos bancários, findo esse prazo, à condição de agentes recebedores e pagadores do FGTS, mediante recebimento de tarifa, a ser fixada pelo Conselho Curador.

§ 1.º Enquanto não ocorrer a centralização prevista no *caput* deste artigo, o depósito efetuado no decorrer do mês será contabilizado no saldo da conta vinculada do trabalhador, no primeiro dia útil do mês subsequente.

§ 2.º Até que a Caixa Econômica Federal implemente as disposições do *caput* deste artigo, as contas vinculadas continuarão sendo abertas em estabelecimento bancário escolhido pelo empregador, dentre os para tanto autorizados pelo Banco Central do Brasil, em nome do trabalhador.

§ 3.º Verificando-se mudança de emprego, até que venha a ser implementada a centralização prevista no *caput* deste artigo, a conta vinculada será transferida para o estabelecimento bancário da escolha do novo empregador.

§ 4.º Os resultados financeiros auferidos pela Caixa Econômica Federal no período entre o repasse dos bancos e o depósito nas contas vinculadas dos trabalhadores destinar-se-ão à cobertura das despesas de administração do FGTS e ao pagamento da tarifa aos bancos depositários, devendo os eventuais saldos ser incorporados ao patrimônio do Fundo nos termos do art. 2.º, § 1.º.

§ 5.º Após a centralização das contas vinculadas, na Caixa Econômica Federal, o depósito realizado no prazo regulamentar passa a integrar o saldo da conta vinculada do trabalhador a partir do dia 10 (dez) do mês de sua ocorrência. O depósito realizado fora do prazo será contabilizado no saldo no dia 10 (dez) subsequente, após atualização monetária e capitalização de juros.

Art. 13. Os depósitos efetuados nas contas vinculadas serão corrigidos monetariamente com base nos parâmetros fixados para atualização dos saldos dos depósitos de poupança e capitalizarão juros de 3% (três por cento) ao ano.

• *Vide* art. 2.º, § 1.º, do Decreto n. 3.914, de 11-9-2001.

§ 1.º Até que ocorra a centralização prevista no item I do art. 7.º, a atualização monetária e a capitalização de juros correrão à conta do Fundo e o respectivo crédito será efetuado na conta vinculada no primeiro dia útil de cada mês, com base no saldo existente no primeiro dia útil do mês anterior, deduzidos os saques ocorridos no período.

§ 2.º Após a centralização das contas vinculadas, na Caixa Econômica Federal, a atualização monetária e a capitalização de juros correrão à conta do Fundo e o respectivo crédito será efetuado na conta vinculada, no dia 10 (dez) de cada mês, com base no saldo existente no dia 10 (dez) do mês anterior ou no primeiro dia útil subsequente, caso o dia 10 (dez) seja feriado bancário, deduzidos os saques ocorridos no período.

§ 3.º Para as contas vinculadas dos trabalhadores optantes existentes à data de 22 de setembro de 1971, a capitalização dos juros dos depósitos continuará a ser feita na seguinte progressão, salvo no caso de mudança de empresa, quando a capitalização dos juros passará a ser feita à taxa de 3% (três por cento) ao ano:

I – 3% (três por cento), durante os dois primeiros anos de permanência na mesma empresa;

II – 4% (quatro por cento), do terceiro ao quinto ano de permanência na mesma empresa;

III – 5% (cinco por cento), do sexto ao décimo ano de permanência na mesma empresa;

IV – 6% (seis por cento), a partir do décimo primeiro ano de permanência na mesma empresa.

§ 4.º O saldo das contas vinculadas é garantido pelo Governo Federal, podendo ser instituído seguro especial para esse fim.

§ 5.º O Conselho Curador autorizará a distribuição de parte do resultado positivo auferido pelo FGTS, mediante crédito nas contas vinculadas de titularidade dos trabalhadores, observadas as seguintes condições, entre outras a seu critério:

•• § 5.º, *caput*, acrescentado pela Lei n. 13.446, de 25-5-2017.

I – a distribuição alcançará todas as contas vinculadas que apresentarem saldo positivo em 31 de dezembro do exercício base do resultado auferido, inclusive as contas vinculadas de que trata o art. 21 desta Lei;

•• Inciso I acrescentado pela Lei n. 13.446, de 25-5-2017.

II – a distribuição será proporcional ao saldo de cada conta vinculada em 31 de dezembro do exercício base e deverá ocorrer até 31 de agosto do ano seguinte ao exercício de apuração do resultado; e

•• Inciso II acrescentado pela Lei n. 13.446, de 25-5-2017.

III – a distribuição do resultado auferido será de 50% (cinquenta por cento) do resultado do exercício.

•• Inciso III acrescentado pela Lei n. 13.446, de 25-5-2017.

§ 6.º O valor de distribuição do resultado auferido será calculado posteriormente ao valor desembolsado com o desconto realizado no âmbito do Programa Minha Casa, Minha Vida (PMCMV), de que trata a Lei n. 11.977, de 7 de julho de 2009.

•• § 6.º acrescentado pela Lei n. 13.446, de 25-5-2017.

§ 7.º O valor creditado nas contas vinculadas a título de distribuição de resultado, acrescido de juros e atualização monetária, não integrará a base de cálculo do depósito da multa rescisória de que tratam os §§ 1.º e 2.º do art. 18 desta Lei.

•• § 7.º acrescentado pela Lei n. 13.446, de 25-5-2017.

Art. 14. Fica ressalvado o direito adquirido dos trabalhadores que, à data da promulgação da Constituição Federal de 1988, já tinham o direito à estabilidade no emprego nos termos do Capítulo V do Título IV da CLT.

§ 1.º O tempo do trabalhador não optante do FGTS, anterior a 5 de outubro de 1988, em caso de rescisão sem justa causa pelo empregador, reger-se-á pelos dispositivos constantes dos arts. 477, 478 e 497 da CLT.

§ 2.º O tempo de serviço anterior à atual Constituição poderá ser transacionado entre empregador e empregado, respeitado o limite mínimo de 60% (sessenta por cento) da indenização prevista.

§ 3.º É facultado ao empregador desobrigar-se da responsabilidade da indenização relativa ao tempo de serviço anterior à opção, depositando na conta vinculada do trabalhador, até o último dia útil do mês previsto em lei para o pagamento de salário, o valor correspondente à indenização, aplicando-se ao depósito, no que couber, todas as disposições desta Lei.

§ 4.º Os trabalhadores poderão a qualquer momento optar pelo FGTS com efeito retroativo a 1.º de janeiro de 1967 ou à data de sua admissão, quando posterior àquela.

Art. 15. Para os fins previstos nesta Lei, todos os empregadores ficam obrigados a depositar, até o dia 7 (sete) de cada mês, em conta bancária vinculada, a importância correspondente a 8% (oito por cento) da remuneração paga ou devida, no mês anterior, a cada trabalhador, incluídas na remuneração as parcelas de que tratam os arts. 457 e 458 da CLT e a gratificação de Natal a que se refere a Lei n. 4.090, de 13 de julho de 1962, com as modificações da Lei n. 4.749, de 12 de agosto de 1965.

• *Vide* Portaria n. 1.061, de 1.º-11-1996.

• *Vide* arts. 2.º da Lei Complementar n. 110, de 29-6-2001, e 3.º, § 2.º, do Decreto n. 3.914, de 11-9-2001.

• A Circular n. 265, de 14-10-2002, da Caixa Econômica Federal, disciplina procedimentos de regularização de débitos dos empregadores relativos ao FGTS, registrados na Caixa, e institui a Guia de Regularização de Débitos do FGTS – GRDE.

§ 1.º Entende-se por empregador a pessoa física ou a pessoa jurídica de direito privado ou de direito público, da administração pública direta, indireta ou fundacional de qualquer dos Poderes, da União, dos Estados, do Distrito Federal e dos Municípios, que admitir trabalhadores a seu serviço, bem assim aquele que, regido por legislação especial, encontrar-se nessa condição ou figurar como fornecedor ou tomador de mão de obra, independente da responsabilidade solidária e/ou subsidiária a que eventualmente venha obrigar-se.

§ 2.º Considera-se trabalhador toda pessoa física que prestar serviços a empregador, a locador ou tomador de mão de obra, excluídos os eventuais, os autônomos e os servidores públicos civis e militares sujeitos a regime jurídico próprio.

§ 3.º Os trabalhadores domésticos poderão ter acesso ao regime do FGTS, na forma que vier a ser prevista em lei.

§ 4.º Considera-se remuneração as retiradas de diretores não empregados, quando haja deliberação da empresa, garantindo-lhes os direitos decorrentes do contrato de trabalho de que trata o art. 16.

•• § 4.º acrescentado pela Lei n. 9.711, de 20-11-1998.

§ 5.º O depósito de que trata o *caput* deste artigo é obrigatório nos casos de afastamento para prestação do serviço militar obrigatório e licença por acidente do trabalho.

•• § 5.º acrescentado pela Lei n. 9.711, de 20-11-1998.

§ 6.º Não se incluem na remuneração, para os fins desta Lei, as parcelas elencadas no § 9.º do art. 28 da Lei n. 8.212, de 24 de julho de 1991.

•• § 6.º acrescentado pela Lei n. 9.711, de 20-11-1998.

§ 7.º Os contratos de aprendizagem terão a alíquota a que se refere o *caput* deste artigo reduzida para 2% (dois por cento).

•• § 7.º acrescentado pela Lei n. 10.097, de 19-12-2000.

Art. 16. Para efeito desta Lei, as empresas sujeitas ao regime da legislação trabalhista poderão equiparar seus diretores não empregados aos demais trabalhadores sujeitos ao regime do FGTS. Considera-se diretor aquele que exerça cargo de administração previsto em lei, estatuto ou contrato social, independente da denominação do cargo.

Art. 17. Os empregadores se obrigam a comunicar mensalmente aos trabalhadores os valores recolhidos ao FGTS e repassar-lhes todas as informações sobre suas contas vinculadas recebidas da Caixa Econômica Federal ou dos bancos depositários.

Art. 18. Ocorrendo rescisão do contrato de trabalho, por parte do empregador, ficará este obrigado a depositar na conta vinculada do trabalhador no FGTS os valores relativos aos depósitos referentes ao mês da rescisão e ao imediatamente anterior, que ainda não houver sido recolhido, sem prejuízo das cominações legais.

•• *Caput* com redação determinada pela Lei n. 9.491, de 9-9-1997.

• *Vide* Portaria n. 60, de 4-2-1999, do MTE.

• A Circular n. 196, de 5-7-2000, da CEF, dispõe sobre a sistemática de ajuste de valores recolhidos na Guia de Recolhimento Rescisório do FGTS e Informações à Previdência Social – GRFP.

• A Resolução n. 339, de 26-4-2000, do Conselho Curador do FGTS, dispõe sobre sistemática de ajuste para valores recolhidos a menor na Guia de recolhimento rescisório do FGTS e informações à Previdência Social – GRFP.

§ 1.º Na hipótese de despedida pelo empregador sem justa causa, depositará este, na conta vinculada do trabalhador no FGTS, importância igual a 40% (quarenta por cento) do montante de todos os depósitos realizados na conta vinculada durante a vigência do contrato de trabalho, atualizados monetariamente e acrescidos dos respectivos juros.

•• § 1.º com redação determinada pela Lei n. 9.491, de 9-9-1997.

• *Vide* art. 11, parágrafo único, da Portaria n. 329, de 14-8-2002, do MTE, que estabelece procedimentos para a instalação e o funcionamento das Comissões de Conciliação Prévia e Núcleos Intersindicais de Conciliação Trabalhista.

• *Vide* art. 2.º, § 2.º, do Decreto n. 3.913, de 11-9-2001.

§ 2.º Quando ocorrer despedida por culpa recíproca ou força maior, reconhecida pela Justiça do Trabalho, o percentual de que trata o § 1.º será de 20% (vinte por cento).

§ 3.º As importâncias de que trata este artigo deverão constar da documentação comprobatória do recolhimento dos valores devidos a título de rescisão do contrato de trabalho, observado o disposto no art. 477 da CLT, eximindo o empregador, exclusivamente, quanto aos valores discriminados.

•• § 3.º com redação determinada pela Lei n. 9.491, de 9-9-1997.

Art. 19. No caso de extinção do contrato de trabalho prevista no art. 14 desta Lei, serão observados os seguintes critérios:

I – havendo indenização a ser paga, o empregador, mediante comprovação do pagamento daquela, poderá sacar o saldo dos valores por ele depositados na conta individualizada do trabalhador;

II – não havendo indenização a ser paga, ou decorrido o prazo prescricional para a reclamação de direitos por parte do trabalhador, o empregador poderá levantar em seu favor o saldo da respectiva conta individualizada, mediante comprovação perante o órgão competente do Ministério do Trabalho e da Previdência Social.

• *Vide* Súmula 210 do STJ.

• A Portaria n. 366, de 16-9-2002, do MTE, aprova normas para autorizar o saque do FGTS de contas vinculadas, em nome de empregadores, individualizadas por empregados na condição de não optantes, quando não há indenização a ser paga ou decorrido o prazo prescricional para a reclamação de direitos por parte do trabalhador.

Art. 19-A. **É devido o depósito do FGTS na conta vinculada do trabalhador cujo contrato de trabalho seja declarado nulo nas hipóteses previstas no art. 37, § 2.º, da Constituição Federal, quando mantido o direito ao salário.**

•• *Caput* acrescentado pela Medida Provisória n. 2.164-41, de 24-8-2001.

•• *Vide* Súmula 466 do STJ.

•• *Vide* OJ 362 da SDI-1.

Parágrafo único. **O saldo existente em conta vinculada, oriundo de contrato declarado nulo até 28 de julho de 2001, nas condições do *caput*, que não tenha sido levantado até essa data, será liberado ao trabalhador a partir do mês de agosto de 2002.**

•• Parágrafo único acrescentado pela Medida Provisória n. 2.164-41, de 24-8-2001.

Art. 20. A conta vinculada do trabalhador no FGTS poderá ser movimentada nas seguintes situações:

• *Vide* Súmula 82 do STJ.

• *Vide* arts. 8.º da Lei Complementar n. 110, de 29-6-2001, 6.º do Decreto n. 3.913, de 11-9-2001, e 1.º, § 1.º, da Lei n. 10.555, de 13-11-2002.

I – despedida sem justa causa, inclusive a indireta, de culpa recíproca e de força maior;

•• Inciso I com redação determinada pela Medida Provisória n. 2.197-43, de 24-8-2001.

•• *Vide* Súmula 466 do STJ.

I-A – extinção do contrato de trabalho prevista no art. 484-A da Consolidação das Leis do Trabalho (CLT), aprovada pelo Decreto-lei n. 5.452, de 1.º de maio de 1943;

•• Inciso I-A acrescentado pela Lei n. 13.467, de 13-7-2017.

II – extinção total da empresa, fechamento de quaisquer de seus estabelecimentos, filiais ou agências, supressão de parte de suas atividades, declaração de nulidade do contrato de trabalho nas condições do art. 19-A, ou ainda falecimento do empregador individual sempre que qualquer dessas ocorrências implique rescisão de contrato de trabalho, comprovada por declaração escrita da empresa, suprida, quando for o caso, por decisão judicial transitada em julgado;

•• Inciso II com redação determinada pela Medida Provisória n. 2.164-41, de 24-8-2001.

III – aposentadoria concedida pela Previdência Social;

IV – falecimento do trabalhador, sendo o saldo pago a seus dependentes, para esse fim habilitados perante a Previdência Social, segundo o critério adotado para a concessão de pensões por morte. Na falta de dependentes, farão jus ao recebimento do saldo da conta vinculada os seus sucessores previstos na lei civil, indicados em alvará judicial, expedido a requerimento do interessado, independente de inventário ou arrolamento;

V – pagamento de parte das prestações decorrentes de financiamento habitacional concedido no âmbito do Sistema Financeiro da Habitação – SFH, desde que:

• A Lei n. 8.692, de 28-7-1993, define planos de reajustamento dos encargos mensais e dos saldos devedores nos contratos de financiamentos habitacionais no âmbito do Sistema Financeiro da Habitação.

• A Circular n. 295, de 19-9-2003, da Caixa Econômica Federal – CEF, dispõe sobre a utilização do FGTS, em caráter excepcional, no pagamento de prestações em atraso, para contratos de financiamentos concedidos no âmbito do SFH.

a) o mutuário conte com o mínimo de 3 (três) anos de trabalho sob o regime do FGTS, na mesma empresa ou em empresas diferentes;

b) o valor bloqueado seja utilizado, no mínimo, durante o prazo de 12 (doze) meses;

c) o valor do abatimento atinja, no máximo, 80% (oitenta por cento) do montante da prestação;

VI – liquidação ou amortização extraordinária do saldo devedor de financiamento imobiliário, observadas as condições estabelecidas pelo Conselho Curador, dentre elas a de que o financiamento seja concedido no âmbito do SFH e haja interstício mínimo de 2 (dois) anos para cada movimentação;

VII – pagamento total ou parcial do preço de aquisição de moradia própria, ou lote urbanizado de interesse social não construído, observadas as seguintes condições:

•• Inciso VII, *caput*, com redação determinada pela Lei n. 11.977, de 7-7-2009.

a) o mutuário deverá contar com o mínimo de 3 (três) anos de trabalho sob o regime do FGTS, na mesma empresa ou empresas diferentes;

b) seja a operação financiável nas condições vigentes para o SFH;

• A Resolução n. 380, de 12-3-2002, do Conselho Curador do Fundo de Garantia por Tempo de Serviço – FGTS, estabelece critérios de utilização do saldo da conta vinculada do FGTS na aquisição de moradia própria por intermédio da modalidade de consórcio imobiliário.

VIII – quando o trabalhador permanecer 3 (três) anos ininterruptos, a partir de 1.º de junho de 1990, fora do regime do FGTS, podendo o saque, neste caso, ser efetuado a partir do mês de aniversário do titular da conta;

•• Inciso VIII com redação determinada pela Lei n. 8.678, de 13-7-1993.

IX – extinção normal do contrato a termo, inclusive o dos trabalhadores temporários regidos pela Lei n. 6.019, de 3 de janeiro de 1974;

X – suspensão total do trabalho avulso por período igual ou superior a 90 (noventa) dias, comprovada por declaração do sindicato representativo da categoria profissional;

XI – quando o trabalhador ou qualquer de seus dependentes for acometido de neoplasia maligna;

•• Inciso XI acrescentado pela Lei n. 8.922, de 25-7-1994.

XII – aplicação em quotas de Fundos Mútuos de Privatização, regidos pela Lei n. 6.385, de 7 de dezembro de 1976, permitida a utilização máxima de 50% (cinquenta por cento) do saldo existente e disponível em sua conta vinculada do Fundo de Garantia do Tempo de Serviço, na data em que exercer a opção;

•• Inciso XII acrescentado pela Lei n. 9.491, de 9-9-1997.

• Dispõe o Decreto n. 2.430, de 17-12-1997, em seu art. 1.º: "O Fundo Mútuo de Privatização de que trata o inciso XII do art. 20 da Lei n. 8.036, de 11-5-1990, com a redação determinada pelo art. 31 da Lei n. 9.491, de 9-9-1997 – FMP-FGTS, será constituído sob a forma de condomínio aberto, de que participem exclusivamente pessoas físicas detentoras de contas vinculadas do FGTS, individualmente ou por intermédio de Clubes de Investimento – CI, a ser regulamentado pela CVM, e terá por objeto, nas condições aprovadas pelo Conselho Nacional de Desestatização – CND, a aquisição de valores mobiliários no âmbito do Programa Nacional de Desestatização e Programas Estaduais de Desestatização. § 1.º Os recursos das contas vinculadas do FGTS a que se refere este artigo somente serão transferidos para os FMP-FGTS nas datas das liquidações financeiras e até os montantes adquiridos nas respectivas ofertas públicas e leilões de privatização. § 2.º A participação de pessoas físicas detentoras de contas vinculadas do FGTS e de Clubes de Investimentos, a cada oferta pública, é limitada a um único FMP-FGTS".

XIII – quando o trabalhador ou qualquer de seus dependentes for portador do vírus HIV;

•• Inciso XIII acrescentado pela Medida Provisória n. 2.164-41, de 24-8-2001.

XIV – quando o trabalhador ou qualquer de seus dependentes estiver em estágio terminal, em razão de doença grave, nos termos do regulamento;

•• Inciso XIV acrescentado pela Medida Provisória n. 2.164-41, de 24-8-2001.

XV – quando o trabalhador tiver idade igual ou superior a setenta anos;

•• Inciso XV acrescentado pela Medida Provisória n. 2.164-41, de 24-8-2001.

XVI – necessidade pessoal, cuja urgência e gravidade decorra de desastre natural, conforme disposto em regulamento, observadas as seguintes condições:

a) o trabalhador deverá ser residente em áreas comprovadamente atingidas de Município ou do Distrito Federal em situação de emergência ou em estado de calamidade pública, formalmente reconhecidos pelo Governo Federal;

b) a solicitação de movimentação da conta vinculada será admitida até 90 (noventa) dias após a publicação do ato de reconhecimento, pelo Governo Federal, da situação de emergência ou de estado de calamidade pública; e

c) o valor máximo do saque da conta vinculada será definido na forma do regulamento;

•• Inciso XVI acrescentado pela Lei n. 10.878, de 8-6-2004.

•• O Decreto n. 7.664, de 11-1-2012, limita o valor máximo do saque à quantia de R$ 6.220,00 (seis mil duzentos e vinte reais), por evento caracterizado como desastre natural, desde que o intervalo entre uma movimentação e outra não seja inferior a doze meses.

XVII – integralização de cotas do FI-FGTS, respeitado o disposto na alínea *i* do inciso XIII do art. 5.º desta Lei, permitida a utilização máxima de 30% (trinta por cento) do saldo existente e disponível na data em que exercer a opção;

•• Inciso XVII com redação determinada pela Lei n. 12.087, de 11-11-2009.

XVIII – quando o trabalhador com deficiência, por prescrição, necessite adquirir órtese ou prótese para promoção de acessibilidade e de inclusão social;

•• Inciso XVIII acrescentado pela Lei n. 13.146, de 6-7-2015.

XIX – pagamento total ou parcial do preço de aquisição de imóveis da União inscritos em regime de ocupação ou aforamento, a que se referem o art. 4.º da Lei n. 13.240, de 30 de dezembro de 2015, e o art. 16-A da Lei n. 9.636, de 15 de maio de 1998, respectivamente, observadas as seguintes condições:

•• Inciso XIX, *caput*, acrescentado pela Lei n. 13.465, de 11-7-2017.

a) o mutuário deverá contar com o mínimo de três anos de trabalho sob o regime do FGTS, na mesma empresa ou em empresas diferentes;

•• Alínea *a* acrescentada pela Lei n. 13.465, de 11-7-2017.

b) seja a operação financiável nas condições vigentes para o Sistema Financeiro da Habitação (SFH) ou ainda por intermédio de parcelamento efetuado pela Secretaria do Patrimônio da União (SPU), mediante a contratação da Caixa Econômica Federal como agente financeiro dos contratos de parcelamento;

•• Alínea *b* acrescentada pela Lei n. 13.465, de 11-7-2017.

c) sejam observadas as demais regras e condições estabelecidas para uso do FGTS.

•• Alínea *c* acrescentada pela Lei n. 13.465, de 11-7-2017.

§ 1.º A regulamentação das situações previstas nos incs. I e II assegurará que a retirada a que faz jus o trabalhador corresponda aos depósitos efetuados na conta vinculada durante o período de vigência do último contrato de trabalho, acrescida de juros e atualização monetária, deduzidos os saques.

§ 2.º O Conselho Curador disciplinará o disposto no inc. V, visando a beneficiar os trabalhadores de baixa renda e a preservar o equilíbrio financeiro do FGTS.

§ 3.º O direito de adquirir moradia com recursos do FGTS, pelo trabalhador, só poderá ser exercido para um único imóvel.

• A Circular n. 249, de 15-5-2002, da Caixa Econômica Federal – CEF, estabelece procedimentos operacionais para a utilização de recursos do FGTS na aquisição de moradia própria no âmbito do sistema de consórcios e publica nova versão do "Manual FGTS – Aquisição da Moradia Própria".

§ 4.º O imóvel objeto de utilização do FGTS somente poderá ser objeto de outra transação com recursos do Fundo, na forma que vier a ser regulamentada pelo Conselho Curador.

§ 5.º O pagamento da retirada após o período previsto em regulamento, implicará atualização monetária dos valores devidos.

§ 6.º Os recursos aplicados em quotas de Fundos Mútuos de Privatização, referidos no inciso XII, serão destinados, nas condições aprovadas pelo CND, a aquisições de valores mobiliários, no âmbito do Programa Nacional de Desestatização, de que trata a Lei n. 9.491, de 1997, e de programas estaduais de desestatização, desde que, em ambos os casos, tais destinações sejam aprovadas pelo CND.

•• § 6.º acrescentado pela Lei n. 9.635, de 15-5-1998.

§ 7.º Ressalvadas as alienações decorrentes das hipóteses de que trata o § 8.º, os valores mobiliários a que se refere o parágrafo anterior só poderão ser integralmente vendidos, pelos respectivos Fundos, 6 (seis) meses após a sua aquisição, podendo ser alienada em prazo inferior parcela equivalente a 10% (dez por cento) do valor adquirido, autorizada a livre aplicação do produto dessa alienação, nos termos da Lei n. 6.385, de 7 de dezembro de 1976.

•• § 7.º acrescentado pela Lei n. 9.635, de 15-5-1998.

§ 8.º As aplicações em Fundos Mútuos de Privatização e no FI-FGTS são nominativas, impenhoráveis e, salvo as hipóteses previstas nos incisos I a XI e XIII a XVI do *caput* deste artigo, indisponíveis por seus titulares.

•• § 8.º com redação determinada pela Lei n. 11.491, de 20-6-2007.

•• *Vide* nota ao art. 7.º, VII, desta Lei.

• Dispõe o Decreto n. 2.430, de 17-12-1997, em seu art. 6.º: "Os administradores dos FMP-FGTS e dos CI-FGTS somente poderão efetivar o resgate de quotas solicitadas pelo aplicador nas hipóteses previstas no § 8.º do art. 20 da Lei n. 8.036, de 1990, com a redação determinada pelo art. 31 da Lei n. 9.491, de 1997, e após expressa manifestação do Agente Operador do FGTS".

§ 9.º Decorrido o prazo mínimo de 12 (doze) meses, contados da efetiva transferência das quotas para os Fundos Mútuos de Privatização, os titulares poderão optar pelo retorno para sua conta vinculada no Fundo de Garantia do Tempo de Serviço.

•• § 9.º acrescentado pela Lei n. 9.491, de 9-9-1997.

§ 10. A cada período de 6 (seis) meses, os titulares das aplicações em Fundos Mútuos de Privatização poderão transferi-las para outro fundo de mesma natureza.

•• § 10 acrescentado pela Lei n. 9.491, de 9-9-1997.

§ 11. O montante das aplicações de que trata o § 6.º deste artigo ficará limitado ao valor dos créditos contra o Tesouro Nacional de que seja titular o Fundo de Garantia do Tempo de Serviço.

•• § 11 acrescentado pela Lei n. 9.491, de 9-9-1997.

§ 12. Desde que preservada a participação individual dos quotistas, será permitida a constituição de clubes de investimento, visando a aplicação em quotas de Fundos Mútuos de Privatização.

•• § 12 acrescentado pela Lei n. 9.491, de 9-9-1997.

§ 13. A garantia a que alude o § 4.º do art. 13 desta Lei não compreende as aplicações a que se referem os incisos XII e XVII do *caput* deste artigo.

•• § 13 com redação determinada pela Lei n. 11.491, de 20-6-2007.

§ 14. Ficam isentos do imposto de renda:

•• § 14, *caput*, com redação determinada pela Lei n. 11.491, de 20-6-2007.

I – a parcela dos ganhos nos Fundos Mútuos de Privatização até o limite da remuneração das contas vinculadas de que trata o art. 13 desta Lei, no mesmo período; e

•• Inciso I acrescentado pela Lei n. 11.491, de 20-6-2007.

II – os ganhos do FI-FGTS e do Fundo de Investimento em Cotas – FIC, de que trata o § 19 deste artigo.

•• Inciso II acrescentado pela Lei n. 11.491, de 20-6-2007.

§ 15. A transferência de recursos da conta do titular no Fundo de Garantia do Tempo de Serviço em razão da aquisição de ações, nos termos do inciso XII do *caput* deste artigo, ou de cotas do FI-FGTS não afetará a base de cálculo da multa rescisória de que tratam os §§ 1.º e 2.º do art. 18 desta Lei.

•• § 15 com redação determinada pela Lei n. 11.491, de 20-6-2007.

§ 16. Os clubes de investimento a que se refere o § 12 poderão resgatar, durante os 6 (seis) primeiros meses da sua constituição, parcela equivalente a 5% (cinco por cento) das quotas adquiridas, para atendimento de seus desembolsos, autorizada a livre aplicação do produto dessa venda, nos termos da Lei n. 6.385, de 7 de dezembro de 1976.

•• § 16 acrescentado pela Lei n. 9.635, de 15-5-1998.

§ 17. Fica vedada a movimentação da conta vinculada do FGTS nas modalidades previstas nos incisos V, VI e VII deste artigo, nas operações firmadas, a partir de 25 de junho de 1998, no caso em que o adquirente já seja proprietário ou promitente comprador de imóvel localizado no Município onde resida, bem como no caso em que o adquirente já detenha, em qualquer parte do País, pelo menos um financiamento nas condições do SFH.

•• § 17 acrescentado pela Medida Provisória n. 2.197-43, de 24-8-2001.

§ 18. É indispensável o comparecimento pessoal do titular da conta vinculada para o pagamento da retirada nas hipóteses previstas nos incisos I, II, III, VIII, IX e X deste artigo, salvo em caso de grave moléstia comprovada por perícia médica, quando será paga a procurador especialmente constituído para esse fim.

•• § 18 acrescentado pela Medida Provisória n. 2.197-43, de 24-8-2001.

§ 19. A integralização das cotas previstas no inciso XVII do *caput* deste artigo será realizada por meio de Fundo de Investimento em Cotas – FIC, constituído pela Caixa Econômica Federal especificamente para essa finalidade.

•• § 19 acrescentado pela Lei n. 11.491, de 20-6-2007.

§ 20. A Comissão de Valores Mobiliários estabelecerá os requisitos para a integralização das cotas referidas no § 19 deste artigo, devendo condicioná-la pelo menos ao atendimento das seguintes exigências:

•• § 20, *caput*, acrescentado pela Lei n. 11.491, de 20-6-2007.

I – elaboração e entrega de prospecto ao trabalhador; e

•• Inciso I acrescentado pela Lei n. 11.491, de 20-6-2007.

II – declaração por escrito, individual e específica, pelo trabalhador de sua ciência quanto aos riscos do investimento que está realizando.

•• Inciso II acrescentado pela Lei n. 11.491, de 20-6-2007.

§ 21. As movimentações autorizadas nos incisos V e VI do *caput* serão estendidas aos contratos de participação de grupo de consórcio para aquisição de imóvel residencial, cujo bem já tenha sido adquirido pelo consorciado, na forma a ser regulamentada pelo Conselho Curador do FGTS.

•• § 21 acrescentado pela Lei n. 12.058, de 13-10-2009.

§ 22. Na movimentação das contas vinculadas a contrato de trabalho extinto até 31 de dezembro de 2015, ficam isentas as exigências de que trata o inciso VIII do *caput* deste artigo, podendo o saque, nesta hipótese, ser efetuado segundo cronograma de atendimento estabelecido pelo agente operador do FGTS.

•• § 22 acrescentado pela Lei n. 13.446, de 25-5-2017.

Art. 21. Os saldos das contas não individualizadas e das contas vinculadas que se conservem ininterruptamente sem créditos de depósitos por mais de 5 (cinco) anos, a partir de 1.º de junho de 1990, em razão de o seu titular ter estado fora do regime do FGTS, serão incorporados ao patrimônio do Fundo, resguardado o direito do beneficiário reclamar, a qualquer tempo, a reposição do valor transferido.

•• *Caput* com redação determinada pela Lei n. 8.678, de 13-7-1993.

• A Resolução n. 388, de 27-5-2002, do Conselho Curador do FGTS, determina que toda e qualquer reposição de valores ao FGTS, relativa às contas vinculadas, seja efetuada pelo valor nominal, acrescido de atualização monetária, calculada com base no índice de atualização das contas vinculadas do FGTS e de juros efetivos de 6% ao ano, apurados da data do evento até a data da efetiva devolução dos valores ao FGTS.

Parágrafo único. O valor, quando reclamado, será pago ao trabalhador acrescido da remuneração prevista no § 2.º do art. 13 desta Lei.

•• Parágrafo único acrescentado pela Lei n. 8.678, de 13-7-1993.

Art. 22. O empregador que não realizar os depósitos previstos nesta Lei, no prazo fixado no art. 15, responderá pela incidência da Taxa Referencial – TR sobre a importância correspondente.

•• *Caput* com redação determinada pela Lei n. 9.964, de 10-4-2000.

• *Vide* Súmula 459 do STJ.

• *Vide* arts. 3.º, § 2.º, da Lei Complementar n. 110, de 29-6-2001, e 5.º do Decreto n. 3.914, de 11-9-2001.

§ 1.º Sobre o valor dos depósitos, acrescido da TR, incidirão, ainda, juros de mora de 0,5% (meio por cento) ao mês ou fração e multa, sujeitando-se, também, às obrigações e sanções previstas no Decreto-lei n. 368, de 19 de dezembro de 1968.

•• § 1.º com redação determinada pela Lei n. 9.964, de 10-4-2000.

• *Vide* Instrução Normativa n. 144, de 18-5-2018, que dispõe sobre a fiscalização do FGTS.

§ 2.º A incidência da TR de que trata o *caput* deste artigo será cobrada por dia de atraso, tomando-se por base o índice de atualização das contas vinculadas do FGTS.

•• § 2.º com redação determinada pela Lei n. 9.964, de 10-4-2000.

• *Vide* art. 4.º, parágrafo único, da Lei Complementar n. 110, de 29-6-2001.

§ 2.º-A. A multa referida no § 1.º deste artigo será cobrada nas condições que se seguem:

I – 5% (cinco por cento) no mês de vencimento da obrigação;

II – 10% (dez por cento) a partir do mês seguinte ao do vencimento da obrigação.

•• § 2.º-A acrescentado pela Lei n. 9.964, de 10-4-2000.

§ 3.º Para efeito de levantamento de débito para com o FGTS, o percentual de 8% (oito por cento) incidirá sobre o valor acrescido da TR até a data da respectiva operação.

•• § 3.º acrescentado pela Lei n. 9.964, de 10-4-2000.

Art. 23. Competirá ao Ministério do Trabalho e da Previdência Social a verificação, em nome da Caixa Econômica Federal, do cumprimento do disposto nesta Lei, especialmente quanto à apuração dos débitos e das infrações praticadas pelos empregadores ou tomadores de serviço, notificando-os para efetuarem e comprovarem os depósitos correspondentes e cumprirem as demais determinações legais, podendo, para tanto, contar com o concurso de outros órgãos do Governo Federal, na forma que vier a ser regulamentada.

• *Vide* art. 72 do Decreto n. 99.684, de 8-11-1990.

• *Vide* Lei n. 8.844, de 20-1-1994, sobre a fiscalização, apuração e cobrança judicial das contribuições e multas devidas ao FGTS.

• *Vide* Portaria n. 60, de 4-2-1999, do MTE.

• *Vide* Precedentes Administrativos n. 1 e 74.

§ 1.º Constituem infrações para efeito desta Lei:

• *Vide* Portaria n. 854, de 25-6-2015, do MTE.

I – não depositar mensalmente o percentual referente ao FGTS, bem como os valores previstos no art. 18 desta Lei, nos prazos de que trata o § 6.º do art. 477 da Consolidação das Leis do Trabalho – CLT;

•• Inciso I com redação determinada pela Medida Provisória n. 2.197-43, de 24-8-2001.

II – omitir as informações sobre a conta vinculada do trabalhador;

• A Resolução n. 78, de 9-7-1992, do Conselho Curador do FGTS, assegura ao trabalhador o direito de receber, em seu local de residência ou onde indicar, extrato informativo de sua conta vinculada.

III – apresentar as informações ao Cadastro Nacional do Trabalhador, dos trabalhadores beneficiários, com erros ou omissões;

IV – deixar de computar, para efeito de cálculo dos depósitos do FGTS, parcela componente da remuneração;

V – deixar de efetuar os depósitos e os acréscimos legais, após notificado pela fiscalização.

§ 2.º Pela infração do disposto no § 1.º deste artigo, o infrator estará sujeito às seguintes multas por trabalhador prejudicado:

a) de 2 (dois) a 5 (cinco) BTN, no caso dos incs. II e III;

b) de 10 (dez) a 100 (cem) BTN, no caso dos incs. I, IV e V.

§ 3.º Nos casos de fraude, simulação, artifício, ardil, resistência, embaraço ou desacato à fiscalização, assim como na reincidência, a multa especificada no parágrafo anterior será duplicada, sem prejuízo das demais cominações legais.

• *Vide* art. 3.º, § 3.º, da Lei Complementar n. 110, de 29-6-2001.

§ 4.º Os valores das multas, quando não recolhidas no prazo legal, serão atualizados monetariamente até a data de seu efetivo pagamento, através de sua conversão pelo BTN Fiscal.

§ 5.º O processo de fiscalização, de autuação e de imposição de multas reger-se-á pelo disposto no Título VII da CLT, respeitado o privilégio do FGTS à prescrição trintenária.

• *Vide* Súmula 210 do STJ.

§ 6.º Quando julgado procedente o recurso interposto na forma do Título VII da CLT, os depósitos efetuados para garantia de instância serão restituídos com os valores atualizados na forma da lei.

§ 7.º A rede arrecadadora e a Caixa Econômica Federal deverão prestar ao Ministério do Trabalho e da Previdência Social as informações necessárias à fiscalização.

• *Vide* Instrução Normativa n. 144, de 18-5-2018, que dispõe sobre a fiscalização do FGTS.

Art. 24. Por descumprimento ou inobservância de quaisquer das obrigações que lhe compete como agente arrecadador, pagador e mantenedor do cadastro de contas vinculadas, na forma que vier a ser regulamentada pelo Conselho Curador, fica o banco depositário sujeito ao pagamento de multa equivalente a 10% (dez por cento) do montante da conta do empregado, independentemente das demais cominações legais.

• A Resolução n. 80, de 19-11-1992, do Conselho Curador do FGTS, regulamenta a aplicação da multa prevista neste artigo.

Art. 25. Poderá o próprio trabalhador, seus dependentes e sucessores, ou ainda o Sindicato a que estiver vinculado, acionar diretamente a empresa por intermédio da Justiça do Trabalho, para compeli-la a efetuar o depósito das importâncias devidas nos termos desta Lei.

• *Vide* notas ao art. 23 desta Lei.

Parágrafo único. A Caixa Econômica Federal e o Ministério do Trabalho e da Previdência Social deverão ser notificados da propositura da reclamação.

Art. 26. É competente a Justiça do Trabalho para julgar os dissídios entre os trabalhadores e os empregadores decorrentes da aplicação desta Lei, mesmo quando a Caixa Econômica Federal e o Ministério do Trabalho e da Previdência Social figurarem como litisconsortes.

Parágrafo único. Nas reclamatórias trabalhistas que objetivam o ressarcimento de parcelas relativas ao FGTS, ou que, direta ou indiretamente, impliquem essa obrigação de fazer, o juiz determinará que a empresa sucumbente proceda ao recolhimento imediato das importâncias devidas a tal título.

Art. 27. A apresentação do Certificado de Regularidade do FGTS, fornecido pela Caixa Econômica Federal, é obrigatória nas seguintes situações:

a) habilitação e licitação promovida por órgão da Administração Federal, Estadual e Municipal, Direta, Indireta ou Fundacional ou por entidade controlada direta ou indiretamente pela União, Estado e Município;

b) obtenção, por parte da União, dos Estados ou dos Municípios, ou por órgãos da Administração federal, estadual ou municipal, direta, indireta ou fundacional, ou indiretamente pela União, pelos Estados ou pelos Municípios, de empréstimos ou financiamentos realizados com lastro em recursos públicos ou oriundos do FGTS perante quaisquer instituições de crédito;

•• Alínea *b* com redação determinada pela Lei n. 13.805, de 10-1-2019.

c) obtenção de favores creditícios, isenções, subsídios, auxílios, outorga ou concessão de serviços ou quaisquer outros benefícios concedidos por órgão da Administração Federal, Estadual e Municipal, salvo quando destinados a saldar débitos para com o FGTS;

d) transferência de domicílio para o exterior;

e) registro ou arquivamento, nos órgãos competentes, de alteração ou distrato de contrato social, de estatuto, ou de qualquer documento que implique modificação na estrutura jurídica do empregador ou na sua extinção.

• Diz o art. 16, § 1.º, da Lei n. 9.126, de 10-11-1995, que "o disposto no art. 27 da Lei n. 8.036, de 11-5-1990, não se aplica aos financiamentos a que se refere este artigo, quando concedidos a produtores rurais, pessoas físicas". Refere-se a financiamentos de operações de investimento rural.

Art. 28. São isentos de tributos federais os atos e operações necessários à aplicação desta Lei, quando praticados pela Caixa Econômica Federal, pelos trabalhadores e seus dependentes ou sucessores, pelos empregadores e pelos estabelecimentos bancários.

Parágrafo único. Aplica-se o disposto neste artigo às importâncias devidas, nos termos desta Lei, aos trabalhadores e seus dependentes ou sucessores.

Art. 29. Os depósitos em conta vinculada, efetuados nos termos desta Lei, constituirão despesas dedutíveis do lucro operacional dos empregadores e as importâncias levantadas a seu favor implicarão receita tributável.

Art. 29-A. Quaisquer créditos relativos à correção dos saldos das contas vinculadas do FGTS serão liquidados mediante lançamento pelo agente operador na respectiva conta do trabalhador.

•• Artigo acrescentado pela Medida Provisória n. 2.197-43, de 24-8-2001.

Art. 29-B. Não será cabível medida liminar em mandado de segurança, no procedimento cautelar ou em quaisquer outras ações de natureza cautelar ou preventiva, nem a tutela antecipada prevista nos arts. 273 e 461 do Código de Processo Civil que impliquem saque ou movimentação da conta vinculada do trabalhador no FGTS.

•• Artigo acrescentado pela Medida Provisória n. 2.197-43, de 24-8-2001.

Art. 29-C. Nas ações entre o FGTS e os titulares de contas vinculadas, bem como naquelas em que figurem os respectivos representantes ou substitutos processuais, não haverá condenação em honorários advocatícios.

•• Artigo acrescentado pela Medida Provisória n. 2.164-41, de 24-8-2001.

•• O STF, na ADI n. 2.736, de 8-9-2010 (*DOU* de 5-9-2012), julgou inconstitucional o art. 9.º da Medida Provisória n. 2.164-41, de 24-8-2001, na parte em que acrescentou este artigo.

Art. 29-D. A penhora em dinheiro, na execução fundada em título judicial em que se determine crédito complementar de saldo de conta vinculada do FGTS, será feita mediante depósito de recursos do Fundo em conta vinculada em nome do exequente, à disposição do juízo.

•• *Caput* acrescentado pela Medida Provisória n. 2.164-41, de 24-8-2001.

Parágrafo único. O valor do depósito só poderá ser movimentado, após liberação judicial, nas hipóteses previstas no art. 20 ou para reversão ao Fundo.

•• Parágrafo único acrescentado pela Medida Provisória n. 2.164-41, de 24-8-2001.

Art. 30. Fica reduzida para 1,5% (um e meio por cento) a contribuição devida pelas empresas ao Serviço Social do Comércio e ao Serviço Social da Indústria e dispensadas estas entidades da subscrição compulsória a que alude o art. 21 da Lei n. 4.380, de 21 de agosto de 1964.

Art. 31. O Poder Executivo expedirá o Regulamento desta Lei no prazo de 60 (sessenta) dias a contar da data de sua promulgação.

Art. 32. Esta Lei entra em vigor na data de sua publicação, revogada a Lei n. 7.839, de 12 de outubro de 1989, e as demais disposições em contrário.

Brasília, em 11 de maio de 1990; 169.º da Independência e 102.º da República.

FERNANDO COLLOR

LEI N. 8.069,

DE 13 DE JULHO DE 1990 (*)

Dispõe sobre o Estatuto da Criança e do Adolescente, e dá outras providências.

O Presidente da República

Faço saber que o Congresso Nacional decreta e eu sanciono a seguinte Lei:

....

TÍTULO II

DOS DIREITOS FUNDAMENTAIS

....

CAPÍTULO V

DO DIREITO À PROFISSIONALIZAÇÃO E À PROTEÇÃO NO TRABALHO

•• O Decreto n. 9.579, de 22-11-2018, regulamenta a contratação de aprendizes.

• *Vide* art. 149, § 2.º, do Decreto-lei n. 2.848, de 7-12-1940, sobre trabalho escravo.

• O Decreto n. 3.597, de 12-9-2000, promulga a Convenção 182 e a Recomendação 190 da OIT, sobre a proibição das piores formas de trabalho infantil e a ação imediata para a sua eliminação, concluídas em Genebra, em 17-6-1999.

• O Decreto n. 4.134, de 15-2-2002, promulga a Convenção n. 138 e a Recomendação n. 146 da OIT sobre idade mínima de admissão no emprego.

• A Instrução Normativa n. 102, de 28-3-2013, da Secretaria de Inspeção do Trabalho, dispõe sobre a fiscalização do trabalho infantil e proteção ao adolescente trabalhador.

• A Resolução n. 156, de 14-3-2013, do CONANDA, dispõe sobre as medidas relativas à proteção das crianças e adolescentes no período preparatório e durante a Copa das Confederações FIFA 2013, a Copa do Mundo FIFA 2014, Olimpíadas 2016, e aos eventos relacionados, que serão realizados no País.

Art. 60. É proibido qualquer trabalho a menores de quatorze anos de idade, salvo na condição de aprendiz.

•• *Vide* art. 7.º, XXXIII, da CF.

•• A Resolução n. 69, de 18-5-2011, do CNMP, dispõe sobre a atuação dos membros do Ministério Público como órgão interveniente nos processos judiciais em que se requer a autorização para trabalho de crianças e adolescente menores de 16 anos.

• A Portaria n. 318, de 12-12-2016, do Ministério do Desenvolvimento Social e Agrário, estabelece normas para o funcionamento do Programa de Erradicação do Trabalho Infantil – PETI.

•• O Decreto n. 9.579, de 22-11-2018, regulamenta a contratação de aprendizes.

Art. 61. A proteção ao trabalho dos adolescentes é regulada por legislação especial, sem prejuízo do disposto nesta Lei.

Art. 62. Considera-se aprendizagem a formação técnico-profissional ministrada segundo as diretrizes e bases da legislação de educação em vigor.

Art. 63. A formação técnico-profissional obedecerá aos seguintes princípios:

I – garantia de acesso e frequência obrigatória ao ensino regular;

II – atividade compatível com o desenvolvimento do adolescente;

III – horário especial para o exercício das atividades.

Art. 64. Ao adolescente até quatorze anos de idade é assegurada bolsa de aprendizagem.

•• *Vide* art. 7.º, XXXIII, da CF.

• *Vide* art. 10, XVII, da Instrução Normativa n. 144, de 18-5-2018.

Art. 65. Ao adolescente aprendiz, maior de quatorze anos, são assegurados os direitos trabalhistas e previdenciários.

• *Vide* art. 227, § 3.º, II, da CF.

Art. 66. Ao adolescente portador de deficiência é assegurado trabalho protegido.

Art. 67. Ao adolescente empregado, aprendiz, em regime familiar de trabalho, aluno de escola técnica, assistido em entidade governamental ou não governamental, é vedado trabalho:

I – noturno, realizado entre as vinte e duas horas de um dia e as cinco horas do dia seguinte;

II – perigoso, insalubre ou penoso;

III – realizado em locais prejudiciais à sua formação e ao seu desenvolvimento físico, psíquico, moral e social;

IV – realizado em horários e locais que não permitam a frequência à escola.

• *Vide* art. 227, § 3.º, III, da CF.

Art. 68. O programa social que tenha por base o trabalho educativo, sob responsabilidade de entidade governamental ou não governamental sem fins lucrativos, deverá assegurar ao adolescente que dele participe condições de capacitação para o exercício de atividade regular remunerada.

§ 1.º Entende-se por trabalho educativo a atividade laboral em que as exigências pedagógicas relativas ao desenvolvimento pessoal e social do educando prevalecem sobre o aspecto produtivo.

§ 2.º A remuneração que o adolescente recebe pelo trabalho efetuado ou a participação na venda dos produtos de seu trabalho não desfigura o caráter educativo.

Art. 69. O adolescente tem direito à profissionalização e à proteção no trabalho, observados os seguintes aspectos, entre outros:

I – respeito à condição peculiar de pessoa em desenvolvimento;

II – capacitação profissional adequada ao mercado de trabalho.

....

LIVRO II

PARTE ESPECIAL

....

(*) Publicada no *DOU*, de 16-7-1990, e retificada em 27-9-1990. O Decreto n. 4.134, de 15-2-2002, promulga a Convenção n. 138 e a Recomendação n. 146 da OIT sobre Idade Mínima de Admissão ao Emprego. A Instrução Normativa n. 146, de 25-7-2018, da SIT, dispõe sobre a fiscalização das condições de trabalho no âmbito do programa de aprendizagem.

TÍTULO VII
DOS CRIMES E DAS INFRAÇÕES ADMINISTRATIVAS

....

CAPÍTULO II
DAS INFRAÇÕES ADMINISTRATIVAS
E DAS DISPOSIÇÕES FINAIS E TRANSITÓRIAS

....

Art. 266. Esta Lei entra em vigor 90 (noventa) dias após sua publicação.

....

Art. 267. Revogam-se as Leis n. 4.513, de 1964, e 6.697, de 10 de outubro de 1979 (Código de Menores), e as demais disposições em contrário.

• A Lei n. 4.513, de 1.º-12-1964, criou a Fundação Nacional do Bem-Estar do Menor e a Lei n. 6.697, de 10-10-1979, instituiu o Código de Menores.

Brasília, em 13 de julho de 1990; 169.º da Independência e 102.º da República.

FERNANDO COLLOR

DECRETO N. 99.684,

DE 8 DE NOVEMBRO DE 1990 (*)

Consolida as normas regulamentares do Fundo de Garantia do Tempo de Serviço – FGTS.

O Presidente da República, no uso da atribuição que lhe confere o art. 84, IV, da Constituição, decreta:

Art. 1.º Fica aprovado o Regulamento Consolidado do Fundo de Garantia do Tempo de Serviço, que com este baixa.

Art. 2.º Este Decreto entra em vigor na data de sua publicação.

Art. 3.º Revogam-se as disposições em contrário, em especial os Decretos n.:

I – 59.820, de 20 de dezembro de 1966;

II – 61.405, de 28 de setembro de 1967;

III – 66.619, de 21 de maio de 1970;

IV – 66.819, de 1.º de julho de 1970;

V – 66.867, de 13 de julho de 1970;

VI – 66.939, de 22 de julho de 1970;

VII – 69.265, de 22 de setembro de 1971;

VIII – 71.636, de 29 de dezembro de 1972;

IX – 72.141, de 26 de abril de 1973;

X – 73.423, de 7 de janeiro de 1974;

XI – 76.218, de 9 de setembro de 1975;

XII – 76.750, de 5 de dezembro de 1975;

XIII – 77.357, de 1.º de abril de 1976;

XIV – 79.891, de 29 de junho de 1977;

XV – 84.509, de 25 de fevereiro de 1980;

XVI – 87.567, de 16 de setembro de 1982;

XVII – 90.408, de 7 de novembro de 1984;

XVIII – 92.366, de 4 de fevereiro de 1986;

XIX – 97.848, de 20 de junho de 1989; e

XX – 98.813, de 10 de janeiro de 1990.

Brasília, 8 de novembro de 1990; 169.º da Independência e 102.º da República.

FERNANDO COLLOR

REGULAMENTO DO FUNDO DE GARANTIA DO TEMPO DE SERVIÇO – FGTS

CAPÍTULO I
DAS DISPOSIÇÕES PRELIMINARES

Art. 1.º Nas relações jurídicas pertinentes ao Fundo de Garantia do Tempo de Serviço – FGTS será observado o disposto neste Regulamento.

Art. 2.º Para os efeitos deste Regulamento considera-se:

I – empregador, a pessoa natural ou jurídica de direito público ou privado, da Administração Pública direta, indireta ou fundacional de qualquer dos Poderes, da União, dos Estados, do Distrito Federal e dos Municípios, que admitir trabalhadores a seu serviço, bem assim aquele que, regido por legislação especial, encontrar-se nessa condição ou figurar como fornecedor ou tomador de mão de obra;

II – trabalhador, a pessoa natural que prestar serviços a empregador, excluídos os eventuais, os autônomos e os servidores públicos civis e militares sujeitos a regime jurídico próprio.

CAPÍTULO II
DO DIREITO AO FGTS

Art. 3.º A partir de 5 de outubro de 1988, o direito ao regime do FGTS é assegurado aos trabalhadores urbanos e rurais, exceto aos domésticos, independentemente de opção.

Parágrafo único. Os trabalhadores domésticos poderão ter acesso ao regime do FGTS, na forma que vier a ser prevista em lei.

Art. 4.º A opção pelo regime de que trata este Regulamento somente é admitida para o tempo de serviço anterior a 5 de outubro de 1988, podendo os trabalhadores, a qualquer tempo, optar pelo FGTS com efeito retroativo a 1.º de janeiro de 1967, ou à data de sua admissão, quando posterior.

Parágrafo único. O disposto neste artigo não se aplica ao trabalhador rural (Lei n. 5.889, de 8-6-1973), bem assim àquele:

a) que tenha transacionado com o empregador o direito à indenização, quanto ao período que foi objeto da transação; ou

b) cuja indenização pelo tempo anterior à opção já tenha sido depositada na sua conta vinculada.

(*) Publicado no *DOU*, de 12-11-1990. *Vide* Súmula 82 do STJ.

Art. 5.º A opção com efeito retroativo será feita mediante declaração escrita do trabalhador, com indicação do período de retroação.

§ 1.º O empregador, no prazo de quarenta e oito horas, fará as devidas anotações na Carteira de Trabalho e Previdência Social e no registro do trabalhador, comunicando ao banco depositário.

§ 2.º O valor da conta vinculada em nome do empregador e individualizada em relação ao trabalhador, relativo ao período abrangido pela retroação, será transferido pelo banco depositário para conta vinculada em nome do trabalhador.

Art. 6.º O tempo de serviço anterior à opção ou a 5 de outubro de 1988 poderá ser transacionado entre empregador e empregado, respeitado o limite mínimo de 60% (sessenta por cento) da indenização simples ou em dobro, conforme o caso.

Parágrafo único. Na hipótese de que trata este artigo, a transação deverá ser homologada pelo sindicato da categoria profissional, mesmo quando não houver extinção do contrato de trabalho.

Art. 7.º O direito ao FGTS se estende aos diretores não empregados de empresas públicas e sociedades controladas direta ou indiretamente pela União (Lei n. 6.919, de 2-6-1981).

Art. 8.º As empresas sujeitas ao regime da legislação trabalhista poderão equiparar seus diretores não empregados aos demais trabalhadores sujeitos ao regime do FGTS.

Parágrafo único. Considera-se diretor aquele que exerça cargo de administração previsto em lei, estatuto ou contrato social, independentemente da denominação do cargo.

CAPÍTULO III

DOS EFEITOS DA RESCISÃO OU EXTINÇÃO DO CONTRATO DE TRABALHO

• *Vide* Instrução Normativa n. 15, de 14-7-2010, que estabelece procedimentos para assistência e homologação na rescisão de contrato de trabalho.

Art. 9.º Ocorrendo despedida sem justa causa, ainda que indireta, com culpa recíproca, por força maior ou extinção normal do contrato de trabalho a termo, inclusive a do trabalhador temporário, deverá o empregador depositar, na conta vinculada do trabalhador no FGTS, os valores relativos aos depósitos referentes ao mês da rescisão e ao imediatamente anterior, que ainda não houver sido recolhido, sem prejuízo das cominações legais cabíveis.

•• *Caput* com redação determinada pelo Decreto n. 2.430, de 17-12-1997.

§ 1.º No caso de despedida sem justa causa, ainda que indireta, o empregador depositará, na conta vinculada do trabalhador no FGTS, importância igual a 40% (quarenta por cento) do montante de todos os depósitos realizados na conta vinculada durante a vigência do contrato de trabalho, atualizados monetariamente e acrescidos dos respectivos juros, não sendo permitida, para este fim, a dedução dos saques ocorridos.

•• § 1.º com redação determinada pelo Decreto n. 2.430, de 17-12-1997.

§ 2.º Ocorrendo despedida por culpa recíproca ou força maior, reconhecida pela Justiça do Trabalho, o percentual de que trata o parágrafo precedente será de 20% (vinte por cento).

§ 3.º Na determinação da base de cálculo para a aplicação dos percentuais de que tratam os parágrafos precedentes, serão computados os valores dos depósitos relativos aos meses da rescisão e o imediatamente anterior, recolhidos na forma do *caput* deste artigo.

•• § 3.º com redação determinada pelo Decreto n. 2.430, de 17-12-1997.

§ 4.º O recolhimento das importâncias de que trata este artigo deverá ser comprovado quando da homologação das rescisões contratuais que exijam o pagamento da multa rescisória, bem como quando da habilitação ao saque, sempre que não for devida a homologação da rescisão, observado o disposto no art. 477 da Consolidação das Leis do Trabalho – CLT, eximindo o empregador, exclusivamente, quanto aos valores discriminados.

•• § 4.º com redação determinada pelo Decreto n. 2.430, de 17-12-1997.

§ 5.º Os depósitos de que tratam o *caput* e os §§ 1.º e 2.º deste artigo deverão ser efetuados nos seguintes prazos:

•• § 5.º, *caput*, com redação determinada pelo Decreto n. 2.582, de 7-5-1998.

a) até o primeiro dia útil imediato ao término do contrato; ou

•• Alínea *a* acrescentada pelo Decreto n. 2.582, de 7-5-1998.

b) até o décimo dia, contado da data da notificação da demissão, quando da ausência do aviso prévio, indenização do mesmo ou dispensa de seu cumprimento.

•• Alínea *b* acrescentada pelo Decreto n. 2.582, de 7-5-1998.

§ 6.º O empregador que não realizar os depósitos previstos neste artigo, no prazo especificado no parágrafo anterior, sujeitar-se-á às cominações previstas no art. 30.

•• § 6.º acrescentado pelo Decreto n. 2.430, de 17-12-1997.

• Dispõe o art. 2.º do Decreto n. 2.582, de 7-5-1998: "Os depósitos efetuados nos prazos fixados neste Decreto, no período compreendido entre 16-2-1998 e a data de sua publicação, estão isentos das cominações previstas no § 6.º do art. 9.º do Regulamento Consolidado do FGTS".

§ 7.º O depósito dos valores previstos neste artigo deverá ser efetuado, obrigatoriamente, na CEF ou, nas localidades onde não existam unidades daquela empresa, nos bancos conveniados, aplicando-se a estes depósitos o disposto no art. 32.

•• § 7.º acrescentado pelo Decreto n. 2.430, de 17-12-1997.

§ 8.º A CEF terá prazo de 10 (dez) dias úteis, após o recolhimento, para atender às solicitações de saque destes valores.

•• § 8.º acrescentado pelo Decreto n. 2.430, de 17-12-1997.

§ 9.º A CEF, para fins de remuneração como Agente Operador do FGTS, considerará o recolhimento desses depósitos, da multa rescisória e dos saques desses valores como movimentações distintas.

•• § 9.º acrescentado pelo Decreto n. 2.430, de 17-12-1997.

Art. 10. Caberá ao banco depositário e, após a centralização, à Caixa Econômica Federal – CEF, prestar ao empregador, no prazo máximo de cinco dias úteis da solicitação, as informações necessárias ao cumprimento do disposto nos parágrafos 1.º e 2.º do artigo precedente.

§ 1.º As informações deverão discriminar os totais de depósitos efetuados pelo empregador, acrescidos dos respectivos juros e correção monetária.

§ 2.º Caberá ao empregador comprovar o efetivo depósito dos valores devidos que não tenham ingressado na conta até a data da rescisão do contrato de trabalho.

Art. 11. Fica ressalvado o direito adquirido dos trabalhadores que, em 5 de outubro de 1988, já tinham o direito à estabilidade no emprego, nos termos do Capítulo V do Título IV da CLT.

Art. 12. Ocorrendo rescisão do contrato de trabalho, para a qual não tenha o trabalhador dado causa, fica assegurado, na forma do disposto nos arts. 477 a 486 e 497 da CLT, o direito à indenização relativa ao tempo de serviço anterior a 5 de outubro de 1988, que não tenha sido objeto de opção.

Art. 13. No caso de rescisão ou extinção do contrato de trabalho de empregado que conte tempo de serviço anterior a 5 de outubro de 1988 na qualidade de não optante, o empregador poderá levantar o saldo da respectiva conta individualizada, mediante:

I – comprovação do pagamento da indenização devida, quando for o caso; ou

II – autorização do Instituto Nacional de Seguro Social – INSS, quando não houver indenização a ser paga ou houver decorrido o prazo prescricional para reclamação de direitos por parte do trabalhador.

Parágrafo único. Nas hipóteses previstas neste artigo, os recursos serão liberados no prazo de 5 (cinco) dias úteis, contado da apresentação do comprovante de pagamento da indenização ou da autorização conferida pelo INSS.

Art. 14. No caso de contrato a termo, a rescisão antecipada, sem justa causa ou com culpa recíproca, equipara-se às hipóteses previstas nos parágrafos 1.º e 2.º do art. 9.º, respectivamente, sem prejuízo do disposto no art. 479 da CLT.

Art. 15. Ocorrendo rescisão do contrato de trabalho, pelo empregador, por justa causa, o trabalhador demitido somente terá direito ao saque de sua conta vinculada nas hipóteses previstas nos incisos III a VIII do art. 35.

Art. 16. Equipara-se a extinção normal do contrato a termo o término do mandato do diretor não empregado (arts. 7.º e 8.º) não reconduzido.

CAPÍTULO IV
DAS CONTAS

Art. 17. As importâncias creditadas nas contas vinculadas em nome dos trabalhadores são impenhoráveis.

Art. 18. O saldo das contas vinculadas é garantido pelo Governo Federal, podendo ser instituído seguro especial para esse fim.

Art. 19. Os depósitos efetuados nas contas vinculadas serão corrigidos monetariamente com base nos parâmetros fixados para atualização dos saldos dos depósitos de poupança e capitalizarão juros de 3% (três por cento) ao ano.

§ 1.º A correção monetária e os juros correrão à conta do FGTS.

§ 2.º Para as contas vinculadas dos trabalhadores optantes, existentes em 22 de setembro de 1971, a capitalização dos juros dos depósitos continuará a ser feita levando-se em conta o período de permanência na mesma empresa, na seguinte progressão:

a) 3% (três por cento), durante os dois primeiros anos;

b) 4% (quatro por cento), do terceiro ao quinto ano;

c) 5% (cinco por cento), do sexto ao décimo ano;

d) 6% (seis por cento), a partir do décimo primeiro ano.

§ 3.º O disposto no parágrafo precedente deixará de ser aplicado quando o trabalhador mudar de empresa, hipótese em que a capitalização dos juros passará a ser feita à taxa de 3% (três por cento) ao ano.

Art. 20. O crédito da atualização monetária e dos juros será efetuado na conta do trabalhador:

I – no primeiro dia útil de cada mês, com base no saldo existente no primeiro dia útil do mês anterior, até que ocorra a centralização das contas na CEF; e

II – no dia 10 de cada mês, com base no saldo existente no dia 10 do mês anterior, após a centralização prevista neste artigo.

§ 1.º O saldo existente no mês anterior será utilizado como base para o cálculo dos juros e da atualização monetária após a dedução dos saques ocorridos no período, exceto os efetuados no dia do crédito.

§ 2.º Caso no dia 10 não haja expediente bancário, considerar-se-á o primeiro dia útil subsequente, tanto para a realização do crédito quanto para a definição do saldo-base.

Art. 21. Até o dia 14 de maio de 1991, a CEF assumirá o controle de todas as contas vinculadas, passando os demais estabelecimentos bancários, findo esse prazo, à condição de agentes recebedores e pagadores do FGTS, mediante recebimento de tarifa a ser fixada pelo Conselho Curador.

§ 1.º Até que a CEF implemente as disposições deste artigo, a conta vinculada continuará sendo aberta em nome do trabalhador, em estabelecimento bancário escolhido pelo empregador.

§ 2.º Verificando-se mudança de emprego, a conta vinculada será transferida para o estabelecimento bancário da escolha do novo empregador.

Art. 22. A partir do segundo mês após a centralização das contas na CEF, fica assegurado ao trabalhador o direito de receber, bimestralmente, extrato informativo da conta vinculada.

Parágrafo único. A qualquer tempo a CEF, mediante solicitação, fornecerá ao trabalhador informações sobre sua conta vinculada.

•• *Vide* Súmula 514 do STJ.

Art. 23. O banco depositário é responsável pelos lançamentos efetuados nas contas vinculadas durante o período em que estiverem sob sua administração.

Art. 24. Por ocasião da centralização na CEF, caberá ao banco depositário emitir o último extrato das contas vinculadas sob sua responsabilidade, que deverá conter, inclusive, o registro dos valores transferidos e a discriminação dos depósitos efetuados na vigência do último contrato de trabalho.

Art. 25. Após a centralização das contas na CEF o saldo de conta não individualizada e de conta vinculada sem depósito há mais de cinco anos será incorporado ao patrimônio do FGTS, resguardado o direito do beneficiário de reclamar, a qualquer tempo, a reposição do valor transferido, mediante comprovação de ter a conta existido.

Art. 26. A empresa anotará na Carteira de Trabalho e Previdência Social o nome e endereço da agência do banco depositário.

Parágrafo único. Após a centralização das contas na CEF, a empresa ficará desobrigada da anotação de que trata este artigo.

CAPÍTULO V
DOS DEPÓSITOS

Art. 27. O empregador, ainda que entidade filantrópica, é obrigado a depositar, até o dia 7 de cada mês, em conta bancária vinculada, a importância correspondente a 8% (oito por cento) da remuneração paga ou devida no mês anterior, a cada trabalhador, incluídas as parcelas de que tratam os arts. 457 e 458 da CLT e a gratificação de Natal a que se refere a Lei n. 4.090, de 13 de julho de 1962, com as modificações da Lei n. 4.749, de 12 de agosto de 1965.

Parágrafo único. Não integram a base de cálculo para incidência do percentual de que trata este artigo:

a) a contribuição do empregador para o Vale-Transporte (Decreto n. 95.247, de 17-11-1987); e

b) os gastos efetuados com bolsas de aprendizagem (Lei n. 8.069, de 13-7-1990, art. 64).

Art. 28. O depósito na conta vinculada do FGTS é obrigatório também nos casos de interrupção do contrato de trabalho prevista em lei, tais como:

• *Vide* art. 7.º da Instrução Normativa n. 144, de 18-5-2018.

I – prestação de serviço militar;

II – licença para tratamento de saúde de até quinze dias;

III – licença por acidente de trabalho;

IV – licença à gestante; e

V – licença-paternidade.

Parágrafo único. Na hipótese deste artigo, a base de cálculo será revista sempre que ocorrer aumento geral na empresa ou na categoria profissional a que pertencer o trabalhador.

Art. 29. O depósito a que se refere o art. 27 é devido, ainda, quando o empregado passar a exercer cargo de diretoria, gerência ou outro de confiança imediata do empregador.

Art. 30. O empregador que não realizar os depósitos previstos no prazo fixado no art. 27 sujeitar-se-á às obrigações e sanções previstas nos arts. 50 a 52 e responderá:

I – pela atualização monetária da importância correspondente; e

II – pelos juros de mora de 1% (um por cento) ao mês e multa de 20% (vinte por cento), incidentes sobre o valor atualizado.

§ 1.º A atualização monetária será cobrada por dia de atraso, tomando-se por base os índices de variação do Bônus do Tesouro Nacional Fiscal (BTN Fiscal) ou, na falta deste, do título que vier a sucedê-lo, ou, ainda, a critério do Conselho Curador, por outro indicador da inflação diária.

§ 2.º Se o débito for pago até o último dia útil do mês em que o depósito deveria ter sido efetuado, a multa será reduzida para dez por cento.

§ 3.º O disposto neste artigo se aplica aos depósitos decorrentes de determinação judicial.

Art. 31. Até a centralização das contas na CEF, a apropriação na conta vinculada, para fins de atualização monetária e capitalização de juros, será feita:

I – no primeiro dia útil do mês subsequente, quando o depósito ocorrer no próprio mês em que se tornou devido;

II – no primeiro dia útil do mês do depósito, quando este ocorrer no mês subsequente àquele em que se tornou devido; e

III – no primeiro dia útil do mês do depósito, quando este ocorrer a partir do segundo mês subsequente ao em que se tornou devido, atualizado monetariamente e acrescido de juros, contados da data em que a apropriação deveria ter sido feita.

Art. 32. Os depósitos relativos ao FGTS, efetuados na rede bancária, serão transferidos à CEF no segundo dia útil subsequente à data em que tenham sido efetuados.

Art. 33. Os empregadores deverão comunicar mensalmente aos trabalhadores os valores recolhidos ao FGTS e repassar-lhes todas as informações, recebidas da CEF ou dos bancos depositários, sobre as respectivas contas vinculadas.

Art. 34. Os depósitos em conta vinculada constituirão despesas dedutíveis do lucro operacional dos empregadores e as importâncias levantadas a seu favor, receita tributável (Lei n. 8.036, de 11-5-1990).

CAPÍTULO VI
DOS SAQUES

Art. 35. A conta vinculada do trabalhador no FGTS poderá ser movimentada nas seguintes situações:

I – despedida sem justa causa, inclusive a indireta, de culpa recíproca e por força maior, comprovada com o depósito dos valores de que tratam os §§ 1.º e 2.º do art. 9.º;

•• Inciso I com redação determinada pelo Decreto n. 2.430, de 17-12-1997.

II – extinção da empresa, fechamento de quaisquer de seus estabelecimentos, filiais ou agências, supressão de parte de suas atividades, ou, ainda, falecimento do empregador individual, sempre que qualquer dessas ocorrências implique rescisão do contrato de trabalho, comprovada por declaração escrita da empresa, suprida, quando for o caso, por decisão judicial transitada em julgado;

III – aposentadoria concedida pela Previdência Social;

IV – falecimento do trabalhador;

V – pagamento de parte das prestações decorrentes de financiamento habitacional concedido no âmbito do Sistema Financeiro da Habitação – SFH, desde que:

a) o mutuário conte com o mínimo de três anos de trabalho sob o regime do FGTS, na mesma empresa ou em empresas diferentes;

b) o valor bloqueado seja utilizado, no mínimo, durante o prazo de doze meses; e

c) o valor de cada parcela a ser movimentada não exceda a oitenta por cento do montante da prestação;

VI – liquidação ou amortização extraordinária do saldo devedor de financiamento imobiliário concedido no âmbito do SFH, desde que haja interstício mínimo de dois anos para cada movimentação, sem prejuízo de outras condições estabelecidas pelo Conselho Curador;

VII – pagamento total ou parcial do preço de aquisição de moradia própria, observadas as seguintes condições:

a) conte o mutuário com o mínimo de três anos de trabalho sob o regime do FGTS, na mesma empresa ou empresas diferentes; e

b) seja a operação financiada pelo SFH ou, se realizada fora do Sistema, preencha os requisitos para ser por ele financiada;

VIII – quando permanecer três anos ininterruptos, a partir de 14 de maio de 1990, sem crédito de depósitos;

IX – extinção normal do contrato a termo, inclusive o dos trabalhadores temporários regidos pela Lei n. 6.019, de 1974;

•• Inciso IX com redação determinada pelo Decreto n. 5.860, de 26-7-2006.

X – suspensão do trabalho avulso por período igual ou superior a noventa dias;

•• Inciso X com redação determinada pelo Decreto n. 5.860, de 26-7-2006.

XI – quando o trabalhador ou qualquer de seus dependentes for acometido de neoplasia maligna;

•• Inciso XI com redação determinada pelo Decreto n. 5.860, de 26-7-2006.

XII – aplicação, na forma individual ou por intermédio de Clubes de Investimento – CI-FGTS, em quotas de Fundos Mútuos de Privatização – FMP-FGTS, conforme disposto no inciso XII do art. 20 da Lei n. 8.036, de 11 de maio de 1990;

•• Inciso XII com redação determinada pelo Decreto n. 5.860, de 26-7-2006.

XIII – quando o trabalhador ou qualquer de seus dependentes for portador do vírus HIV;

•• Inciso XIII com redação determinada pelo Decreto n. 9.345, de 16-4-2018.

XIV – quando o trabalhador ou qualquer de seus dependentes estiver em estágio terminal, em razão de doença grave; e

•• Inciso XIV com redação determinada pelo Decreto n. 9.345, de 16-4-2018.

XV – para a aquisição de órtese ou prótese, mediante prescrição médica, com vista à promoção da acessibilidade e da inclusão social do trabalhador com deficiência, observadas as condições estabelecidas pelo Agente Operador do FGTS, inclusive o valor limite movimentado por operação e o interstício mínimo entre movimentações realizadas em decorrência da referida aquisição, que não poderá ser inferior a dois anos.

•• Inciso XV acrescentado pelo Decreto n. 9.345, de 16-4-2018.

§ 1.° Os depósitos em conta vinculada em nome de aposentado, em razão de novo vínculo empregatício, poderão ser sacados também no caso de rescisão do contrato de trabalho a seu pedido.

§ 2.° Nas hipóteses previstas nos incisos I e II, o trabalhador somente poderá sacar os valores relativos ao último contrato de trabalho.

§ 3.° O Conselho Curador disciplinará o disposto no inciso V, visando a beneficiar os trabalhadores de baixa renda e a preservar o equilíbrio financeiro do FGTS.

§ 4.° A garantia a que alude o art. 18 deste Regulamento não compreende as aplicações a que se refere o inciso XII deste artigo.

•• § 4.° acrescentado pelo Decreto n. 2.430, de 17-12-1997.

§ 5.° Os recursos automaticamente transferidos da conta do titular no FGTS em razão da aquisição de ações, bem como os ganhos ou perdas dela decorrentes, observado o disposto na parte final do § 1.° do art. 9.°, não afetarão a base de cálculo da indenização de que tratam os §§ 1.° e 2.° do art. 9.° deste Regulamento.

•• § 5.° acrescentado pelo Decreto n. 2.430, de 17-12-1997.

§ 6.° Os resgates de quotas dos FMP-FGTS e dos CI-FGTS, para os casos previstos nos incisos I a IV e VI a X deste artigo, somente poderão ocorrer com autorização prévia do Agente Operador do FGTS.

•• § 6.° com redação determinada pelo Decreto n. 5.860, de 26-7-2006.

§ 7.° Nos casos previstos nos incisos IV, VI e VII, o resgate de quotas implicará retorno à conta vinculada do trabalhador do valor resultante da aplicação.

•• § 7.° acrescentado pelo Decreto n. 2.430, de 17-12-1997.

§ 8.° O limite de 50% (cinquenta por cento) a que se refere o inciso XII deste artigo será observado a cada aplicação e após deduzidas as utilizações anteriores que não tenham retornado ao FGTS, de modo que o somatório dos saques da espécie, atualizados, não poderá ser superior à metade do saldo atual da respectiva conta.

•• § 8.° acrescentado pelo Decreto n. 2.430, de 17-12-1997.

§ 9.° Na movimentação das contas vinculadas a contrato de trabalho extinto até 31 de dezembro de 2015, de que trata o § 22 do art. 20 da Lei n. 8.036, de 11 de maio de 1990, o cronograma de atendimento, o critério, a forma e a data limite de pagamento serão estabelecidos pelo Agente Operador do FGTS, não podendo exceder 31 de julho de 2017, sendo permitido o crédito automático para a conta poupança de titularidade do trabalhador previamente aberta na Caixa Econômica Federal, desde que o trabalhador não se manifeste negativamente.

•• § 9.° acrescentado pelo Decreto n. 8.989, de 14-2-2017.

§ 9.°-A. Nos casos de comprovada impossibilidade de comparecimento pessoal do titular da conta vinculada do FGTS para solicitação de movimentação de valores, o cronograma de atendimento de que trata o § 9.º não poderá exceder a data de 31 de dezembro de 2018, conforme estabelecido pelo Agente Operador do FGTS.

•• § 9.º-A acrescentado pelo Decreto n. 9.108, de 26-7-2017.

§ 10. Na hipótese do crédito automático de que trata o § 9.º, o trabalhador poderá, até 31 de agosto de 2017, solicitar o desfazimento do crédito ou a transferência do valor para outra instituição financeira, independentemente do pagamento de qualquer tarifa, conforme procedimento a ser definido pelo Agente Operador do FGTS.

•• § 10 acrescentado pelo Decreto n. 8.989, de 14-2-2017.

§ 11. Para efeito da movimentação da conta vinculada na forma do inciso XV do *caput*, considera-se:

•• § 11 acrescentado pelo Decreto n. 9.345, de 16-4-2018.

a) trabalhador com deficiência – aquele que tem impedimento de longo prazo de natureza física ou sensorial; e

•• Alínea *a* acrescentada pelo Decreto n. 9.345, de 16-4-2018.

b) impedimento de longo prazo – aquele que produza efeitos pelo prazo mínimo de dois anos e que, em interação com uma ou mais barreiras, possa obstruir a participação plena e efetiva do trabalhador na sociedade em igualdade de condições com as demais pessoas.

•• Alínea *b* acrescentada pelo Decreto n. 9.345, de 16-4-2018.

Art. 36. O saque poderá ser efetuado mediante:

I – apresentação do recibo de quitação das verbas rescisórias, nos casos dos incisos I e II do artigo precedente;

II – apresentação de documento expedido pelo Instituto Nacional do Seguro Social – INSS que:

a) declare a condição de inativo, no caso de aposentadoria; ou

b) contenha a identificação e a data de nascimento de cada dependente, no caso de falecimento do trabalhador;

III – requerimento dirigido ao agente financeiro, nas hipóteses dos incisos V e VI, ou ao banco arrecadador, nos casos dos incisos VII e VIII, todos do artigo anterior;

IV – apresentação de cópia do instrumento contratual, no caso do contrato a termo;

V – declaração do sindicato representativo da categoria profissional, no caso de suspensão do trabalho avulso por período igual ou superior a noventa dias;

•• Inciso V com redação determinada pelo Decreto n. 5.860, de 26-7-2006.

VI – comprovação da rescisão e da sua condição de aposentado, no caso do § 1.º do art. 35;

•• Inciso VI com redação determinada pelo Decreto n. 5.860, de 26-7-2006.

VII – requerimento formal do trabalhador ao Administrador do FMP-FGTS, ou do CI-FGTS, ou por meio de outra forma estabelecida pelo Agente Operador do FGTS, no caso previsto no inciso XII do *caput* do art. 35, garantida, sempre, a aquiescência do titular da conta vinculada;

•• Inciso VII com redação determinada pelo Decreto n. 9.345, de 16-4-2018.

VIII – atestado de diagnóstico assinado por médico, devidamente identificado por seu registro profissional, emitido na conformidade das normas dos Conselhos Federal e Regional de Medicina, com identificação de patologia consignada no Código Internacional de Doenças – CID, e descritivo dos sintomas ou do histórico patológico pelo qual se identifique que o trabalhador ou dependente seu é portador de neoplasia maligna, do vírus HIV ou que caracterize estágio terminal de vida em razão de doença grave, nos casos dos incisos XI, XIII e XIV do *caput* do art. 35; e

•• Inciso VIII com redação determinada pelo Decreto n. 9.345, de 16-4-2018.

IX – laudo médico que ateste a condição de pessoa com deficiência, a espécie e o grau ou o nível da deficiência, com expressa menção correspondente à classificação de referência utilizada pela Organização Mundial da Saúde – OMS, e prescrição médica que indique a necessidade de órtese ou prótese para a promoção da acessibilidade e da inclusão social do trabalhador com deficiência, ambos documentos emitidos por médico devidamente identificado por seu registro profissional, em conformidade com as normas dos Conselhos Federal e Regional de Medicina, no caso do inciso XV do *caput* do art. 35.

•• Inciso IX acrescentado pelo Decreto n. 9.345, de 16-4-2018.

Parágrafo único. A apresentação dos documentos de que tratam os incisos I e IV do *caput* deste artigo poderá ser suprida pela comunicação para fins de autorização da movimentação da conta vinculada do trabalhador, realizada com uso de certificação digital e em conformidade com os critérios estabelecidos pelo Agente Operador do FGTS.

•• Parágrafo único acrescentado pelo Decreto n. 5.860, de 26-7-2006.

Art. 37. O saque de recursos na conta vinculada incluirá, obrigatoriamente, os valores nela depositados no mês do evento, mesmo que ainda não tenham sido creditados.

Art. 38. O saldo da conta vinculada do trabalhador que vier a falecer será pago a seu dependente, para esse fim habilitado perante a Previdência Social, independentemente da autorização judicial.

§ 1.º Havendo mais de um dependente habilitado, o pagamento será feito de acordo com os critérios adotados pela Previdência Social para a concessão de pensão por morte.

§ 2.º As quotas atribuídas a menores ficarão depositadas em caderneta de poupança e, salvo autorização judicial, só serão disponíveis após o menor completar dezoito anos.

§ 3.º Na falta de dependentes, farão jus ao recebimento do saldo da conta vinculada os sucessores do trabalhador, na forma prevista no Código Civil, indicados em alvará judicial, expedido a requerimento do interessado, independentemente de inventário ou arrolamento.

Art. 39. O direito de utilizar os recursos creditados em conta vinculada em nome do trabalhador não poderá ser exercido simultaneamente para a aquisição de mais de um imóvel.

Art. 40. O imóvel, adquirido com a utilização do FGTS, somente poderá ser objeto de outra operação com recursos do Fundo na forma que vier a ser disciplinada pelo Conselho Curador.

Art. 41. A solicitação de saque da conta vinculada será atendida no prazo de cinco dias úteis, quando o documento for entregue na agência onde o empregador tenha efetuado o depósito do FGTS.

§ 1.º Compete à CEF expedir instruções fixando prazo para os casos em que a entrega do documento não ocorra na agência mantenedora da conta ou quando o sacador solicitar que o saque seja liberado em outra agência, ou, ainda, quando o sacador optar pelo saque após o crédito de juros e atualização monetária relativos ao mês em que se verificar o pedido.

§ 2.º Decorrido o prazo, sobre o valor do saque incidirá atualização monetária com base nos índices de variação do BTN Fiscal, ou outro que vier a sucedê-lo, ou, ainda, a critério do Conselho Curador, por outro indicador da inflação diária.

§ 3.º No caso de valor aplicado em FMP-FGTS, e para os fins previstos nos incisos IV, VI e VII do art. 35, o prazo de 5 (cinco) dias contar-se-á a partir do retorno do valor resultante da aplicação à conta vinculada e não da data da solicitação.

•• § 3.º acrescentado pelo Decreto n. 2.430, de 17-12-1997.

Art. 42. A movimentação da conta vinculada do FGTS por menor de dezoito anos dependerá da assistência do responsável legal.

CAPÍTULO VII
DO CERTIFICADO DE REGULARIDADE

• A Circular n. 392, de 25-10-2006, da Caixa Econômica Federal, disciplina os procedimentos para a verificação da regularidade dos empregadores junto ao FGTS e para a concessão do Certificado de Regularidade do FGTS-CRF.

Art. 43. A regularidade da situação do empregador perante o FGTS será comprovada pelo Certificado de Regularidade do FGTS, com validade em todo o território nacional, a ser fornecido pela CEF, mediante solicitação.

Art. 44. A apresentação do Certificado de Regularidade do FGTS é obrigatória para:

I – habilitação em licitação promovida por órgãos da Administração Pública direta, indireta ou fundacional e por empresas controladas direta ou indiretamente pela União, pelos Estados, pelo Distrito Federal e pelos Municípios;

II – obtenção de empréstimos ou financiamentos junto a quaisquer instituições financeiras públicas, por parte de órgãos e entidades da Administração Pública direta, indireta ou fundacional, bem assim empresas controladas direta ou indiretamente pela União, pelos Estados, pelo Distrito Federal e pelos Municípios;

III – obtenção de favores creditícios, isenções, subsídios, auxílios, outorga ou concessão de serviços ou quaisquer outros benefícios concedidos por órgão da Administração Pública Federal, dos Estados, do Distrito Federal e dos Municípios, salvo quando destinados a saldar débitos para com o FGTS;

IV – transferência de domicílio para o exterior; e

V – registro ou arquivamento, nos órgãos competentes, de alteração ou distrato de contrato social, de estatuto, ou de qualquer documento que implique modificação na estrutura jurídica do empregador ou na extinção da empresa.

Art. 45. Para obter o Certificado de Regularidade, o empregador deverá satisfazer as seguintes condições:

I – estar em dia com as obrigações para com o FGTS; e

II – estar em dia com o pagamento de prestação de empréstimos lastreados em recursos do FGTS.

Art. 46. O Certificado de Regularidade terá validade de até seis meses contados da data da sua emissão.

§ 1.º No caso de parcelamento de débito, a validade será de trinta dias.

§ 2.º Havendo antecipação no pagamento de parcelas, o Certificado terá validade igual ao período correspondente às prestações antecipadas, observado o prazo máximo de seis meses.

CAPÍTULO VIII
DAS INFRAÇÕES E DAS PENALIDADES

Art. 47. Constituem infrações à Lei n. 8.036, de 1990:

I – não depositar mensalmente a parcela referente ao FGTS;

II – omitir informações sobre a conta vinculada do trabalhador;

III – apresentar informações ao Cadastro Nacional do Trabalhador, dos trabalhadores beneficiários, com erros ou omissões;

IV – deixar de computar, para efeito de cálculo dos depósitos do FGTS, parcela componente da remuneração;

V – deixar de efetuar os depósitos com os acréscimos legais, após notificado pela fiscalização.

Parágrafo único. Por trabalhador prejudicado o infrator estará sujeito às seguintes multas:

a) de dois a cinco BTN, nos casos dos incisos II e III; e

b) de dez a cem BTN, nos casos dos incisos I, IV e V.

Art. 48. Nos casos de fraude, simulação, artifício, ardil, resistência, embaraço ou desacato à fiscalização, assim como na reincidência, a multa especificada no artigo anterior será duplicada, sem prejuízo das demais cominações legais.

Art. 49. Os valores das multas, quando não recolhidas no prazo legal, serão atualizados monetariamente pelo BTN Fiscal até a data de seu efetivo pagamento.

Art. 50. O empregador em mora para com o FGTS não poderá, sem prejuízo de outras disposições legais (Decreto-lei n. 368, de 14-12-1968, art. 1.º):

I – pagar honorário, gratificação, *pro labore*, ou qualquer tipo de retribuição ou retirada a seus diretores, sócios, gerentes ou titulares de firma individual; e

II – distribuir quaisquer lucros, bonificações, dividendos ou interesses a seus sócios, titulares, acionistas, ou membros de órgãos dirigentes, fiscais ou consultivos.

Art. 51. O empregador em mora contumaz com o FGTS não poderá receber qualquer benefício de natureza fiscal, tributária ou financeira, por parte de órgão da União, dos Estados, do Distrito Federal ou dos Municípios, ou de que estes participem (Decreto-lei n. 368, de 1968, art. 2.º).

§ 1.º Considera-se mora contumaz o não pagamento de valores devidos ao FGTS por período igual ou superior a três meses, sem motivo grave ou relevante, excluídas as causas pertinentes ao risco do empreendimento.

• *Vide* Portaria n. 1.061, de 1.º-11-1996.

§ 2.º Não se incluem na proibição deste artigo as operações destinadas à liquidação dos débitos existentes para com o FGTS, o que deverá ser expressamente consignado em documento firmado pelo responsável legal da empresa, como justificação do crédito.

Art. 52. Pela infração ao disposto nos incisos I e II do art. 50, os diretores, sócios, gerentes, membros de órgãos fiscais ou consultivos, titulares de firma individual ou quaisquer outros dirigentes de empresa estão sujeitos à pena de detenção de um mês a um ano (Decreto-lei n. 368, de 1968, art. 4.º).

Parágrafo único. Apurada a infração prevista neste artigo, a autoridade competente do INSS representará, sob pena de responsabilidade, ao Ministério Público, para a instauração da competente ação penal.

Art. 53. Por descumprimento ou inobservância de quaisquer das obrigações que lhe compete como agente arrecadador, pagador ou mantenedor do cadastro de contas vinculadas, na forma que vier a ser disciplinada pelo Conselho Curador, fica o banco depositário sujeito ao pagamento de multa equivalente a dez por cento do montante da conta do empregado, independentemente das demais cominações legais.

CAPÍTULO IX
DA FISCALIZAÇÃO

• *Vide* Instrução Normativa n. 144, de 18-5-2018.

Art. 54. Compete ao Ministério do Trabalho e da Previdência Social – MTPS, por intermédio do INSS, exercer a fiscalização do cumprimento do disposto na Lei n. 8.036, de 1990, de acordo com este regulamento e os arts. 626 a 642 da CLT, especialmente quanto à apuração dos débitos e das infrações praticadas pelos empregadores.

Art. 55. O processo de fiscalização, de autuação e de imposição de multas reger-se-á pelo disposto no Título VII da CLT, respeitado o privilégio do FGTS à prescrição trintenária.

Art. 56. A penalidade de multa será aplicada pelo Gerente de Atendimento de Relações de Emprego, do INSS, mediante decisão fundamentada, lançada em processo administrativo, assegurada ampla defesa ao autuado.

Parágrafo único. Na fixação da penalidade a autoridade administrativa levará em conta as circunstâncias e consequências da infração, bem como ser o infrator primário ou reincidente, a sua situação econômico-financeira e os meios ao seu alcance para cumprir a lei.

Art. 57. Quando julgado procedente o recurso interposto na forma do art. 636 da CLT, os depósitos efetuados para garantia de instância serão restituídos com os valores atualizados na forma da lei.

Art. 58. A rede arrecadadora e a CEF deverão prestar ao MTPS as informações necessárias à fiscalização.

CAPÍTULO X
DO FUNDO E DO SEU EXERCÍCIO FINANCEIRO

Art. 59. O FGTS é constituído pelos saldos das contas vinculadas e outros recursos a ele incorporados.

Parágrafo único. Constituem recursos incorporados ao FGTS:

a) eventuais saldos apurados nos termos do art. 68;

b) dotações orçamentárias específicas;

c) resultados de aplicações;

d) multas, correção monetária e juros moratórios auferidos; e

e) outras receitas patrimoniais e financeiras.

Art. 60. O exercício financeiro do FGTS será de 1.º de janeiro a 31 de dezembro.

§ 1.º No final de cada exercício financeiro será realizado balanço anual do FGTS.

§ 2.º As contas do FGTS serão escrituradas em registros contábeis próprios.

CAPÍTULO XI
DA APLICAÇÃO DOS RECURSOS

Art. 61. As aplicações com recursos do FGTS poderão ser realizadas diretamente pela CEF, pelos demais órgãos integrantes do SFH e pelas entidades para esse fim credenciadas pelo Banco Central do Brasil como agentes financeiros, exclusivamente segundo critérios fixados pelo Conselho Curador, mediante operações em que sejam assegurados:

I – garantia real;

II – correção monetária igual à das contas vinculadas;

III – taxa de juros média mínima, por projeto, de três por cento ao ano; e

IV – prazo máximo de retorno de vinte e cinco anos.

§ 1.º A rentabilidade média das aplicações deverá ser suficiente à cobertura de todos os custos incorridos pelo Fundo e ainda à formação de reserva técnica para o atendimento de gastos eventuais não previstos, sendo da CEF o risco de crédito.

§ 2.º Os recursos do FGTS deverão ser aplicados em habitação, saneamento básico e infraestrutura urbana, sem prejuízo das disponibilidades financeiras que deverão ser mantidas em volume que satisfaça às condições de liquidez e à remuneração mínima necessária à preservação do poder aquisitivo da moeda.

§ 3.º O programa de aplicações deverá destinar, no mínimo, sessenta por cento para investimentos em habitação popular.

§ 4.º O Conselho Curador definirá o conceito de habitação popular considerando, em especial, a renda das famílias a serem atendidas.

§ 5.º Os projetos de saneamento básico e infraestrutura urbana, financiados com recursos do FGTS, deverão ser complementares aos programas habitacionais.

§ 6.º Nos financiamentos concedidos a pessoa jurídica de direito público será exigida garantia real ou vinculação de receitas.

Art. 62. O Conselho Curador fixará diretrizes e estabelecerá critérios técnicos para as aplicações dos recursos do FGTS, de forma que sejam:

I – exigida a participação dos contratantes de financiamentos nos investimentos a serem realizados;

II – assegurado o cumprimento, por parte dos contratantes, das obrigações decorrentes dos financiamentos obtidos; e

III – evitadas distorções na aplicação entre as regiões do País, considerando para tanto a demanda habitacional, a população e outros indicadores sociais.

CAPÍTULO XII

DO CONSELHO CURADOR DO FGTS

Art. 63. O FGTS será regido segundo normas e diretrizes estabelecidas por um Conselho Curador.

Art. 64. Ao Conselho Curador compete:

I – estabelecer as diretrizes e os programas de alocação de todos os recursos do FGTS, de acordo com os critérios definidos na Lei n. 8.036, de 1990, em consonância com a política nacional de desenvolvimento urbano e as políticas setoriais de habitação popular, saneamento básico e infraestrutura urbana estabelecidas pelo Governo Federal;

II – apreciar e aprovar os programas anuais e plurianuais do FGTS;

III – acompanhar e avaliar a gestão econômica e financeira dos recursos, bem como os ganhos sociais e o desempenho dos programas aprovados;

IV – pronunciar-se sobre as contas do FGTS, antes do seu encaminhamento aos órgãos de controle interno;

V – adotar as providências cabíveis para a correção de atos do MAS e da CEF, que prejudiquem o desempenho e o cumprimento das finalidades a que se destinam os recursos do FGTS;

VI – dirimir dúvidas quanto à aplicação das normas regulamentares, relativas ao FGTS, nas matérias de sua competência;

VII – fixar as normas e valores de remuneração do Agente Operador e dos agentes financeiros;

VIII – fixar critérios para o parcelamento de recolhimentos em atraso;

IX – fixar critérios e valor de remuneração da entidade ou órgão encarregado da fiscalização;

X – divulgar, no *Diário Oficial da União*, todas as decisões proferidas pelo Conselho, bem como as contas do FGTS e os respectivos pareceres emitidos; e

XI – aprovar seu regimento interno.

Art. 65. O Conselho Curador do FGTS, presidido pelo Ministro de Estado do Trabalho e da Previdência Social, tem a seguinte composição:

I – Ministro de Estado da Economia, Fazenda e Planejamento;

II – Ministro de Estado da Ação Social;

III – Presidente do Banco Central do Brasil;

IV – Presidente da Caixa Econômica Federal;

V – três representantes dos trabalhadores; e

VI – três representantes dos empregadores.

§ 1.º Os representantes dos trabalhadores e dos empregadores, bem como os seus suplentes, serão indicados pelas respectivas centrais sindicais e confederações nacionais e nomeados pelo Ministro de Estado do Trabalho e da Previdência Social, com mandato de dois anos, permitida a recondução uma vez.

§ 2.º Os presidentes das entidades referidas nos incisos III e IV indicarão seus suplentes ao Presidente do Conselho Curador, que os nomeará.

§ 3.º O Conselho Curador reunir-se-á ordinariamente, a cada bimestre, mediante convocação de seu Presidente. Esgotado esse período, não tendo ocorrido convocação, qualquer de seus membros poderá fazê-la, no prazo de quinze dias. Havendo necessidade, qualquer membro poderá convocar reunião extraordinária, na forma do Regimento Interno.

§ 4.º As decisões do Conselho Curador serão tomadas por maioria simples, com a presença de, no mínimo, sete de seus membros, tendo o Presidente voto de qualidade.

§ 5.º As despesas necessárias para o comparecimento às reuniões do Conselho Curador constituirão ônus das respectivas entidades representadas.

§ 6.º As ausências ao trabalho dos representantes dos trabalhadores no Conselho Curador, decorrentes das atividades desse órgão, serão abonadas, computando-se como jornada efetivamente trabalhada para todos os fins e efeitos legais.

§ 7.º Competirá ao MTPS proporcionar, ao Conselho Curador, os meios necessários ao exercício de sua competência, para o que contará com uma Secretaria Executiva do Conselho Curador do FGTS.

§ 8.º Aos membros efetivos do Conselho Curador e aos seus suplentes, enquanto representantes dos trabalhadores, é assegurada a estabilidade no emprego, da nomeação até um ano após o término do mandato, somente podendo ser demitidos por motivo de falta grave, regularmente comprovada.

§ 9.º As funções de membro do Conselho Curador não serão remuneradas, sendo o seu exercício considerado serviço relevante.

CAPÍTULO XIII

DO GESTOR DA APLICAÇÃO DO FGTS

Art. 66. Ao Ministério do Planejamento e Orçamento, na qualidade de Gestor da aplicação dos recursos do FGTS, compete:

•• *Caput*, com redação determinada pelo Decreto n. 1.522, de 13-6-1995.

I – praticar todos os atos necessários à gestão da aplicação do FGTS, de acordo com as diretrizes e programas estabelecidos pelo Conselho Curador;

•• Inciso I com redação determinada pelo Decreto n. 1.522, de 13-6-1995.

II – expedir atos normativos relativos à alocação dos recursos para a implementação dos programas aprovados pelo Conselho Curador;

•• Inciso II com redação determinada pelo Decreto n. 1.522, de 13-6-1995.

III – definir as metas a serem alcançadas pelos programas de habitação popular, saneamento básico e infraestrutura urbana;

•• Inciso III com redação determinada pelo Decreto n. 1.522, de 13-6-1995.

IV – estabelecer os critérios, procedimentos e parâmetros básicos para a análise, seleção, contratação, acompanhamento e avaliação dos projetos a serem financiados com recursos do FGTS, com observância dos objetivos da política nacional de desenvolvimento urbano e das políticas setoriais de habitação popular, saneamento básico e infraestrutura urbana, estabelecidas pelo Governo Federal;

•• Inciso IV com redação determinada pelo Decreto n. 1.522, de 13-6-1995.

V – definir as prioridades, a metodologia e os parâmetros básicos que nortearão a elaboração dos orçamentos e planos plurianuais de aplicação dos recursos do FGTS;

•• Inciso V com redação determinada pelo Decreto n. 1.522, de 13-6-1995.

VI – elaborar os orçamentos anuais e planos plurianuais de aplicação dos recursos, discriminando-os por Unidade da Federação e submetendo-os, até 31 de julho de cada ano, ao Conselho Curador;

•• Inciso VI com redação determinada pelo Decreto n. 1.522, de 13-6-1995.

VII – acompanhar a execução dos programas de habitação popular, saneamento básico e infraestrutura urbana, decorrentes da aplicação dos recursos do FGTS, implementadas pelo Agente Operador;

•• Inciso VII com redação determinada pelo Decreto n. 1.522, de 13-6-1995.

VIII – subsidiar o Conselho Curador com estudos técnicos necessários ao aprimoramento dos programas de habitação popular, saneamento e infraestrutura urbana;

•• Inciso VIII com redação determinada pelo Decreto n. 1.522, de 13-6-1995.

IX – submeter ao Conselho Curador as contas do FGTS.

•• Inciso IX com redação determinada pelo Decreto n. 1.522, de 13-6-1995.

Parágrafo único. O Gestor da aplicação poderá firmar convênios com os Governos dos Estados e do Distrito Federal para, por intermédio de instâncias colegiadas constituídas de representantes do governo estadual, dos governos municipais, quando houver, e da sociedade civil, em igual número, enquadrar, hierarquizar e selecionar os pleitos de operações de crédito com recursos do FGTS.

•• Parágrafo único com redação determinada pelo Decreto n. 1.522, de 13-6-1995.

CAPÍTULO XIV
DO AGENTE OPERADOR DO FGTS

Art. 67. Cabe à CEF, na qualidade de Agente Operador do FGTS:

•• *Caput* com redação determinada pelo Decreto n. 1.522, de 13-6-1995.

I – centralizar os recursos do FGTS, participar da rede incumbida de sua arrecadação, manter e controlar as contas vinculadas e emitir regularmente os extratos individuais correspondentes;

•• Inciso I com redação determinada pelo Decreto n. 1.522, de 13-6-1995.

II – definir os procedimentos operacionais necessários à execução dos programas de habitação popular, saneamento básico e infraestrutura urbana e ao cumprimento das resoluções do Conselho Curador e dos atos normativos do Gestor da aplicação do FGTS;

•• Inciso II com redação determinada pelo Decreto n. 1.522, de 13-6-1995.

III – expedir atos normativos referentes aos procedimentos administrativos e operacionais dos bancos depositários, dos agentes financeiros e promotores, dos tomadores dos recursos, dos empregadores e dos trabalhadores, integrantes do sistema do FGTS;

•• Inciso III com redação determinada pelo Decreto n. 1.522, de 13-6-1995.

IV – analisar, sob os aspectos jurídico e de viabilidade técnica, econômica e financeira os projetos de habitação popular, infraestrutura urbana e saneamento básico a serem financiados com recursos do FGTS;

•• Inciso IV com redação determinada pelo Decreto n. 1.522, de 13-6-1995.

V – avaliar o desempenho e a capacidade econômico-financeira dos agentes envolvidos nas operações de crédito com recursos do FGTS;

•• Inciso V com redação determinada pelo Decreto n. 1.522, de 13-6-1995.

VI – conceder os créditos para as operações previamente selecionadas e hierarquizadas, desde que consideradas viáveis, de acordo com o disposto no inciso IV deste artigo, responsabilizando-se pelo acompanhamento de sua execução e zelando pela correta aplicação dos recursos;

•• Inciso VI com redação determinada pelo Decreto n. 1.522, de 13-6-1995.

VII – formalizar convênios com a rede bancária para recebimento de pagamento do FGTS, em conformidade com o disposto pelo Conselho Curador;

•• Inciso VII com redação determinada pelo Decreto n. 1.522, de 13-6-1995.

VIII – celebrar convênios e contratos, visando à aplicação dos recursos do FGTS, em conformidade com o disposto pelo Conselho Curador;

•• Inciso VIII com redação determinada pelo Decreto n. 1.522, de 13-6-1995.

IX – elaborar as contas do FGTS, encaminhando-as ao Gestor da aplicação;

•• Inciso IX com redação determinada pelo Decreto n. 1.522, de 13-6-1995.

X – implementar os atos do Gestor relativos à alocação e à aplicação dos recursos do FGTS, de acordo com as diretrizes estabelecidas pelo Conselho Curador;

•• Inciso X com redação determinada pelo Decreto n. 1.522, de 13-6-1995.

XI – emitir Certificado de Regularidade do FGTS;

•• Inciso XI com redação determinada pelo Decreto n. 1.522, de 13-6-1995.

XII – apresentar relatórios gerenciais periódicos e, sempre que solicitadas, outras informações, com a finalidade de proporcionar ao Gestor da aplicação e ao Conselho Curador meios para avaliar o desempenho dos programas, nos seus aspectos físico, econômico-financeiro, social e institucional, e sua conformidade com as diretrizes governamentais;

•• Inciso XII com redação determinada pelo Decreto n. 1.522, de 13-6-1995.

XIII – expedir atos normativos referentes aos procedimentos administrativo-operacionais a serem observados pelos agentes administradores dos FMP-FGTS e dos CI-FGTS, no que se refere às questões relacionadas ao cadastramento, ao fluxo de informações das movimentações e a resgates de quotas;

•• Inciso XIII acrescentado pelo Decreto n. 2.430, de 17-12-1997.

XIV – determinar aos administradores dos FMP-FGTS e dos CI-FGTS o retorno das aplicações do FGTS, nos casos de falecimento do titular, de aquisição de casa própria, de amortização ou liquidação de saldo devedor de financiamento do SFH e para o cumprimento de ordem judicial.

•• Inciso XIV acrescentado pelo Decreto n. 2.430, de 17-12-1997.

Art. 68. Os resultados financeiros auferidos pela CEF, no período entre o repasse dos bancos e o depósito nas contas vinculadas dos trabalhadores, destinar-se-ão à cobertura das despesas de administração do FGTS e ao pagamento da tarifa aos bancos depositários, devendo os eventuais saldos ser incorporados ao patrimônio do Fundo, nos termos do art. 59, parágrafo único, alínea *a*.

CAPÍTULO XV
DAS DISPOSIÇÕES GERAIS

Art. 69. É competente a Justiça do Trabalho para julgar os dissídios entre os trabalhadores e os empregadores, decorrentes da aplicação da Lei n. 8.036, de 1990, mesmo quando a União e a CEF figurarem como litisconsortes.

Parágrafo único. Nas reclamatórias trabalhistas que objetivem o ressarcimento de parcelas relativas ao FGTS, ou que, direta ou indiretamente, impliquem essa obrigação, o juiz determinará que a empresa sucumbente proceda ao recolhimento imediato das importâncias devidas a tal título.

Art. 70. Poderá o próprio trabalhador, seus dependentes e sucessores, ou, ainda, o sindicato a que estiver vinculado, acionar diretamente a empresa para compeli-la a efetuar o depósito das importâncias devidas nos termos da Lei n. 8.036, de 1990.

Parágrafo único. A União e a CEF deverão ser notificadas da propositura da reclamação.

Art. 71. São isentos de tributos federais os atos e operações necessários à aplicação da Lei n. 8.036, de 1990, quando praticados pela CEF, pelos trabalhadores e seus dependentes ou sucessores, pelos empregadores e pelos estabelecimentos bancários.

Parágrafo único. Aplica-se o disposto neste artigo às importâncias devidas, nos termos da Lei n. 8.036, de 1990, aos trabalhadores e seus dependentes ou sucessores.

Art. 72. É facultado à entidade sindical representar os trabalhadores junto ao empregador, ao banco depositário ou à CEF, para obtenção de informações relativas ao FGTS.

Art. 73. É facultado ao empregador desobrigar-se da responsabilidade da indenização relativa ao tempo de serviço anterior à opção, depositando na conta vinculada do trabalhador, até o último dia útil do mês previsto em lei para o pagamento de salário, o valor correspondente à indenização, aplicando-se ao depósito, no que couber, as disposições da Lei n. 8.036, de 1990, e deste Regulamento.

CAPÍTULO XVI
DAS DISPOSIÇÕES FINAIS E TRANSITÓRIAS

Art. 74. O MAS, a CEF e o Conselho Curador serão responsáveis pelo fiel cumprimento e observância dos critérios estabelecidos na Lei n. 8.036, de 1990, e neste Regulamento.

Art. 75. O Conselho Curador expedirá os atos necessários para que seja resguardada a integridade dos direitos do trabalhador, notadamente no que se refere à atualização dos respectivos créditos e à exata informação, quando da centralização das contas do FGTS na CEF.

Art. 76. Os trabalhadores admitidos a termo e os temporários, cujos contratos se extinguiram durante a vigência da Lei n. 7.839, de 12 de outubro de 1989, poderão movimentar suas contas vinculadas relativas a esses contratos, cabendo aos então empregadores fornecer os documentos necessários para o levantamento dos respectivos valores.

Art. 77. O disposto no art. 7.º se aplica aos diretores não empregados das autarquias em regime especial e fundações sob supervisão ministerial (Lei n. 6.919, de 1981).

Art. 78. O MAS e a CEF deverão dar pleno cumprimento aos programas anuais em andamento, aprovados pelo Conselho Curador, sendo que eventuais alterações somente poderão ser processadas mediante prévia anuência daquele colegiado.

Art. 79. Até que se cumpra o disposto no art. 29 do Ato das Disposições Constitucionais Transitórias, cabe à Procuradoria-Geral da Fazenda Nacional promover a execução judicial dos créditos da União decorrentes da aplicação de penalidades previstas na Lei n. 8.036, de 1990.

DECRETO N. 5,

DE 14 DE JANEIRO DE 1991 (*)

Regulamenta a Lei n. 6.321, de 14 de abril de 1976, que trata do Programa de Alimentação do Trabalhador, revoga o Decreto n. 78.676, de 8 de novembro de 1976, e dá outras providências.

O Presidente da República, no uso da atribuição que lhe confere o art. 84, IV, da Constituição, decreta:

Art. 1.º A pessoa jurídica poderá deduzir, do imposto de renda devido, valor equivalente à aplicação da alíquota cabível do imposto de renda sobre a soma das despesas de custeio realizadas, no período-base, em Programas de Alimentação do Trabalhador, previamente aprovados pelo Ministério do Trabalho e da Previdência Social – MTPS, nos termos deste regulamento.

§ 1.º As despesas realizadas durante o período-base da pessoa jurídica, além de constituírem custo operacional, poderão ser consideradas em igual montante para o fim previsto neste artigo.

§ 2.º A dedução do imposto de renda estará limitada a 5% (cinco por cento) do imposto devido em cada exercício,

(*) Publicado no *DOU*, de 15-1-1991.

podendo o eventual excesso ser transferido para dedução nos 2 (dois) exercícios subsequentes.

•• § 2.º com redação determinada pelo Decreto n. 349, de 21-11-1991.

§ 3.º As despesas de custeio admitidas na base de cálculo de incentivo são aquelas que vierem a constituir o custo direto e exclusivo do serviço de alimentação, podendo ser considerados, além da matéria-prima, mão de obra, encargos decorrentes de salários, asseio e os gastos de energia diretamente relacionados ao preparo e à distribuição das refeições.

§ 4.º Para os efeitos deste Decreto, entende-se como prévia aprovação pelo Ministério do Trabalho e da Previdência Social, a apresentação de documento hábil a ser definido em Portaria dos Ministros do Trabalho e Previdência Social; da Economia, Fazenda e Planejamento e da Saúde.

Art. 2.º Para os efeitos do art. 2.º da Lei n. 6.321, de 14 de abril de 1976, os trabalhadores de renda mais elevada poderão ser incluídos no programa de alimentação, desde que esteja garantido o atendimento da totalidade dos trabalhadores contratados pela pessoa jurídica beneficiária que percebam até 5 (cinco) salários mínimos.

§ 1.º A participação do trabalhador fica limitada a 20% (vinte por cento) do custo direto da refeição.

•• § 1.º acrescentado pelo Decreto n. 349, de 21-11-1991.

§ 2.º A quantificação do custo direto da refeição far-se-á conforme o período de execução do Programa aprovado pelo Ministério do Trabalho e da Previdência Social, limitado ao máximo de 12 (doze) meses.

•• § 2.º acrescentado pelo Decreto n. 349, de 21-11-1991.

Art. 3.º Os Programas de Alimentação do Trabalhador deverão propiciar condições de avaliação do teor nutritivo de alimentação.

Art. 4.º Para a execução dos programas de alimentação do trabalhador, a pessoa jurídica beneficiária pode manter serviço próprio de refeições, distribuir alimentos e firmar convênio com entidades fornecedoras de alimentação coletiva, sociedades civis, sociedades comerciais e sociedades cooperativas.

•• *Caput* com redação determinada pelo Decreto n. 2.101, de 23-12-1996.

Parágrafo único. A pessoa jurídica beneficiária será responsável por quaisquer irregularidades resultantes dos programas executados na forma deste artigo.

Art. 5.º A pessoa jurídica que custear em comum as despesas definidas no art. 4.º poderá beneficiar-se da dedução prevista na Lei n. 6.321, de 14 de abril de 1976, pelo critério de rateio do custo total da alimentação.

Art. 6.º Nos Programas de Alimentação do Trabalhador – PAT, previamente aprovados pelo Ministério do Trabalho e da Previdência Social, a parcela paga *in natura* pela empresa não tem natureza salarial, não se incorpora à remuneração para quaisquer efeitos, não constitui base de incidência de contribuição previdenciária ou do Fundo de Garantia do Tempo de Serviço e nem se configura como rendimento tributável do trabalhador.

Art. 7.º A pessoa jurídica deverá destacar contabilmente, com subtítulos por natureza de gastos, as despesas constantes do programa de alimentação do trabalhador.

Art. 8.º A execução inadequada dos Programas de Alimentação do Trabalhador ou o desvio ou desvirtuamento de suas finalidades acarretarão a perda do incentivo fiscal e a aplicação das penalidades cabíveis.

Parágrafo único. Na hipótese de infringência de dispositivos deste regulamento, as autoridades incumbidas da fiscalização no âmbito dos Ministérios do Trabalho e da Previdência Social, da Economia, Fazenda e Planejamento, e da Saúde aplicarão as penalidades cabíveis no âmbito de suas competências.

Art. 9.º O Ministério do Trabalho e da Previdência Social expedirá instruções dispondo sobre a aplicação deste Decreto.

• A Portaria n. 3, de 1.º-3-2002, da Secretaria de Inspeção do Trabalho, baixa instruções sobre a execução do Programa de Alimentação do Trabalhador – PAT de que trata este Decreto.

Art. 10. Este Decreto entra em vigor na data de sua publicação.

Art. 11. Revogam-se o Decreto n. 78.676, de 8 de novembro de 1976, e demais disposições em contrário.

Brasília, 14 de janeiro de 1991; 170.º da Independência e 103.º da República.

FERNANDO COLLOR

LEI N. 8.177,
DE 1.º DE MARÇO DE 1991 (*)

Estabelece regras para a desindexação da economia e dá outras providências.

O Presidente da República

Faço saber que o Congresso Nacional decreta e eu sanciono a seguinte lei:

Art. 1.º O Banco Central do Brasil divulgará Taxa Referencial (TR), calculada a partir da remuneração mensal média líquida de impostos, dos depósitos a prazo fixo captados nos bancos comerciais, bancos de investimentos, bancos múltiplos com carteira comercial ou de investimentos, caixas econômicas, ou dos títulos públicos federais, estaduais e municipais, de acordo com metodologia a ser aprovada pelo Conselho Monetário Nacional, no prazo de sessenta dias, e enviada ao conhecimento do Senado Federal.

....

Art. 39. Os débitos trabalhistas de qualquer natureza, quando não satisfeitos pelo empregador nas épocas próprias assim definidas em lei, acordo ou convenção coletiva, sentença normativa ou cláusula contratual sofrerão juros de mora equivalentes à TRD acumulada no período compreendido entre a data de vencimento da obrigação e o seu efetivo pagamento.

§ 1.º Aos débitos trabalhistas constantes de condenação pela Justiça do Trabalho ou decorrentes dos acordos feitos em reclamatória trabalhista, quando não cumpridos nas

(*) Publicada no *DOU*, de 4-3-1991 – Suplemento.

condições homologadas ou constantes do termo de conciliação, serão acrescidos, nos juros de mora previstos no *caput* juros de um por cento ao mês, contados do ajuizamento da reclamatória e aplicados *pro rata die*, ainda que não explicitados na sentença ou no termo de conciliação.

§ 2.º Na hipótese de a data de vencimento das obrigações de que trata este artigo ser anterior a 1.º de fevereiro de 1991, os juros de mora serão calculados pela composição entre a variação acumulada do BTN Fiscal no período compreendido entre a data de vencimento da obrigação e 31 de janeiro de 1991, e a TRD acumulada entre 1.º de fevereiro de 1991 e seu efetivo pagamento.

Art. 40. O depósito recursal de que trata o art. 899 da Consolidação das Leis do Trabalho fica limitado a Cr$ 20.000.000,00 (vinte milhões de cruzeiros), nos casos de interposição de recurso ordinário, e de Cr$ 40.000.000,00 (quarenta milhões de cruzeiros), em se tratando de recurso de revista, embargos infringentes e recursos extraordinários, sendo devido a cada novo recurso interposto no decorrer do processo.

•• *Caput* com redação determinada pela Lei n. 8.542, de 23-12-1992.

§ 1.º Em se tratando de condenação imposta em ação rescisória, o depósito recursal terá, como limite máximo, qualquer que seja o recurso, o valor de Cr$ 40.000.000,00 (quarenta milhões de cruzeiros).

•• § 1.º com redação determinada pela Lei n. 8.542, de 23-12-1992.

§ 2.º A exigência de depósito aplica-se, igualmente, aos embargos, à execução e a qualquer recurso subsequente do devedor.

•• § 2.º com redação determinada pela Lei n. 8.542, de 23-12-1992.

§ 3.º O valor do recurso ordinário, quando interposto em dissídio coletivo, será equivalente ao quádruplo do previsto no *caput* deste artigo.

•• § 3.º com redação determinada pela Lei n. 8.542, de 23-12-1992.

§ 4.º Os valores previstos neste artigo serão reajustados bimestralmente pela variação acumulada do INPC do IBGE dos dois meses imediatamente anteriores.

•• § 4.º acrescentado pela Lei n. 8.542, de 23-12-1992.

....

Brasília, 1.º de março de 1991; 170.º da Independência e 103.º da República.

FERNANDO COLLOR

LEI N. 8.212,

DE 24 DE JULHO DE 1991 (*)

Dispõe sobre a organização da Seguridade Social, institui Plano de Custeio, e dá outras providências.

O Presidente da República.

(*) Publicada no *DOU*, de 25-7-1991, republicada em 11-4-1996 e em 14-8-1998. *Vide* Súmula 516 do STJ.

Faço saber que o Congresso Nacional decreta e eu sanciono a seguinte Lei:

LEI ORGÂNICA DA SEGURIDADE SOCIAL

TÍTULO I
CONCEITUAÇÃO E PRINCÍPIOS CONSTITUCIONAIS

Art. 1.º A Seguridade Social compreende um conjunto integrado de ações de iniciativa dos poderes públicos e da sociedade, destinado a assegurar o direito relativo à saúde, à previdência e à assistência social.

Parágrafo único. A Seguridade Social obedecerá aos seguintes princípios e diretrizes:

a) universalidade da cobertura e do atendimento;

b) uniformidade e equivalência dos benefícios e serviços às populações urbanas e rurais;

c) seletividade e distributividade na prestação dos benefícios e serviços;

d) irredutibilidade do valor dos benefícios;

e) equidade na forma de participação no custeio;

f) diversidade da base de financiamento;

g) caráter democrático e descentralizado da gestão administrativa com a participação da comunidade, em especial de trabalhadores, empresários e aposentados.

....

TÍTULO III
DA PREVIDÊNCIA SOCIAL

Art. 3.º A Previdência Social tem por fim assegurar aos seus beneficiários meios indispensáveis de manutenção, por motivo de incapacidade, idade avançada, tempo de serviço, desemprego involuntário, encargos de família e reclusão ou morte daqueles de quem dependiam economicamente.

Parágrafo único. A organização da Previdência Social obedecerá aos seguintes princípios e diretrizes:

....

b) valor da renda mensal dos benefícios, substitutos do salário de contribuição ou de rendimento do trabalho do segurado, não inferior ao do salário mínimo;

....

TÍTULO VI
DO FINANCIAMENTO DA SEGURIDADE SOCIAL

....

CAPÍTULO I
DOS CONTRIBUINTES

SEÇÃO I
Dos Segurados

Art. 12. São segurados obrigatórios da Previdência Social as seguintes pessoas físicas:

I – como empregado:

a) aquele que presta serviço de natureza urbana ou rural à empresa, em caráter não eventual, sob sua subordinação e mediante remuneração, inclusive como diretor empregado;

b) aquele que, contratado por empresa de trabalho temporário, definida em legislação específica, presta serviço para atender a necessidade transitória de substituição de pessoal regular e permanente ou a acréscimo extraordinário de serviços de outras empresas;

c) o brasileiro ou estrangeiro domiciliado e contratado no Brasil para trabalhar como empregado em sucursal ou agência de empresa nacional no exterior;

d) aquele que presta serviço no Brasil a missão diplomática ou a repartição consular de carreira estrangeira e a órgãos a ela subordinados, ou a membros dessas missões e repartições, excluídos o não brasileiro sem residência permanente no Brasil e o brasileiro amparado pela legislação previdenciária do país da respectiva missão diplomática ou repartição consular;

e) o brasileiro civil que trabalha para a União, no exterior, em organismos oficiais brasileiros ou internacionais dos quais o Brasil seja membro efetivo, ainda que lá domiciliado e contratado, salvo se segurado na forma da legislação vigente do país do domicílio;

f) o brasileiro ou estrangeiro domiciliado e contratado no Brasil para trabalhar como empregado em empresa domiciliada no exterior, cuja maioria do capital votante pertença a empresa brasileira de capital nacional;

g) o servidor público ocupante de cargo em comissão, sem vínculo efetivo com a União, Autarquias, inclusive em regime especial, e Fundações Públicas Federais;

•• Alínea *g* acrescentada pela Lei n. 8.647, de 13-7-1993.

h) o exercente de mandato eletivo federal, estadual ou municipal, desde que não vinculado a regime próprio de previdência social;

•• A Lei n. 10.887, de 18-6-2004, acrescentou alínea *j* a este inciso, com redação idêntica a esta alínea *h*.

•• A Resolução n. 26, de 21-6-2005, do Senado Federal, suspendeu a execução desta alínea em virtude da declaração de sua inconstitucionalidade em decisão definitiva pelo STF.

i) o empregado de organismo oficial internacional ou estrangeiro em funcionamento no Brasil, salvo quando coberto por regime próprio de previdência social;

•• Alínea *i* acrescentada pela Lei n. 9.876, de 26-11-1999.

j) o exercente de mandato eletivo federal, estadual ou municipal, desde que não vinculado a regime próprio de previdência social;

•• Alínea *j* acrescentada pela Lei n. 10.887, de 28-6-2004.

•• *Vide* notas na alínea *h* do inciso I deste artigo.

II – como empregado doméstico: aquele que presta serviço de natureza contínua a pessoa ou família, no âmbito residencial desta, em atividades sem fins lucrativos;

III e IV – (*Revogados pela Lei n. 9.876, de 26-11-1999.*)

V – como contribuinte individual:

•• Inciso V, *caput*, com redação determinada pela Lei n. 9.876, de 26-11-1999.

a) a pessoa física, proprietária ou não, que explora atividade agropecuária, a qualquer título, em caráter permanente ou temporário, em área superior a 4 (quatro) módulos fiscais; ou, quando em área igual ou inferior a 4 (quatro) módulos fiscais ou atividade pesqueira, com auxílio de empregados ou por intermédio de prepostos; ou ainda nas hipóteses dos §§ 10 e 11 deste artigo;

•• Alínea *a* com redação determinada pela Lei n. 11.718, de 20-6-2008.

b) a pessoa física, proprietária ou não, que explora atividade de extração mineral – garimpo, em caráter permanente ou temporário, diretamente ou por intermédio de prepostos, com ou sem o auxílio de empregados, utilizados a qualquer título, ainda que de forma não contínua;

•• Alínea *b* com redação determinada pela Lei n. 9.876, de 26-11-1999.

c) o ministro de confissão religiosa e o membro de instituto de vida consagrada, de congregação ou de ordem religiosa;

•• Alínea *c* com redação determinada pela Lei n. 10.403, de 8-1-2002.

d) (*Revogada pela Lei n. 9.876, de 26-11-1999.*)

e) o brasileiro civil que trabalha no exterior para organismo oficial internacional do qual o Brasil é membro efetivo, ainda que lá domiciliado e contratado, salvo quando coberto por regime próprio de previdência social;

•• Alínea *e* com redação determinada pela Lei n. 9.876, de 26-11-1999.

f) o titular de firma individual urbana ou rural, o diretor não empregado e o membro de conselho de administração de sociedade anônima, o sócio solidário, o sócio de indústria, o sócio gerente e o sócio cotista que recebam remuneração decorrente de seu trabalho em empresa urbana ou rural, e o associado eleito para cargo de direção em cooperativa, associação ou entidade de qualquer natureza ou finalidade, bem como o síndico ou administrador eleito para exercer atividade de direção condominial, desde que recebam remuneração;

•• Alínea *f* acrescentada pela Lei n. 9.876, de 26-11-1999.

g) quem presta serviço de natureza urbana ou rural, em caráter eventual, a uma ou mais empresas, sem relação de emprego;

•• Alínea *g* acrescentada pela Lei n. 9.876, de 26-11-1999.

h) a pessoa física que exerce, por conta própria, atividade econômica de natureza urbana, com fins lucrativos ou não;

•• Alínea *h* acrescentada pela Lei n. 9.876, de 26-11-1999.

VI – como trabalhador avulso: quem presta, a diversas empresas, sem vínculo empregatício, serviços de natureza urbana ou rural definidos no regulamento;

VII – como segurado especial: a pessoa física residente no imóvel rural ou em aglomerado urbano ou rural próximo a ele que, individualmente ou em regime de economia familiar, ainda que com o auxílio eventual de terceiros a título de mútua colaboração, na condição de:

•• Inciso VII, *caput*, com redação determinada pela Lei n. 11.718, de 20-6-2008.

a) produtor, seja proprietário, usufrutuário, possuidor, assentado, parceiro ou meeiro outorgados, comodatário ou arrendatário rurais, que explore atividade:

1. agropecuária em área de até 4 (quatro) módulos fiscais; ou

2. de seringueiro ou extrativista vegetal que exerça suas atividades nos termos do inciso XII do *caput* do art. 2.º da Lei n. 9.985, de 18 de julho de 2000, e faça dessas atividades o principal meio de vida;

•• Alínea *a* acrescentada pela Lei n. 11.718, de 20-6-2008.

b) pescador artesanal ou a este assemelhado, que faça da pesca profissão habitual ou principal meio de vida; e

•• Alínea *b* acrescentada pela Lei n. 11.718, de 20-6-2008.

c) cônjuge ou companheiro, bem como filho maior de 16 (dezesseis) anos de idade ou a este equiparado, do segurado de que tratam as alíneas *a* e *b* deste inciso, que, comprovadamente, trabalhem com o grupo familiar respectivo.

•• Alínea *c* acrescentada pela Lei n. 11.718, de 20-6-2008.

§ 1.º Entende-se como regime de economia familiar a atividade em que o trabalho dos membros da família é indispensável à própria subsistência e ao desenvolvimento socioeconômico do núcleo familiar e é exercido em condições de mútua dependência e colaboração, sem a utilização de empregados permanentes.

•• § 1.º com redação determinada pela Lei n. 11.718, de 20-6-2008.

§ 2.º Todo aquele que exercer, concomitantemente, mais de uma atividade remunerada sujeita ao Regime Geral de Previdência Social é obrigatoriamente filiado em relação a cada uma delas.

§ 3.º *(Revogado pela Lei n. 11.718, de 20-6-2008.)*

§ 4.º O aposentado pelo Regime Geral de Previdência Social – RGPS que estiver exercendo ou que voltar a exercer atividade abrangida por este Regime é segurado obrigatório em relação a essa atividade, ficando sujeito às contribuições de que trata esta Lei, para fins de custeio da Seguridade Social.

•• § 4.º acrescentado pela Lei n. 9.032, de 28-4-1995.

§ 5.º O dirigente sindical mantém, durante o exercício do mandato eletivo, o mesmo enquadramento no Regime Geral de Previdência Social – RGPS de antes da investidura.

•• § 5.º acrescentado pela Lei n. 9.528, de 10-12-1997.

§ 6.º Aplica-se o disposto na alínea *g* do inciso I do *caput* ao ocupante de cargo de Ministro de Estado, de Secretário Estadual, Distrital ou Municipal, sem vínculo efetivo com a União, Estados, Distrito Federal e Municípios, suas autarquias, ainda que em regime especial, e fundações.

•• § 6.º acrescentado pela Lei n. 9.876, de 26-11-1999.

§ 7.º Para serem considerados segurados especiais, o cônjuge ou companheiro e os filhos maiores de 16 (dezesseis) anos ou os a estes equiparados deverão ter participação ativa nas atividades rurais do grupo familiar.

•• § 7.º acrescentado pela Lei n. 11.718, de 20-6-2008.

§ 8.º O grupo familiar poderá utilizar-se de empregados contratados por prazo determinado ou trabalhador de que trata a alínea *g* do inciso V do *caput* deste artigo, à razão de no máximo 120 (cento e vinte) pessoas por dia no ano civil, em períodos corridos ou intercalados ou, ainda, por tempo equivalente em horas de trabalho, não sendo computado nesse prazo o período de afastamento em decorrência da percepção de auxílio-doença.

•• § 8.º com redação determinada pela Lei n. 12.873, de 24-10-2013.

§ 9.º Não descaracteriza a condição de segurado especial:

•• § 9.º, *caput*, acrescentado pela Lei n. 11.718, de 20-6-2008.

I – a outorga, por meio de contrato escrito de parceria, meação ou comodato, de até 50% (cinquenta por cento) de imóvel rural cuja área total não seja superior a 4 (quatro) módulos fiscais, desde que outorgante e outorgado continuem a exercer a respectiva atividade, individualmente ou em regime de economia familiar;

•• Inciso I acrescentado pela Lei n. 11.718, de 20-6-2008.

II – a exploração da atividade turística da propriedade rural, inclusive com hospedagem, por não mais de 120 (cento e vinte) dias ao ano;

•• Inciso II acrescentado pela Lei n. 11.718, de 20-6-2008.

III – a participação em plano de previdência complementar instituído por entidade classista a que seja associado, em razão da condição de trabalhador rural ou de produtor rural em regime de economia familiar;

•• Inciso III acrescentado pela Lei n. 11.718, de 20-6-2008.

IV – ser beneficiário ou fazer parte de grupo familiar que tem algum componente que seja beneficiário de programa assistencial oficial de governo;

•• Inciso IV acrescentado pela Lei n. 11.718, de 20-6-2008.

V – a utilização pelo próprio grupo familiar, na exploração da atividade, de processo de beneficiamento ou industrialização artesanal, na forma do § 11 do art. 25 desta Lei;

•• Inciso V acrescentado pela Lei n. 11.718, de 20-6-2008.

VI – a associação em cooperativa agropecuária ou de crédito rural; e

•• Inciso VI com redação determinada pela Lei n. 13.183, de 4-11-2015.

VII – a incidência do Imposto Sobre Produtos Industrializados – IPI sobre o produto das atividades desenvolvidas nos termos do § 14 deste artigo.

•• Inciso VII acrescentado pela Lei n. 12.873, de 24-10-2013.

§ 10. Não é segurado especial o membro de grupo familiar que possuir outra fonte de rendimento, exceto se decorrente de:

•• § 10, *caput*, acrescentado pela Lei n. 11.718, de 20-6-2008.

I – benefício de pensão por morte, auxílio-acidente ou auxílio-reclusão, cujo valor não supere o do menor benefício de prestação continuada da Previdência Social;

•• Inciso I acrescentado pela Lei n. 11.718, de 20-6-2008.

II – benefício previdenciário pela participação em plano de previdência complementar instituído nos termos do inciso IV do § 9.º deste artigo;

•• Inciso II acrescentado pela Lei n. 11.718, de 20-6-2008.

III – exercício de atividade remunerada em período não superior a 120 (cento e vinte) dias, corridos ou intercalados, no ano civil, observado o disposto no § 13 deste artigo;

•• Inciso III com redação determinada pela Lei n. 12.873, de 24-10-2013.

IV – exercício de mandato eletivo de dirigente sindical de organização da categoria de trabalhadores rurais;

•• Inciso IV acrescentado pela Lei n. 11.718, de 20-6-2008.

V – exercício de mandato de vereador do município onde desenvolve a atividade rural, ou de dirigente de cooperativa rural constituída exclusivamente por segurados especiais, observado o disposto no § 13 deste artigo;

•• Inciso V acrescentado pela Lei n. 11.718, de 20-6-2008.

•• A Lei n. 13.183, de 4-11-2015, propôs nova redação para este inciso, todavia teve seu texto vetado.

VI – parceria ou meação outorgada na forma e condições estabelecidas no inciso I do § 9.º deste artigo;

•• Inciso VI acrescentado pela Lei n. 11.718, de 20-6-2008.

VII – atividade artesanal desenvolvida com matéria-prima produzida pelo respectivo grupo familiar, podendo ser utilizada matéria-prima de outra origem, desde que a renda mensal obtida na atividade não exceda ao menor benefício de prestação continuada da Previdência Social; e

•• Inciso VII acrescentado pela Lei n. 11.718, de 20-6-2008.

VIII – atividade artística, desde que em valor mensal inferior ao menor benefício de prestação continuada da Previdência Social.

•• Inciso VIII acrescentado pela Lei n. 11.718, de 20-6-2008.

§ 11. O segurado especial fica excluído dessa categoria:

•• § 11, *caput*, acrescentado pela Lei n. 11.718, de 20-6-2008.

I – a contar do primeiro dia do mês em que:

•• Inciso I, *caput*, acrescentado pela Lei n. 11.718, de 20-6-2008.

a) deixar de satisfazer as condições estabelecidas no inciso VII do *caput* deste artigo, sem prejuízo do disposto no art. 15 da Lei n. 8.213, de 24 de julho de 1991, ou exceder qualquer dos limites estabelecidos no inciso I do § 9.º deste artigo;

•• Alínea *a* acrescentada pela Lei n. 11.718, de 20-6-2008.

b) enquadrar-se em qualquer outra categoria de segurado obrigatório do Regime Geral de Previdência Social, ressalvado o disposto nos incisos III, V, VII e VIII do § 10 e no § 14 deste artigo, sem prejuízo do disposto no art. 15 da Lei n. 8.213, de 24 de julho de 1991;

•• Alínea *b* com redação determinada pela Lei n. 12.873, de 24-10-2013.

c) tornar-se segurado obrigatório de outro regime previdenciário; e

•• Alínea *c* com redação determinada pela Lei n. 12.873, de 24-10-2013.

d) participar de sociedade empresária, de sociedade simples, como empresário individual ou como titular de empresa individual de responsabilidade limitada em desacordo com as limitações impostas pelo § 14 deste artigo;

•• Alínea *d* acrescentada pela Lei n. 12.873, de 24-10-2013.

II – a contar do primeiro dia do mês subsequente ao da ocorrência, quando o grupo familiar a que pertence exceder o limite de:

•• Inciso II, *caput*, acrescentado pela Lei n. 11.718, de 20-6-2008.

a) utilização de trabalhadores nos termos do § 8.º deste artigo;

•• Alínea *a* acrescentada pela Lei n. 11.718, de 20-6-2008.

b) dias em atividade remunerada estabelecidos no inciso III do § 10 deste artigo; e

•• Alínea *b* acrescentada pela Lei n. 11.718, de 20-6-2008.

c) dias de hospedagem a que se refere o inciso II do § 9.º deste artigo.

•• Alínea *c* acrescentada pela Lei n. 11.718, de 20-6-2008.

§ 12. Aplica-se o disposto na alínea *a* do inciso V do *caput* deste artigo ao cônjuge ou companheiro do produtor que participe da atividade rural por este explorada.

•• § 12 acrescentado pela Lei n. 11.718, de 20-6-2008.

§ 13. O disposto nos incisos III e V do § 10 e no § 14 deste artigo não dispensa o recolhimento da contribuição devida em relação ao exercício das atividades de que tratam os referidos dispositivos.

•• § 13 com redação determinada pela Lei n. 12.873, de 24-10-2013.

§ 14. A participação do segurado especial em sociedade empresária, em sociedade simples, como empresário individual ou como titular de empresa individual de responsabilidade limitada de objeto ou âmbito agrícola, agroindustrial ou agroturístico, considerada microempresa nos termos da Lei Complementar n. 123, de 14 de dezembro de 2006, não o exclui de tal categoria previdenciária, desde que, mantido o exercício da sua atividade rural na forma do inciso VII do *caput* e do § 1.º, a pessoa jurídica componha-se apenas de segurados de igual natureza e sedie-se no mesmo Município ou em Município limítrofe àquele em que eles desenvolvam suas atividades.

•• § 14 acrescentado pela Lei n. 12.873, de 24-10-2013.

§ 15. (*Vetado.*)

•• § 15 acrescentado pela Lei n. 12.873, de 24-10-2013.

CAPÍTULO III
DA CONTRIBUIÇÃO DO SEGURADO

SEÇÃO I
Da Contribuição dos Segurados Empregado, Empregado Doméstico e Trabalhador Avulso

Art. 20. A contribuição do empregado, inclusive o doméstico, e a do trabalhador avulso é calculada mediante a aplicação da correspondente alíquota sobre o seu salário de contribuição mensal, de forma não cumulativa, observado o disposto no art. 28, de acordo com a seguinte tabela:

•• *Caput* com redação determinada pela Lei n. 9.032, de 28-4-1995.

Salário de contribuição (R$)	Alíquota para fins de recolhimento ao INSS
até 1.751,81	8%
de 1.751,82 até 2.919,72	9%
de 2.919,73 até 5.839,45	11%

•• Valores atualizados de acordo com a Portaria n. 9, de 15-1-2019, do Ministério da Economia, válidos a partir de 1.º-1-2019.

§ 1.º Os valores do salário de contribuição serão reajustados, a partir da data de entrada em vigor desta Lei, na mesma época e com os mesmos índices que os do reajustamento dos benefícios de prestação continuada da Previdência Social.

•• § 1.º com redação determinada pela Lei n. 8.620, de 5-1-1993.

§ 2.º O disposto neste artigo aplica-se também aos segurados empregados e trabalhadores avulsos que prestem serviços a microempresas.

•• § 2.º acrescentado pela Lei n. 8.620, de 5-1-1993.

SEÇÃO II

Da Contribuição dos Segurados Contribuinte Individual e Facultativo

•• Seção II com denominação determinada pela Lei n. 9.876, de 26-11-1999.

Art. 21. A alíquota de contribuição dos segurados contribuinte individual e facultativo será de 20% (vinte por cento) sobre o respectivo salário de contribuição.

•• *Caput* com redação determinada pela Lei n. 9.876, de 26-11-1999.

I e II – (*Revogados pela Lei n. 9.876, de 26-11-1999.*)

§ 1.º Os valores do salário de contribuição serão reajustados, a partir da data de entrada em vigor desta Lei, na mesma época e com os mesmos índices que os do reajustamento dos benefícios de prestação continuada da Previdência Social.

•• Primitivo parágrafo único com redação determinada pela Lei n. 9.711, de 20-11-1998, e renumerado pela Lei Complementar n. 123, de 14-12-2006.

§ 2.º No caso de opção pela exclusão do direito ao benefício de aposentadoria por tempo de contribuição, a alíquota de contribuição incidente sobre o limite mínimo mensal do salário de contribuição será de:

•• § 2.º, *caput*, com redação determinada pela Lei n. 12.470, de 31-8-2011.

I – 11% (onze por cento), no caso do segurado contribuinte individual, ressalvado o disposto no inciso II, que trabalhe por conta própria, sem relação de trabalho com empresa ou equiparado e do segurado facultativo, observado o disposto na alínea *b* do inciso II deste parágrafo;

•• Inciso I acrescentado pela Lei n. 12.470, de 31-8-2011.

II – 5% (cinco por cento):

•• Inciso II, *caput*, acrescentado pela Lei n. 12.470, de 31-8-2011.

a) no caso do microempreendedor individual, de que trata o art. 18-A da Lei Complementar n. 123, de 14 de dezembro de 2006; e

•• Alínea *a* acrescentada pela Lei n. 12.470, de 31-8-2011, produzindo efeitos a partir de 1.º-5-2011.

b) do segurado facultativo sem renda própria que se dedique exclusivamente ao trabalho doméstico no âmbito de sua residência, desde que pertencente a família de baixa renda.

•• Alínea *b* acrescentada pela Lei n. 12.470, de 31-8-2011.

§ 3.º O segurado que tenha contribuído na forma do § 2.º deste artigo e pretenda contar o tempo de contribuição correspondente para fins de obtenção da aposentadoria por tempo de contribuição ou da contagem recíproca do tempo de contribuição a que se refere o art. 94 da Lei n. 8.213, de 24 de julho de 1991, deverá complementar a contribuição mensal mediante recolhimento, sobre o valor correspondente ao limite mínimo mensal do salário de contribuição em vigor na competência a ser complementada, da diferença entre o percentual pago e o de 20% (vinte por cento), acrescido dos juros moratórios de que trata o § 3.º do art. 5.º da Lei n. 9.430, de 27 de dezembro de 1996.

•• § 3.º com redação determinada pela Lei n. 12.470, de 31-8-2011, produzindo efeitos a partir de 1.º-5-2011.

§ 4.º Considera-se de baixa renda, para os fins do disposto na alínea *b* do inciso II do § 2.º deste artigo, a família inscrita no Cadastro Único para Programas Sociais do Governo Federal – CadÚnico cuja renda mensal seja de até 2 (dois) salários mínimos.

•• § 4.º com redação determinada pela Lei n. 12.470, de 31-8-2011.

§ 5.º A contribuição complementar a que se refere o § 3.º deste artigo será exigida a qualquer tempo, sob pena de indeferimento do benefício.

•• § 5.º acrescentado pela Lei n. 12.507, de 11-10-2011.

CAPÍTULO IV

DA CONTRIBUIÇÃO DA EMPRESA

Art. 22. A contribuição a cargo da empresa, destinada à Seguridade Social, além do disposto no art. 23, é de:

• A Lei Complementar n. 123, de 14-12-2006, dispõe sobre o tratamento diferenciado e favorecido dispensado às microempresas e empresas de pequeno porte.

I – 20% (vinte por cento) sobre o total das remunerações pagas, devidas ou creditadas a qualquer título, durante o mês, aos segurados empregados e trabalhadores avulsos que lhe prestem serviços, destinadas a retribuir o trabalho, qualquer que seja a sua forma, inclusive as gorjetas, os ganhos habituais sob a forma de utilidades e os adiantamentos decorrentes de reajuste salarial, quer pelos serviços efetivamente prestados, quer pelo tempo à disposição do empregador ou tomador de serviços, nos termos da lei ou do contrato ou, ainda, de convenção ou acordo coletivo de trabalho ou sentença normativa.

•• Inciso I com redação determinada pela Lei n. 9.876, de 26-11-1999.

II – para o financiamento do benefício previsto nos arts. 57 e 58 da Lei n. 8.213, de 24 de julho de 1991, e daqueles concedidos em razão do grau de incidência de incapacidade laborativa decorrente dos riscos ambientais do trabalho, sobre o total das remunerações pagas ou creditadas, no decorrer do mês, aos segurados empregados e trabalhadores avulsos:

•• Inciso II, *caput*, com redação determinada pela Lei n. 9.732, de 11-12-1998.

• A alíquota de contribuição de um, dois ou três por cento, destinada ao financiamento do benefício de aposentadoria especial ou daqueles concedidos em razão do grau de incidência de incapacidade laborativa decorrente dos riscos ambientais do trabalho, de que trata este inciso, poderá ser reduzida, em até cinquenta por cento, conforme dispuser o regulamento, em razão do desempenho da empresa em relação à respectiva atividade econômica, apurado em conformidade com os resultados obtidos a partir dos índices de frequência, gravidade e custos, calculados segundo metodologia aprovada pelo Conselho Nacional de Previdência Social, por força do art. 10 da Lei n. 10.666, de 8-5-2003.

a) 1% (um por cento) para as empresas em cuja atividade preponderante o risco de acidentes do trabalho seja considerado leve;

•• Alínea *a* acrescentada pela Lei n. 9.732, de 11-12-1998.

b) 2% (dois por cento) para as empresas em cuja atividade preponderante esse risco seja considerado médio;

•• Alínea *b* acrescentada pela Lei n. 9.732, de 11-12-1998.

c) 3% (três por cento) para as empresas em cuja atividade preponderante esse risco seja considerado grave;

•• Alínea *c* acrescentada pela Lei n. 9.732, de 11-12-1998.

III – 20% (vinte por cento) sobre o total das remunerações pagas ou creditadas a qualquer título, no decorrer do mês, aos segurados contribuintes individuais que lhe prestem serviços;

•• Inciso III acrescentado pela Lei n. 9.876, de 26-11-1999.

IV – 15% (quinze por cento) sobre o valor bruto da nota fiscal ou fatura de prestação de serviços, relativamente a serviços que lhe são prestados por cooperados por intermédio de cooperativas de trabalho.

•• Inciso IV acrescentado pela Lei n. 9.876, de 26-11-1999.

•• A Resolução n. 10, de 30-3-2016, do Senado Federal, suspende a execução deste inciso.

§ 1.º No caso de bancos comerciais, bancos de investimentos, bancos de desenvolvimento, caixas econômicas, sociedades de crédito, financiamento e investimento, sociedades de crédito imobiliário, sociedades corretoras, distribuidoras de títulos e valores mobiliários, empresas de arrendamento mercantil, cooperativas de crédito, empresas de seguros privados e de capitalização, agentes autônomos de seguros privados e de crédito e entidades de previdência privada abertas e fechadas, além das contribuições referidas neste artigo e no art. 23, é devida a contribuição adicional de 2,5% (dois vírgula cinco por cento) sobre a base de cálculo definida nos incisos I e III deste artigo.

•• § 1.º com redação determinada pela Lei n. 9.876, de 26-11-1999.

•• A Medida Provisória n. 2.158-35, de 24-8-2011, reduziu a alíquota para 0,65% (sessenta e cinco centésimos por cento) em relação aos fatos geradores ocorridos a partir de 1.º-2-1999, para as pessoas jurídicas de que trata este parágrafo.

•• *Vide* Súmula 584 do STJ.

• A Instrução Normativa n. 1.285, de 13-8-2012, da Secretaria da Receita Federal do Brasil, dispõe sobre a incidência da Contribuição para PIS/Pasep e da COFINS devida pelas pessoas jurídicas elencadas neste § 1.º.

§ 2.º Não integram a remuneração as parcelas de que trata o § 9.º do art. 28.

§ 3.º O Ministério do Trabalho e da Previdência Social poderá alterar, com base nas estatísticas de acidentes do trabalho, apuradas em inspeção, o enquadramento de empresas para efeito da contribuição a que se refere o inciso II deste artigo, a fim de estimular investimentos em prevenção de acidentes.

§ 4.º O Poder Executivo estabelecerá, na forma da lei, ouvido o Conselho Nacional da Seguridade Social, mecanismos de estímulo às empresas que se utilizem de empregados portadores de deficiências física, sensorial e/ou mental com desvio do padrão médio.

§ 5.º (*Revogado pela Lei n. 10.256, de 9-7-2001.*)

§ 6.º A contribuição empresarial da associação desportiva que mantém equipe de futebol profissional destinada à Seguridade Social, em substituição à prevista nos incisos I e II deste artigo, corresponde a 5% (cinco por cento) da receita bruta, decorrente dos espetáculos desportivos de que participem em todo território nacional em qualquer modalidade desportiva, inclusive jogos internacionais, e de qualquer forma de patrocínio, licenciamento de uso de marcas e símbolos, publicidade, propaganda e de transmissão de espetáculos desportivos.

•• § 6.º acrescentado pela Lei n. 9.528, de 10-12-1997.

§ 7.º Caberá à entidade promotora do espetáculo a responsabilidade de efetuar o desconto de 5% (cinco por cento) da receita bruta decorrente dos espetáculos desportivos e o respectivo recolhimento ao Instituto Nacional do Seguro Social, no prazo de até 2 (dois) dias úteis após a realização do evento.

•• § 7.º acrescentado pela Lei n. 9.528, de 10-12-1997.

§ 8.º Caberá à associação desportiva que mantém equipe de futebol profissional informar à entidade promotora do espetáculo desportivo todas as receitas auferidas no evento, discriminando-as detalhadamente.

•• § 8.º acrescentado pela Lei n. 9.528, de 10-12-1997.

§ 9.º No caso de a associação desportiva que mantém equipe de futebol profissional receber recursos de empresa ou entidade, a título de patrocínio, licenciamento de uso de marcas e símbolos, publicidade, propaganda e transmissão de espetáculos, esta última ficará com a responsabilidade de reter e recolher o percentual de 5% (cinco por cento) da receita bruta decorrente do evento, inadmitida qualquer dedução, no prazo estabelecido na alínea *b*, inciso I, do art. 30 desta Lei.

•• § 9.º acrescentado pela Lei n. 9.528, de 10-12-1997.

§ 10. Não se aplica o disposto nos §§ 6.º ao 9.º às demais associações desportivas, que devem contribuir na forma dos incisos I e II deste artigo e do art. 23 desta Lei.

•• § 10 acrescentado pela Lei n. 9.528, de 10-12-1997.

§ 11. O disposto nos §§ 6.º ao 9.º deste artigo aplica-se à associação desportiva que mantenha equipe de futebol profissional e atividade econômica organizada para a produção e circulação de bens e serviços e que se organize regularmente, segundo um dos tipos regulados nos arts. 1.039 a 1.092 da Lei n. 10.406, de 10 de janeiro de 2002 – Código Civil.

•• § 11 com redação determinada pela Lei n. 11.345, de 14-9-2006.

•• A Lei n. 13.155, de 4-8-2015, propôs nova redação para este § 11, todavia teve o texto vetado.

§ 11-A. O disposto no § 11 deste artigo aplica-se apenas às atividades diretamente relacionadas com a manutenção e administração de equipe profissional de futebol, não se estendendo às outras atividades econômicas exercidas pelas referidas sociedades empresariais beneficiárias.

•• § 11-A acrescentado pela Lei n. 11.505, de 18-7-2007.

§ 12. (*Vetado.*)

•• § 12 acrescentado pela Lei n. 10.170, de 29-12-2000.

§ 13. Não se considera como remuneração direta ou indireta, para os efeitos desta Lei, os valores despendidos pelas entidades religiosas e instituições de ensino vocacional com ministro de confissão religiosa, membros de instituto de vida consagrada, de congregação ou de ordem religiosa em face do seu mister religioso ou para sua subsistência desde que fornecidos em condições que independam da natureza e da quantidade do trabalho executado.

•• § 13 acrescentado pela Lei n. 10.170, de 29-12-2000.

§ 14. Para efeito de interpretação do § 13 deste artigo:

•• § 14, *caput*, acrescentado pela Lei n. 13.137, de 19-6-2015.

I – os critérios informadores dos valores despendidos pelas entidades religiosas e instituições de ensino vocacional aos ministros de confissão religiosa, membros de vida consagrada, de congregação ou de ordem religiosa não são taxativos e sim exemplificativos;

•• Inciso I acrescentado pela Lei n. 13.137, de 19-6-2015.

II – os valores despendidos, ainda que pagos de forma e montante diferenciados, em pecúnia ou a título de ajuda de custo de moradia, transporte, formação educacional, vinculados exclusivamente à atividade religiosa não configuram remuneração direta ou indireta.

•• Inciso II acrescentado pela Lei n. 13.137, de 19-6-2015.

....

Art. 22-A. A contribuição devida pela agroindústria, definida, para os efeitos desta Lei, como sendo o produtor rural pessoa jurídica cuja atividade econômica seja a industrialização de produção própria ou de produção própria e adquirida de terceiros, incidente sobre o valor da receita bruta proveniente da comercialização da produção, em substituição às previstas nos incisos I e II do art. 22 desta Lei, é de:

•• *Caput* acrescentado pela Lei n. 10.256, de 9-7-2001.

• Dispõe o art. 5.º da Lei n. 10.256, de 9-7-2001, que acrescentou este artigo: "Art. 5.º Esta Lei entra em vigor na data de sua publicação, produzindo efeitos quanto ao disposto no art. 22-A da Lei n. 8.212, de 24-7-19991, com a redação dada por esta Lei, a partir do dia 1.º (primeiro) do mês seguinte ao 90.º (nonagésimo) dia daquela publicação, sendo mantida, até essa data, a obrigatoriedade dos recolhimentos praticados na forma da legislação anterior".

I – 2,5% (dois vírgula cinco por cento) destinados à Seguridade Social;

•• Inciso I acrescentado pela Lei n. 10.256, de 9-7-2001.

II – 0,1% (zero vírgula um por cento) para o financiamento do benefício previsto nos arts. 57 e 58 da Lei n. 8.213, de 24 de julho de 1991, e daqueles concedidos em razão do grau de incidência de incapacidade para o trabalho decorrente dos riscos ambientais da atividade.

•• Inciso II acrescentado pela Lei n. 10.256, de 9-7-2001.

§ 1.º (*Vetado*.)

•• § 1.º acrescentado pela Lei n. 10.256, de 9-7-2001.

§ 2.º O disposto neste artigo não se aplica às operações relativas à prestação de serviços a terceiros, cujas contribuições previdenciárias continuam sendo devidas na forma do art. 22 desta Lei.

•• § 2.º acrescentado pela Lei n. 10.256, de 9-7-2001.

§ 3.º Na hipótese do § 2.º, a receita bruta correspondente aos serviços prestados a terceiros será excluída da base de cálculo da contribuição de que trata o *caput*.

•• § 3.º acrescentado pela Lei n. 10.256, de 9-7-2001.

§ 4.º O disposto neste artigo não se aplica às sociedades cooperativas e às agroindústrias de piscicultura, carcinicultura, suinocultura e avicultura.

•• § 4.º acrescentado pela Lei n. 10.256, de 9-7-2001.

§ 5.º O disposto no inciso I do art. 3.º da Lei n. 8.315, de 23 de dezembro de 1991, não se aplica ao empregador de que trata este artigo, que contribuirá com o adicional de 0,25% (zero vírgula vinte e cinco por cento) da receita bruta proveniente da comercialização da produção, destinado ao Serviço Nacional de Aprendizagem Rural (SENAR).

•• § 5.º acrescentado pela Lei n. 10.256, de 9-7-2001.

§ 6.º Não se aplica o regime substitutivo de que trata este artigo à pessoa jurídica que, relativamente à atividade rural, se dedique apenas ao florestamento e reflorestamento como fonte de matéria-prima para industrialização própria mediante a utilização de processo industrial que modifique a natureza química da madeira ou a transforme em pasta celulósica.

•• § 6.º acrescentado pela Lei n. 10.684, de 30-5-2003.

§ 7.º Aplica-se o disposto no § 6.º ainda que a pessoa jurídica comercialize resíduos vegetais ou sobras ou partes da produção, desde que a receita bruta decorrente dessa comercialização represente menos de um por cento de sua receita bruta proveniente da comercialização da produção.

•• § 7.º acrescentado pela Lei n. 10.684, de 30-5-2003.

Art. 22-B. As contribuições de que tratam os incisos I e II do art. 22 desta Lei são substituídas, em relação à remuneração paga, devida ou creditada ao trabalhador rural contratado pelo consórcio simplificado de produtores rurais de que trata o art. 25-A, pela contribuição dos respectivos produtores rurais, calculada na forma do art. 25 desta Lei.

•• Artigo acrescentado pela Lei n. 10.256, de 9-7-2001.

Art. 23. As contribuições a cargo da empresa provenientes do faturamento e do lucro, destinadas à Seguridade Social, além do disposto no art. 22, são calculadas mediante a aplicação das seguintes alíquotas:

I – 2% (dois por cento) sobre sua receita bruta, estabelecida segundo o disposto no § 1.º do art. 1.º do Decreto-lei n. 1.940, de 25 de maio de 1982, com a redação dada pelo art. 22, do Decreto-lei n. 2.397, de 21 de dezembro de 1987, e alterações posteriores;

•• Essa alíquota, a partir de 1.º-4-1992, por força da Lei Complementar n. 70, de 30-12-1991, passou a incidir sobre o faturamento mensal.

II – 10% (dez por cento) sobre o lucro líquido do período-base, antes da provisão para o Imposto de Renda, ajustado na forma do art. 2.º da Lei n. 8.034, de 12 de abril de 1990.

•• A Lei n. 9.249, de 26-12-1995, alterou a contribuição sobre o lucro líquido, passando a alíquota a ser de 8% (oito por cento).

§ 1.º No caso das instituições citadas no § 1.º do art. 22 desta Lei, a alíquota da contribuição prevista no inciso II é de 15% (quinze por cento).

•• Alíquota elevada em mais 8% (oito por cento) pela Lei Complementar n. 70, de 30-12-1991, e posteriormente reduzida para 18% (dezoito por cento) por força da Lei n. 9.249, de 26-12-1995.

§ 2.º O disposto neste artigo não se aplica às pessoas de que trata o art. 25.

CAPÍTULO V
DA CONTRIBUIÇÃO DO EMPREGADOR DOMÉSTICO

Art. 24. A contribuição do empregador doméstico incidente sobre o salário de contribuição do empregado doméstico a seu serviço é de:

•• *Caput* com redação determinada pela Lei n. 13.202, de 8-12-2015.

I – 8% (oito por cento); e

•• Inciso I acrescentado pela Lei n. 13.202, de 8-12-2015.

II – 0,8% (oito décimos por cento) para o financiamento do seguro contra acidentes de trabalho.

•• Inciso II acrescentado pela Lei n. 13.202, de 8-12-2015.

Parágrafo único. Presentes os elementos da relação de emprego doméstico, o empregador doméstico não poderá contratar microempreendedor individual de que trata o art. 18-A da Lei Complementar n. 123, de 14 de dezembro de 2006, sob pena de ficar sujeito a todas as obrigações dela decorrentes, inclusive trabalhistas, tributárias e previdenciárias.

•• Parágrafo único acrescentado pela Lei n. 12.470, de 31-8-2011.

CAPÍTULO VI
DA CONTRIBUIÇÃO DO PRODUTOR RURAL E DO PESCADOR

•• Capítulo VI com denominação determinada pela Lei n. 8.398, de 7-1-1992.

•• A Lei n. 10.779, de 25-11-2003, regulamentada pelo Decreto n. 8.424, de 31-3-2015, dispõe sobre a concessão do benefício de seguro-desemprego, durante o período de defeso, ao pescador profissional que exerce atividade pesqueira de forma artesanal.

Art. 25. A contribuição do empregador rural pessoa física, em substituição à contribuição de que tratam os incisos I e II do art. 22, e a do segurado especial, referidos, respectivamente, na alínea *a* do inciso V e no inciso VII do art. 12 desta Lei, destinada à Seguridade Social, é de:

•• *Caput* com redação determinada pela Lei n. 10.256, de 9-7-2001.

I – 1,2% (um inteiro e dois décimos por cento) da receita bruta proveniente da comercialização da sua produção;

•• Inciso I com redação determinada pela Lei n. 13.606, de 9-1-2018.

II – 0,1% (um décimo por cento) da receita bruta proveniente da comercialização da sua produção para financiamento das prestações por acidente do trabalho.

•• Inciso II com redação determinada pela Lei n. 9.528, de 10-12-1997.

§ 1.º O segurado especial de que trata este artigo, além da contribuição obrigatória referida no *caput*, poderá contribuir, facultativamente, na forma do art. 21 desta Lei.

•• § 1.º com redação determinada pela Lei n. 8.540, de 22-12-1992.

§ 2.º A pessoa física de que trata a alínea *a* do inciso V do art. 12 contribui, também, obrigatoriamente, na forma do art. 21 desta Lei.

•• § 2.º com redação determinada pela Lei n. 8.540, de 22-12-1992.

§ 3.º Integram a produção, para os efeitos deste artigo, os produtos de origem animal ou vegetal, em estado natural ou submetidos a processos de beneficiamento ou industrialização rudimentar, assim compreendidos, entre outros, os processos de lavagem, limpeza, descaroçamento, pilagem, descascamento, lenhamento, pasteurização, resfriamento, secagem, fermentação, embalagem, cristalização, fundição, carvoejamento, cozimento, destilação, moagem, torrefação, bem como os subprodutos e os resíduos obtidos através desses processos.

•• § 3.º acrescentado pela Lei n. 8.540, de 22-12-1992.

§ 4.º (*Revogado pela Lei n. 11.718, de 20-6-2008.*)

§ 5.º (*Vetado.*)

•• § 5.º acrescentado pela Lei n. 8.540, de 22-12-1992.

§§ 6.º a 8.º (*Revogados pela Lei n. 10.256, de 9-7-2001.*)

§ 9.º (*Vetado.*)

•• § 9.º acrescentado pela Lei n. 10.256, de 9-7-2001.

§ 10. Integra a receita bruta de que trata este artigo, além dos valores decorrentes da comercialização da produção relativa aos produtos a que se refere o § 3.º deste artigo, a receita proveniente:

•• § 10, *caput*, acrescentado pela Lei n. 11.718, de 20-6-2008.

I – da comercialização da produção obtida em razão de contrato de parceria ou meação de parte do imóvel rural;

•• Inciso I acrescentado pela Lei n. 11.718, de 20-6-2008.

II – da comercialização de artigos de artesanato de que trata o inciso VII do § 10 do art. 12 desta Lei;

•• Inciso II acrescentado pela Lei n. 11.718, de 20-6-2008.

III – de serviços prestados, de equipamentos utilizados e de produtos comercializados no imóvel rural, desde que em atividades turística e de entretenimento desenvolvidas no próprio imóvel, inclusive hospedagem, alimentação, recepção, recreação e atividades pedagógicas, bem como taxa de visitação e serviços especiais;

•• Inciso III acrescentado pela Lei n. 11.718, de 20-6-2008.

IV – do valor de mercado da produção rural dada em pagamento ou que tiver sido trocada por outra, qualquer que seja o motivo ou finalidade; e

•• Inciso IV acrescentado pela Lei n. 11.718, de 20-6-2008.

V – de atividade artística de que trata o inciso VIII do § 10 do art. 12 desta Lei.

•• Inciso V acrescentado pela Lei n. 11.718, de 20-6-2008.

§ 11. Considera-se processo de beneficiamento ou industrialização artesanal aquele realizado diretamente pelo próprio produtor rural pessoa física, desde que não esteja sujeito à incidência do Imposto Sobre Produtos Industrializados – IPI.

•• § 11 acrescentado pela Lei n. 11.718, de 20-6-2008.

§ 12. Não integra a base de cálculo da contribuição de que trata o *caput* deste artigo a produção rural destinada ao plantio ou reflorestamento, nem o produto animal destinado à reprodução ou criação pecuária ou granjeira e à utilização como cobaia para fins de pesquisas científicas, quando vendido pelo próprio produtor e por quem a utilize diretamente com essas finalidades e, no caso de produto vegetal, por pessoa ou entidade registrada no Ministério da Agricultura, Pecuária e Abastecimento que se dedique ao comércio de sementes e mudas no País.

•• § 12 com redação determinada pela Lei n. 13.606, de 9-1-2018, originalmente vetado, todavia promulgado em 18-4-2018.

§ 13. O produtor rural pessoa física poderá optar por contribuir na forma prevista no *caput* deste artigo ou na forma dos incisos I e II do *caput* do art. 22 desta Lei, manifestando sua opção mediante o pagamento da contribuição incidente sobre a folha de salários relativa a janeiro de cada ano, ou à primeira competência subsequente ao início da atividade rural, e será irretratável para todo o ano-calendário.

•• § 13 acrescentado pela Lei n. 13.606, de 9-1-2018, produzindo efeitos a partir de 1.º-1-2019.

Art. 25-A. Equipara-se ao empregador rural pessoa física o consórcio simplificado de produtores rurais, formado pela união de produtores rurais pessoas físicas, que outorgar a um deles poderes para contratar, gerir e demitir trabalhadores para prestação de serviços, exclusivamente, aos seus integrantes, mediante documento registrado em cartório de títulos e documentos.

•• *Caput* acrescentado pela Lei n. 10.256, de 9-7-2001.

§ 1.º O documento de que trata o *caput* deverá conter a identificação de cada produtor, seu endereço pessoal e o de sua propriedade rural, bem como o respectivo registro no Instituto Nacional de Colonização e Reforma Agrária – INCRA ou informações relativas a parceria, arrendamento ou equivalente e a matrícula no Instituto Nacional do Seguro Social – INSS de cada um dos produtores rurais.

•• § 1.º acrescentado pela Lei n. 10.256, de 9-7-2001.

§ 2.º O consórcio deverá ser matriculado no INSS em nome do empregador a quem hajam sido outorgados os poderes, na forma do regulamento.

•• § 2.º acrescentado pela Lei n. 10.256, de 9-7-2001.

§ 3.º Os produtores rurais integrantes do consórcio de que trata o *caput* serão responsáveis solidários em relação às obrigações previdenciárias.

•• § 3.º acrescentado pela Lei n. 10.256, de 9-7-2001.

§ 4.º (*Vetado.*)

•• § 4.º acrescentado pela Lei n. 10.256, de 9-7-2001.

....

CAPÍTULO IX
DO SALÁRIO DE CONTRIBUIÇÃO

Art. 28. Entende-se por salário de contribuição:

I – para o empregado e trabalhador avulso: a remuneração auferida em uma ou mais empresas, assim entendida a totalidade dos rendimentos pagos, devidos ou creditados a qualquer título, durante o mês, destinados a retribuir o trabalho, qualquer que seja a sua forma, inclusive as gorjetas, os ganhos habituais sob a forma de utilidades e os adiantamentos decorrentes de reajuste salarial, quer pelos serviços efetivamente prestados, quer pelo tempo à disposição do empregador ou tomador de serviços nos termos da lei ou do contrato ou, ainda, de convenção ou acordo coletivo de trabalho ou sentença normativa;

•• Inciso I com redação determinada pela Lei n. 9.528, de 10-12-1997.

II – para o empregado doméstico: a remuneração registrada na Carteira de Trabalho e Previdência Social, observadas as normas a serem estabelecidas em regulamento para comprovação do vínculo empregatício e do valor da remuneração;

III – para o contribuinte individual: a remuneração auferida em uma ou mais empresas ou pelo exercício de sua atividade por conta própria, durante o mês, observado o limite máximo a que se refere o § 5.º;

•• Inciso III com redação determinada pela Lei n. 9.876, de 26-11-1999.

IV – para o segurado facultativo: o valor por ele declarado, observado o limite máximo a que se refere o § 5.º.

•• Inciso IV acrescentado pela Lei n. 9.876, de 26-11-1999.

§ 1.º Quando a admissão, a dispensa, o afastamento ou a falta do empregado ocorrer no curso do mês, o salário de contribuição será proporcional ao número de dias de trabalho efetivo, na forma estabelecida em regulamento.

§ 2.º O salário-maternidade é considerado salário de contribuição.

§ 3.º O limite mínimo do salário de contribuição corresponde ao piso salarial, legal ou normativo, da categoria ou, inexistindo este, ao salário mínimo, tomado no seu valor mensal, diário ou horário, conforme o ajustado e o tempo de trabalho efetivo durante o mês.

•• § 3.º com redação determinada pela Lei n. 9.528, de 10-12-1997.

§ 4.º O limite mínimo do salário de contribuição do menor aprendiz corresponde à sua remuneração mínima definida em lei.

§ 5.º O limite máximo do salário de contribuição é de Cr$ 170.000,00 (cento e setenta mil cruzeiros), reajustado a partir da data da entrada em vigor desta Lei, na mesma época e com os mesmos índices que os do reajustamento dos benefícios de prestação continuada da Previdência Social.

•• Valor atualizado, a partir de 1.º-1- 2019, pela Portaria n. 9, de 15-1-2019, do Ministério da Economia, para R$ 5.839,45 (cinco mil oitocentos e trinta e nove reais e quarenta e cinco centavos).

§ 6.º No prazo de 180 (cento e oitenta) dias, a contar da data de publicação desta Lei, o Poder Executivo encaminhará ao Congresso Nacional projeto de lei estabelecendo a previdência complementar, pública e privada, em especial para os que possam contribuir acima do limite máximo estipulado no parágrafo anterior deste artigo.

§ 7.º O décimo-terceiro salário (gratificação natalina) integra o salário de contribuição, exceto para o cálculo de benefício, na forma estabelecida em regulamento.

•• § 7.º com redação determinada pela Lei n. 8.870, de 15-4-1994.

•• *Vide* Súmula 83 dos JEFs.

§ 8.º (*Revogado pela Lei n. 13.467, de 13-7-2017.*)

§ 9.º Não integram o salário de contribuição para os fins desta Lei, exclusivamente:

•• § 9.º, *caput*, com redação determinada pela Lei n. 9.528, de 10-12-1997.

a) os benefícios da previdência social, nos termos e limites legais, salvo o salário-maternidade;

•• Alínea *a* com redação determinada pela Lei n. 9.528, de 10-12-1997.

aa) os valores recebidos a título de bolsa-atleta, em conformidade com a Lei n. 10.891, de 9 de julho de 2004.

•• Alínea *aa* acrescentada pela Lei n. 13.756, de 12-12-2018.

b) as ajudas de custo e o adicional mensal recebidos pelo aeronauta nos termos da Lei n. 5.929, de 30 de outubro de 1973;

c) a parcela *in natura* recebida de acordo com os programas de alimentação aprovados pelo Ministério do Trabalho e da Previdência Social, nos termos da Lei n. 6.321, de 14 de abril de 1976;

d) as importâncias recebidas a título de férias indenizadas e respectivo adicional constitucional, inclusive o valor correspondente à dobra da remuneração de férias de que trata o art. 137 da Consolidação das Leis do Trabalho – CLT;

•• Alínea *d* com redação determinada pela Lei n. 9.528, de 10-12-1997.

e) as importâncias:

•• Alínea *e*, *caput*, com redação determinada pela Lei n. 9.528, de 10-12-1997.

1. previstas no inciso I do art. 10 do Ato das Disposições Constitucionais Transitórias;

•• Item 1 acrescentado pela Lei n. 9.528, de 10-12-1997.

2. relativas à indenização por tempo de serviço, anterior a 5 de outubro de 1988, do empregado não optante pelo Fundo de Garantia do Tempo de Serviço – FGTS;

•• Item 2 acrescentado pela Lei n. 9.528, de 10-12-1997.

3. recebidas a título da indenização de que trata o art. 479 da CLT;

•• Item 3 acrescentado pela Lei n. 9.528, de 10-12-1997.

4. recebidas a título da indenização de que trata o art. 14 da Lei n. 5.889, de 8 de junho de 1973;

•• Item 4 acrescentado pela Lei n. 9.528, de 10-12-1997.

5. recebidas a título de incentivo à demissão;

•• Item 5 acrescentado pela Lei n. 9.528, de 10-12-1997.

6. recebidas a título de abono de férias na forma dos arts. 143 e 144 da CLT;

•• Item 6 acrescentado pela Lei n. 9.711, de 20-11-1998.

7. recebidas a título de ganhos eventuais e os abonos expressamente desvinculados do salário;

•• Item 7 acrescentado pela Lei n. 9.711, de 20-11-1998.

8. recebidas a título de licença-prêmio indenizada;

•• Item 8 acrescentado pela Lei n. 9.711, de 20-11-1998.

9. recebidas a título da indenização de que trata o art. 9.º da Lei n. 7.238, de 29 de outubro de 1984;

•• Item 9 acrescentado pela Lei n. 9.711, de 20-11-1998.

f) a parcela recebida a título de vale-transporte, na forma da legislação própria;

g) a ajuda de custo, em parcela única, recebida exclusivamente em decorrência de mudança de local de trabalho do empregado, na forma do art. 470 da CLT;

•• Alínea *g* com redação determinada pela Lei n. 9.528, de 10-12-1997.

h) as diárias para viagens;

•• Alínea *h* com redação determinada pela Lei n. 13.467, de 13-7-2017.

i) a importância recebida a título de bolsa de complementação educacional de estagiário, quando paga nos termos da Lei n. 6.494, de 7 de dezembro de 1977;

j) a participação nos lucros ou resultados da empresa, quando paga ou creditada de acordo com lei específica;

l) o abono do Programa de Integração Social – PIS e do Programa de Assistência ao Servidor Público – PASEP;

•• Alínea *l* acrescentada pela Lei n. 9.528, de 10-12-1997.

m) os valores correspondentes a transporte, alimentação e habitação fornecidos pela empresa ao empregado contratado para trabalhar em localidade distante da sua residência, em canteiro de obras ou local que, por força da atividade, exija deslocamento e estada, observadas as normas de proteção estabelecidas pelo Ministério do Trabalho;

•• Alínea *m* acrescentada pela Lei n. 9.528, de 10-12-1997.

n) a importância paga ao empregado a título de complementação ao valor do auxílio-doença, desde que este direito seja extensivo à totalidade dos empregados da empresa;

•• Alínea *n* acrescentada pela Lei n. 9.528, de 10-12-1997.

o) as parcelas destinadas à assistência ao trabalhador da agroindústria canavieira, de que trata o art. 36 da Lei n. 4.870, de 1.º de dezembro de 1965;

•• Alínea *o* acrescentada pela Lei n. 9.528, de 10-12-1997.

p) o valor das contribuições efetivamente pago pela pessoa jurídica relativo a programa de previdência complementar, aberto ou fechado, desde que disponível à totalidade de seus empregados e dirigentes, observados, no que couber, os arts. 9.º e 468 da CLT;

•• Alínea *p* acrescentada pela Lei n. 9.528, de 10-12-1997.

q) o valor relativo à assistência prestada por serviço médico ou odontológico, próprio da empresa ou por ela conveniado, inclusive o reembolso de despesas com medicamentos, óculos, aparelhos ortopédicos, próteses, órteses, despesas médico-hospitalares e outras similares;

•• Alínea *q* com redação determinada pela Lei n. 13.467, de 13-7-2017.

•• *Vide* art. 458, § 5.º, da CLT.

r) o valor correspondente a vestuários, equipamentos e outros acessórios fornecidos ao empregado e utilizados no local do trabalho para prestação dos respectivos serviços;

•• Alínea *r* acrescentada pela Lei n. 9.528, de 10-12-1997.

s) o ressarcimento de despesas pelo uso de veículo do empregado e o reembolso creche pago em conformidade com a legislação trabalhista, observado o limite máximo de 6 (seis) anos de idade, quando devidamente comprovadas as despesas realizadas;

•• Alínea *s* acrescentada pela Lei n. 9.528, de 10-12-1997.

t) o valor relativo a plano educacional, ou bolsa de estudo, que vise à educação básica de empregados e seus dependentes e, desde que vinculada às atividades desenvolvidas pela empresa, à educação profissional e tecnológica de empregados, nos termos da Lei n. 9.394, de 20 de dezembro de 1996, e:

•• Alínea *t*, *caput*, com redação determinada pela Lei n. 12.513, de 26-10-2011.

1. não seja utilizado em substituição de parcela salarial; e

•• Item 1 acrescentado pela Lei n. 12.513, de 26-10-2011.

2. o valor mensal do plano educacional ou bolsa de estudo, considerado individualmente, não ultrapasse 5% (cinco por cento) da remuneração do segurado a que se destina ou o valor correspondente a uma vez e meia o valor do limite mínimo mensal do salário de contribuição, o que for maior;

•• Item 2 acrescentado pela Lei n. 12.513, de 26-10-2011.

u) a importância recebida a título de bolsa de aprendizagem garantida ao adolescente até 14 (quatorze) anos de idade, de acordo com o disposto no art. 64 da Lei n. 8.069, de 13 de julho de 1990;

•• Alínea *u* acrescentada pela Lei n. 9.528, de 10-12-1997.

v) os valores recebidos em decorrência da cessão de direitos autorais;

•• Alínea *v* acrescentada pela Lei n. 9.528, de 10-12-1997.

x) o valor da multa prevista no § 8.º do art. 477 da CLT;

•• Alínea *x* acrescentada pela Lei n. 9.528, de 10-12-1997.

y) o valor correspondente ao vale-cultura;

•• Alínea *y* acrescentada pela Lei n. 12.761, de 27-12-2012.

z) os prêmios e os abonos.

•• Alínea *z* acrescentada pela Lei n. 13.467, de 13-7-2017.

§ 10. Considera-se salário de contribuição, para o segurado empregado e trabalhador avulso, na condição prevista no § 5.º do art. 12, a remuneração efetivamente auferida na entidade sindical ou empresa de origem.

•• § 10 acrescentado pela Lei n. 9.528, de 10-12-1997.

Art. 29. (*Revogado pela Lei n. 9.876, de 26-11-1999.*)

CAPÍTULO X
DA ARRECADAÇÃO E RECOLHIMENTO DAS CONTRIBUIÇÕES

Art. 30. A arrecadação e o recolhimento das contribuições ou de outras importâncias devidas à Seguridade Social obedecem às seguintes normas:

•• *Caput* com redação determinada pela Lei n. 8.620, de 5-1-1993.

I – a empresa é obrigada a:

a) arrecadar as contribuições dos segurados empregados e trabalhadores avulsos a seu serviço, descontando-as da respectiva remuneração;

b) recolher os valores arrecadados na forma da alínea *a* deste inciso, a contribuição a que se refere o inciso IV do art. 22 desta Lei, assim como as contribuições a seu cargo incidentes sobre as remunerações pagas, devidas ou creditadas, a qualquer título, aos segurados empregados, trabalhadores avulsos e contribuintes individuais a seu serviço até o dia 20 (vinte) do mês subsequente ao da competência;

•• Alínea *b* com redação determinada pela Lei n. 11.933, de 28-4-2009, produzindo efeitos a partir de 1.º-10-2008.

c) recolher as contribuições de que tratam os incisos I e II do art. 23, na forma e prazos definidos pela legislação tributária federal vigente;

II – os segurados contribuinte individual e facultativo estão obrigados a recolher sua contribuição por iniciativa própria, até o dia quinze do mês seguinte ao da competência;

•• Inciso II com redação determinada pela Lei n. 9.876, de 26-11-1999.

III – a empresa adquirente, consumidora ou consignatária ou a cooperativa são obrigadas a recolher a contribuição de que trata o art. 25 até o dia 20 (vinte) do mês subsequente ao da operação de venda ou consignação da produção, independentemente de essas operações terem sido realizadas diretamente com o produtor ou com intermediário pessoa física, na forma estabelecida em regulamento;

•• Inciso III com redação determinada pela Lei n. 11.933, de 28-4-2009, produzindo efeitos a partir de 1.º-10-2008.

IV – a empresa adquirente, consumidora ou consignatária ou a cooperativa ficam sub-rogadas nas obrigações da pessoa física de que trata a alínea *a* do inciso V do art. 12 e do segurado especial pelo cumprimento das obrigações do art. 25 desta Lei, independentemente de as operações de venda ou consignação terem sido realizadas diretamente com o produtor ou com intermediário pessoa física, exceto no caso do inciso X deste artigo, na forma estabelecida em regulamento;

•• Inciso IV com redação determinada pela Lei n. 9.528, de 10-12-1997.

V – o empregador doméstico é obrigado a arrecadar e a recolher a contribuição do segurado empregado a seu serviço, assim como a parcela a seu cargo, até o dia 7 do mês seguinte ao da competência;

•• Inciso V com redação determinada pela Lei Complementar n. 150, de 1.º-6-2015.

VI – o proprietário, o incorporador definido na Lei n. 4.591, de 16 de dezembro de 1964, o dono da obra ou condômino da unidade imobiliária, qualquer que seja a forma de contratação da construção, reforma ou acréscimo, são solidários com o construtor, e estes com a subempreiteira, pelo cumprimento das obrigações para com a Seguridade Social, ressalvado o seu direito regressivo contra o executor ou contratante da obra e admitida a retenção de importância a este devida para garantia do cumprimento dessas obrigações, não se aplicando, em qualquer hipótese, o benefício de ordem;

•• Inciso VI com redação determinada pela Lei n. 9.528, de 10-12-1997.

VII – exclui-se da responsabilidade solidária perante a Seguridade Social o adquirente do prédio ou unidade imobiliária que realizar a operação com empresa de comercialização ou incorporador de imóveis, ficando estes solidariamente responsáveis com o construtor;

VIII – nenhuma contribuição à Seguridade Social é devida se a construção residencial unifamiliar, destinada ao uso próprio, de tipo econômico, for executada sem mão de obra assalariada, observadas as exigências do regulamento;

IX – as empresas que integram grupo econômico de qualquer natureza respondem entre si, solidariamente, pelas obrigações decorrentes desta Lei;

X – a pessoa física de que trata a alínea *a* do inciso V do art. 12 e o segurado especial são obrigados a recolher a contribuição de que trata o art. 25 desta Lei no prazo estabelecido no inciso III deste artigo, caso comercializem a sua produção:

•• Inciso X, *caput*, com redação determinada pela Lei n. 9.528, de 10-12-1997.

a) no exterior;

•• Alínea *a* acrescentada pela Lei n. 9.528, de 10-12-1997.

b) diretamente, no varejo, ao consumidor pessoa física;

•• Alínea *b* acrescentada pela Lei n. 9.528, de 10-12-1997.

c) à pessoa física de que trata a alínea *a* do inciso V do art. 12;

•• Alínea *c* acrescentada pela Lei n. 9.528, de 10-12-1997.

d) ao segurado especial;

•• Alínea *d* acrescentada pela Lei n. 9.528, de 10-12-1997.

XI – aplica-se o disposto nos incisos III e IV deste artigo à pessoa física não produtor rural que adquire produção para venda no varejo a consumidor pessoa física;

•• Inciso XI acrescentado pela Lei n. 9.528, de 10-12-1997.

XII – sem prejuízo do disposto no inciso X do *caput* deste artigo, o produtor rural pessoa física e o segurado especial são obrigados a recolher, diretamente, a contribuição incidente sobre a receita bruta proveniente:

•• Inciso XII, *caput*, acrescentado pela Lei n. 11.718, de 20-6-2008.

a) da comercialização de artigos de artesanato elaborados com matéria-prima produzida pelo respectivo grupo familiar;

•• Alínea *a* acrescentada pela Lei n. 11.718, de 20-6-2008.

b) de comercialização de artesanato ou do exercício de atividade artística, observado o disposto nos incisos VII e VIII do § 10 do art. 12 desta Lei; e

•• Alínea *b* acrescentada pela Lei n. 11.718, de 20-6-2008.

c) de serviços prestados, de equipamentos utilizados e de produtos comercializados no imóvel rural, desde que em atividades turística e de entretenimento desenvolvidas no próprio imóvel, inclusive hospedagem, alimentação, recepção, recreação e atividades pedagógicas, bem como taxa de visitação e serviços especiais;

•• Alínea *c* acrescentada pela Lei n. 11.718, de 20-6-2008.

XIII – o segurado especial é obrigado a arrecadar a contribuição de trabalhadores a seu serviço e a recolhê-la no prazo referido na alínea *b* do inciso I do *caput* deste artigo.

•• Inciso XIII acrescentado pela Lei n. 11.718, de 20-6-2008.

§ 1.º (*Revogado pela Lei n. 9.032, de 28-4-1995.*)

§ 2.º Se não houver expediente bancário nas datas indicadas:

•• § 2.º, *caput*, com redação determinada pela Lei n. 11.933, de 28-4-2009, produzindo efeitos a partir de 1.º-10-2008.

I – no inciso II do *caput*, o recolhimento deverá ser efetuado até o dia útil imediatamente posterior; e

•• Inciso I com redação determinada pela Lei n. 13.202, de 8-12-2015.

II – na alínea *b* do inciso I e nos incisos III, V, X e XIII do *caput*, até o dia útil imediatamente anterior.

•• Inciso II com redação determinada pela Lei n. 13.202, de 8-12-2015.

§ 3.º Aplica-se à entidade sindical e à empresa de origem o disposto nas alíneas *a* e *b* do inciso I, relativamente à remuneração do segurado referido no § 5.º do art. 12.

•• § 3.º acrescentado pela Lei n. 9.528, de 10-12-1997.

§ 4.º Na hipótese de o contribuinte individual prestar serviço a uma ou mais empresas, poderá deduzir, da sua contribuição mensal, 45% (quarenta e cinco por cento) da contribuição da empresa, efetivamente recolhida ou declarada, incidente sobre a remuneração que esta lhe tenha pago ou creditado, limitada a dedução a 9% (nove por cento) do respectivo salário de contribuição.

•• § 4.º acrescentado pela Lei n. 9.876, de 26-11-1999.

§ 5.º Aplica-se o disposto no § 4.º ao cooperado que prestar serviço a empresa por intermédio de cooperativa de trabalho.

•• § 5.º acrescentado pela Lei n. 9.876, de 26-11-1999.

§ 6.º (*Revogado pela Lei n. 13.202, de 8-12-2015.*)

§ 7.º A empresa ou cooperativa adquirente, consumidora ou consignatária da produção fica obrigada a fornecer ao segurado especial cópia do documento fiscal de entrada da mercadoria, para fins de comprovação da operação e da respectiva contribuição previdenciária.

•• § 7.º acrescentado pela Lei n. 11.718, de 20-6-2008.

§ 8.º Quando o grupo familiar a que o segurado especial estiver vinculado não tiver obtido, no ano, por qualquer motivo, receita proveniente de comercialização de produção deverá comunicar a ocorrência à Previdência Social, na forma do regulamento.

•• § 8.º acrescentado pela Lei n. 11.718, de 20-6-2008.

§ 9.º Quando o segurado especial tiver comercializado sua produção do ano anterior exclusivamente com empresa adquirente, consignatária ou cooperativa, tal fato deverá ser comunicado à Previdência Social pelo respectivo grupo familiar.

•• § 9.º acrescentado pela Lei n. 11.718, de 20-6-2008.

Art. 31. A empresa contratante de serviços executados mediante cessão de mão de obra, inclusive em regime de trabalho temporário, deverá reter 11% (onze por cento) do valor bruto da nota fiscal ou fatura de prestação de serviços e recolher, em nome da empresa cedente da mão de obra, a importância retida até o dia 20 (vinte) do mês subsequente ao da emissão da respectiva nota fiscal ou fatura, ou até o dia útil imediatamente anterior se não houver expediente bancário naquele dia, observado o disposto no § 5.º do art. 33 desta Lei.

•• *Caput* com redação determinada pela Lei n. 11.933, de 28-4-2009, produzindo efeitos a partir de 1.º-10-2008.

•• *Vide* art. 5.º-A, § 5.º, da Lei n. 6.019, de 3-1-1974.

§ 1.º O valor retido de que trata o *caput* deste artigo, que deverá ser destacado na nota fiscal ou fatura de prestação de serviços, poderá ser compensado por qualquer estabelecimento da empresa cedente da mão de obra, por ocasião do recolhimento das contribuições destinadas à Seguridade Social devidas sobre a folha de pagamento dos seus segurados.

•• § 1.º com redação determinada pela Lei n. 11.941, de 27-5-2009.

§ 2.º Na impossibilidade de haver compensação integral na forma do parágrafo anterior, o saldo remanescente será objeto de restituição.

•• § 2.º com redação determinada pela Lei n. 9.711, de 20-11-1998.

§ 3.º Para os fins desta Lei, entende-se como cessão de mão de obra a colocação à disposição do contratante, em suas dependências ou nas de terceiros, de segurados que realizem serviços contínuos, relacionados ou não com a atividade-fim da empresa, quaisquer que sejam a natureza e a forma de contratação.

•• § 3.º com redação determinada pela Lei n. 9.711, de 20-11-1998.

§ 4.º Enquadram-se na situação prevista no parágrafo anterior, além de outros estabelecidos em regulamento, os seguintes serviços:

•• § 4.º com redação determinada pela Lei n. 9.711, de 20-11-1998.

I – limpeza, conservação e zeladoria;

•• Inciso I acrescentado pela Lei n. 9.711, de 20-11-1998.

II – vigilância e segurança;

•• Inciso II acrescentado pela Lei n. 9.711, de 20-11-1998.

III – empreitada de mão de obra;

•• Inciso III acrescentado pela Lei n. 9.711, de 20-11-1998.

IV – contratação de trabalho temporário na forma da Lei n. 6.019, de 3 de janeiro de 1974.

•• Inciso IV acrescentado pela Lei n. 9.711, de 20-11-1998.

§ 5.º O cedente da mão de obra deverá elaborar folhas de pagamento distintas para cada contratante.

•• § 5.º acrescentado pela Lei n. 9.711, de 20-11-1998.

§ 6.º Em se tratando de retenção e recolhimento realizados na forma do *caput* deste artigo, em nome de consórcio, de que tratam os arts. 278 e 279 da Lei n. 6.404, de 15 de dezembro de 1976, aplica-se o disposto em todo este artigo, observada a participação de cada uma das empresas consorciadas, na forma do respectivo ato constitutivo.

•• § 6.º acrescentado pela Lei n. 11.941, de 27-5-2009.

....

Art. 32-C. O segurado especial responsável pelo grupo familiar que contratar na forma do § 8.º do art. 12 apresentará as informações relacionadas ao registro de trabalhadores, aos fatos geradores, à base de cálculo e aos valores das contribuições devidas à Previdência Social e ao Fundo de Garantia do Tempo de Serviço – FGTS e outras informações de interesse da Secretaria da Receita Federal do Brasil, do Ministério da Previdência Social, do Ministério do Trabalho e Emprego e do Conselho Curador do FGTS, por meio de sistema eletrônico com entrada única de dados, e efetuará os recolhimentos por meio de documento único de arrecadação.

•• *Caput* acrescentado pela Lei n. 12.873, de 24-10-2013.

§ 1.º Os Ministros de Estado da Fazenda, da Previdência Social e do Trabalho e Emprego disporão, em ato conjunto, sobre a prestação das informações, a apuração, o recolhimento e a distribuição dos recursos recolhidos e sobre as informações geradas por meio do sistema eletrônico e da guia de recolhimento de que trata o *caput*.

•• § 1.º acrescentado pela Lei n. 12.873, de 24-10-2013.

§ 2.º As informações prestadas no sistema eletrônico de que trata o *caput* têm caráter declaratório, constituem instrumento hábil e suficiente para a exigência dos tributos e encargos apurados e substituirão, na forma regulamentada pelo ato conjunto que prevê o § 1.º, a obrigatoriedade de entrega de todas as informações, formulários e declarações a que está sujeito o grupo familiar, inclusive as relativas ao recolhimento do FGTS.

•• § 2.º acrescentado pela Lei n. 12.873, de 24-10-2013.

§ 3.º O segurado especial de que trata o *caput* está obrigado a arrecadar as contribuições previstas nos incisos X, XII e XIII do *caput* do art. 30, os valores referentes ao FGTS e os encargos trabalhistas sob sua responsabilidade, até o dia 7 (sete) do mês seguinte ao da competência.

•• § 3.º acrescentado pela Lei n. 12.873, de 24-10-2013.

§ 4.º Os recolhimentos devidos, nos termos do § 3.º, deverão ser pagos por meio de documento único de arrecadação.

•• § 4.º acrescentado pela Lei n. 12.873, de 24-10-2013.

§ 5.º Se não houver expediente bancário na data indicada no § 3.º, o recolhimento deverá ser antecipado para o dia útil imediatamente anterior.

•• § 5.º acrescentado pela Lei n. 12.873, de 24-10-2013.

§ 6.º Os valores não pagos até a data do vencimento sujeitar-se-ão à incidência de acréscimos e encargos legais na forma prevista na legislação do Imposto sobre a Renda e Proventos de Qualquer Natureza para as contribuições de caráter tributário, e conforme o art. 22 da Lei n. 8.036, de 11 de maio de 1990, para os depósitos do FGTS, inclusive no que se refere às multas por atraso.

•• § 6.º acrescentado pela Lei n. 12.873, de 24-10-2013.

§ 7.º O recolhimento do valor do FGTS na forma deste artigo será creditado diretamente em conta vinculada do trabalhador, assegurada a transferência dos elementos identificadores do recolhimento ao agente operador do fundo.

•• § 7.º acrescentado pela Lei n. 12.873, de 24-10-2013.

§ 8.º O ato de que trata o § 1.º regulará a compensação e a restituição dos valores dos tributos e dos encargos trabalhistas recolhidos, no documento único de arrecadação, indevidamente ou em montante superior ao devido.

•• § 8.º acrescentado pela Lei n. 12.873, de 24-10-2013.

§ 9.º A devolução de valores do FGTS, depositados na conta vinculada do trabalhador, será objeto de norma regulamentar do Conselho Curador e do Agente Operador do Fundo de Garantia do Tempo de Serviço.

•• § 9.º acrescentado pela Lei n. 12.873, de 24-10-2013.

§ 10. O produto da arrecadação de que trata o § 3.º será centralizado na Caixa Econômica Federal.

•• § 10 acrescentado pela Lei n. 12.873, de 24-10-2013.

§ 11. A Caixa Econômica Federal, com base nos elementos identificadores do recolhimento, disponíveis no sistema de que trata o *caput* deste artigo, transferirá para a Conta Única do Tesouro Nacional os valores arrecadados dos tributos e das contribuições previstas nos incisos X, XII e XIII do *caput* do art. 30.

•• § 11 acrescentado pela Lei n. 12.873, de 24-10-2013.

§ 12. A impossibilidade de utilização do sistema eletrônico referido no *caput* será objeto de regulamento, a ser editado pelo Ministério da Fazenda e pelo Agente Operador do FGTS.

•• § 12 acrescentado pela Lei n. 12.873, de 24-10-2013.

§ 13. A sistemática de entrega das informações e recolhimentos de que trata o *caput* poderá ser estendida pelas autoridades previstas no § 1.º para o produtor rural pessoa física de que trata a alínea *a* do inciso V do *caput* do art. 12.

•• § 13 acrescentado pela Lei n. 12.873, de 24-10-2013.

§ 14. Aplica-se às informações entregues na forma deste artigo o disposto no § 2.º do art. 32 e no art. 32-A.

•• § 14 acrescentado pela Lei n. 12.873, de 24-10-2013.

....

Brasília, 24 de julho de 1991; 170.º da Independência e 103.º da República.

FERNANDO COLLOR

LEI N. 8.213,

DE 24 DE JULHO DE 1991 (*)

Dispõe sobre os Planos de Benefícios da Previdência Social e dá outras providências.

(*) Publicada no *DOU*, de 25-7-1991. Republicada em 11-4-1996 e 14-8-1998. Regulamentada pelo Decreto n. 3.048, de 6-5-1999. A Lei n. 8.212, de 24-7-1991, dispõe sobre a organização da Seguridade Social, institui Plano de Custeio e dá outras providências. *Vide* Súmulas 159 e 516 do STJ.

O Presidente da República.

Faço saber que o Congresso Nacional decreta e eu sanciono a seguinte Lei:

TÍTULO I

DA FINALIDADE E DOS PRINCÍPIOS BÁSICOS DA PREVIDÊNCIA SOCIAL

Art. 1.º A Previdência Social, mediante contribuição, tem por fim assegurar aos seus beneficiários meios indispensáveis de manutenção, por motivo de incapacidade, desemprego involuntário, idade avançada, tempo de serviço, encargos familiares e prisão ou morte daqueles de quem dependiam economicamente.

Art. 2.º A Previdência Social rege-se pelos seguintes princípios e objetivos:

I – universalidade de participação nos planos previdenciários;

II – uniformidade e equivalência dos benefícios e serviços às populações urbanas e rurais;

III – seletividade e distributividade na prestação dos benefícios;

IV – cálculo dos benefícios considerando-se os salários de contribuição corrigidos monetariamente;

V – irredutibilidade do valor dos benefícios de forma a preservar-lhes o poder aquisitivo;

VI – valor da renda mensal dos benefícios substitutos do salário de contribuição ou do rendimento do trabalho do segurado não inferior ao do salário mínimo;

VII – previdência complementar facultativa, custeada por contribuição adicional;

VIII – caráter democrático e descentralizado da gestão administrativa, com a participação do governo e da comunidade, em especial de trabalhadores em atividade, empregadores e aposentados.

Parágrafo único. A participação referida no inciso VIII deste artigo será efetivada a nível federal, estadual e municipal.

....

TÍTULO III

DO REGIME GERAL DE PREVIDÊNCIA SOCIAL

CAPÍTULO I

DOS BENEFICIÁRIOS

Art. 10. Os beneficiários do Regime Geral de Previdência Social classificam-se como segurados e dependentes, nos termos das Seções I e II deste capítulo.

SEÇÃO I

Dos Segurados

Art. 11. São segurados obrigatórios da Previdência Social as seguintes pessoas físicas:

I – como empregado:

a) aquele que presta serviço de natureza urbana ou rural à empresa, em caráter não eventual, sob sua subordinação e mediante remuneração, inclusive como diretor empregado;

b) aquele que, contratado por empresa de trabalho temporário, definida em legislação específica, presta serviço para atender a necessidade transitória de substituição de pessoal regular e permanente ou a acréscimo extraordinário de serviços de outras empresas;

•• *Vide* Lei n. 6.019, de 3-1-1974.

c) o brasileiro ou o estrangeiro domiciliado e contratado no Brasil para trabalhar como empregado em sucursal ou agência de empresa nacional no exterior;

d) aquele que presta serviço no Brasil a missão diplomática ou a repartição consular de carreira estrangeira e a órgãos a elas subordinados, ou a membros dessas missões e repartições, excluídos o não brasileiro sem residência permanente no Brasil e o brasileiro amparado pela legislação previdenciária do país da respectiva missão diplomática ou repartição consular;

e) o brasileiro civil que trabalha para a União, no exterior, em organismos oficiais brasileiros ou internacionais dos quais o Brasil seja membro efetivo, ainda que lá domiciliado e contratado, salvo se segurado na forma da legislação vigente do país do domicílio;

f) o brasileiro ou estrangeiro domiciliado e contratado no Brasil para trabalhar como empregado em empresa domiciliada no exterior, cuja maioria do capital votante pertença a empresa brasileira de capital nacional;

g) o servidor público ocupante de cargo em comissão, sem vínculo efetivo com a União, Autarquias, inclusive em regime especial, e Fundações Públicas Federais;

•• Alínea *g* com redação determinada pela Lei n. 8.647, de 13-4-1993.

h) o exercente de mandato eletivo federal, estadual ou municipal, desde que não vinculado a regime próprio de previdência social;

•• Alínea *h* acrescentada pela Lei n. 9.506, de 30-10-1997.

i) o empregado de organismo oficial internacional ou estrangeiro em funcionamento no Brasil, salvo quando coberto por regime próprio de previdência social;

•• Alínea *i* acrescentada pela Lei n. 9.876, de 26-11-1999.

j) o exercente de mandato eletivo federal, estadual ou municipal, desde que não vinculado a regime próprio de previdência social.

•• Alínea *j* acrescentada pela Lei n. 10.887, de 18-6-2004.

II – como empregado doméstico: aquele que presta serviço de natureza contínua a pessoa ou família, no âmbito residencial desta, em atividades sem fins lucrativos;

III e IV – (*Revogados pela Lei n. 9.876, de 26-11-1999.*)

V – como contribuinte individual:

•• Inciso V, *caput*, com redação determinada pela Lei n. 9.876, de 26-11-1999.

a) a pessoa física, proprietária ou não, que explora atividade agropecuária, a qualquer título, em caráter permanente ou temporário, em área superior a 4 (quatro) módulos fiscais; ou, quando em área igual ou inferior a 4 (quatro) módulos fiscais ou atividade pesqueira, com auxílio de empregados ou por intermédio de prepostos; ou ainda nas hipóteses dos §§ 9.º e 10 deste artigo;

•• Alínea *a* com redação determinada pela Lei n. 11.718, de 20-6-2008.

b) a pessoa física, proprietária ou não, que explora atividade de extração mineral – garimpo, em caráter permanente ou temporário, diretamente ou por intermédio de prepostos, com ou sem o auxílio de empregados, utilizados a qualquer título, ainda que de forma não contínua;

•• Alínea *b* com redação determinada pela Lei n. 9.876, de 26-11-1999.

c) o ministro de confissão religiosa e o membro de instituto de vida consagrada, de congregação ou de ordem religiosa;

•• Alínea *c* com redação determinada pela Lei n. 10.403, de 8-1-2002.

d) *(Revogada pela Lei n. 9.876, de 26-11-1999.)*

e) o brasileiro civil que trabalha no exterior para organismo oficial internacional do qual o Brasil é membro efetivo, ainda que lá domiciliado e contratado, salvo quando coberto por regime próprio de previdência social;

•• Alínea e com redação determinada pela Lei n. 9.876, de 26-11-1999.

f) o titular de firma individual urbana ou rural, o diretor não empregado e o membro de conselho de administração de sociedade anônima, o sócio solidário, o sócio de indústria, o sócio gerente e o sócio cotista que recebam remuneração decorrente de seu trabalho em empresa urbana ou rural, e o associado eleito para cargo de direção em cooperativa, associação ou entidade de qualquer natureza ou finalidade, bem como o síndico ou administrador eleito para exercer atividade de direção condominial, desde que recebam remuneração;

•• Alínea *f* acrescentada pela Lei n. 9.876, de 26-11-1999.

g) quem presta serviço de natureza urbana ou rural, em caráter eventual, a uma ou mais empresas, sem relação de emprego;

•• Alínea *g* acrescentada pela Lei n. 9.876, de 26-11-1999.

h) a pessoa física que exerce, por conta própria, atividade econômica de natureza urbana, com fins lucrativos ou não;

•• Alínea *h* acrescentada pela Lei n. 9.876, de 26-11-1999.

VI – como trabalhador avulso: quem presta, a diversas empresas, sem vínculo empregatício, serviço de natureza urbana ou rural definidos no Regulamento;

VII – como segurado especial: a pessoa física residente no imóvel rural ou em aglomerado urbano ou rural próximo a ele que, individualmente ou em regime de economia familiar, ainda que com o auxílio eventual de terceiros, na condição de:

•• Inciso VII, *caput*, com redação determinada pela Lei n. 11.718, de 20-6-2008.

• *Vide* Súmula 41 do JEFs.

a) produtor, seja proprietário, usufrutuário, possuidor, assentado, parceiro ou meeiro outorgados, comodatário ou arrendatário rurais, que explore atividade:

1. agropecuária em área de até 4 (quatro) módulos fiscais;

2. de seringueiro ou extrativista vegetal que exerça suas atividades nos termos do inciso XII do *caput* do art. 2.º da Lei n. 9.985, de 18 de julho de 2000, e faça dessas atividades o principal meio de vida;

•• Alínea *a* acrescentada pela Lei n. 11.718, de 20-6-2008.

b) pescador artesanal ou a este assemelhado que faça da pesca profissão habitual ou principal meio de vida; e

•• Alínea *b* acrescentada pela Lei n. 11.718, de 20-6-2008.

c) cônjuge ou companheiro, bem como filho maior de 16 (dezesseis) anos de idade ou a este equiparado, do segurado de que tratam as alíneas *a* e *b* deste inciso, que, comprovadamente, trabalhem com o grupo familiar respectivo.

•• Alínea *c* acrescentada pela Lei n. 11.718, de 20-6-2008.

•• O garimpeiro está excluído por força da Lei n. 8.398, de 7-1-1992, que alterou a redação do inciso VII do art. 12 da Lei n. 8.212, de 24-7-1991.

• *Vide* Súmula 272 do STJ.

§ 1.º Entende-se como regime de economia familiar a atividade em que o trabalho dos membros da família é indispensável à própria subsistência e ao desenvolvimento socioeconômico do núcleo familiar e é exercido em condições de mútua dependência e colaboração, sem a utilização de empregados permanentes.

•• § 1.º com redação determinada pela Lei n. 11.718, de 20-6-2008.

§ 2.º Todo aquele que exercer, concomitantemente, mais de uma atividade remunerada sujeita ao Regime Geral de Previdência Social é obrigatoriamente filiado em relação a cada uma delas.

§ 3.º O aposentado pelo Regime Geral de Previdência Social – RGPS que estiver exercendo ou que voltar a exercer atividade abrangida por este Regime é segurado obrigatório em relação a essa atividade, ficando sujeito às contribuições de que trata a Lei n. 8.212, de 24 de julho de 1991, para fins de custeio da Seguridade Social.

•• § 3.º acrescentado pela Lei n. 9.032, de 28-4-1995.

§ 4.º O dirigente sindical mantém, durante o exercício do mandato eletivo, o mesmo enquadramento no Regime Geral de Previdência Social – RGPS de antes da investidura.

•• § 4.º acrescentado pela Lei n. 9.528, de 10-12-1997.

§ 5.º Aplica-se o disposto na alínea g do inciso I do *caput* ao ocupante de cargo de Ministro de Estado, de Secretário Estadual, Distrital ou Municipal, sem vínculo efetivo com a União, Estados, Distrito Federal e Municípios, suas autarquias, ainda que em regime especial, e fundações.

•• § 5.º acrescentado pela Lei n. 9.876, de 26-11-1999.

§ 6.º Para serem considerados segurados especiais, o cônjuge ou companheiro e os filhos maiores de 16 (dezesseis) anos ou os a estes equiparados deverão ter participação ativa nas atividades rurais do grupo familiar.

•• § 6.º acrescentado pela Lei n. 11.718, de 20-6-2008.

§ 7.º O grupo familiar poderá utilizar-se de empregados contratados por prazo determinado ou de trabalhador de que trata a alínea g do inciso V do *caput*, à razão de no máximo 120 (cento e vinte) pessoas por dia no ano civil, em períodos corridos ou intercalados ou, ainda, por tempo equivalente em horas de trabalho, não sendo computado nesse prazo o período de afastamento em decorrência da percepção de auxílio-doença.

•• § 7.º com redação determinada pela Lei n. 12.873, de 24-10-2013.

§ 8.º Não descaracteriza a condição de segurado especial:

•• § 8.º, *caput*, acrescentado pela Lei n. 11.718, de 20-6-2008.

I – a outorga, por meio de contrato escrito de parceria, meação ou comodato, de até 50% (cinquenta por cento) de imóvel rural cuja área total não seja superior a 4 (quatro) módulos fiscais, desde que outorgante e outorgado continuem a exercer a respectiva atividade, individualmente ou em regime de economia familiar;

•• Inciso I acrescentado pela Lei n. 11.718, de 20-6-2008.

II – a exploração da atividade turística da propriedade rural, inclusive com hospedagem, por não mais de 120 (cento e vinte) dias ao ano;

•• Inciso II acrescentado pela Lei n. 11.718, de 20-6-2008.

III – a participação em plano de previdência complementar instituído por entidade classista a que seja associado em razão da condição de trabalhador rural ou de produtor rural em regime de economia familiar; e

•• Inciso III acrescentado pela Lei n. 11.718, de 20-6-2008.

IV – ser beneficiário ou fazer parte de grupo familiar que tem algum componente que seja beneficiário de programa assistencial oficial de governo;

•• Inciso IV acrescentado pela Lei n. 11.718, de 20-6-2008.

V – a utilização pelo próprio grupo familiar, na exploração da atividade, de processo de beneficiamento ou industrialização artesanal, na forma do § 11 do art. 25 da Lei n. 8.212, de 24 de julho de 1991;

•• Inciso V acrescentado pela Lei n. 11.718, de 20-6-2008.

VI – a associação em cooperativa agropecuária ou de crédito rural; e

•• Inciso VI com redação determinada pela Lei n. 13.183, de 4-11-2015.

VII – a incidência do Imposto Sobre Produtos Industrializados – IPI sobre o produto das atividades desenvolvidas nos termos do § 12.

•• Inciso VII acrescentado pela Lei n. 12.873, de 24-10-2013.

§ 9.º Não é segurado especial o membro de grupo familiar que possuir outra fonte de rendimento, exceto se decorrente de:

•• § 9.º, *caput*, acrescentado pela Lei n. 11.718, de 20-6-2008.

I – benefício de pensão por morte, auxílio-acidente ou auxílio-reclusão, cujo valor não supere o do menor benefício de prestação continuada da Previdência Social;

•• Inciso I acrescentado pela Lei n. 11.718, de 20-6-2008.

II – benefício previdenciário pela participação em plano de previdência complementar instituído nos termos do inciso IV do § 8.º deste artigo;

•• Inciso II acrescentado pela Lei n. 11.718, de 20-6-2008.

III – exercício de atividade remunerada em período não superior a 120 (cento e vinte) dias, corridos ou intercalados, no ano civil, observado o disposto no § 13 do art. 12 da Lei n. 8.212, de 24 de julho de 1991;

•• Inciso III com redação determinada pela Lei n. 12.873, de 24-10-2013.

IV – exercício de mandato eletivo de dirigente sindical de organização da categoria de trabalhadores rurais;

•• Inciso IV acrescentado pela Lei n. 11.718, de 20-6-2008.

V – exercício de mandato de vereador do Município em que desenvolve a atividade rural ou de dirigente de cooperativa rural constituída, exclusivamente, por segurados especiais, observado o disposto no § 13 do art. 12 da Lei n. 8.212, de 24 de julho de 1991;

•• Inciso V acrescentado pela Lei n. 11.718, de 20-6-2008.

•• A Lei n. 13.183, de 4-11-2015, propôs nova redação para este inciso, todavia teve seu texto vetado.

VI – parceria ou meação outorgada na forma e condições estabelecidas no inciso I do § 8.º deste artigo;

•• Inciso VI acrescentado pela Lei n. 11.718, de 20-6-2008.

VII – atividade artesanal desenvolvida com matéria-prima produzida pelo respectivo grupo familiar, podendo ser utilizada matéria-prima de outra origem, desde que a renda mensal obtida na atividade não exceda ao menor benefício de prestação continuada da Previdência Social; e

•• Inciso VII acrescentado pela Lei n. 11.718, de 20-6-2008.

VIII – atividade artística, desde que em valor mensal inferior ao menor benefício de prestação continuada da Previdência Social.

•• Inciso VIII acrescentado pela Lei n. 11.718, de 20-6-2008.

§ 10. O segurado especial fica excluído dessa categoria:

•• § 10, *caput*, acrescentado pela Lei n. 11.718, de 20-6-2008.

I – a contar do primeiro dia do mês em que:

•• Inciso I, *caput*, acrescentado pela Lei n. 11.718, de 20-6-2008.

a) deixar de satisfazer as condições estabelecidas no inciso VII do *caput* deste artigo, sem prejuízo do disposto no art. 15 desta Lei, ou exceder qualquer dos limites estabelecidos no inciso I do § 8.º deste artigo;

•• Alínea *a* acrescentada pela Lei n. 11.718, de 20-6-2008.

b) enquadrar-se em qualquer outra categoria de segurado obrigatório do Regime Geral de Previdência Social, ressalvado o disposto nos incisos III, V, VII e VIII do § 9.º e no § 12, sem prejuízo do disposto no art. 15;

•• Alínea *b* com redação determinada pela Lei n. 12.873, de 24-10-2013.

c) tornar-se segurado obrigatório de outro regime previdenciário; e

•• Alínea *c* com redação determinada pela Lei n. 12.873, de 24-10-2013.

d) participar de sociedade empresária, de sociedade simples, como empresário individual ou como titular de empresa individual de responsabilidade limitada em desacordo com as limitações impostas pelo § 12;

•• Alínea *d* acrescentada pela Lei n. 12.873, de 24-10-2013.

II – a contar do primeiro dia do mês subsequente ao da ocorrência, quando o grupo familiar a que pertence exceder o limite de:

a) utilização de terceiros na exploração da atividade a que se refere o § 7.º deste artigo;

b) dias em atividade remunerada estabelecidos no inciso III do § 9.º deste artigo; e

c) dias de hospedagem a que se refere o inciso II do § 8.º deste artigo.

•• Inciso II acrescentado pela Lei n. 11.718, de 20-6-2008.

§ 11. Aplica-se o disposto na alínea *a* do inciso V do *caput* deste artigo ao cônjuge ou companheiro do produtor que participe da atividade rural por este explorada.

•• § 11 acrescentado pela Lei n. 11.718, de 20-6-2008.

§ 12. A participação do segurado especial em sociedade empresária, em sociedade simples, como empresário individual ou como titular de empresa individual de responsabilidade limitada de objeto ou âmbito agrícola, agroindustrial ou agroturístico, considerada microempresa nos termos da Lei Complementar n. 123, de 14 de dezembro de 2006, não o exclui de tal categoria previdenciária, desde que, mantido o exercício da sua atividade rural na forma do inciso VII do *caput* e do § 1.º, a pessoa jurídica componha-se apenas de segurados de igual natureza e sedie-se no mesmo Município ou em Município limítrofe àquele em que eles desenvolvam suas atividades.

•• § 12 acrescentado pela Lei n. 12.873, de 24-10-2013.

§ 13. (*Vetado.*)

•• § 13 acrescentado pela Lei n. 12.873, de 24-10-2013.

Art. 12. O servidor civil ocupante de cargo efetivo ou o militar da União, dos Estados, do Distrito Federal ou dos Municípios, bem como o das respectivas autarquias e fundações, são excluídos do Regime Geral de Previdência Social consubstanciado nesta Lei, desde que amparados por regime próprio de previdência social.

•• *Caput* com redação determinada pela Lei n. 9.876, de 26-11-1999.

§ 1.º Caso o servidor ou o militar venham a exercer, concomitantemente, uma ou mais atividades abrangidas pelo Regime Geral de Previdência Social, tornar-se-ão segurados obrigatórios em relação a essas atividades.

•• § 1.º com redação determinada pela Lei n. 9.876, de 26-11-1999.

§ 2.º Caso o servidor ou o militar, amparados por regime próprio de previdência social, sejam requisitados para outro órgão ou entidade cujo regime previdenciário não permita a filiação, nessa condição, permanecerão vinculados ao regime de origem, obedecidas as regras que cada ente estabeleça acerca de sua contribuição.

•• § 2.º com redação determinada pela Lei n. 9.876, de 26-11-1999.

Art. 13. É segurado facultativo o maior de 14 (quatorze) anos que se filiar ao Regime Geral de Previdência Social, mediante contribuição, desde que não incluído nas disposições do art. 11.

Art. 14. Consideram-se:

I – empresa – a firma individual ou sociedade que assume o risco de atividade econômica urbana ou rural, com fins lucrativos ou não, bem como os órgãos e entidades da administração pública direta, indireta ou fundacional;

II – empregador doméstico – a pessoa ou família que admite a seu serviço, sem finalidade lucrativa, empregado doméstico.

Parágrafo único. Equiparam-se a empresa, para os efeitos desta Lei, o contribuinte individual e a pessoa física na condição de proprietário ou dono de obra de construção civil, em relação a segurado que lhe presta serviço, bem como a cooperativa, a associação ou entidade de qualquer natureza ou finalidade, a missão diplomática e a repartição consular de carreira estrangeiras.

•• Parágrafo único com redação determinada pela Lei n. 13.202, de 8-12-2015.

Art. 15. Mantém a qualidade de segurado, independentemente de contribuições:

I – sem limite de prazo, quem está em gozo de benefício;

II – até 12 (doze) meses após a cessação das contribuições, o segurado que deixar de exercer atividade remunerada abrangida pela Previdência Social ou estiver suspenso ou licenciado sem remuneração;

•• A Lei n. 13.135, de 17-6-2015, propôs nova redação para este inciso, todavia teve o seu texto vetado.

III – até 12 (doze) meses após cessar a segregação, o segurado acometido de doença de segregação compulsória;

IV – até 12 (doze) meses após o livramento, o segurado retido ou recluso;

V – até 3 (três) meses após o licenciamento, o segurado incorporado às Forças Armadas para prestar serviço militar;

VI – até 6 (seis) meses após a cessação das contribuições, o segurado facultativo.

§ 1.º O prazo do inciso II será prorrogado para até 24 (vinte e quatro) meses se o segurado já tiver pago mais de 120 (cento e vinte) contribuições mensais sem interrupção que acarrete a perda da qualidade de segurado.

§ 2.º Os prazos do inciso II ou do § 1.º serão acrescidos de 12 (doze) meses para o segurado desempregado, desde que comprovada essa situação pelo registro no órgão próprio do Ministério do Trabalho e da Previdência Social.

§ 3.º Durante os prazos deste artigo, o segurado conserva todos os seus direitos perante a Previdência Social.

§ 4.º A perda da qualidade de segurado ocorrerá no dia seguinte ao do término do prazo fixado no Plano de Custeio da Seguridade Social para recolhimento da contribuição referente ao mês imediatamente posterior ao do final dos prazos fixados neste artigo e seus parágrafos.

SEÇÃO II

Dos Dependentes

Art. 16. São beneficiários do Regime Geral de Previdência Social, na condição de dependentes do segurado:

•• A Lei n. 13.183, de 4-11-2015, propôs nova redação para este artigo, todavia teve seu texto vetado.

I – o cônjuge, a companheira, o companheiro e o filho não emancipado, de qualquer condição, menor de 21 (vinte e um) anos ou inválido ou que tenha deficiência intelectual ou mental ou deficiência grave;

•• Inciso I com redação determinada pela Lei n. 13.146, de 6-7-2015.

•• A Portaria n. 513, de 9-12-2010, dispõe sobre a união estável entre pessoas do mesmo sexo.

II – os pais;

III – o irmão não emancipado, de qualquer condição, menor de 21 (vinte e um) anos ou inválido ou que tenha deficiência intelectual ou mental ou deficiência grave;

•• Inciso III com redação determinada pela Lei n. 13.146, de 6-7-2015.

IV – (*Revogado pela Lei n. 9.032, de 28-4-1995.*)

§ 1.º A existência de dependente de qualquer das classes deste artigo exclui do direito às prestações os das classes seguintes.

§ 2.º O enteado e o menor tutelado equiparam-se a filho mediante declaração do segurado e desde que comprovada a dependência econômica na forma estabelecida no Regulamento.

•• § 2.º com redação determinada pela Lei n. 9.528, de 10-12-1997.

§ 3.º Considera-se companheira ou companheiro a pessoa que, sem ser casada, mantém união estável com o segurado ou com a segurada, de acordo com o § 3.º do art. 226 da Constituição Federal.

§ 4.º A dependência econômica das pessoas indicadas no inciso I é presumida e a das demais deve ser comprovada.

§ 5.º A prova de união estável e de dependência econômica exigem início de prova material contemporânea dos fatos, não admitida a prova exclusivamente testemunhal, exceto na ocorrência de motivo de força maior e ou caso fortuito, conforme disposto no Regulamento.

•• § 5.º acrescentado pela Medida Provisória n. 871, de 18-1-2019.

SEÇÃO III

Das Inscrições

Art. 17. O Regulamento disciplinará a forma de inscrição do segurado e dos dependentes.

§ 1.º Incumbe ao dependente promover a sua inscrição quando do requerimento do benefício a que estiver habilitado.

•• § 1.º com redação determinada pela Lei n. 10.403, de 8-1-2002.

§ 2.º (*Revogado pela Lei n. 13.135, de 17-6-2015.*)

§ 3.º (*Revogado pela Lei n. 11.718, de 20-6-2008.*)

§ 4.º A inscrição do segurado especial será feita de forma a vinculá-lo ao seu respectivo grupo familiar e conterá, além das informações pessoais, a identificação da propriedade em que desenvolve a atividade e a que título, se nela reside ou o Município onde reside e, quando for o caso, a identificação e inscrição da pessoa responsável pelo grupo familiar.

•• § 4.º com redação determinada pela Lei n. 12.873, de 24-10-2013.

• *Vide* art. 38-A desta Lei.

§ 5.º O segurado especial integrante de grupo familiar que não seja proprietário ou dono do imóvel rural em que desenvolve sua atividade deverá informar, no ato da inscrição, conforme o caso, o nome do parceiro ou meeiro outorgante, arrendador, comodante ou assemelhado.

•• § 5.º acrescentado pela Lei n. 11.718, de 20-6-2008.

§ 6.º (*Revogado pela Lei n. 12.873, de 24-10-2013.*)

§ 7.º Não será admitida a inscrição *post mortem* de segurado contribuinte individual e de segurado facultativo.

•• § 7.º acrescentado pela Medida Provisória n. 871, de 18-1-2019.

CAPÍTULO II

DAS PRESTAÇÕES EM GERAL

SEÇÃO I

Das Espécies de Prestações

Art. 18. Regime Geral de Previdência Social compreende as seguintes prestações, devidas inclusive em razão de eventos decorrentes de acidente do trabalho, expressas em benefícios e serviços:

I – quanto ao segurado:

a) aposentadoria por invalidez;

b) aposentadoria por idade;

c) aposentadoria por tempo de contribuição;

•• Alínea *c* com redação determinada pela Lei Complementar n. 123, de 14-12-2006.

d) aposentadoria especial;

e) auxílio-doença;

f) salário-família;

g) salário-maternidade;

h) auxílio-acidente;

i) (*Revogado pela Lei n. 8.870, de 15-4-1994.*)

II – quanto ao dependente:

a) pensão por morte;

b) auxílio-reclusão;

III – quanto ao segurado e dependente:

a) (*Revogado pela Lei n. 9.032, de 28-4-1995.*)

b) serviço social;

c) reabilitação profissional.

§ 1.º Somente poderão beneficiar-se do auxílio-acidente os segurados incluídos nos incisos I, II, VI e VII do art. 11 desta Lei.

•• § 1.º com redação determinada pela Lei Complementar n. 150, de 1.º-6-2015.

§ 2.º O aposentado pelo Regime Geral de Previdência Social – RGPS que permanecer em atividade sujeita a este Regime, ou a ele retornar, não fará jus a prestação alguma da Previdência Social em decorrência do exercício dessa atividade, exceto ao salário-família e à reabilitação profissional, quando empregado.

•• § 2.º com redação determinada pela Lei n. 9.528, de 10-12-1997.

•• A Lei n. 13.183, de 4-11-2015, propôs nova redação para este § 2.º, todavia teve seu texto vetado.

§ 3.º O segurado contribuinte individual, que trabalhe por conta própria, sem relação de trabalho com empresa ou equiparado, e o segurado facultativo que contribuam na forma do § 2.º do art. 21 da Lei n. 8.212, de 24 de julho de 1991, não farão jus à aposentadoria por tempo de contribuição.

•• § 3.º acrescentado pela Lei Complementar n. 123, de 14-12-2006.

Art. 19. Acidente do trabalho é o que ocorre pelo exercício do trabalho a serviço de empresa ou de empregador doméstico ou pelo exercício do trabalho dos segurados referidos no inciso VII do art. 11 desta Lei, provocando lesão corporal ou perturbação funcional que cause a morte ou a perda ou redução, permanente ou temporária, da capacidade para o trabalho.

•• *Caput* com redação determinada pela Lei Complementar n. 150, de 1.º-6-2015.

§ 1.º A empresa é responsável pela adoção e uso das medidas coletivas e individuais de proteção e segurança da saúde do trabalhador.

§ 2.º Constitui contravenção penal, punível com multa, deixar a empresa de cumprir as normas de segurança e higiene do trabalho.

§ 3.º É dever da empresa prestar informações pormenorizadas sobre os riscos da operação a executar e do produto a manipular.

§ 4.º O Ministério do Trabalho e da Previdência Social fiscalizará e os sindicatos e entidades representativas de classe acompanharão o fiel cumprimento do disposto nos parágrafos anteriores, conforme dispuser o Regulamento.

Art. 20. Consideram-se acidente do trabalho, nos termos do artigo anterior, as seguintes entidades mórbidas:

•• A Portaria n. 589, de 28-4-2014, do MTE, disciplina as medidas a serem adotadas pelas empresas em relação à notificação de doenças e acidentes do trabalho.

I – doença profissional, assim entendida a produzida ou desencadeada pelo exercício do trabalho peculiar a determinada atividade e constante da respectiva relação elaborada pelo Ministério do Trabalho e da Previdência Social;

II – doença do trabalho, assim entendida a adquirida ou desencadeada em função de condições especiais em que o trabalho é realizado e com ele se relacione diretamente, constante da relação mencionada no inciso I.

§ 1.º Não são consideradas como doença do trabalho:

a) a doença degenerativa;

b) a inerente a grupo etário;

c) a que não produza incapacidade laborativa;

d) a doença endêmica adquirida por segurado habitante de região em que ela se desenvolva, salvo comprovação de que é resultante de exposição ou contato direto determinado pela natureza do trabalho.

§ 2.º Em caso excepcional, constatando-se que a doença não incluída na relação prevista nos incisos I e II deste artigo resultou das condições especiais em que o trabalho é executado e com ele se relaciona diretamente, a Previdência Social deve considerá-la acidente do trabalho.

Art. 21. Equiparam-se também ao acidente do trabalho, para efeitos desta Lei:

I – o acidente ligado ao trabalho que, embora não tenha sido a causa única, haja contribuído diretamente para a morte do segurado, para redução ou perda da sua capacidade para o trabalho, ou produzido lesão que exija atenção médica para a sua recuperação;

II – o acidente sofrido pelo segurado no local e no horário do trabalho, em consequência de:

a) ato de agressão, sabotagem ou terrorismo praticado por terceiro ou companheiro de trabalho;

b) ofensa física intencional, inclusive de terceiro, por motivo de disputa relacionada ao trabalho;

c) ato de imprudência, de negligência ou de imperícia de terceiro ou de companheiro de trabalho;

d) ato de pessoa privada do uso da razão;

e) desabamento, inundação, incêndio e outros casos fortuitos ou decorrentes de força maior;

III – a doença proveniente de contaminação acidental do empregado no exercício de sua atividade;

IV – o acidente sofrido pelo segurado ainda que fora do local e horário de trabalho:

a) na execução de ordem ou na realização de serviço sob a autoridade da empresa;

b) na prestação espontânea de qualquer serviço à empresa para lhe evitar prejuízo ou proporcionar proveito;

c) em viagem a serviço da empresa, inclusive para estudo quando financiada por esta dentro de seus planos para melhor capacitação da mão de obra, independentemente do meio de locomoção utilizado, inclusive veículo de propriedade do segurado;

d) no percurso da residência para o local de trabalho ou deste para aquela, qualquer que seja o meio de locomoção, inclusive veículo de propriedade do segurado.

§ 1.º Nos períodos destinados a refeição ou descanso, ou por ocasião da satisfação de outras necessidades fisiológicas, no local do trabalho ou durante este, o empregado é considerado no exercício do trabalho.

§ 2.º Não é considerada agravação ou complicação de acidente do trabalho a lesão que, resultante de acidente de outra origem, se associe ou se superponha às consequências do anterior.

Art. 21-A. A perícia médica do Instituto Nacional do Seguro Social (INSS) considerará caracterizada a natureza acidentária da incapacidade quando constatar ocorrência de nexo técnico epidemiológico entre o trabalho e o agravo, decorrente da relação entre a atividade da empresa ou do empregado doméstico e a entidade mórbida motivadora da incapacidade elencada na Classificação Internacional de Doenças (CID), em conformidade com o que dispuser o regulamento.

•• *Caput* com redação determinada pela Lei Complementar n. 150, de 1.º-6-2015.

• A Instrução Normativa n. 31, de 10-9-2008, do INSS, dispõe sobre procedimentos e rotinas referentes ao Nexo Técnico Epidemiológico Previdenciário – NTEP.

• *Vide* Enunciado n. 42 da 1.ª Jornada de Direito do Trabalho.

§ 1.º A perícia médica do INSS deixará de aplicar o disposto neste artigo quando demonstrada a inexistência do nexo de que trata o *caput* deste artigo.

•• § 1.º acrescentado pela Lei n. 11.430, de 26-12-2006.

§ 2.º A empresa ou o empregador doméstico poderão requerer a não aplicação do nexo técnico epidemiológico, de cuja decisão caberá recurso, com efeito suspensivo, da empresa, do empregador doméstico ou do segurado ao Conselho de Recursos da Previdência Social.

•• § 2.º com redação determinada pela Lei Complementar n. 150, de 1.º-6-2015.

Art. 22. A empresa ou o empregador doméstico deverão comunicar o acidente do trabalho à Previdência Social até o primeiro dia útil seguinte ao da ocorrência e, em caso de morte, de imediato, à autoridade competente, sob pena de multa variável entre o limite mínimo e o limite máximo do salário de contribuição, sucessivamente aumentada nas reincidências, aplicada e cobrada pela Previdência Social.

•• *Caput* com redação determinada pela Lei Complementar n. 150, de 1.º-6-2015.

§ 1.º Da comunicação a que se refere este artigo receberão cópia fiel o acidentado ou seus dependentes, bem como o sindicato a que corresponda a sua categoria.

§ 2.º Na falta de comunicação por parte da empresa, podem formalizá-la o próprio acidentado, seus dependentes, a entidade sindical competente, o médico que o assistiu ou qualquer autoridade pública, não prevalecendo nestes casos o prazo previsto neste artigo.

§ 3.º A comunicação a que se refere o § 2.º não exime a empresa de responsabilidade pela falta do cumprimento do disposto neste artigo.

§ 4.º Os sindicatos e entidades representativas de classe poderão acompanhar a cobrança, pela Previdência Social, das multas previstas neste artigo.

§ 5.º A multa de que trata este artigo não se aplica na hipótese do *caput* do art. 21-A.

•• § 5.º acrescentado pela Lei n. 11.430, de 26-12-2006.

Art. 23. Considera-se como dia do acidente, no caso de doença profissional ou do trabalho, a data do início da incapacidade laborativa para o exercício da atividade habitual, ou o dia da segregação compulsória, ou o dia em que for realizado o diagnóstico, valendo para este efeito o que ocorrer primeiro.

SEÇÃO II

Dos Períodos de Carência

Art. 24. Período de carência é o número mínimo de contribuições mensais indispensáveis para que o beneficiário faça jus ao benefício, consideradas a partir do transcurso do primeiro dia dos meses de suas competências.

Parágrafo único. (*Revogado pela Lei n. 13.457, de 26-6-2017.*)

Art. 25. A concessão das prestações pecuniárias do Regime Geral de Previdência Social depende dos seguintes períodos de carência, ressalvado o disposto no art. 26:

I – auxílio-doença e aposentadoria por invalidez: 12 (doze) contribuições mensais;

II – aposentadoria por idade, aposentadoria por tempo de serviço e aposentadoria especial: 180 (cento e oitenta) contribuições mensais;

•• Inciso II com redação determinada pela Lei n. 8.870, de 15-4-1994.

III – salário-maternidade para as seguradas de que tratam os incisos V e VII do *caput* do art. 11 e o art. 13: dez contribuições mensais, respeitado o disposto no parágrafo único do art. 39; e

•• Inciso III com redação determinada pela Medida Provisória n. 871, de 18-1-2019. O texto anterior dizia: "III – salário-maternidade para as seguradas de que tratam os incisos V e VII do art. 11 e o art. 13: 10 (dez) contribuições mensais, respeitado o disposto no parágrafo único do art. 39 desta Lei.

•• Inciso III acrescentado pela Lei n. 9.876, de 26-11-1999".

IV – auxílio-reclusão: vinte e quatro contribuições mensais.

•• Inciso IV acrescentado pela Medida Provisória n. 871, de 18-1-2019.

Parágrafo único. Em caso de parto antecipado, o período de carência a que se refere o inciso III será reduzido em número de contribuições equivalente ao número de meses em que o parto foi antecipado.

•• Parágrafo único acrescentado pela Lei n. 9.876, de 26-11-1999.

•• A Lei n. 13.183, de 4-11-2015, propôs nova redação para este parágrafo único, todavia teve seu texto vetado.

Art. 26. Independe de carência a concessão das seguintes prestações:

I – pensão por morte, salário-família e auxílio-acidente;

•• Inciso I com redação determinada pela Medida Provisória n. 871, de 18-1-2019. O texto anterior dizia: "I – pensão por morte, auxílio-reclusão, salário-família e auxílio-acidente;

•• Inciso I com redação determinada pela Lei n. 9.876, de 26-11-1999".

II – auxílio-doença e aposentadoria por invalidez nos casos de acidente de qualquer natureza ou causa e de doença profissional ou do trabalho, bem como nos casos de segurado que, após filiar-se ao RGPS, for acometido de alguma das doenças e afecções especificadas em lista elaborada pelos Ministérios da Saúde e da Previdência Social, atualizada a cada 3 (três) anos, de acordo com os critérios de estigma, deformação, mutilação, deficiência ou outro fator que lhe confira especificidade e gravidade que mereçam tratamento particularizado;

•• Inciso II com redação determinada pela Lei n. 13.135, de 17-6-2015.

III – os benefícios concedidos na forma do inciso I do art. 39, aos segurados especiais referidos no inciso VII do art. 11 desta Lei;

IV – serviço social;

V – reabilitação profissional;

VI – salário-maternidade para as seguradas empregada, trabalhadora avulsa e empregada doméstica.

•• Inciso VI acrescentado pela Lei n. 9.876, de 26-11-1999.

Art. 27. Para cômputo do período de carência, serão consideradas as contribuições:

•• *Caput* com redação determinada pela Lei Complementar n. 150, de 1.º-6-2015.

I – referentes ao período a partir da data de filiação ao Regime Geral de Previdência Social (RGPS), no caso dos segurados empregados, inclusive os domésticos, e dos trabalhadores avulsos;

•• Inciso I com redação determinada pela Lei Complementar n. 150, de 1.º-6-2015.

II – realizadas a contar da data de efetivo pagamento da primeira contribuição sem atraso, não sendo consideradas para este fim as contribuições recolhidas com atraso referentes a competências anteriores, no caso dos segurados contribuinte individual, especial e facultativo, referidos, respectivamente, nos incisos V e VII do art. 11 e no art. 13.

•• Inciso II com redação determinada pela Lei Complementar n. 150, de 1.º-6-2015.

Art. 27-A. Na hipótese de perda da qualidade de segurado, para fins da concessão dos benefícios de auxílio-doença, de aposentadoria por invalidez, de salário-maternidade e de auxílio-reclusão, o segurado deverá contar, a partir da data da nova filiação à Previdência Social, com os períodos integrais de carência previstos nos incisos I, III e IV do *caput* do art. 25.

•• Artigo com redação determinada pela Medida Provisória n. 871, de 18-1-2019. O texto anterior dizia: "Art. 27-A. No caso de perda da qualidade de segurado, para efeito de carência para a concessão dos benefícios de que trata esta Lei, o segurado deverá contar, a partir da nova filiação à Previdência Social, com metade dos períodos previstos nos incisos I e III do *caput* do art. 25 desta Lei.

•• Artigo acrescentado pela Lei n. 13.457, de 26-6-2017".

SEÇÃO III

Do Cálculo do Valor dos Benefícios

SUBSEÇÃO I

Do salário de benefício

Art. 28. O valor do benefício de prestação continuada, inclusive o regido por norma especial e o decorrente de acidente do trabalho, exceto o salário-família e o salário--maternidade, será calculado com base no salário de benefício.

•• *Caput* com redação determinada pela Lei n. 9.032, de 28-4-1995.

§§ 1.º a 4.º (*Revogados pela Lei n. 9.032, de 28-4-1995.*)

•• A Lei n. 13.183, de 4-11-2015, propôs o acréscimo do art. 28-A, todavia teve seu texto vetado.

Art. 29. O salário de benefício consiste:

•• *Caput* com redação determinada pela Lei n. 9.876, de 26-11-1999.

I – para os benefícios de que tratam as alíneas *b* e *c* do inciso I do art. 18, na média aritmética simples dos maiores salários de contribuição correspondentes a 80% (oitenta por cento) de todo o período contributivo, multiplicada pelo fator previdenciário;

•• Inciso I acrescentado pela Lei n. 9.876, de 26-11-1999.

II – para os benefícios de que tratam as alíneas *a*, *d*, *e* e *h* do inciso I do art. 18, na média aritmética simples dos maiores salários de contribuição correspondentes a 80% (oitenta por cento) de todo o período contributivo.

•• Inciso II acrescentado pela Lei n. 9.876, de 26-11-1999.

• A Resolução n. 268, de 24-1-2013, dispõe sobre a revisão de que trata este inciso.

§ 1.º (*Revogado pela Lei n. 9.876, de 26-11-1999.*)

§ 2.º O valor do salário de benefício não será inferior ao de um salário mínimo, nem superior ao do limite máximo do salário de contribuição na data de início do benefício.

•• A Portaria n. 9, de 15-1-2019, do Ministério da Economia, estabelece que, a partir de 1.º-1-2019, o salário de benefício e o salário de contribuição não poderão ser inferiores a R$ 998,00 (novecentos e noventa e oito reais), nem superiores a R$ 5.839,45 (cinco mil oitocentos e trinta e nove reais e quarenta e cinco centavos).

§ 3.º Serão considerados para cálculo do salário de benefício os ganhos habituais do segurado empregado, a qualquer título, sob forma de moeda corrente ou de utilidades, sobre os quais tenha incidido contribuições previdenciárias, exceto o décimo terceiro salário (gratificação natalina).

•• § 3.º com redação determinada pela Lei n. 8.870, de 15-4-1994.

§ 4.º Não será considerado, para o cálculo do salário de benefício, o aumento dos salários de contribuição que exceder o limite legal, inclusive o voluntariamente concedido nos 36 (trinta e seis) meses imediatamente anteriores ao início do benefício, salvo se homologado pela Justiça do Trabalho, resultante de promoção regulada por normas gerais da empresa, admitida pela legislação do trabalho, de sentença normativa ou de reajustamento salarial obtido pela categoria respectiva.

§ 5.º Se, no período básico de cálculo, o segurado tiver recebido benefícios por incapacidade, sua duração será contada, considerando-se como salário de contribuição, no período, o salário de benefício que serviu de base para o cálculo da renda mensal, reajustado nas mesmas épocas e bases dos benefícios em geral, não podendo ser inferior ao valor de 1 (um) salário mínimo.

• *Vide* Súmula 557 do STJ.

§ 6.º O salário de benefício do segurado especial consiste no valor equivalente ao salário mínimo, ressalvado o disposto no inciso II do art. 39 e nos §§ 3.º e 4.º do art. 48 desta Lei.

•• § 6.º com redação determinada pela Lei n. 11.718, de 20-6-2008.

§ 7.º O fator previdenciário será calculado considerando-se a idade, a expectativa de sobrevida e o tempo de contribuição do segurado ao se aposentar, segundo a fórmula constante do Anexo desta Lei.

•• § 7.º acrescentado pela Lei n. 9.876, de 26-11-1999.

•• A Lei n. 12.254, de 15-6-2010, propôs o fim da aplicação do fator previdenciário, porém teve seu texto vetado.

§ 8.º Para efeito do disposto no § 7.º, a expectativa de sobrevida do segurado na idade da aposentadoria será obtida a partir da tábua completa de mortalidade construída pela Fundação Instituto Brasileiro de Geografia e Estatística – IBGE, considerando-se a média nacional única para ambos os sexos.

•• § 8.º acrescentado pela Lei n. 9.876, de 26-11-1999.

§ 9.º Para efeito da aplicação do fator previdenciário, ao tempo de contribuição do segurado serão adicionados:

I – 5 (cinco) anos, quando se tratar de mulher;

II – 5 (cinco) anos, quando se tratar de professor que comprove exclusivamente tempo de efetivo exercício das funções de magistério na educação infantil e no ensino fundamental e médio;

III – 10 (dez) anos, quando se tratar de professora que comprove exclusivamente tempo de efetivo exercício das funções de magistério na educação infantil e no ensino fundamental e médio.

•• § 9.º acrescentado pela Lei n. 9.876, de 26-11-1999.

§ 10. O auxílio-doença não poderá exceder a média aritmética simples dos últimos 12 (doze) salários de contribuição, inclusive em caso de remuneração variável, ou, se não alcançado o número de 12 (doze), a média aritmética simples dos salários de contribuição existentes.

•• § 10 acrescentado pela Lei n. 13.135, de 17-6-2015.

§ 11. (*Vetado.*)

•• § 11 acrescentado pela Lei n. 13.135, de 17-6-2015.

§ 12. (*Vetado.*)

•• § 12 acrescentado pela Lei n. 13.135, de 17-6-2015.

§ 13. (*Vetado.*)

•• § 13 acrescentado pela Lei n. 13.135, de 17-6-2015.

Art. 29-A. O INSS utilizará as informações constantes no Cadastro Nacional de Informações Sociais – CNIS sobre os vínculos e as remunerações dos segurados, para fins de cálculo do salário de benefício, comprovação de filiação ao Regime Geral de Previdência Social, tempo de contribuição e relação de emprego.

•• *Caput* com redação determinada pela Lei Complementar n. 128, de 19-12-2008.

§ 1.º O INSS terá até 180 (cento e oitenta) dias, contados a partir da solicitação do pedido, para fornecer ao segurado as informações previstas no *caput* deste artigo.

•• § 1.º acrescentado pela Lei n. 10.403, de 8-1-2002.

§ 2.º O segurado poderá solicitar, a qualquer momento, a inclusão, exclusão ou retificação de informações constantes do

CNIS, com a apresentação de documentos comprobatórios dos dados divergentes, conforme critérios definidos pelo INSS.

•• § 2.º com redação determinada pela Lei Complementar n. 128, de 19-12-2008.

§ 3.º A aceitação de informações relativas a vínculos e remunerações inseridas extemporaneamente no CNIS, inclusive retificações de informações anteriormente inseridas, fica condicionada à comprovação dos dados ou das divergências apontadas, conforme critérios definidos em regulamento.

•• § 3.º acrescentado pela Lei Complementar n. 128, de 19-12-2008.

§ 4.º Considera-se extemporânea a inserção de dados decorrentes de documento inicial ou de retificação de dados anteriormente informados, quando o documento ou a retificação, ou a informação retificadora, forem apresentados após os prazos estabelecidos em regulamento.

•• § 4.º acrescentado pela Lei Complementar n. 128, de 19-12-2008.

§ 5.º Havendo dúvida sobre a regularidade do vínculo incluído no CNIS e inexistência de informações sobre remunerações e contribuições, o INSS exigirá a apresentação dos documentos que serviram de base à anotação, sob pena de exclusão do período.

•• § 5.º acrescentado pela Lei Complementar n. 128, de 19-12-2008.

Art. 29-B. Os salários de contribuição considerados no cálculo do valor do benefício serão corrigidos, mês a mês, de acordo com a variação integral do Índice Nacional de Preços ao Consumidor – INPC, calculado pela Fundação Instituto Brasileiro de Geografia e Estatística – IBGE.

•• Artigo acrescentado pela Lei n. 10.887, de 18-6-2004.

Art. 29-C. O segurado que preencher o requisito para a aposentadoria por tempo de contribuição poderá optar pela não incidência do fator previdenciário no cálculo de sua aposentadoria, quando o total resultante da soma de sua idade e de seu tempo de contribuição, incluídas as frações, na data de requerimento da aposentadoria, for:

•• *Caput* acrescentado pela Lei n. 13.183, de 4-11-2015.

I – igual ou superior a noventa e cinco pontos, se homem, observando o tempo mínimo de contribuição de trinta e cinco anos; ou

•• Inciso I acrescentado pela Lei n. 13.183, de 4-11-2015.

II – igual ou superior a oitenta e cinco pontos, se mulher, observado o tempo mínimo de contribuição de trinta anos.

•• Inciso II acrescentado pela Lei n. 13.183, de 4-11-2015.

§ 1.º Para os fins do disposto no *caput*, serão somadas as frações em meses completos de tempo de contribuição e idade.

•• § 1.º acrescentado pela Lei n. 13.183, de 4-11-2015.

§ 2.º As somas de idade e de tempo de contribuição previstas no *caput* serão majoradas em um ponto em:

•• § 2.º, *caput*, acrescentado pela Lei n. 13.183, de 4-11-2015.

I – 31 de dezembro de 2018;

•• Inciso I acrescentado pela Lei n. 13.183, de 4-11-2015.

II – 31 de dezembro de 2020;

•• Inciso II acrescentado pela Lei n. 13.183, de 4-11-2015.

III – 31 de dezembro de 2022;

•• Inciso III acrescentado pela Lei n. 13.183, de 4-11-2015.

IV – 31 de dezembro de 2024; e

•• Inciso IV acrescentado pela Lei n. 13.183, de 4-11-2015.

V – 31 de dezembro de 2026.

•• Inciso V acrescentado pela Lei n. 13.183, de 4-11-2015.

§ 3.º Para efeito de aplicação do disposto no *caput* e no § 2.º, o tempo mínimo de contribuição do professor e da professora que comprovarem exclusivamente tempo de efetivo exercício de magistério na educação infantil e no ensino fundamental e médio será de, respectivamente, trinta e vinte e cinco anos, e serão acrescidos cinco pontos à soma da idade com o tempo de contribuição.

•• § 3.º acrescentado pela Lei n. 13.183, de 4-11-2015.

§ 4.º Ao segurado que alcançar o requisito necessário ao exercício da opção de que trata o *caput* e deixar de requerer aposentadoria será assegurado o direito à opção com a aplicação da pontuação exigida na data do cumprimento do requisito nos termos deste artigo.

•• § 4.º acrescentado pela Lei n. 13.183, de 4-11-2015.

§ 5.º (*Vetado.*)

•• § 5.º acrescentado pela Lei n. 13.183, de 4-11-2015.

Art. 29-D. (*Vetado.*)

•• Artigo acrescentado pela Lei n. 13.183, de 4-11-2015.

Art. 30. (*Revogado pela Lei n. 9.032, de 28-4-1995.*)

Art. 31. O valor mensal do auxílio-acidente integra o salário de contribuição, para fins de cálculo do salário de benefício de qualquer aposentadoria, observado, no que couber, o disposto no art. 29 e no art. 86, § 5.º.

•• Artigo com redação determinada pela Lei n. 9.528, de 10-12-1997.

Art. 32. O salário de benefício do segurado que contribuir em razão de atividades concomitantes será calculado com base na soma dos salários de contribuição das atividades exercidas na data do requerimento ou do óbito, ou no período básico de cálculo, observado o disposto no art. 29 e as normas seguintes:

•• A Lei n. 13.135, de 17-6-2015, propôs nova redação para este artigo, todavia teve o seu texto vetado.

I – quando o segurado satisfizer, em relação a cada atividade, as condições do benefício requerido, o salário de benefício será calculado com base na soma dos respectivos salários de contribuição;

•• A Lei n. 13.135, de 17-6-2015, propôs a revogação deste inciso, todavia teve o seu texto vetado.

II – quando não se verificar a hipótese do inciso anterior, o salário de benefício corresponde à soma das seguintes parcelas:

•• A Lei n. 13.135, de 17-6-2015, propôs a revogação deste inciso, todavia teve o seu texto vetado.

a) o salário de benefício calculado com base nos salários de contribuição das atividades em relação às quais são atendidas as condições do benefício requerido;

•• A Lei n. 13.135, de 17-6-2015, propôs a revogação desta alínea, todavia teve o seu texto vetado.

b) um percentual da média do salário de contribuição de cada uma das demais atividades, equivalente à relação entre o número de meses completo de contribuição e os do período de carência do benefício requerido;

•• A Lei n. 13.135, de 17-6-2015, propôs a revogação desta alínea, todavia teve o seu texto vetado.

III – quando se tratar de benefício por tempo de serviço, o percentual da alínea *b* do inciso II será o resultante da relação entre os anos completos de atividade e o número de anos de serviço considerado para a concessão do benefício.

•• A Lei n. 13.135, de 17-6-2015, propôs a revogação deste inciso, todavia teve o seu texto vetado.

§ 1.º O disposto neste artigo não se aplica ao segurado que, em obediência ao limite máximo do salário de contribuição, contribuiu apenas por uma das atividades concomitantes.

§ 2.º Não se aplica o disposto neste artigo ao segurado que tenha sofrido redução do salário de contribuição das atividades concomitantes em respeito ao limite máximo desse salário.

SUBSEÇÃO II

Da renda mensal do benefício

Art. 33. A renda mensal do benefício de prestação continuada que substituir os salários de contribuição ou o rendimento do trabalho do segurado não terá valor inferior ao do salário mínimo, nem superior ao do limite máximo do salário de contribuição, ressalvado o disposto no art. 45 desta Lei.

Art. 34. No cálculo do valor da renda mensal do benefício, inclusive o decorrente de acidente do trabalho, serão computados:

•• *Caput* com redação determinada pela Lei Complementar n. 150, de 1.º-6-2015.

I – para o segurado empregado, inclusive o doméstico, e o trabalhador avulso, os salários de contribuição referentes aos meses de contribuições devidas, ainda que não recolhidas pela empresa ou pelo empregador doméstico, sem prejuízo da respectiva cobrança e da aplicação das penalidades cabíveis, observado o disposto no § 5.º do art. 29-A;

•• Inciso I com redação determinada pela Lei Complementar n. 150, de 1.º-6-2015.

II – para o segurado empregado, inclusive o doméstico, o trabalhador avulso e o segurado especial, o valor mensal do auxílio-acidente, considerado como salário de contribuição para fins de concessão de qualquer aposentadoria, nos termos do art. 31;

•• Inciso II com redação determinada pela Lei Complementar n. 150, de 1.º-6-2015.

III – para os demais segurados, os salários de contribuição referentes aos meses de contribuições efetivamente recolhidas.

•• Inciso III renumerado pela Lei n. 9.528, de 10-12-1997.

Art. 35. Ao segurado empregado, inclusive o doméstico, e ao trabalhador avulso que tenham cumprido todas as condições para a concessão do benefício pleiteado, mas não possam comprovar o valor de seus salários de contribuição no período básico de cálculo, será concedido o benefício de valor mínimo, devendo esta renda ser recalculada quando da apresentação de prova dos salários de contribuição.

•• Artigo com redação determinada pela Lei Complementar n. 150, de 1.º-6-2015.

Art. 36. Para o segurado empregado doméstico que, tendo satisfeito as condições exigidas para a concessão do benefício requerido, não comprovar o efetivo recolhimento das contribuições devidas, será concedido o benefício de valor mínimo, devendo sua renda ser recalculada quando da apresentação da prova do recolhimento das contribuições.

Art. 37. A renda mensal inicial, recalculada de acordo com o disposto no art. 35, deve ser reajustada como a dos benefícios correspondentes com igual data de início e substituirá, a partir da data do requerimento de revisão do valor do benefício, a renda mensal que prevalecia até então.

•• Artigo com redação determinada pela Lei Complementar n. 150, de 1.º-6-2015.

Art. 38. Sem prejuízo do disposto no art. 35, cabe à Previdência Social manter cadastro dos segurados com todos os informes necessários para o cálculo da renda mensal dos benefícios.

•• Artigo com redação determinada pela Lei Complementar n. 150, de 1.º-6-2015.

•• A Lei n. 11.720, de 20-6-2008, estabelece em seu art. 1.º que o recadastramento de segurados da Previdência Social, por qualquer motivo, não poderá ser precedido de prévio bloqueio de pagamento de benefícios.

Art. 38-A. O Ministério da Economia manterá sistema de cadastro dos segurados especiais no Cadastro Nacional de Informações Sociais – CNIS, observado o disposto nos § 4.º e § 5.º do art. 17, e poderá firmar acordo de cooperação com o Ministério da Agricultura, Pecuária e Abastecimento e com outros órgãos da administração pública federal, estadual, distrital e municipal para a manutenção e a gestão do sistema de cadastro.

•• *Caput* com redação determinada pela Medida Provisória n. 871, de 18-1-2019.

O texto anterior dizia: "Art. 38-A. O Ministério da Previdência Social desenvolverá programa de cadastramento dos segurados especiais, observado o disposto nos §§ 4.º e 5.º do art. 17 desta Lei, podendo para tanto firmar convênio com órgãos federais, estaduais ou do Distrito Federal e dos Municípios, bem como com entidades de classe, em especial as respectivas confederações ou federações.

•• *Caput* acrescentado pela Lei n. 11.718, de 20-6-2008".

§ 1.º O sistema de que trata o *caput* preverá a manutenção e a atualização anual do cadastro e conterá as informações necessárias à caracterização da condição de segurado especial, nos termos do disposto no Regulamento.

•• § 1.º com redação determinada pela Medida Provisória n. 871, de 18-1-2019.

O texto anterior dizia: "§ 1.º O programa de que trata o *caput* deste artigo deverá prever a manutenção e a atualização anual do cadastro e conter todas as informações necessárias à caracterização da condição de segurado especial.

•• § 1.º com redação determinada pela Lei n. 13.134, de 16-6-2015".

§ 2.º Da aplicação do disposto neste artigo não poderá resultar nenhum ônus para os segurados, sejam eles filiados ou não às entidades conveniadas.

•• § 2.º acrescentado pela Lei n. 11.718, de 20-6-2008.

§ 3.º O INSS, no ato de habilitação ou de concessão de benefício, deverá verificar a condição de segurado especial e, se for o caso, o pagamento da contribuição previdenciária, nos termos da Lei n. 8.212, de 24 de julho de 1991, considerando, dentre outros, o que consta do Cadastro Nacional de Informações Sociais (CNIS) de que trata o art. 29-A desta Lei.

•• § 3.º acrescentado pela Lei n. 13.134, de 16-6-2015.

§ 4.º A atualização anual de que trata o § 1.º será feita até 30 de junho do ano subsequente.

•• § 4.º acrescentado pela Medida Provisória n. 871, de 18-1-2019.

§ 5.º Decorrido o prazo de que trata o § 4.º, o segurado especial só poderá computar o período de trabalho rural se efetuado em época própria o recolhimento na forma prevista no art. 25 da Lei n. 8.212, de 1991.

•• § 5.º acrescentado pela Medida Provisória n. 871, de 18-1-2019.

§ 6.º É vedada a atualização de que trata o § 1.º após o prazo de cinco anos, contado da data estabelecida no § 4.º.

•• § 6.º acrescentado pela Medida Provisória n. 871, de 18-1-2019.

Art. 38-B. O INSS utilizará as informações constantes do cadastro de que trata o art. 38-A para fins de comprovação do exercício da atividade e da condição do segurado especial e do respectivo grupo familiar.

•• *Caput* acrescentado pela Lei n. 13.134, de 16-6-2015.

§ 1.º A partir de 1.º de janeiro de 2020, a comprovação da condição e do exercício da atividade rural do segurado especial ocorrerá exclusivamente pelas informações constantes do cadastro a que se refere o art. 38-A.

•• § 1.º renumerado pela Medida Provisória n. 871, de 18-1-2019.

O texto anterior dizia: "Parágrafo único. Havendo divergências de informações, para fins de reconhecimento de direito com vistas à concessão de benefício, o INSS poderá exigir a apresentação dos documentos previstos no art. 106 desta Lei.

•• Parágrafo único acrescentado pela Lei n. 13.134, de 16-6-2015".

§ 2.º Para o período anterior a 1.º de janeiro de 2020, o segurado especial comprovará o tempo de exercício da atividade rural por meio de autodeclaração ratificada por entidades públicas credenciadas, nos termos do disposto no art. 13 da Lei n. 12.188, de 11 de janeiro de 2010, e por outros órgãos públicos, na forma prevista no Regulamento.

•• § 2.º acrescentado pela Medida Provisória n. 871, de 18-1-2019.

§ 3.º Na hipótese de haver divergência de informações, para fins de reconhecimento de direito com vistas à concessão de benefício, o INSS poderá exigir a apresentação dos documentos referidos no art. 106.

•• § 3.º acrescentado pela Medida Provisória n. 871, de 18-1-2019.

Art. 39. Para os segurados especiais, referidos no inciso VII do art. 11 desta Lei, fica garantida a concessão:

I – de aposentadoria por idade ou por invalidez, de auxílio-doença, de auxílio-reclusão ou de pensão, no valor de 1 (um) salário mínimo, e de auxílio-acidente, conforme disposto no art. 86, desde que comprove o exercício de atividade rural, ainda que de forma descontínua, no período, imediatamente anterior ao requerimento do benefício, igual ao número de meses correspondentes à carência do benefício requerido; ou

•• Inciso I com redação determinada pela Lei n. 12.873, de 24-10-2013.

II – dos benefícios especificados nesta Lei, observados os critérios e a forma de cálculo estabelecidos, desde que contribuam facultativamente para a Previdência Social, na forma estipulada no Plano de Custeio da Seguridade Social.

Parágrafo único. Para a segurada especial fica garantida a concessão do salário-maternidade no valor de 1 (um) salário mínimo, desde que comprove o exercício de atividade rural, ainda que de forma descontínua, nos 12 (doze) meses imediatamente anteriores ao do início do benefício.

•• Parágrafo único acrescentado pela Lei n. 8.861, de 25-3-1994.

Art. 40. É devido abono anual ao segurado e ao dependente da Previdência Social que, durante o ano, recebeu auxílio-doença, auxílio-acidente ou aposentadoria, pensão por morte ou auxílio-reclusão.

Parágrafo único. O abono anual será calculado, no que couber, da mesma forma que a Gratificação de Natal dos trabalhadores, tendo por base o valor da renda mensal do benefício do mês de dezembro de cada ano.

SEÇÃO IV

Do Reajustamento do Valor dos Benefícios

Art. 41. (*Revogado pela Lei n. 11.430, de 26-12-2006.*)

Art. 41-A. O valor dos benefícios em manutenção será reajustado, anualmente, na mesma data do reajuste do salário mínimo, *pro rata*, de acordo com suas respectivas datas de início ou do último reajustamento, com base no Índice Nacional de Preços ao Consumidor – INPC, apurado pela Fundação Instituto Brasileiro de Geografia e Estatística – IBGE.

•• *Caput* acrescentado pela Lei n. 11.430, de 26-12-2006.

§ 1.º Nenhum benefício reajustado poderá exceder o limite máximo do salário de benefício na data do reajustamento, respeitados os direitos adquiridos.

•• § 1.º acrescentado pela Lei n. 11.430, de 26-12-2006.

§ 2.º Os benefícios com renda mensal superior a um salário mínimo serão pagos do primeiro ao quinto dia útil do mês subsequente ao de sua competência, observada a distribuição proporcional do número de beneficiários por dia de pagamento.

•• § 2.º com redação determinada pela Lei n. 11.665, de 29-4-2008.

§ 3.º Os benefícios com renda mensal no valor de até um salário mínimo serão pagos no período compreendido entre o quinto dia útil que anteceder o final do mês de sua competência e o quinto dia útil do mês subsequente, observada a distribuição proporcional dos beneficiários por dia de pagamento.

•• § 3.º com redação determinada pela Lei n. 11.665, de 29-4-2008.

§ 4.º Para os efeitos dos §§ 2.º e 3.º deste artigo, considera-se dia útil aquele de expediente bancário com horário normal de atendimento.

•• § 4.º com redação determinada pela Lei n. 11.665, de 29-4-2008.

§ 5.º O primeiro pagamento do benefício será efetuado até quarenta e cinco dias após a data da apresentação, pelo segurado, da documentação necessária a sua concessão.

•• § 5.º acrescentado pela Lei n. 11.665, de 29-4-2008.

§ 6.º Para os benefícios que tenham sido majorados devido à elevação do salário mínimo, o referido aumento deverá ser compensado no momento da aplicação do disposto no *caput* deste artigo, de acordo com normas a serem baixadas pelo Ministério da Previdência Social.

•• § 6.º acrescentado pela Lei n. 11.665, de 29-4-2008.

SEÇÃO V

Dos Benefícios

....

SUBSEÇÃO III

Da aposentadoria por tempo de serviço

....

Art. 55. O tempo de serviço será comprovado na forma estabelecida no Regulamento, compreendendo, além do correspondente às atividades de qualquer das categorias de segurados de que trata o art. 11 desta Lei, mesmo que anterior à perda da qualidade de segurado:

I – o tempo de serviço militar, inclusive o voluntário, e o previsto no § 1.º do art. 143 da Constituição Federal, ainda que anterior à filiação ao Regime Geral de Previdência Social, desde que não tenha sido contado para inatividade remunerada nas Forças Armadas ou aposentadoria no serviço público;

II – o tempo intercalado em que esteve em gozo de auxílio-doença ou aposentadoria por invalidez;

III – o tempo de contribuição efetuada como segurado facultativo;

•• Inciso III com redação determinada pela Lei n. 9.032, de 28-4-1995.

IV – o tempo de serviço referente ao exercício de mandato eletivo federal, estadual ou municipal, desde que não tenha sido contado para efeito de aposentadoria por outro regime de previdência social;

•• Inciso IV com redação determinada pela Lei n. 9.506, de 30-10-1997.

V – o tempo de contribuição efetuado por segurado depois de ter deixado de exercer atividade remunerada que o enquadrava no art. 11 desta Lei;

VI – o tempo de contribuição efetuado com base nos arts. 8.º e 9.º da Lei n. 8.162, de 8 de janeiro de 1991, pelo segurado definido no art. 11, I, g, desta Lei, sendo tais contribuições computadas para efeito de carência.

•• Inciso VI acrescentado pela Lei n. 8.647, de 13-4-1993.

§ 1.º A averbação de tempo de serviço durante o qual o exercício da atividade não determinava filiação obrigatória ao anterior Regime de Previdência Social Urbana só será admitida mediante o recolhimento das contribuições correspondentes, conforme dispuser o Regulamento, observado o disposto no § 2.º.

§ 2.º O tempo de serviço do segurado trabalhador rural, anterior à data de início de vigência desta Lei, será computado independentemente do recolhimento das contribuições a ele correspondentes, exceto para efeito de carência, conforme dispuser o Regulamento.

§ 3.º A comprovação do tempo de serviço para fins do disposto nesta Lei, inclusive mediante justificativa administrativa ou judicial, observado o disposto no art. 108, só produzirá efeito quando for baseada em início de prova material contemporânea dos fatos, não admitida a prova exclusivamente testemunhal, exceto na ocorrência de motivo de força maior ou caso fortuito, na forma prevista no Regulamento.

•• § 3.º com redação determinada pela Medida Provisória n. 871, de 18-1-2019.

O texto anterior dizia: "§ 3.º A comprovação do tempo de serviço para os efeitos desta Lei, inclusive mediante justificação administrativa ou judicial, conforme o disposto no art. 108, só produzirá efeito quando baseada em início de prova material, não sendo admitida prova exclusivamente testemunhal, salvo na ocorrência de motivo de força maior ou caso fortuito, conforme disposto no Regulamento".

•• *Vide* Súmula 577 do STJ.

§ 4.º Não será computado como tempo de contribuição, para efeito de concessão do benefício de que trata esta subseção, o período em que o segurado contribuinte individual ou facultativo tiver contribuído na forma do § 2.º do art. 21 da Lei n. 8.212, de 24 de julho de 1991, salvo se tiver complementado as contribuições na forma do § 3.º do mesmo artigo.

•• § 4.º acrescentado pela Lei Complementar n. 123, de 14-12-2006.

....

SUBSEÇÃO V

Do auxílio-doença

Art. 59. O auxílio-doença será devido ao segurado que, havendo cumprido, quando for o caso, o período de carência exigido nesta Lei, ficar incapacitado para o seu trabalho ou para a sua atividade habitual por mais de 15 (quinze) dias consecutivos.

§ 1.º Não será devido o auxílio-doença ao segurado que se filiar ao Regime Geral de Previdência Social já portador da doença ou da lesão invocada como causa para o benefício, exceto quando a incapacidade sobrevier por motivo de progressão ou agravamento da doença ou da lesão.

•• § 1.º renumerado pela Medida Provisória n. 871, de 18-1-2019.

O texto anterior dizia: "Parágrafo único. Não será devido auxílio-doença ao segurado que se filiar ao Regime Geral de Previdência Social já portador da doença ou da lesão invocada como causa para o benefício, salvo quando a incapacidade sobrevier por motivo de progressão ou agravamento dessa doença ou lesão".

§ 2.º Não será devido o auxílio-doença para o segurado recluso em regime fechado.

•• § 2.º acrescentado pela Medida Provisória n. 871, de 18-1-2019.

§ 3.º O segurado em gozo de auxílio-doença na data do recolhimento à prisão terá o benefício suspenso.

•• § 3.º acrescentado pela Medida Provisória n. 871, de 18-1-2019.

§ 4.º A suspensão prevista no § 3.º será de até sessenta dias, contados da data do recolhimento à prisão, cessado o benefício após o referido prazo.

•• § 4.º acrescentado pela Medida Provisória n. 871, de 18-1-2019.

§ 5.º Na hipótese de o segurado ser colocado em liberdade antes do prazo previsto no § 4.º, o benefício será restabelecido a partir da data da soltura.

•• § 5.º acrescentado pela Medida Provisória n. 871, de 18-1-2019.

Art. 60. O auxílio-doença será devido ao segurado empregado a contar do 16.º (décimo sexto) dia do afastamento da atividade, e, no caso dos demais segurados, a contar da data do início da incapacidade e enquanto ele permanecer incapaz.

•• *Caput* com redação determinada pela Lei n. 9.876, de 26-11-1999.

§ 1.º Quando requerido por segurado afastado da atividade por mais de 30 (trinta) dias, o auxílio-doença será devido a contar da data da entrada do requerimento.

§ 2.º *(Revogado pela Lei n. 9.032, de 28-4-1995.)*

§ 3.º Durante os primeiros 15 (quinze) dias consecutivos ao do afastamento da atividade por motivo de doença, incumbirá à empresa pagar ao segurado empregado o seu salário integral.

•• § 3.º com redação determinada pela Lei n. 9.876, de 26-11-1999.

§ 4.º A empresa que dispuser de serviço médico, próprio ou em convênio, terá a seu cargo o exame médico e o abono das faltas correspondentes ao período referido no § 3.º, somente devendo encaminhar o segurado à perícia médica da Previdência Social quando a incapacidade ultrapassar 15 (quinze) dias.

§ 5.º *(Revogado pela Medida Provisória n. 871, de 18-1-2019.)*

•• O texto revogado dizia: "Nos casos de impossibilidade de realização de perícia médica pelo órgão ou setor próprio competente, assim como de efetiva incapacidade física ou técnica de implementação das atividades e de atendimento adequado à clientela da previdência social, o INSS poderá, sem ônus para os segurados, celebrar, nos termos do regulamento, convênios, termos de execução descentralizada, termos de fomento ou de colaboração, contratos não onerosos ou acordos de cooperação técnica para realização de perícia médica, por delegação ou simples cooperação técnica, sob sua coordenação e supervisão, com:
•• § 5.º, *caput*, acrescentado pela Lei n. 13.135, de 17-6-2015".

I – órgãos e entidades públicos ou que integrem o Sistema Único de Saúde (SUS);

•• Inciso I acrescentado pela Lei n. 13.135, de 17-6-2015.

II e III – (*Vetados.*)

•• Incisos II e III acrescentados pela Lei n. 13.135, de 17-6-2015.

•• *Vide* art. 75-B do Decreto n. 3.048, de 6-5-1999.

I – órgãos e entidades públicos ou que integrem o Sistema Único de Saúde (SUS);

•• Inciso I acrescentado pela Lei n. 13.135, de 17-6-2015.

II – (*Vetado.*)

•• Inciso II acrescentado pela Lei n. 13.135, de 17-6-2015.

III – (*Vetado.*)

•• Inciso III acrescentado pela Lei n. 13.135, de 17-6-2015.

§ 6.º O segurado que durante o gozo do auxílio-doença vier a exercer atividade que lhe garanta subsistência poderá ter o benefício cancelado a partir do retorno à atividade.

•• § 6.º acrescentado pela Lei n. 13.135, de 17-6-2015.

§ 7.º Na hipótese do § 6.º, caso o segurado, durante o gozo do auxílio-doença, venha a exercer atividade diversa daquela que gerou o benefício, deverá ser verificada a incapacidade para cada uma das atividades exercidas.

•• § 7.º acrescentado pela Lei n. 13.135, de 17-6-2015.

§ 8.º Sempre que possível, o ato de concessão ou de reativação de auxílio-doença, judicial ou administrativo, deverá fixar o prazo estimado para a duração do benefício.

•• § 8.º acrescentado pela Lei n. 13.457, de 26-6-2017.

§ 9.º Na ausência de fixação do prazo de que trata o § 8.º deste artigo, o benefício cessará após o prazo de cento e vinte dias, contado da data de concessão ou de reativação do auxílio-doença, exceto se o segurado requerer a sua prorrogação perante o INSS, na forma do regulamento, observado o disposto no art. 62 desta Lei.

•• § 9.º acrescentado pela Lei n. 13.457, de 26-6-2017.

§ 10. O segurado em gozo de auxílio-doença, concedido judicial ou administrativamente, poderá ser convocado a qualquer momento para avaliação das condições que ensejaram sua concessão ou manutenção, observado o disposto no art. 101 desta Lei.

•• § 10 acrescentado pela Lei n. 13.457, de 26-6-2017.

§ 11. O segurado que não concordar com o resultado da avaliação da qual dispõe o § 10 deste artigo poderá apresentar, no prazo máximo de trinta dias, recurso da decisão da administração perante o Conselho de Recursos do Seguro Social, cuja análise médica pericial, se necessária, será feita pelo assistente técnico médico da junta de recursos do seguro social, perito diverso daquele que indeferiu o benefício.

•• § 11 acrescentado pela Lei n. 13.457, de 26-6-2017.

Art. 61. O auxílio-doença, inclusive o decorrente de acidente do trabalho, consistirá numa renda mensal correspondente a 91% (noventa e um por cento) do salário de benefício, observado o disposto na Seção III, especialmente no art. 33 desta Lei.

•• Artigo com redação determinada pela Lei n. 9.032, de 28-4-1995.

Art. 62. O segurado em gozo de auxílio-doença, insuscetível de recuperação para sua atividade habitual, deverá submeter-se a processo de reabilitação profissional para o exercício de outra atividade.

•• *Caput* com redação determinada pela Lei n. 13.457, de 26-6-2017.

Parágrafo único. O benefício a que se refere o *caput* deste artigo será mantido até que o segurado seja considerado reabilitado para o desempenho de atividade que lhe garanta a subsistência ou, quando considerado não recuperável, seja aposentado por invalidez.

•• Parágrafo único acrescentado pela Lei n. 13.457, de 26-6-2017.

Art. 63. O segurado empregado, inclusive o doméstico, em gozo de auxílio-doença será considerado pela empresa e pelo empregador doméstico como licenciado.

•• *Caput* com redação determinada pela Lei Complementar n. 150, de 1.º-6-2015.

Parágrafo único. A empresa que garantir ao segurado licença remunerada ficará obrigada a pagar-lhe durante o período de auxílio-doença a eventual diferença entre o valor deste e a importância garantida pela licença.

Art. 64. (*Revogado pela Lei n. 9.032, de 28-4-1995.*)

SUBSEÇÃO VI
Do salário-família

Art. 65. O salário-família será devido, mensalmente, ao segurado empregado, inclusive o doméstico, e ao segurado trabalhador avulso, na proporção do respectivo número de filhos ou equiparados nos termos do § 2.º do art. 16 desta Lei, observado o disposto no art. 66.

•• *Caput* com redação determinada pela Lei Complementar n. 150, de 1.º-6-2015.

Parágrafo único. O aposentado por invalidez ou por idade e os demais aposentados com 65 (sessenta e cinco) anos ou mais de idade, se do sexo masculino, ou 60 (sessenta) anos ou mais, se do feminino, terão direito ao salário-família, pago juntamente com a aposentadoria.

Art. 66. O valor da cota do salário-família por filho ou equiparado de qualquer condição, até 14 (quatorze) anos de idade ou inválido de qualquer idade é de:

I – Cr$ 1.360,00 (um mil trezentos e sessenta cruzeiros), para o segurado com remuneração mensal não superior a Cr$ 51.000,00 (cinquenta e um mil cruzeiros);

•• Valor atualizado, a partir de 1.º-1-2018, pela Portaria n. 15, de 16-1-2018, do Ministério da Fazenda, para R$ 45,00 (quarenta e cinco reais) para o segurado com remuneração não superior a R$ 877,67 (oitocentos e setenta e sete reais e sessenta e sete centavos).

• *Vide* art. 81 do Decreto n. 3.048, de 6-5-1999.

II – Cr$ 170,00 (cento e setenta cruzeiros), para o segurado com remuneração mensal superior a Cr$ 51.000,00 (cinquenta e um mil cruzeiros).

•• Valor atualizado, a partir de 1.º-1-2019, pela Portaria n. 9, de 15-1-2019, do Ministério da Economia, para R$ 32,80 (trinta e dois reais e oitenta centavos) para o segurado com remuneração superior a R$ 907,77 (novecentos e sete reais e setenta e sete centavos) e igual ou inferior a R$ 1.364,43 (um mil trezentos e sessenta e quatro reais e quarenta e três centavos).

• *Vide* art. 81 do Decreto n. 3.048, de 6-5-1999.

Art. 67. O pagamento do salário-família é condicionado à apresentação da certidão de nascimento do filho ou da documentação relativa ao equiparado ou ao inválido, e à apresentação anual de atestado de vacinação obrigatória e de comprovação de frequência à escola do filho ou equiparado, nos termos do regulamento.

•• *Caput* com redação determinada pela Lei n. 9.876, de 26-11-1999.

Parágrafo único. O empregado doméstico deve apresentar apenas a certidão de nascimento referida no *caput*.

•• Parágrafo único acrescentado pela Lei Complementar n. 150, de 1.º-6-2015.

Art. 68. As cotas do salário-família serão pagas pela empresa ou pelo empregador doméstico, mensalmente, junto com o salário, efetivando-se a compensação quando do recolhimento das contribuições, conforme dispuser o Regulamento.

•• *Caput* com redação determinada pela Lei Complementar n. 150, de 1.º-6-2015.

§ 1.º A empresa ou o empregador doméstico conservarão durante 10 (dez) anos os comprovantes de pagamento e as cópias das certidões correspondentes, para fiscalização da Previdência Social.

•• § 1.º com redação determinada pela Lei Complementar n. 150, de 1.º-6-2015.

§ 2.º Quando o pagamento do salário não for mensal, o salário-família será pago juntamente com o último pagamento relativo ao mês.

Art. 69. O salário-família devido ao trabalhador avulso poderá ser recebido pelo sindicato de classe respectivo, que se incumbirá de elaborar as folhas correspondentes e de distribuí-lo.

Art. 70. A cota do salário-família não será incorporada, para qualquer efeito, ao salário ou ao benefício.

SUBSEÇÃO VII
Do salário-maternidade

• *Vide* Lei n. 11.770, de 9-9-2008, regulamentada pelo Decreto n. 7.052, de 23-12-2009, que cria o Programa Empresa Cidadã, destinado à prorrogação da licença-maternidade.

Art. 71. O salário-maternidade é devido à segurada da Previdência Social, durante 120 (cento e vinte) dias, com início no período entre 28 (vinte e oito) dias antes do parto e a data de ocorrência deste, observadas as situações e condições previstas na legislação no que concerne à proteção à maternidade.

•• *Caput* com redação determinada pela Lei n. 10.710, de 5-8-2003.

Parágrafo único. (*Revogado pela Lei n. 9.528, de 10-12-1997.*)

Art. 71-A. Ao segurado ou segurada da Previdência Social que adotar ou obtiver guarda judicial para fins de adoção de criança é devido salário-maternidade pelo período de 120 (cento e vinte) dias.

•• *Caput* com redação determinada pela Lei n. 12.873, de 24-10-2013.

• A Lei n. 10.421, de 15-4-2002, dispõe em seu art. 4.º: "No caso das seguradas da previdência social adotantes, a alíquota para o custeio das despesas decorrentes desta Lei será a mesma que custeia as seguradas gestantes, disposta no inciso I do art. 22 da Lei n. 8.212, de 24-7-1991".

• O Decreto n. 6.690, de 11-12-2008, institui o Programa de Prorrogação da Licença à Gestante e à Adotante.

§ 1.º O salário-maternidade de que trata este artigo será pago diretamente pela Previdência Social.

•• § 1.º acrescentado pela Lei n. 12.873, de 24-10-2013.

§ 2.º Ressalvado o pagamento do salário-maternidade à mãe biológica e o disposto no art. 71-B, não poderá ser concedido o benefício a mais de um segurado, decorrente do mesmo processo de adoção ou guarda, ainda que os cônjuges ou companheiros estejam submetidos a Regime Próprio de Previdência Social.

•• § 2.º acrescentado pela Lei n. 12.873, de 24-10-2013.

Art. 71-B. No caso de falecimento da segurada ou segurado que fizer jus ao recebimento do salário-maternidade, o benefício será pago, por todo o período ou pelo tempo restante a que teria direito, ao cônjuge ou companheiro sobrevivente que tenha a qualidade de segurado, exceto no caso do falecimento do filho ou de seu abandono, observadas as normas aplicáveis ao salário-maternidade.

•• *Caput* acrescentado pela Lei n. 12.873, de 24-10-2013.

§ 1.º O pagamento do benefício de que trata o *caput* deverá ser requerido até o último dia do prazo previsto para o término do salário-maternidade originário.

•• § 1.º acrescentado pela Lei n. 12.873, de 24-10-2013.

§ 2.º O benefício de que trata o *caput* será pago diretamente pela Previdência Social durante o período entre a data do óbito e o último dia do término do salário-maternidade originário e será calculado sobre:

•• § 2.º acrescentado pela Lei n. 12.873, de 24-10-2013.

I – a remuneração integral, para o empregado e trabalhador avulso;

•• Inciso I acrescentado pela Lei n. 12.873, de 24-10-2013.

II – o último salário de contribuição, para o empregado doméstico;

•• Inciso II acrescentado pela Lei n. 12.873, de 24-10-2013.

III – 1/12 (um doze avos) da soma dos 12 (doze) últimos salários de contribuição, apurados em um período não superior a 15 (quinze) meses, para o contribuinte individual, facultativo e desempregado; e

•• Inciso III acrescentado pela Lei n. 12.873, de 24-10-2013.

IV – o valor do salário mínimo, para o segurado especial.

•• Inciso IV acrescentado pela Lei n. 12.873, de 24-10-2013.

§ 3.º Aplica-se o disposto neste artigo ao segurado que adotar ou obtiver guarda judicial para fins de adoção.

•• § 3.º acrescentado pela Lei n. 12.873, de 24-10-2013.

Art. 71-C. A percepção do salário-maternidade, inclusive o previsto no art. 71-B, está condicionada ao afastamento do segurado do trabalho ou da atividade desempenhada, sob pena de suspensão do benefício.

•• Artigo acrescentado pela Lei n. 12.873, de 24-10-2013.

Art. 71-D. O direito ao salário-maternidade decairá se não for requerido em até cento e oitenta dias da ocorrência do parto ou da adoção, exceto na ocorrência de motivo de força maior e ou caso fortuito, conforme disposto no Regulamento.

•• Artigo acrescentado pela Medida Provisória n. 871, de 18-1-2019.

Art. 72. O salário-maternidade para a segurada empregada ou trabalhadora avulsa consistirá numa renda mensal igual a sua remuneração integral.

•• *Caput* com redação determinada pela Lei n. 9.876, de 26-11-1999.

§ 1.º Cabe à empresa pagar o salário-maternidade devido à respectiva empregada gestante, efetivando-se a compensação, observado o disposto no art. 248 da Constituição Federal, quando do recolhimento das contribuições incidentes sobre a folha de salários e demais rendimentos pagos ou creditados, a qualquer título, à pessoa física ou jurídica que lhe preste serviço.

•• § 1.º acrescentado pela Lei n. 10.710, de 5-8-2003.

§ 2.º A empresa deverá conservar durante 10 (dez) anos os comprovantes dos pagamentos e os atestados correspondentes para exame pela fiscalização da Previdência Social.

•• Primitivo parágrafo único renumerado pela Lei n. 10.710, de 5-8-2003.

§ 3.º O salário-maternidade devido à trabalhadora avulsa e à empregada do microempreendedor individual de que trata o art. 18-A da Lei Complementar n. 123, de 14 de dezembro de 2006, será pago diretamente pela Previdência Social.

•• § 3.º com redação determinada pela Lei n. 12.470, de 31-8-2011.

Art. 73. Assegurado o valor de um salário mínimo, o salário-maternidade para as demais seguradas, pago diretamente pela Previdência Social, consistirá:

•• *Caput* com redação determinada pela Lei n. 10.710, de 5-8-2003.

I – em um valor correspondente ao do seu último salário de contribuição, para a segurada empregada doméstica;

•• Inciso I acrescentado pela Lei n. 9.876, de 26-11-1999.

II – em um doze avos do valor sobre o qual incidiu sua última contribuição anual, para a segurada especial;

•• Inciso II acrescentado pela Lei n. 9.876, de 26-11-1999.

III – em um doze avos da soma dos doze últimos salários de contribuição, apurados em um período não superior a quinze meses, para as demais seguradas.

•• Inciso III acrescentado pela Lei n. 9.876, de 26-11-1999.

....

SEÇÃO VI
Dos Serviços

....

SUBSEÇÃO II
Da habilitação e da reabilitação profissional

Art. 89. A habilitação e a reabilitação profissional e social deverão proporcionar ao beneficiário incapacitado parcial ou totalmente para o trabalho, e às pessoas portadoras de deficiência, os meios para a (re)educação e de (re)adaptação profissional e social indicados para participar do mercado de trabalho e do contexto em que vive.

Parágrafo único. A reabilitação profissional compreende:

a) o fornecimento de aparelho de prótese, órtese e instrumentos de auxílio para locomoção quando a perda ou redução da capacidade funcional puder ser atenuada por seu uso e dos equipamentos necessários à habilitação e reabilitação social e profissional;

b) a reparação ou a substituição dos aparelhos mencionados no inciso anterior, desgastados pelo uso normal ou por ocorrência estranha à vontade do beneficiário;

c) o transporte do acidentado do trabalho, quando necessário.

Art. 90. A prestação de que trata o artigo anterior é devida em caráter obrigatório aos segurados, inclusive aposentados e, na medida das possibilidades do órgão da Previdência Social, aos seus dependentes.

Art. 91. Será concedido, no caso de habilitação e reabilitação profissional, auxílio para tratamento ou exame fora do domicílio do beneficiário, conforme dispuser o Regulamento.

Art. 92. Concluído o processo de habilitação ou reabilitação social e profissional, a Previdência Social emitirá certificado individual, indicando as atividades que poderão ser exercidas pelo beneficiário, nada impedindo que este exerça outra atividade para a qual se capacitar.

Art. 93. A empresa com 100 (cem) ou mais empregados está obrigada a preencher de 2% (dois por cento) a 5% (cinco por cento) dos seus cargos com beneficiários reabilitados ou pessoas portadoras de deficiência, habilitadas, na seguinte proporção:

•• A Lei n. 13.146, de 6-7-2015, propôs nova redação para este *caput*, todavia teve seu texto vetado.

I – até 200 empregados....................2%

•• A Lei n. 13.146, de 6-7-2015, propôs nova redação para este inciso, todavia teve seu texto vetado.

II – de 201 a 500....................3%

•• A Lei n. 13.146, de 6-7-2015, propôs nova redação para este inciso, todavia teve seu texto vetado.

III – de 501 a 1.000....................4%

•• A Lei n. 13.146, de 6-7-2015, propôs nova redação para este inciso, todavia teve seu texto vetado.

IV – de 1.001 em diante....................5%

•• A Lei n. 13.146, de 6-7-2015, propôs nova redação para este inciso, todavia teve seu texto vetado.

V – (*Vetado*.)

•• Inciso V acrescentado pela Lei n. 13.146, de 6-7-2015.

•• A Portaria n. 1.199, de 28-10-2003, do MTE, dispõe:

"Art. 2.º A multa por infração ao disposto no art. 93 da Lei n. 8.213, de 24-7-1991, será calculada na seguinte proporção:

I – para empresas com cem a duzentos empregados, multiplicar-se-á o número de trabalhadores portadores de deficiência ou beneficiários reabilitados que deixaram de ser contratados pelo valor mínimo legal, acrescido de zero a vinte por cento;

II – para empresas com duzentos e um a quinhentos empregados, multiplicar-se-á o número de trabalhadores portadores de deficiência ou beneficiários reabilitados que deixaram de ser contratados pelo valor mínimo legal, acrescido de vinte a trinta por cento;

III – para empresas com quinhentos e um a mil empregados, multiplicar-se-á o número de trabalhadores portadores de deficiência ou beneficiários reabilitados que deixaram de ser contratados pelo valor mínimo legal, acrescido de trinta a quarenta por cento;

IV – para empresas com mais de mil empregados, multiplicar-se-á o número de trabalhadores portadores de deficiência ou beneficiários reabilitados que deixaram de ser contratados pelo valor mínimo legal, acrescido de quarenta a cinquenta por cento.

§ 1.º O valor mínimo legal a que se referem os incisos I a IV deste artigo é previsto no art. 133 da Lei n. 8.213, de 1991.

§ 2.º O valor resultante da aplicação dos parâmetros previstos neste artigo não poderá ultrapassar o máximo estabelecido no art. 133 da Lei n. 8.213, de 1991".

• A Instrução Normativa n. 98, de 15-8-2012, da Secretaria de Inspeção do Trabalho, dispõe sobre procedimentos de fiscalização do cumprimento, por parte dos empregadores, das normas destinadas à inclusão no trabalho das pessoas com deficiência e beneficiários da Previdência Social reabilitados.

§ 1.º A dispensa de pessoa com deficiência ou de beneficiário reabilitado da Previdência Social ao final de contrato por prazo determinado de mais de 90 (noventa) dias e a dispensa imotivada em contrato por prazo indeterminado somente poderão ocorrer após a contratação de outro trabalhador com deficiência ou beneficiário reabilitado da Previdência Social.

•• § 1.º com redação determinada pela Lei n. 13.146, de 6-7-2015.

§ 2.º Ao Ministério do Trabalho e Emprego incumbe estabelecer a sistemática de fiscalização, bem como gerar dados e estatísticas sobre o total de empregados e as vagas preenchidas por pessoas com deficiência e por beneficiários reabilitados da Previdência Social, fornecendo-os, quando solicitados, aos sindicatos, às entidades representativas dos empregados ou aos cidadãos interessados.

•• § 2.º com redação determinada pela Lei n. 13.146, de 6-7-2015.

§ 3.º Para a reserva de cargos será considerada somente a contratação direta de pessoa com deficiência, excluído o aprendiz com deficiência de que trata a Consolidação das Leis do Trabalho (CLT), aprovada pelo Decreto-Lei n. 5.452, de 1.º de maio de 1943.

•• § 3.º acrescentado pela Lei n. 13.146, de 6-7-2015.

§ 4.º (*Vetado.*)

•• A Lei n. 13.146, de 6-7-2015, propôs o acréscimo deste § 4.º, todavia teve o seu texto vetado.

....

SEÇÃO VIII

Das Disposições Diversas Relativas às Prestações

Art. 100. (*Vetado.*)

Art. 101. O segurado em gozo de auxílio-doença, aposentadoria por invalidez e o pensionista inválido estão obrigados, sob pena de suspensão do benefício, a submeter-se a exame médico a cargo da Previdência Social, processo de reabilitação profissional por ela prescrito e custeado, e tratamento dispensado gratuitamente, exceto o cirúrgico e a transfusão de sangue, que são facultativos.

•• Artigo com redação determinada pela Lei n. 9.032, de 28-4-1995.

§ 1.º O aposentado por invalidez e o pensionista inválido que não tenham retornado à atividade estarão isentos do exame de que trata o *caput* deste artigo:

•• § 1.º, *caput*, com redação determinada pela Lei n. 13.457, de 26-6-2017.

I – (*Revogado pela Medida Provisória n. 871, de 18-1-2019.*)

•• O texto revogado dizia: "após completarem cinquenta e cinco anos ou mais de idade e quando decorridos quinze anos da data da concessão da aposentadoria por invalidez ou do auxílio-doença que a precedeu; ou

•• Inciso I acrescentado pela Lei n. 13.457, de 26-6-2017".

II – após completarem sessenta anos de idade.

•• Inciso II acrescentado pela Lei n. 13.457, de 26-6-2017.

§ 2.º A isenção de que trata o § 1.º não se aplica quando o exame tem as seguintes finalidades:

•• § 2.º, *caput*, acrescentado pela Lei n. 13.063, de 30-12-2014.

I – verificar a necessidade de assistência permanente de outra pessoa para a concessão do acréscimo de 25% (vinte e cinco por cento) sobre o valor do benefício, conforme dispõe o art. 45;

•• Inciso I acrescentado pela Lei n. 13.063, de 30-12-2014.

II – verificar a recuperação da capacidade de trabalho, mediante solicitação do aposentado ou pensionista que se julgar apto;

•• Inciso II acrescentado pela Lei n. 13.063, de 30-12-2014.

III – subsidiar autoridade judiciária na concessão de curatela, conforme dispõe o art. 110.

•• Inciso III acrescentado pela Lei n. 13.063, de 30-12-2014.

§ 3.º (*Vetado.*)

•• § 3.º acrescentado pela Lei n. 13.457, de 26-6-2017.

§ 4.º A perícia de que trata este artigo terá acesso aos prontuários médicos do periciado no Sistema Único de Saúde (SUS), desde que haja a prévia anuência do periciado e seja garantido o sigilo sobre os dados dele.

•• § 4.º acrescentado pela Lei n. 13.457, de 26-6-2017.

§ 5.º É assegurado o atendimento domiciliar e hospitalar pela perícia médica e social do INSS ao segurado com dificuldades de locomoção, quando seu deslocamento, em razão de sua limitação funcional e de condições de acessibilidade, imponha-lhe ônus desproporcional e indevido, nos termos do regulamento.

•• § 5.º acrescentado pela Lei n. 13.457, de 26-6-2017.

Art. 102. A perda da qualidade de segurado importa em caducidade dos direitos inerentes a essa qualidade.

•• *Caput* com redação determinada pela Lei n. 9.528, de 10-12-1997.

§ 1.º A perda da qualidade de segurado não prejudica o direito à aposentadoria para cuja concessão tenham sido preenchidos todos os requisitos, segundo a legislação em vigor à época em que estes requisitos foram atendidos.

•• § 1.º acrescentado pela Lei n. 9.528, de 10-12-1997.

§ 2.º Não será concedida pensão por morte aos dependentes do segurado que falecer após a perda desta qualidade, nos termos do art. 15 desta Lei, salvo se preenchidos os requisitos para obtenção da aposentadoria na forma do parágrafo anterior.

•• § 2.º acrescentado pela Lei n. 9.528, de 10-12-1997.

• *Vide* Súmula 416 do STJ.

Art. 103. O prazo de decadência do direito ou da ação do segurado ou beneficiário para a revisão do ato de concessão, indeferimento, cancelamento ou cessação de benefício, do ato de deferimento, indeferimento ou não concessão de revisão de benefício é de dez anos, contado:

•• *Caput* com redação determinada pela Medida Provisória n. 871, de 18-1-2019.

O texto anterior dizia: "Art. 103. É de dez anos o prazo de decadência de todo e qualquer direito ou ação do segurado ou beneficiário para a revisão do ato de concessão de benefício, a contar do dia primeiro do mês seguinte ao do recebimento da primeira prestação ou, quando for o caso, do dia em que tomar conhecimento da decisão indeferitória definitiva no âmbito administrativo.

•• *Caput* com redação determinada pela Lei n. 10.839, de 5-2-2004".

•• *Vide* Súmula 81 dos JEFs.

I – do dia primeiro do mês subsequente ao do recebimento da primeira prestação ou da data em que a prestação deveria ter sido paga com o valor revisto; ou

•• Inciso I acrescentado pela Medida Provisória n. 871, de 18-1-2019.

II – do dia em que o segurado tomar conhecimento da decisão de indeferimento, cancelamento ou cessação do seu pedido de benefício ou da decisão de deferimento ou indeferimento de revisão de benefício, no âmbito administrativo.

•• Inciso II acrescentado pela Medida Provisória n. 871, de 18-1-2019.

•• *Vide* Súmula 427 do STJ.

Art. 103-A. O direito da Previdência Social de anular os atos administrativos de que decorram efeitos favoráveis para os seus beneficiários decai em dez anos, contados da data em que foram praticados, salvo comprovada má-fé.

•• *Caput* acrescentado pela Lei n. 10.839, de 5-2-2004.

§ 1.º No caso de efeitos patrimoniais contínuos, o prazo decadencial contar-se-á da percepção do primeiro pagamento.

•• § 1.º acrescentado pela Lei n. 10.839, de 5-2-2004.

§ 2.º Considera-se exercício do direito de anular qualquer medida de autoridade administrativa que importe impugnação à validade do ato.

•• § 2.º acrescentado pela Lei n. 10.839, de 5-2-2004.

Art. 104. As ações referentes à prestação por acidente do trabalho prescrevem em 5 (cinco) anos, observado o disposto no art. 103 desta Lei, contados da data:

I – do acidente, quando dele resultar a morte ou a incapacidade temporária, verificada esta em perícia médica a cargo da Previdência Social; ou

II – em que for reconhecida pela Previdência Social a incapacidade permanente ou o agravamento das sequelas do acidente.

Art. 105. A apresentação de documentação incompleta não constitui motivo para recusa do requerimento de benefício.

Art. 106. A comprovação do exercício de atividade rural será feita, alternativamente, por meio de:

•• *Caput* com redação determinada pela Lei n. 11.718, de 20-6-2008.

•• *Vide* Súmula 577 do STJ.

I – contrato individual de trabalho ou Carteira de Trabalho e Previdência Social;

•• Inciso I acrescentado pela Lei n. 11.718, de 20-6-2008.

II – contrato de arrendamento, parceria ou comodato rural;

•• Inciso II acrescentado pela Lei n. 11.718, de 20-6-2008.

III – (*Revogado pela Medida Provisória n. 871, de 18-1-2019.*)

•• O texto anterior dizia: "III – declaração fundamentada de sindicato que represente o trabalhador rural ou, quando for o caso, de sindicato ou colônia de pescadores, desde que homologada pelo Instituto Nacional do Seguro Social – INSS;

•• Inciso III acrescentado pela Lei n. 11.718, de 20-6-2008".

IV – Declaração de Aptidão ao Programa Nacional de Fortalecimento da Agricultura Familiar, de que trata o inciso II do *caput* do art. 2.º da Lei n. 12.188, de 11 de janeiro de 2010, ou por documento que a substitua, emitidas apenas por instituições ou organizações públicas;

•• Inciso IV com redação determinada pela Medida Provisória n. 871, de 18-1-2019. O texto anterior dizia: "IV – comprovante de cadastro do Instituto Nacional de Colonização e Reforma Agrária – INCRA, no caso de produtores em regime de economia familiar;

•• Inciso IV acrescentado pela Lei n. 11.718, de 20-6-2008".

V – bloco de notas do produtor rural;

•• Inciso V acrescentado pela Lei n. 11.718, de 20-6-2008.

VI – notas fiscais de entrada de mercadorias, de que trata o § 7.º do art. 30 da Lei n. 8.212, de 24 de julho de 1991, emitidas pela empresa adquirente da produção, com indicação do nome do segurado como vendedor;

•• Inciso VI acrescentado pela Lei n. 11.718, de 20-6-2008.

VII – documentos fiscais relativos a entrega de produção rural à cooperativa agrícola, entreposto de pescado ou outros, com indicação do segurado como vendedor ou consignante;

•• Inciso VII acrescentado pela Lei n. 11.718, de 20-6-2008.

VIII – comprovantes de recolhimento de contribuição à Previdência Social decorrentes da comercialização da produção;

•• Inciso VIII acrescentado pela Lei n. 11.718, de 20-6-2008.

IX – cópia da declaração de imposto de renda, com indicação de renda proveniente da comercialização de produção rural; ou

•• Inciso IX acrescentado pela Lei n. 11.718, de 20-6-2008.

X – licença de ocupação ou permissão outorgada pelo Incra.

•• Inciso X acrescentado pela Lei n. 11.718, de 20-6-2008.

Art. 107. O tempo de serviço de que trata o art. 55 desta Lei será considerado para cálculo do valor da renda mensal de qualquer benefício.

Art. 108. Mediante justificação processada perante a Previdência Social, observado o disposto no § 3.º do art. 55 e na forma estabelecida no Regulamento, poderá ser suprida a falta de documento ou provado ato do interesse de beneficiário ou empresa, salvo no que se refere a registro público.

Art. 109. O benefício será pago diretamente ao beneficiário, salvo em caso de ausência, moléstia contagiosa ou impossibilidade de locomoção, quando será pago a procurador, cujo mandato não terá prazo superior a 12 (doze) meses, podendo ser renovado.

•• *Caput* com redação determinada pela Lei n. 8.870, de 15-4-1994.

Parágrafo único. A impressão digital do beneficiário incapaz de assinar, aposta na presença de servidor da Previdência Social, vale como assinatura para quitação de pagamento de benefício.

Art. 110. O benefício devido ao segurado ou dependente civilmente incapaz será feito ao cônjuge, pai, mãe, tutor ou curador, admitindo-se, na sua falta e por período não superior a 6 (seis) meses, o pagamento a herdeiro necessário, mediante termo de compromisso firmado no ato do recebimento.

Parágrafo único. Para efeito de curatela, no caso de interdição do beneficiário, a autoridade judiciária pode louvar-se no laudo médico-pericial da Previdência Social.

Art. 110-A. No ato de requerimento de benefícios operacionalizados pelo INSS, não será exigida apresentação de termo de curatela de titular ou de beneficiário com deficiência, observados os procedimentos a serem estabelecidos em regulamento.

•• Artigo acrescentado pela Lei n. 13.146, de 6-7-2015.

Art. 111. O segurado menor poderá, conforme dispuser o Regulamento, firmar recibo de benefício, independentemente da presença dos pais ou do tutor.

Art. 112. O valor não recebido em vida pelo segurado só será pago aos seus dependentes habilitados à pensão por morte ou, na falta deles, aos seus sucessores na forma da lei civil, independentemente de inventário ou arrolamento.

Art. 113. O benefício poderá ser pago mediante depósito em conta corrente ou por autorização de pagamento, conforme se dispuser em regulamento.

Parágrafo único. (*Revogado pela Lei n. 9.876, de 26-11-1999.*)

Art. 114. Salvo quanto a valor devido à Previdência Social e a desconto autorizado por esta Lei, ou derivado da obrigação de prestar alimentos reconhecida em sentença judicial, o benefício não pode ser objeto de penhora, arresto ou sequestro, sendo nula de pleno direito a sua venda ou cessão, ou a constituição de qualquer ônus sobre ele, bem como a outorga de poderes irrevogáveis ou em causa própria para o seu recebimento.

Art. 115. Podem ser descontados dos benefícios:

I – contribuições devidas pelo segurado à Previdência Social;

II – pagamento administrativo ou judicial de benefício previdenciário ou assistencial indevido, ou além do devido, inclusive na hipótese de cessação do benefício pela revogação de decisão judicial, nos termos do disposto no Regulamento.

•• Inciso II com redação determinada pela Medida Provisória n. 871, de 18-1-2019.

O texto anterior dizia: "II – pagamento de benefício além do devido;".

III – Imposto de Renda retido na fonte;

IV – pensão de alimentos decretada em sentença judicial;

V – mensalidades de associações e demais entidades de aposentados legalmente reconhecidas, desde que autorizadas por seus filiados;

VI – pagamento de empréstimos, financiamentos, cartões de crédito e operações de arrendamento mercantil concedidos por instituições financeiras e sociedades de arrendamento mercantil, ou por entidades fechadas ou abertas de previdência complementar, públicas e privadas, quando expressamente autorizado pelo beneficiário, até o limite de 35% (trinta e cinco por cento) do valor do benefício, sendo 5% (cinco por cento) destinados exclusivamente para:

•• Inciso VI com redação determinada pela Lei n. 13.183, de 4-11-2015.

a) amortização de despesas contraídas por meio de cartão de crédito; ou

•• Alínea *a* com redação determinada pela Lei n. 13.183, de 4-11-2015.

b) utilização com a finalidade de saque por meio do cartão de crédito.

•• Alínea *b* com redação determinada pela Lei n. 13.183, de 4-11-2015.

§ 1.º Na hipótese do inciso II, o desconto será feito em parcelas, conforme dispuser o regulamento, salvo má-fé.

•• Primitivo parágrafo único renumerado pela Lei n. 10.820, de 17-12-2003.

§ 2.º Na hipótese dos incisos II e VI, haverá prevalência do desconto do inciso II.

•• § 2.º acrescentado pela Lei n. 10.820, de 17-12-2003.

§ 3.º Serão inscritos em dívida ativa pela Procuradoria-Geral Federal os créditos constituídos pelo INSS em decorrência de benefício previdenciário ou assistencial pago indevidamente ou além do devido, inclusive na hipótese de cessação do benefício pela revogação de decisão judicial, nos termos do disposto na Lei n. 6.830, de 22 de setembro de 1980, para a execução judicial.

•• § 3.º com redação determinada pela Medida Provisória n. 871, de 18-1-2019.

O texto anterior dizia: "§ 3.º Serão inscritos em dívida ativa pela Procuradoria-Geral Federal os créditos constituídos pelo INSS em razão de benefício previdenciário ou assistencial pago indevidamente ou além do devido, hipótese em que se aplica o disposto na Lei n. 6.830, de 22 de setembro de 1980, para a execução judicial.

•• § 3.º acrescentado pela Lei n. 13.494, de 24-10-2017".

§ 4.º Será objeto de inscrição em dívida ativa, para os fins do disposto no § 3.º, em conjunto ou separadamente, o terceiro beneficiado que sabia ou deveria saber da origem do benefício pago indevidamente em razão de fraude, dolo ou coação, desde que devidamente identificado em procedimento administrativo de responsabilização.

•• § 4.º acrescentado pela Medida Provisória n. 871, de 18-1-2019.

§ 5.º O procedimento de que trata o § 4.º será disciplinado em regulamento, nos termos do disposto na Lei n. 9.784, de 29 de janeiro de 1999, e no art. 27 do Decreto-lei n. 4.657, de 4 de setembro de 1942.

•• § 5.º acrescentado pela Medida Provisória n. 871, de 18-1-2019.

§ 6.º A alienação ou a oneração de bens ou rendas, ou o início de um desses processos, por beneficiário ou responsabilizado inscrito em dívida ativa, nas hipóteses previstas nos § 3.º e § 4.º, será presumida fraudulenta e caberá ao regulamento disciplinar a forma de atribuir publicidade aos débitos dessa natureza.

•• § 6.º acrescentado pela Medida Provisória n. 871, de 18-1-2019.

§ 7.º Na hipótese prevista no inciso V do *caput*, a autorização do desconto deverá ser revalidada anualmente nos termos do disposto no Regulamento.

•• § 7.º acrescentado pela Medida Provisória n. 871, de 18-1-2019.

Art. 116. Será fornecido ao beneficiário demonstrativo minucioso das importâncias pagas, discriminando-se o valor da mensalidade, as diferenças eventualmente pagas com o período a que se referem e os descontos efetuados.

Art. 117. A empresa, o sindicato ou a entidade de aposentados devidamente legalizada poderá, mediante convênio com a Previdência Social, encarregar-se, relativamente a seu empregado ou associado e respectivos dependentes, de:

I – processar requerimento de benefício, preparando-o e instruindo-o de maneira a ser despachado pela Previdência Social;

II – submeter o requerente a exame médico, inclusive complementar, encaminhando à Previdência Social o respectivo laudo, para efeito de homologação e posterior concessão de benefício que depender de avaliação de incapacidade;

III – pagar benefício.

Parágrafo único. O convênio poderá dispor sobre o reembolso das despesas da empresa, do sindicato ou da entidade de aposentados devidamente legalizada, correspondente aos serviços previstos nos incisos II e III, ajustado por valor global conforme o número de empregados ou de associados,

PREVIDÊNCIA SOCIAL

mediante dedução do valor das contribuições previdenciárias a serem recolhidas pela empresa.

Art. 118. O segurado que sofreu acidente do trabalho tem garantida, pelo prazo mínimo de 12 (doze) meses, a manutenção do seu contrato de trabalho na empresa, após a cessação do auxílio-doença acidentário, independentemente de percepção de auxílio-acidente.

• *Vide* art. 1.º, § 4.º, da Lei n. 9.601, de 21-1-1998.

• *Vide* Súmula 378 do TST.

• *Vide* Enunciado n. 43 da 1.ª Jornada de Direito do Trabalho.

Parágrafo único. (*Revogado pela Lei n. 9.032, de 28-4-1995.*)

Art. 119. Por intermédio dos estabelecimentos de ensino, sindicatos, associações de classe, Fundação Jorge Duprat Figueiredo de Segurança e Medicina do Trabalho – FUNDACENTRO, órgãos públicos e outros meios, serão promovidas regularmente instrução e formação com vistas a incrementar costumes e atitudes prevencionistas em matéria de acidente, especialmente do trabalho.

Art. 120. Nos casos de negligência quanto às normas padrão de segurança e higiene do trabalho indicados para a proteção individual e coletiva, a Previdência Social proporá ação regressiva contra os responsáveis.

Art. 121. O pagamento, pela Previdência Social, das prestações por acidente do trabalho não exclui a responsabilidade civil da empresa ou de outrem.

Art. 122. Se mais vantajoso, fica assegurado o direito à aposentadoria, nas condições legalmente previstas na data do cumprimento de todos os requisitos necessários à obtenção do benefício, ao segurado que, tendo completado 35 (trinta e cinco) anos de serviço, se homem, ou 30 (trinta) anos, se mulher, optou por permanecer em atividade.

•• Artigo com redação determinada pela Lei n. 9.528, de 10-12-1997.

Art. 123. (*Revogado pela Lei n. 9.032, de 28-4-1995.*)

Art. 124. Salvo no caso de direito adquirido, não é permitido o recebimento conjunto dos seguintes benefícios da Previdência Social:

•• *Vide* Súmula 36 dos JEFs.

I – aposentadoria e auxílio-doença;

II – mais de uma aposentadoria;

•• Inciso II com redação determinada pela Lei n. 9.032, de 28-4-1995.

III – aposentadoria e abono de permanência em serviço;

IV – salário-maternidade e auxílio-doença;

•• Inciso IV acrescentado pela Lei n. 9.032, de 28-4-1995.

V – mais de um auxílio-acidente;

•• Inciso V acrescentado pela Lei n. 9.032, de 28-4-1995.

VI – mais de uma pensão deixada por cônjuge ou companheiro, ressalvado o direito de opção pela mais vantajosa.

•• Inciso VI acrescentado pela Lei n. 9.032, de 28-4-1995.

Parágrafo único. É vedado o recebimento conjunto do seguro-desemprego com qualquer benefício de prestação continuada da Previdência Social, exceto pensão por morte ou auxílio-acidente.

•• Parágrafo único acrescentado pela Lei n. 9.032, de 28-4-1995.

Art. 124-A. O INSS implementará processo administrativo eletrônico para requerimento de benefícios e serviços e disponibilizará canais eletrônicos de atendimento.

•• *Caput* acrescentado pela Medida Provisória n. 871, de 18-1-2019.

§ 1.º O INSS facilitará o atendimento, o requerimento, a concessão, a manutenção e a revisão de benefícios por meio eletrônico e implementará procedimentos automatizados, de atendimento e prestação de serviços por meio de atendimento telefônico ou de canais remotos.

•• § 1.º acrescentado pela Medida Provisória n. 871, de 18-1-2019.

§ 2.º Poderão ser celebrados acordos de cooperação, na modalidade de adesão, com órgãos e entidades da União, dos Estados, do Distrito Federal e dos Municípios para a recepção de documentos e apoio administrativo às atividades do INSS que demandem serviços presenciais.

•• § 2.º acrescentado pela Medida Provisória n. 871, de 18-1-2019.

§ 3.º Os serviços de que trata o § 2.º poderão ser executados pelas instituições financeiras pagadoras de benefícios administrados pelo INSS.

•• § 3.º acrescentado pela Medida Provisória n. 871, de 18-1-2019.

§ 4.º A implementação de serviços eletrônicos preverá mecanismos de controle preventivos de fraude e identificação segura do cidadão.

•• § 4.º acrescentado pela Medida Provisória n. 871, de 18-1-2019.

Art. 124-B. O INSS, para o exercício de suas competências, observado o disposto no art. 198 da Lei n. 5.172, de 25 de outubro de 1966, terá acesso a todos os dados de interesse para a recepção, a análise, a concessão, a revisão e a manutenção de benefícios por ele administrados, em especial:

•• *Caput* acrescentado pela Medida Provisória n. 871, de 18-1-2019.

I – os dados administrados pela Secretaria Especial da Receita Federal do Brasil do Ministério da Economia;

•• Inciso I acrescentado pela Medida Provisória n. 871, de 18-1-2019.

II – os dados dos registros e dos prontuários eletrônicos do Sistema Único de Saúde – SUS, administrados pelo Ministério da Saúde;

•• Inciso II acrescentado pela Medida Provisória n. 871, de 18-1-2019.

III – os dados dos documentos médicos mantidos por entidades públicas e privadas, sendo necessário, no caso destas últimas, a celebração de convênio para garantir o acesso; e

•• Inciso III acrescentado pela Medida Provisória n. 871, de 18-1-2019.

IV – os dados de movimentação das contas do Fundo de Garantia por Tempo de Serviço – FGTS, instituído pela Lei n. 5.107, de 13 de setembro de 1966, mantidas pela Caixa Econômica Federal.

•• Inciso IV acrescentado pela Medida Provisória n. 871, de 18-1-2019.

§ 1.º Para fins do cumprimento do disposto no *caput*, serão preservados a integridade dos dados e o sigilo dos dados acessados pelo INSS eventualmente existente.

•• § 1.º acrescentado pela Medida Provisória n. 871, de 18-1-2019.

§ 2.º O Ministério da Economia terá acesso às bases de dados geridas ou administradas pelo INSS, incluída a folha de pagamento de benefícios com o detalhamento dos pagamentos.

•• § 2.º acrescentado pela Medida Provisória n. 871, de 18-1-2019.

§ 3.º As bases de dados e as informações de que tratam o *caput* e o § 1.º poderão ser compartilhadas com os regimes próprios de previdência social, para estrita utilização em suas atribuições relacionadas à recepção, à análise, à concessão, à revisão e à manutenção de benefícios por eles administrados, preservados a integridade dos dados e o sigilo eventualmente existente, na forma disciplinada conjuntamente pela Secretaria Especial de Previdência e Trabalho do Ministério da Economia e pelo gestor dos dados.

•• § 3.º acrescentado pela Medida Provisória n. 871, de 18-1-2019.

§ 4.º Fica dispensada a celebração de convênio, acordo de cooperação técnica ou instrumentos congêneres para a efetivação do acesso aos dados de que trata o *caput*, quando se tratar de dados hospedados por órgãos da administração pública federal, e caberá ao INSS a responsabilidade de arcar com os custos envolvidos, quando houver, no acesso ou na extração dos dados, exceto quando estabelecido de forma diversa entre os órgãos envolvidos.

•• § 4.º acrescentado pela Medida Provisória n. 871, de 18-1-2019.

§ 5.º As solicitações de acesso a dados hospedados por entidades privadas possuem característica de requisição, dispensados a celebração de convênio, acordo de cooperação técnica ou instrumentos congêneres para a efetivação do acesso aos dados de que trata o *caput* e o ressarcimento de eventuais custos.

•• § 5.º acrescentado pela Medida Provisória n. 871, de 18-1-2019.

Art. 124-C. O servidor responsável pela análise dos pedidos dos benefícios previstos nesta Lei motivará suas decisões ou opiniões técnicas e responderá pessoalmente apenas na hipótese de dolo ou erro grosseiro.

•• Artigo acrescentado pela Medida Provisória n. 871, de 18-1-2019.

Art. 124-D. A administração pública federal desenvolverá ações de segurança da informação e comunicações, incluídas as de segurança cibernética, de segurança das infraestruturas, da qualidade dos dados e da segurança de interoperabilidade de bases governamentais, e efetuará a sua integração, inclusive com as bases de dados e informações dos Estados, dos Municípios e do Distrito Federal, com o objetivo de atenuar riscos e inconformidades em pagamentos de benefícios sociais.

•• Artigo acrescentado pela Medida Provisória n. 871, de 18-1-2019.

TÍTULO IV
DAS DISPOSIÇÕES FINAIS E TRANSITÓRIAS

Art. 125. Nenhum benefício ou serviço da Previdência Social poderá ser criado, majorado ou estendido, sem a correspondente fonte de custeio total.

Art. 125-A. Compete ao Instituto Nacional do Seguro Social – INSS realizar, por meio dos seus próprios agentes, quando designados, todos os atos e procedimentos necessários à verificação do atendimento das obrigações não tributárias impostas pela legislação previdenciária e à imposição da multa por seu eventual descumprimento.

•• *Caput* acrescentado pela Lei n. 11.941, de 27-5-2009.

§ 1.º A empresa disponibilizará a servidor designado por dirigente do INSS os documentos necessários à comprovação de vínculo empregatício, de prestação de serviços e de remuneração relativos a trabalhador previamente identificado.

•• § 1.º acrescentado pela Lei n. 11.941, de 27-5-2009.

§ 2.º Aplica-se ao disposto neste artigo, no que couber, o art. 126 desta Lei.

•• § 2.º acrescentado pela Lei n. 11.941, de 27-5-2009.

§ 3.º O disposto neste artigo não abrange as competências atribuídas em caráter privativo aos ocupantes do cargo de Auditor-Fiscal da Receita Federal do Brasil previstas no inciso I do *caput* do art. 6.º da Lei n. 10.593, de 6 de dezembro de 2002.

•• § 3.º acrescentado pela Lei n. 11.941, de 27-5-2009.

Art. 126. Das decisões do Instituto Nacional do Seguro Social – INSS nos processos de interesse dos beneficiários e dos contribuintes da Seguridade Social caberá recurso para o Conselho de Recursos da Previdência Social, conforme dispuser o Regulamento.

•• *Caput* com redação determinada pela Lei n. 9.528, de 10-12-1997.

§§ 1.º e 2.º *(Revogados pela Lei n. 11.727, de 23-6-2008.)*

§ 3.º A propositura, pelo beneficiário ou contribuinte, de ação que tenha por objeto idêntico pedido sobre o qual versa o processo administrativo importa renúncia ao direito de recorrer na esfera administrativa e desistência do recurso interposto.

•• § 3.º acrescentado pela Lei n. 9.711, de 20-11-1998.

Art. 127. *(Revogado pela Lei n. 9.711, de 20-11-1998.)*

Art. 128. As demandas judiciais que tiverem por objeto o reajuste ou a concessão de benefícios regulados nesta Lei cujos valores de execução não forem superiores a R$ 5.180,25 (cinco mil, cento e oitenta reais e vinte e cinco centavos) por autor poderão, por opção de cada um dos exequentes, ser quitadas no prazo de até sessenta dias após a intimação do trânsito em julgado da decisão, sem necessidade da expedição de precatório.

•• *Caput* com redação determinada pela Lei n. 10.099, de 19-12-2000.

•• Valor atualizado, a partir de 1.º-1-2019, pela Portaria n. 9, de 15-1-2019, do Ministério da Economia, para R$ 59.880,00 (cinquenta e nove mil oitocentos e oitenta reais).

•• Dispõem os arts. 2.º e 3.º da Lei n. 10.099, de 19-12-2000:

"Art. 2.º O disposto no art. 128 da Lei n. 8.213, de 1991, aplica-se aos benefícios de prestação continuada de que trata a Lei n. 8.742, de 7-12-1993.

Art. 3.º Os precatórios inscritos no Orçamento para o exercício de 2000 que se enquadrem nas demandas judiciais de que trata o art. 128 da Lei n. 8.213, de 1991, ou no art. 2.º desta Lei, poderão ser liquidados em até 90 (noventa) dias da data de sua publicação, fora da ordem cronológica de apresentação".

§ 1.º É vedado o fracionamento, repartição ou quebra do valor da execução, de modo que o pagamento se faça, em parte, na forma estabelecida no *caput* e, em parte, mediante expedição do precatório.

•• § 1.º acrescentado pela Lei n. 10.099, de 19-12-2000.

§ 2.º É vedada a expedição de precatório complementar ou suplementar do valor pago na forma do *caput*.

•• § 2.º acrescentado pela Lei n. 10.099, de 19-12-2000.

§ 3.º Se o valor da execução ultrapassar o estabelecido no *caput*, o pagamento far-se-á sempre por meio de precatório.

•• § 3.º acrescentado pela Lei n. 10.099, de 19-12-2000.

§ 4.º É facultada à parte exequente a renúncia ao crédito, no que exceder ao valor estabelecido no *caput*, para que possa optar pelo pagamento do saldo sem o precatório, na forma ali prevista.

•• § 4.º acrescentado pela Lei n. 10.099, de 19-12-2000.

§ 5.º A opção exercida pela parte para receber os seus créditos na forma prevista no *caput* implica a renúncia do restante dos créditos porventura existentes e que sejam oriundos do mesmo processo.

•• § 5.º acrescentado pela Lei n. 10.099, de 19-12-2000.

§ 6.º O pagamento sem precatório, na forma prevista neste artigo, implica quitação total do pedido constante da petição inicial e determina a extinção do processo.

•• § 6.º acrescentado pela Lei n. 10.099, de 19-12-2000.

§ 7.º O disposto neste artigo não obsta a interposição de embargos à execução por parte do INSS.

•• § 7.º acrescentado pela Lei n. 10.099, de 19-12-2000.

Art. 129. Os litígios e medidas cautelares relativos a acidentes do trabalho serão apreciados:

I – na esfera administrativa, pelos órgãos da Previdência Social, segundo as regras e prazos aplicáveis às demais prestações, com prioridade para conclusão; e

II – na via judicial, pela Justiça dos Estados e do Distrito Federal, segundo o rito sumaríssimo, inclusive durante as férias forenses, mediante petição instruída pela prova de efetiva notificação do evento à Previdência Social, através da Comunicação de Acidente do Trabalho – CAT.

Parágrafo único. O procedimento judicial de que trata o inciso II deste artigo é isento do pagamento de quaisquer custas e de verbas relativas à sucumbência.

•• *Vide* Súmula 226 do STJ.

Art. 130. Na execução contra o Instituto Nacional do Seguro Social – INSS, o prazo a que se refere o art. 730 do Código de Processo Civil é de 30 (trinta) dias.

•• *Caput* com redação determinada pela Lei n. 9.528, de 10-12-1997.

Parágrafo único. (*Revogado pela Lei n. 9.528, de 10-12-1997.*)

....

Art. 143. O trabalhador rural ora enquadrado como segurado obrigatório no Regime Geral de Previdência Social, na forma da alínea *a* do inciso I, ou do inciso IV ou VII do art. 11 desta Lei, pode requerer aposentadoria por idade, no valor de um salário mínimo, durante 15 (quinze) anos, contados a partir da data de vigência desta Lei, desde que comprove o exercício de atividade rural, ainda que descontínua, no período imediatamente anterior ao requerimento do benefício, em número de meses idêntico à carência do referido benefício.

•• Artigo com redação determinada pela Lei n. 9.063, de 14-6-1995.

•• Os arts. 2.º e 3.º da Lei n. 11.718, de 20-6-2008, dispõem:

"Art. 2.º Para o trabalhador rural empregado, o prazo previsto no art. 143 da Lei n. 8.213, de 24-7-1991, fica prorrogado até o dia 31-12-2010.

Parágrafo único. Aplica-se o disposto no *caput* deste artigo ao trabalhador rural enquadrado na categoria de segurado contribuinte individual que presta serviços de natureza rural, em caráter eventual, a 1 (uma) ou mais empresas, sem relação de emprego.

Art. 3.º Na concessão de aposentadoria por idade do empregado rural, em valor equivalente ao salário mínimo, serão contados para efeito de carência:

I – até 31-12-2010, a atividade comprovada na forma do art. 143 da Lei n. 8.213, de 24-7-1991;

II – de janeiro de 2011 a dezembro de 2015, cada mês comprovado de emprego, multiplicado por 3 (três), limitado a 12 (doze) meses, dentro do respectivo ano civil; e

III – de janeiro de 2016 a dezembro de 2020, cada mês comprovado de emprego, multiplicado por 2 (dois), limitado a 12 (doze) meses dentro do respectivo ano civil.

Parágrafo único. Aplica-se o disposto no *caput* deste artigo e respectivo inciso I ao trabalhador rural enquadrado na categoria de segurado contribuinte individual que comprovar a prestação de serviço de natureza rural, em caráter eventual, a 1 (uma) ou mais empresas, sem relação de emprego".

....

Art. 155. Esta Lei entra em vigor na data de sua publicação.

Art. 156. Revogam-se as disposições em contrário.

Brasília, 24 de julho de 1991; 170.º da Independência e 103.º da República.

FERNANDO COLLOR

PORTARIA N. 3.626,

DE 13 DE NOVEMBRO DE 1991 (*)

Dispõe sobre o registro de empregados, as anotações na Carteira de Trabalho e Previdência Social e o registro de horário de trabalho.

CAPÍTULO I
DO REGISTRO DE EMPREGADOS

Arts. 1.º e 2.º (*Revogados pela Portaria n. 41, de 28-3-2007.*)

Art. 3.º O empregador poderá utilizar controle único e centralizado dos documentos sujeitos à inspeção do trabalho, à exceção do registro de empregados, do registro de horário de trabalho e do Livro de Inspeção do Trabalho, que deverão permanecer em cada estabelecimento.

§ 1.º A exibição dos documentos passíveis de centralização deverá ser feita no prazo de 2 (dois) a 8 (oito) dias, segundo determinação do agente da inspeção do trabalho.

§§ 2.º e 3.º (*Revogados pela Portaria n. 41, de 28-3-2007.*)

CAPÍTULO II
DO REGISTRO INFORMATIZADO DE EMPREGADOS

Arts. 4.º a 10. (*Revogados pela Portaria n. 1.121, de 8-11-1995.*)

CAPÍTULO III
DAS ANOTAÇÕES NA CARTEIRA DE TRABALHO E PREVIDÊNCIA SOCIAL

Arts. 11 a 12-A. (*Revogados pela Portaria n. 41, de 28-3-2007.*)

(*) Publicada no *DOU*, de 14-11-1991.

CAPÍTULO IV

DO REGISTRO DE HORÁRIO DE TRABALHO

Art. 13. A empresa que adotar registros manuais, mecânicos ou eletrônicos individualizados de controle de horário de trabalho, contendo a hora de entrada e de saída, bem como a pré-assinalação do período de repouso ou alimentação, fica dispensada do uso de quadro de horário (art. 74 da CLT).

• A Portaria n. 1.510, de 21-8-2009, do Ministério do Trabalho, disciplina o registro eletrônico de ponto e a utilização do Sistema de Registro Eletrônico de Ponto – SREP.

Parágrafo único. Quando a jornada de trabalho for executada integralmente fora do estabelecimento do empregador, o horário de trabalho constará também de ficha, papeleta ou registro de ponto, que ficará em poder do empregado.

Art. 14. Permanece como modelo único de quadro de horário de trabalho o aprovado pela Portaria n. 576, de 6 de janeiro de 1941.

CAPÍTULO V

DISPOSIÇÕES FINAIS

Art. 15. Esta Portaria entra em vigor na data de sua publicação, revogadas as Portarias n. 5, de 21 de janeiro de 1944; 161, de 11 de outubro de 1946; 3, de 7 de janeiro de 1952; 43, de 19 de abril de 1956; 308, de 1.º de outubro de 1962; GB-195, de 10 de maio de 1968; 96, de 26 de março de 1969; 3.378, de 14 de dezembro de 1971; 3.560, de 10 de outubro de 1979; 3.088, de 28 de abril de 1980; 3.162, de 8 de setembro de 1982; 3.163, de 8 de setembro de 1982; 3.081, de 11 de abril de 1984; 3.082, de 11 de abril de 1984; 3.022, de 7 de janeiro de 1985; 3.035, de 26 de fevereiro de 1985; 3.044, de 8 de março de 1985; 3.288, de 23 de setembro de 1987 e demais disposições em contrário.

Antonio Magri

LEI N. 8.541,

DE 23 DE DEZEMBRO DE 1992 (*)

Altera a legislação do imposto de renda e dá outras providências.

O Vice-Presidente da República, no exercício do cargo de Presidente da República

Faço saber que o Congresso Nacional decreta e eu sanciono a seguinte Lei:

....

TÍTULO V

DO IMPOSTO SOBRE A RENDA DAS PESSOAS FÍSICAS

....

Art. 46. O imposto sobre a renda incidente sobre os rendimentos pagos em cumprimento de decisão judicial será retido na fonte pela pessoa física ou jurídica obrigada ao pagamento, no momento em que, por qualquer forma, o rendimento se torne disponível para o beneficiário.

• *Vide* art. 28 da Lei n. 10.833, de 29-12-2003.

§ 1.º Fica dispensada a soma dos rendimentos pagos no mês, para aplicação da alíquota correspondente, nos casos de:

I – juros e indenizações por lucros cessantes;

II – honorários advocatícios;

III – remuneração pela prestação de serviços de engenheiro, médico, contador, leiloeiro, perito, assistente técnico, avaliador, síndico, testamenteiro e liquidante.

§ 2.º Quando se tratar de rendimento sujeito a aplicação da tabela progressiva, deverá ser utilizada a tabela vigente no mês de pagamento.

....

Brasília, 23 de dezembro de 1992; 171.º da Independência e 104.º da República.

ITAMAR FRANCO

(*) Publicada no *DOU*, de 24-12-1992.

LEI N. 8.542,

DE 23 DE DEZEMBRO DE 1992 (**)

Dispõe sobre a política nacional de salários e dá outras providências.

O Vice-Presidente da República no exercício do cargo de Presidente da República.

Faço saber que o Congresso Nacional decreta e eu sanciono a seguinte Lei:

Art. 1.º A política nacional de salários, respeitado o princípio da irredutibilidade, tem por fundamento a livre negociação coletiva e reger-se-á pelas normas estabelecidas nesta Lei.

§§ 1.º e 2.º (*Revogados pela Lei n. 10.192, de 14-2-2001.*)

Arts. 2.º a 5.º (*Revogados pela Lei n. 8.880, de 27-5-1994.*)

Art. 6.º Salário mínimo é a contraprestação mínima devida e paga diretamente pelo empregador a todo trabalhador, por jornada normal de trabalho, capaz de satisfazer, em qualquer região do País, às suas necessidades vitais básicas e às de sua família com moradia, alimentação, educação, saúde, lazer, vestuário, higiene, transporte e previdência social.

§ 1.º O salário mínimo diário corresponderá a 1/30 (um trinta avos) do salário mínimo mensal, e o salário mínimo horário a 1/220 (um duzentos e vinte avos) do salário mínimo.

§ 2.º Para os trabalhadores que tenham por disposição legal a jornada máxima diária de trabalho inferior a 8 (oito) horas, o salário mínimo será igual ao definido no parágrafo anterior multiplicado por 8 (oito) e dividido pelo máximo legal.

Art. 7.º (*Revogado pela Lei n. 8.880, de 27-5-1994.*)

(**) Publicada no *DOU*, de 24-12-1992.

Art. 8.º O art. 40 da Lei n. 8.177, de 1.º de março de 1991, passa a vigorar com a seguinte redação:

"Art. 40. O depósito recursal de que trata o art. 899 da Consolidação das Leis do Trabalho fica limitado a Cr$ 20.000.000,00 (vinte milhões de cruzeiros), nos casos de interposição de recurso ordinário, e de Cr$ 40.000.000,00 (quarenta milhões de cruzeiros), em se tratando de recurso de revista, embargos infringentes e recursos extraordinários, sendo devido a cada novo recurso interposto no decorrer do processo.

§ 1.º Em se tratando de condenação imposta em ação rescisória, o depósito recursal terá, como limite máximo, qualquer que seja o recurso, o valor de Cr$ 40.000.000,00 (quarenta milhões de cruzeiros).

§ 2.º A exigência de depósito aplica-se, igualmente, aos embargos, à execução e a qualquer recurso subsequente do devedor.

§ 3.º O valor do recurso ordinário, quando interposto em dissídio coletivo, será equivalente ao quádruplo do previsto no *caput* deste artigo.

§ 4.º Os valores previstos neste artigo serão reajustados bimestralmente pela variação acumulada do INPC do IBGE dos dois meses imediatamente anteriores".

•• *Vide* Instrução Normativa n. 3, de 5-3-1993.

Art. 9.º (*Revogado pela Lei n. 8.880, de 27-5-1994.*)

Art. 10. (*Revogado pela Lei n. 8.700, de 27-8-1993.*)

Art. 11. Esta Lei entra em vigor na data de sua publicação.

Art. 12. Revogam-se as disposições em contrário, especialmente a Lei n. 8.419, de 7 de maio de 1992, e o inciso II do art. 41 da Lei n. 8.213, de 24 de julho de 1991, mantidos os efeitos financeiros quanto ao reajuste dos benefícios em janeiro.

Brasília, 23 de dezembro de 1992; 171.º da Independência e 104.º da República.

ITAMAR FRANCO

INSTRUÇÃO NORMATIVA N. 3, DE 5 DE MARÇO DE 1993 (*)

Interpreta o art. 8.º da Lei n. 8.542, de 23 de dezembro de 1992 (*DOU* de 24-12-1992), que trata do depósito para recurso nas ações na Justiça do Trabalho e a Lei n. 12.275, de 29 de junho de 2010, que altera a redação do inciso I do § 5.º do art. 897 e acresce o § 7.º ao art. 899, ambos da Consolidação das Leis do Trabalho – CLT, aprovada pelo Decreto-lei n. 5.452, de 1.º de maio de 1943.

I – Os depósitos de que trata o art. 40, e seus parágrafos, da Lei n. 8.177/1991, com a redação dada pelo art. 8.º da Lei n. 8.542/1992, e o depósito de que tratam o § 5.º, I, do art. 897 e o § 7.º do art. 899, ambos da CLT, com a redação dada pela Lei n. 12.275, de 29 de junho de 2010, não têm natureza jurídica de taxa de recurso, mas de garantia do juízo recursal, que pressupõe decisão condenatória ou executória de obrigação de pagamento em pecúnia, com valor líquido ou arbitrado.

•• Item I com redação determinada pela Resolução n. 168, de 9-8-2010.

• *Vide* Lei n. 8.542, de 23-12-1992, que consta neste volume.

II – No processo de conhecimento dos dissídios individuais o valor do depósito é limitado a R$ 5.889,50 (cinco mil, oitocentos e oitenta e nove reais e cinquenta centavos), ou novo valor corrigido, para o recurso ordinário, e a R$ 11.779,02 (onze mil, setecentos e setenta e nove reais e dois centavos), ou novo valor corrigido, para cada um dos recursos subsequentes, isto é, de revista, de embargos (ditos impropriamente infringentes) e extraordinário, para o Supremo Tribunal Federal, observando-se o seguinte:

•• Item II com redação determinada pela Resolução n. 168, de 9-8-2010.

a) para o recurso de agravo de instrumento, o valor do "depósito recursal corresponderá a 50% (cinquenta por cento) do valor do depósito do recurso ao qual se pretende destrancar";

•• Alínea *a* com redação determinada pela Resolução n. 168, de 9-8-2010.

b) depositado o valor total da condenação, nenhum depósito será exigido nos recursos das decisões posteriores, salvo se o valor da condenação vier a ser ampliado;

•• Alínea *b* com redação determinada pela Resolução n. 168, de 9-8-2010.

c) se o valor constante do primeiro depósito, efetuado no limite legal, é inferior ao da condenação, será devida complementação de depósito em recurso posterior, observado o valor nominal remanescente da condenação e/ou os limites legais para cada novo recurso;

•• Alínea *c* com redação determinada pela Resolução n. 168, de 9-8-2010.

d) havendo acréscimo ou redução da condenação em grau recursal, o juízo prolator da decisão arbitrará novo valor à condenação, quer para a exigibilidade de depósito ou complementação do já depositado, para o caso de recurso subsequente, quer para liberação do valor excedente decorrente da redução da condenação;

•• Alínea *d* com redação determinada pela Resolução n. 168, de 9-8-2010.

e) nos dissídios individuais singulares o depósito será efetivado pelo recorrente em conta vinculada ao juízo, por meio de guia de depósito judicial;

•• Alínea *e* com redação determinada pela Resolução Administrativa n. 2.048, de 17-12-2018.

f) nas reclamações trabalhistas plúrimas e nas em que houver substituição processual, será arbitrado o valor total da condenação, para o atendimento da exigência legal do depósito recursal, em conformidade com as alíneas anteriores;

•• Alínea *f* com redação determinada pela Resolução Administrativa n. 2.048, de 17-12-2018.

g) a expedição de Mandado de Citação Penhora e Avaliação em fase definitiva ou provisória de execução deverá levar em conta a dedução dos valores já depositados nos autos, em especial o depósito recursal;

•• Alínea *g* com redação determinada pela Resolução n. 180, de 5-3-2012.

(*) Publicada no *DJU*, de 10-3-1993, e republicada no *DEJT* em 16-8-2010, 7-3-2012 e 13-12-2013, por determinação da Resolução n. 190, de 11-12-2013.

h) com o trânsito em julgado da decisão que absolveu o demandado da condenação, ser-lhe-á autorizado o levantamento do valor depositado e seus acréscimos;

•• Alínea *h* acrescentada pela Resolução n. 168, de 9-8-2010.

i) destinando-se o agravo de instrumento a destrancar recurso de revista que se insurge contra decisão que contraria jurisprudência uniforme do Tribunal Superior do Trabalho, consubstanciada em súmulas ou em orientação jurisprudencial, não haverá obrigatoriedade de se efetuar o depósito recursal;

•• Alínea *i* acrescentada pela Resolução Administrativa n. 2.048, de 17-12-2018.

j) o valor do depósito recursal será reduzido pela metade para entidades sem fins lucrativos, empregadores domésticos, microempreendedores individuais, microempresas e empresas de pequeno porte;

•• Alínea *j* acrescentada pela Resolução Administrativa n. 2.048, de 17-12-2018.

k) são isentos do depósito recursal os beneficiários da justiça gratuita, as entidades filantrópicas e as empresas em recuperação judicial.

•• Alínea *k* acrescentada pela Resolução Administrativa n. 2.048, de 17-12-2018.

Item II-A – Ato Conjunto da Presidência do Tribunal Superior do Trabalho e da Corregedoria-Geral da Justiça do Trabalho definirá os requisitos para a admissibilidade do seguro garantia judicial e da fiança bancária em substituição ao depósito recursal.

•• Item II-A acrescentado pela Resolução Administrativa n. 2.048, de 17-12-2018.

III – Julgada procedente ação rescisória e imposta condenação em pecúnia, será exigido apenas um depósito recursal, com valor máximo equivalente ao do depósito em recurso de revista, dispensado novo depósito para os recursos subsequentes, salvo o depósito do agravo de instrumento, previsto no § 7.° do art. 899 da CLT, observando-se o seguinte:

•• Item III, *caput*, com redação determinada pela Resolução Administrativa n. 2.048, de 17-12-2018.

a) o depósito será efetivado pela parte recorrente vencida, em conta vinculada ao juízo da causa, mediante guia de depósito judicial;

•• Alínea *a* com redação determinada pela Resolução Administrativa n. 2.048, de 17-12-2018.

b) com o trânsito em julgado da decisão, se condenatória, o valor depositado e seus acréscimos serão considerados na execução; se absolutória, será liberado o levantamento do valor do depositado e seus acréscimos.

IV – A exigência de depósito no processo de execução observará o seguinte:

a) a inserção da vírgula entre as expressões "...aos embargos" e "à execução..." é atribuída a erro de redação, devendo ser considerada a locução "embargos à execução";

b) dada a natureza jurídica dos embargos à execução, não será exigido depósito para a sua oposição quando estiver suficientemente garantida a execução por depósito recursal já existente nos autos, efetivado no processo de conhecimento, que permaneceu vinculado à execução, e/ou pela nomeação ou apreensão judicial de bens do devedor, observada a ordem preferencial estabelecida em lei;

c) garantida integralmente a execução nos embargos, só haverá exigência de depósito em qualquer recurso subsequente do devedor se tiver havido elevação do valor do débito, hipótese em que o depósito recursal corresponderá ao valor do acréscimo, sem qualquer limite;

d) o depósito previsto no item anterior será efetivado pelo executado recorrente, mediante guia de depósito judicial, em conta vinculada ao juízo da execução;

•• Alínea *d* com redação determinada pela Resolução Administrativa n. 2.048, de 17-12-2018.

e) com o trânsito em julgado da decisão que liquidar a sentença condenatória, serão liberados em favor do exequente os valores disponíveis, no limite da quantia exequenda, prosseguindo, se for o caso, a execução por crédito remanescente, e autorizando-se o levantamento, pelo executado, dos valores que acaso sobejarem.

V – Nos termos do § 3.° do art. 40 da Lei n. 8.177/91, não é exigido depósito para recurso ordinário interposto em dissídio coletivo, uma vez que a regra aludida atribui apenas valor ao recurso, com efeitos limitados, portanto, ao cálculo das custas processuais.

•• Item V com redação determinada pela Resolução Administrativa n. 2.048, de 17-12-2018.

VI – Os valores alusivos aos limites de depósito recursal serão reajustados anualmente pela variação acumulada do INPC do IBGE dos doze meses imediatamente anteriores, e serão calculados e publicados no *Diário Eletrônico da Justiça do Trabalho* por ato do Presidente do Tribunal Superior do Trabalho, tornando-se obrigatória a sua observância a partir do quinto dia seguinte ao da publicação.

•• Item VI com redação determinada pela Resolução n. 168, de 9-8-2010.

VII – Toda decisão condenatória ilíquida deverá conter o arbitramento do valor da condenação. O acréscimo de condenação em grau recursal, quando ilíquido, deverá ser arbitrado também para fins de depósito.

VIII – O depósito recursal, realizado em estabelecimento bancário oficial em conta vinculada ao juízo, mediante guia de depósito judicial, e corrigido com os mesmos índices da poupança (art. 899, § 4.°, da CLT), será da responsabilidade da parte quanto à exatidão dos valores depositados e deverá ser comprovado, nos autos, pelo recorrente, no prazo do recurso a que se refere, independentemente da sua antecipada interposição, observado o limite do valor vigente na data da efetivação do depósito, bem como o contido no item VI. No caso de agravo de instrumento, o depósito recursal deverá ser comprovado no ato de interposição do recurso, nos termos do art. 899, § 7.°, da CLT, com a redação da Lei n. 12.275/2010.

•• Item VIII com redação determinada pela Resolução Administrativa n. 2.048, de 17-12-2018.

IX – É exigido depósito recursal para o recurso adesivo, observados os mesmos critérios e procedimentos do recurso principal previsto nesta Instrução Normativa.

X – Não é exigido depósito recursal, em qualquer fase do processo ou grau de jurisdição, dos entes de direito público externo e das pessoas de direito público contempladas no

Decreto-lei n. 779, de 21-8-1969, bem assim da massa falida e da herança jacente.

•• Item X com redação determinada pela Resolução n. 190, de 11-12-2013.

XI – Não se exigirá a efetivação de depósito em qualquer fase ou grau recursal do processo, fora das hipóteses previstas nesta Instrução Normativa.

XII – Havendo acordo para extinção do processo, as partes disporão sobre o valor depositado. Na ausência de expressa estipulação dos interessados, o valor disponível será liberado em favor da parte depositante.

XIII – Em caso de recolhimento insuficiente do depósito recursal, somente haverá deserção do recurso se, concedido o prazo de 5 (cinco) dias previsto no § 2.° do art. 1.007 do CPC de 2015, o recorrente não contemplar e comprovar o valor devido.

•• Item XIII acrescentado pela Resolução Administrativa n. 2.048, de 17-12-2018.

XIV – Em caso de equívoco no preenchimento da guia de recolhimento do depósito recursal, o relator deverá conceder o prazo de 5 (cinco) dias previsto no § 7.° do art. 1.007 do CPC de 2015 para o recorrente sanar o vício, sob pena de deserção.

•• tem XIV acrescentado pela Resolução Administrativa n. 2.048, de 17-12-2018.

Sessão do Tribunal Pleno de 5 de março de 1993.

Orlando Teixeira da Costa

LEI COMPLEMENTAR N. 75,

DE 20 DE MAIO DE 1993 (*)

Dispõe sobre a organização, as atribuições e o estatuto do Ministério Público da União.

O Presidente da República

Faço saber que o Congresso Nacional decreta e eu sanciono a seguinte Lei Complementar:

TÍTULO I
DAS DISPOSIÇÕES GERAIS

CAPÍTULO I
DA DEFINIÇÃO, DOS PRINCÍPIOS E DAS FUNÇÕES INSTITUCIONAIS

Art. 1.° O Ministério Público da União, organizado por esta Lei Complementar, é instituição permanente, essencial à função jurisdicional do Estado, incumbindo-lhe a defesa da ordem jurídica, do regime democrático, dos interesses sociais e dos interesses individuais indisponíveis.

Art. 2.° Incumbem ao Ministério Público as medidas necessárias para garantir o respeito dos Poderes Públicos e dos serviços de relevância pública aos direitos assegurados pela Constituição Federal.

(*) Publicada no *DOU*, de 21-5-1993.

Art. 3.° O Ministério Público da União exercerá o controle externo da atividade policial tendo em vista:

a) o respeito aos fundamentos do Estado Democrático de Direito, aos objetivos fundamentais da República Federativa do Brasil, aos princípios informadores das relações internacionais, bem como aos direitos assegurados na Constituição Federal e na lei;

b) a preservação da ordem pública, da incolumidade das pessoas e do patrimônio público;

c) a prevenção e a correção de ilegalidade ou de abuso de poder;

d) a indisponibilidade da persecução penal;

e) a competência dos órgãos incumbidos da segurança pública.

Art. 4.° São princípios institucionais do Ministério Público da União a unidade, a indivisibilidade e a independência funcional.

Art. 5.° São funções institucionais do Ministério Público da União:

I – a defesa da ordem jurídica, do regime democrático, dos interesses sociais e dos interesses individuais indisponíveis, considerados, dentre outros, os seguintes fundamentos e princípios:

a) a soberania e a representatividade popular;

b) os direitos políticos;

c) os objetivos fundamentais da República Federativa do Brasil;

d) a indissolubilidade da União;

e) a independência e a harmonia dos Poderes da União;

f) a autonomia dos Estados, do Distrito Federal e dos Municípios;

g) as vedações impostas à União, aos Estados, ao Distrito Federal e aos Municípios;

h) a legalidade, a impessoalidade, a moralidade e a publicidade, relativas à administração pública direta, indireta ou fundacional, de qualquer dos Poderes da União;

II – zelar pela observância dos princípios constitucionais relativos:

a) ao sistema tributário, às limitações do poder de tributar, à repartição do poder impositivo e das receitas tributárias e aos direitos do contribuinte;

b) às finanças públicas;

c) à atividade econômica, à política urbana, agrícola, fundiária e de reforma agrária e ao sistema financeiro nacional;

d) à seguridade social, à educação, à cultura e ao desporto, à ciência e à tecnologia, à comunicação social e ao meio ambiente;

e) à segurança pública;

III – a defesa dos seguintes bens e interesses:

a) o patrimônio nacional;

b) o patrimônio público e social;

c) o patrimônio cultural brasileiro;

d) o meio ambiente;

e) os direitos e interesses coletivos, especialmente das comunidades indígenas, da família, da criança, do adolescente e do idoso;

IV – zelar pelo efetivo respeito dos Poderes Públicos da União, dos serviços de relevância pública e dos meios de comunicação social aos princípios, garantias, condições, direitos, deveres e vedações previstos na Constituição Federal e na lei, relativos à comunicação social;

V – zelar pelo efetivo respeito dos Poderes Públicos da União e dos serviços de relevância pública quanto:

a) aos direitos assegurados na Constituição Federal relativos às ações e aos serviços de saúde e à educação;

b) aos princípios da legalidade, da impessoalidade, da moralidade e da publicidade;

VI – exercer outras funções previstas na Constituição Federal e na lei.

§ 1.º Os órgãos do Ministério Público da União devem zelar pela observância dos princípios e competências da Instituição, bem como pelo livre exercício de suas funções.

§ 2.º Somente a lei poderá especificar as funções atribuídas pela Constituição Federal e por esta Lei Complementar ao Ministério Público da União, observados os princípios e normas nelas estabelecidos.

CAPÍTULO II
DOS INSTRUMENTOS DE ATUAÇÃO

Art. 6.º Compete ao Ministério Público da União:

I – promover a ação direta de inconstitucionalidade e o respectivo pedido de medida cautelar;

II – promover a ação direta de inconstitucionalidade por omissão;

III – promover a arguição de descumprimento de preceito fundamental decorrente da Constituição Federal;

IV – promover a representação para intervenção federal nos Estados e no Distrito Federal;

V – promover, privativamente, a ação penal pública, na forma da lei;

•• A Resolução n. 107, de 6-4-2010, do Conselho Superior do Ministério Público, regulamenta este inciso, disciplinando a tramitação direta dos inquéritos policiais no âmbito do Ministério Público Federal.

VI – impetrar *habeas corpus* e mandado de segurança;

VII – promover o inquérito civil e a ação civil pública para:

a) a proteção dos direitos constitucionais;

b) a proteção do patrimônio público e social, do meio ambiente, dos bens e direitos de valor artístico, estético, histórico, turístico e paisagístico;

c) a proteção dos interesses individuais indisponíveis, difusos e coletivos, relativos às comunidades indígenas, à família, à criança, ao adolescente, ao idoso, às minorias étnicas e ao consumidor;

d) outros interesses individuais indisponíveis, homogêneos, sociais, difusos e coletivos;

VIII – promover outras ações, nelas incluído o mandado de injunção sempre que a falta de norma regulamentadora torne inviável o exercício dos direitos e liberdades constitucionais e das prerrogativas inerentes à nacionalidade, à soberania e à cidadania, quando difusos os interesses a serem protegidos;

•• *Vide* Lei n. 13.300, de 23-6-2016, que disciplina o processo e o julgamento dos mandados de injunção individual e coletivo.

IX – promover ação visando ao cancelamento de naturalização, em virtude de atividade nociva ao interesse nacional;

X – promover a responsabilidade dos executores ou agentes do estado de defesa ou do estado de sítio, pelos ilícitos cometidos no período de sua duração;

XI – defender judicialmente os direitos e interesses das populações indígenas, incluídos os relativos às terras por elas tradicionalmente habitadas, propondo as ações cabíveis;

XII – propor ação civil coletiva para defesa de interesses individuais homogêneos;

XIII – propor ações de responsabilidade do fornecedor de produtos e serviços;

XIV – promover outras ações necessárias ao exercício de suas funções institucionais, em defesa da ordem jurídica, do regime democrático e dos interesses sociais e individuais indisponíveis, especialmente quanto:

a) ao Estado de Direito e às instituições democráticas;

b) à ordem econômica e financeira;

c) à ordem social;

d) ao patrimônio cultural brasileiro;

e) à manifestação de pensamento, de criação, de expressão ou de informação;

f) à probidade administrativa;

g) ao meio ambiente;

XV – manifestar-se em qualquer fase dos processos, acolhendo solicitação do juiz ou por sua iniciativa, quando entender existente interesse em causa que justifique a intervenção;

XVI – (*Vetado*.)

XVII – propor as ações cabíveis para:

a) perda ou suspensão de direitos políticos, nos casos previstos na Constituição Federal;

b) declaração de nulidade de atos ou contratos geradores do endividamento externo da União, de suas autarquias, fundações e demais entidades controladas pelo Poder Público Federal, ou com repercussão direta ou indireta em suas finanças;

c) dissolução compulsória de associações, inclusive de partidos políticos, nos casos previstos na Constituição Federal;

d) cancelamento de concessão ou de permissão, nos casos previstos na Constituição Federal;

e) declaração de nulidade de cláusula contratual que contrarie direito do consumidor;

XVIII – representar:

a) ao órgão judicial competente para quebra de sigilo da correspondência e das comunicações telegráficas, de dados e das comunicações telefônicas, para fins de investigação criminal ou instrução processual penal, bem como manifestar-se sobre representação a ele dirigida para os mesmos fins;

b) ao Congresso Nacional, visando ao exercício das competências deste ou de qualquer de suas Casas ou comissões;

c) ao Tribunal de Contas da União, visando ao exercício das competências deste;

d) ao órgão judicial competente, visando à aplicação de penalidade por infrações cometidas contra as normas de proteção à infância e à juventude, sem prejuízo da promoção da responsabilidade civil e penal do infrator, quando cabível;

XIX – promover a responsabilidade:

a) da autoridade competente, pelo não exercício das incumbências, constitucional e legalmente impostas ao Poder Público da União, em defesa do meio ambiente, de sua preservação e de sua recuperação;

b) de pessoas físicas ou jurídicas, em razão da prática de atividade lesiva ao meio ambiente, tendo em vista a aplicação de sanções penais e a reparação dos danos causados;

XX – expedir recomendações, visando à melhoria dos serviços públicos e de relevância pública, bem como ao respeito, aos interesses, direitos e bens cuja defesa lhe cabe promover, fixando prazo razoável para a adoção das providências cabíveis.

§ 1.º Será assegurada a participação do Ministério Público da União, como instituição observadora, na forma e nas condições estabelecidas em ato do Procurador-Geral da República, em qualquer órgão da Administração Pública direta, indireta ou fundacional da União, que tenha atribuições correlatas às funções da Instituição.

§ 2.º A lei assegurará a participação do Ministério Público da União nos órgãos colegiados estatais, federais ou do Distrito Federal, constituídos para defesa de direitos e interesses relacionados com as funções da Instituição.

Art. 7.º Incumbe ao Ministério Público da União, sempre que necessário ao exercício de suas funções institucionais:

I – instaurar inquérito civil e outros procedimentos administrativos correlatos;

•• *Vide* nota ao art. 6.º, VII, desta Lei.

II – requisitar diligências investigatórias e a instauração de inquérito policial e de inquérito policial militar, podendo acompanhá-los e apresentar provas;

III – requisitar à autoridade competente a instauração de procedimentos administrativos, ressalvados os de natureza disciplinar, podendo acompanhá-los e produzir provas.

Art. 8.º Para o exercício de suas atribuições, o Ministério Público da União poderá, nos procedimentos de sua competência:

•• A Resolução n. 13, de 2-10-2006, do CNMP, regulamenta este artigo, disciplinando a instauração e tramitação do Procedimento Investigatório Criminal.

•• A Resolução n. 107, de 6-4-2010, do Conselho Superior do Ministério Público, regulamenta este artigo, disciplinando a tramitação direta dos inquéritos policiais no âmbito do Ministério Público Federal.

I – notificar testemunhas e requisitar sua condução coercitiva, no caso de ausência injustificada;

II – requisitar informações, exames, perícias e documentos de autoridades da Administração Pública direta ou indireta;

III – requisitar da Administração Pública serviços temporários de seus servidores e meios materiais necessários para a realização de atividades específicas;

IV – requisitar informações e documentos a entidades privadas;

V – realizar inspeções e diligências investigatórias;

VI – ter livre acesso a qualquer local público ou privado, respeitadas as normas constitucionais pertinentes à inviolabilidade do domicílio;

VII – expedir notificações e intimações necessárias aos procedimentos e inquéritos que instaurar;

VIII – ter acesso incondicional a qualquer banco de dados de caráter público ou relativo a serviço de relevância pública;

IX – requisitar o auxílio de força policial.

§ 1.º O membro do Ministério Público será civil e criminalmente responsável pelo uso indevido das informações e documentos que requisitar; a ação penal, na hipótese, poderá ser proposta também pelo ofendido, subsidiariamente, na forma da lei processual penal.

§ 2.º Nenhuma autoridade poderá opor ao Ministério Público, sob qualquer pretexto, a exceção de sigilo, sem prejuízo da subsistência do caráter sigiloso da informação, do registro, do dado ou do documento que lhe seja fornecido.

§ 3.º A falta injustificada e o retardamento indevido do cumprimento das requisições do Ministério Público implicarão a responsabilidade de quem lhe der causa.

§ 4.º As correspondências, notificações, requisições e intimações do Ministério Público quando tiverem como destinatário o Presidente da República, o Vice-Presidente da República, membro do Congresso Nacional, Ministro do Supremo Tribunal Federal, Ministro de Estado, Ministro de Tribunal Superior, Ministro do Tribunal de Contas da União ou chefe de missão diplomática de caráter permanente serão encaminhadas e levadas a efeito pelo Procurador-Geral da República ou outro órgão do Ministério Público a quem essa atribuição seja delegada, cabendo às autoridades mencionadas fixar data, hora e local em que puderem ser ouvidas, se for o caso.

§ 5.º As requisições do Ministério Público serão feitas fixando-se prazo razoável de até 10 (dez) dias úteis para atendimento, prorrogável mediante solicitação justificada.

CAPÍTULO III

DO CONTROLE EXTERNO DA ATIVIDADE POLICIAL

Art. 9.º O Ministério Público da União exercerá o controle externo da atividade policial por meio de medidas judiciais e extrajudiciais, podendo:

•• A Resolução n. 20, de 28-5-2007, do CNMP, regulamenta este artigo, disciplinando o controle externo da atividade policial.

I – ter livre ingresso em estabelecimentos policiais ou prisionais;

II – ter acesso a quaisquer documentos relativos à atividade-fim policial;

III – representar à autoridade competente pela adoção de providências para sanar a omissão indevida, ou para prevenir ou corrigir ilegalidade ou abuso de poder;

IV – requisitar à autoridade competente a instauração de inquérito policial sobre a omissão ou fato ilícito ocorrido no exercício da atividade policial;

V – promover a ação penal por abuso de poder.

Art. 10. A prisão de qualquer pessoa, por parte de autoridade federal ou do Distrito Federal e Territórios, deverá ser comunicada imediatamente ao Ministério Público competente, com indicação do lugar onde se encontra o preso e cópia dos documentos comprobatórios da legalidade da prisão.

CAPÍTULO IV

DA DEFESA DOS DIREITOS CONSTITUCIONAIS

Art. 11. A defesa dos direitos constitucionais do cidadão visa à garantia do seu efetivo respeito pelos Poderes Públicos e pelos prestadores de serviços de relevância pública.

Art. 12. O Procurador dos Direitos do Cidadão agirá de ofício ou mediante representação, notificando a autoridade questionada para que preste informação, no prazo que assinar.

Art. 13. Recebidas ou não as informações e instruído o caso, se o Procurador dos Direitos do Cidadão concluir que direitos constitucionais foram ou estão sendo desrespeitados, deverá notificar o responsável para que tome as providências necessárias a prevenir a repetição ou que determine a cessação do desrespeito verificado.

Art. 14. Não atendida, no prazo devido, a notificação prevista no artigo anterior, a Procuradoria dos Direitos do Cidadão representará ao poder ou autoridade competente para promover a responsabilidade pela ação ou omissão inconstitucionais.

Art. 15. É vedado aos órgãos de defesa dos direitos constitucionais do cidadão promover em juízo a defesa de direitos individuais lesados.

§ 1.º Quando a legitimidade para a ação decorrente da inobservância da Constituição Federal, verificada pela Procuradoria, couber a outro órgão do Ministério Público, os elementos de informação ser-lhe-ão remetidos.

§ 2.º Sempre que o titular do direito lesado não puder constituir advogado e a ação cabível não incumbir ao Ministério Público, o caso, com os elementos colhidos, será encaminhado à Defensoria Pública competente.

Art. 16. A lei regulará os procedimentos da atuação do Ministério Público na defesa dos direitos constitucionais do cidadão.

....

TÍTULO II

DOS RAMOS DO MINISTÉRIO PÚBLICO DA UNIÃO

....

CAPÍTULO II

DO MINISTÉRIO PÚBLICO DO TRABALHO

• A Resolução n. 88, de 27-8-2009, estabelece normas para o ingresso na carreira do Ministério Público do Trabalho.

SEÇÃO I

Da Competência, dos Órgãos e da Carreira

Art. 83. Compete ao Ministério Público do Trabalho o exercício das seguintes atribuições junto aos órgãos da Justiça do Trabalho:

I – promover as ações que lhe sejam atribuídas pela Constituição Federal e pelas leis trabalhistas;

II – manifestar-se em qualquer fase do processo trabalhista, acolhendo solicitação do juiz ou por sua iniciativa, quando entender existente interesse público que justifique a intervenção;

III – promover a ação civil pública no âmbito da Justiça do Trabalho, para defesa de interesses coletivos, quando desrespeitados os direitos sociais constitucionalmente garantidos;

IV – propor as ações cabíveis para declaração de nulidade de cláusula de contrato, acordo coletivo ou convenção coletiva que viole as liberdades individuais ou coletivas ou os direitos individuais indisponíveis dos trabalhadores;

V – propor as ações necessárias à defesa dos direitos e interesses dos menores, incapazes e índios, decorrentes das relações de trabalho;

VI – recorrer das decisões da Justiça do Trabalho, quando entender necessário, tanto nos processos em que for parte, como naqueles em que oficiar como fiscal da lei, bem como pedir revisão dos Enunciados da Súmula de Jurisprudência do Tribunal Superior do Trabalho;

VII – funcionar nas sessões dos Tribunais Trabalhistas, manifestando-se verbalmente sobre a matéria em debate, sempre que entender necessário, sendo-lhe assegurado o direito de vista dos processos em julgamento, podendo solicitar as requisições e diligências que julgar convenientes;

VIII – instaurar instância em caso de greve, quando a defesa da ordem jurídica ou o interesse público assim o exigir;

IX – promover ou participar da instrução e conciliação em dissídios decorrentes da paralisação de serviços de qualquer natureza, oficiando obrigatoriamente nos processos, manifestando sua concordância ou discordância, em eventuais acordos firmados antes da homologação, resguardado o direito de recorrer em caso de violação à lei e à Constituição Federal;

X – promover mandado de injunção, quando a competência for da Justiça do Trabalho;

•• *Vide* Lei n. 13.300, de 23-6-2016, que disciplina o processo e o julgamento dos mandados de injunção individual e coletivo.

XI – atuar como árbitro, se assim for solicitado pelas partes, nos dissídios de competência da Justiça do Trabalho;

• A Resolução n. 44, de 27-5-1999, do Conselho Superior do Ministério Público do Trabalho, dispõe sobre a atividade de arbitragem no âmbito do Ministério Público do Trabalho.

XII – requerer as diligências que julgar convenientes para o correto andamento dos processos e para a melhor solução das lides trabalhistas;

XIII – intervir obrigatoriamente em todos os feitos nos segundo e terceiro graus de jurisdição da Justiça do Trabalho, quando a parte for pessoa jurídica de Direito Público, Estado estrangeiro ou organismo internacional.

Art. 84. Incumbe ao Ministério Público do Trabalho, no âmbito das suas atribuições, exercer as funções institucionais previstas nos Capítulos I, II, III e IV do Título I, especialmente:

I – integrar os órgãos colegiados previstos no § 1.º do art. 6.º, que lhes sejam pertinentes;

II – instaurar inquérito civil e outros procedimentos administrativos, sempre que cabíveis, para assegurar a observância dos direitos sociais dos trabalhadores;

III – requisitar à autoridade administrativa federal competente, dos órgãos de proteção ao trabalho, a instauração de procedimentos administrativos, podendo acompanhá-los e produzir provas;

IV – ser cientificado pessoalmente das decisões proferidas pela Justiça do Trabalho, nas causas em que o órgão tenha intervindo ou emitido parecer escrito;

V – exercer outras atribuições que lhe forem conferidas por lei, desde que compatíveis com sua finalidade.

Art. 85. São órgãos do Ministério Público do Trabalho:

I – o Procurador-Geral do Trabalho;

II – o Colégio de Procuradores do Trabalho;

III – o Conselho Superior do Ministério Público do Trabalho;

IV – a Câmara de Coordenação e Revisão do Ministério Público do Trabalho;

V – a Corregedoria do Ministério Público do Trabalho;

VI – os Subprocuradores-Gerais do Trabalho;

VII – os Procuradores Regionais do Trabalho;

VIII – os Procuradores do Trabalho.

Art. 86. A carreira do Ministério Público do Trabalho será constituída pelos cargos de Subprocurador-Geral do Trabalho, Procurador Regional do Trabalho e Procurador do Trabalho.

Parágrafo único. O cargo inicial da carreira é o de Procurador do Trabalho e o do último nível o de Subprocurador-Geral do Trabalho.

• A Resolução n. 109, de 7-12-2010, do Conselho Superior do Ministério Público Federal, disciplina o curso de ingresso e vitaliciamento de Procurador da República.

SEÇÃO II
Do Procurador-Geral do Trabalho

Art. 87. O Procurador-Geral do Trabalho é o Chefe do Ministério Público do Trabalho.

Art. 88. O Procurador-Geral do Trabalho será nomeado pelo Procurador-Geral da República, dentre integrantes da Instituição, com mais de 35 (trinta e cinco) anos de idade e de 5 (cinco) anos na carreira, integrantes de lista tríplice escolhida mediante voto plurinominal, facultativo e secreto, pelo Colégio de Procuradores para um mandato de 2 (dois) anos, permitida uma recondução, observado o mesmo processo. Caso não haja número suficiente de candidatos com mais de 5 (cinco) anos na carreira, poderá concorrer à lista tríplice quem contar mais de 2 (dois) anos na carreira.

Parágrafo único. A exoneração do Procurador-Geral do Trabalho, antes do término do mandato, será proposta ao Procurador-Geral da República pelo Conselho Superior, mediante deliberação obtida com base em voto secreto de 2/3 (dois terços) de seus integrantes.

Art. 89. O Procurador-Geral do Trabalho designará, dentre os Subprocuradores-Gerais do Trabalho, o Vice-Procurador-Geral do Trabalho, que o substituirá em seus impedimentos. Em caso de vacância, exercerá o cargo o Vice-Presidente do Conselho Superior, até o seu provimento definitivo.

Art. 90. Compete ao Procurador-Geral do Trabalho exercer as funções atribuídas ao Ministério Público do Trabalho junto ao Plenário do Tribunal Superior do Trabalho, propondo as ações cabíveis e manifestando-se nos processos de sua competência.

Art. 91. São atribuições do Procurador-Geral do Trabalho:

I – representar o Ministério Público do Trabalho;

II – integrar, como membro nato, e presidir o Colégio de Procuradores do Trabalho, o Conselho Superior do Ministério Público do Trabalho e a Comissão de Concurso;

III – nomear o Corregedor-Geral do Ministério Público do Trabalho, segundo lista tríplice formada pelo Conselho Superior;

IV – designar um dos membros e o Coordenador da Câmara de Coordenação e Revisão do Ministério Público do Trabalho;

V – designar, observados os critérios da lei e os estabelecidos pelo Conselho Superior, os ofícios em que exercerão suas funções os membros do Ministério Público do Trabalho;

VI – designar o Chefe da Procuradoria Regional do Trabalho dentre os Procuradores Regionais do Trabalho lotados na respectiva Procuradoria Regional;

VII – decidir, em grau de recurso, os conflitos de atribuição entre os órgãos do Ministério Público do Trabalho;

VIII – determinar a abertura de correição, sindicância ou inquérito administrativo;

IX – determinar a instauração de inquérito ou processo administrativo contra servidores dos serviços auxiliares;

X – decidir processo disciplinar contra membro da carreira ou servidor dos serviços auxiliares, aplicando as sanções que sejam de sua competência;

XI – decidir, atendendo a necessidade do serviço, sobre:

a) remoção a pedido ou por permuta;

b) alteração parcial da lista bienal de designações;

XII – autorizar o afastamento de membros do Ministério Público do Trabalho, ouvido o Conselho Superior, nos casos previstos em lei;

XIII – dar posse aos membros do Ministério Público do Trabalho;

XIV – designar membro do Ministério Público do Trabalho para:

a) funcionar nos órgãos em que a participação da Instituição seja legalmente prevista, ouvido o Conselho Superior;

b) integrar comissões técnicas ou científicas, relacionadas às funções da Instituição, ouvido o Conselho Superior;

c) assegurar a continuidade dos serviços, em caso de vacância, afastamento temporário, ausência, impedimento ou suspeição do titular, na inexistência ou falta do substituto designado;

XV – homologar, ouvido o Conselho Superior, o resultado do concurso para ingresso na carreira;

XVI – fazer publicar aviso de existência de vaga, na lotação e na relação bienal de designações;

XVII – propor ao Procurador-Geral da República, ouvido o Conselho Superior, a criação e extinção de cargos da carreira e dos ofícios em que devam ser exercidas suas funções;

XVIII – elaborar a proposta orçamentária do Ministério Público do Trabalho, submetendo-a, para aprovação, ao Conselho Superior;

XIX – encaminhar ao Procurador-Geral da República a proposta orçamentária do Ministério Público do Trabalho, após sua aprovação pelo Conselho Superior;

XX – organizar a prestação de contas do exercício anterior, encaminhando-a ao Procurador-Geral da República;

XXI – praticar atos de gestão administrativa, financeira e de pessoal;

XXII – elaborar o relatório de atividades do Ministério Público do Trabalho;

XXIII – coordenar as atividades do Ministério Público do Trabalho;

XXIV – exercer outras atribuições previstas em lei.

Art. 92. As atribuições do Procurador-Geral do Trabalho, previstas no artigo anterior, poderão ser delegadas:

I – ao Coordenador da Câmara de Coordenação e Revisão, as dos incisos XIV, alínea *c*, e XXIII;

II – aos Chefes das Procuradorias Regionais do Trabalho nos Estados e no Distrito Federal, as dos incisos I, XIV, alínea *c*, XXI e XXIII.

SEÇÃO III

Do Colégio de Procuradores do Trabalho

Art. 93. O Colégio de Procuradores do Trabalho, presidido pelo Procurador-Geral do Trabalho, é integrado por todos os membros da carreira em atividade no Ministério Público do Trabalho.

Art. 94. São atribuições do Colégio de Procuradores do Trabalho:

I – elaborar, mediante voto plurinominal, facultativo e secreto, a lista tríplice para a escolha do Procurador-Geral do Trabalho;

• A Resolução n. 46, de 27-5-1999, do Conselho Superior do Ministério Público do Trabalho, dispõe sobre os critérios de elaboração da lista tríplice para promoção por merecimento e estabelece prazos para a realização das referidas promoções e das indicações por promoção por antiguidade.

II – elaborar, mediante voto plurinominal, facultativo e secreto, a lista sêxtupla para a composição do Tribunal Superior do Trabalho, sendo elegíveis os membros do Ministério Público do Trabalho com mais de 10 (dez) anos na carreira, tendo mais de 35 (trinta e cinco) e menos de 65 (sessenta e cinco) anos de idade;

• A Resolução n. 45, de 27-5-1999, do Conselho Superior do Ministério Público do Trabalho, dispõe sobre a eleição dos Membros do Ministério Público do Trabalho pelo Colégio de Procuradores do Trabalho para integrar a lista sêxtupla para a composição do TST e dos Tribunais Regionais do Trabalho.

III – elaborar, mediante voto plurinominal, facultativo e secreto, a lista sêxtupla para os Tribunais Regionais do Trabalho, dentre os Procuradores com mais de 10 (dez) anos de carreira;

IV – eleger, dentre os Subprocuradores-Gerais do Trabalho e mediante voto plurinominal, facultativo e secreto, 4 (quatro) membros do Conselho Superior do Ministério Público do Trabalho.

§ 1.º Para os fins previstos nos incisos deste artigo, prescindir-se-á de reunião do Colégio de Procuradores, procedendo-se segundo dispuser o seu Regimento Interno, exigido o voto da maioria absoluta dos eleitores.

§ 2.º Excepcionalmente, em caso de interesse relevante da Instituição, o Colégio de Procuradores reunir-se-á em local designado pelo Procurador-Geral do Trabalho, desde que convocado por ele ou pela maioria de seus membros.

§ 3.º O Regimento Interno do Colégio de Procuradores do Trabalho disporá sobre seu funcionamento.

SEÇÃO IV
Do Conselho Superior do Ministério Público do Trabalho

Art. 95. O Conselho Superior do Ministério Público do Trabalho, presidido pelo Procurador-Geral do Trabalho, tem a seguinte composição:

I – o Procurador-Geral do Trabalho e o Vice-Procurador-Geral do Trabalho, que o integram como membros natos;

II – 4 (quatro) Subprocuradores-Gerais do Trabalho, eleitos para um mandato de 2 (dois) anos, pelo Colégio de Procuradores do Trabalho, mediante voto plurinominal, facultativo e secreto, permitida uma reeleição;

III – 4 (quatro) Subprocuradores-Gerais do Trabalho, eleitos para um mandato de 2 (dois) anos, por seus pares, mediante voto plurinominal, facultativo e secreto, permitida uma reeleição.

§ 1.º Serão suplentes dos membros de que tratam os incisos II e III os demais votados, em ordem decrescente, observados os critérios gerais de desempate.

§ 2.º O Conselho Superior elegerá o seu Vice-Presidente, que substituirá o Presidente em seus impedimentos e em caso de vacância.

Art. 96. O Conselho Superior do Ministério Público do Trabalho reunir-se-á ordinariamente, uma vez por mês, em dia previamente fixado, e, extraordinariamente, quando convocado pelo Procurador-Geral do Trabalho ou por proposta da maioria absoluta de seus membros.

Art. 97. Salvo disposição em contrário, as deliberações do Conselho Superior serão tomadas por maioria de votos, presente a maioria absoluta dos seus membros.

§ 1.º Em caso de empate, prevalecerá o voto do Presidente, exceto em matéria de sanções, caso em que prevalecerá a solução mais favorável ao acusado.

§ 2.º As deliberações do Conselho Superior serão publicadas no *Diário da Justiça*, exceto quando o Regimento Interno determinar sigilo.

Art. 98. Compete ao Conselho Superior do Ministério Público do Trabalho:

I – exercer o poder normativo no âmbito do Ministério Público do Trabalho, observados os princípios desta Lei Complementar, especialmente para elaborar e aprovar:

a) o seu Regimento Interno, o do Colégio de Procuradores do Trabalho e o da Câmara de Coordenação e Revisão do Ministério Público do Trabalho;

b) as normas e as instruções para o concurso de ingresso na carreira;

c) as normas sobre as designações para os diferentes ofícios do Ministério Público do Trabalho;

d) os critérios para distribuição de procedimentos administrativos e quaisquer outros feitos no Ministério Público do Trabalho;

e) os critérios de promoção por merecimento na carreira;

f) o procedimento para avaliar o cumprimento das condições do estágio probatório;

• A Resolução n. 43, de 27-5-1999, do Conselho Superior do Ministério Público do Trabalho, dispõe sobre o procedimento de avaliação para o cumprimento do estágio probatório dos membros do Ministério Público do Trabalho.

II – indicar os integrantes da Câmara de Coordenação e Revisão do Ministério Público do Trabalho;

III – propor a exoneração do Procurador-Geral do Trabalho;

IV – destituir, por iniciativa do Procurador-Geral do Trabalho e pelo voto de 2/3 (dois terços) de seus membros, antes do término do mandato, o Corregedor-Geral;

V – elaborar a lista tríplice destinada à promoção por merecimento;

VI – elaborar a lista tríplice para Corregedor-Geral do Ministério Público do Trabalho;

VII – aprovar a lista de antiguidade do Ministério Público do Trabalho e decidir sobre as reclamações a ela concernentes;

VIII – indicar o membro do Ministério Público do Trabalho para promoção por antiguidade, observado o disposto no art. 93, II, alínea *d*, da Constituição Federal;

IX – opinar sobre a designação de membro do Ministério Público do Trabalho para:

a) funcionar nos órgãos em que a participação da Instituição seja legalmente prevista;

b) integrar comissões técnicas ou científicas relacionadas às funções da Instituição;

X – opinar sobre o afastamento temporário de membro do Ministério Público do Trabalho;

XI – autorizar a designação, em caráter excepcional, de membros do Ministério Público do Trabalho, para exercício de atribuições processuais perante juízos, tribunais ou ofícios diferentes dos estabelecidos para cada categoria;

XII – determinar a realização de correições e sindicâncias e apreciar os relatórios correspondentes;

XIII – determinar a instauração de processos administrativos em que o acusado seja membro do Ministério Público do Trabalho, apreciar seus relatórios e propor as medidas cabíveis;

XIV – determinar o afastamento do exercício de suas funções, de membro do Ministério Público do Trabalho, indiciado ou acusado em processo disciplinar, e o seu retorno;

XV – designar a comissão de processo administrativo em que o acusado seja membro do Ministério Público do Trabalho;

XVI – decidir sobre o cumprimento do estágio probatório por membro do Ministério Público do Trabalho, encaminhando cópia da decisão ao Procurador-Geral da República, quando for o caso, para ser efetivada sua exoneração;

XVII – decidir sobre remoção e disponibilidade de membro do Ministério Público do Trabalho, por motivo de interesse público;

XVIII – autorizar, pela maioria absoluta de seus membros, que o Procurador-Geral da República ajuíze a ação de perda de cargo contra membro vitalício do Ministério Público do Trabalho, nos casos previstos em lei;

XIX – opinar sobre os pedidos de reversão de membro da carreira;

XX – aprovar a proposta de lei para o aumento do número de cargos da carreira e dos ofícios;

XXI – deliberar sobre a realização de concurso para o ingresso na carreira, designar os membros da Comissão de Concurso e opinar sobre a homologação dos resultados;

XXII – aprovar a proposta orçamentária que integrará o projeto de orçamento do Ministério Público da União;

XXIII – exercer outras funções atribuídas em lei.

§ 1.º Aplicam-se ao Procurador-Geral e aos demais membros do Conselho Superior as normas processuais em geral, pertinentes aos impedimentos e suspeição dos membros do Ministério Público.

§ 2.º As deliberações relativas aos incisos I, alíneas *a* e e, XI, XIII, XIV, XV e XVII somente poderão ser tomadas com o voto favorável de 2/3 (dois terços) dos membros do Conselho Superior.

SEÇÃO V

Da Câmara de Coordenação e Revisão do Ministério Público do Trabalho

Art. 99. A Câmara de Coordenação e Revisão do Ministério Público do Trabalho é um órgão de coordenação, de integração e de revisão do exercício funcional na Instituição.

Art. 100. A Câmara de Coordenação e Revisão do Ministério Público do Trabalho será organizada por ato normativo, e o Regimento Interno, que disporá sobre seu funcionamento, será elaborado pelo Conselho Superior.

Art. 101. A Câmara de Coordenação e Revisão do Ministério Público do Trabalho será composta por 3 (três) membros do Ministério Público do Trabalho, sendo 1 (um) indicado pelo Procurador-Geral do Trabalho e 2 (dois) pelo Conselho Superior do Ministério Público do Trabalho, juntamente com seus suplentes, para um mandato de 2 (dois) anos, sempre que possível, dentre integrantes do último grau da carreira.

Art. 102. Dentre os integrantes da Câmara de Coordenação e Revisão, um deles será designado pelo Procurador-Geral para a função executiva de Coordenador.

Art. 103. Compete à Câmara de Coordenação e Revisão do Ministério Público do Trabalho:

I – promover a integração e a coordenação dos órgãos institucionais do Ministério Público do Trabalho, observado o princípio da independência funcional;

II – manter intercâmbio com órgãos ou entidades que atuem em áreas afins;

III – encaminhar informações técnico-jurídicas aos órgãos institucionais do Ministério Público do Trabalho;

IV – resolver sobre a distribuição especial de feitos e procedimentos, quando a matéria, por sua natureza ou relevância, assim o exigir;

V – resolver sobre a distribuição especial de feitos, que por sua contínua reiteração, devam receber tratamento uniforme;

VI – decidir os conflitos de atribuição entre os órgãos do Ministério Público do Trabalho.

Parágrafo único. A competência fixada nos incisos IV e V será exercida segundo critérios objetivos previamente estabelecidos pelo Conselho Superior.

SEÇÃO VI

Da Corregedoria do Ministério Público do Trabalho

Art. 104. A Corregedoria do Ministério Público do Trabalho, dirigida pelo Corregedor-Geral, é o órgão fiscalizador das atividades funcionais e da conduta dos membros do Ministério Público.

Art. 105. O Corregedor-Geral será nomeado pelo Procurador-Geral do Trabalho dentre os Subprocuradores-Gerais do Trabalho, integrantes de lista tríplice elaborada pelo Conselho Superior, para mandato de 2 (dois) anos, renovável uma vez.

§ 1.º Não poderão integrar a lista tríplice os membros do Conselho Superior.

§ 2.º Serão suplentes do Corregedor-Geral os demais integrantes da lista tríplice, na ordem em que os designar o Procurador-Geral.

§ 3.º O Corregedor-Geral poderá ser destituído, por iniciativa do Procurador-Geral, antes do término do mandato, pelo voto de 2/3 (dois terços) dos membros do Conselho Superior.

Art. 106. Incumbe ao Corregedor-Geral do Ministério Público:

I – participar, sem direito a voto, das reuniões do Conselho Superior;

II – realizar, de ofício ou por determinação do Procurador-Geral ou do Conselho Superior, correições e sindicâncias, apresentando os respectivos relatórios;

III – instaurar inquérito contra integrante da carreira e propor ao Conselho Superior a instauração do processo administrativo consequente;

IV – acompanhar o estágio probatório dos membros do Ministério Público do Trabalho;

V – propor ao Conselho Superior a exoneração de membro do Ministério Público do Trabalho que não cumprir as condições do estágio probatório.

SEÇÃO VII

Dos Subprocuradores-Gerais do Trabalho

Art. 107. Os Subprocuradores-Gerais do Trabalho serão designados para oficiar junto ao Tribunal Superior do Trabalho e nos ofícios na Câmara de Coordenação e Revisão.

Parágrafo único. A designação de Subprocurador-Geral do Trabalho para oficiar em órgãos jurisdicionais diferentes do previsto para a categoria dependerá de autorização do Conselho Superior.

Art. 108. Cabe aos Subprocuradores-Gerais do Trabalho, privativamente, o exercício das funções de:

I – Corregedor-Geral do Ministério Público do Trabalho;

II – Coordenador da Câmara de Coordenação e Revisão do Ministério Público do Trabalho.

Art. 109. Os Subprocuradores-Gerais do Trabalho serão lotados nos ofícios na Procuradoria-Geral do Trabalho.

SEÇÃO VIII

Dos Procuradores Regionais do Trabalho

Art. 110. Os Procuradores Regionais do Trabalho serão designados para oficiar junto aos Tribunais Regionais do Trabalho.

Parágrafo único. Em caso de vaga ou de afastamento de Subprocurador-Geral do Trabalho por prazo superior a 30 (trinta) dias, poderá ser convocado pelo Procurador-Geral, mediante aprovação do Conselho Superior, Procurador Regional do Trabalho para substituição.

Art. 111. Os Procuradores Regionais do Trabalho serão lotados nos ofícios nas Procuradorias Regionais do Trabalho nos Estados e no Distrito Federal.

SEÇÃO IX

Dos Procuradores do Trabalho

Art. 112. Os Procuradores do Trabalho serão designados para funcionar junto aos Tribunais Regionais do Trabalho e, na forma das leis processuais, nos litígios trabalhistas que envolvam, especialmente, interesses de menores e incapazes.

Parágrafo único. A designação de Procurador do Trabalho para oficiar em órgãos jurisdicionais diferentes dos previstos para a categoria dependerá de autorização do Conselho Superior.

Art. 113. Os Procuradores do Trabalho serão lotados nos ofícios nas Procuradorias Regionais do Trabalho nos Estados e no Distrito Federal.

SEÇÃO X

Das Unidades de Lotação e de Administração

Art. 114. Os ofícios na Procuradoria-Geral do Trabalho e nas Procuradorias Regionais do Trabalho nos Estados e no Distrito Federal são unidades de lotação e de administração do Ministério Público do Trabalho.

Art. 115. A estrutura básica das unidades de lotação e de administração será organizada por regulamento, nos termos da lei.

....

TÍTULO IV

DAS DISPOSIÇÕES FINAIS E TRANSITÓRIAS

....

Art. 294. Esta Lei Complementar entra em vigor na data de sua publicação.

Art. 295. Revogam-se as disposições em contrário.

Brasília, 20 de maio de 1993; 172.º da Independência e 105.º da República.

ITAMAR FRANCO

LEI N. 8.716,

DE 11 DE OUTUBRO DE 1993 (*)

Dispõe sobre a garantia do salário mínimo e dá outras providências.

O Presidente da República.

Faço saber que o Congresso Nacional decreta e eu sanciono a seguinte Lei:

Art. 1.º Aos trabalhadores que perceberem remuneração variável, fixada por comissão, peça, tarefa ou outras modalidades, será garantido um salário mensal nunca inferior ao salário mínimo.

Art. 2.º A garantia assegurada pelo artigo anterior estende-se também aos trabalhadores que perceberem salário misto, integrado por parte fixa e parte variável.

Art. 3.º É vedado ao empregador fazer qualquer tipo de desconto em mês subsequente a título de compensação de eventuais complementações feitas em meses anteriores para cumprimento do disposto nos arts. 1.º e 2.º.

Art. 4.º Esta Lei entra em vigor na data de sua publicação.

Art. 5.º Revogam-se as disposições em contrário.

Brasília, 11 de outubro de 1993; 172.º da Independência e 105.º da República.

ITAMAR FRANCO

LEI N. 8.844,

DE 20 DE JANEIRO DE 1994 (**)

Dispõe sobre a fiscalização, apuração e cobrança judicial das contribuições e multas devidas ao Fundo de Garantia do Tempo de Serviço – FGTS.

Faço saber que o Presidente da República adotou a Medida Provisória n. 393, de 1993, que o Congresso Nacional aprovou, e eu, Humberto Lucena, Presidente do Senado Federal,

(*) Publicada no *DOU*, de 13-10-1993.

(**) Publicada no *DOU*, de 21-1-1994.

para os efeitos do disposto no parágrafo único do art. 62 da Constituição Federal, promulgo a seguinte lei:

Art. 1.º Compete ao Ministério do Trabalho a fiscalização e a apuração das contribuições ao Fundo de Garantia do Tempo de Serviço – FGTS, bem assim a aplicação das multas e demais encargos devidos.

• *Vide* Instrução Normativa n. 144, de 18-5-2018, que dispõe sobre a fiscalização do FGTS.

• *Vide* Precedentes Administrativos n. 1 e 74.

Parágrafo único. A Caixa Econômica Federal – CEF e a rede arrecadadora prestarão ao Ministério do Trabalho as informações necessárias ao desempenho dessas atribuições.

Art. 2.º Compete à Procuradoria-Geral da Fazenda Nacional a inscrição em Dívida Ativa dos débitos para com o Fundo de Garantia do Tempo de Serviço – FGTS, bem como, diretamente ou por intermédio da Caixa Econômica Federal, mediante convênio, a representação judicial e extrajudicial do FGTS, para a correspondente cobrança, relativamente à contribuição e às multas e demais encargos previstos na legislação respectiva.

•• *Caput* com redação determinada pela Lei n. 9.467, de 10-7-1997.

§ 1.º O Fundo de Garantia do Tempo de Serviço fica isento de custas nos processos judiciais de cobrança de seus créditos.

•• § 1.º acrescentado pela Lei n. 9.467, de 10-7-1997.

§ 2.º As despesas, inclusive as de sucumbência, que vierem a ser incorridas pela Procuradoria-Geral da Fazenda Nacional e pela Caixa Econômica Federal, para a realização da inscrição em Dívida Ativa, do ajuizamento e do controle e acompanhamento dos processos judiciais, serão efetuadas a débito do Fundo de Garantia do Tempo de Serviço.

•• § 2.º acrescentado pela Lei n. 9.467, de 10-7-1997.

§ 3.º Os créditos relativos ao FGTS gozam dos mesmos privilégios atribuídos aos créditos trabalhistas.

•• § 3.º acrescentado pela Lei n. 9.467, de 10-7-1997.

§ 4.º Na cobrança judicial dos créditos do FGTS, incidirá encargo de 10% (dez por cento), que reverterá para o Fundo, para ressarcimento dos custos por ele incorridos, o qual será reduzido para 5% (cinco por cento), se o pagamento se der antes do ajuizamento da cobrança.

•• § 4.º com redação determinada pela Lei n. 9.964, de 10-4-2000.

Art. 3.º Esta Lei entra em vigor na data de sua publicação.

Senado Federal, em 20 de janeiro de 1994, 173.º da Independência e 106.º da República.

Humberto Lucena

LEI N. 8.906,

DE 4 DE JULHO DE 1994 (*)

Dispõe sobre o Estatuto da Advocacia e a Ordem dos Advogados do Brasil – OAB.

(*) Publicada no *DOU*, de 5-7-1994.

O Presidente da República

Faço saber que o Congresso Nacional decreta e eu sanciono a seguinte Lei:

TÍTULO I
DA ADVOCACIA

CAPÍTULO I
DA ATIVIDADE DE ADVOCACIA

Art. 1.º São atividades privativas de advocacia:

I – a postulação a qualquer órgão do Poder Judiciário e aos juizados especiais;

•• O STF, na ADI n. 1.127-8, de 17-5-2006 (*DOU* de 26-5-2006), declarou a inconstitucionalidade da expressão "qualquer" constante deste inciso.

II – as atividades de consultoria, assessoria e direção jurídicas.

§ 1.º Não se inclui na atividade privativa de advocacia a impetração de *habeas corpus* em qualquer instância ou tribunal.

§ 2.º Os atos e contratos constitutivos de pessoas jurídicas, sob pena de nulidade, só podem ser admitidos a registro, nos órgãos competentes, quando visados por advogados.

§ 3.º É vedada a divulgação de advocacia em conjunto com outra atividade.

Art. 2.º O advogado é indispensável à administração da justiça.

§ 1.º No seu ministério privado, o advogado presta serviço público e exerce função social.

§ 2.º No processo judicial, o advogado contribui, na postulação de decisão favorável ao seu constituinte, ao convencimento do julgador, e seus atos constituem múnus público.

§ 3.º No exercício da profissão, o advogado é inviolável por seus atos e manifestações, nos limites desta lei.

Art. 3.º O exercício da atividade de advocacia no território brasileiro e a denominação de advogado são privativos dos inscritos na Ordem dos Advogados do Brasil (OAB).

§ 1.º Exercem atividade de advocacia, sujeitando-se ao regime desta lei, além do regime próprio a que se subordinem, os integrantes da Advocacia-Geral da União, da Procuradoria da Fazenda Nacional, da Defensoria Pública e das Procuradorias e Consultorias Jurídicas dos Estados, do Distrito Federal, dos Municípios e das respectivas entidades de administração indireta e fundacional.

§ 2.º O estagiário de advocacia, regularmente inscrito, pode praticar os atos previstos no art. 1.º, na forma do Regulamento Geral, em conjunto com advogado e sob responsabilidade deste.

Art. 4.º São nulos os atos privativos de advogado praticados por pessoa não inscrita na OAB, sem prejuízo das sanções civis, penais e administrativas.

Parágrafo único. São também nulos os atos praticados por advogado impedido – no âmbito do impedimento – suspenso, licenciado ou que passar a exercer atividade incompatível com a advocacia.

Art. 5.º O advogado postula, em juízo ou fora dele, fazendo prova do mandato.

§ 1.º O advogado, afirmando urgência, pode atuar sem procuração, obrigando-se a apresentá-la no prazo de quinze dias, prorrogável por igual período.

§ 2.º A procuração para o foro em geral habilita o advogado a praticar todos os atos judiciais, em qualquer juízo ou instância, salvo os que exijam poderes especiais.

§ 3.º O advogado que renunciar ao mandato continuará, durante os dez dias seguintes à notificação da renúncia, a representar o mandante, salvo se for substituído antes do término desse prazo.

CAPÍTULO II
DOS DIREITOS DO ADVOGADO

Art. 6.º Não há hierarquia nem subordinação entre advogados, magistrados e membros do Ministério Público, devendo todos tratar-se com consideração e respeito recíprocos.

Parágrafo único. As autoridades, os servidores públicos e os serventuários da justiça devem dispensar ao advogado, no exercício da profissão, tratamento compatível com a dignidade da advocacia e condições adequadas a seu desempenho.

Art. 7.º São direitos do advogado:

I – exercer, com liberdade, a profissão em todo o território nacional;

....

Art. 7.º-A. São direitos da advogada:

•• *Caput* acrescentado pela Lei n. 13.363, de 25-11-2016.

I – gestante:

•• Inciso I, *caput*, acrescentado pela Lei n. 13.363, de 25-11-2016.

a) entrada em tribunais sem ser submetida a detectores de metais e aparelhos de raios X;

•• Alínea *a* acrescentada pela Lei n. 13.363, de 25-11-2016.

b) reserva de vaga em garagens dos fóruns dos tribunais;

•• Alínea *b* acrescentada pela Lei n. 13.363, de 25-11-2016.

II – lactante, adotante ou que der à luz, acesso a creche, onde houver, ou a local adequado ao atendimento das necessidades do bebê;

•• Inciso II acrescentado pela Lei n. 13.363, de 25-11-2016.

III – gestante, lactante, adotante ou que der à luz, preferência na ordem das sustentações orais e das audiências a serem realizadas a cada dia, mediante comprovação de sua condição;

•• Inciso III acrescentado pela Lei n. 13.363, de 25-11-2016.

IV – adotante ou que der à luz, suspensão de prazos processuais quando for a única patrona da causa, desde que haja notificação por escrito ao cliente.

•• Inciso IV acrescentado pela Lei n. 13.363, de 25-11-2016.

§ 1.º Os direitos previstos à advogada gestante ou lactante aplicam-se enquanto perdurar, respectivamente, o estado gravídico ou o período de amamentação.

•• § 1.º acrescentado pela Lei n. 13.363, de 25-11-2016.

§ 2.º Os direitos assegurados nos incisos II e III deste artigo à advogada adotante ou que der à luz serão concedidos pelo prazo previsto no art. 392 do Decreto-lei n. 5.452, de 1.º de maio de 1943 (Consolidação das Leis do Trabalho).

•• § 2.º acrescentado pela Lei n. 13.363, de 25-11-2016.

§ 3.º O direito assegurado no inciso IV deste artigo à advogada adotante ou que der à luz será concedido pelo prazo previsto no § 6.º do art. 313 da Lei n. 13.105, de 16 de março de 2015 (Código de Processo Civil).

•• § 3.º acrescentado pela Lei n. 13.363, de 25-11-2016.

....

CAPÍTULO V
DO ADVOGADO EMPREGADO

Art. 18. A relação de emprego, na qualidade de advogado, não retira a isenção técnica nem reduz a independência profissional inerentes à advocacia.

Parágrafo único. O advogado empregado não está obrigado à prestação de serviços profissionais de interesse pessoal dos empregadores, fora da relação de emprego.

Art. 19. O salário mínimo profissional do advogado será fixado em sentença normativa, salvo se ajustado em acordo ou convenção coletiva de trabalho.

Art. 20. A jornada de trabalho do advogado empregado, no exercício da profissão, não poderá exceder a duração diária de quatro horas contínuas e a de vinte horas semanais, salvo acordo ou convenção coletiva ou em caso de dedicação exclusiva.

§ 1.º Para efeitos deste artigo, considera-se como período de trabalho o tempo em que o advogado estiver à disposição do empregador, aguardando ou executando ordens, no seu escritório ou em atividades externas, sendo-lhe reembolsadas as despesas feitas com transporte, hospedagem e alimentação.

§ 2.º As horas trabalhadas que excederem a jornada normal são remuneradas por um adicional não inferior a cem por cento sobre o valor da hora normal, mesmo havendo contrato escrito.

§ 3.º As horas trabalhadas no período das vinte horas de um dia até as cinco horas do dia seguinte são remuneradas como noturnas, acrescidas do adicional de vinte e cinco por cento.

Art. 21. Nas causas em que for parte o empregador, ou pessoa por este representada, os honorários de sucumbência são devidos aos advogados empregados.

•• O STF, em 20-5-2009, julgou parcialmente procedente a ADI n. 1.194-4 (*DOU* de 28-9-2009), para dar ao *caput* e ao parágrafo único deste artigo interpretação conforme a CF, estabelecendo que os honorários de sucumbência podem ser tanto do advogado quanto da sociedade ou de ambos, dependendo de disposição contratual.

Parágrafo único. Os honorários de sucumbência, percebidos por advogado empregado de sociedade de advogados são partilhados entre ele e a empregadora, na forma estabelecida em acordo.

CAPÍTULO VI
DOS HONORÁRIOS ADVOCATÍCIOS

Art. 22. A prestação de serviço profissional assegura aos inscritos na OAB o direito aos honorários convencionados, aos fixados por arbitramento judicial e aos de sucumbência.

§ 1.º O advogado, quando indicado para patrocinar causa de juridicamente necessitado, no caso de impossibilidade da Defensoria Pública no local da prestação de serviço, tem direito aos honorários fixados pelo juiz, segundo tabela organizada pelo Conselho Seccional da OAB, e pagos pelo Estado.

§ 2.º Na falta de estipulação ou de acordo, os honorários são fixados por arbitramento judicial, em remuneração compatível com o trabalho e o valor econômico da questão, não podendo ser inferiores aos estabelecidos na tabela organizada pelo Conselho Seccional da OAB.

§ 3.º Salvo estipulação em contrário, um terço dos honorários é devido no início do serviço, outro terço até a decisão de primeira instância e o restante no final.

§ 4.º Se o advogado fizer juntar aos autos o seu contrato de honorários antes de expedir-se o mandado de levantamento ou precatório, o juiz deve determinar que lhe sejam pagos diretamente, por dedução da quantia a ser recebida pelo constituinte, salvo se este provar que já os pagou.

•• *Vide* Súmula Vinculante 47.

§ 5.º O disposto neste artigo não se aplica quando se tratar de mandato outorgado por advogado para defesa em processo oriundo de ato ou omissão praticada no exercício da profissão.

§ 6.º O disposto neste artigo aplica-se aos honorários assistenciais, compreendidos como os fixados em ações coletivas propostas por entidades de classe em substituição processual, sem prejuízo aos honorários convencionais.

•• § 6.º acrescentado pela Lei n. 13.725, de 4-10-2018.

§ 7.º Os honorários convencionados com entidades de classe para atuação em substituição processual poderão prever a faculdade de indicar os beneficiários que, ao optarem por adquirir os direitos, assumirão as obrigações decorrentes do contrato originário a partir do momento em que este foi celebrado, sem a necessidade de mais formalidades.

•• § 7.º acrescentado pela Lei n. 13.725, de 4-10-2018.

Art. 23. Os honorários incluídos na condenação, por arbitramento ou sucumbência, pertencem ao advogado, tendo este direito autônomo para executar a sentença nesta parte, podendo requerer que o precatório, quando necessário, seja expedido em seu favor.

•• *Vide* Súmula Vinculante 47.

Art. 24. A decisão judicial que fixar ou arbitrar honorários e o contrato escrito que os estipular são títulos executivos e constituem crédito privilegiado na falência, concordata, concurso de credores, insolvência civil e liquidação extrajudicial.

§ 1.º A execução dos honorários pode ser promovida nos mesmos autos da ação em que tenha atuado o advogado, se assim lhe convier.

§ 2.º Na hipótese de falecimento ou incapacidade civil do advogado, os honorários de sucumbência, proporcionais ao trabalho realizado, são recebidos por seus sucessores ou representantes legais.

§ 3.º É nula qualquer disposição, cláusula, regulamento ou convenção individual ou coletiva que retire do advogado o direito ao recebimento dos honorários de sucumbência.

•• O STF, no julgamento da ADI n. 1.194-4, de 20-5-2009 (*DOU* de 28-9-2009), declarou a inconstitucionalidade deste § 3.º.

§ 4.º O acordo feito pelo cliente do advogado e a parte contrária, salvo aquiescência do profissional, não lhe prejudica os honorários, quer os convencionados, quer os concedidos por sentença.

Art. 25. Prescreve em cinco anos a ação de cobrança de honorários de advogado, contado o prazo:

I – do vencimento do contrato, se houver;

II – do trânsito em julgado da decisão que os fixar;

III – da ultimação do serviço extrajudicial;

IV – da desistência ou transação;

V – da renúncia ou revogação do mandato.

Art. 25-A. Prescreve em cinco anos a ação de prestação de contas pelas quantias recebidas pelo advogado de seu cliente, ou de terceiros por conta dele (art. 34, XXI).

•• Artigo acrescentado pela Lei n. 11.902, de 12-1-2009.

Art. 26. O advogado substabelecido, com reserva de poderes, não pode cobrar honorários sem a intervenção daquele que lhe conferiu o substabelecimento.

....

TÍTULO II
DA ORDEM DOS ADVOGADOS DO BRASIL

....

TÍTULO IV
DAS DISPOSIÇÕES GERAIS E TRANSITÓRIAS

....

Art. 79. Aos servidores da OAB, aplica-se o regime trabalhista.

§ 1.º Aos servidores da OAB, sujeitos ao regime da Lei n. 8.112, de 11 de dezembro de 1990, é concedido o direito de opção pelo regime trabalhista, no prazo de noventa dias a partir da vigência desta Lei, sendo assegurado aos optantes o pagamento de indenização, quando da aposentadoria, correspondente a cinco vezes o valor da última remuneração.

§ 2.º Os servidores que não optarem pelo regime trabalhista serão posicionados no quadro em extinção, assegurado o direito adquirido ao regime legal anterior.

....

Art. 86. Esta Lei entra em vigor na data de sua publicação.

Art. 87. Revogam-se as disposições em contrário, especialmente a Lei n. 4.215, de 27 de abril de 1963, a Lei n. 5.390, de 23 de fevereiro de 1968, o Decreto-lei n. 505, de 18 de março de 1969, a Lei n. 5.681, de 20 de julho de 1971, a Lei n. 5.842, de 6 de dezembro de 1972, a Lei n. 5.960, de 10 de dezembro de 1973, a Lei n. 6.743, de 5 de dezembro de 1979, a Lei n. 6.884, de 9 de dezembro de 1980, a Lei n. 6.994, de 26 de maio de 1982, mantidos os efeitos da Lei n. 7.346, de 22 de julho de 1985.

Brasília, 4 de julho de 1994; 173.° da Independência e 106.° da República.

ITAMAR FRANCO

LEI N. 8.984,

DE 7 DE FEVEREIRO DE 1995 (*)

Estende a competência da Justiça do Trabalho (art. 114 da Constituição Federal).

O Presidente da República

Faço saber que o Congresso Nacional decreta e eu sanciono a seguinte Lei:

Art. 1.° Compete à Justiça do Trabalho conciliar e julgar os dissídios que tenham origem no cumprimento de convenções coletivas de trabalho ou acordos coletivos de trabalho, mesmo quando ocorram entre sindicatos ou entre sindicato de trabalhadores e empregador.

• *Vide* arts. 611 e s. e 625 da CLT.

Art. 2.° Esta Lei entra em vigor na data de sua publicação.

Art. 3.° Revogam-se as disposições em contrário.

Brasília, 7 de fevereiro de 1995; 174.° da Independência e 107.° da República.

FERNANDO HENRIQUE CARDOSO

LEI N. 9.029,

DE 13 DE ABRIL DE 1995 (**)

Proíbe a exigência de atestados de gravidez e esterilização, e outras práticas discriminatórias, para efeitos admissionais ou de permanência da relação jurídica de trabalho, e dá outras providências.

O Presidente da República

Faço saber que o Congresso Nacional decreta e eu sanciono a seguinte Lei:

Art. 1.° É proibida a adoção de qualquer prática discriminatória e limitativa para efeito de acesso à relação de trabalho, ou de sua manutenção, por motivo de sexo, origem, raça, cor, estado civil, situação familiar, deficiência, reabilitação profissional, idade, entre outros, ressalvadas, nesse caso, as hipóteses de proteção à criança e ao adolescente previstas no inciso XXXIII do art. 7.° da Constituição Federal.

•• Artigo com redação determinada pela Lei n. 13.146, de 6-7-2015.

• A Portaria n. 1.927, de 10-12-2014, do MTE, estabelece orientações relacionadas ao HIV e a Aids nos locais de trabalho, cria a Comissão Participativa de Prevenção do HIV e da Aids no Mundo do Trabalho, e dá outras providências.

Art. 2.° Constituem crime as seguintes práticas discriminatórias:

I – a exigência de teste, exame, perícia, laudo, atestado, declaração ou qualquer outro procedimento relativo à esterilização ou a estado de gravidez;

II – a adoção de quaisquer medidas, de iniciativa do empregador, que configurem:

a) indução ou instigamento à esterilização genética;

b) promoção do controle de natalidade, assim não considerado o oferecimento de serviços e de aconselhamento ou planejamento familiar, realizados através de instituições públicas ou privadas, submetidas às normas do Sistema Único de Saúde – SUS.

Pena: detenção de 1 (um) a 2 (dois) anos e multa.

Parágrafo único. São sujeitos ativos dos crimes a que se refere este artigo:

I – a pessoa física empregadora;

II – o representante legal do empregador, como definido na legislação trabalhista;

III – o dirigente, direto ou por delegação, de órgãos públicos e entidades das administrações públicas direta, indireta e fundacional de qualquer dos Poderes da União, dos Estados, do Distrito Federal e dos Municípios.

Art. 3.° Sem prejuízo do prescrito no art. 2.° desta Lei e nos dispositivos legais que tipificam os crimes resultantes de preconceito de etnia, raça, cor ou deficiência, as infrações ao disposto nesta Lei são passíveis das seguintes cominações:

•• *Caput* com redação determinada pela Lei n. 13.146, de 6-7-2015.

I – multa administrativa de dez vezes o valor do maior salário pago pelo empregador, elevado em 50% (cinquenta por cento) em caso de reincidência;

II – proibição de obter empréstimo ou financiamento junto a instituições financeiras oficiais.

Art. 4.° O rompimento da relação de trabalho por ato discriminatório, nos moldes desta Lei, além do direito à reparação pelo dano moral, faculta ao empregado optar entre:

•• *Caput* com redação determinada pela Lei n. 12.288, de 20-7-2010.

I – a reintegração com ressarcimento integral de todo o período de afastamento, mediante pagamento das remunerações devidas, corrigidas monetariamente e acrescidas de juros legais;

•• Inciso I com redação determinada pela Lei n. 13.146, de 6-7-2015.

II – a percepção, em dobro, da remuneração do período de afastamento, corrigida monetariamente e acrescida dos juros legais.

Art. 5.° Esta Lei entra em vigor na data de sua publicação.

Art. 6.° Revogam-se as disposições em contrário.

(*) Publicada no *DOU*, de 8-2-1995.

(**) Publicada no *DOU*, de 17-4-1995. *Vide* Enunciado n. 2 da 1.ª Jornada de Direito do Trabalho.

Brasília, 13 de abril de 1995; 174.º da Independência e 107.º da República.

FERNANDO HENRIQUE CARDOSO

DECRETO N. 1.572,

DE 28 DE JULHO DE 1995 (*)

Regulamenta a mediação na negociação coletiva de natureza trabalhista, e dá outras providências.

O Presidente da República, no uso das atribuições que lhe confere o art. 84, IV e VI, da Constituição, decreta:

Art. 1.º A mediação na negociação coletiva de natureza trabalhista será exercida de acordo com o disposto neste Decreto.

Art. 2.º Frustrada a negociação direta, na respectiva data-base anual, as partes poderão escolher, de comum acordo, mediador para composição do conflito.

§ 1.º Caso não ocorra a escolha na forma do *caput* deste artigo, as partes poderão solicitar, ao Ministério do Trabalho, a designação de mediador.

§ 2.º A parte que se considerar sem as condições adequadas para, em situação de equilíbrio, participar de negociação direta, poderá, desde logo, solicitar ao Ministério do Trabalho a designação de mediador.

§ 3.º A designação de que tratam os parágrafos anteriores poderá recair em:

a) mediador previamente cadastrado nos termos do art. 4.º, desde que as partes concordem quanto ao pagamento dos honorários por ele propostos por ocasião da indicação; ou

b) servidor do quadro do Ministério do Trabalho, sem ônus para as partes.

Art. 3.º Nos casos previstos nos §§ 1.º e 2.º do artigo anterior, a designação do mediador competirá:

I – ao Delegado Regional do Trabalho, quando se tratar de negociação de âmbito local ou regional; ou

II – ao Secretário de Relações do Trabalho do Ministério do Trabalho, na hipótese de negociação de âmbito nacional.

Art. 4.º O Ministério do Trabalho manterá cadastro de profissionais para o exercício da função de mediador, para subsidiar a escolha pelas partes.

§ 1.º A inscrição no cadastro far-se-á, mediante requerimento do interessado, perante a Delegacia Regional do Trabalho, desde que o requerente demonstre:

a) comprovada experiência na composição dos conflitos de natureza trabalhista;

b) conhecimentos técnicos relativos às questões de natureza trabalhista.

§ 2.º Preenchidos os requisitos referidos no parágrafo anterior, caberá ao Delegado Regional do Trabalho expedir o competente ato declaratório, que será publicado no *Diário Oficial da União*.

§ 3.º O credenciamento terá validade pelo prazo de 3 (três) anos contados da data de sua publicação, facultado ao Delegado Regional do Trabalho o respectivo cancelamento, mediante despacho fundamentado.

§ 4.º É vedado o credenciamento de servidores públicos ativos.

Art. 5.º O mediador designado terá o prazo máximo de 30 (trinta) dias para a conclusão do processo de negociação, salvo acordo expresso com as partes interessadas.

Parágrafo único. Tendo em vista circunstâncias de ordem pública, o Delegado Regional do Trabalho poderá solicitar redução no prazo de negociação.

Art. 6.º Não alcançado o entendimento entre as partes, na negociação direta ou por intermédio de mediador, lavrar-se-á, de imediato, ata contendo:

I – as causas motivadoras do conflito;

II – as reivindicações de natureza econômica.

Art. 7.º O Ministro de Estado do Trabalho expedirá as instruções necessárias ao cumprimento do disposto neste Decreto.

Art. 8.º Este Decreto entra em vigor na data de sua publicação.

Brasília, 28 de julho de 1995; 174.º da Independência e 107.º da República.

FERNANDO HENRIQUE CARDOSO

(*) Publicado no *DOU*, de 31-7-1995, e retificado em 1.º-8-1995. A Portaria n. 817, de 30-8-1995, estabelece critérios para a participação do mediador nos conflitos de negociação coletiva de natureza trabalhista. A Portaria n. 818, de 30-8-1995, estabelece critérios para o credenciamento de mediador perante as Delegacias Regionais do Trabalho.

LEI N. 9.279,

DE 14 DE MAIO DE 1996 (**)

Regula direitos e obrigações relativos à propriedade industrial.

O Presidente da República.

Faço saber que o Congresso Nacional decreta e eu sanciono a seguinte Lei:

DISPOSIÇÕES PRELIMINARES

Art. 1.º Esta Lei regula direitos e obrigações relativos à propriedade industrial.

Art. 2.º A proteção dos direitos relativos à propriedade industrial, considerado o seu interesse social e o desenvolvimento tecnológico e econômico do País, efetua-se mediante:

(**) Publicada no *DOU*, de 15-5-1996.

I – concessão de patentes de invenção e de modelo de utilidade;

II – concessão de registro de desenho industrial;

III – concessão de registro de marca;

IV – repressão às falsas indicações geográficas; e

V – repressão à concorrência desleal.

Art. 3.º Aplica-se também o disposto nesta Lei:

I – ao pedido de patente ou de registro proveniente do exterior e depositado no País por quem tenha proteção assegurada por tratado ou convenção em vigor no Brasil; e

II – aos nacionais ou pessoas domiciliadas em país que assegure aos brasileiros ou pessoas domiciliadas no Brasil a reciprocidade de direitos iguais ou equivalentes.

Art. 4.º As disposições dos tratados em vigor no Brasil são aplicáveis, em igualdade de condições, às pessoas físicas e jurídicas nacionais ou domiciliadas no País.

Art. 5.º Consideram-se bens móveis, para os efeitos legais, os direitos de propriedade industrial.

....

TÍTULO I
DAS PATENTES

....

CAPÍTULO XIV
DA INVENÇÃO E DO MODELO DE UTILIDADE REALIZADO POR EMPREGADO OU PRESTADOR DE SERVIÇO

•• Capítulo regulamentado pelo Decreto n. 2.553, de 16-4-1998.

Art. 88. A invenção e o modelo de utilidade pertencem exclusivamente ao empregador quando decorrerem de contrato de trabalho cuja execução ocorra no Brasil e que tenha por objeto a pesquisa ou a atividade inventiva, ou resulte esta da natureza dos serviços para os quais foi o empregado contratado.

§ 1.º Salvo expressa disposição contratual em contrário, a retribuição pelo trabalho a que se refere este artigo limita-se ao salário ajustado.

§ 2.º Salvo prova em contrário, consideram-se desenvolvidos na vigência do contrato a invenção ou o modelo de utilidade, cuja patente seja requerida pelo empregado até 1 (um) ano após a extinção do vínculo empregatício.

Art. 89. O empregador, titular da patente, poderá conceder ao empregado, autor de invento ou aperfeiçoamento, participação nos ganhos econômicos resultantes da exploração da patente, mediante negociação com o interessado ou conforme disposto em norma da empresa.

Parágrafo único. A participação referida neste artigo não se incorpora, a qualquer título, ao salário do empregado.

Art. 90. Pertencerá exclusivamente ao empregado a invenção ou o modelo de utilidade por ele desenvolvido, desde que desvinculado do contrato de trabalho e não decorrente da utilização de recursos, meios, dados, materiais, instalações ou equipamentos do empregador.

Art. 91. A propriedade de invenção ou de modelo de utilidade será comum, em partes iguais, quando resultar da contribuição pessoal do empregado e de recursos, dados, meios, materiais, instalações ou equipamentos do empregador, ressalvada expressa disposição contratual em contrário.

§ 1.º Sendo mais de um empregado, a parte que lhes couber será dividida igualmente entre todos, salvo ajuste em contrário.

§ 2.º É garantido ao empregador o direito exclusivo de licença de exploração e assegurada ao empregado a justa remuneração.

§ 3.º A exploração do objeto da patente, na falta de acordo, deverá ser iniciada pelo empregador dentro do prazo de 1 (um) ano, contado da data de sua concessão, sob pena de passar à exclusiva propriedade do empregado a titularidade da patente, ressalvadas as hipóteses de falta de exploração por razões legítimas.

§ 4.º No caso de cessão, qualquer dos cotitulares, em igualdade de condições, poderá exercer o direito de preferência.

Art. 92. O disposto nos artigos anteriores aplica-se, no que couber, às relações entre o trabalhador autônomo ou o estagiário e a empresa contratante e entre empresas contratantes e contratadas.

Art. 93. Aplica-se o disposto neste Capítulo, no que couber, às entidades da Administração Pública direta, indireta e fundacional, federal, estadual ou municipal.

Parágrafo único. Na hipótese do art. 88, será assegurada ao inventor, na forma e condições previstas no estatuto ou Regimento Interno da entidade a que se refere este artigo, premiação de parcela no valor das vantagens auferidas com o pedido ou com a patente, a título de incentivo.

....

TÍTULO VIII
DAS DISPOSIÇÕES TRANSITÓRIAS E FINAIS

....

Art. 243. Esta Lei entra em vigor na data de sua publicação quanto às matérias disciplinadas nos arts. 230, 231, 232 e 239, e 1 (um) ano após sua publicação quanto aos demais artigos.

• Os arts. 230, 231, 232 e 239 dispõem sobre pedidos de patentes e sobre a autorização para as necessárias transformações no INPI.

Art. 244. Revogam-se as Leis n. 5.772, de 21 de dezembro de 1971, 6.348, de 7 de julho de 1976, os arts. 187 a 196 do Decreto-lei n. 2.848, de 7 de dezembro de 1940, os arts. 169 a 189 do Decreto-lei n. 7.903, de 27 de agosto de 1945, e as demais disposições em contrário.

Brasília, 14 de maio de 1996; 175.º da Independência e 108.º da República.

FERNANDO HENRIQUE CARDOSO

PORTARIA N. 1.061,

DE 1.º DE NOVEMBRO DE 1996 (*)

Institui procedimentos para a organização e tramitação dos processos de débito salarial, mora do Fundo de Garantia do Tempo de Serviço – FGTS, mora contumaz salarial e mora contumaz do Fundo de Garantia do Tempo de Serviço – FGTS e dá outras providências.

O Ministro de Estado do Trabalho, no uso de suas atribuições legais, e considerando o elevado índice de denúncias de atraso de pagamento de salários e do recolhimento do FGTS, com considerável prejuízo ao trabalhador; e considerando a necessidade de se estabelecer procedimentos para a perfeita instrução dos processos de débito salarial, mora do FGTS, mora contumaz salarial e mora contumaz do FGTS, a que se referem o Decreto-lei n. 368, de 11 de dezembro de 1968, a Lei n. 8.036, de 11 de maio de 1990, art. 15 combinado com o art. 22, e o Regulamento do FGTS, aprovado pelo Decreto n. 99.684, de 8 de dezembro de 1990, arts. 50 a 52, resolve:

Art. 1.º Baixar normas sobre a organização e a tramitação dos processos de débito salarial, mora do FGTS, mora contumaz salarial e mora contumaz do FGTS.

DAS DEFINIÇÕES

Art. 2.º Para os efeitos desta Portaria, considera-se:

a) débito salarial – o não pagamento de salários no prazo legal e por período inferior a 3 (três) meses (Consolidação das Leis do Trabalho – CLT, art. 459, § 1.º);

b) mora do FGTS – o não recolhimento das parcelas devidas ao Fundo, no prazo legal, por período inferior a 3 (três) meses (Lei n. 8.036/90, art. 15);

c) mora contumaz salarial – o atraso ou sonegação de salários devidos aos empregados, por período igual ou superior a 3 (três) meses, sem motivo grave ou relevante, excluídas as causas pertinentes ao risco da atividade econômica (Decreto-lei n. 368/68, art. 2.º, § 1.º);

d) mora contumaz do FGTS – o não recolhimento de valores devidos ao FGTS, por período igual ou superior a 3 (três) meses, sem motivo grave ou relevante, excluídas as causas pertinentes ao risco do empreendimento (Decreto n. 99.684/90, art. 51, § 1.º).

DO INÍCIO DO PROCESSO

Art. 3.º O processo de débito salarial, mora do FGTS, mora contumaz salarial e mora contumaz do FGTS iniciar-se-á por denúncia do empregado ou da entidade sindical representativa da categoria, assinada pelo seu presidente e, ainda, incidentalmente por relatório da fiscalização, originário de denúncia feita pelas mesmas partes.

Parágrafo único. A denúncia deverá ser apresentada por escrito, em 2 (duas) vias, contendo os seguintes requisitos:

a) a qualificação do denunciante, e se possível, quando se tratar de empregado, o número e a série de sua Carteira de Trabalho;

b) a indicação do denunciado;

c) o fato objeto da denúncia;

d) a data e assinatura do denunciante.

DA CONSTATAÇÃO DA IRREGULARIDADE

Art. 4.º Recebida a denúncia, a chefia da Divisão de Fiscalização do Trabalho emitirá Ordem de Serviço, no prazo máximo de 48 (quarenta e oito) horas, designando fiscal do trabalho para a verificação acerca do teor da mesma, e constatada a irregularidade será lavrado o respectivo Auto de Infração com fundamento no art. 459, § 1.º da CLT ou art. 23, § 1.º, I da Lei n. 8.036/90, conforme for o caso.

Art. 5.º Concluída a fiscalização, o fiscal do trabalho apresentará em 48 (quarenta e oito) horas, relatório circunstanciado contendo o seguinte:

• *Vide* Instrução Normativa n. 144, de 18-5-2018, que dispõe sobre a fiscalização do FGTS.

a) a qualificação e o endereço da empresa;

b) a qualificação e o endereço dos sócios da empresa;

c) o período do atraso dos salários ou da falta de recolhimento do FGTS;

d) comprovantes de pagamentos de honorários, gratificações, *pro labore* ou qualquer outro tipo de retribuição ou retirada, feitos a seus diretores, sócios, gerentes ou titulares no período citado no item anterior;

e) fundamentação específica do fato constatado, tratando-se de débito salarial, mora do FGTS, mora contumaz do salário ou mora contumaz do FGTS;

f) cópia do contrato ou estatuto social da empresa;

g) cópia autenticada do auto de infração, que deverá ser processado em apenso.

DA FORMALIZAÇÃO DO PROCESSO

Art. 6.º A chefia da Divisão da Fiscalização do Trabalho, de posse do relatório da ação fiscal executada, determinará a formalização do processo, no prazo de 48 (quarenta e oito) horas e, sendo procedente a denúncia, em igual prazo, notificará a empresa para que apresente sua defesa.

§ 1.º A defesa, formalizada por escrito e instruída com os documentos que a fundamentarem, será apresentada à Delegacia Regional do Trabalho, no prazo de 10 (dez) dias, contados do recebimento da notificação.

§ 2.º Não constatada a irregularidade pela Fiscalização, a chefia da Divisão de Fiscalização do Trabalho, sem prejuízo de novas diligências, proporá ao Delegado Regional do Trabalho o arquivamento do processo.

Art. 7.º O não oferecimento de defesa no prazo fixado no art. 6.º, § 1.º, importará em revelia, podendo o Delegado

(*) Publicada no *DOU*, de 5-11-1996.

Regional do Trabalho dispensar diligências e concluir o processo para decisão.

Art. 8.º O Delegado Regional do Trabalho determinará de ofício ou a requerimento do interessado, a realização de diligências que lhe parecerem necessárias à elucidação de fatos a serem apurados, inclusive a oitiva de testemunhas, indeferindo as que considerar procrastinatórias.

Art. 9.º Após encerradas as diligências, a chefia da Divisão de Fiscalização do Trabalho, no prazo de 8 (oito) dias, dará parecer conclusivo a ser submetido à aprovação do Delegado Regional do Trabalho.

Parágrafo único. O parecer conclusivo deverá conter o resumo dos fatos denunciados e das razões da defesa, a apreciação das provas, os fundamentos da convicção e a conclusão pela procedência ou não da denúncia.

Art. 10. O Delegado Regional do Trabalho encaminhará o processo, no prazo de 8 (oito) dias, à decisão do Senhor Ministro do Trabalho.

Art. 11. Constatada a infração prevista no art. 1.º, I e II, do Decreto-lei n. 368/68 e no art. 50, I e II, do Decreto n. 99.684/90, o Delegado Regional do Trabalho representará, sob pena de responsabilidade, ao Ministério Público, para a instauração da competente ação penal.

DA DECISÃO

Art. 12. O Ministro do Trabalho, antes de proferir sua decisão, poderá determinar diligências complementares.

Art. 13. Da decisão do processo será dada ciência às partes interessadas, pelo Delegado Regional do Trabalho.

Art. 14. Após a decisão do processo, o Delegado Regional do Trabalho, se for o caso, no prazo de 48 (quarenta e oito) horas, notificará a empresa para o pagamento da multa, no prazo de 10 (dez) dias, sob pena de encaminhamento do processo à cobrança judicial.

Art. 15. Da decisão que concluir pela mora contumaz salarial ou do FGTS, será expedida comunicação ao Senhor Ministro da Fazenda pelo Ministro do Trabalho e às autoridades fazendárias locais municipal, estadual e federal, pelo Delegado Regional do Trabalho.

DAS DISPOSIÇÕES FINAIS

Art. 16. Para os procedimentos previstos nesta Portaria aplicar-se-á, subsidiariamente, a Portaria n. 148, de 25 de janeiro de 1996.

•• *Vide* Portaria n. 854, de 25-6-2015, que revogou a Portaria n. 148, de 25-1-1996.

Art. 17. A dissolução da empresa ficará condicionada à emissão de Certidão Negativa de Débito Salarial, pela Delegacia Regional do Trabalho, mediante prova bastante do cumprimento pela empresa de suas obrigações salariais.

§ 1.º Para a expedição da Certidão Negativa de Débito Salarial, a Delegacia Regional do Trabalho poderá consultar a entidade sindical da categoria profissional dos empregados da requerente quanto à inexistência de débitos salariais.

§ 2.º A Certidão de que trata este artigo será gratuita e terá validade por 30 (trinta) dias contados de sua expedição.

Art. 18. Esta Portaria entra em vigor na data de sua publicação, revogada a Portaria n. 3.035, de 15 de janeiro de 1969, e a Portaria n. 734, de 9 de junho de 1993.

Paulo Paiva

LEI N. 9.424,

DE 24 DE DEZEMBRO DE 1996 (*)

Dispõe sobre o fundo de manutenção e desenvolvimento do ensino fundamental e de valorização do magistério, na forma prevista no art. 60, § 7.º, do Ato das Disposições Constitucionais Transitórias e dá outras providências.

O Presidente da República

Faço saber que o Congresso Nacional decreta e eu sanciono a seguinte Lei:

....

Art. 15. O Salário-Educação, previsto no art. 212, § 5.º, da Constituição Federal e devido pelas empresas, na forma em que vier a ser disposto em regulamento, é calculado com base na alíquota de 2,5% (dois e meio por cento) sobre o total de remunerações pagas ou creditadas, a qualquer título, aos segurados empregados, assim definidos no art. 12, inciso I, da Lei n. 8.212, de 24 de julho de 1991.

•• O Decreto n. 6.003, de 28-12-2006, regulamenta a arrecadação, a fiscalização e a cobrança da contribuição social do salário-educação.

• A Resolução n. 1, de 19-2-2003, do Ministério da Educação, dispõe sobre a inclusão da Secretaria do Tesouro Nacional – STN na rede arrecadadora de contribuições do salário-educação administradas pelo Fundo Nacional de Desenvolvimento da Educação – FNDE.

• *Vide* Súmula 732 do STF.

§ 1.º O montante da arrecadação do Salário-Educação, após a dedução de 1% (um por cento) em favor do Instituto Nacional do Seguro Social – INSS, calculado sobre o valor por ele arrecadado, será distribuído pelo Fundo Nacional de Desenvolvimento da Educação – FNDE, observada, em 90% (noventa por cento) de seu valor, a arrecadação realizada em cada Estado e no Distrito Federal, em quotas, da seguinte forma:

•• § 1.º, *caput*, com redação determinada pela Lei n. 10.832, de 29-12-2003.

•• Declarada a constitucionalidade deste § 1.º, com força vinculante, eficácia *erga omnes* e efeito *ex tunc*, pela ADC n. 3, de 2-12-1999.

I – Quota Federal, corresponde a um terço do montante de recursos, que será destinada ao FNDE e aplicada no financiamento de programas e projetos voltados para a universalização do ensino fundamental, de forma a propiciar a redução dos desníveis socioeducacionais existentes entre Municípios, Estados, Distrito Federal e regiões brasileiras;

•• Declarada a constitucionalidade deste inciso I, com força vinculante, eficácia *erga omnes* e efeito *ex tunc*, pela ADC n. 3, de 2-12-1999.

II – Quota Estadual e Municipal, correspondente a 2/3 (dois terços) do montante de recursos, que será creditada mensal e automaticamente em favor das Secretarias de

(*) Publicada no *DOU*, de 26-12-1996. *Vide* Súmula 732 do STF.

Educação dos Estados, do Distrito Federal e dos Municípios para financiamento de programas, projetos e ações do ensino fundamental.

•• Inciso II com redação determinada pela Lei n. 10.832, de 29-12-2003.

•• Declarada a constitucionalidade deste inciso II, com força vinculante, eficácia *erga omnes* e efeito *ex tunc*, pela ADC n. 3, de 2-12-1999.

§ 2.º (*Vetado*.)

§ 3.º Os alunos regularmente atendidos, na data da edição desta Lei, como beneficiários da aplicação realizada pelas empresas contribuintes, no ensino fundamental dos seus empregados e dependentes, à conta de deduções da contribuição social do Salário-Educação, na forma da legislação em vigor, terão, a partir de 1.º de janeiro de 1997, o benefício assegurado, respeitadas as condições em que foi concedido, e vedados novos ingressos nos termos do art. 212, § 5.º, da Constituição Federal.

•• Declarada a constitucionalidade deste § 3.º, com força vinculante, eficácia *erga omnes* e efeito *ex tunc*, pela ADC n. 3, de 2-12-1999.

Art. 16. Esta Lei entra em vigor em 1.º de janeiro de 1997.

Art. 17. Revogam-se as disposições em contrário.

Brasília, 24 de dezembro de 1996; 175.º da Independência e 108.º da República.

FERNANDO HENRIQUE CARDOSO

PORTARIA N. 290,

DE 11 DE ABRIL DE 1997 (*)

Aprova normas para a imposição de multas administrativas previstas na legislação trabalhista.

(*) Publicada no *DOU*, de 18-4-1997. *Vide* Nota dos Organizadores, sobre o valor das multas previstas na CLT. A Portaria n. 112, de 20-1-2012, do MTE, dispõe sobre os critérios a serem aplicados na gradação das multas de valor variável previstas na legislação trabalhista.

O Ministro de Estado do Trabalho, no uso da atribuição que lhe confere o art. 87, parágrafo único, II, da Constituição, considerando a Lei n. 8.383, de 30 de dezembro de 1991, que instituiu a Unidade Fiscal de Referência – UFIR, como medida de valor e atualização monetária de multas e penalidades de qualquer natureza; considerando a necessidade de definir critérios para a gradação das multas administrativas variáveis previstas na legislação trabalhista, resolve:

Art. 1.º Ficam aprovadas as tabelas constantes nos anexos I, II e III, desta portaria.

Art. 2.º As multas administrativas variáveis, quando a lei não determinar sua imposição pelo valor máximo, serão graduadas observando-se os seguintes critérios:

I – natureza da infração (arts. 75 e 351 da CLT);

II – intenção do infrator (arts. 75 e 351 da CLT);

III – meios ao alcance do infrator para cumprir a lei (art. 5.º da Lei n. 7.855/89);

IV – extensão da infração (arts. 75 e 351 da CLT);

V – situação econômico-financeira do infrator (art. 5.º da Lei n. 7.855/89).

Parágrafo único. O valor final da multa administrativa variável será calculado aplicando-se o percentual fixo de 20% (vinte por cento) do valor máximo previsto na lei, acrescidos os percentuais de 8% (oito por cento) a 40% (quarenta por cento), conforme o porte econômico do infrator e de 40% (quarenta por cento), conforme a extensão da infração, cumulativamente, nos termos das tabelas constantes no anexo III.

Art. 3.º A multa prevista no art. 25, da Lei n. 7.998 de janeiro de 1990, será imposta na forma do disposto no art. 9.º, da Portaria n. 1.127, de 22 de fevereiro de 1996.

Art. 4.º Esta portaria entra em vigor na data de sua publicação.

Paulo Paiva

ANEXO I

Tabela das Multas Administrativas de Valor Fixo (em UFIR)

NATUREZA	INFRAÇÃO	BASE LEGAL	QUANTIDADE	OBSERVAÇÕES
Obrigatoriedade da CTPS	CLT art. 13	CLT art. 55	378,2847	
Falta anotação da CTPS	CLT art. 29	CLT art. 54	378,2847	
Falta registro de empregado	CLT art. 41	CLT art. 47	378,2847	Por empregado, dobrado na reincidência
Falta de atualização LRE/FRE	CLT art. 41 parágrafo único	CLT art. 47 parágrafo único	189,1424	Dobrado na reincidência
Falta de autenticação LRE/FRE	CLT art. 42	CLT art. 47 parágrafo único	189,1424	Dobrado na reincidência
Venda CTPS (igual ou semelhante)	CLT art. 51	CLT art. 51	1.134,8541	
Extravio ou inutilização CTPS	CLT art. 52	CLT art. 52	189,1424	
Retenção da CTPS	CLT art. 53	CLT art. 53	189,1424	
Não comparecimento audiência p/ anotação CTPS	CLT art. 54	CLT art. 54	378,2847	
Cobrança CTPS pelo Sindicato	CLT art. 56	CLT art. 56	1.134,8541	

Férias	CLT arts. 129/152	CLT art. 153	160,0000	Por empregado, dobrado na reincidência, embaraço ou resistência
Trabalho do Menor (Criança e Adolescente)	CLT arts. 402/441	CLT art. 434	378,2847	Por menor irregular até o máximo de 1.891, 4236 qdo. infrator primário. Dobrado esse máximo na reincidência
Anotação indevida CTPS	CLT art. 435	CLT art. 435	378,2847	
Contrato Individual de Trabalho	CLT arts. 442/508	CLT art. 510	378,2847	Dobrado na reincidência
Atraso-Pagamento de Salário	CLT art. 459 § 1.º	art. 4.º Lei n. 7.855/89	160,0000	Por empregado prejudicado
Não Pagamento Verbas Rescisórias Prazo Previsto	CLT art. 477 § 6.º	CLT art. 477 § 8.º	160,0000	Por empregado prejudicado + multa 1 (um) salário, corrigido, para o empregado
13.º Salário	Lei n. 4.090/62	Lei n. 7.855/89, art. 3.º	160,0000	Por empregado, dobrado na reincidência
Vale-transporte	Lei n. 7.418/85	Lei n. 7.855/89, art. 3.º	160,0000	Por empregado, dobrado na reincidência
Entrega de CAGED c/atraso até 30 dias	Lei n. 4.923/65	Lei n. 4.923/65, art. 10, parágrafo único	4,2000	Por empregado
Entrega de CAGED c/ atraso de 31 a 60 dias	Lei n. 4.923/65	Lei n. 4.923/65, art. 10, parágrafo único	6,3000	Por empregado
Falta de CAGED/entrega c/ atraso acima de 60 dias	Lei n. 4.923/65	Lei n. 4.923/65, art. 10	12,6000	Por empregado
Trabalhador temporário	Lei n. 6.019/74	Lei n. 7.855/89, art. 3.º	160,0000	Por empregado, dobrado na reincidência
Atividade petrolífera	Lei n. 5.811/72	Lei n. 7.855/89, art. 3.º	160,0000	Por empregado, dobrado na reincidência
Aeronauta	Lei n. 7.183/84	Lei n. 7.855/89, art. 3.º	160,0000	Por empregado, dobrado na reincidência

FUNDAMENTAÇÃO LEGAL:

1 – Decreto-lei n. 5.452, de 1.º de maio de 1943

2 – Lei n. 4.923, de 23 de dezembro de 1965 – (art. 11)

3 – Decreto-lei n. 193, de 24 de fevereiro de 1967 – (art. 1.º)

4 – Decreto-lei n. 229, de 28 de fevereiro de 1967

5 – Lei n. 5.562, de 12 de dezembro de 1968 – (art. 2.º)

6 – Lei n. 6.205, de 29 de abril de 1975 – (art. 2.º, parágrafo único)

7 – Decreto n. 75.704, de 8 de maio de 1975

8 – Lei n. 6.514, de 22 de dezembro de 1977

9 – Lei n. 6.986, de 13 de abril de 1982 – (art. 7.º)

10 – Lei n. 7.855, de 24 de outubro de 1989 – (arts. 2.º a 6.º)

11 – Lei n. 8.177, de 1.º de março de 1991 – (art. 3.º)

12 – Lei n. 8.178, de 1.º de março de 1991– (art. 21)

13 – Lei n. 8.218, de 29 de agosto de 1991 – (art. 10)

14 – Lei n. 8.383, de 30 de dezembro de 1991 – (arts. 1.º e 3.º)

ANEXO II

Tabela das Multas Administrativas de Valor Variável (em UFIR)

NATUREZA	INFRAÇÃO	BASE LEGAL	QUANTIDADE		OBSERVAÇÕES
			MÍNIMO	MÁXIMO	
Duração do trabalho	CLT arts. 57/74	CLT art. 75	37,8285	3.782,8472	Dobrado na reincidência, oposição ou desacato
Salário Mínimo	CLT arts. 76/126	CLT art. 120	37,8285	1.513,1389	Dobrado na reincidência
Segurança do Trabalho	CLT arts. 154/200	CLT art. 201	630,4745	6.304,7452	Vr. máximo na reincidência, embaraço, resistência, artifício, simulação
Medicina do Trabalho	CLT arts. 154/200	CLT art. 201	378,2847	3.782,8472	Vr. máximo na reincidência, embaraço, resistência, artifício, simulação

Duração e Condições Especiais do Trabalho	CLT arts. 224/350	CLT art. 351	37,8285	3.782,8472	Dobrado na reincidência, oposição ou desacato
Nacionalização do Trabalho	CLT arts. 352/371	CLT art. 364	75,6569	7.565,6943	
Trabalho da Mulher	CLT arts. 372/400	CLT art. 401	75,6569	756,5694	Vr. máximo na reincidência, artifício, simulação ou fraude
Contribuição sindical	CLT arts. 578/610	CLT art. 598	7,5657	7.565,6943	
Fiscalização	CLT arts. 626/642	CLT art. 630 § 6.º	189,1424	1.891,4236	
FGTS: Falta de depósito	Lei n. 8.036/90, art. 23, I	Lei n. 8.036/90, art. 23, § 2.º, *b*	10,0000	100,0000	Por empregado, dobrado na reincidência, fraude, simulação, artifício, ardil, resistência, embaraço ou desacato
FGTS: omitir informações sobre a conta vinculada do trabalhador	Lei n. 8.036/90, art. 23, II	Lei n. 8.036/90, art. 23, § 2.º, *a*	2,0000	5,0000	Por empregado, dobrado na reincidência, fraude, simulação, artifício, ardil, resistência, embaraço ou desacato
FGTS: apresentar informações com erro/omissão	Lei n. 8.036/90, art. 23, III	Lei n. 8.036/90, art. 23, § 2.º, *a*	2,0000	5,0000	Por empregado, dobrado na reincidência, fraude, simulação, artifício, ardil, resistência, embaraço ou desacato
FGTS: deixar de computar parcela de remuneração	Lei n. 8.036/90, art. 23, IV	Lei n. 8.036/90, art. 23, § 2.º, *b*	10,0000	100,0000	Por empregado, dobrado na reincidência, fraude, simulação, artifício, ardil, resistência, embaraço ou desacato
FGTS: deixar de efetuar depósito após notificação	Lei n. 8.036/90, art. 23, V	Lei n. 8.036/90, art. 23, § 2.º, *b*	10,0000	100,0000	Por empregado, dobrado na reincidência, fraude, simulação, artifício, ardil, resistência, embaraço ou desacato
Seguro-desemprego	Lei n. 7.998/90, art. 24	Lei n. 7.998/90, art. 25	400,0000	40.000,0000	Dobrado na reincidência, oposição ou desacato
RAIS: não entregar no prazo previsto, entregar com erro, omissão ou declaração falsa	Dec. n. 76.900/75, art. 7.º c/ Lei n. 7.998/90, art. 24	Lei n. 7.998/90, art. 25	400,0000	40.000,0000	Dobrado na reincidência, oposição ou desacato. Gradação conforme Ports. Mtb. n. 319, de 26-2-93 (art. 6.º), e 1.127, de 22-11-96
Trabalho rural (ver IN Intersecretarial SEFIT/SSST/MTb n. 1, de 24-3-94, que prevê mesmos critérios para o trabalho urbano e o rural, por força da CF)	Lei n. 5.889/73, art. 9.º	Lei n. 5.889/73, art. 18	3,7828	378,2847	Por empregado, limitado a 151,3140 quando o infrator for primário Dobrado na reincidência, oposição ou desacato
Radialista	Lei n. 6.615/78	Lei n. 6.615/78, art. 27	107,1738	1.071,7382	53,5869 por empregado. Valor máximo na reincidência, embaraço, resistência, artifício ou simulação
Jornalista	Decreto-lei n. 972/69	Dec.-Lei n. 972/69, art. 13	53,5869	535,8692	
Artista	Lei n. 6.533/78	Lei n. 6.533/78, art. 33	107,1738	1.071,7382	53,5869 por empregado. Valor máximo na reincidência, embaraço, resistência, artifício ou simulação
Publicitário	Lei n. 4.680/65	Lei n. 4.680/65, art. 16	3,7828	378,2847	
Músicos	Lei n. 3.857/60	Lei n. 3.857/60, art. 56	0,0000	0,0082	Valores sem expressão na moeda atual, por falta de base legal para atualização ou majoração até Set./89
Repouso semanal remunerado	Lei n. 605/49	Lei n. 605/49, art. 12	0,0000	0,0040	Idem

FUNDAMENTAÇÃO LEGAL:

1 – Decreto-lei n. 5.452, de 1.º de maio de 1943

2 – Lei n. 4.923, de 23 de dezembro de 1965 – (art. 11)

3 – Decreto-lei n. 193, de 24 de fevereiro de 1967 – (art. 1.º)

4 – Decreto-lei n. 229, de 28 de fevereiro de 1967

5 – Lei n. 5.562, de 12 de dezembro de 1968 – (art. 2.º)

6 – Lei n. 6.205, de 29 de abril de 1975 – (art. 2.º, parágrafo único)

7 – Decreto n. 75.704, de 8 de maio de 1975

8 – Lei n. 6.514, de 22 de dezembro de 1977

9 – Lei n. 6.986, de 13 de abril de 1982 – (art. 7.º)

10 – Lei n. 7.855, de 24 de outubro de 1989 – (arts. 2.º a 6.º)

11 – Lei n. 8.177, de 1.º de março de 1991 – (art. 3.º)

12 – Lei n. 8.178, de 1.º de março de 1991 – (art. 21)

13 – Lei n. 8.218, de 29 de agosto de 1991 – (art. 10)

14 – Lei n. 8.383, de 30 de dezembro de 1991 – (arts. 1.º e 3.º)

ANEXO III

A – TABELA EM UFIR DE GRADAÇÃO DAS MULTAS DE VALOR VARIÁVEL (art. 5.º)

CRITÉRIOS	VALOR A SER ATRIBUÍDO
I – Natureza da infração Intenção do infrator de praticar a infração Meios ao alcance do infrator para cumprir a lei	20% (vinte por cento) do valor máximo previsto para a multa, equivalente ao conjunto dos três critérios. Obs.: Percentual fixo aplicável a todas as infrações, conforme tabela B abaixo.
II – Porte Econômico do Infrator	De 8% (oito por cento) a 40% (quarenta por cento) do valor máximo previsto para a multa, conforme tabela abaixo.
III – Extensão da infração	a) 40% (quarenta por cento) do valor máximo previsto para a multa, quando se tratar de infração a: • Capítulos II e III do Título II da CLT (Duração do Trabalho e Salário Mínimo) • Capítulos I e III do Título III da CLT (Disposições especiais sobre duração e condições de trabalho e Proteção do Trabalho da Mulher) • Capítulo I do Título VII da CLT (Fiscalização, Autuação e Imposição de Multas)
Obs.: O valor da multa corresponderá à soma dos valores resultantes da aplicação dos percentuais relativos aos três níveis de critérios acima (I, II e III).	

B – TABELA EM UFIR DO PERCENTUAL FIXO (20%) APLICÁVEL A TODAS AS INFRAÇÕES

BASE LEGAL								
Arts. 75 e 351 da CLT	Art. 120 da CLT	Arts. 364 e 598 da CLT	Art. 401 da CLT	Art. 630, § 6.º, da CLT	Art. 16, Lei n. 4.680/65 Art. 18, Lei n. 5.889/73	Art. 13, Dec.-Lei n. 972/69	Art. 23, § 2.º, *a* da Lei n. 8.036/90	Art. 23, § 2.º, *b* da Lei n. 8.036/90
756,5694	302,6277	1.513,1388	151,3138	378,2847	75,6569	107,1738	1,0000	20,0000

C – TABELA EM UFIR DE GRADAÇÃO DE MULTAS DE VALOR VARIÁVEL APLICÁVEL AOS CRITÉRIOS II E III, ALÍNEA *b*, DO QUADRO ACIMA

QUANTIDADE DE EMPREGADOS	%	BASE LEGAL								
		Arts. 75 e 351 da CLT	Art. 120 da CLT	Arts. 364 e 598 da CLT	Art. 401 da CLT	Art. 630, § 6.º, da CLT	Art. 16, Lei n. 4.680/65 Art. 18, Lei n. 5.889/73	Art. 13, Dec.-Lei n. 972/69	Art. 23, § 2.º, *a* da Lei n. 8.036/90	Art. 23, § 2.º, *b* da Lei n. 8.036/90

de 01 a 10	8	302,6277	121,0511	605,2555	60,5255	151,3138	30,2627	42,8695	0,4000	8,0000
de 11 a 30	16	605,2555	242,1022	1.210,5111	121,0511	302,6277	60,5255	85,7390	0,8000	16,0000
de 31 a 60	24	907,8833	363,1533	1.815,7666	181,5766	453,9416	90,7883	128,6086	1,2000	24,0000
de 61 a 100	32	1.210,5111	484,2044	2.421,0221	242,1022	605,2555	121,0511	171,4781	1,6000	32,0000
acima de 100	40	1.513,1388	605,2555	3.026,2777	302,6277	756,5694	151,3138	214,3476	2,0000	40,0000

INSTRUÇÃO NORMATIVA N. 3,

DE 29 DE AGOSTO DE 1997 (*)

Dispõe sobre a fiscalização do trabalho nas empresas de prestação de serviços a terceiros e empresas de trabalho temporário.

O Ministro de Estado do Trabalho, no uso das atribuições legais que lhe confere o inciso IV, do art. 87, da Constituição Federal, e considerando a necessidade de uniformizar o procedimento da Fiscalização do Trabalho, frente às inovações introduzidas pelo Enunciado 331, do Tribunal Superior do Trabalho, que alterou o Enunciado 256, resolve:

Art. 1.º Baixar as seguintes instruções a serem observadas pela Fiscalização do Trabalho.

I – DA EMPRESA DE PRESTAÇÃO DE SERVIÇOS A TERCEIROS

Art. 2.º Para os efeitos desta Instrução Normativa, considera-se empresa de prestação de serviços a terceiros a pessoa jurídica de direito privado, de natureza comercial, legalmente constituída, que se destina a realizar determinado e específico serviço a outra empresa fora do âmbito das atividades-fim e normais para que se constituiu esta última.

§ 1.º As relações entre a empresa de prestação de serviços a terceiros e a empresa contratante são regidas pela lei civil.

§ 2.º As relações de trabalho entre a empresa de prestação de serviços a terceiros e seus empregados são disciplinadas pela Consolidação das Leis do Trabalho – CLT.

§ 3.º Em se tratando de empresa de vigilância e de transporte de valores, as relações de trabalho estão reguladas pela Lei n. 7.102/83 e, subsidiariamente, pela CLT.

§ 4.º Dependendo da natureza dos serviços contratados, a prestação dos mesmos poderá se desenvolver nas instalações físicas da empresa contratante ou em outro local por ela determinado.

§ 5.º A empresa de prestação de serviços a terceiros contrata, remunera e dirige o trabalho realizado por seus empregados.

§ 6.º Os empregados da empresa de prestação de serviços a terceiros não estão subordinados ao poder diretivo, técnico e disciplinar da empresa contratante.

(*) Publicada no *DOU*, de 1.º-9-1997.

Art. 3.º Para os efeitos desta Instrução Normativa, considera-se contratante a pessoa física ou jurídica de direito público ou privado que celebrar contrato com empresas de prestação de serviços a terceiros com a finalidade de contratar serviços.

§ 1.º A contratante e a empresa prestadora de serviços a terceiros devem desenvolver atividades diferentes e ter finalidades distintas.

§ 2.º A contratante não pode manter trabalhador em atividade diversa daquela para a qual o mesmo fora contratado pela empresa de prestação de serviços a terceiros.

§ 3.º Em se tratando de empresas do mesmo grupo econômico, onde a prestação de serviços se dê junto a uma delas, o vínculo empregatício se estabelece entre a contratante e o trabalhador colocado a sua disposição, nos termos do art. 2.º da CLT.

§ 4.º O contrato de prestação de serviços a terceiros pode abranger o fornecimento de serviços, materiais e equipamentos.

Art. 4.º O contrato celebrado entre a empresa prestadora de serviços a terceiros e pessoa jurídica de direito público é tipicamente administrativo, com efeitos civis, na conformidade do § 7.º, art. 10 do Decreto-lei n. 200/67 e da Lei n. 8.666/93.

Parágrafo único. Não gera vínculo de emprego com os Órgãos da Administração Pública Direta, Indireta ou Fundacional, a contratação irregular de trabalhador mediante empresa interposta, de acordo com o Enunciado n. 331, do Tribunal Superior do Trabalho.

Art. 5.º Cabe à Fiscalização do Trabalho, quando da inspeção na empresa de prestação de serviços a terceiros ou na contratante, observar as disposições contidas nesta Instrução Normativa, especialmente no que se refere a:

a) registro de empregado – deve permanecer no local da prestação de serviços, para exame do contrato de trabalho e identificação do cargo para o qual o trabalhador foi contratado, salvo quando o empregado tiver cartão de identificação, tipo crachá, contendo nome completo, função, data de admissão e número do PIS/PASEP, hipótese em que a Fiscalização fará a verificação do registro na sede da empresa prestadora de serviços, caso esta sede se localize no município onde está sendo realizada a ação fiscal;

b) horário de trabalho – o controle de jornada de trabalho deve ser feito no local da prestação de serviços. Tratando-se de trabalhador externo (papeleta), este controle deve permanecer na sede da empresa prestadora de serviços a terceiros;

c) atividade do trabalhador – o agente da inspeção do trabalho deve observar as tarefas executadas pelo trabalhador da empresa prestadora de serviços, a fim de constatar se estas não estão ligadas às atividades-fim e essenciais da contratante;

d) o contrato social – o agente da inspeção do trabalho deve examinar os contratos sociais da contratante e da empresa prestadora de serviços, com a finalidade de constatar se as mesmas se propõem a explorar as mesmas atividades-fim;

e) contrato de prestação de serviços – o agente da inspeção do trabalho deve verificar se há compatibilidade entre o objeto do contrato de prestação de serviços e as tarefas desenvolvidas pelos empregados da prestadora, com o objetivo de constatar se ocorre desvio de função de trabalhador.

Parágrafo único. Presentes os requisitos configuradores da relação de emprego entre a contratante e os empregados da empresa de prestação de serviços a terceiros ou desvio de função destes, lavrar-se-á, em desfavor da contratante, o competente auto de infração, pela caracterização do vínculo empregatício.

II – DA EMPRESA DE TRABALHO TEMPORÁRIO

Arts. 6.º a 14. (*Revogados pela Instrução Normativa n. 114, de 5-11-2014.*)

Paulo Paiva

LEI N. 9.601,

DE 21 DE JANEIRO DE 1998 (*)

Dispõe sobre o contrato de trabalho por prazo determinado e dá outras providências.

O Presidente da República

Faço saber que o Congresso Nacional decreta e eu sanciono a seguinte Lei:

Art. 1.º As convenções e os acordos coletivos de trabalho poderão instituir contrato de trabalho por prazo determinado, de que trata o art. 443 da Consolidação das Leis do Trabalho – CLT, independentemente das condições estabelecidas em seu § 2.º, em qualquer atividade desenvolvida pela empresa ou estabelecimento, para admissões que representem acréscimo no número de empregados.

•• A Lei n. 2.959, de 17-11-1956, dispõe sobre contrato individual de trabalho por obra certa.

§ 1.º As partes estabelecerão, na convenção ou acordo coletivo referido neste artigo:

I – a indenização para as hipóteses de rescisão antecipada do contrato de que trata este artigo, por iniciativa do empregador ou do empregado, não se aplicando o disposto nos arts. 479 e 480 da CLT;

II – as multas pelo descumprimento de suas cláusulas.

§ 2.º Não se aplica ao contrato de trabalho previsto neste artigo o disposto no art. 451 da CLT.

§ 3.º (*Vetado.*)

§ 4.º São garantidas as estabilidades provisórias da gestante; do dirigente sindical, ainda que suplente; do empregado eleito para cargo de direção de comissões internas de prevenção de acidentes; do empregado acidentado, nos termos do art. 118 da Lei n. 8.213, de 24 de julho de 1991, durante a vigência do contrato por prazo determinado, que não poderá ser rescindido antes do prazo estipulado pelas partes.

Art. 2.º Para os contratos previstos no art. 1.º, são reduzidas, por sessenta meses, a contar da data de publicação desta Lei:

•• *Caput* com redação determinada pela Medida Provisória n. 2.164-41, de 24-8-2001.

I – a 50% (cinquenta por cento) de seu valor vigente em 1.º de janeiro de 1996, as alíquotas das contribuições sociais destinadas ao Serviço Social da Indústria – SESI, Serviço Social do Comércio – SESC, Serviço Social do Transporte – SEST, Serviço Nacional de Aprendizagem Industrial – SENAI, Serviço Nacional de Aprendizagem Comercial – SENAC, Serviço Nacional de Aprendizagem do Transporte – SENAT, Serviço Brasileiro de Apoio às Micro e Pequenas Empresas – SEBRAE e Instituto Nacional de Colonização e Reforma Agrária – INCRA, bem como ao salário-educação e para o financiamento do seguro de acidente do trabalho;

II – para 2% (dois por cento), a alíquota da contribuição para o Fundo de Garantia do Tempo de Serviço – FGTS, de que trata a Lei n. 8.036, de 11 de maio de 1990.

•• *Vide* art. 6.º, § 1.º, II, da Instrução Normativa n. 144, de 18-5-2018.

Parágrafo único. As partes estabelecerão, na convenção ou acordo coletivo, obrigação de o empregador efetuar, sem prejuízo do disposto no inciso II deste artigo, depósitos mensais vinculados, a favor do empregado, em estabelecimento bancário, com periodicidade determinada de saque.

Art. 3.º O número de empregados contratados nos termos do art. 1.º desta Lei observará o limite estabelecido no instrumento decorrente da negociação coletiva, não podendo ultrapassar os seguintes percentuais, que serão aplicados cumulativamente:

I – 50% (cinquenta por cento) do número de trabalhadores, para a parcela inferior a cinquenta empregados;

II – 35% (trinta e cinco por cento) do número de trabalhadores, para a parcela entre 50 (cinquenta) e 199 (cento e noventa e nove) empregados; e

III – 20% (vinte por cento) do número de trabalhadores, para a parcela acima de 200 (duzentos) empregados.

Parágrafo único. As parcelas referidas nos incisos deste artigo serão calculadas sobre a média aritmética mensal do

(*) Publicada no *DOU*, de 22-1-1998. Regulamentada pelo Decreto n. 2.490, de 4-2-1998. A Orientação Normativa n. 5, de 20-3-1998, do Coordenador-Geral de Arrecadação do INSS, dispõe sobre os procedimentos a serem observados pelas empresas que optarem pela contratação de empregados por prazo determinado. *Vide* Instrução Normativa n. 144, de 18-5-2018, da Secretaria de Inspeção do Trabalho, que dispõe sobre a fiscalização do FGTS e das Contribuições Sociais instituídas pela Lei Complementar n. 110, de 29-6-2001.

número de empregados contratados por prazo indeterminado do estabelecimento, nos 6 (seis) meses imediatamente anteriores ao da data de publicação desta Lei.

• A Portaria n. 207, de 31-3-1998, do MTE, baixa instruções sobre a forma de cálculo das médias previstas neste artigo.

Art. 4.º As reduções previstas no art. 2.º serão asseguradas desde que, no momento da contratação:

I – o empregador esteja adimplente junto ao Instituto Nacional do Seguro Social – INSS e ao Fundo de Garantia do Tempo de Serviço – FGTS;

II – o contrato de trabalho por prazo determinado e a relação mencionada no § 3.º deste artigo tenham sido depositados no Ministério do Trabalho.

§ 1.º As reduções referidas neste artigo subsistirão enquanto:

I – o quadro de empregados e a respectiva folha salarial, da empresa ou estabelecimento, forem superiores às respectivas médias mensais dos 6 (seis) meses imediatamente anteriores ao da data de publicação desta Lei; e

II – o número de empregados contratados por prazo indeterminado for, no mínimo, igual à média referida no parágrafo único do art. 3.º.

§ 2.º O Ministério do Trabalho tornará disponíveis ao INSS e ao Agente Operador do FGTS as informações constantes da convenção ou acordo coletivo de que trata o art. 1.º e do contrato de trabalho depositado, necessárias ao controle do recolhimento das contribuições mencionadas, respectivamente, nos incisos I e II do art. 2.º desta Lei.

§ 3.º O empregador deverá afixar, no quadro de avisos da empresa, cópias do instrumento normativo mencionado no art. 1.º e da relação dos contratados, que conterá, dentre outras informações, o nome do empregado, número da Carteira de Trabalho e Previdência Social, o número de inscrição do trabalhador no Programa de Integração Social – PIS e as datas de início e de término do contrato por prazo determinado.

§ 4.º O Ministro do Trabalho disporá sobre as variáveis a serem consideradas e a metodologia de cálculo das médias aritméticas mensais de que trata o § 1.º deste artigo.

• A Portaria n. 207, de 31-3-1998, do MTE, baixa instruções sobre a forma de cálculo das médias previstas neste parágrafo.

Art. 5.º As empresas que, a partir da data de publicação desta Lei, aumentarem seu quadro de pessoal em relação à média mensal do número de empregos no período de referência mencionado no artigo anterior terão preferência na obtenção de recursos no âmbito dos programas executados pelos estabelecimentos federais de crédito, especialmente junto ao Banco Nacional de Desenvolvimento Econômico e Social – BNDES.

Art. 6.º O art. 59 da Consolidação das Leis do Trabalho – CLT passa a vigorar com a seguinte redação:

•• Alteração parcialmente prejudicada em função da nova redação determinada ao art. 59 pela Lei n. 13.467, de 13-7-2017.

Art. 7.º O descumprimento, pelo empregador, do disposto nos arts. 3.º e 4.º desta Lei sujeita-o a multa de 500 (quinhentas) Unidades Fiscais de Referência – UFIR, por trabalhador contratado nos moldes do art. 1.º, que se constituirá receita adicional do Fundo de Amparo ao Trabalhador – FAT, de que trata a Lei n. 7.998, de 11 de janeiro de 1990.

Art. 8.º O Poder Executivo regulamentará esta Lei no prazo de 30 (trinta) dias, contado a partir da data de sua publicação.

Art. 9.º Esta Lei entra em vigor na data de sua publicação.

Art. 10. Revogam-se as disposições em contrário.

Brasília, 21 de janeiro de 1998; 177.º da Independência e 110.º da República.

FERNANDO HENRIQUE CARDOSO

DECRETO N. 2.490,

DE 4 DE FEVEREIRO DE 1998 (*)

Regulamenta a Lei n. 9.601, de 21 de janeiro de 1998, que dispõe sobre o contrato de trabalho por prazo determinado e dá outras providências.

O Presidente da República, no uso da atribuição que lhe confere o art. 84, IV, da Constituição, e tendo em vista o disposto na Lei n. 9.601, de 21 de janeiro de 1998, decreta:

Art. 1.º As Convenções e os acordos coletivos de trabalho poderão instituir contrato de trabalho por prazo determinado, de que trata o art. 443 da Consolidação das Leis do Trabalho – CLT, independentemente das condições estabelecidas em seu § 2.º, em qualquer atividade desenvolvida pela empresa ou estabelecimento, para admissões que representem acréscimo no número de empregados.

Parágrafo único. É vedada a contratação de empregados por prazo determinado, na forma do *caput*, para substituição de pessoal regular e permanente contratado por prazo indeterminado.

Art. 2.º Fica o empregador obrigado a anotar na Carteira de Trabalho e Previdência Social – CTPS do empregado a sua condição de contratado por prazo determinado, com indicação do número da lei de regência, e a discriminar em separado na folha de pagamento tais empregados.

Art. 3.º Em relação ao mesmo empregado, o contrato por prazo determinado na forma da Lei n. 9.601, de 21 de janeiro de 1998, será de no máximo 2 (dois) anos, permitindo-se, dentro deste período, sofrer sucessivas prorrogações, sem acarretar o efeito previsto no art. 451 da CLT.

Parágrafo único. O contrato por prazo determinado poderá ser sucedido por outro por prazo indeterminado.

Art. 4.º Os depósitos mensais vinculados previstos no art. 2.º, parágrafo único, da Lei n. 9.601/98, serão estipulados pelas partes nas convenções ou acordos coletivos.

(*) Publicado no *DOU*, de 5-2-1998.

§ 1.º As partes deverão pactuar sobre o valor dos depósitos mensais vinculados, o estabelecimento bancário receptor, a periodicidade de saque e as demais condições inerentes.

§ 2.º O pacto acerca dos depósitos mensais vinculados não desonera o empregador de efetuar os depósitos para o Fundo de Garantia do Tempo de Serviço – FGTS.

§ 3.º Os depósitos de que trata o *caput* deste artigo não têm natureza salarial.

Art. 5.º A média aritmética prevista no art. 3.º, parágrafo único, da Lei n. 9.601/98, abrangerá o período de 1.º de julho a 31 de dezembro de 1997.

§ 1.º Para se alcançar a média aritmética, adotar-se-ão os seguintes procedimentos:

a) apurar-se-á a média mensal, somando-se o número de empregados com vínculo empregatício por prazo indeterminado de cada dia do mês e dividindo-se o seu somatório pelo número de dias do mês respectivo;

b) apurar-se-á a média semestral pela soma das médias mensais dividida por 6 (seis).

§ 2.º Os estabelecimentos instalados ou os que não possuíam empregados contratados por prazo indeterminado a partir de 1.º de julho de 1997 terão sua média aritmética aferida contando-se o prazo de 6 (seis) meses a começar do primeiro dia do mês subsequente à data da primeira contratação por prazo indeterminado.

Art. 6.º Fixada a média semestral, para se alcançar o número máximo de empregados que poderão ser contratados na modalidade do contrato por prazo determinado nos termos da Lei n. 9.601/98, proceder-se-á da seguinte forma:

I – para estabelecimentos com média semestral até 49 empregados, aplicar-se-á o percentual de 50% (cinquenta por cento);

II – para estabelecimentos com média semestral de 50 (cinquenta) a 199 (cento e noventa e nove) empregados, subtrair-se-á 49 (quarenta e nove) empregados, aplicando-se o percentual de 35% (trinta e cinco por cento) sobre o remanescente, somando-se ao resultado 24,5 (vinte e quatro vírgula cinco) empregados;

III – para estabelecimentos com média semestral igual ou superior a 200 (duzentos) empregados, subtrair-se-á 199 (cento e noventa e nove) empregados e aplicar-se-á o percentual de 20% (vinte por cento) sobre o remanescente, somando-se ao resultado 77 (setenta e sete) empregados.

Parágrafo único. No resultado obtido nos termos deste artigo, as frações decimais até 0,4 (quatro décimos) serão desprezadas, considerando-se o número inteiro, e para as frações decimais iguais ou superiores a 0,5 (cinco décimos) considerar-se-á o número inteiro imediatamente superior.

Art. 7.º A redução de alíquotas prevista no art. 2.º da Lei n. 9.601/98 será assegurada mediante depósito no órgão regional do Ministério do Trabalho do contrato escrito firmado entre empregado e empregador.

§ 1.º Para efetuar o depósito, o interessado apresentará os seguintes documentos:

a) requerimento de depósito, dirigido ao Delegado Regional do Trabalho, onde o empregador declarará, sob as penas da lei, que no momento da contratação se encontra adimplente junto ao Instituto Nacional do Seguro Social – INSS e FGTS e que as admissões representam acréscimo no número de empregados e obedecem aos percentuais legais;

b) cópia da convenção ou acordo coletivo;

c) segunda via dos contratos de trabalho por prazo determinado;

d) relação dos empregados contratados, que conterá, dentre outras informações, o número da CTPS, o número de inscrição do trabalhador no Programa de Integração Social – PIS e as datas de início e de término do contrato especial por prazo determinado.

§ 2.º Para a prorrogação do contrato de trabalho, exigir-se-á depósito do novo instrumento no órgão regional do Ministério do Trabalho.

Art. 8.º O Ministério do Trabalho, por intermédio de cada Delegacia Regional do Trabalho, comunicará mensalmente ao órgão regional do INSS e ao agente operador do FGTS, para fins de controle do recolhimento das contribuições mencionadas nos incisos I e II do art. 2.º da Lei n. 9.601/98, os dados disponíveis nos contratos depositados, principalmente:

I – qualificação da empresa;

II – nome, número da CTPS e número do PIS do empregado;

III – data de início e de término dos contratos de trabalho;

IV – outras informações relevantes da convenção ou acordo coletivo.

Art. 9.º Os sindicatos ou empregados prejudicados poderão denunciar ao órgão regional do Ministério do Trabalho situações de descumprimento da Lei n. 9.601/98.

Art. 10. A inobservância de quaisquer dos requisitos previstos na Lei n. 9.601/98 e neste Decreto descaracteriza o contrato por prazo determinado na forma do art. 1.º da referida Lei, que passa a gerar os efeitos próprios dos contratos por prazo indeterminado.

Art. 11. Caberá à fiscalização do Ministério do Trabalho e do INSS, no âmbito de suas competências, observar o fiel cumprimento das disposições contidas na Lei n. 9.601/98 e neste Decreto.

Art. 12. As penalidades previstas no art. 7.º da Lei n. 9.601/98 serão aplicadas pela autoridade competente do Ministério do Trabalho, de acordo com o disposto no Título VII da CLT, e pela autoridade competente do INSS, de acordo com o Decreto n. 2.173, de 5 de março de 1997.

Art. 13. Caberá ao INSS e ao agente operador do FGTS expedir atos normativos referentes aos recolhimentos da sua área de competência, previstos nos incisos I e II do art. 2.º da Lei n. 9.601/98.

Art. 14. Este Decreto entra em vigor na data de sua publicação.

Brasília, 4 de fevereiro de 1998; 177.º da Independência e 110.º da República.

Fernando Henrique Cardoso

LEI N. 9.608,

DE 18 DE FEVEREIRO DE 1998 (*)

Dispõe sobre o serviço voluntário e dá outras providências.

O Presidente da República

Faço saber que o Congresso Nacional decreta e eu sanciono a seguinte Lei:

Art. 1.º Considera-se serviço voluntário, para os fins desta Lei, a atividade não remunerada prestada por pessoa física a entidade pública de qualquer natureza ou a instituição privada de fins não lucrativos que tenha objetivos cívicos, culturais, educacionais, científicos, recreativos ou de assistência à pessoa.

•• *Caput* com redação determinada pela Lei n. 13.297, de 16-6-2016.

Parágrafo único. O serviço voluntário não gera vínculo empregatício, nem obrigação de natureza trabalhista, previdenciária ou afim.

Art. 2.º O serviço voluntário será exercido mediante a celebração de termo de adesão entre a entidade pública ou privada, e o prestador do serviço voluntário, dele devendo constar o objeto e as condições de seu exercício.

Art. 3.º O prestador do serviço voluntário poderá ser ressarcido pelas despesas que comprovadamente realizar no desempenho das atividades voluntárias.

Parágrafo único. As despesas a serem ressarcidas deverão estar expressamente autorizadas pela entidade a que for prestado o serviço voluntário.

Art. 3.º-A. *(Revogado pela Lei n. 11.692, de 10-6-2008.)*

Art. 4.º Esta Lei entra em vigor na data de sua publicação.

Art. 5.º Revogam-se as disposições em contrário.

Brasília, 18 de fevereiro de 1998; 177.º da Independência e 110.º da República.

Fernando Henrique Cardoso

LEI N. 9.615,

DE 24 DE MARÇO DE 1998 (**)

Institui normas gerais sobre desporto e dá outras providências.

O Presidente da República

Faço saber que o Congresso Nacional decreta e eu sanciono a seguinte Lei:

CAPÍTULO I
DISPOSIÇÕES INICIAIS

Art. 1.º O desporto brasileiro abrange práticas formais e não formais e obedece às normas gerais desta Lei, inspirado nos fundamentos constitucionais do Estado Democrático de Direito.

•• *Vide* art. 217 da CF.

§ 1.º A prática desportiva formal é regulada por normas nacionais e internacionais e pelas regras de prática desportiva de cada modalidade, aceitas pelas respectivas entidades nacionais de administração do desporto.

§ 2.º A prática desportiva não formal é caracterizada pela liberdade lúdica de seus praticantes.

§ 3.º Os direitos e as garantias estabelecidos nesta Lei e decorrentes dos princípios constitucionais do esporte não excluem outros oriundos de tratados e acordos internacionais firmados pela República Federativa do Brasil.

•• § 3.º acrescentado pela Lei n. 13.322, de 28-7-2016.

CAPÍTULO II
DOS PRINCÍPIOS FUNDAMENTAIS

Art. 2.º O desporto, como direito individual, tem como base os princípios:

I – da soberania, caracterizado pela supremacia nacional na organização da prática desportiva;

II – da autonomia, definido pela faculdade e liberdade de pessoas físicas e jurídicas organizarem-se para a prática desportiva;

III – da democratização, garantido em condições de acesso às atividades desportivas sem quaisquer distinções ou formas de discriminação;

IV – da liberdade, expresso pela livre prática do desporto, de acordo com a capacidade e interesse de cada um, associando-se ou não a entidade do setor;

V – do direito social, caracterizado pelo dever do Estado em fomentar as práticas desportivas formais e não formais;

VI – da diferenciação, consubstanciado no tratamento específico dado ao desporto profissional e não profissional;

VII – da identidade nacional, refletido na proteção e incentivo às manifestações desportivas de criação nacional;

VIII – da educação, voltado para o desenvolvimento integral do homem como ser autônomo e participante, e fomentado por meio da prioridade dos recursos públicos ao desporto educacional;

IX – da qualidade, assegurado pela valorização dos resultados desportivos, educativos e dos relacionados à cidadania e ao desenvolvimento físico e moral;

(*) Publicada no *DOU*, de 19-2-1998. A Resolução n. 32, de 13-11-2008, do CJF, regulamenta a atividade de conciliador nos JEFs.

(**) Publicada no *DOU*, de 25-3-1998. Regulamentada pelo Decreto n. 7.984, de 8-4-2013. A Lei n. 12.395, de 16-3-2011, institui em seu art. 5.º o Programa Atleta Pódio, destinado aos atletas praticantes do esporte de alto rendimento em modalidades olímpicas e paraolímpicas individuais.

X – da descentralização, consubstanciado na organização e funcionamento harmônicos de sistemas desportivos diferenciados e autônomos para os níveis federal, estadual, distrital e municipal;

XI – da segurança, propiciado ao praticante de qualquer modalidade desportiva, quanto a sua integridade física, mental ou sensorial;

XII – da eficiência, obtido por meio do estímulo à competência desportiva e administrativa.

Parágrafo único. A exploração e a gestão do desporto profissional constituem exercício de atividade econômica sujeitando-se, especificamente, à observância dos princípios:

•• Parágrafo único, *caput*, acrescentado pela Lei n. 10.672, de 15-5-2003.

I – da transparência financeira e administrativa;

•• Inciso I acrescentado pela Lei n. 10.672, de 15-5-2003.

II – da moralidade na gestão desportiva;

•• Inciso II acrescentado pela Lei n. 10.672, de 15-5-2003.

III – da responsabilidade social de seus dirigentes;

•• Inciso III acrescentado pela Lei n. 10.672, de 15-5-2003.

IV – do tratamento diferenciado em relação ao desporto não profissional; e

•• Inciso IV acrescentado pela Lei n. 10.672, de 15-5-2003.

V – da participação na organização desportiva do País.

•• Inciso V acrescentado pela Lei n. 10.672, de 15-5-2003.

CAPÍTULO III
DA NATUREZA E DAS FINALIDADES DO DESPORTO

Art. 3.º O desporto pode ser reconhecido em qualquer das seguintes manifestações:

I – desporto educacional, praticado nos sistemas de ensino e em formas assistemáticas de educação, evitando-se a seletividade, a hipercompetitividade de seus praticantes, com a finalidade de alcançar o desenvolvimento integral do indivíduo e a sua formação para o exercício da cidadania e a prática do lazer;

II – desporto de participação, de modo voluntário, compreendendo as modalidades desportivas praticadas com a finalidade de contribuir para a integração dos praticantes na plenitude da vida social, na promoção da saúde e educação e na preservação do meio ambiente;

III – desporto de rendimento, praticado segundo normas gerais desta Lei e regras de prática desportiva, nacionais e internacionais, com a finalidade de obter resultados e integrar pessoas e comunidades do País e estas com as de outras nações;

IV – desporto de formação, caracterizado pelo fomento e aquisição inicial dos conhecimentos desportivos que garantam competência técnica na intervenção desportiva, com o objetivo de promover o aperfeiçoamento qualitativo e quantitativo da prática desportiva em termos recreativos, competitivos ou de alta competição.

•• Inciso IV acrescentado pela Lei n. 13.155, de 4-8-2015.

§ 1.º O desporto de rendimento pode ser organizado e praticado:

•• § 1.º, *caput*, renumerado pela Lei n. 13.155, de 4-8-2015.

I – de modo profissional, caracterizado pela remuneração pactuada em contrato formal de trabalho entre o atleta e a entidade de prática desportiva;

II – de modo não profissional, identificado pela liberdade de prática e pela inexistência de contrato de trabalho, sendo permitido o recebimento de incentivos materiais e de patrocínio.

•• Inciso II com redação determinada pela Lei n. 9.981, de 14-7-2000.

§ 2.º (*Vetado.*)

•• § 2.º acrescentado pela Lei n. 13.155, de 4-8-2015.

....

CAPÍTULO V
DA PRÁTICA DESPORTIVA PROFISSIONAL

Art. 26. Atletas e entidades de prática desportiva são livres para organizar a atividade profissional, qualquer que seja sua modalidade, respeitados os termos desta Lei.

Parágrafo único. Considera-se competição profissional para os efeitos desta Lei aquela promovida para obter renda e disputada por atletas profissionais cuja remuneração decorra de contrato de trabalho desportivo.

•• Parágrafo único acrescentado pela Lei n. 10.672, de 15-5-2003.

Art. 27. As entidades de prática desportiva participantes de competições profissionais e as entidades de administração de desporto ou ligas em que se organizarem, independentemente da forma jurídica adotada, sujeitam os bens particulares de seus dirigentes ao disposto no art. 50 da Lei n. 10.406, de 10 de janeiro de 2002, além das sanções e responsabilidades previstas no *caput* do art. 1.017 da Lei n. 10.406, de 10 de janeiro de 2002, na hipótese de aplicarem créditos ou bens sociais da entidade desportiva em proveito próprio ou de terceiros.

•• *Caput* com redação determinada pela Lei n. 10.672, de 15-5-2003.

•• *Vide* art. 94, *caput*, desta Lei.

• O art. 50 do CC dispõe sobre a desconsideração da personalidade jurídica.

§ 1.º (*Revogado pela Lei n. 9.981, de 14-7-2000.*)

§ 2.º A entidade a que se refere este artigo não poderá utilizar seus bens patrimoniais, desportivos ou sociais para integralizar sua parcela de capital ou oferecê-los como garantia, salvo com a concordância da maioria absoluta da assembleia geral dos associados ou sócios e na conformidade do respectivo estatuto ou contrato social.

•• § 2.º com redação determinada pela Lei n. 13.155, de 4-8-2015.

§§ 3.º e 4.º (*Revogados pela Lei n. 10.672, de 15-5-2003.*)

§ 5.º O disposto no art. 23 aplica-se, no que couber, às entidades a que se refere o *caput* deste artigo.

•• § 5.º acrescentado pela Lei n. 10.672, de 15-5-2003.

• O art. 23 desta Lei dispõe sobre os estatutos das entidades de administração do desporto.

§ 6.º Sem prejuízo de outros requisitos previstos em lei, as entidades de que trata o *caput* deste artigo somente poderão obter financiamento com recursos públicos ou fazer jus a programas de recuperação econômico-financeiros se, cumulativamente, atenderem às seguintes condições:

•• § 6.º, *caput*, com redação determinada pela Lei n. 12.395, de 16-3-2011.

I – realizar todos os atos necessários para permitir a identificação exata de sua situação financeira;

•• Inciso I acrescentado pela Lei n. 10.672, de 15-5-2003.

II – apresentar plano de resgate e plano de investimento;

•• Inciso II acrescentado pela Lei n. 10.672, de 15-5-2003.

III – garantir a independência de seus conselhos de fiscalização e administração, quando houver;

•• Inciso III acrescentado pela Lei n. 10.672, de 15-5-2003.

IV – adotar modelo profissional e transparente; e

•• Inciso IV acrescentado pela Lei n. 10.672, de 15-5-2003.

V – apresentar suas demonstrações financeiras, juntamente com os respectivos relatórios de auditoria, nos termos definidos no inciso I do art. 46-A desta Lei.

•• Inciso V com redação determinada pela Lei n. 12.395, de 16-3-2011.

• A Lei n. 6.404, de 15-12-1976, dispõe sobre as sociedades anônimas.

§ 7.º Os recursos do financiamento voltados à implementação do plano de resgate serão utilizados:

•• § 7.º, *caput*, acrescentado pela Lei n. 10.672, de 15-5-2003.

I – prioritariamente, para quitação de débitos fiscais, previdenciários e trabalhistas; e

•• Inciso I acrescentado pela Lei n. 10.672, de 15-5-2003.

II – subsidiariamente, para construção ou melhoria de estádio próprio ou de que se utilizam para mando de seus jogos, com a finalidade de atender a critérios de segurança, saúde e bem-estar do torcedor.

•• Inciso II acrescentado pela Lei n. 10.672, de 15-5-2003.

§ 8.º Na hipótese do inciso II do § 7.º, a entidade de prática desportiva deverá apresentar à instituição financiadora o orçamento das obras pretendidas.

•• § 8.º acrescentado pela Lei n. 10.672, de 15-5-2003.

§ 9.º É facultado às entidades desportivas profissionais constituírem-se regularmente em sociedade empresária, segundo um dos tipos regulados nos arts. 1.039 a 1.092 da Lei n. 10.406, de 10 de janeiro de 2002 – Código Civil.

•• § 9.º acrescentado pela Lei n. 10.672, de 15-5-2003.

• Os arts. 1.039 a 1.092 do CC dispõem sobre as espécies de sociedades empresárias.

§ 10. Considera-se entidade desportiva profissional, para fins desta Lei, as entidades de prática desportiva envolvidas em competições de atletas profissionais, as ligas em que se organizarem e as entidades de administração de desporto profissional.

•• § 10 acrescentado pela Lei n. 10.672, de 15-5-2003.

§ 11. Os administradores de entidades desportivas profissionais respondem solidária e ilimitadamente pelos atos ilícitos praticados, de gestão temerária ou contrários ao previsto no contrato social ou estatuto, nos termos da Lei n. 10.406, de 10 de janeiro de 2002 – Código Civil.

•• § 11 com redação determinada pela Lei n. 12.395, de 16-3-2011.

• O referido art. 990 do CC dispõe que todos os sócios respondem solidária e ilimitadamente pelas obrigações sociais, excluído do benefício de ordem aquele que contratou pela sociedade.

§ 12. (*Vetado*.)

•• § 12 acrescentado pela Lei n. 10.672, de 15-5-2003.

§ 13. Para os fins de fiscalização e controle do disposto nesta Lei, as atividades profissionais das entidades de que trata o *caput* deste artigo, independentemente da forma jurídica sob a qual estejam constituídas, equiparam-se às das sociedades empresárias.

•• § 13 com redação determinada pela Lei n. 12.395, de 16-3-2011.

Art. 27-A. Nenhuma pessoa física ou jurídica que, direta ou indiretamente, seja detentora de parcela do capital com direito a voto ou, de qualquer forma, participe da administração de qualquer entidade de prática desportiva poderá ter participação simultânea no capital social ou na gestão de outra entidade de prática desportiva disputante da mesma competição profissional.

•• *Caput* acrescentado pela Lei n. 9.981, de 14-7-2000.

•• *Vide* art. 94, *caput*, desta Lei.

§ 1.º É vedado que duas ou mais entidades de prática desportiva disputem a mesma competição profissional das primeiras séries ou divisões das diversas modalidades desportivas quando:

•• § 1.º acrescentado pela Lei n. 9.981, de 14-7-2000.

a) uma mesma pessoa física ou jurídica, direta ou indiretamente, através de relação contratual, explore, controle ou administre direitos que integrem seus patrimônios; ou,

•• Alínea *a* acrescentada pela Lei n. 9.981, de 14-7-2000.

b) uma mesma pessoa física ou jurídica, direta ou indiretamente, seja detentora de parcela do capital com direito a voto ou, de qualquer forma, participe da administração de mais de uma sociedade ou associação que explore, controle ou administre direitos que integrem os seus patrimônios.

•• Alínea *b* acrescentada pela Lei n. 9.981, de 14-7-2000.

§ 2.º A vedação de que trata este artigo aplica-se:

•• § 2.º acrescentado pela Lei n. 9.981, de 14-7-2000.

a) ao cônjuge e aos parentes até o segundo grau das pessoas físicas; e

•• Alínea *a* acrescentada pela Lei n. 9.981, de 14-7-2000.

b) às sociedades controladoras, controladas e coligadas das mencionadas pessoas jurídicas, bem como a fundo de investimento, condomínio de investidores ou outra forma assemelhada que resulte na participação concomitante vedada neste artigo.

•• Alínea *b* acrescentada pela Lei n. 9.981, de 14-7-2000.

§ 3.º Excluem-se da vedação de que trata este artigo os contratos de administração e investimentos em estádios, ginásios e praças desportivas, de patrocínio, de licenciamento de uso de marcas e símbolos, de publicidade e de propaganda, desde que não importem na administração direta ou na cogestão das atividades desportivas profissionais das entidades de prática desportiva, assim como os contratos individuais ou coletivos que sejam celebrados entre as detentoras de concessão, permissão ou autorização para exploração de serviços de radiodifusão sonora e de sons e imagens, bem como de televisão por assinatura, e entidades de prática desportiva para fins de transmissão de eventos desportivos.

•• § 3.º acrescentado pela Lei n. 9.981, de 14-7-2000.

§ 4.º A infringência a este artigo implicará a inabilitação da entidade de prática desportiva para percepção dos benefícios de que trata o art. 18 desta Lei.

•• § 4.º com redação determinada pela Lei n. 10.672, de 15-5-2003.

• O art. 18 desta Lei dispõe sobre isenções fiscais e repasses de recursos públicos.

§ 5.º As empresas detentoras de concessão, permissão ou autorização para exploração de serviço de radiodifusão sonora e de sons e imagens, bem como de televisão por assinatura, ficam impedidas de patrocinar ou veicular sua própria marca, bem como a de seus canais e dos títulos de seus programas, nos uniformes de competições das entidades desportivas.

•• § 5.º com redação determinada pela Lei n. 10.672, de 15-5-2003.

§ 6.º A violação do disposto no § 5.º implicará a eliminação da entidade de prática desportiva que lhe deu causa da competição ou do torneio em que aquela se verificou, sem prejuízo das penalidades que venham a ser aplicadas pela Justiça Desportiva.

•• § 6.º acrescentado pela Lei n. 10.672, de 15-5-2003.

Art. 27-B. São nulas de pleno direito as cláusulas de contratos firmados entre as entidades de prática desportiva e terceiros, ou entre estes e atletas, que possam intervir ou influenciar nas transferências de atletas ou, ainda, que interfiram no desempenho do atleta ou da entidade de prática desportiva, exceto quando objeto de acordo ou convenção coletiva de trabalho.

•• Artigo acrescentado pela Lei n. 12.395, de 16-3-2011.

Art. 27-C. São nulos de pleno direito os contratos firmados pelo atleta ou por seu representante legal com agente desportivo, pessoa física ou jurídica, bem como as cláusulas contratuais ou de instrumentos procuratórios que:

•• *Caput* acrescentado pela Lei n. 12.395, de 16-3-2011.

I – resultem vínculo desportivo;

•• Inciso I acrescentado pela Lei n. 12.395, de 16-3-2011.

II – impliquem vinculação ou exigência de receita total ou parcial exclusiva da entidade de prática desportiva, decorrente de transferência nacional ou internacional de atleta, em vista da exclusividade de que trata o inciso I do art. 28;

•• Inciso II acrescentado pela Lei n. 12.395, de 16-3-2011.

III – restrinjam a liberdade de trabalho desportivo;

•• Inciso III acrescentado pela Lei n. 12.395, de 16-3-2011.

IV – estabeleçam obrigações consideradas abusivas ou desproporcionais;

•• Inciso IV acrescentado pela Lei n. 12.395, de 16-3-2011.

V – infrinjam os princípios da boa-fé objetiva ou do fim social do contrato; ou

•• Inciso V acrescentado pela Lei n. 12.395, de 16-3-2011.

VI – versem sobre o gerenciamento de carreira de atleta em formação com idade inferior a 18 (dezoito) anos.

•• Inciso VI acrescentado pela Lei n. 12.395, de 16-3-2011.

Art. 27-D. (*Vetado*.)

•• Artigo acrescentado pela Lei n. 13.155, de 4-8-2015.

Art. 28. A atividade do atleta profissional é caracterizada por remuneração pactuada em contrato especial de trabalho desportivo, firmado com entidade de prática desportiva, no qual deverá constar, obrigatoriamente:

•• *Caput* com redação determinada pela Lei n. 12.395, de 16-3-2011.

•• *Vide* art. 94, *caput*, desta Lei.

I – cláusula indenizatória desportiva, devida exclusivamente à entidade de prática desportiva à qual está vinculado o atleta, nas seguintes hipóteses:

•• Inciso I, *caput*, acrescentado pela Lei n. 12.395, de 16-3-2011.

•• *Vide* art. 27-C, II, desta Lei.

a) transferência do atleta para outra entidade, nacional ou estrangeira, durante a vigência do contrato especial de trabalho desportivo; ou

•• Alínea *a* acrescentada pela Lei n. 12.395, de 16-3-2011.

b) por ocasião do retorno do atleta às atividades profissionais em outra entidade de prática desportiva, no prazo de até 30 (trinta) meses; e

•• Alínea *b* acrescentada pela Lei n. 12.395, de 16-3-2011.

II – cláusula compensatória desportiva, devida pela entidade de prática desportiva ao atleta, nas hipóteses dos incisos III a V do § 5.º.

•• Inciso II acrescentado pela Lei n. 12.395, de 16-3-2011.

§ 1.º O valor da cláusula indenizatória desportiva a que se refere o inciso I do *caput* deste artigo será livremente pactuado pelas partes e expressamente quantificado no instrumento contratual:

•• § 1.º, *caput*, com redação determinada pela Lei n. 12.395, de 16-3-2011.

I – até o limite máximo de 2.000 (duas mil) vezes o valor médio do salário contratual, para as transferências nacionais; e

•• Inciso I acrescentado pela Lei n. 12.395, de 16-3-2011.

II – sem qualquer limitação, para as transferências internacionais.

•• Inciso II acrescentado pela Lei n. 12.395, de 16-3-2011.

§ 2.º São solidariamente responsáveis pelo pagamento da cláusula indenizatória desportiva de que trata o inciso I do *caput* deste artigo o atleta e a nova entidade de prática desportiva empregadora.

•• § 2.º com redação determinada pela Lei n. 12.395, de 16-3-2011.

§ 3.º O valor da cláusula compensatória desportiva a que se refere o inciso II do *caput* deste artigo será livremente pactuado entre as partes e formalizado no contrato especial de trabalho desportivo, observando-se, como limite máximo, 400 (quatrocentas) vezes o valor do salário mensal no momento da rescisão e, como limite mínimo, o valor total de salários mensais a que teria direito o atleta até o término do referido contrato.

•• § 3.º com redação determinada pela Lei n. 12.395, de 16-3-2011.

•• A Lei n. 13.155, de 4-8-2015, propôs nova redação para este § 3.º, todavia teve o seu texto vetado.

§ 4.º Aplicam-se ao atleta profissional as normas gerais da legislação trabalhista e da Seguridade Social, ressalvadas as peculiaridades constantes desta Lei, especialmente as seguintes:

•• § 4.º, *caput*, com redação determinada pela Lei n. 12.395, de 16-3-2011.

•• *Vide* art. 90-E desta Lei.

I – se conveniente à entidade de prática desportiva, a concentração não poderá ser superior a 3 (três) dias consecutivos por semana, desde que esteja programada qualquer partida, prova ou equivalente, amistosa ou oficial, devendo o atleta ficar à disposição do empregador por ocasião da realização de competição fora da localidade onde tenha sua sede;

•• Inciso I com redação determinada pela Lei n. 12.395, de 16-3-2011.

II – o prazo de concentração poderá ser ampliado, independentemente de qualquer pagamento adicional, quando o atleta estiver à disposição da entidade de administração do desporto;

•• Inciso II com redação determinada pela Lei n. 12.395, de 16-3-2011.

III – acréscimos remuneratórios em razão de períodos de concentração, viagens, pré-temporada e participação do atleta em partida, prova ou equivalente, conforme previsão contratual;

•• Inciso III com redação determinada pela Lei n. 12.395, de 16-3-2011.

IV – repouso semanal remunerado de 24 (vinte e quatro) horas ininterruptas, preferentemente em dia subsequente à participação do atleta na partida, prova ou equivalente, quando realizada no final de semana;

•• Inciso IV com redação determinada pela Lei n. 12.395, de 16-3-2011.

V – férias anuais remuneradas de 30 (trinta) dias, acrescidas do abono de férias, coincidentes com o recesso das atividades desportivas;

•• Inciso V acrescentado pela Lei n. 12.395, de 16-3-2011.

VI – jornada de trabalho desportiva normal de 44 (quarenta e quatro) horas semanais.

•• Inciso VI acrescentado pela Lei n. 12.395, de 16-3-2011.

§ 5.º O vínculo desportivo do atleta com a entidade de prática desportiva contratante constitui-se com o registro do contrato especial de trabalho desportivo na entidade de administração do desporto, tendo natureza acessória ao respectivo vínculo empregatício, dissolvendo-se, para todos os efeitos legais:

•• § 5.º, *caput*, com redação determinada pela Lei n. 12.395, de 16-3-2011.

I – com o término da vigência do contrato ou o seu distrato;

•• Inciso I acrescentado pela Lei n. 12.395, de 16-3-2011.

II – com o pagamento da cláusula indenizatória desportiva ou da cláusula compensatória desportiva;

•• Inciso II acrescentado pela Lei n. 12.395, de 16-3-2011.

III – com a rescisão decorrente do inadimplemento salarial, de responsabilidade da entidade de prática desportiva empregadora, nos termos desta Lei;

•• Inciso III acrescentado pela Lei n. 12.395, de 16-3-2011.

IV – com a rescisão indireta, nas demais hipóteses previstas na legislação trabalhista; e

•• Inciso IV acrescentado pela Lei n. 12.395, de 16-3-2011.

V – com a dispensa imotivada do atleta.

•• Inciso V acrescentado pela Lei n. 12.395, de 16-3-2011.

§ 6.º (*Revogado pela Lei n. 10.672, de 15-5-2003.*)

§ 7.º A entidade de prática desportiva poderá suspender o contrato especial de trabalho desportivo do atleta profissional, ficando dispensada do pagamento da remuneração nesse período, quando o atleta for impedido de atuar, por prazo ininterrupto superior a 90 (noventa) dias, em decorrência de ato ou evento de sua exclusiva responsabilidade, desvinculado da atividade profissional, conforme previsto no referido contrato.

•• § 7.º com redação determinada pela Lei n. 12.395, de 16-3-2011.

§ 8.º O contrato especial de trabalho desportivo deverá conter cláusula expressa reguladora de sua prorrogação automática na ocorrência da hipótese prevista no § 7.º deste artigo.

•• § 8.º acrescentado pela Lei n. 12.395, de 16-3-2011.

§ 9.º Quando o contrato especial de trabalho desportivo for por prazo inferior a 12 (doze) meses, o atleta profissional terá direito, por ocasião da rescisão contratual por culpa da entidade de prática desportiva empregadora, a tantos doze avos da remuneração mensal quantos forem os meses da vigência do contrato, referentes a férias, abono de férias e 13.º (décimo terceiro) salário.

•• § 9.º acrescentado pela Lei n. 12.395, de 16-3-2011.

§ 10. Não se aplicam ao contrato especial de trabalho desportivo os arts. 479 e 480 da Consolidação das Leis do Trabalho – CLT, aprovada pelo Decreto-lei n. 5.452, de 1.º de maio de 1943.

•• § 10 acrescentado pela Lei n. 12.395, de 16-3-2011.

Art. 28-A. Caracteriza-se como autônomo o atleta maior de 16 (dezesseis) anos que não mantém relação empregatícia com entidade de prática desportiva, auferindo rendimentos por conta e por meio de contrato de natureza civil.

•• *Caput* acrescentado pela Lei n. 12.395, de 16-3-2011.

§ 1.º O vínculo desportivo do atleta autônomo com a entidade de prática desportiva resulta de inscrição para participar de competição e não implica reconhecimento de relação empregatícia.

•• § 1.º acrescentado pela Lei n. 12.395, de 16-3-2011.

§ 2.º A filiação ou a vinculação de atleta autônomo a entidade de administração ou a sua integração a delegações brasileiras partícipes de competições internacionais não caracteriza vínculo empregatício.

•• § 2.º acrescentado pela Lei n. 12.395, de 16-3-2011.

§ 3.º O disposto neste artigo não se aplica às modalidades desportivas coletivas.

•• § 3.º acrescentado pela Lei n. 12.395, de 16-3-2011.

Art. 29. A entidade de prática desportiva formadora do atleta terá o direito de assinar com ele, a partir de 16 (dezesseis) anos de idade, o primeiro contrato especial de trabalho desportivo, cujo prazo não poderá ser superior a 5 (cinco) anos.

•• *Caput* com redação determinada pela Lei n. 12.395, de 16-3-2011.

•• *Vide* art. 94, *caput*, desta Lei.

Parágrafo único. (*Vetado.*)

§ 2.º É considerada formadora de atleta a entidade de prática desportiva que:

•• § 2.º, *caput*, com redação determinada pela Lei n. 12.395, de 16-3-2011.

•• A Lei n. 9.981, de 14-7-2000, acrescentou o § 2.º a este artigo, sem mencionar o § 1.º.

I – forneça aos atletas programas de treinamento nas categorias de base e complementação educacional; e

•• Inciso I acrescentado pela Lei n. 12.395, de 16-3-2011.

II – satisfaça cumulativamente os seguintes requisitos:

•• Inciso II, *caput*, acrescentado pela Lei n. 12.395, de 16-3-2011.

a) estar o atleta em formação inscrito por ela na respectiva entidade regional de administração do desporto há, pelo menos, 1 (um) ano;

•• Alínea *a* acrescentada pela Lei n. 12.395, de 16-3-2011.

b) comprovar que, efetivamente, o atleta em formação está inscrito em competições oficiais;

•• Alínea *b* acrescentada pela Lei n. 12.395, de 16-3-2011.

c) garantir assistência educacional, psicológica, médica e odontológica, assim como alimentação, transporte e convivência familiar;

•• Alínea *c* acrescentada pela Lei n. 12.395, de 16-3-2011.

d) manter alojamento e instalações desportivas adequados, sobretudo em matéria de alimentação, higiene, segurança e salubridade;

•• Alínea *d* acrescentada pela Lei n. 12.395, de 16-3-2011.

e) manter corpo de profissionais especializados em formação técnico-desportiva;

•• Alínea *e* acrescentada pela Lei n. 12.395, de 16-3-2011.

f) ajustar o tempo destinado à efetiva atividade de formação do atleta, não superior a 4 (quatro) horas por dia, aos horários do currículo escolar ou de curso profissionalizante, além de propiciar-lhe a matrícula escolar, com exigência de frequência e satisfatório aproveitamento;

•• Alínea *f* acrescentada pela Lei n. 12.395, de 16-3-2011.

g) ser a formação do atleta gratuita e a expensas da entidade de prática desportiva;

•• Alínea *g* acrescentada pela Lei n. 12.395, de 16-3-2011.

h) comprovar que participa anualmente de competições organizadas por entidade de administração do desporto em, pelo menos, 2 (duas) categorias da respectiva modalidade desportiva; e

•• Alínea *h* acrescentada pela Lei n. 12.395, de 16-3-2011.

i) garantir que o período de seleção não coincida com os horários escolares.

•• Alínea *i* acrescentada pela Lei n. 12.395, de 16-3-2011.

§ 3.° A entidade nacional de administração do desporto certificará como entidade de prática desportiva formadora aquela que comprovadamente preencha os requisitos estabelecidos nesta Lei.

•• § 3.° com redação determinada pela Lei n. 12.395, de 16-3-2011.

§ 4.° O atleta não profissional em formação, maior de quatorze e menor de vinte anos de idade, poderá receber auxílio financeiro da entidade de prática desportiva formadora, sob a forma de bolsa de aprendizagem livremente pactuada mediante contrato formal, sem que seja gerado vínculo empregatício entre as partes.

•• § 4.° acrescentado pela Lei n. 10.672, de 15-5-2003.

§ 5.° A entidade de prática desportiva formadora fará jus a valor indenizatório se ficar impossibilitada de assinar o primeiro contrato especial de trabalho desportivo por oposição do atleta, ou quando ele se vincular, sob qualquer forma, a outra entidade de prática desportiva, sem autorização expressa da entidade de prática desportiva formadora, atendidas as seguintes condições:

•• § 5.°, *caput*, com redação determinada pela Lei n. 12.395, de 16-3-2011.

I – o atleta deverá estar regularmente registrado e não pode ter sido desligado da entidade de prática desportiva formadora;

•• Inciso I acrescentado pela Lei n. 12.395, de 16-3-2011.

II – a indenização será limitada ao montante correspondente a 200 (duzentas) vezes os gastos comprovadamente efetuados com a formação do atleta, especificados no contrato de que trata o § 4.° deste artigo;

•• Inciso II acrescentado pela Lei n. 12.395, de 16-3-2011.

III – o pagamento do valor indenizatório somente poderá ser efetuado por outra entidade de prática desportiva e deverá ser efetivado diretamente à entidade de prática desportiva formadora no prazo máximo de 15 (quinze) dias, contados da data da vinculação do atleta à nova entidade de prática desportiva, para efeito de permitir novo registro em entidade de administração do desporto.

•• Inciso III acrescentado pela Lei n. 12.395, de 16-3-2011.

§ 6.° O contrato de formação desportiva a que se refere o § 4.° deste artigo deverá incluir obrigatoriamente:

•• § 6.°, *caput*, com redação determinada pela Lei n. 12.395, de 16-3-2011.

I – identificação das partes e dos seus representantes legais;

•• Inciso I com redação determinada pela Lei n. 12.395, de 16-3-2011.

II – duração do contrato;

•• Inciso II com redação determinada pela Lei n. 12.395, de 16-3-2011.

III – direitos e deveres das partes contratantes, inclusive garantia de seguro de vida e de acidentes pessoais para cobrir as atividades do atleta contratado; e

•• Inciso III com redação determinada pela Lei n. 12.395, de 16-3-2011.

IV – especificação dos itens de gasto para fins de cálculo da indenização com a formação desportiva.

•• Inciso IV com redação determinada pela Lei n. 12.395, de 16-3-2011.

§ 7.° A entidade de prática desportiva formadora e detentora do primeiro contrato especial de trabalho desportivo com o atleta por ela profissionalizado terá o direito de preferência para a primeira renovação deste contrato, cujo prazo não poderá ser superior a 3 (três) anos, salvo se para equiparação de proposta de terceiro.

•• § 7.° com redação determinada pela Lei n. 12.395, de 16-3-2011.

§ 8.° Para assegurar seu direito de preferência, a entidade de prática desportiva formadora e detentora do primeiro contrato especial de trabalho desportivo deverá apresentar, até 45 (quarenta e cinco) dias antes do término do contrato em curso, proposta ao atleta, de cujo teor deverá ser cientificada a correspondente entidade regional de administração do desporto, indicando as novas condições contratuais e os salários ofertados, devendo o atleta apresentar resposta à entidade de prática desportiva formadora, de cujo teor deverá ser notificada a referida entidade de administração, no prazo de 15 (quinze) dias contados da data do recebimento da proposta, sob pena de aceitação tácita.

•• § 8.° acrescentado pela Lei n. 12.395, de 16-3-2011.

§ 9.º Na hipótese de outra entidade de prática desportiva resolver oferecer proposta mais vantajosa a atleta vinculado à entidade de prática desportiva que o formou, deve-se observar o seguinte:

•• § 9.º, *caput*, acrescentado pela Lei n. 12.395, de 16-3-2011.

I – a entidade proponente deverá apresentar à entidade de prática desportiva formadora proposta, fazendo dela constar todas as condições remuneratórias;

•• Inciso I acrescentado pela Lei n. 12.395, de 16-3-2011.

II – a entidade proponente deverá dar conhecimento da proposta à correspondente entidade regional de administração; e

•• Inciso II acrescentado pela Lei n. 12.395, de 16-3-2011.

III – a entidade de prática desportiva formadora poderá, no prazo máximo de 15 (quinze) dias, a contar do recebimento da proposta, comunicar se exercerá o direito de preferência de que trata o § 7.º, nas mesmas condições oferecidas.

•• Inciso III acrescentado pela Lei n. 12.395, de 16-3-2011.

§ 10. A entidade de administração do desporto deverá publicar o recebimento das propostas de que tratam os §§ 7.º e 8.º, nos seus meios oficiais de divulgação, no prazo de 5 (cinco) dias contados da data do recebimento.

•• § 10 acrescentado pela Lei n. 12.395, de 16-3-2011.

§ 11. Caso a entidade de prática desportiva formadora oferte as mesmas condições, e, ainda assim, o atleta se oponha à renovação do primeiro contrato especial de trabalho desportivo, ela poderá exigir da nova entidade de prática desportiva contratante o valor indenizatório correspondente a, no máximo, 200 (duzentas) vezes o valor do salário mensal constante da proposta.

•• § 11 acrescentado pela Lei n. 12.395, de 16-3-2011.

§ 12. A contratação do atleta em formação será feita diretamente pela entidade de prática desportiva formadora, sendo vedada a sua realização por meio de terceiros.

•• § 12 acrescentado pela Lei n. 12.395, de 16-3-2011.

§ 13. A entidade de prática desportiva formadora deverá registrar o contrato de formação desportiva do atleta em formação na entidade de administração da respectiva modalidade desportiva.

•• § 13 acrescentado pela Lei n. 12.395, de 16-3-2011.

Art. 29-A. Sempre que ocorrer transferência nacional, definitiva ou temporária, de atleta profissional, até 5% (cinco por cento) do valor pago pela nova entidade de prática desportiva serão obrigatoriamente distribuídos entre as entidades de práticas desportivas que contribuíram para a formação do atleta, na proporção de:

•• *Caput* acrescentado pela Lei n. 12.395, de 16-3-2011.

•• *Vide* art. 94, *caput*, desta Lei.

I – 1% (um por cento) para cada ano de formação do atleta, dos 14 (quatorze) aos 17 (dezessete) anos de idade, inclusive; e

•• Inciso I acrescentado pela Lei n. 12.395, de 16-3-2011.

II – 0,5% (meio por cento) para cada ano de formação, dos 18 (dezoito) aos 19 (dezenove) anos de idade, inclusive.

•• Inciso II acrescentado pela Lei n. 12.395, de 16-3-2011.

§ 1.º Caberá à entidade de prática desportiva cessionária do atleta reter do valor a ser pago à entidade de prática desportiva cedente 5% (cinco por cento) do valor acordado para a transferência, distribuindo-os às entidades de prática desportiva que contribuíram para a formação do atleta.

•• § 1.º acrescentado pela Lei n. 12.395, de 16-3-2011.

§ 2.º Como exceção à regra estabelecida no § 1.º deste artigo, caso o atleta se desvincule da entidade de prática desportiva de forma unilateral, mediante pagamento da cláusula indenizatória desportiva prevista no inciso I do art. 28 desta Lei, caberá à entidade de prática desportiva que recebeu a cláusula indenizatória desportiva distribuir 5% (cinco por cento) de tal montante às entidades de prática desportiva responsáveis pela formação do atleta.

•• § 2.º acrescentado pela Lei n. 12.395, de 16-3-2011.

§ 3.º O percentual devido às entidades de prática desportiva formadoras do atleta deverá ser calculado sempre de acordo com certidão a ser fornecida pela entidade nacional de administração do desporto, e os valores distribuídos proporcionalmente em até 30 (trinta) dias da efetiva transferência, cabendo-lhe exigir o cumprimento do que dispõe este parágrafo.

•• § 3.º acrescentado pela Lei n. 12.395, de 16-3-2011.

Art. 30. O contrato de trabalho do atleta profissional terá prazo determinado, com vigência nunca inferior a três meses nem superior a cinco anos.

•• *Caput* com redação determinada pela Lei n. 9.981, de 14-7-2000.

•• *Vide* art. 94, *caput*, desta Lei.

• Os contratos de trabalho por prazo determinado são disciplinados pelos arts. 442 e seguintes da CLT, bem como pela Lei n. 9.601, de 21-1-1998, regulamentada pelo Decreto n. 2.490, de 4-2-1998.

Parágrafo único. Não se aplica ao contrato especial de trabalho desportivo do atleta profissional o disposto nos arts. 445 e 451 da Consolidação das Leis do Trabalho – CLT, aprovada pelo Decreto-Lei n. 5.452, de 1.º de maio de 1943.

•• Parágrafo único com redação determinada pela Lei n. 12.395, de 16-3-2011.

Art. 31. A entidade de prática desportiva empregadora que estiver com pagamento de salário ou de contrato de direito de imagem de atleta profissional em atraso, no todo ou em parte, por período igual ou superior a três meses, terá o contrato especial de trabalho desportivo daquele atleta rescindido, ficando o atleta livre para transferir-se para qualquer outra entidade de prática desportiva de mesma modalidade, nacional ou internacional, e exigir a cláusula compensatória desportiva e os haveres devidos.

•• *Caput* com redação determinada pela Lei n. 13.155, de 4-8-2015.

•• *Vide* art. 39 desta Lei.

§ 1.º São entendidos como salário, para efeitos do previsto no *caput*, o abono de férias, o décimo terceiro salário, as gratificações, os prêmios e demais verbas inclusas no contrato de trabalho.

§ 2.º A mora contumaz será considerada também pelo não recolhimento do FGTS e das contribuições previdenciárias.

§ 3.º (*Revogado pela Lei n. 12.395, de 16-3-2011.*)

§ 4.º (*Vetado.*)

•• § 4.º acrescentado pela Lei n. 10.672, de 15-5-2003.

§ 5.º O atleta com contrato especial de trabalho desportivo rescindido na forma do *caput* fica autorizado a transferir-se para outra entidade de prática desportiva, inclusive da mesma divisão, independentemente do número de partidas das quais tenha participado na competição, bem como a disputar a competição que estiver em andamento por ocasião da rescisão contratual.

•• § 5.º acrescentado pela Lei n. 13.155, de 4-8-2015.

Art. 32. É lícito ao atleta profissional recusar competir por entidade de prática desportiva quando seus salários, no todo ou em parte, estiverem atrasados em dois ou mais meses.

Art. 33. (*Revogado pela Lei n. 12.395, de 16-3-2011.*)

Art. 34. São deveres da entidade de prática desportiva empregadora, em especial:

•• *Caput* com redação determinada pela Lei n. 9.981, de 14-7-2003.

I – registrar o contrato especial de trabalho desportivo do atleta profissional na entidade de administração da respectiva modalidade desportiva;

•• Inciso I com redação determinada pela Lei n. 12.395, de 16-3-2011.

II – proporcionar aos atletas profissionais as condições necessárias à participação nas competições desportivas, treinos e outras atividades preparatórias ou instrumentais;

•• Inciso II acrescentado pela Lei n. 9.981, de 14-7-2000.

III – submeter os atletas profissionais aos exames médicos e clínicos necessários à prática desportiva.

•• Inciso III acrescentado pela Lei n. 9.981, de 14-7-2000.

Art. 35. São deveres do atleta profissional, em especial:

•• *Caput* com redação determinada pela Lei n. 9.981, de 14-7-2000.

I – participar dos jogos, treinos, estágios e outras sessões preparatórias de competições com a aplicação e dedicação correspondentes às suas condições psicofísicas e técnicas;

•• Inciso I acrescentado pela Lei n. 9.981, de 14-7-2000.

II – preservar as condições físicas que lhes permitam participar das competições desportivas, submetendo-se aos exames médicos e tratamentos clínicos necessários à prática desportiva;

•• Inciso II acrescentado pela Lei n. 9.981, de 14-7-2000.

III – exercitar a atividade desportiva profissional de acordo com as regras da respectiva modalidade desportiva e as normas que regem a disciplina e a ética desportivas.

•• Inciso III acrescentado pela Lei n. 9.981, de 14-7-2000.

Arts. 36 e 37. (*Revogados pela Lei n. 9.981, de 14-7-2000.*)

Art. 38. Qualquer cessão ou transferência de atleta profissional ou não profissional depende de sua formal e expressa anuência.

•• Artigo com redação determinada pela Lei n. 9.981, de 14-7-2000.

Art. 39. O atleta cedido temporariamente a outra entidade de prática desportiva que tiver os salários em atraso, no todo ou em parte, por mais de 2 (dois) meses, notificará a entidade de prática desportiva cedente para, querendo, purgar a mora, no prazo de 15 (quinze) dias, não se aplicando, nesse caso, o disposto no *caput* do art. 31 desta Lei.

•• *Caput* com redação determinada pela Lei n. 12.395, de 16-3-2011.

§ 1.º O não pagamento ao atleta de salário e contribuições previstas em lei por parte da entidade de prática desportiva cessionária, por 2 (dois) meses, implicará a rescisão do contrato de empréstimo e a incidência da cláusula compensatória desportiva nele prevista, a ser paga ao atleta pela entidade de prática desportiva cessionária.

•• § 1.º acrescentado pela Lei n. 12.395, de 16-3-2011.

§ 2.º Ocorrendo a rescisão mencionada no § 1.º deste artigo, o atleta deverá retornar à entidade de prática desportiva cedente para cumprir o antigo contrato especial de trabalho desportivo.

•• § 2.º acrescentado pela Lei n. 12.395, de 16-3-2011.

•• *Vide* art. 94, *caput*, desta Lei.

Art. 40. Na cessão ou transferência de atleta profissional para entidade de prática desportiva estrangeira observar-se-ão as instruções expedidas pela entidade nacional de título.

•• A Lei n. 10.672, de 15-5-2003, propôs nova redação para este artigo, porém a alteração sofreu veto presidencial.

§ 1.º As condições para transferência do atleta profissional para o exterior deverão integrar obrigatoriamente os contratos de trabalho entre o atleta e a entidade de prática desportiva brasileira que o contratou.

•• Primitivo parágrafo único renumerado pela Lei n. 10.672, de 15-5-2003.

§ 2.º O valor da cláusula indenizatória desportiva internacional originalmente pactuada entre o atleta e a entidade de prática desportiva cedente, independentemente do pagamento da cláusula indenizatória desportiva nacional, será devido a esta pela entidade de prática desportiva cessionária caso esta venha a concretizar transferência internacional do mesmo atleta, em prazo inferior a 3 (três) meses, caracterizando o conluio com a entidade de prática desportiva estrangeira.

•• § 2.º com redação determinada pela Lei n. 12.395, de 16-3-2011.

Art. 41. A participação de atletas profissionais em seleções será estabelecida na forma como acordarem a entidade de administração convocante e a entidade de prática desportiva cedente.

§ 1.º A entidade convocadora indenizará a cedente dos encargos previstos no contrato de trabalho, pelo período em que durar a convocação do atleta, sem prejuízo de eventuais ajustes celebrados entre este e a entidade convocadora.

•• *Vide* art. 94, *caput*, desta Lei.

§ 2.º O período de convocação estender-se-á até a reintegração do atleta à entidade que o cedeu, apto a exercer sua atividade.

Art. 42. Pertence às entidades de prática desportiva o direito de arena, consistente na prerrogativa exclusiva de negociar, autorizar ou proibir a captação, a fixação, a emissão, a transmissão, a retransmissão ou a reprodução de imagens, por qualquer meio ou processo, de espetáculo desportivo de que participem.

•• *Caput* com redação determinada pela Lei n. 12.395, de 16-3-2011.

§ 1.º Salvo convenção coletiva de trabalho em contrário, 5% (cinco por cento) da receita proveniente da exploração de direitos desportivos audiovisuais serão repassados aos sindicatos de atletas profissionais, e estes distribuirão, em partes iguais, aos atletas profissionais participantes do espetáculo, como parcela de natureza civil.

•• § 1.º com redação determinada pela Lei n. 12.395, de 16-3-2011.

§ 1.º-A. (*Vetado*.)

•• § 1.º-A acrescentado pela Lei n. 13.155, de 4-8-2015.

§ 2.º O disposto neste artigo não se aplica à exibição de flagrantes de espetáculo ou evento desportivo para fins exclusivamente jornalísticos, desportivos ou educativos ou para a captação de apostas legalmente autorizadas, respeitadas as seguintes condições:

•• § 2.º, *caput*, com redação determinada pela Lei n. 13.155, de 4-8-2015.

I – a captação das imagens para a exibição de flagrante de espetáculo ou evento desportivo dar-se-á em locais reservados, nos estádios e ginásios, para não detentores de direitos ou, caso não disponíveis, mediante o fornecimento das imagens pelo detentor de direitos locais para a respectiva mídia;

•• Inciso I acrescentado pela Lei n. 12.395, de 16-3-2011.

II – a duração de todas as imagens do flagrante do espetáculo ou evento desportivo exibidas não poderá exceder 3% (três por cento) do total do tempo de espetáculo ou evento;

•• Inciso II acrescentado pela Lei n. 12.395, de 16-3-2011.

III – é proibida a associação das imagens exibidas com base neste artigo a qualquer forma de patrocínio, propaganda ou promoção comercial.

•• Inciso III acrescentado pela Lei n. 12.395, de 16-3-2011.

§ 3.º O espectador pagante, por qualquer meio, de espetáculo ou evento desportivo equipara-se, para todos os efeitos legais, ao consumidor, nos termos do art. 2.º da Lei n. 8.078, de 11 de setembro de 1990.

Art. 43. É vedada a participação em competições desportivas profissionais de atletas não profissionais com idade superior a vinte anos.

•• Artigo com redação determinada pela Lei n. 9.981, de 14-7-2000.

•• *Vide* art. 94, *caput*, desta Lei.

Art. 44. É vedada a prática do profissionalismo, em qualquer modalidade, quando se tratar de:

I – desporto educacional, seja nos estabelecimentos escolares de 1.º e 2.º graus ou superiores;

II – desporto militar;

III – menores até a idade de dezesseis anos completos.

Art. 45. As entidades de prática desportiva são obrigadas a contratar seguro de vida e de acidentes pessoais, vinculado à atividade desportiva, para os atletas profissionais, com o objetivo de cobrir os riscos a que eles estão sujeitos.

•• *Caput* com redação determinada pela Lei n. 12.395, de 16-3-2011.

•• *Vide* art. 94, *caput*, desta Lei.

§ 1.º A importância segurada deve garantir ao atleta profissional, ou ao beneficiário por ele indicado no contrato de seguro, o direito a indenização mínima correspondente ao valor anual da remuneração pactuada.

•• § 1.º acrescentado pela Lei n. 12.395, de 16-3-2011.

§ 2.º A entidade de prática desportiva é responsável pelas despesas médico-hospitalares e de medicamentos necessários ao restabelecimento do atleta enquanto a seguradora não fizer o pagamento da indenização a que se refere o § 1.º deste artigo.

•• § 2.º acrescentado pela Lei n. 12.395, de 16-3-2011.

Art. 46. Ao estrangeiro atleta profissional de modalidade desportiva, referido no inciso V do art. 13 da Lei n. 6.815, de 19 de agosto de 1980, poderá ser concedido visto, observadas as exigências da legislação específica, por prazo não excedente a 5 (cinco) anos e correspondente à duração fixada no respectivo contrato especial de trabalho desportivo, permitida uma única renovação.

•• *Caput* com redação determinada pela Lei n. 12.395, de 16-3-2011.

• A Resolução Normativa n. 121, de 8-3-2016, do Conselho Nacional de Imigração, disciplina a concessão de autorização de trabalho a estrangeiro na condição de atleta profissional.

§ 1.º É vedada a participação de atleta de nacionalidade estrangeira como integrante de equipe de competição de entidade de prática desportiva nacional nos campeonatos oficiais quando o visto de trabalho temporário recair na hipótese do inciso III do art. 13 da Lei n. 6.815, de 19 de agosto de 1980.

•• § 1.º com redação determinada pela Lei n. 12.395, de 16-3-2011.

• O art. 14 da Lei n. 13.445, de 24-5-2017 (Lei de Migração), determina que o visto temporário poderá ser concedido ao estrangeiro que pretende vir ao Brasil na condição de artista ou desportista.

§ 2.º A entidade de administração do desporto será obrigada a exigir da entidade de prática desportiva o comprovante do visto de trabalho do atleta de nacionalidade estrangeira fornecido pelo Ministério do Trabalho e Emprego, sob pena de cancelamento da inscrição desportiva.

•• § 2.º com redação determinada pela Lei n. 12.395, de 16-3-2011.

Art. 46-A. As ligas desportivas, as entidades de administração de desporto e as de prática desportiva envolvidas em qualquer competição de atletas profissionais, independentemente da forma jurídica adotada, ficam obrigadas a:

•• *Caput* acrescentado pela Lei n. 10.672, de 15-5-2003.

I – elaborar suas demonstrações financeiras, separadamente por atividade econômica, de modo distinto das atividades recreativas e sociais, nos termos da lei e de acordo com os padrões e critérios estabelecidos pelo Conselho Federal de Contabilidade, e, após terem sido submetidas a auditoria independente, providenciar sua publicação, até o último dia útil do mês de abril do ano subsequente, por período não inferior a 3 (três) meses, em sítio eletrônico próprio e da respectiva entidade de administração ou liga desportiva;

•• Inciso I com redação determinada pela Lei n. 12.395, de 16-3-2011.

•• *Vide* art. 27, § 6.º, V, desta Lei.

II – apresentar suas contas juntamente com os relatórios da auditoria de que trata o inciso I ao Conselho Nacional do Esporte – CNE, sempre que forem beneficiárias de recursos públicos, na forma do regulamento.

•• Inciso II acrescentado pela Lei n. 10.672, de 15-5-2003.

§ 1.º Sem prejuízo da aplicação das penalidades previstas na legislação tributária, trabalhista, previdenciária, cambial, e das consequentes responsabilidades civil e penal, a infringência a este artigo implicará:

•• § 1.º, *caput*, acrescentado pela Lei n. 10.672, de 15-5-2003.

I – para as entidades de administração do desporto e ligas desportivas, a inelegibilidade, por dez anos, de seus dirigentes para o desempenho de cargos ou funções eletivas ou de livre nomeação, em quaisquer das entidades ou órgãos referidos no parágrafo único do art. 13 desta Lei;

•• Inciso I acrescentado pela Lei n. 10.672, de 15-5-2003.

• As entidades ou órgãos referidos no art. 13 desta Lei são os seguintes: Comitê Olímpico Brasileiro – COB; Comitê Paraolímpico Brasileiro; entidades nacionais de administração do desporto; entidades regionais de administração do desporto; ligas regionais e nacionais; e entidades de prática desportiva filiadas ou não às acima referidas.

II – para as entidades de prática desportiva, a inelegibilidade, por cinco anos, de seus dirigentes para cargos ou funções eletivas ou de livre nomeação em qualquer entidade ou empresa direta ou indiretamente vinculada às competições profissionais da respectiva modalidade desportiva.

•• Inciso II acrescentado pela Lei n. 10.672, de 15-5-2003.

§ 2.º As entidades que violarem o disposto neste artigo ficam ainda sujeitas:

•• § 2.º, *caput*, acrescentado pela Lei n. 10.672, de 15-5-2003.

I – ao afastamento de seus dirigentes; e

•• Inciso I acrescentado pela Lei n. 10.672, de 15-5-2003.

II – à nulidade de todos os atos praticados por seus dirigentes em nome da entidade, após a prática da infração, respeitado o direito de terceiros de boa-fé.

•• Inciso II com redação determinada pela Lei n. 12.395, de 16-3-2011.

§ 3.º Os dirigentes de que trata o § 2.º serão sempre:

•• § 3.º, *caput*, acrescentado pela Lei n. 10.672, de 15-5-2003.

I – o presidente da entidade, ou aquele que lhe faça as vezes; e

•• Inciso I acrescentado pela Lei n. 10.672, de 15-5-2003.

II – o dirigente que praticou a infração ainda que por omissão.

•• Inciso II acrescentado pela Lei n. 10.672, de 15-5-2003.

§ 4.º *(Vetado.)*

•• § 4.º acrescentado pela Lei n. 10.672, de 15-5-2003.

....

CAPÍTULO X
DISPOSIÇÕES GERAIS

Art. 82. Os dirigentes, unidades ou órgãos de entidades de administração do desporto, inscritas ou não no registro de comércio, não exercem função delegada pelo Poder Público, nem são consideradas autoridades públicas para os efeitos desta Lei.

Art. 82-A. As entidades de prática desportiva de participação ou de rendimento, profissional ou não profissional, promoverão obrigatoriamente exames periódicos para avaliar a saúde dos atletas, nos termos da regulamentação.

•• Artigo acrescentado pela Lei n. 12.346, de 9-12-2010.

Art. 82-B. São obrigadas a contratar seguro de vida e de acidentes pessoais, vinculado à atividade desportiva, com o objetivo de cobrir os riscos a que os atletas estão sujeitos:

•• *Caput* acrescentado pela Lei n. 13.155, de 4-8-2015.

I – as entidades de prática desportiva que mantenham equipes de treinamento de atletas não profissionais de modalidades olímpicas ou paraolímpicas, para os atletas não profissionais a ela vinculados;

•• Inciso I acrescentado pela Lei n. 13.155, de 4-8-2015.

II – as entidades de administração do desporto nacionais, no caso de:

•• Inciso II, *caput*, acrescentado pela Lei n. 13.155, de 4-8-2015.

a) competições ou partidas internacionais em que atletas não profissionais de modalidades olímpicas ou paraolímpicas estejam representando selecionado nacional;

•• Alínea *a* acrescentada pela Lei n. 13.155, de 4-8-2015.

b) competições nacionais de modalidades olímpicas ou paraolímpicas, para os atletas não profissionais não vinculados a nenhuma entidade de prática desportiva.

•• Alínea *b* acrescentada pela Lei n. 13.155, de 4-8-2015.

§ 1.º A importância segurada deve garantir ao atleta não profissional, ou ao beneficiário por ele indicado no contrato de seguro, o direito a indenização mínima correspondente a doze vezes o valor do salário mínimo vigente ou a doze vezes o valor de contrato de imagem ou de patrocínio referentes a sua atividade desportiva, o que for maior.

•• § 1.º acrescentado pela Lei n. 13.155, de 4-8-2015.

§ 2.º A entidade de prática desportiva é responsável pelas despesas médico-hospitalares e de medicamentos necessários ao restabelecimento do atleta enquanto a seguradora não fizer o pagamento da indenização a que se refere o § 1.º deste artigo.

•• § 2.º acrescentado pela Lei n. 13.155, de 4-8-2015.

§ 3.º As despesas com seguro a que se refere o inciso II do *caput* deste artigo serão custeadas, conforme a hipótese, com recursos oriundos da exploração de loteria destinados ao COB, ao CPB, ao CBC, à CBDE e à CBDU.

•• § 3.º com redação determinada pela Lei n. 13.756, de 12-12-2018.

Art. 83. As entidades desportivas internacionais com sede permanente ou temporária no País receberão dos poderes públicos o mesmo tratamento dispensado às entidades nacionais de administração do desporto.

Art. 84. Será considerado como efetivo exercício, para todos os efeitos legais, o período em que o atleta servidor público civil ou militar, da Administração Pública direta, indireta, autárquica ou fundacional, estiver convocado para integrar representação nacional em treinamento ou competição desportiva no País ou no exterior.

•• *Caput* com redação determinada pela Lei n. 9.981, de 14-7-2000.

§ 1.º O período de convocação será definido pela entidade nacional de administração da respectiva modalidade desportiva, cabendo a esta ou aos Comitês Olímpico ou Paraolímpico Brasileiros fazer a devida comunicação e solicitar ao Ministério do Esporte a competente liberação do afastamento do atleta, árbitro e assistente, cabendo ao referido Ministério comunicar a ocorrência ao órgão de origem do servidor ou militar.

•• § 1.º com redação determinada pela Lei n. 12.395, de 16-3-2011.

§ 2.º O disposto neste artigo aplica-se, também, aos profissionais especializados e dirigentes, quando indispensáveis à composição da delegação.

Art. 84-A. Todos os jogos das seleções brasileiras de futebol, em competições oficiais, deverão ser exibidos, pelo menos, em uma rede nacional de televisão aberta, com transmissão ao vivo, inclusive para as cidades brasileiras nas quais os mesmos estejam sendo realizados.

•• *Caput* acrescentado pela Lei n. 9.981, de 14-7-2000.

Parágrafo único. As empresas de televisão de comum acordo, ou por rodízio, ou por arbitramento, resolverão como cumprir o disposto neste artigo, caso nenhuma delas se interesse pela transmissão. O órgão competente fará o arbitramento.

•• Parágrafo único acrescentado pela Lei n. 9.981, de 14-7-2000.

Art. 85. Os sistemas de ensino da União, dos Estados, do Distrito Federal e dos Municípios, bem como as instituições de ensino superior, definirão normas específicas para verificação do rendimento e o controle de frequência dos estudantes que integrarem representação desportiva nacional, de forma a harmonizar a atividade desportiva com os interesses relacionados ao aproveitamento e à promoção escolar.

Art. 86. É instituído o Dia do Desporto, a ser comemorado no dia 23 de junho, Dia Mundial do Desporto Olímpico.

Art. 87. A denominação e os símbolos de entidade de administração do desporto ou prática desportiva, bem como o nome ou apelido desportivo do atleta profissional, são de propriedade exclusiva dos mesmos, contando com a proteção legal, válida para todo o território nacional, por tempo indeterminado, sem necessidade de registro ou averbação no órgão competente.

• A Lei n. 9.279, de 14-5-1996, regula direitos e obrigações relativos à propriedade industrial, e a Lei n. 9.610, de 19-2-1998, dispõe sobre direitos autorais.

Parágrafo único. A garantia legal outorgada às entidades e aos atletas referidos neste artigo permite-lhes o uso comercial de sua denominação, símbolos, nomes e apelidos.

• O art. 122 da Lei n. 9.279, de 14-5-1996, dispõe sobre a registrabilidade de sinais passíveis de registro como marca.

Art. 87-A. O direito ao uso da imagem do atleta pode ser por ele cedido ou explorado, mediante ajuste contratual de natureza civil e com fixação de direitos, deveres e condições inconfundíveis com o contrato especial de trabalho desportivo.

•• *Caput* acrescentado pela Lei n. 12.395, de 16-3-2011.

Parágrafo único. Quando houver, por parte do atleta, a cessão de direitos ao uso de sua imagem para a entidade de prática desportiva detentora do contrato especial de trabalho desportivo, o valor correspondente ao uso da imagem não poderá ultrapassar 40% (quarenta por cento) da remuneração total paga ao atleta, composta pela soma do salário e dos valores pagos pelo direito ao uso da imagem.

•• Parágrafo único acrescentado pela Lei n. 13.155, de 4-8-2015.

Art. 88. Os árbitros e auxiliares de arbitragem poderão constituir entidades nacionais, estaduais e do Distrito Federal, por modalidade desportiva ou grupo de modalidades, objetivando o recrutamento, a formação e a prestação de serviços às entidades de administração do desporto.

•• *Caput* com redação determinada pela Lei n. 12.395, de 16-3-2011.

Parágrafo único. Independentemente da constituição de sociedade ou entidades, os árbitros e seus auxiliares não terão qualquer vínculo empregatício com as entidades desportivas diretivas onde atuarem, e sua remuneração como autônomos exonera tais entidades de quaisquer outras responsabilidades trabalhistas, securitárias e previdenciárias.

Art. 89. Em campeonatos ou torneios regulares com mais de uma divisão, as entidades de administração do desporto determinarão em seus regulamentos o princípio do acesso e do descenso, observado sempre o critério técnico.

Art. 89-A. As entidades responsáveis pela organização de competições desportivas profissionais deverão disponibilizar equipes para atendimento de emergências entre árbitros e atletas, nos termos da regulamentação.

•• Artigo acrescentado pela Lei n. 12.346, de 9-12-2010.

Art. 90. É vedado aos administradores e membros de conselho fiscal de entidade de prática desportiva o exercício de cargo ou função em entidade de administração do desporto.

Art. 90-A. (*Vetado*.)

•• Artigo acrescentado pela Lei n. 10.672, de 15-5-2003.

Art. 90-B. (*Vetado*.)

•• Artigo acrescentado pela Lei n. 10.672, de 15-5-2003.

Art. 90-C. As partes interessadas poderão valer-se da arbitragem para dirimir litígios relativos a direitos patrimoniais disponíveis, vedada a apreciação de matéria referente à disciplina e à competição desportiva.

•• *Caput* acrescentado pela Lei n. 12.395, de 16-3-2011.

Parágrafo único. A arbitragem deverá estar prevista em acordo ou convenção coletiva de trabalho e só poderá ser instituída após a concordância expressa de ambas as partes, mediante cláusula compromissória ou compromisso arbitral.

•• Parágrafo único acrescentado pela Lei n. 12.395, de 16-3-2011.

Art. 90-D. Os atletas profissionais poderão ser representados em juízo por suas entidades sindicais em ações relativas aos contratos especiais de trabalho desportivo mantidos com as entidades de prática desportiva.

•• Artigo acrescentado pela Lei n. 12.395, de 16-3-2011.

Art. 90-E. O disposto no § 4.º do art. 28 quando houver vínculo empregatício aplica-se aos integrantes da comissão técnica e da área de saúde.

•• Artigo acrescentado pela Lei n. 12.395, de 16-3-2011.

Art. 90-F. Os profissionais credenciados pelas Associações de Cronistas Esportivos quando em serviço têm acesso a praças, estádios e ginásios desportivos em todo o território nacional, obrigando-se a ocupar locais a eles reservados pelas respectivas entidades de administração do desporto.

•• Artigo acrescentado pela Lei n. 12.395, de 16-3-2011.

CAPÍTULO XI

DISPOSIÇÕES TRANSITÓRIAS

Art. 91. Até a edição dos Códigos da Justiça dos Desportos Profissionais e Não Profissionais continuam em vigor os atuais Códigos, com as alterações constantes desta Lei.

•• A Lei n. 12.395, de 16-3-2011, propôs nova redação para este artigo, porém teve seu texto vetado.

Art. 92. Os atuais atletas profissionais de futebol, de qualquer idade, que, na data de entrada em vigor desta Lei, estiverem com passe livre, permanecerão nesta situação, e a rescisão de seus contratos de trabalho dar-se-á nos termos dos arts. 479 e 480 da CLT.

Art. 93. O disposto no art. 28, § 2.º, desta Lei somente produzirá efeitos jurídicos a partir de 26 de março de 2001, respeitados os direitos adquiridos decorrentes dos contratos de trabalho e vínculos desportivos de atletas profissionais pactuados com base na legislação anterior.

•• *Caput* com redação determinada pela Lei n. 9.981, de 14-7-2000.

Parágrafo único. (*Vetado*.)

•• Parágrafo único acrescentado pela Lei n. 9.981, de 14-7-2000.

Art. 94. O disposto nos arts. 27, 27-A, 28, 29, 29-A, 30, 39, 43, 45 e no § 1.º do art. 41 desta Lei será obrigatório exclusivamente para atletas e entidades de prática profissional da modalidade de futebol.

•• *Caput* com redação determinada pela Lei n. 12.395, de 16-3-2011.

Parágrafo único. É facultado às demais modalidades desportivas adotar os preceitos constantes dos dispositivos referidos no *caput* deste artigo.

•• Parágrafo único acrescentado pela Lei n. 9.981, de 14-7-2000.

Art. 94-A. O Poder Executivo regulamentará o disposto nesta Lei, inclusive a distribuição dos recursos, gradação das multas e os procedimentos de sua aplicação.

•• Artigo acrescentado pela Lei n. 9.981, de 14-7-2000.

Art. 95. Esta Lei entra em vigor na data de sua publicação.

Art. 96. São revogados, a partir da vigência do disposto no § 2.º do art. 28 desta Lei, os incisos II e V e os §§ 1.º e 3.º do art. 3.º, os arts. 4.º, 6.º, 11 e 13, o § 2.º do art. 15, o parágrafo único do art. 16 e os arts. 23 e 26 da Lei n. 6.354, de 2 de setembro de 1976; são revogadas, a partir da data de publicação desta Lei, as Leis n. 8.672, de 6 de julho de 1993, e 8.946, de 5 de dezembro de 1994.

Brasília, 24 de março de 1998; 177.º da Independência e 110.º da República.

FERNANDO HENRIQUE CARDOSO

LEI N. 9.766,

DE 18 DE DEZEMBRO DE 1998 (*)

Altera a legislação que rege o Salário-Educação, e dá outras providências.

O Presidente da República

Faço saber que o Congresso Nacional decreta e eu sanciono a seguinte Lei:

Art. 1.º A contribuição social do Salário-Educação, a que se refere o art. 15 da Lei n. 9.424, de 24 de dezembro de 1996, obedecerá aos mesmos prazos e condições, e sujeitar-se-á às mesmas sanções administrativas ou penais e outras normas relativas às contribuições sociais e demais importâncias devidas à Seguridade Social, ressalvada a competência do Fundo Nacional de Desenvolvimento da Educação – FNDE, sobre a matéria.

§ 1.º Estão isentas do recolhimento da contribuição social do Salário-Educação:

I – a União, os Estados, o Distrito Federal e os Municípios, bem como suas respectivas autarquias e fundações;

II – as instituições públicas de ensino de qualquer grau;

III – as escolas comunitárias, confessionais ou filantrópicas, devidamente registradas e reconhecidas pelo competente órgão estadual de educação, e que atendam ao disposto no inciso II do art. 55 da Lei n. 8.212, de 24 de julho de 1991;

IV – as organizações de fins culturais que, para este fim, vierem a ser definidas em regulamento;

V – as organizações hospitalares e de assistência social, desde que atendam, cumulativamente, aos requisitos estabelecidos nos incisos I a V do art. 55 da Lei n. 8.212, de 1991.

§ 2.º Integram a receita do Salário-Educação os acréscimos legais a que estão sujeitos os contribuintes em atraso.

§ 3.º Entende-se por empresa, para fins de incidência da contribuição social do Salário-Educação, qualquer firma individual ou sociedade que assume o risco de atividade econômica, urbana ou rural, com fins lucrativos ou não, bem como as empresas e demais entidades públicas ou privadas, vinculadas à Seguridade Social.

Art. 2.º A Quota Estadual e Municipal do Salário-Educação, de que trata o § 1.º e seu inciso II do art. 15 da Lei n. 9.424, de 24 de dezembro de 1996, será integralmente redistribuída entre o Estado e seus Municípios de forma proporcional ao número de alunos matriculados no ensino fundamental nas respectivas redes de ensino, conforme apurado pelo censo educacional realizado pelo Ministério da Educação.

•• *Caput* com redação determinada pela Lei n. 10.832, de 29-12-2003.

Parágrafo único. As contas específicas dos Estados, do Distrito federal e dos Municípios destinadas à movimentação das Quotas do Salário-Educação serão abertas pelo FNDE e mantidas, a critério do respectivo ente federado, em instituição financeira oficial.

•• Parágrafo único acrescentado pela Lei n. 13.530, de 7-12-2017.

Art. 3.º O Salário-Educação não tem caráter remuneratório na relação de emprego e não se vincula, para nenhum efeito, ao salário ou à remuneração percebida pelos empregados das empresas contribuintes.

Art. 4.º A contribuição do Salário-Educação será recolhida ao Instituto Nacional do Seguro Social – INSS ou ao Fundo Nacional de Desenvolvimento da Educação – FNDE.

Parágrafo único. O INSS reterá, do montante por ele arrecadado, a importância equivalente a um por cento, a título de taxa de administração, creditando o restante no Banco do Brasil S.A., em favor do FNDE, para os fins previstos no art. 15, § 1.º, da Lei n. 9.424, de 1996.

Art. 5.º A fiscalização da arrecadação do Salário-Educação será realizada pelo INSS, ressalvada a competência do FNDE sobre a matéria.

• A Instrução Normativa n. 28, de 29-6-2000, do INSS, normatiza e padroniza os procedimentos para a fiscalização da execução de programas e projetos finan-

(*) Publicada no *DOU*, de 19-12-1998. Regulamentada pelo Decreto n. 6.003, de 28-12-2006.

ciados pelo Fundo Nacional de Desenvolvimento da Educação – FNDE e fiscalização das empresas optantes pelo Sistema de Manutenção de Ensino – SME.

Parágrafo único. Para efeito da fiscalização prevista neste artigo, seja por parte do INSS, seja por parte do FNDE, não se aplicam as disposições legais excludentes ou limitativas do direito de examinar livros, arquivos, documentos, papéis e efeitos comerciais ou fiscais, dos comerciantes, empresários, industriais ou produtores, ou da obrigação destes de exibi-los.

• O art. 22 da Instrução Normativa n. 28, de 29-6-2000, do INSS, dispõe: "A empresa deverá manter à disposição da fiscalização, por 10 (dez) anos, a documentação referente ao salário-educação".

Art. 6.º As disponibilidades financeiras dos recursos gerenciados pelo FNDE, inclusive os arrecadados à conta do Salário-Educação, poderão ser aplicadas por intermédio de instituição financeira pública federal, na forma que vier a ser estabelecida pelo seu Conselho Deliberativo.

• A Resolução n. 31, de 30-9-2003, aprova o Regimento Interno do Conselho Deliberativo do Fundo Nacional de Desenvolvimento da Educação.

Art. 7.º O Ministério da Educação e do Desporto fiscalizará, por intermédio do FNDE, a aplicação dos recursos provenientes do Salário-Educação, na forma do regulamento e das instruções que para este fim forem baixadas por aquela autarquia, vedada sua destinação ao pagamento de pessoal.

Art. 8.º Os recursos do Salário-Educação podem ser aplicados na educação especial, desde que vinculada ao ensino fundamental público.

Art. 9.º O Poder Executivo regulamentará esta Lei no prazo de sessenta dias da data de sua publicação.

Art. 10. Ficam convalidados os atos praticados com base na Medida Provisória n. 1.607-24, de 19 de novembro de 1998.

Art. 11. Esta Lei entra em vigor na data de sua publicação.

Art. 12. Revoga-se a Lei n. 8.150, de 28 de dezembro de 1990.

Brasília, 18 de dezembro de 1998; 177.º da Independência e 110.º da República.

FERNANDO HENRIQUE CARDOSO

PORTARIA N. 60,

DE 4 DE FEVEREIRO DE 1999 (*)

Dispõe sobre o não recolhimento da multa rescisória pelo empregador, de que trata o art. 18 da Lei n. 8.036, de 11 de maio de 1990, e sobre os procedimentos de fiscalização cabíveis.

O Ministro de Estado do Trabalho e Emprego, no uso de suas atribuições legais, e considerando a necessidade de adotar medidas que visem a preservação do direito do trabalhador de movimentar sua conta vinculada do FGTS, diante do não recolhimento da multa rescisória pelo empregador, resolve:

Art. 1.º O agente homologador, ao constatar o não recolhimento pelo empregador da multa rescisória de que trata o art. 18 da Lei n. 8.036, de 11 de maio de 1990, que deve ser depositada na conta vinculada do FGTS do trabalhador, na hipótese de despedida sem justa causa, inclusive a indireta, de culpa recíproca e de força maior, deverá adverti-lo quanto aos prazos e às penalidades a que está sujeito, em conformidade com o disposto no art. 477 da Consolidação das Leis do Trabalho – CLT e no art. 23 da Lei n. 8.036/90.

§ 1.º Caso o empregador não efetue o referido depósito na conta vinculada do FGTS do trabalhador, a homologação será efetuada com ressalva, relatando-se o fato no Termo de Rescisão do Contrato de Trabalho – TRCT.

§ 2.º Na homologação realizada na Delegacia Regional do Trabalho – DRT, a não exibição do comprovante do referido depósito ensejará imediata lavratura de auto de infração para fins de imposição de multa, emitindo-se cópias do mesmo para o trabalhador e para o respectivo sindicato.

§ 3.º Em se tratando de homologação realizada pelo Sindicato e na hipótese de ocorrência do previsto no § 1.º, será encaminhada denúncia à DRT, para a adoção das devidas providências.

§ 4.º O TRCT, contendo a ressalva quanto ao não recolhimento da referida multa rescisória, é documento comprobatório para efeito de movimentação da conta vinculada pelo trabalhador perante o agente operador do FGTS, além dos demais requisitos exigidos pelas normas em vigor.

Art. 2.º No caso de rescisão do contrato de trabalho com menos de um ano, sem justa causa, inclusive a indireta, de culpa recíproca e de força maior, diante do não recolhimento da multa rescisória, a DRT, por solicitação do trabalhador ou mediante comunicado do agente operador do FGTS sobre a referida ocorrência, adotará os procedimentos de fiscalização cabíveis para apuração da infração denunciada, sem prejuízo da movimentação da conta vinculada do FGTS pelo trabalhador.

Art. 3.º Esta Portaria entra em vigor na data de sua publicação, revogadas as disposições em contrário.

Francisco Dornelles

DECRETO N. 3.048,

DE 6 DE MAIO DE 1999 (**)

Aprova o Regulamento da Previdência Social, e dá outras providências.

O Presidente da República, no uso da atribuição que lhe confere o art. 84, IV, da Constituição Federal, e de acordo com a Emenda Constitucional n. 20, de 1998, as Leis Complementares n. 70, de 30 de dezembro de 1991, e n. 84, de

(*) Publicada no *DOU*, de 8 e retificada em 9-2-1999. A Resolução n. 339, de 26-4-2000, do Conselho Curador do FGTS, dispõe sobre sistemática de ajuste para valores recolhidos a menor na Guia de Recolhimento Rescisório do FGTS e Informações à Previdência Social – GRFP.

(**) Publicado no *DOU*, de 7-5-1999. Republicado em 12-5-1999 e retificado em 18 e 21-6-1999.

18 de janeiro de 1996, e as Leis n. 8.138, de 28 de dezembro de 1990, n. 8.212, de 24 de julho de 1991, n. 8.213, de 24 de julho de 1991, n. 8.218, de 29 de agosto de 1991, n. 8.383, de 30 de dezembro de 1991, n. 8.398, de 7 de janeiro de 1992, n. 8.436, de 25 de junho de 1992, n. 8.444, de 20 de julho de 1992, n. 8.540, de 22 de dezembro de 1992, n. 8.542, de 23 de dezembro de 1992, n. 8.619, de 5 de janeiro de 1993, n. 8.620, de 5 de janeiro de 1993, n. 8.630, de 25 de fevereiro de 1993, n. 8.647, de 13 de abril de 1993, n. 8.742, de 7 de dezembro de 1993, n. 8.745, de 9 de dezembro de 1993, n. 8.861, de 25 de março de 1994, n. 8.864, de 28 de março de 1994, n. 8.870, de 15 de abril de 1994, n. 8.880, de 27 de maio de 1994, n. 8.935, de 18 de novembro de 1994, n. 8.981, de 20 de janeiro de 1995, n. 9.032, de 28 de abril de 1995, n. 9.063, de 14 de junho de 1995, n. 9.065, de 20 de junho de 1995, n. 9.069, de 29 de junho de 1995, n. 9.129, de 20 de novembro de 1995, n. 9.249, de 26 de dezembro de 1995, n. 9.250, de 26 de dezembro de 1995, n. 9.317, de 5 de dezembro de 1996, n. 9.429, de 26 de dezembro de 1996, n. 9.476, de 23 de julho de 1997, n. 9.506, de 30 de outubro de 1997, n. 9.528, de 10 de dezembro de 1997, n. 9.601, de 21 de janeiro de 1998, n. 9.615, de 24 de março de 1998, n. 9.639, de 25 de maio de 1998, n. 9.649, de 27 de maio de 1998, n. 9.676, de 30 de junho de 1998, n. 9.703, de 17 de novembro de 1998, n. 9.711, de 21 de novembro de 1998, n. 9.717, de 27 de novembro de 1998, n. 9.718, de 27 de novembro de 1998, n. 9.719, de 27 de novembro de 1998, n. 9.720, de 30 de novembro de 1998, e n. 9.732, de 11 de dezembro de 1998, decreta:

Art. 1.º O Regulamento da Previdência Social passa a vigorar na forma do texto apenso ao presente Decreto, com seus anexos.

Art. 2.º Este Decreto entra em vigor na data de sua publicação.

....

Brasília, 6 de maio de 1999; 178.º da Independência e 111.º da República.

FERNANDO HENRIQUE CARDOSO

REGULAMENTO DA PREVIDÊNCIA SOCIAL

....

LIVRO II

DOS BENEFÍCIOS DA PREVIDÊNCIA SOCIAL

....

TÍTULO II

DO REGIME GERAL DE PREVIDÊNCIA SOCIAL

....

CAPÍTULO II

DAS PRESTAÇÕES EM GERAL

SEÇÃO I

Das Espécies de Prestação

Art. 25. O Regime Geral de Previdência Social compreende as seguintes prestações, expressas em benefícios e serviços:

I – quanto ao segurado:

a) aposentadoria por invalidez;

b) aposentadoria por idade;

c) aposentadoria por tempo de contribuição;

d) aposentadoria especial;

e) auxílio-doença;

f) salário-família;

g) salário-maternidade; e

h) auxílio-acidente;

II – quanto ao dependente:

a) pensão por morte; e

• *Vide* Súmula 52 dos JEFs.

b) auxílio-reclusão; e

III – quanto ao segurado e dependente: reabilitação profissional.

....

SEÇÃO VI

Dos Benefícios

....

SUBSEÇÃO V

Do auxílio-doença

Art. 71. O auxílio-doença será devido ao segurado que, após cumprida, quando for o caso, a carência exigida, ficar incapacitado para o seu trabalho ou para a sua atividade habitual por mais de quinze dias consecutivos.

§ 1.º Não será devido auxílio-doença ao segurado que se filiar ao Regime Geral de Previdência Social já portador de doença ou lesão invocada como causa para a concessão do benefício, salvo quando a incapacidade sobrevier por motivo de progressão ou agravamento dessa doença ou lesão.

§ 2.º Será devido auxílio-doença, independentemente de carência, aos segurados obrigatório e facultativo, quando sofrerem acidente de qualquer natureza.

Art. 72. O auxílio-doença consiste numa renda mensal calculada na forma do inciso I do *caput* do art. 39 e será devido:

• O art. 39, I, dispõe: "Art. 39. A renda mensal do benefício de prestação continuada será calculada aplicando-se sobre o salário de benefício os seguintes percentuais: I – auxílio-doença – noventa e um por cento do salário de benefício;".

I – a contar do décimo sexto dia do afastamento da atividade para o segurado empregado, exceto o doméstico;

•• Inciso I com redação determinada pelo Decreto n. 3.265, de 29-11-1999.

II – a contar da data do início da incapacidade, para os demais segurados; ou

III – a contar da data de entrada do requerimento, quando requerido após o trigésimo dia do afastamento da atividade, para todos os segurados.

§ 1.º Quando o acidentado não se afastar do trabalho no dia do acidente, os quinze dias de responsabilidade da empresa pela sua remuneração integral são contados a partir da data do afastamento.

§ 2.º (*Revogado pelo Decreto n. 3.668, de 22-11-2000.*)

§ 3.º O auxílio-doença será devido durante o curso de reclamação trabalhista relacionada com a rescisão do contrato de trabalho, ou após a decisão final, desde que implementadas as condições mínimas para a concessão do benefício, observado o disposto nos §§ 2.º e 3.º do art. 36.

•• Citados parágrafos dispõem: "§ 2.º No caso de segurado empregado ou de trabalhador avulso que tenham cumprido todas as condições para a concessão do benefício pleiteado, mas não possam comprovar o valor dos seus salários de contribuição no período básico de cálculo, considerar-se-á para o cálculo do benefício, no período sem comprovação do valor do salário de contribuição, o valor do salário mínimo, devendo esta renda ser recalculada quando da apresentação de prova dos salários de contribuição. § 3.º Para o segurado empregado doméstico que, mesmo tendo satisfeito as condições exigidas para a concessão do benefício requerido, não possa comprovar o efetivo recolhimento das contribuições devidas, será concedido o benefício de valor mínimo, devendo sua renda ser recalculada quando da apresentação da prova do recolhimento das contribuições".

Art. 73. O auxílio-doença do segurado que exercer mais de uma atividade abrangida pela previdência social será devido mesmo no caso de incapacidade apenas para o exercício de uma delas, devendo a perícia médica ser conhecedora de todas as atividades que o mesmo estiver exercendo.

§ 1.º Na hipótese deste artigo, o auxílio-doença será concedido em relação à atividade para a qual o segurado estiver incapacitado, considerando-se para efeito de carência somente as contribuições relativas a essa atividade.

§ 2.º Se nas várias atividades o segurado exercer a mesma profissão, será exigido de imediato o afastamento de todas.

§ 3.º Constatada, durante o recebimento do auxílio-doença concedido nos termos deste artigo, a incapacidade do segurado para cada uma das demais atividades, o valor do benefício deverá ser revisto com base nos respectivos salários de contribuição, observado o disposto nos incisos I a III do art. 72.

§ 4.º Ocorrendo a hipótese do § 1.º, o valor do auxílio-doença poderá ser inferior ao salário mínimo desde que somado às demais remunerações recebidas resultar valor superior a este.

•• § 4.º acrescentado pelo Decreto n. 4.729, de 9-6-2003.

Art. 74. Quando o segurado que exercer mais de uma atividade se incapacitar definitivamente para uma delas, deverá o auxílio-doença ser mantido indefinidamente, não cabendo sua transformação em aposentadoria por invalidez, enquanto essa incapacidade não se estender às demais atividades.

Parágrafo único. Na situação prevista no *caput*, o segurado somente poderá transferir-se das demais atividades que exerce após o conhecimento da reavaliação médico-pericial.

Art. 75. Durante os primeiros quinze dias consecutivos de afastamento da atividade por motivo de doença, incumbe à empresa pagar ao segurado empregado o seu salário.

•• *Caput* com redação determinada pelo Decreto n. 3.265, de 29-11-1999.

§ 1.º Cabe à empresa que dispuser de serviço médico próprio ou em convênio o exame médico e o abono das faltas correspondentes aos primeiros quinze dias de afastamento.

§ 2.º Quando a incapacidade ultrapassar quinze dias consecutivos, o segurado será encaminhado à perícia médica do INSS, que o submeterá à avaliação pericial por profissional médico integrante de seus quadros ou, na hipótese do art. 75-B, de órgãos e entidades públicos que integrem o Sistema Único de Saúde – SUS, ressalvados os casos em que for admitido o reconhecimento da incapacidade pela recepção da documentação médica do segurado, conforme previsto no art. 75-A.

•• § 2.º com redação determinada pelo Decreto n. 8.691, de 14-3-2016.

§ 3.º Se concedido novo benefício decorrente da mesma doença dentro de sessenta dias contados da cessação do benefício anterior, a empresa fica desobrigada do pagamento relativo aos quinze primeiros dias de afastamento, prorrogando-se o benefício anterior e descontando-se os dias trabalhados, se for o caso.

§ 4.º Se o segurado empregado, por motivo de doença, afastar-se do trabalho durante quinze dias, retornando à atividade no décimo sexto dia, e se dela voltar a se afastar dentro de sessenta dias desse retorno, em decorrência da mesma doença, fará jus ao auxílio-doença a partir da data do novo afastamento.

•• § 4.º com redação determinada pelo Decreto n. 5.545, de 22-9-2005.

§ 5.º Na hipótese do § 4.º, se o retorno à atividade tiver ocorrido antes de quinze dias do afastamento, o segurado fará jus ao auxílio-doença a partir do dia seguinte ao que completar aquele período.

•• § 5.º acrescentado pelo Decreto n. 4.729, de 9-6-2003.

§ 6.º A impossibilidade de atendimento pela Previdência Social ao segurado antes do término do período de recuperação indicado pelo médico assistente na documentação autoriza o retorno do empregado ao trabalho no dia seguinte à data indicada pelo médico assistente.

•• § 6.º acrescentado pelo Decreto n. 8.691, de 14-3-2016.

Art. 75-A. O reconhecimento da incapacidade para concessão ou prorrogação do auxílio-doença decorre da realização de avaliação pericial ou da recepção da documentação médica do segurado, hipótese em que o benefício será concedido com base no período de recuperação indicado pelo médico assistente.

•• *Caput* acrescentado pelo Decreto n. 8.691, de 14-3-2016.

§ 1.º O reconhecimento da incapacidade pela recepção da documentação médica do segurado poderá ser admitido, conforme disposto em ato do INSS:

•• § 1.º, *caput*, acrescentado pelo Decreto n. 8.691, de 14-3-2016.

I – nos pedidos de prorrogação do benefício do segurado empregado; ou

•• Inciso I acrescentado pelo Decreto n. 8.691, de 14-3-2016.

II – nas hipóteses de concessão inicial do benefício quando o segurado, independentemente de ser obrigatório ou facultativo, estiver internado em unidade de saúde.

•• Inciso II acrescentado pelo Decreto n. 8.691, de 14-3-2016.

§ 2.º Observado o disposto no § 1.º, o INSS definirá:

•• § 2.º, *caput*, acrescentado pelo Decreto n. 8.691, de 14-3-2016.

I – o procedimento pelo qual irá receber, registrar e reconhecer a documentação médica do segurado, por meio físico ou eletrônico, para fins de reconhecimento da incapacidade laboral; e

•• Inciso I acrescentado pelo Decreto n. 8.691, de 14-3-2016.

II – as condições para o reconhecimento do período de recuperação indicado pelo médico assistente, com base em critérios estabelecidos pela área técnica do INSS.

•• Inciso II acrescentado pelo Decreto n. 8.691, de 14-3-2016.

§ 3.º Para monitoramento e controle do registro e do processamento da documentação médica recebida do segurado, o INSS deverá aplicar critérios internos de segurança operacional sobre os parâmetros utilizados na concessão inicial e na prorrogação dos benefícios.

•• § 3.º acrescentado pelo Decreto n. 8.691, de 14-3-2016.

§ 4.º O disposto neste artigo não afasta a possibilidade de o INSS convocar o segurado, em qualquer hipótese e a qualquer tempo, para avaliação pericial.

•• § 4.º acrescentado pelo Decreto n. 8.691, de 14-3-2016.

Art. 75-B. Nas hipóteses de que trata o § 5.º do art. 60 da Lei n. 8.213, de 24 de julho de 1991, o INSS poderá celebrar, mediante sua coordenação e supervisão, convênios, termos de execução descentralizada, termos de fomento ou de colaboração, contratos não onerosos ou acordos de cooperação técnica para a colaboração no processo de avaliação pericial por profissional médico de órgãos e entidades públicos que integrem o Sistema Único de Saúde – SUS.

•• *Caput* acrescentado pelo Decreto n. 8.691, de 14-3-2016.

Parágrafo único. A execução do disposto neste artigo fica condicionada à edição de:

•• Parágrafo único, *caput*, acrescentado pelo Decreto n. 8.691, de 14-3-2016.

I – ato do INSS para normatizar as hipóteses de que trata o § 5.º do art. 60 da Lei n. 8.213, de 1991; e

•• Inciso I acrescentado pelo Decreto n. 8.691, de 14-3-2016.

II – ato conjunto dos Ministérios do Trabalho e Previdência Social e da Saúde para dispor sobre a cooperação entre o INSS e os órgãos e as entidades que integram o SUS, observado o disposto no art. 14-A da Lei n. 8.080, de 19 de setembro de 1990.

•• Inciso II acrescentado pelo Decreto n. 8.691, de 14-3-2016.

Art. 76. A previdência social deve processar de ofício o benefício, quando tiver ciência da incapacidade do segurado sem que este tenha requerido auxílio-doença.

• *Vide* Súmula 48 dos JEFs.

Art. 76-A. É facultado à empresa protocolar requerimento de auxílio-doença ou documento dele originário de seu empregado ou de contribuinte individual a ela vinculado ou a seu serviço, na forma estabelecida pelo INSS.

•• *Caput* acrescentado pelo Decreto n. 5.699, de 13-2-2006.

Parágrafo único. A empresa que adotar o procedimento previsto no *caput* terá acesso às decisões administrativas a ele relativas.

•• Parágrafo único acrescentado pelo Decreto n. 5.699, de 13-2-2006.

Art. 77. O segurado em gozo de auxílio-doença está obrigado, independentemente de sua idade e sob pena de suspensão do benefício, a submeter-se a exame médico a cargo da previdência social, processo de reabilitação profissional por ela prescrito e custeado e tratamento dispensado gratuitamente, exceto o cirúrgico e a transfusão de sangue, que são facultativos.

Art. 78. O auxílio-doença cessa pela recuperação da capacidade para o trabalho, pela transformação em aposentadoria por invalidez ou auxílio-acidente de qualquer natureza, neste caso se resultar sequela que implique redução da capacidade para o trabalho que habitualmente exercia.

§ 1.º O INSS poderá estabelecer, mediante avaliação pericial ou com base na documentação médica do segurado, nos termos do art. 75-A, o prazo que entender suficiente para a recuperação da capacidade para o trabalho do segurado.

•• § 1.º com redação determinada pelo Decreto n. 8.691, de 14-3-2016.

§ 2.º Caso o prazo concedido para a recuperação se revele insuficiente, o segurado poderá solicitar a sua prorrogação, na forma estabelecida pelo INSS.

•• § 2.º com redação determinada pelo Decreto n. 8.691, de 14-3-2016.

§ 3.º A comunicação da concessão do auxílio-doença conterá as informações necessárias para o requerimento de sua prorrogação.

•• § 3.º com redação determinada pelo Decreto n. 8.691, de 14-3-2016.

§ 4.º A recepção de novo atestado fornecido por médico assistente com declaração de alta médica do segurado, antes do prazo estipulado na concessão ou na prorrogação do auxílio-doença, culminará na cessação do benefício na nova data indicada.

•• § 4.º acrescentado pelo Decreto n. 8.691, de 14-3-2016.

Art. 79. O segurado em gozo de auxílio-doença, insuscetível de recuperação para sua atividade habitual, deverá submeter-se a processo de reabilitação profissional para exercício de outra atividade, não cessando o benefício até que seja dado como habilitado para o desempenho de nova atividade que lhe garanta a subsistência ou, quando considerado não recuperável, seja aposentado por invalidez.

Art. 80. O segurado empregado em gozo de auxílio-doença é considerado pela empresa como licenciado.

Parágrafo único. A empresa que garantir ao segurado licença remunerada ficará obrigada a pagar-lhe durante o período de auxílio-doença a eventual diferença entre o valor deste e a importância garantida pela licença.

SUBSEÇÃO VI
Do salário-família

Art. 81. O salário-família será devido, mensalmente, ao segurado empregado, exceto o doméstico, e ao trabalhador avulso que tenham salário de contribuição inferior ou igual a R$ 360,00 (trezentos e sessenta reais), na proporção do respectivo número de filhos ou equiparados, nos termos do art. 16, observado o disposto no art. 83.

•• Valor atualizado, a partir de 1.º-1-2019, pela Portaria n. 9, de 15-1-2019, do Ministério da Economia, para R$ 1.364,43 (um mil trezentos e sessenta e quatro reais e quarenta e três centavos).

Art. 82. O salário-família será pago mensalmente:

I – ao empregado, pela empresa, com o respectivo salário, e ao trabalhador avulso, pelo sindicato ou órgão gestor de mão de obra, mediante convênio;

II – ao empregado e trabalhador avulso aposentados por invalidez ou em gozo de auxílio-doença, pelo Instituto Nacional do Seguro Social, juntamente com o benefício;

III – ao trabalhador rural aposentado por idade aos sessenta anos, se do sexo masculino, ou cinquenta e cinco anos, se do sexo feminino, pelo Instituto Nacional do Seguro Social, juntamente com a aposentadoria; e

IV – aos demais empregados e trabalhadores avulsos aposentados aos sessenta e cinco anos de idade, se do sexo masculino, ou sessenta anos, se do sexo feminino, pelo Instituto Nacional do Seguro Social, juntamente com a aposentadoria.

§ 1.º No caso do inciso I, quando o salário do empregado não for mensal, o salário-família será pago juntamente com o último pagamento relativo ao mês.

§ 2.º O salário-família do trabalhador avulso independe do número de dias trabalhados no mês, devendo o seu pagamento corresponder ao valor integral da cota.

§ 3.º Quando o pai e a mãe são segurados empregados ou trabalhadores avulsos, ambos têm direito ao salário-família.

§ 4.º As cotas do salário-família, pagas pela empresa, deverão ser deduzidas quando do recolhimento das contribuições sobre a folha de salário.

Art. 83. A partir de 1.º de maio de 2004, o valor da cota do salário-família por filho ou equiparado de qualquer condição, até quatorze anos de idade ou inválido, é de:

•• *Caput* com redação determinada pelo Decreto n. 5.545, de 22-9-2005.

I – R$ 20,00 (vinte reais), para o segurado com remuneração mensal não superior a R$ 390,00 (trezentos e noventa reais); e

•• Inciso I acrescentado pelo Decreto n. 5.545, de 22-9-2005.

•• Valor atualizado, a partir de 1.º-1-2019, pela Portaria n. 9, de 15-1-2019, do Ministério da Economia, para R$ 46,54 (quarenta e seis reais e cinquenta e quatro centavos) para o segurado com remuneração não superior a R$ 907,77 (novecentos e sete reais e setenta e sete centavos).

II – R$ 14,09 (quatorze reais e nove centavos), para o segurado com remuneração mensal superior a R$ 390,00 (trezentos e noventa reais) e igual ou inferior a R$ 586,19 (quinhentos e oitenta e seis reais e dezenove centavos).

•• Inciso II acrescentado pelo Decreto n. 5.545, de 22-9-2005.

•• Valor atualizado, a partir de 1.º-1-2019, pela Portaria n. 9, de 15-1-2019, do Ministério da Economia, para R$ 32,80 (trinta e dois reais e oitenta centavos) para o segurado com remuneração superior a R$ 907,77 (novecentos e sete reais e setenta e sete centavos) e igual ou inferior a R$ 1.364,43 (um mil trezentos e sessenta e quatro reais e quarenta e três centavos).

Art. 84. O pagamento do salário-família será devido a partir da data da apresentação da certidão de nascimento do filho ou da documentação relativa ao equiparado, estando condicionado à apresentação anual de atestado de vacinação obrigatória, até seis anos de idade, e de comprovação semestral de frequência à escola do filho ou equiparado, a partir dos sete anos de idade.

•• *Caput* com redação determinada pelo Decreto n. 3.265, de 29-11-1999.

§ 1.º A empresa deverá conservar, durante dez anos, os comprovantes dos pagamentos e as cópias das certidões correspondentes, para exame pela fiscalização do Instituto Nacional do Seguro Social, conforme o disposto no § 7.º do art. 225.

•• Primitivo parágrafo único renumerado pelo Decreto n. 3.265, de 29-11-1999.

§ 2.º Se o segurado não apresentar o atestado de vacinação obrigatória e a comprovação de frequência escolar do filho ou equiparado, nas datas definidas pelo Instituto Nacional do Seguro Social, o benefício do salário-família será suspenso, até que a documentação seja apresentada.

•• § 2.º acrescentado pelo Decreto n. 3.265, de 29-11-1999.

§ 3.º Não é devido salário-família no período entre a suspensão do benefício motivada pela falta de comprovação da frequência escolar e o seu reativamento, salvo se provada a frequência escolar regular no período.

•• § 3.º acrescentado pelo Decreto n. 3.265, de 29-11-1999.

§ 4.º A comprovação de frequência escolar será feita mediante apresentação de documento emitido pela escola, na forma de legislação própria, em nome do aluno, onde conste o registro de frequência regular ou de atestado do estabelecimento de ensino, comprovando a regularidade da matrícula e frequência escolar do aluno.

•• § 4.º acrescentado pelo Decreto n. 3.265, de 29-11-1999.

Art. 85. A invalidez do filho ou equiparado maior de quatorze anos de idade deve ser verificada em exame médico-pericial a cargo da previdência social.

Art. 86. O salário-família correspondente ao mês de afastamento do trabalho será pago integralmente pela empresa, pelo sindicato ou órgão gestor de mão de obra, conforme o caso, e o do mês da cessação de benefício pelo Instituto Nacional do Seguro Social.

Art. 87. Tendo havido divórcio, separação judicial ou de fato dos pais, ou em caso de abandono legalmente caracterizado ou perda do pátrio poder, o salário-família passará a ser pago diretamente àquele a cujo cargo ficar o sustento do menor, ou a outra pessoa, se houver determinação judicial nesse sentido.

Art. 88. O direito ao salário-família cessa automaticamente:

I – por morte do filho ou equiparado, a contar do mês seguinte ao do óbito;

II – quando o filho ou equiparado completar quatorze anos de idade, salvo se inválido, a contar do mês seguinte ao da data do aniversário;

III – pela recuperação da capacidade do filho ou equiparado inválido, a contar do mês seguinte ao da cessação da incapacidade; ou

IV – pelo desemprego do segurado.

Art. 89. Para efeito de concessão e manutenção do salário-família, o segurado deve firmar termo de responsabilidade, no qual se comprometa a comunicar à empresa ou ao Instituto Nacional do Seguro Social qualquer fato ou circunstância que determine a perda do direito ao benefício, ficando sujeito, em caso do não cumprimento, às sanções penais e trabalhistas.

Art. 90. A falta de comunicação oportuna de fato que implique cessação do salário-família, bem como a prática, pelo empregado, de fraude de qualquer natureza para o seu recebimento, autoriza a empresa, o Instituto Nacional do Seguro Social, o sindicato ou órgão gestor de mão de obra, conforme o caso, a descontar dos pagamentos de cotas devidas com relação a outros filhos ou, na falta delas, do próprio salário do empregado ou da renda mensal do seu benefício, o valor das cotas indevidamente recebidas, sem prejuízo das sanções penais cabíveis, observado o disposto no § 2.º do art. 154.

• Citado parágrafo dispõe sobre a restituição de importância recebida indevidamente por beneficiário da previdência social, nos casos comprovados de dolo, fraude ou má-fé.

Art. 91. O empregado deve dar quitação à empresa, sindicato ou órgão gestor de mão de obra de cada recebimento mensal do salário-família, na própria folha de pagamento ou por outra forma admitida, de modo que a quitação fique plena e claramente caracterizada.

Art. 92. As cotas do salário-família não serão incorporadas, para qualquer efeito, ao salário ou ao benefício.

SUBSEÇÃO VII
Do salário-maternidade

Art. 93. O salário-maternidade é devido à segurada da Previdência Social, durante cento e vinte dias, com início vinte e oito dias antes e término noventa e um dias depois do parto, podendo ser prorrogado na forma prevista no § 3.º.

•• *Caput* com redação determinada pelo Decreto n. 4.862, de 21-10-2003.

§ 1.º Para a segurada empregada, inclusive a doméstica, observar-se-á, no que couber, as situações e condições previstas na legislação trabalhista relativas à proteção à maternidade.

§ 2.º Será devido o salário-maternidade à segurada especial, desde que comprove o exercício de atividade rural nos últimos dez meses imediatamente anteriores à data do parto ou do requerimento do benefício, quando requerido antes do parto, mesmo que de forma descontínua, aplicando-se, quando for o caso, o disposto no parágrafo único do art. 29.

•• § 2.º com redação determinada pelo Decreto n. 5.545, de 22-9-2005.

• Citado parágrafo dispõe sobre a carência em caso de antecipação do parto.

§ 3.º Em casos excepcionais, os períodos de repouso anterior e posterior ao parto podem ser aumentados de mais duas semanas, mediante atestado médico específico.

•• § 3.º com redação determinada pelo Decreto n. 3.668, de 22-11-2000.

§ 4.º Em caso de parto antecipado ou não, a segurada tem direito aos cento e vinte dias previstos neste artigo.

§ 5.º Em caso de aborto não criminoso, comprovado mediante atestado médico, a segurada terá direito ao salário-maternidade correspondente a duas semanas.

•• § 5.º com redação determinada pelo Decreto n. 3.668, de 22-11-2000.

§ 6.º (*Revogado pelo Decreto n. 4.032, de 26-11-2001.*)

Art. 93-A. O salário-maternidade é devido à segurada da Previdência Social que adotar ou obtiver guarda judicial para fins de adoção de criança com idade:

•• *Caput* e incisos acrescentados pelo Decreto n. 4.729, de 9-6-2003.

•• *Vide* art. 101, § 3.º, deste Decreto.

I – até um ano completo, por cento e vinte dias;

II – a partir de um ano até quatro anos completos, por sessenta dias; ou

III – a partir de quatro anos até completar oito anos, por trinta dias.

•• A gradação prevista neste artigo constava também nos §§ 1.º a 3.º do art. 392-A da CLT, que foram revogados pela Lei n. 12.010, de 3-8-2009 – Lei Nacional de Adoção.

§ 1.º O salário-maternidade é devido à segurada independentemente de a mãe biológica ter recebido o mesmo benefício quando do nascimento da criança.

•• § 1.º acrescentado pelo Decreto n. 4.729, de 9-6-2003.

§ 2.º O salário-maternidade não é devido quando o termo de guarda não contiver a observação de que é para fins de adoção ou só contiver o nome do cônjuge ou companheiro.

•• § 2.º acrescentado pelo Decreto n. 4.729, de 9-6-2003.

§ 3.º Para a concessão do salário-maternidade é indispensável que conste da nova certidão de nascimento da criança, ou do termo de guarda, o nome da segurada adotante ou guardiã, bem como, deste último, tratar-se de guarda para fins de adoção.

•• § 3.º acrescentado pelo Decreto n. 4.729, de 9-6-2003.

§ 4.º Quando houver adoção ou guarda judicial para adoção de mais de uma criança, é devido um único salário-maternidade relativo à criança de menor idade, observado o disposto no art. 98.

•• § 4.º acrescentado pelo Decreto n. 4.729, de 9-6-2003.

§ 5.º A renda mensal do salário-maternidade é calculada na forma do disposto nos arts. 94, 100 ou 101, de acordo com a forma de contribuição da segurada à Previdência Social.

•• § 5.º acrescentado pelo Decreto n. 4.729, de 9-6-2003.

§ 6.º O salário-maternidade de que trata este artigo é pago diretamente pela previdência social.

•• § 6.º acrescentado pelo Decreto n. 4.862, de 21-10-2003.

Art. 94. O salário-maternidade para a segurada empregada consiste numa renda mensal igual à sua remuneração integral e será pago pela empresa, efetivando-se a compensação, observado o disposto no art. 248 da Constituição, quando do recolhimento das contribuições incidentes sobre a folha de salários e demais rendimentos pagos ou creditados, a qualquer título, à pessoa física que lhe preste serviço, devendo aplicar-se à renda mensal do benefício o disposto no art. 198.

•• *Caput* com redação determinada pelo Decreto n. 4.862, de 21-10-2003.

§§ 1.º e 2.º (*Revogados pelo Decreto n. 3.265, de 29-11-1999.*)

§ 3.º A empregada deve dar quitação à empresa dos recolhimentos mensais do salário-maternidade na própria folha de pagamento ou por outra forma admitida, de modo que a quitação fique plena e claramente caracterizada.

•• § 3.º acrescentado pelo Decreto n. 4.862, de 21-10-2003.

§ 4.º A empresa deve conservar, durante dez anos, os comprovantes dos pagamentos e os atestados ou certidões correspondentes para exame pela fiscalização do INSS, conforme o disposto no § 7.º do art. 225.

•• § 4.º acrescentado pelo Decreto n. 4.862, de 21-10-2003.

Art. 95. Compete à interessada instruir o requerimento do salário-maternidade com os atestados médicos necessários.

•• *Caput* com redação determinada pelo Decreto n. 3.668, de 22-11-2000.

Parágrafo único. Quando o benefício for requerido após o parto, o documento comprobatório é a Certidão de Nascimento, podendo, no caso de dúvida, a segurada ser submetida à avaliação pericial junto ao Instituto Nacional do Seguro Social.

•• Parágrafo único com redação determinada pelo Decreto n. 3.668, de 22-11-2000.

Art. 96. O início do afastamento do trabalho da segurada empregada será determinado com base em atestado médico ou certidão de nascimento do filho.

•• *Caput* com redação determinada pelo Decreto n. 4.862, de 21-10-2003.

§§ 1.º e 2.º *(Revogados pelo Decreto n. 4.729, de 9-6-2003.)*

Art. 97. O salário-maternidade da segurada empregada será devido pela previdência social enquanto existir relação de emprego, observadas as regras quanto ao pagamento desse benefício pela empresa.

•• *Caput* com redação determinada pelo Decreto n. 6.122, de 13-6-2007.

Parágrafo único. Durante o período de graça a que se refere o art. 13, a segurada desempregada fará jus ao recebimento do salário-maternidade nos casos de demissão antes da gravidez, ou, durante a gestação, nas hipóteses de dispensa por justa causa ou a pedido, situações em que o benefício será pago diretamente pela previdência social.

•• Parágrafo único acrescentado pelo Decreto n. 6.122, de 13-6-2007.

• O art. 13 dispõe sobre manutenção da qualidade de segurado, independentemente de contribuições.

Art. 98. No caso de empregos concomitantes, a segurada fará jus ao salário-maternidade relativo a cada emprego.

Art. 99. Nos meses de início e término do salário-maternidade da segurada empregada, o salário-maternidade será proporcional aos dias de afastamento do trabalho.

Art. 100. O salário-maternidade da segurada trabalhadora avulsa, pago diretamente pela Previdência Social, consiste numa renda mensal igual à sua remuneração integral equivalente a um mês de trabalho, devendo aplicar-se à renda mensal do benefício o disposto no art. 198.

•• Artigo com redação determinada pelo Decreto n. 4.862, de 21-10-2003.

Art. 101. O salário-maternidade, observado o disposto nos arts. 35, 198, 199 ou 199-A, pago diretamente pela previdência social, consistirá:

•• *Caput* com redação determinada pelo Decreto n. 6.722, de 30-12-2008.

I – em valor correspondente ao do seu último salário de contribuição, para a segurada empregada doméstica;

•• Inciso I acrescentado pelo Decreto n. 3.265, de 29-11-1999.

II – em um salário mínimo, para a segurada especial;

•• Inciso II acrescentado pelo Decreto n. 3.265, de 29-11-1999.

III – em um doze avos da soma dos doze últimos salários de contribuição, apurados em período não superior a quinze meses, para as seguradas contribuinte individual, facultativa e para as que mantenham a qualidade de segurada na forma do art. 13.

•• Inciso III com redação determinada pelo Decreto n. 6.122, de 13-6-2007.

§§ 1.º e 2.º *(Revogados pelo Decreto n. 3.265, de 29-11-1999.)*

§ 3.º O documento comprobatório para requerimento do salário-maternidade da segurada que mantenha esta qualidade é a certidão de nascimento do filho, exceto nos casos de aborto espontâneo, quando deverá ser apresentado atestado médico, e no de adoção ou guarda para fins de adoção, casos em que serão observadas as regras do art. 93-A, devendo o evento gerador do benefício ocorrer, em qualquer hipótese, dentro do período previsto no art. 13.

•• § 3.º acrescentado pelo Decreto n. 6.122, de 13-6-2007.

Art. 102. O salário-maternidade não pode ser acumulado com benefício por incapacidade.

Parágrafo único. Quando ocorrer incapacidade em concomitância com o período de pagamento do salário-maternidade, o benefício por incapacidade, conforme o caso, deverá ser suspenso enquanto perdurar o referido pagamento, ou terá sua data de início adiada para o primeiro dia seguinte ao término do período de cento e vinte dias.

Art. 103. A segurada aposentada que retornar à atividade fará jus ao pagamento do salário-maternidade, de acordo com o disposto no art. 93.

....

CAPÍTULO V

DA HABILITAÇÃO E DA REABILITAÇÃO PROFISSIONAL

• *Vide* arts. 36 e s. da Lei n. 13.146, de 6-7-2015 (Estatuto da Pessoa com Deficiência).

Art. 136. A assistência (re)educativa e de (re)adaptação profissional, instituída sob a denominação genérica de habilitação e reabilitação profissional, visa proporcionar aos beneficiários, incapacitados parcial ou totalmente para o trabalho, em caráter obrigatório, independentemente de carência, e às pessoas portadoras de deficiência, os meios indicados para proporcionar o reingresso no mercado de trabalho e no contexto em que vivem.

§ 1.º Cabe ao Instituto Nacional do Seguro Social promover a prestação de que trata este artigo aos segurados, inclusive aposentados, e, de acordo com as possibilidades administrativas, técnicas, financeiras e as condições locais do órgão, aos seus dependentes, preferencialmente mediante a contratação de serviços especializados.

§ 2.º As pessoas portadoras de deficiência serão atendidas mediante celebração de convênio de cooperação técnico-financeira.

Art. 137. O processo de habilitação e de reabilitação profissional do beneficiário será desenvolvido por meio das funções básicas de:

I – avaliação do potencial laborativo;

•• Inciso I com redação determinada pelo Decreto n. 3.668, de 22-11-2000.

II – orientação e acompanhamento da programação profissional;

III – articulação com a comunidade, inclusive mediante a celebração de convênio para reabilitação física restrita a segurados que cumpriram os pressupostos de elegibilidade ao programa de reabilitação profissional, com vistas ao reingresso no mercado de trabalho; e

•• Inciso III com redação determinada pelo Decreto n. 4.729, de 9-6-2003.

IV – acompanhamento e pesquisa da fixação no mercado de trabalho.

§ 1.º A execução das funções de que trata o *caput* dar-se-á, preferencialmente, mediante o trabalho de equipe multiprofissional especializada em medicina, serviço social, psicologia, sociologia, fisioterapia, terapia ocupacional e outras afins ao processo, sempre que possível na localidade do domicílio do beneficiário, ressalvadas as situações excepcionais em que este terá direito à reabilitação profissional fora dela.

§ 2.º Quando indispensáveis ao desenvolvimento do processo de reabilitação profissional, o Instituto Nacional do Seguro Social fornecerá aos segurados, inclusive aposentados, em caráter obrigatório, prótese e órtese, seu reparo ou substituição, instrumentos de auxílio para locomoção, bem como equipamentos necessários à habilitação e à reabilitação profissional, transporte urbano e alimentação e, na medida das possibilidades do Instituto, aos seus dependentes.

§ 3.º No caso das pessoas portadoras de deficiência, a concessão dos recursos materiais referidos no parágrafo anterior ficará condicionada à celebração de convênio de cooperação técnico-financeira.

§ 4.º O Instituto Nacional do Seguro Social não reembolsará as despesas realizadas com a aquisição de órtese ou prótese e outros recursos materiais não prescritos ou não autorizados por suas unidades de reabilitação profissional.

Art. 138. Cabe à unidade de reabilitação profissional comunicar à perícia médica a ocorrência de que trata o § 2.º do art. 337.

Art. 139. A programação profissional será desenvolvida mediante cursos e/ou treinamentos, na comunidade, por meio de contratos, acordos e convênios com instituições e empresas públicas ou privadas, na forma do art. 317.

§ 1.º O treinamento do reabilitando, quando realizado em empresa, não estabelece qualquer vínculo empregatício ou funcional entre o reabilitando e a empresa, bem como entre estes e o Instituto Nacional do Seguro Social.

§ 2.º Compete ao reabilitando, além de acatar e cumprir as normas estabelecidas nos contratos, acordos ou convênios, pautar-se no regulamento daquelas organizações.

Art. 140. Concluído o processo de reabilitação profissional, o Instituto Nacional do Seguro Social emitirá certificado individual indicando a função para a qual o reabilitando foi capacitado profissionalmente, sem prejuízo do exercício de outra para a qual se julgue capacitado.

§ 1.º Não constitui obrigação da previdência social a manutenção do segurado no mesmo emprego ou a sua colocação em outro para o qual foi reabilitado, cessando o processo de reabilitação profissional com a emissão do certificado a que se refere o *caput*.

§ 2.º Cabe à previdência social a articulação com a comunidade, com vistas ao levantamento da oferta do mercado de trabalho, ao direcionamento da programação profissional e à possibilidade de reingresso do reabilitando no mercado formal.

§ 3.º O acompanhamento e a pesquisa de que trata o inciso IV do art. 137 é obrigatório e tem como finalidade a comprovação da efetividade do processo de reabilitação profissional.

Art. 141. A empresa com cem ou mais empregados está obrigada a preencher de dois por cento a cinco por cento de seus cargos com beneficiários reabilitados ou pessoas portadoras de deficiência, habilitadas, na seguinte proporção:

I – até duzentos empregados, dois por cento;

II – de duzentos e um a quinhentos empregados, três por cento;

III – de quinhentos e um a mil empregados, quatro por cento; ou

IV – mais de mil empregados, cinco por cento.

§ 1.º A dispensa de empregado na condição estabelecida neste artigo, quando se tratar de contrato por tempo superior a noventa dias e a imotivada, no contrato por prazo indeterminado, somente poderá ocorrer após a contratação de substituto em condições semelhantes.

§ 2.º (*Revogado pelo Decreto n. 3.298, de 20-12-1999.*)

LIVRO III

DO CUSTEIO DA SEGURIDADE SOCIAL

TÍTULO I

DO FINANCIAMENTO DA SEGURIDADE SOCIAL

CAPÍTULO III

DA CONTRIBUIÇÃO DO SEGURADO

SEÇÃO I

Da Contribuição do Segurado Empregado, Empregado Doméstico e Trabalhador Avulso

Art. 198. A contribuição do segurado empregado, inclusive o doméstico, e do trabalhador avulso é calculada mediante a aplicação da correspondente alíquota, de forma não cumulativa, sobre o seu salário de contribuição mensal, observado o disposto no art. 214, de acordo com a seguinte tabela:

• O art. 214 dispõe sobre o salário de contribuição.

Salário de contribuição (R$)	Alíquota para fins de recolhimento ao INSS
até 1.751,81	8%
de 1.751,82 até 2.919,72	9%
de 2.919,73 até 5.839,45	11%

•• Valores atualizados de acordo com a Portaria n. 9, de 15-1-2019, do Ministério da Economia, válidos a partir de 1.º-1-2019.

CAPÍTULO VIII
DA ARRECADAÇÃO E RECOLHIMENTO DAS CONTRIBUIÇÕES

SEÇÃO III
Das Obrigações Acessórias

Art. 225. A empresa é também obrigada a:

I – preparar folha de pagamento da remuneração paga, devida ou creditada a todos os segurados a seu serviço, devendo manter, em cada estabelecimento, uma via da respectiva folha e recibos de pagamentos;

II – lançar mensalmente em títulos próprios de sua contabilidade, de forma discriminada, os fatos geradores de todas as contribuições, o montante das quantias descontadas, as contribuições da empresa e os totais recolhidos;

III – prestar ao Instituto Nacional do Seguro Social e à Secretaria da Receita Federal todas as informações cadastrais, financeiras e contábeis de interesse dos mesmos, na forma por eles estabelecida, bem como os esclarecimentos necessários à fiscalização;

•• A Secretaria da Receita Federal passa a denominar-se Secretaria da Receita Federal do Brasil, por força da Lei n. 11.457, de 16-3-2007. A Secretaria da Receita Previdenciária foi extinta por força do art. 2.º, § 4.º, da Lei n. 11.457, de 16-3-2007.

IV – informar mensalmente ao Instituto Nacional do Seguro Social, por intermédio da Guia de Recolhimento do Fundo de Garantia do Tempo de Serviço e Informações à Previdência Social, na forma por ele estabelecida, dados cadastrais, todos os fatos geradores de contribuição previdenciária e outras informações de interesse daquele Instituto;

V – encaminhar ao sindicato representativo da categoria profissional mais numerosa entre seus empregados, até o dia dez de cada mês, cópia da Guia da Previdência Social relativamente à competência anterior;

• *Vide* art. 287 deste Decreto.

VI – afixar cópia da Guia da Previdência Social, relativamente à competência anterior, durante o período de um mês, no quadro de horário de que trata o art. 74 da Consolidação das Leis do Trabalho; e

• *Vide* art. 287 deste Decreto.

VII – informar, anualmente, à Secretaria da Receita Federal do Brasil, na forma por ela estabelecida, o nome, o número de inscrição na previdência social e o endereço completo dos segurados de que trata o inciso III do § 15 do art. 9.º, por ela utilizados no período, a qualquer título, para distribuição ou comercialização de seus produtos, sejam eles de fabricação própria ou de terceiros, sempre que se tratar de empresa que realize vendas diretas.

•• Inciso VII acrescentado pelo Decreto n. 6.722, de 30-12-2008.

§ 1.º As informações prestadas na Guia de Recolhimento do Fundo de Garantia do Tempo de Serviço e Informações à Previdência Social servirão como base de cálculo das contribuições arrecadadas pelo Instituto Nacional do Seguro Social, comporão a base de dados para fins de cálculo e concessão dos benefícios previdenciários, bem como constituir-se-ão em termo de confissão de dívida, na hipótese do não recolhimento.

§ 2.º A entrega da Guia de Recolhimento do Fundo de Garantia do Tempo de Serviço e Informações à Previdência Social deverá ser efetuada na rede bancária, conforme estabelecido pelo Ministério da Previdência e Assistência Social, até o dia sete do mês seguinte àquele a que se referirem as informações.

•• § 2.º com redação determinada pelo Decreto n. 3.265, de 29-11-1999.

§ 3.º A Guia de Recolhimento do Fundo de Garantia do Tempo de Serviço e Informações à Previdência Social é exigida relativamente a fatos geradores ocorridos a partir de janeiro de 1999.

§ 4.º O preenchimento, as informações prestadas e a entrega da Guia de Recolhimento do Fundo de Garantia do Tempo de Serviço e Informações à Previdência Social são de inteira responsabilidade da empresa.

§ 5.º A empresa deverá manter à disposição da fiscalização, durante dez anos, os documentos comprobatórios do cumprimento das obrigações referidas neste artigo, observados o disposto no § 22 e as normas estabelecidas pelos órgãos competentes.

•• § 5.º com redação determinada pelo Decreto n. 4.729, de 9-6-2003.

§ 6.º O Instituto Nacional do Seguro Social e a Caixa Econômica Federal estabelecerão normas para disciplinar a entrega da Guia de Recolhimento do Fundo de Garantia do Tempo de Serviço e Informações à Previdência Social, nos casos de rescisão contratual.

§ 7.º A comprovação dos pagamentos de benefícios reembolsados à empresa também deve ser mantida à disposição da fiscalização durante dez anos.

§ 8.º O disposto neste artigo aplica-se, no que couber, aos demais contribuintes e ao adquirente, consignatário ou cooperativa, sub-rogados na forma deste Regulamento.

§ 9.º A folha de pagamento de que trata o inciso I do *caput*, elaborada mensalmente, de forma coletiva por estabelecimento da empresa, por obra de construção civil e por tomador de serviços, com a correspondente totalização, deverá:

I – discriminar o nome dos segurados, indicando cargo, função ou serviço prestado;

II – agrupar os segurados por categoria, assim entendido: segurado empregado, trabalhador avulso, contribuinte individual;

•• Inciso II com redação determinada pelo Decreto n. 3.265, de 29-11-1999.

III – destacar o nome das seguradas em gozo de salário-maternidade;

IV – destacar as parcelas integrantes e não integrantes da remuneração e os descontos legais; e

V – indicar o número de quotas de salário-família atribuídas a cada segurado empregado ou trabalhador avulso.

§ 10. No que se refere ao trabalhador portuário avulso, o órgão gestor de mão de obra elaborará a folha de pagamento por navio, mantendo-a disponível para uso da fiscalização do Instituto Nacional do Seguro Social, indicando o operador portuário e os trabalhadores que participaram da operação, detalhando, com relação aos últimos:

I – os correspondentes números de registro ou cadastro no órgão gestor de mão de obra;

II – o cargo, função ou serviço prestado;

III – os turnos em que trabalharam; e

IV – as remunerações pagas, devidas ou creditadas a cada um dos trabalhadores e a correspondente totalização.

§ 11. No que se refere ao parágrafo anterior, o órgão gestor de mão de obra consolidará as folhas de pagamento relativas às operações concluídas no mês anterior por operador portuário e por trabalhador portuário avulso, indicando, com relação a estes, os respectivos números de registro ou cadastro, as datas dos turnos trabalhados, as importâncias pagas e os valores das contribuições previdenciárias retidas.

§ 12. Para efeito de observância do limite máximo da contribuição do segurado trabalhador avulso, de que trata o art. 198, o órgão gestor de mão de obra manterá resumo mensal e acumulado, por trabalhador portuário avulso, dos valores totais das férias, do décimo terceiro salário e das contribuições previdenciárias retidas.

§ 13. Os lançamentos de que trata o inciso II do *caput*, devidamente escriturados nos livros Diário e Razão, serão exigidos pela fiscalização após noventa dias contados da ocorrência dos fatos geradores das contribuições, devendo, obrigatoriamente:

I – atender ao princípio contábil do regime de competência; e

II – registrar, em contas individualizadas, todos os fatos geradores de contribuições previdenciárias de forma a identificar, clara e precisamente, as rubricas integrantes e não integrantes do salário de contribuição, bem como as contribuições descontadas do segurado, as da empresa e os totais recolhidos, por estabelecimento da empresa, por obra de construção civil e por tomador de serviços.

§ 14. A empresa deverá manter à disposição da fiscalização os códigos ou abreviaturas que identifiquem as respectivas rubricas utilizadas na elaboração da folha de pagamento, bem como os utilizados na escrituração contábil.

§ 15. A exigência prevista no inciso II do *caput* não desobriga a empresa do cumprimento das demais normas legais e regulamentares referentes à escrituração contábil.

§ 16. São desobrigadas de apresentação de escrituração contábil:

•• § 16 com redação determinada pelo Decreto n. 3.265, de 29-11-1999.

I – o pequeno comerciante, nas condições estabelecidas pelo Decreto-lei n. 486, de 3 de março de 1969, e seu Regulamento;

II – a pessoa jurídica tributada com base no lucro presumido, de acordo com a legislação tributária federal, desde que mantenha a escrituração do Livro Caixa e Livro de Registro de Inventário; e

III – a pessoa jurídica que optar pela inscrição no Sistema Integrado de Pagamento de Impostos e Contribuições das Microempresas e Empresas de Pequeno Porte, desde que mantenha a escrituração do Livro Caixa e Livro de Registro de Inventário.

§ 17. A empresa, agência ou sucursal estabelecida no exterior deverá apresentar os documentos comprobatórios do cumprimento das obrigações referidas neste artigo à sua congênere no Brasil, observada a solidariedade de que trata o art. 222.

• Citado artigo dispõe: "Art. 222. As empresas que integram grupo econômico de qualquer natureza, bem como os produtores rurais integrantes do consórcio simplificado de que trata o art. 200-A, respondem entre si, solidariamente, pelas obrigações decorrentes do disposto neste Regulamento".

§ 18. Para o cumprimento do disposto no inciso V do *caput* serão observadas as seguintes situações:

I – caso a empresa possua mais de um estabelecimento localizado em base geográfica diversa, a cópia da Guia da Previdência Social será encaminhada ao sindicato representativo da categoria profissional mais numerosa entre os empregados de cada estabelecimento;

II – a empresa que recolher suas contribuições em mais de uma Guia da Previdência Social encaminhará cópia de todas as guias;

III – a remessa poderá ser efetuada por qualquer meio que garanta a reprodução integral do documento, cabendo à empresa manter, em seus arquivos, prova do recebimento pelo sindicato; e

IV – cabe à empresa a comprovação, perante a fiscalização do Instituto Nacional do Seguro Social, do cumprimento de sua obrigação frente ao sindicato.

§ 19. O órgão gestor de mão de obra deverá, quando exigido pela fiscalização do Instituto Nacional do Seguro Social, exibir as listas de escalação diária dos trabalhadores portuários avulsos, por operador portuário e por navio.

§ 20. Caberá exclusivamente ao órgão gestor de mão de obra a responsabilidade pela exatidão dos dados lançados nas listas diárias referidas no parágrafo anterior.

§ 21. Fica dispensado do cumprimento do disposto nos incisos V e VI do *caput* o contribuinte individual, em relação a segurado que lhe presta serviço.

•• § 21 com redação determinada pelo Decreto n. 3.265, de 29-11-1999.

§ 22. A empresa que utiliza sistema de processamento eletrônico de dados para o registro de negócios e atividades econômicas, escrituração de livros ou produção de documentos de natureza contábil, fiscal, trabalhista e previdenciária é obrigada a arquivar e conservar, devidamente certificados, os respectivos sistemas e arquivos, em meio digital ou assemelhado, durante dez anos, à disposição da fiscalização.

•• § 22 acrescentado pelo Decreto n. 4.729, de 9-6-2003.

§ 23. A cooperativa de trabalho e a pessoa jurídica são obrigadas a efetuar a inscrição no Instituto Nacional do Seguro Social dos seus cooperados e contratados, respectivamente, como contribuintes individuais, se ainda não inscritos.

•• § 23 acrescentado pelo Decreto n. 4.729, de 9-6-2003.

§ 24. A empresa ou cooperativa adquirente, consumidora ou consignatária da produção fica obrigada a fornecer ao segurado especial cópia do documento fiscal de entrada da mercadoria, onde conste, além de registro da operação realizada, o valor da respectiva contribuição previdenciária.

•• § 24 acrescentado pelo Decreto n. 6.722, de 30-12-2008.

....

SEÇÃO VIII

Do Reembolso de Pagamento

Art. 255. A empresa será reembolsada pelo pagamento do valor bruto do salário-maternidade, observado o disposto no art. 248 da Constituição, incluída a gratificação natalina proporcional ao período da correspondente licença e das cotas do salário-família pago aos segurados a seu serviço, de acordo com este Regulamento, mediante dedução do respectivo valor, no ato do recolhimento das contribuições devidas, na forma estabelecida pelo INSS.

•• *Caput* com redação determinada pelo Decreto n. 4.862, de 21-10-2003.

§ 1.º Se da dedução prevista no *caput* resultar saldo favorável, a empresa receberá, no ato da quitação, a importância correspondente.

§ 2.º (*Revogado pelo Decreto n. 3.265, de 29-11-1999.*)

§ 3.º O reembolso de pagamento obedecerá aos mesmos critérios aplicáveis à restituição prevista no art. 247.

....

TÍTULO II

DAS DISPOSIÇÕES DIVERSAS RELATIVAS AO CUSTEIO DA SEGURIDADE SOCIAL

Art. 266. Os sindicatos poderão apresentar denúncia contra a empresa, junto ao Instituto Nacional do Seguro Social, nas seguintes hipóteses:

I – falta de envio da Guia da Previdência Social para o sindicato, na forma do inciso V do *caput* do art. 225;

II – não afixação da Guia da Previdência Social no quadro de horário, na forma do inciso VI do *caput* do art. 225;

III – divergência entre os valores informados pela empresa e pelo Instituto Nacional do Seguro Social sobre as contribuições recolhidas na mesma competência; ou

IV – existência de evidentes indícios de recolhimento a menor das contribuições devidas, constatados pela comparação com dados disponíveis sobre quantidade de empregados e de rescisões de contrato de trabalho homologadas pelo sindicato.

§ 1.º As denúncias formuladas pelos sindicatos deverão identificar com precisão a empresa infratora e serão encaminhadas por seu representante legal, especificando nome, número no Cadastro Nacional da Pessoa Jurídica e endereço da empresa denunciada, o item infringido e outros elementos indispensáveis à análise dos fatos.

§ 2.º A constatação da improcedência da denúncia apresentada pelo sindicato implicará a cessação do seu direito ao acesso às informações fornecidas pelas empresas e pelo Instituto Nacional do Seguro Social, pelo prazo de:

I – um ano, quando fundamentada nos incisos I, II e III do *caput*; e

II – quatro meses, quando fundamentada no inciso IV do *caput*.

§ 3.º Os prazos mencionados no parágrafo anterior serão duplicados a cada reincidência, considerando-se esta a ocorrência de nova denúncia improcedente, dentro do período de cinco anos contados da data da denúncia não confirmada.

....

Art. 276. Nas ações trabalhistas de que resultar o pagamento de direitos sujeitos à incidência de contribuição previdenciária, o recolhimento das importâncias devidas à seguridade social será feito no dia dois do mês seguinte ao da liquidação da sentença.

§ 1.º No caso do pagamento parcelado, as contribuições devidas à seguridade social serão recolhidas na mesma data e proporcionalmente ao valor de cada parcela.

§ 2.º Nos acordos homologados em que não figurarem, discriminadamente, as parcelas legais de incidência da contribuição previdenciária, esta incidirá sobre o valor total do acordo homologado.

§ 3.º Não se considera como discriminação de parcelas legais de incidência de contribuição previdenciária a fixação de percentual de verbas remuneratórias e indenizatórias constantes dos acordos homologados, aplicando-se, nesta hipótese, o disposto no parágrafo anterior.

§ 4.º A contribuição do empregado no caso de ações trabalhistas será calculada, mês a mês, aplicando-se as alíquotas previstas no art. 198, observado o limite máximo do salário de contribuição.

• *Vide* Súmula 368 do TST.

§ 5.º Na sentença ou acordo homologado, cujo valor da contribuição previdenciária devida for inferior ao limite mínimo permitido para recolhimento na Guia da Previdência Social, é autorizado o recolhimento dos valores devidos cumulativamente com as contribuições normais de mesma competência.

•• § 5.º acrescentado pelo Decreto n. 4.032, de 26-11-2001.

§ 6.º O recolhimento das contribuições do empregado reclamante deverá ser feito na mesma inscrição em que são recolhidas as contribuições devidas pela empresa.

•• § 6.º acrescentado pelo Decreto n. 4.032, de 26-11-2001.

§ 7.º Se da decisão resultar reconhecimento de vínculo empregatício, deverão ser exigidas as contribuições, tanto do empregador como do reclamante, para todo o período reconhecido, ainda que o pagamento das remunerações a ele correspondentes não tenham sido reclamadas na ação, tomando-se por base de incidência, na ordem, o valor da remuneração paga, quando conhecida, da remuneração paga a outro empregado de categoria ou função equivalente ou semelhante, do salário normativo da categoria ou do salário mínimo mensal, permitida a compensação das contribuições patronais eventualmente recolhidas.

•• § 7.º acrescentado pelo Decreto n. 4.032, de 26-11-2001.

§ 8.º Havendo reconhecimento de vínculo empregatício para empregado doméstico, tanto as contribuições do segurado empregado como as do empregador deverão ser recolhidas na inscrição do trabalhador.

•• § 8.º acrescentado pelo Decreto n. 4.032, de 26-11-2001.

§ 9.º É exigido o recolhimento da contribuição previdenciária de que trata o inciso II do art. 201, incidente sobre o valor resultante da decisão que reconhecer a ocorrência de prestação de serviço à empresa, mas não o vínculo empregatício, sobre o valor total da condenação ou do acordo homologado, independentemente da natureza da parcela e forma de pagamento.

•• § 9.º acrescentado pelo Decreto n. 4.032, de 26-11-2001.

• O art. 201, II, dispõe: "Art. 201. A contribuição a cargo da empresa, destinada à seguridade social, é de: ... II – vinte por cento sobre o total das remunerações ou retribuições pagas ou creditadas no decorrer do mês ao segurado contribuinte individual;".

Art. 277. A autoridade judiciária deverá velar pelo fiel cumprimento do disposto no artigo anterior, executando, de ofício, quando for o caso, as contribuições devidas, fazendo expedir notificação ao Instituto Nacional do Seguro Social, para dar-lhe ciência dos termos da sentença, do acordo celebrado ou da execução.

Parágrafo único. O Instituto Nacional do Seguro Social fornecerá, quando solicitados, as orientações e dados necessários ao cumprimento do que dispõe este artigo.

....

LIVRO IV

DAS PENALIDADES EM GERAL

TÍTULO I

DAS RESTRIÇÕES

Art. 279. A empresa que transgredir as normas deste Regulamento, além de outras sanções previstas, sujeitar-se-á às seguintes restrições:

I – suspensão de empréstimos e financiamentos, por instituições financeiras oficiais;

II – revisão de incentivo fiscal de tratamento tributário especial;

III – inabilitação para licitar e contratar com qualquer órgão ou entidade da administração pública direta ou indireta federal, estadual, do Distrito Federal ou municipal;

IV – interdição para o exercício do comércio, se for sociedade mercantil ou comerciante individual;

V – desqualificação para impetrar concordata; e

VI – cassação de autorização para funcionar no País, quando for o caso.

Art. 280. A empresa em débito para com a seguridade social não pode:

I – distribuir bonificação ou dividendo a acionista; e

II – dar ou atribuir cota ou participação nos lucros a sócio cotista, diretor ou outro membro de órgão dirigente, fiscal ou consultivo, ainda que a título de adiantamento.

TÍTULO II

DAS INFRAÇÕES E DAS PENALIDADES

....

CAPÍTULO II

DA APREENSÃO DE DOCUMENTOS

Art. 282. A seguridade social, por meio de seus órgãos competentes, promoverá a apreensão de comprovantes de arrecadação e de pagamento de benefícios, bem como de quaisquer documentos pertinentes, inclusive contábeis, mediante lavratura do competente termo, com a finalidade de apurar administrativamente a ocorrência dos crimes previstos em lei.

Parágrafo único. O Instituto Nacional do Seguro Social e a Secretaria da Receita Federal estabelecerão normas específicas para:

•• A Secretaria da Receita Federal passa a denominar-se Secretaria da Receita Federal do Brasil, por força da Lei n. 11.457, de 16-3-2007.

I – apreensão de comprovantes e demais documentos;

II – apuração administrativa da ocorrência de crimes;

III – devolução de comprovantes e demais documentos;

IV – instrução do processo administrativo de apuração;

V – encaminhamento do resultado da apuração referida no inciso IV à autoridade competente; e

VI – acompanhamento de processo judicial.

CAPÍTULO III
DAS INFRAÇÕES

Art. 283. Por infração a qualquer dispositivo das Leis n. 8.212 e 8.213, ambas de 1991, e 10.666, de 8 de maio de 2003, para a qual não haja penalidade expressamente cominada neste Regulamento, fica o responsável sujeito a multa variável de R$ 636,17 (seiscentos e trinta e seis reais e dezessete centavos) a R$ 63.617,35 (sessenta e três mil, seiscentos e dezessete reais e trinta e cinco centavos), conforme a gravidade da infração, aplicando-se-lhe o disposto nos arts. 290 a 292, e de acordo com os seguintes valores:

•• *Caput* com redação determinada pelo Decreto n. 4.862, de 21-10-2003.

•• Valores atualizados, a partir de 1.º- 1-2019, pela Portaria n. 9, de 15-1-2019, do Ministério da Economia, para, respectivamente, R$ 2.411,28 (dois mil quatrocentos e onze reais e vinte e oito centavos) a R$ 241.126,88 (duzentos e quarenta e um mil cento e vinte e seis reais e oitenta e oito centavos).

I – a partir de R$ 636,17 (seiscentos e trinta e seis reais e dezessete centavos) nas seguintes infrações:

a) deixar a empresa de preparar folha de pagamento das remunerações pagas, devidas ou creditadas a todos os segurados a seu serviço, de acordo com este Regulamento e com os demais padrões e normas estabelecidos pelo Instituto Nacional do Seguro Social;

b) deixar a empresa de se matricular no Instituto Nacional do Seguro Social, dentro de trinta dias contados da data do início de suas atividades, quando não sujeita a inscrição no Cadastro Nacional da Pessoa Jurídica;

c) deixar a empresa de descontar da remuneração paga aos segurados a seu serviço importância proveniente de dívida ou responsabilidade por eles contraída junto à seguridade social, relativa a benefícios pagos indevidamente;

d) deixar a empresa de matricular no Instituto Nacional do Seguro Social obra de construção civil de sua propriedade ou executada sob sua responsabilidade no prazo de trinta dias do início das respectivas atividades;

e) deixar o Titular de Cartório de Registro Civil de Pessoas Naturais de comunicar ao Instituto Nacional do Seguro Social, até o dia dez de cada mês, a ocorrência ou a não ocorrência de óbitos, no mês imediatamente anterior, bem como enviar informações inexatas, conforme o disposto no art. 228;

f) deixar o dirigente dos órgãos municipais competentes de prestar ao Instituto Nacional do Seguro Social as informações concernentes aos alvarás, *habite-se* ou documento equivalente, relativos a construção civil, na forma do art. 226;

g) deixar a empresa de efetuar os descontos das contribuições devidas pelos segurados a seu serviço;

•• Alínea *g* com redação determinada pelo Decreto n. 4.862, de 21-10-2003.

h) deixar a empresa de elaborar e manter atualizado perfil profissiográfico abrangendo as atividades desenvolvidas pelo trabalhador e de fornecer a este, quando da rescisão do contrato de trabalho, cópia autêntica deste documento;

•• Alínea *h* acrescentada pelo Decreto n. 4.862, de 21-10-2003.

II – a partir de R$ 6.361,73 (seis mil trezentos e sessenta e um reais e setenta e três centavos) nas seguintes infrações:

•• Valor atualizado, a partir de 1.º-1-2019, pela Portaria n. 9, de 15-1-2019, do Ministério da Fazenda, para R$ 24.112,64 (vinte e quatro mil cento e doze reais e sessenta e quatro centavos).

a) deixar a empresa de lançar mensalmente, em títulos próprios de sua contabilidade, de forma discriminada, os fatos geradores de todas as contribuições, o montante das quantias descontadas, as contribuições da empresa e os totais recolhidos;

b) deixar a empresa de apresentar ao Instituto Nacional do Seguro Social e à Secretaria da Receita Federal os documentos que contenham as informações cadastrais, financeiras e contábeis de interesse dos mesmos, na forma por eles estabelecida, ou os esclarecimentos necessários à fiscalização;

•• A Secretaria da Receita Federal passa a denominar-se Secretaria da Receita Federal do Brasil, por força da Lei n. 11.457, de 16-3-2007.

c) deixar o servidor, o serventuário da Justiça ou o titular de serventia extrajudicial de exigir documento comprobatório de inexistência de débito, quando da contratação com o Poder Público ou no recebimento de benefício ou de incentivo fiscal ou creditício;

d) deixar o servidor, o serventuário da Justiça ou o titular de serventia extrajudicial de exigir o documento comprobatório de inexistência de débito, quando da alienação ou oneração, a qualquer título, de bem imóvel ou direito a ele relativo;

e) deixar o servidor, o serventuário da Justiça ou o titular de serventia extrajudicial de exigir a apresentação do documento comprobatório de inexistência de débito na alienação ou oneração, a qualquer título, de bem móvel incorporado ao ativo permanente da empresa, de valor superior a R$ 15.904,18 (quinze mil novecentos e quatro reais e dezoito centavos);

•• Valor atualizado, a partir de 1.º-1- 2019, pela Portaria n. 9, de 15-1-2019, do Ministério da Economia, para R$ 60.281,11 (sessenta mil duzentos e oitenta e um reais e onze centavos).

f) deixar o servidor, o serventuário da Justiça ou o titular de serventia extrajudicial de exigir documento comprobatório de inexistência de débito no registro ou arquivamento, no órgão próprio, de ato relativo a baixa ou redução de capital de firma individual, redução de capital social, cisão total ou parcial, transformação ou extinção de entidade ou sociedade comercial ou civil e transferência de controle de cotas de sociedades de responsabilidade limitada;

g) deixar o servidor, o serventuário da Justiça ou o titular de serventia extrajudicial de exigir documento comprobatório de inexistência de débito do proprietário, pessoa física ou jurídica, de obra de construção civil, quando da averbação de obra no Registro de Imóveis;

h) deixar o servidor, o serventuário da Justiça ou o titular de serventia extrajudicial de exigir documento comprobatório de inexistência de débito do incorporador, quando da averbação de obra no Registro de Imóveis, independentemente do documento apresentado por ocasião da inscrição do memorial de incorporação;

i) deixar o dirigente da entidade da administração pública direta ou indireta de consignar as dotações necessárias ao pagamento das contribuições devidas à seguridade social, de modo a assegurar a sua regular liquidação dentro do exercício;

j) deixar a empresa, o servidor de órgão público da administração direta e indireta, o segurado da previdência social, o serventuário da Justiça ou o titular de serventia extrajudicial, o síndico ou seu representante, o comissário ou o liquidante de empresa em liquidação judicial ou extrajudicial, de exibir os documentos e livros relacionados com as contribuições previstas neste Regulamento ou apresentá-los sem atender às formalidades legais exigidas ou contendo informação diversa da realidade ou, ainda, com omissão de informação verdadeira;

l) deixar a entidade promotora do espetáculo desportivo de efetuar o desconto da contribuição prevista no § 1.º do art. 205;

• O desconto corresponde a 5% da receita bruta, nos termos do art. 205, § 1.º, deste Decreto.

m) deixar a empresa ou entidade de reter e recolher a contribuição prevista no § 3.º do art. 205;

• O desconto corresponde a 5% da receita bruta, nos termos do art. 205, § 3.º, deste Decreto.

n) deixar a empresa de manter laudo técnico atualizado com referência aos agentes nocivos existentes no ambiente de trabalho de seus trabalhadores ou emitir documento de comprovação de efetiva exposição em desacordo com o respectivo laudo; e

•• Alínea *n* com redação determinada pelo Decreto n. 6.722, de 30-12-2008.

o) (*Revogada pelo Decreto n. 4.882, de 18-11-2003.*)

§ 1.º Considera-se dirigente, para os fins do disposto neste Capítulo, aquele que tem a competência funcional para decidir a prática ou não do ato que constitua infração à legislação da seguridade social.

§ 2.º A falta de inscrição do segurado sujeita o responsável à multa de R$ 1.254,89 (mil, duzentos e cinquenta e quatro reais e oitenta e nove centavos), por segurado não inscrito.

•• § 2.º com redação determinada pelo Decreto n. 6.722, de 30-12-2008.

§ 3.º As demais infrações a dispositivos da legislação, para as quais não haja penalidade expressamente cominada, sujeitam o infrator à multa de R$ 636,17 (seiscentos e trinta e seis reais e dezessete centavos).

Art. 284. A infração ao disposto no inciso IV do *caput* do art. 225 sujeitará o responsável às seguintes penalidades administrativas:

I – valor equivalente a um multiplicador sobre o valor mínimo previsto no *caput* do art. 283, em função do número de segurados, pela não apresentação da Guia de Recolhimento do Fundo de Garantia do Tempo de Serviço e Informações à Previdência Social, independentemente do recolhimento da contribuição, conforme quadro abaixo:

0 a 5 segurados	1/2 valor mínimo
6 a 15 segurados	1 x o valor mínimo
16 a 50 segurados	2 x o valor mínimo
51 a 100 segurados	5 x o valor mínimo
101 a 500 segurados	10 x o valor mínimo
501 a 1000 segurados	20 x o valor mínimo
1001 a 5000 segurados	35 x o valor mínimo
acima de 5000 segurados	50 x o valor mínimo

II – cem por cento do valor devido relativo à contribuição não declarada, limitada aos valores previstos no inciso I, pela apresentação da Guia de Recolhimento do Fundo de Garantia do Tempo de Serviço e Informações à Previdência Social com dados não correspondentes aos fatos geradores, seja em relação às bases de cálculo, seja em relação às informações que alterem o valor das contribuições, ou do valor que seria devido se não houvesse isenção ou substituição, quando se tratar de infração cometida por pessoa jurídica de direito privado beneficente de assistência social em gozo de isenção das contribuições previdenciárias ou por empresa cujas contribuições incidentes sobre os respectivos fatos geradores tenham sido substituídas por outras; e

•• Inciso II com redação determinada pelo Decreto n. 4.729, de 9-6-2003.

III – cinco por cento do valor mínimo previsto no *caput* do art. 283, por campo com informações inexatas, incompletas ou omissas, limitada aos valores previstos no inciso I, pela apresentação da Guia de Recolhimento do Fundo de Garantia do Tempo de Serviço e Informações à Previdência Social com erro de preenchimento nos dados não relacionados aos fatos geradores.

§ 1.º A multa de que trata o inciso I, a partir do mês seguinte àquele em que o documento deveria ter sido entregue, sofrerá acréscimo de cinco por cento por mês-calendário ou fração.

§ 2.º O valor mínimo a que se refere o inciso I será o vigente na data da lavratura do auto de infração.

Art. 285. A infração ao disposto no art. 280 sujeita o responsável à multa de cinquenta por cento das quantias que tiverem sido pagas ou creditadas, a partir da data do evento.

Art. 286. A infração ao disposto no art. 336 sujeita o responsável à multa variável entre os limites mínimo e máximo do salário de contribuição, por acidente que tenha deixado de comunicar nesse prazo.

§ 1.º Em caso de morte, a comunicação a que se refere este artigo deverá ser efetuada de imediato à autoridade competente.

§ 2.º A multa será elevada em duas vezes o seu valor a cada reincidência.

§ 3.º A multa será aplicada no seu grau mínimo na ocorrência da primeira comunicação feita fora do prazo estabelecido neste artigo, ou não comunicada, observado o disposto nos arts. 290 a 292.

Art. 287. Pelo descumprimento das obrigações contidas nos incisos V e VI do *caput* do art. 225, e verificado o disposto no inciso III do *caput* do art. 266, será aplicada multa de R$ 99,74 (noventa e nove reais e setenta e quatro centavos) a R$ 9.974,34 (nove mil novecentos e setenta e quatro reais e trinta e quatro centavos), para cada competência em que tenha havido a irregularidade.

•• *Caput* com redação determinada pelo Decreto n. 4.032, de 26-11-2001.

•• Valores atualizados, a partir de 1.º-1-2019, pela Portaria n. 9, de 15-1-2019, do Ministério da Economia, para R$ 317,23 (trezentos e dezessete reais e vinte e três centavos) a R$ 31.724,89 (trinta e um mil setecentos e vinte e quatro reais e oitenta e nove centavos).

Parágrafo único. O descumprimento das disposições constantes do art. 227 e dos incisos V e VI do *caput* do art. 257, sujeitará a instituição financeira à multa de:

I – R$ 22.165,20 (vinte e dois mil cento e sessenta e cinco reais e vinte centavos), no caso do art. 227; e

•• Inciso I com redação determinada pelo Decreto n. 4.032, de 26-11-2001.

•• Valor atualizado, a partir de 1.º-1-2019, pela Portaria n. 9, de 15-1-2019, do Ministério da Economia, para R$ 70.499,72 (setenta mil quatrocentos e noventa e nove reais e setenta e dois centavos).

II – R$ 110.826,01 (cento e dez mil oitocentos e vinte e seis reais e um centavo), no caso dos incisos V e VI do *caput* do art. 257.

•• Inciso II com redação determinada pelo Decreto n. 4.032, de 26-11-2001.

•• Valor atualizado, a partir de 1.º-1-2019, pela Portaria n. 9, de 15-1-2019, do Ministério da Economia, para R$ 352.498,64 (trezentos e cinquenta e dois mil quatrocentos e noventa e oito reais e sessenta e quatro centavos).

Art. 288. O descumprimento do disposto nos §§ 19 e 20 do art. 225 sujeitará o infrator à multa de:

I – R$ 173,00 (cento e setenta e três reais) a R$ 1.730,00 (um mil setecentos e trinta reais), no caso do § 19; e

II – R$ 345,00 (trezentos e quarenta e cinco reais) a R$ 3.450,00 (três mil quatrocentos e cinquenta reais), no caso do § 20.

Art. 289. O dirigente de órgão ou entidade da administração federal, estadual, do Distrito Federal ou municipal responde pessoalmente pela multa aplicada por infração a dispositivos deste Regulamento, sendo obrigatório o respectivo desconto em folha de pagamento, mediante requisição dos órgãos competentes e a partir do primeiro pagamento que se seguir à requisição.

Parágrafo único. Ao disposto neste artigo não se aplica a multa de que trata o inciso III do art. 239.

CAPÍTULO IV

DAS CIRCUNSTÂNCIAS AGRAVANTES DA PENALIDADE

Art. 290. Constituem circunstâncias agravantes da infração, das quais dependerá a gradação da multa, ter o infrator:

I – tentado subornar servidor dos órgãos competentes;

II – agido com dolo, fraude ou má-fé;

III – desacatado, no ato da ação fiscal, o agente da fiscalização;

IV – obstado a ação da fiscalização; ou

V – incorrido em reincidência.

Parágrafo único. Caracteriza reincidência a prática de nova infração a dispositivo da legislação por uma mesma pessoa ou por seu sucessor, dentro de cinco anos da data em que se tornar irrecorrível administrativamente a decisão condenatória, da data do pagamento ou da data em que se configurou a revelia, referentes à autuação anterior.

•• Parágrafo único com redação determinada pelo Decreto n. 6.032, de 1.º-2-2007.

CAPÍTULO V

DAS CIRCUNSTÂNCIAS ATENUANTES DA PENALIDADE

Art. 291. (*Revogado pelo Decreto n. 6.727, de 12-1-2009.*)

CAPÍTULO VI

DA GRADAÇÃO DAS MULTAS

Art. 292. As multas serão aplicadas da seguinte forma:

I – na ausência de agravantes, serão aplicadas nos valores mínimos estabelecidos nos incisos I e II e no § 3.º do art. 283 e nos arts. 286 e 288, conforme o caso;

II – as agravantes dos incisos I e II do art. 290 elevam a multa em três vezes;

III – as agravantes dos incisos III e IV do art. 290 elevam a multa em duas vezes;

IV – a agravante do inciso V do art. 290 eleva a multa em três vezes a cada reincidência no mesmo tipo de infração, e em duas vezes em caso de reincidência em infrações diferentes, observados os valores máximos estabelecidos no *caput* dos arts. 283 e 286, conforme o caso; e

V – (*Revogado pelo Decreto n. 6.727, de 12-1-2009.*)

Parágrafo único. Na aplicação da multa a que se refere o art. 288, aplicar-se-á apenas as agravantes referidas nos incisos III a V do art. 290, as quais elevam a multa em duas vezes.

Art. 293. Constatada a ocorrência de infração a dispositivo deste Regulamento, será lavrado auto de infração com discriminação clara e precisa da infração e das circunstâncias em que foi praticada, contendo o dispositivo legal infringido, a penalidade aplicada e os critérios de gradação, e indicando local, dia e hora de sua lavratura, observadas as normas fixadas pelos órgãos competentes.

•• *Caput* com redação determinada pelo Decreto n. 6.103, de 30-4-2007.

§ 1.º Recebido o auto de infração, o autuado terá o prazo de trinta dias, a contar da ciência, para efetuar o pagamento da multa de ofício com redução de cinquenta por cento ou impugnar a autuação.

•• § 1.º com redação determinada pelo Decreto n. 6.103, de 30-4-2007.

§ 2.º Impugnada a autuação, o autuado, após a ciência da decisão de primeira instância, poderá efetuar o pagamento da multa de ofício com redução de vinte e cinco por cento, até a data limite para interposição de recurso.

•• § 2.º com redação determinada pelo Decreto n. 6.103, de 30-4-2007.

§ 3.º O recolhimento do valor da multa, com redução, implica renúncia ao direito de impugnar ou de recorrer.

•• § 3.º com redação determinada pelo Decreto n. 4.032, de 26-11-2001.

§ 4.º Apresentada impugnação, o processo será submetido à autoridade competente, que decidirá sobre a autuação, cabendo recurso na forma da Subseção II da Seção II do Capítulo Único do Título I do Livro V deste Regulamento.

•• § 4.º com redação determinada pelo Decreto n. 6.032, de 1.º-2-2007.

§§ 5.º e 6.º *(Revogados pelo Decreto n. 6.032, de 1.º-2-2007.)*

....

LIVRO V

DA ORGANIZAÇÃO DA SEGURIDADE SOCIAL

TÍTULO I

DO SISTEMA NACIONAL DE SEGURIDADE SOCIAL

CAPÍTULO ÚNICO

DOS ÓRGÃOS COLEGIADOS

....

SEÇÃO II

Do Conselho de Recursos da Previdência Social

....

SUBSEÇÃO II

Dos recursos

Art. 305. Das decisões do INSS nos processos de interesse dos beneficiários caberá recurso para o CRPS, conforme o disposto neste Regulamento e no regimento interno do CRPS.

•• *Caput* com redação determinada pelo Decreto n. 7.126, de 3-3-2010.

§ 1.º É de trinta dias o prazo para interposição de recursos e para o oferecimento de contrarrazões, contados da ciência da decisão e da interposição do recurso, respectivamente.

•• § 1.º com redação determinada pelo Decreto n. 4.729, de 9-6-2003.

§ 2.º *(Revogado pelo Decreto n. 3.265, de 29-11-1999.)*

§ 3.º O Instituto Nacional do Seguro Social e a Secretaria da Receita Previdenciária podem reformar suas decisões, deixando, no caso de reforma favorável ao interessado, de encaminhar o recurso à instância competente.

•• § 3.º com redação determinada pelo Decreto n. 6.032, de 1.º-2-2007.

§ 4.º Se o reconhecimento do direito do interessado ocorrer na fase de instrução do recurso por ele interposto contra decisão de Junta de Recursos, ainda que de alçada, ou de Câmara de Julgamento, o processo, acompanhado das razões do novo entendimento, será encaminhado:

I – à Junta de Recursos, no caso de decisão dela emanada, para fins de reexame da questão; ou

II – à Câmara de Julgamento, se por ela proferida a decisão, para revisão do acórdão, na forma que dispuser o seu Regimento Interno.

§ 5.º *(Revogado pelo Decreto n. 6.722, de 30-12-2008.)*

Art. 306. *(Revogado pelo Decreto n. 6.722, de 30-12-2008.)*

Art. 307. A propositura pelo beneficiário de ação judicial que tenha por objeto idêntico pedido sobre o qual versa o processo administrativo importa renúncia ao direito de recorrer na esfera administrativa e desistência do recurso interposto.

•• Artigo com redação determinada pelo Decreto n. 6.722, de 30-12-2008.

Art. 308. Os recursos tempestivos contra decisões das Juntas de Recursos do Conselho de Recursos da Previdência Social têm efeito suspensivo e devolutivo.

•• *Caput* com redação determinada pelo Decreto n. 5.699, de 13-2-2006.

§ 1.º Para fins do disposto neste artigo, não se considera recurso o pedido de revisão de acórdão endereçado às Juntas de Recursos e Câmaras de Julgamento.

•• § 1.º acrescentado pelo Decreto n. 5.699, de 13-2-2006.

§ 2.º É vedado ao INSS escusar-se de cumprir as diligências solicitadas pelo CRPS, bem como deixar de dar cumprimento às decisões definitivas daquele colegiado, reduzir ou ampliar o seu alcance ou executá-las de modo que contrarie ou prejudique seu evidente sentido.

•• § 2.º com redação determinada pelo Decreto n. 6.722, de 30-12-2008.

Art. 309. Havendo controvérsia na aplicação de lei ou de ato normativo, entre órgãos do Ministério da Previdência e Assistência Social ou entidades vinculadas, ou ocorrência de questão previdenciária ou de assistência social de relevante interesse público ou social, poderá o órgão interessado, por intermédio de seu dirigente, solicitar ao Ministro de Estado da Previdência e Assistência Social solução para a controvérsia ou questão.

•• *Caput* com redação determinada pelo Decreto n. 3.452, de 9-5-2000.

§ 1.º A controvérsia na aplicação de lei ou ato normativo será relatada *in abstracto* e encaminhada com manifestações fundamentadas dos órgãos interessados, podendo ser instruída com cópias dos documentos que demonstrem sua ocorrência.

•• § 1.º acrescentado pelo Decreto n. 4.729, de 9-6-2003.

§ 2.º A Procuradoria Geral Federal Especializada/INSS deverá pronunciar-se em todos os casos previstos neste artigo.

•• § 2.º acrescentado pelo Decreto n. 4.729, de 9-6-2003.

....

LIVRO VI

DAS DISPOSIÇÕES GERAIS

Art. 336. Para fins estatísticos e epidemiológicos, a empresa deverá comunicar à previdência social o acidente de que tratam os arts. 19, 20, 21 e 23 da Lei n. 8.213, de 1991, ocorrido com o segurado empregado, exceto o doméstico, e o trabalhador avulso, até o primeiro dia útil seguinte ao da ocorrência e, em caso de morte, de imediato, à autoridade competente, sob pena da multa aplicada e cobrada na forma do art. 286.

•• *Caput* com redação determinada pelo Decreto n. 4.032, de 26-11-2001.

§ 1.º Da comunicação a que se refere este artigo receberão cópia fiel o acidentado ou seus dependentes, bem como o sindicato a que corresponda a sua categoria.

§ 2.º Na falta do cumprimento do disposto no *caput*, caberá ao setor de benefícios do Instituto Nacional do Seguro Social comunicar a ocorrência ao setor de fiscalização, para a aplicação e cobrança da multa devida.

§ 3.º Na falta de comunicação por parte da empresa, ou quando se tratar de segurado especial, podem formalizá-la o próprio acidentado, seus dependentes, a entidade sindical competente, o médico que o assistiu ou qualquer autoridade pública, não prevalecendo nestes casos o prazo previsto neste artigo.

•• § 3.º com redação determinada pelo Decreto n. 4.032, de 26-11-2001.

§ 4.º A comunicação a que se refere o § 3.º não exime a empresa de responsabilidade pela falta do cumprimento do disposto neste artigo.

§ 5.º *(Revogado pelo Decreto n. 3.265, de 29-11-1999.)*

§ 6.º Os sindicatos e entidades representativas de classe poderão acompanhar a cobrança, pela previdência social, das multas previstas neste artigo.

Art. 337. O acidente do trabalho será caracterizado tecnicamente pela perícia médica do INSS, mediante a identificação do nexo entre o trabalho e o agravo.

•• *Caput* com redação determinada pelo Decreto n. 6.042, de 12-2-2007.

§ 1.º O setor de benefícios do Instituto Nacional do Seguro Social reconhecerá o direito do segurado à habilitação do benefício acidentário.

§ 2.º Será considerado agravamento do acidente aquele sofrido pelo acidentado quando estiver sob a responsabilidade da reabilitação profissional.

§ 3.º Considera-se estabelecido o nexo entre o trabalho e o agravo quando se verificar nexo técnico epidemiológico entre a atividade da empresa e a entidade mórbida motivadora da incapacidade, elencada na Classificação Internacional de Doenças – CID em conformidade com o disposto na Lista C do Anexo II deste Regulamento.

•• § 3.º com redação determinada pelo Decreto n. 6.957, de 9-9-2009.

§ 4.º Para os fins deste artigo, considera-se agravo a lesão, doença, transtorno de saúde, distúrbio, disfunção ou síndrome de evolução aguda, subaguda ou crônica, de natureza clínica ou subclínica, inclusive morte, independentemente do tempo de latência.

•• § 4.º acrescentado pelo Decreto n. 6.042, de 12-2-2007.

§ 5.º Reconhecidos pela perícia médica do INSS a incapacidade para o trabalho e o nexo entre o trabalho e o agravo, na forma do § 3.º, serão devidas as prestações acidentárias a que o beneficiário tenha direito.

•• § 5.º acrescentado pelo Decreto n. 6.042, de 12-2-2007.

§ 6.º A perícia médica do INSS deixará de aplicar o disposto no § 3.º quando demonstrada a inexistência de nexo entre o trabalho e o agravo, sem prejuízo do disposto nos §§ 7.º e 12.

•• § 6.º com redação determinada pelo Decreto n. 6.939, de 18-8-2009.

§ 7.º A empresa poderá requerer ao INSS a não aplicação do nexo técnico epidemiológico ao caso concreto mediante a demonstração de inexistência de correspondente nexo entre o trabalho e o agravo.

•• § 7.º com redação determinada pelo Decreto n. 6.939, de 18-8-2009.

§ 8.º O requerimento de que trata o § 7.º poderá ser apresentado no prazo de quinze dias da data para a entrega, na forma do inciso IV do art. 225, da GFIP que registre a movimentação do trabalhador, sob pena de não conhecimento da alegação em instância administrativa.

•• § 8.º acrescentado pelo Decreto n. 6.042, de 12-2-2007.

§ 9.º Caracterizada a impossibilidade de atendimento ao disposto no § 8.º, motivada pelo não conhecimento tempestivo do diagnóstico do agravo, o requerimento de que trata o § 7.º poderá ser apresentado no prazo de quinze dias da data em que a empresa tomar ciência da decisão da perícia médica do INSS referida no § 5.º.

•• § 9.º acrescentado pelo Decreto n. 6.042, de 12-2-2007. Produz efeitos a partir do primeiro dia do mês de abril de 2007.

§ 10. Juntamente com o requerimento de que tratam os §§ 8.º e 9.º, a empresa formulará as alegações que entender necessárias e apresentará as provas que possuir demonstrando a inexistência de nexo entre o trabalho e o agravo.

•• § 10 com redação determinada pelo Decreto n. 6.939, de 18-8-2009.

§ 11. A documentação probatória poderá trazer, entre outros meios de prova, evidências técnicas circunstanciadas e tempestivas à exposição do segurado, podendo ser produzidas no âmbito de programas de gestão de risco, a cargo da empresa, que possuam responsável técnico legalmente habilitado.

•• § 11 acrescentado pelo Decreto n. 6.042, de 12-2-2007.

§ 12. O INSS informará ao segurado sobre a contestação da empresa para que este, querendo, possa impugná-la, obedecendo, quanto à produção de provas, ao disposto no § 10, sempre que a instrução do pedido evidenciar a possibilidade de reconhecimento de inexistência do nexo entre o trabalho e o agravo.

•• § 12 com redação determinada pelo Decreto n. 6.939, de 18-8-2009.

§ 13. Da decisão do requerimento de que trata o § 7.º cabe recurso, com efeito suspensivo, por parte da empresa ou, conforme o caso, do segurado ao Conselho de Recursos da Previdência Social, nos termos dos arts. 305 a 310.

•• § 13 acrescentado pelo Decreto n. 6.042, de 12-2-2007.

Art. 338. A empresa é responsável pela adoção e uso de medidas coletivas e individuais de proteção à segurança e saúde do trabalhador sujeito aos riscos ocupacionais por ela gerados.

•• *Caput* com redação determinada pelo Decreto n. 4.032, de 26-11-2001.

§ 1.º É dever da empresa prestar informações pormenorizadas sobre os riscos da operação a executar e do produto a manipular.

•• Primitivo parágrafo único renumerado para § 1.º pelo Decreto n. 4.032, de 26-11-2001.

§ 2.º Os médicos peritos da previdência social terão acesso aos ambientes de trabalho e a outros locais onde se encontrem os documentos referentes ao controle médico de saúde ocupacional, e aqueles que digam respeito ao programa de prevenção de riscos ocupacionais, para verificar a eficácia das medidas adotadas pela empresa para a prevenção e controle das doenças ocupacionais.

•• § 2.º acrescentado pelo Decreto n. 4.032, de 26-11-2001.

§ 3.º O INSS auditará a regularidade e a conformidade das demonstrações ambientais, incluindo-se as de monitoramento biológico, e dos controles internos da empresa relativos ao gerenciamento dos riscos ocupacionais, de modo a assegurar a veracidade das informações prestadas pela empresa e constantes do CNIS, bem como o cumprimento das obrigações relativas ao acidente de trabalho.

•• § 3.º com redação determinada pelo Decreto n. 4.882, de 18-11-2003.

§ 4.º Os médicos peritos da previdência social deverão, sempre que constatarem o descumprimento do disposto neste artigo, comunicar formalmente aos demais órgãos interessados na providência, inclusive para aplicação e cobrança da multa devida.

•• § 4.º acrescentado pelo Decreto n. 5.545, de 22-9-2005.

Art. 339. O Ministério do Trabalho e Emprego fiscalizará e os sindicatos e entidades representativas de classe acompanharão o fiel cumprimento do disposto nos arts. 338 e 343.

Art. 340. Por intermédio dos estabelecimentos de ensino, sindicatos, associações de classe, Fundação Jorge Duprat Figueiredo de Segurança e Medicina do Trabalho, órgãos públicos e outros meios, serão promovidas regularmente instrução e formação com vistas a incrementar costumes e atitudes prevencionistas em matéria de acidentes, especialmente daquele referido no art. 336.

Art. 341. Nos casos de negligência quanto às normas de segurança e saúde do trabalho indicadas para a proteção individual e coletiva, a previdência social proporá ação regressiva contra os responsáveis.

Parágrafo único. O Ministério do Trabalho e Emprego, com base em informações fornecidas trimestralmente, a partir de 1.º de março de 2011, pelo Ministério da Previdência Social relativas aos dados de acidentes e doenças do trabalho constantes das comunicações de acidente de trabalho registradas no período, encaminhará à Previdência Social os respectivos relatórios de análise de acidentes do trabalho com indícios de negligência quanto às normas de segurança e saúde do trabalho que possam contribuir para a proposição de ações judiciais regressivas.

•• Parágrafo único acrescentado pelo Decreto n. 7.331, de 19-10-2010.

Art. 342. O pagamento pela previdência social das prestações decorrentes do acidente a que se refere o art. 336 não exclui a responsabilidade civil da empresa ou de terceiros.

Art. 343. Constitui contravenção penal, punível com multa, deixar a empresa de cumprir as normas de segurança e saúde do trabalho.

Art. 344. Os litígios e medidas cautelares relativos aos acidentes de que trata o art. 336 serão apreciados:

• *Vide* Súmula 226 do STJ.

I – na esfera administrativa, pelos órgãos da previdência social, segundo as regras e prazos aplicáveis às demais prestações, com prioridade para conclusão; e

II – na via judicial, pela Justiça dos Estados e do Distrito Federal, segundo o rito sumaríssimo, inclusive durante as férias forenses, mediante petição instruída pela prova de efetiva notificação do evento à previdência social, através da Comunicação de Acidente do Trabalho.

Parágrafo único. O procedimento judicial de que trata o inciso II é isento do pagamento de quaisquer custas e de verbas relativas à sucumbência.

Art. 345. As ações referentes às prestações decorrentes do acidente de que trata o art. 336 prescrevem em cinco anos, observado o disposto no art. 347, contados da data:

I – do acidente, quando dele resultar a morte ou a incapacidade temporária, verificada esta em perícia médica a cargo da previdência social; ou

II – em que for reconhecida pela previdência social a incapacidade permanente ou o agravamento das sequelas do acidente.

Art. 346. O segurado que sofreu o acidente a que se refere o art. 336 tem garantida, pelo prazo mínimo de doze meses, a manutenção do seu contrato de trabalho na empresa, após a cessação do auxílio-doença acidentário, independentemente da percepção de auxílio-acidente.

....

INSTRUÇÃO NORMATIVA N. 16,

DE 26 DE AGOSTO DE 1999 (*)

Uniformiza a interpretação da Lei n. 9.756, de 17 de dezembro de 1998, com relação a agravo de instrumento.

I – O Agravo de Instrumento se rege, na Justiça do Trabalho, pelo art. 897, *b*, §§ 2.º, 4.º, 5.º, 6.º e 7.º, da Consolidação das Leis do Trabalho, pelos demais dispositivos do direito processual do trabalho e, no que omisso, pelo direito processual comum, desde que compatível com as normas e princípios daquele, na forma desta Instrução.

a) Não se aplicam aos agravos de instrumento opostos antes de 18 de dezembro de 1998, data da publicação da Lei n. 9.756, as disposições desse diploma legal, salvo aquelas relativas ao cancelamento da possibilidade de concessão de efeito suspensivo à revista.

(*) Publicada no *DJU*, de 3-9-1999. Republicada em 3-11-2000 e em 22-5-2003. A Resolução Administrativa n. 928, de 15-5-2003, do TST, aprova os procedimentos a serem observados nesse Tribunal na atuação, distribuição e julgamento dos agravos de instrumento.

II – Limitado o seu cabimento, no processo do trabalho, aos despachos que denegarem a interposição de recurso (art. 897, *b*, da CLT), o agravo de instrumento será dirigido à autoridade judiciária prolatora do despacho agravado, no prazo de 8 (oito) dias de sua intimação, e processado em autos apartados.

§§ 1.° e 2.° *(Revogados pela Resolução Administrativa n. 930, de 28-4-2003.)*

III – O agravo não será conhecido se o instrumento não contiver as peças necessárias para o julgamento do recurso denegado, incluindo a cópia do respectivo arrazoado e da comprovação de satisfação de todos os pressupostos extrínsecos do recurso principal.

IV – O agravo de instrumento, protocolizado e autuado, será concluso ao juiz prolator do despacho agravado, para reforma ou confirmação da decisão impugnada, observada a competência estabelecida nos arts. 659, VI, e 682, IX, da CLT.

V – Será certificada nos autos principais a interposição do agravo de instrumento e a decisão que determina o seu processamento ou a decisão que reconsidera o despacho agravado.

VI – Mantida a decisão agravada, será intimado o agravado a apresentar contrarrazões relativas ao agravo e, simultaneamente, ao recurso principal, juntando as peças que entender necessárias para o julgamento de ambos, encaminhando-se, após, os autos do agravo ao Juízo competente.

VII – Provido o agravo, o órgão julgador deliberará quanto ao julgamento do recurso destrancado, observando-se, daí em diante, o procedimento relativo a tal recurso, com designação de relator e de revisor, se for o caso.

VIII – Da certidão de julgamento do agravo provido constará o resultado da deliberação relativa à apreciação do recurso destrancado.

IX – As peças trasladadas conterão informações que identifiquem o processo do qual foram extraídas, autenticadas uma a uma, no anverso ou verso. Tais peças poderão ser declaradas autênticas pelo próprio advogado, sob sua responsabilidade. Não será válida a cópia de despacho ou decisão que não contenha a assinatura do juiz prolator, nem as certidões subscritas por serventuário sem as informações acima exigidas.

•• Item IX com redação determinada pela Resolução n. 113, de 21-11-2002.

X – Cumpre às partes providenciar a correta formação do instrumento, não comportando a omissão em conversão em diligência para suprir a ausência de peças, ainda que essenciais.

XI – O agravo de instrumento não requer preparo.

XII – A tramitação e o julgamento de agravo de instrumento no Juízo competente obedecerão à disciplina legal e ao constante dos respectivos Regimentos Internos.

XIII – O agravo de instrumento de despacho denegatório de recurso extraordinário obedecerá à disciplina especial, na forma de Resolução da Suprema Corte.

XIV – Fica revogada a Instrução Normativa n. 6.

Sala de Sessões, 26 de agosto de 1999.

Luzia de Andrade Costa Freitas

DECRETO N. 3.197,

DE 5 DE OUTUBRO DE 1999 (*)

Promulga a Convenção n. 132 da Organização Internacional do Trabalho – OIT sobre Férias Anuais Remuneradas (revista em 1970), concluída em Genebra, em 24 de junho de 1970.

O Presidente da República, no uso da atribuição que lhe confere o art. 84, inciso VIII, da Constituição,

Considerando que a Convenção n. 132 da Organização Internacional do Trabalho – OIT sobre Férias Anuais Remuneradas (revista em 1970), foi concluída em Genebra, em 24 de junho de 1970;

Considerando que o Congresso Nacional aprovou o Ato multilateral em epígrafe por meio do Decreto Legislativo n. 47, de 23 de setembro de 1981;

Considerando que o Ato em tela entrou em vigor internacional em 30 de junho de 1973;

Considerando que o Governo brasileiro depositou o Instrumento de Ratificação da referida Convenção em 23 de setembro de 1998, passando a mesma a vigorar, para o Brasil, em 23 de setembro de 1999; decreta:

Art. 1.° A Convenção n. 132 da Organização Internacional do Trabalho – OIT, sobre Férias Anuais Remuneradas (revista em 1970), concluída em Genebra, em 24 de junho de 1970, apensa por cópia a este Decreto, deverá ser executada e cumprida tão inteiramente como nela se contém.

Art. 2.° Este Decreto entra em vigor na data de sua publicação.

Brasília, 5 de outubro de 1999; 178.° da Independência e 111.° da República.

FERNANDO HENRIQUE CARDOSO

CONVENÇÃO 132 DA OIT – CONVENÇÃO SOBRE FÉRIAS ANUAIS REMUNERADAS (REVISTA EM 1970)

A Conferência Geral da Organização Internacional do Trabalho,

Convocada em Genebra pela Administração da Repartição Internacional do Trabalho, e tendo-se reunido em sua Quinquagésima Quarta Sessão em 3 de junho de 1970, e

Tendo decidido adotar diversas propostas relativas a férias remuneradas, assunto que constitui o quarto item da agenda da sessão, e

(*) Publicado no *DOU*, de 6-10-1999.

Tendo determinado que estas propostas tomarão a forma de uma Convenção Internacional, adota, em 24 de junho de 1970, a seguinte Convenção que será denominada Convenção sobre Férias Remuneradas (revista), 1970:

Artigo 1

As disposições da presente Convenção, caso não sejam postas em execução por meio de acordos coletivos, sentenças arbitrais ou decisões judiciais, seja por organismos oficiais de fixação de salários, seja por qualquer outra maneira conforme a prática nacional e considerada apropriada, levando-se em conta as condições próprias de cada país, deverão ser aplicadas através de legislação nacional.

Artigo 2

1. A presente Convenção aplicar-se-á a todas as pessoas empregadas, à exceção dos marítimos.

2. Quando necessário, a autoridade competente ou qualquer órgão apropriado de cada país poderá, após consulta às organizações de empregadores e de trabalhadores interessadas, onde existirem, proceder à exclusão do âmbito da Convenção de categorias determinadas de pessoas empregadas, desde que sua aplicação cause problemas particulares de execução ou de natureza constitucional ou legislativa de certa importância.

3. Todo Membro que ratifique a Convenção deverá, no primeiro relatório sobre sua aplicação, o qual ele é obrigado a apresentar em virtude do Artigo 22 da Constituição da Organização Internacional do Trabalho, indicar, com base em motivos expostos, as categorias que tenham sido objeto de exclusão em decorrência do parágrafo 2 deste Artigo, e expor nos relatórios ulteriores o estado de sua legislação e de sua prática quanto às mencionadas categorias, precisando em que medida a Convenção foi executada ou ele se propõe a executar em relação às categorias em questão.

Artigo 3

1. Toda pessoa a quem se aplique a presente Convenção terá direito a férias anuais remuneradas de duração mínima determinada.

2. Todo Membro que ratifique a Convenção deverá especificar a duração das férias em uma declaração apensa à sua ratificação.

3. A duração das férias não deverá em caso algum ser inferior a 3 (três) semanas de trabalho, por 1 (um) ano de serviço.

4. Todo Membro que tiver ratificado a Convenção poderá informar ao Diretor-Geral da Repartição Internacional do Trabalho, por uma declaração ulterior, que ele aumenta a duração do período de férias especificado no momento de sua ratificação.

Artigo 4

1. Toda pessoa que tenha completado, no curso de 1 (um) ano determinado, um período de serviço de duração inferior ao período necessário à obtenção de direito à totalidade das férias prescritas no Artigo terceiro acima terá direito, nesse ano, a férias de duração proporcionalmente reduzidas.

2. Para os fins deste Artigo o termo "ano" significa ano civil ou qualquer outro período de igual duração fixado pela autoridade ou órgão apropriado do país interessado.

Artigo 5

1. Um período mínimo de serviço poderá ser exigido para a obtenção de direito a um período de férias remuneradas anuais.

2. Cabe à autoridade competente e ao órgão apropriado do país interessado fixar a duração mínima de tal período de serviço, que não deverá em caso algum ultrapassar 6 (seis) meses.

3. O modo de calcular o período de serviço para determinar o direito a férias será fixado pela autoridade competente ou pelo órgão apropriado de cada país.

4. Nas condições a serem determinadas pela autoridade competente ou pelo órgão apropriado de cada país, as faltas ao trabalho por motivos independentes da vontade individual da pessoa empregada interessada tais como faltas devidas a doenças, a acidente, ou a licença para gestante, não poderão ser computadas como parte das férias remuneradas anuais mínimas previstas no parágrafo 3 do Artigo 3 da presente Convenção.

Artigo 6

1. Os dias feriados oficiais ou costumeiros, quer se situem ou não dentro do período de férias anuais, não serão computados como parte do período de férias anuais remuneradas previsto no parágrafo 3 do Artigo 3 acima.

2. Em condições a serem determinadas pela autoridade competente ou pelo órgão apropriado de cada país, os períodos de incapacidade para o trabalho resultantes de doença ou de acidentes não poderão ser computados como parte do período mínimo de férias anuais remuneradas previsto no parágrafo 3, do Artigo 3 da presente Convenção.

Artigo 7

1. Qualquer pessoa que entre em gozo de período de férias previsto na presente Convenção deverá receber, em relação ao período global, pelo menos a sua remuneração média ou normal (incluindo-se a quantia equivalente a qualquer parte dessa remuneração em espécie, e que não seja de natureza permanente, ou seja concedida quer o indivíduo esteja em gozo de férias ou não), calculada de acordo com a forma a ser determinada pela autoridade competente ou órgão responsável de cada país.

2. As quantias devidas em decorrência do parágrafo 1 acima deverão ser pagas à pessoa em questão antes do período de férias, salvo estipulação em contrário contida em acordo que vincule a referida pessoa e seu empregador.

Artigo 8

1. O fracionamento do período de férias anuais remuneradas pode ser autorizado pela autoridade competente ou pelo órgão apropriado de cada país.

2. Salvo estipulação em contrário contida em acordo que vincule o empregador e a pessoa empregada em questão, e desde que a duração do serviço desta pessoa lhe dê direito a tal período de férias, uma das frações do referido período deverá corresponder pelo menos a duas semanas de trabalho ininterruptos.

Artigo 9

1. A parte ininterrupta do período de férias anuais remuneradas mencionada no parágrafo 2 do Artigo 8 da presente Convenção deverá ser outorgada e gozada dentro de no máximo 1 (um) ano, e o resto do período de férias anuais remuneradas dentro dos próximos 18 (dezoito) meses, no máximo, a contar do término do ano em que foi adquirido o direito de gozo de férias.

2. Qualquer parte do período de férias anuais que exceder o mínimo previsto poderá ser postergada com o consentimento da pessoa empregada em questão, por um período limitado além daquele fixado no parágrafo 1 deste Artigo.

3. O período mínimo de férias e o limite de tempo referidos no parágrafo 2 deste Artigo serão determinados pela autoridade competente após consulta às organizações de empregadores e trabalhadores interessadas, ou através de negociação coletiva ou por qualquer outro modo conforme à prática nacional, sendo levadas em conta as condições próprias de cada país.

Artigo 10

1. A ocasião em que as férias serão gozadas será determinada pelo empregador, após consulta à pessoa empregada interessada em questão ou seus representantes, a menos que seja fixada por regulamento, acordo coletivo, sentença arbitral ou qualquer outra maneira conforme à prática nacional.

2. Para fixar a ocasião do período de gozo das férias serão levadas em conta as necessidades do trabalho e as possibilidades de repouso e diversão ao alcance da pessoa empregada.

Artigo 11

Toda pessoa empregada que tenha completado o período mínimo de serviço que pode ser exigido de acordo com o parágrafo 1 do Artigo 5 da presente Convenção deverá ter direito em caso de cessação da relação empregatícia, ou a um período de férias remuneradas proporcional à duração do período de serviço pelo qual ela não gozou ainda tais férias, ou a uma indenização compensatória, ou a um crédito de férias equivalente.

Artigo 12

Todo acordo relativo ao abandono do direito ao período mínimo de férias anuais remuneradas previsto no parágrafo 3 do Artigo 3 da presente Convenção ou relativo à renúncia ao gozo das férias mediante indenização ou de qualquer outra forma, será, dependendo das condições nacionais, nulo de pleno direito ou proibido.

Artigo 13

A autoridade competente ou órgão apropriado de cada país poderá adotar regras particulares em relação aos casos em que uma pessoa empregada exerça, durante suas férias, atividades remuneradas incompatíveis com o objetivo dessas férias.

Artigo 14

Medidas efetivas apropriadas aos meios pelos quais se dará efeito às disposições da presente Convenção devem ser tomadas através de uma inspeção adequada ou de qualquer outra forma, a fim de assegurar a boa aplicação e o respeito às regras ou disposições relativas às férias remuneradas.

Artigo 15

1. Todo Membro pode depositar as obrigações da presente Convenção separadamente:

a) em relação às pessoas empregadas em setores econômicos diversos da agricultura;

b) em relação às pessoas empregadas na agricultura.

2. Todo membro precisará, em sua ratificação, se aceitas as obrigações da Convenção em relação às pessoas indicadas na alínea *a* do parágrafo 1 acima ou em relação às pessoas mencionadas na alínea b do referido parágrafo, ou em relação a ambas categorias.

3. Todo membro que na ocasião da sua ratificação não tiver aceitado as obrigações da presente Convenção senão em relação às pessoas mencionadas na alínea *a* ou senão em relação às pessoas mencionadas na alínea *b* do parágrafo 1 acima, poderá, ulteriormente, notificar ao Diretor-Geral da Repartição Internacional do Trabalho que aceita as obrigações da Convenção em relação a todas as pessoas a que se aplica a presente Convenção.

Artigo 16

A presente Convenção contém revisão da Convenção sobre Férias Remuneradas, 1936, e a Convenção sobre Férias Remuneradas (Agricultura), 1952, nos seguintes termos:

a) a aceitação das obrigações da presente Convenção em relação às pessoas empregadas nos setores econômicos diversos da agricultura, por um Membro que é parte da Convenção sobre Férias Remuneradas, 1936, acarreta, de pleno direito, a denúncia imediata desta última Convenção;

b) a aceitação das Obrigações da presente Convenção sobre Férias Remuneradas (Agricultura), 1952, acarreta, de pleno direito, a denúncia imediata desta última Convenção;

c) a entrada em vigor da presente Convenção não coloca obstáculo à ratificação da Convenção sobre Férias Remuneradas (Agricultura), 1952.

Artigo 17

As ratificações formais da presente Convenção serão comunicadas ao Diretor-Geral da Repartição Internacional do Trabalho, para fins de registro.

Artigo 18

1. A presente Convenção não vincula senão os Membros da Organização Internacional do Trabalho cuja ratificação tenha sido registrada pelo Diretor-Geral.

2. Ela entrará em vigor 12 (doze) meses após o registro pelo Diretor-Geral, das ratificações de dois Membros.

3. Subsequentemente a presente Convenção entrará em vigor para cada Membro 12 (doze) meses após a data do registro de sua ratificação.

Artigo 19

1. Todo Membro que tiver ratificado a presente Convenção poderá denunciá-la ao término de um período de 10 (dez) anos contados da data da entrada em vigor inicial da Convenção por um ato comunicado ao Diretor-Geral da Repartição Internacional do Trabalho e por ele registrado. A denúncia só terá efeito 1 (um) ano após ter sido registrada.

2. Todo Membro que tenha ratificado a presente Convenção e que, dentro de 1 (um) ano após o término do período de 10 (dez) anos mencionado no parágrafo precedente, não tenha feito uso do seu direito de denúncia previsto por este Artigo, estará vinculado por um novo período de 10 (dez) anos e, subsequentemente, poderá denunciar a presente Convenção ao término de cada período de 10 (dez) anos nas condições previstas neste Artigo.

Artigo 20

1. O Diretor-Geral da Repartição Internacional do Trabalho notificará a todos os Membros da Organização Internacional do Trabalho do registro de todas as ratificações e denúncias que lhe forem comunicadas pelos Membros da Organização.

2. Quando notificar os Membros da Organização sobre o registro da segunda ratificação a ele comunicada, o Diretor-Geral deverá chamar a atenção dos Membros da Organização para a data da entrada em vigor da presente Convenção.

Artigo 21

O Diretor-Geral da Repartição Internacional do Trabalho comunicará ao Secretário-Geral da Organização das Nações Unidas, para fins de registro, de acordo com o Artigo 102 da Carta das Nações Unidas, informações completas sobre todas as ratificações e atos de denúncias registrados por ele de acordo com as disposições dos Artigos precedentes.

Artigo 22

Quando julgar necessário, o Corpo Dirigente da Repartição Internacional do Trabalho apresentará à Conferência Geral um relatório sobre a aplicação da presente Convenção e examinará a conveniência de colocar na agenda da Conferência a questão de sua revisão total ou parcial.

Artigo 23

1. No caso de a Conferência adotar uma nova Convenção que revise a presente Convenção, e a menos que a nova Convenção disponha em contrário:

a) a ratificação por um Membro da nova Convenção contendo a revisão acarreta a denúncia imediata da presente Convenção, não obstante as disposições do Artigo 19 acima, se e quando a nova Convenção entrar em vigor;

b) a partir da data da entrada em vigor da nova Convenção que contém a revisão, será vedada a ratificação da presente Convenção pelos Membros.

2. A presente Convenção, em todo caso, será mantida em vigor, quanto a sua forma e conteúdo em relação aos Membros que a houverem ratificado mas não houverem ratificado a Convenção revisora.

Os textos em francês e em inglês do texto da presente Convenção fazem igualmente fé.

O Texto que precede é o texto autêntico da Convenção devidamente adotada na Conferência Geral da Organização do Trabalho, em sua quinquagésima quarta sessão, realizada em Genebra e declarada encerrada a vinte e cinco de junho de 1970.

Em fé do que apuseram suas assinaturas, no dia vinte e cinco de junho de 1970.

DECRETO N. 3.298,

DE 20 DE DEZEMBRO DE 1999 (*)

Regulamenta a Lei n. 7.853, de 24 de outubro de 1989, dispõe sobre a Política Nacional para a Integração da Pessoa Portadora de Deficiência, consolida as normas de proteção, e dá outras providências.

O Presidente da República, no uso das atribuições que lhe confere o art. 84, IV e VI, da Constituição, e tendo em vista o disposto na Lei n. 7.853, de 24 de outubro de 1989, decreta:

(*) Publicado no *DOU*, de 21-12-1999. A Lei n. 13.146, de 6-7-2015, institui o Estatuto da Pessoa com Deficiência. A Instrução Normativa n. 98, de 15-8-2012, da Secretaria de Inspeção do Trabalho, dispõe sobre procedimentos de fiscalização do cumprimento, por parte dos empregadores, das normas destinadas à inclusão no trabalho das pessoas com deficiência e beneficiários da Previdência Social reabilitados. A Instrução Normativa n. 29, de 4-8-2005, do TST, dispõe sobre a prioridade na tramitação dos processos em que é parte pessoa portadora de deficiência.

CAPÍTULO I
DAS DISPOSIÇÕES GERAIS

Art. 1.º A Política Nacional para a Integração da Pessoa Portadora de Deficiência compreende o conjunto de orientações normativas que objetivam assegurar o pleno exercício dos direitos individuais e sociais das pessoas portadoras de deficiência.

Art. 2.º Cabe aos órgãos e às entidades do Poder Público assegurar à pessoa portadora de deficiência o pleno exercício de seus direitos básicos, inclusive dos direitos à educação, à saúde, ao trabalho, ao desporto, ao turismo, ao lazer, à previdência social, à assistência social, ao transporte, à edificação pública, à habitação, à cultura, ao amparo à infância e à maternidade, e de outros que, decorrentes da Constituição e das leis, propiciem seu bem-estar pessoal, social e econômico.

Art. 3.º Para os efeitos deste Decreto, considera-se:

I – deficiência – toda perda ou anormalidade de uma estrutura ou função psicológica, fisiológica ou anatômica que gere incapacidade para o desempenho de atividade, dentro do padrão considerado normal para o ser humano;

II – deficiência permanente – aquela que ocorreu ou se estabilizou durante um período de tempo suficiente para não permitir recuperação ou ter probabilidade de que se altere, apesar de novos tratamentos; e

III – incapacidade – uma redução efetiva e acentuada da capacidade de integração social, com necessidade de equipamentos, adaptações, meios ou recursos especiais para que a pessoa portadora de deficiência possa receber ou transmitir informações necessárias ao seu bem-estar pessoal e ao desempenho de função ou atividade a ser exercida.

Art. 4.º É considerada pessoa portadora de deficiência a que se enquadra nas seguintes categorias:

I – deficiência física – alteração completa ou parcial de um ou mais segmentos do corpo humano, acarretando o comprometimento da função física, apresentando-se sob a forma de paraplegia, paraparesia, monoplegia, monoparesia, tetraplegia, tetraparesia, triplegia, triparesia, hemiplegia, hemiparesia, ostomia, amputação ou ausência de membro, paralisia cerebral, nanismo, membros com deformidade congênita ou adquirida, exceto as deformidades estéticas e as que não produzam dificuldades para o desempenho de funções;

•• Inciso I com redação determinada pelo Decreto n. 5.296, de 2-12-2004.

II – deficiência auditiva – perda bilateral, parcial ou total, de quarenta e um decibéis (dB) ou mais, aferida por audiograma nas frequências de 500 Hz, 1.000 Hz, 2.000 Hz e 3.000 Hz;

•• Inciso II com redação determinada pelo Decreto n. 5.296, de 2-12-2004.

III – deficiência visual – cegueira, na qual a acuidade visual é igual ou menor que 0,05 no melhor olho, com a melhor correção óptica; a baixa visão, que significa acuidade visual entre 0,3 e 0,5 no melhor olho, com a melhor correção óptica; os casos nos quais a somatória da medida do campo visual em ambos os olhos for igual ou menor que 60.º; ou a ocorrência simultânea de quaisquer das condições anteriores;

•• Inciso III com redação determinada pelo Decreto n. 5.296, de 2-12-2004.

IV – deficiência mental – funcionamento intelectual significativamente inferior à média, com manifestação antes dos 18 (dezoito) anos e limitações associadas a duas ou mais áreas de habilidades adaptativas, tais como:

a) comunicação;

b) cuidado pessoal;

c) habilidades sociais;

d) utilização dos recursos da comunidade;

•• Alínea *d* com redação determinada pelo Decreto n. 5.296, de 2-12-2004.

e) saúde e segurança;

f) habilidades acadêmicas;

g) lazer; e

h) trabalho;

V – deficiência múltipla – associação de duas ou mais deficiências.

CAPÍTULO II
DOS PRINCÍPIOS

Art. 5.º A Política Nacional para a Integração da Pessoa Portadora de Deficiência, em consonância com o Programa Nacional de Direitos Humanos, obedecerá aos seguintes princípios:

I – desenvolvimento de ação conjunta do Estado e da sociedade civil, de modo a assegurar a plena integração da pessoa portadora de deficiência no contexto socioeconômico e cultural;

II – estabelecimento de mecanismos e instrumentos legais e operacionais que assegurem às pessoas portadoras de deficiência o pleno exercício de seus direitos básicos que, decorrentes da Constituição e das leis, propiciam o seu bem-estar pessoal, social e econômico; e

III – respeito às pessoas portadoras de deficiência, que devem receber igualdade de oportunidades na sociedade por reconhecimento dos direitos que lhes são assegurados, sem privilégios ou paternalismos.

CAPÍTULO III
DAS DIRETRIZES

Art. 6.º São diretrizes da Política Nacional para a Integração da Pessoa Portadora de Deficiência:

I – estabelecer mecanismos que acelerem e favoreçam a inclusão social da pessoa portadora de deficiência;

II – adotar estratégias de articulação com órgãos e entidades públicos e privados, bem assim com organismos internacionais e estrangeiros para a implantação desta Política;

III – incluir a pessoa portadora de deficiência, respeitadas as suas peculiaridades, em todas as iniciativas governamentais relacionadas à educação, à saúde, ao trabalho, à edificação pública, à previdência social, à assistência social, ao transporte, à habitação, à cultura, ao esporte e ao lazer;

IV – viabilizar a participação da pessoa portadora de deficiência em todas as fases de implementação dessa Política, por intermédio de suas entidades representativas;

V – ampliar as alternativas de inserção econômica da pessoa portadora de deficiência, proporcionando a ela qualificação profissional e incorporação no mercado de trabalho; e

VI – garantir o efetivo atendimento das necessidades da pessoa portadora de deficiência, sem o cunho assistencialista.

CAPÍTULO IV

DOS OBJETIVOS

Art. 7.º São objetivos da Política Nacional para a Integração da Pessoa Portadora de Deficiência:

I – o acesso, o ingresso e a permanência da pessoa portadora de deficiência em todos os serviços oferecidos à comunidade;

II – integração das ações dos órgãos e das entidades públicos e privados nas áreas de saúde, educação, trabalho, transporte, assistência social, edificação pública, previdência social, habitação, cultura, desporto e lazer, visando à prevenção das deficiências, à eliminação de suas múltiplas causas e à inclusão social;

III – desenvolvimento de programas setoriais destinados ao atendimento das necessidades especiais da pessoa portadora de deficiência;

IV – formação de recursos humanos para atendimento da pessoa portadora de deficiência; e

V – garantia da efetividade dos programas de prevenção, de atendimento especializado e de inclusão social.

CAPÍTULO V

DOS INSTRUMENTOS

Art. 8.º São instrumentos da Política Nacional para a Integração da Pessoa Portadora de Deficiência:

I – a articulação entre entidades governamentais e não governamentais que tenham responsabilidades quanto ao atendimento da pessoa portadora de deficiência, em nível federal, estadual, do Distrito Federal e municipal;

II – o fomento à formação de recursos humanos para adequado e eficiente atendimento da pessoa portadora de deficiência;

III – a aplicação da legislação específica que disciplina a reserva de mercado de trabalho, em favor da pessoa portadora de deficiência, nos órgãos e nas entidades públicos e privados;

IV – o fomento da tecnologia de bioengenharia voltada para a pessoa portadora de deficiência, bem como a facilitação da importação de equipamentos; e

V – a fiscalização do cumprimento da legislação pertinente à pessoa portadora de deficiência.

CAPÍTULO VI

DOS ASPECTOS INSTITUCIONAIS

Art. 9.º Os órgãos e as entidades da Administração Pública Federal direta e indireta deverão conferir, no âmbito das respectivas competências e finalidades, tratamento prioritário e adequado aos assuntos relativos à pessoa portadora de deficiência, visando a assegurar-lhe o pleno exercício de seus direitos básicos e a efetiva inclusão social.

Art. 10. Na execução deste Decreto, a Administração Pública Federal direta e indireta atuará de modo integrado e coordenado, seguindo planos e programas, com prazos e objetivos determinados, aprovados pelo Conselho Nacional dos Direitos da Pessoa Portadora de Deficiência – CONADE.

Art. 11. Ao CONADE, criado no âmbito do Ministério dos Direitos Humanos como órgão superior de deliberação colegiada, compete:

•• *Caput* com redação determinada pelo Decreto n. 9.494, de 6-9-2018.

• A Resolução n. 35, de 6-7-2005, dispõe sobre o Regimento Interno do CONADE.

I – zelar pela efetiva implantação da Política Nacional para Integração da Pessoa Portadora de Deficiência;

II – acompanhar o planejamento e avaliar a execução das políticas setoriais de educação, saúde, trabalho, assistência social, transporte, cultura, turismo, desporto, lazer, política urbana e outras relativas à pessoa portadora de deficiência;

III – acompanhar a elaboração e a execução da proposta orçamentária do Ministério da Justiça, sugerindo as modificações necessárias à consecução da Política Nacional para Integração da Pessoa Portadora de Deficiência;

IV – zelar pela efetivação do sistema descentralizado e participativo de defesa dos direitos da pessoa portadora de deficiência;

V – acompanhar e apoiar as políticas e as ações do Conselho dos Direitos da Pessoa Portadora de Deficiência no âmbito dos Estados, do Distrito Federal e dos Municípios;

VI – propor a elaboração de estudos e pesquisas que objetivem a melhoria da qualidade de vida da pessoa portadora de deficiência;

VII – propor e incentivar a realização de campanhas visando à prevenção de deficiências e à promoção dos direitos da pessoa portadora de deficiência;

VIII – aprovar o plano de ação anual da Coordenadoria Nacional para Integração da Pessoa Portadora de Deficiência – CORDE;

IX – acompanhar, mediante relatórios de gestão, o desempenho dos programas e projetos da Política Nacional para Integração da Pessoa Portadora de Deficiência; e

X – elaborar o seu regimento interno.

....

CAPÍTULO VII

DA EQUIPARAÇÃO DE OPORTUNIDADES

Art. 15. Os órgãos e as entidades da Administração Pública Federal prestarão direta ou indiretamente à pessoa portadora de deficiência os seguintes serviços:

I – reabilitação integral, entendida como o desenvolvimento das potencialidades da pessoa portadora de deficiência, destinada a facilitar sua atividade laboral, educativa e social;

II – formação profissional e qualificação para o trabalho;

III – escolarização em estabelecimentos de ensino regular com a provisão dos apoios necessários, ou em estabelecimentos de ensino especial; e

IV – orientação e promoção individual, familiar e social.

SEÇÃO I
Da Saúde

Art. 16. Os órgãos e as entidades da Administração Pública Federal direta e indireta responsáveis pela saúde devem dispensar aos assuntos objeto deste Decreto tratamento prioritário e adequado, viabilizando, sem prejuízo de outras, as seguintes medidas:

....

II – o desenvolvimento de programas especiais de prevenção de acidentes domésticos, de trabalho, de trânsito e outros, bem como o desenvolvimento de programa para tratamento adequado a suas vítimas;

III – a criação de rede de serviços regionalizados, descentralizados e hierarquizados em crescentes níveis de complexidade, voltada ao atendimento à saúde e reabilitação da pessoa portadora de deficiência, articulada com os serviços sociais, educacionais e com o trabalho;

....

Art. 19. Consideram-se ajudas técnicas, para os efeitos deste Decreto, os elementos que permitem compensar uma ou mais limitações funcionais motoras, sensoriais ou mentais da pessoa portadora de deficiência, com o objetivo de permitir-lhe superar as barreiras da comunicação e da mobilidade e de possibilitar sua plena inclusão social.

Parágrafo único. São ajudas técnicas:

....

III – equipamentos e elementos necessários à terapia e reabilitação da pessoa portadora de deficiência;

IV – equipamentos, maquinarias e utensílios de trabalho especialmente desenhados ou adaptados para uso por pessoa portadora de deficiência;

V – elementos de mobilidade, cuidado e higiene pessoal necessários para facilitar a autonomia e a segurança da pessoa portadora de deficiência;

VI – elementos especiais para facilitar a comunicação, a informação e a sinalização para pessoa portadora de deficiência;

VII – equipamentos e material pedagógico especial para educação, capacitação e recreação da pessoa portadora de deficiência;

VIII – adaptações ambientais e outras que garantam o acesso, a melhoria funcional e a autonomia pessoal; e

....

SEÇÃO II
Do Acesso à Educação

....

Art. 28. O aluno portador de deficiência matriculado ou egresso do ensino fundamental ou médio, de instituições públicas ou privadas, terá acesso à educação profissional, a fim de obter habilitação profissional que lhe proporcione oportunidades de acesso ao mercado de trabalho.

§ 1.º A educação profissional para a pessoa portadora de deficiência será oferecida nos níveis básico, técnico e tecnológico, em escola regular, em instituições especializadas e nos ambientes de trabalho.

§ 2.º As instituições públicas e privadas que ministram educação profissional deverão, obrigatoriamente, oferecer cursos profissionais de nível básico à pessoa portadora de deficiência, condicionando a matrícula à sua capacidade de aproveitamento e não a seu nível de escolaridade.

§ 3.º Entende-se por habilitação profissional o processo destinado a propiciar à pessoa portadora de deficiência, em nível formal e sistematizado, aquisição de conhecimentos e habilidades especificamente associados a determinada profissão ou ocupação.

§ 4.º Os diplomas e certificados de cursos de educação profissional expedidos por instituição credenciada pelo Ministério da Educação ou órgão equivalente terão validade em todo o território nacional.

Art. 29. As escolas e instituições de educação profissional oferecerão, se necessário, serviços de apoio especializado para atender às peculiaridades da pessoa portadora de deficiência, tais como:

I – adaptação dos recursos instrucionais: material pedagógico, equipamento e currículo;

II – capacitação dos recursos humanos: professores, instrutores e profissionais especializados; e

III – adequação dos recursos físicos: eliminação de barreiras arquitetônicas, ambientais e de comunicação.

SEÇÃO III
Da Habilitação e da Reabilitação Profissional

Art. 30. A pessoa portadora de deficiência, beneficiária ou não do Regime Geral de Previdência Social, tem direito às prestações de habilitação e reabilitação profissional para capacitar-se a obter trabalho, conservá-lo e progredir profissionalmente.

Art. 31. Entende-se por habilitação e reabilitação profissional o processo orientado a possibilitar que a pessoa portadora de deficiência, a partir da identificação de suas potencialidades laborativas, adquira o nível suficiente de desenvolvimento profissional para ingresso e reingresso no mercado de trabalho e participar da vida comunitária.

Art. 32. Os serviços de habilitação e reabilitação profissional deverão estar dotados dos recursos necessários para atender toda pessoa portadora de deficiência, independentemente da origem de sua deficiência, desde que possa ser preparada para trabalho que lhe seja adequado e tenha perspectivas de obter, conservar e nele progredir.

Art. 33. A orientação profissional será prestada pelos correspondentes serviços de habilitação e reabilitação profissional, tendo em conta as potencialidades da pessoa portadora de deficiência, identificadas com base em relatório de equipe multiprofissional, que deverá considerar:

I – educação escolar efetivamente recebida e por receber;

II – expectativas de promoção social;

III – possibilidades de emprego existentes em cada caso;

IV – motivações, atitudes e preferências profissionais; e

V – necessidades do mercado de trabalho.

SEÇÃO IV
Do Acesso ao Trabalho

Art. 34. É finalidade primordial da política de emprego a inserção da pessoa portadora de deficiência no mercado de trabalho ou sua incorporação ao sistema produtivo mediante regime especial de trabalho protegido.

Parágrafo único. Nos casos de deficiência grave ou severa, o cumprimento do disposto no *caput* deste artigo poderá ser efetivado mediante a contratação das cooperativas sociais de que trata a Lei n. 9.867, de 10 de novembro de 1999.

Art. 35. São modalidades de inserção laboral da pessoa portadora de deficiência:

I – colocação competitiva: processo de contratação regular, nos termos da legislação trabalhista e previdenciária, que independe da adoção de procedimentos especiais para sua concretização, não sendo excluída a possibilidade de utilização de apoios especiais;

II – colocação seletiva: processo de contratação regular, nos termos da legislação trabalhista e previdenciária, que depende da adoção de procedimentos e apoios especiais para sua concretização; e

III – promoção do trabalho por conta própria: processo de fomento da ação de uma ou mais pessoas, mediante trabalho autônomo, cooperativado ou em regime de economia familiar, com vista à emancipação econômica e pessoal.

§ 1.º As entidades beneficentes de assistência social, na forma da lei, poderão intermediar a modalidade de inserção laboral de que tratam os incisos II e III, nos seguintes casos:

I – na contratação para prestação de serviços, por entidade pública ou privada, da pessoa portadora de deficiência física, mental ou sensorial; e

II – na comercialização de bens e serviços decorrentes de programas de habilitação profissional de adolescente e adulto portador de deficiência em oficina protegida de produção ou terapêutica.

§ 2.º Consideram-se procedimentos especiais os meios utilizados para a contratação de pessoa que, devido ao seu grau de deficiência, transitória ou permanente, exija condições especiais, tais como jornada variável, horário flexível, proporcionalidade de salário, ambiente de trabalho adequado às suas especificidades, entre outros.

§ 3.º Consideram-se apoios especiais a orientação, a supervisão e as ajudas técnicas entre outros elementos que auxiliem ou permitam compensar uma ou mais limitações funcionais motoras, sensoriais ou mentais da pessoa portadora de deficiência, de modo a superar as barreiras da mobilidade e da comunicação, possibilitando a plena utilização de suas capacidades em condições de normalidade.

§ 4.º Considera-se oficina protegida de produção a unidade que funciona em relação de dependência com entidade pública ou beneficente de assistência social, que tem por objetivo desenvolver programa de habilitação profissional para adolescente e adulto portador de deficiência, provendo-o com trabalho remunerado, com vista à emancipação econômica e pessoal relativa.

§ 5.º Considera-se oficina protegida terapêutica a unidade que funciona em relação de dependência com entidade pública ou beneficente de assistência social, que tem por objetivo a integração social por meio de atividades de adaptação e capacitação para o trabalho de adolescente e adulto que devido ao seu grau de deficiência, transitória ou permanente, não possa desempenhar atividade laboral no mercado competitivo de trabalho ou em oficina protegida de produção.

§ 6.º O período de adaptação e capacitação para o trabalho de adolescente e adulto portador de deficiência em oficina protegida terapêutica não caracteriza vínculo empregatício e está condicionado a processo de avaliação individual que considere o desenvolvimento biopsicossocial da pessoa.

§ 7.º A prestação de serviços será feita mediante celebração de convênio ou contrato formal, entre a entidade beneficente de assistência social e o tomador de serviços, no qual constará a relação nominal dos trabalhadores portadores de deficiência colocados à disposição do tomador.

§ 8.º A entidade que se utilizar do processo de colocação seletiva deverá promover, em parceria com o tomador de serviços, programas de prevenção de doenças profissionais e de redução da capacidade laboral, bem assim programas de reabilitação caso ocorram patologias ou se manifestem outras incapacidades.

Art. 36. A empresa com cem ou mais empregados está obrigada a preencher de 2 (dois) a 5% (cinco por cento) de seus cargos com beneficiários da Previdência Social reabilitados ou com pessoa portadora de deficiência habilitada, na seguinte proporção:

I – até duzentos empregados, 2% (dois por cento);

II – de duzentos e um a quinhentos empregados, 3% (três por cento);

III – de quinhentos e um a mil empregados, 4% (quatro por cento); ou

IV – mais de mil empregados, 5% (cinco por cento).

§ 1.º A dispensa de empregado na condição estabelecida neste artigo, quando se tratar de contrato por prazo determinado, superior a noventa dias, e a dispensa imotivada, no contrato por prazo indeterminado, somente poderá ocorrer após a contratação de substituto em condições semelhantes.

§ 2.º Considera-se pessoa portadora de deficiência habilitada aquela que concluiu curso de educação profissional de nível básico, técnico ou tecnológico, ou curso superior, com certificação ou diplomação expedida por instituição pública ou privada, legalmente credenciada pelo Ministério da Educação ou órgão equivalente, ou aquela com certificado de conclusão de processo de habilitação ou reabilitação profissional fornecido pelo Instituto Nacional do Seguro Social – INSS.

§ 3.º Considera-se, também, pessoa portadora de deficiência habilitada aquela que, não tendo se submetido a processo de habilitação ou reabilitação, esteja capacitada para o exercício da função.

§ 4.º A pessoa portadora de deficiência habilitada nos termos dos §§ 2.º e 3.º deste artigo poderá recorrer à intermediação de órgão integrante do sistema público de emprego, para fins de inclusão laboral na forma deste artigo.

§ 5.º Compete ao Ministério do Trabalho e Emprego estabelecer sistemática de fiscalização, avaliação e controle das empresas, bem como instituir procedimentos e formulários que propiciem estatísticas sobre o número de empregados portadores de deficiência e de vagas preenchidas, para fins de acompanhamento do disposto no *caput* deste artigo.

• A Instrução Normativa n. 98, de 15-8-2012, da Secretaria da Inspeção do Trabalho, dispõe sobre procedimentos de fiscalização do cumprimento, por parte dos empregadores, das normas destinadas à inclusão no trabalho das pessoas com deficiência e beneficiários da Previdência Social reabilitados.

Arts. 37 a 43. (*Revogados pelo Decreto n. 9.508, de 24-9-2018.*)

Art. 44. A análise dos aspectos relativos ao potencial de trabalho do candidato portador de deficiência obedecerá ao disposto no art. 20 da Lei n. 8.112, de 11 de dezembro de 1990.

Art. 45. Serão implementados programas de formação e qualificação profissional voltados para a pessoa portadora de deficiência no âmbito do Plano Nacional de Formação Profissional – PLANFOR.

Parágrafo único. Os programas de formação e qualificação profissional para pessoa portadora de deficiência terão como objetivos:

I – criar condições que garantam a toda pessoa portadora de deficiência o direito a receber uma formação profissional adequada;

II – organizar os meios de formação necessários para qualificar a pessoa portadora de deficiência para a inserção competitiva no mercado laboral; e

III – ampliar a formação e qualificação profissional sob a base de educação geral para fomentar o desenvolvimento harmônico da pessoa portadora de deficiência, assim como para satisfazer as exigências derivadas do progresso técnico, dos novos métodos de produção e da evolução social e econômica.

....

CAPÍTULO VIII

DA POLÍTICA DE CAPACITAÇÃO DE PROFISSIONAIS ESPECIALIZADOS

Art. 49. Os órgãos e as entidades da Administração Pública Federal direta e indireta, responsáveis pela formação de recursos humanos, devem dispensar aos assuntos objeto deste Decreto tratamento prioritário e adequado, viabilizando, sem prejuízo de outras, as seguintes medidas:

I – formação e qualificação de professores de nível médio e superior para a educação especial, de técnicos de nível médio e superior especializados na habilitação e reabilitação, e de instrutores e professores para a formação profissional;

II – formação e qualificação profissional, nas diversas áreas de conhecimento e de recursos humanos que atendam às demandas da pessoa portadora de deficiência; e

III – incentivo à pesquisa e ao desenvolvimento tecnológico em todas as áreas do conhecimento relacionadas com a pessoa portadora de deficiência.

....

CAPÍTULO XI

DAS DISPOSIÇÕES FINAIS E TRANSITÓRIAS

Art. 56. O Ministério dos Direitos Humanos, com base nas diretrizes e metas do Plano Plurianual de Investimentos, por intermédio da Secretaria Nacional dos Direitos da Pessoa com Deficiência, elaborará, em articulação com outros órgãos e entidades da Administração Pública Federal, o Plano Nacional de Ações Integradas na Área das Deficiências.

•• Artigo com redação determinada pelo Decreto n. 9.494, de 6-9-2018.

Art. 57. Fica criada, no âmbito do Ministério dos Direitos Humanos, comissão especial, com a finalidade de apresentar, no prazo de cento e oitenta dias, a contar de sua constituição, propostas destinadas a:

•• *Caput* com redação determinada pelo Decreto n. 9.494, de 6-9-2018.

I – implementar programa de formação profissional mediante a concessão de bolsas de qualificação para a pessoa portadora de deficiência, com vistas a estimular a aplicação do disposto no art. 36; e

II – propor medidas adicionais de estímulo à adoção de trabalho em tempo parcial ou em regime especial para a pessoa portadora de deficiência.

Parágrafo único. A comissão especial de que trata o *caput* deste artigo será composta por um representante de cada órgão e entidade a seguir indicados:

I – Secretaria Nacional de Direitos da Pessoa com Deficiência;

•• Inciso I com redação determinada pelo Decreto n. 9.494, de 6-9-2018.

II – Conselho Nacional dos Direitos da Pessoa com Deficiência;

•• Inciso II com redação determinada pelo Decreto n. 9.494, de 6-9-2018.

III – Ministério do Trabalho;

•• Inciso III com redação determinada pelo Decreto n. 9.494, de 6-9-2018.

IV – Ministério do Desenvolvimento Social;

•• Inciso IV com redação determinada pelo Decreto n. 9.494, de 6-9-2018.

V – Ministério da Educação;

VI – Ministério dos Transportes, Portos e Aviação Civil;

•• Inciso VI com redação determinada pelo Decreto n. 9.494, de 6-9-2018.

VII – Instituto de Pesquisa Econômica Aplicada; e

VIII – INSS.

Art. 58. A CORDE desenvolverá, em articulação com órgãos e entidades da Administração Pública Federal, programas de facilitação da acessibilidade em sítios de interesse histórico, turístico, cultural e desportivo, mediante a remoção de barreiras físicas ou arquitetônicas que impeçam ou dificultem a locomoção de pessoa portadora de deficiência ou com mobilidade reduzida.

Art. 59. Este Decreto entra em vigor na data da sua publicação.

Art. 60. Ficam revogados os Decretos n. 93.481, de 29 de outubro de 1986, n. 914, de 6 de setembro de 1993, n. 1.680, de 18 de outubro de 1995, n. 3.030, de 20 de abril de 1999, o § 2.° do art. 141 do Regulamento da Previdência Social, aprovado pelo Decreto n. 3.048, de 6 de maio de 1999, e o Decreto n. 3.076, de 1.° de junho de 1999.

Brasília, 20 de dezembro de 1999; 178.° da Independência e 111.° da República.

Fernando Henrique Cardoso

LEI N. 9.962,

DE 22 DE FEVEREIRO DE 2000 (*)

Disciplina o regime de emprego público do pessoal da Administração federal direta, autárquica e fundacional, e dá outras providências.

O Presidente da República

Faço saber que o Congresso Nacional decreta e eu sanciono a seguinte Lei:

Art. 1.° O pessoal admitido para emprego público na Administração federal direta, autárquica e fundacional terá sua relação de trabalho regida pela Consolidação das Leis do Trabalho, aprovada pelo Decreto-lei n. 5.452, de 1.° de maio de 1943, e legislação trabalhista correlata, naquilo que a lei não dispuser em contrário.

§ 1.° Leis específicas disporão sobre a criação dos empregos de que trata esta Lei no âmbito da Administração direta, autárquica e fundacional do Poder Executivo, bem como sobre a transformação dos atuais cargos em empregos.

§ 2.° É vedado:

I – submeter ao regime de que trata esta Lei:

a) *(Vetada.)*

b) cargos públicos de provimento em comissão;

II – alcançar, nas leis a que se refere o § 1.°, servidores regidos pela Lei n. 8.112, de 11 de dezembro de 1990, às datas das respectivas publicações.

§ 3.° Estende-se o disposto no § 2.° à criação de empregos ou à transformação de cargos em empregos não abrangidas pelo § 1.°.

§ 4.° *(Vetado.)*

Art. 2.° A contratação de pessoal para emprego público deverá ser precedida de concurso público de provas ou de provas e títulos, conforme a natureza e a complexidade do emprego.

Art. 3.° O contrato de trabalho por prazo indeterminado somente será rescindido por ato unilateral da Administração pública nas seguintes hipóteses:

I – prática de falta grave, dentre as enumeradas no art. 482 da Consolidação das Leis do Trabalho – CLT;

II – acumulação ilegal de cargos, empregos ou funções públicas;

III – necessidade de redução de quadro de pessoal, por excesso de despesa, nos termos da lei complementar a que se refere o art. 169 da Constituição Federal;

IV – insuficiência de desempenho, apurada em procedimento no qual se assegurem pelo menos um recurso hierárquico dotado de efeito suspensivo, que será apreciado em 30 (trinta) dias, e o prévio conhecimento dos padrões mínimos exigidos para continuidade da relação de emprego, obrigatoriamente estabelecidos de acordo com as peculiaridades das atividades exercidas.

Parágrafo único. Excluem-se da obrigatoriedade dos procedimentos previstos no *caput* as contratações de pessoal decorrentes da autonomia de gestão de que trata o § 8.° do art. 37 da Constituição Federal.

Art. 4.° Aplica-se às leis a que se refere o § 1.° do art. 1.° desta Lei o disposto no art. 246 da Constituição Federal.

Art. 5.° Esta Lei entra em vigor na data de sua publicação.

Brasília, 22 de fevereiro de 2000; 179.° da Independência e 112.° da República.

Fernando Henrique Cardoso

INSTRUÇÃO NORMATIVA N. 17,

DE 6 DE ABRIL DE 2000 (**)

Uniformiza a interpretação da Lei n. 9.756, de 17 de dezembro de 1998, com relação ao recurso de revista.

I – Aplica-se ao Processo do Trabalho o disposto no parágrafo único do art. 120 do Código de Processo Civil se-

(*) Publicada no *DOU*, de 23-2-2000.

(**) Publicada no *DJU*, de 24-4-2000. Republicada em 9-6-2005, por determinação da Resolução n. 131, de 12-5-2005, do TST, que lhe acrescentou o inciso IV. *Vide* arts. 896 e 896-A da CLT, e Instrução Normativa n. 23, de 5-8-2003, do TST.

gundo a redação dada pela Lei n. 9.756/98, relativo ao conflito de competência, nos seguintes termos:

Havendo jurisprudência dominante no Tribunal sobre a questão suscitada, o relator poderá decidir, de plano, o conflito de competência, cabendo agravo, no prazo de 8 (oito) dias, contado da intimação às partes, para o órgão recursal competente.

II – Aplica-se ao Processo do Trabalho o parágrafo único acrescido ao art. 481 do Código de Processo Civil, conforme redação dada pela Lei n. 9.756/98, no que tange à declaração de inconstitucionalidade, nos seguintes termos:

•• A referência é feita ao CPC de 1973. Dispositivo correspondente no CPC de 2015: art. 949, parágrafo único.

Os órgãos fracionários dos Tribunais não submeterão ao plenário, ou ao órgão especial, a arguição de inconstitucionalidade, quando já houver pronunciamento destes, ou do plenário do Supremo Tribunal Federal, sobre a questão.

III – Aplica-se ao processo do Trabalho o *caput* do art. 557 do Código de Processo Civil, com a redação dada pela Lei n. 9.756/98, salvo no que tange aos recursos de revista, embargos e agravo de instrumento, os quais continuam regidos pelo § 5.º do art. 896 da Consolidação das Leis do Trabalho – CLT, que regulamenta as hipóteses de negativa de seguimento a recurso.

•• A referência é feita ao CPC de 1973. Dispositivo correspondente no CPC de 2015: art. 932, III.

Assim, ressalvadas as exceções apontadas, o relator negará seguimento a recurso manifestamente inadmissível, improcedente, prejudicado ou em confronto com súmula ou com jurisprudência dominante do respectivo Tribunal, do Supremo Tribunal Federal ou de Tribunal Superior.

Outrossim, aplicam-se ao processo do trabalho os §§ 1.º-A e 1.º e 2.º do art. 557 do Código de Processo Civil, adequando-se o prazo do agravo à sistemática do processo do trabalho (oito) dias.

•• A referência é feita ao CPC de 1973. Dispositivos correspondentes no CPC de 2015: arts. 932, V, *a*, e 1.021, §§ 2.º e 4.º.

Desse modo, se a decisão recorrida estiver em manifesto confronto com súmula ou com jurisprudência dominante no Supremo Tribunal Federal ou de Tribunal Superior, o relator poderá dar provimento ao recurso, cabendo agravo, no prazo de 8 (oito) dias, ao órgão competente para o julgamento do recurso. Se não houver retratação, o relator, após incluir o processo em pauta, proferirá o voto. Provido o agravo, o recurso terá seguimento.

IV – Os beneficiários da Justiça gratuita estão dispensados do recolhimento antecipado da multa prevista no § 2.º do art. 557 do CPC.

•• Inciso IV acrescentado pela Resolução n. 131, de 12-5-2005, do TST.

•• A referência é feita ao CPC de 1973. Dispositivo correspondente no CPC de 2015: art. 1.021, § 4.º.

V – As demais disposições oriundas da alteração do processo civil, resultantes da Lei n. 9.756/98, consideram-se inaplicáveis ao processo do trabalho, especialmente o disposto no art. 511, *caput*, e seu § 2.º.

•• A referência é feita ao CPC de 1973. Dispositivo correspondente no CPC de 2015: art. 1.007, *caput* e § 2.º.

Sala de Sessões, 6 de abril de 2000.

Luzia de Andrade Costa Freitas

INSTRUÇÃO NORMATIVA N. 19,

DE 27 DE ABRIL DE 2000 (*)

Aprova normas relativas à inserção de tema na Orientação Jurisprudencial do Tribunal Superior do Trabalho.

O precedente jurisprudencial deve ser inserido pela Comissão de Jurisprudência na Orientação Jurisprudencial desta Corte quando:

1 – As 5 (cinco) Turmas decidirem no mesmo sentido quanto à matéria; ou

2 – houver 3 (três) acórdãos da Seção Especializada em Dissídios Individuais e, pelo menos, 3 (três) acórdãos de 3 (três) Turmas no mesmo sentido; ou

3 – houver, pelo menos, 2 (duas) decisões unânimes de cada uma das duas Subseções da Seção Especializada em Dissídios Individuais sobre a mesma matéria; ou

4 – o Tribunal Pleno, mediante provocação da Comissão Permanente de Jurisprudência, decidir conflito entre 5 (cinco) decisões reiteradas da Subseção I Especializada em Dissídios Individuais sobre determinada tese, contrárias a decisões reiteradas de 3 (três) Turmas;

5 – os verbetes relativos a precedentes da Subseção II Especializada em Dissídios Individuais, após aprovados pela referida Subseção, serão encaminhados à Comissão Permanente de Jurisprudência para publicação na Orientação da Jurisprudência da Corte. Se a Comissão entender conveniente, submeterá a proposta da Subseção II Especializada em Dissídios Individuais ao Egrégio Tribunal Pleno.

6 – Por moção subscrita por 8 (oito) Ministros e dirigida à Comissão Permanente de Jurisprudência, será submetida ao Egrégio Tribunal Pleno a proposta de retirada de tema inserto no repositório da Orientação Jurisprudencial do Tribunal Superior do Trabalho.

Sala de Sessões, 27 de abril de 2000.

Luzia de Andrade Costa Freitas

LEI COMPLEMENTAR N. 103,

DE 14 DE JULHO DE 2000 (**)

Autoriza os Estados e o Distrito Federal a instituir o piso salarial a que se refere o inciso V do art. 7.º da Constituição Federal, por aplicação do disposto no parágrafo único do seu art. 22.

(*) Publicada no *DJ*, de 9-5-2000.

(**) Publicada no *DOU*, de 17-7-2000.

PISO SALARIAL

O Presidente da República

Faço saber que o Congresso Nacional decreta e eu sanciono a seguinte Lei Complementar:

Art. 1.º Os Estados e o Distrito Federal ficam autorizados a instituir, mediante lei de iniciativa do Poder Executivo, o piso salarial de que trata o inciso V do art. 7.º da Constituição Federal para os empregados que não tenham piso salarial definido em lei federal, convenção ou acordo coletivo de trabalho.

§ 1.º A autorização de que trata este artigo não poderá ser exercida:

I – no segundo semestre do ano em que se verificar eleição para os cargos de Governador dos Estados e do Distrito Federal e de Deputados Estaduais e Distritais;

II – em relação à remuneração de servidores públicos municipais.

§ 2.º O piso salarial a que se refere o *caput* poderá ser estendido aos empregados domésticos.

Art. 2.º Esta Lei Complementar entra em vigor na data de sua publicação.

Brasília, 14 de julho de 2000; 179.º da Independência e 112.º da República.

Fernando Henrique Cardoso

DECRETO N. 3.597,

DE 12 DE SETEMBRO DE 2000 (*)

Promulga a Convenção 182 e a Recomendação 190 da Organização Internacional do Trabalho (OIT) sobre a Proibição das Piores Formas de Trabalho Infantil e a Ação Imediata para sua Eliminação, concluídas em Genebra, em 17 de junho de 1999.

O Presidente da República, no uso da atribuição que lhe confere o art. 84, inciso VIII, da Constituição,

Considerando que a Convenção 182 e a Recomendação 190 da Organização Internacional do Trabalho (OIT) sobre a Proibição das Piores Formas de Trabalho Infantil e a Ação Imediata para sua Eliminação foram concluídas em Genebra, em 17 de junho de 1999;

Considerando que o Congresso Nacional aprovou os atos multilaterais em epígrafe por meio do Decreto Legislativo n. 178, de 14 de dezembro de 1999;

Considerando que o Governo brasileiro depositou o Instrumento de Ratificação da referida Convenção em 2 de fevereiro de 2000, passando a mesma a vigorar, para o Brasil, em 2 de fevereiro de 2001, nos termos do parágrafo 3.º, de seu Artigo 10; decreta:

(*) Publicado no *DOU*, de 13-9-2000.

Art. 1.º A Convenção 182 e a Recomendação 190 da Organização Internacional do Trabalho (OIT) sobre a Proibição das Piores Formas de Trabalho Infantil e a Ação Imediata para sua Eliminação, concluídas em Genebra, em 17 de junho de 1999, apensas por cópia a este Decreto, deverão ser executadas e cumpridas tão inteiramente como nelas se contêm.

Parágrafo único. São sujeitos à aprovação do Congresso Nacional quaisquer atos que possam resultar em revisão da referida Convenção, assim como quaisquer ajustes complementares que, nos termos do art. 49, I, da Constituição, acarretem encargos ou compromissos gravosos ao patrimônio nacional.

Art. 2.º Este Decreto entra em vigor na data de sua publicação.

Brasília, 12 de setembro de 2000; 179.º da Independência e 112.º da República.

Fernando Henrique Cardoso

CONVENÇÃO 182 – CONVENÇÃO SOBRE A PROIBIÇÃO DAS PIORES FORMAS DE TRABALHO INFANTIL E A AÇÃO IMEDIATA PARA A SUA ELIMINAÇÃO

A Conferência Geral da Organização Internacional do Trabalho:

Convocada em Genebra pelo Conselho de Administração da Repartição Internacional do Trabalho e reunida naquela cidade em 1.º de junho de 1999 em sua octogésima sétima reunião;

Considerando a necessidade de adotar novos instrumentos para a proibição e eliminação das piores formas de trabalho infantil, principal prioridade da ação nacional e internacional, incluídas a cooperação e a assistência internacionais, como complemento da Convenção e Recomendação sobre a idade mínima de admissão ao emprego, 1973, que continuam sendo instrumentos fundamentais sobre o trabalho infantil;

Considerando que a eliminação efetiva das piores formas de trabalho infantil requer uma ação imediata e abrangente que leve em conta a importância da educação básica gratuita e a necessidade de liberar de todas essas formas de trabalho as crianças afetadas e assegurar a sua reabilitação e sua inserção social ao mesmo tempo em que são atendidas as necessidades de suas famílias;

Recordando a Resolução sobre a eliminação do trabalho infantil, adotada pela Conferência Internacional do Trabalho em sua 83.ª reunião, celebrada em 1996;

Reconhecendo que o trabalho infantil é em grande parte causado pela pobreza e que a solução no longo prazo está no crescimento econômico sustentado conducente ao progresso social, em particular à mitigação da pobreza e à educação universal;

Recordando a Convenção sobre Direitos da Criança adotada pela Assembleia Geral das Nações Unidas em 20 de novembro de 1989;

Recordando a Declaração da OIT relativa aos princípios e direitos fundamentais no trabalho e seu seguimento, adotada pela Conferência Internacional do Trabalho em sua 86.ª reunião, celebrada em 1998;

Recordando que algumas das piores formas de trabalho infantil são objeto de outros instrumentos internacionais, em particular a Convenção sobre o trabalho forçado, 1930, e a Convenção suplementar das Nações Unidas sobre a abolição da escravidão, o tráfico de escravos e as instituições e práticas análogas à escravidão, 1956;

Tendo decidido adotar diversas propostas relativas ao trabalho infantil, questão que constitui o quarto ponto da agenda da reunião, e

Tendo determinado que essas propostas tomem a forma de uma convenção internacional,

Adota, com data de dezessete de junho de mil novecentos e noventa e nove, a seguinte Convenção, que poderá ser citada como Convenção sobre as piores formas de trabalho infantil, 1999.

Artigo 1

Todo Membro que ratifique a presente Convenção deverá adotar medidas imediatas e eficazes para assegurar a proibição e eliminação das piores formas de trabalho infantil, em caráter de urgência.

Artigo 2

Para efeitos da presente Convenção, o termo "criança" designa toda pessoa menor de 18 anos.

Artigo 3

Para efeitos da presente Convenção, a expressão "as piores formas de trabalho infantil" abrange:

a) todas as formas de escravidão ou práticas análogas à escravidão, tais como a venda e tráfico de crianças, a servidão por dívidas e a condição de servo, e o trabalho forçado ou obrigatório, inclusive o recrutamento forçado ou obrigatório de crianças para serem utilizadas em conflitos armados;

b) a utilização, o recrutamento ou a oferta de crianças para a prostituição, a produção de pornografia ou atuações pornográficas;

c) a utilização, recrutamento ou a oferta de crianças para a realização de atividades ilícitas, em particular a produção e o tráfico de entorpecentes, tais como definidos nos tratados internacionais pertinentes; e,

d) o trabalho que, por sua natureza ou pelas condições em que é realizado, é suscetível de prejudicar a saúde, a segurança ou a moral das crianças.

•• Alínea *d* regulamentada pelo Decreto n. 6.481, de 12-6-2008.

Artigo 4

•• Artigo 4 regulamentado pelo Decreto n. 6.481, de 12-6-2008.

1. Os tipos de trabalho a que se refere o Artigo 3, d), deverão ser determinados pela legislação nacional ou pela autoridade competente, após consulta às organizações de empregadores e de trabalhadores interessadas e levando em consideração as normas internacionais na matéria, em particular os parágrafos 3 e 4 da Recomendação sobre as piores formas de trabalho infantil, 1999.

2. A autoridade competente, após consulta às organizações de empregado e de trabalhadores interessadas, deverá localizar os tipos de trabalho determinados conforme o parágrafo 1 deste Artigo.

3. A lista dos tipos de trabalho determinados conforme o parágrafo 1.º deste Artigo deverá ser examinada periodicamente e, caso necessário, revista, em consulta com as organizações de empregadores e de trabalhadores interessadas.

Artigo 5

Todo Membro, após consulta às organizações de empregadores e de trabalhadores, deverá estabelecer ou designar mecanismos apropriados para monitorar a aplicação dos dispositivos que colocam em vigor a presente Convenção.

Artigo 6

1. Todo membro deverá elaborar e implementar programas de ação para eliminar, como medida prioritária, as piores formas de trabalho infantil.

2. Esses programas de ação deverão ser elaborados e implementados em consulta com as instituições governamentais competentes e as organizações de empregadores e de trabalhadores, levando em consideração as opiniões de outros grupos interessados, caso apropriado.

Artigo 7

1. Todo Membro deverá adotar todas as medidas necessárias para garantir a aplicação efetiva e o cumprimento dos dispositivos que colocam em vigor a presente Convenção, inclusive o estabelecimento e a aplicação de sanções penais ou outras sanções, conforme o caso.

2. Todo Membro deverá adotar, levando em consideração a importância da educação para a eliminação de trabalho infantil, medidas eficazes e em prazo determinado, com o fim de:

a) impedir a ocupação de crianças nas piores formas de trabalho infantil;

b) prestar a assistência direta necessária e adequada para retirar as crianças das piores formas de trabalho infantil e assegurar sua reabilitação e inserção social;

c) assegurar o acesso ao ensino básico gratuito e, quando for possível e adequado, à formação profissional a todas as crianças que tenham sido retiradas das piores formas de trabalho infantil;

d) identificar as crianças que estejam particularmente expostas a riscos e entrar em contato direto com elas; e,

e) levar em consideração a situação particular das meninas.

3. Todo Membro deverá designar a autoridade competente encarregada da aplicação dos dispositivos que colocam em vigor a presente Convenção.

Artigo 8

Os Membros deverão tomar medidas apropriadas para apoiar-se reciprocamente na aplicação dos dispositivos da presente Convenção por meio de uma cooperação e/ou assistência internacionais intensificadas, as quais venham a incluir o apoio ao desenvolvimento social e econômico, aos programas de erradicação da pobreza e à educação universal.

Artigo 9

As ratificações formais da presente Convenção serão comunicadas, para registro, ao Diretor-Geral da Repartição Internacional do Trabalho.

Artigo 10

1. Esta Convenção obrigará unicamente aqueles Membros da Organização Internacional do Trabalho cujas ratificações tenham sido registradas pelo Diretor-Geral da Repartição Internacional do Trabalho.

2. Entrará em vigor 12 (doze) meses depois da data em que as ratificações de 2 (dois) dos Membros tenham sido registradas pelo Diretor-Geral.

3. A partir desse momento, esta Convenção entrará em vigor, para cada Membro, 12 (doze) meses após a data em que tenha sido registrada sua ratificação.

Artigo 11

1. Todo Membro que tenha ratificado esta Convenção poderá denunciá-la ao expirar um período de dez anos, a partir da data em que tenha entrado em vigor, mediante ata comunicada, para registro, ao Diretor-Geral da Repartição Internacional do Trabalho. A denúncia não surtirá efeito até 1 (um) ano após a data em que tenha sido registrada.

2. Todo Membro que tenha ratificado esta Convenção e que, no prazo de um ano após a expiração do período de dez anos mencionado no parágrafo precedente, não faça uso do direito de denúncia previsto neste Artigo ficará obrigado durante um novo período de dez anos, podendo, sucessivamente, denunciar esta Convenção ao expirar cada período de dez anos, nas condições previstas neste Artigo.

Artigo 12

1. O Diretor-Geral da Repartição Internacional do Trabalho notificará todos os Membros da Organização Internacional do Trabalho do registro de todas as ratificações e atas de denúncia que lhe forem comunicadas pelos Membros da Organização.

2. Ao notificar os Membros da Organização do registro da segunda ratificação que lhe tenha sido comunicada, o Diretor-Geral informará os Membros da Organização sobre a data de entrada em vigor da presente Convenção.

Artigo 13

O Diretor-Geral da Repartição Internacional do Trabalho apresentará ao Secretário-Geral das Nações Unidas, para efeitos de registro e em conformidade com o Artigo 102 da Carta das Nações Unidas, informação completa sobre todas as ratificações e atas de denúncia que tenha registrado de acordo com os Artigos precedentes.

Artigo 14

Sempre que julgar necessário, o Conselho de Administração da Repartição Internacional do Trabalho apresentará à Conferência Geral um relatório sobre a aplicação da Convenção e examinará a conveniência de incluir na agenda da Conferência a questão de sua revisão total ou parcial.

Artigo 15

1. Caso a Conferência adote uma nova Convenção que revise, total ou parcialmente, a presente, e a menos que a nova Convenção contenha dispositivos em contrário:

a) a ratificação, por um Membro, da nova Convenção revisora implicará *ipso jure* a denúncia imediata desta Convenção, não obstante os dispositivos contidos no Artigo 11, desde que a nova Convenção revisora tenha entrado em vigor;

b) a partir da data em que entrar em vigor a nova Convenção revisora, a presente Convenção cessará de estar aberta à ratificação pelos Membros.

2. Esta Convenção continuará em vigor em qualquer hipótese, em sua forma e conteúdo atuais, para os Membros que a tenham ratificado, mas não tenham ratificado a Convenção revisora.

Artigo 16

As versões inglesa e francesa do texto desta Convenção são igualmente autênticas.

RECOMENDAÇÃO 190 – RECOMENDAÇÃO SOBRE A PROIBIÇÃO DAS PIORES FORMAS DE TRABALHO INFANTIL E A AÇÃO IMEDIATA PARA A SUA ELIMINAÇÃO

A Conferência Geral da Organização Internacional do Trabalho:

Convocada em Genebra pelo Conselho de Administração da Repartição Internacional do Trabalho e reunida naquela cidade em 1.º de junho de 1999, em sua octogésima sétima reunião:

Tendo adotado a Convenção sobre as piores formas de trabalho infantil, 1999;

Tendo decidido adotar diversas propostas relativas ao trabalho infantil, questão que constitui o quarto ponto da agenda da reunião, e

Tendo determinado que essas propostas tomem a forma de uma recomendação que complemente a Convenção sobre as piores formas de trabalho infantil, 1999,

Adota, nesta data de dezessete de junho de mil novecentos e noventa e nove, a seguinte Recomendação, que poderá ser citada como a Recomendação sobre as Piores Formas de Trabalho Infantil, 1999.

1. Os dispositivos da presente Recomendação complementam os da Convenção sobre as piores formas de trabalho infantil, 1999 (doravante denominada "a Convenção"), e deveriam ser aplicados em conjunto com os mesmos.

I. Programas de Ação

1. Os programas de ação mencionados no artigo 6 da Convenção deveriam ser elaborados e implementados em caráter de urgência, em consulta com as instituições governamentais competentes e as organizações de empregadores e de trabalhadores, levando em consideração as opiniões das crianças diretamente afetadas pelas piores formas de trabalho infantil, de suas famílias e, caso apropriado, de outros grupos interessados comprometidos com os objetivos da Convenção e da presente Recomendação. Os objetivos de tais programas deveriam ser, entre outros:

a) identificar e denunciar as piores formas de trabalho infantil;

b) impedir a ocupação de crianças nas piores formas de trabalho infantil ou retirá-las dessas formas de trabalho, protegê-las de represálias e garantir sua reabilitação e inserção social através de medidas que atendam a suas necessidades educacionais, físicas e psicológicas;

c) dispensar especial atenção;

i) às crianças mais jovens;

ii) às meninas;

iii) ao problema do trabalho oculto, no qual as meninas estão particularmente expostas a riscos; e,

iv) a outros grupos de crianças que sejam especialmente vulneráveis ou tenham necessidades particulares;

d) identificar as comunidades nas quais as crianças estejam especialmente expostas a riscos, entrar em contato direto e trabalhar com elas, e

e) informar, sensibilizar e mobilizar a opinião públicas e os grupos interessados, inclusive as crianças e suas famílias.

II. Trabalho Perigoso

1. Ao determinar e localizar onde se praticam os tipos de trabalho a que se refere o artigo 3, *d*) da Convenção, deveriam ser levadas em consideração, entre outras coisas:

a) os trabalhos em que a criança ficar exposta a abusos de ordem física, psicológica ou sexual;

b) os trabalhos subterrâneos, debaixo d'água, em alturas perigosas ou em locais confinados;

c) os trabalhos que se realizam com máquinas, equipamentos e ferramentas perigosos, ou que impliquem a manipulação ou transporte manual de cargas pesadas;

d) os trabalhos realizados em um meio insalubre, no qual as crianças estiverem expostas, por exemplo, a substâncias, agentes ou processos perigosos ou a temperaturas, níveis de ruído ou de vibrações prejudiciais à saúde, e

e) os trabalhos que sejam executados em condições especialmente difíceis, como os horários prolongados ou noturnos, ou trabalhos que retenham injustificadamente a criança em locais do empregador.

4. No que concerne os tipos de trabalho a que se faz referência no Artigo 3, d) da Convenção e no parágrafo 3 da presente Recomendação, a legislação nacional ou a autoridade competente, após consulta às organizações de empregadores e de trabalhadores interessadas, poderá autorizar o emprego ou trabalho a partir da idade de 16 anos, desde que fiquem plenamente garantidas a saúde, a segurança e a moral dessas crianças e que estas tenham recebido instrução ou formação profissional adequada e específica na área da atividade correspondente.

•• Numeração conforme publicação oficial.

III. Aplicação

5.1) Deveriam ser compilados e mantidos atualizados dados estatísticos e informações pormenorizadas sobre a natureza e extensão do trabalho infantil, de modo a servir de base para o estabelecimento das prioridades da ação nacional dirigida à eliminação do trabalho infantil, em particular à proibição e à eliminação de suas piores formas, em caráter de urgência.

2) Na medida do possível, essas informações e esses dados estatísticos deveriam incluir dados desagregados por sexo, faixa etária, ocupação, setor de atividade econômica, situação no emprego, frequência escolar e localização geográfica. Deveria ser levada em consideração a importância de um sistema eficaz de registros de nascimentos, que compreenda a expedição de certidões de nascimento.

3) Deveriam ser compilados e mantidos atualizados os dados pertinentes em matéria de violação das normas jurídicas nacionais sobre a proibição e a eliminação das piores formas de trabalho infantil.

6. A compilação e o processamento das informações e dos dados a que se refere o parágrafo 5 anterior deveriam ser realizados com o devido respeito ao direito à privacidade.

7. As informações compiladas conforme o disposto no parágrafo 5 anterior deveriam ser comunicadas periodicamente à Repartição Internacional do Trabalho.

8 . Os Membros, após consulta às organizações de empregadores e de trabalhadores, deveriam estabelecer ou designar mecanismos nacionais apropriados para monitorar a aplicação das normas jurídicas nacionais sobre a proibição e a eliminação das piores formas de trabalho infantil.

9. Os Membros deveriam assegurar que as autoridades competentes incumbidas da aplicação das normas jurídicas nacionais sobre a proibição e eliminação das piores formas de trabalho infantil colaborem entre si e coordenem suas atividades.

10. A legislação nacional ou a autoridade competente deveria determinar a quem será atribuída a responsabilidade em caso de descumprimento das normas jurídicas nacionais sobre a proibição e eliminação das piores formas de trabalho infantil.

11. Os Membros deveriam colaborar, na medida em que for compatível com a legislação nacional, com os esforços internacionais tendentes à proibição e eliminação das piores formas de trabalho infantil, em caráter de urgência, mediante:

a) a compilação e o intercâmbio de informações relativas a atos delituosos, incluídos aqueles que envolvam redes internacionais;

b) a investigação e a instauração de inquérito contra aqueles que estiverem envolvidos na venda e tráfico de crianças ou na utilização, recrutamento ou oferta de crianças para a realização de atividades ilícitas, prostituição, produção de pornografia ou atuações pornográficas; e,

c) o registro dos autores de tais delitos.

12. Os Membros deveriam adotar dispositivos com o fim de considerar atos delituosos as piores formas de trabalho infantil que são indicadas a seguir:

a) todas as formas de escravidão ou as práticas análogas à escravidão, como a venda e o tráfico de crianças, a servidão por dívidas e a condição de servo, e o trabalho forçado ou obrigatório, inclusive o recrutamento forçado ou obrigatório de crianças para serem utilizadas em conflitos armados;

b) a utilização, recrutamento ou oferta de crianças para a prostituição, a produção de pornografia ou atuações pornográficas; e,

c) a utilização, recrutamento ou oferta de crianças para a realização de atividades ilícitas, em particular para a produção e tráfico de entorpecentes, tais como definidos nos tratados internacionais pertinentes, ou para a realização de atividades que impliquem o porte ou o uso ilegais de armas de fogo ou outras armas.

13. Os Membros deveriam assegurar que sejam impostas sanções, inclusive de caráter penal, quando proceda, em caso de violação das normas jurídicas nacionais sobre a proibição e a eliminação de qualquer dos tipos de trabalho a que se refere o artigo 3, d) da Convenção.

14. Quando apropriado, os Membros também deveriam estabelecer em caráter de urgência outras medidas penais, civis ou administrativas para garantir a aplicação efetiva das normas jurídicas nacionais sobre a proibição e eliminação das piores formas de trabalho infantil, tais como a supervisão especial das empresas que tiverem utilizado as piores formas de trabalho infantil e, nos casos de violação reiterada, a revogação temporária ou permanente das licenças para operar.

15. Dentre outras medidas voltadas para a proibição e eliminação das piores formas de trabalho infantil, poderiam ser incluídas as seguintes:

a) informar, sensibilizar e mobilizar o público em geral e, em particular, os dirigentes políticos nacionais e locais, os parlamentares e as autoridades judiciárias;

b) tornar partícipes e treinar as organizações de empregadores e trabalhadores e as organizações da sociedade civil;

c) dar formação adequada aos funcionários públicos competentes, em particular aos fiscais e aos funcionários encarregados do cumprimento da lei, bem como a outros profissionais pertinentes;

d) permitir a todo Membro que processe em seu território seus nacionais por infringir sua legislação nacional sobre a proibição e eliminação imediata das piores formas de trabalho infantil, ainda que estas infrações tenham sido cometidas fora de seu território;

e) simplificar os procedimentos judiciais e administrativos e assegurar que sejam adequados e rápidos;

f) estimular o desenvolvimento de políticas empresariais que visem à promoção dos fins da Convenção;

g) registrar e difundir as melhores práticas em matéria de eliminação do trabalho infantil;

h) difundir, nos idiomas e dialetos correspondentes, as normas jurídicas ou de outro tipo sobre o trabalho infantil;

i) prever procedimentos especiais para queixas, adotar medidas para proteger da discriminação e de represálias aqueles que denunciem legitimamente toda violação dos dispositivos da Convenção, criar serviços telefônicos de assistência e estabelecer centros de contato ou designar mediadores;

j) adotar medidas apropriadas para melhorar a infraestrutura educativa e a capacitação de professores que atendam às necessidades dos meninos e das meninas, e

k) na medida do possível, levar em conta, nos programas de ação nacionais, a necessidade de:

i) promover o emprego e a capacitação profissional dos pais e adultos das famílias das crianças que trabalham nas condições referidas na Convenção, e

ii) sensibilizar os pais sobre o problema das crianças que trabalham nessas condições.

16. Uma cooperação e/ou assistência internacional maior entre os Membros destinada a proibir e eliminar efetivamente as piores formas de trabalho infantil deveria complementar os esforços nacionais e poderia, segundo proceda, desenvolver-se e implementar-se em consulta com as organizações de empregadores e de trabalhadores. Essa cooperação e/ou assistência internacional deveria incluir:

a) a mobilização de recursos para os programas nacionais ou internacionais;

b) a assistência jurídica mútua;

c) a assistência técnica, inclusive o intercâmbio de informações, e *d)* o apoio ao desenvolvimento econômico e social, aos programas de erradicação da pobreza e à educação universal.

LEI N. 10.101,

DE 19 DE DEZEMBRO DE 2000 (*)

Dispõe sobre a participação dos trabalhadores nos lucros ou resultados da empresa e dá outras providências.

Faço saber que o Presidente da República adotou a Medida Provisória n. 1.982-77, de 2000, que o Congresso Nacional aprovou, e eu, Antônio Carlos Magalhães, Presidente, para os efeitos do disposto no parágrafo único do art. 62 da Constituição Federal, promulgo a seguinte Lei:

Art. 1.º Esta Lei regula a participação dos trabalhadores nos lucros ou resultados da empresa como instrumento de integração entre o capital e o trabalho e como incentivo à produtividade, nos termos do art. 7.º, XI, da Constituição.

• *Vide* Súmula 451 do TST.

Art. 2.º A participação nos lucros ou resultados será objeto de negociação entre a empresa e seus empregados, mediante um dos procedimentos a seguir descritos, escolhidos pelas partes de comum acordo:

I – comissão paritária escolhida pelas partes, integrada, também, por um representante indicado pelo sindicato da respectiva categoria;

•• Inciso I com redação determinada pela Lei n. 12.832, de 20-6-2013, produzindo efeitos a partir de 1.º-1-2013 (*DOU* de 21-6-2013).

II – convenção ou acordo coletivo.

§ 1.º Dos instrumentos decorrentes da negociação deverão constar regras claras e objetivas quanto à fixação dos direitos substantivos da participação e das regras adjetivas, inclusive mecanismos de aferição das informações pertinentes ao cumprimento do acordado, periodicidade da distribuição, período de vigência e prazos para revisão do acordo, podendo ser considerados, entre outros, os seguintes critérios e condições:

I – índices de produtividade, qualidade ou lucratividade da empresa;

II – programas de metas, resultados e prazos, pactuados previamente.

§ 2.º O instrumento de acordo celebrado será arquivado na entidade sindical dos trabalhadores.

§ 3.º Não se equipara a empresa, para os fins desta Lei:

I – a pessoa física;

II – a entidade sem fins lucrativos que, cumulativamente:

a) não distribua resultados, a qualquer título, ainda que indiretamente, a dirigentes, administradores ou empresas vinculadas;

(*) Publicada no *DOU*, de 20-12-2000.

b) aplique integralmente os seus recursos em sua atividade institucional e no País;

c) destine o seu patrimônio a entidade congênere ou ao poder público, em caso de encerramento de suas atividades;

d) mantenha escrituração contábil capaz de comprovar a observância dos demais requisitos deste inciso, e das normas fiscais, comerciais e de direito econômico que lhe sejam aplicáveis.

§ 4.º Quando forem considerados os critérios e condições definidos nos incisos I e II do § 1.º deste artigo:

•• § 4.º, *caput*, acrescentado pela Lei n. 12.832, de 20-6-2013, produzindo efeitos a partir de 1.º-1-2013 (*DOU* de 21-6-2013).

I – a empresa deverá prestar aos representantes dos trabalhadores na comissão paritária informações que colaborem para a negociação;

•• Inciso I acrescentado pela Lei n. 12.832, de 20-6-2013, produzindo efeitos a partir de 1.º-1-2013 (*DOU* de 21-6-2013).

II – não se aplicam as metas referentes à saúde e segurança no trabalho.

•• Inciso II acrescentado pela Lei n. 12.832, de 20-6-2013, produzindo efeitos a partir de 1.º-1-2013 (*DOU* de 21-6-2013).

Art. 3.º A participação de que trata o art. 2.º não substitui ou complementa a remuneração devida a qualquer empregado, nem constitui base de incidência de qualquer encargo trabalhista, não se lhe aplicando o princípio da habitualidade.

§ 1.º Para efeito de apuração do lucro real, a pessoa jurídica poderá deduzir como despesa operacional as participações atribuídas aos empregados nos lucros ou resultados, nos termos da presente Lei, dentro do próprio exercício de sua constituição.

§ 2.º É vedado o pagamento de qualquer antecipação ou distribuição de valores a título de participação nos lucros ou resultados da empresa em mais de 2 (duas) vezes no mesmo ano civil e em periodicidade inferior a 1 (um) trimestre civil.

•• § 2.º com redação determinada pela Lei n. 12.832, de 20-6-2013, produzindo efeitos a partir de 1.º-1-2013 (*DOU* de 21-6-2013).

§ 3.º Todos os pagamentos efetuados em decorrência de planos de participação nos lucros ou resultados, mantidos espontaneamente pela empresa, poderão ser compensados com as obrigações decorrentes de acordos ou convenções coletivas de trabalho atinentes à participação nos lucros ou resultados.

§ 4.º A periodicidade semestral mínima referida no § 2.º poderá ser alterada pelo Poder Executivo, até 31 de dezembro de 2000, em função de eventuais impactos nas receitas tributárias.

§ 5.º A participação de que trata este artigo será tributada pelo imposto sobre a renda exclusivamente na fonte, em separado dos demais rendimentos recebidos, no ano do recebimento ou crédito, com base na tabela progressiva anual constante do Anexo e não integrará a base de cálculo do imposto devido pelo beneficiário na Declaração de Ajuste Anual.

•• § 5.º com redação determinada pela Lei n. 12.832, de 20-6-2013, produzindo efeitos a partir de 1.º-1-2013 (*DOU* de 21-6-2013).

§ 6.º Para efeito da apuração do imposto sobre a renda, a participação dos trabalhadores nos lucros ou resultados da empresa será integralmente tributada com base na tabela progressiva constante do Anexo.

•• § 6.º acrescentado pela Lei n. 12.832, de 20-6-2013, produzindo efeitos a partir de 1.º-1-2013 (*DOU* de 21-6-2013).

§ 7.º Na hipótese de pagamento de mais de 1 (uma) parcela referente a um mesmo ano-calendário, o imposto deve ser recalculado, com base no total da participação nos lucros recebida no ano-calendário, mediante a utilização da tabela constante do Anexo, deduzindo-se do imposto assim apurado o valor retido anteriormente.

•• § 7.º acrescentado pela Lei n. 12.832, de 20-6-2013, produzindo efeitos a partir de 1.º-1-2013 (*DOU* de 21-6-2013).

§ 8.º Os rendimentos pagos acumuladamente a título de participação dos trabalhadores nos lucros ou resultados da empresa serão tributados exclusivamente na fonte, em separado dos demais rendimentos recebidos, sujeitando-se, também de forma acumulada, ao imposto sobre a renda com base na tabela progressiva constante do Anexo.

•• § 8.º acrescentado pela Lei n. 12.832, de 20-6-2013, produzindo efeitos a partir de 1.º-1-2013 (*DOU* de 21-6-2013).

§ 9.º Considera-se pagamento acumulado, para fins do § 8.º, o pagamento da participação nos lucros relativa a mais de um ano-calendário.

•• § 9.º acrescentado pela Lei n. 12.832, de 20-6-2013, produzindo efeitos a partir de 1.º-1-2013 (*DOU* de 21-6-2013).

§ 10. Na determinação da base de cálculo da participação dos trabalhadores nos lucros ou resultados, poderão ser deduzidas as importâncias pagas em dinheiro a título de pensão alimentícia em face das normas do Direito de Família, quando em cumprimento de decisão judicial, de acordo homologado judicialmente ou de separação ou divórcio consensual realizado por escritura pública, desde que correspondentes a esse rendimento, não podendo ser utilizada a mesma parcela para a determinação da base de cálculo dos demais rendimentos.

•• § 10 acrescentado pela Lei n. 12.832, de 20-6-2013, produzindo efeitos a partir de 1.º-1-2013 (*DOU* de 21-6-2013).

§ 11. A partir do ano-calendário de 2014, inclusive, os valores da tabela progressiva anual constante do Anexo serão reajustados no mesmo percentual de reajuste da Tabela Progressiva Mensal do imposto de renda incidente sobre os rendimentos das pessoas físicas.

•• § 11 acrescentado pela Lei n. 12.832, de 20-6-2013, produzindo efeitos a partir de 1.º-1-2013 (*DOU* de 21-6-2013).

Art. 4.º Caso a negociação visando à participação nos lucros ou resultados da empresa resulte em impasse, as partes poderão utilizar-se dos seguintes mecanismos de solução do litígio:

I – mediação;

II – arbitragem de ofertas finais, utilizando-se, no que couber, os termos da Lei n. 9.307, de 23 de setembro de 1996.

•• Inciso II com redação determinada pela Lei n. 12.832, de 20-6-2013, produzindo efeitos a partir de 1.º-1-2013 (*DOU* de 21-6-2013).

§ 1.º Considera-se arbitragem de ofertas finais aquela em que o árbitro deve restringir-se a optar pela proposta apresentada, em caráter definitivo, por uma das partes.

§ 2.º O mediador ou o árbitro será escolhido de comum acordo entre as partes.

§ 3.º Firmado o compromisso arbitral, não será admitida a desistência unilateral de qualquer das partes.

§ 4.º O laudo arbitral terá força normativa, independentemente de homologação judicial.

Art. 5.º A participação de que trata o art. 1.º desta Lei, relativamente aos trabalhadores em empresas estatais, observará diretrizes específicas fixadas pelo Poder Executivo.

Parágrafo único. Consideram-se empresas estatais as empresas públicas, sociedades de economia mista, suas subsidiárias e controladas e demais empresas em que a União, direta ou indiretamente, detenha a maioria do capital social com direito a voto.

Art. 6.º Fica autorizado o trabalho aos domingos nas atividades do comércio em geral, observada a legislação municipal, nos termos do inciso I do *caput* do art. 30 da Constituição Federal.

•• *Caput* com redação determinada pela Lei n. 11.603, de 5-12-2007.

Parágrafo único. O repouso semanal remunerado deverá coincidir, pelo menos 1 (uma) vez no período máximo de 3 (três) semanas, com o domingo, respeitadas as demais normas de proteção ao trabalho e outras a serem estipuladas em negociação coletiva.

•• Parágrafo único com redação determinada pela Lei n. 11.603, de 5-12-2007.

Art. 6.º-A. É permitido o trabalho em feriados nas atividades do comércio em geral, desde que autorizado em convenção coletiva de trabalho e observada a legislação municipal, nos termos do inciso I do *caput* do art. 30 da Constituição Federal.

•• Artigo acrescentado pela Lei n. 11.603, de 5-12-2007.

Art. 6.º-B. As infrações ao disposto nos arts. 6.º e 6.º-A desta Lei serão punidas com a multa prevista no art. 75 da Consolidação das Leis do Trabalho, aprovada pelo Decreto-lei n. 5.452, de 1.º de maio de 1943.

•• *Caput* acrescentado pela Lei n. 11.603, de 5-12-2007.

Parágrafo único. O processo de fiscalização, de autuação e de imposição de multas reger-se-á pelo disposto no Título VII da Consolidação das Leis do Trabalho.

•• Parágrafo único acrescentado pela Lei n. 11.603, de 5-12-2007.

Art. 7.º Ficam convalidados os atos praticados com base na Medida Provisória n. 1.982-76, de 26 de outubro de 2000.

Art. 8.º Esta Lei entra em vigor na data de sua publicação.

Congresso Nacional, em 19 de dezembro de 2000; 179.º da Independência e 112.º da República.

Antonio Carlos Magalhães

ANEXO

PARTICIPAÇÃO NOS LUCROS
TABELA DE TRIBUTAÇÃO EXCLUSIVA NA FONTE

•• Anexo acrescentado pela Lei n. 12.832, de 20-6-2013, produzindo efeitos a partir de 1.º-1-2013 (*DOU* de 21-6-2013).

VALOR DO PLR ANUAL (EM R$)	ALÍQUOTA	PARCELA A DEDUZIR DO IR (EM R$)
de 0,00 a 6.000,00	0%	-
de 6.000,01 a 9.000,00	7,5%	450,00
de 9.000,01 a 12.000,00	15%	1.125,00
de 12.000,01 a 15.000,00	22,5%	2.025,00
acima de 15.000,00	27,5%	2.775,00

LEI N. 10.192,

DE 14 DE FEVEREIRO DE 2001(*)

Dispõe sobre medidas complementares ao Plano Real e dá outras providências.

Faço saber que o Presidente da República adotou a Medida Provisória n. 2.074-73, de 2001, que o Congresso Nacional aprovou, e eu Antonio Carlos Magalhães, Presidente, para os efeitos do disposto no parágrafo único do art. 62 da Constituição Federal, promulgo a seguinte Lei:

....

Art. 9.º É assegurado aos trabalhadores, na primeira data-base da respectiva categoria após julho de 1995, o pagamento de reajuste relativo à variação acumulada do IPC-r entre a última data-base, anterior a julho de 1995, e junho de 1995, inclusive.

Art. 10. Os salários e as demais condições referentes ao trabalho continuam a ser fixados e revistos, na respectiva data-base anual, por intermédio da livre negociação coletiva.

Art. 11. Frustrada a negociação entre as partes, promovida diretamente ou através de mediador, poderá ser ajuizada a ação de dissídio coletivo.

§ 1.º O mediador será designado de comum acordo pelas partes ou, a pedido destas, pelo Ministério do Trabalho e Emprego, na forma da regulamentação de que trata o § 5.º deste artigo.

§ 2.º A parte que se considerar sem as condições adequadas para, em situação de equilíbrio, participar da negociação direta, poderá, desde logo, solicitar ao Ministério do Trabalho e Emprego a designação de mediador, que convocará a outra parte.

§ 3.º O mediador designado terá prazo de até trinta dias para a conclusão do processo de negociação, salvo acordo expresso com as partes interessadas.

§ 4.º Não alcançado o entendimento entre as partes, ou recusando-se qualquer delas à mediação, lavrar-se-á ata contendo as causas motivadoras do conflito e as reivindicações de natureza econômica, documento que instruirá a representação para o ajuizamento do dissídio coletivo.

§ 5.º O Poder Executivo regulamentará o disposto neste artigo.

Art. 12. No ajuizamento do dissídio coletivo, as partes deverão apresentar, fundamentadamente, suas propostas finais, que serão objeto de conciliação ou deliberação do Tribunal, na sentença normativa.

§ 1.º A decisão que puser fim ao dissídio será fundamentada, sob pena de nulidade, deverá traduzir, em seu conjunto, a justa composição do conflito de interesse das partes, e guardar adequação com o interesse da coletividade.

§ 2.º A sentença normativa deverá ser publicada no prazo de quinze dias da decisão do Tribunal.

Art. 13. No acordo ou convenção e no dissídio, coletivos, é vedada a estipulação ou fixação de cláusula de reajuste ou correção salarial automática vinculada a índice de preços.

§ 1.º Nas revisões salariais na data-base anual, serão deduzidas as antecipações concedidas no período anterior à revisão.

§ 2.º Qualquer concessão de aumento salarial a título de produtividade deverá estar amparada em indicadores objetivos.

Art. 14. O recurso interposto de decisão normativa da Justiça do Trabalho terá efeito suspensivo, na medida e extensão conferidas em despacho do Presidente do Tribunal Superior do Trabalho.

• A Instrução Normativa n. 24, de 2-10-2003, do TST, dispõe sobre a faculdade de o Ministro do TST designar audiência prévia de conciliação, no caso de pedido de efeito suspensivo a recurso ordinário interposto à decisão normativa da Justiça do Trabalho.

Art. 15. Permanecem em vigor as disposições legais relativas a correção monetária de débitos trabalhistas, de débitos resultantes de decisão judicial, de débitos relativos a ressarcimento em virtude de inadimplemento de obrigações contratuais e do passivo de empresas e instituições sob os regimes de concordata, falência, intervenção e liquidação extrajudicial.

Art. 16. Ficam convalidados os atos praticados com base na Medida Provisória n. 2.074-72, de 27 de dezembro de 2000.

Art. 17. Esta Lei entra em vigor na data de sua publicação.

Art. 18. Revogam-se os §§ 1.º e 2.º do art. 947 do Código Civil, os §§ 1.º e 2.º do art. 1.º da Lei n. 8.542, de 23 de de-

(*) Publicada no *DOU*, de 16-2-2001.

zembro de 1992, e o art. 14 da Lei n. 8.177, de 1.º de março de 1991.

Congresso Nacional, em 14 de fevereiro de 2001; 180.º da Independência e 113.º da República.

Antonio Carlos Magalhães

LEI COMPLEMENTAR N. 110,

DE 29 DE JUNHO DE 2001 (*)

Institui contribuições sociais, autoriza créditos de complementos de atualização monetária em contas vinculadas do Fundo de Garantia do Tempo de Serviço – FGTS, e dá outras providências.

O Presidente da República

Faço saber que o Congresso Nacional decreta e eu sanciono a seguinte Lei Complementar:

Art. 1.º Fica instituída contribuição social devida pelos empregadores em caso de despedida de empregado sem justa causa, à alíquota de 10% (dez por cento) sobre o montante de todos os depósitos devidos, referentes ao Fundo de Garantia do Tempo de Serviço – FGTS, durante a vigência do contrato de trabalho, acrescido das remunerações aplicáveis às contas vinculadas.

•• Artigo regulamentado pelo Decreto n. 3.914, de 11-9-2001.

• A Portaria n. 278, de 19-4-2012, da Secretaria do Tesouro Nacional, estabelece procedimentos operacionais das receitas de que trata este artigo.

Parágrafo único. Ficam isentos da contribuição social instituída neste artigo os empregadores domésticos.

• O Parecer n. 1.983, de 12-11-2001, do Ministério da Fazenda, conclui no sentido da constitucionalidade das contribuições sociais criadas por este artigo, seja formal, seja material, na medida em que constituem, inegavelmente, contribuições sociais destinadas à seguridade social.

Art. 2.º Fica instituída contribuição social devida pelos empregadores, à alíquota de 0,5% (cinco décimos por cento) sobre a remuneração devida, no mês anterior, a cada trabalhador, incluídas as parcelas de que trata o art. 15 da Lei n. 8.036, de 11 de maio de 1990.

•• Artigo regulamentado pelo Decreto n. 3.914, de 11-9-2001.

• A Portaria n. 278, de 19-4-2012, da Secretaria do Tesouro Nacional, estabelece procedimentos operacionais das receitas de que trata este artigo.

§ 1.º Ficam isentas da contribuição social instituída neste artigo:

I – as empresas inscritas no Sistema Integrado de Pagamento de Impostos e Contribuições das Microempresas e Empresas de Pequeno Porte – SIMPLES, desde que o faturamento anual não ultrapasse o limite de R$ 1.200.000,00 (um milhão e duzentos mil reais);

•• A Lei Complementar n. 123, de 14-12-2006, institui, em seu art. 12, o Regime Especial Unificado de Arrecadação de Tributos e Contribuições Devidos pelas Microempresas e Empresas de Pequeno Porte – Simples Nacional.

II – as pessoas físicas, em relação à remuneração de empregados domésticos; e

III – as pessoas físicas, em relação à remuneração de empregados rurais, desde que sua receita bruta anual não ultrapasse o limite de R$ 1.200.000,00 (um milhão e duzentos mil reais).

§ 2.º A contribuição será devida pelo prazo de 60 (sessenta) meses, a contar de sua exigibilidade.

• *Vide* nota ao art. 1.º, parágrafo único, desta Lei Complementar.

Art. 3.º Às contribuições sociais de que tratam os arts. 1.º e 2.º aplicam-se as disposições da Lei n. 8.036, de 11 de maio de 1990, e da Lei n. 8.844, de 20 de janeiro de 1994, inclusive quanto a sujeição passiva e equiparações, prazo de recolhimento, administração, fiscalização, lançamento, consulta, cobrança, garantias, processo administrativo de determinação e exigência de créditos tributários federais.

• *Vide* Instrução Normativa n. 99, de 23-8-2012, que dispõe sobre a fiscalização do FGTS e das contribuições sociais instituídas por esta Lei Complementar.

• *Vide* Precedentes Administrativos n. 1 e 74.

§ 1.º As contribuições sociais serão recolhidas na rede arrecadadora e transferidas à Caixa Econômica Federal, na forma do art. 11 da Lei n. 8.036, de 11 de maio de 1990, e as respectivas receitas serão incorporadas ao FGTS.

§ 2.º A falta de recolhimento ou o recolhimento após o vencimento do prazo sem os acréscimos previstos no art. 22 da Lei n. 8.036, de 11 de maio de 1990, sujeitarão o infrator à multa de 75% (setenta e cinco por cento), calculada sobre a totalidade ou a diferença da contribuição devida.

§ 3.º A multa será duplicada na ocorrência das hipóteses previstas no art. 23, § 3.º, da Lei n. 8.036, de 11 de maio de 1990, sem prejuízo das demais cominações legais.

Art. 4.º Fica a Caixa Econômica Federal autorizada a creditar nas contas vinculadas do FGTS, a expensas do próprio Fundo, o complemento de atualização monetária resultante da aplicação, cumulativa, dos percentuais de 16,64% (dezesseis inteiros e sessenta e quatro centésimos por cento) e de 44,08% (quarenta e quatro inteiros e oito décimos por cento), sobre os saldos das contas mantidas, respectivamente, no período de 1.º de dezembro de 1988 a 28 de fevereiro de 1989 e durante o mês de abril de 1990, desde que:

• *Vide* art. 1.º da Lei n. 10.555, de 13-11-2002.

I – o titular da conta vinculada firme o Termo de Adesão de que trata esta Lei Complementar;

II – até o 63.º (sexagésimo terceiro) mês a partir da data de publicação desta Lei Complementar, estejam em vigor as contribuições sociais de que tratam os arts. 1.º e 2.º; e

III – a partir do 64.º (sexagésimo quarto) mês da publicação desta Lei Complementar, permaneça em vigor a contribuição social de que trata o art. 1.º.

Parágrafo único. O disposto nos arts. 9.º, II, e 22, § 2.º, da Lei n. 8.036, de 11 de maio de 1990, não se aplica, em qualquer hipótese, como decorrência da efetivação do crédito

---

(*) Publicada no *DOU*, de 30-6-2001 (Edição Extra). *Vide* Decretos n. 3.913 e 3.914, ambos de 11-9-2001, que regulamentam o disposto nesta Lei Complementar. A Portaria n. 568, de 9-8-2011, do Ministério da Fazenda, dispõe sobre o parcelamento de débitos relativos às contribuições sociais instituídas por esta Lei Complementar. *Vide* Súmula Vinculante 1 e Instrução Normativa n. 144, de 18-5-2018, da Secretaria de Inspeção do Trabalho, que dispõe sobre a fiscalização do FGTS.

de complemento de atualização monetária de que trata o *caput* deste artigo.

Art. 5.º O complemento de que trata o art. 4.º será remunerado até o dia 10 do mês subsequente ao da publicação desta Lei Complementar, com base nos mesmos critérios de remuneração utilizados para as contas vinculadas.

Parágrafo único. O montante apurado na data a que se refere o *caput* será remunerado, a partir do dia 11 do mês subsequente ao da publicação desta Lei Complementar, com base na Taxa Referencial – TR, até que seja creditado na conta vinculada do trabalhador.

Art. 6.º O Termo de Adesão a que se refere o inciso I do art. 4.º, a ser firmado no prazo e na forma definidos em Regulamento, conterá:

• *Vide* art. 2.º da Lei n. 10.555, de 13-11-2002.

I – a expressa concordância do titular da conta vinculada com a redução do complemento de que trata o art. 4.º, acrescido da remuneração prevista no *caput* do art. 5.º, nas seguintes proporções:

• *Vide* art. 2.º, § 2.º, do Decreto n. 3.914, de 11-9-2001.

a) 0% (zero por cento) sobre o total do complemento de atualização monetária de valor até R$ 2.000,00 (dois mil reais);

b) 8% (oito por cento) sobre o total do complemento de atualização monetária de valor de R$ 2.000,01 (dois mil reais e um centavo) a R$ 5.000,00 (cinco mil reais);

c) 12% (doze por cento) sobre o total do complemento de atualização monetária de valor de R$ 5.000,01 (cinco mil reais e um centavo) a R$ 8.000,00 (oito mil reais);

d) 15% (quinze por cento) sobre o total do complemento de atualização monetária de valor acima de R$ 8.000,00 (oito mil reais);

II – a expressa concordância do titular da conta vinculada com a forma e os prazos do crédito na conta vinculada, especificados a seguir:

a) complemento de atualização monetária no valor total de R$ 1.000,00 (um mil reais), até junho de 2002, em uma única parcela, para os titulares de contas vinculadas que tenham firmado o Termo de Adesão até o último dia útil do mês imediatamente anterior;

b) complemento de atualização monetária no valor total de R$ 1.000,01 (um mil reais e um centavo) a R$ 2.000,00 (dois mil reais), em duas parcelas semestrais, com o primeiro crédito em julho de 2001, sendo a primeira parcela de R$ 1.000,00 (um mil reais), para os titulares de contas vinculadas que tenham firmado o Termo de Adesão até o último dia útil do mês imediatamente anterior;

c) complemento de atualização monetária no valor total de R$ 2.000,01 (dois mil reais e um centavo) a R$ 5.000,00 (cinco mil reais), em cinco parcelas semestrais, com o primeiro crédito em janeiro de 2003, para os titulares de contas vinculadas que tenham firmado o Termo de Adesão até o último dia útil do mês imediatamente anterior;

d) complemento de atualização monetária no valor total de R$ 5.000,01 (cinco mil reais e um centavo) a R$ 8.000,00 (oito mil reais), em sete parcelas semestrais, com o primeiro crédito em julho de 2003, para os titulares de contas vinculadas que tenham firmado o Termo de Adesão até o último dia útil do mês imediatamente anterior;

e) complemento de atualização monetária no valor total acima de R$ 8.000,00 (oito mil reais), em sete parcelas semestrais, com o primeiro crédito em janeiro de 2004, para os titulares de contas vinculadas que tenham firmado o Termo de Adesão até o último dia útil do mês imediatamente anterior; e

III – declaração do titular da conta vinculada, sob as penas da lei, de que não está nem ingressará em juízo discutindo os complementos de atualização monetária relativos a junho de 1987, ao período de 1.º de dezembro de 1988 a 28 de fevereiro de 1989, a abril e maio de 1990 e a fevereiro de 1991.

§ 1.º No caso da alínea *b* do inciso I, será creditado valor de R$ 2.000,00 (dois mil reais), quando a aplicação do percentual de redução resultar em quantia inferior a este.

§ 2.º No caso da alínea *c* do inciso I, será creditado valor de R$ 4.600,00 (quatro mil e seiscentos reais), quando a aplicação do percentual de redução resultar em quantia inferior a este.

§ 3.º No caso da alínea *d* do inciso I será creditado valor de R$ 7.040,00 (sete mil e quarenta reais), quando a aplicação do percentual de redução resultar em quantia inferior a este.

§ 4.º Para os trabalhadores que vierem a firmar seus termos de adesão após as datas previstas nas alíneas *a* a *d* do inciso II, os créditos em suas contas vinculadas iniciar-se-ão no mês subsequente ao da assinatura do Termo de Adesão, observadas as demais regras constantes nesses dispositivos, quanto a valores, número e periodicidade de pagamento de parcelas.

§ 5.º As faixas de valores mencionadas no inciso II do *caput* serão definidas pelos complementos a que se refere o art. 4.º, acrescidos da remuneração prevista no *caput* do art. 5.º, antes das deduções de que tratam o inciso I do *caput* e os §§ 1.º e 2.º.

§ 6.º O titular da conta vinculada fará jus ao crédito de que trata o inciso II do *caput* deste artigo, em uma única parcela, até junho de 2002, disponível para imediata movimentação a partir desse mês, nas seguintes situações:

I – na hipótese de o titular ou qualquer de seus dependentes ser acometido de neoplasia maligna, nos termos do inciso XI do art. 20 da Lei n. 8.036, de 11 de maio de 1990;

II – quando o titular ou qualquer de seus dependentes for portador do vírus HIV;

III – se o trabalhador, com crédito de até R$ 2.000,00 (dois mil reais), for aposentado por invalidez, em função de acidente do trabalho ou doença profissional, ou aposentado maior de 65 (sessenta e cinco) anos de idade;

IV – quando o titular ou qualquer de seus dependentes for acometido de doença terminal.

§ 7.º O complemento de atualização monetária de valor total acima de R$ 2.000,00 (dois mil reais) poderá, a critério do titular da conta vinculada, ser resgatado mediante entrega, em julho de 2002, ou nos 6 (seis) meses seguintes, no caso de adesões que se efetuarem até dezembro de 2002, de documento de quitação com o FGTS autorizando a compra de título, lastreado nas receitas decorrentes das contribuições instituídas pelos arts. 1.º e 2.º desta Lei Complementar, de valor de face equivalente ao valor do referido complemento nos termos e condições estabelecidas pelo Conselho Monetário Nacional – CMN.

Art. 7.º Ao titular da conta vinculada que se encontre em litígio judicial visando ao pagamento dos complementos de atualização monetária relativos a junho de 1987, dezembro de 1988 a fevereiro de 1989, abril e maio de 1990 e fevereiro de 1991, é facultado receber, na forma do art. 4.º, os créditos de que trata o art. 6.º, firmando transação a ser homologada no juízo competente.

Art. 8.º A movimentação da conta vinculada, no que se refere ao crédito do complemento de atualização monetária, observará as condições previstas no art. 20 da Lei n. 8.036, de 11 de maio de 1990, inclusive nos casos em que o direito do titular à movimentação da conta tenha sido implementado em data anterior à da publicação desta Lei Complementar.

Art. 9.º As despesas com as obrigações decorrentes dos montantes creditados na forma do art. 6.º poderão ser diferidas contabilmente, para apropriação no resultado do balanço do FGTS, no prazo de até 15 (quinze) anos, a contar da publicação desta Lei Complementar.

Art. 10. Os bancos que, no período de dezembro de 1988 a março de 1989 e nos meses de abril e maio de 1990, eram depositários das contas vinculadas do FGTS, ou seus sucessores, repassarão à Caixa Econômica Federal, até 31 de janeiro de 2002, as informações cadastrais e financeiras necessárias ao cálculo do complemento de atualização monetária de que trata o art. 4.º.

§ 1.º A Caixa Econômica Federal estabelecerá a forma e o cronograma dos repasses das informações de que trata o *caput* deste artigo.

§ 2.º Pelo descumprimento dos prazos e das demais obrigações estipuladas com base neste artigo, os bancos de que trata o *caput* sujeitam-se ao pagamento de multa equivalente a 10% (dez por cento) do somatório dos saldos das contas das quais eram depositários, remunerados segundo os mesmos critérios previstos no art. 5.º.

• A Resolução n. 379, de 15-1-2002, do Conselho Curador do FGTS, dispõe sobre a regulamentação da multa pelo descumprimento de prazos e demais obrigações na prestação de informações cadastrais e financeiras necessárias para cálculo do complemento de atualização monetária do FGTS.

§ 3.º Os órgãos responsáveis pela auditoria integrada do FGTS examinarão e homologarão, no prazo de 60 (sessenta) dias, a contar da publicação desta Lei Complementar, o aplicativo a ser utilizado na validação das informações de que trata este artigo.

Art. 11. A Caixa Econômica Federal, até 30 de abril de 2002, divulgará aos titulares de contas vinculadas os respectivos valores dos complementos de atualização monetária a que têm direito, com base nas informações cadastrais e financeiras de que trata o art. 10.

Art. 12. O Tesouro Nacional fica subsidiariamente obrigado à liquidação dos valores a que se refere o art. 4.º, nos prazos e nas condições estabelecidos nos arts. 5.º e 6.º, até o montante da diferença porventura ocorrida entre o valor arrecadado pelas contribuições sociais de que tratam os arts. 1.º e 2.º e aquele necessário ao resgate dos compromissos assumidos.

Art. 13. As leis orçamentárias anuais referentes aos exercícios de 2001, 2002 e 2003 assegurarão destinação integral ao FGTS de valor equivalente à arrecadação das contribuições de que tratam os arts. 1.º e 2.º desta Lei Complementar.

Art. 14. Esta Lei Complementar entra em vigor na data de sua publicação, produzindo efeitos:

•• O STF, nas ADIns n. 2.556 e 2.568, de 13-6-2012, julgou parcialmente procedente a ação, para declarar a inconstitucionalidade deste *caput*, no que se refere à expressão "produzindo efeitos".

I – 90 (noventa) dias a partir da data inicial de sua vigência, relativamente à contribuição social de que trata o art. 1.º; e

•• O STF, nas ADIns n. 2.556 e 2.568, de 13-6-2012, julgou parcialmente procedente a ação para declarar a inconstitucionalidade deste inciso.

II – a partir do 1.º (primeiro) dia do mês seguinte ao 90.º (nonagésimo) dia da data de início de sua vigência, no tocante à contribuição social de que trata o art. 2.º.

•• O STF, nas ADIns n. 2.556 e 2.568, de 13-6-2012, julgou parcialmente procedente a ação para declarar a inconstitucionalidade deste inciso.

Brasília, 29 de junho de 2001; 180.º da Independência e 113.º da República.

FERNANDO HENRIQUE CARDOSO

MEDIDA PROVISÓRIA N. 2.165-36,

DE 23 DE AGOSTO DE 2001 (*)

Institui o Auxílio-Transporte, dispõe sobre o pagamento dos militares e dos servidores do Poder Executivo Federal, inclusive de suas autarquias, fundações, empresas públicas e sociedades de economia mista, e dá outras providências.

O Presidente da República, no uso das atribuições que lhe confere o art. 62 da Constituição, adota a seguinte Medida Provisória, com força de lei:

Art. 1.º Fica instituído o Auxílio-Transporte em pecúnia, pago pela União, de natureza jurídica indenizatória, destinado ao custeio parcial das despesas realizadas com transporte coletivo municipal, intermunicipal ou interestadual pelos militares, servidores e empregados públicos da Administra-

(*) Publicada no *DOU*, de 24-8-2001.

ção Federal direta, autárquica e fundacional da União, nos deslocamentos de suas residências para os locais de trabalho e vice-versa, excetuadas aquelas realizadas nos deslocamentos em intervalos para repouso ou alimentação, durante a jornada de trabalho, e aquelas efetuadas com transportes seletivos ou especiais.

§ 1.º É vedada a incorporação do auxílio a que se refere este artigo aos vencimentos, à remuneração, ao provento ou à pensão.

§ 2.º O Auxílio-Transporte não será considerado para fins de incidência de imposto de renda ou de contribuição para o Plano de Seguridade Social e planos de assistência à saúde.

Art. 2.º O valor mensal do Auxílio-Transporte será apurado a partir da diferença entre as despesas realizadas com transporte coletivo, nos termos do art. 1.º, e o desconto de seis por cento do:

I – soldo do militar;

II – vencimento do cargo efetivo ou emprego ocupado pelo servidor ou empregado, ainda que ocupante de cargo em comissão ou de natureza especial;

III – vencimento do cargo em comissão ou de natureza especial, quando se tratar de servidor ou empregado que não ocupe cargo efetivo ou emprego.

§ 1.º Para fins do desconto, considerar-se-á como base de cálculo o valor do soldo ou vencimento proporcional a vinte e dois dias.

§ 2.º O valor do Auxílio-Transporte não poderá ser inferior ao valor mensal da despesa efetivamente realizada com o transporte, nem superior àquele resultante do seu enquadramento em tabela definida na forma do disposto no art. 8.º.

§ 3.º Não fará jus ao Auxílio-Transporte o militar, o servidor ou empregado que realizar despesas com transporte coletivo igual ou inferior ao percentual previsto neste artigo.

Art. 3.º O Auxílio-Transporte não será devido cumulativamente com benefício de espécie semelhante ou vantagem pessoal originária de qualquer forma de indenização ou auxílio pago sob o mesmo título ou idêntico fundamento, exceto quando o servidor ou empregado acumular licitamente outro cargo ou emprego na Administração Federal direta, autárquica e fundacional da União.

Parágrafo único. Nos casos de acumulação lícita de cargos ou empregos em que o deslocamento para o local de exercício de um deles não seja residência-trabalho por opção do servidor ou empregado, poderá ser considerado na concessão do Auxílio-Transporte o deslocamento trabalho-trabalho.

Art. 4.º Farão jus ao Auxílio-Transporte os militares, os servidores ou empregados que estiverem no efetivo desempenho das atribuições do cargo ou emprego, vedado o seu pagamento quando o órgão ou a entidade proporcionar aos seus militares, servidores ou empregados o deslocamento residência-trabalho e vice-versa, por meios próprios ou contratados com fundamento nas exceções previstas em regulamento, bem como nas ausências e nos afastamentos considerados em lei como de efetivo exercício, ressalvados aqueles concedidos em virtude de:

I – cessão em que o ônus da remuneração seja do órgão ou da entidade cedente;

II – participação em programa de treinamento regularmente instituído, conforme dispuser o regulamento;

III – júri e outros serviços obrigatórios por lei.

Parágrafo único. Não será devido o Auxílio-Transporte pelo órgão ou pela entidade de origem ao servidor ou empregado cedido para empresa pública ou sociedade de economia mista, ainda que tenha optado pela remuneração do cargo efetivo ou emprego.

Art. 5.º O pagamento do Auxílio-Transporte será efetuado no mês anterior ao da utilização de transporte coletivo, nos termos do art. 1.º, salvo nas seguintes hipóteses, quando se farão no mês subsequente:

I – início do efetivo desempenho das atribuições de cargo ou emprego, ou reinício de exercício decorrente de encerramento de licenças ou afastamentos legais;

II – alteração na tarifa do transporte coletivo, endereço residencial, percurso ou meio de transporte utilizado, em relação à sua complementação.

§ 1.º O desconto relativo ao Auxílio-Transporte do dia em que for verificada ocorrência que vede o seu pagamento será processado no mês subsequente e considerada a proporcionalidade de vinte e dois dias.

§ 2.º As diárias sofrerão desconto correspondente ao Auxílio-Transporte a que fizer jus o militar, o servidor ou empregado, exceto aquelas eventualmente pagas em finais de semana e feriados, observada a proporcionalidade prevista no § 1.º.

Art. 6.º A concessão do Auxílio-Transporte far-se-á mediante declaração firmada pelo militar, servidor ou empregado na qual ateste a realização das despesas com transporte nos termos do art. 1.º.

§ 1.º Presumir-se-ão verdadeiras as informações constantes da declaração de que trata este artigo, sem prejuízo da apuração de responsabilidades administrativa, civil e penal.

§ 2.º A declaração deverá ser atualizada pelo militar, servidor ou empregado sempre que ocorrer alteração das circunstâncias que fundamentam a concessão do benefício.

Art. 7.º Os contratados por tempo determinado na forma da Lei n. 8.745, de 9 de dezembro de 1993, e os militares contratados para prestar Tarefa por Tempo Certo na forma da Lei n. 6.880, de 9 de dezembro de 1980, fazem jus ao Auxílio-Transporte instituído por esta Medida Provisória, observado o disposto no art. 2.º.

Parágrafo único. Os contratados por tempo determinado na forma da Lei n. 8.745, de 1993, que forem remunerados por produção, não farão jus ao auxílio-transporte de que trata o *caput* deste artigo, e ao auxílio-alimentação a que se refere o art. 22 da Lei n. 8.460, de 17 de setembro de 1992.

Art. 8.º A concessão do Auxílio-Transporte dar-se-á conforme o disposto em regulamento, que estabelecerá, ainda, o prazo máximo para a substituição do Vale-Transporte pelo Auxílio-Transporte em pecúnia, condicionado seu pagamento inicial à apresentação da declaração de que trata o art. 6.º.

Art. 9.º A partir do mês de fevereiro de 2001, o pagamento da remuneração dos militares e dos servidores do Poder Executivo Federal, inclusive de suas autarquias e fundações, bem como dos empregados das empresas públicas, das sociedades de economia mista e das demais entidades controladas direta ou indiretamente pela União, independentemente da fonte de recursos utilizada para pagamento destas despesas, será efetuado segundo regulamento a ser editado pelo Poder Executivo.

§ 1.º A regulamentação de que trata o *caput* deste artigo não poderá estabelecer data de pagamento posterior ao segundo dia útil do mês subsequente ao de competência.

§ 2.º Caso a data de pagamento adotada seja decorrente de acordo ou convenção coletiva de trabalho, o dirigente da empresa estatal deverá providenciar, por ocasião do próximo dissídio ou acordo coletivo, a alteração da data de pagamento, com vistas ao cumprimento do disposto no *caput* deste artigo.

Art. 10. O disposto no art. 9.º aplica-se aos proventos dos aposentados, aos soldos dos militares na reserva e às pensões devidas a beneficiários de servidor e militar falecido.

Art. 11. Ficam convalidados os atos praticados com base na Medida Provisória n. 2.165-35, de 26 de julho de 2001.

Art. 12. Esta Medida Provisória entra em vigor na data de sua publicação.

Art. 13. Ficam revogados o § 1.º do art. 1.º da Lei n. 7.418, de 16 de dezembro de 1985, e o art. 6.º da Lei n. 8.627, de 19 de fevereiro de 1993.

Brasília, 23 de agosto de 2001; 180.º da Independência e 113.º da República.

FERNANDO HENRIQUE CARDOSO

DECRETO N. 3.913,

DE 11 DE SETEMBRO DE 2001 (*)

Dispõe sobre a apuração e liquidação dos complementos de atualização monetária de saldos de contas vinculadas do Fundo de Garantia do Tempo de Serviço – FGTS, de que trata a Lei Complementar n. 110, de 29 de junho de 2001.

O Presidente da República, no uso da atribuição que lhe confere o art. 84, V, da Constituição e tendo em vista as disposições contidas na Lei Complementar n. 110, de 29 de junho de 2001, decreta:

Art. 1.º Este Decreto regulamenta a forma de apuração dos complementos de atualização monetária das contas vinculadas do Fundo de Garantia do Tempo de Serviço – FGTS, de que trata a Lei Complementar n. 110, de 29 de junho de 2001, relativos aos saldos mantidos no período de 1.º de dezembro de 1988 a 28 de fevereiro de 1989 e no mês de abril de 1990, a forma e os prazos para lançamento dos respectivos créditos nas contas vinculadas e a forma de adesão às condições de resgate dos referidos créditos.

Art. 2.º A Caixa Econômica Federal calculará o complemento de atualização monetária relativo ao período de 1.º de dezembro de 1988 a 28 de fevereiro de 1989, inclusive, e ao mês de abril de 1990, com base nos percentuais:

I – de 16,64% (dezesseis inteiros e sessenta e quatro centésimos por cento), referente ao índice de janeiro de 1989, sobre o saldo mantido na conta vinculada no período de 1.º de dezembro de 1988 a 28 de fevereiro de 1989, inclusive;

II – de 44,08% (quarenta e quatro inteiros e oito décimos por cento), referente ao índice de abril de 1990, sobre o saldo mantido no mês de abril de 1990;

III – de 16,64% (dezesseis inteiros e sessenta e quatro centésimos por cento) e de 44,08% (quarenta e quatro inteiros e oito décimos por cento), cumulativos, sobre os saldos mantidos, respectivamente, no período de 1.º de dezembro de 1988 a 28 de fevereiro de 1989, inclusive, e no mês de abril de 1990.

§ 1.º O valor calculado na forma do *caput*, com a remuneração prevista no art. 5.º e com a redução cabível especificada no inciso I do art. 6.º, ambos da Lei Complementar n. 110, de 2001, será, a partir de 1.º de maio de 2002, registrado na conta vinculada do trabalhador que tenha manifestado sua adesão às condições de resgate estabelecidas na Lei Complementar n. 110, de 2001, mediante assinatura do Termo de Adesão, para ser creditado nas condições, forma e prazos previstos neste Decreto.

§ 2.º O valor do complemento de atualização monetária, após o seu registro na conta vinculada do trabalhador, efetuado segundo o disposto no § 1.º, integra a base de cálculo das multas rescisórias de que tratam os §§ 1.º e 2.º do art. 18 da Lei n. 8.036, de 11 de maio de 1990.

Art. 3.º A adesão às condições de resgate dos complementos de atualização monetária, estabelecidas na Lei Complementar n. 110, de 2001, deverá ser manifestada em Termo de Adesão próprio, nos moldes dos formulários aprovados em portaria conjunta da Advocacia-Geral da União e do Ministério do Trabalho e Emprego.

§ 1.º Mantido o conteúdo constante dos formulários do Termo de Adesão, as adesões poderão ser manifestadas por meios magnéticos ou eletrônicos, inclusive mediante teleprocessamento, na forma estabelecida em ato normativo do Agente Operador do FGTS.

§ 2.º O titular de conta vinculada poderá, a partir de 5 de novembro de 2001, manifestar sua adesão às condições de resgate do complemento de atualização monetária previstas na Lei Complementar n. 110, de 2001, independentemente do conhecimento prévio do valor do complemento.

(*) Publicado no *DOU*, de 12-9-2001.

§ 3.º A critério do Agente Operador do FGTS e mediante ampla divulgação prévia, o início do processo de adesão poderá ser antecipado.

Art. 4.º O titular da conta vinculada manifestará, no Termo de Adesão, sua concordância:

I – com a redução do complemento de que trata o art. 2.º, remunerado até o dia 10 do mês de julho de 2001 com base nos mesmos critérios de remuneração das contas vinculadas, nas seguintes proporções:

a) 0% (zero por cento) sobre o total do complemento de atualização monetária de valor até R$ 2.000,00 (dois mil reais);

b) 8% (oito por cento) sobre o total do complemento de atualização monetária de valor de R$ 2.000,01 (dois mil reais e um centavo) a R$ 5.000,00 (cinco mil reais), assegurado o crédito mínimo de R$ 2.000,00 (dois mil reais), quando a aplicação do percentual de redução resultar em quantia inferior a esse valor;

c) 12% (doze por cento) sobre o total do complemento de atualização monetária de valor de R$ 5.000,01 (cinco mil reais e um centavo) a R$ 8.000,00 (oito mil reais), assegurado o crédito mínimo de R$ 4.600,00 (quatro mil e seiscentos reais), quando a aplicação do percentual de redução resultar em quantia inferior a esse valor;

d) 15% (quinze por cento) sobre o total do complemento de atualização monetária de valor acima de R$ 8.000,00 (oito mil reais), assegurado o crédito mínimo de R$ 7.040,00 (sete mil e quarenta reais), quando a aplicação do percentual de redução resultar em quantia inferior a esse valor;

II – com a forma e os prazos do crédito na conta vinculada, consoante as seguintes especificações:

a) o complemento de atualização monetária no valor total de até R$ 1.000,00 (mil reais), será creditado até 30 de junho de 2002, em uma única parcela, para os titulares de contas vinculadas que tenham firmado o Termo de Adesão até o dia 31 de maio de 2002;

b) o complemento de atualização monetária no valor total de R$ 1.000,01 (mil reais e um centavo) a R$ 2.000,00 (dois mil reais), será creditado em duas parcelas semestrais, ocorrendo o crédito da primeira parcela, no valor de R$ 1.000,00 (mil reais), até 31 de julho de 2002, para os titulares de contas vinculadas que tenham firmado o Termo de Adesão até o dia 28 de junho de 2002;

c) o complemento de atualização monetária no valor total de R$ 2.000,01 (dois mil reais e um centavo) a R$ 5.000,00 (cinco mil reais), definido antes da dedução de que trata o inciso I, alínea *b*, será creditado em cinco parcelas semestrais, a partir de janeiro de 2003, para os titulares de contas vinculadas que tenham firmado o Termo de Adesão até o dia 30 de dezembro de 2002;

d) o complemento de atualização monetária no valor total de R$ 5.000,01 (cinco mil reais e um centavo), a R$ 8.000,00 (oito mil reais), definido antes da dedução de que trata o inciso I, alínea *c*, será creditado em sete parcelas semestrais, a partir de julho de 2003, para os titulares de contas vinculadas que tenham firmado o Termo de Adesão até o dia 30 de junho de 2003;

e) o complemento de atualização monetária no valor total acima de R$ 8.000,00 (oito mil reais), definido antes da dedução de que trata o inciso I, alínea *d*, será creditado em sete parcelas semestrais, a partir de janeiro de 2004, para os titulares de contas vinculadas que tenham firmado o Termo de Adesão até o dia 30 de dezembro de 2003;

III – em firmar, sob as penas da lei, declaração de que não está discutindo em juízo, nem ingressará em juízo para discutir, complementos de atualização monetária do FGTS relativos a junho de 1987, ao período de 1.º de dezembro de 1988 a 28 de fevereiro de 1989, a abril e maio de 1990 e a fevereiro de 1991;

IV – em desistir de ação judicial que tenha interposto, inclusive na condição de litisconsorte, para pleitear o pagamento de complementos de atualização monetária citados no inciso III, conformando-se, por transação a ser homologada em juízo, com as condições estabelecidas neste Decreto.

§ 1.º Nos casos em que a adesão dependa de transação, serão consideradas como datas de adesão, para os efeitos das alíneas *a* a *e* do inciso II, as datas em que os titulares de contas vinculadas firmaram o Termo de Adesão, independentemente da homologação judicial da transação, que deverá ser requerida mesmo depois de efetuado o crédito na conta.

•• § 1.º com redação determinada pelo Decreto n. 4.777, de 11-7-2003.

§ 2.º Para os trabalhadores que vierem a firmar seus termos de adesão após as datas previstas nas alíneas *a* a *d* do inciso II, os créditos em suas contas vinculadas iniciar-se-ão no mês subsequente ao da assinatura do Termo de Adesão, observadas as demais regras constantes nesses dispositivos, quanto a valores, número e periodicidade de pagamento de parcelas.

§ 3.º A data final para assinatura do Termo de Adesão é 30 de dezembro de 2003.

§ 4.º Na ocorrência de óbito do titular da conta vinculada, o Termo de Adesão será firmado por todos os seus dependentes, habilitados perante a Previdência Social para a concessão de pensões por morte e, na falta de dependentes, por todos os seus sucessores previstos na lei civil, indicados em alvará judicial, expedido a requerimento do interessado, independentemente de inventário ou arrolamento.

Art. 5.º O titular da conta vinculada fará jus ao crédito de que trata o inciso II do art. 4.º deste Decreto, em uma única parcela, até junho de 2002, disponível para imediata movimentação a partir desse mês, nas hipóteses de o titular:

I – ou qualquer de seus dependentes ser acometido de neoplasia maligna;

II – ou qualquer de seus dependentes ser portador do vírus HIV;

III – com crédito de até R$ 2.000,00 (dois mil reais), ser aposentado por invalidez em função de acidente de trabalho ou doença profissional, ou ser aposentado maior de sessenta e cinco anos de idade;

IV – de o titular ou qualquer de seus dependentes ser acometido de doença terminal.

Parágrafo único. Para efeito do inciso IV, apresentar-se-á diagnóstico médico claramente descritivo que, em face dos sintomas ou do histórico patológico, caracterize o estágio terminal de vida em razão da doença grave consignada no Código Internacional de Doenças – CID que acometa o trabalhador ou qualquer de seus dependentes, assinado por médico devidamente identificado por seu registro profissional e emitido na conformidade das normas dos Conselhos Federal e Regional de Medicina.

•• Parágrafo único com redação determinada pelo Decreto n. 5.860, de 26-7-2006.

Art. 6.º A movimentação da conta vinculada, relativamente ao crédito do complemento de atualização monetária, que não se enquadre nas hipóteses do art. 5.º, observará as condições previstas no art. 20 da Lei n. 8.036, de 1990.

§ 1.º As hipóteses de movimentação da conta vinculada previstas nos incisos I, II, III, IV, VIII, IX, X e XI do artigo 20 da Lei n. 8.036, de 1990, e na Lei n. 7.670, de 8 de setembro de 1988, ocorridas anteriormente à data da edição da Lei Complementar n. 110, de 2001, autorizam o saque do complemento de atualização monetária após o crédito na conta vinculada.

• A Lei n. 7.670, de 8-9-1988, estende aos portadores da Síndrome da Imunodeficiência Adquirida – SIDA/AIDS os benefícios que especifica e dá outras providências.

§ 2.º Após o crédito do complemento de atualização monetária na conta vinculada, nas condições do inciso II do art. 4.º, será permitida a sua utilização para a amortização ou quitação de saldo devedor de financiamento de moradia própria no âmbito do Sistema Financeiro da Habitação, inclusive na modalidade de Carta de Crédito do FGTS, mediante encontro de contas, atendidas as condições do art. 20 da Lei n. 8.036, de 1990.

Art. 7.º Os saques de que tratam o art. 5.º e o § 1.º do art. 6.º poderão ser processados mediante transferência do valor correspondente para conta corrente do titular da conta vinculada, com a autorização deste.

Art. 8.º A critério do titular da conta vinculada, o complemento de atualização monetária, de valor total superior a R$ 2.000,00 (dois mil reais), computada a dedução de que trata o inciso I do art. 4.º, poderá ser resgatado mediante entrega, em julho de 2002, ou nos seis meses seguintes, no caso de adesões que se efetuarem até dezembro de 2002, de documento de quitação com o FGTS em que se autoriza a compra de título, lastreado nas receitas decorrentes das contribuições instituídas pelos arts. 1.º e 2.º da Lei Complementar n. 110, de 2001, de valor de face equivalente ao valor do referido complemento, nos termos e condições estabelecidas pelo Conselho Monetário Nacional – CMN.

Art. 9.º O Agente Operador do FGTS, observadas as normas legais e regulamentares:

I – estabelecerá, em ato normativo, os procedimentos operacionais relativos ao exercício da adesão de que trata o art. 3.º e à efetivação dos créditos nas contas vinculadas; e

• A Circular n. 223, de 22-10-2001, da CEF, estabelece procedimentos operacionais para a apuração dos complementos de atualização monetária das contas vinculadas do FGTS, para o registro e lançamento dos respectivos créditos nas contas vinculadas e para a formalização do Termo de Adesão, regulamentados por este Decreto.

II – promoverá, antes de iniciar o processo de adesão, ampla divulgação sobre os procedimentos, meios e forma de adesão, e distribuição dos respectivos formulários.

Art. 10. Este Decreto entra em vigor na data de sua publicação.

Brasília, 11 de setembro de 2001; 180.º da Independência e 113.º da República.

FERNANDO HENRIQUE CARDOSO

DECRETO N. 3.914,

DE 11 DE SETEMBRO DE 2001 (*)

Dispõe sobre a regulamentação das contribuições sociais instituídas pela Lei Complementar n. 110, de 29 de junho de 2001.

O Presidente da República, no uso da atribuição que lhe confere o art. 84, IV, da Constituição, decreta:

Art. 1.º Este Decreto dispõe sobre a regulamentação da contribuição social devida por despedida de empregado sem justa causa e da contribuição social incidente sobre a remuneração mensal do trabalhador, instituídas pelos arts. 1.º e 2.º da Lei Complementar n. 110, de 29 de junho de 2001.

Art. 2.º A contribuição social que tem por fato gerador a despedida de empregado sem justa causa é devida em relação às despedidas que ocorrerem a partir de 28 de setembro de 2001, inclusive.

§ 1.º A base de cálculo da contribuição é o montante dos depósitos do Fundo de Garantia do Tempo de Serviço – FGTS, acrescidos das remunerações previstas no art. 13 da Lei n. 8.036, de 11 de maio de 1990, bem como nos arts. 11 da Lei n. 7.839, de 12 de outubro de 1989, e 3.º e 4.º da Lei n. 5.107, de 13 de setembro de 1966, enquanto vigentes, devidos durante a vigência do contrato de trabalho.

• As Leis n. 5.107, de 13-9-1966, e 7.839, de 12-10-1989, que dispunham sobre o FGTS, estão revogadas. Atualmente a matéria é tratada pela Lei n. 8.036, de 11-5-1990, constante neste volume.

§ 2.º O valor do complemento de atualização monetária de que trata o art. 4.º, com a remuneração prevista no art. 5.º e com a redução cabível especificada no inciso I do art. 6.º, todos da Lei Complementar n. 110, de 2001, que esteja registrado, na data da rescisão do contrato de trabalho, na conta vinculada do trabalhador que tenha firmado o Termo de Adesão a que se refere o art. 4.º, inciso I, da mesma Lei Complementar, integra a base de cálculo da contribuição de que trata este artigo.

(*) Publicado no *DOU*, de 12-9-2001.

§ 3.º O valor da contribuição será determinado pela aplicação da alíquota de 10% (dez por cento) sobre o valor da base de cálculo especificada nos §§ 1.º e 2.º.

§ 4.º A contribuição deve ser paga nos seguintes prazos:

I – até o primeiro dia útil imediato ao término do contrato, no caso em que o empregador concede o aviso prévio nos termos do art. 487 da Consolidação das Leis do Trabalho – CLT; ou

II – até o décimo dia, contado da data da notificação da demissão, quando da ausência do aviso prévio, indenização do mesmo ou dispensa de seu cumprimento.

§ 5.º Os empregadores domésticos ficam isentos da contribuição social de que trata este artigo.

Art. 3.º A contribuição social incidente sobre a remuneração do trabalhador é devida a partir da remuneração relativa ao mês de outubro de 2001 até a remuneração relativa ao mês de setembro de 2006.

§ 1.º A contribuição incide sobre a remuneração paga ou devida, no mês anterior, a cada trabalhador.

§ 2.º A base de cálculo da contribuição é o valor da remuneração paga ou devida a cada trabalhador, computadas as parcelas de que trata o art. 15 da Lei n. 8.036, de 1990.

§ 3.º O valor do pagamento antecipado de remuneração ou de gratificação de Natal integra a base de cálculo da contribuição social relativa ao mês em que ocorrer o pagamento antecipado.

§ 4.º O valor da contribuição será determinado pela aplicação da alíquota de cinco décimos por cento sobre a base de cálculo especificada nos §§ 2.º e 3.º.

§ 5.º A contribuição incidente sobre a remuneração paga ou devida em cada mês deve ser paga até o dia 7 do mês subsequente ou, não havendo expediente bancário no dia 7, até o último dia útil que o anteceder.

§ 6.º Ficam isentas da contribuição social de que trata este artigo:

I – as empresas inscritas no Sistema Integrado de Pagamento de Impostos e Contribuições das Microempresas e Empresas de Pequeno Porte – SIMPLES, desde que o faturamento anual não ultrapasse o limite de R$ 1.200.000,00 (um milhão e duzentos mil reais);

• A Lei Complementar n. 123, de 14-12-2006, institui, em seu art. 12, o Regime Especial Unificado de Arrecadação de Tributos e Contribuições devidos pelas Microempresas e Empresas de Pequeno Porte – Simples Nacional.

II – as pessoas físicas, em relação à remuneração de empregados domésticos; e

III – as pessoas físicas, em relação à remuneração de empregados rurais, desde que sua receita bruta anual não ultrapasse o limite de R$ 1.200.000,00 (um milhão e duzentos mil reais).

§ 7.º Para os fins do disposto no § 6.º, poderão ser utilizadas informações constantes dos cadastros administrados pela Secretaria da Receita Federal, na forma estabelecida em convênio.

Art. 4.º O sujeito passivo das contribuições sociais de que trata este Decreto é o empregador, considerado como tal a pessoa física ou a pessoa jurídica de direito privado ou de direito público, da administração pública direta, indireta ou fundacional de qualquer dos Poderes, da União, dos Estados, do Distrito Federal e dos Municípios, que admitir trabalhadores a seu serviço, bem assim aquele que, regido por legislação especial, encontrar-se nessa condição ou figurar como fornecedor ou tomador de mão de obra, independente da responsabilidade solidária ou subsidiária a que eventualmente venha obrigar-se.

Parágrafo único. Para os efeitos deste Decreto, considera-se empregado ou trabalhador toda pessoa física que prestar serviços a empregador, a locador ou tomador de mão de obra, excluídos os eventuais, os autônomos e os servidores públicos civis e militares sujeitos a regime jurídico próprio.

Art. 5.º O pagamento das contribuições sociais de que trata este Decreto fora dos prazos estabelecidos sujeita o infrator aos acréscimos previstos no art. 22 da Lei n. 8.036, de 1990, e nos §§ 2.º e 3.º do art. 3.º da Lei Complementar n. 110, de 2001.

Art. 6.º A exigência fiscal da contribuição social, que não tenha sido paga por iniciativa do contribuinte, será formalizada em notificação de débito, lavrada por Auditor-Fiscal do Trabalho ou pela Repartição competente do Ministério do Trabalho e Emprego, nos termos de ato normativo do Ministro de Trabalho e Emprego.

• *Vide* Instrução Normativa n. 144, de 18-5-2018, que dispõe sobre a fiscalização do FGTS e das contribuições sociais instituídas pela Lei Complementar n. 110, de 29-6-2001.

Art. 7.º As contribuições sociais de que trata este Decreto, inclusive os acréscimos legais correspondentes, serão pagos na rede bancária arrecadadora do FGTS, na forma a ser estabelecida pelo Agente Operador do FGTS.

§ 1.º Os valores recolhidos pela rede bancária serão transferidos à Caixa Econômica Federal no segundo dia útil subsequente à data em que tenham sido recolhidos.

§ 2.º A Caixa Econômica Federal procederá ao registro das receitas, relativas às contribuições sociais que lhe forem transferidas pela rede bancária, no Sistema Integrado de Administração Financeira do Governo Federal – SIAFI, na forma regulada pelo Ministério da Fazenda.

Art. 8.º A falta de pagamento das contribuições de que trata este Decreto resultará no impedimento da emissão, pela Caixa Econômica Federal, do Certificado de Regularidade do FGTS, sem prejuízo das demais cominações legais cabíveis.

Art. 9.º O Ministério do Trabalho e Emprego expedirá as normas para disciplinar os procedimentos de administração das contribuições sociais de que trata este Decreto.

Art. 10. Este Decreto entra em vigor na data de sua publicação.

Brasília, 11 de setembro de 2001; 180.º da Independência e 113.º da República.

FERNANDO HENRIQUE CARDOSO

ATO DECLARATÓRIO N. 4,

DE 21 DE FEVEREIRO DE 2002 (*)

Aprova, revisa e consolida precedentes administrativos.

O Diretor do Departamento de Fiscalização do Trabalho, no uso de sua competência regimental, resolve:

I – aprovar os precedentes administrativos de n. 31 a n. 50, resultantes de posicionamentos firmados na Coordenação-Geral de Normatização e Análise de Recursos;

II – revisar os precedentes de n. 01 a n. 30;

III – consolidar todos os precedentes administrativos aprovados, conforme anexo I deste ato;

IV – os precedentes administrativos em anexo deverão orientar a ação dos Auditores-Fiscais do Trabalho no exercício de suas atribuições.

Leonardo Soares de Oliveira

ANEXO I

Precedente Administrativo n. 1

FGTS e Contribuição Social (CS). Levantamento de débito. Efeitos do parcelamento. Evolução normativa.

I – A comprovação da quitação total do débito fundiário antes da emissão da NDFG, NFGC ou NRFC, ou da data de apuração do débito da NDFC, acarreta sua declaração de improcedência.

II – O parcelamento do montante levantado acarreta a improcedência da Notificação de Débito se concedido antes da sua emissão e:

a) Na vigência das Instruções Normativas 17/2000 e 25/2001, o débito apurado for idêntico ao confessado.

b) Na vigência da Instrução Normativa n. 84/2010, o débito fundiário apurado for idêntico ou inferior ao confessado;

III – Na hipótese da letra *b* e havendo débito de contribuição social não parcelado, a Notificação de Débito será procedente somente em relação a esta;

IV – Na vigência da Instrução Normativa n. 99/2012, a constatação da existência de confissão de dívida junto à CAIXA não exime o AFT da emissão de notificação de débito, ainda que o débito tenha sido confessado de forma correta e que o parcelamento tenha sido formalizado.

Referência normativa: art. 23, *caput*, da Lei n. 8.036/90, no art. 1.º da Lei n. 8.844/94, no art. 3.º da Lei Complementar n. 110/2001, art. 20 da Instrução Normativa n. 17/2000, art. 30 da Instrução Normativa n. 25/2001, art. 26 da Instrução Normativa n. 84/2010, art. 28, §§ 4.º e 5.º, da Instrução Normativa n. 99/2012.

•• Precedente administrativo com redação determinada pelo Ato Declaratório n. 15, de 20-9-2017.

•• A Instrução Normativa n. 99, de 23-8-2012, foi revogada pela Instrução Normativa n. 144, de 18-5-2018, que passou a dispor sobre a matéria.

(*) Publicado no *DOU*, de 22-2-2002.

Precedente Administrativo n. 2

(*Revogado pelo Ato Declaratório n. 5, de 27-6-2002.*)

Precedente Administrativo n. 3

FGTS. Vale-transporte. Falta de recolhimento do percentual de 8% sobre parte da remuneração devida. O vale-transporte não terá natureza salarial, não se incorporará à remuneração para quaisquer efeitos e tampouco constituirá base de incidência do FGTS, desde que fornecido de acordo com o disposto no art. 2.º, II, da Lei n. 7.418/85. O vale-transporte pago em dinheiro tem natureza salarial e repercussão no FGTS.

Referência normativa: art. 2.º e alíneas, da Lei n. 7.418, de 16 de dezembro de 1985, e arts. 5.º e 6.º do Decreto n. 95.247, de 17 de novembro de 1987.

Precedente Administrativo n. 4

(*Cancelado pelo Ato Declaratório n. 15, de 20-9-2017.*)

Precedente Administrativo n. 5

(*Cancelado pelo Ato Declaratório n. 10, de 3-8-2009.*)

Precedente Administrativo n. 6

FGTS. Gratificação. Falta de recolhimento do percentual de 8% sobre parte da remuneração devida. A gratificação, bem como comissões, percentagens ou abonos pagos pelo empregador, integram o salário. Consequentemente, são base de cálculo para o FGTS.

Referência normativa: arts. 457 e 458, CLT; Lei n. 8.036/90, art. 15.

Precedente Administrativo n. 7

Recurso administrativo. Intempestividade. Depósito recursal dentro do prazo. Não é suficiente para o conhecimento do recurso a efetivação do depósito dentro do prazo legal. É necessário que também o recurso administrativo seja aviado no decêndio legal.

Referência normativa: art. 636, *caput* e § 1.º, da CLT e art. 33 da Portaria n. 148, de 25 de janeiro de 1996.

• *Vide* Portaria n. 854, de 25-6-2015, que revogou a Portaria n. 148, de 25-1-1996, e aprovou normas para a organização e tramitação dos processos de multas administrativas e de notificação de débito de FGTS e/ou contribuição social.

Precedente Administrativo n. 8

Registro. Representante comercial. Para a caracterização de atividade autônoma do representante comercial, é imprescindível a comprovação de sua inscrição no Conselho respectivo.

Referência normativa: art. 41, *caput*, da CLT.

Precedente Administrativo n. 9

Autorização para o trabalho em feriados nacionais e religiosos via acordo coletivo ou convenção coletiva de trabalho. Necessidade de prévia permissão da autoridade competente em matéria de trabalho. Os acordos coletivos ou convenções coletivas de trabalho podem estabelecer as regras de remuneração e/ou compensação para o trabalho em dias feriados, mas não são instrumentos hábeis para afastar a competência da autoridade em matéria de trabalho para exercer o controle do trabalho em tais dias.

Referência normativa: art. 70 da CLT.

Precedente Administrativo n. 10

Jornada. Telefonista de Mesa. Independente do ramo de atividade do empregador, aplica-se o disposto no art. 227 da CLT, e seus parágrafos, ao exercente das funções de telefonista: jornada de seis horas diárias. Inteligência da Súmula n. 178 do Tribunal Superior do Trabalho – TST.

Referência normativa: art. 227 da CLT.

Precedente Administrativo n. 11

Inspeção do trabalho. Rol não taxativo quanto aos documentos necessários à inspeção do trabalho. Fitas do caixa bancário. Fitas do caixa bancário são considerados documentos necessários à inspeção do trabalho. O sigilo das informações financeiras é da responsabilidade do Auditor-Fiscal do Trabalho, que também, por lei, deve guardar sigilo profissional.

Referência normativa: art. 630, §§ 3.° e 4.°, da CLT c/c art. 6.° do Regulamento da Inspeção do Trabalho – RIT, aprovado pelo Decreto n. 55.841, de 15 de março de 1965.

•• O Decreto n. 55.841, de 15-3-1965, foi revogado pelo Decreto n. 4.552, de 27-12-2002, que aprova o regulamento da Inspeção do Trabalho.

Precedente Administrativo n. 12

(Revogado pelo Ato Declaratório n. 6, de 16-12-2002.)

Precedente Administrativo n. 13

(Revogado pelo Ato Declaratório n. 6, de 16-12-2002.)

Precedente Administrativo n. 14

Multa. Valor sem expressão econômica. Processamento regular obrigatório. A impossibilidade de impor multa ao infrator em virtude da desatualização ou inexpressividade de seu valor, não obsta o processamento regular do auto de infração e sua declaração de subsistência, uma vez que o instituto da reincidência e a possibilidade de ulterior atualização daquele valor impedem-lhe pronto arquivamento.

Precedente Administrativo n. 15

Salário. Empregador e equiparados. Entidades sem fins lucrativos. Prazo legal. Equiparam-se ao empregador, para os efeitos da relação de emprego, as pessoas e entidades referidas no § 1.° do art. 2.° da CLT. A partir do momento em que a instituição sem fins lucrativos contrata empregados, assume todas as obrigações dessa relação jurídica, não podendo repassar aos seus empregados o risco de sua atividade. Os salários, portanto, devem ser pagos no prazo legal, sob pena de imposição de sanção administrativa.

Referência normativa: art. 2.°, § 1.°, da CLT.

Precedente Administrativo n. 16

(Cancelado pelo Ato Declaratório n. 10, de 3-8-2009.)

Precedente Administrativo n. 17

Descanso. Trabalho em feriados. Decisão judicial. São insubsistentes os autos lavrados contra empregadores amparados por decisão judicial que os permita manter trabalhadores em atividade em dias feriados.

Precedente Administrativo n. 18

FGTS e contribuição social. Recolhimentos posteriores à data de apuração da notificação de débito.

A quitação de valores apurados em Notificação de Débito, quando operada após a data da emissão da NDFG, NFGC e NRFC, ou da apuração, no caso da NDFC, ou ainda o parcelamento que abranja integralmente a notificação, confirma a procedência do débito regularmente levantado pela Auditora Fiscal do Trabalho. Tais recolhimentos serão objeto de apreciação, para eventual dedução, pela CAIXA ECONÔMICA FEDERAL após encerrado o processo administrativo.

Referência normativa: IN n. 25/2001, art. 53, § 2.°; IN n. 84/2010, art. 59, parágrafo único; IN n. 99/2012, art. 61, parágrafo único, e art. 62.

•• Precedente administrativo com redação determinada pelo Ato Declaratório n. 15, de 20-9-2017.

Precedente Administrativo n. 19

FGTS. Notificação para Depósito do FGTS-NDFG. Parcelamento não formalizado. Não obsta a lavratura da Notificação para Depósito do FGTS-NDFG processo de parcelamento em andamento junto ao Agente Operador do Fundo, Caixa Econômica Federal – CEF, ainda sem a devida formalização.

Referência normativa: art. 20, § 4.°, da IN/SIT/MTE n. 17, de 31 de julho de 2000.

•• A Instrução Normativa n. 17, de 31-7-2000, foi revogada pela Instrução Normativa n. 25, de 20-12-2001. Sobre a matéria *vide* Instrução Normativa n. 144, de 18-5-2018.

Precedente Administrativo n. 20

(Cancelado pelo Ato Declaratório n. 10, de 3-8-2009.)

Precedente Administrativo n. 21

CTPS. Inutilização. Ao lançar na Carteira de Trabalho e Previdência Social – CTPS anotações prejudiciais ao trabalhador, a empresa tornou aquele documento inútil para uso, mesmo que objetivamente apenas uma das folhas tenha sido inutilizada. Autuação procedente.

Referência normativa: art. 52 da CLT.

Precedente Administrativo n. 22

Inspeção do trabalho. Livre acesso. A prerrogativa do Auditor-Fiscal do Trabalho – AFT de ter livre acesso a todas as dependências dos estabelecimentos sujeitos ao regime da legislação trabalhista compreende não só o direito de ingressar mas também o de permanecer no local, para o exercício de sua ação fiscal.

Referência normativa: art. 630, § 3.°, da CLT.

Precedente Administrativo n. 23

Jornada. Controle alternativo. Os sistemas alternativos de controle de jornada só podem ser utilizados quando autorizados por convenção ou acordo coletivo.

Referência normativa: art. 7.º, XXVI da Constituição Federal, art. 74, § 2.º, da CLT e Portaria n. 1.120, de 8 de novembro de 1995.

- A Portaria n. 373, de 25-2-2011, do Ministério do Trabalho, dispõe sobre a possibilidade de adoção pelos empregadores de sistemas alternativos de controle de jornada de trabalho.

Precedente Administrativo n. 24

(Cancelado pelo Ato Declaratório n. 15, de 20-9-2017.)

Precedente Administrativo n. 25

Gratificação natalina. Prazo. A lei dispõe que o prazo para pagamento da gratificação natalina é o dia 20 de dezembro de cada ano. Recaindo o dia 20 em domingo ou feriado, o pagamento deve ser antecipado. Não há que se falar em prorrogação para o primeiro dia útil subsequente.

Referência normativa: art. 1.º da Lei n. 4.749, de 12 de agosto de 1965.

Precedente Administrativo n. 26

(Cancelado pelo Ato Declaratório n. 10, de 3-8-2009.)

Precedente Administrativo n. 27

Rescisão contratual. Homologação. Entidades públicas. A União, os Estados e os Municípios, as autarquias e as fundações de direito público que não explorem atividade econômica não estão sujeitos à assistência mencionada no art. 477 da CLT, face à presunção de legitimidade de seus atos.

Referência normativa: art. 1.º, I, do Decreto-lei n. 779, de 21 de agosto de 1969, e art. 477 da CLT.

Precedente Administrativo n. 28

Rescisão contratual. Pagamento de verbas fora do prazo legal. O pagamento da multa em favor do empregado não exime o autuado da multa administrativa, uma vez que são penalidades distintas: a primeira beneficia o empregado, enquanto a segunda destina-se ao Poder Público.

Referência normativa: art. 477, § 8.º, da CLT.

Precedente Administrativo n. 29

Jornada. Bancários. Prorrogação de jornada. Intervalo para repouso ou alimentação. Ao estabelecer que a jornada normal de seis horas dos bancários poderá ser excepcionalmente prorrogada até oito horas diárias, observados os preceitos gerais sobre duração do trabalho, o art. 225 da CLT atraiu a incidência da regra do art. 71 do mesmo diploma, que prevê a obrigatoriedade de concessão de intervalo para repouso ou alimentação de, no mínimo uma e, no máximo, duas horas.

Referência normativa: art. 71 e art. 225, ambos da CLT.

Precedente Administrativo n. 30

Jornada. Prorrogação. Convenção ou Acordo Coletivo. A mera inserção em acordo ou convenção coletiva de cláusula com previsão de percentuais acima de cinquenta por cento para a remuneração das horas extraordinárias, por si só, não autoriza o elastecimento da jornada normal de trabalho. Imprescindível autorização expressa, pois o acessório, exigido pelo § 1.º do art. 59, não substitui o principal, cuja obrigação decorre do *caput*.

Referência normativa: art. 59 da CLT.

Precedente Administrativo n. 31

Jornada. Prorrogação. Necessidade imperiosa.

I – Os serviços inadiáveis ou cuja inexecução possa acarretar prejuízos manifestos autorizam a prorrogação da jornada apenas até 12 horas, caracterizando-se como tais aqueles que, por impossibilidade decorrente de sua própria natureza, não podem ser paralisados num dia e retomados no seguinte, sem ocasionar prejuízos graves e imediatos.

II – Se a paralisação é apenas inconveniente, por acarretar atrasos ou outros transtornos, a necessidade de continuação do trabalho não se caracteriza como imperiosa e o excesso de jornada não se justifica.

Referência normativa: art. 59, *caput*, e art. 61 da Consolidação das Leis do Trabalho – CLT.

Precedente Administrativo n. 32

(Cancelado pelo Ato Declaratório n. 10, de 3-8-2009.)

Precedente Administrativo n. 33

Jornada. Prorrogação. Efeitos do pagamento relativo ao trabalho extraordinário. O pagamento do adicional por serviço extraordinário não elide a infração pela prorrogação de jornada além dos limites legais ou convencionais, uma vez que o serviço extraordinário deve ser remunerado, independentemente de sua licitude. Isso porque as normas limitadoras da jornada visam a evitar males ao trabalhador, protegendo-lhe a saúde e o bem-estar, não se prestando a retribuição pecuniária como substituta da proteção ao bem jurídico.

Referência normativa: art. 59 da Consolidação das Leis do Trabalho – CLT.

Precedente Administrativo n. 34

FGTS. Cesta básica. Falta de recolhimeno do percentual de 8% sobre parte da remuneração devida. O valor pago pelo empregador ao empregado a título de cesta básica ou outro fornecimento de alimentação realizado à margem do Programa de Alimentação do Trabalhador – PAT deve compor a base de cálculo do FGTS, pois se trata de salário *in natura*.

Referência normativa: art. 458 da Consolidação das Leis do Trabalho – CLT e Lei n. 6.321, de 14 de abril de 1976.

Precedente Administrativo n. 35

Salário. Pagamento fora do prazo legal. Dificuldades econômicas. Dificuldades econômicas do empregador, decorrentes de inadimplemento contratual de clientes, retração de mercado ou de outros transtornos inerentes à atividade empreendedora, não autorizam o atraso no pagamento de salários, uma vez que, salvo exceções expressamente previstas em lei, os riscos do negócio devem ser suportados exclusivamente pelo empregador.

Referência normativa: art. 2.° e art. 459, § 1.°, da Consolidação das Leis do Trabalho – CLT.

Precedente Administrativo n. 36

Registro de empregados. Empresa pública e sociedade de economia mista. Autuação capitulada no art. 41 da Consolidação das Leis do Trabalho – CLT. Legalidade.

I – A autuação por falta de registro de empregados em empresas públicas e sociedades de economia mista não contraria o dispositivo constitucional que veda a contratação sem prévia aprovação em concurso público, tampouco as reiteradas decisões judiciais que declaram a nulidade das contratações irregulares.

II – Cabe ao Auditor-Fiscal do Trabalho verificar o cumprimento da obrigação legal de formalização do vínculo de emprego quando houver trabalho subordinado e, descumprida a norma, proceder à autuação por falta de registro, independentemente do motivo pelo qual o contrato não se formalizou ou da existência de efeitos contratuais de cunho material e patrimonial, questões cujo controle está afeto a outros órgãos do Executivo e ao Poder Judiciário.

Referência normativa: arts. 2.°, 3.°, 41 e 626 da CLT; arts. 37 e 173 da Constituição Federal de 1988.

Precedente Administrativo n. 37

Rescisão. Ajuizamento da ação de consignação fora do prazo legal para pagamento das verbas rescisórias. A propositura fora do prazo legal de ação judicial de consignação em pagamento para pagamento das verbas rescisórias não afasta a mora da empresa autuada em relação ao prazo legal para cumprimento da obrigação.

Referência normativa: art. 477 da Consolidação das Leis do Trabalho – CLT.

Precedente Administrativo n. 38

Inspeção do trabalho. Acompanhamento da ação fiscal por representantes dos trabalhadores. Os empregadores estão obrigados a franquear seus estabelecimentos à visita de representantes dos trabalhadores que acompanhem ação de inspeção trabalhista das condições de segurança e saúde do trabalhador.

Referência normativa: art. 200 da Consolidação das Leis do Trabalho – CLT e Portaria n. 3.214, de 8 de junho de 1978, Norma Regulamentadora – NR 1, item 1.7, alínea *d*.

- A Portaria n. 3.214, de 8-6-1978, aprova as Normas Regulamentadoras – NR – do Capítulo V, Título II, da CLT.
- O item 1.7, alínea *d*, da NR 1, dispõe: "1.7. Cabe ao empregador: d) permitir que representantes dos trabalhadores acompanhem a fiscalização dos preceitos legais e regulamentares sobre segurança e medicina do trabalho".

Precedente Administrativo n. 39

Empregados em tabelionatos. Natureza jurídica do vínculo. É de natureza celetista o vínculo dos empregados em tabelionatos contratados após a edição da Lei n. 8.935, de 18 de novembro de 1994, bem como o dos servidores admitidos antes da Constituição Federal de 1988 em regime estatutário ou especial que tenham feito opção expressa pelo regime.

Referência normativa: art. 236 da Constituição Federal de 1988, art. 32 do Ato das Disposições Constitucionais Transitórias, Lei n. 8.935, de 18 de novembro de 1994, Lei n. 9.534, de 10 de dezembro de 1997, Lei n. 9.812, de 10 de agosto de 1999.

- A Lei n. 8.935, de 18-11-1994, regulamenta o art. 236 da Constituição Federal, dispondo sobre serviços notariais e de registro.

Precedente Administrativo n. 40

Inspeção do trabalho. Documentos sujeitos à fiscalização. Transferência de empregado. Os documentos sujeitos a inspeção devem permanecer no local de trabalho do empregado. Em caso de ser o empregado deslocado para prestar serviço em outro estabelecimento da empresa, devem acompanhá-lo para o novo local de trabalho o seu controle de jornada e seus registros funcionais, onde será anotada a respectiva transferência.

Referência normativa: art. 630, § 4.°, da Consolidação das Leis do Trabalho – CLT e art. 3.° da Portaria n. 1.121, de 8 de novembro de 1995.

•• A Portaria n. 1.121, de 8-11-1995, foi revogada pela Portaria n. 41, de 28-3-2007, que disciplina o registro e a anotação de carteira de trabalho e previdência social de empregados.

Precedente Administrativo n. 41

Remuneração. Repouso semanal remunerado. Incidência do adicional noturno.

I – Cabível a repercussão do adicional noturno nos cálculos do repouso semanal remunerado de empregado que tem salário pago na base da unidade dia ou mensalistas e quinzenalistas cujo trabalho não seja exclusivamente noturno.

II – Para os empregados mensalistas ou quinzenalistas que cumprem jornada exclusivamente noturna, o salário acrescido do adicional de 20% já inclui a remuneração do repouso.

Referência normativa: art. 73 da CLT; art. 7.° da Lei n. 605, de 5 de janeiro de 1949.

Precedente Administrativo n. 42

Jornada. Obrigatoriedade de controle. Os empregadores não sujeitos à obrigação legal de manter sistema de controle de jornada de seus empregados, mas que deles se utilizam, devem zelar para que os mesmos obedeçam a regulamentação específica, eventualmente existente para a modalidade que adotarem. Caso o Auditor-Fiscal do Trabalho tenha acesso a tal controle, poderá dele extrair elementos de convicção para autuação por infrações, já que o documento existe e é meio de prova hábil a contribuir na sua convicção.

Referência normativa: art. 74 da Consolidação das Leis do Trabalho – CLT.

•• Precedente com redação determinada pelo Ato Declaratório n. 12, de 10-8-2011.

Precedente Administrativo n. 43

Inspeção do trabalho. Documentos sujeitos a inspeção. Apresentação parcial. A alegação em defesa de que não foi exibida ao Auditor-Fiscal do Trabalho apenas parte dos documentos mencionados no auto de infração acarreta a procedência total da autuação, uma vez que a infração ao art. 630, § § 3.º e 4.º da Consolidação das Leis do Trabalho – CLT não comporta subsistência parcial.

Referência normativa: art. 630, §§ 3.º e 4.º da Consolidação das Leis do Trabalho – CLT.

Precedente Administrativo n. 44

Inspeção do trabalho. Competência dos auditores-fiscais do trabalho médicos e engenheiros. Os Auditores-Fiscais do Trabalho médicos e engenheiros têm competência para lavrar auto de infração capitulado no art. 41 da CLT, ao constatarem falta de registro de empregado.

Referência normativa: Medida Provisória n. 2.175-29, de 24 de agosto de 2001.

Precedente Administrativo n. 45

Domingos e feriados. Comércio varejista em geral

I – O comércio em geral pode manter empregados trabalhando aos domingos, independentemente de convenção ou acordo coletivo e de autorização municipal.

II – (*Revogado pelo Ato Declaratório n. 7, de 12-6-2003.*)

III – Por sua vez, a abertura do comércio aos domingos é de competência municipal e a verificação do cumprimento das normas do município incumbe à fiscalização de posturas local.

IV – O comércio em geral pode manter empregados trabalhando em feriados, desde que autorizado em convenção coletiva de trabalho.

V – Os *shopping centers*, mercados, supermercados, hipermercados e congêneres estão compreendidos na categoria "comércio em geral" referida pela Lei n. 10.101/2000, com redação dada pela Lei n. 11.603/2007.

Referência normativa: Lei n. 11.603, de 5 de dezembro de 2007, que altera e acrescenta dispositivos ao art. 6.º da Lei n. 10.101, de 19 de dezembro de 2000.

•• Precedente com redação determinada pelo Ato Declaratório n. 12, de 10-8-2011.

Precedente Administrativo n. 46

(*Cancelado pelo Ato Declaratório n. 10, de 3-8-2009.*)

Precedente Administrativo n. 47

(*Cancelado pelo Ato Declaratório n. 10, de 3-8-2009.*)

Precedente Administrativo n. 48

(*Cancelado pelo Ato Declaratório n. 10, de 3-8-2009.*)

Precedente Administrativo n. 49

Jornada. Controle. Gerentes. O empregador não está desobrigado de controlar a jornada de empregado que detenha simples título de gerente, mas que não possua poderes de gestão nem perceba gratificação de função superior a 40% do salário efetivo.

Referência normativa: art. 62, II e parágrafo único, e art. 72, § 2.º, da Consolidação das Leis do Trabalho – CLT.

Precedente Administrativo n. 50

Remuneração. Diárias de viagem que excedem 50% do salário. Natureza jurídica. É ônus do empregador afastar a presunção de que as diárias de viagem que excedam a 50% do salário do empregado têm natureza salarial, pela comprovação de que o empregado presta contas de suas despesas, recebendo os valores a título de ressarcimento.

Referência normativa: art. 457, § 2.º, da Consolidação das Leis do Trabalho – CLT e Instrução Normativa n. 8, de 1.º de novembro de 1991.

Precedente Administrativo n. 51

Inspeção do trabalho. Notificação para apresentação de documentos. Revisão do Precedente Administrativo n. 12. Notificação para apresentação de documentos em dia certo, sem indicação de hora, caracteriza infração somente quando transcorrer completamente o dia sem a devida apresentação.

Referência normativa: art. 630, § 4.º, da CLT.

•• Precedente acrescentado pelo Ato Declaratório n. 6, de 16-12-2002.

Precedente Administrativo n. 52

Inspeção do trabalho. Notificação para apresentação de documentos. A expressão "a partir de" constante da notificação para apresentação de documentos indica o horário a partir do qual, no dia assinalado, o Auditor-Fiscal comparecerá para inspecioná-los. Ao empregador cabe disponibilizar os documentos no dia assinalado e no horário constante da notificação e, a partir daquele horário, mantê-los disponíveis para exame.

Referência normativa: art. 630, § 4.º, da CLT.

•• Precedente acrescentado pelo Ato Declaratório n. 6, de 16-12-2002.

Precedente Administrativo n. 53

Embaraço ou resistência. Capitulação e base legal. O art. 630, § 6.º, é base legal para aplicação de sanção pela infração ao art. 630, §§ 3.º, 4.º e 5.º, além de ser explicativo quanto à configuração de embaraço ou resistência. Embaraço e resistência não são infrações autônomas capituláveis no art. 630, § 6.º, mas apenas circunstâncias que agravam a sanção.

Referência normativa: art. 630 da CLT e art. 5.º da Lei n. 7.855, de 24 de outubro de 1989.

•• Precedente acrescentado pelo Ato Declaratório n. 6, de 16-12-2002.

Precedente Administrativo n. 54

(*Cancelado pelo Ato Declaratório n. 15, de 20-9-2017.*)

Precedente Administrativo n. 55

Jornada especial. Turnos ininterruptos de revezamento.

Faz jus à jornada especial prevista no art. 7.º, XIV, da CF/1988, o trabalhador que exerce suas atividades em sistema de alternância de turnos, ainda que em dois turnos de trabalho, que compreendam, no todo ou em parte, o horário diurno e o noturno, pois submetido à alternância de horário prejudicial à saúde, sendo irrelevante que a atividade da empresa se desenvolva de forma ininterrupta.

Referência normativa: art. 58 da CLT; art. 7.°, inciso XIV, da Constituição Federal; OJ n. 360, SBDI-1, TST.

•• Precedente administrativo com redação determinada pelo Ato Declaratório n. 15, de 20-9-2017.

Precedente Administrativo n. 56

Auto de Infração. Presunção de veracidade. A presunção de veracidade do auto de infração não desobriga o Auditor-Fiscal de demonstrar os fatos que o levaram a concluir pela existência do ilícito trabalhista.

Referência normativa: art. 9.°, inciso IV, da Portaria n. 148, de 25 de janeiro de 1996.

•• Precedente acrescentado pelo Ato Declaratório n. 6, de 16-12-2002.

• *Vide* Portaria n. 854, de 25-6-2015, que revogou a Portaria n. 148, de 25-1-1996, e aprovou normas para a organização e tramitação dos processos de multas administrativas e de notificação de débito de FGTS e/ou contribuição social.

Precedente Administrativo n. 57

Contribuição sindical. Recolhida a contribuição sindical, descabe ao Auditor-Fiscal exigir recolhimento para outro sindicato, sob o fundamento de enquadramento sindical incorreto. É direito constitucionalmente assegurado a livre associação.

Referência normativa: art. 8.° da Constituição Federal; art. 545 da CLT.

•• Precedente acrescentado pelo Ato Declaratório n. 6, de 16-12-2002.

Precedente Administrativo n. 58

FGTS. Levantamento de débito. Contrato de trabalho com a administração pública declarado nulo.

I – É devido o FGTS a trabalhador cujo contrato firmado com a Administração Pública tenha sido declarado nulo, quando mantido seu direito ao salário, consoante previsão do art. 19-A na Lei n. 8.036, de 11 de maio de 1990.

II – O levantamento fundiário, por meio da emissão de Notificação de Débito, fundado na nulidade referida no item I, pode alcançar, inclusive, período anterior a 27.08.2001, data de introdução do art. 19-A na Lei n. 8.036, de 11 de maio de 1990, pela Medida Provisória n. 2.164-41, de 24 de agosto de 2001.

Referência normativa: art. 19-A da Lei n. 8.036, de maio de 1990; art. 37, § 2.°, da Constituição Federal; STF RE 596478 ED/RR, Rel. Min. Dias Toffoli, 11/09/2014; TST – E-RR 672.320/00.4; Súmula 363, TST.

•• Precedente administrativo com redação determinada pelo Ato Declaratório n. 15, de 20-9-2017.

Precedente Administrativo n. 59

Registro. Contrato de trabalho. Grupo econômico. O trabalho prestado pelo empregado a várias empresas do mesmo grupo econômico configura apenas um contrato de trabalho, sendo desnecessário o registro do empregado em cada uma das empresas. Autuação improcedente.

Referência normativa: art. 2.°, § 2.°, e art. 41 ambos da CLT.

•• Precedente acrescentado pelo Ato Declaratório n. 6, de 16-12-2002.

Precedente Administrativo n. 60

(Cancelado pelo Ato Declaratório n. 10, de 3-8-2009.)

Precedente Administrativo n. 61

Estágio. Requisitos legais. Descumprimento.

I – A existência de termo de compromisso e a compatibilidade da jornada de estágio com o horário escolar do aluno não são elementos suficientes para a configuração da regularidade do contrato de estágio, uma vez que devem ser atendidos todos os requisitos legais, em especial a complementação do ensino e da aprendizagem.

II – Os estágios devem ser planejados, executados, acompanhados e avaliados em conformidade com os currículos, programas e calendários escolares.

III – Presentes os elementos da relação de emprego sob a roupagem do contrato de estágio, procede a descaracterização dessa contratação especial.

Referência normativa: Lei n. 6.494/77 e Decreto n. 87.497/82.

•• Precedente acrescentado pelo Ato Declaratório n. 9, de 25-5-2005.

Precedente Administrativo n. 62

Segurança e saúde no trabalho. Autuação. Capitulação legal. Descabe autuação capitulada no art. 200 da CLT, uma vez que tal dispositivo não encerra qualquer comando dirigido ao empregador, mas apenas consigna autorização legal para expedição de normas pelo Ministério do Trabalho e Emprego.

Referência normativa: art. 200 da CLT.

•• Precedente acrescentado pelo Ato Declaratório n. 9, de 25-5-2005.

Precedente Administrativo n. 63

Jornada. Redução do intervalo intrajornada. A existência de acordo coletivo com previsão de intervalo para repouso ou alimentação inferior ao limite mínimo legal não é suficiente para que seja considerada regular a jornada de trabalho. O acordo coletivo é apenas um dos requisitos para a imprescindível autorização, pelo Ministro do Trabalho e Emprego ou autoridade delegada, da redução do intervalo para menos de uma hora.

Referência normativa: art. 71 da CLT e Portaria/MTb n. 3.116, de 5 de abril de 1989.

•• Precedente acrescentado pelo Ato Declaratório n. 9, de 25-5-2005.

• A Portaria n. 3.116, de 3-4-1989, foi revogada pela Portaria n. 42, de 28-3-2007. Atualmente, trata da matéria a Portaria n. 1.095, de 19-5-2010.

Precedente Administrativo n. 64

Processual. Revelia. Direito de defesa. A revelia na fase de defesa não tem como consequência a confissão ficta em relação à matéria de fato. O autuado pode, mesmo revel na fase de defesa, interpor recurso contra a decisão regional, inclusive com apresentação de documentos.

Referência normativa: art. 635 da CLT e art. 34 c/c art. 23 da Portaria n. 148, de 25 de janeiro de 1996.

•• Precedente acrescentado pelo Ato Declaratório n. 9, de 25-5-2005.

• *Vide* Portaria n. 854, de 25-6-2015, que revogou a Portaria n. 148, de 25-1-1996, e aprovou normas para a organização e tramitação dos processos de multas administrativas e de notificação de débito de FGTS e/ou contribuição social.

Precedente Administrativo n. 65

Rurícula. Contrato de safra. Indenização ao término do contrato. FGTS. Compatibilidade. O art. 14 da Lei n. 5.889, de 8 de junho de 1973, foi recepcionado pela Constituição Federal de 1988, devendo tal indenização ser cumulada com o percentual do FGTS devido na dispensa. No contrato de safra se permite uma dualidade de regimes, onde o acúmulo de direitos corresponde a um *plus* concedido ao safrista. Não há que se falar, portanto, em *bis in idem* ao empregador rural.

Referência normativa: art. 14 da Lei n. 5.889, de 8 de junho de 1973, e art. 13, inciso IX, da Instrução Normativa/SIT n. 25, de 20 de dezembro de 2001.

•• Precedente acrescentado pelo Ato Declaratório n. 9, de 25-5-2005.

Precedente Administrativo n. 66

Segurança no trabalho. Construção civil. Campo de aplicação da NR-18. Os comandos constantes da Norma Regulamentadora NR-18 não se dirigem exclusivamente aos empregadores cujo objeto social é a construção civil e que, portanto, enquadram-se nos Códigos de Atividade Específica constantes do Quadro I da Norma Regulamentadora – NR 4. As obrigações se estendem aos empregadores que realizem atividades ou serviços de demolição, reparo, pintura, limpeza e manutenção de edifícios em geral, de qualquer número de pavimentos ou tipo de construção, de urbanização e paisagismo, independentemente de seu objeto social.

Referência normativa: Item 18.1.2 da Norma Regulamentadora NR-18.

•• Precedente acrescentado pelo Ato Declaratório n. 9, de 25-5-2005.

• O item 18.1.2 da NR 18 dispõe: "Consideram-se atividades da Indústria da Construção as constantes do Quadro I, Código da Atividade Específica, da NR 4 – Serviços Especializados em Engenharia de Segurança e em Medicina do Trabalho e as atividades e serviços de demolição, reparo, pintura, limpeza e manutenção de edifícios em geral, de qualquer número de pavimentos ou tipo de construção, inclusive manutenção de obras de urbanização e paisagismo".

Precedente Administrativo n. 67

(Cancelado pelo Ato Declaratório n. 10, de 3-8-2009.)

Precedente Administrativo n. 68

Empregado sem registro. Adolescente menor de 16 anos. Autuação.

I – Improcede autuação por falta de registro de adolescente menor de 16 anos, uma vez que não se pode impor sanção ao empregador por descumprir formalidade de contratação de pessoa que, de acordo com disposição constitucional, não pode ser contratado como empregado.

II – A infração, portanto, não ocorreu ao dispositivo que determina o registro de empregado, mas ao dispositivo que proíbe o trabalho de menores de 16 anos, salvo na condição de aprendiz e a partir dos 14 anos.

Referência normativa: art. 7.°, XXXIII, da Constituição Federal, arts. 41 e 403 da CLT.

•• Precedente acrescentado pelo Ato Declaratório n. 9, de 25-5-2005.

Precedente Administrativo n. 69

Empregado sem registro. Parentesco com o proprietário da empresa.

Parentesco entre empregador e empregado não é fato impeditivo da caracterização da relação laboral, cuja configuração se dá pela presença dos elementos contidos na lei.

Referência normativa: art. 3.° da CLT.

•• Precedente acrescentado pelo Ato Declaratório n. 9, de 25-5-2005.

Precedente Administrativo n. 70

Segurança e saúde no Trabalho. Dimensionamento dos Serviços Especializados em Engenharia de Segurança e em Medicina do Trabalho – SESMT. Enquadramento no Cadastro Nacional de Atividades Econômicas – CNAE. O dimensionamento do SESMT deve estar de acordo com o grau de risco da atividade efetivamente realizada no estabelecimento, que pode ser constatada em inspeção do trabalho. Irregular o dimensionamento que considerou o grau de risco correspondente ao CNAE declarado pelo empregador mas se mostrou inadequado ao risco constatado no local de trabalho. Autuação procedente.

Referência normativa: Item 4.2 da Norma Regulamentadora NR-4.

•• Precedente acrescentado pelo Ato Declaratório n. 9, de 25-5-2005.

• O item 4.2 da NR 4 dispõe: "O dimensionamento dos Serviços Especializados em Engenharia de Segurança e em Medicina do Trabalho vincula-se à gradação do risco da atividade principal e ao número total de empregados do estabelecimento, constantes dos Quadros I e II, anexos, observadas as exceções previstas nesta NR".

Precedente Administrativo n. 71

Inspeção do trabalho. Notificação para apresentar documentos. Critério para contagem dos prazos concedidos. Renotificação após lavratura do auto de infração.

I – Quando aplicável concessão de prazo para exibição de documentos, não inferior a dois dias, sua contagem deve se dar com a exclusão do dia do início e inclusão do dia do término, sendo irrelevante o horário em que se procedeu à notificação.

II – Uma vez lavrado o auto de infração por não apresentação de documentos, eventuais autos posteriores pelo mesmo motivo deverão ser precedidos de novas notificações que concedam o prazo mínimo de dois dias.

Referência normativa: art. 3.° da Portaria 3.626/91 e art. 3.° da Portaria 41/2007.

•• Precedente administrativo com redação determinada pelo Ato Declaratório n. 18, de 5-12-2018.

Precedente Administrativo n. 72

Processo administrativo. FGTS e contribuição social. Comprovação de pagamento anterior à notificação de débito. Revisão dos Precedentes Administrativos n. 20 e 72.

I – A constatação da existência de recolhimentos anteriores à data de emissão ou de apuração da Notificação de Débito, nela não considerados, torna obrigatório seu abatimento para convalidação do ato administrativo na forma prevista na instrução normativa vigente.

II – Se o saneamento do débito é demandado após o encerramento do contencioso administrativo pela CAIXA apenas e estritamente para fins da dedução de que trata o item I, deverá ser proposto o termo de retificação necessário para ajuste de liquidez da decisão definitiva, o qual, após acolhido pela autoridade competente, ensejará remessa dos autos para continuidade da inscrição ou cobrança.

Referência normativa: art. 39, 61 e 65 da Instrução Normativa n. 99/2012; art. 28, 55 da Lei n. 9.784/1999; art. 8.º, CLT; art. 14, Lei 13.105, de 16-03-2015 (CPC).

•• Precedente administrativo com redação determinada pelo Ato Declaratório n. 15, de 20-9-2017.

•• A Instrução Normativa n. 99, de 23-8-2012, foi revogada pela Instrução Normativa n. 144, de 18-5-2018, que passou a dispor sobre a matéria.

Precedente Administrativo n. 73

Jornada. Telefonista. Telemarketing. Revisão do Precedente Administrativo n. 26.

Estende-se ao operador de telemarketing a proteção prevista no art. 227 da CLT. O tempo de efetivo labor em teleatendimento deve ser de, no máximo, 6 horas diárias. Essa exigência não prejudica a existência de jornadas de duração superior, nos termos da legislação, desde que o restante da jornada seja ocupado com outras tarefas e que se respeitem as pausas obrigatórias diárias previstas no Anexo II da NR-17 e o limite semanal de 36 horas de teleatendimento/telemarketing.

Referência normativa: art. 227 da CLT e itens 5.3 e 5.3.1 do Anexo II da NR-17 da Portaria n. 9, de 30-3-2007.

•• Precedente acrescentado pelo Ato Declaratório n. 10, de 3-8-2009.

Precedente Administrativo n. 74

Processual. Auto de infração e notificação de débito de FGTS. Requisitos de admissibilidade. Caráter material de recurso.

I – O recurso administrativo interposto em processo iniciado por auto de infração não deve ter seu mérito analisado quando careça de quaisquer requisitos de admissibilidade. O mesmo se aplica à defesa.

II – Aplica-se o disposto no item I ao processo iniciado por notificação de débito, exceto se houver recolhimentos de FGTS ou Contribuição Social anteriores à data de emissão ou apuração do débito, e que não tenham sido considerados, dada a necessidade de haver certeza e liquidez quanto ao débito apurado. A exceção alcança também as hipóteses em que se comprova parcelamento anterior, desde que assim previsto nas instruções normativas vigentes ao tempo da emissão da notificação, conforme Precedente Administrativo n. 01.

III – Não será recebida como recurso a manifestação do interessado que seja desprovida de argumentos que materialmente possam ser caracterizados como recursais. Assim, caso a peça recursal não apresente razões legais ou de mérito demonstrando precisamente os fundamentos de inconformismo do recorrente em relação à decisão recorrida, não terá seu mérito analisado.

IV – O juízo de admissibilidade formal e material dos recursos interpostos em instância administrativa é feito pela autoridade regional. Caso seja negado seguimento ao recurso pela autoridade regional pela ocorrência das hipóteses acima, ao processo devem ser dados os encaminhamentos de praxe da regional, sendo desnecessária a remessa à instância superior.

V – É desnecessário o recurso de ofício quando o arquivamento do processo decorra de quitação da multa, ou de decisão judicial transitada em julgado, ou de prescrição da ação executiva ocorrida nos órgãos de cobrança e declarada por eles.

Referência normativa: arts. 629, § 3.º, e 636 da CLT, arts. 56 e 60 da Lei 9.784/1999, arts. 14, 24, 33 da Portaria 148/1996 e art. 9.º do Anexo VI da Portaria 483/2004.

•• Precedente administrativo com redação determinada pelo Ato Declaratório n. 15, de 20-9-2017.

Precedente Administrativo n. 75

Inspeção do Trabalho. Autuação por não apresentação de documentos. Improcedência. Revisão do Precedente Administrativo n. 60.

O auto de infração lavrado por falta de apresentação de documentos será improcedente quando: I – for lavrado por descumprimento da obrigação específica; II – o próprio autuante demonstrar, no corpo do auto de infração, o não cumprimento da referida obrigação; ou III – por outro dado constante do processo, inclusive alegações da defesa, fique demonstrado que o fato gerador é o descumprimento da obrigação e não a ausência do documento relativo àquela obrigação.

Referência normativa: art. 630, §§ 3.º e 4.º, da CLT.

•• Precedente acrescentado pelo Ato Declaratório n. 10, de 3-8-2009.

Precedente Administrativo n. 76

Adicional de Insalubridade. Reflexo sobre Horas Extras. Revisão de Precedente Administrativo n. 67.

A remuneração do trabalho extraordinário realizado em condições insalubres deve ter como base de cálculo o salário normal acrescido do adicional de insalubridade.

Referência normativa: art. 59, § 1.º, e art. 192 da CLT.

•• Precedente acrescentado pelo Ato Declaratório n. 10, de 3-8-2009.

Precedente Administrativo n. 77

Prescrição. Processo Administrativo Paralisado em Virtude do Desaparecimento dos Autos.

O afastamento da prescrição administrativa de que trata a Lei n. 9.873/99 somente pode ocorrer nos casos expressamente previstos na legislação. Dessa forma, incide a prescrição prevista no art. 1.º, § 1.º, desta norma no processo administrativo paralisado em virtude do desaparecimento dos autos, tendo em vista que tal fato não se enquadra dentre as hipóteses de interrupção ou suspensão da prescrição previstas nessa lei.

Referência normativa: arts. 2.º e 3.º da Lei n. 9.873/99.

•• Precedente acrescentado pelo Ato Declaratório n. 10, de 3-8-2009.

• A Lei n. 9.873, de 23-11-1999, estabelece prazo de prescrição para o exercício de ação punitiva pela Administração Pública Federal, direta e indireta.

Precedente Administrativo n. 78

Registros de ponto. Marcação incorreta. Defeito em relógio. Falha de sistema.

O controle de registro de jornada é responsabilidade do empregador. Assim sendo, se houve marcação incorreta ou falta de anotação do ponto, responde o empregador pela infração cometida, vez que é dotado legalmente de poder diretivo e disciplinar para cumprir e fazer cumprir as disposições previstas na CLT.

Referência normativa: art. 74, § 2.°, da CLT.

•• Precedente administrativo com redação determinada pelo Ato Declaratório n. 18, de 5-12-2018.

Precedente Administrativo n. 79

Intervalos Intra e Interjornadas e Descanso Semanal. Descumprimento. Necessidade Imperiosa. Inaplicabilidade do art. 61 da CLT.

A ocorrência de necessidade imperiosa não autoriza o descumprimento do intervalo mínimo de onze horas consecutivas para descanso entre duas jornadas de trabalho, tampouco a não concessão do descanso semanal de vinte e quatro horas consecutivas, ou ainda a não concessão do intervalo mínimo intrajornada.

Referência normativa: arts. 66 e 67, *caput*, e 71, *caput*, da CLT.

•• Precedente acrescentado pelo Ato Declaratório n. 10, de 3-8-2009.

Precedente Administrativo n. 80

Vale-Transporte. Não Concessão para Deslocamento do Empregado no Período do Intervalo Intrajornada. Infração Inexistente.

Não se depreende da Lei n. 7.418/85, alterada pela Lei n. 7.619/87, que o empregador esteja obrigado ao fornecimento do vale-transporte para a ida e retorno do empregado à sua residência para refeição.

Referência normativa: art. 4.° da Lei n. 7.418/85.

•• Precedente acrescentado pelo Ato Declaratório n. 10, de 3-8-2009.

Precedente Administrativo n. 81

Regime de Compensação. Jornada de Trabalho 12 x 36 Horas. Admissibilidade.

Não obstante a limitação do art. 59, *caput*, da CLT, admite-se o regime de compensação 12 x 36, quando previsto em convenção coletiva e praticado em atividade que não exige esforço constante e intenso, devido às vantagens que proporciona ao trabalhador: descanso de 36 horas entre as jornadas, menor número de deslocamentos residência – trabalho – residência, duração do trabalho semanal inferior a 44 horas.

Referência normativa: art. 7.°, XIII, da Constituição Federal.

•• Precedente acrescentado pelo Ato Declaratório n. 10, de 3-8-2009.

Precedente Administrativo n. 82

Jornada. Intervalo para Repouso e Alimentação. Não Cumulatividade.

Os intervalos para repouso e alimentação previstos no art. 71, *caput* e § 1.°, não são cumulativos, inexistindo obrigação legal de concessão de dois intervalos. A expressão "trabalho contínuo" deve ser entendida como jornada diária e não como períodos individuais que antecedem ou sucedem o horário de repouso. Ainda que o segundo período da jornada diária do empregado, após o intervalo concedido, seja superior a seis horas, o empregador não está obrigado a conceder-lhe novo intervalo.

Referência normativa: art. 71, *caput* e § 1.°, da CLT.

•• Precedente acrescentado pelo Ato Declaratório n. 10, de 3-8-2009.

Precedente Administrativo n. 83

(*Cancelado pelo Ato Declaratório n. 16, de 18-7-2018.*)

Precedente Administrativo n. 84

Jornada. Intervalo Interjornada de 11 Horas e Descanso Semanal de 24 Horas.

O intervalo interjornada corresponde ao lapso temporal de 11 horas consecutivas que deve separar uma jornada e outra de trabalho. Tal intervalo não se confunde ou se compensa com o descanso semanal remunerado, de 24 horas consecutivas. Entre módulos semanais somam-se os dois intervalos: 11 horas (entre dias) e 24 horas (entre semanas), totalizando, pois, 35 horas.

Referência normativa: art. 66 e art. 67 da CLT.

•• Precedente acrescentado pelo Ato Declaratório n. 10, de 3-8-2009.

Precedente Administrativo n. 85

Parentesco. Relação de Emprego. Possibilidade.

A caracterização da relação de emprego pode ser estabelecida entre familiares, não sendo o parentesco fator impeditivo da configuração do vínculo empregatício.

Referência normativa: art. 3.° da CLT.

•• Precedente acrescentado pelo Ato Declaratório n. 10, de 3-8-2009.

Precedente Administrativo n. 86

Salário. Pagamento por Depósito Bancário.

Se o salário é depositado em conta bancária, o comprovante de depósito substitui o recibo de pagamento. A empresa fica obrigada, apenas, a entregar ao trabalhador um contracheque ou demonstrativo de pagamento, em que se discriminem as parcelas salariais.

Referência normativa: art. 464, parágrafo único, da CLT.

•• Precedente acrescentado pelo Ato Declaratório n. 10, de 3-8-2009.

Precedente Administrativo n. 87

Rescisão. Multas pelo Atraso.

Duas consequências decorrem da inobservância ao § 6.° do art. 477 da CLT, quais sejam, uma multa a título de penalidade pela irregularidade e outra multa em favor do empregado lesado, equivalente ao seu salário. Estatuindo a própria lei duas consequências pecuniárias, absolutamente distintas em termos de natureza jurídica, finalidade e destinatário, completamente descabida é a tese de improcedência do auto de infração por já ter sido recolhida a multa de um salário em favor do empregado.

Referência normativa: art. 477, § 6.°, da CLT.

•• Precedente acrescentado pelo Ato Declaratório n. 10, de 3-8-2009.

Precedente Administrativo n. 88

Infração Trabalhista. Regularização após a Autuação.

A regularização, após a autuação, de situação irregular constatada durante fiscalização não descaracteriza a infração, tampouco acarreta a improcedência do auto.

•• Precedente acrescentado pelo Ato Declaratório n. 10, de 3-8-2009.

Precedente Administrativo n. 89

FGTS. Assistência Médica. Não Incidência.

Não incide FGTS sobre parcela relativa a "assistência médica".

Referência normativa: art. 458 da CLT.

•• Precedente acrescentado pelo Ato Declaratório n. 10, de 3-8-2009.

Precedente Administrativo n. 90

Jornada. Gerentes e Ocupantes de Cargos de Confiança em Bancos. Controle.

Os gerentes ou ocupantes de cargos de confiança não estão dispensados do ponto, apesar de não terem direito à jornada de seis horas. Somente o gerente bancário com amplos poderes de mando e gestão – o gerente-geral – a quem todos os outros gerentes, direta ou indiretamente, estão subordinados, é que está dispensado do ponto, por força do art. 62, II, da CLT.

Referência normativa: arts. 224 e 62, II, da CLT.

•• Precedente acrescentado pelo Ato Declaratório n. 10, de 3-8-2009.

Precedente Administrativo n. 91

(Cancelado pelo Ato Declaratório n. 17, de 15-8-2018.)

Precedente Administrativo n. 92

Autuação. Citação de pelo Menos um Empregado. Desnecessidade. Infração à Coletividade dos Trabalhadores.

Não é necessária citação de pelo menos um empregado em situação irregular na caracterização de infração que atinge a coletividade dos trabalhadores, pois todos aqueles que laboram no local de trabalho estão em situação irregular.

•• Precedente acrescentado pelo Ato Declaratório n. 10, de 3-8-2009.

Precedente Administrativo n. 93

Programa de Controle Médico de Saúde Ocupacional – PCMSO. Ações de Saúde. Autuação. Necessidade de Notificação Prévia.

A autuação por ausência de ações de saúde no planejamento do PCMSO não previstas em Norma Regulamentadora, depende de notificação prévia que especifique as ações de saúde adequadas ao trabalho desenvolvido e ao ambiente laboral, tendo em vista a generalidade do dispositivo normativo.

Referência normativa: subitem 7.4.6 da NR n. 7.

•• Precedente acrescentado pelo Ato Declaratório n. 10, de 3-8-2009.

Precedente Administrativo n. 94

Programa de Controle Médico de Saúde Ocupacional – PCMSO. Elaboração. Médico do Trabalho não Integrante do Serviço Especializado em Engenharia de Segurança e em Medicina do Trabalho.

O PCMSO, desde que atendidos os requisitos normativos, pode ser elaborado por qualquer médico do trabalho, não havendo obrigatoriedade de ser integrante do SESMT, nem mesmo de ser empregado. Quando houver SESMT com médico, ele é quem deve coordenar e executar o PCMSO.

•• Precedente acrescentado pelo Ato Declaratório n. 10, de 3-8-2009.

Precedente Administrativo n. 95

Programa de Prevenção de Riscos Ambientais – PPRA. Riscos Mecânicos e Ergonômicos.

Os riscos mecânicos e ergonômicos não são de previsão obrigatória no PPRA.

Referência normativa: subitem 9.1.5 da NR n. 9.

•• Precedente acrescentado pelo Ato Declaratório n. 10, de 3-8-2009.

Precedente Administrativo n. 96

(Cancelado pelo Ato Declaratório n. 11, de 25-11-2009.)

Precedente Administrativo n. 97

Comissão Interna de Prevenção de Acidentes – CIPA. Dimensionamento. Atividade Considerada para Determinação do Grupo.

Para fins de dimensionamento de CIPA, a atividade considerada na determinação do grupo deve ser aquela efetivamente desenvolvida no estabelecimento, ainda que outro código de Classificação Nacional de Atividade Econômica conste do Cadastro Nacional de Pessoa Jurídica, mesmo que resulte no aumento ou redução do dimensionamento ou desobrigação de constituição da Comissão.

Referência normativa: item 5.6 da NR n. 5.

•• Precedente acrescentado pelo Ato Declaratório n. 10, de 3-8-2009.

Precedente Administrativo n. 98

Comissão Interna de Prevenção de Acidentes – CIPA. Não Adoção das Recomendações da CIPA. Regular Funcionamento.

A não adoção pelo empregador das recomendações da CIPA não significa infração ao dever de mantê-la em regular funcionamento.

•• Precedente acrescentado pelo Ato Declaratório n. 10, de 3-8-2009.

Precedente Administrativo n. 99

Equipamento de Proteção Individual – EPI. Uniforme.

O uniforme simples não é considerado EPI, pois sua finalidade é servir de vestimenta para o trabalho e não proteger o trabalhador de acidentes ou exposição a agentes nocivos. O não fornecimento de uniforme pode configurar transferência indevida do custo da atividade econômica ao empregado e não infração à Norma Regulamentadora n. 6.

•• Precedente acrescentado pelo Ato Declaratório n. 10, de 3-8-2009.

Precedente Administrativo n. 100

Serviço Especializado em Engenharia de Segurança e em Medicina do Trabalho. Registro. Atualização.

Tendo em vista que o SESMT é constituído de pessoas, a substituição de profissionais não significa mera atualização, mas constituição de novo SESMT, principalmente quando há redimensionamento do Serviço, que deve ser comunicado de imediato ao MTE como se de novo registro se tratasse. Interpretação do item 4.17 da NR n. 4.

•• Precedente acrescentado pelo Ato Declaratório n. 10, de 3-8-2009.

Precedente Administrativo n. 101

FGTS. Levantamento de débito. Acordos judiciais. Não exclusão do débito. Aplicação a partir da IN 84/2010. Notificações de débito lavradas na vigência da IN 25/2001.

I – Os valores de FGTS, pagos diretamente ao trabalhador em decorrência de acordo ou decisão judicial, em ação na qual a União e a CAIXA não foram chamadas para se manifestar, não devem ser excluídos das Notificações de Débito emitidas pelos Auditores-Fiscais do Trabalho a partir da Instrução Normativa n. 84/2010, pois seus atos não são alcançados pelos limites da coisa julgada feita pela sentença que homologou o acordo.

II – Os valores de FGTS depositados na conta vinculada do trabalhador em decorrência de acordo ou decisão judicial devem ser considerados no levantamento de débito, quando anteriores à data de apuração do valor devido.

III – As notificações de débito de FGTS emitidas na vigência da IN n. 25/2001, em que foram excluídos valores acordados judicialmente, devem ser analisadas conforme os procedimentos nela previstos, pois constituem atos administrativos praticados consoantes interpretação e normatização sobre o tema à época de sua emissão.

Referência normativa: art. 506 do CPC, Lei 13.105/2015; art. 15, 25 e 26 da Lei n. 8.036, de maio de 1990. Art. 2.°, parágrafo único, XIII, da Lei n. 9.784, de janeiro de 1.999, art. 34 da IN n. 25, de dezembro de 2001; arts. 32 e 39, §§ 4.° a 7.°, da Instrução Normativa n. 99/2012, com redação dada pela Instrução Normativa 115/2014.

•• Precedente administrativo com redação determinada pelo Ato Declaratório n. 15, de 20-9-2017.

Precedente Administrativo n. 102

Auto de infração. Local de lavratura.

O conceito de local de inspeção abrange aquele onde os Auditores Fiscais do Trabalho executam atos de inspeção e verificam os atributos trabalhistas por meio de análise de documentos ou sistemas informatizados, conforme procedimento de fiscalização previsto em normas expedidas pela autoridade nacional competente em matéria de inspeção do trabalho.

Referência normativa: art. 629, § 1.°, da CLT. Arts. 20, 24, 25 e 30 do Decreto n. 4.552, de 27 de dezembro de 2002. Art. 7.° da Portaria n. 148, de 25 de janeiro de 1996. Art. 43 da Instrução Normativa n. 99, de 23 de agosto de 2012.

•• Precedente acrescentado pelo Ato Declaratório n. 13, de 13-7-2013.

• *Vide* Portaria n. 854, de 25-6-2015, que revogou a Portaria n. 148, de 25-1-1996, e aprovou normas para a organização e tramitação dos processos de multas administrativas e de notificação de débito de FGTS e/ou contribuição social.

• A Instrução Normativa n. 99, de 23-8-2012, foi revogada pela Instrução Normativa n. 144, de 18-5-2018, que passou a dispor sobre a matéria.

Precedente Administrativo n. 103

Interposição de embargos de declaração e outros recursos sem previsão expressa no Título VII da CLT. Inadmissibilidade. Os processos administrativos de autos de infrações e de notificações de débito de FGTS e CS estão sujeitos a duas instâncias administrativas: defesa e recurso. Após o encerramento do contencioso administrativo, não deverão ser conhecidos embargos de declaração ou outros recursos sem previsão expressa na legislação específica.

Referência normativa: Título VII da Consolidação das Leis do Trabalho e Portaria n. 148, de 25 de janeiro de 1996.

•• Precedente acrescentado pelo Ato Declaratório n. 14, de 21-1-2014.

• *Vide* Portaria n. 854, de 25-6-2015, que revogou a Portaria n. 148, de 25-1-1996, e aprovou normas para a organização e tramitação dos processos de multas administrativas e de notificação de débito de FGTS e/ou contribuição social.

Precedente Administrativo n. 104

Serviços notariais e de registros públicos. Vínculo empregatício.

Nos Serviços Notariais e de Registro, regulamentados pela Lei n. 8.935, de 18 de novembro de 1994, considera-se empregador, para todos os efeitos, a pessoa física do seu respectivo Titular.

Referência normativa: art. 236 da Constituição Federal de 1988, art. 32 do Ato das Disposições Constitucionais Transitórias, Lei n. 8.935, de 18 de novembro de 1994, Lei n. 9.534, de 10 de dezembro de 1997, Lei n. 9.812, de 10 de agosto de 1999.

•• Precedente administrativo acrescentado pelo Ato Declaratório n. 15, de 20-9-2017.

Precedente Administrativo n. 105

Períodos de descanso. Supressão ou redução indevida. Efeitos do pagamento.

O pagamento não elide a infração pela supressão ou pela redução indevida dos períodos de descanso, pois estes objetivam resguardar a saúde e o bem-estar do trabalhador, bens jurídicos que não se substituem pela mera retribuição pecuniária.

Referência normativa: art. 66 e 67, *caput*, e 71, *caput*, da CLT. Súmula 437, II, do TST.

•• Precedente administrativo com redação determinada pelo Ato Declaratório n. 18, de 5-12-2018.

Precedente Administrativo n. 106

Prazos processuais. Contagem.

Os prazos são contínuos e se contam com a exclusão do dia da notificação ou ciência e inclusão do dia do vencimento. Os prazos só se iniciam ou vencem no dia de expediente normal da Unidade onde tramitar o processo.

Referência normativa: art. 224 da Lei n. 13.105, de 16 de março de 2015 (Código de Processo Civil).

•• Precedente administrativo acrescentado pelo Ato Declaratório n. 15, de 20-9-2017.

Precedente Administrativo n. 107

Recurso. Efeito devolutivo.

O recurso devolverá à instância administrativa superior todas as questões suscitadas e discutidas no processo, inclusive seu conhecimento, ainda que não tenham sido solucionadas ou conhecidas de forma equivocada, desde que pertinentes à matéria impugnada.

Referência normativa: art. 1.013, § 1.°, do Código de Processo Civil.

•• Precedente administrativo acrescentado pelo Ato Declaratório n. 15, de 20-9-2017.

Precedente Administrativo n. 108

Ocorrência de circunstância agravante.

I – A lavratura de auto de infração que caracteriza embaraço à ação fiscal, nas situações previstas no art. 630, § 6.°, da CLT, agrava a sanção das demais infrações ocorridas na mesma ação fiscal, quando expressamente previsto na base legal específica, exceto quanto aos autos lavrados em data anterior à ocorrência do embaraço, ainda que na mesma ação fiscal;

II – Na situação prevista no item anterior, o agravamento da sanção específica fica condicionado à procedência do auto de embaraço;

III – A eventual ocorrência de fraude, simulação, artifício, ardil, desacato e oposição, deverá ser informada de modo detalhado no histórico do auto de infração, quando estejam previstas como agravantes nas bases legais específicas.

Referência normativa: art. 630, § 6.°, da CLT e art. 14, IV, da Portaria MTE n. 854/2015.

•• Precedente administrativo acrescentado pelo Ato Declaratório n. 15, de 20-9-2017.

Precedente Administrativo n. 109

Acréscimo de fatos ao auto de infração, após a lavratura. Vedação.

I – A motivação do auto de infração deve ser mantida após a sua lavratura, sob pena de anulação em caso de alteração;

II – É permitido o saneamento de elementos considerados não essenciais, assim entendidos aqueles que não alterem os fatos originalmente narrados pela autoridade fiscal, tal como ocorre no caso de correção da capitulação legal.

Referência normativa: art. 14, art. 15, § 1.° e art. 26, *caput*, da Portaria MTE n. 854/2015; art. 53 da Lei n. 9784/1999.

•• Precedente administrativo acrescentado pelo Ato Declaratório n. 15, de 20-9-2017.

Precedente Administrativo n. 110

Multa prevista na Lei Complementar n. 110/2001. Natureza jurídica. Prescrição.

I – Tem natureza sancionatória e não tributária nem moratória a multa prevista no art. 3.° da Lei Complementar n. 110/2001.

II – Em razão do teor do item I, aplicam-se, ao processo administrativo de auto lavrado por infração à LC n. 110/2001, os prazos prescricionais previstos nos arts. 1.° e 1.°-A da Lei n. 9.873/1999.

Referência normativa: art. 3.°, § 2.° LC 110/2001; arts. 3.° e 5.°, Código Tributário Nacional; arts. 1.°, 1.°-A e 5.°, Lei n. 9.873/1999.

•• Precedente administrativo acrescentado pelo Ato Declaratório n. 15, de 20-9-2017.

Precedente Administrativo n. 111

Fraude ao seguro-desemprego. Não caracterização.

Não caracteriza fraude ao seguro-desemprego o recebimento de parcela sobre a qual o trabalhador já tinha adquirido o direito antes de obter o novo emprego.

Referência normativa: art. 4.°, da Lei n. 7.998/1990, com redação dada pela Lei n. 13.134/2015; art. 17 da Resolução CODEFAT n. 467/2005.

•• Precedente administrativo acrescentado pelo Ato Declaratório n. 15, de 20-9-2017.

Precedente Administrativo n. 112

FGTS. Inadimplência de recolhimento fundiário e sonegação de parcela que deve integrar a base de cálculo do FGTS. Dupla infração.

Por caracterizarem infrações distintas, não constituem *bis in idem* as autuações concomitantes pelo descumprimento dos incisos I e IV do art. 23, § 1.°, da Lei n. 8.036/1990, quando o empregador deixar de declarar na folha de pagamento a parcela paga ou devida e também deixar de recolher o percentual do FGTS sobre ela incidente.

Referência normativa: art. 23, § 1.°, incisos I e IV da Lei n. 8.036/1990.

•• Precedente administrativo acrescentado pelo Ato Declaratório n. 15, de 20-9-2017.

Precedente Administrativo n. 113

Notificação de débito. Emissão de Termo de Retificação (TRET). Efeitos do julgamento.

I – Terá decisão de procedência total a Notificação de Débito do FGTS/CS cujo valor tenha sido reduzido em decorrência de lavratura de Termo de Retificação (TRET), sem necessidade de recurso de ofício à Coordenação-Geral de Recursos.

II – Nos casos em que a inclusão ou alteração de dados implique em reabertura de prazo para o exercício de defesa pelo notificado, o julgamento versará sobre o próprio TRET, vez que o ajuste, em tais circunstâncias, representa um documento substitutivo da Notificação original.

Referência normativa: art. 45, §§ 1.° a 5.°, Instrução Normativa n. 99/2012.

•• Precedente administrativo acrescentado pelo Ato Declaratório n. 15, de 20-9-2017.

• A Instrução Normativa n. 99, de 23-8-2012, foi revogada pela Instrução Normativa n. 144, de 18-5-2018, que passou a dispor sobre a matéria.

Precedente Administrativo n. 114

FGTS. Auto de Infração (AI) lavrado por deixar de recolher FGTS após notificado pela fiscalização.

I – Caracteriza-se a infração prevista no art. 23, § 1.°, inciso V, da Lei n. 8.036, de 11 de maio de 1990, quando o administrado não quita nem formaliza o parcelamento do valor devido, dentro do prazo de dez dias após a ciência da decisão definitiva do processo de Notificação de débito que lhe deu origem.

II – A discussão acerca do mérito sobre a existência ou acerto do débito apurado encerra-se com o processo de Notificação para Depósito do FGTS que lhe deu origem.

Referência normativa: art. 23, § 1.°, inciso V da Lei n. 8.036, de 11 de maio de 1990.

•• Precedente administrativo acrescentado pelo Ato Declaratório n. 15, de 20-9-2017.

Precedente Administrativo n. 115

Seguro-desemprego. Descumprimento de instruções expedidas pelo Ministério do Trabalho. Notificação para comprovação do registro do empregado.

I – A não prestação de informações necessárias ao sistema do seguro-desemprego nos termos e prazos fixados pelo Ministério do Trabalho caracteriza a infração.

II – A não comunicação da admissão de empregado no prazo estipulado em notificação para comprovação do registro do empregado, lavrada em ação fiscal conduzida por um auditor fiscal do trabalho, descumpre instruções expedidas pelo Ministério do Trabalho, para fins de combate à fraude ao seguro-desemprego, ensejando infração ao disposto no art. 24 da Lei 7.998/90.

Referência normativa: art. 24 e 25 da Lei n. 7.998, de 11-01-1990. Art. 1.°, inciso II, e Art. 6.°, inciso II, da Portaria n. 1.129, de 23-07-2014, do Ministro do Trabalho e Emprego.

•• Precedente administrativo acrescentado pelo Ato Declaratório n. 15, de 20-9-2017.

Precedente Administrativo n. 116

Autos de infração e notificação de débito. Sujeito passivo ente público. Cientificação por meio de via postal. Admissibilidade.

A entrega de autos de infração e notificações de débito de FGTS e Contribuição Social deve ser preferivelmente efetuada, pessoalmente, ao representante do ente público intimado. Entretanto, é plenamente cabível no ordenamento jurídico brasileiro que a ciência da lavratura de autos de infração e notificações de débito seja realizada através de via postal realizada no endereço da pessoa jurídica de direito público.

Referência normativa: Portaria 854/2015 arts. 18 § 3.°, 22, II. Lei 9.784/1999, arts. 2.°, IX, 22, *caput*, 26 § 3.°.

•• Precedente administrativo acrescentado pelo Ato Declaratório n. 15, de 20-9-2017.

Precedente Administrativo n. 117

Formalização de recibos trabalhistas. Data pré-assinalada.

A mera pré-assinalação da data não é elemento suficiente para caracterizar a infração por deixar de formalizar recibo que ateste o cumprimento de obrigação trabalhista.

Referência normativa: art. 320, *caput*, do CC c/c art. 8.°, § 1.° da CLT.

•• Precedente administrativo acrescentado pelo Ato Declaratório n. 18, de 5-12-2018.

Precedente Administrativo n. 118

Dupla visita. Matriz e filiais. Sucessão trabalhista. Grupo econômico.

I – Não se aplica o critério da dupla visita:

a) À matriz e às filiais, desde que qualquer uma delas tenha sido anteriormente fiscalizada;

b) À empresa sucessora, desde que a sucedida tenha sido anteriormente fiscalizada;

II – Não se considera empreendimento recém-inaugurado a filial ou sucessora cuja matriz ou sucedida estejam em funcionamento há mais de 90 (noventa) dias.

III – O critério da dupla visita será observado individualmente em relação a cada uma das empresas integrantes do grupo econômico.

Referência normativa: art. 23, inciso II, parágrafos 1.° e 2.°, do Decreto n. 4.552/02.

•• Precedente administrativo acrescentado pelo Ato Declaratório n. 18, de 5-12-2018.

Precedente Administrativo n. 119

Descumprimento de cláusulas de convenção ou acordo coletivo de trabalho. Autuações capituladas no art. 444 da CLT. Possibilidade.

Não constitui *bis in idem* a lavratura de autos de infração capitulados no art. 444 da CLT para cada uma das cláusulas de convenção ou acordo coletivo de trabalho violadas pelo empregador, uma vez que os fatos geradores das infrações são distintos entre si e oriundos de fonte autônoma do Direito.

Referência normativa: art. 444 da CLT.

•• Precedente administrativo acrescentado pelo Ato Declaratório n. 18, de 5-12-2018.

Precedente Administrativo n. 120

Auto de infração. Interrupção da continuidade infracional. Não ocorrência de *bis in idem*.

I – Quando a mesma infração for renovada ou reiterada no decurso do tempo, mas constatada em uma única verificação, deverá ser objeto de um único auto de infração, independentemente do número de vezes ou de competências em que o fato tenha ocorrido.

II – Em nova verificação, ainda que na mesma ação fiscal, é possível a lavratura de novo auto de infração em caso de reiteração da infração já autuada ou constatação de novas infrações ao mesmo preceito legal praticadas após a primeira verificação.

III – Considera-se verificação a prática de atos próprios de fiscalização, tais como a lavratura de auto de infração, de termo de embargo/interdição, de notificação para apresentar documentos e afins.

Referência normativa: art. 628 da CLT e arts. 18, X e XVIII, e 23 do Decreto n. 4.552/2002.

•• Precedente administrativo acrescentado pelo Ato Declaratório n. 18, de 5-12-2018.

Precedente Administrativo n. 121

Análise de processos. Autuação por não apresentação de documentos. Omissão de juntada de AR e NAD.

A falta de juntada do Aviso de Recebimento e da Notificação para Apresentação de Documentos ao auto de infração não constitui, por si só, motivo para sua nulidade, salvo disposição expressa em contrário, como no caso das fiscalizações indiretas.

Referência normativa: art. 630, § 4.°, da CLT, art. 14, § 1.°, da Portaria n. 854/2015, art. 5.° da Instrução Normativa SIT/MTb n. 105/2014.

•• Precedente administrativo acrescentado pelo Ato Declaratório n. 18, de 5-12-2018.

Precedente Administrativo n. 122

Análise de processos. Autuação baseada exclusivamente em entrevista de empregado.

A indicação de entrevista com empregados como único elemento de convicção do auto de infração não é, por si só, razão para a sua nulidade.

Referência normativa: art. 18, III, do Decreto n. 4.552/2002.

•• Precedente administrativo acrescentado pelo Ato Declaratório n. 18, de 5-12-2018.

Precedente Administrativo n. 123

Análise de processos. Não citação de empregado em situação irregular. Ausência de prejuízo ao contraditório e ampla defesa.

Cabe à autuada demonstrar eventual prejuízo ao contraditório e à ampla defesa decorrente da falta de indicação de empregado em situação irregular no auto de infração, de modo a justificar sua improcedência, salvo nos casos em que:

I – a penalidade é calculada com base no número de empregados prejudicados;

II – é indispensável para a subsunção do fato à norma.

•• Precedente administrativo acrescentado pelo Ato Declaratório n. 18, de 5-12-2018.

Precedente Administrativo n. 124

Análise de processos. Alegações relativas a outra infração autuada. Remissão à análise feita em processo correlato. Possibilidade.

Quando a defesa ou o recurso apresentar alegações relacionadas a outra infração autuada, o analista poderá fazer remissão à análise já elaborada naquele processo correlato, indicando o respectivo número e situação atualizada de seu trâmite, complementando com eventuais questões específicas relativas ao processo em análise.

•• Precedente administrativo acrescentado pelo Ato Declaratório n. 18, de 5-12-2018.

Precedente Administrativo n. 125

Análise de processos. Recurso. Saneamento do vício que levou ao não conhecimento da defesa. Análise dos argumentos em sede recursal.

Quando o recurso questionar o não conhecimento da defesa pela ausência de comprovação da legitimidade ou representação processual e sanear o vício existente, os argumentos da defesa deverão ser analisados em sede recursal, ainda que não tenham sido expressamente reiterados pelo recorrente.

Referência normativa: art. 5.°, LV, da Constituição Federal, art. 2.° da Lei n. 9.784/99.

•• Precedente administrativo acrescentado pelo Ato Declaratório n. 18, de 5-12-2018.

Precedente Administrativo n. 126

Autuação. Obrigação a critério da autoridade competente. Elementos para configuração.

Nos casos em que a Norma Regulamentadora estabelecer determinada obrigação a critério da autoridade competente, deverá o Auditor Fiscal do Trabalho demonstrar, no histórico do auto de infração, que promoveu a notificação do empregador, estabelecendo prazo e forma de cumprimento da obrigação, evidenciando os critérios adotados para defini-la.

Referência normativa: art. 14, IV, da Portaria n. 854/15; art. 18, I, IX, X, do Decreto n. 4.552/02.

•• Precedente administrativo acrescentado pelo Ato Declaratório n. 18, de 5-12-2018.

Precedente Administrativo n. 127

Autuação por infrações da mesma natureza em estabelecimentos distintos. *Bis in idem*. Não configuração.

A lavratura de autos de infração com base no mesmo preceito legal, mas referentes a estabelecimentos distintos, não configura *bis in idem*.

I – Considera-se estabelecimento cada uma das unidades da empresa funcionando em lugares diferentes, tais como: fábrica, refinaria, usina, escritório, loja, oficina, depósito, laboratório, salvo quando outro critério for adotado expressamente em norma específica.

II – Para fins de aplicação da NR-18, a menor unidade admitida como estabelecimento é o canteiro de obras ou a sede da equipe, no caso de frentes de trabalho itinerantes.

Referência normativa: item 1.6 da NR-01 e item 18.33.5 da NR-18.

•• Precedente administrativo acrescentado pelo Ato Declaratório n. 18, de 5-12-2018.

Precedente Administrativo n. 128

Análise de processos. Teoria da aparência. Conhecimento de defesa e recurso administrativo.

Dispensa-se a juntada de documentos que comprovem a legitimidade do signatário quando a pessoa que assinou a defesa ou o recurso administrativo for a mesma que assinou documento emitido no curso da ação fiscal e que conste dos autos do processo administrativo em análise, ou correlatos.

Referência normativa: art. 5.º, LV, da Constituição Federal, art. 2.º da Lei n. 9.784/99 e art. 29, § 6.º e § 7.º, da Portaria n. 854/2015 do MTb.

•• Precedente administrativo acrescentado pelo Ato Declaratório n. 18, de 5-12-2018.

PORTARIA N. 329, DE 14 DE AGOSTO DE 2002 (*)

Estabelece procedimentos para a instalação e o funcionamento das Comissões de Conciliação Prévia e Núcleos Intersindicais de Conciliação Trabalhista.

O Ministro de Estado do Trabalho e Emprego, no uso das atribuições que lhe conferem o art. 87, parágrafo único, II, da Constituição Federal, e o art. 913 da Consolidação das Leis do Trabalho – CLT, aprovada pelo Decreto-lei n. 5.452, de 1.º de maio de 1943; e

Considerando o disposto nos arts. 625-A a 625-H da CLT, com a redação dada pela Lei n. 9.958, de 12 de janeiro de 2000;

Considerando a relevante finalidade das Comissões de Conciliação Prévia, como fator de prevenção e solução extrajudicial de conflitos;

Considerando a necessidade de se traçarem instruções dirigidas às Comissões de Conciliação Prévia com vistas a garantir a legalidade, a efetividade e a transparência dos seus atos, bem como resguardar os direitos sociais e trabalhistas previstos na Constituição Federal, na CLT e legislação esparsa; e

Considerando as sugestões do Grupo de Trabalho, organizado em configuração tripartite, com a finalidade de promover ações conjuntas visando ao aprimoramento dos mecanismos de funcionamento, acompanhamento e avaliação das Comissões de Conciliação Prévia, resolve:

Art. 1.º A Comissão de Conciliação Prévia instituída no âmbito do sindicato terá sua constituição e funcionamento definidos em convenção ou acordo coletivo de trabalho.

Parágrafo único. A Comissão conciliará exclusivamente conflitos que envolvam trabalhadores pertencentes à categoria profissional e à base territorial das entidades sindicais que as tiverem instituído.

Art. 2.º A Comissão instituída no âmbito da empresa ou grupo de empresas destina-se a conciliar conflitos envolvendo os respectivos empregados e empregadores.

Parágrafo único. A escolha de representantes dos empregados da Comissão instituída no âmbito da empresa será por meio de eleição, fiscalizada pelo sindicato da categoria profissional.

Art. 3.º A instalação da sessão de conciliação pressupõe a existência de conflito trabalhista, não se admitindo a utilização da Comissão de Conciliação Prévia como órgão de assistência e homologação de rescisão contratual.

Parágrafo único. A competência para prestar assistência ao trabalhador na rescisão contratual é do sindicato da categoria e da autoridade do Ministério do Trabalho e Emprego, nos termos do art. 477 da CLT.

Art. 4.º A submissão de demanda de natureza trabalhista à Comissão de Conciliação Prévia é obrigatória quando houver Comissão instituída no âmbito da empresa ou do sindicato da categoria, na localidade da prestação de serviços do trabalhador.

Art. 5.º A Comissão deverá comunicar, à Seção ou ao Setor de Relações do Trabalho das Delegacias Regionais do Trabalho do Ministério do Trabalho e Emprego, a instituição, o local de funcionamento, a composição e o início das atividades.

Art. 6.º A Comissão de Conciliação Prévia deverá dispor sobre a produção e guarda dos documentos relativos aos procedimentos de tentativa e de conciliação prévia trabalhista.

Parágrafo único. Todos os documentos produzidos no processo de conciliação, desde a formulação da demanda até seu resultado final, frustrado ou não, deverão ser arquivados pela Comissão, pelo período de 5 (cinco) anos.

Art. 7.º A Comissão deve se abster de utilizar, nos seus documentos, símbolos oficiais, como o Selo e as Armas da República, que são de uso exclusivo da Administração Pública Federal, nos termos da Lei n. 5.700, de 1.º de setembro de 1971.

• A Lei n. 5.700, de 1.º-9-1971, dispõe sobre a forma e a apresentação dos símbolos nacionais, e dá outras providências.

Art. 8.º O local e o horário de funcionamento da Comissão devem ser amplamente divulgados para conhecimento público.

Art. 9.º A paridade de representação na Comissão de Conciliação Prévia será mantida no funcionamento da sessão de conciliação.

Art. 10. A forma de custeio da Comissão será regulada no ato de sua instituição, em função da previsão de custos, observados os princípios da razoabilidade e da gratuidade ao trabalhador.

§ 1.º A Comissão não pode constituir fonte de renda para as entidades sindicais.

(*) Publicada no *DOU*, de 15-8-2002, e republicada em 20-8-2002.

§ 2.º Não serão adotados, para o custeio das Comissões, os seguintes critérios:

I – cobrança do trabalhador de qualquer pagamento pelo serviço prestado;

II – cobrança de remuneração vinculada ao resultado positivo da conciliação;

III – cobrança de remuneração em percentual do valor pleiteado ou do valor conciliado;

V – cobrança de remuneração vinculada ao número de demandas propostas.

•• Inciso V acrescentado pela Portaria n. 230, de 21-5-2004. Entendemos que o correto seria inciso IV, porém mantivemos a redação oficial.

§ 3.º Os membros da comissão não podem perceber qualquer remuneração ou gratificação com base nos acordos firmados, no número de demandas propostas perante a comissão, no valor do pedido ou do acordo e no resultado da demanda.

•• § 3.º com redação determinada pela Portaria n. 230, de 21-5-2004.

§ 4.º O custeio da Comissão de empresa ou empresas é de exclusiva responsabilidade dessas.

Art. 11. A conciliação deverá cingir-se a conciliar direitos ou parcelas controversas.

Parágrafo único. Não pode ser objeto de transação o percentual devido a título de FGTS, inclusive a multa de 40% (quarenta por cento) sobre todos os depósitos devidos durante a vigência do contrato de trabalho, nos termos da Lei n. 8.036, de 11 de maio de 1990.

• Citada Lei consta deste volume.

Art. 12. O convite de comparecimento à sessão de conciliação deve ser acompanhado de cópia da demanda.

Art. 13. As partes devem ser informadas, no convite e ao início da sessão de conciliação, de que:

I – a Comissão tem natureza privada e não integra o Poder Judiciário;

II – o serviço é gratuito para o trabalhador;

III – a tentativa de conciliação é obrigatória, mas o acordo é facultativo;

IV – o não comparecimento do representante da empresa ou a falta de acordo implica tão somente a frustração da tentativa de conciliação e viabiliza o acesso à Justiça do Trabalho;

V – as partes podem ser acompanhadas de pessoa de sua confiança;

VI – a quitação passada pelo Emprego no termo de conciliação firmado perante a Comissão de Conciliação Prévia somente se refere aos direitos expressamente reclamados pelo mesmo na demanda, independentemente de ressalvas;

•• Inciso VI com redação determinada pela Portaria n. 230, de 21-5-2004.

•• Mantivemos "Emprego" conforme publicação oficial. Entendemos que o correto seria "Empregado".

VII – aos direitos objeto da conciliação poderá ser dada quitação total, devendo-se ressalvar as parcelas referentes a esses em relação às quais não se tenha atingido a conciliação;

•• Inciso VII com redação determinada pela Portaria n. 230, de 21-5-2004.

VIII – o termo de acordo constitui título executivo extrajudicial, sujeito, no caso de descumprimento, à execução na Justiça do Trabalho;

IX – as partes podem ser atendidas em separado pelos respectivos membros representantes para esclarecimentos necessários, assegurando-se a transparência do processo de conciliação.

Art. 14. Caso a conciliação não prospere, será fornecida ao Empregado e ao Empregador declaração da tentativa conciliatória frustrada, com a descrição de seu objeto, firmada pelos membros da Comissão.

Art. 15. A conciliação deverá ser reduzida a termo, que será assinado em todas as vias pelas partes e membros da Comissão, fornecendo-se cópias aos interessados.

Parágrafo único. O termo de conciliação deverá ser circunstanciado, especificando direitos, parcelas e respectivos valores, ressalvas, bem como outras matérias objeto da conciliação.

Art. 16. As instruções constantes desta Portaria aplicam-se aos Núcleos Intersindicais de Conciliação Trabalhista.

Art. 17. Esta Portaria entra em vigor na data de sua publicação.

Paulo Jobim Filho

LEI N. 10.555,

DE 13 DE NOVEMBRO DE 2002 (*)

Autoriza condições especiais para o crédito de valores iguais ou inferiores a R$ 100,00, de que trata a Lei Complementar n. 110, de 29 de junho de 2001, e dá outras providências.

Faço saber que o Presidente da República adotou a Medida Provisória n. 55, de 2002, que o Congresso Nacional aprovou, e eu, Ramez Tebet, Presidente da Mesa do Congresso Nacional, para os efeitos do disposto no art. 62 da Constituição Federal, com a redação dada pela Emenda Constitucional n. 32, de 2001, promulgo a seguinte Lei:

Art. 1.º Fica a Caixa Econômica Federal autorizada a creditar em contas vinculadas específicas do Fundo de Garantia do Tempo de Serviço – FGTS, a expensas do próprio Fundo, os valores do complemento de atualização monetária de que trata o art. 4.º da Lei Complementar n. 110, de 29 de junho de 2001, cuja importância, em 10 de julho de 2001, seja igual ou inferior a R$ 100,00 (cem reais).

• Citado dispositivo consta deste volume.

§ 1.º A adesão de que trata o art. 4.º da Lei Complementar n. 110, de 2001, em relação às contas a que se refere o *caput*, será caracterizada no ato de recebimento do valor creditado na conta vinculada, dispensada a comprovação das condições de saque previstas no art. 20 da Lei n. 8.036, de 11 de maio de 1990.

(*) Publicada no *DOU*, de 14-11-2002.

• Citados dispositivos constam deste volume.

§ 2.º Caso a adesão não se realize até o final do prazo regulamentar para o seu exercício, o crédito será imediatamente revertido ao FGTS.

Art. 2.º O titular de conta vinculada do FGTS, com idade igual ou superior a sessenta anos ou que vier a completar essa idade a qualquer tempo, fará jus ao crédito do complemento de atualização monetária de que trata a Lei Complementar n. 110, de 2001, com a redução nela prevista, em parcela única, desde que tenha firmado o termo de adesão de que trata o art. 6.º da mencionada Lei Complementar.

•• Artigo com redação determinada pela Lei n. 10.936, de 12-8-2004.

• A Lei n. 10.936, de 12-8-2004, dispõe em seu art. 3.º: "O titular de que trata o art. 2.º da Lei n. 10.555, de 2002, terá direito ao crédito nele referido no mês seguinte ao de publicação desta Lei ou no mês subsequente ao que completar sessenta anos".

Art. 2.º-A. O beneficiário de titular de conta vinculada do FGTS, falecido, terá direito ao crédito do complemento de atualização monetária de que trata a Lei Complementar n. 110, de 2001, com a redução nela prevista, em parcela única, desde que tenha sido firmado pelo beneficiário ou pelo próprio titular o termo de adesão de que trata o art. 6.º da mencionada Lei Complementar.

•• Artigo acrescentado pela Lei n. 10.936, de 12-8-2004.

• A Lei n. 10.936, de 12-8-2004, dispõe em seu art. 4.º: "O beneficiário de que trata o art. 2.º-A da Lei n. 10.555, de 2002, terá direito ao crédito nele referido após trinta dias da publicação desta Lei ou de falecimento do titular da conta vinculada do FGTS".

Art. 3.º Esta Lei entra em vigor na data de sua publicação.

Congresso Nacional, em 13 de novembro de 2002; 181.º da Independência e 114.º da República.

Ramez Tebet

DECRETO N. 4.751,

DE 17 DE JUNHO DE 2003 (*)

Dispõe sobre o Fundo PIS-PASEP, criado pela Lei Complementar n. 26, de 11 de setembro de 1975, sob a denominação de PIS-PASEP, e dá outras providências.

O Presidente da República, no uso das atribuições que lhe confere o art. 84, IV e VI, *a*, da Constituição, e tendo em vista o disposto na Lei Complementar n. 26, de 11 de setembro de 1975, decreta:

Art. 1.º O Fundo PIS-PASEP, criado pela Lei Complementar n. 26, de 11 de setembro de 1975, sob a denominação de PIS-PASEP, é um fundo contábil, de natureza financeira, e se subordina, no que couber, às disposições do art. 69 da Lei n. 4.728, de 14 de julho de 1965.

• O art. 69 da Lei n. 4.728, de 14-7-1965, dispõe: "Os fundos contábeis de natureza financeira, em estabelecimentos oficiais de crédito, para aplicação de doações, dotações ou financiamentos, obtidos de entidades nacionais ou estrangeiras, não incluídos no orçamento, dependem de decreto do Presidente da República. § 1.º Os fundos contábeis consistirão de contas gráficas abertas e serão exclusivamente para os objetos designados pelo decreto do Poder Executivo, admitidas apenas as deduções necessárias ao custeio das operações. § 2.º O decreto executivo de constituição de fundo deverá indicar: I – origem dos recursos que o constituirão; II – objetivo das aplicações explicitando a natureza das operações, o setor de aplicação e demais condições; III – mecanismo geral das operações; IV – a gestão do fundo, podendo atribuí-la ao próprio estabelecimento de crédito no qual será aberta a conta, ou a um administrador ou órgão colegiado; V – a representação ativa e passiva do órgão gestor do fundo".

§ 1.º O PIS-PASEP é constituído pelos valores do Fundo de Participação do Programa de Integração Social – PIS e do Fundo Único do Programa de formação do Patrimônio do Servidor Público – PASEP, existentes em 30 de junho de 1976 e apurados em balanços.

§ 2.º O disposto no § 1.º não afetará os saldos das contas individuais, existentes em 30 de junho de 1976, dos participantes e beneficiários dos respectivos Fundos.

Art. 2.º Constituem recursos do PIS-PASEP:

I – juros, atualização monetária e multas devidas pelos contribuintes dos Programas, em decorrência da inobservância das obrigações a que estão sujeitos;

II – retorno, por via de amortização, de recursos aplicados em operações de empréstimos e financiamentos, incluído o total das receitas obtidas em tais operações;

III – resultado das operações financeiras realizadas, compreendendo, quando for o caso, multa contratual e honorários; e

IV – resultados das aplicações do Fundo de Participação Social – FPS, de que trata o Decreto n. 79.459, de 30 de março de 1977.

Art. 3.º Os participantes do Fundo de Participação do PIS e os beneficiários do Fundo Único do PASEP, conforme qualificados na legislação pertinente aos respectivos Programas, passam a ser participantes do PIS-PASEP.

Parágrafo único. Os créditos provenientes da aplicação da atualização monetária, da incidência de juros, do resultado líquido adicional das operações realizadas e de qualquer outro benefício serão feitos exclusivamente na conta individual do participante.

Art. 4.º No final de cada exercício financeiro, as contas individuais dos participantes do PIS-PASEP serão creditadas das quantias correspondentes:

I – à aplicação da atualização monetária sobre os respectivos saldos credores verificados ao término do exercício financeiro anterior;

II – à incidência de juros sobre os respectivos saldos credores atualizados, verificados ao término do exercício financeiro anterior; e

III – ao resultado líquido adicional das operações financeiras realizadas, verificado ao término do exercício financeiro anterior.

Art. 5.º É facultada, no final de cada exercício financeiro posterior ao da abertura da conta individual, a retirada pelos participantes dos créditos correspondentes às parcelas a que se referem os incisos II e III do art. 4.º, que tenham sido feitos nas respectivas contas individuais.

(*) Publicado no *DOU*, de 18-6-2003.

Art. 6.º O exercício financeiro do PIS-PASEP corresponde ao período de 1.º de julho de cada ano a 30 de junho do ano subsequente.

Art. 7.º O PIS-PASEP será gerido por um Conselho Diretor, órgão colegiado constituído de sete membros efetivos e suplentes em igual número, com mandatos de dois anos, designados pelo Ministro de Estado da Fazenda, e terá a seguinte composição:

I – um representante titular e suplente do Ministério da Fazenda;

II – um representante titular e suplente do Ministério do Planejamento, Orçamento e Gestão;

III – um representante titular e suplente do Ministério do Desenvolvimento, Indústria e Comércio Exterior;

IV – um representante titular e suplente do Ministério do Trabalho e Emprego;

V – um representante titular e suplente da Secretaria do Tesouro Nacional do Ministério da Fazenda;

VI – um representante titular e suplente dos participantes do PIS; e

VII – um representante titular e suplente dos participantes do PASEP.

§ 1.º Os representantes referidos nos incisos I a V serão indicados pelos titulares dos órgãos representados.

§ 2.º Os representantes dos participantes do PIS serão escolhidos pelo Ministro de Estado do Trabalho e Emprego, mediante indicações das centrais sindicais, representando os trabalhadores da iniciativa privada.

§ 3.º Os representantes dos servidores participantes do PASEP serão escolhidos pelo Ministro de Estado do Trabalho e Emprego, mediante indicações das centrais sindicais, representando os servidores públicos.

§ 4.º O Conselho Diretor será coordenado pelo representante da Secretaria do Tesouro Nacional.

§ 5.º O Coordenador do Conselho Diretor terá, além do voto normal, o voto de qualidade no caso de empate.

§ 6.º O Conselho Diretor fica investido da representação ativa e passiva do PIS-PASEP, que será representado e defendido em juízo por Procurador da Fazenda Nacional.

Art. 8.º No exercício da gestão do PIS-PASEP, compete ao Conselho Diretor:

I – elaborar e aprovar o plano de contas;

II – ao término de cada exercício financeiro:

a) calcular a atualização monetária do saldo credor das contas individuais dos participantes;

b) calcular a incidência de juros sobre o saldo credor atualizado das mesmas contas individuais;

c) constituir as provisões e reservas indispensáveis; e

d) levantar o montante das despesas de administração, apurar e atribuir aos participantes o resultado líquido adicional das operações realizadas;

III – autorizar, nas épocas próprias, que sejam feitos nas contas individuais dos participantes os créditos de que trata o art. 4.º deste Decreto;

IV – aprovar anualmente o orçamento do PIS-PASEP e sua reformulação;

V – elaborar anualmente o balanço do PIS-PASEP, com os demonstrativos e o relatório;

VI – promover o levantamento de balancetes mensais;

VII – requisitar do Banco Nacional de Desenvolvimento Econômico e Social – BNDES as informações sobre os recursos do Fundo repassados, as aplicações realizadas e seus respectivos resultados;

VIII – prestar informações, fornecer dados e documentação e emitir parecer, por solicitação do Conselho Monetário Nacional e do Ministro de Estado da Fazenda, em relação ao PIS-PASEP, ao PIS e ao PASEP;

IX – autorizar, fixando as épocas próprias, o processamento das solicitações de saque e de retirada e os correspondentes pagamentos;

X – baixar normas operacionais necessárias à estruturação, organização e funcionamento do PIS-PASEP e compatíveis com a execução do PIS e do PASEP;

XI – emitir parecer sobre os balancetes mensais, balanços anuais e demais demonstrações contábeis e financeiras do PIS-PASEP;

XII – definir as tarifas de remuneração da Caixa Econômica Federal e do Banco do Brasil S.A., na qualidade de administradores do PIS e do PASEP, respectivamente; e

XIII – resolver os casos omissos, inclusive quanto aos pedidos de saques de quotas do PIS-PASEP.

Art. 9.º Cabem à Caixa Econômica Federal, em relação ao PIS, as seguintes atribuições:

I – manter, em nome dos empregados e trabalhadores avulsos, as correspondentes contas individuais a que aludem o art. 5.º da Lei Complementar n. 7, de 7 de setembro de 1970, e normas complementares;

II – creditar nas contas individuais, quando autorizada pelo Conselho Diretor, as parcelas e benefícios de que trata o art. 4.º deste Decreto;

III – processar as solicitações de saque e de retirada e efetuar os correspondentes pagamentos, nas épocas próprias, quando autorizada pelo Conselho Diretor, na forma e para os fins previstos na Lei Complementar n. 26, de 1975, e neste Decreto;

IV – fornecer, nas épocas próprias e sempre que for solicitado, ao Conselho Diretor informações, dados e documentação, em relação a repasses de recursos, cadastro de empregados vinculados ao referido Programa, contas individuais de participantes e solicitações de saque e de retirada e seus correspondentes pagamentos; e

V – cumprir e fazer cumprir as normas operacionais baixadas pelo Conselho Diretor.

Parágrafo único. A Caixa Econômica Federal exercerá as atribuições previstas neste artigo de acordo com as normas, diretrizes e critérios estabelecidos pelo Conselho Diretor do PIS-PASEP, e com observância da Lei Complementar n. 26, de 1975, e das disposições deste Decreto.

Art. 10. Cabem ao Banco do Brasil S.A., em relação ao PASEP, as seguintes atribuições:

I – manter, em nome dos servidores e empregados, as contas individuais a que se refere o art. 5.º da Lei Complementar n. 8, de 3 de dezembro de 1970;

II – creditar nas contas individuais, quando autorizado pelo Conselho Diretor, as parcelas e benefícios de que trata o art. 4.º deste Decreto;

III – processar as solicitações de saque e de retirada e efetuar os correspondentes pagamentos, nas épocas próprias, quando autorizado pelo Conselheiro Diretor, na forma e para os fins previstos na Lei Complementar n. 26, de 1975, e neste Decreto;

IV – fornecer, nas épocas próprias e sempre que for solicitado, ao gestor do PIS-PASEP, informações, dados e documentação, em relação a repasses de recursos, cadastro de servidores e empregados vinculados ao referido Programa, contas individuais de participantes e solicitações de saque e de retirada e seus correspondentes pagamentos; e

V – cumprir e fazer cumprir as normas operacionais baixadas pelo gestor do PIS-PASEP.

Parágrafo único. O Banco do Brasil S.A. exercerá as atribuições previstas neste artigo de acordo com as normas, diretrizes e critérios estabelecidos pelo Conselho Diretor do PIS-PASEP, e com observância da Lei Complementar n. 26, de 1975, e das disposições deste Decreto.

Art. 11. A Caixa Econômica Federal, o Banco do Brasil S.A. e o BNDES prestarão ao Conselho Diretor todo apoio que for necessário à administração do PIS-PASEP.

Art. 12. Os dispêndios com a administração do PIS e do PASEP e com a administração do PIS-PASEP correrão por conta deste último Fundo, conforme for estabelecido pelo seu Conselho Diretor.

Art. 13. Compete ao Ministro de Estado da Fazenda aprovar o regimento interno do Conselho Diretor do Fundo PIS-PASEP, mediante proposta deste.

Art. 14. Este Decreto entra em vigor na data de sua publicação.

Art. 15. Ficam revogados os Decretos n. 78.276, de 17 de agosto de 1976, 84.129, de 29 de outubro de 1979, e 93.200, de 1.º de setembro de 1986.

Brasília, 17 de junho de 2003; 182.º da Independência e 115.º da República.

Luiz Inácio Lula da Silva

RESOLUÇÃO ADMINISTRATIVA N. 940,

DE 30 DE JUNHO DE 2003 (*)

Estabelece procedimentos relativos à entrega de autos para advogados ou estagiários, observadas as disposições da Lei n. 8.906, de 4 de julho de 1994, e do Regulamento Geral do Estatuto da Advocacia e da Ordem dos Advogados do Brasil.

1. Os processos serão entregues, com carga, ao advogado com poderes de representação nos autos ou a estagiário inscrito na Ordem dos Advogados do Brasil, desde que credenciado, nos termos do art. 29, § 1.º, I, do Regulamento Geral do Estatuto da Advocacia e da OAB.

2. O credenciamento do estagiário será feito observando-se os seguintes critérios:

2.1. deverá ser solicitado por advogado, mediante petição dirigida ao Presidente desta Corte, informando o nome e o número de inscrição do estagiário na OAB.

2.2. na petição de credenciamento, o advogado declarará ser o responsável pelos atos praticados pelo estagiário no processo, inclusive os relacionados à retirada e devolução de autos.

2.3. deferido o pedido de credenciamento, o gabinete da Diretoria-Geral de Coordenação Judiciária fará os registros correspondentes no Sistema de Informações Judiciárias do Tribunal, arquivando, em seguida, a petição.

2.4. o credenciamento do estagiário vigorará até o momento em que o advogado, mediante petição, requeira ao Presidente do Tribunal o seu cancelamento.

3. Deverá o servidor, no momento da retirada dos autos da Secretaria ou Subsecretaria, registrar no Sistema de Informações Judiciárias – SIJ os dados do processo, o nome do advogado e do estagiário, os respectivos números de inscrição na OAB, o endereço e telefone do escritório, bem assim a data da entrega dos autos e o dia em que deverão ser restituídos ao Tribunal.

3-A. As Secretarias e Subsecretarias desta Corte, quando da entrega de autos em carga a estagiário devidamente credenciado, deverão observar se o advogado credenciante possui poderes de representação nos autos.

•• Item 3-A acrescentado pela Resolução Administrativa n. 1.178, de 9-11-2006.

3.1. na entrega e na devolução dos autos, a guia emitida deverá ser assinada pelo servidor e pelo advogado ou estagiário, a fim de se resguardarem responsabilidades.

4. Caso os autos sejam restituídos ao Tribunal em desconformidade com os parâmetros da lei (fora do prazo, faltando volumes, autos danificados etc.), a ocorrência deverá ser certificada, para a adoção das providências cabíveis e o imediato descredenciamento do estagiário perante esta Corte, por 60 (sessenta) dias.

•• Item 4 com redação determinada pela Resolução Administrativa n. 962, de 6-11-2003.

(*) Publicada no *DOU*, de 2-7-2003, e republicada em 14-11-2003.

4.1. Transcorrido o prazo, o advogado responsável poderá solicitar o recadastramento do estagiário, vedando-se o recredenciamento por mais de uma vez.

•• Item 4.1 com redação determinada pela Resolução Administrativa n. 962, de 6-11-2003.

5. Havendo acórdão ou despacho pendente de publicação, o advogado constituído no processo poderá ter ciência do inteiro teor do decidido, desde que assine o respectivo Termo de Contrafé.

•• Item 5 com redação determinada pela Resolução Administrativa n. 1.178, de 9-11-2006.

5-A. Sendo comum às partes o prazo, só em conjunto ou mediante prévio ajuste poderão os seus procuradores retirar os autos.

•• Item 5-A com redação determinada pela Resolução Administrativa n. 1.188, de 7-12-2006.

5.1. do termo lavrado constará advertência no sentido de que a contrafé possui eficácia de intimação.

6. Fica revogada a Resolução Administrativa n. 250/95.

Sala de Sessões, 30 de junho de 2003.

Valério Augusto Freitas do Carmo

INSTRUÇÃO NORMATIVA N. 23,

DE 5 DE AGOSTO DE 2003 (*)

Dispõe sobre petições de recurso de revista.

Considerando a necessidade de racionalizar o funcionamento da Corte, para fazer frente à crescente demanda recursal, e de otimizar a utilização dos recursos da informática, visando à celeridade da prestação jurisdicional, anseio do jurisdicionado;

Considerando a natureza extraordinária do recurso de revista e a exigência legal de observância de seus pressupostos de admissibilidade;

Considerando que a elaboração do recurso de maneira adequada atende aos interesses do próprio recorrente, principalmente na viabilização da prestação jurisdicional;

Considerando que o advogado desempenha papel essencial à administração da Justiça, colaborando como partícipe direto no esforço de aperfeiçoamento da atividade jurisdicional, merecendo assim atenção especial na definição dos parâmetros técnicos que racionalizam e objetivam seu trabalho;

Considerando que facilita o exame do recurso a circunstância de o recorrente indicar as folhas em que se encontra a prova da observância dos pressupostos extrínsecos do recurso;

Considerando que, embora a indicação dessas folhas não seja requisito legal para conhecimento do recurso, é recomendável que o recorrente o faça;

Resolve, quanto às petições de recurso de revista:

(*) Publicada no *DJ*, de 14-8-2003. *Vide* arts. 896 e 896-A da CLT, e Instrução Normativa n. 17, de 6-4-2000, do TST.

I – Recomendar sejam destacados os tópicos do recurso e, ao demonstrar o preenchimento dos seus pressupostos extrínsecos, sejam indicadas as folhas dos autos em que se encontram:

a) a procuração e, no caso de elevado número de procuradores, a posição em que se encontra(m) o(s) nome(s) do(s) subscritor(es) do recurso;

b) a ata de audiência em que o causídico atuou, no caso de mandato tácito;

c) o depósito recursal e as custas, caso já satisfeitos na instância ordinária;

d) os documentos que comprovam a tempestividade do recurso (indicando o início e o termo do prazo, com referência aos documentos que o demonstram).

II – Explicitar que é ônus processual da parte demonstrar o preenchimento dos pressupostos intrínsecos do recurso de revista, indicando:

a) qual o trecho da decisão recorrida que consubstancia o prequestionamento da controvérsia trazida no recurso;

b) qual o dispositivo de lei, súmula, orientação jurisprudencial do TST ou ementa (com todos os dados que permitam identificá-la) que atrita com a decisão regional.

III – Reiterar que, para comprovação da divergência justificadora do recurso, é necessário que o recorrente:

a) junte certidão ou cópia autenticada do acórdão paradigma ou cite a fonte oficial ou repositório em que foi publicado;

b) transcreva, nas razões recursais, as ementas e/ou trechos dos acórdãos trazidos à configuração do dissídio, demonstrando os conflitos de teses que justifiquem o conhecimento do recurso, ainda que os acórdãos já se encontrem nos autos ou venham a ser juntados com o recurso.

IV – Aplica-se às contrarrazões o disposto nesta Instrução, no que couber.

Sala de Sessões, 5 de agosto de 2003.

Valério Augusto Freitas do Carmo

DECRETO N. 4.840,

DE 17 DE SETEMBRO DE 2003 (**)

Regulamenta a Medida Provisória n. 130, de 17 de setembro de 2003, que dispõe sobre a autorização para desconto de prestações em folha de pagamento, e dá outras providências.

O Presidente da República, no uso da atribuição que lhe confere o art. 84, IV, da Constituição, e tendo em vista o disposto na Medida Provisória n. 130, de 17 de setembro de 2003, decreta:

(**) Publicado no *DOU*, de 18-9-2003, e retificado em 22-9-2003.

•• A Medida Provisória n. 130, de 17-9-2003, foi convertida na Lei n. 10.820, de 17-12-2003.

Art. 1.º Regem-se por este Decreto os procedimentos para autorização de desconto em folha de pagamento dos valores referentes ao pagamento das prestações de empréstimos, financiamentos e operações de arrendamento mercantil concedidos por instituições financeiras e sociedades de arrendamento mercantil a empregados regidos pela Consolidação das Leis do Trabalho, aprovada pelo Decreto-lei n. 5.452, de 1.º de maio de 1943.

Art. 2.º Para os fins deste Decreto, considera-se:

I – empregador, a pessoa jurídica assim definida pela legislação trabalhista;

II – empregado, aquele assim definido pela legislação trabalhista;

III – instituição consignatária, a instituição mencionada no art. 1.º autorizada a conceder empréstimo ou financiamento ou realizar operação de arrendamento mercantil;

IV – mutuário, empregado que firma com instituição consignatária contrato de empréstimo, financiamento ou arrendamento mercantil regulado por este Decreto; e

V – verbas rescisórias, as importâncias devidas em dinheiro pelo empregador ao empregado em razão de rescisão do seu contrato de trabalho.

§ 1.º Para os fins deste Decreto, considera-se remuneração básica a soma das parcelas pagas ou creditadas mensalmente em dinheiro ao empregado, excluídas:

I – diárias;

II – ajuda de custo;

III – adicional pela prestação de serviço extraordinário;

IV – gratificação natalina;

V – auxílio-natalidade;

VI – auxílio-funeral;

VII – adicional de férias;

VIII – auxílio-alimentação, mesmo se pago em dinheiro;

IX – auxílio-transporte, mesmo se pago em dinheiro; e

X – parcelas referentes a antecipação de remuneração de competência futura ou pagamento em caráter retroativo.

§ 2.º Para os fins deste Decreto, considera-se remuneração disponível a parcela remanescente da remuneração básica após a dedução das consignações compulsórias, assim entendidas as efetuadas a título de:

I – contribuição para a Previdência Social oficial;

II – pensão alimentícia judicial;

III – imposto sobre rendimentos do trabalho;

IV – decisão judicial ou administrativa;

V – mensalidade e contribuição em favor de entidades sindicais;

VI – outros descontos compulsórios instituídos por lei ou decorrentes de contrato de trabalho.

§ 3.º Para os fins deste Decreto, são consideradas consignações voluntárias as autorizadas pelo empregado e não relacionadas no § 2.º.

Art. 3.º No momento da contratação da operação, a autorização para a efetivação dos descontos permitidos neste Decreto observará, para cada mutuário, os seguintes limites:

I – a soma dos descontos referidos no art. 1.º deste Decreto não poderá exceder a trinta por cento da remuneração disponível definida no § 2.º do art. 2.º; e

II – o total das consignações voluntárias, incluindo as referidas no art. 1.º, não poderá exceder a quarenta por cento da remuneração disponível definida no § 2.º do art. 2.º.

Art. 4.º A concessão de empréstimo, financiamento ou arrendamento será feita a critério da instituição consignatária, sendo os valores e demais condições objeto de livre negociação entre ela e o mutuário, observadas as demais disposições deste Decreto.

§ 1.º Poderá o empregador, com a anuência da entidade sindical representativa da maioria dos empregados, firmar, com uma ou mais instituições consignatárias, acordo que defina condições gerais e demais critérios a serem observados nos empréstimos, financiamentos ou arrendamentos que venham a ser realizados com seus empregados.

§ 2.º Poderão as entidades e centrais sindicais firmar, com uma ou mais instituições consignatárias, acordo que defina condições gerais e demais critérios a serem observados nos empréstimos, financiamentos ou arrendamentos que venham a ser realizados com seus representados.

§ 3.º Uma vez observados pelo empregado todos os requisitos e condições definidos no acordo firmado segundo o disposto no § 1.º ou no § 2.º, não poderá a instituição concedente negar-se a celebrar o empréstimo, financiamento ou arrendamento mercantil.

§ 4.º Para a realização das operações referidas neste Decreto, é assegurado ao empregado o direito de optar por instituição consignatária que tenha firmado acordo com o empregador, com sua entidade sindical, ou qualquer outra instituição consignatária de sua livre escolha, ficando o empregador obrigado a proceder aos descontos e repasses por ele contratados e autorizados.

§ 5.º Os acordos mencionados nos §§ 1.º e 2.º poderão definir critérios mínimos, parâmetros e condições financeiras diferenciados por situação cadastral e demais características individuais do empregado.

§ 6.º Dos acordos referidos no § 2.º poderá constar, ainda, a diferenciação por empresa de critérios mínimos, parâmetros e condições financeiras.

§ 7.º Os contratos de empréstimo, financiamento ou arrendamento celebrados ao amparo deste Decreto preverão obrigatoriamente prestações fixas ao longo de todo o período de amortização.

§ 7.º-A. Nas hipóteses de concessão, ao amparo deste Decreto, de empréstimo ou financiamento imobiliário no âmbito do Sistema Financeiro da Habitação ou de outros sistemas ou programas destinados à aquisição de imóveis residenciais, as prestações e seus reajustamentos obedecerão às disposições contratuais celebradas entre as partes, sendo permitida a estipulação de prestações variáveis.

•• § 7.º-A acrescentado pelo Decreto n. 5.892, de 12-9-2006.

§ 8.º Os acordos referidos nos §§ 1.º e 2.º deste artigo poderão delegar à instituição consignatária a responsabilidade de receber, processar e encaminhar ao empregador as autorizações referidas no inciso III do § 3.º do art. 5.º.

Art. 5.º Para os fins deste Decreto, são obrigações do empregador:

I – prestar ao empregado e à instituição consignatária, mediante solicitação formal do primeiro, as informações necessárias para a contratação da operação de crédito ou arrendamento mercantil, inclusive:

a) a data habitual de pagamento mensal do salário;

b) o total já consignado em operações preexistentes;

c) as demais informações necessárias para o cálculo da margem disponível para consignação;

II – tornar disponíveis aos empregados, bem assim às respectivas entidades sindicais, as informações referentes aos custos referidos no art. 10;

III – efetuar os descontos autorizados pelo empregado em folha de pagamento e repassar o valor à instituição consignatária na forma e prazo previstos em regulamento.

§ 1.º É vedado ao empregador impor ao mutuário e à instituição consignatária qualquer condição que não esteja prevista neste Decreto para a efetivação do contrato e a implementação dos descontos autorizados.

§ 2.º Os descontos autorizados na forma deste Decreto terão preferência sobre outros descontos da mesma natureza que venham a ser autorizados posteriormente.

§ 3.º A liberação do crédito ao mutuário somente ocorrerá após:

I – a confirmação do empregador, por escrito ou por meio eletrônico certificado, quanto à possibilidade da realização dos descontos, em função dos limites referidos no art. 3.º;

II – a assinatura, por escrito ou por meio eletrônico certificado, do contrato entre o mutuário e a instituição consignatária; e

III – a outorga ao empregador, por parte do mutuário, de autorização, em caráter irrevogável e irretratável, para a consignação das prestações contratadas em folha de pagamento.

§ 4.º A autorização referida no inciso III do § 3.º será outorgada por escrito ou por meio eletrônico certificado, podendo a instituição consignatária processar o documento e mantê-lo sob sua guarda, na condição de fiel depositária, transmitindo as informações ao empregador por meio seguro.

§ 5.º Exceto quando diversamente previsto em contrato com a anuência do empregador, a efetivação do desconto em folha de pagamento do mutuário deverá ser iniciada pelo empregador no mínimo trinta dias e no máximo sessenta dias após o recebimento da autorização referida no inciso III do § 3.º.

§ 6.º A autorização referida no inciso III do § 3.º é nula de pleno direito na hipótese da não liberação do crédito ou do bem arrendado ao mutuário no prazo máximo de cinco dias úteis contados da data da outorga.

§ 7.º A repactuação do contrato de empréstimo, financiamento ou operação de arrendamento mercantil que implique alteração do número ou do valor das prestações consignadas em folha observará o procedimento referido no § 3.º.

Art. 6.º O empregador é o responsável pela retenção dos valores devidos e pelo repasse às instituições consignatárias, o qual deverá ser realizado até o quinto dia útil após a data de pagamento, ao mutuário, de sua remuneração mensal.

Art. 7.º O empregador, salvo disposição contratual em sentido contrário, não será corresponsável pelo pagamento dos empréstimos, financiamentos ou arrendamentos concedidos aos mutuários, mas responderá sempre, como devedor principal e solidário, perante a instituição consignatária, por valores a ela devidos, em razão de contratações por ele confirmadas na forma deste Decreto, que deixarem, por sua falha ou culpa, de serem retidos ou repassados.

Art. 8.º Caberá à instituição consignatária informar ao mutuário, por escrito ou meio eletrônico por ele indicado no ato da celebração do contrato, toda vez que o empregador deixar de repassar o valor exato do desconto mensal.

Art. 9.º Na hipótese de comprovação de que o pagamento mensal do empréstimo, financiamento ou arrendamento foi descontado do mutuário e não foi repassado pelo empregador à instituição consignatária, fica ela proibida de incluir o nome do mutuário em qualquer cadastro de inadimplentes.

Art. 10. É facultado ao empregador descontar na folha de pagamento do mutuário os custos operacionais decorrentes da realização da operação objeto deste Decreto.

§ 1.º Consideram-se custos operacionais do empregador:

I – tarifa bancária cobrada pela instituição financeira referente à transferência dos recursos da conta corrente do empregador para a conta corrente da instituição consignatária;

II – despesa com alteração das rotinas de processamento da folha de pagamento para realização da operação.

§ 2.º As tarifas bancárias mencionadas no inciso I do § 1.º deste artigo deverão ser iguais ou inferiores às praticadas pela instituição financeira mantenedora da conta corrente do empregador em transações da mesma natureza.

§ 3.º Cabe ao empregador, mediante comunicado interno ou mediante solicitação de empregado ou de entidade sindical, dar publicidade aos seus empregados dos custos operacionais mencionados no § 1.º deste artigo previamente à realização da operação de empréstimo ou financiamento, os quais serão mantidos inalterados durante todo o período de duração da operação.

§ 4.º Poderá ser prevista nos acordos referidos nos §§ 1.º e 2.º do art. 4.º, ou em acordo específico entre o empregador e a instituição consignatária, a absorção total ou parcial dos custos referidos no § 1.º pela instituição consignatária, hipótese na qual não caberá o desconto na folha do mutuário.

§ 5.º No caso dos acordos celebrados nos termos do § 2.º do art. 4.º, os custos de que trata o inciso II do § 1.º deste artigo deverão ser negociados entre o empregador e a entidade sindical, vedada a cobrança de custos superiores aos previstos nos acordos celebrados pelo mesmo empregador nos termos do § 1.º do art. 4.º.

Art. 11. Cabe ao empregador informar no demonstrativo de rendimentos do empregado, de forma discriminada, o valor do desconto mensal decorrente de cada operação de empréstimo ou financiamento, bem como os custos operacionais definidos no art. 10 deste Decreto.

Art. 12. Até o integral pagamento do empréstimo ou financiamento, as autorizações dos descontos somente poderão ser canceladas mediante prévia aquiescência da instituição consignatária e do empregado.

Art. 13. Em caso de rescisão do contrato de trabalho do empregado antes do término da amortização do empréstimo, ressalvada disposição contratual em contrário, serão mantidos os prazos e encargos originalmente previstos, cabendo ao mutuário efetuar o pagamento mensal das prestações diretamente à instituição consignatária.

Art. 14. Na hipótese de entrada em gozo de benefício previdenciário temporário pelo mutuário, com suspensão do pagamento de sua remuneração por parte do empregador, cessa a obrigação deste efetuar a retenção e o repasse das prestações à instituição consignatária.

Parágrafo único. O contrato de empréstimo, financiamento ou operação de arrendamento mercantil celebrado nos termos deste Decreto conterá, obrigatoriamente, cláusula que regulamente as relações entre o mutuário e a instituição consignatária na situação prevista no *caput*.

Art. 15. O desconto da prestação para pagamento do empréstimo, financiamento ou arrendamento concedido com base neste Decreto será feito diretamente em folha de pagamento e o valor correspondente creditado a favor da instituição consignatária, independentemente de crédito e débito na conta corrente dos mutuários.

Art. 16. Os contratos de empréstimo, financiamento ou arrendamento de que trata este Decreto poderão prever a incidência de desconto de até trinta por cento das verbas rescisórias referidas no inciso V do art. 2.º para a amortização total ou parcial do saldo devedor líquido para quitação na data de rescisão do contrato de trabalho do empregado.

§ 1.º Para os fins do *caput*, considera-se saldo devedor líquido para quitação o valor presente das prestações vincendas na data da amortização, descontado à taxa de juros contratualmente fixada referente ao período não utilizado em função da quitação antecipada.

§ 2.º Na hipótese referida no *caput*, deverá a instituição consignatária informar ao mutuário e ao empregador, por escrito ou meio eletrônico certificado, o valor do saldo devedor líquido para quitação.

§ 3.º Quando o saldo devedor líquido para quitação exceder o valor comprometido das verbas rescisórias, caberá ao mutuário efetuar o pagamento do restante diretamente à instituição consignatária, assegurada a manutenção das condições de número de prestações vincendas e taxa de juros originais, exceto se houver previsão contratual em contrário.

§ 4.º Havendo previsão de vinculação de verbas rescisórias em mais de um contrato, será observada a ordem cronológica das autorizações referidas no inciso III do § 3.º do art. 5.º.

Art. 17. É facultada a contratação pelo mutuário de seguro em favor da instituição consignatária, junto a ela própria ou a outra instituição de sua escolha, para cobertura do risco de inadimplência nas operações de que trata este Decreto em caso de morte, desemprego involuntário ou redução de rendimentos.

Art. 18. Este Decreto entra em vigor na data de sua publicação.

Brasília, 17 de setembro de 2003; 182.º da Independência e 115.º da República.

LUIZ INÁCIO LULA DA SILVA

LEI N. 10.741,

DE 1.º DE OUTUBRO DE 2003 (*)

Dispõe sobre o Estatuto do Idoso e dá outras providências.

O Presidente da República

Faço saber que o Congresso Nacional decreta e eu sanciono a seguinte Lei:

TÍTULO I
DISPOSIÇÕES PRELIMINARES

Art. 1.º É instituído o Estatuto do Idoso, destinado a regular os direitos assegurados às pessoas com idade igual ou superior a 60 (sessenta) anos.

....

Art. 3.º É obrigação da família, da comunidade, da sociedade e do Poder Público assegurar ao idoso, com absoluta prioridade, a efetivação do direito à vida, à saúde, à alimentação, à educação, à cultura, ao esporte, ao lazer, ao trabalho, à cidadania, à liberdade, à dignidade, ao respeito e à convivência familiar e comunitária.

....

TÍTULO II
DOS DIREITOS FUNDAMENTAIS

....

(*) Publicada no *DOU*, de 3-10-2003.

CAPÍTULO VI

DA PROFISSIONALIZAÇÃO E DO TRABALHO

Art. 26. O idoso tem direito ao exercício de atividade profissional, respeitadas suas condições físicas, intelectuais e psíquicas.

Art. 27. Na admissão do idoso em qualquer trabalho ou emprego, é vedada a discriminação e a fixação de limite máximo de idade, inclusive para concursos, ressalvados os casos em que a natureza do cargo o exigir.

• *Vide* Súmula 683 do STF.

Parágrafo único. O primeiro critério de desempate em concurso público será a idade, dando-se preferência ao de idade mais elevada.

Art. 28. O Poder Público criará e estimulará programas de:

I – profissionalização especializada para os idosos, aproveitando seus potenciais e habilidades para atividades regulares e remuneradas;

II – preparação dos trabalhadores para a aposentadoria, com antecedência mínima de 1 (um) ano, por meio de estímulo a novos projetos sociais, conforme seus interesses, e de esclarecimento sobre os direitos sociais e de cidadania;

III – estímulo às empresas privadas para admissão de idosos ao trabalho.

....

TÍTULO V

DO ACESSO À JUSTIÇA

CAPÍTULO I

DISPOSIÇÕES GERAIS

....

Art. 71. É assegurada prioridade na tramitação dos processos e procedimentos e na execução dos atos e diligências judiciais em que figure como parte ou interveniente pessoa com idade igual ou superior a 60 (sessenta) anos, em qualquer instância.

§ 1.º O interessado na obtenção da prioridade a que alude este artigo, fazendo prova de sua idade, requererá o benefício à autoridade judiciária competente para decidir o feito, que determinará as providências a serem cumpridas, anotando-se essa circunstância em local visível nos autos do processo.

§ 2.º A prioridade não cessará com a morte do beneficiado, estendendo-se em favor do cônjuge supérstite, companheiro ou companheira, com união estável, maior de 60 (sessenta) anos.

§ 3.º A prioridade se estende aos processos e procedimentos na Administração Pública, empresas prestadoras de serviços públicos e instituições financeiras, ao atendimento preferencial junto à Defensoria Pública da União, dos Estados e do Distrito Federal em relação aos serviços de Assistência Judiciária.

§ 4.º Para o atendimento prioritário será garantido ao idoso o fácil acesso aos assentos e caixas, identificados com a destinação a idosos em local visível e caracteres legíveis.

§ 5.º Dentre os processos de idosos, dar-se-á prioridade especial aos maiores de oitenta anos.

•• § 5.º acrescentado pela Lei n. 13.466, de 12-7-2017.

....

CAPÍTULO II

DO MINISTÉRIO PÚBLICO

....

Art. 75. Nos processos e procedimentos em que não for parte, atuará obrigatoriamente o Ministério Público na defesa dos direitos e interesses de que cuida esta Lei, hipóteses em que terá vista dos autos depois das partes, podendo juntar documentos, requerer diligências e produção de outras provas, usando os recursos cabíveis.

Art. 76. A intimação do Ministério Público, em qualquer caso, será feita pessoalmente.

Art. 77. A falta de intervenção do Ministério Público acarreta a nulidade do feito, que será declarada de ofício pelo juiz ou a requerimento de qualquer interessado.

....

TÍTULO VII

DISPOSIÇÕES FINAIS E TRANSITÓRIAS

....

Art. 118. Esta Lei entra em vigor decorridos 90 (noventa) dias da sua publicação, ressalvado o disposto no *caput* do art. 36, que vigorará a partir de 1.º de janeiro de 2004.

• Citado art. 36 dispõe: "O acolhimento de idosos em situação de risco social, por adulto ou núcleo familiar, caracteriza a dependência econômica, para os efeitos legais".

Brasília, 1.º de outubro de 2003; 182.º da Independência e 115.º da República.

LUIZ INÁCIO LULA DA SILVA

INSTRUÇÃO NORMATIVA N. 24,

DE 2 DE OUTUBRO DE 2003 (*)

Dispõe sobre a faculdade de o Ministro Presidente do Tribunal Superior do Trabalho designar audiência prévia de conciliação, no caso de pedido de efeito suspensivo a recurso ordinário interposto à decisão normativa da Justiça do Trabalho.

O Tribunal Superior do Trabalho, em sua composição plena, no uso de suas atribuições legais e regimentais, sob a Presidência do Exmo. Sr. Ministro Francisco Fausto Paula de Medeiros,

(*) Publicada no *DJU*, de 9-10-2003.

Considerando o disposto no art. 14 da Lei n. 10.192, de 14 de fevereiro de 2001, pelo qual foi concedida ao Presidente do Tribunal Superior do Trabalho a prerrogativa de suspender, "na medida e extensão" que entender convenientes, a eficácia de decisão normativa da Justiça do Trabalho, até o julgamento do recurso ordinário interposto em autos de dissídio coletivo;

• Citado dispositivo consta neste volume.

Considerando a inexistência de regulamentação dos procedimentos a serem observados pela Presidência da Corte relativamente aos pedidos de efeito suspensivo;

Considerando a marcante característica conciliatória da Justiça do Trabalho, presente, sobretudo, na sua atuação nos dissídios coletivos;

Considerando os bons resultados alcançados com a praxe que vem sendo adotada no sentido de mediar os conflitos por ocasião do recebimento de pedido de efeito suspensivo de cláusula de sentença normativa;

Considerando a instrumentalidade do processo, resolve:

I – Ao Presidente do Tribunal Superior do Trabalho é facultada a designação de audiência de conciliação relativamente a pedido de concessão de efeito suspensivo a recurso ordinário interposto à decisão normativa da Justiça do Trabalho;

II – Poderá o Presidente do Tribunal Superior do Trabalho, antes de designar audiência prévia de conciliação, conceder ao requerido o prazo de 5 (cinco) dias, para, querendo, manifestar-se sobre o pedido de efeito suspensivo;

III – O Ministério Público do Trabalho, por intermédio da Procuradoria-Geral do Trabalho, será comunicado do dia, hora e local da realização da audiência, enquanto as partes serão notificadas;

IV – Havendo transação nessa audiência, as condições respectivas constarão de ata, facultando-se ao Ministério Público do Trabalho emitir parecer oral, sendo, em seguida, sorteado Relator, que submeterá o acordo à apreciação da Seção Especializada em Dissídios Coletivos, na primeira sessão ordinária subsequente ou em sessão extraordinária designada para esse fim;

V – O Presidente do Tribunal Superior do Trabalho poderá submeter o pedido de efeito suspensivo à apreciação da Seção Especializada em Dissídios Coletivos, desde que repute a matéria de alta relevância.

Sala de Sessões, 2 de outubro de 2003.

Valério Augusto Freitas do Carmo

LEI N. 10.820,

DE 17 DE DEZEMBRO DE 2003 (*)

Dispõe sobre a autorização para desconto de prestações em folha de pagamento, e dá outras providências.

(*) Publicada no *DOU*, de 18-12-2003. Regulamentada pelo Decreto n. 4.840, de 17-9-2003.

O Presidente da República

Faço saber que o Congresso Nacional decreta e eu sanciono a seguinte Lei:

Art. 1.º Os empregados regidos pela Consolidação das Leis do Trabalho – CLT, aprovada pelo Decreto-lei n. 5.452, de 1.º de maio de 1943, poderão autorizar, de forma irrevogável e irretratável, o desconto em folha de pagamento ou na sua remuneração disponível dos valores referentes ao pagamento de empréstimos, financiamentos, cartões de crédito e operações de arrendamento mercantil concedidos por instituições financeiras e sociedades de arrendamento mercantil, quando previsto nos respectivos contratos.

•• *Caput* com redação determinada pela Lei n. 13.172, de 21-10-2015.

§ 1.º O desconto mencionado neste artigo também poderá incidir sobre verbas rescisórias devidas pelo empregador, se assim previsto no respectivo contrato de empréstimo, financiamento, cartão de crédito ou arrendamento mercantil, até o limite de 35% (trinta e cinco por cento), sendo 5% (cinco por cento) destinados exclusivamente para:

•• § 1.º, *caput*, com redação determinada pela Lei n. 13.172, de 21-10-2015.

I – a amortização de despesas contraídas por meio de cartão de crédito; ou

•• Inciso I acrescentado pela Lei n. 13.172, de 21-10-2015.

II – a utilização com a finalidade de saque por meio do cartão de crédito.

•• Inciso II acrescentado pela Lei n. 13.172, de 21-10-2015.

§ 2.º O regulamento disporá sobre os limites de valor do empréstimo, da prestação consignável para os fins do *caput* e do comprometimento das verbas rescisórias para os fins do § 1.º deste artigo.

• *Vide* art. 3.º do Decreto n. 4.840, de 17-9-2003.

§ 3.º Os empregados de que trata o *caput* poderão solicitar o bloqueio, a qualquer tempo, de novos descontos.

•• § 3.º acrescentado pela Lei n. 13.097, de 19-1-2015.

•• A Lei n. 13.126, de 21-5-2015, propôs a revogação deste § 3.º, todavia teve seu texto vetado.

§ 4.º O disposto no § 3.º não se aplica aos descontos autorizados em data anterior à da solicitação do bloqueio.

•• § 4.º acrescentado pela Lei n. 13.097, de 19-1-2015.

•• A Lei n. 13.126, de 21-5-2015, propôs a revogação deste § 4.º, todavia teve seu texto vetado.

§ 5.º Nas operações de crédito consignado de que trata este artigo, o empregado poderá oferecer em garantia, de forma irrevogável e irretratável:

•• § 5.º, *caput*, acrescentado pela Lei n. 13.313, de 14-7-2016.

I – até 10% (dez por cento) do saldo de sua conta vinculada no Fundo de Garantia do Tempo de Serviço – FGTS;

•• Inciso I acrescentado pela Lei n. 13.313, de 14-7-2016.

II – até 100% (cem por cento) do valor da multa paga pelo empregador, em caso de despedida sem justa causa ou de despedida por culpa recíproca ou força maior, nos termos dos §§ 1.º e 2.º do art. 18 da Lei n. 8.036, de 11 de maio de 1990.

•• Inciso II acrescentado pela Lei n. 13.313, de 14-7-2016.

§ 6.º A garantia de que trata o § 5.º só poderá ser acionada na ocorrência de despedida sem justa causa, inclusive a indireta, ou de despedida por culpa recíproca ou força maior, não se aplicando, em relação à referida garantia, o disposto no § 2.º do art. 2.º da Lei n. 8.036, de 11 de maio de 1990.

•• § 6.º acrescentado pela Lei n. 13.313, de 14-7-2016.

§ 7.º O Conselho Curador do FGTS poderá definir o número máximo de parcelas e a taxa máxima mensal de juros a ser cobrada pelas instituições consignatárias nas operações de crédito consignado de que trata este artigo.

•• § 7.º acrescentado pela Lei n. 13.313, de 14-7-2016.

§ 8.º Cabe ao agente operador do FGTS definir os procedimentos operacionais necessários à execução do disposto nos §§ 5.º e 6.º deste artigo, nos termos do inciso II do *caput* do art. 7.º da Lei n. 8.036, de 11 de maio de 1990.

•• § 8.º acrescentado pela Lei n. 13.313, de 14-7-2016.

Art. 2.º Para os fins desta Lei, considera-se:

I – empregador, a pessoa jurídica assim definida pela legislação trabalhista e o empresário a que se refere o Título I do Livro II da Parte Especial da Lei n. 10.406, de 10 de janeiro de 2002 – Código Civil;

•• Inciso I com redação determinada pela Lei n. 13.097, de 19-1-2015.

• *Vide* art. 2.º da CLT.

II – empregado, aquele assim definido pela legislação trabalhista;

• *Vide* art. 3.º da CLT.

III – instituição consignatária, a instituição autorizada a conceder empréstimo ou financiamento ou realizar operação com cartão de crédito ou de arrendamento mercantil mencionada no *caput* do art. 1.º;

•• Inciso III com redação determinada pela Lei n. 13.172, de 21-10-2015.

IV – mutuário, empregado que firma com instituição consignatária contrato de empréstimo, financiamento, cartão de crédito ou arrendamento mercantil regulado por esta Lei;

•• Inciso IV com redação determinada pela Lei n. 13.172, de 21-10-2015.

V – verbas rescisórias, as importâncias devidas em dinheiro pelo empregador ao empregado em razão de rescisão do seu contrato de trabalho;

VI – instituição financeira mantenedora, a instituição a que se refere o inciso III do *caput* e que mantém as contas para crédito da remuneração disponível dos empregados;

•• Inciso VI acrescentado pela Lei n. 13.097, de 19-1-2015.

VII – desconto, ato de descontar na folha de pagamento ou em momento anterior ao do crédito devido pelo empregador ao empregado como remuneração disponível ou verba rescisória o valor das prestações assumidas em operação de empréstimo, financiamento, cartão de crédito ou arrendamento mercantil; e

•• Inciso VII com redação determinada pela Lei n. 13.172, de 21-10-2015.

VIII – remuneração disponível, os vencimentos, subsídios, soldos, salários ou remunerações, descontadas as consignações compulsórias.

•• Inciso VIII acrescentado pela Lei n. 13.097, de 19-1-2015.

• *Vide* arts. 477 e s. da CLT.

§ 1.º Para os fins desta Lei, são consideradas consignações voluntárias as autorizadas pelo empregado.

§ 2.º No momento da contratação da operação, a autorização para a efetivação dos descontos permitidos nesta Lei observará, para cada mutuário, os seguintes limites:

I – a soma dos descontos referidos no art. 1.º não poderá exceder a 35% (trinta e cinco por cento) da remuneração disponível, conforme definido em regulamento, sendo 5% (cinco por cento) destinados exclusivamente para:

•• Inciso I, *caput*, com redação determinada pela Lei n. 13.172, de 21-10-2015.

a) a amortização de despesas contraídas por meio de cartão de crédito; ou

•• Alínea *a* acrescentada pela Lei n. 13.172, de 21-10-2015.

b) a utilização com a finalidade de saque por meio do cartão de crédito; e

•• Alínea *b* acrescentada pela Lei n. 13.172, de 21-10-2015.

II – o total das consignações voluntárias, incluindo as referidas no art. 1.º, não poderá exceder a quarenta por cento da remuneração disponível, conforme definida em regulamento.

•• A Lei n. 13.126, de 21-5-2015, propôs nova redação para este inciso, todavia teve seu texto vetado.

Art. 3.º Para os fins desta Lei, são obrigações do empregador:

I – prestar ao empregado e à instituição consignatária, mediante solicitação formal do primeiro, as informações necessárias para a contratação da operação de crédito ou arrendamento mercantil;

II – tornar disponíveis aos empregados, bem como às respectivas entidades sindicais que as solicitem, as informações referentes aos custos referidos no § 2.º; e

•• Inciso II com redação determinada pela Lei n. 13.097, de 19-1-2015.

III – efetuar os descontos autorizados pelo empregado, inclusive sobre as verbas rescisórias, e repassar o valor à instituição consignatária na forma e no prazo previstos em regulamento.

•• Inciso III com redação determinada pela Lei n. 13.097, de 19-1-2015.

§ 1.º É vedado ao empregador impor ao mutuário e à instituição consignatária escolhida pelo empregado qualquer condição que não esteja prevista nesta Lei ou em seu regulamento para a efetivação do contrato e a implementação dos descontos autorizados.

§ 2.º Observado o disposto em regulamento e nos casos nele admitidos, é facultado ao empregador descontar na folha de pagamento do mutuário os custos operacionais decorrentes da realização da operação objeto desta Lei.

§ 3.º Cabe ao empregador informar, no demonstrativo de rendimentos do empregado, de forma discriminada, o valor do desconto mensal decorrente de cada operação de empréstimo, financiamento, cartão de crédito ou arrendamento mercantil e os custos operacionais referidos no § 2.º.

•• § 3.º com redação determinada pela Lei n. 13.172, de 21-10-2015.

§ 4.º Os descontos autorizados na forma desta Lei e seu regulamento terão preferência sobre outros descontos da mesma natureza que venham a ser autorizados posteriormente.

Art. 4.º A concessão de empréstimo, financiamento, cartão de crédito ou arrendamento mercantil será feita a critério da instituição consignatária, sendo os valores e as demais condições objeto de livre negociação entre ela e o mutuário, observadas as demais disposições desta Lei e seu regulamento.

•• *Caput* com redação determinada pela Lei n. 13.172, de 21-10-2015.

§ 1.º Poderá o empregador, com a anuência da entidade sindical representativa da maioria dos empregados, sem ônus para estes, firmar, com instituições consignatárias, acordo que defina condições gerais e demais critérios a serem observados nas operações de empréstimo, financiamento, cartão de crédito ou arrendamento mercantil que venham a ser realizadas com seus empregados.

•• § 1.º com redação determinada pela Lei n. 13.172, de 21-10-2015.

§ 2.º Poderão as entidades e centrais sindicais, sem ônus para os empregados, firmar, com instituições consignatárias, acordo que defina condições gerais e demais critérios a serem observados nas operações de empréstimo, financiamento, cartão de crédito ou arrendamento mercantil que venham a ser realizadas com seus representados.

•• § 2.º com redação determinada pela Lei n. 13.172, de 21-10-2015.

§ 3.º Na hipótese de ser firmado um dos acordos a que se referem os §§ 1.º ou 2.º e sendo observados e atendidos pelo empregado todos os requisitos e condições nele previstos, inclusive as regras de concessão de crédito, não poderá a instituição consignatária negar-se a celebrar a operação de empréstimo, financiamento, cartão de crédito ou arrendamento mercantil.

•• § 3.º com redação determinada pela Lei n. 13.172, de 21-10-2015.

§ 4.º Para a realização das operações referidas nesta Lei, é assegurado ao empregado o direito de optar por instituição consignatária que tenha firmado acordo com o empregador, com sua entidade sindical, ou qualquer outra instituição consignatária de sua livre escolha, ficando o empregador obrigado a proceder aos descontos e repasses por ele contratados e autorizados.

§ 5.º No caso dos acordos celebrados nos termos do § 2.º deste artigo, os custos de que trata o § 2.º do art. 3.º deverão ser negociados entre o empregador e a entidade sindical, sendo vedada a fixação de custos superiores aos previstos pelo mesmo empregador nos acordos referidos no § 1.º deste artigo.

§ 6.º Poderá ser prevista nos acordos referidos nos §§ 1.º e 2.º deste artigo, ou em acordo específico entre a instituição consignatária e o empregador, a absorção dos custos referidos no § 2.º do art. 3.º pela instituição consignatária.

§ 7.º É vedada aos empregadores, entidades e centrais sindicais a cobrança de qualquer taxa ou exigência de contrapartida pela celebração ou pela anuência nos acordos referidos nos §§ 1.º e 2.º, bem como a inclusão neles de cláusulas que impliquem pagamento em seu favor, a qualquer título, pela realização das operações de que trata esta Lei, ressalvado o disposto no § 2.º do art. 3.º.

§ 8.º Fica o empregador ou a instituição consignatária obrigada a disponibilizar, inclusive em meio eletrônico, a opção de bloqueio de novos descontos.

•• § 8.º acrescentado pela Lei n. 13.097, de 19-1-2015.

•• A Lei n. 13.126, de 21-5-2015, propôs a revogação deste § 8.º, todavia teve seu texto vetado.

Art. 5.º O empregador será o responsável pelas informações prestadas, pelo desconto dos valores devidos e pelo seu repasse às instituições consignatárias, que deverá ser realizado até o quinto dia útil após a data de pagamento ao mutuário de sua remuneração disponível.

•• *Caput* com redação determinada pela Lei n. 13.097, de 19-1-2015.

§ 1.º O empregador, salvo disposição contratual em contrário, não será corresponsável pelo pagamento dos empréstimos, financiamentos, cartões de crédito e arrendamentos mercantis concedidos aos seus empregados, mas responderá como devedor principal e solidário perante a instituição consignatária por valores a ela devidos em razão de contratações por ele confirmadas na forma desta Lei e de seu regulamento que deixarem, por sua falha ou culpa, de ser retidos ou repassados.

•• § 1.º com redação determinada pela Lei n. 13.172, de 21-10-2015.

§ 2.º Na hipótese de comprovação de que o pagamento mensal do empréstimo, financiamento, cartão de crédito ou arrendamento mercantil tenha sido descontado do mutuário e não tenha sido repassado pelo empregador, ou pela instituição financeira mantenedora, na forma do § 5.º, à instituição consignatária, fica esta proibida de incluir o nome do mutuário em cadastro de inadimplentes.

•• § 2.º com redação determinada pela Lei n. 13.172, de 21-10-2015.

§ 3.º Na hipótese de ocorrência da situação descrita no § 2.º, é cabível o ajuizamento de ação de depósito, nos termos do Capítulo II do Título I do Livro IV da Lei n. 5.869, de 11 de janeiro de 1973 – Código de Processo Civil, em face do empregador, ou da instituição financeira mantenedora, se responsável pelo desconto, na forma do § 5.º, e de seus representantes legais.

•• § 3.º com redação determinada pela Lei n. 13.097, de 19-1-2015.

§ 4.º No caso de falência do empregador, antes do repasse das importâncias descontadas dos mutuários, fica assegurado à instituição consignatária o direito de pedir, na forma prevista em lei, a restituição das importâncias retidas.

§ 5.º O acordo firmado entre o empregador e a instituição financeira mantenedora poderá prever que a responsabilidade pelo desconto de que trata o *caput* será da instituição financeira mantenedora.

•• § 5.º acrescentado pela Lei n. 13.097, de 19-1-2015.

Art. 6.º Os titulares de benefícios de aposentadoria e pensão do Regime Geral de Previdência Social poderão autorizar o Instituto Nacional do Seguro Social – INSS a proceder aos descontos referidos no art. 1.º e autorizar, de forma irrevogável e irretratável, que a instituição financeira na qual recebam seus benefícios retenha, para fins de amortização, valores referentes ao pagamento mensal de empréstimos, financiamentos, cartões de crédito e operações de arrendamento mercantil por ela concedidos, quando previstos em contrato, nas condições estabelecidas em regulamento, observadas as normas editadas pelo INSS.

•• *Caput* com redação determinada pela Lei n. 13.172, de 21-10-2015.

• A Instrução Normativa n. 28, de 16-5-2008, do INSS, estabelece procedimentos quanto à consignação de descontos para pagamento de empréstimos e cartão de crédito contraídos nos benefícios da Previdência Social.

§ 1.º Para os fins do *caput*, fica o INSS autorizado a dispor, em ato próprio, sobre:

I – as formalidades para habilitação das instituições e sociedades referidas no art. 1.º;

II – os benefícios elegíveis, em função de sua natureza e forma de pagamento;

III – as rotinas a serem observadas para a prestação aos titulares de benefícios em manutenção e às instituições consignatárias das informações necessárias à consecução do disposto nesta Lei;

IV – os prazos para o início dos descontos autorizados e para o repasse das prestações às instituições consignatárias;

V – o valor dos encargos a serem cobrados para ressarcimento dos custos operacionais a ele acarretados pelas operações; e

VI – as demais normas que se fizerem necessárias.

§ 2.º Em qualquer circunstância, a responsabilidade do INSS em relação às operações referidas no *caput* deste artigo restringe-se à:

I – retenção dos valores autorizados pelo beneficiário e repasse à instituição consignatária nas operações de desconto, não cabendo à autarquia responsabilidade solidária pelos débitos contratados pelo segurado; e

II – manutenção dos pagamentos do titular do benefício na mesma instituição financeira enquanto houver saldo devedor nas operações em que for autorizada a retenção, não cabendo à autarquia responsabilidade solidária pelos débitos contratados pelo segurado.

•• § 2.º com redação determinada pela Lei n. 10.953, de 27-9-2004.

§ 3.º É vedado ao titular de benefício que realizar qualquer das operações referidas nesta Lei solicitar a alteração da instituição financeira pagadora, enquanto houver saldo devedor em amortização.

•• § 3.º com redação determinada pela Lei n. 10.953, de 27-9-2004.

§ 4.º É facultada a transferência da consignação do empréstimo, financiamento ou arrendamento firmado pelo empregado na vigência do seu contrato de trabalho quando de sua aposentadoria, observadas as condições estabelecidas nesta Lei.

•• A Lei n. 13.126, de 21-5-2015, propôs nova redação para este § 4.º, todavia teve seu texto vetado.

§ 5.º Os descontos e as retenções mencionados no *caput* não poderão ultrapassar o limite de 35% (trinta e cinco por cento) do valor dos benefícios, sendo 5% (cinco por cento) destinados exclusivamente para:

•• § 5.º, *caput*, com redação determinada pela Lei n. 13.172, de 21-10-2015.

I – a amortização de despesas contraídas por meio de cartão de crédito; ou

•• Inciso I acrescentado pela Lei n. 13.172, de 21-10-2015.

II – a utilização com a finalidade de saque por meio do cartão de crédito.

•• Inciso II acrescentado pela Lei n. 13.172, de 21-10-2015.

§ 6.º A instituição financeira que proceder à retenção de valor superior ao limite estabelecido no § 5.º deste artigo perderá todas as garantias que lhe são conferidas por esta Lei.

•• § 6.º acrescentado pela Lei n. 10.953, de 27-9-2004.

•• A Lei n. 13.126, de 21-5-2015, propôs a revogação deste § 6.º, todavia teve seu texto vetado.

Art. 6.º-A. Equiparam-se, para os fins do disposto nos arts. 1.º e 6.º, às operações neles referidas as que são realizadas com entidades abertas ou fechadas de previdência complementar pelos respectivos participantes ou assistidos.

•• Artigo acrescentado pela Lei n. 13.183, de 4-11-2015.

....

Art. 8.º O Poder Executivo regulamentará o disposto nesta Lei.

•• *Vide* Decreto n. 4.840, de 17-9-2003, que regulamenta esta Lei.

Art. 9.º Esta Lei entra em vigor na data de sua publicação.

Brasília, 17 de dezembro de 2003; 182.º da Independência e 115.º da República.

Luiz Inácio Lula da Silva

LEI N. 10.833,

DE 29 DE DEZEMBRO DE 2003 (*)

Altera a Legislação Tributária Federal e dá outras providências.

O Presidente da República

Faço saber que o Congresso Nacional decreta e eu sanciono a seguinte Lei:

....

CAPÍTULO II

DAS OUTRAS DISPOSIÇÕES RELATIVAS À LEGISLAÇÃO TRIBUTÁRIA

....

Art. 28. Cabe à fonte pagadora, no prazo de 15 (quinze) dias da data da retenção de que trata o *caput* do art. 46 da Lei n. 8.541, de 23 de dezembro de 1992, comprovar, nos respectivos autos, o recolhimento do imposto de renda na fonte incidente sobre os rendimentos pagos em cumprimento de decisões da Justiça do Trabalho.

• Citado dispositivo consta deste volume.

• A Instrução Normativa n. 491, de 12-1-2005, da Secretaria da Receita Federal, dispõe sobre a incidência do imposto de renda sobre os rendimentos pagos em cumprimento de decisões da Justiça do Trabalho de que trata este artigo.

(*) Publicada no *DOU*, de 30-12-2003 – Edição Extra.

§ 1.º Na hipótese de omissão da fonte pagadora relativamente à comprovação de que trata o *caput*, e nos pagamentos de honorários periciais, competirá ao Juízo do Trabalho calcular o imposto de renda na fonte e determinar o seu recolhimento à instituição financeira depositária do crédito.

§ 2.º A não indicação pela fonte pagadora da natureza jurídica das parcelas objeto de acordo homologado perante a Justiça do Trabalho acarretará a incidência do imposto de renda na fonte sobre o valor total da avença.

§ 3.º A instituição financeira deverá, na forma, prazo e condições estabelecidas pela Secretaria da Receita Federal, fornecer à pessoa física beneficiária o Comprovante de Rendimentos Pagos e de Retenção do Imposto de Renda na Fonte, bem como apresentar à Secretaria da Receita Federal declaração contendo informações sobre:

I – os pagamentos efetuados à reclamante e o respectivo imposto de renda retido na fonte, na hipótese do § 1.º;

II – os honorários pagos a perito e o respectivo imposto de renda retido na fonte;

III – as importâncias pagas a título de honorários assistenciais de que trata o art. 16 da Lei n. 5.584, de 26 de junho de 1970;

• Citado dispositivo consta deste volume.

IV – a indicação do advogado da reclamante.

....

Brasília, 29 de dezembro de 2003; 182.º da Independência e 115.º da República.

LUIZ INÁCIO LULA DA SILVA

LEI N. 11.101,

DE 9 DE FEVEREIRO DE 2005 (*)

Regula a recuperação judicial, a extrajudicial e a falência do empresário e da sociedade empresária.

O Presidente da República

Faço saber que o Congresso Nacional decreta e eu sanciono a seguinte Lei:

CAPÍTULO I
DISPOSIÇÕES PRELIMINARES

Art. 1.º Esta Lei disciplina a recuperação judicial, a recuperação extrajudicial e a falência do empresário e da sociedade empresária, doravante referidos simplesmente como devedor.

Art. 2.º Esta Lei não se aplica a:

I – empresa pública e sociedade de economia mista;

II – instituição financeira pública ou privada, cooperativa de crédito, consórcio, entidade de previdência complementar, sociedade operadora de plano de assistência à saúde, sociedade seguradora, sociedade de capitalização e outras entidades legalmente equiparadas às anteriores.

Art. 3.º É competente para homologar o plano de recuperação extrajudicial, deferir a recuperação judicial ou decretar a falência o juízo do local do principal estabelecimento do devedor ou da filial de empresa que tenha sede fora do Brasil.

....

CAPÍTULO II
DISPOSIÇÕES COMUNS À RECUPERAÇÃO JUDICIAL E À FALÊNCIA

SEÇÃO I
Disposições Gerais

....

Art. 6.º A decretação da falência ou o deferimento do processamento da recuperação judicial suspende o curso da prescrição e de todas as ações e execuções em face do devedor, inclusive aquelas dos credores particulares do sócio solidário.

• *Vide* Súmula 581 do STJ.

....

§ 2.º É permitido pleitear, perante o administrador judicial, habilitação, exclusão ou modificação de créditos derivados da relação de trabalho, mas as ações de natureza trabalhista, inclusive as impugnações a que se refere o art. 8.º desta Lei, serão processadas perante a justiça especializada até a apuração do respectivo crédito, que será inscrito no quadro-geral de credores pelo valor determinado em sentença.

§ 3.º O juiz competente para as ações referidas nos §§ 1.º e 2.º deste artigo poderá determinar a reserva da importância que estimar devida na recuperação judicial ou na falência, e, uma vez reconhecido líquido o direito, será o crédito incluído na classe própria.

§ 4.º Na recuperação judicial, a suspensão de que trata o *caput* deste artigo em hipótese nenhuma excederá o prazo improrrogável de 180 (cento e oitenta) dias contado do deferimento do processamento da recuperação, restabelecendo-se, após o decurso do prazo, o direito dos credores de iniciar ou continuar suas ações e execuções, independentemente de pronunciamento judicial.

§ 5.º Aplica-se o disposto no § 2.º deste artigo à recuperação judicial durante o período de suspensão de que trata o § 4.º deste artigo, mas, após o fim da suspensão, as execuções trabalhistas poderão ser normalmente concluídas, ainda que o crédito já esteja inscrito no quadro-geral de credores.

§ 6.º Independentemente da verificação periódica perante os cartórios de distribuição, as ações que venham a ser propostas contra o devedor deverão ser comunicadas ao juízo da falência ou da recuperação judicial:

I – pelo juiz competente, quando do recebimento da petição inicial;

II – pelo devedor, imediatamente após a citação.

(*) Publicada no *DOU*, de 9-2-2005 – Edição Extra.

....

SEÇÃO II
Da Verificação e da Habilitação de Créditos

Art. 7.º A verificação dos créditos será realizada pelo administrador judicial, com base nos livros contábeis e documentos comerciais e fiscais do devedor e nos documentos que lhe forem apresentados pelos credores, podendo contar com o auxílio de profissionais ou empresas especializadas.

§ 1.º Publicado o edital previsto no art. 52, § 1.º, ou no parágrafo único do art. 99 desta Lei, os credores terão o prazo de 15 (quinze) dias para apresentar ao administrador judicial suas habilitações ou suas divergências quanto aos créditos relacionados.

• O art. 52, § 1.º, dispõe sobre o conteúdo do edital expedido por ordem do juiz que deferir o processamento da recuperação judicial. O art. 99 dispõe sobre o conteúdo da sentença que decretar a falência.

§ 2.º O administrador judicial, com base nas informações e documentos colhidos na forma do *caput* e do § 1.º deste artigo, fará publicar edital contendo a relação de credores no prazo de 45 (quarenta e cinco) dias, contado do fim do prazo do § 1.º deste artigo, devendo indicar o local, o horário e o prazo comum em que as pessoas indicadas no art. 8.º desta Lei terão acesso aos documentos que fundamentaram a elaboração dessa relação.

Art. 8.º No prazo de 10 (dez) dias, contado da publicação da relação referida no art. 7.º, § 2.º, desta Lei, o Comitê, qualquer credor, o devedor ou seus sócios ou o Ministério Público podem apresentar ao juiz impugnação contra a relação de credores, apontando a ausência de qualquer crédito ou manifestando-se contra a legitimidade, importância ou classificação de crédito relacionado.

....

SEÇÃO III
Do Administrador Judicial e do Comitê de Credores

....

Art. 26. O Comitê de Credores será constituído por deliberação de qualquer das classes de credores na assembleia geral e terá a seguinte composição:

I – 1 (um) representante indicado pela classe de credores trabalhistas, com 2 (dois) suplentes;

....

SEÇÃO IV
Da Assembleia Geral de Credores

Art. 35. A assembleia geral de credores terá por atribuições deliberar sobre:

I – na recuperação judicial:

a) aprovação, rejeição ou modificação do plano de recuperação judicial apresentado pelo devedor;

b) a constituição do Comitê de Credores, a escolha de seus membros e sua substituição;

c) (*Vetada.*)

d) o pedido de desistência do devedor, nos termos do § 4.º do art. 52 desta Lei;

e) o nome do gestor judicial, quando do afastamento do devedor;

f) qualquer outra matéria que possa afetar os interesses dos credores;

II – na falência:

a) (*Vetada.*)

b) a constituição do Comitê de Credores, a escolha de seus membros e sua substituição;

c) a adoção de outras modalidades de realização do ativo, na forma do art. 145 desta Lei;

d) qualquer outra matéria que possa afetar os interesses dos credores.

....

Art. 37. A assembleia será presidida pelo administrador judicial, que designará 1 (um) secretário dentre os credores presentes.

....

§ 5.º Os sindicatos de trabalhadores poderão representar seus associados titulares de créditos derivados da legislação do trabalho ou decorrentes de acidente de trabalho que não comparecerem, pessoalmente ou por procurador, à assembleia.

§ 6.º Para exercer a prerrogativa prevista no § 5.º deste artigo, o sindicato deverá:

I – apresentar ao administrador judicial, até 10 (dez) dias antes da assembleia, a relação dos associados que pretende representar, e o trabalhador que conste da relação de mais de um sindicato deverá esclarecer, até 24 (vinte e quatro) horas antes da assembleia, qual sindicato o representa, sob pena de não ser representado em assembleia por nenhum deles; e

II – (*Vetado.*)

....

Art. 41. A assembleia geral será composta pelas seguintes classes de credores:

I – titulares de créditos derivados da legislação do trabalho ou decorrentes de acidentes de trabalho;

....

IV – titulares de créditos enquadrados como microempresa ou empresa de pequeno porte.

•• Inciso IV acrescentado pela Lei Complementar n. 147, de 7-8-2014.

§ 1.º Os titulares de créditos derivados da legislação do trabalho votam com a classe prevista no inciso I do *caput* deste artigo com o total de seu crédito, independentemente do valor.

....

Art. 42. Considerar-se-á aprovada a proposta que obtiver votos favoráveis de credores que representem mais da metade do valor total dos créditos presentes à assembleia geral, exceto nas deliberações sobre o plano de recuperação judicial nos termos da alínea *a* do inciso I do *caput* do art. 35 desta Lei, a composição do Comitê de Credores ou forma alternativa de realização do ativo nos termos do art. 145 desta Lei.

....

Art. 44. Na escolha dos representantes de cada classe no Comitê de Credores, somente os respectivos membros poderão votar.

Art. 45. Nas deliberações sobre o plano de recuperação judicial, todas as classes de credores referidas no art. 41 desta Lei deverão aprovar a proposta.

....

§ 2.º Nas classes previstas nos incisos I e IV do art. 41 desta Lei, a proposta deverá ser aprovada pela maioria simples dos credores presentes, independentemente do valor de seu crédito.

•• § 2.º com redação determinada pela Lei Complementar n. 147, de 7-8-2014.

§ 3.º O credor não terá direito a voto e não será considerado para fins de verificação de *quorum* de deliberação se o plano de recuperação judicial não alterar o valor ou as condições originais de pagamento de seu crédito.

Art. 46. A aprovação de forma alternativa de realização do ativo na falência, prevista no art. 145 desta Lei, dependerá do voto favorável de credores que representem 2/3 (dois terços) dos créditos presentes à assembleia.

CAPÍTULO III

DA RECUPERAÇÃO JUDICIAL

SEÇÃO I

Disposições Gerais

•• *Vide* arts. 190 e 191 do CPC.

•• *Vide* Enunciado n. 113 da 2.ª Jornada de Direito Processual Civil.

Art. 47. A recuperação judicial tem por objetivo viabilizar a superação da situação de crise econômico-financeira do devedor, a fim de permitir a manutenção da fonte produtora, do emprego dos trabalhadores e dos interesses dos credores, promovendo, assim, a preservação da empresa, sua função social e o estímulo à atividade econômica.

....

Art. 50. Constituem meios de recuperação judicial, observada a legislação pertinente a cada caso, dentre outros:

....

VII – trespasse ou arrendamento de estabelecimento, inclusive à sociedade constituída pelos próprios empregados;

VIII – redução salarial, compensação de horários e redução da jornada, mediante acordo ou convenção coletiva;

....

SEÇÃO II

Do Pedido e do Processamento da Recuperação Judicial

Art. 51. A petição inicial de recuperação judicial será instruída com:

....

IV – a relação integral dos empregados, em que constem as respectivas funções, salários, indenizações e outras parcelas a que têm direito, com o correspondente mês de competência, e a discriminação dos valores pendentes de pagamento;

....

IX – a relação, subscrita pelo devedor, de todas as ações judiciais em que este figure como parte, inclusive as de natureza trabalhista, com a estimativa dos respectivos valores demandados.

....

Art. 52. ....

§ 4.º O devedor não poderá desistir do pedido de recuperação judicial após o deferimento de seu processamento, salvo se obtiver aprovação da desistência na assembleia geral de credores.

SEÇÃO III

Do Plano de Recuperação Judicial

....

Art. 54. O plano de recuperação judicial não poderá prever prazo superior a 1 (um) ano para pagamento dos créditos derivados da legislação do trabalho ou decorrentes de acidentes de trabalho vencidos até a data do pedido de recuperação judicial.

Parágrafo único. O plano não poderá, ainda, prever prazo superior a 30 (trinta) dias para o pagamento, até o limite de 5 (cinco) salários mínimos por trabalhador, dos créditos de natureza estritamente salarial vencidos nos 3 (três) meses anteriores ao pedido de recuperação judicial.

....

CAPÍTULO V

DA FALÊNCIA

SEÇÃO I

Disposições Gerais

....

Art. 76. O juízo da falência é indivisível e competente para conhecer todas as ações sobre bens, interesses e negócios do falido, ressalvadas as causas trabalhistas, fiscais e aquelas não reguladas nesta Lei em que o falido figurar como autor ou litisconsorte ativo.

Parágrafo único. Todas as ações, inclusive as excetuadas no *caput* deste artigo, terão prosseguimento com o administrador judicial, que deverá ser intimado para representar a massa falida, sob pena de nulidade do processo.

....

SEÇÃO II
Da Classificação dos Créditos

Art. 83. A classificação dos créditos na falência obedece à seguinte ordem:

I – os créditos derivados da legislação do trabalho, limitados a 150 (cento e cinquenta) salários mínimos por credor, e os decorrentes de acidentes de trabalho;

II – créditos com garantia real até o limite do valor do bem gravado;

III – créditos tributários, independentemente da sua natureza e tempo de constituição, excetuadas as multas tributárias;

IV – créditos com privilégio especial, a saber:

a) os previstos no art. 964 da Lei n. 10.406, de 10 de janeiro de 2002;

• Citado artigo do CC dispõe: "Art. 964. Têm privilégio especial: (...) VIII – sobre o produto da colheita, para a qual houver concorrido com o seu trabalho, e precipuamente a quaisquer outros créditos, ainda que reais, o trabalhador agrícola, quanto à dívida dos seus salários".

b) os assim definidos em outras leis civis e comerciais, salvo disposição contrária desta Lei;

c) aqueles a cujos titulares a lei confira o direito de retenção sobre a coisa dada em garantia;

d) aqueles em favor dos microempreendedores individuais e das microempresas e empresas de pequeno porte de que trata a Lei Complementar n. 123, de 14 de dezembro de 2006;

•• Alínea *d* acrescentada pela Lei Complementar n. 147, de 7-8-2014.

V – créditos com privilégio geral, a saber:

a) os previstos no art. 965 da Lei n. 10.406, de 10 de janeiro de 2002;

• Citado artigo do CC dispõe: "Art. 965. Goza de privilégio geral, na ordem seguinte, sobre os bens do devedor: (...) VII – o crédito pelos salários dos empregados do serviço doméstico do devedor, nos seus derradeiros seis meses de vida".

b) os previstos no parágrafo único do art. 67 desta Lei;

• O parágrafo único do art. 67 dispõe sobre os créditos quirografários sujeitos à recuperação judicial pertencentes a fornecedores de bens ou serviços que continuarem a provê-los normalmente após o pedido de recuperação judicial.

c) os assim definidos em outras leis civis e comerciais, salvo disposição contrária desta Lei;

VI – créditos quirografários, a saber:

a) aqueles não previstos nos demais incisos deste artigo;

b) os saldos dos créditos não cobertos pelo produto da alienação dos bens vinculados ao seu pagamento;

c) os saldos dos créditos derivados da legislação do trabalho que excederem o limite estabelecido no inciso I do *caput* deste artigo;

VII – as multas contratuais e as penas pecuniárias por infração das leis penais ou administrativas, inclusive as multas tributárias;

VIII – créditos subordinados, a saber:

a) os assim previstos em lei ou em contrato;

b) os créditos dos sócios e dos administradores sem vínculo empregatício.

§ 1.º Para os fins do inciso II do *caput* deste artigo, será considerado como valor do bem objeto de garantia real a importância efetivamente arrecadada com sua venda, ou, no caso de alienação em bloco, o valor de avaliação do bem individualmente considerado.

§ 2.º Não são oponíveis à massa os valores decorrentes de direito de sócio ao recebimento de sua parcela do capital social na liquidação da sociedade.

§ 3.º As cláusulas penais dos contratos unilaterais não serão atendidas se as obrigações neles estipuladas se vencerem em virtude da falência.

§ 4.º Os créditos trabalhistas cedidos a terceiros serão considerados quirografários.

Art. 84. Serão considerados créditos extraconcursais e serão pagos com precedência sobre os mencionados no art. 83 desta Lei, na ordem a seguir, os relativos a:

I – remunerações devidas ao administrador judicial e seus auxiliares, e créditos derivados da legislação do trabalho ou decorrentes de acidentes de trabalho relativos a serviços prestados após a decretação da falência;

....

SEÇÃO X
Da Realização do Ativo

Art. 139. Logo após a arrecadação dos bens, com a juntada do respectivo auto ao processo de falência, será iniciada a realização do ativo.

....

Art. 141. Na alienação conjunta ou separada de ativos, inclusive da empresa ou de suas filiais, promovida sob qualquer das modalidades de que trata este artigo:

I – todos os credores, observada a ordem de preferência definida no art. 83 desta Lei, sub-rogam-se no produto da realização do ativo;

II – o objeto da alienação estará livre de qualquer ônus e não haverá sucessão do arrematante nas obrigações do devedor, inclusive as de natureza tributária, as derivadas da legislação do trabalho e as decorrentes de acidentes de trabalho.

§ 1.º O disposto no inciso II do *caput* deste artigo não se aplica quando o arrematante for:

I – sócio da sociedade falida, ou sociedade controlada pelo falido;

II – parente, em linha reta ou colateral até o 4.º (quarto) grau, consanguíneo ou afim, do falido ou de sócio da sociedade falida; ou

III – identificado como agente do falido com o objetivo de fraudar a sucessão.

§ 2.º Empregados do devedor contratados pelo arrematante serão admitidos mediante novos contratos de trabalho e o arrematante não responde por obrigações decorrentes do contrato anterior.

Art. 142. O juiz, ouvido o administrador judicial e atendendo à orientação do Comitê, se houver, ordenará que se proceda à alienação do ativo em uma das seguintes modalidades:

I – leilão, por lances orais;

II – propostas fechadas;

III – pregão.

....

Art. 145. O juiz homologará qualquer outra modalidade de realização do ativo, desde que aprovada pela assembleia geral de credores, inclusive com a constituição de sociedade de credores ou dos empregados do próprio devedor, com a participação, se necessária, dos atuais sócios ou de terceiros.

§ 1.º Aplica-se à sociedade mencionada neste artigo o disposto no art. 141 desta Lei.

§ 2.º No caso de constituição de sociedade formada por empregados do próprio devedor, estes poderão utilizar créditos derivados da legislação do trabalho para a aquisição ou arrendamento da empresa.

....

SEÇÃO XI

Do Pagamento aos Credores

....

Art. 151. Os créditos trabalhistas de natureza estritamente salarial vencidos nos 3 (três) meses anteriores à decretação da falência, até o limite de 5 (cinco) salários mínimos por trabalhador, serão pagos tão logo haja disponibilidade em caixa.

....

CAPÍTULO VI

DA RECUPERAÇÃO EXTRAJUDICIAL

Art. 161. O devedor que preencher os requisitos do art. 48 desta Lei poderá propor e negociar com credores plano de recuperação extrajudicial.

• O art. 48 dispõe sobre os requisitos necessários para o requerimento da recuperação judicial.

§ 1.º Não se aplica o disposto neste Capítulo a titulares de créditos de natureza tributária, derivados da legislação do trabalho ou decorrentes de acidente de trabalho, assim como àqueles previstos nos arts. 49, § 3.º, e 86, inciso II do *caput*, desta Lei.

• O § 3.º do art. 49 dispõe sobre: "...credor titular da posição de proprietário fiduciário de bens móveis ou imóveis, de arrendador mercantil, de proprietário ou promitente vendedor de imóvel cujos respectivos contratos contenham cláusula de irrevogabilidade ou irretratabilidade, inclusive em incorporações imobiliárias, ou de proprietário em contrato de venda com reserva de domínio...". O inciso II do art. 86 dispõe sobre contrato de câmbio para exportação.

....

CAPÍTULO VIII

DISPOSIÇÕES FINAIS E TRANSITÓRIAS

....

Art. 192. Esta Lei não se aplica aos processos de falência ou de concordata ajuizados anteriormente ao início de sua vigência, que serão concluídos nos termos do Decreto-lei n. 7.661, de 21 de junho de 1945.

•• O Decreto-lei n. 7.661, de 21-6-1945, foi revogado pela Lei n. 11.101, de 9-2-2005, que regula a Recuperação Judicial, a Extrajudicial e a Falência do Empresário na Sociedade Empresária.

§ 1.º Fica vedada a concessão de concordata suspensiva nos processos de falência em curso, podendo ser promovida a alienação dos bens da massa falida assim que concluída sua arrecadação, independentemente da formação do quadro-geral de credores e da conclusão do inquérito judicial.

§ 2.º A existência de pedido de concordata anterior à vigência desta Lei não obsta o pedido de recuperação judicial pelo devedor que não houver descumprido obrigação no âmbito da concordata, vedado, contudo, o pedido baseado no plano especial de recuperação judicial para microempresas e empresas de pequeno porte a que se refere a Seção V do Capítulo III desta Lei.

§ 3.º No caso do § 2.º deste artigo, se deferido o processamento da recuperação judicial, o processo de concordata será extinto e os créditos submetidos à concordata serão inscritos por seu valor original na recuperação judicial, deduzidas as parcelas pagas pelo concordatário.

§ 4.º Esta Lei aplica-se às falências decretadas em sua vigência resultantes de convolação de concordatas ou de pedidos de falência anteriores, às quais se aplica, até a decretação, o Decreto-lei n. 7.661, de 21 de junho de 1945, observado, na decisão que decretar a falência, o disposto no art. 99 desta Lei.

....

Art. 200. Ressalvado o disposto no art. 192 desta Lei, ficam revogados o Decreto-lei n. 7.661, de 21 de junho de 1945, e os arts. 503 a 512 do Decreto-lei n. 3.689, de 3 de outubro de 1941 – Código de Processo Penal.

Art. 201. Esta Lei entra em vigor 120 (cento e vinte) dias após sua publicação.

Brasília, 9 de fevereiro de 2005; 184.º da Independência e 117.º da República.

LUIZ INÁCIO LULA DA SILVA

INSTRUÇÃO NORMATIVA N. 27,

DE 16 DE FEVEREIRO DE 2005 (*)

Dispõe sobre normas procedimentais aplicáveis ao processo do trabalho em decorrência da ampliação da competência da Justiça do Trabalho pela Emenda Constitucional n. 45/2004.

(*) Publicada no *DJU*, de 22-2-2005, e republicada em 5-7-2005.

Art. 1.º As ações ajuizadas na Justiça do Trabalho tramitarão pelo rito ordinário ou sumaríssimo, conforme previsto na Consolidação das Leis do Trabalho, excepcionando-se, apenas, as que, por disciplina legal expressa, estejam sujeitas a rito especial, tais como o Mandado de Segurança, *Habeas Corpus*, *Habeas Data*, Ação Rescisória, Ação Cautelar e Ação de Consignação em Pagamento.

Art. 2.º A sistemática recursal a ser observada é a prevista na Consolidação das Leis do Trabalho, inclusive no tocante à nomenclatura, à alçada, aos prazos e às competências.

Parágrafo único. O depósito recursal a que se refere o art. 899 da CLT é sempre exigível como requisito extrínseco do recurso, quando houver condenação em pecúnia.

Art. 3.º Aplicam-se quanto às custas as disposições da Consolidação das Leis do Trabalho.

§ 1.º As custas serão pagas pelo vencido, após o trânsito em julgado da decisão.

§ 2.º Na hipótese de interposição de recurso, as custas deverão ser pagas e comprovado seu recolhimento no prazo recursal (arts. 789, 789-A, 790 e 790-A da CLT).

§ 3.º Salvo nas lides decorrentes da relação de emprego, é aplicável o princípio da sucumbência recíproca, relativamente às custas.

Art. 4.º Aos emolumentos aplicam-se as regras previstas na Consolidação das Leis do Trabalho, conforme previsão dos arts. 789-B e 790 da CLT.

Parágrafo único. Os entes públicos mencionados no art. 790-A da CLT são isentos do pagamento de emolumentos.

•• Parágrafo único acrescentado pela Resolução n. 133, de 16-6-2005.

Art. 5.º Exceto nas lides decorrentes da relação de emprego, os honorários advocatícios são devidos pela mera sucumbência.

Art. 6.º Os honorários periciais serão suportados pela parte sucumbente na pretensão objeto da perícia, salvo se beneficiária da justiça gratuita.

Parágrafo único. Faculta-se ao juiz, em relação à perícia, exigir depósito prévio dos honorários, ressalvadas as lides decorrentes da relação de emprego.

Art. 7.º Esta Resolução entrará em vigor na data da sua publicação.

Sala de Sessões, 16 de fevereiro de 2005.

Valério Augusto Freitas do Carmo

RESOLUÇÃO N. 467,

DE 21 DE DEZEMBRO DE 2005 (*)

Estabelece procedimentos relativos à concessão do Seguro-Desemprego.

O Conselho Deliberativo do Fundo de Amparo ao Trabalhador – CODEFAT, no uso das atribuições que lhe confere o inciso V do art. 19 da Lei n. 7.998, de 11 de janeiro de 1990, resolve:

Art. 1.º Estabelecer critérios relativos à integração das ações de concessão do Seguro-Desemprego e de assistência aos trabalhadores dispensados face às alterações introduzidas na Lei n. 7.998/90 e na legislação trabalhista.

Art. 2.º O Programa do Seguro-Desemprego tem por finalidade:

I – prover assistência financeira temporária ao trabalhador desempregado em virtude de dispensa sem justa causa, inclusive a indireta; e

II – auxiliar os trabalhadores na busca de emprego, promovendo, para tanto, ações integradas de orientação, recolocação e qualificação profissional.

Art. 3.º Terá direito a perceber o Seguro-Desemprego o trabalhador dispensado sem justa causa, inclusive a indireta, que comprove:

I – ter recebido salários consecutivos no período de 6 (seis) meses imediatamente anteriores à data da dispensa, de uma ou mais pessoas jurídicas ou físicas equiparadas às jurídicas;

II – ter sido empregado de pessoa jurídica ou pessoa física equiparada à jurídica durante, pelo menos, 6 (seis) meses nos últimos 36 (trinta e seis) meses que antecederam a data de dispensa que deu origem ao requerimento do Seguro-Desemprego;

III – não estar em gozo de qualquer benefício previdenciário de prestação continuada, previsto no Regulamento de Benefícios da Previdência Social, excetuando o auxílio-acidente e a pensão por morte; e

IV – não possuir renda própria de qualquer natureza suficiente a sua manutenção e de sua família.

§ 1.º Considera-se pessoa física equiparada à jurídica, os profissionais liberais inscritos no Cadastro Específico do Instituto Nacional do Seguro Social (CEI).

§ 2.º Considera-se 1 (um) mês de atividade, para efeito do inciso II deste artigo, a fração igual ou superior a 15 (quinze) dias, nos termos da Consolidação das Leis do Trabalho.

Art. 4.º A comprovação dos requisitos de que trata o artigo anterior deverá ser feita:

I – mediante as anotações da Carteira de Trabalho e Previdência Social – CTPS;

II – pela apresentação do Termo de Rescisão do Contrato de Trabalho – TRCT, homologado quando o período trabalhado for superior a 1 (um) ano;

III – mediante documento utilizado para levantamento dos depósitos do FGTS ou extrato comprobatório dos depósitos;

IV – pela apresentação da sentença judicial transitada em julgado, acórdão ou certidão judicial, onde constem os dados do trabalhador, da empresa e se o motivo da dispensa for sem justa causa; e

V – mediante verificação a cargo da Auditoria Fiscal do Trabalho, quando for o caso.

(*) Publicada no *DOU*, de 26-12-2005.

Parágrafo único. A comprovação dos demais requisitos será feita mediante declaração firmada pelo trabalhador, no Requerimento do Seguro-Desemprego – RSD.

Art. 5.º O Seguro-Desemprego será concedido ao trabalhador desempregado, por um período máximo variável de 03 (três) a 05 (cinco) meses, de forma contínua ou alternada, a cada período aquisitivo de 16 (dezesseis) meses, observando-se a seguinte relação:

I – 03 (três) parcelas, se o trabalhador comprovar vínculo empregatício com pessoa jurídica ou pessoa física a ela equiparada de no mínimo 06 (seis) meses e no máximo 11 (onze) meses, nos últimos 36 (trinta e seis) meses;

II – 04 (quatro) parcelas, se o trabalhador comprovar vínculo empregatício com pessoa jurídica ou pessoa física a ela equiparada de no mínimo 12 (doze) meses e no máximo 23 (vinte e três) meses no período de referência; e

III – 05 (cinco) parcelas, se o trabalhador comprovar vínculo empregatício com pessoa jurídica ou pessoa física a ela equiparada, de no mínimo 24 (vinte e quatro) meses no período de referência.

§ 1.º O período aquisitivo de que trata este artigo será contado da data de dispensa que deu origem à última habilitação, não podendo ser interrompido quando a concessão do benefício estiver em curso.

§ 2.º A primeira dispensa que habilitar o trabalhador determinará o número de parcelas a que este terá direito no período aquisitivo.

Art. 6.º A adesão a Planos de Demissão Voluntária ou similar não dará direito ao benefício, por não caracterizar demissão involuntária.

Art. 7.º O valor do benefício será fixado em moeda corrente na data de sua concessão e corrigido anualmente por índice oficial, não podendo ser inferior ao valor do salário mínimo.

Art. 8.º O valor do benefício do Seguro-Desemprego será calculado com base no art. 5.º da Lei n. 7.998/90 e reajustado de acordo com a legislação em vigor.

Art. 9.º Para fins de apuração do benefício, será considerada a média aritmética dos salários dos últimos três meses anteriores à dispensa.

•• *Caput* com redação determinada pela Resolução n. 699, de 30-8-2012.

§ 1.º Os salários dos três últimos meses utilizados para o cálculo da média aritmética de que trata o *caput* deste artigo, referem-se aos salários de contribuição estabelecido no Inciso I, art. 28 da Lei 8.212, de 24 de julho de 1991, informados no Cadastro Nacional de Informações Sociais – CNIS.

•• § 1.º com redação determinada pela Resolução n. 699, de 30-8-2012.

§ 2.º Se, excepcionalmente, o salário de contribuição de que trata o parágrafo primeiro deste artigo não constar na base CNIS, este deverá ser obtido na Carteira de Trabalho e Previdência Social – CTPS, atualizado, no contracheque ou, ainda, nos documentos decorrentes de determinação judicial. Nestes casos, as cópias dos documentos deverão ser arquivadas junto ao Requerimento de Seguro-Desemprego.

•• § 2.º com redação determinada pela Resolução n. 699, de 30-8-2012.

§ 3.º O salário será calculado com base no mês completo de trabalho, mesmo que o trabalhador não tenha trabalhado integralmente em qualquer dos três últimos meses.

•• § 3.º com redação determinada pela Resolução n. 699, de 30-8-2012.

§ 4.º O valor do Seguro-Desemprego será calculado com base no salário mensal, tomando-se por parâmetro o mês de 30 (trinta) dias ou 220 (duzentos e vinte) horas, exceto para quem tem horário especial, inferior a 220 horas mensais.

•• § 4.º com redação determinada pela Resolução n. 699, de 30-8-2012.

Art. 10. Para o trabalhador em gozo de auxílio-doença ou convocado para prestação do serviço militar, bem assim na hipótese de não ter percebido do mesmo empregador os 03 (três) últimos salários, o valor do benefício basear-se-á na média dos 2 (dois) últimos ou, ainda, no valor do último salário.

Art. 11. O benefício Seguro-Desemprego é direito pessoal e intransferível, nos termos da Lei n. 7.998/1990, e será pago diretamente ao beneficiário, salvo em caso de morte do segurado, ausência, moléstia contagiosa e beneficiário preso, observadas as seguintes condições:

•• *Caput* com redação determinada pela Resolução n. 665, de 26-5-2011.

•• *Vide* art. 16 desta Resolução.

I – morte do segurado, quando serão pagas parcelas vencidas até a data do óbito, aos sucessores, mediante apresentação de Alvará Judicial;

•• Inciso I com redação determinada pela Resolução n. 665, de 26-5-2011.

II – grave moléstia do segurado, comprovada pela perícia médica do Instituto Nacional de Seguridade Social – INSS, quando serão pagas parcelas vencidas ao seu curador legalmente designado ou representante legal, mediante apresentação de Mandato outorgado por instrumento público, com finalidade específica para o benefício a ser recebido;

•• Inciso II com redação determinada pela Resolução n. 665, de 26-5-2011.

III – moléstia contagiosa ou impossibilidade de locomoção, devidamente comprovada mediante perícia médica do Instituto Nacional de Seguridade Social – INSS, quando serão pagas parcelas vencidas a procurador designado em instrumento público, com poderes específicos para receber o benefício;

•• Inciso III acrescentado pela Resolução n. 665, de 26-5-2011.

IV – ausência civil, quando serão pagas parcelas vencidas ao curador designado pelo Juiz, mediante certidão judicial de nomeação do curador habilitado à prática do ato;

•• Inciso IV acrescentado pela Resolução n. 665, de 26-5-2011.

V – beneficiário preso, impossibilitado de comparecer pessoalmente à instituição financeira responsável pelo pagamento, quando as parcelas vencidas serão pagas por meio de instrumento público com poderes específicos para o ato.

•• Inciso V acrescentado pela Resolução n. 665, de 26-5-2011.

§ 1.º O Requerimento do Seguro-Desemprego somente poderá ser firmado pelo trabalhador, admitindo-se, excepcionalmente, sua apresentação pelos representantes mencionados nos incisos I a V deste artigo, desde que instruído com os documentos mencionados nos arts. 4.º e 5.º da Resolução n. 253/2000, nos arts. 13 e 15 da Resolução n. 467/2005 e no art. 3.º da Resolução n. 657/2010.

•• § 1.º acrescentado pela Resolução n. 665, de 26-5-2011.

•• A Resolução n. 253, de 4-10-2000, foi revogada pela Resolução n. 754, de 26-8-2015, que passou a regulamentar os procedimentos para habilitação e concessão de seguro-desemprego para empregados domésticos dispensados sem justa causa.

§ 2.º Em qualquer caso, o mandato deverá ser individual e outorgado por instrumento público, especificando a modalidade de benefício Seguro-Desemprego a qual o Requerimento faz referência e à dispensa que lhe deu causa, cujo direito foi adquirido pelo trabalhador em função de demissão sem justa causa, ou no caso do pescador artesanal relativo ao defeso a ser requerido, vedada sua utilização posterior para outros benefícios da mesma espécie.

•• § 2.º acrescentado pela Resolução n. 665, de 26-5-2011.

Art. 12. A concessão do Seguro-Desemprego poderá ser retomada a cada novo período aquisitivo desde que atendidas as condições estabelecidas no art. 3.º desta Resolução.

Art. 13. O Requerimento do Seguro-Desemprego – RSD, e a Comunicação de Dispensa – CD devidamente preenchidas com as informações constantes da Carteira de Trabalho e Previdência Social, serão fornecidas pelo empregador no ato da dispensa, ao trabalhador dispensado sem justa causa.

Art. 14. Os documentos de que trata o artigo anterior deverão ser encaminhados pelo trabalhador a partir do 7.º (sétimo) e até o 120.º (centésimo vigésimo) dias subsequentes à data da sua dispensa ao Ministério do Trabalho e Emprego por intermédio dos postos credenciados das suas Delegacias, do Sistema Nacional de Emprego – SINE e Entidades Parceiras.

Parágrafo único. Nas localidades onde não existam os Órgãos citados no *caput* deste artigo, o Requerimento de Seguro-Desemprego – RSD poderá ser encaminhado por outra entidade autorizada pelo Ministério do Trabalho e Emprego.

Art. 15. O trabalhador, para requerer o benefício, deverá apresentar os seguintes documentos:

a) documento de identificação – Carteira de Identidade ou Certidão de Nascimento, Certidão de Casamento com o protocolo de requerimento da identidade (somente para recepção), Carteira Nacional de Habilitação (modelo novo), Carteira de Trabalho (modelo novo), Passaporte e Certificado de Reservista;

b) Cadastro de Pessoa Física – CPF;

c) Carteira de Trabalho e Previdência Social;

d) Documento de Identificação no Programa de Integração Social – PIS ou Programa de Formação do Patrimônio do Servidor Público – PASEP;

e) Requerimento do Seguro-Desemprego – RSD e Comunicação de Dispensa – CD;

f) Termo de Rescisão do Contrato de Trabalho – TRCT, homologado quando o período de vínculo for superior a 1 (um) ano;

g) Documentos de levantamento dos depósitos no Fundo de Garantia por Tempo de Serviço – FGTS ou extrato comprobatório dos depósitos; e

h) No caso do requerente não ter recebido as verbas rescisórias deverá apresentar certidão das Comissões de Conciliação Prévia/Núcleos Intersindicais (certidão da justiça ou relatório da fiscalização).

§ 1.º No ato da entrega do requerimento, o agente credenciado junto ao Programa do Seguro-Desemprego conferirá os critérios de habilitação e fornecerá ao trabalhador comprovante de recepção.

§ 2.º Se atendidos os requisitos de habilitação o Ministério do Trabalho e Emprego enviará a autorização de pagamento do benefício do Seguro-Desemprego ao agente pagador.

§ 3.º Caso não sejam atendidos os critérios e na hipótese de não ser concedido o Seguro-Desemprego, o trabalhador será comunicado dos motivos do indeferimento.

§ 4.º Do indeferimento do pedido do Seguro-Desemprego, caberá recurso ao Ministério do Trabalho e Emprego por intermédio das Delegacias Regionais do Trabalho, no prazo de 2 (dois) anos, contados a partir da data de dispensa que deu origem ao benefício, bem como para os casos de notificações e reemissões.

Art. 16. Ressalvados os casos previstos no artigo 11, o pagamento do benefício será efetuado mediante crédito em Conta Simplificada ou Conta Poupança em favor do beneficiário, sem qualquer ônus para o trabalhador.

•• *Caput* com redação determinada pela Resolução n. 822, de 3-12-2018, em vigor em 1.º-7-2019.

O texto anterior dizia: "Art. 16. Ressalvados os casos previstos no art. 11, o pagamento do benefício poderá ser efetuado mediante crédito em Conta Simplificada ou Conta Poupança em favor de beneficiário correntista da Caixa Econômica Federal, sem qualquer ônus para o trabalhador, ou em espécie, por meio da apresentação do Cartão do Cidadão ou documentos abaixo relacionados:

•• *Caput* com redação determinada pela Resolução n. 651, de 26-8-2010.

a) documento de identificação (Carteira de Identidade ou Carteira Nacional de Habilitação – Modelo novo ou Carteira de Identificação Profissional ou que contenha o número do PIS/PASEP); e

b) comprovante de inscrição no PIS/PASEP".

§ 1.º Os pagamentos efetuados nas agências da CAIXA mediante crédito em conta em favor do segurado terão sua comprovação por meio de autenticação em documento próprio ou registro eletrônico, arquivado na CAIXA, que deverá ficar à disposição do Ministério do Trabalho durante o prazo de cinco anos.

•• § 1.º com redação determinada pela Resolução n. 822, de 3-12-2018, em vigor em 1.º-7-2019.

O texto anterior dizia: "§ 1.º Os pagamentos efetuados nas agências da CAIXA, sem utilização do Cartão do Cidadão ou mediante crédito em conta em favor de segurado correntista, terão sua comprovação por meio de autenticação em documento próprio ou registro eletrônico, arquivado na CAIXA, que deverá ficar à disposição do MTE durante o prazo de cinco anos.

•• § 1.º com redação determinada pela Resolução n. 651, de 26-8-2010".

§ 2.º Os pagamentos efetuados com a utilização do Cartão do Cidadão terão sua comprovação por meio do registro eletrônico da transação, ficando à disposição para consulta pelo MTE durante o prazo de 5 (cinco) anos.

•• A Resolução n. 822, de 3-12-2018, do CODEFAT, revoga este § 2.º a partir de 1.º-7-2019.

SEGURO-DESEMPREGO

§ 3.º O Cartão do Cidadão será fornecido ao segurado pela CAIXA. No ato do cadastramento da senha o caixa executivo solicitará identificação pessoal do segurado, assinatura no formulário, "Termo de Responsabilidade para uso do Cartão/Senha do Cidadão" e cadastramento da senha, que é pessoal e intransferível.

•• A Resolução n. 822, de 3-12-2018, do CODEFAT, revoga este § 3.º a partir de 1.º-7-2019.

§ 4.º O valor a ser pago ao segurado corresponderá ao valor total da parcela disponível. Caso haja impedimento para o pagamento, será impresso comprovante contendo mensagem impeditiva (notificação), que ficará à disposição para consulta pelo MTE, durante o prazo de 05 (cinco) anos.

•• A Resolução n. 822, de 3-12-2018, do CODEFAT, revoga este § 4.º a partir de 1.º-7-2019.

§ 5.º O beneficiário que não desejar receber as parcelas do Seguro-Desemprego por meio de crédito em Conta Simplificada ou Conta Poupança deverá solicitar formalmente ao agente pagador a sua suspensão, por meio de agências bancárias, no prazo máximo de até dez dias após o recebimento da parcela.

•• § 5.º acrescentado pela Resolução n. 651, de 26-8-2010.

•• A Resolução n. 822, de 3-12-2018, do CODEFAT, revoga este § 5.º a partir de 1.º-7-2019.

§ 6.º As parcelas creditadas indevidamente pelo agente pagador reverterão automaticamente ao Programa do Seguro-Desemprego.

•• § 6.º com redação determinada pela Resolução n. 822, de 3-12-2018, em vigor 1.º-7-2019.

O texto anterior dizia: "§ 6.º As parcelas creditadas indevidamente pelo agente pagador em conta corrente reverterão automaticamente ao Programa do Seguro-Desemprego.

•• § 6.º acrescentado pela Resolução n. 651, de 26-8-2010".

Art. 17. O pagamento da primeira parcela corresponderá aos 30 (trinta) dias de desemprego, a contar da data da dispensa.

§ 1.º O trabalhador fará jus ao pagamento integral das parcelas subsequentes para cada mês, por fração igual ou superior a 15 (quinze) dias de desemprego.

§ 2.º A primeira parcela será liberada trinta dias após a data do requerimento e as demais a cada intervalo de 30 (trinta) dias, contados da emissão da parcela anterior.

§ 3.º Em caso de liberação por recurso, a primeira parcela será liberada no lote imediatamente posterior ao processamento do recurso, desde que a data do recurso tenha pelo menos 30 (trinta) dias da data do requerimento.

§ 4.º Para os casos de processos judiciais em que são expedidos mandados judiciais para liberação do seguro-desemprego, as parcelas serão liberadas em um único lote.

Art. 18. O pagamento do Seguro-Desemprego será suspenso nas seguintes situações:

I – admissão do trabalhador em novo emprego; e

II – início de percepção de benefício de prestação continuada da Previdência Social, exceto o auxílio-acidente e a pensão por morte.

Parágrafo único. Será assegurado o direito ao recebimento do benefício e/ou retomada do saldo de parcelas quando ocorrer a suspensão motivada por reemprego em contrato temporário, experiência, tempo determinado, desde que o motivo da dispensa não seja a pedido ou por justa causa, observando que o término do contrato ocorra dentro do mesmo período aquisitivo e tenha pelo menos 1 (um) dia de desemprego de um contrato para outro.

Art. 19. O Seguro-Desemprego será cancelado:

I – pela recusa, por parte do trabalhador desempregado de outro emprego condizente com sua qualificação e remuneração anterior;

II – por comprovação da falsidade na prestação de informações necessárias à habilitação;

III – por comprovação de fraude visando à percepção indevida do benefício do Seguro-Desemprego; e

IV – por morte do segurado.

§ 1.º Para efeito do Seguro-Desemprego, considerar-se-á emprego condizente com a vaga ofertada aquele que apresente tarefas semelhantes ao perfil profissional do trabalhador, declarado/comprovado no ato do seu cadastramento.

§ 2.º Para definição do salário compatível, deverá ser tomado como base o último salário recebido pelo trabalhador.

§ 3.º No caso de recusa de novo emprego sem justificativa, no ato do cadastramento, o benefício será cancelado.

§ 4.º Caso o trabalhador seja convocado para um novo posto de trabalho e não atender à convocação por 3 (três) vezes consecutivas, o benefício será suspenso.

§ 5.º Após o cancelamento do benefício em decorrência de recusa pelo trabalhador de novo emprego, o trabalhador poderá recorrer através de Processo Administrativo, no prazo de 2 (dois) anos, contados a partir da data de dispensa que deu origem ao benefício.

§ 6.º Nos casos previstos nos incisos I, II e III deste artigo, o Seguro-Desemprego será suspenso por 2 (dois) anos, dobrando-se este prazo em caso de reincidência.

Art. 20. O encaminhamento do trabalhador ao mercado de trabalho, no ato do requerimento, não representará impedimento para a concessão do benefício nem afetará a sua tramitação, salvo por comprovação de reemprego e quando não houver resposta do encaminhamento para a vaga ofertada, no prazo de 30 (trinta) dias, a contar da data do requerimento.

Art. 21. *(Revogado pela Resolução n. 619, de 5-11-2009.)*

Art. 22. Nos casos de contrato em aberto na CTPS, o trabalhador poderá requerer o benefício do Seguro-Desemprego, desde que o empregador não seja localizado pela fiscalização do trabalho, nem apresente movimento há mais de 2 (dois) anos no CAGED, observando que o período relativo à situação de contrato em aberto não será considerado para a contagem de tempo de serviço para fins de obtenção do Seguro-Desemprego.

Art. 23. Esta Resolução entra em vigor na data de sua publicação, ficando revogada a Resolução do CODEFAT n. 392, de 8 de junho de 2004.

Remigio Todeschini

PORTARIA N. 1,

DE 25 DE MAIO DE 2006 (*)

Aprova Ementas Normativas da Secretaria de Relações do Trabalho.

O Secretário de Relações do Trabalho do Ministério do Trabalho e Emprego, no uso das atribuições previstas no art. 17 do Decreto n. 5.063, de 3 de maio de 2004 e no Anexo VII, do art. 1.º da Portaria n. 483, de 15 de setembro de 2004;

Considerando a necessidade dar maior eficiência ao atendimento ao público prestado pelas Delegacias Regionais do Trabalho por meio da padronização dos procedimentos administrativos; e

Considerando as orientações e entendimentos normativos emanados desta Secretaria, resolve:

Art. 1.º Aprovar as Ementas constantes do Anexo, com orientações que deverão ser adotadas pelos órgãos regionais do Ministério do Trabalho e Emprego em seus procedimentos internos e no atendimento ao público.

Art. 2.º Revogar a Portaria n. 1, de 22 de março de 2002 e a Instrução de Serviço n. 1, de 17 de junho de 1999.

Art. 3.º Esta Portaria entra em vigor na data de sua publicação.

Mario dos Santos Barbosa

ANEXO

•• Anexo com redação determinada pelas Portarias n. 3, de 9-11-2006, 4, de 22-7-2008, e 4, de 16-9-2014.

ENUNCIADO n. 1 Homologação. Empregado emancipado. Não é necessária a assistência por responsável legal, na homologação da rescisão contratual, ao empregado adolescente que comprove ter sido emancipado. Ref.: art. 439 da CLT e art. 5.º do Código Civil.

ENUNCIADO n. 2 Homologação. Aposentadoria. É devida a assistência prevista no § 1.º, do art. 477, da CLT, na ocorrência da aposentadoria espontânea acompanhada do afastamento do empregado. A assistência não é devida na aposentadoria por invalidez. Ref.: art. 477, § 1.º, da CLT; art. 4.º, III, da IN n. 10, de 2010; STF RE 449.420-5/PR.

•• A Lei n. 13.467, de 13-7-2017, em vigor 120 dias da sua publicação (*DOU* de 14-7-2017), revoga o § 1.º do art. 477 da CLT.

ENUNCIADO n. 3 Homologação. Empregado falecido. I – No caso de falecimento de empregado, é devida a homologação e a assistência na rescisão do contrato de trabalho aos beneficiários habilitados perante o órgão previdenciário ou assim reconhecidos judicialmente, porque a estes se transferem todos os direitos do *de cujus*. II – No caso de haver beneficiários com idade inferior a 18 (dezoito) anos, suas quotas deverão ser depositadas em caderneta de poupança, consoante Lei n. 6.858/1980 e Decreto n. 85.845/1981, sendo imprescindível a apresentação desta conta bancária para depósito, ou de autorização do juiz que ampare a aquisição de imóvel destinado à residência do menor e de sua família ou o dispêndio necessário à subsistência e educação do menor. Ref.: art. 477, § 1.º, da CLT; Lei n. 6.858, de 1980, Decreto n. 85.845, de 1981; art. 14 da IN n. 15, de 2010.

•• A Lei n. 13.467, de 13-7-2017, em vigor 120 dias da sua publicação (*DOU* de 14-7-2017), revoga o § 1.º do art. 477 da CLT.

ENUNCIADO n. 4 Homologação. Impedimentos. As seguintes circunstâncias, se não sanadas no decorrer da assistência, impedem o assistente do Ministério do Trabalho e Emprego de efetuar a homologação, ainda que o empregado com ela concorde: I – a irregularidade na representação das partes; II – a existência de garantia de emprego, no caso de dispensa sem justa causa; III – a suspensão contratual, exceto na hipótese do art. 476-A, da CLT; IV – a inaptidão do trabalhador declarada no atestado de saúde ocupacional (ASO); V – a fraude caracterizada; VI – a falta de apresentação de todos os documentos necessários ou incorreção não sanável; VII – a falta de comprovação do pagamento das verbas rescisórias; VIII – a recusa do empregador em pagar pelo menos parte das verbas rescisórias. Ref.: CLT; NR-07; IN n. 15, de 2010.

ENUNCIADO n. 5 Homologação. Falta de pagamento de verba rescisória devida. Ciência do empregado. O assistente deverá informar o trabalhador quanto à existência de irregularidades. Cientificado o empregado, caso este concorde com a rescisão, exceto nas hipóteses relacionadas na Ementa n. 4, o assistente não poderá obstá-la, e deverá consignar aquela anuência no verso do TRCT. Ref.: arts. 10, §§ 1.º, 2.º e 3.º, e 26, II, da IN n. 15, de 2010.

ENUNCIADO n. 6 Homologação. Meios de prova dos pagamentos. A assistência ao empregado na rescisão do contrato de trabalho compreende os seguintes atos: informar direitos e deveres aos interessados; conciliar controvérsias; conferir os reflexos financeiros decorrentes da extinção do contrato; e zelar pela quitação dos valores especificados no Termo de Rescisão do Contrato de Trabalho. Dada a natureza de ato vinculado da assistência, o agente somente deve admitir os meios de prova de quitação previstos em lei ou normas administrativas aplicáveis, quais sejam: o pagamento em dinheiro ou cheque administrativo no ato da assistência; a comprovação da efetiva transferência dos valores, para a conta corrente do empregado, por meio eletrônico, por depósito bancário, transferência eletrônica ou ordem bancária ou vale postal de pagamento ou de crédito. Ref.: art. 477, § 4.º, da CLT e art. 23 da IN n. 15, de 2010.

ENUNCIADO n. 7 Homologação. Depósito bancário. Multas. Não são devidas as multas previstas no § 8.º, do art. 477, da CLT quando o pagamento integral das verbas rescisórias, realizado por meio de depósito bancário em conta corrente do empregado, tenha observado o prazo previsto no § 6.º, do art. 477, da CLT. Se o depósito for efetuado mediante cheque, este deve ser compensado no referido prazo legal. Em qualquer caso, o empregado deve ser, comprovadamente, informado desse depósito. Este enten-

(*) Publicada no *DOU*, de 26-5-2006.

dimento não se aplica às hipóteses em que o pagamento das verbas rescisórias deve ser feito necessariamente em dinheiro, como, por exemplo, na rescisão do contrato do empregado analfabeto ou adolescente e na efetuada pelo grupo móvel de fiscalização. Ref.: art. 477, §§ 6.° e 8.°, da CLT; e art. 23 da IN n. 15, de 2010.

ENUNCIADO n. 8 *(Revogado pela Portaria n. 4, de 16-9-2014.)*

ENUNCIADO n. 9 Homologação. Federação de trabalhadores. Competência. As federações de trabalhadores são competentes para prestar a assistência prevista no § 1.°, do art. 477, da CLT, nas localidades onde a categoria profissional não estiver organizada em sindicato. Ref.: art. 477, § 1.°, e art. 611, § 2.°, da CLT.

ENUNCIADO n. 10 Assistência. Rescisão. Competência dos servidores. I – A assistência e a homologação de rescisão do contrato de trabalho somente poderão ser prestadas por servidor público em exercício no MTE. II – Compreendem-se no conceito de servidores públicos, em sentido amplo, os servidores estatutários e ocupantes de cargo público; os empregados públicos contratados sob regime da legislação trabalhista; e os servidores temporários contratados à luz do art. 37, IX, da Constituição Federal e da Lei n. 8.745, de 9 de dezembro de 1993. Ref.: art. 477, § 1.°, da CLT; CF e Lei n. 8.745, de 9 de dezembro de 1993.

•• A Lei n. 13.467, de 13-7-2017, em vigor 120 dias da sua publicação (*DOU* de 14-7-2017), revoga o § 1.º do art. 477 da CLT.

ENUNCIADO n. 11 Homologação. Aviso prévio. O período do aviso prévio, mesmo indenizado, é considerado tempo de serviço para todos os efeitos legais. Dessa forma se, quando computado esse período, resultar mais de um ano de serviço do empregado, deverá ser realizada a assistência à rescisão do contrato de trabalho prevista no § 1.°, do art. 477, da CLT. Ref.: art. 477, § 1.°, e art. 487, § 1.°, da CLT.

•• A Lei n. 13.467, de 13-7-2017, em vigor 120 dias da sua publicação (*DOU* de 14-7-2017), revoga o § 1.º do art. 477 da CLT.

ENUNCIADO n. 12 Homologação. Contagem do prazo. O prazo de um ano e um dia de trabalho, a partir do qual se torna necessária a prestação de assistência na rescisão do contrato de trabalho, deve ser contado pelo calendário comum, incluindo-se o dia em que se iniciou a prestação do trabalho. A assistência será devida, portanto, se houver prestação de serviço até o mesmo dia do começo, no ano seguinte. Ref.: art. 132, § 3.°, do CC.

ENUNCIADO n. 13 Homologação. TRCT. Os comandos, determinações e especificações técnicas referentes ao Termo de Rescisão do Contrato de Trabalho, aprovado pela Portaria n. 302, de 26 de junho de 2002, ou pela Portaria n. 1.621, de 15 de julho de 2010, não comportam alterações ou supressões, ressalvadas as permitidas na própria regulamentação. Ref.: art. 477 da CLT e Portaria n. 1.621, de 2010.

ENUNCIADO n. 14 Homologação. TRCT. Identificação do órgão homologador. I – Devem constar, em campo reservado do TRCT, o nome, endereço e telefone do órgão que prestou assistência ao empregado na rescisão do contrato de trabalho. II – Referida identificação pode ser aquela impressa automaticamente pelo sistema Homolognet, no caso de sua utilização para a assistência à rescisão, ou mediante outro meio, como carimbo, que contemple estas informações. III – Tratando-se de entidade sindical, deverá ser informado, também, o número da carta sindical ou do processo que concedeu o registro sindical no âmbito do Ministério do Trabalho e Emprego. Ref.: Portaria n. 1.057, de 6 de julho de 2012.

ENUNCIADO n. 15 *(Revogado pela Portaria n. 3, de 9-11-2006.)*

ENUNCIADO n. 16 Homologação. Perfil profissiográfico previdenciário. Não compete aos assistentes do MTE exigir a apresentação do Perfil Profissiográfico Previdenciário – PPP, previsto na Lei n. 8.213, de 1991, e no Decreto n. 3.048, de 1999, no ato da assistência e homologação das rescisões de contrato de trabalho, uma vez que tal exigência é de competência da Auditoria-Fiscal da Previdência Social. Ref.: art. 58, § 4.°, da Lei n. 8.213, de 1991; art. 68, § 2.°, do Decreto n. 3.048, de 1999; e Informação CGRT/SRT n. 12, de 2004.

ENUNCIADO n. 17 Homologação. Empresa em processo de recuperação judicial. As empresas em processo de recuperação judicial não têm privilégios ou prerrogativas em relação à homologação das rescisões de contrato de trabalho. Portanto, devem atender a todas as exigências da legislação em vigor. Ref.: art. 6.° da Lei n. 11.101, de 2005, e art. 477 da CLT.

ENUNCIADO n. 18 *(Revogado pela Portaria n. 9, de 14-4-2011.)*

ENUNCIADO n. 19 Homologação. Art. 9.° da Lei n. 7.238, de 1984. Indenização adicional. Contagem do prazo do aviso prévio. É devida ao empregado, dispensado sem justa causa no período de 30 dias que antecede a data base de sua categoria, indenização equivalente ao seu salário mensal. I – Será devida a indenização em referência se o término do aviso prévio trabalhado ou a projeção do aviso prévio indenizado se verificar em um dos dias do trintídio; II – O empregado não terá direito à indenização se o término do aviso prévio ocorrer após ou durante a data base e fora do trintídio, no entanto, fará jus aos complementos rescisórios decorrentes da norma coletiva celebrada. Ref.: art. 9.° da Lei n. 7.238, de 1984, e art. 487, § 1.°, da CLT.

ENUNCIADO n. 20 Homologação. Aviso prévio cumprido em casa. Falta de previsão legal. Efeitos. Inexiste a figura jurídica do "aviso prévio cumprido em casa". O aviso prévio ou é trabalhado ou indenizado. A dispensa do empregado de trabalhar no período de aviso prévio implica a necessidade de quitação das verbas rescisórias até o décimo dia, contado da data da notificação da dispensa, nos termos do § 6.°, alínea *b*, do art. 477, da CLT. Ref.: art. 477, § 6.°, *b*, e art. 487, § 1.°, da CLT; Orientação Jurisprudencial n. 14 do TST.

•• A Lei n. 13.467, de 13-7-2017, em vigor 120 dias da sua publicação (*DOU* de 14-7-2017), revoga a alínea *b* do § 6.º do art. 477 da CLT.

ENUNCIADO n. 21 Homologação. Aviso prévio. Contagem do prazo. O prazo do aviso prévio conta-se excluindo o dia da notificação e incluindo o dia do vencimento. A contagem do período de trinta dias será feita independentemente de o dia seguinte ao da notificação ser útil ou não, bem como do horário em que foi feita a notificação no curso da jornada. Ref.: art. 487 da CLT; art. 132 do CC; e Súmula n. 380 do TST.

ENUNCIADO n. 22 Homologação. Aviso prévio indenizado. Prazo para pagamento. No aviso prévio indenizado, o prazo para pagamento das verbas rescisórias deve ser contado excluindo-se o dia da notificação e incluindo-se o do vencimento. Ref.: art. 477, § 6.º, *b*, da CLT; art. 132 do CC; e Orientação Jurisprudencial n. 162 da SBDI-1/TST.

•• A Lei n. 13.467, de 13-7-2017, em vigor 120 dias da sua publicação (*DOU* de 14-7-2017), revoga a alínea *b* do § 6.º do art. 477 da CLT.

ENUNCIADO n. 23 Homologação. Aviso prévio. Dispensa do cumprimento. Prazo. No pedido de demissão, se o empregador aceitar a solicitação do trabalhador de dispensa de cumprimento do aviso prévio, não haverá o dever de indenização pelo empregador, nem de cumprimento pelo trabalhador. A quitação das verbas rescisórias será feita até o décimo dia, contado do pedido de demissão ou do pedido de dispensa do cumprimento do aviso prévio. Ref.: art. 477, § 6.º, *b*, da CLT.

•• A Lei n. 13.467, de 13-7-2017, em vigor 120 dias da sua publicação (*DOU* de 14-7-2017), revoga a alínea *b* do § 6.º do art. 477 da CLT.

ENUNCIADO n. 24 Homologação. Aviso prévio. Dispensa do empregado durante o cumprimento do aviso. Prazo para pagamento. Quando, no curso do aviso prévio, o trabalhador for dispensado pelo empregador do seu cumprimento, o prazo para o pagamento das verbas rescisórias será o que ocorrer primeiro: o décimo dia, a contar da dispensa do cumprimento, ou o primeiro dia útil após o término do cumprimento do aviso prévio. Ref.: art. 477, § 6.º, da CLT.

ENUNCIADO n. 25 Homologação. Aviso prévio. Contrato por prazo determinado. Nos contratos por prazo determinado, só haverá direito a aviso prévio quando existir cláusula assecuratória do direito recíproco de rescisão antecipada, uma vez que, neste caso, aplicam-se as regras da rescisão dos contratos por prazo indeterminado. Ref.: art. 7.º, XXI, da CF; arts. 477 e 481 da CLT.

ENUNCIADO n. 26 Homologação. Rescisão de contrato de trabalho. Descanso semanal remunerado. Nos contratos por prazo indeterminado, será devido o pagamento do descanso semanal remunerado por ocasião da rescisão do contrato de trabalho nas seguintes hipóteses: quando o descanso for aos domingos e a carga horária semanal tiver sido cumprida integralmente; quando o prazo do aviso prévio terminar em sábado ou sexta-feira e o sábado for compensado; quando existir escala de revezamento e o prazo do aviso prévio se encerrar no dia anterior ao do descanso previsto. Ref.: arts. 67 e 385 da CLT, Lei n. 605, de 1949, e Decreto n. 27.048, de 1949.

ENUNCIADO n. 27 Homologação. Rescisão de contrato de trabalho. Férias. Parcelas variáveis. Cálculo. Ressalvada norma mais favorável, o cálculo da média das parcelas variáveis incidentes sobre as férias será efetuado das seguintes formas: I – com base no período aquisitivo, aplicando-se o valor do salário devido na data da rescisão; II – quando pago por hora ou tarefa, com base na média quantitativa do período aquisitivo, aplicando-se o valor do salário devido na data da rescisão; III – se o salário for pago por porcentagem, comissão ou viagem, com base na média dos salários percebidos nos doze meses que precederam seu pagamento ou rescisão contratual. Ref.: art. 7.º, VII e XVII, da CF; art. 142 da CLT; Súmula 199 do STF; e Súmula 149 do TST.

ENUNCIADO n. 28 Capacidade sindical. Comprovação. A capacidade sindical, necessária para a negociação coletiva, para a celebração de convenções e acordos coletivos do trabalho, para a participação em mediação coletiva no âmbito do Ministério do Trabalho e Emprego, para a prestação de assistência à rescisão de contrato de trabalho, bem como para figurar como beneficiário do recolhimento da contribuição sindical compulsória, é comprovada, sem prejuízo da necessidade de inscrição válida e ativa no cartório de pessoas jurídicas, por meio do registro sindical e da regularidade e atualização da diretoria no Cadastro Nacional de Entidades Sindicais deste Ministério. Ref.: art. 8.º, I e IV, da CF; arts. 578 e 611 da CLT; Instrução Normativa n. 16, de 15-10-2013; Portaria MTE n. 186, de 10-4-2008, e Portaria n. 326, de 1.º-3-2013.

ENUNCIADO n. 29 Convenção ou acordo coletivo de trabalho. Depósito e registro. Análise das cláusulas. I – O instrumento coletivo, para ser registrado no MTE, deve cumprir as formalidades previstas em lei aplicáveis ao processo de negociação, inclusive quanto à capacidade jurídica e/ou sindical daqueles que o subscrevem, assim como quanto à correspondência de categorias e bases territoriais. II – Não será indeferido o registro por questões de mérito ou conteúdo das cláusulas convencionadas, as quais poderão ser objeto de controle de legalidade pelos órgãos competentes. Ref.: art. 7.º, XXVI, da CF; arts. 611 e 614 da CLT; IN n. 16, de 2013.

ENUNCIADO n. 30 (*Revogado pela Portaria n. 3, de 9-11-2006.*)

ENUNCIADO n. 31 Convenção ou acordo coletivo de trabalho. Prazo para depósito. I – O instrumento coletivo de trabalho deverá observar os requisitos de validade dos atos e negócios jurídicos em geral, razão pela qual não será depositado quando expirada sua vigência. II – A alteração do instrumento coletivo por Termo Aditivo deve obedecer às mesmas regras previstas para o depósito da solicitação de registro. Ref.: arts. 613 e 614 da CLT; IN n. 16, de 2013.

ENUNCIADO n. 32 Comissão de Conciliação Prévia. CCP e Núcleo Intersindical de Conciliação Trabalhista – NINTER. Assistência ao empregado na rescisão do contrato de trabalho. I – A Comissão de Conciliação Prévia – CCP e o Núcleo Intersindical de Conciliação Trabalhista – NINTER não têm competência para a assistência e homologação de rescisão de contrato de trabalho de empregado com mais de um ano de serviço. II – O termo de conciliação celebrado no âmbito da CCP ou do NINTER, ainda que ultime uma rescisão, não está sujeito à homologação prevista no art. 477 da CLT. Ref.: art. 477, § 1.º, e art. 625-E, parágrafo único, da CLT.

•• A Lei n. 13.467, de 13-7-2017, em vigor 120 dias da sua publicação (*DOU* de 14-7-2017), revoga o § 1.º do art. 477 da CLT.

ENUNCIADO n. 33 Comissão de Conciliação Prévia – CCP e Núcleo Intersindical de Conciliação Trabalhista – NINTER. Descumprimento de prazo para pagamento das verbas rescisórias. I – Os prazos para pagamento das verbas rescisórias são determinados pelo § 6.º, do art. 477, da Consolidação das Leis do Trabalho. II – O acordado em âmbito de CCP ou

NINTER não tem o condão de ilidir a incidência da multa prevista no § 8.º do art. 477 da CLT, quando a quitação não ocorra nos prazos previstos no § 6.º do mesmo dispositivo. Ref.: art. 477, §§ 6.º e 8.º, e art. 625-D, § 1.º, da CLT.

ENUNCIADO n. 34 Comissão de Conciliação Prévia – CCP e Núcleo Intersindical de Conciliação Trabalhista – NINTER. FGTS. Não produz efeitos o acordo firmado no âmbito de CCP e NINTER transacionando o pagamento diretamente ao empregado da contribuição do FGTS e da multa de quarenta por cento, prevista no § 1.º, do art. 18, da Lei n. 8.036, de 11 de maio de 1990, incidentes sobre os valores acordados ou devidos na duração do vínculo empregatício, dada a natureza jurídica de ordem pública da legislação respectiva. Ref.: arts. 18 e 23 da Lei n. 8.036, de 11 de maio de 1990; arts. 625-A e 625-H da CLT.

ENUNCIADO n. 35 Mediação de conflitos coletivos de trabalho. Abrangência. I – A mediação coletiva será realizada pelo Ministério do Trabalho e Emprego, observados os limites de sua competência, para: *a*) Promoção de celebração de instrumentos coletivos de trabalho; *b*) Resolução de conflitos nas relações de trabalho; *c*) Resolução de conflitos intersindicais relativos à representação das categorias. II – Caso as partes não compareçam à mediação proposta ou não cheguem a um acordo para a regularização dos conflitos existentes, o processo poderá ser encaminhado à Seção de Fiscalização do Trabalho para as providências cabíveis, especialmente quando versarem sobre garantias ou direitos dos trabalhadores que estejam sendo inobservados ou descumpridos. Ref.: art. 626 da CLT; art. 11 da Lei n. 10.192, de 14 de dezembro de 2001; art. 4.º da Lei n. 10.101, de 19 de dezembro de 2000; art. 2.º do Decreto n. 1.256, de 1994; art. 2.º do Decreto n. 1.572, de 28 de julho de 1995; art. 18 do Decreto n. 4.552, de 27 de dezembro de 2002; art. 7.º da Portaria n. 343, de 23 de maio de 2000; arts. 22 e 24 da Portaria 326, de 2013; Instrução Normativa n. 16, de 15 de outubro de 2013.

ENUNCIADO n. 36 (*Revogado pela Portaria n. 4, de 16-9-2014.*)

ENUNCIADO n. 37 Mediação de conflitos coletivos de trabalho. Transação de direitos indisponíveis. Vedação. Na mediação decorrente de descumprimento de norma legal ou convencional, os direitos indisponíveis não poderão ser objeto de transação. Ref.: art. 11 da Lei n. 10.192, de 14 de dezembro de 2001; arts. 2.º e 6.º do Decreto n. 1.572, de 28 de julho de 1995.

ENUNCIADO n. 38 Trabalho temporário. Prorrogação do contrato. Local de recebimento do pedido. I – Os pedidos de prorrogação do contrato de trabalho temporário devem ser realizados até cinco dias antes do termo final inicialmente previsto, mediante inserção da solicitação no Sistema de Registro de Empresa de Trabalho Temporário – SIRETT. II – Independe de autorização do órgão regional do MTE a prorrogação de contrato de trabalho temporário, quando a duração total da contratação, já somada a prorrogação, não exceder a três meses. III – A análise das solicitações será feita pela Seção de Relações do Trabalho – SERET da Superintendência Regional do Trabalho e Emprego do local da prestação do serviço. IV – Em caso de negativa do pedido, o interessado pode, em até dez dias daquele ato, apresentar pedido de reconsideração à autoridade que proferiu a decisão, a qual, se não a reconsiderar, o encaminhará à autoridade superior. Ref.: Lei n. 6.019, de 3 de janeiro de 1974; arts. 55, 56 e 59 da Lei n. 9.784, de 1999; Portaria n. 789, de 2 de junho de 2014.

ENUNCIADO n. 39 Trabalho temporário. Prorrogação do contrato. Prazos para pedido e para análise. I – Pedidos de registro de contratos fora dos prazos previstos na Port. 789/2014 implicam indeferimento da solicitação. II – A Administração tem cinco dias para analisar os pedidos, salvo motivo de força maior. Este prazo pode ser dilatado até o dobro, mediante comprovada justificação. Ref.: Port. 789, de 2 de junho de 2014; arts. 24 e 48 da Lei n. 9.784/1999.

ENUNCIADO n. 40 (*Revogado pela Portaria n. 4, de 16-9-2014.*)

ENUNCIADO n. 41 Trabalho temporário. Motivo justificador. Indicação. Alteração. I – O art. 2.º da Lei n. 6.019, de 3 de janeiro de 1974, serve apenas para enumerar as hipóteses de contratação de trabalho temporário. II – A empresa deve obrigatoriamente, sob pena de indeferimento, descrever o motivo justificador, entendido como o fato determinado e identificável que ampara a contratação temporária, não sendo suficiente a mera referência às hipóteses legais. III – A alteração da hipótese legal ou do motivo justificador não amparam prorrogação do contrato de trabalho temporário, mas ensejam nova contratação, a ser analisada à luz dos normativos vigentes. Ref.: Lei n. 6.019, de 3 de janeiro de 1974; Portaria n. 789, de 2 de junho de 2014.

ENUNCIADO n. 42 Empresa de trabalho temporário. Sócio estrangeiro. I – A empresa de trabalho temporário pode possuir em seu quadro sócio estrangeiro, visto que a limitação constante no art. 6.º, alínea *a*, da Lei n. 6.019/1974 não foi recepcionada pela Constituição Federal de 1988, consoante Parecer CONJUR 342/1997, aprovado em caráter normativo pelo Sr. Ministro do Trabalho e Emprego. II – Se um dos sócios, pessoa física ou jurídica, for estrangeiro, deve apresentar seus documentos de identificação ou de contrato social, com tradução juramentada, além de procuração que atribua plenos poderes a procurador residente no Brasil para, em nome da pessoa física ou jurídica domiciliada no exterior, tratar e resolver definitivamente quaisquer questões perante o MTE. Ref.: Parecer CONJUR n. 342/1997, publicado no *Diário Oficial da União* em 30 de junho de 1997, e Parecer CONJUR n. 528/2005.

ENUNCIADO n. 43 Contribuição sindical. Forma e comprovante de Recolhimento. I – Considerando que o art. 583, § 1.º, da Consolidação das Leis do Trabalho – CLT, estabelece que o recolhimento da contribuição sindical urbana, que tem natureza tributária, obedecerá ao sistema de guias, de acordo com instruções do Ministério do Trabalho e Emprego, os recolhimentos, seja da parte laboral ou patronal, devem observar as regras constantes da Portaria n. 488, de 23 de novembro de 2005. II – A contribuição sindical rural também é tributo, à luz do art. 149 da Constituição Federal, e seu recolhimento é realizado em rede bancária conforme guias emitidas pelas entidades que a administram. III – Pagamentos efetuados de modo diverso não são considerados, posto que, além de atentar contra a distribuição entre os beneficiários legais e lesar a conta pública de emprego e salário do Fundo de Amparo do Trabalhador – FAT, é uma ofensa ao princípio da legalidade. Ref.: art. 149 da Constituição Federal, arts. 586 a 591 da CLT, Decreto-Lei n. 1.166, de 15-4-1971, Lei n. 8.847, de 28-1-1994, Lei n. 9.393, de 19-12-1996, Portaria n. 488, de 23-11-2005, Portaria n. 982, de 5-5-2010, Portaria n. 189, de 5-7-2007 e Portaria n. 186, de 26-1-2014.

ENUNCIADO n. 44 Depósito, registro e arquivamento dos instrumentos coletivos. Legitimação, habilitação, alteração e prazos. I – Consoante Instrução Normativa n. 16, de 15 de outubro de 2013, os instrumentos coletivos, como negócios jurídicos que são, devem ser subscritos pelas pessoas legitimadas a fazê-lo, à luz dos arts. 115 a 120 da Lei n. 10.406, de 10 de janeiro de 2002 (Código Civil). II – A inclusão da norma coletiva no sistema MEDIADOR deve ser feita por pessoa habilitada pelos signatários para a realização do ato. III – A análise formal de que trata a IN n. 16/2013, para fins de registro e depósito, demanda verificação dos documentos apresentados e assinados pelos signatários, sem rasuras; a existência de procuração, quando for o caso; a correspondência de categorias entre as partes signatárias e a correspondência da base territorial de abrangência do instrumento coletivo. IV – Constatado que o requerimento não é original, encontra-se rasurado ou sem assinatura, as partes deverão ser notificadas para as devidas correções. V – Verificada a ausência de procuração ou procuração inválida, as partes deverão ser notificadas para apresentarem procurações que concedam poderes a seus representantes legais para atuarem no instrumento coletivo. VI – Havendo erro de categoria, as partes serão notificadas para fazer a retificação devida por meio do sistema e transmitir novamente o instrumento, ocasião em que será gerado um novo requerimento que deverá ser assinado e protocolado no MTE ou em seus órgãos regionais, conforme o caso. VII – Enquanto o instrumento coletivo não for transmitido, via sistema, para a base de dados do MTE, o solicitante poderá alterar cláusulas já inseridas. No entanto, se já tiver sido feita a transmissão, a alteração das cláusulas só poderá ser feita através de Termo Aditivo ou mediante nova solicitação. VIII – Quando se tratar de acordo coletivo, a categoria de trabalhadores deverá ser equivalente à atividade econômica da empresa, e em todos os casos a categoria deverá ser compatível com o que consta no cadastro da entidade no CNES. IX – O protocolo de instrumento coletivo ocorrido quando expirada sua vigência enseja imediato arquivamento sem registro. X – A competência para análise, registro e arquivo de instrumento coletivo de abrangência nacional ou interestadual é da Secretaria de Relações do Trabalho, mas quaisquer termos aditivos que possuam base estadual, intermunicipal ou municipal serão registrados pela SRTE correspondente, independente de onde esteja registrado o processo principal. Ref.: Instrução Normativa n. 16, de 15 de outubro de 2013.

ENUNCIADO n. 45 Homologação. Falta de pagamento de verba rescisória devida. Ressalva. Auto de infração. As irregularidades deverão ser especificamente ressalvadas no Termo de Rescisão de Contrato de Trabalho – TRCT ou do Termo de Homologação. I – Se o assistente for Auditor-Fiscal do Trabalho, deverá lavrar o auto de infração cabível, consignando sua lavratura no ato da homologação; II – Se o assistente não for Auditor-Fiscal do Trabalho, deverá comunicar a irregularidade ao setor de fiscalização para os devidos fins. Ref.: arts. 10, §§ 1.°, 2.° e 3.°, e 26, II, da IN n. 15, de 2010.

ENUNCIADO n. 46 Assistência à homologação de rescisão do trabalho. Ministério do Trabalho e Emprego. Administração pública indireta. Regime jurídico. A rescisão de contratos de trabalho com prazo superior a 1 (um) ano, regidos pela Consolidação das Leis do Trabalho (CLT) está sujeita à homologação prevista no art. 477 da CLT, inclusive quando figure como empregador ente pertencente à Administração Pública Indireta. Ref.: art. 173, § 1.°, II, da CF e art. 477 da CLT, Instrução Normativa n. 15, de 14 de julho de 2010.

ENUNCIADO n. 47 Revogação ou alteração do plano de cargos e salários. Direito adquirido. Cláusulas do Plano de Cargos e Salários, que revoguem ou alterem vantagens deferidas anteriormente, só atingirão os trabalhadores admitidos após a revogação ou alteração do Plano. Ref.: Súmula 51 do TST, inciso I, Nota Informativa CGRT SRT n. 121.2014.

ENUNCIADO n. 48 Coexistência de planos de cargos e salários. Opção do empregado. Havendo a coexistência de Planos de Cargos e Salários da empresa, a opção do empregado por um deles tem efeito jurídico de renúncia às regras do sistema do outro. Ref.: Súmula 51 do TST, inciso I, Nota Informativa CGRT SRT n. 121.2014.

ENUNCIADO n. 49 Plano de cargos e salários. Não aplicação de cláusulas. Havendo reivindicação de direito estabelecido no Plano de Cargos e Salários, ainda quando submetido à homologação no Ministério do Trabalho e Emprego, a competência para apreciação da demanda é da Justiça do Trabalho. Ref.: Súmula 19 do TST, Nota Informativa CGRT SRT n. 40.2014.

ENUNCIADO n. 50 Plano de cargos e salários. Efeitos pecuniários. Diferença do adicional por tempo de serviço. I – Promoção por antiguidade não se confunde com adicional por tempo de serviço, sendo estes institutos distintos e independentes. II – A promoção, tanto por antiguidade quanto por mérito, segue os critérios estabelecidos no PCS, refletindo em efetivo aumento salarial através da incorporação da promoção ao valor do salário-base. III – O Adicional por Tempo de Serviço leva em consideração somente o critério temporal e, ainda que importe em aumento da remuneração, não altera o salário-base, nem tem o condão de alterar a classe ou o nível do trabalhador dentro do quadro de carreira. Ref.: Nota Informativa CGRT SRT n. 40.2014.

ENUNCIADO n. 51 Plano de cargos e salários. Trabalhadores em função de confiança ou comissionados. I – Empregados que estejam ocupando função de confiança ou cargo comissionado na empresa permanecem beneficiários das progressões previstas no PCS, conforme seus critérios. II – Ocupantes de função de confiança, tais como diretores, conselheiros e afins, podem ser abrangidos pelo Plano de Cargos e Salários, conforme discricionariedade da empresa, desde que expressamente previsto neste. Ref.: Nota Informativa CGRT SRT n. 92.2014.

ENUNCIADO n. 52 Plano de cargos e salários. Igualdade temporal nos critérios de promoção por mérito e tempo de serviço. I – O Plano de Cargos e Salários deve conter, de forma detalhada, os critérios a serem aplicados para fins de reflexos pecuniários em favor dos empregados contemplados pela progressão na carreira, tanto no caso de progressão por mérito quanto por tempo de serviço. II – A progressão deve contemplar a alternância entre as duas modalidades, de forma que ocorra um tipo a cada período idêntico de tempo, sucessivamente. III – Uma vez cumpridos todos os requisitos detalhadamente previstos para a progressão por antiguidade ou por mérito, o PCS não pode sujeitá-la a qualquer tipo de aprovação ou aval posterior, seja de cunho subjetivo ou de disponibilidade orçamentária. Ref.: Nota Informativa CGRT SRT n. 39.2014.

ENUNCIADO n. 53 Plano de cargos e salários. Abrangência e universalidade. I – O Plano de Cargos e Salários compreende toda a universalidade de empregados da empresa, independentemente de adesão. II – Não será homologado o PCS que contenha cláusulas excludentes, proibitivas, discriminatórias ou restritivas para promoção, progressão ou reclassificação do empregado. Ref.: Lei n. 9.029, de 13 de abril de 1995.

ENUNCIADO n. 54 Homologação. Plano de cargos e salários. Administração pública indireta. Quando submetidos à homologação por parte do MTE, cabe análise do plano de cargos e salários de empresa pública ou sociedade de economia mista, desde que se refira a relações de emprego regidas pela Consolidação das Leis do Trabalho. Ref.: art. 173, § 1.°, inciso II, da CF, art. 461, § 2.°, da CLT; Portaria MTE n. 2/2006.

ENUNCIADO n. 55 Atos processuais. Meio eletrônico. Assinatura digital. A assinatura autenticada com certificação digital ou meio equivalente que comprove sua autenticidade é hábil a substituir firmas ou assinaturas de declarações, requerimentos ou solicitações, constantes dos documentos em forma eletrônica, presumindo-se verdadeira em relação aos signatários. Ref.: Medida Provisória n. 2.200-2, de 24 de agosto de 2001, Lei n. 12.682, de 9 de julho de 2012, e art. 968, inciso II, do CC.

ENUNCIADO n. 56 Trabalho portuário. Enquadramento sindical. Categoria diferenciada. I – O trabalho portuário pode se dar na modalidade avulsa ou com vínculo empregatício. II – Para efeito do enquadramento do trabalhador na categoria diferenciada, é suficiente a verificação do exercício de atividades tipicamente portuárias, sendo irrelevante se a forma de contratação é avulsa ou com vínculo de emprego, assim como independentemente das atividades serem desempenhadas dentro ou fora da área do porto organizado. Ref.: art. 511, § 3.°, da CLT. Lei n. 12.815, de 5 de junho de 2013; Parecer CONJUR n. 58/2011; Parecer CONJUR/CGU/AGU n. 65/2013; Nota Técnica SRT n. 15/2013.

ENUNCIADO n. 57 Direito do trabalho. Categoria dos agricultores familiares. Não se aplica o inciso VI do art. 3.° da Portaria n. 326, de 1.° de março de 2013. Desnecessária a apresentação da cópia da Carteira de Trabalho e Previdência Social – CTPS, para solicitação de pedido de registro no caso da categoria laboral dos agricultores familiares. Ref.: Nota Técnica n. 23/2013/SRT/MTE.

ENUNCIADO n. 58 Direito constitucional e do trabalho. Registro de estatutos de entidades sindicais. Liberdade sindical. Quando for oposto impedimento, no caso de atualização de mandato de diretoria, de registro pelos cartórios de atas de eleição e de posse com fundamento em duração de mandato superior a três anos ou inobservância do quantitativo de dirigentes, a entidade sindical apresentará ao MTE estes documentos, acompanhados da negativa cartorária, para depósito e registro no CNES. Ref.: Nota Informativa/CGRT/SRT n. 159/2014; Nota Técnica n. 37/2014/GAB/SRT/MTE; art. 49 da Portaria n. 326, de 1.° de março de 2013; art. 8.° da CF.

ENUNCIADO n. 59 Direito constitucional e do trabalho. Estatutos de entidades sindicais. Liberdade e organização sindical. No que tange à composição ou quantificação dos órgãos diretivos da entidade sindical, assim como à duração dos mandatos de seus dirigentes, a análise do pedido de registro sindical verificará se tais informações estão em consonância com as disposições constantes no estatuto da entidade. Ref.: arts. 3.° e 49 da Portaria n. 326, de 1.° de março de 2013; art. 8.° da CF.

ENUNCIADO n. 60 Registro sindical. Contagem dos prazos. A prática dos atos previstos na Portaria n. 326, de 1.° de março de 2013, deverá observar o que segue: I – Computar-se-ão os prazos, excluindo-se o dia do começo e incluindo-se o do vencimento. II – Os prazos só se iniciam e se vencem em dias úteis e/ou de expediente normal dos órgãos do ministério. Ref.: Portaria n. 326/2013; art. 66, § 1.°, da Lei n. 9.784/99; art. 184, *caput* e § 2.°, do CPC.

ENUNCIADO n. 61 Mediação. Conflito de representação sindical. A mediação para resolução de conflitos de representação sindical, a que se refere o art. 24 da Portaria n. 326/2013 deverá seguir os seguintes procedimentos elencados neste enunciado: I – Solicitada a mediação, a SRT publicará, com a antecedência mínima de dez dias, no *Diário Oficial da União – DOU*, o dia e hora da reunião de instalação da mediação para resolução do conflito de representação, de categoria e/ou base territorial, indicando o objeto do conflito a ser mediado; II – Serão convocados, o(s) solicitante(s) da mediação, bem como o(s) diretamente interessado(s) na resolução do conflito, considerados para tal, a entidade sindical com registro no CNES ou que já tenha o seu pedido de registro sindical ou de alteração estatutária publicado, que sejam alcançadas pelo objeto da mediação a ser realizada; III – Caso seja necessária a realização de mais de uma reunião de mediação, as demais prescindirão de convocação prévia via *Diário Oficial da União*, para a sua realização; IV – Havendo acordo entre as entidades sindicais interessadas sobre a resolução do conflito, a SRT fará análise do acordado e, verificando que o resultado não envolve base e/ou categoria além do que já são representados pelos interessados, e atendido o art. 511 da Consolidação das Leis do Trabalho, a SRT publicará no *DOU* o resultado da mediação, informando a representação final de cada entidade para que, no prazo estabelecido na ata lavrada conforme § 4.°, do art. 23, da Portaria n. 326/2013, sejam apresentados os estatutos contendo os elementos identificadores da nova representação sindical acordada; V – A correção da representação sindical no CNES de cada entidade sindical só será feita quando todas as partes envolvidas no acordo apresentarem os seus estatutos devidamente alterados e registrados em cartório; VI – Quando a solicitação for feita junto à SRTE ou Gerência, o processo será remetido à SRT, para cumprimento dos procedimentos elencados neste enunciado.

Os procedimentos elencados acima deverão ser aplicados, integralmente, nos casos em que a contenda entre as partes envolvidas for preexistente. Na hipótese do conflito envolver entidade cujo processo ainda se encontre em trâmite na Secretaria de Relações do Trabalho, não se aplica o item IV.

Ref.: Art. 24 da Portaria n. 326, de 1.°-3-2013.

•• Redação determinada pela Portaria n. 10, de 24-4-2015.

ENUNCIADO 62 Direito do trabalho. Regras sobre enquadramento e contribuição sindical rural. Decreto-lei n. 1.166, de 15 de abril de 1971. Entende-se como trabalhador rural a pessoa física que presta serviço a empregador rural mediante remuneração e aquele que trabalhe individualmente ou em regime de economia familiar em área igual ou inferior a dois módulos rurais e empregador rural, a pessoa física ou jurídica que tendo empregado empreende atividade econômica rural e aquele que mesmo sem empregado, em regime de economia familiar, explore imóvel rural em área superior a dois módulos rurais. Existe a possibilidade de dissociação da categoria eclética de trabalhador rural nas categorias específicas de assalariados rurais e de agricultores familiares.

Ref. Decreto-lei n. 1.166/71. Nota Técnica n. 88/2014/GAB/ SRT/ MTE.

•• Publicado no *DOU* de 28-11-2014.

ENUNCIADO n. 63 Registro sindical. Sindicalizados. Sindicalizados aptos a votar. O termo "sindicalizados" e a expressão "sindicalizados aptos a votar", contidos no art. 5.°, inciso IV, da Portaria n. 326/2013, devem ser interpretadas como "entidades filiadas" e "entidades filiadas aptas a votar", respectivamente, quando as suas aplicações se referirem às entidades de grau superior.

•• Publicado no *DOU* de 5-12-2014.

ENUNCIADO n. 64 Termo sindicalizado. Aplicação. Deve ser entendido como sindicalizado, associado e/ou filiado, aquele membro da categoria profissional em exercício, que é integrante do quadro associativo, nisso incluindo-se os que se aposentaram como membro dela, que possuem o pleno gozo dos direitos em sendo sócios, conforme definido em norma estatutária da entidade.

•• Enunciado n. 62 renumerado pela Portaria n. 10, de 24-4-2015.

ENUNCIADO n. 65 Documentos de identificação dos dirigentes sindicais de diversas categorias. Comprovação do exercício da atividade do dirigente da entidade em diversas categorias. Novos documentos que servirão de comprovação. AVULSOS: 1. Movimentadores de Mercadorias: Declaração do Sindicato, nos termos da Lei n. 12.023/2009; 2. Portuários: – Porto Organizado: Registro no Órgão Gestor de Mão de Obra – OGMO – Fora do Porto Organizado: Declaração do Sindicato. PESCADORES ARTESANAIS: Registro no Ministério da Pesca – RGP (Registro Geral de Pesca). MOTOTAXISTAS E MOTOFRETISTAS: Autorização emitida pelo órgão ou entidade executivo de trânsito dos Municípios, Estados e do Distrito Federal. SERVIDORES PÚBLICOS: Contracheque; Declaração do órgão; Cópia Autenticada do termo de Nomeação. TRABALHADORES DOMÉSTICOS: Diarista – Número do NIT (Número de Inscrição do Trabalhador); Cópia dos três últimos recolhimentos da Previdência Social. TRANSPORTADORES AUTÔNOMOS DE CARGAS: Número do Registro Nacional dos Transportes Nacional de Cargas – RNTNC na Agência Nacional de Transportes Terrestres – ANTT. PROFISSÕES REGULAMENTADAS: Cópia do registro no Ministério do Trabalho e Previdência Social.

Ref.: Art. 24 da Portaria n. 326, de 1.°-3-2013.

•• Redação determinada pela Portaria n. 22, de 9-5-2016.

ENUNCIADO n. 66 Documentos de identificação dos dirigentes sindicais da categoria de rurais. Comprovação do exercício da atividade do dirigente da entidade na categoria de rurais. Novos documentos que servirão de comprovação em complementação aos elencados na Portaria n. 326, de 11-5-2013: a. Trabalhador Rural: 1) Assalariado: Contrato de Safra; Contrato de Curta Duração. 2) (REVOGADO) b. Empregador Rural: 1) Pessoa física: Documento que comprove a condição de empregador. 2) Pessoa Jurídica: CNPJ. c. Propriedade explorada em nome de terceiro: Contrato de Cessão; Contrato de Arrendamento Rural, Comodato, Meação, Parceria ou matrícula onde se encontra averbado o usufruto (todos os contratos devem estar registrados em Cartório).

Ref.: Art. 24 da Portaria n. 326, de 1.°-3-2013.

•• Aprovado pela Portaria n. 21, de 28-4-2016.

ENUNCIADO n. 67 Análise preliminar realizada pela SRTE nos processos de registro sindical e alteração estatutária. A análise realizada pela SRTE nos processos de pedido de registro sindical e alteração estatutária restringir-se-á a verificar se a documentação elencada nos arts. 3.°, 5.°, 8.° e 10 foi protocolada e se atende o que determina o art. 42, qual seja, se são originais, cópias autenticadas ou cópias simples com visto do servidor; se o comprovante do pagamento da GRU é o original; se os estatutos e as atas foram registrados no cartório da comarca da sede da entidade requerente. A SRTE não notificará a entidade que não realizou assembleia no perímetro urbano do município, uma vez que o saneamento implicará a publicação de novos editais, o que o § 3.° do art. 12 proíbe. A análise de mérito será realizada pela CGRS.

Ref.: Art. 11 da Portaria n. 326, de 1.°-3-2013.

•• Aprovado pela Portaria n. 18, de 3-3-2016.

ENUNCIADO n. 68 Cursos de formação de vigilantes no segmento da segurança privada. Os membros das escolas/cursos de formação de segurança privada pertencem à categoria do ramo das empresas que exercem segurança privada.

Ref.: Art. 49 da Portaria n. 326, de 1.º-3-2013.

•• Aprovado pela Portaria n. 19, de 22-3-2016.

•• Até o fechamento desta edição, o Enunciado n. 69 não havia sido publicado.

ENUNCIADO n. 70 A Coordenação Geral de Registro Sindical considerará como comprovação de endereço do subscritor do edital qualquer documento apresentado pela entidade interessada no processo de pedido de registro sindical ou de alteração estatutária passível de comprovar o endereço do subscritor do edital a que se refere o art. 3.º, II, da Portaria n. 326/2013. Ref.: Art. 2.º, III, da Portaria n. 326, de 1.º de março de 2013.

•• Aprovado pela Portaria n. 27, de 3-7-2017.

ENUNCIADO n. 71 **Direito do trabalho. Desmembramento de categoria. Unicidade sindical.** A respeito do posicionamento desta Pasta, quanto ao reconhecimento da especialidade, e, tendo em vista a evolução tecnológica no país nos últimos anos, justifica-se o desmembramento em duas categorias distintas, a saber: CATEGORIA DAS EMPRESAS OPERADORAS DE TELEMARKETING e CATEGORIA DAS EMPRESAS QUE PRESTAM SERVIÇOS DE CALL-CENTER, TELEATENDIMENTO E TELESSERVIÇOS, em razão da matéria.

•• Publicado no *DOU*, de 28-2-2018.

ENUNCIADO N. 72 **Tramitação de processos de registro sindical e alteração estatutária, das SRTb para a SRT – GRU.** Os processos de pedido de registro sindical e alteração estatutária de sindicatos, que são protocolados no âmbito das Superintendências Regionais do Trabalho nos Estados e Distrito Federal, após a devida verificação a que se refere o art. 11 da Portaria n. 326/13, podem ser tramitados à Secretaria de Relações do Trabalho, sem a anexação da Guia de Recolhimento da União – GRU, que será, posteriormente, cobrada à entidade requerente a sua emissão e pagamento, quando da análise processual pelo setor competente, sob pena de arquivamento, no caso da ausência ou não cumprimento da notificação.

•• Publicado no *DOU*, de 28-2-2018.

LEI COMPLEMENTAR N. 123, DE 14 DE DEZEMBRO DE 2006 (*)

Institui o Estatuto Nacional da Microempresa e da Empresa de Pequeno Porte; altera dispositivos das Leis n. 8.212 e 8.213, ambas de 24 de julho de 1991, da Consolidação das Leis do Trabalho – CLT, aprovada pelo Decreto-lei n. 5.452, de 1.º de maio de 1943, da Lei n. 10.189, de 14 de fevereiro de 2001, da Lei Complementar n. 63, de 11 de janeiro de 1990; e revoga as Leis n. 9.317, de 5 de dezembro de 1996, e 9.841, de 5 de outubro de 1999.

O Presidente da República

Faço saber que o Congresso Nacional decreta e eu sanciono a seguinte Lei Complementar:

CAPÍTULO I
DISPOSIÇÕES PRELIMINARES

Art. 1.º Esta Lei Complementar estabelece normas gerais relativas ao tratamento diferenciado e favorecido a ser dispensado às microempresas e empresas de pequeno porte no âmbito dos Poderes da União, dos Estados, do Distrito Federal e dos Municípios, especialmente no que se refere:

•• *Vide* art. 179 da CF.

I – à apuração e recolhimento dos impostos e contribuições da União, dos Estados, do Distrito Federal e dos Municípios, mediante regime único de arrecadação, inclusive obrigações acessórias;

II – ao cumprimento de obrigações trabalhistas e previdenciárias, inclusive obrigações acessórias;

III – ao acesso a crédito e ao mercado, inclusive quanto à preferência nas aquisições de bens e serviços pelos Poderes Públicos, à tecnologia, ao associativismo e às regras de inclusão;

IV – ao cadastro nacional único de contribuintes a que se refere o inciso IV do parágrafo único do art. 146, *in fine*, da Constituição Federal.

•• Inciso IV acrescentado pela Lei Complementar n. 147, de 7-8-2014.

§ 1.º Cabe ao Comitê Gestor do Simples Nacional (CGSN) apreciar a necessidade de revisão, a partir de 1.º de janeiro de 2015, dos valores expressos em moeda nesta Lei Complementar.

•• § 1.º com redação determinada pela Lei Complementar n. 139, de 10-11-2011.

•• A Resolução n. 65, de 17-8-2009, dispõe que, em atendimento ao disposto neste parágrafo, o Comitê Gestor do Simples Nacional se manifesta pela manutenção dos valores expressos em moeda nesta Lei.

§ 2.º (*Vetado*.)

§ 3.º Ressalvado o disposto no Capítulo IV, toda nova obrigação que atinja as microempresas e empresas de pequeno porte deverá apresentar, no instrumento que a instituiu, especificação do tratamento diferenciado, simplificado e favorecido para cumprimento.

•• § 3.º acrescentado pela Lei Complementar n. 147, de 7-8-2014.

• O Capítulo IV desta Lei Complementar dispõe sobre os tributos e contribuições devidos pelas microempresas e empresas de pequeno porte.

§ 4.º Na especificação do tratamento diferenciado, simplificado e favorecido de que trata o § 3.º, deverá constar prazo máximo, quando forem necessários procedimentos adicionais, para que os órgãos fiscalizadores cumpram as medidas necessárias à emissão de documentos, realização de vistorias e atendimento das demandas realizadas pelas microempresas e empresas de pequeno porte com o objetivo de cumprir a nova obrigação.

•• § 4.º acrescentado pela Lei Complementar n. 147, de 7-8-2014.

§ 5.º Caso o órgão fiscalizador descumpra os prazos estabelecidos na especificação do tratamento diferenciado e favorecido, conforme o disposto no § 4.º, a nova obrigação será inexigível até que seja realizada visita para fiscalização orientadora e seja reiniciado o prazo para regularização.

(*) Publicada no *DOU*, de 15-12-2006. Republicada em 6-3-2012, em atendimento ao disposto no art. 5.º da Lei Complementar n. 139, de 10-11-2011.
A Lei n. 12.792, de 28-3-2013, cria a Secretaria da Micro e Pequena Empresa da Presidência da República.

•• § 5.º acrescentado pela Lei Complementar n. 147, de 7-8-2014.

§ 6.º A ausência de especificação do tratamento diferenciado, simplificado e favorecido ou da determinação de prazos máximos, de acordo com os §§ 3.º e 4.º, tornará a nova obrigação inexigível para as microempresas e empresas de pequeno porte.

•• § 6.º acrescentado pela Lei Complementar n. 147, de 7-8-2014.

§ 7.º A inobservância do disposto nos §§ 3.º a 6.º resultará em atentado aos direitos e garantias legais assegurados ao exercício profissional da atividade empresarial.

•• § 7.º acrescentado pela Lei Complementar n. 147, de 7-8-2014.

Art. 2.º O tratamento diferenciado e favorecido a ser dispensado às microempresas e empresas de pequeno porte de que trata o art. 1.º desta Lei Complementar será gerido pelas instâncias a seguir especificadas:

I – Comitê Gestor do Simples Nacional, vinculado ao Ministério da Fazenda, composto por 4 (quatro) representantes da Secretaria da Receita Federal do Brasil, como representantes da União, 2 (dois) dos Estados e do Distrito Federal e 2 (dois) dos Municípios, para tratar dos aspectos tributários; e

•• Inciso I com redação determinada pela Lei Complementar n. 128, de 19-12-2008.

• A Resolução n. 1, de 19-3-2007, do CGSN, nos termos da Resolução n. 102, de 19-9-2012, do CGSN, aprova o Regimento Interno do Comitê Gestor do Simples Nacional.

• A Resolução n. 94, de 29-11-2011, do Comitê Gestor do Simples Nacional – CGSN, dispõe sobre o Regime Especial Unificado de Arrecadação de Tributos e Contribuições devidos pelas Microempresas e Empresas de Pequeno Porte – Simples Nacional.

II – Fórum Permanente das Microempresas e Empresas de Pequeno Porte, com a participação dos órgãos federais competentes e das entidades vinculadas ao setor, para tratar dos demais aspectos, ressalvado o disposto no inciso III do *caput* deste artigo;

•• Inciso II com redação determinada pela Lei Complementar n. 128, de 19-12-2008.

III – Comitê para Gestão da Rede Nacional para Simplificação do Registro e da Legalização de Empresas e Negócios – CGSIM, vinculado à Secretaria da Micro e Pequena Empresa da Presidência da República, composto por representantes da União, dos Estados e do Distrito Federal, dos Municípios e demais órgãos de apoio e de registro empresarial, na forma definida pelo Poder Executivo, para tratar do processo de registro e de legalização de empresários e de pessoas jurídicas.

•• Inciso III com redação determinada pela Lei Complementar n. 147, de 7-8-2014.

§ 1.º Os Comitês de que tratam os incisos I e III do *caput* deste artigo serão presididos e coordenados por representantes da União.

•• § 1.º com redação determinada pela Lei Complementar n. 128, de 19-12-2008.

§ 2.º Os representantes dos Estados e do Distrito Federal nos Comitês referidos nos incisos I e III do *caput* deste artigo serão indicados pelo Conselho Nacional de Política Fazendária – CONFAZ e os dos Municípios serão indicados, um pela entidade representativa das Secretarias de Finanças das Capitais e outro pelas entidades de representação nacional dos Municípios brasileiros.

•• § 2.º com redação determinada pela Lei Complementar n. 128, de 19-12-2008.

§ 3.º As entidades de representação referidas no inciso III do *caput* e no § 2.º deste artigo serão aquelas regularmente constituídas há pelo menos 1 (um) ano antes da publicação desta Lei Complementar.

•• § 3.º com redação determinada pela Lei Complementar n. 128, de 19-12-2008.

§ 4.º Os Comitês de que tratam os incisos I e III do *caput* deste artigo elaborarão seus regimentos internos mediante resolução.

•• § 4.º com redação determinada pela Lei Complementar n. 128, de 19-12-2008.

§ 5.º O Fórum referido no inciso II do *caput* deste artigo tem por finalidade orientar e assessorar a formulação e coordenação da política nacional de desenvolvimento das microempresas e empresas de pequeno porte, bem como acompanhar e avaliar a sua implantação, sendo presidido e coordenado pela Secretaria da Micro e Pequena Empresa da Presidência da República.

•• § 5.º com redação determinada pela Lei n. 12.792, de 28-3-2013.

§ 6.º Ao Comitê de que trata o inciso I do *caput* deste artigo compete regulamentar a opção, exclusão, tributação, fiscalização, arrecadação, cobrança, dívida ativa, recolhimento e demais itens relativos ao regime de que trata o art. 12 desta Lei Complementar, observadas as demais disposições desta Lei Complementar.

•• § 6.º acrescentado pela Lei Complementar n. 128, de 19-12-2008.

§ 7.º Ao Comitê de que trata o inciso III do *caput* deste artigo compete, na forma da lei, regulamentar a inscrição, cadastro, abertura, alvará, arquivamento, licenças, permissão, autorização, registros e demais itens relativos à abertura, legalização e funcionamento de empresários e de pessoas jurídicas de qualquer porte, atividade econômica ou composição societária.

•• § 7.º acrescentado pela Lei Complementar n. 128, de 19-12-2008.

§ 8.º Os membros dos Comitês de que tratam os incisos I e III do *caput* deste artigo serão designados, respectivamente, pelos Ministros de Estado da Fazenda e da Secretaria da Micro e Pequena Empresa da Presidência da República, mediante indicação dos órgãos e entidades vinculados.

•• § 8.º com redação determinada pela Lei Complementar n. 147, de 7-8-2014.

§ 9.º O CGSN poderá determinar, com relação à microempresa e à empresa de pequeno porte optante pelo Simples Nacional, a forma, a periodicidade e o prazo:

•• § 9.º, *caput*, acrescentado pela Lei Complementar n. 147, de 7-8-2014.

I – de entrega à Secretaria da Receita Federal do Brasil – RFB de uma única declaração com dados relacionados a fatos geradores, base de cálculo e valores da contribuição para a Seguridade Social devida sobre a remuneração do trabalho, inclusive a descontada dos trabalhadores a serviço da empresa, do Fundo de Garantia do Tempo de Serviço – FGTS e outras informações de interesse do Ministério do Trabalho e Emprego – MTE, do Instituto Nacional do Seguro Social – INSS e do Conselho Curador do FGTS, observado o disposto no § 7.º deste artigo; e

•• Inciso I acrescentado pela Lei Complementar n. 147, de 7-8-2014.

II – do recolhimento das contribuições descritas no inciso I e do FGTS.

•• Inciso II acrescentado pela Lei Complementar n. 147, de 7-8-2014.

§ 10. O recolhimento de que trata o inciso II do § 9.º deste artigo poderá se dar de forma unificada relativamente aos tributos apurados na forma do Simples Nacional.

•• § 10 acrescentado pela Lei Complementar n. 147, de 7-8-2014.

§ 11. A entrega da declaração de que trata o inciso I do § 9.º substituirá, na forma regulamentada pelo CGSN, a obrigatoriedade de entrega de todas as informações, formulários e declarações a que estão sujeitas as demais empresas ou equiparados que contratam trabalhadores, inclusive relativamente ao recolhimento do FGTS, à Relação Anual de Informações Sociais e ao Cadastro Geral de Empregados e Desempregados.

•• § 11 acrescentado pela Lei Complementar n. 147, de 7-8-2014.

§ 12. Na hipótese de recolhimento do FGTS na forma do inciso II do § 9.º deste artigo, deve-se assegurar a transferência dos recursos e dos elementos identificadores do recolhimento ao gestor desse fundo para crédito na conta vinculada do trabalhador.

•• § 12 acrescentado pela Lei Complementar n. 147, de 7-8-2014.

§ 13. O documento de que trata o inciso I do § 9.º tem caráter declaratório, constituindo instrumento hábil e suficiente para a exigência dos tributos, contribuições e dos débitos fundiários que não tenham sido recolhidos resultantes das informações nele prestadas.

•• § 13 acrescentado pela Lei Complementar n. 147, de 7-8-2014.

CAPÍTULO II

DA DEFINIÇÃO DE MICROEMPRESA E DE EMPRESA DE PEQUENO PORTE

Art. 3.º Para os efeitos desta Lei Complementar, consideram-se microempresas ou empresas de pequeno porte a sociedade empresária, a sociedade simples, a empresa individual de responsabilidade limitada e o empresário a que se refere o art. 966 da Lei n. 10.406, de 10 de janeiro de 2002 (Código Civil), devidamente registrados no Registro de Empresas Mercantis ou no Registro Civil de Pessoas Jurídicas, conforme o caso, desde que:

•• *Caput* com redação determinada pela Lei Complementar n. 139, de 10-11-2011.

I – no caso da microempresa, aufira, em cada ano-calendário, receita bruta igual ou inferior a R$ 360.000,00 (trezentos e sessenta mil reais); e

•• Inciso I com redação determinada pela Lei Complementar n. 139, de 10-11-2011.

II – no caso de empresa de pequeno porte, aufira, em cada ano-calendário, receita bruta superior a R$ 360.000,00 (trezentos e sessenta mil reais) e igual ou inferior a R$ 4.800.000,00 (quatro milhões e oitocentos mil reais).

•• Inciso II com redação determinada pela Lei Complementar n. 155, de 27-10-2016.

§ 1.º Considera-se receita bruta, para fins do disposto no *caput* deste artigo, o produto da venda de bens e serviços nas operações de conta própria, o preço dos serviços prestados e o resultado nas operações em conta alheia, não incluídas as vendas canceladas e os descontos incondicionais concedidos.

§ 2.º No caso de início de atividade no próprio ano-calendário, o limite a que se refere o *caput* deste artigo será proporcional ao número de meses em que a microempresa ou a empresa de pequeno porte houver exercido atividade, inclusive as frações de meses.

§ 3.º O enquadramento do empresário ou da sociedade simples ou empresária como microempresa ou empresa de pequeno porte bem como o seu desenquadramento não implicarão alteração, denúncia ou qualquer restrição em relação a contratos por elas anteriormente firmados.

....

CAPÍTULO VI

DA SIMPLIFICAÇÃO DAS RELAÇÕES DE TRABALHO

SEÇÃO I

Da Segurança e da Medicina do Trabalho

Art. 50. As microempresas e as empresas de pequeno porte serão estimuladas pelo poder público e pelos Serviços Sociais Autônomos a formar consórcios para acesso a serviços especializados em segurança e medicina do trabalho.

•• Artigo com redação determinada pela Lei Complementar n. 127, de 14-8-2007.

SEÇÃO II

Das Obrigações Trabalhistas

Art. 51. As microempresas e as empresas de pequeno porte são dispensadas:

• A Instrução Normativa n. 72, de 5-12-2007, da Secretaria de Inspeção do Trabalho, orienta os Auditores Fiscais do Trabalho quanto a procedimentos a serem adotados na fiscalização, para que seja dispensado às microempresas e empresas de pequeno porte o tratamento diferenciado de que trata esta Lei Complementar.

I – da afixação de Quadro de Trabalho em suas dependências;

II – da anotação das férias dos empregados nos respectivos livros ou fichas de registro;

III – de empregar e matricular seus aprendizes nos cursos dos Serviços Nacionais de Aprendizagem;

IV – da posse do livro intitulado "Inspeção do Trabalho"; e

V – de comunicar ao Ministério do Trabalho e Emprego a concessão de férias coletivas.

Art. 52. O disposto no art. 51 desta Lei Complementar não dispensa as microempresas e as empresas de pequeno porte dos seguintes procedimentos:

I – anotações na Carteira de Trabalho e Previdência Social – CTPS;

II – arquivamento dos documentos comprobatórios de cumprimento das obrigações trabalhistas e previdenciárias, enquanto não prescreverem essas obrigações;

III – apresentação da Guia de Recolhimento do Fundo de Garantia do Tempo de Serviço e Informações à Previdência Social – GFIP;

IV – apresentação das Relações Anuais de Empregados e da Relação Anual de Informações Sociais – RAIS e do Cadastro Geral de Empregados e Desempregados – CAGED.

Parágrafo único. (*Vetado.*)

Art. 53. (*Revogado pela Lei Complementar n. 127, de 14-8-2007.*)

SEÇÃO III

Do Acesso à Justiça do Trabalho

Art. 54. É facultado ao empregador de microempresa ou de empresa de pequeno porte fazer-se substituir ou representar perante a Justiça do Trabalho por terceiros que conheçam dos fatos, ainda que não possuam vínculo trabalhista ou societário.

•• *Vide* art. 841, § 1.º, da CLT.

CAPÍTULO VII

DA FISCALIZAÇÃO ORIENTADORA

Art. 55. A fiscalização, no que se refere aos aspectos trabalhista, metrológico, sanitário, ambiental, de segurança, de relações de consumo e de uso e ocupação do solo das microempresas e das empresas de pequeno porte, deverá ser prioritariamente orientadora quando a atividade ou situação, por sua natureza, comportar grau de risco compatível com esse procedimento.

•• *Caput* com redação determinada pela Lei Complementar n. 155, de 27-10-2016.

§ 1.º Será observado o critério de dupla visita para lavratura de autos de infração, salvo quando for constatada infração por falta de registro de empregado ou anotação da Carteira de Trabalho e Previdência Social – CTPS, ou, ainda, na ocorrência de reincidência, fraude, resistência ou embaraço à fiscalização.

• *Vide* arts. 627 da CLT; 6.º, § 3.º, da Lei n. 7.855, de 24-10-1989; e 3.º, § 5.º, da Instrução Normativa n. 144, de 18-5-2018.

§ 2.º (*Vetado*.)

§ 3.º Os órgãos e entidades competentes definirão, em 12 (doze) meses, as atividades e situações cujo grau de risco seja considerado alto, as quais não se sujeitarão ao disposto neste artigo.

....

§ 5.º O disposto no § 1.º aplica-se à lavratura de multa pelo descumprimento de obrigações acessórias relativas às matérias do *caput*, inclusive quando previsto seu cumprimento de forma unificada com matéria de outra natureza, exceto a trabalhista.

•• § 5.º acrescentado pela Lei Complementar n. 147, de 7-8-2014.

§ 6.º A inobservância do critério de dupla visita implica nulidade do auto de infração lavrado sem cumprimento ao disposto neste artigo, independentemente da natureza principal ou acessória da obrigação.

•• § 6.º acrescentado pela Lei Complementar n. 147, de 7-8-2014.

§ 7.º Os órgãos e entidades da administração pública federal, estadual, distrital e municipal deverão observar o princípio do tratamento diferenciado, simplificado e favorecido por ocasião da fixação de valores decorrentes de multas e demais sanções administrativas.

•• § 7.º acrescentado pela Lei Complementar n. 147, de 7-8-2014.

§ 8.º A inobservância do disposto no *caput* deste artigo implica atentado aos direitos e garantias legais assegurados ao exercício profissional da atividade empresarial.

•• § 8.º acrescentado pela Lei Complementar n. 147, de 7-8-2014.

....

CAPÍTULO IX

DO ESTÍMULO AO CRÉDITO E À CAPITALIZAÇÃO

SEÇÃO I

Disposições Gerais

Art. 57. O Poder Executivo federal proporá, sempre que necessário, medidas no sentido de melhorar o acesso das microempresas e empresas de pequeno porte aos mercados de crédito e de capitais, objetivando a redução do custo de transação, a elevação da eficiência alocativa, o incentivo ao ambiente concorrencial e a qualidade do conjunto informacional, em especial o acesso e portabilidade das informações cadastrais relativas ao crédito.

Art. 58. Os bancos comerciais públicos e os bancos múltiplos públicos com carteira comercial, a Caixa Econômica Federal e o Banco Nacional do Desenvolvimento Econômico e Social – BNDES manterão linhas de crédito específicas para as microempresas e para as empresas de pequeno porte, vinculadas à reciprocidade social, devendo o montante disponível e suas condições de acesso ser expressos nos respectivos orçamentos e amplamente divulgados.

•• *Caput* com redação determinada pela Lei Complementar n. 155, de 27-10-2016.

§ 1.º As instituições mencionadas no *caput* deste artigo deverão publicar, juntamente com os respectivos balanços, relatório circunstanciado dos recursos alocados às linhas de crédito referidas no *caput* e daqueles efetivamente utilizados, consignando, obrigatoriamente, as justificativas do desempenho alcançado.

•• § 1.º com redação determinada pela Lei Complementar n. 155, de 27-10-2016.

§ 2.º O acesso às linhas de crédito específicas previstas no *caput* deste artigo deverá ter tratamento simplificado e ágil, com divulgação ampla das respectivas condições e exigências.

•• § 2.º acrescentado pela Lei Complementar n. 147, de 7-8-2014.

§ 3.º (*Vetado*.)

•• § 3.º acrescentado pela Lei Complementar n. 155, de 27-10-2016.

§ 4.º O Conselho Monetário Nacional – CMN regulamentará o percentual mínimo de direcionamento dos recursos de que trata o *caput*, inclusive no tocante aos recursos de que trata a alínea *b* do inciso III do art. 10 da Lei n. 4.595, de 31 de dezembro de 1964.

•• § 4.º acrescentado pela Lei Complementar n. 155, de 27-10-2016.

Art. 58-A. Os bancos públicos e privados não poderão contabilizar, para cumprimento de metas, empréstimos realizados a pessoas físicas, ainda que sócios de empresas, como disponibilização de crédito para microempresas e empresas de pequeno porte.

•• Artigo acrescentado pela Lei Complementar n. 147, de 7-8-2014.

Art. 59. As instituições referidas no *caput* do art. 58 desta Lei Complementar devem se articular com as respectivas entidades de apoio e representação das microempresas e empresas de pequeno porte, no sentido de proporcionar e desenvolver programas de treinamento, desenvolvimento gerencial e capacitação tecnológica.

Art. 60. (*Vetado*.)

Art. 60-A. Poderá ser instituído Sistema Nacional de Garantias de Crédito pelo Poder Executivo, com o objetivo de facilitar o acesso das microempresas e empresas de pequeno porte a crédito e demais serviços das instituições financeiras, o qual, na forma de regulamento, proporcionará a elas tratamento diferenciado, favorecido e simplificado, sem prejuízo de atendimento a outros públicos-alvo.

•• *Caput* acrescentado pela Lei Complementar n. 127, de 14-8-2007.

Parágrafo único. O Sistema Nacional de Garantias de Crédito integrará o Sistema Financeiro Nacional.

•• Parágrafo único acrescentado pela Lei Complementar n. 127, de 14-8-2007.

....

Art. 61. Para fins de apoio creditício às operações de comércio exterior das microempresas e das empresas de pequeno porte, serão utilizados os parâmetros de enquadramento ou outros instrumentos de alta significância para as microempresas, empresas de pequeno porte exportadoras segundo o porte de empresas, aprovados pelo Mercado Comum do Sul – MERCOSUL.

....

SEÇÃO III

Das Condições de Acesso aos Depósitos Especiais do Fundo de Amparo ao Trabalhador – FAT

Art. 63. O CODEFAT poderá disponibilizar recursos financeiros por meio da criação de programa específico para as cooperativas de crédito de cujos quadros de cooperados participem microempreendedores, empreendedores de microempresa e empresa de pequeno porte bem como suas empresas.

Parágrafo único. Os recursos referidos no *caput* deste artigo deverão ser destinados exclusivamente às microempresas e empresas de pequeno porte.

....

CAPÍTULO XI

DAS REGRAS CIVIS E EMPRESARIAIS

SEÇÃO I

Das Regras Civis

SUBSEÇÃO I

Do pequeno empresário

Art. 68. Considera-se pequeno empresário, para efeito de aplicação do disposto nos arts. 970 e 1.179 da Lei n. 10.406, de 10 de janeiro de 2002 (Código Civil), o empresário individual caracterizado como microempresa na forma desta Lei Complementar que aufira receita bruta anual até o limite previsto no § 1.º do art. 18-A.

•• Artigo com redação determinada pela Lei Complementar n. 139, de 10-11-2011.

•• A Lei n. 10.406, de 10-1-2002, institui o CC.

....

CAPÍTULO XII

DO ACESSO À JUSTIÇA

....

SEÇÃO II

Da Conciliação Prévia, Mediação e Arbitragem

Art. 75. As microempresas e empresas de pequeno porte deverão ser estimuladas a utilizar os institutos de conciliação prévia, mediação e arbitragem para solução dos seus conflitos.

• A Lei n. 9.307, de 23-9-1996, dispõe sobre a arbitragem.

§ 1.º Serão reconhecidos de pleno direito os acordos celebrados no âmbito das comissões de conciliação prévia.

• *Vide* arts. 625-A e s. da CLT.

§ 2.º O estímulo a que se refere o *caput* deste artigo compreenderá campanhas de divulgação, serviços de esclarecimento e tratamento diferenciado, simplificado e favorecido no tocante aos custos administrativos e honorários cobrados.

....

Art. 76-A. As instituições de representação e apoio empresarial deverão promover programas de sensibilização, de informação, de orientação e apoio, de educação fiscal, de regularidade dos contratos de trabalho e de adoção de sistemas informatizados e eletrônicos, como forma de estímulo à formalização de empreendimentos, de negócios e empregos, à ampliação da competitividade e à disseminação do associativismo entre as microempresas, os microempreendedores individuais, as empresas de pequeno porte e equiparados.

•• Artigo acrescentado pela Lei Complementar n. 147, de 7-8-2014.

CAPÍTULO XIV

DISPOSIÇÕES FINAIS E TRANSITÓRIAS

Art. 77. Promulgada esta Lei Complementar, o Comitê Gestor expedirá, em 30 (trinta) meses, as instruções que se fizerem necessárias à sua execução.

•• *Caput* com redação determinada pela Lei Complementar n. 128, de 19-12-2008.

§ 1.º O Ministério do Trabalho e Emprego, a Secretaria da Receita Federal, a Secretaria da Receita Previdenciária, os Estados, o Distrito Federal e os Municípios deverão editar, em 1 (um) ano, as leis e demais atos necessários para assegurar o pronto e imediato tratamento jurídico diferenciado, simplificado e favorecido às microempresas e às empresas de pequeno porte.

§ 2.º A administração direta e indireta federal, estadual e municipal e as entidades paraestatais acordarão, no prazo previsto no § 1.º deste artigo, as providências necessárias à adaptação dos respectivos atos normativos ao disposto nesta Lei Complementar.

•• § 2.º com redação determinada pela Lei Complementar n. 128, de 19-12-2008.

§ 3.º (*Vetado*.)

§ 4.º O Comitê Gestor regulamentará o disposto no inciso I do § 6.º do art. 13 desta Lei Complementar até 31 de dezembro de 2008.

•• § 4.º acrescentado pela Lei Complementar n. 128, de 19-12-2008.

§ 5.º A partir de 1.º de janeiro de 2009, perderão eficácia as substituições tributárias que não atenderem à disciplina estabelecida na forma do § 4.º deste artigo.

•• § 5.º acrescentado pela Lei Complementar n. 128, de 19-12-2008.

§ 6.º O Comitê de que trata o inciso III do *caput* do art. 2.º desta Lei Complementar expedirá, até 31 de dezembro de 2009, as instruções que se fizerem necessárias relativas a sua competência.

•• § 6.º acrescentado pela Lei Complementar n. 128, de 19-12-2008.

Art. 78. (*Revogado pela Lei Complementar n. 128, de 19-12-2008.*)

Art. 79. Será concedido, para ingresso no Simples Nacional, parcelamento, em até 100 (cem) parcelas mensais e sucessivas, dos débitos com o Instituto Nacional do Seguro Social – INSS, ou com as Fazendas Públicas federal, estadual ou municipal, de responsabilidade da microempresa ou empresa de pequeno porte e de seu titular ou sócio, com vencimento até 30 de junho de 2008.

•• *Caput* com redação determinada pela Lei Complementar n. 128, de 19-12-2008.

§ 1.º O valor mínimo da parcela mensal será de R$ 100,00 (cem reais), considerados isoladamente os débitos para com a Fazenda Nacional, para com a Seguridade Social, para com a Fazenda dos Estados, dos Municípios ou do Distrito Federal.

§ 2.º Esse parcelamento alcança inclusive débitos inscritos em dívida ativa.

§ 3.º O parcelamento será requerido à respectiva Fazenda para com a qual o sujeito passivo esteja em débito.

§ 3.º-A. O parcelamento deverá ser requerido no prazo estabelecido em regulamentação do Comitê Gestor.

•• § 3.º-A acrescentado pela Lei Complementar n. 128, de 19-12-2008.

§ 4.º Aplicam-se ao disposto neste artigo as demais regras vigentes para parcelamento de tributos e contribuições federais, na forma regulamentada pelo Comitê Gestor.

§§ 5.º a 8.º (*Vetados*.)

•• §§ 5.º a 8.º acrescentados pela Lei Complementar n. 127, de 14-8-2007.

§ 9.º O parcelamento de que trata o *caput* deste artigo não se aplica na hipótese de reingresso de microempresa ou empresa de pequeno porte no Simples Nacional.

•• § 9.º acrescentado pela Lei Complementar n. 128, de 19-12-2008.

Art. 79-A. (*Vetado*.)

•• Artigo acrescentado pela Lei Complementar n. 127, de 14-8-2007.

Art. 79-B. Excepcionalmente para os fatos geradores ocorridos em julho de 2007, os tributos apurados na forma dos arts. 18 a 20 desta Lei Complementar deverão ser pagos até o último dia útil de agosto de 2007.

•• Artigo acrescentado pela Lei Complementar n. 127, de 14-8-2007.

Art. 79-C. A microempresa e a empresa de pequeno porte que, em 30 de junho de 2007, se enquadravam no regime previsto na Lei n. 9.317, de 5 de dezembro de 1996, e que não ingressaram no regime previsto no art. 12 desta Lei Complementar sujeitar-se-ão, a partir de 1.º de julho de 2007, às normas de tributação aplicáveis às demais pessoas jurídicas.

•• *Caput* acrescentado pela Lei Complementar n. 127, de 14-8-2007.

§ 1.º Para efeito do disposto no *caput* deste artigo, o sujeito passivo poderá optar pelo recolhimento do Imposto sobre a Renda da Pessoa Jurídica – IRPJ e da Contribuição Social sobre o Lucro Líquido – CSLL na forma do lucro real, trimestral ou anual, ou do lucro presumido.

•• § 1.º acrescentado pela Lei Complementar n. 127, de 14-8-2007.

§ 2.º A opção pela tributação com base no lucro presumido dar-se-á pelo pagamento, no vencimento, do IRPJ e da CSLL devidos, correspondente ao 3.º (terceiro) trimestre de 2007 e, no caso do lucro real anual, com o pagamento do IRPJ e da CSLL relativos ao mês de julho de 2007 com base na estimativa mensal.

•• § 2.º acrescentado pela Lei Complementar n. 127, de 14-8-2007.

Art. 79-D. Excepcionalmente, para os fatos geradores ocorridos entre 1.º de julho de 2007 e 31 de dezembro de 2008, as pessoas jurídicas que exerçam atividade sujeita simultaneamente à incidência do IPI e do ISS deverão recolher o ISS diretamente ao Município em que este imposto é devido até o último dia útil de fevereiro de 2009, aplicando-se, até esta data, o disposto no parágrafo único do art. 100 da Lei n. 5.172, de 25 de outubro de 1966 – Código Tributário Nacional – CTN.

•• Artigo acrescentado pela Lei Complementar n. 128, de 19-12-2008.

Art. 79-E. A empresa de pequeno porte optante pelo Simples Nacional em 31 de dezembro de 2017 que durante o ano-calendário de 2017 auferir receita bruta total anual entre R$ 3.600.000,01 (três milhões, seiscentos mil reais e um centavo) e R$ 4.800.000,00 (quatro milhões e oitocentos mil reais) continuará automaticamente incluída no Simples Nacional com efeitos a partir de 1.º de janeiro de 2018, ressalvado o direito de exclusão por comunicação da optante.

•• Artigo com redação determinada pela Lei Complementar n. 155, de 27-10-2016.

....

Art. 84. O art. 58 da Consolidação das Leis do Trabalho – CLT, aprovada pelo Decreto-lei n. 5.452, de 1.º de maio de 1943, passa a vigorar acrescido do seguinte § 3.º:

•• Alteração já processada no diploma modificado.

....

Art. 86. As matérias tratadas nesta Lei Complementar que não sejam reservadas constitucionalmente a lei complementar poderão ser objeto de alteração por lei ordinária.

....

Art. 88. Esta Lei Complementar entra em vigor na data de sua publicação, ressalvado o regime de tributação das microempresas e empresas de pequeno porte, que entra em vigor em 1.º de julho de 2007.

Art. 89. Ficam revogadas, a partir de 1.º de julho de 2007, a Lei n. 9.317, de 5 de dezembro de 1996, e a Lei n. 9.841, de 5 de outubro de 1999.

Brasília, 14 de dezembro de 2006; 185.º da Independência e 118.º da República.

LUIZ INÁCIO LULA DA SILVA

LEI N. 11.419,

DE 19 DE DEZEMBRO DE 2006 (*)

Dispõe sobre a informatização do processo judicial; altera a Lei n. 5.869, de 11 de janeiro de 1973 – Código de Processo Civil; e dá outras providências.

O Presidente da República

(*) Publicada no *DOU*, de 20-12-2006. *Vide* Instrução Normativa n. 30, de 13-9-2007, do TST, que regulamenta esta Lei no âmbito da Justiça do Trabalho. A Resolução Administrativa n. 1.589, de 4-2-2013, institui o Sistema Processo Judicial Eletrônico da Justiça do Trabalho – Pje-JT.

Faço saber que o Congresso Nacional decreta e eu sanciono a seguinte Lei:

CAPÍTULO I
DA INFORMATIZAÇÃO DO PROCESSO JUDICIAL

Art. 1.º O uso de meio eletrônico na tramitação de processos judiciais, comunicação de atos e transmissão de peças processuais será admitido nos termos desta Lei.

• A Resolução n. 578, de 20-2-2016, institui no âmbito do Supremo Tribunal Federal o Sistema Processo Judicial Eletrônico – PJe.

§ 1.º Aplica-se o disposto nesta Lei, indistintamente, aos processos civil, penal e trabalhista, bem como aos juizados especiais, em qualquer grau de jurisdição.

§ 2.º Para o disposto nesta Lei, considera-se:

I – meio eletrônico qualquer forma de armazenamento ou tráfego de documentos e arquivos digitais;

II – transmissão eletrônica toda forma de comunicação a distância com a utilização de redes de comunicação, preferencialmente a rede mundial de computadores;

III – assinatura eletrônica as seguintes formas de identificação inequívoca do signatário:

a) assinatura digital baseada em certificado digital emitido por Autoridade Certificadora credenciada, na forma de lei específica;

b) mediante cadastro de usuário no Poder Judiciário, conforme disciplinado pelos órgãos respectivos.

Art. 2.º O envio de petições, de recursos e a prática de atos processuais em geral por meio eletrônico serão admitidos mediante uso de assinatura eletrônica, na forma do art. 1.º desta Lei, sendo obrigatório o credenciamento prévio no Poder Judiciário, conforme disciplinado pelos órgãos respectivos.

§ 1.º O credenciamento no Poder Judiciário será realizado mediante procedimento no qual esteja assegurada a adequada identificação presencial do interessado.

§ 2.º Ao credenciado será atribuído registro e meio de acesso ao sistema, de modo a preservar o sigilo, a identificação e a autenticidade de suas comunicações.

§ 3.º Os órgãos do Poder Judiciário poderão criar um cadastro único para o credenciamento previsto neste artigo.

Art. 3.º Consideram-se realizados os atos processuais por meio eletrônico no dia e hora do seu envio ao sistema do Poder Judiciário, do que deverá ser fornecido protocolo eletrônico.

Parágrafo único. Quando a petição eletrônica for enviada para atender prazo processual, serão consideradas tempestivas as transmitidas até as 24 (vinte e quatro) horas do seu último dia.

CAPÍTULO II
DA COMUNICAÇÃO ELETRÔNICA DOS ATOS PROCESSUAIS

Art. 4.º Os tribunais poderão criar Diário da Justiça eletrônico, disponibilizado em sítio da rede mundial de computadores, para publicação de atos judiciais e administrativos próprios e dos órgãos a eles subordinados, bem como comunicações em geral.

•• O Ato Conjunto n. 15, de 5-6-2008, do Conselho Superior da Justiça do Trabalho, institui o Diário da Justiça do Trabalho Eletrônico e estabelece normas para envio, publicação e divulgação de matérias dos Órgãos da Justiça do Trabalho.

§ 1.º O sítio e o conteúdo das publicações de que trata este artigo deverão ser assinados digitalmente com base em certificado emitido por Autoridade Certificadora credenciada na forma da lei específica.

§ 2.º A publicação eletrônica na forma deste artigo substitui qualquer outro meio e publicação oficial, para quaisquer efeitos legais, à exceção dos casos que, por lei, exigem intimação ou vista pessoal.

§ 3.º Considera-se como data da publicação o primeiro dia útil seguinte ao da disponibilização da informação no Diário da Justiça eletrônico.

§ 4.º Os prazos processuais terão início no primeiro dia útil que seguir ao considerado como data da publicação.

§ 5.º A criação do Diário da Justiça eletrônico deverá ser acompanhada de ampla divulgação, e o ato administrativo correspondente será publicado durante 30 (trinta) dias no diário oficial em uso.

Art. 5.º As intimações serão feitas por meio eletrônico em portal próprio aos que se cadastrarem na forma do art. 2.º desta Lei, dispensando-se a publicação no órgão oficial, inclusive eletrônico.

§ 1.º Considerar-se-á realizada a intimação no dia em que o intimando efetivar a consulta eletrônica ao teor da intimação, certificando-se nos autos a sua realização.

§ 2.º Na hipótese do § 1.º deste artigo, nos casos em que a consulta se dê em dia não útil, a intimação será considerada como realizada no primeiro dia útil seguinte.

§ 3.º A consulta referida nos §§ 1.º e 2.º deste artigo deverá ser feita em até 10 (dez) dias corridos contados da data do envio da intimação, sob pena de considerar-se a intimação automaticamente realizada na data do término desse prazo.

§ 4.º Em caráter informativo, poderá ser efetivada remessa de correspondência eletrônica, comunicando o envio da intimação e a abertura automática do prazo processual nos termos do § 3.º deste artigo, aos que manifestarem interesse por esse serviço.

§ 5.º Nos casos urgentes em que a intimação feita na forma deste artigo possa causar prejuízo a quaisquer das partes ou nos casos em que for evidenciada qualquer tentativa de burla ao sistema, o ato processual deverá ser realizado por outro meio que atinja a sua finalidade, conforme determinado pelo juiz.

§ 6.º As intimações feitas na forma deste artigo, inclusive da Fazenda Pública, serão consideradas pessoais para todos os efeitos legais.

Art. 6.º Observadas as formas e as cautelas do art. 5.º desta Lei, as citações, inclusive da Fazenda Pública, excetuadas as dos Direitos Processuais Criminal e Infracional, poderão ser feitas por meio eletrônico, desde que a íntegra dos autos seja acessível ao citando.

Art. 7.° As cartas precatórias, rogatórias, de ordem e, de um modo geral, todas as comunicações oficiais que transitem entre órgãos do Poder Judiciário, bem como entre os deste e os dos demais Poderes, serão feitas preferentemente por meio eletrônico.

CAPÍTULO III
DO PROCESSO ELETRÔNICO

Art. 8.° Os órgãos do Poder Judiciário poderão desenvolver sistemas eletrônicos de processamento de ações judiciais por meio de autos total ou parcialmente digitais, utilizando, preferencialmente, a rede mundial de computadores e acesso por meio de redes internas e externas.

• O Ato n. 186, de 4-3-2008, dispõe sobre o Processo Administrativo Eletrônico no âmbito do TST.

Parágrafo único. Todos os atos processuais do processo eletrônico serão assinados eletronicamente na forma estabelecida nesta Lei.

Art. 9.° No processo eletrônico, todas as citações, intimações e notificações, inclusive da Fazenda Pública, serão feitas por meio eletrônico, na forma desta Lei.

§ 1.° As citações, intimações, notificações e remessas que viabilizem o acesso à íntegra do processo correspondente serão consideradas vista pessoal do interessado para todos os efeitos legais.

§ 2.° Quando, por motivo técnico, for inviável o uso do meio eletrônico para a realização de citação, intimação ou notificação, esses atos processuais poderão ser praticados segundo as regras ordinárias, digitalizando-se o documento físico, que deverá ser posteriormente destruído.

Art. 10. A distribuição da petição inicial e a juntada da contestação, dos recursos e das petições em geral, todos em formato digital, nos autos de processo eletrônico, podem ser feitas diretamente pelos advogados públicos e privados, sem necessidade da intervenção do cartório ou secretaria judicial, situação em que a autuação deverá se dar de forma automática, fornecendo-se recibo eletrônico de protocolo.

§ 1.° Quando o ato processual tiver que ser praticado em determinado prazo, por meio de petição eletrônica, serão considerados tempestivos os efetivados até as 24 (vinte e quatro) horas do último dia.

§ 2.° No caso do § 1.° deste artigo, se o Sistema do Poder Judiciário se tornar indisponível por motivo técnico, o prazo fica automaticamente prorrogado para o primeiro dia útil seguinte à resolução do problema.

§ 3.° Os órgãos do Poder Judiciário deverão manter equipamentos de digitalização e de acesso à rede mundial de computadores à disposição dos interessados para distribuição de peças processuais.

Art. 11. Os documentos produzidos eletronicamente e juntados aos processos eletrônicos com garantia da origem e de seu signatário, na forma estabelecida nesta Lei, serão considerados originais para todos os efeitos legais.

§ 1.° Os extratos digitais e os documentos digitalizados e juntados aos autos pelos órgãos da Justiça e seus auxiliares, pelo Ministério Público e seus auxiliares, pelas procuradorias, pelas autoridades policiais, pelas repartições públicas em geral e por advogados públicos e privados têm a mesma força probante dos originais, ressalvada a alegação motivada e fundamentada de adulteração antes ou durante o processo de digitalização.

§ 2.° A arguição de falsidade do documento original será processada eletronicamente na forma da lei processual em vigor.

§ 3.° Os originais dos documentos digitalizados, mencionados no § 2.° deste artigo, deverão ser preservados pelo seu detentor até o trânsito em julgado da sentença ou, quando admitida, até o final do prazo para interposição de ação rescisória.

§ 4.° *(Vetado.)*

§ 5.° Os documentos cuja digitalização seja tecnicamente inviável devido ao grande volume ou por motivo de ilegibilidade deverão ser apresentados ao cartório ou secretaria no prazo de 10 (dez) dias contados do envio de petição eletrônica comunicando o fato, os quais serão devolvidos à parte após o trânsito em julgado.

§ 6.° Os documentos digitalizados juntados em processo eletrônico estarão disponíveis para acesso por meio da rede externa pelas respectivas partes processuais, pelos advogados, independentemente de procuração nos autos, pelos membros do Ministério Público e pelos magistrados, sem prejuízo da possibilidade de visualização nas secretarias dos órgãos julgadores, à exceção daqueles que tramitarem em segredo de justiça.

•• § 6.° com redação determinada pela Lei n. 13.793, de 3-1-2019.

§ 7.° Os sistemas de informações pertinentes a processos eletrônicos devem possibilitar que advogados, procuradores e membros do Ministério Público cadastrados, mas não vinculados a processo previamente identificado, acessem automaticamente todos os atos e documentos processuais armazenados em meio eletrônico, desde que demonstrado interesse para fins apenas de registro, salvo nos casos de processos em segredo de justiça.

•• § 7.° acrescentado pela Lei n. 13.793, de 3-1-2019.

Art. 12. A conservação dos autos do processo poderá ser efetuada total ou parcialmente por meio eletrônico.

§ 1.° Os autos dos processos eletrônicos deverão ser protegidos por meio de sistemas de segurança de acesso e armazenados em meio que garanta a preservação e integridade dos dados, sendo dispensada a formação de autos suplementares.

§ 2.° Os autos de processos eletrônicos que tiverem de ser remetidos a outro juízo ou instância superior que não disponham de sistema compatível deverão ser impressos em papel, autuados na forma dos arts. 166 a 168 da Lei n. 5.869, de 11 de janeiro de 1973 – Código de Processo Civil, ainda que de natureza criminal ou trabalhista, ou pertinentes a juizado especial.

• Citados artigos dispõem:

"Art. 166. Ao receber a petição inicial de qualquer processo, o escrivão a autuará, mencionando o juízo, a natureza do feito, o número de seu registro, os nomes das partes e a data do seu início; e procederá do mesmo modo quanto aos volumes que se forem formando.

Art. 167. O escrivão numerará e rubricará todas as folhas dos autos, procedendo da mesma forma quanto aos suplementares.

Parágrafo único. Às partes, aos advogados, aos órgãos do Ministério Público, aos peritos e às testemunhas é facultado rubricar as folhas correspondentes aos atos em que intervieram.

Art. 168. Os termos de juntada, vista, conclusão e outros semelhantes constarão de notas datadas e rubricadas pelo escrivão".

§ 3.º No caso do § 2.º deste artigo, o escrivão ou o chefe de secretaria certificará os autores ou a origem dos documentos produzidos nos autos, acrescentando, ressalvada a hipótese de existir segredo de justiça, a forma pela qual o banco de dados poderá ser acessado para aferir a autenticidade das peças e das respectivas assinaturas digitais.

§ 4.º Feita a autuação na forma estabelecida no § 2.º deste artigo, o processo seguirá a tramitação legalmente estabelecida para os processos físicos.

§ 5.º A digitalização de autos em mídia não digital, em tramitação ou já arquivados, será precedida de publicação de editais de intimações ou da intimação pessoal das partes e de seus procuradores, para que, no prazo preclusivo de 30 (trinta) dias, se manifestem sobre o desejo de manterem pessoalmente a guarda de algum dos documentos originais.

Art. 13. O magistrado poderá determinar que sejam realizados por meio eletrônico a exibição e o envio de dados e de documentos necessários à instrução do processo.

§ 1.º Consideram-se cadastros públicos, para os efeitos deste artigo, dentre outros existentes ou que venham a ser criados, ainda que mantidos por concessionárias de serviço público ou empresas privadas, os que contenham informações indispensáveis ao exercício da função judicante.

§ 2.º O acesso de que trata este artigo dar-se-á por qualquer meio tecnológico disponível, preferentemente o de menor custo, considerada sua eficiência.

§ 3.º *(Vetado.)*

CAPÍTULO IV

DISPOSIÇÕES GERAIS E FINAIS

Art. 14. Os sistemas a serem desenvolvidos pelos órgãos do Poder Judiciário deverão usar, preferencialmente, programas com código aberto, acessíveis ininterruptamente por meio da rede mundial de computadores, priorizando-se a sua padronização.

Parágrafo único. Os sistemas devem buscar identificar os casos de ocorrência de prevenção, litispendência e coisa julgada.

Art. 15. Salvo impossibilidade que comprometa o acesso à justiça, a parte deverá informar, ao distribuir a petição inicial de qualquer ação judicial, o número no cadastro de pessoas físicas ou jurídicas, conforme o caso, perante a Secretaria da Receita Federal.

Parágrafo único. Da mesma forma, as peças de acusação criminais deverão ser instruídas pelos membros do Ministério Público ou pelas autoridades policiais com os números de registros dos acusados no Instituto Nacional de Identificação do Ministério da Justiça, se houver.

Art. 16. Os livros cartorários e demais repositórios dos órgãos do Poder Judiciário poderão ser gerados e armazenados em meio totalmente eletrônico.

Art. 17. *(Vetado.)*

Art. 18. Os órgãos do Poder Judiciário regulamentarão esta Lei, no que couber, no âmbito de suas respectivas competências.

Art. 19. Ficam convalidados os atos processuais praticados por meio eletrônico até a data de publicação desta Lei, desde que tenham atingido sua finalidade e não tenha havido prejuízo para as partes.

....

Art. 21. *(Vetado.)*

Art. 22. Esta Lei entra em vigor 90 (noventa) dias depois de sua publicação.

Brasília, 19 de dezembro de 2006; 185.º da Independência e 118.º da República.

LUIZ INÁCIO LULA DA SILVA

DECRETO N. 6.003,

DE 28 DE DEZEMBRO DE 2006 (*)

Regulamenta a arrecadação, a fiscalização e a cobrança da contribuição social do salário-educação, a que se referem o art. 212, § 5.º, da Constituição, e as Leis n. 9.424, de 24 de dezembro de 1996, e 9.766, de 18 de dezembro de 1998, e dá outras providências.

O Presidente da República, no uso da atribuição que lhe confere o art. 84, inciso IV, da Constituição, e tendo em vista o disposto no art. 9.º da Lei n. 9.766, de 18 de dezembro de 1998, decreta:

DISPOSIÇÕES GERAIS

Art. 1.º A contribuição social do salário-educação obedecerá aos mesmos prazos, condições, sanções e privilégios relativos às contribuições sociais e demais importâncias devidas à Seguridade Social, aplicando-se-lhe, no que for cabível, as disposições legais e demais atos normativos atinentes às contribuições previdenciárias, ressalvada a competência do Fundo Nacional de Desenvolvimento da Educação – FNDE, sobre a matéria.

§ 1.º A contribuição a que se refere este artigo será calculada com base na alíquota de dois inteiros e cinco décimos por cento, incidente sobre o total da remuneração paga ou creditada, a qualquer título, aos segurados empregados, ressalvadas as exceções legais, e será arrecadada, fiscalizada e cobrada pela Secretaria da Receita Previdenciária.

§ 2.º Entende-se por empregado, para fins do disposto neste Decreto, as pessoas físicas a que se refere o art. 12, inciso I, da Lei n. 8.212, de 24 de julho de 1991.

(*) Publicado no *DOU*, de 29-12-2006.

• A Lei n. 8.212, de 24-7-1991, dispõe sobre a organização da Seguridade Social, institui Plano de Custeio, e dá outras providências.

§ 3.º Para os fins previstos no art. 3.º da Lei n. 11.098, de 13 de janeiro de 2005, o FNDE é tratado como terceiro, equiparando-se às demais entidades e fundos para os quais a Secretaria da Receita Previdenciária realiza atividades de arrecadação, fiscalização e cobrança de contribuições.

• A Lei n. 11.098, de 13-1-2005, atribui ao Ministério da Previdência Social competências relativas à arrecadação, fiscalização, lançamento e normatização de receitas previdenciárias, e autoriza a criação da Secretaria da Receita Previdenciária no âmbito do referido Ministério.

Art. 2.º São contribuintes do salário-educação as empresas em geral e as entidades públicas e privadas vinculadas ao Regime Geral da Previdência Social, entendendo-se como tais, para fins desta incidência, qualquer firma individual ou sociedade que assuma o risco de atividade econômica, urbana ou rural, com fins lucrativos ou não, bem assim a sociedade de economia mista, a empresa pública e demais sociedades instituídas e mantidas pelo Poder Público, nos termos do art. 173, § 2.º, da Constituição.

Parágrafo único. São isentos do recolhimento da contribuição social do salário-educação:

I – a União, os Estados, o Distrito Federal, os Municípios e suas respectivas autarquias e fundações;

II – as instituições públicas de ensino de qualquer grau;

III – as escolas comunitárias, confessionais ou filantrópicas, devidamente registradas e reconhecidas pelo competente órgão de educação, e que atendam ao disposto no inciso II do art. 55 da Lei n. 8.212, de 1991;

IV – as organizações de fins culturais que, para este fim, vierem a ser definidas em regulamento;

V – as organizações hospitalares e de assistência social, desde que atendam, cumulativamente, aos requisitos estabelecidos nos incisos I a V do art. 55 da Lei n. 8.212, de 1991.

Art. 3.º Cabe à Procuradoria-Geral Federal a representação judicial e extrajudicial do FNDE, inclusive a inscrição dos respectivos créditos em dívida ativa.

Art. 4.º Integram a receita da contribuição social do salário-educação os acréscimos legais a que estão sujeitos os contribuintes em atraso.

Art. 5.º A contribuição social do salário-educação não tem caráter remuneratório na relação de emprego e não se vincula, para nenhum efeito, ao salário ou à remuneração percebida pelos empregados das empresas contribuintes.

Art. 6.º Do montante arrecadado na forma do art. 1.º deste Decreto será deduzida a remuneração da Secretaria da Receita Previdenciária, correspondente a um por cento, conforme previsto no art. 15, § 1.º, da Lei n. 9.424, de 24 de dezembro de 1996.

• Citado dispositivo consta neste volume.

Art. 7.º A Secretaria da Receita Previdenciária enviará ao FNDE as informações necessárias ao acompanhamento da arrecadação, fiscalização e repasse da contribuição social do salário-educação, inclusive quanto à sua participação nos parcelamentos e nos créditos inscritos em dívida ativa.

§ 1.º Para fins do disposto no *caput* deste artigo, deverão ser encaminhados ao FNDE, em meio magnético ou eletrônico, os arquivos contendo as informações da Guia de Recolhimento do FGTS e Informações à Previdência Social – GFIP e Guia da Previdência Social – GPS, bem assim outras informações necessárias ao efetivo controle da arrecadação.

§ 2.º Além das informações previstas no § 1.º, deverão ser encaminhados mensalmente ao FNDE dados consolidados da arrecadação do salário-educação, discriminados por natureza de receita e por unidade da federação.

§ 3.º A Secretaria da Receita Previdenciária prestará contas, anualmente, ao Conselho Deliberativo do FNDE, dos resultados da arrecadação da contribuição social do salário-educação, nos termos do art. 58 da Lei Complementar n. 101, de 4 de maio de 2000.

• A Lei Complementar n. 101, de 4-5-2000, estabelece normas de finanças públicas voltadas para a responsabilidade na gestão fiscal e dá outras providências.

Art. 8.º A Secretaria da Receita Previdenciária disponibilizará ao FNDE, na Conta Única do Tesouro Nacional, o valor total arrecadado a título de salário-educação, na forma do art. 1.º, deduzindo a remuneração a que se refere o art. 6.º.

§ 1.º A apuração de todos os valores arrecadados a título de salário-educação, inclusive os provenientes de créditos constituídos, incluídos ou não em parcelamentos, será feita a partir do primeiro dia útil do mês subsequente ao da arrecadação, devendo o montante apurado ser disponibilizado ao FNDE até o dia 10 do mesmo mês.

§ 2.º O valor devido a título de salário-educação, arrecadado em decorrência do Programa de Recuperação Fiscal – REFIS, deverá ser disponibilizado ao FNDE até o dia 20 do mês subsequente ao da arrecadação.

Art. 9.º O montante recebido na forma do art. 8.º será distribuído pelo FNDE, observada, em noventa por cento de seu valor, a arrecadação realizada em cada Estado e no Distrito Federal, em quotas, da seguinte forma:

I – quota federal, correspondente a um terço do montante dos recursos, será destinada ao FNDE e aplicada no financiamento de programas e projetos voltados para a universalização da educação básica, de forma a propiciar a redução dos desníveis socioeducacionais existentes entre Municípios, Estados, Distrito Federal e regiões brasileiras;

II – quota estadual e municipal, correspondente a dois terços do montante dos recursos, será creditada mensal e automaticamente em favor das Secretarias de Educação dos Estados, do Distrito Federal e em favor dos Municípios para financiamento de programas, projetos e ações voltadas para a educação básica.

§ 1.º A quota estadual e municipal da contribuição social do salário-educação será integralmente redistribuída entre o Estado e seus Municípios de forma proporcional ao número de alunos matriculados na educação básica das respectivas redes de ensino no exercício anterior ao da distribuição, conforme apurado pelo censo educacional realizado pelo Ministério da Educação.

§ 2.º O repasse da quota a que se refere o inciso II, decorrente da arrecadação recebida pelo FNDE até o dia 10 de cada mês, será efetuado até o vigésimo dia do mês do recebimento.

§ 3.º O repasse da quota a que se refere o inciso II, decorrente da arrecadação recebida no FNDE após o dia 10 de cada mês, será efetuado até o vigésimo dia do mês subsequente ao do recebimento.

§ 4.º Os dez por cento restantes do montante da arrecadação do salário-educação serão aplicados pelo FNDE em programas, projetos e ações voltadas para a universalização da educação básica, nos termos do § 5.º do art. 212 da Constituição.

Art. 10. As ações fiscais e demais procedimentos tendentes à verificação da regularidade fiscal relativa ao salário-educação, inclusive para fins de expedição da certidão negativa de débito a que se refere o art. 257 do Decreto n. 3.048, de 6 de maio de 1999, serão realizados pela Secretaria da Receita Previdenciária, à qual competirá a expedição do documento.

- O Decreto n. 3.048, de 6-5-1999, aprova o Regulamento da Previdência Social.

§ 1.º Sem prejuízo da competência prevista no art. 1.º, § 1.º, o FNDE poderá monitorar e fiscalizar o cumprimento das obrigações relativas ao salário-educação e, constatada inobservância de qualquer dispositivo, representará à Secretaria da Receita Previdenciária para as devidas providências.

§ 2.º A partir da vigência deste Decreto, os contribuintes com mais de um estabelecimento e que estavam, até então, obrigados ao recolhimento direto do salário-educação por força do Decreto n. 4.943, de 30 de dezembro de 2003, deverão eleger como estabelecimento centralizador o mesmo que já houver sido informado para esse fim à Secretaria da Receita Previdenciária e manter nele toda a documentação de interesse da fiscalização, inclusive a relativa ao Sistema de Manutenção do Ensino Fundamental – SME.

- *Vide* art. 15 deste Decreto.

§ 3.º Os Auditores Fiscais da Secretaria da Receita Previdenciária e os técnicos do FNDE têm livre acesso à documentação necessária à consecução dos objetivos previstos neste artigo, não se aplicando para estes fins as disposições legais excludentes ou limitativas do direito de examinar livros, arquivos, documentos, papéis e efeitos comerciais ou fiscais dos comerciantes, empresários, industriais ou produtores, ou da obrigação destes de exibi-los.

DISPOSIÇÕES TRANSITÓRIAS

Art. 11. O recolhimento da contribuição social do salário-educação será feito da seguinte forma:

I – os créditos relativos a competências de 1/2007 em diante, exclusivamente à Secretaria da Receita Previdenciária, por meio da GPS, juntamente com as contribuições previdenciárias e demais contribuições devidas a terceiros;

II – os créditos relativos a competências anteriores a 1/2007, não recolhidos no prazo regulamentar e pendentes de constituição, exclusivamente à Secretaria da Receita Previdenciária, por GPS com código de pagamento específico para o salário-educação;

III – os créditos relativos a competências anteriores a 1/2007, já constituídos pelo FNDE, exclusivamente por meio do Comprovante de Arrecadação Direta – CAD, até que se complete o processo de migração para a Secretaria da Receita Previdenciária, das bases necessárias à apropriação dos respectivos recebimentos, na forma que vier a ser estabelecida no ato de que trata o art. 12.

§ 1.º Fica mantida a competência do FNDE sobre os créditos por ele constituídos, incluídos ou não em parcelamentos, relativos a competências anteriores a 1/2007, até que ocorra a migração para a Secretaria da Receita Previdenciária das bases de que trata o inciso III.

§ 2.º Depois de concluída a migração a que se refere o inciso III, os créditos já constituídos pelo FNDE, incluídos ou não em parcelamentos, relativos a competências anteriores a 1/2007, serão recolhidos exclusivamente à Secretaria da Receita Previdenciária, por GPS, com código de pagamento específico para o salário-educação.

§ 3.º Para o cumprimento do disposto no inciso I, o contribuinte informará na GFIP código de terceiros ímpar, cuja composição inclui o salário-educação, e para cumprimento do disposto nos incisos II e III e no § 2.º não fará qualquer alteração nas GFIP já entregues, relativas àquelas competências, uma vez que as informações nelas contidas serviram de base para o repasse a terceiros da contribuição correspondente.

§ 4.º Nos lançamentos de créditos de salário-educação relativos a competências anteriores a 1/2007 observar-se-á o disposto no art. 144 do Código Tributário Nacional, inclusive quanto ao preenchimento da GFIP, que deverá consignar código de terceiros par, que exclui o salário-educação de sua composição.

§ 5.º O código de pagamento específico para o salário-educação a que se referem o inciso II e o § 2.º será divulgado, com a devida antecedência, pelo FNDE, aos contribuintes sujeitos ao recolhimento direto daquela contribuição.

Art. 12. Os processos administrativo-fiscais decorrentes dos créditos a que se refere o inciso III do art. 11 serão transferidos para a Secretaria da Receita Previdenciária, na forma e prazo que vierem a ser definidos em ato conjunto a ser baixado pelo FNDE e por aquela Secretaria.

DISPOSIÇÕES FINAIS

Art. 13. A Secretaria da Receita Previdenciária e a Procuradoria-Geral Federal ficam autorizadas, observada a área de competência, a baixar ato normativo para operacionalização das ações decorrentes deste Decreto.

Art. 14. Este Decreto entra em vigor na data de sua publicação.

Art. 15. Ficam revogados os Decretos n. 3.142, de 16 de agosto de 1999, e 4.943, de 30 de dezembro de 2003.

Brasília, 28 de dezembro de 2006; 185.º da Independência e 118.º da República.

LUIZ INÁCIO LULA DA SILVA

PORTARIA N. 41,

DE 28 DE MARÇO DE 2007 (*)

Disciplina o registro e a anotação de Carteira de Trabalho e Previdência Social de empregados.

O Ministro de Estado do Trabalho e Emprego, no uso da competência que lhe confere o art. 87, parágrafo único, incisos I e II, da Constituição, resolve:

Art. 1.º Proibir ao empregador que, na contratação ou na manutenção do emprego do trabalhador, faça a exigência de quaisquer documentos discriminatórios ou obstativos para a contratação, especialmente certidão negativa de reclamatória trabalhista, teste, exame, perícia, laudo, atestado ou declaração relativos à esterilização ou a estado de gravidez.

Art. 2.º O registro de empregados de que trata o art. 41 da CLT conterá as seguintes informações:

I – nome do empregado, data de nascimento, filiação, nacionalidade e naturalidade;

II – número e série da Carteira de Trabalho e Previdência Social – CTPS;

III – número de identificação do cadastro no Programa de Integração Social – PIS ou no Programa de Formação do Patrimônio do Servidor Público – PASEP;

IV – data de admissão;

V – cargo e função;

VI – remuneração;

VII – jornada de trabalho;

VIII – férias; e

IX – acidente do trabalho e doenças profissionais, quando houver.

Parágrafo único. O registro de empregado deverá estar atualizado e obedecer à numeração sequencial por estabelecimento.

Art. 3.º O empregador poderá adotar controle único e centralizado do registro de empregados, desde que os empregados portem cartão de identificação contendo seu nome completo, número de inscrição no PIS/PASEP, horário de trabalho e cargo ou função.

§ 1.º O registro de empregados de prestadores de serviços poderá permanecer na sede da contratada caso atendida a exigência contida no *caput* deste artigo.

§ 2.º A exibição dos documentos passíveis de centralização deverá ser feita no prazo de dois a oito dias, a critério do Auditor Fiscal do Trabalho.

Art. 4.º O empregador poderá efetuar o registro de empregados em sistema informatizado que garanta a segurança, inviolabilidade, manutenção e conservação das informações e que:

I – mantenha registro individual em relação a cada empregado;

II – mantenha registro original, individualizado por empregado, acrescentando-lhe as retificações ou averbações, quando for o caso; e

III – assegure, a qualquer tempo, o acesso da fiscalização trabalhista às informações, por meio de tela, impressão de relatório e meio magnético.

§ 1.º O sistema deverá conter rotinas autoexplicativas, para facilitar o acesso e o conhecimento dos dados registrados.

§ 2.º As informações e relatórios deverão conter data e hora do lançamento, atestada a sua veracidade por meio de rubrica e identificação do empregador ou de seu representante legal nos documentos impressos.

§ 3.º O sistema deverá possibilitar à fiscalização o acesso às informações e dados dos últimos doze meses.

§ 4.º As informações anteriores a doze meses poderão ser apresentadas no prazo de dois a oito dias via terminal de vídeo ou relatório ou por meio magnético, a critério do Auditor Fiscal do Trabalho.

Art. 5.º O empregador anotará na CTPS do empregado, no prazo de 48 horas contadas da admissão, os seguintes dados:

I – data de admissão;

II – remuneração; e

III – condições especiais do contrato de trabalho, caso existentes.

§ 1.º As demais anotações deverão ser realizadas nas oportunidades mencionadas no art. 29 da CLT.

§ 2.º As anotações poderão ser feitas mediante o uso de carimbo ou etiqueta gomada, bem como de qualquer meio mecânico ou eletrônico de impressão, desde que autorizado pelo empregador ou seu representante legal.

Art. 6.º O empregador poderá adotar ficha de anotações, exceto quanto às datas de admissão e de extinção do contrato de trabalho, que deverão ser anotadas na própria CTPS.

Parágrafo único. O empregado poderá, a qualquer tempo, solicitar a atualização e o fornecimento, impressos, de dados constantes na ficha de anotações.

Art. 7.º As anotações deverão ser feitas sem abreviaturas, ressalvando-se, ao final de cada assentamento, as emendas, entrelinhas, rasuras ou qualquer circunstância que possa gerar dúvida.

Art. 8.º É vedado ao empregador efetuar anotações que possam causar dano à imagem do trabalhador, especialmente referentes a sexo ou sexualidade, origem, raça, cor, estado civil, situação familiar, idade, condição de autor em reclamações trabalhistas, saúde e desempenho profissional ou comportamento.

Art. 9.º Esta portaria entra em vigor na data de sua publicação.

Art. 10. Revogam-se as Portarias n. 3.024, de 22 de janeiro de 1992; 402, de 18 de abril de 1995; 1.121, de 8 de novembro de 1995; 739, de 29 de agosto de 1997; 628, de 10 de agosto de 2000; 376, de 18 de setembro de 2002 e os

(*) Publicada no *DOU*, de 30-3-2007.

arts. 1.º e 2.º, §§ 2.º e 3.º do art. 3.º; e arts. 11, 12 e 12-A da Portaria n. 3.626, de 13 de novembro de 1991.

Luiz Marinho

INSTRUÇÃO NORMATIVA N. 30,

DE 13 DE SETEMBRO DE 2007 (*)

Regulamenta, no âmbito da Justiça do Trabalho, a Lei n. 11.419, de 19 de dezembro de 2006, que dispõe sobre a informatização do processo judicial.

CAPÍTULO I
INFORMATIZAÇÃO DO PROCESSO JUDICIAL NO ÂMBITO DA JUSTIÇA DO TRABALHO

Art. 1.º O uso de meio eletrônico na tramitação de processos judiciais, comunicação de atos e transmissão de peças processuais, na Justiça do Trabalho, será disciplinado pela presente Instrução Normativa.

Art. 2.º Os Tribunais Regionais do Trabalho disponibilizarão em suas dependências e nas Varas do Trabalho, para os usuários dos serviços de peticionamento eletrônico que necessitarem, equipamentos de acesso à rede mundial de computadores e de digitalização do processo, para a distribuição de peças processuais.

Parágrafo único. Os Tribunais Regionais do Trabalho terão o prazo de um ano da publicação da presente Instrução Normativa para atenderem ao disposto no presente artigo.

CAPÍTULO II
ASSINATURA ELETRÔNICA

Art. 3.º No âmbito da Justiça do Trabalho, o envio de petições, de recursos e a prática de atos processuais em geral por meio eletrônico serão admitidos mediante uso de assinatura eletrônica.

Art. 4.º A assinatura eletrônica, no âmbito da Justiça do Trabalho, será admitida sob as seguintes modalidades:

I – assinatura digital, baseada em certificado digital emitido pelo ICP-Brasil, com uso de cartão e senha;

II – assinatura cadastrada, obtida perante o Tribunal Superior do Trabalho ou Tribunais Regionais do Trabalho, com fornecimento de *login* e senha.

§ 1.º Para o uso de qualquer das duas modalidades de assinatura eletrônica, o usuário deverá se credenciar previamente perante o Tribunal Superior do Trabalho ou o Tribunal Regional do Trabalho com jurisdição sobre a cidade em que tenha domicílio, mediante o preenchimento de formulário eletrônico, disponibilizado no Portal da Justiça do Trabalho (Portal-JT).

§ 2.º No caso de assinatura digital, em que a identificação presencial já se realizou perante a Autoridade Certificadora, o credenciamento se dará pela simples identificação do usuário por meio de seu certificado digital e remessa do formulário devidamente preenchido.

§ 3.º No caso da assinatura cadastrada, o interessado deverá comparecer, pessoalmente, perante o órgão do Tribunal no qual deseje cadastrar sua assinatura eletrônica, munido do formulário devidamente preenchido, obtendo senhas e informações para a operacionalização de sua assinatura eletrônica.

§ 4.º Ao credenciado será atribuído registro e meio de acesso ao sistema, de modo a preservar o sigilo (mediante criptografia de senha), a identificação e a autenticidade de suas comunicações.

§ 5.º Alterações de dados cadastrais poderão ser feitas pelos usuários, a qualquer momento, na seção respectiva do Portal-JT.

§ 6.º O credenciamento implica a aceitação das normas estabelecidas nesta Instrução Normativa e a responsabilidade do credenciado pelo uso indevido da assinatura eletrônica.

CAPÍTULO III
SISTEMA DE PETICIONAMENTO ELETRÔNICO

Art. 5.º A prática de atos processuais por meio eletrônico pelas partes, advogados e peritos será feita, na Justiça do Trabalho, através do Sistema Integrado de Protocolização e Fluxo de Documentos Eletrônicos (e-DOC).

§ 1.º O e-DOC é um serviço de uso facultativo, disponibilizado no Portal-JT, na Internet.

§ 2.º (*Revogado pela Resolução n. 192, de 11-12-2013.*)

§ 3.º O sistema do e-DOC deverá buscar identificar, dentro do possível, os casos de ocorrência de prevenção, litispendência e coisa julgada.

§ 4.º A parte desassistida de advogado que desejar utilizar o sistema do e-DOC deverá se cadastrar, antes, nos termos desta Instrução Normativa.

Art. 6.º As petições, acompanhadas ou não de anexos, apenas serão aceitas em formato PDF (*Portable Document Format*), no tamanho máximo, por operação, de 5 Megabytes.

•• *Caput* com redação determinada pela Resolução n. 196, de 4-5-2015.

Parágrafo único. Não se admitirá o fracionamento de petição, tampouco dos documentos que a acompanham, para fins de transmissão.

Art. 7.º O envio da petição por intermédio do e-DOC dispensa a apresentação posterior dos originais ou de fotocópias autenticadas, inclusive aqueles destinados à comprovação de pressupostos de admissibilidade do recurso.

Art. 8.º O acesso ao e-DOC depende da utilização, pelo usuário, da sua assinatura eletrônica.

Parágrafo único. Salvo impossibilidade que comprometa o acesso à justiça, a parte deverá informar, ao distribuir a petição inicial de qualquer ação judicial em meio eletrônico, o número no cadastro de pessoas físicas ou jurídicas, conforme o caso, perante a Secretaria da Receita Federal.

Art. 9.º O Sistema Integrado de Protocolização e Fluxo de Documentos Eletrônicos (e-DOC), no momento do

(*) Publicada no *DJU*, de 18-9-2007. Republicada em 13-12-2013, por determinação da Resolução n. 192, de 11-12-2013.

recebimento da petição, expedirá recibo ao remetente, que servirá como comprovante de entrega da petição e dos documentos que a acompanharam.

§ 1.º Constarão do recibo as seguintes informações:

I – o número de protocolo da petição gerado pelo Sistema;

II – o número do processo e o nome das partes, se houver, o assunto da petição e o órgão destinatário da petição, informados pelo remetente;

III – a data e o horário do recebimento da petição no Tribunal, conforme o horário oficial de Brasília;

•• Inciso III com redação determinada pela Resolução n. 215, de 28-11-2016.

IV – as identificações do remetente da petição e do usuário que assinou eletronicamente o documento.

§ 2.º O usuário poderá consultar no e-DOC as petições e documentos que tenham sido enviados há menos de dois anos, bem como os respectivos recibos.

•• § 2.º com redação determinada pela Resolução n. 196, de 4-5-2015.

Art. 9.º-A. O sistema armazenará em sua base de dados, por dois anos, cópias de segurança dos documentos transmitidos por intermédio do e-DOC, prazo após o qual serão excluídas.

•• Artigo acrescentado pela Resolução n. 196, de 4-5-2015.

Art. 10. Incumbe aos Tribunais, por intermédio das respectivas unidades administrativas responsáveis pela recepção das petições transmitidas pelo e-DOC:

I – imprimir as petições e seus documentos, caso existentes, anexando-lhes o comprovante de recepção gerado pelo Sistema, enquanto não generalizada a virtualização do processo, que dispensará os autos físicos;

II – verificar, diariamente, no sistema informatizado, a existência de petições eletrônicas pendentes de processamento.

Art. 11. São de exclusiva responsabilidade dos usuários:

I – o sigilo da assinatura digital, não sendo oponível, em qualquer hipótese, alegação de seu uso indevido;

II – a equivalência entre os dados informados para o envio (número do processo e unidade judiciária) e os constantes da petição remetida;

III – as condições das linhas de comunicação e acesso ao seu provedor da Internet;

IV – a edição da petição e anexos em conformidade com as restrições impostas pelo serviço, no que se refere à formatação e tamanho do arquivo enviado;

V – o acompanhamento da divulgação dos períodos em que o serviço não estiver disponível em decorrência de manutenção no sítio do Tribunal.

§ 1.º A não obtenção, pelo usuário, de acesso ao Sistema, além de eventuais defeitos de transmissão ou recepção de dados, não serve de escusa para o descumprimento dos prazos legais.

§ 2.º Deverão os Tribunais informar, nos respectivos sítios, os períodos em que, eventualmente, o sistema esteve indisponível.

Art. 12. Consideram-se realizados os atos processuais por meio eletrônico no dia e hora do seu recebimento pelo sistema do e-DOC.

§ 1.º Quando a petição eletrônica for enviada para atender prazo processual, serão consideradas tempestivas as transmitidas até as 24 (vinte e quatro) horas do seu último dia.

§ 2.º Incumbe ao usuário observar como referência o horário oficial de Brasília, atentando para os fusos horários existentes no país.

•• § 2.º com redação determinada pela Resolução n. 215, de 28-11-2016.

§ 3.º Não serão considerados, para efeito de tempestividade, o horário da conexão do usuário à Internet, o horário do acesso ao sítio do Tribunal, tampouco os horários consignados nos equipamentos do remetente e da unidade destinatária, mas o de recebimento no órgão da Justiça do Trabalho.

Art. 13. O uso inadequado do e-DOC que venha a causar prejuízo às partes ou à atividade jurisdicional importa bloqueio do cadastramento do usuário, a ser determinado pela autoridade judiciária competente.

CAPÍTULO IV
COMUNICAÇÃO E INFORMAÇÃO DOS ATOS PROCESSUAIS NO PORTAL DA JUSTIÇA DO TRABALHO

Art. 14. O Portal da Justiça do Trabalho (Portal-JT) é o sítio corporativo da instituição, abrangendo todos os Tribunais trabalhistas do País, gerenciado pelo Conselho Superior da Justiça do Trabalho e operado pelo Tribunal Superior do Trabalho e pelos Tribunais Regionais do Trabalho, incluindo, entre outras funcionalidades:

I – o Diário da Justiça do Trabalho Eletrônico (DJT), para publicação de atos judiciais e administrativos dos Tribunais e Varas do Trabalho;

II – Sistemas de Pesquisa de Jurisprudência, de Legislação Trabalhista e Atos Normativos da Justiça do Trabalho, de acompanhamento processual, de acervo bibliográfico, com Banco de Dados Geral integrado pelos julgados e atos administrativos de todos os Tribunais trabalhistas do País;

III – Informações gerais sobre os Tribunais e Varas do Trabalho, incluindo memória da Justiça do Trabalho, dados estatísticos, magistrados, concursos e licitações, entre outros;

IV – Informações sobre o Conselho Superior da Justiça do Trabalho (CSJT), incluindo seu Regimento Interno, suas resoluções e decisões, além de seus integrantes e estrutura do órgão;

V – Informações sobre a Escola Nacional de Formação e Aperfeiçoamento de Magistrados do Trabalho (ENAMAT), incluindo quadro diretivo, de professores, de alunos e de cursos, bem como disponibilizando ambiente para o ensino à distância;

VI – Sistemas de Assinatura Eletrônica, Peticionamento Eletrônico (e-DOC) e de Carta Eletrônica (CE);

VII – Informações sobre a Corregedoria-Geral da Justiça do Trabalho.

Parágrafo único. O conteúdo das publicações de que trata este artigo deverá ser assinado digitalmente, na forma desta Instrução Normativa.

Art. 15. A publicação eletrônica no DJT substitui qualquer outro meio e publicação oficial, para quaisquer efeitos legais, à exceção dos casos que, por lei, exigem intimação ou vista pessoal.

§ 1.º Os atos processuais praticados pelos magistrados trabalhistas a serem publicados no DJT serão assinados digitalmente no momento de sua prolação.

§ 2.º Considera-se como data da publicação o primeiro dia útil seguinte ao da disponibilização da informação no DJT.

§ 3.º Os prazos processuais terão início no primeiro dia útil que seguir ao considerado como data da publicação.

Art. 16. As intimações serão feitas por meio eletrônico no Portal-JT aos que se credenciarem na forma desta Instrução Normativa, dispensando-se a publicação no órgão oficial, inclusive eletrônico.

§ 1.º Considerar-se-á realizada a intimação no dia em que o intimando efetivar a consulta eletrônica ao teor da intimação, certificando-se nos autos a sua realização.

§ 2.º Na hipótese do § 1.º deste artigo, nos casos em que a consulta se dê em dia não útil, a intimação será considerada como realizada no primeiro dia útil seguinte.

§ 3.º A consulta referida nos §§ 1.º e 2.º deste artigo deverá ser feita em até 10 (dez) dias corridos contados da data do envio da intimação, sob pena de considerar-se a intimação automaticamente realizada na data do término desse prazo.

§ 4.º A intimação de que trata este artigo somente será realizada nos processos em que todas as partes estejam credenciadas na forma desta Instrução Normativa, de modo a uniformizar a contagem dos prazos processuais.

§ 5.º Nos casos urgentes em que a intimação feita na forma deste artigo possa causar prejuízo a quaisquer das partes ou nos casos em que for evidenciada qualquer tentativa de burla ao sistema, o ato processual deverá ser realizado por outro meio que atinja a sua finalidade, conforme determinado pelo juiz.

§ 6.º As intimações feitas na forma deste artigo, inclusive da Fazenda Pública, serão consideradas pessoais para todos os efeitos legais.

§ 7.º Observadas as formas e as cautelas deste artigo, as citações, inclusive da Fazenda Pública, poderão ser feitas por meio eletrônico, desde que a íntegra dos autos seja acessível ao citando.

Art. 17. As cartas precatórias, rogatórias e de ordem, no âmbito da Justiça do Trabalho, serão transmitidas exclusivamente de forma eletrônica, através do Sistema de Carta Eletrônica (CE) já referido, com dispensa da remessa física de documentos.

§ 1.º A utilização do Sistema de Carta Eletrônica fora do âmbito da Justiça do Trabalho dependerá da aceitação pelos demais órgãos do Poder Judiciário.

§ 2.º Eventuais falhas na transmissão eletrônica dos dados não desobriga os magistrados e serventuários do cumprimento dos prazos legais, cabendo, nesses casos, a utilização de outros meios previstos em lei para a remessa das cartas.

Art. 18. As petições e demais documentos referentes às cartas precatórias, rogatórias e de ordem, não apresentados pelas partes em meio eletrônico, serão digitalizados e inseridos no Sistema de Carta Eletrônica.

Art. 19. Os documentos em meio físico, em poder do Juízo deprecado, deverão ser adequadamente organizados e arquivados, obedecidos os critérios estabelecidos na Lei n. 8.159, de 8 de janeiro de 1991, e no Decreto n. 4.073, de 3 de janeiro de 2002.

Parágrafo único. Poderá o Juízo deprecante, em casos excepcionais, solicitar o documento físico em poder do Juízo deprecado.

Art. 20. Serão certificados nos autos principais todos os fatos relevantes relativos ao andamento da carta, obtidos junto ao sistema Carta Eletrônica (CE), com impressão e juntada apenas dos documentos essenciais à instrução do feito, nos casos de autos em papel.

Art. 21. Os Tribunais Regionais do Trabalho ficarão obrigados a comunicar à Presidência do Conselho Superior da Justiça do Trabalho qualquer alteração na competência territorial de suas Varas do Trabalho.

CAPÍTULO V
PROCESSO ELETRÔNICO

Art. 22. Na Justiça do Trabalho, os atos processuais do processo eletrônico serão assinados eletronicamente na forma estabelecida nesta Instrução Normativa.

Art. 23. No processo eletrônico, todas as citações, intimações e notificações, inclusive da Fazenda Pública, serão feitas por meio eletrônico.

§ 1.º As citações, intimações, notificações e remessas que viabilizem o acesso à íntegra do processo correspondente serão consideradas vista pessoal do interessado para todos os efeitos legais.

§ 2.º Quando, por motivo técnico, for inviável o uso do meio eletrônico para a realização de citação, intimação ou notificação, esses atos processuais poderão ser praticados segundo as regras ordinárias, digitalizando-se o documento físico, que deverá ser posteriormente destruído.

Art. 24. A distribuição da petição inicial e a juntada da contestação, dos recursos e das petições em geral, todos em formato digital, nos autos de processo eletrônico, podem ser feitas diretamente pelos advogados públicos e privados, sem necessidade da intervenção do cartório ou secretaria judicial, situação em que a autuação deverá se dar de forma automática, fornecendo-se o recibo eletrônico de protocolo.

§ 1.º Quando o ato processual tiver que ser praticado em determinado prazo, por meio de petição eletrônica, serão considerados tempestivos os efetivados até as 24 (vinte e quatro) horas do último dia.

§ 2.º No caso do § 1.º deste artigo, se o serviço respectivo do Portal-JT se tornar indisponível por motivo técnico que impeça a prática do ato no termo final do prazo, este fica automaticamente prorrogado para o primeiro dia útil seguinte à resolução do problema.

Art. 25. Os documentos produzidos eletronicamente e juntados aos processos eletrônicos com garantia da origem e de seu signatário, na forma estabelecida nesta Instrução Normativa, serão considerados originais para todos os efeitos legais.

§ 1.º Os extratos digitais e os documentos digitalizados e juntados aos autos pelos órgãos da Justiça do Trabalho e seus auxiliares, pelo Ministério Público e seus auxiliares, pelas procuradorias, pelas autoridades policiais, pelas repartições públicas em geral e por advogados públicos e privados têm a mesma força probante dos originais, ressalvada a alegação motivada e fundamentada de adulteração antes ou durante o processo de digitalização.

§ 2.º A arguição de falsidade do documento original será processada eletronicamente na forma da lei processual em vigor.

§ 3.º Os originais dos documentos digitalizados, mencionados no § 1.º deste artigo, deverão ser preservados pelo seu detentor até o trânsito em julgado da sentença ou, quando admitida, até o final do prazo para interposição de ação rescisória.

§ 4.º Os documentos cuja digitalização seja tecnicamente inviável devido ao grande volume ou por motivo de ilegibilidade deverão ser apresentados ao cartório ou secretaria no prazo de 10 (dez) dias contados do envio de petição eletrônica comunicando o fato, os quais serão devolvidos à parte após o trânsito em julgado.

§ 5.º Os documentos digitalizados juntados em processo eletrônico somente estarão disponíveis para acesso por meio da rede externa para suas respectivas partes processuais e para o Ministério Público, respeitado o disposto em lei para as situações de sigilo e de segredo de justiça.

Art. 26. A conservação dos autos do processo poderá ser efetuada total ou parcialmente por meio eletrônico.

§ 1.º Os autos dos processos eletrônicos serão protegidos por meio de sistemas de segurança de acesso e armazenados de forma a preservar a integridade dos dados, sendo dispensada a formação de autos suplementares.

§ 2.º Os autos de processos eletrônicos que tiverem de ser remetidos a outro juízo ou instância superior que não disponham de sistema compatível deverão ser impressos em papel e autuados na forma dos arts. 166 a 168 do CPC.

•• A referência é feita ao CPC de 1973. Dispositivos correspondentes no CPC de 2015: arts. 206 a 208.

§ 3.º No caso do § 2.º deste artigo, o escrivão ou o chefe de secretaria certificará os autores ou a origem dos documentos produzidos nos autos, acrescentando, ressalvada a hipótese de existir segredo de justiça, a forma pela qual o banco de dados poderá ser acessado para aferir a autenticidade das peças e das respectivas assinaturas digitais.

§ 4.º Feita a autuação na forma estabelecida no § 2.º deste artigo, o processo seguirá a tramitação legalmente estabelecida para os processos físicos.

§ 5.º A digitalização de autos em mídia não digital, em tramitação ou já arquivados, será precedida de publicação de editais de intimações ou da intimação pessoal das partes e de seus procuradores, para que, no prazo preclusivo de 30 (trinta) dias, se manifestem sobre o desejo de manterem pessoalmente a guarda de algum dos documentos originais.

Art. 27. O magistrado poderá determinar que sejam realizados por meio eletrônico a exibição e o envio de dados e de documentos necessários à instrução do processo.

§ 1.º Consideram-se cadastros públicos, para os efeitos deste artigo, dentre outros existentes ou que venham a ser criados, ainda que mantidos por concessionárias de serviço público ou empresas privadas, os que contenham informações indispensáveis ao exercício da função judicante.

§ 2.º O acesso de que trata este artigo dar-se-á por qualquer meio tecnológico disponível, preferentemente o de menor custo, considerada sua eficiência.

CAPÍTULO VI

DISPOSIÇÕES GERAIS, FINAIS E TRANSITÓRIAS

Art. 28. Os credenciamentos de assinatura eletrônica já feitos pelos Tribunais Regionais do Trabalho antes da publicação desta Instrução Normativa e que estejam em desacordo com as regras nela estabelecidas terão validade por 180 (cento e oitenta) dias da última publicação desta Resolução, devendo os interessados promover o credenciamento adequado até essa data.

Art. 29. Os casos omissos desta Instrução Normativa serão resolvidos pelos Presidentes dos Tribunais, no âmbito de suas esferas de competência.

Art. 30. Para efeito do disposto no § 5.º do art. 4.º da Lei n. 11.419, de 19 de dezembro de 2006, a presente Instrução Normativa será publicada durante 30 (trinta) dias no *Diário Oficial* em uso, dando-lhe ampla divulgação.

Art. 31. A presente Instrução Normativa entra em vigor 90 (noventa) dias após a sua última publicação, revogada a Instrução Normativa n. 28 desta Corte.

Sala de Sessões, 13 de setembro de 2007.

Ana Lúcia Rego Queiroz

LEI N. 11.648,

DE 31 DE MARÇO DE 2008 (*)

Dispõe sobre o reconhecimento formal das centrais sindicais para os fins que especifica, altera a Consolidação das Leis do Trabalho – CLT, aprovada pelo Decreto-lei n. 5.452, de 1.º de maio de 1943, e dá outras providências.

(*) Publicada no *DOU*, de 31-3-2008 – Edição Extra. A Portaria n. 1.717, de 5-11-2014, do MTE, aprova instruções para aferição dos requisitos de representatividade das centrais sindicais exigidos por esta Lei.

O Presidente da República

Faço saber que o Congresso Nacional decreta e eu sanciono a seguinte Lei:

Art. 1.º A central sindical, entidade de representação geral dos trabalhadores, constituída em âmbito nacional, terá as seguintes atribuições e prerrogativas:

I – coordenar a representação dos trabalhadores por meio das organizações sindicais a ela filiadas; e

II – participar de negociações em fóruns, colegiados de órgãos públicos e demais espaços de diálogo social que possuam composição tripartite, nos quais estejam em discussão assuntos de interesse geral dos trabalhadores.

Parágrafo único. Considera-se central sindical, para os efeitos do disposto nesta Lei, a entidade associativa de direito privado composta por organizações sindicais de trabalhadores.

Art. 2.º Para o exercício das atribuições e prerrogativas a que se refere o inciso II do *caput* do art. 1.º desta Lei, a central sindical deverá cumprir os seguintes requisitos:

I – filiação de, no mínimo, 100 (cem) sindicatos distribuídos nas 5 (cinco) regiões do País;

II – filiação em pelo menos 3 (três) regiões do País de, no mínimo, 20 (vinte) sindicatos em cada uma;

III – filiação de sindicatos em, no mínimo, 5 (cinco) setores de atividade econômica; e

IV – filiação de sindicatos que representem, no mínimo, 7% (sete por cento) do total de empregados sindicalizados em âmbito nacional.

Parágrafo único. O índice previsto no inciso IV do *caput* deste artigo será de 5% (cinco por cento) do total de empregados sindicalizados em âmbito nacional no período de 24 (vinte e quatro) meses a contar da publicação desta Lei.

Art. 3.º A indicação pela central sindical de representantes nos fóruns tripartites, conselhos e colegiados de órgãos públicos a que se refere o inciso II do *caput* do art. 1.º desta Lei será em número proporcional ao índice de representatividade previsto no inciso IV do *caput* do art. 2.º desta Lei, salvo acordo entre centrais sindicais.

§ 1.º O critério de proporcionalidade, bem como a possibilidade de acordo entre as centrais, previsto no *caput* deste artigo não poderá prejudicar a participação de outras centrais sindicais que atenderem aos requisitos estabelecidos no art. 2.º desta Lei.

§ 2.º A aplicação do disposto no *caput* deste artigo deverá preservar a paridade de representação de trabalhadores e empregadores em qualquer organismo mediante o qual sejam levadas a cabo as consultas.

Art. 4.º A aferição dos requisitos de representatividade de que trata o art. 2.º desta Lei será realizada pelo Ministério do Trabalho e Emprego.

§ 1.º O Ministro de Estado do Trabalho e Emprego, mediante consulta às centrais sindicais, poderá baixar instruções para disciplinar os procedimentos necessários à aferição dos requisitos de representatividade, bem como para alterá-los com base na análise dos índices de sindicalização dos sindicatos filiados às centrais sindicais.

§ 2.º Ato do Ministro de Estado do Trabalho e Emprego divulgará, anualmente, relação das centrais sindicais que atendem aos requisitos de que trata o art. 2.º desta Lei, indicando seus índices de representatividade.

Art. 5.º Os arts. 589, 590, 591 e 593 da Consolidação das Leis do Trabalho – CLT, aprovada pelo Decreto-lei n. 5.452, de 1.º de maio de 1943, passam a vigorar com a seguinte redação:

•• Alterações já processadas no diploma modificado.

Art. 6.º (*Vetado*.)

Art. 7.º Os arts. 578 a 610 da Consolidação das Leis do Trabalho – CLT, aprovada pelo Decreto-lei n. 5.452, de 1.º de maio de 1943, vigorarão até que a lei venha a disciplinar a contribuição negocial, vinculada ao exercício efetivo da negociação coletiva e à aprovação em assembleia geral da categoria.

•• A Lei n. 13.467, de 13-7-2017, em vigor 120 dias da sua publicação (*DOU* de 14-7-2017), revoga os arts. 601 e 604 da CLT, que tratavam sobre apresentação da prova de quitação do imposto sindical.

Art. 8.º Esta Lei entra em vigor na data de sua publicação.

Brasília, 31 de março de 2008; 187.º da Independência e 120.º da República.

LUIZ INÁCIO LULA DA SILVA

LEI N. 11.770,

DE 9 DE SETEMBRO DE 2008 (*)

Cria o Programa Empresa Cidadã, destinado à prorrogação da licença-maternidade mediante concessão de incentivo fiscal, e altera a Lei n. 8.212, de 24 de julho de 1991.

O Presidente da República

Faço saber que o Congresso Nacional decreta e eu sanciono a seguinte Lei:

Art. 1.º É instituído o Programa Empresa Cidadã, destinado a prorrogar:

•• *Caput* com redação determinada pela Lei n. 13.257, de 8-3-2016.

I – por 60 (sessenta) dias a duração da licença-maternidade prevista no inciso XVIII do *caput* do art. 7.º da Constituição Federal;

•• Inciso I acrescentado pela Lei n. 13.257, de 8-3-2016.

II – por 15 (quinze) dias a duração da licença-paternidade, nos termos desta Lei, além dos 5 (cinco) dias estabelecidos no § 1.º do art. 10 do Ato das Disposições Constitucionais Transitórias.

•• Inciso II acrescentado pela Lei n. 13.257, de 8-3-2016.

§ 1.º A prorrogação de que trata este artigo:

•• § 1.º com redação determinada pela Lei n. 13.257, de 8-3-2016.

(*) Publicada no *DOU*, de 10-9-2008. *Vide* Decreto n. 7.052, de 23-12-2009, que regulamenta esta Lei.

I – será garantida à empregada da pessoa jurídica que aderir ao Programa, desde que a empregada a requeira até o final do primeiro mês após o parto, e será concedida imediatamente após a fruição da licença-maternidade de que trata o inciso XVIII do *caput* do art. 7.º da Constituição Federal;

•• Inciso I acrescentado pela Lei n. 13.257, de 8-3-2016.

II – será garantida ao empregado da pessoa jurídica que aderir ao Programa, desde que o empregado a requeira no prazo de 2 (dois) dias úteis após o parto e comprove participação em programa ou atividade de orientação sobre paternidade responsável.

•• Inciso II acrescentado pela Lei n. 13.257, de 8-3-2016.

§ 2.º A prorrogação será garantida, na mesma proporção, à empregada e ao empregado que adotar ou obtiver guarda judicial para fins de adoção de criança.

•• § 2.º com redação determinada pela Lei n. 13.257, de 8-3-2016.

Art. 2.º É a administração pública, direta, indireta e fundacional, autorizada a instituir programa que garanta prorrogação da licença-maternidade para suas servidoras, nos termos do que prevê o art. 1.º desta Lei.

Art. 3.º Durante o período de prorrogação da licença-maternidade e da licença-paternidade:

•• *Caput* com redação determinada pela Lei n. 13.257, de 8-3-2016.

I – a empregada terá direito à remuneração integral, nos mesmos moldes devidos no período de percepção do salário-maternidade pago pelo Regime Geral de Previdência Social (RGPS);

•• Inciso I acrescentado pela Lei n. 13.257, de 8-3-2016.

II – o empregado terá direito à remuneração integral.

•• Inciso II acrescentado pela Lei n. 13.257, de 8-3-2016.

Art. 4.º No período de prorrogação da licença-maternidade e da licença-paternidade de que trata esta Lei, a empregada e o empregado não poderão exercer nenhuma atividade remunerada, e a criança deverá ser mantida sob seus cuidados.

•• *Caput* com redação determinada pela Lei n. 13.257, de 8-3-2016.

Parágrafo único. Em caso de descumprimento do disposto no *caput* deste artigo, a empregada e o empregado perderão o direito à prorrogação.

•• Parágrafo único com redação determinada pela Lei n. 13.257, de 8-3-2016.

Art. 5.º A pessoa jurídica tributada com base no lucro real poderá deduzir do imposto devido, em cada período de apuração, o total da remuneração integral da empregada e do empregado pago nos dias de prorrogação de sua licença-maternidade e de sua licença-paternidade, vedada a dedução como despesa operacional.

•• *Caput* com redação determinada pela Lei n. 13.257, de 8-3-2016.

Parágrafo único. (*Vetado*.)

Art. 6.º (*Vetado*.)

Art. 7.º O Poder Executivo, com vistas no cumprimento do disposto no inciso II do *caput* do art. 5.º e nos arts. 12 e 14 da Lei Complementar n. 101, de 4 de maio de 2000, estimará o montante da renúncia fiscal decorrente do disposto nesta Lei e o incluirá no demonstrativo a que se refere o § 6.º do art. 165 da Constituição Federal, que acompanhará o projeto de lei orçamentária cuja apresentação se der após decorridos 60 (sessenta) dias da publicação desta Lei.

•• Citados artigos da Lei Complementar n. 101, de 4-5-2000 (Lei de Responsabilidade Fiscal), dispõem, respectivamente, sobre Lei Orçamentária Anual, previsão de arrecadação e renúncia de receita pública. O art. 14, *caput*, dessa Lei prescreve:

"A concessão ou ampliação de incentivo ou benefício de natureza tributária da qual decorra renúncia de receita deverá estar acompanhada de estimativa do impacto orçamentário-financeiro no exercício em que deva iniciar sua vigência e nos dois seguintes".

Art. 8.º Esta Lei entra em vigor na data de sua publicação, produzindo efeitos a partir do primeiro dia do exercício subsequente àquele em que for implementado o disposto no seu art. 7.º.

Brasília, 9 de setembro de 2008; 187.º da Independência e 120.º da República.

LUIZ INÁCIO LULA DA SILVA

LEI N. 11.788,

DE 25 DE SETEMBRO DE 2008 (*)

Dispõe sobre o estágio de estudantes; altera a redação do art. 428 da Consolidação das Leis do Trabalho – CLT, aprovada pelo Decreto-lei n. 5.452, de 1.º de maio de 1943, e a Lei n. 9.394, de 20 de dezembro de 1996; revoga as Leis n. 6.494, de 7 de dezembro de 1977, e 8.859, de 23 de março de 1994, o parágrafo único do art. 82 da Lei n. 9.394, de 20 de dezembro de 1996, e o art. 6.º da Medida Provisória n. 2.164-41, de 24 de agosto de 2001; e dá outras providências.

O Presidente da República

Faço saber que o Congresso Nacional decreta e eu sanciono a seguinte Lei:

CAPÍTULO I

DA DEFINIÇÃO, CLASSIFICAÇÃO E RELAÇÕES DE ESTÁGIO

Art. 1.º Estágio é ato educativo escolar supervisionado, desenvolvido no ambiente de trabalho, que visa à preparação para o trabalho produtivo de educandos que estejam frequentando o ensino regular em instituições de educação superior, de educação profissional, de ensino médio, da educação especial e dos anos finais do ensino fundamental, na modalidade profissional da educação de jovens e adultos.

§ 1.º O estágio faz parte do projeto pedagógico do curso, além de integrar o itinerário formativo do educando.

§ 2.º O estágio visa ao aprendizado de competências próprias da atividade profissional e à contextualização curricular, objetivando o desenvolvimento do educando para a vida cidadã e para o trabalho.

Art. 2.º O estágio poderá ser obrigatório ou não obrigatório, conforme determinação das diretrizes curriculares da

(*) Publicada no *DOU*, de 26-9-2008.

etapa, modalidade e área de ensino e do projeto pedagógico do curso.

§ 1.º Estágio obrigatório é aquele definido como tal no projeto do curso, cuja carga horária é requisito para aprovação e obtenção de diploma.

§ 2.º Estágio não obrigatório é aquele desenvolvido como atividade opcional, acrescida à carga horária regular e obrigatória.

§ 3.º As atividades de extensão, de monitorias e de iniciação científica na educação superior, desenvolvidas pelo estudante, somente poderão ser equiparadas ao estágio em caso de previsão no projeto pedagógico do curso.

Art. 3.º O estágio, tanto na hipótese do § 1.º do art. 2.º desta Lei quanto na prevista no § 2.º do mesmo dispositivo, não cria vínculo empregatício de qualquer natureza, observados os seguintes requisitos:

I – matrícula e frequência regular do educando em curso de educação superior, de educação profissional, de ensino médio, da educação especial e nos anos finais do ensino fundamental, na modalidade profissional da educação de jovens e adultos e atestados pela instituição de ensino;

II – celebração de termo de compromisso entre o educando, a parte concedente do estágio e a instituição de ensino;

III – compatibilidade entre as atividades desenvolvidas no estágio e aquelas previstas no termo de compromisso.

§ 1.º O estágio, como ato educativo escolar supervisionado, deverá ter acompanhamento efetivo pelo professor orientador da instituição de ensino e por supervisor da parte concedente, comprovado por vistos nos relatórios referidos no inciso IV do *caput* do art. 7.º desta Lei e por menção de aprovação final.

§ 2.º O descumprimento de qualquer dos incisos deste artigo ou de qualquer obrigação contida no termo de compromisso caracteriza vínculo de emprego do educando com a parte concedente do estágio para todos os fins da legislação trabalhista e previdenciária.

Art. 4.º A realização de estágios, nos termos desta Lei, aplica-se aos estudantes estrangeiros regularmente matriculados em cursos superiores no País, autorizados ou reconhecidos, observado o prazo do visto temporário de estudante, na forma da legislação aplicável.

Art. 5.º As instituições de ensino e as partes cedentes de estágio podem, a seu critério, recorrer a serviços de agentes de integração públicos e privados, mediante condições acordadas em instrumento jurídico apropriado, devendo ser observada, no caso de contratação com recursos públicos, a legislação que estabelece as normas gerais de licitação.

§ 1.º Cabe aos agentes de integração, como auxiliares no processo de aperfeiçoamento do instituto do estágio:

I – identificar oportunidades de estágio;

II – ajustar suas condições de realização;

III – fazer o acompanhamento administrativo;

IV – encaminhar negociação de seguros contra acidentes pessoais;

V – cadastrar os estudantes.

§ 2.º É vedada a cobrança de qualquer valor dos estudantes, a título de remuneração pelos serviços referidos nos incisos deste artigo.

§ 3.º Os agentes de integração serão responsabilizados civilmente se indicarem estagiários para a realização de atividades não compatíveis com a programação curricular estabelecida para cada curso, assim como estagiários matriculados em cursos ou instituições para as quais não há previsão de estágio curricular.

Art. 6.º O local de estágio pode ser selecionado a partir de cadastro de partes cedentes, organizado pelas instituições de ensino ou pelos agentes de integração.

CAPÍTULO II
DA INSTITUIÇÃO DE ENSINO

Art. 7.º São obrigações das instituições de ensino, em relação aos estágios de seus educandos:

I – celebrar termo de compromisso com o educando ou com seu representante ou assistente legal, quando ele for absoluta ou relativamente incapaz, e com a parte concedente, indicando as condições de adequação do estágio à proposta pedagógica do curso, à etapa e modalidade da formação escolar do estudante e ao horário e calendário escolar;

II – avaliar as instalações da parte concedente do estágio e sua adequação à formação cultural e profissional do educando;

III – indicar professor orientador, da área a ser desenvolvida no estágio, como responsável pelo acompanhamento e avaliação das atividades do estagiário;

IV – exigir do educando a apresentação periódica, em prazo não superior a 6 (seis) meses, de relatório das atividades;

V – zelar pelo cumprimento do termo de compromisso, reorientando o estagiário para outro local em caso de descumprimento de suas normas;

VI – elaborar normas complementares e instrumentos de avaliação dos estágios de seus educandos;

VII – comunicar à parte concedente do estágio, no início do período letivo, as datas de realização de avaliações escolares ou acadêmicas.

Parágrafo único. O plano de atividades do estagiário, elaborado em acordo das 3 (três) partes a que se refere o inciso II do *caput* do art. 3.º desta Lei, será incorporado ao termo de compromisso por meio de aditivos à medida que for avaliado, progressivamente, o desempenho do estudante.

Art. 8.º É facultado às instituições de ensino celebrar com entes públicos e privados convênio de concessão de estágio, nos quais se explicitem o processo educativo compreendido nas atividades programadas para seus educandos e as condições de que tratam os arts. 6.º a 14 desta Lei.

Parágrafo único. A celebração de convênio de concessão de estágio entre a instituição de ensino e a parte concedente não dispensa a celebração do termo de compromisso de que trata o inciso II do *caput* do art. 3.º desta Lei.

CAPÍTULO III
DA PARTE CONCEDENTE

Art. 9.º As pessoas jurídicas de direito privado e os órgãos da administração pública direta, autárquica e fundacional de qualquer dos Poderes da União, dos Estados, do Distrito Federal e dos Municípios, bem como profissionais liberais de nível superior devidamente registrados em seus respectivos conselhos de fiscalização profissional, podem oferecer estágio, observadas as seguintes obrigações:

•• O Decreto n. 9.427, de 28-6-2018, reserva aos negros 30% das vagas oferecidas nas seleções para estágio no âmbito da administração pública federal direta, autárquica e fundacional.

I – celebrar termo de compromisso com a instituição de ensino e o educando, zelando por seu cumprimento;

II – ofertar instalações que tenham condições de proporcionar ao educando atividades de aprendizagem social, profissional e cultural;

III – indicar funcionário de seu quadro de pessoal, com formação ou experiência profissional na área de conhecimento desenvolvida no curso do estágio, para orientar e supervisionar até 10 (dez) estagiários simultaneamente;

IV – contratar em favor do estagiário seguro contra acidentes pessoais, cuja apólice seja compatível com valores de mercado, conforme fique estabelecido no termo de compromisso;

V – por ocasião do desligamento do estagiário, entregar termo de realização do estágio com indicação resumida das atividades desenvolvidas, dos períodos e da avaliação de desempenho;

VI – manter à disposição da fiscalização documentos que comprovem a relação de estágio;

VII – enviar à instituição de ensino, com periodicidade mínima de 6 (seis) meses, relatório de atividades, com vista obrigatória ao estagiário.

Parágrafo único. No caso de estágio obrigatório, a responsabilidade pela contratação do seguro de que trata o inciso IV do *caput* deste artigo poderá, alternativamente, ser assumida pela instituição de ensino.

CAPÍTULO IV
DO ESTAGIÁRIO

Art. 10. A jornada de atividade em estágio será definida de comum acordo entre a instituição de ensino, a parte concedente e o aluno estagiário ou seu representante legal, devendo constar do termo de compromisso ser compatível com as atividades escolares e não ultrapassar:

I – 4 (quatro) horas diárias e 20 (vinte) horas semanais, no caso de estudantes de educação especial e dos anos finais do ensino fundamental, na modalidade profissional de educação de jovens e adultos;

II – 6 (seis) horas diárias e 30 (trinta) horas semanais, no caso de estudantes do ensino superior, da educação profissional de nível médio e do ensino médio regular.

§ 1.º O estágio relativo a cursos que alternam teoria e prática, nos períodos em que não estão programadas aulas presenciais, poderá ter jornada de até 40 (quarenta) horas semanais, desde que isso esteja previsto no projeto pedagógico do curso e da instituição de ensino.

§ 2.º Se a instituição de ensino adotar verificações de aprendizagem periódicas ou finais, nos períodos de avaliação, a carga horária do estágio será reduzida pelo menos à metade, segundo estipulado no termo de compromisso, para garantir o bom desempenho do estudante.

Art. 11. A duração do estágio, na mesma parte concedente, não poderá exceder 2 (dois) anos, exceto quando se tratar de estagiário portador de deficiência.

Art. 12. O estagiário poderá receber bolsa ou outra forma de contraprestação que venha a ser acordada, sendo compulsória a sua concessão, bem como a do auxílio-transporte, na hipótese de estágio não obrigatório.

• *Vide* art. 10, XVIII, da Instrução Normativa n. 144, de 18-5-2018.

§ 1.º A eventual concessão de benefícios relacionados a transporte, alimentação e saúde, entre outros, não caracteriza vínculo empregatício.

§ 2.º Poderá o educando inscrever-se e contribuir como segurado facultativo do Regime Geral de Previdência Social.

Art. 13. É assegurado ao estagiário, sempre que o estágio tenha duração igual ou superior a 1 (um) ano, período de recesso de 30 (trinta) dias, a ser gozado preferencialmente durante suas férias escolares.

§ 1.º O recesso de que trata este artigo deverá ser remunerado quando o estagiário receber bolsa ou outra forma de contraprestação.

§ 2.º Os dias de recesso previstos neste artigo serão concedidos de maneira proporcional, nos casos de o estágio ter duração inferior a 1 (um) ano.

Art. 14. Aplica-se ao estagiário a legislação relacionada à saúde e segurança no trabalho, sendo sua implementação de responsabilidade da parte concedente do estágio.

CAPÍTULO V
DA FISCALIZAÇÃO

Art. 15. A manutenção de estagiários em desconformidade com esta Lei caracteriza vínculo de emprego do educando com a parte concedente do estágio para todos os fins da legislação trabalhista e previdenciária.

§ 1.º A instituição privada ou pública que reincidir na irregularidade de que trata este artigo ficará impedida de receber estagiários por 2 (dois) anos, contados da data da decisão definitiva do processo administrativo correspondente.

§ 2.º A penalidade de que trata o § 1.º deste artigo limita-se à filial ou agência em que for cometida a irregularidade.

CAPÍTULO VI

DAS DISPOSIÇÕES GERAIS

Art. 16. O termo de compromisso deverá ser firmado pelo estagiário ou com seu representante ou assistente legal e pelos representantes legais da parte concedente e da instituição de ensino, vedada a atuação dos agentes de integração a que se refere o art. 5.º desta Lei como representante de qualquer das partes.

Art. 17. O número máximo de estagiários em relação ao quadro de pessoal das entidades concedentes de estágio deverá atender às seguintes proporções:

I – de 1 (um) a 5 (cinco) empregados: 1 (um) estagiário;

II – de 6 (seis) a 10 (dez) empregados: até 2 (dois) estagiários;

III – de 11 (onze) a 25 (vinte e cinco) empregados: até 5 (cinco) estagiários;

IV – acima de 25 (vinte e cinco) empregados: até 20% (vinte por cento) de estagiários.

§ 1.º Para efeito desta Lei, considera-se quadro de pessoal o conjunto de trabalhadores empregados existentes no estabelecimento do estágio.

§ 2.º Na hipótese de a parte concedente contar com várias filiais ou estabelecimentos, os quantitativos previstos nos incisos deste artigo serão aplicados a cada um deles.

§ 3.º Quando o cálculo do percentual disposto no inciso IV do *caput* deste artigo resultar em fração, poderá ser arredondado para o número inteiro imediatamente superior.

§ 4.º Não se aplica o disposto no *caput* deste artigo aos estágios de nível superior e de nível médio profissional.

§ 5.º Fica assegurado às pessoas portadoras de deficiência o percentual de 10% (dez por cento) das vagas oferecidas pela parte concedente do estágio.

Art. 18. A prorrogação dos estágios contratados antes do início da vigência desta Lei apenas poderá ocorrer se ajustada às suas disposições.

Art. 19. O art. 428 da Consolidação das Leis do Trabalho – CLT, aprovada pelo Decreto-lei n. 5.452, de 1.º de maio de 1943, passa a vigorar com as seguintes alterações:

•• Alterações já processadas no diploma modificado.

Art. 20. O art. 82 da Lei n. 9.394, de 20 de dezembro de 1996, passa a vigorar com a seguinte redação:

"Art. 82. Os sistemas de ensino estabelecerão as normas de realização de estágio em sua jurisdição, observada a lei federal sobre a matéria.

Parágrafo único. (*Revogado.*)".

Art. 21. Esta Lei entra em vigor na data de sua publicação.

Art. 22. Revogam-se as Leis n. 6.494, de 7 de dezembro de 1977, e 8.859, de 23 de março de 1994, o parágrafo único do art. 82 da Lei n. 9.394, de 20 de dezembro de 1996, e o art. 6.º da Medida Provisória n. 2.164-41, de 24 de agosto de 2001.

Brasília, 25 de setembro de 2008; 187.º da Independência e 120.º da República.

LUIZ INÁCIO LULA DA SILVA

LEI N. 12.016,

DE 7 DE AGOSTO DE 2009 (*)

Disciplina o mandado de segurança individual e coletivo e dá outras providências.

O Presidente da República

Faço saber que o Congresso Nacional decreta e eu sanciono a seguinte Lei:

Art. 1.º Conceder-se-á mandado de segurança para proteger direito líquido e certo, não amparado por *habeas corpus* ou *habeas data*, sempre que, ilegalmente ou com abuso de poder, qualquer pessoa física ou jurídica sofrer violação ou houver justo receio de sofrê-la por parte de autoridade, seja de que categoria for e sejam quais forem as funções que exerça.

• *Vide* art. 5.º, LXVIII, LXIX e LXX, da CF.

• A Lei n. 9.507, de 12-11-1997, dispõe sobre o *habeas data*.

§ 1.º Equiparam-se às autoridades, para os efeitos desta Lei, os representantes ou órgãos de partidos políticos e os administradores de entidades autárquicas, bem como os dirigentes de pessoas jurídicas ou as pessoas naturais no exercício de atribuições do poder público, somente no que disser respeito a essas atribuições.

§ 2.º Não cabe mandado de segurança contra os atos de gestão comercial praticados pelos administradores de empresas públicas, de sociedade de economia mista e de concessionárias de serviço público.

§ 3.º Quando o direito ameaçado ou violado couber a várias pessoas, qualquer delas poderá requerer o mandado de segurança.

Art. 2.º Considerar-se-á federal a autoridade coatora se as consequências de ordem patrimonial do ato contra o qual se requer o mandado houverem de ser suportadas pela União ou entidade por ela controlada.

Art. 3.º O titular de direito líquido e certo decorrente de direito, em condições idênticas, de terceiro poderá impetrar mandado de segurança a favor do direito originário, se o seu titular não o fizer, no prazo de 30 (trinta) dias, quando notificado judicialmente.

Parágrafo único. O exercício do direito previsto no *caput* deste artigo submete-se ao prazo fixado no art. 23 desta Lei, contado da notificação.

Art. 4.º Em caso de urgência, é permitido, observados os requisitos legais, impetrar mandado de segurança por telegrama, radiograma, fax ou outro meio eletrônico de autenticidade comprovada.

(*) Publicada no *DOU*, de 10-8-2009.

§ 1.º Poderá o juiz, em caso de urgência, notificar a autoridade por telegrama, radiograma ou outro meio que assegure a autenticidade do documento e a imediata ciência pela autoridade.

§ 2.º O texto original da petição deverá ser apresentado nos 5 (cinco) dias úteis seguintes.

§ 3.º Para os fins deste artigo, em se tratando de documento eletrônico, serão observadas as regras da Infraestrutura de Chaves Públicas Brasileira – ICP-Brasil.

• A Medida Provisória n. 2.200-2, de 24-8-2001, institui a Infraestrutura de Chaves Públicas Brasileira – ICP-Brasil.

• A Lei n. 11.419, de 19-12-2006, dispõe sobre a informatização do processo judicial.

Art. 5.º Não se concederá mandado de segurança quando se tratar:

I – de ato do qual caiba recurso administrativo com efeito suspensivo, independentemente de caução;

II – de decisão judicial da qual caiba recurso com efeito suspensivo;

III – de decisão judicial transitada em julgado.

Parágrafo único. (*Vetado.*)

Art. 6.º A petição inicial, que deverá preencher os requisitos estabelecidos pela lei processual, será apresentada em 2 (duas) vias com os documentos que instruírem a primeira reproduzidos na segunda e indicará, além da autoridade coatora, a pessoa jurídica que esta integra, à qual se acha vinculada ou da qual exerce atribuições.

•• *Vide* Enunciado n. 123 da 2.ª Jornada de Direito Processual Civil.

§ 1.º No caso em que o documento necessário à prova do alegado se ache em repartição ou estabelecimento público ou em poder de autoridade que se recuse a fornecê-lo por certidão ou de terceiro, o juiz ordenará, preliminarmente, por ofício, a exibição desse documento em original ou em cópia autêntica e marcará, para o cumprimento da ordem, o prazo de 10 (dez) dias. O escrivão extrairá cópias do documento para juntá-las à segunda via da petição.

§ 2.º Se a autoridade que tiver procedido dessa maneira for a própria coatora, a ordem far-se-á no próprio instrumento da notificação.

§ 3.º Considera-se autoridade coatora aquela que tenha praticado o ato impugnado ou da qual emane a ordem para a sua prática.

§ 4.º (*Vetado.*)

§ 5.º Denega-se o mandado de segurança nos casos previstos pelo art. 267 da Lei n. 5.869, de 11 de janeiro de 1973 – Código de Processo Civil.

•• A referência é feita ao CPC de 1973. Dispositivo correspondente no CPC de 2015: art. 485.

§ 6.º O pedido de mandado de segurança poderá ser renovado dentro do prazo decadencial, se a decisão denegatória não lhe houver apreciado o mérito.

Art. 7.º Ao despachar a inicial, o juiz ordenará:

I – que se notifique o coator do conteúdo da petição inicial, enviando-lhe a segunda via apresentada com as cópias dos documentos, a fim de que, no prazo de 10 (dez) dias, preste as informações;

• *Vide* art. 12 desta Lei.

II – que se dê ciência do feito ao órgão de representação judicial da pessoa jurídica interessada, enviando-lhe cópia da inicial sem documentos, para que, querendo, ingresse no feito;

III – que se suspenda o ato que deu motivo ao pedido, quando houver fundamento relevante e do ato impugnado puder resultar a ineficácia da medida, caso seja finalmente deferida, sendo facultado exigir do impetrante caução, fiança ou depósito, com o objetivo de assegurar o ressarcimento à pessoa jurídica.

§ 1.º Da decisão do juiz de primeiro grau que conceder ou denegar a liminar caberá agravo de instrumento, observado o disposto na Lei n. 5.869, de 11 de janeiro de 1973 – Código de Processo Civil.

•• A Lei n. 5.869, de 11-1-1973, foi revogada pela Lei n. 13.105, de 16-3-2015, Código de Processo Civil.

§ 2.º Não será concedida medida liminar que tenha por objeto a compensação de créditos tributários, a entrega de mercadorias e bens provenientes do exterior, a reclassificação ou equiparação de servidores públicos e a concessão de aumento ou a extensão de vantagens ou pagamento de qualquer natureza.

• A Lei n. 2.770, de 4-5-1956, suprimiu a concessão de medidas liminares nas ações e procedimentos judiciais de qualquer natureza que visassem a liberação de bens, mercadorias ou coisas de procedência estrangeira.

§ 3.º Os efeitos da medida liminar, salvo se revogada ou cassada, persistirão até a prolação da sentença.

§ 4.º Deferida a medida liminar, o processo terá prioridade para julgamento.

§ 5.º As vedações relacionadas com a concessão de liminares previstas neste artigo se estendem à tutela antecipada a que se referem os arts. 273 e 461 da Lei n. 5.869, de 11 de janeiro de 1973 – Código de Processo Civil.

•• A referência é feita ao CPC de 1973. Dispositivos correspondentes no CPC de 2015: arts. 300 e s.

Art. 8.º Será decretada a perempção ou caducidade da medida liminar *ex officio* ou a requerimento do Ministério Público quando, concedida a medida, o impetrante criar obstáculo ao normal andamento do processo ou deixar de promover, por mais de 3 (três) dias úteis, os atos e as diligências que lhe cumprirem.

Art. 9.º As autoridades administrativas, no prazo de 48 (quarenta e oito) horas da notificação da medida liminar, remeterão ao Ministério ou órgão a que se acham subordinadas e ao Advogado-Geral da União ou a quem tiver a representação judicial da União, do Estado, do Município ou da entidade apontada como coatora cópia autenticada do mandado notificatório, assim como indicações e elementos outros necessários às providências a serem tomadas para a eventual suspensão da medida e defesa do ato apontado como ilegal ou abusivo de poder.

Art. 10. A inicial será desde logo indeferida, por decisão motivada, quando não for o caso de mandado de segurança ou lhe faltar algum dos requisitos legais ou quando decorrido o prazo legal para a impetração.

§ 1.º Do indeferimento da inicial pelo juiz de primeiro grau caberá apelação e, quando a competência para o julgamento do mandado de segurança couber originariamente a um dos tribunais, do ato do relator caberá agravo para o órgão competente do tribunal que integre.

§ 2.º O ingresso de litisconsorte ativo não será admitido após o despacho da petição inicial.

Art. 11. Feitas as notificações, o serventuário em cujo cartório corra o feito juntará aos autos cópia autêntica dos ofícios endereçados ao coator e ao órgão de representação judicial da pessoa jurídica interessada, bem como a prova da entrega a estes ou da sua recusa em aceitá-los ou dar recibo e, no caso do art. 4.º desta Lei, a comprovação da remessa.

Art. 12. Findo o prazo a que se refere o inciso I do *caput* do art. 7.º desta Lei, o juiz ouvirá o representante do Ministério Público, que opinará, dentro do prazo improrrogável de 10 (dez) dias.

Parágrafo único. Com ou sem o parecer do Ministério Público, os autos serão conclusos ao juiz, para a decisão, a qual deverá ser necessariamente proferida em 30 (trinta) dias.

Art. 13. Concedido o mandado, o juiz transmitirá em ofício, por intermédio do oficial do juízo, ou pelo correio, mediante correspondência com aviso de recebimento, o inteiro teor da sentença à autoridade coatora e à pessoa jurídica interessada.

Parágrafo único. Em caso de urgência, poderá o juiz observar o disposto no art. 4.º desta Lei.

Art. 14. Da sentença, denegando ou concedendo o mandado, cabe apelação.

§ 1.º Concedida a segurança, a sentença estará sujeita obrigatoriamente ao duplo grau de jurisdição.

§ 2.º Estende-se à autoridade coatora o direito de recorrer.

§ 3.º A sentença que conceder o mandado de segurança pode ser executada provisoriamente, salvo nos casos em que for vedada a concessão da medida liminar.

§ 4.º O pagamento de vencimentos e vantagens pecuniárias assegurados em sentença concessiva de mandado de segurança a servidor público da administração direta ou autárquica federal, estadual e municipal somente será efetuado relativamente às prestações que se vencerem a contar da data do ajuizamento da inicial.

Art. 15. Quando, a requerimento de pessoa jurídica de direito público interessada ou do Ministério Público e para evitar grave lesão à ordem, à saúde, à segurança e à economia públicas, o presidente do tribunal ao qual couber o conhecimento do respectivo recurso suspender, em decisão fundamentada, a execução da liminar e da sentença, dessa decisão caberá agravo, sem efeito suspensivo, no prazo de 5 (cinco) dias, que será levado a julgamento na sessão seguinte à sua interposição.

§ 1.º Indeferido o pedido de suspensão ou provido o agravo a que se refere o *caput* deste artigo, caberá novo pedido de suspensão ao presidente do tribunal competente para conhecer de eventual recurso especial ou extraordinário.

§ 2.º É cabível também o pedido de suspensão a que se refere o § 1.º deste artigo, quando negado provimento a agravo de instrumento interposto contra a liminar a que se refere este artigo.

§ 3.º A interposição de agravo de instrumento contra liminar concedida nas ações movidas contra o poder público e seus agentes não prejudica nem condiciona o julgamento do pedido de suspensão a que se refere este artigo.

§ 4.º O presidente do tribunal poderá conferir ao pedido efeito suspensivo liminar se constatar, em juízo prévio, a plausibilidade do direito invocado e a urgência na concessão da medida.

§ 5.º As liminares cujo objeto seja idêntico poderão ser suspensas em uma única decisão, podendo o presidente do tribunal estender os efeitos da suspensão a liminares supervenientes, mediante simples aditamento do pedido original.

Art. 16. Nos casos de competência originária dos tribunais, caberá ao relator a instrução do processo, sendo assegurada a defesa oral na sessão do julgamento do mérito ou do pedido liminar.

•• *Caput* com redação determinada pela Lei n. 13.676, de 11-6-2018.

Parágrafo único. Da decisão do relator que conceder ou denegar a medida liminar caberá agravo ao órgão competente do tribunal que integre.

Art. 17. Nas decisões proferidas em mandado de segurança e nos respectivos recursos, quando não publicado, no prazo de 30 (trinta) dias, contado da data do julgamento, o acórdão será substituído pelas respectivas notas taquigráficas, independentemente de revisão.

Art. 18. Das decisões em mandado de segurança proferidas em única instância pelos tribunais cabe recurso especial e extraordinário, nos casos legalmente previstos, e recurso ordinário, quando a ordem for denegada.

Art. 19. A sentença ou o acórdão que denegar mandado de segurança, sem decidir o mérito, não impedirá que o requerente, por ação própria, pleiteie os seus direitos e os respectivos efeitos patrimoniais.

Art. 20. Os processos de mandado de segurança e os respectivos recursos terão prioridade sobre todos os atos judiciais, salvo *habeas corpus*.

§ 1.º Na instância superior, deverão ser levados a julgamento na primeira sessão que se seguir à data em que forem conclusos ao relator.

§ 2.º O prazo para a conclusão dos autos não poderá exceder de 5 (cinco) dias.

Art. 21. O mandado de segurança coletivo pode ser impetrado por partido político com representação no Congresso Nacional, na defesa de seus interesses legítimos relativos a seus integrantes ou à finalidade partidária, ou por organização sindical, entidade de classe ou associação legalmente constituída e em funcionamento há, pelo menos, 1 (um) ano, em defesa de direitos líquidos e certos da totalidade, ou de parte, dos seus membros ou associados, na forma dos seus estatutos e desde que pertinentes às suas finalidades, dispensada, para tanto, autorização especial.

Parágrafo único. Os direitos protegidos pelo mandado de segurança coletivo podem ser:

I – coletivos, assim entendidos, para efeito desta Lei, os transindividuais, de natureza indivisível, de que seja titular grupo ou categoria de pessoas ligadas entre si ou com a parte contrária por uma relação jurídica básica;

II – individuais homogêneos, assim entendidos, para efeito desta Lei, os decorrentes de origem comum e da atividade ou situação específica da totalidade ou de parte dos associados ou membros do impetrante.

Art. 22. No mandado de segurança coletivo, a sentença fará coisa julgada limitadamente aos membros do grupo ou categoria substituídos pelo impetrante.

§ 1.º O mandado de segurança coletivo não induz litispendência para as ações individuais, mas os efeitos da coisa julgada não beneficiarão o impetrante a título individual se não requerer a desistência de seu mandado de segurança no prazo de 30 (trinta) dias a contar da ciência comprovada da impetração da segurança coletiva.

§ 2.º No mandado de segurança coletivo, a liminar só poderá ser concedida após a audiência do representante judicial da pessoa jurídica de direito público, que deverá se pronunciar no prazo de 72 (setenta e duas) horas.

Art. 23. O direito de requerer mandado de segurança extinguir-se-á decorridos 120 (cento e vinte) dias, contados da ciência, pelo interessado, do ato impugnado.

Art. 24. Aplicam-se ao mandado de segurança os arts. 46 a 49 da Lei n. 5.869, de 11 de janeiro de 1973 – Código de Processo Civil.

•• A referência é feita ao CPC de 1973. *Vide* arts. 113 a 118 do CPC de 2015, que dispõem sobre litisconsórcio.

Art. 25. Não cabem, no processo de mandado de segurança, a interposição de embargos infringentes e a condenação ao pagamento dos honorários advocatícios, sem prejuízo da aplicação de sanções no caso de litigância de má-fé.

Art. 26. Constitui crime de desobediência, nos termos do art. 330 do Decreto-lei n. 2.848, de 7 de dezembro de 1940, o não cumprimento das decisões proferidas em mandado de segurança, sem prejuízo das sanções administrativas e da aplicação da Lei n. 1.079, de 10 de abril de 1950, quando cabíveis.

•• Estabelece mencionado dispositivo: "Art. 330. Desobedecer a ordem legal de funcionário público: Pena – detenção, de quinze dias a seis meses, e multa".

Art. 27. Os regimentos dos tribunais e, no que couber, as leis de organização judiciária deverão ser adaptados às disposições desta Lei no prazo de 180 (cento e oitenta) dias, contado da sua publicação.

Art. 28. Esta Lei entra em vigor na data de sua publicação.

Art. 29. Revogam-se as Leis n. 1.533, de 31 de dezembro de 1951, 4.166, de 4 de dezembro de 1962, 4.348, de 26 de junho de 1964, 5.021, de 9 de junho de 1966; o art. 3.º da Lei n. 6.014, de 27 de dezembro de 1973, o art. 1.º da Lei n. 6.071, de 3 de julho de 1974, o art. 12 da Lei n. 6.978, de 19 de janeiro de 1982, e o art. 2.º da Lei n. 9.259, de 9 de janeiro de 1996.

Brasília, 7 de agosto de 2009; 188.º da Independência e 121.º da República.

LUIZ INÁCIO LULA DA SILVA

PORTARIA N. 1.510,

DE 21 DE AGOSTO DE 2009 (*)

O Ministro de Estado do Trabalho e Emprego, no uso das atribuições que lhe conferem o inciso II do parágrafo único do art. 87 da Constituição Federal e os arts. 74, § 2.º, e 913 da Consolidação das Leis do Trabalho, aprovada pelo Decreto-lei n. 5.452, de 1.º de maio de 1943, resolve:

Art. 1.º Disciplinar o registro eletrônico de ponto e a utilização do Sistema de Registro Eletrônico de Ponto – SREP.

Parágrafo único. Sistema de Registro Eletrônico de Ponto – SREP – é o conjunto de equipamentos e programas informatizados destinado à anotação por meio eletrônico da entrada e saída dos trabalhadores das empresas, previsto no art. 74 da Consolidação das Leis do Trabalho – CLT, aprovada pelo Decreto-lei n. 5.452, de 1.º de maio de 1943.

Art. 2.º O SREP deve registrar fielmente as marcações efetuadas, não sendo permitida qualquer ação que desvirtue os fins legais a que se destina, tais como:

I – restrições de horário à marcação do ponto;

II – marcação automática do ponto, utilizando-se horários predeterminados ou o horário contratual;

III – exigência, por parte do sistema, de autorização prévia para marcação de sobrejornada; e

IV – existência de qualquer dispositivo que permita a alteração dos dados registrados pelo empregado.

Art. 3.º Registrador Eletrônico de Ponto – REP é o equipamento de automação utilizado exclusivamente para o registro de jornada de trabalho e com capacidade para emitir documentos fiscais e realizar controles de natureza fiscal, referentes à entrada e à saída de empregados nos locais de trabalho.

Parágrafo único. Para a utilização de Sistema de Registro Eletrônico de Ponto é obrigatório o uso do REP no local da prestação do serviço, vedados outros meios de registro.

Art. 4.º O REP deverá apresentar os seguintes requisitos:

I – relógio interno de tempo real com precisão mínima de um minuto por ano com capacidade de funcionamento ininterrupto por um período mínimo de mil quatrocentos e quarenta horas na ausência de energia elétrica de alimentação;

(*) Publicada no *DOU*, de 25-8-2009. A Instrução Normativa n. 85, de 26-7-2010, do MTE, disciplina a fiscalização do Sistema de Registro Eletrônico de Ponto – SREP, e fixa prazo para o critério da dupla visita em relação à obrigatoriedade da utilização do equipamento.

II – mostrador do relógio de tempo real contendo hora, minutos e segundos;

III – dispor de mecanismo impressor em bobina de papel, integrado e de uso exclusivo do equipamento, que permita impressões com durabilidade mínima de cinco anos;

IV – meio de armazenamento permanente, denominado Memória de Registro de Ponto – MRP, onde os dados armazenados não possam ser apagados ou alterados, direta ou indiretamente;

V – meio de armazenamento, denominado Memória de Trabalho – MT, onde ficarão armazenados os dados necessários à operação do REP;

VI – porta padrão USB externa, denominada Porta Fiscal, para pronta captura dos dados armazenados na MRP pelo Auditor-Fiscal do Trabalho;

VII – para a função de marcação de ponto, o REP não deverá depender de qualquer conexão com outro equipamento externo; e

VIII – a marcação de ponto ficará interrompida quando for feita qualquer operação que exija a comunicação do REP com qualquer outro equipamento, seja para carga ou leitura de dados.

Art. 5.º Os seguintes dados deverão ser gravados na MT:

I – do empregador: tipo de identificador do empregador, CNPJ ou CPF; identificador do empregador; CEI, caso exista; razão social; e local da prestação do serviço; e

II – dos empregados que utilizam o REP: nome, PIS e demais dados necessários à identificação do empregado pelo equipamento.

Art. 6.º As seguintes operações deverão ser gravadas de forma permanente na MRP:

I – inclusão ou alteração das informações do empregador na MT, contendo os seguintes dados: data e hora da inclusão ou alteração; tipo de operação; tipo de identificador do empregador, CNPJ ou CPF; identificador do empregador; CEI, caso exista; razão social; e local da prestação do serviço;

II – marcação de ponto, com os seguintes dados: número do PIS, data e hora da marcação;

III – ajuste do relógio interno, contendo os seguintes dados: data antes do ajuste, hora antes do ajuste, data ajustada, hora ajustada; e

IV – inserção, alteração e exclusão de dados do empregado na MT, contendo: data e hora da operação, tipo de operação, número do PIS e nome do empregado.

Parágrafo único. Cada registro gravado na MRP deve conter Número Sequencial de Registro – NSR consistindo em numeração sequencial em incrementos unitários, iniciando-se em 1 na primeira operação do REP.

Art. 7.º O REP deverá prover as seguintes funcionalidades:

I – marcação de Ponto, composta dos seguintes passos:

a) receber diretamente a identificação do trabalhador, sem interposição de outro equipamento;

b) obter a hora do Relógio de Tempo Real;

c) registrar a marcação de ponto na MRP; e

d) imprimir o comprovante do trabalhador;

II – geração do Arquivo-Fonte de Dados – AFD, a partir dos dados armazenados na MRP;

III – gravação do AFD em dispositivo externo de memória, por meio da Porta Fiscal;

IV – emissão da Relação Instantânea de Marcações com as marcações efetuadas nas vinte e quatro horas precedentes, contendo:

a) cabeçalho com Identificador e razão social do empregador, local de prestação de serviço, número de fabricação do REP;

b) NSR;

c) número do PIS e nome do empregado; e

d) horário da marcação.

Art. 8.º O registro da marcação de ponto gravado na MRP consistirá dos seguintes campos:

I – NSR;

II – PIS do trabalhador;

III – data da marcação; e

IV – horário da marcação, composto de hora e minutos.

Art. 9.º O Arquivo-Fonte de Dados será gerado pelo REP e conterá todos os dados armazenados na MRP, segundo formato descrito no Anexo I.

Art. 10. O REP deverá atender aos seguintes requisitos:

I – não permitir alterações ou apagamento dos dados armazenados na Memória de Registro de Ponto;

II – ser inviolável de forma a atender aos requisitos do art. 2.º;

III – não possuir funcionalidades que permitam restringir as marcações de ponto;

IV – não possuir funcionalidades que permitam registros automáticos de ponto; e

V – possuir identificação do REP gravada de forma indelével na sua estrutura externa, contendo CNPJ e nome do fabricante, marca, modelo e número de fabricação do REP.

Parágrafo único. O número de fabricação do REP é o número exclusivo de cada equipamento e consistirá na junção sequencial do número de cadastro do fabricante no MTE, número de registro do modelo no MTE e número série único do equipamento.

Art. 11. Comprovante de Registro de Ponto do Trabalhador é um documento impresso para o empregado acompanhar, a cada marcação, o controle de sua jornada de trabalho, contendo as seguintes informações:

I – cabeçalho contendo o título "Comprovante de Registro de Ponto do Trabalhador";

II – identificação do empregador contendo nome, CNPJ/CPF e CEI, caso exista;

III – local da prestação do serviço;

IV – número de fabricação do REP;

V – identificação do trabalhador contendo nome e número do PIS;

VI – data e horário do respectivo registro; e

VII – NSR.

§ 1.º A impressão deverá ser feita em cor contrastante com o papel, em caracteres legíveis com a densidade horizontal mínima de oito caracteres por centímetro e o caractere não poderá ter altura inferior a três milímetros.

§ 2.º O empregador deverá disponibilizar meios para a emissão obrigatória do Comprovante de Registro de Ponto do Trabalhador no momento de qualquer marcação de ponto.

Art. 12. O "Programa de Tratamento de Registro de Ponto" é o conjunto de rotinas informatizadas que tem por função tratar os dados relativos à marcação dos horários de entrada e saída, originários exclusivamente do AFD, gerando o relatório "Espelho de Ponto Eletrônico", de acordo com o anexo II, o Arquivo Fonte de Dados Tratados – AFDT e Arquivo de Controle de Jornada para Efeitos Fiscais – ACJEF, de acordo com o Anexo I.

Parágrafo único. A função de tratamento dos dados se limitará a acrescentar informações para complementar eventuais omissões no registro de ponto ou indicar marcações indevidas.

Art. 13. O fabricante do REP deverá se cadastrar junto ao Ministério do Trabalho e Emprego, e solicitar o registro de cada um dos modelos de REP que produzir.

Art. 14. Para o registro do modelo do REP no MTE o fabricante deverá apresentar "Certificado de Conformidade do REP à Legislação" emitido por órgão técnico credenciado e "Atestado Técnico e Termo de Responsabilidade" previsto no art. 17.

Art. 15. Qualquer alteração no REP certificado, inclusive nos programas residentes, ensejará novo processo de certificação e registro.

Art. 16. Toda a documentação técnica do circuito eletrônico, bem como os arquivos fontes dos programas residentes no equipamento, deverão estar à disposição do Ministério do Trabalho e Emprego, Ministério Público do Trabalho e Justiça do Trabalho, quando solicitado.

Art. 17. O fabricante do equipamento REP deverá fornecer ao empregador usuário um documento denominado "Atestado Técnico e Termo de Responsabilidade" assinado pelo responsável técnico e pelo responsável legal pela empresa, afirmando expressamente que o equipamento e os programas nele embutidos atendem às determinações desta portaria, especialmente que:

• A Portaria n. 793, de 27-4-2011, do MTE, disciplina a utilização da certificação digital para assinatura eletrônica dos Atestados Técnicos e Termos de Responsabilidade previstos neste artigo.

I – não possuem mecanismos que permitam alterações dos dados de marcações de ponto armazenados no equipamento;

II – não possuem mecanismos que restrinjam a marcação do ponto em qualquer horário;

III – não possuem mecanismos que permitam o bloqueio à marcação de ponto; e

IV – possuem dispositivos de segurança para impedir o acesso ao equipamento por terceiros.

§ 1.º No "Atestado Técnico e Termo de Responsabilidade" deverá constar que os declarantes estão cientes das consequências legais, cíveis e criminais, quanto à falsa declaração, falso atestado e falsidade ideológica.

§ 2.º O empregador deverá apresentar o documento de que trata este artigo à Inspeção do Trabalho, quando solicitado.

Art. 18. O fabricante do programa de tratamento de registro de ponto eletrônico deverá fornecer ao consumidor do seu programa um documento denominado "Atestado Técnico e Termo de Responsabilidade" assinado pelo responsável técnico pelo programa e pelo responsável legal pela empresa, afirmando expressamente que seu programa atende às determinações desta portaria, especialmente que não permita:

• A Portaria n. 793, de 27-4-2011, do MTE, disciplina a utilização da certificação digital para assinatura eletrônica dos Atestados Técnicos e Termos de Responsabilidade previstos neste artigo.

I – alterações no AFD; e

II – divergências entre o AFD e os demais arquivos e relatórios gerados pelo programa.

§ 1.º A declaração deverá constar ao seu término que os declarantes estão cientes das consequências legais, cíveis e criminais, quanto à falsa declaração, falso atestado e falsidade ideológica.

§ 2.º Este documento deverá ficar disponível para pronta apresentação à Inspeção do Trabalho.

Art. 19. O empregador só poderá utilizar o Sistema de Registro Eletrônico de Ponto se possuir os atestados emitidos pelos fabricantes dos equipamentos e programas utilizados, nos termos dos arts. 17, 18, 26 e 30-A desta Portaria.

•• Artigo com redação determinada pela Portaria n. 1.001, de 6-5-2010.

Art. 20. O empregador usuário do Sistema de Registro Eletrônico de Ponto deverá se cadastrar no MTE via internet informando seus dados, equipamentos e *softwares* utilizados.

Art. 21. O REP deve sempre estar disponível no local da prestação do trabalho para pronta extração e impressão de dados pelo Auditor-Fiscal do Trabalho.

Art. 22. O empregador deverá prontamente disponibilizar os arquivos gerados e relatórios emitidos pelo "Programa de Tratamento de Dados do Registro de Ponto" aos Auditores-Fiscais do Trabalho.

Art. 23. O MTE credenciará órgãos técnicos para a realização da análise de conformidade técnica dos equipamentos REP à legislação.

§ 1.º Para se habilitar ao credenciamento, o órgão técnico pretendente deverá realizar pesquisa ou desenvolvimento e atuar nas áreas de engenharia eletrônica ou de tecnologia da informação e atender a uma das seguintes condições:

I – ser entidade da administração pública direta ou indireta; e

II – ser entidade de ensino, pública ou privada, sem fins lucrativos.

§ 2.º O órgão técnico interessado deverá requerer seu credenciamento ao MTE mediante apresentação de:

I – documentação comprobatória dos requisitos estabelecidos no § 1.º;

II – descrição detalhada dos procedimentos que serão empregados na análise de conformidade de REP, observando os requisitos estabelecidos pelo MTE;

III – cópia reprográfica de termo de confidencialidade celebrado entre o órgão técnico pretendente ao credenciamento e os técnicos envolvidos com a análise; e

IV – indicação do responsável técnico e do responsável pelo órgão técnico.

Art. 24. O órgão técnico credenciado:

I – deverá apresentar cópia reprográfica do termo de confidencialidade de que trata o inciso III do § 2.º do art. 23, sempre que novo técnico estiver envolvido com o processo de análise de conformidade técnica do REP;

II – não poderá utilizar os serviços de pessoa que mantenha ou tenha mantido vínculo nos últimos dois anos com qualquer fabricante de REP, ou com o MTE; e

III – deverá participar, quando convocado pelo MTE, da elaboração de especificações técnicas para estabelecimento de requisitos para desenvolvimento e fabricação de REP, sem ônus para o MTE.

Art. 25. O credenciamento do órgão técnico poderá ser:

I – cancelado a pedido do órgão técnico;

II – suspenso pelo MTE por prazo não superior a noventa dias; e

III – cassado pelo MTE.

Art. 26. O "Certificado de Conformidade do REP à Legislação" será emitido pelo órgão técnico credenciado contendo no mínimo as seguintes informações:

I – declaração de conformidade do REP à legislação aplicada;

II – identificação do fabricante do REP;

III – identificação da marca e modelo do REP;

IV – especificação dos dispositivos de armazenamento de dados utilizados;

V – descrição dos sistemas que garantam a inviolabilidade do equipamento e integridade dos dados armazenados;

VI – data do protocolo do pedido no órgão técnico;

VII – número sequencial do "Certificado de Conformidade do REP à Legislação" no órgão técnico certificador;

VIII – identificação do órgão técnico e assinatura do responsável técnico e do responsável pelo órgão técnico, conforme inciso IV do § 2.º do art. 23; e

IX – documentação fotográfica do equipamento certificado.

Art. 27. Concluída a análise, não sendo constatada desconformidade, o órgão técnico credenciado emitirá "Certificado de Conformidade do REP à Legislação", nos termos do disposto no art. 26.

Art. 28. O descumprimento de qualquer determinação ou especificação constante desta Portaria descaracteriza o controle eletrônico de jornada, pois este não se prestará às finalidades que a Lei lhe destina, o que ensejará a lavratura de auto de infração com base no art. 74, § 2.º, da CLT, pelo Auditor-Fiscal do Trabalho.

Art. 29. Comprovada a adulteração de horários marcados pelo trabalhador ou a existência de dispositivos, programas ou sub-rotinas que permitam a adulteração dos reais dados do controle de jornada ou parametrizações e bloqueios na marcação, o Auditor-Fiscal do Trabalho deverá apreender documentos e equipamentos, copiar programas e dados que julgar necessários para comprovação do ilícito.

§ 1.º O Auditor-Fiscal do Trabalho deverá elaborar relatório circunstanciado, contendo cópia dos autos de infração lavrados e da documentação apreendida.

§ 2.º A chefia da fiscalização enviará o relatório ao Ministério Público do Trabalho e outros órgãos que julgar pertinentes.

Art. 30. O Ministério do Trabalho e Emprego criará os cadastros previstos nesta Portaria, com parâmetros definidos pela Secretaria de Inspeção do Trabalho – SIT.

Art. 30-A. Equipara-se ao fabricante nacional, para efeitos desta Portaria, o importador que legalmente introduzir no Brasil o equipamento REP.

•• *Caput* acrescentado pela Portaria n. 1.001, de 6-5-2010.

§ 1.º Considera-se importador, para efeitos desta Portaria, o responsável pela introdução do equipamento REP no Brasil, pessoa jurídica regularmente constituída sob as leis brasileiras, apta a assumir as responsabilidades decorrentes da comercialização do produto e das determinações e especificações previstas nesta Portaria.

•• § 1.º acrescentado pela Portaria n. 1.001, de 6-5-2010.

§ 2.º O manual do usuário, o "Termo de Responsabilidade e Atestado Técnico", documentação técnica e as informações constantes no corpo do equipamento REP importado, deverão ser redigidos em língua portuguesa.

•• § 2.º acrescentado pela Portaria n. 1.001, de 6-5-2010.

Art. 31. Esta Portaria entra em vigor na data de sua publicação, exceto quanto à utilização obrigatória do REP, que entrará em vigor após doze meses contados da data de sua publicação.

•• A Portaria n. 2.686, de 27-12-2011, do MTE, dispõe: "O art. 31 da Portaria n. 1.510, de 21-8-2009, somente produzirá efeitos: I – A partir de 2-4-2012, para as empresas que exploram atividades na indústria, no comércio em geral, no setor de serviços, incluindo, entre outros, os setores financeiro, de transportes, de construção, de comunicações, de energia, de saúde e de educação; II – A partir de 1.º-6-2012, para as empresas que exploram atividade agroeconômica nos termos da Lei n. 5.889, de 8-7-1973; III – A partir de 3-9-2012, para as microempresas e empresas de pequeno porte, definidas na forma da Lei Complementar n. 126/2006".

Parágrafo único. Enquanto não for adotado o REP, o Programa de Tratamento de Registro de Ponto poderá receber dados em formato diferente do especificado no anexo I para o AFD, mantendo-se a integridade dos dados originais.

Carlos Roberto Lupi

ANEXO I – LEIAUTE DOS ARQUIVOS

1. ARQUIVO-FONTE DE DADOS – AFD

Este arquivo é composto dos seguintes tipos de registro:

1.1. Registro tipo "1" – Cabeçalho

Referência do campo	Posição	Tamanho	Tipo	Conteúdo
1	001-009	9	numérico	"000000000".
2	010-010	1	numérico	Tipo do registro, "1".
3	011-011	1	numérico	Tipo de identificador do empregador, "1" para CNPJ ou "2" para CPF.
4	012-025	14	numérico	CNPJ ou CPF do empregador.
5	026-037	12	numérico	CEI do empregador, quando existir.
6	038-187	150	alfanumérico	Razão social ou nome do empregador.
7	188-204	17	numérico	Número de fabricação do REP.
8	205-212	8	numérico	Data inicial dos registros no arquivo, no formato "ddmmaaaa".
9	213-220	8	numérico	Data final dos registros no arquivo, no formato "ddmmaaaa".
10	221-228	8	numérico	Data de geração do arquivo, no formato "ddmmaaaa".
11	229-232	4	numérico	Horário da geração do arquivo, no formato "hhmm".

1.2. Registro de inclusão ou alteração da identificação da empresa no REP

Referência do campo	Posição	Tamanho	Tipo	Conteúdo
1	001-009	9	numérico	NSR.
2	010-010	1	numérico	Tipo do registro, "2".
3	011-018	8	numérico	Data da gravação, no formato "ddmmaaaa".
4	019-022	4	numérico	Horário da gravação, no formato "hhmm"
5	023-023	1	numérico	Tipo de identificador do empregador, "1" para CNPJ ou "2" para CPF.
6	024-037	14	numérico	CNPJ ou CPF do empregador.
7	038-049	12	numérico	CEI do empregador, quando existir.
8	050-199	150	alfanumérico	Razão social ou nome do empregador.
9	200-299	100	alfanumérico	Local de prestação de serviços.

1.3. Registro de marcação de ponto

Referência do campo	Posição	Tamanho	Tipo	Conteúdo
1	001-009	9	numérico	NSR.
2	010-010	1	alfanumérico	Tipo do registro, "3".
4	011-018	8	numérico	Data da marcação de ponto, no formato "ddmmaaaa".
5	019-022	4	alfanumérico	Horário da marcação de ponto, no formato "hhmm".
6	023-034	12	numérico	Número do PIS do empregado.

•• Numeração de acordo com a publicação oficial.

1.4. Registro de ajuste do relógio de tempo real do REP

Referência do campo	Posição	Tamanho	Tipo	Conteúdo
1	001-009	9	numérico	NSR.
2	010-010	1	numérico	Tipo do registro, "4".
4	011-018	8	numérico	Data antes do ajuste, no formato "ddmmaaaa".
5	019-022	4	numérico	Horário antes do ajuste, no formato "hhmm".
6	023-030	8	numérico	Data ajustada, no formato "ddmmaaaa".
7	031-034	4	numérico	Horário ajustado, no formato "hhmm".

•• Numeração de acordo com a publicação oficial.

1.5. Registro de inclusão ou alteração ou exclusão de empregado da MT do REP

Referência do campo	Posição	Tamanho	Tipo	Conteúdo
1	001-009	9	numérico	NSR.
2	010-010	1	numérico	Tipo do registro, "5".
4	011-018	8	numérico	Data da gravação do registro, no formato "ddmmaaaa".
5	019-022	4	numérico	Horário da gravação do registro, no formato "hhmm".
6	023-023	1	alfanumérico	Tipo de operação, "I" para inclusão, "A" para alteração e "E" para exclusão.
7	024-035	12	numérico	Número do PIS do empregado.
8	036-087	52	alfanumérico	Nome do empregado.

•• Numeração de acordo com a publicação oficial.

1.6. *Trailer*

Referência do campo	Posição	Tamanho	Tipo	Conteúdo
1	001-009	9	numérico	"999999999".
2	010-018	9	numérico	Quantidade de registros tipo "2" no arquivo.
3	019-027	9	numérico	Quantidade de registros tipo "3" no arquivo.
4	028-036	9	numérico	Quantidade de registros tipo "4" no arquivo.
5	037-045	9	numérico	Quantidade de registros tipo "5" no arquivo.
6	046-046	1	numérico	Tipo do registro, "9".

2. ARQUIVO-FONTE DE DADOS TRATADO – AFDT

Este arquivo é composto dos seguintes tipos de registro:

2.1. Registro tipo "1" – Cabeçalho

Referência do campo	Posição	Tamanho	Tipo	Conteúdo
1	001-009	9	numérico	Sequencial do registro no arquivo.
2	010-010	1	numérico	Tipo do registro, "1".
3	011-011	1	numérico	Tipo de identificador do empregador, "1" para CNPJ ou "2" para CPF.
4	012-025	14	numérico	CNPJ ou CPF do empregador.
5	026-037	12	numérico	CEI do empregador, quando existir.
6	038-187	150	alfanumérico	Razão social ou nome do empregador.
7	188-195	8	numérico	Data inicial dos registros no arquivo, no formato "ddmmaaaa".
8	196-203	8	numérico	Data final dos registros no arquivo, no formato "ddmmaaaa".
9	204-211	8	numérico	Data de geração do arquivo, no formato "ddmmaaaa".
10	212-215	4	numérico	Horário da geração do arquivo, no formato "hhmm".

2.2. Registros do tipo DETALHE:

Referência do campo	Posição	Tamanho	Tipo	Conteúdo
1	001-009	9	numérico	Sequencial do registro no arquivo.
2	010-010	1	numérico	Tipo do registro, "2".
3	011-018	8	numérico	Data da marcação do ponto, no formato "ddmmaaaa".
4	019-022	4	numérico	Horário da marcação do ponto, no formato "hhmm".
5	023-034	12	numérico	Número do PIS do empregado.
6	035-051	17	numérico	Número de fabricação do REP onde foi feito o registro.
7	052-052	1	alfanumérico	Tipo de marcação, "E" para ENTRADA, "S" para SAÍDA ou "D" para registro a ser DESCONSIDERADO.

8	053-054	2	numérico	Número sequencial por empregado e jornada para o conjunto Entrada/Saída. *Vide* observação.
9	055-055	1	alfanumérico	Tipo de registro: "O" para registro eletrônico ORIGINAL, "I" para registro INCLUÍDO por digitação, "P" para intervalo PRÉ-ASSINALADO.
10	056-155	100	alfanumérico	Motivo: Campo a ser preenchido se o **campo 7** for "D" ou se o **campo 9** for "I".

a. Todos os registros de marcação (tipo "3") contidos em AFD devem estar em AFDT.

b. Se uma marcação for feita incorretamente de forma que deva ser desconsiderada, esse registro deverá ter o campo 7 assinalado com "D" e o campo 10 deve ser preenchido com o motivo.

c. Se alguma marcação deixar de ser realizada, o registro incluído deverá ter o campo 9 assinalado com "I", neste caso também deverá ser preenchido o campo 10 com o motivo.

d. A todo registro com o campo 7 assinalado com "E" para um determinado empregado e jornada deve existir obrigatoriamente outro registro assinalado com "S", do mesmo empregado e na mesma jornada, contendo ambos o mesmo "número sequencial de tipo de marcação" no campo 8.

e. Para cada par de registros Entrada/Saída (E/S) de cada empregado em uma jornada deve ser atribuído um número sequencial, no campo 8, de forma que se tenha nos campos 7 e 8 desses registros os conteúdos "E1"/"S1", "E2"/"S2", "E3"/"S3" e assim sucessivamente até o último par "E"/"S" da jornada.

f. O arquivo gerado deve conter todos os registros referentes às jornadas que se iniciam na "data inicial" e que se completem até a "data final", respectivamente campos 7 e 8 do registro tipo "1", cabeçalho.

2.3. *Trailer*

Referência do campo	Posição	Tamanho	Tipo	Conteúdo
1	001-009	9	numérico	Sequencial do registro no arquivo.
2	010-010	1	numérico	Tipo do registro, "9".

3. ARQUIVO DE CONTROLE DE JORNADA PARA EFEITOS FISCAIS – ACJEF

Este arquivo é composto dos seguintes tipos de registro:

3.1. Registro tipo "1" – Cabeçalho

Referência do campo	Posição	Tamanho	Tipo	Conteúdo
1	001-009	9	numérico	Sequencial do registro no arquivo.
2	010-010	1	numérico	Tipo do registro, "1".
3	011-011	1	numérico	Tipo de identificador do empregador, "1" para CNPJ ou "2" para CPF.
4	012-025	14	numérico	CNPJ ou CPF do empregador.
5	026-037	12	numérico	CEI do empregador, quando existir.
6	038-187	150	alfanumérico	Razão social ou nome do empregador.
7	188-195	8	numérico	Data inicial dos registros no arquivo, no formato "ddmmaaaa".
8	196-203	8	numérico	Data final dos registros no arquivo, no formato "ddmmaaaa".
8	204-211	8	numérico	Data de geração do arquivo, no formato "ddmmaaaa".
9	212-215	4	numérico	Horário da geração do arquivo, no formato "hhmm".

•• Numeração de acordo com a publicação oficial.

3.2. Horários Contratuais

Referência do campo	Posição	Tamanho	Tipo	Conteúdo
1	001-009	9	numérico	Sequencial do registro no arquivo.
2	010-010	1	numérico	Tipo do registro, "2".
3	011-014	4	numérico	Código do Horário (CH), no formato "nnnn".
4	015-018	4	numérico	Entrada, no formato "hhmm".
5	019-022	4	numérico	Início intervalo, no formato "hhmm".

Referência do campo	Posição	Tamanho	Tipo	Conteúdo
6	023-026	4	numérico	Fim intervalo, no formato "hhmm".
7	027-030	4	numérico	Saída, no formato "hhmm".

a. Nestes registros estarão listados todos os horários contratuais praticados pelos empregados. Cada horário será único e identificado por um código numérico iniciando por "0001", campo 3.

3.3. Detalhe

Referência do campo	Posição	Tamanho	Tipo	Conteúdo
1	001-009	9	numérico	Sequencial do registro no arquivo.
2	010-010	1	numérico	Tipo do registro, "3".
3	011-022	12	numérico	Número do PIS do empregado.
4	023-030	8	numérico	Data de início da jornada, no formato "ddmmaaaa".
5	031-034	4	numérico	Primeiro horário de entrada da jornada, no formato "hhmm".
6	035-038	4	numérico	Código do horário (CH) previsto para a jornada, no formato "nnnn".
7	039-042	4	numérico	Horas diurnas não extraordinárias, no formato "hhmm".
8	043-046	4	numérico	Horas noturnas não extraordinárias, no formato "hhmm".
9	047-050	4	numérico	Horas extras 1, no formato "hhmm".
10	051-054	4	numérico	Percentual do adicional de horas extras 1, onde as 2 primeiras posições indicam a parte inteira e as 2 seguintes a fração decimal.
11	055-055	1	alfanumérico	Modalidade da hora extra 1, assinalado com "D" se as horas extras forem diurnas e "N" se forem noturnas.
12	056-059	4	numérico	Horas extras 2, no formato "hhmm".
13	060-063	4	numérico	Percentual do adicional de horas extras 2, onde as 2 primeiras posições indicam a parte inteira e as 2 seguintes a fração decimal.
14	064-064	1	alfanumérico	Modalidade da hora extra 2, assinalado com "D" se as horas extras forem diurnas e "N" se forem noturnas.
15	065-068	4	numérico	Horas extras 3, no formato "hhmm".
16	069-072	4	numérico	Percentual do adicional de horas extras 3, onde as 2 primeiras posições indicam a parte inteira e as 2 seguintes a fração decimal.
17	073-073	1	alfanumérico	Modalidade da hora extra 3, assinalado com "D" se as horas extras forem diurnas e "N" se forem noturnas.
18	074-077	4	numérico	Horas extras 4, no formato "hhmm".
19	078-081	4	numérico	Percentual do adicional de horas extras 4, onde as 2 primeiras posições indicam a parte inteira e as 2 seguintes a fração decimal.
20	082-082	1	alfanumérico	Modalidade da hora extra 4, assinalado com "D" se as horas extras forem diurnas e "N" se forem noturnas.
21	083-086	4	numérico	Horas de faltas e/ou atrasos.
22	087-087	1	numérico	Sinal de horas para compensar. "1" se forem horas a maior e "2" se forem horas a menor.
23	088-091	4	numérico	Saldo de horas para compensar no formato "hhnn".

a. Cada registro se refere a uma jornada completa.

b. Existem 4 conjuntos de campos HORAS EXTRAS/PERCENTUAL DO ADICIONAL/MODALIDADE DA HORA EXTRA para serem utilizados nas situações em que haja previsão em acordo/convenção de percentuais diferentes para uma mesma prorrogação (exemplo: até as 20:00 adicional de 50%, à partir das 20:00 adicional de 80%).

c. Caso existam horas extras efetuadas, parte na modalidade diurna e parte na modalidade noturna, cada período deve ser assinalado separadamente.

d. No campo 23, "Saldo de horas para compensar", a quantidade de horas noturnas deve ser assinalada com a redução prevista no § 1.º do art. 73 da CLT.

3.4. *Trailer*

Referência do campo	Posição	Tamanho	Tipo	Conteúdo
1	001-009	9	numérico	Sequencial do registro no arquivo.
2	010-010	1	numérico	Tipo do registro, "9".

ANEXO II – MODELO DO RELATÓRIO ESPELHO DE PONTO

RELATÓRIO ESPELHO DE PONTO ELETRÔNICO

Empregador: (identificador e nome)

Endereço: (endereço do local de prestação de serviço)

Empregado: (número do PIS e nome)

Admissão: (data de admissão do empregado)

Relatório emitido em: (data de emissão do relatório)

Horários contratuais do empregado:

Código de Horário (CH)	Entrada	Saída	Entrada	Saída
nnnnn	hh:mm	hh:mm	hh:mm	hh:mm
nnnnn	hh:mm	hh:mm	hh:mm	hh:mm
nnnnn	hh:mm	hh:mm	hh:mm	hh:mm
...	...	...	...	...
...	...	...	...	...
...	...	...	...	...

Período: (data inicial e data final de apuração da folha de pagamento)

Dia	Marcações registradas no ponto eletrônico	Jornada realizada						CH	Tratamentos efetuados sobre os dados originais		
		Entrada	Saída	Entrada	Saída	Entrada	Saída		Horário	Ocor.	Motivo
dd	hh:mm hh:mm hh:mm hh:mm	hh:mm	hh:mm	hh:mm	hh:mm	hh:mm	hh:mm	nnnnn	hh:mm	I/D/P	
									hh:mm	I/D/P	
									hh:mm	I/D/P	
dd	hh:mm hh:mm hh:mm hh:mm	hh:mm	hh:mm	hh:mm	hh:mm	hh:mm	hh:mm	nnnnn	...	...	...
									...	...	...
									...	...	...
dd	hh:mm hh:mm hh:mm hh:mm	hh:mm	hh:mm	hh:mm	hh:mm	hh:mm	hh:mm	nnnnn	hh:mm	I/D/P	
dd	hh:mm hh:mm hh:mm hh:mm	hh:mm	hh:mm	hh:mm	hh:mm	hh:mm	hh:mm	nnnnn	hh:mm	I/D/P	
dd	hh:mm hh:mm hh:mm hh:mm	hh:mm	hh:mm	hh:mm	hh:mm	hh:mm	hh:mm	nnnnn	hh:mm	I/D/P	
dd	hh:mm hh:mm hh:mm hh:mm	hh:mm	hh:mm	hh:mm	hh:mm	hh:mm	hh:mm	nnnnn	hh:mm	I/D/P	
dd	hh:mm hh:mm hh:mm hh:mm	hh:mm	hh:mm	hh:mm	hh:mm	hh:mm	hh:mm	nnnnn	hh:mm	I/D/P	
dd	hh:mm hh:mm hh:mm hh:mm	hh:mm	hh:mm	hh:mm	hh:mm	hh:mm	hh:mm	nnnnn	hh:mm	I/D/P	
...	...	...	...	...	...	...	...	...	...	...	...
...	...	...	...	...	...	...	...	...	...	...	...
...	...	...	...	...	...	...	...	...	...	...	...

a. Preencher a coluna "Dia" com a data em que foram marcados os horários.

b. Preencher a coluna "Marcações registradas no ponto eletrônico" com todos os horários existentes no arquivo original na linha relativa à data em que foi efetuada a marcação.

c. Na coluna "Jornada Realizada", preencher com os horários tratados (originais, incluídos ou pré-assinalados), observando sempre o par "Entrada/Saída". Quando uma jornada de trabalho iniciar em um dia e terminar no dia seguinte, utilizar duas linhas para a mesma jornada. Para a entrada da jornada seguinte, utilizar outra linha, mesmo que ocorra na mesma data. Neste caso a data será repetida.

d. Preencher a coluna "CH" com o código do horário contratual.

e. Na coluna "Tratamentos efetuados sobre os dados originais", preencher o campo "Horário" com o horário tratado e o campo "Ocor." (ocorrência) com "D" quando o horário for desconsiderado, "I" quando o horário for incluído e "P" quando houver a pré-assinalação do período de repouso. O campo "Motivo" deve ser preenchido com um texto que expresse a motivação da inclusão ou desconsideração de cada horário marcado com ocorrência "I" ou "D". Não preencher o campo "Motivo" quando o campo "Ocorrência" for preenchido com "P". *DOU* 25/08/2009 – Seção I.

LEI N. 12.023,

DE 27 DE AGOSTO DE 2009 (*)

Dispõe sobre as atividades de movimentação de mercadorias em geral e sobre o trabalho avulso.

O Presidente da República

Faço saber que o Congresso Nacional decreta e eu sanciono a seguinte Lei:

Art. 1.º As atividades de movimentação de mercadorias em geral exercidas por trabalhadores avulsos, para os fins desta Lei, são aquelas desenvolvidas em áreas urbanas ou rurais sem vínculo empregatício, mediante intermediação obrigatória do sindicato da categoria, por meio de Acordo ou Convenção Coletiva de Trabalho para execução das atividades.

Parágrafo único. A remuneração, a definição das funções, a composição de equipes e as demais condições de trabalho serão objeto de negociação entre as entidades representativas dos trabalhadores avulsos e dos tomadores de serviços.

Art. 2.º São atividades da movimentação de mercadorias em geral:

I – cargas e descargas de mercadorias a granel e ensacados, costura, pesagem, embalagem, enlonamento, ensaque, arrasto, posicionamento, acomodação, reordenamento, reparação da carga, amostragem, arrumação, remoção, classificação, empilhamento, transporte com empilhadeiras, paletização, ova e desova de vagões, carga e descarga em feiras livres e abastecimento de lenha em secadores e caldeiras;

II – operações de equipamentos de carga e descarga;

III – pré-limpeza e limpeza em locais necessários à viabilidade das operações ou à sua continuidade.

Parágrafo único. (*Vetado.*)

Art. 3.º As atividades de que trata esta Lei serão exercidas por trabalhadores com vínculo empregatício ou em regime de trabalho avulso nas empresas tomadoras do serviço.

Art. 4.º O sindicato elaborará a escala de trabalho e as folhas de pagamento dos trabalhadores avulsos, com a indicação do tomador do serviço e dos trabalhadores que participaram da operação, devendo prestar, com relação a estes, as seguintes informações:

I – os respectivos números de registros ou cadastro no sindicato;

II – o serviço prestado e os turnos trabalhados;

III – as remunerações pagas, devidas ou creditadas a cada um dos trabalhadores, registrando-se as parcelas referentes a:

a) repouso remunerado;

b) Fundo de Garantia por Tempo de Serviço;

c) 13.º salário;

d) férias remuneradas mais 1/3 (um terço) constitucional;

e) adicional de trabalho noturno;

f) adicional de trabalho extraordinário.

Art. 5.º São deveres do sindicato intermediador:

I – divulgar amplamente as escalas de trabalho dos avulsos, com a observância do rodízio entre os trabalhadores;

II – proporcionar equilíbrio na distribuição das equipes e funções, visando à remuneração em igualdade de condições de trabalho para todos e a efetiva participação dos trabalhadores não sindicalizados;

III – repassar aos respectivos beneficiários, no prazo máximo de 72 (setenta e duas) horas úteis, contadas a partir do seu arrecadamento, os valores devidos e pagos pelos tomadores do serviço, relativos à remuneração do trabalhador avulso;

IV – exibir para os tomadores da mão de obra avulsa e para as fiscalizações competentes os documentos que comprovem o efetivo pagamento das remunerações devidas aos trabalhadores avulsos;

V – zelar pela observância das normas de segurança, higiene e saúde no trabalho;

• *Vide* arts. 154 e s. da CLT.

VI – firmar Acordo ou Convenção Coletiva de Trabalho para normatização das condições de trabalho.

§ 1.º Em caso de descumprimento do disposto no inciso III deste artigo, serão responsáveis, pessoal e solidariamente, os dirigentes da entidade sindical.

§ 2.º A identidade de cadastro para a escalação não será a carteira do sindicato e não assumirá nenhuma outra

(*) Publicada no *DOU*, de 28-8-2009 e retificada em 2-9-2009.

forma que possa dar ensejo à distinção entre trabalhadores sindicalizados e não sindicalizados para efeito de acesso ao trabalho.

Art. 6.º São deveres do tomador de serviços:

I – pagar ao sindicato os valores devidos pelos serviços prestados ou dias trabalhados, acrescidos dos percentuais relativos a repouso remunerado, 13.º salário e férias acrescidas de 1/3 (um terço), para viabilizar o pagamento do trabalhador avulso, bem como os percentuais referentes aos adicionais extraordinários e noturnos;

II – efetuar o pagamento a que se refere o inciso I, no prazo máximo de 72 (setenta e duas) horas úteis, contadas a partir do encerramento do trabalho requisitado;

III – recolher os valores devidos ao Fundo de Garantia por Tempo de Serviço, acrescido dos percentuais relativos ao 13.º salário, férias, encargos fiscais, sociais e previdenciários, observando o prazo legal.

Art. 7.º A liberação das parcelas referentes ao 13.º salário e às férias, depositadas nas contas individuais vinculadas e o recolhimento do FGTS e dos encargos fiscais e previdenciários serão efetuados conforme regulamentação do Poder Executivo.

Art. 8.º As empresas tomadoras do trabalho avulso respondem solidariamente pela efetiva remuneração do trabalho contratado e são responsáveis pelo recolhimento dos encargos fiscais e sociais, bem como das contribuições ou de outras importâncias devidas à Seguridade Social, no limite do uso que fizerem do trabalho avulso intermediado pelo sindicato.

Art. 9.º As empresas tomadoras do trabalho avulso são responsáveis pelo fornecimento dos Equipamentos de Proteção Individual e por zelar pelo cumprimento das normas de segurança no trabalho.

Art. 10. A inobservância dos deveres estipulados nos arts. 5.º e 6.º sujeita os respectivos infratores à multa administrativa no valor de R$ 500,00 (quinhentos reais) por trabalhador avulso prejudicado.

Parágrafo único. O processo de fiscalização, notificação, autuação e imposição de multas reger-se-á pelo disposto no Título VII da Consolidação das Leis do Trabalho – CLT, aprovada pelo Decreto-lei n. 5.452, de 1.º de maio de 1943.

• O Título VII da CLT (arts. 626 a 642) dispõe sobre o processo de multas administrativas.

Art. 11. Esta Lei não se aplica às relações de trabalho regidas pela Lei n. 8.630, de 25 de fevereiro de 1993, e pela Lei n. 9.719, de 27 de novembro de 1998.

Art. 12. Esta Lei entra em vigor 30 (trinta) dias após sua publicação.

Brasília, 27 de agosto de 2009; 188.º da Independência e 121.º da República.

LUIZ INÁCIO LULA DA SILVA

DECRETO N. 7.052,

DE 23 DE DEZEMBRO DE 2009 (*)

Regulamenta a Lei n. 11.770, de 9 de setembro de 2008, que cria o Programa Empresa Cidadã, destinado à prorrogação da licença-maternidade, no tocante a empregadas de pessoas jurídicas.

O Presidente da República, no uso da atribuição que lhe confere o art. 84, inciso IV, da Constituição, e tendo em vista o disposto na Lei n. 11.770, de 9 de setembro de 2008, decreta:

Art. 1.º Fica instituído o Programa Empresa Cidadã, destinado a prorrogar por sessenta dias a duração da licença-maternidade prevista no inciso XVIII do *caput* do art. 7.º da Constituição e o correspondente período do salário-maternidade de que tratam os arts. 71 e 71-A da Lei n. 8.213, de 24 de julho de 1991.

• Citados dispositivos constam deste volume.

§ 1.º Será beneficiada pelo Programa Empresa Cidadã a empregada da pessoa jurídica que aderir ao Programa, desde que a empregada requeira a prorrogação do salário-maternidade até o final do primeiro mês após o parto.

§ 2.º A prorrogação a que se refere o § 1.º iniciar-se-á no dia subsequente ao término da vigência do benefício de que tratam os arts. 71 e 71-A da Lei n. 8.213, de 1991.

§ 3.º A prorrogação de que trata este artigo será devida, inclusive, no caso de parto antecipado.

Art. 2.º O disposto no art. 1.º aplica-se à empregada de pessoa jurídica que adotar ou obtiver guarda judicial para fins de adoção de criança, pelos seguintes períodos:

I – por sessenta dias, quando se tratar de criança de até um ano de idade;

II – por trinta dias, quando se tratar de criança a partir de um ano até quatro anos de idade completos; e

III – por quinze dias, quando se tratar de criança a partir de quatro anos até completar oito anos de idade.

Art. 3.º As pessoas jurídicas poderão aderir ao Programa Empresa Cidadã, mediante requerimento dirigido à Secretaria da Receita Federal do Brasil.

Art. 4.º Observadas as normas complementares a serem editadas pela Secretaria da Receita Federal do Brasil, a pessoa jurídica tributada com base no lucro real poderá deduzir do imposto devido, em cada período de apuração, o total da remuneração da empregada pago no período de prorrogação de sua licença-maternidade, vedada a dedução como despesa operacional.

Parágrafo único. A dedução de que trata o *caput* fica limitada ao valor do imposto devido em cada período de apuração.

Art. 5.º No período de licença-maternidade e licença à adotante de que trata este Decreto, a empregada não po-

(*) Publicado no *DOU*, de 24-12-2009.

derá exercer qualquer atividade remunerada, salvo nos casos de contrato de trabalho simultâneo firmado previamente, e a criança não poderá ser mantida em creche ou organização similar.

Parágrafo único. Em caso de ocorrência de quaisquer das situações previstas no *caput*, a beneficiária perderá o direito à prorrogação.

Art. 6.º A empregada em gozo de salário-maternidade na data de publicação deste Decreto poderá solicitar a prorrogação da licença, desde que requeira no prazo de até trinta dias.

Art. 7.º A Secretaria da Receita Federal do Brasil e o Instituto Nacional do Seguro Social – INSS poderão expedir, no âmbito de suas competências, normas complementares para execução deste Decreto.

Art. 8.º Este Decreto entra em vigor na data de sua publicação, produzindo efeitos a partir de 1.º de janeiro de 2010.

Brasília, 23 de dezembro de 2009; 188.º da Independência e 121.º da República.

LUIZ INÁCIO LULA DA SILVA

ATO CONJUNTO N. 10, DE 28 DE JUNHO DE 2010 (*)

Regulamenta a transmissão de peças processuais, por meio eletrônico, entre os Tribunais Regionais do Trabalho e o Tribunal Superior do Trabalho e dá outras providências.

O Presidente do Tribunal Superior do Trabalho e do Conselho Superior da Justiça do Trabalho, no uso de suas atribuições legais e regimentais,

considerando a Lei n. 11.419, de 19 de dezembro de 2006, que dispõe sobre a informatização do processo judicial,

considerando a Instrução Normativa n. 30 do Tribunal Superior do Trabalho, resolve:

Art. 1.º Os Tribunais Regionais do Trabalho e o Tribunal Superior do Trabalho transmitirão as peças processuais digitalizadas ou produzidas em ambiente eletrônico por meio do Sistema de Remessa de Peças Processuais – e-Remessa.

§ 1.º O Sistema estará disponível na Rede Corporativa de Serviços de Dados para Acesso IP do Judiciário (Rede JT).

§ 2.º O Sistema poderá ser acessado pelos órgãos usuários 24 horas por dia, para envio de peças processuais e consulta de informações.

§ 3.º A remessa de peças processuais deverá ser, preferencialmente, diária, a fim de permitir melhor desempenho do sistema e-Remessa.

(*) Publicado no *DEJT*, de 28-6-2010.

Art. 2.º As peças processuais a serem transmitidas pelo e-Remessa deverão estar no formato *Portable Document Format* (PDF).

Parágrafo único. As peças processuais deverão ser digitalizadas com a utilização do *software* VRS e armazenadas em arquivo monocromático, com resolução de trezentos pontos por polegada, sendo facultados o reconhecimento ótico de caracteres de texto nas imagens e a indicação dos marcadores que identificam as peças.

Art. 3.º Os arquivos relativos a processos serão identificados com a classe processual no órgão remetente, o número do processo no formato definido pela Resolução n. 65 do CNJ e a qualificação, nessa ordem, separados por pontos (Classe.Numeração_CNJ.Qualificação).

§ 1.º O Tribunal remetente utilizará, no campo relativo à qualificação, as seguintes letras identificadoras: "P" para arquivo principal das peças processuais; "A" para arquivo relativo aos apensos; "D" para arquivo de documentos; "L" para arquivo de processo em diligência; "N" para o arquivo de processos retornando para novo julgamento.

§ 2.º Em todos os arquivos deverá constar certidão que identifique o órgão responsável pela produção, criação ou geração do documento para remessa eletrônica.

Art. 4.º O arquivo relativo à petição será identificado na forma do *caput* do artigo anterior, tendo a letra "T" como identificador da qualificação.

Parágrafo único. Cada petição deverá ser remetida em arquivo único, e, no caso de várias petições relativas ao mesmo processo, cada uma deverá ser remetida em arquivo separado.

Art. 5.º A baixa de processos transitados em julgado será feita com as peças produzidas no TST, sendo facultado ao TRT optar pelo recebimento da íntegra do processo.

Parágrafo único. Nos processos em diligência serão transmitidas as peças produzidas no TST e o seu retorno será realizado com a remessa das peças geradas pelo TRT.

Art. 6.º O e-Remessa estará disponível a partir da publicação deste ato, cabendo aos Tribunais Regionais do Trabalho providenciar a adequação de seus sistemas informatizados, com suporte técnico da Secretaria de Tecnologia da Informação – SETIN do Tribunal Superior do Trabalho.

§ 1.º A partir de 2 de agosto de 2010, todos os processos deverão ser enviados ao TST apenas por meio do e-Remessa.

§ 2.º O TST poderá solicitar o envio de autos físicos, no caso de ilegibilidade dos documentos digitalizados.

Art. 7.º Os processos de todas as classes deverão ser enviados na íntegra, à exceção do Recurso de Revista, que poderá ser remetido ao TST sem as peças relativas às provas.

Art. 8.º Qualquer erro no envio de arquivos, seja por remessa indevida ou incompleta, deverá ser comunicado oficialmente ao órgão destinatário, preferencialmente através do Sistema de Malote Digital.

Parágrafo único. No âmbito do TST, a comunicação deverá ser dirigida à Coordenadoria de Processos Eletrônicos – CPE.

Art. 9.º Os processos físicos em tramitação no TST que forem digitalizados e incluídos no fluxo eletrônico serão devolvidos ao TRT de origem.

Art. 10. O presente Ato entrará em vigor na data de sua publicação e revoga os Atos n. 673/GDGSET.GP, de 29 de outubro de 2009; 740/GDGSET.GP, de 25 de novembro de 2008; 494/GDGSET.GP, de 16 de julho de 2008, 182/GDGSET.GP, de 4 de março de 2008.

Brasília, 28 de junho de 2010.

Milton de Moura França

INSTRUÇÃO NORMATIVA N. 15,

DE 14 DE JULHO DE 2010 (*)

Estabelece procedimentos para assistência e homologação na rescisão de contrato de trabalho.

A Secretaria de Relações do Trabalho do Ministério do Trabalho e Emprego, no uso da atribuição que lhe confere o art. 5.º, inciso IX, do Regimento Interno da Secretaria de Relações do Trabalho, aprovado pela Portaria Ministerial n. 483, de 15 de setembro de 2004, e tendo em vista o disposto nas Portarias n. 1.620 e n. 1.621, de 14 de julho de 2010, resolve:

CAPÍTULO I

SEÇÃO I
Disposições Preliminares

Art. 1.º A assistência na rescisão de contrato de trabalho, prevista no § 1.º do art. 477 da Consolidação das Leis do Trabalho – CLT, aprovada pelo Decreto-lei n. 5.452, de 1.º de maio de 1943, obedecerá ao disposto nesta Instrução Normativa.

Art. 2.º Na assistência à rescisão do contrato de trabalho, o Sistema Homolognet, instituído pela Portaria n. 1.620, de 14 de julho de 2010, será utilizado gradualmente, conforme sua implantação nas Superintendências Regionais do Trabalho e Emprego, Gerências Regionais do Trabalho e Emprego e Agências Regionais.

§ 1.º Nas rescisões contratuais em que não for adotado o Homolognet, será utilizado o Termo de Rescisão de Contrato de Trabalho – TRCT previsto no Anexo I da Portaria n. 1.621, de 14 de julho de 2010.

§ 2.º Quando for adotado o Homolognet, serão utilizados os seguintes documentos:

I – Termo de Rescisão de Contrato de Trabalho, previsto no Anexo II da Portaria n. 1.621, de 2010;

II – Termo de Homologação sem ressalvas, previsto no Anexo III da Portaria n. 1.621, de 2010;

III – Termo de Homologação com ressalvas, previsto no Anexo IV da Portaria n. 1.621, de 2010;

IV – Termo de Comparecimento de uma das partes;

V – Termo de Comparecimento de ambas as partes, sem homologação da rescisão em face de discordância quanto aos valores constantes no TRCT; e

VI – Termo de Compromisso de Retificação do TRCT.

Art. 3.º O empregador, ao utilizar o Homolognet, deverá acessar o Sistema por meio do portal do MTE na internet: www.mte.gov.br, cadastrar-se previamente e:

I – incluir os dados relativos ao contrato de trabalho e demais dados solicitados pelo Sistema;

II – informar-se com o órgão local do MTE, para verificar a necessidade de agendamento da homologação; e

III – dirigir-se ao órgão local do MTE, munido dos documentos previstos no art. 22 desta Instrução Normativa.

SEÇÃO II
Disposições Gerais

Art. 4.º A assistência na rescisão de contrato de trabalho tem por objetivo orientar e esclarecer empregado e empregador acerca do cumprimento da lei, bem como zelar pelo efetivo pagamento das parcelas rescisórias, e é devida:

I – nos contratos de trabalho firmados há mais de um ano;

II – quando o cômputo do aviso prévio indenizado resultar em mais de um ano de serviço; e

III – na hipótese de aposentadoria em que ocorra rescisão de contrato de trabalho que se enquadre nos incs. I e II deste artigo.

Parágrafo único. Conta-se o prazo de um ano e um dia de trabalho pelo calendário comum, incluindo-se o dia em que se iniciou a prestação do trabalho.

Art. 5.º Não é devida a assistência na rescisão de contrato de trabalho em que são partes a União, os estados, os municípios, suas autarquias e fundações de direito público, e empregador doméstico, ainda que optante do Fundo de Garantia do Tempo de Serviço – FGTS.

CAPÍTULO II

SEÇÃO I
Da Competência

Art. 6.º São competentes para prestar a assistência na rescisão do contrato de trabalho:

I – o sindicato profissional da categoria do local onde o empregado laborou ou a federação que represente categoria inorganizada;

II – o servidor público em exercício no órgão local do MTE, capacitado e cadastrado como assistente no Homolognet; e

III – na ausência dos órgãos citados nos incisos I e II deste artigo na localidade, o representante do Ministério Público ou o Defensor Público e, na falta ou impedimentos destes, o Juiz de Paz.

(*) Publicada no *DOU*, de 15-7-2010.

Art. 7.º Em função da proximidade territorial, poderão ser prestadas assistências em circunscrição diversa do local da prestação dos serviços ou da celebração do contrato de trabalho, desde que autorizadas por ato conjunto dos respectivos Superintendentes Regionais do Trabalho e Emprego.

SEÇÃO II
Dos Procedimentos

Art. 8.º Diante das partes, cabe ao assistente:

I – inquirir o empregado e confirmar a veracidade dos dados contidos no TRCT; e

II – verificar a existência de dados não lançados no TRCT, observados os prazos previstos no inciso XXIX do art. 7.º da Constituição Federal.

Parágrafo único. O assistente deverá esclarecer às partes que:

I – a homologação de rescisão por justa causa não implica a concordância do empregado com os motivos ensejadores da dispensa; e

II – a quitação do empregado refere-se somente ao exato valor de cada verba especificada no TRCT.

Art. 9.º São itens de verificação obrigatória pelo assistente:

I – a regularidade da representação das partes;

II – a existência de causas impeditivas à rescisão;

III – a observância dos prazos legais ou, em hipóteses mais favoráveis, dos prazos previstos em convenção ou acordo coletivo de trabalho ou sentença normativa;

IV – a regularidade dos documentos apresentados;

V – a correção das informações prestadas pelo empregador;

VI – o efetivo pagamento das verbas devidas;

VII – o efetivo recolhimento dos valores a título de FGTS e de Contribuição Social, prevista no art. 1.º, da Lei Complementar n. 110, de 29 de junho de 2001, devidos na vigência do contrato de trabalho;

VIII – o efetivo pagamento, na rescisão sem justa causa, da indenização do FGTS, na alíquota de 40% (quarenta por cento), e da Contribuição Social, na alíquota de 10% (dez por cento), incidentes sobre o montante de todos os depósitos de FGTS devidos na vigência do contrato de trabalho, atualizados monetariamente e acrescidos dos respectivos juros remuneratórios, não se deduzindo, para o cálculo, saques ocorridos; e

IX – indícios de qualquer tipo de fraude, especialmente a rescisão contratual que vise somente ao saque de FGTS e à habilitação ao Seguro-Desemprego.

Art. 10. No caso de incorreção ou omissão de parcela devida, o assistente deve solucionar a falta ou a controvérsia, por meio de orientação e esclarecimento às partes.

§ 1.º Quando a incorreção relacionar-se a dados do contrato de trabalho ou do empregado, tais como tipo do contrato de trabalho, categoria profissional, causa de afastamento, data de admissão e afastamento, percentual de pensão alimentícia a ser retida na rescisão, data do aviso prévio, dentre outros, o TRCT deverá ser retificado pelo empregador, devendo o assistente lavrar o Termo de Compromisso de Retificação do TRCT.

§ 2.º Havendo incorreções não sanadas, o assistente deve comunicar o fato ao setor de fiscalização do trabalho do órgão para as devidas providências.

§ 3.º Desde que haja concordância do empregado, a incorreção de parcelas ou valores lançados no TRCT não impede a homologação da rescisão, devendo o assistente consignar as devidas ressalvas no Homolognet.

Art. 11. Na correção dos dados ou na hipótese do § 3.º do art. 10 desta Instrução Normativa, será impresso o Termo de Homologação gerado pelo Homolognet, que deverá ser assinado pelas partes ou seus prepostos e pelo assistente.

Parágrafo único. Devem constar das ressalvas:

I – parcelas e complementos não pagos e não constantes do TRCT;

II – matéria não solucionada, nos termos desta Instrução Normativa;

III – a expressa concordância do empregado em formalizar a homologação; e

IV – quaisquer fatos relevantes para assegurar direitos e prevenir responsabilidades do assistente.

SEÇÃO III
Dos Impedimentos

Art. 12. São circunstâncias impeditivas da homologação:

I – nas rescisões de contrato de trabalho por iniciativa do empregador, quando houver estabilidade do empregado decorrente de:

a) gravidez da empregada, desde a sua confirmação até cinco meses após o parto;

b) candidatura para o cargo de direção de Comissões Internas de Prevenção de Acidentes – CIPA, desde o registro da candidatura e, se eleito, ainda que suplente, até um ano após o final do mandato;

c) candidatura do empregado sindicalizado a cargo de direção ou representação sindical, desde o registro da candidatura e, se eleito, ainda que suplente, até um ano após o final do mandato;

d) garantia de emprego dos representantes dos empregados, titulares ou suplentes, em Comissão de Conciliação Prévia – CCP, instituída no âmbito da empresa, até um ano após o final do mandato; e

e) demais garantias de emprego decorrentes de lei, convenção ou acordo coletivo de trabalho ou sentença normativa;

II – suspensão contratual, exceto na hipótese prevista no § 5.º do art. 476-A da CLT;

III – irregularidade da representação das partes;

IV – insuficiência de documentos ou incorreção não sanável;

V – falta de comprovação do pagamento das verbas devidas;

VI – atestado de saúde ocupacional – ASO com declaração de inaptidão; e

VII – a constatação de fraude, nos termos do inciso IX do art. 9.º desta Instrução Normativa.

SEÇÃO IV
Das Partes

Art. 13. É obrigatória a presença de empregado e empregador para que seja prestada a assistência à rescisão contratual.

§ 1.º Tratando-se de empregado com idade inferior a dezoito anos, será obrigatória a presença e a assinatura de seu representante legal no Termo de Homologação, exceto para os emancipados nos termos da lei civil.

§ 2.º O empregador poderá ser representado por procurador legalmente habilitado ou preposto designado por carta de preposição em que conste referência à rescisão a ser homologada e os poderes para assinatura dos documentos na presença do assistente.

§ 3.º O empregado poderá ser representado, excepcionalmente, por procurador legalmente constituído em procuração com poderes expressos para receber e dar quitação e com firma reconhecida em cartório.

Art. 14. No caso de morte do empregado, a assistência na rescisão contratual será prestada aos beneficiários habilitados perante o órgão previdenciário, reconhecidos judicialmente ou previstos em escritura pública lavrada nos termos do art. 982 do Código de Processo Civil, desde que dela constem os dados necessários à identificação do beneficiário e à comprovação do direito, conforme o art. 21 da Resolução n. 35, de 24 de abril de 2007, do Conselho Nacional de Justiça, e o art. 2.º do Decreto n. 85.845, de 26 de março de 1981.

•• A referência é feita ao art. 982 do CPC de 1973. Dispositivo correspondente no CPC de 2015: art. 610, § 1.º.

• O Decreto n. 85.845, de 26-3-1981, regulamenta a Lei n. 6.858, de 24-11-1980, que dispõe sobre o pagamento, aos dependentes ou sucessores, de valores não recebidos em vida pelos respectivos titulares.

SEÇÃO V
Do Aviso Prévio

Art. 15. O direito ao aviso prévio é irrenunciável pelo empregado, salvo se houver comprovação de que ele obteve novo emprego.

Art. 16. O período referente ao aviso prévio, inclusive quando indenizado, integra o tempo de serviço para todos os efeitos legais.

Art. 17. Quando o aviso prévio for indenizado, a data da saída a ser anotada na Carteira de Trabalho e Previdência Social – CTPS deve ser:

I – na página relativa ao Contrato de Trabalho, a do último dia da data projetada para o aviso prévio indenizado; e

II – na página relativa às Anotações Gerais, a data do último dia efetivamente trabalhado.

Parágrafo único. No TRCT, a data de afastamento a ser consignada será a do último dia efetivamente trabalhado.

Art. 18. Caso o empregador não permita que o empregado permaneça em atividade no local de trabalho durante o aviso prévio, na rescisão deverão ser obedecidas as mesmas regras do aviso prévio indenizado.

Art. 19. É inválida a comunicação do aviso prévio na fluência de garantia de emprego e de férias.

SUBSEÇÃO I
Da contagem dos prazos do aviso prévio

Art. 20. O prazo de trinta dias correspondente ao aviso prévio conta-se a partir do dia seguinte ao da comunicação, que deverá ser formalizada por escrito.

Parágrafo único. No aviso prévio indenizado, quando o prazo previsto no art. 477, § 6.º, alínea *b*, da CLT recair em dia não útil, o pagamento poderá ser feito no próximo dia útil.

•• A Lei n. 13.467, de 13-7-2017, em vigor 120 dias da sua publicação (*DOU* de 14-7-2017), revoga a alínea *b* do § 6.º do art. 477 da CLT.

Art. 21. Quando o aviso prévio for cumprido parcialmente, o prazo para pagamento das verbas rescisórias ao empregado será de dez dias contados a partir da dispensa de cumprimento do aviso prévio, salvo se o termo final do aviso ocorrer primeiramente.

SEÇÃO VI
Dos Documentos

Art. 22. Para a assistência, é obrigatória a apresentação dos seguintes documentos:

I – Termo de Rescisão de Contrato de Trabalho – TRCT, em quatro vias;

II – Carteira de Trabalho e Previdência Social – CTPS, com as anotações atualizadas;

III – Livro ou Ficha de Registro de Empregados;

IV – notificação de demissão, comprovante de aviso prévio ou pedido de demissão;

V – extrato para fins rescisórios da conta vinculada do empregado no FGTS, devidamente atualizado, e guias de recolhimento das competências indicadas como não localizadas na conta vinculada;

VI – guia de recolhimento rescisório do FGTS e da Contribuição Social, nas hipóteses do art. 18 da Lei n. 8.036, de 11 de maio de 1990, e do art. 1.º da Lei Complementar n. 110, de 29 de junho de 2001;

VII – Comunicação da Dispensa – CD e Requerimento do Seguro-Desemprego, nas rescisões sem justa causa;

VIII – Atestado de Saúde Ocupacional Demissional, ou Periódico, durante o prazo de validade, atendidas as formalidades especificadas na Norma Regulamentadora – NR 7, aprovada pela Portaria n. 3.214, de 8 de junho de 1978, e alterações posteriores;

IX – documento que comprove a legitimidade do representante da empresa;

X – carta de preposto e instrumentos de mandato que, nos casos previstos nos §§ 2.º e 3.º do art. 13 e no art. 14

desta Instrução Normativa, serão arquivados no órgão local do MTE que efetuou a assistência juntamente com cópia do Termo de Homologação;

XI – prova bancária de quitação quando o pagamento for efetuado antes da assistência;

XII – o número de registro ou cópia do instrumento coletivo de trabalho aplicável; e

XIII – outros documentos necessários para dirimir dúvidas referentes à rescisão ou ao contrato de trabalho.

SEÇÃO VII

Do Pagamento

Art. 23. O pagamento das verbas rescisórias constantes do TRCT será efetuado em dinheiro ou em cheque administrativo, no ato da assistência.

§ 1.º O pagamento poderá ser feito, dentro dos prazos estabelecidos no § 6.º do art. 477 da CLT, por meio de ordem bancária de pagamento, ordem bancária de crédito, transferência eletrônica ou depósito bancário em conta corrente ou poupança do empregado, facultada a utilização da conta não movimentável – conta salário, prevista na Resolução n. 3.402, de 6 de setembro de 2006, do Banco Central do Brasil.

• A Resolução n. 3.402, de 6-9-2006, do Banco Central do Brasil, dispõe sobre a prestação de serviços de pagamento de salários, aposentadorias e similares sem cobrança de tarifas.

§ 2.º Para fins do disposto no § 1.º deste artigo:

I – o estabelecimento bancário deverá se situar na mesma cidade do local de trabalho; e

II – o empregador deve comprovar que nos prazos legais ou previstos em convenção ou acordo coletivo de trabalho o empregado foi informado e teve acesso aos valores devidos.

§ 3.º O pagamento das verbas rescisórias será efetuado somente em dinheiro na assistência à rescisão contratual de empregado não alfabetizado, ou na realizada pelos Grupos Especiais de Fiscalização Móvel, instituídos pela Portaria MTE n. 265, de 6 de junho de 2002.

CAPÍTULO III

SEÇÃO I

Disposições Finais e Transitórias

Art. 24. Não comparecendo uma das partes, ou na falta de homologação da rescisão em face de discordância quanto aos valores, o assistente emitirá os Termos de Comparecimento gerados pelo Homolognet.

Art. 25. Havendo homologação do TRCT, os Termos de Homologação serão assinados pelas partes e pelo assistente e, juntamente com as vias do TRCT, terão a seguinte destinação:

I – três vias para o empregado;

II – uma via para o empregador.

Art. 26. A assistência prestada nas homologações de rescisões de contrato sem utilização do Homolognet obedecerá, no que couber, ao disposto nesta Instrução Normativa, devendo ser observado:

I – o servidor público em exercício no órgão local do MTE, mediante ato próprio do Superintendente Regional do Trabalho e Emprego, ficará autorizado a prestar assistência na rescisão do contrato de trabalho;

II – em caso de incorreção de parcelas ou valores lançados no TRCT, o assistente deverá consignar as devidas ressalvas no verso;

III – é obrigatória a apresentação do demonstrativo de parcelas variáveis consideradas para fins de cálculo dos valores devidos na rescisão contratual e de cópia do instrumento coletivo aplicável;

IV – o assistente deverá conferir manualmente os valores das verbas rescisórias.

Art. 27. Esta Instrução Normativa entra em vigor na data de sua publicação.

Art. 28. Fica revogada a Instrução Normativa n. 3, de 21 de junho de 2002.

Zilmara David de Alencar

LEI N. 12.288,

DE 20 DE JULHO DE 2010 (*)

Institui o Estatuto da Igualdade Racial; altera as Leis n. 7.716, de 5 de janeiro de 1989, 9.029, de 13 de abril de 1995, 7.347, de 24 de julho de 1985, e 10.778, de 24 de novembro de 2003.

O Presidente da República

Faço saber que o Congresso Nacional decreta e eu sanciono a seguinte Lei:

TÍTULO I

DISPOSIÇÕES PRELIMINARES

Art. 1.º Esta Lei institui o Estatuto da Igualdade Racial, destinado a garantir à população negra a efetivação da igualdade de oportunidades, a defesa dos direitos étnicos individuais, coletivos e difusos e o combate à discriminação e às demais formas de intolerância étnica.

• *Vide* arts. 3.º, IV, 4.º, VIII, e 5.º, XLI e XLII, da CF.

Parágrafo único. Para efeito deste Estatuto, considera-se:

I – discriminação racial ou étnico-racial: toda distinção, exclusão, restrição ou preferência baseada em raça, cor, descendência ou origem nacional ou étnica que tenha por objeto anular ou restringir o reconhecimento, gozo ou exercício, em igualdade de condições, de direitos humanos e liberdades fundamentais nos campos político, econômico, social, cultural ou em qualquer outro campo da vida pública ou privada;

• *Vide* Lei n. 7.716, de 5-1-1989, que define os crimes resultantes de preconceitos de raça ou de cor.

(*) Publicada no *DOU*, de 21-7-2010.

II – desigualdade racial: toda situação injustificada de diferenciação de acesso e fruição de bens, serviços e oportunidades, nas esferas pública e privada, em virtude de raça, cor, descendência ou origem nacional ou étnica;

III – desigualdade de gênero e raça: assimetria existente no âmbito da sociedade que acentua a distância social entre mulheres negras e os demais segmentos sociais;

IV – população negra: o conjunto de pessoas que se autodeclaram pretas e pardas, conforme o quesito cor ou raça usado pela Fundação Instituto Brasileiro de Geografia e Estatística (IBGE), ou que adotam autodefinição análoga;

V – políticas públicas: as ações, iniciativas e programas adotados pelo Estado no cumprimento de suas atribuições institucionais;

VI – ações afirmativas: os programas e medidas especiais adotados pelo Estado e pela iniciativa privada para a correção das desigualdades raciais e para a promoção da igualdade de oportunidades.

Art. 2.º É dever do Estado e da sociedade garantir a igualdade de oportunidades, reconhecendo a todo cidadão brasileiro, independentemente da etnia ou da cor da pele, o direito à participação na comunidade, especialmente nas atividades políticas, econômicas, empresariais, educacionais, culturais e esportivas, defendendo sua dignidade e seus valores religiosos e culturais.

Art. 3.º Além das normas constitucionais relativas aos princípios fundamentais, aos direitos e garantias fundamentais e aos direitos sociais, econômicos e culturais, o Estatuto da Igualdade Racial adota como diretriz político-jurídica a inclusão das vítimas de desigualdade étnico-racial, a valorização da igualdade étnica e o fortalecimento da identidade nacional brasileira.

Art. 4.º A participação da população negra, em condição de igualdade de oportunidade, na vida econômica, social, política e cultural do País será promovida, prioritariamente, por meio de:

I – inclusão nas políticas públicas de desenvolvimento econômico e social;

II – adoção de medidas, programas e políticas de ação afirmativa;

III – modificação das estruturas institucionais do Estado para o adequado enfrentamento e a superação das desigualdades étnicas decorrentes do preconceito e da discriminação étnica;

IV – promoção de ajustes normativos para aperfeiçoar o combate à discriminação étnica e às desigualdades étnicas em todas as suas manifestações individuais, institucionais e estruturais;

V – eliminação dos obstáculos históricos, socioculturais e institucionais que impedem a representação da diversidade étnica nas esferas pública e privada;

VI – estímulo, apoio e fortalecimento de iniciativas oriundas da sociedade civil direcionadas à promoção da igualdade de oportunidades e ao combate às desigualdades étnicas, inclusive mediante a implementação de incentivos e critérios de condicionamento e prioridade no acesso aos recursos públicos;

VII – implementação de programas de ação afirmativa destinados ao enfrentamento das desigualdades étnicas no tocante a educação, cultura, esporte e lazer, saúde, segurança, trabalho, moradia, meios de comunicação de massa, financiamentos públicos, acesso à terra, à Justiça, e outros.

Parágrafo único. Os programas de ação afirmativa constituir-se-ão em políticas públicas destinadas a reparar as distorções e desigualdades sociais e demais práticas discriminatórias adotadas, nas esferas pública e privada, durante o processo de formação social do País.

Art. 5.º Para a consecução dos objetivos desta Lei, é instituído o Sistema Nacional de Promoção da Igualdade Racial (Sinapir), conforme estabelecido no Título III.

TÍTULO II
DOS DIREITOS FUNDAMENTAIS

....

CAPÍTULO IV
DO ACESSO À TERRA E À MORADIA ADEQUADA

• *Vide* art. 6.º da CF.

SEÇÃO I
Do Acesso à Terra

• *Vide* Lei n. 5.889, de 8-6-1973, que dispõe sobre o trabalho rural.

Art. 27. O poder público elaborará e implementará políticas públicas capazes de promover o acesso da população negra à terra e às atividades produtivas no campo.

Art. 28. Para incentivar o desenvolvimento das atividades produtivas da população negra no campo, o poder público promoverá ações para viabilizar e ampliar o seu acesso ao financiamento agrícola.

Art. 29. Serão assegurados à população negra a assistência técnica rural, a simplificação do acesso ao crédito agrícola e o fortalecimento da infraestrutura de logística para a comercialização da produção.

Art. 30. O poder público promoverá a educação e a orientação profissional agrícola para os trabalhadores negros e as comunidades negras rurais.

Art. 31. Aos remanescentes das comunidades dos quilombos que estejam ocupando suas terras é reconhecida a propriedade definitiva, devendo o Estado emitir-lhes os títulos respectivos.

• *Vide* art. 68 do ADCT.

Art. 32. O Poder Executivo federal elaborará e desenvolverá políticas públicas especiais voltadas para o desenvolvimento sustentável dos remanescentes das comunidades dos quilombos, respeitando as tradições de proteção ambiental das comunidades.

Art. 33. Para fins de política agrícola, os remanescentes das comunidades dos quilombos receberão dos órgãos competentes tratamento especial diferenciado, assistência técnica e linhas especiais de financiamento público, destinados à realização de suas atividades produtivas e de infraestrutura.

Art. 34. Os remanescentes das comunidades dos quilombos se beneficiarão de todas as iniciativas previstas nesta e em outras leis para a promoção da igualdade étnica.

....

CAPÍTULO V

DO TRABALHO

• A Lei n. 12.990, de 9-6-2014, reserva aos negros 20% das vagas oferecidas nos concursos públicos para provimento de cargos efetivos e empregos públicos no âmbito da administração pública federal, das autarquias, das fundações públicas, das empresas públicas e das sociedades de economia mista controladas pela União.

Art. 38. A implementação de políticas voltadas para a inclusão da população negra no mercado de trabalho será de responsabilidade do poder público, observando-se:

I – o instituído neste Estatuto;

II – os compromissos assumidos pelo Brasil ao ratificar a Convenção Internacional sobre a Eliminação de Todas as Formas de Discriminação Racial, de 1965;

• O Decreto n. 4.738, de 12-6-2003, promulga a Declaração Facultativa prevista no art. 14 da Convenção Internacional sobre a Eliminação de todas as Formas de Discriminação Racial, reconhecendo a competência do Comitê Internacional para a Eliminação da Discriminação Racial para receber e analisar denúncias de violação dos direitos humanos cobertos na mencionada Convenção.

III – os compromissos assumidos pelo Brasil ao ratificar a Convenção n. 111, de 1958, da Organização Internacional do Trabalho (OIT), que trata da discriminação no emprego e na profissão;

• O Decreto n. 62.150, de 19-1-1968, promulga a Convenção n. 111 da OIT sobre Discriminação em Matéria de Emprego e Profissão.

IV – os demais compromissos formalmente assumidos pelo Brasil perante a comunidade internacional.

Art. 39. O poder público promoverá ações que assegurem a igualdade de oportunidades no mercado de trabalho para a população negra, inclusive mediante a implementação de medidas visando à promoção da igualdade nas contratações do setor público e o incentivo à adoção de medidas similares nas empresas e organizações privadas.

•• O Decreto n. 9.427, de 28-6-2018, reserva aos negros 30% das vagas oferecidas nas seleções para estágio no âmbito da administração pública federal direta, autárquica e fundacional.

§ 1.º A igualdade de oportunidades será lograda mediante a adoção de políticas e programas de formação profissional, de emprego e de geração de renda voltados para a população negra.

§ 2.º As ações visando a promover a igualdade de oportunidades na esfera da administração pública far-se-ão por meio de normas estabelecidas ou a serem estabelecidas em legislação específica e em seus regulamentos.

§ 3.º O poder público estimulará, por meio de incentivos, a adoção de iguais medidas pelo setor privado.

§ 4.º As ações de que trata o *caput* deste artigo assegurarão o princípio da proporcionalidade de gênero entre os beneficiários.

§ 5.º Será assegurado o acesso ao crédito para a pequena produção, nos meios rural e urbano, com ações afirmativas para mulheres negras.

§ 6.º O poder público promoverá campanhas de sensibilização contra a marginalização da mulher negra no trabalho artístico e cultural.

§ 7.º O poder público promoverá ações com o objetivo de elevar a escolaridade e a qualificação profissional nos setores da economia que contem com alto índice de ocupação por trabalhadores negros de baixa escolarização.

Art. 40. O Conselho Deliberativo do Fundo de Amparo ao Trabalhador (Codefat) formulará políticas, programas e projetos voltados para a inclusão da população negra no mercado de trabalho e orientará a destinação de recursos para seu financiamento.

Art. 41. As ações de emprego e renda, promovidas por meio de financiamento para constituição e ampliação de pequenas e médias empresas e de programas de geração de renda, contemplarão o estímulo à promoção de empresários negros.

Parágrafo único. O poder público estimulará as atividades voltadas ao turismo étnico com enfoque nos locais, monumentos e cidades que retratem a cultura, os usos e os costumes da população negra.

Art. 42. O Poder Executivo federal poderá implementar critérios para provimento de cargos em comissão e funções de confiança destinados a ampliar a participação de negros, buscando reproduzir a estrutura da distribuição étnica nacional ou, quando for o caso, estadual, observados os dados demográficos oficiais.

....

TÍTULO III

DO SISTEMA NACIONAL DE PROMOÇÃO DA IGUALDADE RACIAL (SINAPIR)

•• O Decreto n. 8.136, de 5-11-2013, aprova o regulamento do Sistema Nacional de Promoção da Igualdade Racial – SINAPIR.

CAPÍTULO I

DISPOSIÇÃO PRELIMINAR

Art. 47. É instituído o Sistema Nacional de Promoção da Igualdade Racial (Sinapir) como forma de organização e de articulação voltadas à implementação do conjunto de políticas e serviços destinados a superar as desigualdades étnicas existentes no País, prestados pelo poder público federal.

§ 1.º Os Estados, o Distrito Federal e os Municípios poderão participar do Sinapir mediante adesão.

§ 2.º O poder público federal incentivará a sociedade e a iniciativa privada a participar do Sinapir.

....

CAPÍTULO V

DO FINANCIAMENTO DAS INICIATIVAS DE PROMOÇÃO DA IGUALDADE RACIAL

Art. 56. Na implementação dos programas e das ações constantes dos planos plurianuais e dos orçamentos anuais da União, deverão ser observadas as políticas de ação afirmativa a que se refere o inciso VII do art. 4.º desta Lei e outras políticas públicas que tenham como objetivo promover a igualdade de oportunidades e a inclusão social da população negra, especialmente no que tange a:

I – promoção da igualdade de oportunidades em educação, emprego e moradia;

II – financiamento de pesquisas, nas áreas de educação, saúde e emprego, voltadas para a melhoria da qualidade de vida da população negra;

III – incentivo à criação de programas e veículos de comunicação destinados à divulgação de matérias relacionadas aos interesses da população negra;

IV – incentivo à criação e à manutenção de microempresas administradas por pessoas autodeclaradas negras;

V – iniciativas que incrementem o acesso e a permanência das pessoas negras na educação fundamental, média, técnica e superior;

VI – apoio a programas e projetos dos governos estaduais, distrital e municipais e de entidades da sociedade civil voltados para a promoção da igualdade de oportunidades para a população negra;

VII – apoio a iniciativas em defesa da cultura, da memória e das tradições africanas e brasileiras.

§ 1.º O Poder Executivo federal é autorizado a adotar medidas que garantam, em cada exercício, a transparência na alocação e na execução dos recursos necessários ao financiamento das ações previstas neste Estatuto, explicitando, entre outros, a proporção dos recursos orçamentários destinados aos programas de promoção da igualdade, especialmente nas áreas de educação, saúde, emprego e renda, desenvolvimento agrário, habitação popular, desenvolvimento regional, cultura, esporte e lazer.

§ 2.º Durante os 5 (cinco) primeiros anos, a contar do exercício subsequente à publicação deste Estatuto, os órgãos do Poder Executivo federal que desenvolvem políticas e programas nas áreas referidas no § 1.º deste artigo discriminarão em seus orçamentos anuais a participação nos programas de ação afirmativa referidos no inciso VII do art. 4.º desta Lei.

§ 3.º O Poder Executivo é autorizado a adotar as medidas necessárias para a adequada implementação do disposto neste artigo, podendo estabelecer patamares de participação crescente dos programas de ação afirmativa nos orçamentos anuais a que se refere o § 2.º deste artigo.

§ 4.º O órgão colegiado do Poder Executivo federal responsável pela promoção da igualdade racial acompanhará e avaliará a programação das ações referidas neste artigo nas propostas orçamentárias da União.

Art. 57. Sem prejuízo da destinação de recursos ordinários, poderão ser consignados nos orçamentos fiscal e da seguridade social para financiamento das ações de que trata o art. 56:

I – transferências voluntárias dos Estados, do Distrito Federal e dos Municípios;

II – doações voluntárias de particulares;

III – doações de empresas privadas e organizações não governamentais, nacionais ou internacionais;

IV – doações voluntárias de fundos nacionais ou internacionais;

V – doações de Estados estrangeiros, por meio de convênios, tratados e acordos internacionais.

TÍTULO IV
DISPOSIÇÕES FINAIS

Art. 58. As medidas instituídas nesta Lei não excluem outras em prol da população negra que tenham sido ou venham a ser adotadas no âmbito da União, dos Estados, do Distrito Federal ou dos Municípios.

Art. 59. O Poder Executivo federal criará instrumentos para aferir a eficácia social das medidas previstas nesta Lei e efetuará seu monitoramento constante, com a emissão e a divulgação de relatórios periódicos, inclusive pela rede mundial de computadores.

Art. 60. Os arts. 3.º e 4.º da Lei n. 7.716, de 1989, passam a vigorar com a seguinte redação:

•• Alterações já processadas no diploma modificado.

Art. 61. Os arts. 3.º e 4.º da Lei n. 9.029, de 13 de abril de 1995, passam a vigorar com a seguinte redação:

•• Alterações já processadas no diploma modificado.

Art. 62. O art. 13 da Lei n. 7.347, de 1985, passa a vigorar acrescido do seguinte § 2.º, renumerando-se o atual parágrafo único como § 1.º:

•• Alterações já processadas no diploma modificado.

....

Art. 64. O § 3.º do art. 20 da Lei n. 7.716, de 1989, passa a vigorar acrescido do seguinte inciso III:

•• Alteração já processada no diploma modificado.

Art. 65. Esta Lei entra em vigor 90 (noventa) dias após a data de sua publicação.

Brasília, 20 de julho de 2010; 189.º da Independência e 122.º da República.

LUIZ INÁCIO LULA DA SILVA

ATO N. 342,
DE 27 DE JULHO DE 2010 (*)

Regulamenta o processo judicial eletrônico no âmbito do Tribunal Superior do Trabalho.

O Presidente do Tribunal Superior do Trabalho, no uso de suas atribuições legais e regimentais,

Considerando a Instrução Normativa n. 30, que regulamenta, no âmbito da Justiça do Trabalho, a Lei n. 11.419, de 19 de dezembro de 2006;

(*) Publicado no *DEJT*, de 29-7-2010. Republicado no *DEJT* em 1.º-9-2010 e em 30-11-2010.

INFORMATIZAÇÃO DO PROCESSO

Considerando o Ato Conjunto TST/CSJT n. 10, de 28 de junho de 2010, que regulamenta a transmissão de peças processuais, por meio eletrônico, entre os Tribunais Regionais do Trabalho e o Tribunal Superior do Trabalho e dá outras providências, resolve:

DA TRAMITAÇÃO DO PROCESSO ELETRÔNICO NO TST

Art. 1.º Os processos judiciais que ingressarem no Tribunal Superior do Trabalho, a partir de 2 de agosto de 2010, tramitarão em meio eletrônico.

Art. 2.º O processo judicial eletrônico, para os fins deste Ato, será formado pelos arquivos enviados pelos Tribunais Regionais do Trabalho, na forma prevista no Ato Conjunto TST/CSJT n. 10/2010, petições e documentos apresentados pelas partes, atos processuais praticados nesta Corte e pareceres emitidos pelo Ministério Público do Trabalho.

- O Ato Conjunto n. 10, de 28-6-2010, do TST e do Conselho Superior da Justiça do Trabalho, determina que os Tribunais Regionais do Trabalho e o TST transmitirão as peças processuais digitalizadas ou produzidas em ambiente eletrônico por meio do Sistema de Remessa de Peças Processuais – e-Remessa.

Art. 3.º Os atos processuais praticados pelos Ministros e servidores do TST serão assinados eletronicamente, nos termos da Lei n. 11.419/2006.

Art. 4.º As peças processuais apresentadas pelas partes continuarão a ser protocoladas pelos meios hoje disponíveis, até o desenvolvimento de ferramentas eletrônicas específicas.

Art. 5.º As petições apresentadas em meio físico, vinculadas a processos eletrônicos, serão digitalizadas pela Coordenadoria de Cadastramento Processual e mantidas em guarda provisória por um ano, podendo ser retiradas pelas partes após o sexto mês.

§ 1.º Transcorrido o prazo de um ano de sua apresentação, as petições serão eliminadas.

•• Primitivo parágrafo único renumerado pelo Ato n. 559, de 30-11-2010.

§ 2.º As peças em meio físico apresentadas pelas partes da tribuna das salas de sessões, vinculadas a processos eletrônicos, serão encaminhadas à Coordenadoria de Cadastramento Processual para os procedimentos descritos no *caput* e no § 1.º.

•• § 2.º acrescentado pelo Ato n. 559, de 30-11-2010.

Art. 6.º A remessa do processo eletrônico ao TRT de origem para diligências ou baixa definitiva obedecerá ao disposto no Ato Conjunto TST/CSJT n. 10/2010, de 28 de junho de 2010.

DA VISUALIZAÇÃO DOS PROCESSOS POR USUÁRIOS EXTERNOS

Art. 7.º A visualização dos processos eletrônicos é um serviço disponível no sítio do TST a advogados e procuradores, mediante cadastro, e não possui efeito de intimação.

Art. 8.º São considerados usuários externos os advogados, procuradores e demais representantes judiciais dos entes públicos.

Parágrafo único. As procuradorias poderão indicar servidores para acessar o sistema de visualização de processos eletrônicos.

Art. 9.º Os procuradores do Ministério Público do Trabalho deverão anexar, por meio eletrônico, o seu parecer.

Parágrafo único. Os pareceres anexados aos processos serão assinados eletronicamente, na forma da Lei n. 11.419/2006.

Art. 10. As secretarias dos órgãos judicantes e a Coordenadoria de Recursos manterão, em suas dependências, terminais de computadores disponíveis para visualização do processo eletrônico, sendo facultada a gravação da íntegra do processo em dispositivo eletrônico.

Parágrafo único. A visualização dos processos eletrônicos que tramitam em segredo de justiça estará disponível apenas às partes e aos seus procuradores constituídos no feito.

DO CADASTRO DE ADVOGADOS

Art. 11. O cadastro de advogado regularmente inscrito na OAB será realizado com o preenchimento de formulário disponível no sistema de visualização de peças, no sítio do TST (www.tst.jus.br).

•• *Caput* com redação determinada pelo Ato n. 415, de 1.º-9-2010.

§ 1.º A validação é realizada mediante o comparecimento do usuário à Secretaria Judiciária do TST, munido do original dos documentos indicados no formulário, vedada a possibilidade da validação por despachante ou procurador.

•• § 1.º acrescentado pelo Ato n. 415, de 1.º-9-2010.

§ 2.º O usuário que preencher o cadastro utilizando o certificado digital (ICP-Brasil) fica dispensado da validação presencial.

•• § 2.º acrescentado pelo Ato n. 415, de 1.º-9-2010.

§ 3.º Validado o cadastro, o advogado será credenciado e receberá, no endereço eletrônico indicado no formulário, o *login* e a senha para acesso ao sistema.

•• § 3.º acrescentado pelo Ato n. 415, de 1.º-9-2010.

DO CADASTRO DE PROCURADORES E SERVIDORES AUTORIZADOS

Art. 12. As procuradorias deverão encaminhar previamente à Secretaria Judiciária, por meio do endereço eletrônico pe_cadastro@tst.jus.br, a relação de procuradores e de servidores autorizados a realizar o cadastro com os dados constantes da tabela contida no Anexo I deste Ato.

Art. 13. O cadastro de procuradores e de servidores autorizados será realizado com a inserção do respectivo CPF em campo específico do sistema de visualização de peças disponível no sítio do TST.

Parágrafo único. Após a validação do cadastro pela Secretaria Judiciária, o procurador ou o servidor autorizado será credenciado e receberá, no endereço eletrônico corporativo indicado, o *login* e a senha para visualização dos processos.

DISPOSIÇÕES FINAIS E TRANSITÓRIAS

Art. 14. Os esclarecimentos sobre o conteúdo ilegível de peças digitalizadas ou a sua ausência no arquivo eletrônico, desde que comprometam a análise do processo, deverão ser solicitados, via Malote Digital, pelas Secretarias dos Órgãos Judicantes, Secretaria da Corregedoria-Geral da Justiça do Trabalho, Secretaria Judiciária ou Coordenadoria de Recursos, por determinação dos Ministros, ao Tribunal que mantém a guarda dos processos físicos.

•• Artigo com redação determinada pelo Ato n. 559, de 30-11-2010.

Art. 15. As intimações pessoais, exigidas por força de lei, serão realizadas pelo meio hoje disponível até o desenvolvimento de ferramenta própria para intimação eletrônica.

Parágrafo único. As peças a que se refere o *caput* serão digitalizadas e anexadas ao processo eletrônico pela unidade responsável pela expedição do ofício.

Art. 16. As alterações no cadastro de advogados, procuradores e servidores das procuradorias deverão ser comunicadas à Secretaria Judiciária do TST por meio do endereço eletrônico pe_cadastro@tst.jus.br.

Art. 17. Os feitos pendentes na data do início de vigência deste Ato continuarão a tramitar em autos físicos, permitida a sua conversão para meio eletrônico, mediante a digitalização dos autos.

§ 1.º Realizada a conversão, o processo passa a tramitar exclusivamente em meio eletrônico.

§ 2.º A conversão deverá ser certificada nos autos eletrônicos e nos físicos.

§ 3.º Os processos físicos em tramitação no TST que forem incluídos no fluxo eletrônico serão devolvidos ao TRT de origem e aqueles relativos à competência originária desta Corte serão arquivados.

§ 4.º O processo físico que tramite conjuntamente com o processo eletrônico deverá ser digitalizado e incluído no fluxo eletrônico pelas Secretarias dos Órgãos Judicantes, Secretaria da Corregedoria-Geral da Justiça do Trabalho ou Coordenadoria de Recursos, mediante despacho dos Ministros.

•• § 4.º acrescentado pelo Ato n. 559, de 30-11-2010.

Art. 18. Os casos não previstos neste Ato deverão ser submetidos, formalmente, à apreciação da Presidência do Tribunal.

Art. 19. Este Ato entra em vigor em 2 de agosto de 2010 e revoga o Ato n. 677/TST.SEJUD.GP, de 4 de novembro de 2009.

Publique-se.

Brasília, 27 de julho de 2010.

Milton de Moura França

ANEXO

DADOS DE PROCURADORES E SERVIDORES (art. 12)				
CPF	NOME	SEXO	E-MAIL (corporativo)	TELEFONE
000.000.000-00	Nome do Procurador	M/F	.......@orgao.gov.br	(xx) xxxx-xxxx
000.000.000-00	Nome do Servidor	M/F	.......@orgao.gov.br	(xx) xxxx-xxxx

LEI N. 12.382,

DE 25 DE FEVEREIRO DE 2011 (*)

> Dispõe sobre o valor do salário mínimo em 2011 e a sua política de valorização de longo prazo; disciplina a representação fiscal para fins penais nos casos em que houve parcelamento do crédito tributário; altera a Lei n. 9.430, de 27 de dezembro de 1996; e revoga a Lei n. 12.255, de 15 de junho de 2010.

A Presidenta da República

Faço saber que o Congresso Nacional decreta e eu sanciono a seguinte Lei:

Art. 1.º O salário mínimo passa a corresponder ao valor de R$ 545,00 (quinhentos e quarenta e cinco reais).

•• Valor reajustado, a partir de 1.º-1-2019, para R$ 998,00 (novecentos e noventa e oito reais), pelo Decreto n. 9.661, de 1.º-1-2019.

Parágrafo único. Em virtude do disposto no *caput*, o valor diário do salário mínimo corresponderá a R$ 18,17 (dezoito reais e dezessete centavos) e o valor horário, a R$ 2,48 (dois reais e quarenta e oito centavos).

•• Valores reajustados, a partir de 1.º-1-2019, respectivamente, para R$ 33,27 (trinta e três reais e vinte e sete centavos) e R$ 4,54 (quatro reais e cinquenta e quatro centavos), pelo Decreto n. 9.661, de 1.º-1-2019.

Art. 2.º Ficam estabelecidas as diretrizes para a política de valorização do salário mínimo a vigorar entre 2012 e 2015, inclusive, a serem aplicadas em 1.º de janeiro do respectivo ano.

§ 1.º Os reajustes para a preservação do poder aquisitivo do salário mínimo corresponderão à variação do Índice Nacional de Preços ao Consumidor – INPC, calculado e divulgado pela Fundação Instituto Brasileiro de Geografia e Estatística – IBGE, acumulada nos doze meses anteriores ao mês do reajuste.

§ 2.º Na hipótese de não divulgação do INPC referente a um ou mais meses compreendidos no período do cálculo até o último dia útil imediatamente anterior à vigência do reajuste, o Poder Executivo estimará os índices dos meses não disponíveis.

§ 3.º Verificada a hipótese de que trata o § 2.º, os índices estimados permanecerão válidos para os fins desta Lei, sem qualquer revisão, sendo os eventuais resíduos compensados no reajuste subsequente, sem retroatividade.

§ 4.º A título de aumento real, serão aplicados os seguintes percentuais:

(*) Publicada no *DOU*, de 28-2-2011. Regulamentada pelos Decretos n. 7.655, de 23-12-2011, e n. 8.166, de 23-12-2013.

I – em 2012, será aplicado o percentual equivalente à taxa de crescimento real do Produto Interno Bruto – PIB, apurada pelo IBGE, para o ano de 2010;

II – em 2013, será aplicado o percentual equivalente à taxa de crescimento real do PIB, apurada pelo IBGE, para o ano de 2011;

III – em 2014, será aplicado o percentual equivalente à taxa de crescimento real do PIB, apurada pelo IBGE, para o ano de 2012; e

IV – em 2015, será aplicado o percentual equivalente à taxa de crescimento real do PIB, apurada pelo IBGE, para o ano de 2013.

§ 5.º Para fins do disposto no § 4.º, será utilizada a taxa de crescimento real do PIB para o ano de referência, divulgada pelo IBGE até o último dia útil do ano imediatamente anterior ao de aplicação do respectivo aumento real.

Art. 3.º Os reajustes e aumentos fixados na forma do art. 2.º serão estabelecidos pelo Poder Executivo, por meio de decreto, nos termos desta Lei.

Parágrafo único. O decreto do Poder Executivo a que se refere o *caput* divulgará a cada ano os valores mensal, diário e horário do salário mínimo decorrentes do disposto neste artigo, correspondendo o valor diário a um trinta avos e o valor horário a um duzentos e vinte avos do valor mensal.

Art. 4.º Até 31 de dezembro de 2015, o Poder Executivo encaminhará ao Congresso Nacional projeto de lei dispondo sobre a política de valorização do salário mínimo para o período compreendido entre 2016 e 2019, inclusive.

Art. 5.º O Poder Executivo constituirá grupo interministerial, sob coordenação do Ministério do Trabalho e Emprego, encarregado de definir e implementar sistemática de monitoramento e avaliação da política de valorização do salário mínimo.

Parágrafo único. O grupo a que se refere o *caput* identificará a cesta básica dos produtos adquiridos pelo salário mínimo e suas projeções futuras decorrentes do aumento de seu poder de compra, nos termos definidos em decreto.

....

Art. 7.º Esta Lei entra em vigor no primeiro dia do mês subsequente à data de sua publicação.

Art. 8.º Fica revogada a Lei n. 12.255, de 15 de junho de 2010.

Brasília, 25 de fevereiro de 2011; 190.º da Independência e 123.º da República.

DILMA ROUSSEFF

LEI N. 12.506,

DE 11 DE OUTUBRO DE 2011 (*)

Dispõe sobre o aviso prévio e dá outras providências.

(*) Publicada no *DOU*, de 13-10-2011.

A Presidenta da República

Faço saber que o Congresso Nacional decreta e eu sanciono a seguinte Lei:

Art. 1.º O aviso prévio, de que trata o Capítulo VI do Título IV da Consolidação das Leis do Trabalho – CLT, aprovada pelo Decreto-lei n. 5.452, de 1.º de maio de 1943, será concedido na proporção de 30 (trinta) dias aos empregados que contem até 1 (um) ano de serviço na mesma empresa.

•• *Vide* art. 7.º, XXI, da CF.

•• *Vide* arts. 487 a 491 da CLT.

Parágrafo único. Ao aviso prévio previsto neste artigo serão acrescidos 3 (três) dias por ano de serviço prestado na mesma empresa, até o máximo de 60 (sessenta) dias, perfazendo um total de até 90 (noventa) dias.

Art. 2.º Esta Lei entra em vigor na data de sua publicação.

Brasília, 11 de outubro de 2011; 190.º da Independência e 123.º da República.

DILMA ROUSSEFF

LEI N. 12.690,

DE 19 DE JULHO DE 2012 (**)

Dispõe sobre a organização e o funcionamento das Cooperativas de Trabalho; institui o Programa Nacional de Fomento às Cooperativas de Trabalho – PRONACOOP; e revoga o parágrafo único do art. 442 da Consolidação das Leis do Trabalho – CLT, aprovada pelo Decreto-Lei n. 5.452, de 1.º de maio de 1943.

A Presidenta da República

Faço saber que o Congresso Nacional decreta e eu sanciono a seguinte Lei:

CAPÍTULO I

DAS COOPERATIVAS DE TRABALHO

Art. 1.º A Cooperativa de Trabalho é regulada por esta Lei e, no que com ela não colidir, pelas Leis n. 5.764, de 16 de dezembro de 1971, e 10.406, de 10 de janeiro de 2002 – Código Civil.

Parágrafo único. Estão excluídas do âmbito desta Lei:

I – as cooperativas de assistência à saúde na forma da legislação de saúde suplementar;

II – as cooperativas que atuam no setor de transporte regulamentado pelo poder público e que detenham, por si ou por seus sócios, a qualquer título, os meios de trabalho;

III – as cooperativas de profissionais liberais cujos sócios exerçam as atividades em seus próprios estabelecimentos; e

IV – as cooperativas de médicos cujos honorários sejam pagos por procedimento.

(**) Publicada no *DOU*, de 20-7-2012.

Art. 2.º Considera-se Cooperativa de Trabalho a sociedade constituída por trabalhadores para o exercício de suas atividades laborativas ou profissionais com proveito comum, autonomia e autogestão para obterem melhor qualificação, renda, situação socioeconômica e condições gerais de trabalho.

§ 1.º A autonomia de que trata o *caput* deste artigo deve ser exercida de forma coletiva e coordenada, mediante a fixação, em Assembleia Geral, das regras de funcionamento da cooperativa e da forma de execução dos trabalhos, nos termos desta Lei.

§ 2.º Considera-se autogestão o processo democrático no qual a Assembleia Geral define as diretrizes para o funcionamento e as operações da cooperativa, e os sócios decidem sobre a forma de execução dos trabalhos, nos termos da lei.

Art. 3.º A Cooperativa de Trabalho rege-se pelos seguintes princípios e valores:

I – adesão voluntária e livre;

II – gestão democrática;

III – participação econômica dos membros;

IV – autonomia e independência;

V – educação, formação e informação;

VI – intercooperação;

VII – interesse pela comunidade;

VIII – preservação dos direitos sociais, do valor social do trabalho e da livre iniciativa;

IX – não precarização do trabalho;

X – respeito às decisões de asssembleia, observado o disposto nesta Lei;

XI – participação na gestão em todos os níveis de decisão de acordo com o previsto em lei e no Estatuto Social.

Art. 4.º A Cooperativa de Trabalho pode ser:

I – de produção, quando constituída por sócios que contribuem com trabalho para a produção em comum de bens e a cooperativa detém, a qualquer título, os meios de produção; e

II – de serviço, quando constituída por sócios para a prestação de serviços especializados a terceiros, sem a presença dos pressupostos da relação de emprego.

•• *Vide* art. 28 desta Lei.

Parágrafo único. (*Vetado.*)

Art. 5.º A Cooperativa de Trabalho não pode ser utilizada para intermediação de mão de obra subordinada.

Parágrafo único. (*Vetado.*)

Art. 6.º A Cooperativa de Trabalho poderá ser constituída com número mínimo de 7 (sete) sócios.

Art. 7.º A Cooperativa de Trabalho deve garantir aos sócios os seguintes direitos, além de outros que a Assembleia Geral venha a instituir:

I – retiradas não inferiores ao piso da categoria profissional e, na ausência deste, não inferiores ao salário mínimo, calculadas de forma proporcional às horas trabalhadas ou às atividades desenvolvidas;

II – duração do trabalho normal não superior a 8 (oito) horas diárias e 44 (quarenta e quatro) horas semanais, exceto quando a atividade, por sua natureza, demandar a prestação de trabalho por meio de plantões ou escalas, facultada a compensação de horários;

III – repouso semanal remunerado, preferencialmente aos domingos;

IV – repouso anual remunerado;

V – retirada para o trabalho noturno superior à do diurno;

VI – adicional sobre a retirada para as atividades insalubres ou perigosas;

VII – seguro de acidente de trabalho.

§ 1.º Não se aplica o disposto nos incisos III e IV do *caput* deste artigo nos casos em que as operações entre o sócio e a cooperativa sejam eventuais, salvo decisão assemblear em contrário.

§ 2.º A Cooperativa de Trabalho buscará meios, inclusive mediante provisionamento de recursos, com base em critérios que devem ser aprovados em Assembleia Geral, para assegurar os direitos previstos nos incisos I, III, IV, V, VI e VII do *caput* deste artigo e outros que a Assembleia Geral venha a instituir.

§ 3.º A Cooperativa de Trabalho, além dos fundos obrigatórios previstos em lei, poderá criar, em Assembleia Geral, outros fundos, inclusive rotativos, com recursos destinados a fins específicos, fixando o modo de formação, custeio, aplicação e liquidação.

§ 4.º (*Vetado.*)

§ 5.º A Cooperativa de Trabalho constituída nos termos do inciso I do *caput* do art. 4.º desta Lei poderá, em Assembleia Geral Extraordinária, estabelecer carência na fruição dos direitos previstos nos incisos I e VII do *caput* deste artigo.

§ 6.º As atividades identificadas com o objeto social da Cooperativa de Trabalho prevista no inciso II do *caput* do art. 4.º desta Lei, quando prestadas fora do estabelecimento da cooperativa, deverão ser submetidas a uma coordenação com mandato nunca superior a 1 (um) ano ou ao prazo estipulado para a realização dessas atividades, eleita em reunião específica pelos sócios que se disponham a realizá-las, em que serão expostos os requisitos para sua consecução, os valores contratados e a retribuição pecuniária de cada sócio partícipe.

Art. 8.º As Cooperativas de Trabalho devem observar as normas de saúde e segurança do trabalho previstas na legislação em vigor e em atos normativos expedidos pelas autoridades competentes.

• Saúde e segurança do trabalho na CLT: *vide* arts. 154 a 201.

Art. 9.º O contratante da Cooperativa de Trabalho prevista no inciso II do *caput* do art. 4.º desta Lei responde solidariamente pelo cumprimento das normas de saúde e segurança do trabalho quando os serviços forem prestados no seu estabelecimento ou em local por ele determinado.

CAPÍTULO II
DO FUNCIONAMENTO DAS COOPERATIVAS DE TRABALHO

Art. 10. A Cooperativa de Trabalho poderá adotar por objeto social qualquer gênero de serviço, operação ou atividade, desde que previsto no seu Estatuto Social.

§ 1.º É obrigatório o uso da expressão "Cooperativa de Trabalho" na denominação social da cooperativa.

§ 2.º A Cooperativa de Trabalho não poderá ser impedida de participar de procedimentos de licitação pública que tenham por escopo os mesmos serviços, operações e atividades previstas em seu objeto social.

• A Lei n. 8.666, de 21-6-1993, institui normas para licitações e contratos da Administração Pública e dá outras providências.

§ 3.º A admissão de sócios na cooperativa estará limitada consoante as possibilidades de reunião, abrangência das operações, controle e prestação de serviços e congruente com o objeto estatuído.

§ 4.º Para o cumprimento dos seus objetivos sociais, o sócio poderá exercer qualquer atividade da cooperativa, conforme deliberado em Assembleia Geral.

Art. 11. Além da realização da Assembleia Geral Ordinária e Extraordinária para deliberar nos termos dos e sobre os assuntos previstos na Lei n. 5.764, de 16 de dezembro de 1971, e no Estatuto Social, a Cooperativa de Trabalho deverá realizar anualmente, no mínimo, mais uma Assembleia Geral Especial para deliberar, entre outros assuntos especificados no edital de convocação, sobre gestão da cooperativa, disciplina, direitos e deveres dos sócios, planejamento e resultado econômico dos projetos e contratos firmados e organização do trabalho.

• A Lei n. 5.764, de 16-12-1971, que institui o regime jurídico das sociedades cooperativas, estabelece em seu art. 55 que "os empregados de empresas que sejam eleitos diretores de sociedades cooperativas pelos mesmos criadas, gozarão das garantias asseguradas aos dirigentes sindicais pelo art. 543 da CLT (Decreto-lei n. 5.452, de 1.º-5-1943)".

§ 1.º O destino das sobras líquidas ou o rateio dos prejuízos será decidido em Assembleia Geral Ordinária.

§ 2.º As Cooperativas de Trabalho deverão estabelecer, em Estatuto Social ou Regimento Interno, incentivos à participação efetiva dos sócios na Assembleia Geral e eventuais sanções em caso de ausências injustificadas.

§ 3.º O *quorum* mínimo de instalação das Assembleias Gerais será de:

I – 2/3 (dois terços) do número de sócios, em primeira convocação;

II – metade mais 1 (um) dos sócios, em segunda convocação;

III – 50 (cinquenta) sócios ou, no mínimo, 20% (vinte por cento) do total de sócios, prevalecendo o menor número, em terceira convocação, exigida a presença de, no mínimo, 4 (quatro) sócios para as cooperativas que possuam até 19 (dezenove) sócios matriculados.

§ 4.º As decisões das assembleias serão consideradas válidas quando contarem com a aprovação da maioria absoluta dos sócios presentes.

§ 5.º Comprovada fraude ou vício nas decisões das assembleias, serão elas nulas de pleno direito, aplicando-se, conforme o caso, a legislação civil e penal.

§ 6.º A Assembleia Geral Especial de que trata este artigo deverá ser realizada no segundo semestre do ano.

Art. 12. A notificação dos sócios para participação das assembleias será pessoal e ocorrerá com antecedência mínima de 10 (dez) dias de sua realização.

§ 1.º Na impossibilidade de notificação pessoal, a notificação dar-se-á por via postal, respeitada a antecedência prevista no *caput* deste artigo.

§ 2.º Na impossibilidade de realização das notificações pessoal e postal, os sócios serão notificados mediante edital afixado na sede e em outros locais previstos nos estatutos e publicado em jornal de grande circulação na região da sede da cooperativa ou na região onde ela exerça suas atividades, respeitada a antecedência prevista no *caput* deste artigo.

Art. 13. É vedado à Cooperativa de Trabalho distribuir verbas de qualquer natureza entre os sócios, exceto a retirada devida em razão do exercício de sua atividade como sócio ou retribuição por conta de reembolso de despesas comprovadamente realizadas em proveito da Cooperativa.

Art. 14. A Cooperativa de Trabalho deverá deliberar, anualmente, na Assembleia Geral Ordinária, sobre a adoção ou não de diferentes faixas de retirada dos sócios.

Parágrafo único. No caso de fixação de faixas de retirada, a diferença entre as de maior e as de menor valor deverá ser fixada na Assembleia.

Art. 15. O Conselho de Administração será composto por, no mínimo, 3 (três) sócios, eleitos pela Assembleia Geral, para um prazo de gestão não superior a 4 (quatro) anos, sendo obrigatória a renovação de, no mínimo, 1/3 (um terço) do colegiado, ressalvada a hipótese do art. 16 desta Lei.

Art. 16. A Cooperativa de Trabalho constituída por até 19 (dezenove) sócios poderá estabelecer, em Estatuto Social, composição para o Conselho de Administração e para o Conselho Fiscal distinta da prevista nesta Lei e no art. 56 da Lei n. 5.764, de 16 de dezembro de 1971, assegurados, no mínimo, 3 (três) conselheiros fiscais.

CAPÍTULO III
DA FISCALIZAÇÃO E DAS PENALIDADES

Art. 17. Cabe ao Ministério do Trabalho e Emprego, no âmbito de sua competência, a fiscalização do cumprimento do disposto nesta Lei.

§ 1.º A Cooperativa de Trabalho que intermediar mão de obra subordinada e os contratantes de seus serviços estarão sujeitos à multa de R$ 500,00 (quinhentos reais) por trabalhador prejudicado, dobrada na reincidência, a ser revertida em favor do Fundo de Amparo ao Trabalhador – FAT.

§ 2.º Presumir-se-á intermediação de mão de obra subordinada a relação contratual estabelecida entre a empresa contratante e as Cooperativas de Trabalho que não cumprirem o disposto no § 6.º do art. 7.º desta Lei.

§ 3.º As penalidades serão aplicadas pela autoridade competente do Ministério do Trabalho e Emprego, de acordo com o estabelecido no Título VII da Consolidação das Leis do Trabalho – CLT, aprovada pelo Decreto-lei n. 5.452, de 1.º de maio de 1943.

Art. 18. A constituição ou utilização de Cooperativa de Trabalho para fraudar deliberadamente a legislação trabalhista, previdenciária e o disposto nesta Lei acarretará aos responsáveis as sanções penais, cíveis e administrativas cabíveis, sem prejuízo da ação judicial visando à dissolução da Cooperativa.

§ 1.º (*Vetado*.)

§ 2.º Fica inelegível para qualquer cargo em Cooperativa de Trabalho, pelo período de até 5 (cinco) anos, contado a partir da sentença transitada em julgado, o sócio, dirigente ou o administrador condenado pela prática das fraudes elencadas no *caput* deste artigo.

CAPÍTULO IV
DO PROGRAMA NACIONAL DE FOMENTO ÀS COOPERATIVAS DE TRABALHO – PRONACOOP

Art. 19. É instituído, no âmbito do Ministério do Trabalho e Emprego, o Programa Nacional de Fomento às Cooperativas de Trabalho – PRONACOOP, com a finalidade de promover o desenvolvimento e a melhoria do desempenho econômico e social da Cooperativa de Trabalho.

Parágrafo único. O Pronacoop tem como finalidade apoiar:

I – a produção de diagnóstico e plano de desenvolvimento institucional para as Cooperativas de Trabalho dele participantes;

II – a realização de acompanhamento técnico visando ao fortalecimento financeiro, de gestão, de organização do processo produtivo ou de trabalho, bem como à qualificação dos recursos humanos;

III – a viabilização de linhas de crédito;

IV – o acesso a mercados e à comercialização da produção;

V – o fortalecimento institucional, a educação cooperativista e a constituição de cooperativas centrais, federações e confederações de cooperativas;

VI – outras ações que venham a ser definidas por seu Comitê Gestor no cumprimento da finalidade estabelecida no *caput* deste artigo.

Art. 20. É criado o Comitê Gestor do Pronacoop, com as seguintes atribuições:

I – acompanhar a implementação das ações previstas nesta Lei;

II – estabelecer as diretrizes e metas para o Pronacoop;

III – definir as normas operacionais para o Pronacoop;

IV – propor o orçamento anual do Pronacoop;

V – (*Vetado*.)

VI – (*Vetado*.)

§ 1.º O Comitê Gestor terá composição paritária entre o governo e entidades representativas do cooperativismo de trabalho.

§ 2.º O número de membros, a organização e o funcionamento do Comitê Gestor serão estabelecidos em regulamento.

Art. 21. O Ministério do Trabalho e Emprego poderá celebrar convênios, acordos, ajustes e outros instrumentos que objetivem a cooperação técnico-científica com órgãos do setor público e entidades privadas sem fins lucrativos, no âmbito do Pronacoop.

Art. 22. As despesas decorrentes da implementação do Pronacoop correrão à conta das dotações orçamentárias consignadas anualmente ao Ministério do Trabalho e Emprego.

Art. 23. Os recursos destinados às linhas de crédito do Pronacoop serão provenientes:

I – do Fundo de Amparo ao Trabalhador – FAT;

II – de recursos orçamentários da União; e

III – de outros recursos que venham a ser alocados pelo poder público.

Parágrafo único. O Conselho Deliberativo do Fundo de Amparo ao Trabalhador – CODEFAT definirá as diretrizes para a aplicação, no âmbito do Pronacoop, dos recursos oriundos do Fundo de Amparo ao Trabalhador – FAT.

Art. 24. As instituições financeiras autorizadas a operar com os recursos do Pronacoop poderão realizar operações de crédito destinadas a empreendimentos inscritos no Programa sem a exigência de garantias reais, que poderão ser substituídas por garantias alternativas, observadas as condições estabelecidas em regulamento.

Parágrafo único. (*Vetado*.)

Art. 25. (*Vetado*.)

CAPÍTULO V
DISPOSIÇÕES FINAIS

Art. 26. É instituída a Relação Anual de Informações das Cooperativas de Trabalho – RAICT, a ser preenchida pelas Cooperativas de Trabalho, anualmente, com informações relativas ao ano-base anterior.

Parágrafo único. O Poder Executivo regulamentará o modelo de formulário da RAICT, os critérios para entrega das informações e as responsabilidades institucionais sobre a coleta, processamento, acesso e divulgação das informações.

Art. 27. A Cooperativa de Trabalho constituída antes da vigência desta Lei terá prazo de 12 (doze) meses, contado de sua publicação, para adequar seus estatutos às disposições nela previstas.

Art. 28. A Cooperativa de Trabalho prevista no inciso II do *caput* do art. 4.º desta Lei constituída antes da vigência desta Lei terá prazo de 12 (doze) meses, contado de sua publicação, para assegurar aos sócios as garantias previstas nos incisos I, IV, V, VI e VII do *caput* do art. 7.º desta Lei, conforme deliberado em Assembleia Geral.

Art. 29. Esta Lei entra em vigor na data de sua publicação.

Art. 30. (*Vetado.*)

Brasília, 19 de julho de 2012; 191.º da Independência e 124.º da República.

DILMA ROUSSEFF

LEI N. 12.761,

DE 27 DE DEZEMBRO DE 2012 (*)

Institui o Programa de Cultura do Trabalhador; cria o vale-cultura; altera as Leis n. 8.212, de 24 de julho de 1991, e 7.713, de 22 de dezembro de 1988, e a Consolidação das Leis do Trabalho – CLT, aprovada pelo Decreto-Lei n. 5.452, de 1.º de maio de 1943; e dá outras providências.

A Presidenta da República

Faço saber que o Congresso Nacional decreta e eu sanciono a seguinte Lei:

Art. 1.º Fica instituído, sob a gestão do Ministério da Cultura, o Programa de Cultura do Trabalhador, destinado a fornecer aos trabalhadores meios para o exercício dos direitos culturais e acesso às fontes da cultura.

Art. 2.º O Programa de Cultura do Trabalhador tem os seguintes objetivos:

I – possibilitar o acesso e a fruição dos produtos e serviços culturais;

II – estimular a visitação a estabelecimentos culturais e artísticos; e

III – incentivar o acesso a eventos e espetáculos culturais e artísticos.

§ 1.º Para os fins deste Programa, são definidos os serviços e produtos culturais da seguinte forma:

I – serviços culturais: atividades de cunho artístico e cultural fornecidas por pessoas jurídicas, cujas características se enquadrem nas áreas culturais previstas no § 2.º; e

II – produtos culturais: materiais de cunho artístico, cultural e informativo, produzidos em qualquer formato ou mídia por pessoas físicas ou jurídicas, cujas características se enquadrem nas áreas culturais previstas no § 2.º.

§ 2.º Consideram-se áreas culturais para fins do disposto nos incisos I e II do § 1.º:

I – artes visuais;

II – artes cênicas;

III – audiovisual;

IV – literatura, humanidades e informação;

V – música; e

VI – patrimônio cultural.

§ 3.º O Poder Executivo poderá ampliar as áreas culturais previstas no § 2.º.

Art. 3.º Fica criado o vale-cultura, de caráter pessoal e intransferível, válido em todo o território nacional, para acesso e fruição de produtos e serviços culturais, no âmbito do Programa de Cultura do Trabalhador.

Art. 4.º O vale-cultura será confeccionado e comercializado por empresas operadoras e disponibilizado aos usuários pelas empresas beneficiárias para ser utilizado nas empresas recebedoras.

Art. 5.º Para os efeitos desta Lei, entende-se por:

I – empresa operadora: pessoa jurídica cadastrada no Ministério da Cultura, possuidora do Certificado de Inscrição no Programa de Cultura do Trabalhador e autorizada a produzir e comercializar o vale-cultura;

II – empresa beneficiária: pessoa jurídica optante pelo Programa de Cultura do Trabalhador e autorizada a distribuir o vale-cultura a seus trabalhadores com vínculo empregatício;

•• Inciso II com redação determinada pela Lei n. 12.868, de 15-10-2013.

III – usuário: trabalhador com vínculo empregatício com a empresa beneficiária;

IV – empresa recebedora: pessoa jurídica habilitada pela empresa operadora para receber o vale-cultura como forma de pagamento de serviço ou produto cultural.

Art. 6.º O vale-cultura será fornecido aos usuários pelas empresas beneficiárias e disponibilizado preferencialmente por meio magnético, com o seu valor expresso em moeda corrente, na forma do regulamento.

Parágrafo único. Somente será admitido o fornecimento do vale-cultura impresso quando comprovadamente inviável a adoção do meio magnético.

Art. 7.º O vale-cultura deverá ser fornecido ao trabalhador que perceba até 5 (cinco) salários mínimos mensais.

Parágrafo único. Os trabalhadores com renda superior a 5 (cinco) salários mínimos poderão receber o vale-cultura, desde que garantido o atendimento à totalidade dos empregados com a remuneração prevista no *caput*, na forma que dispuser o regulamento.

Art. 8.º O valor mensal do vale-cultura, por usuário, será de R$ 50,00 (cinquenta reais).

§ 1.º O trabalhador de que trata o *caput* do art. 7.º poderá ter descontado de sua remuneração o percentual máximo de 10% (dez por cento) do valor do vale-cultura, na forma definida em regulamento.

§ 2.º Os trabalhadores que percebem mais de 5 (cinco) salários mínimos poderão ter descontados de sua remuneração, em percentuais entre 20% (vinte por cento) e 90% (noventa por cento) do valor do vale-cultura, de acordo com a respectiva faixa salarial, obedecido o disposto no parágrafo único do art. 7.º e na forma que dispuser o regulamento.

(*) Publicada no *DOU*, de 27-12-2012 (Edição Extra). *Vide* regulamento: Decreto n. 8.084, de 26-8-2013. A Instrução Normativa n. 2, de 4-9-2013, estabelece normas e procedimentos para a gestão do Vale-Cultura.

§ 3.º É vedada, em qualquer hipótese, a reversão do valor do vale-cultura em pecúnia.

§ 4.º O trabalhador de que trata o art. 7.º poderá optar pelo não recebimento do vale-cultura, mediante procedimento a ser definido em regulamento.

Art. 9.º Os prazos de validade e condições de utilização do vale-cultura serão definidos em regulamento.

Art. 10. Até o exercício de 2017, ano-calendário de 2016, o valor despendido a título de aquisição do vale-cultura poderá ser deduzido do imposto sobre a renda devido pela pessoa jurídica beneficiária tributada com base no lucro real.

§ 1.º A dedução de que trata o *caput* fica limitada a 1% (um por cento) do imposto sobre a renda devido, observado o disposto no § 4.º do art. 3.º da Lei n. 9.249, de 26 de dezembro de 1995.

§ 2.º A pessoa jurídica inscrita no Programa de Cultura do Trabalhador como beneficiária, de que trata o inciso II do art. 5.º, poderá deduzir o valor despendido a título de aquisição do vale-cultura como despesa operacional para fins de apuração do imposto sobre a renda, desde que tributada com base no lucro real.

§ 3.º A pessoa jurídica deverá adicionar o valor deduzido como despesa operacional, de que trata o § 2.º, para fins de apuração da base de cálculo da Contribuição Social sobre o Lucro Líquido – CSLL.

§ 4.º As deduções de que tratam os §§ 1.º e 2.º somente se aplicam em relação ao valor do vale-cultura distribuído ao usuário.

§ 5.º (*Revogado pela Lei n. 12.872, de 24-10-2013.*)

Art. 11. A parcela do valor do vale-cultura cujo ônus seja da empresa beneficiária:

I – não tem natureza salarial nem se incorpora à remuneração para quaisquer efeitos;

II – não constitui base de incidência de contribuição previdenciária ou do Fundo de Garantia do Tempo de Serviço – FGTS; e

III – não se configura como rendimento tributável do trabalhador.

Art. 12. A execução inadequada do Programa de Cultura do Trabalhador ou qualquer ação que acarrete desvio de suas finalidades pela empresa operadora ou pela empresa beneficiária acarretará cumulativamente:

I – cancelamento do Certificado de Inscrição no Programa de Cultura do Trabalhador;

II – pagamento do valor que deixou de ser recolhido relativo ao imposto sobre a renda, à contribuição previdenciária e ao depósito para o FGTS;

III – aplicação de multa correspondente a 2 (duas) vezes o valor da vantagem recebida indevidamente no caso de dolo, fraude ou simulação;

IV – perda ou suspensão de participação em linhas de financiamento em estabelecimentos oficiais de crédito pelo período de 2 (dois) anos;

V – proibição de contratar com a administração pública pelo período de até 2 (dois) anos; e

VI – suspensão ou proibição de usufruir de benefícios fiscais pelo período de até 2 (dois) anos.

Art. 13. O § 9.º do art. 28 da Lei n. 8.212, de 24 de julho de 1991, passa a vigorar acrescido da seguinte alínea *y*:

•• Alteração já processada no diploma modificado.

Art. 14. O § 2.º do art. 458 da Consolidação das Leis do Trabalho – CLT, aprovada pelo Decreto-Lei n. 5.452, de 1.º de maio de 1943, passa a vigorar acrescido do seguinte inciso VIII:

•• Alteração já processada no diploma modificado.

Art. 15. O art. 6.º da Lei n. 7.713, de 22 de dezembro de 1988, passa a vigorar acrescido do seguinte inciso XXIII:

"Art. 6.º ....

XXIII – o valor recebido a título de vale-cultura.

...."

Art. 16. O Poder Executivo regulamentará esta Lei no prazo de 60 (sessenta) dias, contados da data de sua publicação.

Art. 17. Esta Lei entra em vigor na data de sua publicação.

Brasília, 27 de dezembro de 2012; 191.º da Independência e 124.º da República.

DILMA ROUSSEFF

DECRETO N. 7.943,

DE 5 DE MARÇO DE 2013 (*)

Institui a Política Nacional para os Trabalhadores Rurais Empregados.

A Presidenta da República, no uso da atribuição que lhe confere o art. 84, *caput*, inciso VI, alínea *a*, da Constituição, decreta:

Art. 1.º Fica instituída a Política Nacional para os Trabalhadores Rurais Empregados – PNATRE, com a finalidade de fortalecer os direitos sociais e a proteção social dos trabalhadores rurais empregados.

Art. 2.º Para fins deste Decreto, considera-se trabalhador rural empregado a pessoa física prestadora de serviços remunerados e de natureza não eventual a empregador rural, sob a dependência deste, contratada por prazo indeterminado, determinado e de curta duração.

Art. 3.º São princípios da PNATRE:

I – a dignidade da pessoa humana;

II – a garantia de direitos; e

III – o diálogo social.

Art. 4.º São diretrizes da PNATRE:

(*) Publicado no *DOU*, de 6-3-2013.

I – revisar a legislação para articular as ações de promoção e proteção social aos trabalhadores rurais empregados;

II – fomentar a formalização e o aprimoramento das relações de trabalho que envolvam os trabalhadores rurais empregados;

III – promover o diálogo permanente e qualificado entre entidades e órgãos públicos e sociedade civil;

IV – aperfeiçoar as políticas de saúde, habitação, previdência e segurança destinadas aos trabalhadores rurais empregados;

V – fortalecer as políticas destinadas à educação formal e à capacitação profissional dos trabalhadores rurais empregados, para possibilitar a conciliação entre trabalho e estudo;

VI – integrar as políticas públicas federais, estaduais e municipais direcionadas aos trabalhadores rurais empregados;

VII – fortalecer as políticas públicas direcionadas à igualdade de gênero, raça e etnia nas relações de trabalho que envolvam os trabalhadores rurais empregados;

VIII – fortalecer as políticas públicas direcionadas à juventude que garantam acesso ao trabalho, sem prejuízo do direito à educação, à saúde, ao esporte e ao lazer;

IX – combater o trabalho infantil; e

X – articular-se com os Estados, o Distrito Federal, os Municípios e a sociedade civil para garantir a implementação da PNATRE.

Art. 5.º São objetivos da PNATRE:

I – integrar e articular as políticas públicas direcionadas aos trabalhadores rurais empregados;

II – promover e ampliar a formalização nas relações de trabalho dos trabalhadores rurais empregados;

III – promover a reinserção produtiva dos trabalhadores rurais empregados que perderam seus postos de trabalho, gerando oportunidades de trabalho e renda;

IV – intensificar a fiscalização das relações de trabalho rural;

V – minimizar os efeitos do impacto das inovações tecnológicas na redução de postos de trabalho no meio rural;

VI – promover a alfabetização, a escolarização, a qualificação e a requalificação profissional aos trabalhadores rurais empregados;

VII – promover a saúde, a proteção social e a segurança dos trabalhadores rurais empregados;

VIII – promover estudos e pesquisas integrados e permanentes sobre os trabalhadores rurais empregados;

IX – ampliar as condições de trabalho decente para permanência de jovens no campo; e

X – combater práticas que caracterizem trabalho infantil.

Art. 6.º Fica instituída a Comissão Nacional dos Trabalhadores Rurais Empregados – CNATRE, com a finalidade de gerir a PNATRE;

§ 1.º A CNATRE terá a seguinte composição:

I – um representante, titular e suplente, dos seguintes órgãos:

a) Ministério do Trabalho e Emprego, que o coordenará;

b) Secretaria-Geral da Presidência da República;

c) Ministério da Agricultura, Pecuária e Abastecimento;

d) Ministério da Educação;

e) Ministério da Previdência Social;

f) Ministério do Desenvolvimento Social e Combate à Fome;

g) Ministério da Saúde;

h) Ministério do Desenvolvimento Agrário;

i) Secretaria de Relações Institucionais da Presidência da República;

j) Secretaria de Políticas para as Mulheres da Presidência da República; e

l) Secretaria de Direitos Humanos da Presidência da República.

II – Até cinco representantes da sociedade civil e seus suplentes.

§ 2.º O prazo para instalação da CNATRE será de sessenta dias, contado da data de publicação deste Decreto.

§ 3.º Os representantes da Comissão serão indicados pelos Secretários-Executivos dos órgãos integrantes no prazo de trinta dias, contado da data de publicação deste Decreto, e designados por ato do Ministro de Estado do Trabalho e Emprego.

§ 4.º Ato conjunto dos Ministros de Estado do Trabalho e Emprego e da Secretaria-Geral da Presidência da República disporá sobre o funcionamento da CNATRE, sobre os critérios para definição dos representantes da sociedade civil e sua forma de designação.

§ 5.º Poderão participar das reuniões da CNATRE, a convite de sua coordenação, especialistas e representantes de órgãos e entidades públicas ou privadas que exerçam atividades relacionadas ao tema.

§ 6.º A participação na CNATRE será considerada prestação de serviço público relevante, não remunerada.

Art. 7.º Compete à CNATRE:

I – articular e promover o diálogo entre entidades e órgãos públicos e sociedade civil para a implementação das ações no âmbito da PNATRE;

II – estabelecer outras diretrizes e objetivos da PNATRE;

III – propor alterações para aprimorar, acompanhar e monitorar as ações de seu Comitê Executivo;

IV – estabelecer critérios para elaboração dos planos de trabalho do Comitê-Executivo; e

V – aprovar os planos de trabalho apresentados pelo Comitê-Executivo.

Art. 8.º A CNATRE terá um Comitê-Executivo, integrado por um representante, titular e suplente, dos seguintes órgãos:

I – Ministério do Trabalho e Emprego, que o coordenará;

II – Ministério da Educação;

III – Ministério da Previdência Social; e

IV – Ministério do Desenvolvimento Social e Combate à Fome.

Art. 9.º Compete ao Comitê-Executivo da CNATRE:

I – elaborar plano de trabalho para execução de ações da PNATRE;

II – coordenar e supervisionar a execução de ações da PNATRE;

III – coordenar e supervisionar a execução do plano de trabalho;

IV – elaborar relatório de atividades desenvolvidas no âmbito da PNATRE, e encaminhá-lo à CNATRE; e

V – disponibilizar periodicamente informações sobre as ações implementadas no âmbito da PNATRE.

Art. 10. O Ministério do Trabalho e Emprego exercerá a função de Secretaria-Executiva da CNATRE e providenciará suporte técnico e administrativo ao seu funcionamento.

Art. 11. Este Decreto entra em vigor na data de sua publicação.

Brasília, 5 de março de 2013; 192.º da Independência e 125.º da República.

DILMA ROUSSEFF

LEI N. 12.815,

DE 5 DE JUNHO DE 2013 (*)

Dispõe sobre a exploração direta e indireta pela União de portos e instalações portuárias e sobre as atividades desempenhadas pelos operadores portuários; altera as Leis n. 5.025, de 10 de junho de 1966, 10.233, de 5 de junho de 2001, 10.683, de 28 de maio de 2003, 9.719, de 27 de novembro de 1998, e 8.213, de 24 de julho de 1991; revoga as Leis n. 8.630, de 25 de fevereiro de 1993, e 11.610, de 12 de dezembro de 2007, e dispositivos das Leis n. 11.314, de 3 de julho de 2006, e 11.518, de 5 de setembro de 2007; e dá outras providências.

A Presidenta da República

Faço saber que o Congresso Nacional decreta e eu sanciono a seguinte Lei:

CAPÍTULO I

DEFINIÇÕES E OBJETIVOS

Art. 1.º Esta Lei regula a exploração pela União, direta ou indiretamente, dos portos e instalações portuárias e as atividades desempenhadas pelos operadores portuários.

(*) Publicada no *DOU*, de 5-6-2013. Regulamentada pelo Decreto n. 8.033, de 27-6-2013.

§ 1.º A exploração indireta do porto organizado e das instalações portuárias nele localizadas ocorrerá mediante concessão e arrendamento de bem público.

§ 2.º A exploração indireta das instalações portuárias localizadas fora da área do porto organizado ocorrerá mediante autorização, nos termos desta Lei.

§ 3.º As concessões, os arrendamentos e as autorizações de que trata esta Lei serão outorgados a pessoa jurídica que demonstre capacidade para seu desempenho, por sua conta e risco.

Art. 2.º Para os fins desta Lei, consideram-se:

I – porto organizado: bem público construído e aparelhado para atender a necessidades de navegação, de movimentação de passageiros ou de movimentação e armazenagem de mercadorias, e cujo tráfego e operações portuárias estejam sob jurisdição de autoridade portuária;

....

XIII – operador portuário: pessoa jurídica pré-qualificada para exercer as atividades de movimentação de passageiros ou movimentação e armazenagem de mercadorias, destinadas ou provenientes de transporte aquaviário, dentro da área do porto organizado.

Art. 3.º A exploração dos portos organizados e instalações portuárias, com o objetivo de aumentar a competitividade e o desenvolvimento do País, deve seguir as seguintes diretrizes:

....

III – estímulo à modernização e ao aprimoramento da gestão dos portos organizados e instalações portuárias, à valorização e à qualificação da mão de obra portuária e à eficiência das atividades prestadas;

....

CAPÍTULO IV

DA ADMINISTRAÇÃO DO PORTO ORGANIZADO

SEÇÃO I

Das Competências

Art. 17. A administração do porto é exercida diretamente pela União, pela delegatária ou pela entidade concessionária do porto organizado.

§ 1.º Compete à administração do porto organizado, denominada autoridade portuária:

....

III – pré-qualificar os operadores portuários, de acordo com as normas estabelecidas pelo poder concedente;

....

Art. 20. Será instituído em cada porto organizado um conselho de autoridade portuária, órgão consultivo da administração do porto.

§ 1.º O regulamento disporá sobre as atribuições, o funcionamento e a composição dos conselhos de autoridade portuária, assegurada a participação de representantes da classe empresarial, dos trabalhadores portuários e do poder público.

§ 2.º A representação da classe empresarial e dos trabalhadores no conselho a que alude o *caput* será paritária.

§ 3.º A distribuição das vagas no conselho a que alude o *caput* observará a seguinte proporção:

I – 50% (cinquenta por cento) de representantes do poder público;

II – 25% (vinte e cinco por cento) de representantes da classe empresarial; e

III – 25% (vinte e cinco por cento) de representantes da classe trabalhadora.

Art. 21. Fica assegurada a participação de um representante da classe empresarial e outro da classe trabalhadora no conselho de administração ou órgão equivalente da administração do porto, quando se tratar de entidade sob controle estatal, na forma do regulamento.

Parágrafo único. A indicação dos representantes das classes empresarial e trabalhadora a que alude o *caput* será feita pelos respectivos representantes no conselho de autoridade portuária.

....

CAPÍTULO V
DA OPERAÇÃO PORTUÁRIA

Art. 25. A pré-qualificação do operador portuário será efetuada perante a administração do porto, conforme normas estabelecidas pelo poder concedente.

§ 1.º As normas de pré-qualificação devem obedecer aos princípios da legalidade, impessoalidade, moralidade, publicidade e eficiência.

§ 2.º A administração do porto terá prazo de 30 (trinta) dias, contado do pedido do interessado, para decidir sobre a pré-qualificação.

§ 3.º Em caso de indeferimento do pedido mencionado no § 2.º, caberá recurso, no prazo de 15 (quinze) dias, dirigido à Secretaria de Portos da Presidência da República, que deverá apreciá-lo no prazo de 30 (trinta) dias, nos termos do regulamento.

§ 4.º Considera-se pré-qualificada como operador portuário a administração do porto.

Art. 26. O operador portuário responderá perante:

I – a administração do porto pelos danos culposamente causados à infraestrutura, às instalações e ao equipamento de que a administração do porto seja titular, que se encontre a seu serviço ou sob sua guarda;

II – o proprietário ou consignatário da mercadoria pelas perdas e danos que ocorrerem durante as operações que realizar ou em decorrência delas;

III – o armador pelas avarias ocorridas na embarcação ou na mercadoria dada a transporte;

IV – o trabalhador portuário pela remuneração dos serviços prestados e respectivos encargos;

V – o órgão local de gestão de mão de obra do trabalho avulso pelas contribuições não recolhidas;

VI – os órgãos competentes pelo recolhimento dos tributos incidentes sobre o trabalho portuário avulso; e

VII – a autoridade aduaneira pelas mercadorias sujeitas a controle aduaneiro, no período em que lhe estejam confiadas ou quando tenha controle ou uso exclusivo de área onde se encontrem depositadas ou devam transitar.

Parágrafo único. Compete à administração do porto responder pelas mercadorias a que se referem os incisos II e VII do *caput* quando estiverem em área por ela controlada e após o seu recebimento, conforme definido pelo regulamento de exploração do porto.

Art. 27. As atividades do operador portuário estão sujeitas às normas estabelecidas pela Antaq.

§ 1.º O operador portuário é titular e responsável pela coordenação das operações portuárias que efetuar.

§ 2.º A atividade de movimentação de carga a bordo da embarcação deve ser executada de acordo com a instrução de seu comandante ou de seus prepostos, responsáveis pela segurança da embarcação nas atividades de arrumação ou retirada da carga, quanto à segurança da embarcação.

Art. 28. É dispensável a intervenção de operadores portuários em operações:

I – que, por seus métodos de manipulação, suas características de automação ou mecanização, não requeiram a utilização de mão de obra ou possam ser executadas exclusivamente pela tripulação das embarcações;

II – de embarcações empregadas:

a) em obras de serviços públicos nas vias aquáticas do País, executadas direta ou indiretamente pelo poder público;

b) no transporte de gêneros de pequena lavoura e da pesca, para abastecer mercados de âmbito municipal;

c) na navegação interior e auxiliar;

d) no transporte de mercadorias líquidas a granel; e

e) no transporte de mercadorias sólidas a granel, quando a carga ou descarga for feita por aparelhos mecânicos automáticos, salvo quanto às atividades de rechego;

III – relativas à movimentação de:

a) cargas em área sob controle militar, quando realizadas por pessoal militar ou vinculado a organização militar;

b) materiais por estaleiros de construção e reparação naval; e

c) peças sobressalentes, material de bordo, mantimentos e abastecimento de embarcações; e

IV – relativas ao abastecimento de aguada, combustíveis e lubrificantes para a navegação.

Parágrafo único. (*Vetado*.)

Art. 29. As cooperativas formadas por trabalhadores portuários avulsos, registrados de acordo com esta Lei, poderão estabelecer-se como operadores portuários.

Art. 30. A operação portuária em instalações localizadas fora da área do porto organizado será disciplinada pelo titular da respectiva autorização, observadas as normas estabelecidas pelas autoridades marítima, aduaneira, sanitária, de saúde e de polícia marítima.

Art. 31. O disposto nesta Lei não prejudica a aplicação das demais normas referentes ao transporte marítimo, inclusive as decorrentes de convenções internacionais ratificadas, enquanto vincularem internacionalmente o País.

CAPÍTULO VI
DO TRABALHO PORTUÁRIO

•• *Vide* art. 1.º da Portaria n. 349, de 23-5-2018, do Ministério do Trabalho.

Art. 32. Os operadores portuários devem constituir em cada porto organizado um órgão de gestão de mão de obra do trabalho portuário, destinado a:

I – administrar o fornecimento da mão de obra do trabalhador portuário e do trabalhador portuário avulso;

II – manter, com exclusividade, o cadastro do trabalhador portuário e o registro do trabalhador portuário avulso;

III – treinar e habilitar profissionalmente o trabalhador portuário, inscrevendo-o no cadastro;

IV – selecionar e registrar o trabalhador portuário avulso;

V – estabelecer o número de vagas, a forma e a periodicidade para acesso ao registro do trabalhador portuário avulso;

VI – expedir os documentos de identificação do trabalhador portuário; e

VII – arrecadar e repassar aos beneficiários os valores devidos pelos operadores portuários relativos à remuneração do trabalhador portuário avulso e aos correspondentes encargos fiscais, sociais e previdenciários.

Parágrafo único. Caso celebrado contrato, acordo ou convenção coletiva de trabalho entre trabalhadores e tomadores de serviços, o disposto no instrumento precederá o órgão gestor e dispensará sua intervenção nas relações entre capital e trabalho no porto.

Art. 33. Compete ao órgão de gestão de mão de obra do trabalho portuário avulso:

I – aplicar, quando couber, normas disciplinares previstas em lei, contrato, convenção ou acordo coletivo de trabalho, no caso de transgressão disciplinar, as seguintes penalidades:

a) repreensão verbal ou por escrito;

b) suspensão do registro pelo período de 10 (dez) a 30 (trinta) dias; ou

c) cancelamento do registro;

II – promover:

a) a formação profissional do trabalhador portuário e do trabalhador portuário avulso, adequando-a aos modernos processos de movimentação de carga e de operação de aparelhos e equipamentos portuários;

b) o treinamento multifuncional do trabalhador portuário e do trabalhador portuário avulso; e

c) a criação de programas de realocação e de cancelamento do registro, sem ônus para o trabalhador;

III – arrecadar e repassar aos beneficiários contribuições destinadas a incentivar o cancelamento do registro e a aposentadoria voluntária;

IV – arrecadar as contribuições destinadas ao custeio do órgão;

V – zelar pelas normas de saúde, higiene e segurança no trabalho portuário avulso; e

VI – submeter à administração do porto propostas para aprimoramento da operação portuária e valorização econômica do porto.

§ 1.º O órgão não responde por prejuízos causados pelos trabalhadores portuários avulsos aos tomadores dos seus serviços ou a terceiros.

§ 2.º O órgão responde, solidariamente com os operadores portuários, pela remuneração devida ao trabalhador portuário avulso e pelas indenizações decorrentes de acidente de trabalho.

§ 3.º O órgão pode exigir dos operadores portuários garantia prévia dos respectivos pagamentos, para atender a requisição de trabalhadores portuários avulsos.

§ 4.º As matérias constantes nas alíneas *a* e *b* do inciso II deste artigo serão discutidas em fórum permanente, composto, em caráter paritário, por representantes do governo e da sociedade civil.

§ 5.º A representação da sociedade civil no fórum previsto no § 4.º será paritária entre trabalhadores e empresários.

Art. 34. O exercício das atribuições previstas nos arts. 32 e 33 pelo órgão de gestão de mão de obra do trabalho portuário avulso não implica vínculo empregatício com trabalhador portuário avulso.

Art. 35. O órgão de gestão de mão de obra pode ceder trabalhador portuário avulso, em caráter permanente, ao operador portuário.

Art. 36. A gestão da mão de obra do trabalho portuário avulso deve observar as normas do contrato, convenção ou acordo coletivo de trabalho.

Art. 37. Deve ser constituída, no âmbito do órgão de gestão de mão de obra, comissão paritária para solucionar litígios decorrentes da aplicação do disposto nos arts. 32, 33 e 35.

§ 1.º Em caso de impasse, as partes devem recorrer à arbitragem de ofertas finais.

§ 2.º Firmado o compromisso arbitral, não será admitida a desistência de qualquer das partes.

§ 3.º Os árbitros devem ser escolhidos de comum acordo entre as partes, e o laudo arbitral proferido para solução da pendência constitui título executivo extrajudicial.

§ 4.º As ações relativas aos créditos decorrentes da relação de trabalho avulso prescrevem em 5 (cinco) anos até o limite de 2 (dois) anos após o cancelamento do registro ou do cadastro no órgão gestor de mão de obra.

Art. 38. O órgão de gestão de mão de obra terá obrigatoriamente 1 (um) conselho de supervisão e 1 (uma) diretoria executiva.

§ 1.º O conselho de supervisão será composto por 3 (três) membros titulares e seus suplentes, indicados na forma do regulamento, e terá como competência:

I – deliberar sobre a matéria contida no inciso V do *caput* do art. 32;

II – editar as normas a que se refere o art. 42; e

III – fiscalizar a gestão dos diretores, examinar, a qualquer tempo, os livros e papéis do órgão e solicitar informações sobre quaisquer atos praticados pelos diretores ou seus prepostos.

§ 2.º A diretoria executiva será composta por 1 (um) ou mais diretores, designados e destituíveis na forma do regulamento, cujo prazo de gestão será de 3 (três) anos, permitida a redesignação.

§ 3.º Até 1/3 (um terço) dos membros do conselho de supervisão poderá ser designado para cargos de diretores.

§ 4.º No silêncio do estatuto ou contrato social, competirá a qualquer diretor a representação do órgão e a prática dos atos necessários ao seu funcionamento regular.

Art. 39. O órgão de gestão de mão de obra é reputado de utilidade pública, sendo-lhe vedado ter fins lucrativos, prestar serviços a terceiros ou exercer qualquer atividade não vinculada à gestão de mão de obra.

Art. 40. O trabalho portuário de capatazia, estiva, conferência de carga, conserto de carga, bloco e vigilância de embarcações, nos portos organizados, será realizado por trabalhadores portuários com vínculo empregatício por prazo indeterminado e por trabalhadores portuários avulsos.

§ 1.º Para os fins desta Lei, consideram-se:

I – capatazia: atividade de movimentação de mercadorias nas instalações dentro do porto, compreendendo o recebimento, conferência, transporte interno, abertura de volumes para a conferência aduaneira, manipulação, arrumação e entrega, bem como o carregamento e descarga de embarcações, quando efetuados por aparelhamento portuário;

II – estiva: atividade de movimentação de mercadorias nos conveses ou nos porões das embarcações principais ou auxiliares, incluindo o transbordo, arrumação, peação e despeação, bem como o carregamento e a descarga, quando realizados com equipamentos de bordo;

III – conferência de carga: contagem de volumes, anotação de suas características, procedência ou destino, verificação do estado das mercadorias, assistência à pesagem, conferência do manifesto e demais serviços correlatos, nas operações de carregamento e descarga de embarcações;

IV – conserto de carga: reparo e restauração das embalagens de mercadorias, nas operações de carregamento e descarga de embarcações, reembalagem, marcação, remarcação, carimbagem, etiquetagem, abertura de volumes para vistoria e posterior recomposição;

V – vigilância de embarcações: atividade de fiscalização da entrada e saída de pessoas a bordo das embarcações atracadas ou fundeadas ao largo, bem como da movimentação de mercadorias nos portalós, rampas, porões, conveses, plataformas e em outros locais da embarcação; e

VI – bloco: atividade de limpeza e conservação de embarcações mercantes e de seus tanques, incluindo batimento de ferrugem, pintura, reparos de pequena monta e serviços correlatos.

§ 2.º A contratação de trabalhadores portuários de capatazia, bloco, estiva, conferência de carga, conserto de carga e vigilância de embarcações com vínculo empregatício por prazo indeterminado será feita exclusivamente dentre trabalhadores portuários avulsos registrados.

§ 3.º O operador portuário, nas atividades a que alude o *caput*, não poderá locar ou tomar mão de obra sob o regime de trabalho temporário de que trata a Lei n. 6.019, de 3 de janeiro de 1974.

§ 4.º As categorias previstas no *caput* constituem categorias profissionais diferenciadas.

Art. 41. O órgão de gestão de mão de obra:

I – organizará e manterá cadastro de trabalhadores portuários habilitados ao desempenho das atividades referidas no § 1.º do art. 40; e

II – organizará e manterá o registro dos trabalhadores portuários avulsos.

§ 1.º A inscrição no cadastro do trabalhador portuário dependerá exclusivamente de prévia habilitação profissional do trabalhador interessado, mediante treinamento realizado em entidade indicada pelo órgão de gestão de mão de obra.

§ 2.º O ingresso no registro do trabalhador portuário avulso depende de prévia seleção e inscrição no cadastro de que trata o inciso I do *caput*, obedecidas a disponibilidade de vagas e a ordem cronológica de inscrição no cadastro.

§ 3.º A inscrição no cadastro e o registro do trabalhador portuário extinguem-se por morte ou cancelamento.

Art. 42. A seleção e o registro do trabalhador portuário avulso serão feitos pelo órgão de gestão de mão de obra avulsa, de acordo com as normas estabelecidas em contrato, convenção ou acordo coletivo de trabalho.

Art. 43. A remuneração, a definição das funções, a composição dos ternos, a multifuncionalidade e as demais condições do trabalho avulso serão objeto de negociação entre as entidades representativas dos trabalhadores portuários avulsos e dos operadores portuários.

Parágrafo único. A negociação prevista no *caput* contemplará a garantia de renda mínima inserida no item 2 do Artigo 2 da Convenção n. 137 da Organização Internacional do Trabalho – OIT.

• A Convenção 137 da OIT, promulgada pelo Decreto n. 1.574, de 31-7-1995, dispõe no item citado: "2. Em todo caso, um mínimo de períodos de emprego ou um mínimo de renda deve ser assegurado aos portuários, sendo que sua extensão e natureza dependerão da situação econômica e social do país ou do porto de que se tratar".

Art. 44. É facultada aos titulares de instalações portuárias sujeitas a regime de autorização a contratação de trabalhadores a prazo indeterminado, observado o disposto no contrato, convenção ou acordo coletivo de trabalho.

Art. 45. (*Vetado.*)

CAPÍTULO VII
DAS INFRAÇÕES E PENALIDADES

Art. 46. Constitui infração toda ação ou omissão, voluntária ou involuntária, que importe em:

I – realização de operações portuárias com infringência ao disposto nesta Lei ou com inobservância dos regulamentos do porto;

II – recusa injustificada, por parte do órgão de gestão de mão de obra, da distribuição de trabalhadores a qualquer operador portuário; ou

III – utilização de terrenos, área, equipamentos e instalações portuárias, dentro ou fora do porto organizado, com desvio de finalidade ou com desrespeito à lei ou aos regulamentos.

Parágrafo único. Responde pela infração, conjunta ou isoladamente, qualquer pessoa física ou jurídica que, intervindo na operação portuária, concorra para sua prática ou dela se beneficie.

Art. 47. As infrações estão sujeitas às seguintes penas, aplicáveis separada ou cumulativamente, de acordo com a gravidade da falta:

I – advertência;

II – multa;

III – proibição de ingresso na área do porto por período de 30 (trinta) a 180 (cento e oitenta) dias;

IV – suspensão da atividade de operador portuário, pelo período de 30 (trinta) a 180 (cento e oitenta) dias; ou

V – cancelamento do credenciamento do operador portuário.

Parágrafo único. Sem prejuízo do disposto nesta Lei, aplicam-se subsidiariamente às infrações previstas no art. 46 as penalidades estabelecidas na Lei n. 10.233, de 5 de junho de 2001, separada ou cumulativamente, de acordo com a gravidade da falta.

• A Lei n. 10.233, de 5-6-2001, dispõe sobre a reestruturação dos transportes aquaviário e terrestre e cria a Agência Nacional de Transportes Aquaviários – Antaq.

Art. 48. Apurada, no mesmo processo, a prática de 2 (duas) ou mais infrações pela mesma pessoa física ou jurídica, aplicam-se cumulativamente as penas a elas cominadas, se as infrações não forem idênticas.

§ 1.º Serão reunidos em um único processo os diversos autos ou representações de infração continuada, para aplicação da pena.

§ 2.º Serão consideradas continuadas as infrações quando se tratar de repetição de falta ainda não apurada ou objeto do processo, de cuja instauração o infrator não tenha conhecimento, por meio de intimação.

Art. 49. Na falta de pagamento de multa no prazo de 30 (trinta) dias, contado da ciência pelo infrator da decisão final que impuser a penalidade, será realizado processo de execução.

Art. 50. As importâncias pecuniárias resultantes da aplicação das multas previstas nesta Lei reverterão para a Antaq, na forma do inciso V do *caput* do art. 77 da Lei n. 10.233, de 5 de junho de 2001.

Art. 51. O descumprimento do disposto nos arts. 36, 39 e 42 desta Lei sujeitará o infrator à multa prevista no inciso I do art. 10 da Lei n. 9.719, de 27 de novembro de 1998, sem prejuízo das demais sanções cabíveis.

Art. 52. O descumprimento do disposto no *caput* e no § 3.º do art. 40 desta Lei sujeitará o infrator à multa prevista no inciso III do art. 10 da Lei n. 9.719, de 27 de novembro de 1998, sem prejuízo das demais sanções cabíveis.

....

CAPÍTULO IX
DISPOSIÇÕES FINAIS E TRANSITÓRIAS

Art. 56. (*Vetado.*)

Parágrafo único. (*Vetado.*)

Art. 57. Os contratos de arrendamento em vigor firmados sob a Lei n. 8.630, de 25 de fevereiro de 1993, que possuam previsão expressa de prorrogação ainda não realizada, poderão ter sua prorrogação antecipada, a critério do poder concedente.

•• Artigo regulamentado pela Portaria n. 349, de 30-9-2014, da Secretaria de Portos.

§ 1.º A prorrogação antecipada de que trata o *caput* dependerá da aceitação expressa de obrigação de realizar investimentos, segundo plano elaborado pelo arrendatário e aprovado pelo poder concedente em até 60 (sessenta) dias.

§ 2.º (*Vetado.*)

§ 3.º Caso, a critério do poder concedente, a antecipação das prorrogações de que trata o *caput* não seja efetivada, tal decisão não implica obrigatoriamente na recusa da prorrogação contratual prevista originalmente.

§ 4.º (*Vetado.*)

§ 5.º O Poder Executivo deverá encaminhar ao Congresso Nacional, até o último dia útil do mês de março de cada ano, relatório detalhado sobre a implementação das iniciativas tomadas com base nesta Lei, incluindo, pelo menos, as seguintes informações:

I – relação dos contratos de arrendamento e concessão em vigor até 31 de dezembro do ano anterior, por porto organizado, indicando data dos contratos, empresa detentora, objeto detalhado, área, prazo de vigência e situação de adimplemento com relação às cláusulas contratuais;

II – relação das instalações portuárias exploradas mediante autorizações em vigor até 31 de dezembro do ano anterior, segundo a localização, se dentro ou fora do porto organizado, indicando data da autorização, empresa detentora, objeto detalhado, área, prazo de vigência e situação de adimplemento com relação às cláusulas dos termos de adesão e autorização;

III – relação dos contratos licitados no ano anterior com base no disposto no art. 56 desta Lei, por porto organizado, indicando data do contrato, modalidade da licitação, empresa detentora, objeto, área, prazo de vigência e valor dos investimentos realizados e previstos nos contratos de concessão ou arrendamento;

IV – relação dos termos de autorização e os contratos de adesão adaptados no ano anterior, com base no disposto nos arts. 58 e 59 desta Lei, indicando data do contrato de autorização, empresa detentora, objeto, área, prazo de vigência e valor dos investimentos realizados e previstos nos termos de adesão e autorização;

V – relação das instalações portuárias operadas no ano anterior com base no previsto no art. 7.° desta Lei, indicando empresa concessionária, empresa que utiliza efetivamente a instalação portuária, motivo e justificativa da utilização por interessado não detentor do arrendamento ou concessão e prazo de utilização.

Art. 58. Os termos de autorização e os contratos de adesão em vigor deverão ser adaptados ao disposto nesta Lei, em especial ao previsto nos §§ 1.° a 4.° do art. 8.°, independentemente de chamada pública ou processo seletivo.

Parágrafo único. A Antaq deverá promover a adaptação de que trata o *caput* no prazo de 1 (um) ano, contado da data de publicação desta Lei.

Art. 59. As instalações portuárias enumeradas nos incisos I a IV do *caput* do art. 8.°, localizadas dentro da área do porto organizado, terão assegurada a continuidade das suas atividades, desde que realizada a adaptação nos termos do art. 58.

Parágrafo único. Os pedidos de autorização para exploração de instalações portuárias enumeradas nos incisos I a IV do art. 8.°, localizadas dentro da área do porto organizado, protocolados na Antaq até dezembro de 2012, poderão ser deferidos pelo poder concedente, desde que tenha sido comprovado até a referida data o domínio útil da área.

Art. 60. Os procedimentos licitatórios para contratação de dragagem homologados e os contratos de dragagem em vigor na data da publicação desta Lei permanecem regidos pelo disposto na Lei n. 11.610, de 12 de dezembro de 2007.

Art. 61. Até a publicação do regulamento previsto nesta Lei, ficam mantidas as regras para composição dos conselhos da autoridade portuária e dos conselhos de supervisão e diretorias executivas dos órgãos de gestão de mão de obra.

Art. 62. O inadimplemento, pelas concessionárias, arrendatárias, autorizatárias e operadoras portuárias no recolhimento de tarifas portuárias e outras obrigações financeiras perante a administração do porto e a Antaq, assim declarado em decisão final, impossibilita a inadimplente de celebrar ou prorrogar contratos de concessão e arrendamento, bem como obter novas autorizações.

§ 1.° Para dirimir litígios relativos aos débitos a que se refere o *caput*, poderá ser utilizada a arbitragem, nos termos da Lei n. 9.307, de 23 de setembro de 1996.

•• § 1.° regulamentado pelo Decreto n. 8.465, de 8-6-2015.

§ 2.° O impedimento previsto no *caput* também se aplica às pessoas jurídicas, direta ou indiretamente, controladoras, controladas, coligadas, ou de controlador comum com a inadimplente.

Art. 63. As Companhias Docas observarão regulamento simplificado para contratação de serviços e aquisição de bens, observados os princípios constitucionais da publicidade, impessoalidade, moralidade, economicidade e eficiência.

Art. 64. As Companhias Docas firmarão com a Secretaria de Portos da Presidência da República compromissos de metas e desempenho empresarial que estabelecerão, nos termos do regulamento:

I – objetivos, metas e resultados a serem atingidos, e prazos para sua consecução;

II – indicadores e critérios de avaliação de desempenho;

III – retribuição adicional em virtude do seu cumprimento; e

IV – critérios para a profissionalização da gestão das Docas.

Art. 65. Ficam transferidas à Secretaria de Portos da Presidência da República as competências atribuídas ao Ministério dos Transportes e ao Departamento Nacional de Infraestrutura de Transportes – DNIT em leis gerais e específicas relativas a portos fluviais e lacustres, exceto as competências relativas a instalações portuárias públicas de pequeno porte.

Art. 66. Aplica-se subsidiariamente às licitações de concessão de porto organizado e de arrendamento de instalação portuária o disposto nas Leis n. 12.462, de 4 de agosto de 2011, 8.987, de 13 de fevereiro de 1995, e 8.666, de 21 de junho de 1993.

Art. 67. Aplica-se subsidiariamente a esta Lei o disposto na Lei n. 10.233, de 5 de junho de 2001, em especial no que se refere às competências e atribuições da Antaq.

Art. 68. As poligonais de áreas de portos organizados que não atendam ao disposto no art. 15 deverão ser adaptadas no prazo de 1 (um) ano.

....

Art. 75. Esta Lei entra em vigor na data de sua publicação.

Art. 76. Ficam revogados:

I – a Lei n. 8.630, de 25 de fevereiro de 1993;

....

Brasília, 5 de junho de 2013; 192.º da Independência e 125.º da República.

DILMA ROUSSEFF

LEI N. 12.852,

DE 5 DE AGOSTO DE 2013 (*)

Institui o Estatuto da Juventude e dispõe sobre os direitos dos jovens, os princípios e diretrizes das políticas públicas de juventude e o Sistema Nacional de Juventude – SINAJUVE.

A Presidenta da República

Faço saber que o Congresso Nacional decreta e eu sanciono a seguinte Lei:

TÍTULO I

DOS DIREITOS E DAS POLÍTICAS PÚBLICAS DE JUVENTUDE

CAPÍTULO I

DOS PRINCÍPIOS E DIRETRIZES DAS POLÍTICAS PÚBLICAS DE JUVENTUDE

Art. 1.º Esta Lei institui o Estatuto da Juventude e dispõe sobre os direitos dos jovens, os princípios e diretrizes das políticas públicas de juventude e o Sistema Nacional de Juventude – SINAJUVE.

• O Decreto n. 9.306, de 15-3-2018, dispõe sobre o Sistema Nacional de Juventude.

§ 1.º Para os efeitos desta Lei, são consideradas jovens as pessoas com idade entre 15 (quinze) e 29 (vinte e nove) anos de idade.

§ 2.º Aos adolescentes com idade entre 15 (quinze) e 18 (dezoito) anos aplica-se a Lei n. 8.069, de 13 de julho de 1990 – Estatuto da Criança e do Adolescente, e, excepcionalmente, este Estatuto, quando não conflitar com as normas de proteção integral do adolescente.

....

CAPÍTULO II

DOS DIREITOS DOS JOVENS

....

SEÇÃO III

Do Direito à Profissionalização, ao Trabalho e à Renda

Art. 14. O jovem tem direito à profissionalização, ao trabalho e à renda, exercido em condições de liberdade, equidade e segurança, adequadamente remunerado e com proteção social.

• Proibição de trabalho noturno, perigoso ou insalubre: *vide* art. 7.º, XXXIII, da CF.

• Proteção ao trabalho do menor: *vide* arts. 402 e s. da CLT.

(*) Publicada no *DOU*, de 6-8-2013.

Art. 15. A ação do poder público na efetivação do direito do jovem à profissionalização, ao trabalho e à renda contempla a adoção das seguintes medidas:

I – promoção de formas coletivas de organização para o trabalho, de redes de economia solidária e da livre associação;

II – oferta de condições especiais de jornada de trabalho por meio de:

a) compatibilização entre os horários de trabalho e de estudo;

• Jornada de trabalho do menor: *vide* arts. 411 a 414 da CLT.

b) oferta dos níveis, formas e modalidades de ensino em horários que permitam a compatibilização da frequência escolar com o trabalho regular;

III – criação de linha de crédito especial destinada aos jovens empreendedores;

IV – atuação estatal preventiva e repressiva quanto à exploração e precarização do trabalho juvenil;

V – adoção de políticas públicas voltadas para a promoção do estágio, aprendizagem e trabalho para a juventude;

• Contrato de trabalho de aprendizagem: *vide* arts. 428 e s. da CLT.

• Lei do Estágio: *vide* Lei n. 11.788, de 25-9-2008.

VI – apoio ao jovem trabalhador rural na organização da produção da agricultura familiar e dos empreendimentos familiares rurais, por meio das seguintes ações:

• O Decreto n. 7.352, de 4-11-2010, dispõe sobre a política de educação no campo e o Programa Nacional de Educação na Reforma Agrária – PRONERA.

a) estímulo à produção e à diversificação de produtos;

b) fomento à produção sustentável baseada na agroecologia, nas agroindústrias familiares, na integração entre lavoura, pecuária e floresta e no extrativismo sustentável;

c) investimento em pesquisa de tecnologias apropriadas à agricultura familiar e aos empreendimentos familiares rurais;

d) estímulo à comercialização direta da produção da agricultura familiar, aos empreendimentos familiares rurais e à formação de cooperativas;

e) garantia de projetos de infraestrutura básica de acesso e escoamento de produção, priorizando a melhoria das estradas e do transporte;

f) promoção de programas que favoreçam o acesso ao crédito, à terra e à assistência técnica rural;

VII – apoio ao jovem trabalhador com deficiência, por meio das seguintes ações:

a) estímulo à formação e à qualificação profissional em ambiente inclusivo;

b) oferta de condições especiais de jornada de trabalho;

c) estímulo à inserção no mercado de trabalho por meio da condição de aprendiz.

Art. 16. O direito à profissionalização e à proteção no trabalho dos adolescentes com idade entre 15 (quinze) e 18 (dezoito) anos de idade será regido pelo disposto na Lei n. 8.069, de 13 de julho de 1990 – Estatuto da Criança e do

Adolescente, e em leis específicas, não se aplicando o previsto nesta Seção.

....

Art. 48. Esta Lei entra em vigor após decorridos 180 (cento e oitenta) dias de sua publicação oficial.

Brasília, 5 de agosto de 2013; 192.º da Independência e 125.º da República.

DILMA ROUSSEFF

DECRETO N. 8.084,
DE 26 DE AGOSTO DE 2013 (*)

Regulamenta a Lei n. 12.761, de 27 de dezembro de 2012, que institui o Programa de Cultura do Trabalhador e cria o vale-cultura.

A Presidenta da República, no uso da atribuição que lhe confere o art. 84, *caput*, inciso IV, da Constituição, e tendo em vista o disposto na Lei n. 12.761, de 27 de dezembro de 2012, decreta:

CAPÍTULO I
DISPOSIÇÕES GERAIS

Art. 1.º Este Decreto regulamenta a Lei n. 12.761, de 27 de dezembro de 2012, que institui o Programa de Cultura do Trabalhador e cria o vale-cultura.

Art. 2.º Para os efeitos deste Decreto, considera-se:

I – empresa operadora – pessoa jurídica cadastrada no Ministério da Cultura, possuidora do Certificado de Inscrição no Programa de Cultura do Trabalhador e autorizada a produzir e comercializar o vale-cultura;

II – empresa beneficiária – pessoa jurídica optante pelo Programa de Cultura do Trabalhador e autorizada a distribuir o vale-cultura a seus trabalhadores com vínculo empregatício;

III – empresa recebedora – pessoa jurídica habilitada pela empresa operadora para receber o vale-cultura como forma de pagamento de serviço ou produto cultural;

IV – usuário – trabalhador com vínculo empregatício com a empresa beneficiária que recebe o vale-cultura; e

V – taxa de administração – remuneração total cobrada das empresas beneficiárias e recebedoras pela empresa operadora como contrapartida pela produção e comercialização do vale-cultura, inclusive quanto a custos de operação e de reembolso.

Parágrafo único. Apenas fará jus aos incentivos fiscais previstos no art. 10 da Lei n. 12.761, de 2012, a empresa beneficiária cuja tributação do imposto sobre a renda seja feita com base no lucro real.

(*) Publicado no *DOU*, de 27-8-2013. A Instrução Normativa n. 2, de 4-9-2013, estabelece normas e procedimentos para a gestão do Vale-Cultura.

CAPÍTULO II
DA GESTÃO DO PROGRAMA DE CULTURA DO TRABALHADOR

Art. 3.º Compete ao Ministério da Cultura, em articulação com os demais órgãos e entidades do Poder Executivo, a gestão do Programa de Cultura do Trabalhador, nos termos deste Decreto.

Art. 4.º O cadastramento, a habilitação e a inscrição das empresas no Programa de Cultura do Trabalhador estão sujeitos às regras deste Capítulo.

Art. 5.º O cadastramento da empresa operadora será feito no Ministério da Cultura e deverá observar, entre outros, aos seguintes requisitos:

I – inscrição regular no Cadastro Nacional da Pessoa Jurídica – CNPJ; e

II – qualificação técnica para produzir e comercializar o vale-cultura, observado o disposto no art. 6.º da Lei n. 12.761, de 2012.

Parágrafo único. O Ministério da Cultura emitirá o Certificado de Inscrição no Programa de Cultura do Trabalhador à empresa regularmente cadastrada, e autorizará a produção e a comercialização do vale-cultura.

Art. 6.º São deveres da empresa operadora:

I – observar limites de cobrança de taxa de administração;

II – apresentar ao Ministério da Cultura relatórios periódicos relativos a acesso e fruição de produtos e serviços culturais; e

III – tomar providências para que empresas recebedoras cumpram os deveres previstos no art. 9.º, e inabilitá-las em caso de descumprimento.

Art. 7.º A perda de quaisquer dos requisitos de que trata o art. 5.º, posterior ao cadastramento, ou o descumprimento de quaisquer dos deveres previstos no art. 6.º implica a perda da certificação da empresa operadora.

Art. 8.º A habilitação da empresa recebedora será feita perante a empresa operadora e dependerá da comprovação de exercício de atividade econômica admitida, para fins do vale-cultura, pelo Ministério da Cultura.

Art. 9.º São deveres da empresa recebedora:

I – receber o vale-cultura, exclusivamente para a comercialização de produtos e serviços culturais; e

II – disponibilizar as informações necessárias à elaboração dos relatórios de que trata o inciso II do *caput* do art. 6.º.

Art. 10. A inscrição da empresa beneficiária será feita no Ministério da Cultura e deverá observar, entre outros, aos seguintes requisitos:

I – inscrição regular no CNPJ;

II – indicação de empresa operadora possuidora de Certificado de Inscrição no Programa de Cultura do Trabalhador; e

III – indicação do número de trabalhadores com vínculo empregatício, conforme a faixa de renda mensal.

Art. 11. São deveres da empresa beneficiária:

I – oferecer o vale-cultura nos termos do Capítulo III;

II – prestar ao Ministério da Cultura as informações referentes aos usuários, conforme faixa de renda mensal, e mantê-las atualizadas; e

III – divulgar e incentivar o acesso e a fruição de produtos e serviços culturais pelos usuários.

CAPÍTULO III
DA OFERTA DO VALE-CULTURA

Art. 12. O vale-cultura deverá ser oferecido ao trabalhador com vínculo empregatício e que perceba até cinco salários mínimos mensais.

Art. 13. O fornecimento do vale-cultura aos trabalhadores com vínculo empregatício e renda superior a cinco salários mínimos mensais depende da comprovação da sua oferta a todos os trabalhadores de que trata o art. 12.

§ 1.º A fiscalização do disposto no *caput* será feita pelo Ministério do Trabalho e Emprego quando de suas inspeções, conforme disposições estabelecidas pelas autoridades integrantes do Sistema Federal de Inspeção do Trabalho.

§ 2.º Verificado o descumprimento do disposto no *caput*, o Ministério do Trabalho e Emprego comunicará o fato aos Ministérios da Cultura e da Fazenda, sem prejuízo da aplicação das sanções legais decorrentes de outras infrações trabalhistas.

Art. 14. O valor mensal do vale-cultura, por usuário, será de R$ 50,00 (cinquenta reais).

Art. 15. O trabalhador de que trata o art. 12 poderá ter descontado de sua remuneração os seguintes percentuais do valor do vale-cultura:

I – até um salário mínimo – dois por cento;

II – acima de um salário mínimo e até dois salários mínimos – quatro por cento;

III – acima de dois salários mínimos e até três salários mínimos – seis por cento;

IV – acima de três salários mínimos e até quatro salários mínimos – oito por cento; e

V – acima de quatro salários mínimos e até cinco salários mínimos – dez por cento.

Art. 16. O trabalhador de que trata o art. 13 terá descontado de sua remuneração os seguintes percentuais do valor do vale-cultura:

I – acima de cinco salários mínimos e até seis salários mínimos – vinte por cento;

II – acima de seis salários mínimos e até oito salários mínimos – trinta e cinco por cento;

III – acima de oito salários mínimos e até dez salários mínimos – cinquenta e cinco por cento;

IV – acima de dez salários mínimos e até doze salários mínimos – setenta por cento; e

V – acima de doze salários mínimos: noventa por cento.

Art. 17. O fornecimento do vale-cultura dependerá de prévia aceitação pelo trabalhador.

Parágrafo único. O trabalhador poderá reconsiderar, a qualquer tempo, a sua decisão sobre o recebimento do vale-cultura.

Art. 18. É vedada a reversão do valor do vale-cultura em dinheiro.

Parágrafo único. A vedação de que trata o *caput* compreende a entrega do valor do vale-cultura em dinheiro, a qualquer título, pelas empresas beneficiária, operadora e recebedora, ou a troca do vale-cultura em dinheiro pelo próprio trabalhador.

CAPÍTULO IV
DAS CONDIÇÕES DE UTILIZAÇÃO DO VALE-CULTURA

Art. 19. Os créditos inseridos no cartão magnético do vale-cultura não possuem prazo de validade.

Art. 20. O vale-cultura deverá ser utilizado exclusivamente na aquisição de produtos e serviços culturais previstos no ato de que trata o inciso V do *caput* do art. 24.

CAPÍTULO V
DO INCENTIVO FISCAL

Art. 21. Até o exercício de 2017, ano-calendário de 2016, o valor despendido a título de aquisição do vale-cultura poderá ser deduzido do Imposto sobre a Renda da Pessoa Jurídica – IRPJ devido pela pessoa jurídica beneficiária tributada com base no lucro real.

§ 1.º Observado o disposto no § 4.º do art. 3.º da Lei n. 9.249, de 26 de dezembro de 1995, a dedução de que trata o *caput* fica limitada a um por cento do IRPJ devido com base:

I – no lucro real trimestral; ou

II – no lucro real apurado no ajuste anual.

§ 2.º O limite de dedução no percentual de um por cento do IRPJ devido de que trata o § 1.º será considerado isoladamente e não se submeterá a limite conjunto com outras deduções do IRPJ a título de incentivo.

§ 3.º O valor excedente ao limite de dedução de que tratam os §§ 1.º e 2.º não poderá ser deduzido do IRPJ devido em períodos de apuração posteriores.

§ 4.º A pessoa jurídica beneficiária tributada com base no lucro real:

I – poderá deduzir o valor despendido a título de aquisição do vale-cultura como despesa operacional para fins de apuração do IRPJ; e

II – deverá adicionar o valor deduzido como despesa operacional, de que trata o inciso I, para fins de apuração da base de cálculo da Contribuição Social sobre o Lucro Líquido – CSLL.

§ 5.º As deduções de que trata o *caput* e os §§ 1.º a 4.º:

I – somente se aplicam em relação ao valor do vale-cultura distribuído ao usuário no período de apuração do IRPJ; e

II – não abrangem a parcela descontada da remuneração do empregado, nos percentuais de que tratam os arts. 15 e 16, a título de vale-cultura.

Art. 22. O valor correspondente ao vale-cultura:

I – não integra o salário de contribuição de que trata o art. 28 da Lei n. 8.212, de 24 de julho de 1991; e

II – é isento do imposto sobre a renda das pessoas físicas.

Parágrafo único. A parcela do valor correspondente ao vale-cultura, cujo ônus seja da empresa beneficiária, não constitui base de incidência de contribuição previdenciária ou do Fundo de Garantia do Tempo de Serviço – FGTS.

CAPÍTULO VI

DAS PENALIDADES

Art. 23. A execução inadequada do Programa de Cultura do Trabalhador ou a ação que acarrete o desvio ou desvirtuamento de suas finalidades resultarão na aplicação das penalidades previstas no art. 12 da Lei n. 12.761, de 2012.

Parágrafo único. Compete aos Ministérios da Cultura, do Trabalho e Emprego e da Fazenda a aplicação das penalidades cabíveis, no âmbito de suas competências, sem prejuízo de outras sanções previstas na legislação.

CAPÍTULO VII

DISPOSIÇÕES FINAIS

Art. 24. Ato do Ministro de Estado da Cultura disporá sobre:

I – forma e procedimento de cadastramento de empresas operadoras e de emissão do Certificado de Inscrição no Programa de Cultura do Trabalhador previsto no art. 5.º;

II – limites da taxa de administração prevista no inciso I do *caput* do art. 6.º;

III – forma e conteúdo dos relatórios previstos no inciso II do *caput* do art. 6.º e no inciso II do *caput* do art. 11;

IV – atividades econômicas admitidas previstas no art. 8.º;

V – produtos e serviços culturais a que se referem o inciso I do *caput* do art. 9.º e o art. 20; e

VI – modelos do cartão magnético e do impresso de que trata o art. 6.º da Lei n. 12.761, de 2012.

Art. 25. Fica o Ministério da Cultura autorizado a ampliar as áreas culturais previstas no § 2.º do art. 2.º da Lei n. 12.761, de 2012.

Art. 26. Ato conjunto dos Ministros de Estado da Cultura, do Trabalho e Emprego e da Fazenda estabelecerá o compartilhamento das informações necessárias à implementação deste Decreto, respeitadas as hipóteses de sigilo legalmente previstas.

§ 1.º O Ministério da Cultura deverá informar aos demais órgãos e entidades envolvidos sobre a execução inadequada, os desvios ou os desvirtuamentos das finalidades do Programa de Cultura do Trabalhador, para que sejam tomadas das providências cabíveis em seus âmbitos de competência.

§ 2.º O Ministério da Cultura deverá ser informado sobre a execução inadequada, os desvios ou os desvirtuamentos das finalidades do Programa, aferidos pelos demais órgãos e entidades durante suas respectivas atividades de fiscalização, para que sejam tomadas as providências cabíveis em seu âmbito de competência.

Art. 27. Este Decreto entra em vigor na data de sua publicação.

Brasília, 26 de agosto de 2013; 192.º da Independência e 125.º da República.

DILMA ROUSSEFF

LEI N. 13.103,
DE 2 DE MARÇO DE 2015 (*)

Dispõe sobre o exercício da profissão de motorista; altera a Consolidação das Leis do Trabalho – CLT, aprovada pelo Decreto-lei n. 5.452, de 1.º de maio de 1943, e as Leis n. 9.503, de 23 de setembro de 1997 – Código de Trânsito Brasileiro, e 11.442, de 5 de janeiro de 2007 (empresas e transportadores autônomos de carga), para disciplinar a jornada de trabalho e o tempo de direção do motorista profissional; altera a Lei n. 7.408, de 25 de novembro de 1985; revoga dispositivos da Lei n. 12.619, de 30 de abril de 2012; e dá outras providências.

A Presidenta da República

Faço saber que o Congresso Nacional decreta e eu sanciono a seguinte Lei:

Art. 1.º É livre o exercício da profissão de motorista profissional, atendidas as condições e qualificações profissionais estabelecidas nesta Lei.

•• *Vide* art. 1.º da Portaria n. 349, de 23-5-2018, do Ministério do Trabalho.

Parágrafo único. Integram a categoria profissional de que trata esta Lei os motoristas de veículos automotores cuja condução exija formação profissional e que exerçam a profissão nas seguintes atividades ou categorias econômicas:

I – de transporte rodoviário de passageiros;

II – de transporte rodoviário de cargas.

Art. 2.º São direitos dos motoristas profissionais de que trata esta Lei, sem prejuízo de outros previstos em leis específicas:

I – ter acesso gratuito a programas de formação e aperfeiçoamento profissional, preferencialmente mediante cursos técnicos e especializados previstos no inciso IV do art. 145 da Lei n. 9.503, de 23 de setembro de 1997 – Código de

(*) Publicada no *DOU*, de 3-3-2015. *Vide* Decreto n. 8.433, de 16-4-2015, que dispõe sobre a regulamentação dos arts. 9.º a 12, 17 e 22 desta Lei.

Trânsito Brasileiro, normatizados pelo Conselho Nacional de Trânsito – CONTRAN, em cooperação com o poder público;

II – contar, por intermédio do Sistema Único de Saúde – SUS, com atendimento profilático, terapêutico, reabilitador, especialmente em relação às enfermidades que mais os acometam;

III – receber proteção do Estado contra ações criminosas que lhes sejam dirigidas no exercício da profissão;

IV – contar com serviços especializados de medicina ocupacional, prestados por entes públicos ou privados à sua escolha;

V – se empregados:

a) não responder perante o empregador por prejuízo patrimonial decorrente da ação de terceiro, ressalvado o dolo ou a desídia do motorista, nesses casos mediante comprovação, no cumprimento de suas funções;

b) ter jornada de trabalho controlada e registrada de maneira fidedigna mediante anotação em diário de bordo, papeleta ou ficha de trabalho externo, ou sistema e meios eletrônicos instalados nos veículos, a critério do empregador; e

• A Deliberação Contran n. 143, de 20-4-2015, dispõe sobre a fiscalização do tempo de direção do motorista profissional de que trata os arts. 67-A, 67-C e 67-E, incluídos no Código de Trânsito por esta lei.

c) ter benefício de seguro de contratação obrigatória assegurado e custeado pelo empregador, destinado à cobertura de morte natural, morte por acidente, invalidez total ou parcial decorrente de acidente, traslado e auxílio para funeral referentes às suas atividades, no valor mínimo correspondente a 10 (dez) vezes o piso salarial de sua categoria ou valor superior fixado em convenção ou acordo coletivo de trabalho.

Art. 3.º Aos motoristas profissionais dependentes de substâncias psicoativas é assegurado o pleno atendimento pelas unidades de saúde municipal, estadual e federal, no âmbito do Sistema Único de Saúde, podendo ser realizados convênios com entidades privadas para o cumprimento da obrigação.

Art. 4.º O § 5.º do art. 71 da Consolidação das Leis do Trabalho – CLT, aprovada pelo Decreto-lei n. 5.452, de 1.º de maio de 1943, passa a vigorar com a seguinte redação:

•• Alteração já processada no diploma modificado.

Art. 5.º O art. 168 da Consolidação das Leis do Trabalho – CLT, aprovada pelo Decreto-lei n. 5.452, de 1.º de maio de 1943, passa a vigorar com as seguintes alterações:

•• Alterações já processadas no diploma modificado.

Art. 6.º A Seção IV-A do Capítulo I do Título III da Consolidação das Leis do Trabalho – CLT, aprovada pelo Decreto-lei n. 5.452, de 1.º de maio de 1943, passa a vigorar com as seguintes alterações:

•• Alterações já processadas no diploma modificado.

....

Art. 9.º As condições de segurança, sanitárias e de conforto nos locais de espera, de repouso e de descanso dos motoristas profissionais de transporte rodoviário de passageiros e rodoviário de cargas terão que obedecer ao disposto em normas regulamentadoras pelo ente competente.

•• *Vide* art. 4.º do Decreto n. 8.433, de 16-4-2015.

• A Portaria n. 944, de 8-7-2015, do MTE, estabelece as condições de segurança, sanitárias e de conforto nos locais de espera, de repouso e de descanso dos motoristas profissionais de transporte rodoviário de passageiros e de cargas.

§ 1.º É vedada a cobrança ao motorista ou ao seu empregador pelo uso ou permanência em locais de espera sob a responsabilidade de:

I – transportador, embarcador ou consignatário de cargas;

II – operador de terminais de cargas;

III – aduanas;

IV – portos marítimos, lacustres, fluviais e secos;

V – terminais ferroviários, hidroviários e aeroportuários.

§ 2.º Os locais de repouso e descanso dos motoristas profissionais serão, entre outros, em:

I – estações rodoviárias;

II – pontos de parada e de apoio;

III – alojamentos, hotéis ou pousadas;

IV – refeitórios das empresas ou de terceiros;

V – postos de combustíveis.

§ 3.º Será de livre-iniciativa a implantação de locais de repouso e descanso de que trata este artigo.

§ 4.º A estrita observância às Normas Regulamentadoras do Ministério do Trabalho e Emprego, no que se refere aos incisos II, III, IV e V do § 2.º, será considerada apenas quando o local for de propriedade do transportador, do embarcador ou do consignatário de cargas, bem como nos casos em que esses mantiverem com os proprietários destes locais contratos que os obriguem a disponibilizar locais de espera e repouso aos motoristas profissionais.

Art. 10. O poder público adotará medidas, no prazo de até 5 (cinco) anos a contar da vigência desta Lei, para ampliar a disponibilidade dos espaços previstos no art. 9.º, especialmente:

• *Vide* art. 6.º do Decreto n. 8.433, de 16-4-2015.

I – a inclusão obrigatória de cláusulas específicas em contratos de concessão de exploração de rodovias, para concessões futuras ou renovação;

II – a revisão das concessões de exploração das rodovias em vigor, de modo a adequá-las à previsão de construção de pontos de parada de espera e descanso, respeitado o equilíbrio econômico-financeiro dos contratos;

III – a identificação e o cadastramento de pontos de paradas e locais para espera, repouso e descanso que atendam aos requisitos previstos no art. 9.º desta Lei;

IV – a permissão do uso de bem público nas faixas de domínio das rodovias sob sua jurisdição, vinculadas à implementação de locais de espera, repouso e descanso e pontos de paradas, de trevos ou acessos a esses locais;

• *Vide* art. 6.º, parágrafo único, do Decreto n. 8.433, de 16-4-2015.

V – a criação de linha de crédito para apoio à implantação dos pontos de paradas.

Parágrafo único. O poder público apoiará ou incentivará, em caráter permanente, a implantação pela iniciativa privada de locais de espera, pontos de parada e de descanso.

Art. 11. Atos do órgão competente da União ou, conforme o caso, de autoridade do ente da federação com circunscrição sobre a via publicarão a relação de trechos das vias públicas que disponham de pontos de parada ou de locais de descanso adequados para o cumprimento desta Lei.

• *Vide* arts. 5.º, I, e 6.º do Decreto n. 8.433, de 16-4-2015.

§ 1.º A primeira relação dos trechos das vias referidas no *caput* será publicada no prazo de até 180 (cento e oitenta) dias a contar da data da publicação desta Lei.

§ 2.º As relações de trechos das vias públicas de que trata o *caput* deverão ser ampliadas e revisadas periodicamente.

§ 3.º Os estabelecimentos existentes nas vias poderão requerer no órgão competente com jurisdição sobre elas o seu reconhecimento como ponto de parada e descanso.

• *Vide* art. 4.º do Decreto n. 8.433, de 16-4-2015.

Art. 12. O disposto nos §§ 2.º e 3.º do art. 235-C do Capítulo I do Título III da Consolidação das Leis do Trabalho – CLT, aprovada pelo Decreto-lei n. 5.452, de 1.º de maio de 1943, e no *caput* e nos §§ 1.º e 3.º do art. 67-C do Capítulo III-A da Lei n. 9.503, de 23 de setembro de 1997 – Código de Trânsito Brasileiro, produzirá efeitos:

• *Vide* art. 6.º do Decreto n. 8.433, de 16-4-2015.

I – a partir da data da publicação dos atos de que trata o art. 11, para os trechos das vias deles constantes;

II – a partir da data da publicação das relações subsequentes, para as vias por elas acrescidas.

Parágrafo único. Durante os primeiros 180 (cento e oitenta) dias de sujeição do trecho ao disposto na Consolidação das Leis do Trabalho – CLT, aprovada pelo Decreto-lei n. 5.452, de 1.º de maio de 1943, e na Lei n. 9.503, de 23 de setembro de 1997 – Código de Trânsito Brasileiro, com as alterações constantes desta Lei, a fiscalização do seu cumprimento será meramente informativa e educativa.

Art. 13. O exame toxicológico com janela de detecção mínima de 90 (noventa) dias de que tratam o art. 148-A da Lei n. 9.503, de 23 de setembro de 1997 – Código de Trânsito Brasileiro, os §§ 6.º e 7.º do art. 168 e o inciso VII do art. 235-B da Consolidação das Leis do Trabalho – CLT, aprovada pelo Decreto-lei n. 5.452, de 1.º de maio de 1943, será exigido:

I – em 90 (noventa) dias da publicação desta Lei, para a renovação e habilitação das categorias C, D e E;

II – em 1 (um) ano a partir da entrada em vigor desta Lei, para a admissão e a demissão de motorista profissional;

III – em 3 (três) anos e 6 (seis) meses a partir da entrada em vigor desta Lei, para o disposto no § 2.º do art. 148-A da Lei n. 9.503, de 23 de setembro de 1997;

IV – em 2 (dois) anos e 6 (seis) meses a partir da entrada em vigor desta Lei, para o disposto no § 3.º do art. 148-A da Lei n. 9.503, de 23 de setembro de 1997.

Parágrafo único. Caberá ao Contran estabelecer adequações necessárias ao cronograma de realização dos exames.

Art. 14. Decorrido o prazo de 3 (três) anos a contar da publicação desta Lei, os seus efeitos dar-se-ão para todas as vias, independentemente da publicação dos atos de que trata o art. 11 ou de suas revisões.

....

Art. 17. Em todo o território nacional, os veículos de transporte de cargas que circularem vazios ficarão isentos da cobrança de pedágio sobre os eixos que mantiverem suspensos.

•• *Caput* com redação determinada pela Lei n. 13.711, de 24-8-2018.

•• *Vide* art. 5.º, II, do Decreto n. 8.433, de 16-4-2015.

§ 1.º O disposto no *caput* deste artigo abrange as vias terrestres federais, estaduais, distritais e municipais, inclusive as concedidas.

•• § 1.º acrescentado pela Lei n. 13.711, de 24-8-2018.

§ 2.º Os órgãos e as entidades competentes da União, dos Estados, do Distrito Federal e dos Municípios disporão sobre as medidas técnicas e operacionais para viabilizar a isenção de que trata o *caput* deste artigo.

•• § 2.º acrescentado pela Lei n. 13.711, de 24-8-2018.

§ 3.º Até a implementação das medidas a que se refere o § 2.º deste artigo, considerar-se-ão vazios os veículos de transporte de carga que transpuserem as praças de pedágio com um ou mais eixos mantidos suspensos, assegurada a fiscalização dessa condição pela autoridade com circunscrição sobre a via ou pelo agente designado na forma prevista no § 4.º do art. 280 da Lei n. 9.503, de 23 de setembro de 1997 (Código de Trânsito Brasileiro).

•• § 3.º acrescentado pela Lei n. 13.711, de 24-8-2018.

§ 4.º Para as vias rodoviárias federais concedidas ou delegadas, será adotada a regulamentação da Agência Nacional de Transportes Terrestres (ANTT).

•• § 4.º acrescentado pela Lei n. 13.711, de 24-8-2018.

§ 5.º Ficam sujeitos à penalidade prevista no art. 209 da Lei n. 9.503, de 23 de setembro de 1997 (Código de Trânsito Brasileiro), os veículos de transporte de cargas que circularem com eixos indevidamente suspensos.

•• § 5.º acrescentado pela Lei n. 13.711, de 24-8-2018.

§ 6.º O aumento do valor do pedágio para os usuários da rodovia a fim de compensar a isenção de que trata o *caput* deste artigo somente será adotado após esgotadas as demais alternativas de reequilíbrio econômico-financeiro dos contratos.

•• § 6.º acrescentado pela Lei n. 13.711, de 24-8-2018.

Art. 18. O embarcador indenizará o transportador por todos os prejuízos decorrentes de infração por transporte de carga com excesso de peso em desacordo com a nota fiscal, inclusive as despesas com transbordo de carga.

....

Art. 21. Ficam revogados os arts. 1.º, 2.º e 9.º da Lei n. 12.619, de 30 de abril de 2012.

Art. 22. Ficam convertidas em sanção de advertência:

• *Vide* art. 3.º do Decreto n. 8.433, de 16-4-2015.

I – as penalidades decorrentes de infrações ao disposto na Lei n. 12.619, de 30 de abril de 2012, que alterou a Consolidação das Leis do Trabalho – CLT, aprovada pelo Decreto-lei n. 5.452, de 1.º de maio de 1943, e a Lei n. 9.503, de 23 de setembro de 1997 – Código de Trânsito Brasileiro, aplicadas até a data da publicação desta Lei; e

II – as penalidades por violação do inciso V do art. 231 da Lei n. 9.503, de 23 de setembro de 1997 – Código de Trânsito Brasileiro, aplicadas até 2 (dois) anos antes da entrada em vigor desta Lei.

Brasília, 2 de março de 2015; 194.º da Independência e 127.º da República.

DILMA ROUSSEFF

INSTRUÇÃO NORMATIVA N. 37, DE 2 DE MARÇO DE 2015 (*)

Regulamenta os procedimentos em caso de Incidente de Uniformização de Jurisprudência no âmbito dos TRTs, suscitado na forma do art. 896, § 4.º, da CLT.

Art. 1.º Para efeito do Incidente de Uniformização de Jurisprudência (IUJ) previsto nos §§ 4.º e 5.º do art. 896 da CLT, com a redação da Lei n. 13.015/14, considerar-se-á dissenso jurisprudencial sobre idêntica questão jurídica no âmbito do mesmo Tribunal Regional do Trabalho:

•• A Lei n. 13.467, de 13-7-2017, em vigor 120 dias da sua publicação (*DOU* de 14-7-2017), revoga os §§ 4.º e 5.º do art. 896 da CLT.

I – a discrepância subsistente de julgados entre órgãos fracionários da Corte, ainda que não uniformizada a matéria;

II – a divergência subsistente de julgados entre órgão fracionário e o Tribunal Pleno ou o Órgão Especial em decisão uniformizadora, sumulada ou não, ainda que anterior à Lei n. 13.015/14.

Art. 2.º O Ministro Relator no Tribunal Superior do Trabalho, ao decidir, monocraticamente, de ofício ou mediante provocação, pela suscitação de Incidente de Uniformização de Jurisprudência (IUJ) no âmbito de Tribunal Regional do Trabalho, no caso do art. 896, § 4.º, da CLT, além do sobrestamento do julgamento do recurso do caso concreto:

•• A Lei n. 13.467, de 13-7-2017, em vigor 120 dias da sua publicação (*DOU* de 14-7-2017), revoga o § 4.º do art. 896 da CLT.

I – determinará a devolução dos autos à Corte de origem, ainda que já suscitado IUJ sobre a mesma matéria no mesmo Tribunal em outro processo;

II – expedirá imediatamente ofício ao Presidente do Tribunal Superior do Trabalho para que este dê ciência ao Presidente do Tribunal Regional do Trabalho, para os efeitos do art. 6.º, bem assim aos demais Ministros da Corte;

III – expedirá ofício ao Ministro Presidente da Comissão de Jurisprudência e de Precedentes Normativos do TST em que lhe dará ciência da decisão e informará: o Tribunal Regional do Trabalho, o número do processo, a classe e o tema objeto de IUJ;

IV – determinará a publicação da decisão no *DEJT*.

§ 1.º Os Ministros da Corte, cientes do ofício expedido pelo Ministro Presidente do Tribunal Superior do Trabalho comunicando a suscitação de IUJ, suspenderão o julgamento de outros recursos de revista de sua relatoria, oriundos do mesmo Tribunal Regional do Trabalho, que versem sobre idêntica questão jurídica, e determinarão a devolução dos autos ao respectivo TRT, mediante decisão fundamentada, desde que tempestivo o recurso de revista, observadas as formalidades dos incisos II e III.

§ 2.º O IUJ somente será suscitado nos recursos de revista, inclusive aqueles oriundos dos agravos de instrumento providos.

Art. 3.º Até a implantação do banco de dados a que se refere o art. 7.º, a Comissão de Jurisprudência e de Precedentes Normativos do TST organizará, manterá e atualizará, disponibilizado na intranet, registro dos Incidentes de Uniformização de Jurisprudência (IUJ) concernentes a cada Tribunal Regional do Trabalho, de que constarão os seguintes dados:

I – classe e número do processo em que acolhida a suscitação de IUJ;

II – Tribunal Regional do Trabalho de origem;

III – tema(s) objeto de IUJ;

IV – Ministro Relator;

V – data da suspensão do julgamento do processo.

Art. 4.º A Secretaria-Geral Judiciária do TST providenciará códigos de movimentação específicos para os processos remetidos e recebidos dos Tribunais Regionais do Trabalho em decorrência da decisão que deferiu a suscitação de Incidente de Uniformização de Jurisprudência (IUJ).

Art. 5.º O Presidente ou o Vice-Presidente do Tribunal Regional do Trabalho, ciente do ofício da Presidência do Tribunal Superior do Trabalho aludido no art. 2.º, inciso II, antes de emitir juízo de admissibilidade em recurso de revista, deverá suscitar Incidente de Uniformização de Jurisprudência em todos os outros processos que tratam da mesma matéria, enquanto não uniformizada a jurisprudência interna, e sobrestar a remessa ao TST dos respectivos autos até o julgamento do IUJ referente ao caso concreto e a reapreciação da questão no órgão fracionário prolator do acórdão originário recorrido.

Art. 6.º Julgado o Incidente de Uniformização de Jurisprudência, o Presidente do Tribunal Regional do Trabalho comunicará imediatamente a decisão ao Presidente do Tribunal Superior do Trabalho para ulterior ciência e providências de registro da Comissão de Jurisprudência e de Precedentes Normativos.

Art. 7.º O Tribunal Superior do Trabalho, para efeito do disposto no art. 896, § 4.º, da CLT, instituirá o Banco Nacional de Jurisprudência Uniformizada – BANJUR, vinculado à Comissão de Jurisprudência e de Precedentes Normativos do TST, contendo, pelo menos, os registros referidos no art. 3.º, as súmulas, orientações jurisprudenciais e teses jurídicas prevalecentes nos Tribunais Regionais do Trabalho.

•• A Lei n. 13.467, de 13-7-2017, em vigor 120 dias da sua publicação (*DOU* de 14-7-2017), revoga o § 4.º do art. 896 da CLT.

(*) Publicada no *DEJT*, de 4-3-2015.

Parágrafo único. As informações contidas no BANJUR serão públicas, podendo o interessado acessá-las no sítio do Tribunal Superior do Trabalho na internet.

Art. 8.º No prazo de cinco dias, da publicação da presente Resolução, os Ministros que já acolheram Incidente de Uniformização de Jurisprudência (IUJ) expedirão os ofícios a que alude o art. 2.º, incisos II e III.

Publique-se.

Antonio José de Barros Levenhagen

DECRETO N. 8.433,

DE 16 DE ABRIL DE 2015 (*)

Dispõe sobre a regulamentação dos art. 9.º a art. 12, art. 17 e art. 22 da Lei n. 13.103, de 2 de março de 2015.

A Presidenta da República, no uso da atribuição que lhe confere o art. 84, *caput*, incisos IV e VI, alínea *a* da Constituição, e tendo em vista o disposto na Lei n. 13.103, de 2 de março de 2015, decreta:

Art. 1.º Este Decreto regulamenta a Lei n. 13.103, de 2 de março de 2015, que dispõe sobre o exercício da profissão de motorista.

Art. 2.º Os veículos de transporte de carga que circularem vazios ficam isentos da cobrança de pedágio sobre os eixos que mantiverem suspensos.

§ 1.º Os órgãos ou entidades competentes da União, dos Estados, do Distrito Federal e dos Municípios disporão sobre as medidas técnicas e operacionais para viabilizar a isenção de que trata o *caput*.

§ 2.º Até a implementação das medidas a que se refere o § 1.º, consideram-se vazios os veículos de transporte de carga que transpuserem as praças de pedágio com um ou mais eixos que mantiverem suspensos, ressalvada a fiscalização da condição pela autoridade com circunscrição sobre a via ou ao seu agente designado na forma do § 4.º do art. 280 da Lei n. 9.503, de 23 de setembro de 1997 – Código de Trânsito Brasileiro.

§ 3.º Para as vias rodoviárias federais concedidas, a regulamentação de que trata o § 1.º será publicada pela Agência Nacional de Transportes Terrestres – ANTT no prazo máximo de cento e oitenta dias, contado da publicação deste Decreto, observada a viabilidade econômica e o interesse público.

§ 4.º Regulamentações específicas fixarão os prazos para o cumprimento das medidas pelas concessionárias de rodovias.

Art. 3.º As penalidades a que se refere o art. 22 da Lei n. 13.103, de 2015, ficam convertidas em advertências, conforme os procedimentos estabelecidos:

I – pelo Ministério do Trabalho e Emprego, no caso das infrações ao disposto na Lei n. 12.619, de 30 de abril de 2012, de que trata o inciso I do *caput* do art. 22 da Lei n. 13.103, de 2015; e

II – pelos órgãos competentes para aplicar penalidades, no caso das infrações ao Código de Trânsito Brasileiro de que tratam os incisos I e II do *caput* do art. 22 da Lei n. 13.103, de 2015.

§ 1.º As penalidades decorrentes das infrações de trânsito de que tratam os incisos I e II do *caput* do art. 22 da Lei n. 13.103, de 2015, são aquelas previstas no inciso XXIII do *caput* do art. 230 e no inciso V do *caput* do art. 231 do Código de Trânsito Brasileiro, respectivamente.

§ 2.º A restituição de valores pagos pelas penalidades referidas no *caput* deverá ser solicitada por escrito e autuada em processo administrativo específico junto ao órgão responsável pelo recolhimento.

Art. 4.º Compete ao Ministério do Trabalho e Emprego regulamentar as condições de segurança, sanitárias e de conforto nos locais de espera, de repouso e de descanso dos motoristas profissionais de transporte rodoviário de passageiros e de cargas, conforme disposto no art. 9.º da Lei n. 13.103, de 2 de março de 2015.

• A Portaria n. 944, de 8-7-2015, do MTE, estabelece as condições de segurança, sanitárias e de conforto nos locais de espera, de repouso e de descanso dos motoristas profissionais de transporte rodoviário de passageiros e de cargas.

Parágrafo único. Para os procedimentos de reconhecimento como ponto de parada e descanso, os órgãos de que trata o § 3.º do art. 11 da Lei n. 13.103, de 2015, observarão o cumprimento da regulamentação de que trata o *caput*.

Art. 5.º Compete ao Conselho Nacional de Trânsito – Contran regulamentar:

I – os modelos de sinalização, de orientação e de identificação dos locais de espera, de repouso e de descanso dos motoristas profissionais de transporte rodoviário de passageiros e de cargas, observadas as disposições do § 3.º do art. 11 da Lei n. 13.103, de 2015; e

II – o uso de equipamentos para a verificação se o veículo se encontra vazio e os demais procedimentos a serem adotados para a fiscalização de trânsito e o cumprimento das disposições do art. 17 da Lei n. 13.103, de 2015, no prazo máximo de cento e oitenta dias, contado da publicação deste Decreto.

Art. 6.º A regulamentação das disposições dos incisos I ao IV do *caput* do art. 10, do art. 11 e do art. 12 da Lei n. 13.103, de 2015, compete:

I – à ANTT, para as rodovias por ela concedidas; e

II – ao Departamento Nacional de Infraestrutura de Transportes – DNIT, para as demais rodovias federais.

Parágrafo único. A outorga de permissão de uso de bem público nas faixas de domínio a que se refere o inciso IV do *caput* do art. 10 da Lei n. 13.103, de 2015, compete ao órgão com jurisdição sobre a via, observados os requisitos e as condições por ele estabelecidos.

Art. 7.º Este Decreto entra em vigor na data de sua publicação.

(*) Publicado no *DOU*, de 17-4-2015. Republicado no *DOU*, de 20-4-2015. *Vide* Lei n. 13.103, de 2-3-2015.

Brasília, 16 de abril de 2015; 194.º da Independência e 127.º da República.

DILMA ROUSSEFF

PORTARIA N. 702,

DE 28 DE MAIO DE 2015 (*)

Estabelece requisitos para a prorrogação de jornada em atividade insalubre.

O MINISTRO DE ESTADO DO TRABALHO E EMPREGO, no uso das atribuições que lhe confere o inciso II do art. 87 da Constituição Federal e considerando o disposto no art. 60 da CLT, resolve:

Art. 1.º Nas atividades insalubres, quaisquer prorrogações de jornada só poderão ser praticadas mediante autorização da chefia da unidade de segurança e saúde no trabalho da Superintendência Regional do Trabalho e Emprego correspondente.

•• *Vide* art. 7.º, XXII e XXIII, da CF.

• *Vide* arts. 189 e s. da CLT.

• A Norma Regulamentadora n. 15 dispõe sobre atividades e operações insalubres.

Art. 2.º O pedido de autorização para a prorrogação de jornada em atividade insalubre deverá ser apresentado com as seguintes informações:

a) identificação do empregador e do estabelecimento, contendo razão social, CNPJ, endereço, CNAE e número de empregados;

b) indicação das funções, setores e turnos cuja jornada será prorrogada, com o número de empregados alcançados pela prorrogação;

c) descrição da jornada de trabalho ordinária e a indicação do tempo de prorrogação pretendido; e

d) relação dos agentes insalubres, com identificação da fonte, nível ou concentração e descrição das medidas de controle adotadas.

Art. 3.º A análise do pedido deve considerar o possível impacto da prorrogação na saúde dos trabalhadores alcançados.

Art. 4.º O deferimento do pedido está condicionado ao atendimento dos seguintes requisitos:

a) inexistência de infrações às Normas Regulamentadoras que possam comprometer a saúde ou a integridade física dos trabalhadores;

b) adoção de sistema de pausas durante o trabalho, quando previstas em Norma Regulamentadora, e as condições em que são concedidas;

c) rigoroso cumprimento dos intervalos previstos na legislação; e

d) anuência da representação de trabalhadores, por meio de Acordo ou Convenção Coletiva de Trabalho.

(*) Publicada no *DOU*, de 29-5-2015.

Art. 5.º Os pedidos de empregadores que apresentarem números elevados de acidentes ou doenças do trabalho devem ser indeferidos.

Art. 6.º Não será admitida prorrogação em atividades com exposição a agentes cuja caracterização da insalubridade se dá por meio de avaliação quantitativa, salvo em situações transitórias, por curto período de tempo e desde que sejam implementadas medidas adicionais de proteção do trabalhador contra a exposição ao agente nocivo.

Art. 7.º A análise do pedido será feita por meio de análise documental e consulta aos sistemas de informação da inspeção do trabalho, referentes a ações fiscais anteriormente realizadas e, caso seja necessário, complementada por inspeção no estabelecimento do empregador.

Art. 8.º A validade da autorização será determinada pela autoridade que a conceder, nunca superior a 5 (cinco) anos.

Art. 9.º A autorização deve ser cancelada:

I – sempre que for verificado o não atendimento às condições estabelecidas no art. 4.º;

II – quando ocorrer a situação prevista no art. 5.º; ou

III – em situação que gere impacto negativo à saúde do trabalhador.

Art. 10. Esta Portaria entra em vigor na data de sua publicação.

Manoel Dias

LEI COMPLEMENTAR N. 150,

DE 1.º DE JUNHO DE 2015 (**)

Dispõe sobre o contrato de trabalho doméstico, altera as Leis n. 8.212, de 24 de julho de 1991, n. 8.213, de 24 de julho de 1991, e n. 11.196, de 21 de novembro de 2005; revoga o inciso I do art. 3.º da Lei n. 8.009, de 29 de março de 1990, o art. 36 da Lei n. 8.213, de 24 de julho de 1991, a Lei n. 5.859, de 11 de dezembro de 1972, e o inciso VII do art. 12 da Lei n. 9.250, de 26 de dezembro de 1995; e dá outras providências.

A Presidenta da República

Faço saber que o Congresso Nacional decreta e eu sanciono a seguinte Lei Complementar:

CAPÍTULO I
DO CONTRATO DE TRABALHO DOMÉSTICO

•• O Decreto Legislativo n. 172, de 4-12-2017, aprova os textos da Convenção sobre o Trabalho Decente para as Trabalhadoras e os Trabalhadores Domésticos (n. 189) e da Recomendação sobre o Trabalho Doméstico Decente para as Trabalhadoras e os Trabalhadores Domésticos (n. 201), da OIT.

Art. 1.º Ao empregado doméstico, assim considerado aquele que presta serviços de forma contínua, subordinada, onerosa e pessoal e de finalidade não lucrativa à pessoa ou à família, no âmbito residencial destas, por mais de 2 (dois) dias por semana, aplica-se o disposto nesta Lei.

•• *Vide* art. 7.º, parágrafo único, da CF.

(**) Publicada no *DOU*, de 2-6-2015.

Parágrafo único. É vedada a contratação de menor de 18 (dezoito) anos para desempenho de trabalho doméstico, de acordo com a Convenção n. 182, de 1999, da Organização Internacional do Trabalho (OIT) e com o Decreto n. 6.481, de 12 de junho de 2008.

• A Convenção OIT n. 182, regulamentada pelo Decreto n. 6.481, de 12-6-2008, dispõe sobre as piores formas de trabalho infantil.

Art. 2.º A duração normal do trabalho doméstico não excederá 8 (oito) horas diárias e 44 (quarenta e quatro) semanais, observado o disposto nesta Lei.

•• *Vide* art. 7.º, XIII, da CF.

§ 1.º A remuneração da hora extraordinária será, no mínimo, 50% (cinquenta por cento) superior ao valor da hora normal.

•• *Vide* art. 7.º, XVI, da CF.

§ 2.º O salário-hora normal, em caso de empregado mensalista, será obtido dividindo-se o salário mensal por 220 (duzentas e vinte) horas, salvo se o contrato estipular jornada mensal inferior que resulte em divisor diverso.

§ 3.º O salário-dia normal, em caso de empregado mensalista, será obtido dividindo-se o salário mensal por 30 (trinta) e servirá de base para pagamento do repouso remunerado e dos feriados trabalhados.

§ 4.º Poderá ser dispensado o acréscimo de salário e instituído regime de compensação de horas, mediante acordo escrito entre empregador e empregado, se o excesso de horas de um dia for compensado em outro dia.

§ 5.º No regime de compensação previsto no § 4.º:

I – será devido o pagamento, como horas extraordinárias, na forma do § 1.º, das primeiras 40 (quarenta) horas mensais excedentes ao horário normal de trabalho;

II – das 40 (quarenta) horas referidas no inciso I, poderão ser deduzidas, sem o correspondente pagamento, as horas não trabalhadas, em função de redução do horário normal de trabalho ou de dia útil não trabalhado, durante o mês;

III – o saldo de horas que excederem as 40 (quarenta) primeiras horas mensais de que trata o inciso I, com a dedução prevista no inciso II, quando for o caso, será compensado no período máximo de 1 (um) ano.

§ 6.º Na hipótese de rescisão do contrato de trabalho sem que tenha havido a compensação integral da jornada extraordinária, na forma do § 5.º, o empregado fará jus ao pagamento das horas extras não compensadas, calculadas sobre o valor da remuneração na data de rescisão.

§ 7.º Os intervalos previstos nesta Lei, o tempo de repouso, as horas não trabalhadas, os feriados e os domingos livres em que o empregado que mora no local de trabalho nele permaneça não serão computados como horário de trabalho.

§ 8.º O trabalho não compensado prestado em domingos e feriados deve ser pago em dobro, sem prejuízo da remuneração relativa ao repouso semanal.

Art. 3.º Considera-se trabalho em regime de tempo parcial aquele cuja duração não exceda 25 (vinte e cinco) horas semanais.

• *Vide* art. 58-A da CLT.

§ 1.º O salário a ser pago ao empregado sob regime de tempo parcial será proporcional a sua jornada, em relação ao empregado que cumpre, nas mesmas funções, tempo integral.

§ 2.º A duração normal do trabalho do empregado em regime de tempo parcial poderá ser acrescida de horas suplementares, em número não excedente a 1 (uma) hora diária, mediante acordo escrito entre empregador e empregado, aplicando-se-lhe, ainda, o disposto nos §§ 2.º e 3.º do art. 2.º, com o limite máximo de 6 (seis) horas diárias.

§ 3.º Na modalidade do regime de tempo parcial, após cada período de 12 (doze) meses de vigência do contrato de trabalho, o empregado terá direito a férias, na seguinte proporção:

I – 18 (dezoito) dias, para a duração do trabalho semanal superior a 22 (vinte e duas) horas, até 25 (vinte e cinco) horas;

II – 16 (dezesseis) dias, para a duração do trabalho semanal superior a 20 (vinte) horas, até 22 (vinte e duas) horas;

III – 14 (quatorze) dias, para a duração do trabalho semanal superior a 15 (quinze) horas, até 20 (vinte) horas;

IV – 12 (doze) dias, para a duração do trabalho semanal superior a 10 (dez) horas, até 15 (quinze) horas;

V – 10 (dez) dias, para a duração do trabalho semanal superior a 5 (cinco) horas, até 10 (dez) horas;

VI – 8 (oito) dias, para a duração do trabalho semanal igual ou inferior a 5 (cinco) horas.

Art. 4.º É facultada a contratação, por prazo determinado, do empregado doméstico:

• *Vide* arts. 443, 445 e 451 da CLT.

• *Vide* Lei n. 9.601, de 21-1-1998.

I – mediante contrato de experiência;

II – para atender necessidades familiares de natureza transitória e para substituição temporária de empregado doméstico com contrato de trabalho interrompido ou suspenso.

Parágrafo único. No caso do inciso II deste artigo, a duração do contrato de trabalho é limitada ao término do evento que motivou a contratação, obedecido o limite máximo de 2 (dois) anos.

Art. 5.º O contrato de experiência não poderá exceder 90 (noventa) dias.

§ 1.º O contrato de experiência poderá ser prorrogado 1 (uma) vez, desde que a soma dos 2 (dois) períodos não ultrapasse 90 (noventa) dias.

§ 2.º O contrato de experiência que, havendo continuidade do serviço, não for prorrogado após o decurso de seu prazo previamente estabelecido ou que ultrapassar o período de 90 (noventa) dias passará a vigorar como contrato de trabalho por prazo indeterminado.

Art. 6.º Durante a vigência dos contratos previstos nos incisos I e II do art. 4.º, o empregador que, sem justa causa, despedir o empregado é obrigado a pagar-lhe, a título de indenização, metade da remuneração a que teria direito até o termo do contrato.

Art. 7.º Durante a vigência dos contratos previstos nos incisos I e II do art. 4.º, o empregado não poderá se desligar do contrato sem justa causa, sob pena de ser obrigado a indenizar o empregador dos prejuízos que desse fato lhe resultarem.

Parágrafo único. A indenização não poderá exceder aquela a que teria direito o empregado em idênticas condições.

Art. 8.º Durante a vigência dos contratos previstos nos incisos I e II do art. 4.º, não será exigido aviso prévio.

Art. 9.º A Carteira de Trabalho e Previdência Social será obrigatoriamente apresentada, contra recibo, pelo empregado ao empregador que o admitir, o qual terá o prazo de 48 (quarenta e oito) horas para nela anotar, especificamente, a data de admissão, a remuneração e, quando for o caso, os contratos previstos nos incisos I e II do art. 4.º.

• *Vide* art. 456 da CLT.

Art. 10. É facultado às partes, mediante acordo escrito entre essas, estabelecer horário de trabalho de 12 (doze) horas seguidas por 36 (trinta e seis) horas ininterruptas de descanso, observados ou indenizados os intervalos para repouso e alimentação.

§ 1.º A remuneração mensal pactuada pelo horário previsto no *caput* deste artigo abrange os pagamentos devidos pelo descanso semanal remunerado e pelo descanso em feriados, e serão considerados compensados os feriados e as prorrogações de trabalho noturno, quando houver, de que tratam o art. 70 e o § 5.º do art. 73 da Consolidação das Leis do Trabalho (CLT), aprovada pelo Decreto-Lei n. 5.452, de 1.º de maio de 1943, e o art. 9.º da Lei n. 605, de 5 de janeiro de 1949.

§ 2.º (*Vetado*.)

Art. 11. Em relação ao empregado responsável por acompanhar o empregador prestando serviços em viagem, serão consideradas apenas as horas efetivamente trabalhadas no período, podendo ser compensadas as horas extraordinárias em outro dia, observado o art. 2.º.

§ 1.º O acompanhamento do empregador pelo empregado em viagem será condicionado à prévia existência de acordo escrito entre as partes.

§ 2.º A remuneração-hora do serviço em viagem será, no mínimo, 25% (vinte e cinco por cento) superior ao valor do salário-hora normal.

§ 3.º O disposto no § 2.º deste artigo poderá ser, mediante acordo, convertido em acréscimo no banco de horas, a ser utilizado a critério do empregado.

Art. 12. É obrigatório o registro do horário de trabalho do empregado doméstico por qualquer meio manual, mecânico ou eletrônico, desde que idôneo.

Art. 13. É obrigatória a concessão de intervalo para repouso ou alimentação pelo período de, no mínimo, 1 (uma) hora e, no máximo, 2 (duas) horas, admitindo-se, mediante prévio acordo escrito entre empregador e empregado, sua redução a 30 (trinta) minutos.

§ 1.º Caso o empregado resida no local de trabalho, o período de intervalo poderá ser desmembrado em 2 (dois) períodos, desde que cada um deles tenha, no mínimo, 1 (uma) hora, até o limite de 4 (quatro) horas ao dia.

§ 2.º Em caso de modificação do intervalo, na forma do § 1.º, é obrigatória a sua anotação no registro diário de horário, vedada sua prenotação.

Art. 14. Considera-se noturno, para os efeitos desta Lei, o trabalho executado entre as 22 horas de um dia e as 5 horas do dia seguinte.

• *Vide* art. 7.º, IX, da CF.

§ 1.º A hora de trabalho noturno terá duração de 52 (cinquenta e dois) minutos e 30 (trinta) segundos.

§ 2.º A remuneração do trabalho noturno deve ter acréscimo de, no mínimo, 20% (vinte por cento) sobre o valor da hora diurna.

• *Vide* art. 73 da CLT.

§ 3.º Em caso de contratação, pelo empregador, de empregado exclusivamente para desempenhar trabalho noturno, o acréscimo será calculado sobre o salário anotado na Carteira de Trabalho e Previdência Social.

§ 4.º Nos horários mistos, assim entendidos os que abrangem períodos diurnos e noturnos, aplica-se às horas de trabalho noturno o disposto neste artigo e seus parágrafos.

Art. 15. Entre 2 (duas) jornadas de trabalho deve haver período mínimo de 11 (onze) horas consecutivas para descanso.

• *Vide* art. 66 da CLT.

Art. 16. É devido ao empregado doméstico descanso semanal remunerado de, no mínimo, 24 (vinte e quatro) horas consecutivas, preferencialmente aos domingos, além de descanso remunerado em feriados.

•• *Vide* art. 7.º, XV, da CF.

• *Vide* art. 67 da CLT.

• *Vide* Lei n. 605, de 5-1-1949.

Art. 17. O empregado doméstico terá direito a férias anuais remuneradas de 30 (trinta) dias, salvo o disposto no § 3.º do art. 3.º, com acréscimo de, pelo menos, um terço do salário normal, após cada período de 12 (doze) meses de trabalho prestado à mesma pessoa ou família.

•• *Vide* art. 7.º, XVII, da CF.

• *Vide* arts. 129 e s. da CLT.

§ 1.º Na cessação do contrato de trabalho, o empregado, desde que não tenha sido demitido por justa causa, terá direito à remuneração relativa ao período incompleto de férias, na proporção de um doze avos por mês de serviço ou fração superior a 14 (quatorze) dias.

§ 2.º O período de férias poderá, a critério do empregador, ser fracionado em até 2 (dois) períodos, sendo 1 (um) deles de, no mínimo, 14 (quatorze) dias corridos.

§ 3.º É facultado ao empregado doméstico converter um terço do período de férias a que tiver direito em abono pecuniário, no valor da remuneração que lhe seria devida nos dias correspondentes.

§ 4.º O abono de férias deverá ser requerido até 30 (trinta) dias antes do término do período aquisitivo.

§ 5.º É lícito ao empregado que reside no local de trabalho nele permanecer durante as férias.

§ 6.º As férias serão concedidas pelo empregador nos 12 (doze) meses subsequentes à data em que o empregado tiver adquirido o direito.

Art. 18. É vedado ao empregador doméstico efetuar descontos no salário do empregado por fornecimento de alimentação, vestuário, higiene ou moradia, bem como por despesas com transporte, hospedagem e alimentação em caso de acompanhamento em viagem.

•• *Vide* art. 458 da CLT.

§ 1.º É facultado ao empregador efetuar descontos no salário do empregado em caso de adiantamento salarial e, mediante acordo escrito entre as partes, para a inclusão do empregado em planos de assistência médico-hospitalar e odontológica, de seguro e de previdência privada, não podendo a dedução ultrapassar 20% (vinte por cento) do salário.

§ 2.º Poderão ser descontadas as despesas com moradia de que trata o *caput* deste artigo quando essa se referir a local diverso da residência em que ocorrer a prestação de serviço, desde que essa possibilidade tenha sido expressamente acordada entre as partes.

§ 3.º As despesas referidas no *caput* deste artigo não têm natureza salarial nem se incorporam à remuneração para quaisquer efeitos.

§ 4.º O fornecimento de moradia ao empregado doméstico na própria residência ou em morada anexa, de qualquer natureza, não gera ao empregado qualquer direito de posse ou de propriedade sobre a referida moradia.

Art. 19. Observadas as peculiaridades do trabalho doméstico, a ele também se aplicam as Leis n. 605, de 5 de janeiro de 1949, n. 4.090, de 13 de julho de 1962, n. 4.749, de 12 de agosto de 1965, e n. 7.418, de 16 de dezembro de 1985, e, subsidiariamente, a Consolidação das Leis do Trabalho (CLT), aprovada pelo Decreto-Lei n. 5.452, de 1.º de maio de 1943.

• Lei n. 605, de 5-1-1949: repouso semanal; Lei n. 4.090, de 13-7-1962: gratificação de Natal; Lei n. 4.749, de 12-8-1965: gratificação de Natal; e Lei n. 7.418, de 16-12-1985: vale-transporte.

Parágrafo único. A obrigação prevista no art. 4.º da Lei n. 7.418, de 16 de dezembro de 1985, poderá ser substituída, a critério do empregador, pela concessão, mediante recibo, dos valores para a aquisição das passagens necessárias ao custeio das despesas decorrentes do deslocamento residência-trabalho e vice-versa.

Art. 20. O empregado doméstico é segurado obrigatório da Previdência Social, sendo-lhe devidas, na forma da Lei n. 8.213, de 24 de julho de 1991, as prestações nela arroladas, atendido o disposto nesta Lei e observadas as características especiais do trabalho doméstico.

Art. 21. É devida a inclusão do empregado doméstico no Fundo de Garantia do Tempo de Serviço (FGTS), na forma do regulamento a ser editado pelo Conselho Curador e pelo agente operador do FGTS, no âmbito de suas competências, conforme disposto nos arts. 5.º e 7.º da Lei n. 8.036, de 11 de maio de 1990, inclusive no que tange aos aspectos técnicos de depósitos, saques, devolução de valores e emissão de extratos, entre outros determinados na forma da lei.

•• A Resolução n. 780, de 24-9-2015, do Conselho Curador do Fundo de Garantia do Tempo de Serviço, regulamenta a inclusão do empregado doméstico no FGTS, conforme o disposto neste artigo.

Parágrafo único. O empregador doméstico somente passará a ter obrigação de promover a inscrição e de efetuar os recolhimentos referentes a seu empregado após a entrada em vigor do regulamento referido no *caput*.

Art. 22. O empregador doméstico depositará a importância de 3,2% (três inteiros e dois décimos por cento) sobre a remuneração devida, no mês anterior, a cada empregado, destinada ao pagamento da indenização compensatória da perda do emprego, sem justa causa ou por culpa do empregador, não se aplicando ao empregado doméstico o disposto nos §§ 1.º a 3.º do art. 18 da Lei n. 8.036, de 11 de maio de 1990.

§ 1.º Nas hipóteses de dispensa por justa causa ou a pedido, de término do contrato de trabalho por prazo determinado, de aposentadoria e de falecimento do empregado doméstico, os valores previstos no *caput* serão movimentados pelo empregador.

§ 2.º Na hipótese de culpa recíproca, metade dos valores previstos no *caput* será movimentada pelo empregado, enquanto a outra metade será movimentada pelo empregador.

§ 3.º Os valores previstos no *caput* serão depositados na conta vinculada do empregado, em variação distinta daquela em que se encontrarem os valores oriundos dos depósitos de que trata o inciso IV do art. 34 desta Lei, e somente poderão ser movimentados por ocasião da rescisão contratual.

§ 4.º À importância monetária de que trata o *caput*, aplicam-se as disposições da Lei n. 8.036, de 11 de maio de 1990, e da Lei n. 8.844, de 20 de janeiro de 1994, inclusive quanto a sujeição passiva e equiparações, prazo de recolhimento, administração, fiscalização, lançamento, consulta, cobrança, garantias, processo administrativo de determinação e exigência de créditos tributários federais.

Art. 23. Não havendo prazo estipulado no contrato, a parte que, sem justo motivo, quiser rescindi-lo deverá avisar a outra de sua intenção.

• *Vide* Lei n. 12.506, de 11-10-2011.

§ 1.º O aviso prévio será concedido na proporção de 30 (trinta) dias ao empregado que conte com até 1 (um) ano de serviço para o mesmo empregador.

§ 2.º Ao aviso prévio previsto neste artigo, devido ao empregado, serão acrescidos 3 (três) dias por ano de serviço prestado para o mesmo empregador, até o máximo de 60 (sessenta) dias, perfazendo um total de até 90 (noventa) dias.

§ 3.º A falta de aviso prévio por parte do empregador dá ao empregado o direito aos salários correspondentes ao prazo do aviso, garantida sempre a integração desse período ao seu tempo de serviço.

§ 4.º A falta de aviso prévio por parte do empregado dá ao empregador o direito de descontar os salários correspondentes ao prazo respectivo.

§ 5.º O valor das horas extraordinárias habituais integra o aviso prévio indenizado.

Art. 24. O horário normal de trabalho do empregado durante o aviso prévio, quando a rescisão tiver sido promovida pelo empregador, será reduzido de 2 (duas) horas diárias, sem prejuízo do salário integral.

Parágrafo único. É facultado ao empregado trabalhar sem a redução das 2 (duas) horas diárias previstas no *caput* deste artigo, caso em que poderá faltar ao serviço, sem prejuízo do salário integral, por 7 (sete) dias corridos, na hipótese dos §§ 1.º e 2.º do art. 23.

Art. 25. A empregada doméstica gestante tem direito a licença-maternidade de 120 (cento e vinte) dias, sem prejuízo do emprego e do salário, nos termos da Seção V do Capítulo III do Título III da Consolidação das Leis do Trabalho (CLT), aprovada pelo Decreto-Lei n. 5.452, de 1.º de maio de 1943.

•• *Vide* art. 7.º, XVIII, da CF.

Parágrafo único. A confirmação do estado de gravidez durante o curso do contrato de trabalho, ainda que durante o prazo do aviso prévio trabalhado ou indenizado, garante à empregada gestante a estabilidade provisória prevista na alínea *b* do inciso II do art. 10 do Ato das Disposições Constitucionais Transitórias.

Art. 26. O empregado doméstico que for dispensado sem justa causa fará jus ao benefício do seguro-desemprego, na forma da Lei n. 7.998, de 11 de janeiro de 1990, no valor de 1 (um) salário mínimo, por período máximo de 3 (três) meses, de forma contínua ou alternada.

•• *Vide* art. 7.º, II, da CF.

•• A Resolução n. 754, de 26-8-2015, do CODEFAT, regulamenta os procedimentos para habilitação e concessão de seguro-desemprego para empregados domésticos dispensados sem justa causa, na forma deste artigo.

§ 1.º O benefício de que trata o *caput* será concedido ao empregado nos termos do regulamento do Conselho Deliberativo do Fundo de Amparo ao Trabalhador (Codefat).

§ 2.º O benefício do seguro-desemprego será cancelado, sem prejuízo das demais sanções cíveis e penais cabíveis:

I – pela recusa, por parte do trabalhador desempregado, de outro emprego condizente com sua qualificação registrada ou declarada e com sua remuneração anterior;

II – por comprovação de falsidade na prestação das informações necessárias à habilitação;

III – por comprovação de fraude visando à percepção indevida do benefício do seguro-desemprego; ou

IV – por morte do segurado.

Art. 27. Considera-se justa causa para os efeitos desta Lei:

•• *Vide* art. 482 da CLT.

I – submissão a maus-tratos de idoso, de enfermo, de pessoa com deficiência ou de criança sob cuidado direto ou indireto do empregado;

II – prática de ato de improbidade;

III – incontinência de conduta ou mau procedimento;

IV – condenação criminal do empregado transitada em julgado, caso não tenha havido suspensão da execução da pena;

V – desídia no desempenho das respectivas funções;

VI – embriaguez habitual ou em serviço;

VII – (*Vetado*);

VIII – ato de indisciplina ou de insubordinação;

IX – abandono de emprego, assim considerada a ausência injustificada ao serviço por, pelo menos, 30 (trinta) dias corridos;

X – ato lesivo à honra ou à boa fama ou ofensas físicas praticadas em serviço contra qualquer pessoa, salvo em caso de legítima defesa, própria ou de outrem;

XI – ato lesivo à honra ou à boa fama ou ofensas físicas praticadas contra o empregador doméstico ou sua família, salvo em caso de legítima defesa, própria ou de outrem;

XII – prática constante de jogos de azar.

Parágrafo único. O contrato de trabalho poderá ser rescindido por culpa do empregador quando:

• *Vide* art. 483 da CLT.

I – o empregador exigir serviços superiores às forças do empregado doméstico, defesos por lei, contrários aos bons costumes ou alheios ao contrato;

II – o empregado doméstico for tratado pelo empregador ou por sua família com rigor excessivo ou de forma degradante;

III – o empregado doméstico correr perigo manifesto de mal considerável;

IV – o empregador não cumprir as obrigações do contrato;

V – o empregador ou sua família praticar, contra o empregado doméstico ou pessoas de sua família, ato lesivo à honra e à boa fama;

VI – o empregador ou sua família ofender o empregado doméstico ou sua família fisicamente, salvo em caso de legítima defesa, própria ou de outrem;

VII – o empregador praticar qualquer das formas de violência doméstica ou familiar contra mulheres de que trata o art. 5.º da Lei n. 11.340, de 7 de agosto de 2006.

Art. 28. Para se habilitar ao benefício do seguro-desemprego, o trabalhador doméstico deverá apresentar ao órgão competente do Ministério do Trabalho e Emprego:

I – Carteira de Trabalho e Previdência Social, na qual deverão constar a anotação do contrato de trabalho doméstico e a data de dispensa, de modo a comprovar o vínculo empregatício, como empregado doméstico, durante pelo menos 15 (quinze) meses nos últimos 24 (vinte e quatro) meses;

II – termo de rescisão do contrato de trabalho;

III – declaração de que não está em gozo de benefício de prestação continuada da Previdência Social, exceto auxílio-acidente e pensão por morte; e

IV – declaração de que não possui renda própria de qualquer natureza suficiente à sua manutenção e de sua família.

Art. 29. O seguro-desemprego deverá ser requerido de 7 (sete) a 90 (noventa) dias contados da data de dispensa.

Art. 30. Novo seguro-desemprego só poderá ser requerido após o cumprimento de novo período aquisitivo, cuja duração será definida pelo Codefat.

CAPÍTULO II
DO SIMPLES DOMÉSTICO

Art. 31. É instituído o regime unificado de pagamento de tributos, de contribuições e dos demais encargos do empregador doméstico (Simples Doméstico), que deverá ser regulamentado no prazo de 120 (cento e vinte) dias a contar da data de entrada em vigor desta Lei.

•• A Portaria Interministerial n. 822, de 30-9-2015, disciplina o regime unificado de pagamento de tributos, de contribuições e dos demais encargos do empregador doméstico (Simples Doméstico) e dá outras providências.

Art. 32. A inscrição do empregador e a entrada única de dados cadastrais e de informações trabalhistas, previdenciárias e fiscais no âmbito do Simples Doméstico dar-se-ão mediante registro em sistema eletrônico a ser disponibilizado em portal na internet, conforme regulamento.

Parágrafo único. A impossibilidade de utilização do sistema eletrônico será objeto de regulamento, a ser editado pelo Ministério da Fazenda e pelo agente operador do FGTS.

• A Circular n. 696, de 27-10-2015, da Caixa Econômica Federal, estabelece procedimentos de contingência referentes a obrigatoriedade de recolhimento do FGTS pelo empregador doméstico.

Art. 33. O Simples Doméstico será disciplinado por ato conjunto dos Ministros de Estado da Fazenda, da Previdência Social e do Trabalho e Emprego que disporá sobre a apuração, o recolhimento e a distribuição dos recursos recolhidos por meio do Simples Doméstico, observadas as disposições do art. 21 desta Lei.

§ 1.º O ato conjunto a que se refere o *caput* deverá dispor também sobre o sistema eletrônico de registro das obrigações trabalhistas, previdenciárias e fiscais e sobre o cálculo e o recolhimento dos tributos e encargos trabalhistas vinculados ao Simples Doméstico.

§ 2.º As informações prestadas no sistema eletrônico de que trata o § 1.º:

I – têm caráter declaratório, constituindo instrumento hábil e suficiente para a exigência dos tributos e encargos trabalhistas delas resultantes e que não tenham sido recolhidos no prazo consignado para pagamento; e

II – deverão ser fornecidas até o vencimento do prazo para pagamento dos tributos e encargos trabalhistas devidos no Simples Doméstico em cada mês, relativamente aos fatos geradores ocorridos no mês anterior.

§ 3.º O sistema eletrônico de que trata o § 1.º deste artigo e o sistema de que trata o *caput* do art. 32 substituirão, na forma regulamentada pelo ato conjunto previsto no *caput*, a obrigatoriedade de entrega de todas as informações, formulários e declarações a que estão sujeitos os empregadores domésticos, inclusive os relativos ao recolhimento do FGTS.

Art. 34. O Simples Doméstico assegurará o recolhimento mensal, mediante documento único de arrecadação, dos seguintes valores:

I – 8% (oito por cento) a 11% (onze por cento) de contribuição previdenciária, a cargo do segurado empregado doméstico, nos termos do art. 20 da Lei n. 8.212, de 24 de julho de 1991;

II – 8% (oito por cento) de contribuição patronal previdenciária para a seguridade social, a cargo do empregador doméstico, nos termos do art. 24 da Lei n. 8.212, de 24 de julho de 1991;

III – 0,8% (oito décimos por cento) de contribuição social para financiamento do seguro contra acidentes do trabalho;

IV – 8% (oito por cento) de recolhimento para o FGTS;

V – 3,2% (três inteiros e dois décimos por cento), na forma do art. 22 desta Lei; e

VI – imposto sobre a renda retido na fonte de que trata o inciso I do art. 7.º da Lei n. 7.713, de 22 de dezembro de 1988, se incidente.

§ 1.º As contribuições, os depósitos e o imposto arrolados nos incisos I a VI incidem sobre a remuneração paga ou devida no mês anterior, a cada empregado, incluída na remuneração a gratificação de Natal a que se refere a Lei n. 4.090, de 13 de julho de 1962, e a Lei n. 4.749, de 12 de agosto de 1965.

§ 2.º A contribuição e o imposto previstos nos incisos I e VI do *caput* deste artigo serão descontados da remuneração do empregado pelo empregador, que é responsável por seu recolhimento.

§ 3.º O produto da arrecadação das contribuições, dos depósitos e do imposto de que trata o *caput* será centralizado na Caixa Econômica Federal.

§ 4.º A Caixa Econômica Federal, com base nos elementos identificadores do recolhimento, disponíveis no sistema de que trata o § 1.º do art. 33, transferirá para a Conta Única do Tesouro Nacional o valor arrecadado das contribuições e do imposto previstos nos incisos I, II, III e VI do *caput*.

§ 5.º O recolhimento de que trata o *caput* será efetuado em instituições financeiras integrantes da rede arrecadadora de receitas federais.

§ 6.º O empregador fornecerá, mensalmente, ao empregado doméstico cópia do documento previsto no *caput*.

§ 7.º O recolhimento mensal, mediante documento único de arrecadação, e a exigência das contribuições, dos depósitos e do imposto, nos valores definidos nos incisos I a VI do *caput*, somente serão devidos após 120 (cento e vinte) dias da data de publicação desta Lei.

Art. 35. O empregador doméstico é obrigado a pagar a remuneração devida ao empregado doméstico e a arrecadar e a recolher a contribuição prevista no inciso I do art. 34, assim como a arrecadar e a recolher as contribuições, os depósitos e o imposto a seu cargo discriminados nos incisos II, III, IV, V e VI do *caput* do art. 34, até o dia 7 do mês seguinte ao da competência.

§ 1.º Os valores previstos nos incisos I, II, III e VI do *caput* do art. 34 não recolhidos até a data de vencimento sujeitar-se-ão à incidência de encargos legais na forma prevista na legislação do imposto sobre a renda.

§ 2.º Os valores previstos nos incisos IV e V, referentes ao FGTS, não recolhidos até a data de vencimento serão corrigidos e terão a incidência da respectiva multa, conforme a Lei n. 8.036, de 11 de maio de 1990.

CAPÍTULO III

DA LEGISLAÇÃO PREVIDENCIÁRIA E TRIBUTÁRIA

Art. 36. O inciso V do art. 30 da Lei n. 8.212, de 24 de julho de 1991, passa a vigorar com a seguinte redação:

•• Alteração já processada no diploma modificado.

Art. 37. A Lei n. 8.213, de 24 de julho de 1991, passa a vigorar com as seguintes alterações:

•• Alterações já processadas no diploma modificado.

...

CAPÍTULO IV

DO PROGRAMA DE RECUPERAÇÃO PREVIDENCIÁRIA DOS EMPREGADORES DOMÉSTICOS (REDOM)

• A Portaria Conjunta n. 1.302, de 11-9-2015, da PGFN e da SRFB, dispõe sobre o pagamento e o parcelamento de débitos previstos nestes artigos.

Art. 39. É instituído o Programa de Recuperação Previdenciária dos Empregadores Domésticos (Redom), nos termos desta Lei.

Art. 40. Será concedido ao empregador doméstico o parcelamento dos débitos com o Instituto Nacional do Seguro Social (INSS) relativos à contribuição de que tratam os arts. 20 e 24 da Lei n. 8.212, de 24 de julho de 1991, com vencimento até 30 de abril de 2013.

§ 1.º O parcelamento abrangerá todos os débitos existentes em nome do empregado e do empregador, na condição de contribuinte, inclusive débitos inscritos em dívida ativa, que poderão ser:

I – pagos com redução de 100% (cem por cento) das multas aplicáveis, de 60% (sessenta por cento) dos juros de mora e de 100% (cem por cento) sobre os valores dos encargos legais e advocatícios;

II – parcelados em até 120 (cento e vinte) vezes, com prestação mínima no valor de R$ 100,00 (cem reais).

§ 2.º O parcelamento deverá ser requerido no prazo de 120 (cento e vinte) dias após a entrada em vigor desta Lei.

§ 3.º A manutenção injustificada em aberto de 3 (três) parcelas implicará, após comunicação ao sujeito passivo, a imediata rescisão do parcelamento e, conforme o caso, o prosseguimento da cobrança.

§ 4.º Na hipótese de rescisão do parcelamento com o cancelamento dos benefícios concedidos:

I – será efetuada a apuração do valor original do débito, com a incidência dos acréscimos legais, até a data de rescisão;

II – serão deduzidas do valor referido no inciso I deste parágrafo as parcelas pagas, com a incidência dos acréscimos legais, até a data de rescisão.

Art. 41. A opção pelo Redom sujeita o contribuinte a:

I – confissão irrevogável e irretratável dos débitos referidos no art. 40;

II – aceitação plena e irretratável de todas as condições estabelecidas;

III – pagamento regular das parcelas do débito consolidado, assim como das contribuições com vencimento posterior a 30 de abril de 2013.

CAPÍTULO V

DISPOSIÇÕES GERAIS

Art. 42. É de responsabilidade do empregador o arquivamento de documentos comprobatórios do cumprimento das obrigações fiscais, trabalhistas e previdenciárias, enquanto essas não prescreverem.

Art. 43. O direito de ação quanto a créditos resultantes das relações de trabalho prescreve em 5 (cinco) anos até o limite de 2 (dois) anos após a extinção do contrato de trabalho.

•• *Vide* art. 7.º, XXIX, da CF.

...

Art. 45. As matérias tratadas nesta Lei Complementar que não sejam reservadas constitucionalmente a lei complementar poderão ser objeto de alteração por lei ordinária.

Art. 46. Revogam-se o inciso I do art. 3.º da Lei n. 8.009, de 29 de março de 1990, e a Lei n. 5.859, de 11 de dezembro de 1972.

Art. 47. Esta Lei entra em vigor na data de sua publicação.

Brasília, 1.º de junho de 2015; 194.º da Independência e 127.º da República.

DILMA ROUSSEFF

PORTARIA N. 854,

DE 25 DE JUNHO DE 2015 (*)

Aprova normas para a organização e tramitação dos processos de multas administrativas e de Notificação de Débito de Fundo de Garantia do Tempo de Serviço e/ou Contribuição Social.

O Ministro de Estado do Trabalho e Emprego, no uso de suas atribuições legais; e considerando a necessidade de expedir instruções para a execução do disposto no Título VII da Consolidação das Leis do Trabalho, e tendo em vista o disposto na Lei n. 9.784, de 29 de janeiro de 1999, bem como o § 1.º do art. 23 da Lei n. 8.036, de 11 de maio de 1990, resolve:

(*) Publicada no *DOU*, de 26-6-2015.

CAPÍTULO I

DA ORGANIZAÇÃO DO PROCESSO

Art. 1.º Os processos administrativos de aplicação de multas e de notificação de débito do fundo de garantia e da contribuição social iniciar-se-ão com a lavratura do auto de infração e a emissão da notificação de débito de fundo de garantia do tempo de serviço e da contribuição social, respectivamente.

Art. 2.º Na organização e instrução do processo administrativo, serão observados os seguintes procedimentos:

I – os autos de infração e as notificações de débito serão protocolizados no setor competente;

II – cada auto de infração ou notificação de débito originará um processo administrativo;

III – o número de protocolo será sempre o mesmo, ainda quando o processo seja remetido a outro órgão ou instância superior;

IV – as informações, despachos, termos, pareceres, documentos e demais peças do processo serão dispostos em ordem cronológica da entrada no processo, devendo ter suas páginas numeradas sequencialmente e rubricadas;

V – a remissão a qualquer documento constante de outro processo em tramitação no âmbito do MTE far-se-á mediante a indicação do número do processo e do número da folha em que se encontra, além da transcrição do teor ou juntada da cópia;

VI – nas informações e despachos, cuidar-se-á para que:

a) a escrita seja legível e em vernáculo;

b) a redação seja clara, concisa, precisa e a linguagem isenta de agressão e parcialidade;

c) conste se houve defesa e se esta foi apresentada dentro ou fora do prazo previsto;

VII – a conclusão das informações ou despachos conterá:

a) a denominação da unidade em que tem exercício o servidor, permitida a abreviatura;

b) data;

c) assinatura ou chancela eletrônica e nome do servidor com o cargo ou função;

VIII – Será disponibilizado para consulta, na página oficial do MTE, o trâmite processual de todos os processos de auto de infração.

Art. 3.º Serão canceladas do processo, pela autoridade competente, expressões consideradas descorteses ou injuriosas.

Art. 4.º Os atos e termos procedimentais, quando a lei não prescrever forma determinada, conterão somente o indispensável a sua finalidade.

Art. 5.º Os atos do processo realizados pela administração, observadas as normas de segurança e controle de uso dispostos nesta Portaria, poderão ser subscritos por chancela eletrônica, a critério do Chefe da Unidade de Multas e Recursos das Superintendências Regionais do Trabalho e Emprego e do Secretário de Inspeção do Trabalho.

§ 1.º A chancela eletrônica deverá ser a reprodução exata de assinatura de próprio punho e descrição do nome e cargo do agente competente, com o emprego de recursos da informática.

§ 2.º Fica vedada a utilização da chancela eletrônica para outros fins que não aqueles previstos no *caput* deste artigo.

Art. 6.º Compete à Chefia da Unidade de Multas e Recursos, na primeira instância decisória, solicitar a prévia habilitação e o cadastramento da chancela eletrônica junto ao Coordenador-Geral de Recursos, bem assim requerer o imediato cancelamento, desativação ou substituição, na hipótese de afastamento ou impedimento do titular da chancela.

Art. 7.º Compete ao Coordenador-Geral de Recursos, na segunda instância decisória, solicitar a prévia habilitação e o cadastramento da chancela eletrônica junto ao Secretário da Inspeção do Trabalho, bem assim requerer o imediato cancelamento, desativação ou substituição, na hipótese de afastamento ou impedimento do titular da chancela.

Parágrafo único. Para a chancela eletrônica serão habilitados apenas 2 (dois) titulares para cada unidade organizacional, devendo o responsável por cada uma destas indicar o autógrafo principal, que constará dos atos expedidos pelo sistema informatizado, salvo nas hipóteses de afastamento ou impedimento do titular, quando haverá substituição pelo autógrafo secundário.

Art. 8.º Para implantação da chancela eletrônica, as imagens colhidas para os fins do § 1.º, do art. 5.º, serão repassadas pela Secretaria de Inspeção do Trabalho ao serviço de informática, ao qual compete, na operacionalização da chancela eletrônica, a adoção de medidas de segurança que confiram o restrito e o seguro manuseio dos autógrafos, estando expressamente vedado o uso destes para fins diversos daqueles relativos aos atos processuais regulados nesta portaria.

Art. 9.º Compete ao titular da chancela zelar pela sua correta utilização, devendo comunicar imediatamente, por escrito, à chefia imediata quaisquer irregularidades identificadas.

Art. 10. A indevida utilização da chancela caracterizará infração funcional, a ser apurada em processo administrativo disciplinar, sem prejuízo de responsabilidade penal e civil, conforme o caso.

CAPÍTULO II

DO AUTO DE INFRAÇÃO E DA NOTIFICAÇÃO DE DÉBITO DE FUNDO DE GARANTIA DO TEMPO DE SERVIÇO E DA CONTRIBUIÇÃO SOCIAL

SEÇÃO I

Disposições Gerais

Art. 11. O auto de infração e a notificação de débito terão suas características definidas em modelo oficial e serão preenchidos de forma indelével.

Art. 12. O auto de infração e a notificação de débito não terão seu valor probante condicionado à assinatura do infrator e de testemunhas e serão lavrados no local da inspeção, salvo motivo justificado.

Parágrafo único. Considera-se local da inspeção:

I – o local de trabalho fiscalizado;

II – as unidades do Ministério do Trabalho e Emprego;

III – qualquer outro local previamente designado pelo Auditor Fiscal do Trabalho – AFT para a exibição de documentos por parte do empregador.

Art. 13. Poderão ser apreendidos pelo AFT, conforme disciplinado pela Secretaria de Inspeção do Trabalho, quaisquer papéis e documentos que constituam prova material da infração.

SEÇÃO II

Do Auto de Infração

Art. 14. O auto de infração será lavrado em 03 (três) vias conforme modelos e instruções emitidos pelo Ministério do Trabalho e Emprego e conterá, essencialmente, os seguintes elementos:

I – nome, inscrição, endereço e CEP do autuado constantes dos cadastros de pessoa física ou jurídica da Secretaria da Receita Federal do Brasil;

II – código de atividade segundo a Classificação Nacional de Atividades Econômicas – CNAE e número total de empregados de todos os estabelecimentos do autuado;

III – ementa da autuação e seu código;

IV – narrativa clara e precisa do fato caracterizado como infração, com referência às circunstâncias pertinentes, relacionando, quando tecnicamente possível, pelo menos um empregado em situação ou atividade irregular, exceto quando a lei cominar multa *per capita*, hipótese em que deverão ser relacionados todos os empregados em situação ou atividade irregular e o local onde ocorreu o fato, se diverso do citado no inciso I;

V – capitulação do fato mediante citação expressa do dispositivo legal infringido;

VI – elementos de convicção;

VII – ciência do prazo para apresentação de defesa e indicação do local para sua entrega;

VIII – local e data;

IX – assinatura e identificação do AFT autuante contendo nome e número de sua Carteira de Identidade Fiscal – CIF;

X – assinatura e identificação do autuado, seu representante ou preposto.

§ 1.º O AFT poderá anexar ao auto de infração elementos probatórios da situação identificada, tais como cópias de documentos, fotografias e vídeos.

§ 2.º Em todos os autos de infração lavrados em ação fiscal onde houver a constatação de trabalho em condições análogas às de escravo deverá conter a seguinte informação: "Diante da decisão administrativa final de procedência do auto de infração ou do conjunto de autos de infração que caracterize submissão de trabalhadores à condição análoga à de escravo estará o autuado sujeito a ter seu nome incluído em listas ou cadastros de empresas, conforme preceitos estabelecidos na Lei n. 12.527, de 18 de novembro de 2011".

Art. 15. A omissão ou incorreção no auto de infração não acarretará sua nulidade, quando do processo constarem elementos suficientes para a caracterização da falta.

§ 1.º Quando se tratar de omissão ou erro na capitulação da infração, caberá ao Chefe da Unidade de Multas e Recursos, mediante despacho saneador e antes do julgamento, corrigir a irregularidade, concedendo novo prazo à autuada para apresentar defesa.

§ 2.º A constatação de mais de um tipo de irregularidade acarretará a lavratura de autos de infração distintos.

SEÇÃO III

Da Notificação de Débito de FGTS e da Contribuição Social

Art. 16. Constatado que o depósito devido ao FGTS e/ou contribuição social não foi efetuado, ou foi efetuado a menor, será expedida contra o infrator a notificação de débito de FGTS e/ou contribuição social, sem prejuízo da lavratura dos autos de infração que couberem.

Art. 17. A notificação de débito de FGTS e/ou contribuição social será emitida em 03 (três) vias e será regulada nos modelos e instruções emitidos pelo Ministério do Trabalho e Emprego, devendo conter, essencialmente, os seguintes elementos:

I – nome, inscrição, endereço e CEP do autuado constantes dos cadastros de pessoa física ou jurídica da Secretaria da Receita Federal do Brasil;

II – prazo de 10 (dez) dias para recolhimento do débito ou apresentação de defesa;

III – indicação discriminativa dos débitos, por mês e ano de competência;

IV – ciência do prazo para apresentação de defesa e indicação do local para sua entrega;

V – local e data da lavratura;

VI – assinatura e identificação do notificado, seu representante ou preposto;

VII – assinatura e identificação do AFT notificante contendo nome e CIF.

SEÇÃO IV

Da Destinação das Vias e da Entrega do Auto de Infração e da Notificação de Débito

Art. 18. O auto de infração e a notificação de débito terão a seguinte destinação:

a) uma via será entregue no protocolo da unidade de exercício do AFT para instauração do processo administrativo, em até dois dias úteis contados de sua lavratura;

b) uma via será entregue ao empregador ou seu preposto;

c) uma via será destinada ao AFT emitente.

§ 1.º Atendendo a peculiaridades ou circunstâncias locais, ou ainda a programas especiais de fiscalização, a via prevista na alínea *a* deverá ser entregue na sede onde se encontra circunscrito o empregador ou na Secretaria de Inspeção do Trabalho.

§ 2.º Havendo deslocamento do AFT para fora de seu município de exercício, a entrega no protocolo ocorrerá em até dois dias úteis após o seu retorno.

§ 3.º Os documentos fiscais citados acima serão preferencialmente entregues pelo AFT ao empregador ou seu representante ou preposto, podendo ser enviados por via postal com comprovante de recebimento.

§ 4.º Em caso de recusa no recebimento do documento fiscal, seja pessoalmente ou por via postal, deverá tal fato ser informado no processo, a fim de que o empregador seja notificado por meio de edital a ser publicado no *Diário Oficial da União*.

CAPÍTULO III
DA COMPETÊNCIA

Art. 19. O julgamento do processo compete:

I – em primeira instância, aos Superintendentes Regionais do Trabalho e Emprego;

II – em segunda instância, ao Coordenador-Geral de Recursos.

Art. 20. O Superintendente Regional do Trabalho e Emprego poderá delegar matéria e poderes referentes a este normativo aos seguintes agentes administrativos:

I – Chefe da Unidade de Multas e Recursos;

II – Gerentes Regionais de Trabalho e Emprego;

III – Chefias de Fiscalização ou da Inspeção do Trabalho;

IV – demais servidores das Unidades de Multas e Recursos;

V – parte de sua competência a outros titulares, desde que servidores efetivos do órgão, quando for conveniente, em razão de circunstâncias de índole técnica, social, econômica, jurídica ou territorial.

Parágrafo único. É vedada delegação de competência nas hipóteses do art. 13 da Lei n. 9.784, de 29 de janeiro de 1999.

Art. 21. Compete exclusivamente aos AFT a análise dos processos e emissão de pareceres para a motivação de decisão de auto de infração e de notificação de débito de FGTS e/ou contribuição social.

CAPÍTULO IV
DA CIÊNCIA AO AUTUADO E AO NOTIFICADO

Art. 22. O autuado e o notificado serão cientificados das decisões, por escrito, mantendo-se cópia no processo, podendo a ciência ser feita:

I – pessoalmente;

II – por via postal, com aviso de recebimento, ou outro meio que assegure a ciência do interessado;

III – por meio de publicação oficial, quando o interessado estiver em local incerto e não sabido, não for encontrado ou recusar-se a receber o documento.

Parágrafo único. A notificação pode ser feita ao representante ou preposto do interessado.

Art. 23. Considera-se feita a notificação:

I – pessoal, na data da ciência do interessado;

II – por via postal com aviso de recebimento ou outro meio que assegure a ciência do interessado, na data do seu recebimento;

III – por publicação oficial, 10 (dez) dias após sua publicação.

§ 1.º No caso de envio postal em que o destinatário não houver preenchido a data de entrega no Aviso de Recebimento – AR será utilizada, para caracterizar a data de ciência da decisão, a data informada pela Empresa de Correios e Telégrafos.

§ 2.º Todas as notificações dos autos de infração lavrados em ação fiscal onde houver a constatação de trabalho em condições análogas às de escravo deverá conter a seguinte informação: "Diante da decisão administrativa final de procedência do auto de infração ou do conjunto de autos de infração que caracterize submissão de trabalhadores à condição análoga à de escravo estará o autuado sujeito a ter seu nome incluído em listas ou cadastros de empresas, conforme preceitos estabelecidos na Lei n. 12.527 de 18 de novembro de 2011".

CAPÍTULO V
DOS PRAZOS

Art. 24. Os prazos começam a correr a partir da data da cientificação oficial, excluindo-se da contagem o dia do começo e incluindo-se o do vencimento.

§ 1.º Considera-se prorrogado o prazo até o primeiro dia útil seguinte se o vencimento cair em dia em que não houver expediente ou este for encerrado antes da hora normal.

§ 2.º Os prazos expressos em dias contam-se de modo contínuo.

Art. 25. Salvo motivo de força maior devidamente comprovado, os prazos processuais não se suspendem.

CAPÍTULO VI
DO PROCESSO EM PRIMEIRA INSTÂNCIA

SEÇÃO I
Início do Processo

Art. 26. O processo terá início com a protocolização ou inserção eletrônica em sistema informatizado do auto de infração ou da notificação de débito.

Parágrafo único. Após a protocolização serão identificados como de tramitação prioritária, com andamento imediato, independente da ordem cronológica de entrada, os processos decorrentes de fiscalização de trabalho em condições análogas às de escravo.

SEÇÃO II
Da Reincidência

Art. 27. Será considerado reincidente o empregador infrator que for autuado por infração ao mesmo dispositivo legal, antes de decorridos 02 (dois) anos da imposição de penalidade.

SEÇÃO III
Da Defesa

Art. 28. A defesa, formalizada por escrito e instruída com documentos que a fundamentarem, será apresentada no endereço indicado no auto de infração ou notificação de débito, no prazo de 10 (dez) dias, contados do recebimento do auto de infração ou da notificação de débito.

§ 1.º Cada auto de infração ou notificação de débito ensejará a apresentação de uma defesa.

§ 2.º A defesa poderá ser remetida via postal para o endereço indicado no auto de infração ou notificação de débito no mesmo prazo do *caput*, sendo considerada a data de postagem como a de sua apresentação.

§ 3.º Não será conhecido pela autoridade a defesa que não atenda aos requisitos:

I – tempestividade;

II – legitimidade e representação.

Art. 29. A defesa mencionará:

I – a autoridade a quem é dirigida;

II – a qualificação do interessado;

III – os motivos de fato e de direito em que se fundamentar;

IV – as diligências que o interessado pretende que sejam efetuadas.

§ 1.º Os documentos apresentados em meio papel juntamente com a defesa poderão, a critério da Chefia da Unidade de Multas e Recursos, ser escaneados e gravados em mídia digital que será replicada em duas, sendo uma anexada ao processo e outra mantida como cópia de segurança na repartição, com devolução dos papéis apresentados pelo defendente.

§ 2.º O servidor que efetuar a digitalização dos documentos, ao anexar a mídia digital, declarará aqueles que foram apresentados em originais e os que foram apresentados em cópias autenticadas.

§ 3.º Exceto se existir dúvida quanto à autenticidade ou previsão legal, fica dispensado o reconhecimento de firma e a autenticação das provas e documentos, se apresentadas por cópia.

•• § 3.º com redação determinada pela Portaria n. 389, de 1.º-6-2018.

§ 4.º O documento em cópia oferecido para prova poderá ser declarado autêntico pelo próprio advogado, sob sua responsabilidade pessoal.

§ 5.º (*Revogado pela Portaria n. 389, de 1.º-6-2018.*)

§ 6.º A defesa deverá ser assinada e indicar o número do auto de infração ou notificação de débito a que se refere, fazendo-se acompanhar de documentos que comprovem a legitimidade do signatário. Quando assinada por procurador legalmente constituído, será acompanhada também da respectiva procuração, que, por sua vez, se particular, deverá conter os requisitos estabelecidos no art. 654 do Código Civil.

§ 7.º No caso do mandante ser pessoa jurídica é necessário que esta apresente nos autos documentação a fim de comprovar tal qualidade.

§ 8.º O não atendimento às formalidades de que tratam os §§ 6.º e 7.º deste artigo resultará no não conhecimento da defesa, equivalendo à sua não apresentação.

SEÇÃO IV
Das Diligências e Saneamento

Art. 30. A autoridade competente determinará de ofício, ou a requerimento do interessado, a realização de diligências necessárias à apuração dos fatos, indeferindo as que considerar procrastinatórias.

SEÇÃO V
Da Decisão

Art. 31. A decisão será fundamentada, clara, precisa e objetiva, e evitará o uso de expressões vagas, códigos ou siglas, a fim de que o interessado possa, de pronto, dar-lhe cumprimento ou requerer o que couber.

Art. 32. A decisão poderá ser:

I – pela procedência total;

II – pela procedência parcial;

III – pela improcedência.

Art. 33. O interessado será cientificado:

I – das decisões do processo que resultem em imposição de deveres, ônus, sanções ou restrição ao exercício de direitos;

II – dos despachos de saneamento ou diligência, quando forem acrescentadas informações que possam influir no seu direito de defesa, sendo-lhe reaberto o prazo de defesa.

Art. 34. As inexatidões materiais, devidas a lapso manifesto, a erros de escrita ou de cálculos, existentes na decisão, poderão ser corrigidas de ofício ou a requerimento do interessado, por mera declaração.

SEÇÃO VI
Do Cumprimento das Decisões

Art. 35. A Superintendência Regional do Trabalho e Emprego dará ciência da decisão ao autuado ou notificado para recolher o valor da multa administrativa ou do débito para com o FGTS e/ou contribuição social, no prazo de 10 (dez) dias.

§ 1.º A guia de recolhimento de multa obedecerá ao modelo e instruções próprias do formulário DARF, devendo obrigatoriamente conter o número do processo no campo denominado número de referência e o CNPJ do estabelecimento autuado, sendo utilizados os seguintes códigos:

a) 0289 – Multas da Legislação Trabalhista;

b) 2877 – Relação Anual de Informações Sociais – RAIS, Seguro-Desemprego e Cadastro Permanente de Admissão e Dispensa – CAGED;

c) 9207 – Contribuição Social Rescisória.

§ 2.º A multa administrativa será reduzida de 50% (cinquenta por cento) se o infrator, renunciando ao recurso, a recolher no prazo de 10 (dez) dias contados do recebimento da notificação, da decisão ou da publicação do edital, observando a contagem de prazo estabelecida no art. 24 da presente Portaria.

§ 3.º As guias de recolhimento do FGTS obedecerão aos modelos e instruções expedidas pela Caixa Econômica Federal.

§ 4.º A existência de confissão de dívida que observe as formalidades previstas pelos órgãos competentes e que abranja integralmente o débito notificado caracteriza a procedência da notificação de débito o do termo de retificação, encerrando o contencioso administrativo com o respectivo envio do processo à Caixa Econômica Federal.

CAPÍTULO VII
DOS RECURSOS

SEÇÃO I
Do Recurso Voluntário

Art. 36. Da decisão que impuser multa administrativa ou julgar procedente total ou parcialmente a notificação de débito, caberá recurso à Coordenação-Geral de Recursos, no prazo de 10 (dez) dias, contados da notificação da decisão.

Art. 37. O recurso será interposto perante a autoridade que houver imposto a multa ou julgado a notificação de débito e conterá os mesmos requisitos da defesa, no que couber.

Parágrafo único. Não será conhecido pela autoridade de primeira instância o recurso que não atenda aos requisitos:

I – tempestividade;

II – legitimidade e representação.

Art. 38. O processo conhecido deverá ser encaminhado na Superintendência Regional do Trabalho e Emprego para análise do recurso, e após ser devidamente instruído, será imediatamente encaminhado à Coordenação-Geral de Recursos da Secretaria de Inspeção do Trabalho.

SEÇÃO II
Do Recurso de Ofício

Art. 39. De toda decisão de improcedência ou procedência parcial do processo, a autoridade regional prolatora recorrerá de ofício à autoridade competente de instância superior.

CAPÍTULO VIII
DO PROCESSO EM SEGUNDA INSTÂNCIA

Art. 40. Aplica-se às decisões de segunda instância o estabelecido nos arts. 31, 32, 33 e 34 desta norma.

Art. 41. Proferida a decisão de segunda instância, os autos serão devolvidos à Superintendência Regional do Trabalho e Emprego para ciência do interessado, quando couber, e para o seu cumprimento, observado, se for o caso, o disposto nos arts. 42 e 43.

CAPÍTULO IX
DOS PROCESSOS DE AUTO DE INFRAÇÃO E NOTIFICAÇÃO DE DÉBITO DE FUNDO DE GARANTIA DO TEMPO DE SERVIÇO E DA CONTRIBUIÇÃO SOCIAL DISCUTIDOS NA ESFERA JUDICIAL

Art. 42. A propositura, pelo administrado, de ação anulatória ou declaratória de nulidade de auto de infração ou notificação de débito importa em renúncia ao direito de se manifestar na esfera administrativa, com consequente desistência do recurso ou defesa interposto, causando o encerramento do contencioso administrativo.

§ 1.º No caso descrito no *caput* deverá a autoridade competente, certificar nos autos esta situação e encaminhá-lo à Procuradoria-Geral da Fazenda Nacional ou à Caixa Econômica Federal, conforme seja o caso de auto de infração ou notificação de débito.

§ 2.º Caso haja decisão judicial determinando a suspensão do feito não será aplicado o disposto no *caput*, devendo tal situação ser certificada no processo.

CAPÍTULO X
DA DÍVIDA PARA COM O FUNDO DE GARANTIA DO TEMPO DE SERVIÇO – FGTS E CONTRIBUIÇÃO SOCIAL E DA COBRANÇA DAS MULTAS ADMINISTRATIVAS

Art. 43. O processo de notificação de débito com atendimento às formalidades legais será encaminhado à Caixa Econômica Federal, órgão este por convênio firmado com a Procuradoria da Fazenda Nacional o responsável pela inscrição em Dívida Ativa da União, após esgotados os prazos recursais para notificações de débito julgadas procedentes no todo ou em parte.

Art. 44. O processo de multas administrativas com atendimento às formalidades legais será encaminhado à Procuradoria da Fazenda Nacional após decisão definitiva que julgou pela procedência total ou parcial do auto de infração.

CAPÍTULO XI
DAS DISPOSIÇÕES GERAIS

Art. 45. Ao Coordenador-Geral de Recursos compete resolver os casos omissos desta Portaria.

Art. 46. Esta Portaria entra em vigor na data de sua publicação, exceção feita ao procedimento de chancela eletrônica, que entrará em vigor no prazo de 120 dias.

Art. 47. Fica revogada a Portaria n. 148, de 25 de janeiro de 1996, e a Instrução Normativa n. 5, de 1996.

Manoel Dias

LEI N. 13.140,

DE 26 DE JUNHO DE 2015 (*)

Dispõe sobre a mediação entre particulares como meio de solução de controvérsias e sobre a autocomposição de conflitos no âmbito da administração pública; altera a Lei n. 9.469, de 10 de julho de 1997, e o Decreto n. 70.235, de 6 de março de 1972; e revoga o § 2.º do art. 6.º da Lei n. 9.469, de 10 de julho de 1997.

A Presidenta da República

Faço saber que o Congresso Nacional decreta e eu sanciono a seguinte Lei:

Art. 1.º Esta Lei dispõe sobre a mediação como meio de solução de controvérsias entre particulares e sobre a autocomposição de conflitos no âmbito da administração pública.

•• *Vide* arts. 165 a 175 e 334 do CPC.

• A Resolução n. 125, de 29-11-2010, do CNJ, dispõe sobre a Política Judiciária Nacional de tratamento adequado dos conflitos de interesses no âmbito do Poder Judiciário.

• O Provimento n. 67, de 26-3-2018, do CNJ, dispõe sobre os procedimentos de conciliação e de mediação nos serviços notariais e de registro do Brasil.

Parágrafo único. Considera-se mediação a atividade técnica exercida por terceiro imparcial sem poder decisório, que, escolhido ou aceito pelas partes, as auxilia e estimula a identificar ou desenvolver soluções consensuais para a controvérsia.

CAPÍTULO I
DA MEDIAÇÃO

SEÇÃO I
Disposições Gerais

Art. 2.º A mediação será orientada pelos seguintes princípios:

I – imparcialidade do mediador;

II – isonomia entre as partes;

III – oralidade;

IV – informalidade;

V – autonomia da vontade das partes;

VI – busca do consenso;

VII – confidencialidade;

VIII – boa-fé.

§ 1.º Na hipótese de existir previsão contratual de cláusula de mediação, as partes deverão comparecer à primeira reunião de mediação.

§ 2.º Ninguém será obrigado a permanecer em procedimento de mediação.

Art. 3.º Pode ser objeto de mediação o conflito que verse sobre direitos disponíveis ou sobre direitos indisponíveis que admitam transação.

§ 1.º A mediação pode versar sobre todo o conflito ou parte dele.

§ 2.º O consenso das partes envolvendo direitos indisponíveis, mas transigíveis, deve ser homologado em juízo, exigida a oitiva do Ministério Público.

SEÇÃO II
Dos Mediadores

SUBSEÇÃO I
Disposições comuns

Art. 4.º O mediador será designado pelo tribunal ou escolhido pelas partes.

•• Mediadores judiciais: *vide* arts. 165 e s. do CPC.

§ 1.º O mediador conduzirá o procedimento de comunicação entre as partes, buscando o entendimento e o consenso e facilitando a resolução do conflito.

§ 2.º Aos necessitados será assegurada a gratuidade da mediação.

Art. 5.º Aplicam-se ao mediador as mesmas hipóteses legais de impedimento e suspeição do juiz.

•• *Vide* arts. 144 a 148 do CPC.

Parágrafo único. A pessoa designada para atuar como mediador tem o dever de revelar às partes, antes da aceitação da função, qualquer fato ou circunstância que possa suscitar dúvida justificada em relação à sua imparcialidade para mediar o conflito, oportunidade em que poderá ser recusado por qualquer delas.

Art. 6.º O mediador fica impedido, pelo prazo de um ano, contado do término da última audiência em que atuou, de assessorar, representar ou patrocinar qualquer das partes.

Art. 7.º O mediador não poderá atuar como árbitro nem funcionar como testemunha em processos judiciais ou arbitrais pertinentes a conflito em que tenha atuado como mediador.

Art. 8.º O mediador e todos aqueles que o assessoram no procedimento de mediação, quando no exercício de suas funções ou em razão delas, são equiparados a servidor público, para os efeitos da legislação penal.

SUBSEÇÃO II
Dos mediadores extrajudiciais

Art. 9.º Poderá funcionar como mediador extrajudicial qualquer pessoa capaz que tenha a confiança das partes e seja capacitada para fazer mediação, independentemente de integrar qualquer tipo de conselho, entidade de classe ou associação, ou nele inscrever-se.

Art. 10. As partes poderão ser assistidas por advogados ou defensores públicos.

Parágrafo único. Comparecendo uma das partes acompanhada de advogado ou defensor público, o mediador suspenderá o procedimento, até que todas estejam devidamente assistidas.

(*) Publicada no *DOU*, de 29-6-2015.

SUBSEÇÃO III
Dos mediadores judiciais

Art. 11. Poderá atuar como mediador judicial a pessoa capaz, graduada há pelo menos dois anos em curso de ensino superior de instituição reconhecida pelo Ministério da Educação e que tenha obtido capacitação em escola ou instituição de formação de mediadores, reconhecida pela Escola Nacional de Formação e Aperfeiçoamento de Magistrados – ENFAM ou pelos tribunais, observados os requisitos mínimos estabelecidos pelo Conselho Nacional de Justiça em conjunto com o Ministério da Justiça.

•• *Vide* art. 167, § 1.º, do CPC.

Art. 12. Os tribunais criarão e manterão cadastros atualizados dos mediadores habilitados e autorizados a atuar em mediação judicial.

•• *Vide* art. 167, *caput*, do CPC.

§ 1.º A inscrição no cadastro de mediadores judiciais será requerida pelo interessado ao tribunal com jurisdição na área em que pretenda exercer a mediação.

§ 2.º Os tribunais regulamentarão o processo de inscrição e desligamento de seus mediadores.

Art. 13. A remuneração devida aos mediadores judiciais será fixada pelos tribunais e custeada pelas partes, observado o disposto no § 2.º do art. 4.º desta Lei.

•• *Vide* art. 169 do CPC.

SEÇÃO III
Do Procedimento de Mediação

SUBSEÇÃO I
Disposições comuns

Art. 14. No início da primeira reunião de mediação, e sempre que julgar necessário, o mediador deverá alertar as partes acerca das regras de confidencialidade aplicáveis ao procedimento.

Art. 15. A requerimento das partes ou do mediador, e com anuência daquelas, poderão ser admitidos outros mediadores para funcionarem no mesmo procedimento, quando isso for recomendável em razão da natureza e da complexidade do conflito.

Art. 16. Ainda que haja processo arbitral ou judicial em curso, as partes poderão submeter-se à mediação, hipótese em que requererão ao juiz ou árbitro a suspensão do processo por prazo suficiente para a solução consensual do litígio.

§ 1.º É irrecorrível a decisão que suspende o processo nos termos requeridos de comum acordo pelas partes.

§ 2.º A suspensão do processo não obsta a concessão de medidas de urgência pelo juiz ou pelo árbitro.

Art. 17. Considera-se instituída a mediação na data para a qual for marcada a primeira reunião de mediação.

Parágrafo único. Enquanto transcorrer o procedimento de mediação, ficará suspenso o prazo prescricional.

Art. 18. Iniciada a mediação, as reuniões posteriores com a presença das partes somente poderão ser marcadas com a sua anuência.

Art. 19. No desempenho de sua função, o mediador poderá reunir-se com as partes, em conjunto ou separadamente, bem como solicitar das partes as informações que entender necessárias para facilitar o entendimento entre aquelas.

Art. 20. O procedimento de mediação será encerrado com a lavratura do seu termo final, quando for celebrado acordo ou quando não se justificarem novos esforços para a obtenção de consenso, seja por declaração do mediador nesse sentido ou por manifestação de qualquer das partes.

Parágrafo único. O termo final de mediação, na hipótese de celebração de acordo, constitui título executivo extrajudicial e, quando homologado judicialmente, título executivo judicial.

SUBSEÇÃO II
Da mediação extrajudicial

Art. 21. O convite para iniciar o procedimento de mediação extrajudicial poderá ser feito por qualquer meio de comunicação e deverá estipular o escopo proposto para a negociação, a data e o local da primeira reunião.

Parágrafo único. O convite formulado por uma parte à outra considerar-se-á rejeitado se não for respondido em até trinta dias da data de seu recebimento.

Art. 22. A previsão contratual de mediação deverá conter, no mínimo:

I – prazo mínimo e máximo para a realização da primeira reunião de mediação, contado a partir da data de recebimento do convite;

II – local da primeira reunião de mediação;

III – critérios de escolha do mediador ou equipe de mediação;

IV – penalidade em caso de não comparecimento da parte convidada à primeira reunião de mediação.

§ 1.º A previsão contratual pode substituir a especificação dos itens acima enumerados pela indicação de regulamento, publicado por instituição idônea prestadora de serviços de mediação, no qual constem critérios claros para a escolha do mediador e realização da primeira reunião de mediação.

§ 2.º Não havendo previsão contratual completa, deverão ser observados os seguintes critérios para a realização da primeira reunião de mediação:

I – prazo mínimo de dez dias úteis e prazo máximo de três meses, contados a partir do recebimento do convite;

II – local adequado a uma reunião que possa envolver informações confidenciais;

III – lista de cinco nomes, informações de contato e referências profissionais de mediadores capacitados; a parte convidada poderá escolher, expressamente, qualquer um dos cinco mediadores e, caso a parte convidada não se manifeste, considerar-se-á aceito o primeiro nome da lista;

IV – o não comparecimento da parte convidada à primeira reunião de mediação acarretará a assunção por parte desta de cinquenta por cento das custas e honorários sucumbenciais caso venha a ser vencedora em procedimento arbitral ou judicial posterior, que envolva o escopo da mediação para a qual foi convidada.

§ 3.º Nos litígios decorrentes de contratos comerciais ou societários que não contenham cláusula de mediação, o mediador extrajudicial somente cobrará por seus serviços caso as partes decidam assinar o termo inicial de mediação e permanecer, voluntariamente, no procedimento de mediação.

Art. 23. Se, em previsão contratual de cláusula de mediação, as partes se comprometerem a não iniciar procedimento arbitral ou processo judicial durante certo prazo ou até o implemento de determinada condição, o árbitro ou o juiz suspenderá o curso da arbitragem ou da ação pelo prazo previamente acordado ou até o implemento dessa condição.

Parágrafo único. O disposto no *caput* não se aplica às medidas de urgência em que o acesso ao Poder Judiciário seja necessário para evitar o perecimento de direito.

SUBSEÇÃO III

Da mediação judicial

Art. 24. Os tribunais criarão centros judiciários de solução consensual de conflitos, responsáveis pela realização de sessões e audiências de conciliação e mediação, pré-processuais e processuais, e pelo desenvolvimento de programas destinados a auxiliar, orientar e estimular a autocomposição.

•• *Vide* arts. 165 a 175 e 334 do CPC.

Parágrafo único. A composição e a organização do centro serão definidas pelo respectivo tribunal, observadas as normas do Conselho Nacional de Justiça.

Art. 25. Na mediação judicial, os mediadores não estarão sujeitos à prévia aceitação das partes, observado o disposto no art. 5.º desta Lei.

Art. 26. As partes deverão ser assistidas por advogados ou defensores públicos, ressalvadas as hipóteses previstas nas Leis n. 9.099, de 26 de setembro de 1995, e 10.259, de 12 de julho de 2001.

Parágrafo único. Aos que comprovarem insuficiência de recursos será assegurada assistência pela Defensoria Pública.

Art. 27. Se a petição inicial preencher os requisitos essenciais e não for o caso de improcedência liminar do pedido, o juiz designará audiência de mediação.

•• *Vide* art. 334, *caput*, do CPC.

Art. 28. O procedimento de mediação judicial deverá ser concluído em até sessenta dias, contados da primeira sessão, salvo quando as partes, de comum acordo, requererem sua prorrogação.

•• *Vide* art. 334, § 2.º, do CPC.

Parágrafo único. Se houver acordo, os autos serão encaminhados ao juiz, que determinará o arquivamento do processo e, desde que requerido pelas partes, homologará o acordo, por sentença, e o termo final da mediação e determinará o arquivamento do processo.

Art. 29. Solucionado o conflito pela mediação antes da citação do réu, não serão devidas custas judiciais finais.

SEÇÃO IV

Da Confidencialidade e suas Exceções

Art. 30. Toda e qualquer informação relativa ao procedimento de mediação será confidencial em relação a terceiros, não podendo ser revelada sequer em processo arbitral ou judicial salvo se as partes expressamente decidirem de forma diversa ou quando sua divulgação for exigida por lei ou necessária para cumprimento de acordo obtido pela mediação.

§ 1.º O dever de confidencialidade aplica-se ao mediador, às partes, a seus prepostos, advogados, assessores técnicos e a outras pessoas de sua confiança que tenham, direta ou indiretamente, participado do procedimento de mediação, alcançando:

I – declaração, opinião, sugestão, promessa ou proposta formulada por uma parte à outra na busca de entendimento para o conflito;

II – reconhecimento de fato por qualquer das partes no curso do procedimento de mediação;

III – manifestação de aceitação de proposta de acordo apresentada pelo mediador;

IV – documento preparado unicamente para os fins do procedimento de mediação.

§ 2.º A prova apresentada em desacordo com o disposto neste artigo não será admitida em processo arbitral ou judicial.

§ 3.º Não está abrigada pela regra de confidencialidade a informação relativa à ocorrência de crime de ação pública.

§ 4.º A regra da confidencialidade não afasta o dever de as pessoas discriminadas no *caput* prestarem informações à administração tributária após o termo final da mediação, aplicando-se aos seus servidores a obrigação de manterem sigilo das informações compartilhadas nos termos do art. 198 da Lei n. 5.172, de 25 de outubro de 1966 – Código Tributário Nacional.

Art. 31. Será confidencial a informação prestada por uma parte em sessão privada, não podendo o mediador revelá-la às demais, exceto se expressamente autorizado.

CAPÍTULO II

DA AUTOCOMPOSIÇÃO DE CONFLITOS EM QUE FOR PARTE PESSOA JURÍDICA DE DIREITO PÚBLICO

SEÇÃO I

Disposições Comuns

Art. 32. A União, os Estados, o Distrito Federal e os Municípios poderão criar câmaras de prevenção e resolução administrativa de conflitos, no âmbito dos respectivos órgãos da Advocacia Pública, onde houver, com competência para:

I – dirimir conflitos entre órgãos e entidades da administração pública;

II – avaliar a admissibilidade dos pedidos de resolução de conflitos, por meio de composição, no caso de controvérsia entre particular e pessoa jurídica de direito público;

III – promover, quando couber, a celebração de termo de ajustamento de conduta.

§ 1.º O modo de composição e funcionamento das câmaras de que trata o *caput* será estabelecido em regulamento de cada ente federado.

§ 2.º A submissão do conflito às câmaras de que trata o *caput* é facultativa e será cabível apenas nos casos previstos no regulamento do respectivo ente federado.

§ 3.º Se houver consenso entre as partes, o acordo será reduzido a termo e constituirá título executivo extrajudicial.

§ 4.º Não se incluem na competência dos órgãos mencionados no *caput* deste artigo as controvérsias que somente possam ser resolvidas por atos ou concessão de direitos sujeitos a autorização do Poder Legislativo.

§ 5.º Compreendem-se na competência das câmaras de que trata o *caput* a prevenção e a resolução de conflitos que envolvam equilíbrio econômico-financeiro de contratos celebrados pela administração com particulares.

Art. 33. Enquanto não forem criadas as câmaras de mediação, os conflitos poderão ser dirimidos nos termos do procedimento de mediação previsto na Subseção I da Seção III do Capítulo I desta Lei.

Parágrafo único. A Advocacia Pública da União, dos Estados, do Distrito Federal e dos Municípios, onde houver, poderá instaurar, de ofício ou mediante provocação, procedimento de mediação coletiva de conflitos relacionados à prestação de serviços públicos.

Art. 34. A instauração de procedimento administrativo para a resolução consensual de conflito no âmbito da administração pública suspende a prescrição.

§ 1.º Considera-se instaurado o procedimento quando o órgão ou entidade pública emitir juízo de admissibilidade, retroagindo a suspensão da prescrição à data de formalização do pedido de resolução consensual do conflito.

§ 2.º Em se tratando de matéria tributária, a suspensão da prescrição deverá observar o disposto na Lei n. 5.172, de 25 de outubro de 1966 – Código Tributário Nacional.

SEÇÃO II
Dos Conflitos Envolvendo a Administração Pública Federal Direta, suas Autarquias e Fundações

Art. 35. As controvérsias jurídicas que envolvam a administração pública federal direta, suas autarquias e fundações poderão ser objeto de transação por adesão, com fundamento em:

I – autorização do Advogado-Geral da União, com base na jurisprudência pacífica do Supremo Tribunal Federal ou de tribunais superiores; ou

II – parecer do Advogado-Geral da União, aprovado pelo Presidente da República.

§ 1.º Os requisitos e as condições da transação por adesão serão definidos em resolução administrativa própria.

§ 2.º Ao fazer o pedido de adesão, o interessado deverá juntar prova de atendimento aos requisitos e às condições estabelecidos na resolução administrativa.

§ 3.º A resolução administrativa terá efeitos gerais e será aplicada aos casos idênticos, tempestivamente habilitados mediante pedido de adesão, ainda que solucione apenas parte da controvérsia.

§ 4.º A adesão implicará renúncia do interessado ao direito sobre o qual se fundamenta a ação ou o recurso, eventualmente pendentes, de natureza administrativa ou judicial, no que tange aos pontos compreendidos pelo objeto da resolução administrativa.

§ 5.º Se o interessado for parte em processo judicial inaugurado por ação coletiva, a renúncia ao direito sobre o qual se fundamenta a ação deverá ser expressa, mediante petição dirigida ao juiz da causa.

§ 6.º A formalização de resolução administrativa destinada à transação por adesão não implica a renúncia tácita à prescrição nem sua interrupção ou suspensão.

Art. 36. No caso de conflitos que envolvam controvérsia jurídica entre órgãos ou entidades de direito público que integram a administração pública federal, a Advocacia-Geral da União deverá realizar composição extrajudicial do conflito, observados os procedimentos previstos em ato do Advogado-Geral da União.

§ 1.º Na hipótese do *caput*, se não houver acordo quanto à controvérsia jurídica, caberá ao Advogado-Geral da União dirimi-la, com fundamento na legislação afeta.

§ 2.º Nos casos em que a resolução da controvérsia implicar o reconhecimento da existência de créditos da União, de suas autarquias e fundações em face de pessoas jurídicas de direito público federais, a Advocacia-Geral da União poderá solicitar ao Ministério do Planejamento, Orçamento e Gestão a adequação orçamentária para quitação das dívidas reconhecidas como legítimas.

§ 3.º A composição extrajudicial do conflito não afasta a apuração de responsabilidade do agente público que deu causa à dívida, sempre que se verificar que sua ação ou omissão constitui, em tese, infração disciplinar.

§ 4.º Nas hipóteses em que a matéria objeto do litígio esteja sendo discutida em ação de improbidade administrativa ou sobre ela haja decisão do Tribunal de Contas da União, a conciliação de que trata o *caput* dependerá da anuência expressa do juiz da causa ou do Ministro Relator.

Art. 37. É facultado aos Estados, ao Distrito Federal e aos Municípios, suas autarquias e fundações públicas, bem como às empresas públicas e sociedades de economia mista federais, submeter seus litígios com órgãos ou entidades da administração pública federal à Advocacia-Geral da União, para fins de composição extrajudicial do conflito.

Art. 38. Nos casos em que a controvérsia jurídica seja relativa a tributos administrados pela Secretaria da Receita

Federal do Brasil ou a créditos inscritos em dívida ativa da União:

I – não se aplicam as disposições dos incisos II e III do *caput* do art. 32;

II – as empresas públicas, sociedades de economia mista e suas subsidiárias que explorem atividade econômica de produção ou comercialização de bens ou de prestação de serviços em regime de concorrência não poderão exercer a faculdade prevista no art. 37;

III – quando forem partes as pessoas a que alude o *caput* do art. 36:

a) a submissão do conflito à composição extrajudicial pela Advocacia-Geral da União implica renúncia do direito de recorrer ao Conselho Administrativo de Recursos Fiscais;

b) a redução ou o cancelamento do crédito dependerá de manifestação conjunta do Advogado-Geral da União e do Ministro de Estado da Fazenda.

Parágrafo único. O disposto neste artigo não afasta a competência do Advogado-Geral da União prevista nos incisos VI, X e XI do art. 4.º da Lei Complementar n. 73, de 10 de fevereiro de 1993, e na Lei n. 9.469, de 10 de julho de 1997.

•• Parágrafo único com redação determinada pela Lei n. 13.327, de 29-7-2016.

Art. 39. A propositura de ação judicial em que figurem concomitantemente nos polos ativo e passivo órgãos ou entidades de direito público que integrem a administração pública federal deverá ser previamente autorizada pelo Advogado-Geral da União.

Art. 40. Os servidores e empregados públicos que participarem do processo de composição extrajudicial do conflito, somente poderão ser responsabilizados civil, administrativa ou criminalmente quando, mediante dolo ou fraude, receberem qualquer vantagem patrimonial indevida, permitirem ou facilitarem sua recepção por terceiro, ou para tal concorrerem.

CAPÍTULO III

DISPOSIÇÕES FINAIS

Art. 41. A Escola Nacional de Mediação e Conciliação, no âmbito do Ministério da Justiça, poderá criar banco de dados sobre boas práticas em mediação, bem como manter relação de mediadores e de instituições de mediação.

Art. 42. Aplica-se esta Lei, no que couber, às outras formas consensuais de resolução de conflitos, tais como mediações comunitárias e escolares, e àquelas levadas a efeito nas serventias extrajudiciais, desde que no âmbito de suas competências.

Parágrafo único. A mediação nas relações de trabalho será regulada por lei própria.

Art. 43. Os órgãos e entidades da administração pública poderão criar câmaras para a resolução de conflitos entre particulares, que versem sobre atividades por eles reguladas ou supervisionadas.

....

Art. 46. A mediação poderá ser feita pela internet ou por outro meio de comunicação que permita a transação à distância, desde que as partes estejam de acordo.

Parágrafo único. É facultado à parte domiciliada no exterior submeter-se à mediação segundo as regras estabelecidas nesta Lei.

Art. 47. Esta Lei entra em vigor após decorridos cento e oitenta dias de sua publicação oficial.

Art. 48. Revoga-se o § 2.º do art. 6.º da Lei n. 9.469, de 10 de julho de 1997.

Brasília, 26 de junho de 2015; 194.º da Independência e 127.º da República.

DILMA ROUSSEFF

LEI N. 13.146,
DE 6 DE JULHO DE 2015 (*)

Institui a Lei Brasileira de Inclusão da Pessoa com Deficiência (Estatuto da Pessoa com Deficiência).

A Presidenta da República

Faço saber que o Congresso Nacional decreta e eu sanciono a seguinte Lei:

LIVRO I

PARTE GERAL

TÍTULO I

DISPOSIÇÕES PRELIMINARES

CAPÍTULO I

DISPOSIÇÕES GERAIS

Art. 1.º É instituída a Lei Brasileira de Inclusão da Pessoa com Deficiência (Estatuto da Pessoa com Deficiência), destinada a assegurar e a promover, em condições de igualdade, o exercício dos direitos e das liberdades fundamentais por pessoa com deficiência, visando à sua inclusão social e cidadania.

- *Vide* arts. 5.º, 6.º, 7.º, XXXI, 23, II, 24, XIV, 37, VIII, 40, § 4.º, I, 201, § 1.º, 203, IV e V, 208, III, 227, §§ 1.º, II, e 2.º, e 244 da CF.
- O Decreto n. 6.949, de 25-8-2009, promulga a Convenção Internacional sobre os Direitos das Pessoas com Deficiência.
- *Vide* Lei n. 7.853, de 24-10-1989, regulamentada pelo Decreto n. 3.298, de 20-12-1999, que dispõe sobre o apoio às pessoas com deficiência.

Parágrafo único. Esta Lei tem como base a Convenção sobre os Direitos das Pessoas com Deficiência e seu Protocolo Facultativo, ratificados pelo Congresso Nacional por meio do Decreto Legislativo n. 186, de 9 de julho de 2008, em conformidade com o procedimento previsto no

(*) Publicada no *DOU*, de 7-7-2015.

§ 3.º do art. 5.º da Constituição da República Federativa do Brasil, em vigor para o Brasil, no plano jurídico externo, desde 31 de agosto de 2008, e promulgados pelo Decreto n. 6.949, de 25 de agosto de 2009, data de início de sua vigência no plano interno.

Art. 2.º Considera-se pessoa com deficiência aquela que tem impedimento de longo prazo de natureza física, mental, intelectual ou sensorial, o qual, em interação com uma ou mais barreiras, pode obstruir sua participação plena e efetiva na sociedade em igualdade de condições com as demais pessoas.

§ 1.º A avaliação da deficiência, quando necessária, será biopsicossocial, realizada por equipe multiprofissional e interdisciplinar e considerará:

•• *Vide* art. 124 desta Lei.

I – os impedimentos nas funções e nas estruturas do corpo;

II – os fatores socioambientais, psicológicos e pessoais;

III – a limitação no desempenho de atividades; e

IV – a restrição de participação.

§ 2.º O Poder Executivo criará instrumentos para avaliação da deficiência.

....

CAPÍTULO II

DA IGUALDADE E DA NÃO DISCRIMINAÇÃO

....

Art. 8.º É dever do Estado, da sociedade e da família assegurar à pessoa com deficiência, com prioridade, a efetivação dos direitos referentes à vida, à saúde, à sexualidade, à paternidade e à maternidade, à alimentação, à habitação, à educação, à profissionalização, ao trabalho, à previdência social, à habilitação e à reabilitação, ao transporte, à acessibilidade, à cultura, ao desporto, ao turismo, ao lazer, à informação, à comunicação, aos avanços científicos e tecnológicos, à dignidade, ao respeito, à liberdade, à convivência familiar e comunitária, entre outros decorrentes da Constituição Federal, da Convenção sobre os Direitos das Pessoas com Deficiência e seu Protocolo Facultativo e das leis e de outras normas que garantam seu bem-estar pessoal, social e econômico.

SEÇÃO ÚNICA

Do Atendimento Prioritário

Art. 9.º A pessoa com deficiência tem direito a receber atendimento prioritário, sobretudo com a finalidade de:

....

VII – tramitação processual e procedimentos judiciais e administrativos em que for parte ou interessada, em todos os atos e diligências.

• A Instrução Normativa n. 29, de 4-8-2005, do TST, dispõe sobre a prioridade na tramitação dos processos em que é parte pessoa com deficiência.

....

TÍTULO II

DOS DIREITOS FUNDAMENTAIS

....

CAPÍTULO II

DO DIREITO À HABILITAÇÃO E À REABILITAÇÃO

•• O Decreto n. 8.725, de 27-4-2016, institui a Rede Intersetorial de Reabilitação Integral e dá outras providências.

• O Decreto n. 129, de 22-5-1991, promulga a Convenção n. 159, da OIT, sobre reabilitação profissional e emprego de pessoas com deficiência.

Art. 14. O processo de habilitação e de reabilitação é um direito da pessoa com deficiência.

Parágrafo único. O processo de habilitação e de reabilitação tem por objetivo o desenvolvimento de potencialidades, talentos, habilidades e aptidões físicas, cognitivas, sensoriais, psicossociais, atitudinais, profissionais e artísticas que contribuam para a conquista da autonomia da pessoa com deficiência e de sua participação social em igualdade de condições e oportunidades com as demais pessoas.

Art. 15. O processo mencionado no art. 14 desta Lei baseia-se em avaliação multidisciplinar das necessidades, habilidades e potencialidades de cada pessoa, observadas as seguintes diretrizes:

I – diagnóstico e intervenção precoces;

II – adoção de medidas para compensar perda ou limitação funcional, buscando o desenvolvimento de aptidões;

III – atuação permanente, integrada e articulada de políticas públicas que possibilitem a plena participação social da pessoa com deficiência;

IV – oferta de rede de serviços articulados, com atuação intersetorial, nos diferentes níveis de complexidade, para atender às necessidades específicas da pessoa com deficiência;

V – prestação de serviços próximo ao domicílio da pessoa com deficiência, inclusive na zona rural, respeitadas a organização das Redes de Atenção à Saúde (RAS) nos territórios locais e as normas do Sistema Único de Saúde (SUS).

Art. 16. Nos programas e serviços de habilitação e de reabilitação para a pessoa com deficiência, são garantidos:

I – organização, serviços, métodos, técnicas e recursos para atender às características de cada pessoa com deficiência;

II – acessibilidade em todos os ambientes e serviços;

III – tecnologia assistiva, tecnologia de reabilitação, materiais e equipamentos adequados e apoio técnico profissional, de acordo com as especificidades de cada pessoa com deficiência;

IV – capacitação continuada de todos os profissionais que participem dos programas e serviços.

Art. 17. Os serviços do SUS e do Suas deverão promover ações articuladas para garantir à pessoa com deficiência e sua família a aquisição de informações, orientações e formas de acesso às políticas públicas disponíveis, com a finalidade de propiciar sua plena participação social.

Parágrafo único. Os serviços de que trata o *caput* deste artigo podem fornecer informações e orientações nas áreas de saúde, de educação, de cultura, de esporte, de lazer, de transporte, de previdência social, de assistência social, de habitação, de trabalho, de empreendedorismo, de acesso ao crédito, de promoção, proteção e defesa de direitos e nas demais áreas que possibilitem à pessoa com deficiência exercer sua cidadania.

....

CAPÍTULO VI
DO DIREITO AO TRABALHO

SEÇÃO I
Disposições Gerais

• O Decreto n. 129, de 22-5-1991, promulga a Convenção n. 159, da OIT, sobre reabilitação profissional e emprego de pessoas com deficiência.

Art. 34. A pessoa com deficiência tem direito ao trabalho de sua livre escolha e aceitação, em ambiente acessível e inclusivo, em igualdade de oportunidades com as demais pessoas.

§ 1.º As pessoas jurídicas de direito público, privado ou de qualquer natureza são obrigadas a garantir ambientes de trabalho acessíveis e inclusivos.

§ 2.º A pessoa com deficiência tem direito, em igualdade de oportunidades com as demais pessoas, a condições justas e favoráveis de trabalho, incluindo igual remuneração por trabalho de igual valor.

§ 3.º É vedada restrição ao trabalho da pessoa com deficiência e qualquer discriminação em razão de sua condição, inclusive nas etapas de recrutamento, seleção, contratação, admissão, exames admissional e periódico, permanência no emprego, ascensão profissional e reabilitação profissional, bem como exigência de aptidão plena.

§ 4.º A pessoa com deficiência tem direito à participação e ao acesso a cursos, treinamentos, educação continuada, planos de carreira, promoções, bonificações e incentivos profissionais oferecidos pelo empregador, em igualdade de oportunidades com os demais empregados.

§ 5.º É garantida aos trabalhadores com deficiência acessibilidade em cursos de formação e de capacitação.

Art. 35. É finalidade primordial das políticas públicas de trabalho e emprego promover e garantir condições de acesso e de permanência da pessoa com deficiência no campo de trabalho.

Parágrafo único. Os programas de estímulo ao empreendedorismo e ao trabalho autônomo, incluídos o cooperativismo e o associativismo, devem prever a participação da pessoa com deficiência e a disponibilização de linhas de crédito, quando necessárias.

SEÇÃO II
Da Habilitação Profissional e Reabilitação Profissional

•• O Decreto n. 8.725, de 27-4-2016, institui a Rede Intersetorial de Reabilitação Integral e dá outras providências.

Art. 36. O poder público deve implementar serviços e programas completos de habilitação profissional e de reabilitação profissional para que a pessoa com deficiência possa ingressar, continuar ou retornar ao campo do trabalho, respeitados sua livre escolha, sua vocação e seu interesse.

• A Instrução Normativa n. 98, de 15-8-2012, da Secretaria de Inspeção do Trabalho, dispõe sobre procedimentos de fiscalização do cumprimento, por parte dos empregadores, das normas destinadas à inclusão no trabalho das pessoas com deficiência e beneficiários da Previdência Social reabilitados.

§ 1.º Equipe multidisciplinar indicará, com base em critérios previstos no § 1.º do art. 2.º desta Lei, programa de habilitação ou de reabilitação que possibilite à pessoa com deficiência restaurar sua capacidade e habilidade profissional ou adquirir novas capacidades e habilidades de trabalho.

§ 2.º A habilitação profissional corresponde ao processo destinado a propiciar à pessoa com deficiência aquisição de conhecimentos, habilidades e aptidões para exercício de profissão ou de ocupação, permitindo nível suficiente de desenvolvimento profissional para ingresso no campo de trabalho.

§ 3.º Os serviços de habilitação profissional, de reabilitação profissional e de educação profissional devem ser dotados de recursos necessários para atender a toda pessoa com deficiência, independentemente de sua característica específica, a fim de que ela possa ser capacitada para trabalho que lhe seja adequado e ter perspectivas de obtê-lo, de conservá-lo e de nele progredir.

§ 4.º Os serviços de habilitação profissional, de reabilitação profissional e de educação profissional deverão ser oferecidos em ambientes acessíveis e inclusivos.

§ 5.º A habilitação profissional e a reabilitação profissional devem ocorrer articuladas com as redes públicas e privadas, especialmente de saúde, de ensino e de assistência social, em todos os níveis e modalidades, em entidades de formação profissional ou diretamente com o empregador.

§ 6.º A habilitação profissional pode ocorrer em empresas por meio de prévia formalização do contrato de emprego da pessoa com deficiência, que será considerada para o cumprimento da reserva de vagas prevista em lei, desde que por tempo determinado e concomitante com a inclusão profissional na empresa, observado o disposto em regulamento.

§ 7.º A habilitação profissional e a reabilitação profissional atenderão à pessoa com deficiência.

SEÇÃO III
Da Inclusão da Pessoa com Deficiência no Trabalho

• O Decreto n. 9.508, de 24-9-2018, reserva às pessoas com deficiência percentual de cargos e de empregos públicos ofertados em concursos públicos e em processos seletivos no âmbito da administração pública federal direta e indireta.

Art. 37. Constitui modo de inclusão da pessoa com deficiência no trabalho a colocação competitiva, em igualdade de oportunidades com as demais pessoas, nos termos da legislação trabalhista e previdenciária, na qual devem ser atendidas as regras de acessibilidade, o fornecimento de recursos de tecnologia assistiva e a adaptação razoável no ambiente de trabalho.

Parágrafo único. A colocação competitiva da pessoa com deficiência pode ocorrer por meio de trabalho com apoio, observadas as seguintes diretrizes:

I – prioridade no atendimento à pessoa com deficiência com maior dificuldade de inserção no campo de trabalho;

II – provisão de suportes individualizados que atendam a necessidades específicas da pessoa com deficiência, inclusive a disponibilização de recursos de tecnologia assistiva, de agente facilitador e de apoio no ambiente de trabalho;

III – respeito ao perfil vocacional e ao interesse da pessoa com deficiência apoiada;

IV – oferta de aconselhamento e de apoio aos empregadores, com vistas à definição de estratégias de inclusão e de superação de barreiras, inclusive atitudinais;

V – realização de avaliações periódicas;

VI – articulação intersetorial das políticas públicas;

VII – possibilidade de participação de organizações da sociedade civil.

Art. 38. A entidade contratada para a realização de processo seletivo público ou privado para cargo, função ou emprego está obrigada à observância do disposto nesta Lei e em outras normas de acessibilidade vigentes.

....

CAPÍTULO VIII

DO DIREITO À PREVIDÊNCIA SOCIAL

Art. 41. A pessoa com deficiência segurada do Regime Geral de Previdência Social (RGPS) tem direito à aposentadoria nos termos da Lei Complementar n. 142, de 8 de maio de 2013.

....

LIVRO II

PARTE ESPECIAL

TÍTULO I

DO ACESSO À JUSTIÇA

CAPÍTULO I

DISPOSIÇÕES GERAIS

• *Vide* arts. 162, III, 199 e 447, § 1.º, I, do CPC.

Art. 79. O poder público deve assegurar o acesso da pessoa com deficiência à justiça, em igualdade de oportunidades com as demais pessoas, garantindo, sempre que requeridos, adaptações e recursos de tecnologia assistiva.

§ 1.º A fim de garantir a atuação da pessoa com deficiência em todo o processo judicial, o poder público deve capacitar os membros e os servidores que atuam no Poder Judiciário, no Ministério Público, na Defensoria Pública, nos órgãos de segurança pública e no sistema penitenciário quanto aos direitos da pessoa com deficiência.

§ 2.º Devem ser assegurados à pessoa com deficiência submetida a medida restritiva de liberdade todos os direitos e garantias a que fazem jus os apenados sem deficiência, garantida a acessibilidade.

§ 3.º A Defensoria Pública e o Ministério Público tomarão as medidas necessárias à garantia dos direitos previstos nesta Lei.

Art. 80. Devem ser oferecidos todos os recursos de tecnologia assistiva disponíveis para que a pessoa com deficiência tenha garantido o acesso à justiça, sempre que figure em um dos polos da ação ou atue como testemunha, partícipe da lide posta em juízo, advogado, defensor público, magistrado ou membro do Ministério Público.

• *Vide* art. 199 do CPC.

• Depoimento de pessoa portadora de deficiência: art. 208 do CPP.

Parágrafo único. A pessoa com deficiência tem garantido o acesso ao conteúdo de todos os atos processuais de seu interesse, inclusive no exercício da advocacia.

Art. 81. Os direitos da pessoa com deficiência serão garantidos por ocasião da aplicação de sanções penais.

Art. 82. (*Vetado.*)

Art. 83. Os serviços notariais e de registro não podem negar ou criar óbices ou condições diferenciadas à prestação de seus serviços em razão de deficiência do solicitante, devendo reconhecer sua capacidade legal plena, garantida a acessibilidade.

Parágrafo único. O descumprimento do disposto no *caput* deste artigo constitui discriminação em razão de deficiência.

CAPÍTULO II

DO RECONHECIMENTO IGUAL PERANTE A LEI

Art. 84. A pessoa com deficiência tem assegurado o direito ao exercício de sua capacidade legal em igualdade de condições com as demais pessoas.

§ 1.º Quando necessário, a pessoa com deficiência será submetida à curatela, conforme a lei.

§ 2.º É facultado à pessoa com deficiência a adoção de processo de tomada de decisão apoiada.

§ 3.º A definição de curatela de pessoa com deficiência constitui medida protetiva extraordinária, proporcional às necessidades e às circunstâncias de cada caso, e durará o menor tempo possível.

§ 4.º Os curadores são obrigados a prestar, anualmente, contas de sua administração ao juiz, apresentando o balanço do respectivo ano.

Art. 85. A curatela afetará tão somente os atos relacionados aos direitos de natureza patrimonial e negocial.

§ 1.º A definição da curatela não alcança o direito ao próprio corpo, à sexualidade, ao matrimônio, à privacidade, à educação, à saúde, ao trabalho e ao voto.

§ 2.º A curatela constitui medida extraordinária, devendo constar da sentença as razões e motivações de sua definição, preservados os interesses do curatelado.

§ 3.º No caso de pessoa em situação de institucionalização, ao nomear curador, o juiz deve dar preferência a pessoa que tenha vínculo de natureza familiar, afetiva ou comunitária com o curatelado.

Art. 86. Para emissão de documentos oficiais, não será exigida a situação de curatela da pessoa com deficiência.

Art. 87. Em casos de relevância e urgência e a fim de proteger os interesses da pessoa com deficiência em situação de curatela, será lícito ao juiz, ouvido o Ministério Público, de ofício ou a requerimento do interessado, nomear, desde logo, curador provisório, o qual estará sujeito, no que couber, às disposições do Código de Processo Civil.

TÍTULO II

DOS CRIMES E DAS INFRAÇÕES ADMINISTRATIVAS

•• *Vide* art. 8.º da Lei n. 7.853, de 24-10-1989, que dispõe sobre as penalidades aplicadas aos crimes praticados contra os portadores de deficiência.

....

Art. 89. Apropriar-se de ou desviar bens, proventos, pensão, benefícios, remuneração ou qualquer outro rendimento de pessoa com deficiência:

Pena – reclusão, de 1 (um) a 4 (quatro) anos, e multa.

• Apropriação indébita previdenciária: art. 168-A do CP.

Parágrafo único. Aumenta-se a pena em 1/3 (um terço) se o crime é cometido:

I – por tutor, curador, síndico, liquidatário, inventariante, testamenteiro ou depositário judicial; ou

II – por aquele que se apropriou em razão de ofício ou de profissão.

• Dos crimes praticados por funcionário público contra a administração em geral: arts. 312 e s. do CP.

....

Art. 91. Reter ou utilizar cartão magnético, qualquer meio eletrônico ou documento de pessoa com deficiência destinados ao recebimento de benefícios, proventos, pensões ou remuneração ou à realização de operações financeiras, com o fim de obter vantagem indevida para si ou para outrem:

Pena – detenção, de 6 (seis) meses a 2 (dois) anos, e multa.

Parágrafo único. Aumenta-se a pena em 1/3 (um terço) se o crime é cometido por tutor ou curador.

TÍTULO III

DISPOSIÇÕES FINAIS E TRANSITÓRIAS

....

Art. 97. A Consolidação das Leis do Trabalho (CLT), aprovada pelo Decreto-Lei n. 5.452, de 1.º de maio de 1943, passa a vigorar com as seguintes alterações:

•• Alterações já processadas no diploma modificado.

Art. 98. A Lei n. 7.853, de 24 de outubro de 1989, passa a vigorar com as seguintes alterações:

•• Alterações já processadas no diploma modificado.

Art. 99. O art. 20 da Lei n. 8.036, de 11 de maio de 1990, passa a vigorar acrescido do seguinte inciso XVIII:

•• Alteração já processada no diploma modificado.

....

Art. 101. A Lei n. 8.213, de 24 de julho de 1991, passa a vigorar com as seguintes alterações:

•• Alterações já processadas no diploma modificado.

....

Art. 107. A Lei n. 9.029, de 13 de abril de 1995, passa a vigorar com as seguintes alterações:

•• Alteração já processada no diploma modificado.

....

Art. 114. A Lei n. 10.406, de 10 de janeiro de 2002 (Código Civil), passa a vigorar com as seguintes alterações:

•• Alterações já processadas no diploma modificado.

....

Art. 123. Revogam-se os seguintes dispositivos:

....

II – os incisos I, II e III do art. 3.º da Lei n. 10.406, de 10 de janeiro de 2002 (Código Civil);

III – os incisos II e III do art. 228 da Lei n. 10.406, de 10 de janeiro de 2002 (Código Civil);

....

Art. 124. O § 1.º do art. 2.º desta Lei deverá entrar em vigor em até 2 (dois) anos, contados da entrada em vigor desta Lei.

....

Art. 127. Esta Lei entra em vigor após decorridos 180 (cento e oitenta) dias de sua publicação oficial.

Brasília, 6 de julho de 2015; 194.º da Independência e 127.º da República.

DILMA ROUSSEFF

INSTRUÇÃO NORMATIVA N. 38,

DE 10 DE NOVEMBRO DE 2015 (*)

Regulamenta o procedimento do Incidente de Julgamento dos Recursos de Revista e de Embargos à SbDI-1 repetitivos.

Art. 1.º As normas do Código de Processo Civil relativas ao julgamento dos recursos extraordinário e especial repetitivos aplicam-se, no que couber, ao recurso de revista e ao recurso de embargos repetitivos (CLT, artigos 894, II e 896 da CLT).

(*) Publicada no *DJe*, de 17-11-2015.

Art. 2.º Havendo multiplicidade de recursos de revista ou de embargos para a Subseção de Dissídios Individuais I (SbDI-1) fundados em idêntica questão de direito, a questão poderá ser afetada a essa Subseção ou ao Tribunal Pleno, por decisão da maioria simples de seus membros, mediante requerimento de um dos Ministros que a compõem, considerando a relevância da matéria ou a existência de entendimentos divergentes entre os Ministros dessa Subseção ou das Turmas do Tribunal.

§ 1.º O requerimento fundamentado de um dos Ministros da Subseção de Dissídios Individuais I de afetação da questão a ser julgada em incidente de recursos repetitivos deverá indicar um ou mais recursos de revista ou de embargos representativos da controvérsia e ser formulado por escrito diretamente ao Presidente da SbDI-1 ou, oralmente, em questão preliminar suscitada quando do julgamento de processo incluído na pauta de julgamentos da Subseção.

§ 2.º De forma concorrente, quando a Turma do Tribunal Superior do Trabalho entender necessária a adoção do procedimento de julgamento de recursos de revista repetitivos, seu Presidente deverá submeter ao Presidente da Subseção de Dissídios Individuais I a proposta de afetação do recurso de revista, para os efeitos dos artigos 896-B e 896-C da CLT.

§ 3.º O Presidente da Subseção submeterá a proposta de afetação ao colegiado, se formulada por escrito, no prazo máximo de 30 dias de seu recebimento, ou de imediato, se suscitada em questão preliminar, quando do julgamento de determinado processo pela SbDI-1, após o que:

I – acolhida a proposta, por maioria simples, o colegiado também decidirá se a questão será analisada pela própria SbDI-1 ou pelo Tribunal Pleno;

II – acolhida a proposta, a desistência da ação ou do recurso não impede a análise da questão objeto de julgamento de recursos repetitivos;

III – na hipótese do inciso I, o processo será distribuído a um relator e a um revisor do órgão jurisdicional correspondente, para sua tramitação nos termos do artigo 896-C da CLT;

IV – rejeitada a proposta, se for o caso, os autos serão devolvidos ao órgão julgador respectivo, para que o julgamento do recurso prossiga regularmente.

§ 4.º Não será admitida sustentação oral versando, de forma específica, sobre a proposta de afetação.

§ 5.º A critério do Presidente da Subseção, as propostas de afetação formuladas por escrito por um dos Ministros da Subseção de Dissídios Individuais I ou pelo Presidente de Turma do Tribunal Superior do Trabalho poderão ser apreciadas pela SbDI-1 por meio eletrônico, nos termos e para os efeitos do § 3.º, I, deste artigo, do que serão as partes cientificadas pelo *Diário da Justiça*.

§ 6.º Caso surja alguma divergência entre os integrantes do colegiado durante o julgamento eletrônico, este ficará imediatamente suspenso, devendo a proposta de afetação ser apreciada em sessão presencial.

Art. 3.º O Presidente da Subseção de Dissídios Individuais I que afetar processo para julgamento sob o rito dos recursos repetitivos deverá expedir comunicação aos demais Presidentes de Turma, que poderão afetar outros processos sobre a questão para julgamento conjunto, a fim de conferir ao órgão julgador visão global da questão.

Art. 4.º Somente poderão ser afetados recursos representativos da controvérsia que sejam admissíveis e que, a critério do relator do incidente de julgamento dos recursos repetitivos, contenham abrangente argumentação e discussão a respeito da questão a ser decidida.

Parágrafo único. O relator desse incidente não fica vinculado às propostas de afetação de que trata o artigo anterior, podendo recusá-las por desatenderem aos requisitos previstos no *caput* deste artigo e, ainda, selecionar outros recursos representativos da controvérsia.

Art. 5.º Selecionados os recursos, o relator, na Subseção Especializada em Dissídios Individuais ou no Tribunal Pleno, constatada a presença do pressuposto do *caput* do art. 896-C da CLT, proferirá decisão de afetação, sempre fundamentada, na qual:

I – identificará com precisão a questão a ser submetida a julgamento;

II – poderá determinar a suspensão dos recursos de revista ou de embargos de que trata o § 5.º do artigo 896-C da CLT;

III – poderá solicitar aos Tribunais Regionais do Trabalho informações a respeito da controvérsia, a serem prestadas no prazo de 15 (quinze) dias, e requisitar aos Presidentes ou Vice-Presidentes dos Tribunais Regionais do Trabalho a remessa de até dois recursos de revista representativos da controvérsia;

IV – concederá o prazo de 15 (quinze) dias para a manifestação escrita das pessoas, órgãos ou entidades interessados na controvérsia, que poderão ser admitidos como *amici curiae;*

V – informará aos demais Ministros sobre a decisão de afetação;

VI – poderá conceder vista ao Ministério Público e às partes, nos termos e para os efeitos do § 9.º do artigo 896-C da CLT.

Art. 6.º O Presidente do Tribunal Superior do Trabalho oficiará os Presidentes dos Tribunais Regionais do Trabalho, com cópia da decisão de afetação, para que suspendam os recursos de revista interpostos em casos idênticos aos afetados como recursos repetitivos e ainda não encaminhados a este Tribunal, bem como os recursos ordinários interpostos contra as sentenças proferidas em casos idênticos aos afetados como recursos repetitivos, até o pronunciamento definitivo do Tribunal Superior do Trabalho.

Art. 7.º Caberá ainda ao Presidente do Tribunal de origem, caso receba a requisição de que trata o inciso III do artigo 5.º desta Instrução Normativa, admitir até dois recursos representativos da controvérsia, os quais serão encaminhados ao Tribunal Superior do Trabalho.

Art. 8.º Se, após receber os recursos de revista selecionados pelo Presidente ou Vice-Presidente do Tribunal Regional do Trabalho, não se proceder à sua afetação, o relator, no Tribunal Superior do Trabalho, comunicará o fato ao Presidente ou Vice-Presidente que os houver enviado, para que seja revogada a decisão de suspensão referida no artigo 896-C, § 4.º, da CLT.

Art. 9.º As partes deverão ser intimadas da decisão de suspensão de seu processo, a ser proferida pelo respectivo relator.

§ 1.º A parte poderá requerer o prosseguimento de seu processo se demonstrar a intempestividade do recurso nele interposto ou a existência de distinção entre a questão de direito a ser decidida no seu processo e aquela a ser julgada sob o rito dos recursos repetitivos.

§ 2.º O requerimento a que se refere o § 1.º será dirigido:

I – ao juiz, se o processo sobrestado estiver em primeiro grau;

II – ao relator, se o processo sobrestado estiver no tribunal de origem;

III – ao relator do acórdão recorrido, se for sobrestado recurso de revista no tribunal de origem;

IV – ao relator, no Tribunal Superior do Trabalho, do recurso de revista ou de embargos cujo processamento houver sido sobrestado.

§ 3.º A outra parte deverá ser ouvida sobre o requerimento, no prazo de cinco dias.

§ 4.º Reconhecida a distinção no caso:

I – dos incisos I, II e IV do § 2.º, o próprio juiz ou relator dará prosseguimento ao processo;

II – do inciso III do § 2.º, o relator comunicará a decisão ao presidente ou ao vice-presidente que houver determinado o sobrestamento, para que este dê normal prosseguimento ao processo.

§ 5.º A decisão que resolver o requerimento a que se refere o § 1.º é irrecorrível de imediato, nos termos do artigo 893, § 1.º, da CLT.

Art. 10. Para instruir o procedimento, pode o relator fixar data para, em audiência pública, ouvir depoimentos de pessoas com experiência e conhecimento na matéria, sempre que entender necessário o esclarecimento de questões ou circunstâncias de fato subjacentes à controvérsia objeto do incidente de recursos repetitivos.

§ 1.º O relator poderá também admitir, tanto na audiência pública quanto no curso do procedimento, a manifestação, como *amici curiae*, de pessoas, órgãos ou entidades com interesse na controvérsia, considerando a relevância da matéria e assegurando o contraditório e a isonomia de tratamento.

§ 2.º A manifestação de que trata o § 1.º somente será admitida até a inclusão do processo em pauta.

Art. 11. Os recursos afetados deverão ser julgados no prazo de um ano e terão preferência sobre os demais feitos.

§ 1.º Na hipótese de não ocorrer o julgamento no prazo de um ano a contar da publicação da decisão de que trata o artigo 5.º desta Instrução Normativa, cessam automaticamente, em todo o território nacional, a afetação e a suspensão dos processos, que retomarão seu curso normal.

§ 2.º Ocorrendo a hipótese do § 1.º, é permitida, nos termos e para os efeitos do artigo 2.º desta Instrução Normativa e do artigo 896-C da CLT, a formulação de outra proposta de afetação de processos representativos da controvérsia para instauração e julgamento de recursos repetitivos para ser apreciada e decidida pela SbDI-1 deste Tribunal.

Art. 12. O conteúdo do acórdão paradigma abrangerá a análise de todos os fundamentos da tese jurídica discutida, favoráveis ou contrários.

Parágrafo único. É vedado ao órgão colegiado decidir, para os fins do artigo 896-C da CLT, questão não delimitada na decisão de afetação.

Art. 13. Decidido o recurso representativo da controvérsia, os órgãos jurisdicionais respectivos declararão prejudicados os demais recursos versando sobre idêntica controvérsia ou os decidirão, aplicando a tese firmada.

Parágrafo único. Quando os recursos requisitados do Tribunal Regional do Trabalho contiverem outras questões além daquela que é objeto da afetação, caberá ao órgão jurisdicional competente, em acórdão específico para cada processo, decidir esta em primeiro lugar e depois as demais.

Art. 14. Publicado o acórdão paradigma:

I – o Presidente ou Vice-Presidente do Tribunal de origem negará seguimento aos recursos de revista sobrestados na origem, se o acórdão recorrido coincidir com a orientação do Tribunal Superior do Trabalho;

II – o órgão que proferiu o acórdão recorrido, na origem, reexaminará o processo de competência originária ou o recurso anteriormente julgado, na hipótese de o acórdão recorrido contrariar a orientação do Tribunal Superior do Trabalho;

III – os processos porventura suspensos em primeiro e segundo graus de jurisdição retomarão o curso para julgamento e aplicação da tese firmada pelo Tribunal Superior do Trabalho.

Art. 15. Para fundamentar a decisão de manutenção do entendimento, o órgão que proferiu o acórdão recorrido deverá demonstrar a existência de distinção, por se tratar de caso particularizado por hipótese fática distinta ou questão jurídica não examinada, a impor solução diversa.

§ 1.º Na hipótese de que trata o *caput* deste artigo, o recurso de revista será submetido a novo exame de sua admissibilidade pelo Presidente ou Vice-Presidente do Tribunal Regional, retomando o processo o seu curso normal.

§ 2.º Realizado o juízo de retratação, com alteração do acórdão divergente, o Tribunal de origem, se for o caso, decidirá as demais questões ainda não decididas, cujo enfrentamento se tornou necessário em decorrência da alteração.

§ 3.º Quando for alterado o acórdão divergente na forma do § 1.º e o recurso anteriormente interposto versar sobre outras questões, o Presidente ou Vice-Presidente do Tribunal Regional, independentemente de ratificação do recurso, procederá a novo juízo de admissibilidade, retomando o processo o seu curso normal.

Art. 16. A parte poderá desistir da ação em curso no primeiro grau de jurisdição, antes de proferida a sentença, se a questão nela discutida for idêntica à resolvida pelo recurso representativo da controvérsia.

§ 1.º Se a desistência ocorrer antes de oferecida a defesa, a parte, se for o caso, ficará dispensada do pagamento de custas e de honorários de advogado.

§ 2.º A desistência apresentada nos termos do *caput* deste artigo independe de consentimento do reclamado, ainda que apresentada contestação.

Art. 17. Caberá revisão da decisão firmada em julgamento de recursos repetitivos quando se alterar a situação econômica, social ou jurídica, caso em que será respeitada a segurança jurídica das relações firmadas sob a égide da decisão anterior, podendo o Tribunal Superior do Trabalho modular os efeitos da decisão que a tenha alterado.

Art. 18. Caso a questão afetada e julgada sob o rito dos recursos repetitivos também contenha questão constitucional, a decisão proferida pelo Tribunal Pleno não obstará o conhecimento de eventuais recursos extraordinários sobre a questão constitucional.

Art. 19. Aos recursos extraordinários interpostos perante o Tribunal Superior do Trabalho será aplicado o procedimento previsto no Código de Processo Civil para o julgamento dos recursos extraordinários repetitivos, cabendo ao Presidente do Tribunal Superior do Trabalho selecionar um ou mais recursos representativos da controvérsia e encaminhá-los ao Supremo Tribunal Federal, sobrestando os demais até o pronunciamento definitivo da Corte, na forma ali prevista.

Art. 20. Quando o julgamento dos embargos à SbDI-1 envolver relevante questão de direito, com grande repercussão social, sem repetição em múltiplos processos mas a respeito da qual seja conveniente a prevenção ou a composição de divergência entre as turmas ou os demais órgãos fracionários do Tribunal Superior do Trabalho, poderá a SbDI-1, por iniciativa de um de seus membros e após a aprovação da maioria de seus integrantes, afetar o seu julgamento ao Tribunal Pleno.

Parágrafo único. Aplica-se a este incidente, no que couber, o que esta Instrução Normativa dispõe sobre o incidente de julgamento de recursos repetitivos.

Art. 21. O Tribunal Superior do Trabalho deverá manter e dar publicidade às questões de direito objeto dos recursos repetitivos já julgados, pendentes de julgamento ou já reputadas sem relevância, bem como daquelas objeto das decisões proferidas por sua composição plenária, nos termos do § 13 do artigo 896 da CLT e do artigo 20 desta Instrução Normativa.

Parágrafo único. As decisões, organizadas por questão jurídica julgada, serão divulgadas, preferencialmente, na rede mundial de computadores e constarão do Banco Nacional de Jurisprudência Uniformizadora – BANJUR, instituído pelo artigo 7.º da Instrução Normativa n. 37/2015, aprovada pela Resolução n. 195, de 2-3-2015, do Tribunal Superior do Trabalho.

Art. 22. Após a publicação da presente Instrução Normativa, ficam expressamente revogados os artigos 7.º a 22 do Ato n. 491/SEGJUD.GP, de 23 de setembro de 2014.

Antonio José de Barros Levenhagen

CONSOLIDAÇÃO DOS PROVIMENTOS DA CORREGEDORIA-GERAL DA JUSTIÇA DO TRABALHO (*)

TÍTULO I
DISPOSIÇÃO INICIAL

Art. 1.º A Consolidação dos Provimentos da Corregedoria-Geral da Justiça do Trabalho tem por finalidade o disciplinamento sistematizado de regras procedimentais a serem observadas no âmbito da Justiça do Trabalho de 1.º e 2.º graus de jurisdição.

TÍTULO II
DISPOSIÇÕES GERAIS

CAPÍTULO I
MAGISTRADO

SEÇÃO I
Vitaliciamento

Art. 2.º Os Tribunais Regionais do Trabalho regulamentarão o procedimento de vitaliciamento dos juízes do trabalho substitutos, devendo, para tanto, constituir Comissão de Vitaliciamento para os juízes substitutos vitaliciandos.

§ 1.º A Comissão de Vitaliciamento será composta por, no mínimo, três desembargadores do trabalho, eleitos pelo Pleno ou Órgão Especial do respectivo Tribunal, um dos quais integrante da direção ou do Conselho da Escola Judicial.

§ 2.º O mandato dos membros da Comissão de Vitaliciamento coincidirá com o mandato dos desembargadores integrantes da administração do Tribunal Regional do Trabalho.

Art. 3.º O procedimento de vitaliciamento, sob a condução e responsabilidade do desembargador corregedor regional, será iniciado a partir do exercício na magistratura.

Parágrafo único. A corregedoria regional, para esse fim, formará autos de procedimento administrativo individualizado referente a cada juiz.

Art. 4.º Constituem requisitos para o vitaliciamento:

I – a frequência e o aproveitamento no Curso de Formação Inicial, Módulo Nacional, ministrado pela Escola Nacional de Formação e Aperfeiçoamento de Magistrados do Trabalho – ENAMAT;

(*) Publicada no *DJE*, de 23-2-2016. Deixamos de publicar os anexos por não atenderem à proposta da obra.

II – a frequência e o aproveitamento no Curso de Formação Inicial, Módulo Regional, ministrado por Escola Judicial;

III – a permanência, no mínimo, de sessenta dias à disposição da Escola Judicial, com aulas teórico-práticas intercaladas e integradas com prática jurisdicional;

IV – a submissão à carga semestral e anual de horas-aula de atividades de formação inicial nacionalmente definida pela ENAMAT, conjugadas com aulas teóricas e práticas, sob a supervisão da Escola Judicial.

Art. 5.º Compete ao desembargador corregedor regional avaliar permanentemente o juiz vitaliciando com relação ao desempenho, à idoneidade moral e à adaptação para o exercício do cargo.

Parágrafo único. A avaliação de desempenho será realizada mediante a análise dos dados colhidos pela secretaria da corregedoria regional, cabendo ao desembargador corregedor regional determinar as providências necessárias junto aos diversos setores do tribunal para instrução do expediente.

Art. 6.º O desembargador do trabalho corregedor regional e o diretor da Escola Judicial avaliarão o desempenho do juiz vitaliciando, com fundamento em critérios objetivos de caráter qualitativo e quantitativo do trabalho desenvolvido.

§ 1.º O diretor da Escola Judicial avaliará:

I – o cumprimento dos requisitos constantes do art. 4.º deste Ato Conjunto;

II – a frequência e/ou o aproveitamento nos demais cursos de que participou o magistrado para aperfeiçoamento profissional;

III – a estrutura lógico-jurídica dos pronunciamentos decisórios emitidos.

§ 2.º O desembargador corregedor regional avaliará, como critério qualitativo:

I – a presteza e a segurança no exercício da função jurisdicional;

II – a solução de correições parciais e pedidos de providências contra o magistrado;

III – os elogios recebidos e as penalidades sofridas.

§ 3.º *(Revogado pelo Ato n. 1, de 10-1-2017.)*

§ 4.º O desembargador corregedor regional avaliará, como critério quantitativo, com base nos dados estatísticos referentes à produtividade:

I – o número de audiências presididas pelo juiz em cada mês, bem como o daquelas a que não compareceu sem causa justificada;

II – o prazo médio para julgamento de processos depois de encerrada a audiência de instrução;

III – o número de sentenças proferidas em cada mês;

IV – o número de decisões em liquidação de sentença que não sejam meramente homologatórias de cálculo e o número de decisões proferidas em embargos à execução, embargos à arrematação, embargos de terceiro e embargos à adjudicação;

V – o uso efetivo e constante dos Sistemas BACEN JUD, INFOJUD e RENAJUD e de outras ferramentas tecnológicas que vierem a ser disponibilizadas pelo tribunal.

§ 5.º Os prazos para a prática de atos decisórios estarão suspensos nos períodos em que os magistrados estiverem em atividades presenciais de Formação Inicial, Continuada ou de Formadores a cargo da ENAMAT ou das Escolas Judiciais.

Art. 7.º No momento em que o juiz do trabalho substituto completar um ano e seis meses de exercício da magistratura, incumbe ao desembargador corregedor regional e ao desembargador diretor da Escola Judicial do Tribunal Regional do Trabalho emitir pareceres, no prazo comum de sessenta dias, sobre o vitaliciamento, submetendo-os prontamente à apreciação do Pleno ou do Órgão Especial do tribunal.

Parágrafo único. Faculta-se ao desembargador corregedor regional e ao desembargador diretor da Escola Judicial a emissão conjunta do parecer a que se refere o *caput* deste parágrafo.

Art. 8.º O tribunal, antes de o juiz do trabalho substituto completar dois anos de exercício, deliberará sobre o vitaliciamento.

Art. 9.º A Comissão de Vitaliciamento poderá solicitar:

I – por iniciativa própria ou a requerimento de qualquer dos desembargadores do Tribunal Regional do Trabalho, informações sobre juiz vitaliciando à Ordem dos Advogados do Brasil, ao Ministério Público e a outros órgãos ou entidades correlatas;

II – à Escola Judicial a formação de quadro de juízes orientadores, composto por magistrados ativos que contem com tempo de judicatura na Região não inferior a cinco anos e que demonstrem aptidão para a formação e o acompanhamento dos juízes vitaliciandos.

§ 1.º Está impedido de atuar como juiz orientador o magistrado que for cônjuge, companheiro, parente consanguíneo ou afim, em linha reta ou colateral, até o 3.º grau, amigo íntimo ou inimigo do juiz vitaliciando.

§ 2.º Ao juiz orientador, sem prejuízo de outras atribuições que lhe forem delegadas, compete:

I – acompanhar e orientar o juiz vitaliciando;

II – propor à Escola Judicial a realização de atividades formativas para aprimoramento do juiz em processo de vitaliciamento, se identificadas eventuais dificuldades no exercício da judicatura.

Art. 10. O juiz do trabalho substituto deverá encaminhar à Comissão de Vitaliciamento, trimestralmente, relatório circunstanciado em que descreva o método de trabalho funcional adotado e a unidade judiciária de sua atuação.

Art. 11. A secretaria da corregedoria regional prestará apoio administrativo à Comissão de Vitaliciamento, mantendo, para isso, assentamentos individuais em que serão reunidas as informações relativas aos juízes vitaliciandos.

Art. 12. O afastamento do juiz vitaliciando do efetivo exercício de suas atividades funcionais por mais de noventa dias implicará a prorrogação, por igual período, do processo de vitaliciamento.

Art. 13. Aos juízes em vitaliciamento será assegurada vista dos relatórios elaborados pela Comissão de Vitaliciamento e das demais informações constantes de seu processo de vitaliciedade, sendo-lhes garantido o prazo de dez dias para manifestação.

Art. 14. Caso o Tribunal Regional do Trabalho não promova a instauração do processo de vitaliciamento antes de encerrado o período de avaliação, o juiz vitaliciando será considerado vitalício, sem prejuízo da abertura e prosseguimento de eventual processo administrativo disciplinar, para apuração de fatos relevantes e graves que lhe hajam sido imputados, preservando-se o direito ao contraditório e à ampla defesa.

Art. 15. Devidamente instruído o processo de vitaliciamento, será ele incluído, para deliberação, na data da primeira sessão subsequente do Pleno ou do Órgão Especial do Tribunal Regional do Trabalho.

Art. 16. A declaração de vitaliciamento do magistrado pelo Pleno ou Órgão Especial do Tribunal Regional do Trabalho possui efeitos imediatos, concomitantes à implementação dos dois anos de exercício no cargo, afastada qualquer graduação entre os juízes que adquirirem essa prerrogativa.

SEÇÃO II

Local de Residência do Juiz

Art. 17. O juiz titular residirá na sede em que se encontra instalada a vara do trabalho, salvo autorização do Tribunal.

Art. 18. Os tribunais regionais do trabalho, em casos excepcionais, poderão conceder aos magistrados autorização para fixar residência fora da sede da vara do trabalho, desde que não haja prejuízo à efetiva prestação jurisdicional.

Parágrafo único. As autorizações serão concedidas caso a caso.

Art. 19. Os tribunais regionais do trabalho disciplinarão os critérios objetivos de autorização, em caráter excepcional, para que o juiz titular resida fora da sede da respectiva vara (Resolução 37/2007 do CNJ), contemplando os seguintes requisitos mínimos:

I – cumprimento dos prazos legais;

II – assiduidade do magistrado, compatível com o movimento processual da vara do trabalho, estando à disposição das partes e advogados ou realizando audiências por, pelo menos, três dias úteis na semana, determinando, ainda, sejam afixadas nas Secretarias dos órgãos judicantes as datas em que os magistrados prestarão atendimento nas varas, bem assim aquelas em que se encontrarão fora da sede do juízo, mas no exercício de suas respectivas funções.

SEÇÃO III

Impedimentos e Suspeições

• *Vide* arts. 144 a 148 do CPC.

Art. 20. Se o juiz de 1.º grau não reconhecer o impedimento ou a suspeição alegada, será aplicado o procedimento previsto no art. 146 do Código de Processo Civil, exceto, quanto a este último, na parte relativa à condenação às custas ao magistrado.

§ 1.º Nas Unidades Judiciárias que contam com a designação permanente de mais de um magistrado, caso seja reconhecido o impedimento ou a suspeição de um deles, os autos do processo deverão ser encaminhados imediatamente a um dos demais em condições de atuar no feito, para dar-lhe prosseguimento, no prazo máximo de 10 (dez) dias.

•• Anterior parágrafo único com redação determinada pelo Ato n. 23, de 5-9-2018.

§ 2.º Não havendo mais de um magistrado atuando na Unidade por ocasião do reconhecimento do impedimento ou da suspeição, ou na hipótese de todos encontrarem-se inaptos para atuar no feito, será designado qualquer outro magistrado, segundo juízo de conveniência da Administração do Tribunal, observados os critérios de impessoalidade, alternância e aleatoriedade na designação, que deverá recair, preferencialmente, sobre aqueles que atuarem na própria sede do Juízo a que pertence o processo, ou em localidade contígua.

•• § 2.º acrescentado pelo Ato n. 23, de 5-9-2018.

Art. 21. Na hipótese de impedimento ou suspeição de desembargador do trabalho, contemporânea ao julgamento do processo, este será mantido em pauta com a convocação de outro desembargador para compor o *quorum* do julgamento.

SEÇÃO IV

Dever de Comunicação à OAB de Incompatibilidade ou Impedimento ao Exercício da Advocacia

Art. 22. O magistrado que tiver conhecimento de incompatibilidade ou impedimento para o exercício da advocacia, nos termos dos arts. 27 a 30 da Lei n. 8.906/1994, comunicará à Ordem dos Advogados do Brasil – OAB.

Parágrafo único. A comunicação será limitada à descrição dos fatos ensejadores da incompatibilidade ou do impedimento, sendo vedado ao magistrado externar sobre eles juízo de valor.

CAPÍTULO II

CORREGEDOR REGIONAL

SEÇÃO I

Deveres e Vedações

Art. 23. É dever do desembargador corregedor regional:

I – realizar correição ordinária anual presencial nas varas do trabalho e demais unidades judiciárias da região, sem prejuízo de correição extraordinária;

II – apurar e controlar a regularidade na utilização do Sistema BACEN JUD pelos juízes titulares de vara do trabalho e substitutos, em especial nas correições ordinárias, verificando se há casos em que, injustificadamente, o magistrado não emitiu ordem eletrônica de transferência de valores bloqueados ou de desbloqueio em tempo razoável, cumprindo-lhe adotar, se for o caso, as providências administrativas para orientação dos juízes e coibição de irregularidades detectadas;

III – promover a apuração de responsabilidade funcional de juízes de vara do trabalho da região, titulares e substitutos, em caso de infração disciplinar, observadas as disposições normativas a respeito;

IV – velar pela observância dos prazos para prolação de sentença.

Parágrafo único. Somente deverá ser deflagrada a abertura de procedimento administrativo para verificação de descumprimento do prazo de lei para a prolação de sentenças ou decisões interlocutórias pelos juízes de 1.º grau quando excedido em mais de 60 (sessenta) dias corridos o lapso temporal a que se referem os incisos II e III do art. 226 do Código de Processo Civil.

•• Parágrafo único com redação determinada pelo Ato n. 16, de 19-12-2017.

Art. 24. É lícito aos presidentes, vice-presidentes e corregedores dos tribunais regionais do trabalho procederem à convocação de juízes de 1.º grau em auxílio às atribuições inerentes à Presidência, à Vice-Presidência e à Corregedoria Regional (Resolução 72/2009 do CNJ).

Parágrafo único. É dado, também, ao presidente do tribunal convocar um juiz auxiliar para atuação exclusiva na gestão e supervisão dos procedimentos relacionados aos precatórios e requisições de pequeno valor (Resolução 72/2009 do CNJ).

Art. 25. É vedado ao desembargador corregedor regional:

I – convocar juiz titular de vara do trabalho ou juiz do trabalho substituto para auxiliar nas correições;

II – permitir que magistrado de 1.º grau, estranho à vara do trabalho sob correição, acompanhe a atividade correicional ou manipule processos em trâmite na vara corrigenda;

III – delegar atribuições instrutórias a juiz auxiliar da Corregedoria, em procedimento, de qualquer natureza, instaurado contra magistrado de 1.º grau.

SEÇÃO II

Correições Ordinárias nas Varas do Trabalho

Art. 26. Por ocasião da correição ordinária anual em cada vara do trabalho, são aspectos de exame e registro obrigatório em ata:

I – a averiguação da existência de pronunciamento explícito sobre a admissibilidade dos recursos ordinários e agravos de petição interpostos, não se reputando atendida a exigência em caso de despacho nos quais haja referência às locuções "Processe-se o recurso, na forma da lei" ou "Admito o recurso, na forma da lei";

II – a assiduidade na vara do trabalho do juiz titular ou substituto;

III – a quantidade de dias da semana em que se realizam audiências;

IV – os principais prazos da vara do trabalho (inicial, instrução e julgamento) e o número de processos aguardando sentença na fase de conhecimento e incidentais à fase de execução;

V – a análise de processos, por amostragem, na fase de execução, em especial para averiguar-se:

a) o exaurimento das iniciativas do juiz objetivando tornar exitosa a execução mediante a utilização do BACEN JUD, INFOJUD, RENAJUD, SIMBA – Sistema de Investigação de Movimentações Bancárias e a aplicação subsidiária dos arts. 772 a 777 do CPC;

b) o registro, no sistema informatizado, de todos os atos processuais relevantes praticados, mormente liquidação de sentença, quitação, oposição de embargos e data de conclusão ao juiz para sentença em processos incidentais;

c) a fiscalização do uso regular dos sistemas BACEN JUD e INFOJUD;

d) se o juiz, imediatamente após a liquidação da sentença, em que se apure crédito de valor inequivocamente superior ao do depósito recursal, haja ordenado a pronta liberação deste em favor do credor, de ofício ou a seu requerimento;

e) se há inclusão em pauta de processos na fase de execução;

f) se há registro fidedigno, no sistema informatizado, dos atos processuais praticados;

g) se foi determinada pelo juiz a citação do sócio em caso de desconsideração da personalidade jurídica da empresa executada, por meio de decisão fundamentada, para que, no prazo de 48 (quarenta e oito) horas, indique bens da sociedade (art. 795 do CPC) ou, não os havendo, garanta a execução, sob pena de penhora, com o fim de habilitá-lo à via dos embargos à execução para imprimir, inclusive, discussão sobre a existência da sua responsabilidade executiva secundária.

CAPÍTULO III

MINISTÉRIO PÚBLICO DO TRABALHO

•• *Vide* arts. 127 a 130-A da CF.

• *Vide* arts. 176 a 181 do CPC.

Art. 27. Os membros do Ministério Público do Trabalho serão cientificados pessoalmente das decisões proferidas pela Justiça do Trabalho nas causas em que o órgão haja atuado como parte ou como fiscal da lei.

Parágrafo único. As intimações serão pessoais, mediante o envio dos autos às respectivas sedes das procuradorias regionais do trabalho, ou da forma como for ajustado entre o Presidente do Tribunal e o Procurador-Chefe Regional.

Art. 28. Às Procuradorias Regionais do Trabalho serão enviados processos para parecer nas seguintes hipóteses:

I – obrigatoriamente, quando for parte pessoa jurídica de direito público, Estado estrangeiro ou organismo internacional;

II – facultativamente, e de forma seletiva, por iniciativa do relator, quando a matéria, por sua relevância, recomendar a prévia manifestação do Ministério Público;

III – por iniciativa do Ministério Público do Trabalho, quando este reputar presente interesse público que justifique a sua intervenção;

IV – por determinação legal, os mandados de segurança, de competência originária ou em grau recursal, as ações civis coletivas, os dissídios coletivos, caso não haja sido emitido parecer na instrução, e os processos em que forem parte indígena ou respectivas comunidades e organizações.

Parágrafo único. Os processos nos quais figure como parte pessoa jurídica de direito público, Estado estrangeiro ou organismo internacional serão encaminhados às Procuradorias Regionais do Trabalho imediatamente após os registros de autuação, salvo se houver necessidade de pronta manifestação do desembargador do trabalho relator.

Art. 29. É permitida a presença dos membros do Ministério Público do Trabalho em sessão convertida em conselho pelos Tribunais Regionais do Trabalho.

Art. 30. Será assegurado aos membros do Ministério Público do Trabalho assento à direita da presidência no julgamento de qualquer processo, judicial ou administrativo, em curso perante Tribunais Regionais do Trabalho.

Parágrafo único. Igual prerrogativa será assegurada nas audiências das varas do trabalho a que comparecer o membro do Ministério Público do Trabalho, na condição de parte ou na de fiscal da lei, desde que haja disponibilidade de espaço ou possibilidade de adaptação das unidades judiciárias (Resolução 7/2005 do CSJT).

CAPÍTULO IV
NORMAS PROCEDIMENTAIS DO PROCESSO

SEÇÃO I
Autuação

Art. 31. Constarão dos registros de autuação dos processos judiciais da Justiça do Trabalho de 1.º e 2.º graus os seguintes dados, exceto se a informação não estiver disponível nos autos ou nos sistemas informatizados do tribunal:

I – Cadastro geral do processo:

a) classe do processo;

b) número do processo, na forma instituída pelas disposições normativas vigentes;

c) data de autuação;

d) número do processo de referência, se houver;

e) assuntos;

f) valor da causa;

g) tribunal regional do trabalho de origem;

h) vara do trabalho de origem;

i) comarca de origem;

j) quantidade de volumes, se for o caso;

l) quantidade de apensos, se for o caso;

m) quantidade de volume de documentos, se for o caso;

n) data de ajuizamento da ação;

o) data de envio do processo;

p) segredo de justiça, menor, falência, idoso, portador de doença grave, deficiente físico, procedimento sumaríssimo, Resolução Administrativa 874/2002 do TST e acidente de trabalho.

II – Registro das partes:

a) nome completo e endereço;

b) RG (e órgão expedidor);

c) CNPJ ou CPF;

d) CEI (número da matrícula do empregador pessoa física perante o INSS);

e) NIT (número de inscrição do trabalhador perante o INSS);

f) PIS ou PASEP;

g) CTPS;

h) pessoa física ou pessoa jurídica;

i) empregado ou empregador;

j) ente público (União/estado-membro/Distrito Federal/município);

l) código do ramo de atividade do empregador;

m) situação das partes no processo (ativa/não ativa).

III – Registro de advogados e estagiários:

a) nome completo;

b) endereço;

c) número de registro na OAB, letra, unidade da federação;

d) situação no processo (ativo/não ativo, registro suspenso, data de início da suspensão, data do término da suspensão, registro cassado).

IV – Cadastro relativo às partes e advogados:

a) endereço;

b) complemento (sala, bloco, apartamento etc.);

c) bairro;

d) cidade;

e) unidade da federação;

f) CEP;

g) telefone;

h) fac-símile;

i) correio eletrônico.

Parágrafo único. Os códigos das atividades econômicas constam do Anexo I e os dados contidos nos incs. I, II, III e IV do *caput* deste artigo bem como o tamanho dos campos correspondentes constam do Anexo II, ambos desta Consolidação.

Art. 32. Os tribunais regionais do trabalho e as varas do trabalho manterão em suas bases de dados o histórico relativo aos registros das partes e advogados, sendo obrigatório o envio dessas informações ao órgão de destino do processo.

Parágrafo único. A transferência de dados entre os órgãos da Justiça do Trabalho ocorrerá em meio digital, obedecendo aos critérios definidos pela Corregedoria-Geral da Justiça do Trabalho.

SUBSEÇÃO I
Numeração Única

Art. 33. Os processos judiciais receberão numeração única, na forma das disposições normativas vigentes, vedando-se o registro e a publicidade de número diverso.

SUBSEÇÃO II
Tabelas Processuais Unificadas

Art. 34. O registro de classes, movimentos e assuntos observará as tabelas processuais unificadas aprovadas pelo CNJ e pela Corregedoria-Geral da Justiça do Trabalho.

Parágrafo único. As tabelas unificadas serão disponibilizadas aos tribunais regionais do trabalho e às varas do trabalho, pela Corregedoria-Geral da Justiça do Trabalho, na página do Tribunal Superior do Trabalho na Internet.

Art. 35. É vedada a utilização de classes processuais não aprovadas pelo CNJ.

Art. 36. Na ausência de classe processual específica na respectiva tabela unificada, o processo será classificado pelo gênero da ação, quando possível, caso em que cópia da petição inicial será imediatamente remetida ao Grupo Gestor Regional das Tabelas Processuais Unificadas, para exame da necessidade de se criar nova classe processual.

Parágrafo único. O Grupo Gestor Regional, na hipótese de emitir parecer favorável, encaminhará ao Grupo Gestor Nacional a proposta de criação da nova classe processual.

Art. 37. Os tribunais regionais do trabalho, por intermédio dos respectivos Grupos Gestores Regionais, poderão propor ao Grupo Gestor Nacional o aperfeiçoamento das Tabelas Processuais Unificadas.

§ 1.º A proposta de aperfeiçoamento a ser enviada ao Grupo Gestor Nacional deverá ser acompanhada de parecer favorável do Grupo Gestor Regional, fundamentando a necessidade da inclusão, exclusão ou alteração de itens das tabelas.

§ 2.º A proposta de alteração da tabela de classes processuais, aprovada pelo Grupo Gestor Nacional da Justiça do Trabalho, será encaminhada ao Comitê Gestor Nacional do CNJ.

SUBSEÇÃO III
Registro do Nome das Partes e Advogados

Art. 38. No registro do nome de partes e advogados, serão observados os seguintes padrões:

I – o cadastramento de partes no processo deverá ser realizado, prioritariamente, pelo nome ou razão social constante do cadastro de pessoas físicas ou jurídicas perante a Secretaria da Receita Federal do Brasil, mediante alimentação automática, observados os convênios e condições tecnológicas disponíveis, vedado o uso dos tipos itálico e negrito;

II – as abreviaturas de palavras são vedadas, salvo se impossível identificar sua escrita completa ou fizerem parte do nome fantasia ou da razão social do empregador;

III – as seguintes siglas serão adotadas como padrão: S.A., Ltda., S/C, Cia. e ME;

IV – as siglas que não fazem parte da razão social serão grafadas após o nome da empresa, em letras maiúsculas e precedidas de hífen;

V – os registros complementares ao nome da parte serão grafados da seguinte forma, exemplificativamente: José da Silva (Espólio de), União (Extinto INAMPS), Banco do Estado do Rio de Janeiro S.A. – BANERJ (em Liquidação Extrajudicial), José da Silva e Outro;

VI – na grafia do nome de autoridades, não se utilizará pronome de tratamento.

Art. 39. O nome do sócio constará da autuação do processo sempre que incluído pelo juiz no polo passivo da execução.

SUBSEÇÃO IV
Identificação das Partes

Art. 40. O juiz zelará pela precisa identificação das partes no processo, a fim de propiciar o cumprimento das obrigações fiscais e previdenciárias, o levantamento dos depósitos de FGTS, o bloqueio eletrônico de numerário em instituições financeiras e o preenchimento da guia de depósito judicial trabalhista.

Art. 41. Salvo impossibilidade que comprometa o acesso à justiça, o juiz do trabalho determinará às partes a apresentação das seguintes informações:

a) no caso de pessoa física, o número da CTPS, RG e órgão expedidor, CPF e PIS/PASEP ou NIT (Número de Inscrição do Trabalhador);

b) no caso de pessoa jurídica, o número do CNPJ e do CEI (Cadastro Específico do INSS), bem como cópia do contrato social ou da última alteração feita no contrato original, constando o número do CPF do(s) proprietário(s) e do(s) sócio(s) da empresa demandada.

Parágrafo único. Não sendo possível obter das partes o número do PIS/PASEP ou do NIT, no caso de trabalhador, e o número da matrícula no Cadastro Específico do INSS – CEI, relativamente ao empregador pessoa física, o juiz determinará à parte que forneça o número da CTPS, a data de seu nascimento e o nome da genitora.

Art. 42. À parte será assegurado prazo para apresentar as informações, sem prejuízo da continuidade da audiência.

SUBSEÇÃO V
Tramitação Preferencial

Art. 43. Os tribunais regionais do trabalho e as varas do trabalho, nos processos com tramitação preferencial, registrarão, na capa dos autos, em letras destacadas, os seguintes dizeres, conforme o caso:

a) "TRAMITAÇÃO PREFERENCIAL – Lei 12.008/2009";

b) "TRAMITAÇÃO PREFERENCIAL – Recuperação Judicial ou Falência";

c) "TRAMITAÇÃO PREFERENCIAL – Rito Sumaríssimo";

d) "TRAMITAÇÃO PREFERENCIAL – Resolução Administrativa 874/2002 do TST";

e) "TRAMITAÇÃO PREFERENCIAL – Acidente de Trabalho" (Recomendação Conjunta 1/GP.CGJT, de 3 de maio de 2011).

SUBSEÇÃO VI
Segredo de Justiça

•• *Vide* art. 189 do CPC.

Art. 44. Os processos protegidos pelo segredo de justiça receberão na capa dos autos a seguinte identificação: "SEGREDO DE JUSTIÇA".

Parágrafo único. A informação de que o processo está protegido pelo segredo de justiça constará, também, dos sistemas informatizados de acompanhamento processual das varas do trabalho e do tribunal.

SEÇÃO II
Procedimentos em Autos Físicos

SUBSEÇÃO I
Juntada de Documento de Tamanho Irregular

Art. 45. Para que todas as folhas dos autos do processo apresentem a mesma dimensão, os documentos de tamanho irregular serão previamente afixados em folha de papel proporcional aos autos.

SUBSEÇÃO II
Numeração das Folhas

Art. 46. As folhas serão numeradas em sequência, vedando-se a prática de repetir o número da folha anterior acrescido de letra do alfabeto.

SUBSEÇÃO III
Folhas em Branco

Art. 47. As folhas em branco de autos do processo serão inutilizadas mediante o registro dos dizeres "EM BRANCO", provendo-se a identificação do serventuário que o tiver lançado.

SUBSEÇÃO IV
Abertura de Novos Volumes

Art. 48. Sempre que os autos do processo atingirem cerca de 200 (duzentas) folhas, será aberto novo volume.

Parágrafo único. Na abertura do novo volume, não haverá desmembramento de petição nem de atos processuais.

Art. 49. A capa do volume de autos do processo não será numerada, iniciando-se a numeração das folhas do volume recém-aberto a partir da última folha do volume imediatamente anterior.

SUBSEÇÃO V
Autenticação de Cópias de Peças

Art. 50. As fotocópias de acórdãos expedidas pelos serviços competentes dos tribunais regionais do trabalho conterão indispensável autenticação.

§ 1.º Autenticada a cópia, a fotocópia que se extrair dessa peça também deverá estar autenticada.

§ 2.º As cópias reprográficas, xerográficas e similares de peças processuais poderão ser autenticadas por chancela mecânica, indicativa do órgão emitente, servidor responsável, cargo e data, sendo desnecessária a existência de rubrica nas referidas peças processuais.

Art. 51. O documento em cópia oferecido para prova poderá ser declarado autêntico pelo patrono da parte, sob sua responsabilidade pessoal, na forma do art. 830 da CLT.

Art. 52. Os tribunais regionais do trabalho disponibilizarão em local de destaque, nos respectivos sítios na rede mundial de computadores, acesso à consulta pública do PJe-JT, para verificar a autenticidade de documentos extraídos dos autos digitais, na forma expressa na Resolução 136/2014 do CSJT.

SUBSEÇÃO VI
Da Distribuição

Art. 53. Devem os tribunais regionais do trabalho desenvolver esforços no sentido de proceder à distribuição imediata dos processos no 1.º e no 2.º graus de jurisdição.

Parágrafo único. É vedada a suspensão e a limitação da distribuição dos feitos no âmbito dos tribunais regionais do trabalho.

SUBSEÇÃO VII
Carga dos Autos – Prazo Comum

Art. 54. Os autos dos processos que não tramitem em segredo de justiça poderão ser confiados em carga temporária de até 45 (quarenta e cinco) minutos a advogado, mesmo sem procuração, para exame e obtenção de cópias, mediante exibição de documento de identificação profissional e registro no livro de carga (art. 7.º, inc. XIII, da Lei n. 8.906/94).

Parágrafo único. Idêntica providência poderá ser adotada em favor de advogado regularmente constituído nos autos, no caso de prazo comum.

SUBSEÇÃO VIII
Aposição de Assinatura e Rubrica

Art. 55. A assinatura e rubrica apostas nas decisões, termos, despachos, atos e documentos judiciais de autos físicos serão seguidas da repetição completa do nome do signatário e da indicação do respectivo cargo ou função.

SEÇÃO III
Notificação de Entes Públicos, Estado Estrangeiro ou Organismo Internacional

Art. 56. As secretarias das varas do trabalho velarão para que nas ações ajuizadas em desfavor de entes públicos (Decreto-lei n. 779/69), inclusive Estado estrangeiro ou organismo internacional, observe-se lapso temporal para preparação da defesa de, no mínimo, 20 (vinte) dias entre o recebimento da notificação citatória e a realização da audiência.

SEÇÃO IV
Audiências – Normas Procedimentais no Dissídio Individual

• Dissídios individuais: *vide* arts. 837 a 855 da CLT.

Art. 57. Constarão da ata ou termo de audiência:

I – o motivo determinante do adiamento da audiência na vara do trabalho, inclusive daquele requerido de comum acordo pelas partes;

II – o registro da outorga, pela parte, em audiência, de poderes de representação ao advogado que a esteja acompanhando.

Parágrafo único. As secretarias dos tribunais regionais do trabalho e das varas do trabalho, quando solicitadas, fornecerão às partes certidão da outorga de procuração *apud acta*.

SEÇÃO V
Prova Pericial

Art. 58. Aplica-se à prova pericial o disposto no art. 464, § 1.º, incs. I a III, do CPC (art. 769 da CLT).

Parágrafo único. Sempre que ordenada a realização de perícia, o diretor de secretaria registrará o respectivo objeto no sistema.

Art. 59. Em caso de concessão do benefício da justiça gratuita, os honorários periciais a cargo do reclamante sucumbente arbitrados pelo juiz poderão ser suportados por recursos do orçamento dos tribunais regionais do trabalho, nos limites e condições estabelecidos nas normas regulamentares vigentes.

SEÇÃO VI
Anotação na Carteira de Trabalho e Previdência Social

Art. 60. Na falta de registros obrigatórios na Carteira de Trabalho e Previdência Social do empregado ou nos casos de retificação de dados, o juiz determinará à secretaria da vara do trabalho, na sentença ou no termo de homologação de acordo, que proceda às anotações ausentes.

Art. 61. Na hipótese de anotação de verba com repercussão no cálculo da contribuição previdenciária, a vara do trabalho comunicará o fato à Secretaria da Receita Federal do Brasil, no prazo de 48 (quarenta e oito) horas, mediante o preenchimento do formulário constante do Anexo III desta Consolidação.

Parágrafo único. Em caso de anotação decorrente de sentença judicial, a comunicação será feita apenas após o trânsito em julgado da decisão.

SEÇÃO VII
Termos e Certidões

Art. 62. Constarão dos termos e certidões a data e a assinatura do servidor que os tenha firmado.

Art. 63. Constarão da certidão de julgamento em 2.º grau de jurisdição:

I – número do processo;

II – nome das partes e dos advogados que sustentaram oralmente;

III – nome do desembargador do trabalho que presidiu a sessão;

IV – nome do relator e do revisor, se for o caso, e dos desembargadores do trabalho que participaram da sessão;

V – situação do juiz, desde que convocado, apontando-se o dispositivo da Lei Orgânica da Magistratura Nacional que autorizou a convocação;

VI – nome do representante do Ministério Público do Trabalho presente à sessão;

VII – conclusão do julgamento, com a indicação dos votos vencidos, se houver;

VIII – registro da suspensão do julgamento em decorrência de pedido de vista regimental e dos votos já proferidos em sessão;

IX – designação do redator do acórdão, se for o caso;

X – impedimentos e suspeições declarados pelos desembargadores do trabalho;

XI – data da realização da sessão.

SEÇÃO VIII
Normas Procedimentais no Dissídio Coletivo

• Dissídios coletivos: *vide* arts. 856 a 875 da CLT.

SUBSEÇÃO I
Lavratura de Acórdão

Art. 64. No dissídio coletivo, constará do acórdão o inteiro teor das cláusulas deferidas, bem como os fundamentos do deferimento ou indeferimento.

Parágrafo único. Modificada a redação da cláusula pelo Tribunal, o novo texto constará do acórdão.

Art. 65. A certidão de julgamento será publicada de imediato, independentemente da redação da ata final dos trabalhos e da lavratura do acórdão.

Art. 66. Do acórdão constará o valor das custas processuais.

SUBSEÇÃO II
Cláusulas Conciliadas – Remissão à Norma Anterior

Art. 67. Na hipótese de acordo submetido à homologação do tribunal em que conste apenas remissão a normas anteriores, o relator ordenará às partes que explicitem o teor das cláusulas conciliadas.

SEÇÃO IX
Custas Processuais

• *Vide* arts. 82 a 97 do CPC.

Art. 68. Constará das decisões proferidas pela Justiça do Trabalho de 1.º e 2.º graus de jurisdição, nos dissídios individuais, o valor das custas processuais, a ser calculado, no caso de improcedência da reclamação, sobre o valor dado à causa, e, no caso de procedência sobre o valor arbitrado à condenação, a cargo do reclamante ou do reclamado, dependendo de quem tenha sucumbido na ação.

§ 1.º A isenção quanto ao pagamento de custas não exime o magistrado de fixar na decisão o respectivo valor.

§ 2.º Nos acordos, o rateio das custas processuais será proporcional entre as partes, se de outra forma não for convencionado.

Art. 69. Nos dissídios coletivos, as partes vencidas responderão solidariamente pelo pagamento das custas.

Art. 70. Nos dissídios coletivos de natureza econômica em que for instituída norma ou condição de trabalho em favor da categoria profissional, o pagamento integral das custas processuais caberá à empresa ou à entidade sindical patronal que integrou a relação processual.

SEÇÃO X

Depósito Judicial Trabalhista – Guias

Art. 71. As guias de depósito judicial para pagamentos, garantia de execução, encargos processuais, levantamento de valores e depósitos recursais seguirão o modelo único padrão estabelecido na Instrução Normativa n. 36 do Tribunal Superior do Trabalho, ou outra que venha a substituí-la.

•• *Caput* com redação determinada pelo Ato n. 13, de 13-11-2017.

§ 1.º Os valores relativos à atualização dos créditos exequendos serão recolhidos por meio da guia de depósito judicial.

§ 2.º As guias de depósito judicial baixadas da Internet serão impressas em papel tamanho A4 com orientação no modo paisagem.

Art. 72. As vias destinadas ao alvará deverão ser preenchidas após a autorização judicial para o levantamento do depósito realizado.

§ 1.º O juiz deverá dar ciência ao devedor-executado ou ao seu sucessor da decisão ou despacho que autorizar a liberação total ou parcial do depósito judicial a favor da parte vencedora.

§ 2.º A decisão ou despacho que autorizar o levantamento, total ou parcial, do depósito judicial, deverá também autorizar o recolhimento, pela fonte pagadora, dos valores apurados a título de imposto de renda, de responsabilidade da parte vencedora, a serem deduzidos do seu crédito, destinados ao recolhimento na forma da lei.

SEÇÃO XI

Recurso de Revista

• *Vide* arts. 896 a 896-C da CLT.

Art. 73. As decisões de admissibilidade do recurso de revista contemplarão a identificação da especificidade ou da inespecificidade dos arestos paradigmas e/ou a vulneração de dispositivo de lei e/ou da Constituição da República, em atenção aos lindes do juízo de prelibação dos recursos, delineados no art. 896, § 1.º, da CLT, tudo de tal modo que elas não se mostrem excessivamente concisas nem excessivamente elásticas.

Art. 74. Para efeito de intimação das decisões de admissibilidade dos recursos de revista, basta sua divulgação no órgão oficial.

Art. 75. Ao presidente do Tribunal Regional do Trabalho caberá avaliar a conveniência e a oportunidade de implantação de juízo conciliatório em recurso de revista.

SEÇÃO XII

Execução

• *Vide* arts. 876 a 892 da CLT.

• *Vide* arts. 771 a 925 do CPC.

SUBSEÇÃO I

Normas Procedimentais na Fase de Execução

Art. 76. Cabe ao juiz na fase de execução:

I – ordenar a pronta liberação do depósito recursal, em favor do reclamante, de ofício ou a requerimento do interessado, após o trânsito em julgado da sentença condenatória, desde que o valor do crédito trabalhista seja inequivocamente superior ao do depósito recursal, prosseguindo a execução depois pela diferença;

II – promover a realização semanal de audiências de conciliação em processos na fase de execução, independentemente de requerimento das partes, selecionando-se aqueles com maior possibilidade de êxito na composição;

III – determinar a revisão periódica dos processos em execução que se encontrem em arquivo provisório, com a execução suspensa, a fim de renovar providências coercitivas, por meio da utilização dos Sistemas BACEN JUD, INFOJUD, RENAJUD e SIMBA, valendo-se, se for o caso, da aplicação subsidiária dos arts. 772 a 777 do CPC.

Art. 77. Exauridas em vão as referidas medidas coercitivas, ultimadas de ofício pelo magistrado, a remessa ao arquivo provisório de autos de processo em execução será precedida de lavratura de certidão do diretor de secretaria, da qual constará o insucesso dessas medidas complementares e a inexistência de depósito judicial ou recursal, que deverá ser publicada.

SUBSEÇÃO II

Desconsideração da Personalidade Jurídica

•• *Vide* arts. 133 a 137 do CPC.

• *Vide* art. 50 do CC.

Arts. 78 e 79. *(Revogados pelo Ato n. 5, de 29-3-2016.)*

SUBSEÇÃO III

Normas Procedimentais Referentes à Execução contra Empresas em Recuperação Judicial

• *Vide* Lei n. 11.101, de 9-2-2005.

Art. 80. Deferida a recuperação judicial, caberá ao juiz do trabalho, que entender pela cessação da competência para prosseguimento da execução trabalhista, determinar a expedição de Certidão de Habilitação de Crédito para ser submetida à apreciação do administrador judicial.

Parágrafo único. Da Certidão de Habilitação de Crédito deverá constar:

I – nome do exequente, data da distribuição da reclamação trabalhista, da sentença condenatória e a de seu trânsito em julgado;

II – a especificação dos títulos e valores integrantes da sanção jurídica, das multas, dos encargos fiscais e sociais (imposto de renda e contribuição previdenciária), dos honorários advocatícios e periciais, se houver, e demais despesas processuais;

III – data da decisão homologatória dos cálculos e do seu trânsito em julgado;

IV – o nome do advogado que o exequente tiver constituído, seu endereço, para eventual intimação, e número de telefone a fim de facilitar possível contato direto pelo administrador judicial.

Art. 81. Expedida a Certidão de Habilitação de Crédito, os juízes do trabalho deverão se abster de encaminhar diretamente às secretarias dos juízes de direito ou dos juízes das varas especializadas em recuperações judiciais e falências ou mesmo ao administrador judicial os autos das execuções trabalhistas e/ou Certidões de Créditos Trabalhistas.

Art. 82. Os juízes do trabalho manterão em seus arquivos os autos das execuções trabalhistas que tenham sido suspensas em decorrência do deferimento da recuperação judicial, de modo que, com o seu encerramento ou com o encerramento da quebra em que ela tenha sido convolada (art. 156 e seguintes da Lei 11.101/2005), seja retomado o seu prosseguimento, para cobrança dos créditos que não tenham sido totalmente satisfeitos.

Art. 83. O juiz do trabalho contrário à cessação da competência para prosseguimento da execução trabalhista contra a empresa recuperanda, deverá proferir decisão fundamentada, da qual dará ciência aos juízes de direito das comarcas ou aos juízes das varas especializadas, que tenham deferido o pedido de recuperação judicial, para adoção de medida judicial pertinente.

Art. 84. As disposições desta Subseção não se aplicam no caso de o juiz do trabalho determinar o direcionamento da execução contra sócio ou sócios da empresa, na esteira da teoria da desconsideração da personalidade jurídica, ou determinar o seu direcionamento à empresa que integre grupo econômico do qual faça parte a empresa recuperanda.

SUBSEÇÃO IV
Arquivamento Provisório ou Definitivo do Processo de Execução

Art. 85. O arquivamento provisório do processo de execução, no âmbito da Justiça do Trabalho, por não ter sido localizado o devedor nem encontrados bens penhoráveis, corresponde à suspensão da execução de que tratam os arts. 40 da Lei 6.830/80 e 921, inc. III, do CPC.

Parágrafo único. É assegurado ao credor requerer, nos termos do § 3.º do art. 40 da Lei 6.830/80, ou ao juiz o determinar de ofício, na conformidade do artigo 878 da CLT, o desarquivamento do processo com vistas a dar seguimento à execução.

Art. 86. O arquivamento definitivo do processo de execução, no âmbito da Justiça do Trabalho, decorre da declaração, por sentença, da extinção da execução, pela verificação de uma das hipóteses contempladas nos incs. II, III e IV do art. 924 do CPC, por se achar exaurida a prestação jurisdicional.

SUBSEÇÃO V
Certidão de Crédito Trabalhista

Art. 87. Exauridos em vão os meios de coerção do devedor, deverá ser providenciada a atualização dos dados cadastrais das partes tanto quanto a situação do devedor no Banco Nacional de Devedores Trabalhistas, nos termos da Resolução Administrativa 1.470/2011 do TST, e, em seguida, expedida Certidão de Crédito Trabalhista.

Art. 88. A Certidão de Crédito Trabalhista observará o modelo constante do Anexo V e deverá conter:

I – o nome e o endereço das partes, incluídos eventuais corresponsáveis pelo débito, bem como o número do respectivo processo;

II – o número de inscrição do credor e do devedor no Cadastro Nacional de Pessoas Físicas (CPF) e no Cadastro Nacional de Pessoas Jurídicas (CNPJ) da Receita Federal do Brasil;

III – os títulos e os valores integrantes da sanção jurídica, imposta em sentença condenatória transitada em julgado, e os valores dos recolhimentos previdenciários, fiscais, dos honorários, advocatícios e/ou periciais, se houver, das custas e demais despesas processuais;

IV – cópia da decisão exequenda e da decisão homologatória da conta de liquidação, já transitada em julgado, para posterior incidência de juros e atualização monetária.

Art. 89. O credor será comunicado sobre a obrigatoriedade de comparecimento à secretaria da vara do trabalho para, no prazo de 30 (trinta) dias, retirar a Certidão de Crédito Trabalhista e os documentos de seu interesse.

Parágrafo único. A secretaria da vara do trabalho deverá criar arquivo, preferencialmente digital, para manutenção permanente das Certidões de Créditos Trabalhistas originais não entregues aos exequentes e das demais certidões expedidas.

SUBSEÇÃO VI
Conversão de Autos Físicos de Processos de Execução Arquivados Provisoriamente em Certidões de Créditos Trabalhistas

Art. 90. A localização do devedor ou de bens passíveis de penhora, por meio de requerimento do credor ou por iniciativa do juiz da execução, implicará, a qualquer tempo, o prosseguimento da execução (artigo 40, § 3.º, da Lei 6.830/80).

Art. 91. Para prevenir possível colapso organizacional das varas do trabalho, com a manutenção de processos físicos arquivados provisoriamente, o juiz do trabalho procederá a sua convolação em Certidões de Créditos Trabalhistas, preservada a numeração original, com base na qual se dará continuidade à execução.

Parágrafo único. Os autos físicos do processo de execução que não tenham sido arquivados provisoriamente, mas que estejam em via de o serem, expedida a certidão de que trata o art. 78 desta Consolidação, deverão também ser convertidos em Certidões de Créditos Trabalhistas.

Art. 92. Para fins de estatística, haverá, com a conversão de autos físicos arquivados provisoriamente em Certidões de Créditos Trabalhistas, um único processo em execução.

Art. 93. Os autos físicos de processos de execução que tenham sido arquivados provisoriamente ou que estejam prestes a sê-lo, quando reautuados em Certidões de Créditos Trabalhistas, terão movimentação regular, incumbindo ao juiz do trabalho os conduzir a partir das referidas certidões, permitido o encaminhamento dos autos físicos pretéritos a arquivo morto, inclusive para os fins da Lei 7.787/87.

Art. 94. Após a convolação dos autos físicos de processos arquivados provisoriamente em Certidões de Créditos Trabalhistas, as execuções passarão a tramitar com base naquelas certidões, mediante nova autuação, mantida a numeração do processo de execução original.

Parágrafo único. No prosseguimento das execuções, por meio das Certidões de Créditos Trabalhistas, caberá ao juiz do trabalho, de ofício ou a requerimento do exequente, se a tanto ainda for necessário, utilizar periodicamente os Sistemas BACENJUD, RENAJUD e INFOJUD, sem distinção dos créditos dos exequentes e de terceiros, tampouco das despesas processuais, valendo-se da aplicação subsidiária dos arts. 772 a 777 do CPC.

SUBSEÇÃO VII
BACEN JUD – Bloqueio, Desbloqueio e Transferência de Valores

Art. 95. Em execução definitiva por quantia certa, se o executado, regularmente citado, não efetuar o pagamento do débito nem garantir a execução, conforme dispõe o art. 880 da CLT, o juiz deverá, de ofício ou a requerimento da parte, emitir ordem judicial de bloqueio mediante o Sistema BACEN JUD, com precedência sobre outras modalidades de constrição judicial.

Art. 96. Relativamente ao Sistema BACEN JUD, cabe ao juiz do trabalho:

I – abster-se de emitir ordem judicial de bloqueio promovida em face de Estado estrangeiro ou organismo internacional;

II – não encaminhar às instituições financeiras, por intermédio de ofício-papel, solicitação de informações e ordens judiciais de bloqueio, desbloqueio e transferência de valores quando for possível a prática do ato por meio do Sistema BACEN JUD;

III – velar diariamente para que, em caso de bloqueio efetivado, haja pronta emissão de ordem de transferência dos valores para uma conta em banco oficial ou emissão de ordem de desbloqueio;

IV – proceder à correta identificação dos executados quando da expedição das ordens de bloqueio de numerário em contas bancárias mediante o Sistema BACEN JUD, informando o registro do número de inscrição no CPF ou CNPJ, a fim de evitar a indevida constrição de valores de titularidade de pessoas físicas ou jurídicas homônimas.

Art. 97. O acesso do juiz ao Sistema BACEN JUD ocorrerá por meio de senhas pessoais e intransferíveis, após o cadastramento realizado pelo gerente setorial de segurança da informação do respectivo tribunal, denominado Máster.

Parágrafo único. As operações de bloqueio, desbloqueio, transferência de valores e solicitação de informações são restritas às senhas dos juízes.

Art. 98. O presidente do Tribunal Regional do Trabalho indicará dois Másteres, no mínimo, ao Banco Central do Brasil.

§ 1.º Os Másteres do Sistema manterão atualizados os dados dos juízes cadastrados junto ao Banco Central do Brasil.

§ 2.º O descredenciamento de Máster ou de qualquer usuário do Sistema BACEN JUD será imediatamente comunicado, pelo presidente do Tribunal Regional do Trabalho, ao Banco Central do Brasil.

Art. 99. O juiz, ao receber as respostas das instituições financeiras, emitirá ordem judicial eletrônica de transferência do valor da condenação para conta judicial, em estabelecimento oficial de crédito, ou providenciará o desbloqueio do valor.

Parágrafo único. O termo inicial do prazo para oposição de embargos à execução é a data da intimação da parte, pelo juiz, de que se efetivou bloqueio de numerário em sua conta.

Art. 100. É obrigatória a observância pelos juízes das normas sobre o BACEN JUD estabelecidas no regulamento que integra o convênio firmado entre o Banco Central do Brasil e os tribunais do trabalho.

SUBSEÇÃO VIII
BACEN JUD – Cadastramento e Conta Única

Art. 101. As pessoas físicas e jurídicas poderão requerer, por si ou por seus representantes estatutários, ou mesmo por advogado devidamente constituído, mediante exibição de instrumento de procuração, o cadastramento de conta única apta a acolher bloqueios eletrônicos realizados por meio do sistema BACEN JUD.

Art. 102. O requerimento será efetuado por meio do sistema informatizado Bacen Jud Digital – JT, disponibilizado pela Corregedoria-Geral da Justiça do Trabalho na página do Tribunal Superior do Trabalho na Internet, do qual constará declaração expressa de ciência e concordância do requerente com as normas relativas ao cadastramento de contas previstas na presente Consolidação e na Resolução n. 61/2008 do CNJ.

•• *Caput* com redação determinada pelo Ato n. 6, de 31-5-2017.

§ 1.º O requerimento de cadastramento de conta única será instruído com:

I – cópia do cartão do CNPJ ou do CPF;

II – comprovante da conta bancária indicada para acolher o bloqueio, expedido pela instituição financeira, contendo, obrigatoriamente:

a) titularidade (nome da empresa e número do CNPJ ou do CPF);

b) nome do banco;

c) código da agência (com quatro dígitos, sem o dígito verificador);

d) número da conta corrente (com o dígito verificador);

III – contrato social do qual constem os dados do representante legal da empresa;

•• Inciso III com redação determinada pelo Ato n. 6, de 31-5-2017.

IV – na hipótese de advogado constituído, instrumento de procuração que habilite o subscritor do pedido a atuar, ainda que administrativamente, em nome do requerente;

•• Inciso IV acrescentado pelo Ato n. 6, de 31-5-2017.

V – documento de identificação que demonstre a autenticidade da assinatura do subscritor do pedido.

•• Inciso V acrescentado pelo Ato n. 6, de 31-5-2017.

§ 2.º As instituições integrantes do Sistema Financeiro Nacional que solicitarem cadastramento de conta única não estão obrigadas a fornecer o número da conta indicada para o bloqueio, podendo informar apenas o nome do Banco ou o número da agência que cumprirá a ordem.

§ 3.º O envio do requerimento e dos respectivos documentos deverá ser realizado exclusivamente por meio do Sistema Bacen Jud Digital – JT, sendo automaticamente descartados se encaminhados por outra via.

•• § 3.º acrescentado pelo Ato n. 6, de 31-5-2017.

§ 4.º É de responsabilidade do requerente a veracidade das informações prestadas e a autenticidade dos documentos enviados, assim como a preservação dos originais dos documentos, que poderão ser eventualmente solicitados pela Secretaria da Corregedoria-Geral para o esclarecimento de dúvidas.

•• § 4.º acrescentado pelo Ato n. 6, de 31-5-2017.

§ 5.º Incumbe ao requerente o acompanhamento do pedido pelo Sistema Bacen Jud Digital – JT.

•• § 5.º acrescentado pelo Ato n. 6, de 31-5-2017.

§ 6.º Havendo erro no requerimento ou em algum documento enviado passível de solução pelo requerente, ser-lhe-á concedido prazo de 60 dias para que o faça, a contar do primeiro dia útil após a data do registro da pendência no Sistema Bacen Jud Digital – JT.

•• § 6.º acrescentado pelo Ato n. 6, de 31-5-2017.

§ 7.º Ultrapassado o prazo de que trata o parágrafo anterior, o pedido será indeferido, cabendo ao interessado formalizar novo requerimento, anexando a este toda a documentação necessária ao cadastramento.

•• § 7.º acrescentado pelo Ato n. 6, de 31-5-2017.

Art. 103. Tratando-se de grupo econômico, empresa com filiais e situações análogas, faculta-se o cadastramento de uma conta única para mais de uma pessoa jurídica ou natural.

§ 1.º Nessa hipótese, o titular da conta indicada apresentará:

I – cópias dos cartões do CNPJ ou do CPF;

II – declaração de plena concordância com a efetivação de bloqueio de valores decorrente de ordem judicial expedida contra as pessoas por ele relacionadas;

III – declaração dos representantes legais das pessoas jurídicas e das pessoas naturais de plena concordância com o direcionamento das ordens judiciais de bloqueio para a conta especificada;

IV – declaração de instituição financeira de que está ciente e apta a direcionar, para a conta especificada, as ordens judiciais de bloqueio expedidas contra as pessoas arroladas.

§ 2.º No caso de grupo econômico, a empresa titular da conta deverá também apresentar:

I – requerimento explicitando se a conta única indicada, de sua própria titularidade, é extensiva às empresas relacionadas na declaração do banco;

II – documentação que comprove a existência do alegado grupo econômico em relação ao universo das empresas noticiadas na declaração apresentada.

Art. 104. O deferimento do cadastramento de conta única no Sistema BACEN JUD valerá para todos os órgãos da Justiça Comum dos Estados e Distrito Federal, Justiça Federal, Justiça Militar da União e Justiça do Trabalho.

Art. 105. A pessoa física ou jurídica obriga-se a manter na conta indicada numerário suficiente para o cumprimento da ordem judicial.

SUBSEÇÃO IX

BACEN JUD – Descadastramento, Recadastramento e Alteração de Conta Única

Art. 106. Caberá Pedido de Providências de iniciativa do juiz que preside a execução ao constatar que a pessoa física ou jurídica não mantém numerário suficiente na conta única cadastrada no sistema BACEN JUD para o atendimento à ordem judicial de bloqueio.

§ 1.º Em ofício dirigido ao Ministro Corregedor-Geral da Justiça do Trabalho, o juiz indicará os dados do executado que possui conta única cadastrada no Sistema BACEN JUD (nome e CNPJ ou CPF) e anexará cópia do Detalhamento da Ordem Judicial de Bloqueio de Valores que obteve resposta negativa da instituição financeira.

§ 2.º Autuado o Pedido de Providências, será aberto o prazo de 15 (quinze) dias para apresentação de justificativa para a ausência de numerário.

Art. 107. Não cabe Pedido de Providências na hipótese de suposta recusa da instituição financeira em acatar a ordem judicial de transferência do numerário bloqueado.

Art. 108. Na ausência de numerário bastante para atender à ordem judicial de bloqueio, a ordem será direcionada às demais instituições financeiras e a conta única poderá ser descadastrada.

Parágrafo único. Ao responder à intimação para se manifestar no Pedido de Providências apresentado à Corregedoria-Geral da Justiça do Trabalho, nos termos do § 2.º do art. 96 desta Consolidação, a parte interessada apresentará as justificativas que entender cabíveis.

Art. 109. Na hipótese de a solicitação de cadastramento ter sido efetivada por outro Tribunal, o Corregedor-Geral comunicará a desabilitação da conta única ao respectivo Tribunal.

Art. 110. O executado poderá requerer o recadastramento da conta ou indicar outra para o bloqueio após 6 (seis) meses da data de publicação da decisão de descredenciamento no *Diário Eletrônico da Justiça do Trabalho*.

Art. 111. A reincidência quanto à ausência de fundos para o atendimento das ordens judiciais de bloqueio implicará novo descadastramento, desta vez pelo prazo de 1 (um) ano.

§ 1.º O executado, após o prazo referido no *caput*, poderá postular novo recadastramento.

§ 2.º Em caso de nova reincidência, o descadastramento será definitivo.

PROCESSO DO TRABALHO

Art. 112. A inatividade da instituição financeira mantenedora da conta única cadastrada implicará a desabilitação automática do cadastramento.

Art. 113. Os pedidos de recadastramento, bem como os de alteração da conta cadastrada, serão realizados por meio do Sistema Bacen Jud Digital – JT, instruindo-se a petição com os mesmos documentos exigidos para o cadastramento originário da conta.

•• *Caput* com redação determinada pelo Ato n. 6, de 31-5-2017.

Parágrafo único. No caso de pedido de alteração de conta única cadastrada em outro local, o interessado deverá dirigir-se ao órgão onde foi efetuado o cadastro originário.

Art. 114. O cadastramento poderá ser cancelado mediante requerimento do titular da conta única à autoridade que o tenha deferido, a qual determinará seu cancelamento em até 30 dias contados a partir da data do respectivo protocolo.

Parágrafo único. O descadastramento de conta única cadastrada pelo Tribunal Superior do Trabalho deverá ser solicitado pelo interessado através do Sistema Bacen Jud Digital – JT, acompanhado dos documentos previstos no art. 102, § 1.º, III, IV e V, desta Consolidação.

•• Parágrafo único acrescentado pelo Ato n. 6, de 31-5-2017.

Art. 114-A. Compete à Secretaria da Corregedoria-Geral da Justiça do Trabalho apreciar as solicitações de cadastramento, bem como os pedidos de alteração, recadastramento e descadastramento de conta única dirigidos ao Tribunal Superior do Trabalho, ressalvada competência do Corregedor-Geral da Justiça do Trabalho para a apreciação dos Pedidos de Providências atinentes ao cumprimento do Sistema BACEN JUD.

•• Artigo acrescentado pelo Ato n. 6, de 31-5-2017.

Art. 115. Constitui ônus da pessoa física ou jurídica titular de conta única cadastrada no Sistema BACEN JUD zelar pela regularidade dos dados cadastrados, requerendo em tempo oportuno as alterações que se fizerem necessárias, de forma a manter a conta apta ao recebimento de ordens judiciais de bloqueios eletrônicos.

SEÇÃO XIII

Execução Provisória – Digitalização de Processos com Recurso para o Tribunal Superior do Trabalho Tramitação das Ações pelo Sistema do PJe-JT

SUBSEÇÃO I

Da Execução Provisória em Autos Físicos

Art. 116. A execução provisória, em meio físico, correrá nos autos principais e receberá numeração própria e independente, de acordo com a sua classe (ExProvAS), com registro do processo principal de referência.

Art. 117. A folha de rosto da classe ExProvAS será sobreposta à da classe dos autos principais, para fins de continuidade da tramitação processual.

Art. 118. Após o trânsito em julgado, a execução provisória será convertida em definitiva, com o lançamento do movimento processual correspondente, efetuando-se a baixa definitiva da classe ExProvAS no sistema. A folha de rosto da classe dos autos principais deverá ser restabelecida, para fins de tramitação da execução definitiva.

SUBSEÇÃO II

Da Execução Provisória em Autos Físicos Convertidos em Eletrônicos

Art. 119. Fica facultada, a requerimento da parte ou de ofício, a tramitação de execução provisória no Sistema PJe-JT, em classe própria (ExProvAS), mediante digitalização das peças necessárias à formação dos autos eletrônicos.

Art. 120. A tramitação de execução provisória em meio eletrônico no Sistema PJe-JT será precedida de intimação das partes e de seus advogados, para adoção das providências necessárias à aquisição de certificação digital e para prévio cadastramento no sistema.

§ 1.º O termo de abertura para cadastramento da classe ExProvAS servirá de certidão.

§ 2.º As partes poderão peticionar no Sistema PJe-JT, anexando as peças complementares que entenderem necessárias ao processamento da execução provisória em autos eletrônicos.

Art. 121. Efetivado o trânsito em julgado da decisão exequenda, com a conversão da execução provisória em definitiva, os autos da execução provisória (ExProvAS) deverão ser baixados, com o lançamento do movimento processual correspondente.

Parágrafo único. A Secretaria da Vara providenciará a formação dos autos eletrônicos para processamento da execução definitiva no Sistema PJe-JT, com a utilização do Cadastramento da Liquidação e Execução – CLE, na forma disciplinada pela Resolução 136/2014 do CSJT.

SUBSEÇÃO III

Da Execução Provisória em Autos Originariamente Eletrônicos

Art. 122. Até que seja desenvolvido fluxo específico no Sistema PJe-JT, a execução provisória tramitará em classe própria (ExProvAS), aplicando-se, no que couber, as disposições da Subseção II.

Art. 123. Transitada em julgado a decisão exequenda, a Secretaria da Vara anexará aos autos principais os arquivos eletrônicos das peças inéditas dos autos da classe ExProvAS para processamento da execução definitiva, sendo vedada a utilização do Cadastramento da Liquidação e Execução – CLE.

SEÇÃO XIV

Contribuições Sociais – Reclamação Trabalhista Ajuizada contra Massa Falida

Art. 124. Nas reclamações trabalhistas ajuizadas contra massa falida, apurados os valores devidos a título de contribuições sociais, será expedida certidão de habilitação de crédito previdenciário, que deverá conter:

I – indicação da vara do trabalho;

II número do processo;

III – identificação das partes, com a informação dos números do CPF e CNPJ;

IV – valores devidos a título de contribuições sociais, discriminando-se os relativos à cota do empregado e do empregador;

V – data de atualização dos cálculos;

VI – indicação da vara em que tramita o processo falimentar;

VII – número do processo falimentar;

VIII – identificação e endereço do síndico ou administrador judicial.

Art. 125. À certidão de que trata o artigo anterior será anexada cópia dos seguintes documentos:

I – petição inicial;

II – acordo ou sentença e decisão proferida pelo Tribunal Regional do Trabalho ou pelo Tribunal Superior do Trabalho;

III – certidão de trânsito em julgado ou do decurso do prazo para recurso;

IV – cálculos de liquidação da sentença homologados pelo juiz do trabalho;

V – decisão homologatória dos cálculos de liquidação da sentença;

VI – outros que o juiz do trabalho considerar necessários.

Parágrafo único. As cópias serão autenticadas pelas secretarias das varas do trabalho, sem prejuízo do que autoriza o art. 830 da CLT.

Art. 126. A certidão de habilitação de crédito previdenciário e os documentos que a instruem serão enviados, por ofício, ao administrador judicial do processo de falência, dando-se ciência do ato ao representante judicial da União.

SEÇÃO XV

Intervenção nos Estados-Membros e Municípios

Art. 127. Os presidentes dos tribunais regionais do trabalho fundamentarão os pedidos de intervenção dirigidos ao Supremo Tribunal Federal e aos tribunais de justiça dos estados, justificando a necessidade da adoção da medida excepcional.

Parágrafo único. A intervenção deverá ser requerida pelo credor do estado-membro ou do município.

Art. 128. O pedido de intervenção em estado-membro será encaminhado ao Supremo Tribunal Federal por intermédio da Corregedoria-Geral da Justiça do Trabalho, enquanto o requerimento de intervenção em município será remetido diretamente ao tribunal de justiça local pelo presidente do Tribunal Regional do Trabalho.

Art. 129. O pedido de intervenção em estado-membro ou em município será instruído com as seguintes peças:

I – petição do credor, dirigida ao presidente do Tribunal Regional do Trabalho, requerendo o encaminhamento do pedido de intervenção ao Supremo Tribunal Federal ou ao tribunal de justiça local, conforme o caso;

II – impugnação do ente público, quando houver;

III – manifestação do órgão do Ministério Público que atua perante o Tribunal Regional do Trabalho;

IV – decisão fundamentada do presidente do Tribunal Regional do Trabalho admitindo o encaminhamento do pedido de intervenção;

V – ofício requisitório que possibilite a verificação da data de expedição do precatório e o ano de sua inclusão no orçamento.

CAPÍTULO V

NORMAS PROCEDIMENTAIS ADMINISTRATIVAS

SEÇÃO I

Disponibilização dos Despachos e Decisões na Internet

Art. 130. Juntamente com o andamento do processo, os tribunais regionais do trabalho disponibilizarão, na Internet, o inteiro teor dos despachos, decisões e sentenças proferidas nos autos e as datas em que foram divulgados na imprensa oficial.

Parágrafo único. Os tribunais regionais do trabalho observarão, no mais, as disposições contidas nas Resoluções 121/2010 e 143/2011 do CNJ.

SEÇÃO II

Informações Estatísticas Sistema de Gerenciamento de Informações Administrativas e Judiciárias da Justiça do Trabalho – e-Gestão

Art. 131. O Sistema de Gerenciamento de Informações Administrativas e Judiciárias da Justiça do Trabalho – e-Gestão é ferramenta eletrônica de apoio destinada a disponibilizar aos usuários acesso às informações relativas à estrutura administrativa e ao exercício da atividade judiciária dos órgãos do Judiciário do Trabalho de 1.º e 2.º graus.

Art. 132. O controle estatístico-processual do movimento judiciário e da atuação jurisdicional dos 1.º e 2.º graus da Justiça do Trabalho, por seus órgãos e juízes, de interesse da Corregedoria-Geral da Justiça do Trabalho, será realizado mediante as informações disponibilizadas no Sistema e-Gestão.

Art. 133. O Sistema e-Gestão é regido pelos princípios da obrigatoriedade e da presunção da veracidade das informações disponibilizadas.

Parágrafo único. É de responsabilidade dos presidentes dos tribunais regionais do trabalho a fidedignidade das informações estatísticas disponibilizadas no Sistema e-Gestão.

Art. 134. O Sistema e-Gestão será administrado pela Corregedoria-Geral da Justiça do Trabalho, assessorada pelo Comitê Gestor Nacional.

§ 1.º As atribuições e composição do Comitê Gestor Nacional serão instituídas por ato da Corregedoria-Geral da Justiça do Trabalho.

§ 2.º As comunicações com o grupo técnico gte-Gestão deverão ser feitas por meio do *software* Jira, mantido pelo Tribunal Superior do Trabalho.

•• § 2.º com redação determinada pelo Ato n. 1, de 20-2-2018.

Art. 135. Os presidentes dos tribunais regionais do trabalho deverão instituir comitês gestores regionais para receberem as orientações do Comitê Gestor Nacional quanto às regras para a coleta e disponibilização das informações, as quais serão repassadas aos respectivos tribunais regionais do trabalho e varas do trabalho da região.

§ 1.º O comitê gestor regional do sistema e-Gestão será coordenado preferencialmente por desembargador e deverá ter composição multidisciplinar, contando com pelo menos um juiz de 1.º grau e por servidores afeitos às áreas de tecnologia da informação, de estatística, de pessoal e de negócio judicial de 1.º e 2.º graus.

§ 2.º O Comitê Regional reunir-se-á mensalmente para, entre outras ações, corrigir eventuais inconsistências nos dados remetidos ao TST, retratadas nos relatórios da pasta denominada "Relatórios de Detalhamento de Erros" do Sistema e-Gestão, e encaminhará ao Comitê Gestor Nacional do Sistema e-Gestão a respectiva ata.

Art. 136. As informações disponibilizadas no Sistema e-Gestão pelos tribunais regionais do trabalho e as varas do trabalho deverão observar os modelos previamente aprovados pelo Ministro Corregedor-Geral da Justiça do Trabalho.

§ 1.º As informações relativas ao Sistema e-Gestão deverão ser disponibilizadas por meio de remessas de dados, conforme descrito nos manuais de orientação de 1.º e 2.º graus, diariamente e mensalmente, até o dia 15 (quinze) do mês seguinte ao da realização das atividades.

•• § 1.º com redação determinada pelo Ato n. 1, de 20-2-2018.

§ 2.º Os erros materiais porventura existentes nas informações disponibilizadas mensalmente no Sistema e-Gestão poderão ser corrigidos até 1.º de março do ano subsequente ao ano de referência das informações.

§ 3.º Serão consideradas oficiais as remessas de dados enviadas mensalmente pelos Tribunais Regionais do Trabalho.

•• § 3.º acrescentado pelo Ato n. 1, de 20-2-2018.

§ 4.º A obrigatoriedade de remessa diária não se aplica aos dados administrativos.

•• § 4.º acrescentado pelo Ato n. 1, de 20-2-2018.

Art. 137. O Manual do Usuário com o detalhamento das funcionalidades do Sistema e-Gestão e os Manuais de Orientações dos 1.º e 2.º graus serão disponibilizados na página de acesso ao sistema.

Art. 138. São usuários do Sistema e-Gestão os magistrados e servidores da Justiça do Trabalho.

§ 1.º O acesso ao sistema será feito pela Internet para usuários credenciados.

§ 2.º A autorização será concedida mediante solicitação de credenciamento à Corregedoria-Geral ou ao Coordenador do Comitê Gestor Regional, conforme o caso.

Art. 139. A Coordenadoria de Estatística e Pesquisa do Tribunal Superior do Trabalho terá a atribuição de elaborar e disponibilizar os relatórios estatísticos oficiais, para fins de inspeção e correição permanentes, conforme modelos previamente estabelecidos pelo Ministro Corregedor-Geral da Justiça do Trabalho.

Parágrafo único. O grupo técnico gte-Gestão definirá os relatórios a serem disponibilizados para consulta aos usuários do sistema.

•• Parágrafo único com redação determinada pelo Ato n. 1, de 20-2-2018.

Art. 140. Os presidentes dos tribunais regionais do trabalho, para os efeitos do artigo 37 da Lei Complementar 35/79 – Loman – publicarão, mensalmente, até o dia 20 (vinte) do mês subsequente ao de apuração, os dados estatísticos sobre os trabalhos do tribunal no mês anterior, de acordo com modelo previamente aprovado pelo Ministro Corregedor-Geral da Justiça do Trabalho.

Art. 141. Os tribunais regionais do trabalho divulgarão, em local de destaque de seus respectivos *sites* na internet, os relatórios de produção mensal dos órgãos judiciais e magistrados de 1.º e de 2.º graus.

§ 1.º Os relatórios, em formato pdf, serão extraídos do sistema e-Gestão e disponibilizados mediante *links* a partir de *banner* próprio de cada tribunal regional, intitulado "Produção dos Magistrados".

§ 2.º Os relatórios de que trata o parágrafo anterior serão os disponíveis nas subpastas "Transparência" e "Produção" do sistema e-Gestão, sendo:

I – para o 1.º grau:

a) Varas do trabalho – conhecimento;

b) Varas do trabalho – execução;

c) Juízes – conhecimento;

d) Juízes – execução;

II – para o 2.º grau:

a) Tribunal;

b) Magistrados.

§ 3.º Os relatórios deverão estar disponíveis, mensalmente, no decorrer do mês subsequente àquele em referência, devendo ser mantidos os anteriores, organizados por ano e mês.

TÍTULO III
DISPOSIÇÕES FINAIS

Art. 142. Esta Consolidação dos Provimentos entrará em vigor no dia 16 de março de 2016.

Art. 143. Ficam revogadas as disposições em contrário, inclusive a Recomendação 1/2013 da Corregedoria-Geral da Justiça do Trabalho.

Brasília, 23 de fevereiro de 2016.

João Batista Brito Pereira

INSTRUÇÃO NORMATIVA N. 39,
DE 15 DE MARÇO DE 2016 (*)

Dispõe sobre as normas do Código de Processo Civil de 2015 aplicáveis e inaplicáveis ao Processo do Trabalho, de forma não exaustiva.

Art. 1.º Aplica-se o Código de Processo Civil, subsidiária e supletivamente, ao Processo do Trabalho, em caso de omissão e desde que haja compatibilidade com as normas e princípios

(*) Publicada no *DEJT*, de 16-3-2016. Aprovada pela Resolução n. 203, de 15-3-2016, do TST.

do Direito Processual do Trabalho, na forma dos arts. 769 e 889 da CLT e do art. 15 da Lei n. 13.105, de 17-3-2015.

§ 1.º Observar-se-á, em todo caso, o princípio da irrecorribilidade em separado das decisões interlocutórias, de conformidade com o art. 893, § 1.º, da CLT e Súmula 214 do TST.

§ 2.º O prazo para interpor e contra-arrazoar todos os recursos trabalhistas, inclusive agravo interno e agravo regimental, é de oito dias (art. 6.º da Lei n. 5.584/70 e art. 893 da CLT), exceto embargos de declaração (CLT, art. 897-A).

Art. 2.º Sem prejuízo de outros, não se aplicam ao Processo do Trabalho, em razão de inexistência de omissão ou por incompatibilidade, os seguintes preceitos do Código de Processo Civil:

I – art. 63 (modificação da competência territorial e eleição de foro);

II – art. 190 e parágrafo único (negociação processual);

III – art. 219 (contagem de prazos em dias úteis);

IV – art. 334 (audiência de conciliação ou de mediação);

V – art. 335 (prazo para contestação);

VI – art. 362, III (adiamento da audiência em razão de atraso injustificado superior a 30 minutos);

VII – art. 373, §§ 3.º e 4.º (distribuição diversa do ônus da prova por convenção das partes);

VIII – *(Revogado pela Instrução Normativa n. 41, de 21-6-2018.)*

IX – art. 942 e parágrafos (prosseguimento de julgamento não unânime de apelação);

X – art. 944 (notas taquigráficas para substituir acórdão);

XI – art. 1.010, § 3.º (desnecessidade de o juízo *a quo* exercer controle de admissibilidade na apelação);

XII – arts. 1.043 e 1.044 (embargos de divergência);

XIII – art. 1.070 (prazo para interposição de agravo).

Art. 3.º Sem prejuízo de outros, aplicam-se ao Processo do Trabalho, em face de omissão e compatibilidade, os preceitos do Código de Processo Civil que regulam os seguintes temas:

I – art. 76, §§ 1.º e 2.º (saneamento de incapacidade processual ou de irregularidade de representação);

II – art. 138 e parágrafos (*amicus curiae*);

III – art. 139, exceto a parte final do inciso V (poderes, deveres e responsabilidades do juiz);

IV – art. 292, V (valor pretendido na ação indenizatória, inclusive a fundada em dano moral);

V – art. 292, § 3.º (correção de ofício do valor da causa);

VI – arts. 294 a 311 (tutela provisória);

VII – art. 373, §§ 1.º e 2.º (distribuição dinâmica do ônus da prova);

VIII – art. 485, § 7.º (juízo de retratação no recurso ordinário);

IX – art. 489 (fundamentação da sentença);

X – art. 496 e parágrafos (remessa necessária);

XI – arts. 497 a 501 (tutela específica);

XII – arts. 536 a 538 (cumprimento de sentença que reconheça a exigibilidade de obrigação de fazer, de não fazer ou de entregar coisa);

XIII – arts. 789 a 796 (responsabilidade patrimonial);

XIV – art. 805 e parágrafo único (obrigação de o executado indicar outros meios mais eficazes e menos onerosos para promover a execução);

XV – art. 833, incisos e parágrafos (bens impenhoráveis);

XVI – art. 835, incisos e §§ 1.º e 2.º (ordem preferencial de penhora);

XVII – art. 836, §§ 1.º e 2.º (procedimento quando não encontrados bens penhoráveis);

XVIII – art. 841, §§ 1.º e 2.º (intimação da penhora);

XIX – art. 854 e parágrafos (BacenJUD);

XX – art. 895 (pagamento parcelado do lanço);

XXI – art. 916 e parágrafos (parcelamento do crédito exequendo);

XXII – art. 918 e parágrafo único (rejeição liminar dos embargos à execução);

XXIII – arts. 926 a 928 (jurisprudência dos tribunais);

XXIV – art. 940 (vista regimental);

XXV – art. 947 e parágrafos (incidente de assunção de competência);

XXVI – arts. 966 a 975 (ação rescisória);

XXVII – arts. 988 a 993 (reclamação);

XXVIII – arts. 1.013 a 1.014 (efeito devolutivo do recurso ordinário – força maior);

XXIX – art. 1.021 (salvo quanto ao prazo do agravo interno).

Art. 4.º Aplicam-se ao Processo do Trabalho as normas do CPC que regulam o princípio do contraditório, em especial os artigos 9.º e 10, no que vedam a decisão surpresa.

§ 1.º Entende-se por "decisão surpresa" a que, no julgamento final do mérito da causa, em qualquer grau de jurisdição, aplicar fundamento jurídico ou embasar-se em fato não submetido à audiência prévia de uma ou de ambas as partes.

§ 2.º Não se considera "decisão surpresa" a que, à luz do ordenamento jurídico nacional e dos princípios que informam o Direito Processual do Trabalho, as partes tinham obrigação de prever, concernente às condições da ação, aos pressupostos de admissibilidade de recurso e aos pressupostos processuais, salvo disposição legal expressa em contrário.

Art. 5.º Aplicam-se ao Processo do Trabalho as normas do art. 356, §§ 1.º a 4.º, do CPC que regem o julgamento antecipado parcial do mérito, cabendo recurso ordinário de imediato da sentença.

Art. 6.º *(Revogado pela Instrução Normativa n. 41, de 21-6-2018.)*

Art. 7.º Aplicam-se ao Processo do Trabalho as normas do art. 332 do CPC, com as necessárias adaptações à legislação processual trabalhista, cumprindo ao juiz do trabalho julgar liminarmente improcedente o pedido que contrariar:

I – enunciado de súmula do Supremo Tribunal Federal ou do Tribunal Superior do Trabalho (CPC, art. 927, inciso V);

II – acórdão proferido pelo Supremo Tribunal Federal ou pelo Tribunal Superior do Trabalho em julgamento de recursos repetitivos (CLT, art. 896-B; CPC, art. 1.046, § 4.º);

III – entendimento firmado em incidente de resolução de demandas repetitivas ou de assunção de competência;

IV – enunciado de súmula de Tribunal Regional do Trabalho sobre direito local, convenção coletiva de trabalho, acordo coletivo de trabalho, sentença normativa ou regulamento empresarial de observância obrigatória em área territorial que não exceda à jurisdição do respectivo Tribunal (CLT, art. 896, *b*, *a contrario sensu*).

Parágrafo único. O juiz também poderá julgar liminarmente improcedente o pedido se verificar, desde logo, a ocorrência de decadência.

Art. 8.º Aplicam-se ao Processo do Trabalho as normas dos arts. 976 a 986 do CPC que regem o incidente de resolução de demandas repetitivas (IRDR).

§ 1.º Admitido o incidente, o relator suspenderá o julgamento dos processos pendentes, individuais ou coletivos, que tramitam na Região, no tocante ao tema objeto de IRDR, sem prejuízo da instrução integral das causas e do julgamento dos eventuais pedidos distintos e cumulativos igualmente deduzidos em tais processos, inclusive, se for o caso, do julgamento antecipado parcial do mérito.

§ 2.º Do julgamento do mérito do incidente caberá recurso de revista para o Tribunal Superior do Trabalho, dotado de efeito meramente devolutivo, nos termos dos arts. 896 e 899 da CLT.

§ 3.º Apreciado o mérito do recurso, a tese jurídica adotada pelo Tribunal Superior do Trabalho será aplicada no território nacional a todos os processos, individuais ou coletivos, que versem sobre idêntica questão de direito.

Art. 9.º O cabimento dos embargos de declaração no Processo do Trabalho, para impugnar qualquer decisão judicial, rege-se pelo art. 897-A da CLT e, supletivamente, pelo Código de Processo Civil (arts. 1.022 a 1.025; §§ 2.º, 3.º e 4.º do art. 1.026), excetuada a garantia de prazo em dobro para litisconsortes (§ 1.º do art. 1.023).

Parágrafo único. A omissão para fins do prequestionamento ficto a que alude o art. 1.025 do CPC dá-se no caso de o Tribunal Regional do Trabalho, mesmo instado mediante embargos de declaração, recusar-se a emitir tese sobre questão jurídica pertinente, na forma da Súmula 297, item III, do Tribunal Superior do Trabalho.

Art. 10. Aplicam-se ao Processo do Trabalho as normas do parágrafo único do art. 932 do CPC, §§ 1.º a 4.º do art. 938 e §§ 2.º e 7.º do art. 1.007.

Parágrafo único. (*Revogado pela Resolução n. 218, de 17-4-2017.*)

Art. 11. Não se aplica ao Processo do Trabalho a norma do art. 459 do CPC no que permite a inquirição direta das testemunhas pela parte (CLT, art. 820).

Art. 12. Aplica-se ao Processo do Trabalho o parágrafo único do art. 1.034 do CPC. Assim, admitido o recurso de revista por um fundamento, devolve-se ao Tribunal Superior do Trabalho o conhecimento dos demais fundamentos para a solução apenas do capítulo impugnado.

Art. 13. Por aplicação supletiva do art. 784, I (art. 15 do CPC), o cheque e a nota promissória emitidos em reconhecimento de dívida inequivocamente de natureza trabalhista também são títulos extrajudiciais para efeito de execução perante a Justiça do Trabalho, na forma do art. 876 e segs. da CLT.

Art. 14. Não se aplica ao Processo do Trabalho o art. 165 do CPC, salvo nos conflitos coletivos de natureza econômica (Constituição Federal, art. 114, §§ 1.º e 2.º).

Art. 15. O atendimento à exigência legal de fundamentação das decisões judiciais (CPC, art. 489, § 1.º) no Processo do Trabalho observará o seguinte:

I – por força dos arts. 332 e 927 do CPC, adaptados ao Processo do Trabalho, para efeito dos incisos V e VI do § 1.º do art. 489 considera-se "precedente" apenas:

a) acórdão proferido pelo Supremo Tribunal Federal ou pelo Tribunal Superior do Trabalho em julgamento de recursos repetitivos (CLT, art. 896-B; CPC, art. 1.046, § 4.º);

b) entendimento firmado em incidente de resolução de demandas repetitivas ou de assunção de competência;

c) decisão do Supremo Tribunal Federal em controle concentrado de constitucionalidade;

d) tese jurídica prevalecente em Tribunal Regional do Trabalho e não conflitante com súmula ou orientação jurisprudencial do Tribunal Superior do Trabalho (CLT, art. 896, § 6.º);

•• A Lei n. 13.467, de 13-7-2017, em vigor 120 dias da sua publicação (*DOU* de 14-7-2017), revoga o § 6.º do art. 896 da CLT.

e) decisão do plenário, do órgão especial ou de seção especializada competente para uniformizar a jurisprudência do tribunal a que o juiz estiver vinculado ou do Tribunal Superior do Trabalho;

II – para os fins do art. 489, § 1.º, incisos V e VI do CPC, considerar-se-ão unicamente os precedentes referidos no item anterior, súmulas do Supremo Tribunal Federal, orientação jurisprudencial e súmula do Tribunal Superior do Trabalho, súmula de Tribunal Regional do Trabalho não conflitante com súmula ou orientação jurisprudencial do TST, que contenham explícita referência aos fundamentos determinantes da decisão (*ratio decidendi*);

III – não ofende o art. 489, § 1.º, inciso IV, do CPC a decisão que deixar de apreciar questões cujo exame haja ficado prejudicado em razão da análise anterior de questão subordinante;

IV – o art. 489, § 1.º, IV, do CPC não obriga o juiz ou o Tribunal a enfrentar os fundamentos jurídicos invocados pela parte, quando já tenham sido examinados na formação dos precedentes obrigatórios ou nos fundamentos determinantes de enunciado de súmula;

V – decisão que aplica a tese jurídica firmada em precedente, nos termos do item I, não precisa enfrentar os fundamentos já analisados na decisão paradigma, sendo suficiente, para fins de atendimento das exigências constantes no art. 489, § 1.º, do CPC, a correlação fática e jurídica entre o caso concreto e aquele apreciado no incidente de solução concentrada;

VI – é ônus da parte, para os fins do disposto no art. 489, § 1.º, V e VI, do CPC, identificar os fundamentos determinantes ou demonstrar a existência de distinção no caso em julgamento ou a superação do entendimento, sempre que invocar precedente ou enunciado de súmula.

Art. 16. Para efeito de aplicação do § 5.º do art. 272 do CPC, não é causa de nulidade processual a intimação realizada na pessoa de advogado regularmente habilitado nos autos, ainda que conste pedido expresso para que as comunicações dos atos processuais sejam feitas em nome de outro advogado, se o profissional indicado não se encontra previamente cadastrado no Sistema de Processo Judicial Eletrônico, impedindo a serventia judicial de atender ao requerimento de envio da intimação direcionada. A decretação de nulidade não pode ser acolhida em favor da parte que lhe deu causa (CPC, art. 276).

Art. 17. Sem prejuízo da inclusão do devedor no Banco Nacional de Devedores Trabalhistas (CLT, art. 642-A), aplicam-se à execução trabalhista as normas dos artigos 495, 517 e 782, §§ 3.º, 4.º e 5.º do CPC, que tratam respectivamente da hipoteca judiciária, do protesto de decisão judicial e da inclusão do nome do executado em cadastros de inadimplentes.

Art. 18. Esta Instrução Normativa entrará em vigor na data da sua publicação.

Ives Gandra da Silva Martins Filho

INSTRUÇÃO NORMATIVA N. 40,

DE 15 DE MARÇO DE 2016 (*)

Dispõe sobre o cabimento de agravo de instrumento em caso de admissibilidade parcial de recurso de revista no Tribunal Regional do Trabalho e dá outras providências.

Art. 1.º Admitido apenas parcialmente o recurso de revista, constitui ônus da parte impugnar, mediante agravo de instrumento, o capítulo denegatório da decisão, sob pena de preclusão.

§ 1.º Se houver omissão no juízo de admissibilidade do recurso de revista quanto a um ou mais temas, é ônus da parte interpor embargos de declaração para o órgão prolator da decisão embargada supri-la (CPC, art. 1.024, § 2.º), sob pena de preclusão.

§ 2.º Incorre em nulidade a decisão regional que se abstiver de exercer controle de admissibilidade sobre qualquer tema objeto de recurso de revista, não obstante interpostos embargos de declaração (CF/88, art. 93, inciso IX, e § 1.º do art. 489 do CPC de 2015).

§ 3.º No caso do parágrafo anterior, sem prejuízo da nulidade, a recusa do Presidente do Tribunal Regional do Trabalho a emitir juízo de admissibilidade sobre qualquer tema equivale à decisão denegatória. É ônus da parte, assim, após a intimação da decisão dos embargos de declaração, impugná-la mediante agravo de instrumento (CLT, art. 896, § 12), sob pena de preclusão.

§ 4.º Faculta-se ao Ministro Relator, por decisão irrecorrível (CLT, art. 896, § 5.º, por analogia), determinar a restituição do agravo de instrumento ao Presidente do Tribunal Regional do Trabalho de origem para que complemente o juízo de admissibilidade, desde que interpostos embargos de declaração.

•• A Lei n. 13.467, de 13-7-2017, em vigor 120 dias da sua publicação (*DOU* de 14-7-2017), revoga o § 5.º do art. 896 da CLT.

Art. 2.º Após a vigência do Código de Processo Civil de 2015, subsiste o Incidente de Uniformização de Jurisprudência da CLT (art. 896, §§ 3.º, 4.º, 5.º e 6.º), observado o procedimento previsto no regimento interno do Tribunal Regional do Trabalho.

•• A Lei n. 13.467, de 13-7-2017, em vigor 120 dias da sua publicação (*DOU* de 14-7-2017), revoga os §§ 3.º a 6.º do art. 896 da CLT.

Art. 3.º A presente instrução normativa vigerá a partir de sua publicação, exceto o art. 1.º, que vigorará a partir de 15 de abril de 2016.

Ives Gandra da Silva Martins Filho

(*) Publicada no *DEJT*, de 17-3-2016. Aprovada pela Resolução n. 205, de 15-3-2016, do TST.

LEI N. 13.271,

DE 15 DE ABRIL DE 2016 (**)

Dispõe sobre a proibição de revista íntima de funcionárias nos locais de trabalho e trata da revista íntima em ambientes prisionais.

A Presidenta da República,

Faço saber que o Congresso Nacional decreta e eu sanciono a seguinte Lei:

Art. 1.º As empresas privadas, os órgãos e entidades da administração pública, direta e indireta, ficam proibidos de adotar qualquer prática de revista íntima de suas funcionárias e de clientes do sexo feminino.

Art. 2.º Pelo não cumprimento do art. 1.º, ficam os infratores sujeitos a:

I – multa de R$ 20.000,00 (vinte mil reais) ao empregador, revertidos aos órgãos de proteção dos direitos da mulher;

II – multa em dobro do valor estipulado no inciso I, em caso de reincidência, independentemente da indenização por danos morais e materiais e sanções de ordem penal.

Art. 3.º (*Vetado.*)

Art. 4.º Esta Lei entra em vigor na data de sua publicação.

Brasília, 15 de abril de 2016; 195.º da Independência e 128.º da República.

DILMA ROUSSEFF

(**) Publicada no *DOU*, de 18-4-2016.

LEI N. 13.300,

DE 23 DE JUNHO DE 2016 (*)

Disciplina o processo e o julgamento dos mandados de injunção individual e coletivo e dá outras providências.

O Vice-Presidente da República, no exercício do cargo de Presidente da República

Faço saber que o Congresso Nacional decreta e eu sanciono a seguinte Lei:

Art. 1.° Esta Lei disciplina o processo e o julgamento dos mandados de injunção individual e coletivo, nos termos do inciso LXXI do art. 5.° da Constituição Federal.

Art. 2.° Conceder-se-á mandado de injunção sempre que a falta total ou parcial de norma regulamentadora torne inviável o exercício dos direitos e liberdades constitucionais e das prerrogativas inerentes à nacionalidade, à soberania e à cidadania.

Parágrafo único. Considera-se parcial a regulamentação quando forem insuficientes as normas editadas pelo órgão legislador competente.

Art. 3.° São legitimados para o mandado de injunção, como impetrantes, as pessoas naturais ou jurídicas que se afirmam titulares dos direitos, das liberdades ou das prerrogativas referidos no art. 2.° e, como impetrado, o Poder, o órgão ou a autoridade com atribuição para editar a norma regulamentadora.

Art. 4.° A petição inicial deverá preencher os requisitos estabelecidos pela lei processual e indicará, além do órgão impetrado, a pessoa jurídica que ele integra ou aquela a que está vinculado.

•• *Vide* arts. 319 a 331 do CPC, que dispõem sobre petição inicial.

§ 1.° Quando não for transmitida por meio eletrônico, a petição inicial e os documentos que a instruem serão acompanhados de tantas vias quantos forem os impetrados.

§ 2.° Quando o documento necessário à prova do alegado encontrar-se em repartição ou estabelecimento público, em poder de autoridade ou de terceiro, havendo recusa em fornecê-lo por certidão, no original, ou em cópia autêntica, será ordenada, a pedido do impetrante, a exibição do documento no prazo de 10 (dez) dias, devendo, nesse caso, ser juntada cópia à segunda via da petição.

§ 3.° Se a recusa em fornecer o documento for do impetrado, a ordem será feita no próprio instrumento da notificação.

Art. 5.° Recebida a petição inicial, será ordenada:

I – a notificação do impetrado sobre o conteúdo da petição inicial, devendo-lhe ser enviada a segunda via apresentada com as cópias dos documentos, a fim de que, no prazo de 10 (dez) dias, preste informações;

II – a ciência do ajuizamento da ação ao órgão de representação judicial da pessoa jurídica interessada, devendo-lhe ser enviada cópia da petição inicial, para que, querendo, ingresse no feito.

Art. 6.° A petição inicial será desde logo indeferida quando a impetração for manifestamente incabível ou manifestamente improcedente.

•• *Vide* arts. 330 e 331 do CPC, que tratam sobre o indeferimento da petição inicial.

Parágrafo único. Da decisão de relator que indeferir a petição inicial, caberá agravo, em 5 (cinco) dias, para o órgão colegiado competente para o julgamento da impetração.

Art. 7.° Findo o prazo para apresentação das informações, será ouvido o Ministério Público, que opinará em 10 (dez) dias, após o que, com ou sem parecer, os autos serão conclusos para decisão.

Art. 8.° Reconhecido o estado de mora legislativa, será deferida a injunção para:

I – determinar prazo razoável para que o impetrado promova a edição da norma regulamentadora;

II – estabelecer as condições em que se dará o exercício dos direitos, das liberdades ou das prerrogativas reclamados ou, se for o caso, as condições em que poderá o interessado promover ação própria visando a exercê-los, caso não seja suprida a mora legislativa no prazo determinado.

Parágrafo único. Será dispensada a determinação a que se refere o inciso I do *caput* quando comprovado que o impetrado deixou de atender, em mandado de injunção anterior, ao prazo estabelecido para a edição da norma.

Art. 9.° A decisão terá eficácia subjetiva limitada às partes e produzirá efeitos até o advento da norma regulamentadora.

§ 1.° Poderá ser conferida eficácia *ultra partes* ou *erga omnes* à decisão, quando isso for inerente ou indispensável ao exercício do direito, da liberdade ou da prerrogativa objeto da impetração.

•• *Vide* art. 13, *caput*, desta Lei.

§ 2.° Transitada em julgado a decisão, seus efeitos poderão ser estendidos aos casos análogos por decisão monocrática do relator.

§ 3.° O indeferimento do pedido por insuficiência de prova não impede a renovação da impetração fundada em outros elementos probatórios.

Art. 10. Sem prejuízo dos efeitos já produzidos, a decisão poderá ser revista, a pedido de qualquer interessado, quando sobrevierem relevantes modificações das circunstâncias de fato ou de direito.

Parágrafo único. A ação de revisão observará, no que couber, o procedimento estabelecido nesta Lei.

Art. 11. A norma regulamentadora superveniente produzirá efeitos *ex nunc* em relação aos beneficiados por decisão transitada em julgado, salvo se a aplicação da norma editada lhes for mais favorável.

(*) Publicada no *DOU*, de 24-6-2016.

Parágrafo único. Estará prejudicada a impetração se a norma regulamentadora for editada antes da decisão, caso em que o processo será extinto sem resolução de mérito.

Art. 12. O mandado de injunção coletivo pode ser promovido:

I – pelo Ministério Público, quando a tutela requerida for especialmente relevante para a defesa da ordem jurídica, do regime democrático ou dos interesses sociais ou individuais indisponíveis;

•• *Vide* art. 129 da CF.

II – por partido político com representação no Congresso Nacional, para assegurar o exercício de direitos, liberdades e prerrogativas de seus integrantes ou relacionados com a finalidade partidária;

III – por organização sindical, entidade de classe ou associação legalmente constituída e em funcionamento há pelo menos 1 (um) ano, para assegurar o exercício de direitos, liberdades e prerrogativas em favor da totalidade ou de parte de seus membros ou associados, na forma de seus estatutos e desde que pertinentes a suas finalidades, dispensada, para tanto, autorização especial;

•• Das Organizações Sindicais na CLT: *vide* arts. 511 a 610.

• Partidos políticos: Lei n. 9.096, de 19-9-1995.

IV – pela Defensoria Pública, quando a tutela requerida for especialmente relevante para a promoção dos direitos humanos e a defesa dos direitos individuais e coletivos dos necessitados, na forma do inciso LXXIV do art. 5.º da Constituição Federal.

•• Defensoria Pública: Lei Complementar n. 80, de 12-1-1994.

Parágrafo único. Os direitos, as liberdades e as prerrogativas protegidos por mandado de injunção coletivo são os pertencentes, indistintamente, a uma coletividade indeterminada de pessoas ou determinada por grupo, classe ou categoria.

Art. 13. No mandado de injunção coletivo, a sentença fará coisa julgada limitadamente às pessoas integrantes da coletividade, do grupo, da classe ou da categoria substituídos pelo impetrante, sem prejuízo do disposto nos §§ 1.º e 2.º do art. 9.º.

Parágrafo único. O mandado de injunção coletivo não induz litispendência em relação aos individuais, mas os efeitos da coisa julgada não beneficiarão o impetrante que não requerer a desistência da demanda individual no prazo de 30 (trinta) dias a contar da ciência comprovada da impetração coletiva.

Art. 14. Aplicam-se subsidiariamente ao mandado de injunção as normas do mandado de segurança, disciplinado pela Lei n. 12.016, de 7 de agosto de 2009, e do Código de Processo Civil, instituído pela Lei n. 5.869, de 11 de janeiro de 1973, e pela Lei n. 13.105, de 16 de março de 2015, observado o disposto em seus arts. 1.045 e 1.046.

Art. 15. Esta Lei entra em vigor na data de sua publicação.

Brasília, 23 de junho de 2016; 195.º da Independência e 128.º da República.

MICHEL TEMER

REGIMENTO INTERNO DO TRIBUNAL SUPERIOR DO TRABALHO (*)

O Egrégio Pleno do Tribunal Superior do Trabalho, em sessão ordinária hoje realizada, sob a Presidência do Excelentíssimo Senhor Ministro Ives Gandra da Silva Martins Filho, Presidente do Tribunal, presentes os Excelentíssimos Senhores Ministros Emmanoel Pereira, Vice-Presidente do Tribunal, Renato de Lacerda Paiva, Corregedor-Geral da Justiça do Trabalho, João Batista Brito Pereira, Maria Cristina Irigoyen Peduzzi, Aloysio Corrêa da Veiga, Luiz Philippe Vieira de Mello Filho, Alberto Luiz Bresciani de Fontan Pereira, Maria de Assis Calsing, Dora Maria da Costa, Fernando Eizo Ono, Guilherme Augusto *Caputo* Bastos, Márcio Eurico Vitral Amaro, Walmir Oliveira da Costa, Maurício Godinho Delgado, Kátia Magalhães Arruda, Augusto César Leite de Carvalho, José Roberto Freire Pimenta, Delaíde Alves Miranda Arantes, Hugo Carlos Scheuermann, Alexandre de Souza Agra Belmonte, Cláudio Mascarenhas Brandão, Douglas Alencar Rodrigues, Maria Helena Mallmann, Breno Medeiros e o Excelentíssimo Vice-Procurador-Geral do Trabalho, Dr. Luiz Eduardo Guimarães,

Resolve

Aprovar o novo texto do Regimento Interno do Tribunal Superior do Trabalho, nos termos a seguir transcritos:

LIVRO I
DO TRIBUNAL

TÍTULO I
DO TRIBUNAL, DA SUA COMPOSIÇÃO, DOS SEUS MINISTROS

CAPÍTULO I
DO TRIBUNAL

Art. 1.º O Tribunal Superior do Trabalho tem sede na Capital Federal e jurisdição em todo o território nacional.

Art. 2.º A bandeira do Tribunal, instituída pela Portaria n. 291, de 16 de outubro de 1981, publicada no *Diário da Justiça* de 3 de novembro de 1981, simboliza a Justiça do Trabalho como órgão do Poder Judiciário, sua jurisdição e a importância social do exercício jurisdicional, trazendo o dístico *Opus Justitiae Pax*.

CAPÍTULO II
DA COMPOSIÇÃO E DA INVESTIDURA

Art. 3.º O Tribunal compõe-se de 27 (vinte e sete) Ministros, escolhidos dentre brasileiros com mais de 35 (trinta e cinco) e menos de 65 (sessenta e cinco) anos, de notável saber jurídico e reputação ilibada, nomeados pelo Presidente da República após aprovação pela maioria absoluta do Senado Federal.

(*) Aprovado pela Resolução Administrativa n. 1.937, de 20-11-2017. Publicado no *DEJT*, de 25-11-2017, e republicado no dia 30-11-2017.

REGIMENTO INTERNO DO TST

§ 1.º A indicação, pelo Tribunal Superior do Trabalho, de Desembargadores do Trabalho, membros do Ministério Público do Trabalho e advogados, para comporem o Tribunal, far-se-á em lista tríplice.

§ 2.º O ofício de encaminhamento da lista ao Poder Executivo conterá informação acerca do número de votos obtidos pelos candidatos e será instruído com cópia da ata da sessão extraordinária em que se realizou a escolha dos indicados.

Art. 4.º Para provimento de vaga de Ministro, destinada aos Desembargadores do Trabalho da carreira da Magistratura do Trabalho, o Presidente do Tribunal convocará o Tribunal Pleno para, em sessão pública, escolher, pelo voto secreto e em escrutínios sucessivos, dentre os Desembargadores do Trabalho da carreira integrantes dos Tribunais Regionais do Trabalho, os nomes para a formação da lista tríplice a ser encaminhada ao Presidente da República.

§ 1.º Para fim de elaboração da lista tríplice a que se refere o *caput* deste artigo, o Presidente do Tribunal fará publicar edital no sítio deste Tribunal na rede mundial de computadores no qual fixará prazo de 15 (quinze) dias para inscrição dos Desembargadores do Trabalho interessados, findo o qual será publicada a relação com os nomes dos inscritos.

§ 2.º Na hipótese de haver mais de uma vaga a ser provida, a lista conterá o número de Magistrados igual ao de vagas mais 2 (dois).

§ 3.º Na votação para escolha dos nomes dos Desembargadores do Trabalho que integrarão a lista, serão observados os seguintes critérios:

I – os nomes serão escolhidos em voto secreto e em escrutínios sucessivos, para o primeiro, o segundo, o terceiro e, eventualmente, o quarto nome integrante da lista, e, assim, sucessivamente, sendo escolhido em cada escrutínio aquele que obtiver votos da maioria absoluta;

II – a maioria absoluta necessária para a escolha do nome corresponde ao número inteiro imediatamente superior à metade do total de Ministros integrantes do Tribunal no momento da votação;

III – não alcançada, no primeiro escrutínio, a maioria absoluta, proceder-se-á à nova votação, na qual concorrerão os 2 (dois).

Desembargadores do Trabalho mais votados:

a) em caso de empate, será realizada nova votação. A persistir o resultado, o desempate dar-se-á pelo tempo de investidura no Tribunal Regional do Trabalho e, sucessivamente, pelo tempo de investidura na Magistratura do Trabalho;

b) se houver empate entre 2 (dois) Desembargadores que tenham obtido, individualmente, número de votos inferior ao alcançado por outro Desembargador, far-se-á, primeiramente, a votação para o desempate e, a seguir, para a escolha do nome que integrará a lista.

IV – escolhido um nome, fica excluído dos escrutínios subsequentes Desembargador da mesma Região.

Art. 5.º O Presidente do Tribunal, ocorrendo vaga destinada a membro do Ministério Público do Trabalho e a advogado, dará imediata ciência à Procuradoria-Geral do Trabalho e ao Conselho Federal da Ordem dos Advogados do Brasil, respectivamente, para formação e encaminhamento de lista sêxtupla ao Tribunal, que escolherá, dentre os nomes que a compõem, os que integrarão a lista tríplice a ser encaminhada ao Presidente da República.

Art. 6.º O Tribunal Pleno, para o provimento das vagas aludidas no artigo anterior, em sessão pública, pelo voto secreto da maioria absoluta de seus membros, escolherá, em escrutínios secretos e sucessivos, os nomes que integrarão a lista tríplice a ser encaminhada ao Presidente da República.

§ 1.º Quando houver mais de uma vaga a ser provida por membro do Ministério Público do Trabalho ou por advogado, para cada lista sêxtupla recebida será elaborada uma lista tríplice.

§ 2.º Se, para o provimento das vagas destinadas ao quinto constitucional, o Tribunal receber lista única, formará uma só lista com o número de candidatos igual ao de vagas mais 2 (dois).

§ 3.º Aplica-se, no que couber, à votação para escolha dos integrantes da lista tríplice, o estabelecido nos incisos do § 3.º do art. 4.º.

CAPÍTULO III

DOS MINISTROS

SEÇÃO I

Da Posse e das Prerrogativas

Art. 7.º O Ministro tomará posse no prazo de 30 (trinta) dias a contar da nomeação, em sessão solene do Tribunal Pleno ou, durante o recesso forense e as férias coletivas dos Ministros, perante o Presidente do Tribunal. Neste último caso, o ato deverá ser ratificado pelo Tribunal Pleno.

§ 1.º No ato da posse, o Ministro prestará compromisso de bem desempenhar os deveres do cargo e de bem cumprir e fazer cumprir a Constituição da República e as Leis do País.

§ 2.º O Secretário-Geral Judiciário lavrará, em livro especial, o termo de compromisso e posse, que será assinado pelo Presidente e pelo Ministro empossado.

§ 3.º Somente tomará posse o Ministro que comprovar:

I – ser brasileiro;

II – contar mais de 35 (trinta e cinco) e menos de 65 (sessenta e cinco) anos de idade;

III – satisfazer aos demais requisitos previstos em lei.

Art. 8.º Os Ministros têm jurisdição em todo o território nacional e domicílio no Distrito Federal.

Art. 9.º A antiguidade dos Ministros, para efeitos legais e regimentais, é regulada:

I – pela posse;

II – pela nomeação;

III – pelo tempo de investidura na Magistratura da Justiça do Trabalho;

IV – pelo tempo de serviço público federal;

V – pela idade, quando houver empate pelos demais critérios.

Art. 10. Os Ministros do Tribunal receberão o tratamento de Excelência e usarão nas sessões as vestes correspondentes ao modelo aprovado.

Parágrafo único. Após a concessão da aposentadoria, o Tribunal velará pela preservação dos direitos, interesses e prerrogativas que os Ministros conservarão, em relação ao título e às honras correspondentes ao cargo, salvo no exercício de atividade profissional.

SEÇÃO II

Das Férias, das Licenças, das Substituições e das Convocações

Art. 11. Os Ministros gozarão férias nos meses de janeiro e julho, na forma da lei.

Parágrafo único. Os Ministros informarão à Presidência seu endereço, para eventual convocação durante as férias e feriados.

Art. 12. O Presidente, o Vice-Presidente e o Corregedor-Geral da Justiça do Trabalho, se a necessidade do serviço judiciário lhes exigir a contínua presença no Tribunal, poderão acumular férias para fruição oportuna, facultado o fracionamento dos períodos.

Parágrafo único. A acumulação de férias somente ocorrerá mediante prévia autorização do Órgão Especial e deverá ser registrada nos assentamentos funcionais do Ministro, para que lhe seja reconhecido o direito de posterior fruição.

Art. 13. A licença é requerida pelo Ministro com a indicação do prazo e do dia do início.

§ 1.º Salvo contraindicação médica, o Ministro licenciado poderá proferir decisões em processos de que, antes da licença, haja pedido vista, ou que tenham recebido o seu visto como relator ou revisor.

§ 2.º O Ministro licenciado pode reassumir o cargo, entendendo-se que desistiu do restante do prazo, mediante prévia comunicação formal ao Presidente do Tribunal.

§ 3.º Se a licença for para tratamento da própria saúde, o Ministro somente poderá reassumir o cargo, antes do término do prazo, se não houver contraindicação médica.

Art. 14. A critério do Órgão Especial, poderá ser concedido afastamento ao Ministro, sem prejuízo de seus direitos, vencimentos e vantagens, para:

I – frequência a cursos ou seminários de aperfeiçoamento e estudos, pelo prazo máximo de 2 (dois) anos;

II – realização de missão ou serviços relevantes à administração da justiça.

Art. 15. Nas ausências ou impedimentos eventuais ou temporários, a substituição no Tribunal far-se-á da seguinte maneira:

I – o Presidente do Tribunal, pelo Vice-Presidente, seguindo-se, na ausência de ambos, pelo Corregedor-Geral da Justiça do Trabalho e pelos demais Ministros, em ordem decrescente de antiguidade;

II – o Vice-Presidente, pelo Presidente, ou, na ausência deste, pelo Corregedor-Geral da Justiça do Trabalho, e, em sequência, pelos demais Ministros, em ordem decrescente de antiguidade;

III – o Corregedor-Geral da Justiça do Trabalho, pelo Vice-presidente, ou, na ausência deste, pelo Presidente, e, em sequência, pelos demais Ministros, em ordem decrescente de antiguidade;

IV – o Presidente da Turma, pelo Ministro mais antigo presente na sessão;

V – o Presidente da Comissão, preferencialmente pelo mais antigo dentre os seus membros;

VI – qualquer dos membros das Comissões, pelo respectivo suplente.

Art. 16. O relator é substituído nas hipóteses e formas previstas na Seção I do Capítulo II do Título I do Livro II, deste Regimento.

Art. 17. Nas ausências temporárias, por período superior a 30 (trinta) dias, e nos afastamentos definitivos, os Ministros serão substituídos por Desembargador do Trabalho, escolhido pelo Órgão Especial, mediante escrutínio secreto e pelo voto da maioria absoluta dos seus membros.

Parágrafo único. O Desembargador do Trabalho convocado atuará exclusivamente em Turma da Corte.

Art. 18. O Presidente do Tribunal poderá, em caso de urgência, e quando inviável a imediata reunião do Órgão Especial, *ad referendum* deste, convocar Desembargador do Trabalho, para a substituição de Ministro afastado.

Art. 19. Excepcionalmente, poderá o Tribunal Superior do Trabalho convocar Desembargadores do Trabalho para atuarem, temporariamente, em suas Turmas e Juízes do Trabalho para auxiliarem, no curso dos respectivos mandatos, a Presidência, a Vice-Presidência e a Corregedoria-Geral da Justiça do Trabalho.

Parágrafo único. A convocação será limitada ao número de 2 (dois) Juízes do Trabalho para auxílio em cada um dos referidos órgãos e atenderá as determinações previstas na Resolução do Conselho Nacional de Justiça n. 209/2015.

Art. 20. Na sessão do Órgão Especial que decidir a convocação, os Ministros deverão ter cópias das nominatas dos Desembargadores que compõem os Tribunais Regionais do Trabalho, para se orientarem na escolha.

SEÇÃO III

Da Convocação Extraordinária

Art. 21. Durante o período de férias, o Presidente do Tribunal, ou seu substituto, poderá convocar, com antecedência de 48 (quarenta e oito) horas, sessão extraordinária para julgamento de dissídio coletivo, mandado de segurança e ação declaratória alusiva a greve e que requeiram apreciação urgente.

SEÇÃO IV

Da Aposentadoria

Art. 22. O processo administrativo de aposentadoria compulsória de Ministro da Corte deverá ser iniciado 30 (trinta) dias antes que complete os 75 (setenta e cinco) anos, para que a publicação possa ocorrer na data da jubilação.

Art. 23. Na aposentadoria por invalidez, o processo respectivo terá início:

I – a requerimento do Ministro;

II – por ato de ofício do Presidente do Tribunal;

III – em cumprimento a deliberação do Tribunal.

Parágrafo único. Em se tratando de incapacidade mental, o Presidente do Tribunal, ou quem o substitua, nomeará curador ao paciente, sem prejuízo da defesa que esse queira apresentar, pessoalmente ou por procurador constituído.

Art. 24. O paciente, na hipótese do parágrafo único do artigo anterior, deverá ser afastado imediatamente do exercício do cargo, até decisão final, devendo ficar concluído o processo no prazo de 60 (sessenta) dias, justificadas as faltas do Ministro no referido período.

Art. 25. A recusa do paciente a submeter-se à perícia médica permitirá o julgamento baseado em quaisquer outras provas.

Art. 26. O Ministro que, por 2 (dois) anos consecutivos, afastar-se, ao todo, por 6 (seis) meses ou mais, para tratamento de saúde, ao requerer nova licença para igual fim, dentro de 2 (dois) anos, deverá submeter-se a exame por junta médica para verificação de sua invalidez, pela Secretaria de Saúde do Tribunal.

Art. 27. A junta médica competente para o exame a que se referem os arts. 25 e 26 deste Regimento será indicada pelo Órgão Especial e formada por 3 (três) médicos, dos quais 2 (dois), no mínimo, integrem o Quadro de Pessoal do Tribunal.

Art. 28. Concluindo o Órgão Especial pela incapacidade do Magistrado, o Presidente do Tribunal comunicará imediatamente a decisão ao Poder Executivo, para os devidos fins.

SEÇÃO V
Da Disponibilidade e da Aposentadoria por Interesse Público

Art. 29. O Tribunal Pleno poderá determinar, por motivo de interesse público, em sessão pública, em escrutínio secreto e pelo voto da maioria absoluta dos seus membros, a disponibilidade ou a aposentadoria de Ministro do Tribunal, assegurada a ampla defesa.

Parágrafo único. Aplicam-se ao processo de disponibilidade ou aposentadoria, no que couber, as normas e os procedimentos previstos na Lei Orgânica da Magistratura Nacional, referentes à perda do cargo, as Resoluções editadas pelo Conselho Nacional de Justiça, e, subsidiariamente, desde que não haja conflito com o Estatuto da Magistratura, as normas e princípios relativos ao processo administrativo disciplinar das Leis n. 8.112/90 e 9.784/99.

TÍTULO II
DA DIREÇÃO

CAPÍTULO I
DOS CARGOS DE DIREÇÃO, DA ELEIÇÃO, DA POSSE E DA VACÂNCIA

Art. 30. A Presidência, a Vice-Presidência e a Corregedoria-Geral da Justiça do Trabalho são cargos de direção do Tribunal, preenchidos mediante eleição em que concorrem os Ministros mais antigos da Corte, em número correspondente ao total dos cargos de direção, separadamente e também nessa ordem, sendo vedada a reeleição a qualquer dos cargos.

§ 1.º Vinte e cinco dias antes da data prevista para a eleição, será aberto o prazo de 10 (dez) dias, para renúncia expressa dos candidatos elegíveis.

§ 2.º Convocar-se-ão os Ministros para eleição, por ofício da Presidência do Tribunal, oportunidade em que, se for o caso, serão informados os nomes dos Ministros que renunciaram a concorrer.

§ 3.º Não havendo inscrição a qualquer dos cargos dentre os elegíveis, o rol de concorrentes será completado pela ordem de antiguidade.

Art. 31. O Ministro que houver ocupado cargos de direção por 4 (quatro) anos, ou o de Presidente, não mais figurará entre os elegíveis, até que se esgotem todos os nomes na ordem de antiguidade. É obrigatória a aceitação do cargo, salvo recusa manifestada e aceita antes da eleição.

Art. 32. A eleição do Presidente precederá à do Vice-Presidente e, a deste, à do Corregedor-Geral da Justiça do Trabalho.

Art. 33. O Presidente, o Vice-Presidente e o Corregedor-Geral da Justiça do Trabalho serão eleitos por 2 (dois) anos, mediante escrutínio secreto e pelo voto da maioria absoluta, em sessão extraordinária do Tribunal Pleno, a realizar-se nos 60 (sessenta) dias antecedentes ao término dos mandatos anteriores, e tomarão posse em sessão solene, na data marcada pelo Tribunal Pleno.

§ 1.º Considerar-se-á eleito, em primeiro escrutínio, o Ministro que obtiver a maioria absoluta de votos.

§ 2.º Em segundo escrutínio, concorrerão somente os 2 (dois) Ministros mais votados no primeiro.

§ 3.º Não alcançada, no segundo escrutínio, a maioria a que se refere o § 1.º, proclamar-se-á eleito, dentre os 2 (dois), o mais antigo.

§ 4.º Se a vacância do cargo de Presidente ocorrer antes do término do respectivo mandato, a eleição será para todos os cargos e realizada nos 30 (trinta) dias seguintes ao da vacância, e os eleitos tomarão posse em sessão solene na data marcada pelo Tribunal Pleno. Nessa hipótese, caberá ao Vice-Presidente a regência provisória do Tribunal e a convocação da sessão extraordinária a que se referem o *caput* e este parágrafo.

§ 5.º Os remanescentes mandatos dos demais exercentes de cargos de direção extinguir-se-ão na data da posse dos novos eleitos.

Art. 34. Na impossibilidade da posse de qualquer dos eleitos na data estabelecida, por fato superveniente à eleição, observar-se-á o seguinte:

I – se a impossibilidade for de caráter temporário, dar-se-á posse, na data marcada, aos demais eleitos, e, ao remanescente, em data oportuna;

II – se a impossibilidade for de natureza definitiva e do eleito Presidente, proceder-se-á nova eleição para todos os cargos de direção; se do eleito Vice-Presidente, a eleição será para esse cargo e para o de Corregedor-Geral da Justiça do Trabalho; se do eleito para a Corregedoria, a eleição será somente para Corregedor-Geral.

Art. 35. Faculta-se ao Ministro impossibilitado de comparecer à sessão em que serão eleitos os novos exercentes de cargos de direção do Tribunal o envio de carta ao Presidente do Tribunal, acompanhada dos votos para Presidente, Vice-Presidente e Corregedor-Geral da Justiça do Trabalho, em invólucros lacrados e rubricados, individualizados por cargo de direção, para posterior depósito na urna na presença dos demais Ministros do Tribunal.

Art. 36. O Presidente, o Vice-Presidente e o Corregedor-Geral, ao concluírem seus mandatos, retornarão a uma das Turmas do Tribunal, observados os seguintes critérios, salvo ajuste entre os interessados:

I – o Presidente e o Corregedor-Geral deverão integrar as Turmas das quais saírem o novo Presidente do Tribunal e o novo Corregedor-Geral. Se o novo Presidente for o Vice-Presidente ou o Corregedor-Geral, o Presidente que deixar o cargo deverá compor a Turma da qual provier o novo Vice-Presidente ou o novo Corregedor-Geral;

II – o Vice-Presidente, ao deixar o cargo, se não for ocupar o de Presidente do Tribunal, passará a integrar a Turma da qual sair o novo Vice-Presidente.

Art. 37. O Ministro que exerceu cargo de Presidente do Tribunal Superior do Trabalho não poderá desempenhar outro cargo ou função administrativa no âmbito do Tribunal ou da Escola Nacional de Formação e Aperfeiçoamento de Magistrados do Trabalho (ENAMAT), salvo na Ouvidoria ou na Presidência de Turma.

Art. 38. Os Ministros não poderão exercer mais de um cargo de direção cumulativamente, exceto nas hipóteses previstas no art. 15 deste Regimento e nos casos previstos em lei.

CAPÍTULO II
DA PRESIDÊNCIA E DA VICE-PRESIDÊNCIA

SEÇÃO I
Das Disposições Gerais

Art. 39. O Presidente do Tribunal desempenhará as atribuições do cargo com a colaboração do Vice-Presidente.

SEÇÃO II
Do Núcleo de Gerenciamento de Precedentes – NUGEP

Art. 40. O Núcleo de Gerenciamento de Precedentes (NUGEP) funcionará subordinado administrativamente à Presidência como unidade permanente, dividindo-se em:

I – Seção de Gerenciamento de Recursos Repetitivos, coordenada pela Presidência do Tribunal Superior do Trabalho (NUGEP-SP);

II – Seção de Gerenciamento de Recursos Extraordinários Trabalhistas em Repercussão Geral, coordenada pela Vice-Presidência do Tribunal Superior do Trabalho (NUGEP-SVP).

Parágrafo único. A competência, a composição e o funcionamento do Núcleo de Gerenciamento de Precedentes (NUGEP) serão disciplinados em Resolução Administrativa, editada nos termos deste Regimento.

SEÇÃO III
Das Atribuições do Presidente

Art. 41. Compete ao Presidente do Tribunal, além de outras atribuições previstas na Constituição da República, em lei ou neste Regimento:

I – representar o Tribunal perante os Poderes Públicos e demais autoridades, incumbindo-lhe, no exercício da representação, observar fielmente as diretrizes estabelecidas pelo Órgão Especial;

II – corresponder-se, em nome do Tribunal, com quaisquer autoridades, observada a hierarquia de funções;

III – encaminhar ao Presidente da República as listas para provimento de vaga de Ministro do Tribunal;

IV – enviar ao Congresso Nacional, após aprovação pelo Órgão Especial, projetos de lei de interesse da Justiça do Trabalho em matéria de sua competência constitucional;

V – submeter ao Tribunal de Contas da União, na forma da lei, a tomada de contas do Tribunal Superior do Trabalho;

VI – solicitar aos órgãos fazendários a liberação do numerário correspondente às dotações orçamentárias da Justiça do Trabalho;

VII – editar, no início das atividades judiciárias de cada ano, o ato de composição do Tribunal e dos órgãos judicantes, cabendo-lhe, ainda, dar-lhe publicidade, quando renovada a direção da Corte ou alterada sua composição;

VIII – apresentar ao Órgão Especial, anualmente, na segunda quinzena do mês seguinte ao término de cada ano de seu mandato, a resenha dos trabalhos realizados no ano anterior e, até 30 de junho, o Relatório Geral da Justiça do Trabalho;

IX – dar publicidade, mensalmente, no órgão oficial, dos dados estatísticos relativos às atividades jurisdicionais do Tribunal e dos Ministros;

X – zelar pelas prerrogativas e pela imagem pública do Tribunal e dos Ministros e pelo bom funcionamento da Corte e dos órgãos da Justiça do Trabalho, expedindo atos, portarias, ordens e instruções, adotando as providências necessárias ao seu cumprimento;

XI – praticar, *ad referendum* do Tribunal Pleno ou do Órgão Especial, os atos reputados urgentes;

XII – editar os atos indispensáveis à disciplina dos serviços e à polícia do Tribunal, determinando as providências atinentes ao resguardo da disciplina, da ordem e da integridade universal da Corte, na sede ou nas dependências, requisitando, quando necessário, o auxílio de outras autoridades;

XIII – manter a ordem nas sessões, podendo mandar retirar os que a perturbarem e os que faltarem com o devido respeito, e mandar prender os desobedientes, fazendo lavrar o respectivo auto;

XIV – instaurar inquérito quando caracterizada infração de lei penal na sede ou nas dependências do Tribunal;

XV – comunicar ao órgão competente do Ministério Público a ocorrência de desobediência à ordem emanada do Tribunal ou de seus Ministros, encaminhando os elementos de que dispuser para a propositura de ação penal;

XVI – impor aos servidores penas disciplinares de demissão, cassação de aposentadoria ou disponibilidade e decidir os recursos interpostos das penalidades que forem aplicadas pelo Diretor-Geral da Secretaria do Tribunal Superior do Trabalho;

XVII – dar posse a Ministro durante as férias coletivas e feriado forense;

XVIII – dar posse ao Diretor-Geral da Secretaria do Tribunal Superior do Trabalho, ao Secretário-Geral Judiciário e ao Secretário-Geral da Presidência e designar seus respectivos substitutos;

XIX – nomear os servidores para os cargos em comissão e designar os servidores para o exercício de funções comissionadas nos gabinetes de Ministro;

XX – conceder licença e férias ao Diretor-Geral da Secretaria do Tribunal Superior do Trabalho, ao Secretário-Geral da Presidência, ao Secretário-Geral Judiciário e aos servidores de seu gabinete;

XXI – expedir atos concernentes às relações jurídico-funcionais dos Ministros e servidores e decidir seus requerimentos sobre assuntos de natureza administrativa, nos termos deste Regimento;

XXII – movimentar os recursos orçamentários e financeiros à disposição do Tribunal, autorizar despesas e expedir ordens de pagamento, observadas as normas legais específicas;

XXIII – autorizar e homologar as licitações e ratificar as contratações por dispensa ou inexigibilidade de licitação de valor superior ao limite estipulado para o convite;

XXIV – conceder diárias e ajuda de custo, observados os critérios estabelecidos pelo Órgão Especial;

XXV – determinar a distribuição dos processos, segundo as regras regimentais e resoluções administrativas, aos Ministros do Tribunal, e dirimir as controvérsias referentes à distribuição;

XXVI – despachar as desistências dos recursos e das ações, quando se referirem a processo pendente de distribuição na Corte, bem como os demais incidentes processuais suscitados;

XXVII – designar as sessões ordinárias e extraordinárias do Tribunal Pleno, do Órgão Especial e das Seções Especializadas, podendo convocar, durante as férias coletivas, com antecedência de 48 (quarenta e oito) horas, sessões extraordinárias para julgamento de dissídio coletivo, mandado de segurança e ação declaratória alusiva a greve ou a situação de relevante interesse público que requeiram apreciação urgente;

XXVIII – dirigir os trabalhos do Tribunal e presidir as sessões do Tribunal Pleno, do Órgão Especial e das Seções Especializadas;

XXIX – decidir sobre pedidos de efeito suspensivo, de suspensão de segurança e de suspensão de decisão proferida em tutelas provisórias, de que tratam os arts. 309 e 311 deste Regimento, bem assim expedir as cartas previstas em lei;

XXX – decidir, durante o recesso forense, as férias coletivas e os feriados, os pedidos de liminar em mandado de segurança, em tutelas provisórias de urgência e outras medidas que reclamem urgência;

XXXI – delegar ao Vice-Presidente, ao Corregedor-Geral da Justiça do Trabalho ou a Ministros da Corte atribuições as quais esteja impossibilitado de cumprir ou que a conveniência administrativa recomende a delegação;

XXXII – delegar ao Secretário-Geral da Presidência, ao Diretor-Geral da Secretaria e ao Secretário-Geral Judiciário, respeitado o disposto no inciso anterior, atribuições para a prática de atos judiciários e administrativos, quando a conveniência administrativa recomendar;

XXXIII – praticar os demais atos de gestão necessários ao Funcionamento dos serviços, encaminhando ao Órgão Especial as questões de caráter relevante, que poderão ser relatadas pelo Presidente ou distribuídas por sorteio para relatoria de integrante do órgão colegiado;

XXXIV – nomear, promover, demitir, exonerar e conceder aposentadoria a servidores do Tribunal, bem como pensão aos beneficiários de Ministro ou servidor;

XXXV – decidir sobre cessão de servidores do Tribunal, observado o disposto em ato normativo do Órgão Especial, bem como sobre requisição de servidores de outros órgãos;

XXXVI – excepcionalmente, convocar audiência pública, de ofício ou a requerimento de cada uma das Seções Especializadas ou de suas Subseções, pela maioria de seus integrantes, para ouvir o depoimento de pessoas com experiência e autoridade em determinada matéria, sempre que entender necessário o esclarecimento de questões ou circunstâncias de fato, subjacentes a dissídio de grande repercussão social ou econômica, pendente de julgamento no âmbito do Tribunal;

XXXVII – decidir, de forma irrecorrível, sobre a manifestação de terceiros, subscrita por procurador habilitado, em audiências públicas, quando as convocar;

XXXVIII – submeter proposta de afetação de recurso de revista e de embargos repetitivos à Subseção I da Seção Especializada em Dissídios Individuais;

XXXIX – oficiar aos Presidentes dos Tribunais Regionais do Trabalho para que suspendam os recursos interpostos em casos idênticos aos afetados como recursos repetitivos, até o pronunciamento definitivo do Tribunal Superior do Trabalho, quando houver determinação do relator nesse sentido;

XL – realizar a admissibilidade prévia dos recursos de revista e agravos de instrumento, podendo denegar-lhes seguimento quando não impugnados especificamente os fundamentos da decisão recorrida e quando se tratar de hipóteses de intempestividade, deserção, falta de alçada, irregularidade da representação e descumprimento dos incisos do § 1.º-A do art. 896 da CLT, enquanto não implantada em definitivo a distribuição pelo PJe.

XLI – determinar a devolução ao tribunal de origem dos recursos fundados em controvérsia idêntica àquela já submetida ao rito de julgamento de casos repetitivos para que o órgão que proferiu a decisão recorrida exerça o juízo de retratação. Se não houver a retratação, os autos serão remetidos, se for o caso, ao Tribunal Superior do Trabalho para a sua regular tramitação.

Parágrafo único. Para fim do que dispõe o inciso XXXIII, qualquer matéria deverá ser submetida ao exame do Órgão Especial, desde que o requeiram 10 (dez) dos Ministros que integram o Tribunal.

SEÇÃO IV
Da Vice-Presidência

Art. 42. Compete ao Vice-Presidente:

I – substituir o Presidente e o Corregedor-Geral da Justiça do Trabalho nas férias, ausências e impedimentos;

II – cumprir as delegações do Presidente;

III – designar e presidir audiências de conciliação e instrução de dissídio coletivo de competência originária do Tribunal;

IV – exercer o juízo de admissibilidade dos recursos extraordinários;

V – examinar os incidentes surgidos após a interposição de recurso extraordinário;

VI – apreciar pedido de tutela provisória incidental a recurso extraordinário;

VII – julgar os agravos internos interpostos contra decisões que denegam seguimento a recurso extraordinário por ausência de repercussão geral da questão constitucional debatida.

Art. 43. O Vice-Presidente participa das sessões dos órgãos judicantes do Tribunal, exceto de Turma, e não concorre à distribuição de processos.

CAPÍTULO III
DA CORREGEDORIA-GERAL DA JUSTIÇA DO TRABALHO

SEÇÃO I
Das Disposições Gerais

Art. 44. O Corregedor-Geral da Justiça do Trabalho não concorre à distribuição de processos, participando, quando não estiver ausente em função corregedora, das sessões dos órgãos judicantes da Corte, exceto de Turmas, com direito a voto.

SEÇÃO II
Das Atribuições do Corregedor-Geral da Justiça do Trabalho

Art. 45. A competência do Corregedor-Geral da Justiça do Trabalho será definida no Regimento Interno da Corregedoria-Geral da Justiça do Trabalho.

Art. 46. Das decisões proferidas pelo Corregedor-Geral da Justiça do Trabalho caberá agravo interno para o Órgão Especial, incumbindo-lhe determinar sua inclusão em pauta.

Art. 47. O Corregedor-Geral da Justiça do Trabalho apresentará ao Órgão Especial, na última sessão do mês seguinte ao do término de cada ano de sua gestão, relatório circunstanciado das atividades da Corregedoria-Geral durante o ano findo.

CAPÍTULO IV
DA POLÍCIA DO TRIBUNAL

Art. 48. O Presidente, no exercício das atribuições referentes à Polícia do Tribunal, determinará as providências atinentes ao resguardo da disciplina, da ordem e da integridade universal da Corte, na sede ou nas dependências.

Parágrafo único. No desempenho dessa atribuição, o Presidente poderá implantar sistema informatizado de controle de acesso às dependências do Tribunal e requisitar, quando necessário, o auxílio de outras autoridades.

Art. 49. Ocorrendo infração de lei penal na sede, ou nas dependências do Tribunal, o Presidente instaurará inquérito, podendo delegar essa atribuição a Ministro da Corte.

Parágrafo único. Nos demais casos, o Presidente poderá proceder na forma deste artigo ou requisitar a instauração de inquérito à autoridade competente.

Art. 50. A polícia das sessões e das audiências compete ao seu Presidente.

CAPÍTULO V
DA REPRESENTAÇÃO POR DESOBEDIÊNCIA OU DESACATO

Art. 51. Na hipótese de desobediência a ordem emanada do Tribunal ou de seus Ministros, no exercício da função, ou desacato ao Tribunal ou a seus Ministros, o Presidente comunicará o fato ao órgão competente do Ministério Público, provendo-o dos elementos de que dispuser para a propositura da ação penal.

Parágrafo único. Decorrido o prazo de 30 (trinta) dias, sem que tenha sido instaurada a ação penal, o Presidente dará ciência ao Tribunal, em segredo de justiça, para as providências que julgar necessárias.

CAPÍTULO VI
DA ORDEM DO MÉRITO JUDICIÁRIO DO TRABALHO

Art. 52. A Ordem do Mérito Judiciário do Trabalho, administrada por seu respectivo Conselho, é regida por regulamento próprio, aprovado pelo Órgão Especial, no qual é definida a sua organização, administração e composição.

CAPÍTULO VII
DAS COMISSÕES

SEÇÃO I
Das Disposições Gerais

Art. 53. As comissões permanentes colaboram no desempenho dos encargos do Tribunal e são compostas por Ministros eleitos pelo Órgão Especial na primeira sessão subsequente à posse dos membros da direção.

§ 1.º Não integram comissões permanentes os Ministros exercentes dos cargos de direção do Tribunal, o Diretor e o Vice-Diretor da Escola Nacional de Formação e Aperfeiçoamento de Magistrados do Trabalho – ENAMAT.

§ 2.º A Presidência das comissões permanentes caberá ao Ministro mais antigo que as compuser.

§ 3.º Observado o disposto no § 1.º deste artigo, cada Ministro poderá ser eleito membro titular da mesma comissão permanente para um período, admitida sua reeleição para o mandato imediatamente seguinte.

Art. 54. Para atender a finalidades específicas, poderão ser instituídas pelo Órgão Especial comissões temporárias, que serão extintas quando cumprido o fim a que se destinavam.

Art. 55. São comissões permanentes:

I – Comissão de Regimento Interno;

II – Comissão de Jurisprudência e de Precedentes Normativos;

III – Comissão de Documentação.

Art. 56. As comissões, permanentes ou temporárias, poderão:

I – sugerir ao Presidente do Tribunal normas de serviço relativas à matéria de sua competência;

II – manter entendimento com outras autoridades ou instituições, relativamente a assuntos de sua competência, mediante delegação do Presidente do Tribunal.

SEÇÃO II

Da Comissão de Regimento Interno

Art. 57. A Comissão de Regimento Interno é formada por 3 (três) Ministros titulares e um suplente, designados pelo Órgão Especial, recaindo a escolha, preferencialmente, sobre os membros mais antigos da Corte, excluídos os que exercem cargo de direção do Tribunal, o Diretor e o Vice-Diretor da Escola Nacional de Formação e Aperfeiçoamento de Magistrados do Trabalho – ENAMAT.

Art. 58. À Comissão de Regimento Interno cabe:

I – zelar pela atualização do Regimento, propondo emendas ao texto em vigor, bem assim emitir parecer sobre as propostas de iniciativa dos membros da Corte para alteração, criação ou cancelamento de artigos;

II – opinar em processo administrativo que envolva matéria regimental, por solicitação do Presidente do Tribunal, do Tribunal Pleno ou do Órgão Especial;

III – opinar sobre propostas de edição de resoluções, instruções normativas e resoluções administrativas.

Parágrafo único. O parecer sobre propostas de alteração, criação ou cancelamento de artigos do Regimento Interno e dos atos normativos a que se referem os incisos I e III deste artigo deverá ser encaminhado pela Comissão no prazo de 30 (trinta) dias ao Presidente, o qual a submeterá ao Tribunal Pleno.

SEÇÃO III

Da Comissão de Jurisprudência e de Precedentes Normativos

Art. 59. A Comissão de Jurisprudência e de Precedentes Normativos é composta por 3 (três) Ministros titulares e um suplente, designados pelo Órgão Especial, excluídos os titulares que integram outras comissões permanentes, os membros de direção do Tribunal, o Diretor e o Vice-Diretor da Escola Nacional de Formação e Aperfeiçoamento de Magistrados do Trabalho – ENAMAT.

Art. 60. À Comissão de Jurisprudência e de Precedentes Normativos cabe:

I – zelar pela expansão, atualização e publicação da jurisprudência do Tribunal;

II – supervisionar o serviço de sistematização da jurisprudência do Tribunal, determinando medidas atinentes à seleção e ao registro dos temas para fim de pesquisa, bem como administrar a base de dados informatizada de jurisprudência, sugerindo ao Presidente as medidas necessárias ao seu aperfeiçoamento;

III – propor a edição, a revisão ou o cancelamento de súmula, de orientação jurisprudencial e de precedente normativo;

IV – inserir as orientações jurisprudenciais das seções do Tribunal que retratem a jurisprudência pacificada da Corte, indicando os precedentes que a espelham;

V – manter a seleção dos repertórios idôneos de divulgação dos julgados da Justiça do Trabalho;

VI – organizar os registros do Banco Nacional de Jurisprudência Uniformizada (BANJUR);

VII – nos termos do art. 171 deste Regimento, receber as propostas de edição, revisão ou cancelamento de súmula, de orientação jurisprudencial e de precedente normativo do Tribunal Superior do Trabalho e sobre elas emitir parecer no prazo de 30 (trinta) dias.

Art. 61. A Comissão de Jurisprudência e de Precedentes Normativos realizará reunião quinzenal ordinária, e extraordinária, quando necessário, para deliberar sobre propostas de edição, revisão ou cancelamento de súmula, de orientação jurisprudencial e de precedente normativo.

SEÇÃO IV

Da Comissão de Documentação

Art. 62. A Comissão de Documentação é constituída de 3 (três) Ministros titulares e um suplente, designados pelo Órgão Especial, excluídos os titulares das demais comissões, os membros de direção do Tribunal, o Diretor e o Vice-Diretor da Escola Nacional de Formação e Aperfeiçoamento de Magistrados do Trabalho – ENAMAT.

Art. 63. À Comissão de Documentação cabe:

I – publicar a Revista do Tribunal, destinada à divulgação de trabalhos doutrinários e jurisprudenciais e ao registro de atos públicos de interesse da Justiça do Trabalho;

II – supervisionar a administração da biblioteca do Tribunal, sugerindo ao Presidente as medidas necessárias ao seu aperfeiçoamento, bem como opinar sobre a aquisição de livros;

III – supervisionar o "Memorial da Justiça do Trabalho e do TST" existente no Tribunal, sugerindo ao Presidente as medidas necessárias ao seu aperfeiçoamento e manutenção, com inserção de documentos, peças e objetos reputados de especial valor histórico;

IV – propor a política de gestão documental do Tribunal, opinando sobre a manutenção do acervo, modernização e automatização da Coordenadoria de Gestão Documental e Memória;

V – propor alterações na Tabela de Temporalidade e no Plano de Classificação dos processos judiciais e documentos;

VI – manifestar-se, anualmente, sobre o Termo de Eliminação dos processos judiciais encaminhado pela Coordenadoria de Gestão Documental e Memória, determinando a publicação do documento na Imprensa Oficial, caso aprovado;

VII – acompanhar os procedimentos de eliminação dos documentos constantes do Termo aludido no inciso VI deste artigo;

VIII – manter, na Coordenadoria de Gestão Documental e Memória, serviço de documentação para recolher elementos que sirvam de subsídio à história do Tribunal e da Justiça do Trabalho e organizar e disponibilizar dados biográficos dos Ministros do TST;

IX – orientar a biblioteca na divulgação, para os Ministros e seus gabinetes, do acervo bibliográfico, e na atualização legislativa e jurisprudencial de interesse da Justiça do Trabalho;

X – efetivar o registro e o controle dos repositórios autorizados à publicação da jurisprudência da Corte, previstos no parágrafo único do art. 183;

XI – supervisionar a documentação publicada pelo Tribunal na rede mundial de computadores e providenciar a renovação dos conteúdos do sítio do Tribunal;

XII – selecionar os acórdãos a serem encaminhados para publicação nas revistas do Tribunal e demais periódicos autorizados, inclusive entre aqueles eventualmente encaminhados pelos gabinetes;

XIII – manter na biblioteca pastas individuais contendo dados da produção bibliográfica dos Ministros do TST.

TÍTULO III
DA ORGANIZAÇÃO E DA COMPETÊNCIA

CAPÍTULO I
DA ORGANIZAÇÃO

Art. 64. O Tribunal funciona em sua composição plena ou dividido em Órgão Especial, Seções, Subseções Especializadas e Turmas.

Art. 65. São órgãos do Tribunal Superior do Trabalho:

I – Tribunal Pleno;

II – Órgão Especial;

III – Seção Especializada em Dissídios Coletivos;

IV – Seção Especializada em Dissídios Individuais, dividida em duas subseções;

V – Turmas.

Parágrafo único. São órgãos que funcionam junto ao Tribunal Superior do Trabalho:

I – Escola Nacional de Formação e Aperfeiçoamento de Magistrados do Trabalho (ENAMAT);

II – Conselho Superior da Justiça do Trabalho (CSJT);

III – Centro de Formação e Aperfeiçoamento de Assessores e Servidores do Tribunal Superior do Trabalho (CEFAST);

IV – Ouvidoria.

Art. 66. Para a composição dos órgãos judicantes do Tribunal, respeitados os critérios de antiguidade e os estabelecidos neste capítulo, os Ministros poderão escolher a Seção Especializada e a Turma que desejarem integrar, podendo exercer o direito de permuta, salvo os Presidentes de Turma, que, para fazê-lo, deverão previamente renunciar à Presidência do órgão colegiado.

Parágrafo único. Cada Ministro comporá apenas uma Seção Especializada.

Art. 67. O Ministro empossado integrará os órgãos do Tribunal onde ocorreu a vaga ou ocupará aquela resultante da transferência de Ministro, autorizada pelo art. 66 deste Regimento.

Art. 68. O Tribunal Pleno é constituído pela totalidade dos Ministros que integram a Corte.

§ 1.º Para o funcionamento do Tribunal Pleno é exigida a presença de, no mínimo, 14 (quatorze) Ministros, sendo necessária a maioria absoluta para deliberar sobre:

I – escolha dos nomes que integrarão a lista tríplice destinada à vaga de Ministro do Tribunal, observado o disposto no art. 4.º, § 2.º, II – deste Regimento;

II – aprovação de Emenda Regimental;

III – eleição dos Ministros para os cargos de direção do Tribunal;

IV – edição, revisão ou cancelamento de súmula, de orientação jurisprudencial e de precedente normativo;

V – declaração de inconstitucionalidade de lei ou de ato normativo do Poder Público.

§ 2.º Será tomada por 2/3 (dois terços) dos votos dos Ministros que compõem o Tribunal Pleno a deliberação preliminar referente à existência de relevante interesse público que fundamenta a proposta de edição, revisão ou cancelamento de súmula, orientação jurisprudencial e precedente normativo, observado o § 3.º do art. 702 da CLT.

Art. 69. O Órgão Especial é composto por 14 (quatorze) membros, sendo 7 (sete) por antiguidade e 7 (sete) por eleição, e 3 (três) suplentes.

§ 1.º Integram o Órgão Especial o Presidente e o Vice-Presidente do Tribunal, o Corregedor-Geral da Justiça do Trabalho, juntamente com os demais Ministros mais antigos e eleitos.

§ 2.º Caso seja eleito para cargo de direção do Tribunal Ministro que não figure dentre os 7 (sete) mais antigos aptos a integrar o Órgão Especial, será ele considerado eleito para integrá-lo, promovendo-se a eleição prevista no *caput* deste artigo, por escrutínio secreto, apenas para os cargos remanescentes.

§ 3.º O *quorum* para funcionamento do Órgão Especial é de 8 (oito) Ministros, mas, para deliberar sobre disponibilidade ou aposentadoria de Magistrado, exige-se a presença e votação convergente da maioria absoluta.

§ 4.º Para recompor o *quorum* em virtude da ausência de Ministro integrante da metade mais antiga, será convocado o Ministro que o suceder na ordem de antiguidade. No caso de não comparecimento de Ministro que compõe a metade eleita, a convocação recairá sobre qualquer dos suplentes.

Art. 70. Integram a Seção Especializada em Dissídios Coletivos o Presidente e o Vice-Presidente do Tribunal, o Corregedor-Geral da Justiça do Trabalho e mais 6 (seis) Ministros.

Parágrafo único. O *quorum* para o funcionamento da Seção Especializada em Dissídios Coletivos é de 5 (cinco) Ministros, sendo que, na falta de *quorum*, deve ser convocado Ministro para substituir o ausente, preferencialmente da sua mesma Turma.

Art. 71. A Seção Especializada em Dissídios Individuais é composta de 21 (vinte e um) Ministros, sendo o Presidente e o Vice-presidente do Tribunal, o Corregedor-Geral da Justiça do Trabalho e mais 18 (dezoito) Ministros, e funciona em composição plena ou dividida em duas subseções para julgamento dos processos de sua competência.

§ 1.º O *quorum* exigido para o funcionamento da Seção Especializada em Dissídios Individuais plena é de 11 (onze) Ministros, mas as deliberações só poderão ocorrer pelo voto da maioria absoluta dos integrantes da Seção.

§ 2.º Integram a Subseção I da Seção Especializada em Dissídios Individuais 14 (quatorze) Ministros, sendo o Presidente e o Vice-presidente do Tribunal, o Corregedor-Geral da Justiça do Trabalho e mais 11 (onze) Ministros, preferencialmente os Presidentes de Turma, exigida a presença de, no mínimo, 8 (oito) Ministros para o seu funcionamento, sendo que, na falta de *quorum*, deve ser convocado Ministro para substituir o ausente, preferencialmente da sua mesma Turma.

§ 3.º Haverá pelo menos 1 (um) e no máximo 2 (dois) integrantes de cada Turma na composição da Subseção I da Seção Especializada em Dissídios Individuais.

§ 4.º Integram a Subseção II da Seção Especializada em Dissídios Individuais 10 (dez) Ministros, sendo o Presidente e o Vice-presidente do Tribunal, o Corregedor-Geral da Justiça do Trabalho e mais 7 (sete) Ministros, exigida a presença de, no mínimo, 6 (seis) Ministros para o seu funcionamento, sendo que, na falta de *quorum*, deve ser convocado Ministro para substituir o ausente, preferencialmente da sua mesma Turma.

Art. 72. As decisões do Órgão Especial, das Seções e Subseções Especializadas que se inclinarem por contrariar súmula, orientação jurisprudencial e precedente normativo ou decisões reiteradas de 5 (cinco) ou mais Turmas do Tribunal sobre tema de natureza material ou processual serão suspensas, sem proclamação do resultado, e os autos encaminhados ao Tribunal Pleno, para deliberação sobre a questão controvertida, mantido o relator de sorteio no órgão fracionário.

Art. 73. As Turmas são constituídas, cada uma, por 3 (três) Ministros, sendo presididas de acordo com os critérios estabelecidos pelos arts. 91 e 92 deste Regimento.

Parágrafo único. Para os julgamentos nas Turmas é necessária a presença de 3 (três) Magistrados.

CAPÍTULO II
DA COMPETÊNCIA

SEÇÃO I
Das Disposições Gerais

Art. 74. Compete ao Tribunal Superior do Trabalho processar, conciliar e julgar, na forma da lei, em grau originário ou recursal ordinário ou extraordinário, as demandas individuais e os dissídios coletivos que excedam a jurisdição dos Tribunais Regionais, os conflitos de direito sindical, assim como outras controvérsias decorrentes de relação de trabalho, e os litígios relativos ao cumprimento de suas próprias decisões, de laudos arbitrais e de convenções e acordos coletivos.

SEÇÃO II
Da Competência do Tribunal Pleno

Art. 75. Compete ao Tribunal Pleno:

I – eleger, por escrutínio secreto, o Presidente e o Vice-Presidente do Tribunal Superior do Trabalho, o Corregedor-Geral da Justiça do Trabalho, os 7 (sete) Ministros para integrar o Órgão Especial, o Diretor, o Vice-Diretor e os membros do Conselho Consultivo da Escola Nacional de Formação e Aperfeiçoamento de Magistrados do Trabalho (ENAMAT), o diretor e os membros do Centro de Formação e Aperfeiçoamento de Assessores e Servidores do Tribunal Superior do Trabalho (CEFAST); os Ministros membros do Conselho Superior da Justiça do Trabalho (CSJT) e respectivos suplentes, os membros do Conselho Nacional de Justiça (CNJ) e o Ministro Ouvidor e seu substituto;

II – dar posse aos membros eleitos para os cargos de direção do Tribunal Superior do Trabalho, aos Ministros nomeados para o Tribunal, aos membros da direção e do Conselho Consultivo da Escola Nacional de Formação e Aperfeiçoamento de Magistrados do Trabalho (ENAMAT) e do Centro de Formação e Aperfeiçoamento de Assessores e Servidores do Tribunal Superior do Trabalho (CEFAST);

III – escolher os integrantes das listas para provimento das vagas de Ministro do Tribunal;

IV – deliberar sobre prorrogação do prazo para a posse no cargo de Ministro do Tribunal Superior do Trabalho e o início do exercício;

V – determinar a disponibilidade ou a aposentadoria de Ministro do Tribunal;

VI – opinar sobre propostas de alterações da legislação trabalhista, inclusive processual, quando entender que deve manifestar-se oficialmente;

VII – estabelecer ou alterar súmulas e outros enunciados de jurisprudência uniforme, pelo voto de pelo menos 2/3 (dois terços) de seus membros, caso a mesma matéria já tenha sido decidida de forma idêntica por unanimidade em, no mínimo, 2/3 (dois terços) das turmas, em pelo menos 10 (dez) sessões diferentes em cada uma delas, podendo, ainda, por maioria de 2/3 (dois terços) de seus membros, restringir os efeitos daquela declaração ou decidir que ela só tenha eficácia a partir de sua publicação no *Diário Oficial*;

VIII – julgar os incidentes de assunção de competência e os incidentes de recursos repetitivos, afetados ao órgão;

IX – decidir sobre a declaração de inconstitucionalidade de lei ou ato normativo do Poder Público, quando aprovada a arguição pelas Seções Especializadas ou Turmas;

X – aprovar e emendar o Regimento Interno do Tribunal Superior do Trabalho;

XI – processar e julgar as reclamações destinadas à preservação de sua competência e à garantia da autoridade de suas decisões e à observância obrigatória de tese jurídica firmada em decisão com eficácia de precedente judicial de cumprimento obrigatório, por ele proferida.

SEÇÃO III

Da Competência do Órgão Especial

Art. 76. Compete ao Órgão Especial:

I – em matéria judiciária:

a) processar e julgar as reclamações destinadas à preservação de sua competência, à garantia da autoridade de suas decisões e à observância obrigatória de tese jurídica firmada em decisão com eficácia de precedente judicial de cumprimento obrigatório, por ele proferida;

b) julgar mandado de segurança impetrado contra atos do Presidente ou de qualquer Ministro do Tribunal, ressalvada a competência das Seções Especializadas;

c) julgar os recursos interpostos contra decisões dos Tribunais Regionais do Trabalho em mandado de segurança de interesse de magistrados e servidores da Justiça do Trabalho;

d) julgar os recursos interpostos contra decisão em matéria de concurso para a Magistratura do Trabalho;

e) julgar os recursos ordinários em agravos internos interpostos contra decisões proferidas em reclamações correicionais ou em pedidos de providências que envolvam impugnação de cálculos de precatórios;

f) julgar os recursos ordinários interpostos contra decisões proferidas em mandado de segurança impetrado contra ato do Presidente de Tribunal Regional em precatório;

g) julgar os recursos ordinários interpostos contra decisões proferidas em reclamações quando a competência para julgamento do recurso do processo principal for a ele atribuída;

h) julgar os agravos internos interpostos contra decisões proferidas pelo Corregedor-Geral da Justiça do Trabalho;

i) julgar os agravos internos interpostos contra decisões que denegam seguimento a recurso extraordinário por ausência de repercussão geral da questão constitucional debatida;

j) deliberar sobre as demais matérias jurisdicionais não incluídas na competência dos outros órgãos do Tribunal.

II – em matéria administrativa:

a) proceder à abertura e ao encerramento do semestre judiciário;

b) eleger os membros do Conselho da Ordem do Mérito Judiciário do Trabalho e os das Comissões previstas neste Regimento, com observância, neste último caso, do disposto nos §§ 1.º e 3.º de seu art. 53;

c) aprovar e emendar o Regulamento Geral da Secretaria do Tribunal Superior do Trabalho, o Regimento da Corregedoria-Geral da Justiça do Trabalho, o Regulamento da Ordem do Mérito Judiciário do Trabalho, os Estatutos da Escola Nacional de Formação e Aperfeiçoamento de Magistrados do Trabalho (ENAMAT) e do Centro de Formação e Aperfeiçoamento de Assessores e Servidores do Tribunal Superior do Trabalho (CEFAST), e o Regimento Interno do Conselho Superior da Justiça do Trabalho (CSJT);

d) propor ao Poder Legislativo, após a deliberação do Conselho Superior da Justiça do Trabalho (CSJT), a criação, extinção ou modificação de Tribunais Regionais do Trabalho e Varas do Trabalho, assim como a alteração de jurisdição e de sede destes;

e) propor ao Poder Legislativo a criação, a extinção e a transformação de cargos e funções públicas e a fixação dos respectivos vencimentos ou gratificações;

f) escolher, mediante escrutínio secreto e pelo voto da maioria absoluta dos seus membros, Desembargador de Tribunal Regional do Trabalho para substituir temporariamente Ministro do Tribunal Superior do Trabalho;

g) aprovar a lista dos admitidos na Ordem do Mérito Judiciário do Trabalho;

h) aprovar a lotação das funções comissionadas do Quadro de Pessoal do Tribunal;

i) conceder licença, férias e outros afastamentos aos membros do Tribunal;

j) fixar e rever as diárias e as ajudas de custo do Presidente, dos Ministros e servidores do Tribunal;

l) designar as comissões temporárias para exame e elaboração de estudo sobre matéria relevante, respeitada a competência das comissões permanentes;

m) aprovar as instruções de concurso para provimento dos cargos de Juiz do Trabalho Substituto;

n) aprovar as instruções dos concursos para provimento dos cargos do Quadro de Pessoal do Tribunal e homologar seu resultado final;

o) julgar os recursos de decisões ou atos do Presidente do Tribunal em matéria administrativa;

p) julgar os recursos interpostos contra decisões dos Tribunais Regionais do Trabalho em processo administrativo disciplinar envolvendo Magistrado, estritamente para controle da legalidade;

q) examinar as matérias encaminhadas pelo Conselho Superior da Justiça do Trabalho (CSJT);

r) aprovar a proposta orçamentária da Justiça do Trabalho;

s) julgar os recursos ordinários interpostos contra agravos internos em que tenha sido apreciada decisão de Presidente de Tribunal Regional em precatório;

t) deliberar sobre as questões relevantes e atos normativos a que alude o art. 41, XXXIII e parágrafo único, deste Regimento.

SEÇÃO IV
Da Competência da Seção Especializada em Dissídios Coletivos (SDC)

Art. 77. À Seção Especializada em Dissídios Coletivos compete:

I – originariamente:

a) julgar os dissídios coletivos de natureza econômica e jurídica, de sua competência, ou rever suas próprias sentenças normativas, nos casos previstos em lei;

b) homologar as conciliações firmadas nos dissídios coletivos;

c) julgar as ações anulatórias de acordos e convenções coletivas;

d) julgar as ações rescisórias propostas contra suas sentenças normativas;

e) julgar os agravos internos contra decisões não definitivas, proferidas pelo Presidente do Tribunal, ou por qualquer dos Ministros integrantes da Seção Especializada em Dissídios Coletivos;

f) julgar os conflitos de competência entre Tribunais Regionais do Trabalho em processos de dissídio coletivo;

g) processar e julgar as tutelas provisórias antecedentes ou incidentes nos processos de dissídio coletivo;

h) processar e julgar as ações em matéria de greve, quando o conflito exceder a jurisdição de Tribunal Regional do Trabalho;

i) processar e julgar as reclamações destinadas à preservação de sua competência e à garantia da autoridade de suas decisões.

II – em última instância, julgar:

a) os recursos ordinários interpostos contra as decisões proferidas pelos Tribunais Regionais do Trabalho em dissídios coletivos de natureza econômica ou jurídica;

b) os recursos ordinários interpostos contra decisões proferidas pelos Tribunais Regionais do Trabalho em ações rescisórias, reclamações e mandados de segurança pertinentes a dissídios coletivos e em ações anulatórias de acordos e convenções coletivas;

c) os embargos infringentes interpostos contra decisão não unânime proferida em processo de dissídio coletivo de sua competência originária, salvo se a decisão embargada estiver em consonância com precedente normativo do Tribunal Superior do Trabalho ou com súmula de sua jurisprudência predominante;

d) os agravos de instrumento interpostos contra decisão denegatória de recurso ordinário nos processos de sua competência.

SEÇÃO V
Da Competência da Seção Especializada em Dissídios Individuais

Art. 78. À Seção Especializada em Dissídios Individuais, em composição plena ou dividida em duas Subseções, compete:

I – em composição plena:

a) julgar, em caráter de urgência e com preferência na pauta, os processos nos quais tenha sido estabelecida, na votação, divergência entre as Subseções I e II da Seção Especializada em Dissídios Individuais, quanto à aplicação de dispositivo de lei federal ou da Constituição da República;

b) processar e julgar as reclamações destinadas à preservação de sua competência, à garantia da autoridade de suas decisões e à observância obrigatória de tese jurídica firmada em decisão com eficácia de precedente judicial de cumprimento obrigatório, por ela proferida.

II – à Subseção I:

a) julgar os embargos interpostos contra decisões divergentes das Turmas, ou destas que divirjam de decisão da Seção de Dissídios Individuais, de súmula ou de orientação jurisprudencial;

b) processar e julgar as reclamações destinadas à preservação de sua competência, à garantia da autoridade de suas decisões e à observância obrigatória de tese jurídica firmada em decisão com eficácia de precedente judicial de cumprimento obrigatório, por ela proferida;

c) julgar os agravos internos interpostos contra decisão monocrática exarada em processos de sua competência ou decorrentes do juízo de admissibilidade da Presidência de Turmas do Tribunal;

d) processar e julgar os incidentes de recursos repetitivos que lhe forem afetados;

III – à Subseção II:

a) originariamente:

I – julgar as ações rescisórias propostas contra suas decisões, as da Subseção I e as das Turmas do Tribunal;

II – julgar os mandados de segurança contra os atos praticados pelo Presidente do Tribunal, ou por qualquer dos Ministros integrantes da Seção Especializada em Dissídios Individuais, nos processos de sua competência;

III – julgar os pedidos de concessão de tutelas provisórias e demais medidas de urgência;

IV – julgar os *habeas corpus*;

V – processar e julgar os Incidentes de Resolução de Demandas Repetitivas suscitados nos processos de sua competência originária;

VI – processar e julgar as reclamações destinadas à preservação de sua competência, à garantia da autoridade de suas decisões e à observância obrigatória de tese jurídica firmada em decisão com eficácia de precedente judicial de cumprimento obrigatório, por ela proferida.

b) em única instância:

I – julgar os agravos internos interpostos contra decisão monocrática exarada em processos de sua competência;

II – julgar os conflitos de competência entre Tribunais Regionais e os que envolvam Desembargadores dos Tribunais de Justiça, quando investidos da jurisdição trabalhista, e Juízes do Trabalho em processos de dissídios individuais.

c) em última instância:

I – julgar os recursos ordinários interpostos contra decisões dos Tribunais Regionais em processos de dissídio individual de sua competência originária;

II – julgar os agravos de instrumento interpostos contra decisão denegatória de recurso ordinário em processos de sua competência.

SEÇÃO VI

Da Competência das Turmas

Art. 79. Compete a cada uma das Turmas julgar:

I – as reclamações destinadas à preservação da sua competência e à garantia da autoridade de suas decisões;

II – os recursos de revista interpostos contra decisão dos Tribunais Regionais do Trabalho, nos casos previstos em lei;

III – os agravos de instrumento das decisões de Presidente de Tribunal Regional que denegarem seguimento a recurso de revista;

IV – os agravos internos interpostos contra decisão monocrática exarada em processos de sua competência;

V – os recursos ordinários em tutelas provisórias e as reclamações, quando a competência para julgamento do recurso do processo principal for atribuída à Turma, bem como a tutela provisória requerida em procedimento antecedente de que trata o art. 114 deste Regimento.

SEÇÃO VII

Da Escola Nacional de Formação e Aperfeiçoamento de Magistrados do Trabalho – ENAMAT

Art. 80. A Escola Nacional de Formação e Aperfeiçoamento de Magistrados do Trabalho (ENAMAT) é órgão que funciona junto ao Tribunal Superior do Trabalho, com autonomia administrativa e financeira, cabendo-lhe, dentre outras funções, regulamentar os cursos oficiais para o ingresso e promoção na carreira e formação continuada dos Magistrados, na forma dos seus estatutos, bem assim promover o Concurso Público Nacional para ingresso na Magistratura do Trabalho.

Art. 81. O Diretor, o Vice-Diretor e os membros do Conselho Consultivo da Escola Nacional de Formação e Aperfeiçoamento de Magistrados do Trabalho (ENAMAT) serão eleitos pelo Tribunal Pleno, em escrutínio secreto, para mandato de 2 (dois) anos, permitida uma recondução.

§ 1.º Os membros eleitos para os cargos de direção da Escola e os do Conselho Consultivo tomarão posse perante o Tribunal Pleno.

§ 2.º O Diretor da Escola Nacional de Formação e Aperfeiçoamento de Magistrados do Trabalho (ENAMAT) receberá 15% (quinze por cento) a menos de processos distribuídos, respeitada a proporção quanto às classes processuais de competência da Turma.

SEÇÃO VIII

Do Centro de Formação e Aperfeiçoamento de Assessores e Servidores do TST – CEFAST

Art. 82. O Centro de Formação e Aperfeiçoamento de Assessores e Servidores do Tribunal Superior do Trabalho (CEFAST) é órgão que funciona junto ao Tribunal Superior do Trabalho, com autonomia administrativa, cabendo-lhe, dentre outras funções, capacitar e aperfeiçoar os servidores que desenvolvem atividades jurídicas no TST.

Art. 83. O Diretor e os membros do Centro de Formação e Aperfeiçoamento de Assessores e Servidores do Tribunal Superior do Trabalho (CEFAST) serão eleitos pelo Tribunal Pleno, em escrutínio secreto, para mandato de 2 (dois) anos, permitida uma recondução.

Parágrafo único. Os membros eleitos para os cargos de direção do Centro de Formação e Aperfeiçoamento de Assessores e Servidores do Tribunal Superior do Trabalho (CEFAST) tomarão posse perante o Tribunal Pleno.

SEÇÃO IX

Do Conselho Superior da Justiça do Trabalho CSJT

Art. 84. O Conselho Superior da Justiça do Trabalho (CSJT) é órgão que funciona junto ao Tribunal Superior do Trabalho, com autonomia administrativa, cabendo-lhe exercer a supervisão administrativa, orçamentária, financeira e patrimonial da Justiça do Trabalho, de primeiro e segundo graus, como órgão central do sistema.

SEÇÃO X

Da Ouvidoria

Art. 85. A Ouvidoria do Tribunal Superior do Trabalho tem por missão assegurar um canal de comunicação eficiente, ágil e transparente entre o cidadão, os servidores e a administração do Tribunal, visando orientar, transmitir informações e colaborar para o aperfeiçoamento dos serviços prestados à sociedade, bem assim promover a interlocução com as Ouvidorias dos Tribunais Regionais do Trabalho para o eficaz atendimento das demandas acerca dos serviços prestados pelos órgãos da Justiça do Trabalho.

Art. 86. O Ministro Ouvidor e seu substituto serão eleitos pelo Tribunal Pleno dentre os Ministros do Tribunal, excluídos o Presidente, o Vice-Presidente, o Corregedor-Geral da Justiça do Trabalho e os Presidentes das Turmas, permitida uma recondução.

Parágrafo único. A eleição do Ministro Ouvidor e de seu substituto dar-se-á na primeira sessão subsequente à posse dos membros da direção do Tribunal, sempre que possível.

Art. 87. O Presidente do Tribunal, em conjunto com o Ministro Ouvidor, poderá baixar normas complementares acerca dos procedimentos internos da Ouvidoria, *ad referendum* do Órgão Especial.

SEÇÃO XI
Das Disposições Gerais

Art. 88. Ao Tribunal Pleno, ao Órgão Especial, às Seções Especializadas e às Turmas cabe, ainda, nos processos de sua competência:

I – julgar:

a) os embargos de declaração interpostos contra suas decisões;

b) os pedidos de concessão de tutela provisória e demais medidas de urgência;

c) os incidentes que lhes forem submetidos;

d) a restauração de autos, em se tratando de processo de sua competência.

II – homologar as desistências dos recursos, decidir sobre pedido de desistência de ação quanto aos processos incluídos em pauta para julgamento e homologar os acordos em processos de competência originária do Tribunal;

III – representar à autoridade competente, quando, em autos ou documentos de que conhecer, houver indício de crime de ação pública.

Art. 89. A proclamação do resultado da votação será suspensa:

I – pelo Órgão Especial, pelas Seções Especializadas e pelas Turmas, para remessa do processo ao Tribunal Pleno, quando se verificar que a maioria respectiva se inclina pelo acolhimento da arguição de inconstitucionalidade de norma em matéria que ainda não tenha sido decidida pelo Tribunal Pleno ou pelo Supremo Tribunal Federal;

II – pelas Seções Especializadas, quando convier o pronunciamento do Tribunal Pleno, em razão da relevância da questão jurídica, do interesse público ou da necessidade de prevenir divergência de julgados, nos termos do art. 72 deste Regimento.

CAPÍTULO III
DA PRESIDÊNCIA DAS SEÇÕES

SEÇÃO I
Da Presidência do Tribunal Pleno, do Órgão Especial e das Seções Especializadas

Art. 90. O Ministro Presidente do Tribunal presidirá o Tribunal Pleno, o Órgão Especial e as Seções Especializadas, podendo ser substituído, sucessivamente, pelo Vice-Presidente, pelo Corregedor-Geral da Justiça do Trabalho ou pelo Ministro mais antigo presente à sessão.

SEÇÃO II
Da Presidência das Turmas

Art. 91. O Presidente da Turma será o mais antigo dentre os Ministros que a compõem, por um período de 2 (dois) anos, vedada a recondução, até que todos os seus integrantes hajam exercido a Presidência, observada a ordem decrescente de antiguidade.

Parágrafo único. É facultado aos demais Ministros recusarem a Presidência, desde que o façam antes da proclamação de sua escolha.

Art. 92. Na hipótese de vacância do cargo de Presidente de Turma, assumirá o Ministro mais antigo do respectivo órgão colegiado.

§ 1.º Nas ausências eventuais ou afastamentos temporários, o Presidente da Turma será substituído pelo Ministro mais antigo do órgão colegiado.

§ 2.º A escolha do Presidente da Turma, observado o critério estabelecido no art. 91 deste Regimento, dar-se-á na primeira sessão ordinária da Turma que suceder à posse da nova direção do Tribunal, ressalvada a situação prevista no parágrafo seguinte.

§ 3.º Se houver vacância da Presidência da Turma, a escolha do novo Presidente dar-se-á na sessão ordinária imediatamente posterior à ocorrência da vaga, hipótese em que o ministro eleito completará o mandato do sucedido pelo prazo remanescente.

§ 4.º Considera-se empossado o sucessor, em qualquer das situações a que se referem os §§ 2.º e 3.º deste artigo, na mesma data de sua escolha para a Presidência da Turma.

SEÇÃO III
Das Atribuições do Presidente de Turma

Art. 93. Compete ao Presidente de Turma:

I – indicar o Secretário da Turma para nomeação pelo Presidente do Tribunal;

II – convocar sessões ordinárias e extraordinárias;

III – dirigir os trabalhos e presidir as sessões da Turma, propor e submeter as questões, apurar os votos e proclamar as decisões;

IV – manter a ordem nas sessões, podendo mandar retirar os que as perturbarem e os que faltarem com o devido respeito e prender os desobedientes, fazendo lavrar o respectivo auto;

V – despachar os expedientes da Turma que excederem à competência dos relatores, inclusive os pedidos manifestados após a publicação dos acórdãos;

VI – supervisionar os serviços da Secretaria;

VII – convidar, mediante prévio entendimento, Ministro ou Desembargador convocado para compor o *quorum*;

VIII – exercer o juízo de admissibilidade dos embargos à Subseção I da Seção Especializada em Dissídios Individuais e julgar os embargos de declaração interpostos dessas decisões;

IX – submeter ao Presidente da Subseção I da Seção Especializada em Dissídios Individuais a proposta de afetação dos recursos de revista para os efeitos dos arts. 896-B e 896-C da CLT e deste Regimento.

Parágrafo único. Em face da atribuição contida no inciso VIII deste artigo, o Presidente de Turma receberá 10% (dez por cento) a menos de processos distribuídos, respeitada a proporção quanto às classes processuais de competência da Turma.

TÍTULO IV
DO MINISTÉRIO PÚBLICO DO TRABALHO

Art. 94. O Ministério Público do Trabalho atuará nas sessões do Tribunal representado pelo Procurador-Geral ou, mediante sua delegação, por Subprocuradores-Gerais e por Procuradores Regionais, na forma da lei.

Art. 95. À Procuradoria-Geral do Trabalho serão remetidos processos para parecer, nas seguintes hipóteses:

I – obrigatoriamente, quando for parte pessoa jurídica de direito público, Estado estrangeiro ou organismo internacional e quando houver interesse de incapaz;

II – facultativamente, por iniciativa do relator, quando a matéria, por sua relevância, recomendar a prévia manifestação do Ministério Público;

III – por iniciativa do Ministério Público, quando entender existente interesse público que justifique a sua intervenção;

IV – por determinação legal, os mandados de segurança em grau originário ou recursal, as ações civis públicas em que o Ministério Público não for autor, os dissídios coletivos originários, caso não exarado parecer na instrução, e os processos em que forem parte índio, comunidades e organizações indígenas, além de outros processos em que a lei impuser a intervenção do Ministério Público.

§ 1.º À Procuradoria-Geral do Trabalho serão encaminhados de imediato, após autuação e distribuição, os processos nos quais figuram como parte pessoa jurídica de direito público, Estado estrangeiro ou organismo internacional, e os recursos ordinários em mandado de segurança.

§ 2.º Não serão remetidos à Procuradoria-Geral do Trabalho:

I – processos oriundos de ações originárias propostas pelo Ministério Público do Trabalho;

II – processos de remessa facultativa que exijam urgência no julgamento ou que versem sobre tema pacificado na jurisprudência.

Art. 96. O Ministério Público, observadas as regras legais especiais e a tramitação preferencial de demandas, emitirá parecer no prazo legal, restituindo imediatamente os autos ao Tribunal.

Art. 97. O Ministério Público, após publicado o acórdão e vencido o prazo para as partes, será intimado pessoalmente nas causas em que tenha intervindo ou emitido parecer.

LIVRO II
DOS PROCESSOS E DA JURISPRUDÊNCIA

TÍTULO I
DOS PROCESSOS

CAPÍTULO I
DO REGISTRO E DA CLASSIFICAÇÃO

Art. 98. As petições recebidas serão registradas no dia de seu ingresso no Tribunal e, após a conferência das folhas, juntadas ou encaminhadas para análise, respeitada a competência dos órgãos judicantes.

Parágrafo único. O Presidente do Tribunal e os Presidentes de Turmas poderão delegar à Secretaria a prática de atos ordinatórios nos termos dos arts. 93, XIV, da Constituição da República e 203, § 4.º, do CPC, mediante ato interno.

Art. 99. Os processos serão registrados após a conferência das folhas, classificados e autuados, de acordo com a tabela aprovada pelo Conselho Nacional de Justiça (CNJ).

Art. 100. A classificação das ações de competência originária será feita nos termos do requerido pela parte, desde que prevista a classe processual na tabela unificada aprovada pelo Conselho Nacional de Justiça (CNJ).

Parágrafo único. Incumbe às Secretarias do Tribunal as providências necessárias à intimação das partes para o fim de correção e atualização dos registros de CNPJ e CPF constantes na base de dados da Secretaria da Receita Federal do Brasil.

Art. 101. Na hipótese de ajuizamento de ação ou de interposição de recurso não previsto na tabela processual unificada, o processo será classificado e autuado na classe processual "Petição – Pet".

CAPÍTULO II
DA DISTRIBUIÇÃO

SEÇÃO I
Das Disposições Gerais

Art. 102. Os processos de competência do Tribunal serão distribuídos por classe, de acordo com a competência e composição dos órgãos judicantes e com a ordem cronológica do seu ingresso na Corte, observando-se a alternatividade, o sorteio eletrônico e a publicidade, concorrendo ao sorteio todos os Ministros, excetuados os membros da direção.

§ 1.º Ressalvados os casos de comprovada urgência, a distribuição será efetivada, com encaminhamento do processo ao Ministro sorteado, nos dias úteis e durante o horário de funcionamento do Tribunal Superior do Trabalho.

§ 2.º A regra do parágrafo anterior se aplica aos processos que retornarem, com manifestação, da Procuradoria-Geral do Trabalho.

Art. 103. Nos períodos correspondentes ao recesso forense e às férias dos Ministros, não haverá distribuição de processos.

Parágrafo único. No caso de fruição de férias, o Ministro não receberá distribuição de processos no respectivo período nem haverá compensação posterior.

Art. 104. Todos os processos recebidos no Tribunal, independentemente da classe a que pertencerem, serão distribuídos, nos termos desta Seção, após os registros e as formalidades necessárias à sua identificação.

Parágrafo único. Será fornecido a cada Ministro, por ocasião da distribuição, documento escrito ou transmissão computadorizada contendo todos os dados da distribuição que lhe coube.

Art. 105. As redistribuições autorizadas expressamente neste Regimento serão feitas no âmbito da Secretaria do órgão colegiado em que tramita o processo, pelo respectivo Presidente, observadas a compensação e a publicidade.

Art. 106. O Ministro recém-empossado receberá os processos vinculados à cadeira que ocupará, inclusive os agravos internos e embargos de declaração.

§ 1.º Haverá compensação, na Turma, na hipótese em que o montante de processos recebidos na cadeira seja inferior, na data da posse do novo Ministro, à média de processos dos 5 (cinco) Ministros com maior acervo, considerada a competência das Turmas do Tribunal.

§ 2.º Na composição do saldo total de processos que caberá ao Ministro recém-empossado, observar-se-á, sempre que possível, a proporção de 2/5 (dois quintos) de recursos de revistas e 3/5 (três quintos) de agravos de instrumento.

§ 3.º Se houver processos, na cadeira, nas classes processuais "agravo de instrumento" ou "recurso de revista", cujo montante seja superior à proporção mencionada no § 2.º, a totalidade da compensação recairá sobre a classe processual que não atingiu a aludida proporcionalidade.

§ 4.º A compensação de processos será progressiva, cabendo ao Presidente do Tribunal definir o acréscimo percentual à distribuição normal diária do Ministro recém-empossado.

Art. 107. Os Ministros permanecerão vinculados aos processos recebidos em distribuição, ainda que ocorram afastamentos temporários menores que 30 (trinta) dias, ressalvadas as hipóteses de mandado de segurança, *habeas corpus*, reclamações, dissídio coletivo, tutela provisória e de outras medidas que reclamem solução inadiável. Nesses casos, ausente o relator por mais de 3 (três) dias, o processo só poderá ser redistribuído, a critério do Presidente do Tribunal, mediante posterior compensação, desde que expressamente requerida a medida pelo interessado em petição fundamentada.

§ 1.º Os processos de competência das Turmas, na hipótese de o relator afastar-se temporariamente do Tribunal por período superior a 30 (trinta) dias ou definitivamente, serão atribuídos ao Desembargador convocado para substituí-lo. Cessada a convocação, o relator ou o novo Ministro titular da cadeira receberá os processos não solucionados, atribuídos ou distribuídos ao Desembargador convocado.

§ 2.º Os processos de competência das Seções Especializadas serão redistribuídos no âmbito dos respectivos órgãos fracionários, desde que não haja remoção de Ministro para a cadeira vaga. O Ministro que vier a ocupar a cadeira vaga receberá, em igual número, mediante compensação, o montante de processos redistribuídos por ocasião da vacância da cadeira.

§ 3.º Os processos de competência do Órgão Especial, em caso de afastamento definitivo do relator, serão atribuídos ao Ministro que o suceder. Na hipótese de afastamento temporário, o relator permanecerá vinculado a tais processos, observada, porém, a regra prevista no *caput* deste artigo.

Art. 108. O relator que se afastar definitivamente da Turma ou da Seção Especializada, por motivo de remoção, receberá no órgão para o qual se removeu os processos vinculados ao antecessor em que este ainda não apôs o visto.

Parágrafo único. Na hipótese de remoção de Turma, o Ministro que se removeu receberá no novo órgão, em compensação, a diferença entre o acervo processual deixado na Turma de origem, ao se remover, e o que recebeu na nova cadeira, observadas as classes processuais.

Art. 109. Se o afastamento do relator for definitivo, em decorrência de haver assumido cargo de direção do Tribunal, todos os seus processos serão atribuídos, conforme o caso, ao Desembargador ou ao Titular da cadeira que, em lugar do afastado, vier a integrar a Turma, inclusive em relação aos agravos internos e aos embargos de declaração.

Parágrafo único. Todos os processos de competência das Seções Especializadas serão atribuídos ao Titular da cadeira que, em lugar do afastado, vier a integrar a Seção Especializada, inclusive em relação aos agravos internos e aos embargos de declaração.

Art. 110. O Ministro afastado definitivamente de qualquer órgão julgador retornará ao órgão colegiado para relatar os processos em que, até a data do seu afastamento, após o visto.

SEÇÃO II
Das Disposições Especiais

Art. 111. O órgão colegiado que conhecer do processo terá jurisdição preventa para o julgamento dos recursos posteriores interpostos no mesmo processo, observada a competência.

§ 1.º O processo que tramita na fase de execução será distribuído ao Ministro a quem coube a relatoria na fase de conhecimento, ou a quem o tenha substituído ou sucedido, devendo os processos tramitar conjuntamente, sempre que possível.

§ 2.º Os embargos de terceiro serão distribuídos, por prevenção, ao relator do processo principal.

Art. 112. O processo já apreciado pelo Órgão Especial ou por uma das Seções Especializadas, retornando a novo exame, será distribuído ao mesmo órgão colegiado e ao mesmo relator ou redator do acórdão. Na ausência definitiva do relator ou do redator do acórdão anterior, o processo será distribuído ao novo titular que vier a integrar o órgão prevento.

Parágrafo único. O processo já apreciado por uma das Turmas será distribuído ao mesmo órgão colegiado e ao mesmo relator ou redator do acórdão. Na ausência definitiva do relator ou do redator do acórdão anterior, o processo será distribuído ao Desembargador convocado para a vaga ou ao novo titular que vier a integrar o órgão prevento.

Art. 113. Aplica-se a regra do artigo anterior à hipótese de processo no qual haja recurso submetido à apreciação do Tribunal em razão de provimento de agravo.

Art. 114. A tutela provisória será distribuída ao relator do processo principal, salvo se a medida for requerida em procedimento antecedente, hipótese em que será sorteado relator dentre os integrantes do órgão colegiado competente para o julgamento da matéria, o qual fica prevento para a ação principal.

Parágrafo único. Observar-se-á a mesma regra na hipótese de recurso em tutela provisória.

Art. 115. À distribuição dos embargos previstos no art. 262 deste Regimento não concorrerá o Ministro que já tenha atuado no processo como relator ou redigido o acórdão embargado.

Art. 116. Os embargos interpostos contra decisão de Turma serão distribuídos entre os Ministros não integrantes do colegiado prolator da decisão embargada.

Art. 117. Da distribuição da ação rescisória originária será excluído como relator, sempre que possível, Ministro que haja participado do julgamento rescindendo.

CAPÍTULO III

DO RELATOR E DO REVISOR

Art. 118. Compete ao relator:

I – submeter pedido de liminar ao órgão competente, antes de decidi-lo, desde que repute de alta relevância a matéria nele tratada. Caracterizada a urgência, concederá ou denegará a liminar, que será submetida ao referendo do órgão colegiado na primeira sessão que se seguir;

II – promover as diligências necessárias à perfeita instrução dos processos, fixando prazo para o seu cumprimento;

III – solicitar audiência do Ministério Público do Trabalho nas hipóteses previstas em lei, ou quando entender necessário;

IV – processar os incidentes de falsidade, de suspeição, de impedimento e de desconsideração da personalidade jurídica, arguidos pelos litigantes;

V – despachar os pedidos de desistência de ação ou de recurso, suscitados em processo que lhe tenha sido distribuído, salvo quando incluídos em pauta ou quando formulados após a publicação do acórdão;

VI – lavrar os acórdãos referentes às decisões proferidas nos processos em que seu voto tenha prevalecido;

VII – requisitar autos originais, quando necessário;

VIII – determinar a prática de atos processuais às autoridades judiciárias de instância inferior, nos casos previstos em lei ou neste Regimento;

IX – decidir sobre os pedidos constantes das petições vinculadas a processos de sua competência, que não se incluam nas atribuições do Presidente do Tribunal, do órgão julgador ou da respectiva Presidência;

X – decidir monocraticamente ou denegar seguimento a recurso, na forma da lei, inclusive na hipótese contemplada no § 2.º do art. 896- A da CLT;

XI – indeferir liminarmente ações originárias, na forma da lei;

XII – submeter ao órgão julgador competente questão de ordem para o bom andamento dos processos;

XIII – determinar, de ofício ou a requerimento das partes, a suspensão do recurso de revista ou de embargos que tenha como objeto controvérsia idêntica à do recurso afetado como repetitivo;

XIV – encaminhar ao revisor os autos do incidente de recursos repetitivos;

XV – encaminhar a lista de impedimentos ao órgão administrativo competente, nos termos do art. 144 do CPC.

CAPÍTULO IV

DAS PAUTAS

Art. 119. A pauta de julgamento de cada órgão colegiado será organizada pelo Secretário e aprovada pelo Presidente.

§ 1.º Nenhum processo poderá ser incluído em pauta sem que dele conste o visto do relator e do revisor, se houver.

§ 2.º Não haverá julgamento de processo sem prévia inclusão em pauta, exceto:

I – daquele cujo julgamento for expressamente adiado para a primeira sessão seguinte;

II – quando os embargos de declaração forem apresentados em mesa pelo relator na sessão subsequente à sua conclusão;

III – do pedido de homologação de acordo formulado em processo de dissídio coletivo originário ou em grau recursal;

IV – dos incidentes de impedimento e de suspeição apresentados em mesa pelo relator.

§ 3.º Os processos que versem sobre matéria idêntica ou semelhante poderão ser ordenados em pauta específica para julgamento conjunto.

Art. 120. Os processos serão incluídos em pauta, considerada a data de sua remessa à Secretaria, ressalvadas as seguintes preferências:

I – futuro afastamento temporário ou definitivo do relator, bem como posse em cargo de direção;

II – processos submetidos ao rito sumaríssimo e aqueles que tenham como parte ou terceiro juridicamente interessado pessoa com prioridade de tramitação assegurada por lei;

III – incidentes de assunção de competência e incidentes de resolução de demandas repetitivas e de julgamento de recursos repetitivos;

IV – solicitação do Ministro relator ou das partes, se devidamente justificada;

V – quando a natureza do processo exigir tramitação urgente, especificamente os dissídios coletivos, mandados de segurança, tutelas provisórias, reclamações, conflitos de competência e declaração de inconstitucionalidade de lei ou de ato do Poder Público;

VI – remoção do relator para outro órgão colegiado.

Art. 121. Para a ordenação dos processos na pauta, observar-se-á a numeração correspondente a cada classe, preferindo no lançamento o elenco do inciso III do art. 120 deste Regimento e, ainda, aqueles em que é permitida a sustentação oral.

Art. 122. A pauta de julgamento será publicada no órgão oficial com antecedência mínima de 5 (cinco) dias úteis.

§ 1.º Quando o exigirem a urgência e a natureza do processo, por iniciativa do Presidente do órgão colegiado competente, e em havendo expressa concordância das partes, poderá ser dispensada a sua inclusão em pauta.

§ 2.º Os processos não julgados na sessão, cujo julgamento for expressamente adiado para a primeira seguinte, permanecerão em pauta, independentemente de nova publicação, conservada a mesma ordem, com preferência sobre os demais, nas hipóteses previstas no art. 120 deste Regimento.

Art. 123. As matérias administrativas sujeitas à deliberação do Órgão Especial constarão de pauta comunicada aos Ministros, com a antecedência mínima de 5 (cinco) dias, sendo vedada a deliberação sobre outras que não aquelas reputadas urgentes ou inadiáveis.

Parágrafo único. Para deliberar sobre matérias não constantes da pauta, é necessária a autorização de pelo menos 2/3 (dois terços) dos Ministros, em votação preliminar.

Art. 124. Os processos não julgados até a última sessão de cada semestre serão retirados de pauta.

CAPÍTULO V
DAS SESSÕES

SEÇÃO I
Do Funcionamento dos Órgãos

Art. 125. As sessões do Tribunal Pleno, do Órgão Especial, das Seções Especializadas e das Turmas realizar-se-ão, ordinária e extraordinariamente, por convocação do Presidente do Tribunal ou das Turmas, com a presença de todos os Ministros, ressalvadas as hipóteses excepcionais de férias, licenças ou afastamentos, previamente comunicados à Presidência do respectivo colegiado e à Secretaria, para os procedimentos cabíveis.

§ 1.º As sessões extraordinárias do Tribunal Pleno e do Órgão Especial serão convocadas, quando requeridas justificadamente por 10 (dez) Ministros, pelo menos, para deliberação sobre matérias relevantes, observadas as competências de cada órgão.

§ 2.º As sessões de julgamento sobre estabelecimento ou alteração de súmulas e outros enunciados de jurisprudência deverão ser públicas, divulgadas com, no mínimo, 30 (trinta) dias úteis de antecedência, e deverão possibilitar a sustentação oral pelo Procurador-Geral do Trabalho, pelo Conselho Federal da Ordem dos Advogados do Brasil, pelo Advogado-Geral da União e por confederações sindicais ou entidades de classe de âmbito nacional.

§ 3.º Os Ministros comparecerão na hora designada para o início da sessão e não se ausentarão antes do seu término, salvo quando autorizados.

Art. 126. As sessões do Tribunal Pleno e dos demais órgãos colegiados são públicas, salvo nos casos de segredo de justiça.

Art. 127. Nas sessões do Tribunal Pleno, do Órgão Especial e das Seções Especializadas, o Presidente terá assento ao centro da mesa, o Vice-Presidente ocupará a primeira cadeira do plenário, à direita do Presidente, o Ministro mais antigo, a da esquerda, e o Corregedor-Geral da Justiça do Trabalho, a segunda da direita, seguindo-se assim, sucessivamente, observada a ordem de antiguidade.

Art. 128. Nas sessões das Turmas, o Presidente terá assento ao centro da mesa e os demais integrantes do colegiado ocuparão os lugares na bancada pela ordem de antiguidade.

Art. 129. O Desembargador do Trabalho convocado, nas sessões das Turmas, terá assento no lugar seguinte ao do Ministro mais moderno.

Art. 130. O representante do Ministério Público do Trabalho participará das sessões, tendo assento à mesa ao lado direito do Presidente.

Art. 131. Para a complementação do *quorum* de julgamento do Órgão Especial, das Seções Especializadas e das Turmas, serão observadas as regras dos arts. 69, § 4.º, 70, parágrafo único, 71, §§ 1.º, 2.º e 4.º, e 93, VII, deste Regimento.

Parágrafo único. Se não houver número para o funcionamento do órgão, aguardar-se-á por 30 (trinta) minutos a formação do *quorum*. Decorrido esse prazo e persistindo as ausências, será encerrada a sessão, com registro em ata.

SEÇÃO II
Do Plenário Eletrônico

Art. 132. Os processos de competência jurisdicional do Tribunal poderão ser, a critério do Ministro relator, submetidos a julgamento em ambiente eletrônico não presencial, por meio de sessões realizadas em Plenário Eletrônico, observadas as respectivas competências dos órgãos judicantes.

§ 1.º O Presidente de cada órgão judicante poderá indicar à respectiva Secretaria Judiciária as classes processuais em que, preferencialmente, o julgamento ocorrerá em ambiente de Plenário Eletrônico, determinando que os processos sejam distribuídos com esse marcador, excetuados aqueles que, a critério do Ministro relator, serão encaminhados à pauta presencial.

§ 2.º Ficam excluídos do Plenário Eletrônico os processos a serem apreciados pela Seção de Dissídios Coletivos.

Art. 133. As sessões presenciais e virtuais dos órgãos judicantes poderão ser publicadas na mesma pauta, respeitado o prazo de, no mínimo, 5 (cinco) dias úteis entre a data da sua publicação no *Diário Eletrônico da Justiça do Trabalho* e o início do julgamento.

§ 1.º Na publicação da pauta no *Diário Eletrônico da Justiça do Trabalho* haverá a distinção dos processos que serão julgados em meio eletrônico daqueles que serão julgados na sessão presencial.

§ 2.º Ainda que publicados os processos em pauta única, as sessões virtuais terão encerramento à 0 (zero) hora do dia útil anterior ao da sessão presencial correspondente.

§ 3.º Quando a pauta for composta apenas por processos indicados a julgamento em sessão virtual, as partes serão cientificadas no *Diário Eletrônico da Justiça do Trabalho* sobre a data e o horário de início e de encerramento da sessão.

§ 4.º As sessões virtuais serão disponibilizadas para consulta em portal específico no sítio eletrônico do Tribunal, no qual será registrada a eventual remessa do processo para julgamento presencial ou o resultado final da votação.

Art. 134. Em ambiente eletrônico próprio, denominado Plenário Eletrônico, serão lançados os votos do relator e dos demais Ministros.

§ 1.º O sistema liberará automaticamente os votos dos processos encaminhados para julgamento em ambiente virtual, assegurando-se aos demais Ministros componentes do órgão judicante, no Plenário Eletrônico, o período de 7 (sete) dias corridos anteriores ao encerramento da votação previsto no art. 133, § 2.º, deste Regimento, para análise e manifestação até o encerramento da sessão virtual.

§ 2.º O início da sessão de julgamento definirá a composição do órgão judicante. Em caso de impedimento, suspeição ou afastamento temporário de um dos seus componentes, os processos pautados, em havendo prejuízo ao *quorum* de votação, serão remetidos automaticamente para a sessão presencial, na qual, a critério do Presidente, poderão ser retirados de pauta para eventual redistribuição na forma regimental.

§ 3.º As opções de voto serão as seguintes:

I – convergente com o Ministro relator;

II – convergente com o Ministro relator, com ressalva de entendimento;

III – divergente do Ministro relator.

§ 4.º Eleita qualquer das opções do parágrafo anterior, o Ministro poderá inserir em campo próprio do Plenário Eletrônico destaque pela relevância do tema, razões de divergência ou de ressalva de entendimento, quando o sistema emitirá aviso automático aos demais gabinetes componentes do órgão judicante.

§ 5.º Serão automaticamente excluídos do ambiente eletrônico e remetidos à sessão presencial:

I – os processos com destaque ou pedido de vista por um ou mais integrantes do colegiado para julgamento presencial;

II – os processos com registro de voto divergente ao do Ministro relator;

III – os destacados pelo membro do Ministério Público do Trabalho até o fim do julgamento virtual;

IV – os processos pautados que tiverem pedido de sustentação oral ou preferência, desde que requerido em até 24 (vinte e quatro) horas antes do início da sessão virtual.

§ 6.º Considerar-se-á que acompanhou o Ministro relator o componente que não se pronunciar no prazo previsto no § 1.º, hipótese em que a decisão proferida será considerada unânime, independentemente de eventual ressalva de entendimento.

§ 7.º O Ministro relator e os demais componentes poderão, a qualquer tempo, mesmo com a votação iniciada, independentemente de terem votado em meio eletrônico, remeter o processo para julgamento presencial.

§ 8.º O Ministério Público, na condição de *custos legis*, terá assegurado o direito de acesso aos autos dos processos encaminhados para julgamento em meio eletrônico.

Art. 135. Na hipótese de conversão de processo publicado para julgamento em pauta virtual para julgamento presencial, os Ministros poderão renovar ou modificar seus votos.

Art. 136. O portal de acompanhamento dos julgamentos em meio eletrônico não disponibilizará os votos do relator ou razões de divergência ou convergência, exceto para o Ministério Público do Trabalho, nos processos em que não figurar como parte. Os votos somente serão tornados públicos depois de concluído seu julgamento, com a publicação do acórdão.

Parágrafo único. O sistema registrará os dados referentes ao acesso, dentre os quais o nome do Procurador do Trabalho, data e horário, que constarão da cópia que for disponibilizada.

SEÇÃO III

Das Disposições Gerais

Art. 137. Nas sessões dos órgãos judicantes do Tribunal, os trabalhos obedecerão à seguinte ordem:

I – verificação do número de Ministros presentes;

II – exame de propostas;

III – julgamento dos processos.

Art. 138. Os processos serão submetidos a julgamento na seguinte ordem:

I – os *habeas corpus*;

II – aqueles em que houver pedido de preferência formulado por advogado até a hora prevista para o início da sessão, condicionando-se a ordem de julgamento do processo à presença, na sala de sessões, do advogado que solicitou a preferência ou de outro advogado constituído;

III – os mandados de segurança, as tutelas provisórias e as reclamações;

IV – os remanescentes de sessões anteriores;

V – os suspensos em sessão anterior em razão de vista regimental;

VI – os demais processos constantes da pauta do dia.

Art. 139. As decisões serão tomadas pela maioria simples de votos, ressalvadas as hipóteses previstas neste Regimento.

Art. 140. Na ocorrência de empate nas votações do Tribunal Pleno, do Órgão Especial e das Seções Especializadas, prevalecerá, apenas nas situações de urgência, nos termos da lei, o voto proferido pelo Presidente do Tribunal ou pelo Ministro que o estiver substituindo na Presidência da sessão.

§ 1.º No caso de empate na votação, não havendo urgência, considerar-se-á julgada a questão, proclamando-se mantida a decisão recorrida.

§ 2.º No julgamento de *habeas corpus* e de recursos ordinários em *habeas corpus*, proclamar-se-á, na hipótese de empate, a decisão mais favorável ao paciente.

§ 3.º Se houver empate no julgamento por ausência, falta, impedimento ou suspeição de qualquer Ministro, recompor-se-á o *quorum*, nos termos deste Regimento. A persistir o empate, os autos serão remetidos ao Tribunal Pleno para novo julgamento.

Art. 141. Proclamada a decisão, não poderá ser feita apreciação ou crítica sobre a conclusão adotada.

Art. 142. A votação será iniciada com o voto do relator. Não havendo divergência, o Presidente proclamará o resultado. Se houver divergência, os votos serão colhidos, a partir do relator, em ordem decrescente de antiguidade. Esgotada essa ordem, prosseguirá a tomada de votos, a partir do mais antigo.

§ 1.º O Presidente ou o Ministro que o estiver substituindo votará por último, salvo se for o relator do processo.

§ 2.º Nenhum Ministro poderá se eximir de votar, salvo nas hipóteses de impedimento, de suspeição, de não ter assistido ao relatório ou participado dos debates ou, ainda, na situação, prevista no § 3.º do art. 147 deste Regimento, em que o Ministro vistor não estiver habilitado a proferir voto.

Art. 143. Ao relator poderão ser solicitados esclarecimentos, sendo facultado aos advogados, mediante autorização, apresentar questão de fato relativa à controvérsia.

Art. 144. O Ministro usará o tempo que se fizer necessário para proferir seu voto, podendo retomar a palavra para retificá-lo antes da proclamação, prestar esclarecimentos ou se for nominalmente referido, sendo vedadas as interrupções e pronunciamentos sem prévia autorização do Presidente.

Art. 145. O julgamento, uma vez iniciado, será ultimado na mesma sessão, salvo se houver pedido de vista regimental, motivo relevante ou conversão do julgamento em diligência, quando necessária à decisão da causa.

§ 1.º Na hipótese de conversão do julgamento em diligência, o processo será retirado da pauta, devendo, após ultimada, ser reincluído, com preferência.

§ 2.º Nenhum processo poderá ficar suspenso por tempo indeterminado, salvo:

I – quando pender de decisão incidente de julgamento, relativo à matéria discutida no processo, com vista à aprovação, modificação ou revogação de súmula, de orientação jurisprudencial e de precedente normativo;

II – quando penderem de decisão as ações a que se referem as alíneas *a* e *b* do inciso I do art. 76 deste Regimento e os incidentes de recursos repetitivos, de assunção de competência, de resolução de demandas repetitivas e de superação e revisão de tese vinculante;

III – enquanto não decidida arguição sobre declaração de inconstitucionalidade de lei ou de ato normativo do Poder Público.

Art. 146. O representante do Ministério Público do Trabalho poderá usar da palavra, em sequência ao relatório, quando solicitado por algum dos Ministros ou quando entender necessária a intervenção, em cada caso, mediante autorização do Presidente.

Art. 147. Na oportunidade em que lhe caiba votar, o Ministro poderá pedir vista regimental dos autos ou vista em mesa. Sendo em mesa, o julgamento dar-se-á na mesma sessão, tão logo o Ministro que a requereu se declare habilitado a votar; em sendo regimental, ficará adiado o julgamento, salvo anterior habilitação do Ministro que a requereu, para a primeira sessão subsequente ao término do prazo de 10 (dez) dias, prorrogável por igual período, mediante pedido devidamente justificado, podendo os demais Ministros adiantar seus votos.

§ 1.º O adiamento do julgamento em razão de vista regimental será registrado em certidão, bem como a data do seu prosseguimento e os votos proferidos.

§ 2.º Se o processo não for devolvido tempestivamente, ou se o vistor deixar de solicitar prorrogação de prazo, o Presidente do órgão correspondente fará a requisição para julgamento na sessão subsequente, com publicação na pauta em que houver a inclusão.

§ 3.º Na hipótese do § 2.º, apregoado o julgamento do processo, na data aprazada, não estando o Ministro que pediu vista habilitado a votar, o Presidente do órgão correspondente convocará substituto para proferir voto, observadas as regras do art. 131 deste Regimento para a complementação do *quorum*.

§ 4.º Na hipótese de mais de um pedido de vista, será concedido aos Ministros, sucessivamente, o prazo de 10 (dez) dias, prorrogável na forma estabelecida no *caput*.

§ 5.º Prosseguindo o julgamento, a votação iniciará com o voto do Ministro que requereu a vista regimental ou daquele convocado para o substituir, hipótese em que, salvo quando o Ministro substituto se declarar esclarecido, observar-se-á o procedimento previsto no § 11.

§ 6.º Os pedidos de vista regimental formulados por Ministros que se afastaram definitivamente do Tribunal serão desconsiderados e o julgamento prosseguirá com a repetição do voto do relator.

§ 7.º O julgamento dos processos com vista regimental poderá prosseguir sem vinculação à Presidência e na ausência do relator, se este já houver votado sobre toda a matéria.

§ 8.º Na ocorrência de afastamento definitivo do relator, sem que tenha sido concluído o julgamento, este continuará da fase em que se encontrar, considerados os votos já proferidos e sob a competência do Ministro que primeiro requereu a vista ou daquele convocado para o substituir.

§ 9.º Não participará do julgamento já iniciado ou em prosseguimento o Ministro que não tenha assistido ao relatório ou aos debates, salvo quando se declarar esclarecido.

§ 10. Ao reiniciar o julgamento, serão computados os votos já proferidos pelos Ministros, ainda que não compareçam ou que não mais componham o órgão.

§ 11. Se, para efeito de *quorum*, for imprescindível o voto de Ministro nas condições do § 9.º, serão renovados o relatório e a sustentação oral, computando-se os votos anteriormente proferidos.

§ 12. Em caso de pedido de vista, o prazo de restituição dos autos ficará suspenso nos períodos de recesso forense e de férias coletivas.

Art. 148. No julgamento dos recursos, o mérito será examinado após ultrapassada a fase de conhecimento.

Parágrafo único. Na hipótese de mais de um recurso com preliminares distintas, a apreciação far-se-á sucessivamente na ordem de preferência ditada pela prejudicialidade, considerado cada recurso isoladamente, esgotando-se com o exame do mérito.

Art. 149. O exame das preliminares prefere ao do mérito, observando-se nos julgamentos os seguintes critérios:

I – rejeitada a preliminar, ou se a decisão quanto a ela for compatível com a apreciação do mérito, seguir-se-á o julgamento da matéria principal, pronunciando-se todos os Ministros, inclusive os vencidos na preliminar;

II – o acolhimento da preliminar, se incompatível com o exame da matéria principal, impedirá a análise do mérito;

III – vencido o relator quanto aos pressupostos extrínsecos de admissibilidade do recurso, preliminar ou prejudicial de mérito, havendo necessidade de prosseguir no julgamento das questões subsequentes, os autos lhe serão conclusos para elaboração do voto correspondente, a ser proferido em sessão subsequente.

Art. 150. Para apuração da votação, havendo várias conclusões parcialmente divergentes, os votos deverão ser somados no que coincidirem. Permanecendo a divergência, sem possibilidade de nenhuma soma, serão as questões submetidas à apreciação, duas a duas, eliminando-se, sucessivamente, as que tiverem menor votação e prevalecendo a que reunir, por último, a maioria de votos.

Art. 151. Findo o julgamento, o Presidente proclamará a decisão e, se vencido o relator, designará redator do acórdão o Ministro prolator do primeiro voto vencedor.

Parágrafo único. Considera-se vencido o voto que, não obstante tenha apontado o mesmo resultado do voto vencedor, divergiu do seu fundamento determinante, reputando-se vencedor o voto que inaugurou o fundamento prevalecente.

Art. 152. As decisões proclamadas serão consignadas em certidão, que será juntada aos autos, na qual constarão:

I – a identificação, o número do processo e o nome das partes e dos advogados que sustentaram oralmente;

II – o nome do Ministro que presidiu a sessão de julgamento;

III – o nome do representante do Ministério Público do Trabalho presente na sessão;

IV – o nome do advogado constituído presente na sessão, quando assim o requerer, ainda que não seja caso de sustentação oral;

V – o nome do relator e dos Ministros que participaram do julgamento;

VI – a suspensão do julgamento em razão de pedido de vista regimental, com registro dos votos já proferidos e designação da data prevista para o seu prosseguimento;

VII – a conclusão do julgamento com a indicação dos votos vencidos, se houver;

VIII – a designação do Ministro redator do acórdão, nos casos previstos no art. 151 deste Regimento;

IX – os impedimentos e suspeições dos Ministros para o julgamento;

X – a data da sessão.

Art. 153. Concluídos os julgamentos, o Presidente encerrará a sessão, devendo ser lavrada a respectiva ata.

Parágrafo único. Na hipótese de remanescer sem julgamento número significativo de processos, a critério do órgão julgador, deverá o seu Presidente designar outro dia para o prosseguimento da sessão, com nova publicação da pauta quando não verificadas as exceções previstas nos arts. 119, § 2.º, e 122, § 2.º, deste Regimento.

Art. 154. Na ata, serão consignados, resumidamente, os assuntos tratados na sessão, devendo constar:

I – dia, mês, ano e hora da abertura da sessão;

II – nome do Ministro que presidiu a sessão;

III – nomes dos Ministros presentes;

IV – nome do representante do Ministério Público do Trabalho;

V – sumária notícia dos expedientes, das propostas e das deliberações;

VI – identificação dos processos julgados, com o resultado da decisão e os votos vencidos, nomes das partes e dos advogados, se tiver havido sustentação oral.

Art. 155. A ata será assinada pelo Presidente do colegiado e arquivada na Secretaria.

SEÇÃO IV

Da Participação dos Advogados

Art. 156. Nas sessões de julgamento do Tribunal, os advogados, no momento em que houverem de intervir, terão acesso à tribuna.

Parágrafo único. Na sustentação oral, ou para dirigir-se ao colegiado, vestirão beca, que lhes será posta à disposição.

Art. 157. Os pedidos de preferência para os julgamentos de processos na sessão presencial deverão ser formulados pelos advogados até a hora prevista para o seu início e serão concedidos com observância da ordem de registro.

§ 1.° O pregão do processo em preferência vincula-se à presença, na sala de sessões, do advogado que a requereu ou de outro advogado constituído.

§ 2.° Em qualquer sessão, ainda que em prosseguimento ou não sendo o caso de sustentação oral, mas desde que munido de procuração, o advogado que acompanhar o julgamento de seu processo poderá requerer o registro de sua presença em ata.

Art. 158. Os requerimentos de preferência formulados por um mesmo advogado ou por advogados integrantes de uma mesma sociedade, nos termos do art. 272, § 1.°, do CPC, em relação a mais de 3 (três) processos, poderá ser deferido de forma alternada, considerados os pedidos formulados pelos demais advogados.

Art. 159. Os pedidos de adiamento de julgamento, se dirigidos à Presidência no início da sessão, somente serão admitidos se devidamente justificados, com a concordância do relator e da parte contrária, se presente.

Art. 160. O advogado sem mandato nos autos, ou que não o apresentar no ato, não poderá proferir sustentação oral.

Art. 161. Ressalvado o disposto no art. 147, § 11, deste Regimento, a sustentação oral será feita de uma só vez, ainda que arguida matéria preliminar ou prejudicial.

§ 1.° Ao proferir seu voto, o relator fará um resumo da matéria em discussão e antecipará sua conclusão, hipótese em que poderá ocorrer a desistência da sustentação, ante a antecipação do resultado. Havendo, porém, qualquer voto divergente daquele anunciado pelo relator, o Presidente voltará a facultar a palavra ao advogado desistente. Não desistindo os advogados da sustentação, o Presidente concederá a palavra a cada um dos representantes das partes, por 10 (dez) minutos, sucessivamente.

§ 2.° Usará da palavra, em primeiro lugar, o advogado do recorrente; se ambas as partes o forem, o do reclamante.

§ 3.° Aos litisconsortes representados por mais de um advogado, o tempo lhes será proporcionalmente distribuído, podendo haver prorrogação até o máximo de 20 (vinte) minutos, ante a relevância da matéria.

§ 4.° Quando for parte o Ministério Público, seu representante poderá proferir sustentação oral após as demais partes, sendo-lhe concedido prazo igual.

§ 5.° Não haverá sustentação oral em:

I – embargos de declaração;

II – conflito de competência;

III – agravo de instrumento;

IV – agravos internos previstos neste Regimento, salvo se interpostos contra decisão do relator que extinga a ação rescisória, o mandado de segurança e a reclamação ou que denegue seguimento ao recurso de revista que não demonstrar transcendência;

V – arguição de suspeição ou de impedimento;

VI – tutelas provisórias;

VII – incidentes de desconsideração da personalidade jurídica.

§ 6.° O Presidente do órgão julgador cassará a palavra do advogado que, em sustentação oral, conduzir-se de maneira desrespeitosa ou, por qualquer motivo, inadequada.

SEÇÃO V

Das Disposições Especiais

Art. 162. A Subseção I da Seção Especializada em Dissídios Individuais julgará desde logo a matéria objeto de recurso de revista não conhecida pela Turma, caso conclua, no julgamento dos embargos interpostos, que aquele recurso estava corretamente fundamentado em contrariedade a súmula, a orientação jurisprudencial, a precedente normativo, a acórdão proferido pelo Supremo Tribunal Federal ou pelo Tribunal Superior do Trabalho em julgamento de recursos repetitivos, a entendimento firmado em incidente de resolução de demandas repetitivas ou de assunção de competência, a decisão do Supremo Tribunal Federal em controle concentrado de constitucionalidade e a decisão do Tribunal Pleno, do Órgão Especial ou da própria Subseção Especializada mencionada.

SEÇÃO VI

Das Sessões Solenes

Art. 163. O Tribunal Pleno reunir-se-á em sessão solene para:

I – dar posse ao Presidente, Vice-Presidente e Corregedor-Geral da Justiça do Trabalho;

II – dar posse aos Ministros do Tribunal;

III – celebrar acontecimento de alta relevância.

Art. 164. O cerimonial das sessões solenes será regulado por ato do Presidente do Tribunal.

SEÇÃO VII

Das Decisões e da sua Publicação

Art. 165. Os acórdãos serão assinados pelo relator do processo ou pelo redator designado.

Parágrafo único. Na ausência do relator ou do redator designado, assinará o acórdão o Presidente do órgão.

Art. 166. Os acórdãos da Seção Especializada em Dissídios Coletivos serão publicados na íntegra, no órgão oficial; os dos demais colegiados terão publicadas apenas a ementa e a parte dispositiva.

Parágrafo único. A republicação de acórdão somente será feita quando autorizada pelo Presidente do Tribunal ou pelo Presidente do órgão prolator da decisão.

Art. 167. Publicado o acórdão, vencido o prazo de recurso para as partes, a Secretaria encaminhará os autos à Procuradoria-Geral do Trabalho, quando for parte o Ministério Público, pessoa jurídica de direito público, Estado estrangeiro ou organismo internacional.

Art. 168. São elementos essenciais do acórdão:

I – a ementa, que, resumidamente, consignará as teses jurídicas prevalecentes no julgamento, para cada tema recursal;

II – o relatório, que conterá os nomes das partes, a identificação do caso com suma das questões controvertidas e o registro das principais ocorrências havidas no andamento do processo;

III – a fundamentação vencedora e, igualmente, o voto vencido, sendo ambos necessariamente declarados;

IV – o dispositivo.

Parágrafo único. Nos incidentes de recursos repetitivos, de assunção de competência e de resolução de demandas repetitivas, o acórdão abrangerá a análise de todos os fundamentos suscitados concernentes à tese jurídica discutida, sejam favoráveis ou contrários.

TÍTULO II
DA JURISPRUDÊNCIA

CAPÍTULO I
DA UNIFORMIZAÇÃO DA JURISPRUDÊNCIA

Art. 169. A uniformização da jurisprudência reger-se-á pelos arts. 702, I, *f*, 896-B e 896-C da CLT, pelos preceitos deste Regimento e, no que couber, pelos arts. 926 a 928, 947, 976 a 987 e 1.036 a 1.041 do CPC.

Art. 170. O procedimento de revisão da jurisprudência uniformizada do Tribunal, objeto de súmula, orientação jurisprudencial, precedente normativo e teses jurídicas firmadas nos incidentes de recursos repetitivos, de assunção de competência e de resolução de demandas repetitivas, observará, no que couber, o disposto no artigo anterior

Art. 171. A revisão ou cancelamento de súmula, orientação jurisprudencial, precedente normativo e teses jurídicas firmadas nos incidentes de recursos repetitivos, de assunção de competência e de resolução de demandas repetitivas será suscitada pela Seção Especializada, ao constatar que a decisão se inclina contrariamente a:

I – súmula, orientação jurisprudencial ou precedente normativo;

II – entendimento firmado em incidentes de assunção de competência, de resolução de demandas repetitivas ou de julgamento de incidentes de recursos repetitivos.

§ 1.º A revisão ou cancelamento de que cuida o *caput* também poderá ser objeto de proposta firmada por, pelo menos, 10 (dez) Ministros, ou de projeto da Comissão de Jurisprudência e Precedentes Normativos.

§ 2.º Na hipótese prevista no *caput*, o Presidente deixará de proclamar o resultado e encaminhará a questão controvertida à Comissão de Jurisprudência e Precedentes Normativos para as providências de que trata o art. 60, VII, deste Regimento, após o que os autos serão remetidos ao relator para que prepare o voto e aponha o visto.

§ 3.º Quando provocada, a Comissão de Jurisprudência e Precedentes Normativos emitirá parecer no prazo de 30 (trinta) dias.

§ 4.º No caso da apresentação de proposta de revisão ou cancelamento de súmula, orientação jurisprudencial e precedente normativo, de que trata o § 1.º, a Comissão de Jurisprudência e Precedentes Normativos emitirá parecer dentro de 30 (trinta) dias, após o que o Presidente do Tribunal determinará a inclusão da matéria em pauta para deliberação do Tribunal Pleno em igual prazo, contado da aposição do visto do relator ou recebimento do parecer ou da proposta da Comissão de Jurisprudência e Precedentes Normativos.

§ 5.º A determinação de remessa à Comissão de Jurisprudência e Precedentes Normativos e ao Tribunal Pleno de que trata este artigo é irrecorrível, assegurada às partes a faculdade de sustentação oral por ocasião do julgamento.

§ 6.º Será relator no Tribunal Pleno o Ministro originariamente sorteado para relatar o feito em que se processa a revisão ou o cancelamento da súmula, da orientação jurisprudencial, do precedente normativo ou da tese jurídica firmada nos incidentes de recursos repetitivos, de assunção de competência e de resolução de demandas repetitivas. Se vencido, será redator o Ministro que primeiro proferiu o voto prevalecente. Em caso de afastamento definitivo ou superior a 30 (trinta) dias, o feito será redistribuído a qualquer dos membros desse colegiado.

§ 7.º As cópias da certidão referente à revisão ou cancelamento de súmula, de orientação jurisprudencial, de precedente normativo, da tese jurídica firmada nos incidentes de recursos repetitivos, de assunção de competência e de resolução de demandas repetitivas e do parecer ou do projeto da Comissão de Jurisprudência e Precedentes Normativos serão remetidas aos Ministros da Corte, tão logo incluído em pauta o processo.

§ 8.º Nos casos de que trata o *caput*, como matéria preliminar, o Tribunal Pleno decidirá sobre a configuração da contrariedade, passando, caso admitida, a deliberar sobre as teses em conflito.

§ 9.º Ressalvados os embargos de declaração, nas hipóteses de que trata o *caput*, a decisão do Tribunal Pleno sobre o tema é irrecorrível, cabendo à Seção Especializada, na qual foi suscitada a questão, quando do prosseguimento do julgamento, aplicar a interpretação fixada.

§ 10. A decisão do Tribunal Pleno constará de certidão, juntando-se o voto prevalecente aos autos. As cópias da certidão e do acórdão deverão ser juntadas às propostas dos Ministros ou ao projeto formulado pela Comissão de Jurisprudência e Precedentes Normativos para redação final da súmula, da orientação jurisprudencial, do precedente normativo ou da tese jurídica firmada nos incidentes de recursos repetitivos, de assunção de competência e de resolução de demandas repetitivas.

CAPÍTULO II
DAS SÚMULAS

Art. 172. Para efeito do disposto nos arts. 702, I, *f*, 894, II, e 896, *a* e *b* e §§ 7.º e 9.º, da CLT, a jurisprudência predominante do Tribunal Superior do Trabalho será consolidada em súmula ou em tese jurídica firmada nos incidentes de recursos repetitivos, de assunção de competência e de resolução de demandas repetitivas.

Art. 173. Quando se tratar de exame de constitucionalidade de lei ou de ato normativo do poder público, a edição de súmula independe da observância dos dispositivos regimentais que regem a matéria, salvo quanto à exigência relativa à tomada de decisão por maioria absoluta.

Art. 174. Da proposta de edição de súmula formulada pela Comissão de Jurisprudência e Precedentes Normativos resultará um projeto, devidamente instruído, que será encaminhado ao Presidente do Tribunal para ser submetido à apreciação do Tribunal Pleno, no prazo previsto no art. 171, § 4.º, deste Regimento.

Art. 175. A proposta de edição, de revisão ou de cancelamento de súmula ou da tese jurídica firmada nos incidentes de recursos repetitivos, de assunção de competência e de resolução de demandas repetitivas firmada, por pelo menos 10 (dez) Ministros, deverá ser encaminhada à Comissão de Jurisprudência e Precedentes Normativos.

Parágrafo único. A proposta será encaminhada ao Presidente do Tribunal, que a enviará à Comissão de Jurisprudência e Precedentes Normativos para, no prazo de 30 (trinta) dias, emitir parecer fundamentado e conclusivo, que será submetido à apreciação do Tribunal Pleno, nos termos do art. 171, § 4.º, deste Regimento.

Art. 176. O parecer da Comissão de Jurisprudência e Precedentes Normativos deverá conter opinião fundamentada acerca da proposta de edição, revisão ou cancelamento de súmula ou da tese jurídica firmada nos incidentes de recursos repetitivos, de assunção de competência e de resolução de demandas repetitivas. Na hipótese de acolhimento da proposta, quando for o caso, deverá sugerir o texto a ser editado, instruído com as cópias dos precedentes e da legislação pertinente.

Art. 177. O projeto de edição de súmula deverá atender ao disposto no art. 702, I, *f*, da CLT.

Parágrafo único. Na hipótese de matéria de relevante interesse público e já decidida por colegiado do Tribunal, qualquer dos órgãos judicantes, a Comissão de Jurisprudência e Precedentes Normativos, a Procuradoria-Geral do Trabalho, o Conselho Federal da Ordem dos Advogados do Brasil ou confederação sindical de âmbito nacional, poderão suscitar ou requerer ao Presidente do Tribunal apreciação, pelo Tribunal Pleno, de proposta de edição, revisão ou cancelamento de súmula.

CAPÍTULO III
DAS ORIENTAÇÕES JURISPRUDENCIAIS E DOS PRECEDENTES NORMATIVOS

Art. 178. Da proposta de edição, revisão ou cancelamento de orientação jurisprudencial e de precedentes normativos do Tribunal resultará projeto, que será devidamente instruído com a sugestão do texto, quando for o caso, a exposição dos motivos que o justificarem, a relação dos acórdãos que originaram os precedentes e a indicação da legislação pertinente à hipótese.

Art. 179. A proposta de edição, revisão ou cancelamento de orientação jurisprudencial e de precedente normativo segue o procedimento e os prazos dos arts. 172 a 177 deste Regimento.

Art. 180. A proposta de edição de nova orientação jurisprudencial do Órgão Especial e da Seção Especializada em Dissídios Individuais, bem como de precedentes normativos do Tribunal, deverá atender aos requisitos previstos no art. 702, I, *f*, da CLT.

Art. 181. Aprovada a proposta, passará a denominar-se orientação jurisprudencial ou precedente normativo, conforme caso, com numeração própria.

Art. 182. As orientações jurisprudenciais e os precedentes normativos expressarão a jurisprudência prevalecente das respectivas Subseções, quer para os efeitos do que contém a Súmula 333 do TST, quer para o que dispõe o art. 251 deste Regimento.

CAPÍTULO IV
DA DIVULGAÇÃO DA JURISPRUDÊNCIA DO TRIBUNAL

Art. 183. A jurisprudência do Tribunal será divulgada pelas seguintes publicações:

I – *Diário Eletrônico da Justiça do Trabalho* ou *Diário da Justiça da União*;

II – Revista do Tribunal Superior do Trabalho;

III – periódicos autorizados, mediante registro;

IV – sítio do Tribunal Superior do Trabalho na rede mundial de computadores.

Parágrafo único. São repositórios autorizados para indicação de julgados perante o Tribunal os repertórios, revistas e periódicos registrados de conformidade com o ato normativo editado pela Presidência, além do sítio do Tribunal Superior do Trabalho na rede mundial de computadores.

Art. 184. As súmulas, as orientações jurisprudenciais, os precedentes normativos e as teses jurídicas firmadas nos incidentes de recursos repetitivos, de assunção de competência e de resolução de demandas repetitivas, datados e numerados, serão publicados por 3 (três) vezes consecutivas no *Diário Eletrônico da Justiça do Trabalho*, com a indicação dos respectivos precedentes, observado o mesmo procedimento na revisão e no cancelamento.

Parágrafo único. As súmulas, as orientações jurisprudenciais, os precedentes normativos e as teses jurídicas firmadas nos incidentes de recursos repetitivos, de assunção de competência e de resolução de demandas repetitivas cancelados ou alterados manterão a respectiva numeração, com a nota correspondente, tomando novos números as que forem editadas.

TÍTULO III

DOS ATOS PROCESSUAIS

CAPÍTULO I

DOS ATOS E FORMALIDADES

SEÇÃO I

Das Disposições Gerais

Art. 185. Os atos processuais serão autenticados, conforme o caso, mediante a assinatura ou rubrica do Presidente, dos Ministros ou dos servidores para tal fim qualificados.

Parágrafo único. É exigida a assinatura usual nos acórdãos, na correspondência oficial e nas certidões, ressalvada a hipótese de chancela mecânica e dos procedimentos permitidos pela Lei n. 11.419/2006.

SEÇÃO II

Das Notificações e dos Editais

Art. 186. A critério do Presidente do Tribunal, dos Presidentes das Turmas ou do relator, conforme o caso, a notificação de ordens ou decisões será feita:

I – por publicação no *Diário Eletrônico da Justiça do Trabalho* ou no *Diário da Justiça da União*;

II – por servidor credenciado;

III – por via postal ou por qualquer modo eficaz de telecomunicação, com as cautelas necessárias à autenticação da mensagem e do recebimento.

Parágrafo único. Poder-se-á admitir a resposta pela forma indicada no inciso III deste artigo.

Art. 187. Da publicação do expediente de cada processo constará, além do nome das partes, o de seu advogado, com o respectivo número de inscrição na Ordem dos Advogados do Brasil – OAB, ou, se assim requerido, da sociedade de advogados registrada na OAB, nos termos do art. 272, §§ 1.º e 2.º, do CPC.

Art. 188. É suficiente a indicação do nome de um dos advogados, quando a parte houver constituído mais de um, ou o constituído substabelecer a outro com reserva de poderes.

Parágrafo único. As comunicações dos atos processuais serão realizadas em nome dos advogados indicados, se houver pedido expresso da parte interessada.

Art. 189. A retificação de publicação no *Diário Eletrônico da Justiça do Trabalho* ou no *Diário da Justiça da União*, com efeito de intimação, decorrente de incorreções ou omissões, será providenciada pela Secretaria do órgão responsável pela publicação, mediante despacho do Presidente do Tribunal ou do Presidente de Turma, ou por deliberação do órgão julgador, conforme o caso.

Art. 190. Os editais destinados à divulgação de ato poderão conter apenas o essencial à defesa ou à resposta, observadas as normas previstas na lei processual.

Art. 191. Nas férias dos Ministros, não se interromperá a publicação de acórdãos, decisões e despachos no órgão oficial.

CAPÍTULO II

DOS PRAZOS

Art. 192. A contagem dos prazos no Tribunal será feita segundo as normas estabelecidas na lei processual, ainda que se trate de procedimento administrativo.

§ 1.º O recesso forense e as férias coletivas dos Ministros suspendem os prazos recursais.

§ 2.º Nos casos deste artigo, os prazos começam ou continuam a fluir no dia de reabertura do expediente forense.

Art. 193. Os prazos para os Ministros, salvo acúmulo de serviço, são os seguintes:

I – 10 (dez) dias para despachos e atos administrativos;

II – 30 (trinta) dias para as decisões interlocutórias e para o visto do relator;

III – 20 (vinte) dias para o visto do revisor;

IV – 15 (quinze) dias para lavratura de acórdão, exceto o referente às decisões normativas, em que o prazo é de 10 (dez) dias;

V – 15 (quinze) dias para justificativa de voto;

VI – 10 (dez) dias para vista regimental, nos termos do art. 147 deste Regimento.

Parágrafo único. Por deliberação do Órgão Especial, os prazos fixados neste artigo poderão ser suspensos, caracterizada situação excepcional que justifique a medida.

CAPÍTULO III

DOS DADOS ESTATÍSTICOS

Art. 194. Os dados estatísticos relativos às atividades jurisdicionais dos órgãos do Tribunal e dos Ministros serão publicados, mensalmente, no órgão oficial.

Art. 195. Da publicação da estatística deverá constar o nome dos julgadores, o número de feitos que lhes foram distribuídos ou conclusos no mês, as decisões proferidas, os processos julgados, os acórdãos lavrados, os pedidos de vista, bem como os processos pendentes de exame e de inclusão em pauta, e os processos com vista à Procuradoria-Geral do Trabalho.

CAPÍTULO IV

DAS AUDIÊNCIAS

Art. 196. As audiências para instrução de processo da competência originária do Tribunal serão públicas e realizadas nos dias e horários marcados pelo Presidente, pelo Vice-Presidente ou pelo Ministro por eles designado, ou pelo relator, presentes o Secretário-Geral Judiciário, no caso de processo de competência originária da Seção Especializada em Dissídios Coletivos, ou os Secretários das Subseções Especializadas em Dissídios Individuais, conforme o caso.

Parágrafo único. O Ministro que presidir a audiência deliberará sobre o que lhe for requerido.

Art. 197. Ninguém se retirará da sala de audiência a que haja comparecido para dela participar sem permissão do Ministro que a presidir.

Art. 198. Será lavrada ata da audiência de instrução e conciliação.

Art. 199. As audiências públicas serão realizadas nos dias e horários marcados pelo Presidente ou pelo relator, de ofício ou a requerimento, para colher informações de terceiros potencialmente atingidos pela decisão ou de especialistas na tese jurídica discutida, presente o Secretário do órgão competente, e atenderão ao seguinte procedimento:

§ 1.º A audiência pública será convocada por edital, publicado na página do Tribunal na rede mundial de computadores, no *Diário Eletrônico da Justiça do Trabalho*, tendo, ainda, ampla divulgação em veículos de comunicação apropriados às características do público destinatário.

§ 2.º O edital de convocação deverá conter o assunto da audiência, a indicação da questão específica objeto de discussão, a descrição do público destinatário do ato, a data, o local e o horário da sua realização e os critérios de inscrição e manifestação.

§ 3.º A convocação deverá ocorrer com antecedência mínima de 30 (trinta) dias, salvo em situações de urgência.

§ 4.º Será garantida a participação das diversas correntes de opinião em torno da questão discutida.

§ 5.º O Ministério Público do Trabalho será intimado para participar da audiência.

§ 6.º A audiência pública será presidida pelo Ministro relator, a quem cabe selecionar previamente as pessoas que serão ouvidas, divulgar a lista de habilitados, determinar a ordem dos trabalhos e fixar o tempo de manifestação de cada um, que deve se restringir questão discutida, sob pena de lhe ser cassada a palavra.

§ 7.º Todos os membros do órgão colegiado competente para o julgamento da causa podem participar da audiência e formular perguntas aos participantes, devendo a Secretaria respectiva dar-lhes ciência dos termos do edital de convocação por ofício específico encaminhado ao gabinete com a mesma antecedência da publicação do edital.

§ 8.º A audiência pública será registrada em ata e mediante gravação de áudio e vídeo, bem como transmitida por meio da rede mundial de computadores e redes de televisão estatais, sempre que possível.

§ 9.º As questões levantadas durante a audiência pública, desde que relevantes para o julgamento da causa, deverão ser examinadas pelo órgão julgador, na forma do art. 489, § 1.º, do CPC.

TÍTULO IV

DOS PROCESSOS EM ESPÉCIE

CAPÍTULO I

DOS PROCESSOS SOBRE COMPETÊNCIA

Art. 200. O conflito de competência poderá ocorrer entre autoridades judiciárias; o de atribuições, entre autoridades judiciárias e administrativas.

Art. 201. Dar-se-á conflito quando:

I – 2 (duas) ou mais autoridades se declaram competentes;

II – 2 (duas) ou mais autoridades se consideram incompetentes, atribuindo uma à outra a competência;

III – houver controvérsia entre 2 (duas) ou mais autoridades sobre a reunião ou separação de processos.

Parágrafo único. A autoridade que não acolher a competência declinada deverá suscitar o conflito, salvo se a atribuir a uma outra autoridade.

Art. 202. O conflito poderá ser suscitado ao Tribunal:

I – por qualquer das autoridades conflitantes, por ofício;

II – pela parte interessada ou seus representantes legais e pelo Ministério Público do Trabalho, por petição.

Parágrafo único. O ofício e a petição serão instruídos com os documentos necessários à prova do conflito.

Art. 203. O processo de conflito será autuado e distribuído, observada a competência dos órgãos judicantes do Tribunal.

Art. 204. O relator, de ofício ou a requerimento de qualquer das partes, poderá determinar, quando positivo o conflito, o sobrestamento do processo, e, nesse caso, bem como no de conflito negativo, designará um dos órgãos para resolver, em caráter provisório, as medidas urgentes.

Parágrafo único. O relator poderá julgar de plano o conflito de competência quando sua decisão se fundar em:

I – súmula do Supremo Tribunal Federal ou do Tribunal Superior do Trabalho;

II – tese firmada em julgamento de casos repetitivos ou em incidente de assunção de competência.

Art. 205. Após a distribuição e sempre que necessário, o relator determinará a oitiva das autoridades em conflito, no prazo de 10 (dez) dias.

Art. 206. Prestadas ou não as informações, o relator, se for o caso, dará vista do processo ao Ministério Público do Trabalho e, após, apresentá-lo-á em mesa para julgamento.

Art. 207. Proferida, a decisão será comunicada, imediatamente, às autoridades em conflito, devendo prosseguir o feito no Juízo, Tribunal ou órgão competente.

Parágrafo único. No caso de conflito positivo, o Presidente do órgão fracionário ou do Tribunal que o julgar poderá determinar o cumprimento, de imediato, da decisão, lavrando-se o acórdão posteriormente.

Art. 208. Salvo embargos de declaração, da decisão que resolver o conflito não caberá recurso, nem poderá a matéria ser renovada na discussão da causa principal.

Art. 209. Nos casos de conflito que envolva órgãos fracionários dos tribunais, Desembargadores e Juízes, bem como nos casos de conflito de atribuições entre autoridade judiciária e autoridade administrativa, proceder-se-á, no que couber, na forma estabelecida neste Capítulo.

CAPÍTULO II

DAS AÇÕES ORIGINÁRIAS

SEÇÃO I

Da Reclamação

Art. 210. Caberá reclamação para:

I – preservar a competência do Tribunal;

II – garantir a autoridade das decisões do Tribunal;

III – garantir a observância de acórdão proferido em incidentes de assunção de competência, de resolução de demandas repetitivas e de julgamento de recursos repetitivos.

§ 1.º Estão legitimados para a reclamação a parte interessada ou o Ministério Público do Trabalho.

§ 2.º A reclamação será processada e julgada pelo órgão colegiado cuja competência se busca preservar ou cuja autoridade se pretende garantir.

§ 3.º Oficiará no feito o Ministério Público do Trabalho, como *custos legis*, salvo se figurar como reclamante.

Art. 211. A reclamação, dirigida ao Presidente do Tribunal e instruída com prova documental, será autuada e distribuída, sempre que possível, ao relator da causa principal, observando-se, no que couber, as disposições deste Regimento.

Art. 212. É inadmissível a reclamação proposta:

I – após o trânsito em julgado da decisão reclamada;

II – em face de decisão monocrática de Ministro ou colegiada do Tribunal, pelo seu Pleno ou órgão fracionário.

Art. 213. Ao despachar a inicial, incumbe ao relator:

I – requisitar informações da autoridade a quem for atribuída a prática do ato impugnado, para que as apresente no prazo de 10 (dez) dias úteis;

II – ordenar liminarmente, se houver risco de dano irreparável, a suspensão do processo ou do ato impugnado;

III – determinar a citação do beneficiário da decisão impugnada, que terá prazo de 15 (quinze) dias úteis para apresentar contestação.

Parágrafo único. Decorridos os prazos para informações e oferecimento de contestação pelo beneficiário do ato impugnado, o Ministério Público terá vista dos autos por 5 (cinco) dias, salvo se figurar como reclamante.

Art. 214. À reclamação poderá opor-se, fundamentadamente, qualquer interessado.

§ 1.º É obrigatória a intimação da parte interessada da decisão de indeferimento liminar da reclamação.

§ 2.º O relator arbitrará o valor das custas, bem como os ônus da sucumbência.

§ 3.º Os valores decorrentes da sucumbência serão processados nos autos da reclamação.

Art. 215. Julgada procedente a reclamação, o Tribunal cassará a decisão exorbitante de seu julgado ou determinará medida adequada à preservação da sua competência.

Art. 216. O Presidente do órgão julgador competente determinará o cumprimento imediato da decisão, lavrando-se o acórdão posteriormente.

Parágrafo único. Caberá ao Ministro relator determinar a adoção das medidas indutivas, coercitivas, mandamentais ou sub-rogatórias necessárias para assegurar o cumprimento da decisão.

Art. 217. Dos acórdãos proferidos pelos Tribunais Regionais do Trabalho, em reclamação, caberá recurso ordinário, a ser distribuído no âmbito do órgão fracionário competente para o julgamento do recurso cabível para o Tribunal Superior do Trabalho no processo principal.

SEÇÃO II

Do *Habeas Corpus*

Art. 218. Impetrado o *habeas corpus*, o relator requisitará informações do apontado coator, no prazo que fixar, podendo, ainda:

I – nomear advogado para acompanhar e defender oralmente o pedido, se o impetrante não for bacharel em Direito;

II – ordenar diligências necessárias à instrução do pedido;

III – se convier ouvir o paciente, determinar sua apresentação à sessão de julgamento;

IV – no *habeas corpus* preventivo, expedir salvo-conduto em favor do paciente, até decisão do feito, se houver grave risco de se consumar a violência.

Art. 219. Instruído o processo e ouvido o Ministério Público, o relator o submeterá a julgamento na primeira sessão da Subseção II da Seção Especializada em Dissídios Individuais, independentemente de pauta.

Parágrafo único. Opondo-se o paciente, não se conhecerá do pedido.

Art. 220. A decisão concessiva de *habeas corpus* será imediatamente comunicada às autoridades a quem couber cumpri-la, sem prejuízo da remessa de cópia do acórdão.

Parágrafo único. A comunicação, mediante ofício ou qualquer outro meio idôneo, bem como o salvo-conduto, em caso de ameaça de violência ou coação, serão firmados pelo relator.

Art. 221. A autoridade administrativa prisional, o escrivão, o oficial de justiça ou a autoridade judiciária, policial ou militar que embaraçar ou procrastinar o encaminhamento do pedido de *habeas corpus*, ou as informações sobre a causa da violência, coação ou ameaça, serão multados na forma da legislação processual vigente, sem prejuízo de outras sanções penais ou administrativas.

Art. 222. O Presidente do Tribunal expedirá mandado contra a autoridade administrativa prisional e oficiará ao Ministério Público, para que promova a ação penal, no caso de desobediência ou retardamento abusivo no cumprimento da ordem de *habeas corpus*.

Parágrafo único. Na hipótese deste artigo, o Presidente do Tribunal adotará as providências necessárias ao cumprimento da decisão, com emprego dos meios legais cabíveis.

Art. 223. Quando o pedido for incabível, ou for manifesta a incompetência do Tribunal para dele conhecer originariamente, ou for reiteração de outro com os mesmos fundamentos, o relator o indeferirá liminarmente.

SEÇÃO III

Do Mandado de Segurança

Art. 224. Cabe mandado de segurança contra ato do Presidente ou de qualquer dos membros ou órgãos da Corte, observadas para o julgamento as regras referentes à competência dos órgãos judicantes do Tribunal.

Art. 225. O mandado de segurança coletivo pode ser impetrado por organização sindical, entidade de classe ou associação legalmente constituída e em funcionamento há, pelo menos, 1 (um) ano, em defesa de direitos líquidos e certos da totalidade ou de parte dos seus membros ou associados, na forma dos seus estatutos e desde que pertinentes às suas finalidades, dispensada, para tanto, autorização especial.

Parágrafo único. Os direitos protegidos pelo mandado de segurança coletivo podem ser:

I – coletivos, assim entendidos os transindividuais, de natureza indivisível, de que seja titular grupo ou categoria de pessoas ligadas entre si ou com a parte contrária por uma relação jurídica básica;

II – individuais homogêneos, assim entendidos os decorrentes de origem comum e da atividade ou situação específica da totalidade ou de parte dos membros ou associados do impetrante.

Art. 226. No mandado de segurança coletivo, a decisão fará coisa julgada limitadamente aos membros do grupo ou categoria substituídos pelo impetrante.

§ 1.º O mandado de segurança coletivo não induz litispendência para as ações individuais, mas os efeitos da coisa julgada não beneficiarão o impetrante a título individual se não requerer a desistência de seu mandado de segurança no prazo de 30 (trinta) dias a contar da ciência comprovada da impetração da segurança coletiva.

§ 2.º No mandado de segurança coletivo, a liminar só poderá ser concedida após a audiência do representante judicial da pessoa jurídica de direito público, que deverá se pronunciar no prazo de 72 (setenta e duas) horas, salvo em casos de manifesta urgência.

Art. 227. O mandado de segurança, de competência originária do Tribunal, terá seu processo iniciado por petição, que preencherá os requisitos legais, inclusive a necessidade de autenticação dos documentos que instruem a ação mandamental, sendo facultada ao advogado a declaração de autenticidade dos referidos documentos, sob sua responsabilidade pessoal, na forma do art. 830 da CLT, devendo conter, ainda, a indicação precisa da autoridade a quem se atribua o ato impugnado.

§ 1.º Afirmado pelo requerente que o documento necessário à prova de suas alegações se encontra em órgão ou estabelecimento público ou em poder de autoridade que lhe recuse certidão, ele solicitará ao relator que seja requisitada, por ofício, a exibição do documento, em original ou cópia autenticada, no prazo de 5 (cinco) dias úteis. Se a autoridade indicada pelo requerente for a coatora, far-se-á a requisição no próprio instrumento da intimação.

§ 2.º Para os fins deste artigo, em se tratando de documento eletrônico, serão observadas as regras que disciplinam o processo eletrônico na Justiça do Trabalho.

Art. 228. Em caso de urgência, é permitido, observados os requisitos legais, impetrar mandado de segurança por telegrama, radiograma, fax ou outro meio eletrônico de autenticidade comprovada.

§ 1.º Poderá o juiz, em caso de urgência, notificar a autoridade por telegrama, radiograma ou outro meio que assegure a autenticidade do documento e a imediata ciência pela autoridade.

§ 2.º O texto original da petição deverá ser apresentado nos 5 (cinco) dias úteis seguintes.

§ 3.º Para os fins deste artigo, em se tratando de documento eletrônico, serão observadas as regras que disciplinam o processo eletrônico na Justiça do Trabalho.

Art. 229. Distribuído o feito na forma regimental, o relator mandará ouvir a autoridade dita coatora, mediante ofício acompanhado da segunda via da petição, instruída com as cópias dos documentos, a fim de que preste informações no prazo legal.

§ 1.º A petição inicial poderá, de plano, ser indeferida pelo relator, quando não for a hipótese de mandado de segurança, ou quando não atendidos os requisitos do art. 227 deste Regimento, devendo os autos ser remetidos ao Juízo competente, se manifesta a incompetência do Tribunal, dispensadas as informações da autoridade dita coatora.

§ 2.º Salvo nos casos vedados em lei, o relator poderá ordenar a suspensão liminar do ato que deu motivo ao pedido, quando for relevante o fundamento e do ato impugnado puder resultar a ineficácia da medida, caso seja deferida.

§ 3.º Deferida a medida liminar, o processo terá prioridade para julgamento.

§ 4.º Da decisão do relator que conceder ou denegar a medida liminar caberá agravo interno ao órgão colegiado competente do Tribunal do qual o magistrado seja integrante.

§ 5.º Se, por ação ou omissão, o beneficiário da liminar der causa à procrastinação do julgamento do pedido, poderá o relator revogar a medida.

Art. 230. Transcorrido o prazo legal para as informações, o relator determinará a remessa dos autos à Procuradoria-

-Geral do Trabalho, que opinará, dentro do prazo improrrogável de 10 (dez) dias.

Parágrafo único. Com ou sem o parecer do Ministério Público, os autos serão conclusos ao relator para a instrução do processo, se necessária, e para que este o encaminhe para inclusão na próxima pauta de julgamento ou, quando a matéria for objeto de jurisprudência consolidada do Tribunal, julgue monocraticamente o pedido.

Art. 231. A concessão ou a denegação da segurança, na vigência da medida liminar, será imediatamente comunicada, por intermédio da Secretaria do órgão julgador, à autoridade apontada como coatora e à pessoa jurídica interessada, mediante ofício ou pelo correio, através de correspondência com aviso de recebimento.

Parágrafo único. Em caso de urgência, poderá ser observado o disposto no art. 228 deste Regimento.

SEÇÃO IV

Do Mandado de Injunção e do *Habeas Data*

Art. 232. No mandado de injunção e no *habeas data*, serão observadas as normas da legislação de regência e, de forma supletiva e subsidiária, a Lei n. 12.016/ 2009 e o Código de Processo Civil.

SEÇÃO V

Da Ação Rescisória

Art. 233. Caberá ação rescisória dos acórdãos prolatados pelo Tribunal, no prazo e nas hipóteses previstas na legislação processual aplicável, observadas, para o julgamento, as regras alusivas à competência dos órgãos judicantes da Corte.

§ 1.º A ação rescisória está sujeita ao depósito prévio equivalente a 20% (vinte por cento) do valor da causa, importância que se converterá em multa em favor do réu, caso a ação seja, por unanimidade de votos, declarada inadmissível ou improcedente.

§ 2.º Não se aplica o disposto no parágrafo anterior ao autor que tenha feito prova de miserabilidade jurídica e à União, aos Estados, ao Distrito Federal, aos Municípios, às suas respectivas autarquias e fundações de direito público, ao Ministério Público e à Defensoria Pública.

Art. 234. A ação rescisória terá início por petição, preenchidos os requisitos da legislação processual compatíveis com o processo do trabalho.

Parágrafo único. Registrada e autuada, a ação rescisória será distribuída, mediante sorteio, a um relator, dentre os Ministros integrantes do órgão julgador competente.

Art. 235. A petição inicial será indeferida pelo relator, se não preenchidas as exigências legais e não suprida a irregularidade.

Art. 236. Nas ações rescisórias que dispensem a fase instrutória, o relator também poderá, independentemente da citação do réu, julgar liminarmente improcedente o pedido se verificar, desde logo, a ocorrência de decadência ou se concluir configurada contrariedade a:

I – enunciado de súmula do Supremo Tribunal Federal ou do Tribunal Superior do Trabalho (art. 927, IV, do CPC);

II – acórdão proferido pelo Supremo Tribunal Federal ou pelo Tribunal Superior do Trabalho em julgamento de recursos repetitivos (art. 896-B da CLT e art. 927, III, do CPC);

III – entendimento firmado em incidentes de assunção de competência, de resolução de demandas repetitivas e de recursos repetitivos;

IV – enunciado de súmula de Tribunal Regional do Trabalho sobre direito local, convenção coletiva de trabalho, acordo coletivo de trabalho, sentença normativa ou regulamento empresarial de observância obrigatória em área territorial que não exceda à jurisdição do respectivo Tribunal.

Art. 237. Compete ao relator, se a petição preencher os requisitos legais:

I – ordenar as citações e intimações requeridas;

II – receber ou rejeitar, *in limine*, a petição inicial e as exceções opostas e designar audiência especial para produção de provas, se requeridas ou se lhe parecerem necessárias, ou delegar a competência para a colheita de provas ao órgão que proferiu a decisão rescindenda ou a juiz ou a membro de outro tribunal do local onde estas devam ser produzidas, fixando prazo de 1 (um) a 3 (três) meses para a devolução dos autos;

III – submeter a julgamento em mesa as questões incidentes e as exceções opostas, quando regularmente processadas;

IV – dar vista ao Ministério Público do Trabalho, sempre que couber, depois das alegações finais das partes.

Parágrafo único. Reconhecida a incompetência do Tribunal para julgar a ação rescisória, o autor será intimado para emendar a petição inicial, a fim de adequar o objeto da ação, nos casos previstos nos incisos I e II do § 5.º do art. 968 do CPC, com a complementação, pelo réu, dos fundamentos de defesa e a remessa dos autos ao Tribunal competente, nos termos do § 6.º do art. 968 do CPC.

Art. 238. Feita a citação, o réu, no prazo assinalado pelo relator, que não poderá ser inferior a 15 (quinze) nem superior a 30 (trinta) dias, apresentará a contestação.

Art. 239. Ultimada a fase probatória, permanecerão os autos na Secretaria, para apresentação de razões finais, tendo as partes, sucessivamente, o prazo de 10 (dez) dias úteis.

Parágrafo único. Findo esse prazo e oficiado, quando cabível, o Ministério Público do Trabalho, serão os autos conclusos ao relator.

SEÇÃO VI

Dos Dissídios Coletivos

Art. 240. Frustrada, total ou parcialmente, a autocomposição dos interesses coletivos em negociação promovida diretamente pelos interessados ou mediante intermediação administrativa do órgão competente do Ministério do Trabalho, poderá ser ajuizada a ação de dissídio coletivo ou solicitada a mediação do Tribunal Superior do Trabalho.

§ 1.º Na impossibilidade real de encerramento da negociação coletiva em curso antes do termo final a que se refere o art. 616, § 3.º, da CLT, a entidade interessada poderá formular protesto judicial em petição escrita, dirigida ao Presidente do Tribunal, a fim de preservar a data-base da categoria.

§ 2.º Deferida a medida prevista no item anterior, a representação coletiva será ajuizada no prazo máximo de 30 (trinta) dias úteis, contados da intimação, sob pena de perda da eficácia do protesto.

§ 3.º O pedido de mediação do Tribunal, formulado antes da instauração do dissídio coletivo, será dirigido à Vice-Presidência, que marcará audiência para composição voluntária do conflito.

Art. 241. Os dissídios coletivos podem ser:

I – de natureza econômica, para a instituição de normas e condições de trabalho;

II – de natureza jurídica, para interpretação de cláusulas de sentenças normativas, de instrumentos de negociação coletiva, acordos e convenções coletivas, de disposições legais particulares de categoria profissional ou econômica e de atos normativos;

III – originários, quando inexistentes ou em vigor normas e condições especiais de trabalho, decretadas em sentença normativa;

IV – de revisão, quando destinados a reavaliar normas e condições coletivas de trabalho preexistentes que se tornarem injustas ou ineficazes pela modificação das circunstâncias que as ditaram;

V – de declaração sobre a paralisação do trabalho decorrente de greve.

Art. 242. Para julgamento, o processo será incluído em pauta preferencial, se for caso de urgência, sobretudo na ocorrência ou iminência de paralisação do trabalho.

Parágrafo único. Na hipótese de greve em serviços ou atividades essenciais, poderá o Presidente do Tribunal, justificando a urgência, dispensar a inclusão do processo em pauta, convocar sessão para julgamento do dissídio coletivo, notificando as partes, por meio de seus patronos, e cientificando o Ministério Público, tudo com antecedência de, pelo menos, 12 (doze) horas.

Art. 243. Requerida a homologação de acordo em processo de dissídio coletivo, antes ou depois do julgamento, da apresentação de recursos ou da publicação do acórdão, adotar-se-á o seguinte procedimento:

I – o pedido de homologação de acordo será apreciado pelo relator originário ou pelo redator designado para lavrar o acórdão do julgamento já realizado, se for o caso;

II – o processo será redistribuído a um dos membros do colegiado, se ausente, por qualquer motivo, o relator;

III – o pedido de homologação de acordo será apreciado, independentemente de publicação de pauta, cabendo ao relator apresentar os autos em mesa, na primeira sessão ordinária subsequente à formulação do pedido, ou em sessão extraordinária designada para esse fim, sendo de igual modo dispensada a prévia inclusão em pauta, quando o pedido ingressar antes do julgamento do recurso ordinário.

Art. 244. O acordo judicial homologado no processo de dissídio coletivo, abrangendo a totalidade ou parte das pretensões, tem força de decisão irrecorrível para as partes.

CAPÍTULO III
DOS RECURSOS

SEÇÃO I
Do Recurso Ordinário

Art. 245. Cabe recurso ordinário para o Tribunal das decisões definitivas proferidas pelos Tribunais Regionais do Trabalho em processos de sua competência originária, no prazo legal, contado da publicação do acórdão ou de sua conclusão no órgão oficial.

Parágrafo único. O recurso é cabível em:

I – Ação anulatória;

II – Ação para obtenção de tutela provisória em caráter antecedente;

III – Ação declaratória;

IV – Agravo interno;

V – Ação rescisória;

VI – Dissídio coletivo;

VII – *Habeas corpus*;

VIII – *Habeas data*;

IX – Mandado de segurança;

X – Reclamação.

SEÇÃO II
Da Transcendência

Art. 246. As normas relativas ao exame da transcendência dos recursos de revista, previstas no art. 896-A da CLT, somente incidirão naqueles interpostos contra decisões proferidas pelos Tribunais Regionais do Trabalho publicadas a partir de 11-11-2017, data da vigência da Lei n. 13.467/2017.

Art. 247. A aplicação do art. 896-A da CLT, que trata da transcendência do recurso de revista, observará o disposto neste Regimento, devendo o Tribunal Superior do Trabalho, no recurso de revista, examinar previamente de ofício, se a causa oferece transcendência com relação aos reflexos gerais de natureza econômica, política, social ou jurídica.

§ 1.º São indicadores de transcendência, entre outros:

I – econômica, o elevado valor da causa;

II – política, o desrespeito da instância recorrida à jurisprudência sumulada do Tribunal Superior do Trabalho ou do Supremo Tribunal Federal;

III – social, a postulação, por reclamante-recorrente, de direito social constitucionalmente assegurado;

IV – jurídica, a existência de questão nova em torno da interpretação da legislação trabalhista.

§ 2.º Poderá o relator, monocraticamente, denegar seguimento ao recurso de revista que não demonstrar transcendência.

§ 3.º Caberá agravo apenas das decisões em que não reconhecida a transcendência pelo relator, sendo facultada a sustentação oral ao recorrente, durante 5 (cinco) minutos em sessão, e ao recorrido, apenas no caso de divergência entre os componentes da Turma quanto à transcendência da matéria.

§ 4.º Mantido o voto do relator quanto ao não reconhecimento da transcendência do recurso, será lavrado acórdão com fundamentação sucinta, que constituirá decisão irrecorrível no âmbito do Tribunal.

§ 5.º O juízo de admissibilidade do recurso de revista exercido pela Presidência dos Tribunais Regionais do Trabalho limita-se à análise dos pressupostos intrínsecos e extrínsecos do apelo, não abrangendo o critério da transcendência das questões nele veiculadas.

Art. 248. É irrecorrível a decisão monocrática do relator que, em agravo de instrumento em recurso de revista, considerar ausente a transcendência da matéria.

Art. 249. O Tribunal Superior do Trabalho organizará banco de dados em que constarão os temas a respeito dos quais houver sido reconhecida a transcendência.

SEÇÃO III

Do Recurso de Revista

Art. 250. O recurso de revista, interposto na forma da lei, é apresentado no Tribunal Regional do Trabalho e tem seu cabimento examinado em decisão fundamentada pelo Presidente do Tribunal de origem, ou pelo Desembargador designado para esse fim, conforme o Regimento Interno do Tribunal Regional do Trabalho.

Parágrafo único. São fontes oficiais de publicação dos julgados o *Diário Eletrônico da Justiça do Trabalho*, o *Diário da Justiça da União e dos Estados*, a *Revista do Tribunal Superior do Trabalho*, as revistas publicadas pelos Tribunais Regionais do Trabalho, os sítios do Tribunal Superior do Trabalho e dos Tribunais Regionais do Trabalho na rede mundial de computadores e os repositórios autorizados a publicar a jurisprudência trabalhista.

Art. 251. Distribuído o recurso ou provido o respectivo agravo de instrumento, o relator poderá:

I – não conhecer do recurso de revista inadmissível, prejudicado ou daquele que não tiver impugnado especificamente todos os fundamentos da decisão recorrida, inclusive nas hipóteses do art. 896, §§ 1.º-A e 14, da CLT;

II – negar provimento ao recurso de revista que for contrário a tese fixada em julgamento de recurso repetitivo ou de repercussão geral, a entendimento firmado em incidente de assunção de competência ou de resolução de demandas repetitivas, a súmula vinculante do Supremo Tribunal Federal, a súmula ou orientação jurisprudencial do Tribunal Superior do Trabalho ou, ainda, a jurisprudência dominante sobre o tema;

III – dar provimento ao recurso de revista se o acórdão recorrido for contrário a tese fixada em julgamento de recursos repetitivos ou de repercussão geral, a entendimento firmado em incidente de assunção de competência ou de resolução de demandas repetitivas, a súmula vinculante do Supremo Tribunal Federal, a súmula ou orientação jurisprudencial do Tribunal Superior do Trabalho ou, ainda, a jurisprudência dominante sobre o tema.

SEÇÃO IV

Do Agravo de Instrumento

Art. 252. O agravo de instrumento interposto contra decisão denegatória de recurso de competência desta Corte será autuado e distribuído, observada a competência dos órgãos do Tribunal, aplicando-se, quanto à tramitação e julgamento, as disposições inscritas nesta Seção.

Art. 253. A dispensa de depósito recursal a que se refere o § 8.º do art. 899 da CLT não será aplicável aos casos em que o agravo de instrumento se refira a uma parcela da condenação, pelo menos, que não seja objeto de arguição de contrariedade a súmula ou a orientação jurisprudencial do Tribunal Superior do Trabalho.

Art. 254. Admitido apenas parcialmente o recurso de revista, constitui ônus da parte impugnar, mediante agravo de instrumento em recurso de revista, o capítulo denegatório da decisão, sob pena de preclusão.

§ 1.º Se houver omissão no juízo de admissibilidade do recurso de revista quanto a um ou mais temas, é ônus da parte interpor embargos de declaração para o órgão prolator da decisão embargada supri-la (art. 1.024, § 2.º, do CPC), sob pena de preclusão.

§ 2.º Incorre em nulidade a decisão regional que se abstiver de exercer controle de admissibilidade sobre qualquer tema objeto de recurso de revista, não obstante interpostos embargos de declaração (art. 93, inciso IX, da Constituição da República/88 e art. 489, § 1.º, do CPC).

§ 3.º No caso do parágrafo anterior, sem prejuízo da nulidade, a recusa do Presidente do Tribunal Regional do Trabalho a emitir juízo de admissibilidade sobre qualquer tema equivale a decisão denegatória. É ônus da parte, assim, após a intimação da decisão dos embargos de declaração, impugná-la mediante agravo de instrumento em recurso de revista (art. 896, § 12, da CLT), sob pena de preclusão.

Art. 255. Distribuído o agravo de instrumento, o relator poderá:

I – nos casos de que trata o artigo anterior e se constatar a existência de omissão não suprida pelo Presidente do Tribunal Regional do Trabalho de origem, apesar da interposição, pelo agravante, dos embargos de declaração, determinar, por decisão irrecorrível, a restituição do agravo de instrumento em recurso de revista ao órgão judicante de origem para que este complemente o juízo de admissibilidade;

II – não conhecer do agravo de instrumento inadmissível, prejudicado ou daquele que não tenha impugnado especificamente todos os fundamentos da decisão recorrida;

III – conhecer do agravo de instrumento para:

a) negar-lhe provimento em caso de recurso de revista inadmissível, prejudicado ou em que não tenha havido impugnação específica de todos os fundamentos da decisão recorrida, inclusive nas hipóteses do art. 896, § 1.º-A, da CLT;

b) negar-lhe provimento nos casos em que o recurso for contrário a tese fixada em julgamento de recursos repetitivos ou de repercussão geral, a entendimento firmado em incidente de assunção de competência ou de demandas repetitivas, a súmula vinculante do Supremo Tribunal Federal ou a súmula ou orientação jurisprudencial do Tribunal Superior do Trabalho ou, ainda, a jurisprudência dominante acerca do tema;

c) dar-lhe provimento nos casos em que o recurso impugnar acórdão contrário a tese fixada em julgamento de casos repetitivos ou de repercussão geral, a entendimento firmado em incidente de assunção de competência ou de demandas repetitivas, a súmula vinculante do Supremo Tribunal Federal ou a súmula ou orientação jurisprudencial do Tribunal Superior do Trabalho ou, ainda, a jurisprudência dominante acerca do tema, determinando a sua autuação como recurso ordinário ou recurso de revista, observando-se, daí em diante, os procedimentos respectivos.

Parágrafo único. No caso de ser provido o agravo de instrumento, mas ficando vencido o relator, será designado redator do acórdão e relator do recurso de revista o Ministro prolator do primeiro voto vencedor no julgamento do agravo de instrumento.

Art. 256. Se o agravo de instrumento que tramita conjuntamente com recurso de revista for provido, a Secretaria providenciará a publicação da respectiva certidão de julgamento, para efeito de intimação das partes, em que constará que os recursos de revista serão apreciados na primeira sessão ordinária subsequente à data da publicação, após a devida reautuação.

Parágrafo único. Ultimado o julgamento, o relator ou o redator designado lavrará um único acórdão, que também contemplará os fundamentos que ensejaram o provimento do agravo de instrumento em recurso de revista, fluindo o prazo recursal a partir da publicação da aludida decisão.

Art. 257. Interposto apenas agravo de instrumento, se lhe for dado provimento, observar-se-á o procedimento do artigo anterior e seu parágrafo único.

§ 1.º O processo, nesta hipótese, será reautuado como recurso de revista ou recurso ordinário, mantida a numeração dada ao agravo de instrumento.

§ 2.º Não sendo conhecido ou desprovido o agravo de instrumento, será lavrado o respectivo acórdão.

CAPÍTULO IV

DOS RECURSOS DAS DECISÕES PROFERIDAS NO TRIBUNAL

SEÇÃO I

Dos Embargos para a Subseção I da Seção Especializada em Dissídios Individuais

Art. 258. Cabem embargos das decisões das Turmas do Tribunal que divergirem entre si ou das decisões proferidas pela Subseção I da Seção Especializada em Dissídios Individuais, ou contrárias a súmula, a orientação jurisprudencial ou a precedente normativo do Tribunal Superior do Trabalho ou súmula vinculante do Supremo Tribunal Federal, no prazo de 8 (oito) dias úteis, contados de sua publicação, na forma da lei.

Parágrafo único. Além dos casos já previstos na jurisprudência sumulada do Tribunal, também cabem embargos das decisões de suas Turmas proferidas em agravos internos e agravos de instrumento que contrariarem precedentes obrigatórios firmados em julgamento de incidentes de assunção de competência ou de incidentes de recursos repetitivos.

Art. 259. O recorrente provará a divergência com certidão, cópia ou citação de repositório oficial ou credenciado de jurisprudência, inclusive em mídia eletrônica, em que foi publicado o acórdão divergente, ou com a reprodução de julgado disponível na rede mundial de computadores, indicando a respectiva fonte, e mencionará as circunstâncias que identificam ou assemelham os casos confrontados.

Parágrafo único. A divergência apta a ensejar os embargos deve ser atual, não se considerando tal a ultrapassada por súmula, orientação jurisprudencial ou precedente normativo do Tribunal Superior do Trabalho ou por súmula do Supremo Tribunal Federal, ou superada por iterativa e notória jurisprudência do Tribunal Superior do Trabalho.

Art. 260. Compete ao Presidente da Turma exercer o juízo de admissibilidade dos embargos à Subseção I da Seção Especializada em Dissídios Individuais previsto no art. 93, VIII, deste Regimento.

Art. 261. Incumbe ao Ministro relator:

I – denegar seguimento aos embargos:

a) se a decisão recorrida estiver em consonância com tese fixada em julgamento de casos repetitivos ou de repercussão geral, com entendimento firmado em incidente de assunção de competência, súmula, orientação jurisprudencial ou precedente normativo do Tribunal Superior do Trabalho ou súmula do Supremo Tribunal Federal, ou com iterativa, notória e atual jurisprudência do Tribunal Superior do Trabalho, cumprindo-lhe indicá-la;

b) nas hipóteses de intempestividade, deserção, irregularidade de representação ou de ausência de qualquer outro pressuposto extrínseco de admissibilidade, se o recorrente, após ser intimado para sanar o vício ou complementar a documentação exigível, na forma da legislação aplicável, não o fizer no prazo concedido para tanto.

II – dar provimento aos embargos, se a decisão recorrida estiver contrária à tese fixada em julgamento de casos repetitivos ou de repercussão geral, com entendimento firmado em incidente de assunção de competência, súmula, orientação jurisprudencial ou precedente normativo do Tribunal Superior do Trabalho ou súmula vinculante do Supremo Tribunal Federal, ou com iterativa, notória e atual jurisprudência do Tribunal Superior do Trabalho, cumprindo-lhe indicá-la.

Parágrafo único. Da decisão denegatória dos embargos caberá agravo interno, no prazo de 8 (oito) dias úteis.

SEÇÃO II

Dos Embargos Infringentes

Art. 262. Cabem embargos infringentes das decisões não unânimes proferidas pela Seção Especializada em Dissídios Coletivos, no prazo de 8 (oito) dias úteis, contados da publicação do acórdão no Órgão Oficial, nos processos de Dissídios Coletivos de competência originária do Tribunal.

Parágrafo único. Os embargos infringentes serão restritos à cláusula em que há divergência, e, se esta for parcial, ao objeto da divergência.

Art. 263. Registrado o protocolo na petição a ser encaminhada à Secretaria do órgão julgador competente, esta juntará o recurso aos autos respectivos e abrirá vista à parte contrária, para impugnação, no prazo legal. Transcorrido o prazo, o processo será remetido à unidade competente, para ser imediatamente distribuído.

Art. 264. Não atendidas as exigências legais relativas ao cabimento dos embargos infringentes, o relator denegará seguimento ao recurso, facultada à parte a interposição de agravo interno.

SEÇÃO III

Do Agravo Interno

Art. 265. Cabe agravo interno contra decisão dos Presidentes do Tribunal e das Turmas, do Vice-Presidente, do Corregedor-Geral da Justiça do Trabalho ou de relator, nos termos da legislação processual, no prazo de 8 (oito) dias úteis, pela parte que se considerar prejudicada.

Parágrafo único. Ressalvam-se os casos em que haja recurso próprio ou decisão de caráter irrecorrível, nos termos do Regimento ou da lei.

Art. 266. O agravo interno será concluso ao prolator da decisão monocrática, que, após intimar o agravado para manifestar-se sobre o recurso no prazo de 8 (oito) dias úteis, poderá reconsiderá-lo ou determinar sua inclusão em pauta visando apreciação do Colegiado competente para o julgamento da ação ou do recurso em que exarada a decisão, com exceção daquele interposto contra a decisão do Presidente de Turma que denegar seguimento a embargos à Subseção I da Seção Especializada em Dissídios Individuais, que será diretamente distribuído entre os demais integrantes desta Subseção.

§ 1.º Os agravos internos contra ato ou decisão do Presidente do Tribunal, do Vice-Presidente e do Corregedor-Geral da Justiça do Trabalho, desde que interpostos no período do respectivo mandato, serão por eles relatados. Os agravos internos interpostos após o término da investidura no cargo do prolator do ato ou decisão serão conclusos ao Ministro sucessor.

§ 2.º Os agravos internos interpostos contra decisão monocrática do relator, na hipótese de seu afastamento temporário ou definitivo, serão conclusos, em relação aos processos de Turmas, ao Desembargador convocado ou ao Ministro nomeado para a vaga, conforme o caso, e, nos processos das Seções Especializadas, ao Ministro que ocupar a vaga, ou redistribuídos na forma dos §§ 1.º e 2.º do art. 107 deste Regimento.

§ 3.º Os agravos internos interpostos contra decisão monocrática do Presidente do Tribunal, proferida durante o período de recesso forense e férias coletivas, serão julgados pelo relator do processo principal, salvo nos casos de competência específica da Presidência da Corte.

§ 4.º Se o Ministro relator for vencido no resultado do agravo interno ou quanto ao fundamento determinante da decisão, mesmo que prevalecente o resultado, será designado redator do acórdão o Ministro prolator do primeiro voto vencedor, a quem devem ser redistribuídos os embargos, promovendo-se a compensação.

§ 5.º Quando o agravo interno for declarado manifestamente inadmissível ou improcedente em votação unânime, o órgão colegiado, em decisão fundamentada, condenará o agravante a pagar ao agravado multa fixada entre 1 e 5% (um e cinco por cento) do valor atualizado da causa.

§ 6.º A interposição de qualquer outro recurso está condicionada ao depósito prévio do valor da multa prevista no parágrafo anterior, à exceção da Fazenda Pública e do beneficiário da gratuidade da justiça, que farão o pagamento ao final.

SEÇÃO IV

Do Pedido de Concessão de Efeito Suspensivo

Art. 267. O recurso interposto de decisão normativa da Justiça do Trabalho terá efeito suspensivo, na medida e extensão conferidas em decisão do Presidente do Tribunal Superior do Trabalho.

Art. 268. O pedido de concessão de efeito suspensivo a recurso em matéria normativa deverá ser instruído com as seguintes peças: decisão normativa recorrida; petição de recurso ordinário, prova de sua tempestividade e respectiva decisão de admissibilidade; guia de recolhimento de custas, se houver; procuração conferindo poderes ao subscritor da medida e outras que o requerente reputar úteis para o exame da solicitação.

SEÇÃO V

Dos Embargos de Declaração

Art. 269. Contra quaisquer decisões judiciais proferidas no âmbito do Tribunal, monocráticas ou colegiadas, poderão ser interpostos embargos de declaração, no prazo de 5 (cinco) dias úteis, contados da sua publicação, nos casos previstos na legislação processual.

Parágrafo único. Em se tratando de embargos de declaração interpostos contra decisão monocrática, caberá ao prolator da decisão ou ao Ministro competente para o exame do feito apreciá-los também monocraticamente, ou recebê-los como agravo, se entender pertinente, conforme o caso.

Art. 270. Registrado o protocolo na petição e após sua juntada, os autos serão conclusos ao julgador que proferiu a decisão monocrática ou ao redator do acórdão embargado, ressalvadas as situações previstas nos arts. 106 a 109 deste Regimento.

Parágrafo único. Não sendo possível a aplicação de nenhuma das regras previstas nos arts. 106 a 109 deste Regimento, adotar-se-á critério de competência para a distribuição dos embargos de declaração ao Desembargador convocado, na hipótese dos processos das Turmas, ou ao Ministro que tenha ocupado a vaga do antigo relator, nas Turmas e nas Subseções, e, como último critério, distribuir-se-á o processo entre os integrantes do órgão.

Art. 271. Nos embargos de declaração, eventual efeito modificativo somente poderá ocorrer em virtude da correção de vício na decisão embargada e desde que ouvida previamente a parte contrária, no prazo de 5 (cinco) dias úteis.

Art. 272. Os embargos de declaração interpostos contra decisão colegiada serão incluídos em pauta, ressalvada a hipótese prevista no art. 119, § 2.º, II, deste Regimento.

Art. 273. Os embargos de declaração interrompem o prazo para interposição de outros recursos, por qualquer das partes, salvo quando intempestivos, irregular a representação da parte ou ausente a sua assinatura.

Parágrafo único. Nos casos de irregularidade de representação da parte em procuração ou substabelecimento já constante dos autos, ou de total ausência de assinatura da petição dos embargos de declaração, o órgão julgador ou relator, antes de considerar inadmissível ou não conhecer do recurso, concederá prazo de 5 (cinco) dias úteis para que seja sanado o vício.

TÍTULO V
DAS OUTRAS ESPÉCIES DE PROCESSOS

CAPÍTULO I
DO INCIDENTE DE ARGUIÇÃO DE INCONSTITUCIONALIDADE DE LEI OU DE ATO NORMATIVO DO PODER PÚBLICO

Art. 274. A arguição de inconstitucionalidade de lei ou de ato do Poder Público, em controle difuso, poderá ser suscitada pelo relator, por qualquer Ministro ou a requerimento do Ministério Público, no curso do julgamento do processo nos órgãos judicantes da Corte, após concluído o relatório.

Art. 275. Suscitada a inconstitucionalidade e ouvidos o Ministério Público do Trabalho e as partes, será submetida à apreciação do colegiado em que tramita o feito, salvo quando já houver pronunciamento do Tribunal Pleno ou do próprio Supremo Tribunal Federal sobre a questão.

§ 1.º Rejeitada a arguição, prosseguirá o julgamento.

§ 2.º Acolhida a arguição suscitada perante o Tribunal Pleno, a matéria será submetida de imediato à apreciação.

§ 3.º Acolhida a arguição suscitada nos demais órgãos judicantes da Corte, os autos serão remetidos ao Tribunal Pleno.

Art. 276. A decisão que declara imprescindível o pronunciamento do Tribunal Pleno sobre a inconstitucionalidade de lei, de disposição nela contida ou de ato normativo do Poder Público é irrecorrível.

Art. 277. O incidente será distribuído por prevenção ao mesmo relator originário, devendo os autos ser oportunamente encaminhados ao Presidente do Tribunal para designar a sessão de julgamento.

§ 1.º O relator mandará ouvir o Procurador-Geral do Trabalho, no prazo de 15 (quinze) dias úteis, bem como, se for o caso, determinará a notificação da pessoa jurídica de direito público responsável pela edição do ato questionado para que se manifeste, em igual prazo.

§ 2.º O Tribunal Superior do Trabalho dará publicidade à instauração do incidente de arguição de inconstitucionalidade, a fim de permitir eventual intervenção dos legitimados referidos no art. 103 da Constituição da República, ou de outros órgãos ou entidades, na condição de *amicus curiae*, mediante sua inclusão no Banco Nacional de Jurisprudência Uniformizada (BANJUR), disponível na rede mundial de computadores.

§ 3.º As intervenções previstas no § 2.º serão permitidas dentro do período de 30 (trinta) dias úteis, contados da publicação da decisão de que trata o artigo anterior, a qual deverá indicar a lei ou o ato normativo objeto do incidente e a possibilidade de intervenção.

§ 4.º A manifestação dos outros órgãos e entidades de que tratam os parágrafos anteriores poderá ser admitida pelo relator, considerando a relevância da matéria e a representatividade dos postulantes, por decisão irrecorrível.

Art. 278. Os procedimentos relativos à remessa do processo ao Tribunal Pleno, à distribuição e ao julgamento da arguição de inconstitucionalidade são regulados pelas normas gerais estabelecidas a respeito neste Regimento.

Art. 279. A decisão declaratória de inconstitucionalidade de lei ou de ato do Poder Público, observadas as exigências regimentais, motivará a edição de súmula e será observada tanto no acórdão do órgão julgador originário que julgar o processo no qual o incidente foi suscitado quanto em todos os demais feitos em trâmite no Tribunal que envolvam a mesma questão de direito, nos termos do art. 927, V, do CPC.

CAPÍTULO II
DO INCIDENTE DE RECURSOS REPETITIVOS

Art. 280. As normas do Código de Processo Civil relativas ao julgamento dos recursos extraordinário e especial repetitivos aplicam-se, no que couber, aos recursos repetitivos (arts. 894, II, e 896 da CLT).

Art. 281. Havendo multiplicidade de recursos de revista ou de embargos para a Subseção I da Seção Especializada em Dissídios Individuais fundados em idêntica questão de direito, a questão poderá ser afetada a essa Subseção ou ao Tribunal Pleno, por decisão da maioria simples de seus membros, mediante requerimento de um dos Ministros que a compõem, considerando a relevância da matéria ou a existência de entendimentos divergentes entre os Ministros dessa Subseção ou das Turmas do Tribunal.

§ 1.º O requerimento fundamentado de um dos Ministros da Subseção I da Seção Especializada em Dissídios Individuais de afetação da questão a ser julgada em incidente de recursos repetitivos deverá indicar um ou mais recursos de revista ou de embargos representativos da controvérsia e ser formulado por escrito diretamente ao Presidente da Subseção I da Seção Especializada em Dissídios Individuais ou, oralmente, em questão preliminar suscitada quando do julgamento de processo incluído na pauta de julgamentos da Subseção.

§ 2.º De forma concorrente, quando a Turma do Tribunal Superior do Trabalho entender necessária a adoção do procedimento de julgamento de recursos repetitivos, seu Presidente deverá submeter ao Presidente da Subseção I da Seção Especializada em Dissídios Individuais a proposta de afetação do recurso de revista, para os efeitos dos arts. 896-B e 896-C da CLT e deste Regimento.

§ 3.º O Presidente da Subseção submeterá a proposta de afetação ao colegiado, se formulada por escrito, no prazo máximo de 30 (trinta) dias de seu recebimento, ou de imediato, se suscitada em questão preliminar quando do julgamento de determinado processo pela Subseção I da Seção Especializada em Dissídios Individuais, após o que:

I – acolhida a proposta, por maioria simples, o colegiado decidirá em seguida se a questão será analisada pela própria Subseção I da Seção Especializada em Dissídios Individuais ou pelo Tribunal Pleno, salvo quando se tratar de matéria disciplinada em súmula ou orientação jurisprudencial, caso em que o incidente será necessariamente afetado ao Tribunal Pleno;

II – acolhida a proposta, a desistência da ação ou do recurso não impedirá a análise da questão objeto de julgamento de recursos repetitivos;

III – na hipótese do inciso I, o processo será autuado e distribuído a relator e a revisor do órgão jurisdicional correspondente, para sua tramitação nos termos do art. 896-C da CLT, não concorrendo a sorteio, quando possível, os Ministros que, previamente, tenham recebido processo da mesma classe;

IV – rejeitada a proposta, se for o caso, os autos serão devolvidos ao órgão julgador respectivo, para que o julgamento do recurso prossiga regularmente.

§ 4.º Não será admitida sustentação oral versando, de forma específica, sobre a proposta de afetação.

§ 5.º A critério do Presidente da Subseção, as propostas de afetação formuladas por escrito por um dos Ministros da Subseção I da Seção Especializada em Dissídios Individuais ou pelo Presidente de Turma do Tribunal Superior do Trabalho poderão ser apreciadas pela Subseção I da Seção Especializada em Dissídios Individuais por meio eletrônico, nos termos e para os efeitos do § 3.º, I, deste artigo, do que serão as partes cientificadas pelo *Diário da Justiça*.

§ 6.º Caso surja alguma divergência entre os integrantes do colegiado durante o julgamento eletrônico, este ficará imediatamente suspenso, devendo a proposta de afetação ser apreciada em sessão presencial.

Art. 282. O Presidente da Subseção de Dissídios Individuais I, ao afetar processo para julgamento sob o rito dos recursos repetitivos, deverá expedir comunicação aos demais Presidentes de Turma, que poderão afetar outros processos sobre a questão para julgamento conjunto, a fim de conferir ao órgão julgador visão global da questão.

Art. 283. Somente poderão ser afetados recursos representativos da controvérsia que sejam admissíveis e que, a critério do relator do incidente de julgamento dos recursos repetitivos, contenham abrangente argumentação e discussão a respeito da questão a ser decidida.

Parágrafo único. O relator desse incidente não fica vinculado às propostas de afetação de que trata o artigo anterior, podendo recusá-las por desatenderem aos requisitos previstos no *caput* e, ainda, selecionar outros recursos representativos da controvérsia.

Art. 284. Selecionados os recursos, o relator, na Subseção Especializada em Dissídios Individuais ou no Tribunal Pleno, constatada a presença do pressuposto do *caput* do art. 896-C da CLT, proferirá decisão de afetação, sempre fundamentada, na qual:

I – identificará com precisão a questão a ser submetida a julgamento;

II – poderá determinar a suspensão dos recursos de revista ou de embargos de que trata o § 5.º do art. 896-C da CLT;

III – poderá solicitar aos Tribunais Regionais do Trabalho informações a respeito da controvérsia, a serem prestadas no prazo de 15 (quinze) dias, e requisitar aos Presidentes ou Vice-Presidentes dos Tribunais Regionais do Trabalho a remessa de até 2 (dois) recursos de revista representativos da controvérsia;

IV – concederá o prazo de 15 (quinze) dias para a manifestação escrita das pessoas, órgãos ou entidades interessados na controvérsia, que poderão ser admitidos como *amici curiae*;

V – informará aos demais Ministros sobre a decisão de afetação;

VI – poderá conceder vista ao Ministério Público e às partes, nos termos e para os efeitos do § 9.º do art. 896-C da CLT.

Art. 285. O Presidente do Tribunal Superior do Trabalho oficiará os Presidentes dos Tribunais Regionais do Trabalho, com cópia da decisão de afetação, para que suspendam os recursos de revista interpostos em casos idênticos aos afetados como recursos repetitivos e ainda não encaminhados a este Tribunal, bem como os recursos ordinários interpostos contra as sentenças proferidas em casos idênticos aos afetados como recursos repetitivos, até o pronunciamento definitivo do Tribunal Superior do Trabalho.

Art. 286. Caberá ainda ao Presidente do Tribunal de origem, caso receba a requisição de que trata o inciso III do art. 284 deste Regimento, admitir até 2 (dois) recursos representativos da controvérsia, os quais serão encaminhados ao Tribunal Superior do Trabalho.

Art. 287. Se, após receber os recursos de revista selecionados pelo Presidente ou Vice-Presidente do Tribunal Regional do Trabalho, não se proceder à sua afetação, o relator, no Tribunal Superior do Trabalho, comunicará o fato ao Presidente ou Vice-Presidente que os houver enviado, para que seja revogada a decisão de suspensão referida no art. 896-C, § 4.º, da CLT.

Art. 288. As partes deverão ser intimadas da decisão de suspensão de seu processo, a ser proferida pelo respectivo relator.

§ 1.º A parte poderá requerer o prosseguimento de seu processo se demonstrar a intempestividade do recurso nele interposto ou a existência de distinção entre a questão de direito a ser decidida no seu processo e aquela a ser julgada sob o rito dos recursos repetitivos.

§ 2.º O requerimento a que se refere o § 1.º será dirigido:

I – ao juiz, se o processo sobrestado estiver em primeiro grau;

II – ao relator, se o processo sobrestado estiver no tribunal de origem;

III – ao relator do acórdão recorrido, se for sobrestado recurso de revista no tribunal de origem;

IV – ao relator do recurso de revista ou de embargos cujo processamento houver sido sobrestado no Tribunal Superior do Trabalho.

§ 3.º A outra parte deverá ser ouvida sobre o requerimento, no prazo de 5 (cinco) dias.

§ 4.º Reconhecida a distinção no caso:

I – dos incisos I, II e IV do § 2.º, o próprio juiz ou relator dará prosseguimento ao processo;

II – do inciso III do § 2.º, o relator comunicará a decisão ao Presidente ou ao Vice-Presidente do Tribunal Regional do Trabalho que houver determinado o sobrestamento, para que este dê normal prosseguimento ao processo.

§ 5.º A decisão que resolver o requerimento a que se refere o § 1.º é irrecorrível de imediato, nos termos do art. 893, § 1.º, da CLT.

Art. 289. Para instruir o procedimento, pode o relator fixar data para, em audiência pública, ouvir depoimentos de pessoas com experiência e conhecimento na matéria, sempre que entender necessário o esclarecimento de questões ou circunstâncias de fato subjacentes à controvérsia objeto do incidente de recursos repetitivos.

§ 1.º O relator poderá também admitir, tanto na audiência pública quanto no curso do procedimento, a manifestação, como *amici curiae*, de pessoas, órgãos ou entidades com interesse na controvérsia, considerando a relevância da matéria e assegurando o contraditório e a isonomia de tratamento.

§ 2.º A manifestação de que trata o § 1.º somente será admitida até a inclusão do processo em pauta.

Art. 290. Os recursos afetados deverão ser julgados no prazo de 1 (um) ano e terão preferência sobre os demais feitos.

§ 1.º Na hipótese de não ocorrer o julgamento no prazo de 1 (um) ano a contar da publicação da decisão de que trata o art. 284 deste Regimento, cessam automaticamente, em todo o território nacional, a afetação e a suspensão dos processos, que retomarão seu curso normal.

§ 2.º Ocorrendo a hipótese do § 1.º, é permitida, nos termos e para os efeitos do art. 281 deste Regimento e do art. 896-C da CLT, a formulação de outra proposta de afetação de processos representativos da controvérsia para instauração e julgamento de recursos repetitivos, a ser apreciada e decidida pela Subseção I da Seção Especializada em Dissídios Individuais deste Tribunal.

Art. 291. O conteúdo do acórdão paradigma abrangerá a análise de todos os fundamentos da tese jurídica discutida, favoráveis ou contrários.

§ 1.º É vedado ao órgão colegiado decidir, para os fins do art. 896-C da CLT, questão não delimitada na decisão de afetação.

§ 2.º Quando os recursos afetados em processos já distribuídos no âmbito deste Tribunal contiverem outras questões além daquela que é objeto da afetação, caberá ao órgão jurisdicional competente para julgamento do incidente decidir esta, após o que o processo deverá retornar ao órgão de origem para apreciação das demais matérias

Art. 292. Decidido o recurso representativo da controvérsia, os órgãos jurisdicionais respectivos declararão prejudicados os demais recursos versando sobre idêntica controvérsia ou os decidirão, aplicando a tese firmada.

Parágrafo único. Quando os recursos requisitados do Tribunal Regional do Trabalho contiverem outras questões além daquela que é objeto da afetação, caberá ao órgão jurisdicional competente para julgamento do incidente decidir esta, após o que o processo deverá ser distribuído na forma regimental, para julgamento das demais matérias pela Turma.

Art. 293. Publicado o acórdão proferido em incidente de recurso repetitivo:

I – o Presidente ou Vice-Presidente do Tribunal de origem negará seguimento aos recursos de revista sobrestados na origem, se o acórdão recorrido coincidir com a orientação do Tribunal Superior do Trabalho;

II – o órgão que proferiu o acórdão recorrido, na origem, reexaminará o processo de sua competência originária ou o recurso anteriormente julgado, na hipótese de o acórdão recorrido contrariar a orientação do Tribunal Superior do Trabalho;

III – os processos porventura suspensos em primeiro e segundo graus de jurisdição retomarão o curso para julgamento e aplicação da tese firmada pelo Tribunal Superior do Trabalho.

Art. 294. Para fundamentar a decisão de manutenção do entendimento, o órgão que proferiu o acórdão recorrido deverá demonstrar a existência de distinção, por se tratar de caso particularizado por hipótese fática distinta ou questão jurídica não examinada, a impor solução diversa.

§ 1.º Na hipótese de que trata o *caput*, o recurso de revista será submetido a novo exame de sua admissibilidade pelo Presidente ou Vice-Presidente do Tribunal Regional, retomando o processo o seu curso normal.

§ 2.º Realizado o juízo de retratação, com alteração do acórdão divergente, o tribunal de origem, se for o caso, decidirá as demais questões ainda não decididas, cujo exame se tornou necessário em decorrência da alteração.

§ 3.º Quando for alterado o acórdão divergente na forma do § 1.º e o recurso anteriormente interposto versar sobre outras questões, o Presidente ou Vice-Presidente do Tribunal Regional, independentemente de ratificação do recurso, procederá a novo juízo de admissibilidade, retomando o processo o seu curso normal.

Art. 295. A parte poderá desistir da ação em curso no primeiro grau de jurisdição, antes de proferida a sentença, se a questão nela discutida for idêntica à resolvida pelo recurso representativo da controvérsia.

§ 1.º Se a desistência ocorrer antes de oferecida a defesa, a parte, se for o caso, ficará dispensada do pagamento de custas e de honorários de advogado.

§ 2.º A desistência apresentada nos termos do *caput* independe de consentimento da parte contrária, ainda que apresentada defesa.

Art. 296. Caberá revisão da decisão firmada em julgamento de recursos repetitivos quando se alterar a situação econômica, social ou jurídica, caso em que será respeitada a segurança jurídica das relações firmadas sob a égide da decisão anterior, podendo o Tribunal Superior do Trabalho modular os efeitos da decisão que a tenha alterado.

Art. 297. Caso a questão afetada e julgada sob o rito dos recursos repetitivos também contenha questão constitucional, a decisão proferida pelo Tribunal Pleno não obstará o conhecimento de eventuais recursos extraordinários sobre a questão constitucional.

CAPÍTULO III
DO INCIDENTE DE ASSUNÇÃO DE COMPETÊNCIA

Art. 298. Quando o julgamento dos embargos à Subseção I da Seção Especializada em Dissídios Individuais envolver relevante questão de direito, com grande repercussão social, sem repetição em múltiplos processos, mas a respeito da qual seja conveniente a prevenção ou a composição de divergência entre as turmas ou os demais órgãos fracionários do Tribunal Superior do Trabalho, poderá a Subseção I da Seção Especializada em Dissídios Individuais, por iniciativa de um de seus membros e após a aprovação da maioria de seus integrantes, afetar o seu julgamento ao Tribunal Pleno.

§ 1.º Aplica-se a este incidente, no que couber, o que este Regimento e os arts. 896-B e 896-C da CLT dispõem sobre o incidente de julgamento de recursos repetitivos.

§ 2.º O Tribunal Pleno julgará os embargos se reconhecer interesse público na assunção de competência.

§ 3.º O acórdão proferido em assunção de competência vinculará todos os juízes e tribunais, exceto se houver revisão de tese.

CAPÍTULO IV
DO INCIDENTE DE SUPERAÇÃO E REVISÃO DOS PRECEDENTES FIRMADOS EM JULGAMENTO DE RECURSO DE REVISTA OU DE EMBARGOS À SUBSEÇÃO I DA SEÇÃO ESPECIALIZADA EM DISSÍDIOS INDIVIDUAIS REPETITIVOS, DE ASSUNÇÃO DE COMPETÊNCIA E DE DEMANDAS REPETITIVAS

Art. 299. O incidente de superação e revisão dos precedentes firmados por meio da sistemática de recursos repetitivos, de assunção de competência e de resolução de demandas repetitivas terá lugar sempre que os Ministros da Corte entenderem que a tese vinculante já não reflete mais a adequada compreensão do fenômeno jurídico subjacente, tendo em vista razões de ordem social, econômica e política, bem como por alteração do parâmetro constitucional ou legal em vigor na data de sua instauração.

Art. 300. O incidente de que trata este capítulo não poderá ser instaurado em prazo inferior a 1 (um) ano, a contar da publicação da decisão que firmou o precedente vinculante, salvo alteração na Constituição da República ou na lei que torne inadequado o entendimento firmado pelo Tribunal Superior do Trabalho.

Art. 301. A instauração do incidente de superação ou de revisão de precedentes vinculantes no âmbito do Tribunal Superior do Trabalho poderá ser suscitada, de forma escrita, por qualquer de seus Ministros, ou por provocação do Procurador-Geral do Trabalho, do Conselho Federal da OAB ou do Defensor Público-Geral da União, em requerimento dirigido ao Presidente do Tribunal, que o submeterá à deliberação na Subseção I da Seção Especializada em Dissídios Individuais no prazo de 30 (trinta) dias, a contar do seu recebimento.

§ 1.º Instaurado o incidente, pelo voto de 2/3 (dois terços) dos membros da Subseção I da Seção Especializada em Dissídios Individuais, o colegiado deliberará, na mesma sessão, por maioria simples, acerca do deslocamento da competência para apreciação do feito no Tribunal Pleno ou de sua manutenção naquela Subseção.

§ 2.º É obrigatório o deslocamento do feito ao Tribunal Pleno, por aplicação analógica do art. 72 deste Regimento, quando a tese a ser apreciada tiver sido firmada em Plenário ou quando a proposta de mudança do entendimento vinculante tiver por consequência a alteração, a revogação ou a criação de súmula de jurisprudência uniforme do Tribunal Superior do Trabalho.

Art. 302. Inclinando-se qualquer das Turmas a decidir em sentido contrário ao entendimento firmado por meio da sistemática de recursos repetitivos, de assunção de competência e de resolução de demandas repetitivas, o seu Presidente suspenderá a proclamação do resultado do julgamento e encaminhará o processo à Subseção I da Seção Especializada em Dissídios Individuais para deliberação acerca da instauração do incidente de que trata este capítulo.

§ 1.º O Presidente da Subseção I da Seção Especializada em Dissídios Individuais submeterá à deliberação daquele colegiado a proposta de instauração do incidente no prazo de que trata o art. 301 deste Regimento.

§ 2.º Instaurado o incidente, pelo voto de 2/3 (dois terços) dos membros da Subseção I da Seção Especializada em Dissídios Individuais, o colegiado deliberará, na mesma sessão, por maioria simples, acerca do deslocamento da competência para apreciação do feito no Tribunal Pleno ou de sua manutenção naquela Subseção, observado o disposto no § 2.º do art. 301 deste Regimento.

§ 3.º Não cabe a instauração do procedimento previsto neste capítulo na hipótese de distinção entre o precedente vinculante e o caso concreto, hipótese na qual o relator deverá declinar os fundamentos de fato e de direito que tornam o precedente inaplicável, sendo a questão apreciada pelo próprio colegiado competente, como preliminar de mérito, por ocasião do julgamento do processo.

§ 4.º Rejeitado o fundamento da distinção, mas mantido o voto do relator, adotar-se-á o procedimento previsto no *caput*, caso o colegiado se incline no sentido da tese dissidente.

§ 5.º Na hipótese do § 4.º, não tendo transcorrido o prazo de que tratam os arts. 300 e 304 deste Regimento, o Presidente do colegiado não suspenderá o julgamento do feito, proclamando o resultado com a tese dissidente, seguindo-se o curso normal de tramitação do processo pela via recursal.

Art. 303. Deliberada a instauração do incidente e definido o órgão competente para sua apreciação, observar-se-á o rito previsto nos Capítulos II, III e IV do Título V do Livro II deste Regimento, naquilo que for cabível.

Art. 304. A negativa de instauração do incidente de superação e revisão de tese vinculante ou a reafirmação da tese jurídica firmada pela Subseção I da Seção Especializada em Dissídios Individuais ou pelo Tribunal Pleno vincula os órgãos julgadores à aplicação do precedente ao caso paradigma e aos demais processos eventualmente afetados por ocasião de sua instauração, bem como inibe a deflagração de novo incidente sobre o mesmo tema, nos termos e pelo prazo contido no art. 300 deste Regimento.

CAPÍTULO V
DO INCIDENTE DE RESOLUÇÃO DE DEMANDAS REPETITIVAS

Art. 305. Será cabível o incidente de resolução de demandas repetitivas, nos termos da legislação processual aplicável, com relação às causas de sua competência originária e recursal ordinária.

§ 1.º Aplicam-se ao Processo do Trabalho as normas dos arts. 976 a 986 do CPC que regem o incidente de resolução de demandas repetitivas e, no que couber, o que dispõem este Regimento e os arts. 896-B e 896-C da CLT sobre o incidente de julgamento de recursos repetitivos.

§ 2.º O incidente será distribuído por prevenção ao Ministro relator do processo de competência originária do Tribunal do qual se originou ou, caso não integre o órgão competente para julgamento do incidente, por sorteio entre os seus membros efetivos.

§ 3.º Admitido o incidente, o relator poderá suspender o julgamento dos processos pendentes, individuais ou coletivos que tramitam, no tocante ao tema objeto de incidente de resolução de demandas repetitivas, sem prejuízo da instrução integral das causas e do julgamento dos eventuais pedidos distintos e cumulativos igualmente deduzidos em tais processos, inclusive, se for o caso, do julgamento antecipado parcial do mérito.

§ 4.º Apreciado o mérito do recurso, a tese jurídica adotada pelo Tribunal Superior do Trabalho será aplicada no território nacional a todos os processos, individuais ou coletivos, que versem sobre idêntica questão de direito.

Art. 306. Poderá o Presidente do Tribunal Superior do Trabalho, a requerimento do Ministério Público do Trabalho ou das partes de incidente de resolução de demandas repetitivas instaurado em determinada Região, considerando razões de segurança jurídica ou de excepcional interesse social, suspender, em decisão fundamentada, todos os processos individuais ou coletivos em curso no território nacional que versem sobre a questão objeto do incidente.

§ 1.º A parte de processo em curso em localidade de competência territorial diversa daquela em que tramita o incidente de resolução de demandas repetitivas deverá comprovar a inadmissão do incidente no Tribunal com jurisdição sobre o estado ou região em que tramite a sua demanda.

§ 2.º O Presidente poderá ouvir, no prazo de 5 (cinco) dias, o relator do incidente no Tribunal de origem e o Ministério Público do Trabalho.

§ 3.º Nos casos de existência de multiplicidade de incidentes de resolução de demandas repetitivas sobre a mesma questão de direito controvertida, o Presidente do Tribunal Superior do Trabalho, em decisão fundamentada, na qual indicará qual deles é o mais representativo da controvérsia, determinará a suspensão dos demais até a decisão definitiva do incidente que tiver prosseguimento.

§ 4.º A suspensão vigorará até o trânsito em julgado da decisão proferida no incidente de resolução de demandas repetitivas.

§ 5.º Da decisão que conceder ou denegar a suspensão, caberá agravo interno sem efeito suspensivo, no prazo de 8 (oito) dias úteis, que será relatado pelo Presidente, na primeira sessão do Órgão Especial seguinte à sua interposição.

Art. 307. É cabível a instauração de incidente de superação e revisão de precedentes firmados em julgamento de demandas repetitivas, ocasião em que a deliberação para a instauração do feito será tomada pelo voto de 2/3 (dois terços) dos membros do colegiado do Tribunal Superior do Trabalho em que o precedente vinculante tiver sido firmado, após o que é obrigatório o deslocamento da competência para a apreciação do seu mérito pelo Tribunal Pleno, seguindo-se os trâmites dispostos neste capítulo e, supletivamente, nos Capítulos II, III e IV do Título V do Livro II deste Regimento, naquilo que for cabível.

CAPÍTULO VI
DOS DEMAIS PROCESSOS INCIDENTES

SEÇÃO I
Da Suspensão de Segurança

Art. 308. O Presidente do Tribunal, na forma da lei, a requerimento do Ministério Público do Trabalho ou da pessoa jurídica de direito público interessada, e para evitar grave lesão à ordem, à saúde, à segurança e à economia públicas, pode suspender, por decisão fundamentada, a execução de liminar ou de decisão concessiva de mandado de segurança, proferida em última instância pelos Tribunais Regionais do Trabalho.

§ 1.º O Presidente, se necessário, poderá ouvir o impetrante, em 5 (cinco) dias úteis, e o Ministério Público do Trabalho, quando não for o requerente, em igual prazo.

§ 2.º Da decisão que conceder ou denegar a suspensão, caberá agravo interno sem efeito suspensivo, no prazo de 8 (oito) dias úteis, que será relatado pelo Presidente, na primeira sessão do Órgão Especial seguinte à sua interposição.

§ 3.º A suspensão de segurança, nos casos de ações movidas contra o Poder Público, vigorará enquanto pender o recurso, ficando sem efeito se a decisão concessiva for mantida pelo Tribunal ou se transitar em julgado.

SEÇÃO II

Da Suspensão de Liminar e de Tutela Provisória

Art. 309. O Presidente, nos termos da lei, a requerimento do Ministério Público do Trabalho ou da pessoa jurídica de direito público interessada, em caso de manifesto interesse público ou de flagrante ilegitimidade, e para evitar grave lesão à ordem, à saúde, à segurança e à economia públicas, poderá, por decisão fundamentada, suspender a execução de liminar ou a efetivação de tutela provisória de urgência ou da evidência concedida ou mantida pelos Tribunais Regionais do Trabalho nas ações movidas contra o Poder Público ou seus agentes.

§ 1.º Aplica-se o disposto neste artigo aos casos em que a decisão final proferida contra o Poder Público ou seus agentes produzir efeitos imediatos, quando impugnável por recurso desprovido de efeito suspensivo.

§ 2.º O Presidente, se necessário, poderá ouvir o autor da ação e o Ministério Público do Trabalho, em 5 (cinco) dias.

§ 3.º Da decisão que conceder ou denegar a suspensão, caberá agravo interno sem efeito suspensivo, no prazo de 8 (oito) dias úteis, que será relatado pelo Presidente na primeira sessão do Órgão Especial seguinte à sua interposição.

§ 4.º A suspensão dos efeitos de liminar ou de tutela provisória concedidas em decisões interlocutórias vigorará até a decisão final proferida no mesmo grau de jurisdição e, se concedidas em sentença ou acórdão, até o julgamento do recurso, ficando sem efeito se a decisão concessiva da medida for mantida pelo órgão julgador, ou se transitar em julgado.

SEÇÃO III

Da Tutela Provisória

Art. 310. A tutela de urgência e a tutela da evidência poderão ser requeridas antes ou no curso do processo principal e deste são sempre dependentes, aplicando-se-lhes o disposto nos arts. 294 a 311 do CPC.

Art. 311. O pedido de tutela provisória será apresentado ao Presidente do Tribunal e distribuído ao relator do processo principal, salvo se a medida for requerida em procedimento preparatório, caso em que será sorteado, dentre os integrantes do colegiado competente, o relator do feito, o qual ficará prevento para a ação principal.

§ 1.º A tutela provisória poderá ser requerida por petição autônoma, a ser juntada oportunamente ao processo a que se refere, dirigida ao:

I – Presidente do Tribunal, quando se tratar de tutela antecipada ou cautelar antecedente à ação de competência originária do Tribunal Superior do Trabalho ou quando requerida no período compreendido entre a publicação da decisão de admissão do recurso de revista e sua distribuição, ficando prevento para o julgamento da ação ou do recurso o relator sorteado para o exame do requerimento, dentre os integrantes do colegiado competente;

II – relator, se já distribuído o recurso.

§ 2.º O relator poderá apreciar a liminar e a própria tutela provisória requeridas, ou submetê-las ao órgão julgador competente.

Art. 312. A tramitação do processo no Tribunal observará as disposições da lei processual civil, no que aplicáveis.

SEÇÃO IV

Da Habilitação Incidente

Art. 313. A habilitação incidente, ocorrendo o falecimento de uma das partes, será processada na forma da lei.

Art. 314. A citação far-se-á na pessoa do procurador constituído nos autos, mediante publicação no órgão oficial, ou à parte, pessoalmente, se não estiver representada no processo.

Art. 315. Quando incertos os sucessores, a citação far-se-á por edital.

Art. 316. O relator, se contestado o pedido, facultará às partes sumária produção de provas, em 5 (cinco) dias úteis, e decidirá, em seguida, a habilitação.

Art. 317. A habilitação requerida em processo incluído em pauta para julgamento será decidida pelo colegiado.

SEÇÃO V

Dos Impedimentos e das Suspeições

Art. 318. Os Ministros declarar-se-ão impedidos ou suspeitos nos casos previstos em lei.

Parágrafo único. Havendo, dentre os Ministros do Tribunal, cônjuges, parentes consanguíneos ou afins, em linha reta ou no terceiro grau da linha colateral, integrarão seções diferentes, e o primeiro que conhecer da causa impede que o outro participe do julgamento quando da competência do Órgão Especial.

Art. 319. A suspeição ou o impedimento do relator ou revisor serão declarados por despacho nos autos. Se feita na sessão de julgamento, a declaração poderá ser verbal ou eletrônica, conforme o caso, devendo constar da ata e da certidão.

Parágrafo único. Na suspeição ou no impedimento do relator, o processo será redistribuído pelo Presidente do órgão julgador entre os demais Ministros que o compõem, com sua compensação.

Art. 320. A arguição de suspeição ou impedimento do relator e do revisor deverá ser suscitada até 15 (quinze) dias úteis após a distribuição, quando fundada em motivo preexistente; no caso de motivo superveniente, o prazo de 15 (quinze) dias úteis será contado do fato que a ocasionou. A dos demais Ministros, até o início do julgamento.

§ 1.º Essa arguição deverá ser deduzida em petição específica assinada pela parte ou por procurador com poderes especiais, dirigida ao relator do processo, indicando os fatos que a motivaram, e acompanhada de prova documental e rol de testemunhas, se houver.

§ 2.º A arguição será sempre individual, não ficando os demais Ministros impedidos de apreciá-la, ainda que também recusados.

§ 3.º Recebida a exceção, será ouvido o Ministro recusado no prazo de 5 (cinco) dias seguindo-se dilação probatória de 10 (dez) dias úteis e, após, o julgamento.

§ 4.º Poderá o Presidente propor a rejeição da exceção liminarmente.

Art. 321. O relator, reconhecendo a suspeição ou o impedimento, determinará a juntada da petição aos autos, e, por despacho, submeterá o processo à Presidência do colegiado competente, para redistribuição na forma regimental.

§ 1.º O Ministro, não aceitando a suspeição ou o impedimento, continuará vinculado ao processo, ficando sua apreciação suspensa até a solução do incidente, que será autuado em separado, com designação de relator dentre os demais Ministros integrantes do colegiado competente para o julgamento do processo.

§ 2.º No curso do julgamento do incidente, havendo necessidade de deliberação sobre medida urgente relativa ao processo principal, o Presidente do órgão julgador a encaminhará à apreciação do Ministro que o seguir na antiguidade dentre os seus integrantes não recusados.

§ 3.º Excepcionalmente, no caso de arguição de impedimento ou de suspeição de todos os integrantes do órgão julgador, o exame da medida urgente caberá ao Presidente do Tribunal.

Art. 322. Conclusos os autos, o relator mandará ouvir o Ministro recusado no prazo de 5 (cinco) dias.

Parágrafo único. Vencido o prazo, com ou sem resposta, o relator ordenará o processo, colhendo as provas requeridas.

Art. 323. Reconhecida a suspeição ou o impedimento do relator, o colegiado, ao julgar o incidente, fixará o momento a partir do qual o Ministro não poderia ter atuado e declarará a nulidade dos seus atos, se praticados quando já presente o motivo de impedimento ou e suspeição, e o processo será redistribuído, na forma regimental.

CAPÍTULO VII
DOS RECURSOS PARA O SUPREMO TRIBUNAL FEDERAL

SEÇÃO I
Do Recurso Extraordinário

Art. 324. Cabe recurso extraordinário das decisões do Tribunal proferidas em única ou última instância, nos termos da Constituição da República.

§ 1.º O recurso será interposto em petição fundamentada, no prazo de 15 (quinze) dias úteis da publicação do acórdão ou de suas conclusões no órgão oficial.

§ 2.º A petição do recurso extraordinário será juntada aos autos após transcorrido o prazo legal sem a interposição de recurso de competência do Tribunal Superior do Trabalho, abrindo-se, de imediato, vista dos autos à parte contrária para apresentação de contrarrazões no prazo de 15 (quinze) dias úteis.

Art. 325. Findo o prazo das contrarrazões, os autos serão conclusos ao Vice-Presidente do Tribunal para exame da admissibilidade do recurso.

Art. 326. Os processos julgados pelo Tribunal Superior do Trabalho só serão restituídos à instância originária quando findo o prazo de interposição do recurso extraordinário para o Supremo Tribunal Federal.

Art. 327. Aos recursos extraordinários interpostos perante o Tribunal Superior do Trabalho será aplicado o procedimento previsto no Código de Processo Civil para o julgamento dos recursos extraordinário e especial repetitivos, cabendo ao Presidente do Tribunal Superior do Trabalho selecionar um ou mais recursos representativos da controvérsia e encaminhá-los ao Supremo Tribunal Federal, sobrestando os demais até o pronunciamento definitivo da Corte, na forma ali prevista.

SEÇÃO II
Do Agravo em Recurso Extraordinário

Art. 328. Cabe agravo contra decisão denegatória do recurso extraordinário, no prazo de 15 (quinze) dias úteis, contados de sua publicação no órgão oficial, salvo quando fundada na aplicação de entendimento firmado em regime de repercussão geral ou em julgamento de recursos repetitivos.

Parágrafo único. A petição do agravo será dirigida ao Vice-Presidente do Tribunal e independe do pagamento de custas e despesas postais, aplicando-se a ela o regime de repercussão geral e de recursos repetitivos, inclusive quanto à possibilidade de sobrestamento e do juízo de retratação.

Art. 329. A petição de agravo será juntada aos autos, após o que, de imediato, abrir-se-á vista ao agravado, por igual prazo, para apresentação de contraminuta. Após, os autos serão conclusos ao Vice-Presidente do Tribunal, que se retratará ou manterá a decisão agravada.

Art. 330. O agravante e o agravado poderão, com documentos novos, instruir, respectivamente, as razões e as contrarrazões.

Parágrafo único. Apresentado documento novo pelo agravado, será aberta vista ao agravante, no prazo de 5 (cinco) dias úteis.

CAPÍTULO VIII
DA RESTAURAÇÃO DOS AUTOS

Art. 331. A restauração de autos far-se-á de ofício ou a requerimento de qualquer das partes ou do Ministério Público do Trabalho.

Art. 332. O pedido de restauração de autos será apresentado ao Presidente do Tribunal e distribuído ao relator do processo desaparecido ou ao seu substituto.

Parágrafo único. Aplicam-se à restauração de autos, no Tribunal, as normas do Código de Processo Civil.

Art. 333. O relator determinará as diligências necessárias, solicitando, se preciso for, informações e cópias autenticadas a outros juízos e tribunais.

Art. 334. O julgamento de restauração caberá ao colegiado no qual tramitava o processo desaparecido.

Art. 335. Julgada a restauração, será lavrado acórdão e, após publicado no órgão oficial, o processo seguirá os trâmites normais. Reencontrado o original, a ele reunir-se-ão os autos reconstituídos.

CAPÍTULO IX

DA EXECUÇÃO

SEÇÃO I

Das Disposições Gerais

Art. 336. A execução competirá ao Presidente:

I – quanto às suas decisões e ordens;

II – quanto às decisões dos órgãos do Tribunal, quando excederem à competência do Corregedor-Geral da Justiça do Trabalho ou dos Presidentes de Turma, ou se referirem a matéria administrativa.

Art. 337. Os atos de execução poderão ser requisitados, determinados, notificados ou delegados a quem os deva praticar.

Art. 338. A execução atenderá, no que couber, à legislação processual.

SEÇÃO II

Da Execução contra a Fazenda Pública

Art. 339. Na execução por quantia certa, fundada em decisão proferida contra a Fazenda Pública, observar-se-á o disposto no art. 100 da Constituição da República e na legislação processual, adotando-se, no que couber, o procedimento fixado em Instrução Normativa do Tribunal.

§ 1.º A Fazenda Pública será intimada na pessoa de seu representante judicial, por carga ou por meio eletrônico, para, querendo, no prazo de 30 (trinta) dias úteis e nos próprios autos, impugnar o cumprimento da decisão.

§ 2.º Se não houver impugnação no prazo regimental ou se forem rejeitadas as arguições da executada, observar-se-á o disposto na lei processual.

Art. 340. Nas execuções processadas nas Varas do Trabalho, o precatório será encaminhado ao Presidente do Tribunal Regional do Trabalho da jurisdição, que o dirigirá, mediante ofício, à autoridade competente ou entidade requisitada ou, se for o caso de pagamento de obrigação de pequeno valor, a execução será promovida por meio de ordem do juiz dirigida à autoridade na pessoa de quem o ente público foi citado para o processo, na forma da legislação processual.

Art. 341. No âmbito do Tribunal, o procedimento alusivo ao precatório constará de Instrução Normativa.

LIVRO III

DOS SERVIÇOS ADMINISTRATIVOS E DAS DISPOSIÇÕES FINAIS

TÍTULO I

DOS SERVIÇOS ADMINISTRATIVOS

CAPÍTULO I

DA SECRETARIA DO TRIBUNAL

Art. 342. A Secretaria do Tribunal é dirigida pelo Diretor-Geral, bacharel em Direito, nomeado em comissão pelo Presidente, incumbindo-lhe a direção dos serviços administrativos do Tribunal.

Parágrafo único. Incumbe ao Secretário-Geral Judiciário, bacharel em Direito, nomeado em comissão pelo Presidente, a direção dos serviços judiciários do Tribunal.

Art. 343. A organização da Secretaria do Tribunal, seu funcionamento e as atribuições do Diretor-Geral, do Secretário-Geral Judiciário, dos Secretários e dos Coordenadores, bem como das Unidades Administrativas, constarão do Regulamento Geral.

Art. 344. Não poderá ser nomeado para cargo em comissão ou designado para função gratificada, cônjuge, companheiro ou parente, até o terceiro grau, inclusive, de qualquer dos Ministros do Tribunal em atividade, salvo se servidor ocupante de cargo de provimento efetivo das carreiras judiciárias, caso em que a vedação é restrita à nomeação ou designação para servir junto ao Ministro determinante da incompatibilidade.

Art. 345. Ressalvada a existência de regulação legal especial, aplica-se no Tribunal, o Regime Jurídico dos Servidores Públicos Civis da União.

Art. 346. O horário de expediente no Tribunal Superior do Trabalho será estabelecido por Resolução Administrativa, aprovada pelo Órgão Especial, por iniciativa do seu Presidente.

Art. 347. Os servidores do Tribunal cumprirão a duração semanal de trabalho prevista na legislação aplicável, com controle de frequência e horário, de conformidade com as escalas estabelecidas, observado o intervalo entre os turnos de trabalho.

§ 1.º Os servidores ocupantes de cargo em comissão e submetidos ao regime de integral dedicação ao serviço estão excepcionados da regra deste artigo, podendo ser convocados sempre que houver interesse da Administração.

§ 2.º Os agentes de segurança dos Ministros permanecem à disposição, estando sujeitos a controle de frequência.

Art. 348. Durante as férias dos Ministros e no período de recesso, ficam suspensas as atividades judicantes do Tribunal, prosseguindo, no entanto, os serviços administrativos e judiciários nas secretarias e nos gabinetes, devendo a escala de férias dos servidores ser organizada de modo a atender ao respectivo funcionamento.

Parágrafo único. Os servidores devem gozar férias no mesmo período dos Ministros, sempre que possível.

CAPÍTULO II

DO GABINETE DO PRESIDENTE

Art. 349. O gabinete do Presidente será chefiado pelo Secretário-Geral da Presidência, bacharel em Direito, nomeado em comissão, para o exercício das funções de direção e assessoramento jurídico.

Parágrafo único. As atribuições do Secretário-Geral, dos Secretários, do Chefe de Gabinete, dos Assessores e das assessorias diretamente subordinadas ao gabinete da Presidência constarão do Regulamento Geral.

CAPÍTULO III

DO GABINETE DOS MINISTROS

Art. 350. Compõem os gabinetes dos Ministros:

I – um Chefe de Gabinete, bacharel em Direito, nomeado em comissão, nos termos da lei e deste Regimento;

II – assessores, bacharéis em Direito, nomeados em comissão, nos termos da lei e deste Regimento;

III – auxiliares da confiança do Ministro, que poderão exercer função comissionada, observada a lotação numérica, fixada em Resolução Administrativa aprovada pelo Órgão Especial.

Parágrafo único. As atribuições do Chefe de Gabinete dos Ministros e dos assessores constam do Regulamento Geral.

Art. 351. O horário do pessoal do gabinete, observadas a duração legal e as peculiaridades do serviço, será determinado pelo Ministro, bem como a fruição das férias, atendida a exigência do controle de frequência e o horário, comum a todos os servidores da Corte.

TÍTULO II

DAS DISPOSIÇÕES FINAIS

CAPÍTULO I

DAS EMENDAS AO REGIMENTO

Art. 352. Os atos de competência do Tribunal Pleno, de natureza regimental, obedecem à seguinte nomenclatura:

I – Emenda Regimental, que introduz modificações no texto;

II – Ato Regimental, que suprime ou acrescenta dispositivo.

Art. 353. Os atos mencionados no artigo anterior serão numerados em séries próprias, seguida e ininterruptamente.

CAPÍTULO II

DAS RESOLUÇÕES DO TRIBUNAL

Art. 354. Os atos de competência do Tribunal, normativos ou individuais, obedecem à seguinte nomenclatura:

I – Resolução Administrativa;

II – Resolução.

Art. 355. Na classe de Resolução Administrativa, enquadram-se as regulamentações sobre pessoal (Magistrados e servidores), organização e administração dos órgãos da Justiça do Trabalho, funcionamento e atribuições das unidades do Tribunal e de seus servidores, e, na classe de Resolução, as deliberações referentes à aprovação de instrução normativa, súmula, orientação jurisprudencial e precedente normativo.

Art. 356. As Resoluções Administrativas e as Resoluções serão numeradas em séries próprias, de acordo com a matéria disciplinada, seguida e ininterruptamente, independentemente do ano de sua edição.

CAPÍTULO III

DAS DISPOSIÇÕES FINAIS E TRANSITÓRIAS

Art. 357. Quando o agravo de instrumento tramitar nos autos principais em que haja recurso de revista da outra parte, o processo será autuado como agravo de instrumento em recurso de revista e recurso de revista – AIRR e RR e receberá um único número.

§ 1.º Diante da interposição de agravo de instrumento e recurso de revista pela mesma parte, nos termos da Instrução Normativa n. 40/2016, apenas haverá julgamento na sessão subsequente à do agravo provido, ficando sobrestado o recurso de revista no tema conhecido para julgamento na mesma sessão.

§ 2.º Processado o recurso de revista em razão de um tema, os demais temas cuja decisão agravada é mantida não farão parte da decisão do recurso de revista.

Art. 358. Na hipótese do art. 256 deste Regimento, se não for conhecido ou provido o agravo de instrumento, será de imediato julgado o recurso de revista, com lavratura de acórdãos distintos.

Art. 359. Quando o agravo de instrumento for processado nos autos principais, nos quais se encontra sobrestado julgamento de recurso de revista da outra parte, na autuação do processo, será considerado o número originário do recurso de revista sobrestado e observada a classe de agravo de instrumento em recurso de revista e recurso de revista (AIRR e RR).

Parágrafo único. O processo será distribuído ao relator do recurso de revista sobrestado. Se o relator não se encontrar em exercício no órgão prevento, haverá a redistribuição no âmbito do colegiado a um dos seus integrantes.

Art. 360. Em quaisquer situações previstas nos arts. 357 e 359 deste Regimento, se não for conhecido ou provido o agravo de instrumento, será de imediato julgado o recurso de revista, com lavratura de um único acórdão.

Art. 361. A Subseção I da Seção Especializada em Dissídios Individuais julgará desde logo a matéria objeto do recurso de revista não conhecido pela Turma, caso conclua, no julgamento do recurso de embargos interposto em data anterior à vigência da Lei n. 11.496/2007, que aquele recurso estava corretamente fundamentado em violação de dispositivos de lei federal ou da Constituição da República ou em contrariedade a súmula.

Art. 362. Fazem parte integrante deste Regimento, no que lhes for aplicável, as normas de lei complementar alusiva à Magistratura Nacional, as estabelecidas pela Consolidação das Leis do Trabalho e legislação complementar e, supletiva e subsidiariamente, as do Direito Processual Civil, em caso de omissão e desde que haja compatibilidade com as normas e princípios do Direito Processual do Trabalho, na forma dos arts. 769 e 889 da CLT e do art. 15 do CPC.

Art. 363. O Regulamento Geral da Secretaria do Tribunal constitui parte deste Regimento, bem assim as Resoluções, Instruções Normativas, Resoluções Administrativas e Emendas Regimentais.

Art. 364. Este Regimento entrará em vigor na data de sua publicação, revogadas as disposições em contrário.

Ministro Ives Gandra Da Silva Martins Filho

Presidente do TST

LEI N. 13.667, DE 17 DE MAIO DE 2018 (*)

Dispõe sobre o Sistema Nacional de Emprego (Sine), criado pelo Decreto n. 76.403, de 8 de outubro de 1975.

O Presidente da República

Faço saber que o Congresso Nacional decreta e eu sanciono a seguinte Lei:

Art. 1.º Esta Lei dispõe sobre o Sistema Nacional de Emprego (Sine), nos termos do inciso XVI do *caput* do art. 22 da Constituição Federal.

Parágrafo único. O Sine será financiado e gerido pela União e pelas esferas de governo que a ele aderirem, observado o disposto nesta Lei.

CAPÍTULO I

DAS DIRETRIZES DO SISTEMA NACIONAL DE EMPREGO

Art. 2.º São diretrizes do Sine:

I – a otimização do acesso ao trabalho decente, exercido em condições de liberdade, equidade, dignidade e segurança, e a sistemas de educação e de qualificação profissional e tecnológica;

II – a integração de suas ações e de seus serviços nas distintas esferas de governo em que se fizer presente;

III – a execução descentralizada das ações e dos serviços referidos no inciso II do *caput* deste artigo, em consonância com normas e diretrizes editadas em âmbito nacional;

IV – o compartilhamento da gestão, do financiamento e de recursos técnicos entre as esferas de governo que o integrem;

V – a participação de representantes da sociedade civil em sua gestão;

VI – a integração e a sistematização das informações e pesquisas sobre o mercado formal e informal de trabalho, com vistas a subsidiar a operacionalização de suas ações e de seus serviços no âmbito da União e das esferas de governo que dele participem;

VII – a adequação entre a oferta e a demanda de força de trabalho em todos os níveis de ocupação e qualificação;

VIII – a integração técnica e estatística com os sistemas de educação e de qualificação profissional e tecnológica, com vistas à elaboração, à implementação e à avaliação das respectivas políticas;

IX – a padronização do atendimento, da organização e da oferta de suas ações e de seus serviços no âmbito das esferas de governo participantes, respeitadas as especificidades regionais e locais;

X – a melhoria contínua da qualidade dos serviços ofertados, de forma eficiente, eficaz, efetiva e sustentável, especialmente por meio do desenvolvimento de aplicativos e de soluções tecnológicas a serem ofertados aos trabalhadores;

XI – a articulação permanente com a implementação das demais políticas públicas, com ênfase nas destinadas à população em condições de vulnerabilidade social.

CAPÍTULO II

DA ORGANIZAÇÃO

Art. 3.º O Sine será gerido e financiado, e suas ações e serviços serão executados, conjuntamente pelo Ministério do Trabalho e por órgãos específicos integrados à estrutura administrativa das esferas de governo que dele participem, na forma estabelecida por esta Lei.

§ 1.º O Conselho Deliberativo do Fundo de Amparo ao Trabalhador (Codefat), instituído pela Lei n. 7.998, de 11 de janeiro de 1990, constitui instância regulamentadora do Sine, sem prejuízo do disposto no § 2.º deste artigo.

§ 2.º O Codefat e os Conselhos do Trabalho, Emprego e Renda instituídos pelas esferas de governo que aderirem ao Sine constituirão instâncias deliberativas do Sistema.

Art. 4.º São unidades de atendimento do Sine, de funcionamento contínuo:

I – as Superintendências Regionais do Trabalho e as unidades implantadas por instituições federais autorizadas pelo Codefat;

II – as unidades instituídas pelas esferas de governo que integrarem o Sine.

§ 1.º O Codefat poderá autorizar outras unidades, de funcionamento contínuo ou não, para atendimento do Sine.

§ 2.º O atendimento ao trabalhador, requerente ou não requerente do seguro-desemprego, será obrigatoriamente realizado por meio de ações e serviços integrados de orientação, recolocação e qualificação profissional, para auxiliá-lo na busca ou preservação do emprego ou estimular seu empreendedorismo, podendo o Codefat dispor sobre a exceção de oferta básica não integrada de ações e serviços.

§ 3.º As unidades de atendimento integrantes do Sine deverão ser objeto de padronização de acordo com os níveis

(*) Publicada no *DOU*, de 18-5-2018.

de abrangência das ações e dos serviços nelas prestados, observados os critérios estabelecidos pelo Codefat.

Art. 5.º Nos termos estabelecidos pelo Codefat, os Conselhos do Trabalho, Emprego e Renda poderão autorizar a constituição de consórcios públicos para executar as ações e os serviços do Sine, devendo os consórcios ser submetidos à prévia avaliação do Ministério do Trabalho.

CAPÍTULO III
DAS COMPETÊNCIAS

Art. 6.º Compete simultaneamente à União e às esferas de governo que aderirem ao Sine:

I – prover o pessoal e a infraestrutura necessários à execução das ações e dos serviços do Sine, bem como financiá-lo, por meio de repasses fundo a fundo;

II – acompanhar e controlar a rede de atendimento aos trabalhadores;

III – administrar os recursos orçamentários e financeiros de seus fundos do trabalho;

IV – acompanhar, avaliar e divulgar informações sobre o mercado formal e informal de trabalho;

V – alimentar sistemas integrados e informatizados destinados a colher dados relacionados ao mercado formal e informal de trabalho;

VI – subsidiar a elaboração de normas técnicas e o estabelecimento de padrões de qualidade e parâmetros de custos destinados a nortear as ações e os serviços abrangidos pelo Sine;

VII – elaborar plano de ações e serviços do Sine, bem como a respectiva proposta orçamentária, os quais deverão ser submetidos, conforme a esfera de governo, à aprovação do Codefat ou do respectivo Conselho do Trabalho, Emprego e Renda;

VIII – participar da formulação e da execução da política de formação e desenvolvimento de pessoal especificamente voltado a prestar serviços no âmbito do Sine;

IX – disponibilizar informações referentes às ações e aos serviços executados;

X – propor medidas para aperfeiçoamento e modernização do Sine à coordenação nacional do Sistema.

Art. 7.º Compete à União:

I – exercer, por intermédio do Ministério do Trabalho, a coordenação nacional do Sine, com supervisão, monitoramento e avaliação das ações e dos serviços do Sistema executados por ela e pelas esferas de governo que a ele aderirem;

II – executar, em caráter privativo, os seguintes serviços e ações integrados ao Sine:

a) concessão do seguro-desemprego e do abono salarial;

b) identificação dos trabalhadores;

c) coordenação da certificação profissional;

d) manutenção de cadastro de instituições habilitadas a qualificar os trabalhadores;

III – apoiar e assessorar tecnicamente as esferas de Governo que aderirem ao Sine;

IV – estimular a constituição de consórcios públicos municipais e fornecer-lhes suporte técnico, para viabilização das ações e serviços do Sine.

Parágrafo único. A União poderá executar, em caráter suplementar, as ações e os serviços do Sine de competência das demais esferas de governo, tenham ou não a ele aderido.

Art. 8.º Compete aos Estados que aderirem ao Sine:

I – exercer, por intermédio de órgão específico integrado à sua estrutura administrativa, a coordenação estadual do Sine, com supervisão, monitoramento e avaliação das ações e dos serviços a eles atribuídos;

II – executar as ações e os serviços do Sine na ausência de atuação dos Municípios ou de consórcios públicos municipais;

III – estimular os Municípios e os consórcios que eles venham a constituir, e fornecer-lhes suporte técnico e financeiro, para viabilização das ações e serviços do Sine.

Parágrafo único. Os Estados poderão executar, em caráter suplementar, as ações e os serviços do Sine de competência dos Municípios.

Art. 9.º Compete aos Municípios que aderirem ao Sine, sem prejuízo de outras atividades que lhes sejam distribuídas pelo Codefat:

I – exercer, por intermédio de órgão específico integrado à sua estrutura administrativa, a coordenação municipal do Sine, com supervisão, monitoramento e avaliação das ações e dos serviços a eles atribuídos;

II – habilitar o trabalhador à percepção de seguro-desemprego;

III – intermediar o aproveitamento da mão de obra;

IV – cadastrar os trabalhadores desempregados em sistema informatizado acessível ao conjunto das unidades do Sine;

V – prestar apoio à certificação profissional;

VI – promover a orientação e a qualificação profissional;

VII – prestar assistência a trabalhadores resgatados de situação análoga à de escravo;

VIII – fomentar o empreendedorismo, o crédito para a geração de trabalho, emprego e renda, o microcrédito produtivo orientado e o assessoramento técnico ao trabalho autônomo, autogestionário ou associado.

Art. 10. O Distrito Federal, se aderir ao Sine, exercerá, cumulativamente, no âmbito de seu território, as competências dos Estados e dos Municípios.

CAPÍTULO IV
DO FINANCIAMENTO E DA FISCALIZAÇÃO

Art. 11. As despesas com a organização, a implementação, a manutenção, a modernização e a gestão do Sine correrão por conta dos seguintes recursos:

I – provenientes do Fundo de Amparo ao Trabalhador (FAT);

II – aportados pelas esferas de governo que aderirem ao Sine;

III – outros que lhe sejam destinados.

Parágrafo único. A União e as esferas de governo que aderirem ao Sine poderão realizar operações externas de natureza financeira, autorizadas pelo Senado Federal, para captação de recursos direcionados aos respectivos fundos do trabalho.

Art. 12. As esferas de governo que aderirem ao Sine deverão instituir fundos do trabalho próprios para financiamento e transferências automáticas de recursos no âmbito do Sistema, observada a regulamentação do Codefat.

§ 1.º Constituem condição para as transferências automáticas dos recursos de que trata esta Lei às esferas de governo que aderirem ao Sine a instituição e o funcionamento efetivo de:

I – Conselho do Trabalho, Emprego e Renda, constituído de forma tripartite e paritária por representantes dos trabalhadores, dos empregadores e do governo, observadas as disposições desta Lei;

II – fundo do trabalho, orientado e controlado pelo respectivo Conselho do Trabalho, Emprego e Renda;

III – plano de ações e serviços, aprovado na forma estabelecida pelo Codefat.

§ 2.º Constitui condição para a transferência de recursos do FAT às esferas de governo que aderirem ao Sine a comprovação orçamentária da existência de recursos próprios destinados à área do trabalho e alocados aos respectivos fundos, adicionados aos recebidos do FAT.

§ 3.º As despesas com o funcionamento dos Conselhos do Trabalho, Emprego e Renda, exceto as de pessoal, poderão ser custeadas por recursos alocados ao fundo do trabalho, observadas as deliberações do Codefat.

Art. 13. O financiamento de programas, projetos, ações e serviços do Sine será efetivado por meio de transferências automáticas entre os fundos do trabalho ou mediante a alocação de recursos próprios nesses fundos por parte da União e das esferas de governo que aderirem ao Sistema.

Parágrafo único. (*Vetado.*)

Art. 14. Para a definição dos valores a serem repassados pela União às esferas de governo que aderirem ao Sine, serão observados os critérios aprovados pelo Codefat e as disponibilidades orçamentárias e financeiras.

§ 1.º Caberá ao Ministério do Trabalho, na qualidade de coordenador nacional do Sine, propor ao Codefat os critérios de que trata o *caput* deste artigo.

§ 2.º Caberá ao Codefat estabelecer as condições de financiamento do Sine e de aplicação de seus recursos.

Art. 15. (*Vetado.*)

Art. 16. O Ministério do Trabalho, na forma estabelecida pelo Codefat, apoiará financeiramente, com as dotações orçamentárias existentes, o aprimoramento da gestão descentralizada das ações e dos serviços do Sine, por meio do Índice de Gestão Descentralizada do Sine (IGD-Sine), destinado ao custeio de despesas correntes e de capital.

Parágrafo único. É vedada a utilização dos recursos repassados a título de IGD-Sine para pagamento de pessoal efetivo e de gratificações de qualquer natureza a servidor público federal, estadual, municipal ou do Distrito Federal.

Art. 17. Os recursos financeiros destinados ao Sine serão depositados em conta especial de titularidade do fundo do trabalho e movimentados com a fiscalização do respectivo Conselho do Trabalho, Emprego e Renda.

§ 1.º O Ministério do Trabalho acompanhará a conformidade da aplicação dos recursos do FAT transferidos automaticamente às esferas de governo que aderirem ao Sine, observada a programação orçamentária aprovada para cada ente federativo.

§ 2.º Sem prejuízo de outras sanções cabíveis em decorrência da legislação, constitui crime, sujeito à pena de reclusão de 3 (três) meses a 1 (um) ano, o emprego irregular, ou em finalidades diversas das previstas nesta Lei, de verbas, de rendas públicas ou de recursos do Sine.

Art. 18. Caberá à esfera de governo que aderir ao Sine a responsabilidade pela correta utilização dos recursos de seu fundo do trabalho, bem como pelo controle e pelo acompanhamento dos programas, dos projetos, dos benefícios, das ações e dos serviços vinculados ao Sistema, independentemente de ações do órgão repassador dos recursos.

Art. 19. A utilização dos recursos federais descentralizados para os fundos do trabalho das esferas de governo que aderirem ao Sine será anualmente declarada pelos entes recebedores ao ente responsável pela transferência automática, mediante relatório de gestão que comprove a execução das ações, na forma do regulamento, a ser submetido à apreciação do respectivo Conselho do Trabalho, Emprego e Renda.

Parágrafo único. O ente responsável pela transferência automática poderá requisitar informações referentes à aplicação dos recursos transferidos, para fins de análise e acompanhamento de sua utilização.

CAPÍTULO V

DISPOSIÇÕES FINAIS E TRANSITÓRIAS

Art. 20. A denominação Sistema Nacional de Emprego, a sigla Sine e as suas marcas ou logomarcas, utilizadas separada ou conjuntamente, são consideradas bens públicos nacionais e não poderão ser objeto de nenhum tipo de registro de propriedade ou de domínio, por pessoas físicas ou jurídicas.

Art. 21. É garantida, às esferas de governo que aderirem ao Sine, a participação no Codefat, mediante a indicação de representantes – titular e suplente –, efetivada, conforme o caso, pelo Fórum Nacional de Secretarias Estaduais do Trabalho (Fonset) ou pelo Fórum Nacional de Secretarias Municipais do Trabalho (Fonsemt).

Parágrafo único. A participação de representantes – titular e suplente – das Superintendências Regionais do Trabalho nos Conselhos de Trabalho, Emprego e Renda instituídos

SISTEMA NACIONAL DE EMPREGO

pelos Estados e pelo Distrito Federal é condição para a adesão dessas esferas de governo ao Sine.

Art. 22. Os entes públicos que tenham Convênio Plurianual do Sine (CP-Sine) e Convênio Plurianual de Qualificação Social e Profissional (CP-QSP) vigentes à data de publicação desta Lei terão o prazo de 12 (doze) meses para se adaptar à nova organização do Sine e constituir os seus fundos do trabalho.

§ 1.º Durante o período previsto no *caput* deste artigo, as transferências de recursos relacionados ao Sine observarão, em caráter transitório, os termos dos convênios vigentes, os quais poderão ser objeto de termos aditivos para garantir a continuidade da execução das ações e serviços do Sistema durante esse período.

§ 2.º A adesão de novos entes públicos ao Sine somente poderá ocorrer 12 (doze) meses após a data de entrada em vigor desta Lei, de acordo com cronograma aprovado pelo Codefat.

Art. 23. O Sine, criado pelo Decreto n. 76.403, de 8 de outubro de 1975, passa a ser regido pelas disposições desta Lei e pela regulamentação do Codefat.

Art. 24. Esta Lei entra em vigor na data de sua publicação.

Brasília, 17 de maio de 2018; 197.º da Independência e 130.º da República.

MICHEL TEMER

INSTRUÇÃO NORMATIVA N. 144, DE 18 DE MAIO DE 2018 (*)

Dispõe sobre a fiscalização do Fundo de Garantia do Tempo de Serviço – FGTS e das Contribuições Sociais instituídas pela Lei Complementar n. 110, de 29 de junho de 2001.

A Secretaria de Inspeção do Trabalho, no exercício da competência prevista no art. 18, incisos I, II e VI do Anexo I do Decreto n. 8.894, de 3 de novembro de 2016, no inciso I, II e VI, do art. 1.º do Anexo IX da Portaria 1.153, de 30 de outubro de 2017, e tendo em vista o disposto no art. 1.º da Lei n. 8.844, de 20 de janeiro de 1994, art. 23 da Lei n. 8.036, de 11 de maio de 1990, art. 54 do Decreto n. 99.684, de 8 de novembro de 1990, art. 3.º da Lei Complementar n. 110, de 29 de junho de 2001, no art. 6.º do Decreto n. 3.914, de 11 de setembro de 2001, no art. 31 da Lei n. 9.491, de 9 de setembro de 1997 e no art. 9.º do Decreto n. 2.430, de 17 de dezembro de 1997, resolve:

Art. 1.º O Auditor-Fiscal do Trabalho na fiscalização do Fundo de Garantia do Tempo de Serviço – FGTS – e das Contribuições Sociais instituídas pela Lei Complementar n. 110, de 29 de junho de 2001 deve observar o disposto nesta instrução normativa.

• *Vide* Precedente Administrativo n. 1.

(*) Publicada no *DOU*, de 21-5-2018.

CAPÍTULO I
DA FISCALIZAÇÃO

Art. 2.º Cabe à Secretaria de Inspeção do Trabalho – SIT definir as atividades e projetos nos quais deve ser obrigatória, em todas as ações fiscais, a inclusão dos atributos relacionados à verificação de regularidade dos recolhimentos do FGTS, das contribuições sociais e da formalização do vínculo de emprego nas ordens de serviço.

§ 1.º O período mínimo a ser fiscalizado deve ter como início e término, respectivamente, a primeira competência não inspecionada e a última competência exigível, definida por ocasião do início da ação fiscal.

§ 2.º Se a ação fiscal se estender por mais de 3 (três) meses, a última competência exigível será aquela exigível no momento do encerramento da ação fiscal.

§ 3.º Se durante a ação fiscal o Auditor-Fiscal do Trabalho constatar indício de débito não notificado, a fiscalização deve retroagir a outros períodos, para fins de levantamento de débito.

§ 4.º Na fiscalização na modalidade indireta, o período mínimo a ser fiscalizado pode ter como início a competência mais antiga com indício de débito apurado nos sistemas informatizados, limitando a competência final à existência de documentos ou de informações nas bases de dados disponibilizadas à fiscalização.

§ 5.º Na modalidade dirigida, a competência final poderá ser limitada à existência de documentos ou de informações nas bases de dados disponibilizadas à fiscalização.

Art. 3.º O Auditor-Fiscal do Trabalho deve notificar o empregador para apresentar livros e documentos necessários ao desenvolvimento da ação fiscal, inclusive a apresentação em mídia em formatos acessíveis à fiscalização, arquivos digitais, em meio magnético ou eletrônico, quando mantidos pelo empregador e quando entender serem necessários ao exercício de suas atribuições legais.

§ 1.º A notificação de que trata o *caput* poderá ser realizada por meio de domicílio fiscal trabalhista eletrônico.

§ 2.º A existência de declaração de fato gerador ou de base de cálculo do FGTS como eSocial, SEFIPRE, GRRF.RE ou GFIP ou outro documento que venha a substituí-los, disponível à fiscalização trabalhista nos sistemas informatizados do Ministério do Trabalho, desobriga o Auditor-Fiscal do Trabalho do procedimento previsto no *caput*, para a finalidade de apuração de débitos de FGTS e Contribuição Social, devendo ser observado o critério da dupla visita para a lavratura de autos de infração.

§ 3.º Se o único documento eletrônico disponível à fiscalização do trabalho for o Relatório Anual de Informações Sociais – RAIS, o empregador deve ser notificado para apresentar documentos na forma do *caput*.

§ 4.º Frustrada a notificação pessoal ou via postal nos moldes do *caput* no endereço do empregador constante das bases de dados da Receita Federal, o Auditor-Fiscal do Trabalho deve levantar o débito de FGTS e Contribuição

Social e lavrar Notificação de Débito do FGTS e da Contribuição Social – NDFC com as informações disponíveis em bancos de dados do Ministério do Trabalho, na forma dos capítulos IV e V desta Instrução Normativa, situação que deverá ser descrita no relatório circunstanciado.

§ 5.º O Auditor-Fiscal do Trabalho deve observar o critério da dupla visita para a lavratura de autos de infração, na forma do art. 627 da Consolidação das Leis do Trabalho – CLT, aprovada pelo Decreto-lei n. 5.452, de 1.º de maio de 1943, do art. 6.º, § 3.º, da Lei n. 7.855, de 24 de outubro de 1989, e do art. 55, § 1.º, da Lei Complementar n. 123, de 14 de dezembro de 2006, não se aplicando este critério para a emissão das notificações de débito.

• Citados dispositivos constam desta obra.

§ 6.º Entende-se por empregador a pessoa física ou a pessoa jurídica de direito privado ou de direito público, da administração pública direta, indireta ou fundacional de qualquer dos Poderes da União, dos Estados, do Distrito Federal e dos Municípios, que admitir trabalhadores a seu serviço, bem assim aquele que, regido por legislação especial, encontrar-se nessa condição ou figurar como fornecedor ou tomador de mão de obra, independentemente da responsabilidade solidária ou subsidiária a que eventualmente venha obrigar-se.

Art. 4.º O Auditor-Fiscal do Trabalho pode examinar livros contábeis, fiscais e outros documentos de suporte à escrituração das empresas, assim como apreender documentos, arquivos digitais, materiais, livros e assemelhados, para a verificação da existência de fraudes e irregularidades, mediante termo lavrado de acordo com a Instrução Normativa n. 89, de 2 de março de 2011.

• A Instrução Normativa n. 89, de 2-3-2011, da Secretaria de Inspeção do Trabalho, estabelece procedimentos para apreensão e guarda de documentos, livros, materiais, equipamentos e assemelhados por Auditor-Fiscal do Trabalho e aprova modelos de Auto de Apreensão, Termo de Guarda e Termo de Devolução.

Parágrafo único. Caso constate indícios de fraude, o Auditor-Fiscal do Trabalho, sem prejuízo da ação fiscal, deve informá-los à chefia imediata, por meio de relatório.

Art. 5.º Na fiscalização do FGTS, desde que presentes os requisitos constantes do art. 28 do Regulamento da Inspeção do Trabalho, aprovado pelo Decreto n. 4.552, de 27 de dezembro de 2002, é cabível a instauração de procedimento especial para ação fiscal.

Parágrafo único. O termo de compromisso porventura lavrado durante o procedimento especial para ação fiscal deve ser elaborado em sistema informatizado competente para tal e conter o débito do empregador individualizado por competência e por empregado.

CAPÍTULO II
DO FGTS E DA CONTRIBUIÇÃO SOCIAL SOBRE A REMUNERAÇÃO MENSAL DO TRABALHADOR

SEÇÃO I
Do Procedimento de Verificação do Recolhimento

Art. 6.º O Auditor-Fiscal do Trabalho deve verificar o recolhimento do FGTS e das contribuições sociais incidentes sobre a remuneração paga ou devida aos trabalhadores, nos seguintes percentuais, estabelecidos em lei:

I – FGTS, à alíquota de oito por cento;

II – Contribuição Social prevista no art. 2.º da Lei Complementar n. 110, de 2001, à alíquota de cinco décimos por cento.

§ 1.º Na verificação do recolhimento do FGTS, o Auditor-Fiscal do Trabalho deve observar ainda os seguintes percentuais:

I – nos contratos de aprendizagem previstos no art. 428 da CLT, o percentual de dois por cento;

II – no período de fevereiro de 1998 a janeiro de 2003, o percentual de dois por cento a oito por cento nos contratos por prazo determinado instituídos pela Lei n. 9.601, de 21 de janeiro de 1998.

§ 2.º É devido o depósito do FGTS, excluída a indenização compensatória, na conta vinculada do trabalhador, cujo contrato de trabalho seja declarado nulo, nos termos do art. 37, § 2.º, da Constituição Federal, quando reconhecido o direito à percepção do salário.

Art. 7.º A verificação a que se refere o art. 6.º deve ser realizada inclusive nas hipóteses em que o trabalhador se afaste do serviço, por força de lei ou de acordo, mas continue percebendo remuneração ou contando o tempo de afastamento como de serviço efetivo, tais como:

•• *Caput* com redação determinada pela Instrução Normativa n. 145, de 15-6-2018.

I – serviço militar obrigatório;

II – primeiros 15 (quinze) dias de licença para tratamento de saúde, exceto no caso de concessão de novo benefício decorrente da mesma doença, dentro de 60 (sessenta) dias contados da cessação do benefício anterior, de acordo com o previsto no § 3.º do art. 75 do Decreto n. 3.048, de 6 de maio de 1999;

• Citado dispositivo consta deste volume.

III – licença por acidente de trabalho;

IV – licença-maternidade;

V – licença-paternidade;

VI – gozo de férias;

VII – exercício de cargo de confiança; e

VIII – demais casos de ausências remuneradas.

Art. 8.º Para verificação da contribuição social mensal, deve ser considerado o período de janeiro de 2002 a dezembro de 2006, observando-se ainda as hipóteses de isenção previstas no § 1.º do art. 2.º da Lei Complementar n. 110, de 2001.

§ 1.º Para a apuração do benefício da isenção previsto no inciso I do § 1.º do art. 2.º da Lei Complementar n. 110, de 2001, deve ser considerado o limite de um milhão e duzentos mil reais de faturamento anual, independentemente da receita bruta exigida para inscrição no Sistema Integrado de Pagamento de Impostos e Contribuições das Microempresas e Empresas de Pequeno Porte – SIMPLES.

§ 2.º Descaracteriza a isenção qualquer documentação que comprove faturamento superior ao limite estabelecido no § 1.º.

SEÇÃO II
Da Identificação da Base de Cálculo

Art. 9.º Consideram-se de natureza salarial para fins do disposto no art. 6.º, as seguintes parcelas, além de outras identificadas pelo caráter de contraprestação do trabalho:

I – o salário-base, inclusive as prestações *in natura*;

II – as horas extras;

III – os adicionais de insalubridade, periculosidade, penosidade e do trabalho noturno;

IV – o adicional por tempo de serviço;

V – o adicional por transferência de localidade de trabalho;

VI – o salário-família, no que exceder o valor legal obrigatório;

VII – o abono ou gratificação de férias, desde que excedente a 20 (vinte) dias do salário, concedido em virtude de cláusula contratual, de regulamento da empresa, ou de convenção ou acordo coletivo;

VIII – o valor de um terço do abono constitucional das férias;

IX – as comissões;

X – as diárias para viagem, pelo seu valor global, desde que não haja prestação de contas do montante gasto;

XI – as etapas, no caso dos marítimos;

XII – as gorjetas;

XIII – a gratificação de natal, seu valor proporcional e sua parcela devida sobre o aviso prévio indenizado, inclusive na extinção de contrato a prazo certo e de safra, e a gratificação periódica contratual, pelo seu duodécimo;

XIV – as gratificações legais, as de função e as que tiverem natureza de contraprestação pelo trabalho;

XV – (*Revogado pela Instrução Normativa n. 145, de 15-6-2018.*)

XVI – as gratificações incorporadas em razão do exercício de cargo de confiança, antes de 11 de novembro de 2017, data de início da vigência da Lei n. 13.467/2017;

XVII – as retiradas de diretores não empregados, quando haja deliberação da empresa, garantindo-lhes os direitos decorrentes do contrato de trabalho;

XVIII – o valor a título de licença-prêmio;

XIX – o valor pelo repouso semanal remunerado;

XX – o valor pelos domingos e feriados civis e religiosos trabalhados, bem como o valor relativo à dobra em razão de feriados trabalhados, não compensados;

XXI – o valor a título de aviso prévio, trabalhado ou indenizado, proporcional ao tempo de serviço;

XXII – o valor não pago a título de aviso prévio indenizado, nos casos da extinção de contrato de trabalho por acordo, previsto no art. 484-A da CLT;

XXIII – o valor a título de quebra de caixa;

XXIV – o valor do tempo de reserva, nos termos do § 6.º do art. 235-E da CLT, originados antes de 11 de novembro de 2017, data de início da vigência da Lei n. 13.467/2017;

XXV – prêmios concedidos pelo empregador com natureza de contraprestação, originados antes de 11 de novembro de 2017, data de início da vigência da Lei n. 13.467/2017;

XXVI – abonos concedidos pelo empregador com natureza de contraprestação, originados antes de 11 de novembro de 2017, data de início da vigência da Lei n. 13.467/2017;

XXVII – valor relativo ao período integral do intervalo intrajornada, quando não concedido em seu período mínimo antes de 11 de novembro de 2017, data de início da vigência da Lei n. 13.467/2017;

XXVIII – parcela à qual, por força de convenção ou acordo coletivo de trabalho, for atribuída natureza salarial.

XXIX – hora ou fração trabalhada durante o intervalo intrajornada.

•• Inciso XXIX acrescentado pela Instrução Normativa n. 145, de 15-6-2018.

Parágrafo único. As contribuições mencionadas no art. 6.º também incidirão sobre:

I – o valor contratual mensal da remuneração do empregado afastado na forma do art. 7.º desta IN, inclusive sobre a parte variável, calculada segundo os critérios previstos na CLT e na legislação esparsa, atualizada sempre que ocorrer aumento geral na empresa ou para a categoria;

II – o valor da remuneração paga pela entidade de classe ao empregado licenciado para desempenho de mandato sindical, idêntico ao que perceberia caso não licenciado, inclusive com as variações salariais ocorridas durante o licenciamento, obrigatoriamente informadas pelo empregador à respectiva entidade;

III – o salário contratual e o adicional de transferência devido ao empregado contratado no Brasil transferido para prestar serviço no exterior;

IV – a remuneração percebida pelo empregado ao passar a exercer cargo de diretoria, gerência ou outro cargo de confiança imediata do empregador, salvo se a do cargo efetivo for maior;

V – remuneração paga a empregado estrangeiro, em atividade no Brasil, independentemente do local em que for realizado o pagamento;

VI – os valores pagos ao trabalhador intermitente, no período mensal, conforme o § 6.º, do art. 452-A da CLT.

Art. 10. Não integram a remuneração, para fins do disposto no art. 6.º:

I – participação do empregado nos lucros ou resultados da empresa, quando paga ou creditada de acordo com a Lei n. 10.101, de 19 de dezembro de 2000;

• Citado dispositivo consta deste volume.

II – abono correspondente à conversão de um terço das férias em pecúnia e seu respectivo adicional constitucional;

III – abono ou gratificação de férias, concedido em virtude de contrato de trabalho, de regulamento da empresa, de convenção ou acordo coletivo de trabalho, cujo valor não exceda a 20 (vinte) dias do salário;

IV – o valor correspondente ao pagamento da dobra da remuneração de férias concedidas após o prazo legal;

V – importâncias recebidas a título de férias indenizadas e o respectivo adicional constitucional;

VI – indenização por tempo de serviço anterior a 5 de outubro de 1988, de empregado não optante pelo FGTS;

VII – indenização relativa à dispensa de empregado no período de 30 (trinta) dias que antecede sua data-base, de acordo com o disposto no art. 9.° da Lei n. 7.238, de 29 de outubro de 1984;

- O mencionado dispositivo determina que o empregado dispensado, sem justa causa, no período de 30 (trinta) dias que antecede a data de sua correção salarial, terá direito à indenização adicional equivalente a um salário mensal.

VIII – indenização por despedida sem justa causa do empregado nos contratos com termo estipulado de que trata o art. 479 da CLT, bem como na indenização prevista na alínea *f* do art. 12 da Lei n. 6.019, de 3 de janeiro de 1974;

IX – indenização do tempo de serviço do safrista, quando do término normal do contrato de que trata o art. 14 da Lei n. 5.889, de 8 de junho de 1973;

X – indenização recebida a título de incentivo à demissão;

XI – indenização rescisória do FGTS sobre o montante de todos os depósitos realizados na conta vinculada do trabalhador, de que trata o art. 18 da Lei n. 8.036, de 11 de maio de 1990;

XII – indenização relativa à licença-prêmio;

XIII – ajuda de custo, em parcela única, recebida exclusivamente em decorrência de mudança de localidade de trabalho do empregado, na forma do art. 470 da CLT;

XIV – ajuda de custo, quando paga mensalmente, recebida como verba indenizatória para ressarcir despesa relacionada à prestação de serviços ou à transferência do empregado, nos termos do art. 470 da CLT;

•• Inciso XIV com redação determinada pela Instrução Normativa n. 145, de 15-6-2018.

XV – ajuda de custo, em caso de transferência permanente, e o adicional mensal, em caso de transferência provisória, recebidos pelo aeronauta nos termos da Lei n. 5.929, de 30 de outubro de 1973;

XVI – diárias para viagem, desde que comprovada sua natureza indenizatória;

XVII – valor da bolsa de aprendizagem, garantida ao adolescente até quatorze anos de idade, de acordo com o disposto no art. 64 da Lei n. 8.069, de 13 de julho de 1990, vigente até 15 de dezembro de 1998, em face da promulgação da Emenda Constitucional n. 20;

XVIII – valor da bolsa ou outra forma de contraprestação, quando paga ao estagiário nos termos da Lei n. 11.788, de 25 de setembro de 2008;

XIX – cotas do salário-família e demais benefícios pagos pela Previdência Social, nos termos e limites legais, salvo o salário maternidade e o auxílio-doença decorrente de acidente do trabalho;

XX – parcela *in natura* recebida de acordo com o Programa de Alimentação do Trabalhador – PAT, instituído pela Lei n. 6.321, de 14 de abril de 1976;

XXI – vale-transporte, nos termos e limites legais, bem como transporte fornecido pelo empregador para deslocamento ao trabalho e retorno, em percurso servido ou não por transporte público;

XXII – valor da multa paga ao trabalhador em decorrência do atraso na quitação das parcelas rescisórias;

XXIII – importâncias recebidas a título de ganhos eventuais e abonos expressamente desvinculados do salário por força de lei;

XXIV – abono do Programa de Integração Social – PIS e do Programa de Assistência ao Servidor Público – PASEP;

XXV – valores correspondentes a transporte, alimentação e habitação fornecidos pelo empregador ao empregado contratado para trabalhar em localidade distante de sua residência, em canteiro de obras ou local que, por força da atividade, exija deslocamento e estada, observadas as normas de proteção estabelecidas pelo Ministério do Trabalho;

XXVI – importância paga ao empregado a título de complementação ao valor do auxílio-doença, desde que este direito seja extensivo à totalidade dos empregados da empresa;

XXVII – parcelas destinadas à assistência ao empregado da agroindústria canavieira, de que tratava o art. 36 da Lei n. 4.870, de 1.° de dezembro de 1965;

XXVIII – prêmios compreendidos como parcelas pagas por liberalidade e em razão de desempenho superior ao ordinariamente esperado no exercício das atividades do empregado, originados a partir de 11 de novembro de 2017, data de início da vigência da Lei n. 13.467/2017;

•• Inciso XXVIII com redação determinada pela Instrução Normativa n. 145, de 15-6-2018.

XXIX – abonos originados a partir de 11 de novembro de 2017, data de início da vigência da Lei n. 13.467/2017, desde que não sejam pagos como contraprestação pelo trabalho;

XXX – indenização devida pelo período parcial ou integral de intervalo intrajornada suprimido, quando o fato gerador for originado a partir de 11 de novembro de 2017, data de início da vigência da Lei n. 13.467/2017;

•• Inciso XXX com redação determinada pela Instrução Normativa n. 145, de 15-6-2018.

XXXI – valor das contribuições efetivamente pagas pelo empregador a título de previdência privada;

XXXII – valor relativo a assistência médica, hospitalar e odontológica, prestada diretamente pelo empregador ou mediante seguro- saúde;

XXXIII – valor correspondente a vestuários, equipamentos e outros acessórios fornecidos ao empregado e utilizados no local de trabalho para prestação dos serviços;

XXXIV – ressarcimento de despesas pelo uso de veículo do empregado, quando devidamente comprovadas;

XXXV – valor relativo à concessão de educação, em estabelecimento de ensino do empregador ou de terceiros, compreendendo valores relativos a matrícula, mensalidade, anuidade, livros e material didático;

XXXVI – valores recebidos em decorrência da cessão de direitos autorais;

XXXVII – auxílio-creche pago em conformidade com a legislação trabalhista, para ressarcimento de despesas devidamente comprovadas com crianças de até 6 (seis) anos de idade;

XXXVIII – auxílio-babá, limitado ao salário mínimo, pago em conformidade com a legislação trabalhista e condicionado a comprovação do registro na Carteira de Trabalho e Previdência Social – CTPS, para ressarcimento de despesas de remuneração e contribuição previdenciária de empregado que cuide de crianças de até 6 (seis) anos de idade;

XXXIX – valor das contribuições efetivamente pagas pelo empregador a título de prêmio de seguro de vida e de acidentes pessoais;

XL – o valor do tempo de espera, nos termos do § 9.º do art. 235-C da CLT; e

XLI – o valor, pago ao empregado a título de multa, correspondente a um trinta avos da média da gorjeta por dia de atraso.

SEÇÃO III

Da Forma e Prazo do Recolhimento

Art. 11. Na verificação a que se refere o art. 6.º, o Auditor-Fiscal do Trabalho deve observar se o recolhimento foi efetuado até o dia 7 (sete) do mês subsequente ao da competência devida, em conta vinculada do empregado, por meio de guia ou procedimento específico estabelecido pela Caixa Econômica Federal – CAIXA.

§ 1.º Quando o vencimento do prazo mencionado no *caput* ocorrer em dia não útil, o recolhimento deve ser efetuado no dia útil imediatamente anterior.

§ 2.º Considera-se competência devida dos recolhimentos previstos no art. 6.º:

•• § 2.º, *caput*, com redação determinada pela Instrução Normativa n. 145, de 15-6-2018.

I – o mês e o ano a que se refere a remuneração;

II – o período de gozo das férias, observada a proporcionalidade do número de dias em cada mês;

III – o mês e o ano em que é paga ou devida cada parcela da gratificação natalina, como também o mês e o ano da complementação da gratificação, para efeito de recolhimento complementar.

Art. 12. O Auditor-Fiscal do Trabalho deve observar que, na vigência de legislação anterior, o recolhimento do FGTS estava sujeito aos seguintes prazos:

I – até o último dia do mês subsequente ao vencido, no período de 1.º de janeiro de 1967 a 20 de junho de 1989, de acordo com a Lei n. 5.107, de 13 de setembro de 1966;

II – até o último dia do expediente bancário do primeiro decêndio de cada mês, referente ao mês anterior, no período de 21 de junho de 1989 a 12 de outubro de 1989, nos termos da Lei n. 7.794, de 10 de julho de 1989;

III – até o quinto dia útil do mês subsequente ao vencido, no período de 13 de outubro de 1989 a 13 de maio de 1990, conforme previsto na Lei n. 7.839, de 12 de outubro de 1989, considerado o sábado como dia útil para efeito de contagem, a partir da vigência da Instrução Normativa n. 1, de 7 de novembro de 1989.

CAPÍTULO III

DO FGTS E DA CONTRIBUIÇÃO SOCIAL NA RESCISÃO OU EXTINÇÃO DO CONTRATO DE TRABALHO

SEÇÃO I

Da Verificação de Recolhimento e da Identificação da Base de Cálculo

Art. 13. No caso de despedida sem justa causa, rescisão indireta do contrato de trabalho, rescisão antecipada de contrato a termo por iniciativa do empregador, inclusive do contrato de trabalho temporário, o Auditor-Fiscal do Trabalho deve verificar o recolhimento da multa rescisória do FGTS, prevista no § 1.º, art. 18, da Lei n. 8.036, de 1990, e da contribuição social prevista no art. 1.º da Lei Complementar n. 110, de 2001, incidentes sobre o montante de todos os depósitos devidos ao FGTS na vigência do contrato de trabalho, atualizados monetariamente e acrescidos dos respectivos juros remuneratórios, não se deduzindo, para este fim, os saques ocorridos:

§ 1.º A Contribuição Social não será exigida nos casos de extinção por acordo entre empregador e empregado e na extinção do contrato de trabalho intermitente.

§ 2.º A multa rescisória do FGTS será de 20 (vinte) por cento na ocorrência de despedida por culpa recíproca ou força maior, reconhecidas pela Justiça do Trabalho, e nos casos de extinção por acordo entre empregador e empregado.

§ 3.º Os empregadores domésticos estão isentos da contribuição social.

§ 4.º A multa rescisória do FGTS não se aplica aos contratos celebrados de acordo com a Lei n. 9.601, de 1998, exceto se convencionado pelas partes.

§ 5.º Ocorrendo despedida sem justa causa, ainda que indireta, extinção por acordo entre empregado e empregador, com culpa recíproca, por força maior, extinção normal ou antecipada do contrato de trabalho a termo, inclusive a do trabalhador temporário e do trabalhador intermitente e daquele contratado na forma da Lei n. 9.601, de 1998, o Auditor-Fiscal do Trabalho deve verificar o recolhimento do FGTS e da contribuição social, referente ao mês da rescisão e ao imediatamente anterior.

§ 6.º A multa rescisória do FGTS e a contribuição social não se aplicam à distribuição de parte do resultado positivo auferido pelo FGTS, mediante crédito nas contas vinculadas de titularidade dos trabalhadores, acrescido de juros e atualização monetária.

Art. 14. Integram a base de cálculo das contribuições mencionadas no art. 13 os valores dos recolhimentos relativos ao mês da rescisão e ao imediatamente anterior, bem como o complemento da atualização monetária devido na data da rescisão contratual, previsto no art. 4.º da Lei Complementar n. 110, de 2001.

SEÇÃO II

Da Forma e Prazo de Recolhimento

Art. 15. Na verificação do valor devido na rescisão contratual, o Auditor-Fiscal do Trabalho deve observar se o depósito foi efetuado em conta vinculada do trabalhador, por meio de guia ou procedimento específico estabelecido pela Caixa Econômica Federal, nos seguintes prazos:

I – até o primeiro dia útil imediato ao término do contrato ou do efetivo desligamento do empregado dispensado sem justa causa e com aviso prévio trabalhado, antes de 11 de novembro de 2017, data de início da vigência da Lei n. 13.467/2017;

II – até o décimo dia corrido, a contar do dia imediatamente posterior ao término do contrato ou do efetivo desligamento do empregado:

a) ao do término do contrato por prazo determinado, ou ao do término do aviso prévio trabalhado, na dispensa sem justa causa, na extinção por acordo entre empregado e empregador, inclusive do trabalhador intermitente, a partir de 11 de novembro de 2017, data de início da vigência da Lei n. 13.467/2017;

b) quando o aviso prévio for indenizado ou houver dispensa de seu cumprimento, na dispensa sem justa causa e na extinção por acordo entre empregado e empregador e na rescisão antecipada de contrato de trabalho por prazo determinado, inclusive do trabalho temporário e do trabalhador intermitente;

§ 1.º O recolhimento incidente sobre a remuneração do mês anterior e do mês da rescisão do contrato deve ser efetuado na forma do art. 11, caso o prazo ali previsto seja anterior aos consignados neste artigo.

§ 2.º No caso de rescisão antecipada de contrato de trabalho por prazo determinado, ocorrida antes de 11 de novembro de 2017, data de início da vigência da Lei n. 13.467/2017, e nos dez dias que antecederem ao término regular do contrato, deve ser observado o prazo previsto no inciso I.

Art. 16. Nos casos em que há termo de quitação anual, de conformidade com o art. 507-B da CLT, o Auditor-Fiscal do Trabalho deve efetuar o levantamento de débito do FGTS com base:

I – nas parcelas remuneratórias constantes das folhas de pagamento ou de qualquer outro documento que contenha tal informação, nas competências originalmente pagas ou devidas, deduzindo os valores depositados na conta vinculada do empregado; e

II – nas parcelas remuneratórias reconhecidas somente no termo de quitação anual.

Parágrafo único. Na hipótese do inciso II, os valores deverão ser lançados nas competências em que ocorreu o fato gerador.

Art. 17. Nos termos do art. 611-B da CLT, o valor devido a título de FGTS mensal, rescisório e da indenização compensatória do FGTS é direito indisponível.

SEÇÃO III

Da Sistemática para Distribuição de Valor Rescisório Recolhido a Menor

Art. 18. Ao verificar que o valor recolhido é menor que a soma das parcelas declaradas na guia de recolhimento rescisório, o Auditor-Fiscal do Trabalho deve adotar a sistemática de distribuição de valores de acordo com a seguinte ordem de prioridade:

I – percentual devido a título de contribuição para o FGTS relativo à:

a) multa rescisória;

b) percentual incidente sobre o aviso prévio indenizado;

c) percentual incidente sobre a remuneração do mês da rescisão; e

d) percentual incidente sobre a remuneração do mês anterior ao da rescisão;

II – juros e atualização monetária – JAM devidos na conta vinculada do empregado, relativos aos percentuais incidentes sobre as parcelas seguintes, em ordem de prioridade:

a) remuneração do mês anterior ao da rescisão;

b) remuneração do mês da rescisão;

c) aviso prévio indenizado; e

d) multa rescisória;

III – alíquota de cinco décimos por cento devida a título de contribuição social mensal, observando-se a ordem de prioridade do inciso II, exceto alínea *d*;

IV – alíquota de dez por cento, devida na rescisão, a título de contribuição social rescisória;

V – parcela resultante da diferença entre os acréscimos legais e o JAM, observando-se a ordem de prioridade do inciso II;

VI – parcela relativa aos acréscimos legais referentes à contribuição mencionada no inciso III, observando-se a ordem de prioridade do inciso II, exceto alínea *d*;

VII – parcela relativa aos acréscimos legais referentes à contribuição mencionada no inciso IV.

Parágrafo único. Para efeito do disposto neste artigo, considera-se:

I – JAM: a soma dos valores devidos pela aplicação dos juros remuneratórios da conta vinculada do empregado com atualização pela taxa referencial – TR, na forma da lei;

II – acréscimos legais: a soma da atualização pela TR com os juros de mora e multa de mora, na forma da lei.

Art. 19. Após a aplicação do disposto no art. 18, o Auditor – Fiscal do Trabalho, a fim de apurar o débito, deve confrontar os valores distribuídos com os valores devidos pelo empregador.

CAPÍTULO IV

DO LEVANTAMENTO DE DÉBITO

Art. 20. Ao constatar irregularidade, o Auditor-Fiscal do Trabalho deve proceder ao levantamento do débito, individualizado por empregado, e emitir a notificação de débito respectiva para que o empregador recolha a importância devida.

Parágrafo único. Os sistemas informatizados à disposição da fiscalização do trabalho devem ser utilizados para a verificação da regularidade dos recolhimentos de FGTS e CS.

SEÇÃO I

Do Procedimento em Empregadores com Estabelecimentos Filiais

Art. 21. Nos empregadores com mais de um estabelecimento, localizados em diferentes estados, o levantamento do débito do FGTS e das contribuições sociais, relativo a todos os estabelecimentos, deve ser efetuado preferencialmente pela Superintendência com competência sobre a localidade da matriz do empregador.

Art. 22. Ao constatar a existência de débito em estabelecimento filial ou equivalente, localizado fora do estado da matriz, o Auditor-Fiscal do Trabalho deve comunicá-la à chefia imediata e solicitar à Superintendência competente, ou seja, em cuja circunscrição esteja localizada a matriz, por meio do Sistema Federal de Inspeção do Trabalho – SFITWEB, autorização para o levantamento do débito na forma do art. 21.

§ 1.º As chefias imediatas das Superintendências envolvidas devem informar aos coordenadores dos projetos do FGTS a existência de débito, para fins de inclusão no planejamento da fiscalização.

§ 2.º O levantamento efetuado na forma centralizada deve conter demonstrativo do débito discriminado por estabelecimento.

§ 3.º Recebida a solicitação referida no *caput*, a Superintendência competente deve lançar o Relatório de Inspeção centralizado em 10 (dez) dias.

§ 4.º No caso de autorização ou omissão da Superintendência competente, a competência para apurar o débito passa obrigatoriamente à Superintendência solicitante.

Art. 23. Para o levantamento do débito, a chefia competente, ou quem esta designar, deve programar a ação fiscal considerando a complexidade da apuração, tais como, o porte do empregador, a distribuição geográfica dos estabelecimentos envolvidos, além de outros fatores que entender como relevantes, podendo para tanto designar mais de um Auditor-Fiscal do Trabalho.

Art. 24. Independentemente da solicitação prevista no art. 22, o Auditor-Fiscal do Trabalho deve emitir notificação de débito quando este for originado de remuneração paga a empregados sem registro, parcelas não declaradas, ou decorrentes de irregularidades específicas do estabelecimento fiscalizado.

Art. 25. Caso a fiscalização não se inicie nos prazos estabelecidos no art. 22 e não havendo outra solicitação em andamento, a Secretaria de Inspeção do Trabalho pode indicar a Superintendência que procederá ao levantamento centralizado, podendo, inclusive, designar Auditor-Fiscal do Trabalho de outros estados.

Art. 26. No levantamento de débito para empresa com todos os estabelecimentos localizados no mesmo estado aplicam-se, no que couber, as disposições dos arts. 21 a 24, devendo a solicitação ser dirigida ao chefe de fiscalização da Superintendência.

Art. 27. A ação fiscal para o levantamento do débito na forma do art. 21 não impede a lavratura de autos de infração por irregularidades constatadas em quaisquer dos estabelecimentos fiscalizados.

SEÇÃO II

Do Procedimento em Caso de Prestação de Serviços

Art. 28. Ao constatar irregularidade na prestação de serviços que descaracterize o contrato, atribuindo-se ao contratante do serviço a responsabilidade pelo vínculo empregatício dos trabalhadores, o Auditor-Fiscal do Trabalho deve expedir a notificação de débito de FGTS e contribuição social contra o contratante.

Parágrafo único. Os depósitos de FGTS e contribuição social eventualmente realizados pelo prestador de serviços, decorrentes dos contratos de trabalho a que se refere o *caput*, devem ser abatidos do débito apurado.

SEÇÃO III

Do procedimento em casos de sucessão

Art. 29. Nos casos de alteração contratual subjetiva, nos termos dos arts. 10 e 448 da CLT, por:

I – sucessão, fusão e incorporação, o sujeito passivo será a empresa sucessora;

II – cisão, com a extinção da empresa cindida, o sujeito passivo será a empresa cindenda inspecionada e o Auditor-Fiscal do Trabalho deverá lavrar notificação de débito em separado para a apuração:

a) do débito relativo aos seus empregados, incluídos aqueles para ela transferidos, relativo a todo o contrato de trabalho;

b) do débito relativo aos empregados com contrato extinto antes da cisão, considerando-se as demais empresas cindendas como devedoras solidárias pelo débito de FGTS da empresa extinta;

III – cisão, sem a extinção da empresa cindida, cada uma das empresas será responsável pelo débito relativo a todo o contrato de trabalho dos seus respectivos empregados.

§ 1.º Nos casos de sucessão, fusão, cisão e incorporação, todas as empresas responderão solidariamente quando ficar comprovada fraude na transferência, podendo constar como sujeito passivo qualquer um dos empregadores.

§ 2.º O levantamento efetuado nos moldes previstos nesse artigo deve conter demonstrativo do débito por empregador envolvido.

SEÇÃO IV
Do Procedimento em Grupos Econômicos

Art. 30. Para fins de fiscalização de FGTS, entende-se por grupo econômico o conjunto de empresas que atuam de modo subordinado ou coordenado.

Art. 31. Forma-se grupo econômico por coordenação, quando, preservada a autonomia entre as empresas, há demonstração de interesse integrado, efetiva comunhão de interesses e atuação conjunta dos integrantes, sem relação de dominação, conforme previsto nos §§ 2.º e 3.º do art. 2.º da CLT.

Art. 32. Forma-se grupo econômico por subordinação, quando o comando é centralizado em uma das sociedades integrantes, denominada controladora ou dominante, mediante controle interno ou dependência econômica.

§ 1.º O controle interno caracteriza-se pela participação societária decisiva no capital das sociedades agrupadas ou pelo controle gerencial ou administrativo.

§ 2.º A dependência econômica é caracterizada na relação vertical entre a empresa dominante e a subordinada, quando:

I – a empresa subordinada tiver vendido ou consignado à dominante, no ano anterior, mais de vinte por cento do seu volume das vendas, no caso de distribuição com exclusividade em determinada área do território nacional, e mais de cinquenta por cento do volume total das vendas, nos demais casos; ou

II – a empresa dominante, por qualquer forma ou título, for a única adquirente de um ou mais produtos ou serviços fornecidos pela subordinada, ainda quando a exclusividade se refira à padronagem, marca ou tipo do produto.

Art. 33. Para fins de levantamento de débito de FGTS e contribuição social nos casos de grupos econômicos por coordenação ou subordinação, atribui-se a responsabilidade solidária passiva às empresas integrantes do grupo, as quais devem ser incluídas no relatório circunstanciado.

§ 1.º O débito mensal deve ser apurado em cada empresa integrante do grupo para a qual o trabalhador prestou serviços, referente ao período trabalhado em cada uma delas, emitindo-se uma notificação de débito para cada empregador e os correspondentes autos de infração.

§ 2.º Nas hipóteses de transferência, em caso de rescisão do contrato de trabalho na empresa fiscalizada, a apuração do débito rescisório deverá apropriar as informações de todo período laboral do empregado, o FGTS pago ou devido de todo contrato de trabalho, abrangendo todas as empresas envolvidas nas transferências.

Art. 34. Para fins de levantamento de FGTS, constatando a existência de débito em empresas do grupo econômico, o Auditor-Fiscal do Trabalho deverá lavrar tantas notificações quantas sejam as empresas com débito, quando a matriz dessas estiver localizada dentro do estado onde foi realizada a inspeção.

§ 1.º Os depósitos eventualmente realizados em outros estabelecimentos devem ser considerados para cômputo do saldo para fins rescisórios.

§ 2.º Se, em razão do procedimento descrito no *caput*, for constatada a existência de débito de FGTS e contribuição social em empresa integrante do grupo econômico com matriz localizada fora do estado onde foi realizada a inspeção e:

I – sem estabelecimento no estado onde foi realizada a inspeção, o Auditor-Fiscal do Trabalho deve gerar uma demanda no SFITWEB informando os fatos, para comunicação à Superintendência competente para a devida apuração;

II – com estabelecimento no estado onde foi realizada a inspeção, o Auditor-Fiscal do Trabalho deve comunicar a chefia e solicitar à Superintendência em cuja circunscrição estiver localizada a matriz, autorização para o levantamento do débito.

§ 3.º Quando a matriz de uma das empresas do grupo econômico estiver localizada dentro do estado onde foi realizada a inspeção e não possuir estabelecimento na circunscrição onde foi iniciada a inspeção, a chefia estadual da fiscalização emitirá ordem de serviço.

SEÇÃO V
Do Procedimento em Órgãos Públicos

Art. 35. O Auditor-Fiscal do Trabalho deve verificar o recolhimento da contribuição mencionada no art. 6.º relativamente aos empregados de pessoa jurídica de direito público, notificando-a na forma do art. 3.º desta instrução normativa.

•• *Caput* com redação determinada pela Instrução Normativa n. 145, de 15-6-2018.

§ 1.º Quando for constatada a inexistência de documentos que possibilitem o levantamento, o débito deve ser levantado na forma prevista nos arts. 38 e 39.

§ 2.º Caso a pessoa jurídica de direito público não apresente os documentos solicitados, sem justificativa legal, o Auditor-Fiscal do Trabalho deve informar à chefia imediata, para fins de comunicação ao Tribunal de Contas, ao Ministério Público Federal, ao Ministério Público Estadual, ao Ministério Público do Trabalho, sem prejuízo da lavratura da notificação de débito do FGTS e dos respectivos autos de infração.

Art. 36. O prazo prescricional para apuração do FGTS em pessoa jurídica de direito público é quinquenal.

SEÇÃO VI
Do Procedimento Frente a Confissões de Dívida na Caixa Econômica Federal

Art. 37. A confissão de débito apresentada pelo empregador perante a Caixa Econômica Federal ou seu parcelamento, antes ou durante a ação fiscal, não prejudica a emissão da notificação de débito nem a lavratura dos autos de infração correspondentes.

Parágrafo único. Na notificação deve ser incluído todo o débito existente na data da apuração, independentemente da existência de confissão de débito ou de parcelamento concedido.

SEÇÃO VII

Dos Procedimentos Especiais

Art. 38. Havendo documentação que, embora incompleta, propicie a identificação de empregados em situação irregular, proceder-se-á ao levantamento por recomposição da base de cálculo, utilizando-se dados declarados em sistemas informatizados.

Art. 39. Na ausência de dados declarados em sistemas informatizados disponíveis à fiscalização, o levantamento do débito será efetuado, optando-se pelo critério mais favorável ao empregado, dentre os quais:

I – a remuneração paga ao empregado em meses anteriores ou posteriores;

II – a remuneração paga a outros empregados do mesmo empregador que exerçam ou exerciam função equivalente ou semelhante;

III – o piso salarial da categoria profissional;

IV – o salário profissional;

V – o piso salarial previsto na Lei Complementar n. 103, de 14 de julho de 2000;

VI – o salário mínimo nacional.

Art. 40. Considera-se não quitado o FGTS pago diretamente ao empregado, à exceção dos pagamentos efetuados até 15 de fevereiro de 1998, relativos ao mês da rescisão, ao imediatamente anterior e à indenização compensatória.

Art. 41. No período de vigência da Unidade Real de Valor – URV, de março de 1994 a junho de 1994, o valor apurado deverá ser convertido em Cruzeiro Real, com base na URV do dia cinco do mês subsequente ao da competência, se recolhido no prazo, ou na URV do dia sete do mês subsequente, se recolhido fora do prazo, conforme determina o parágrafo único do art. 32 da Lei n. 8.880, de 27 de maio de 1994.

• O art. 32 da Lei n. 8.880, de 27-5-1994, dispõe:

"Art. 32. Até a primeira emissão do Real, de que trata o *caput* do art. 2.º, os valores das contribuições do Fundo de Garantia do Tempo de Serviço (FGTS), referidos no art. 15 da Lei n. 8.036, de 11-5-1990, a partir da competência março de 1994, serão apurados em URV no dia do pagamento do salário e convertidos em cruzeiros reais com base na URV do dia cinco do mês seguinte ao de competência.

Parágrafo único. As contribuições que não forem recolhidas na data prevista no art. 15 da Lei n. 8.036, de 1990, serão convertidas em cruzeiros reais com base na URV do dia sete do mês subsequente ao de competência e o valor resultante será acrescido de atualização monetária, *pro rata die*, calculada até o dia do efetivo recolhimento pelos critérios constantes da legislação pertinente e com base no mesmo índice de atualização monetária aplicável aos depósitos de poupança, sem prejuízo das demais cominações legais".

Art. 42. Caso o empregador não esteja inscrito no Cadastro Nacional da Pessoa Jurídica – CNPJ, a identificação se fará pelo Cadastro de Pessoas Físicas – CPF, cabendo, em ambos os casos, informar o Cadastro Específico do INSS – CEI, caso existente.

Art. 43. A individualização do valor devido ou recolhido de FGTS na conta vinculada do empregado é obrigação do empregador.

Art. 44. A apresentação de Certificado de Regularidade do FGTS – CRF pelo empregador não inibe o levantamento e a emissão da notificação de débito.

Parágrafo único. Ao constatar débito relativo ao período abrangido pelo Certificado de Regularidade do FGTS, o Auditor-Fiscal do Trabalho deve comunicar o fato à chefia imediata, que deve dar ciência do fato à Caixa Econômica Federal.

CAPÍTULO V

DA NOTIFICAÇÃO DE DÉBITO DO FUNDO DE GARANTIA E DA CONTRIBUIÇÃO SOCIAL

Art. 45. O Auditor-Fiscal do Trabalho deve emitir Notificação de Débito do Fundo de Garantia por Tempo de Serviço e da Contribuição Social – NDFC, quando for constatado débito por falta de recolhimento ou recolhimento a menor das contribuições mencionadas nos arts. 6.º e 13.

Parágrafo único. O valor do débito deve ser atualizado pela Taxa Referencial até a data da emissão da NDFC e representado na moeda atual, com especificação dos valores históricos devidos, segundo os padrões monetários à época vigentes.

Art. 46. Integram a NDFC os seguintes relatórios:

I – Relatório inicial que discrimina o débito total notificado, correspondente à totalização dos débitos de recolhimento mensal e rescisório;

II – Débito Mensal do FGTS por Competência;

III – Débito Mensal do FGTS por Empregado;

IV – Débito Mensal de Contribuição Social;

V – Débito Rescisório por Data de Vencimento;

VI – Débito Rescisório por Empregado;

VII – Recomposição do Saldo Rescisório;

VIII – Guias de Recolhimento Analisadas;

IX – Relação de Empregados; e

X – Relatório Circunstanciado.

§ 1.º Na inexistência de dados para sua composição, alguns relatórios relacionados no *caput* podem ser suprimidos.

§ 2.º O Relatório Circunstanciado deve conter as seguintes informações, além de outras que propiciem a reconstituição do débito a qualquer tempo:

I – indicação do período auditado, devendo incluir todas as competências verificadas;

II – indicação de débito original ou débito complementar aos valores anteriormente notificados;

III – indicação da forma do levantamento de débito, centralizado ou não, nos termos do art. 21 e seguintes;

IV – relação dos estabelecimentos envolvidos na auditoria, a saber: matriz e todas as filiais, tomadores de serviço, CEI vinculado, inclusive aqueles em que não se constatou débito;

V – narração da caracterização da sucessão trabalhista, fusão, cisão e incorporação ou do grupo econômico, bem como a relação de todos os devedores solidários;

VI – relação dos documentos examinados, das fontes de consulta a sistemas informatizados, inclusive manifestação expressa do Auditor-Fiscal do Trabalho a respeito da obtenção de informações do empregador por meio magnético ou digital;

VII – descrição dos procedimentos utilizados para o levantamento do débito e demais ocorrências, tais como recomposição e arbitramento de bases de incidência;

VIII – identificação dos corresponsáveis existentes na data da emissão da NDFC, com nome, endereço completo e número do CPF, incluindo os demais responsáveis do período abrangido pela notificação de débito, devendo neste campo ser citadas as pessoas jurídicas componentes do grupo econômico constatado, se for o caso;

IX – indicação da capitulação dos autos de infração correlatos com o débito notificado, incluindo os lavrados por afronta ao art. 630 da CLT; e

X – relato de que o empregador exerce suas atividades em endereço diverso do que consta do cadastro oficial, que não seja o local de prestação de serviços a tomadores.

§ 3.º Quanto aos débitos do FGTS decorrentes da rescisão contratual de empregados cujos contratos foram extintos até 15 de fevereiro de 1998:

I – os relativos ao mês da rescisão e ao imediatamente anterior, quando vencidos antes do prazo de pagamento das verbas rescisórias, deverão ser notificados; e

II – os relativos à multa rescisória, ao mês da rescisão e ao imediatamente anterior, quando vencidos no prazo da rescisão, não serão objeto de notificação de débito.

SEÇÃO I

Dos Procedimentos Gerais

Art. 47. Para o levantamento do débito, o Auditor-Fiscal do Trabalho deve lançar no sistema AUDITOR todos os recolhimentos quitados pelo empregador, estejam eles individualizados ou não.

§ 1.º A liquidez dos valores notificados será definida na data de apuração indicada pelo Auditor-Fiscal do Trabalho que lavrou a notificação de débito.

§ 2.º O interstício entre a data da apuração, definida pelo Auditor-Fiscal do Trabalho que lavrou a notificação de débito, e a data da emissão da notificação não pode ser superior a sessenta dias.

§ 3.º Não serão considerados, para fins de abatimento no débito, os recolhimentos efetuados sem a necessária individualização.

§ 4.º O FGTS depositado na conta vinculada do trabalhador em decorrência de dissídio coletivo, reclamatória trabalhista, conciliação em comissão de conciliação prévia e termo de arbitragem deve ser considerado para fins de abatimento no débito se:

I – comprovado pelo empregador a origem da base de cálculo e a individualização por empregado e competência; e

II – os valores que originaram o recolhimento foram contemplados na base de cálculo do débito a ser levantado.

§ 5.º A contribuição social rescisória, quando depositada por meio de guia que informe o trabalhador e o fato gerador, deverá ser abatida do débito apurado.

§ 6.º A contribuição social rescisória, quando depositada por meio de guia única, sem informação do trabalhador e do fato gerador a qual se refere deve ser considerada para fins de abatimento no débito se:

I – comprovado pelo empregador a origem da base de cálculo e a individualização por empregado e competência; e

II – os valores que deram origem ao recolhimento foram contemplados na base de cálculo do débito a ser levantado.

Art. 48. O débito de FGTS ou das contribuições sociais apurado na forma dos arts. 6.º e 13, resultante da incidência sobre parcela de remuneração que não conste em folha de pagamento, ou não declarada como base de cálculo, deve ensejar a emissão de notificação de débito em separado.

Art. 49. Os documentos que serviram de base para o levantamento do débito do FGTS e das contribuições sociais devem ser datados e rubricados pelo Auditor-Fiscal do Trabalho, salvo os oficiais e aqueles em que, pela sua forma, tal providência não seja possível.

Parágrafo único. As guias de recolhimento do FGTS e das contribuições sociais devem ser relacionadas na notificação de débito, dispensando-se o procedimento previsto no *caput*.

Art. 50. O levantamento de débito do FGTS e das contribuições sociais pode ser feito, a critério do Auditor-Fiscal do Trabalho, no local que oferecer melhores condições para a execução da ação fiscal.

• *Vide* Precedente Administrativo n. 102.

Art. 51. A notificação de débito deve ser expedida em três vias, com a seguinte destinação:

I – primeira via: instauração do processo;

II – segunda via: empregador; e

III – terceira via: Auditor-Fiscal do Trabalho.

§ 1.º A primeira via deve ser protocolizada na unidade de exercício do Auditor-Fiscal do Trabalho dentro de quarenta e oito horas contadas da data da entrega ao empregador, salvo nos casos de fiscalização fora de sua unidade de exercício, hipótese em que deve ser protocolizada quando o Auditor-Fiscal do Trabalho a ela retornar.

§ 2.º O Auditor-Fiscal do Trabalho deve entregar a notificação de débito ao empregador ou ao seu preposto, assim entendido como aquele que apresenta carta de preposição ou que atende a fiscalização, prestando informações ou apresentando documentos, mediante recibo na página inicial, com identificação legível do recebedor.

§ 3.º Os documentos anexos que porventura acompanhem a notificação de débito devem conter a comprovação de recebimento pelo empregador ou seu preposto.

§ 4.º A notificação de débito pode ser entregue em arquivo digital, mediante termo de recebimento gerado obrigatoriamente pelo sistema AUDITOR.

§ 5.º Na hipótese do parágrafo anterior, o relatório inicial da notificação de débito e o Termo de Recebimento, necessariamente impressos e assinados, devem acompanhar cada via da notificação de débito.

§ 6.º O Termo de Recebimento, formalizado nos termos do § 4.º, comprova que o empregador foi notificado, para todos os efeitos legais.

§ 7.º O processo deve ser formado pelo relatório inicial, pelo termo de recebimento e pela notificação de débito em mídia não regravável ou impressa.

§ 8.º O Termo de Recebimento deve conter a identificação do notificado, as características do arquivo digital, o local, a data do recebimento, as assinaturas do Auditor-Fiscal do Trabalho notificante e do empregador notificado ou seu preposto e as informações que possibilitem o *download* do arquivo digital pela internet.

§ 9.º A notificação de débito será preferencialmente entregue pelo Auditor-Fiscal do Trabalho ao empregador ou preposto, podendo ser enviados por via postal com comprovante de recebimento.

§ 10. No caso de entrega pessoal, havendo recusa no recebimento da notificação de débito, a segunda via deve ser entregue, com a devida informação, juntamente com a primeira, ao setor responsável, a fim de que o empregador seja notificado por meio de publicação oficial.

SEÇÃO II

Do Termo de Retificação

Art. 52. Para inclusão, exclusão ou alteração de dados ou valores na notificação de débito, deve ser emitido Termo de Retificação – TRET pelo Auditor-Fiscal do Trabalho que emitiu a notificação.

§ 1.º O Termo de Retificação pode ser emitido até o momento da remessa do processo para análise, ou quando o processo for encaminhado ao Auditor-Fiscal do Trabalho para esse fim, o que pode ocorrer em qualquer fase do processo, mediante requerimento fundamentado.

§ 2.º O débito retificado deve ser atualizado até a data da emissão da notificação de débito que lhe deu origem, sendo vedada a dedução de depósitos do FGTS e contribuições sociais quando efetuados após essa data, bem como a inclusão de competências fora do período auditado.

§ 3.º Do Termo de Retificação deve constar a informação de reabertura do prazo legal para defesa do notificado, salvo se emitido em razão de encaminhamento da unidade competente pela tramitação do processo e não resultar em majoração do débito total notificado, inserção de novas competências e/ou empregados envolvidos, hipóteses em que o trâmite do processo retomará a partir da fase em que se encontrava.

§ 4.º O Termo de Retificação deve ser expedido em três vias, com a seguinte destinação:

I – primeira via: juntada ao respectivo processo de notificação de débito, não originando novo processo administrativo;

II – segunda via: empregador, podendo ser entregue ao setor competente para remessa via postal;

III – terceira via: Auditor-Fiscal do Trabalho.

§ 5.º O Termo de Retificação deve ser emitido quando a correção:

I – alterar a identificação ou qualificação dos corresponsáveis e estabelecimentos envolvidos; ou

II – alterar dados ou valores que impliquem na modificação do débito.

§ 6.º As correções que não envolvam as situações referidas no § 5.º devem constar de documento juntado ao processo, prescindindo da emissão do Termo de Retificação.

§ 7.º O Termo de Retificação pode ser expedido em arquivo digital, aplicando-se as regras do art. 51.

§ 8.º Recebida proposta de elaboração de Termo de Retificação durante a fase processual, o chefe da unidade de multas e recursos deverá encaminhar o processo ao chefe imediato do Auditor-Fiscal do Trabalho que emitiu a notificação.

§ 9.º Nos casos previstos no art. 53, o processo será encaminhado ao chefe local da fiscalização, que designará outro Auditor-Fiscal do Trabalho para emissão do Termo de Retificação.

§ 10. No prazo de 30 (trinta) dias contados do recebimento do processo para elaboração de Termo de Retificação, o chefe responsável deverá encaminhar o processo ao Auditor-Fiscal do Trabalho designado para emissão de Termo de Retificação de Débito e emitir turnos de Ordem de Serviço Administrativa – OSADs em quantidade suficiente para a realização do trabalho, levando em consideração a complexidade da retificação a ser promovida e mediante prazo para conclusão dos trabalhos, que não poderá ultrapassar 60 (sessenta) dias.

§ 11. Concluída a retificação, o Auditor-Fiscal do Trabalho devolverá o processo ao seu chefe que, ato contínuo, remeterá os autos à unidade de multas e recursos para seguimento do contencioso.

§ 12. Caso a retificação da notificação de débito repercuta nos processos correlatos de autos de infração, o Auditor-Fiscal do Trabalho deverá prestar informação em cada um dos processos afetados, devolvendo-os ao seu chefe juntamente com o processo da notificação de débito retificado.

§ 13. Os procedimentos previstos nos §§ 8.º ao 11.º aplicam-se aos pedidos de manifestação de Auditores-Fiscais do Trabalho em processos de autos de infração, mesmo que não vinculados ao FGTS, devendo, nesses casos, o Auditor-Fiscal do Trabalho se manifestar no prazo de 20 (vinte) dias.

§ 14. Constatadas novas infrações relativas a eventuais erros nas informações oficiais prestadas inicialmente pelo empregador, o Auditor-Fiscal do Trabalho notificante poderá solicitar ordem de serviço – OS para a eventual lavratura de autos de infração.

§ 15. Tendo o empregador apresentado defesa contra NDFC lavrada nos termos dos §§ 2.º e 4.º do art. 3.º desta IN que importe inclusão, exclusão ou alteração de dados ou valores, deverá ser emitido TRET.

§ 16. Nas análises de notificação de débito do FGTS e da Contribuição Social em apreciação de recurso na Coordenação-Geral de Recursos, o próprio Auditor-Fiscal do Trabalho analista poderá emitir TRET para correção de valores lançados com evidente equívoco, quando restar indubitável ponto a ser retificado.

Art. 53. A chefia imediata deve designar outro Auditor-Fiscal do Trabalho para emissão do Termo de Retificação, se ocorrer a impossibilidade ou impedimento de emissão pelo Auditor-Fiscal do Trabalho que emitiu a notificação de débito, decorrentes dos seguintes motivos:

I – aposentadoria;

II – falecimento;

III – exoneração;

IV – remoção;

V – afastamento legal superior a 90 (noventa) dias;

VI – outras situações devidamente justificadas.

Art. 54. O Termo de Retificação referente à notificação de débito mensal ou rescisório, emitida antes da vigência da Instrução Normativa n. 99, de 23 de agosto de 2012, deve ser elaborado nos moldes da notificação de origem e não pode ser utilizada a forma digital do art. 51, § 4.º.

SEÇÃO III

Do Termo de Alteração do Débito

Art. 55. O Termo de Alteração de Débito – TAD deve ser emitido pelo Auditor-Fiscal do Trabalho analista quando constatar erro de interpretação da norma trabalhista sobre as hipóteses de incidência de FGTS e contribuição social, bem como nas ocorrências de prescrição ou decadência.

§ 1.º O TAD está sujeito a revisão de ofício, exceto quando emitido para suprimir valores atingidos pela prescrição ou decadência.

§ 2.º Quando, a critério do Auditor-Fiscal do Trabalho analista, os elementos constantes dos autos forem insuficientes para a emissão do TAD, o processo deve ser remetido ao Auditor-Fiscal do Trabalho que emitiu a notificação de débito para que este preste as informações solicitadas.

§ 3.º A constatação de recolhimentos devidamente individualizados até o dia anterior à data de apuração e que não foram considerados pelo Auditor-Fiscal do Trabalho que emitiu a notificação de débito ensejará a remessa do processo para emissão de Termo de Retificação, após o que o trâmite do processo retornará à fase em que se encontrava.

§ 4.º Na ocorrência simultânea das hipóteses previstas no *caput* e no § 2.º, o Termo de Retificação precederá à emissão do TAD.

§ 5.º A emissão do TAD não renovará o prazo para defesa nem pode majorar o débito total notificado, sendo vedada a inserção de novas competências e/ou empregados envolvidos, hipóteses em que se procederá na forma do art. 52.

§ 6.º O débito alterado será atualizado até a data da emissão da notificação de débito que lhe deu origem, sendo vedada a dedução de depósitos do FGTS e contribuições sociais, quando efetuados a partir da data da apuração do débito.

§ 7.º O TAD acompanhará necessariamente o relatório de análise que fundamentará a decisão, devendo ser juntado ao respectivo processo de notificação de débito.

§ 8.º Quando restarem comprovados equívocos que não envolvam valores, a alteração constará apenas do relatório de análise, não ensejando a emissão de TAD.

§ 9.º O TAD pode ser expedido em arquivo digital, hipótese em que o analista deve disponibilizar as vias para o processo e para remessa ao empregador, aplicando-se, no que couber, as regras do art. 51.

Art. 56. Não se aplica o disposto no art. 55 na ocorrência de erro quanto à identificação do empregador notificado, devendo a notificação de débito ser arquivada por nulidade.

Parágrafo único. O erro de indicação da pessoa a que se referir a notificação de débito não viciará a notificação quando, por seu contexto e pelas circunstâncias, se puder identificar a pessoa cogitada, hipótese em que será possível alterar nome e o CNPJ, mediante emissão de Termo de Retificação.

Art. 57. Aplica-se ao TAD o disposto no art. 54.

SEÇÃO IV

Do Procedimento para Apuração de Mora do FGTS

Art. 58. O Auditor-Fiscal do Trabalho deve apresentar à sua chefia o relatório circunstanciado de que trata o art. 5.º da Portaria n. 1.061, de 1.º de novembro de 1996, para dar cumprimento ao disposto no Decreto-lei n. 368, de 19 de dezembro de 1968, e no art. 22, § 1.º, da Lei n. 8.036, de 1990 sempre que constatar débito de FGTS, por período:

I – igual ou superior a 3 (três) meses, independentemente da comprovação de retiradas pelos sócios;

II – inferior a 3 (três) meses, quando comprovada retirada pelos sócios.

Parágrafo único. O procedimento de apuração de mora do FGTS deve ser instaurado quando a ação fiscal decorrer de denúncia de empregado ou de entidade sindical da respectiva categoria profissional.

CAPÍTULO VI

DA LAVRATURA DOS AUTOS DE INFRAÇÃO

Art. 59. As infrações às obrigações relativas ao recolhimento do FGTS e das contribuições sociais ensejam a lavratura de autos de infração distintos.

Art. 60. Os autos de infração lavrados pelo não recolhimento das contribuições sociais, ou seu recolhimento após o vencimento do prazo sem os acréscimos legais, deverão ser capitulados como a seguir:

I – rescisória: art. 1.º da Lei Complementar n. 110, de 2001;

II – mensal: art. 2.º da Lei Complementar n. 110, de 2001.

Parágrafo único. Os autos de infração lavrados nos termos do *caput* devem conter, no histórico, o valor atualizado do débito das contribuições sociais notificadas e o número da respectiva notificação de débito.

CAPÍTULO VII
DA FISCALIZAÇÃO DIRIGIDA

Art. 61. Caso o empregador, regularmente notificado, não apresente documentos, o Auditor-Fiscal do Trabalho deve lavrar auto de infração capitulado no art. 630, §§ 3.º ou 4.º, da CLT e adotar procedimento visando à apuração dos débitos do FGTS e a emissão de correspondente notificação de débito e auto de infração, podendo observar o § 4.º do art. 2.º desta instrução normativa.

Art. 62. Se o empregador não for encontrado no domicílio fiscal e for constatado indício de débito de FGTS nos sistemas disponibilizados à fiscalização, o Auditor-Fiscal do Trabalho pode proceder ao levantamento do débito e à lavratura da NDFC nos termos do § 4.º do art. 3.º, situação que deverá ser descrita no relatório circunstanciado.

CAPÍTULO VIII
DA FISCALIZAÇÃO INDIRETA

Art. 63. Sem prejuízo da fiscalização direta, pode ser adotado o procedimento de fiscalização indireta previsto na Instrução Normativa n. 105, de 15 de abril de 2014, visando à verificação dos recolhimentos do FGTS e da contribuição social.

Parágrafo único. O cruzamento e análise de dados declarados pelo empregador em programa de tratamento das informações deve abranger, no mínimo, os últimos cinco anos, observada a data da última fiscalização realizada no atributo FGTS, se mais recente.

Art. 64. A fiscalização indireta eletrônica deve atingir, preferencialmente, empregadores com indício de débito estabelecidos em localidades menos atingidas pela fiscalização direta.

Art. 65. Na fiscalização indireta eletrônica devem ser notificados, por meio de Notificação para Comprovação do Cumprimento de Obrigações Trabalhistas – NCO, os empregadores com indício de débito para que comprovem a regularidade do recolhimento do FGTS e da contribuição social no prazo estabelecido na notificação.

Art. 66. A notificação emitida deve ser encaminhada via postal com Aviso de Recebimento – AR, ou outro meio que assegure a comprovação do recebimento, e conter, necessariamente:

I – a identificação do empregador;

II – os documentos necessários à verificação de regularidade do FGTS, mensal e rescisório;

III – a indicação do período a ser fiscalizado.

§ 1.º Na fiscalização indireta presencial a Notificação para Apresentação de Documentos – NAD deve conter, ainda, a data, hora e local para comparecimento.

§ 2.º Na fiscalização indireta eletrônica a NCO deve conter, ainda:

I – o prazo final para o cumprimento da notificação;

II – a indicação do correio eletrônico institucional a ser utilizado pelo empregador para informar as datas de quitação do FGTS e da contribuição social e para prestar outros esclarecimentos;

III – a solicitação, no mínimo, dos seguintes documentos: folhas de pagamento analíticas em meio digital das competências com indício de débito, preferencialmente, no formato texto, bem como os arquivos "SEFIP.RE" e "GRRF.RE", caso a informação não esteja disponível eletronicamente;

IV – informação de que os documentos digitais enviados somente serão considerados recebidos se houver uma confirmação de recebimento do órgão fiscalizador.

Art. 67. Na fiscalização indireta eletrônica, se houver a quitação integral do débito do FGTS e da contribuição social no prazo estabelecido para cumprimento da notificação, o empregador fica dispensado de exibir documentos digitais à fiscalização, devendo informar apenas a data da quitação dos débitos.

Art. 68. Constatando-se que não houve a quitação, o Auditor-Fiscal do Trabalho deverá emitir a notificação de débito e lavrar os autos de infração, adotando, como base de apuração, os valores constantes dos documentos apresentados e, na sua ausência ou inexatidão, os dados declarados em sistemas informatizados, como RAIS ou guias declaratórias do FGTS, na forma prevista nesta instrução normativa.

Parágrafo único. O relatório circunstanciado da NDFC conterá a informação de todos os eventos que motivaram sua lavratura, em especial os relacionados ao cumprimento da notificação.

Art. 69. Devem ser observadas as disposições contidas na Instrução Normativa n. 105, de 15 de abril de 2014, quando aplicáveis.

Art. 70. Caso o empregador, regularmente notificado, não compareça no dia e hora determinados, o Auditor-Fiscal do Trabalho deve lavrar auto de infração capitulado no art. 630, §§ 3.º ou 4.º, da CLT, e adotar procedimento visando à apuração dos débitos e a emissão de correspondente notificação de débito, se for o caso, conforme planejamento da fiscalização.

§ 1.º Considera-se notificado o empregador cuja correspondência tenha sido recebida no seu domicílio fiscal, conforme comprovante dos correios.

Art. 71. Frustrada a notificação via postal, deve ser observado o procedimento descrito no § 4.º do art. 3.º, visando à apuração dos débitos do FGTS e a emissão de correspondente notificação de débito e auto de infração, podendo observar os §§ 3.º e 4.º do art. 2.º desta instrução normativa.

Art. 72. Considera-se fiscalização indireta, ainda, a decorrente de comunicação emitida para que o empregador efetue a regularização de indício de débito apurado pelos sistemas informatizados disponíveis, sem necessidade de haver o comparecimento da empresa às unidades descentralizadas do Ministério do Trabalho.

Parágrafo único. Confirmado o recebimento da comunicação, nos termos do art. 65, e não sendo constatada a regularização até o prazo estipulado, deve ser adotado procedimento visando à apuração dos débitos e à emissão de correspondente notificação de débito, se for o caso, conforme planejamento da fiscalização.

CAPÍTULO IX
DO PROCEDIMENTO ADMINISTRATIVO

Art. 73. Os documentos apresentados em fase de defesa ou recurso devem ser apreciados pela autoridade competente apenas no momento da decisão, independentemente do número de vezes que o notificado se manifestar no processo.

§ 1.º A quitação ou individualização operada a partir da data da apuração do débito, prevista no art. 47, será apreciada pela Caixa Econômica Federal, cabendo ao Ministério do Trabalho apreciar apenas aquela ocorrida em data anterior à data de apuração.

§ 2.º Para efeito do parágrafo anterior, entende-se que a guia está individualizada na data em que houve o processamento do depósito na conta vinculada do empregado.

Art. 74. Os recolhimentos que impliquem quitação integral do débito e a confissão ou o parcelamento que abranjam integralmente a notificação de débito, ocorridos a partir da data de apuração da notificação de débito, confirmam sua procedência, operando o encerramento do contencioso administrativo.

Art. 75. Previamente ao envio dos autos para análise, em etapa de saneamento, bem como nas outras fases do procedimento administrativo, o Auditor-Fiscal do Trabalho que emitiu a notificação de débito pode determinar diligências complementares a fim de prestar informações ou corrigir a notificação de débito, mediante Termo de Retificação.

§ 1.º Na etapa de saneamento prévio à análise, a unidade de multas e recursos deve verificar, dentre outros aspectos formais, o atendimento da composição estrutural da notificação de débito, prevista no art. 46, não dispensando a futura análise dessa verificação.

Art. 76. O planejamento da fiscalização deve priorizar o andamento das fiscalizações e dos processos administrativos de empregadores em fase de falência, liquidação judicial ou extrajudicial.

Art. 77. Encerrada a tramitação administrativa no âmbito do Ministério do Trabalho, o processo deve ser remetido para cobrança do débito, podendo ser reapreciado somente em caso de nulidade, erro material ou apresentação de provas de quitação operada em data anterior à da apuração do débito, prevista no art. 47, § 1.º.

• *Vide* Precedente Administrativo n. 72.

CAPÍTULO X
DAS DISPOSIÇÕES FINAIS

Art. 78. Os casos omissos serão resolvidos pela Secretaria de Inspeção do Trabalho, mediante provocação.

Art. 79. As disposições desta instrução aplicam-se às microempresas e empresas de pequeno porte naquilo em que não forem incompatíveis com as disposições legais especiais.

Art. 80. Fica revogada a Instrução Normativa n. 99, de 23 de agosto de 2012.

Art. 81. Esta Instrução Normativa entra em vigor na data de sua publicação.

Maria Teresa Pacheco Jensen

PORTARIA N. 349, DE 23 DE MAIO DE 2018 (*)

Estabelece regras voltadas à execução da Lei n. 13.467, de 13 de julho de 2017, no âmbito das competências normativas do Ministério do Trabalho.

O Ministro de Estado do Trabalho, no uso das suas atribuições legais e tendo em vista o disposto no art. 87, parágrafo único, inciso II, da Constituição Federal, resolve:

Art. 1.º A contratação do autônomo, cumpridas por este todas as formalidades legais, com ou sem exclusividade, de forma contínua ou não, afasta a qualidade de empregado prevista no art. 3.º do Decreto-lei n. 5.452, de 1.º de maio de 1943, que aprova a Consolidação das Leis do Tra balho.

§ 1.º Não caracteriza a qualidade de empregado prevista no art. 3.º da Consolidação das Leis do Trabalho o fato de o autônomo prestar serviços a apenas um tomador de serviços.

§ 2.º O autônomo poderá prestar serviços de qualquer natureza a outros tomadores de serviços que exerçam ou não a mesma atividade econômica, sob qualquer modalidade de contrato de trabalho, inclusive como autônomo.

§ 3.º Fica garantida ao autônomo a possibilidade de recusa de realizar atividade demandada pelo contratante, garantida a aplicação de cláusula de penalidade, caso prevista em contrato.

§ 4.º Motoristas, representantes comerciais, corretores de imóveis, parceiros, e trabalhadores de outras categorias profissionais reguladas por leis específicas relacionadas a atividades compatíveis com o contrato autônomo, desde que cumpridos os requisitos do *caput*, não possuirão a qualidade de empregado prevista no art. 3.º da Consolidação das Leis do Trabalho.

§ 5.º Presente a subordinação jurídica, será reconhecido o vínculo empregatício.

Art. 2.º O contrato de trabalho intermitente será celebrado por escrito e registrado na Carteira de Trabalho e Pre-

(*) Publicada no *Diário Oficial da União*, de 24-5-2018.

vidência Social, ainda que previsto em acordo coletivo de trabalho ou convenção coletiva, e conterá:

•• *Vide* art. 452-A da CLT.

I – identificação, assinatura e domicílio ou sede das partes;

II – valor da hora ou do dia de trabalho, que não poderá ser inferior ao valor horário ou diário do salário mínimo, nem inferior àquele devido aos demais empregados do estabelecimento que exerçam a mesma função, assegurada a remuneração do trabalho noturno superior à do diurno; e

III – o local e o prazo para o pagamento da remuneração.

§ 1.º O empregado, mediante prévio acordo com o empregador, poderá usufruir suas férias em até três períodos, nos termos dos §§ 1.º e 3.º do art. 134 da Consolidação das Leis do Trabalho.

§ 2.º Na hipótese de o período de convocação exceder um mês, o pagamento das parcelas a que se refere o § 6.º do art. 452-A da Consolidação das Leis do Trabalho não poderá ser estipulado por período superior a um mês, devendo ser pagas até o quinto dia útil do mês seguinte ao trabalhado, de acordo com o previsto no § 1.º do art. 459 da C LT.

§ 3.º Dadas as características especiais do contrato de trabalho intermitente, não constitui descumprimento do inciso II do *caput* ou discriminação salarial pagar ao trabalhador intermitente remuneração horária ou diária superior à paga aos demais trabalhadores da empresa contratados a prazo indeterminado.

§ 4.º Constatada a prestação dos serviços pelo empregado, estarão satisfeitos os prazos previstos nos §§ 1.º e 2.º do art. 452-A da Consolidação das Leis do Trabalho.

Art. 3.º É facultado às partes convencionar por meio do contrato de trabalho intermitente:

I – locais de prestação de serviços;

II – turnos para os quais o empregado será convocado para prestar serviços; e

III – formas e instrumentos de convocação e de resposta para a prestação de serviços.

Art. 4.º Para fins do disposto no § 3.º do art. 443 da Consolidação das Leis do Trabalho, considera-se período de inatividade o intervalo temporal distinto daquele para o qual o empregado intermitente haja sido convocado e tenha prestado serviços nos termos do § 1.º do art. 452-A da referida lei.

§ 1.º Durante o período de inatividade, o empregado poderá prestar serviços de qualquer natureza a outros tomadores de serviço, que exerçam ou não a mesma atividade econômica, utilizando contrato de trabalho intermitente ou outra modalidade de contrato de trabalho.

§ 2.º No contrato de trabalho intermitente, o período de inatividade não será considerado tempo à disposição do empregador e não será remunerado, hipótese em que restará descaracterizado o contrato de trabalho intermitente caso haja remuneração por tempo à disposição no período de inatividade.

Art. 5.º As verbas rescisórias e o aviso prévio serão calculados com base na média dos valores recebidos pelo empregado no curso do contrato de trabalho intermitente.

Parágrafo único. No cálculo da média a que se refere o *caput*, serão considerados apenas os meses durante os quais o empregado tenha recebido parcelas remuneratórias no intervalo dos últimos doze meses ou o período de vigência do contrato de trabalho intermitente, se este for inferior.

Art. 6.º No contrato de trabalho intermitente, o empregador efetuará o recolhimento das contribuições previdenciárias próprias e do empregado e o depósito do Fundo de Garantia do Tempo de Serviço com base nos valores pagos no período mensal e fornecerá ao empregado comprovante do cumprimento dessas obrigações.

Art. 7.º As empresas anotarão na Carteira de Trabalho e Previdência Social de seus empregados o salário fixo e a média dos valores das gorjetas referente aos últimos doze meses.

•• *Vide* art. 457 da CLT.

Art. 8.º A comissão de representantes dos empregados a que se refere o Título IV-A da Consolidação das Leis do Trabalho não substituirá a função do sindicato de defender os direitos e os interesses coletivos ou individuais da categoria, inclusive em questões judiciais ou administrativas, hipótese em que será obrigatória a participação dos sindicatos em negociações coletivas de trabalho, nos termos dos incisos III e VI do *caput* do art. 8.º da Constituição Federal.

•• *Vide* arts. 510-A a 510-D da CLT.

Art. 9.º Esta Portaria entra em vigor na data da sua publicação.

Helton Yomura

INSTRUÇÃO NORMATIVA N. 41, DE 21 DE JUNHO DE 2018 (*)

Dispõe sobre a aplicação das normas processuais da Consolidação das Leis do Trabalho alteradas pela Lei n. 13.467, de 13 de julho de 2017.

Art. 1.º A aplicação das normas processuais previstas na Consolidação das Leis do Trabalho, alteradas pela Lei n. 13.467, de 13 de julho de 2017, com eficácia a partir de 11 de novembro de 2017, é imediata, sem atingir, no entanto, situações pretéritas iniciadas ou consolidadas sob a égide da lei revogada.

Art. 2.º O fluxo da prescrição intercorrente conta-se a partir do descumprimento da determinação judicial a que alude o § 1.º do art. 11-A da CLT, desde que feita após 11 de novembro de 2017 (Lei n. 13.467/2017).

Art. 3.º A obrigação de formar o litisconsórcio necessário a que se refere o art. 611-A, § 5.º, da CLT dar-se-á nos processos iniciados a partir de 11 de novembro de 2017 (Lei n. 13.467/2017).

(*) Publicada no *Diário Eletrônico da Justiça do Trabalho*, de 22-6-2018. Aprovada pela Resolução n. 221, de 21-6-2018, do TST.

Art. 4.º O art. 789, *caput*, da CLT aplica-se nas decisões que fixem custas, proferidas a partir da entrada em vigor da Lei n. 13.467/2017.

Art. 5.º O art. 790-B, *caput* e §§ 1.º a 4.º, da CLT, não se aplica aos processos iniciados antes de 11 de novembro de 2017 (Lei n. 13.467/2017).

Art. 6.º Na Justiça do Trabalho, a condenação em honorários advocatícios sucumbenciais, prevista no art. 791-A, e parágrafos, da CLT, será aplicável apenas às ações propostas após 11 de novembro de 2017 (Lei n. 13.467/2017). Nas ações propostas anteriormente, subsistem as diretrizes do art. 14 da Lei n. 5.584/1970 e das Súmulas 219 e 329 do TST.

Art. 7.º Os arts. 793-A, 793-B e 793-C, § 1.º, da CLT têm aplicação autônoma e imediata.

Art. 8.º A condenação de que trata o art. 793-C, *caput*, da CLT, aplica-se apenas às ações ajuizadas a partir de 11 de novembro de 2017 (Lei n. 13.467/2017).

Art. 9.º O art. 793-C, §§ 2.º e 3.º, da CLT tem aplicação apenas nas ações ajuizadas a partir de 11 de novembro de 2017 (Lei n. 13.467/2017).

Art. 10. O disposto no *caput* do art. 793-D será aplicável às ações ajuizadas a partir de 11 de novembro de 2017 (Lei n. 13.467/2017).

Parágrafo único. Após a colheita da prova oral, a aplicação de multa à testemunha dar-se-á na sentença e será precedida de instauração de incidente mediante o qual o juiz indicará o ponto ou os pontos controvertidos no depoimento, assegurados o contraditório, a defesa, com os meios a ela inerentes, além de possibilitar a retratação.

Art. 11. A exceção de incompetência territorial, disciplinada no art. 800 da CLT, é imediatamente aplicável aos processos trabalhistas em curso, desde que o recebimento da notificação seja posterior a 11 de novembro de 2017 (Lei 13.467/2017).

Art. 12. Os arts. 840 e 844, §§ 2.º, 3.º e 5.º, da CLT, com as redações dadas pela Lei n. 13.467, de 13 de julho de 2017, não retroagirão, aplicando-se, exclusivamente, às ações ajuizadas a partir de 11 de novembro de 2017.

§ 1.º Aplica-se o disposto no art. 843, § 3.º, da CLT somente às audiências trabalhistas realizadas após 11 de novembro de 2017.

§ 2.º Para fim do que dispõe o art. 840, §§ 1.º e 2.º, da CLT, o valor da causa será estimado, observando-se, no que couber, o disposto nos arts. 291 a 293 do Código de Processo Civil.

§ 3.º Nos termos do art. 843, § 3.º, e do art. 844, § 5.º, da CLT, não se admite a cumulação das condições de advogado e preposto.

Art. 13. A partir da vigência da Lei n. 13.467/2017, a iniciativa do juiz na execução de que trata o art. 878 da CLT e no incidente de desconsideração da personalidade jurídica a que alude o art. 855-A da CLT ficará limitada aos casos em que as partes não estiverem representadas por advogado.

Art. 14. A regra inscrita no art. 879, § 2.º, da CLT, quanto ao dever de o juiz conceder prazo comum de oito dias para impugnação fundamentada da conta de liquidação, não se aplica à liquidação de julgado iniciada antes de 11 de novembro de 2017.

Art. 15. O prazo previsto no art. 883-A da CLT, para as medidas de execução indireta nele especificadas, aplica-se somente às execuções iniciadas a partir de 11 de novembro de 2017.

Art. 16. O art. 884, § 6.º, da CLT aplica-se às entidades filantrópicas e seus diretores, em processos com execuções iniciadas após 11 de novembro de 2017.

Art. 17. O incidente de desconsideração da personalidade jurídica, regulado pelo CPC (arts. 133 a 137), aplica-se ao processo do trabalho, com as inovações trazidas pela Lei n. 13.467/2017.

Art. 18. O dever de os Tribunais Regionais do Trabalho uniformizarem a sua jurisprudência faz incidir, subsidiariamente ao processo do trabalho, o art. 926 do CPC, por meio do qual os Tribunais deverão manter sua jurisprudência íntegra, estável e coerente.

§ 1.º Os incidentes de uniformização de jurisprudência suscitados ou iniciados antes da vigência da Lei n. 13.467/2017, no âmbito dos Tribunais Regionais do Trabalho ou por iniciativa de decisão do Tribunal Superior do Trabalho, deverão observar e serão concluídos sob a égide da legislação vigente ao tempo da interposição do recurso, segundo o disposto nos respectivos Regimentos Internos.

§ 2.º Aos recursos de revista e de agravo de instrumento no âmbito do Tribunal Superior do Trabalho, conclusos aos relatores e ainda não julgados até a edição da Lei n. 13.467/2017, não se aplicam as disposições contidas nos §§ 3.º a 6.º do artigo 896 da Consolidação das Leis do Trabalho.

§ 3.º As teses jurídicas prevalecentes e os enunciados de Súmulas decorrentes do julgamento dos incidentes de uniformização de jurisprudência suscitados ou iniciados anteriormente à edição da Lei n. 13.467/2017, no âmbito dos Tribunais Regionais do Trabalho, conservam sua natureza vinculante à luz dos arts. 926, §§ 1.º e 2.º, e 927, III e V, do CPC.

Art. 19. O exame da transcendência seguirá a regra estabelecida no art. 246 do Regimento Interno do Tribunal Superior do Trabalho, incidindo apenas sobre os acórdãos proferidos pelos Tribunais Regionais do Trabalho publicados a partir de 11 de novembro de 2017, excluídas as decisões em embargos de declaração.

• *Vide* art. 246 do Regimento Interno do TST.

Art. 20. As disposições contidas nos §§ 4.º, 9.º, 10 e 11 do artigo 899 da CLT, com a redação dada pela Lei n. 13.467/2017, serão observadas para os recursos interpostos contra as decisões proferidas a partir de 11 de novembro de 2017.

Art. 21. Esta Instrução Normativa entrará em vigor na data da sua publicação. Ficam revogados os arts. 2.º, VIII, e 6.º da Instrução Normativa n. 39/2016 do TST.

João Batista Brito Pereira

DECRETO N. 9.499, DE 10 DE SETEMBRO DE 2018 (*)

Promulga o Mecanismo para o Exercício Profissional Temporário, aprovado pela Decisão CMC 25/03, do Conselho Mercado Comum, firmada na XXV Reunião de Cúpula do Mercosul, em Montevidéu, em 15 de dezembro de 2003.

O Presidente da República, no uso da atribuição que lhe confere o art. 84, *caput*, inciso IV, da Constituição, e

Considerando que o Mecanismo para o Exercício Profissional Temporário foi aprovado pela Decisão CMC 25/03, do Conselho Mercado Comum, firmada na XXV Reunião de Cúpula do Mercosul, em Montevidéu, em 15 de dezembro de 2003;

Considerando que o Congresso Nacional aprovou o Mecanismo para o Exercício Profissional Temporário por meio do Decreto Legislativo n.º 347, de 23 de dezembro de 2008; e

Considerando que o Mecanismo para o Exercício Profissional Temporário entrou em vigor para a República Federativa do Brasil, no plano jurídico externo, em 17 de abril de 2013, nos termos do Artigo 40 do Protocolo de Ouro Preto, promulgado pelo Decreto n. 1.901, de 9 de maio de 1996; decreta:

Art. 1.º Fica promulgado o Mecanismo para o Exercício Profissional Temporário, aprovado pela Decisão CMC 25/03, do Conselho Mercado Comum, firmada na XXV Reunião de Cúpula do Mercosul, em Montevidéu, em 15 de dezembro de 2003, anexo a este Decreto.

Art. 2.º São sujeitos à aprovação do Congresso Nacional atos que possam resultar em revisão do Mecanismo para o Exercício Profissional Temporário e ajustes complementares que acarretem encargos ou compromissos gravosos ao patrimônio nacional, nos termos do inciso I do *caput* do art. 49 da Constituição.

Art. 3.º Este Decreto entra em vigor na data de sua publicação.

Brasília, 10 de setembro de 2018; 197.º da Independência e 130.º da República.

MICHEL TEMER

ANEXO

MERCOSUL/CMC/DEC. N.º 25/03

MECANISMO PARA O EXERCÍCIO PROFISSIONAL TEMPORÁRIO

Tendo em vista: O Tratado de Assunção, o Protocolo de Ouro Preto, o Protocolo de Montevidéu sobre Comércio de Serviços e a Resolução N.º 36/00 do Grupo Mercado Comum.

Considerando:

Que existe a necessidade de estabelecer normas de caráter quadripartite dentro do contexto e objetivos do MERCOSUL para outorgar licenças temporárias aos prestadores de serviços profissionais nos Estados Partes.

Que o Protocolo de Montevidéu contempla no Artigo XI o compromisso dos Estados Partes de alentar nos seus respectivos territórios as entidades competentes governamentais, assim como as associações e colégios profissionais, a desenvolver normas para o exercício de atividades profissionais para a outorga de licenças e propor recomendações ao GMC sobre reconhecimento mútuo, considerando a educação, experiência, licenças, matrículas ou certificados obtidos no território de outro Estado Parte.

Que as referidas normas devem basear-se em critérios e objetivos transparentes, que assegurem a qualidade do serviço profissional, a proteção ao consumidor, a ordem pública, a segurança e a saúde da população, o respeito pelo meio ambiente e a identidade dos Estados Partes.

Que as disposições e recomendações não devem constituir-se em barreiras ou restrições para a prestação de um serviço profissional temporário.

Que se deve buscar que a harmonização prevista minimize a modificação da legislação vigente nos Estados Partes que contém com regulamento sobre exercício profissional e impulsione o seu estabelecimento nos Estados Partes que não contém com tal normativa.

Que se deve oferecer a cada Estado Parte e aos profissionais os instrumentos adequados ante o descumprimento do mecanismo para o reconhecimento mútuo de matrículas para o exercício profissional temporário por parte de uma entidade responsável pelo registro e fiscalização profissional de outro Estado Parte.

Que se deve buscar obter benefícios preferenciais no exercício profissional para os Estados Partes junto a outros países ou blocos, mantendo os critérios de transparência, imparcialidade e eficiência.

Que um número significativo das entidades profissionais dos Estados Partes se agruparam naturalmente por disciplinas ou grupos de disciplinas e estão realizando reuniões, trocando informações e alcançando consensos sobre os critérios e procedimentos comuns para um exercício profissional na região.

O Conselho Mercado Comum decide:

Art. 1.º Aprovar as "Diretrizes para a Celebração de Acordos Marco de Reconhecimento Recíproco entre Entidades Profissionais e a Elaboração de Disciplinas para a Outorga de Licenças Temporárias", que constam como Anexo I e formam parte da presente Decisão.

Art. 2.º Aprovar as "Funções e Atribuições dos Centros Focais de Informação e Gestão" que constam como Anexo II e formam parte da presente Decisão.

Art. 3.º Aprovar o "Mecanismo de Funcionamento do Sistema" que consta como Anexo III e forma parte da presente Decisão.

(*) Publicado no *DOU* de 11-9-2018.

Art. 4.º A presente Decisão deverá ser incorporada aos ordenamentos jurídicos nacionais, de acordo aos procedimentos respectivos de cada Estado Parte.

XXV CMC – Montevidéu, 15/XII/03

ANEXO I

DIRETRIZES PARA A CELEBRAÇÃO DE ACORDOS MARCO DE RECONHECIMENTO RECÍPROCO ENTRE ENTIDADES PROFISSIONAIS E ELABORAÇÃO DE DISCIPLINAS PARA A OUTORGA DE LICENÇAS TEMPORÁRIAS

A – Disposições Gerais

Art. 1.º A outorga de licenças, matrículas ou certificados para a prestação temporária de serviços profissionais no marco do Protocolo de Montevidéu para o Comércio de Serviços, realizar-se-á por meio dos organismos profissionais responsáveis pelo controle e a fiscalização do exercício profissional. O sistema funcionará de acordo com o estabelecido ao estabelecido no Anexo III.

Para efeitos deste documento, entende-se como serviços profissionais os prestados por profissionais universitários ou de nível superior, e os profissionais de nível técnico.

Art. 2.º As normas e diretrizes para a outorga de licenças temporárias deverão ser comuns para os Estados Partes. Para a elaboração da normativa comum, conformar-se-á um Grupo de Trabalho para cada profissão ou grupo de profissões.

Art. 3.º Cada Grupo de Trabalho estará conformado pelas entidades responsáveis da fiscalização do exercício de cada profissão ou grupo de profissões, de acordo com a legislação vigente em cada Estado Parte, ou pela organização nacional que as compreenda. Quando não exista fiscalização delegada em uma entidade profissional, ou organização nacional legalmente facultada que as compreenda, o Grupo de Serviços, Seção Nacional de cada Estado Parte designará as entidades profissionais que conformarão o Grupo de Trabalho.

Art. 4.º Os Grupos de Trabalho terão como mandato a elaboração das diretrizes e disciplinas para a outorga de licenças ou matrículas para o exercício profissional temporário e os Acordos Marco de Reconhecimento Recíproco entre Entidades Profissionais, conforme as Diretrizes que figuram no item B deste Anexo.

Art. 5.º As Entidades Profissionais, que desejem constituir um Grupo de Trabalho, solicitarão seu reconhecimento como tais ao Grupo de Serviços do MERCOSUL. Se constituirá um Grupo de Trabalho para cada Profissão ou Profissões afins reconhecendo para tal aos já existentes.

Art. 6.º As propostas elaboradas e que chegarem a consenso nos Grupos de Trabalhos serão postas em consideração do Grupo de Serviços, que avaliará sua consistência em relação ao Protocolo de Montevidéu e com o estabelecido na presente Decisão, a viabilidade de sua aplicação, e as levará a consideração do GMC para sua aprovação.

Art. 7.º Para a implementação do mecanismo, as entidades de cada Estado Parte, responsáveis pela fiscalização do exercício em cada profissão, subscritará os Acordos Marco de Reconhecimento Recíproco, que deverão ser elevados por meio do Grupo de Serviços ao GMC para sua aprovação.

Art. 8.º As Entidades Profissionais que subscritem o Acordo deverão cumprir os seguintes requisitos: *a)* ser legalmente responsáveis da outorga de licenças e matrículas para o exercício profissional e de sua fiscalização em suas respectivas jurisdições; *b)* abarcar todo o território do Estado Parte ou uma parte substantiva do território desse Estado Parte que seja considerada equitativa pelas entidades dos outros Estados Partes.

Art. 9.º Cada Estado Parte disporá de um Centro Focal por profissão ou grupo de profissões, que constitua o centro de informação sobre normativa e regulamentação nacional e de cada uma das jurisdições que o integram, cujas funções e atribuições figuram como Anexo II e fazem parte da presente Decisão.

Art. 10. Os Acordos Marco subscritos se aplicarão em conformidade com o Protocolo de Montevidéu e as normas dos convênios existentes sobre nacionalidade, residência, domicílio, visto de trabalho, migrações. A aplicabilidade dos Acordos Marco subscritos estará sujeita à existência de organismos em cada Estado Parte de registro e fiscalização do exercício das profissões correspondentes a cada Acordo Marco, aos quais a filiação dos profissionais dos respectivos Estados Partes seja obrigatória.

Art. 11. Cada Estado Parte se compromete a implementar os instrumentos necessários para assegurar a plena vigência com alcance nacional dos Acordos Marco subscritos, assim como a harmonização da legislação vigente, para permitir a aplicação dos mesmos.

Art. 12. Cada Acordo Marco colocará em vigência com adesão das entidades de fiscalização do exercício profissional de 2 (dois) dos Estados Partes. Uma vez em vigor, o Acordo somente se aplicará aos Estados Partes cujas entidades de fiscalização do exercício profissional tenham aderido ao Acordo.

Art. 13. A pedido de um Estado Parte o presente mecanismo poderá ser examinado e, de comum acordo, modificado para seu aperfeiçoamento.

B – Diretrizes

Para que um profissional matriculado em um Estado Parte do MERCOSUL desenvolva uma atividade profissional em outro Estado Parte, cada Acordo Marco deverá contemplar os aspectos mencionados a continuação:

a) a necessidade de contar com um contrato para desenvolver sua atividade no país receptor;

b) requisitos comuns nos quatro países para sua inscrição no Registro Profissional Temporário da entidade de fiscalização profissional da jurisdição onde vá exercer a profissão;

c) os requisitos em matéria de tradução de documentos para a inscrição;

d) os critérios de equivalências na formação e seus alcances ou competências e experiência mínima requerida, a definir por comissões quadripartites por profissão ou grupo de profissões, podendo efetuar-se testes de aptidão ou exames de habilitação não discriminatórios e estabelecer requerimentos de educação permanente;

e) os procedimentos e prazos de comunicação entre as entidades profissionais de origem e receptora durante a inscrição e a fiscalização da atividade;

f) as causas de negação de inscrição e o procedimento de recurso;

g) as competências, direito e obrigações do profissional em exercício temporário, não podendo ser eleitor nem elegível na entidade de fiscalização local;

h) o reconhecimento expresso do Profissional em relação à jurisdição disciplinar, ética e técnica da entidade fiscalizadora receptora, respeitando a mesma e toda outra legislação local;

i) o compromisso do profissional de restringir sua atividade exclusivamente ao previsto no contrato e compatível com sua formação profissional sendo a violação a esta causa de anulação da inscrição no Registro Temporário;

j) a implementação de um código de ética comum para cada profissão ou grupo de profissões;

k) a aplicação dos procedimentos vigentes na jurisdição local e o compromisso por parte da entidade fiscalizadora respectiva de um trato justo e igualitário entre os profissionais em exercício temporário e os dessa jurisdição;

l) o registro temporário será de até dois anos, prorrogáveis por igual período, vinculado a uma prorrogação de contrato;

m) não impor avaliação sobre conhecimento local não vinculados ao exercício profissional para o registro;

n) os requerimentos para assegurar a responsabilidade civil emergente do exercício profissional;

o) o procedimento para a solução de controvérsias;

p) o estabelecimento de um mecanismo de sanções.

Cada Grupo de Trabalho poderá constituir comissões por profissão, quando seja necessário, a fim de contribuir para a definição dos critérios de equivalências na formação e suas atribuições, alcances ou competências e experiência mínima requerida, as provas de aptidão ou exames de habilitação e os requerimentos de educação permanente.

ANEXO II

FUNÇÕES E ATRIBUIÇÕES DOS CENTROS FOCAIS DE INFORMAÇÃO E GESTÃO

1 – O Centro Focal em cada Estado Parte estará formado pelas entidades que foram signatárias dos Acordos Marco, responsáveis pela fiscalização do exercício profissional em suas jurisdições, que além de centro de informação e gestão estabelecerão seu regulamento e coordenarão as reuniões e suas agendas.

2 – Cada Centro Focal de um Estado Parte realizará, no mínimo, as seguintes atividades:

a) manter atualizada a informação sobre legislações, regulamentações e procedimentos que as entidades desse Estado aderidas ao Acordo Marco tenham entregado;

b) arquivar cópia dos originais de homologação do Acordo Marco efetuada pelo GMC e das Adesões e informará das mesmas, mantendo atualizada a informação respectiva;

c) organizar e manter uma base de dados com informação atualizada na qual conste, entre outros, o movimento de profissionais temporários e as eventuais sanções, sobre a base da informação provida por cada Entidade;

d) manter comunicação com os Centros Focais correspondentes dos outros três Estados Partes;

e) contar com um sítio *web* onde se manterá a informação requerida sobre legislações, regulamentações e procedimentos aplicáveis, assim como toda outra informação que o organismo quadripartite considere conveniente ao objetivo do Centro Focal.

3 – Os custos de criação e funcionamento dos Centros Focais serão patrocinados pelas entidades profissionais integrantes.

ANEXO III

FUNCIONAMENTO DO MECANISMO

a) Operação do Mecanismo

1. Para prestar serviços profissionais temporários, o profissional devidamente registrado e habilitado em seu país de origem deverá solicitar sua inscrição no Registro Profissional Temporário na entidade fiscalizadora do Exercício Profissional, em cuja jurisdição acredite um contrato de prestação de serviços.

2. A entidade de fiscalização será a responsável em aplicar o mecanismo e inscrever no Registro Temporário os profissionais dos outros Estados Partes que o requeiram e cumpram os requisitos previamente acordados.

3. Toda entidade aderente deverá informar ao Centro Focal, periodicamente, as altas, baixas, sanções e toda novidade na normativa profissional vigente em sua jurisdição.

4. Os Grupos de Trabalho efetuarão um Informe Anual sobre o desenvolvimento da atividade profissional na região e o enviarão ao GMC, por meio do Grupo de Serviços.

5. Os Grupos de Trabalho seguirão efetuando as propostas para o aperfeiçoamento do sistema ao GMC, por meio do Grupo de Serviços.

b) Mecanismo de Adesão a cada Acordo Marco

A incorporação a cada Acordo Marco de entidades de fiscalização do exercício profissional de um Estado Parte será solicitada ao GMC, por meio do Grupo de Serviços.

Para isto, deverá apresentar a documentação legal que acredite sua condição de Organismo responsável da Fiscalização do exercício na jurisdição correspondente, contar com a aprovação do Grupo de Trabalho e acompanhar de cópia da legislação, regulamentação e procedimentos aplicados por esta entidade em sua jurisdição para a fiscalização do exercício profissional, como de toda outra normativa relacionada que se aplique ao exercício profissional nessa jurisdição. As Entidades de Fiscalização que aderirem deverão adequar-se à normativa estabelecida para a outorga do registro temporal.

O Grupo de Serviço informará ao GMC sua conformidade com o pedido de Adesão.

c) Gestão de Solução de Controvérsia

O GS avaliará a consistência dos mecanismos de Solução de Controvérsias elaborados pelos Grupos de Trabalho conforme ao Artigo 4.° do item A do Anexo I, com a normativa vigente no MERCOSUL e a viabilidade de sua aplicação. Este mecanismo de Solução de Controvérsias será único para todas as profissões.

DECRETO N. 9.579, DE 22 DE NOVEMBRO DE 2018 (*)

Consolida atos normativos editados pelo Poder Executivo federal que dispõem sobre a temática do lactente, da criança e do adolescente e do aprendiz, e sobre o Conselho Nacional dos Direitos da Criança e do Adolescente, o Fundo Nacional para a Criança e o Adolescente e os programas federais da criança e do adolescente, e dá outras providências.

O Presidente da República, no uso da atribuição que lhe confere o art. 84, *caput*, inciso IV, da Constituição, e tendo em vista o disposto na Lei Complementar n. 95, de 26 de fevereiro de 1998, e na Lei n. 8.069, de 13 de julho de 1990 – Estatuto da Criança e do Adolescente, decreta:

TÍTULO I
DISPOSIÇÕES PRELIMINARES

Art. 1.° Este Decreto consolida os atos normativos editados pelo Poder Executivo federal que dispõem sobre a temática da criança e do adolescente, em observância ao disposto na Lei Complementar n. 95, de 26 de fevereiro de 1998, e no Decreto n. 9.191, de 1.° de novembro de 2017.

§ 1.° Para fins do disposto neste Decreto, considera-se consolidação a reunião de atos normativos pertinentes a determinada matéria em um único diploma legal, com a revogação formal daqueles atos normativos incorporados à consolidação e sem a modificação do alcance nem da interrupção da força normativa dos dispositivos consolidados, nos termos do disposto no art. 13, § 1.°, da Lei Complementar n. 95, de 1998, e no art. 45 do Decreto n. 9.191, de 2017.

§ 2.° A consolidação de atos normativos tem por objetivo eliminar do ordenamento jurídico brasileiro normas de conteúdo idêntico ou divergente, observado o disposto no art. 46 do Decreto n. 9.191, de 2017.

Art. 2.° Para fins do disposto neste Decreto, considera-se criança a pessoa com até doze anos de idade incompletos e adolescente a pessoa entre doze e dezoito anos de idade, em observância ao disposto na Lei n. 8.069, de 13 de julho de 1990 – Estatuto da Criança e do Adolescente.

Parágrafo único. Nas hipóteses previstas em lei, o disposto neste Decreto se aplica, excepcionalmente, às pessoas entre dezoito e vinte e um anos.

TÍTULO II
DOS DIREITOS FUNDAMENTAIS DA CRIANÇA E DO ADOLESCENTE

....

CAPÍTULO V
DO DIREITO À PROFISSIONALIZAÇÃO

SEÇÃO I
Das atividades voluntárias

Art. 42. Crianças e Adolescentes poderão participar de atividades voluntárias, desde que acompanhados ou expressamente autorizados pelos pais ou responsáveis, observado o disposto na legislação específica de proteção à criança e ao adolescente, conforme o disposto no art. 15 do Decreto n. 9.149, de 28 de agosto de 2017.

• Citado artigo dispõe: "Art. 15. Crianças e adolescentes poderão participar de atividades voluntárias, desde que acompanhados ou expressamente autorizados pelos pais ou responsáveis, observada a legislação específica de proteção à criança e ao adolescente".

SEÇÃO II
Do aprendiz

Art. 43. Nas relações jurídicas pertinentes à contratação de aprendizes, será observado o disposto neste Capítulo.

• *Vide* arts. 14 a 16 da Lei n. 12.852, de 5-8-2013 (Estatuto da Juventude).

• A Instrução Normativa n. 146, de 25-7-2018, da SIT, dispõe sobre a fiscalização das condições de trabalho no âmbito do programa de aprendizagem.

Art. 44. Para fins do disposto neste Capítulo, considera-se aprendiz a pessoa maior de quatorze anos e menor de vinte e quatro anos que celebra contrato de aprendizagem, nos termos do disposto no art. 428 da Consolidação das Leis do Trabalho – CLT, aprovada pelo Decreto-lei n. 5.452, de 1.° de maio de 1943.

Parágrafo único. A idade máxima prevista no *caput* deste artigo não se aplica a aprendizes com deficiência.

SEÇÃO III
Do contrato de aprendizagem

•• A CLT dispõe sobre proteção ao trabalho do menor nos arts. 402 e s.

(*) Publicado no *Diário Oficial da União* de 23-11-2018. A Lei n. 11.692, de 10-6-2008, dispõe sobre o Programa Nacional de Inclusão de Jovens – Projovem.

APRENDIZ

Art. 45. Contrato de aprendizagem é o contrato de trabalho especial, ajustado por escrito e por prazo determinado não superior a dois anos, em que o empregador se compromete a assegurar ao aprendiz, inscrito em programa de aprendizagem, formação técnico-profissional metódica compatível com o seu desenvolvimento físico, moral e psicológico, e o aprendiz se compromete a executar, com zelo e diligência, as tarefas necessárias a essa formação.

Parágrafo único. A comprovação da escolaridade de aprendiz com deficiência psicossocial deverá considerar, sobretudo, as habilidades e as competências relacionadas com a profissionalização.

Art. 46. A validade do contrato de aprendizagem pressupõe anotação na Carteira de Trabalho e Previdência Social, matrícula e frequência do aprendiz à escola, caso não tenha concluído o ensino fundamental, e inscrição em programa de aprendizagem desenvolvido sob a orientação de entidade qualificada em formação técnico-profissional metódica.

Art. 47. O descumprimento das disposições legais e regulamentares importará a nulidade do contrato de aprendizagem, nos termos do disposto no art. 9.º da CLT, aprovada pelo Decreto-lei n. 5.452, de 1943, situação em que fica estabelecido o vínculo empregatício diretamente com o empregador responsável pelo cumprimento da cota de aprendizagem.

Parágrafo único. O disposto no *caput* não se aplica, quanto ao vínculo, a pessoa jurídica de direito público.

SEÇÃO IV

Da formação técnico-profissional e das entidades qualificadas em formação técnico-profissional metódica

SUBSEÇÃO I

Da formação técnico-profissional

Art. 48. Para fins do disposto neste Capítulo, considera-se formação técnico-profissional metódica para os efeitos do contrato de aprendizagem as atividades teóricas e práticas, metodicamente organizadas em tarefas de complexidade progressiva desenvolvidas no ambiente de trabalho.

Parágrafo único. A formação técnico-profissional metódica de que trata o *caput* será realizada por meio de programas de aprendizagem organizados e desenvolvidos sob a orientação e a responsabilidade de entidades qualificadas em formação técnico-profissional metódica estabelecidas no art. 50.

Art. 49. A formação técnico-profissional do aprendiz obedecerá aos seguintes princípios:

I – garantia de acesso e frequência obrigatória no ensino fundamental;

II – horário especial para o exercício das atividades; e

III – capacitação profissional adequada ao mercado de trabalho.

Parágrafo único. Ao aprendiz com idade inferior a dezoito anos é assegurado o respeito à sua condição peculiar de pessoa em desenvolvimento.

SUBSEÇÃO II

Das entidades qualificadas em formação técnico-profissional metódica

Art. 50. Consideram-se entidades qualificadas em formação técnico-profissional metódica:

• *Vide* arts. 48, parágrafo único, 55 e 57 deste Decreto.

• A Portaria n. 723, de 23-4-2012, do MTE, cria o CNAP, destinado ao cadastramento das entidades qualificadas em formação técnico-profissional metódica definidas neste artigo.

I – os serviços nacionais de aprendizagem, assim identificados:

a) Serviço Nacional de Aprendizagem Industrial – Senai;

b) Serviço Nacional de Aprendizagem Comercial – Senac;

c) Serviço Nacional de Aprendizagem Rural – Senar;

d) Serviço Nacional de Aprendizagem do Transporte – Senat; e

e) Serviço Nacional de Aprendizagem do Cooperativismo – Sescoop;

II – as escolas técnicas e agrotécnicas de educação; e

III – as entidades sem fins lucrativos que tenham por objetivos a assistência ao adolescente e à educação profissional, registradas no conselho municipal dos direitos da criança e do adolescente.

§ 1.º As entidades mencionadas no *caput* deverão dispor de estrutura adequada ao desenvolvimento dos programas de aprendizagem, de forma a manter a qualidade do processo de ensino e a acompanhar e avaliar os resultados.

§ 2.º O Ministério do Trabalho editará, ouvido o Ministério da Educação, normas complementares para dispor sobre a avaliação da competência das entidades a que se refere o inciso III do *caput*.

§ 3.º Compete ao Ministério do Trabalho instituir e manter cadastro nacional das entidades qualificadas em formação técnico-profissional metódica e disciplinar a compatibilidade entre o conteúdo e a duração do programa de aprendizagem, com vistas a garantir a qualidade técnico-profissional.

SEÇÃO V

Da contratação de aprendiz

SUBSEÇÃO I

Da obrigatoriedade da contratação de aprendiz

Art. 51. Estabelecimentos de qualquer natureza são obrigados a empregar e matricular nos cursos oferecidos pelos serviços nacionais de aprendizagem o número de aprendizes equivalente a cinco por cento, no mínimo, e quinze por cento, no máximo, dos trabalhadores existentes em cada estabelecimento cujas funções demandem formação profissional.

•• *Vide* art. 54 deste Decreto.

§ 1.º Para o cálculo da porcentagem a que se refere o *caput*, as frações de unidade serão arredondadas para o número inteiro subsequente, hipótese que permite a admissão de aprendiz.

§ 2.º Para fins do disposto neste Capítulo, considera-se estabelecimento todo complexo de bens organizado para o exercício de atividade econômica ou social do empregador, que se submeta ao regime da CLT, aprovada pelo Decreto-lei n. 5.452, de 1943.

Art. 52. Para a definição das funções que demandem formação profissional, deverá ser considerada a Classificação Brasileira de Ocupações do Ministério do Trabalho.

§ 1.º Ficam excluídas da definição a que se refere o *caput* as funções que demandem, para o seu exercício, habilitação profissional de nível técnico ou superior, ou, ainda, as funções que estejam caracterizadas como cargos de direção, de gerência ou de confiança, nos termos do disposto no inciso II do *caput* e no parágrafo único do art. 62 e no § 2.º do art. 224 da CLT, aprovada pelo Decreto-lei n. 5.452, de 1943.

§ 2.º Deverão ser incluídas na base de cálculo todas as funções que demandem formação profissional, independentemente de serem proibidas para menores de dezoito anos.

Art. 53. A contratação de aprendizes deverá atender, prioritariamente, aos adolescentes entre quatorze e dezoito anos, exceto quando:

I – as atividades práticas da aprendizagem ocorrerem no interior do estabelecimento e sujeitarem os aprendizes à insalubridade ou à periculosidade, sem que se possa elidir o risco ou realizá-las integralmente em ambiente simulado;

II – a lei exigir, para o desempenho das atividades práticas, licença ou autorização vedada para pessoa com idade inferior a dezoito anos; e

III – a natureza das atividades práticas for incompatível com o desenvolvimento físico, psicológico e moral dos adolescentes aprendizes.

Parágrafo único. As atividades práticas da aprendizagem a que se refere o *caput* deverão ser designadas aos jovens de dezoito a vinte e quatro anos.

Art. 54. Ficam excluídos da base de cálculo de que trata o *caput* do art. 51 os empregados que executem os serviços prestados sob o regime de trabalho temporário, instituído pela Lei n. 6.019, de 3 de janeiro de 1973, e os aprendizes já contratados.

Parágrafo único. Na hipótese de empresas que prestem serviços especializados para terceiros, independentemente do local onde sejam executados, os empregados serão incluídos exclusivamente na base de cálculo da prestadora.

Art. 55. Na hipótese de os serviços nacionais de aprendizagem não oferecerem cursos ou vagas suficientes para atender à demanda dos estabelecimentos, esta poderá ser suprida por outras entidades qualificadas em formação técnico-profissional metódica, observado o disposto no art. 50.

Parágrafo único. A insuficiência de cursos ou vagas a que se refere o *caput* será verificada pela inspeção do trabalho.

Art. 56. Ficam dispensadas da contratação de aprendizes:

I – as microempresas e as empresas de pequeno porte; e

• *Vide* art. 51, III, da Lei Complementar n. 123, de 14-12-2006, que institui o Estatuto Nacional da Microempresa e da Empresa de Pequeno Porte.

II – as entidades sem fins lucrativos que tenham por objetivo a educação profissional.

SUBSEÇÃO II

Das espécies de contratação do aprendiz

Art. 57. A contratação do aprendiz deverá ser efetivada diretamente pelo estabelecimento que se obrigue ao cumprimento da cota de aprendizagem ou, supletivamente, pelas entidades sem fins lucrativos a que se refere o inciso III do *caput* do art. 50.

§ 1.º Na hipótese de contratação de aprendiz diretamente pelo estabelecimento que se obrigue ao cumprimento da cota de aprendizagem, este assumirá a condição de empregador, hipótese em que deverá inscrever o aprendiz em programa de aprendizagem a ser ministrado pelas entidades indicadas no art. 50.

§ 2.º A contratação de aprendiz por intermédio de entidade sem fins lucrativos, para fins do cumprimento da obrigação prevista no *caput* do art. 51, somente deverá ser formalizada após a celebração de contrato entre o estabelecimento e a entidade sem fins lucrativos, no qual, entre outras obrigações recíprocas, serão estabelecidas as seguintes:

I – a entidade sem fins lucrativos, simultaneamente ao desenvolvimento do programa de aprendizagem, assumirá a condição de empregador, com todos os ônus dela decorrentes, e assinará a Carteira de Trabalho e Previdência Social do aprendiz, na qual anotará, no espaço destinado às anotações gerais, a informação de que o contrato de trabalho específico decorrerá de contrato firmado com determinado estabelecimento para fins do cumprimento de sua cota de aprendizagem; e

II – o estabelecimento assumirá a obrigação de proporcionar ao aprendiz a experiência prática da formação técnico-profissional metódica a que este será submetido.

Art. 58. A contratação do aprendiz por empresas públicas e sociedades de economia mista ocorrerá de forma direta, nos termos do disposto no § 1.º do art. 57, hipótese em que será realizado processo seletivo por meio de edital, ou nos termos do disposto no § 2.º do referido artigo.

Parágrafo único. A contratação do aprendiz por órgãos e entidades da administração pública direta, autárquica e fundacional observará regulamento específico, hipótese em que não se aplica o disposto neste Capítulo.

SEÇÃO VI

Dos direitos trabalhistas e das obrigações acessórias

SUBSEÇÃO I

Da remuneração

Art. 59. Ao aprendiz, exceto se houver condição mais favorável, será garantido o salário mínimo-hora.

Parágrafo único. Para fins do disposto neste Capítulo, entende-se por condição mais favorável aquela estabelecida no contrato de aprendizagem ou prevista em convenção ou acordo coletivo de trabalho, em que se especifique o salário mais favorável ao aprendiz e o piso regional de que trata a Lei Complementar n. 103, de 14 de julho de 2000.

SUBSEÇÃO II

Da jornada

•• A CLT dispõe sobre jornada de trabalho nos arts. 58 a 65 e sobre jornada do menor nos arts. 411 a 414.

Art. 60. A jornada de trabalho do aprendiz não excederá seis horas diárias.

§ 1.º Para os aprendizes que já tenham concluído o ensino fundamental, a jornada de trabalho poderá ser de até oito horas diárias, desde que nessa carga horária sejam computadas as horas destinadas à aprendizagem teórica.

§ 2.º A jornada semanal do aprendiz inferior a vinte e cinco horas não caracterizará trabalho em regime de tempo parcial, de que trata o art. 58-A da CLT, aprovada pelo Decreto-lei n. 5.452, de 1943.

Art. 61. São vedadas a prorrogação e a compensação de jornada de trabalho.

Art. 62. A jornada de trabalho do aprendiz compreenderá as horas destinadas às atividades teóricas e práticas, simultâneas ou não, e caberá à entidade qualificada em formação técnico-profissional metódica estabelecê-las no plano do curso.

Art. 63. Na hipótese de o aprendiz menor de dezoito anos ser empregado em mais de um estabelecimento, as horas da jornada de trabalho em cada um dos estabelecimentos serão totalizadas.

Parágrafo único. Para estabelecer a jornada de trabalho do aprendiz menor de dezoito anos, a entidade qualificada em formação técnico-profissional metódica considerará os direitos assegurados pela Lei n. 8.069, de 1990 – Estatuto da Criança e do Adolescente.

SUBSEÇÃO III

Das atividades teóricas e práticas

Art. 64. As aulas teóricas do programa de aprendizagem deverão ocorrer em ambiente físico adequado ao ensino e com meios didáticos apropriados.

§ 1.º As aulas teóricas poderão ocorrer sob a forma de aulas demonstrativas no ambiente de trabalho, hipótese em que é vedada qualquer atividade laboral do aprendiz, ressalvado o manuseio de materiais, ferramentas, instrumentos e assemelhados.

§ 2.º É vedado ao responsável pelo cumprimento da cota de aprendizagem cometer ao aprendiz atividades diversas daquelas previstas no programa de aprendizagem.

Art. 65. As aulas práticas poderão ocorrer na própria entidade qualificada em formação técnico-profissional metódica ou no estabelecimento contratante ou concedente da experiência prática do aprendiz.

§ 1.º Na hipótese de o ensino prático ocorrer no estabelecimento, será formalmente designado pela empresa, ouvida a entidade qualificada em formação técnico-profissional metódica, um empregado monitor responsável pela coordenação de exercícios práticos e pelo acompanhamento das atividades do aprendiz no estabelecimento, em conformidade com o disposto no programa de aprendizagem.

§ 2.º A entidade responsável pelo programa de aprendizagem fornecerá aos empregadores e ao Ministério do Trabalho, quando solicitado, cópia do projeto pedagógico do programa.

§ 3.º Para fins da experiência prática de acordo com a organização curricular do programa de aprendizagem, o empregador que mantenha mais de um estabelecimento no mesmo Município poderá centralizar as atividades práticas correspondentes em um de seus estabelecimentos.

§ 4.º Nenhuma atividade prática poderá ser desenvolvida no estabelecimento em desacordo com as disposições do programa de aprendizagem.

Art. 66. O estabelecimento contratante cujas peculiaridades da atividade ou dos locais de trabalho constituam embaraço à realização das aulas práticas, além de poder ministrá-las exclusivamente nas entidades qualificadas em formação técnico-profissional, poderá requerer junto à unidade descentralizada do Ministério do Trabalho a assinatura de termo de compromisso para o cumprimento da cota em entidade concedente da experiência prática do aprendiz.

§ 1.º Compete ao Ministério do Trabalho definir:

I – os setores da economia em que a aula prática poderá ser ministrada nas entidades concedentes; e

II – o processamento do pedido de assinatura de termo de compromisso.

§ 2.º Para fins do disposto neste Capítulo, consideram-se entidades concedentes da experiência prática do aprendiz:

I – órgãos públicos;

II – organizações da sociedade civil, nos termos do disposto no art. 2.º da Lei n. 13.019, de 31 de julho de 2014; e

III – unidades do sistema nacional de atendimento socioeducativo.

§ 3.º Firmado o termo de compromisso com o Ministério do Trabalho, o estabelecimento contratante e a entidade qualificada por ele já contratada deverão firmar, conjuntamente, parceria com uma das entidades concedentes para a realização das aulas práticas.

§ 4.º Compete à entidade qualificada o acompanhamento pedagógico das aulas práticas.

§ 5.º A seleção dos aprendizes será realizada a partir do cadastro público de emprego, disponível no sítio eletrônico Emprega Brasil, do Ministério do Trabalho, e deverá priorizar a inclusão de jovens e adolescentes em situação de vulnerabilidade ou risco social, tais como:

I – adolescentes egressos do sistema socioeducativo ou em cumprimento de medidas socioeducativas;

II – jovens em cumprimento de pena no sistema prisional;

III – jovens e adolescentes cujas famílias sejam beneficiárias de programas de transferência de renda;

IV – jovens e adolescentes em situação de acolhimento institucional;

V – jovens e adolescentes egressos do trabalho infantil;

VI – jovens e adolescentes com deficiência;

VII – jovens e adolescentes matriculados em instituição de ensino da rede pública, em nível fundamental, médio regular ou médio técnico, incluída a modalidade de Educação de Jovens e Adultos; e

VIII – jovens desempregados e com ensino fundamental ou médio concluído em instituição de ensino da rede pública.

§ 6.º Os percentuais a serem cumpridos na forma alternativa e no sistema regular deverão constar do termo de compromisso firmado com o Ministério do Trabalho, com vistas ao adimplemento integral da cota de aprendizagem, observados, em todos as hipóteses, os limites previstos na Seção IV do Capítulo IV do Título III da CLT, aprovada pelo Decreto-lei n. 5.452, de 1943, e a contratação do percentual mínimo no sistema regular.

SUBSEÇÃO IV
Do Fundo de Garantia do Tempo de Serviço

Art. 67. O disposto no § 7.º do art. 15 da Lei n. 8.036, de 11 de maio de 1990, se aplica à alíquota de contribuição ao Fundo de Garantia do Tempo de Serviço – FGTS para o contrato de aprendizagem.

Parágrafo único. A contribuição ao FGTS de que trata o *caput* corresponderá a dois por cento da remuneração paga ou devida, no mês anterior, ao aprendiz.

SUBSEÇÃO V
Das férias

•• A CLT dispõe sobre férias nos arts. 129 e s.

Art. 68. As férias do aprendiz coincidirão, preferencialmente, com as férias escolares, vedado ao empregador estabelecer período diverso daquele definido no programa de aprendizagem.

SUBSEÇÃO VI
Dos efeitos dos instrumentos coletivos de trabalho

Art. 69. As convenções e os acordos coletivos apenas estenderão suas cláusulas sociais ao aprendiz quando expressamente previsto e desde que não excluam ou reduzam o alcance dos dispositivos tutelares que lhes são aplicáveis.

SUBSEÇÃO VII
Do vale-transporte

Art. 70. É assegurado ao aprendiz o direito ao benefício previsto na Lei n. 7.418, de 16 de dezembro de 1985, que institui o vale-transporte.

SUBSEÇÃO VIII
Das hipóteses de extinção e rescisão de contrato de aprendizagem

Art. 71. O contrato de aprendizagem extinguir-se-á no seu termo ou quando o aprendiz completar vinte e quatro anos, exceto na hipótese de aprendiz com deficiência, ou, ainda antecipadamente, nas seguintes hipóteses:

I – desempenho insuficiente ou inadaptação do aprendiz;

II – falta disciplinar grave;

III – ausência injustificada à escola que implique perda do ano letivo; e

IV – a pedido do aprendiz.

Parágrafo único. Nas hipóteses de extinção ou rescisão do contrato de aprendizagem, o empregador deverá contratar novo aprendiz, nos termos do disposto neste Decreto, sob pena de infração ao disposto no art. 429 da CLT.

Art. 72. Para fins do disposto no art. 71, serão observadas as seguintes disposições:

I – o desempenho insuficiente ou inadaptação do aprendiz referente às atividades do programa de aprendizagem será caracterizado por meio de laudo de avaliação elaborado pela entidade qualificada em formação técnico-profissional metódica;

II – a falta disciplinar grave será caracterizada por quaisquer das hipóteses previstas no art. 482 da CLT, aprovada pelo Decreto-lei n. 5.452, de 1943; e

III – a ausência injustificada às aulas que implique perda do ano letivo será caracterizada por meio de declaração da instituição de ensino.

Art. 73. O disposto nos art. 479 e art. 480 da CLT, aprovada pelo Decreto-lei n. 5.452, de 1943, não se aplica às hipóteses de extinção do contrato a que se refere o art. 71.

SEÇÃO IV
Do certificado de qualificação profissional de aprendizagem

Art. 74. Aos aprendizes que concluírem os programas de aprendizagem com aproveitamento será concedido pela entidade qualificada em formação técnico-profissional metódica o certificado de qualificação profissional.

Art. 75. O certificado de qualificação profissional a que se refere o art. 74 deverá enunciar o título e o perfil profissional para a ocupação em que o aprendiz tenha sido qualificado.

....

TÍTULO VII
DISPOSIÇÕES FINAIS

Art. 126. Ficam revogados:

....

V – o Decreto n. 5.598, de 1.º de dezembro de 2005;

....

Art. 127. Este Decreto entra em vigor na data de sua publicação.

Brasília, 22 de novembro de 2018; 197.º da Independência e 130.º da República.

MICHEL TEMER

SÚMULAS DO SUPREMO TRIBUNAL FEDERAL (*)

•• As Súmulas aqui constantes (até a de n. 613) foram promulgadas antes da CF de 1988, que mudou a competência do STF.

35. Em caso de acidente do trabalho ou de transporte, a concubina tem direito de ser indenizada pela morte do amásio, se entre eles não havia impedimento para o matrimônio.

37. Não tem direito de se aposentar pelo Tesouro Nacional o servidor que não satisfizer as condições estabelecidas na legislação do Serviço Público Federal, ainda que aposentado pela respectiva instituição previdenciária, com direito, em tese, a duas aposentadorias.

128. É indevida a taxa de assistência médica e hospitalar das Instituições de Previdência Social.

194. É competente o Ministro do Trabalho para a especificação das atividades insalubres.

195. Contrato de trabalho para obra certa, ou de prazo determinado, transforma-se em contrato de prazo indeterminado, quando prorrogado por mais de 4 (quatro) anos.

•• *Vide* art. 445 da CLT, sobre a duração do contrato de trabalho por prazo determinado.

196. Ainda que exerça atividade rural, o empregado de empresa industrial ou comercial é classificado de acordo com a categoria do empregador.

197. O empregado com representação sindical só pode ser despedido mediante inquérito em que se apure falta grave.

198. As ausências motivadas por acidente do trabalho não são descontáveis do período aquisitivo das férias.

199. O salário das férias do empregado horista corresponde à média do período aquisitivo, não podendo ser inferior ao mínimo.

200. Não é inconstitucional a Lei n. 1.530, de 26 de dezembro de 1951, que manda incluir na indenização por despedida injusta parcela correspondente a férias proporcionais.

201. O vendedor-pracista, remunerado mediante comissão, não tem direito ao repouso semanal remunerado.

202. Na equiparação de salário, em caso de trabalho igual, toma-se em conta o tempo de serviço na função, e não no emprego.

203. Não está sujeita à vacância de 60 (sessenta) dias a vigência de novos níveis de salário mínimo.

204. Tem direito o trabalhador substituto, ou de reserva, ao salário mínimo no dia em que fica à disposição do empregador sem ser aproveitado na função específica; se aproveitado, recebe o salário contratual.

205. Tem direito a salário integral o menor não sujeito à aprendizagem metódica.

207. As gratificações habituais, inclusive a de Natal, consideram-se tacitamente convencionadas, integrando o salário.

209. O salário-produção, como outras modalidades de salário-prêmio, é devido, desde que verificada a condição a que estiver subordinado e não pode ser suprimido, unilateralmente, pelo empregador, quando pago com habitualidade.

212. Tem direito ao adicional de serviço perigoso o empregado de posto de revenda de combustível líquido.

213. É devido o adicional de serviço noturno, ainda que sujeito o empregado a regime de revezamento.

214. A duração legal da hora de serviço noturno (cinquenta e dois minutos e trinta segundos) constitui vantagem suplementar, que não dispensa o salário adicional.

215. Conta-se a favor do empregado readmitido o tempo de serviço anterior, salvo se houver sido despedido por falta grave ou tiver recebido a indenização legal.

217. Tem direito de retornar ao emprego ou ser indenizado em caso de recusa do empregador o aposentado que recupera a capacidade de trabalho dentro de 5 (cinco) anos, a contar da aposentadoria, que se torna definitiva após esse prazo.

219. Para a indenização devida ao empregado que tinha direito a ser readmitido, e não o foi, levam-se em conta as vantagens advindas à sua categoria no período do afastamento.

220. A indenização devida a empregado estável, que não é readmitido, ao cessar sua aposentadoria, deve ser paga em dobro.

221. A transferência de estabelecimento, ou a sua extinção parcial, por motivo que não seja de força maior, não justifica a transferência de empregado estável.

(*) De acordo com o art. 8.º da Emenda Constitucional n. 45, de 8-12-2004 (Reforma do Judiciário): "As atuais súmulas do STF somente produzirão efeito vinculante após sua confirmação por dois terços de seus integrantes e publicação na imprensa oficial".

222. O princípio da identidade física do juiz não é aplicável às Juntas de Conciliação e Julgamento, da Justiça do Trabalho.

223. Concedida isenção de custas ao empregado, por elas não responde o sindicato que o representa em juízo.

224. Os juros de mora, nas reclamações trabalhistas, são contados desde a notificação inicial.

225. Não é absoluto o valor probatório das anotações da Carteira Profissional.

227. A concordata do empregador não impede a execução de crédito nem a reclamação de empregado na Justiça do Trabalho.

- *Vide* Lei n. 11.101, de 9-2-2005, que substitui a concordata pela recuperação judicial e extrajudicial do empresário e da sociedade empresária.

229. A indenização acidentária não exclui a do direito comum, em caso de dolo ou culpa grave do empregador.

230. A prescrição da ação de acidente do trabalho conta-se do exame pericial que comprovar a enfermidade ou verificar a natureza da incapacidade.

232. Em caso de acidente do trabalho são devidas diárias até 12 (doze) meses, as quais não se confundem com a indenização acidentária, nem com o auxílio-enfermidade.

234. São devidos honorários de advogado em ação de acidente do trabalho julgada procedente.

235. É competente para a ação de acidente do trabalho a Justiça Cível comum, inclusive em segunda instância, ainda que seja parte autarquia seguradora.

•• *Vide* arts. 109, I, e 114, VI, da CF.

•• *Vide* Súmula Vinculante 22, Súmula 501 do STF e Súmula 15 do STJ.

236. Em ação de acidente do trabalho, a autarquia seguradora não tem isenção de custas.

238. Em caso de acidente do trabalho, a multa pelo retardamento da liquidação é exigível do segurador sub-rogado, ainda que autarquia.

240. O depósito para recorrer, em ação de acidente do trabalho, é exigível do segurador sub-rogado, ainda que autarquia.

241. A contribuição previdenciária incide sobre o abono incorporado ao salário.

307. É devido o adicional de serviço insalubre, calculado à base do salário mínimo da região, ainda que a remuneração contratual seja superior ao salário mínimo acrescido da taxa de insalubridade.

310. Quando a intimação tiver lugar na sexta-feira, ou a publicação com efeito de intimação for feita nesse dia, o prazo judicial terá início na segunda-feira imediata, salvo se não houver expediente, caso em que começará no primeiro dia útil que se seguir.

311. No típico acidente do trabalho, a existência de ação judicial não exclui a multa pelo retardamento da liquidação.

- *Vide* Súmula 238 do STF.

312. Músico integrante de orquestra da empresa, com atuação permanente e vínculo de subordinação, está sujeito à legislação geral do trabalho, e não à especial dos artistas.

313. Provada a identidade entre o trabalho diurno e o noturno, é devido o adicional, quanto a este, sem a limitação do art. 73, § 3.º, da Consolidação das Leis do Trabalho, independentemente da natureza da atividade do empregador.

314. Na composição do dano por acidente do trabalho, ou de transporte, não é contrário à lei tomar para base da indenização o salário do tempo da perícia ou da sentença.

315. Indispensável o traslado das razões da revista para julgamento, pelo Tribunal Superior do Trabalho, do agravo para sua admissão.

316. A simples adesão à greve não constitui falta grave.

327. O direito trabalhista admite a prescrição intercorrente.

- *Vide* Súmula 114 do TST (prescrição intercorrente).

337. A controvérsia entre o empregador e o segurador não suspende o pagamento devido ao empregado por acidente do trabalho.

338. Não cabe ação rescisória no âmbito da Justiça do Trabalho.

339. Não cabe ao Poder Judiciário, que não tem função legislativa, aumentar vencimentos de servidores públicos sob fundamento de isonomia.

•• *Vide* Súmula Vinculante 37.

341. É presumida a culpa do patrão ou comitente pelo ato culposo do empregado ou preposto.

349. A prescrição atinge somente as prestações de mais de 2 (dois) anos, reclamadas com fundamento em decisão normativa da Justiça do Trabalho, ou em convenção coletiva de trabalho, quando não estiver em causa a própria validade de tais atos.

386. Pela execução de obra musical por artistas remunerados é devido direito autoral, não exigível quando a orquestra for de amadores.

401. Não se conhece do recurso de revista, nem dos embargos de divergência, do processo trabalhista, quando houver jurisprudência firme do Tribunal Superior do Trabalho no mesmo sentido da decisão impugnada, salvo se houver colisão com a jurisprudência do Supremo Tribunal Federal.

402. Vigia noturno tem direito a salário adicional.

403. É de decadência o prazo de 30 (trinta) dias para instauração do inquérito judicial, a contar da suspensão, por falta grave, de empregado estável.

433. É competente o Tribunal Regional do Trabalho para julgar mandado de segurança contra ato de seu presidente em execução de sentença trabalhista.

434. A controvérsia entre seguradores indicados pelo empregador na ação de acidente do trabalho não suspende o pagamento devido ao acidentado.

- *Vide* Súmula 337 do STF.

450. São devidos honorários de advogado sempre que vencedor o beneficiário de Justiça Gratuita.

454. Simples interpretação de cláusulas contratuais não dá lugar a recurso extraordinário.

457. O Tribunal Superior do Trabalho, conhecendo da revista, julgará a causa, aplicando o direito à espécie.

458. O processo da execução trabalhista não exclui a remição pelo executado.

459. No cálculo da indenização por despedida injusta incluem-se os adicionais, ou gratificações que, pela habitualidade, se tenham incorporado ao salário.

460. Para efeito do adicional de insalubridade, a perícia judicial, em reclamação trabalhista, não dispensa o enquadramento da atividade entre as insalubres, que é ato da competência do Ministro do Trabalho e Previdência Social.

461. É duplo, e não triplo, o pagamento do salário nos dias destinados a descanso.

462. No cálculo da indenização por despedida injusta, inclui-se, quando devido, o repouso semanal remunerado.

463. Para efeito de indenização e estabilidade, conta-se o tempo em que o empregado esteve afastado, em serviço militar obrigatório, mesmo anteriormente à Lei n. 4.072, de 1.º de junho de 1962.

•• Redação conforme publicação oficial. A data correta da Lei n. 4.072 é 16-6-1962.

464. No cálculo da indenização por acidente do trabalho inclui-se, quando devido, o repouso semanal remunerado.

466. Não é inconstitucional a inclusão de sócios e administradores de sociedades e titulares de firmas individuais como contribuintes obrigatórios da Previdência Social.

478. O provimento em cargo de juízes substitutos do Trabalho deve ser feito, independentemente da lista tríplice, na ordem de classificação dos candidatos.

501. Compete à Justiça Ordinária Estadual o processo e o julgamento, em ambas as instâncias, das causas de acidente do trabalho ainda que promovidas contra a União, suas Autarquias, Empresas Públicas ou Sociedades de Economia Mista.

•• *Vide* arts. 109, I, e 114, VI, da CF.

•• *Vide* Súmula Vinculante 22, Súmula 235 do STF e Súmula 15 do STJ.

505. Salvo quando contrariarem a Constituição, não cabe recurso para o STF de quaisquer decisões da Justiça do Trabalho, inclusive dos presidentes de seus tribunais.

529. Subsiste a responsabilidade do empregador pela indenização decorrente de acidente do trabalho, quando o segurador, por haver entrado em liquidação, ou por outro motivo, não se encontrar em condições financeiras de efetuar, na forma da lei, o pagamento que o seguro obrigatório visava garantir.

531. É inconstitucional o Decreto n. 51.668, de 17 de janeiro de 1963, que estabeleceu salário profissional para trabalhadores de transportes marítimos, fluviais e lacustres.

593. Incide o percentual do Fundo de Garantia do Tempo de Serviço (FGTS) sobre a parcela da remuneração correspondente a horas extraordinárias de trabalho.

612. Ao trabalhador rural não se aplicam, por analogia, os benefícios previstos na Lei n. 6.367, de 19 de outubro de 1976.

613. Os dependentes de trabalhador rural não têm direito à pensão previdenciária, se o óbito ocorreu anteriormente à vigência da Lei Complementar n. 11/71.

(*) 629. A impetração de mandado de segurança coletivo por entidade de classe em favor dos associados independe da autorização destes.

• *Vide* art. 5.º, XXI e LXX, *b*, da CF.

630. A entidade de classe tem legitimação para o mandado de segurança ainda quando a pretensão veiculada interesse apenas a uma parte da respectiva categoria.

633. É incabível a condenação em verba honorária nos recursos extraordinários interpostos em processo trabalhista, exceto nas hipóteses previstas na Lei n. 5.584/70.

640. É cabível recurso extraordinário contra decisão proferida por juiz de primeiro grau nas causas de alçada, ou por turma recursal de juizado especial cível e criminal.

• *Vide* art. 2.º, § 4.º, da Lei n. 5.584, de 26-6-1970.

• *Vide* Súmula 356 do TST.

641. Não se conta em dobro o prazo para recorrer, quando só um dos litisconsortes haja sucumbido.

654. A garantia da irretroatividade da lei, prevista no art. 5.º, XXXVI, da Constituição da República, não é invocável pela entidade estatal que a tenha editado.

655. A exceção prevista no art. 100, *caput*, da Constituição, em favor dos créditos de natureza alimentícia, não dispensa a expedição de precatório, limitando-se a isentá-los da observância da ordem cronológica dos precatórios decorrentes de condenações de outra natureza.

666. A contribuição confederativa de que trata o art. 8.º, IV, da Constituição, só é exigível dos filiados ao sindicato respectivo.

671. Os servidores públicos e os trabalhadores em geral têm direito, no que concerne à URP de abril/maio de 1988, apenas ao valor correspondente a 7/30 de 16,19% sobre os vencimentos e salários pertinentes aos meses de abril e maio de 1988, não cumulativamente, devidamente corrigido até o efetivo pagamento.

675. Os intervalos fixados para descanso e alimentação durante a jornada de seis horas não descaracterizam o sistema de turnos ininterruptos de revezamento para o efeito do art. 7.º, XIV, da Constituição.

676. A garantia da estabilidade provisória prevista no art. 10, II, *a*, do ADCT, também se aplica ao suplente do cargo de direção de comissões internas de prevenção de acidentes (CIPA).

677. Até que lei venha a dispor a respeito, incumbe ao Ministério do Trabalho proceder ao registro das entidades sindicais e zelar pela observância do princípio da unicidade.

• A Portaria n. 326, de 1.º-3-2013, dispõe sobre os pedidos de registro das entidades sindicais de primeiro grau no Ministério do Trabalho e Emprego.

678. São inconstitucionais os incisos I e III do art. 7.º da Lei n. 8.162/91, que afastam, para efeito de anuênio e de licença-prêmio, a contagem do tempo de serviço regido pela CLT dos servidores que passaram a submeter-se ao Regime Jurídico Único.

• A Lei n. 8.162, de 8-1-1991, dispõe sobre a revisão dos vencimentos, salários, proventos e demais retribuições dos servidores civis e a fixação

(*) As Súmulas seguintes foram promulgadas após a CF de 1988.

SÚMULAS

ESPAÇO RESERVADO PARA USO DE GRAMPO

dos soldos dos militares do Poder Executivo, da Administração direta, autárquica e fundacional.

679. A fixação de vencimentos dos servidores públicos não pode ser objeto de convenção coletiva.

680. O direito ao auxílio-alimentação não se estende aos servidores inativos.

681. É inconstitucional a vinculação do reajuste de vencimentos de servidores estaduais ou municipais a índices federais de correção monetária.

682. Não ofende a Constituição a correção monetária no pagamento com atraso dos vencimentos de servidores públicos.

683. O limite de idade para a inscrição em concurso público só se legitima em face do art. 7.º, XXX, da Constituição, quando possa ser justificado pela natureza das atribuições do cargo a ser preenchido.

684. É inconstitucional o veto não motivado à participação de candidato a concurso público.

685. É inconstitucional toda modalidade de provimento que propicie ao servidor investir-se, sem prévia aprovação em concurso público destinado ao seu provimento, em cargo que não integra a carreira na qual anteriormente investido.

686. Só por lei se pode sujeitar a exame psicotécnico a habilitação de candidato a cargo público.

688. É legítima a incidência da contribuição previdenciária sobre o 13.º salário.

726. Para efeito de aposentadoria especial de professores, não se computa o tempo de serviço prestado fora da sala de aula.

732. É constitucional a cobrança da contribuição do salário-educação, seja sob a Carta de 1969, seja sob a Constituição Federal de 1988, e no regime da Lei 9.424/96.

733. Não cabe recurso extraordinário contra decisão proferida no processamento de precatórios.

736. Compete à Justiça do Trabalho julgar as ações que tenham como causa de pedir o descumprimento de normas trabalhistas relativas à segurança, higiene e saúde dos trabalhadores.

ÍNDICE ALFABÉTICO-REMISSIVO DAS SÚMULAS DO STF

ÍNDICE ALFABÉTICO-REMISSIVO DAS SÚMULAS DO STF

SÚMULAS VINCULANTES (*)

1. Ofende a garantia constitucional do ato jurídico perfeito a decisão que, sem ponderar as circunstâncias do caso concreto, desconsidera a validez e a eficácia de acordo constante de termo de adesão instituído pela Lei Complementar n. 110/2001.
   - *Vide* art. 5.º, XXXVI, da CF.

2. É inconstitucional a lei ou ato normativo estadual ou distrital que disponha sobre sistemas de consórcios e sorteios, inclusive bingos e loterias.
   - *Vide* art. 22, XX, da CF.

3. Nos processos perante o Tribunal de Contas da União asseguram-se o contraditório e a ampla defesa quando da decisão puder resultar anulação ou revogação de ato administrativo que beneficie o interessado, excetuada a apreciação da legalidade do ato de concessão inicial de aposentadoria, reforma e pensão.
   - *Vide* arts. 5.º, LV, e 71, III, da CF.

4. Salvo nos casos previstos na Constituição, o salário mínimo não pode ser usado como indexador de base de cálculo de vantagem de servidor público ou de empregado, nem ser substituído por decisão judicial.
   - *Vide* art. 7.º, IV, da CF.

5. A falta de defesa técnica por advogado no processo administrativo disciplinar não ofende a Constituição.

6. Não viola a Constituição o estabelecimento de remuneração inferior ao salário mínimo para as praças prestadoras de serviço militar inicial.

7. A norma do § 3.º do art. 192 da Constituição, revogada pela Emenda Constitucional n. 40/2003, que limitava a taxa de juros reais a 12% ao ano, tinha sua aplicação condicionada à edição de lei complementar.

8. São inconstitucionais o parágrafo único do art. 5.º do Decreto-lei n. 1.569/1977 e os arts. 45 e 46 da Lei n. 8.212/1991, que tratam de prescrição e decadência de crédito tributário.

9. O disposto no art. 127 da Lei n. 7.210/1984 (Lei de Execução Penal) foi recebido pela ordem constitucional vigente, e não se lhe aplica o limite temporal previsto no *caput* do art. 58.

10. Viola a cláusula de reserva de plenário (CF, art. 97) a decisão de órgão fracionário de Tribunal que, embora não declare expressamente a inconstitucionalidade de lei ou ato normativo do poder público, afasta sua incidência, no todo ou em parte.

11. Só é lícito o uso de algemas em casos de resistência e de fundado receio de fuga ou de perigo à integridade física própria ou alheia, por parte do preso ou de terceiros, justificada a excepcionalidade por escrito, sob pena de responsabilidade disciplinar, civil e penal do agente ou da autoridade e de nulidade da prisão ou do ato processual a que se refere, sem prejuízo da responsabilidade civil do Estado.
    - *Vide* arts. 1.º, III, 5.º, III, X e XLIX, da CF.

12. A cobrança de taxa de matrícula nas universidades públicas viola o disposto no art. 206, IV, da Constituição Federal.

13. A nomeação de cônjuge, companheiro ou parente em linha reta, colateral ou por afinidade, até o terceiro grau, inclusive, da autoridade nomeante ou de servidor da mesma pessoa jurídica investido em cargo de direção, chefia ou assessoramento, para o exercício de cargo em comissão ou de confiança ou, ainda, de função gratificada na administração pública direta e indireta em qualquer dos Poderes da União, dos Estados, do Distrito Federal e dos Municípios, compreendido o ajuste mediante designações recíprocas, viola a Constituição Federal.
    - *Vide* art. 37, *caput*, da CF.

14. É direito do defensor, no interesse do representado, ter acesso amplo aos elementos de prova que, já documentados em procedimento investigatório realizado por órgão com competência de polícia judiciária, digam respeito ao exercício do direito de defesa.
    - *Vide* art. 5.º, LXIII, da CF.

15. O cálculo de gratificações e outras vantagens do servidor público não incide sobre o abono utilizado para se atingir o salário mínimo.
    - *Vide* art. 7.º, IV, da CF.

16. Os arts. 7.º, IV, e 39, § 3.º (redação da EC n. 19/98), da Constituição, referem-se ao total da remuneração percebida pelo servidor público.

17. Durante o período previsto no § 1.º do art. 100 da Constituição, não incidem juros de mora sobre os precatórios que nele sejam pagos.

18. A dissolução da sociedade ou do vínculo conjugal, no curso do mandato, não afasta a inelegibilidade prevista no § 7.º do art. 14 da Constituição Federal.

19. A taxa cobrada exclusivamente em razão dos serviços públicos de coleta, remoção e tratamento ou destinação de lixo ou resíduos provenientes de imóveis, não viola o art. 145, II, da Constituição Federal.

(*) As súmulas vinculantes estão previstas no art. 103-A da CF, acrescentado pela Emenda Constitucional n. 45, de 2004 (Reforma do Judiciário), e regulamentado pela Lei n. 11.417, de 19-12-2006.

20. A Gratificação de Desempenho de Atividade Técnico-Administrativa – GDATA, instituída pela Lei n. 10.404/2002, deve ser deferida aos inativos nos valores correspondentes a 37,5 (trinta e sete vírgula cinco) pontos no período de fevereiro a maio de 2002 e, nos termos do art. 5.º, parágrafo único, da Lei n. 10.404/2002, no período de junho de 2002 até a conclusão dos efeitos do último ciclo de avaliação a que se refere o art. 1.º da Medida Provisória n. 198/2004, a partir da qual passa a ser de 60 (sessenta) pontos.

21. É inconstitucional a exigência de depósito ou arrolamento prévios de dinheiro ou bens para admissibilidade de recurso administrativo.

- *Vide* art. 5.º, XXXIV, *a*, e LV, da CF.

22. A Justiça do Trabalho é competente para processar e julgar as ações de indenização por danos morais e patrimoniais decorrentes de acidente de trabalho propostas por empregado contra empregador, inclusive aquelas que ainda não possuíam sentença de mérito em primeiro grau quando da promulgação da Emenda Constitucional n. 45/04.

•• *Vide* arts. 109, I, e 114, VI, da CF.

23. A Justiça do Trabalho é competente para processar e julgar ação possessória ajuizada em decorrência do exercício do direito de greve pelos trabalhadores da iniciativa privada.

- *Vide* art. 114, II, da CF.

24. Não se tipifica crime material contra a ordem tributária, previsto no art. 1.º, incisos I a IV, da Lei n. 8.137/90, antes do lançamento definitivo do tributo.

25. É ilícita a prisão civil de depositário infiel, qualquer que seja a modalidade do depósito.

•• *Vide* art. 5.º, LXVII, e § 2.º, da CF.

26. Para efeito de progressão de regime no cumprimento de pena por crime hediondo, ou equiparado, o juízo da execução observará a inconstitucionalidade do art. 2.º da Lei n. 8.072, de 25 de julho de 1990, sem prejuízo de avaliar se o condenado preenche, ou não, os requisitos objetivos e subjetivos do benefício, podendo determinar, para tal fim, de modo fundamentado, a realização de exame criminológico.

27. Compete à Justiça estadual julgar causas entre consumidor e concessionária de serviço público de telefonia, quando a ANATEL não seja litisconsorte passiva necessária, assistente, nem opoente.

- *Vide* art. 109, I, da CF.

28. É inconstitucional a exigência de depósito prévio como requisito de admissibilidade de ação judicial na qual se pretenda discutir a exigibilidade de crédito tributário.

29. É constitucional a adoção, no cálculo do valor de taxa, de um ou mais elementos da base de cálculo própria de determinado imposto, desde que não haja integral identidade entre uma base e outra.

30. *(Até o fechamento desta edição o STF mantinha suspensa a publicação da Súmula Vinculante 30.)*

31. É inconstitucional a incidência do Imposto sobre Serviços de Qualquer Natureza – ISS sobre operações de locação de bens móveis.

32. O ICMS não incide sobre alienação de salvados de sinistro pelas seguradoras.

33. Aplicam-se ao servidor público, no que couber, as regras do regime geral da previdência social sobre aposentadoria especial de que trata o art. 40, § 4.º, inciso III da Constituição Federal, até a edição de lei complementar específica.

34. A Gratificação de Desempenho de Atividade de Seguridade Social e do Trabalho – GDASST, instituída pela Lei n. 10.483/2002, deve ser estendida aos inativos no valor correspondente a 60 (sessenta) pontos, desde o advento da Medida Provisória n. 198/2004, convertida na Lei n. 10.971/2004, quando tais inativos façam jus à paridade constitucional (EC n. 20/1998, 41/2003 e 47/2005).

35. A homologação da transação penal prevista no artigo 76 da Lei n. 9.099/1995 não faz coisa julgada material e, descumpridas suas cláusulas, retoma-se a situação anterior, possibilitando-se ao Ministério Público a continuidade da persecução penal mediante oferecimento de denúncia ou requisição de inquérito policial.

- A Lei n. 9.099, de 26-9-1995, dispõe sobre os Juizados Especiais Cíveis e Criminais e dá outras providências.

36. Compete à Justiça Federal comum processar e julgar civil denunciado pelos crimes de falsificação e de uso de documento falso quando se tratar de falsificação da Caderneta de Inscrição e Registro (CIR) ou de Carteira de Habilitação de Amador (CHA), ainda que expedidas pela Marinha do Brasil.

37. Não cabe ao Poder Judiciário, que não tem função legislativa, aumentar vencimentos de servidores públicos sob o fundamento de isonomia.

- *Vide* art. 37, X, da CF.
- *Vide* Súmula 339 do STF.

38. É competente o Município para fixar o horário de funcionamento de estabelecimento comercial.

39. Compete privativamente à União legislar sobre vencimentos dos membros das polícias civil e militar e do corpo de bombeiros militar do Distrito Federal.

40. A contribuição confederativa de que trata o art. 8.º, IV, da Constituição Federal, só é exigível dos filiados ao sindicato respectivo.

41. O serviço de iluminação pública não pode ser remunerado mediante taxa.

42. É inconstitucional a vinculação do reajuste de vencimentos de servidores estaduais ou municipais a índices federais de correção monetária.

43. É inconstitucional toda modalidade de provimento que propicie ao servidor investir-se, sem prévia aprovação em concurso público destinado ao seu provimento, em cargo que não integra a carreira na qual anteriormente investido.

44. Só por lei se pode sujeitar a exame psicotécnico a habilitação de candidato a cargo público.

45. A competência constitucional do Tribunal do Júri prevalece sobre o foro por prerrogativa de função estabelecido exclusivamente pela constituição estadual.

46. A definição dos crimes de responsabilidade e o estabelecimento das respectivas normas de processo e julgamento são da competência legislativa privativa da União.

47. Os honorários advocatícios incluídos na condenação ou destacados do montante principal devido ao credor consubstanciam verba de natureza alimentar cuja satisfação ocorrerá com a expedição de precatório ou requisição de pequeno valor, observada ordem especial restrita aos créditos dessa natureza.

•• *Vide* art. 100, § 1.º, da CF.

•• *Vide* arts. 22, § 4.º, e 23 do EAOAB.

48. Na entrada de mercadoria importada do exterior, é legítima a cobrança do ICMS por ocasião do desembaraço aduaneiro.

49. Ofende o princípio da livre concorrência lei municipal que impede a instalação de estabelecimentos comerciais do mesmo ramo em determinada área.

•• *Vide* arts. 170, IV e V, parágrafo único, e 173, § 4.º, da CF.

50. Norma legal que altera o prazo de recolhimento de obrigação tributária não se sujeita ao princípio da anterioridade.

•• *Vide* art. 195, § 6.º, da CF.

51. O reajuste de 28,86%, concedido aos servidores militares pelas Leis n. 8.622/1993 e 8.627/1993, estende-se aos servidores civis do poder executivo, observadas as eventuais compensações decorrentes dos reajustes diferenciados concedidos pelos mesmos diplomas legais.

52. Ainda quando alugado a terceiros, permanece imune ao IPTU o imóvel pertencente a qualquer das entidades referidas pelo art. 150, VI, *c*, da Constituição Federal, desde que o valor dos aluguéis seja aplicado nas atividades para as quais tais entidades foram constituídas.

53. A competência da Justiça do Trabalho prevista no art. 114, VIII, da Constituição Federal alcança a execução de ofício das contribuições previdenciárias relativas ao objeto da condenação constante das sentenças que proferir e acordos por ela homologados.

54. A medida provisória não apreciada pelo Congresso Nacional podia, até a Emenda Constitucional n. 32/2001, ser reeditada dentro do seu prazo de eficácia de trinta dias, mantidos os efeitos de lei desde a primeira edição.

•• *Vide* art. 62, § 3.º, da CF.

55. O direito ao auxílio-alimentação não se estende aos servidores inativos.

• *Vide* art. 40, § 4.º, da CF.

56. A falta de estabelecimento penal adequado não autoriza a manutenção do condenado em regime prisional mais gravoso, devendo-se observar, nessa hipótese, os parâmetros fixados no RE 641.320/RS.

ÍNDICE ALFABÉTICO-REMISSIVO DAS SÚMULAS VINCULANTES

SÚMULAS DO SUPERIOR TRIBUNAL DE JUSTIÇA

3. **Compete ao Tribunal Regional Federal dirimir conflito de competência verificado, na respectiva Região, entre Juiz Federal e Juiz Estadual investido de jurisdição federal.**

4. **Compete à Justiça Estadual julgar causa decorrente do processo eleitoral sindical.**

- *Vide* art. 8.º da CF.

10. **Instalada a Junta de Conciliação e Julgamento, cessa a competência do juiz de direito em matéria trabalhista, inclusive para a execução das sentenças por ele proferidas.**

- *Vide* art. 769 da CLT.

14. **Arbitrados os honorários advocatícios em percentual sobre o valor da causa, a correção monetária incide a partir do respectivo ajuizamento.**

15. **Compete à Justiça Estadual processar e julgar os litígios decorrentes de acidente do trabalho.**

•• *Vide* arts. 109, I, e 114, VI, da CF.

•• *Vide* Súmula Vinculante 22 e Súmulas 235 e 501 do STF.

19. **A fixação do horário bancário, para atendimento ao público, é da competência da União.**

32. **Compete à Justiça Federal processar justificações judiciais destinadas a instruir pedidos perante entidades que nela têm exclusividade de foro, ressalvada a aplicação do art. 15, II, da Lei n. 5.010/66.**

33. **A incompetência relativa não pode ser declarada de ofício.**

41. **O Superior Tribunal de Justiça não tem competência para processar e julgar, originariamente, mandado de segurança contra ato de outros tribunais ou dos respectivos órgãos.**

44. **A definição, em ato regulamentar, de grau mínimo de disacusia, não exclui, por si só, a concessão do benefício previdenciário.**

45. **No reexame necessário, é defeso, ao Tribunal, agravar a condenação imposta à Fazenda Pública.**

46. **Na execução por carta, os embargos do devedor serão decididos no juízo deprecante, salvo se versarem unicamente vícios ou defeitos da penhora, avaliação ou alienação dos bens.**

55. **Tribunal Regional Federal não é competente para julgar recurso de decisão proferida por juiz estadual não investido de jurisdição federal.**

57. **Compete à Justiça Comum Estadual processar e julgar ação de cumprimento fundada em acordo ou convenção coletiva não homologados pela Justiça do Trabalho.**

•• *Vide* art. 114 da CF.

59. **Não há conflito de competência se já existe sentença com trânsito em julgado, proferida por um dos juízos conflitantes.**

62. **Compete à Justiça Estadual processar e julgar o crime de falsa anotação na Carteira de Trabalho e Previdência Social, atribuído à empresa privada.**

77. **A Caixa Econômica Federal é parte ilegítima para figurar no polo passivo das ações relativas às contribuições para o fundo PIS/PASEP.**

- *Vide* Lei Complementar n. 26, de 11-9-1975.

82. **Compete à Justiça Federal, excluídas as reclamações trabalhistas, processar e julgar os feitos relativos à movimentação do FGTS.**

- *Vide* art. 109, I, da CF e Lei n. 8.036, de 11-5-1990.

89. **A ação acidentária prescinde do exaurimento da via administrativa.**

92. **A terceiro de boa-fé não é oponível a alienação fiduciária não anotada no Certificado de Registro do veículo automotor.**

97. **Compete à Justiça do Trabalho processar e julgar reclamação de servidor público relativamente a vantagens trabalhistas anteriores à instituição do regime jurídico único.**

- *Vide* arts. 39 e 114 da CF.

98. **Embargos de declaração manifestados com notório propósito de prequestionamento não têm caráter protelatório.**

99. **O Ministério Público tem legitimidade para recorrer no processo em que oficiou como fiscal da lei, ainda que não haja recurso da parte.**

105. **Na ação de mandado de segurança não se admite condenação em honorários advocatícios.**

106. **Proposta a ação no prazo fixado para o seu exercício, a demora na citação, por motivos inerentes ao mecanismo da Justiça, não justifica o acolhimento da arguição de prescrição ou decadência.**

115. **Na instância especial é inexistente recurso interposto por advogado sem procuração nos autos.**

121. **Na execução fiscal o devedor deverá ser intimado, pessoalmente, do dia e hora da realização do leilão.**

125. **O pagamento de férias não gozadas por necessidade do serviço não está sujeito à incidência do Imposto de Renda.**

134. Embora intimado da penhora em imóvel do casal, o cônjuge do executado pode opor embargos de terceiro para defesa de sua meação.

136. O pagamento de licença-prêmio não gozada por necessidade do serviço não está sujeito ao imposto de renda.

137. Compete à Justiça Comum Estadual processar e julgar ação de servidor público municipal, pleiteando direitos relativos ao vínculo estatutário.

144. Os créditos de natureza alimentícia gozam de preferência, desvinculados os precatórios da ordem cronológica dos créditos de natureza diversa.

149. A prova exclusivamente testemunhal não basta à comprovação da atividade rurícola, para efeito da obtenção de benefício previdenciário.

•• *Vide* Súmula 577 do STJ.

158. Não se presta a justificar embargos de divergência o dissídio com acórdão de Turma ou Seção que não mais tenha competência para a matéria neles versada.

159. O benefício acidentário, no caso de contribuinte que perceba remuneração variável, deve ser calculado com base na média aritmética dos últimos 12 (doze) meses de contribuição.

161. É da competência da Justiça Estadual autorizar o levantamento dos valores relativos ao PIS/PASEP e FGTS, em decorrência do falecimento do titular da conta.

165. Compete à Justiça Federal processar e julgar crime de falso testemunho no processo trabalhista.

170. Compete ao juízo onde primeiro for intentada a ação envolvendo acumulação de pedidos, trabalhista e estatutário, decidi-la nos limites da sua jurisdição, sem prejuízo do ajuizamento de nova causa, com o pedido remanescente, no juízo próprio.

178. O INSS não goza de isenção do pagamento de custas e emolumentos, nas ações acidentárias e de benefícios propostas na Justiça Estadual.

180. Na lide trabalhista, compete ao Tribunal Regional do Trabalho dirimir conflito de competência verificado, na respectiva região, entre Juiz Estadual e Junta de Conciliação e Julgamento.

201. Os honorários advocatícios não podem ser fixados em salários mínimos.

204. Os juros de mora nas ações relativas a benefícios previdenciários incidem a partir da citação válida.

210. A ação de cobrança das contribuições para o FGTS prescreve em 30 (trinta) anos.

215. A indenização recebida pela adesão a programa de incentivo à demissão voluntária não está sujeita à incidência do imposto de renda.

219. Os créditos decorrentes de serviços prestados à massa falida, inclusive a remuneração do síndico, gozam dos privilégios próprios dos trabalhistas.

222. Compete à Justiça Comum processar e julgar as ações relativas à contribuição sindical prevista no art. 578 da CLT.

•• *Vide* art. 114 da CF.

• A Lei n. 8.984, de 7-2-1995, dispõe que compete à Justiça do Trabalho conciliar e julgar os dissídios que tenham origem no cumprimento de convenções coletivas de trabalho ou acordos coletivos de trabalho, mesmo quando ocorram entre sindicatos ou entre sindicato de trabalhadores e empregador.

225. Compete ao Tribunal Regional do Trabalho apreciar recurso contra sentença proferida por órgão de primeiro grau da Justiça Trabalhista, ainda que para declarar-lhe a nulidade em virtude de incompetência.

226. O Ministério Público tem legitimidade para recorrer na ação de acidente do trabalho, ainda que o segurado esteja assistido por advogado.

236. Não compete ao Superior Tribunal de Justiça dirimir conflitos de competência entre juízos trabalhistas vinculados a Tribunais Regionais do Trabalho diversos.

242. Cabe ação declaratória para reconhecimento de tempo de serviço para fins previdenciários.

249. A Caixa Econômica Federal tem legitimidade passiva para integrar processo em que se discute correção monetária do FGTS.

252. Os saldos de contas do FGTS, pela legislação infraconstitucional, são corrigidos em 42,72% (IPC) quanto às perdas de janeiro de 1989 e 44,80% (IPC) quanto às de abril de 1990, acolhidos pelo STJ os índices de 18,02% (LBC) quanto as perdas de junho de 1987, de 5,38% (BTN) para maio de 1990 e 7,00% (TR) para fevereiro de 1991, de acordo com o entendimento do STF (RE 226.855-7-RS).

272. O trabalhador rural, na condição de segurado especial, sujeito à contribuição obrigatória sobre a produção rural comercializada, somente faz jus à aposentadoria por tempo de serviço, se recolher contribuições facultativas.

278. O termo inicial do prazo prescricional, na ação de indenização, é a data em que o segurado teve ciência inequívoca da incapacidade laboral.

291. A ação de cobrança de parcelas de complementação de aposentadoria pela previdência privada prescreve em cinco anos.

• *Vide* Súmula 427 do STJ.

310. O auxílio-creche não integra o salário de contribuição.

336. A mulher que renunciou aos alimentos na separação judicial tem direito a pensão previdenciária por morte do ex-marido, comprovada a necessidade econômica superveniente.

340. A lei aplicável à concessão de pensão previdenciária por morte é aquela vigente na data do óbito do segurado.

349. Compete à Justiça Federal ou aos juízes com competência delegada o julgamento das execuções fiscais de contribuições devidas pelo empregador ao FGTS.

351. A alíquota de contribuição para o Seguro de Acidente do Trabalho (SAT) é aferida pelo grau de risco desenvolvido em cada empresa, individualizada pelo seu CNPJ, ou pelo grau de risco da atividade preponderante quando houver apenas um registro.

352. A obtenção ou a renovação do Certificado de Entidade Beneficente de Assistência Social (Cebas) não exime a entidade do cumprimento dos requisitos legais supervenientes.

353. As disposições do Código Tributário Nacional não se aplicam às contribuições para o FGTS.

363. Compete à Justiça estadual processar e julgar a ação de cobrança ajuizada por profissional liberal contra cliente.

373. É ilegítima a exigência de depósito prévio para admissibilidade de recurso administrativo.

377. O portador de visão monocular tem direito de concorrer, em concurso público, às vagas reservadas aos deficientes.

378. Reconhecido o desvio de função, o servidor faz jus às diferenças salariais decorrentes.

386. São isentas de imposto de renda as indenizações de férias proporcionais e o respectivo adicional.

390. Nas decisões por maioria, em reexame necessário, não se admitem embargos infringentes.

396. A Confederação Nacional da Agricultura tem legitimidade ativa para a cobrança da contribuição sindical rural.

398. A prescrição da ação para pleitear os juros progressivos sobre os saldos de conta vinculada do FGTS não atinge o fundo de direito, limitando-se às parcelas vencidas.

401. O prazo decadencial da ação rescisória só se inicia quando não for cabível qualquer recurso do último pronunciamento judicial.

413. O farmacêutico pode acumular a responsabilidade técnica por uma farmácia e uma drogaria ou por duas drogarias.

416. É devida a pensão por morte aos dependentes do segurado que, apesar de ter perdido essa qualidade, preencheu os requisitos legais para obtenção de aposentadoria até a data do seu óbito.

• *Vide* arts. 15, 26, I, e 102, § 2.º, da Lei n. 8.213, de 24-7-1991.

427. A ação de cobrança de diferenças de valores de complementação de aposentadoria prescreve em cinco anos contados da data do pagamento.

• *Vide* Súmula 291 do STJ.

445. As diferenças de correção monetária resultantes de expurgos inflacionários sobre os saldos de FGTS têm como termo inicial a data em que deveriam ter sido creditadas.

456. É incabível a correção monetária dos salários de contribuição considerados no cálculo do salário de benefício de auxílio-doença, aposentadoria por invalidez, pensão ou auxílio-reclusão concedidos antes da vigência da CF/1988.

459. A Taxa Referencial (TR) é o índice aplicável, a título de correção monetária, aos débitos com o FGTS recolhidos pelo empregador mas não repassados ao fundo.

462. Nas ações em que representa o FGTS, a CEF, quando sucumbente, não está isenta de reembolsar as custas antecipadas pela parte vencedora.

463. Incide imposto de renda sobre os valores percebidos a título de indenização por horas extraordinárias trabalhadas, ainda que decorrentes de acordo coletivo.

466. O titular da conta vinculada ao FGTS tem o direito de sacar o saldo respectivo quando declarado nulo seu contrato de trabalho por ausência de prévia aprovação em concurso público.

468. A base de cálculo do PIS, até a edição da MP n. 1.212/1995, era o faturamento ocorrido no sexto mês anterior ao do fato gerador.

480. O juízo da recuperação judicial não é competente para decidir sobre a constrição de bens não abrangidos pelo plano de recuperação da empresa.

481. Faz jus ao benefício da justiça gratuita a pessoa jurídica com ou sem fins lucrativos que demonstrar sua impossibilidade de arcar com os encargos processuais.

•• *Vide* Lei n. 1.060, de 5-2-1950, que estabelece normas para a concessão de assistência judiciária aos necessitados.

482. A falta de ajuizamento da ação principal no prazo do art. 806 do CPC acarreta a perda da eficácia da liminar deferida e a extinção do processo cautelar.

•• A referência é feita ao CPC de 1973. Dispositivo correspondente no CPC de 2015: art. 308.

483. O INSS não está obrigado a efetuar depósito prévio do preparo por gozar das prerrogativas e privilégios da Fazenda Pública.

497. Os créditos das autarquias federais preferem aos créditos da Fazenda estadual desde que coexistam penhoras sobre o mesmo bem.

498. Não incide imposto de renda sobre a indenização por danos morais.

499. As empresas prestadoras de serviços estão sujeitas às contribuições ao Sesc e Senac, salvo se integradas noutro serviço social.

503. O prazo para ajuizamento de ação monitória em face do emitente de cheque sem força executiva é quinquenal, a contar do dia seguinte à data de emissão estampada na cártula.

504. O prazo para ajuizamento de ação monitória em face do emitente de nota promissória sem força executiva é quinquenal, a contar do dia seguinte ao vencimento do título.

505. A competência para processar e julgar as demandas que têm por objeto obrigações decorrentes dos contratos de planos de previdência privada firmados com a Fundação Rede Ferroviária de Seguridade Social – REFER é da Justiça estadual.

507. A acumulação de auxílio-acidente com aposentadoria pressupõe que a lesão incapacitante e a aposentadoria sejam anteriores a 11/11/1997, observado o critério do art. 23 da Lei n. 8.213/1991 para definição do momento da lesão nos casos de doença profissional ou do trabalho.

514. A CEF é responsável pelo fornecimento dos extratos das contas individualizadas vinculadas ao FGTS dos Trabalhadores participantes do Fundo de Garantia do Tempo de Serviço, inclusive para fins de exibição em juízo, independentemente do período em discussão.

515. A reunião de execuções fiscais contra o mesmo devedor constitui faculdade do Juiz.

516. A contribuição de intervenção no domínio econômico para o Incra (Decreto-Lei n. 1.110/1970), devida por empregadores rurais e urbanos, não foi extinta pelas Leis n. 7.787/1989, 8.212/1991 e 8.213/1991, não podendo ser compensada com a contribuição ao INSS.

517. São devidos honorários advocatícios no cumprimento de sentença, haja ou não impugnação, depois de escoado o prazo para pagamento voluntário, que se inicia após a intimação do advogado da parte executada.

518. Para fins do art. 105, III, *a*, da Constituição Federal, não é cabível recurso especial fundado em alegada violação de enunciado de súmula.

521. A legitimidade para a execução fiscal de multa pendente de pagamento imposta em sentença condenatória é exclusiva da Procuradoria da Fazenda Pública.

524. No tocante à base de cálculo, o ISSQN incide apenas sobre a taxa de agenciamento quando o serviço prestado por sociedade empresária de trabalho temporário for de intermediação, devendo, entretanto, englobar também os valores dos salários e encargos sociais dos trabalhadores por ela contratados nas hipóteses de fornecimento de mão de obra.

- *Vide* Lei n. 6.019, de 3-1-1974, arts. 4.º, 11, 15 e 19.

552. O portador de surdez unilateral não se qualifica como pessoa com deficiência para o fim de disputar as vagas reservadas em concursos públicos.

•• *Vide* Lei n. 7.853, de 24-10-1989.

•• *Vide* Lei n. 13.146, de 6-7-2015 (Estatuto da Pessoa com Deficiência).

556. É indevida a incidência de imposto de renda sobre o valor da complementação de aposentadoria pago por entidade de previdência privada e em relação ao resgate de contribuições recolhidas para referidas entidades patrocinadoras no período de 1.º-1-1989 a 31-12-1995, em razão da isenção concedida pelo art. 6.º, VII, *b*, da Lei n. 7.713/1988, na redação anterior à que lhe foi dada pela Lei n. 9.250/1995.

557. A renda mensal inicial (RMI) alusiva ao benefício de aposentadoria por invalidez precedido de auxílio-doença será apurada na forma do art. 36, § 7.º, do Decreto n. 3.048/1999, observando-se, porém, os critérios previstos no art. 29, § 5.º, da Lei n. 8.213/1991, quando intercalados períodos de afastamento e de atividade laboral.

558. Em ações de execução fiscal, a petição inicial não pode ser indeferida sob o argumento da falta de indicação do CPF e/ou RG ou CNPJ da parte executada.

•• *Vide* art. 6.º da Lei n. 6.830, de 22-9-1980.

559. Em ações de execução fiscal, é desnecessária a instrução da petição inicial com o demonstrativo de cálculo do débito, por tratar-se de requisito não previsto no art. 6.º da Lei n. 6.830/1980.

571. A taxa progressiva de juros não se aplica às contas vinculadas ao FGTS de trabalhadores qualificados como avulsos.

573. Nas ações de indenização decorrente de seguro DPVAT, a ciência inequívoca do caráter permanente da invalidez, para fins de contagem do prazo prescricional, depende de laudo médico, exceto nos casos de invalidez permanente notória ou naqueles em que o conhecimento anterior resulte comprovado na fase de instrução.

576. Ausente requerimento administrativo no INSS, o termo inicial para a implantação da aposentadoria por invalidez concedida judicialmente será a data da citação válida.

577. É possível reconhecer o tempo de serviço rural anterior ao documento mais antigo apresentado, desde que amparado em convincente prova testemunhal colhida sob o contraditório.

•• *Vide* arts. 55, § 3.º, e 106 da Lei n. 8.213, de 24-7-1991.

•• *Vide* Súmula 149 do STJ.

578. Os empregados que laboram no cultivo da cana-de-açúcar para empresa agroindustrial ligada ao setor sucroalcooleiro detêm a qualidade de rurícola, ensejando a isenção do FGTS desde a edição da Lei Complementar n. 11/1971 até a promulgação da Constituição Federal de 1988.

•• *Vide* arts. 2.º e 3.º, § 1.º, da Lei n. 5.889, de 8-6-1973.

579. Não é necessário ratificar o recurso especial interposto na pendência do julgamento dos embargos de declaração, quando inalterado o resultado anterior.

•• *Vide* arts. 218, § 4.º, e 1.024, § 5.º, do CPC.

581. A recuperação judicial do devedor principal não impede o prosseguimento das ações e execuções ajuizadas contra terceiros devedores solidários ou coobrigados em geral, por garantia cambial, real ou fidejussória.

- *Vide* art. 6.º, *caput*, da Lei n. 11.101, de 9-2-2005.

584. As sociedades corretoras de seguros, que não se confundem com as sociedades de valores mobiliários ou com os agentes autônomos de seguro privado, estão fora do rol de entidades constantes do art. 22, § 1.º, da Lei n. 8.212/1991, não se sujeitando à majoração da alíquota da Cofins prevista no art. 18 da Lei n. 10.684/2003.

601. O Ministério Público tem legitimidade ativa para atuar na defesa dos direitos difusos, coletivos e individuais homogêneos dos consumidores, ainda que decorrentes da prestação de serviços públicos.

627. O contribuinte faz jus à concessão ou à manutenção da isenção do imposto de renda, não se lhe exigindo a demonstração da contemporaneidade dos sintomas da doença nem da recidiva da enfermidade.

- *Vide* art. 6.º, XIV, da Lei n. 7.713, de 22-12-1988.

- *Vide* art. 30 da Lei n. 9.250, de 26-12-1985.

ÍNDICE ALFABÉTICO-REMISSIVO DAS SÚMULAS DO STJ

SÚMULAS DO TRIBUNAL SUPERIOR DO TRABALHO (*)

1. **Prazo judicial**

Quando a intimação tiver lugar na sexta-feira, ou a publicação com efeito de intimação for feita nesse dia, o prazo judicial será contado da segunda-feira imediata, inclusive, salvo se não houver expediente, caso em que fluirá no dia útil que se seguir.

•• *Vide* art. 775 da CLT.

2. **Gratificação natalina**

(*Cancelada pela Resolução n. 121, de 28-10-2003.*)

3. **Gratificação natalina**

(*Cancelada pela Resolução n. 121, de 28-10-2003.*)

4. **Custas**

(*Cancelada pela Resolução n. 121, de 28-10-2003.*)

5. **Reajustamento salarial**

(*Cancelada pela Resolução n. 121, de 28-10-2003.*)

6. **Equiparação salarial. Art. 461 da CLT.** (redação do item VI alterada na sessão do Tribunal Pleno realizada em 9-6-2015).

I – Para os fins previstos no § 2.º do art. 461 da CLT, só é válido o quadro de pessoal organizado em carreira quando homologado pelo Ministério do Trabalho, excluindo-se, apenas, dessa exigência o quadro de carreira das entidades de direito público da administração direta, autárquica e fundacional aprovado por ato administrativo da autoridade competente. (ex-Súmula 6 – alterada pela Res. n. 104/2000, *DJ* 20-12-2000).

II – Para efeito de equiparação de salários em caso de trabalho igual, conta-se o tempo de serviço na função e não no emprego. (ex-Súmula 135 – RA 102/1982, *DJ* 11-10-1982 e *DJ* 15-10-1982).

III – A equiparação salarial só é possível se o empregado e o paradigma exercerem a mesma função, desempenhando as mesmas tarefas, não importando se os cargos têm, ou não, a mesma denominação. (ex-OJ da SBDI-1 n. 328 – *DJ* 9-12-2003).

IV – É desnecessário que, ao tempo da reclamação sobre equiparação salarial, reclamante e paradigma estejam a serviço do estabelecimento, desde que o pedido se relacione com situação pretérita. (ex-Súmula 22 – RA 57/1970, DO-GB 27-11-1970).

V – A cessão de empregados não exclui a equiparação salarial, embora exercida a função em órgão governamental estranho à cedente, se esta responde pelos salários do paradigma e do reclamante. (ex-Súmula 111 – RA 102/1980, *DJ* 25-9-1980).

VI – Presentes os pressupostos do art. 461 da CLT, é irrelevante a circunstância de que o desnível salarial tenha origem em decisão judicial que beneficiou o paradigma, exceto:

a) se decorrente de vantagem pessoal ou de tese jurídica superada pela jurisprudência de Corte Superior;

b) na hipótese de equiparação salarial em cadeia, suscitada em defesa, se o empregador produzir prova do alegado fato modificativo, impeditivo ou extintivo do direito à equiparação salarial em relação ao paradigma remoto, considerada irrelevante, para esse efeito, a existência de diferença de tempo de serviço na função superior a dois anos entre o reclamante e todos os demais empregados paradigmas componentes da cadeia equiparatória, à exceção do paradigma imediato.

VII – Desde que atendidos os requisitos do art. 461 da CLT, é possível a equiparação salarial de trabalho intelectual, que pode ser avaliado por sua perfeição técnica, cuja aferição terá critérios objetivos. (ex-OJ da SBDI-1 n. 298 – *DJ* 11-8-2003).

VIII – É do empregador o ônus da prova do fato impeditivo, modificativo ou extintivo da equiparação salarial. (ex-Súmula 68 – RA 9/1977, *DJ* 11-2-1977).

IX – Na ação de equiparação salarial, a prescrição é parcial e só alcança as diferenças salariais vencidas no período de 5 (cinco) anos que precedeu o ajuizamento. (ex-Súmula 274 – alterada pela Res. n. 121/2003, *DJ* 21-11-2003).

X – O conceito de "mesma localidade" de que trata o art. 461 da CLT refere-se, em princípio, ao mesmo município, ou a municípios distintos que, comprovadamente, pertençam à mesma região metropolitana. (ex-OJ da SBDI-1 n. 252 – inserida em 13-3-2002).

•• Redação determinada pela Resolução n. 198, de 9-6-2015.

7. **Férias**

A indenização pelo não deferimento das férias no tempo oportuno será calculada com base na remuneração devida ao empregado na época da reclamação ou, se for o caso, na da extinção do contrato.

8. **Juntada de documento**

A juntada de documentos na fase recursal só se justifica quando provado o justo impedimento para sua oportuna apresentação ou se referir a fato posterior à sentença.

(*) A Resolução n. 129, de 5-4-2005, do TST, alterou a denominação dos verbetes da jurisprudência predominante deste Tribunal de "Enunciado" para "Súmula".

9. **Ausência do reclamante**

A ausência do reclamante, quando adiada a instrução após contestada a ação em audiência, não importa arquivamento do processo.

10. **Professor. Dispensa sem justa causa. Término do ano letivo ou no curso de férias escolares. Aviso prévio** (redação alterada em sessão do Tribunal Pleno realizada em 14-9-2012)

O direito aos salários do período de férias escolares assegurado aos professores (art. 322, *caput* e § 3.º, da CLT) não exclui o direito ao aviso prévio, na hipótese de dispensa sem justa causa ao término do ano letivo ou no curso das férias escolares.

•• Redação determinada pela Resolução n. 185, de 14-9-2012.

11. **Honorários de advogado**

(*Cancelada pela Resolução n. 121, de 28-10-2003.*)

12. **Carteira profissional**

As anotações apostas pelo empregador na carteira profissional do empregado não geram presunção *juris et de jure*, mas apenas *juris tantum*.

13. **Mora**

O só pagamento dos salários atrasados em audiência não ilide a mora capaz de determinar a rescisão do contrato de trabalho.

14. **Culpa recíproca**

Reconhecida a culpa recíproca na rescisão do contrato de trabalho (art. 484 da CLT), o empregado tem direito a 50% (cinquenta por cento) do valor do aviso prévio, do décimo terceiro salário e das férias proporcionais.

•• Redação determinada pela Resolução n. 121, de 28-10-2003.

15. **Atestado médico**

A justificação da ausência do empregado motivada por doença, para a percepção do salário-enfermidade e da remuneração do repouso semanal, deve observar a ordem preferencial dos atestados médicos estabelecida em lei.

16. **Notificação**

Presume-se recebida a notificação 48 (quarenta e oito) horas depois de sua postagem. O seu não recebimento ou a entrega após o decurso desse prazo constituem ônus de prova do destinatário.

•• Redação determinada pela Resolução n. 121, de 28-10-2003.

17. **Adicional de insalubridade**

(*Cancelada pela Resolução n. 148, de 26-6-2008.*)

18. **Compensação**

A compensação, na Justiça do Trabalho, está restrita a dívidas de natureza trabalhista.

19. **Quadro de carreira**

A Justiça do Trabalho é competente para apreciar reclamação de empregado que tenha por objeto direito fundado em quadro de carreira.

20. **Resilição contratual**

(*Cancelada pela Resolução n. 106, de 15-3-2001.*)

21. **Aposentadoria**

(*Cancelada pela Resolução n. 30, de 27-4-1994.*)

22. **Equiparação salarial**

(*Cancelada pela Resolução n. 129, de 5-4-2005.*)

23. **Recurso**

Não se conhece de recurso de revista ou de embargos, se a decisão recorrida resolver determinado item do pedido por diversos fundamentos e a jurisprudência transcrita não abranger a todos.

24. **Serviço extraordinário**

Insere-se no cálculo da indenização por antiguidade o salário relativo a serviço extraordinário, desde que habitualmente prestado.

25. **Custas processuais. Inversão do ônus da sucumbência.** (alterada a Súmula e incorporadas as Orientações Jurisprudenciais n. 104 e 186 da SBDI-1)

I – A parte vencedora na primeira instância, se vencida na segunda, está obrigada, independentemente de intimação, a pagar as custas fixadas na sentença originária, das quais ficara isenta a parte então vencida.

II – No caso de inversão do ônus da sucumbência em segundo grau, sem acréscimo ou atualização do valor das custas e se estas já foram devidamente recolhidas, descabe um novo pagamento pela parte vencida, ao recorrer. Deverá ao final, se sucumbente, reembolsar a quantia. (ex-OJ n. 186 da SBDI-1)

III – Não caracteriza deserção a hipótese em que, acrescido o valor da condenação, não houve fixação ou cálculo do valor devido a título de custas e tampouco intimação da parte para o preparo do recurso, devendo ser as custas pagas ao final. (ex-OJ n. 104 da SBDI-1)

IV – O reembolso das custas à parte vencedora faz-se necessário mesmo na hipótese em que a parte vencida for pessoa isenta do seu pagamento, nos termos do art. 790-A, parágrafo único, da CLT.

•• Redação determinada pela Resolução n. 197, de 12-5-2015.

26. **Estabilidade**

(*Cancelada pela Resolução n. 121, de 28-10-2003.*)

27. **Comissionista**

É devida a remuneração do repouso semanal e dos dias feriados ao empregado comissionista, ainda que pracista.

28. **Indenização**

No caso de se converter a reintegração em indenização dobrada, o direito aos salários é assegurado até a data da primeira decisão que determinou essa conversão.

•• Redação determinada pela Resolução n. 121, de 28-10-2003.

29. **Transferência**

Empregado transferido, por ato unilateral do empregador, para local mais distante de sua residência, tem direito a suplemento salarial correspondente ao acréscimo da despesa de transporte.

30. **Intimação da sentença**

Quando não juntada a ata ao processo em 48 horas, contadas da audiência de julgamento (art. 851, § 2.º, da CLT), o prazo para recurso será contado da data em que a parte receber a intimação da sentença.

31. **Aviso prévio**

(*Cancelada pela Resolução n. 31, de 27-4-1994.*)

32. **Abandono de emprego**

Presume-se o abandono de emprego se o trabalhador não retornar ao serviço no prazo de 30 (trinta) dias após a cessação do benefício previdenciário nem justificar o motivo de não o fazer.

•• Redação determinada pela Resolução n. 121, de 28-10-2003.

33. Mandado de segurança. Decisão judicial transitada em julgado

Não cabe mandado de segurança de decisão judicial transitada em julgado.

34. Gratificação natalina

(*Cancelada pela Resolução n. 121, de 28-10-2003.*)

35. Depósito recursal. Complementação

(*Cancelada pela Resolução n. 121, de 28-10-2003.*)

36. Custas

Nas ações plúrimas, as custas incidem sobre o respectivo valor global.

37. Prazo

(*Cancelada pela Resolução n. 32, de 27-4-1994.*)

38. Recurso

(*Cancelada pela Resolução n. 121, de 28-10-2003.*)

39. Periculosidade

Os empregados que operam em bomba de gasolina têm direito ao adicional de periculosidade (Lei n. 2.573, de 15-8-1955).

40. Processo administrativo

(*Cancelada pela Resolução n. 121, de 28-10-2003.*)

41. Quitação

(*Cancelada pela Resolução n. 121, de 28-10-2003.*)

42. Recurso

(*Cancelada pela Resolução n. 121, de 28-10-2003.*)

43. Transferência

Presume-se abusiva a transferência de que trata o § 1.º do art. 469 da CLT, sem comprovação da necessidade do serviço.

44. Aviso prévio

A cessação da atividade da empresa, com o pagamento da indenização, simples ou em dobro, não exclui, por si só, o direito do empregado ao aviso prévio.

45. Serviço suplementar

A remuneração do serviço suplementar, habitualmente prestado, integra o cálculo da gratificação natalina prevista na Lei n. 4.090, de 13 de julho de 1962.

46. Acidente de trabalho

As faltas ou ausências decorrentes de acidente do trabalho não são consideradas para os efeitos de duração de férias e cálculo da gratificação natalina.

47. Insalubridade

O trabalho executado em condições insalubres, em caráter intermitente, não afasta, só por essa circunstância, o direito à percepção do respectivo adicional.

48. Compensação

A compensação só poderá ser arguida com a contestação.

49. Inquérito judicial

(*Cancelada pela Resolução n. 121, de 28-10-2003.*)

50. Gratificação natalina

A gratificação natalina, instituída pela Lei n. 4.090, de 13 de julho de 1962, é devida pela empresa cessionária ao servidor público cedido enquanto durar a cessão.

51. Norma regulamentar. Vantagens e opção pelo novo regulamento. Art. 468 da CLT. (incorporada a Orientação Jurisprudencial n. 163 da SDI-1)

I – As cláusulas regulamentares, que revoguem ou alterem vantagens deferidas anteriormente, só atingirão os trabalhadores admitidos após a revogação ou alteração do regulamento. (ex-Súmula 51 – RA 41/1973, *DJ* 14-6-1973)

II – Havendo a coexistência de dois regulamentos da empresa, a opção do empregado por um deles tem efeito jurídico de renúncia às regras do sistema do outro. (ex-OJ 163 – inserida em 26-3-1999)

•• Redação determinada pela Resolução n. 129, de 5-4-2005.

52. Tempo de serviço

O adicional de tempo de serviço (quinquênio) é devido, nas condições estabelecidas no art. 19 da Lei n. 4.345, de 26 de junho de 1964, aos contratados sob o regime da CLT, pela empresa a que se refere a mencionada lei, inclusive para o fim de complementação de aposentadoria.

53. Custas

O prazo para pagamento das custas, no caso de recurso, é contado da intimação do cálculo.

54. Optante

Rescindindo por acordo seu contrato de trabalho, o empregado estável optante tem direito ao mínimo de 60% (sessenta por cento) do total da indenização em dobro, calculada sobre o maior salário percebido no emprego. Se houver recebido menos do que esse total, qualquer que tenha sido a forma de transação, assegura-se-lhe a complementação até aquele limite.

55. Financeiras

As empresas de crédito, financiamento ou investimento, também denominadas financeiras, equiparam-se aos estabelecimentos bancários para os efeitos do art. 224 da CLT.

56. Balconista

(*Cancelada pela Resolução n. 121, de 28-10-2003.*)

57. Trabalhador rural

(*Cancelada pela Resolução n. 3, de 28-4-1993.*)

58. Pessoal de obras

Ao empregado admitido como pessoal de obras, em caráter permanente e não amparado pelo regime estatutário, aplica-se a legislação trabalhista.

59. Vigia

(*Cancelada pela Resolução n. 121, de 28-10-2003.*)

60. Adicional noturno. Integração no salário e prorrogação em horário diurno. (incorporada a Orientação Jurisprudencial n. 6 da SDI-1)

I – O adicional noturno, pago com habitualidade, integra o salário do empregado para todos os efeitos. (ex-Súmula 60 – RA 105/1974, *DJ* 24-10-1974)

II – Cumprida integralmente a jornada no período noturno e prorrogada esta, devido é também o adicional quanto às horas prorrogadas. Exegese do art. 73, § 5.°, da CLT. (ex-OJ 6 – inserida em 25-11-1996)

•• Redação determinada pela Resolução n. 129, de 5-4-2005.

61. **Ferroviário**

Aos ferroviários que trabalham em estação do interior, assim classificada por autoridade competente, não são devidas horas extras (art. 243 da CLT).

62. **Abandono de emprego**

O prazo de decadência do direito do empregador de ajuizar inquérito em face do empregado que incorre em abandono de emprego é contado a partir do momento em que o empregado pretendeu seu retorno ao serviço.

63. **Fundo de garantia**

A contribuição para o Fundo de Garantia do Tempo de Serviço incide sobre a remuneração mensal devida ao empregado, inclusive horas extras e adicionais eventuais.

64. **Prescrição**

(*Cancelada pela Resolução n. 121, de 28-10-2003.*)

65. **Vigia**

O direito à hora reduzida de 52 minutos e 30 segundos aplica-se ao vigia noturno.

66. **Tempo de serviço**

(*Cancelada pela Resolução n. 121, de 28-10-2003.*)

67. **Gratificação. Ferroviário**

Chefe de trem, regido pelo estatuto dos ferroviários (Decreto n. 35.530, de 19-9-1959), não tem direito à gratificação prevista no respectivo art. 110.

68. **Prova**

(*Cancelada pela Resolução n. 129, de 5-4-2005.*)

69. **Rescisão do contrato**

A partir da Lei n. 10.272, de 5 de setembro de 2001, havendo rescisão do contrato de trabalho e sendo revel e confesso quanto à matéria de fato, deve ser o empregador condenado ao pagamento das verbas rescisórias, não quitadas na primeira audiência, com acréscimo de 50% (cinquenta por cento).

•• Redação determinada pela Resolução n. 121, de 28-10-2003.

70. **Adicional de periculosidade**

O adicional de periculosidade não incide sobre os triênios pagos pela PETROBRAS.

71. **Alçada**

A alçada é fixada pelo valor dado à causa na data de seu ajuizamento, desde que não impugnado, sendo inalterável no curso do processo.

72. **Aposentadoria**

O prêmio-aposentadoria instituído por norma regulamentar da empresa não está condicionado ao disposto no § 2.° do art. 14 da Lei n. 8.036, de 11 de maio de 1990.

•• Redação determinada pela Resolução n. 121, de 28-10-2003.

73. **Despedida. Justa causa**

A ocorrência de justa causa, salvo a de abandono de emprego, no decurso do prazo do aviso prévio dado pelo empregador, retira do empregado qualquer direito às verbas rescisórias de natureza indenizatória.

•• Redação determinada pela Resolução n. 121, de 28-10-2003.

74. **Confissão**

I – Aplica-se a confissão à parte que, expressamente intimada com aquela cominação, não comparecer à audiência em prosseguimento, na qual deveria depor. (ex-Súmula 74 – RA 69/1978, *DJ* 26-9-1978)

II – A prova pré-constituída nos autos pode ser levada em conta para confronto com a confissão ficta (arts. 442 e 443 do CPC de 2015 – art. 400, I, do CPC de 1973), não implicando cerceamento de defesa o indeferimento de provas posteriores. (ex-OJ 184 da SBDI-I – inserida em 8-11-2000)

III – A vedação à produção de prova posterior pela parte confessa somente a ela se aplica, não afetando o exercício, pelo magistrado, do poder/dever de conduzir o processo.

•• Redação determinada pela Resolução n. 208, de 19-4-2016.

75. **Ferroviário**

(*Cancelada pela Resolução n. 121, de 28-10-2003.*)

76. **Horas extras**

(*Cancelada pela Resolução n. 121, de 28-10-2003.*)

77. **Punição**

Nula é a punição de empregado se não precedida de inquérito ou sindicância internos a que se obrigou a empresa por norma regulamentar.

78. **Gratificação**

(*Cancelada pela Resolução n. 121, de 28-10-2003.*)

79. **Tempo de serviço**

(*Cancelada pela Resolução n. 121, de 28-10-2003.*)

80. **Insalubridade**

A eliminação da insalubridade mediante fornecimento de aparelhos protetores aprovados pelo órgão competente do Poder Executivo exclui a percepção do respectivo adicional.

81. **Férias**

Os dias de férias gozados após o período legal de concessão deverão ser remunerados em dobro.

82. **Assistência**

A intervenção assistencial, simples ou adesiva, só é admissível se demonstrado o interesse jurídico e não o meramente econômico.

•• Redação determinada pela Resolução n. 121, de 28-10-2003.

83. **Ação rescisória. Matéria controvertida.** (incorporada a Orientação Jurisprudencial n. 77 da SDI-2)

I – Não procede pedido formulado na ação rescisória por violação literal de lei se a decisão rescindenda estiver baseada em texto legal infraconstitucional de interpretação controvertida nos Tribunais. (ex-Súmula 83 – Res. 121/2003, *DJ* 21-11-2003)

II – O marco divisor quanto a ser, ou não, controvertida, nos Tribunais, a interpretação dos dispositivos legais citados na ação rescisória é a data da inclusão, na Orientação Jurisprudencial do TST, da matéria discutida. (ex-OJ 77 – inserida em 13-3-2002)

•• Redação determinada pela Resolução n. 137, de 4-8-2005.

84. **Adicional regional**

O adicional regional, instituído pela Petrobras, não contraria o art. 7.°, XXXII, da CF/1988.

•• Redação determinada pela Resolução n. 121, de 28-10-2003.

85. Compensação de jornada. (inserido o item VI)

I – A compensação de jornada de trabalho deve ser ajustada por acordo individual escrito, acordo coletivo ou convenção coletiva. (ex -Súmula 85 – primeira parte – alterada pela Res. 121/2003, *DJ* 21-11-2003)

II – O acordo individual para compensação de horas é válido, salvo se houver norma coletiva em sentido contrário. (ex-OJ 182 da SBDI-1– inserida em 8-11-2000)

III – O mero não atendimento das exigências legais para a compensação de jornada, inclusive quando encetada mediante acordo tácito, não implica a repetição do pagamento das horas excedentes à jornada normal diária, se não dilatada a jornada máxima semanal, sendo devido apenas o respectivo adicional. (ex-Súmula 85 – segunda parte – alterada pela Res. 121/2003, *DJ* 21-11-2003)

IV – A prestação de horas extras habituais descaracteriza o acordo de compensação de jornada. Nesta hipótese, as horas que ultrapassarem a jornada semanal normal deverão ser pagas como horas extraordinárias e, quanto àquelas destinadas à compensação, deverá ser pago a mais apenas o adicional por trabalho extraordinário. (ex-OJ 220 da SBDI-1 – inserida em 20-6-2001)

V – As disposições contidas nesta súmula não se aplicam ao regime compensatório na modalidade "banco de horas", que somente pode ser instituído por negociação coletiva.

VI – Não é válido acordo de compensação de jornada em atividade insalubre, ainda que estipulado em norma coletiva, sem a necessária inspeção prévia e permissão da autoridade competente, na forma do art. 60 da CLT.

•• Redação determinada pela Resolução n. 209, de 30-5-2016.

86. Deserção. Massa falida. Empresa em liquidação extrajudicial. (incorporada a Orientação Jurisprudencial n. 31 da SDI-1)

Não ocorre deserção de recurso da massa falida por falta de pagamento de custas ou de depósito do valor da condenação. Esse privilégio, todavia, não se aplica à empresa em liquidação extrajudicial. (primeira parte – ex-Súmula 86 – RA 69/1978, *DJ* de 26-9-1978; segunda parte – ex-OJ 31 – inserida em 14-3-1994)

•• Redação determinada pela Resolução n. 129, de 5-4-2005.

87. Previdência privada

Se o empregado, ou seu beneficiário, já recebeu da instituição previdenciária privada, criada pela empresa, vantagem equivalente, é cabível a dedução de seu valor do benefício a que faz jus por norma regulamentar anterior.

88. Jornada de trabalho. Intervalo entre turnos

(*Cancelada pela Resolução n. 42, de 8-2-1995.*)

89. Falta ao serviço

Se as faltas já são justificadas pela lei, consideram-se como ausências legais e não serão descontadas para o cálculo do período de férias.

90. Horas *in itinere*. Tempo de serviço. (incorporadas as Súmulas 324 e 325 e as Orientações Jurisprudenciais ns. 50 e 236 da SDI-1)

I – O tempo despendido pelo empregado, em condução fornecida pelo empregador, até o local de trabalho de difícil acesso, ou não servido por transporte público regular, e para o seu retorno é computável na jornada de trabalho. (ex-Súmula 90 – RA 80/1978, *DJ* 10-11-1978)

II – A incompatibilidade entre os horários de início e término da jornada do empregado e os do transporte público regular é circunstância que também gera o direito às horas *in itinere*. (ex-OJ 50 – inserida em 1.º-2-1995)

III – A mera insuficiência de transporte público não enseja o pagamento de horas *in itinere*. (ex-Súmula 324 – RA 16/1993, *DJ* 21-12-1993)

IV – Se houver transporte público regular em parte do trajeto percorrido em condução da empresa, as horas *in itinere* remuneradas limitam-se ao trecho não alcançado pelo transporte público. (ex-Súmula 325 – RA 17/1993, *DJ* 21-12-1993)

V – Considerando que as horas *in itinere* são computáveis na jornada de trabalho, o tempo que extrapola a jornada legal é considerado como extraordinário e sobre ele deve incidir o adicional respectivo. (ex-OJ 236 – inserida em 20-6-2001)

•• Redação determinada pela Resolução n. 129, de 5-4-2005.

91. Salário complessivo

Nula é a cláusula contratual que fixa determinada importância ou percentagem para atender englobadamente vários direitos legais ou contratuais do trabalhador.

92. Aposentadoria

O direito à complementação de aposentadoria, criado pela empresa, com requisitos próprios, não se altera pela instituição de benefício previdenciário por órgão oficial.

93. Bancário

Integra a remuneração do bancário a vantagem pecuniária por ele auferida na colocação ou na venda de papéis ou valores mobiliários de empresas pertencentes ao mesmo grupo econômico, se exercida essa atividade no horário e no local de trabalho e com o consentimento, tácito ou expresso, do banco empregador.

94. Horas extras

(*Cancelada pela Resolução n. 121, de 28-10-2003.*)

95. Prescrição trintenária. FGTS

(*Cancelada pela Resolução n. 121, de 28-10-2003.*)

96. Marítimo

A permanência do tripulante a bordo do navio, no período de repouso, além da jornada, não importa presunção de que esteja à disposição do empregador ou em regime de prorrogação de horário, circunstâncias que devem resultar provadas, dada a natureza do serviço.

97. Aposentadoria. Complementação

Instituída complementação de aposentadoria por ato da empresa, expressamente dependente de regulamentação, as condições desta devem ser observadas como parte integrante da norma.

•• Redação determinada pela Resolução Administrativa n. 96, de 1980, *DJU*, de 11-9-1980.

98. FGTS. Indenização. Equivalência. Compatibilidade. (incorporada a Orientação Jurisprudencial n. 299 da SDI-1)

I – A equivalência entre os regimes do Fundo de Garantia do Tempo de Serviço e da estabilidade prevista na CLT é meramente jurídica e não econômica, sendo indevidos valores a título de reposição de diferenças. (ex-Súmula 98 – RA 57/1980, *DJ* 6-6-1980)

II – A estabilidade contratual ou a derivada de regulamento de empresa são compatíveis com o regime do FGTS. Diversamente ocorre com a estabilidade legal (decenal, art. 492 da CLT), que é renunciada com a opção pelo FGTS. (ex-OJ 299 – *DJ* 11-8-2003)

•• Redação determinada pela Resolução n. 129, de 5-4-2005.

99. Ação rescisória. Deserção. Prazo. (incorporada a Orientação Jurisprudencial n. 117 da SDI-2)

Havendo recurso ordinário em sede de rescisória, o depósito recursal só é exigível quando for julgado procedente o pedido e imposta condenação em pecúnia, devendo este ser efetuado no prazo recursal, no limite e nos termos da legislação vigente, sob pena de deserção. (ex-Súmula 99 – RA 62/1980, *DJ* 11-6-1980 e alterada pela Res. 110/2002, *DJ* 11-4-2002 e ex-OJ 117 – *DJ* 11-8-2003)

•• Redação determinada pela Resolução n. 137, de 4-8-2005.

100. Ação rescisória. Decadência. (incorporadas as Orientações Jurisprudenciais ns. 13, 16, 79, 102, 104, 122 e 145 da SDI-2)

I – O prazo de decadência, na ação rescisória, conta-se do dia imediatamente subsequente ao trânsito em julgado da última decisão proferida na causa, seja de mérito ou não. (ex-Súmula 100 – Res. 109/2001, *DJ* 20-4-2001)

II – Havendo recurso parcial no processo principal, o trânsito em julgado dá-se em momentos e em tribunais diferentes, contando-se o prazo decadencial para a ação rescisória do trânsito em julgado de cada decisão, salvo se o recurso tratar de preliminar ou prejudicial que possa tornar insubsistente a decisão recorrida, hipótese em que flui a decadência a partir do trânsito em julgado da decisão que julgar o recurso parcial. (ex-Súmula 100 – Res. 109/2001, *DJ* 20-4-2001)

III – Salvo se houver dúvida razoável, a interposição de recurso intempestivo ou a interposição de recurso incabível não protrai o termo inicial do prazo decadencial. (ex-Súmula 100 – Res. 109/2001, *DJ* 20-4-2001)

IV – O juízo rescindente não está adstrito à certidão de trânsito em julgado juntada com a ação rescisória, podendo formar sua convicção através de outros elementos dos autos quanto à antecipação ou postergação do *dies a quo* do prazo decadencial. (ex-OJ 102 – *DJ* 29-4-2003)

V – O acordo homologado judicialmente tem força de decisão irrecorrível, na forma do art. 831 da CLT. Assim sendo, o termo conciliatório transita em julgado na data da sua homologação judicial. (ex-OJ 104 – *DJ* 29-4-2003)

VI – Na hipótese de colusão das partes, o prazo decadencial da ação rescisória somente começa a fluir para o Ministério Público, que não interveio no processo principal, a partir do momento em que tem ciência da fraude. (ex-OJ 122 – *DJ* 11-8-2003)

VII – Não ofende o princípio do duplo grau de jurisdição a decisão do TST que, após afastar a decadência em sede de recurso ordinário, aprecia desde logo a lide, se a causa versar questão exclusivamente de direito e estiver em condições de imediato julgamento. (ex-OJ 79 – inserida em 13-3-2002)

VIII – A exceção de incompetência, ainda que oposta no prazo recursal, sem ter sido aviado o recurso próprio, não tem o condão de afastar a consumação da coisa julgada e, assim, postergar o termo inicial do prazo decadencial para a ação rescisória. (ex-OJ 16 – inserida em 20-9-2000)

IX – Prorroga-se até o primeiro dia útil, imediatamente subsequente, o prazo decadencial para ajuizamento de ação rescisória quando expira em férias forenses, feriados, finais de semana ou em dia em que não houver expediente forense. Aplicação do art. 775 da CLT. (ex-OJ 13 – inserida em 20-9-2000)

•• *Vide* art. 775 da CLT, que sofreu alteração pela Lei n. 13.467, de 13-7-2017, em vigor 120 dias da sua publicação (*DOU* de 14-7-2017).

X – Conta-se o prazo decadencial da ação rescisória, após o decurso do prazo legal previsto para a interposição do recurso extraordinário, apenas quando esgotadas todas as vias recursais ordinárias. (ex-OJ 145 – *DJ* 10-11-2004)

•• Redação determinada pela Resolução n. 137, de 4-8-2005.

•• *Vide* art. 775 da CLT.

101. Diárias de viagem. Salário. (incorporada a Orientação Jurisprudencial n. 292 da SDI-1)

Integram o salário, pelo seu valor total e para efeitos indenizatórios, as diárias de viagem que excedam a 50% (cinquenta por cento) do salário do empregado, enquanto perdurarem as viagens. (Primeira parte – ex-Súmula 101 – RA 65/1980, *DJ* 18-6-1980; segunda parte – ex-OJ 292 – inserida em 11-8-2003)

•• Redação determinada pela Resolução n. 129, de 5-4-2005.

102. Bancário. Cargo de confiança. (mantida)

I – A configuração, ou não, do exercício da função de confiança a que se refere o art. 224, § 2.º, da CLT, dependente da prova das reais atribuições do empregado, é insuscetível de exame mediante recurso de revista ou de embargos. (ex-Súmula 204 – alterada pela Res. 121/2003, *DJ* 21-11-2003)

II – O bancário que exerce a função a que se refere o § 2.º do art. 224 da CLT e recebe gratificação não inferior a um terço de seu salário já tem remuneradas as duas horas extraordinárias excedentes de seis. (ex-Súmula 166 – RA 102/1982, *DJ* 11-10-1982 e *DJ* 15-10-1982)

III – Ao bancário exercente de cargo de confiança previsto no art. 224, § 2.º, da CLT são devidas as 7.ª e 8.ª horas, como extras, no período em que se verificar o pagamento a menor da gratificação de 1/3. (ex-OJ 288 da SBDI-1 – *DJ* 11-8-2003)

IV – O bancário sujeito à regra do art. 224, § 2.º, da CLT cumpre jornada de trabalho de 8 (oito) horas, sendo extraordinárias as trabalhadas além da oitava. (ex-Súmula 232 – RA 14/1985, *DJ* 19-9-1985)

V – O advogado empregado de banco, pelo simples exercício da advocacia, não exerce cargo de confiança, não se enquadrando, portanto, na hipótese do § 2.º do art. 224 da CLT. (ex-OJ 222 da SBDI-1 – inserida em 20-6-2001)

VI – O caixa bancário, ainda que caixa executivo, não exerce cargo de confiança. Se perceber gratificação igual ou superior a um terço do salário do posto efetivo, essa remunera apenas a maior responsabilidade do cargo e não as duas horas extraordinárias além da sexta. (ex--Súmula 102 – RA 66/1980, *DJ* 18-6-1980 e republicada *DJ* 14-7-1980)

VII – O bancário exercente de função de confiança, que percebe a gratificação não inferior ao terço legal, ainda que norma coletiva contemple percentual superior, não tem direito às sétima e oitava horas como extras, mas tão somente às diferenças de gratificação de função, se postuladas. (ex-OJ 15 da SBDI-1 – inserida em 14-3-1994).

•• Redação mantida pela Resolução n. 174, de 24-5-2011.

103. Tempo de serviço. Licença-prêmio

(*Cancelada pela Resolução n. 121, de 28-10-2003.*)

104. Férias. Trabalhador rural

(*Cancelada pela Resolução n. 121, de 28-10- 2003.*)

105. Funcionário público. Quinquênios

(*Cancelada pela Resolução n. 121, de 28-10-2003.*)

106. Aposentadoria. Ferroviário. Competência

(*Cancelada pela Resolução n. 157, de 31-8-2009.*)

107. Ação rescisória. Prova

(*Cancelada pelo Enunciado 299, na redação determinada pela Resolução n. 9, de 1989,* DJU *de 14-4-1989.*)

108. Compensação de horário. Acordo

(*Cancelada pela Resolução n. 85, de 13-8-1998.*)

109. Gratificação de função

O bancário não enquadrado no § 2.º do art. 224 da CLT, que receba gratificação de função, não pode ter o salário relativo a horas extraordinárias compensado com o valor daquela vantagem.

•• Redação determinada pela Resolução Administrativa n. 97, de 10-9-1980.

110. Jornada de trabalho. Intervalo

No regime de revezamento, as horas trabalhadas em seguida ao repouso semanal de 24 horas, com prejuízo do intervalo mínimo de 11 horas consecutivas para descanso entre jornadas, devem ser remuneradas como extraordinárias, inclusive com o respectivo adicional.

111. Equiparação salarial

(*Cancelada pela Resolução n. 129, de 5-4-2005.*)

112. Trabalho noturno. Petróleo

O trabalho noturno dos empregados nas atividades de exploração, perfuração, produção e refinação do petróleo, industrialização do xisto, indústria petroquímica e transporte de petróleo e seus derivados, por meio de dutos, é regulado pela Lei n. 5.811, de 11 de outubro de 1972, não se lhe aplicando a hora reduzida de 52 minutos e 30 segundos prevista no art. 73, § 2.º, da CLT.

113. Bancário. Sábado. Dia útil

O sábado do bancário é dia útil não trabalhado, não dia de repouso remunerado. Não cabe a repercussão do pagamento de horas extras habituais em sua remuneração.

114. Prescrição intercorrente

É inaplicável na Justiça do Trabalho a prescrição intercorrente.

• *Vide* Súmula 327 do STF (prescrição intercorrente).

115. Horas extras. Gratificações semestrais

O valor das horas extras habituais integra a remuneração do trabalhador para o cálculo das gratificações semestrais.

•• Redação determinada pela Resolução n. 121, de 28-10-2003.

116. Funcionário público. Cedido. Reajuste salarial

(*Cancelada pela Resolução n. 121, de 28-10-2003.*)

117. Bancário. Categoria diferenciada

Não se beneficiam do regime legal relativo aos bancários os empregados de estabelecimento de crédito pertencentes a categorias profissionais diferenciadas.

118. Jornada de trabalho. Horas extras

Os intervalos concedidos pelo empregador na jornada de trabalho, não previstos em lei, representam tempo à disposição da empresa, remunerados como serviço extraordinário, se acrescidos ao final da jornada.

119. Jornada de trabalho

Os empregados de empresas distribuidoras e corretoras de títulos e valores mobiliários não têm direito à jornada especial dos bancários.

120. Equiparação salarial. Decisão judicial

(*Cancelada pela Resolução n. 129, de 5-4-2005.*)

121. Funcionário público. Gratificação de produtividade

(*Cancelada pela Resolução n. 121, de 28-10-2003.*)

122. Revelia. Atestado médico. (incorporada a Orientação Jurisprudencial n. 74 da SDI-1)

A reclamada, ausente à audiência em que deveria apresentar defesa, é revel, ainda que presente seu advogado munido de procuração, podendo ser ilidida a revelia mediante a apresentação de atestado médico, que deverá declarar, expressamente, a impossibilidade de locomoção do empregador ou do seu preposto no dia da audiência. (Primeira parte – ex-OJ 74 – inserida em 25-11-1996; segunda parte – ex-Súmula 122, redação dada pela Res. 121/2003, *DJ* 21-11-2003)

•• Redação determinada pela Resolução n. 129, de 5-4-2005.

123. Competência. Art. 106 da CF

(*Cancelada pela Resolução n. 121, de 28-10-2003.*)

124. Bancário. Salário-hora. Divisor (alteração em razão do julgamento do processo TST-IRR-849-83.2013.5.03.0138)

I – o divisor aplicável para o cálculo das horas extras do bancário será:

a) 180, para os empregados submetidos à jornada de seis horas prevista no *caput* do art. 224 da CLT;

b) 220, para os empregados submetidos à jornada de oito horas, nos termos do § 2.º do art. 224 da CLT.

II – Ressalvam-se da aplicação do item anterior as decisões de mérito sobre o tema, qualquer que seja o seu teor, emanadas de Turma do TST ou da SBDI-I, no período de 27-9-2012 até 21-11-2016, conforme a modulação aprovada no precedente obrigatório firmado no Incidente de Recursos de Revista Repetitivos n. TST-IRR-849-83.2013.5.03.0138, *DEJT* 19-12-2016.

•• Redação determinada pela Resolução n. 219, de 26-6-2017.

125. Contrato de trabalho. Art. 479 da CLT

O art. 479 da CLT aplica-se ao trabalhador optante pelo FGTS admitido mediante contrato por prazo determina-

SÚMULAS

ESPAÇO RESERVADO PARA USO DE GRAMPO

do, nos termos do art. 30, § 3.º, do Decreto n. 59.820, de 20 de dezembro de 1966.

126. Recurso. Cabimento

Incabível o recurso de revista ou de embargos (arts. 896 e 894, *b*, da CLT) para reexame de fatos e provas.

127. Quadro de carreira

Quadro de pessoal organizado em carreira, aprovado pelo órgão competente, excluída a hipótese de equiparação salarial, não obsta reclamação fundada em preterição, enquadramento ou reclassificação.

128. Depósito recursal. (incorporadas as Orientações Jurisprudenciais ns. 139, 189 e 190 da SDI-1)

I – É ônus da parte recorrente efetuar o depósito legal, integralmente, em relação a cada novo recurso interposto, sob pena de deserção. Atingido o valor da condenação, nenhum depósito mais é exigido para qualquer recurso. (ex-Súmula 128, redação dada pela Res 121/2003, *DJ* 21-11-2003, que incorporou a OJ 139 – inserida em 27-11-1998)

II – Garantido o juízo, na fase executória, a exigência de depósito para recorrer de qualquer decisão viola os incisos II e LV do art. 5.º da CF/1988. Havendo, porém, elevação do valor do débito, exige-se a complementação da garantia do juízo. (ex-OJ 189 – inserida em 8-11-2000)

III – Havendo condenação solidária de duas ou mais empresas, o depósito recursal efetuado por uma delas aproveita as demais, quando a empresa que efetuou o depósito não pleiteia sua exclusão da lide. (ex-OJ 190 – inserida em 8-11-2000)

•• Redação determinada pela Resolução n. 129, de 5-4-2005.

129. Contrato de trabalho. Grupo econômico

A prestação de serviços a mais de uma empresa do mesmo grupo econômico, durante a mesma jornada de trabalho, não caracteriza a coexistência de mais de um contrato de trabalho, salvo ajuste em contrário.

130. Adicional noturno

(*Cancelada pela Resolução n. 121, de 28-10-2003.*)

131. Salário mínimo. Vigência

(*Cancelada pela Resolução n. 121, de 28-10-2003.*)

132. Adicional de periculosidade. Integração. (incorporadas as Orientações Jurisprudenciais ns. 174 e 267 da SDI-1)

I – O adicional de periculosidade, pago em caráter permanente, integra o cálculo de indenização e de horas extras. (ex-prejulgado 3). (ex-Súmula 132 – RA 102/1982, *DJ* 11-10-1982/ *DJ* 15-10-1982 e ex-OJ 267 – inserida em 27-9-2002)

II – Durante as horas de sobreaviso, o empregado não se encontra em condições de risco, razão pela qual é incabível a integração do adicional de periculosidade sobre as mencionadas horas. (ex-OJ 174 – inserida em 8-11-2000)

•• Redação determinada pela Resolução n. 129, de 5-4-2005.

133. Embargos infringentes

(*Cancelada pela Resolução n. 121, de 28-10-2003.*)

134. Salário. Menor não aprendiz

(*Cancelada pela Resolução n. 121, de 28-10-2003.*)

135. Salário. Equiparação

(*Cancelada pela Resolução n. 129, de 5-4-2005.*)

136. Juiz. Identidade física

(*Cancelada pela Resolução n. 185, de 14-9-2012.*)

137. Adicional de insalubridade

(*Cancelada pela Resolução n. 121, de 28-10-2003.*)

138. Readmissão

Em caso de readmissão, conta-se a favor do empregado o período de serviço anterior, encerrado com a saída espontânea. Ex-prejulgado n. 9.

139. Adicional de insalubridade. (incorporada a Orientação Jurisprudencial n. 102 da SDI-1)

Enquanto percebido, o adicional de insalubridade integra a remuneração para todos os efeitos legais. (ex-OJ 102 – inserida em 1.º-10-1997)

•• Redação determinada pela Resolução n. 129, de 5-4-2005.

140. Vigia

É assegurado ao vigia sujeito ao trabalho noturno o direito ao respectivo adicional. Ex-prejulgado n. 12.

141. Dissídio coletivo

(*Cancelada pela Resolução n. 121, de 28-10-2003.*)

142. Gestante. Dispensa

(*Cancelada pela Resolução n. 121, de 28-10-2003.*)

143. Salário profissional

O salário profissional dos médicos e dentistas guarda proporcionalidade com as horas efetivamente trabalhadas, respeitado o mínimo de 50 (cinquenta) horas mensais. Ex-prejulgado n. 15.

144. Ação rescisória

(*Cancelada pela Resolução n. 121, de 28-10-2003.*)

145. Gratificação de Natal

(*Cancelada pela Resolução n. 121, de 28-10-2003.*)

146. Trabalho em domingos e feriados, não compensado

O trabalho prestado em domingos e feriados, não compensado, deve ser pago em dobro, sem prejuízo da remuneração relativa ao repouso semanal.

•• Redação determinada pela Resolução n. 121, de 28-10-2003.

147. Férias. Indenização

(*Cancelada pela Resolução n. 121, de 28-10-2003.*)

148. Gratificação natalina

É computável a gratificação de Natal para efeito de cálculo de indenização. Ex-prejulgado n. 20.

149. Tarefeiro. Férias

A remuneração das férias do tarefeiro deve ser calculada com base na média da produção do período aquisitivo, aplicando-se-lhe a tarifa da data da concessão. Ex-prejulgado n. 22.

150. Demissão. Incompetência da Justiça do Trabalho

(*Cancelada pela Resolução n. 121, de 28-10-2003.*)

151. Férias. Remuneração

(*Cancelada pela Resolução n. 121, de 28-10-2003.*)

152. Gratificação. Ajuste tácito

O fato de constar do recibo de pagamento de gratificação o caráter de liberalidade não basta, por si só, para excluir a existência de ajuste tácito. Ex-prejulgado n. 25.

153. Prescrição

Não se conhece de prescrição não arguida na instância ordinária. Ex-prejulgado n. 27.

154. Mandado de segurança

(*Cancelada pela Resolução n. 121, de 28-10-2003.*)

155. Ausência ao serviço

As horas em que o empregado falta ao serviço para comparecimento necessário, como parte, à Justiça do Trabalho não serão descontadas de seus salários. Ex-prejulgado n. 30.

156. Prescrição. Prazo

Da extinção do último contrato começa a fluir o prazo prescricional do direito de ação em que se objetiva a soma de períodos descontínuos de trabalho. Ex-prejulgado n. 31.

157. Gratificação

A gratificação instituída pela Lei n. 4.090, de 13 de julho de 1962, é devida na resilição contratual de iniciativa do empregado. Ex-prejulgado n. 32.

158. Ação rescisória

Da decisão de Tribunal Regional do Trabalho, em ação rescisória, é cabível recurso ordinário para o Tribunal Superior do Trabalho, em face da organização judiciária trabalhista. Ex-prejulgado n. 35.

159. Substituição de caráter não eventual e vacância do cargo. (incorporada a Orientação Jurisprudencial n. 112 da SDI-1)

I – Enquanto perdurar a substituição que não tenha caráter meramente eventual, inclusive nas férias, o empregado substituto fará jus ao salário contratual do substituído. (ex-Súmula 159 – Res. 121/2003, *DJ* 21-11-2003)

II – Vago o cargo em definitivo, o empregado que passa a ocupá-lo não tem direito a salário igual ao do antecessor. (ex-OJ 112 – inserida em 1.º-10-1997)

•• Redação determinada pela Resolução n. 129, de 5-4-2005.

160. Aposentadoria por invalidez

Cancelada a aposentadoria por invalidez, mesmo após cinco anos, o trabalhador terá direito de retornar ao emprego, facultado, porém, ao empregador, indenizá-lo na forma da lei. Ex-prejulgado n. 37.

161. Depósito. Condenação a pagamento em pecúnia

Se não há condenação a pagamento em pecúnia, descabe o depósito de que tratam os §§ 1.º e 2.º do art. 899 da CLT. Ex-prejulgado n. 39.

162. Insalubridade

(*Cancelada pela Resolução n. 59, de 20-6-1996.*)

163. Aviso prévio. Contrato de experiência

Cabe aviso prévio nas rescisões antecipadas dos contratos de experiência, na forma do art. 481 da CLT. Ex-prejulgado n. 42.

164. (*Cancelada pela Resolução n. 210, de 27-6-2016.*)

165. Depósito. Recurso. Conta vinculada

(*Cancelada pela Resolução n. 87, de 8-10-1998.*)

166. Bancário. Cargo de confiança. Jornada de trabalho

(*Cancelada pela Resolução n. 129, de 5-4-2005.*)

167. Vogal. Investidura. Recurso

(*Cancelada pela Resolução n. 121, de 28-10-2003.*)

168. Prescrição. Prestações periódicas. Contagem

(*Cancelada pelo Enunciado 294, Resolução n. 4, de 1989, DJU de 14-4-1989.*)

169. Ação rescisória. Justiça do Trabalho. Depósito prévio

(*Cancelada pela Resolução n. 121, de 28-10-2003.*)

170. Sociedade de economia mista. Custas

Os privilégios e isenções no foro da Justiça do Trabalho não abrangem as sociedades de economia mista, ainda que gozassem desses benefícios anteriormente ao Decreto-lei n. 779, de 21-8-1969. Ex-prejulgado n. 50.

171. Férias proporcionais. Contrato de trabalho. Extinção

Salvo na hipótese de dispensa do empregado por justa causa, a extinção do contrato de trabalho sujeita o empregador ao pagamento da remuneração das férias proporcionais, ainda que incompleto o período aquisitivo de 12 (doze) meses (art. 147 da CLT). Ex-prejulgado n. 51.

•• Redação determinada pela Resolução n. 121, de 28-10-2003.

172. Repouso remunerado. Horas extras. Cálculo

Computam-se no cálculo do repouso remunerado as horas extras habitualmente prestadas. Ex-prejulgado n. 52.

173. Salário. Empresa. Cessação de atividades

Extinto, automaticamente, o vínculo empregatício com a cessação das atividades da empresa, os salários só são devidos até a data da extinção. Ex-prejulgado n. 53.

174. Previdência. Lei n. 3.841/1960. Aplicação

(*Cancelada pela Resolução n. 121, de 28-10-2003.*)

175. Recurso adesivo. Art. 500 do CPC. Inaplicabilidade

(*Cancelada pela Resolução n. 121, de 28-10-2003.*)

176. Fundo de garantia. Levantamento do depósito

(*Cancelada pela Resolução n. 130, de 5-5-2005.*)

177. Dissídio coletivo. Sindicato. Representação

(*Cancelada pela Resolução n. 121, de 28-10-2003.*)

178. Telefonista. Art. 227, e parágrafos, da CLT. Aplicabilidade

É aplicável à telefonista de mesa de empresa que não explora o serviço de telefonia o disposto no art. 227, e seus parágrafos, da CLT. Ex-prejulgado n. 59.

179. Inconstitucionalidade. Art. 22 da Lei n. 5.107/1966

(*Cancelada pela Resolução n. 121, de 28-10-2003.*)

180. Ação de cumprimento. Substituição processual. Desistência

(*Cancelada pela Resolução n. 121, de 28-10-2003.*)

181. Adicional. Tempo de serviço. Reajuste semestral. Lei n. 6.708/1979

(*Cancelada pela Resolução n. 121, de 28-10-2003.*)

182. Aviso prévio. Indenização compensatória. Lei n. 6.708, de 30-10-1979

O tempo do aviso prévio, mesmo indenizado, conta-se para efeito da indenização adicional prevista no art. 9.º da Lei n. 6.708, de 30 de outubro de 1979.

183. Embargos. Recurso de revista. Despacho denegatório. Agravo de instrumento. Não cabimento

(*Cancelada pela Resolução n. 121, de 28-10-2003.*)

184. Embargos declaratórios. Omissão em recurso de revista. Preclusão

Ocorre preclusão se não forem opostos embargos declaratórios para suprir omissão apontada em recurso de revista ou de embargos.

185. Embargos sob intervenção do Banco Central. Liquidação extrajudicial. Juros. Correção monetária. Lei n. 6.024/1974

(*Cancelada pela Resolução n. 121, de 28-10-2003.*)

186. Licença-prêmio. Conversão em pecúnia. Regulamento da empresa

A licença-prêmio, na vigência do contrato de trabalho, não pode ser convertida em pecúnia, salvo se expressamente admitida a conversão no regulamento da empresa.

•• Redação determinada pela Resolução n. 121, de 28-10-2003.

187. Correção monetária. Incidência

A correção monetária não incide sobre o débito do trabalhador reclamante.

188. Contrato de trabalho. Experiência. Prorrogação

O contrato de experiência pode ser prorrogado, respeitado o limite máximo de 90 (noventa) dias.

189. Greve. Competência da Justiça do Trabalho. Abusividade

A Justiça do Trabalho é competente para declarar a abusividade, ou não, da greve.

•• Redação determinada pela Resolução n. 121, de 28-10-2003.

190. Poder normativo do TST. Condições de trabalho. Inconstitucionalidade. Decisões contrárias ao STF

Ao julgar ou homologar ação coletiva ou acordo nela havido, o Tribunal Superior do Trabalho exerce o poder normativo constitucional, não podendo criar ou homologar condições de trabalho que o Supremo Tribunal Federal julgue iterativamente inconstitucionais.

191. Adicional de Periculosidade. Incidência. Base de Cálculo (cancelada a parte final da antiga redação e inseridos os itens II e III)

I – O adicional de periculosidade incide apenas sobre o salário básico e não sobre este acrescido de outros adicionais.

II – O adicional de periculosidade do empregado eletricitário, contratado sob a égide da Lei n. 7.369/1985, deve ser calculado sobre a totalidade das parcelas de natureza salarial. Não é válida norma coletiva mediante a qual se determina a incidência do referido adicional sobre o salário básico.

III – A alteração da base de cálculo do adicional de periculosidade do eletricitário promovida pela Lei n. 12.740/2012 atinge somente contrato de trabalho firmado a partir de sua vigência, de modo que, nesse caso, o cálculo será realizado exclusivamente sobre o salário básico, conforme determina o § 1.º do art. 193 da CLT.

•• Redação determinada pela Resolução n. 214, de 28-11-2016.

192. Ação rescisória. Competência. (atualizada em decorrência do CPC de 2015)

I – Se não houver o conhecimento de recurso de revista ou de embargos, a competência para julgar ação que vise a rescindir a decisão de mérito é do Tribunal Regional do Trabalho, ressalvado o disposto no item II.

II – Acórdão rescindendo do Tribunal Superior do Trabalho que não conhece de recurso de embargos ou de revista, analisando arguição de violação de dispositivo de lei material ou decidindo em consonância com súmula de direito material ou com iterativa, notória e atual jurisprudência de direito material da Seção de Dissídios Individuais (Súmula 333), examina o mérito da causa, cabendo ação rescisória da competência do Tribunal Superior do Trabalho. (ex-Súmula 192 – alterada pela Res. 121/2003, *DJ* 21-11-2003)

III – Sob a égide do art. 512 do CPC de 1973, é juridicamente impossível o pedido explícito de desconstituição de sentença quando substituída por acórdão do Tribunal Regional ou superveniente sentença homologatória de acordo que puser fim ao litígio.

IV – Na vigência do CPC de 1973, é manifesta a impossibilidade jurídica do pedido de rescisão de julgado proferido em agravo de instrumento que, limitando-se a aferir o eventual desacerto do juízo negativo de admissibilidade do recurso de revista, não substitui o acórdão regional, na forma do art. 512 do CPC. (ex-OJ 105 da SBDI-2 – *DJ* 29-4-2003)

V – A decisão proferida pela SBDI, em agravo regimental, calcada na Súmula 333, substitui acórdão de Turma do TST, porque emite juízo de mérito, comportando, em tese, o corte rescisório. (ex-OJ 133 da SBDI-2 – *DJ* 4-5-2004).

•• Redação determinada pela Resolução n. 212, de 19-9-2016.

193. Correção monetária. Juros. Cálculo. Execução de sentença. Pessoa jurídica de direito público

(*Cancelada pela Resolução n. 105, de 7-12-2000.*)

194. Ação rescisória. Justiça do Trabalho. Depósito prévio

(*Cancelada pela Resolução n. 142, de 27-9-2007.*)

195. Embargos. Agravo regimental. Cabimento

(*Cancelada pela Resolução n. 121, de 28-10-2003.*)

196. Recurso adesivo. Prazo

(*Cancelada pela Resolução n. 121, de 28-10-2003.*)

197. Prazo

O prazo para recurso da parte que, intimada, não comparecer à audiência em prosseguimento para a prolação da sentença conta-se de sua publicação.

198. Prescrição

(*Cancelada pelo Enunciado 294, Resolução n. 4, de 1989,* DJU *de 14-4-1989.*)

199. Bancário. Pré-contratação de horas extras. (incorporadas as Orientações Jurisprudenciais ns. 48 e 63 da SDI-1)

I – A contratação do serviço suplementar, quando da admissão do trabalhador bancário, é nula. Os valores assim ajustados apenas remuneram a jornada normal, sendo devidas as horas extras com o adicional de, no mínimo, 50% (cinquenta por cento), as quais não configuram pré-contratação, se pactuadas após a admissão do bancário. (ex-Súmula 199, Res. 41/1995, *DJ* 17-2-1995 e ex-OJ 48 – inserida em 25-11-1996)

II – Em se tratando de horas extras pré-contratadas, opera-se a prescrição total se a ação não for ajuizada no prazo de cinco anos, a partir da data em que foram suprimidas. (ex-OJ 63 – inserida em 14-3-1994)

•• Redação determinada pela Resolução n. 129, de 5-4-2005.

200. Juros de mora. Incidência

Os juros de mora incidem sobre a importância da condenação já corrigida monetariamente.

201. Recurso ordinário em mandado de segurança

Da decisão do Tribunal Regional do Trabalho em mandado de segurança cabe recurso ordinário, no prazo de 8 (oito) dias, para o Tribunal Superior do Trabalho, e igual dilação para o recorrido e interessados apresentarem razões de contrariedade.

202. Gratificação por tempo de serviço. Compensação

Existindo, ao mesmo tempo, gratificação por tempo de serviço outorgada pelo empregador e outra da mesma natureza prevista em acordo coletivo, convenção coletiva ou sentença normativa, o empregado tem direito a receber, exclusivamente, a que lhe seja mais benéfica.

203. Gratificação por tempo de serviço. Natureza salarial

A gratificação por tempo de serviço integra o salário para todos os efeitos legais.

204. Bancário. Cargo de confiança. Caracterização

(Cancelada pela Resolução n. 129, de 5-4-2005.)

205. Grupo econômico. Execução. Solidariedade

(Cancelada pela Resolução n. 121, de 28-10-2003.)

206. FGTS. Incidência sobre parcelas prescritas

A prescrição da pretensão relativa às parcelas remuneratórias alcança o respectivo recolhimento da contribuição para o FGTS.

•• Redação determinada pela Resolução n. 121, de 28-10-2003.

207. Conflitos de leis trabalhistas no espaço. Princípio da *lex loci executionis*

(Cancelada pela Resolução n. 181, de 16-4-2012.)

208. Recurso de revista. Admissibilidade. Interpretação de cláusula de natureza contratual

(Cancelada pela Resolução n. 59, de 20-6-1996.)

209. Cargo em comissão. Reversão

(Cancelada pela Resolução n. 81, de 25-11-1985.)

210. Recurso de revista. Execução de sentença

(Cancelada pela Resolução n. 121, de 28-10-2003.)

211. Juros de mora e correção monetária. Independência do pedido inicial e do título executivo judicial

Os juros de mora e a correção monetária incluem-se na liquidação, ainda que omisso o pedido inicial ou a condenação.

212. Despedimento. Ônus da prova

O ônus de provar o término do contrato de trabalho, quando negados a prestação de serviço e o despedimento, é do empregador, pois o princípio da continuidade da relação de emprego constitui presunção favorável ao empregado.

•• *Vide* Enunciado n. 64 da 2.ª Jornada de Direito Material e Processual do Trabalho.

213. Embargos de declaração. Suspensão do prazo recursal

(Cancelada pela Resolução n. 46, de 6-4-1995.)

214. Decisão interlocutória. Irrecorribilidade

Na Justiça do Trabalho, nos termos do art. 893, § 1.º, da CLT, as decisões interlocutórias não ensejam recurso imediato, salvo nas hipóteses de decisão:

a) de Tribunal Regional do Trabalho contrária à Súmula ou Orientação Jurisprudencial do Tribunal Superior do Trabalho;

b) suscetível de impugnação mediante recurso para o mesmo Tribunal;

c) que acolhe exceção de incompetência territorial, com a remessa dos autos para Tribunal Regional distinto daquele a que se vincula o juízo excepcionado, consoante o disposto no art. 799, § 2.º, da CLT.

•• Redação determinada pela Resolução n. 127, de 3-3-2005.

• *Vide* art. 1.º, § 1.º, da Instrução Normativa n. 39, de 15-3-2016.

215. Horas extras não contratadas expressamente. Adicional devido

(Cancelada pela Resolução n. 28, de 27-4-1994.)

216. Deserção. Relação de empregados. Autenticação mecânica desnecessária

(Cancelada pela Resolução n. 87, de 8-10-1998.)

217. Depósito recursal. Credenciamento bancário. Prova dispensável

O credenciamento dos bancos para o fim de recebimento do depósito recursal é fato notório, independendo da prova.

218. Recurso de revista. Acórdão proferido em agravo de instrumento

É incabível recurso de revista interposto de acórdão regional prolatado em agravo de instrumento.

219. Honorários advocatícios. Cabimento. (alterada a redação do item I e acrescidos os itens IV a VI na sessão do Tribunal Pleno realizada em 15-3-2016)

I – Na Justiça do Trabalho, a condenação ao pagamento de honorários advocatícios não decorre pura e simplesmente da sucumbência, devendo a parte, concomitantemente: a) estar assistida por sindicato da categoria profissional; b) comprovar a percepção de salário inferior ao dobro do salário mínimo ou encontrar-se em situação econômica que não lhe permita demandar sem prejuízo do próprio sustento ou da respectiva família (art. 14, § 1.º, da Lei n. 5.584/1970) (ex-OJ n. 305 da SBDI-I).

II – É cabível a condenação ao pagamento de honorários advocatícios em ação rescisória no processo trabalhista.

III – São devidos os honorários advocatícios nas causas em que o ente sindical figure como substituto processual e nas lides que não derivem da relação de emprego.

IV – Na ação rescisória e nas lides que não derivem de relação de emprego, a responsabilidade pelo pagamento dos honorários advocatícios da sucumbência submete-se à disciplina do Código de Processo Civil (arts. 85, 86, 87 e 90).

V – Em caso de assistência judiciária sindical ou de substituição processual sindical, excetuados os processos em que a Fazenda Pública for parte, os honorários advocatícios são devidos entre o mínimo de dez e o máximo de vinte por cento sobre o valor da condenação, do proveito econômico obtido ou, não sendo possível mensurá-lo, sobre o valor atualizado da causa (CPC de 2015, art. 85, § 2.º).

VI – Nas causas em que a Fazenda Pública for parte, aplicar-se-ão os percentuais específicos de honorários advocatícios contemplados no Código de Processo Civil.

•• Redação determinada pela Resolução n. 204, de 15-3-2016.

•• *Vide* art. 6.º da Instrução Normativa n. 41, de 21-6-2018.

220. Honorários advocatícios. Substituição processual

(*Cancelada pela Resolução n. 55, de 11-4-1996.*)

221. Recurso de revista. Violação de lei. Indicação de preceito. (cancelado o item II e conferida nova redação na sessão do Tribunal Pleno realizada em 14-9-2012)

A admissibilidade do recurso de revista por violação tem como pressuposto a indicação expressa do dispositivo de lei ou da Constituição tido como violado.

•• Redação determinada pela Resolução n. 185, de 14-9-2012.

222. Dirigentes de associações profissionais. Estabilidade provisória

(*Cancelada pela Resolução n. 84, de 13-8-1998.*)

223. Prescrição. Opção pelo sistema do Fundo de Garantia do Tempo de Serviço. Termo inicial

(*Cancelada pela Resolução n. 121, de 28-10-2003.*)

224. Competência. Ação de cumprimento. Sindicato. Desconto assistencial

(*Cancelada pela Resolução n. 121, de 28-10-2003.*)

225. Repouso semanal. Cálculo. Gratificações por tempo de serviço e produtividade

As gratificações por tempo de serviço e produtividade, pagas mensalmente, não repercutem no cálculo do repouso semanal remunerado.

226. Bancário. Gratificação por tempo de serviço. Integração no cálculo das horas extras

A gratificação por tempo de serviço integra o cálculo das horas extras.

227. Salário-família. Trabalhador rural

(*Cancelada pela Resolução n. 121, de 28-10-2003.*)

228. Adicional de insalubridade. Base de cálculo. (redação alterada na sessão do Tribunal Pleno em 26-6-2008) – Res. 148/2008, *DJ* 4 e 7-7-2008 – Republicada *DJ* 8, 9 e 10-7-2008. Súmula cuja eficácia está suspensa por decisão liminar do Supremo Tribunal Federal

A partir de 9 de maio de 2008, data da publicação da Súmula Vinculante n. 4 do Supremo Tribunal Federal, o adicional de insalubridade será calculado sobre o salário básico, salvo critério mais vantajoso fixado em instrumento coletivo.

•• Redação determinada pela Resolução n. 185, de 14-9-2012.

229. Sobreaviso. Eletricitários

Por aplicação analógica do art. 244, § 2.º, da CLT, as horas de sobreaviso dos eletricitários são remuneradas à base de 1/3 sobre a totalidade das parcelas de natureza salarial.

•• Redação determinada pela Resolução n. 121, de 28-10-2003.

230. Aviso prévio. Substituição pelo pagamento das horas reduzidas da jornada de trabalho

É ilegal substituir o período que se reduz da jornada de trabalho, no aviso prévio, pelo pagamento das horas correspondentes.

231. Quadro de carreira. Homologação pelo Conselho Nacional de Política Salarial. Eficácia

(*Cancelada pela Resolução n. 121, de 28-10-2003.*)

232. Bancário. Cargo de confiança. Jornada. Horas extras

(*Cancelada pela Resolução n. 129, de 5-4-2005.*)

233. Bancário. Chefe

(*Cancelada pela Resolução n. 121, de 28-10-2003.*)

234. Bancário. Subchefe

(*Cancelada pela Resolução n. 121, de 28-10-2003.*)

235. Distrito Federal e autarquias. Correção automática dos salários. Inaplicabilidade da Lei n. 6.708/1979

(*Cancelada pela Resolução n. 121, de 28-10-2003.*)

236. Honorários periciais. Responsabilidade

(*Cancelada pela Resolução n. 121, de 28-10-2003.*)

237. Bancário. Tesoureiro

(*Cancelada pela Resolução n. 121, de 28-10-2003.*)

238. Bancário. Subgerente

(*Cancelada pela Resolução n. 121, de 28-10-2003.*)

239. Bancário. Empregado de empresa de processamento de dados. (incorporadas as Orientações Jurisprudenciais ns. 64 e 126 da SDI-1)

É bancário o empregado de empresa de processamento de dados que presta serviço a banco integrante do mesmo grupo econômico, exceto quando a empresa de processamento de dados presta serviços a banco e a empresas não bancárias do mesmo grupo econômico ou a terceiros. (Primeira parte – ex-Súmula 239 – Res. 12/1985, *DJ* 9-12-1985; segunda parte – ex-OJs 64 – inserida em 13-9-1994 e 126 – inserida em 20-4-1998)

•• Redação determinada pela Resolução n. 129, de 5-4-2005.

240. Bancário. Gratificação de função e adicional por tempo de serviço

O adicional por tempo de serviço integra o cálculo da gratificação prevista no art. 224, § 2.º, da CLT.

241. Salário-utilidade. Alimentação

O vale para refeição, fornecido por força do contrato de trabalho, tem caráter salarial, integrando a remuneração do empregado, para todos os efeitos legais.

• *Vide* OJ 413 da SDI-1.

242. Indenização adicional. Valor

A indenização adicional, prevista no art. 9.º da Lei n. 6.708, de 30-10-1979 e no art. 9.º da Lei n. 7.238, de 28-10-1984, corresponde ao salário mensal, no valor devido na data da comunicação do despedimento, integrado pelos adicionais legais ou convencionados, ligados à unidade de tempo mês, não sendo computável a gratificação natalina.

243. Opção pelo regime trabalhista. Supressão das vantagens estatutárias

Exceto na hipótese de previsão contratual ou legal expressa, a opção do funcionário público pelo regime trabalhista implica a renúncia dos direitos inerentes ao regime estatutário.

244. Gestante. Estabilidade provisória. (redação do item III alterada na sessão do Tribunal Pleno realizada em 14-9-2012)

I – O desconhecimento do estado gravídico pelo empregador não afasta o direito ao pagamento da indenização decorrente da estabilidade (art. 10, II, *b* do ADCT).

II – A garantia de emprego à gestante só autoriza a reintegração se esta se der durante o período de estabilidade. Do contrário, a garantia restringe-se aos salários e demais direitos correspondentes ao período de estabilidade.

III – A empregada gestante tem direito à estabilidade provisória prevista no art. 10, inciso II, alínea *b*, do Ato das Disposições Constitucionais Transitórias, mesmo na hipótese de admissão mediante contrato por tempo determinado.

•• Redação determinada pela Resolução n. 185, de 14-9-2012.

245. Depósito recursal. Prazo

O depósito recursal deve ser feito e comprovado no prazo alusivo ao recurso. A interposição antecipada deste não prejudica a dilação legal.

246. Ação de cumprimento. Trânsito em julgado da sentença normativa

É dispensável o trânsito em julgado da sentença normativa para a propositura da ação de cumprimento.

247. Quebra de caixa. Natureza jurídica

A parcela paga aos bancários sob a denominação "quebra de caixa" possui natureza salarial, integrando o salário do prestador de serviços, para todos os efeitos legais.

248. Adicional de insalubridade. Direito adquirido

A reclassificação ou a descaracterização da insalubridade, por ato da autoridade competente, repercute na satisfação do respectivo adicional, sem ofensa a direito adquirido ou ao princípio da irredutibilidade salarial.

249. Aumento salarial setorizado. Tabela única

(*Cancelada pela Resolução n. 121, de 28-10-2003.*)

250. Plano de classificação. Parcelas antiguidade e desempenho. Aglutinação ao salário

(*Cancelada pela Resolução n. 121, de 28-10-2003.*)

251. Participação nos lucros. Natureza salarial

(*Cancelada pela Resolução n. 33, de 4-5-1994.*)

252. Funcionário público. Cedido. Reajuste salarial

(*Cancelada pela Resolução n. 121, de 28-10-2003.*)

253. Gratificação semestral. Repercussões

A gratificação semestral não repercute no cálculo das horas extras, das férias e do aviso prévio, ainda que indenizados. Repercute, contudo, pelo seu duodécimo na indenização por antiguidade e na gratificação natalina.

•• Redação determinada pela Resolução n. 121, de 28-10-2003.

254. Salário-família. Termo inicial da obrigação

O termo inicial do direito ao salário-família coincide com a prova da filiação. Se feita em juízo, corresponde à data de ajuizamento do pedido, salvo se comprovado que anteriormente o empregador se recusara a receber a respectiva certidão.

255. Substituição processual. Desistência

(*Cancelada pela Resolução n. 121, de 28-10-2003.*)

256. Contrato de prestação de serviços. Legalidade

(*Cancelada pela Resolução n. 121, de 28-10-2003.*)

257. Vigilante

O vigilante, contratado diretamente por banco ou por intermédio de empresas especializadas, não é bancário.

258. Salário-utilidade. Percentuais

Os percentuais fixados em lei relativos ao salário *in natura* apenas se referem às hipóteses em que o empregado percebe salário mínimo, apurando-se, nas demais, o real valor da utilidade.

•• Redação determinada pela Resolução n. 121, de 28-10-2003.

259. Termo de conciliação. Ação rescisória

Só por ação rescisória é impugnável o termo de conciliação previsto no parágrafo único do art. 831 da CLT.

260. Salário-maternidade. Contrato de experiência

(*Cancelada pela Resolução n. 121, de 28-10-2003.*)

261. Férias proporcionais. Pedido de demissão. Contrato vigente há menos de um ano

O empregado que se demite antes de completar 12 (doze) meses de serviço tem direito a férias proporcionais.

•• Redação determinada pela Resolução n. 121, de 28-10-2003.

262. Prazo judicial. Notificação ou intimação em sábado. Recesso forense. (redação do item II alterada na sessão do Tribunal Pleno realizada em 19-5-2014)

I – Intimada ou notificada a parte no sábado, o início do prazo se dará no primeiro dia útil imediato e a contagem, no subsequente.

II – O recesso forense e as férias coletivas dos Ministros do Tribunal Superior do Trabalho suspendem os prazos recursais.

•• Redação determinada pela Resolução n. 194, de 19-5-2014.

•• *Vide* art. 775 da CLT.

263. Petição inicial. Indeferimento. Instrução obrigatória deficiente

Salvo nas hipóteses do art. 330 do CPC de 2015 (art. 295 do CPC de 1973), o indeferimento da petição inicial, por encontrar-se desacompanhada de documento indispensável à propositura da ação ou não preencher outro requisito legal, somente é cabível se, após intimada para suprir a irregularidade em 15 (quinze) dias, mediante indicação precisa do que deve ser corrigido ou completado, a parte não o fizer (art. 321 do CPC de 2015).

•• Redação determinada pela Resolução n. 208, de 19-4-2016.

264. Hora suplementar. Cálculo

A remuneração do serviço suplementar é composta do valor da hora normal, integrado por parcelas de natureza salarial e acrescido do adicional previsto em lei, contrato, acordo, convenção coletiva ou sentença normativa.

265. Adicional noturno. Alteração de turno de trabalho. Possibilidade de supressão

A transferência para o período diurno de trabalho implica a perda do direito ao adicional noturno.

266. Recurso de revista. Admissibilidade. Execução de sentença

A admissibilidade do recurso de revista interposto de acórdão proferido em agravo de petição, na liquidação de sentença ou em processo incidente na execução, inclusive os embargos de terceiro, depende de demonstração inequívoca de violência direta à Constituição Federal.

267. Bancário. Valor do salário-hora. Divisor

(*Cancelada pela Resolução n. 121, de 28-10-2003.*)

268. Prescrição. Interrupção. Ação trabalhista arquivada

A ação trabalhista, ainda que arquivada, interrompe a prescrição somente em relação aos pedidos idênticos.

•• Redação determinada pela Resolução n. 121, de 28-10-2003.

269. Diretor eleito. Cômputo do período como tempo de serviço

O empregado eleito para ocupar cargo de diretor tem o respectivo contrato de trabalho suspenso, não se computando o tempo de serviço desse período, salvo se permanecer a subordinação jurídica inerente à relação de emprego.

270. Representação processual. Mandato expresso. Ausência de firma reconhecida

(*Cancelada pela Resolução n. 49, de 24-8-1995.*)

271. Substituição processual. Adicionais de insalubridade e de periculosidade

(*Cancelada pela Resolução n. 121, de 28-10-2003.*)

272. Agravo de instrumento. Traslado deficiente

(*Cancelada pela Resolução n. 121, de 28-10-2003.*)

273. Constitucionalidade. Decretos-leis n. 2.012/1983 e 2.045/1983

(*Cancelada pela Resolução n. 121, de 28-10-2003.*)

274. Prescrição parcial. Equiparação salarial

(*Cancelada pela Resolução n. 129, de 5-4-2005.*)

275. Prescrição. Desvio de função e reenquadramento. (incorporada a Orientação Jurisprudencial n. 144 da SDI-1)

I – Na ação que objetive corrigir desvio funcional, a prescrição só alcança as diferenças salariais vencidas no período de 5 (cinco) anos que precedeu o ajuizamento. (ex-Súmula 275 – Res 121/2003, *DJ* 21-11-2003)

II – Em se tratando de pedido de reenquadramento, a prescrição é total, contada da data do enquadramento do empregado. (ex-OJ 144 – inserida em 27-11-1998)

•• Redação determinada pela Resolução n. 129, de 5-4-2005.

276. Aviso prévio. Renúncia pelo empregado

O direito ao aviso prévio é irrenunciável pelo empregado. O pedido de dispensa de cumprimento não exime o empregador de pagar o respectivo valor, salvo comprovação de haver o prestador dos serviços obtido novo emprego.

277. Convenção coletiva de trabalho ou acordo coletivo de trabalho. Eficácia. Ultratividade. (redação alterada na sessão do Tribunal Pleno realizada em 14-9-2012)

As cláusulas normativas dos acordos coletivos ou convenções coletivas integram os contratos individuais de trabalho e somente poderão ser modificadas ou suprimidas mediante negociação coletiva de trabalho.

•• Redação determinada pela Resolução n. 185, de 14-9-2012.

•• *Vide* art. 614, § 3.º, da CLT.

278. Embargos de declaração. Omissão no julgado

A natureza da omissão suprida pelo julgamento de embargos declaratórios pode ocasionar efeito modificativo no julgado.

279. Recurso contra sentença normativa. Efeito suspensivo. Cassação

A cassação de efeito suspensivo concedido a recurso interposto de sentença normativa retroage à data do despacho que o deferiu.

280. Convenção coletiva. Sociedade de economia mista. Audiência prévia do órgão oficial competente

(*Cancelada pela Resolução n. 2, de 1990,* DJU *de 10-1-1991.*)

281. Piso salarial. Professores

(*Cancelada pela Resolução n. 121, de 28-10-2003.*)

282. Abono de faltas. Serviço médico da empresa

Ao serviço médico da empresa ou ao mantido por esta última mediante convênio compete abonar os primeiros 15 (quinze) dias de ausência ao trabalho.

283. Recurso adesivo. Pertinência no processo do trabalho. Correlação de matérias

O recurso adesivo é compatível com o processo do trabalho e cabe, no prazo de 8 (oito) dias, nas hipóteses de interposição de recurso ordinário, de agravo de petição, de revista e de embargos, sendo desnecessário que a matéria nele veiculada esteja relacionada com a do recurso interposto pela parte contrária.

284. Correção monetária. Empresas em liquidação. Lei n. 6.024/1974

(*Cancelada pela Resolução n. 121, de 28-10-2003.*)

285. Recurso de revista. Admissibilidade parcial pelo Juiz-Presidente do Tribunal Regional do Trabalho. Efeito

(*Cancelada pela Resolução n. 204, de 15-3-2016.*)

286. Sindicato. Substituição processual. Convenção e acordo coletivos

A legitimidade do sindicato para propor ação de cumprimento estende-se também à observância de acordo ou de convenção coletivos.

•• Redação determinada pela Resolução n. 98, de 11-9-2000.

287. Jornada de trabalho. Gerente bancário

A jornada de trabalho do empregado de banco gerente de agência é regida pelo art. 224, § 2.º, da CLT. Quanto ao gerente-geral de agência bancária, presume-se o exercício de encargo de gestão, aplicando-se-lhe o art. 62 da CLT.

•• Redação determinada pela Resolução n. 121, de 28-10-2003.

288. Complementação dos proventos da aposentadoria

I – A complementação dos proventos de aposentadoria, instituída, regulamentada e paga diretamente pelo empregador, sem vínculo com as entidades de previdência privada fechada, é regida pelas normas em vigor na data de admissão do empregado, ressalvadas as alterações que forem mais benéficas (art. 468 da CLT).

II – Na hipótese de coexistência de dois regulamentos de planos de previdência complementar, instituídos pelo empregador ou por entidade de previdência privada, a opção do beneficiário por um deles tem efeito jurídico de renúncia às regras do outro.

III – Após a entrada em vigor das Leis Complementares n. 108 e 109, de 29-5-2001, reger-se-á a complementação dos proventos de aposentadoria pelas normas vigentes na data da implementação dos requisitos para obtenção do benefício, ressalvados o direito adquirido do participante que anteriormente implementara os requisitos para o benefício e o direito acumulado do empregado que até então não preenchera tais requisitos.

IV – O entendimento da primeira parte do item III aplica-se aos processos em curso no Tribunal Superior do Trabalho em que, em 12-4-2016, ainda não haja sido proferida decisão de mérito por suas Turmas e Seções.

•• Redação determinada pela Resolução n. 207, de 12-4-2016.

289. Insalubridade. Adicional. Fornecimento do aparelho de proteção. Efeito

O simples fornecimento do aparelho de proteção pelo empregador não o exime do pagamento do adicional de insalubridade. Cabe-lhe tomar as medidas que conduzam à diminuição ou eliminação da nocividade, entre as quais as relativas ao uso efetivo do equipamento pelo empregado.

290. Gorjetas. Natureza jurídica. Ausência de distinção quanto à forma de recebimento

(*Cancelada pela Resolução n. 121, de 28-10-2003.*)

291. Horas extras. Habitualidade. Supressão. Indenização. (nova redação em decorrência do julgamento do processo TST-IUJERR 10700-45.2007.5.22.0101)

A supressão total ou parcial, pelo empregador, de serviço suplementar prestado com habitualidade, durante pelo menos 1 (um) ano, assegura ao empregado o direito à indenização correspondente ao valor de 1 (um) mês das horas suprimidas, total ou parcialmente, para cada ano ou fração igual ou superior a seis meses de prestação de serviço acima da jornada normal. O cálculo observará a média das horas suplementares nos últimos 12 (doze) meses anteriores à mudança, multiplicada pelo valor da hora extra do dia da supressão.

•• Redação determinada pela Resolução n. 174, de 24-5-2011.

292. Adicional de insalubridade. Trabalhador rural

(*Cancelada pela Resolução n. 121, de 28-10-2003.*)

293. Adicional de insalubridade. Causa de pedir. Agente nocivo diverso do apontado na inicial

A verificação mediante perícia de prestação de serviços em condições nocivas, considerado agente insalubre diverso do apontado na inicial, não prejudica o pedido de adicional de insalubridade.

294. Prescrição. Alteração contratual. Trabalhador urbano

Tratando-se de ação que envolva pedido de prestações sucessivas decorrente de alteração do pactuado, a prescrição é total, exceto quando o direito à parcela esteja também assegurado por preceito de lei.

295. Aposentadoria espontânea. Depósito do FGTS. Período anterior à opção

(*Cancelada pela Resolução n. 152, de 17-11-2008.*)

296. Recurso. Divergência jurisprudencial. Especificidade. (incorporada a Orientação Jurisprudencial n. 37 da SDI-1)

I – A divergência jurisprudencial ensejadora da admissibilidade, do prosseguimento e do conhecimento do recurso há de ser específica, revelando a existência de teses diversas na interpretação de um mesmo dispositivo legal, embora idênticos os fatos que as ensejaram. (ex-Súmula 296 – Res. 6/1989, *DJ* 14-4-1989)

II – Não ofende o art. 896 da CLT decisão de Turma que, examinando premissas concretas de especificidade da divergência colacionada no apelo revisional, conclui pelo conhecimento ou desconhecimento do recurso. (ex-OJ 37 – inserida em 1.º-2-1995)

•• Redação determinada pela Resolução n. 129, de 5-4-2005.

297. Prequestionamento. Oportunidade. Configuração

1. Diz-se prequestionada a matéria ou questão quando na decisão impugnada haja sido adotada, explicitamente, tese a respeito.

2. Incumbe à parte interessada, desde que a matéria haja sido invocada no recurso principal, opor embargos declaratórios objetivando o pronunciamento sobre o tema, sob pena de preclusão.

3. Considera-se prequestionada a questão jurídica invocada no recurso principal sobre a qual se omite o Tribunal de pronunciar tese, não obstante opostos embargos de declaração.

•• Redação determinada pela Resolução n. 121, de 28-10-2003.

•• *Vide* OJ 119 da SDI-1.

298. Ação rescisória. Violação a disposição de lei. Pronunciamento explícito. (Redação alterada pelo Tribunal Pleno na sessão realizada em 6-2-2012)

I – A conclusão acerca da ocorrência de violação literal a disposição de lei pressupõe pronunciamento explícito, na sentença rescindenda, sobre a matéria veiculada.

II – O pronunciamento explícito exigido em ação rescisória diz respeito à matéria e ao enfoque específico da tese debatida na ação, e não, necessariamente, ao dispositivo legal tido por violado. Basta que o conteúdo da norma reputada violada haja sido abordado na decisão rescindenda para que se considere preenchido o pressuposto.

III – Para efeito de ação rescisória, considera-se pronunciada explicitamente a matéria tratada na sentença quando, examinando remessa de ofício, o Tribunal simplesmente a confirma.

IV – A sentença meramente homologatória, que silencia sobre os motivos de convencimento do juiz, não se mostra rescindível, por ausência de pronunciamento explícito.

V – Não é absoluta a exigência de pronunciamento explícito na ação rescisória, ainda que esta tenha por fundamento violação de dispositivo de lei. Assim, prescindível o pronunciamento explícito quando o vício nasce no próprio julgamento, como se dá com a sentença *extra*, *citra* e *ultra petita*.

•• Redação determinada pela Resolução n. 177, de 6-2-2012.

299. Ação rescisória. Decisão rescindenda. Trânsito em julgado. Comprovação. Efeitos. (nova redação do item II em decorrência do CPC de 2015)

I – É indispensável ao processamento da ação rescisória a prova do trânsito em julgado da decisão rescindenda. (ex-Súmula 299 – Res 8/1989, *DJ* 14, 18 e 19-4-1989)

II – Verificando o relator que a parte interessada não juntou à inicial o documento comprobatório, abrirá prazo de 15 (quinze) dias para que o faça (art. 321 do CPC de 2015), sob pena de indeferimento. (ex-Súmula 299 – Res 8/1989, *DJ* 14, 18 e 19-4-1989)

III – A comprovação do trânsito em julgado da decisão rescindenda é pressuposto processual indispensável ao tempo do ajuizamento da ação rescisória. Eventual trânsito em julgado posterior ao ajuizamento da ação rescisória não reabilita a ação proposta, na medida em que o ordenamento jurídico não contempla a ação rescisória preventiva. (ex-OJ 106 da SBDI-2 – *DJ* 29-4-2003)

IV – O pretenso vício de intimação, posterior à decisão que se pretende rescindir, se efetivamente ocorrido, não permite a formação da coisa julgada material. Assim, a ação rescisória deve ser julgada extinta, sem julgamento do mérito, por carência de ação, por inexistir decisão transitada em julgado a ser rescindida. (ex-OJ 96 da SBDI-2 – inserida em 27-9-2002).

•• Redação determinada pela Resolução n. 211, de 22-8-2016.

300. Competência da Justiça do Trabalho. Cadastramento no PIS

Compete à Justiça do Trabalho processar e julgar ações ajuizadas por empregados em face de empregadores relativas ao cadastramento no Programa de Integração Social (PIS).

301. Auxiliar de laboratório. Ausência de diploma. Efeitos

O fato de o empregado não possuir diploma de profissionalização de auxiliar de laboratório não afasta a observância das normas da Lei n. 3.999, de 15 de dezembro de 1961, uma vez comprovada a prestação de serviços na atividade.

302. Processo administrativo

(*Cancelada pela Resolução n. 121, de 28-10-2003.*)

303. Fazenda Pública. Reexame necessário. (nova redação em decorrência do CPC de 2015)

I – Em dissídio individual, está sujeita ao reexame necessário, mesmo na vigência da Constituição Federal de 1988, decisão contrária à Fazenda Pública, salvo quando a condenação não ultrapassar o valor correspondente a:

a) 1.000 (mil) salários mínimos para a União e as respectivas autarquias e fundações de direito público;

b) 500 (quinhentos) salários mínimos para os Estados, o Distrito Federal, as respectivas autarquias e fundações de direito público e os Municípios que constituam capitais dos Estados;

c) 100 (cem) salários mínimos para todos os demais Municípios e respectivas autarquias e fundações de direito público.

II – Também não se sujeita ao duplo grau de jurisdição a decisão fundada em:

a) súmula ou orientação jurisprudencial do Tribunal Superior do Trabalho;

b) acórdão proferido pelo Supremo Tribunal Federal ou pelo Tribunal Superior do Trabalho em julgamento de recursos repetitivos;

c) entendimento firmado em incidente de resolução de demandas repetitivas ou de assunção de competência;

d) entendimento coincidente com orientação vinculante firmada no âmbito administrativo do próprio ente público, consolidada em manifestação, parecer ou súmula administrativa.

III – Em ação rescisória, a decisão proferida pelo Tribunal Regional do Trabalho está sujeita ao duplo grau de jurisdição obrigatório quando desfavorável ao ente público, exceto nas hipóteses dos incisos anteriores. (ex-OJ 71 da SBDI-1 – inserida em 3-6-1996)

IV – Em mandado de segurança, somente cabe reexame necessário se, na relação processual, figurar pessoa jurídica de direito público como parte prejudicada pela concessão da ordem. Tal situação não ocorre na hipótese de figurar no feito como impetrante e terceiro interessado pessoa de direito privado, ressalvada a hipótese de matéria administrativa. (ex-OJs 72 e 73 da SBDI-1 – inseridas, respectivamente, em 25-11-1996 e 3-6-1996).

•• Redação determinada pela Resolução n. 211, de 22-8-2016.

•• *Vide* art. 496 do CPC.

304. Correção monetária. Empresas em liquidação. Art. 46 do ADCT/CF

Os débitos trabalhistas das entidades submetidas aos regimes de intervenção ou liquidação extrajudicial estão sujeitos a correção monetária desde o respectivo vencimento até seu efetivo pagamento, sem interrupção ou suspensão, não incidindo, entretanto, sobre tais débitos, juros de mora.

305. Fundo de Garantia do Tempo de Serviço. Incidência sobre o aviso prévio

O pagamento relativo ao período de aviso prévio, trabalhado ou não, está sujeito à contribuição para o FGTS.

306. Indenização adicional. Pagamento devido com fundamento nos arts. 9.º da Lei n. 6.708/1979 e 9.º da Lei n. 7.238/1984

(*Cancelada pela Resolução n. 121, de 28-10-2003.*)

307. Juros. Irretroatividade do Decreto-lei n. 2.322, de 26-2-1987

A fórmula de cálculo de juros prevista no Decreto-lei n. 2.322, de 26 de fevereiro de 1987 somente é aplicável a partir de 27 de fevereiro de 1987. Quanto ao período anterior, deve-se observar a legislação então vigente.

308. Prescrição quinquenal (incorporada a Orientação Jurisprudencial n. 204 da SDI-1)

I. Respeitado o biênio subsequente à cessação contratual, a prescrição da ação trabalhista concerne às pretensões imediatamente anteriores a cinco anos, contados da data do ajuizamento da reclamação e, não, às anteriores ao quinquênio da data da extinção do contrato. (ex-OJ 204 – inserida em 8-11-2000)

II. A norma constitucional que ampliou o prazo de prescrição da ação trabalhista para 5 (cinco) anos é de aplicação imediata e não atinge pretensões já alcançadas pela prescrição bienal quando da promulgação da CF/1988. (ex-Súmula 308 – Res. 6/1992, *DJ* 5-11-1992)

•• Redação determinada pela Resolução n. 129, de 5-4-2005.

309. Vigia portuário. Terminal privativo. Não obrigatoriedade de requisição

Tratando-se de terminais privativos destinados à navegação de cabotagem ou de longo curso, não é obrigatória a requisição de vigia portuário indicado por sindicato.

310. Substituição processual. Sindicato

(*Cancelada pela Resolução n. 119, de 25-9-2003.*)

311. Benefício previdenciário a dependente de ex-empregado. Correção monetária. Legislação aplicável

O cálculo da correção monetária incidente sobre débitos relativos a benefícios previdenciários devidos a dependentes de ex-empregado pelo empregador, ou por entidade de previdência privada a ele vinculada, será o previsto na Lei n. 6.899, de 8-4-1981.

312. Constitucionalidade. Alínea *b* do art. 896 da CLT

É constitucional a alínea *b* do art. 896 da CLT, com a redação dada pela Lei n. 7.701, de 21 de dezembro de 1988.

313. Complementação de aposentadoria. Proporcionalidade. Banespa

A complementação de aposentadoria prevista no art. 106 e seus parágrafos, do Regulamento de Pessoal editado em 1965, só é integral para os empregados que tenham 30 (trinta) ou mais anos de serviços prestados exclusivamente ao Banco.

314. Indenização adicional. Verbas rescisórias. Salário corrigido

Se ocorrer a rescisão contratual no período de 30 (trinta) dias que antecede à data-base, observado o Enunciado n. 182 do TST, o pagamento das verbas rescisórias com o salário já corrigido não afasta o direito à indenização adicional prevista nas Leis n. 6.708, de 30 de outubro de 1979 e 7.238, de 28 de outubro de 1984.

315. IPC de março/1990. Lei n. 8.030, de 12-4-1990 (Plano Collor). Inexistência de direito adquirido

A partir da vigência da Medida Provisória n. 154, de 15 de março de 1990, convertida na Lei n. 8.030, de 12 de abril de 1990, não se aplica o IPC de março de 1990, de 84,32% (oitenta e quatro vírgula trinta e dois por cento), para a correção dos salários, porque o direito ainda não se havia incorporado ao patrimônio jurídico dos trabalhadores, inexistindo ofensa ao inciso XXXVI do art. 5.º da CF/1988.

316. IPC de junho/1987. Decreto-lei n. 2.335/1987 (Plano Bresser). Existência de direito adquirido

(*Cancelada pela Resolução n. 37, de 16-11-1994.*)

317. URP de fevereiro/1989. Lei n. 7.730/1989 (Plano Verão). Existência de direito adquirido

(*Cancelada pela Resolução n. 37, de 16-11-1994.*)

318. Diárias. Base de cálculo para sua integração no salário

Tratando-se de empregado mensalista, a integração das diárias no salário deve ser feita tomando-se por base o salário mensal por ele percebido e não o valor do dia de salário, somente sendo devida a referida integração quando o valor das diárias, no mês, for superior à metade do salário mensal.

319. Reajustes salariais ("gatilhos"). Aplicação aos servidores públicos contratados sob a égide da legislação trabalhista

Aplicam-se aos servidores públicos, contratados sob o regime da CLT, os reajustes decorrentes da correção automática dos salários pelo mecanismo denominado "gatilho", de que tratam os Decretos-leis n. 2.284, de 10 de março de 1986 e 2.302, de 21 de novembro de 1986.

320. Horas *in itinere*. Obrigatoriedade de cômputo na jornada de trabalho

O fato de o empregador cobrar, parcialmente ou não, importância pelo transporte fornecido, para local de difícil acesso ou não servido por transporte regular, não afasta o direito à percepção das horas *in itinere*.

321. Decisão administrativa. Recurso

(*Cancelada pela Resolução n. 135, de 30-6-2005.*)

322. Diferenças salariais. Planos econômicos. Limite

Os reajustes salariais decorrentes dos chamados "gatilhos" e URPs, previstos legalmente como antecipação, são devidos tão somente até a data-base de cada categoria.

323. URP de abril e maio de 1988. Decreto-lei n. 2.425/1988

(*Cancelada pela Resolução n. 38, de 16-11-1994.*)

324. Horas *in itinere*. Enunciado n. 90. Insuficiência de transporte público

(*Cancelada pela Resolução n. 129, de 5-4-2005.*)

325. Horas *in itinere*. Enunciado n. 90. Remuneração em relação a trecho não servido por transporte público

(*Cancelada pela Resolução n. 129, de 5-4-2005.*)

326. Complementação de aposentadoria. Prescrição total. (nova redação)

A pretensão à complementação de aposentadoria jamais recebida prescreve em 2 (dois) anos contados da cessação do contrato de trabalho.

•• Redação determinada pela Resolução n. 174, de 24-5-2011.

327. Complementação de aposentadoria. Diferenças. Prescrição parcial. (nova redação)

A pretensão a diferenças de complementação de aposentadoria sujeita-se à prescrição parcial e quinquenal, salvo se o pretenso direito decorrer de verbas não recebidas no curso da relação de emprego e já alcançadas pela prescrição, à época da propositura da ação.

•• Redação determinada pela Resolução n. 174, de 24-5-2011.

328. Férias. Terço constitucional

O pagamento das férias, integrais ou proporcionais, gozadas ou não, na vigência da CF/1988, sujeita-se ao acréscimo do terço previsto no respectivo art. 7.º, XVII.

329. Honorários advocatícios. Art. 133 da CF/1988

Mesmo após a promulgação da CF/1988, permanece válido o entendimento consubstanciado no Enunciado n. 219 do Tribunal Superior do Trabalho.

•• *Vide* art. 6.º da Instrução Normativa n. 41, de 21-6-2018.

330. Quitação. Validade

A quitação passada pelo empregado, com assistência de entidade sindical de sua categoria, ao empregador, com observância dos requisitos exigidos nos parágrafos do art. 477 da CLT, tem eficácia liberatória em relação às parcelas expressamente consignadas no recibo, salvo se oposta ressalva expressa e especificada ao valor dado à parcela ou parcelas impugnadas.

I – A quitação não abrange parcelas não consignadas no recibo de quitação e, consequentemente, seus reflexos em outras parcelas, ainda que essas constem desse recibo.

II – Quanto a direitos que deveriam ter sido satisfeitos durante a vigência do contrato de trabalho, a quitação é

SÚMULAS

ESPAÇO RESERVADO PARA USO DE GRAMPO

válida em relação ao período expressamente consignado no recibo de quitação.

•• Redação determinada pela Resolução n. 108, de 5-4-2001.

331. Contrato de prestação de serviços. Legalidade. (nova redação do item IV e inseridos os itens V e VI à redação)

I – A contratação de trabalhadores por empresa interposta é ilegal, formando-se o vínculo diretamente com o tomador dos serviços, salvo no caso de trabalho temporário (Lei n. 6.019, de 3-1-1974).

II – A contratação irregular de trabalhador, mediante empresa interposta, não gera vínculo de emprego com os órgãos da Administração Pública direta, indireta ou fundacional (art. 37, II, da CF/1988).

III – Não forma vínculo de emprego com o tomador a contratação de serviços de vigilância (Lei n. 7.102, de 20-6-1983) e de conservação e limpeza, bem como a de serviços especializados ligados à atividade-meio do tomador, desde que inexistente a pessoalidade e a subordinação direta.

IV – O inadimplemento das obrigações trabalhistas, por parte do empregador, implica a responsabilidade subsidiária do tomador dos serviços quanto àquelas obrigações, desde que haja participado da relação processual e conste também do título executivo judicial.

V – Os entes integrantes da Administração Pública direta e indireta respondem subsidiariamente, nas mesmas condições do item IV, caso evidenciada a sua conduta culposa no cumprimento das obrigações da Lei n. 8.666, de 21-6-1993, especialmente na fiscalização do cumprimento das obrigações contratuais e legais da prestadora de serviço como empregadora. A aludida responsabilidade não decorre de mero inadimplemento das obrigações trabalhistas assumidas pela empresa regularmente contratada.

VI – A responsabilidade subsidiária do tomador de serviços abrange todas as verbas decorrentes da condenação referentes ao período da prestação laboral.

•• Redação determinada pela Resolução n. 174, de 24-5-2011.

•• O STF julgou procedente a ADPF n. 324, de 30-8-2018 (*DOU* de 10-9-2018), assentando a "licitude da terceirização de atividade-fim ou meio", e esclarecendo que "a decisão deste julgamento não afeta os processos em relação aos quais tenha havido coisa julgada".

332. Complementação de aposentadoria. Petrobras. Manual de pessoal. Norma programática

As normas relativas à complementação de aposentadoria, inseridas no Manual de Pessoal da Petrobras, têm caráter meramente programático, delas não resultando direito à referida complementação.

333. Recursos de revista. Conhecimento

Não ensejam recurso de revista decisões superadas por iterativa, notória e atual jurisprudência do Tribunal Superior do Trabalho.

•• Redação determinada pela Resolução n. 155, de 18-2-2009.

334. Competência. Ação de cumprimento. Sindicato. Desconto assistencial

(*Cancelada pela Resolução n. 59, de 20-6-1996.*)

335. Embargos para a Seção Especializada em Dissídios Individuais contra decisão em agravo de instrumento oposto a despacho denegatório de recurso de revista

(*Cancelada pela Resolução n. 121, de 28-10-2003.*)

336. Constitucionalidade. § 2.º do art. 9.º do Decreto-lei n. 1.971, de 30-11-1982

É constitucional o § 2.º do art. 9.º do Decreto-lei n. 1.971, de 30-11-1982, com a redação dada pelo Decreto-lei n. 2.100, de 28 de dezembro de 1983.

337. Comprovação de divergência jurisprudencial. Recursos de revista e de embargos. (incluído o item V)

I – Para comprovação da divergência justificadora do recurso, é necessário que o recorrente.

a) Junte certidão ou cópia autenticada do acórdão paradigma ou cite a fonte oficial ou o repositório autorizado em que foi publicado; e

b) Transcreva, nas razões recursais, as ementas e/ou trechos dos acórdãos trazidos à configuração do dissídio, demonstrando o conflito de teses que justifique o conhecimento do recurso, ainda que os acórdãos já se encontrem nos autos ou venham a ser juntados com o recurso. (ex-Súmula 337 – alterada pela Res. 121/2003, *DJ* 21-11-2003)

II – A concessão de registro de publicação como repositório autorizado de jurisprudência do TST torna válidas todas as suas edições anteriores. (ex-OJ 317 da SBDI-I – *DJ* 11-8-2003)

III – A mera indicação da data de publicação, em fonte oficial, de aresto paradigma é inválida para comprovação de divergência jurisprudencial, nos termos do item I, "a", desta súmula, quando a parte pretende demonstrar o conflito de teses mediante a transcrição de trechos que integram a fundamentação do acórdão divergente, uma vez que só se publicam o dispositivo e a ementa dos acórdãos.

IV – É válida para a comprovação da divergência jurisprudencial justificadora do recurso a indicação de aresto extraído de repositório oficial na internet, desde que o recorrente:

a) transcreva o trecho divergente;

b) aponte o sítio de onde foi extraído; e

c) decline o número do processo, o órgão prolator do acórdão e a data da respectiva publicação no Diário Eletrônico da Justiça do Trabalho.

V – A existência do código de autenticidade na cópia, em formato *pdf*, do inteiro teor do aresto paradigma, juntada aos autos, torna-a equivalente ao documento original e também supre a ausência de indicação da fonte oficial de publicação.

•• Redação determinada pela Resolução n. 220, de 18-9-2017.

338. Jornada de trabalho. Registro. Ônus da prova. (incorporadas as Orientações Jurisprudenciais ns. 234 e 306 da SDI-1)

I – É ônus do empregador que conta com mais de 10 (dez) empregados o registro da jornada de trabalho na forma do art. 74, § 2.º, da CLT. A não apresentação injustificada dos controles de frequência gera presunção relativa de veracidade da jornada de trabalho, a qual pode ser elidida por prova em contrário. (ex-Súmula 338 – Res. 121, *DJ* 21-11-2003)

II – A presunção de veracidade da jornada de trabalho, ainda que prevista em instrumento normativo, pode ser elidida por prova em contrário. (ex-OJ 234 – inserida em 20-6-2001)

III – Os cartões de ponto que demonstram horários de entrada e saída uniformes são inválidos como meio de prova, invertendo-se o ônus da prova, relativo às horas extras, que passa a ser do empregador, prevalecendo a jornada da inicial se dele não se desincumbir. (ex-OJ 306 – *DJ* 11-8-2003)

•• Redação determinada pela Resolução n. 129, de 5-4-2005.

339. CIPA. Suplente. Garantia de emprego. CF/1988. (incorporadas as Orientações Jurisprudenciais ns. 25 e 329 da SDI-1)

I – O suplente da CIPA goza da garantia de emprego prevista no art. 10, II, *a*, do ADCT a partir da promulgação da Constituição Federal de 1988. (ex-Súmula 339 – Res. 39/1994, *DJ* 20-12-1994 e ex-OJ 25 – inserida em 29-3-1996)

II – A estabilidade provisória do cipeiro não constitui vantagem pessoal, mas garantia para as atividades dos membros da CIPA, que somente tem razão de ser quando em atividade a empresa. Extinto o estabelecimento, não se verifica a despedida arbitrária, sendo impossível a reintegração e indevida a indenização do período estabilitário. (ex-OJ 329 – *DJ* 9-12-2003)

•• Redação determinada pela Resolução n. 129, de 5-4-2005.

340. Comissionista. Horas extras

O empregado, sujeito a controle de horário, remunerado à base de comissões, tem direito ao adicional de, no mínimo, 50% (cinquenta por cento) pelo trabalho em horas extras, calculado sobre o valor-hora das comissões recebidas no mês, considerando-se como divisor o número de horas efetivamente trabalhadas.

•• Redação determinada pela Resolução n. 121, de 28-10-2003.

• *Vide* OJ 397 da SDI-1.

• *Vide* Enunciado n. 20 da 1.ª Jornada de Direito do Trabalho.

341. Honorários do assistente técnico

A indicação do perito assistente é faculdade da parte, a qual deve responder pelos respectivos honorários, ainda que vencedora no objeto da perícia.

342. Descontos salariais. Art. 462 da CLT

Descontos salariais efetuados pelo empregador, com a autorização prévia e por escrito do empregado, para ser integrado em planos de assistência odontológica, médico-hospitalar, de seguro, de previdência privada, ou de entidade cooperativa, cultural ou recreativo-associativa de seus trabalhadores, em seu benefício e de seus dependentes, não afrontam o disposto no art. 462 da CLT, salvo se ficar demonstrada a existência de coação ou de outro defeito que vicie o ato jurídico.

343. Bancário. Hora de salário

(*Cancelada pela Resolução n. 185, de 14-9-2012.*)

344. Salário-família. Trabalhador rural

O salário-família é devido aos trabalhadores rurais somente após a vigência da Lei n. 8.213, de 24 de julho de 1991.

345. BANDEPE. Regulamento Interno de Pessoal não confere estabilidade aos empregados

O Regulamento Interno de Pessoal (RIP) do Banco do Estado de Pernambuco – BANDEPE, na parte que trata de seu regime disciplinar, não confere estabilidade aos seus empregados.

346. Digitador. Intervalos intrajornada. Aplicação analógica do art. 72 da CLT

Os digitadores, por aplicação analógica do art. 72 da CLT, equiparam-se aos trabalhadores nos serviços de mecanografia (datilografia, escrituração ou cálculo), razão pela qual têm direito a intervalos de descanso de 10 (dez) minutos a cada 90 (noventa) de trabalho consecutivo.

347. Horas extras habituais. Apuração. Média física

O cálculo do valor das horas extras habituais, para efeito de reflexos em verbas trabalhistas, observará o número de horas efetivamente prestadas e a ele aplica-se o valor do salário-hora da época do pagamento daquelas verbas.

348. Aviso prévio. Concessão na fluência da garantia de emprego. Invalidade

É inválida a concessão do aviso prévio na fluência da garantia de emprego, ante a incompatibilidade dos dois institutos.

349. Acordo de compensação de horário em atividade insalubre, celebrado por acordo coletivo. Validade.

(*Cancelada pela Resolução n. 174, de 24-5-2011.*)

350. Prescrição. Termo inicial. Ação de cumprimento. Sentença normativa

O prazo de prescrição com relação à ação de cumprimento de decisão normativa flui apenas da data de seu trânsito em julgado.

351. Professor. Repouso semanal remunerado. Art. 7.º, § 2.º, da Lei n. 605, de 5 de janeiro de 1949, e art. 320 da CLT

O professor que recebe salário mensal à base de hora-aula tem direito ao acréscimo de 1/6 a título de repouso semanal remunerado, considerando-se para esse fim o mês de quatro semanas e meia.

352. Custas. Prazo para comprovação

(*Cancelada pela Resolução n. 114, de 21-11-2002.*)

353. Embargos. Agravo. Cabimento

Não cabem embargos para a Seção de Dissídios Individuais de decisão de Turma proferida em agravo, salvo: a) da decisão que não conhece de agravo de instrumento ou de agravo pela ausência de pressupostos extrínsecos; b) da decisão que nega provimento a agravo contra decisão monocrática do Relator, em que se proclamou a ausência de pressupostos extrínsecos de agravo de instrumento; c) para revisão dos pressupostos extrínsecos de admissibilidade do recurso de revista, cuja ausência haja sido declarada originariamente pela Turma no julgamento do agravo; d) para impugnar o conhecimento de agravo de instrumento; e) para impugnar a imposição de multas previstas nos arts. 1.021, § 4.º, do CPC de 2015 ou 1.026, § 2.º, do CPC de 2015 (art. 538, parágrafo único, do CPC de 1973, ou art. 557, § 2.º, do CPC de 1973); f) contra decisão de Turma proferida em agravo em recurso de revista, nos termos do art. 894, II, da CLT.

•• Redação determinada pela Resolução n. 208, de 19-4-2016.

354. Gorjetas. Natureza jurídica. Repercussões

As gorjetas, cobradas pelo empregador na nota de serviço ou oferecidas espontaneamente pelos clientes, integram a remuneração do empregado, não servindo de base de cálculo para as parcelas de aviso prévio, adicional noturno, horas extras e repouso semanal remunerado.

355. CONAB. Estabilidade. Aviso DIREH n. 2, de 12 de dezembro de 1984

O aviso DIREH n. 2, de 12 de dezembro de 1984, que concedia estabilidade aos empregados da CONAB, não tem eficácia, porque não aprovado pelo Ministério ao qual a empresa se subordina.

356. Alçada recursal. Vinculação ao salário mínimo

O art. 2.º, § 4.º, da Lei n. 5.584, de 26 de junho de 1970, foi recepcionado pela CF/1988, sendo lícita a fixação do valor da alçada com base no salário mínimo.

357. Testemunha. Ação contra a mesma reclamada. Suspeição

Não torna suspeita a testemunha o simples fato de estar litigando ou de ter litigado contra o mesmo empregador.

358. Radiologista. Salário profissional. Lei n. 7.394, de 29 de outubro de 1985

O salário profissional dos técnicos em radiologia é igual a 2 (dois) salários mínimos e não a 4 (quatro).

359. Substituição processual. Ação de cumprimento. Art. 872, parágrafo único, da CLT. Federação. Legitimidade (*Cancelada pela Resolução n. 121, de 28-10-2003.*)

360. Turnos ininterruptos de revezamento. Intervalos intrajornada e semanal

A interrupção do trabalho destinada a repouso e alimentação, dentro de cada turno, ou o intervalo para repouso semanal, não descaracteriza o turno de revezamento com jornada de 6 (seis) horas previsto no art. 7.º, XIV, da CF/1988.

361. Adicional de periculosidade. Eletricitários. Exposição intermitente

O trabalho exercido em condições perigosas, embora de forma intermitente, dá direito ao empregado a receber o adicional de periculosidade de forma integral, porque a Lei n. 7.369, de 20 de setembro de 1985, não estabeleceu nenhuma proporcionalidade em relação ao seu pagamento.

362. FGTS. Prescrição. (redação alterada na sessão do Tribunal Pleno realizada em 9-6-2015)

I – Para os casos em que a ciência da lesão ocorreu a partir de 13-11-2014, é quinquenal a prescrição do direito de reclamar contra o não recolhimento de contribuição para o FGTS, observado o prazo de dois anos após o término do contrato;

II – Para os casos em que o prazo prescricional já estava em curso em 13-11-2014, aplica-se o prazo prescricional que se consumar primeiro: trinta anos, contados do termo inicial, ou cinco anos, a partir de 13-11-2014 (STF-ARE-709212/DF).

•• Redação determinada pela Resolução n. 198, de 9-6-2015.

363. Contrato nulo. Efeitos

A contratação de servidor público, após a CF/1988, sem prévia aprovação em concurso público, encontra óbice no respectivo art. 37, II e § 2.º, somente lhe conferindo direito ao pagamento da contraprestação pactuada, em relação ao número de horas trabalhadas, respeitado o valor da hora do salário mínimo, e dos valores referentes aos depósitos do FGTS.

•• Redação determinada pela Resolução n. 121, de 28-10-2003.

364. Adicional de periculosidade. Exposição eventual, permanente e intermitente. (inserido o item II)

I – Tem direito ao adicional de periculosidade o empregado exposto permanentemente ou que, de forma intermitente, sujeita-se a condições de risco. Indevido, apenas, quando o contato dá-se de forma eventual, assim considerado o fortuito, ou o que, sendo habitual, dá-se por tempo extremamente reduzido. (ex-OJs da SBDI - I n. 5 – inserida em 14-3-1994 – e 280 – *DJ* 11-8-2003).

II – Não é válida a cláusula de acordo ou convenção coletiva de trabalho fixando o adicional de periculosidade em percentual inferior ao estabelecido em lei e proporcional ao tempo de exposição ao risco, pois tal parcela constitui medida de higiene, saúde e segurança do trabalho, garantida por norma de ordem pública (arts. 7.º, XXII e XXIII, da CF e 193, § 1.º, da CLT).

•• Redação determinada pela Resolução n. 209, de 30-5-2016.

365. Alçada. Ação rescisória e mandado de segurança. (conversão das Orientações Jurisprudenciais n. 8 e 10 da SDI-1)

Não se aplica a alçada em ação rescisória e em mandado de segurança. (ex-OJs 8 e 10, ambas inseridas em 1.º-2-1995)

366. Cartão de ponto. Registro. Horas extras. Minutos que antecedem e sucedem a jornada de trabalho.

Não serão descontadas nem computadas como jornada extraordinária as variações de horário do registro de ponto não excedentes de cinco minutos, observado o limite máximo de dez minutos diários. Se ultrapassado esse limite, será considerada como extra a totalidade do tempo que exceder a jornada normal, pois configurado tempo à disposição do empregador, não importando as atividades desenvolvidas pelo empregado ao longo do tempo residual (troca de uniforme, lanche, higiene pessoal, etc.).

•• Redação determinada pela Resolução n. 197, de 12-5-2015.

367. Utilidades *in natura*. Habitação. Energia elétrica. Veículo. Cigarro. Não integração ao salário. (conversão das Orientações Jurisprudenciais n. 24, 131 e 246 da SDI-1)

I – A habitação, a energia elétrica e veículo fornecidos pelo empregador ao empregado, quando indispensáveis para a realização do trabalho, não têm natureza salarial, ainda que, no caso de veículo, seja ele utilizado pelo empregado também em atividades particulares. (ex-OJs 131 – inserida em 20-4-1998 e ratificada pelo Tribunal Pleno em 7-12-2000 e 246 – inserida em 20-6-2001)

II – O cigarro não se considera salário utilidade em face de sua nocividade à saúde. (ex-OJ 24 – inserida em 29-3-1996)

368. Descontos previdenciários. Imposto de renda. Competência. Responsabilidade pelo recolhimento. Forma de cálculo. Fato gerador. (aglutinada a parte final da orientação jurisprudencial n. 363 da SBDI-I à redação do item II e incluídos os itens IV, V e VI em sessão do tribunal pleno realizada em 26-6-2017)

I – A Justiça do Trabalho é competente para determinar o recolhimento das contribuições fiscais. A competência da Justiça do Trabalho, quanto à execução das contribuições previdenciárias, limita-se às sentenças condenatórias em pecúnia que proferir e aos valores, objeto de acordo homologado, que integrem o salário de contribuição. (ex-OJ n. 141 da SBDI-I – inserida em 27.11.1998)

II – É do empregador a responsabilidade pelo recolhimento das contribuições previdenciárias e fiscais, resultantes de crédito do empregado oriundo de condenação judicial. A culpa do empregador pelo inadimplemento das verbas remuneratórias, contudo, não exime a responsabilidade do empregado pelos pagamentos do imposto de renda devido e da contribuição previdenciária que recaia sobre sua quota-parte. (ex-OJ n. 363 da SBDI-I, parte final)

III – Os descontos previdenciários relativos à contribuição do empregado, no caso de ações trabalhistas, devem ser calculados mês a mês, de conformidade com o art. 276, § 4.°, do Decreto n. 3.048/1999 que regulamentou a Lei n. 8.212/1991, aplicando-se as alíquotas previstas no art. 198, observado o limite máximo do salário de contribuição (ex-OJs n. 32 e 228 da SBDI-I – inseridas, respectivamente, em 14-3-1994 e 20-6-2001)

IV – Considera-se fato gerador das contribuições previdenciárias decorrentes de créditos trabalhistas reconhecidos ou homologados em juízo, para os serviços prestados até 4-3-2009, inclusive, o efetivo pagamento das verbas, configurando-se a mora a partir do dia dois do mês seguinte ao da liquidação (art. 276, *caput*, do Decreto n. 3.048/1999). Eficácia não retroativa da alteração legislativa promovida pela Medida Provisória n. 449/2008, posteriormente convertida na Lei n. 11.941/2009, que deu nova redação ao art. 43 da Lei n. 8.212/91.

V – Para o labor realizado a partir de 5-3-2009, considera-se fato gerador das contribuições previdenciárias decorrentes de créditos trabalhistas reconhecidos ou homologados em juízo a data da efetiva prestação dos serviços. Sobre as contribuições previdenciárias não recolhidas a partir da prestação dos serviços incidem juros de mora e, uma vez apurados os créditos previdenciários, aplica-se multa a partir do exaurimento do prazo de citação para pagamento, se descumprida a obrigação, observado o limite legal de 20% (art. 61, § 2.°, da Lei n. 9.460/96).

VI – O imposto de renda decorrente de crédito do empregado recebido acumuladamente deve ser calculado sobre o montante dos rendimentos pagos, mediante a utilização de tabela progressiva resultante da multiplicação da quantidade de meses a que se refiram os rendimentos pelos valores constantes da tabela progressiva mensal correspondente ao mês do recebimento ou crédito, nos termos do art. 12-A da Lei n. 7.713, de 22-12-1988, com a redação conferida pela Lei n. 13.149/2015, observado o procedimento previsto nas Instruções Normativas da Receita Federal do Brasil.

•• Redação determinada pela Resolução n. 219, de 26-6-2017.

369. Dirigente sindical. Estabilidade provisória. (redação do item I alterada na sessão do Tribunal Pleno realizada em 14-9-2012)

I – É assegurada a estabilidade provisória ao empregado dirigente sindical, ainda que a comunicação do registro da candidatura ou da eleição e da posse seja realizada fora do prazo previsto no art. 543, § 5.°, da CLT, desde que a ciência ao empregador, por qualquer meio, ocorra na vigência do contrato de trabalho.

II – O art. 522 da CLT foi recepcionado pela Constituição Federal de 1988. Fica limitada, assim, a estabilidade a que alude o art. 543, § 3.°, da CLT a sete dirigentes sindicais e igual número de suplentes.

III – O empregado de categoria diferenciada eleito dirigente sindical só goza de estabilidade se exercer na empresa atividade pertinente à categoria profissional do sindicato para o qual foi eleito dirigente.

IV – Havendo extinção da atividade empresarial no âmbito da base territorial do sindicato, não há razão para subsistir a estabilidade.

V – O registro da candidatura do empregado a cargo de dirigente sindical durante o período de aviso prévio, ainda que indenizado, não lhe assegura a estabilidade, visto que inaplicável a regra do § 3.° do art. 543 da Consolidação das Leis do Trabalho.

•• Redação determinada pela Resolução n. 185, de 14-9-2012.

370. Médico e engenheiro. Jornada de trabalho. Leis ns. 3.999/1961 e 4.950/1966. (conversão das Orientações Jurisprudenciais n. 39 e 53 da SDI-1)

Tendo em vista que as Leis n. 3.999/1961 e 4.950/1966 não estipulam a jornada reduzida, mas apenas estabelecem o salário mínimo da categoria para uma jornada de 4 horas para os médicos e de 6 horas para os engenheiros, não há que se falar em horas extras, salvo as excedentes à oitava, desde que seja respeitado o salário mínimo/horário das categorias. (ex-OJs 39 e 53 – inseridas respectivamente em 7-11-1994 e 29-4-1994)

371. Aviso prévio indenizado. Efeitos. Superveniência de auxílio-doença no curso deste. (conversão das Orientações Jurisprudenciais n. 40 e 135 da SDI-1)

A projeção do contrato de trabalho para o futuro, pela concessão do aviso prévio indenizado, tem efeitos limitados às vantagens econômicas obtidas no período de pré-aviso, ou seja, salários, reflexos e verbas rescisórias. No caso de concessão de auxílio-doença no curso do aviso prévio, todavia, só se concretizam os efeitos da dispensa depois de expirado o benefício previdenciário. (ex-OJs 40 e 135 – inseridas respectivamente em 28-11-1995 e 27-11-1998)

372. Gratificação de função. Supressão ou redução. Limites. (conversão das Orientações Jurisprudenciais n. 45 e 303 da SDI-1)

I – Percebida a gratificação de função por dez ou mais anos pelo empregado, se o empregador, sem justo motivo, revertê-lo a seu cargo efetivo, não poderá retirar-lhe a gratificação tendo em vista o princípio da estabilidade financeira. (ex-OJ 45 – inserida em 25-11-1996)

II – Mantido o empregado no exercício da função comissionada, não pode o empregador reduzir o valor da gratificação. (ex-OJ 303 – *DJ* 11-8-2003)

373. Gratificação semestral. Congelamento. Prescrição parcial. (conversão da Orientação Jurisprudencial n. 46 da SDI-1)

Tratando-se de pedido de diferença de gratificação semestral que teve seu valor congelado, a prescrição aplicável é a parcial. (ex-OJ 46 – inserida em 29-3-1996)

374. Norma coletiva. Categoria diferenciada. Abrangência. (conversão da Orientação Jurisprudencial n. 55 da SDI-1)

Empregado integrante de categoria profissional diferenciada não tem o direito de haver de seu empregador vantagens previstas em instrumento coletivo no qual a empresa não foi representada por órgão de classe de sua categoria. (ex-OJ 55 – inserida em 25-11-1996)

375. Reajustes salariais previstos em norma coletiva. Prevalência da legislação de política salarial. (conversão da Orientação Jurisprudencial n. 69 da SDI-1 e da Orientação Jurisprudencial n. 40 da SDI-2)

Os reajustes salariais previstos em norma coletiva de trabalho não prevalecem frente à legislação superveniente de política salarial. (ex-OJs 69 da SDI-1 – inserida em 14-3-1994 e 40 da SDI-2 – inserida em 20-9-2000)

376. Horas extras. Limitação. Art. 59 da CLT. Reflexos. (conversão das Orientações Jurisprudenciais n. 89 e 117 da SDI-1)

I – A limitação legal da jornada suplementar a duas horas diárias não exime o empregador de pagar todas as horas trabalhadas. (ex-OJ 117 – inserida em 20-11-1997)

II – O valor das horas extras habitualmente prestadas integra o cálculo dos haveres trabalhistas, independentemente da limitação prevista no *caput* do art. 59 da CLT. (ex-OJ 89 – inserida em 28-4-1997)

377. Preposto. Exigência da condição de empregado

Exceto quanto à reclamação de empregado doméstico, ou contra micro ou pequeno empresário, o preposto deve ser necessariamente empregado do reclamado. Inteligência do art. 843, § 1.°, da CLT e do art. 54 da Lei Complementar n. 123, de 14 de dezembro de 2006. (ex-OJ 99 – inserida em 30-5-1997)

•• Redação determinada pela Resolução n. 146, de 24-4-2008.

378. Estabilidade provisória. Acidente de trabalho. Art. 118 da Lei n. 8.213/91. (inserido o item III)

I – É constitucional o art. 118 da Lei n. 8.213/1991 que assegura o direito à estabilidade provisória por período de 12 meses após a cessação do auxílio-doença ao empregado acidentado. (ex-OJ n. 105 da SBDI-1 – inserida em 1.°-10-1997)

II – São pressupostos para a concessão da estabilidade o afastamento superior a 15 dias e a consequente percepção do auxílio-doença acidentário, salvo se constatada, após a despedida, doença profissional que guarde relação de causalidade com a execução do contrato de emprego. (primeira parte – ex-OJ n. 230 da SBDI-1 – inserida em 20-6-2001)

III – O empregado submetido a contrato de trabalho por tempo determinado goza da garantia provisória de emprego, decorrente de acidente de trabalho, prevista no art. 118 da Lei n. 8.213/91.

•• Redação determinada pela Resolução n. 185, de 14-9-2012.

379. Dirigente sindical. Despedida. Falta grave. Inquérito judicial. Necessidade. (conversão da Orientação Jurisprudencial n. 114 da SDI-1)

O dirigente sindical somente poderá ser dispensado por falta grave mediante a apuração em inquérito judicial, inteligência dos arts. 494 e 543, § 3.°, da CLT. (ex-OJ 114 – inserida em 20-11-1997)

380. Aviso prévio. Início da contagem. Art. 132 do Código Civil de 2002. (conversão da Orientação Jurisprudencial n. 122 da SDI-1)

Aplica-se a regra prevista no *caput* do art. 132 do Código Civil de 2002 à contagem do prazo do aviso prévio, excluindo-se o dia do começo e incluindo o do vencimento. (ex-OJ 122 – inserida em 20-4-1998)

381. Correção monetária. Salário. Art. 459 da CLT. (conversão da Orientação Jurisprudencial n. 124 da SDI-1)

O pagamento dos salários até o 5.° dia útil do mês subsequente ao vencido não está sujeito à correção monetária. Se essa data limite for ultrapassada, incidirá o índice da correção monetária do mês subsequente ao da prestação dos serviços, a partir do dia 1.°. (ex-OJ 124 – inserida em 20-4-1998)

382. Mudança de regime celetista para estatutário. Extinção do contrato. Prescrição bienal. (conversão da Orientação Jurisprudencial n. 128 da SDI-1)

A transferência do regime jurídico de celetista para estatutário implica extinção do contrato de trabalho, fluindo o prazo da prescrição bienal a partir da mudança de regime. (ex-OJ 128 – inserida em 20-4-1998)

383. Recurso. Mandato. Irregularidade de representação. CPC de 2015, arts. 104 e 76, § 2.°. (nova redação em decorrência do CPC de 2015)

I – É inadmissível recurso firmado por advogado sem procuração juntada aos autos até o momento da sua interposição, salvo mandato tácito. Em caráter excepcional (art. 104 do CPC de 2015), admite-se que o advogado, independentemente de intimação, exiba a procuração no prazo de 5 (cinco) dias após a interposição do recurso, prorrogável por igual período mediante despacho do juiz. Caso não a exiba, considera-se ineficaz o ato praticado e não se conhece do recurso.

II – Verificada a irregularidade de representação da parte em fase recursal, em procuração ou substabelecimento já constante dos autos, o relator ou o órgão competente para julgamento do recurso designará prazo de 5 (cinco) dias para que seja sanado o vício. Descumprida a determinação, o relator não conhecerá do recurso, se a providência couber ao recorrente, ou determinará o desentranhamento das contrarrazões, se a providência couber ao recorrido (art. 76, § 2.°, do CPC de 2015).

•• Redação determinada pela Resolução n. 210, de 27-6-2016.

• *Vide* OJ 151 da SDI-2.

384. Multa convencional. Cobrança. (conversão das Orientações Jurisprudenciais n. 150 e 239 da SDI-1)

I – O descumprimento de qualquer cláusula constante de instrumentos normativos diversos não submete o empregado a ajuizar várias ações, pleiteando em cada uma o pagamento da multa referente ao descumprimento de obrigações previstas nas cláusulas respectivas. (ex-OJ 150 – inserida em 27-11-1998)

II – É aplicável multa prevista em instrumento normativo (sentença normativa, convenção ou acordo coletivo) em caso de descumprimento de obrigação prevista em lei, mesmo que a norma coletiva seja mera repetição de texto legal. (ex-OJ 239 – inserida em 20-6-2001)

385. Feriado local ou forense. Ausência de Expediente. Prazo recursal. Prorrogação. Comprovação. Necessidade. (alterada em decorrência do CPC de 2015)

I – Incumbe à parte o ônus de provar, quando da interposição do recurso, a existência de feriado local que autorize a prorrogação do prazo recursal (art. 1.003, § 6.°, do CPC de 2015). No caso de o recorrente alegar a existência de feriado local e não o comprovar no momento da interposição do recurso, cumpre ao relator conceder o prazo de 5 (cinco) dias para que seja sanado o vício (art. 932, parágrafo único, do CPC de 2015), sob pena de não conhecimento se da comprovação depender a tempestividade recursal.

II – Na hipótese de feriado forense, incumbirá à autoridade que proferir a decisão de admissibilidade certificar o expediente nos autos.

III – Admite-se a reconsideração da análise da tempestividade do recurso, mediante prova documental superveniente, em agravo de instrumento, agravo interno, agravo regimental, ou embargos de declaração, desde que, em momento anterior, não tenha havido a concessão de prazo para a comprovação da ausência de expediente forense.

•• Redação determinada pela Resolução n. 220, de 18-9-2017.

386. Policial militar. Reconhecimento de vínculo empregatício com empresa privada. (conversão da Orientação Jurisprudencial n. 167 da SDI-1)

Preenchidos os requisitos do art. 3.° da CLT, é legítimo o reconhecimento de relação de emprego entre policial militar e empresa privada, independentemente do eventual cabimento de penalidade disciplinar prevista no Estatuto do Policial Militar. (ex-OJ 167 – inserida em 26-3-1999)

387. Recurso. Fac-símile. Lei n. 9.800/1999

I – A Lei n. 9.800, de 26-5-1999, é aplicável somente a recursos interpostos após o início de sua vigência (ex-OJ 194 da SBDI-1 – inserida em 8-11-2000).

II – A contagem do quinquídio para apresentação dos originais de recurso interposto por intermédio de fac-símile começa a fluir do dia subsequente ao término do prazo recursal, nos termos do art. 2.° da Lei n. 9.800, de 26-5-1999, e não do dia seguinte à interposição do recurso, se esta se deu antes do termo final do prazo. (ex-OJ 337 da SBDI-1 – primeira parte – *DJ* 4-5-2004).

III – Não se tratando a juntada dos originais de ato que dependa de notificação, pois a parte, ao interpor o recurso, já tem ciência de seu ônus processual, não se aplica a regra do art. 224 do CPC de 2015 (art. 184 do CPC de 1973) quanto ao *dies a quo*, podendo coincidir com sábado, domingo ou feriado. (ex-OJ 337 da SBDI-1 – *in fine* – *DJ* 4-5-2004)

IV – A autorização para utilização do fac-símile, constante do art. 1.° da Lei n. 9.800, de 26-5-1999, somente alcança as hipóteses em que o documento é dirigido diretamente ao órgão jurisdicional, não se aplicando à transmissão ocorrida entre particulares.

•• Redação determinada pela Resolução n. 208, de 19-4-2016.

•• *Vide* art. 775 da CLT.

388. Massa falida. Arts. 467 e 477 da CLT. Inaplicabilidade (conversão das Orientações Jurisprudenciais n. 201 e 314 da SDI-1)

A Massa Falida não se sujeita à penalidade do art. 467 e nem à multa do § 8.° do art. 477, ambos da CLT. (ex-OJs 201 – *DJ* 11-8-2003 e 314 – *DJ* 8-11-2000)

389. Seguro-desemprego. Competência da Justiça do Trabalho. Direito à indenização por não liberação de guias. (conversão das Orientações Jurisprudenciais n. 210 e 211 da SDI-1)

I – Inscreve-se na competência material da Justiça do Trabalho a lide entre empregado e empregador tendo por objeto indenização pelo não fornecimento das guias do seguro-desemprego. (ex-OJ 210 – inserida em 8-11-2000)

II – O não fornecimento pelo empregador da guia necessária para o recebimento do seguro-desemprego dá origem ao direito à indenização. (ex-OJ 211 – inserida em 8-11-2000)

390. Estabilidade. Art. 41 da CF/1988. Celetista. Administração direta, autárquica ou fundacional. Aplicabilidade. Empregado de empresa pública e sociedade de economia mista. Inaplicável. (conversão das Orientações Jurisprudenciais n. 229 e 265 da SDI-1 e da Orientação Jurisprudencial n. 22 da SDI-2)

I – O servidor público celetista da administração direta, autárquica ou fundacional é beneficiário da estabilidade prevista no art. 41 da CF/1988. (ex-OJ 265 da SDI-1 – inserida em 27-9-2002 e ex-OJ 22 da SDI-2 – inserida em 20-9-2000)

II – Ao empregado de empresa pública ou de sociedade de economia mista, ainda que admitido mediante aprovação em concurso público, não é garantida a estabilidade prevista no art. 41 da CF/1988. (ex-OJ 229 – inserida em 20-6-2001)

391. Petroleiros. Lei n. 5.811/1972. Turno ininterrupto de revezamento. Horas extras e alteração da jornada para horário fixo. (conversão das Orientações Jurisprudenciais n. 240 e 333 da SDI-1)

I – A Lei n. 5.811/72 foi recepcionada pela CF/88 no que se refere à duração da jornada de trabalho em regime de revezamento dos petroleiros. (ex-OJ 240 – inserida em 20-6-2001)

II – A previsão contida no art. 10 da Lei n. 5.811/1972, possibilitando a mudança do regime de revezamento para horário fixo, constitui alteração lícita, não violando os arts. 468 da CLT e 7.°, VI, da CF/1988. (ex-OJ 333 – *DJ* 9-12-2003)

SÚMULAS

ESPAÇO RESERVADO PARA USO DE GRAMPO

392. Dano moral e material. Relação de trabalho. Competência da Justiça do Trabalho.

Nos termos do art. 114, inc. VI, da Constituição da República, a Justiça do Trabalho é competente para processar e julgar ações de indenização por dano moral e material, decorrentes da relação de trabalho, inclusive as oriundas de acidente de trabalho e doenças a ele equiparadas, ainda que propostas pelos dependentes ou sucessores do trabalhador falecido.

•• Redação determinada pela Resolução n. 200, de 27-10-2015.

393. Recurso ordinário. Efeito devolutivo em profundidade. Art. 1.013, § 1.°, do CPC de 2015. Art. 515, § 1.°, do CPC de 1973

I – O efeito devolutivo em profundidade do recurso ordinário, que se extrai do § 1.° do art. 1.013 do CPC de 2015 (art. 515, §1.°, do CPC de 1973), transfere ao Tribunal a apreciação dos fundamentos da inicial ou da defesa, não examinados pela sentença, ainda que não renovados em contrarrazões, desde que relativos ao capítulo impugnado.

II – Se o processo estiver em condições, o tribunal, ao julgar o recurso ordinário, deverá decidir desde logo o mérito da causa, nos termos do § 3.° do art. 1.013 do CPC de 2015, inclusive quando constatar a omissão da sentença no exame de um dos pedidos.

•• Redação determinada pela Resolução n. 208, de 19-4-2016.

394. Fato superveniente. Art. 493 do CPC de 2015. Art. 462 do CPC de 1973

O art. 493 do CPC de 2015 (art. 462 do CPC de 1973), que admite a invocação de fato constitutivo, modificativo ou extintivo do direito, superveniente à propositura da ação, é aplicável de ofício aos processos em curso em qualquer instância trabalhista. Cumpre ao juiz ou tribunal ouvir as partes sobre o fato novo antes de decidir.

•• Redação determinada pela Resolução n. 208, de 19-4-2016.

395. Mandato e substabelecimento. Condições de validade. (nova redação dos itens I e II e acrescido o item V em decorrência do CPC de 2015)

I – Válido é o instrumento de mandato com prazo determinado que contém cláusula estabelecendo a prevalência dos poderes para atuar até o final da demanda (§ 4.° do art. 105 do CPC de 2015). (ex-OJ 312 da SBDI-1 – *DJ* 11-8-2003)

II – Se há previsão, no instrumento de mandato, de prazo para sua juntada, o mandato só tem validade se anexado ao processo o respectivo instrumento no aludido prazo. (ex-OJ 313 da SBDI-1 – *DJ* 11-8-2003)

III – São válidos os atos praticados pelo substabelecido, ainda que não haja, no mandato, poderes expressos para substabelecer (art. 667, e parágrafos, do Código Civil de 2002). (ex-OJ 108 da SBDI-1 – inserida em 1.°-10-1997)

IV – Configura-se a irregularidade de representação se o substabelecimento é anterior à outorga passada ao substabelecente. (ex-OJ 330 da SBDI-1 – *DJ* 9-12-2003)

V – Verificada a irregularidade de representação nas hipóteses dos itens II e IV, deve o juiz suspender o processo e designar prazo razoável para que seja sanado o vício, ainda que em instância recursal (art. 76 do CPC de 2015).

•• Redação determinada pela Resolução n. 211, de 22-8-2016.

396. Estabilidade provisória. Pedido de reintegração. Concessão do salário relativo ao período de estabilidade já exaurido. Inexistência de julgamento *extra petita*. (conversão das Orientações Jurisprudenciais n. 106 e 116 da SDI-1)

I – Exaurido o período de estabilidade, são devidos ao empregado apenas os salários do período compreendido entre a data da despedida e o final do período de estabilidade, não lhe sendo assegurada a reintegração no emprego. (ex-OJ 116 – inserida em 20-11-1997)

II – Não há nulidade por julgamento *extra petita* da decisão que deferir salário quando o pedido for de reintegração, dados os termos do art. 496 da CLT. (ex-OJ 106 – inserida em 1.°-10-1997)

397. Ação rescisória. Art. 966, IV, do CPC de 2015. Art. 485, IV, do CPC de 1973. Ação de cumprimento. Ofensa à coisa julgada emanada de sentença normativa modificada em grau de recurso. Inviabilidade. Cabimento de mandado de segurança

Não procede ação rescisória calcada em ofensa à coisa julgada perpetrada por decisão proferida em ação de cumprimento, em face de a sentença normativa, na qual se louvava, ter sido modificada em grau de recurso, porque em dissídio coletivo somente se consubstancia coisa julgada formal. Assim, os meios processuais aptos a atacarem a execução da cláusula reformada são a exceção de pré-executividade e o mandado de segurança, no caso de descumprimento do art. 514 do CPC de 2015 (art. 572 do CPC de 1973). (ex-OJ 116 da SBDI-2 – *DJ* 11-8-2003)

•• Redação determinada pela Resolução n. 208, de 19-4-2016.

398. Ação rescisória. Ausência de defesa. Inaplicáveis os efeitos da revelia. (alterada em decorrência do CPC de 2015)

Na ação rescisória, o que se ataca é a decisão, ato oficial do Estado, acobertado pelo manto da coisa julgada. Assim, e considerando que a coisa julgada envolve questão de ordem pública, a revelia não produz confissão na ação rescisória. (ex-OJ n. 126 da SBDI-2 – *DJ* 9-12-2003).

•• Redação determinada pela Resolução n. 219, de 26-6-2017.

399. Ação rescisória. Cabimento. Sentença de mérito. Decisão homologatória de adjudicação, de arrematação e de cálculos. (conversão das Orientações Jurisprudenciais n. 44, 45 e 85, primeira parte, da SDI-2)

I – É incabível ação rescisória para impugnar decisão homologatória de adjudicação ou arrematação. (ex-OJs 44 e 45 – ambas inseridas em 20-9-2000)

II – A decisão homologatória de cálculos apenas comporta rescisão quando enfrentar as questões envolvidas na elaboração da conta de liquidação, quer solvendo a controvérsia das partes quer explicitando, de ofício, os motivos pelos quais acolheu os cálculos oferecidos por uma das partes ou pelo setor de cálculos, e não contestados pela outra. (ex-OJ 85, primeira parte – inserida em 13-3-2002 e alterada em 26-11-2002).

400. Ação rescisória de ação rescisória. Violação manifesta de norma jurídica. Indicação da mesma norma jurídica apontada na rescisória primitiva (mesmo dispositivo de lei sob o CPC de 1973)

Em se tratando de rescisória de rescisória, o vício apontado deve nascer na decisão rescindenda, não se admitindo a rediscussão do acerto do julgamento da rescisória anterior. Assim, não procede rescisória calcada no inciso V do art. 966 do CPC de 2015 (art. 485, V, do CPC de 1973) para discussão, por má aplicação da mesma norma jurídica, tida por violada na rescisória anterior, bem como para arguição de questões inerentes à ação rescisória primitiva. (ex-OJ 95 da SBDI-2 – inserida em 27-9-2002 e alterada *DJ* 16-4-2004)

•• Redação determinada pela Resolução n. 208, de 19-4-2016.

401. Ação rescisória. Descontos legais. Fase de execução. Sentença exequenda omissa. Inexistência de ofensa à coisa julgada. (conversão da Orientação Jurisprudencial n. 81 da SDI-2)

Os descontos previdenciários e fiscais devem ser efetuados pelo juízo executório, ainda que a sentença exequenda tenha sido omissa sobre a questão, dado o caráter de ordem pública ostentado pela norma que os disciplina. A ofensa à coisa julgada somente poderá ser caracterizada na hipótese de o título exequendo, expressamente, afastar a dedução dos valores a título de imposto de renda e de contribuição previdenciária. (ex-OJ 81 – inserida em 13-3-2002)

402. Ação rescisória. Prova nova. Dissídio coletivo. Sentença normativa. (nova redação em decorrência do CPC de 2015)

I – Sob a vigência do CPC de 2015 (art. 966, inciso VII), para efeito de ação rescisória, considera-se prova nova a cronologicamente velha, já existente ao tempo do trânsito em julgado da decisão rescindenda, mas ignorada pelo interessado ou de impossível utilização, à época, no processo.

II – Não é prova nova apta a viabilizar a desconstituição de julgado:

a) sentença normativa proferida ou transitada em julgado posteriormente à sentença rescindenda;

b) sentença normativa preexistente à sentença rescindenda, mas não exibida no processo principal, em virtude de negligência da parte, quando podia e deveria louvar-se de documento já existente e não ignorado quando emitida a decisão rescindenda. (ex-OJ n. 20 da SBDI-2 – inserida em 20-9-2000).

•• Redação determinada pela Resolução n. 217, de 17-4-2017.

403. Ação rescisória. Dolo da parte vencedora em detrimento da vencida. Art. 485, III, do CPC. (conversão das Orientações Jurisprudenciais n. 111 e 125 da SDI-2)

I – Não caracteriza dolo processual, previsto no art. 485, III, do CPC, o simples fato de a parte vencedora haver silenciado a respeito de fatos contrários a ela, porque o procedimento, por si só, não constitui ardil do qual resulte cerceamento de defesa e, em consequência, desvie o juiz de uma sentença não condizente com a verdade. (ex-OJ 125 – *DJ* 9-12-2003)

II – Se a decisão rescindenda é homologatória de acordo, não há parte vencedora ou vencida, razão pela qual não é possível a sua desconstituição calcada no inciso III do art. 485 do CPC (dolo da parte vencedora em detrimento da vencida), pois constitui fundamento de rescindibilidade que supõe solução jurisdicional para a lide. (ex-OJ 111 – *DJ* 29-4-2003)

404. Ação rescisória. Fundamento para invalidar confissão. Confissão ficta. Inadequação do enquadramento no art. 485, VIII, do CPC de 1973.

O art. 485, VIII, do CPC de 1973, ao tratar do fundamento para invalidar a confissão como hipótese de rescindibilidade da decisão judicial, referia-se à confissão real, fruto de erro, dolo ou coação, e não à confissão ficta resultante de revelia.

•• Redação determinada pela Resolução n. 209, de 30-5-2016.

405. Ação rescisória. Tutela provisória

Em face do que dispõem a MP 1.984-22/2000 e o art. 969 do CPC de 2015, é cabível o pedido de tutela provisória formulado na petição inicial de ação rescisória ou na fase recursal, visando a suspender a execução da decisão rescindenda.

•• Redação determinada pela Resolução n. 208, de 19-4-2016.

406. Ação rescisória. Litisconsórcio. Necessário no polo passivo e facultativo no ativo. Inexistente quanto aos substituídos pelo sindicato. (conversão das Orientações Jurisprudenciais n. 82 e 110 da SDI-2)

I – O litisconsórcio, na ação rescisória, é necessário em relação ao polo passivo da demanda, porque supõe uma comunidade de direitos ou de obrigações que não admite solução díspar para os litisconsortes, em face da indivisibilidade do objeto. Já em relação ao polo ativo, o litisconsórcio é facultativo, uma vez que a aglutinação de autores se faz por conveniência e não, pela necessidade decorrente da natureza do litígio, pois não se pode condicionar o exercício do direito individual de um dos litigantes no processo originário à anuência dos demais para retomar a lide. (ex-OJ 82 – inserida em 13-3-2002)

II – O Sindicato, substituto processual e autor da reclamação trabalhista, em cujos autos fora proferida a decisão rescindenda, possui legitimidade para figurar como réu na ação rescisória, sendo descabida a exigência de citação de todos os empregados substituídos, porquanto inexistente litisconsórcio passivo necessário. (ex-OJ 110 – *DJ* 29-4-2003)

407. Ação rescisória. Ministério Público. Legitimidade *ad causam* prevista no art. 967, III, *a*, *b* e *c* do CPC de 2015. Art. 487, III, *a* e *b*, do CPC de 1973. Hipóteses meramente exemplificativas

A legitimidade *ad causam* do Ministério Público para propor ação rescisória, ainda que não tenha sido parte no processo que deu origem à decisão rescindenda, não está limitada às alíneas *a*, *b* e *c* do inciso III do art. 967 do CPC de 2015 (art. 487, III, *a* e *b*, do CPC de 1973), uma vez que traduzem hipóteses meramente exemplificativas. (ex-OJ 83 da SBDI-2 – inserida em 13-3-2002)

•• Redação determinada pela Resolução n. 208, de 19-4-2016.

408. Ação rescisória. Petição inicial. Causa de pedir. Ausência de capitulação ou capitulação errônea no art. 966 do CPC de 2015. Art. 485 do CPC de 1973. Princípio *iura novit curia*

Não padece de inépcia a petição inicial de ação rescisória apenas porque omite a subsunção do fundamento de rescindibilidade no art. 966 do CPC de 2015 (art. 485 do CPC de 1973) ou o capitula erroneamente em um de seus incisos. Contanto que não se afaste dos fatos e fundamentos invocados como causa de pedir, ao Tribunal é lícito emprestar-lhes a adequada qualificação jurídica (*iura novit curia*). No entanto, fundando-se a ação rescisória no art. 966, inciso V, do CPC de 2015 (art. 485, inciso V, do CPC de 1973), é indispensável expressa indicação, na petição inicial da ação rescisória, da norma jurídica manifestamente violada (dispositivo legal violado sob o CPC de 1973), por se tratar de causa de pedir da rescisória, não se aplicando, no caso, o princípio *iura novit curia*. (ex-OJs 32 e 33 da SBDI-2 – inseridas em 20-9-2000)

•• Redação determinada pela Resolução n. 208, de 19-4-2016.

409. Ação rescisória. Prazo prescricional. Total ou parcial. Violação do art. 7.º, XXIX, da CF/88. Matéria infraconstitucional. (conversão da Orientação Jurisprudencial n. 119 da SDI-2)

Não procede ação rescisória calcada em violação do art. 7.º, XXIX, da CF/88 quando a questão envolve discussão sobre a espécie de prazo prescricional aplicável aos créditos trabalhistas, se total ou parcial, porque a matéria tem índole infraconstitucional, construída, na Justiça do Trabalho, no plano jurisprudencial. (ex-OJ 119 – *DJ* 11-8-2003)

410. Ação rescisória. Reexame de fatos e provas. Inviabilidade. (conversão da Orientação Jurisprudencial n. 109 da SDI-2)

A ação rescisória calcada em violação de lei não admite reexame de fatos e provas do processo que originou a decisão rescindenda. (ex-OJ 109 – *DJ* 29-4-2003)

411. Ação rescisória. Sentença de mérito. Decisão de Tribunal Regional do Trabalho em agravo regimental confirmando decisão monocrática do relator que, aplicando a Súmula 83 do TST, indeferiu a petição inicial da ação rescisória. Cabimento. (conversão da Orientação Jurisprudencial n. 43 da SDI-2)

Se a decisão recorrida, em agravo regimental, aprecia a matéria na fundamentação, sob o enfoque das Súmulas 83 do TST e 343 do STF, constitui sentença de mérito, ainda que haja resultado no indeferimento da petição inicial e na extinção do processo sem julgamento do mérito. Sujeita-se, assim, à reforma pelo TST, a decisão do Tribunal que, invocando controvérsia na interpretação da lei, indefere a petição inicial de ação rescisória. (ex-OJ 43 – inserida em 20-9-2000)

412. Ação rescisória. Regência pelo CPC de 1973. Sentença de mérito. Questão processual. (nova redação em decorrência do CPC de 2015)

Sob a égide do CPC de 1973, pode uma questão processual ser objeto de rescisão desde que consista em pressuposto de validade de uma sentença de mérito. (ex-OJ n. 46 da SBDI-2 – inserida em 20-9-2000)

•• Redação determinada pela Resolução n. 217, de 17-4-2017.

413. Ação rescisória. Sentença de mérito. Violação do art. 896, *a*, da CLT. (nova redação em decorrência do CPC de 2015)

É incabível ação rescisória, por violação do art. 896, *a*, da CLT, contra decisão transitada em julgado sob a égide do CPC de 1973 que não conhece de recurso de revista, com base em divergência jurisprudencial, pois não se cuidava de sentença de mérito (art. 485 do CPC de 1973). (ex-OJ 47 da SBDI-2 – inserida em 20-9-2000).

•• Redação determinada pela Resolução n. 209, de 30-5-2016.

414. Mandado de segurança. Tutela provisória concedida antes ou na sentença. (nova redação em decorrência do CPC de 2015)

I – A tutela provisória concedida na sentença não comporta impugnação pela via do mandado de segurança, por ser impugnável mediante recurso ordinário. É admissível a obtenção de efeito suspensivo ao recurso ordinário mediante requerimento dirigido ao tribunal, ao relator ou ao presidente ou ao vice-presidente do tribunal recorrido, por aplicação subsidiária ao processo do trabalho do artigo 1.029, § 5.º, do CPC de 2015.

II – No caso de a tutela provisória haver sido concedida ou indeferida antes da sentença, cabe mandado de segurança, em face da inexistência de recurso próprio.

III – A superveniência da sentença, nos autos originários, faz perder o objeto do mandado de segurança que impugnava a concessão ou o indeferimento da tutela provisória.

•• Redação determinada pela Resolução n. 217, de 17-4-2017.

415. Mandado de segurança. Petição inicial. Art. 321 do CPC de 2015. Art. 284 do CPC de 1973. Inaplicabilidade

Exigindo o mandado de segurança prova documental pré-constituída, inaplicável o art. 321 do CPC de 2015 (art. 284 do CPC de 1973) quando verificada, na petição inicial do *mandamus*, a ausência de documento indispensável ou de sua autenticação. (ex- OJ 52 da SBDI-2 – inserida em 20-9-2000)

•• Redação determinada pela Resolução n. 208, de 19-4-2016.

416. Mandado de segurança. Execução. Lei n. 8.432/92. Art. 897, § 1.º, da CLT. Cabimento. (conversão da Orientação Jurisprudencial n. 55 da SDI-2)

Devendo o agravo de petição delimitar justificadamente a matéria e os valores objeto de discordância, não fere direito líquido e certo o prosseguimento da execução quanto aos tópicos e valores não especificados no agravo. (ex-OJ 55 – inserida em 20-9-2000)

417. Mandado de segurança. Penhora em dinheiro. (alterado o item I, atualizado o item II e cancelado o item III, modulando-se os efeitos da presente redação de forma a atingir unicamente as penhoras em dinheiro em execução provisória efetivadas a partir de 18-3-2016, data de vigência do CPC de 2015)

I – Não fere direito líquido e certo do impetrante o ato judicial que determina penhora em dinheiro do executado para garantir crédito exequendo, pois é prioritária e obedece à gradação prevista no art. 835 do CPC de 2015 (art. 655 do CPC de 1973).

II – Havendo discordância do credor, em execução definitiva, não tem o executado direito líquido e certo a que os valores penhorados em dinheiro fiquem depositados no próprio banco, ainda que atenda aos requisitos do art. 840, I, do CPC de 2015 (art. 666, I, do CPC de 1973). (ex-OJ 61 da SBDI-2 – inserida em 20-9-2000).

•• Redação determinada pela Resolução n. 212, de 19-9-2016.

418. Mandado de segurança visando à homologação de acordo. (nova redação em decorrência do CPC de 2015)

A homologação de acordo constitui faculdade do juiz, inexistindo direito líquido e certo tutelável pela via do mandado de segurança.

•• Redação determinada pela Resolução n. 217, de 17-4-2017.

419. Competência. Embargos de terceiro. Execução por carta precatória. Juízo deprecado. (alterada em decorrência do CPC de 2015)

Na execução por carta precatória, os embargos de terceiro serão oferecidos no juízo deprecado, salvo se indicado pelo juízo deprecante o bem constrito ou se já devolvida a carta (art. 676, parágrafo único, do CPC de 2015).

•• Redação determinada pela Resolução n. 212, de 19-9-2016.

420. Competência funcional. Conflito negativo. TRT e Vara do Trabalho de idêntica região. Não configuração. (conversão da Orientação Jurisprudencial n. 115 da SDI-2)

Não se configura conflito de competência entre Tribunal Regional do Trabalho e Vara do Trabalho a ele vinculada. (ex-OJ 115 – *DJ* 11-8-2003)

421. Embargos de declaração. Cabimento. Decisão monocrática do relator calcada no art. 932 do CPC de 2015. Art. 557 do CPC de 1973

I – Cabem embargos de declaração da decisão monocrática do relator prevista no art. 932 do CPC de 2015 (art. 557 do CPC de 1973), se a parte pretende tão somente juízo integrativo retificador da decisão e, não, modificação do julgado.

II – Se a parte postular a revisão no mérito da decisão monocrática, cumpre ao relator converter os embargos de declaração em agravo, em face dos princípios da fungibilidade e celeridade processual, submetendo-o ao pronunciamento do Colegiado, após a intimação do recorrente para, no prazo de 5 (cinco) dias, complementar as razões recursais, de modo a ajustá-las às exigências do art. 1.021, § 1.º, do CPC de 2015.

•• Redação determinada pela Resolução n. 208, de 19-4-2016.

422. Recurso. Fundamento ausente ou deficiente. Não conhecimento. (redação alterada, com inserção dos itens I, II e III)

I – Não se conhece de recurso para o Tribunal Superior do Trabalho se as razões do recorrente não impugnam os fundamentos da decisão recorrida, nos termos em que proferida.

II – O entendimento referido no item anterior não se aplica em relação à motivação secundária e impertinente, consubstanciada em despacho de admissibilidade de recurso ou em decisão monocrática.

III – Inaplicável a exigência do item I relativamente ao recurso ordinário da competência de Tribunal Regional do Trabalho, exceto em caso de recurso cuja motivação é inteiramente dissociada dos fundamentos da sentença.

•• Redação determinada pela Resolução n. 199, de 9-6-2015.

423. Turno ininterrupto de revezamento. Fixação de jornada de trabalho mediante negociação coletiva. Validade. (conversão da Orientação Jurisprudencial n. 169 da SBDI-1)

Estabelecida jornada superior a seis horas e limitada a oito horas por meio de regular negociação coletiva, os empregados submetidos a turnos ininterruptos de revezamento não têm direito ao pagamento da 7.ª e 8.ª hora como extras.

424. Recurso administrativo. Pressuposto de admissibilidade. Depósito prévio da multa administrativa. Não recepção pela Constituição Federal do § 1.º do art. 636 da CLT.

O § 1.º do art. 636 da CLT, que estabelece a exigência de prova do depósito prévio do valor da multa cominada em razão de autuação administrativa como pressuposto de admissibilidade de recurso administrativo, não foi recepcionado pela Constituição Federal de 1988, ante a sua incompatibilidade com o inciso LV do art. 5.º.

425. *Jus postulandi* na Justiça do Trabalho. Alcance.

O *jus postulandi* das partes, estabelecido no art. 791 da CLT, limita-se às Varas do Trabalho e aos Tribunais Regionais do Trabalho, não alcançando a ação rescisória, a ação cautelar, o mandado de segurança e os recursos de competência do Tribunal Superior do Trabalho.

426. Depósito recursal. Utilização da guia GFIP. Obrigatoriedade.

Nos dissídios individuais o depósito recursal será efetivado mediante a utilização da Guia de Recolhimento do FGTS e Informações à Previdência Social – GFIP, nos termos dos §§ 4.º e 5.º do art. 899 da CLT, admitido o depósito judicial, realizado na sede do juízo e à disposição deste, na hipótese de relação de trabalho não submetida ao regime do FGTS.

•• *Vide* art. 899 da CLT, que sofreu alteração pela Lei n. 13.467, de 13-7-2017, em vigor 120 dias da sua publicação (*DOU* de 14-7-2017).

427. Intimação. Pluralidade de advogados. Publicação em nome de advogado diverso daquele expressamente indicado. Nulidade.

Havendo pedido expresso de que as intimações e publicações sejam realizadas exclusivamente em nome de determinado advogado, a comunicação em nome de outro profissional constituído nos autos é nula, salvo se constatada a inexistência de prejuízo.

428. Sobreaviso. Aplicação analógica do art. 244, § 2.º, da CLT. (redação alterada na sessão do Tribunal Pleno realizada em 14-9-2012)

I – O uso de instrumentos telemáticos ou informatizados fornecidos pela empresa ao empregado, por si só, não caracteriza o regime de sobreaviso.

II – Considera-se em sobreaviso o empregado que, à distância e submetido a controle patronal por instrumentos telemáticos ou informatizados, permanecer em regime de plantão ou equivalente, aguardando a qualquer momento o chamado para o serviço durante o período de descanso.

•• Redação determinada pela Resolução n. 185, de 14-9-2012.

429. Tempo à disposição do empregador. Art. 4.º da CLT. Período de deslocamento entre a portaria e o local de trabalho.

Considera-se à disposição do empregador, na forma do art. 4.º da CLT, o tempo necessário ao deslocamento do trabalhador entre a portaria da empresa e o local de trabalho, desde que supere o limite de 10 (dez) minutos diários.

430. Administração Pública Indireta. Contratação. Ausência de concurso público. Nulidade. Ulterior privatização. Convalidação. Insubsistência do vício.

Convalidam-se os efeitos do contrato de trabalho que, considerado nulo por ausência de concurso público, quando celebrado originalmente com ente da Administração Pública Indireta, continua a existir após a sua privatização.

431. Salário-hora. Empregado sujeito ao regime geral de trabalho (art. 58, *caput*, da CLT). 40 horas semanais. Cálculo. Aplica-

SÚMULAS

ESPAÇO RESERVADO PARA USO DE GRAMPO

ção do divisor 200. (redação alterada na sessão do Tribunal Pleno realizada em 14-9-2012)

Para os empregados a que alude o art. 58, *caput*, da CLT, quando sujeitos a 40 horas semanais de trabalho, aplica-se o divisor 200 (duzentos) para o cálculo do valor do salário-hora.

•• Redação determinada pela Resolução n. 185, de 14-9-2012.

432. Contribuição sindical rural. Ação de cobrança. Penalidade por atraso no recolhimento. Inaplicabilidade do art. 600 da CLT. Incidência do art. 2.º da Lei n. 8.022/1990.

O recolhimento a destempo da contribuição sindical rural não acarreta a aplicação da multa progressiva prevista no art. 600 da CLT, em decorrência da sua revogação tácita pela Lei n. 8.022, de 12 de abril de 1990.

433. Embargos. Admissibilidade. Processo em fase de execução. Acórdão de turma publicado na vigência da Lei n. 11.496, de 26-6-2007. Divergência de interpretação de dispositivo constitucional.

A admissibilidade do recurso de embargos contra acórdão de Turma em recurso de revista em fase de execução, publicado na vigência da Lei n. 11.496, de 26-6-2007, condiciona-se à demonstração de divergência jurisprudencial entre Turmas ou destas e a Seção Especializada em Dissídios Individuais do Tribunal Superior do Trabalho em relação à interpretação de dispositivo constitucional.

434. (*Cancelada pela Resolução n. 198, de 9-6-2015.*)

435. Decisão monocrática. Relator. Art. 932 do CPC de 2015. Art. 557 do CPC de 1973. Aplicação subsidiária ao processo do trabalho.

Aplica-se subsidiariamente ao processo do trabalho o art. 932 do CPC de 2015 (art. 557 do CPC de 1973).

•• Redação determinada pela Resolução n. 208, de 19-4-2016.

436. Representação processual. Procurador da União, Estados, Municípios e Distrito Federal, suas autarquias e fundações públicas. Juntada de instrumento de mandato. (conversão da Orientação Jurisprudencial n. 52 da SBDI-I e inserção do item II à redação)

I – A União, Estados, Municípios e Distrito Federal, suas autarquias e fundações públicas, quando representadas em juízo, ativa e passivamente, por seus procuradores, estão dispensadas da juntada de instrumento de mandato e de comprovação do ato de nomeação.

II – Para os efeitos do item anterior, é essencial que o signatário ao menos declare-se exercente do cargo de procurador, não bastando a indicação do número de inscrição na Ordem dos Advogados do Brasil.

437. Intervalo intrajornada para repouso e alimentação. Aplicação do art. 71 da CLT. (conversão das Orientações Jurisprudenciais n. 307, 342, 354, 380 e 381 da SBDI-1)

I – Após a edição da Lei n. 8.923/94, a não concessão ou a concessão parcial do intervalo intrajornada mínimo, para repouso e alimentação, a empregados urbanos e rurais, implica o pagamento total do período correspondente, e não apenas daquele suprimido, com acréscimo de, no mínimo, 50% sobre o valor da remuneração da hora normal de trabalho (art. 71 da CLT), sem prejuízo do cômputo da efetiva jornada de labor para efeito de remuneração.

II – É inválida cláusula de acordo ou convenção coletiva de trabalho contemplando a supressão ou redução do intervalo intrajornada porque este constitui medida de higiene, saúde e segurança do trabalho, garantido por norma de ordem pública (art. 71 da CLT e art. 7.º, XXII, da CF/1988), infenso à negociação coletiva.

III – Possui natureza salarial a parcela prevista no art. 71, § 4.º, da CLT, com redação introduzida pela Lei n. 8.923, de 27 de julho de 1994, quando não concedido ou reduzido pelo empregador o intervalo mínimo intrajornada para repouso e alimentação, repercutindo, assim, no cálculo de outras parcelas salariais.

IV – Ultrapassada habitualmente a jornada de seis horas de trabalho, é devido o gozo do intervalo intrajornada mínimo de uma hora, obrigando o empregador a remunerar o período para descanso e alimentação não usufruído como extra, acrescido do respectivo adicional, na forma prevista no art. 71, *caput* e § 4.º, da CLT.

438. Intervalo para recuperação térmica do empregado. Ambiente artificialmente frio. Horas extras. Art. 253 da CLT. Aplicação analógica.

O empregado submetido a trabalho contínuo em ambiente artificialmente frio, nos termos do parágrafo único do art. 253 da CLT, ainda que não labore em câmara frigorífica, tem direito ao intervalo intrajornada previsto no *caput* do art. 253 da CLT.

439. Danos morais. Juros de mora e atualização monetária. Termo inicial.

Nas condenações por dano moral, a atualização monetária é devida a partir da data da decisão de arbitramento ou de alteração do valor. Os juros incidem desde o ajuizamento da ação, nos termos do art. 883 da CLT.

440. Auxílio-doença acidentário. Aposentadoria por invalidez. Suspensão do contrato de trabalho. Reconhecimento do direito à manutenção de plano de saúde ou de assistência médica.

Assegura-se o direito à manutenção de plano de saúde ou de assistência médica oferecido pela empresa ao empregado, não obstante suspenso o contrato de trabalho em virtude de auxílio-doença acidentário ou de aposentadoria por invalidez.

441. Aviso prévio. Proporcionalidade.

O direito ao aviso prévio proporcional ao tempo de serviço somente é assegurado nas rescisões de contrato de trabalho ocorridas a partir da publicação da Lei n. 12.506, em 13 de outubro de 2011.

442. Procedimento sumaríssimo. Recurso de revista fundamentado em contrariedade a orientação jurisprudencial. Inadmissibilidade. Art. 896, § 6.º, da CLT, acrescentado pela Lei n. 9.957, de 12-1-2000 (conversão da Orientação Jurisprudencial n. 352 da SBDI-1)

Nas causas sujeitas ao procedimento sumaríssimo, a admissibilidade de recurso de revista está limitada à demonstração de violação direta a dispositivo da Constituição Federal ou contrariedade a Súmula do Tribunal Superior do Trabalho, não se admitindo o recurso por contrariedade a Orientação Jurisprudencial deste Tribunal (Livro II, Título II, Capítulo III, do RITST), ante a ausência de previsão no art. 896, § 6.º, da CLT.

•• Com a nova redação dada pela Lei n. 13.015, de 21-7-2014, ao art. 896 da CLT, a remissão correta passa a ser para o § 9.º desse dispositivo.

443. Dispensa discriminatória. Presunção. Empregado portador de doença grave. Estigma ou preconceito. Direito à reintegração.

Presume-se discriminatória a despedida de empregado portador do vírus HIV ou de outra doença grave que suscite estigma ou preconceito. Inválido o ato, o empregado tem direito à reintegração no emprego.

444. Jornada de trabalho. Norma coletiva. Lei. Escala de 12 por 36. Validade.

É válida, em caráter excepcional, a jornada de doze horas de trabalho por trinta e seis de descanso, prevista em lei ou ajustada exclusivamente mediante acordo coletivo de trabalho ou convenção coletiva de trabalho, assegurada a remuneração em dobro dos feriados trabalhados. O empregado não tem direito ao pagamento de adicional referente ao labor prestado na décima primeira e décima segunda horas.

445. Inadimplemento de verbas trabalhistas. Frutos. Posse de má-fé. Art. 1.216 do Código Civil. Inaplicabilidade ao Direito do Trabalho.

A indenização por frutos percebidos pela posse de má-fé, prevista no art. 1.216 do Código Civil, por tratar-se de regra afeta a direitos reais, mostra-se incompatível com o Direito do Trabalho, não sendo devida no caso de inadimplemento de verbas trabalhistas.

446. Maquinista ferroviário. Intervalo intrajornada. Supressão parcial ou total. Horas extras devidas. Compatibilidade entre os arts. 71, § 4.º, e 238, § 5.º, da CLT.

A garantia ao intervalo intrajornada, prevista no art. 71 da CLT, por constituir-se em medida de higiene, saúde e segurança do empregado, é aplicável também ao ferroviário maquinista integrante da categoria "c" (equipagem de trem em geral), não havendo incompatibilidade entre as regras inscritas nos arts. 71, § 4.º, e 238, § 5.º, da CLT.

447. Adicional de periculosidade. Permanência a bordo durante o abastecimento da aeronave. Indevido.

Os tripulantes e demais empregados em serviços auxiliares de transporte aéreo que, no momento do abastecimento da aeronave, permanecem a bordo não têm direito ao adicional de periculosidade a que aludem o art. 193 da CLT e o Anexo 2, item 1, "c", da NR 16 do MTE.

448. Atividade insalubre. Caracterização. Previsão na Norma Regulamentadora n. 15 da Portaria do Ministério do Trabalho n. 3.214/78. Instalações sanitárias. (conversão da Orientação Jurisprudencial n. 4 da SBDI-1 com nova redação do item II)

I – Não basta a constatação da insalubridade por meio de laudo pericial para que o empregado tenha direito ao respectivo adicional, sendo necessária a classificação da atividade insalubre na relação oficial elaborada pelo Ministério do Trabalho.

II – A higienização de instalações sanitárias de uso público ou coletivo de grande circulação, e a respectiva coleta de lixo, por não se equiparar à limpeza em residências e escritórios, enseja o pagamento de adicional de insalubridade em grau máximo, incidindo o disposto no Anexo 14 da NR-15 da Portaria do MTE n. 3.214/78 quanto à coleta e industrialização de lixo urbano.

449. Minutos que antecedem e sucedem a jornada de trabalho. Lei n. 10.243, de 19-6-2001. Norma coletiva. Flexibilização. Impossibilidade. (conversão da Orientação Jurisprudencial n. 372 da SBDI-1)

A partir da vigência da Lei n. 10.243, de 19-6-2001, que acrescentou o § 1.º ao art. 58 da CLT, não mais prevalece cláusula prevista em convenção ou acordo coletivo que elastece o limite de 5 minutos que antecedem e sucedem a jornada de trabalho para fins de apuração das horas extras.

450. Férias. Gozo na época própria. Pagamento fora do prazo. Dobra devida. Arts. 137 e 145 da CLT. (conversão da Orientação Jurisprudencial n. 386 da SBDI-1)

É devido o pagamento em dobro da remuneração de férias, incluído o terço constitucional, com base no art. 137 da CLT, quando, ainda que gozadas na época própria, o empregador tenha descumprido o prazo previsto no art. 145 do mesmo diploma legal.

451. Participação nos lucros e resultados. Rescisão contratual anterior à data da distribuição dos lucros. Pagamento proporcional aos meses trabalhados. Princípio da isonomia. (conversão da Orientação Jurisprudencial n. 390 da SBDI-1)

Fere o princípio da isonomia instituir vantagem mediante acordo coletivo ou norma regulamentar que condiciona a percepção da parcela participação nos lucros e resultados ao fato de estar o contrato de trabalho em vigor na data prevista para a distribuição dos lucros. Assim, inclusive na rescisão contratual antecipada, é devido o pagamento da parcela de forma proporcional aos meses trabalhados, pois o ex-empregado concorreu para os resultados positivos da empresa.

452. Diferenças salariais. Plano de cargos e salários. Descumprimento. Critérios de promoção não observados. Prescrição parcial. (conversão da Orientação Jurisprudencial n. 404 da SBDI-1)

Tratando-se de pedido de pagamento de diferenças salariais decorrentes da inobservância dos critérios de promoção estabelecidos em Plano de Cargos e Salários criado pela empresa, a prescrição aplicável é a parcial, pois a lesão é sucessiva e se renova mês a mês.

453. Adicional de periculosidade. Pagamento espontâneo. Caracterização de fato incontroverso. Desnecessária a perícia de que trata o art. 195 da CLT. (conversão da Orientação Jurisprudencial n. 406 da SBDI-1)

O pagamento de adicional de periculosidade efetuado por mera liberalidade da empresa, ainda que de forma proporcional ao tempo de exposição ao risco ou em percentual inferior ao máximo legalmente previsto, dispensa a realização da prova técnica exigida pelo art. 195 da CLT, pois torna incontroversa a existência do trabalho em condições perigosas.

454. Competência da Justiça do Trabalho. Execução de ofício. Contribuição social referente ao seguro de acidente de trabalho (SAT). Arts. 114, VIII, e 195, I, "a", da Constituição da República. (conversão da Orientação Jurisprudencial n. 414 da SBDI-1)

Compete à Justiça do Trabalho a execução, de ofício, da

contribuição referente ao Seguro de Acidente de Trabalho (SAT), que tem natureza de contribuição para a seguridade social (arts. 114, VIII, e 195, I, "a", da CF), pois se destina ao financiamento de benefícios relativos à incapacidade do empregado decorrente de infortúnio no trabalho (arts. 11 e 22 da Lei n. 8.212/1991).

455. Equiparação salarial. Sociedade de economia mista. Art. 37, XIII, da CF/1988. Possibilidade. (conversão da Orientação Jurisprudencial n. 353 da SBDI-1 com nova redação)

À sociedade de economia mista não se aplica a vedação à equiparação prevista no art. 37, XIII, da CF/1988, pois, ao admitir empregados sob o regime da CLT, equipara-se a empregador privado, conforme disposto no art. 173, § 1.°, II, da CF/1988.

456. Representação. Pessoa jurídica. Procuração. Invalidade. Identificação do outorgante e de seu representante. (inseridos os itens II e III em decorrência do CPC de 2015)

I – É inválido o instrumento de mandato firmado em nome de pessoa jurídica que não contenha, pelo menos, o nome do outorgante e do signatário da procuração, pois estes dados constituem elementos que os individualizam.

II – Verificada a irregularidade de representação da parte na instância originária, o juiz designará prazo de 5 (cinco) dias para que seja sanado o vício. Descumprida a determinação, extinguirá o processo, sem resolução de mérito, se a providência couber ao reclamante, ou considerará revel o reclamado, se a providência lhe couber (art. 76, § 1.°, do CPC de 2015).

III – Caso a irregularidade de representação da parte seja constatada em fase recursal, o relator designará prazo de 5 (cinco) dias para que seja sanado o vício. Descumprida a determinação, o relator não conhecerá do recurso, se a providência couber ao recorrente, ou determinará o desentranhamento das contrarrazões, se a providência couber ao recorrido (art. 76, § 2.°, do CPC de 2015).

•• Redação determinada pela Resolução n. 211, de 22-8-2016.

457. Honorários periciais. Beneficiário da Justiça gratuita. Responsabilidade da União pelo pagamento. Resolução n. 66/2010 do CSJT. Observância. (conversão da Orientação Jurisprudencial n. 387 da SBDI-1 com nova redação)

A União é responsável pelo pagamento dos honorários de perito quando a parte sucumbente no objeto da perícia for beneficiária da assistência judiciária gratuita, observado o procedimento disposto nos arts. 1.°, 2.° e 5.° da Resolução n. 66/2010 do Conselho Superior da Justiça do Trabalho – CSJT.

•• *Vide* art. 790-B da CLT.

458. Embargos. Procedimento sumaríssimo. Conhecimento. Recurso interposto após vigência da Lei n. 11.496, de 22-6-2007, que conferiu nova redação ao art. 894, da CLT. (conversão da Orientação Jurisprudencial n. 405 da SBDI-1 com nova redação)

Em causas sujeitas ao procedimento sumaríssimo, em que pese a limitação imposta no art. 896, § 6.°, da CLT à interposição de recurso de revista, admitem-se os embargos interpostos na vigência da Lei n. 11.496, de 22-6-2007, que conferiu nova redação ao art. 894 da CLT, quando demonstrada a divergência jurisprudencial entre Turmas do TST, fundada em interpretações diversas acerca da aplicação de mesmo dispositivo constitucional ou de matéria sumulada.

•• Com a nova redação dada pela Lei n. 13.015, de 21-7-2014, ao art. 896 da CLT, a remissão correta passa a ser para o § 9.° desse dispositivo.

459. Recurso de revista. Nulidade por negativa de prestação jurisdicional. (atualizada em decorrência do CPC de 2015)

O conhecimento do recurso de revista, quanto à preliminar de nulidade, por negativa de prestação jurisdicional, supõe indicação de violação do art. 832 da CLT, do art. 489 do CPC de 2015 (art. 458 do CPC de 1973) ou do art. 93, IX, da CF/1988.

•• Redação determinada pela Resolução n. 219, de 26-6-2017.

460. Vale-transporte. Ônus da prova.

É do empregador o ônus de comprovar que o empregado não satisfaz os requisitos indispensáveis para a concessão do vale-transporte ou não pretenda fazer uso do benefício.

461. FGTS. Diferenças. Recolhimento. Ônus da prova.

É do empregador o ônus da prova em relação à regularidade dos depósitos do FGTS, pois o pagamento é fato extintivo do direito do autor (art. 373, II, do CPC de 2015).

462. Multa do art. 477, § 8.°, da CLT. Incidência. Reconhecimento judicial da relação de emprego.

A circunstância de a relação de emprego ter sido reconhecida apenas em juízo não tem o condão de afastar a incidência da multa prevista no art. 477, § 8.°, da CLT. A referida multa não será devida apenas quando, comprovadamente, o empregado der causa à mora no pagamento das verbas rescisórias.

463. Assistência judiciária gratuita. Comprovação. (conversão da Orientação Jurisprudencial n. 304 da SBDI-1, com alterações decorrentes do CPC de 2015)

I – A partir de 26-6-2017, para a concessão da assistência judiciária gratuita à pessoa natural, basta a declaração de hipossuficiência econômica firmada pela parte ou por seu advogado, desde que munido de procuração com poderes específicos para esse fim (art. 105 do CPC de 2015);

II – No caso de pessoa jurídica, não basta a mera declaração: é necessária a demonstração cabal de impossibilidade de a parte arcar com as despesas do processo.

ÍNDICE ALFABÉTICO-REMISSIVO DAS SÚMULAS DO TST

SÚMULAS DOS JUIZADOS ESPECIAIS FEDERAIS

1. A conversão dos benefícios previdenciários em URV, em março/94, obedece às disposições do art. 20, incisos I e II da Lei n. 8.880/94 (MP n. 434/94).

- A Lei n. 8.880, de 27-5-1994, dispõe sobre o Programa de Estabilização Econômica e o Sistema Monetário Nacional, institui a URV e dá outras providências.

2. Os benefícios previdenciários, em maio de 1996, deverão ser reajustados na forma da Medida Provisória n. 1.415, de 29 de abril de 1996, convertida na Lei n. 9.711, de 20 de novembro de 1998.

- A Lei n. 9.711, de 20-11-1998, dispõe sobre a recuperação de haveres do Tesouro Nacional e do INSS, a utilização de títulos da dívida pública, de responsabilidade do Tesouro Nacional, na quitação de débitos com o INSS.

4. Não há direito adquirido, na condição de dependente, pessoa designada, quando o falecimento do segurado deu-se após o advento da Lei n. 9.032/95.

- A Lei n. 9.032, de 28-4-1995, dispunha sobre o valor do salário mínimo.

5. A prestação de serviço rural por menor de 12 a 14 anos, até o advento da Lei n. 8.213, de 24 de julho de 1991, devidamente comprovada, pode ser reconhecida para fins previdenciários.

6. A certidão de casamento ou outro documento idôneo que evidencie a condição de trabalhador rural do cônjuge constitui início razoável de prova material da atividade rurícola.

8. Os benefícios de prestação continuada, no regime geral da Previdência Social, não serão reajustados com base no IGP-DI nos anos de 1997, 1999, 2000 e 2001.

9. O uso de Equipamento de Proteção Individual (EPI), ainda que elimine a insalubridade, no caso de exposição a ruído, não descaracteriza o tempo de serviço especial prestado.

10. O tempo de serviço rural anterior à vigência da Lei n. 8.213/91 pode ser utilizado para fins de contagem recíproca, assim entendida aquela que soma tempo de atividade privada, rural ou urbana, ao de serviço público estatutário, desde que sejam recolhidas as respectivas contribuições previdenciárias.

12. Os juros moratórios são devidos pelo gestor do FGTS e incidem a partir da citação nas ações em que se reclamam diferenças de correção monetária, tenha havido ou não levantamento do saldo, parcial ou integralmente.

14. Para a concessão de aposentadoria rural por idade, não se exige que o início de prova material, corresponda a todo o período equivalente à carência do benefício.

18. Provado que o aluno aprendiz de Escola Técnica Federal recebia remuneração, mesmo que indireta, à conta do orçamento da União, o respectivo tempo de serviço pode ser computado para fins de aposentadoria previdenciária.

19. Para o cálculo da renda mensal inicial do benefício previdenciário, deve ser considerada, na atualização dos salários de contribuição anteriores a março de 1994, a variação integral do IRSM de fevereiro de 1994, na ordem de 39,67% (art. 21, § 1.º, da Lei n. 8.880/94).

20. A Lei n. 8.112, de 11 de dezembro de 1990, não modificou a situação do servidor celetista anteriormente aposentado pela Previdência Social Urbana.

- A Lei n. 8.112, de 11-12-1990, dispõe sobre o regime jurídico dos servidores públicos civis da União, das autarquias e das fundações públicas federais.

21. Não há direito adquirido a reajuste de benefícios previdenciários com base na variação do IPC (Índice de Preço ao Consumidor), de janeiro de 1989 (42,72%) e abril de 1990 (44,80%).

22. Se a prova pericial realizada em juízo dá conta de que a incapacidade já existia na data do requerimento administrativo, esta é o termo inicial do benefício assistencial.

23. As substituições de cargos ou funções de direção ou chefia ou de cargo de natureza especial ocorridas a partir da vigência da Medida Provisória n. 1.522, de 11 de outubro de 1996, e até o advento da Lei n. 9.527, de 10 de dezembro de 1997, quando iguais ou inferiores a trinta dias, não geram direito à remuneração correspondente ao cargo ou função substituída.

24. O tempo de serviço do segurado trabalhador rural anterior ao advento da Lei n. 8.213/91, sem o recolhimento de contribuições previdenciárias, pode ser considerado para a concessão de benefício previdenciário do Regime Geral de Previdência Social (RGPS), exceto para efeito de carência, conforme a regra do art. 55, § 2.º, da Lei n. 8.213/91.

25. A revisão dos valores dos benefícios previdenciários, prevista no art. 58 do ADCT, deve ser feita com base no número de salários mínimos apurado na data da concessão, e não no mês de recolhimento da última contribuição.

26. A atividade de vigilante enquadra-se como especial, equiparando-se à de guarda, elencada no item 2.5.7. do Anexo III do Decreto n. 53.831/64.

- O Decreto n. 53.831, de 25-3-1964, dispunha sobre a aposentadoria especial instituída pela Lei n. 3.807, de 26-8-1960 (Lei Orgânica da Previdência Social).

27. A ausência de registro em órgão do Ministério do Trabalho não impede a comprovação do desemprego por outros meios admitidos em Direito.

28. Encontra-se prescrita a pretensão de ressarcimento de perdas sofridas na atualização monetária da conta do Plano de Integração Social – PIS, em virtude de expurgos ocorridos por ocasião dos Planos Econômicos Verão e Collor I.

29. Para os efeitos do art. 20, § 2.°, da Lei n. 8.742, de 1993, incapacidade para a vida independente não é só aquela que impede as atividades mais elementares da pessoa, mas também a impossibilita de prover ao próprio sustento.

- O § 2.º citado dispõe: "Para efeito de concessão deste benefício, a pessoa portadora de deficiência é aquela incapacitada para a vida independente e para o trabalho".

30. Tratando-se de demanda previdenciária, o fato de o imóvel ser superior ao módulo rural não afasta, por si só, a qualificação de seu proprietário como segurado especial, desde que comprovada, nos autos, a sua exploração em regime de economia familiar.

31. A anotação na CTPS decorrente de sentença trabalhista homologatória constitui início de prova material para fins previdenciários.

33. Quando o segurado houver preenchido os requisitos legais para concessão da aposentadoria por tempo de serviço na data do requerimento administrativo, esta data será o termo inicial da concessão do benefício.

34. Para fins de comprovação do tempo de labor rural, o início de prova material deve ser contemporâneo à época dos fatos a provar.

36. Não há vedação legal à cumulação da pensão por morte de trabalhador rural com o benefício da aposentadoria por invalidez, por apresentarem pressupostos fáticos e fatos geradores distintos.

37. A pensão por morte, devida ao filho até os 21 anos de idade, não se prorroga pela pendência do curso universitário.

38. Aplica-se subsidiariamente a Tabela de Cálculos de Santa Catarina aos pedidos de revisão de RMI – OTN/ORTN, na atualização dos salários de contribuição.

40. Nenhuma diferença é devida a título de correção monetária dos depósitos do FGTS, relativos ao mês de fevereiro de 1989.

41. A circunstância de um dos integrantes do núcleo familiar desempenhar atividade urbana não implica, por si só, a descaracterização do trabalhador rural como segurado especial, condição que deve ser analisada no caso concreto.

44. Para efeito de aposentadoria urbana por idade, a tabela progressiva de carência prevista no art. 142 da Lei n. 8.213/91 deve ser aplicada em função do ano em que o segurado completa a idade mínima para concessão do benefício, ainda que o período de carência só seja preenchido posteriormente.

45. Incide correção monetária sobre o salário-maternidade desde a época do parto, independentemente da data do requerimento administrativo.

46. O exercício de atividade urbana intercalada não impede a concessão de benefício previdenciário de trabalhador rural, condição que deve ser analisada no caso concreto.

47. Uma vez reconhecida a incapacidade parcial para o trabalho, o juiz deve analisar as condições pessoais e sociais do segurado para a concessão de aposentadoria por invalidez.

48. Para fins de concessão do benefício assistencial de prestação continuada, o conceito de pessoa com deficiência, que não se confunde necessariamente com situação de incapacidade laborativa, é imprescindível a configuração de impedimento de longo prazo com duração mínima de 2 (dois) anos, a ser aferido no caso concreto, desde a data do início de sua caracterização.

•• Redação determinada pela Turma Nacional de Uniformização, na sessão de 21-11-2018.

49. Para reconhecimento de condição especial de trabalho antes de 29/4/1995, a exposição a agentes nocivos à saúde ou à integridade física não precisa ocorrer de forma permanente.

50. É possível a conversão do tempo de serviço especial em comum do trabalho prestado em qualquer período.

51. Os valores recebidos por força de antecipação dos efeitos de tutela, posteriormente revogada em demanda previdenciária, são irrepetíveis em razão da natureza alimentar e da boa-fé no seu recebimento.

52. Para fins de concessão de pensão por morte, é incabível a regularização do recolhimento de contribuições de segurado contribuinte individual posteriormente a seu óbito, exceto quando as contribuições devam ser arrecadadas por empresa tomadora de serviços.

53. Não há direito a auxílio-doença ou a aposentadoria por invalidez quando a incapacidade para o trabalho é preexistente ao reingresso do segurado no Regime Geral de Previdência Social.

54. Para a concessão de aposentadoria por idade de trabalhador rural, o tempo de exercício de atividade equivalente à carência deve ser aferido no período imediatamente anterior ao requerimento administrativo ou à data do implemento da idade mínima.

55. A conversão do tempo de atividade especial em comum deve ocorrer com aplicação do fator multiplicativo em vigor na data da concessão da aposentadoria.

56. O prazo de trinta anos para prescrição da pretensão à cobrança de juros progressivos sobre saldo de conta vinculada ao FGTS tem início na data em que deixou de ser feito o crédito e incide sobre cada prestação mensal.

57. O auxílio-doença e a aposentadoria por invalidez não precedida de auxílio-doença, quando concedidos na vigência da Lei n. 9.876/1999, devem ter o salário de benefício apurado com base na média aritmética simples dos maiores salários de contribuição correspondentes a 80% do período contributivo, independentemente da data de filiação do segurado ou do número de contribuições mensais no período contributivo.

60. (*Cancelada pela Turma Nacional de Uniformização, na sessão de 16-3-2016.*)

62. O segurado contribuinte individual pode obter reconhecimento de atividade especial para fins previdenciários,

desde que consiga comprovar exposição a agentes nocivos à saúde ou à integridade física.

63. A comprovação de união estável para efeito de concessão de pensão por morte prescinde de início de prova material.

65. Os benefícios de auxílio-doença, auxílio-acidente e aposentadoria por invalidez concedidos no período de 28/3/2005 a 20/7/2005 devem ser calculados nos termos da Lei n. 8.213/1991, em sua redação anterior à vigência da Medida Provisória n. 242/2005.

66. O servidor público ex-celetista que trabalhava sob condições especiais antes de migrar para o regime estatutário tem direito adquirido à conversão do tempo de atividade especial em tempo comum com o devido acréscimo legal, para efeito de contagem recíproca no regime previdenciário próprio dos servidores públicos.

67. O auxílio-alimentação recebido em pecúnia por segurado filiado ao Regime Geral da Previdência Social integra o salário de contribuição e sujeita-se à incidência de contribuição previdenciária.

68. O laudo pericial não contemporâneo ao período trabalhado é apto à comprovação da atividade especial do segurado.

69. O tempo de serviço prestado em empresa pública ou em sociedade de economia mista por servidor público federal somente pode ser contado para efeitos de aposentadoria e disponibilidade.

70. A atividade de tratorista pode ser equiparada à de motorista de caminhão para fins de reconhecimento de atividade especial mediante enquadramento por categoria profissional.

71. O mero contato do pedreiro com o cimento não caracteriza condição especial de trabalho para fins previdenciários.

72. É possível o recebimento de benefício por incapacidade durante período em que houve exercício de atividade remunerada quando comprovado que o segurado estava incapaz para as atividades habituais na época em que trabalhou.

73. O tempo de gozo do auxílio-doença ou de aposentadoria por invalidez não decorrentes de acidente de trabalho só pode ser computado como tempo de contribuição ou para fins de carência quando intercalado entre os períodos nos quais houve recolhimento de contribuições para a previdência social.

74. O prazo de prescrição fica suspenso pela formulação de requerimento administrativo e volta a correr pelo saldo remanescente após a ciência da decisão administrativa final.

75. A CTPS em relação à qual não se aponta defeito formal que lhe comprometa a fidedignidade goza de presunção relativa de veracidade, formando prova suficiente de tempo de serviço para fins previdenciários, ainda que a anotação de vínculo de emprego não conste no CNIS.

76. A averbação de tempo de serviço rural não contributivo não permite majorar o coeficiente de cálculo da renda mensal inicial de aposentadoria por idade previsto no art. 50 da Lei n. 8.213/91.

77. O julgador não é obrigado a analisar as condições pessoais e sociais quando não reconhecer a incapacidade do requerente para a sua atividade habitual.

78. Comprovado que o requerente de benefício é portador do vírus HIV, cabe ao julgador verificar as condições pessoais, sociais, econômicas e culturais, de forma a analisar a incapacidade em sentido amplo, em face da elevada estigmatização social da doença.

79. Nas ações em que se postula benefício assistencial, é necessária a comprovação das condições socioeconômicas do autor por laudo de assistente social, por auto de constatação lavrado por oficial de justiça ou, sendo inviabilizados os referidos meios, por prova testemunhal.

80. Nos pedidos de benefício de prestação continuada (LOAS), tendo em vista o advento da Lei n. 12.470/11, para adequada valoração dos fatores ambientais, sociais, econômicos e pessoais que impactam na participação da pessoa com deficiência na sociedade, é necessária a realização de avaliação social por assistente social ou outras providências aptas a revelar a efetiva condição vivida no meio social pelo requerente.

•• *Vide* Lei n. 8.212, de 24-7-1991.

81. Não incide o prazo decadencial previsto no art. 103, *caput*, da Lei n. 8.213/91, nos casos de indeferimento e cessação de benefícios, bem como em relação às questões não apreciadas pela Administração no ato da concessão.

83. A partir da entrada em vigor da Lei n. 8.870/94, o décimo terceiro salário não integra o salário de contribuição para fins de cálculo do salário de benefício.

84. Comprovada a situação de desemprego por mais de 3 anos, o trabalhador tem direito ao saque dos valores depositados em sua conta individual do PIS

85. É possível a conversão de tempo comum em especial de período(s) anterior(es) ao advento da Lei n. 9.032/95 (que alterou a redação do § 3.º do art. 57 da Lei n. 8.213/91), desde que todas as condições legais para a concessão do benefício pleiteado tenham sido atendidas antes da publicação da referida lei, independentemente da data de entrada do requerimento (DER).

86. Não cabe incidente de uniformização que tenha como objeto principal questão controvertida de natureza constitucional que ainda não tenha sido definida pelo Supremo Tribunal Federal em sua jurisprudência dominante.

ESPAÇO RESERVADO PARA USO DE GRAMPO

ÍNDICE ALFABÉTICO-REMISSIVO DAS SÚMULAS DOS JEFs

ORIENTAÇÕES JURISPRUDENCIAIS DO TRIBUNAL PLENO DO TST

1. **Precatório. Crédito trabalhista. Pequeno valor. Emenda Constitucional n. 37/02.**

Há dispensa da expedição de precatório, na forma do art. 100, § 3.°, da CF/88, quando a execução contra a Fazenda Pública não exceder os valores definidos, provisoriamente, pela Emenda Constitucional n. 37/02, como obrigações de pequeno valor, inexistindo ilegalidade, sob esse prisma, na determinação de sequestro da quantia devida pelo ente público.

2. **Precatório. Revisão de cálculos. Limites da competência do presidente do TRT.**

O pedido de revisão, em fase de precatório, previsto no art. 1.°-E da Lei n. 9.494/97, apenas poderá ser acolhido desde que: *a*) o requerente aponte e especifique claramente quais são as incorreções existentes nos cálculos, discriminando o montante que seria correto, pois do contrário a incorreção torna-se abstrata; *b*) o defeito nos cálculos esteja ligado à incorreção material ou à utilização de critério em descompasso com a lei ou com o título executivo judicial; e *c*) o critério legal aplicável ao débito não tenha sido objeto de debate na fase de conhecimento, nem na fase de execução.

3. **Precatório. Sequestro. Emenda Constitucional 30/00. Preterição. ADIn 1.662-8. Art. 100, § 2.°, da CF/88.**

O sequestro de verbas públicas para satisfação de precatórios trabalhistas só é admitido na hipótese de preterição do direito de precedência do credor, a ela não se equiparando as situações de não inclusão da despesa no orçamento ou de não pagamento do precatório até o final do exercício, quando incluído no orçamento.

4. **Mandado de segurança. Decisão de TRT. Incompetência originária do Tribunal Superior do Trabalho.**

Ao Tribunal Superior do Trabalho não compete apreciar, originariamente, mandado de segurança impetrado em face de decisão do TRT.

5. **Recurso ordinário. Cabimento.** (conversão da Orientação Jurisprudencial n. 70 da SDI-1)

Não cabe recurso ordinário contra decisão em agravo regimental interposto em reclamação correicional ou em pedido de providência. (ex-OJ 70 – inserida em 13-9-1994)

6. **Precatório. Execução. Limitação da condenação imposta pelo título judicial exequendo à data do advento da Lei n. 8.112, de 11-12-1990.**

Em sede de precatório, não configura ofensa à coisa julgada a limitação dos efeitos pecuniários da sentença condenatória ao período anterior ao advento da Lei n. 8.112, de 11 de dezembro de 1990, em que o exequente submetia-se à legislação trabalhista, salvo disposição expressa em contrário na decisão exequenda.

7. **Juros de mora. Condenação da Fazenda Pública.** (nova redação)

I – Nas condenações impostas à Fazenda Pública, incidem juros de mora segundo os seguintes critérios:

a) 1% (um por cento) ao mês, até agosto de 2001, nos termos do § 1.° do art. 39 da Lei n. 8.177, de 1.° de março de 1991;

b) 0,5% (meio por cento) ao mês, de setembro de 2001 a junho de 2009, conforme determina o art. 1.°-F da Lei n. 9.494, de 10 de setembro de 1997, introduzido pela Medida Provisória n. 2.180-35, de 24 de agosto de 2001.

II – A partir de 30 de junho de 2009, atualizam-se os débitos trabalhistas da Fazenda Pública, mediante a incidência dos índices oficiais de remuneração básica e juros aplicados à caderneta de poupança, por força do art. 5.° da Lei n. 11.960, de 29 de junho de 2009.

III – A adequação do montante da condenação deve observar essa limitação legal, ainda que em sede de precatório.

•• Redação determinada pela Resolução n. 175, de 24-5-2011.

8. **Precatório. Matéria administrativa. Remessa necessária. Não cabimento.**

Em sede de precatório, por se tratar de decisão de natureza administrativa, não se aplica o disposto no art. 1.°, V, do Decreto-lei n. 779, de 21 de agosto de 1969, em que se determina a remessa necessária em caso de decisão judicial desfavorável a ente público.

9. **Precatório. Pequeno valor. Individualização do crédito apurado. Reclamação trabalhista plúrima. Execução direta contra a Fazenda Pública. Possibilidade.**

Tratando-se de reclamações trabalhistas plúrimas, a aferição do que vem a ser obrigação de pequeno valor, para efeito de dispensa de formação de precatório e aplicação do disposto no § 3.° do art. 100 da CF/88, deve ser realizada considerando-se os créditos de cada reclamante.

10. **Precatório. Processamento e pagamento. Natureza administrativa. Mandado de segurança. Cabimento.**

É cabível mandado de segurança contra atos praticados pela Presidência dos Tribunais Regionais em precatório em razão de sua natureza administrativa, não se aplicando o disposto no inciso II do art. 5.º da Lei n. 1.533, de 31 de dezembro de 1951.

11. **Recurso em matéria administrativa. Prazo. Órgão Colegiado. Oito dias. Art. 6.º da Lei n. 5.584, de 26 de junho de 1970.**

Se não houver norma específica quanto ao prazo para interposição de recurso em matéria administrativa de decisão emanada de órgão Colegiado do Tribunal Regional do Trabalho, aplica-se, por analogia, a regra geral dos prazos adotados na Justiça do Trabalho, ou seja, oito dias, conforme estabelecido no art. 6.º da Lei n. 5.584, de 26 de junho de 1970. O prazo de dez dias a que alude o art. 59 da Lei n. 9.784, de 29 de janeiro de 1999, aplica-se somente à interposição de recursos de decisões prolatadas monocraticamente.

12. **Precatório. Procedimento de natureza administrativa. Incompetência funcional do presidente do TRT para declarar a inexigibilidade do título exequendo.**

O Presidente do TRT, em sede de precatório, não tem competência funcional para declarar a inexigibilidade do título judicial exequendo, com fundamento no art. 884, § 5.º, da CLT, ante a natureza meramente administrativa do procedimento.

13. **Precatório. Quebra da ordem de precedência. Não demonstração da posição do exequente na ordem cronológica. Sequestro indevido.**

É indevido o sequestro de verbas públicas quando o exequente/requerente não se encontra em primeiro lugar na lista de ordem cronológica para pagamento de precatórios ou quando não demonstrada essa condição.

ÍNDICE ALFABÉTICO-REMISSIVO DAS ORIENTAÇÕES JURISPRUDENCIAIS DO TRIBUNAL PLENO DO TST

ORIENTAÇÕES JURISPRUDENCIAIS DA SEÇÃO DE DISSÍDIOS INDIVIDUAIS 1 (SDI-1) DO TST

1. *(Convertida na Orientação Jurisprudencial n. 110 da SDI-2 do TST.)*

2. *(Cancelada pela Resolução n. 148, de 26-6-2008.)*

3. *(Convertida na Orientação Jurisprudencial Transitória n. 33 da SDI-1 do TST.)*

4. *(Cancelada pela Resolução n. 194, de 19-5-2014, em decorrência de sua conversão na Súmula 448 do TST.)*

5. *(Convertida na Súmula 364 do TST.)*

6. *(Cancelada em decorrência da redação conferida à Súmula 60 do TST.)*

7. **Advogado. Atuação fora da seção da OAB onde o advogado está inscrito. Ausência de comunicação. (Lei n. 4.215/63, § 2.º, art. 56.) Infração disciplinar. Não importa nulidade.** Inserida em 29 de março de 1996 (inserido dispositivo)

A despeito da norma então prevista no art. 56, § 2.º, da Lei n. 4.215/63, a falta de comunicação do advogado à OAB para o exercício profissional em seção diversa daquela na qual tem inscrição não importa nulidade dos atos praticados, constituindo apenas infração disciplinar, que cabe àquela instituição analisar.

•• Redação determinada pela Resolução n. 129, de 5-4-2005.

8. *(Convertida na Súmula 365 do TST.)*

9. *(Cancelada em decorrência da redação conferida à Súmula 303 do TST.)*

10. *(Convertida na Súmula 365 do TST.)*

11. *(Convertida na Súmula 356 do TST.)*

12. **Anistia. Emenda Constitucional n. 26/85. Efeitos financeiros da promulgação.** Inserida em 3 de junho de 1996 (nova redação)

Os efeitos financeiros decorrentes da anistia concedida pela Emenda Constitucional n. 26/85 contam-se desde a data da sua promulgação.

•• Redação determinada pela Resolução n. 129, de 5-4-2005.

13. **APPA. Decreto-lei n. 779, de 21 de agosto de 1969. Depósito recursal e custas. Não isenção.**

A Administração dos Portos de Paranaguá e Antonina – APPA, vinculada à Administração Pública indireta, não é isenta do recolhimento do depósito recursal e do pagamento das custas processuais por não ser beneficiária dos privilégios previstos no Decreto-lei n. 779, de 21 de agosto de 1969, ante o fato de explorar atividade econômica com fins lucrativos, o que descaracteriza sua natureza jurídica, igualando-a às empresas privadas.

•• Republicada no *Diário Eletrônico da Justiça do Trabalho* de 16-11-2010.

14. **Aviso prévio cumprido em casa. Verbas rescisórias. Prazo para pagamento. (Art. 477, § 6.º, *b*, da CLT.)** Inserida em 25 de novembro de 1996 (título alterado e inserido dispositivo)

Em caso de aviso prévio cumprido em casa, o prazo para pagamento das verbas rescisórias é até o décimo dia da notificação de despedida.

•• Redação determinada pela Resolução n. 129, de 5-4-2005.

•• *Vide* art. 477, § 6.º, da CLT, que sofreu alteração pela Lei n. 13.467, de 13-7-2017, em vigor 120 dias da sua publicação (*DOU* de 14-7-2017).

15. *(Cancelada em decorrência da redação conferida à Súmula 102 do TST.)*

16. **Banco do Brasil. ACP. Adicional de caráter pessoal. Indevido.** Inserida em 13 de fevereiro de 1995 (inserido dispositivo)

A isonomia de vencimentos entre servidores do Banco Central do Brasil e do Banco do Brasil, decorrente de sentença normativa, alcançou apenas os vencimentos e vantagens de caráter permanente. Dado o caráter personalíssimo do Adicional de Caráter Pessoal – ACP e não integrando a remuneração dos funcionários do Banco do Brasil, não foi ele contemplado na decisão normativa para efeitos de equiparação à tabela de vencimentos do Banco Central do Brasil.

•• Redação determinada pela Resolução n. 129, de 5-4-2005.

17. **Banco do Brasil. AP e ADI.**

Os adicionais AP, ADI ou AFR, somados ou considerados isoladamente, sendo equivalentes a 1/3 do salário do cargo efetivo (art. 224, § 2.º, da CLT), excluem o empregado ocupante de cargo de confiança do Banco do Brasil da jornada de 6 (seis) horas.

18. **Complementação de aposentadoria. Banco do Brasil.** (redação do item I alterada em decorrência do julgamento dos processos TST-IUJ E-ED-RR-301900-52.2005.5.09.0661 e ERR 119900-56. 1999.5.04.0751)

I – O valor das horas extras integra a remuneração do empregado para o cálculo da complementação de aposentadoria, desde que sobre ele incida a contribuição à Caixa de Previdência dos Funcionários do Banco do Brasil – PREVI, observado o respectivo regulamento no tocante à integração.

II – Os adicionais AP e ADI não integram o cálculo para a apuração do teto da complementação de aposentadoria. (ex-OJ 21 da SDI-1 – inserida em 13-2-1995)

III – No cálculo da complementação de aposentadoria deve-se observar a média trienal. (ex-OJs 19 e 289 ambas da SDI-1 – inseridas respectivamente em 5-6-1995 e 11-8-2003)

IV – A complementação de aposentadoria proporcional aos anos de serviço prestados exclusivamente ao Banco do Brasil somente se verifica a partir da Circular Funci n. 436/63. (ex-OJ 20 da SDI-1 – inserida em 13-2-1995)

V – O telex DIREC do Banco do Brasil n. 5003/1987 não assegura a complementação de aposentadoria integral, porque não aprovado pelo órgão competente ao qual a instituição se subordina. (ex-OJ 136 da SDI-1 – inserida em 27-11-1998)

•• Redação determinada pela Resolução n. 175, de 24-5-2011.

19. *(Cancelada em decorrência da redação conferida à Orientação Jurisprudencial n. 18 da SDI-1 do TST.)*

20. *(Cancelada em decorrência da redação conferida à Orientação Jurisprudencial n. 18 da SDI-1 do TST.)*

21. *(Cancelada em decorrência da redação conferida à Orientação Jurisprudencial n. 18 da SDI-1 do TST.)*

22. *(Convertida na Orientação Jurisprudencial Transitória n. 34 da SDI-1 do TST.)*

23. *(Convertida na Súmula 366 do TST.)*

24. *(Convertida na Súmula 367 do TST.)*

25. *(Cancelada em decorrência da redação conferida à Súmula 339 do TST.)*

26. **Competência da Justiça do Trabalho. Complementação de pensão requerida por viúva de ex-empregado.** Inserida em 1.º de fevereiro de 1995 (inserido dispositivo)

A Justiça do Trabalho é competente para apreciar pedido de complementação de pensão postulada por viúva de ex-empregado, por se tratar de pedido que deriva do contrato de trabalho.

•• Redação determinada pela Resolução n. 129, de 5-4-2005.

27. *(Convertida na Súmula 355 do TST.)*

28. **Correção monetária sobre as diferenças salariais. Universidades federais. Devida. Lei n. 7.596/87.** Inserida em 14 de março de 1994 (nova redação)

Incide correção monetária sobre as diferenças salariais dos servidores das universidades federais, decorrentes da aplicação retroativa dos efeitos financeiros assegurados pela Lei n. 7.596/87, pois a correção monetária tem como escopo único minimizar a desvalorização da moeda em decorrência da corrosão inflacionária.

•• Redação determinada pela Resolução n. 129, de 5-4-2005.

29. *(Convertida na Orientação Jurisprudencial n. 148 da SDI-2 do TST.)*

30. *(Convertida na Súmula 352 do TST.)*

• A Súmula 352 do TST encontra-se revogada pela Resolução n. 114, de 21-11-2002.

31. *(Cancelada em decorrência da redação conferida à Súmula 86 do TST.)*

32. *(Convertida na Súmula 368 do TST.)*

33. **Deserção. Custas. Carimbo do banco. Validade.**

O carimbo do banco recebedor na guia de comprovação do recolhimento das custas supre a ausência de autenticação mecânica.

34. *(Convertida na Súmula 369 do TST.)*

35. *(Convertida na Súmula 369 do TST.)*

36. **Instrumento normativo. Cópia não autenticada. Documento comum às partes. Validade.** Inserida em 25 de novembro de 1996 (título alterado e inserido dispositivo)

O instrumento normativo em cópia não autenticada possui valor probante, desde que não haja impugnação ao seu conteúdo, eis que se trata de documento comum às partes.

•• Redação determinada pela Resolução n. 129, de 5-4-2005.

37. *(Cancelada em decorrência da redação conferida à Súmula 296 do TST.)*

38. **Empregado que exerce atividade rural. Empresa de reflorestamento. Prescrição própria do rurícola. (Lei n. 5.889, de 8-6-1973, art. 10, e Decreto n. 73.626, de 12-2-1974, art. 2.º, § 4.º.)**

O empregado que trabalha em empresa de reflorestamento, cuja atividade está diretamente ligada ao manuseio da terra e de matéria-prima, é rurícola e não industriário, nos termos do Decreto n. 73.626, de 12 de fevereiro de 1974, art. 2.º, § 4.º, pouco importando que o fruto de seu trabalho seja destinado à indústria. Assim, aplica-se a prescrição própria dos rurícolas aos direitos desses empregados.

•• Republicada no *Diário Eletrônico da Justiça do Trabalho* de 16-11-2010.

39. *(Convertida na Súmula 370 do TST.)*

40. *(Convertida na Súmula 371 do TST.)*

41. **Estabilidade. Instrumento normativo. Vigência. Eficácia.**

Preenchidos todos os pressupostos para a aquisição de estabilidade decorrente de acidente ou doença profissional, ainda durante a vigência do instrumento normativo, goza o empregado de estabilidade mesmo após o término da vigência deste.

42. **FGTS. Multa de 40%.** Inserida em 25 de novembro de 1996 (nova redação em decorrência da incorporação das Orientações Jurisprudenciais n. 107 e 254 da SDI-1)

I – É devida a multa do FGTS sobre os saques corrigidos monetariamente ocorridos na vigência do contrato de trabalho. Art. 18, § 1.º, da Lei n. 8.036/90 e art. 9.º, § 1.º, do Decreto n. 99.684/90. (ex-OJ 107 da SDI-1 – inserida em 1.º-10-1997)

II – O cálculo da multa de 40% do FGTS deverá ser feito com base no saldo da conta vinculada na data do efetivo pagamento das verbas rescisórias, desconsiderada a projeção do aviso prévio indenizado, por ausência de previsão legal. (ex-OJ 254 da SDI-1 – inserida em 13-3-2002)

•• Redação determinada pela Resolução n. 129, de 5-4-2005.

43. **Conversão de salários de Cruzeiros para Cruzados. Decreto-lei n. 2.284/1986.** Inserida em 7 de novembro de 1994 (nova redação)

A conversão de salários de cruzeiros para cruzados, nos termos do Decreto-lei n. 2.284/1986, não afronta direito adquirido dos empregados.

•• Redação determinada pela Resolução n. 129, de 5-4-2005.

44. **Gestante. Salário-maternidade.**

É devido o salário-maternidade, de 120 (cento e vinte) dias, desde a promulgação da CF/88, ficando a cargo do empregador o pagamento do período acrescido pela Carta.

45. *(Convertida na Súmula 372 do TST.)*

46. *(Convertida na Súmula 373 do TST.)*

47. Hora extra. Adicional de insalubridade. Base de cálculo.
A base de cálculo da hora extra é o resultado da soma do salário contratual mais o adicional de insalubridade.
•• Redação determinada pela Resolução n. 148, de 26-6-2008.

48. *(Cancelada em decorrência da redação conferida à Súmula 199 do TST.)*

49. *(Cancelada pela Resolução n. 175, de 24-5-2011, em decorrência da sua conversão na Súmula 428 do TST.)*

50. *(Cancelada em decorrência da redação conferida à Súmula 90 do TST.)*

51. Legislação eleitoral. Empresas públicas e sociedades de economia mista.
Aos empregados das empresas públicas e das sociedades de economia mista regidos pela CLT aplicam-se as vedações dispostas no art. 15 da Lei n. 7.773, de 8 de junho de 1989.
•• Republicada no *Diário Eletrônico da Justiça do Trabalho* de 16-11-2010.

52. *(Convertida na Súmula 436 do TST.)*

53. *(Convertida na Súmula 370 do TST.)*

54. Multa. Cláusula penal. Valor superior ao principal. Inserida em 30 de maio de 1994 (título alterado, inserido dispositivo e atualizada a legislação)
O valor da multa estipulada em cláusula penal, ainda que diária, não poderá ser superior à obrigação principal corrigida, em virtude da aplicação do art. 412 do Código Civil de 2002 (art. 920 do Código Civil de 1916).
•• Redação determinada pela Resolução n. 129, de 5-4-2005.

55. *(Convertida na Súmula 374 do TST.)*

56. Nossa Caixa Nosso Banco (Caixa Econômica do Estado de São Paulo). Regulamento. Gratificação especial e/ou anuênios.
Direito reconhecido apenas àqueles empregados que tinham 25 (vinte e cinco) anos de efetivo exercício prestados exclusivamente à Caixa.

57. PCCS. Devido o reajuste do adiantamento. Lei n. 7.686/88, art. 1.º. Inserida em 14 de março de 1994 (inserido dispositivo)
É devido o reajuste da parcela denominada "adiantamento do PCCS", conforme a redação do art. 1.º da Lei n. 7.686/88.
•• Redação determinada pela Resolução n. 129, de 5-4-2005.

58. Plano Bresser. IPC jun./1987. Inexistência de direito adquirido. Inserida em 10 de março de 1995 (inserido dispositivo)
Inexiste direito adquirido ao IPC de junho de 1987 (Plano Bresser), em face da edição do Decreto-lei n. 2.335/1987.
•• Redação determinada pela Resolução n. 129, de 5-4-2005.

59. Plano Verão. URP de fevereiro de 1989. Inexistência de direito adquirido. Inserida em 13 de fevereiro de 1995 (inserido dispositivo)
Inexiste direito adquirido à URP de fevereiro de 1989 (Plano Verão), em face da edição da Lei n. 7.730/89.
•• Redação determinada pela Resolução n. 129, de 5-4-2005.

60. Portuários. Hora noturna. Horas extras. (Lei n. 4.860/1965, arts. 4.º e 7.º, § 5.º.) Inserida em 28 de novembro de 1995 (nova redação em decorrência da incorporação da Orientação Jurisprudencial n. 61 da SDI-1)
I – A hora noturna no regime de trabalho no porto, compreendida entre dezenove horas e sete horas do dia seguinte, é de sessenta minutos.
II – Para o cálculo das horas extras prestadas pelos trabalhadores portuários, observar-se-á somente o salário básico percebido, excluídos os adicionais de risco e produtividade. (ex-OJ 61 da SDI-1 – inserida em 14-3-1994)
•• Redação determinada pela Resolução n. 129, de 5-4-2005.

61. *(Cancelada em decorrência da redação conferida à Orientação Jurisprudencial n. 60 da SDI-1 do TST.)*

62. Prequestionamento. Pressuposto de admissibilidade em apelo de natureza extraordinária. Necessidade, ainda que se trate de incompetência absoluta.
É necessário o prequestionamento como pressuposto de admissibilidade em recurso de natureza extraordinária, ainda que se trate de incompetência absoluta.
•• Republicada no *Diário Eletrônico da Justiça do Trabalho* de 16-11-2010.

63. *(Cancelada em decorrência da redação conferida à Súmula 199 do TST.)*

64. *(Cancelada em decorrência da redação conferida à Súmula 239 do TST.)*

65. Professor adjunto. Ingresso no cargo de professor titular. Exigência de concurso público não afastada pela Constituição Federal de 1988 (CF/1988, arts. 37, II, e 206, V). Inserida em 30 de maio de 1994 (inserido dispositivo)
O acesso de professor adjunto ao cargo de professor titular só pode ser efetivado por meio de concurso público, conforme dispõem os arts. 37, inciso II, e 206, inciso V, da CF/88.
•• Redação determinada pela Resolução n. 129, de 5-4-2005.

66. *(Convertida na Súmula 351 do TST.)*

67. *(Convertida na Súmula 358 do TST.)*

68. *(Convertida na Orientação Jurisprudencial Transitória n. 35 da SDI-1 do TST.)*

69. *(Convertida na Súmula 375 do TST.)*

70. *(Convertida na Orientação Jurisprudencial n. 5 do Tribunal Pleno do TST.)*

71. *(Cancelada em decorrência da redação conferida à Súmula 303 do TST.)*

72. *(Cancelada em decorrência da redação conferida à Súmula 303 do TST.)*

73. *(Cancelada em decorrência da redação conferida à Súmula 303 do TST.)*

74. *(Cancelada em decorrência da nova redação conferida à Súmula 122 do TST.)*

75. Substabelecimento sem o reconhecimento de firma do substabelecente. Inválido (anterior à Lei n. 8.952/94). Inserida em 1.º de fevereiro de 1995 (inserido dispositivo)
Não produz efeitos jurídicos recurso subscrito por advogado com poderes conferidos em substabelecimento em que não consta o reconhecimento de firma do ou-

torgante. Entendimento aplicável antes do advento da Lei n. 8.952/94.

•• Redação determinada pela Resolução n. 129, de 5-4-2005.

76. **Substituição dos avanços trienais por quinquênios. Alteração do contrato de trabalho. Prescrição total. CEEE.** Inserida em 14 de março de 1994 (inserido dispositivo)

A alteração contratual consubstanciada na substituição dos avanços trienais por quinquênios decorre de ato único do empregador, momento em que começa a fluir o prazo fatal de prescrição.

•• Redação determinada pela Resolução n. 129, de 5-4-2005.

77. *(Convertida na Súmula 357 do TST.)*

78. *(Convertida na Súmula 360 do TST.)*

79. **URPs de abril e maio de 1988. Decreto-lei n. 2.425/88** (alterada em decorrência do julgamento do processo TST-RXOFROAR-573062/1999 pelo Tribunal Pleno – certidão de julgamento publicada no *DJ* de 14-6-2005)

Existência de direito apenas ao reajuste de 7/30 de 16,19%, a ser calculado sobre o salário de março e incidente sobre o salário dos meses de abril e maio, não cumulativamente, corrigidos desde a época própria até a data do efetivo pagamento.

80. *(Convertida na Orientação Jurisprudencial n. 110 da SDI-2 do TST.)*

81. *(Convertida na Súmula 394 do TST.)*

82. **Aviso prévio. Baixa na CTPS.**

A data de saída a ser anotada na CTPS deve corresponder à do término do prazo do aviso prévio, ainda que indenizado.

83. **Aviso prévio. Indenizado. Prescrição**

A prescrição começa a fluir no final da data do término do aviso prévio. Art. 487, § 1.º, CLT.

84. *(Cancelada em decorrência da redação conferida à Súmula 441 do TST.)*

85. *(Convertida na Súmula 363 do TST.)*

86. *(Convertida na Súmula 369 do TST.)*

87. **Entidade pública. Exploração de atividade eminentemente econômica. Execução. Art. 883 da CLT.**

É direta a execução contra a APPA e MINASCAIXA (§ 1.º do art. 173, da CF/88).

•• Redação determinada pela Comissão de Jurisprudência e de Precedentes Normativos, do TST, em 6-4-2004.

88. *(Cancelada em decorrência da redação conferida à Súmula 244 do TST.)*

89. *(Convertida na Súmula 376 do TST.)*

90. *(Cancelada em decorrência da redação conferida ao art. 897 da CLT pela Lei n. 9.756/98.)*

91. **Anistia. Art. 8.º, § 1.º, ADCT. Efeitos financeiros. ECT.**

Em 19 de maio de 1997, a SDI-Plena decidiu, pelo voto prevalente do Exmo. Sr. Presidente, que os efeitos financeiros da readmissão do empregado anistiado serão contados a partir do momento em que este manifestou o desejo de retornar ao trabalho e, na ausência de prova, da data do ajuizamento da ação.

92. **Desmembramento de Municípios. Responsabilidade trabalhista.**

Em caso de criação de novo município, por desmembramento, cada uma das novas entidades responsabiliza-se pelos direitos trabalhistas do empregado no período em que figurarem como real empregador.

93. *(Cancelada em decorrência da redação conferida à Súmula 146 do TST pela Resolução n. 121/03.)*

94. *(Cancelada em decorrência da nova redação conferida à Súmula 221 do TST.)*

95. **Embargos para SDI. Divergência oriunda da mesma Turma do TST. Inservível.**

Em 19 de maio de 1997, a SDI-Plena, por maioria, decidiu que acórdãos oriundos da mesma Turma, embora divergentes, não fundamentam divergência jurisprudencial de que trata a alínea *b*, do artigo 894 da Consolidação das Leis do Trabalho para embargos à Seção Especializada em Dissídios Individuais, Subseção I.

96. *(Cancelada em decorrência da nova redação conferida à Súmula 159 do TST pela Resolução n. 121/03.)*

97. **Horas extras. Adicional noturno. Base de cálculo.**

O adicional noturno integra a base de cálculo das horas extras prestadas no período noturno.

98. *(Convertida na Orientação Jurisprudencial Transitória n. 36 da SDI-I do TST.)*

99. *(Convertida na Súmula 377 do TST.)*

100. **Salário. Reajuste. Entes públicos.** Inserida em 30 de maio de 1997 (título alterado e inserido dispositivo)

Os reajustes salariais previstos em legislação federal devem ser observados pelos Estados-membros, suas Autarquias e Fundações Públicas nas relações contratuais trabalhistas que mantiverem com seus empregados.

•• Redação determinada pela Resolução n. 129, de 5-4-2005.

101. *(Cancelada em decorrência da redação conferida à Súmula n. 28 do TST pela Resolução n. 121/03.)*

102. *(Cancelada em decorrência da redação conferida à Súmula 139 do TST.)*

103. **Adicional de insalubridade. Repouso semanal e feriados.** Inserida em 1.º de outubro de 1997 (nova redação)

O adicional de insalubridade já remunera os dias de repouso semanal e feriados.

•• Redação determinada pela Resolução n. 129, de 5-4-2005.

104. *(Cancelada em decorrência da nova redação conferida à Súmula 25 do TST.)*

105. *(Convertida na Súmula 378 do TST.)*

106. *(Convertida na Súmula 396 do TST.)*

107. *(Cancelada em decorrência da redação conferida à Orientação Jurisprudencial n. 42 da SDI-I do TST.)*

108. *(Convertida na Súmula 395 do TST.)*

109. *(Convertida na Orientação Jurisprudencial Transitória n. 37 da SDI-I do TST.)*

110. *(Cancelada pela Resolução n. 212, de 19-9-2016, do TST.)*

111. **Recurso de revista. Divergência jurisprudencial. Aresto oriundo do mesmo Tribunal Regional. Lei n. 9.756/1998. Inservível ao conhecimento.** (nova redação)

Não é servível ao conhecimento de recurso de revista aresto oriundo de mesmo Tribunal Regional do Trabalho, salvo se o recurso houver sido interposto anteriormente à vigência da Lei n. 9.756/1998.

•• Redação determinada pela Resolução n. 129, de 5-4-2005.

112. (*Cancelada em decorrência da redação conferida à Súmula 159 do TST.*)

113. **Adicional de transferência. Cargo de confiança ou previsão contratual de transferência. Devido. Desde que a transferência seja provisória.**

O fato de o empregado exercer cargo de confiança ou a existência de previsão de transferência no contrato de trabalho não exclui o direito ao adicional. O pressuposto legal apto a legitimar a percepção do mencionado adicional é a transferência provisória.

114. (*Convertida na Súmula 379 do TST.*)

115. (*Convertida na Súmula 459 do TST.*)

116. (*Convertida na Súmula 396 do TST.*)

117. (*Convertida na Súmula 376 do TST.*)

118. **Prequestionamento. Tese explícita. Inteligência da Súmula 297.**

Havendo tese explícita sobre a matéria, na decisão recorrida, desnecessário contenha nela referência expressa do dispositivo legal para ter-se como prequestionado este.

119. **Prequestionamento inexigível. Violação nascida na própria decisão recorrida. Súmula 297 do TST. Inaplicável.**

É inexigível o prequestionamento quando a violação indicada houver nascido na própria decisão recorrida. Inaplicável a Súmula 297 do TST.

•• Republicada no *Diário Eletrônico da Justiça do Trabalho* de 16-11-2010.

120. **Recurso. Assinatura da petição ou das razões recursais. Art. 932, parágrafo único, do CPC de 2015.** (alterada em decorrência do CPC de 2015)

I – Verificada a total ausência de assinatura no recurso, o juiz ou o relator concederá prazo de 5 (cinco) dias para que seja sanado o vício. Descumprida a determinação, o recurso será reputado inadmissível (art. 932, parágrafo único, do CPC de 2015).

II – É válido o recurso assinado, ao menos, na petição de apresentação ou nas razões recursais.

•• Redação determinada pela Resolução n. 212, de 19-9-2016.

121. **Substituição processual. Diferença do adicional de insalubridade. Legitimidade.** Inserida em 20 de novembro de 1997 (nova redação)

O sindicato tem legitimidade para atuar na qualidade de substituto processual para pleitear diferença de adicional de insalubridade.

•• Redação determinada pela Resolução n. 129, de 5-4-2005.

122. (*Convertida na Súmula 380 do TST.*)

123. **Bancários. Ajuda alimentação.**

A ajuda alimentação prevista em norma coletiva em decorrência de prestação de horas extras tem natureza indenizatória e, por isso, não integra o salário do empregado bancário. Em 10 de fevereiro de 1998, a SDI-Plena, por maioria, decidiu que ajuda alimentação paga ao bancário, em decorrência de prestação de horas extras por prorrogação de jornada, tem natureza indenizatória e, portanto, não integrativa ao salário.

124. (*Convertida na Súmula 381 do TST.*)

125. **Desvio de função. Quadro de carreira.**

O simples desvio funcional do empregado não gera direito a novo enquadramento, mas apenas às diferenças salariais respectivas, mesmo que o desvio de função haja iniciado antes da vigência da CF/1988.

•• Redação determinada pelo TST em 13-3-2002.

126. (*Cancelada em decorrência da redação conferida à Súmula 239 do TST.*)

127. **Hora noturna reduzida. Subsistência após a CF/88.**

O art. 73, § 1.º, da CLT, que prevê a redução da hora noturna, não foi revogado pelo inciso IX do art. 7.º da CF/88.

128. (*Convertida na Súmula 382 do TST.*)

129. **Prescrição. Complementação da pensão e auxílio-funeral.**

A prescrição extintiva para pleitear judicialmente o pagamento da complementação de pensão e do auxílio-funeral é de 2 (dois) anos, contados a partir do óbito do empregado.

130. **Prescrição. Ministério Público. Arguição. *Custos legis*. Ilegitimidade.** (atualizada em decorrência do CPC de 2015)

Ao exarar o parecer na remessa de ofício, na qualidade de *custos legis*, o Ministério Público não tem legitimidade para arguir a prescrição em favor de entidade de direito público, em matéria de direito patrimonial.

•• Redação determinada pela Resolução n. 209, de 30-5-2016.

131. (*Convertida na Súmula 367 do TST.*)

132. **Agravo regimental. Peças essenciais nos autos principais.**

Inexistindo lei que exija a tramitação do AG em autos apartados, tampouco previsão no Regimento Interno do Regional, não pode o Agravante ver-se apenado por não haver colacionado cópia de peças dos autos principais, quando o AG deveria fazer parte dele.

133. **Ajuda alimentação. PAT. Lei n. 6.321/76. Não integração ao salário.**

A ajuda alimentação fornecida por empresa participante do programa de alimentação ao trabalhador, instituído pela Lei n. 6.321/1976, não tem caráter salarial. Portanto, não integra o salário para nenhum efeito legal.

134. **Autenticação. Pessoa jurídica de direito público. Dispensada. Medida Provisória n. 1.360, de 12 de março de 1996.**

São válidos os documentos apresentados, por pessoa jurídica de direito público, em fotocópia não autenticada, posteriormente à edição da Medida Provisória n. 1.360/1996 e suas reedições.

•• A Medida Provisória n. 1.360, de 12-3-1996, foi convertida na Lei n. 10.522, de 19-7-2002.

135. (*Convertida na Súmula 371 do TST.*)

136. (*Cancelada em decorrência da redação conferida à Orientação Jurisprudencial n. 18 da SDI-1 do TST.*)

137. (*Convertida na Orientação Jurisprudencial Transitória n. 38 da SDI-1 do TST.*)

ORIENTAÇÕES

ESPAÇO RESERVADO PARA USO DE GRAMPO

138. Competência residual. Regime jurídico único. Limitação da execução. Inserida em 27 de novembro de 1998 (nova redação em decorrência da incorporação da Orientação Jurisprudencial n. 249 da SDI-I)

Compete à Justiça do Trabalho julgar pedidos de direitos e vantagens previstos na legislação trabalhista referente a período anterior à Lei n. 8.112/90, mesmo que a ação tenha sido ajuizada após a edição da referida lei. A superveniência de regime estatutário em substituição ao celetista, mesmo após a sentença, limita a execução ao período celetista. (1.ª parte – ex-OJ 138 da SDI-I – inserida em 27-11-1998; 2.ª parte – ex-OJ 249 – inserida em 13-3-2002)

•• Redação determinada pela Resolução n. 129, de 5-4-2005.

139. *(Cancelada em decorrência da nova redação conferida à Súmula 128 do TST.)*

140. Depósito recursal e custas processuais. Recolhimento insuficiente. Deserção (nova redação em decorrência do CPC de 2015)

Em caso de recolhimento insuficiente das custas processuais ou do depósito recursal, somente haverá deserção do recurso se, concedido o prazo de 5 (cinco) dias previsto no § 2.º do art. 1.007 do CPC de 2015, o recorrente não complementar e comprovar o valor devido.

•• Redação determinada pela Resolução n. 217, de 17-4-2017.

141. *(Convertida na Súmula 368 do TST.)*

142. Embargos de Declaração. Efeito Modificativo. Vista Prévia à Parte Contrária (cancelado o item II em decorrência do CPC de 2015)

É passível de nulidade decisão que acolhe embargos de declaração com efeito modificativo sem que seja concedida oportunidade de manifestação prévia à parte contrária.

•• Redação determinada pela Resolução n. 214, de 28-11-2016.

143. Empresa em liquidação extrajudicial. Execução. Créditos trabalhistas. Lei n. 6.024/74.

A execução trabalhista deve prosseguir diretamente na Justiça do Trabalho mesmo após a decretação da liquidação extrajudicial. Lei n. 6.830/80, arts. 5.º e 29, aplicados supletivamente (CLT, art. 889 e CF/88, art. 114).

144. *(Cancelada em decorrência da redação conferida à Súmula 275 do TST.)*

145. *(Convertida na Súmula 369 do TST.)*

146. *(Convertida na Orientação Jurisprudencial Transitória n. 39 da SDI-I do TST.)*

147. Lei estadual, norma coletiva ou norma regulamentar. Conhecimento indevido do recurso de revista por divergência jurisprudencial (alínea *b* do art. 896 da CLT). Inserida em 27 de novembro de 1998 (nova redação em decorrência da incorporação da Orientação Jurisprudencial n. 309 da SDI-I)

I – É inadmissível o recurso de revista fundado tão somente em divergência jurisprudencial, se a parte não comprovar que a lei estadual, a norma coletiva ou o regulamento da empresa extrapolam o âmbito do TRT prolator da decisão recorrida. (ex-OJ 309 da SDI-I – inserida em 11-8-2003)

II – É imprescindível a arguição de afronta ao art. 896 da CLT para o conhecimento de embargos interpostos em face de acórdão de Turma que conhece indevidamente de recurso de revista, por divergência jurisprudencial, quanto a tema regulado por lei estadual, norma coletiva ou norma regulamentar de âmbito restrito ao TRT prolator da decisão.

•• Redação determinada pela Resolução n. 129, de 5-4-2005.

148. Lei n. 8.880/1994, art. 31. Constitucionalidade. Inserida em 27 de novembro de 1998 (nova redação)

É constitucional o art. 31 da Lei n. 8.880/1994, que prevê a indenização por demissão sem justa causa.

•• Redação determinada pela Resolução n. 129, de 5-4-2005.

149. *(Convertida na Súmula 383 do TST.)*

150. *(Convertida na Súmula 384 do TST.)*

151. Prequestionamento. Decisão regional que adota a sentença. Ausência de prequestionamento.

Decisão regional que simplesmente adota os fundamentos da decisão de primeiro grau não preenche a exigência do prequestionamento, tal como previsto na Súmula 297.

152. Revelia. Pessoa jurídica de direito público. Aplicável (art. 844 da CLT.) Inserida em 27 de novembro de 1998 (inserido dispositivo)

Pessoa jurídica de direito público sujeita-se à revelia prevista no art. 844 da CLT.

•• Redação determinada pela Resolução n. 129, de 5-4-2005.

153. *(Convertida na Orientação Jurisprudencial Transitória n. 57 da SDI-I do TST.)*

154. *(Cancelada pela Resolução n. 158, de 13-10-2009.)*

155. *(Convertida na Orientação Jurisprudencial Transitória n. 40 da SDI-I do TST.)*

156. *(Cancelada pela Resolução n. 175, de 24-5-2011, em decorrência da nova redação da Súmula 327 do TST.)*

157. *(Convertida na Orientação Jurisprudencial Transitória n. 41 da SDI-I do TST.)*

158. Custas. Comprovação de recolhimento. DARF eletrônico. Validade.

O denominado DARF Eletrônico é válido para comprovar o recolhimento de custas por entidades da administração pública federal, emitido conforme a IN-SRF n. 162, de 4 de novembro de 1988.

•• Instrução Normativa revogada pela IN-SRF n. 181, de 25-7-2002.

159. Data de pagamento. Salários. Alteração.

Diante da inexistência de previsão expressa em contrato ou em instrumento normativo, a alteração de data de pagamento pelo empregador não viola o art. 468, desde que observado o parágrafo único, do art. 459, ambos da CLT.

160. Descontos salariais. Autorização no ato da admissão. Validade.

É inválida a presunção de vício de consentimento resultante do fato de ter o empregado anuído expressamente com descontos salariais na oportunidade da admissão. É de se exigir demonstração concreta do vício de vontade.

161. (*Convertida na Súmula 385 do TST.*)

162. **Multa. Art. 477 da CLT. Contagem do prazo. Aplicável o art. 132 do Código Civil de 2002.** Inserida em 26 de março de 1999 (atualizada a legislação e inserido dispositivo)

A contagem do prazo para quitação das verbas decorrentes da rescisão contratual prevista no art. 477 da CLT exclui necessariamente o dia da notificação da demissão e inclui o dia do vencimento, em obediência ao disposto no art. 132 do Código Civil de 2002 (art. 125 do Código Civil de 1916).

•• Redação determinada pela Resolução n. 129, de 5-4-2005.

163. (*Cancelada em decorrência da redação conferida à Súmula 51 do TST.*)

164. **Oficial de justiça *ad hoc*. Inexistência de vínculo empregatício.** Inserida em 26 de março de 1999 (inserido dispositivo)

Não se caracteriza o vínculo empregatício na nomeação para o exercício das funções de oficial de justiça *ad hoc*, ainda que feita de forma reiterada, pois exaure-se a cada cumprimento de mandado.

•• Redação determinada pela Resolução n. 129, de 5-4-2005.

165. **Perícia. Engenheiro ou médico. Adicional de insalubridade e periculosidade. Válido. Art. 195, da CLT.**

O art. 195 da CLT não faz qualquer distinção entre o médico e o engenheiro para efeito de caracterização e classificação da insalubridade e periculosidade, bastando para a elaboração do laudo seja o profissional devidamente qualificado.

166. (*Convertida na Orientação Jurisprudencial Transitória n. 42 da SDI-1 do TST.*)

167. (*Convertida na Súmula 386 do TST.*)

168. (*Convertida na Orientação Jurisprudencial Transitória n. 43 da SDI-1 do TST.*)

169. (*Convertida na Súmula 423 do TST.*)

170. (*Cancelada em decorrência da redação conferida à Orientação Jurisprudencial n. 4 da SDI-1 do TST.*)

171. **Adicional de insalubridade. Óleos minerais. Sentido do termo manipulação.**

Para efeito de concessão de adicional de insalubridade não há distinção entre fabricação e manuseio de óleos minerais – Portaria n. 3.214 do Ministério do Trabalho, NR 15, Anexo XIII.

172. **Adicional de insalubridade ou periculosidade. Condenação. Inserção em folha de pagamento.**

Condenada ao pagamento do adicional de insalubridade ou periculosidade, a empresa deverá inserir, mês a mês e enquanto o trabalho for executado sob essas condições, o valor correspondente em folha de pagamento.

173. **Adicional de insalubridade. Atividade a céu aberto. Exposição ao sol e ao calor.** (redação alterada na sessão do Tribunal Pleno realizada em 14-9-2012)

I – Ausente previsão legal, indevido o adicional de insalubridade ao trabalhador em atividade a céu aberto, por sujeição à radiação solar (art. 195 da CLT e Anexo 7 da NR 15 da Portaria n. 3.214/78 do MTE).

II – Tem direito ao adicional de insalubridade o trabalhador que exerce atividade exposto ao calor acima dos limites de tolerância, inclusive em ambiente externo com carga solar, nas condições previstas no Anexo 3 da NR 15 da Portaria n. 3.214/78 do MTE.

•• Redação determinada pela Resolução n. 186, de 14-9-2012.

174. (*Cancelada em decorrência da redação conferida à Súmula 132 do TST.*)

175. **Comissões. Alteração ou supressão. Prescrição total.** Inserida em 8 de novembro de 2000 (nova redação em decorrência da incorporação da Orientação Jurisprudencial n. 248 da SBDI-1)

A supressão das comissões, ou a alteração quanto à forma ou ao percentual, em prejuízo do empregado, é suscetível de operar a prescrição total da ação, nos termos da Súmula 294 do TST, em virtude de cuidar-se de parcela não assegurada por preceito de lei.

•• Redação determinada pela Comissão de Jurisprudência e de Precedentes Normativos, do TST, em 18-11-2005.

176. (*Convertida na Orientação Jurisprudencial Transitória n. 44 da SDI-1 do TST.*)

177. (*Cancelada pelo Tribunal Pleno do TST, na sessão extraordinária de 25-10-2006.*)

178. **Bancário. Intervalo de 15 minutos. Não computável na jornada de trabalho.** Inserida em 8 de novembro de 2000 (inserido dispositivo)

Não se computa, na jornada do bancário sujeito a seis horas diárias de trabalho, o intervalo de quinze minutos para lanche ou descanso.

•• Redação determinada pela Resolução n. 129, de 5-4-2005.

179. (*Convertida na Orientação Jurisprudencial Transitória 77 da SDI-1 do TST.*)

180. (*Convertida na Orientação Jurisprudencial Transitória n. 45 da SDI-1 do TST.*)

181. **Comissões. Correção monetária. Cálculo.**

O valor das comissões deve ser corrigido monetariamente para em seguida obter-se a média para efeito de cálculo de férias, 13.º salário e verbas rescisórias.

182. (*Cancelada em decorrência da redação conferida à Súmula 85 do TST.*)

183. (*Convertida na Orientação Jurisprudencial Transitória n. 46 da SDI-1 do TST.*)

184. (*Cancelada em decorrência da redação conferida à Súmula 74 do TST.*)

185. **Contrato de trabalho com a Associação de Pais e Mestres – APM. Inexistência de responsabilidade solidária ou subsidiária do Estado.** Inserida em 8 de novembro de 2000 (inserido dispositivo)

O Estado-Membro não é responsável subsidiária ou solidariamente com a Associação de Pais e Mestres pelos encargos trabalhistas dos empregados contratados por esta última, que deverão ser suportados integral e exclusivamente pelo real empregador.

•• Redação determinada pela Resolução n. 129, de 5-4-2005.

ORIENTAÇÕES

ESPAÇO RESERVADO PARA USO DE GRAMPO

186. *(Cancelada em decorrência da nova redação conferida à Súmula 25 do TST.)*

187. *(Convertida na Orientação Jurisprudencial Transitória n. 47 da SDI-1 do TST.)*

188. Decisão normativa que defere direitos. Falta de interesse de agir para ação individual.

Falta de interesse de agir para a ação individual, singular ou plúrima, quando o direito já foi reconhecido através de decisão normativa, cabendo, no caso, ação de cumprimento.

189. *(Cancelada em decorrência da nova redação conferida à Súmula 128 do TST.)*

190. *(Cancelada em decorrência da redação conferida à Súmula 128 do TST.)*

191. Contrato de empreitada. Dono da obra de construção civil. Responsabilidade. (nova redação)

Diante da inexistência de previsão legal específica, o contrato de empreitada de construção civil entre o dono da obra e o empreiteiro não enseja responsabilidade solidária ou subsidiária nas obrigações trabalhistas contraídas pelo empreiteiro, salvo sendo o dono da obra uma empresa construtora ou incorporadora.

•• Redação determinada pela Resolução n. 175, de 24-5-2011.

192. Embargos declaratórios. Prazo em dobro. Pessoa jurídica de direito público. Decreto-lei n. 779/69.

É em dobro o prazo para a interposição de embargos declaratórios por Pessoa Jurídica de Direito Público.

193. *(Cancelada em decorrência da redação conferida à Súmula 6 do TST pela Resolução n. 104/00.)*

194. *(Convertida na Súmula 387 do TST.)*

195. Férias indenizadas. FGTS. Não incidência. Inserida em 8 de novembro de 2000 (inserido dispositivo)

Não incide a contribuição para o FGTS sobre as férias indenizadas.

•• Redação determinada pela Resolução n. 129, de 5-4-2005.

196. *(Cancelada em decorrência da redação conferida à Súmula 244 do TST.)*

197. *(Cancelada em decorrência da redação conferida à Súmula 253 do TST pela Resolução n. 121/03.)*

198. Honorários periciais. Atualização monetária.

Diferentemente da correção aplicada aos débitos trabalhistas, que têm caráter alimentar, a atualização monetária dos honorários periciais é fixada pelo art. 1.º da Lei n. 6.899/81, aplicável a débitos resultantes de decisões judiciais.

199. Jogo do bicho. Contrato de trabalho. Nulidade. Objeto ilícito. Arts. 82 e 145 do Código Civil.

É nulo o contrato de trabalho celebrado para o desempenho de atividade inerente à prática do jogo do bicho, ante a ilicitude de seu objeto, o que subtrai o requisito de validade para a formação do ato jurídico.

•• Republicada no *Diário Eletrônico da Justiça do Trabalho* de 16-11-2010.

200. Mandato tácito. Substabelecimento inválido. Inserida em 8 de novembro de 2000 (inserido dispositivo)

É inválido o substabelecimento de advogado investido de mandato tácito.

•• Redação determinada pela Resolução n. 129, de 5-4-2005.

201. *(Convertida na Súmula 388 do TST.)*

202. *(Convertida na Orientação Jurisprudencial Transitória n. 48 da SDI-1 do TST.)*

203. *(Convertida na Orientação Jurisprudencial Transitória n. 54 da SDI-1 do TST.)*

204. *(Cancelada em decorrência da redação conferida à Súmula 308 do TST.)*

205. *(Cancelada pela Turma Nacional de Uniformização, na terceira sessão ordinária de 27-3-2009.)*

206. Professor. Horas extras. Adicional de 50%.

Excedida a jornada máxima (art. 318 da CLT), as horas excedentes devem ser remuneradas com o adicional de, no mínimo, 50% (art. 7.º, XVI, CF/88).

207. Programa de incentivo à demissão voluntária. Indenização. Imposto de renda. Não incidência. Inserida em 8 de novembro de 2000

A indenização paga em virtude de adesão a programa de incentivo à demissão voluntária não está sujeita à incidência do imposto de renda.

•• Redação determinada pela Resolução n. 129, de 5-4-2005.

208. Radiologista. Gratificação de raios X. Redução. Lei n. 7.923/89.

A alteração da gratificação por trabalho com raios X, de quarenta para dez por cento, na forma da Lei n. 7.923/89, não causou prejuízo ao trabalhador porque passou a incidir sobre o salário incorporado com todas as demais vantagens.

209. *(Cancelada em decorrência da redação conferida à Súmula 262 do TST.)*

210. *(Convertida na Súmula 389 do TST.)*

211. *(Convertida na Súmula 389 do TST.)*

212. *(Convertida na Orientação Jurisprudencial Transitória n. 54 da SDI-1 do TST.)*

213. Telex. Operadores. Art. 227 da CLT. Inaplicável.

O operador de telex de empresa, cuja atividade econômica não se identifica com qualquer uma das previstas no art. 227 da CLT, não se beneficia de jornada reduzida.

214. *(Convertida na Orientação Jurisprudencial Transitória n. 58 da SDI-1 do TST.)*

215. *(Cancelada pela Resolução n. 175, de 24-5-2011.)*

216. Vale-transporte. Servidor público celetista. Lei n. 7.418/85. Devido. Inserida em 8 de novembro de 2000 (inserido dispositivo)

Aos servidores públicos celetistas é devido o vale-transporte, instituído pela Lei n. 7.418/85, de 16 de dezembro de 1985.

•• Redação determinada pela Resolução n. 129, de 5-4-2005.

217. Agravo de instrumento. Traslado. Lei n. 9.756/98. Guia de custas e de depósito recursal.

Para a formação do Agravo de Instrumento, não é necessária a juntada de comprovantes de recolhimento de custas e de depósito recursal relativamente ao Recurso Ordinário, desde que não seja objeto de controvérsia no Recurso de Revista a validade daqueles recolhimentos.

218. *(Cancelada em decorrência da sua incorporação à Orientação Jurisprudencial n. 241 da SDI-1 e posterior conversão na Orientação Jurisprudencial Transitória n. 55 da SDI-1 do TST.)*

219. Recurso de revista ou de embargos fundamentado em Orientação Jurisprudencial do TST.

É válida, para efeito de conhecimento do recurso de revista ou de embargos, a invocação de Orientação Jurisprudencial do Tribunal Superior do Trabalho, desde que, das razões recursais, conste o seu número ou conteúdo.

220. *(Cancelada em decorrência da redação conferida à Súmula 85 do TST.)*

221. *(Convertida na Orientação Jurisprudencial Transitória n. 56 da SDI-1 do TST.)*

222. *(Cancelada em decorrência da redação conferida à Súmula 102 do TST.)*

223. *(Cancelada em decorrência da redação conferida à Súmula 85 do TST.)*

224. Complementação de aposentadoria. Reajuste. Lei n. 9.069, de 29 de junho de 1995.

I – A partir da vigência da Medida Provisória n. 542, de 30 de junho de 1994, convalidada pela Lei n. 9.069, de 29 de junho de 1995, o critério de reajuste da complementação de aposentadoria passou a ser anual e não semestral, aplicando-se o princípio *rebus sic stantibus* diante da nova ordem econômica.

II – A alteração da periodicidade do reajuste da complementação de aposentadoria – de semestral para anual –, não afeta o direito ao resíduo inflacionário apurado nos meses de abril, maio e junho de 1994, que deverá incidir sobre a correção realizada no mês de julho de 1995.

•• Redação determinada pela Comissão de Jurisprudência e de Precedentes Normativos, do TST, em 14-9-2010.

225. Contrato de concessão de serviço público. Responsabilidade trabalhista. Inserida em 20 de junho de 2001 e alterada pelo Tribunal Pleno, em 18 de abril de 2002 – MA 10.999/02 (nova redação)

Celebrado contrato de concessão de serviço público em que uma empresa (primeira concessionária) outorga a outra (segunda concessionária), no todo ou em parte, mediante arrendamento ou qualquer outra forma contratual, a título transitório, bens de sua propriedade:

I – em caso de rescisão do contrato de trabalho após a entrada em vigor da concessão, a segunda concessionária, na condição de sucessora, responde pelos direitos decorrentes do contrato de trabalho, sem prejuízo da responsabilidade subsidiária da primeira concessionária pelos débitos trabalhistas contraídos até a concessão;

II – no tocante ao contrato de trabalho extinto antes da vigência da concessão, a responsabilidade pelos direitos dos trabalhadores será exclusivamente da antecessora.

•• Redação determinada pela Resolução n. 129, de 5-4-2005.

226. Crédito trabalhista. Cédula de Crédito Rural. Cédula de Crédito Industrial. Penhorabilidade. Inserida em 20 de junho de 2001 (título alterado)

Diferentemente da cédula de crédito industrial garantida por alienação fiduciária, na cédula rural pignoratícia ou hipotecária o bem permanece sob o domínio do devedor (executado), não constituindo óbice à penhora na esfera trabalhista. (Decreto-lei n. 167/67, art. 69; CLT, arts. 10 e 30 e Lei n. 6.830/80).

•• Redação determinada pela Resolução n. 129, de 5-4-2005.

227. *(Cancelada pela Comissão de Jurisprudência e de Precedentes Normativos, do TST, em 18-11-2005.)*

228. *(Convertida na Súmula 368 do TST.)*

229. *(Convertida na Súmula 390 do TST.)*

230. *(Convertida na Súmula 378 do TST.)*

231. *(Convertida na Orientação Jurisprudencial Transitória n. 50 da SDI-1 do TST.)*

232. FGTS. Incidência. Empregado transferido para o exterior. Remuneração.

O FGTS incide sobre todas as parcelas de natureza salarial pagas ao empregado em virtude de prestação de serviços no exterior.

233. Horas extras. Comprovação de parte do período alegado. Inserida em 20 de junho de 2001 (nova redação)

A decisão que defere horas extras com base em prova oral ou documental não ficará limitada ao tempo por ela abrangido, desde que o julgador fique convencido de que o procedimento questionado superou aquele período.

•• Redação determinada pela Resolução n. 129, de 5-4-2005.

234. *(Cancelada em decorrência da redação conferida à Súmula 338 do TST.)*

235. Horas extras. Salário por produção. (redação alterada na sessão do Tribunal Pleno realizada em 16-4-2012)

O empregado que recebe salário por produção e trabalha em sobrejornada tem direito à percepção apenas do adicional de horas extras, exceto no caso do empregado cortador de cana, a quem é devido o pagamento das horas extras e do adicional respectivo.

•• Redação determinada pela Resolução n. 182, de 16-4-2012.

236. *(Cancelada em decorrência da redação conferida à Súmula 90 do TST.)*

237. Ministério Público do Trabalho. Legitimidade para recorrer. Sociedade de economia mista. Empresa pública. (incorporada a Orientação Jurisprudencial 338 da SBDI-I)

I – O Ministério Público do Trabalho não tem legitimidade para recorrer na defesa de interesse patrimonial privado, ainda que de empresas públicas e sociedades de economia mista.

II – Há legitimidade do Ministério Público do Trabalho para recorrer de decisão que declara a existência de vínculo empregatício com sociedade de economia mista ou empresa pública, após a Constituição Federal de 1988, sem a prévia aprovação em concurso público, pois é matéria de ordem pública.

•• Redação determinada pela Resolução n. 210, de 27-6-2016.

238. Multa. Art. 477 da CLT. Pessoa jurídica de direito público. Aplicável. Inserida em 20 de junho de 2001 (inserido dispositivo)

Submete-se à multa do art. 477 da CLT a pessoa jurídica de direito público que não observa o prazo para pagamento das verbas rescisórias, pois nivela-se a qualquer particular, em direitos e obrigações, despojando-se do *jus imperii* ao celebrar um contrato de emprego.

•• Redação determinada pela Resolução n. 129, de 5-4-2005.

239. (*Convertida na Súmula 384 do TST.*)

240. (*Convertida na Súmula 391 do TST.*)

241. (*Convertida na Orientação Jurisprudencial Transitória n. 55 da SDI-I do TST.*)

242. Prescrição total. Horas extras. Adicional. Incorporação.

Embora haja previsão legal para o direito à hora extra, inexiste previsão para a incorporação ao salário do respectivo adicional, razão pela qual deve incidir a prescrição total.

243. Prescrição total. Planos econômicos.

Aplicável a prescrição total sobre o direito de reclamar diferenças salariais resultantes de planos econômicos.

244. Professor. Redução da carga horária. Possibilidade.

A redução da carga horária do professor, em virtude da diminuição do número de alunos, não constitui alteração contratual, uma vez que não implica redução do valor da hora-aula.

245. Revelia. Atraso. Audiência.

Inexiste previsão legal tolerando atraso no horário de comparecimento da parte à audiência.

246. (*Convertida na Súmula 367 do TST.*)

247. Servidor Público. Celetista concursado. Despedida imotivada. Empresa Pública ou Sociedade de Economia Mista. Possibilidade.

I – A despedida de empregados de empresa pública e de sociedade de economia mista, mesmo admitidos por concurso público, independe de ato motivado para sua validade.

II – A validade do ato de despedida do empregado da Empresa Brasileira de Correios e Telégrafos (ECT) está condicionada à motivação, por gozar a empresa do mesmo tratamento destinado à Fazenda Pública em relação à imunidade tributária e à execução por precatório, além das prerrogativas de foro, prazos e custas processuais.

•• Redação determinada pela Resolução n. 143, de 8-11-2007.

248. (*Cancelada em decorrência da redação conferida à Orientação Jurisprudencial n. 175 da SDI-I do TST.*)

249. (*Cancelada em decorrência da redação conferida à Orientação Jurisprudencial n. 138 da SDI-I do TST.*)

250. (*Convertida na Orientação Jurisprudencial Transitória n. 51 da SDI-I do TST.*)

251. Descontos. Frentista. Cheques sem fundos.

É lícito o desconto salarial referente à devolução de cheques sem fundos, quando o frentista não observar as recomendações previstas em instrumento coletivo.

252. (*Cancelada em decorrência da redação conferida à Súmula 6 do TST.*)

253. Estabilidade provisória. Cooperativa. Lei n. 5.764/71. Conselho fiscal. Suplente. Não assegurada.

O art. 55 da Lei n. 5.764/71 assegura a garantia de emprego apenas aos empregados eleitos diretores de Cooperativas, não abrangendo os membros suplentes.

254. (*Cancelada em decorrência da redação conferida à Orientação Jurisprudencial n. 42 da SDI-I do TST.*)

255. Mandato. Contrato social. Desnecessária a juntada.

O art. 75, inciso VIII, do CPC de 2015 (art. 12, VI, do CPC de 1973) não determina a exibição dos estatutos da empresa em juízo como condição de validade do instrumento de mandato outorgado ao seu procurador, salvo se houver impugnação da parte contrária.

•• Redação determinada pela Resolução n. 208, de 19-4-2016.

256. Prequestionamento. Configuração. Tese explícita. Súmula 297.

Para fins do requisito do prequestionamento de que trata a Súmula 297, há necessidade de que haja, no acórdão, de maneira clara, elementos que levem à conclusão de que o Regional adotou uma tese contrária à lei ou à súmula.

257. Recurso de revista. Fundamentação. Violação de lei. Vocábulo violação. Desnecessidade (alterada em decorrência do inciso II do art. 894 da CLT, incluído pela Lei n. 11.496/2007).

A invocação expressa no recurso de revista dos preceitos legais ou constitucionais tidos como violados não significa exigir da parte a utilização das expressões "contrariar", "ferir", "violar", etc.

•• Redação determinada pela Resolução n. 182, de 16-4-2012.

258. (*Convertida na Súmula 364 do TST.*)

259. Adicional noturno. Base de cálculo. Adicional de periculosidade. Integração.

O adicional de periculosidade deve compor a base de cálculo do adicional noturno, já que também neste horário o trabalhador permanece sob as condições de risco.

260. Agravo de instrumento. Recurso de revista. Procedimento sumaríssimo. Lei n. 9.957/2000. Processos em curso.

I – É inaplicável o rito sumaríssimo aos processos iniciados antes da vigência da Lei n. 9.957/2000.

II – No caso de o despacho denegatório de recurso de revista invocar, em processo iniciado antes da Lei n. 9.957/2000, o § 6.º do art. 896 da CLT (rito sumaríssimo), como óbice ao trânsito do apelo calcado em divergência jurisprudencial ou violação de dispositivo infraconstitucional, o Tribunal superará o obstáculo, apreciando o recurso sob esses fundamentos.

•• A Lei n. 13.467, de 13-7-2017, em vigor 120 dias da sua publicação (*DOU* de 14-7-2017), revoga o § 6.º do art. 896 da CLT.

261. Bancos. Sucessão trabalhista.

As obrigações trabalhistas, inclusive as contraídas à época em que os empregados trabalhavam para o banco sucedido, são de responsabilidade do sucessor, uma vez que a este foram transferidos os ativos, as agências, os direitos e deveres contratuais, caracterizando típica sucessão trabalhista.

262. Coisa julgada. Planos econômicos. Limitação à data-base na fase de execução.

Não ofende a coisa julgada a limitação à data-base da categoria, na fase executória, da condenação ao pagamento de diferenças salariais decorrentes de planos econômicos, quando a decisão exequenda silenciar sobre a limitação, uma vez que a limitação decorre de norma cogente. Apenas quando a sentença exequenda houver expressamente afastado a limitação à data-base é que poderá ocorrer ofensa à coisa julgada.

263. (*Cancelada pela Comissão de Jurisprudência e de Precedentes Normativos, do TST, em 10-9-2004*)

264. Depósito recursal. PIS/PASEP. Ausência de indicação na guia de depósito recursal. Validade.

Não é essencial para a validade da comprovação do depósito recursal a indicação do número do PIS/PASEP na guia respectiva.

265. (*Convertida na Súmula 390 do TST.*)

266. (*Convertida na Súmula 369 do TST.*)

267. (*Cancelada em decorrência da redação conferida à Súmula 132 do TST.*)

268. Indenização adicional. Leis n. 6.708/79 e 7.238/84. Aviso prévio. Projeção. Estabilidade provisória.

Somente após o término do período estabilitário é que se inicia a contagem do prazo do aviso prévio para efeito das indenizações previstas nos arts. 9.º da Lei n. 6.708/79 e 9.º da Lei n. 7.238/84.

269. Justiça gratuita. Requerimento de isenção de despesas processuais. Momento oportuno. (inserido item II em decorrência do CPC de 2015)

I – O benefício da justiça gratuita pode ser requerido em qualquer tempo ou grau de jurisdição, desde que, na fase recursal, seja o requerimento formulado no prazo alusivo ao recurso;

II – Indeferido o requerimento de justiça gratuita formulado na fase recursal, cumpre ao relator fixar prazo para que o recorrente efetue o preparo (art. 99, § 7.º, do CPC de 2015).

•• Redação determinada pela Resolução n. 219, de 26-6-2017.

270. Programa de Incentivo à Demissão Voluntária. Transação extrajudicial. Parcelas oriundas do extinto contrato de trabalho. Efeitos.

A transação extrajudicial que importa rescisão do contrato de trabalho ante a adesão do empregado a plano de demissão voluntária implica quitação exclusivamente das parcelas e valores constantes do recibo.

271. Rurícola. Prescrição. Contrato de emprego extinto. Emenda Constitucional n. 28/2000. Inaplicabilidade. Inserida em 27 de setembro de 2002 (alterada)

O prazo prescricional da pretensão do rurícola, cujo contrato de emprego já se extinguira ao sobrevir a Emenda Constitucional n. 28, de 26 de maio de 2000, tenha sido ou não ajuizada a ação trabalhista, prossegue regido pela lei vigente ao tempo da extinção do contrato de emprego.

•• Redação determinada pela Comissão de Jurisprudência e de Precedentes Normativos, do TST, em 18-11-2005.

272. Salário mínimo. Servidor. Salário-base inferior. Diferenças. Indevidas.

A verificação do respeito ao direito ao salário mínimo não se apura pelo confronto isolado do salário-base com o mínimo legal, mas deste com a soma de todas as parcelas de natureza salarial recebidas pelo empregado diretamente do empregador.

273. (*Cancelada pela Resolução n. 175, de 24-5-2011.*)

274. Turno ininterrupto de revezamento. Ferroviário. Horas extras. Devidas.

O ferroviário submetido a escalas variadas, com alternância de turnos, faz jus à jornada especial prevista no art. 7.º, XIV, da CF/88.

275. Turno ininterrupto de revezamento. Horista. Horas extras e adicional. Devidos.

Inexistindo instrumento coletivo fixando jornada diversa, o empregado horista submetido a turno ininterrupto de revezamento faz jus ao pagamento das horas extraordinárias laboradas além da 6.ª, bem como ao respectivo adicional.

276. Ação declaratória. Complementação de aposentadoria.

É incabível ação declaratória visando a declarar direito à complementação de aposentadoria, se ainda não atendidos os requisitos necessários à aquisição do direito, seja por via regulamentar, ou por acordo coletivo.

277. Ação de cumprimento fundada em decisão normativa que sofreu posterior reforma, quando já transitada em julgado a sentença condenatória. Coisa julgada. Não configuração.

A coisa julgada produzida na ação de cumprimento é atípica, pois dependente de condição resolutiva, ou seja, da não modificação da decisão normativa por eventual recurso. Assim, modificada a sentença normativa pelo TST, com a consequente extinção do processo, sem julgamento do mérito, deve-se extinguir a execução em andamento, uma vez que a norma sobre a qual se apoiava o título exequendo deixou de existir no mundo jurídico.

278. Adicional de insalubridade. Perícia. Local de trabalho desativado.

A realização de perícia é obrigatória para a verificação de insalubridade. Quando não for possível sua realização como em caso de fechamento da empresa, poderá o julgador utilizar-se de outros meios de prova.

279. (*Cancelada pela Resolução n. 214, de 28-11-2016.*)

280. (*Convertida na Súmula 364 do TST.*)

281. (*Convertida na Orientação Jurisprudencial Transitória n. 52 da SDI-1 do TST.*)

282. Agravo de instrumento. Juízo de admissibilidade *ad quem*.

No julgamento de Agravo de Instrumento ao afastar o óbice apontado pelo TRT para o processamento do recurso de revista, pode o juízo *ad quem* prosseguir no exame dos demais pressupostos extrínsecos e intrínsecos do recurso de revista, mesmo que não apreciados pelo TRT.

283. Agravo de instrumento. Peças essenciais. Traslado realizado pelo agravado. Validade.

É válido o traslado de peças essenciais efetuado pelo agravado, pois sua regular formação incumbe às partes e não somente ao agravante.

284. (*Cancelada pela Resolução n. 217, de 17-4-2017.*)

285. (*Cancelada pela Resolução n. 217, de 17-4-2017.*)

286. Agravo de Instrumento. Traslado. Mandato Tácito. Ata de Audiência. Configuração.

I – A juntada da ata de audiência, em que consignada a presença do advogado, desde que não estivesse atuando com mandato expresso, torna dispensável a procuração deste, porque demonstrada a existência de mandato tácito.

II – Configurada a existência de mandato tácito fica suprida a irregularidade detectada no mandato expresso.

•• Redação determinada pela Resolução n. 167, de 26-4-2010.

287. *(Cancelada pela Resolução n. 219, de 26-6-2017.)*

288. *(Cancelada em decorrência da redação conferida à Súmula 102 do TST.)*

289. *(Cancelada em decorrência da redação conferida à Orientação Jurisprudencial n. 18 da SDI-I do TST.)*

290. *(Cancelada pela Comissão de Jurisprudência e de Precedentes Normativos do TST em 30-6-2005.)*

291. *(Convertida na Orientação Jurisprudencial Transitória n. 53 da SDI-I do TST.)*

292. *(Cancelada em decorrência da redação conferida à Súmula 101 do TST.)*

293. *(Cancelada em decorrência da sua conversão na letra f da Súmula 353 do TST.)*

294. *(Cancelada pela Resolução n. 194, de 19-5-2014, em decorrência de sua conversão na Orientação Jurisprudencial Transitória n. 78 da SDI-I do TST.)*

295. *(Cancelada pela Resolução n. 194, de 19-5-2014, em decorrência de sua conversão na Orientação Jurisprudencial Transitória n. 79 da SDI-I do TST.)*

296. **Equiparação salarial. Atendente e auxiliar de enfermagem. Impossibilidade.**

Sendo regulamentada a profissão de auxiliar de enfermagem, cujo exercício pressupõe habilitação técnica, realizada pelo Conselho Regional de Enfermagem, impossível a equiparação salarial do simples atendente com o auxiliar de enfermagem.

297. **Equiparação salarial. Servidor público da administração direta, autárquica e fundacional. Art. 37, XIII, da CF/1988.**

O art. 37, XIII, da CF/1988 veda a equiparação de qualquer natureza para o efeito de remuneração do pessoal do serviço público, sendo juridicamente impossível a aplicação da norma infraconstitucional prevista no art. 461 da CLT quando se pleiteia equiparação salarial entre servidores públicos, independentemente de terem sido contratados pela CLT.

298. *(Cancelada em decorrência da redação conferida à Súmula 6 do TST.)*

299. *(Cancelada em decorrência da redação conferida à Súmula 98 do TST.)*

300. **Execução trabalhista. Correção monetária. Juros. Lei n. 8.177/91, art. 39, e Lei n. 10.192/01, art. 15. *DJ* 11 de agosto de 2003** (nova redação)

Não viola norma constitucional (art. 5.°, II e XXXVI) a determinação de aplicação da TRD como fator de correção monetária dos débitos trabalhistas, cumulada com juros de mora previstos no art. 39 da Lei n. 8.177/91 e convalidado pelo art. 15 da Lei n. 10.192/01.

•• Redação determinada pela Resolução n. 129, de 5-4-2005.

301. *(Cancelada pela Resolução n. 175, de 24-5-2011.)*

302. **FGTS. Índice de correção. Débitos trabalhistas.**

Os créditos referentes ao FGTS, decorrentes de condenação judicial, serão corrigidos pelos mesmos índices aplicáveis aos débitos trabalhistas.

303. *(Convertida na Súmula 372 do TST.)*

304. *(Cancelada pela Resolução n. 219, de 26-6-2017.)*

305. *(Cancelada em decorrência da nova redação conferida à Súmula 219 do TST.)*

306. *(Cancelada em decorrência da redação conferida à Súmula 338 do TST.)*

307. *(Convertida na Súmula 437 do TST.)*

308. **Jornada de trabalho. Alteração. Retorno à jornada inicialmente contratada. Servidor público.**

O retorno do servidor público (administração direta, autárquica e fundacional) à jornada inicialmente contratada não se insere nas vedações do art. 468 da CLT, sendo a sua jornada definida em lei e no contrato de trabalho firmado entre as partes.

309. *(Cancelada em decorrência da redação conferida à Orientação Jurisprudencial n. 147 da SDI-I do TST.)*

310. **Litisconsortes. Procuradores distintos. Prazo em dobro. Art. 229, *caput* e §§ 1.° e 2.°, do CPC de 2015. Art. 191 do CPC de 1973. Inaplicável ao processo do trabalho.**

Inaplicável ao processo do trabalho a norma contida no art. 229, *caput* e §§ 1.° e 2.°, do CPC de 2015 (art. 191 do CPC de 1973), em razão de incompatibilidade com a celeridade que lhe é inerente.

•• Redação determinada pela Resolução n. 208, de 19-4-2016.

311. *(Convertida na Súmula 383 do TST.)*

312. *(Convertida na Súmula 395 do TST.)*

313. *(Convertida na Súmula 395 do TST.)*

314. *(Convertida na Súmula 388 do TST.)*

315. *(Cancelada pela Resolução n. 200, de 27-10-2015.)*

316. **Portuários. Adicional de risco. Lei n. 4.860/1965.**

O adicional de risco dos portuários, previsto no art. 14 da Lei n. 4.860/1965, deve ser proporcional ao tempo efetivo no serviço considerado sob risco e apenas àqueles que prestam serviços na área portuária.

317. *(Cancelada em decorrência da redação conferida à Súmula 337 do TST.)*

318. **Autarquia. Fundação pública. Legitimidade para recorrer. Representação processual.** (incluído o item II e alterada em decorrência do CPC de 2015)

I – Os Estados e os Municípios não têm legitimidade para recorrer em nome das autarquias e das fundações públicas.

II – Os procuradores estaduais e municipais podem representar as respectivas autarquias e fundações públicas em juízo somente se designados pela lei da respectiva unidade da federação (art. 75, IV, do CPC de 2015) ou se investidos de instrumento de mandato válido.

•• Redação determinada pela Resolução n. 220, de 18-9-2017.

319. **Representação regular. Estagiário. Habilitação posterior.**

Válidos são os atos praticados por estagiário se, entre o substabelecimento e a interposição do recurso, sobreveio a habilitação, do então estagiário, para atuar como advogado.

320. *(Cancelada pela Comissão de Jurisprudência e de Precedentes Normativos, do TST, em 10-9-2004.)*

321. Vínculo empregatício com a administração pública. Período anterior à CF/1988. *DJ* 11 de agosto de 2003 (nova redação)

Salvo os casos de trabalho temporário e de serviço de vigilância, previstos nas Leis n. 6.019, de 3 de janeiro de 1974, e 7.102, de 20-6-1983, é ilegal a contratação de trabalhadores por empresa interposta, formando-se o vínculo empregatício diretamente com o tomador dos serviços, inclusive ente público, em relação ao período anterior à vigência da CF/88.

•• Redação determinada pela Resolução n. 129, de 5-4-2005.

322. Acordo coletivo de trabalho. Cláusula de termo aditivo prorrogando o acordo para prazo indeterminado. Inválida.

Nos termos do art. 614, § 3.º, da CLT, é de 2 anos o prazo máximo de vigência dos acordos e das convenções coletivas. Assim sendo, é inválida, naquilo que ultrapassa o prazo total de 2 anos, a cláusula de termo aditivo que prorroga a vigência do instrumento coletivo originário por prazo indeterminado.

323. Acordo de compensação de jornada. "Semana espanhola". Validade.

É válido o sistema de compensação de horário quando a jornada adotada é a denominada "semana espanhola", que alterna a prestação de 48 horas em uma semana e 40 horas em outra, não violando os arts. 59, § 2.º, da CLT e 7.º, XIII, da CF/1988 o seu ajuste mediante acordo ou convenção coletiva de trabalho.

324. Adicional de periculosidade. Sistema elétrico de potência. Decreto n. 93.412/1986, art. 2.º, § 1.º.

É assegurado o adicional de periculosidade apenas aos empregados que trabalham em sistema elétrico de potência em condições de risco, ou que o façam com equipamentos e instalações elétricas similares, que ofereçam risco equivalente, ainda que em unidade consumidora de energia elétrica.

325. Aumento salarial concedido pela empresa. Compensação no ano seguinte em antecipação sem a participação do sindicato profissional. Impossibilidade.

O aumento real, concedido pela empresa a todos os seus empregados, somente pode ser reduzido mediante a participação efetiva do sindicato profissional no ajuste, nos termos do art. 7.º, VI, da CF/1988.

326. *(Convertida na Súmula 366 do TST.)*

327. *(Convertida na Súmula 392 do TST.)*

328. *(Cancelada em decorrência da redação conferida à Súmula 6 do TST.)*

329. *(Cancelada em decorrência da redação conferida à Súmula 339 do TST.)*

330. *(Convertida na Súmula 395 do TST.)*

331. *(Cancelada pela Resolução n. 210, de 27-6-2016.)*

332. Motorista. Horas extras. Atividade externa. Controle de jornada por tacógrafo. Resolução n. 816/1986 do CONTRAN.

O tacógrafo, por si só, sem a existência de outros elementos, não serve para controlar a jornada de trabalho de empregado que exerce atividade externa.

333. *(Convertida na Súmula 391 do TST.)*

334. Remessa *ex officio*. Recurso de revista. Inexistência de recurso ordinário voluntário de ente público. Incabível.

Incabível recurso de revista de ente público que não interpôs recurso ordinário voluntário da decisão de primeira instância, ressalvada a hipótese de ter sido agravada, na segunda instância, a condenação imposta.

335. Contrato nulo. Administração pública. Efeitos. Conhecimento do recurso por violação do art. 37, II e § 2.º, da CF/88.

A nulidade da contratação sem concurso público, após a CF/88, bem como a limitação de seus efeitos, somente poderá ser declarada por ofensa ao art. 37, II, se invocado concomitantemente o seu § 2.º, todos da CF/88.

336. Embargos interpostos anteriormente à vigência da Lei n. 11.496/2007. Recurso não conhecido com base em orientação jurisprudencial. Desnecessário o exame das violações de lei e da Constituição Federal alegadas no recurso de revista. (Redação alterada pelo Tribunal Pleno na sessão realizada em 6-2-2012).

Estando a decisão recorrida em conformidade com orientação jurisprudencial, desnecessário o exame das divergências e das violações de lei e da Constituição alegadas em embargos interpostos antes da vigência da Lei n. 11.496/2007, salvo nas hipóteses em que a orientação jurisprudencial não fizer qualquer citação do dispositivo constitucional.

•• Redação determinada pela Resolução n. 178, de 6-2-2012.

337. *(Convertida na Súmula 387 do TST.)*

338. *(Cancelada pela Resolução n. 210, de 27-6-2016.)*

339. Teto remuneratório. Empresa pública e sociedade de economia mista. Art. 37, XI, da CF/1988 (anterior à Emenda Constitucional n. 19/1998). *DJ* 4 de maio de 2004 (nova redação)

As empresas públicas e as sociedades de economia mista estão submetidas à observância do teto remuneratório previsto no inciso XI do art. 37 da CF/1988, sendo aplicável, inclusive, ao período anterior à alteração introduzida pela Emenda Constitucional n. 19/1998.

•• Redação determinada pela Resolução n. 129, de 5-4-2005.

340. *(Convertida na Súmula 393 do TST.)*

341. FGTS. Multa de 40%. Diferenças decorrentes dos expurgos inflacionários. Responsabilidade pelo pagamento.

É de responsabilidade do empregador o pagamento da diferença da multa de 40% sobre os depósitos do FGTS, decorrente da atualização monetária em face dos expurgos inflacionários.

342. *(Convertida na Súmula 437 do TST.)*

343. Penhora. Sucessão. Art. 100 da CF/88. Execução.

É válida a penhora em bens de pessoa jurídica de direito privado, realizada anteriormente à sucessão pela União ou por Estado-membro, não podendo a execução prosseguir mediante precatório. A decisão que a mantém não viola o art. 100 da CF/88.

344. FGTS. Multa de 40%. Diferenças decorrentes dos expurgos inflacionários. Prescrição. Termo inicial. (mantida)

O termo inicial do prazo prescricional para o empregado pleitear em juízo diferenças da multa do FGTS, decorrentes dos expurgos inflacionários, deu-se com a vigência da Lei Complementar n. 110, em 30 de junho de 2001, salvo comprovado trânsito em julgado de decisão proferida em ação proposta anteriormente na Justiça Federal, que reconheça o direito à atualização do saldo da conta vinculada.

•• Redação mantida pela Resolução n. 175, de 24-5-2011.

345. Adicional de periculosidade. Radiação ionizante ou substância radioativa. Devido.

A exposição do empregado à radiação ionizante ou à substância radioativa enseja a percepção do adicional de periculosidade, pois a regulamentação ministerial (Portarias do Ministério do Trabalho n. 3.393, de 17-12-1987, e 518, de 7-4-2003), ao reputar perigosa a atividade, reveste-se de plena eficácia, porquanto expedida por força de delegação legislativa contida no art. 200, *caput*, e inciso VI, da CLT. No período de 12-12-2002 a 6-4-2003, enquanto vigeu a Portaria n. 496 do Ministério do Trabalho, o empregado faz jus ao adicional de insalubridade.

346. Abono previsto em norma coletiva. Natureza indenizatória. Concessão apenas aos empregados em atividade. Extensão aos inativos. Impossibilidade.

A decisão que estende aos inativos a concessão de abono de natureza jurídica indenizatória, previsto em norma coletiva apenas para os empregados em atividade, a ser pago de uma única vez, e confere natureza salarial à parcela, afronta o art. 7.º, XXVI, da CF/88.

347. Adicional de periculosidade. Sistema elétrico de potência. Lei n. 7.369, de 20-9-1985. Regulamentada pelo Decreto n. 93.412, de 14-10-1986. Extensão do direito aos cabistas, instaladores e reparadores de linhas e aparelhos em empresa de telefonia.

É devido o adicional de periculosidade aos empregados cabistas, instaladores e reparadores de linhas e aparelhos de empresas de telefonia, desde que, no exercício de suas funções, fiquem expostos a condições de risco equivalente ao do trabalho exercido em contato com sistema elétrico de potência.

348. Honorários advocatícios. Base de cálculo. Valor líquido. Lei n. 1.060, de 5-2-1950.

Os honorários advocatícios, arbitrados nos termos do art. 11, § 1.º, da Lei n. 1.060, de 5-2-1950, devem incidir sobre o valor líquido da condenação, apurado na fase de liquidação de sentença, sem a dedução dos descontos fiscais e previdenciários.

349. Mandato. Juntada de nova procuração. Ausência de ressalva. Efeitos.

A juntada de nova procuração aos autos, sem ressalva de poderes conferidos ao antigo patrono, implica revogação tácita do mandato anterior.

350. Ministério Público do Trabalho. Nulidade do contrato de trabalho não suscitada pelo ente público no momento da defesa. Arguição em parecer. Possibilidade.

O Ministério Público do Trabalho pode arguir, em parecer, na primeira vez que tenha de se manifestar no processo, a nulidade do contrato de trabalho em favor de ente público, ainda que a parte não a tenha suscitado, a qual será apreciada, sendo vedada, no entanto, qualquer dilação probatória.

•• Redação determinada pela Resolução n. 162, de 16-11-2009.

351. (*Cancelada pela Resolução n. 163, de 16-11-2009.*)

352. (*Convertida na Súmula 442 do TST.*)

353. (*Cancelada pela Resolução n. 194, de 19-5-2014, em decorrência de sua conversão na Súmula 455 do TST.*)

354. (*Convertida na Súmula 437 do TST.*)

355. Intervalo interjornadas. Inobservância. Horas extras. Período pago como sobrejornada. Art. 66 da CLT. Aplicação analógica do § 4.º do art. 71 da CLT.

O desrespeito ao intervalo mínimo interjornadas previsto no art. 66 da CLT acarreta, por analogia, os mesmos efeitos previstos no § 4.º do art. 71 da CLT e na Súmula n. 110 do TST, devendo-se pagar a integralidade das horas que foram subtraídas do intervalo, acrescidas do respectivo adicional.

356. Programa de Incentivo à Demissão Voluntária (PDV). Créditos trabalhistas reconhecidos em juízo. Compensação. Impossibilidade.

Os créditos tipicamente trabalhistas reconhecidos em juízo não são suscetíveis de compensação com a indenização paga em decorrência de adesão do trabalhador a Programa de Incentivo à Demissão Voluntária (PDV).

357. (*Convertida na Súmula 434 do TST.*)

358. Salário mínimo e piso salarial proporcional à jornada reduzida. Empregado. Servidor público.

I – Havendo contratação para cumprimento de jornada reduzida, inferior à previsão constitucional de oito horas diárias ou quarenta e quatro semanais, é lícito o pagamento do piso salarial ou do salário mínimo proporcional ao tempo trabalhado.

II – Na Administração Pública direta, autárquica e fundacional não é válida remuneração de empregado público inferior ao salário mínimo, ainda que cumpra jornada de trabalho reduzida.

•• Redação determinada pela Resolução n. 202, de 16-2-2016.

359. Substituição processual. Sindicato. Legitimidade. Prescrição. Interrupção.

A ação movida por sindicato, na qualidade de substituto processual, interrompe a prescrição, ainda que tenha sido considerado parte ilegítima *ad causam*.

360. Turno ininterrupto de revezamento. Dois turnos. Horário diurno e noturno. Caracterização.

Faz jus à jornada especial prevista no art. 7.º, XIV, da CF/1988 o trabalhador que exerce suas atividades em sistema de alternância de turnos, ainda que em dois turnos de trabalho, que compreendam, no todo ou em parte, o horário diurno e o noturno, pois submetido à alternância de horário prejudicial à saúde, sendo irrelevante que a atividade da empresa se desenvolva de forma ininterrupta.

361. Aposentadoria espontânea. Unicidade do contrato de trabalho. Multa de 40% do FGTS sobre todo o período.

A aposentadoria espontânea não é causa de extinção do contrato de trabalho se o empregado permanece prestando serviços ao empregador após a jubilação. Assim, por ocasião da sua dispensa imotivada, o empregado tem direito à multa de 40% do FGTS sobre a totalidade dos depósitos efetuados no curso do pacto laboral.

362. Contrato nulo. Efeitos. FGTS. Medida Provisória n. 2.164-41, de 24 de agosto de 2001, e art. 19-A da Lei n. 8.036, de 11 de maio de 1990. Irretroatividade.

Não afronta o princípio da irretroatividade da lei a aplicação do art. 19-A da Lei n. 8.036, de 11-5-1990, aos contratos declarados nulos celebrados antes da vigência da Medida Provisória n. 2.164-41, de 24 de agosto de 2001.

363. (*Cancelada pela Resolução n. 219, de 26-6-2017.*)

364. Estabilidade. Art. 19 do ADCT. Servidor público de fundação regido pela CLT.

Fundação instituída por lei e que recebe dotação ou subvenção do Poder Público para realizar atividades de interesse do Estado, ainda que tenha personalidade jurídica de direito privado, ostenta natureza de fundação pública. Assim, seus servidores regidos pela CLT são beneficiários da estabilidade excepcional prevista no art. 19 do ADCT.

365. Estabilidade provisória. Membro de Conselho Fiscal de sindicato. Inexistência.

Membro de Conselho Fiscal de sindicato não tem direito à estabilidade prevista nos arts. 543, § 3.°, da CLT e 8.°, VIII, da CF/1988, porquanto não representa ou atua na defesa de direitos da categoria respectiva, tendo sua competência limitada à fiscalização da gestão financeira do sindicato (art. 522, § 2.°, da CLT).

366. Estagiário. Desvirtuamento do contrato de estágio. Reconhecimento do vínculo empregatício com a Administração Pública direta ou indireta. Período posterior à Constituição Federal de 1988. Impossibilidade.

Ainda que desvirtuada a finalidade do contrato de estágio celebrado na vigência da Constituição Federal de 1988, é inviável o reconhecimento do vínculo empregatício com ente da Administração Pública direta ou indireta, por força do art. 37, II, da CF/1988, bem como o deferimento de indenização pecuniária, exceto em relação às parcelas previstas na Súmula n. 363 do TST, se requeridas.

367. Aviso prévio de 60 dias. Elastecimento por norma coletiva. Projeção. Reflexos nas parcelas trabalhistas.

O prazo de aviso prévio de 60 dias, concedido por meio de norma coletiva que silencia sobre alcance de seus efeitos jurídicos, computa-se integralmente como tempo de serviço, nos termos do § 1.° do art. 487 da CLT, repercutindo nas verbas rescisórias.

•• *Vide* Lei n. 12.506, de 11-10-2011, que dispõe sobre aviso prévio.

368. Descontos previdenciários. Acordo homologado em juízo. Inexistência de vínculo empregatício. Parcelas indenizatórias. Ausência de discriminação. Incidência sobre o valor total.

É devida a incidência das contribuições para a Previdência Social sobre o valor total do acordo homologado em juízo, independentemente do reconhecimento de vínculo de emprego, desde que não haja discriminação das parcelas sujeitas à incidência da contribuição previdenciária, conforme parágrafo único do art. 43 da Lei n. 8.212, de 24 de julho de 1991, e do art. 195, I, *a*, da CF/1988.

369. Estabilidade provisória. Delegado sindical. Inaplicável.

O delegado sindical não é beneficiário da estabilidade provisória prevista no art. 8.°, VIII, da CF/1988, a qual é dirigida, exclusivamente, àqueles que exerçam ou ocupem cargos de direção nos sindicatos, submetidos a processo eletivo.

370. FGTS. Multa de 40%. Diferenças dos expurgos inflacionários. Prescrição. Interrupção decorrente de protestos judiciais.

O ajuizamento de protesto judicial dentro do biênio posterior à Lei Complementar n. 110, de 29 de junho de 2001, interrompe a prescrição, sendo irrelevante o transcurso de mais de dois anos da propositura de outra medida acautelatória, com o mesmo objetivo, ocorrida antes da vigência da referida lei, pois ainda não iniciado o prazo prescricional, conforme disposto na Orientação Jurisprudencial n. 344 da SBDI-1.

371. Irregularidade de representação. Substabelecimento não datado. Inaplicabilidade do art. 654, § 1.°, do Código Civil.

Não caracteriza a irregularidade de representação a ausência da data da outorga de poderes, pois, no mandato judicial, ao contrário do mandato civil, não é condição de validade do negócio jurídico. Assim, a data a ser considerada é aquela em que o instrumento for juntado aos autos, conforme preceitua o art. 409, IV, do CPC de 2015 (art. 370, IV, do CPC de 1973). Inaplicável o art. 654, § 1.°, do Código Civil.

•• Redação determinada pela Resolução n. 208, de 19-4-2016.

372. (*Cancelada pela Resolução n. 194, de 19-5-2014, em decorrência de sua conversão na Súmula 449 do TST.*)

373. (*Cancelada pela Resolução n. 194, de 19-5-2014, em decorrência de sua conversão na Súmula 456 do TST.*)

374. Agravo de Instrumento. Representação processual. Regularidade. Procuração ou substabelecimento com cláusula limitativa de poderes ao âmbito do Tribunal Regional do Trabalho.

É regular a representação processual do subscritor do agravo de instrumento ou do recurso de revista que detém mandato com poderes de representação limitados ao âmbito do Tribunal Regional do Trabalho, pois, embora a apreciação desse recurso seja realizada pelo Tribunal Superior do Trabalho, a sua interposição é ato praticado perante o Tribunal Regional do Trabalho, circunstância que legitima a atuação do advogado no feito.

375. Auxílio-doença. Aposentadoria por invalidez. Suspensão do contrato de trabalho. Prescrição. Contagem.

A suspensão do contrato de trabalho, em virtude da percepção do auxílio-doença ou da aposentadoria por invalidez, não impede a fluência da prescrição quinquenal, ressalvada a hipótese de absoluta impossibilidade de acesso ao Judiciário.

376. Contribuição previdenciária. Acordo homologado em juízo após o trânsito em julgado da sentença condenatória. Incidência sobre o valor homologado.

É devida a contribuição previdenciária sobre o valor do acordo celebrado e homologado após o trânsito em julgado de decisão judicial, respeitada a proporcionalidade de valores entre as parcelas de natureza salarial e indenizatória deferidas na decisão condenatória e as parcelas objeto do acordo.

377. *(Cancelada pela Resolução n. 204, de 15-3-2016.)*

378. Embargos. Interposição contra decisão monocrática. Não cabimento.

Não encontra amparo no art. 894 da CLT, quer na redação anterior quer na redação posterior à Lei n. 11.496, de 22-6-2007, recurso de embargos interposto à decisão monocrática exarada nos moldes do art. 932 do CPC de 2015 (art. 557 do CPC de 1973), pois o comando legal restringe seu cabimento à pretensão de reforma de decisão colegiada proferida por Turma do Tribunal Superior do Trabalho.

•• Redação determinada pela Resolução n. 208, de 19-4-2016.

379. Empregado de cooperativa de crédito. Bancário. Equiparação. Impossibilidade.

Os empregados de cooperativas de crédito não se equiparam a bancário, para efeito de aplicação do art. 224 da CLT, em razão da inexistência de expressa previsão legal, considerando, ainda, as diferenças estruturais e operacionais entre as instituições financeiras e as cooperativas de crédito. Inteligência das Leis n. 4.595, de 31-12-1964, e 5.764, de 16-12-1971.

•• Retificada no *DEJT* de 29-3-2017.

380. *(Convertida na Súmula 437 do TST.)*

381. *(Convertida na Súmula 437 do TST.)*

382. Juros de mora. Art. 1.°-F da Lei n. 9.494, de 10 de setembro de 1997. Inaplicabilidade à Fazenda Pública quando condenada subsidiariamente.

A Fazenda Pública, quando condenada subsidiariamente pelas obrigações trabalhistas devidas pela empregadora principal, não se beneficia da limitação dos juros, prevista no art. 1.°-F da Lei n. 9.494, de 10 de setembro de 1997.

383. Terceirização. Empregados da empresa prestadora de serviços e da tomadora. Isonomia. Art. 12, *a*, da Lei n. 6.019, de 3 de janeiro de 1974. (mantida)

A contratação irregular de trabalhador, mediante empresa interposta, não gera vínculo de emprego com ente da Administração Pública, não afastando, contudo, pelo princípio da isonomia, o direito dos empregados terceirizados às mesmas verbas trabalhistas legais e normativas asseguradas àqueles contratados pelo tomador dos serviços, desde que presente a igualdade de funções. Aplicação analógica do art. 12, *a*, da Lei n. 6.019, de 3 de janeiro de 1974.

•• Redação mantida pela Resolução n. 175, de 24-5-2011.

384. *(Cancelada pela Resolução n. 186, de 14-9-2012.)*

385. Adicional de periculosidade. Devido. Armazenamento de líquido inflamável no prédio. Construção vertical.

É devido o pagamento do adicional de periculosidade ao empregado que desenvolve suas atividades em edifício (construção vertical), seja em pavimento igual ou distinto daquele onde estão instalados tanques para armazenamento de líquido inflamável, em quantidade acima do limite legal, considerando-se como área de risco toda a área interna da construção vertical.

386. *(Cancelada pela Resolução n. 194, de 19-5-2014, em decorrência de sua conversão na Súmula 450 do TST.)*

387. *(Cancelada pela Resolução n. 194, de 19-5-2014, em decorrência de sua conversão na Súmula 457 do TST.)*

388. Jornada 12x36. Jornada mista que compreenda a totalidade do período noturno. Adicional noturno. Devido.

O empregado submetido à jornada de 12 horas de trabalho por 36 de descanso, que compreenda a totalidade do período noturno, tem direito ao adicional noturno, relativo às horas trabalhadas após as 5 horas da manhã.

389. Multa prevista no art. 1.021, §§ 4.° e 5.°, do CPC de 2015. Art. 557, § 2.°, do CPC de 1973. Recolhimento. Pressuposto recursal. Beneficiário da justiça gratuita e Fazenda Pública. Pagamento ao final. (nova redação em decorrência do CPC de 2015)

Constitui ônus da parte recorrente, sob pena de deserção, depositar previamente a multa aplicada com fundamento nos §§ 4.° e 5.°, do art. 1.021, do CPC de 2015 (§ 2.° do art. 557 do CPC de 1973), à exceção da Fazenda Pública e do beneficiário de justiça gratuita, que farão o pagamento ao final.

•• Redação determinada pela Resolução n. 209, de 30-5-2016.

390. *(Cancelada pela Resolução n. 194, de 19-5-2014, em decorrência de sua conversão na Súmula 451 do TST.)*

391. Portuários. Submissão prévia de demanda a comissão paritária. Lei n. 8.630, de 25 de fevereiro de 1993. Inexigibilidade.

A submissão prévia de demanda a comissão paritária, constituída nos termos do art. 23 da Lei n. 8.630, de 25 de fevereiro de 1993 (Lei dos Portos), não é pressuposto de constituição e desenvolvimento válido e regular do processo, ante a ausência de previsão em lei.

392. Prescrição. Interrupção. Ajuizamento de protesto judicial. Marco inicial. (atualizada em decorrência do CPC de 2015) (republicada em razão de erro material)

O protesto judicial é medida aplicável no processo do trabalho, por força do art. 769 da CLT e do art. 15 do CPC de 2015. O ajuizamento da ação, por si só, interrompe o prazo prescricional, em razão da inaplicabilidade do § 2.° do art. 240 do CPC de 2015 (§ 2.° do art. 219 do CPC de 1973), incompatível com o disposto no art. 841 da CLT.

•• Republicada pela Resolução n. 209, de 30-5-2016, em razão de erro material.

393. Professor. Jornada de trabalho especial. Art. 318 da CLT. Salário mínimo. Proporcionalidade.

A contraprestação mensal devida ao professor, que trabalha no limite máximo da jornada prevista no art. 318 da CLT, é de um salário mínimo integral, não se cogitando do pagamento proporcional em relação a jornada prevista no art. 7.°, XIII, da Constituição Federal.

394. Repouso semanal remunerado – RSR. Integração das horas extras. Não repercussão no cálculo das férias, do décimo terceiro salário, do aviso prévio e dos depósitos do FGTS.

A majoração do valor do repouso semanal remunerado, em razão da integração das horas extras habitualmente prestadas, não repercute no cálculo das férias, da gratificação natalina, do aviso prévio e do FGTS, sob pena de caracterização de *bis in idem*.

395. Turno ininterrupto de revezamento. Hora noturna reduzida. Incidência.

O trabalho em regime de turnos ininterruptos de revezamento não retira o direito à hora noturna reduzida, não havendo incompatibilidade entre as disposições contidas nos arts. 73, § 1.º, da CLT e 7.º, XIV, da Constituição Federal.

396. Turnos ininterruptos de revezamento. Alteração da jornada de 8 para 6 horas diárias. Empregado horista. Aplicação do divisor 180.

Para o cálculo do salário hora do empregado horista, submetido a turnos ininterruptos de revezamento, considerando a alteração da jornada de 8 para 6 horas diárias, aplica-se o divisor 180, em observância ao disposto no art. 7.º, VI, da Constituição Federal, que assegura a irredutibilidade salarial.

397. Comissionista misto. Horas extras. Base de cálculo. Aplicação da Súmula n. 340 do TST.

O empregado que recebe remuneração mista, ou seja, uma parte fixa e outra variável, tem direito a horas extras pelo trabalho em sobrejornada. Em relação à parte fixa, são devidas as horas simples acrescidas do adicional de horas extras. Em relação à parte variável, é devido somente o adicional de horas extras, aplicando-se à hipótese o disposto na Súmula n. 340 do TST.

398. Contribuição previdenciária. Acordo homologado em juízo sem reconhecimento de vínculo de emprego. Contribuinte individual. Recolhimento da alíquota de 20% a cargo do tomador e 11% a cargo do prestador de serviços.

Nos acordos homologados em juízo em que não haja o reconhecimento de vínculo empregatício, é devido o recolhimento da contribuição previdenciária, mediante a alíquota de 20% a cargo do tomador de serviços e de 11% por parte do prestador de serviços, na qualidade de contribuinte individual, sobre o valor total do acordo, respeitado o teto de contribuição. Inteligência do § 4.º do art. 30 e do inciso III do art. 22, todos da Lei n. 8.212, de 24 de julho de 1991.

399. Estabilidade provisória. Ação trabalhista ajuizada após o término do período de garantia no emprego. Abuso do exercício do direito de ação. Não configuração. Indenização devida.

O ajuizamento de ação trabalhista após decorrido o período de garantia de emprego não configura abuso do exercício do direito de ação, pois este está submetido apenas ao prazo prescricional inscrito no art. 7.º, XXIX, da CF/1988, sendo devida a indenização desde a dispensa até a data do término do período estabilitário.

400. Imposto de renda. Base de cálculo. Juros de mora. Não integração. Art. 404 do Código Civil brasileiro.

Os juros de mora decorrentes do inadimplemento de obrigação de pagamento em dinheiro não integram a base de cálculo do imposto de renda, independentemente da natureza jurídica da obrigação inadimplida, ante o cunho indenizatório conferido pelo art. 404 do Código Civil de 2002 aos juros de mora.

401. Prescrição. Marco inicial. Ação condenatória. Trânsito em julgado da ação declaratória com mesma causa de pedir remota ajuizada antes da extinção do contrato de trabalho.

O marco inicial da contagem do prazo prescricional para o ajuizamento de ação condenatória, quando advém a dispensa do empregado no curso de ação declaratória que possua a mesma causa de pedir remota, é o trânsito em julgado da decisão proferida na ação declaratória e não a data da extinção do contrato de trabalho.

402. Adicional de risco. Portuário. Terminal privativo. Arts. 14 e 19 da Lei n. 4.860, de 26 de novembro de 1965. Indevido. (mantida)

O adicional de risco previsto no art. 14 da Lei n. 4.860, de 26 de novembro de 1965, aplica-se somente aos portuários que trabalham em portos organizados, não podendo ser conferido aos que operam terminal privativo.

•• Redação mantida pela Resolução n. 175, de 24-5-2011.

• O art. 14 da Lei n. 4.860, de 26-11-1965, que dispõe sobre o regime de trabalho nos portos organizados, estabelece: "Art. 14. A fim de remunerar os riscos relativos à insalubridade, periculosidade e outros porventura existentes, fica instituído o 'adicional de riscos' de 40% (quarenta por cento) que incidirá sobre o valor do salário-hora ordinário do período diurno e substituirá todos aqueles que, com sentido ou caráter idêntico, vinham sendo pagos. § 1.º Este adicional somente será devido enquanto não forem removidas ou eliminadas as causas de risco. § 2.º Este adicional somente será devido durante o tempo efetivo no serviço considerado sob risco. § 3.º As Administrações dos Portos, no prazo de 60 (sessenta) dias, discriminarão, ouvida a autoridade competente, os serviços considerados sob risco. § 4.º Nenhum outro adicional será devido além do previsto neste artigo. § 5.º Só será devido uma única vez, na execução da mesma tarefa, o adicional previsto neste artigo, mesmo quando ocorra, simultaneamente, mais de uma causa de risco".

403. Advogado empregado. Contratação anterior a Lei n. 8.906, de 4 de julho de 1994. Jornada de trabalho mantida com o advento da lei. Dedicação exclusiva. Caracterização.

O advogado empregado contratado para jornada de 40 horas semanais, antes da edição da Lei n. 8.906, de 4 de julho de 1994, está sujeito ao regime de dedicação exclusiva disposto no art. 20 da referida lei, pelo que não tem direito à jornada de 20 horas semanais ou 4 diárias.

404. (*Cancelada pela Resolução n. 194, de 19-5-2014, em decorrência de sua conversão na Súmula 452 do TST.*)

405. (*Cancelada pela Resolução n. 194, de 19-5-2014, em decorrência de sua conversão na Súmula 458 do TST.*)

406. (*Cancelada pela Resolução n. 194, de 19-5-2014, em decorrência de sua conversão na Súmula 453 do TST.*)

407. Jornalista. Empresa não Jornalística. Jornada de Trabalho Reduzida. Arts. 302 e 303 da CLT.

O jornalista que exerce funções típicas de sua profissão, independentemente do ramo de atividade do empregador, tem direito à jornada reduzida prevista no art. 303 da CLT.

408. Juros de Mora. Empresa em Liquidação Extrajudicial. Sucessão Trabalhista.

É devida a incidência de juros de mora em relação aos

ORIENTAÇÕES

ESPAÇO RESERVADO PARA USO DE GRAMPO

débitos trabalhistas de empresa em liquidação extrajudicial sucedida nos moldes dos arts. 10 e 448 da CLT. O sucessor responde pela obrigação do sucedido, não se beneficiando de qualquer privilégio a este destinado.

•• *Vide* art. 448-A da CLT.

409. Multa por litigância de má-fé. Recolhimento. Pressuposto recursal. Inexigibilidade. (nova redação em decorrência do CPC de 2015)

O recolhimento do valor da multa imposta como sanção por litigância de má-fé (art. 81 do CPC de 2015 – art. 18 do CPC de 1973) não é pressuposto objetivo para interposição dos recursos de natureza trabalhista.

•• Redação determinada pela Resolução n. 209, de 30-5-2016.

410. Repouso Semanal Remunerado. Concessão após o sétimo dia consecutivo de trabalho. Art. 7.º, XV, da CF. Violação.

Viola o art. 7.º, XV, da CF a concessão de repouso semanal remunerado após o sétimo dia consecutivo de trabalho, importando no seu pagamento em dobro.

411. Sucessão Trabalhista. Aquisição de Empresa Pertencente a Grupo Econômico. Responsabilidade Solidária do Sucessor por Débitos Trabalhistas de Empresa não Adquirida. Inexistência.

O sucessor não responde solidariamente por débitos trabalhistas de empresa não adquirida, integrante do mesmo grupo econômico da empresa sucedida, quando, à época, a empresa devedora direta era solvente ou idônea economicamente, ressalvada a hipótese de má-fé ou fraude na sucessão.

412. Agravo interno ou agravo regimental. Interposição em face de decisão colegiada. Não cabimento. Erro grosseiro. Inaplicabilidade do princípio da fungibilidade recursal. (nova redação em decorrência do CPC de 2015)

É incabível agravo interno (art. 1.021 do CPC de 2015, art. 557, § 1.º, do CPC de 1973) ou agravo regimental (art. 235 do RITST) contra decisão proferida por órgão colegiado. Tais recursos destinam-se, exclusivamente, a impugnar decisão monocrática nas hipóteses previstas. Inaplicável, no caso, o princípio da fungibilidade ante a configuração de erro grosseiro.

•• Redação determinada pela Resolução n. 209, de 30-5-2016.

413. Auxílio-alimentação. Alteração da natureza jurídica. Norma coletiva ou adesão ao PAT.

A pactuação em norma coletiva conferindo caráter indenizatório à verba "auxílio-alimentação" ou a adesão posterior do empregador ao Programa de Alimentação do Trabalhador – PAT – não altera a natureza salarial da parcela, instituída anteriormente, para aqueles empregados que, habitualmente, já percebiam o benefício, a teor das Súmulas n. 51, I, e 241 do TST.

414. *(Cancelada pela Resolução n. 194, de 19-5-2014, em decorrência de sua conversão na Súmula 454 do TST.)*

415. Horas extras. Reconhecimento em juízo. Critério de dedução/abatimento dos valores comprovadamente pagos no curso do contrato de trabalho.

A dedução das horas extras comprovadamente pagas daquelas reconhecidas em juízo não pode ser limitada ao mês de apuração, devendo ser integral e aferida pelo total das horas extraordinárias quitadas durante o período imprescrito do contrato de trabalho.

• *Vide* arts. 59 da CLT e 7.º, XVI, da Constituição Federal.

416. Imunidade de jurisdição. Organização ou organismo internacional.

As organizações ou organismos internacionais gozam de imunidade absoluta de jurisdição quando amparados por norma internacional incorporada ao ordenamento jurídico brasileiro, não se lhes aplicando a regra do Direito Consuetudinário relativa à natureza dos atos praticados. Excepcionalmente, prevalecerá a jurisdição brasileira na hipótese de renúncia expressa à cláusula de imunidade jurisdicional.

417. Prescrição. Rurícola. Emenda Constitucional n. 28, de 26-5-2000. Contrato de trabalho em curso.

Não há prescrição total ou parcial da pretensão do trabalhador rural que reclama direitos relativos a contrato de trabalho que se encontrava em curso à época da promulgação da Emenda Constitucional n. 28, de 26-5-2000, desde que ajuizada a demanda no prazo de cinco anos de sua publicação, observada a prescrição bienal.

• *Vide* arts. 505 da CLT e 10 da Lei n. 5.889, de 8-6-1973.

418. Equiparação salarial. Plano de cargos e salários. Aprovação por instrumento coletivo. Ausência de alternância de critérios de promoção por antiguidade e merecimento.

Não constitui óbice à equiparação salarial a existência de plano de cargos e salários que, referendado por norma coletiva, prevê critério de promoção apenas por merecimento ou antiguidade, não atendendo, portanto, o requisito de alternância dos critérios, previsto no art. 461, § 2.º, da CLT.

419. *(Cancelada pela Resolução n. 200, de 27-10-2015.)*

420. Turnos ininterruptos de revezamento. Elastecimento da jornada de trabalho. Norma coletiva com eficácia retroativa. Invalidade.

É inválido o instrumento normativo que, regularizando situações pretéritas, estabelece jornada de oito horas para o trabalho em turnos ininterruptos de revezamento.

421. Honorários advocatícios. Ação de indenização por danos morais e materiais decorrentes de acidente de trabalho ou de doença profissional. Ajuizamento perante a justiça comum antes da promulgação da Emenda Constitucional n. 45/2004. Posterior remessa dos autos à justiça do trabalho. Art. 85 do CPC de 2015. Art. 20 do CPC de 1973. Incidência.

A condenação em honorários advocatícios nos autos de ação de indenização por danos morais e materiais decorrentes de acidente de trabalho ou de doença profissional, remetida à Justiça do Trabalho após ajuizamento na Justiça comum, antes da vigência da Emenda Constitucional n. 45/2004, decorre da mera sucumbência, nos termos do art. 85 do CPC de 2015 (art. 20 do CPC de 1973), não se sujeitando aos requisitos da Lei n. 5.584/1970.

•• Redação determinada pela Resolução n. 208, de 19-4-2016.

ÍNDICE ALFABÉTICO-REMISSIVO DAS ORIENTAÇÕES JURISPRUDENCIAIS DA SDI-1 DO TST

ORIENTAÇÕES JURISPRUDENCIAIS TRANSITÓRIAS DA SEÇÃO DE DISSÍDIOS INDIVIDUAIS 1 (SDI-1) DO TST

1. **FGTS. Multa de 40%. Complementação. Indevida.** Inserida em 2 de outubro de 1997 (título alterado e inserido dispositivo)

   A rescisão contratual operada antes da vigência da Constituição Federal de 1988, com o pagamento da multa sobre os depósitos do FGTS no percentual de 10%, é ato jurídico perfeito, não se admitindo retroatividade. Assim, indevido o deferimento da complementação, a título de diferenças de multa do FGTS, do percentual de 30%, referente ao período do primeiro contrato rescindido e pago de acordo com a norma vigente à época (Lei n. 5.107/66, art. 6.º).

   •• Redação determinada pela Resolução n. 129, de 5-4-2005.

2. **CSN. Licença remunerada.** Inserida em 2 de outubro de 1997

   É devido o valor das horas extras até então habitualmente prestadas.

3. **Súmula 337. Inaplicabilidade.** Inserida em 2 de outubro de 1997 (título alterado e inserido dispositivo)

   A Súmula 337 do TST é inaplicável a recurso de revista interposto anteriormente à sua vigência.

   •• Redação determinada pela Resolução n. 129, de 5-4-2005.

4. (*Cancelada pela Resolução n. 175, de 24-5-2011.*)

5. **Servita. Bonificação de assiduidade e produtividade paga semanalmente. Repercussão no repouso semanal remunerado.** Inserida em 2 de outubro de 1997 (título alterado e inserido dispositivo)

   O valor das bonificações de assiduidade e produtividade, pago semanalmente e em caráter permanente pela empresa Servita, visando incentivar o melhor rendimento dos empregados, possui natureza salarial, repercutindo no cálculo do repouso semanal remunerado.

   •• Redação determinada pela Resolução n. 129, de 5-4-2005.

6. **Adicional de produtividade. Decisão normativa. Vigência. Limitação.** Inserida em 19 de outubro de 2000

   O adicional de produtividade previsto na decisão normativa, proferida nos autos do Dissídio Coletivo n. DC-TST 6/1979, tem sua eficácia limitada à vigência do respectivo instrumento normativo.

7. **Banrisul. Complementação de aposentadoria. ADI e cheque-rancho. Não integração.** Inserida em 19 de outubro de 2000 (nova redação em decorrência da incorporação da Orientação Jurisprudencial Transitória n. 8 da SDI-1)

   As parcelas ADI e cheque-rancho não integram a complementação de aposentadoria dos empregados do Banrisul. (ex-OJ Transitória n. 8 da SDI-1 – inserida em 19-10-2000)

   •• Redação determinada pela Resolução n. 129, de 5-4-2005.

8. (*Cancelada em decorrência da sua incorporação à Orientação Jurisprudencial Transitória n. 7 da SDI-1 do TST.*)

9. **BNCC. Garantia de emprego. Não assegurada.** Inserida em 19 de outubro de 2000

   O Regulamento do BNCC não garante a estabilidade ao empregado nos moldes daquela prevista na CLT, mas apenas a garantia no emprego, ou seja, a garantia contra a despedida imotivada.

10. **BNCC. Juros. Súmula 304 do TST. Inaplicável.** Inserida em 19 de outubro de 2000

    A extinção do BNCC não foi decretada pelo Banco Central mas por deliberação de seus acionistas. Portanto, inaplicável a Súmula 304 do TST e, em seus débitos trabalhistas, devem incidir os juros de mora.

11. **Complementação de aposentadoria. CEAGESP.** Inserida em 19 de outubro de 2000

    Para o empregado se beneficiar da aposentadoria integral, prevista no § 1.º do art. 16 do Regulamento Geral n. 1/1963, da CEAGESP, o empregado deverá contar com 30 anos ou mais de efetivo serviço à CEAGESP.

12. **CSN. Adicional de insalubridade e de periculosidade. Salário complessivo. Prevalência do acordo coletivo.** Inserida em 19 de outubro de 2000 (inserido dispositivo)

    O pagamento do adicional de insalubridade e periculosidade embutido no salário contratual dos empregados da CSN não caracteriza a complessividade salarial, uma vez que essa forma de pagamento decorre de acordo coletivo há muitos anos em vigor.

    •• Redação determinada pela Resolução n. 129, de 5-4-2005.

13. **CSN. Licença remunerada. Aviso prévio. Concomitância. Possibilidade.** Inserida em 19 de outubro de 2000

    Devido às circunstâncias especialíssimas ocorridas na CSN (Próspera), considera-se válida a concessão de aviso prévio durante o período da licença remunerada.

14. **Defensoria pública. Opção pela carreira.** Inserida em 19 de outubro de 2000

    Servidor investido na função de defensor público até a data em que foi instalada a Assembleia Nacional Constituinte tem direito à opção pela carreira, independentemente de realização de concurso público (celetista ou estatutário), bastando que a opção tenha sido feita até a data *supra*.

15. **ENERGIPE. Participação nos lucros. Incorporação anterior à CF/1988. Natureza salarial.** Inserida em 19 de outubro de 2000

A parcela de participação nos lucros, incorporada ao salário do empregado anteriormente à CF/88, possui natureza salarial e gera reflexos em todas as verbas salariais.

16. **Agravo de instrumento interposto na vigência da Lei n. 9.756/98 e anteriormente à edição da Instrução Normativa n. 16/99 do TST. Traslado de peças. Obrigatoriedade.** Inserida em 13 de fevereiro de 2001

Não há como dizer que a exigência de traslado de peças necessárias ao julgamento de ambos os recursos (o agravo e o recurso principal) somente se tornou obrigatória após a edição da Instrução Normativa n. 16/99, pois trata-se apenas de meio destinado à interpretação acerca das novas exigências que se tornaram efetivas a partir da vigência da Lei n. 9.756/98.

17. **Agravo de instrumento interposto na vigência da Lei n. 9.756/98. Embargos declaratórios.** Inserida em 13 de fevereiro de 2001

Para comprovar a tempestividade do recurso de revista, basta a juntada da certidão de publicação do acórdão dos embargos declaratórios opostos perante o Regional, se conhecidos.

18. **Agravo de instrumento interposto na vigência da Lei n. 9.756/98. Peça indispensável. Certidão de publicação do acórdão regional. Necessária a juntada, salvo se nos autos houver elementos que atestem a tempestividade da revista.** Inserida em 13 de fevereiro de 2001

A certidão de publicação do acórdão regional é peça essencial para a regularidade do traslado do agravo de instrumento, porque imprescindível para aferir a tempestividade do recurso de revista e para viabilizar, quando provido, seu imediato julgamento, salvo se nos autos houver elementos que atestem a tempestividade da revista.

19. **Agravo de instrumento. Interposto na vigência da Lei n. 9.756/98. Peças dispensáveis à compreensão da controvérsia. Desnecessária a juntada.** Inserida em 13 de fevereiro de 2001

Mesmo na vigência da Lei n. 9.756/98, a ausência de peças desnecessárias à compreensão da controvérsia, ainda que relacionadas no inciso I do § 5.° do art. 897 da CLT, não implica o não conhecimento do agravo.

20. **Agravo de instrumento. Ministério Público. Pressupostos extrínsecos.** Inserida em 13 de fevereiro de 2001

Para aferição da tempestividade do AI interposto pelo Ministério Público, desnecessário o traslado da certidão de publicação do despacho agravado, bastando a juntada da cópia da intimação pessoal na qual conste a respectiva data de recebimento (Lei Complementar n. 75/93, art. 84, IV).

21. **Agravo de instrumento. Traslado. Certidão. Instrução Normativa n. 6/96 do TST.** Inserida em 13 de fevereiro de 2001

Certidão do Regional afirmando que o AI está formado de acordo com IN 6/96 do TST não confere autenticidade às peças.

22. *(Convertida na Orientação Jurisprudencial n. 287 da SDI-I do TST.)*

23. **Autenticação. Documento único. Cópia. Verso e anverso.** Inserida em 13 de fevereiro de 2001

Inexistindo impugnação da parte contrária, bem como o disposto no art. 795 da CLT, é válida a autenticação aposta em uma face da folha que contenha documento que continua no verso, por constituir documento único.

24. **Abono. Complementação de aposentadoria. Reajuste. CVRD (Valia).** *DJ* 9 de dezembro de 2003

A Resolução n. 7/89 da CVRD, que instituiu o benefício "abono aposentadoria" (art. 6.°), determina que o reajuste seja feito na mesma época e com o mesmo índice aplicado pelo INSS ou observada a variação do IGP ou da OTN, aplicando-se o maior deles.

25. **Banco Meridional. Complementação de aposentadoria. Reajustes. Extensão.** *DJ* 9 de dezembro de 2003

Os reajustes salariais concedidos sobre quaisquer parcelas aos empregados ativos devem ser estendidos aos inativos, com exclusão apenas das parcelas ressalvadas expressamente no Regulamento do Banco.

26. **Banerj. Plano Bresser. Acordo coletivo de trabalho de 91. Não é norma programática.** *DJ* 9 de dezembro de 2003

É de eficácia plena e imediata o *caput* da cláusula 5.ª do Acordo Coletivo de Trabalho de 1991/1992 celebrado pelo Banerj contemplando o pagamento de diferenças salariais do Plano Bresser, sendo devido o percentual de 26,06% nos meses de janeiro a agosto de 1992, inclusive.

27. **Banrisul. Gratificação Jubileu. Prescrição.** *DJ* 9 de dezembro de 2003

A Gratificação Jubileu, instituída pela Resolução n. 1.761/1967, que foi alterada, reduzindo-se o seu valor, pela Resolução n. 1.885/70, era devida a todo empregado que completasse 25, 30, 35 e 40 anos de serviço no Banco. Era vantagem a ser paga de uma única vez, na data da aposentadoria, fluindo desta data o prazo prescricional, sendo inaplicável a Súmula 294 do TST, que é restrito aos casos em que se postulam prestações sucessivas.

28. **CDHU. Sucessão trabalhista.** *DJ* 9 de dezembro de 2003

Considerando a moldura fática delineada pelo Regional, conduz-se à ilação de que a CDHU foi a sucessora da CONESP, uma vez que ocupou os imóveis e assumiu os contratos anteriores, dando sequência às obras com o mesmo pessoal.

29. **CEEE. Equiparação salarial. Quadro de carreira. Reestruturação em 1991. Válido.** *DJ* 9 de dezembro de 2003

O quadro de carreira implantado na CEEE em 1977 foi homologado pelo Ministério do Trabalho. A reestruturação procedida em 1991, mesmo não homologada, é válida.

30. **Cisão parcial de empresa. Responsabilidade solidária. PROFORTE.** *DJ* 9 de dezembro de 2003

É solidária a responsabilidade entre a empresa cindida subsistente e aquelas que absorverem parte do seu patrimônio, quando constatada fraude na cisão parcial.

31. **Planos Bresser e Verão. Acordo coletivo autorizando a quitação através da concessão de folgas remuneradas. Conver-**

são em pecúnia após a extinção do contrato de trabalho. Inviabilidade. *DJ* 9 de dezembro de 2003

Acordo coletivo celebrado entre as partes autorizando a quitação dos valores devidos a título de Planos Bresser e Verão em folgas remuneradas é válido. Incabível a conversão do valor correspondente às folgas remuneradas em pecúnia quando extinto o contrato de trabalho pelo advento de aposentadoria voluntária.

32. **Complementação de aposentadoria. Banco do Brasil. Sucumbência. Inversão.** *DJ* 10 de novembro de 2004

Imposta condenação originária em diferenças de complementação de aposentadoria, por ocasião do julgamento de recurso de revista, imperativo o exame no acórdão, sob pena de negativa de prestação jurisdicional, de postulação aduzida em contestação e/ou em contrarrazões visando à limitação da condenação à média trienal e ao teto, matéria insuscetível de prequestionamento.

33. **Adicional de insalubridade. Base de cálculo, na vigência do Decreto-lei n. 2.351/1987: piso nacional de salários.** (conversão da Orientação Jurisprudencial n. 3 da SDI-1)

Na vigência do Decreto-lei n. 2.351/1987, o piso nacional de salários é a base de cálculo para o adicional de insalubridade. (ex-OJ 3 da SDI-1 – inserida em 14-3-1994)

34. **BRDE. Entidade autárquica de natureza bancária. Lei n. 4.595/1964, art. 17. Res. Bacen 469/1970, art. 8.º. CLT, art. 224, § 2.º. CF, art. 173, § 1.º.** (conversão da Orientação Jurisprudencial n. 22 da SDI-1)

O Banco Regional de Desenvolvimento do Extremo Sul – BRDE é uma entidade autárquica de natureza bancária, e, como tal, submete-se ao art. 173, § 1.º, da Constituição Federal de 1988. Desta forma, sendo a natureza das atividades por ele exercidas similares às de qualquer instituição financeira, seus empregados são bancários, regendo-se pelas normas especiais a eles referentes, inclusive o art. 224 da CLT. (ex-OJ 22 da SDI-1 – inserida em 14-3-1994)

35. **Reajustes salariais. Bimestrais e quadrimestrais (Lei n. 8.222/1991). Simultaneidade inviável.** (conversão da Orientação Jurisprudencial n. 68 da SDI-1)

Nova antecipação bimestral, na mesma época do reajuste quadrimestral, constitui verdadeiro *bis in idem*, pois o bimestre anterior, que servia como base de cálculo, já teve o INPC considerado para fim do reajuste quadrimestral. (ex-OJ 68 da SDI-1 – inserida em 28-11-1995)

36. **Hora *in itinere*. Tempo gasto entre a portaria da empresa e o local do serviço. Devida. Açominas.** (mantida)

Configura-se como hora *in itinere* o tempo gasto pelo obreiro para alcançar seu local de trabalho a partir da portaria da Açominas. (ex-OJ 98 da SDI-1 – inserida em 30-5-1997)

•• Redação mantida pela Resolução n. 175, de 24-5-2011.

37. **Minascaixa. Legitimidade passiva *ad causam* enquanto não concluído o procedimento de liquidação extrajudicial.** (conversão da Orientação Jurisprudencial n. 109 da SDI-1)

A Minascaixa tem legitimidade passiva *ad causam* para figurar nas demandas contra ela ajuizadas enquanto não tiver concluído o processo de liquidação extrajudicial ao qual se encontra submetida. (ex-OJ 109 da SDI-1 – inserida em 1.º-10-1997)

38. **Banco Meridional. Circular 34.046/1989. Dispensa sem justa causa.** (conversão da Orientação Jurisprudencial n. 137 da SDI-1)

A inobservância dos procedimentos disciplinados na Circular 34.046/1989 do Banco Meridional, norma de caráter eminentemente procedimental, não é causa para a nulidade da dispensa sem justa causa. (ex-OJ 137 da SDI-1 – inserida em 27-11-1998)

39. **FGTS. Opção retroativa. Concordância do empregador. Necessidade.** (conversão da Orientação Jurisprudencial n. 146 da SDI-1)

A concordância do empregador é indispensável para que o empregado possa optar retroativamente pelo sistema do Fundo de Garantia por Tempo de Serviço. (ex-OJ 146 da SDI-1 – inserida em 27-11-1998)

40. **Banrisul. Complementação de aposentadoria.** (conversão da Orientação Jurisprudencial n. 155 da SDI-1)

A Resolução n. 1.600/1964, vigente à época da admissão do empregado, incorporou-se ao contrato de trabalho, pelo que sua alteração não poderá prejudicar o direito adquirido, mesmo em virtude da edição da Lei n. 6.435/1977. Incidência das Súmulas 51 e 288. (ex-OJ 155 da SDI-1 – inserida em 26-3-1999)

41. **Complementação de aposentadoria. Fundação Clemente de Faria. Banco Real.** (conversão da Orientação Jurisprudencial n. 157 da SDI-1)

É válida a cláusula do Estatuto da Fundação Clemente de Faria que condicionou o direito à complementação de aposentadoria à existência de recursos financeiros, e também previa a suspensão, temporária ou definitiva, da referida complementação. (ex-OJ 157 da SDI-1 – inserida em 26-3-1999)

42. **Petrobras. Pensão por morte do empregado assegurada no Manual de Pessoal. Estabilidade decenal. Opção pelo regime do FGTS** (inserido item II à redação)

I – Tendo o empregado adquirido a estabilidade decenal, antes de optar pelo regime do FGTS, não há como negar-se o direito à pensão, eis que preenchido o requisito exigido pelo Manual de Pessoal. (ex-OJ n. 166 da SDI-1 – inserida em 26-3-1999)

II – O benefício previsto no Manual de Pessoal da Petrobras, referente ao pagamento de pensão e auxílio-funeral aos dependentes do empregado que vier a falecer no curso do contrato de trabalho, não se estende à hipótese em que sobrevém o óbito do trabalhador quando já extinto o contrato de trabalho.

•• Redação determinada pela Resolução n. 182, de 16-4-2012.

43. **SUDS. Gratificação. Convênio da União com Estado. Natureza salarial enquanto paga.** (conversão da Orientação Jurisprudencial n. 168 da SDI-1)

A parcela denominada "Complementação SUDS" paga aos servidores em virtude de convênio entre o Estado e a União Federal tem natureza salarial, enquanto paga, pelo que repercute nos demais créditos trabalhistas do empregado. (ex-OJ 168 da SDI-1 – inserida em 26-3-1999)

44. **Anistia. Lei n. 6.683/79. Tempo de afastamento. Não computável para efeito de indenização e adicional por tempo de serviço, licença-prêmio e promoção.** (conversão da Orientação Jurisprudencial n. 176 da SDI-1)

O tempo de afastamento do anistiado pela Lei n. 6.683/79 não é computável para efeito do pagamento de indenização por tempo de serviço, licença-prêmio e promoção. (ex-OJ 176 da SDI-1 – inserida em 8-11-2000)

45. **Comissionista puro. Abono. Lei n. 8.178/1991. Não incorporação.** (conversão da Orientação Jurisprudencial n. 180 da SDI-1)

É indevida a incorporação do abono instituído pela Lei n. 8.178/1991 aos empregados comissionistas. (ex-OJ 180 da SDI-1 – inserida em 8-11-2000)

46. **Complementação de aposentadoria. Banco Itaú.** (conversão da Orientação Jurisprudencial n. 183 da SDI-1)

O empregado do Banco Itaú admitido na vigência da Circular BB-05/1966, que passou para a inatividade posteriormente à vigência da RP-40/1974, está sujeito ao implemento da condição "idade mínima de 55 anos". (ex-OJ 183 da SDI-1 – inserida em 8-11-2000)

47. **Décimo terceiro salário. Dedução da 1.ª parcela. URV. Lei n. 8.880/1994.** (conversão da Orientação Jurisprudencial n. 187 da SDI-1)

Ainda que o adiantamento do 13.º salário tenha ocorrido anteriormente à edição da Lei n. 8.880/1994, as deduções deverão ser realizadas considerando o valor da antecipação, em URV, na data do efetivo pagamento, não podendo a 2.ª parcela ser inferior à metade do 13.º salário, em URV. (ex-OJ 187 da SDI-1 – inserida em 8-11-2000)

48. **Petromisa. Sucessão. Petrobras. Legitimidade.** (conversão da Orientação Jurisprudencial n. 202 da SDI-1)

Em virtude da decisão tomada em assembleia, a Petrobras é a real sucessora da Petromisa, considerando que recebeu todos os bens móveis e imóveis da extinta Petromisa. (ex-OJ 202 da SDI-1 – inserida em 8-11-2000)

49. **Serpro. Norma regulamentar. Reajustes salariais. Superveniência de sentença normativa. Prevalência.** (conversão da Orientação Jurisprudencial n. 212 da SDI-1)

Durante a vigência do instrumento normativo, é lícita ao empregador a obediência à norma coletiva (DC 8.948/1990) que alterou as diferenças interníveis previstas no Regulamento de Recursos Humanos. (ex-OJ 212 da SDI-1 – inserida em 8-11-2000)

50. **Férias. Abono instituído por instrumento normativo e terço constitucional. Simultaneidade inviável.** (conversão da Orientação Jurisprudencial n. 231 da SDI-1)

O abono de férias decorrente de instrumento normativo e o abono de 1/3 (um terço) previsto no art. 7.º, XVII, da CF/1988 têm idêntica natureza jurídica, destinação e finalidade, constituindo-se *bis in idem* seu pagamento simultâneo, sendo legítimo o direito do empregador de obter compensação de valores porventura pagos. (ex-OJ 231 da SDI-1 – inserida em 20-6-2001)

51. **Complementação de aposentadoria. Caixa Econômica Federal. Auxílio-alimentação. Supressão. Súmulas 51 e 288.** (conversão da Orientação Jurisprudencial n. 250 da SDI-1)

A determinação de supressão do pagamento de auxílio-alimentação aos aposentados e pensionistas da Caixa Econômica Federal, oriunda do Ministério da Fazenda, não atinge aqueles ex-empregados que já percebiam o benefício. (ex-OJ 250 da SDI-1 – inserida em 13-3-2002)

52. **Agravo de instrumento. Acórdão do TRT não assinado. Interposto anteriormente à Instrução Normativa n. 16/1999.** (conversão da Orientação Jurisprudencial n. 281 da SDI-1)

Nos agravos de instrumento interpostos anteriormente à edição da Instrução Normativa n. 16/1999, a ausência de assinatura na cópia não a torna inválida, desde que conste o carimbo aposto pelo servidor certificando que confere com o original. (ex-OJ 281 da SDI-1 – inserida em 11-8-2003)

53. **Custas. Embargos de terceiro. Interpostos anteriormente à Lei n. 10.537/2002. Inexigência de recolhimento para a interposição de agravo de petição.** (conversão da Orientação Jurisprudencial n. 291 da SDI-1)

Tratando-se de embargos de terceiro, incidentes em execução, ajuizados anteriormente à Lei n. 10.537/2002, incabível a exigência do recolhimento de custas para a interposição de agravo de petição por falta de previsão legal. (ex-OJ 291 da SDI-1 – inserida em 11-8-2003)

54. **Plano econômico (Collor). Execução. Correção monetária. Índice de 84,32%. Lei n. 7.738/89. Aplicável.** (conversão da Orientação Jurisprudencial n. 203 da SDI-1)

Aplica-se o índice de 84,32%, relativo ao IPC de março de 1990, para a correção monetária do débito trabalhista, por ocasião da execução, nos termos da Lei n. 7.738/89. (ex-OJ 203 da SDI-1 – inserida em 8-11-2000)

55. **Plano Collor. Servidores celetistas do GDF. Legislação federal. Prevalência.** (conversão da Orientação Jurisprudencial n. 218 da SDI-1 e incorporada a Orientação Jurisprudencial n. 241 da SDI-1)

Inexiste direito adquirido às diferenças salariais de 84,32% do IPC de março de 1990 aos servidores celetistas da Administração Direta, Fundações e Autarquias do Distrito Federal. (ex-OJs 218 e 241 da SDI-1 – inseridas respectivamente em 2-4-2001 e 20-6-2001)

56. **Anistia. Lei n. 8.878/94. Efeitos financeiros devidos a partir do efetivo retorno à atividade.** (conversão da Orientação Jurisprudencial n. 221 da SDI-1)

Os efeitos financeiros da anistia concedida pela Lei n. 8.878/94 somente serão devidos a partir do efetivo retorno à atividade, vedada a remuneração em caráter retroativo. (ex-OJ 221 da SDI-1 – inserida em 20-6-2001)

57. **Adicional de insalubridade. Deficiência de iluminamento. Limitação.** (conversão da Orientação Jurisprudencial n. 153 da SDI-1)

Somente após 26 de fevereiro de 1991 foram, efetivamente, retiradas do mundo jurídico as normas ensejadoras do direito ao adicional de insalubridade por iluminamento insuficiente no local da prestação de serviço, como previsto na Portaria n. 3.751/1990 do Ministério do Trabalho. (ex-OJ 153 da SDI-1 – inserida em 26-3-1999)

58. URP's de junho e julho de 1988. Suspensão do pagamento. Data-base em maio. Decreto-lei n. 2.425/1988. Inexistência de violação a direito adquirido. (conversão da Orientação Jurisprudencial n. 214 da SDI-1)

O Decreto-lei n. 2.425, de 7 de abril de 1988, não ofendeu o direito adquirido dos empregados com data-base em maio, pelo que não fazem jus às URPs de junho e julho de 1988. (ex-OJ 214 da SDI-1 – inserida em 8-11-2000)

59. Interbras. Sucessão. Responsabilidade.

A Petrobras não pode ser responsabilizada solidária ou subsidiariamente pelas obrigações trabalhistas da extinta Interbras, da qual a União é a real sucessora, nos termos do art. 20 da Lei n. 8.029, de 12-4-1990 (atual art. 23 em face da renumeração dada pela Lei n. 8.154, de 28-12-1990).

60. Adicional por tempo de serviço. Base de cálculo. Salário-base. Art. 129 da Constituição do Estado de São Paulo. (republicada em decorrência de erro material)

O adicional por tempo de serviço – quinquênio –, previsto no art. 129 da Constituição do Estado de São Paulo, tem como base de cálculo o vencimento básico do servidor público estadual, ante o disposto no art. 11 da Lei Complementar do Estado de São Paulo n. 712, de 12-4-1993.

•• Republicada no *Diário Eletrônico da Justiça do Trabalho* de 11-4-2011.

61. Auxílio cesta-alimentação previsto em norma coletiva. CEF. Cláusula que estabelece natureza indenizatória à parcela. Extensão aos aposentados e pensionistas. Impossibilidade.

Havendo previsão em cláusula de norma coletiva de trabalho de pagamento mensal de auxílio cesta-alimentação somente a empregados em atividade, dando-lhe caráter indenizatório, é indevida a extensão desse benefício aos aposentados e pensionistas. Exegese do art. 7.°, XXVI, da Constituição Federal.

62. PETROBRAS. Complementação de aposentadoria. Avanço de nível. Concessão de parcela por acordo coletivo apenas para os empregados da ativa. Extensão para os inativos. Art. 41 do Regulamento do Plano de Benefícios da Petros.

Ante a natureza de aumento geral de salários, estende-se à complementação de aposentadoria dos ex-empregados da Petrobras benefício concedido indistintamente a todos os empregados da ativa e estabelecido em norma coletiva, prevendo a concessão de aumento de nível salarial – "avanço de nível" –, a fim de preservar a paridade entre ativos e inativos assegurada no art. 41 do Regulamento do Plano de Benefícios da Fundação Petrobras de Seguridade Social – Petros.

63. PETROBRAS. Complementação de aposentadoria. Integralidade. Condição. Idade mínima. Lei n. 6.435, de 15-7-1977.

Os empregados admitidos na vigência do Decreto n. 81.240, de 20-1-1978, que regulamentou a Lei n. 6.435, de 15-7-1977, ainda que anteriormente à alteração do Regulamento do Plano de Benefícios da Petros, sujeitam-se à condição "idade mínima de 55 anos" para percepção dos proventos integrais de complementação de aposentadoria.

64. PETROBRAS. Parcelas gratificação contigente e participação nos resultados deferidas por norma coletiva a empregados da ativa. Natureza jurídica não salarial. Não integração na complementação de aposentadoria.

As parcelas gratificação contingente e participação nos resultados, concedidas por força de acordo coletivo a empregados da Petrobras em atividade, pagas de uma única vez, não integram a complementação de aposentadoria.

65. Representação judicial da União. Assistente jurídico. Apresentação do ato de designação.

A ausência de juntada aos autos de documento que comprove a designação do assistente jurídico como representante judicial da União (art. 69 da Lei Complementar n. 73, de 10-2-1993) importa irregularidade de representação.

66. SPTRANS. Responsabilidade subsidiária. Não configuração. Contrato de concessão de serviço público. Transporte coletivo.

A atividade da São Paulo Transportes S/A – SPTrans de gerenciamento e fiscalização dos serviços prestados pelas concessionárias de transporte público, atividade descentralizada da Administração Pública, não se confunde com a terceirização de mão de obra, não se configurando a responsabilidade subsidiária.

67. TELEMAR. Privatização. Plano de incentivo à rescisão contratual (PIRC). Previsão de pagamento da indenização com redutor de 30%. Aplicação limitada ao período da reestruturação.

Não é devida a indenização com redutor de 30%, prevista no Plano de Incentivo à Rescisão Contratual da Telemar, ao empregado que, embora atenda ao requisito estabelecido de não haver aderido ao PIRC, foi despedido em data muito posterior ao processo de reestruturação da empresa, e cuja dispensa não teve relação com o plano.

68. Banco do Estado de São Paulo S.A. – Banespa. Convenção coletiva. Reajuste salarial. Superveniência de acordo em dissídio coletivo. Prevalência.

O acordo homologado no Dissídio Coletivo n. TST – DC – 810.905/2001.3, que estabeleceu a garantia de emprego aos empregados em atividade do Banco do Estado de São Paulo S.A. – Banespa e que, portanto, não se aplica aos empregados aposentados, prevalece sobre a fixação do reajuste salarial previsto na convenção coletiva firmada entre a Federação Nacional dos Bancos – Fenaban e os sindicatos dos bancários, ante a consideração do conjunto das cláusulas constantes do acordo e em respeito às disposições dos arts. 5.°, XXXVI, e 7.°, XXVI, da CF/1988.

69. Banco do Brasil. Complementação de aposentadoria. Alteração do Plano de Cargos de Comissionados. Extensão aos inativos.

As alterações na estrutura do Plano de Cargos Comissionados do Banco do Brasil, introduzidas pelas Cartas-Circulares DIREC/FUNCI 96/0904 e 96/0957, dentre as quais a substituição do Abono de Função e Representação (AFR) pelo Adicional de Função (AF) e pelo Adicional Temporário de Revitalização (ATR), não autorizam o pagamento de diferenças de complementação de aposentadoria aos inativos por só abrangerem os empregados

ORIENTAÇÕES

ESPAÇO RESERVADO PARA USO DE GRAMPO

em atividade, bem como em razão de o Plano de Incentivo à Aposentadoria da época do jubilamento não conter previsão de aplicação de eventual alteração na estrutura dos cargos comissionados àqueles que se aposentassem.

70. **Caixa Econômica Federal. Bancário. Plano de Cargos em Comissão. Opção pela jornada de oito horas. Ineficácia. Exercício de funções meramente técnicas. Não caracterização de exercício de função de confiança.**

Ausente a fidúcia especial a que alude o art. 224, § 2.°, da CLT, é ineficaz a adesão do empregado à jornada de oito horas constante do Plano de Cargos em Comissão da Caixa Econômica Federal, o que importa no retorno à jornada de seis horas, sendo devidas como extras a sétima e a oitava horas laboradas. A diferença de gratificação de função recebida em face da adesão ineficaz poderá ser compensada com as horas extraordinárias prestadas.

71. **Empresa Brasileira de Correios e Telégrafos – ECT. Plano de cargos e salários. Progressão horizontal por antiguidade. Necessidade de deliberação da diretoria para comprovar o efetivo cumprimento dos requisitos do PCCS. Condição puramente potestativa para a concessão da promoção. Invalidade.**

A deliberação da diretoria da Empresa Brasileira de Correios e Telégrafos – ECT, prevista no Plano de Carreira, Cargos e Salários como requisito necessário para a concessão de progressão por antiguidade, por se tratar de condição puramente potestativa, não constitui óbice ao deferimento da progressão horizontal por antiguidade aos empregados, quando preenchidas as demais condições dispostas no aludido plano.

72. **Petrobras. Domingos e feriados trabalhados. Regime de turnos ininterruptos de revezamento. Pagamento em dobro concedido por liberalidade do empregador. Incorporação ao contrato de trabalho. Supressão unilateral. Acordo coletivo posterior que valida a supressão. Retroação da norma coletiva. Impossibilidade.**

O pagamento em dobro, concedido por liberalidade da empresa, dos domingos e feriados trabalhados de forma habitual pelo empregado da Petrobras submetido ao regime de turnos ininterruptos de revezamento não pode ser suprimido unilateralmente, pois é vantagem incorporada ao contrato de trabalho, nos termos do art. 468 da CLT. Assim, o acordo coletivo, posteriormente firmado, somente opera efeitos a partir da data de sua entrada em vigor, sendo incabível a utilização da norma coletiva para regular situação pretérita.

73. **Volkswagen do Brasil Ltda. Participação nos lucros e resultados. Pagamento mensal em decorrência de norma coletiva. Natureza indenizatória.**

A despeito da vedação de pagamento em periodicidade inferior a um semestre civil ou mais de duas vezes no ano cível, disposta no art. 3.°, § 2.°, da Lei n. 10.101, de 19 de dezembro de 2000, o parcelamento em prestações mensais da participação nos lucros e resultados de janeiro de 1999 a abril de 2000, fixado no acordo coletivo celebrado entre o Sindicato dos Metalúrgicos do ABC e a Volkswagen do Brasil Ltda., não retira a natureza indenizatória da referida verba (art. 7.°, XI, da CF), devendo prevalecer a diretriz constitucional que prestigia a autonomia privada coletiva (art. 7.°, XXVI, da CF).

74. **Hospital de Clínicas de Porto Alegre. Custas processuais. Recolhimento. Isenção. Art. 15 da Lei n. 5.604, de 2 de setembro de 1970.**

A isenção tributária concedida pelo art. 15 da Lei n. 5.604, de 2 de setembro de 1970, ao Hospital de Clínicas de Porto Alegre compreende as custas processuais, por serem estas espécie do gênero tributo.

75. **Parcela "sexta parte". Art. 129 da Constituição do Estado de São Paulo. Extensão aos empregados de sociedade de economia mista e empresa pública. Indevida.**

A parcela denominada "sexta parte", instituída pelo art. 129 da Constituição do Estado de São Paulo, é devida apenas aos servidores estaduais, celetistas e estatutários da Administração Pública direta, das fundações e das autarquias, conforme disposição contida no art. 124 da Constituição Estadual, não se estendendo aos empregados de sociedade de economia mista e de empresa pública, integrantes da Administração Pública indireta, submetidas ao regime jurídico próprio das empresas privadas, nos termos do art. 173, § 1.°, II, da Constituição Federal.

76. **Complementação de aposentadoria. Integralidade. Empregado do Estado de São Paulo admitido antes da Lei Estadual n. 200, de 13 de maio de 1974. Implementação do requisito relativo aos 30 anos de serviço efetivo. Incidência da Súmula 288 do TST.**

É assegurado o direito à percepção de complementação de aposentadoria integral ao ex-empregado do Estado de São Paulo que, admitido anteriormente ao advento da Lei Estadual n. 200, de 13 de maio de 1974, implementou 30 anos de serviço efetivo, ante a extensão das regras de complementação de aposentadoria previstas na Lei Estadual n. 1.386, de 19 de dezembro de 1951. Incidência da Súmula 288 do TST.

77. **BNDES. Arts. 224 a 226 da CLT. Aplicável a seus empregados.** (conversão da Orientação Jurisprudencial n. 179 da SBDI-1)

Até o advento da Lei n. 10.556, de 13 de novembro de 2002, era aplicável aos empregados do BNDES a jornada de trabalho dos bancários prevista nos arts. 224 a 226 da CLT.

78. **Embargos à SDI contra decisão em recurso de revista não conhecido quanto aos pressupostos intrínsecos. Recurso interposto antes da vigência da Lei n. 11.496, de 22-6-2007, que conferiu nova redação ao art. 894 da CLT. Necessária a indicação expressa de ofensa ao art. 896 da CLT.** (conversão da Orientação Jurisprudencial n. 294 da SBDI-1 com nova redação)

Para a admissibilidade e conhecimento de embargos, interpostos antes da vigência da Lei n. 11.496/2007, contra decisão mediante a qual não foi conhecido o recurso de revista pela análise dos pressupostos intrínsecos, necessário que a parte embargante aponte expressamente a violação ao art. 896 da CLT.

79. **Embargos. Recurso interposto antes da vigência da Lei n. 11.496, de 22-6-2007, que conferiu nova redação ao art. 894**

da CLT. Revista não conhecida por má aplicação de súmula ou de orientação jurisprudencial. Exame do mérito pela SDI. (conversão da Orientação Jurisprudencial n. 295 da SBDI-1 com nova redação)

A SDI, ao conhecer dos embargos, interpostos antes da vigência da Lei n. 11.496/2007, por violação do art. 896 – por má aplicação de súmula ou de orientação jurisprudencial pela Turma –, julgará desde logo o mérito, caso conclua que a revista merecia conhecimento e que a matéria de fundo se encontra pacificada neste Tribunal.

ÍNDICE ALFABÉTICO-REMISSIVO DAS ORIENTAÇÕES JURISPRUDENCIAIS TRANSITÓRIAS DA SDI-1 DO TST

ORIENTAÇÕES JURISPRUDENCIAIS DA SEÇÃO DE DISSÍDIOS INDIVIDUAIS 2 (SDI-2) DO TST

1. *(Convertida na Súmula 405 do TST.)*

2. **Ação rescisória. Adicional de insalubridade. Base de cálculo. Salário mínimo. Cabível.**
Viola o art. 192 da CLT decisão que acolhe pedido de adicional de insalubridade com base na remuneração do empregado.

3. *(Convertida na Súmula 405 do TST.)*

4. **Ação rescisória. Banco do Brasil. Adicional de caráter pessoal. ACP.**
Procede, por ofensa ao art. 5.º, inciso XXXVI, da CF/88, o pedido de rescisão de julgado que acolheu adicional de caráter pessoal em favor de empregado do Banco do Brasil S.A.

5. **Ação rescisória. Banco do Brasil. AP e ADI. Horas extras. Súmula 83 do TST. Aplicável.**
Não se acolhe pedido de rescisão de julgado que deferiu a empregado do Banco do Brasil S.A. horas extras após a sexta, não obstante o pagamento dos adicionais AP e ADI, ou AFR quando a decisão rescindenda for anterior à Orientação Jurisprudencial n. 17, da Seção de Dissídios Individuais do TST (7-11-1994). Incidência das Súmulas 83 do TST e 343 do STF.

6. **Ação rescisória. Cipeiro suplente. Estabilidade. ADCT da CF/88, art. 10, II, *a*. Súmula 83 do TST.** Inserida em 20 de setembro de 2000 (nova redação)
Rescinde-se o julgado que nega estabilidade a membro suplente de CIPA, representante de empregado, por ofensa ao art. 10, II, *a*, do ADCT da CF/88, ainda que se cuide de decisão anterior à Súmula 339 do TST. Incidência da Súmula 83 do TST.
•• Redação determinada pela Resolução n. 137, de 4-8-2005.

7. **Ação rescisória. Competência. Criação de Tribunal Regional do Trabalho. Na omissão da lei, é fixada pelo art. 678, I, c, item 2, da CLT.** Inserida em 20 de setembro de 2000 (nova redação)
A Lei n. 7.872/89 que criou o Tribunal Regional do Trabalho da 17.ª Região não fixou a sua competência para apreciar as ações rescisórias de decisões oriundas da 1.ª Região, o que decorreu do art. 678, I, *c*, item 2, da CLT.
•• Redação determinada pela Resolução n. 137, de 4-8-2005.

8. **Ação rescisória. Complementação de aposentadoria. Banespa. Súmula 83 do TST.** Inserida em 20 de setembro de 2000 (nova redação)
Não se rescinde julgado que acolheu pedido de complementação de aposentadoria integral em favor de empregado do Banespa, antes da Súmula 313 do TST, em virtude da notória controvérsia jurisprudencial então reinante. Incidência da Súmula 83 do TST.
•• Redação determinada pela Resolução n. 137, de 4-8-2005.

9. **Ação rescisória. CONAB. Aviso DIREH n. 2/1984. Súmula 83 do TST. Aplicável.**
Não se rescinde julgado que reconheceu garantia de emprego com base no Aviso DIREH n. 2/1984 da CONAB, antes da Súmula 355 do TST, em virtude da notória controvérsia jurisprudencial então reinante. Incidência da Súmula 83 do TST.

10. **Ação rescisória. Contrato nulo. Administração pública. Efeitos. Art. 37, II e § 2.º, da CF/88.**
Somente por ofensa ao art. 37, II e § 2.º, da CF/88, procede o pedido de rescisão de julgado para considerar nula a contratação, sem concurso público, de servidor, após a CF/88.

11. **Ação rescisória. Correção monetária. Lei n. 7.596/87. Universidades federais. Implantação tardia do plano de classificação de cargos. Violação de Lei. Súmula 83 do TST. Aplicável.**
Não se rescinde julgado que acolhe pedido de correção monetária decorrente da implantação tardia do plano de classificação de cargos de universidade federal previsto na Lei n. 7.596/87, à época em que era controvertida tal matéria na jurisprudência. Incidência da Súmula 83 do TST.

12. **Ação rescisória. Decadência. Consumação antes ou depois da edição da Medida Provisória n. 1.577/97. Ampliação do prazo.**
I – A vigência da Medida Provisória n. 1.577/97 e de suas reedições implicou o elastecimento do prazo decadencial para o ajuizamento da ação rescisória a favor dos entes de direito público, autarquias e fundações públicas. Se o biênio decadencial do art. 495 do CPC de 1973 findou após a entrada em vigor da referida medida provisória e até sua suspensão pelo STF em sede liminar de ação direta de inconstitucionalidade (ADIn 1.753-2), tem-se como aplicável o prazo decadencial elastecido à rescisória. (ex-OJ 17 da SDI-2 – inserida em 20-9-2000)
II – A regra ampliativa do prazo decadencial para a propositura de ação rescisória em favor de pessoa jurídica de direito público não se aplica se, ao tempo em que sobreveio a Medida Provisória n. 1.577/97, já se exaurira o biênio do art. 495 do CPC de 1973. Preservação do

direito adquirido da parte à decadência já consumada sob a égide da lei velha. (ex-OJ 2 da SDI-2 – inserida em 20-9-2000)

•• Redação determinada pela Resolução n. 208, de 19-4-2016.

13. (*Cancelada em decorrência da redação conferida à Súmula 100 do TST.*)

14. (*Cancelada em decorrência da redação conferida à Súmula 100 do TST.*)

15. (*Cancelada em decorrência da redação conferida à Súmula 100 do TST.*)

16. (*Cancelada em decorrência da redação conferida à Súmula 100 do TST.*)

17. (*Cancelada em decorrência da sua incorporação à Orientação Jurisprudencial n. 12 da SDI-2 do TST.*)

18. **Ação rescisória. Decadência. União. Lei Complementar n. 73/93, art. 67. Lei n. 8.682/93, art. 6.º.**

O art. 67 da Lei Complementar n. 73/93 interrompeu todos os prazos, inclusive o de decadência, em favor da União no período compreendido entre 14 de fevereiro de 1993 e 14 de agosto de 1993.

19. **Ação rescisória. Desligamento incentivado. Imposto de renda. Abono pecuniário. Violação de Lei. Súmula 83 do TST. Aplicável.**

Havendo notória controvérsia jurisprudencial acerca da incidência de imposto de renda sobre parcela paga pelo empregador (*abono pecuniário*) a título de *desligamento incentivado*, improcede pedido de rescisão do julgado. Incidência da Súmula 83 do TST.

20. (*Convertida na Súmula 402 do TST.*)

21. **Ação rescisória. Duplo grau de jurisdição. Trânsito em julgado. Inobservância. Decreto-lei n. 779/69, art. 1.º, V. Incabível.** Inserida em 20 de setembro de 2000 (nova redação)

É incabível ação rescisória para a desconstituição de sentença não transitada em julgado porque ainda não submetida ao necessário duplo grau de jurisdição, na forma do Decreto-lei n. 779/69. Determina-se que se oficie ao Presidente do TRT para que proceda à avocatória do processo principal para o reexame da sentença rescindenda.

•• Redação determinada pela Resolução n. 137, de 4-8-2005.

22. (*Convertida na Súmula 390 do TST.*)

23. **Ação rescisória. Estabilidade. Período pré-eleitoral. Violação de Lei. Súmula 83 do TST. Aplicável.**

Não procede pedido de rescisão de sentença de mérito que assegura ou nega estabilidade pré-eleitoral, quando a decisão rescindenda for anterior à Orientação Jurisprudencial n. 51, da Seção de Dissídios Individuais do TST (25-11-1996). Incidência da Súmula 83 do TST.

24. **Ação rescisória. Estabilidade provisória. Reintegração em período posterior. Direito limitado aos salários e consectários do período da estabilidade.**

Rescinde-se o julgado que reconhece estabilidade provisória e determina a reintegração de empregado, quando já exaurido o respectivo período de estabilidade. Em juízo rescisório, restringe-se a condenação quanto aos salários e consectários até o termo final da estabilidade.

25. **Ação rescisória. Regência pelo CPC de 1973. Expressão "lei" do art. 485, V, do CPC de 1973. Não inclusão do ACT, CCT, portaria, regulamento, súmula e orientação jurisprudencial de tribunal.** (atualizada em decorrência do CPC de 2015)

Não procede pedido de rescisão fundado no art. 485, V, do CPC de 1973 quando se aponta contrariedade à norma de convenção coletiva de trabalho, acordo coletivo de trabalho, portaria do Poder Executivo, regulamento de empresa e súmula ou orientação jurisprudencial de tribunal. (ex-OJ 25 da SDI-2, inserida em 20-9-2000 e ex-OJ 118 da SDI-2, *DJ* 11-8-2003).

•• Redação determinada pela Resolução n. 212, de 19-9-2016.

26. **Ação rescisória. Gratificação de nível superior. SUFRAMA.**

A extensão da gratificação instituída pela SUFRAMA aos servidores celetistas exercentes de atividade de nível superior não ofende as disposições contidas nos arts. 37, XIII, e 39, § 1.º, da CF/88.

27. (*Cancelada em decorrência da redação conferida à Súmula 219 do TST.*)

28. (*Cancelada pela Resolução TST n. 149, de 17-11-2008.*)

29. (*Cancelada em decorrência da redação conferida à Súmula 83 do TST.*)

30. **Ação rescisória. Multa. Art. 920 do Código Civil de 1916 (art. 412 do Código Civil de 2002).** Inserida em 20 de setembro de 2000 (nova redação em decorrência da incorporação da Orientação Jurisprudencial n. 31 da SDI-2)

Não se acolhe, por violação do art. 920 do Código Civil de 1916 (art. 412 do Código Civil de 2002), pedido de rescisão de julgado que:

a) em processo de conhecimento, impôs condenação ao pagamento de multa, quando a decisão rescindenda for anterior à Orientação Jurisprudencial n. 54 da Subseção I Especializada em Dissídios Individuais do TST (30-5-1994), incidindo o óbice da Súmula 83 do TST; (ex-OJ 30 da SDI-2 – inserida em 20-9-2000)

b) em execução, rejeita-se limitação da condenação ao pagamento de multa, por inexistência de violação literal. (ex-OJ 31 da SDI-2 – inserida em 20-9-2000)

•• Redação determinada pela Resolução n. 137, de 4-8-2005.

31. (*Cancelada em decorrência da sua incorporação à Orientação Jurisprudencial n. 30 da SDI-2 do TST.*)

32. (*Convertida na Súmula 408 do TST.*)

33. (*Convertida na Súmula 408 do TST.*)

34. **Ação rescisória. Planos econômicos.**

I – O acolhimento de pedido em ação rescisória de plano econômico, fundada no art. 485, inciso V, do CPC de 1973 pressupõe, necessariamente, expressa invocação na petição inicial de afronta ao art. 5.º, inciso XXXVI, da Constituição Federal de 1988. A indicação de ofensa literal a preceito de lei ordinária atrai a incidência da Súmula 83 do TST e Súmula 343 do STF.

II – Se a decisão rescindenda é posterior à Súmula 315 do TST (Res. 07, *DJ* 22-9-1993), inaplicável a Súmula 83 do TST.

•• Redação determinada pela Resolução n. 208, de 19-4-2016.

35. Ação rescisória. Planos econômicos. Coisa julgada. Limitação à data-base na fase de execução.

Não ofende a coisa julgada a limitação à data-base da categoria, na fase executória, da condenação ao pagamento de diferenças salariais decorrentes de planos econômicos, quando a decisão exequenda silenciar sobre a limitação, uma vez que a limitação decorre de norma cogente. Apenas quando a sentença exequenda houver expressamente afastado a limitação à data-base é que poderá ocorrer ofensa à coisa julgada.

36. *(Cancelada em decorrência da redação conferida à Súmula 298 do TST.)*

37. *(Cancelada em decorrência da redação conferida à Súmula 83 do TST.)*

38. Ação rescisória. Professor-adjunto. Ingresso no cargo de professor-titular. Exigência de concurso público (Lei n. 7.596/87, Decreto n. 94.664/87 e art. 206, V, CF/88).

A assunção do professor-adjunto ao cargo de professor-titular de universidade pública, sem prévia aprovação em concurso público, viola o art. 206, V, da Constituição Federal. Procedência do pedido de rescisão do julgado.

39. Ação rescisória. Reajustes bimestrais e quadrimestrais. Lei n. 8.222/91. Súmula 83 do TST. Aplicável.

Havendo controvérsia jurisprudencial à época, não se rescinde decisão que aprecia a possibilidade de cumulação das antecipações bimestrais e reajustes quadrimestrais de salário previstos na Lei n. 8.222/91. Incidência da Súmula 83 do TST.

40. *(Convertida na Súmula 375 do TST.)*

41. Ação rescisória. Sentença *citra petita*. Cabimento.

Revelando-se a sentença *citra petita*, o vício processual vulnera os arts. 141 e 492 do CPC de 2015 (arts. 128 e 460 do CPC de 1973), tornando-a passível de desconstituição, ainda que não interpostos embargos de declaração.

•• Redação determinada pela Resolução n. 208, de 19-4-2016.

42. *(Cancelada em decorrência da redação conferida à Súmula 192 do TST.)*

43. *(Convertida na Súmula 411 do TST.)*

44. *(Convertida na Súmula 399 do TST.)*

45. *(Convertida na Súmula 399 do TST.)*

46. *(Convertida na Súmula 412 do TST.)*

47. *(Convertida na Súmula 413 do TST.)*

48. *(Cancelada em decorrência da redação conferida à Sumula 192 do TST.)*

49. *(Cancelada em decorrência da conversão da tese mais abrangente da Orientação Jurisprudencial n. 116 na Súmula 397 do TST.)*

50. *(Convertida na Súmula 414 do TST.)*

51. *(Convertida na Súmula 414 do TST.)*

52. *(Convertida na Súmula 415 do TST.)*

53. Mandado de segurança. Cooperativa em liquidação extrajudicial. Lei n. 5.764/71, art. 76. Inaplicável. Não suspende a execução.

A liquidação extrajudicial de sociedade cooperativa não suspende a execução dos créditos trabalhistas existentes contra ela.

54. Mandado de segurança. Embargos de terceiro. Cumulação. Penhora. Incabível.

Ajuizados embargos de terceiro (art. 674 do CPC de 2015 – art. 1.046 do CPC de 1973) para pleitear a desconstituição da penhora, é incabível mandado de segurança com a mesma finalidade.

•• Redação determinada pela Resolução n. 208, de 19-4-2016.

55. *(Convertida na Súmula 416 do TST.)*

56. Mandado de segurança. Execução. Pendência de recurso extraordinário.

Não há direito líquido e certo à execução definitiva na pendência de recurso extraordinário, ou de agravo de instrumento visando a destrancá-lo.

57. Mandado de segurança. INSS. Tempo de serviço. Averbação e/ou reconhecimento.

Conceder-se-á mandado de segurança para impugnar ato que determina ao INSS o reconhecimento e/ou averbação de tempo de serviço.

58. *(Convertida na Súmula 414 do TST.)*

59. Mandado de segurança. Penhora. Carta de fiança bancária. Seguro garantia judicial. (nova redação em decorrência do CPC de 2015)

A carta de fiança bancária e o seguro garantia judicial, desde que em valor não inferior ao do débito em execução, acrescido de trinta por cento, equivalem a dinheiro para efeito da gradação dos bens penhoráveis, estabelecida no art. 835 do CPC de 2015 (art. 655 do CPC de 1973).

•• Redação determinada pela Resolução n. 209, de 30-5-2016.

60. *(Convertida na Súmula 417 do TST.)*

61. *(Convertida na Súmula 417 do TST.)*

62. *(Convertida na Súmula 417 do TST.)*

63. Mandado de segurança. Reintegração. Ação cautelar.

Comporta a impetração de mandado de segurança o deferimento de reintegração no emprego em ação cautelar.

64. Mandado de segurança. Reintegração liminarmente concedida.

Não fere direito líquido e certo a concessão de tutela antecipada para reintegração de empregado protegido por estabilidade provisória decorrente de lei ou norma coletiva.

65. Mandado de segurança. Reintegração liminarmente concedida. Dirigente sindical.

Ressalvada a hipótese do art. 494 da CLT, não fere direito líquido e certo a determinação liminar de reintegração no emprego de dirigente sindical, em face da previsão do inciso X do art. 659 da CLT.

66. Mandado de segurança. Sentença homologatória de adjudicação. Incabível. (atualizado o item I e incluído o item II em decorrência do CPC de 2015)

I – Sob a égide do CPC de 1973 é incabível o mandado de segurança contra sentença homologatória de adjudicação, uma vez que existe meio próprio para impugnar o ato judicial, consistente nos embargos à adjudicação (CPC de 1973, art. 746).

II – Na vigência do CPC de 2015 também não cabe mandado de segurança, pois o ato judicial pode ser impugnado por simples petição, na forma do artigo 877, *caput*, do CPC de 2015.

•• Redação determinada pela Resolução n. 212, de 19-9-2016.

67. Mandado de segurança. Transferência. Art. 659, IX, da CLT.

Não fere direito líquido e certo a concessão de liminar obstativa de transferência de empregado, em face da previsão do inciso IX do art. 659 da CLT.

68. Antecipação de tutela. Competência. Inserida em 20 de setembro de 2000 (nova redação)

Nos Tribunais, compete ao relator decidir sobre o pedido de antecipação de tutela, submetendo sua decisão ao Colegiado respectivo, independentemente de pauta, na sessão imediatamente subsequente.

•• Redação determinada pela Resolução n. 137, de 4-8-2005.

69. Fungibilidade recursal. Indeferimento liminar de ação rescisória ou mandado de segurança. Recurso para o TST. Recebimento como agravo regimental e devolução dos autos ao TRT.

Recurso ordinário interposto contra despacho monocrático indeferitório da petição inicial de ação rescisória ou de mandado de segurança pode, pelo princípio de fungibilidade recursal, ser recebido como agravo regimental. Hipótese de não conhecimento do recurso pelo TST e devolução dos autos ao TRT, para que aprecie o apelo como agravo regimental.

70. Ação rescisória. Regência pelo CPC de 1973. Manifesto e inescusável equívoco no direcionamento. Inépcia da inicial. Extinção do processo (atualizada em decorrência do CPC de 2015)

Sob a égide do CPC de 1973, o manifesto equívoco da parte em ajuizar ação rescisória no TST para desconstituir julgado proferido pelo TRT, ou vice-versa, implica a extinção do processo sem julgamento do mérito por inépcia da inicial.

•• Redação determinada pela Resolução n. 220, de 18-9-2017.

71. Ação rescisória. Salário profissional. Fixação. Múltiplo de salário mínimo. Art. 7.º, IV, da CF/88.

A estipulação do salário profissional em múltiplos do salário mínimo não afronta o art. 7.º, IV, da Constituição Federal de 1988, só incorrendo em vulneração do referido preceito constitucional a fixação de correção automática do salário pelo reajuste do salário mínimo.

•• Redação determinada pela Comissão de Jurisprudência e de Precedentes Normativos em 16-11-2004.

72. *(Cancelada em decorrência da redação conferida à Súmula 298 do TST.)*

73. *(Convertida na Súmula 435 do TST.)*

74. *(Convertida na Súmula 421 do TST.)*

75. *(Cancelada em decorrência da redação conferida à Súmula 298 do TST.)*

76. Ação rescisória. Ação cautelar proposta sob a vigência do CPC de 1973. Suspensão da execução. Juntada de documento indispensável. Possibilidade de êxito na rescisão do julgado (atualizada em decorrência do CPC de 2015)

É indispensável a instrução da ação cautelar proposta sob a vigência do CPC de 1973 com as provas documentais necessárias à aferição da plausibilidade de êxito na rescisão do julgado. Assim sendo, devem vir junto com a inicial da cautelar as cópias da petição inicial da ação rescisória principal, da decisão rescindenda, da certidão do trânsito em julgado da decisão rescindenda e informação do andamento atualizado da execução.

•• Redação determinada pela Resolução n. 220, de 18-9-2017.

77. *(Cancelada em decorrência da redação conferida à Súmula 83 do TST.)*

78. Ação rescisória. Cumulação sucessiva de pedidos. Rescisão da sentença e do acórdão. Ação única. Art. 326 do CPC de 2015. Art. 289 do CPC de 1973.

É admissível o ajuizamento de uma única ação rescisória contendo mais de um pedido, em ordem sucessiva, de rescisão da sentença e do acórdão. Sendo inviável a tutela jurisdicional de um deles, o julgador está obrigado a apreciar os demais, sob pena de negativa de prestação jurisdicional.

•• Redação determinada pela Resolução n. 208, de 19-4-2016.

79. *(Cancelada em decorrência da redação conferida à Súmula 100 do TST.)*

80. Ação rescisória. Decadência. *Dies a quo*. Recurso deserto. Súmula 100 do TST.

O não conhecimento do recurso por deserção não antecipa o *dies a quo* do prazo decadencial para o ajuizamento da ação rescisória, atraindo, na contagem do prazo, a aplicação da Súmula 100 do TST.

81. *(Convertida na Súmula 401 do TST.)*

82. *(Convertida na Súmula 406 do TST.)*

83. *(Convertida na Súmula 407 do TST.)*

84. Ação rescisória. Ausência da decisão rescindenda e/ou da certidão de seu trânsito em julgado devidamente autenticadas. Concessão de prazo para complementação da documentação. (alterada em decorrência do CPC de 2015)

São peças essenciais para o julgamento da ação rescisória a decisão rescindenda e/ou a certidão do seu trânsito em julgado, devidamente autenticadas, à exceção de cópias reprográficas apresentadas por pessoa jurídica de direito público, a teor do art. 24 da Lei n. 10.522/2002, ou declaradas autênticas pelo advogado na forma do art. 830 da CLT com a redação dada pela Lei n. 11.925/2009. Em fase recursal, verificada a ausência de qualquer delas, cumpre ao Relator do recurso ordinário conceder o prazo de 5 (cinco) dias ao recorrente para que seja complementada a documentação exigível, nos termos do art. 932, parágrafo único, do CPC de 2015.

•• Redação determinada pela Resolução n. 220, de 18-9-2017.

85. *(Cancelada – 1.ª parte convertida na Súmula 399 e parte final incorporada à redação da Súmula 298 do TST.)*

86. *(Convertida na Súmula 414 do TST.)*

87. *(Cancelada pela Resolução n. 137, de 4-8-2005.)*

88. Mandado de segurança. Valor da causa. Custas processuais. Cabimento.

Incabível a impetração de mandado de segurança contra ato judicial que, de ofício, arbitrou novo valor à causa, acarretando a majoração das custas processuais, uma vez que cabia à parte, após recolher as custas, calculadas com base no valor dado à causa na inicial, interpor recurso ordinário e, posteriormente, agravo de instrumento no caso de o recurso ser considerado deserto.

89. *Habeas corpus*. Depositário. Termo de depósito não assinado pelo paciente. Necessidade de aceitação do encargo. Impossibilidade de prisão civil.

A investidura no encargo de depositário depende da aceitação do nomeado que deve assinar termo de compromisso no auto de penhora, sem o que, é inadmissível a restrição de seu direito de liberdade.

90. *(Convertida na Súmula 422 do TST.)*

91. Mandado de segurança. Autenticação de cópias pelas Secretarias dos Tribunais Regionais do Trabalho. Requerimento indeferido. Art. 789, § 9.º, da CLT.

Não sendo a parte beneficiária da assistência judiciária gratuita, inexiste direito líquido e certo à autenticação, pelas Secretarias dos Tribunais, de peças extraídas do processo principal, para formação do agravo de instrumento.

92. Mandado de segurança. Existência de recurso próprio.

Não cabe mandado de segurança contra decisão judicial passível de reforma mediante recurso próprio, ainda que com efeito diferido.

93. Penhora sobre parte da renda de estabelecimento comercial. Possibilidade. (alterada em decorrência do CPC de 2015)

Nos termos do art. 866 do CPC de 2015, é admissível a penhora sobre a renda mensal ou faturamento de empresa, limitada a percentual, que não comprometa o desenvolvimento regular de suas atividades, desde que não haja outros bens penhoráveis ou, havendo outros bens, eles sejam de difícil alienação ou insuficientes para satisfazer o crédito executado

•• Redação determinada pela Resolução n. 220, de 18-9-2017.

94. Ação rescisória. Colusão. Fraude à lei. Reclamatória simulada extinta.

A decisão ou acordo judicial subjacente à reclamação trabalhista, cuja tramitação deixa nítida a simulação do litígio para fraudar a lei e prejudicar terceiros, enseja ação rescisória, com lastro em colusão. No juízo rescisório, o processo simulado deve ser extinto.

95. *(Convertida na Súmula 400 do TST.)*

96. *(Cancelada em decorrência da redação conferida à Súmula 299 do TST.)*

97. Ação rescisória. Violação do art. 5.º, II, LIV e LV, da Constituição Federal. Princípios da legalidade, do devido processo legal, do contraditório e da ampla defesa. Inserida em 27 de setembro de 2002 e alterada em 25 de abril de 2003 – *DJ* 9 de maio de 2003 (nova redação)

Os princípios da legalidade, do devido processo legal, do contraditório e da ampla defesa não servem de fundamento para a desconstituição de decisão judicial transitada em julgado, quando se apresentam sob a forma de pedido genérico e desfundamentado, acompanhando dispositivos legais que tratam especificamente da matéria debatida, estes sim, passíveis de fundamentarem a análise do pleito rescisório.

•• Redação determinada pela Resolução n. 137, de 4-8-2005.

98. Mandado de segurança. Cabível para atacar exigência de depósito prévio de honorários periciais. Inserida em 27 de setembro de 2002 (nova redação)

É ilegal a exigência de depósito prévio para custeio dos honorários periciais, dada a incompatibilidade com o processo do trabalho, sendo cabível o mandado de segurança visando à realização da perícia, independentemente do depósito.

•• Redação determinada pela Resolução n. 137, de 4-8-2005.

99. Mandado de segurança. Esgotamento de todas as vias processuais disponíveis. Trânsito em julgado formal. Descabimento.

Esgotadas as vias recursais existentes, não cabe mandado de segurança.

100. Recurso ordinário para o TST. Decisão de TRT proferida em agravo regimental contra liminar em ação cautelar ou em mandado de segurança. Incabível.

Não cabe recurso ordinário para o TST de decisão proferida pelo Tribunal Regional do Trabalho em agravo regimental interposto contra despacho que concede ou não liminar em ação cautelar ou em mandado de segurança, uma vez que o processo ainda pende de decisão definitiva do Tribunal *a quo*.

101. Ação rescisória. Inciso IV do art. 966 do CPC de 2015. Art. 485, IV, do CPC de 1973. Ofensa à coisa julgada. Necessidade de fixação de tese na decisão rescindenda.

Para viabilizar a desconstituição do julgado pela causa de rescindibilidade do inciso IV do art. 966 do CPC de 2015 (inciso IV do art. 485 do CPC de 1973), é necessário que a decisão rescindenda tenha enfrentado as questões ventiladas na ação rescisória, sob pena de inviabilizar o cotejo com o título executivo judicial tido por desrespeitado, de modo a se poder concluir pela ofensa à coisa julgada.

•• Redação determinada pela Resolução n. 208, de 19-4-2016.

102. *(Cancelada em decorrência da redação conferida à Súmula 100 do TST.)*

103. Ação rescisória. Contradição entre fundamentação e parte dispositiva do julgado. Cabimento. Erro de fato.

É cabível a rescisória para corrigir contradição entre a parte dispositiva do acórdão rescindendo e a sua fundamentação, por erro de fato na retratação do que foi decidido.

104. *(Cancelada em decorrência da redação conferida à Súmula 100 do TST.)*

105. *(Cancelada em decorrência da redação conferida à Súmula 192 do TST.)*

106. *(Cancelada em decorrência da redação conferida à Súmula 299 do TST.)*

107. Ação rescisória. Decisão rescindenda de mérito. Sentença declaratória de extinção de execução. Satisfação da obrigação.

Embora não haja atividade cognitiva, a decisão que declara extinta a execução, nos termos do art. 924, incisos I a

ORIENTAÇÕES

ESPAÇO RESERVADO PARA USO DE GRAMPO

IV c/c art. 925 do CPC de 2015 (art. 794 c/c art. 795 do CPC de 1973), extingue a relação processual e a obrigacional, sendo passível de corte rescisório.

•• Redação determinada pela Resolução n. 208, de 19-4-2016.

108. *(Convertida na Súmula 404 do TST.)*

109. *(Convertida na Súmula 410 do TST.)*

110. *(Convertida na Súmula 406 do TST.)*

111. *(Convertida na Súmula 403 do TST.)*

112. Ação rescisória. Violação de lei. Decisão rescindenda por duplo fundamento. Impugnação parcial.

Para que a violação da lei dê causa à rescisão de decisão de mérito alicerçada em duplo fundamento, é necessário que o Autor da ação rescisória invoque causas de rescindibilidade que, em tese, possam infirmar a motivação dúplice da decisão rescindenda.

113. *(Cancelada pela Resolução n. 220, de 18-9-2017.)*

114. *(Convertida na Súmula 419 do TST.)*

115. *(Convertida na Súmula 420 do TST.)*

116. *(Convertida na Súmula 397 do TST.)*

117. *(Cancelada em decorrência da redação conferida à Súmula 99 do TST.)*

118. *(Cancelada em decorrência da sua incorporação à Orientação Jurisprudencial n. 25 da SDI-2 do TST.)*

119. *(Convertida na Súmula 409 do TST.)*

120. *(Convertida na Súmula 418 do TST.)*

121. *(Convertida na Súmula 405 do TST.)*

122. *(Cancelada em decorrência da redação conferida à Súmula 100 do TST.)*

123. Ação rescisória. Interpretação do sentido e alcance do título executivo. Inexistência de ofensa à coisa julgada. *DJ* 11 de agosto de 2003 (título alterado)

O acolhimento da ação rescisória calcada em ofensa à coisa julgada supõe dissonância patente entre as decisões exequenda e rescindenda, o que não se verifica quando se faz necessária a interpretação do título executivo judicial para se concluir pela lesão à coisa julgada.

•• Redação determinada pela Resolução n. 137, de 4-8-2005.

124. Ação rescisória. Art. 966, inciso II, do CPC de 2015. Art. 485, inciso II, do CPC de 1973. Arguição de incompetência absoluta. Prequestionamento inexigível.

Na hipótese em que a ação rescisória tem como causa de rescindibilidade o inciso II do art. 966 do CPC de 2015 (inciso II do art. 485 do CPC de 1973), a arguição de incompetência absoluta prescinde de prequestionamento.

•• Redação determinada pela Resolução n. 208, de 19-4-2016.

125. *(Convertida na Súmula 403 do TST.)*

126. *(Convertida na Súmula 398 do TST.)*

127. Mandado de segurança. Decadência. Contagem. Efetivo ato coator.

Na contagem do prazo decadencial para ajuizamento de mandado de segurança, o efetivo ato coator é o primeiro em que se firmou a tese hostilizada e não aquele que a ratificou.

128. Ação rescisória. Concurso público anulado posteriormente. Aplicação da Súmula 363 do TST.

O certame público posteriormente anulado equivale à contratação realizada sem a observância da exigência contida no art. 37, II, da Constituição Federal de 1988. Assim sendo, aplicam-se à hipótese os efeitos previstos na Súmula 363 do TST.

129. Ação anulatória. Competência originária.

Em se tratando de ação anulatória, a competência originária se dá no mesmo juízo em que praticado o ato supostamente eivado de vício.

130. Ação Civil Pública. Competência. Local do dano. Lei n. 7.347/1985, art. 2.º. Código de Defesa do Consumidor, art. 93 (redação alterada na sessão do Tribunal Pleno realizada em 14-9-2012)

I – A competência para a Ação Civil Pública fixa-se pela extensão do dano.

II – Em caso de dano de abrangência regional, que atinja cidades sujeitas à jurisdição de mais de uma Vara do Trabalho, a competência será de qualquer das Varas das localidades atingidas, ainda que vinculadas a Tribunais Regionais do Trabalho distintos.

III – Em caso de dano de abrangência suprarregional ou nacional, há competência concorrente para a Ação Civil Pública das Varas do Trabalho das sedes dos Tribunais Regionais do Trabalho.

IV – Estará prevento o juízo a que a primeira ação houver sido distribuída.

•• Redação determinada pela Resolução n. 186, de 14-9-2012.

131. Ação rescisória. Ação cautelar para suspender execução da decisão rescindenda. Pendência de trânsito em julgado da ação rescisória principal. Efeitos.

A ação cautelar não perde o objeto enquanto ainda estiver pendente o trânsito em julgado da ação rescisória principal, devendo o pedido cautelar ser julgado procedente, mantendo-se os efeitos da liminar eventualmente deferida, no caso de procedência do pedido rescisório ou, por outro lado, improcedente, se o pedido da ação rescisória principal tiver sido julgado improcedente.

132. Ação rescisória. Acordo homologado. Alcance. Ofensa à coisa julgada.

Acordo celebrado – homologado judicialmente – em que o empregado dá plena e ampla quitação, sem qualquer ressalva, alcança não só o objeto da inicial, como também todas as demais parcelas referentes ao extinto contrato de trabalho, violando a coisa julgada, a propositura de nova reclamação trabalhista.

133. *(Cancelada em decorrência da redação conferida à Súmula 192 do TST.)*

134. Ação rescisória. Decisão que declara preclusa a oportunidade de impugnação da sentença de liquidação. Produção de coisa julgada formal. Irrescindibilidade. (alterada em decorrência do CPC de 2015)

A decisão proferida em embargos à execução ou em agravo de petição que apenas declara preclusa a oportunidade de impugnação da sentença de liquidação não é rescindível, em virtude de produzir tão somente coisa julgada formal.

•• Redação determinada pela Resolução n. 220, de 18-9-2017.

135. Ação rescisória. Violação do art. 37, *caput*, da CF/88. Necessidade de prequestionamento.

A ação rescisória calcada em violação do art. 37, *caput*, da Constituição Federal, por desrespeito ao princípio da legalidade administrativa exige que ao menos o princípio constitucional tenha sido prequestionado na decisão.

136. Ação rescisória. Erro de fato. Caracterização.

A caracterização do erro de fato como causa de rescindibilidade de decisão judicial transitada em julgado supõe a afirmação categórica e indiscutida de um fato, na decisão rescindenda, que não corresponde à realidade dos autos. O fato afirmado pelo julgador, que pode ensejar ação rescisória calcada no inciso VIII do art. 966 do CPC de 2015 (inciso IX do art. 485 do CPC de 1973), é apenas aquele que se coloca como premissa fática indiscutida de um silogismo argumentativo, não aquele que se apresenta ao final desse mesmo silogismo, como conclusão decorrente das premissas que especificaram as provas oferecidas, para se concluir pela existência do fato. Esta última hipótese é afastada pelo § 1.º do art. 966 do CPC de 2015 (§ 2.º do art. 485 do CPC de 1973), ao exigir que não tenha havido controvérsia sobre o fato e pronunciamento judicial esmiuçando as provas.

•• Redação determinada pela Resolução n. 208, de 19-4-2016.

137. Mandado de segurança. Dirigente sindical. Art. 494 da CLT. Aplicável.

Constitui direito líquido e certo do empregador a suspensão do empregado, ainda que detentor de estabilidade sindical, até a decisão final do inquérito em que se apure a falta grave a ele imputada, na forma do art. 494, *caput* e parágrafo único, da CLT.

138. *(Cancelada pelo Tribunal Pleno, em sessão extraordinária, realizada no dia 4-5-2006.)*

139. *(Convertida na Súmula 414 do TST.)*

140. Mandado de segurança contra liminar, concedida ou denegada em outra segurança. Incabível. (Art. 8.º da Lei n. 1.533/51).

Não cabe mandado de segurança para impugnar despacho que acolheu ou indeferiu liminar em outro mandado de segurança.

141. *(Convertida na Súmula 418 do TST.)*

142. Mandado de segurança. Reintegração liminarmente concedida.

Inexiste direito líquido e certo a ser oposto contra ato de Juiz que, antecipando a tutela jurisdicional, determina a reintegração do empregado até a decisão final do processo, quando demonstrada a razoabilidade do direito subjetivo material, como nos casos de anistiado pela Lei n. 8.878/94, aposentado, integrante de comissão de fábrica, dirigente sindical, portador de doença profissional, portador de vírus HIV ou detentor de estabilidade provisória prevista em norma coletiva.

143. *Habeas corpus*. Penhora sobre coisa futura e incerta. Prisão. Depositário infiel.

Não se caracteriza a condição de depositário infiel quando a penhora recair sobre coisa futura e incerta, circunstância que, por si só, inviabiliza a materialização do depósito no momento da constituição do paciente em depositário, autorizando-se a concessão de *habeas corpus* diante da prisão ou ameaça de prisão que sofra.

•• Redação determinada pela Resolução n. 151, de 17-11-2008.

144. Mandado de segurança. Proibição de prática de atos futuros. Sentença genérica. Evento futuro. Incabível.

O mandado de segurança não se presta à obtenção de uma sentença genérica, aplicável a eventos futuros, cuja ocorrência é incerta.

•• Redação determinada pela Resolução n. 137, de 4-8-2005.

145. *(Cancelada em decorrência da redação conferida à Súmula 100 do TST.)*

146. Ação rescisória. Início do prazo para apresentação da contestação. Art. 774 da CLT.

A contestação apresentada em ação rescisória obedece à regra relativa à contagem de prazo constante do art. 774 da CLT, sendo inaplicável o art. 231 do CPC de 2015 (art. 241 do CPC de 1973).

•• Redação determinada pela Resolução n. 208, de 19-4-2016.

147. *(Cancelada pela Resolução n. 142, de 27-9-2007.)*

148. Custas. Mandado de segurança. Recurso ordinário. Exigência do pagamento. (conversão da Orientação Jurisprudencial n. 29 da SDI-1)

É responsabilidade da parte, para interpor recurso ordinário em mandado de segurança, a comprovação do recolhimento das custas processuais no prazo recursal, sob pena de deserção.

149. Conflito de competência. Incompetência territorial. Hipótese do art. 651, § 3.º, da CLT. Impossibilidade de declaração de ofício de incompetência relativa.

Não cabe declaração de ofício de incompetência territorial no caso do uso, pelo trabalhador, da faculdade prevista no art. 651, § 3.º, da CLT. Nessa hipótese, resolve-se o conflito pelo reconhecimento da competência do juízo do local onde a ação foi proposta.

150. Ação rescisória. Regência pelo CPC de 1973. Decisão rescindenda que extingue o processo sem resolução de mérito por acolhimento de coisa julgada. Conteúdo meramente processual. Impossibilidade jurídica do pedido. (atualizada em decorrência do CPC de 2015)

Reputa-se juridicamente impossível o pedido de corte rescisório de decisão que, reconhecendo a existência de coisa julgada, nos termos do art. 267, V, do CPC de 1973, extingue o processo sem resolução de mérito, o que, ante o seu conteúdo meramente processual, a torna insuscetível de produzir a coisa julgada material.

•• Redação determinada pela Resolução n. 212, de 19-9-2016.

151. Ação rescisória e mandado de segurança. Procuração. Poderes específicos para ajuizamento de reclamação trabalhista. Irregularidade de representação processual. Fase recursal. Vício processual sanável. (nova redação em decorrência do CPC de 2015)

A procuração outorgada com poderes específicos para ajuizamento de reclamação trabalhista não autoriza a propositura de ação rescisória e mandado de segurança. Constatado, todavia, o defeito de representação processual na fase recursal, cumpre ao relator ou ao tribunal

ORIENTAÇÕES

ESPAÇO RESERVADO PARA USO DE GRAMPO

conceder prazo de 5 (cinco) dias para a regularização, nos termos da Súmula n. 383, item II, do TST.

•• Redação determinada pela Resolução n. 211, de 22-8-2016.

152. Ação rescisória e mandado de segurança. Recurso de revista de acórdão regional que julga ação rescisória ou mandado de segurança. Princípio da fungibilidade. Inaplicabilidade. Erro grosseiro na interposição do recurso.

A interposição de recurso de revista de decisão definitiva de Tribunal Regional do Trabalho em ação rescisória ou em mandado de segurança, com fundamento em violação legal e divergência jurisprudencial e remissão expressa ao art. 896 da CLT, configura erro grosseiro, insuscetível de autorizar o seu recebimento como recurso ordinário, em face do disposto no art. 895, *b*, da CLT.

153. Mandado de segurança. Execução. Ordem de penhora sobre valores existentes em conta salário. Art. 649, IV, do CPC de 1973. Ilegalidade (atualizada em decorrência do CPC de 2015)

Ofende direito líquido e certo decisão que determina o bloqueio de numerário existente em conta salário, para satisfação de crédito trabalhista, ainda que seja limitado a determinado percentual dos valores recebidos ou a valor revertido para fundo de aplicação ou poupança, visto que o art. 649, IV, do CPC de 1973 contém norma imperativa que não admite interpretação ampliativa, sendo a exceção prevista no art. 649, § 2.º, do CPC de 1973 espécie e não gênero de crédito de natureza alimentícia, não englobando o crédito trabalhista.

•• Redação determinada pela Resolução n. 220, de 18-9-2017.

•• *Vide* art. 833 do CPC.

154. Ação rescisória. Acordo prévio ao ajuizamento da reclamação. Quitação geral. Lide simulada. Possibilidade de rescisão da sentença homologatória de acordo apenas se verificada a existência de vício de consentimento.

A sentença homologatória de acordo prévio ao ajuizamento de reclamação trabalhista, no qual foi conferida quitação geral do extinto contrato, sujeita-se ao corte rescisório tão somente se verificada a existência de fraude ou vício de consentimento.

155. (*Cancelada pela Resolução n. 206, de 12-4-2016.*)

156. *Habeas corpus* originário no TST. Substitutivo de recurso ordinário em *habeas corpus*. Cabimento contra decisão definitiva proferida por Tribunal Regional do Trabalho.

É cabível ajuizamento de *habeas corpus* originário no Tribunal Superior do Trabalho, em substituição de recurso ordinário em *habeas corpus*, de decisão definitiva proferida por Tribunal Regional do Trabalho, uma vez que o órgão colegiado passa a ser a autoridade coatora no momento em que examina o mérito do *habeas corpus* impetrado no âmbito da Corte local.

157. Ação rescisória. Decisões proferidas em fases distintas de uma mesma ação. Coisa julgada. Não configuração.

A ofensa à coisa julgada de que trata o inciso IV do art. 966 do CPC de 2015 (inciso IV do art. 485 do CPC de 1973) refere-se apenas a relações processuais distintas. A invocação de desrespeito à coisa julgada formada no processo de conhecimento, na correspondente fase de execução, somente é possível com base na violação do art. 5.º, XXXVI, da Constituição da República.

•• Redação determinada pela Resolução n. 208, de 19-4-2016.

158. Ação rescisória. Declaração de nulidade de decisão homologatória de acordo em razão de colusão (art. 485, III, do CPC). Multa por litigância de má-fé. Impossibilidade.

A declaração de nulidade de decisão homologatória de acordo, em razão da colusão entre as partes (art. 485, III, do CPC), é sanção suficiente em relação ao procedimento adotado, não havendo que ser aplicada a multa por litigância de má-fé.

ÍNDICE ALFABÉTICO-REMISSIVO DAS ORIENTAÇÕES JURISPRUDENCIAIS DA SDI-2 DO TST

ORIENTAÇÕES JURISPRUDENCIAIS DA SEÇÃO DE DISSÍDIOS COLETIVOS (SDC) DO TST

1. (*Cancelada pela Comissão de Jurisprudência e de Precedentes Normativos, do TST, em 29-4-2004.*)

2. **Acordo homologado. Extensão a partes não subscreventes. Inviabilidade.**
É inviável aplicar condições constantes de acordo homologado nos autos de dissídio coletivo, extensivamente, às partes que não o subscreveram, exceto se observado o procedimento previsto no art. 868 e seguintes, da CLT.

3. **Arresto. Apreensão. Depósito. Pretensões insuscetíveis de dedução em sede coletiva.**
São incompatíveis com a natureza e finalidade do dissídio coletivo as pretensões de provimento judicial de arresto, apreensão ou depósito.

4. (*Cancelada pela Comissão de Jurisprudência e de Precedentes Normativos, do TST, em 26-9-2006.*)

5. **Dissídio coletivo. Pessoa jurídica de direito público. Possibilidade jurídica. Cláusula de natureza social** (redação alterada na sessão do Tribunal Pleno realizada em 14-9-2012)
Em face de pessoa jurídica de direito público que mantenha empregados, cabe dissídio coletivo exclusivamente para apreciação de cláusulas de natureza social. Inteligência da Convenção n. 151 da Organização Internacional do Trabalho, ratificada pelo Decreto Legislativo n. 206/2010.
•• Redação determinada pela Resolução n. 186, de 14-9-2012.

6. (*Cancelada pela Seção de Dissídios Coletivos, do TST, em 10-8-2000.*)

7. **Dissídio coletivo. Natureza jurídica. Interpretação de norma de caráter genérico. Inviabilidade.**
Não se presta o dissídio coletivo de natureza jurídica à interpretação de normas de caráter genérico, a teor do disposto no art. 313, II, do RITST.

8. **Dissídio coletivo. Pauta reivindicatória não registrada em ata. Causa de extinção.**
A ata da assembleia de trabalhadores que legitima a atuação da entidade sindical respectiva em favor de seus interesses deve registrar, obrigatoriamente, a pauta reivindicatória, produto da vontade expressa da categoria.

9. **Enquadramento sindical. Incompetência material da justiça do trabalho.**
O dissídio coletivo não é meio próprio para o sindicato vir a obter o reconhecimento de que a categoria que representa é diferenciada, pois esta matéria – enquadramento sindical – envolve a interpretação de norma genérica, notadamente do art. 577 da CLT.

10. **Greve abusiva não gera efeitos.**
É incompatível com a declaração de abusividade de movimento grevista o estabelecimento de quaisquer vantagens ou garantias a seus partícipes, que assumiram os riscos inerentes à utilização do instrumento de pressão máximo.

11. **Greve. Imprescindibilidade de tentativa direta e pacífica da solução do conflito. Etapa negocial prévia.**
É abusiva a greve levada a efeito sem que as partes hajam tentado, direta e pacificamente, solucionar o conflito que lhe constitui o objeto.

12. (*Cancelada pela Resolução n. 166, de 26-4-2010.*)

13. (*Cancelada pela Comissão de Jurisprudência e de Precedentes Normativos, do TST, em 9-10-2003.*)

14. (*Cancelada pela Comissão de Jurisprudência e de Precedentes Normativos, do TST, em 13-11-2003.*)

15. **Sindicato. Legitimidade *ad processum*. Imprescindibilidade do registro no Ministério do Trabalho.**
A comprovação da legitimidade *ad processum* da entidade sindical se faz por seu registro no órgão competente do Ministério do Trabalho, mesmo após a promulgação da Constituição Federal de 1988.

16. **Taxa de homologação de rescisão contratual. Ilegalidade.**
É contrária ao espírito da lei (art. 477, § 7.º, da CLT) e da função precípua do sindicato a cláusula coletiva que estabelece taxa para homologação de rescisão contratual, a ser paga pela empresa a favor do sindicato profissional.
•• A Lei n. 13.467, de 13-7-2017, em vigor 120 dias da sua publicação (*DOU* de 14-7-2017), revoga o § 7.º do art. 477 da CLT.

17. **Contribuições para entidades sindicais. Inconstitucionalidade de sua extensão a não associados.**
As cláusulas coletivas que estabeleçam contribuição em favor de entidade sindical, a qualquer título, obrigando trabalhadores não sindicalizados, são ofensivas ao direito de livre associação e sindicalização, constitucionalmente assegurado, e, portanto, nulas, sendo passíveis de devolução, por via própria, os respectivos valores eventualmente descontados.

18. **Descontos autorizados no salário pelo trabalhador. Limitação máxima de 70% (setenta por cento) do salário-base.**
Os descontos efetuados com base em cláusula de acordo firmado entre as partes não podem ser superiores a 70% (setenta por cento) do salário-base percebido pelo empregado, pois deve-se assegurar um mínimo de salário em espécie ao trabalhador.

19. Dissídio coletivo contra empresa. Legitimação da entidade sindical. Autorização dos trabalhadores diretamente envolvidos no conflito.

A legitimidade da entidade sindical para a instauração da instância contra determinada empresa está condicionada à prévia autorização dos trabalhadores da suscitada diretamente envolvidos no conflito.

•• Republicada no *Diário Eletrônico da Justiça do Trabalho* de 16-11-2010.

20. Empregados sindicalizados. Admissão preferencial. Condição violadora do art. 8.º, V, da CF/88.

Viola o art. 8.º, V, da CF/1988 cláusula de instrumento normativo que estabelece a preferência, na contratação de mão de obra, do trabalhador sindicalizado sobre os demais.

•• Republicada no *Diário Eletrônico da Justiça do Trabalho* de 16-11-2010.

21. (*Cancelada pela Comissão de Jurisprudência e de Precedentes Normativos, do TST, em 13-11-2003.*)

22. Legitimidade *ad causam* do sindicato. Correspondência entre as atividades exercidas pelos setores profissional e econômico envolvidos no conflito. Necessidade.

É necessária a correspondência entre as atividades exercidas pelos setores profissional e econômico, a fim de legitimar os envolvidos no conflito a ser solucionado pela via do dissídio coletivo.

•• Republicada no *Diário Eletrônico da Justiça do Trabalho* de 16-11-2010.

23. Legitimidade *ad causam*. Sindicato representativo de segmento profissional ou patronal. Impossibilidade.

A representação sindical abrange toda a categoria, não comportando separação fundada na maior ou menor dimensão de cada ramo ou empresa.

24. (*Cancelada pela Comissão de Jurisprudência e de Precedentes Normativos, do TST, em 31-3-2004.*)

25. Salário normativo. Contrato de experiência. Limitação. Tempo de serviço. Possibilidade.

Não fere o princípio da isonomia salarial (art. 7.º, XXX, da CF/88) a previsão de salário normativo tendo em vista o fator tempo de serviço.

26. Salário normativo. Menor empregado. Art. 7.º, XXX, da CF/88. Violação.

Os empregados menores não podem ser discriminados em cláusula que fixa salário mínimo profissional para a categoria.

27. Custas. Ausência de intimação. Deserção. Caracterização.

A deserção se impõe mesmo não tendo havido intimação, pois incumbe à parte, na defesa do próprio interesse, obter os cálculos necessários para efetivar o preparo.

28. Edital de convocação da AGT. Publicação. Base territorial. Validade.

O edital de convocação para a AGT deve ser publicado em jornal que circule em cada um dos municípios componentes da base territorial.

29. Edital de convocação e ata da assembleia geral. Requisitos essenciais para instauração de dissídio coletivo.

O edital de convocação da categoria e a respectiva ata da AGT constituem peças essenciais à instauração do processo de dissídio coletivo.

30. Estabilidade da gestante. Renúncia ou transação de direitos constitucionais. Impossibilidade.

Nos termos do art. 10, II, *a*, do ADCT, a proteção à maternidade foi erigida à hierarquia constitucional, pois retirou do âmbito do direito potestativo do empregador a possibilidade de despedir arbitrariamente a empregada em estado gravídico. Portanto, a teor do artigo 9.º da CLT, torna-se nula de pleno direito a cláusula que estabelece a possibilidade de renúncia ou transação, pela gestante, das garantias referentes à manutenção do emprego e salário.

•• Republicada no *Diário Eletrônico da Justiça do Trabalho* de 19-9-2011.

31. Estabilidade do acidentado. Acordo homologado. Prevalência. Impossibilidade. Violação do art. 118, Lei n. 8.213/91.

Não é possível a prevalência de acordo sobre legislação vigente, quando ele é menos benéfico do que a própria lei, porquanto o caráter imperativo dessa última restringe o campo de atuação da vontade das partes.

32. Reivindicações da categoria. Fundamentação das cláusulas. Necessidade. Aplicação do PN 37 do TST.

É pressuposto indispensável à constituição válida e regular da ação coletiva a apresentação em forma clausulada e fundamentada das reivindicações da categoria, conforme orientação do item VI, e, da IN 4/93.

33. (*Cancelada pela Resolução n. 137, de 4-8-2005.*)

34. Acordo extrajudicial. Homologação. Justiça do Trabalho. Prescindibilidade.

É desnecessária a homologação, por tribunal trabalhista, do acordo extrajudicialmente celebrado, sendo suficiente, para que surta efeitos, sua formalização perante o Ministério do Trabalho (art. 614 da CLT e art. 7.º, inciso XXVI, da Constituição Federal).

35. Edital de convocação da AGT. Disposição estatutária específica. Prazo mínimo entre a publicação e a realização da assembleia. Observância obrigatória.

Se os estatutos da entidade sindical contam com norma específica que estabeleça prazo mínimo entre a data de publicação do edital convocatório e a realização da assembleia correspondente, então a validade desta última depende da observância desse interregno.

36. Empregados de empresa de processamento de dados. Reconhecimento como categoria diferenciada. Impossibilidade.

É por lei e não por decisão judicial, que as categorias diferenciadas são reconhecidas como tais. De outra parte, no que tange aos profissionais da informática, o trabalho que desempenham sofre alterações, de acordo com a atividade econômica exercida pelo empregador.

37. (*Cancelada pela Comissão de Jurisprudência e de Precedentes Normativos, do TST, em 26-9-2006.*)

38. Greve. Serviços essenciais. Garantia das necessidades inadiáveis da população usuária. Fator determinante da qualificação jurídica do movimento.

É abusiva a greve que se realiza em setores que a lei define como sendo essenciais à comunidade, se não é assegurado o atendimento básico das necessidades inadiáveis dos usuários do serviço, na forma prevista na Lei n. 7.783/89.

ÍNDICE ALFABÉTICO-REMISSIVO DAS ORIENTAÇÕES JURISPRUDENCIAIS DA SDC DO TST

PRECEDENTES NORMATIVOS EM DISSÍDIOS COLETIVOS DO TST

1. *(Cancelado pela Resolução n. 86, de 8-10-1998.)*

2. *(Cancelado pela Resolução n. 86, de 8-10-1998.)*

3. *(Cancelado pela Resolução n. 81, de 13-8-1998.)*

4. *(Cancelado pela Resolução n. 81, de 13-8-1998.)*

5. **Anotações de Comissões**

   O empregador é obrigado a anotar, na CTPS, o percentual das comissões a que faz jus o empregado.

6. **Garantia de salário no período de amamentação**

   É garantido às mulheres, no período de amamentação, o recebimento do salário, sem prestação de serviços, quando o empregador não cumprir as determinações dos §§ 1.º e 2.º do art. 389 da CLT.

7. *(Cancelado pela Resolução n. 81, de 13-8-1998.)*

8. **Atestados de afastamento e salários**

   O empregador é obrigado a fornecer atestados de afastamento e salários ao empregado demitido.

9. *(Cancelado pela Resolução n. 86, de 8-10-1998.)*

10. **Banco do Brasil como parte em dissídio coletivo no TRT**

    Os Tribunais Regionais do Trabalho são incompetentes para processar e julgar Dissídios Coletivos em que sejam partes o Banco do Brasil S.A. e entidades sindicais dos bancários.

    •• Redação determinada pela Resolução n. 86, de 8-10-1998.

11. *(Cancelado pela Resolução n. 86, de 8-10-1998.)*

12. *(Cancelado pela Resolução n. 81, de 13-8-1998.)*

13. *(Cancelado pela Resolução n. 86, de 8-10-1998.)*

14. **Desconto no salário**

    Proíbe-se o desconto no salário do empregado dos valores de cheques não compensados ou sem fundos, salvo se não cumprir as resoluções da empresa.

15. **Comissão sobre cobrança**

    Se não obrigado por contrato a efetuar cobranças, o vendedor receberá comissões por esse serviço, respeitadas as taxas em vigor para os demais cobradores.

16. *(Cancelado pela Resolução n. 86, de 8-10-1998.)*

17. *(Cancelado pela Resolução n. 86, de 8-10-1998.)*

18. *(Cancelado pela Resolução n. 86, de 8-10-1998.)*

19. *(Cancelado pela Resolução n. 81, de 13-8-1998.)*

20. **Empregado rural. Contrato escrito**

    Sendo celebrado contrato por tarefa, parceria ou meação, por escrito, obriga-se o empregador a fornecer uma via deste ao empregado, devidamente datada e assinada pelas partes.

21. *(Cancelado pela Resolução n. 86, de 8-10-1998.)*

22. **Creche**

    Determina-se a instalação de local destinado à guarda de crianças em idade de amamentação, quando existentes na empresa mais de 30 (trinta) mulheres maiores de 16 (dezesseis) anos, facultado o convênio com creches.

23. *(Cancelado pela Resolução n. 86, de 8-10-1998.)*

24. **Dispensa do aviso prévio**

    O empregado despedido fica dispensado do cumprimento do aviso prévio quando comprovar a obtenção de novo emprego, desonerando a empresa do pagamento dos dias não trabalhados.

25. *(Cancelado pela Resolução n. 81, de 13-8-1998.)*

26. *(Cancelado pela Resolução n. 86, de 8-10-1998.)*

27. *(Cancelado pela Resolução n. 86, de 8-10-1998.)*

28. *(Cancelado pela Resolução n. 81, de 13-8-1998.)*

29. **Greve. Competência dos Tribunais para declará-la abusiva**

    Compete aos Tribunais do Trabalho decidir sobre o abuso do direito de greve.

30. *(Cancelado pela Resolução n. 81, de 13-8-1998.)*

31. **Professor (janelas)**

    Os tempos vagos (janelas) em que o professor ficar à disposição do curso serão remunerados como aula, no limite de 1 (uma) hora diária por unidade.

32. **Jornada do estudante**

    Proíbe-se a prorrogação da jornada de trabalho do empregado estudante, ressalvadas as hipóteses dos arts. 59 e 61 da CLT.

33. *(Cancelado pela Resolução n. 81, de 13-8-1998.)*

34. **Empregado rural. Moradia**

    Ao empregado que residir no local de trabalho fica assegurada a moradia em condições de habitabilidade, conforme exigências da autoridade local.

35. *(Cancelado pela Resolução n. 81, de 13-8-1998.)*

36. *(Cancelado pela Resolução n. 81, de 13-8-1998.)*

37. **Dissídio coletivo. Fundamentação de cláusulas. Necessidade**

    Nos processos de dissídio coletivo só serão julgadas as cláusulas fundamentadas na representação, em caso de ação originária, ou no recurso.

38. *(Cancelado pela Resolução n. 86, de 8-10-1998.)*

39. *(Cancelado pela Resolução n. 86, de 8-10-1998.)*

40. *(Cancelado pela Resolução n. 81, de 13-8-1998.)*

41. **Relação nominal de empregados**

As empresas encaminharão à entidade profissional cópia das guias de contribuição sindical e assistencial, com a relação nominal dos respectivos salários, no prazo máximo de 30 (trinta) dias após o desconto.

42. **Seguro obrigatório**

Institui-se a obrigação do seguro, por acidente ou morte, para empregados que transportem valores ou exerçam as atividades de vigia ou vigilante.

43. *(Cancelado pela Resolução n. 81, de 13-8-1998.)*

44. *(Cancelado pela Resolução n. 86, de 8-10-1998.)*

45. *(Cancelado pela Resolução n. 81, de 13-8-1998.)*

46. *(Cancelado pela Resolução n. 81, de 13-8-1998.)*

47. **Dispensa de empregado**

O empregado despedido será informado, por escrito, dos motivos da dispensa.

48. *(Cancelado pela Resolução n. 125, de 2-9-2004.)*

49. *(Cancelado pela Resolução n. 81, de 13-8-1998.)*

50. **Empregado rural. Defensivos agrícolas**

O empregador rural é obrigado a possuir o receituário agronômico de defensivos agrícolas e a observar as medidas de prevenção nele contidas.

51. *(Cancelado pela Resolução n. 81, de 13-8-1998.)*

52. **Recebimento do PIS**

Garante-se ao empregado o recebimento do salário do dia em que tiver de se afastar para recebimento do PIS.

53. **Empregado rural. Rescisão do contrato de trabalho do chefe de família**

A rescisão do contrato de trabalho rural, sem justa causa, do chefe da unidade familiar é extensiva à esposa, às filhas solteiras e aos filhos até 20 (vinte) anos de idade, que exerçam atividades na propriedade, mediante opção destes.

54. *(Cancelado pela Resolução n. 86, de 8-10-1998.)*

55. **Jornalista. Contrato de trabalho**

O empregador é obrigado a mencionar no contrato de trabalho o órgão de imprensa no qual o jornalista vai trabalhar.

56. **Constitucionalidade**

São constitucionais os Decretos-leis n. 2.012/83, 2.024/83 e 2.045/83.

57. *(Cancelado pela Resolução n. 81, de 13-8-1998.)*

58. **Salário. Pagamento ao analfabeto**

O pagamento de salário ao empregado analfabeto deverá ser efetuado na presença de 2 (duas) testemunhas.

59. **Empregado rural. Aferição das balanças**

O instrumento de peso e medida, utilizado pelos empregadores para aferição das tarefas no regime de produção, deverá ser conferido pelo INPM.

60. **Empregado rural. Latão de café**

O latão de café terá capacidade de 60 litros e será padronizado de acordo com as normas do INPM.

61. **Cobrança de títulos**

Salvo disposição contratual, é vedado ao empregador responsabilizar o empregado pelo inadimplemento do cliente, até mesmo quanto a títulos.

62. **Empregado rural. Conservação das casas**

Os empregadores são responsáveis pelos reparos nas residências que cedam aos empregados rurais, desde que os danos não decorram de culpa destes.

63. **Empregado rural. Ficha de controle da produção**

Quando da colheita, o café será entregue na lavoura ou no monte, fornecendo-se ao trabalhador uma ficha com o valor da respectiva produção.

64. **Empregado rural. Horário e local de condução**

Fornecendo o empregador condução para o trabalho, informará ele aos empregados, previamente, os locais e horários do transporte.

65. **Empregado rural. Pagamento de salário**

O pagamento do salário será efetuado em moeda corrente e no horário de serviço, para isso permitido o seu prolongamento até duas horas após o término da jornada de trabalho.

66. **Garrafas "bicadas"**

Constituem ônus do empregador aceitar a devolução de garrafas *bicadas* e o extravio de engradados, salvo se não cumpridas as disposições contratuais pelo empregado.

67. **Remuneração por produção**

Quando o serviço for contratado por produção, a remuneração não poderá ser inferior à diária correspondente ao salário normativo.

68. **Empregado rural. Faltas ao serviço. Compras**

Autoriza-se o chefe de família, se empregado rural, a faltar ao serviço um dia por mês ou meio dia por quinzena, para efetuar compras, sem remuneração ou mediante compensação de horário, mas sem prejuízo do repouso remunerado, desde que não tenha falta injustificada durante o mês.

69. **Empregado rural. Pagamento de dia não trabalhado**

O empregado rural fará jus ao salário do dia, quando comparecer ao local de prestação de serviço ou ponto de embarque, se fornecida condução pelo empregador, e não puder trabalhar em consequência de chuva ou de outro motivo alheio à sua vontade.

70. **Licença para estudante**

Concede-se licença não remunerada nos dias de prova ao empregado estudante, desde que avisado o patrão com 72 (setenta e duas) horas de antecedência e mediante comprovação.

71. **Empregado rural. Transporte. Condições de segurança**

Quando fornecidos pelo empregador, os veículos destinados a transportar trabalhadores rurais deverão satisfazer as condições de segurança e comodidade, sendo proibido o carregamento de ferramentas soltas junto às pessoas conduzidas.

72. Multa. Atraso no pagamento de salário
Estabelece-se multa de 10% (dez por cento) sobre o saldo salarial, na hipótese de atraso no pagamento de salário até 20 (vinte) dias, e de 5% (cinco por cento) por dia no período subsequente.

73. Multa. Obrigação de fazer
Impõe-se multa, por descumprimento das obrigações de fazer, no valor equivalente a 10% (dez por cento) do salário básico, em favor do empregado prejudicado.

74. *(Cancelado pela Resolução n. 82, de 13-8-1998.)*

75. *(Cancelado pela Resolução n. 81, de 13-8-1998.)*

76. *(Cancelado pela Resolução n. 81, de 13-8-1998.)*

77. Empregado transferido. Garantia de emprego
Assegura-se ao empregado transferido, na forma do art. 469 da CLT, a garantia de emprego por 1 (um) ano após a data da transferência.

78. Professor. Redução salarial não configurada
Não configura redução salarial ilegal a diminuição de carga horária motivada por inevitável supressão de aulas eventuais ou de turmas.

79. Trabalhador temporário. Descanso semanal
Concede-se ao trabalhador temporário o acréscimo de 1/6 ao seu salário diário, correspondente ao descanso semanal remunerado, por aplicação analógica do art. 3.º da Lei n. 605/49.

80. Serviço militar. Garantia de emprego ao alistando
Garante-se o emprego do alistando, desde a data da incorporação no serviço militar até 30 dias após a baixa.

81. Atestados médicos e odontológicos
Assegura-se eficácia aos atestados médicos e odontológicos fornecidos por profissionais do sindicato dos trabalhadores, para o fim de abono de faltas ao serviço, desde que existente convênio do sindicato com a Previdência Social, salvo se o empregador possuir serviço próprio ou conveniado.

82. Dissídio coletivo. Garantia de salários e consectários
Defere-se a garantia de salários e consectários ao empregado despedido sem justa causa, desde a data do julgamento do dissídio coletivo até 90 dias após a publicação do acórdão, limitado o período total a 120 dias.

83. Dirigentes sindicais. Frequência livre
Assegura-se a frequência livre dos dirigentes sindicais para participarem de assembleias e reuniões sindicais devidamente convocadas e comprovadas, sem ônus para o empregador.

•• Redação determinada pela Resolução n. 123, de 24-6-2004.

84. Seguro de vida. Assalto
Institui-se a obrigação do seguro de vida, em favor do empregado e seus dependentes previdenciários, para garantir a indenização nos casos de morte ou invalidez permanente, decorrentes de assalto, consumado ou não, desde que o empregado se encontre no exercício das suas funções.

85. Garantia de emprego. Aposentadoria voluntária
Defere-se a garantia de emprego, durante os 12 (doze) meses que antecedem a data em que o empregado adquire direito à aposentadoria voluntária, desde que trabalhe na empresa há pelo menos 5 (cinco) anos. Adquirido o direito, extingue-se a garantia.

86. Representantes dos trabalhadores. Estabilidade no emprego
Nas empresas com mais de 200 (duzentos) empregados é assegurada a eleição direta de um representante, com as garantias do art. 543, e seus parágrafos, da CLT.

87. Trabalhos em domingos e feriados. Pagamento dos salários
É devida a remuneração em dobro do trabalho em domingos e feriados não compensados, sem prejuízo do pagamento do repouso remunerado, desde que, para este, não seja estabelecido outro dia pelo empregador.

88. *(Cancelado pela Resolução n. 81, de 13-8-1998.)*

89. Reembolso de despesas
Defere-se o reembolso das despesas de alimentação e pernoite a motorista e ajudante, quando executarem tarefas a mais de 100 (cem) km da empresa.

90. *(Cancelado pela Resolução n. 81, de 13-8-1998.)*

91. Acesso de dirigente sindical à empresa
Assegura-se o acesso dos dirigentes sindicais às empresas, nos intervalos destinados a alimentação e descanso, para desempenho de suas funções, vedada a divulgação de matéria político-partidária ou ofensiva.

92. Garantia de repouso remunerado. Ingresso com atraso
Assegura-se o repouso remunerado ao empregado que chegar atrasado, quando permitido seu ingresso pelo empregador, compensado o atraso no final da jornada de trabalho ou da semana.

93. Comprovante de pagamento
O pagamento do salário será feito mediante recibo, fornecendo-se cópia ao empregado, com a identificação da empresa, e do qual constarão a remuneração, com a discriminação das parcelas, a quantia líquida paga, os dias trabalhados ou o total da produção, as horas extras e os descontos efetuados, inclusive para a Previdência Social, e o valor correspondente ao FGTS.

94. *(Cancelado pela Resolução n. 81, de 13-8-1998.)*

95. Abono de falta para levar filho ao médico
Assegura-se o direito à ausência remunerada de 1 (um) dia por semestre ao empregado, para levar ao médico filho menor ou dependente previdenciário de até 6 (seis) anos de idade, mediante comprovação no prazo de 48 (quarenta e oito) horas.

96. *(Cancelado pela Resolução n. 81, de 13-8-1998.)*

97. Proibição de estorno de comissões
Ressalvada a hipótese prevista no art. 7.º da Lei n. 3.207/57, fica vedado às empresas o desconto ou estorno das comissões do empregado, incidentes sobre mercadorias devolvidas pelo cliente, após a efetivação de venda.

98. Retenção da CTPS. Indenização
Será devida ao empregado a indenização correspondente a 1 (um) dia de salário, por dia de atraso, pela retenção de sua carteira profissional após o prazo de 48 (quarenta e oito) horas.

PRECEDENTES

ESPAÇO RESERVADO PARA USO DE GRAMPO

99. (*Cancelado pela Resolução n. 81, de 13-8-1998.*)

100. **Férias. Início do prazo de gozo**

O início das férias, coletivas ou individuais, não poderá coincidir com sábado, domingo, feriado ou dia de compensação de repouso semanal.

101. (*Cancelado pela Resolução n. 81, de 13-8-1998.*)

102. **Assistência jurídica aos vigias**

A empresa prestará assistência jurídica a seu empregado que, no exercício da função de vigia, praticar ato que o leve a responder a ação penal.

103. **Gratificação de caixa**

Concede-se ao empregado que exercer permanentemente a função de caixa a gratificação de 10% (dez por cento) sobre seu salário, excluídos do cálculo adicionais, acréscimos e vantagens pessoais.

104. **Quadro de avisos**

Defere-se a afixação, na empresa, de quadro de avisos do sindicato, para comunicados de interesse dos empregados, vedados os de conteúdo político-partidário ou ofensivo.

105. **Anotação na carteira profissional**

As empresas ficam obrigadas a anotar na carteira de trabalho a função efetivamente exercida pelo empregado, observada a Classificação Brasileira de Ocupações (CBO).

106. **Empregado rural. Atividade insalubre. Fornecimento de leite**

Os empregadores que se dedicarem à pecuária leiteira fornecerão, diariamente, 1 (um) litro de leite aos trabalhadores que exerçam atividades insalubres.

107. **Empregado rural. Caixa de medicamentos**

Nos locais de trabalho no campo serão mantidos pelo empregador medicamentos e materiais de primeiros socorros.

108. **Empregado rural. Abrigo no local de trabalho**

Os empregadores rurais ficam obrigados a construir abrigos rústicos, nos locais de trabalho, para proteção de seus empregados.

109. **Desconto-moradia**

Autoriza-se o desconto da moradia fornecida ao empregado somente quando o imóvel tiver o habite-se concedido pela autoridade competente.

110. **Empregado rural. Ferramentas. Fornecimento pelo empregador**

Serão fornecidas gratuitamente, pelo empregador, as ferramentas necessárias à execução do trabalho.

111. **Relação de empregados**

Obriga-se a empresa a remeter ao sindicato profissional, uma vez por ano, a relação dos empregados pertencentes à categoria.

112. **Jornalista. Seguro de vida**

Institui-se a obrigação do seguro de vida em favor de jornalista designado para prestar serviço em área de risco.

113. **Transporte de acidentados, doentes e parturientes**

Obriga-se o empregador a transportar o empregado, com urgência, para local apropriado, em caso de acidente, mal súbito ou parto, desde que ocorram no horário de trabalho ou em consequência deste.

114. (*Cancelado pela Resolução n. 81, de 13-8-1998.*)

115. **Uniformes**

Determina-se o fornecimento gratuito de uniformes, desde que exigido seu uso pelo empregador.

116. **Férias. Cancelamento ou adiantamento**

Comunicado ao empregado o período do gozo de férias individuais ou coletivas, o empregador somente poderá cancelar ou modificar o início previsto se ocorrer necessidade imperiosa e, ainda assim, mediante o ressarcimento, ao empregado, dos prejuízos financeiros por este comprovados.

117. **Pagamento do salário com cheque**

Se o pagamento do salário for feito em cheque, a empresa dará ao trabalhador o tempo necessário para descontá-lo, no mesmo dia.

118. **Quebra de material**

Não se permite o desconto salarial por quebra de material, salvo nas hipóteses de dolo ou recusa de apresentação dos objetos danificados, ou ainda, havendo previsão contratual, de culpa comprovada do empregado.

119. **Contribuições sindicais – inobservância de preceitos constitucionais**

A Constituição da República, em seus arts. 5.º, XX e 8.º, V, assegura o direito de livre associação e sindicalização. É ofensiva a essa modalidade de liberdade cláusula constante de acordo, convenção coletiva ou sentença normativa estabelecendo contribuição em favor de entidade sindical a título de taxa para custeio do sistema confederativo, assistencial, revigoramento ou fortalecimento sindical e outras da mesma espécie, obrigando trabalhadores não sindicalizados. Sendo nulas as estipulações que inobservem tal restrição, tornam-se passíveis de devolução os valores irregularmente descontados.

•• Redação determinada pela Resolução n. 82/1998 (*DJU* de 20-8-1998).

•• *Vide* art. 545 da CLT.

120. **Sentença normativa. Duração. Possibilidade e limites.**

A sentença normativa vigora, desde seu termo inicial até que sentença normativa, convenção coletiva de trabalho ou acordo coletivo de trabalho superveniente produza sua revogação, expressa ou tácita, respeitado, porém, o prazo máximo legal de quatro anos de vigência.

ÍNDICE ALFABÉTICO-REMISSIVO DOS PRECEDENTES NORMATIVOS EM DISSÍDIOS COLETIVOS DO TST

ENUNCIADOS DAS JORNADAS DE DIREITO MATERIAL E PROCESSUAL DO TRABALHO

I.ª JORNADA DE DIREITO MATERIAL E PROCESSUAL DO TRABALHO (*)

1. **Direitos fundamentais. Interpretação e aplicação.**

Os direitos fundamentais devem ser interpretados e aplicados de maneira a preservar a integridade sistêmica da Constituição, a estabilizar as relações sociais e, acima de tudo, a oferecer a devida tutela ao titular do direito fundamental. No Direito do Trabalho, deve prevalecer o princípio da dignidade da pessoa humana.

2. **Direitos fundamentais. Força normativa.**

I – Art. 7.º, I, da Constituição da República. Eficácia plena. Força normativa da Constituição. Dimensão objetiva dos direitos fundamentais e dever de proteção.

A omissão legislativa impõe a atuação do Poder Judiciário na efetivação da norma constitucional, garantindo aos trabalhadores a efetiva proteção contra a dispensa arbitrária.

II – Dispensa abusiva do empregado. Vedação constitucional. Nulidade.

Ainda que o empregado não seja estável, deve ser declarada abusiva e, portanto, nula a sua dispensa quando implique a violação de algum direito fundamental, devendo ser assegurada prioritariamente a reintegração do trabalhador.

III – Lesão a direitos fundamentais. Ônus da prova.

Quando há alegação de que ato ou prática empresarial disfarça uma conduta lesiva a direitos fundamentais ou a princípios constitucionais, incumbe ao empregador o ônus de provar que agiu sob motivação lícita.

3. **Fontes do direito. Normas internacionais.**

I – Fontes do Direito do Trabalho. Direito comparado. Convenções da OIT não ratificadas pelo Brasil.

O Direito Comparado, segundo o art. 8.º da Consolidação das Leis do Trabalho, é fonte subsidiária do Direito do Trabalho. Assim, as Convenções da Organização Internacional do Trabalho não ratificadas pelo Brasil podem ser aplicadas como fontes do direito do trabalho, caso não haja norma de direito interno pátrio regulando a matéria.

II – Fontes do Direito do Trabalho. Direito comparado. Convenções e Recomendações da OIT.

O uso das normas internacionais, emanadas da Organização Internacional do Trabalho, constitui-se em importante ferramenta de efetivação do Direito Social e não se restringe à aplicação direta das Convenções ratificadas pelo país. As demais normas da OIT, como as Convenções não ratificadas e as Recomendações, assim como os relatórios dos seus peritos, devem servir como fonte de interpretação da lei nacional e como referência a reforçar decisões judiciais baseadas na legislação doméstica.

4. **"Dumping social"; Dano à sociedade. Indenização suplementar.**

As agressões reincidentes e inescusáveis aos direitos trabalhistas geram um dano à sociedade, pois com tal prática desconsidera-se, propositalmente, a estrutura do Estado social e do próprio modelo capitalista com a obtenção de vantagem indevida perante a concorrência. A prática, portanto, reflete o conhecido *dumping* social, motivando a necessária reação do Judiciário trabalhista para corrigi-la. O dano à sociedade configura ato ilícito, por exercício abusivo do direito, já que extrapola limites econômicos e sociais, nos exatos termos dos arts. 186, 187 e 927 do Código Civil. Encontra-se no art. 404, parágrafo único, do Código Civil, o fundamento de ordem positiva para impingir ao agressor contumaz uma indenização suplementar, como, aliás, já previam os artigos 652, *d*, e 832, § 1.º, da CLT.

5. **Unicidade sindical. Sentido e alcance. Art. 8.º, II, da Constituição da República.**

A compreensão do art. 8.º, II, da CF, em conjunto com os princípios constitucionais da democracia, da pluralidade ideológica e da liberdade sindical, bem como com os diversos pactos de direitos humanos ratificados pelo Brasil, aponta para a adoção, entre nós, de critérios aptos a vincular a concessão da personalidade sindical à efetiva representatividade exercida pelo ente em relação à sua categoria, não podendo restringir-se aos critérios de precedência e especificidade. Desse modo, a exclusividade na representação de um determinado grupo profissional ou empresarial, nos termos exigidos pelo art. 8.º, II, da Constituição da República, será conferida à associação que demonstrar maior representatividade e democracia interna segundo critérios objetivos, sendo vedada a discricionariedade da autoridade pública na escolha do ente detentor do monopólio.

6. **Greves atípicas realizadas por trabalhadores. Constitucionalidade dos atos.**

Não há, no texto constitucional, previsão reducionista do direito de greve, de modo que todo e qualquer ato dela

(*) Promovida pelo Tribunal Superior do Trabalho (TST), Escola Nacional de Formação e Aperfeiçoamento de Magistrados do Trabalho (ENAMAT) e Associação Nacional dos Magistrados de Trabalho (ANAMATRA), de 21 a 23-11-2007.

decorrente está garantido, salvo os abusos. A Constituição da República contempla a greve atípica, ao fazer referência à liberdade conferida aos trabalhadores para deliberarem acerca da oportunidade da manifestação e dos interesses a serem defendidos. A greve não se esgota com a paralisação das atividades, eis que envolve a organização do evento, os piquetes, bem como a defesa de bandeiras mais amplas ligadas à democracia e à justiça social.

7. **Acesso à justiça. CLT, art. 651, § 3.º. Interpretação conforme a Constituição. Art. 5.º, XXXV, da Constituição da República.**

Em se tratando de empregador que arregimente empregado domiciliado em outro município ou outro Estado da federação, poderá o trabalhador optar por ingressar com a reclamatória na Vara do Trabalho de seu domicílio, na do local da contratação ou na do local da prestação dos serviços.

8. **Competência da Justiça do Trabalho. Sucessão na falência ou recuperação judicial.**

Compete à Justiça do Trabalho – e não à Justiça Comum Estadual – dirimir controvérsia acerca da existência de sucessão entre o falido ou o recuperando e a entidade que adquira total ou parcialmente suas unidades de produção.

9. **Flexibilização.**

I – Flexibilização dos direitos sociais.

Impossibilidade de desregulamentação dos direitos sociais fundamentais, por se tratar de normas contidas na cláusula de intangibilidade prevista no art. 60, § 4.º, IV, da Constituição da República.

II – Direito do Trabalho. Princípios. Eficácia.

A negociação coletiva que reduz garantias dos trabalhadores asseguradas em normas constitucionais e legais ofende princípios do Direito do Trabalho. A quebra da hierarquia das fontes é válida na hipótese de o instrumento inferior ser mais vantajoso para o trabalhador.

10. **Terceirização. Limites. Responsabilidade solidária.**

A terceirização somente será admitida na prestação de serviços especializados, de caráter transitório, desvinculados das necessidades permanentes da empresa, mantendo-se, de todo modo, a responsabilidade solidária entre as empresas.

11. **Terceirização. Serviços públicos. Responsabilidade solidária.**

A terceirização de serviços típicos da dinâmica permanente da Administração Pública, não se considerando como tal a prestação de serviço público à comunidade por meio de concessão, autorização e permissão, fere a Constituição da República, que estabeleceu a regra de que os serviços públicos são exercidos por servidores aprovados mediante concurso público. Quanto aos efeitos da terceirização ilegal, preservam-se os direitos trabalhistas integralmente, com responsabilidade solidária do ente público.

12. **Ações civis públicas. Trabalho escravo. Reversão da condenação às comunidades lesadas.**

Ações civis públicas em que se discute o tema do trabalho escravo. Existência de espaço para que o magistrado reverta os montantes condenatórios às comunidades diretamente lesadas, por via de benfeitorias sociais tais como a construção de escolas, postos de saúde e áreas de lazer. Prática que não malfere o artigo 13 da Lei 7.347/85, que deve ser interpretado à luz dos princípios constitucionais fundamentais, de modo a viabilizar a promoção de políticas públicas de inclusão dos que estão à margem, que sejam capazes de romper o círculo vicioso de alienação e opressão que conduz o trabalhador brasileiro a conviver com a mácula do labor degradante. Possibilidade de edificação de uma Justiça do Trabalho ainda mais democrática e despida de dogmas, na qual a responsabilidade para com a construção da sociedade livre, justa e solidária delineada na Constituição seja um compromisso palpável e inarredável.

13. **Dono da obra. Responsabilidade.**

Considerando que a responsabilidade do dono da obra não decorre simplesmente da lei em sentido estrito (Código Civil, arts. 186 e 927), mas da própria ordem constitucional no sentido de se valorizar o trabalho (CF, art. 170), já que é fundamento da Constituição a valorização do trabalho (CF, art. 1.º, IV), não se lhe faculta beneficiar-se da força humana despendida sem assumir responsabilidade nas relações jurídicas de que participa. Dessa forma, o contrato de empreitada entre o dono da obra e o empreiteiro enseja responsabilidade subsidiária nas obrigações trabalhistas contraídas pelo empreiteiro, salvo apenas a hipótese de utilização da prestação de serviços como instrumento de produção de mero valor de uso, na construção ou reforma residenciais.

14. **Imagem do trabalhador. Utilização pelo empregador. Limites.**

São vedadas ao empregador, sem autorização judicial, a conservação de gravação, a exibição e a divulgação, para seu uso privado, de imagens dos trabalhadores antes, no curso ou logo após a sua jornada de trabalho, por violação ao direito de imagem e à preservação das expressões da personalidade, garantidos pelo art. 5.º, V, da Constituição. A formação do contrato de emprego, por si só, não importa em cessão do direito de imagem e da divulgação fora de seu objeto da expressão da personalidade do trabalhador, nem o só pagamento do salário e demais títulos trabalhistas os remunera.

15. **Revista de empregado.**

•• *Vide* Lei n. 13.271, de 15-4-2016, que dispõe sobre a proibição de revista íntima de funcionárias nos locais de trabalho.

I – Revista. Ilicitude.

Toda e qualquer revista, íntima ou não, promovida pelo empregador ou seus prepostos em seus empregados e/ou em seus pertences, é ilegal, por ofensa aos direitos fundamentais da dignidade e intimidade do trabalhador.

II – Revista íntima. Vedação a ambos os sexos.

A norma do art. 373-A, VI, da CLT, que veda revistas íntimas nas empregadas, também se aplica aos homens em face da igualdade entre os sexos inscrita no art. 5.º, I, da Constituição da República.

16. **Salário.**

I – Salário. Princípio da isonomia.

Os estreitos limites das condições para a obtenção da igualdade salarial estipulados pelo art. 461 da CLT e Súmula n. 6 do Colendo TST não esgotam as hipóteses de correção das desigualdades salariais, devendo o intérprete proceder à sua aplicação na conformidade dos artigos 5.º, *caput*, e 7.º, XXX, da Constituição da República e das Convenções 100 e 111 da OIT.

II – Terceirização. Salário equitativo. Princípio da não discriminação.

Os empregados da empresa prestadora de serviços, em caso de terceirização lícita ou ilícita, terão direito ao mesmo salário dos empregados vinculados à empresa tomadora que exercerem função similar.

17. **Limitação da jornada. Repouso semanal remunerado. Direito constitucionalmente assegurado a todos os trabalhadores. Inconstitucionalidade do art. 62 da CLT.**

A proteção jurídica ao limite da jornada de trabalho, consagrada nos incisos XIII e XV do art. 7.º da Constituição da República, confere, respectivamente, a todos os trabalhadores, indistintamente, os direitos ao repouso semanal remunerado e à limitação da jornada de trabalho, tendo-se por inconstitucional o art. 62 da CLT.

18. **Princípio da proteção integral. Trabalho do adolescente. Ilegalidade da concessão de autorização judicial.**

A Constituição Federal veda qualquer trabalho anterior à idade de dezesseis anos, salvo na condição de aprendiz, a partir dos quatorze anos (art. 7.º, XXXIII, da CF, arts. 428 a 433 da CLT). Princípio da proteção integral que se impõe com prioridade absoluta (art. 227, *caput*), proibindo a emissão de autorização judicial para o trabalho antes dos dezesseis anos.

19. **Trabalho do menor. Direitos assegurados sem prejuízo de indenização suplementar.**

A proibição de trabalho ao menor visa protegê-lo e não prejudicá-lo (exegese CF, art. 7.º, *caput* e XXXIII, e art. 227). De tal sorte, a Justiça do Trabalho, apreciando a prestação de labor pretérito, deve contemplá-lo com todos os direitos como se o contrato proibido não fosse, sem prejuízo de indenização suplementar que considere as peculiaridades do caso.

20. **Rurícola. Pagamento integral das horas extras. Não incidência da Súmula 340 do TST.**

É devida a remuneração integral das horas extras prestadas pelo trabalhador rurícola, inclusive com o adicional de, no mínimo, 50%, independentemente de ser convencionado regime de "remuneração por produção". Inteligência dos artigos 1.º, III e IV e 3.º, 7.º, XIII, XVI e XXIII, da CF/88. Não incidência da Súmula n. 340 do TST, uma vez que as condições de trabalho rural são bastante distintas das condições dos trabalhadores comissionados internos ou externos e a produção durante o labor extraordinário é manifestamente inferior àquela da jornada normal, base de cálculo de horas extras para qualquer tipo de trabalhador.

21. **Férias. Aplicação da Convenção 132 da OIT.**

I – A época das férias será fixada pelo empregador após consulta ao empregado, salvo manifestação em contrário exteriorizada em acordo ou convenção coletiva;

II – As férias poderão ser fracionadas por negociação coletiva, desde que um dos períodos não seja inferior a duas semanas;

III – Qualquer que seja a causa de extinção do contrato de trabalho serão devidas férias proporcionais.

22. **Art. 384 da CLT. Norma de ordem pública. Recepção pela CF de 1988.**

Constitui norma de ordem pública que prestigia a prevenção de acidentes de trabalho (CF, 7.º, XXII) e foi recepcionada pela Constituição Federal, em interpretação conforme (artigos 5.º, I, e 7.º, XXX), para os trabalhadores de ambos os sexos.

•• A Lei n. 13.467, de 13-7-2017, em vigor 120 dias da sua publicação (*DOU* de 14-7-2017), revoga o art. 384 da CLT.

23. **Competência da Justiça do Trabalho. Ação de cobrança de honorários advocatícios. Ausência de relação de consumo.**

A Justiça do Trabalho é competente para julgar ações de cobrança de honorários advocatícios, desde que ajuizada por advogado na condição de pessoa natural, eis que o labor do advogado não é prestado em relação de consumo, em virtude de lei e de particularidades próprias, e ainda que o fosse, porque a relação consumerista não afasta, por si só, o conceito de trabalho abarcado pelo artigo 114 da CF.

24. **Competência da Justiça do Trabalho. Conflitos inter e intrassindicais.**

Os conflitos inter e intrassindicais, inclusive os que envolvam sindicatos de servidores públicos (estatutários e empregados públicos), são da competência da Justiça do Trabalho.

25. **Conduta antissindical. Participação em greve. Dispensa do trabalhador.**

A dispensa de trabalhador motivada por sua participação lícita na atividade sindical, inclusive em greve, constitui ato de discriminação antissindical e desafia a aplicação do art. 4.º da Lei 9.029/95, devendo ser determinada a "readmissão com ressarcimento integral de todo o período de afastamento, mediante pagamento das remunerações devidas" ou "a percepção, em dobro, da remuneração do período de afastamento" sempre corrigida monetariamente e acrescida dos juros legais.

26. **Conduta antissindical. Criação de CCP sem o aval do sindicato laboral.**

Na hipótese de o sindicato laboral simplesmente ignorar ou rejeitar de modo peremptório, na sua base, a criação de CCP, qualquer ato praticado com esse propósito não vingará, do ponto de vista jurídico. O referido juízo de conveniência política pertence tão somente aos legitimados pelos trabalhadores a procederem deste modo. Agindo ao arrepio do texto constitucional e da vontade do sindicato laboral, os empregadores e as suas representações, ao formarem Comissões de Conciliação Prévia sem o pressuposto da aquiescência sindical obreira, não apenas criam mecanismos desprovidos do poder único para o qual o legislador criou as Comissões de

Conciliação Prévia, como também incidem na conduta antissindical a ser punida pelo Estado.

27. **Conduta antissindical. Financiamento pelo empregador. Vedação.**

É vedada a estipulação em norma coletiva de cláusula pela qual o empregador financie a atividade sindical dos trabalhadores, mediante transferência de recursos aos sindicatos obreiros, sem os correspondentes descontos remuneratórios dos trabalhadores da categoria respectiva, sob pena de ferimento ao princípio da liberdade sindical e caracterização de conduta antissindical tipificada na Convenção n. 98 da OIT, ratificada pelo Brasil.

28. **Ministério Público do Trabalho. Conflitos sindicais. Legitimidade.**

O Ministério Público do Trabalho possui legitimidade para promover as ações pertinentes para a tutela das liberdades sindicais individuais e coletivas, quando violados os princípios de liberdade sindical, nos conflitos inter e intrassindicais, por meio de práticas e condutas antissindicais nas relações entre sindicatos, sindicatos e empregadores, sindicatos e organizações de empregadores ou de trabalhadores, sindicatos e trabalhadores, empregadores e trabalhadores, órgãos públicos e privados e as entidades sindicais, empregadores ou trabalhadores.

29. **Pedido de registro sindical. Cooperativa. Impossibilidade diante do princípio da unicidade sindical. Não configura categoria para fins de organização sindical, nos termos do art. 511 da CLT e art. 4.° da Portaria MTE n. 343/2000.**

Não é possível a formação de entidade sindical constituída por cooperativas, uma vez que afronta o princípio da unicidade sindical, bem como a organização sindical por categorias.

30. **Entidade sindical. Denominação. Resultado de sua real representatividade. Art. 572 da Consolidação das Leis do Trabalho. Explicitação da categoria e base territorial.**

Da inteligência do artigo 572 da CLT decorre a exigência de que as entidades sindicais, em sua denominação, explicitem a categoria e a base territorial que realmente representam, para assegurar o direito difuso de informação.

31. **Entidade sindical constituída por categorias similares ou conexas. Formação de nova entidade com categoria mais específica. Possibilidade. Não ferimento da unicidade sindical. Invocação ao princípio da liberdade sindical.**

É possível a formação de entidade sindical mais específica, por desmembramento ou dissociação, através de ato volitivo da fração da categoria que pretende ser desmembrada, deliberada em Assembleia Geral amplamente divulgada com antecedência e previamente notificada a entidade sindical originária.

32. **Entidades sindicais de grau superior. Requisitos para sua constituição. Arts. 534 e 535 da CLT. Manutenção desses requisitos para a permanência do registro junto ao art. 39. Meio ambiente de trabalho. Saúde mental. Dever do empregador.**

É dever do empregador e do tomador dos serviços zelar por um ambiente de trabalho saudável também do ponto de vista da saúde mental, coibindo práticas tendentes ou aptas a gerar danos de natureza moral ou emocional aos seus trabalhadores, passíveis de indenização.

40. **Responsabilidade civil. Acidente do trabalho. Empregado público.**

A responsabilidade civil nos acidentes do trabalho envolvendo empregados de pessoas jurídicas de Direito Público interno é objetiva. Inteligência do artigo 37, § 6.°, da Constituição Federal e do artigo 43 do Código Civil.

41. **Responsabilidade civil. Acidente do trabalho. Ônus da prova.**

Cabe a inversão do ônus da prova em favor da vítima nas ações indenizatórias por acidente do trabalho.

42. Acidente do trabalho. Nexo técnico epidemiológico. Presume-se a ocorrência de acidente do trabalho, mesmo sem a emissão da CAT – Comunicação de Acidente de Trabalho, quando houver nexo técnico epidemiológico conforme art. 21-A da Lei 8.213/1991.

43. **Estabilidade acidentária. Ausência de emissão da CAT.**

A ausência de emissão da CAT – Comunicação de Acidente do Trabalho pelo empregador não impede o direito à estabilidade do art. 118 da Lei 8.213/1991, desde que comprovado que o trabalhador deveria ter se afastado em razão do acidente por período superior a quinze dias.

44. **Responsabilidade civil. Acidente do trabalho. Terceirização. Solidariedade.**

Em caso de terceirização de serviços, o tomador e o prestador respondem solidariamente pelos danos causados à saúde dos trabalhadores. Inteligência dos artigos 932, III, 933 e 942, parágrafo único, do Código Civil e da Norma Regulamentadora 4 (Portaria 3.214/77 do Ministério do Trabalho e Emprego).

45. **Responsabilidade civil. Acidente do trabalho. Prescrição.**

A prescrição da indenização por danos materiais ou morais resultantes de acidente do trabalho é de 10 anos, nos termos do artigo 205, ou de 20 anos, observado o artigo 2.028 do Código Civil de 2002.

46. **Acidente do trabalho. Prescrição. Termo inicial.**

O termo inicial do prazo prescricional da indenização por danos decorrentes de acidente do trabalho é a data em que o trabalhador teve ciência inequívoca da incapacidade laboral ou do resultado gravoso para a saúde física e/ou mental.

47. **Acidente do trabalho. Prescrição. Suspensão do contrato de trabalho.**

Não corre prescrição nas ações indenizatórias nas hipóteses de suspensão e/ou interrupção do contrato de trabalho decorrentes de acidentes do trabalho.

48. **Acidente do trabalho. Indenização. Não compensação do benefício previdenciário.**

A indenização decorrente de acidente de trabalho ou doença ocupacional, fixada por pensionamento ou arbitrada para ser paga de uma só vez, não pode ser compensada com qualquer benefício pago pela Previdência Social.

49. **Atividade insalubre. Prorrogação de jornada. Negociação coletiva. Invalidade.**

O art. 60 da CLT não foi derrogado pelo art. 7.°, XIII, da Constituição da República, pelo que é inválida cláusula de

Convenção ou Acordo Coletivo que não observe as condições nele estabelecidas.

50. Insalubridade. Expedição de ofício à DRT.

Constatada a insalubridade em ação trabalhista, o juiz deve oficiar à Delegacia Regional do Trabalho para que a autoridade administrativa faça cumprir o disposto no art. 191, parágrafo único, da CLT.

51. Responsabilidade civil. Danos morais. Critérios para arbitramento.

O valor da condenação por danos morais decorrentes da relação de trabalho será arbitrado pelo juiz de maneira equitativa, a fim de atender ao seu caráter compensatório, pedagógico e preventivo.

52. Responsabilidade civil. Danos morais. Correção monetária. Termo inicial.

O termo inicial de incidência da correção monetária sobre o valor fixado a título de indenização por danos morais é o da prolação da decisão judicial que o quantifica.

53. Reparação de danos. Honorários contratuais de advogado.

Os artigos 389 e 404 do Código Civil autorizam o Juiz do Trabalho a condenar o vencido em honorários contratuais de advogado, a fim de assegurar ao vencedor a inteira reparação do dano.

54. Prova pericial. Possibilidade de dispensa.

Aplica-se o art. 427 do Código de Processo Civil no processo do trabalho, de modo que o juiz pode dispensar a produção de prova pericial quando houver prova suficiente nos autos.

55. Termo de ajuste de conduta. Alcance.

A celebração de TAC não importa em remissão dos atos de infração anteriores, os quais têm justa sanção pecuniária como resposta às irregularidades trabalhistas constatadas pela DRT.

56. Auditor fiscal do trabalho. Reconhecimento da relação de emprego. Possibilidade.

Os auditores do trabalho têm por missão funcional a análise dos fatos apurados em diligências de fiscalização, o que não pode excluir o reconhecimento fático da relação de emprego, garantindo-se ao empregador o acesso às vias judicial e/ou administrativa, para fins de reversão da autuação ou multa imposta.

57. Fiscalização do trabalho. Reconhecimento de vínculo empregatício. Desconsideração da pessoa jurídica e dos contratos civis.

Constatando a ocorrência de contratos civis com o objetivo de afastar ou impedir a aplicação da legislação trabalhista, o auditor-fiscal do trabalho desconsidera o pacto nulo e reconhece a relação de emprego. Nesse caso, o auditor-fiscal não declara, com definitividade, a existência da relação, mas sim constata e aponta a irregularidade administrativa, tendo como consequência a autuação e posterior multa à empresa infringente.

58. Ação de execução fiscal. Presunção de certeza e liquidez da existência da dívida.

Não é dado ao Juiz retirar a presunção de certeza e liquidez atribuída pela lei, nos termos do arts. 204 do CTN e 3.° da Lei n. 6.830/80, à dívida ativa inscrita regularmente. Ajuizada a ação de execução fiscal – desde que presentes os requisitos da petição inicial previstos no art. 6.° da Lei n. 6.830/80 –, a presunção de certeza e liquidez da Certidão de Dívida Ativa somente pode ser infirmada mediante produção de prova inequívoca, cujo ônus é do executado ou do terceiro, a quem aproveite.

59. Direito administrativo sancionador (fiscalização do trabalho). Contraditório e ampla defesa. Interpretação conforme do artigo 632 da CLT.

Aplicam-se ao Direito Administrativo sancionador brasileiro, em matéria laboral, os princípios do contraditório e da ampla defesa (artigo 5.°, LV, da CRFB), com projeção concreta no art. 632 da CLT.

Nesse caso, a prerrogativa administrativa de "julgar da necessidade das provas" deve ser motivada, desafiando a aplicação da teoria dos motivos determinantes, sob pena de nulidade do ato.

60. Interdição de estabelecimento e afins. Ação direta na Justiça do Trabalho. Repartição dinâmica do ônus da prova.

I – A interdição de estabelecimento, setor de serviço, máquina ou equipamento, assim como o embargo de obra (artigo 161 da CLT), podem ser requeridos na Justiça do Trabalho (artigo 114, I e VII, da CRFB), em sede principal ou cautelar, pelo Ministério Público do Trabalho, pelo sindicato profissional (artigo 8.°, III, da CRFB) ou por qualquer legitimado específico para a tutela judicial coletiva em matéria labor-ambiental (artigos 1.°, I, 5.°, e 21 da Lei 7.347/85), independentemente da instância administrativa.

II – Em tais hipóteses, a medida poderá ser deferida [a] *inaudita altera parte*, em havendo laudo técnico preliminar ou prova prévia igualmente convincente; [b] após audiência de justificação prévia (artigo 12, *caput*, da Lei 7.347/85), caso não haja laudo técnico preliminar, mas seja verossímil a alegação, invertendo-se o ônus da prova, à luz da teoria da repartição dinâmica, para incumbir à empresa a demonstração das boas condições de segurança e do controle de riscos.

61. Prescrição. Multas administrativas impostas pela DRT.

Aplica-se às ações para cobrança das multas administrativas impostas pela Delegacia Regional do Trabalho, por analogia, o prazo prescricional quinquenal, previsto no art. 174 do CTN.

62. Depósito recursal administrativo. Recepção constitucional.

O depósito exigido pelo parágrafo 1.° do artigo 636 consolidado não afronta qualquer dispositivo constitucional que assegure a ampla defesa administrativa, o direito de petição aos órgãos públicos e o direito aos recursos administrativos.

63. Competência da Justiça do Trabalho. Procedimento de jurisdição voluntária. Liberação do FGTS e pagamento do seguro-desemprego.

Compete à Justiça do Trabalho, em procedimento de jurisdição voluntária, apreciar pedido de expedição de alvará para liberação do FGTS e de ordem judicial para

ENUNCIADOS

pagamento do seguro-desemprego, ainda que figurem como interessados os dependentes de ex-empregado falecido.

64. Competência da Justiça do Trabalho. Prestação de serviço por pessoa física. Relação de consumo subjacente. Irrelevância.

Havendo prestação de serviços por pessoa física a outrem, seja a que título for, há relação de trabalho incidindo a competência da Justiça do Trabalho para os litígios dela oriundos (CF, art. 114, I), não importando qual o direito material que será utilizado na solução da lide (CLT, CDC, CC etc.).

65. Ações decorrentes da nova competência da Justiça do Trabalho. Procedimento da CLT.

I – Excetuadas as ações com procedimentos especiais, o procedimento a ser adotado nas ações que envolvam as matérias da nova competência da Justiça do Trabalho é o previsto na CLT, ainda que adaptado.

II – As ações com procedimentos especiais submetem-se ao sistema recursal do processo do trabalho.

66. Aplicação subsidiária de normas do processo comum ao processo trabalhista. Omissões ontológica e axiológica. Admissibilidade.

Diante do atual estágio de desenvolvimento do processo comum e da necessidade de se conferir aplicabilidade à garantia constitucional da duração razoável do processo, os artigos 769 e 889 da CLT comportam interpretação conforme a Constituição Federal, permitindo a aplicação de normas processuais mais adequadas à efetivação do direito. Aplicação dos princípios da instrumentalidade, efetividade e não retrocesso social.

67. *Jus postulandi*. Art. 791 da CLT. Relação de trabalho. Possibilidade.

A faculdade de as partes reclamarem, pessoalmente, seus direitos perante a Justiça do Trabalho e de acompanharem suas reclamações até o final, contida no artigo 791 da CLT, deve ser aplicada às lides decorrentes da relação de trabalho.

68. Intervenção de terceiros.

I – Admissibilidade da intervenção de terceiros nos Processos submetidos à jurisdição da Justiça do Trabalho.

II – Nos processos que envolvem crédito de natureza privilegiada, a compatibilidade da intervenção de terceiros está subordinada ao interesse do autor, delimitado pela utilidade do provimento final.

III – Admitida a denunciação da lide, é possível à decisão judicial estabelecer a condenação do denunciado como corresponsável.

69. Execução provisória. Aplicabilidade do art. 475-O do CPC no processo do trabalho.

I – A expressão "...até a penhora..." constante da Consolidação das Leis do Trabalho, art. 899, é meramente referencial e não limita a execução provisória no âmbito do direito processual do trabalho, sendo plenamente aplicável o disposto no Código de Processo Civil, art. 475-O.

II – Na execução provisória trabalhista é admissível a penhora de dinheiro, mesmo que indicados outros bens. Adequação do postulado da execução menos gravosa ao executado aos princípios da razoável duração do processo e da efetividade.

III – É possível a liberação de valores em execução provisória, desde que verificada alguma das hipóteses do artigo 475-O, § 2.°, do Código de Processo Civil, sempre que o recurso interposto esteja em contrariedade com Súmula ou Orientação Jurisprudencial, bem como na pendência de agravo de instrumento no TST.

70. Execução. Penhora de rendimentos do devedor. Créditos trabalhistas de natureza alimentar e pensões por morte ou invalidez decorrentes de acidente do trabalho. Ponderação de princípios constitucionais. Possibilidade.

Tendo em vista a natureza alimentar dos créditos trabalhistas e da pensão por morte ou invalidez decorrente de acidente do trabalho (CF, art. 100, § 1.°-A), o disposto no art. 649, IV, do CPC deve ser aplicado de forma relativizada, observados o princípio da proporcionalidade e as peculiaridades do caso concreto. Admite-se, assim, a penhora dos rendimentos do executado em percentual que não inviabilize o seu sustento.

71. Artigo 475-J do CPC. Aplicação no processo do trabalho.

A aplicação subsidiária do artigo 475-J do CPC atende às garantias constitucionais da razoável duração do processo, efetividade e celeridade, tendo, portanto, pleno cabimento na execução trabalhista.

72. Embargos à execução (impugnação). Efeito suspensivo.

Em razão da omissão da CLT, os embargos à execução (impugnação) não terão efeito suspensivo, salvo quando relevantes seus fundamentos e o prosseguimento da execução seja manifestamente suscetível de causar ao executado grave dano de difícil ou incerta reparação (art. 475-M do CPC).

73. Execução de contribuições previdenciárias. Revisão da Súmula 368 do TST.

I – Com a edição da Lei 11.457/2007, que alterou o parágrafo único do art. 876 da CLT, impõe-se a revisão da Súmula n. 368 do TST: é competente a Justiça do Trabalho para a execução das contribuições à Seguridade Social devidas durante a relação de trabalho, mesmo não havendo condenação em créditos trabalhistas, obedecida a decadência.

II – Na hipótese, apurar-se-á o montante devido à época do período contratual, mês a mês, executando-se o tomador dos serviços, por força do art. 33, § 5.°, da Lei 8.212/91, caracterizada a sonegação de contribuições previdenciárias, não devendo recair a cobrança de tais contribuições na pessoa do trabalhador.

III – Incidem, sobre as contribuições devidas, os juros e a multa moratória previstos nos artigos 34 e 35 da Lei 8.212/91, a partir da data em que as contribuições seriam devidas e não foram pagas.

74. Contribuições devidas a terceiros. Incompetência da Justiça do Trabalho.

A competência da Justiça do Trabalho para a execução de contribuições à Seguridade Social (CF, art. 114, § 3.°) nas ações declaratórias, condenatórias ou homologatórias de acordo cinge-se às contribuições previstas no art. 195, inciso I, alínea *a* e inciso II, da Constituição, e seus acréscimos moratórios. Não se insere, pois, em tal competência, a cobrança de "contribuições para terceiros", como as destinadas ao "sistema S" e "salário educação", por não se constituírem em contribuições vertidas para o sistema de Seguridade Social.

75. Ação civil pública. Interesses individuais homogêneos. Legitimação do Ministério Público.

I – O Ministério Público do Trabalho detém legitimidade para defender direitos ou interesses individuais homogêneos, assim entendidos os decorrentes de origem comum, nos exatos termos do artigo 81, inciso III, do CDC.

II – Incidem na hipótese os artigos 127 e 129, inciso III, da Constituição Federal, pois a defesa de direitos individuais homogêneos quando coletivamente demandada se enquadra no campo dos interesses sociais previstos no artigo 127 da Magna Carta, constituindo os direitos individuais homogêneos em espécie de direitos coletivos *lato sensu*.

76. Ação civil pública. Reparação de dano moral coletivo. Trabalho forçado ou em condições degradantes. Legitimidade do Ministério Público do Trabalho.

I – Alegada a utilização de mão de obra obtida de forma ilegal e aviltante, sujeitando o trabalhador a condições degradantes de trabalho, a trabalho forçado ou a jornada exaustiva, cabe Ação Civil Pública de reparação por dano moral coletivo.

II – Legitimidade do Ministério Público do Trabalho para o ajuizamento da ação civil pública na tutela de interesses coletivos e difusos, uma vez que a referida prática põe em risco, coletivamente, trabalhadores indefinidamente considerados.

77. Ação civil pública. Interesses individuais homogêneos. Legitimação dos sindicatos. Desnecessidade de apresentação do rol dos substituídos.

I – Os sindicatos, nos termos do art. 8.°, III, da CF, possuem legitimidade extraordinária para a defesa dos direitos e interesses – individuais e metaindividuais – da categoria respectiva em sede de ação civil pública ou outra ação coletiva, sendo desnecessária a autorização e indicação nominal dos substituídos.

II – Cabe aos sindicatos a defesa dos interesses e direitos metaindividuais (difusos, coletivos e individuais homogêneos) da categoria, tanto judicialmente quanto extrajudicialmente.

III – Na ausência de sindicato, é da federação respectiva a legitimidade extraordinária para a defesa dos direitos e interesses da categoria e, na falta de ambos, da confederação.

IV – O art. 16 da Lei da ação civil pública contraria toda a filosofia e sistemática das ações coletivas. A decisão proferida nas ações coletivas deve ter alcance, abrangência e eficácia em toda área geográfica afetada, seja em todo o território nacional (âmbito nacional) ou em apenas parte dele (âmbito suprarregional), conforme a extensão do ato ilícito e/ou do dano causado ou a ser reparado.

78. Inexistência de litispendência entre ação coletiva e ação individual.

Às ações coletivas ajuizadas pelos sindicatos e pelo Ministério Público na Justiça do Trabalho aplicam-se subsidiariamente as normas processuais do Título III do Código de Defesa do Consumidor. Assim, não haverá litispendência entre ação coletiva e ação individual, devendo o juiz adotar o procedimento indicado no art. 104 do CDC:

a) o autor da ação individual, uma vez notificado da existência de ação coletiva, deverá se manifestar no prazo de trinta dias sobre o seu prosseguimento ou suspensão;

b) optando o autor da ação individual por seu prosseguimento, não se beneficiará dos efeitos da coisa julgada da ação coletiva;

c) o autor da ação individual suspensa poderá requerer o seu prosseguimento em caso de decisão desfavorável na ação coletiva.

79. Honorários sucumbenciais devidos na Justiça do Trabalho.

I – Honorários de sucumbência na Justiça do Trabalho. As partes, em reclamatória trabalhista e nas demais ações da competência da Justiça do Trabalho, na forma da lei, têm direito a demandar em juízo através de procurador de sua livre escolha, forte no princípio da isonomia (art. 5.°, *caput*, da Constituição da República Federativa do Brasil), sendo, em tal caso, devidos os honorários de sucumbência, exceto quando a parte sucumbente estiver ao abrigo do benefício da justiça gratuita.

II – Os processos recebidos pela Justiça do Trabalho decorrentes da Emenda Constitucional 45, oriundos da Justiça Comum, que nesta esfera da Justiça tramitavam sob a égide da Lei n. 9.099/95, não se sujeitam na primeira instância aos honorários advocatícios, por força do art. 55 da Lei 9.099/95 a que estavam submetidas as partes quando da propositura da ação.

2.ª JORNADA DE DIREITO MATERIAL E PROCESSUAL DO TRABALHO (*)

Aplicação subsidiária do direito comum e do direito processual comum. Princípio da intervenção mínima. Prescrição trabalhista e prescrição intercorrente. Grupo econômico e sucessão de empresas

1. Controle de convencionalidade da reforma trabalhista, ausência de consulta tripartite e de consulta prévia às organizações sindicais.

I. Reforma trabalhista. Lei n. 13.467/2017. Incompatibilidade vertical com as convenções da OIT. Ausência de consulta tripartite. Ofensa à Convenção 144 da OIT. II. Ausência de consulta prévia às organizações de trabalhadores. Ofensa à Convenção 154 da OIT, bem como aos verbetes 1075, 1081 e 1082 do comitê de liberdade sindical do conselho de administração da OIT.

• A Convenção n. 144 da OIT, promulgada pelo Decreto n. 2.518, de 12-3-1998, dispõe sobre consultas tripartites para promover a aplicação das normas internacionais do trabalho.

2. Interpretação e aplicação da Lei n. 13.467/2017.

Os juízes do trabalho, à maneira de todos os demais magistrados, em todos os ramos do judiciário, devem

(*) Promovida pela Associação Nacional dos Magistrados de Trabalho (ANAMATRA), nos dias 9 e 10-10-2017.

cumprir e fazer cumprir a Constituição e as leis, o que importa no exercício do controle difuso de constitucionalidade e no controle de convencionalidade das leis, bem como no uso de todos os métodos de interpretação/aplicação disponíveis. Nessa medida: I. Reputa-se autoritária e antirrepublicana toda ação política, midiática, administrativa ou correicional que pretender imputar ao juiz do trabalho o "dever" de interpretar a Lei n. 13.467/2017 de modo exclusivamente literal/gramatical; II. A interpretação judicial é atividade que tem por escopo o desvelamento do sentido e do alcance da lei trabalhista. É função primordial do poder judiciário trabalhista julgar as relações de trabalho e dizer o direito no caso concreto, observando o objetivo da república federativa do Brasil de construir uma sociedade mais justa e igualitária. Exegese dos arts. 1.°, 2.°, 3.°, 5.°, inciso XXXV, 60 e 93, IX e 114 da CRFB; III. Inconstitucionalidade do § 2.° e do § 3.° do art. 8.° da CLT e do art. 611-A, § 1.°, da CLT. Será inconstitucional qualquer norma que colime restringir a função judicial de interpretação da lei ou imunizar o conteúdo dos acordos e convenções coletivas de trabalho da apreciação da justiça do trabalho, inclusive quanto à sua constitucionalidade, convencionalidade, legalidade e conformidade com a ordem pública social. Não se admite qualquer interpretação que possa elidir a garantia da inafastabilidade da jurisdição, ademais, por ofensa ao disposto no art. 114, I, da CF/88 e por incompatibilidade com os princípios da separação dos poderes, do acesso à justiça e da independência funcional.

3. **Fontes do direito material e processual do trabalho na Lei n. 13.467/2017.**

Teoria do diálogo das fontes. A teoria do diálogo das fontes é aplicável à interpretação da nova legislação trabalhista.

4. **Fundamentos, princípios e hermenêutica do direito do trabalho. Lei n. 13.467/2017.**

A Lei n. 13.467/2017, da reforma trabalhista, não afetou os fundamentos do direito do trabalho positivados na CLT (art. 8.°), bem como os princípios da proteção (títulos II a IV), da primazia da realidade (arts. 3.° e 442), da irrenunciabilidade (arts. 9.° e 468), da norma mais favorável, da imodificabilidade contratual em prejuízo do trabalhador (art. 468), da supremacia do crédito trabalhista (arts. 100 da CF e 186 do CTN) e dos poderes inquisitórios do juiz do trabalho (art. 765), dentre outros, cuja observância é requisito para a validade da norma jurídica trabalhista.

5. **Grupo econômico trabalhista. Distribuição racional do ônus da prova.**

I. A Lei n. 13.467/2017 reconheceu expressamente a figura do grupo econômico trabalhista por coordenação (art. 2.°, § 2.°) e estabeleceu requisitos subjetivos (interesse integrado e comum) e objetivos (atuação conjunta) para a caracterização do grupo, a serem verificados no caso concreto pelo juízo (art. 2.°, § 3.°); II – Nas hipóteses restritas de aplicação do parágrafo 3.° do art. 2.° da CLT, a mera identidade de sócios entre as empresas integrantes, embora não baste à caracterização do grupo econômico, constitui indício que autoriza a inversão ou redistribuição do ônus da prova, nos termos do art. 818, § 1.°, da CLT, com redação dada pela Lei n. 13.467/2017. Incumbe então ao empregador o ônus de comprovar a ausência de interesses integrados, da comunhão de interesses e/ou da atuação conjunta das empresas. Aplicação dos princípios da aptidão para a prova e da paridade de armas em concreto (isonomia processual).

6. **Ilegitimidade da Lei n. 13.467/2017.**

A Lei n. 13.467/2017 é ilegítima, nos sentidos formal e material.

•• A Lei n. 13.467, de 13-7-2017, que entrou em vigor em 11-11-2017, alterou vários dispositivos da CLT, promovendo a chamada "Reforma Trabalhista".

7. **Princípio da intervenção mínima.**

A autonomia da vontade coletiva impede interferência judicial ou administrativa na eclosão de greve em outros mecanismos de pressão de que dispõem os trabalhadores.

• *Vide* Lei n. 7.783, de 28-6-1989 (exercício do direito de greve).

8. **Cadeia de fornecimento e responsabilidade civil objetiva do poder economicamente relevante.**

Cadeia de fornecimento. Responsabilidade civil objetiva do poder economicamente relevante por violações aos direitos fundamentais da pessoa do trabalhador. Devida diligência para a promoção de trabalho decente. Obrigação de reparar os danos experimentados pelo trabalhador, independentemente de culpa.

9. **Responsabilidade solidária das empresas que atuam em cadeia produtiva global ou nacional.**

Subordinação estrutural. Grupo econômico. Responsabilidade solidária das empresas que atuam em cadeia produtiva nacional ou global, por interpretação dos §§ 2.° e 3.° do art. 2.° da CLT, acrescentados pela Lei n. 13.467/2017.

10. **Grupo econômico. Integração. Conceito do direito empresarial. Base societária, obrigacional e pessoal.**

Não configurado o grupo econômico na forma do novo art. 2.°, § 2.°, da CLT, com a redação dada pela Lei n. 13.467/2017, é possível a integração do direito, na forma do art. 8.° da CLT (especialmente considerando sua nova redação), para abarcar situações não disciplinadas pela nova legislação trabalhista. O grupo econômico pode ter natureza societária, obrigacional ou pessoal, bastando apenas a atuação coordenada, conjunta ou coligada das sociedades empresárias. Assim, como tal concepção destina-se à defesa da ordem econômica e da livre concorrência, com mais razão ainda deve ser aplicada à defesa das verbas trabalhistas.

11. **Interrupção da prescrição.**

Interrupção da prescrição. Integração. Sendo a prescrição regulada pelo Código Civil, aplicam-se ao direito do trabalho as hipóteses de interrupção da prescrição previstas no art. 202 do Código Civil, nos termos do art. 8.° da CLT. Assim, é possível a interrupção da prescrição fora da hipótese prevista no § 3.° do art. 11 da CLT.

12. **Prescrição total. Incompatibilidade com o art. 7.°, XXIX, da Constituição Federal.**

A prescrição total, consubstanciada no art. 11, § 2.°, da CLT, é incompatível com o art. 7.°, XXIX, da Constituição Federal.

13. **Sucessão trabalhista.**
Sucessão trabalhista. A teor do art. 1.146 do Código Civil, aplicável ao direito do trabalho (CLT, art. 8.º), é cabível a responsabilidade solidária do sucedido e do sucessor pelos créditos trabalhistas constituídos antes do trespasse do estabelecimento, independentemente da caracterização de fraude.

Jornada de trabalho. Banco de horas. Remuneração e parcelas indenizatórias. Danos extrapatrimoniais: tarifação e outros aspectos.

14. **Banco de horas.**
Banco de horas por acordo individual. A compensação de horários requer intervenção sindical obrigatória, independentemente do seu prazo de duração, conforme art. 7.º, XIII, CF, que autoriza a compensação apenas mediante acordo ou convenção coletiva de trabalho.

15. **Jornada 12x36.**
Jornada 12x36. 1. Tratando-se de regime de compensação de jornada, é essencial para a sua validade a previsão em acordo coletivo ou convenção coletiva de trabalho, nos termos do art. 7.º, XIII, da Constituição Federal, inclusive em relação ao comerciário, em razão de lei especial (Lei n. 12.790/2013). 2. Art. 60, parágrafo único, da CLT. Dispensa de licença prévia para a realização de jornada 12x36. Matéria de saúde e segurança do trabalho. Inconstitucionalidade por infração ao art. 7.º, XXII, da Constituição Federal. 3. Impossibilidade de regime "complessivo" quanto ao pagamento de feriados e prorrogação da jornada noturna, por infração ao art. 7.º, IX, da Constituição Federal. 4. A prestação de horas extras, inclusive pela supressão do intervalo intrajornada (ainda que parcial), descaracteriza o regime de compensação de jornada 12x36, implicando o pagamento como hora extraordinária daquelas laboradas além da 8.ª diária, por infração ao art. 7.º, XIII e XXVI, da Constituição Federal.

16. **Horas de trajeto: hipóteses de cômputo na jornada após a Lei n. 13.467/2017.**
1. A estrutura normativa matriz do art. 4.º da CLT contempla a lógica do tempo à disposição, não eliminada a condição de cômputo quando se verificar concretamente que o transporte era condição e/ou necessidade irrefutável, e não de escolha própria do empregado, para possibilitar o trabalho no horário e local designados pelo empregador, mantendo-se o parâmetro desenvolvido pela Súmula 90 do TST, caso em que fará jus o trabalhador à contagem, como tempo de trabalho, do tempo de deslocamento gasto em trecho de difícil acesso ou sem transporte público por meio fornecido pelo empregador, na ida ou retorno para o trabalho. Inteligência do art. 3.º, c, da Convenção 155 da OIT. 2. Inaplicabilidade do § 2.º do art. 58 da Lei n. 13.467/2017 ao trabalho executado na atividade rural.

17. **Parcelas remuneratórias sob a Lei n. 13.467/2017.**
1. Expressão "ainda que habituais" constante do § 2.º do art. 457, da CLT, com a redação dada pela Lei n. 13.467/17. A interpretação sistemática dos arts. 195, I, e 201, *caput* e § 11, da Constituição Federal revela que a contribuição social incide sobre os ganhos habituais, a qualquer título, para se preservar o equilíbrio financeiro e atuarial do RGPS – Regime Geral da Previdência Social com igual razão, a interpretação do art. 457, § 2.º, da CLT, em conformidade com a Constituição, denota que não importa o título atribuído pelo empregador à parcela, porquanto, para ter natureza jurídica salarial, basta que ela seja habitual e decorrente do trabalho prestado por conta alheia, sendo meramente exemplificativo o rol do § 1.º e admitindo-se outras parcelas salariais, tais como adicionais, importâncias variáveis e gratificações legais e convencionais. A não integração na remuneração das parcelas relacionadas no art. 457, §§ 2.º e 4.º, da CLT depende de que efetivamente sirvam a propiciar condições para realização do trabalho ou se retiram a situações excepcionais no cotidiano da relação de emprego. 2. Prêmios. Necessária vinculação a desempenho profissional diferenciado. A concessão habitual de prêmios, desvinculada do requisito de desempenho profissional superior ao ordinariamente esperado (art. 457, § 4.º, da CLT), constitui fraude (art. 9.º, CLT), integrando a remuneração do empregado a parcela paga fora dos preceitos legais.

18. **Dano extrapatrimonial: exclusividade de critérios.**
Aplicação exclusiva dos novos dispositivos do Título II-A da CLT à reparação de danos extrapatrimoniais decorrentes das relações de trabalho: inconstitucionalidade. A esfera moral das pessoas humanas é conteúdo do valor dignidade humana (art. 1.º, III, da CF) e, como tal, não pode sofrer restrição à reparação ampla e integral quando violada, sendo dever do estado a respectiva tutela na ocorrência de ilicitudes causadoras de danos extrapatrimoniais nas relações laborais. Devem ser aplicadas todas as normas existentes no ordenamento jurídico que possam imprimir, no caso concreto, a máxima efetividade constitucional ao princípio da dignidade da pessoa humana (art. 5.º, V e X, da CF). A interpretação literal do art. 223-A da CLT resultaria em tratamento discriminatório injusto às pessoas inseridas na relação laboral, com inconstitucionalidade por ofensa aos arts. 1.º, III; 3.º, IV; 5.º, *caput* e incisos V e X e 7.º, *caput*, todos da Constituição Federal.

19. **Danos extrapatrimoniais: limites.**
É de natureza exemplificativa a enumeração dos direitos personalíssimos dos trabalhadores constante do novo art. 223-C da CLT, considerando a plenitude da tutela jurídica à dignidade da pessoa humana, como assegurada pela Constituição Federal (arts. 1.º, III; 3.º, IV, 5.º, *caput*, e § 2.º).

20. **Dano extrapatrimonial: limites e outros aspectos.**
Danos extrapatrimoniais. O art. 223-B da CLT, inserido pela Lei n. 13.467, não exclui a reparação de danos sofridos por terceiros (danos em ricochete), bem como a de danos extrapatrimoniais ou morais coletivos, aplicando-se, quanto a estes, as disposições previstas na Lei n. 7.437/1985 e no Título III do Código de Defesa do Consumidor.

21. **Padrões de vestimenta e de logomarcas impostas pelo empregador: limite.**
Art. 456-A da CLT. Padrões impositivos de vestimentas e logomarcas. Limites a direitos fundamentais. A prerrogativa do empregador de definir padrão de vestimenta,

ENUNCIADOS

ESPAÇO RESERVADO PARA USO DE GRAMPO

bem como outras formas de identificação e propaganda, encontra limites nos direitos fundamentais dos trabalhadores. Assim, a definição de uniformes, logomarcas e outros itens de identificação deve preservar direitos individuais, tais como os relacionados a privacidade, honra e pudor pessoal, e não se exclui a aplicação do art. 20 do Código Civil.

22. Prestação de horas extras: descaracterização do acordo de compensação e banco de horas.

Horas extras. Descaracterização do acordo de compensação e banco de horas. A prestação de horas extras habituais ou, ainda que eventuais, em número superior a duas horas diárias, implica descaracterização do acordo de compensação e do acordo de banco de horas, conforme arts. 7.°, XIII e XVI, da Constituição Federal, e 59 da CLT.

23. Banco de horas: base de cálculo das horas sobejantes.

Banco de horas. Compensação. Pagamento. Art. 59 da CLT. O pagamento das horas extras acumuladas em banco de horas e não compensadas será feito com base no valor do salário-hora mais vantajoso ao trabalhador.

24. Tempo de serviço: exceções à aplicação do art. 4.°, § 2.°, da CLT.

Tempo de serviço. Permanência no estabelecimento. I – para fins de aplicação da regra constante no art. 4.°, § 2.°, da CLT, não se considera de escolha própria e/ou exercício de atividades particulares aquelas permanências que decorrerem de riscos inerentes à natureza da atividade do empregador, conforme art. 2.°, *caput*, da CLT; II – se, em função da natureza da atividade, for necessária a realização de higiene pessoal ou a troca da vestimenta no local de trabalho, o período correspondente será computado como tempo de serviço.

25. Equiparação salarial. Restrições relacionadas ao tempo de serviço na função e ao local da prestação do trabalho: violação ao princípio da isonomia.

1. Equiparação salarial. Restrições relacionadas ao tempo de serviço na empresa. Violação ao princípio da isonomia. O art. 461 da CLT, ao vedar a equiparação salarial para empregados com diferença de mais de quatro anos de tempo de serviço na empresa, é contrário ao princípio da isonomia constante do art. 5.°, *caput* e 7.°, XXX, da Constituição Federal. 2. Entende-se por estabelecimento, para fins do art. 461 da CLT, o "complexo de bens organizado para exercício da empresa, por empresário ou por sociedade empresária", nos termos do art. 1.142 do Código Civil.

26. Remuneração e parcelas indenizatórias: gratificação de função.

Gratificação de função. Supressão ou redução. Limites. Lei n. 13.467/2017. I – Uma vez percebida a gratificação de função por dez ou mais anos pelo empregado, se o empregador, sem justo motivo, revertê-lo a seu cargo efetivo, não poderá retirar-lhe a gratificação, tendo em vista os princípios da razoabilidade, proporcionalidade e segurança jurídica, garantidores da estabilidade financeira. II – Mantido o empregado no exercício da função comissionada, não pode o empregador reduzir o valor da gratificação.

Prevalência do negociado sobre o legislado. Negociação coletiva (aspectos formais). Saúde e duração do trabalho. Ultratividade das normas coletivas.

27. Adequação setorial negociada.

I – Negociação coletiva. Limites. Adequação setorial negociada. As regras autônomas coletivas podem prevalecer sobre o padrão geral heterônomo trabalhista, desde que implementem padrão setorial de direitos superior ao padrão geral heterônomo, ou quando transacionam setorialmente parcelas e direitos trabalhistas de indisponibilidade apenas relativa, respeitadas as normas de indisponibilidade absoluta. II – A "adequação setorial negociada" não autoriza a supressão ou redução de direitos "tout court", cabendo às partes, nos termos do art. 611-A da CLT, com a redação dada pela Lei n. 13.467/2017, justificar a excepcionalidade da adequação e sua transitoriedade, bem como definir as contrapartidas, com razoabilidade e de boa-fé, sendo inconstitucional o disposto no § 2.° do art. 611-A da CLT.

28. Negociado sobre legislado: limites.

Nos termos do art. 5.°, § 2.°, da Constituição Federal, as convenções e acordos coletivos de trabalho não podem suprimir ou reduzir direitos, quando se sobrepuserem ou conflitarem com as convenções internacionais do trabalho e outras normas de hierarquia constitucional ou supralegal relativas à proteção da dignidade humana e dos valores sociais do trabalho e da livre-iniciativa.

29. Normas coletivas: princípio da norma mais benéfica.

I – Normas coletivas. Princípio da norma mais benéfica. Os acordos coletivos firmados não prejudicarão direitos garantidos pelas convenções coletivas de trabalho, em respeito à aplicação do princípio da norma mais favorável (art. 7.°, *caput*, da CF). Com efeito, a nova redação do art. 620 da CLT, dada pela Lei n. 13.467/2017, não exclui a aplicação do princípio da norma mais favorável, de orientação e aplicação no direito do trabalho. II – Ademais, prevalece em todo caso, em relação à matéria negociada, os princípios da proteção, e da inafastabilidade da tutela jurisdicional. III – A auditoria fiscal do trabalho possui o dever de exigir o cumprimento das normas laborais mais favoráveis ao trabalhador, o que inclui a possibilidade de verificação da aplicabilidade ou não de convenções e acordos coletivos de trabalho sob aquela sistemática.

30. Negociação coletiva: licitude e aspectos formais.

Direitos trabalhistas garantidos por normas de ordem pública, relativos a medidas de higiene, saúde e segurança do trabalho, são infensos à redução ou supressão mediante negociação coletiva, consoante a interpretação conjunta dos incisos XXII e XXVI do art. 7.° da Constituição. É, portanto, inconstitucional a previsão do art. 611-A, III e XII, da CLT (com a redação dada pela Lei n. 13.467/2017).

31. Instrumento coletivo e anulação de cláusula compensatória.

I – Contrapartidas em sede de negociação coletiva. Exigência inerente à boa-fé objetiva. Impossibilidade de supressão por lei. Inconstitucionalidade. A disposição constante do art. 611-A, § 2.°, da CLT, não é compatível com os arts. 7.°, XXVI, e 8.°, VI, da Constituição Federal, e tampouco com o art. 5.° da Convenção 154 da OIT. II

– Negociação coletiva. Convenção coletiva de trabalho ou acordo coletivo de trabalho. Anulação de cláusula compensatória. Art. 611-A, § 4.°, da CLT. Havendo dúvida acerca da existência de cláusula compensatória em benefício de outra cláusula principal, aquela deverá permanecer no instrumento coletivo, mesmo na hipótese do art. 611-A, § 4.° (1.ª parte), em observância ao princípio da proteção ao trabalhador (*in dubio pro operario*).

32. **Negociado sobre legislado: graus de insalubridade. Institucionalidades, inconvencionalidades, retrocesso social.**
As disposições dos incisos XII e XIII do art. 611-A da CLT (possibilidade de enquadramento de trabalhadores em graus de insalubridade e de prorrogação de jornada em ambientes insalubres por meio de acordo ou convenção coletiva de trabalho) perfazem retrocesso social, com prejuízos à vida digna e à saúde do trabalhador, sendo incompatíveis com os arts. 3.°, I e IV, 5.°, XXIII, 6.°, 7.°, XXII, 170, III, 196 e 225 da Constituição Federal, com o art. 11, *a*, da Convenção 155 da OIT, com o art. 611-B, XVII, da CLT, e, no campo processual/decisório, com os arts. 1.°, 8.° e 489, § 2.°, do CPC.

33. **Enquadramento do grau de insalubridade: impossibilidade de redução.**
Considerando o princípio da primazia da realidade, e sendo a saúde um direito de todos e dever do estado, e considerando ainda a ilicitude da supressão ou redução dos direitos provenientes de normas de saúde, higiene e segurança no trabalho, prevalecerá o acordado sobre o legislado sempre que se tratar de pagamento de percentual superior àquele determinado na NR-15, não sendo possível a redução do referido adicional.

34. **Intervalo intrajornada como norma de segurança e saúde pública.**
I – Regras sobre o intervalo intrajornada são consideradas como normas de saúde, higiene e segurança do trabalho e, por consequência, de ordem pública, apesar do que dispõe o art. 611-B, parágrafo único, da CLT (na redação da Lei n. 13.467/2017). II – O estabelecimento de intervalos intrajornadas em patamares inferiores a uma hora para jornadas de trabalho superiores a seis horas diárias é incompatível com os arts. 6.°, 7.°, inciso XXII, e 196 da Constituição.

35. **Prevalência do negociado sobre o legislado e controle de jornada de trabalho.**
I – O registro de jornada de trabalho permanece obrigatório, nos termos do art. 74 da Consolidação das Leis do Trabalho. II – A mera previsão em acordo ou convenção coletiva de trabalho não basta para a validade do sistema de registro eletrônico de jornada de trabalho. Necessidade de prova da inviolabilidade e veracidade dos registros e possibilidade de extração de dados pela fiscalização do trabalho.

36. **Negociado sobre legislado e redução salarial.**
Negociação coletiva. Contrato individual de trabalho. Objeto ilícito. Salário mínimo normativo. Art. 611-B, IV, da CLT. As convenções coletivas, os acordos coletivos de trabalho e os acordos individuais de trabalho devem respeitar o salário mínimo normativo em qualquer modalidade de contratação, nos termos do art. 7.°, inciso IV, da Constituição Federal.

37. **Saúde e duração do trabalho.**
É inconstitucional o parágrafo único do art. 611-B da CLT, pois as normas e institutos que regulam a duração do trabalho, bem como seus intervalos, são diretamente ligados às tutelas da saúde, higiene e segurança do trabalho como estabelecidas pelos arts. 7.°, XIII, XIV e XXII, 196 e 225 da Constituição Federal, pelos arts. 3.°, *b* e *e*, e 5.° da Convenção 155 da OIT, pelo art. 7.°, II, *b* e *d*, do PIDESC (ONU), pelo art. 7.°, *e*, *g* e *h*, do Protocolo de San Salvador (OEA), e pelo próprio art. 58 da CLT, que limita a jornada a oito horas diárias, sendo, assim, insuscetíveis de flexibilização por convenção ou acordo coletivos.

38. **Contribuição sindical.**
I – É lícita a autorização coletiva prévia e expressa para o desconto das contribuições sindical e assistencial, mediante assembleia geral, nos termos do estatuto, se obtida mediante convocação de toda a categoria representada especificamente para esse fim, independentemente de associação e sindicalização. II – A decisão da assembleia geral será obrigatória para toda a categoria, no caso das convenções coletivas, ou para todos os empregados das empresas signatárias do acordo coletivo de trabalho. III – O poder de controle do empregador sobre o desconto da contribuição sindical é incompatível com o *caput* do art. 8.° da Constituição Federal e com o art. 1.° da Convenção 98 da OIT, por violar os princípios da liberdade e da autonomia sindical e da coibição aos atos antissindicais.

39. **Ultratividade das normas coletivas.**
I – A vedação à ultratividade, constante do art. 614, § 3.°, da CLT, não é compatível com os arts. 7.°, XXVI, 8.°, VI, 114, § 2.°, da Constituição Federal, com as Convenções 98 e 154 da OIT, com o art. 2°, § 1.°, do PIDESC (ONU) e com o princípio da boa-fé. II – Se admitida a constitucionalidade e a convencionalidade do art. 614, § 3.°, da CLT, a ultratividade das normas coletivas, enquanto matéria de conteúdo a prever em instrumento coletivo de trabalho, é objeto lícito, tendo em vista as disposições do art. 7.°, XXVI, 8.°, VI, da Constituição Federal, bem como do princípio da não regressividade, insculpido no *caput* do art. 7.° da Constituição Federal.

40. **Prevalência do negociado sobre o legislado e cláusula restritiva de modalidades de contratação em instrumento coletivo (terceirização, teletrabalho e trabalho intermitente).**
É válida cláusula de instrumento coletivo que restringe terceirização, teletrabalho ou trabalho intermitente.

41. **Prevalência do negociado sobre o legislado e regime de sobreaviso.**
Negociação coletiva. Regime de sobreaviso. Escala de plantão. Art. 611-A, V, da CLT. A convenção coletiva ou o acordo coletivo de trabalho que dispuser sobre o regime de sobreaviso, nos termos do art. 611-A da CLT, deverá conter cláusula com escala de plantão.

42. **Prevalência do negociado sobre o legislado e 13.° salário.**
Negociação coletiva. Objeto ilícito. Décimo terceiro salário. Art. 611-B da CLT. A vedação de suprimir ou reduzir o décimo terceiro salário por meio de instrumento coletivo, conforme dispõe o art. 611-B da CLT, estende-se aos reflexos e às integrações na referida verba remuneratória.

43. **Prevalência do negociado sobre o legislado e definição de cargos de confiança.**

Negociação coletiva. Definição dos cargos de confiança. Presunção relativa. Art. 611-A, V, da CLT. A cláusula de instrumento coletivo que define os cargos que se enquadram como de confiança possui presunção relativa de veracidade, sendo necessária a análise da real função exercida e não meramente a função prescrita no contrato de trabalho, em razão do princípio da primazia da realidade.

44. **Negociado sobre o legislado e patamar civilizatório mínimo.**

É nula cláusula normativa, por quebra das características fundantes do direito do trabalho como ramo jurídico especializado, quando importar violação ao patamar civilizatório mínimo (arts. 9.°, 444, 468 e 611-A da CLT).

45. **Inconstitucionalidade na fixação de jornada superior a oito horas em atividades insalubres.**

A fixação de jornada de trabalho superior a oito horas em atividades insalubres, sem prévia autorização das entidades responsáveis pela higiene e segurança no trabalho, viola os termos do inciso XXII do art. 7.° da Constituição Federal de 1988. Assim, são inconstitucionais o parágrafo único do art. 60 e o inciso XIII, do art. 611- A, introduzidos pela Lei n. 13.467/2017.

46. **Negociado sobre legislado e remuneração por produtividade. Implantação de métodos de gestão lesivos ao meio ambiente laboral: impossibilidade.**

Negociado sobre legislado. Remuneração por produtividade. Implantação de métodos de gestão lesivos ao meio ambiente laboral. Impossibilidade. A inserção da "remuneração por produtividade" no art. 611-A, IX, da CLT, não pode ser compreendida de modo a permitir a implementação de métodos de gestão, de formas de organização do trabalho e de estruturas remuneratórias baseadas em metas e em resultados reconhecidamente relacionados ao aparecimento de doenças.

47. **Contribuição sindical: natureza jurídica tributária. Necessidade de lei complementar para sua alteração.**

A contribuição sindical legal (art. 579 da CLT) possui natureza jurídica tributária, conforme consignado no art. 8.° c/c art. 149 do CTN, tratando-se de contribuição parafiscal. Padece de vício de origem a alteração do art. 579 da CLT por lei ordinária (reforma trabalhista), uma vez que somente lei complementar poderá ensejar sua alteração.

48. **Negociação *in pejus* e inconvencionalidade do art. 611-A da CLT.**

Negociação *in pejus*. Inconvencionalidade. Efeitos paralisantes. A comissão de expertos em aplicação de convênios e recomendações da OIT (CEACR), no contexto de sua observação de 2017 sobre a aplicação, pelo Brasil, da Convenção 98 da OIT, reiterou que o objetivo geral das Convenções 98, 151 e 154 é a promoção da negociação coletiva para encontrar acordo sobre termos e condições de trabalho que sejam mais favoráveis que os previstos na legislação. Segundo a CEACR, um dispositivo legal que institui a derrogabilidade geral da legislação laboral por meio da negociação coletiva é contrário ao objetivo da promoção da negociação coletiva livre e voluntária prevista em tais convenções. O art. 611-A da CLT "reforma-da" não é verticalmente compatível com a Convenção 98 da OIT e remanesce formalmente inconvencional, circunstância que impede a sua aplicação, em virtude da eficácia paralisante irradiada pelas convenções.

Trabalhadora gestante e trabalhadora lactante. Trabalhador autônomo exclusivo. Hipersuficiente econômico. Arbitragem e cláusula compromissória.

49. **Trabalhador hipersuficiente. Art. 444, parágrafo único, da CLT.**

I – O parágrafo único do art. 444 da CLT, acrescido pela Lei n. 13.467/2017, contraria os princípios do direito do trabalho, afronta a Constituição Federal (arts. 5.°, *caput*, e 7.°, XXXII, além de outros) e o sistema internacional de proteção ao trabalho, especialmente a Convenção 111 da OIT. II – A negociação individual somente pode prevalecer sobre o instrumento coletivo se mais favorável ao trabalhador e desde que não contravenha as disposições fundamentais de proteção ao trabalho, sob pena de nulidade e de afronta ao princípio da proteção (art. 9.° da CLT c/c o art. 166, VI, do Código Civil).

50. **Trabalhadora gestante e lactante. Art. 394-A da CLT.**

A autorização legal permitindo o trabalho da gestante e lactante em ambiente insalubre é inconstitucional e inconvencional porque violadora da dignidade humana, do direito à redução dos riscos inerentes ao trabalho, da proteção integral ao nascituro e à criança e do direito social à saúde. Ademais, o meio ambiente do trabalho saudável é direito fundamental garantido pela Constituição da República, revestido de indisponibilidade absoluta. Incidência dos arts. 1.°, III; 6.°; 7.°, XXII; 196; 200; 201, II; 203, I; 225; 226 e 227 da Constituição Federal; Convenção 103 e 183 da OIT; arts. 25, I e II, da DUDH.

51. **Trabalhador autônomo exclusivo e art. 9.° da CLT.**

Trabalhador autônomo exclusivo. Reconhecimento da relação de emprego. A norma do art. 442-B da CLT não impede o reconhecimento da relação de emprego, quando presentes os pressupostos dos arts. 2.° e 3.° da CLT e configurado o desvirtuamento do trabalho autônomo, com fraude à relação de emprego, à luz do art. 9.° da CLT.

52. **Trabalhador autônomo exclusivo e primazia da realidade.**

Primazia da realidade sobre a forma. É a primazia da realidade, e não a formalidade exteriorizada de atos e negócios jurídicos, que deve ser considerada para o reconhecimento do vínculo de emprego (arts. 2.° e 3.° da CLT) ou de trabalho autônomo (art. 442-B da CLT).

53. **Trabalho autônomo contínuo e exclusivo. Limites e interpretação conforme: inteligência do art. 442-B da CLT à luz da Constituição Federal.**

Presume-se o vínculo empregatício diante da prestação de serviços contínua e exclusiva, uma vez que a relação de emprego é direito fundamental (arts. 1.°, III e IV, 5.°, *caput* e 7.° da CF/1988), devendo o art. 442-B da CLT ser interpretado conforme a Constituição Federal para afastar a caracterização do trabalho autônomo sempre que o trabalhador, não organizando a própria atividade, tenha seu labor utilizado na estrutura do empreendimento e integrado à sua dinâmica.

54. **Trabalhador autônomo exclusivo e formas jurídicas irreais.** O art. 442-B da CLT não permite a contratação de trabalhador constituído sob a forma de pessoa jurídica, de Microempreendedor Individual (MEI) e de Empresa Individual de Responsabilidade Limitada (EIRELI), entre outras, quando presentes os pressupostos para o reconhecimento da relação de emprego (arts. 2.° e 3.° da CLT).

55. **Trabalhadora gestante e irrenunciabilidade de direitos do nascituro. Impossibilidade de negociação do enquadramento da insalubridade e prorrogação de jornada em condições insalubres. Interpretação restritiva do art. 444, parágrafo único, da CLT.** Com o intuito de proteger a vida do nascituro, não poderão ser objeto de livre estipulação, no contrato de trabalho, direitos estabelecidos na Constituição Federal que afetem sua integridade, sendo proibida a negociação pela trabalhadora gestante, ainda que "hipersuficiente", do enquadramento da insalubridade em grau inferior ou da prorrogação de jornada sob condições insalubres.

56. **Cláusula compromissória de arbitragem nas relações de trabalho.** Cláusula compromissória de arbitragem. Art. 507-A da CLT. Impossibilidade de ser instituída em se tratando de créditos decorrentes da relação de trabalho, à luz do art. 1.° da Lei n. 9.307/96, art. 100 da CF/88, art. 1.707 do CC e art. 844, § 4.°, II, da CLT. Caráter alimentar do crédito trabalhista. Indisponibilidade e inderrogabilidade dos direitos trabalhistas.

Comissões de representação de empregados. Dispensas individuais e coletivas. Procedimento de quitação anual. Programas de demissão voluntária

57. **Dispensa coletiva: inconstitucionalidade.** O art. 477-A da CLT padece de inconstitucionalidade, além de inconvencionalidade, pois viola os arts. 1.°, III, IV, 6.°, 7.°, I, XXVI, 8.°, III, VI, 170, *caput*, III e VIII, 193, da Constituição Federal, como também o art. 4.° da Convenção n. 98, o art. 5.° da Convenção n. 154 e o art. 13 da Convenção n. 158, todas da OIT. Viola, ainda, a vedação de proteção insuficiente e de retrocesso social. As questões relativas à dispensa coletiva deverão observar: a) o direito de informação, transparência e participação da entidade sindical; b) o dever geral de boa-fé objetiva; e c) o dever de busca de meios alternativos às demissões em massa.

58. **Termo de quitação anual.** I) Os pagamentos efetuados por conta de termo de compromisso arbitral, "quitação anual" de obrigações trabalhistas, extinção do contrato por "mútuo acordo" e plano de demissão voluntária ou incentivada só podem produzir eficácia liberatória limitada aos valores efetivamente adimplidos das parcelas discriminadas. Em respeito à garantia constitucional de acesso à jurisdição (art. 5.°, XXXV) e ao art. 25 da Convenção Americana de Direitos Humanos, mantém-se o pleno direito de acesso ao Judiciário para solucionar situações conflituosas, inclusive para satisfação de diferenças sobre rubricas parcialmente pagas. II) O termo de quitação deverá estar necessariamente acompanhado de documentos comprobatórios, sob assistência efetiva do sindicato. III) O termo de quitação deve, pois, ser interpretado restritivamente, com eficácia liberatória de alcance limitado aos valores das parcelas expressamente especificadas no documento, sem implicar renúncia ou extinção da obrigação e nem impedir o exercício do direito fundamental de ação. IV) O referido termo será nulo de pleno direito se desvirtuar, impedir ou fraudar as disposições de proteção ao trabalho, os contratos coletivos e as decisões das autoridades trabalhistas competentes.

59. **Rescisão contratual por mútuo consentimento.** Extinção do contrato de trabalho por mútuo consentimento. Observância dos requisitos formais e substanciais de validade. A extinção do contrato de trabalho por mútuo consentimento prevista no art. 484-A da CLT se encontra submetida ao escrutínio quanto à validade formal e substancial do termo de rescisão, à luz dos arts. 138 a 188 do Código Civil c/c o art. 8.°, § 1.°, da CLT e do art. 9.° da CLT.

60. **Comissões de representação de empresas.** I – Representação dos trabalhadores no local de trabalho. Cabe às entidades sindicais a defesa dos interesses individuais e coletivos da categoria representada. Decorre dessa prerrogativa constitucional o livre exercício da negociação coletiva. É possível a previsão de participação sindical na representação dos trabalhadores, independentemente da nomenclatura e condições estabelecidas em lei ordinária. II – A representação dos trabalhadores de uma categoria profissional e a negociação coletiva são prerrogativas constitucionais dos sindicatos (art. 8.°, incisos III e VI), sendo que as Convenções 135 e 154 da OIT, ratificadas pelo Brasil, são expressas ao impedir que a presença de representantes eleitos venha a ser utilizada para o enfraquecimento da situação dos sindicatos interessados ou de seus representantes (Convenção 135) e, ainda, que a existência destes representantes não seja utilizada em detrimento da posição das organizações de trabalhadores interessadas (Convenção 154). Nesse sentido deve ser interpretado e aplicado o disposto nos arts. 510-A a 510-D da CLT, com a redação dada pela Lei n. 13.467/2017.

61. **Membros das comissões de representação.** Membros da comissão de representação. I – Garantias. I – Ao lado da garantia constante do art. 510-D, § 3.°, da CLT, os membros da comissão de representação são protegidos contra (a) despedida sem justa causa; (b) transferência para outro estabelecimento; (c) remoção para setor da empresa onde o contato com os demais empregados reste inviabilizado; (d) afastamento por razões pretensamente disciplinares; e (e) constante requisição para a realização de trabalhos externos, dentre outros expedientes francamente atentatórios à literalidade do art. 1.° da Convenção 135 da OIT. II – Prerrogativas. Para o exercício adequado de suas atribuições, os membros da comissão de representação possuem, com arrimo no art. 2.° da Convenção 135 da OIT, os direitos (a) ao tempo livre para o exercício das atividades representativas; (b) ao ingresso em todas as dependências dos locais de trabalho; (c) ao acesso direto aos dirigentes empresariais; (d) à disponibilização de quadro de avisos com

fácil acesso para os trabalhadores; (e) à livre distribuição de publicações junto aos trabalhadores; e (f) à livre distribuição de mensagens por via eletrônica, por intermédio dos canais institucionais da empresa.

62. Cláusula geral da garantia de emprego como efeito da aprovação da Lei n. 13.367/17.

Diante dos fundamentos apresentados para a aprovação da Lei n. 13.467/17, inclusive na exposição de motivos, no sentido de que a lei ampliaria a proteção jurídica dos trabalhadores, conferindo efetividade aos direitos dos trabalhadores constitucionalmente assegurados, e também em razão do disposto no § 3.º do art. 510-D e do § 3.º do art. 611-A da CLT, decorre uma cláusula geral de garantia de emprego, pela qual resta reforçada a proteção contra a dispensa arbitrária, fixada no inciso I do art. 7.º da CF, e se torna impossibilitada, sobretudo, a substituição de postos de emprego com vínculos efetivos, diretos e com plenos direitos por empregados vinculados a contratos precários criados ou reafirmados pela lei em questão.

63. Comissão de representação: recondução.

O § 1.º do art. 510-D, que dispõe que o membro que houver exercido a função de representante na comissão não poderá ser candidato nos dois períodos subsequentes, viola o art. 8.º, I, da Constituição Federal e as Convenções 98 e 135 da OIT.

64. Rescisão contratual por mútuo consentimento e sem assistência sindical: ônus da prova.

Negando o trabalhador que a ruptura contratual ocorreu por mútuo consentimento (art. 484-A), é do empregador o ônus da prova, tendo em vista a revogação do § 1.º do 477 da Consolidação das Leis do Trabalho (assistência/fiscalização sindical obrigatória) e em face dos princípios da continuidade da relação de emprego e da primazia da realidade, assumindo maior relevância a orientação da Súmula 212 do Tribunal Superior do Trabalho.

65. Invalidade de negócio jurídico que aniquila direitos pela forma.

O desrespeito aos direitos trabalhistas constitui um ato ilícito, que deve ser punido para a devida preservação da autoridade da ordem jurídica, não se podendo compreender como válidos negócios jurídicos que simplesmente tentam, pela forma, aniquilar direitos.

66. Comissão de representação e coexistência com as representações sindicais na empresa.

Comissão de representação dos empregados. Coexistência com as representações sindicais na empresa. I – A instituição de comissão de representantes nas empresas, nos termos do art. 510-A da CLT, não obsta a instalação e a manutenção das representações sindicais organizadas por local de trabalho; II – Nos termos do art. 3.º da Convenção 135 da OIT, as mesmas garantias estabelecidas para os membros das comissões de representação mencionadas no Título IV-A da CLT são asseguradas aos integrantes das representações sindicais nos locais de trabalho.

67. Comissões de representação e participação de sindicatos profissionais.

A vedação de interferência do sindicato da categoria na eleição de representante dos empregados, de que trata o § 1.º do art. 510-C da CLT, com a redação dada pela Lei n. 13.467/2017, somente pode estar dirigida ao sindicato da categoria econômica, uma vez que ao sindicato da categoria profissional cabe participar do processo no sentido de "incentivar a cooperação, relativa a todas as questões pertinentes, entre os representantes eleitos, por uma parte, e os sindicatos interessados e seus representantes, por outra parte" (arts. 3.º-B e 5.º da Convenção 135/OIT).

68. Comissão de representação e previsão em acordo ou convenção coletiva.

Comissão de representação dos empregados. Previsão em acordo ou convenção coletiva. A instituição de comissão de representação nas empresas ou de representação sindical no local de trabalho é condicionada à prévia negociação coletiva com a participação do sindicato representativo da categoria profissional.

69. Comissões de representação: combate a práticas discriminatórias. Rol exemplificativo.

Comissões de representação de empregados. Combate a práticas discriminatórias. Rol exemplificativo. As comissões de representação de empregados são destinadas, entre outras atribuições igualmente relevantes, a assegurar tratamento justo e imparcial aos empregados, impedindo qualquer forma de discriminação por motivo de sexo, idade, religião, opinião política ou atuação sindical (CLT, art. 510-B, V), sendo esse um rol meramente exemplificativo de motivações, haja vista o vetor constitucional de combate a qualquer forma de discriminação (arts. 3.º, IV, e 5.º, XLI, da CF).

Teletrabalho. Contrato de trabalho intermitente. Contrato de trabalho a tempo parcial. Terceirização

70. Teletrabalho: custeio de equipamentos.

O contrato de trabalho deve dispor sobre a estrutura e sobre a forma de reembolso de despesas do teletrabalho, mas não pode transferir para o empregado seus custos, que devem ser suportados exclusivamente pelo empregador. Interpretação sistemática dos arts. 75-D e 2.º da CLT à luz dos arts. 1.º, IV, 5.º, XIII e 170 da Constituição da República e do art. 21 da Convenção 155 da OIT.

71. Teletrabalho: horas extras.

São devidas horas extras em regime de teletrabalho, assegurado em qualquer caso o direito ao repouso semanal remunerado. Interpretação do art. 62, III, e do parágrafo único do art. 6.º da CLT conforme o art. 7.º, XIII e XV, da Constituição da República, o art. 7.º, e, *g* e *h* protocolo adicional à Convenção Americana sobre Direitos Humanos em matéria de direitos econômicos, sociais e culturais ("Protocolo de San Salvador"), promulgado pelo Decreto n. 3.321, de 30 de dezembro de 1999, e a Recomendação 116 da OIT.

72. Teletrabalho: responsabilidade civil do empregador por danos.

A mera subscrição, pelo trabalhador, de termo de responsabilidade em que se compromete a seguir as instruções fornecidas pelo empregador, previsto no art. 75-E, parágrafo único, da CLT, não exime o empregador de eventual responsabilidade por danos decorrentes dos riscos ambientais do teletrabalho. Aplicação do art. 7.º,

XXII, da Constituição c/c art. 927, parágrafo único, do Código Civil.

73. Contrato de trabalho intermitente: inconstitucionalidade.

É inconstitucional o regime de trabalho intermitente previsto no art. 443, § 3.°, e art. 452-A da CLT, por violação do art. 7.°, I e VII, da Constituição da República e por afrontar o direito fundamental do trabalhador aos limites de duração do trabalho, ao décimo terceiro salário e às férias remuneradas.

74. Contrato de trabalho intermitente: salário mínimo.

A proteção jurídica do salário mínimo, consagrada no art. 7.°, VII, da Constituição da República, alcança os trabalhadores em regime de trabalho intermitente, previsto nos arts. 443, § 3.°, e 452-A da CLT, aos quais é também assegurado o direito à retribuição mínima mensal, independentemente da quantidade de dias em que for convocado para trabalhar, respeitado o salário mínimo profissional, o salário normativo, o salário convencional ou o piso regional.

75. Terceirização: abrangência.

A Lei n. 13.467/2017, ao alterar a Lei n. 6.019/74, tanto no tema da contratação temporária quanto da terceirização de serviços, não serve como marco regulatório para a administração pública direta ou indireta, em razão do disposto no art. 37, *caput*, e incs. II e IX, da Constituição Federal.

76. Terceirização: isonomia salarial.

Os empregados das empresas terceirizadas têm direito de receber o mesmo salário dos empregados das tomadoras de serviços em mesmas atividades, bem como usufruir de iguais serviços de alimentação e atendimento ambulatorial. Viola os princípios da igualdade e da dignidade da pessoa humana (arts. 1.°, III e 5.°, *caput*, da Constituição da República) o disposto nos §§ 1.° e 2.° do art. 4.°-C da Lei n. 6.019/74, ao indicarem como mera faculdade o cumprimento, pelo empregador, desses deveres constitucionais. Aplicação dos arts. 1.°, III, 3.°, I, 5.°, *caput* e 7.°, XXXII, da Constituição da República.

77. Terceirização: limites de legalidade.

A validade do contrato de prestação de serviços previsto no art. 4.°-A da Lei n. 6.019/1974 sujeita-se ao cumprimento dos seguintes requisitos: I – efetiva transferência da execução de atividades a uma empresa prestadora de serviços, como objeto contratual; II – execução autônoma da atividade pela empresa prestadora, nos limites do contrato de prestação de serviço; III – capacidade econômica da empresa prestadora, compatível com a execução do contrato. A ausência de qualquer desses requisitos configura intermediação ilícita de mão de obra (art. 9.° da CLT) e acarreta o reconhecimento de vínculo de emprego entre os trabalhadores intermediados e a empresa tomadora do serviço.

78. Terceirização: capacidade econômica.

A capacidade econômica da empresa prestadora de serviços, compatível com a execução do contrato, nos termos do art. 4.°-A da Lei n. 6.019/1974, deve ser aferida pela contratante no ato da contratação e no curso do contrato, e não se restringe à observância do capital social mínimo exigido pelo art. 4.°-B, inciso III, que é requisito de funcionamento e que deve estar integralizado. Consiste, mais, na situação econômica positiva para cumprir todos os compromissos decorrentes da atividade contratada, pressupondo: (a) pactuação de preço do serviço compatível com os custos operacionais (comerciais, trabalhistas, previdenciários, tributários etc.); e (b) inexistência de passivo comercial, trabalhista, previdenciário e/ou fiscal, decorrente de outro(s) contrato(s), que constitua risco ao adimplemento contratual.

79. Terceirização: perda da capacidade econômica superveniente.

A perda da capacidade econômica da empresa prestadora invalida o contrato de prestação de serviços e caracteriza vínculo de emprego entre os trabalhadores intermediados e a empresa contratante, caso a contratante não adote posturas para preservar o adimplemento contratual.

80. Terceirização: atividade-fim.

O *caput* e § 1.° do art. 4.°-A da Lei n. 6.019/1974 (que autorizam a transferência de quaisquer atividades empresariais, inclusive a atividade principal da tomadora, para empresa de prestação de serviços), são incompatíveis com o ordenamento jurídico brasileiro (art. 7.°, I, CR e arts. 3.° e 9.°, CLT), pois implicam violação do princípio da dignidade da pessoa humana e do valor social do trabalho (arts. 1.°, IV; 5.°, § 2.°; 6.°; 170 e 193, todos da CR e Constituição da OIT). Presentes os requisitos do art. 3.° da CLT, forma-se vínculo de emprego direto com a empresa tomadora de serviços.

81. Terceirização: representação sindical dos terceirizados.

Presume-se como sendo da mesma categoria, e representados pelo mesmo sindicato profissional, todos os trabalhadores terceirizados e aqueles diretamente contratados pela tomadora que realizem serviços relacionados à sua atividade principal. Inteligência que se extrai do interesse integrado e da atuação conjunta da empresa contratada e contratante, previstos no § 3.° do art. 2.° da CLT, combinado com o conceito de categoria profissional decorrente do trabalho em comum em atividades econômicas similares ou conexas do art. 511, § 2.°, da CLT, e com a atividade preponderante conceituada no § 2.° do art. 581 da CLT.

82. Terceirização: meio ambiente do trabalho.

A responsabilidade solidária do contratante quanto à elaboração e implementação do programa de prevenção de riscos ambientais, de acordo com o disposto na Norma Regulamentadora 9 (NR-9), independe da qualidade do vínculo de trabalho dos obreiros, decorrendo da simples presença de trabalhadores no local, visto que o meio ambiente e as questões de saúde e segurança no trabalho englobam todos os trabalhadores cujas atividades laborais sejam prestadas em favor do mesmo tomador, de forma isonômica, sem qualquer distinção, independentemente do vínculo laboral.

83. Teletrabalho: controle dos riscos labor-ambientais

O regime de teletrabalho não exime o empregador de adequar o ambiente de trabalho às regras da NR-7 (PCMSO), da NR-9 (PPRA) e do art. 58, § 1.°, da Lei n. 8.213/91 (LTCAT), nem de fiscalizar o ambiente de trabalho, inclusive com a realização de treinamentos. Exigência dos arts. 16 a 19 da Convenção 155 da OIT.

84. Contrato de trabalho intermitente: carga horária.

Como o contrato de trabalho intermitente deve ser celebrado por escrito, do instrumento contratual deverão constar os períodos de prestação de serviços ou a estimativa de serviços a executar, a respeito dos quais se obriga o empregador.

85. O contrato de trabalho intermitente no Brasil não corresponde ao *zero-hours contract* britânico.

Nos contratos de trabalho intermitente, é obrigatório indicar a quantidade mínima de horas de efetiva prestação de serviços, pois não se admite contrato de trabalho com objeto indeterminado ou sujeito a condição puramente potestativa, consoante arts. 104, II, 166, II, e 122 do Código Civil, aplicáveis subsidiariamente à matéria, nos termos do art. 8.°, parágrafo único, da CLT.

86. Férias e trabalho intermitente.

Férias. Trabalho intermitente. Diante da existência de antinomia jurídica entre o disposto no § 6.° do art. 452-A da CLT e o disposto no § 9.° do mesmo art. 452-A da CLT, deve-se interpretar o ordenamento jurídico de forma sistemática e utilizar o critério hierárquico para solução do conflito de normas. Assim, tendo em vista o art. 7.°, XVII, da CF/88, que dispõe sobre o direito às férias anuais remuneradas, ou seja, pagas no momento do gozo do período de descanso (conforme também disposto no art. 452-A, § 9.°, CLT), o pagamento de férias proporcionais após a prestação de serviços (art. 452-A, § 6.°, II, CLT) não encontra aplicabilidade. Assim, no trabalho intermitente, as férias devem ser remuneradas quando da sua fruição.

87. Contrato de trabalho intermitente. Salário mínimo e piso profissional. Multa. Inconstitucionalidade.

A multa prevista no art. 452-A, § 4.°, da CLT, imposta ao trabalhador que descumprir convocação anteriormente atendida, não é compatível com os princípios constitucionais da dignidade humana, do valor social do trabalho, da isonomia, da proteção do trabalhador e da função social da empresa.

88. Trabalho intermitente e risco para terceiros.

O trabalho intermitente não poderá ser exercido em atividades que possam colocar em risco a vida, a saúde e a segurança dos próprios trabalhadores e/ou de terceiros.

89. Contrato de trabalho intermitente. Permanência do trabalhador dentro ou fora do estabelecimento do empregador por conveniência deste último. Cômputo como tempo de serviço.

Contrato de trabalho intermitente. Permanência do trabalhador dentro ou fora do estabelecimento do empregador por conveniência deste último. Cômputo como tempo de serviço. No contrato de trabalho intermitente, a teor do art. 452-A, § 5.°, da CLT, os períodos em que o trabalhador permanecer dentro ou fora do estabelecimento do empregador para atender a interesses, conveniências ou no aguardo de instruções deste último serão computados como horas ou frações efetivamente trabalhadas.

90. Contrato de trabalho intermitente e demandas permanentes.

1. É ilícita a contratação sob a forma de trabalho intermitente para o atendimento de demanda permanente, contínua ou regular de trabalho, dentro do volume normal de atividade da empresa. 2. É ilegal a substituição de posto de trabalho regular ou permanente pela contratação sob a forma de trabalho intermitente. 3. O empregador não pode optar pelo contrato de trabalho intermitente para, sob esse regime jurídico, adotar a escala móvel e variável da jornada. 4. Presente a necessidade de trabalho intermitente, o empregado contratado na forma do art. 443, § 3.°, da CLT tem direito subjetivo à convocação, sendo ilícita sua preterição ou a omissão do empregador.

91. Dia e hora incertos para labor e risco exclusivo do empregador. Tempo à disposição é de efetivo serviço.

No contrato de trabalho intermitente, o período sem convocação pelo empregador é de tempo à sua disposição e deve ser remunerado como de efetivo serviço. Ônus das variações de demanda do empreendimento são exclusivos do empregador.

92. Contratação por tempo parcial de trabalhadores no comércio.

O art. 58-A e seus parágrafos, da CLT, alterados por força da Lei n. 13.467/2017, não são aplicáveis aos comerciários, em virtude da aplicação obrigatória do art. 3.°, § 1.°, da Lei n. 12.790/2013, em decorrência da especificidade e da prevalência da norma mais favorável ao trabalhador.

93. Contrato de prestação de serviços. Requisitos de validade. Efetiva transferência da execução da atividade.

Contrato de prestação de serviço. Requisito de validade: efetiva transferência da execução da atividade. A transferência da execução da atividade por meio de contrato de prestação de serviço, na forma do art. 4.°-A da Lei n. 6.019/1974, com redação conferida pela Lei n. 13.467/2017, pressupõe autonomia formal, administrativa, organizacional, finalística e operacional da empresa contratada, à qual cabe exercer com exclusividade o controle do processo de produção da atividade, sem interferência da contratante, mera credora do serviço como resultado útil, pronto e acabado. Configura fraude ao regime de emprego o uso de contrato de prestação de serviço para transferência de vínculos formais de emprego à empresa contratada, sem efetiva transferência da execução da atividade.

94. Contrato de prestação de serviço. Requisito de validade: autonomia na execução da atividade.

Contrato de prestação de serviço. Requisito de validade: autonomia na execução da atividade. No contrato de prestação de serviço, de que trata o art. 4.°-A, *caput*, da Lei n. 6.019/1974, com redação dada pela Lei n. 13.467/2017, a execução autônoma da atividade por empresa prestadora de serviço pressupõe: (a) que a empresa prestadora contrate e remunere os empregados necessários à execução da atividade, exercendo com exclusividade a direção de seu trabalho (art. 4.°-A, § 1.°); e (b) que a empresa contratante se abstenha de utilizar a mão de obra contratada pela prestadora de serviço para finalidade distinta da prevista no contrato (art. 5.°-A, § 1.°). A presença de subordinação pessoal ou estrutural de trabalhador intermediado em relação à empresa contratante descaracteriza a prestação de serviço, ensejando reconhecimento de vínculo de emprego com o tomador dos serviços (art. 9.° da CLT).

95. Empresa individual. Prestação de serviços à tomadora pelo titular. Vínculo empregatício.

A prestação de serviços de empresa individual contratada deve ser realizada por seus empregados. Quando seu titular realiza pessoalmente as atividades para a empresa tomadora, forma-se o vínculo empregatício entre titular e tomadora.

96. Terceirização. Inadimplemento de verbas trabalhistas. Reconhecimento direto do vínculo com a contratante.

O inadimplemento das verbas trabalhistas por parte da empresa prestadora de serviços revela sua incapacidade econômica para a execução dos serviços (art. 4.°-A da Lei n. 6.019/74) e autoriza o consequente reconhecimento do vínculo diretamente com a contratante.

97. Terceirização. Capacidade econômica da prestadora de serviços. Requisito de validade do negócio jurídico.

O inadimplemento das obrigações trabalhistas pela empresa prestadora de serviços atrai para a empresa tomadora de serviços o ônus da prova da capacidade econômica da primeira. Inteligência do art. 818, § 1.°, da CLT.

Acesso à justiça e justiça gratuita. Honorários advocatícios. Honorários periciais. Litigância de má-fé e dano processual

98. Honorários de sucumbência. Inaplicabilidade aos processos em curso.

Em razão da natureza híbrida das normas que regem honorários advocatícios (material e processual), a condenação à verba sucumbencial só poderá ser imposta nos processos iniciados após a entrada em vigor da Lei n. 13.467/2017, haja vista a garantia de não surpresa, bem como em razão do princípio da causalidade, uma vez que a expectativa de custos e riscos é aferida no momento da propositura da ação.

99. Sucumbência recíproca.

O juízo arbitrará honorários de sucumbência recíproca (art. 791-A, § 3.°, da CLT) apenas em caso de indeferimento total do pedido específico. O acolhimento do pedido, com quantificação inferior ao postulado, não caracteriza sucumbência parcial, pois a verba postulada restou acolhida. Quando o legislador mencionou "sucumbência parcial", referiu-se ao acolhimento de parte dos pedidos formulados na petição inicial.

100. Honorários e assistência judiciária.

É inconstitucional a previsão de utilização dos créditos trabalhistas reconhecidos em juízo para o pagamento de despesas do beneficiário da justiça gratuita com honorários advocatícios ou periciais (arts. 791-A, § 4.°, e 790-B, § 4.°, da CLT, com a redação dada pela Lei n. 13.467/2017), por ferir os direitos fundamentais à assistência judiciária gratuita e integral, prestada pelo estado, e à proteção do salário (arts. 5.°, LXXIV, e 7.°, X, da Constituição Federal).

101. Honorários periciais.

I – Honorários periciais. Antecipação. Possibilidade. Aplicação da Resolução 66/2010 – CSJT. É compatível com a nova sistemática da CLT a antecipação de honorários periciais, nos termos do art. 2.°, § 2.°, da Resolução CSJT 66/2010 ou de norma superveniente, permitindo que o perito seja remunerado com recursos próprios da União, ainda na fase instrutória do processo. Após o trânsito em julgado da decisão, sendo o autor beneficiário da justiça gratuita, a União pagará o valor remanescente ao perito, devidamente atualizado, nos termos do art. 5.°, parágrafo único, da Resolução 66/2010, sendo aplicáveis apenas as normas dos tribunais regionais que apresentem condição mais favorável à efetividade do processo. II – Honorários periciais. Antecipação convencional das partes. Sub-rogação. O pagamento feito pela empresa de honorários periciais, de forma antecipada e convencional, é compatível com o disposto no art. 790-B, § 3.°, da CLT, permitindo que o perito seja remunerado com recursos próprios da empresa ainda na fase instrutória do processo. Após o trânsito em julgado da decisão, sendo o autor beneficiário da justiça gratuita, a União fará a restituição integral dos valores antecipados pela empresa, no limite do previsto na Resolução 66/2010 ou em norma superveniente, sub-rogando-a nos créditos do perito em face da União, sendo aplicáveis apenas as normas dos tribunais regionais que apresentem condição mais favorável à efetividade do processo.

102. Sucumbência em ação civil pública e ação civil coletiva: não aplicação.

Honorários advocatícios sucumbenciais, honorários periciais e custas processuais, como previstos na Lei n. 13.467/2017, não são aplicáveis às ações regidas por leis especiais, a saber, Lei da Ação Civil Pública (art. 17 e 18 da Lei n. 7.347/1985) e Código de Defesa do Consumidor (art. 87 da Lei n. 8.078/1990).

103. Acesso à justiça.

Acesso à justiça. Art. 844, §§ 2.° e 3.°, da CLT. Inconstitucionalidade. Viola o princípio de acesso à justiça a exigência de cobrança de custas de processo arquivado como pressuposto de novo ajuizamento. O princípio do acesso à justiça é uma das razões da própria existência da justiça do trabalho, o que impede a aplicação dessas regras, inclusive sob pena de esvaziar o conceito de gratuidade da justiça.

104. O § 5.° do art. 844 da CLT não afasta a revelia e a confissão.

O § 5.° do art. 844 da CLT não afasta a revelia e seus efeitos de confissão, apenas permitindo que o juiz possa conhecer das questões de ordem pública e da matéria não alcançada pela confissão do fato constitutivo alegado pelo autor.

105. Sentença sem exame de mérito. Direito autoral à emenda.

CLT, art. 840, § 3.°. Sentença sem exame do mérito. Necessidade de oportunizar a emenda. A exordial que não atende integralmente os requisitos legais deve ensejar oportunidade para emenda e não imediata sentença sem exame do mérito, sob pena de obstar o direito do autor à integral análise do mérito (CPC, arts. 4.°, 6.°, 317, 319 e 321; TST, Súmula 263).

106. Limite temporal para o autor desistir da ação sem o consentimento do réu.

CLT, art. 841, § 3.°. Desistência da ação. Necessidade de consentimento do réu. Limite temporal. A CLT estabelece que o momento processual próprio para o demandando "oferecer a contestação" é na audiência, depois de

ENUNCIADOS

ESPAÇO RESERVADO PARA USO DE GRAMPO

proposta a conciliação. Por isso, ainda que a parte demandada envie/protocole a contestação antes da fase processual prevista em lei, não há razão para a anuência pelo réu de desistência da ação enquanto não atingido tal momento processual.

107. **Acesso à justiça. Isonomia. *Jus postulandi.***

1. Não sendo representante legal da pessoa jurídica ou empregado do réu, o preposto poderá apenas prestar depoimento pessoal na audiência, sendo-lhe vedada a prática de atos processuais privativos do advogado 2. Não sendo empregado do réu, é vedado ao advogado funcionar como seu preposto. 3. É defeso ao advogado funcionar no mesmo processo, simultaneamente, como patrono e preposto do empregador (Código de Ética e Disciplina da OAB, art. 23).

108. **Litisconsorte necessário de entidades sindicais.**

Ação de anulação de cláusula de instrumento coletivo. Entidades sindicais subscritoras. Litisconsórcio necessário. Ônus processual da lide. Art. 611-A, § 5.º, da CLT. A exigência legal da participação da entidade sindical como litisconsorte necessário nas ações que tenham como objeto a anulação de cláusulas de instrumento coletivo não obriga as entidades sindicais subscritoras desses instrumentos ao pagamento das custas processuais e honorários advocatícios, quando não derem causa ao processo.

Sistema recursal e limitações à edição de súmulas. Incidente de desconsideração da personalidade jurídica. Ação de homologação de acordo. Aspectos gerais da execução trabalhista

109. **Processo do trabalho. Incidente de desconsideração da personalidade jurídica: aplicação limitada.**

I – No processo do trabalho, o redirecionamento da execução para o sócio não exige o incidente de desconsideração da personalidade jurídica (arts. 133 a 137 do CPC). II – A dissolução irregular da pessoa jurídica inclui as hipóteses de impossibilidade de satisfação da dívida pelo devedor, o que autoriza o redirecionamento da execução para os sócios, independentemente de instauração do incidente de desconsideração da personalidade jurídica (art. 135 do CTN). III – Admite-se o incidente de desconsideração da personalidade nas hipóteses de sócio oculto, sócio interposto (de fachada ou "laranja"), associação ilícita de pessoas jurídicas ou físicas ou injuridicidades semelhantes, como constituição de sociedade empresária por fraude, abuso de direito ou seu exercício irregular, com o fim de afastar o direito de credores. IV – Adotado o incidente de desconsideração da personalidade jurídica, o juiz, no exercício do poder geral de cautela, determinará às instituições bancárias a indisponibilidade de ativos financeiros e decretará a indisponibilidade de outros bens pertencentes aos sócios, pessoas jurídicas ou terceiros responsáveis, sendo desnecessária a ciência prévia do ato.

110. **Jurisdição voluntária. Acordo extrajudicial. Recusa à homologação.**

O juiz pode recusar a homologação do acordo, nos termos propostos, em decisão fundamentada.

111. **Súmulas e enunciados de jurisprudência. Edição e alteração. Requisitos. Inconstitucionalidade.**

São inconstitucionais os requisitos do art. 702, I, *f*, e § 4.º, da CLT, introduzidos pela Lei n. 13.467/2017, para a edição ou alteração de súmulas e outros enunciados de jurisprudência, por violação aos arts. 2.º, 5.º, LIV, 93, 96, I, *a*, e 113 da CF.

112. **Execução provisória. Liberação de depósito em dinheiro: aplicação dos arts. 520 e 521 do CPC.**

Os arts. 520 e 521 do CPC são aplicáveis ao processo do trabalho, sendo admitida a liberação de depósito em dinheiro, independentemente de caução (CPC, art. 521, II).

113. **Execução de ofício e art. 878 da CLT.**

Em razão das garantias constitucionais da efetividade (CF, art. 5.º, XXXV), da razoável duração do processo (CF, art. 5.º, LXXVIII) e em face da determinação constitucional da execução de ofício das contribuições previdenciárias, parcelas estas acessórias das obrigações trabalhistas (CF, art. 114, VIII), o art. 878 da CLT deve ser interpretado conforme a Constituição, de modo a permitir a execução de ofício dos créditos trabalhistas, ainda que a parte esteja assistida por advogado.

114. **Execução. Impulso oficial. Pesquisa e constrição de bens. Possibilidade.**

O impulso oficial da execução está autorizado pelo art. 765 da CLT e permite ao juiz a utilização dos mecanismos de pesquisa e de constrição de bens, inclusive por meio do sistema Bacenjud, sendo esse mero procedimento para formalização da penhora em dinheiro.

115. **Execução de ofício. Inexistência de nulidade.**

A teor do art. 794 da CLT, não há nulidade processual quando o juízo realiza a execução de ofício, porque inexistente manifesto prejuízo processual.

116. **Tutelas de urgência de natureza cautelar no incidente de desconsideração da personalidade jurídica.**

A adoção do incidente de desconsideração da personalidade jurídica no processo do trabalho não exclui a possibilidade de deferimento de tutelas de urgência de natureza cautelar antes da citação do novo executado, inclusive de ofício, dentro do poder geral de cautela do magistrado.

117. **Responsabilização dos sócios. Redirecionamento da execução. Recuperação judicial. Aplicação analógica do art. 28, § 5.º, do CDC.**

Por aplicação analógica do art. 28, § 5.º, do CDC (Lei n. 8.078/1990), o juiz poderá redirecionar a execução para a responsabilização dos sócios quando decretada a recuperação judicial da empresa.

118. **Depósito recursal. Redução, pela metade, em favor das entidades sem fins lucrativos. Aplicação às entidades sindicais.**

O art. 899, § 9.º, da CLT, introduzido pela Lei n. 13.467/2017, que reduz pela metade o valor do depósito recursal para as entidades sem fins lucrativos, aplica-se às entidades sindicais.

119. **Execução. Seguro-garantia judicial. Acréscimo de 30%.**

A aceitação do seguro-garantia judicial previsto no art. 882 da CLT pressupõe o acréscimo de 30% do débito, por aplicação supletiva do art. 835, § 2.º, do CPC.

120. Execução. Medidas executivas indiretas. Prazo para implementação e cancelamento do protesto. Inconstitucionalidade.

A exigência do dilatado prazo de 45 (quarenta e cinco) dias para protesto da sentença, inscrição do executado em órgãos de proteção ao crédito e/ou no banco nacional de devedores trabalhistas e o cancelamento do registro pela simples garantia da execução ferem os princípios constitucionais da razoabilidade, efetividade, razoável duração do processo e da isonomia (CF, art. 5.°, *caput*, XXXV e LXXVIII), por promover distinção injustificada entre o credor trabalhista e o credor comum.

121. Transcendência: indicadores.

I – A transcendência econômica, nos termos do art. 896-A, § 1.°, I, da CLT deverá considerar a repercussão da pretensão no patrimônio das partes. II – O exercício da técnica do *distinguishing*, por parte dos tribunais regionais, a respeito da aplicabilidade da jurisprudência sumulada do STF e do TST aos casos concretos, não configura desrespeito para fins de enquadramento no art. 896-A, § 1.°, II, da CLT. III – A relevância social e jurídica envolve também as questões atinentes à interpretação e à aplicação dos tratados de direitos humanos ratificados pelo brasil.

122. Transcendência. Recurso de revista. Sustentação oral.

A fixação de prazo exíguo (cinco minutos) para a sustentação oral do advogado, por ocasião do julgamento do agravo interno perante a turma do Tribunal Superior do Trabalho (art. 896-A, §§ 2.° e 3.°, da CLT), não se compatibiliza com o princípio do devido processo legal, plasmado no art. 5.°, LIV, da Constituição Federal.

123. Homologação de acordo extrajudicial.

I – A faculdade prevista no Capítulo III-A do Título X da CLT não alcança as matérias de ordem pública. II – O acordo extrajudicial só será homologado em juízo se estiverem presentes, em concreto, os requisitos previstos nos arts. 840 a 850 do Código Civil para a transação; III – Não será homologado em juízo o acordo extrajudicial que imponha ao trabalhador condições meramente potestativas, ou que contrarie o dever geral de boa-fé objetiva (arts. 122 e 422 do Código Civil).

124. Homologação de acordo extrajudicial. Recurso. Análise pelo tribunal.

No caso de recurso da decisão que não homologar de forma fundamentada o acordo extrajudicial, o tribunal não poderá retornar o processo para que o juiz de primeiro grau o homologue.

125. Processo de jurisdição voluntária. Homologação de acordo extrajudicial. Competência territorial.

I – A competência territorial do processo de jurisdição voluntária para homologação de acordo extrajudicial segue a sistemática do art. 651 da CLT. II – Aplica-se analogicamente o art. 63, § 3.°, do CPC, permitindo que o juiz repute ineficaz de ofício a eleição de foro diferente do estabelecido no art. 651 da CLT, remetendo os autos para o juízo natural e territorialmente competente.

ÍNDICE ALFABÉTICO-REMISSIVO DOS ENUNCIADOS DAS JORNADAS DE DIREITO MATERIAL E PROCESSUAL DO TRABALHO

1.ª Jornada de Direito Material e Processual do Trabalho

2.ª Jornada de Direito Material e Processual do Trabalho

ENUNCIADOS DAS JORNADAS DE DIREITO PROCESSUAL CIVIL

1.ª JORNADA DE DIREITO PROCESSUAL CIVIL (*)

1. A verificação da violação à boa-fé objetiva dispensa a comprovação do *animus* do sujeito processual.
2. As disposições do CPC aplicam-se supletiva e subsidiariamente às Leis n. 9.099/1995, 10.259/2001 e 12.153/2009, desde que não sejam incompatíveis com as regras e princípios dessas Leis.
3. As disposições do CPC aplicam-se supletiva e subsidiariamente ao Código de Processo Penal, no que não forem incompatíveis com esta Lei.
4. A entrada em vigor de acordo ou tratado internacional que estabeleça dispensa da caução prevista no art. 83, § 1.º, inc. I do CPC/2015, implica na liberação da caução previamente imposta.
5. Ao proferir decisão parcial de mérito ou decisão parcial fundada no art. 485 do CPC, condenar-se-á proporcionalmente o vencido a pagar honorários ao advogado do vencedor, nos termos do art. 85 do CPC.
6. A fixação dos honorários de sucumbência por apreciação equitativa só é cabível nas hipóteses previstas no § 8.º do art. 85 do CPC.
7. A ausência de resposta ao recurso pela parte contrária, por si só, não tem o condão de afastar a aplicação do disposto no art. 85, § 11, do CPC.
8. Não cabe majoração de honorários advocatícios em agravo de instrumento, salvo se interposto contra decisão interlocutória que tenha fixado honorários na origem, respeitados os limites estabelecidos no art. 85, §§ 2.º, 3.º e 8.º, do CPC.
9. Aplica-se o art. 90, § 4.º, do CPC ao reconhecimento da procedência do pedido feito pela Fazenda Pública nas ações relativas às prestações de fazer e de não fazer.
10. O benefício do § 4.º do art. 90 do CPC aplica-se apenas à fase de conhecimento.
11. Aplica-se o disposto nos arts. 133 a 137 do CPC às hipóteses de desconsideração indireta e expansiva da personalidade jurídica.
12. É cabível a intervenção de *amicus curiae* (art. 138 do CPC) no procedimento do Mandado de Injunção (Lei n. 13.300/2016).
13. O art. 139, VI, do CPC autoriza o deslocamento para o futuro do termo inicial do prazo.
14. A ordem cronológica do art. 153 do CPC não será renovada quando houver equívoco atribuível ao Poder Judiciário no cumprimento de despacho ou decisão.
15. Aplicam-se às entidades referidas no § 3.º do art. 186 do CPC as regras sobre intimação pessoal das partes e suas testemunhas (art. 186, § 2.º; art. 455, § 4.º, IV; art. 513, § 2.º, II e art. 876, § 1.º, II, todos do CPC).
16. As disposições previstas nos arts. 190 e 191 do CPC poderão aplicar-se aos procedimentos previstos nas leis que tratam dos juizados especiais, desde que não ofendam os princípios e regras previstos nas Leis n. 9.099/1995, 10.259/2001 e 12.153/2009.
17. A Fazenda Pública pode celebrar convenção processual, nos termos do art. 190 do CPC.
18. A convenção processual pode ser celebrada em pacto antenupcial ou em contrato de convivência, nos termos do art. 190 do CPC.
19. O prazo em dias úteis previsto no art. 219 do CPC aplica-se também aos procedimentos regidos pelas Leis n. 9.099/1995, 10.259/2001 e 12.153/2009.
20. Aplica-se o art. 219 do CPC na contagem do prazo para oposição de embargos à execução fiscal previsto no art. 16 da Lei n. 6.830/1980.
21. A suspensão dos prazos processuais prevista no *caput* do art. 220 do CPC estende-se ao Ministério Público, à Defensoria Pública e à Advocacia Pública.
22. Em causas que dispensem a fase instrutória, é possível o julgamento de improcedência liminar do pedido que contrariar decisão do Supremo Tribunal Federal em controle concentrado de constitucionalidade ou enunciado de súmula vinculante.
23. Na ausência de auxiliares da justiça, o juiz poderá realizar a audiência inaugural do art. 334 do CPC, especialmente se a hipótese for de conciliação.

(*) Realizada entre os dias 24 e 25-8-2017.

24. Havendo a Fazenda Pública publicizado ampla e previamente as hipóteses em que está autorizada a transigir, pode o juiz dispensar a realização da audiência de mediação e conciliação, com base no art. 334, § 4.º, II, do CPC, quando o direito discutido na ação não se enquadrar em tais situações.

25. As audiências de conciliação ou mediação, inclusive dos juizados especiais, poderão ser realizadas por videoconferência, áudio, sistemas de troca de mensagens, conversa *on-line*, conversa escrita, eletrônica, telefônica e telemática ou outros mecanismos que estejam à disposição dos profissionais da autocomposição para estabelecer a comunicação entre as partes.

26. A multa do § 8.º do art. 334 do CPC não incide no caso de não comparecimento do réu intimado por edital.

27. Não é necessário o anúncio prévio do julgamento do pedido nas situações do art. 355 do CPC.

28. Os incisos do art. 357 do CPC não exaurem o conteúdo possível da decisão de saneamento e organização do processo.

29. A estabilidade do saneamento não impede a produção de outras provas, cuja necessidade se origine de circunstâncias ou fatos apurados na instrução.

30. É admissível a prova emprestada, ainda que não haja identidade de partes, nos termos do art. 372 do CPC.

31. A compatibilização do disposto nos arts. 378 e 379 do CPC com o art. 5.º, LXIII, da CF/1988, assegura à parte, exclusivamente, o direito de não produzir prova contra si quando houver reflexos no ambiente penal.

32. A vedação à apresentação de defesa prevista no art. 382, § 4.º, do CPC, não impede a alegação pelo réu de matérias defensivas conhecíveis de ofício.

33. No depoimento pessoal, o advogado da contraparte formulará as perguntas diretamente ao depoente.

34. A qualificação incompleta da testemunha só impede a sua inquirição se houver demonstração de efetivo prejuízo.

35. Considerando os princípios do acesso à justiça e da segurança jurídica, persiste o interesse de agir na propositura de ação declaratória a respeito da questão prejudicial incidental, a ser distribuída por dependência da ação preexistente, inexistindo litispendência entre ambas as demandas (arts. 329 e 503, § 1.º, do CPC).

36. O disposto no art. 506 do CPC não permite que se incluam, dentre os beneficiados pela coisa julgada, litigantes de outras demandas em que se discuta a mesma tese jurídica.

37. Aplica-se aos juizados especiais o disposto nos parágrafos do art. 489 do CPC.

38. As medidas adequadas para efetivação da tutela provisória independem do trânsito em julgado, inclusive contra o Poder Público (art. 297 do CPC).

39. Cassada ou modificada a tutela de urgência na sentença, a parte poderá, além de interpor recurso, pleitear o respectivo restabelecimento na instância superior, na petição de recurso ou em via autônoma.

40. A irreversibilidade dos efeitos da tutela de urgência não impede sua concessão, em se tratando de direito provável, cuja lesão seja irreversível.

41. Nos processos sobrestados por força do regime repetitivo, é possível a apreciação e a efetivação de tutela provisória de urgência, cuja competência será do órgão jurisdicional onde estiverem os autos.

42. É cabível a concessão de tutela provisória de urgência em incidente de desconsideração da personalidade jurídica.

43. Não ocorre a estabilização da tutela antecipada requerida em caráter antecedente, quando deferida em ação rescisória.

44. É requisito da petição inicial da tutela cautelar requerida em caráter antecedente a indicação do valor da causa.

45. Aplica-se às tutelas provisórias o princípio da fungibilidade, devendo o juiz esclarecer as partes sobre o regime processual a ser observado.

46. A cessação da eficácia da tutela cautelar, antecedente ou incidental, pela não efetivação no prazo de 30 dias, só ocorre se caracterizada omissão do requerente.

47. A probabilidade do direito constitui requisito para concessão da tutela da evidência fundada em abuso do direito de defesa ou em manifesto propósito protelatório da parte contrária.

48. É admissível a tutela provisória da evidência, prevista no art. 311, II, do CPC, também em casos de tese firmada em repercussão geral ou em súmulas dos tribunais superiores.

49. A tutela da evidência pode ser concedida em mandado de segurança.

50. A eficácia da produção antecipada de provas não está condicionada a prazo para a propositura de outra ação.

51. Havendo registro judicial ou autorização expressa do juízo sucessório competente, nos autos do procedimento de abertura, registro e cumprimento de testamento, sendo todos os interessados capazes e concordes, poderão ser feitos o inventário e a partilha por escritura pública.

52. Na organização do esboço da partilha tratada pelo art. 651 do CPC, deve-se incluir a meação do companheiro.

53. Para o reconhecimento definitivo do domínio ou da posse do terceiro embargante (art. 681 do CPC), é necessária a presença, no polo passivo dos embargos, do réu ou do executado a quem se impute a titularidade desse domínio ou dessa posse no processo principal.

54. Estando o processo em grau de recurso, o requerimento de habilitação far-se-á de acordo com o Regimento Interno do respectivo tribunal (art. 687 do CPC).

55. É cabível apelação contra sentença proferida no procedimento especial de habilitação (arts. 687 a 692 do CPC).

56. A legitimidade conferida à Defensoria Pública pelo art. 720 do CPC compreende as hipóteses de jurisdição voluntária previstas na legislação extravagante, notadamente no Estatuto da Criança e do Adolescente.

57. Todos os legitimados a promover a curatela, cujo rol deve incluir o próprio sujeito a ser curatelado, também o são para realizar o pedido do seu levantamento.

58. O prazo para interposição do agravo previsto na Lei n. 8.437/92 é de quinze dias, conforme o disposto no art. 1.070 do CPC.

59. Não é exigível identidade absoluta entre casos para a aplicação de um precedente, seja ele vinculante ou não, bastando que ambos possam compartilhar os mesmos fundamentos determinantes.

60. É direito das partes a manifestação por escrito, no prazo de cinco dias, sobre fato superveniente ou questão de ofício na hipótese do art. 933, § 1.º, do CPC, ressalvada a concordância expressa com a forma oral em sessão.

61. Deve ser franqueado às partes sustentar oralmente as suas razões, na forma e pelo prazo previsto no art. 937, *caput*, do CPC, no agravo de instrumento que impugne decisão de resolução parcial de mérito (art. 356, § 5.º, do CPC).

62. Aplica-se a técnica prevista no art. 942 do CPC no julgamento de recurso de apelação interposto em mandado de segurança.

63. A técnica de que trata o art. 942, § 3.º, I, do CPC aplica-se à hipótese de rescisão parcial do julgado.

64. Ao despachar a reclamação, deferida a suspensão do ato impugnado, o relator pode conceder tutela provisória satisfativa correspondente à decisão originária cuja autoridade foi violada.

65. A desistência do recurso pela parte não impede a análise da questão objeto do incidente de assunção de competência.

66. Admite-se a correção da falta de comprovação do feriado local ou da suspensão do expediente forense, posteriormente à interposição do recurso, com fundamento no art. 932, parágrafo único, do CPC.

67. Há interesse recursal no pleito da parte para impugnar a multa do art. 334, § 8.º, do CPC por meio de apelação, embora tenha sido vitoriosa na demanda.

68. A intempestividade da apelação desautoriza o órgão *a quo* a proferir juízo positivo de retratação.

69. A hipótese do art. 1.015, parágrafo único, do CPC abrange os processos concursais, de falência e recuperação.

70. É agravável o pronunciamento judicial que postergar a análise de pedido de tutela provisória ou condicioná-la a qualquer exigência.

71. É cabível o recurso de agravo de instrumento contra a decisão que indefere o pedido de atribuição de efeito suspensivo a Embargos à Execução, nos termos do art. 1.015, X, do CPC.

72. É admissível a interposição de agravo de instrumento tanto para a decisão interlocutória que rejeita a inversão do ônus da prova, como para a que a defere.

73. Para efeito de não conhecimento do agravo de instrumento por força da regra prevista no § 3.º do art. 1.018 do CPC, deve o juiz, previamente, atender ao art. 932, parágrafo único, e art. 1.017, § 3.º, do CPC, intimando o agravante para sanar o vício ou complementar a documentação exigível.

74. O termo "manifestamente" previsto no § 4.º do art. 1.021 do CPC se refere tanto à improcedência quanto à inadmissibilidade do agravo.

75. Cabem embargos declaratórios contra decisão que não admite recurso especial ou extraordinário, no tribunal de origem ou no tribunal superior, com a consequente interrupção do prazo recursal.

76. É considerada omissa, para efeitos do cabimento dos embargos de declaração, a decisão que, na superação de precedente, não se manifesta sobre a modulação de efeitos.

77. Para impugnar decisão que obsta trânsito a recurso excepcional e que contenha simultaneamente fundamento relacionado à sistemática dos recursos repetitivos ou da repercussão geral (art. 1.030, I, do CPC) e fundamento relacionado à análise dos pressupostos de admissibilidade recursais (art. 1.030, V, do CPC), a parte sucumbente deve interpor, simultaneamente, agravo interno (art. 1.021 do CPC) caso queira impugnar a parte relativa aos recursos repetitivos ou repercussão geral e agravo em recurso especial/extraordinário (art. 1.042 do CPC) caso queira impugnar a parte relativa aos fundamentos de inadmissão por ausência dos pressupostos recursais.

78. A suspensão do recurso prevista no art. 1.030, III, do CPC deve se dar apenas em relação ao capítulo da decisão afetada pelo repetitivo, devendo o recurso ter seguimento em relação ao remanescente da controvérsia, salvo se a questão repetitiva for prejudicial à solução das demais matérias.

79. Na hipótese do art. 1.032 do CPC, cabe ao relator, após possibilitar que o recorrente adite o seu recurso para inclusão de preliminar sustentando a existência de repercussão geral, oportunizar ao recorrido que, igualmente, adite suas contrarrazões para sustentar a inexistência da repercussão.

80. Quando o Supremo Tribunal Federal considerar como reflexa a ofensa à Constituição afirmada no recurso extraordinário, deverá, antes de remetê-lo ao Superior Tribunal de Justiça para julgamento como recurso especial, conceder prazo de quinze dias para que as partes complementem suas razões e contrarrazões de recurso.

81. A devolução dos autos pelo Superior Tribunal de Justiça ou Supremo Tribunal Federal ao tribunal de origem depende de decisão fundamentada, contra a qual cabe agravo na forma do art. 1.037, § 13, II, do CPC.

82. Quando houver pluralidade de pedidos de admissão de *amicus curiae*, o relator deve observar, como critério para definição daqueles que serão admitidos, o equilíbrio na representatividade dos diversos interesses jurídicos contrapostos no litígio, velando, assim, pelo respeito à amplitude do contraditório, paridade de tratamento e isonomia entre todos os potencialmente atingidos pela decisão.

83. Caso os embargos de divergência impliquem alteração das conclusões do julgamento anterior, o recorrido que já tiver interposto o recurso extraordinário terá o direito de complementar ou alterar suas razões, nos exatos limites da modificação, no prazo de quinze dias, contados da intimação da decisão dos embargos de divergência.

84. O comparecimento espontâneo da parte constitui termo inicial dos prazos para pagamento e, sucessivamente, impugnação ao cumprimento de sentença.

85. Na execução de título extrajudicial ou judicial (art. 515, § 1.º, do CPC) é cabível a citação postal.

86. As prestações vincendas até o efetivo cumprimento da obrigação incluem-se na execução de título executivo extrajudicial (arts. 323 e 318, parágrafo único, do CPC).

87. O acordo de reparação de danos feito durante a suspensão condicional do processo, desde que devidamente homologado por sentença, é título executivo judicial.

88. A caução prevista no inc. IV do art. 520 do CPC não pode ser exigida em cumprimento definitivo de sentença. Considera-se como tal o cumprimento de sentença transitada em julgado no processo que deu origem ao crédito executado, ainda que sobre ela penda impugnação destituída de efeito suspensivo.

89. Conta-se em dias úteis o prazo do *caput* do art. 523 do CPC.

90. Conta-se em dobro o prazo do art. 525 do CPC nos casos em que o devedor é assistido pela Defensoria Pública.

91. Interpreta-se o art. 524 do CPC e seus parágrafos no sentido de permitir que a parte patrocinada pela Defensoria Pública continue a valer-se da contadoria judicial para elaborar cálculos para execução ou cumprimento de sentença.

92. A intimação prevista no *caput* do art. 523 do CPC deve contemplar, expressamente, o prazo sucessivo para impugnar o cumprimento de sentença.

93. Da decisão que julga a impugnação ao cumprimento de sentença cabe apelação, se extinguir o processo, ou agravo de instrumento, se não o fizer.

94. Aplica-se o procedimento do art. 920 do CPC à impugnação ao cumprimento de sentença, com possibilidade de rejeição liminar nas hipóteses dos arts. 525, § 5.º, e 918 do CPC.

95. O juiz, antes de rejeitar liminarmente a impugnação ao cumprimento de sentença (art. 525, § 5.º, do CPC), deve intimar o impugnante para sanar eventual vício, em observância ao dever processual de cooperação (art. 6.º do CPC).

96. Os critérios referidos no *caput* do art. 537 do CPC devem ser observados no momento da fixação da multa, que não está limitada ao valor da obrigação principal e não pode ter sua exigibilidade postergada para depois do trânsito em julgado.

97. A execução pode ser promovida apenas contra o titular do bem oferecido em garantia real, cabendo, nesse caso, somente a intimação de eventual coproprietário que não tenha outorgado a garantia.

98. O art. 782, § 3.º, do CPC não veda a possibilidade de o credor, ou mesmo o órgão de proteção ao crédito, fazer a inclusão extrajudicial do nome do executado em cadastros de inadimplentes.

99. A inclusão do nome do executado em cadastros de inadimplentes poderá se dar na execução definitiva de título judicial ou extrajudicial.

100. Interpreta-se a expressão condomínio edilício do art. 784, X, do CPC de forma a compreender tanto os condomínios verticais, quanto os horizontais de lotes, nos termos do art. 1.358-A do Código Civil.

101. É admissível ação monitória, ainda que o autor detenha título executivo extrajudicial.

102. A falta de oposição dos embargos de terceiro preventivos no prazo do art. 792, § 4.º, do CPC não impede a propositura dos embargos de terceiro repressivos no prazo do art. 675 do mesmo Código.

103. Pode o exequente – em execução de obrigação de fazer fungível, decorrente do inadimplemento relativo, voluntário e inescusável do executado – requerer a satisfação da obrigação por terceiro, cumuladamente ou não com perdas e danos, considerando que o *caput* do art. 816 do CPC não derrogou o *caput* do art. 249 do Código Civil.

104. O fornecimento de certidão para fins de averbação premonitória (art. 799, IX, do CPC) independe de prévio despacho ou autorização do juiz.

105. As hipóteses de penhora do art. 833, § 2.º, do CPC aplicam-se ao cumprimento da sentença ou à execução de título extrajudicial relativo a honorários advocatícios, em razão de sua natureza alimentar.

106. Na expropriação, a apropriação de frutos e rendimentos poderá ser priorizada em relação à adjudicação, se não prejudicar o exequente e for mais favorável ao executado.

107. Não se aplica a suspensão do art. 982, I, do CPC ao cumprimento de sentença anteriormente transitada em julgado e que tenha decidido questão objeto de posterior incidente de resolução de demandas repetitivas.

2.ª JORNADA DE DIREITO PROCESSUAL CIVIL (*)

PARTE GERAL

108. A competência prevista nas alíneas do art. 53, I, do CPC não é de foros concorrentes, mas de foros subsidiários.

109. Na hipótese de cumulação alternativa, acolhido integralmente um dos pedidos, a sucumbência deve ser suportada pelo réu.

110. A instauração do incidente de desconsideração da personalidade jurídica não suspenderá a tramitação do processo de execução e do cumprimento de sentença em face dos executados originários.

•• *Vide* arts. 133 a 137 do CPC.

111. O incidente de desconsideração da personalidade jurídica pode ser aplicado ao processo falimentar.

•• *Vide* arts. 133 a 137 do CPC.

112. A intervenção do Ministério Público como fiscal da ordem jurídica não inviabiliza a celebração de negócios processuais.

•• *Vide* art. 178, *caput*, do CPC.

113. As disposições previstas nos arts. 190 e 191 do CPC poderão ser aplicadas ao procedimento de recuperação judicial.

•• *Vide* arts. 47 e s. da Lei n. 11.101, de 9-2-2005.

114. Os entes despersonalizados podem celebrar negócios jurídicos processuais.

•• *Vide* art. 75 do CPC.

(*) Realizada entre os dias 13 e 14-9-2018.

115. O negócio jurídico processual somente se submeterá à homologação quando expressamente exigido em norma jurídica, admitindo-se, em todo caso, o controle de validade da convenção.
• *Vide* art. 200 do CPC.

116. Aplica-se o art. 219 do CPC na contagem dos prazos processuais previstos na Lei n. 6.830/1980.
•• *Vide* Enunciados n. 19 e 20 da 1.ª Jornada de Direito Processual Civil.

117. O art. 356 do CPC pode ser aplicado nos julgamentos dos tribunais.

118. É cabível a fixação de honorários advocatícios na ação de produção antecipada de provas na hipótese de resistência da parte requerida na produção da prova.
• *Vide* arts. 381 a 383 do CPC.

PROCESSO DE CONHECIMENTO

119. É admissível o ajuizamento de ação de exibição de documentos, de forma autônoma, inclusive pelo procedimento comum do CPC (arts. 318 e seguintes).
• *Vide* arts. 396 e s. do CPC.

120. Deve o juiz determinar a emenda também na reconvenção, possibilitando ao reconvinte, a fim de evitar a sua rejeição prematura, corrigir defeitos e/ou irregularidades.
• *Vide* art. 343 do CPC.

121. Não cabe aplicar multa a quem, comparecendo à audiência do art. 334 do CPC, apenas manifesta desinteresse na realização de acordo, salvo se a sessão foi designada unicamente por requerimento seu e não houver justificativa para a alteração de posição.

122. O prazo de contestação é contado a partir do primeiro dia útil seguinte à realização da audiência de conciliação ou mediação, ou da última sessão de conciliação ou mediação, na hipótese de incidência do art. 335, inc. I, do CPC.

123. Aplica-se o art. 339 do CPC à autoridade coatora indicada na inicial do mandado de segurança e à pessoa jurídica que compõe o polo passivo.
•• *Vide* art. 6.º da Lei n. 12.016, de 7-8-2009.

124. Não há preclusão consumativa do direito de apresentar contestação, se o réu se manifesta, antes da data da audiência de conciliação ou de mediação, quanto à incompetência do juízo.
•• *Vide* art. 64 do CPC.

125. A decisão parcial de mérito não pode ser modificada senão em decorrência do recurso que a impugna.

126. O juiz pode resolver parcialmente o mérito, em relação à matéria não afetada para julgamento, nos processos suspensos em razão de recursos repetitivos, repercussão geral, incidente de resolução de demandas repetitivas ou incidente de assunção de competência.
• *Vide* art. 356 do CPC.

127. O juiz pode homologar parcialmente a delimitação consensual das questões de fato e de direito, após consulta às partes, na forma do art. 10 do CPC.

128. Exceto quando reconhecida sua nulidade, a convenção das partes sobre o ônus da prova afasta a redistribuição por parte do juiz.

TUTELA PROVISÓRIA E PROCEDIMENTOS ESPECIAIS

129. É admitida a exibição de documentos como objeto de produção antecipada de prova, nos termos do art. 381 do CPC.

130. É possível a estabilização de tutela antecipada antecedente em face da Fazenda Pública.
•• *Vide* arts. 303 e 304 do CPC.

131. A remissão ao art. 672, feita no art. 664, § 4.º, do CPC, consiste em erro material decorrente da renumeração de artigos durante a tramitação legislativa. A referência deve ser compreendida como sendo ao art. 662, norma que possui conteúdo integrativo adequado ao comando expresso e finalístico do art. 664, § 4.º.

132. O prazo para apresentação de embargos de terceiro tem natureza processual e deve ser contado em dias úteis.
•• *Vide* art. 675 do CPC.

133. É admissível a formulação de reconvenção em resposta aos embargos de terceiro, inclusive para o propósito de veicular pedido típico de ação pauliana, nas hipóteses de fraude contra credores.

134. A apelação contra a sentença que julga improcedentes os embargos ao mandado monitório não é dotada de efeito suspensivo automático (arts. 702, § 4.º, e 1.012, § 1.º, V, CPC).

RECURSOS E PRECEDENTES JUDICIAIS

135. É admissível a concessão de tutela da evidência fundada em tese firmada em incidente de assunção de competência.
•• *Vide* art. 311 do CPC.

136. A caução exigível em cumprimento provisório de sentença poderá ser dispensada se o julgado a ser cumprido estiver em consonância com tese firmada em incidente de assunção de competência.

137. Se o recurso do qual se originou a decisão embargada comportou a aplicação da técnica do art. 942 do CPC, os declaratórios eventualmente opostos serão julgados com a composição ampliada.

138. É cabível reclamação contra acórdão que aplicou indevidamente tese jurídica firmada em acórdão proferido em julgamento de recursos extraordinário ou especial repetitivos, após o esgotamento das instâncias ordinárias, por analogia ao quanto previsto no art. 988, § 4.º, do CPC.

139. A ausência de retratação do órgão julgador, na hipótese prevista no art. 1.030, II, do CPC, dispensa a ratificação expressa para que haja o juízo de admissibilidade e a eventual remessa do recurso extraordinário ou especial ao tribunal superior competente, na forma dos arts. 1.030, V, "c", e 1.041 do CPC.

140. A suspensão de processos pendentes, individuais ou coletivos, que tramitam no Estado ou na região prevista no art. 982, I, do CPC não é decorrência automática e necessária da admissão do IRDR, competindo ao relator ou ao colegiado decidir acerca da sua conveniência.
• *Vide* arts. 976 e s. do CPC.

141. É possível a conversão de Incidente de Assunção de Competência em Incidente de Resolução de Demandas

Repetitivas, se demonstrada a efetiva repetição de processos em que se discute a mesma questão de direito.

• *Vide* arts. 947, 976 e s. do CPC.

142. Determinada a suspensão decorrente da admissão do IRDR (art. 982, I), a alegação de distinção entre a questão jurídica versada em uma demanda em curso e aquela a ser julgada no incidente será veiculada por meio do requerimento previsto no art. 1.037, § 10.

143. A revisão da tese jurídica firmada no incidente de resolução de demandas repetitivas pode ser feita pelas partes, nos termos do art. 977, II, do CPC/2015.

144. No caso de apelação, o deferimento de tutela provisória em sentença retira-lhe o efeito suspensivo referente ao capítulo atingido pela tutela.

145. O recurso cabível contra a decisão que julga a liquidação de sentença é o Agravo de Instrumento.

•• *Vide* arts. 1.015 e s. do CPC.

EXECUÇÃO E CUMPRIMENTO DE SENTENÇA

146. O prazo de 3 (três) dias previsto pelo art. 528 do CPC conta-se em dias úteis e na forma dos incisos do art. 231 do CPC, não se aplicando seu § 3.º.

147. Basta o inadimplemento de uma parcela, no todo ou em parte, para decretação da prisão civil prevista no art. 528, § 7.º, do CPC.

•• *Vide* art. 5.º, LXVII, da CF.

•• *Vide* art. 19 da Lei n. 5.478, de 25-7-1968.

148. A reiteração pelo exequente ou executado de matérias já preclusas pode ensejar a aplicação de multa por conduta contrária à boa-fé.

•• *Vide* art. 81 do CPC.

149. A falta de averbação da pendência de processo ou da existência de hipoteca judiciária ou de constrição judicial sobre bem no registro de imóveis não impede que o exequente comprove a má-fé do terceiro que tenha adquirido a propriedade ou qualquer outro direito real sobre o bem.

150. Aplicam-se ao direito de laje os arts. 791, 804 e 889, III, do CPC.

•• Os arts. 1.510-A a 1.510-E do CC dispõem sobre o direito real de laje.

151. O legitimado pode remir a execução até a lavratura do auto de adjudicação ou de alienação (CPC, art. 826).

152. O pacto de impenhorabilidade (arts. 190, 200 e 833, I) produz efeitos entre as partes, não alcançando terceiros.

153. A penhorabilidade dos bens, observados os critérios do art. 190 do CPC, pode ser objeto de convenção processual das partes.

154. O exequente deve providenciar a intimação do coproprietário no caso da penhora de bem indivisível ou de direito real sobre bem indivisível.

•• *Vide* art. 843 do CPC.

155. A penhora a que alude o art. 860 do CPC poderá recair sobre direito litigioso ainda não reconhecido por decisão transitada em julgado.

156. O decurso de tempo entre a avaliação do bem penhorado e a sua alienação não importa, por si só, nova avaliação, a qual deve ser realizada se houver, nos autos, indícios de que houve majoração ou diminuição no valor.

• *Vide* arts. 870 a 875 do CPC.

157. No leilão eletrônico, a proposta de pagamento parcelado (art. 895 do CPC), observado o valor mínimo fixado pelo juiz, deverá ser apresentada até o início do leilão, nos termos do art. 886, IV, do CPC.

158. A sentença de rejeição dos embargos à execução opostos pela Fazenda Pública não está sujeita à remessa necessária.

•• *Vide* art. 920, III, do CPC.

ÍNDICE ALFABÉTICO-REMISSIVO DOS ENUNCIADOS DAS JORNADAS DE DIREITO PROCESSUAL CIVIL

ÍNDICE ALFABÉTICO-REMISSIVO GERAL (*)

(*) Quando não indicado o diploma legal, os dispositivos são da CLT.

ÍNDICE

ESPAÇO RESERVADO PARA USO DE GRAMPO

ÍNDICE

ESPAÇO RESERVADO PARA USO DE GRAMPO

ACORDO COLETIVO

ACORDO EXTRAJUDICIAL

ACORDO JUDICIAL

AÇOUGUES

ADIANTAMENTO DE SALÁRIO

ADICIONAL(AIS)

ADICIONAL DE INSALUBRIDADE

ADICIONAL DE PERICULOSIDADE

ADICIONAL DE PRODUTIVIDADE

ADICIONAL DE RISCO

ADICIONAL DE TEMPO DE SERVIÇO

ADICIONAL DE TRANSFERÊNCIA

ADICIONAL NOTURNO

ÍNDICE

ESPAÇO RESERVADO PARA USO DE GRAMPO

ÍNDICE

ESPAÇO RESERVADO PARA USO DE GRAMPO

ÍNDICE

ESPAÇO RESERVADO PARA USO DE GRAMPO

ÍNDICE

ESPAÇO RESERVADO PARA USO DE GRAMPO

ÍNDICE

ESPAÇO RESERVADO PARA USO DE GRAMPO

ÍNDICE

ESPAÇO RESERVADO PARA USO DE GRAMPO

ÍNDICE

ESPAÇO RESERVADO PARA USO DE GRAMPO

ÍNDICE

ESPAÇO RESERVADO PARA USO DE GRAMPO

ÍNDICE

ESPAÇO RESERVADO PARA USO DE GRAMPO

DISSÍDIOS INDIVIDUAIS

DISSOLUÇÃO DE EMPRESA

DISTRIBUIÇÃO DAS RECLAMAÇÕES

DISTRIBUIDOR(ES)

DOAÇÃO VOLUNTÁRIA DE SANGUE

DOCUMENTO

DOENÇAS PROFISSIONAIS

DOLO DO EMPREGADO

DOMÉSTICO

DONO DA OBRA

DURAÇÃO DO TRABALHO

ESPAÇO RESERVADO PARA USO DE GRAMPO

ECT

EDIFICAÇÕES

EFEITO SUSPENSIVO

EFEITOS DA CESSAÇÃO DO CONTRATO DE TRABALHO

ELETRICITÁRIOS

EMBARCADIÇOS

EMBARGO DE OBRA

EMBARGOS

ÍNDICE

ESPAÇO RESERVADO PARA USO DE GRAMPO

ÍNDICE

ESPAÇO RESERVADO PARA USO DE GRAMPO

ÍNDICE

ESPAÇO RESERVADO PARA USO DE GRAMPO

ÍNDICE

ESPAÇO RESERVADO PARA USO DE GRAMPO

ESPAÇO RESERVADO PARA USO DE GRAMPO

ÍNDICE

ESPAÇO RESERVADO PARA USO DE GRAMPO

INFLAMÁVEIS

INFORMÁTICA

INFORMATIZAÇÃO DO PROCESSO JUDICIAL

INQUÉRITO

INQUÉRITO ADMINISTRATIVO

INQUÉRITO PARA APURAÇÃO DE FALTA GRAVE

INSALUBRIDADE

INSPEÇÃO

INSPEÇÃO PRÉVIA

INSTALAÇÕES ELÉTRICAS

INSTALAÇÕES SANITÁRIAS

INSTAURAÇÃO DE INSTÂNCIA

INSTITUIÇÕES DE BENEFICÊNCIA

INSTITUIÇÕES FILANTRÓPICAS

INSTITUIÇÕES SEM FINS LUCRATIVOS

INSTRUÇÕES MINISTERIAIS

INSTRUMENTO NORMATIVO

ÍNDICE

ESPAÇO RESERVADO PARA USO DE GRAMPO

ÍNDICE

ESPAÇO RESERVADO PARA USO DE GRAMPO

ÍNDICE

ESPAÇO RESERVADO PARA USO DE GRAMPO

MANDATO

MÃO DE OBRA

MÁQUINAS E EQUIPAMENTOS

MARÍTIMOS

MASSA FALIDA

MATERIAIS NOCIVOS À SAÚDE

ÍNDICE

ESPAÇO RESERVADO PARA USO DE GRAMPO

ÍNDICE

ESPAÇO RESERVADO PARA USO DE GRAMPO

PRACISTA

PRÁTICAS DISCRIMINATÓRIAS

PRAZO(S)

PRAZO PRESCRICIONAL DO DIREITO DE AÇÃO

PRAZOS PROCESSUAIS

PRECATÓRIOS

PRECEDENTES ADMINISTRATIVOS

PRECLUSÃO

ÍNDICE

ESPAÇO RESERVADO PARA USO DE GRAMPO

PROCESSO DE MULTAS ADMINISTRATIVAS

PROCESSO DO TRABALHO

PROCESSO ELEITORAL SINDICAL

PROCESSO JUDICIÁRIO DO TRABALHO

PROCURAÇÃO

PROCURADOR

PROCURADOR-GERAL DA JUSTIÇA DO TRABALHO

PROCURADORIA DA JUSTIÇA DO TRABALHO

PROCURADORIA-GERAL DA JUSTIÇA DO TRABALHO

PROCURADORIAS REGIONAIS

PROFESSORES

ÍNDICE

ESPAÇO RESERVADO PARA USO DE GRAMPO

ESPAÇO RESERVADO PARA USO DE GRAMPO

ÍNDICE

ESPAÇO RESERVADO PARA USO DE GRAMPO

RECURSO ORDINÁRIO

REDUÇÃO GERAL DOS SALÁRIOS

REFLEXOS ECONÔMICOS

REFLORESTAMENTO

ÍNDICE

ESPAÇO RESERVADO PARA USO DE GRAMPO

SALÁRIO COMPLESSIVO

SALÁRIO-EDUCAÇÃO

ÍNDICE

ESPAÇO RESERVADO PARA USO DE GRAMPO

ÍNDICE

ESPAÇO RESERVADO PARA USO DE GRAMPO